DICTIONNAIRE

LÉGISLATIF ET RÉGLEMENTAIRE

DES CHEMINS DE FER

RÉSUMÉ DES DOCUMENTS OFFICIELS EN VIGUEUR

et des principaux renseignements pratiques sur l'établissement,
l'entretien, la police et l'exploitation des voies ferrées

PERSONNEL, EXPLOITATION TECHNIQUE, MATÉRIEL, VOIE, SERVICE COMMERCIAL

Par J.-G. PALAA

CONDUCTEUR PRINCIPAL DES PONTS ET CHAUSSÉES EN RETRAITE
CHEVALIER DE LA LÉGION D'HONNEUR

3e ÉDITION

ENTIÈREMENT REMANIÉE ET COMPRENANT UN GRAND NOMBRE DE NOUVELLES INDICATIONS
et notamment les conventions de 1883.

TOME SECOND.

PARIS

IMPRIMERIE ET LIBRAIRIE GÉNÉRALE DE JURISPRUDENCE
MARCHAL ET BILLARD, IMPRIMEURS-ÉDITEURS
LIBRAIRES DE LA COUR DE CASSATION
Place Dauphine, 27

1887

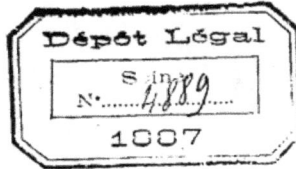

DICTIONNAIRE

Législatif et Réglementaire

DES CHEMINS DE FER

II

Paris. — Imprimerie L. BAUDOIN et Cᵉ, 2, rue Christine.

DICTIONNAIRE

LÉGISLATIF ET RÉGLEMENTAIRE

DES CHEMINS DE FER

RÉSUMÉ DES DOCUMENTS OFFICIELS EN VIGUEUR

et des principaux renseignements pratiques sur l'établissement,
l'entretien, la police et l'exploitation des voies ferrées

PERSONNEL, EXPLOITATION TECHNIQUE, MATÉRIEL, VOIE, SERVICE COMMERCIAL

Par J.-G. PALAA

CONDUCTEUR PRINCIPAL DES PONTS ET CHAUSSÉES EN RETRAITE
CHEVALIER DE LA LÉGION D'HONNEUR

3e ÉDITION

ENTIÈREMENT REMANIÉE ET COMPRENANT UN GRAND NOMBRE DE NOUVELLES INDICATIONS
et notamment les conventions de 1883.

TOME SECOND.

PARIS

IMPRIMERIE ET LIBRAIRIE GÉNÉRALE DE JURISPRUDENCE

MARCHAL et BILLARD, Imprimeurs-Éditeurs

LIBRAIRES DE LA COUR DE CASSATION

Place Dauphine, 27

—

1887

ABRÉVIATIONS.

1° Les mots *Arr. min.*, *Circ. min.*, *Décis.* ou *Dép. min.*, désignent les arrêtés, circulaires, décisions ou dépêches du ministre des travaux publics. — Les indications nécessaires ont été données pour les documents analogues émanant des autres ministères.

2° Les abréviations *C. d'État*, *C. de préf.*, *C. Cass.*, *C. d'appel*, *T. civil*, *T. comm.*, *T. des conflits*, s'appliquent à des arrêts, décisions ou jugements prononcés par les diverses juridictions (Conseil d'État, Conseils de préfecture, Cour de cassation, Cours d'appel, Tribunaux civils et de commerce et Tribunal des conflits).

3° Les indications *C. civil*, *C. de comm.*, *C. d'inst. crim.*, *C. pénal*, correspondent naturellement aux subdivisions correspondantes des codes.

4° Les mots *inst. spéc.* s'appliquent surtout aux instructions et ordres de service *intérieurs* des compagnies n'ayant pas un caractère général.

5° Enfin les mots *cahier des charges, règlements, tarif général* (ou leurs abréviations) doivent s'entendre, à moins d'indication contraire, des modèles uniformes pour les grands réseaux.

6° LISTE DES PRINCIPALES ABRÉVIATIONS AUTRES QUE CELLES INDIQUÉES CI-DESSUS :

Adm. supér. : Administration supérieure.

C. gén. : Conseil général.
Catég. : Catégorie.
Ch. de comm. : Chambre de commerce.
Cl. : Classe.
Col. : Colonne.
Comm. de surv. : Commissaire de surveillance.
Comp. concess. : Compagnie concessionnaire.
Conf. . Conforme, Conformément.

Dir. : Directeur.

Embr. : Embranchement.
Enq. : Enquête.
Établ. : Établissement.
Expl. : Exploitation.
Expr. : Expropriation.

Fin. : Finances.

Gén. : Général, Généralement.

Imméd. : Immédiatement.
Ingén. : Ingénieur.
Insp. : Inspecteur.
Intér. : Intérieur.

Jurid. : Juridiction.
Jurispr. : Jurisprudence.

Ordin. : Ordinaire, Ordinairement.

P. et ch. : Ponts et chaussées.
Préalab. : Préalablement.
Resp. : Responsabilité.

Tr. publ. : Travaux publics.
Transp. : Transports.

V. : Voir, Voyez.

DICTIONNAIRE

Législatif et Réglementaire

DES CHEMINS DE FER

(3e ÉDITION.)

GABARIT.

I. Tracé de travaux. — Les profils, contours et inclinaisons transversales des ouvrages d'art et terrassements des grands travaux de ch. de fer sont ordinairement indiqués sur place au moyen de charpentes légères auxquelles on donne, comme pour certaines constructions de la marine ou du matériel de la guerre, le nom de *gabarits*. — Mais il n'y a pour cet objet aucune indication uniforme qui soit de nature à motiver ici des développements. — Nous nous bornons seulement à renvoyer à l'art. 18 des *clauses et conditions générales* (des entreprises). — V. *Clauses.*

II. Gabarits de wagons. — La mesure ou la forme du passage libre sous les ouvrages d'art et les tunnels, correspondant au développement maximum du chargement des wagons de marchandises, est indiquée au moyen de *gabarits* dits de chargement, installés dans toutes les stations où il se fait un service de petite vitesse.

Ces derniers gabarits, établis en forme d'arceau fixe (ou mobile avec châssis fixe) posé en travers de l'une des voies de service des gares à marchandises, ont ordinairement 3 m. de largeur libre et une hauteur variable, suivant la forme des chargements, et suivant l'élévation des ouvrages d'art construits sur les diverses lignes. Cette hauteur, pour les grands réseaux, est génér. comprise entre 4 m. et 4^m,30 au-dessus du niveau des rails.

Manœuvres et opérations. — D'après les règlements des compagnies, aucun wagon de marchandises ne doit être expédié s'il n'a passé librement sous le gabarit.

Tout chargement qui excéderait les dimensions du gabarit doit être refait dans les conditions normales. (*Extr. des tarifs.*)

Inégalité des gabarits sur les divers réseaux (Affaire relative à un transport de wagons de paille, ayant nécessité un déchargem. et un nouveau rechargem. au passage d'un réseau sur l'autre, *par suite d'un excédent de dimensions.* — Frais de manutention supplémentaire supportés par l'expéditeur). Trib. de comm., Seine, 28 mai 1884. « Il est établi aux débats que, lorsque la paille qui donne lieu au litige a été transmise, en gare de Louviers, à la comp. de l'Ouest, elle présentait une largeur de chargement excédant celle en vigueur sur le réseau de cette comp. et que, par suite, celle-ci a été obligée de décharger la marchandise et de la recharger sur un nombre plus grand de wagons; qu'elle a été dans son droit en percevant les frais de cette manutention supplémentaire. — En effet, c'est à l'expéditeur qui effectue le chargement d'un wagon, destiné à parcourir plusieurs réseaux, à se préoccuper des largeurs régl. sur chaque ligne et, si les largeurs varient, à établir le chargement sur la plus petite dimension, et qu'il ne peut plus tard se prévaloir de l'acceptation, par la première comp. transporteur, d'un chargement ayant trop de largeur, celle-ci n'ayant à se préoccuper que du gabarit de son réseau. » (1).

GADOUES.

Conditions de transport. (Dispositions spéc.). — V. *Matières* (infectes).

GARAGE.

I. Installation des voies. Prescriptions du cah. des ch. (Art. 9, Extr.). — « Le nombre, l'étendue et l'emplacement des gares d'évitement seront déterminés par l'admin., la comp. entendue. — Le nombre des voies sera augmenté, s'il y a lieu, dans les gares et aux abords de ces gares, conformément aux décisions qui seront prises par l'admin., la compagnie entendue. — Le nombre et l'emplacement des stations de voyageurs et des gares de marchandises seront également déterminés par l'admin. sur les propositions de la comp. après une enquête spéciale. — La comp. sera tenue, préalablement à tout commencement d'exécution, de soumettre à l'admin. le projet desdites gares, lequel se composera : — 1° D'un plan à l'échelle de 1/500°, indiquant les voies, les quais, les bâtiments et leur distribution intérieure, ainsi que la disposition de leurs abords ; — 2°..... ; — 3° D'un mémoire descriptif dans lequel les dispositions essentielles du projet seront justifiées. » — V. *Enquêtes* et *Projets*.

Voies de garage du service des voyageurs. — Aucun régl. uniforme n'indique et ne peut indiquer d'une manière générale le nombre et la disposition des voies de garage nécessaires pour les stations de toutes classes. — L'appropriation des voies de service, en dehors des voies principales, est une affaire mixte de construction technique et d'exploitation, qui motive pour l'aménagement des grandes gares, une étude approfondie des besoins du service. — Mais, à moins d'impossibilité locale, il y a toujours avantage à établir, dans les gares très fréquentées, le plus grand nombre possible de voies de dégagement. Il convient aussi, chaque fois que la disposition des lieux le permet, de donner aux voies de garage une longueur suffisante pour recevoir les trains les plus longs, notamment lorsque le garage ne peut être réparti sur deux voies différentes.

En général, toutes les stations ouvertes au service de la petite vitesse possèdent des voies de garage. Les petites gares ou haltes, exclusivement affectées au service des voyageurs, n'en sont pas ordinairement pourvues. — Voir ci-après *Nouvelles voies de garage*.

La sécurité des manœuvres exige, d'ailleurs, que les voies de garage soient établies, autant que possible, en palier horizontal.

Voies de garage intermédiaires. — Dans les parties de la ligne où il existe de fortes pentes ou rampes, et lorsque la distance entre deux stations est relativement considérable, il est d'usage d'établir une ou plusieurs voies de garage intermédiaires pouvant servir de refuge aux trains de marchandises et même de voyageurs, en cas de retard trop prolongé ou d'accident.

Voies spéciales du service des marchandises. — Ces voies, établies quelquefois en cul-de-sac, dans les petites stations (V. *Heurtoirs*), ou qui aboutissent simplement aux quais des halles, et dont la longueur est plus ou moins étendue, ne sont pas considérées à proprement parler comme des voies de garage destinées à recevoir des trains entiers, mais seulement un certain nombre de wagons vides ou chargés, et même des portions de trains à adjoindre à d'autres trains qui ne font que passer. — Nous rappellerons à ce

---

(1) Nous ignorons si la question dont il s'agit a été portée devant la C. de cass. — Mais, sans discuter l'appréciation du trib. de comm., nous pouvons dire que sa jurispr. donne une tâche difficile, sinon impossible aux expéditeurs en leur imposant de se rendre compte par eux-mêmes de la disposition plus ou moins variable des gabarits en usage sur les divers réseaux.

sujet la nécessité de fermer ces voies de marchandises, après les manœuvres, au moyen des *arrêts mobiles,* mentionnés au mot *Arrêts.*

Nouvelles voies de garage (ayant pour objet de faciliter le mouvement, des trains). — Dans beaucoup de petites stations de la voie unique notamment, il n'y a en réalité que deux voies pouvant recevoir des trains entiers, savoir : la *voie principale* et la *voie d'évitement* (assez longue pour recevoir les trains de marchandises, non compris, 35 m. à peu près à déduire de chaque côté des aiguilles, en raison de l'angle de raccordement des voies). — Cela suffit pour le croisement des trains, mais si l'on a à retenir en outre un train en retard, la station est obligée à des manœuvres relativement dangereuses, dont nous avons parlé au mot *Croisements,* et qu'il n'est pas possible d'éviter à moins de moyens complémentaires de garage. — Ces installations de voies de garage ont le seul tort d'être très coûteuses (1). Mais elles ont toujours leur raison d'être et leur utilité, même sur les lignes qui ne sont activement fréquentées que pendant certaines saisons de l'année. — On ne peut en effet, sur ces lignes, remédier aux retards quelquefois assez considérables, résultant de l'affluence des voyageurs et des bagages, que par la création de *trains supplémentaires,* mais ces trains eux-mêmes exigent naturellement un surcroît de personnel et de matériel et une bonne appropriation des voies de garage dans l'intérêt de la facilité et de la sécurité des manœuvres. — L'art. 9 précité du cah. des ch. donne d'ailleurs tout droit à ce sujet à l'admin. supér.

II. Manœuvres sur les voies de garage. — V. *Aiguilleurs, Collisions* et *Manœuvres.*

Garage anticipé. — A défaut de moyens de garage intermédiaires, entre deux stations, pour un train qui risquerait d'être atteint par le convoi suivant, les agents doivent observer la règle ci-après, qui est admise à peu près sur toutes les lignes de chemins de fer :

« Tout train qui doit se garer, en route pour laisser passer un autre train qui le suit, ne doit pas franchir une gare, lorsqu'il n'a plus, sur ce dernier, une avance suffisante pour atteindre le premier garage dix minutes au moins avant lui. (Cette avance est portée à 15 et même 20 minutes, lorsqu'il s'agit du garage d'un train de marchandises ou de matériaux précédant un train de voyageurs). » — V. *Marche des trains,* § 1.

Devoirs du chef de gare. — Lorsqu'un train arrivera à une station, assez en retard pour que le passage du train suivant doive s'effectuer pendant son stationnement, ou que, par un motif quelconque, le train en retard risquera d'être rejoint en route par le train suivant, le chef de gare prendra les dispositions nécessaires pour laisser passer le second train devant le premier ; à cet effet, il fera immédiatement garer le premier train et le retiendra jusqu'après le passage de l'autre. — (*Extr. des instr. des diverses comp.*)

Le garage *anticipé* des convois peut être motivé surtout par une avarie de matériel, par la faiblesse de la machine ou par la composition même du train. Il ne doit avoir lieu qu'après que le chef de manœuvre s'est assuré que la voie de garage est assez longue pour contenir le train ; que les signaux utiles sont faits pour protéger la manœuvre et, enfin, que les aiguilles sont bien disposées. Quand le train est garé, les signaux rouges sont enlevés ou effacés, au besoin, afin que les mécaniciens des trains survenants ne soient pas induits en erreur par la vue de ces signaux, (*Ibid.*). — V. *Signaux.*

Voie unique. — Les garages et croisements sur la voie unique ne peuvent être effectués sans l'accomplissement des règles absolument obligatoires indiquées à l'art. *Voie unique.*

---

(1) Le prix *moyen* d'un mètre courant de voie, en la supposant établie avec de bons matériaux neufs, ne peut pas être évaluée à moins de 35 fr., soit environ 20,000 fr. pour une voie d'évitement ou de garage de 500 mèt. de longueur, y compris raccordements avec la voie principale, aiguilles, changements de voie, etc., et non compris les terrains et les terrassements de la plateforme.

Départ du train garé. — Lorsqu'un train est sur le point de quitter son garage, les signaux d'arrière doivent être préalablement replacés. L'employé qui commande la manœuvre doit, en outre, s'assurer que tous les signaux utiles pour protéger les mouvements qu'il va exécuter sont faits, et que les aiguilles sont convenablement disposées. Il doit, d'ailleurs, une fois la manœuvre terminée, veiller à ce que les aiguilles soient replacées dans leur position normale.

Garage des machines isolées. — V. *Collisions, Manœuvres* et *Mécaniciens.*

III. Fermeture des voies de garage. — V. *Arrêts mobiles, Calage, Heurtoirs.*

Signaux couvrant les voies de service. — V. *Aiguilleurs, Enclenchements* et *Signaux.*

GARANTIE.

I. Questions financières. — *(Se rattachant à l'établissement des chemins de fer, notamment au point de vue de la garantie de l'État).* — Extr. de l'ordonn. du 15 nov. 1846. (Art. 54). « A l'égard des chemins de fer pour lesquels les compagnies auraient obtenu de l'État, soit un prêt avec intérêt privilégié, soit la garantie d'un minimum d'intérêt, ou pour lesquels l'État devrait entrer en partage des produits nets, les commissaires royaux exerceront toutes les autres attributions qui seront déterminées par les règlements spéciaux à intervenir dans chaque cas particulier. » Voir à ce sujet les mots *Commissaires généraux, Inspecteurs,* et *Justifications.*

Principe de la garantie de l'État. — Ainsi que nous l'avons rappelé aux mots *Actions,* et *Obligations,* diverses combinaisons ayant pour objet la *garantie d'intérêt* accordée par l'État aux lignes du nouveau réseau, et les prévisions de *partage des bénéfices* lorsque les revenus nets de l'ancien réseau excéderaient un certain chiffre, ont été successivement établies ou modifiées par les lois de concessions du 11 juin 1859, du 11 juin 1863 et des 3 juillet et 31 déc. 1875, ainsi que par les nouvelles conventions de 1883, dont nous parlerons plus loin. — Le principe même de la garantie de l'État a été indiqué dans *l'exposé des motifs* de la loi de 1859, qui après avoir rappelé les phases difficiles, traversées par l'industrie des voies ferrées, faisait connaître en quoi consistait le régime de la garantie d'intérêt que le gouvernement proposait de créer en faveur des chemins de fer. — Voici l'extr. principal d'une note recueillie à ce sujet.

En premier lieu, la garantie d'intérêt, ou plutôt les sommes à payer par l'État en vertu de cette garantie, ont été accordées, non pas à titre de don, comme le supposent beaucoup de personnes, mais vraiment à titre de prêt pendant une période de cinquante ans. — Ce prêt portant intérêt simple à 4 p. 100 sera remboursé par les excédents de recettes que l'on doit légitimement attendre du développement du trafic, si l'économie du réseau n'est pas troublée. A défaut de tels excédents, il est remboursable, à la fin de la concession, par la valeur du matériel des compagnies.

En second lieu, la garantie d'intérêt ne fut pas appliquée par la loi à la totalité des sommes dépensées par les compagnies ; une part très importante de ces sommes, s'élevant à 2,665,000,000 de francs, resta absolument en dehors de la garantie de l'État.

On divisa les concessions de chaque société en deux groupes, qui prirent les noms d'*ancien réseau* et de *nouveau réseau.* — L'ancien réseau comprend les artères principales de chaque concession, c'est-à-dire les lignes productives, aucun revenu ne leur est garanti; loin de là, elles sont appelées à soutenir les lignes de deuxième ordre. — Le nouveau réseau comprend les lignes auxquelles l'État a accordé, en principe, une garantie d'intérêt.

Les huit conventions de 1859 avaient pour but principal d'assurer l'achèvement de ces lignes, que la crise avait fort compromis.

Cette division fondamentale établie entre les lignes d'une même compagnie, la garantie d'intérêt fut fixée à un taux très inférieur au taux réel résultant du prix d'émission ; ensuite de larges prélèvements, effectués sur les lignes de l'ancien réseau, réduisent, dans une forte proportion, les sacrifices que l'État s'est imposés.

Enfin, la garantie ne s'applique qu'à un capital déterminé par la loi de 1859 et par les lois qui ont successivement placé de nouvelles concessions sous le même régime.

Lorsque le régime fut établi, le taux auquel les compagnies avaient pu placer leurs obligations, amortissement compris, variait entre 5,50 et 6 p. 100. On admit donc, d'une manière générale, celui de 5,75 p. 100. — Mais l'État n'entendit nullement garantir ce chiffre; il accorda pour l'intérêt et l'amortissement 4,65 p. 100. Il fallait assurer la différence, et ce fut à l'ancien réseau de chaque compagnie que la tâche incomba.

L'ancien réseau n'est donc pas désintéressé du sort que subit le nouveau réseau; il lui constitue, en quelque sorte, une première dotation, en prélevant, sur ses propres revenus, une somme suffisante pour payer la différence entre le chiffre de la garantie de l'État, 4,65, et le coût réel du service des obligations placées pour former le capital d'établissement de ce second réseau.

Ce sacrifice n'est pas le seul qui ait été imposé à l'ancien réseau. Il fut admis que les dividendes à distribuer aux actionnaires ne pourraient s'élever au-dessus d'un chiffre déterminé, tant que le Trésor public serait appelé à fournir un subside quelconque. Les conventions de 1859 ont donc déterminé ce que l'on a appelé le *revenu réservé* de l'ancien réseau. Tout ce qui dépasse ce revenu est déversé au second réseau, et vient en atténuation des sacrifices de l'État.

L'excédent des recettes réalisées sur des lignes productives sert donc à rémunérer une partie du capital consacré à la construction des lignes improductives.

Enfin, la garantie d'intérêt ne s'appliquant qu'à un capital défini par les conventions, à titre de maximum, si les dépenses de construction restent au-dessous du maximum, l'État n'accorde sa garantie que jusqu'à concurrence du capital dépensé; si les dépenses excèdent le chiffre prévu, les compagnies supportent intégralement les charges de cet excédent de dépenses.

C'est encore l'ancien réseau qui doit subir cette troisième atténuation de ses produits.

Telles sont, ajoute la note à laquelle nous empruntons ces détails, les bases des conventions de 1859 qui, en consolidant le crédit des ch. de fer, eurent aussi les résultats suivants :

Les comp. acceptèrent un accroissement de 600 kilom. de lignes nouvelles improductives. Les militaires et marins, qui jusque-là payaient moitié du tarif, n'ont plus payé que le quart ; les transports de la poste sont devenus gratuits ; enfin pour certaines lignes, le partage des bénéfices avec l'État, prévu pour l'époque où les actions recevraient 8 p. 100, a été avancé au moment où la rémunération du capital atteindra 6 p. 100.

Comme corollaire de ces dispositions, les comptabilités des compagnies sont vérifiées, dans le plus grand détail, par les insp. des finances ; les frais de premier établissement sont arrêtés après la plus minutieuse instruction; enfin, les commissions de vérification, composées d'insp. gén. des p. et ch., des mines et des finances, de représentants de la Cour des comptes, et de fonctionnaires de l'ordre le plus élevé du ministère des finances, présidées par deux présidents de section au Conseil d'État, statuent, sauf recours au C. d'État, sur les difficultés que peut soulever une aussi vaste opération. » (*Extr.*)

Indications diverses. (Nouvelles dispositions établies au sujet de la garantie de l'État et du partage des bénéfices). Lois du 20 nov. 1883, approuvant les conventions générales passées entre l'État et les grandes compagnies de ch. de fer. — Voir *Actions*, § 4, *Bénéfices* et *Conventions*.

II. Contrôle financier. (*Attributions dévolues aux fonctionnaires chargés de la surveillance de la gestion financière des compagnies*). — Voir les mots *Commissions*, § 5, *Contrôle*, § 4 *Dépenses, Inspecteurs, Justifications, Premier établissement*, etc. — Surveillance financière des chemins de fer de l'État. — V. *Commissions*, § 4, et *Comptes*.

Nouveau contrôle financier (créé pour surveiller la gestion financière des comp. de ch. de fer, au point du vue de l'exécution des conventions de 1883). — Applic. de l'art. 66 du cah. des ch., décrets des 7 et 26 juin 1884, et cir. min. du 22 janv. 1885. — V. *Commissaires généraux, Contrôle* et *Conventions*.

Compte courant de la garantie d'intérêt à la fin de chaque année. — Art. 20 et 21 des décrets des 2 et 6 mai 1863 cités au mot *Justifications* : « (Art. 20). Immédiatement après la fin de chaque année et avant le règlement définitif des comptes des recettes et des dépenses, arrêté conf. aux art. 18 et 19, si les produits de l'exercice affectés au payement de l'intérêt et de l'amortissement garantis par l'État, paraissent insuffisants, notre min. des trav. publ. peut, sur la demande de la comp., sur le rapport de la commission et après communication à notre min. des finances, arrêter le montant de l'avance à faire à la compagnie. Dans le cas où le règlement définitif des comptes de l'exercice ferait reconnaître que l'avance a été trop considérable, la comp. sera tenue de rembourser imméd. l'excédent au Trésor avec les intérêts à 4 p. 100. — (Art. 21). « Lorsque l'État a payé, à titre de garant, tout ou partie d'une annuité, il en est remboursé, avec les intérêts à 4 p. 100 par an, conf. aux dispositions de l'art. 11 de la convention du 11 juin 1859.

— A cet effet, le règlem. de compte arrêté par notre min. des tr. publ., ainsi qu'il est dit à l'art. 19 qui précède, contient, s'il y a lieu, la liquidation et le prélèvement des avances du Trésor. » — P. mém. V. *Justifications*.

Services spéciaux du trésor (pour les comptes de garantie d'intérêt). — Exécution des conventions de 1883. — V. Budget § 1.

Erreurs commises dans les comptes d'établissement. — Voir *Justifications*.

III. Garantie de l'État pour les lignes d'intérêt local. — Voir aux mots. *Chemin de fer d'intérêt local*, § 4, et *Subventions*, les nouvelles dispositions relatives à la transformation, en *garantie d'intérêt*, d'une partie de la subvention accordée par l'État pour l'établ. des lignes d'int. local et aux justific. à fournir par les concess.

Nota. — Lorsque l'État, usant de la faculté qu'il s'était réservée, convertit en annuités la subvention par lui promise à une comp. de ch. de fer, en vue de travaux à exécuter, et que la comp. émet des obligations pour réaliser cette subvention, le droit de timbre payé par abonnement pour ces obligations en vertu de la loi du 5 juin 1850 est au nombre des contributions à comprendre dans les comptes annuels d'exploitation dressés en vertu du règlement de la garantie d'intérêt due par l'État. (C. d'État, 4 mars 1881.)

Garantie d'obligations. (Chemin rétrocédé à l'État.) — V. *Obligations*.

IV. Garantie (et responsabilité) de droit commun (pour les questions de travaux et d'expl. des ch. de fer). — V. *Dommages, Litiges, Responsabilité* et *Travaux*.

Clause de non-garantie (pour les transports effectués en vertu de tarif spéciaux). — V. *Avaries, Bulletin* et *Clause de non-garantie*.

Questions de sécurité. — V. *Appareils, Intercommunication, Voyageurs*.

GARDE-CORPS.

Hauteur des parapets des ponts, etc. — Voir le mot *Parapets*.

GARDES.

Sommaire. — I. *Gardes-barrières* (installation et attributions). — II. *Gardes champêtres et forestiers*. — III. *Gardes-consignes* (service militaire). — IV. *Gardes-freins* (service de marche). — V. *Gardes-lignes* (ou cantonniers). — VI. *Gardes-mines*. — VII. *Gardes-pêche*.—VIII. *Gardes-stations et gardes-haltes*.

I. Gardes-barrières (Installation et attributions). — Ext. du cah. des ch. — « Art. 31. — La compagnie sera tenue d'établir à ses frais, partout où besoin sera, des gardiens en nombre suffisant pour assurer la sécurité du passage des trains sur la voie, et celle de la circulation ordinaire sur les points où le chemin de fer sera traversé à niveau par des routes ou chemins. »

Mode et conditions de service des barrières. (Prescriptions générales). — Art. 4 de la loi de 1845 et art. 4 de l'ordonn. de 1846). — V. *Barrières*.

Détails du service des gardes-barrières. — La manœuvre, la surveillance et la police des barrières des passages à niveau sont ordinairement confiées à des agents chargés, en même temps, d'un parcours de surveillance sur la ligne. Pendant les tournées de ces agents, le service des barrières est fait par les femmes des agents dont il s'agit. Ce système a été généralisé sur beaucoup de lignes de chemins de fer (voir ci-après l'extr. des instr. en vigueur sur divers réseaux).

« 1° *Ouverture des barrières.* — Les barrières des pass. à niveau doivent être habituellement fermées. — Lorsque l'ouverture en sera demandée, le garde devra s'assurer que les voies peuvent être traversées avant l'arrivée d'un train ; dans ce cas, il ouvrira les barrières, en commençant par la barrière de sortie, et les refermera immédiatement.

Les gardes doivent toujours être rendus près des passages à niveau dix minutes avant l'heure fixée pour l'arrivée des trains.

Lorsqu'un train est en vue à deux kilomètres, ou annoncé par la corne d'appel du garde voisin, il leur est défendu d'ouvrir.

2° Passages très fréquentés. — Les passages à niveau très fréquentés, dont les barrières pourront être tenues habituellement ouvertes, dans l'intervalle des trains, seront l'objet d'un ordre spécial de service.

3° Service de nuit. — Certains passages motivent l'installation de gardiens de jour et de nuit. Les gardes de jour ne doivent se retirer qu'après l'arrivée des gardes de nuit.

Lorsqu'un passage à niveau n'est point gardé la nuit, le garde de jour doit se lever pour ouvrir la barrière.

Ceux sur lesquels la circulation est interdite aux voitures, pendant la nuit, sont fermés à clef aux heures fixées par les décisions.

Les autres passages auxquels des maisons sont accolées sont également fermés à clef, entre huit et dix heures du soir. Si, plus tard, il survient des voitures pour passer, les gardes doivent se lever pour ouvrir, et puis fermer immédiatement.

4° Ponts et passages accessoires. — Lorsqu'il existe un pont à proximité des passages à niveau, ou un passage inférieur accolé à la barrière, les gardes doivent, autant que possible, y faire passer les piétons, les bestiaux et les petites voitures.

Passages pour piétons. — Les passages à niveau pour piétons, isolés ou accolés aux passages de voitures, sont ouverts par les passants, sous leur responsabilité, et n'ont pas de garde spécial. (V. *Barrières.*) — Les gardes devront avoir le soin de refermer les portillons ou petites barrières pour piétons qui auraient été laissées ouvertes.

5° Signaux d'arrêt. — Les gardes des passages à niveau, hommes ou femmes, doivent être toujours prêts à faire un signal d'arrêt, au moyen du drapeau rouge, le jour, et du feu rouge, la nuit. — V. aussi l'art. *Signaux détonants.*

6° Femmes gardes-barrières. — Les femmes gardes-barrières sont autorisées à vaquer aux soins de leur ménage toutes les fois que leur service n'exigera pas leur présence sur la voie. (Il leur est interdit de conserver leurs enfants auprès d'elles pendant leur service, au moment du passage des trains, ou de les tenir sur leurs bras.)

7° Éclairage, entretien, etc. — Les gardes-barrières doivent faire le nettoyage des rainures des passages plusieurs fois par jour, et surtout à l'approche des trains.

Ils sont aussi chargés de l'éclairage des passages éclairés la nuit. (Les gardes allument, au coucher du soleil, les lanternes fixes des passages à niveau, dont l'éclairage, pendant la nuit, a été fixé. — V. *Passages.*)

8° Tournées. — Les gardes-barrières, qui ont en même temps un canton de surveillance, doivent faire, sur la ligne, des tournées de service, et remplir les autres devoirs qui leur sont prescrits par les règlements et instructions. — V. *Gardes-lignes* et *Surveillance.*

Agents supplémentaires. — Les gardiens des passages à niveau ont presque toujours un aide (femme, enfant ou agent auxiliaire) en état de manœuvrer les barrières. — L'aide ouvre et ferme les barrières pendant que le garde est en tournée sur le canton. — Lorsque, dans le même canton, il existe *deux* pass. à niveau, le garde doit se porter, au moment du passage du train, à celui qui est le plus fréquenté. — L'aide fait le service de l'autre passage. »

Surveillance spéciale (en cas de retard des trains). — V. *Barrières*, § 5.

II. Indications diverses. — 1° Manœuvre des disques-signaux couvrant certains passage. — V. *Barrières* § 2 ; — 2° Nombre obligatoire d'agents, installation, négligence, etc. (V. *Gardes-lignes*) ; — 3° Logement des agents (V. *Jardins* et *Maisons de garde*). — 3° Indications générales. — V. *Agents, Personnel* et *Retraites.*

II. Gardes champêtres et gardes forestiers (*Agents du ch. de fer assimilés*). — Les agents assermentés des comp. étant assimilés, dans certains cas, aux gardes champêtres (art. 64 du cah. des ch., V. *Assermentation*), nous croyons utile de rappeler ici les extr. du Code d'instr. crim. qui règlent les attributions et les devoirs de ces derniers agents.

« Art. 16. — Les gardes champêtres et les gardes forestiers, considérés comme officiers de police judiciaire, sont chargés de rechercher, chacun dans le territoire pour lequel ils auront été assermentés, les délits et les contraventions de police qui auront porté atteinte aux propriétés rurales et forestières. — Ils dresseront des procès-verbaux à l'effet de constater la nature, les circonstances, le temps, le lieu des délits et des contraventions, ainsi que les preuves et les indices qu'ils auront pu en recueillir. — Ils suivront les choses enlevées dans les lieux où elles auront été transportées et les mettront en séquestre ; ils ne pourront, néanmoins, s'introduire dans les maisons, ateliers, bâtiments, cours adjacentes et enclos, si ce n'est en présence, soit du juge de paix, soit de son suppléant, soit du commissaire de police, soit du maire du lieu, soit de son adjoint ; et ie procès-verbal qui devra en être dressé sera signé par celui en présence duquel il aura été fait. — Ils arrêteront et conduiront, devant le juge de paix ou devant le maire, tout individu qu'ils auront surpris en flagrant délit, ou qui sera dénoncé par la clameur publique, lorsque ce délit emportera la peine d'emprisonnement, ou une peine plus grave. — Ils se feront donner, pour cet effet, main-forte par le maire ou par l'adjoint du maire du lieu, qui ne pourra s'y refuser.

« 17. — Les gardes champêtres et forestiers sont, comme officiers de police judiciaire, sous la surveillance du procureur du roi, sans préjudice de leur subordination à l'égard de leurs supérieurs dans l'administration. »

Surveillance de la voie. — Les gardes champêtres sont tenus d'exercer une surv. spéc. dans leurs tournées, aux abords des passages à niveau, des grandes tranchées et des ponts par-dessus, situés à proximité des lieux habitués, voisins du chemin de fer, afin de prévenir et de constater les tentatives de malveillance, les crimes et les délits contre la sécurité des trains. — V. *Actes de malveillance*, § 4.

Libre circulation sur la voie. — V. *Libre circulation.*

III. **Gardes-consignes** (Applic. du tarif militaire). — V. *Marine.*

IV. **Gardes-freins** (nombre d'agents pour chaque train). — Extr. de l'ordonn. de 1846. « Art. 18. Chaque train de voyageurs devra être accompagné 1°.... 2° du nombre de conducteurs gardes-freins qui sera déterminé pour chaque chemin, suivant les pentes et suivant le nombre de voitures, par le min. des tr. publ., sur la proposition de la compagnie. — Sur la dernière voiture de chaque convoi, ou sur l'une des voitures placées à l'arrière, il y aura toujours un frein, et un conducteur chargé de le manœuvrer. (V. *Freins*). — Lorsqu'il y aura plusieurs conducteurs dans un convoi, l'un d'entre eux devra toujours avoir autorité sur les autres..... (Ext.). — V. *Conducteurs.*

Attributions des gardes-freins. — Les conducteurs gardes-freins, recrutés ordinairement parmi les agents d'équipe qui se sont fait remarquer par leur bon service, sont placés directement sous les ordres des chefs de trains, chargés eux-mêmes de la manœuvre du frein placé dans le fourgon de tête du convoi. Ils doivent exécuter ponctuellement leurs ordres et se conformer, d'ailleurs, aux indications suivantes qui se trouvent insérées, en tout ou en partie, dans les règlements de service des diverses compagnies.

1° Les gardes-freins devront être rendus à la gare, une heure au moins (trains de voyageurs), et deux heures (trains de marchandises), avant le départ des trains qu'ils sont chargés d'accompagner. Ils concourent au chargement des bagages et de la messagerie sous les ordres du chef de train, et l'aident dans la reconnaissance et le classement des colis, *tant que le train n'est pas en marche.* Ils ouvrent, en temps utile, les portières des voitures dans l'ordre de la sortie des salles d'attente. Ils surveillent le placement des voyageurs dans les voitures et l'exécution des diverses mesures d'ordre et de police rappelées à l'art. *Voyageurs.*

2° Chaque garde-frein doit s'assurer, avant le départ, si l'appareil dont la manœuvre lui est confiée est en bon état, s'il fonctionne convenablement, et si la voiture sur laquelle il doit prendre place est pourvue des signaux et lampes nécessaires.

Le garde-frein doit avoir à sa portée, outre les règlements concernant son service : 1° un drapeau rouge ; 2° une lanterne à verres rouges ; 3° un briquet ou des allumettes chimiques ; 4° une boite de signaux détonants.

3° *Gardes freins de queue.* — Les gardes-freins de queue sont responsables du bon éclairage et du bon entretien des signaux d'arrière des trains. Toute avarie des signaux d'arrière reste à leur charge.

4° *Arrêts aux gares.* — A l'approche des gares, où le train s'arrête, les conducteurs doivent préparer leurs freins de manière à pouvoir les faire agir aussi rapidement que possible. — Pendant les stationnements, les gardes-freins sont chargés, sous la direction des chefs de gare et des chefs de train, de tout ce qui concerne le service du train.

Appel des stations. Vérification des attelages. — Les règlements de toutes les compagnies recommandent aux gardes-freins, *lorsque le train est complètement arrêté*, de parcourir la ligne du convoi (des voyageurs), d'ouvrir les portières sur la demande des voyageurs, en répétant à haute voix le nom de la station, des correspondances, et la durée du stationnement (lorsqu'il y en a un). — Ils vérifient en même temps l'attelage des voitures.

Dans les trains de marchandises en stationnement dans les gares, les gardes-freins vérifient l'attelage, et se mettent ensuite à la disposition du chef de train pour les chargements et les déchargements, et du chef de station pour les manœuvres à faire.

Il est formellement interdit aux gardes-freins d'attendre que le train soit en marche pour monter sur leur siège ; ils doivent le faire avant que le train soit démarré, et ne jamais se tenir debout pendant le trajet.

5° *Service pendant la marche. Signaux.* — Pendant la route, les gardes-freins doivent surveiller tout ce qui peut intéresser la marche ou la sécurité du train. Ils sont particulièrement chargés de la manœuvre des freins, suivant les circonstances et d'après les signaux du mécanicien (V. *Signaux*); à moins de danger imminent nécessitant l'arrêt, ils ne devront jamais serrer les freins avant les coups de sifflet. — V. *Freins.*

Toutefois, en cas de signal d'arrêt fait par un garde-ligne ou tout autre agent, ou en cas de détonation d'un ou plusieurs pétards, les règlements de la plupart des compagnies prescrivent aux conducteurs de serrer immédiatement leurs freins, sans attendre l'avertissement du mécanicien. Tous les règlements sont unanimes, d'ailleurs, pour recommander aux conducteurs de se tenir constamment à portée de leurs freins, pendant la marche, et d'apporter, soit de jour, soit de nuit, la plus grande attention aux signaux des gardes-lignes et des trains qui les croisent, afin de transmettre au besoin ces signaux aux conducteurs placés en tête, et, par son intermédiaire, au mécanicien.

6° *Manœuvre des freins.* — Les signaux ou coups de sifflet par lesquels le mécanicien dirige la manœuvre des freins, ont fait l'objet des prescriptions suivantes :

Un coup de sifflet annonce la mise en marche et ordonne de desserrer les freins ;
Les coups de sifflet saccadés commandent de serrer les freins.

Dès qu'ils entendent ce dernier signal, les conducteurs doivent porter la main à la manivelle du frein et le serrer vivement. Tout garde-frein qui exécute mollement cette manœuvre est sévèrement puni, et renvoyé en cas de récidive.

En arrivant aux stations, dès que le train est complètement arrêté ou sur le signal du mécanicien, et avant de descendre de leur siège, les conducteurs doivent desserrer les freins, afin qu'au départ, ils ne fassent pas obstacle à la mise en marche.

Manœuvre des freins dans les fortes pentes. — V. *Abandon*, § 4, et *Freins.*
Accidents. — Lorsque les gardes-freins s'aperçoivent de quelque danger ou de quelque accident qui nécessite l'arrêt immédiat du train, ils doivent, en serrant spontanément leur frein, agiter leur drapeau rouge ou leur lanterne, suivant qu'il fait jour ou nuit. Cette manœuvre est répétée par chacun des gardes-freins, ou par tout employé des gares ou de la voie, jusqu'à ce que le signal parvienne jusqu'au mécanicien.
Devoirs des gardes-freins en cas de détresse, etc. — V. *Détresse* et *Secours.*

7° *Arrivée à destination.* — A l'arrivée, les gardes-freins doivent concourir au déchargement des bagages et de la messagerie, et aider le chef de train dans tous les détails du service qu'il peut avoir à leur commander. (Ext. des instr.).

Affaires générales. — 1° Communication entre les gardes-freins et le mécanicien (V. *Communications*); — 2° Abandon du poste (V. *Abandon*, § 4); — 3° Infractions aux règlements (V. *Pénalités*); — 4° Nombre obligatoire d'agents, etc. (V. *Agents*, §§ 6 et 7, et *Conducteurs*); — 5° Adaptation de freins continus à tout le matériel de grande vitesse, et manœuvres diverses (V. *Freins*, § 2 *bis*); — 6° Questions de personnel (V. *Agents*, *Personnel* et *Retraites*).

V. Gardes-lignes.

V. Gardes-lignes. — Désignés sous la dénomination de *cantonniers*, aux art. 68 et 73 de l'ordonn. du 15 nov. 1846 (*Installation*). — « La compagnie sera tenue d'établir, à ses frais, partout où besoin sera, des gardiens en nombre suffisant pour assurer la sécurité du passage des trains sur la voie et celle de la circulation ordinaire sur les points où le chemin de fer sera traversé à niveau par des routes ou chemins. » (Art. 31 du cah. des ch., conforme aux prescriptions de l'art. 31 de l'ordonn. du 15 nov. 1846).

Nombre obligatoire d'agents. — Le nombre des gardes-lignes varie naturellement suivant les besoins de l'entretien et de la surveillance et est subordonné au plus ou moins d'importance de la circulation sur les chemins de fer. Toutefois, pour les chemins à *simple voie*, on ne saurait procéder par voie de proportionnalité, relativement au nombre de trains circulant sur la ligne, attendu que la surveillance y présente une grande sujétion, notamment au point de vue des signaux à faire en cas d'accident, de détresse des convois, des réparations de la voie, etc.
Longueur des cantonnements. — Dans la pratique, la longueur des cantonnements, sur les lignes les moins fréquentées, ne dépasse guère 3,000 mètres. Nous avons fait connaître à l'article *Collisions*, que, pour les lignes où les trains se succèdent à de faibles intervalles, l'étendue des cantonnements devrait être réduite à 1600 mètres ou 1700 mètres, et ne devrait jamais dépasser 2,500 mètres. Il est bien entendu que pour les agents chargés en même temps d'une portion de

ligne et de la surveillance d'un passage à niveau, la longueur du cantonnement doit être moins étendue que pour les gardes-lignes spéciaux.

Sur quelques réseaux, les gardes-lignes ou cantonniers n'ont pas individuellement de canton ; ils sont organisés par brigades de 5, plus un chef, et chargés ainsi en commun de l'entretien, des réparations et de la surveillance d'une section de ligne déterminée ; sur d'autres réseaux, chaque garde-ligne a un canton fixe, les réparations un peu importantes étant faites par des équipes volantes de poseurs. Ce dernier système produit de bons effets sur les lignes très fréquentées, où la surveillance se trouve ainsi mieux échelonnée et plus régulière. — V. *Poseurs* et *Surveillance*.

Insuffisance du nombre d'agents. — En cas d'insuffisance du nombre d'agents placés le long du chemin, pendant le jour et pendant la nuit, soit pour l'entretien, soit pour la surveillance de la voie, le ministre des travaux publics en règlera le nombre, la compagnie entendue. (Art. 31 de l'ordonn. du 15 nov. 1846. Ext.).

Recrutement. — Les gardes-lignes sont choisis de préférence parmi les meilleurs poseurs et les ouvriers employés à des travaux de constr. ou d'entretien du ch. de fer. La limite d'âge fixée pour leur admission (35 ans) est ordinairement portée à 40 ans et même 45 ans pour ceux qui travaillent depuis un certain temps sur le ch. de fer.

ATTRIBUTIONS. — Sur tous les chemins de fer, les gardes-lignes (dont les attributions correspondent à peu près à celles des cantonniers des routes), sont spécialement chargés, sous les ordres *immédiats* des piqueurs ou conducteurs de la voie et des chefs de section :

« 1° De la sécurité, de la surveillance et de la garde de la voie et de toutes ses dépendances dans l'étendue du canton qui leur est confié. Ils sont responsables de tous les accidents qui seraient le résultat de leur négligence. — V. *Accidents, Actes de malveillance, Collisions* et *Surveillance*.

2° De manœuvrer, lorsqu'il y a lieu, les aiguilles de la voie. — V. *Aiguilleurs*.

3° De prévenir les délits de grande voirie et de les constater, lorsqu'il y a lieu (V. *Contraventions*), et de signaler les dérangements des appareils télégraphiques. — V. *Télégraphe*.

4° De faire les tournées nécessaires pour s'assurer que rien ne s'oppose à la libre circulation des trains. Ces tournées sont réglées par des ordres de service spéc. — V. plus loin, 6°.

5° De faire les signaux prescrits pour que les convois se suivent à l'intervalle réglementaire ou dans l'ordre indiqué par les tableaux approuvés de la marche des trains. (V. *Intervalles* et *Signaux*.) La position à occuper par les gardes pour faire les signaux nécessaires, au passage et au croisement des trains, est indiquée aux art. *Manœuvres* et *Surveillance*.

Lorsqu'un garde remarque un dérangement, un obstacle ou tout autre particularité de nature à compromettre la sécurité d'un train, il doit se porter immédiatement à 800 mètres *au moins* en avant du point dangereux pour faire le signal d'arrêt (V. *Signaux*). Si les deux voies sont obstruées ou si le dérangement se produit sur la voie unique, le garde-ligne doit couvrir d'abord le point vers lequel un train est attendu, et prendre, le plus tôt possible, les dispositions nécessaires pour faire le signal d'arrêt de l'autre côté de la voie.

6° Les gardes-lignes devront exécuter tous les travaux de petit entretien dont ils reconnaîtront la nécessité dans leurs tournées et tous ceux qui leur sont indiqués par les piqueurs et les chefs de section (entretien de toutes les pièces entrant dans la composition des voies, règlement de la surface du ballast, pilonnage des sables remaniés, visite des ouvrages d'art, entretien et curage des fossés, réparations des talus, conservation de bornes, clôtures, plantations, etc.)... Ils veilleront à ce que le feu projeté par les machines ne se communique pas aux ouvrages en charpente, aux herbes, aux bois. En cas de sinistre, ils prendront toutes les précautions pour éteindre le feu, et, s'il en est besoin, ils appelleront du secours.

7° Les gardes-lignes porteront une attention spéciale sur les dépôts de matériaux et autres qui pourraient être atteints par les wagons et les machines. (Ils ne doivent pas perdre de vue que les marchepieds dépassent extérieurement les rails de 0^m,90 et que, pour certaines machines, les cendriers et les bielles descendent à 0^m,10 au-dessus du rail.)

8° Pendant la durée fixée pour leur service, les gardes ne doivent, sous aucun prétexte, abandonner leur canton, à moins qu'ils n'en soient requis par le chef d'un train en détresse, ou, en cas d'urgence, par le chef de section ou le piqueur.

Les pluies, les neiges et autres intempéries ne peuvent être un prétexte d'absence pour les gardes ; dans ces circonstances, ils doivent, au contraire, redoubler de zèle et d'activité pour assurer la libre circulation des trains et prévenir les dégradations du chemin.

9° *Enlèvement des neiges*. — V. *Neiges* et *Surveillance*.

10° *Surveillance de nuit*. — La surveillance de nuit est généralement confiée à des gardes spéciaux, ne faisant pas de service le jour (Enq. sur l'expl.). — Les devoirs principaux à remplir par les gardes-lignes en ce qui concerne le service de nuit, sont rappelés à l'art. *Surveillance*.

11° *Détails du service*. — Nous avons, d'ailleurs, reproduit à l'art. *Gardes-barrières* les dispositions spéciales concernant ces agents, et aux articles *Poseurs*, § 1, et *Surveillance*, diverses prescriptions générales appliquées, à quelques variations de détail près, sur toutes les lignes de chemins de fer, en ce qui concerne le service général des gardes-barrières, gardes-lignes, poseurs et autres agents de la voie.

12° *Gardes supplémentaires*. — Sur presque tous les chemins de fer, des gardes supplémentaires sont employés pour suppléer au besoin les gardes de toute classe qui seraient malades ou en permission (des ouvriers auxiliaires leur sont également adjoints pour certains travaux urgents).

Ces agents sont assujettis à toutes les obligations des gardes qu'ils remplacent et soumis aux mêmes règlements. Ils sont ordinairement employés à faire la distribution des matières et la répartition des matériaux employés à l'entretien. » (Inst. spéc.).

Négligences, Encouragements, etc. — Nous rappelons que les infractions commises par les gardes-lignes et gardes-barrières aux règlements et ordres de service qui les concernent, et dont ils doivent toujours être porteurs, sont punies, sur toutes les lignes, avec une grande sévérité ; mais, d'un autre côté, des primes leur sont accordées à titre d'encouragement, lorsque, par leurs soins, leur travail et leur vigilance, ils ont prévenu des accidents ou signalé quelques faits importants à connaître, ou lorsqu'ils se sont fait particulièrement remarquer par leur dévouement au service et par le soin apporté dans leurs travaux, et l'exactitude de leur surveillance.

Indications générales. — 1° Congés, maladies, secours (V. ces mots). — 2° Affaires diverses. (V. *Agents, Cantonnier, Personnel, Retraites* et *Signaux*). — 3° Outils dont les gardes-lignes et poseurs doivent être munis dans leurs travaux. (V. *Outils* et *Poseurs*.) En dehors des outils, carnets, etc., chaque garde est aussi porteur d'un *drapeau rouge et vert*, — *d'une lanterne à trois verres, d'une boîte à pétards et d'un cornet d'appel*.

VI. Gardes-mines (Surveillance techique, exercée en vertu des art. 51 et 56 de l'ordonn. du 15 nov. 1846, de l'arr. min. du 15 avril 1850, etc. etc.). — V. *Contrôle*.

Principales attributions. — Sur tous les ch. de fer, des gardes-mines dépendant, comme les ingén. des mines, de l'adm. des tr. publ., sont placés sous les ordres de ces ingén. pour concourir à la surv. technique de l'expl. des lignes ferrées. — Les formalités de leur prestation de serment sont indiquées au mot *Assermentation*.

Les principales attributions des gardes-mines, attachés aux services de contrôle, consistent dans les essais de machines, la surveillance du matériel roulant, la visite et les épreuves des grues de chargement, la surveillance des réparations de machines locomotives dans les ateliers et enfin l'étude et la préparation des affaires relatives aux signaux, au mouvement proprement dit des convois et à la constatation des retards, des accidents, etc. (V. ces mots). — V. aussi *Contrôle*, § 2 bis.

Les extraits de l'ordonn. du 15 nov. 1846, de la circ. minist. du 15 avril 1850, et des autres documents généraux concernant la participation des gardes-mines au service du contrôle des chemins de fer et l'indication des points où il convient de fixer leur résidence, sont reproduits aux articles *Conducteurs des p. et ch., Contrôle* et *Ingénieurs*.

Les gardes-mines concourent d'ailleurs, avec les conducteurs des p. et ch. et les officiers de police judiciaire, à la constatation des crimes, délits et contraventions commis sur les chemins de fer. — V. *Carrières, Contraventions, Mines* et *Procès-verbaux*.

Droit de libre circulation. — Les gardes-mines, de même que les ingénieurs, ont le droit de libre circulation et de parcours, dans les voitures, sur la voie, sur les machines, dans les gares, stations et ateliers, pour la surveillance du matériel et du mouvement, ou pour tout autre objet nécessaire au service. — V. *Libre circulation*.

Indications diverses. — 1° Assermentation, congés, feuilles signalétiques, frais de tournées, retraite, uniforme (V. ces mots). — 2° Surveillance spéciale des appareils à vapeur (V. *Chaudières, Locomotives, Machines, Manomètres, Soupapes*, etc.). — 3° Surveillance de la fabrication de la dynamite à transporter par ch. de fer (art. 4, arr. min. 10 janv. 1879 (V. *Dynamite*, § 2).

VII. Gardes-pêche. — Bien que ces agents ne soient pas désignés à l'art. 61 de l'ordonn. du 15 nov. 1846, comme pouvant circuler librement sur la voie des ch. de fer, à la condition de se trouver en tournée de service et d'être revêtus de leur uniforme ou de leurs insignes, ils sont sous ce rapport, au moins sur quelques lignes, assimilés aux gardes champêtres et gardes forestiers au point de vue de leur libre introduction dans l'enceinte des voies ferrées, moyennant toutefois des autorisations spéciales.

VIII. Gardes-stations et gardes-haltes (Conditions générales de service). V. *Agents Chefs de gare, Haltes, Personnel, Stations*, etc.

GARES. — STATIONS. — HALTES.

SOMMAIRE. — I et I bis. *Conditions d'établissement* (des gares, avenues, etc.). — II. *Nouvelles gares, stations et haltes.* — III. *Modification ou déplacement des gares.* — IV. *Conditions ordinaires d'entretien et de service* (gares, avenues, cours). — V. *Affluence exceptionnelle, encombrement, etc.* — VI. *Libre introduction des voyageurs* (sur les quais ou trottoirs des gares et des stations). — VII. *Gares de jonction et gares communes.* — VIII. *Gares et quais maritimes.*

I. Conditions d'établissement. — Les dénominations *gare* et *station* sont fréquemment employées l'une pour l'autre; elles ont, cependant, une signification différente. *Gare* se se dit de l'ensemble de l'emplacement affecté au service des voyageurs et des marchandises, tandis que *station* désigne surtout le bâtiment où se trouvent les bureaux et les salles d'attente des voyageurs. — Ce sens est un peu différent de celui indiqué à l'art. 9, ci-après, du cah. des ch., où l'on ne dénomme que les *gares de marchandises* et les *stations de voyageurs*. Mais l'usage a fait adopter le nom de *gare* ou de *station* suivant l'importance des localités et des établissements, et ce que l'on appelle même communément une *station* comporte, sauf de rares exceptions, un service de petite vitesse. — Les *haltes*, admises sur quelques réseaux, indépendamment des gares et des stations, ne sont à proprement parler que de simples points de stationnement ménagés à certains passages à niveau pour le départ ou l'arrivée des voyageurs, avec exclusion, en général, du service des bagages, des chiens et de la messagerie.

Formalités d'autorisation des projets de gares. — D'après l'art. 5 du cah. des ch., la position des gares et stations projetées devra être indiquée tant sur le plan que sur le profil en long joints aux projets d'ensemble, le tout sans préjudice des projets à fournir pour chacun de ces ouvrages.

Approbation administrative (art. 9 du même cah. des ch.) : voir ci-après :

« Art. 9. Le nombre, l'étendue et l'emplacement des gares d'évitement, seront déterminés par l'administration, la compagnie entendue. — Le nombre des voies sera augmenté, s'il y a lieu, dans les gares et aux abords de ces gares, conformément aux décisions qui seront prises par l'administration, la compagnie entendue.

« Le nombre et l'emplacement des stations de voyageurs et des gares de marchandises seront également déterminés par l'administration, sur les propositions de la compagnie, après une enquête spéciale (V. *Enquêtes*).

« La compagnie sera tenue, préalablement à tout commencement d'exécution, de soumettre à l'administration le projet desdites gares, lequel se composera :

« 1° D'un plan à l'échelle de 1/500e, indiquant les voies, les quais, les bâtiments et leur distribution intérieure, ainsi que la disposition de leurs abords ;

« 2° D'une élévation des bâtiments à l'échelle d'un centimètre par mètre ;

« 3° D'un mémoire descriptif dans lequel les dispositions essentielles du projet seront justifiées. » — V. aussi les mots *Avenues des gares, Projets, Subventions*, etc.

Réserves devant accompagner l'approbation des projets (Avis du Conseil gén. des p. et ch. 6 déc. 1877). V. *Projets.*

Gares communes avec les nouveaux embranchements (voir plus loin, § 7).

I *bis. Classement des gares.* — A l'origine de la constr. des gr. lignes de ch. de fer, les gares et stations ont été classées par catégorie, suivant l'importance de leur trafic présumé et du chiffre de la population qu'elles étaient appelées à desservir. Des types spéciaux de bâtiments étaient appliqués à chacune de ces catégories, et il n'a été fait d'exception que pour les gares de tête de lignes, ou autres, pourvues d'ateliers, de dépôts spéciaux de machines ou d'autres grands aménagements.

Les autres gares ou stations étaient ordinairement divisées en quatre groupes, savoir : les trois premiers relatifs aux gares fournissant en voyageurs et marchandises un trafic plus ou moins considérable, et la dernière classe comprenant surtout les plus petites stations non pourvues d'un service de marchandises.

Par suite des fusions intervenues entre les diverses compagnies, et depuis l'adjonction, dans un même réseau, de gares édifiées dans des conditions souvent très différentes, quoique appelées à satisfaire à des besoins à peu près uniformes, il n'existe de classification réelle que celle résultant de la comparaison respective du trafic des gares, trafic qui varie, d'ailleurs, suivant les circonstances.

Enfin, il n'existe aucune corrélation *invariable* entre le service des voyageurs et celui des marchandises. Il arrive parfois que l'on établit une très petite halle dans une gare très importante, comme service des voyageurs, et *vice versá.* En un mot, si dans la construction primitive, on a cru devoir adopter certains types distincts de bâtiments de voyageurs, de marchandises, de remises de voitures ou de machines, on s'est trouvé fréquemment obligé, dans la pratique, d'appliquer plusieurs types différents à la même station, comme, par exemple, le type de la 1ʳᵉ classe à un bâtiment de voyageurs, ne comportant, comme marchandises, que le type de la 3ᵉ classe, etc.

Les constructions sont agrandies lorsqu'il y a lieu, moyennant l'approbation de l'administration, au fur et à mesure des besoins réels du service. (Sur quelques réseaux, l'installation spéciale de la petite vitesse a paru motivée en principe et en application, lorsque le trafic probable paraissait devoir s'élever à 3 ou 4 mille tonnes par an). — Au sujet des dépenses d'établissement, voir la note ci-après :

Prix d'établissement. — L'ordre des matières de ce recueil nous a obligé à résumer, dans des articles distincts, les indications réglementaires ou particulières qui se rattachent à l'installation des gares et notamment aux abris, annexes, fosses, gabarits, grues, halles, hangars, ponts à bascule, remises, réservoirs, etc. Nous avons indiqué aussi, à quelques-uns de ces articles, le prix approximatif des ouvrages, lorsqu'il nous a été possible de recueillir ce renseignement pour l'une ou plusieurs des grandes lignes. En ce qui concerne la construction du bâtiment proprement dit des voyageurs, non compris les abris, annexes, hangars, etc., etc., nous avons sous les yeux des documents qui font ressortir le prix de revient des bâtiments d'un certain nombre de stations, savoir : gares hors classe (pour mémoire); 1ʳᵉ classe, de 80 à 90,000 fr.; 2ᵉ classe, de 50 à 60,000 fr.; 3ᵉ classe, de 30 à 40,000 fr.; 4ᵉ classe, de 20 à 30,000 fr. Nous parlons ici, bien entendu, des bâtiments en *maçonnerie*, établis dans des conditions moyennes et n'ayant pas nécessité de fondations extraordinaires. — V., au surplus, l'art. *Prix divers.*

Nota. — Dans les prix approximatifs indiqués ci-dessus pour les bâtiments des stations, ne sont pas compris les terrains, ni les terrassements, ni les diverses dépendances qui constituent en dehors du bâtiment des voyageurs proprement dit l'ensemble d'une gare ou d'une station.

Voies de garage (installation et prix de revient). — V. *Garage.*

Installations pour le service militaire. — V. *Conférences, Quais, Travaux, Zone,* etc.

Accessoires divers. — Voir les mots *Abris, Bagages, Bureaux, Halles, Haltes, Matériel fixe, Remises, Salles d'attente, Télégraphie,* etc. — Il est presque inutile de rappeler que les locaux des billets, des bagages, du télégraphe, de la messagerie, ainsi que les divers bureaux de la petite vitesse, du chef de gare, du commissaire de surveill., du médecin, lorsqu'il y a lieu, et les autres installations qui s'y rattachent, doivent toujours être disposés de manière à être facilement accessibles au public. — V. *Bureaux.*

Agrandissement des gares (et modifications diverses). — V. ci après § 3.

Disposition des trottoirs des stations. — Voir *Quais* et *Trottoirs.*

II. Nouvelles gares ou haltes à imposer aux compagnies. — D'après un arrêt rendu au contentieux du C. d'État, le 28 juin 1878 aff. de la Comp. du Nord, le min. des tr. publ. ne saurait imposer à une comp. concess. d'un ch. de fer en expl. l'obligation d'établir de nouvelles gares. — Voici le résumé de cet arrêt :

(*Ext.*) — « Il résulte, tant de l'ensemble des lois et règl. sur les ch. de fer que du cah. des ch., que si les concess. restent tenus, pendant toute la durée de la concession, de se conformer à toutes les mesures que l'admin. supér. juge convenable de leur prescrire dans l'intérêt du bon entretien du chemin de fer et de la sûreté de la circulation sur la voie ferrée, ils n'ont, en ce qui touche les tr. de constr. des ch. de fer et des ouvrages qui en dépendent, d'autre obligation que celle d'exécuter ces travaux conformément aux plans approuvés par le min. des tr. publics, dans les termes de l'art. 3 du cah. des ch., sauf les cas où l'admin. s'est expressément réservé le droit de leur imposer des travaux complémentaires, comme elle l'a fait par l'art. 6, pour l'établ. d'une seconde voie, et par le § 2 de l'art. 9 pour les voies dans les gares et aux abords de ces gares. — Ni l'art. 9 ni aucun art. du cah. des ch. ne contiennent, pour les gares de voyageurs et les stations de marchandises, aucune réserve de cette nature. — Dès lors, le min. des tr. publ. n'est pas fondé à soutenir que, en vertu de l'art. 9 du cah. des ch., il avait le droit de prescrire à la comp. du ch. de fer du Nord, en dehors d'un accord préalable avec cette compagnie, la construction de 2 gares nouvelles (l'une à Hachette, sur la ligne de Saint-Quentin à Erquelines, l'autre à Camiers sur celle d'Amiens à Boulogne) en sus de celles dont il avait déterminé le nombre et l'emplacement lors de la construction de ces lignes ». (C. d'*État*, 28 juin 1878). — Voir le nota ci-après :

Nota. — « Cet arrêt, fait observer l'instruction notifiée par un chef de service du contrôle, ne doit pas dispenser ledit service d'examiner attentivement les demandes auxquelles il s'applique et que la compagnie a repoussées. — L'administration, en effet, a toujours la faculté d'agir auprès de la compagnie pour la faire revenir sur ses déterminations, mais elle n'en saurait user, on le comprend, que pour la défense d'un intérêt général assez grand. » — Une décision explicite a été prise du reste à ce sujet, le 7 mai 1880, pour le réseau du Midi, au sujet d'un vœu du conseil général de la Haute-Garonne ayant pour objet d'obtenir l'établ. d'une halte au lieu dit de Lespinasse, sur la ligne de Bordeaux à Cette. — Entre autres motifs donnés par les ingén. du contrôle à l'appui du rejet de cette demande, rejet prononcé d'ailleurs par le ministre, il était dit qu'en vertu de l'arrêt du C. d'État du 28 juin 1878, l'admin. n'avait aucun moyen de contraindre la comp. à établir la halte dont il s'agit, et que ce motif suffisait à clore la discussion. — D'autre part, la comp. posait en principe que sur une ligne aussi fréquentée que celle de Bordeaux à Cette, tout établ. de halte devait être systématiquement refusé. — Le ministre, tout en rejetant, comme nous l'avons dit, dans l'espèce, la demande de halte, a posé le principe suivant :

(*Ext.*) — « La question tranchée par l'arrêt du 28 juin 1878 n'a été portée qu'une fois au contentieux. La jurispr. sur ce point ne peut donc être considérée comme définitivement établie, et l'admin. se réserve le droit de chercher à la faire modifier dans l'avenir. En tout cas, il convient que le service du contrôle examine à fond tous les vœux qui lui sont transmis et apprécie la valeur des motifs invoqués par les pétitionnaires. — Il appartient ensuite au ministre, s'il juge ces motifs suffisants, de chercher à faire donner satisfaction aux demandes présentées, en usant suivant le cas de son influence ou de son autorité sur les compagnies (1).

---

(1) La question relative à l'établissement de *gares nouvelles* durant la concession d'un chemin de fer a été, en effet, portée de nouveau devant la juridiction admin.; mais, par un nouvel arrêt au contentieux (24 nov. 1882), le C. d'État a maintenu son avis précité du 28 juin 1878, et reconnu le droit absolu d'initiative à cet égard pour le concessionnaire, même pendant la période de construction.

« D'un autre côté, je ne considère pas le développement du trafic d'une ligne comme suffisant pour n'y établir de haltes en aucun cas ; il existe des haltes sur plusieurs lignes aussi fréquentées que celle de Bordeaux à Cette, et c'est seulement d'après les circonstances particulières à chaque espèce, circonstances parmi lesquelles le nombre de trains en circulation sur la ligne doit entrer en ligne de compte, mais sans dominer complètement la question, que l'opportunité d'établir de nouveaux arrêts sur une ligne doit être appréciée. » — (Décis minist. 7 mai 1880. — Ext.).

Ext. de carte ou de plan (à joindre aux dossiers). — V. *Haltes.*

Reconstruction d'une gare ou station incendiée, détruite, etc. — « La reconstruction d'une station de chemin de fer ressortit, comme la construction, à l'autorité administrative compétente. — L'autorité judiciaire ne peut connaître de cette reconstruction ni directement ni indirectement. » (Trib. civil *de la Seine,* 17 avril 1873.) — En effet, aux termes de l'art. 9 du modèle de cah. des ch. d'une concession de ch. de fer, le nombre et l'emplacement des stations de voyageurs sont déterminés après enquête par l'admin., sur les propositions de la compagnie. C'est également dans la même forme que doit être *reconstruite* ne station qui a été détruite, par suite de circonstances quelconques. Voir ci-dessus § 1er. — Voir aussi le mot *Utilité publique.*

III. Modifications ou déplacements de gares. (*Agrandissements, Suppression, Aménagements nouveaux, Contestations,* etc.) — Au sujet de l'agrandissement successif des gares ou des stations « les compagnies de chemin de fer doivent se mettre en mesure de satisfaire à tous les besoins du public en faisant correspondre à l'accroissement régulier de ces besoins l'augmentation du personnel et du matériel ainsi que l'*agrandissement des gares* ». (C. d'appel *Montpellier,* 14 juin 1873.) — Le principe posé par l'arrêt de la cour d'appel de Montpellier est excellent, mais l'application est loin d'être exempte de sérieuses difficultés. — Nous avons dû résumer aux articles *Affluence* et *Encombrement de gares,* des indications assez nombreuses, relatives aux interruptions ou aux irrégularités de service causées par des circonstances de *force* majeure. — Voici, *pour mémoire,* quelques détails particuliers à ce sujet :

Accroissement progressif du service des voyageurs. — Il n'y a aucune règle précise pour la question d'installation des gares. — Cette matière si variée exige des études approfondies pour chaque cas particulier. — Quelques ingén., dans le but de déterminer le *minimum indispensable* d'emplacement affecté aux voyageurs (parties accessibles au public, salles des billets et des bagages, *au départ,* salles d'attente avec leurs couloirs, *mais sans compter* les installations de l'*arrivée,* ni les trottoirs *extérieurs* couverts), ont établi un rapport entre cette surface couverte accessible et le nombre annuel des voyageurs *expédiés,* et en multipliant ce rapport par 1000 ils ont reconnu que le chiffre ainsi obtenu pouvait être considéré comme le coefficient de capacité par rapport aux voyageurs. — En appliquant ce résultat d'une manière générale, en se bornant aux besoins les plus restreints des gares et indépendamment des autres éléments à considérer, par exemple, le nombre de trains par jour, la répartition du nombre total des voyageurs *suivant la saison,* la période de temps pendant laquelle on ouvre aux voyageurs les salles d'attente avant le départ, etc., etc., on est arrivé à reconnaître que le chiffre 2 représente le coefficient de capacité minimum, *au-dessous duquel il y a insuffisance absolue,* de 2 à 5 le coefficient correspond non plus au chiffre strict *moyen* des voyageurs du service normal, mais à un service large, où l'on n'a point toutefois fait entrer les prévisions d'affluence, de fêtes, de marchés ou de saisons exceptionnelles. — De 5 à 10, le coefficient répond à des installations suffisantes, pour assurer à peu près en tout temps la rapidité et la régularité du service.

Accroissement progressif du service des marchandises. — On arriverait peut-être, par un procédé analogue à celui qui vient d'être indiqué, à pouvoir déterminer, au moins d'une manière approximative, le minimum indispensable de superficie *couverte* des halles de marchandises. — Mais, dans la plupart de ces gares, le service des arrivages et celui du départ ne sont pas toujours assez distincts. — D'un autre côté, la surface *couverte* n'est pas exclusivement affectée au dépôt et à la manutention des colis ; elle est occupée aussi en partie par des voies de service intérieures. — Enfin, au point de vue de l'emplacement général (*couvert* ou *non couvert*), on sait que dans certaines gares les manœuvres sont facilitées par des appareils spéciaux de levage ou autres qui suppléent plus ou moins les quais ou les voies de dégagement. — Du reste, à l'occasion du premier établissement surtout, il est assez difficile de prévoir à l'avance le trafic d'une gare, trafic qui peut se développer considérablement, comme il peut rester stationnaire ou se trouver au-dessous des prévisions. — Il faut tenir compte aussi des marchandises encombrantes, des chargements en débord, et, comme nous l'avons dit, des *encombrements exceptionnels* et momentanés. — Les aménagements sont d'abord installés pour un trafic évalué le mieux possible, sauf à se développer plus tard au fur et à mesure des besoins. — D'une manière générale, *en tenant compte du nombre considérable de gares déjà construites*, on peut considérer comme une bonne moyenne la disposition qui correspondrait aux dimensions suivantes, savoir : 1° *Arrivages*, 1 mèt. de *quai couvert* pour 30 tonnes de trafic annuel, 1 mèt. de *quai découvert* pour 35 tonnes, id.; — 2° *Expéditions*, 1 mèt. de *quai couvert* pour 45 à 50 tonnes de trafic annuel, 1 mèt. de *quai découvert* pour 55 à 60 tonnes ; — 3° Cours et dégagements, environ 1 mèt. de surface pour 65 à 70 tonnes annuelles de marchandises *expédiées et reçues*. — Dans beaucoup de gares, au surplus, l'enlèvement des colis est plus ou moins actif et s'effectue, en général, plus rapidement par le chemin de fer que par le public. — V. ci-après au § 4.

Contestations sur l'établissement ou le déplacement des gares. — On a vu ci-dessus, au § 1er, que c'est l'admin. qui détermine après enquête le nombre et l'emplacement des gares de voyageurs et de marchandises. — La construction *immédiate* de gares *autorisées* ne peut même être ordonnée par l'autorité judiciaire, ainsi qu'il résulte de la décision suivante. — « Une Cour d'appel ne peut connaître de la demande formée par une ville contre une comp. de ch. de fer, dans le but de faire ordonner la construction *immédiate* de deux gares, approuvée au nom de l'État par l'admin. supér., et notamment par décis. du min. des tr. publ. ; il s'agit alors de contestations élevées sur un véritable marché de travaux publics, qui ne peuvent être jugées que par les tribunaux administratifs. » (C. C., déc. 1861.)

Déplacement, translation, suppression des gares. — D'après les documents sur la matière, le droit de supprimer ou de déplacer une gare ne saurait être contesté à l'administration. — Une compagnie, après avoir traité avec un expéditeur de plâtres, pour les réceptions de ses marchandises, à l'une des gares (de Paris), ne peut pas, il est vrai, le contraindre à apporter ses plâtres à une autre gare (placée également dans Paris), sous prétexte qu'une décision ministérielle a désigné cette dernière gare comme lieu de départ pour l'une des lignes du réseau. (T. comm. Seine, 13 juin 1860.) Mais ce principe de droit civil, applicable à l'exécution d'un traité, n'entrave en rien l'action administrative, en ce qui concerne le droit de translation, déplacement ou suppression de la gare. — En effet, en autorisant l'établ. d'une station sur un point quelconque de la ligne, l'admin. publ. ne prend aucun engagement envers la comp. ni envers le public ; elle conserve le droit de prononcer, s'il y a lieu, la suppression de cette gare. (Tel est le sens d'un arrêt de la C. de cass. du 10 mai 1844.) Dans cet arrêt, pas plus que dans les documents admin. et judic. qui l'ont suivi jusqu'à ce jour, il n'a été question de rendre obligatoires, par exemple, les formalités d'enquête qui devraient rigoureusement précéder la suppression d'une gare. L'admin. supér. reste seule juge de l'opportunité de cette mesure et de l'accomplissement des formalités dont elle doit être l'objet.

Nous citerons, à l'appui, divers documents très explicites en ce qui concerne le déplacement des gares, des chemins aux abords, etc.

1° Une décis. minist. du 18 juin 1863 a autorisé la comp. de Paris à la Méditerranée à affecter exclusiv. la gare de Lyon (Part-Dieu), qui forme une annexe de la gare de Lyon-Guillotière, à la réception des bois, houilles, cokes et matériaux de construction, sous la seule réserve que la gare de la Part-Dieu serait ouverte à la réexpédition des bois. — Plusieurs industriels se sont pourvus au C. d'Etat contre cette décision, au sujet de laquelle est intervenu l'arrêt suivant (20 août 1864) :

« Considérant que les requérants soutiennent que le ministre, en autorisant la compagnie à affecter la gare de la Part-Dieu à recevoir les bois, houilles, cokes et matériaux de construction qui étaient précédemment reçus dans la gare de la Guillotière, aurait supprimé indirectement une gare établie en vertu de la loi ;

« Considérant qu'en admettant que l'indication dans les cah. des ch..... d'une gare de marchandises à établir au quartier de la Guillotière, à Lyon, eût le caractère d'une prescription législative, il résulte des termes mêmes de la réclamation adressée à l'admin. par les requérants, que la gare dont il s'agit n'a pas été supprimée, que le ministre s'est borné à modifier la destination de cette gare, de manière à éviter un encombrement qu'il jugeait devoir compromettre le service du chemin de fer et la sûreté publique ;

« Que le ministre tenait des dispositions mêmes des cah. des ch. précités le pouvoir d'autoriser cette modification, et que l'autorisation n'a été accordée qu'après que la demande de la compagnie avait été rendue publique et que les parties avaient été entendues..... Rejette, etc. »

2° *Demande de rétablissement d'une ancienne gare supprimée.* — « Lorsqu'aux termes du cah. des ch. annexé à la loi de concession d'un ch. de fer, il appartient à l'admin. de déterminer, après enquête, le nombre et l'emplacement des gares qu'elle juge utiles pour le service d'un ch. de fer, la décision par laquelle le min. des tr. publ. refuse d'ordonner le rétablissement d'une gare supprimée (dans l'espèce depuis 15 ans), n'est pas susceptible de recours devant le C. d'Etat, statuant au contentieux, de la part des particuliers habitant la commune où se trouvait cette gare et agissant, soit en leur nom personnel, soit au nom de la commune pour laquelle ils n'ont pas été autorisés à agir par le C. de préf. » (Affaires Hachard et Quinard, C. d'Etat, 28 janv. 1864.)

3° *Réformation d'un jugement au sujet des dispositions d'une gare.* — « Les comp. de ch. de fer ne sont obligées de transporter, dans un lieu déterminé, et d'y livrer les marchandises soumises au tarif de la petite vitesse, qu'autant qu'il existe, dans ce lieu, une gare affectée aux marchandises de cette espèce.

« D'un autre côté, la détermination de l'établ. des gares, soit pour les voyageurs, soit pour les marchandises, leur nombre et leur emplacement appartiennent exclusiv. au pouvoir administratif.

« La station dont il s'agit, établie conf. aux prescr. admin., n'est disposée que pour les transports à grande vitesse. Par conséquent, la décision du tribunal implique, pour la comp., l'obligation de modifier l'état de cette station et d'y créer une gare de marchandises à petite vitesse. — Cette décision constitue un empiétement direct sur les attributions du pouvoir administratif. — Si l'état de choses actuel porte préjudice à des commerçants, il leur est possible de faire valoir leurs réclamations auprès de l'autorité compétente. » (C. Paris, 4 août 1866.)

4° *Questions d'agrandissement des gares.* — L'ouverture de nouvelles gares ou l'extension des anciennes sur des terrains qu'il y a lieu d'exproprier pour cause d'utilité publique, donnent lieu aux formalités administratives et judiciaires que motivent les travaux eux-mêmes de premier établissement. (Voir à ce sujet les indications résumées à l'art. *Utilité publique.*)

5° *Déplacements de chemins, causés par l'extension des gares.* — Le déplacement d'un chemin latéral, occasionné par les travaux d'agrandissement des gares, doit être précédé d'une enquête *de commodo et incommodo*, par applic. de l'ordonn. du 18 févr. 1834. (Déc. minist. du 18 juil. 1861. Gare de Flogny, chemin de Lyon.)

Toutefois, lorsque la compagnie *a acquis à l'avance les terrains à l'amiable,* ou a pris des arrangements avec les riverains, ou, enfin, qu'il ne s'élève aucune réclamation, le déplacement peut être directement autorisé par l'admin., sous la condition que le chemin latéral sera rétabli dans des conditions équivalentes de viabilité. (Applic. min. pour la gare de Bonnard, ch. de Lyon, 17 mars 1860.) Les projets d'agrandissement des gares sont, dans tous les cas, soumis à l'admin. supér.

« L'agrandissement de la gare qu'une compagnie possède, à Paris, a été déclaré d'utilité publique par décret. — Cet agrandissement rendait nécessaire le déplacement d'une partie du chemin de ronde qui longe ladite gare. — Aux termes de l'art. 3 du cah. des ch. de cette comp., il appartenait au ministre d'approuver le projet relatif au déplacement de ce chemin. Il suit de là que le ministre, en décidant que le chemin de ronde serait rétabli aux frais de la comp., à la limite de la gare agrandie, dans les mêmes conditions où était établie la partie de chemin supprimée, sauf à la ville à exécuter les travaux d'amélioration qu'elle jugerait convenables, n'a pas excédé la limite des pouvoirs qui lui sont conférés par la disposition précitée. » (C. d'Etat, 14 août 1865.)

6° *Gares nouvelles.* — V. ci-dessus au § 2.

Contestations au sujet de l'établissement des avenues et chemins d'accès (Rampe provisoire établie par la comp. P. L. M., qui refusait ensuite d'établir un chemin définitif). « D'une part, les voies d'accès des gares étant indispensables à l'expl. du ch. de fer font partie des ouvrages dont il est parlé à l'art. 9 du cah. des ch., sous la dénomination d'abords des gares et aux art. 9 et 21 sous celles de dépendances du chemin de fer; d'autre part, l'administration a le droit, aux termes de l'art. 31, en approuvant les projets qui lui sont soumis par la compagnie, de prescrire d'y introduire telles modifications qu'elle juge utiles. — Il suit de là que le min. des tr. publ. a pu enjoindre en 1881 à la compagnie requérante d'exécuter une avenue définitive entre la gare de Saint-Maurice et la route nationale n° 75, au lieu de la rampe dont l'établissement proposé par la compagnie entre ladite gare et le chemin de Sonbrandin, n'avait été autorisé qu'à titre provisoire en 1875.

— Dès lors, il y a lieu de confirmer l'interprétation donnée au cahier des charges par l'arrêté attaqué. » (C. d'État, 19 février 1886.)

· *Travaux complémentaires* (premier établissement). — V. *Justifications.*

IV. Conditions ordinaires d'entretien et de service des gares. — 1° *Entretien.* — Aux termes de l'art. 30 du cah. des ch., les gares et stations, de même que toutes les parties et dépendances des chemins de fer, doivent constamment être entretenues en bon état. Des instructions intérieures règlent pour les diverses compagnies les détails relatifs à l'entretien, à l'ameublement et aux bons soins à donner aux gares. Nous avons reproduit quelques-unes de ces indications aux mots *Bureaux, Dépendances, Entretien, Logements* et *Mobilier.* — Voir aussi ce dernier article, au sujet de la reprise par l'État du mobilier des stations à la fin de la concession, en vertu de l'art. 36 du cahier des ch.

Les chefs de gare sont généralement rendus responsables par les instructions dont il s'agit du bon état d'ordre, d'entretien et de propreté des stations et de leur mobilier.

Ils doivent signaler sur place, aux agents de la voie, les menus travaux de réparations ou d'entretien dont les gares auront besoin.

Réparations urgentes dans les gares (Avis à donner aux chefs de section et mesures diverses). — V. *Ateliers, Chefs de section, Disques et Travaux.*

Vestibules. — On ne peut imposer aux comp. de ch. de fer l'obligation de tenir sur pied, toute la nuit, le personnel de certaines gares qui ont à recevoir les voyageurs attendant les trains; mais lorsque, à raison des heures déterminées par les traités de correspondance, ces voyageurs se trouvent dans la nécessité d'attendre longtemps dans les vestibules le moment où ils peuvent pénétrer dans les salles d'attente, il est convenable que ces vestibules soient garnis de bancs, où les voyageurs puissent s'asseoir. » (Circ. minist. du 29 juillet 1857. Ext.) — V. *Salles d'attente.*

Éclairage des gares. — L'art. 6 de l'ordonn. du 15 nov. 1846 prescrit d'éclairer les gares et leurs abords aussitôt après le coucher du soleil et jusqu'après le passage du dernier train. — V. *Éclairage* et *Lampisterie.*

Surveillance intérieure des gares. — La bonne organisation du service intérieur dans les gares est un des premiers éléments de sécurité pour les voyageurs qui circulent sur les quais et sur les voies pour monter dans les voitures ou après en être descendus. D'après les principales instructions en vigueur, à ce sujet, sur quelques grandes lignes, les surveillants de jour et de nuit spéc. préposés au service intérieur des gares sont chargés, sous la direction des chefs et sous-chefs de station, de la police des gares et de leurs abords, de la répartition des voyageurs dans les salles d'attente et dans les voitures, ainsi que du contrôle des billets au départ et à l'arrivée des trains.

Les attributions de ces utiles agents au point de vue de l'observ. des règlements, de la circulation des personnes et du service d'ordre, de propreté, de chauffage et de bons soins dans les gares, sont très détaillées; bien qu'elles n'aient point fait l'objet, sur les divers réseaux, d'instructions uniformes, nous avons reproduit au mot *Surveillance* les principales indications dont il s'agit.

2° PRESCRIPTIONS POUR LE SERVICE DES TRAINS DANS LES GARES. — Nous renvoyons aux art. *Chefs de gare* et *Composition des convois*, au sujet de la mention des signaux, manœuvres et opérations à faire dans les gares, pour assurer la sécurité du service des trains de voyageurs et de marchandises. Nous appelons en outre spécialement l'attention sur les différents points ci-après qui se rattachent intimement à la régularité de l'exploitation: 1° Heures d'ouverture et de fermeture des gares (V. au mot *Heures*); 2° service des salles d'attente et des quais (V. *Commissaires, Quais* et *Salles d'attente*); 3° service des aiguilles et des disques-signaux (V. ces mots); 4° manœuvres diverses (V. *Manœuvres et Signaux*); 5° circulation interdite aux personnes étrangères (V. *Libre circulation*); 6° encombrement des gares (V. ci-après, § 5); 7° police des cours de gares et des stations et de leurs abords. — V. *Cours des gares.*

Service de nuit. — « Le service de nuit, n'existant généralement que dans les gares importantes, est fait alternativement par le chef et le sous-chef de gare et par une portion des employés, de manière qu'aucun ne passe plus d'une nuit sur deux. Dans les gares peu importantes, ce service est fait par un simple facteur. » (Enq. sur l'expl.) — Au sujet de l'*expédition* de trains, dont le service a été quelquefois confié pendant la nuit à de simples hommes d'équipe, le min. des tr. publ. a adressé aux compagnies, les 31 déc. 1865 et 4 janv. 1866, des circul. qui se résument comme il suit: « Il est impossible d'admettre que la sûreté de la circulation soit laissée, pour ainsi dire, à la main d'un agent subalterne, il faut que la responsabilité d'un employé supérieur protège la vie des voyageurs. — Je vous invite, en conséquence, à prendre des mesures immédiates pour que les ordres de départ ne soient, à l'avenir, donnés que par le chef de gare ou par l'agent réglementairement désigné pour le suppléer en cas d'absence. » — V. *Départ*. — V. aussi les mots *Affichage*, *Annonce de trains*, *Billets*, *Bagages*, etc.

Service des marchandises. — Comme pour les installations des grandes gares de voyageurs, les détails concernant l'agencement des gares de marchandises sont trop variables pour motiver des développements dans ce recueil où nous n'avons pu mentionner que quelques indications générales contenues dans les règlements; — V. *Animaux*, *Bascules*, *Bestiaux*, *Gabarits*, *Halles*, *Quais*, *Marchandises*, *Matériel*, etc.). — Pour les voies de marchandises proprement dites, il est de principe sur plusieurs réseaux, que dans les petites stations où lesdites voies ne sont raccordées aux voies principales que d'un côté, la gare de marchandises soit placée de manière que les voies dont il s'agit se raccordent aux voies principales par une aiguille prise en talon.

Opérations diverses. — Au sujet de l'arrimage des wagons et des trains, nous avons indiqué aux mots *Chargements*, *Déchargements*, *Manœuvres*, etc., les principales dispositions se rapportant à la manutention des marchandises. — Il n'existe, du reste, à notre connaissance, aucune instruction générale uniforme au sujet des opérations multiples qui s'effectuent, notamment dans les grandes gares, pour l'expédition, l'agencement, le transport et le débarquement des marchandises. — *Au départ*, ces opérations comprennent, en dehors des formalités fiscales (*contributions*, *douane*, *octroi*, *etc.*), la réception, le pesage, la reconnaissance, les écritures, la mise à quai, le chargement des colis, le classement et l'expédition des wagons, dans les délais réglementaires et sans tour de faveur. — *A l'arrivée*, ce sont les opérations inverses, mais non moins importantes, pour le déchargement en route et la livraison de ce qu'on appelle les marchandises *de détail*, la préparation et l'échange des wagons complets, la distribution des wagons à destinations différentes, la répartition et le bon emploi du matériel, etc., etc. — On doit se reporter à ce sujet aux règlements en vigueur sur les divers réseaux, et aux conventions passées entre compagnies lorsqu'il s'agit du service des gares de jonction et des gares communes dont nous allons parler plus loin, au § 7.

Gares de triage. — Nous devons également nous borner à mentionner simplement *p. mém.* les grandes gares de triage, qui, pour certains centres importants, font en quelque sorte l'office de gares neutres où sont entreposés, réunis et préparés par groupes distincts les wagons à expédier dans telle ou telle direction.

Insuffisance du personnel. — Aucun règlement ne fixe le nombre *minimum* d'agents à employer dans les stations. — Ce nombre varie, bien entendu, suivant les besoins du service. — En tout cas, « chaque gare ou station sera desservie au moins par deux agents; « le chef de service pouvant, d'ailleurs, être secondé par un garde-ligne facteur, chargé « de surveiller la voie pendant l'intervalle compris entre les heures de passage des trains ». (Dép. minist. du 22 janv. 1858, ch. de fer de Lyon.)

Nous avons résumé, à l'article *Chefs de gare*, les principales attributions de ces agents, ainsi que les détails de la surveillance qu'ils doivent exercer sur les employés placés sous leurs ordres. La question d'insuffisance et de responsabilité des divers agents a également trouvé sa place aux mots *Agents*, §§ 6 et 7, et *Responsabilité*. C'est l'admin. qui statue, lorsqu'il y a lieu, sur l'insuffisance du personnel. L'autorité judiciaire, lorsque des plaintes lui sont déférées, a décidé qu'il n'y avait lieu, de sa part, d'intervenir que dans la mesure suivante : — « Après avoir condamné une comp. de ch. de fer à des domm.-int. pour retards dans l'expéd. de certaines marchandises, l'arrêt qui ordonne à cette comp. sous peine de domm.-int. calculés pour chaque jour de retard, d'avoir à sa gare, à la disposition du demandeur, un personnel suffisant pour la manutention des marchandises présentées à cette gare par un expéditeur, ne doit être considéré que comme obligeant la comp. à expédier les marchandises dans les délais réglementaires. Par suite, cet arrêt ne peut être attaqué comme contenant un excès de pouvoir. » (C. C., 27 mai 1862.)

Litiges et difficultés de transport (constatations diverses dans les gares). — V. *Avaries, Constatations, Expertise et Vérification.*

Désignation de la gare destinataire. — Il appartient aux juges du fond de décider, par une interprétation souveraine des conventions des parties, quelle est la localité indiquée comme gare de destination, sur la lettre de voiture (C. C. 13 déc. 1882). — Est, à bon droit, condamnée à des dommages-intérêts la compagnie qui transporte les marchandises à une gare autre que celle indiquée sur la lettre de voiture, comme gare de destination. — (*Ibid.*, C. C. 13 déc. 1882.)

Changement de nom des stations. — V. au mot *Stations.*

3° *Industries exercées dans les gares* (Autorisations à demander en vertu de l'art. 70 de l'ordonn. du 15 nov. 1846). — V. *Bazars, Buffets, Bibliothèques, Journaux, Vente,* etc.

Hôtel établi dans une gare. — « Une comp. de ch. de fer construit, avec l'approb. de l'admin., un hôtel de voyageurs dans des terrains dépendant d'une gare extrême de son réseau. — Des hôteliers de la ville, auxquels se joint un actionnaire de ladite compagnie, contestent à celle-ci le droit de faire un commerce qu'ils considèrent comme ne se rattachant plus à l'expl. de la voie ferrée. — Il est déclaré qu'aucune loi ne prohibe la construction d'un hôtel par une comp. de ch. de fer, dont elle constitue, au contraire, une amélioration du service qui lui est confié. — En conséquence, sont rejetées les demandes des hôteliers en dommages-intérêts, et n'est point admise l'intervention de l'actionnaire, d'ailleurs irrecevable, comme ressortissant au tribunal du siège social de ladite compagnie. » (Ainsi jugé par le trib. de comm. de Marseille le 11 juillet 1881, avec la restriction suivante) : *Toutefois, la comp. ne devra recevoir, dans son hôtel, que des voyageurs munis de billets délivrés par elle dans une de ses gares.* — Affaire portée devant la C. d'appel d'Aix, qui a supprimé la restriction imposée par le jugement dont est appel, comme étant d'une exécution à peu près impossible. — (Arrêt de la C. d'appel d'Aix, 15 févr. 1882, confirmé par C. de C. 19 déc. 1882 dans le sens suivant) : « Les comp. de ch. de fer ne peuvent exercer des industries que la nature de leur concession leur interdit ; mais elles ont le droit d'apporter, sous la surv. de l'admin., toutes les améliorations possibles dans les services qui leur sont confiés. »

4° *Entretien et surveill. des cours et avenues des gares* (circulation, police, affaires de voirie, etc.), V. *Alignements,* § 5, *Avenues, Chemin d'accès, Cours* et *Dépendances.* — Dégradations. — V. *Barrières et Clôtures.* — Questions de mitoyenneté. — V. *Dépendances,* § 1. — Terrains non encore incorporés. — V. *Grande Voirie,* § 5.

5° *Libre accès des quais des gares* (pour les voyageurs munis de billets). V. plus loin, § 6.

6° *Relations des gares avec les bureaux de ville.* (Arr. min. 12 mai 1883 et docum. divers). — V. *Bureaux, Camionnage* et *Factage,* § 1.

7° *Annexes extérieures des gares.* (Autorisations). — V. *Camionnage,* § 1.

V. Affluence, encombrement, services d'ordre (affluence des voyageurs). — Installation des gares, en vue d'un mouvement progressif des voyageurs. — V. ci-dessus, au § 3. — *Mesures diverses en cas d'affluence.* (Passages de troupes, fêtes foires et marchés, etc.) — V. *Affluence, Appel de troupes, Commissaires de surv., Police et Postes militaires.* — V. aussi au § 6 ci-après (au sujet du libre accès des quais de gare).

Encombrement des gares à marchandises. — 1° Agrandissements nécessaires. — V. ci-dessus, § 3. — 2° Mesures diverses en cas d'encombrement. — V. les mots *Affluence,* § 2, *Encombrement, Entrepôt, Évacuation.* — 3° Commission nommée par arr. min. du 9 mars 1880, en vue de l'étude des encombrements de gare. (*P. mém.*)

Nota. — En cas de grande affluence ou d'encombrement des gares, les compagnies ont été autorisées à *titre provisoire* (notamm. par un arr. min. du 12 janv. 1872) « à faire camionner d'office, soit au domicile du destinataire, soit dans un magasin public, toutes les marchandises qui, adressées en gare à un point quelconque de leurs réseaux, ne seraient pas enlevées dans la journée du lendemain de la mise à la poste de la lettre d'avis écrite par la compagnie au destinataire, les frais de ce camionnage étant calculés d'après les tarifs homologués. » — V. *Camionnage.*

VI. Libre accès des quais de gares (*pour les voyageurs munis de billets*). — Circ. min. des 22 juin 1863 et 22 déc. 1866, invitant les compagnies à admettre les voyageurs sur les quais d'embarquement (*sans stationnement dans les salles d'attente*). — V. le résumé de ces circ. au mot *Salles d'attente.*

Généralisation de la mesure (cir. min. du 10 janv. 1885, aux admin. des compagnies). — « Messieurs, par 2 circ. min. (22 juin 1863 et 22 déc. 1866), les comp. de ch. de fer ont été invitées à admettre les voyageurs sur les quais d'embarquement et à leur laisser prendre place dans les voitures, aussitôt qu'ils sont munis de leurs billets.

Ce régime, appliqué sur le réseau de l'État et dans diverses gares d'autres réseaux, n'a révélé, après une assez longue expérience, aucun inconvénient qui fût de nature à contre-balancer les sérieux avantages qu'il présente pour le public. Il me paraît dès lors y avoir lieu de le généraliser.

Je vous invite en conséquence, messieurs, à prendre des dispositions pour que les mesures qui ont fait l'objet de mes circulaires précitées soient complètement en vigueur sur votre réseau, à partir du 1er avril prochain.

Veuillez d'ailleurs m'accuser réception de la présente circulaire, que je porte à la connaissance des inspecteurs généraux du contrôle. »

Avis placardé par les compagnies. — A la suite de la décision qui précède, certaines compagnies ont fait placarder dans les gares, au sujet de la nouvelle faculté offerte au public, une affiche d'après laquelle la mesure prescrite devait recevoir son application, sauf en cas d'affluence exceptionnelle. — Il a été recommandé expressément aux voyageurs, en dehors des précautions à prendre pour la traversée des voies et l'attente de l'arrêt complet du train, de ne pas s'approcher de la bordure des trottoirs et de bien s'assurer d'ailleurs, avant de monter dans les voitures du train qu'ils doivent prendre. — A ce sujet, un jugement du trib. civil de la Seine (24 mars 1885) « a déclaré une comp. irresponsable, à l'occasion d'un accident dont a été victime une voyageuse en se tenant imprudemment trop près des rails à une station ». — D'autres compagnies ont soulevé contre la mesure dont il s'agit certaines objections tirées des difficultés que présenterait dans la pratique la stricte application de cette mesure dans toutes les gares. — La circulaire suivante a eu pour but d'aplanir ces difficultés :

Restrictions au libre accès des quais des gares (nouvelle circ. min. adressée le 10 mars 1886, aux admin. des compagnies): — « Messieurs, une cir. min. du 10 janvier 1885, rappelant celles des 22 juin 1863 et 22 déc. 1866, a invité les comp. de ch. de fer à admettre les voyageurs sur les quais d'embarquement et à leur laisser prendre place dans les voitures, aussitôt qu'ils sont munis de leurs billets ».

Plusieurs compagnies ayant soulevé contre cette mesure certaines objections tirées des difficultés que présenterait, dans la pratique, la stricte application de cette mesure dans toutes les gares, mon prédécesseur a fait examiner à nouveau la question, d'abord par les fonctionnaires du contrôle de l'expl., puis par le comité de l'expl. technique des ch. de fer.

Le comité vient de me faire connaître que les prescriptions de la circ. min. du 10 janvier 1885, déjà entièrement appliquées sur plusieurs réseaux, lui paraissent pouvoir être étendues, sans inconvénients, à tous les autres. Il admet toutefois qu'exception puisse être faite, sur la demande des compagnies et avec mon autorisation expresse, pour certaines gares qui seraient reconnues présenter des conditions d'exploitation particulièrement difficiles, et concède également, pour toutes les gares et stations, que certaines circonstances extraordinaires ou de force majeure y puissent rendre nécessaire l'interdiction momentanée du libre accès aux quais intérieurs.

J'ai décidé, en conséquence, qu'il y avait lieu d'appliquer sans retard, d'une manière générale, les prescriptions de la circ. min. du 10 janvier 1885, aux conditions suivantes :

1° Les compagnies soumettront à l'admin. la liste des gares dans lesquelles il leur paraîtrait indispensable de faire exception à la règle générale, en indiquant, pour chacune d'elles, les raisons qui justifieraient cette exception ;

2° Elles seront autorisées à suspendre momentanément le libre accès des voyageurs sur les quais de toutes les gares en cas de circonstances exceptionnelles, telles qu'affluence inusitée de voyageurs ou incidents imprévus.

Je vous prie de prendre les dispositions néces. pour que la présente décis. dont vous voudrez bien m'accuser imméd. réception, soit partout appliquée sur votre réseau, dans un délai maximum de *deux mois* à compter de ce jour.... »

VII. Gares de jonction et gares communes. — L'établissement de gares communes formant point de jonction entre les lignes de deux réseaux distincts a soulevé dans certains cas, d'assez sérieuses difficultés, en ce sens que l'intérêt du public est évidemment opposé, en général, à l'établ. de gares distinctes, tandis que les comp. peuvent être portées, quelquefois, à ne pas vouloir confondre ou réunir leurs services. — A l'occasion des divergences qui se sont produites à ce sujet, notamment pour l'usage des gares communes ou pour le passage d'une gare à une autre, lorsqu'il n'y a pas de gare commune au point de raccordement, difficultés qui ont pour résultat d'entraver le transport des voyageurs et des marchandises transitant d'une ligne sur la ligne voisine, le min. des tr. publics, par arr. du 14 août 1875 avait nommé une commission spéciale pour l'étude de cette question; mais cette commission dont les travaux n'ont pas été publiés, à notre connaissance, a été supprimée par un nouvel arrêté min. du 31 janvier 1878.

Les seuls documents *généraux* qui paraissent se rapporter à l'établ. et à l'usage des gares communes, aux points de jonction de lignes différentes consistent dans les modifications apportées à *l'art. 61 du cah. des ch.* relatif aux nouveaux embranchements autorisés, et dont l'alinéa final du modèle annexé aux conventions de 1883 est ainsi conçu :

« Art. 61 (dernier paragraphe). La comp. sera tenue, si l'admin. le juge convenable, de partager l'usage des stations établies à l'origine des ch. de fer d'embranchement avec les compagnies, qui deviendraient ultérieurement concessionnaires desdits chemins. — En cas de difficultés entre les compagnies pour l'applic. de cette clause, il sera statué par le gouvernement. »

Nota. — Le même art. 61 du cah. des ch. contient d'ailleurs, après les paragraphes relatifs à la faculté pour les compagnies concessionnaires de lignes d'embranchement ou de prolongement, de faire circuler, sous certaines conditions, leurs voitures, wagons ou machines sur les lignes déjà concédées, les prescriptions suivantes :

Extr. de l'art. 61 du cah. des ch. (6°, 7° et 8° alinéas) : — *Modèle gén.*

« Dans le cas où une compagnie d'embranchement ou de prolongement, joignant la ligne qui fait l'objet de la présente concession, n'userait pas de la faculté de circuler sur cette ligne, comme aussi dans le cas où la compagnie concessionnaire de cette dernière ligne ne voudrait pas circuler sur les prolongements et embranchements, les compagnies seraient tenues de s'arranger entre elles, de manière que le service de transport ne soit jamais interrompu aux points de jonction des diverses lignes.

Dans le cas où le service des chemins de fer d'embranchement devrait être établi dans les gares de la compagnie (actuelle), la redevance à payer à ladite compagnie sera réglée d'un commun accord entre les deux compagnies intéressées, et, en cas de dissentiment, par voie d'arbitrage.

En cas de désaccord sur le principe ou l'exercice de l'usage commun desdites gares, il sera statué par le ministre, les deux compagnies entendues. »

Soudure des embranch. industriels. — V. art. 62 du cah. des ch.).

Délais et frais de transmission dans les gares de jonction. — V. notamment, l'arr. min. du 3 nov. 1879 (art. *Délais*) et l'arr. minist. du 27 mai 1878 (art. *Frais*).

Détails sur le service dans les gares de jonction (Echange de colis, de matériel etc.). — V. *Bifurcations, Embranchements, Frais accessoires, Règles à suivre, Service commun, Trafic, Transbordements*, et *Transports communs*).

Constatations dans les gares de jonction. — V. *Constatations.*

VIII. Gares et quais maritimes. — 1° *Embranchements des ports* (conditions d'établissement et de service). (V. *Embranchements* et *Quais*.) — 2° Fourniture de wagons (*envoi sur un quai déterminé*). — Dans une affaire où un expéditeur ayant besoin de décharger un navire n'ayant pu obtenir, pour le lendemain du jour de sa demande, l'envoi d'un certain nombre de wagons sur un quai déterminé, avait assigné en dommages-intérêts la compagnie, cette dernière a été condamnée « par le motif qu'elle doit avoir son exploitation installée de façon à donner satisfaction pleine et entière aux besoins du commerce. » (Tr. comm. de Bayonne, 25 mars 1881). — Mais la C. de C., conformément à sa jurispr. en pareille matière (V. *Fourniture de wagons*), s'est prononcée ainsi qu'il suit : « Aucune disposition de loi n'oblige une compagnie à mettre, — d'avance, à jour fixe et en nombre déterminé, — des wagons vides à la disposition d'un expéditeur de marchandises, pour le chargement de celles-ci, qu'il s'agisse d'une gare ordinaire ou d'une gare maritime, qui doit être considérée, dans un port, comme une dépendance et un prolongement de celle-ci. » (C. C. 10 déc. 1883). — 3° *Contrôle et surveillance des quais, Voies et Gares maritimes*. (Nouvelle organisation. — Arr. min. 20 juill. 1886). — V. *Contrôle et surveillance*, § 3 bis.

GARNISSAGE.

Bourrage des traverses. — Le garnissage a pour objet de bien remplir tous les vides sous et contre les traverses, avec le ballast disponible à côté. — En dehors des indications spéc. résumées aux mots *Ballast, Bourrage, Poseurs* et *Traverses*, nous ne connaissons pas d'instruction générale réglant les détails de l'opération du garnissage; mais nous devons rappeler, *p. mém.*, que sa bonne exécution importe essentiellement à la stabilité de la voie, et par conséquent, à la sécurité.

Garnissage des talons d'aiguille (et des cœurs de croisement des changements de voie). — Cir. min. 30 juin 1883. — V. *Aiguilles*, § 1.

GAZ.

Établissement d'usines (formalités). — Comme pour la 1ʳᵉ cl. des établ. dangereux ou insalubres. — V. *Etablissements.*

Affaires de voirie. — Conduites à gaz traversant la voie ferrée. — (Autorisations). — V. *Conduites d'eau et de gaz.*

GELÉE.

I. Mesures de précaution pour les voies. — V. *Neiges* et *Verglas*. — *Patinage des machines sur les rails* (Boîtes à sable). — V. *Locomotives.*

II. Avaries de marchandises par suite de gelée. (*Cas de force majeure*) : — « La gelée est un cas de force majeure dont les conséquences peuvent cependant être mises à la charge d'une comp., si celle-ci y a exposé les marchandises par sa faute ». — (Ext. de diverses décis. judic., notamment C. C. 17 janvier 1872.) — Dans une autre espèce où le ministère public concluait au rejet du pourvoi, la comp. ayant à se reprocher, selon lui, de ne point avoir abrité, même pendant la nuit, des wagons de pommes de terre, la C. de C.

a admis d'abord que la comp. avait le droit d'user du délai total obligatoire de transport avant de faire la livraison et que, d'autre part, pour les marchandises transportées aux conditions du tarif *spécial*, ce tarif la déclarait non responsable des avaries de route; la cour a, par suite, mis à la charge de l'intéressé l'obligation de prouver que la dite comp. était en faute, déclarant d'ailleurs que le fait d'avoir laissé le wagon non déchargé, sans abri, sur la voie, était l'exercice du droit qu'avait la comp. de ne livrer la marchandise qu'à l'expiration du délai réglementaire. (C. C. 24 juillet 1877, et arrêt analogue du 2 déc. 1873). — V. aussi *Preuves* et *Force majeure*.

D'autres jugements ou arrêts judiciaires ont statué comme il suit sur ces questions de faute imputable à la compagnie ou d'imprudence de l'expéditeur.

Négligence de la compagnie. — « Le trib. de comm. de Lille, par jugement du 23 fév. 1880, a établi que « la gelée est un cas de force majeure mettant les comp. de ch. de fer à l'abri de toute réclamation, lorsqu'il n'est pas démontré qu'elles n'ont pas pris les précautions exigées pour préserver la marchandise de la gelée dans la limite de leurs obligations. » — « La gelée constitue un cas de force majeure, et les comp. de ch. de fer n'ont point à répondre des avaries qui en sont la conséquence, à moins qu'elles n'aient commis des fautes, — ce qui n'avait pas lieu dans l'espèce. » (Trib. de comm. de Bruxelles, 16 mars 1882; action intentée contre l'*Etat belge* et diverses comp. de *France* et d'*Italie*.) — « Une comp. de ch. de fer ne peut être responsable de l'avarie de marchandises causée par un cas de force majeure (dans l'espèce, *la gelée*) qu'autant qu'il est prouvé qu'elle a commis une faute déterminée. » — Dès lors, doit être cassé le jugement qui, après avoir reconnu que la comp. avait transporté la march. (eau de roses) en wagons clos et couverts, déclare ladite comp. responsable de la congélation de la marchandise, en se bornant à mentionner qu'elle n'a pas pris les précautions que commandait la nature de cette marchandise, sans indiquer en quoi auraient dû consister ces précautions et en quoi leur omission pouvait constituer une faute. — (C. C. 3 janv. 1883.)

Imprudence de l'expéditeur. — « La gelée est un cas de force majeure, dont les conséquences ne peuvent être mises à la charge d'une compagnie, si l'expéditeur a commis la faute d'expédier sa marchandise sans prendre les précautions exigées par la température. » (Trib. comm. Lille, 27 juillet 1875.)

GENDARMES.

I. Surveillance d'ordre dans les gares. — Les gendarmes concourent à la police ordinaire et au bon ordre dans les gares et sur les quais des ch. de fer; ils sont spéc. désignés pour concourir, avec les commiss. de surv. admin. et les agents des compagnies, à la surveill. des cours de gares (V., au mot *Cours*, l'art. 16 du règl. type, du 25 sept. 1886); — mais ils ne doivent pas s'immiscer dans les questions d'exploitation, qui sont spéc. du ressort des agents de la surv. admin. Une circ. du min. de la guerre (1er oct. 1859) leur a prescrit de s'abstenir de tous procès-verbaux dans l'enceinte des chemins de fer, et d'en référer, en toute circonstance, aux commissaires administratifs.

« Ils interviennent pour mettre en état d'arrestation les personnes qui auraient commis quelque acte de malveillance sur le chemin de fer, dans le but d'entraver la circulation ou d'intercepter les communications télégraphiques. » (Ext. de l'art. 315 du décret du 1er mars 1854, portant règl. sur l'organ. et le service de la gendarmerie.)

Le même décret contient les indications suivantes au sujet du concours que les gendarmes peuvent être appelés à prêter pour la police ordinaire des ch. de fer:

Art. 77. (Dégradation d'une partie quelconque de la voie d'un chemin de fer, commise en réunion séditieuse, avec rébellion et pillage.)

Art. 459. Le service extraordinaire des brigades consiste à prêter main-forte aux commissaires, gardes-barrières et autres agents préposés à la surv. des ch. de fer.

Art. 366 et 367, 460, 467 à 476 et 573 (même décret) et divers documents. — Escorte de *poudres* et *munitions de guerre*, de *dynamite*, etc., d'*accusés*, de *prévenus*, de *prisonniers*, etc. — V. ci-dessous, § 2.

L'art. 634 du décret précité donne droit aux commandants de gendarmerie de requérir, en cas de soulèvement armé, les agents subalternes des chemins de fer; ces réquisitions sont adressées aux chefs de ces administrations, etc., etc.

L'art. 635 admet le principe de la libre circulation des gendarmes dans l'enceinte des chemins de fer. — V. *Libre circulation.* — V. aussi au § 3 ci-après.

La réduction de tarif accordée aux militaires voyageant isolément doit être appliquée à tout officier, sous-officier et brigadier de gendarmerie, sur sa déclaration écrite qu'il voyage pour cause de service. Les gendarmes sont admis à la même faveur, en présentant une déclaration de leur chef de brigade ou d'un chef supérieur, portant qu'il s'agit de voyage pour cause de service. (Extr. de l'art. 636.) — V. aussi *Militaires.*

II. **Gendarmes d'escorte** (pour les poudres et munitions de guerre, pour la dynamite, pour les accusés, prisonniers, etc.). — V. les documents ci-après :

1° *Escorte des poudres* et *munitions de guerre* (art. 8 arr. min. 30 mars 1877). — V. *Poudres,* § 1.

2° *Escorte des transports de dynamite* (même référence, *note*). — V. aussi au mot *Dynamite* : 1° l'art. 12 de l'arr. min. 10 janv. 1879 (*dynamite de l'État*). — 2° la circ. min. 7 août 1879 (*frais d'escorte*). — 3° Règles à suivre pour l'organisation des escortes de la dynamite de l'État et de l'industrie privée (rappel des art. 366 et 367, 460, 467 à 476 et 573, décr. 1er mars 1854, et instructions diverses). — V. *Dynamite,* §§ 2 et 3. — 4° Escorte à la sortie des railways. — *Ibid.,* § 7.

Nota. — (P. mém.). Les anciennes instructions relatives au transport des poudres, et *antérieures* à l'arr. min. de mars 1877, rappelaient les points suivants :

L'escorte est composée au moins de deux gendarmes, ou au moins de deux militaires, dont un caporal ou un brigadier. (Applic. de la circ. min. du 3 juillet 1861.)

L'escorte préposée à la garde des poudres prend place avec les conducteurs du train (elle jouit de la gratuité du transport, aller et retour). (Circ. min. du 18 mars 1854.) — V. *Poudres.*

Emplacement du fourgon d'escorte. — « Le fourgon dans lequel prennent place, avec le chef de train, les douaniers et gendarmes d'escorte, lorsqu'il n'y a pas de voitures à voyageurs dans le train, conservera sa place en tête des trains et à la suite du tender. » (Circ. min. du 17 déc. 1860.) — V. *Composition des convois.*

Relèvement des escortes. — Un tableau très détaillé, communiqué périodiquement par le min. des tr. publ. aux chefs de service du contrôle, indique la révision du tableau indicatif des points de relèvement des escortes des convois de poudre ; mais ce tableau, très variable de sa nature, étant sujet à modification, lorsque de nouvelles lignes viennent s'ajouter aux divers réseaux, n'est mentionné ici que pour mémoire, les gendarmes recevant à cet égard, en temps voulu, les instructions de l'autorité militaire (par applic. de l'art. 573 du décret du 1er mars 1854).

3° *Escorte des aliénés, prisonniers,* etc. — Nous avons résumé, aux mots *Aliénés* et *Prisonniers,* les instructions relatives à l'escorte des aliénés et prisonniers civils et militaires, et aux réquisitions dont ces transports sont l'objet. (V. notamment circ. min. 15 oct. et 16 déc. 1880). — V. aussi le nota ci-après :

Nota. — « Les réquisitions adressées par l'intendance pour le transport des prisonniers militaires portent les noms des gendarmes chargés de l'escorte ; mais il arrive assez souvent qu'au moment du départ, les gendarmes ainsi désignés sont remplacés par d'autres, qui seuls peuvent signer la réquisition au point d'arrivée.

« Cette différence entre les signatures et les noms inscrits sur les réquisitions, ayant donné lieu à des observations de la part de la cour des comptes, le ministre de la guerre a décidé que les gendarmes d'escorte ne seront plus, à l'avenir, nominativement désignés, mais que leur nombre seulement sera indiqué sur les réquisitions. A l'arrivée à destination, le service fait sera constaté par la signature du dernier chef d'escorte.

« La gare destinataire devra donc, lors de l'arrivée des prisonniers, réclamer la signature du dernier chef d'escorte sur chaque réquisition. (*Inst. spéc.,* août 1863.)

Gendarmes munis d'armes chargées. — En principe, l'art. 65 de l'ordonn. du 15 nov. 1846 interdit l'entrée des voitures de chemin de fer à tous individus porteurs d'armes à feu chargées. — « Les gendarmes, par la nature de leur service, ont souvent leurs armes chargées, et la défense dont il s'agit ne peut donc pas leur être appliquée d'une manière absolue, lorsqu'ils viennent prendre place dans un chemin de fer; mais, dans ce cas, ils doivent redoubler de précautions, afin d'éviter les accidents, avoir un soin tout particulier de leur mousqueton et ne jamais s'en séparer, soit pendant leur trajet en wagons, soit pendant leur stationnement dans les gares (Cir. min., 10 sept. 1860. Extr.). — Les ordres les plus précis ont d'ailleurs été transmis en ce sens à MM. les chefs de légion de gendarmerie. » (*Ibid*).

III. Circulation des gendarmes sur la voie. — On a vu plus haut, § 1ᵉʳ, que les gendarmes voyageant pour cause de service jouissent de la réduction du tarif militaire sur les chemins de fer. Leur libre circulation *sur la voie* est, d'ailleurs, autorisée par l'art. 62 de l'ordonnance du 15 novembre 1846, lorsqu'ils sont dans l'exercice de leurs fonctions. — V. *Libre circulation*.

Circulation en dehors du service (Circ. du min. des tr. publ. aux chefs du contrôle, 2 mars 1865).: — « A la suite d'un accident survenu à deux gendarmes sur les chemins de fer de l'Est, j'ai prié M. le min. de la guerre d'examiner s'il n'y aurait pas lieu de rappeler à ces agents de la force publique que, dans leur propre intérêt, ils ne doivent pénétrer et circuler dans l'enceinte des chemins de fer que lorsque les nécessités du service l'exigent. — En suite de cette communic., Son Exc. a adressé, aux chefs de légion de gendarmerie, une circul. dont j'ai l'honneur de vous envoyer copie à titre de renseignement. »

(*Suit la copie de cette dernière circulaire*, datée du 16 janvier 1865.)
« Messieurs, je suis informé que deux gendarmes revenant d'une tournée de commune, par la voie ferrée, au lieu de suivre le chemin ordinaire, ont été surpris par l'arrivée d'un train et renversés par la traverse de la machine. Ils ont été légèrement blessés, et n'ont dû qu'à un hasard extraordinaire de ne pas être victimes de leur imprudence.
« En m'informant de cet accident, M. le min. des tr. publ. me fait observer, avec raison, que si l'art. 62 de l'ordonn. du 15 nov. 1846 donne aux agents de la force publique le droit de pénétrer dans l'enceinte des ch. de fer, il importe, dans leur intérêt même, que l'exercice de ce droit soit limité aux cas où les nécessités du service l'exigent.
« Je partage entièrement cette manière de voir. En conséquence, je désire que vous adressiez aux militaires sous vos ordres des instr. rédigées dans le sens des observations de mon collègue.
« En m'accusant réception de cette circ., vous me rendrez compte de l'exéc. des ordres donnés pour remplir l'intention qu'elle exprime. » (Circ. min. guerre, 16 janv. 1865.)

IV. Procès-verbaux. — Les procès-verbaux dressés, lorsqu'il y a lieu, par les gendarmes, au sujet de la surveillance des cours des gares, ou pour constater des actes de malveillance ou d'autres faits se rattachant à la police des chemins de fer, sont adressés aux parquets, qui consultent, s'il y a lieu, les chefs du service du contrôle, sur la suite que les affaires doivent recevoir. — V. *Procès-verbaux*.

Ces procès-verbaux sont dispensés de l'affirmation. — V. *Affirmation*.

GÉNIE.

I. Travaux intéressant le génie militaire. — V. *Conférences, Travaux* et *Zones*.

II. Commission militaire supérieure des chemins de fer (emploi des chemins de fer par l'armée). — Arr. min. 31 mars 1886. — V. *Commissions*.

III. Compagnies d'ouvriers des chemins de fer du génie. — 1º *Organisation* (art. 6 et 25 de la loi du 13 mars 1875, relative à la constitution des cadres et effectifs de l'armée active et de l'armée territoriale). V. *Service militaire des chemins de fer*. — 2º *Conditions d'admission dans le génie*. — « Les jeunes soldats employés dans les services des ch. de fer comme mécaniciens, chauffeurs, ajusteurs et monteurs seront d'abord affectés aux régiments du génie, pourvu qu'ils aient au moins la taille régl. de 1ᵐ. 66, et qu'ils justifient de leur qualité et de leur profession par un certificat du chef de l'expl. à laquelle ils appartiennent. Seront seuls valables les certificats délivrés par l'une des comp. des six grands réseaux des ch. de fer français, *Ouest, Nord, Est, Lyon, Orléans, Midi* (Extr. d'une circ. min. *guerre,* recrutement *de la classe* 1872). — (1)

3° *Officiers placés hors cadres.* — Un décret du 24 oct. 1878, qui détermine la nomenclature des fonctions ou emplois civils *pouvant faire placer hors cadres* les officiers de réserve ou de l'armée territoriale qui en sont revêtus, a compris dans cette catégorie : — « *Art.* 1er..... 3° Les emplois d'officiers du génie attachés aux services des différentes compagnies de chemins de fer ».

4° *Transport des officiers en cas de mobilisation* (Arr. min. du 15 avril 1876). V. *Officiers.* Les comp. ont réglé d'ailleurs par des ordres de service spéc. les détails relatifs à la mobilisation des réservistes des comp. d'ouvriers des ch. de fer. — Ces ordres de service sont appliqués aux époques et dans les conditions nécessaires.

IV. Tarif réduit militaire. (Applic. de l'art. 54 du cah. des ch. et indications diverses.) — V. *Militaires.*

Matériel militaire. — V. *Matériel.*

GESTION FINANCIÈRE.

I. Vérification des comptes : 1° des Compagnies (V. *Commissions, Comptes, Contrôle,* § 4, *Garantie* et *Justifications*); 2° des chemins de fer de l'État (décr. du 25 mai 1878). — V. *Chemins de fer de l'État.*

II. Nouvelles conventions de 1883. (Organisation du contrôle financier.) — V. *Commissaires généraux, Comptes, Dépenses* et *Contrôle financier.*

GIBIER.

Conditions de transport (comme pour *denrées*). (V. ce mot.) — Colportage en temps prohibé. — V. *Chasse.*

Trafic international (gibier transporté en retard). — Mise en cause de la comp. française de ch. de fer, par les motifs suivants : « Attendu que V... s'était fait adresser de la gare de K... (Allemagne), le 25 sept. 1880, en gr. vitesse, deux paniers contenant des lièvres ; que la compagnie défenderesse ayant égaré un de ces paniers de gibier, il est arrivé en retard ; que, dans ces circonstances, V... a refusé d'en prendre livraison et de payer le prix du transport ; — Attendu que la comp. de l'Est a fait vendre à la criée ledit panier de gibier ; — Attendu que la vente n'a produit qu'une somme de 45 fr. ; que V... ne peut se contenter de cette somme, qui ne représente pas la valeur de la marchandise refusée ; qu'il est fondé à réclamer le prix de sa marchandise, sous forme de dommages-intérêts ;

(1) Nous rappelons seulement pour mémoire que, d'après les conventions passées entre le ministre de la guerre, stipulant pour l'État et le syndicat des six grandes compagnies, les représentants de ces comp. se sont engagés à donner l'instruction professionnelle aux jeunes soldats des comp. de ch. de fer du génie, qui leur seront remis chaque année, après avoir reçu au corps, pendant un an, l'instruction militaire. — Les comp. utiliseront leurs services et les traiteront comme leurs employés ; ces jeunes soldats ne coûteront absolument rien à l'État, qui les retrouvera au moment de la mobilisation et les fera rentrer dans les compagnies militaires de chemin de fer auxquelles ils ont appartenu et dans lesquelles ils ne cesseront pas d'être immatriculés, jusqu'au moment où leur âge les appellera à passer dans la réserve. — (Ext. d'un rapport présenté à l'assemblée législative 9 juin 1873.) — D'un autre côté, en vertu de ces conventions et notamment de celles du 19 mars 1874, les grandes comp. ont réglé les conditions d'admission dans le génie des employés de ch. de fer appelés à l'activité comme jeunes soldats, et celles ayant pour objet la constatation de leur taille, de leur aptitude, etc., etc. Mais pour ces diverses mesures au sujet desquelles chaque compagnie, nous venons de le dire, a pris les dispositions qui lui sont propres, nous n'avons à mentionner ici aucun document général.

Par ces motifs, le tribunal, jugeant en dernier ressort,

Condamne la comp. de l'Est à payer à V... la somme de 50 fr., qu'elle lui doit pour les causes susénoncées, aux intérêts de cette somme à compter du jour de la demande, et aux dépens de l'instance, sous la déduction du port du panier arrivé en temps opportun... (Trib. de comm. Nancy, 2 juin 1882.) — Sur le pourvoi de la compagnie, « cassation, pour défaut de motifs, du jugement qui précède, — par la raison qu'il s'est borné à déclarer que ladite marchandise était *arrivée en retard*, sans indiquer ni l'heure ni même le jour de la présentation au destinataire ». — (C. C. 16 juillet 1884.)

Transport du gibier d'eau. — V. *Poissons frais.*

GLACES.

I. Conditions de transport. — Les glaces avec ou sans tain figurent généralement dans la première série des tarifs d'application des diverses compagnies.

Tarifs spéciaux. — Pour certaines lignes, le prix de transport par wagon complet de 5,000 kil., ou payant pour ce poids, des glaces en caisses, est fixé à 0 fr. 12 cent. par tonne et par kilom., plus 1 fr. par tonne pour frais divers. (V. aussi l'art. *Verrerie.*)

Questions de responsabilité. — V. *Avaries, Clause de non-garantie,* etc.

Insuffisance d'emballage (mauvais conditionnement). — V. *Vice propre.*

II. Glaces des voitures. — 1° Indications diverses (V. au mot *Voitures*); 2° *Prix pour bris de glaces.* — Les prix des glaces des voitures et wagons sont ordinairement fixés ainsi qu'il suit : (*Instr. spéc.*) :

Portières : 1re classe, 2 fr. 30 ; 2e et 3e classe, 1 fr. 10.

Glaces de côté : 1re classe, 1 fr. 40 ; 2e classe, 0 fr. 90.

GOUDRON.

Tarif général de transport. — (2e classe, comme pour *Bitume,* V. ce mot.)

Précautions spéciales, pour le transport du goudron considéré comme matière inflammable (Arrêté min. du 20 nov. 1879, comprenant dans la 1re catég. les huiles dites *essentielles* extraites par distillation du pétrole, des schistes bitumineux ou du *goudron de houille ;* dans la 2e catég. l'huile de pétrole rectifiée et l'huile de schiste ou de *goudron de houille* contenues dans des touries en verre ou en grès ; dans la 3e catég. le *goudron liquide,* et dans la 4e catég. le *goudron sec.* — V. le mot *Matières.*

GOUVERNEUR DE L'ALGÉRIE.

Attributions en matière de chemins de fer. — Décrets du 26 août 1881 et du 19 mai 1882. — V. *Algérie, Tramways, Trains* et *Utilité publique.*

GRAINS. — GRAINES.

Conditions de transport (Tarif général), comme pour *Céréales* (V. ce mot). — *Déclaration inexacte* de graines potagères (V. *Déclarations,* § 3). — Tarifs réduits. — Sur toutes les lignes, les grains, graines, farines, légumes farineux, etc., expédiés par 5,000 kilog., ou payant pour ce poids, sont taxés à des prix réduits.

Blés de semence (mesure motivée par les encombrements de gares de 1871) (V. *Guerre).* — « Les comp. de ch. de fer seront requises d'expédier les *blés de semence* de préférence à toute autre marchandise. » (Arr. min., 25 sept. 1871, *provisoire.*)

Déchets de graines fourragères et oléagineuses. — V. *Déchets.*

GRAISSAGE. — GRAISSE. — GRAISSEURS.

I. Transport des graisses, comme pour *Huile* et *Viande* (1re classe, du cah. des ch.) (V. aussi les mots *Huiles* et *Suifs*.) — *Conditions de transport et d'emploi des huiles de graissage* (V. *Huiles*). — *Tarif réduit.* — Un prix réduit est appliqué sur divers réseaux pour les expéditions de graisse, par wagon complet de 5,000 kilog. ou payant pour ce poids. — *Déchets de graisse, suifs* et *saindoux* (V. *Déchets*).

II. Graissage de machines et d'appareils de chemins de fer. — *Système de boîtes à graisse.* — Les essieux de tous les wagons à voyageurs et à marchandises, wagons à matériaux, etc., sont munis d'appareils de lubréfaction disposés les uns pour le graissage à l'huile, les autres pour l'emploi de la graisse. Presque toutes les Compagnies ont chacune leur propre système de graissage ; mais ces systèmes sont à peu de chose près les mêmes, et on emploie généralement aujourd'hui des boîtes à graisse à deux fins, permettant de faire usage de graisse ou d'huile à volonté.

Agents chargés du graissage. — Les graisseurs spéciaux sont chargés du graissage des voitures et des wagons ; ils sont à poste fixe ou ambulants. Des instr. spéc. règlent leurs heures de service. Les gares et les trains doivent être pourvus d'un seau à graisse avec sa spatule.

Certains graisseurs remplissent aussi les fonctions de visiteurs. — Après le graissage, dans les gares intermédiaires, et s'il reste du temps, les graisseurs doivent procéder à la visite du matériel, en commençant par les roues et les essieux : ils doivent porter principalement leur attention : 1° sur les essieux et les bandages ; 2° sur le calage des roues ; 3° sur les freins ; 4° sur le bon fonctionnement des boîtes à graisse ; 5° sur l'attache des plaques de garde aux châssis et le bon état de ces derniers ; 6° sur l'état des ressorts de suspension et de choc, des chaînes de sûreté, des tampons de choc, crochets d'attelage et tendeurs.

Les visiteurs et graisseurs en service dans les gares intermédiaires doivent se trouver sur les quais avant l'arrivée des trains. Ils doivent être munis de leur outillage.

Les véhicules avariés recevront une marque spéciale et seront envoyés en réparation.

Graissage des aiguilles, des plaques tournantes et des disques. — V. ces mots.

III. Surveillance spéciale. — Le chef de gare, le chef de train et les visiteurs, chacun en ce qui le concerne, devront porter leur attention sur l'état des boîtes à graisse du train.

« Dans le cas où le chauffage des boîtes présenterait une certaine gravité, le mécanicien, sur l'invitation du chef de gare ou du chef de train, devra visiter lui-même les boîtes qui lui seraient signalées, et prendre, d'accord avec lui, les mesures nécessaires pour prévenir les accidents qui pourraient être la conséquence d'un chauffage excessif. » (Inst. spéc.) — V. aussi les mots *Aiguilles, Disques, Grues, Plaques* et *Mécaniciens*.

GRANDE VITESSE.

I. Application de tarifs : 1° *Tarif général* (art. 42, cah. des ch.) ; 2° *Tarifs d'application* et *Tarif exceptionnel* (des transports dénommés à l'art. 47 du cah. des ch.). — V. *Tarifs*, §§ 1 et 2. (V. aussi *Bagages, Colis, Denrées, Factage, Finances, Lait, Messagerie, Militaires, Trains* et *Voyageurs*) ; 3° Expédition d'animaux, denrées et objets divers par trains de voyageurs (V. *Animaux* et *Délais*) ; 4° Tarif spécial des colis postaux et petits colis ; — envoi de *petits paquets*, du poids de 5 kilog. et au-dessous (V. *Colis*) ; 5° *Groupage* (V. ce mot) ; 6° *Nouveaux impôts de grande vitesse* (V. *Contributions, Enregistrement, Impôt, Récépissés* et *Timbre*) ; 7° Mode de perception par abonnement de l'impôt sur les transports de grande vitesse (Décret du 21 mai 1881). — V. *Impôt*.

Billets de voyageurs, à prix réduits. (Circ. min. 27 juin 1881.) — V. *Billets*.

II. Trains de grande vitesse (V. *Enquêtes* et *Trains*). — *Indications diverses* (V. *Com-*

position de convois, *Marche de trains*, *Mécaniciens* et généralement toutes les dispositions se rapportant aux expéditions spéciales de *grande vitesse* ou exclues de ces transports (notamment les art. *Dynamite*, *Matières* et *Poudres*).

GRANDE VOIRIE.

Sommaire. — I. *Dépendances de la gr. voirie.* — I *bis.* *Applic. des anciens règl. de gr. voirie.* — II. *Poursuite des contraventions.* — II *bis. Recours et pourvois.* — III. *Formalités générales pour les permissions de voirie.* — IV. *Chemins de fer d'intérêt local faisant partie de la gr. voirie.* — V. *Police des cours et avenues de gares.* — VI. *Indications diverses* (terrains exclus de la gr. voirie, etc.).

I. **Dépendances du domaine de la grande voirie** (en matière de chemins de fer d'intérêt général). — V. les mots *Bornage*, *Contributions*, *Dépendances*, *Domaine public*, *Fossés*, *Jardins*, *Ponts et ponceaux*.

I *bis.* **Application des anciens et nouveaux règlements.** — Extr. de la loi du 15 juill. 1845 (Titre Ier. Mesures relatives à la conservation des chemins de fer) :

Art. 1er. — Les chemins de fer construits ou concédés par l'État font partie de la grande voirie.

2. — Sont applicables aux chemins de fer les lois et règlements sur la grande voirie, qui ont pour objet d'assurer la conservation des fossés, talus, levées et ouvrages d'art dépendant des routes, et d'interdire, sur toute leur étendue, le pacage des bestiaux et les dépôts de terre et autres objets quelconques.

3. — Sont applicables aux propriétés riveraines des chemins de fer, les servitudes imposées par les lois et règlements sur la grande voirie, et qui concernent :

L'alignement,

L'écoulement des eaux,

L'occupation temporaire des terrains en cas de réparation,

La distance à observer pour les plantations et l'élagage des arbres plantés,

Le mode d'exploitation des mines, minières, tourbières, carrières et sablières, dans la zone déterminée à cet effet.

— Sont également applicables à la confection et à l'entretien des chemins de fer, les lois et règlements sur l'extraction des matériaux nécessaires aux travaux publics.....

5. — A l'avenir, aucune construction autre qu'un mur de clôture ne pourra être établie dans une distance de 2^m,00 d'un chemin de fer. — Cette distance sera mesurée, soit de l'arête supérieure du déblai, soit de l'arête inférieure du talus du remblai, soit du bord extérieur des fossés du chemin, et, à défaut, d'une ligne tracée à 1^m,50 à partir des rails extérieurs de la voie de fer. — V. *Alignements*.

6. — Dans les localités où le chemin de fer se trouvera en remblai de plus de 3^m,00 au-dessus du terrain naturel, il est interdit aux riverains de pratiquer, sans autorisation préalable, des excavations dans une zone de largeur égale à la hauteur verticale du remblai, mesurée à partir du pied du talus.

Cette autorisation ne pourra être accordée sans que les concessionnaires ou fermiers de l'exploitation du chemin de fer aient été entendus ou dûment appelés.

7. — Il est défendu d'établir, à une distance de moins de 20^m,00 d'un chemin de fer desservi par des machines à feu, des couvertures en chaume, des meules de paille, de foin et aucun autre dépôt de matières inflammables (1).

---

(1) Voir le mot *Dépôts* au sujet de l'exéc. dudit art. 7. — Exemple spéc. d'une poursuite de grande voirie exercée à l'occasion d'un *dépôt de fourrages aux abords des voies.* « Aux termes des art. 7 et 11 combinés de la loi du 15 juill. 1845, il est défendu d'établir à une distance de moins de 20^m,00 de la voie d'un chemin de fer desservi par des machines à feu, des couvertures en chaume, des meules de paille, de foin et aucun autre dépôt de matières inflammables, et cette distance doit être mesurée, soit de l'arête supérieure du déblai, soit de l'arête inférieure des talus du remblai, soit du bord extérieur du fossé du chemin, soit des rails extérieurs de la voie de fer. C'est donc à tort qu'un conseil de préfecture a renvoyé des fins du procès-verbal dressé contre eux, des contrevenants qui avaient établi un dépôt de fourrage dans un local ouvert du côté de la voie à une distance de 8^m,75 du rail extérieur de la voie d'un chemin de fer. » (C. d'Etat, 27 avril 1870.)

Cette prohibition ne s'étend pas aux dépôts de récoltes faits seulement pour le temps de la moisson.

8. — Dans une distance de moins de 5ᵐ,00 d'un chemin de fer, aucun dépôt de pierres ou objets non inflammables ne peut être établi sans l'autorisation préalable du préfet.

Cette autorisation sera toujours révocable.

L'autorisation n'est pas nécessaire : — 1° Pour former, dans les localités où le chemin de fer est en remblai, des dépôts de matières non inflammables, dont la hauteur n'excède pas celle du remblai du chemin ; — 2° Pour former des dépôts temporaires d'engrais et autres objets nécessaires à la culture des terres.....

11. — Les contraventions aux dispositions du présent titre seront constatées, poursuivies et réprimées comme en matière de grande voirie. — V. ci-après, § 2.

Elles seront punies d'une amende de 16 à 300 fr., sans préjudice, s'il y a lieu, des peines portées au code pénal et au titre 3 de la présente loi. Les contrevenants seront, en outre, condamnés à supprimer, dans le délai déterminé par le C. de préf., les excavations, couvertures, meules ou dépôts faits contrairement aux dispositions précédentes.

A défaut par eux de satisfaire à cette condamnation dans le délai fixé, la suppression aura lieu d'office et le montant de la dépense sera recouvré contre eux, par voie de contrainte, comme en matière de contribution publique. — V. *Démolitions.*

Les principaux règlements rappelés dans ce recueil, en ce qui concerne les affaires de grande voirie intéressant le service des chemins de fer, ont été reproduits ou résumés aux mots *Alignements, Bâtiments, Berges, Bestiaux, Carrières, Clôtures, Conduites d'eau et de gaz, Dégradations, Démolitions, Dépôts, Écoulement des eaux, Excavations, Expertises, Extractions, Fossés, Indemnités, Mines, Occupation de terrains, Ouvrages d'art, Plantations, Talus, Tourbières, Trottoirs,* etc.

PRESCRIPTIONS DIVERSES. — 1ᵉ Constructions antérieures à l'établissement des chemins de fer (V. *Bâtiments*) ; 2° Entretien des travaux de voirie (V. *Entretien*) ; 3° Travaux de voirie exécutés par les compagnies sans autorisation (V. *Travaux*) ; 4° Police des avenues de gare (V. *Avenues* et *Chemins d'accès*) ; 5° Établissement de conduites, trottoirs, tuyaux, aqueducs (V. ces mots. — V. aussi le règl. modèle reproduit ci-après au § 3); 6° Indications générales (V. *Contraventions*).

Poursuites et *Constatations.* — V. ci-après, § 2.

Formalités générales d'autorisation de voirie. — V. plus loin, § 3.

II. Poursuite des contraventions. — « L'admin., en matière de grande voirie, appartiendra aux corps administratifs. » (Décret du 11 sept. 1790. Extr.) Certaines contrav. de voirie qui étaient, en principe, du ressort des juges de police (ou de district), telles que celles prévues par la loi du 6 oct. 1791, ont été définitivement classées dans les attributions des trib. admin. par la loi ci-après, du 29 floréal an X (19 mai 1802).

Loi 29 floréal an X. — « Art. 1ᵉʳ. — Les contraventions en matière de grande voirie, telles qu'anticipations, dépôts de fumiers ou d'autres objets, et toutes espèces de détériorations commises sur les grandes routes, sur les arbres qui les bordent, sur les fossés, ouvrages d'art et matériaux destinés à leur entretien....., seront constatées, réprimées et poursuivies par voie administrative.

2. — *Constatations.* — Les contraventions seront constatées concurremment par les maires ou adjoints, les ingén. des p. et ch., leurs conducteurs....., les commissaires de police, et par la gendarmerie ; à cet effet, ceux des fonctionnaires publics ci-dessus désignés, qui n'ont pas prêté serment en justice, le prêteront devant le préfet.

Nota. — En matière de chemins de fer, les agents des p. et ch. et des mines sont spéc. chargés de constater les infractions de grande voirie, et notamment celles commises par les concessionnaires (loi du 15 juill. 1845). Les commiss. de surv. admin. et les agents assermentés des compagnies sont également appelés à procéder aux constatations de grande voirie (*même loi*) et à celles intéressant la conservation des lignes télégraphiques. — V. *Télégraphie.*

3. — Les procès-verbaux sur les contraventions seront adressés au sous-préfet, qui ordonnera par provision, et sauf le recours au préfet, ce que de droit, pour faire cesser le dommage. (Loi du 19 mai 1802.)

Nota. — Cette disposition a été modifiée, en ce qui concerne les voies ferrées, par la circ. min. du 15 avr. 1850, qui prescrit d'envoyer directement aux préfets les procès-verbaux de grande voirie dressés sur les chemins de fer. — V. *Procès-verbaux.*

4. — Il sera statué définitivement, en conseil de préfecture ; les arrêtés seront exécutés sans visa ni mandement des tribunaux, nonobstant et sauf tout recours ; et les individus condamnés seront contraints par l'envoi de garnisaires et saisie de meubles, en vertu desdits arrêtés, qui seront exécutoires et emporteront hypothèque. » (L. précitée de 1802.)

Loi du 6 oct. 1791. — Comme nous venons de le dire au sujet de la loi du 29 floréal an x, nous avions pensé que les infractions prévues *par la loi du 6 oct.* 1791 étaient rentrées dans les attributions des *trib. admin.* Mais telle ne semble pas être l'opinion du C. d'État, qui considère notamment l'art. 40 de ladite loi de 1791, comme ayant été remplacé par les dispositions correspondantes du Code pénal ou du Code rural. — V. *Bestiaux,* § 4, *Clôtures,* § 3, et *Dégradations.*

En l'absence d'une indication précise et formelle sur cette matière, nous donnons, ci-après, ne serait-ce qu'à titre de renseignement, l'extr. principal de la loi du 6 octobre 1791 (la loi de floréal an x restant toujours d'ailleurs exécutoire) :

« Art. 40. — Les cultivateurs ou tous autres qui auront dégradé ou détérioré, de quelque manière que ce soit, des chemins publics, ou usurpé sur leur largeur seront condamnés à la réparation ou à la restitution, et à une amende qui ne pourra être moindre de trois livres, ni excéder vingt-quatre livres.

43. — Quiconque aura coupé ou détérioré des arbres plantés sur les routes sera condamné à une amende du triple de la valeur des arbres, et à une détention qui ne pourra excéder six mois.

44. — Les gazons, les terres ou les pierres des chemins publics ne pourront être enlevés, en aucun cas, sans l'autorisation du directoire du département.....

Celui qui commettra l'un de ces délits sera, en outre de la réparation du dommage, condamné, suivant la gravité des circonstances, à une amende qui ne pourra excéder vingt-quatre livres, ni être moindre de trois livres ; il pourra de plus être condamné à la détention de police municipale. » — V. ci-dessous, *Affaires mixtes.*

Constatation des contraventions. — Nous avons reproduit, ci-dessus, les art. 11 de la loi du 15 juillet 1845 et 2 de la loi du 29 floréal an x, dénommant les autorités ou agents, qui ont qualité pour constater les contrav. de gr. voirie. Nous devons ajouter, qu'aux termes de l'art. 23 de ladite loi de 1845, les agents *assermentés* des compagnies ont également qualité pour procéder aux mêmes constatations et pour verbaliser sur toute la ligne du ch. de fer auquel ils sont attachés. (V. *Assermentation* et *Lois*). — Enfin, d'autres anciens règlements mentionnent diverses dispositions que nous rappelons pour mémoire :

Décret du 18 août 1810 (désignant les préposés aux droits réunis parmi les agents aptes à constater les infractions de grande voirie et à la police du roulage). (*Pour mémoire.*)

Décret du 16 décembre 1811 (ext.). « Art. 112. Affirmation des procès-verbaux de grande voirie devant le maire ou l'adjoint du lieu. — V. *Affirmation.*

113. — Envoi des procès-verbaux. — V. *Procès-verbaux.*

114. — Il sera statué sans délai par les conseils de préfecture, tant sur les oppositions qui auraient été formées par les délinquants, que sur les amendes encourues par eux, nonobstant la réparation du dommage. — Seront, en outre, renvoyés à la connaissance des tribunaux les violences, vols de matériaux, voies de fait, ou réparations de dommages réclamés par les particuliers.

115. — Parts d'amende attribuées aux agents. — V. *Amendes.*

Modération d'amendes. — (*Loi du 23 mars* 1842. — Art. 1er. — Amendes de grande voirie pouvant être abaissées jusqu'à 16 fr.) — P. mém.

2. — Agents inférieurs des ponts et chaussées pouvant constater les infractions de grande voirie. (P. mém.)

Affaires mixtes. — « Dans le cas où les contraventions de voirie constituent un délit soumis à la peine corporelle et d'emprisonnement..., ce n'est pas une raison qui empêche l'autorité administrative de connaître de la contravention ; elle ne doit pas moins prononcer alors les dispositions qui sont de sa compétence, c'est-à-dire, en ce qui concerne la peine pécuniaire, sauf à renvoyer les contrevenants ou délinquants devant le tribunal, pour la peine corporelle. » — Circ. des trav. pub.. 4 déc. 1802. V. *Compétence, Conseil de préfecture, Contraventions, Délits* et *Tribunaux.*

« Il appartient aux C. de préf de connaître des contrav. de gr. voirie, commises sur les ch. de fer et leurs dépendances. — Les poursuites qui seraient exercées pour le même fait, en vertu du Code pénal, devant le trib. correctionnel, ne pourraient faire obstacle à la compétence de ces conseils. » — C. d'Etat, 9 août 1851.

Attributions des préfets. — Comme on l'a vu plus haut, § 3, les procès-verbaux de grande voirie, dressés en matière de ch. de fer, sont envoyés directement au préfet qui les défère au conseil de préfecture, pour y être donné la suite convenable.

Les préfets sont, d'ailleurs, nommément désignés par la circ. du 15 avril 1850, pour assurer, chacun dans l'étendue de sa circonscription, les mesures de grande voirie dont les lois et règl. ont été rendus applicables aux ch. de fer par la loi du 15 juillet 1845. (V. *Préfets.*) Ils sont chargés également de certaines mesures mixtes, qui semblent toucher en même temps à la grande voirie et à la police proprement dite des chemins de fer. — V. *Cours des gares, Passages à niveau,* etc.

Préfet de police. — Dans les départements, le service de la grande voirie et celui de la police sont centralisés entre les mains du préfet. Il n'en est pas de même à Paris, où les deux premiers magistrats de l'administration locale ont chacun des attributions bien distinctes, et où le préfet de police a été investi, par les lois et les règlements gén., de tout ce qui concerne la police de l'exploitation proprement dite des chemins de fer, du service des appareils à vapeur, mines, usines, établissements dangereux, etc. Ce magistrat ne cesse d'intervenir que lorsqu'il s'agit d'affaires ressortissant exclusivement à la grande voirie, telles que les questions d'alignement, bornage, clôtures, terrains, travaux divers, etc., ou des infractions dont la connaissance spéciale est réservée aux conseils de préfecture.

Indications spéciales. — 1° Renseignements à donner dans les procès-verbaux. (V. *Procès-verbaux*). — Evaluation des dommages, *Ibid.*

Prescription des contraventions (action publique et civile). — V. *Prescription.*

II bis. — Recours et Pourvois. — « Pour obtenir l'annulation, dans l'intérêt de la loi, de la disposition par laquelle un arrêté du C. de préf. a renvoyé un particulier des fins du procès-verbal dressé contre lui pour bris de clôture d'un chemin de fer, le ministre ne peut se fonder uniquement sur ce que le C. de préf. aurait mal apprécié les faits ; ce motif ne peut justifier un pourvoi dans l'intérêt de la loi. — Il appartient à l'autorité admin. de poursuivre la répression des contrav. de gr. voirie commises sur les ch. de fer. C'est donc à tort que le C. de préf., saisi par le préfet du procès-verbal dressé contre un particulier, a mis les frais de l'instance à la charge de la comp. du chemin de fer, laquelle n'était pas partie devant lui. » — C. d'*État*, 20 déc. 1872.

Recours à former par les compagnies. — « Lorsque dans une contestation élevée devant le C. de préf. entre une comp. de ch. de fer et un particulier, à propos d'une contravention imputée à ce dernier, la comp. a été condamnée aux dépens, c'est à elle, et non au min. des tr. publ., qu'il appartient de se pourvoir contre cette condamnation ; le ministre ne peut former qu'un pourvoi dans l'intérêt de la loi, s'il y a lieu, contre la disposition relative aux dépens. » (C. d'État, 7 août 1883).

Délais et formalités des recours et pourvois. — V. ces mots.

III. Formalités pour les permissions de voirie. — 1° *Instruction des affaires.* — L'envoi des demandes au préfet et l'instruction des affaires par le service du contrôle (la compagnie entendue, quand il s'agit de *chemins concédés*), s'effectuent suivant les indications que nous avons données pour les alignements, par exemple, au mot *Alignements,* § 1. — V. aussi *Avenues, Cours et Chemin d'accès.*

2° *Conditions générales et particulières,* édictées par le règlement modèle, approuvé le 20 sept. 1858 pour les routes et applicable dans beaucoup de cas aux affaires de voirie intéressant les chemins de fer ou leurs dépendances.

CHAP. Ier. — *Forme des demandes.* — Art. 1er. — Toute demande de permission de grande voirie (dûment timbrée. V. *Timbre*), ayant pour objet d'établir des constructions le long des routes, de modifier les façades de celles qui existent, de faire ou de supprimer des plantations régulières ou de former une entreprise quelconque sur le sol des voies publiques et de leurs dépendances, doit être faite sur papier timbré et adressée au préfet ou au sous-préfet ; elle est présentée par le propriétaire ou en son nom, et contient l'indication exacte de ses nom, prénoms et domicile.

Elle désigne la commune où les travaux doivent être entrepris, en ajoutant dans les traverses l'indication de la rue et du numéro de l'immeuble auquel ils se rapportent, et hors des traverses, celle des lieuxdits, tenants et aboutissants, et des bornes kilométriques entre lesquelles ils doivent être exécutés.

CHAP. II. — *Constructions neuves (Alignements par avancement).* — Art. 2. — Lorsque la construction sur l'alignement doit avoir pour effet de réunir à la propriété riveraine une portion de la voie publique, les ingénieurs procèdent contradictoirement avec le pétitionnaire au métré et à l'estimation du terrain à abandonner. Le montant de l'estimation, contrôlé par les agents des domaines et arrêté par le préfet, est acquitté par le pétitionnaire ou, en cas de contestation, déposé à la caisse des dépôts et consignations. — V. *Alignements*, § 9.

Il est formellement interdit au pétitionnaire d'occuper le terrain avant d'en avoir acquitté ou consigné le prix. — Le permissionnaire ne peut réclamer le tracé de son alignement s'il n'est pas en mesure de justifier de ce payement.

Alignements par reculement. — Art. 3. — Lorsque la construction sur l'alignement aura eu pour effet de réunir à la voie publique une partie du terrain riverain, il est procédé comme ci-dessus au métré et à l'estimation qui servent de base au règlement de l'indemnité.

Cette indemnité n'est exigible qu'à partir du jour où, sur la demande du permissionnaire, il aura été constaté que son terrain est définitivement réuni à la voie publique.

Règlement par le jury du prix des terrains acquis ou cédés par les riverains. — Art. 4. — A défaut d'arrangement amiable entre l'adm. et le pétitionnaire, le prix du terrain à céder ou à acquérir est réglé conf. à la loi du 3 mai 1841 et à l'art. 50 de la loi du 16 sept. 1807.....

Aqueducs sur les fossés de la route. — Art. 6. — L'écoulement des eaux ne peut être intercepté dans le fossé de la route. — Les dispositions et dimensions des aqueducs destinés à rétablir la communication entre la route et les propriétés riveraines, sont fixées par l'arrêté qui autorise ces ouvrages ; ils doivent toujours être établis de manière à ne pas déformer le profil normal de la route. — V. plus loin, art. 26 et suiv.

Haies et clôtures. — Art. 7. — Les haies sèches, barrières, palissades, clôtures à claire-voie ou levées en terre formant clôtures sont placées, savoir :

Dans les traverses, sur l'alignement fixé pour les constructions, et hors des traverses, de manière à ne pas empiéter sur les talus de déblai et de remblai de la route.

Les haies vives sont placées à 0^m,50 en arrière de ces alignements.

Avis à donner par le propriétaire et vérification des travaux. — Art. 8. — Tout propriétaire autorisé à faire une construction ou une clôture, ou à exécuter des ouvrages, doit indiquer à l'avance, à l'ingénieur....., l'époque où les travaux seront entrepris, pour qu'il puisse être procédé par le conducteur à une première vérification, ou, si le propriétaire le demande, au tracé de l'alignement.

S'il s'agit d'une construction en maçonnerie, le permissionnaire prévient une seconde fois l'ingénieur dès que les premières assises au-dessous du sol sont posées.

Procès-verbal de récolement des travaux. — V. plus loin, art. 36.

CHAP. III. — *Constructions en saillie.* — *Travaux confortatifs,* etc. — Art. 9 à 18. (P. mém.).

CHAP. IV. — *Saillies, Soubassement, Colonnes, Pilastres, etc.* — Art. 19. — La nature et la dimension maximum des saillies permises sont fixées ci-après, la mesure des saillies étant toujours prise sur l'alignement de la façade, c'est-à-dire à partir du nu du mur au-dessus de la retraite du soubassement :

1° Soubassement.. 0^m,05
2° Colonnes en pierres, pilastres, ferrures de portes et fenêtres, jalousies, persiennes, contrevents, appuis de croisées, barres de supports................................... 0^m,10
3° Tuyaux et cuvettes, ornements en bois des devantures, grilles de boutiques et de fenêtres des rez-de-chaussée, enseignes, y compris toutes pièces accessoires................. 0^m,16
4° Socles de devantures de boutiques....................................... 0^m,20
5° Petits balcons de croisée au-dessus du rez-de-chaussée....................... 0^m,22
6° Grands balcons, lanternes, transparents, attributs.......................... 0^m,80

Ces ouvrages ne pourront être établis qu'à 4^m,30 au moins au-dessus du sol et seulement dans les rues dont la largeur ne sera pas inférieure à 8^m. Toutefois, s'il y a devant la façade un trottoir de 1^m,30 de largeur au moins, la hauteur de 4^m,30 pourra être réduite jusqu'au min. de 3^m,50 pour les grands balcons, dans les rues ayant au moins 8^m de largeur, et au min. de 3^m pour les lanternes, transparents et attributs, quelle que soit la largeur de la rue.

Ces ouvrages devront d'ailleurs être supprimés sans indemnité si l'admin., dans un intérêt public, est conduite à exhausser ultérieurement le sol de la route.

7° Auvents et marquises.. 0ᵐ,80

Ces ouvrages seront en bois ou en métal; on ne les autorisera que sur des façades devant lesquelles il existe un trottoir de 1ᵐ,30 de largeur au moins, et à 3ᵐ au moins au-dessus de ce trottoir.

8° Bannes.. 1ᵐ,50

Elles ne pourront être posées que devant les façades où il existe un trottoir. La dimension maximum fixée ci-dessus sera réduite, quand ce trottoir aura moins de 2ᵐ, de manière que sa largeur excède toujours de 0ᵐ,50 au moins la saillie des bannes.

Aucune partie des supports ne sera, à moins de 2ᵐ,50, au-dessus du trottoir.

9° Corniches d'entablement. — Leur saillie n'excédera pas 0ᵐ,16, quand elles seront en plâtre, ou l'épaisseur du mur à son sommet, quand elles seront en pierre ou en bois.

Les dimensions fixées ci-dessus sont applicables seulement dans les portions de routes ayant plus de 6 m. de largeur effective. Lorsque cette largeur n'est pas atteinte, l'arrêté du préfet statue dans chaque cas particulier sur les dimensions des saillies qu'il y a lieu d'autoriser.....

Echafaudages. — *Dépôts de matériaux, etc.* — Art. 20. — Les échafaudages ou les dépôts de matériaux qu'il pourra être nécessaire de faire sur le sol de la route pour l'exécution des travaux, seront éclairés pendant la nuit; leur saillie sur la voie publique sera de 2 mètres au plus, et ce maximum pourra être réduit dans les traverses étroites. — Ils seront disposés de manière à ne jamais entraver l'écoulement des eaux sur la route ou ses dépendances. Dans les villes, le permissionnaire pourra être tenu de les entourer d'une clôture (1).

21. — *Interdiction de marches, bornes, entrées de caves, etc., en saillie*......

CHAP. V. — *Conditions pour l'ouverture des portes et fenêtres.* — Art. 22. — Aucune porte ne pourra s'ouvrir en dehors de manière à faire saillie sur la voie publique.

Les fenêtres et volets du rez-de-chaussée, qui s'ouvriraient en dehors, devront se rabattre sur le mur de face, le long duquel ils seront fixés.

Emplacement et accès des portes cochères. — Art. 23. — Sur les routes plantées, les portes charretières seront, autant que possible, placées au milieu de l'intervalle de deux arbres consécutifs. — Il sera posé devant les arbres, de chaque côté du passage, des bornes en pierre dure ou en bois ou des butte-roues en fonte.

Lorsqu'il existera vis-à-vis des portes charretières un trottoir ou une contre-allée réservée à la circulation des piétons, il y sera établi, suivant leur profil en travers normal, une chaussée de 3 m. de largeur, qui sera en pavé ou en empierrement formé de menus matériaux.

La bordure du trottoir, lorsqu'il en existera, sera baissée dans l'emplacement du passage, sur une longueur de 3 m., de manière à conserver 0ᵐ05 de hauteur au-dessus du caniveau. Le raccordement de la partie baissée avec le reste du trottoir aura 1 m. de longueur de chaque côté.

Ces divers ouvrages sont à la charge du propriétaire riverain.

CHAP. VI. — *Trottoirs.* — *Conditions d'établissement des trottoirs.* — Art. 24. — La nature et les dimensions des matériaux à employer dans la construction des trottoirs seront fixées par l'arrêté spécial qui autorisera ces ouvrages. — Les bordures, ainsi que le dessus du trottoir, seront établis suivant les points de hauteur et les alignements fixés sur le plan au pétitionnaire.

Les extrémités du trottoir devront se raccorder avec les trottoirs voisins ou avec les revers, de manière à ne former aucune saillie.

Suppression des bornes. — Art. 25. — Partout où un trottoir sera construit, le riverain est tenu d'enlever les bornes qui se trouvent en saillie sur les façades des constructions.

CHAP. VII. — *Établissement d'aqueducs et de tuyaux.* — Art. 26. — Nul ne peut, sans autorisation, rejeter sur la voie publique les eaux insalubres provenant des propriétés riveraines.

Les eaux pluviales, lorsqu'elles auront été recueillies dans une gouttière, ainsi que celles provenant de l'intérieur des maisons, seront conduites jusqu'au sol par des tuyaux de descente, puis jusqu'au caniveau de la route, soit par une gargouille, s'il existe un trottoir, ou dès qu'il en existera un, soit par un ruisseau pavé, s'il n'existe qu'un revers.

Écoulement sous la voie publique. — Art. 27. — Les particuliers peuvent être autorisés à établir sous le sol des routes, des aqueducs ou conduites pour l'écoulement ou la distribution des eaux ou du gaz, conformément aux dispositions spéciales qui seront réglées par l'arrêté d'autorisation et sous les conditions ci-après :

Conditions générales des autorisations pour l'établissement des tuyaux ou aqueducs sous la voie publique. — Art. 28. — Les tranchées longitudinales ne seront ouvertes qu'au fur et à mesure

_____

(1) Ces dispositions de l'art. 20 ne sont indiquées que pour mémoire, les échafaudages et les dépôts de matériaux aux abords des voies ferrées devant toujours être faits sur le terrain du pétitionnaire et l'éclairage du chantier n'étant pas obligatoire, par la raison surtout qu'il pourrait y avoir confusion avec les signaux de nuit du chemin de fer.

de la construction de l'aqueduc ou de la pose des tuyaux, et les tranchées transversales que sur la moitié de la largeur de la voie publique, de manière que l'autre moitié reste libre pour la circul. Les parties de tranchées qui ne pourraient pas être comblées avant la fin de la journée seront défendues pendant la nuit par des barrières solidement établies et suffisamment éclairées.

Le remblai des tranchées, après la pose des conduites, sera fait par des couches de 0m20 d'épaisseur, et chaque couche sera pilonnée avec soin. On rétablira sur le remblai les pavages, chaussées d'empierrement, trottoirs et autres ouvrages qui auraient été démolis en suppléant au déchet des vieux matériaux par des matériaux neufs de bonne qualité, et en se conformant, pour l'exécution, à toutes les règles de l'art.

Ces travaux seront faits par le permissionnaire, qui devra, pendant un an, les entretenir d'une manière continue. Toute négligence apportée à l'entretien sera constatée par un procès-verbal, et déférée, par ce moyen, au conseil de préfecture.

Aussitôt après la rédaction de ce procès-verbal, l'ingénieur ordinaire fera exécuter d'office les réparations jugées nécessaires. Les dépenses seront, dans un délai de trois jours, remboursées à l'entrepreneur qui aura exécuté les travaux, et au domicile de ce dernier par le permissionnaire, sur le vu d'un état dressé par l'ingénieur ordinaire, visé par l'ingénieur en chef, et rendu au besoin exécutoire par le préfet.

Le permissionnaire fera enlever, immédiatement, après l'exécution de chaque partie du travail, les terres, gravois et immondices qui en proviendront, de manière à rendre la voie publique parfaitement libre.

Il se conformera à toutes les mesures de précaution qui lui seront indiquées, soit par l'ingénieur, soit par l'autorité locale.

Il devra faire les dispositions convenables pour ne porter aucun dommage aux voies d'écoulement, telles que aqueducs ou tuyaux déjà établis, soit par l'administration, soit par les particuliers.

Il ne pourra entreprendre ses travaux ni les reprendre s'il les a suspendus, sans en avoir prévenu à l'avance l'ingénieur de l'arrondissement ou le conducteur délégué.

Dans le mois qui suivra l'exécution des travaux, il déposera, au bureau de l'ingénieur ordinaire, un plan coté indiquant exactement le tracé des conduites et leurs divers embranchements à l'échelle de 0m005 millim. pour un mètre.

Le permissionnaire ou son ayant cause devra, à toute époque, se conformer aux règlements d'administration ou de police en vigueur. Il sera tenu, sur une simple réquisition, de laisser visiter les ouvrages qui se rattachent à l'écoulement ou d'interrompre cet écoulement.

Il sera tenu, en outre, si l'admin. le juge nécessaire, dans un intérêt de police ou de salubrité, d'ouvrir des tranchées sur les parties de conduite qui lui seraient désignées et de rétablir ensuite la voie sans pouvoir, à raison de ces faits, réclamer aucune indemnité. — V. *Conduites.*

L'admin. conserve, d'ailleurs, le droit de faire changer l'emplacement des conduites ou même de les supprimer, conformément aux art. 38 et 39 ci-après.

Tuyaux de conduite pour les eaux ou le gaz. — Art. 29. Les tuyaux pour la distribution des eaux ou du gaz seront toujours posés à 0m,60 au moins de profondeur.

Dispositions relatives aux conduites débouchant dans un aqueduc situé sous la voie publique. — Art. 30. — Lorsqu'il s'agira de jeter les eaux d'une propriété riveraine dans un égout existant sous la voie publique, elles y seront amenées directement par une conduite dont les matériaux et les dispositions seront indiqués par l'arrêté d'autorisation.

Le percement dans la maçonnerie du pied-droit sera réduit aux dimensions strictement indispensables. Le raccordement sera exécuté avec soin en ciment ou en bon mortier hydraulique.

Le conduit sera muni, à son origine, dans l'intérieur de la propriété, d'une cuvette avec grille, qui devra faire obstacle au passage des immondices.

Il est interdit d'introduire dans l'égout aucun liquide qui pourrait nuire à la salubrité ou à l'égout lui-même.

CHAP. VIII. — *Plantations.* — Art. 32. (Ext.)..... — Les arbres des plantations riveraines seront abattus sur le terrain des propriétaires, sans emprunter en aucune façon, pour le dépôt des bois, le sol de la route. — V. *Abatage* et *Plantations.*

33. — Les conditions de l'élagage des haies et des plantations sont déterminées par des arrêtés spéciaux, en raison de l'essence des arbres et des circonstances locales. — Les haies seront toujours conduites de manière que leur développement du côté de la voie publique ne fasse aucune saillie sur le sol appartenant à la route. On n'y tolérera l'existence d'aucun arbre de haute tige, à moins que la haie ne se trouve à deux mètres au moins des terrains de la voie publique.

34. Les plantations nouvelles ne peuvent être exécutées que d'après un arrêté par lequel le préfet fixe les alignements, l'espacement des arbres entre eux dans chaque rangée, leur essence, les conditions auxquelles ils doivent satisfaire et toutes les précautions à prendre pour assurer leur bonne venue. — V. *Plantations.*

CHAP. IX. — *Conditions générales des autorisations.* — *Durée des autorisations.* — Art. 35. — Les autorisations ne sont valables que pour un an, à partir de la date des arrêtés et sont périmées de plein droit, si l'on n'en a pas fait usage avant l'expiration de ce délai.

Procès-verbaux de récolement. — Art. 36. — Toute permission de grande voirie donne lieu à une vérification de la part des agents de l'administration. Si les conditions imposées au permissionnaire ont été remplies, le résultat de cette opération est constaté par un procès-verbal de récolement en double expédition, dont l'une, après avoir été visée par les ingénieurs, est remise par le préfet au propriétaire. — Dans le cas contraire, il est dressé un procès-verbal de contravention, lequel est déféré au conseil de préfecture.

Réparation des dommages causés à la route. — Art. 37. — Aussitôt après l'achèvement de leurs travaux, les permissionnaires sont tenus d'enlever tous les décombres, terres, dépôts de matériaux, gravois et immondices, de réparer immédiatement tous les dommages qui auraient pu être causés à la route ou à ses dépendances, et de rétablir dans leur premier état les fossés, talus, accotements, chaussées ou trottoirs qui auraient été endommagés.

Entretien en bon état des ouvrages situés sur le sol de la route et de ses dépendances. — Art. 38. — Les ouvrages établis sur le sol de la voie publique et qui intéressent la viabilité, notamment ceux mentionnés dans les articles 6, 24, 26, 27, 28, 29 et 30 du présent règlement, seront toujours entretenus en bon état et maintenus conformes aux conditions de l'autorisation, faute de quoi, cette autorisation serait révoquée indépendamment des mesures qui pourraient être prises contre le permissionnaire, pour répression de délit de grande voirie et pour la suppression de ces ouvrages.

Suppression des ouvrages sans indemnité. — Art. 39. — Les permissions de pure tolérance, concernant les ouvrages mentionnés à l'article précédent, peuvent toujours être modifiées ou révoquées, en tout ou en partie, lorsque l'administration le juge utile à l'intérêt public, et le permissionnaire est tenu de se conformer à ce qui lui est prescrit à ce sujet, sans qu'il puisse s'en prévaloir pour réclamer aucune indemnité.

Réserves des droits des tiers. — Art. 40. — Les autorisations de gr. voirie ne sont données que sous toutes réserves des droits des tiers, des régl. faits par l'autorité municipale, dans les limites de ses attributions, des servitudes militaires et de celles résultant du Code forestier.

Réserve concernant la police de petite voirie. — Art. 41. — Une permission de grande voirie accordée pour une propriété qui fait l'angle d'une voie communale, ne préjuge rien sur les obligations qui peuvent être imposées par l'autorité locale en ce qui concerne la façade sur la voie communale.

CHAP. X. — *Mode de constatation des délits.* — Art. 42. — Les contraventions sont constatées par les maires ou adjoints, les ingénieurs, conducteurs ou agents secondaires, les commissaires et agents de police, les gendarmes, les gardes champêtres, et, en général, par tous les agents dûment assermentés..... (Règl. 20 sept. 1858.)

Arrêtés préfectoraux d'autorisation. — Il n'y a pas de *modèle général* en usage pour le libellé des arrêtés pris par les préfets au sujet des demandes en autorisation des ouvrages de grande voirie; mais dans quelques services il est fait usage de formules imprimées où après avoir visé les lois et instructions, les pièces et plans du dossier, rappelé les motifs d'admission (lorsqu'il y a lieu de la demande), et inscrit, comme finale, le dispositif des conditions à observer, il est renvoyé par un alinéa spécial à l'arrêté gén. pris par le préfet, conf. au modèle de règlement de gr. voirie du 20 sept. 1858. En outre, les recto et verso du 2ᵉ feuillet de l'arrêté (p. 3 et 4) rappellent : 1° à la page 3, les articles précités, 2, 3, 5, 6, 7, 8 et 11 de la loi du 15 juillet 1845 (Voir ci-dessus § 1); — 2° au verso, page 4, les art. 35, 36, 40, 41 et 42, également précités du règl. du 20 sept. 1858, et en outre, à la même page, sous le titre *Extraits du Code civil*, les art. 671 et 681 dudit Code. Cet art. 671 est reproduit au mot *Plantations*. — Le second, l'art. 681, est ainsi conçu :

« Art. 681. — Tout propriétaire doit établir des toits de manière que les eaux pluviales s'écoulent sur son terrain ou sur la voie publique; il ne peut les faire verser sur le fonds de son voisin. »

IV. Chemins de fer d'intérêt local, soumis au régime de la grande voirie. — (Ext. de la circ. min. du 12 août 1865 ayant pour objet l'exécution de l'ancienne loi du 12 juillet 1865 sur les chemins de fer d'intérêt local) :

« L'art. 4 de la loi précitée du 12 juillet 1865 soumet les ch. d'int. local aux dispositions de la loi du 15 juillet 1845, sur la police des ch. de fer. En conséquence, ces chemins feront partie de la grande voirie et seront soumis à toutes les dispositions prescrites, par cette loi, dans l'intérêt de la conservation des ouvrages ainsi que de la sécurité publique.

« Toutefois, par dérogation à ces dispositions, le préfet peut dispenser de poser des clôtures sur tout ou partie de la ligne et d'établir des barrières au croisement des chemins peu fréquentés. Il appartiendra au chef de service de juger si cette mesure peut recevoir son application et, dans ce cas, de déterminer les points où elle pourra être appliquée sans inconvénient. Cette faculté a été introduite dans la loi dans un but d'économie, et il conviendra d'en faire usage, partout où elle pourra se concilier avec la sûreté de l'exploitation et la sécurité du public. »

Nouvelle loi du 11 juin 1880. — Aucune disposition de la nouvelle loi du 11 juin 1880, sur les chemins de fer d'intérêt local, n'indique d'une manière explicite que ces chemins sont soumis au régime de la grande voirie, et il semblerait y avoir là une omission qui n'existait pas, comme on vient de le voir, dans l'ancienne loi du 12 juillet 1865; mais l'affirmative ne saurait faire aucun doute, en présence des dispositions combinées résultant des documents résumés ou reproduits aux mots *Chemin de fer d'intérêt local* (notes placées après la loi du 11 juin 1880), *Contributions*, § 5, et *Voies publiques*. — V. aussi, en particulier, les art. 3, 11, 20 et 31 de la loi du 11 juin 1880.

V. Police des cours et avenues des gares. — (Affaire relative à une parcelle de terrain acquise par l'État, et non encore annexée à la voie d'accès ni aux autres dépendances de la gare, et sur laquelle le propr. riverain avait ouvert une issue et déposé des matériaux.) — « On ne saurait considérer comme constituant une contrav. de gr. voirie, une entreprise d'un particulier sur un terrain acquis par l'État pour être ultérieurement affecté à l'un des services d'une gare de chemin de fer, si ce terrain n'a pas encore reçu son affectation ». (C. d'État, 7 août 1883.) — V. *Dépendances*, § 1, *Dépôts*, § 2, note 1, *Domaines*, *Gares* et *Terrains*.

Changement de régime des avenues de gare et questions de voirie (résultant de la remise aux communes, ou du *classement dans le réseau vicinal*, des avenues et chemins d'accès). — V. *Avenues*, *Chemins d'accès* et *Cours*.

VI. Indications diverses. — *Terrains exclus de la grande voirie*, et affaires générales (V. § 5 ci-dessus, et les mots *Compétence*, *Contraventions*, *Domaines*, *Pénalités*, *Procès-verbaux* et *Terrains*).

GRANIT.

I. Conditions ordinaires de transport. — (*Comme pour Pierres*. V. ce mot.) — *Tarifs réduits.* — Sur divers réseaux les expéditions de granits par wagon complet de 5,000 kilog., ou payant pour ce poids, jouissent d'un tarif réduit jusqu'à 0 fr. 07, 0 fr. 05 et 0 fr. 04 par tonne et par kilom., suivant les distances.

II. Mode d'emploi. — V. *Matériaux* et *Trottoirs*.

GRAPHIQUES.

I. Tableaux figuratifs de la marche des trains. — Circ. min. du 27 août 1878 invitant les compagnies à joindre aux ordres de service qu'elles ont à soumettre à l'admin. supér. en vertu de l'art. 43 de l'ordonn. du 15 nov. 1846 des *tableaux graphiques* de la marche des trains, de manière à faciliter l'étude de l'organisation du service. — V. *Intervalle* et *Marche des trains*.

Forme des tableaux graphiques. — Aucune instruction générale ne détermine la forme des tableaux graphiques figurant la marche des trains. Mais, dans leur ensemble, les indications desdits tableaux sont basées sur le principe des intersections de lignes verticales et horizontales, permettant de vérifier, à première vue, si la marche de chaque train, à l'aller et au retour est convenablement organisée, de manière à maintenir l'intervalle réglementaire entre les convois, et à prévenir les rencontres.

Les divisions verticales indiquent les différentes heures de la journée ;

Les divisions horizontales correspondent aux noms des stations.

Chaque train est figuré par une ligne *inclinée*, pleine ou ponctuée suivant la nature du convoi.

Les intersections de cette ligne *inclinée* avec les divisions horizontales et verticales du tableau indiquent les heures de passage à chaque station, la durée de l'arrêt des trains et le temps de garage des convois de marchandises ou d'autres trains retenus dans les stations, pour laisser passer des trains plus rapides.

II. Indications diverses. — Sur la plupart des réseaux, les graphiques indiquent, du reste, par des annotations spéciales, les points d'alimentation, les points extrêmes des pentes et rampes, les garages, les postes télégraphiques, etc., etc. ; ils contiennent, en un mot, les divers renseignements qui peuvent intéresser le service de la traction.

Les chefs de dépôt et les mécaniciens doivent toujours être porteurs des graphiques, dûment rectifiés et modifiés, lorsqu'il y a lieu, en cas de changement approuvé dans la marche des trains.

GRILLES.

Appareils pour arrêter les flammèches. — V. *Appareils de machines.*

Grilles fumivores (Mode d'emploi). — V. *Coke, Fumée* et *Locomotives.*

GROUP.

Transport de finances, groups d'argent, etc. (Formalités). — V. *Finances.*

Déclaration inexacte (de la valeur des groups). — V. *Déclarations,* § 3.

GROUPAGE.

I. Faculté de grouper certains envois distincts (*adressés à un seul correspondant*).— Dans nos articles *Colis* et *Messagerie,* nous avons fait connaître les bases de la tarification *exceptionnelle et annuelle* du transport des petits colis pesant isolément 40 kilogr. et au-dessous. Nous avons rappelé également que le prix du transport, en grande vitesse, des colis au-dessus de 40 kilogr., est de 0 fr. 40 cent. par tonne et par kilomètre.

En exécution de l'art. 47 du cah. des ch., ce dernier prix sera appliqué à tous paquets ou colis, quoique emballés à part, s'ils font partie d'envois pesant ensemble plus de 40 kilogr. d'objets envoyés par une même personne à une même personne.

« Le bénéfice de la disposition énoncée dans le paragr. précédent ne peut être invoqué par les entrepreneurs de messagerie et de roulage et autres intermédiaires de transport, *à moins que les articles par eux envoyés ne soient réunis en un seul colis.* »

On doit considérer, d'ailleurs, comme un seul colis, les objets ou paquets réunis sous une seule enveloppe et expédiés par une seule personne, ou par plusieurs, à un correspondant chargé de les distribuer aux véritables destinataires. (C. C., 20 juillet 1853.) Il en est de même des colis ou paquets distincts expédiés ensemble par une seule personne à une seule personne, lorsqu'ils sont composés d'objets de même nature, c'est-à-dire, faisant partie d'un même genre d'industrie, ou de commerce, ou d'un même ordre de produits. » (*Ibid.*) La variété des produits, qu'un arrêt plus récent de la C. de cass. (9 mai 1853) avait persisté à limiter aux paquets ou colis offrant un caractère d'affinité ou d'analogie, ne doit plus faire l'objet d'une distinction, attendu que l'art. 47 précité du cah. des ch. ne contient aucune restriction à cet égard. — V. ci-après :

Litiges survenus au sujet du groupage des colis (Mode d'expédition, etc.)

Colis réunis par une corde. — « Un entrepreneur de messagerie, pour jouir auprès d'un chemin de fer du bénéfice du groupement, doit réunir ses envois *sous une même enveloppe* et ne doit pas se borner à les assembler par une corde. » T. comm. Seine, 7 juillet 1858). — Cette jurisprudence a été infirmée par un arrêt de la C. de C. du 9 juillet 1883, confirmant un jugem. du trib. de comm. de Toulouse, et d'après lequel « la faculté pour un expéditeur de réunir dans un même envoi, fait au même destinataire, un certain nombre de colis de même nature, *quoique emballés à part*, constitue une faculté de droit commun, qui ne pourrait être enlevée que par une disposition expresse de la loi, et qu'à l'exercice de cette faculté correspond, pour les compagnies de chemins de fer, l'obligation de percevoir le prix de transport sur la totalité des articles réunis et non sur chaque article en particulier » (C. C. 9 juillet 1883). — Le trib. de comm. de la Seine, lui-même, dans une nouvelle affaire sur laquelle il a eu à se prononcer a rendu le jugement suivant : « C'est à tort qu'une comp. de ch. de fer exige d'un commissionnaire de roulage que les divers colis ne pesant point isolément plus de 40 kilog., groupés en un seul colis envoyé à une même personne et pesant plus de 40 kilog., soient réunis sous un même emballage. — Elle est tenue de recevoir lesdits colis groupés sous cordes et solidement réunis. » (Tr. comm. Seine, 22 juillet 1885.)

Groupage illicite. — « La faculté de grouper les colis n'entraine pas le droit de réunir sous une même enveloppe des colis payant le transport *au poids* et des colis payant le transport *ad valorem*. — Le mélange clandestin d'articles de finances ou métaux précieux dans des colis de mercerie ou de lingerie, expose l'expéd. à des domm. et intér. » (T. comm. Seine, 23 juillet 1864.)

Droit d'enregistrement. — « Les commissionnaires de transport qui expédient à un même destinataire des colis séparés doivent payer, non seulement la taxe ordinaire, mais encore l'enregistr. de 0 fr. 10 pour chaque colis non groupé. » (T. comm. Seine, 22 juin 1864.) — V. à ce sujet, § 3 ci-après.

II. Vœux de la commission d'enquête (au sujet du groupage des colis). — La commission d'enquête gén. sur l'expl. (*Recueil*, 1863) a exprimé l'avis suivant :

« Il n'y a pas lieu, quant à présent, de modifier les règles établies par les cahiers des charges en ce qui touche la faculté du groupage.

« Il serait à désirer qu'il se formât, au centre de Paris, un vaste établissement commun à toutes les compagnies, sorte de factorerie centrale et générale, où seraient reçues toutes les marchandises sans distinction de destination et qui aurait, dans les divers quartiers, des succursales également communes à toutes les compagnies. »

III. Récépissés spéciaux (pour les expéditions groupées). — *Timbre obligatoire pour chaque destinataire.* — (Extr. de la loi du 30 mars 1872) :

« Art. 2. — Les entrepren. de messageries et autres intermed. de transport, qui réunissent en une ou plusieurs expéditions des colis ou paquets envoyés à des destinataires différents, sont tenus de remettre aux gares expéditrices un bordereau détaillé et certifié, écrit sur du papier non timbré et faisant connaître le nom et l'adresse des destinataires réels. — Il sera délivré, outre le récépissé pour l'envoi collectif, un récépissé spécial à chaque destinataire. Ces récépissés spéc. ne donneront pas lieu à la perception du droit d'enregistr. au profit des comp. de ch. de fer, mais ils seront établis par les entrepr. de transport eux-mêmes, sur des formules timbrées que les comp. de ch. de fer tiendront à leur disposition, moyennant remboursement des droits et frais. — Les numéros de ces récépissés seront mentionnés sur le registre de factage, ou de camionnage, que lesdits entrepr. ou intermed. sont tenus de faire signer pour décharge par les destinataires.

Ces livres ou registres seront représentés à toute réquisition aux agents de l'enreg.

Chaque contravention aux dispositions qui précèdent sera punie d'une amende de 50 fr. et de 100 fr. en cas de récidive dans le délai d'un an.

Ces contraventions seront constatées par tous les agents ayant qualité pour verbaliser en matière de timbre, et par les commiss. de surv. admin. »

Infractions et constatations. — 1° *Circ. min. du 15 mai 1872 aux insp. gén. du contrôle* (rappelant que l'art. 2 de la loi du 30 mars 1872 « s'applique tant aux transports *en grande vitesse* pour lesquels le groupage se pratique le plus communément qu'aux envois par la *petite vitesse.* ») — Ladite circ. fait connaître que « les procès-verbaux dressés (en vertu de ladite loi, notamment par les commiss. de surv. admin.) devront être rédigés à la requête du directeur gén. de l'enregistr. et remis à l'agent local de l'admin. chargé de la suite des procès verbaux et instances. — Les frais avancés par le rédacteur du procès-verbal lui seront immédiatement remboursés par le receveur de l'enregistrement. »

2° *Circ. min. du 4 déc. 1877 aux insp. gén. du contrôle.* — *Infractions.* — (Concours des commiss. de surv. admin.). Ext. — « ...... M. le min. des finances me fait connaître que d'après ses informations de nombreuses infractions à la loi du 30 mars 1872 (art. 2) seraient journellement commises.

« L'admin. de l'enregistr. a pu se convaincre en effet ou bien que les récépissés spéciaux sont rédigés sur papier non timbré, ou bien que les entrepr. font usage de récépissés timbrés ayant déjà servi, ou bien, enfin, qu'ils se dispensent complètement d'en établir.

« Ainsi que le fait remarquer mon collègue, les commiss. de surv. admin. sont seuls en situation de constater utilement ces diverses infractions à la loi. Je vous prierai en conséquence d'appeler l'attention de ces fonctionnaires sur la nécessité d'assurer d'une manière efficace le contrôle qui leur est confié, en exigeant plus régulièrement la représentation des récépissés spéciaux établis par les entrepreneurs de messageries *qui font le groupage,* et en dressant procès-verbal toutes les fois qu'une contravention aura été constatée. »

Récépissés pour les transports internationaux (groupage). — V. *Récépissés.*

GRUES DE CHARGEMENT.

I. **Installation de grues fixes.** — Sur tous les chemins de fer, et dans toutes les gares à marchandises, il est fait usage de grues et d'appareils spéciaux de levage et de chargement, dont la force est proportionnée aux besoins du service, et s'élève, selon l'importance des chargements, jusqu'à 2,500, 5,000, 7,000, 12,000 et même 20,000 kilog.

L'entretien et la manœuvre de ces appareils sont surveillés par l'administration supérieure, au même titre que les autres accessoires des gares.

L'étude technique des grues de chargement est un objet qui motiverait un traité spécial et que nous ne saurions aborder ici, soit au point de vue des systèmes, soit à celui des prix de revient. Nous rappellerons seulement que les fondations et le massif pour une grue fixe de 6 tonnes, occasionnent une dépense qui ne varie guère au-dessus ou au-dessous de 3,000 fr. *Idem* 10 tonnes, 4 à 5,000 fr. — Enfin, le prix de revient d'une grue fixe avec cuvelage, de la puissance de 20 tonnes, a atteint sur quelques lignes le prix de 11 à 12,000 fr. ; le poids total de l'appareil peut être évalué à 22,000 kilog.

Conditions diverses. — Aux termes des marchés passés par quelques comp., pour la construction des grues de chargement, notamment de celles à pivot tournant et cuvelage en fonte, des grues roulantes de 12 m. de portée et des grues tournantes et roulantes de 2,500 ou de 7,000 kilog., les fournisseurs sont chargés à leurs frais, risques et périls :

1° De l'assemblage de toutes les pièces et du montage complet des grues sur les fondations ou sur les voies spéciales, préparées par les soins des compagnies ;
2° De l'essai des grues, après montage complet, sous une charge double de leur force nominale : — les grues roulantes et tournantes devront, dans ce cas, être amarrées à la voie pour éviter le renversement sous la charge double ;
3° De la fourniture des hommes et engins nécessaires au montage et à l'essai des grues.
La mise en place, dans la maçonnerie, du cuvelage en fonte des grues à pivot tournant, fait toutefois partie des travaux de fondation que la compagnie prend à sa charge, avant de faire exécuter, par le constructeur, le montage de la grue.

Entretien. (Extr. des principales indications contenues dans les ordres de service spéc.) — Le nettoyage et le graissage de chaque grue doivent être faits par un agent du service de la voie, qui sera responsable de l'état de propreté et qui s'assurera, journellement, que nul indice de rupture n'existe dans les diverses pièces du système, notamment dans les chaînes. Le même agent devra resserrer, s'il y a lieu, les boulons des paliers et les pièces principales des grues.

Manœuvre. — Préalablement à toute manœuvre d'enlevage, le déclic doit être abaissé sur son rochet ; on aura soin, bien entendu, de le retirer, lorsqu'il s'agit de laisser redescendre la charge.

L'appareil doit porter l'indication de la limite de charge qu'il peut soulever, et le chef de gare, ou son représentant, doit veiller à ce que cette limite ne soit pas dépassée, et à ce que les manœuvres soient faites avec prudence, en évitant tout balancement, et en ne laissant aucune charge suspendue en arrêt, à l'appareil.

Lorsque des blocs de pierre sont déposés à quelques mètres des grues, les hommes d'équipe doivent se donner la peine d'approcher ces blocs avec un cric ou des pinces, pour ne pas faire tirer les grues à une distance plus grande que ne le permet la projection vertificale de leurs bras.

Vérification des chaînes. — A raison d'accidents de grues assez fréquents, il convient de vérifier exactement la force des chaînes, et de voir si cette force est en rapport avec celle dénoncée par les grues. (La force des chaînes se calcule ordinairement à raison de 20 kilog. par millim. carré de section, en ne considérant qu'un seul côté du chaînon, ou de 10 kilog., si l'on considère les deux côtés. Pour les chaînes étançonnées, on compte 30 kilog. ou 15 kilog.) — *Rupture des chaînes.* — V. *Ruptures.*

II. Grues roulantes. — Les recommandations principales ayant pour objet le transport et la manœuvre des grues roulantes et tournantes de 7,000 kilog., destinées à la pose des plaques tournantes et des appareils de la voie, sont les suivantes (ch. de Lyon) :

1° *Transport.* — Pour transporter d'une gare à l'autre les grues en les faisant entrer dans un train, on commence par démonter le contre-poids, que l'on enlève avec une autre grue et que l'on charge à part sur un wagon plate-forme ; on le remet en place, quand la grue est arrivée à destination.

On attelle en arrière et en avant de la grue deux plates-formes ; on fixe solidement la volée et la queue de la grue à ces plates-formes par des prolonges, pour empêcher la grue de tourner pendant le transport, en évitant toutefois de gêner les mouvements relatifs des deux wagons dans les courbes.

2° *Manœuvre.* — Quand la grue sera sans charge, on devra tenir le contre-poids au plus près du pivot.

Quand on voudra lever une charge, on l'accrochera à la chaîne, que l'on tiendra jusqu'à ce que les ressorts, du côté de la charge, soient complétement fléchis, et que les cales viennent appuyer sur ces ressorts. On écartera ensuite le contre-poids du pivot jusqu'à ce que les quatre ressorts soient également fléchis, ou, si l'on connaît le poids de la charge à enlever, on écartera le contre-poids jusqu'à la division correspondant à cette charge, qui est marquée sur la queue de la grue.

Comme la grue n'a pas de frein, les hommes ne devront jamais quitter les manivelles avant d'avoir abaissé le rochet.

Quand la charge sera descendue et reposera à terre, on maintiendra la chaîne tendue, sans quoi le contre-poids ferait renverser la grue en arrière ; on rapprochera alors le contre-poids au plus près du pivot, et on pourra ensuite, sans danger, détacher la chaîne de la charge. (Inst. spéc.).

3° *Entretien.* — Sur la plupart des lignes, pendant tout le temps qu'une grue roulante à pivot reste en service dans une gare, l'entretien, le nettoyage et le graissage en sont faits par un agent du service de la voie désigné à cet effet, et qui en est responsable.

Cet agent est chargé, en outre, de diriger les opérations de montage et de démontage pour la mise en service ou l'expédition des appareils, conformément aux ordres de service spéciaux.

GRUES HYDRAULIQUES.

I. Installation, entretien, etc. — L'observation que nous avons faite plus haut au sujet de l'installation technique des grues de chargement s'applique également à l'installation des réservoirs et des grues hydrauliques destinées à alimenter d'eau les machines locomotives. Nous pouvons toutefois faire connaître que la dépense du massif et de la fondation d'une grue hydraulique figure sur quelques devis pour une somme de 450 à 500 fr. — V. *Prix divers.*

Emplacement de la grue à partir du rail extérieur (V. *Obstacles*). — En général, la partie fixée des grues hydrauliques établies dans les gares est de 2m,80 au-dessus des rails. Le diamètre intérieur des conduites d'eau ne dépasse jamais 0m,16 à 0m,18.

La réparation et l'entretien des grues hydrauliques sont ordinairement confiés au service du matériel et de la traction, qui est chargé de la pose et de l'installation des grues proprement dites, jusqu'aux tuyaux de conduite exclusivement. Dans ces conditions, le service de la voie doit pourvoir à l'installation, à l'entretien et aux réparations de toutes les conduites, soit de refoulement, soit de distribution, en ce qui concerne les maçonneries, fondations, etc., après une entente avec le service de la traction, qui répare, s'il y a lieu, les conduites elles-mêmes.

Sur quelques lignes, il y a un service spécial pour l'alimentation d'eau.

Enfin, sur d'autres lignes, ce sont les ingénieurs et agents seuls de la traction qui sont exclusivement chargés de l'entretien et de la réparation des grues hydrauliques et des conduites; le service de la voie ne fait que les premières installations.

Pose de tuyaux ou conduites. — V. *Occupation temporaire* et *Tuyaux.*

Éclairage. — Pendant la nuit, les grues hydrauliques sont munies d'une lanterne présentant le *feu rouge* (signal d'arrêt) du côté de l'arrivée du train, lorsque le bras de la grue est placé d'équerre à la voie, et le *feu blanc* (signal de libre passage), lorsque le bras de la grue est placé parallèlement à la voie.

II. Surveillance de l'État. — L'entretien de la voie....., des grues hydrauliques et autres annexes de la voie, se rattache directement aux mesures de surv. qu'il a été reconnu nécessaire de centraliser entre les mains du min. des tr. publ. (Extr. de la circ. minist. du 15 avr. 1850. — V. *Administrations, Contrôle* et *Ingénieurs.*

GUANO.

Conditions de transport. — (Comme pour *Engrais*; 4ᵉ cl., cah. des ch.).

Nota. — Ce produit figure à la dernière série des tarifs d'applic. des comp., ou est l'objet de tarifs spéc. ; — 2° *Livraison du guano.* « L'identité de cette marchandise, alors qu'elle est contenue dans des sacs qui étaient et sont encore plombés, est suffisamment justifiée pour que le destinataire ne puisse se refuser à en prendre livraison, en alléguant que le guano qui lui est présenté par la compagnie n'est pas celui qui lui était destiné. » (C. C., 13 août 1873.)

GUÉ.

Questions de déviations de cours d'eau. — V. *Déviations.*

Suppression de gué. — « En ce qui touche la suppression du gué de la Quérillière : — Aucune modification n'a été apportée à l'état de ce gué par suite de la construction de la ligne de Saint-Etienne à Montbrison, laquelle traverse le Furens au moyen d'un pont, à 180 mètres en amont du gué. Celui-ci a été déplacé et rétabli tout près d'un barrage, en 1825, lors de l'ouverture du chemin de fer de Saint-Etienne à la Loire. Ainsi les travaux, auxquels la commune impute les dégradations qui ont fini par le rendre impraticable, remontaient à plus de trente ans, lorsqu'elle a pour la première fois, en 1865, demandé à la compagnie de réparer le gué de la Quérillière. A la vérité, ladite commune allègue que la compagnie qui a construit le chemin de fer de Saint-Etienne à la Loire, aux droits et obligations de laquelle se trouve aujourd'hui la compagnie de Paris à Lyon et à la Méditerranée, aurait pris l'engagement, quand elle a changé l'emplacement du gué, d'empêcher sa détérioration ; elle y aurait, en effet, à plusieurs reprises, exécuté des réparations. Mais elle n'apporte aucune preuve à l'appui de cette double allégation, qui est formellement contredite par la compagnie de Paris à Lyon et à la Méditerranée. Dès lors, en ce qui concerne ce chef, la demande de la commune doit être rejetée, comme frappée de prescription. » C. d'Etat, 14 déc. 1877.

Indications diverses. — V. les mots *Écoulement des eaux*, et *Sources.*

GUÉRITES DE GARDE.

Installation et prix de revient. — Sur toutes les lignes de chemin de fer, on a adopté des types spéciaux pour la construction des guérites de garde servant à abriter les gardes-tunnels, les gardes-aiguilleurs et les gardiens de passage à niveau quand ce passage est dépourvu d'une maison. — V. aussi *Haltes.*

Les guérites de garde ont ordinairement 2 mèt., sur 2 mèt., intérieurement, et $2^m,33$ de hauteur, sous le bord du toit ; elles sont couvertes en zinc et établies sur patins en charpente. Leur prix, qui est en moyenne de 450 à 500 fr., comprend la ferrure et la peinture, et s'applique à la guérite prête à être posée.

On ménage ordinairement, dans les guérites de garde, un emplacement ou coffre en bois (servant de banquette), pour renfermer, au besoin, les outils de réparation de la voie.

Guérites de factionnaires. — Quelques compagnies (notamment celle de l'Ouest) ont adopté des modèles particuliers de guérites en bois, pour abriter certains gardes ou aiguilleurs. Ces guérites, dont les dimensions sont beaucoup plus restreintes que celles des guérites ordinaires, sont installées surtout sur les chemins à voie unique, à l'entrée et à la sortie des gares, et sur les parties de la ligne où les voies de service viennent converger en un point où la présence de l'aiguilleur n'est obligatoire qu'au moment de l'arrivée ou du passage des trains.

Les abris dont il s'agit ne sont, à proprement parler, que des postes de factionnaires, où le même agent ne saurait stationner trop longtemps, par suite de l'obligation où il se trouve de se tenir debout, position qui offre, d'ailleurs, l'avantage d'empêcher le garde ou le préposé à la manœuvre des aiguilles, de s'endormir, en attendant l'arrivée d'un train de nuit.

Le prix de revient, à l'atelier, des guérites de factionnaires, y compris la couverture en zinc de la toiture, ne dépasse guère 90 francs.

GUERRE ET MARINE.

I. Affaires générales. — 1° Questions ressortissant aux divers ministères (V. *Administrations* et *Ministres*). — 2° Travaux de chemins de fer intéressant le service militaire ou les ports maritimes. — (Applic. de l'art. 23 du cah. des ch.) — (V. *Conférences, Projets, Travaux* et *Zones.*) — 3° Tarif réduit pour le transport des militaires et marins. — (Applic. de l'art. 54 du cah. des ch., des arrêtés min. pris pour son exécution et du décret du 1er juillet 1874). — (V. les mots *Armée, Bagages, Cantinières, Chevaux, Détachements, Feuilles de route, Frais de manutention, Gendarmes, Marins, Militaires, Officiers, Réservistes,* etc.) — 4° Transport de poudres et munitions de guerre (V. *Artillerie, Capsules, Cartouches, Dynamite, Matières dangereuses* et *Poudres.*) — 5° Avis à donner par les commiss. de surv., dans les circonstances exceptionnelles de guerre (Suppressions de trains, changements et modifications, etc., et reprise du service normal. — Instr. min., 15 oct. 1881). — V. *Commissaires,* § 5.

Nouvelle organisation de l'armée (active et territoriale). — *P. mém.* — V. à titre de simple renseignement les extraits de lois et décrets cités au mot *Armée.* — V. aussi, au § 2 *bis* ci-après, en ce qui concerne : 1° la loi du 3 juillet 1877 sur les *réquisitions militaires;* 2° celle du 13 mars 1875 relative au service militaire des chemins de fer; 3° divers autres documents.

II. Mesures exceptionnelles prises pendant la guerre de 1870-71 (Extr. des principaux documents) :

1° *Réquisition de tous les moyens de transport.* — Arrêtés ministériels des 15 juill., 5 et 7 déc. 1870, d'après lesquels les diverses comp. de ch. de fer ont été successivement requises, en vertu de l'art. 54 du cah. des ch., soit de mettre à la disposition du ministre de la guerre tous leurs moyens de transport, soit de fournir à d'autres compagnies le matériel nécessaire pour assurer le service militaire, et ont été autorisées, en conséquence, à suspendre sur leurs réseaux les trains de voyageurs et de marchandises.

2° *Formalités de suspension du service* (décret de la délégation de Tours, 23 oct. 1870). — Art. 1er. — Pendant la durée de la guerre, le ministre de la guerre peut, à tout instant, si les circonstances militaires l'exigent, suspendre la circulation des trains de voyageurs et de marchandises sur une ou plusieurs lignes de chemins de fer.

2. — La décision du ministre est notifiée à l'avance, autant que possible, à l'administration

supérieure du chemin de fer, mais, en cas d'urgence, la notification peut être faite directement à un chef de gare ou de station chargé à son tour de la transmettre à qui de droit.

3. — Deux heures après la notification, à moins qu'un délai plus long n'ait été indiqué par le ministre, aucun train public ne peut être engagé sur la section où la circulation est suspendue. Toutefois, les trains déjà engagés sur cette section peuvent se rendre à destination.

4. — A partir de l'interruption des trains publics, l'admin. de la guerre, par un de ses agents dûment accrédité, dispose à son gré de la ligne pour ses propres transports. Les agents du chemin de fer sont tenus d'obtempérer à ses ordres comme aux ordres émanés de leur propre admin., en se conformant aux lois et règl. destinés à assurer la sécurité publique. »

3° *Temps d'arrêt aux gares de bifurcation* (décr. de la délég. de Tours, 16 oct. 1870). — *Art. unique.* « Les comp. de ch. de fer devront prendre immédiatement des mesures pour que les trains de troupes, de munitions ou de matériel de guerre n'aient plus à subir désormais des séjours prolongés aux gares de bifurcation. Ces séjours ne devront jamais excéder : — Une heure pour le passage d'une ligne d'une comp. sur une autre ligne de la même compagnie ; — Deux heures pour le passage d'une ligne d'une comp. sur une ligne d'une autre compagnie. »

Ext. de la circ. du ministre délégué à Tours (portant notification de l'arrêté précité). — « Les compagnies doivent retarder et même suspendre, au besoin, tout ou partie du service ordinaire pour assurer la parfaite régularité des services de la guerre.

« Toutefois vous devrez maintenir le service des postes, soit en conservant les trains qui lui sont spécialement affectés, soit en introduisant dans les trains spéciaux de la guerre les bureaux ambulants et les courriers de la poste.

« En prévision des transports de la guerre, un service de jour et de nuit doit être organisé sur toutes vos lignes.

« Lorsqu'une ligne de chemin de fer a été coupée par l'ennemi, et que dès lors le service ne peut plus s'effectuer sans interruption par chemin de fer, la compagnie doit donner son concours le plus dévoué au Gouvernement et prendre toutes les dispositions en son pouvoir pour suppléer à l'interruption de la voie par des moyens de transport quelconques.

« Les compagnies ne devront, dans aucun cas, refuser les transports de la guerre, mais indiquer seulement à l'autorité militaire les éventualités auxquelles ces transports sont exposés. C'est à l'administration de la guerre à apprécier le parti qu'elle devra prendre en pareil cas. »

4° *Délais de transport et de livraison, suspendus jusqu'à nouvel ordre* (arrêté minist., 11 avr. 1871). — « Considérant que des transports d'intérêt général, tels que l'évacuation des troupes allemandes, le rapatriement des prisonniers français, la liquidation des transports de l'intendance, etc., sont demandés par le gouvernement aux compagnies françaises ;

« Considérant que ce service exceptionnel absorbe la plus grande partie du matériel et ne permet pas aux compagnies d'effectuer, dans les délais réglementaires, les transports d'intérêt privé qui leur sont confiés ;

« Arrête : — L'application de l'arrêté du 12 juin 1866, relatif aux délais de transport et de livraison des animaux, denrées, marchandises et objets quelconques à grande et à petite vitesse, est suspendue jusqu'à nouvel ordre. »

Retour aux délais légaux. — « L'arrêté du 11 avr. 1871 cessera d'être appliqué le 15 nov. 1871, sauf pour la compagnie de l'Est, placée dans une situation tout à fait exceptionnelle et qui continuera dès lors à être régie par l'arrêté du 11 avril jusqu'à ce que ses gares aient été évacuées par les troupes allemandes. » (Déc. minist., 12 sept. 1871.)

5° *Tarif exceptionnel de magasinage pour les gares de Paris* (approuvé par décis. minist. du 18 févr. 1871). — « Les marchandises qui ne seront pas enlevées, pour quelque cause que ce soit, dans les quarante-huit heures de la mise à la poste de la lettre d'avis adressée par la compagnie aux destinataires seront soumises aux droits suivants : — 0 fr. 05 par fraction indivisible de 100 kilog. et par jour, à partir du troisième jour inclusivement ; — 0 fr. 10 par fraction indivisible de 100 kilog. et par jour, à partir du sixième jour inclusivement.

« Le minimum de la perception est fixé à 0 fr. 10.

« L'application du tarif ci-dessus, concernant seulement les diverses gares de Paris, n'a été autorisée qu'à *titre provisoire* et sous réserve que les nouveaux droits de magasinage ne seront mis en perception qu'après que les compagnies auront prévenu le public par des affiches, apposées au moins cinq jours à l'avance. » — V. *Magasinage*, § 9.

Camionnage d'office dans Paris (dispositions motivées par l'insuffisance ou l'absence du matériel, la destruction par l'incendie des principaux magasins de la ville de Paris, les encombrements de gares, etc.). — (*Arr. minist.* du 17 juill. 1871.) « Art. 1er. — *Provisoirement* et jusqu'à ce qu'il en soit autrement ordonné, les compagnies de chemins de fer sont autorisées à accepter *pour Paris* les marchandises de petite vitesse livrables en gare que sous la condition que la déclaration d'expédition désignera un domicile où les compagnies auront la faculté de camionner d'office, dans le cas où il ne leur serait pas possible de les camionner dans un magasin public, les marchandises qui n'auraient pas été enlevées *dans un délai de cinq jours*, à partir de la mise à la poste de la lettre d'avis adressée par lesdites compagnies au destinataire.

Cette disposition est applicable indistinctement aux marchandises mises à quai ou laissées sur les wagons pour être déchargées par le destinataire. »

Nouvelles dispositions. — (Arr. min. du 10 oct. 1871.) — V. *Magasinage*.

6° *Retour aux conditions normales des transports militaires.* — Un arrêté minist. du 30 juill. 1871 porte que les arrêtés des 15 juil., 5 et 7 déc. 1870 (V. ci-dessus 1°) « cesseront d'avoir leur effet à partir du 1er août 1871 » (1).

Mesures maintenues. (Camionnage d'office, en cas de grande affluence ou d'encombrement des gares.) — V. au mot *Camionnage,* § 1, l'arr. du 12 janv. 1872.

II *bis.* Emploi des chemins de fer (en temps de guerre) : 1° *Service militaire des chemins de fer* (Loi du 13 mars 1875). (V. *Service militaire des chemins de fer.* V. aussi, *Commission* (militaire supérieure des chemins de fer), *Génie* et *Matériel*) ; 2° *Mesures en cas de mobilisation ou de guerre* (Art. 26 de la loi du 24 juillet 1873). (V. *Service militaire des chemins de fer*) ; 3° RÉQUISITIONS MILITAIRES, relatives aux chemins de fer (V. ci-après la loi du 3 juillet 1877 et le règlem. du 2 août 1877).

Loi du 3 juillet 1877 (relative aux réquisitions militaires). — *Ext.*

TITRE VI. — *Des réquisitions relatives aux chemins de fer.*

Nota. — Les dispositions du règl. d'adm. publ. (2 août 1877) pour l'exéc. du titre VI de la loi du 3 juillet 1877, sont reproduites plus loin, en petit texte, à la suite de ladite loi.

Art. 29 (loi du 3 juillet 1877). — Dans les cas prévus par l'art. 1er de la présente loi (2), les comp. de ch. de fer sont tenues de mettre à la disposition du ministre de la guerre toutes les ressources, en personnel et matériel, qu'il juge nécessaires pour assurer les transports militaires. — Le personnel et le matériel ainsi requis peuvent être indifféremment employés, sans distinction de réseaux, sur toutes les lignes dont il peut être utile de se servir, tant en deçà qu'en delà de la base d'opérations.

30. — L'autorité militaire peut aussi se faire livrer par les compagnies, sur réquisition et au prix de revient, le combustible, les matières grasses et autres objets qui seront nécessaires pour le service des chemins de fer en campagne.

31. — Les dépendances des gares et de la voie, y compris les bureaux et fils télégraphiques des compagnies, qui peuvent être nécessaires à l'admin. de la guerre, doivent également être mis, sur réquisition, à la disposition de l'autorité militaire. — Les réquisitions seront adressées par l'autorité militaire aux chefs de gare.

32. — Les réquisitions prévues par les art. 29, 30 et 31 de la présente loi sont exercées conf. aux art. 22 et suivants de la loi du 13 mars 1875 (3) et donnent lieu à des indemnités, réglées suivant les formes qui seront déterminées par un règl. d'adm. publique (4).

33. — En temps de guerre, les transports commerciaux cessent de plein droit sur les lignes ferrées situées au delà de la station de transition fixée sur la base d'opérations. — Cette suppression ne donne lieu à aucune indemnité.

34. — Les communes ne peuvent comprendre dans la répartition des prestations qu'elles sont requises de fournir aucun objet appartenant aux comp. de ch. de fer.

TITRE VIII. — *Dispositions relatives aux chevaux, mulets et voitures, etc., nécessaires à la mobilisation.*

---

(1) D'autres dispositions exceptionnelles touchant spéc. le service des chemins de fer ont été prises dans la même période, notamment au sujet de la suspension provisoire des délais de livraison, de l'ouverture intermittente des gares, de la limitation de tonnage, du chargement par wagon complet, du transport privilégié des blés de semence, des agents dispensés du service militaire, etc. — Mais ces mesures de détail, prises dans l'intérêt du moment, ne sont rappelées que *pour mémoire.*

(2) C'est-à-dire « en cas de mobilisation partielle ou totale de l'armée ou de rassemblement de troupes. »

(3) Voir cette loi du 13 mars 1875, à l'article *Service militaire des chemins de fer.*

(4) Voir ce règlement, daté du 2 août 1877, à la suite du présent extrait de loi.

40. — Sont exemptés de la réquisition, en cas de mobilisation, et ne sont pas portés sur la liste de classement par catégories : — 7° Les chevaux... affectés aux transports de matériel nécessités par l'expl. des ch. de fer. Ces derniers peuvent toutefois être requis, au même titre que les voies ferrées elles-mêmes, conformément aux dispositions de l'art. 29 de la présente loi.

42. — Sont exemptées de la réquisition en cas de mobilisation et ne sont pas portées sur la liste de classement par catégorie, les voitures affectées aux transports de matériel nécessités par l'exploitation des chemins de fer. Ces dernières peuvent, toutefois, être requises au même titre que les voies ferrées elles-mêmes conformément aux dispositions de l'art. 29 de la présente loi (1).

Règlement d'administration du 2 août 1877 pour l'éxéution de la loi du 3 juil. 1877. — *Extrait* concernant le *titre VI* : des réquisitions relatives aux chemins de fer :

Art. 57. — Lorsqu'il y a lieu, par application de l'art. 29 de la loi du 3 juillet 1877, de requérir la totalité des moyens de transport dont disposent une ou plusieurs comp. de ch. de fer, cette réquisition est notifiée à chaque compagnie, par un arrêté spécial du min. des travaux publics. Son retrait lui est notifié de la même manière.

58. — En temps de guerre, les transports en deçà de la base d'opérations sont ordonnés par le min. de la guerre et sont exécutés par les compagnies, sous la direction de la commission militaire supérieure des chemins de fer. Les transports au delà de la base d'opérations sont ordonnés par le général en chef et sont exécutés, par les soins de la direction militaire des chemins de fer de campagne, à l'aide d'un personnel spécial, organisé militairement, et d'un matériel fourni par les compagnies.

59. — En cas de réquisition totale, le prix des transports militaires effectués en deçà de la base d'opérations sera payé conf. aux stipulations du cah. des ch. ; s'il n'existe aucune stipulation à ce sujet, le prix est fixé à la moitié du tarif normal. — La réquisition totale donne, soit au ministre de la guerre et à la commission militaire supérieure des ch. de fer, soit au général en chef et à la direction militaire des ch. de fer de campagne, le droit d'utiliser, pour les besoins de l'armée, les dépendances des gares et de la voie, et les fils télégraphiques des compagnies, sans que cet emploi puisse donner lieu à aucune indemnité nouvelle.

60. — Les dépendances des gares et de la voie ne peuvent être réquisitionnées, en deçà de la base d'opérations, que par le ministre de la guerre sur l'avis de la commission militaire supérieure des chemins de fer, et au delà de la base d'opérations, que par le général en chef, sur l'avis de la direction militaire des chemins de fer de campagne.

61. — Au delà de la base d'opérations, il n'est dû aux comp. pour les transports effectués sur leurs réseaux, que la taxe de péage, fixée conf. au cah. des ch. qui régit chacune d'elles.

62. — L'emploi des machines, voitures et wagons provenant des compagnies, dont la direction militaire des chemins de fer de campagne peut avoir besoin, donne lieu à une indemnité de location, réglée conformément à un tarif qui sera établi par un décret rendu en Conseil d'État.

63. — Le matériel affecté au service de la direction militaire des chemins de fer de campagne sera préalablement inventorié. L'estimation portée à l'inventaire servira de base à l'indemnité à allouer en cas de perte, de destruction ou d'avarie.

64. — En cas de réquisition de combustibles, matières grasses et autres objets, par applic. de l'art. 30 de la loi du 3 juillet 1877, les prix à percevoir par chaque comp. appelée à fournir ces objets se composent : — 1° Du prix d'achat de ces matières ; — 2° Des frais de transport sur des voies étrangères à la comp. qui les a fournies : — 3° Des frais de transport sur le réseau exploité par ladite compagnie, calculés sur le pied de 0 fr. 03 c. par tonne et par kilom. — (Règl. 2 août 1877.)

Timbre des actes relatifs aux réquisitions militaires. — V. Timbre.

---

(1) Déjà un règlement, minutieusement étudié par la commission militaire supérieure des chemins de fer (V. *Transports militaires*), a déterminé les règles à suivre pour les transports militaires par chemins de fer et l'emploi de ces mêmes chemins dans les différentes circonstances qui peuvent se produire. — La loi du 3 juillet 1877 (dans les articles ci-dessus reproduits) a eu pour but d'indiquer les principes d'un caractère législatif qui seront la base des rapports entre l'autorité militaire et les compagnies de chemins de fer. Il sera facile ensuite, une fois ces bases établies, de compléter le règlement existant, en appelant les différents intérêts engagés dans ces questions à débattre devant le Conseil d'Etat leurs droits respectifs (Extr. des rapports sur le projet de loi).

III. Litiges relatifs aux événements de guerre de 1870-1871. — Documents judiciaires se rapportant en premier lieu à des circonstances de *force majeure*, et en second lieu à des défauts de soins ou de préservation, pouvant engager la responsabilité des compagnies.

1° *Cas de force majeure.* — (Extr. des principaux jugements ou arrêts) :

Invasion du territoire. (Conservation des marchandises.) — Au cas d'invasion du territoire par l'ennemi, une compagnie de chemin de fer a le devoir d'évacuer les marchandises à elle confiées sur des stations où elles doivent être à l'abri du pillage. — Dans les mesures que prend alors cette compagnie, on ne saurait trouver un fait pouvant engager sa responsabilité. — Les frais qu'elle a dû faire ainsi doivent lui être remboursés, sans réduction. — Appréciation de faits. (T. comm. du Mans, 10 juin 1871.)

Envahissement d'une gare. « Lorsque l'invasion d'une gare de chemin de fer par l'ennemi est imminente, c'est à tort que le destinataire de marchandises expédiées à cette gare n'avise point à ce qu'exigent la réception et la conservation de ces objets. — La destruction desdites marchandises par l'ennemi est un fait de force majeure et la comp. est, en conséquence, exonérée de toute responsabilité à cet égard. — Le destinataire doit à cette compagnie les frais de transport desdites marchandises. » (C. d'appel. Besançon, 24 janvier 1872, C. C. 5 mai 1873.)

Arrêt de marchandises en cours de route. — « Durant la guerre, une comp. agissait avec prudence et sauvegardait les intérêts d'un expédit. de marchandises, en arrêtant celles-ci, soit à la gare de départ, soit à une gare interm., suivant les cas, et en avisant de l'arrêt cet expéd., invité, mais en vain, à retirer ses marchandises. — Dans le second cas, il doit payer à la comp. les frais du transport de la gare de départ à la gare intermed. — Dans les deux cas, il doit supporter les frais de magasinage. » (C. d'appel, Montpellier, 4 août 1871.)

Arrêt de marchandises à une gare intermédiaire, puis retour à une autre. de manière à les soustraire à l'ennemi, tout en avisant de ce mouvement l'expéditeur, mais en vain. Celui-ci doit payer à la comp. : 1° les frais de transport à la gare intermed., à plein tarif; 2° les frais de retour, à prix réduit; 3° les frais de magasinage. « (C. d'appel, Montpellier, 7 août 1871.)

Evacuation de marchandises. — Frais de supplément de parcours. — « Au cas d'invasion du territoire par l'ennemi, une compagnie a le droit d'évacuer les marchandises à elle confiées, sur la gare expéditrice et aux frais de l'expéditeur ; mais elle ne peut, — à moins de prouver qu'elle était contrainte, par un cas de force majeure, de faire faire un long détour à ces marchandises, — réclamer à l'expéditeur les frais du parcours supplémentaire. — Cette compagnie n'est pas non plus fondée à réclamer le payement des frais de magasinage, occasionnés par le refus de l'expéditeur de payer ces frais de transport supplémentaire, — surtout quand celui-ci s'offrait à retirer ses marchandises, en laissant pendant la question litigieuse. » (Trib. civil Sémur, 23 nov. 1871 ; —C. C., 11 juin 1872.)

Transport par deux compagnies. — « L'expéditeur de marchandises transportées par deux comp. de ch. de fer, qui a traité uniquement avec la première, n'est pas, au cas de retard dans la livraison desdites marchandises, fondé à exercer un recours en garantie contre la seconde, alors que rien n'établit que celle-ci se soit substituée à la première. — D'ailleurs ce retard avait été occasionné par une *force majeure* résultant de l'obligation où lesdites comp. avaient été, pendant la guerre, de subordonner le service des particuliers aux besoins de la défense nationale. » — C. C. 20 nov. 1872.

Impossibilité de réclamer la marchandise ou d'avertir l'expéditeur ou le destinataire. — « Si une compagnie reçoit des marchandises qu'elle doit remettre à une autre compagnie, — qui après avoir pu en prendre une partie, se voit obligée d'en refuser l'autre partie, pour obéir à un arrêté ministériel ordonnant de réserver son réseau aux exigences des transports militaires, — la première de ces deux compagnies est dégagée, par la force majeure, de l'obligation de livrer aux destinataires cette autre partie de marchandises dans les délais réglementaires. — Ladite compagnie agit sagement en dirigeant ces marchandises sur diverses gares, suivant les facilités de circulation dont elle disposait et les renseignements qu'elle avait sur la situation de l''ennemi. — Si ces gares ont été ultérieurement occupées par l'ennemi, si celui-ci s'est emparé desdites marchandises et les a mises ensuite en vente à son profit, — la perte de ces marchandises résultant de cette série d'événements de force majeure, n'engage pas la responsabilité de ladite compagnie. — Elle se trouvait, par suite de la guerre, dans l'impossibilité de réclamer les marchandises ou d'avertir tant les expéditeurs que les destinataires, soit de l'arrêt desdites marchandises, soit de l'avis donné au public par l'ennemi pour engager les propriétaires à venir les réclamer. — Ces expéditeurs et ces destinataires, sachant l'expédition et l'arrêt de leurs marchandises, connaissant, par les publications de l'ennemi, l'avis dont il s'agit, sont mal venus à reprocher à la compagnie une négligence qu'eux-mêmes ont apportée à l'égard de leur chose propre. » (C. d'appel de Paris, 12 février 1873.)

2° Insuffisance des mesures prises par les Compagnies. (Extrait de diverses décisions judiciaires où il s'agit aussi surtout de l'appréciation de faits) :

Avis à donner aux intéressés. — « Le service d'un chemin de fer venant à se trouver forcément interrompu, il ne peut être reproché à la compagnie de n'avoir pas transporté en temps utile des marchandises qui venaient de lui être remises. — Mais cette compagnie a à se reprocher de ne point avoir prévenu l'expéditeur du retour de ses marchandises à la gare de départ et de l'avoir mis ainsi dans l'impossibilité de les réclamer. — Elle est donc responsable de la perte, ultérieurement survenue par un cas de force majeure, desdites marchandises. » (Tr. comm., Seine, 28 juin 1873.)

« Si une comp. de ch. de fer, qui a reçu des marchandises à expédier et se trouve hors d'état d'en opérer le transport à destination, —*dans l'espèce,* par suite de la guerre, — reste dans la plus complète inaction, tant vis-à-vis de l'expéditeur que vis-à-vis du destinataire, elle commet une faute lourde et encourt la responsabilité de la perte desdites marchandises. (Tr. comm., Troyes, 29 déc. 1871.) — Ce dernier jugement était principalement motivé comme il suit : « La comp. n'avance pas qu'elle ait cherché à rebrousser ces marchandises sur Lille, où elle aurait pu contraindre l'expéditeur à les reprendre; elle est restée dans la plus complète inaction et elle n'a adressé, ni à l'expéditeur ni au destinataire, aucun avis qui ait pu mettre l'un ou l'autre en demeure d'intervenir, ce qu'elle devait et pouvait faire dans les premiers mois de la remise des marchandises; elle a commis ainsi une faute lourde, qui ne peut s'excuser, soit par l'interruption de son service, soit par l'interruption de la poste française, et que les craintes politiques du moment aggravent au lieu d'atténuer. »

Époque réelle de la suppression du service. — « Si, dès le 15 juillet 1870, un arrêté ministériel a entravé le service des compagnies, ce service n'a, pour l'une d'elles, été définitivement supprimé que le 15 décembre. — Dans cette occurrence, en acceptant, sans observation ni réserve, les marchandises à une gare, ladite compagnie est responsable, vis-à-vis de l'expéditeur, des retards apportés au transport et des avaries qui en ont été la conséquence. » (Tr. comm., Honfleur, 13 septembre 1871.)

Vente inopportune de marchandises. — Une compagnie, requise de mettre son matériel et ses voies à la disposition du ministre de la guerre, est affranchie de toute condition de délai pour le transport des marchandises et, par suite, de toute responsabilité au cas de retard. — « Si, dans les circonstances de force majeure créées par la guerre et en présence de l'impossibilité d'expédier des marchandises à destination, d'avertir l'expéditeur ou le destinataire, de conserver indéfiniment ces marchandises, — cette compagnie se fait autoriser à les vendre par le président du tribunal de commerce, elle ne commet aucune faute et n'encourt aucune responsabilité. » (Tr. Remiremont, 11 janvier 1872). — Mais « la réquisition ministérielle de tous les moyens de transport d'une compagnie ne peut être opposée à l'expéditeur de marchandises retardées et finalement vendues, si cette compagnie ne justifie pas que ses trains aient été suspendus, ni qu'elle ait manqué de matériel pour transporter lesdites marchandises. — L'art. 106 du C. de comm. n'en autorisait pas la vente, puisque, du reste, il ne s'agissait pas d'une simple contestation entre expéditeur et voiturier. » (Tr. comm. Pontarlier, 3 mai 1871. — C. Besançon, 2 janvier 1872. — C. C. 8 août 1872.) — « Une telle réquisition ne constitue point, par elle-même, un état permanent de force majeure. — L'exception doit donc être appréciée, dans chaque espèce, par l'autorité judiciaire. » (C. C. 24 avril 1872.) — « Cette réquisition ne suffit pas pour exonérer ladite compagnie, au cas de retard dans la livraison de marchandises, de sa responsabilité envers l'expéditeur. — Il faut encore que celle-ci justifie que ses moyens de transport ont été réellement absorbés par le gouvernement et qu'elle n'a pu en utiliser aucun, pour satisfaire à ses engagements. » (C. d'appel, Montpellier, 15 mars 1871; C. C. 19 février 1872). Enfin, si une compagnie, à l'approche imminente de l'ennemi, a pu évacuer des marchandises dont le transport lui était confié et les diriger en lieu sûr, elle doit justifier des nécessités qui l'obligeaient à se faire autoriser, par le président du tribunal de commerce, à vendre lesdites marchandises, ainsi que de ses recherches pour connaître l'expéditeur ou le destinataire, avant de recourir à une mesure aussi grave. — Du moment où elle ne fait pas cette double justification, ladite comp. est tenue de rembourser le prix de ces marchandises, déduction faite des frais de transport et de magasinage. » (Trib. comm. de Rouen, 15 nov. 1871, et C. C. 22 janvier 1873.)

Négligences. — « En acceptant sans réserves les marchandises qui lui sont remises, une compagnie contracte la double obligation de les faire parvenir à destination et de veiller à leur conservation. — Si elle se trouve dans l'impossibilité de les faire parvenir à destination, elle doit assurer leur conservation, en prévenant, d'abord et avant tout, l'expéditeur de l'obstacle qu'elle rencontre, puis en refoulant ces marchandises sur la ligne d'expédition, alors restée libre. Si son personnel se borne à les refouler sur une autre ligne, à les déposer dans des gares et à les y abandonner, sans même se rendre aux invitations de l'ennemi, — annonçant qu'il ferait vendre, à son profit toutes les marchandises abandonnées et non réclamées par les propriétaires, — ladite compagnie est responsable des conséquences de cette négligence blâmable. » (Tr. comm. Reims, 9 janvier 1872.)

Encombrement. — On pourrait citer, enfin, des cas d'*encombrement* de gares, où les marchandises ont séjourné assez longtemps avant l'arrivée de l'ennemi, et auraient pu être enlevées à temps par le destinataire si celui-ci eût été mis en demeure et en possibilité de retrouver ses marchandises et de procéder à leur enlèvement; mais tous ces exemples particuliers n'ajouteraient rien au point de vue général de la question. (V. *Encombrement.*)

IV. Transports de la guerre et de la marine. — V. *Armes, Trains* et *Transports militaires,* ainsi que les divers documents rappelés au § 1er ci-dessus.

Transports de poudres et munitions. — V. *Dynamite, Poudres* et *Matières.*

Vices d'arrimage. — « La compagnie qui, au commencement de l'armistice de 1871, a transporté des poudres par un train de voyageurs, avec autorisation ministérielle et sur réquisition, ne commettait point une faute. — Mais l'insuffisance de l'emballage et le vice de l'arrimage de ces poudres, qui ont été la cause d'un déplorable accident, constituent une faute capitale, dont ladite compagnie est responsable envers les victimes ». — (C. d'appel d'Aix, 6 mai 1872.)

GUICHETS.

Heures d'ouverture (Délivrance des billets). — V. *Billets,* § 2.

Insuffisance des guichets (Responsabilité de la comp.). — *Ibid.*

GUIPURES.

Tarif de transport (formalités). — La *guipure* est une *dentelle* soumise à une taxe *ad valorem,* et doit, par conséquent, être l'objet d'une déclaration spéciale de l'expéditeur. En cas de perte, le défaut de déclaration constitue une faute dont cet expéditeur doit être responsable. — Tr. de com. de *Nancy,* 30 juin 1873, confirmé par C. Cass. 3 juin 1874.

Tarif exceptionnel (ad valorem). — V. au mot *Tarifs,* § 3.

HABILLEMENT.

Uniforme des agents. (Applic. de l'ordonn. de 1846.) — V. *Uniforme.*

HAIES VIVES.

I. Etablissement, entretien, etc. — En exécution de l'art. 20 du cah. des ch. gén. et de l'art. 4 de la loi du 15 juillet 1845, les chemins de fer sont séparés des propriétés riveraines par des clôtures formées ordinairement de treillages en échalas ou en fil de fer. Ces clôtures sèches sont destinées à être remplacées par des haies vives. — V. à ce sujet les renseignements donnés aux mots *Clôtures,* § 2, et *Plantations.*

« Lorsque la clôture qui sépare d'un pré la ligne d'un ch. de fer consiste en une haie vive établie et entretenue conf. aux prescr. de l'art. 4 de la loi de 1845 et du cah. des ch., le propr. ou le locataire du pré doit, à raison de ce que des génisses lui appartenant et laissées sans gardien dans le pré, se sont introduites sur la ligne du chemin de fer, être considéré comme ayant contrevenu à l'arrêté du 16 déc. 1859. » (C. C. 14 août 1867.) — V. *Bestiaux.*

« Les haies vives ne peuvent être plantées qu'à la distance d'un demi-mètre de la ligne séparative des deux héritages. » (Art. 671, C. civ. Ext.). — V. aussi *Gr. voirie.*

Art. 672. « Le voisin peut exiger que les haies plantées à une moindre distance soient arrachées. Celui sur la propriété duquel avancent les branches des arbres du voisin peut contraindre celui-ci à couper ces branches. Si ce sont les racines qui avancent sur son héritage, il a le droit de les y couper lui-même ». — V. aussi *Plantations.*

Élagage des haies. — « C'est l'autorité administrative, et non l'autorité judiciaire, qui est compétente pour statuer sur une action intentée par un riverain de la voie ferrée, à raison du dommage causé par l'élagage ou le défaut d'élagage des haies, arbres, etc., appartenant à cette voie. » (C. d'Etat, 23 juillet 1867.) Déjà la même compétence avait été établie au sujet de l'indemnité à allouer pour le passage sur le terrain des riverains des ouvriers employés à la tonte des haies vives. » (C. C. 7 nov. 1866).

Dégradations volontaires. (Art. 456 du C. pénal.) — V. *Dégradations.*

II. Haies vives dans la zone militaire. — Les haies vives et les plantations d'arbres ou d'arbustes formant haie, sont spécialement interdites dans la première zone des servitudes militaires, s'étendant à 250 mètres des places et des postes, à partir des fortifications. (Art. 7 du décret du 10 août 1853. Ext.) — V. *Zones* et *Servitudes.*

Les clôtures sèches sont autorisées dans le rayon dont il s'agit. — *Ibid.*

Clôtures mitoyennes. — « Toute haie qui sépare des héritages est réputée mitoyenne, à moins qu'il n'y ait qu'un seul des héritages en état de clôture, ou s'il n'y a titre ou possession suffisante, au contraire. » (Art. 670, C. civil.)

III. Traversée des rigoles. — Il existe le long des ch. de fer beaucoup de rigoles débouchant dans l'emplacement de la voie et interrompant la continuité des haies vives. — La majeure partie de ces rigoles pourrait, à la traversée de la haie, être remplacée par un aqueduc à pierres sèches, remblayé par-dessus ; de cette manière, la haie pourrait être plantée également et n'y offrirait pas de lacune.

On peut aussi, au lieu d'aqueduc à pierres sèches, établir sous la haie un simple tuyau en poterie de $0^m,40$ au plus, et de $0^m,18$ au moins de diamètre, du prix correspondant d'environ 9 fr. à 2 fr. par mètre courant. — Cette dernière opération a donné des résultats satisfaisants sur plusieurs lignes de chemin de fer.

HALLES.

I. Halles métalliques à voyageurs. — L'étude des projets de halles métalliques destinées à couvrir les grandes gares à voyageurs et dont celle du chemin d'Orléans à Paris offre un modèle très remarquable, nécessiterait des explications et des développements que ne comporte pas le cadre du présent ouvrage. Aussi, n'en parlons-nous que pour mémoire, en nous bornant à renvoyer aux autres détails donnés au mot *Gares.*

II. Établissement des halles à marchandises. — Les dimensions et dispositions des halles à marchandises varient naturellement, suivant l'importance et l'affectation des gares. Les halles des grandes stations sont disposées distinctement pour le service du départ et de l'arrivée. Elles sont divisées, lorsqu'il y a lieu, en plusieurs travées, numérotées, affectées aux diverses directions que doivent prendre les marchandises. Nous ne pouvons, d'ailleurs, que renvoyer au mot *Gares*, § 1, en ce qui concerne le classement et les conditions générales d'installation des bâtiments des stations destinés au service des marchandises, et la présentation des projets par applic. de l'art. 9 du cah. des ch.

Prix d'installation. — A titre de simple renseignement, nous rappellerons que le prix moyen d'établ. des quais couverts ou hangars en charpente (avec couverture en zinc), établis dans certaines gares, pour le service des marchandises, s'est élevé à 25 ou 30 fr. par mètre superficiel de surface couverte, non compris les quais dont la dépense distincte ne varie guère, d'ailleurs, au-dessus ou au-dessous de 10 à 12 fr. par mètre superficiel. — Mais le prix de revient des véritables halles ou magasins à marchandises, établis avec fondations et murs en maçonnerie, peut être évalué à 90 fr. et même 100 fr. par mètre superficiel, y compris les quais intérieurs, mais non compris les bâtiments des bureaux de la petite vitesse, dont la disposition et la dépense varient naturellement suivant l'importance du service.

Prix généraux des appareils des gares. — V. *Prix.*

Hangars à travées. — Il existe, d'ailleurs, comme nous l'avons dit plus haut, dans les gares principales de marchandises, de grands hangars à travées, en charpente, couverts en zinc, dont la forme et les dimensions varient suivant la position de la gare et suivant les besoins du service.

— Les poteaux qui limitent les travées sont ordinairement espacés entre eux de 5 mètres. La travée du milieu, au droit de laquelle se trouve installée une batterie transversale de plaques tournantes, destinée à faciliter les mouvements des wagons, a 7^m,50 d'axe en axe des poteaux. L'écartement transversal des poteaux est de 15 mètres.

Le quai sur lequel repose le hangar est élevé de 1^m,10 au-dessus du niveau des rails et de la cour qui leur est opposée ; sa longueur est la même que celle de la toiture ; mais la largeur est moindre, de manière à permettre de charger et de décharger, à couvert, sous les encorbellements de la toiture, les wagons et les voitures qui amènent les marchandises.

En général, dans la plupart des types distincts, les faces longitudinales des hangars à travées restent à air libre, les pignons seulement peuvent être fermés au moyen de cloisons en planches ; des jours vitrés sont, d'ailleurs, ménagés dans ces cloisons.

Toiture. — Elle est ord. établie en zinc, avec faîtage en bois. Toutefois, sur quelques lignes, les combles légers sont en grande faveur et les constructeurs paraissent définitivement disposés à abandonner les faîtages en charpente pour y substituer les pièces en fonte et les fers à vitre.

Surveillance des magasins. — Des agents sont préposés, le jour et la nuit, à la surveillance des hangars à marchandises et à la garde spéciale des petits colis. — Ces agents, qui sont placés sous l'autorité des chefs de gare, sont ordinairement rendus responsables des détournements qui viendraient à être commis par leur manque de vigilance.

Cette surveillance incessante dispense de clore entièrement, comme on le faisait autrefois, les hangars à marchandises. — Les portes roulantes qui étaient employées à cet usage présentaient des inconvénients de toute espèce, et c'est à peine aujourd'hui s'il convient de mettre sous clef les petits colis, qui sont d'un dérangement facile, et qu'on peut abriter dans des compartiments spéciaux.

III. Service des halles et marchés. — V. *Délais, Denrées, Factage, Livraison.*

Facteurs. — « Les facteurs à la halle ont une action directe contre les ch. de fer pour la réparation du préjudice causé à la marchandise qu'ils sont chargés de vendre pour leurs commettants, par les retards apportés dans l'expédition desdites marchandises. — Dans les expéditions de viandes destinées aux marchés de Paris, l'usage d'employer les trains de vitesse a dérogé aux stipulations du cah. des ch. » (T. comm. Seine, 3 déc. 1862.)

HALTES.

I. Appropriation. — On appelle *halte*, à défaut d'une station complète avec bâtiments, voie d'évitement, disques, etc., les haltes ou points de stationnement pour le départ ou l'arrivée des voyageurs sans bagages ni chiens, établies sur diverses lignes des chemins de fer. — A proprement parler, une *halte* n'est autre chose qu'une petite station desservant uniquement les voyageurs, *sans aucun accessoire*, et où le service des billets généralement réduit à des distances restreintes se fait dans une simple guérite munie des casiers nécessaires. L'aménagement d'un trottoir suffisamment long, l'établ. d'issues d'entrée et de sortie, et l'installation de la guérite du garde, forment à peu près toutes les dépendances de ces haltes qui n'en sont pas moins utiles dans certains cas, à défaut de stations complètes, et qui, plus que ces dernières quelquefois, donnent un produit rémunérateur, c'est-à-dire mieux en rapport avec la dépense.

Détails d'établissement et de service. — En général, l'adm. supér. se réserve la faculté d'apprécier les circonstances où il convient d'accueillir les demandes d'établ. des haltes, présentées par les localités voisines des chemins de fer. Ces demandes se produisent ordinairement dans les enquêtes préparatoires des travaux de la ligne. Il est extrêmement rare qu'on les autorise, *après coup*, surtout sur les lignes très fréquentées.

En dehors de l'art. 9 du cah. des ch. gén., relatif aux formalités d'établ. des gares et stations (V. *Gares*), nous ne connaissons que l'art. 28, § 1ᵉʳ, ainsi conçu de l'ordonn. du 15 nov. 1846, qui nous paraisse applicable à l'autorisation des haltes.

Art. 28. — Sauf le cas de force majeure ou de réparation de la voie, les trains ne pourront s'arrêter qu'aux gares *ou lieux de stationnement* autorisés pour le service des voyageurs ou des marchandises... — V. *Ordonnances.*

Conditions d'établissement. — Il y a ord. deux espèces de haltes : 1° les haltes ouvertes par les comp. spontanément et *à titre d'essai*, et qu'à moins d'engagement antérieur, elles suppriment quelquefois lorsqu'elles ne donnent pas un produit rémunérateur ; — 2° les haltes ouvertes *d'une manière définitive*, en vertu de décis. de l'adm. sup.

AUTORISATION MINISTÉRIELLE (*Instruction des demandes*). — Circ. minist., 27 février 1880, aux *insp. gén. du contrôle.* — « Monsieur l'insp. gén., l'admin. est saisie depuis quelque temps surtout de nombreuses demandes, ayant pour objet l'établ. de haltes ou de stations. — Afin de me permettre d'apprécier ces demandes en pleine connaissance de cause, je désire que MM. les fonctionnaires du contrôle aient soin de joindre toujours au dossier de l'affaire un extrait de carte ou de plan indiquant convenablement les localités intéressées. — Je viens donc vous prier de vouloir bien adresser à ces fonctionnaires des recommandations dans ce sens. » — Au sujet de l'instruction proprement dite des affaires, voir les indications suivantes :

Opposition des compagnies. — D'après un arrêt rendu au contentieux du C. d'Etat, le 28 juin 1878, aff. de la Comp. du Nord, le min. des tr. publ. ne saurait imposer à une comp. concess. d'un ch. de fer, en exploitation, l'obligation d'établir de nouvelles gares. — En vertu de l'applic. de ce principe restrictif, il avait paru aux ingén. d'un service de contrôle, au sujet de la demande d'établ. d'une halte, que l'admin. n'avait aucun moyen de contraindre la compagnie à établir la halte en question et que ce motif suffisait à clore la discussion. — Mais le ministre, tout en rejetant dans l'espèce, pour divers motifs, la demande de halte, a formulé sur le point de droit lui-même les réserves suivantes (Décis. minist., 7 mai 1880, *Ext.*) : « La question tranchée par l'arrêt du 28 juin 1878 n'a été portée qu'une fois au contentieux. La jurispr. sur ce point ne peut donc être considérée comme définitivement établie, et l'admin. se réserve le droit de chercher à la faire modifier dans l'avenir. En tous cas, il convient que le service du contrôle examine à fond tous les vœux qui lui sont transmis et apprécie la valeur des motifs invoqués par les pétitionnaires. Il appartient ensuite au ministre, s'il juge ces motifs suffisants, de chercher à faire donner satisfaction aux demandes présentées en usant, suivant le cas, de son influence ou de son autorité sur les compagnies.

« D'un autre côté, l'admin. ne considère pas le développement du trafic d'une ligne comme suffisant pour n'y établir de haltes en aucun cas ; il existe des haltes sur plusieurs lignes aussi fréquentées que celle de Bordeaux à Cette, et c'est seulement d'après les circonstances particulières à chaque espèce, circonstances parmi lesquelles le nombre de trains en circulation sur la ligne doit entrer en ligne de compte, mais sans dominer complètement la question, que l'opportunité d'établir de nouveaux arrêts sur une ligne doit être appréciée ». (Voir au mot *Gares*, la décis. min. précitée du 7 mai 1880.)

Aménagement des haltes. — Le système d'installation des haltes est très simple, surtout lorsqu'il existe déjà un chemin ou sentier pour y aboutir, ou que la halte, comme c'est le cas général, est installée à un passage à niveau. — On se borne alors à y établir la guérite du gérant (garde-halte, ou agent de la voie) et à approprier un quai ou trottoir d'une longueur correspondante au nombre habituel de voitures à voyageurs comprises dans le train desservant la halte.

II. Détails de service. — Les instructions concernant les haltes contiennent ordinairement l'indication suivante : « Ne sont admis ni au départ, ni en destination des haltes, les voyageurs avec chiens, ni ceux avec bagages autres que les menus objets pouvant trouver place dans les wagons avec les voyageurs ou sous la banquette ».

Il n'est pas délivré aux haltes de billets à prix réduits, sauf pour les enfants, mais la plupart des haltes font le service des billets d'aller et retour pour certaines stations déterminées. (*Extr. des instr. spéc.*)

Trains. — Les trains desservant les haltes ouvertes d'une manière définitive sont indiqués sur le tableau de marche des trains. — Les heures de service des haltes provisoires font l'objet d'ordres spéciaux pour chacune des compagnies.

Gérance des haltes. — Sont également réglés par des ordres spéciaux, suivant les exigences particulières du service des diverses lignes, le mode de gérance des billets, des recettes, des dépenses, etc., les signaux à faire par les gardes-barrières et enfin les conditions d'ouverture, de fermeture et de surveillance des portillons d'accès de la halte.

HAUT-LE-PIED.

Retour des locomotives. — L'expression *haut-le-pied* est appliquée sur les chemins de fer, notamment lorsqu'une machine locomotive, après avoir accompagné un train en double traction, pour l'aider à gravir une forte rampe, ou pour tout autre motif, ou lorsqu'elle est allée porter secours à un train en détresse, est dételée et ramenée immédiatement au dépôt. Elle retourne alors haut-le-pied à son dépôt.

HERBES.

Enlèvement des herbes, plantes, etc. — Les règlements relatifs aux travaux de *petit entretien* à exécuter par les gardes-lignes, prescrivent à ces derniers de détruire les herbes qui croîtraient sur le ballast. — Celles qui poussent ur les talus et dans les *fossés* sont ordinairement enlevées par des tâcherons ou des fermiers spéc., avec lesquels certaines compagnies sont dans l'usage de traiter pour l'enlèvement des herbes et plantes dont il s'agit. (V. *Incendie* et *Talus*.) — Il est essentiel aussi de faire arracher avec soin les herbes parasites qui croissent dans les fentes et parements des maçonneries d'ouvrages d'art, etc.

Pacage. — En aucun cas, les herbes de la voie ou des talus ne doivent être livrées au pacage des animaux. — V. *Bestiaux*.

HÉRITIERS.

I. Formalités diverses (*au sujet des allocations accordées aux veuves ou héritiers des agents*). — 1° Secours, retraites, etc. (V. *Accidents, Maladies, Ouvriers, Retraites* et *Secours*.) — 2° Revendication des veuves, héritiers ou ayants droit, par suite d'accident : « Toute personne, héritière ou non, qui a souffert un préjudice direct résultant de la mort d'un individu par homicide involontaire (dans l'espèce, accident de chemin de fer) est recevable et fondée à demander la réparation du dommage qu'elle a éprouvé. » (C. C., 21 juillet 1869.) — La constitution, à titre de transaction, d'une rente viagère, incessible et insaisissable, en faveur de la veuve d'un employé de chemin de fer, victime d'un accident, par la comp. concess., ne donne ouverture qu'au droit d'indemnité de 2 p. 100. — Il n'y a, dans un tel acte, que l'acquittement d'une dette et non une libéralité, passible du droit de donation de 9 p. 100. (Décis. admin., 3 mars 1862.)

Preuves à établir par les héritiers des victimes. — (Affaire relative à un poseur (de la voie) tué par un train durant un service extraordinaire de nuit, le lendemain de l'expiration d'une semaine de service ordinaire de nuit. — Action intentée par la veuve à la comp. du ch. de fer. Condamnation de la compagnie au payement à la veuve de la victime d'une pension annuelle et viagère de 300 fr., par semestre et d'avance (Trib. civil de Ségré, 13 juillet 1880). — Infirmation du jugement qui précède, — aucune preuve d'une faute de la compagnie n'étant faite par ladite veuve et notamment la mission de surveillance confiée à la victime ne présentant pas de caractère particulièrement périlleux. — (C. d'appel d'Angers, 4 mars 1881, confirmé par C. C., 13 février 1882.)

Questions de droit et de compétence. (*Recours des héritiers d'un voyageur, en cas de décès ou d'accident.*) — Le voyageur, blessé dans un accident de chemin de fer et succombant au bout de quelques heures, décède en possession d'une action en indemnité contre la comp. concess., et cette action est incontestablement transmissible aux héritiers dudit voyageur. (C. d'appel d'*Angers*, 12 juillet 1872). — « La juridiction consulaire est compétente pour connaître de l'action intentée à une comp. de ch. de fer par la veuve et la fille de la victime d'un accident. » — Condamnation, *par défaut*, de ladite compagnie au payement de 300,000 fr. de dommages-intérêts. (Tr. comm. *Seine*, 30 juin 1877). — *Nota*. Nous ne citons ce jugement que *pour mémoire*, n'ayant pas sous les yeux la solution définitive de l'affaire.

Quasi-délit (prescription invoquée). — V. *Quasi-délit*.

Indications diverses (questions d'imprudence, etc.). — V. *Accidents*, § 9.

II. Mandats délivrés au nom des héritiers de fonctionnaires. — Les pièces à produire aux payeurs par les héritiers des fonctionnaires et agents décédés, à l'appui des mandats de solde qui leur sont délivrés, sont les suivantes : 1° Expédition timbrée et légalisée de l'acte de décès du titulaire ; 2° Certificat de propriété, timbré, non enregistré, faisant connaître les noms, prénoms, qualités et demeure des héritiers.

HEURES DE SERVICE.

I. Voyageurs. — D'après l'art. 1er du modèle du règlement approuvé le 25 sept. 1866, pour la police des cours des gares, les cours des stations à voyageurs sont ouvertes une demi-heure au moins avant le départ ou l'arrivée du premier train du matin. Elles peuvent être fermées après le départ ou l'arrivée du dernier train du soir. — L'arrêté *préfectoral*, pris en vertu du modèle de régl. dont il s'agit, doit rester affiché en permanence dans les gares. — V. *Cours*.

Heures de marche des trains. — Des ordres de service approuvés par l'admin. supér. règlent pour chaque saison d'été et d'hiver les heures de marche et de stationnement des trains. (V. *Ordres de service*.) — Ces dispositions sont portées à la connaissance du public par des affiches. — V. *Affichage*.)

Service des billets et des bagages. — Les heures de délivrance des billets et d'enregistr. des bagages sont indiquées aux mots *Bagages* et *Billets*. Les voyageurs doivent se présenter, au plus tard, dans les grandes stations, trente minutes, et dans les autres stations quinze minutes avant l'heure régl. du départ du train. — Au sujet de la distinction faite entre les voyageurs avec bagages et ceux sans bagages, V. *Billets*, § 2.

II. Passages à niveau. (Heures d'ouverture.) — V. *Barrières* et *Passages*.

III. Marchandises. — L'admin. supér. a réglé ainsi qu'il suit les heures d'ouverture et de fermeture des gares. (Ext. de l'arr. minist. du 12 juin 1866.) — V. *Délais*.

1° *Grande vitesse.* — (Art. 5.) « Du 1er avril au 30 septembre, les gares seront ouvertes, pour la réception et la livraison des marchandises à grande vitesse, à six heures du matin, au plus tard, et fermées, au plus tôt, à huit heures du soir.

« Du 1er octobre au 31 mars, elles seront ouvertes à sept heures du matin, au plus tard, et fermées, au plus tôt, à huit heures du soir.

« Les dispositions qui précèdent ne sont pas applicables au lait, aux fruits, à la volaille, à la marée et autres denrées destinées à l'approvisionnement des marchés de la ville de Paris, et des autres villes qui seraient ultérieurement désignées par l'administration supérieure, les compagnies entendues. » — V. *Délais* et *Denrées*.

2° *Petite vitesse.* — (Art. 13.) « Du 1er avril au 30 septembre, les gares seront ouvertes, pour la réception et la livraison des marchandises à petite vitesse, à six heures du matin, au plus tard, et fermées, au plus tôt, à six heures du soir.

« Du 1er octobre au 31 mars, elles seront ouvertes à sept heures du matin au plus tard, et fermées, au plus tôt, à cinq heures du soir.

« Par exception, les dimanches et jours fériés, les gares des marchandises à petite vitesse seront fermées à midi, et les livraisons restant à faire avant la fin de la journée seront remises à la première moitié du jour suivant.

« Dans ce dernier cas, le délai fixé pour la perception du droit de magasinage, soit par les tarifs généraux, soit par les tarifs spéciaux ou communs homologués par l'administration supérieure, sera augmenté de tout le temps compris entre l'heure de midi et l'heure réglée aux §§ 1 et 2 du présent article pour la fermeture des gares. »

Les dispositions ci-dessus ont été prises en vertu de l'art. 50, dernier paragr., du cah. des ch., ainsi conçu : — « L'admin. supér. déterminera, par des règl. spéc., les heures d'ouverture et de fermeture des gares et stations, tant en hiver qu'en été, ainsi que les dispositions relatives aux denrées apportées par les trains de nuit et destinées à l'approvisionnement des marchés des villes. »

Infractions. — Il n'y a ni délit ni contravention punissable dans le fait d'introduction de marchandises, après l'heure réglementaire de fermeture, dans une gare à marchandises, non fermée à clef, lorsque cette introduction a lieu sans résistance et sans violence envers les agents dans l'exercice de leurs fonctions. En effet, l'arr. minist. du 15 avr. 1859 (remplacé par l'arrêté du 12 juin 1866, V. *Délais*) est un simple règlement d'ordre, établissant les droits respectifs du public et des compagnies de chemins de fer. (Avis partagé par le parquet de Gray, avril 1861.)

Heures de service du camionnage. (V. *Camionnage*, §. 6.) — Au sujet des entreprises libres, V. aussi *Bureaux*, § 2, *Factage* et *Ouverture des gares.*

IV. Heures de présence des agents. — 1° *Aiguilleurs,* Nous rappellerons pour mémoire que par dépêche circ. en date du 3 mai 1864, le ministre des travaux publics a invité les comp. de ch. de fer à reviser l'organisation du travail des aiguilleurs, de telle sorte que la durée du service de ces agents n'excède pas 12 heures, même lors du passage du service de jour au service de nuit et réciproquement.

2° *Conducteurs de trains.* — Les conducteurs de trains et gardes-freins doivent être rendus à la gare, 1 heure au moins (pour les trains de voyageurs) et 2 heures (sur certaines lignes, pour les trains de marchandises) avant le départ des trains qu'ils sont chargés d'accompagner. — V. *Conducteurs* et *Gardes-freins.*

3° *Mécaniciens* (circ. minist. du 9 mai 1865, demandant des renseignements sur la durée du service quotidien de ces agents). — V. l'art. *Mécaniciens.*

V. Dérangement des horloges, pendules et montres. — V. *Horloges.*

HEURTOIRS.

Indications pour mémoire. — Dans notre art. *Calage,* nous avons indiqué le moyen réglementaire employé pour empêcher les wagons remisés sur une voie de garage de s'engager inopinément sur les voies principales.

Il nous resterait à faire une description succincte des divers procédés usités pour tenir au repos les machines et les voitures, tels que les cales, le coussinet, les freins, le levier, le sabot, etc., etc. Mais, à défaut d'une instr. uniforme, nous devons nous borner aux détails suivants en ce qui touche les *butoirs* ou *heurtoirs* proprement dits.

Les règlements et ordres de service ne contiennent aucune disposition uniforme en ce qui concerne les *butoirs* ou *heurtoirs* qui terminent les voies de garage en cul-de-sac. Ces heurtoirs doivent être établis avec une solidité suffisante pour résister aux coups de tampon qui ont lieu pendant la manœuvre des trains.

Le butoir en terre prend ordinairement la forme d'une digue de halage ou l'aspect d'un épaulement de fortifications. Il est enveloppé de gazons et vêtu de lambourdes en bois, au point de contact ou de butée. — Sur quelques lignes, le heurtoir se compose de deux poutres verticales, liées entre elles par une traverse, moisées par des contre-fiches et des liernes ; le tout assemblé en charpente avec armatures et boulons en fer et tampons de chocs. Ce système est consolidé, s'il y a lieu, par une banquette en terre.

Nous ne parlons pas ici, bien entendu, des heurtoirs établis dans les grandes gares *terminus*. Ces heurtoirs exigent une dépense assez considérable, et l'on n'a jamais songé à établir le même modèle pour les voies en cul-de-sac des gares à marchandises, ni pour certaines voies de garage établies dans les stations de voyageurs. Dans ces dernières gares on se borne à appliquer l'un des systèmes économiques décrits ci-dessus, ou tout autre procédé, quelquefois beaucoup moins efficace, tels que la recourbure des extrémités des rails, relevés à environ 0m,40 du sol, l'établissement d'une traverse d'arrêt, etc., etc.

Heurtoirs servant de repères kilométriques. — Le mesurage des distances d'une ligne de chemin de fer, se compte à partir de l'origine ou de l'extrémité même du chemin, c'est-à-dire du *heurtoir* des locomotives. — V. *Distances*, § 4.

HOMMES D'ÉQUIPE.

I. Attributions. — Les hommes d'équipe sont les agents inférieurs des gares, spécialement chargés, sous les ordres et la direction des chefs et sous-chefs de station, de faire la manutention relative à la composition, à la décomposition et au *garage des trains* de voyageurs et de marchandises, de procéder au remisage et au nettoyage des voitures, au chargement et au déchargement des colis, etc., etc.

En général, les chefs et hommes d'équipe doivent tous concourir au service des trains de voyageurs et de marchandises et à la manutention des colis, bagages, petite et grande vitesse, et enfin aux diverses opérations qui leur sont prescrites par les chefs de gare et par les ordres de service spéciaux.

Admission. — Nous avons indiqué, aux mots *Agents*, *Examens* et *Personnel*, les principales conditions exigées, sur la plupart des chemins de fer, pour l'admission des hommes d'équipe considérés comme employés permanents.

Le cadre des hommes d'équipe est généralement complété, ou plutôt élargi, par l'adjonction de journaliers ou hommes d'équipe auxiliaires, payés seulement pour le nombre d'heures ou de journées de travail qu'ils ont réellement effectuées.

Note spéciale : sur l'un des grands réseaux, le personnel des hommes d'équipe comprend : — *les hommes d'équipe proprement dits* ; — *les hommes d'équipe aux manœuvres* ; — *les hommes d'équipe aiguilleurs* ; — *les hommes d'équipe des trains*. — La première catégorie de ces agents se subdivise en hommes d'équipe *en régie*, et en hommes d'équipe *commissionnés*. — Des instructions détaillées règlent le mode d'embauchage, d'emploi du temps et de tenue des feuilles d'attachement pour le payement des hommes d'équipe *en régie*, agents qui, sur le réseau dont il s'agit, doivent être employés exclusivement :

« 1° Aux manœuvres à bras des véhicules sans que, dans aucun cas, la direction desdites manœuvres puisse leur être confiée ;

« 2° Au chargement et au déchargement des marchandises, et aux détails de service se rattachant à la manutention (bâchage, cordage, nettoyage des véhicules, des halles, quais, cours, etc.) ;

« 3° Au service des chaufferettes et de la lampisterie, s'il y a lieu. »

Sauf l'exception résultant de ce dernier paragr. 3°, les hommes d'équipe en régie sont rigoureusement exclus du service de grande vitesse, ainsi que du pointage, de la reconnaissance et de la livraison des marchandises. — Ils ne doivent, dans aucun cas, être employés à la direction des manœuvres par cheval, aux manœuvres à la machine, à la manœuvre des aiguilles, ni au service de route des trains. — Il est formellement interdit de les employer à un service quelconque d'écritures. — Enfin, ils ne participent pas au bénéfice des institutions créées par la compagnie en faveur de son personnel (caisse de retraite, caisse de prévoyance, service médical, circulation à prix réduit, services annexes de l'économat).

Les *hommes d'équipe commissionnés* choisis parmi les meilleurs ouvriers en régie, peuvent être employés à tous les travaux que comporte le service des stations.

Toutefois, ils ne peuvent être employés aux manœuvres à la machine, à la direction des manœuvres par cheval ou à bras, à un service temporaire d'aiguilles, et au service de route des trains, qu'aux conditions suivantes :

1° Désignation nominative par le chef de station ;

2° Examen constatant leur aptitude pour les fonctions spéciales qui doivent leur être confiées.

Le procès-verbal de cet examen, conservé entre les mains du chef de station, est présenté à toute réquisition des agents supérieurs (1).

Hommes d'équipe aux manœuvres. — Dans les stations désignées par le directeur de l'exploitation, le service des manœuvres à la machine est assuré par des agents spéciaux qui prennent le titre d'hommes d'équipe aux manœuvres. — Ils sont choisis parmi les hommes d'équipe *commissionnés*, les hommes d'équipe-aiguilleurs et les hommes d'équipe des trains. Ils sont nommés par le chef de l'exploitation, après avoir subi un examen constatant leur aptitude. — Le procès-verbal de cet examen reste classé au dossier de l'agent.

Brigades temporaires de manœuvres. P. mém.

Les *hommes d'équipe-aiguilleurs* peuvent, suivant les circonstances, être attachés exclusivement à un service d'aiguilles ou alternativement à un service d'aiguilles et au service général de la station. — Ils sont choisis parmi les hommes d'équipe de gare *commissionnés* et les cantonniers. — Ils sont nommés par le chef de l'exploitation.

Pour obtenir l'emploi d'homme d'équipe-aiguilleur, le candidat doit être âgé de 24 ans au moins et avoir subi un examen satisfaisant sur toutes les parties du service des aiguilles. Le procès-verbal de cet examen reste classé au dossier de l'agent.

Les *hommes d'équipe des trains* également nommés par le chef de l'exploitation sont choisis parmi les hommes d'équipe commissionnés, les hommes d'équipe-aiguilleurs ou les hommes d'équipe aux manœuvres, dont l'aptitude au service des trains, des manœuvres et des aiguilles a été constatée par un examen préalable. — Ils sont affectés spéc. au service des trains de marchandises. Ils peuvent, en cas de besoin, être appelés à remplir les fonctions de gardes-freins aux trains de voyageurs. Ils coopèrent au chargement et au déchargement des colis dans les stations de passage, ainsi qu'aux manœuvres auxquelles peut donner lieu le service de leur train dans les stations dépourvues de brigades de manœuvres, et aux manœuvres d'aiguilles, s'il y a lieu. — (Extr. d'une *instr. spéc.*, juillet 1883.)

Uniforme. — L'uniforme des ouvriers des équipes se compose ordinairement d'un bourgeron en toile, d'un pantalon de treillis écru, d'une ceinture, d'une casquette, et au besoin d'un caban. (Exécution de l'art. 73 de l'ord. du 15 nov. 1846.)

II. Précautions à prendre dans les manœuvres. — V. *Collisions, Manœuvres* et *Tampons.*) — Voir notamment au mot *Manœuvres* les extr. des circ. min. des 11 nov. 1857, 23 janv. 1862, 28 juin 1884, etc., relatives à l'habitude dangereuse qu'ont les agents de l'exploitation et notamment les hommes d'équipe de s'introduire entre les véhicules *en mouvement* pour en opérer l'attelage ou le décrochage.

Agents blessés dans les manœuvres. — Au sujet des ordres de service spéciaux concernant les précautions à prendre contre les chances d'accidents dans les manœuvres à bras de wagons dans les gares, une décis. min. 29 janv. 1883 (*Midi*), a invité la comp. à adopter les dispositions suivantes (*Extr.*) :

« A l'avenir, aucun homme d'équipe *nouveau*, commissionné ou en régie, ne sera mis en service, soit aux manœuvres, soit à la manutention, sans qu'au préalable il lui ait été donné connaissance de l'avis... qui reproduit les parties de l'ordre de direction... dont il doit se pénétrer et qui signale en outre quelques précautions à prendre dans la manutention. — Cet agent attestera par sa signature que cette communication lui a été faite. — Un registre sera spéc. affecté à cet usage dans chaque station. »

Questions de responsabilité (Imprudence ou négligence des agents). — Voir *Accidents d'exploitation*, § 9, *Héritiers* et *Quasi-délit.*

Distinction entre les agents commissionnés ou en régie. (Affaire relative à un homme d'équipe blessé par un voyageur, dans l'exercice de ses fonctions, en voulant empêcher ce voyageur de commettre une infraction.) — Compagnie déclarée irresponsable sous prétexte que l'agent dont

---

(1) Les hommes d'équipe *commissionnés* sont attachés au service de la compagnie à titre définitif et reçoivent une commission signée par le chef de l'exploitation.

il s'agit n'était qu'un homme de service à gage. (C. C. 24 janv. 1882.) V. *Accidents*, § 9. — Voir aussi le mot *Témoins*, au sujet de cette question de louage de services.

Indications diverses. — V. *Agents, Manœuvres, Manutention*, etc.

HOMOLOGATIONS.

I. Principe de l'homologation des tarifs. — « Aucune taxe, de quelque nature qu'elle soit ne pourra être perçue par la compagnie qu'en vertu d'une homologation du ministre des travaux publics. » (Art. 44, § 1, ordonn. du 15 nov. 1846.)

Formalités obligatoires. Ext. du *Bulletin* du ministère des tr. pub. — 1ᵉʳ numéro, janv. et févr. 1880.) — Voir le résumé suivant :

« Avant l'homologation, les propositions de tarifs présentées par les comp. de ch. de fer sont soumises à une instr. préalable, dont cette note va retracer les diverses phases.

Lorsque les comp. veulent établir un tarif nouveau ou modifier un tarif préexistant, elles sont tenues :

1° D'afficher préalablement leurs propositions pendant un mois ; — V. *Affichage.* — 2° De les communiquer au min. des tr. publ., aux préfets des départements traversés et à l'insp. gén. des p. et ch. ou des mines chargé du contrôle. — V. *Tarifs*, § 7.

De leur côté, conf. à une circ. min. du 15 février 1862, confirmée et complétée par celles des 23 août et 11 sept. 1873, 9 mars, 21 mai et 9 oct. 1878, les préfets communiquent aux chambres de commerce ou aux chambres consultatives de leur département les propositions des compagnies, en accompagnant cette communication d'un *récépissé*, que lesdites chambres leur renvoient daté et signé, et qui est transmis immédiatement à l'admin. centrale. — V. *Chambres de commerce* et *Tarifs*.

Indépendamment de cette formalité, qui doit toujours être remplie, les chambres sus-désignées adressent directement au min. des tr. publ. telles observations qu'elles jugent convenables, au sujet des tarifs soumis à l'homologation.

Ces observations sont examinées en même temps que les propositions des compagnies ; et l'affaire, instruite d'abord par les fonctionnaires du contrôle, est portée ensuite devant le comité consultatif des chemins de fer. — V. *Comités*, § 1, et *Tarifs*, § 7.

Le comité délibère et donne son avis, après avoir entendu les représentants des industries intéressées, toutes les fois qu'il le juge nécessaire.

C'est seulement alors que le ministre, en possession de tous les résultats de l'instruction, prend une décision sur le tarif qui lui est soumis.

La décision ministérielle est notifiée à l'insp. gén. du contrôle qui doit la notifier à son tour à la comp., dans les vingt-quatre heures, par un procès-verbal du commiss. de surv. admin.

Une notification semblable est adressée directement par l'administration aux préfets intéressés, avec invitation de porter la décision à la connaissance du public ».

Publicité des homologations de tarifs. (Arrêtés préfectoraux.) — V. au mot *Publications* les diverses instr. concernant la publicité à donner aux tarifs, et notamment, au § 4, l'extr. de la circ. min. du 23 août 1850, invitant les préfets à communiquer à l'adm. centrale et aux chefs du contrôle un certain nombre d'exemplaires des arrêtés par lesquels ils portent à la connaissance du public les décisions homologatives des tarifs de chemins de fer. — *Suppression de l'envoi au ministre* (Circ. min., 11 nov. 1884, aux préfets, ainsi conçue) : — « Monsieur le préfet, une circ. min., du 23 août 1850, a prescrit d'envoyer à mon admin. 4 ou 5 ex. des arrêtés préfectoraux qui portent à la connaissance du public les décisions homologatives de tarifs de ch. de fer. — A l'époque où cet envoi fut prescrit, les admin. préfectorales n'étaient pas toutes au courant de la procédure relative à l'homologation et à la publication des tarifs. Il était donc indispensable de mettre l'adm. centrale en mesure de s'assurer que les formalités régl. étaient partout remplies avec exactitude et uniformité. — Aujourd'hui l'accomplissement de ces formalités ne saurait plus soulever aucune difficulté. — La communication prescrite par la circ. précitée n'a donc plus que l'inconvénient d'entraîner inutilement des frais d'impression, de poste, des travaux de classement, etc., et je viens, en conséquence, vous prier de vouloir bien désormais vous en abstenir. Il va, du reste, sans dire que vous devez continuer à adresser un ou deux exemplaires de vos arrêtés à l'insp. gén. du contrôle... »

Homologation provisoire. — Une circ. minist. du 31 octobre 1855 a prescrit des mesures spéciales dans le cas où l'examen d'une proposition de tarifs nécessiterait un délai plus long que le temps légal. La disposition la plus importante de cette circulaire est celle qui admet le système des autorisations provisoires. (V. *Tarifs*, § 7, 3°.) — « Il ne peut être admis que le ministre, ayant le droit de donner une autorisation définitive à un tarif ou à un traité, ne peut en donner une provisoire. Cette dernière mesure, en réservant l'examen et les renseignements de l'expérience, est, au contraire, toute dans l'intérêt du public, et elle n'est qu'un usage prudent et réservé de l'autorité donnée à l'administration. » (C. Paris, 26 nov. 1858.)

Vérifications diverses. — V. au mot *Tarifs*, les circ. min. relatives à la vérification des tarifs *et notamment celle du 16 juillet* 1880, invitant les insp. gén. du contrôle, à l'occasion des propositions de tarifs présentées par les compagnies, à comparer les prix proposés, non seulement avec les tarifs déjà en vigueur sur le même parcours et avec le maximum légal, mais aussi avec les prix qu'ont à payer d'autres centres d'expédition, au point de vue des relations économiques, de la concurrence, etc. — (Se reporter au texte même de la dépêche précitée).

II. Homologation définitive. — Les décis. du min. relatives à l'homogation définitive des tarifs (comme à leur approb. provisoire) sont notifiées aux comp. dans la forme et le délai indiqués aux mots *Notifications* et *Tarifs*, § 7. — Au sujet de la publicité à donner à ces décisions, V. *Publications*. Enfin le caractère légal de ces homologations au point de vue de leur force obligatoire est indiqué au mot *Tarifs*, § 8.

Abaissement, modification et simplification des tarifs. (Réduction graduelle des taxes pour les voyageurs et les marchandises, et projets d'unification et de réforme des tarifs, etc.) — V. *Abaissement, Billets, Enquêtes (Recueil* 1863), *Réduction* et *Tarifs*, § 6.

III. Tarifs appliqués lors de l'ouverture des nouvelles lignes. (Propositions tardives des compagnies.) — Circ. min. 28 oct. 1880, rappelant aux comp. de ch. de fer (en vertu des art. 44 et 49 de l'ordonn. du 15 nov. 1846), que les tarifs destinés à être appliqués sur de nouvelles lignes ou sections de lignes, ne devraient jamais être mis en vigueur avant d'avoir été homologués et sans avoir reçu la publicité préalable prescrite par le règlement. — V. ci-après :

Circ. min. 28 *oct.* 1880 aux compagnies — (notifiée aux chefs du contrôle le 7 nov. suivant) : — « J'ai eu plusieurs fois à constater que les comp. de ch. de fer, lorsqu'elles me soumettent des propositions de tarifs, à l'occasion de l'ouverture de nouvelles lignes ou sections de lignes ne se conforment pas aux prescriptions réglementaires.

Leurs propositions sont en effet présentées si tardivement que les nouveaux tarifs sont mis en vigueur moins d'un mois après la date de l'affichage et même avant que l'homologation ministérielle ait pu intervenir.

Cette manière de procéder se justifie d'autant moins qu'une ouverture de ligne n'est pas un événement imprévu et qu'il est dès lors possible aux comp. de préparer, en temps utile, toutes les mesures qui doivent précéder la mise en exploitation. D'un autre côté, en appliquant prématurément leurs tarifs, les comp. contreviennent tout à la fois à l'art. 49 de l'ordonn. de 1846, aux termes duquel leurs propositions doivent être préalablement affichées durant un mois, et à l'art. 44 de la même ordonn. qui porte « qu'aucune taxe ne pourra être perçue qu'en vertu « d'une homologation du min. des tr. publ. »

Je vous prie de prendre les dispositions nécessaires pour éviter à l'avenir de semblables irrégularités, contre lesquelles les chambres de commerce ne manquent jamais de protester, et crois devoir vous prévenir que je refuserai désormais, le cas échéant, d'homologuer tout tarif qui n'aura pas été affiché pendant un mois..... »

Tarifs de transit et d'exportation (homologation). — V. *Tarifs internationaux.*

IV. Homologation des tarifs des lignes d'intérêt local. — L'art. 2 de l'ancienne loi du 12 juillet 1865 avait conféré aux préfets le droit d'homologuer les tarifs des chemins de fer d'intérêt local. Seulement, le min. des tr. publ. était dans l'usage d'intervenir lorsque lesdits tarifs se combinaient avec ceux de la ligne d'intérêt général à laquelle venait aboutir le chemin d'intérêt local. — Aujourd'hui, d'après la nouvelle loi du 11 juin 1880 (art. 5) en dehors de la délégation maintenue aux préfets par le dernier alinéa dudit article (V. *Chemin de fer d'intérêt local*), l'homologation ministérielle a été substituée à l'homologation préfectorale, dès que la ligne d'intérêt local *dépasse la limite du département,* ou bien encore lorsque le tarif projeté est *commun* avec une autre ligne, *soit d'intérêt local, soit d'intérêt général.* — Voir à ce sujet les instructions résumées ci-après :

Homologation ministérielle substituée dans certains cas à l'homologation préfectorale. — 1° Circ. min. tr. publ. 24 août 1880, aux préfets: — « Monsieur le préfet, la loi du 11 juin 1880, relative aux chemins de fer d'intérêt local porte (art. 5) que « les taxes perçues dans les limites du maximum fixé par le cah. des ch. sont homologuées par le min. des tr. publ. dans le cas où la ligne s'étend sur plusieurs départements et dans le cas de tarifs communs à plusieurs lignes. »

Cette disposition paraissant avoir échappé à plusieurs de vos collègues, je crois devoir la signaler à votre attention.

Je n'ai pas, d'ailleurs, besoin d'en faire ressortir la portée ; il en résulte très nettement que l'homologation ministérielle est substituée à l'homologation préfectorale, dès que la ligne d'intérêt local dépasse la limite du département ou bien encore lorsque le tarif projeté est commun avec une autre ligne, soit d'intérêt local, soit d'intérêt général.

Mon administration ayant seule à statuer dans l'un et l'autre de ces cas, vous aurez désormais à me faire parvenir les propositions des concessionnaires, avec les rapports des fonctionnaires du contrôle et votre avis sur ces propositions ; je vous ferai connaître ma décision le plus promptement possible, afin que vous puissiez la notifier aux intéressés.

Rien n'est, d'ailleurs, changé en ce qui concerne les dispositions du cah. des ch. relatives à la publicité des tarifs, aux délais dans lesquels ils peuvent être modifiés, etc. Sur tous ces points, les obligations comme les droits des concessionnaires restent les mêmes, l'unique modification de la loi nouvelle consistant, au point de vue des tarifs, à réserver au min. des tr. publ., dans les deux cas ci-dessus indiqués, les attributions que la loi de 1865 confiait à l'autorité préfectorale..... »

2° *Circ.* adressée le 11 nov. 1882, par le min. des tr. publ. aux comp. de ch. de fer (pour l'application de la disposition précitée de l'art. 5 de la loi du 11 juin 1880). — ..... « Afin d'assurer l'exécution de cette disposition, je vous prie de vouloir bien me soumettre *directement*, en même temps que vous les adressez aux préfets, celles de vos propositions dont l'homologation m'est réservée par l'article précité.

« Je vous serai, d'ailleurs, obligé de joindre à chacune de ces propositions *six* ex. des affiches destinées à les faire connaître au public et d'y annexer également, dans le cas de modifications de tarifs, un ex. du tarif même, indiquant, par des corrections à l'encre *rouge*, tous les changements dont il doit être l'objet... »

Circ. min. tr. publ. 27 déc. 1884, aux adm. des comp. de ch. de fer d'intérêt local. (*Rattachement de ces lignes au contrôle d'intérêt général,* EN MATIÈRE DE TARIFS, *par application de l'art. 5 de la loi du 11 juin* 1880.) — « Messieurs, par lettre du ..., je vous ai fait connaître qu'en MATIÈRE DE TARIFS, votre ligne serait désormais rattachée au contrôle d'intérêt général du réseau de..... — Ce rattachement est la conséquence naturelle des dispositions de l'art. 5 de la loi du 11 juin 1880, aux termes duquel « les taxes per-« çues dans les limites du maximum du cah. des ch. sont homologuées par le min. des « tr. publ., dans le cas où la ligne s'étend sur plusieurs départements et dans le cas de « tarifs communs à plusieurs lignes ». Il n'en résultera, du reste, pour votre compagnie, aucune charge nouvelle ; car vous aurez simplement à faire envoi à M. l'insp. gén. du contrôle d'un double des propositions que vous me soumettez.

« Je vous prie, messieurs, de veiller à ce que cet envoi soit régulièrement effectué : c'est le moyen d'éviter tout retard dans l'instruction de vos propositions.

« Il est bien entendu, d'ailleurs, que vous continuerez à communiquer vos projets de tarifs à MM. les préfets des départements intéressés, conformément aux art. 45 et 49 de l'ordonn. du 15 nov. 1846. »

HONORAIRES.

Affaires d'expropriation. — (Intervention des avocats, avoués et autres officiers minis-tériels, prévue par l'art. 37 de la loi du 3 mai 1841 et par diverses décisions.) — V. le mot *Expropriation*, § 2.

Règlement et taxation des honoraires. — Circ. min. tr. publ., 31 juillet 1886, aux préfets. — « Mon attention a été appelée sur la marche suivie an sujet du règlement et du payement d'états de frais et honoraires dus aux officiers ministériels pour la rédaction d'actes ou l'accompl. de for-malités concernant les expropriations ou les acquisitions de terrains au compte de l'admin. des trav. publ. — Ces états sont presque toujours soumis par MM. les ing. à l'approb. préfectorale, sans avoir été préalablement taxés par le président du tribunal compétent. — La taxe cependant présente une réelle importance, puisqu'elle a pour effet de prévenir les abus et de sauvegarder les intérêts du Trésor, et il me paraît essentiel qu'il en soit fait usage dans tous les cas.

« J'ai décidé, en conséquence, que tous les frais et tous les actes émanant de notaires, d'avoués et d'huissiers, et rédigés à l'occasion d'affaires ressortissant à l'admin. des tr. publ. devront à l'avenir être taxés par le président du tribunal ou le magistrat directeur du jury spécial chargé de régler les indemnités dues par suite d'expropriation. MM. les ing. en chef ne pourront les soumettre à votre approbation qu'après l'accomplissement de cette formalité. »

HORLOGES.

I. Installation. — Toutes les gares à voyageurs et à marchandises sont indispensa-blement pourvues d'horloges-régulateurs, placées à l'intérieur aussi bien qu'à l'extérieur des bâtiments, de manière à fournir les indications nécessaires aux voyageurs et aux agents du chemin de fer. — Les cadrans extérieurs ont ordin. une avance de 5 min.

Nota. Sur les divers réseaux, les bâtiments des grandes gares de voyageurs ont des horloges *extérieures* du côté de la cour, et en outre une horloge à double cadran dont l'un donnant dans la salle des pas perdus et l'autre sur le trottoir intérieur ou quai de la station. — Dans les petites gares et stations, il n'y a pas ordinairement d'horloge extérieure, du côté de la cour.

Quel que soit le système adopté, les heures se rapportent toujours au méridien de Paris, au moins pour les grandes lignes de rayon.

Éclairage. — Ces horloges, dont la fourniture, la pose et l'entretien sont confiés à des fabricants spéciaux, doivent être convenablement éclairées pendant la nuit. — Dans les gares où il n'y a pas de *service de nuit* proprement dit, les horloges n'ont pas d'éclairage permanent ; mais l'éclairage est considéré comme nécessaire, afin de jalonner les gares et stations, dans le cas où des trains de nuit passent dans les gares, même sans arrêt. — V. *Disques-Signaux*, § 3.

Entretien. — L'entretien des horloges et régulateurs comprend, ordinairement, le remontage et la mise à l'heure ; la visite des appareils autant de fois que cela est utile pour les maintenir en bon état ; la vérification et la réparation des pièces altérées par l'usure ou par toute autre cause ; le nettoyage et le renouvellement des fils de fer des sonneries, des machines, des engrenages et tiges de transmission ; la fourniture des cordes, huiles et toutes matières et agrès nécessaires à la bonne marche des appareils.

Arrêts, dérangements. — L'importance de la régularité de marche des horloges des gares et des stations exige que leurs arrêts ou leurs dérangements soient signalés dans le plus bref délai et par la voie la plus prompte, afin que l'horloger puisse être immédiate-ment avisé de les remettre en bon état. (Instr. spéc.)

Pendules des maisons de garde et montres des agents. — Les indications ci-dessus don-nées, sur la nécessité de bien régler les horloges des gares et des stations sont rigoureu-sement applicables aux pendules des maisons de gardes-barrières et aux montres dont doivent être munis les agents préposés à la marche des trains, à la surveillance et à la sécurité du service.

II. **Conditions de transport de l'horlogerie.** — Tarif général, 1re classe, art. 42, cah. des ch. — V. aussi *Tarif* (exceptionnel) pour les objets d'or et d'argent.

HÔTELS.

Service d'omnibus. — V. *Cours des gares* et *Omnibus.*

Recommandation d'hôtels. — D'après l'art. 3 du règl. gén. modèle, du 25 sept. 1866, sur la police des cours des gares « toute sollicitation importune pour l'indication « d'hôtels, pour transport de bagages, pour offres de service, etc., est interdite dans les « cours des gares et stations, et, en général, dans toutes les dépendances du chemin de « fer. » — *Infractions.* — V. art. 13 et 16 du même règl. au mot *Cours des gares.*

Création d'hôtels (dans les gares). — Une compagnie de ch. de fer peut construire un hôtel dans une gare, l'exploiter et y recevoir même des personnes non munies de billets de voyage, l'hôtel étant ici une dépendance du service du ch. de fer. (C. d'appel d'Aix, 15 févr. 1882, confirmé par C. C., 19 déc. 1882.) — V. au sujet des industries autorisées dans les dépendances des stations les mots *Gares, Industries* et *Vente.*

HOUILLE.

I. **Conditions de transport.** — La houille, comme le coke, est transportée sur tous les ch. de fer, au moins pour les grandes distances, moyennant des prix réduits qui varient, suivant les conditions des tarifs spéciaux de chaque compagnie, mais qui sont généralement beaucoup moins élevés que ceux résultant de l'applic. du cah. des ch. — V. à ce sujet *Tarifs,* § 4, et *Wagon complet.*

Nous rappellerons que, d'après la classification du tarif général, la houille se trouve comprise dans la 4e classe des marchandises, dont le prix de transport est fixé ainsi qu'il suit : 0 fr. 08 par tonne et par kilom., pour les parcours de 0 à 100 kilom., sans que la taxe puisse être supérieure à 5 fr. ; — 0 fr. 05, *idem,* pour les parcours de 101 à 300 kilom., sans que la taxe puisse être supérieure à 12 fr. ; — 0 fr. 04 pour les parcours au delà de 300 kilom.

Indications diverses. — (Combustibles distincts.) — V. *Anthracite, Coke, Charbons.*

II. **Consommation.** — Le coke et la houille sont les combustibles dont l'usage est le plus répandu sur toutes les lignes de ch. de fer ; la houille est utilisée notamment pour le chauffage des machines à marchandises. — Quelques compagnies se servent également d'agglomérés (poussière de houille grasse, légèrement mélangée avec de la glaise délayée ; le tout réuni en petites masses très compactes au moyen de la presse hydraulique). Cette sorte de combustible se fabrique surtout à Saint-Étienne et dans le Nord.

Nous rappellerons, pour mémoire, que le poids spécifique de la houille est de 1200 à 1300, celui de l'eau distillée étant de 1,000, — La consommation de houille par kilom. de chemin de fer parcouru est indiquée approximativement à l'article *Alimentation.*

Indications diverses. — 1o Appareils fumivores. Les prescriptions relatives à la combustion de la fumée de la houille dans les locomotives en exéc. de l'art. 32 du cah. des ch. sont résumées aux articles *Coke* et *Fumée.* — 2o Prix de revient de la houille (V. *Combustibles.*) — 3o Droits d'octroi (V. *Octroi.*) — 4o Vente de houilles par les compagnies (V. *Vente.*) — 5o Déchets admis dans les transports. — V. *Déchets.*

III. **Statistique annuelle** *des combustibles consommés* sur les ch. de fer (tableaux communiqués chaque année par l'admin. supér. aux chefs du contrôle pour lui être retournés avec les indications nécessaires. — V. *Statistique,* § 8.

2° *Statistique des transports des houilles et coke* (circ. min. adressée le 20 oct. 1865 aux comp. et par ampliation le 25 du même mois aux ingén. du contrôle : « Mon administration désirerait avoir chaque année à sa disposition divers renseignements sur les quantités de houille et de coke transportés pour le commerce pendant le dernier exercice, sur les chemins de fer français. Plusieurs compagnies insèrent bien dans leurs rapports annuels quelques indications sur ce sujet ; mais ces indications, plus ou moins complètes, ne se prêtent pas toujours aux rapprochements que l'on se propose de faire.

« Pour obvier à cet inconvénient, et dans le but de combler une lacune regrettable, j'ai pensé que vous pourriez, à l'époque même de la publication de vos rapports annuels, faire dresser un état spécial de ces transports, rédigé suivant la forme du modèle ci-annexé. Cet état devra comprendre, ainsi que vous le verrez en jetant les yeux sur ce modèle :

« 1° Le nombre de tonnes transportées à toute distance pour le commerce, en distinguant les transports faits sur l'ancien et le nouveau réseau et ceux qui auraient emprunté l'un et l'autre de ces réseaux ; — 2° Le nombre de tonnes transportées à 1 kilomètre dans chacun de ces trois cas ; — 3° Le produit à toute distance ; — 4° Enfin, le produit par kilomètre.

« Je vous prie de vouloir bien donner les instructions nécessaires pour que les renseignements qui font l'objet de la présente circulaire me soient adressés chaque année. »

Une nouvelle circ. min., du 16 juillet 1868, a chargé les chefs du contrôle « de veiller à ce que les renseignem. dont il s'agit soient adressés chaque année au min., *au plus tard* à l'époque de la publication des comptes relatifs à l'exercice précédent.

« Dans le but de pouvoir obtenir, au moyen des éléments qui doivent s'y trouver, le tonnage kilométrique de la houille et la recette correspondante, soit pour l'ancien réseau seulement, soit pour le nouveau réseau, on demande actuellement la division, suivant les deux réseaux, des nombres à inscrire dans les colonnes 2 ou 4 pour les houilles et le coke ayant transité d'un réseau sur l'autre. »

MINISTÈRE, ETC.

Bureau de statistique.

Chemin de fer d

TRANSPORT DES HOUILLES ET COKE

POUR LE COMMERCE PENDANT L'EXERCICE 18 .

		NOMBRE DE TONNES		PARCOURS moyen d'une unité.	RECETTES totales.	TARIF MOYEN perçu par tonne et par kilom.	OBSER- VATIONS
		expédiées.	ramenées à 1 kilom.				
Tonnage ayant circulé	sur l'ancien réseau exclusivement......						
	sur le nouveau réseau exclusivement.....						
	sur les deux réseaux..						
	TOTAUX ET MOYENNES.....						

HUILES.

I. Conditions de transport. — Les huiles figurent dans la première classe des marchandises transportées aux conditions de l'art. 42 du cah. des ch.

Tarifs spéciaux. — Les prix fixés dans les tarifs spéciaux de quelques compagnies pour le transport à petite vitesse des huiles de graines en fûts, varient suivant les lignes et pour divers parcours, entre 0 fr. 07 et 0 fr. 11 par 1,000 kilog. et par kilomètre, frais de chargement et de déchargement compris. — Les compagnies se réservent de prolonger, pendant un certain nombre de jours, les délais ordinaires de transport et de livraison.

Huiles inflammables. — Sur diverses lignes de ch. de fer où le transport des huiles d'éclairage a pris un certain développement (notamment sur la ligne de la Méditerranée), la luciline en bombonnes, en caisses, en touries ou en fûts, transportée avec responsabilité de la part de la compagnie, est taxée suivant les prix de la deuxième série du tarif général, par assimilation à l'huile de pétrole transportée dans les mêmes conditions. — Les mêmes produits, en bombonnes, en caisses, en touries ou en fûts, transportés *sans responsabilité* de la part des compagnies, jouissent de prix réduits pour l'application desquels il faut se référer nécessairement aux tarifs spéc. des diverses lignes.

Mesures de précaution. — Le transport des huiles, comme celui de tous les liquides en général, nécessite des mesures spéciales de précaution.

Le conditionnement des fûts doit être fait et vérifié avec un grand soin ; le pesage a toujours lieu devant le cédant. — Le chargement et le déchargement des fûts sont opérés de manière à prévenir tout coulage.

Pour les huiles inflammables, V. spéc. au mot *Matières* (dangereuses), l'arr. minist. du 20 nov. 1879, qui comprend dans la 1re *catégorie* des matières explosibles et inflammables nécessitant des précautions spéciales pour leur transport, *l'huile de pétrole* non rectifiée, *l'acide nitrique du commerce*, le *chlorure de méthyle* ; les huiles dites *essentielles* extraites par distillation du *pétrole*, des *schistes bitumineux* ou du *goudron de houille* ; *id.*, 2e *catégorie*, l'huile de pétrole *rectifiée* et l'huile de *schiste* ou de *goudron de houille*, dans les touries en verre ou en grès ; *id.*, 3e *catégorie*, les huiles *minérales* dans des fûts de bois ; enfin, dans la 4e *catégorie*, le pétrole rectifié et les huiles minérales dans des vases métalliques. — V. aussi *Pétrole*.

II. Emploi de l'huile sur les chemins de fer. (Extr. d'une instr. spéc.) :

« Est à la charge de l'exploitation l'huile consommée : 1° par les lanternes des sémaphores des gares et bifurcations ; — 2° par les lanternes des signaux des aiguilles manœuvrées par les agents de l'exploitation ; — 3° par les lanternes des signaux fixes établis en dedans des gares, et manœuvrés par des agents de l'exploitation.

« Est à la charge de la voie l'huile consommée : 1° par les lanternes des sémaphores établis en pleine voie ; — 2° par les lanternes de signaux des aiguilles manœuvrées par les agents de la voie ; — 3° par les lanternes des signaux fixes établis dans les gares, et qui seraient manœuvrés par des agents de la voie ; — 4° par les lanternes des signaux fixes des gares couvrant ces gares à distance. »

Indications particulières. — V. *Disques, Éclairage, Fanaux* et *Graissage*.

HUITRES.

Conditions de transport. — (Grande vitesse.) — V. art. 42, cah. des ch.

Tarifs d'application (comme pour denrées). — V. *Délais, Denrées* et *Impôt*.

HYPOTHÈQUES.

I. Formalités pour l'expropriation des terrains (Art. 16 à 20 de la loi du 3 mai 1841). — (V. *Expropriation*.) — Il n'est perçu aucun droit pour la transcription des actes au bureau des hypothèques (art. 58 *ibid.*)

Dispense des formalités pour les acquisitions au-dessous de 500 fr. — (V. spéc. l'art. 19 de ladite loi.) — V. aussi les documents résumés ci-après :

Inscription d'office des privilèges (applic. de l'art. 2108 du Code civil) : — La loi du

3 mai 1841 ayant déterminé les formalités à suivre en matière d'expropr. pour cause d'utilité publique, des difficultés se sont élevées au sujet de l'interprétation des dispositions se rapportant à l'inscription hypothécaire, et la C. de cass., appelée à se prononcer sur la question, a reconnu que l'art. 2108 du Code civil n'est pas applicable dans l'espèce et que, par suite, l'inscription d'office dont il s'agit est sans utilité. — Cet avis a été partagé par le min. des finances et par le min. des tr. publ. dont la circulaire adressée pour cet objet aux préfets, le 29 nov. 1884, contient les indications suivantes :

« La loi du 3 mai 1841 a en effet édicté, en matière d'expropr. pour cause d'utilité publique, des dispositions particulières et exceptionnelles. — Or, en vertu de l'art. 16 de cette loi, lequel a pour objet de régler le mode de purge des hypothèques et privilèges pouvant grever les biens expropriés et qui, tant dans ce but que pour la conservation et la révélation des droits des tiers, prescrit la transcription du jugem. d'expropr., il est expressément stipulé que cette transcription doit avoir lieu conf. à l'art. 2181 du C. civil, mais il n'y est fait aucune mention de l'art. 2108 du même Code, non plus que de l'inscription d'office. — Il est évident, en effet, que cette inscription n'est d'aucune utilité, puisque, d'une part, les tiers intéressés sont avertis de l'expropr. par la publicité qui lui est donnée conf. à l'art. 15 de la loi du 3 mai 1841, et sont mis, par la transcription, en mesure de se révéler; que, d'autre part, l'art. 53 de la même loi autorise l'exproprié à exiger, avant toute dépossession, le payement ou la consignation de l'indemnité à lui due et qu'enfin, d'après l'art. 18, les actions en résolution, revendication et autres actions réelles sont converties, par le seul fait de l'expropr., en droit sur le prix ou sur l'indemnité.

« D'un autre côté, on doit reconnaître que le but certain de l'ensemble des dispositions de la loi du 3 mai 1841 a été de simplifier les formalités et d'économiser les frais, tandis que, au contraire, la prise d'une inscription d'office pour chacun des nombreux expropriés, et la radiation ultérieure de cette inscription, auraient pour effet de multiplier ces formalités d'une façon considérable et d'augmenter, sans utilité, les dépenses que la loi a entendu restreindre.... »

Transcriptions et mentions spéciales (effectuées en exécution de la loi du 23 mars 1855, sur la transcription hypothécaire). *Pour mémoire.* — « L'indication sur les certificats délivrés par les conservateurs des hypothèques à la suite des acquisitions d'immeubles, des *transcriptions et mentions spéciales* dont il s'agit ne doit avoir lieu que pour les acquisitions opérées d'après le *droit commun*, et non pour les acquisitions effectuées sous le régime de la loi spéciale du 3 mai 1841, concernant l'expropr. pour cause d'utilité publique, à laquelle il n'a pas été dérogé par la loi du 23 mars 1855. » (Extr. d'une circ. min., 8 oct. 1863, tr. publ. à préfets.)

Salaires payés aux conservateurs des hypothèques. (Suppression de l'envoi du tableau trimestriel desdits salaires.) — Circ. min. tr. publ., 24 mai 1886, aux préfets, et par ampliation aux ingénieurs : « Monsieur le préfet, en exéc. d'une décis. de M. le min. des finances, 14 mars 1879, des salaires sont payés aux conservateurs des hypothèques pour les formalités hypothécaires accomplies, pour le compte de l'État, en matière d'expropr. pour cause d'utilité publique.

« Par une circ. du 25 août de la même année, un de mes prédécesseurs, en portant cette décision à la connaissance de MM. les préfets, les avait en même temps invités à adresser à l'admin. supér., dans le premier mois de chaque trimestre et pour chacun des services de leur département, un tableau constatant l'accompl. des formalités hypothécaires et contenant diverses indications, notamment celle relative au montant total des salaires payés pour transcriptions et pour certificats de non-inscription et d'états d'inscription.

« La production de ces états trimestriels avait pour but de permettre à l'adm. supér. de se rendre compte des effets produits par la nouvelle mesure; mais elle ne présente plus aujourd'hui le même intérêt.

« J'ai, en conséquence, l'honneur de vous faire connaître qu'à partir de ce jour l'envoi de ces documents devra être supprimé. »

Droits d'hypothèques, pour les chemins exploités par l'État. — Instr. de la Régie, 28 déc. 1878. (V. *Chemins de fer de l'État*, § 5, note 2.)

II. Aliénation de concession de chemins de fer. (*Droits de transcription.*) — Extr. d'un arrêt de la C. de cass., 20 juillet 1886. — « La loi du 21 ventôse an VII n'assujettit au droit de transcription que les transmissions de valeurs immobilières; — Les concessions de ch. de fer n'ont pas ce caractère ; — En effet, les ch. de fer construits ou concédés par l'État font partie du domaine public et sont classés par la loi dans la gr. voirie; les concess. ne peuvent avoir sur ces chemins qu'un droit d'expl. et de jouissance purement mobilier; ce droit, limité aux produits desdits chemins et distinct de la propriété, ne participe en rien de la nature immobilière de cette propriété; — Cette règle s'applique non seulement aux ch. de fer d'int. gén., mais encore aux ch. de fer d'int.

local ou même purement industriels; — Dès lors, la vente consentie par la compagnie houillère la Lys supérieure à la compagnie d'Estrée-Blanche et comprenant : 1° la concession d'un embranch. de chemin de fer, 2° certains terrains accessoires, n'était soumise à la transcription qu'en ce qui concerne lesdits terrains et non en ce qui concerne l'embr. concédé... »

IMMEUBLE.

I. Concessions de chemins de fer (considérées comme valeurs *non immobilières*). — V. ci-dessus le mot *Hypothèques*, § 2.

II. Atteinte portée aux propriétés (*par les travaux de ch. de fer*) : 1° Respect des propriétés, pour les études de chemins de fer (V. *Études*); — 2° Occupation temporaire de terrains (V. *Occupation*); — 3° *Expropriation d'immeubles* (formalités prescrites par la loi du 3 mai 1841) (V. *Expropriation*); — 4° Dommages causés aux propriétés riveraines du chemin de fer (V. *Dommages*); — 5° Indemnités dues pour dégâts causés aux maisons (*ibid.*); — Indemnités pour diminution d'air et de lumière, par suite de la construction d'un pont à une distance de 5m,50 et de niveau avec les premier et deuxième étages d'une maison (C. d'Etat, 25 mars 1867); — *Id.*, pour dégâts résultant de l'ébranlement causé par le passage des trains (V. *Ébranlement et Maisons*); — 6° *Dommages indirects.* « Si, par suite de l'établ. d'un ch. de fer, dans la traverse d'un village, le nombre et la largeur des voies publiques qui accèdent à un immeuble ont été diminués, il ne résulte pas de ce fait qu'il ait été causé au propr. de cet immeuble un dommage qui soit de nature à donner droit à une indemnité. » (C. d'Etat, 18 mars 1865). — *Autres exemples de dommages indirects* (causés par les travaux) (V. *Dommages*); — 7° *Bâtiments couverts en chaume* (Applic. de l'art. 7, loi du 15 juillet 1845. — V. le mot *Couvertures*; — 8° Démolition d'office de bâtiments menaçant ruine (V. *Bâtiments*, § 3); 9° Autres indications à consulter. — V. *Propriétés*.

III. Immeubles dépendant du chemin de fer. — V. *Bâtiments, Bornage, Contributions, Dépendances, Domaines, Établissement. Gares, Haltes, Incendie, Stations, Terrains.*

IMPORTATION.

Tarifs d'importation (formalités diverses). — V. *Douane, Frontière, Service international, Tarifs*, § 9, et *Transports*, § 1er bis.

Importations (en temps d'épidémie). — V. *Fruits, Plants, Phylloxera* et *Police sanitaire.*

IMPOTS.

I. Contribution foncière, bâtiments, portes, fenêtres, etc. (Applic. de l'art. 63 du cah. des ch. et de la jurispr. (V. *Contributions*, § 2; V. au même mot, §§ 3 et 4, les règles concernant les chemins de fer *commencés par l'État*, ou exploités à son compte, et au § 5, les dispositions analogues appliquées aux *chemins de fer d'intérêt local* (contribution foncière, taxe des biens de mainmorte, etc.) (1). — *Droits de patente* (concessionnaires de chemins de fer). — Droit fixe et valeur locative. — V. *Patente*.

---

(1) Au sujet de *terrains acquis par l'Etat et livrés à une compagnie*, le C. d'Etat a rendu un arrêt que nous résumons ci-après. (Applic. d'une convention passée entre ladite compagnie et le min. des tr. publ. qui s'est engagé à lui livrer, conf. aux dispositions du cah. des ch. suppl. annexé à la convention, les terrains, terrassements, ouvrages d'art du ch. de fer d..., et de ses stations, ainsi que les maisons de gardes des passages à niveau dudit chemin de fer) : — « Les

Impôts indirects (et droits divers). — V. *Contributions*, § 6, *Droits* et *Octroi*.

II. Impôts sur les transports de chemins de fer *(grande vitesse).* — Impôt du dixième, de deux décimes et d'un nouveau dixième (sans autre décime) sur les places des voyageurs, les excédents de bagages et les marchandises et objets transportés *à grande vitesse.* — V. les documents ci-après.

1° *Extr. de la loi du* 14 *juill.* 1855 : « Art. 3. A dater du 1er août 1855, le dixième dû au Trésor public sur le prix des places des voyageurs transportés par les ch. de fer sera calculé sur le prix total des places. — Il sera, en outre, perçu au profit du Trésor public un dixième du prix payé aux comp. de ch. de fer pour le transport à grande vitesse des marchandises et objets de toute nature. — Les tarifs des compagnies seront accrus du montant des taxes nouvelles résultant du présent article. »

Double décime. Le décime perçu en sus des droits fiscaux (loi du 6 prairial an VII) a été augmenté, depuis la guerre de Crimée, d'un nouveau décime provisoire devenu définitif. (Applic. de l'art. 5 de la loi précitée de 1855 et des lois de finances.)

Affectation de l'impôt à la caisse d'amortissement. — V. *Amortissement*, § 2.

Denrées alimentaires et frais accessoires. — Une dép. min. du 14 août 1855 a fait connaître aux compagnies, en ce qui concerne la perception de l'impôt établi par la loi précitée du 14 juillet 1855 : — 1° qu'aucune exception ne devait être faite pour les denrées alimentaires qui seraient transportées à grande vitesse ; 2° que le droit de dixième devait être perçu sur le prix total et collectif que reçoivent les compagnies, et cela sans distinction et sans réduction à raison des frais dits *accessoires.*

2° *Extr. de la loi du* 16 *sept.* 1871 (taxe additionnelle de 10 p. 100 établie par l'art. 12 de la loi du 16 sept. 1871, sur le *prix actuel des places des voyageurs* transportés par ch. de fer, par voitures publiques, par bateaux à vapeur, etc., et sur les prix de transports de *bagages* et *messageries à gr. vitesse* par les mêmes voies).

« Art. 12. A dater du 15 oct. 1871, il sera perçu, au profit du Trésor public, une taxe additionnelle de 10 p. 100 du prix actuel : — 1° Sur le prix des places des voyageurs transportés par chemins de fer, par voitures publiques, par bateaux à vapeur et autres consacrés au public ; — 2° Sur les prix de transports de bagages et messageries à grande vitesse par les mêmes voies.

« Dans l'application de la taxe, il ne sera pas tenu compte de tout prix ou fraction de prix sur lesquels la taxe serait inférieure à 5 centimes (1). »

Interprétation de ladite loi du 16 sept. 1871. Extr. d'une dépêche adressée par le min. des finances à son collègue des tr. publ. le 16 oct. 1871) : — ... « La commission du budget a entendu prendre pour base de l'impôt additionnel, non point les recettes propres aux compagnies, mais bien les recettes totales, y compris l'impôt d'un dixième et de deux décimes actuellement perçu ; c'est d'après ces recettes totales que le produit de la taxe additionnelle a été évalué, et c'est d'après cette base qu'elle doit être établie. Il reste d'ailleurs bien entendu que cette taxe nouvelle n'est passible d'aucun décime du moment qu'elle n'a pas été votée avec la mention : *en principal.* — Ainsi : soit 100 fr. le prix actuel d'un parcours qui, avec le dixième et deux décimes, s'élève à 112 fr. L'impôt de 12 fr. représente les $\frac{12}{112}$ de la somme payée par le voya-

---

parcelles à raison desquelles l'État a été soumis à la contribution foncière ont été acquises par lui, dans le but de remplir les obligations qui lui incombaient, d'après la convention précitée. Si lesdites parcelles n'étaient pas encore productives de revenu, elles étaient destinées à le devenir, par suite des travaux en vue desquels elles avaient été acquises, et étaient, dès lors, imposables à la contribution foncière. Dans ces circonstances, c'est à tort que le C. de préf. a accordé à l'État décharge de ladite contribution. » (C. d'État, 29 juillet 1884.)

(1) On ne doit pas arrondir ces 5 centimes, mais bien négliger la fraction. (Avis minist. spé-nov. 1872.)

geur. A l'avenir, cette somme sera de $112 + 11,20 = 123,20$; la part représentant l'impôt total sera de $12 + 11,20 = 23,20$, c'est-à-dire les $\frac{232}{1232}$ du prix total (1).

« Vous avez également exprimé le désir de savoir ce qu'on devait entendre par l'expression *bagages* et messageries insérée au 2e § de l'art. en question. Il est évident que dans la pensée du législateur, cette expression s'applique aux excédents de bagages des voyageurs et à toutes les marchandises ou objets expédiés par grande vitesse, c'est-à-dire, en un mot, que la nouvelle taxe devra porter sur tous les articles actuellement frappés de l'impôt d'un dixième plus deux décimes. » — (V. aussi *Colis postaux*, *Frais accessoires* et *Tarif* (exceptionnel).

Revision des tarifs. — La cir. du min. des tr. publ., adressée le 25 oct. 1871 aux chefs du contrôle pour leur donner connaissance de la dépêche précitée du min. des finances, se terminait ainsi qu'il suit : — « Je fais la même communication aux comp. de ch. de fer ; je rappelle d'ailleurs à ces comp. que, conf. à l'art. 44 de l'ordonn. du 15 nov. 1846, elles devront soumettre à mon homologation les nouveaux tarifs (*voyageurs et transports à grande vitesse*) qu'elles auront établis d'après les bases indiquées par M. le min. des finances. — Je les invite également à vous communiquer ces tarifs, ainsi qu'aux préfets, et à informer le public, par voies d'affiches, des changements apportés aux prix actuels. »

3° *Extr. de la loi du* 11 juill. 1879 (modification de l'impôt sur les *voitures de terre et d'eau* en service régulier *et sur les chemins de fer*). — Art. 1 à 3, *P. mém.*

Art. 4. — « En ce qui concerne les chemins de fer, les mesures d'exécution, les bases d'abonnement et de réduction que comporte l'applic. de l'art. 12 de la loi du 16 sept. 1871 sont déterminées par un règl. d'admin. publique. » — V. ci-dessus l'art. 12 précité de la loi de 1871, et ci-après, le décret du 21 mai 1881, portant règlement d'adm. publ. pour l'applic. dudit art. 12, en vertu de l'art. 4 de la loi du 11 juill. 1879.

Décret du 21 mai 1881. (*Mode de perception par abonnement, de l'impôt sur les places des voyageurs et les transports à grande vitesse*.) — Règl. d'adm. publique... — « Le président de la République française, — sur le rapport du min. des finances ; vu l'art... — vu les art. 3 et 5 de la loi du 14 juillet 1855 ; — vu l'art. 12 de la loi du 16 sept. 1871... — vu l'article 4 de la loi du 11 juillet 1879.... ; — Le C. d'Etat entendu; — Décrète :

Art. 1er. — Les entreprises de transport par chemin de fer, soumises à l'impôt établi par les art. 3 et 5 de la loi du 14 juillet 1855 et par l'art. 12 de la loi du 16 sept. 1871, peuvent opter entre la perception de cet impôt *à l'effectif* et la perception *par abonnement*. — Ces entreprises font connaître leur choix par une déclaration à la recette des contrib. indir. du lieu de leur siège social. L'option primitive peut toujours être modifiée par une déclaration postérieure.

La déclaration prévue au paragr. précédent n'a d'effet qu'à partir du 1er janvier qui suit la date à laquelle elle est faite.

Faute de déclarations faites en temps utile, les entreprises de chemins de fer sont présumées opter pour la perception *par abonnement*.

2. — Les entreprises qui optent pour la perception *à l'effectif* sont tenues de faire ressortir distinctement, au moyen de colonnes séparées dans leurs écritures élémentaires et dans toute leur comptabilité, la partie de leurs recettes soumise à l'impôt du dixième plus deux décimes, établi par la loi du 14 juillet 1855, et celle qui supporte en outre l'impôt établi par l'article 12 de la loi du 16 sept. 1871.

3. — Les entreprises qui optent pour la perception *par abonnement* ne sont pas tenues à faire, dans leurs écritures et dans leurs comptabilités, la distinction prévue à l'article précédent.

L'impôt est assis par l'admin. des contrib. indir. à raison de 29/154 des recettes totales de ces entreprises sous la réserve d'une déduction calculée à raison de 0 fr. 02 c. par article de perception.

4. — Le taux de la réfaction (ou *réduction*) fixée à 0 fr. 02 par l'article précédent sera revisé tous les cinq ans. — Par exception, la première revision sera faite en 1883 pour être exécutoire à partir du 1er janvier 1884.

5. — Les éléments de calcul nécessaires à la revision de la réfaction sont établis au moyen d'un dénombrement des articles de perception pour les entreprises de ch. de fer choisies par

(1) Une nouvelle loi, du 30 déc. 1873, relative à l'établ. d'une *taxe additionnelle* de 5 p. 100 du principal, aux impôts et produits de toute nature déjà soumis au décime par les lois en vigueur, ainsi que pour les *amendes et condamnations judiciaires* porte une exception d'après laquelle ce nouvel impôt ne s'applique pas : 1° Aux droits de greffe et de timbre..... — 3° à l'impôt sur les places de voyageurs et les transports à grande vitesse en chemins de fer et en voitures de terre et d'eau. Ces derniers droits restent donc fixés comme il est indiqué ci-dessus.

l'admin. des contrib. indir. et pour les deux dizaines de jours qu'elle détermine. — Ce dénombrement porte sur les billets de voyageurs, les transports des bagages avec ou sans excédents, les chiens, les articles de messageries. Il fait ressortir distinctement : — 1° le nombre d'articles de perception au-dessus de 0 fr. 50 ; — 2° le nombre d'articles au-dessous de 0 fr. 50, avec le détail des articles de 5 en 5 centimes.

6. — Pour assurer l'exécution des art. 2 à 5 du présent décret, les entreprises de transport par chemin de fer sont tenues de communiquer aux agents de l'admin. des finances, tant au siège de l'exploitation que dans les gares, stations, dépôts et succursales, tous les documents de comptabilité qu'ils jugeront utile de consulter, notamment les feuilles quotidiennes de recettes dressées par les chefs de gare et les registres de dépouillement de ces recettes. »

Base de l'impôt (au point de vue des subventions aux services de correspondance. — « Il n'y a pas lieu, pour le calcul de l'impôt sur le prix des places des voyageurs transportés par ch. de fer, de déduire du produit de la recette le montant des subventions payées par la comp. à ses entrepr. des services de correspondance. » (Trib. civil Seine, 28 mars 1874.) — Confirmé par C. C., 24 mai 1875, dont l'arrêt contient le passage suivant :

« D'une part, les taxes établies en 1855 et 1871 doivent porter sur l'entier prix des places, sans réduction ; d'autre part, la régie, n'ayant pas à s'enquérir de l'emploi que la comp. peut faire des recettes qui sont sa propriété, ne peut subir une perte, parce qu'il convient à cette dernière de fournir à ses correspondants ou à quelques-uns d'entre eux des subventions plus ou moins considérables, dans l'intérêt de son trafic ; vainement la comp. objecte que les traités passés par elle avec ses correspondants ont été approuvés par le min. des tr. publ. ; — cette approbation ne saurait transformer ces traités en de véritables trafics, ni les rendre obligatoires pour la régie. »

Versements par les compagnies. (Prescription. — Fraudes) : « Les comp. de ch. de fer sont les redevables de l'impôt du dixième et n'en sont pas des collecteurs pour l'État, auquel cas, d'ailleurs, la régie ne pourrait décerner des contraintes contre elles. — En conséquence, si une telle compagnie a, sans fraude, omis de faire le versement dudit impôt, la prescription lui est acquise contre la régie, pour les droits que celle-ci ne lui aurait pas réclamés pendant une année à compter de l'époque où ils étaient exigibles. » — C. C. 4 mai 1881.

Suppression éventuelle de la surtaxe de 1871 sur l'impôt de gr. vitesse (combinée avec la réduction que la compagnie s'engagerait, elle-même, à faire dans ce cas, sur le *prix des places*, en exécution des conventions de 1883). — V. *Conventions.*

II bis. — Impôt de petite vitesse. (Rappel, *pour mémoire*, des lois et instructions relatives à l'*établissement* et ensuite à la *suppression* de l'impôt sur les transports à petite vitesse) :

1° Loi du 21 mars 1874, créant un impôt de 5 p. 100, ou du vingtième sur les transports à *petite vitesse*, par les ch. de fer. — 2° Décret du 1er avril 1874, qui suspend jusqu'au 1er août 1874, en ce qui concerne les *céréales*, la perception de ladite taxe de 5 p. 100. — 3° Décret du 22 mai 1874 (conditions d'exemption pour les marchandises expédiées *en transit* d'une frontière à l'autre, ou expédiées directement en destination *d'un pays étranger*.) — 4° Instr. min. pour l'exec. de la loi du 21 mars 1874 établissant l'impôt de 5 p. 100 sur les transports à *petite vitesse*, savoir : 24 mars et 10 juin 1874, circ. du dir. gén. des contr. indir. ; — 20 juin 1874, id. du dir. gén. des douanes ; — 3 nov. 1875, id. du min. de l'agric. et du comm. — 5° Enfin, loi du 26 mars 1878, portant suppression de l'impôt de 5 p. 100 sur les transports *à petite vitesse*, et retour à ce principe d'après lequel les transports dont il s'agit constituent, pour le commerce et l'industrie, un élément essentiel de développement et d'extension qu'il convient impérieusement de respecter.

II ter. — Impôt du timbre. — Nous avons groupé au mot *Timbre*, les princip. documents concernant l'applic. du droit de timbre et d'enregistr. aux diverses affaires de l'établ. et de l'expl. des ch. de fer. — Voici le sommaire de ces indications : — 1° Actes administratifs, marchés, traités, etc.; — 2° Actes de prestation de serment ; — 3° Droit de timbre et d'enregistr. des procès-verbaux ; — 4° Timbre obligatoire des pétitions, quittances, décharges ; — 5° Billets de place des voyageurs de ch. de fer ; — 6° Décharge d'objets sur les registres de factage et de camionnage ; — 7° Récépissés et lettres de voitures (*gr. et petite vitesse*) ; — 8° Feuilles de route, d'expédition, de chargement, etc. ; 9° Timbre des valeurs industrielles (*actions, obligations*) ; — 10° Taxe additionnelle de 5 p. 100 du principal ; 11° Communic. des registres des comp. aux agents de vérification. — V. pour ce dernier objet, au § 6 et dernier du présent article.

III. Droit spécial de transmission et impôt sur le revenu des actions et obligations.

— Indépendamment de l'*impôt de timbre* appliqué à toutes les valeurs industrielles (V. *Timbre,* § 9), les *actions* et *obligations* de chemins de fer, sont soumises à un *droit de transmission* et à un *impôt sur le revenu* qui sont déterminés par diverses lois dont il est indispensable de rapprocher les différents textes, si l'on veut parvenir à se reconnaître dans ces dispositions assez fréquemment remaniées et assez complexes, d'ailleurs, par leur nature. — Voici le relevé successif des dispositions dont il s'agit :

1° *Impôt sur les valeurs.* — Extr. de la loi du 23 juin 1857 (Art. 6 et suivants) : — « Les actions et obligations *nominatives* donnent lieu à un droit de transfert de 20 cent. pour 100 fr. de la valeur négociée. D'après la même loi, ce droit, pour les titres *au porteur* et pour ceux dont la transmission peut s'opérer sans un transfert, sur les registres de la société, est converti « en une taxe annuelle et obligatoire de 12 cent. par 100 fr. du capital, évalué par le cours moyen des valeurs pendant l'année précédente. » Cette dernière taxe est payable par trimestre, et avancée par les compagnies, sauf recours contre les porteurs de titres. — Le droit pour les titres *nominatifs* dont la transmission ne peut s'opérer que par un transfert sur les registres de la société est perçu, au moment du transfert, pour le compte du Trésor, par les... compagnies qui en sont constituées débitrices par le fait du transfert. — A la fin de chaque trimestre, lesdites sociétés sont tenues de remettre au receveur de l'enregistrement du siège social le relevé des transferts et des conversions, ainsi que l'état des actions et obligations soumises à la taxe annuelle. — Dans les sociétés qui admettent le titre au porteur, tout propr. d'actions et obligations a toujours la faculté de convertir ses titres au porteur en titres nominatifs et réciproquement. — Dans l'un et l'autre cas, la conversion donne lieu à la perception du droit de transmission. »

Valeurs étrangères. — « Les actions et obligations émises par les sociétés, compagnies ou entreprises étrangères, sont soumises, en France, à des droits équivalents à ceux mentionnés ci-dessus. » (Ext. de la loi de 1857, art. 9.)

2° *Nouvel impôt de guerre.* — A dater du 15 octobre 1871, les droits de 20 cent. pour 100 fr. de la valeur négociée, sur les titres nominatifs, et de 12 cent. sur les titres au porteur, établis par l'art. 6 de la loi du 23 juin 1857 seront respectivement élevés à 50 cent. et 15 cent. (Art. 11, loi du 16 sept. 1871) (1).

Nouvelles modifications. (Loi du 30 mars 1872, art. 1er.) — « A dater du 1er avril 1872, le droit de transmission de 15 cent. sur les titres au porteur de toute nature, établi par la loi du 23 juin 1857 et par l'article 11 de la loi du 16 sept. 1871 (V. ci-dessus) est fixé à 25 cent. annuellement. — Ce droit, ainsi que celui de 50 cent. sur la transmission des titres nominatifs (établis par le même art. 11), seront perçus à l'avenir sur la valeur négociée, déduction faite des versements restant à faire pour les titres non entièrement libérés » (2).

3° *Rétablissement de la taxe annuelle de 20 cent. pour 100 fr. de la valeur négociée des titres au porteur, et maintien du droit de transmission de 50 cent. pour les titres nominatifs* (sans décimes). — (Loi du 29 juin 1872, art. 3, § 4.) — « A partir de la promulgation de la présente loi, le taux des droits et taxes établis par la loi du 23 juin 1857 et par celle des 16 sept. 1871 et 30 mars 1872, est réduit ainsi qu'il suit, savoir : à 50 cent. par 100 fr. pour la transmission ou la conversion des titres nominatifs ; à 20 cent. par 100 fr. pour la taxe à laquelle sont assujettis les titres au porteur. — Ces droits et taxe ne sont pas soumis aux décimes » (3).

---

(1) « Les nouveaux droits sont applicables à la transmission des obligations des départements, des communes, des établ. publics et du crédit foncier. » (*Même loi.*)

(2) L'impôt dont il s'agit a été étendu, par le même article, aux *valeurs étrangères*, cotées aux bourses françaises, et son application dans ce cas spécial a été réglée par un décret portant règlement d'admin. publique, du 24 mai 1872. (*P. mém.*)

(3) Les détails d'application (extension de l'impôt aux valeurs étrangères, formalités d'émission ou de souscription en France de ces dernières valeurs, etc.) sont donnés au décret du 6 déc. 1872, portant règl. d'admin. publique pour l'exécution de ladite loi du 29 juin 1872. (*P. mém.*)

4° *Impôt de 3 p. 100 sur les intérêts, dividendes, arrérages et produits divers.* (Loi 29 juin 1872. Extr.) : — « *Art.* 1er. — Indépendamment des droits de timbre et de transmission établis par les lois existantes, il est établi, à partir du 1er juillet 1872, une taxe annuelle et obligatoire : — 1° Sur les intérêts, dividendes, revenus et tous autres produits des actions de toute nature, des sociétés, compagnies ou entreprises quelconques, financières, industrielles, commerciales ou civiles, quelle que soit l'époque de leur création ; — 2° Sur les arrérages et intérêts annuels des emprunts et obligations..... — *Art.* 2. — Le revenu est déterminé : — 1° Pour les actions, par le dividende fixé d'après les délib. des ass. gén. d'actionn. ou des conseils d'admin., les comptes rendus ou tous autres documents analogues ; — 2° Pour les obligations ou emprunts, par l'intérêt ou le revenu distribué dans l'année....... — Les comptes rendus et les extraits des délibérations des conseils d'admin. ou des actionn. seront déposés, dans les vingt jours de leur date, au bureau de l'enregistr. du siège social. — *Art.* 3. — La quotité de la taxe établie par la présente loi est fixée à 3 p. 100 du revenu des valeurs spécifiées en l'article 1er....... :) — *Art.* 4. — (Extension de l'impôt aux valeurs étrangères.) — *Art.* 5. — (Contraventions). *P. mém.* (1).

5° *Impôt sur les lots et primes de remboursement.* (Loi du 21 juin 1875 relative à divers droits d'enregistr. Ext.) : — « *Art.* 5. — Sont assujettis à la taxe de 3 p. 100, établie par la loi du 29 juin 1872, les lots et primes de remboursement payés aux créanciers et aux porteurs d'obligations, effets publics et tous autres titres d'emprunt. — La valeur est déterminée, pour la perception de la taxe, savoir : — 1° Pour les lots, par le montant même du lot en monnaie française ; — 2° Pour les primes, par la différence entre la somme remboursable et le taux d'émission des emprunts. — Un règl. d'adm. publique déterminera le mode d'évaluation du taux d'émission, ainsi que toutes autres mesures d'exécution. (V. ci-dessous.) — Sont applicables à la taxe établie par le présent art. les dispositions des art. 3, 4 et 5 de la loi du 29 juin 1872. — *Art.* 6. — (Droits de mutation sur les sommes dues par l'assureur, à raison du décès de l'assuré). *P. mém.* — *Art.* 7. — Les sociétés, comp. d'assurances..... et tous autres assujettis aux vérific. de l'admin., sont tenus de communiquer aux agents de l'enregistr., tant au siège social que dans les succursales, les polices et autres documents énumérés dans l'art. 22 de la loi du 23 août 1871, afin que ces agents s'assurent de l'exéc. des lois sur l'enregistr. et le timbre. — Tout refus de communication sera constaté par procès-verbal et puni de l'amende spécifiée en l'art. 22 de la loi du 23 août 1871. »

Exécution de la loi du 21 juin 1875. — (*Calcul du taux d'émission et bases de l'impôt.* — Ext. du décret du 15 déc. 1875, portant règl. d'adm. publique pour l'exéc. de la loi ci-dessus du 21 juin 1875) : — « *Art.* 1er. — Lorsque les (titres) auront été émis à un taux unique, ce taux servira de base à la liquidation du droit sur les primes. — Si le taux d'émission a varié, il sera déterminé, pour chaque emprunt, par une moyenne établie en divisant par le nombre de titres correspondant à cet emprunt le montant brut de l'emprunt total, sous la seule déduction des arrérages courus au moment de chaque vente. — A l'égard des emprunts dont l'émission faite à des taux variables n'est pas terminée, la moyenne sera établie d'après la situation de l'emprunt au 31 déc. de l'année qui a précédé celle du tirage. — *Art.* 2. — Lorsque le taux d'émission ne pourra pas être établi conf. à l'art. 1er, ce taux sera représenté par un capital formé de vingt fois l'intérêt annuel, stipulé lors de l'émission au profit du porteur du titre. A défaut de stipulation d'intérêt, il sera pourvu à la fixation du taux d'émission dans la forme tracée par l'art. 16 de la loi du 22 frimaire an VII. — *Art.* 3. — (Versement de la taxe dans les caisses de l'enregistrement, etc., etc.) » *P. mém.* (2).

6° *Droits successionnels sur les actions et obligations.* — 1° Titres échus dans un lot d'héritage (V. *Actions*, § 2). — 2° Délais des déclarations (loi du 22 frimaire an VII). — 3° Droits successionnels appliqués aux *valeurs étrangères* (lois du 18 mai 1850 et du 23 août 1871). — V. ci-après, § 4.

---

(1) Au sujet de l'applic. de la loi du 29 juin 1872 relative à l'impôt de 3 p. 100 sur le revenu des valeurs mobilières, voir le décret portant règl. d'adm. publique, en date du 6 déc. 1872. (*P. mém.*)

(2) Voici quelques exemples d'applic. de l'impôt sur les valeurs (*Actions* et *Obligations*) :

1° *Titres nominatifs.* — Le droit de transmission de 50 cent. n'étant payé qu'à chaque transfert, c'est-à-dire quand le titre change de main, l'impôt fixe annuel n'est donc que de 3 p. 100 sur le revenu, soit pour les actions émises à 500 fr. par exemple, et rapportant 20 fr. d'intérêt (*non compris le dividende qui est taxé aussi à 3 p. 100*), *soit par an*.................. 0 ′60

Et pour les obligations émises à 300 fr. par ex. (coupon semestriel : 7 fr. 50), impôt, *pour 6 mois*.. 0.225

2° *Titres au porteur.* — Action de 500 fr. libérée et négociée à 800 fr.
— Taxe annuelle à 20 cent. pour 100.......................... 1 ′60 ⎫
Le 3 p. 100 sur le revenu fixe de 20 fr. (non compris dividende taxé   ⎬ soit 1′10
aussi à 3 p. 100).. 0.60 ⎪ par

Par an.......... 2 ′20 ⎭ semestre.

IV. Impôt sur les valeurs étrangères. — Les taxes, droits et impôts établis sur les valeurs françaises par les lois ci-dessus rappelées (§ 3), et par la loi du 5 juin 1850 sur le timbre (V. le mot *Timbre*, § 9) ont été appliqués aux *valeurs étrangères*, « lesquelles ne pourront être cotées et négociées en France qu'en se soumettant à l'acquittement de ces droits. » — (Art. 1ᵉʳ, loi du 30 mars 1872) (taxes et droits de transmission sur les titres nominatifs et au porteur). — Art. 4 de la loi du 29 juin 1872 (impôt de 3 p. 100 sur la valeur négociée). — Art. 5, de la loi du 21 juin 1879, même impôt sur les lots et primes de remboursement). — *P. mém.*

Droits successionnels sur les valeurs étrangères. (Loi du 23 août 1871. — Ext.)
« Art. 3. — Les dispositions de l'art. 7 de la loi du 18 mai 1850, concernant les valeurs mobilières étrangères dépendant des successions régies par la loi française..... (et qui soumet ces valeurs, ainsi que leurs donations entre-vifs, aux droits de mutation) sont étendues aux créances, parts d'intérêts, obligations des villes, établissements publics, et généralement à toutes les valeurs mobilières étrangères, de quelque nature qu'elles soient. »
4. — Sont assujettis aux *droits de mutation* par décès les fonds publics, actions, obligations, parts d'intérêts, créances, et généralement toutes les valeurs mobilières étrangères, de quelque nature qu'elles soient, dépendant de la succession d'un étranger domicilié en France avec ou sans autorisation. — Il en sera de même des transmissions entre-vifs, à titre gratuit ou à titre onéreux, de ces mêmes valeurs, lorsqu'elles s'opéreront en France..... »

V. Indications diverses. — 1° Impôt sur les chemins de fer de l'État (V. *Chemins de fer de l'État*, § 5); — 2° Contributions et impôts divers (V. *Boissons, Contributions, Octroi, Papier, Patente*); — 3° Majoration des frais accessoires et du tarif exceptionnel (V. *Frais et Tarifs*); — 4° Droits divers d'enregistrement (V. les mots *Enregistrement, Frais* (arr. min. 30 nov. 1876, art. 1, chap. IV, grande vitesse, et chap. V, petite vitesse), *Procès-verbaux* et *Timbre*); — 5° Groupage des expéditions de colis (V. *Groupage*); — 6° *Communication des registres*, aux agents de l'État chargés de vérifier l'application de l'impôt. — V. ci-après, § 6.

Impôt sur les voitures (de terre et d'eau en service régulier et sur les chemins de fer). — Loi du 11 juillet 1879. Ext. (*P. mém.*) — V. plus haut, § 2, 3°.
Taxe sur les voitures particulières et les chevaux. — (Loi du 23 juillet 1872). *P. mém.* — Cette loi, d'après l'art. 7, n'étant pas applicable aux chevaux et voitures possédés en conformité des règlements militaires ou administratifs, ni aux voitures et chevaux affectés exclusivement au service des voitures publiques qui sont soumis aux droits perçus par l'admin. des contrib. indirectes. (*Ext.*)

Produits de l'impôt à comprendre par les compagnies dans leurs comptes d'exploitation (Conventions de 1883). — V. *Comptes*, § 5.

VI. Communication de registres et pièces aux agents chargés de vérifier l'applic. de l'impôt : — 1° Art. 50, ordonn. 15 nov. 1846. (V. *Ordonnances*); — 2° Surveillance au sujet du timbre des récépissés (loi de finances, 13 mai 1863. — V. *Récépissés*, § 1); — 3° Timbre de quittances, reçus, décharges (Art. 22, loi 23 août 1871, V. *Timbre*); — 4° Impôt sur les valeurs mobilières (même art. 22 de la loi du 23 août

---

Obligation de 300 fr. libérée et négociée à 340 fr., portant impôt à 20 cent. pour 100 fr. .... 0ʳ68 ⎫ soit 0ʳ565
Revenu sur 15 fr. (3 p. 100) .... 0.45 ⎬ par
Par an .... 1ʳ13 ⎭ semestre.

Nota. — L'impôt, pour les *titres au porteur*, diminue ou s'accroît naturellement en proportion du prix de négociation des titres.
3° *Primes de remboursement.* — Sur une obligation de 300 fr. (émission) remboursée à 500 fr. 3 p. 100 sur 200 fr., soit .... 6 fr.

1871 et art. 7, loi du 21 juin 1875, V. ci-dessus, § 3, 5°) ; — 5° Impôt sur les transports à grande vitesse (loi du 11 juillet 1879 et décret du 21 mai 1881, art. 6, V. ci-dessus, § 2, 3°) ; 6° Groupage des expéditions (Art. 2, loi 30 mars 1872, V. *Groupage*) ; — 7° Perception de l'impôt en général (loi de finances, 26 mars 1878, V. *Registres*) ; — 8° Droits de patente (Art. 6, loi 29 mars 1872 et art. 37, loi du 15 juillet 1880). — V. *Patente*, V. aussi le *nota* ci-après :

Nota. — Une lettre min. tr. publ., 28 août 1883, adressée au président du syndicat des chemins de Ceinture de Paris, a rappelé l'obligation pour les compagnies, en vertu de l'art. 6 de la loi du 29 mars 1872, et de l'art. 37 de celle du 5 *juillet* (ou plutôt du 15 juillet) 1880, de donner communication de leurs registres et écritures, et notamment des *feuilles d'expédition* aux agents de l'Etat, chargés de l'assiette *des droits de patente.* — Une nouvelle circ. adressée pour le même objet, le 14 janv. 1884, aux administrateurs des comp., contient *textuellement* les dispositions suivantes :

Circ. min. 14 janv. 1884.—« Messieurs. suivant le désir exprimé par M. le min. des finances, je vous ai priés, à la date du 28 août 1883, de prescrire à vos agents de donner communication des *feuilles d'expédition* aux contrôleurs des contr. directes, chargés de l'assiette des droits de patente.

« Or il résulte, des informations recueillies par mon collègue, que les feuilles dont il s'agit accompagnent les marchandises jusqu'aux gares destinataires et ne contiennent pas, d'ailleurs, les renseignements utiles aux agents du Trésor, tels que noms, prénoms, domiciles des expéditeurs et destinataires, nombre, nature des colis, etc.

« D'après les nouvelles indications fournies à M. le min. des finances, les seuls documents où les contrôleurs puissent trouver ces renseignements sont les *déclarations d'expédition*. Mais, si ces pièces sont conservées dans les gares d'expédition pour ce qui concerne les marchandises expédiées en petite vitesse, il n'en est pas de même en ce qui touche les transports effectués en grande vitesse et dont les *déclarations* sont, comme les feuilles d'expédition, adressées aux gares destinataires.

« Il serait très utile que les contrôleurs des contrib. directes pussent prendre connaissance de ces déclarations, et que les agents des compagnies reçussent des instructions à cet effet. La communication des déclarations conservées dans les gares d'origine ne paraît présenter aucune difficulté. Quant à celles qui concernent les marchandises transportées en grande vitesse et qui, expédiées en même temps que ces marchandises, sont ensuite centralisées au siège social de chaque compagnie, elles pourraient à être réclamées au moyen d'une lettre du contrôleur, qui serait transmise par le chef de gare de la station expéditrice. Ces demandes ne seraient. du reste, adressées qu'en *cas de nécessité absolue*, et seulement quand les intérêts du service l'exigeraient impérieusement.

« Conformément au nouveau désir exprimé par mon collègue, je vous prie, messieurs, de vouloir bien donner à vos agents les instructions nécessaires pour que la communication des *déclarations d'expédition*, en grande ou en petite vitesse, soit faite, selon les cas, dans les conditions ci-dessus indiquées, aux contrôleurs des contrib. directes, quand ces fonctionnaires jugeraient cette communication utile.

« Je vous serai, d'ailleurs, obligé de me faire connaître la suite que vous aurez donnée à la présente dépêche. »

IMPRESSIONS. — IMPRIMÉS.

I. **Emploi, impression et transport de formules.** — Par suite du défaut d'uniformité des écritures des comp. de ch. de fer, il serait difficile de donner la nomenclature exacte des formules imprimées en usage dans les divers services. Des ordres détaillés règlent, pour chaque réseau, l'emploi et la distrib. des imprimés ; et les principales formules obligatoires sont indiquées dans les instr. spéc., lorsqu'il s'agit d'affaires qui comportent soit un affichage, soit une notification aux agents, soit une inscription d'ordre dans les bureaux ; mais il n'a été prescrit aucune mesure d'ensemble à ce sujet.

Pour le service de l'État, les ingén. et agents sont soumis, au sujet de l'emploi des formules, registres, tableaux, etc., à des règles générales dont quelques-unes sont résumées aux mots *Bureaux, Comptabilité, Feuilles, Formules, Projets, Registres*, etc.

Dépenses d'impression. — 1° Pour les *chemins concédés*, l'art. 33 du cah. des ch. met à la charge des compagnies tous les frais occasionnés par l'exécution des règlements ; ces frais comprennent les dépenses d'impression des tarifs, des arrêtés sur le service des passages à niveau et des cours des gares, etc. (Extr. de diverses décisions minist., et notamment d'une décision relative au ch. d'Orléans, 12 janv. 1856, d'après laquelle « les frais d'impression ne sont pas compris dans les frais proprement dits de contrôle et de surveillance. » C'est-à-dire qu'ils doivent être soldés distinctement).

2° *Ingénieurs de l'État* (V. pour les dépenses des formules au mot *Bureaux*). La plupart de ces formules sont ou fournies par l'administration, ou payées sur *mémoires* soumis à l'approbation ministérielle et auxquels on joint un exempl. de chacun des modèles lorsque ces modèles ne sont pas prévus par les règlements.)

II. Transport d'imprimés. — Les approv. d'imprimés du service des ch. de fer sont transportés soit par la voie des trains (affaires de la comp. ou du contrôle. V. *Dépêches*); soit par la voie postale (aff. des p. et ch.) « lorsque le poids total du paquet expédié sous contre-seing valable n'excède pas savoir : 100 gr. pour des formules du même modèle, et 500 gr. pour des formules de plusieurs modèles différents ». (Ext. d'une décis. du min. des finances notifiée par circ. min. du 25 juill. 1856.) — On a bien compris qu'il s'agissait dans cette décision d'approvis. de formules imprimées dont une partie en blanc est destinée à recevoir de l'écriture à la main. — Pour les autres envois de service, dossiers, rouleaux, cartons, registres, etc., V. les mots *Franchises* et *Postes*.

Relativement au transport des imprimés du commerce, de la librairie, etc., nous n'avons rien à ajouter ici aux indications contenues aux mots *Journaux* et *Librairie*. — Nous citerons seulement, p. mém., les deux décisions suivantes, *antérieures* à la revision du *privilège* de la poste : — 1° Il n'y a pas infraction au privilège de la poste dans l'envoi par ch. de fer d'un ballot de circulaires expédiées par un imprimeur à son client. Dans l'espèce, ces circulaires ont été considérées comme un ballot de marchandises. (T. corr. de Douai, juill. 1864.)

2° *Indicateurs des trains.* — Les imprimés annonçant les heures de départ et d'arrivée des trains de chemin de fer ne peuvent être assimilés aux lettres, journaux, feuilles à la main et ouvrages périodiques, dont le transport est réservé à l'admin. des postes, et leur expédition par voie de chemin de fer n'est pas interdite par l'arrêté du 27 prairial an IX, lorsque le poids de l'expédit. dépasse 1 kilog. (C. C., 24 nov. 1864.) — V. *Postes*.

IMPUTATION DE DÉPENSES.

Comptes de premier établissement (et d'exploitation). — V. *Comptes* et *Justifications*.

Indemnités diverses à imputer au compte d'expl. (Avaries, retards, etc. — V. *Conventions*.

INCENDIE.

I. Mesures préventives. — Diverses mesures de précaution ont été recommandées sur tous les chemins de fer en vue de prévenir les incendies soit dans les trains, soit dans les bâtiments des gares, soit aux abords des voies (flammèches des machines, etc.). — Voici à ce sujet les principaux extr. des documents officiels :

1° *Malveillance.* — L'art. 434 du Code pénal (revisé par la loi du 13 mai 1863) contient la disposition suivante, motivée par la nécessité de protéger contre le crime d'*incendie*, soit l'existence des nombreuses personnes transportées par la voie rapide des chemins de fer, soit la propriété des wagons et voitures qui y sont employés.

(*Extr. de l'art. 434*). — « Sera puni de la peine de mort quiconque aura volontairement mis le feu, soit à des voitures ou wagons contenant des personnes, soit à des voitures ou wagons ne contenant pas des personnes, mais faisant partie d'un convoi qui en contient. »

Nous renvoyons, d'ailleurs, aux dispos. du C. pénal et à celles du C. civil pour tous les autres faits d'incendies volontaires ou involontaires ressortissant au droit commun.

2° *Projection du feu des machines.* — Les accidents produits par les fragments de coke échappés du foyer des machines, ou par les flammèches sorties de la cheminée, ont été rares et n'ont jamais produit de résultats bien graves. (Enq. sur l'expl.) — Toutefois, au moment des récoltes et de la grande sécheresse, il se produit assez fréquemment, soit sur les propriétés riveraines, soit sur les talus de la voie, des incendies partiels qui sont promptement étouffés, grâce à la surveillance spéciale organisée sur les points nécessaires. (V. plus loin 6° à la fin du présent paragr. V. aussi *Forêts*). — Enfin, quelquefois, des wagons de marchandises ont été brûlés par le feu échappé des locomotives. — Les mesures préventives suivantes ont été prescrites à ce sujet.

Moyens préventifs. — D'après l'art. 11 de l'ordonn. du 15 nov. 1849, « les locomotives doivent être pourvues d'appareils ayant pour objet d'arrêter les fragments de coke tombant de la grille, et d'empêcher la sortie des flammèches par la cheminée. »

Un arr. min. du 1er août 1857 a réglementé les dispositions à donner aux cendriers des foyers des locomotives, et aux grilles fixées dans les cheminées pour arrêter les flammèches. (V. *Appareils de machines.*) Ces appareils de sûreté ont été génér. établis conf. aux indications de l'arrêté précité, et ont réduit le nombre des incendies ; mais, d'après l'opinion de quelques ing. compétents, les cendriers en usage pour prévenir la projection des morceaux de coke incandescents ne remplissent pas encore complètement leur objet. — V. *Cendriers, Locomotives* et *Matériel roulant.* — V. aussi la circ. min. ci-après.

3° *Incendie de voitures à voyageurs* (mesures prescrites par circ. min. adressée, le 16 mai 1866, aux admin. des comp. de ch. de fer, et par ampl. aux ingén. du contr. pour suivre, auprès des comp., l'exéc. des mesures dont il s'agit, et en rendre compte au ministre) :

« (Paris, le 16 mai 1866.)—Messieurs, les incendies qui se sont déclarés, en diverses circonstances, dans des voitures à voyageurs en circulation sur les ch. de fer, ont fait naître des préoccupations et des alarmes dont il est du devoir de l'admin. de tenir compte. — En conséquence, j'ai chargé la commission instituée par arr. minist. du 28 juin 1864, d'examiner s'il ne conviendrait pas d'inviter les compagnies à prendre des mesures spéciales pour prévenir le retour de ces sortes d'accidents. — J'ai également appelé l'attention de la commission sur l'installation actuelle des cendriers et sur les modifications que l'intérêt de la sûreté publique nécessiterait dans les dispositions de ces appareils, de ceux notamment qui sont adaptés à des machines faisant le service des trains express.

« Après un examen attentif de la question, la commission a émis l'avis qu'il convenait d'adopter les dispositions suivantes sur tous les chemins de fer :

« (1°) Les compagnies devront étudier les moyens de préserver les voitures à voyageurs de la projection de charbons enflammés dans les châssis, soit en garnissant de feuilles de tôle les angles rentrants situés sous le plancher desdites voitures, soit en établissant un tablier en tôle entre le châssis et la caisse, soit par tout autre moyen qu'elles jugeront convenable ;

« (2°) L'application de solutions silicatées aux pièces en bois des châssis des voitures sera particulièrement signalée à leur attention ;

« (3°) Il sera interdit d'enfermer des hommes dans des voitures ou fourgons dont ils ne pourraient ouvrir eux-mêmes les portes de l'intérieur ;

« (4°) Les compagnies seront invitées à munir de toiles métalliques les persiennes et les châssis des portières des wagons-écuries ;

« (5°) En vue de faciliter les moyens de secours en cas d'accident, et notamment en cas d'incendie, les compagnies seront tenues d'établir des marchepieds et des mains-courantes le long de toutes les voitures et fourgons des trains de voyageurs, sans toutefois que la circulation extérieure le long des véhicules, pendant la marche des trains, soit rendue obligatoire pour les agents. — Les *wagons de la poste* seront d'ailleurs soumis à la même mesure.

« (6°) Enfin les compagnies seront mises en demeure de présenter à l'admin. leurs observations sur la possibilité de modifier les cendriers qu'elles emploient depuis l'arr. min. du 1er août 1857, de manière à écarter, autant que possible, les dangers d'incendie par les escarbilles.

« J'ai l'honneur de vous informer que, par décision de ce jour, j'ai approuvé l'avis de la commission. Je vous invite, en conséquence, à appliquer le plus promptement possible, en ce qui vous concerne, les dispositions ci-dessus indiquées.

« J'ai, d'ailleurs, appelé l'attention de M. le min. des finances sur la partie de l'avis de la commission qui concerne l'établissement de marchepieds et de mains-courantes le long des voitures et des fourgons des trains de voyageurs, afin que ces installations puissent également être appliquées aux bureaux ambulants de la poste. »

4° *Incendie de wagons à bestiaux, wagons-écuries* (et autres véhicules où prennent place les toucheurs, palefreniers, etc.) (Arr. min. 26 juill. 1880). — V. *Matières.*

5° *Mesures diverses de précaution.* — Les marchandises et matières inflammables ou explosibles introduites dans les gares ou dans les wagons des chemins de fer, doivent être l'objet de déclarations spéciales. Ces matières sont généralement exclues des trains de voyageurs. — V. *Dynamite, Pétrole, Poudres* et *Matières dangereuses* (1).

Parmi les dispositions ayant pour objet de prévenir les incendies nous citerons encore les suivantes : 1° interdiction de couvertures en chaume pour les bâtiments riverains. (V. *Couvertures*); — 2° distance des dépôts inflammables (V. *Dépôts*); 3° poudres exclues des trains de voyageurs (V. *Poudres*); — 4° enfin l'introduction de chaufferettes particulières dans les compartiments des voitures à voyageurs est formellement interdite.

6° *Secours en cas d'incendie.* — Comme nous l'avons dit plus haut, les compagnies font exercer une surveillance spéciale aux abords des voies, au moment des récoltes et de la grande sécheresse. — V. *Gardes*, § 5 (6°).

Elles ont, d'ailleurs, généralement installé, dans leurs principales gares, des pompes à incendie, dirigées par des chefs d'équipe. (V. *Pompes*.)

Enfin, en cas d'incendie d'un wagon de marchandises en route et loin du secours des pompes, il est d'usage de décrocher le wagon incendié ; les agents, aidés des personnes qu'ils pourront réunir, essayeront ensuite d'arrêter le feu. — Le ou les wagons incendiés seront, autant que possible, garés ou rejetés hors de la voie, après que les marchandises non atteintes auront pu être isolées ou rechargées sur les autres wagons.

En ce qui concerne les bâtiments des gares, etc., les compagnies ont donné à leurs agents des instructions de détail relativement aux mesures à prendre pour prévenir et pour éteindre les incendies. A défaut d'un modèle uniforme pour ces instructions, nous rappelons seulement qu'elles portent sur les points suivants, savoir : 1° La bonne installation des cheminées et des poêles, dont il est essentiel que les gaines et les tuyaux soient éloignés des boiseries ; — 2° La nécessité de faire procéder régulièrement au ramonage des cheminées et des poêles ; — 3° La surveillance des feux confiée à un agent spécial et la prudence à observer dans le chauffage ; — 4° Les soins particuliers à donner à la manipulation des appareils d'éclairage au schiste et au gaz ; — 5° Enfin la permanence des approvisionnements d'eau et de sable, et la tenue en bon état de fonctionnement des pompes à incendie, extincteurs, etc.

II. Réparation des dommages et avaries. — 1° *Règles de droit commun.* — En cas d'avarie de marchandises, ou d'incendies d'herbes, arbustes et récoltes, etc., les compagnies, lorsqu'elles ont observé les prescriptions réglementaires, ne sont tenues à d'autre obligation qu'à la réparation civile du dommage causé involontairement à autrui. (Applic. de l'art. 1382 du C. civil et de l'art. 22 de la loi du 15 juillet 1845.)

Le principe de la responsabilité des compagnies, en vertu du droit commun, pour les incendies occasionnés sur les propriétés riveraines par le passage des trains, a été confirmé par plusieurs décis. judic. (notamm. C. Bordeaux, 21 juin 1859). — Mais cette responsabilité ne peut s'étendre à l'incendie des objets inflammables déposés à moins de 20 m. du ch. de fer, contrairement aux prescr. de l'art. 7 de la loi du 15 juillet 1845.

---

(1) Au sujet de l'incendie d'un wagon, occasionné par la combustion spontanée de *déchets de coton* chargés sur ce wagon, le trib. civil de Remiremont (18 août 1881), a attribué simplement l'accident à un cas de force majeure dont personne ne pouvait être rendu responsable, et a déclaré mal fondées la demande principale de la compagnie formée contre l'expéditeur et le destinataire aussi bien que celle reconventionnelle formée par ce dernier. — Mais, d'après la C. de C. (8 mai 1883), « l'expéditeur de marchandises pouvant donner lieu à un incendie est tenu d'avertir la compagnie de la nature de celle-ci, à peine d'être responsable du dommage qui est éprouvé par ladite compagnie, sans imprudence de sa part. » — Il est probable (les documents judic. précités ne s'expliquent pas à ce sujet), que la déclaration faite par l'expéditeur, au départ, ne mentionnait pas *exactement* la nature de la marchandise, sans quoi nous ne comprendrions pas comment la faute entière pouvait incomber audit expéditeur. — Voir à ce sujet le mot *Matières dangereuses.*

(V. *Dépôts.*) — V. aussi *Couvertures,* au sujet de l'incendie des toitures en chaume des bâtiments bordant le ch. de fer (1).

2° *Incendie de marchandises* (avant l'accomplissement des formalités de livraison). « Les comp. de ch. de fer sont responsables des objets qu'elles transportent, jusqu'à livraison effective au destinataire, à moins que celui-ci n'ait été régulièrement mis en demeure de prendre livraison ; vainement en cas de perte par incendie, elles exciperaient du bon de livraison remis au destinataire après l'arrivée en gare, de l'émargement du registre impliquant reconnaissance du bon conditionnement de la marchandise et du payement du prix du transport, si, en fait, la marchandise est restée soit en gare, soit dans les magasins de la compagnie autorisée pour le cas, par ses règlements et tarifs, à percevoir un droit de magasinage. » (C. Paris, 31 déc. 1856.) — V. aussi à ce sujet, les mots *Livraison* et *Marchandises,* § 6.)

Nota. — A l'occasion d'un incendie survenu dans une gare, sans qu'il ait été prouvé que ce sinistre provînt d'une faute de la compagnie, des marchandises adressées *en gare* et prises en réception, par l'effet des émargements du destinataire sur le livre de sortie, ont été perdues, dans la nuit où l'incendie a éclaté et pendant laquelle on avait suspendu le chargement. D'après un jugem. du tr. de Remiremont, 12 juin 1873, *l'art* 105 du C. de comm. « exonère la compagnie, vis-à-vis du destinataire, des conséquences de l'incendie, à l'égard des marchandises qui avaient été reçues par ce destinataire, *dans les conditions ci-dessus rappelées,* pour lesquelles il avait payé le prix de transport et qui, non encore enlevées, s'étaient trouvées dans les magasins de ladite comp. au moment du sinistre ». — Mais, d'après la C. d'appel de Nancy, arrêt du 14 mars 1874, confirmé par la C. de C., 13 janvier 1875, « ledit art. 105 du C. de comm. n'exonère pas la comp., vis-à-vis du destinataire, des conséquences de l'incendie dont il s'agit, à l'égard des marchandises incendiées qui avaient simplement été, de la part de ce destinataire, l'objet des formalités précitées. — D'ailleurs, aucun retard à la réception desdites marchandises n'était imputable au destinataire ». — (*Retard dans l'enlèvement des marchandises.*) — Force majeure. — *Dans un cas particulier* « le mandataire du destinataire laisse, par simple tolérance de la compagnie, stationner ses voitures dans l'enceinte de la gare ; dès lors, l'incendie détruit ou avarie toutes les marchandises reçues par ce mandataire, tant celles déjà enlevées que celles à enlever. C'est avec raison que, dans ces circonstances, ladite comp. décline toute responsabilité à l'égard des conséquences de ce sinistre, par application de l'article 105 du Code de commerce. — Le mandataire du destinataire doit également être affranchi de toute responsabilité vis-à-vis de celui-ci, par suite de la force majeure ». (C. Nancy, 2 mars 1874 et C. C. 13 janvier 1875.)

Justification de la force majeure. — « Pour qu'une comp. de chemin de fer soit dispensée de représenter des marchandises qui lui ont été confiées, il ne lui suffit pas d'établir qu'elles ont péri dans un incendie. — Ladite compagnie doit encore justifier que cet incendie est le résultat d'une *force majeure* ou, tout ou moins, prouver qu'il n'avait pas pour cause une faute quelconque de sa part. » (Tr. comm. Nancy, 30 juin 1873, confirmé par C. d'appel Nancy, 3 janv. 1874, et par C. C., 3 juin 1874). — V. aussi *Force majeure, Preuves* et *Responsabilité.*

3° *Incendie dû à une cause indéterminée.* — « Le voiturier ne peut invoquer le cas de force majeure, lorsque la cause de la perte des marchandises est inconnue. Si, par exemple,

---

(1) Aux termes de l'art. 1382 du C. civil confirmé, en ce qui concerne les ch. de fer, par l'art. 22 de la loi du 15 juillet 1845, les compagnies sont civilement responsables du préjudice qu'elles causent à autrui, de quelque manière que ce soit. — Le principe de l'art. 1382 du C. civil est général et absolu. — Il s'applique aux industries dont l'exploitation est autorisée par le gouvernement comme aux simples particuliers. Les comp. de ch. de fer, pour être assujetties à des règlements spéc., imposés comme conditions de la concession à elles faite et dont l'inobserv. peut entraîner, soit des condamnations correctionnelles, soit le retrait de la concession elle même, ne sont point affranchies des obligations qui dérivent du droit commun et dont l'autorité ne pourrait les exonérer par simple mesure réglementaire. Elles doivent donc prendre surabondamment toutes les précautions que commande la prudence, pour empêcher que leur expl. soit la cause d'un préjudice, dont les tiers seraient victimes, et, faute par elles de les avoir prises, la réparation du dommage doit rester à leur charge. » (T. Seine, 30 nov. 1859.)

la marchandise a péri par incendie de la voiture qui la transportait, survenu sur la grande route et sans qu'on ait pu découvrir comment le feu avait pris, le voiturier est responsable. » (C. C., 23 août 1858.) — Une distinction a été faite, comme dans l'espèce suivante, lorsqu'il s'agit par ex. d'un incendie spontané dû au chargement de produits dangereux :

Incendie spontané : « Une comp. de ch. de fer n'est pas responsable de la destruction de marchandises susceptibles de s'enflammer spontanément, — *dans l'espèce*, déchets de laine gras dits *débourrures de couleur.* » (C. de *Metz*, 17 janvier 1872). — Voir à ce sujet la note du § 1er (5e) résumant un arrêt de la C. de C. (8 mai 1883) rendu dans une affaire d'incendie causé par la combustion spontanée de *déchets de coton*, chargés sur un wagon, et où se trouvaient en présence comme demandeurs respectifs, la compagnie et le destinataire. — V. aussi au mot *Matières inflammables*, au sujet du classement des *débourrures* des *déchets de coton*, des *colis drogueries*, de l'*acide nitrique* et autres matières pouvant occasionner des incendies.

4° *Marchandises transportées avec clause de non-garantie.* — La compagnie qui transporte des marchandises avec clause de non garantie, ne saurait, en cas d'incendie des marchandises dans le wagon en cours de route, être déclarée responsable par l'unique motif que l'incendie même prouve la faute de la compagnie; la faute de la compagnie ne peut s'induire ainsi de l'événement lui-même, et sans que la cause en soit précisée. (C. C., 4 août 1880.) — V. aussi, au sujet d'un incendie *spontané* ou dû à une cause indéterminée, le 3° *ci-dessus* du présent paragr.

5° *Incendie de titres au porteur.* (Revendication). — V. *Titres.*

6° *Assurances.* « — Une compagnie de chemin de fer manque de prévoyance en n'assurant pas ses risques contre l'incendie. Si elle juge plus avantageux d'être son propre assureur, elle doit agir comme une compagnie d'assurances. » (Tr. comm. Nancy, 30 juin 1873, confirmé par C. Cass., 3 juin 1874.)

III. Imputation des indemnités payées pour incendies (*à comprendre par les compagnies dans leurs comptes d'exploitation*). — Applic. des conventions de 1883. — V. *Conventions.*

INCORPORATION.

I. Lignes d'intérêt local incorporées au réseau d'intérêt général. (Légalité de cette transformation et détails divers d'application.) — V. *Chemin de fer d'intérêt local,* § 2. — V. aussi aux *documents annexes,* les conventions approuvées par la loi du 20 nov. 1883 (art. 2), ayant pour objet l'incorporation, dans le réseau d'intérêt général de diverses lignes d'intérêt local.

Dédommagements réclamés par les conseils généraux des départements. — Spécimen des décrets rendus pour cet objet (15 avril 1886.) — « Le Président de la République française, — Sur le rapport du min. des tr. publ.; — Vu la loi du 20 nov. 1883, art. 2, ayant pour objet etc...; — Vu notamment le § final du dit art...; — Vu les délibérations en date d... par lesquelles le Conseil gén. du départem. d... réclame de l'Etat une indemnité de... ou des dédommagements consistant en la construction de lignes nouvelles sur son territoire ; — Vu l'avis du Conseil gén. des p. et ch. en date du...; — Le Conseil d'Etat entendu ; — Décrète : — *Art.* 1er. Il n'y a lieu d'accorder aucune indemnité ni aucun dédommagement au département de... à raison de l'incorporation, dans le réseau d'intérêt général, des lignes d'intérêt local de... »

Indications diverses. — V. *Subventions.*

II. Incorporation au domaine public des terrains destinés à la voie de fer. (Questions de bornage, de grande voirie, etc.) — V. *Bornage, Chemin* (d'accès), *Dépendances, Domaines, Expropriation, Gares, Grande voirie* et *Terrains.*

III. Parties de chemins incorporées aux passages à niveau. (*Caractère* de ces traversées.) — V. *Chemin,* § 1 et *Entretien,* § 2.

INDEMNITÉS.

I. Expropriation de terrains. (Applic. des art. 21 et 22 du cah. des ch. gén.) — Les indemnités d'acquisition de terrains, de location, etc., dues aux riverains à l'occasion de l'établ. des lignes de ch. de fer, sont ordinairem. réglées et payées conf. aux dispositions des art. 48 et suivants de la loi du 3 mai 1841. (V. *Expropriation*.) — Les compagnies concessionnaires, mises aux lieu et place de l'État, sont tenues de payer toutes les indemnités d'acquisition de terrains nécessaires à l'établ. du chemin de fer et de ses dépendances, pour la déviation des voies de communication et des cours d'eau déplacés, et, en général, pour l'exécution des travaux, quels qu'ils soient, auxquels cet établissement pourra donner lieu. (Art. 21 du cah. des ch. gén.) — *Indemnités pour extraction de matériaux et pour occupation de terrains.* (Applic. de la loi du 16 sept. 1807 et du décret du 8 février 1868.) — (V. *Extraction*, § 2, et *Occupations*.) — V. aussi art. 22 du cah. des ch. gén. — *Travaux divers, Secours aux ouvriers blessés*, etc. (Obligations des compagnies.) — V. *Dépenses, Ouvriers, Travaux*, etc. — V. aussi le paragr. suivant.

II. Indemnités de dommages de travaux. — Dans notre article *Dommages*, nous avons fait connaître les différents cas où le C. de préfecture est compétent aux termes de l'art. 4 de la loi du 28 pluviôse an VIII, pour statuer sur les demandes en indemnités présentées par les particuliers à raison des dommages causés à leurs propriétés par les travaux de chemins de fer. — Ces indemnités, de même que celles allouées, en principe, par l'admin. pour extraction de matériaux, occupation de terrains, démolitions d'office, etc., sont ordinairem. réglées, lorsqu'il n'y a pas accord amiable, savoir : pour la suppression des constructions, conf. à la loi du 3 mai 1841 et pour tous les autres cas, conf. à la loi du 16 sept. 1807, dont les art. 49, 50, 51, 53, 54 et 55 sont directement applicables aux affaires du service des chemins de fer. — V. *Occupation de terrains*.

Expertises. — Nous avons résumé au mot *Expertises* les principales dispositions relatives au règlement des indemnités administratives en général. A ce sujet nous rappellerons que les dispositions de la loi du 16 sept. 1807 sont ordinairement appliquées aux expertises intéressant les travaux de l'État comme à celles motivées par les travaux des comp. concess., avec cette distinction, prévue par la loi de 1807 elle-même, que dans ce dernier cas, « l'ingén. en chef du département » n'est pas alors tiers expert *de droit*, c'est-à-dire que l'admin. n'a pas cru devoir rendre obligatoire l'intervention de ses ingénieurs dans des contestations où elle est en quelque sorte matériellement désintéressée.

Allocation de dommages-intérêts. — « En principe, il ne saurait être alloué d'intérêts pour une indemnité de dommages s'appliquant notamment à une perte de récoltes ; en décidant le contraire, ce serait admettre les intérêts des intérêts, ce qui est inadmissible.» (C. de préf. Ain, 11 fév. 1864.) — V. aussi à ce sujet, *Extraction*, § 2.

Indemnités diverses de voirie, etc. — V. *Carrières, Chemins, Mines* et *Tourbières*. — V. aussi les mots *Expropriation*, § 3, et *Extraction*, § 2.

III. Indemnités pour faits d'exploitation. — Nous avons reproduit aux mots *Accidents*, § 9, et *Dommages d'exploitation*, les dispositions d'après lesquelles les administrations de chemins de fer sont tenues, en vertu de l'art. 22 de la loi du 15 juillet 1845, de réparer les dommages causés par l'exploitation des voies ferrées.

Indemnités de secours aux agents des compagnies. — L'art. 22 de la loi du 15 juillet 1845 est particulièrement applicable aux affaires d'indemnités et de secours à allouer aux particuliers et aux agents, en cas d'accidents de chemins de fer (V. *Accidents*) ; mais nous devons rappeler que ces questions, lorsqu'elles ne peuvent être réglées amiablement par les compagnies elles-mêmes, ressortissent en principe aux tribunaux judiciaires, et que les fonctionnaires attachés au service de la surv. admin. n'ont pas à s'en occuper, l'admin. supér., sauf le cas de réclamation adressée au ministre, étant dans l'usage de laisser, à cet égard, toute initiative aux compagnies.

Règlement des indemnités de droit commun. — Le règlement des indemnités à réclamer à la compagnie, pour perte de bagages ou colis, pour avaries ou retard de marchandises, en un mot pour tout fait dommageable résultant de l'exploitation proprement dite du chemin de fer, est ordinairem. du ressort de l'autorité judiciaire et notamment des trib. civils et de commerce. — V. pour ces questions très complexes et très variées les mots : *Avaries, Compétence, Responsabilité, Retards, Tribunaux,* etc.

IV. Imputation au compte d'exploitation (*des indemnités d'accidents, pertes, avaries, incendies,* etc., payées par les compagnies). — Exéc. des conventions de 1883. — V. *Conventions.*

INDICATEURS.

I. Signaux fixes de la voie. (Extr. du code des signaux uniformes, approuvé par arr. min. du 15 nov. 1885) : — « *Art.* 11. — Les signaux fixes de la voie sont : — Les disques ou signaux ronds ; — Les signaux d'arrêt absolu ; — Les sémaphores ; — Les signaux de ralentissement ; — Les *indicateurs de bifurcation* et signaux d'avertissement ; — Les signaux *indicateurs de direction* des aiguilles. »

Description et usage desdits signaux et indicateurs (art. 12 à 20 du règl. précité du 15 nov. 1885). — V. *Signaux,* § 5. — V. aussi, pour divers détails, les mots *Aiguilles, Barrières, Changements de voie, Disques* et *Passages à niveau.*

II. Indications diverses. — 1° Poteaux indicateurs des pentes, rampes, paliers, repères kilom., garages, etc. — V. *Poteaux.* — 2° Écriteaux indicateurs des directions des trains, des compartiments réservés dans les trains, des bureaux des gares, des buffets, lieux d'aisances, urinoirs, etc. — V. *Écriteaux.*

Poteaux de remisage des voitures dans les cours des gares. — V. *Cours.*

III. Tableaux indicatifs de la marche des trains. — (V. *Graphiques, Livrets, Marche, Ordres de service* et *Tableaux.*) — Sur toutes les lignes de ch. de fer, les heures de service de la marche des trains de voyageurs et de marchandises sont indiquées sur des livrets spéciaux, imprimés en nombre suffisant pour être remis à tous les agents et fonctionnaires intéressés. — L'horaire de la marche des trains et toutes indications utiles concernant le service des voyageurs sont publiés, d'ailleurs, par des éditeurs spéciaux, au moyen de tableaux ou livrets dont l'administration a autorisé la vente dans toutes les gares de chemins de fer. — V *Industries.*

Publicité. — « Les éditeurs de l'indicateur des chemins de fer ne sont nullement tenus d'insérer les annonces d'un service de correspondance étranger à l'administration des chemins de fer. » (T. comm. de la Seine, 13 janv. 1860.)

Transport des livrets. — (V. *Imprimés.*)

INDIGENTS.

I. Transport à prix réduit (des indigents porteurs d'un titre régulier).— Extr. de l'art. 48 du cah. des ch. :... « Tout traité particulier qui aurait pour effet d'accorder à un ou plusieurs expéditeurs une réduction sur les tarifs approuvés demeure formellement interdit. — Toutefois, cette disposition n'est pas applicable aux réductions ou remises qui seraient accordées par la compagnie aux indigents. — En cas d'abaissement des tarifs, la réduction portera proportionnellement sur le péage et sur le transport. »

Conditions d'application. — D'après la règle admise sur tous les réseaux, les indigents, porteurs d'un certificat régulier, sont transportés à demi-place par les comp., sur une réquisition de l'autorité compétente. — La plupart des comp. accordent même des billets réduits à *quart de place* aux enfants d'indigents âgés de 3 à 7 ans.

« Le prix de ces billets est calculé comme celui des billets militaires, sur la distance réelle et non sur la distance à compter » (Inst. spéc.).

Réquisitions. — Afin d'obvier aux inconvénients résultant du libellé parfois insuffisant des réquisitions adressées aux comp., en matière de transport d'indigents, le min. de l'int. a adopté un modèle uniforme de réquisition et en a prescrit l'emploi dans toutes les préfectures. — Voici l'extr. de la circ. min. relative à cet objet :

Circ. 8 déc. 1865, min. de l'intér. aux préfets. — Extr. — « Pour prévenir le retour des difficultés qui résultent souvent des transports sur les ch. de fer (des *indigents*, des *aliénés, condamnés, accusés* ou *prévenus*, etc.), j'ai, d'accord avec le min. des finances et le min. des tr. publ. qui a pris l'avis des adm. des comp. de ch. de fer, reconnu la nécessité d'adopter, pour ce mode de transport, les règles suivantes :

« (1°) Les réquisitions adressées aux représentants des compagnies doivent toujours énoncer les noms et la qualification des individus à transporter, le point de départ et celui d'arrivée, ou, en d'autres termes, la dernière station du parcours sur le chemin de fer. Il importe de ne jamais réunir, dans la même réquisition, des individus de catégories différentes (*indigents, aliénés, condamnés, accusés* ou *prévenus*). Le mode de payement n'est pas le même pour ces catégories, et la séparation, plusieurs fois réclamée par les comp. concess., est indispensable pour l'ordre et la régularité des opérations de la comptabilité.

« (2°) Lorsque la comp. chargée du transport d'un voyageur indigent aura effectué ce transport, elle en réclamera le prix au préfet du dép. d'où sera émanée la réquisition. A l'appui de sa réclamation, la comp. produira, comme pièce justificative, la réquisition de l'autorité admin., revêtue du timbre des deux gares entre lesquelles aura eu lieu le transport. Les réquisitions devront être rédigées d'une manière uniforme, et j'ai fait préparer, dans ce but, le modèle que vous trouverez ci-joint.

MINISTÈRE

DE L'INTÉRIEUR.

RÉQUISITION DE TRANSPORT POUR LES VOYAGEURS INDIGENTS

Sur le chemin de fer d

(1) Désigner le fonctionnaire qui requiert le transport.
(2) Indiquer les deux gares du départ et de l'arrivée.
(3) Nom, prénoms, domicile ou résidence des indigents à transporter.
(4) Lieu d'où émane la réquisition.
(5) Date de la réquisition.
(6) Signature du fonctionnaire ordonnateur avec le timbre de l'administration.

Nous (1)

Requérons la compagnie du chemin de fer d

de faire

transporter d (2)
à
désigné (3)

indigent ci-après

Fait à (4)   le (5)

SIGNÉ : (6)

« La compagnie aura aussi à produire un décompte général, dans lequel elle fera ressortir les sommes à payer par chaque département traversé. Ces sommes seront calculées proportionnellement à l'étendue du parcours. Le préfet du département d'où est émanée la réquisition et qui, sur le vu des pièces justificatives, aura payé la compagnie, adressera ensuite à ses collègues des extraits de ce bordereau à l'appui de ses demandes de remboursement.

« Enfin les compagnies demandent que le prix du timbre apposé sur les pièces justificatives soit payé par les départements. Cette réclamation ne me paraît susceptible d'aucune objection. »

Réquisitions distinctes. — Circ. du min. de l'intér. aux préfets, 22 mars 1866 (Extr.) : « Pour faciliter l'application de ma circulaire du 8 déc. 1865, les autorités locales, toutes les fois que le transport des indigents aura lieu sur plusieurs lignes distinctes, délivrent autant de réquisitions qu'il y aura de lignes parcourues. »

Extension de la réduction de tarifs : 1° Aux indigents rapatriés aux colonies; — 2° aux indigents malades se rendant à la *Clinique nationale ophthalmologique*, de Paris; —

3° aux malades indigents se rendant à l'*Institut Pasteur*. — V. les circ. min. et instr. ci-après :

1° *Indigents rapatriés par la marine.* (Ext. d'une inst. spéc. de la compagnie de la Méditerranée, 26 juin 1867). Il a été décidé que les *indigents* rapatriés aux colonies aux frais des ministères de la marine ou de la guerre, seraient admis sur le réseau de la compagnie, au bénéfice de la demi-place en 2° ou en 3° classe, pour leur voyage de Paris à la mer, sur la production d'un certificat émanant de ces ministères et dont l'un des modèles est reproduit ci-après :

MINISTÈRE
DE LA MARINE, ETC.

« Le conseiller d'État directeur des colonies certifie qu'un passage de rapatriement, aux frais de l'État, a été accordé, pour raison de dénûment, à

Nota. — Ce certificat est destiné à être remis, par le concessionnaire du passage, à l'administration des messageries et chemins de fer, à fin d'obtention des réductions de place accordées aux indigents.

à l'effet de se rendre à

« Et que des ordres sont donnés pour son embarquement à

2° *Transport, sur les voies ferrées, des indigents, se rendant à la clinique nationale ophthalmologique.* (Ext. d'une circ. min. tr. publ., adressée le 5 nov. 1880, aux adm. des comp.) « Messieurs, j'ai fait connaître à M. le min. de l'intérieur que, sur ma demande, les comp. de ch. de fer avaient bien voulu consentir à étendre, en faveur des indigents porteurs d'un titre d'admission à la clinique ophthalmologique de l'hospice national des Quinze-Vingts, le bénéfice de la réduction de 50 p. 100 dont jouissent, dès à présent et sans distinction de catégories, tous les indigents circulant sur les voies ferrées. — J'ai appelé en même temps l'attention de mon collègue sur la convenance qu'il y aurait à ce que les certificats d'admission à la clinique ophthalmologique fussent préalablement communiqués, par les autorités locales, au secr. gén. des comp. qui auraient à délivrer aux malades des permis d'indigents pour l'aller et le retour.

En réponse à cette communication, M. le min. de l'intér. vient de me transmettre, pour être répartis entre les comp. de ch. de fer, un certain nombre d'exemplaires du « Titre d'admission à la clinique nationale ophthalmologique. » — J'ai l'honneur de vous adresser un ex. de ce titre et je vous prie de vouloir bien m'en accuser réception » (1).

3° *Malades indigents se rendant à l'institut Pasteur.* — (Circ. min. tr. publ., adressée le 30 sept. 1886, aux préfets) : — « Monsieur le préfet, un certain nombre de conseils municipaux ont émis le vœu qu'une réduction de moitié du prix des places soit accordée, sur les voies ferrées, aux malades envoyés à Paris par les municipalités pour être admis, à l'institut Pasteur, au traitement préventif de la rage.

A l'occasion de l'un de ces vœux, que je lui avais communiqué, la comp. des ch. de fer de Paris à Lyon et à la Méd. a fait connaître qu'en pareille circonstance, elle accordait aux intéressés des bons nominatifs de demi-place, en 3° classe, tant à l'aller qu'au retour, sur la demande soit des préfets, soit des maires, à la condition que cette demande certifiât qu'il s'agit de personnes secourues, soit par le département, soit par la commune.

Les autres compagnies, à qui j'ai fait part de ces dispositions, m'ont informé que, les jugeant de nature à prévenir tous les abus, elles étaient disposées à les appliquer sur leurs réseaux.

Je vous prie de porter cette détermination à la connaissance des maires de votre département. »

II. Assistance judiciaire aux indigents. (Loi 22 janv. 1851.) — V. *Justice.*

INDU.

Réclamations (pour erreurs de tarifs). — V. *Détaxes, Fin de non-recevoir, Payements, Preuves* et *Vérification.*

---

(1) (*Suivait le modèle du titre d'admission à délivrer par le directeur de l'hospice national des Quinze-Vingts*). — Pour mémoire.

INDUSTRIES.

I. Vente d'objets dans les gares. — (Prescr. de l'ord. du 15 nov. 1846) :

« *Art.* 70. Aucun crieur, vendeur ou distributeur d'objets quelconques ne pourra être admis par les compagnies, à exercer sa profession dans les cours ou bâtiments des stations et dans les salles d'attente destinées aux voyageurs, qu'en vertu d'une autorisation spéciale du préfet du département. »

Formalités d'autorisation.. — 1° Instr. et règl. généraux. — V. *Buffets et buvettes*, en ce qui concerne les propositions *présentées directement par les compagnies;* — 2° Demandes formulées par des tiers. (*Adhésion respective de la compagnie et de l'admin.*) « Il semble résulter des termes de l'art. 70 de l'ordonn. du 15 nov. 1846, que les droits sont réciproques, et que si la compagnie ne peut admettre un industriel dans ses gares sans l'autorisation du préfet, celui-ci ne peut autoriser l'admission d'un industriel dans les gares sans l'assentiment de la compagnie. — Telle est l'interpr. de l'adm. supér. » (Extr. d'une dépêche minist. spéc. au réseau du *Midi*, 24 juin 1873); — 3° *Initiative de la demande*. D'après la même dépêche du 24 juin 1873, « les autorisations d'exercer une industrie dans les gares doivent être demandées par la compagnie elle-même, ou du moins par une maison sous-traitante agréée par l'admin., comme la maison Hachette. Si une infraction aux règl. d'expl. est commise, c'est la comp. qui est responsable, sauf son recours contre ses préposés ou fermiers. — En outre, aux termes des circ. en vigueur, les préfets ne peuvent accorder les autorisations prévues par l'art. 70 de l'ordonn. de 1846 qu'après avoir pris l'avis du service du contrôle. — 4° *Rappel des instructions générales* (Circ. du minist. des tr. pub. à plusieurs préfets, 24 juin 1874) : « Monsieur le préfet, je suis informé que, dans le département d......, l'exercice de certaines industries dans les gares de ch. de fer a été autorisé, par le préfet, sans que le service du contrôle ait été consulté. — En présence de ces faits, je crois devoir vous rappeler les prescr. des règl. en cette matière et les instr. de mon admin. — L'art. 70 de l'ordonn. du 15 nov. 1846, a donné lieu à deux circul. minist., en date des 16 août 1861 et 29 juillet 1863... (V. *Buffets*), invitant les préfets à prendre, en pareil cas, l'avis du service du contrôle. — L'initiative de la demande appartient à la compagnie. Le service du contrôle est ensuite appelé à donner son avis. Enfin le préfet accorde, par un arrêté, s'il le juge à propos, l'autorisation nécessaire. — Je vous invite en conséquence, monsieur le Préfet, à n'accorder à l'avenir des autorisations semblables, qu'après une instruction conforme aux règles que je viens de rappeler. — Veuillez, je vous prie, m'accuser réception de la présente dépêche et me faire connaître la suite qu'elle aura reçue. »

Conditions diverses. — 1° Autorisation de bazars. V. *Bazars*. — 2° Id. de bibliothèques, V. ce mot. — 3° Buffets, V. *Buffets et buvettes*. — 4° Vente de journaux, livres, etc., V. *Journaux* et *Librairie*. — 5° Objets divers, V. *Vente*.

II. Installation d'hôtels dans les gares. — Droit de la compagnie. — Légalité de l'entreprise. — Rejet d'une demande en dommages-intérêts formée par les hôteliers de la ville. — (C. Aix, 15 fév. 1882, et C. c., 19 déc. 1882). — V. *Hôtels*.

INEXÉCUTION D'ENGAGEMENTS.

Infractions au cah. des ch. (Responsabilité). — V. *Cah. des ch.*, § 4.

Questions diverses. — 1° Inexécution d'une convention entre une ville et l'État, au sujet d'un chemin latéral à la voie ferrée. (V. *Chemin*, § 4); — 2° Engagements pris par l'admin. (ouvrages à exécuter en vue d'éviter des indemnités de terrains ou de dommages.) — V. la note 1 du même mot *Chemin*, § 4.

Compétence (au sujet de l'inexécution des engagements pris devant le jury d'expropriation). — Litige né à l'occasion de l'engagement contracté par la comp. du *Nord-Est*, envers un sieur *Fourcroy*, d'établir, suivant un certain mode, un chemin d'exploitation desservant la ferme de ce propr. — Il a été constaté que ce chemin est privé, — qu'il ne nécessite pas l'interpr. du cah. des ch. de la compagnie — et que les modifications, demandées par Fourcroy et ordonnées par l'arrêt, ne s'appliquent pas à des travaux sur lesquels l'admin. réserve son contrôle, et qu'elles ne doivent, en aucune façon, porter atteinte aux travaux exécutés pour la voie du chemin de fer. — En l'état de ces constatations, c'est justement que l'incompétence de la jurid. admin. et la compétence des tribunaux ordinaires ont été déclarées pour statuer sur une contestation dans laquelle n'était engagé qu'un intérêt privé. (C. d'État, 23 janv. 1885 et C. C., 6 avril 1886). — D'un autre côté, nous avons sous les yeux un autre arrêt plus récent du C. d'État (28 mai 1886), qui a statué, en la repoussant d'ailleurs, sur la demande d'indemnité d'un s^r Tambon, au sujet d'un chemin latéral à la voie ferrée, servant d'accès entre une carrière et la route nationale n° 93. — Ce chemin *qui avait été promis par la comp. devant le jury d'exprop.*, avait aggravé, d'après le s^r Tambon, les difficultés d'exploitation de sa carrière. — Mais, d'après l'instruction, la configuration des lieux, après l'établ. de la voie ferrée, ne permettait pas d'adopter, pour la construction dudit chemin des dispositions différentes. — Les divers arrêts précités montrent que cette question de compétence n'est pas encore bien éclaircie en ce qui concerne ces engagements d'exécuter des travaux d'*intérêt privé*. — V. du reste *Compétence*, *Dommages*, *Inondations* et *Expropr.*, § 3.

INFRASTRUCTURE.

I. **Constitution de l'infrastructure des voies**. — Les travaux d'*infrastructure* des ch. de fer, pris en charge par l'État (c'est-à-dire exécutés par ses ingénieurs et à ses frais) aux termes de la loi organique du 11 juin 1842 et du texte add. ajouté au cah. des ch. des comp., comprenaient les dépenses de terrains, de terrassements et les ouvrages d'art de la ligne, les terrains, terrassements et ouvrages d'art des gares, stations et ateliers, ainsi que les maisons de garde et les barrières des passages à niveau. De nouvelles bases ont été posées par les lois des 16 et 31 déc. 1875, ayant pour objet la construction de plusieurs lignes de ch. de fer, et par d'autres dispositions que nous avons rappelées aux mots *Chemin de fer d'intérêt général*, *Concessions*, *Études*, *Projets*, *Superstructure*. — D'après la circ. minist. du 7 août 1877, concernant les études et la construction de ces nouvelles lignes, la constitution de l'*infrastructure* proprement dite (c'est-à-dire la plate-forme au-dessous du ballast et des rails) est ainsi définie :

« *Acquisitions de terrains ; — Terrassements ; — Ouvrages d'art ; — Maisons de gardes et de cantonniers ; — Passages à niveau, pavages, barrières.* »

II. **Extension des travaux entrepris par l'État.** — Nous avons indiqué plus loin, au mot *Superstructure*, ce qu'on entend par cette désignation, qui s'applique à la pose de la voie, etc., et qui s'entend du reste d'elle-même par opposition à l'*infrastructure*. — Dans le système des lois de 1842 et 1845, cette dernière était à la charge de l'État, et la superstructure (pose des rails, fourniture du ballast, etc.) à la charge des compagnies. — De nouvelles lois ont fait exception à cette règle. (V. *Études*, § 2, 1° et *Superstructure*). — V. aussi, aux *Documents annexes*, les conventions de 1883.

Livraison de terrains aux compagnies (Impôt foncier). — V. *Contributions*.

INGÉNIEURS.

I. Construction de lignes de fer. — Les ingénieurs des ponts et chaussées, attachés aux travaux de chemins de fer, *exécutés au compte et sur les fonds de l'État* sont naturellement choisis et nommés par le ministre, au même titre que les ingénieurs de ladite administration appelés à diriger d'autres grands travaux publics. — Nous avons rappelé aux mots *Construction*, *Contrôle*, § 1, et *Personnel*, la forme sous laquelle s'exerce l'intervention des ingénieurs de l'État dans les divers services des voies ferrées.

Nota. — On sait que le corps des ingén. des p. et ch. et des mines a été réorganisé par les décrets des 13 oct. et 24 déc. 1851, et par celui du 28 mars 1852, portant modification des cadres. Nous ne mentionnons que pour mémoire ces décrets dont les extraits ont été cités lorsqu'il y avait lieu, dans le cours de ce recueil. (V. notamment *Congés*, et *Personnel*).

Un décret plus récent, du 11 déc. 1861, a fixé ainsi qu'il suit les traitements des ingénieurs, non compris les frais fixes : — 1° Inspecteurs généraux, 1re classe, 15,000 fr. ; 2e classe, 12,000 fr. ; — 2° ingénieurs en chef, 1re classe, 8,000 fr. ; 2e classe, 6,000 fr. ; — 3° ingénieurs ordinaires des trois classes, 4,500 fr., 3,500 fr. et 2,500 fr. ; — 4° élèves ingénieurs de 1re, 2e et 3e classe, uniformément 1,800 fr.

Les principaux renseignements généraux relatifs à l'étude et à l'établ. des ch. de fer construits par l'État se trouvant résumés dans ce recueil, les ing. et conducteurs attachés aux services dont il s'agit n'auront qu'à se reporter aux articles correspondants à chaque nature d'affaire, pour y trouver toutes indications utiles. — V. notamment *Conférences, Enquêtes, Études, Projets, Réceptions* et *Travaux*.

Nota. — Les ingén. et conducteurs des p. et ch. ne peuvent devenir entrepreneurs ni concess. de tr. publ. sous peine d'être considérés comme démissionnaires. (V. *Personnel*.)

Ingénieurs attachés aux travaux des compagnies. — (V. *Compagnies* et *Personnel*.) — V. aussi plus loin, § 4.

II. Contrôle de la construction. — « Lorsque les travaux sont exécutés par voie de concession, les compagnies exécutent ces travaux comme il est dit à l'art. 27 du cah. des ch. gén. (V. *Cah. des ch.*), en restant soumises au contrôle et à la surveillance de l'administration. — Ce contrôle et cette surveillance ont pour objet d'empêcher les compagnies de s'écarter des dispositions prescrites par le cah. des ch. et de celles qui résultent des projets approuvés. » (Extr. de l'art. 27 précité.)

Nous devons rappeler que la surv. des *travaux* de chaque ligne *de chemin de fer concédé*, est ordinairement confiée à un service composé d'ingénieurs et de conducteurs des ponts et chaussées. Ce service fonctionne pendant toute la durée des travaux, sous le titre de contrôle de la construction. (V. à ce sujet les art. *Cahier des charges, Circulation, Conférences, Comptes* et *Situations, Contrôle, Enquêtes, Études, Projets, Réceptions, Travaux*, etc.) — V. notamment à l'article *Enquêtes*, l'art. 6 de l'ordonn. du 18 fév. 1834, relatif à l'intervention des ingénieurs dans les enquêtes d'utilité publique. — V. aussi *Expropriation*.

Expériences faites par les compagnies. — V. *Inventions*.

III. Ingénieurs ordinaires du contrôle de l'exploitation. — (*Principaux documents concernant le service des ingén.* : 1° Extr. de l'ordonn. du 15 nov. 1846) :

« Art. 54. La surveillance de l'exploitation des chemins de fer s'exercera... par les ingénieurs des ponts et chaussées, les ingénieurs des mines et par les conducteurs, les gardes-mines et autres agents sous leurs ordres.

« 55. Les ingénieurs, les conducteurs et autres agents du service des ponts et chaussées seront spécialement chargés de surveiller l'état de la voie de fer, des terrassements, et des ouvrages d'art et des clôtures.

« 56. Les ingénieurs des mines, les gardes-mines et autres agents du service des mines seront spécialement chargés de surveiller l'état des machines fixes et locomotives employées à la traction des convois, et, en général, de tout le matériel roulant servant à l'exploitation. — Ils pourront être suppléés par les ingénieurs, conducteurs et autres agents du service des ponts et chaussées, et réciproquement. »

Questions mixtes. — Pour les affaires mixtes et complexes de l'expl. technique qui peuvent intéresser à la fois deux services, nous devons renvoyer au passage suivant de la circ. minist. du 31 déc. 1846 portant envoi de l'ordonn. du 15 nov. 1846. D'après cette circ., « il ne paraît pas y avoir de raison décisive de consulter exclusiv., soit les ingén. des p. et ch., soit les ingén. des mines, sur les questions relatives aux art. ci-après de l'ord. précitée, savoir :

« Nombre des gardiens à placer près des aiguilles des croisem. et changem. de voie (art. 3) ;

« Mode, garde et conditions de service des barrières des passages à niveau (art. 4) ;

« Pose de contre-rails dont l'établissement pourrait être ultérieurement jugé nécessaire dans l'intérêt de la sûreté publique (art. 5) ;

« Il est indispensable, d'ailleurs, de consulter à la fois les ingénieurs des ponts et chaussées et les ingénieurs des mines sur les affaires ci-après :

« Art. 25. Sens du mouvement des trains sur chaque voie, quand il y en a plusieurs, ou les points de croisement quand il n'y en a qu'une. (*Pour mémoire :* les points de croisement sur la voie unique sont ord. vérifiés par l'ingénieur des mines, à chaque changement de service, en même temps que les autres détails de la marche des trains.)

« §§ 3 et 4 de l'art. 27. Placement des signaux, soit à l'entrée des stations, soit à divers intervalles le long de la voie, pour indiquer si la route est ouverte ou fermée.

« Art. 29. Mesures de précaution pour le parcours des plans inclinés et des souterrains, et de la vitesse maximum des convois de voyageurs sur les divers points du parcours, ainsi que de la durée du trajet. (*P. mém :* V. l'observ. ci-dessus relative à l'art. 25.)

« Art. 31. Fixation du nombre d'agents à placer le long de la ligne pour la surveillance ou l'entretien de la voie, et des signaux dont ces agents doivent être munis.

« Art. 33. Signaux à placer sur la voie, pour indiquer l'approche des ateliers de réparation. » — (Extr. de la circ. min. du 31 déc. 1846).

Autres attributions non explicitement définies (pouvant avoir un caractère mixte).—1° Affaires rappelées au mot *Rapports* (V. ce mot). — 2° *Service des aiguilles.* « Les questions qui se rattachent au service des aiguilles sont mixtes, et la seule distinction à faire est celle-ci : Il appartient à l'ing. des mines d'instruire quand la mauvaise manœuvre d'aiguille provient de la faute de l'agent, et l'instr. incombe à l'ing. des p. et ch., lorsque cette mauvaise manœuvre résulte d'un vice de l'appareil. » (Extr. d'une circ. min., 29 mai 1879, basée sur un avis du comité de l'expl. technique des ch. de fer. V. *Accidents*). — 3° *Déraillements résultant de causes douteuses.* « Les ingén. du contrôle doivent provoquer toujours des enquêtes judic., en cas d'accidents, et notamment de déraillements de trains dont la cause serait indéterminée ; il est de leur devoir de prendre une part active à ces enquêtes et de seconder par tous les moyens en leur pouvoir l'action de la justice. » (Extr. d'une circ. min., 29 juillet 1879, basée sur un avis du comité de l'expl. technique.) V. *Accidents,* § 6.

2° *Loi du 27 février* 1850. (Avis à donner sur les procès-verbaux dressés en matière de contraventions à la police des chemins de fer. — V. *Commissaires de surv.*

3° *Extr. de l'arrêté minist. du 15 avril* 1850 (relatif à l'organisation du contrôle).

« Art. 4. (*Ingénieurs ordinaires.*) — Le contrôle et la surveillance s'exercent sous les ordres des ingénieurs en chef (V. plus loin) : 1° pour le service d'entretien des terrassements et ouvrages de toute nature, de la voie de fer, du matériel, et pour le service de l'exploitation technique, par les ingénieurs ordinaires des ponts et chaussées et des mines, les conducteurs et gardes-mines placés sous leurs ordres... 2° ...

« 5. Les commiss. de surv. sont... placés sous les ordres des ingén. ord... et correspondent avec eux pour ce qui concerne leurs attributions respectives. »

4° *Extr. de la circ. min. du 15 avril* 1850 (portant envoi de l'arr. ci-dessus) :

« Les ing. des p. et ch. sont chargés des mesures concernant la grande voirie, la conservation des ouvrages, l'entretien des clôtures, l'entretien de la voie de fer, la surv. des voies, la garde et l'éclairage des passages à niveau ; ils sont consultés concurremment avec les ing. des mines sur les questions de nature mixte qui intéressent à la fois les deux services.

« Les ing. des mines sont chargés de tout ce qui concerne la réception et l'entretien des machines à vapeur fixes, des machines locomotives et des voitures, la fixation des heures de départ et d'arrivée, le nombre et la succession des convois de toute nature, la composition et le mouvement des trains, les signaux, etc.

« Les ing. ont sous leurs ordres, lorsqu'il y a lieu, des conducteurs et gardes-mines qui les secondent pour les détails spéc. du service; la résidence de ces agents est fixée à proximité des grands ateliers où se font les réparations, aux points de jonction des sections principales et des embranchements d'où la surv. peut être exercée d'une manière plus active. »

5° *Nouvelles instructions détaillées* (sur les attributions des ingénieurs ordinaires du contrôle technique de l'exploitation des chemins de fer). (V. au mot *Contrôle et surveillance*, § 3 *bis* : 1° la circ. adressée le 15 oct. 1881 par le min. des tr. publ. aux chefs du contrôle sur les attributions générales des fonctionnaires dudit service; — 2° l'arr. min. du 20 juillet 1886, réorganisant le contrôle technique et commercial des chemins de fer et instituant des *comités de réseau* et un *comité général* du contrôle.

Instruction des affaires. — V. les articles correspondants de ce recueil et notamment les mots *Accidents, Appareils, Commissions, Comités, Conférences, Contraventions, Études, Matériel, Projets, Surveillance, Travaux, Voie*, etc.

Affaires diverses du personnel (pouvant intéresser les ing. ord. du contrôle).— V. *Budget, Bureaux, Commissions, Comités, Congés, Contrôle, Personnel, Tournées*, etc.

6° *Affaires judiciaires* (citations en justice). — Les ingénieurs ne doivent être cités, devant la justice, dans les procédures concernant les contraventions aux règlements de l'exploitation et de la police des chemins de fer, que dans le cas où les renseignements fournis déjà par ces ingénieurs seraient insuffisants au point de vue des nécessités judiciaires. — V. *Procureurs des tribunaux.*

Assermentation. — En principe, les ingén. des p. et ch. prêtent leur serment professionnel devant le préfet, en vertu de la loi du 19 mai 1802, et les ingén. des mines devant le trib. civil de l'arrondiss., en vertu d'une décis. min. du 2 août 1808. (V. *Assermentation.*) Mais une décis. spéc. du min. des finances, en date du 14 février 1807, porte que les ingén. sont dispensés du serment professionnel, quand ils justifient de celui prêté (lors de l'entrée en fonctions) en vertu du décret du 12 sept. 1806. Cette justification peut se faire au moyen de l'accusé de réception adressé à tous les ingénieurs.

7° *Rapports spéciaux et périodiques à fournir.* — V. *Accidents, Rapports*, etc.

III *bis*. Ingénieurs en chef (*du contrôle de l'exploitation*). — Dans l'organisation primitive du contrôle de l'exploitation des ch. de fer, ce service était placé sous la direction d'ingénieurs en chef des ponts et chaussées ou des mines. (V. à ce sujet au mot *Contrôle*, § 3, l'arr. min. et la circ. gén. du 15 avril 1850.) — Mais un décret du 15 fév. 1868 a substitué aux ingénieurs en chef, comme chefs de service du contrôle, des inspecteurs généraux directeurs. (V. *Inspecteurs.*) — Ce dernier décret a lui-même été abrogé par un autre décret du 21 mai 1879 qui attribue une nouvelle situation aux inspecteurs généraux du contrôle, et par de nouvelles dispositions dont nous allons parler à la suite des premiers documents ci-après relatifs à l'institution d'ingénieurs en chef de section :

Institution d'ingénieurs en chef de section. — Attributions distinctes. (Circ. minist., 27 janvier 1879, aux préfets, et par ampliation aux fonctionnaires du contrôle) : — « Monsieur le Préfet, les décisions qui ont élevé au grade d'inspecteur général les directeurs du contrôle, et qui ont mis sous leurs ordres des ingénieurs en chef, n'ont apporté aucune modification aux dispositions qui régissaient leurs fonctions antérieures, ni défini la position des fonctionnaires que l'on plaçait entre eux et les ingénieurs ordinaires. — Il en résulte que, sauf des exceptions dues à l'initiative de certains inspecteurs généraux, les directeurs du contrôle fonctionnent comme par le passé, et que les ingénieurs en chef dépourvus d'attributions propres n'ont pas un rôle en rapport avec leur grade.

D'autre part, les insp. gén. du contrôle, rapporteurs au conseil général des p. et ch. des affaires de leur service, n'en connaissent pas par eux-mêmes complètement l'instruction, attendu que ces affaires arrivent à l'admin. par l'intermédiaire des préfets auxquels ils les ont envoyées. Ils ignorent, dès lors, l'avis que l'autorité admin. a pu donner au sujet de leurs conclusions.

Je crois inutile d'insister, monsieur le préfet, sur le caractère anormal de cet état de choses, ainsi que sur les complications et les retards qui en sont la conséquence. Il n'y a, d'ailleurs, aucun motif pour que les ingénieurs attachés au service du contrôle, quel que soit leur grade, ne soient pas placés dans la même situation et n'aient pas les mêmes attributions que ceux de leurs collègues qui sont chargés de services de routes, de navigation ou de construction de chemins de fer.

Je fais étudier la question à ce point de vue et je recherche s'il n'y aurait pas lieu d'introduire quelques modifications dans le décret organique du 15 février 1868. En attendant que cette étude ait abouti et sans toucher, quant à présent, au texte du décret (V. *Inspecteurs*), j'ai arrêté les dispositions suivantes :

I. Toutes les affaires de chemins de fer sur lesquelles les préfets sont appelés à statuer, aux termes de la loi du 15 juillet 1845 et des règlements en vigueur, seront désormais communiquées directement pour instruction à l'ingénieur en chef du contrôle de la circonscription et renvoyées par lui aux préfets, avec son avis, le rapport de l'ingénieur ordinaire et les observations de la compagnie.

S'il y a désaccord entre la compagnie et les ingénieurs, le préfet soumettra l'affaire à l'examen de l'inspecteur général, qui, suivant les cas, la retournera avec son avis au préfet ou la transmettra à l'admin. supér., s'il juge convenable de la consulter.

II. Toutes les affaires de chemins de fer qui naissent dans le département et qui doivent être instruites par les ingénieurs du contrôle, mais sur lesquelles l'admin. supér. seule peut prononcer, seront renvoyées, après instruction, par l'ingénieur en chef au préfet, qui les transmettra directement au ministre avec ses observations.

Veuillez, monsieur le préfet, prendre, à partir du 1er févr. prochain, les dispositions qui précèdent pour règle de vos rapports avec les insp. gén. et ingén. des services du contrôle.

J'ajouterai qu'aucun changement n'est apporté au mode d'instruction des questions relatives à l'exploitation commerciale ; comme par le passé, vous n'aurez pas à en saisir les ingénieurs en chef. Les affaires qui s'y rapportent seront adressées directement, par vos soins, à l'admin. centrale, qui leur donnera telle suite qu'il conviendra.... »

Circ. min. gén. du 15 oct. 1881 (relative aux attributions des fonctionnaires du contrôle). — Voir au mot *Contrôle*, § 3 *bis*, la partie de ladite circ. et de l'instr. y annexée, résumant le rôle et les attributions des ingénieurs en chef du contrôle, ainsi que les attributions spéciales de *l'ingén. en chef en résidence à Paris*.

Réorganisation du personnel supérieur du Contrôle. (Arr. min. du 20 juillet 1886, réorganisant le contrôle technique et commercial des chemins de fer et instituant des comités de réseau et un comité général du contrôle). — *Modification des attributions et des résidences des ing. en chef de section.* — V. au mot *Contrôle*, § 3 *bis*, les dispositions de l'arr. précité du 20 juillet 1886, concernant le nouveau service des ingén. en chef.

Contrôle des voies établies sur les quais maritimes (ingénieurs en chef *des ports de mer*, placés, pour ledit contrôle, sous les ordres des inspecteurs généraux directeurs du contrôle des grands réseaux). (V. l'art. 2 de l'arrêté susmentionné du 20 juillet 1886. — V. aussi *Inspecteurs*.

Instruction des affaires du Contrôle des chemins d'intérêt général (intervention des ingénieurs en chef). (V. les articles correspondants de ce recueil, et notamment les mots *Accidents, Appareils, Commissions, Comités, Conférences, Contraventions, Enquêtes, Études, Grande voirie, Matériel, Projets, Réceptions, Remise d'ouvrages, Surveillance, Travaux, Voie*, etc. — V. aussi *chemins de fer de l'État*.

Lignes d'intérêt local. (Exercice du Contrôle par les ingén. en chef des départements.) — Art. 21 de la loi du 11 juin 1880 ; art. 26, 64 et 65 du cah. des ch. type, et mesures d'application. — V. *Chemin de fer d'intérêt local, Tramways* et *Voies publiques.*

Affaires du personnel. — V. ci-dessus, à la fin du § 3.

Ingénieurs en chef des mines (chargés du service du contrôle).—Représentation du département des trav. publ. aux *conférences relatives aux travaux mixtes*. L'art. 16 du décret du 16 août 1853, désigne les ingén. en chef des *ponts et chaussées*, pour l'instruction au deuxième degré des affaires relatives aux *travaux mixtes*. — La question de savoir si les ingénieurs en chef *des mines* chargés d'un service du contrôle de l'expl., et qui remplissent pour le matériel et la voie, etc., les attributions multiples des ingén. des p. et ch., ont qualité pour intervenir au deuxième degré dans les conférences auxquelles les ingén. des ponts et ch. placés sous leurs ordres auront participé au premier degré, a été résolue affirmativement, sur l'avis de la commission mixte des tr. publ. approuvé par le min. de la guerre. (Circ. adressée le 10 avril 1880 par le min. des tr. publ. aux ingén. en chef).

Inspecteurs gén. du Contrôle (chefs de service). — V. *Contrôle*, § 3 et *Inspecteurs*.

Concours des Ingénieurs en temps de guerre. — V. *Génie, Guerre* et *Service militaire*.

IV. Ingénieurs des compagnies. — On a vu plus haut, § 2, que « lorsque les travaux sont établis par voie de concession, les compagnies exécutent ces travaux conformément aux indications de l'art. 27 du cah. des ch., en restant soumises au contrôle et à la surveillance de l'administration. » — Nous ne connaissons pas d'autres indications uniformes au sujet des ingénieurs attachés au service des comp. de ch. de fer que celles que nous avons résumées aux mots *Compagnies, Congés, Feuilles signalétiques,* et *Personnel*. — Nous allons, au surplus, mentionner ici quelques-uns des points principaux sur lesquels doit se porter l'attention desdits ingénieurs :

1° *Projets* (voir ce mot). — Outre les projets relatifs à l'établ. et à la construction des *lignes nouvelles*, les comp. doivent soumettre au min. les projets de certains travaux à exécuter sur les lignes en exploitation (V. *Travaux*). — Ces divers projets doivent être signés par une ou plusieurs personnes ayant qualité pour représenter les compagnies. (V. *Compagnies*, § 3.)

2° *Conférences, enquêtes, etc.* — Les ingén. des comp. doivent être entendus dans les conférences auxquelles donne lieu l'examen des projets de chemin de fer qui intéressent plusieurs services ou qui comprennent des travaux à exécuter dans la zone militaire (V. *Conférences*). — Ils sont tenus d'assister aux enquêtes d'expropr. des terrains à celles relatives à l'établ. des gares et de donner aux commissions les renseignements nécessaires (V. *Enquêtes* et *Expropriation*).

3° *Affaires d'entretien, de grande voirie, etc.* (Indications à fournir par les comp.). — V. les mots *Alignements, Grande voirie, Entretien* et *Surveillance*.

4° *Inventions et expériences.* — Les ingén. des comp. sont quelquefois appelés à entreprendre des expériences sur des appareils qui leur sont directement proposés et qui ont pour but, soit d'augmenter la sécurité de la circulation, soit de perfectionner, dans un intérêt général, les conditions d'expl. des voies ferrées ; l'admin. n'a pu qu'encourager ces tendances, mais les ingén. du contrôle doivent être régulièrement tenus au courant des expériences faites par les compagnies et convoqués au besoin pour assister à ces expériences. (V. *Appareils* et *Inventions*.)

5° *Ingénieurs de l'exploitation, de la traction et du mouvement.* (Attributions.) — V. les mots *Compagnies, Matériel, Mouvement* et *Traction*.)

Personnel des compagnies soumis à la surv. de l'admin. publique. (Décret du 27 mars 1852.) — V. *Agents des compagnies*, § 2.

INJECTEUR GIFFARD.

Procédé d'alimentation des machines. — L'injecteur Giffard affecté à l'alimentation des chaudières à vapeur et notamment des locomotives, résume à lui seul la pompe et le moteur employés dans les cas ordinaires. — Cet appareil repose sur des principes assez compliqués, dont la description détaillée ne rentre pas dans le cadre de notre recueil. — Il se compose principalement d'une tuyère supérieure ouverte ou fermée à volonté par une aiguille à vis et à manivelle. La tuyère reçoit un jet de vapeur qui fait le vide dans un cône conducteur placé au centre de l'appareil et qui règle l'arrivée de l'eau. — L'air ainsi chassé est remplacé par l'eau aspirée et amenée au moyen d'un cône inférieur divergent. — Cette eau vient se mélanger à la veine de vapeur qu'elle condense plus ou moins complètement et avec laquelle elle se dégage par un tuyau se rattachant au tender. — V. ci-après, à ce sujet, l'extr. d'une *instr. spéc.* :

Usage de l'injecteur Giffard. — Dans l'état normal de l'appareil on doit tenir bien étanches les garnitures et joints, et serrer à fond la garniture de l'aiguille en ayant soin d'engager les talons de la bague intérieure dans les entailles réservées à cet effet. — Une seule rotule suffit pour l'aspiration. L'autre sert pour réchauffer l'eau du tender en laissant fermé le robinet correspondant du tuyau d'aspiration. — La température de l'eau dans le tender ne doit pas dépasser 40° centigrades.

Rendement de l'appareil. — A la pression de 8 atmosphères le débit est de 100 litres par minute. Le déplacement du cône conducteur peut le faire varier de 80 à 120 litres.

Pour alimenter, il faut : 1° Placer l'échelle de l'appareil au chiffre correspondant à la pression du manomètre.— 2° Ouvrir en plein le clapet du tender réservé pour l'alimentation.— 3° Ouvrir lentement l'aiguille de 1/4 de tour environ. La vapeur traverse l'appareil et sort avec bruit ; dès que ce bruit cesse ouvrir rapidement l'aiguille, jusqu'à fond de course. Si le bruit de vapeur persistait, il faudrait fermer l'aiguille et recommencer l'opération.

« *Pour cesser d'alimenter*, il faut : Fermer le clapet du tender d'abord, l'aiguille ensuite.

« *Pendant les gelées* : Lorsque la machine doit faire un stationnement prolongé, ouvrir le robinet purgeur de l'appareil. »

INJECTION DES BOIS.

Préparation des traverses. (Injection au sulfate de cuivre, etc.) — V. *Traverses.*

INJONCTIONS.

Réquisitions aux agents des compagnies. (Aff. diverses). — V. *Réquisitions.*
Injonctions faites aux voyageurs. (Police des trains, etc.) — V. *Voyageurs.*

INJURES.

I. Délits simples. — Les différends et conflits entre voyageurs et employés de chemins de fer se terminent assez fréquemment par des injures adressées à ces derniers agents. — Nous avons rappelé à l'art. *Agents*, § 3, la distinction à faire, quant aux poursuites à exercer pour délit simple d'injures, entre les employés *assermentés* et les agents *non assermentés*. Les renseignements qui figurent, à cet égard, à l'art. précité, sont confirmés par la décision judiciaire suivante :

« Les chefs de station et agents du chemin de fer, assermentés, doivent être considérés comme des agents de la force publique, et les injures qui leur sont adressées publiquement, à l'occasion et dans l'exercice de leurs fonctions, doivent être punies conf. au § 1er de l'art. 19 de la loi du 17 mai 1819. » (C. Paris, 17 fév. 1855.)

Cette loi du 17 mai 1819 (abrogeant ou modifiant plusieurs articles du Code pénal) est rarement appliquée par les parquets, en matière d'injures adressées à des agents de chemins de fer. Les poursuites sont exercées de préférence en vertu de l'art. 224, ci-après, du Code pénal, dont voici le texte nouvellement révisé :

« Art. 224. — L'outrage fait par paroles, gestes ou menaces à tout officier ministériel, ou agent dépositaire de la force publique, et à tout citoyen chargé d'un ministère de service public, dans l'exercice ou à l'occasion de l'exercice de ses fonctions, sera puni d'un emprisonnement de six jours à un mois et d'une amende de 16 francs à 200 francs, ou de l'une de ces deux peines seulement. » — V. aussi *Outrages.*

II. Violences et voies de fait. — Outre les injures, lorsque des violences et voies de fait sont exercées envers les agents des comp. dans l'exercice de leurs fonctions, l'affaire tombe sous l'applic. de l'art. 25 de la loi du 15 juillet 1845. (V. *Agents*, § 3.)

INONDATIONS.

I. Travaux préservatifs. — L'interruption du service des chemins de fer par suite d'inondation est un fait heureusement assez rare, les voies étant généralement ou devant être établies au-dessus des plus hautes crues qu'il a été possible de relever. — Sans entrer à ce sujet dans des développements qui sont du domaine purement technique, nous appelons l'attention sur les indications que nous avons données aux mots *Écoulement des eaux* (applic. de l'art. 15 du cah. des ch.) et *Projets*, et sur les questions litigieuses résumées ci-dessous au présent paragraphe.

Constatation des crues. — « Pour s'assurer que la construction du chemin de fer, en changeant l'état des lieux, n'a pas modifié le régime des débordements, il faut profiter de toutes les crues considérables qui peuvent avoir lieu et en comparer les hauteurs avec celles déjà connues. A cet effet, lorsqu'une grande crue se produit, il faut :

1° Faire piqueter le niveau maximum des eaux le long du chemin de fer, en prenant les points à environ 500 mètres les uns des autres, ou plus rapprochés, s'il paraît exister une pente extraordinaire;

2° Rattacher le niveau de l'eau, en chacun de ces points, au niveau du rail.

On dressera ensuite un profil ou un tableau donnant les cotes absolues du rail et de la crue, et on aura soin d'y rappeler, autant que possible, les cotes connues des plus grandes crues survenues antérieurement. » (*Extr. d'une instr. spéc.*)

Inondations causées par les travaux. (Questions litigieuses.) — Le C. de préfecture est compétent sur une demande en indemnité formée contre une comp. concess. obligée par son cah. des ch. à rétablir et à assurer, à ses frais, l'écoulement des eaux dont le cours aurait été arrêté, suspendu ou modifié par ses travaux, et à payer les indemnités pour tout dommage quelconque causé aux propr. à l'égard desquels les remblais de ch. de fer ont aggravé l'effet d'inondations. » (C. d'État, 23 janv. 1862.)

« C'est à juste titre que le C. de préfecture a repoussé la réclamation d'un particulier, lorsqu'il n'est pas établi que les dommages dont se plaint ce dernier sont le fait des travaux de la compagnie. — Si la comp. n'a pas exécuté des travaux d'endiguement que lui imposent son cah. des ch., le propriétaire du fonds que ces travaux eussent pu protéger contre les inondations n'est pas recevable à se plaindre, *par la voie contentieuse*, de l'inexécution d'une obligation résultant d'un contrat dans lequel il n'avait pas été partie. » (C. d'État, 21 juill. 1869.) — Mais « si les débordements d'un ruisseau sont imputables en partie au mauvais état d'entretien du ruisseau et en partie aux travaux de construction d'un chemin de fer, c'est à bon droit que la comp. est rendue partiellement responsable des dommages causés par l'inondation. — Appréciation en fait de l'ind. due de ce chef. » (C. d'État, 30 mars 1870.) — V. aussi au § 2 ci-après :

II. Dommages divers résultant du défaut d'écoulement des eaux. — Nous avons dit, au § 1er ci-dessus, que l'interruption du service des chemins de fer par suite d'*inondations* proprement dites était un fait assez rare, mais les conséquences qui en résultent sont toujours très dommageables et ont donné lieu, surtout depuis quelques années à de nombreux litiges. Il est essentiel seulement de bien distinguer, d'une part, les questions qui se rapportent à l'insuffisance des ouvrages destinés à assurer l'*écoulement normal* des eaux (art. 15 du cah. des ch.), et celles qui peuvent se rattacher aux dommages imprévus causés par des inondations subites et fortuites considérées dans certains cas comme des circonstances de force majeure. — D'autre part, les dommages causés par les eaux débordées ont un caractère *immobilier* ou *mobilier*, suivant qu'ils atteignent les propriétés riveraines, ou des marchandises pour lesquelles les mesures suffisantes de préservation n'ont pas été prises. — Les indications suivantes ont pour but de résumer les principes de jurisprudence établis à cet égard :

1° *Dommages causés aux propriétés, par suite de l'insuffisance des moyens d'écoulement des eaux.* — Nous avons mentionné à ce sujet aux mots *Cours d'eau, Dommages,* § 2, 16°, *Ecoulement des eaux,* § 1, divers exemples de litiges se rapportant aux points suivants : 1° Dommages causés aux usines par les prises d'eau servant à l'alimentation des gares ; V. *Cours d'eau,* §§ 1 et 2 et *Prises d'eau.* — 2° Défaut de curage des cours d'eau ; V. *Cours d'eau,* § 3. — 3° Entraves apportées à l'écoulement des eaux, *par l'établiss. des ouvrages du chemin de fer* (insuffisance de débouché ; modification du régime des eaux d'un coteau ; crues ordinaires des cours d'eau ; modification du régime des eaux par suite des travaux d'un viaduc ; écoulement des eaux, entravé par un remblai ; infiltration des eaux d'un aqueduc ; dérivation d'un cours d'eau ; étang envasé ; chambres d'emprunt non assainies ; suppression de sources). — V. *Dommages,* § 2, 16° ; Voir aussi Ecoulement des eaux, § 1, au sujet des points suivants : eaux des usines ; — eaux de sources ; — travaux en rivière ; — écoulement des eaux d'un coteau ; — concentration des eaux dirigées par un seul passage ; — écoulement des pluies d'orage ; — suppression d'écoulement des fossés ; —

écoulement des eaux dans les souterrains ; id. aux abords des passages à niveau ; — travaux à exécuter en cas de suppression d'écoulement des eaux, etc., etc.

Aggravation de servitude. — Lorsque par suite de l'établ. d'un ch. de fer, il est résulté pour une propriété située en contre-bas et soumise à la servitude d'écoulement des eaux d'une route voisine, une aggravation de cette servitude, que l'effet de cette aggravation s'est manifesté par des inondations périodiques qui ont endommagé une partie des récoltes et qui augmentent dans une proportion notable la dépense de l'exploitation, ces inondations constituent un dommage pour lequel le propr. est fondé à réclamer une indemnité. — C'est avec raison que le C. de préf. a fixé le montant de l'indemnité due par la comp. concess., en se fondant sur le revenu de la propriété déduit de son prix d'acquisition. » — C. d'Etat, 11 juillet 1873. — Dans le même ordre d'idées on peut citer divers arrêts ainsi résumés. — *Pont sous remblai,* (reconnu insuffisant pour l'écoulement des eaux.) — C. d'Etat, 8 août 1872. — *Submersions fréquentes* d'un chemin vicinal, depuis l'établ. d'un ch. de fer, et exhaussement partiel dudit chemin vicinal mis à la charge de la comp. du ch. de fer. (C. d'Etat 15 janv. 1875.) — *Inondations successives d'une usine* (par suite d'une insuffisance de l'écoulement des eaux occasionnée par les travaux de construction d'une gare : —) indemnité allouée, durant l'expertise pour chômage de ladite usine ; — postérieurement, les conséquences du chômage étant laissées à la charge de l'usinier, qui, moyennant des travaux peu considérables, dit l'arrêt, aurait pu diriger les eaux de la gare de manière à éviter tout dommage pour son usine. — (*C. d'Etat* 13 juin 1873.) — *Inondation d'une cave.* Il résulte de l'instruction, notamment du rapport du tiers-expert, que l'établ. du remblai, au bas duquel se trouve la propriété du s* Bonnaud, a apporté un obstacle au libre écoulement des eaux et qu'ainsi la comp. requérante, en exposant par ses travaux la cave du s* Bonnaud à des dangers d'inondation, a causé à cette maison une dépréciation, à raison de laquelle le propr. était fondé à demander une ind. distincte de celle qu'il réclamait pour le préjudice matériel résultant de l'inondation de 1872 (C. d'Etat, 11 fév. 1876).

Insuffisance de curage des cours d'eau. — (Aggravation causée par les travaux d'une comp. de ch. de fer.) — « Lorsqu'il est établi par l'instruction que les débordements, dus en partie au mauvais entretien du lit d'un ruisseau, ont été également causés ou aggravés par les travaux qu'une comp. de ch. de fer a fait exécuter, il est dû par celle-ci une indemnité à des propriétaires de prairies à raison des dommages résultant des inondations. — » (C. d'Etat, 30 mars 1870). — Voir au sujet de l'insuffisance d'entretien des ruisseaux, les mots *Cours d'eau, Curages* et *Fossés.*

2° Dommages causés par les inondations et débordements périodiques ou fortuits (Etat de choses créé par suite de *l'ouverture d'une tranchée*). — « En ce qui touche les dommages causés à la propriété du s* Salomon par les débordements de la Leysse survenus en 1874 et 1875 : — il résulte de l'instruction que les eaux d'inondation qui ont envahi la susdite propriété, après en avoir renversé le mur de clôture sur une longueur de plus de 20ᵐ, ont pénétré jusqu'au domaine de la Cassine, en traversant la tranchée ouverte par la compagnie dans le rocher de Lemenc et en suivant la voie ferrée, le long et en contre-bas de laquelle se trouve située la propriété du s* Salomon. Ainsi les dommages qui sont résultés, pour le susdit s* Salomon, des inondations de 1874 et 1875 sont la conséquence des travaux qui ont été exécutés pour l'établ. du chemin de fer, et notamment de l'ouverture de la tranchée de Lemenc. Dès lors, c'est avec raison que l'arrêté attaqué a déclaré la compagnie responsable des dégâts occasionnés par les inondations de la Leysse. » (C. *d'Etat*, 21 fév. 1879. Ext.)

Crue exceptionnelle d'une rivière (Pont de chemin de fer. Remblais insubmersibles aux abords). — « Il a été reconnu, par tous les experts, que les dommages qui auraient été causés aux propriétés voisines de l'Hérault par la crue exceptionnelle de cette rivière, dans le cours du mois de sept. 1875, ont été notablement aggravés, aux abords du pont de Paulhan, par suite de la modification apportée, par l'établ. dudit pont et des remblais insubmersibles qui l'accompagnent, dans le régime des eaux de la rivière. Dès lors, la compagnie requérante était tenue d'indemniser les propriétaires des terrains inondés, dans la mesure où s'est produite à leur égard ladite aggravation... » (C. d'Etat, 17 juin 1881). — Arrêt analogue, rendu par le C. d'Etat, le 11 nov. 1881, au sujet des dommages causés à des immeubles, dans la commune de Tarsac (Gers), par l'inondation de l'Adour, en juin 1875 ; dommages attribués par les experts « à ce que les ouvrages du chemin de fer ont eu pour effet de surélever, dans la proportion d'un tiers environ, les eaux qui se seraient, dans tous les cas, répandues dans le village de Tarsac, et d'aggraver, dans la même proportion, les dommages qui ont été causés aux propriétés... *Extr.*) — Autres affaires analogues, traitées dans le même sens par le C. *d'État* ; savoir : 11 nov. 1881 (remblai de la voie et exhaussement d'un ch. vicinal, ayant eu pour effet de restreindre le champ d'écoulement des eaux, aux abords de la propriété du s* Saint-Pastous.) — Id. 3 février 1882. (D'après le rapport des experts, s'il est vrai que, même en l'absence des travaux du chemin de fer, les eaux de la Teyssonne auraient envahi les propriétés riveraines, il résulte de l'instruction que, par suite de l'établissement en remblai de la voie ferrée et de l'insuffisance du débouché offert au passage des eaux sous le pont du chemin de fer, les effets de cette inondation ont été aggravés. Dès lors, la compagnie est tenue d'indemniser les propriétaires des terrains inondés, dans la mesure de cette aggravation...) — Id. 3 mars 1882. — (*Ouvrages insuffisants*). — « L'établ. en remblai du ch. de fer de Bordeaux à Cette, dans la traverse du quartier du Pont-des-Demoiselles à Toulouse, a eu pour effet d'intercepter les eaux qui, antérieurement à l'exéc. des travaux de la compagnie, se déversaient naturellement dans le canal du Midi. Si, pour éviter les dommages qui seraient résultés de la stagnation de ces eaux sur les propriétés riveraines, la comp. requérante a construit une série d'ouvrages destinés à les diriger vers leur ancien point d'écoulement, — il résulte de l'instruction, notamment des procès-verbaux d'expertise et de tierce expertise, ainsi que de l'examen des plans et profils produits au dossier, que la compagnie a donné au fossé construit par elle latéralement à la voie ferrée, ainsi qu'à l'aqueduc et au fossé de décharge qui lui font suite, une profondeur insuffisante. En outre, elle n'a pas veillé au maintien du débouché primitif du fossé de décharge, et les inondations dont se plaignent les s^{rs} Barre et consorts ont été la conséquence. Dans ces circonstances, la comp. requérante n'est pas fondée à soutenir qu'elle ne saurait être rendue responsable des dommages causés par ces inondations... » (C. d'Etat, 3 mars 1882.) — Voir enfin une décision du C. d'Etat (28 mai 1886) établissant la responsabilité de la comp. à l'occasion du débordement d'une rivière aux abords d'un remblai insubmersible qui avait restreint le champ d'inondation.

Réclamations non admises. — (Surélévation des eaux, étrangère aux travaux du ch. de fer.) Il résulte de l'instruction, notamment du rapport du tiers expert, que les débordements de l'Alaric dont se plaignent les s^{rs} Court et Castera ne sont pas dus aux travaux de la compagnie et proviennent de causes autres que l'établ. de la ligne d'Auch à Tarbes. En admettant que l'existence des remblais de ladite ligne ait eu pour effet d'élever, dans une certaine mesure, le niveau des eaux d'inondation, cette surélévation, dans les conditions où elle s'est produite, n'a pas pu aggraver, d'une manière appréciable, les dommages qu'auraient éprouvés, dans tous les cas, les propriétés des réclamants. Dans ces circonstances, c'est à tort que le conseil de préfecture a condamné la compagnie à payer une indemnité au s^r..., etc. — (C. d'Etat, 6 janv. 1882).

Propriétés situées hors du périmètre de l'inondation. — En ce qui touche les s^{rs} Tasterin et Richard, il résulte de l'instruction et notamment du rapport du contrôle que leurs propriétés sont situées en dehors du périmètre dans lequel s'est fait sentir, lors du débordement de la Cèze survenu le 3 oct. 1872, le remous produit par le viaduc du chemin de fer. Dès lors, ils ne peuvent prétendre à aucune indemnité... » (6 janv. 1882).

Inondations à la suite de pluies d'orages. (Dommages causés à une maison.) — Il est établi par l'instr. que les travaux exécutés par la comp. n'ont pas eu pour effet de modifier, d'une façon préjudiciable au réclamant, la direction et le volume des eaux qui découlent des terrains supérieurs. D'autre part, si la maison dont il s'agit a été inondée par les eaux provenant de la route départementale, ce fait doit être attribué au mode défectueux de construction d'un aqueduc établi par le s^r Boulocé et ayant son issue dans le fossé, dont les eaux ont reflué sur sa propriété. Dans ces circonstances, le s^r Bouloc ne saurait être considéré comme ayant droit à une indemnité à raison desdits dommages... (C. d'Etat, 24 nov. 1882. — Extr.

Travaux approuvés par l'admin. (Légalité d'une expertise). — « La compagnie des Dombes soutient que le pont du chemin de fer a été construit, en amont du pont de Montrond, au lieu et d'après les plans approuvés par l'admin.; qu'ainsi l'établ. de ce pont ne saurait engager la responsabilité de la compagnie et que, par suite, c'est à tort que le C. de préfecture a prescrit une expertise à l'effet de vérifier l'existence et les causes des dommages allégués par la société du pont de Montrond et d'en apprécier la valeur. — Aux termes de l'arrêté attaqué, tous droits et moyens des parties demeurent réservés et le C. de préf. n'a pas préjugé la question de savoir si une indemnité est due à la société du pont de Montrond. La mesure d'instruction ordonnée par le C. de préf. ne fait pas obstacle à ce que la comp. des Dombes soutienne devant lui, ayant qu'il soit statué au fond, que la société du pont de Montrond n'est pas fondée à réclamer la réparation du préjudice qui lui aurait été causé. Ainsi l'arrêté attaqué est purement préparatoire et, dès lors, le pourvoi formé par la comp. des Dombes n'est pas recevable en l'état. » (C. d'Etat, 29 juillet 1881.)

Ligne en construction. — (Affaire relative à l'enlèvement de caisses de fécule dans une usine, par suite de l'irruption des eaux d'une rivière dont le débordement se rattachait à la surélévation du plan d'inondation causée par les travaux du chemin de fer.) Indemnité allouée au réclamant, en tenant compte de son imprudence partielle. — (C. d'Etat, 11 déc. 1885.)

Danger permanent d'inondation (Dommages à venir; *Réclamation repoussée*). — « En ce qui touche la dépréciation qui résulterait pour le domaine de la Cassine d'un danger permanent d'inondation, imputable à l'existence de la tranchée de Lemenc : — il ne résulte pas de l'instruction que la propriété du s^r Salomon ait, depuis les débordements de 1874 et 1875, subi aucune diminution de valeur, ni qu'elle soit exposée à un danger permanent d'inondation. D'ailleurs, des travaux ont déjà été commencés, en amont de Chambéry, à l'effet d'endiguer la Leysse et de mettre obstacle à de nouveaux débordements de cette rivière. Dans ces circonstances, c'est à tort que l'arrêté attaqué a alloué au s^r Salomon une indemnité de 12,000 fr. pour dépréciation de son immeuble, sauf le droit de ce propr. de réclamer une indemnité pour les dommages qui pourraient ultérieurement survenir. » (Ext. de l'arrêt du C. d'Etat, 21 fév. 1879 déjà cité ci-dessus.) V. aussi *Dommages*, au sujet des risques et dépréciations à venir.

3º *Dommages résultant des perturbations de l'exploitation* (défaut de préservation des marchandises dans les gares, en cas d'inondation ; changement d'itinéraire des trains, etc., etc.) — V. au § ci-après :

III. Perturbations dans l'exploitation. — (*Force majeure, insuffisance de précautions,* etc.) — En cas d'inondation des voies par suite de force majeure ou autrement, les comp. doivent prendre immédiatement les mesures spéciales de sécurité commandées par les circonstances, en faisant approuver, s'il y a lieu, ces mesures par l'admin. supér. (V. *Force majeure,* § 3, *Réquisitions* et *Troupes.*) — Elles ne sont engagées, d'ailleurs, envers les tiers que d'après les règles indiquées ci-après :

Dans les circonstances d'inondations, l'autorité judiciaire a admis, à plusieurs reprises, qu'une comp. de chem. de fer peut être exonérée de toute responsabilité devant un fait de force majeure, alors qu'il est prouvé qu'elle a pris toutes les mesures en son pouvoir pour préserver les marchandises qu'elle a dans ses gares. » (Jurisp. invar., C. d'Angers, 4 avril 1857 ; T. Seine, 9 juin 1857 et plusieurs autres décisions.)

« Les inondations ne peuvent être invoquées par le chemin de fer comme un événement de force majeure, s'il résulte des débats et des documents produits que la compagnie n'a pas pris toutes les mesures de précaution qu'exigeaient les circonstances. » (T. comm. Seine, 8 avril 1857.) — En droit, la force majeure ne peut servir d'excuse qu'autant que celui qui l'invoque n'aurait pu s'y soustraire. — En fait, elle ne peut être invoquée utilement par la compagnie du chemin de fer qui, prévenue d'une inondation, n'a pas pris les mesures nécessaires pour garantir les objets confiés à sa garde. » (C. C., 6 janv. 1869.)

Inondation fortuite à la suite d'un violent orage. (Caisses de marchandises, antiquités et objets d'arts avariés ; ces marchandises, adressées par l'expéditeur à lui-même en gare de Cannes, n'ayant pas été retirées immédiatement, la comp. les a gardées en dépôt, en les soumettant à un droit de magasinage.—Mais, au lieu de les déposer dans le magasin des marchandises en souffrance, elle les a déposées dans une remise de voitures dont le sol était en contre-bas de 1m de celui dudit magasin, et où les marchandises ont été atteintes et avariées par l'inondation.) — Réclam. admise par le tr. de comm. de Grasse, 16 févr. 1883, par la C. d'appel d'Aix, 2 août 1883, et appréciée comme il suit par la C. de C. — « Une compagnie de chemin de fer demeure responsable de l'avarie causée à des marchandises par un cas fortuit, s'il a été précédé ou accompagné d'une faute imputable à cette compagnie, et sans laquelle l'avarie ne se serait pas produite. — Dans l'espèce, la compagnie ne pouvait invoquer, pour décliner ou atténuer sa responsabilité, aucune clause de non garantie, les marchandises avariées n'ayant point été expédiées par application d'un tarif *spécial.* (C. C. 4 août 1884.)

Changement de direction de marchandises en cas d'inondation. — « L'inondation d'un fleuve est un cas de force majeure (jurispr. constante). — En pareille occurrence une comp. de ch. de fer a donné à des marchandises pour leur transport à destination la seule direction qu'elle a déclaré possible dans l'état de la voie ferrée à partir d'une certaine gare. C'est à tort qu'un tribunal, alors qu'aucun fait constitutif d'une faute n'était imputé aux agents de ladite compagnie, décide que celle-ci n'a contre le destinataire de ces marchandises aucun principe d'action *pour le supplément de prix* afférent à la distance kilométrique qu'elles ont réellement parcourue. » (C. C., 5 mai 1869, 5 et 21 déc. 1874.) — V. aussi *Itinéraire.*

Modification de trains (par suite d'inondations). — *Avis à donner sans retard aux* préfets par les comm. de surv. adm.— « Dans les circonstances exceptionnelles de guerre, d'inondation, etc., les commiss. de surv. doivent informer sans retard les préfets, par dépêche ou par exprès, des suppressions de trains, des changements dans les heures de départ, en un mot, de toutes les modifications du service ainsi que de la reprise du service normal. » (Extr. de l'instr. min. 15 fév. 1881, V. *Commissaires de surv.*, § 4, et instr. min. du 15 oct. 1881.) — V. *Contrôle,* § 3 bis.

INSCRIPTIONS D'OFFICE.

Affaires d'expropriation. (Inscription d'office des privilèges ; applic. de l'art. 2108 du C. civil ; *Dispense* de ces inscriptions hypothécaires.) — Circ. min. tr. publ., adressée le 29 nov. 1884, aux préfets. — V. *Hypothèques.*

INSCRITS MARITIMES.

Tarif militaire. (Convention du 31 mars 1882). — V. *Marine.*

INSPECTEURS. — INSPECTIONS.

Sommaire : I et I *bis. Inspection des travaux d'établ. des ch. de fer.* — II. *Inspecteurs du contrôle de l'exploitation* (chefs de service). — III. *Anciens inspecteurs généraux des ch. de fer* (siégeant au min. des tr. publ.). — IV. *Inspecteurs de l'exploitation commerciale* (principaux et particuliers). — V. *Inspecteurs spéciaux de police* (dépendant du ministère de l'intérieur). — VI. *Inspecteurs divers* (finances, service médical, service des compagnies, etc.) — VII. *Inspection du travail des enfants dans les ateliers.*

I. Inspection générale des travaux de chemins de fer. — Les services de construction des chemins de fer et ceux de la surveillance et du contrôle des *travaux* des lignes concédées, entrent de droit dans les inspections générales des p. et ch., selon la répartition réglée annuellement par le ministre. — V. au sujet des décrets d'organisation du corps des p. et ch., les mots *Congés, Ingénieurs, Personnel, Retraites,* etc.

Tournées d'inspection. — Une circ. min. du 1er juillet 1864, adressée aux insp. gén. des p. et ch., a réglé de la manière suivante les détails relatifs à la tournée annuelle d'inspection des services *de travaux* de chemins de fer.

« (Ext. de la circ. min. du 1er juill. 1864). — *Chemins de fer.* — En ce qui concerne les chemins de fer, je n'ai pas à vous entretenir des questions relatives à l'exploitation, et je me bornerai à quelques courtes observations sur la construction et sur l'exécution de la voie, seuls points qui soient soumis à votre inspection.

« Les travaux de construction étant exécutés, sauf quelques rares exceptions, par les soins et aux frais des compagnies concessionnaires, MM. les ingénieurs n'ont à intervenir que pour la vérification des projets et pour la surveillance de leur exécution.

« Ce double contrôle, confié à l'admin. dans l'intérêt public, doit s'exercer avec fermeté en tout ce qui touche les prescriptions du cah. des ch., mais avec réserve et ménagement dans toutes les questions qui n'ont pas un caractère prononcé d'utilité générale. L'économie dans la constr. des ch. de fer est devenue une nécessité impérieuse dans l'intérêt, non pas seulement des compagnies, mais aussi du Trésor public et du pays lui-même ; car ce n'est qu'à cette condition que l'on pourra voir le réseau des chemins de fer se développer progressivement sur toutes les parties du territoire, sans imposer à l'État de trop grands sacrifices. On ne saurait donc assez recommander à MM. les ingénieurs du contrôle de se placer, à ce point de vue, dans l'examen des projets présentés par les compagnies comme dans la surveillance de leurs travaux, et de s'abstenir de toute exigence qui pourrait venir, sans nécessité réelle, à en aggraver les dépenses....

« *Feuilles signalétiques du personnel.* — 1° Fonctionnaires et agents de l'État (*P. mém.* V. *Feuilles*) ; — 2° Ingénieurs et agents détachés au service des compagnies. — Vous ne perdrez pas de vue, qu'indépendamment du personnel attaché directement au service de l'État, vous devez aussi regarder comme compris dans votre inspection, les ingén. et conducteurs en service détaché et ceux qui ont obtenu des congés illimités pour s'attacher au service des comp. Vous avez donc à fournir, pour ces ingén. et agents, des notes rédigées dans la même forme que celles des ingénieurs et conducteurs restés au service de l'État. Quant aux renseignements qui vous sont nécessaires pour la rédaction de ces notes, ils peuvent vous être fournis, soit par les chefs de service, lorsqu'ils appartiennent eux-mêmes au corps des p. et ch. ou au corps des mines, soit par les ingén. en chef du contrôle, soit par les préfets ou par telles autres personnes que vous croiriez devoir consulter. Je vous adresse un état des ingén. et des conducteurs en service détaché ou en congé illimité qui résident dans votre arrondiss. d'inspection. Cet état, dressé en grande partie au moyen des renseign. fournis à l'admin. pour la perception des retenues, est aussi complet qu'il a été possible de le faire ; il peut toutefois présenter quelques erreurs et quelques lacunes, les ingén. et les conducteurs ne faisant pas toujours connaître aussi exactement et surtout aussi promptement que possible les changements qui arrivent dans leur situation ; et ce n'est pas un des résultats les moins utiles de l'inspection, que de relever les positions irrégulières et d'obliger ceux qui s'y trouvent à rentrer dans la règle, en sollicitant l'autorisation dont ils ont besoin pour passer d'un service dans un autre, en justifiant qu'ils sont toujours dans les conditions exigées pour le congé illimité. Je vous adresse également des feuilles à remplir, en nombre double des notes que vous avez à fournir ; si d'autres feuilles vous étaient nécessaires, je m'empresserais de vous les envoyer..... » — V. *Feuilles signalétiques.* — V. aussi la note du § 2 ci-après, 5°.

Production de tableaux annuels. — La forme des tableaux que les insp. génér. des p. et ch. ont à fournir, chaque année, à l'admin. pour le service des chemins de fer, a été réglée par une circ. minist. du 27 juin 1851. — Cette circulaire, qui se trouve abrogée, par le fait, en ce qui concerne les comptes rendus relatifs aux chemins de fer en *exploitation* (V. ci-dessus, § 1er), ne reste en vigueur que pour la production du tableau n° 7, spécialement affecté aux chemins de fer en construction, et des autres tableaux et documents généraux demandés pour le service proprement dit des ponts et chaussées.

Affaires soumises au conseil gén. des p. et ch. (Conseil composé des insp. gén. de 1re classe). — Examen des affaires de travaux de ch. de fer au sein du conseil général des p. et ch. siégeant au ministère des travaux publics. — V. *Conseils*, § 6.

Nouvelles lignes d'intér. général (Études et travaux.) — *Intervention des insp. gén. des p. et ch.* — Règl. min. du 28 déc. 1878, qui attribuait une part prépondérante aux insp. gén. des p. et ch. pour l'instr. et l'expédition des affaires, règlement rapporté et remplacé par celui du 9 janv. 1882. — V. *Études*, § 2 (2°).

Indications diverses. (Participation des insp. gén. du service des p. et ch. aux affaires générales intéressant les questions d'établ. et de construction des ch. de fer). — V. *Comités, Commissions, Conseils*, § 6, *Études, Projets, Réception* (de lignes) et *Travaux*. — V. aussi *Personnel*.

I bis. **Services de contrôle des travaux** (*rattachés aux inspections gén. des p. et ch.*). — V. ci-dessus la circ. min. du 1er juillet 1864. — V. aussi l'art. 27 du cah. des ch. et les documents résumés ou rappelés aux mots *Comités, Conseils, Contrôle*, § 2, *Ingénieurs, Enquêtes, Études, Personnel, Projets, Réception, Remise, Travaux.*

II. Inspecteurs généraux du contrôle de l'exploitation. (Chefs de service, appartenant au corps des p. et ch. ou des mines.) — Dans l'ancienne organisation du contrôle de l'exploitation des chemins de fer, ce service était placé sous la direction d'ingénieurs en chef des p. et ch. ou des mines. (V. à ce sujet au mot *Contrôle*, § 3, l'arr. min. et la circ. gén. du 15 avril 1850.) — Afin de mettre à la tête de ces services importants des chefs d'un ordre hiérarchique encore plus élevé, un décret du 15 fév. 1868 avait confié la direction du contrôle de l'exploitation à des inspecteurs généraux des p. et ch. et des mines, en plaçant sous leurs ordres des ingénieurs en chef et des ingénieurs ordinaires du même corps. (V. *Ingénieurs*.) — Bien que ce décret du 15 fév. 1868 ait été ultérieurement modifié ou abrogé par d'autres dispositions (décret du 21 mai 1879 et arr. min. du 20 juillet 1886), nous faisons connaître ci-après l'ensemble des documents qui ont précédé ou préparé l'organisation actuelle des insp. gén. chefs de service du contrôle de l'expl. des ch. de fer.

1° *Décret du 15 février* 1868 (plaçant les services de contrôle de l'expl. de chacun des grands réseaux sous la direction d'insp. gén. des p. et ch. ou des mines) :

« Vu l'art. 9 de la loi du 11 juin 1842, portant : « Des règlements d'admin. publique détermineront les mesures et les dispositions nécessaires pour garantir la police, la sûreté, l'usage et la conservation des chemins de fer et de leurs dépendances ; — Vu la loi du 15 juill. 1845 sur la police des ch. de fer ; — Vu l'ordonn. du 15 nov. 1846, portant règl. d'admin. publique sur la police, la sûreté et l'expl. des ch. de fer ; — Vu l'arrêté min. du 15 avr. 1850, concernant le contrôle et la surv. des voies ferrées ; — Notre conseil d'État entendu, — Avons décrété et décrétons ce qui suit :

Art. 1er. — Le service du contrôle et de la surveillance des chemins de fer est placé sous la direction d'inspecteurs généraux des ponts et chaussées ou des mines.

2. — L'inspecteur général a sous ses ordres des ingén. des p. et ch. et des mines et des inspect. de l'expl. commerciale, dont il centralise le travail.

3. — L'insp. gén. siège avec voix délibérative, pour les affaires concernant son service, dans le conseil gén. des p. et ch., dans le conseil gén. des mines et dans le comité consultatif des ch. de fer.

4. — L'insp. gén. adresse, au min. des tr. publ., un rapport annuel ayant pour objet de rendre compte de la situation du service et de constater notamment : l'état de la voie ; l'état du matériel fixe et du matériel roulant ; le nombre des agents attachés au service de la voie, du mouvement et de la traction, ainsi que l'exécution des règlements relatifs au personnel ; les causes et les circonstances des accidents survenus pendant l'année ; les progrès de l'exploitation technique.

5. — Le rapport de l'inspecteur général est soumis au conseil général des ponts et chaussées, au conseil général des mines et au comité consultatif des chemins de fer, qui donnent, chacun pour ce qui le concerne, leur avis sur les diverses parties du service. — Ce rapport, et, s'il y a lieu, les avis dont il aura été l'objet, sont insérés au *Moniteur*... »

2° *Circ. min. du 27 janv.* 1879 (instituant des ingén. en chef de section, placés sous les ordres des insp. gén. chefs de service du contrôle). — V. *Ingénieurs*, § 3 *bis*.

3° *Décret du 21 mai 1879*, abrogeant celui du 15 févr. 1868. (Inspection et centralisation du contrôle, et rattachement des insp. gén. chefs dudit service au personnel du conseil gén. des p. et ch., ou du C. gén. des mines) :

« Le Président de la République française,—Sur le rapport du ministre des travaux publics,— Vu l'art. 9 de la loi du 11 juin 1842... (comme ci-dessus, décret du 15 févr. 1868) ; — Vu la loi du 15 juillet 1845 sur la police des ch. de fer ; — Vu l'ord. du 15 nov. 1846, portant régl. d'adm. publ. sur la police, la sûreté et l'expl. des ch. de fer ; — Vu l'arr. min. du 15 avril 1850, concernant le contrôle et la surv. des voies ferrées ; — Vu le décret du 15 févr. 1868, plaçant le service du contrôle et de la surv. des ch. de fer sous la direction d'insp. gén. des p. et ch. ou des mines ; — Décrète :

Art. 1er. — L'inspection du service du contrôle et de la surveillance des chemins de fer en exploitation est placée dans les attributions des inspecteurs généraux, appartenant soit au corps des ponts et chaussées, soit au corps des mines.

2. — Le service de ce contrôle est réparti entre les ingén. des p. et ch., les ingén. des mines et les insp. de l'expl. commerciale, dont l'insp. gén. du contrôle centralise le travail.

3. — L'insp. gén. des p. et ch. chargé d'un contrôle d'exploitation est membre du conseil gén. des p. et ch., au même titre que ses collègues de la même classe appelés à faire partie de cette assemblée. — Pour les affaires concernant son propre service, il siège, en outre, avec voix consultative, dans le conseil général des mines.

4. — L'insp. gén. des mines chargé d'un contrôle d'exploitation est membre du conseil gén. des mines, au même titre que ses collègues de la même classe appelés à faire partie de cette assemblée. — Pour les affaires concernant son propre service, il siège, en outre, avec voix consultative, dans le conseil gén. des p. et ch.

5. — Les insp. gén. du contrôle siègent avec voix délibérative, pour les affaires concernant leur service, dans le comité consultatif des ch. de fer.

6. — Les insp. gén. du contrôle adressent au min. des tr. publics des rapports annuels, ayant pour objet de rendre compte de la situation du service et de constater notamment : l'état de la voie ; — l'état du matériel fixe et du matériel roulant ; — le nombre des agents attachés au service de la voie, du mouvement et de la traction, ainsi que l'exécution des règlements relatifs au personnel ; — les causes et les circonstances des accidents survenus pendant l'année ; — les progrès de l'exploitation technique.

7. — Ces rapports sont soumis au conseil gén. des p. et ch., au conseil général des mines, au comité consultatif des ch. de fer et au comité de l'expl. technique, qui donnent, chacun pour ce qui le concerne, leur avis sur les diverses parties du service. — Ces rapports, s'il y a lieu, et les avis dont ils auront été l'objet, seront insérés au *Journal officiel*.

8. — Le décret du 15 février 1868 est abrogé. »

4° *Arr. min. du 12 juin 1879.* (Insp. gén. des p. et ch. ou des mines appelés à faire partie de la commission chargée de surveiller, dans l'intérêt de l'État, tous les actes de la gestion financière des comp.). — V. *Justifications*.

5° *Circ. min. du 15 juin 1879* (adressée aux inspecteurs généraux du contrôle, *au sujet de leurs tournées*) : « Monsieur l'insp. gén., le décret du 21 mai 1879 (V. ci-dessus), qui vient d'assimiler les insp. gén. des p. et ch. ou des mines chargés d'un service du contrôle d'expl. aux autres membres du corps de même grade, a eu en même temps pour but d'introduire dans l'organisation du contrôle des changements considérables, qui sont indiqués dans les articles 1 et 2.

L'article 1er porte que les inspecteurs généraux sont chargés d'*inspecter* le service du contrôle et de la surveillance des chemins de fer.

L'article 2 dit qu'ils doivent *centraliser* le travail des fonctionnaires entre lesquels est réparti le service proprement dit du contrôle.

C'est à dessein que le décret du 21 mai se sert des mots *inspecter* et *centraliser*, au lieu du mot *diriger*, qu'employait le décret du 15 février 1868, maintenant abrogé.

Effectivement les insp. gén. cessent d'être des chefs de service, au sens usuel du mot ; ils deviennent des inspecteurs supérieurs, au même titre que leurs collègues des travaux de ch. de fer ou des routes et de la navigation. Si le décret les charge en outre de *centraliser*, c'est afin de maintenir entre les divers chefs de service, ingén. en chef ou insp. principaux de l'expl. commerciale, l'unité indispensable à toutes les parties d'un même réseau.

Il résultera de là, vous le sentez, des modifications importantes dans les attributions des ingénieurs en chef ou des inspecteurs principaux, et probablement aussi dans la distribution même du service. Mais elles exigent une étude approfondie, dont je ne veux pas préjuger le résultat. Pour le moment, nous laisserons le contrôle fonctionner comme par le passé, et je me borne ici à appeler votre attention sur les devoirs que vous crée le mot *inspecter*, employé, comme je l'ai dit, à dessein, par le décret.

L'intention de l'admin. est, en effet, que vous donniez une plus large part au côté extérieur et actif de votre rôle. Vous devez vous exonérer, autant que possible, du travail proprement dit de bureau, laisser à vos subordonnés toute l'initiative et la responsabilité compatibles avec l'organisation en vigueur, et vous appliquer à surveiller, de votre personne, l'exploitation sur laquelle s'étend votre autorité.

Vous devez vérifier sur place, à la fois, le fonctionnement des chemins de fer et le service de vos propres agents.

C'est par des tournées fréquentes et rapides qu'un tel résultat pourra être atteint. A l'inverse de ce qui se pratique dans le service ordinaire, où l'inspection a lieu à époques régulières, dans l'exploitation des voies ferrées, au contraire, il importe que l'inspection se produise à des dates indéterminées et à l'improviste. L'admin. n'a rien à vous indiquer à cet égard, c'est à vous seul qu'il appartient d'en régler le nombre et la durée. Je pense néanmoins que vous pourriez y consacrer utilement, dans l'année, un nombre de jours équivalent à six semaines ou deux mois.

Pendant vos absences, l'un des ingénieurs en chef attachés à votre contrôle devra être désigné par vous pour vous suppléer dans les commissions ou comités dont vous faites partie.

A la suite de chacune de vos tournées, je désire recevoir un rapport sommaire me faisant connaître le résultat de vos observations. Il conviendra que, dans l'année, chaque bureau d'ingénieur ou d'inspecteur de l'exploitation commerciale ait été visité par vous une fois (1).

Vous apprécierez, je n'en doute pas, monsieur l'inspecteur général, tout l'intérêt qui s'attache au service que je viens d'indiquer, et vous y apporterez le dévouement et le zèle éclairé dont vous avez constamment donné des preuves..... »

6° *Décret du 20 juin 1879* (chargeant les insp. gén. chefs de service du contrôle, des questions d'exploitation commerciale et de gestion financière, précédemment conférées aux anciens *inspecteurs généraux des chemins de fer* établis auprès du min. des tr. publ.) — V. ci-après, § 3. — V. aussi les mots *Commissaires généraux*, *Contrôle*, § 4, *Dépenses* et *Justifications*.

7° *Arr. min. du 21 juin 1879* (Applic. des décrets susmentionnés du 21 mai 1879 et des 12 et 21 juin 1879, conférant aux insp. gén. chefs de service du contrôle, la surv. de la gestion financière et commerciale des compagnies, et le droit de recevoir communication de tous registres et documents et d'assister aux assemblées générales d'actionnaires desdites compagnies, etc., etc.). — V. le mot *Contrôle*, § 4. — V. aussi *Commissaires généraux*, *Dépenses* et *Justifications* (2).

8° *Indications diverses.* (Affaires traitées dans les commissions, comités et conseils, et questions de personnel.) — V. les mots *Comités*, *Commissions*, *Conférences*, *Congés*, *Conseils* et *Personnel*.

Nota. — Au sujet des *congés illimités accordés aux inspecteurs généraux qui s'attachent au service des compagnies*, un décret du 13 janv. 1864 porte les dispositions suivantes : « Vu la disposition du décret d'organisation du corps des p. et ch. et des mines, ainsi conçue : « Le congé illimité est accordé par le ministre, sur la demande des ingénieurs qui se retirent temporairement du service de l'État pour s'attacher au service des compagnies, prendre du service à l'étranger ou pour toute autre cause ». — Art. 1er. — Sauf les cas exceptionnels, sur lesquels nous nous réservons de statuer, les insp. gén. des p. et ch. et des mines mis, sur leur demande,

---

(1) Au sujet des documents à fournir par les insp. gén. des p. et ch. et des mines, soit pour le contrôle des travaux, soit pour le contrôle de l'exploitation des ch. de fer, en ce qui concerne notamment les renseignements d'usage sur le personnel, la circ. minist. adressée le 10 juin 1875 aux insp. gén. des *services ordinaires* des p. et ch. contenait le passage suivant : «... Je n'ai pas fait figurer dans l'état ci-joint les membres du corps des ponts et chaussées et des mines attachés aux compagnies des chemins de fer en exploitation : les renseignements qui les concernent me seront transmis par MM. les inspecteurs généraux, directeurs des services de contrôle de l'exploitation, qui ont toutes facilités pour se les procurer. — V. aussi *Feuilles signalétiques*.

(2) Ledit décret du 21 juin 1879 vise particulièrement celui du 20 juin 1879, délibéré en conseil d'État, qui abroge le décret du 17 juin 1854, relatif à l'institution des anciens insp. gén. des ch. de fer, et qui confère aux insp. gén. des p. et ch. et des mines chargés de l'inspection des services du contrôle des ch. de fer en expl. les attributions appartenant aux *inspecteurs généraux des chemins de fer*, en vertu des dispositions du titre IV des décrets des 2 et 6 mai, 6 juin, 6 août et 20 septembre 1863 et 12 août 1868. — V. *Justifications*.

en congé illimité pour s'attacher au service des compagnies, ne pourront à l'avenir, être remis en activité au service de l'État. — Art. 2. — Le ministre... est chargé, etc., etc. (P. mém.). — V. *Congés* (renouvelables).

Instr. min. du 15 oct. 1881 (sur les attributions générales des fonctionnaires du contrôle ; *Inspecteurs généraux* des p. et ch. et des mines ; ingénieurs en chef ; inspecteurs commerciaux, etc.). — Circ. du min. des tr. publ. du 15 oct. 1881 et instr. y annexée. — V. *Contrôle et surveillance,* § 3 *bis.*

II *bis.* **Nouvelle réorganisation du contrôle.** — *Arr. min. du* 20 *juillet* 1886, réorganisant le contrôle technique et commercial des chemins de fer, au point de vue des attributions des *Inspecteurs généraux des p. et ch. et des mines, chefs de service,* et des divers fonctionnaires placés sous leurs ordres. — Cet arrêté, qui entre autres dispositions, institue des *comités de réseau* et un *comité général* du contrôle, est reproduit *in extenso*, ainsi que le rapport min. à l'appui au mot *Contrôle,* fin du § 3 *bis.* — Son dernier art. est ainsi conçu : — « Art. 9. L'instr. (min.) du 15 oct. 1881, annexée à la circ. du même jour et qui a réglé les attributions des fonctionnaires du contrôle de l'expl. des ch. de fer, est rapportée en ce qu'elle a de contraire au présent arrêté.» — V. aussi *Comptabilité, Personnel* et *Surveillance* (technique).

III. Anciens inspecteurs généraux des chemins de fer (*étrangers au corps des ponts et chaussées et des mines*), établis auprès du ministre des travaux publics pour la surveillance de l'exploitation commerciale et le contrôle de la gestion financière des compagnies de chemins de fer. — (Décret du 17 juin 1854, abrogé par celui du 20 juin 1879, qui confère les attributions ci-dessus énoncées aux *inspecteurs généraux des ponts et chaussées et des mines chargés du contrôle.*) — (V. ci-dessus, § 2, 6° et 7°.) — V. aussi le *Nota* ci-après :

Nota. — Les inspecteurs gén. de ch. de fer, créés par l'art. 1er du décret précité du 17 juin 1854, avaient les attributions suivantes, savoir :

« Art. 2 (même décret). — Ces inspecteurs sont membres du comité consultatif des ch. de fer ; ils forment une section permanente de ce comité, pour toutes les questions concernant l'expl. commerciale ou la gestion financière des compagnies. — Cette section est présidée par le ministre, et, à son défaut, par le dir. gén. des ch. de fer, ou par le plus âgé des inspecteurs généraux. — Deux auditeurs au conseil d'État, attachés au min. de l'agr., du comm. et des tr. publ., sont membres de cette section avec voix consultative. — L'un d'eux remplit les fonctions de secrétaire.

3. — La section permanente donne son avis, sur le rapport écrit de l'un de ses membres, dans toutes les affaires qui lui sont renvoyées par le ministre, notamment en ce qui concerne : 1° L'établissement des tarifs et leur application ; — 2° Les traités particuliers et les conventions internationales relatifs à l'exploitation ; — 3° Les émissions d'obligations ; — 4° Les questions de prêts ou subventions, de garanties d'intérêt aux compagnies ou de partage de bénéfice avec l'État.

4. — La section permanente adresse, chaque mois, au ministre, un rapport sur la situation comm. et financ. des comp., accompagné de tous les documents statistiques sur la circulation des voyageurs et des marchandises. — Les rapports mensuels sont résumés, chaque année, dans un rapport général adressé au ministre.

5. — Les inspecteurs généraux font l'inspection des lignes de fer qui leur sont désignées par le ministre, et recueillent tous les renseignements propres à éclairer l'admin. supér. sur les matières énoncées en l'art. 1er du présent décret.

6. — Ils sont délégués par le ministre, pour procéder à toutes les informations ou enquêtes sur des questions ou des faits spéc. d'exploitation. — Ils peuvent être chargés de toutes missions concernant le service des ch. de fer.

7. — Les inspecteurs généraux exercent les fonctions attribuées aux commissaires du gouvernement par les décrets et ordonnances, en ce qui concerne la gestion financière des compagnies qui ont obtenu de l'État, soit un prêt ou une subvention, soit une garantie d'intérêt, ou avec lesquelles l'État est appelé à un partage de bénéfices.

8. — Les inspecteurs généraux sont au nombre de cinq. (Chiffre porté à six par décret du 22 juin 1863.) — Ils résident à Paris. — Leur traitement annuel est de 10,000 fr. (porté plus tard à 12,000 fr.), non compris leurs frais de tournée. »

IV. — **Inspecteurs principaux et particuliers de l'exploitation commerciale** (attachés à la surv. admin. des ch. de fer). — Les attributions de ces fonctionnaires, institués par décret du 20 mars 1848 et chargés, sous la direction des chefs de service du contrôle, d'une partie des attributions des anciens commissaires royaux dénommés à l'ord. de 1846 (V. *Commissaires généraux*), ont été successivement établies par les décrets, circ. et règl. résumés ou rappelés ci-après :

1° *Arr. min.* 15 *avril* 1850 (Extr.). — « Art. 4. Le contrôle et la surv. s'exercent sous les ordres des ingén. en chef (aujourd'hui insp. gén. du contrôle) : 1°.....; 2° pour la vérification des tarifs, la surveillance des opérations commerciales, ainsi que pour l'établissement de la statistique des recettes et dépenses et du mouvement de la circulation, par les inspecteurs de l'exploitation commerciale.

« *Art.* 5. Les commiss. de surv. admin. sont chargés de surveiller les détails de l'exploitation technique et commerciale ; ils sont placés sous les ordres des ingén. ordinaires et des *inspecteurs de l'exploitation commerciale*, et correspondent avec eux pour ce qui concerne leurs attributions respectives. »

(Extr. de la *circ. min. du* 15 *avril* 1850, portant envoi de l'arr. min. de même date aux préfets, et, par ampliation, aux chefs du contrôle) : « Les *inspecteurs de l'exploitation commerciale* vérifient les propositions faites par les compagnies, pour l'application ou la modification des tarifs, et surveillent la perception des taxes et frais accessoires ; ils constatent le mouvement de la circulation, les dépenses et les recettes de l'exploitation ; ils sont consultés, au point de vue des intérêts du public et des localités desservies par le ch. de fer, sur la fixation des heures de départ et d'arrivée. »

2° *Décret du 26 juillet* 1852 (organisant l'institution des inspecteurs principaux et particuliers de l'exploitation commerciale) :

« Art. 1er. — Les inspecteurs de l'exploitation commerciale des chemins de fer exercent, sous la direction des ingén. en chef chargés du service de contrôle (aujourd'hui insp. gén.), la surveillance de l'exploitation commerciale et des opérations financières des compagnies concessionnaires.

« Ils sont spéc. chargés de vérifier les propositions des comp. touchant l'applic. ou la modific. des tarifs, la perception des taxes et des frais accessoires, les conventions et traités passés par les comp. avec les expéditeurs et entrepr. de transports ; de constater le mouvement de la circulation, les dépenses et les recettes de l'exploitation, etc.

« Ils sont consultés sur la fixation des heures de départ et d'arrivée des convois, sur l'organisation du service des trains et sur les règlements de service et d'exploitation des compagnies, toutes les fois que les dispositions de ces règlements se rapportent à des objets placés dans leurs attributions.

« 2. — Les inspecteurs de l'exploitation commerciale sont divisés en deux grades : inspecteurs principaux, inspecteurs particuliers.

« Les inspecteurs principaux centralisent les affaires et coordonnent les documents statistiques pour l'ensemble des lignes de chemins de fer auxquelles ils sont attachés.

« Les inspecteurs particuliers correspondent avec les inspecteurs principaux, et sont placés sous leur direction immédiate.

« Les inspecteurs principaux et particuliers ont sous leurs ordres, pour tout ce qui concerne les détails de leur service, les commissaires et les sous-commissaires de surveillance administrative des chemins de fer (1).

_____

(1) Cette disposition est conforme à celle déjà insérée dans l'arrêté min. précité du 15 avril 1850 et dans la circ. min. de même date, portant organisation du service du contrôle. — Depuis le décret ci-dessus du 26 juillet 1852, les sous-comm. de surv. ont été remplacés par les commiss. de 4e classe. — V. aussi art. 51, 52, 53, ordonn. de 1846.

« 3.— Le traitement des inspecteurs principaux et particuliers est fixé : pour les inspecteurs principaux, à 5,000 fr. par an, et pour les inspecteurs particuliers, à 4,000 fr.

« Il leur est accordé, en outre, pour frais de tournées et de bureau, une indemnité qui est fixée par un règlement particulier.

« 4. — Les inspecteurs principaux sont pris parmi les inspecteurs particuliers ayant deux années au moins de service en cette qualité, ou parmi les fonctionnaires de l'ordre civil ou militaire comptant la même durée de service.

« 5. — Les inspecteurs principaux et particuliers sont nommés et révoqués par le ministre des travaux publics ; leur nombre est réglé d'après les besoins du service et les allocations du budget..... »

Frais de tournées, de bureau, etc. — D'après un arr. min. du 27 août 1852, l'indemnité « de frais de tournées, frais d'écritures, loyers et fournitures de bureau » des insp. de l'expl. comm., a été réglée, savoir : « pour les inspecteurs principaux, sur le pied de 2,500 fr. par an ; — pour les inspecteurs particuliers, sur le pied de 1500 fr. par an. » (Art. 1er.) — « Cette indemnité sera payée par douzièmes, d'après des mandats individuels dressés par l'ingén. en chef du service, et imputée sur les fonds affectés au contrôle et à la surv. des ch. de fer. » (Art. 2.)

Augmentation des frais fixes des inspecteurs principaux. — (Ext. d'une déc. minist. du 12 juin 1857.) « J'ai décidé que les indemnités annuelles allouées à titre de frais de bureau et de tournées aux insp. princ. de l'expl. comm. des chemins de fer, en résidence à Paris, seront réglées uniformément à 4,000 fr. » Cette mesure a eu son effet à dater du 1er juin 1857. — *Voir aussi Frais divers.*

Circonscriptions. — La circ. min. du 4 août 1852, portant envoi du décret du 26 juillet précédent, ajoutait ce qui suit : — L'insp. principal a attribution sur l'ensemble des lignes comprises dans son inspection, et il est chargé, sous la direction de l'ingén. en chef du contrôle, de toute la partie économique et commerciale ; il est secondé par un ou plusieurs inspecteurs particuliers, ayant une circonscription déterminée et correspondant directement avec l'inspecteur principal, pour tout ce qui touche aux attributions propres à ces fonctionnaires. — L'insp. principal remet, aux époques fixées, à l'ing. en chef du contrôle (V. ci-dessus), les rapports, propositions et documents relatifs à son service, et ce dernier les transmet directement au ministre en y joignant son avis et ses observations. »

Rapports mensuels. — « Les rapports, soit de quinzaine, soit mensuels, des insp. particuliers seront joints aux rapports mensuels de l'insp. principal, afin que l'ingén. en chef du contrôle puisse les transmettre au ministre, ainsi que les autres documents de la même nature (Circ. min. du 24 mai 1854.)

Envoi des rapports. — Une circ. min. du 19 avril 1853 a recommandé de présenter les rapports des insp. commerciaux « de façon qu'à première vue, on connaisse et la qualité du fonctionnaire qui les a rédigés et l'objet qu'ils traitent. Il convient, à cet effet, que, outre les indications marginales ordinaires, la tête de chaque rapport soit conçue ainsi qu'il suit :

« Rapport   { principal. . . . . { de l'exploitation { du . . . . }
de l'inspecteur { particulier. . . . }   commerciale   { attaché au . . . }   « arrondissement,
sur (indiquer ici l'objet du rapport).

« Les rapports, comme les lettres officielles, doivent porter, avec la date, la signature du rédacteur, précédée de sa qualité. »

Par la même circ., le min. a recommandé aux chefs de service du contrôle « de continuer à lui envoyer très exactement tous les rapports, quel que soit l'objet qu'ils traitent, qui leur sont transmis par les insp. de l'expl. comm. Outre l'intérêt que le ministre attache à connaître tous les faits du service de l'expl. des ch. de fer et les observations auxquelles elle peut donner lieu, l'examen des rapports le mettra à même d'apprécier le degré de soin et d'aptitude que ces fonctionnaires apportent dans l'exercice de leur surveillance. Il est bien entendu, d'ailleurs, que les chefs du contrôle devront toujours mentionner, à la suite des rapports dont il s'agit, leurs observations personnelles et leur avis. ».

Insp. principal chargé de l'interpr. de la jurispr. — Un arr. min. du 8 avril 1862 a institué près du min. des tr. publ. un nouvel emploi d'insp. princip. des ch. de fer. — « Le nouvel inspecteur sera spéc. chargé de réunir les jugements ou arrêts rendus par les tribunaux et Cours, en matière d'expl. de ch. de fer, de recueillir tous les faits relatifs aux contestations qui concernent ces jugements ou arrêts ; il en rendra compte au ministre en lui donnant son avis sur la question de savoir s'ils sont conformes, soit aux règles de la compétence, soit aux décis. min. qui ont homologué les tarifs, et s'il y aurait lieu, en conséquence, à ce point de vue, d'en provoquer la réformation.—Ledit inspecteur sera, pour l'objet de sa mission, mis en relation directe avec les compagnies et avec les services du contrôle; il correspondra directement avec le ministre. »

Nouvelles conditions d'admission et de service des insp. commerciaux. — V. ci-après.

IV *bis*. — Instr. min. gén. du 15 oct. 1881, *sur le rôle et les attributions des fonctionnaires du contrôle.* — (Extr. en ce qui concerne les *attributions des inspecteurs de l'exploitation commerciale.*)— « Les inspecteurs principaux exercent, sous les ordres de l'insp. gén. (du contrôle), la surv. de l'expl. commerciale; ils sont spéc. chargés d'examiner les propositions des compagnies touchant les tarifs et les taxes accessoires, ainsi que les conventions conclues entre les comp. et les entrepr. de transports; de constater le mouvement de la circulation, les dépenses et les recettes de l'expl., de donner leur avis sur l'organisation du service des trains au point de vue commercial, et sur les régl. des comp. dont les dispositions se rapportent à des objets placés dans leurs attributions (Décret du 26 juillet 1852).

Ils adressent à l'insp. gén. (du contrôle) des rapports mensuels sur la marche du service. Ces rapports doivent comprendre notamment un relevé des recettes effectuées pendant le mois (avec la comparaison de ces recettes et de celles du mois correspondant de l'année précédente), la liste des tournées du mois (avec indication des observations faites au cours de ces tournées), et le résumé des communications qui auraient été faites aux préfets sur leur demande, ainsi que de la suite qui aurait été donnée à ces communications. Ils sont accompagnés des rapports mensuels des inspecteurs particuliers. (Circ. min. 4 févr. 1853, 24 mai 1854, 19 juillet 1854 et 12 oct. 1854.)

Ils lui envoient également : les états mensuels, trimestriels et annuels du trafic (circ. min. 13 oct. 1849, 6 avril 1852, 3 juillet 1854, 17 avril 1855 et 24 déc. 1855); des rapports sur toutes les affaires autres que celles qui sont énumérées ci-dessous, et pour lesquelles ils peuvent correspondre directement avec le ministre, notamment les notes sur le personnel placé sous leurs ordres.

Ils adressent directement au ministre leurs rapports sur les propositions des compagnies tendant à l'applic. des traités de factage, camionnage, correspondance et réexpédition; l'insp. gén. n'étant consulté que lorsque l'admin. centrale le juge utile. — Ils envoient, de même, au ministre les rapports sur les plaintes et réclamations du public, concernant le service commercial, et sur les délits de droit commun constatés par les commiss. de surv. admin.

Ils notifient à la compagnie les arrêtés pris par les préfets pour publier les tarifs homologués, et ils visent les feuilles imprimées contenant ces tarifs (arr. min. 15 avril 1850 et circ. min. 15 avril 1854).

Ils font de fréquentes tournées et doivent visiter, au moins deux fois par an, toute l'étendue de leur section.

Attributions des insp. particuliers de l'expl. comm. — Les inspecteurs particuliers sont placés sous les ordres des inspecteurs principaux et leur servent d'auxiliaires pour l'instruction des affaires.

Ils font de fréquentes tournées et doivent visiter, au moins quatre fois par an, les gares de leur arrondissement.

Ils adressent à l'inspecteur principal des rapports mensuels sur la marche du service (circ. min. 4 févr. 1853, 24 mai 1854, 19 juillet 1854 et 12 oct. 1854) et des résumés apostillés des rapports décadaires des commiss. de surv. adm. Les rapports mensuels contiennent un relevé des tournées du mois, avec indication des observations faites au cours de ces tournées. » (V. le texte complet de l'instr. min. du 15 oct. 1881 et de la circ. d'envoi, au mot *Contrôle*, § 3 *bis*.)

Nouvelle réorganisation du contrôle technique et commercial des ch. de fer. — Arr. min. du 20 juillet 1886 et rapport à l'appui, insérés *in extenso*, au mot *Contrôle*, § 3 *bis*. — Entre autres dispositions, cet arrêté a placé sous les ordres de l'insp. gén. du contrôle et *auprès de lui*, comme chefs de service : 1° (*Ingénieurs en chef*)..... ; 2° *un ou deux inspecteurs principaux de l'expl. commerciale*. — Il institue, en outre, des *comités de réseau* et un *comité général* du contrôle. — Enfin, il abroge l'inst. min. du 15 oct. 1881 (dont extr. est reproduit ci-dessus) en ce qu'elle a de contraire à l'arrêté concernant la nouvelle organisation.

CONDITIONS A REMPLIR ET CONCOURS POUR L'EMPLOI D'INSPECTEUR DE L'EXPL. COMMERCIALE. — *Epreuves et conditions d'admission.* — (Arr. min. du 10 février 1878 relatif aux conditions d'admission aux emplois d'insp. de l'expl. commerciale et de comm. de surv. adm. des ch. de fer.) — « Le min. des tr. publ., vu les art. 51, 52 et 53 de l'ord. du 15 nov. 1846, le décret du 26 juillet 1852, relatifs aux insp. de l'expl. comm. des ch. de fer ; — vu les art. 57, 58 et 59 de l'ord. du 15 nov. 1846, l'arrêté du chef du pouvoir exécutif, du 29 juillet 1848, la loi du 27 février 1850, les décrets des 27 mars 1851, 22 mars 1852, 22 juin 1855 et 10 sept. 1876, relatifs aux comm. de surv. adm; vu les décrets des 22 juin 1863 et 22 nov. 1866, relatifs aux insp. de l'expl. comm. et aux comm. de surv. admin. (V. *Retraites*) ; — En attendant qu'il ait pu être statué par un régl. d'admin. publique ; — sur la proposition du conseiller d'Etat secr. gén., — Arrête :

TITRE Ier. — DES INSPECTEURS DE L'EXPL. COMMERCIALE DES CH. DE FER.

Art. 1er. — Les insp. principaux de l'expl. commerciale sont pris exclusivement parmi les inspecteurs particuliers comptant au moins trois ans de service en cette qualité. — La moitié des places d'insp. particuliers est réservée aux commiss. de surv. admin. de 1re classe, comptant au moins trois ans de service dans cette classe ; l'autre moitié est donnée au concours.

2. — Les places données au concours ne peuvent être attribuées qu'à des candidats agréés par le ministre et portés sur la liste d'admissibilité dressée à la suite d'un examen, conf. aux articles 3 et 4 du présent arrêté. — Les deux tiers des places données au concours sont réservées aux anciens officiers des armées actives de terre et de mer, à moins d'insuffisance du nombre ou du mérite des candidats de cette catégorie. — Les anciens officiers doivent avoir au plus cinquante-sept ans avant le 1er janvier de l'année de l'examen. Les autres candidats devront avoir trente ans au moins et trente-neuf ans au plus avant le 1er janvier de l'année où ils se présenteront. — Nul ne peut être admis plus de deux fois à subir l'examen.

3. — Les candidats doivent faire parvenir au ministère, deux mois avant l'époque fixée pour l'examen, leur demande accompagnée des pièces établissant leur qualité de Français, leur âge, leurs services et leurs antécédents.

4. — Les examens consistent en plusieurs épreuves écrites, portant sur les matières suivantes : — Rédaction de rapports sur affaires de service ; — Arithmétique et comptabilité commerciale ; — Géographie de la France ; — Législation des chemins de fer : notions de droit commercial ; — Notions d'exploitation commerciale des chemins de fer : tarifs, transports et trafic. — Un arrêté min. ultérieur fixera le programme des examens et en réglera les conditions. (V. ci-après.)

5. — Le ministre désignera chaque année les membres de la commission d'examen chargée d'établir la liste d'admissibilité. — Elle comprendra : — Le secr. gén. du ministère des tr. publ., président ; — Le dir. des ch. de fer ; — Un insp. gén., directeur du contrôle ; — Un ingén. en chef ou ord. des p. et ch., attaché au contrôle ; — Un ingén. en chef ou ord. des mines, attaché au contrôle ; — Un insp. principal ou particulier de l'expl. comm. — Cette commission dressera une liste spéciale d'admissibilité pour chacune des deux catégories de candidats.

TITRE II. — DES COMMISSAIRES DE SURV. ADMIN. DES CHEMINS DE FER.

Art. 6 à 11. — V. *Commissaires* et *Examens*.

PROGRAMME ET CONDITIONS D'EXAMEN ET D'ADMISSION. — *Inspection commerciale des chemins de fer* (arr. min. du 1er mars 1878) : — « Le min. des tr. publ. — vu le titre 1er de l'arrêté du 10 févr. 1878, fixant les conditions d'entrée et d'avancement dans le corps des insp. de l'expl. comm. des ch. de fer, et spéc. les dispositions ainsi conçues (suivait le texte des art. 2, 3 et 4 de l'arrêté précité, du 10 févr. 1878 ; v. ci-dessus). — Sur la proposition du conseiller d'Etat secr. gén. — Arrête :

Art. 1er. — Un examen a lieu, aux époques déterminées par le ministre, pour l'admission aux emplois d'inspecteur particulier de l'exploitation commerciale. Il consiste en plusieurs épreuves écrites. L'époque et le lieu des examens sont fixés par le ministre et portés à la connaissance des candidats par un avis inséré au *Journal officiel*.

Art. 2. — Les demandes d'admission à l'examen doivent être adressées au ministre des travaux publics, au moins deux mois avant l'époque fixée pour l'examen. — Elles seront accompagnées : 1° D'une expédition authentique de l'acte de naissance du candidat et, s'il y a lieu, d'un certificat établissant qu'il possède la qualité de Français ; 2° D'un certificat de moralité, délivré par le maire du lieu de la résidence et dûment légalisé : — 3° D'une note faisant connaître les antécédents du candidat et les études auxquelles il s'est livré ; — 4° De l'acte constatant qu'il a satisfait à la loi sur le recrutement ; — 5° Des états de services, diplômes, certificats, etc., qui auraient pu lui être délivrés ou des copies de ces pièces, dûment certifiées.

Art. 3. — (Programme et valeur relative des connaissances exigées). — V. *Examens.*

Questions diverses (ressortissant au service des insp. de l'expl. commerciale) : Vérification, de tarifs, de traités, de registres ; — Rapports à fournir ; — Affaires de personnel, etc., etc. — V. *Affichage, Commissaires, Contrôle, Marchandises, Personnel, Propositions, Publicité, Rapports, Réclamations, Registres, Retraites, Statistique, Tarifs, Trafic, Uniforme, Voyageurs,* etc.

V. Inspecteurs spéciaux de police (dépendant du ministère de l'intérieur). — 1° Décret du 22 février 1855 portant création de commissaires spéciaux et d'inspecteurs de police (V. *Commiss. de police.*) — 2° Id. du 6 mars 1875, créant des inspecteurs de police auxiliaires. (V. *Police,* § 4.) — 3° Programme d'examen et d'admission aux fonctions de commissaire ou d'inspecteur de police. (V. *Police,* § 4.) — 4° Réquisitions pour transport des inspecteurs de police. — V. *Libre circulation.*

VI. Inspecteurs divers. — 1° *Inspecteurs des finances* chargés de la vérification des comptes des compagnies (décret du 2 mai 1863, art. 26) (V. *Commissaires généraux* et *Justifications*). — 2° Inspecteurs du service médical (V. *Appareils de secours* et *Médecins*). — 3° Inspecteurs de l'exploitation et du mouvement (service des compagnies). (V. *Exploitation* et *Mouvement.*) — Id. Traction. V. ce mot.

VII. Inspection du travail des enfants dans les manufactures et ateliers. (Participation des ingénieurs et indications diverses.) — V. *Manufactures.*

INSTANCES JUDICIAIRES.

Formalités. (Questions de compétence, etc.) — V. *Assignations, Compétence* et *Tribunaux.*

Simplifications. (Vœux de la comm. d'enquête, 1863.) — V. *Enquêtes.*

INSTITUTEURS.

I. Demande du tarif à demi-place en faveur des instituteurs primaires. — Circ. adressée le 27 nov. 1878 aux adm. des six gr. comp. de ch. de fer, par le min. des tr. publ.

« Messieurs, l'administration a été saisie, à divers reprises, de vœux, tendant à ce que les instituteurs primaires des deux sexes jouissent sur les chemins de fer de la faveur du tarif à demi-place accordée à certaines congrégations religieuses.

Vous ne pouvez certainement être que très sympathiques à une catégorie de fonctionnaires qui rendent à la population les plus utiles services, et que leur situation modeste rend dignes de tout intérêt.

En vous transmettant ces vœux, j'ai donc l'espoir que vous examinerez la question avec le désir de la résoudre dans un sens favorable au sentiment public et que vous chercherez, dans la mesure compatible avec vos légitimes intérêts, à vous associer au grand mouvement d'opinion qui se manifeste en faveur de l'enseignement primaire.

Il est bien entendu, d'ailleurs, que ces fonctionnaires, dans le cas où vous leur accorderiez le bénéfice de la mesure réclamée par eux, n'en profiteraient que pour les besoins du service et sur la demande officielle de leur chef hiérarchique.

Il est bien entendu, également, que ce fait ne constituerait pas un précédent pour d'autres catégories de fonctionnaires. »

Premières mesures adoptées en faveur des instituteurs (sur les propositions présentées par les compagnies à la suite de l'invitation min. du 27 nov. 1878) :

1° *Arrêté du 23 juin 1879*, pris par le min. de l'instr. publ. et des beaux-arts, réglant les conditions auxquelles les instituteurs pourront voyager sur les ch. de fer d'après le tarif de demi-place : *P. mêm.* — Le dit arrêté, d'après les propositions des compagnies, avait apporté certaines restrictions et établi diverses formalités obligatoires, en ce qui concerne : 1° les fonctions admises au bénéfice de la réduction de prix ; 2° la définition des motifs de déplacement pour le service des instituteurs (ou institutrices) primaires publics ; 3° la forme dans laquelle la réduction du demi-tarif serait demandée. — L'omission de quelques-unes de ces formalités dans la délivrance des billets à demi-place avait donné lieu à la circ. de rappel suivante, adressée en mai 1880 par le min. de l'instr. publ. aux insp. d'académie qui étaient chargés concurremment avec les inspecteurs primaires du ressort, d'accorder les autorisations nécessaires ;

2° *Circ. min.*, mai 1880 (Instr. publ.). — Aux inspecteurs d'académie. — « Monsieur l'inspecteur, le directeur d'une des grandes comp. de ch. de fer vient d'appeler mon attention sur les conséquences que pourrait avoir l'omission d'indications précises sur les demandes de voyage à demi-tarif faites en faveur des instituteurs. — La pièce qui m'a été transmise à l'appui de cette réclamation ne porte, en effet, que le nom de l'instituteur, et le motif de son voyage, sans spécifier ni le lieu de résidence ni la gare d'arrivée. De telles omissions sont contraires aux textes de la convention intervenue entre mon admin. et les comp. de ch. de fer, et peuvent devenir une source de difficultés et même d'abus qu'il importe de prévenir. — Veuillez, je vous prie, recommander à MM. les inspecteurs primaires de vouloir bien, à l'avenir, ne délivrer aucune carte de voyage sans que toutes les formalités règlementaires aient été exactement remplies. »

3° *Extension des autorisations*. (Circ. min. tr. publ. 19 nov. 1883, aux préfets, notamment à celui de Seine-et-Oise. — « Monsieur le préfet, vous m'avez transmis une délibération par laquelle le conseil général de Seine-et-Oise émet le vœu que les instituteurs et les institutrices laïques, adjoints et adjointes, soient admis à voyager, sur les chemins de fer, pendant toute l'année en bénéficiant de la réduction de 50 pour 100 accordée depuis longtemps aux instituteurs congréganistes des deux sexes.

« L'assimilation entre les instituteurs et les institutrices laïques et congréganistes existe complètement aujourd'hui. En effet, il a été entendu avec les comp. de ch. de fer, ainsi que je l'ai déclaré à la Chambre des députés, le 26 juillet dernier, que tout instituteur pourra voyager à demi-place aussi souvent qu'il le voudra, à la seule condition d'avoir une autorisation de l'inspecteur d'Académie.

« Veuillez, je vous prie, donner connaissance de la présente au conseil général de votre département, lors de sa prochaine réunion. »

4° *Dispositions actuellement en vigueur*. — Circ. min. Instr. publ., 26 mai 1884 et documents divers. — V. ci-après.

II. Conditions d'application du demi-tarif (*en faveur des instituteurs et institutrices primaires, adjoints et adjointes*). — Circ. adressée le 26 mai 1884, aux préfets par le min. de l'instr. publique : « Monsieur le préfet, M. le min. des tr. publ. vient de me donner l'assurance qu'il est aujourd'hui parfaitement entendu, avec les comp. de ch. de fer, que les instituteurs et institutrices primaires pourront désormais voyager à demi-tarif, aussi souvent qu'ils le voudront, et non plus seulement deux fois par an comme par le passé, à la seule condition d'avoir une autorisation de l'inspecteur d'académie ou de l'inspecteur primaire. Mais cette autorisation, pour être valable, devra être donnée dans les formes suivantes, qui sont absolument de rigueur et dont l'inexécution entraînerait *ipso facto* la nullité du bon de demi-tarif.

En aucune circonstance et sous aucun prétexte, l'inspecteur ne devra délivrer plusieurs autorisations par avance et en bloc.

Pour chaque autorisation donnée spécialement (et, le cas échéant, avec bon distinct pour l'aller et le retour), l'inspecteur veillera à ce que toutes les indications de la demande de demi-place, laissées en blanc sur le modèle de carte dressé par les compagnies et que vous trouverez ci-joint, soient exactement remplies. — V. le *nota* ci-après.

La demande de demi-place devra être datée et signée de la propre main de l'inspecteur, l'emploi d'une griffe étant formellement interdit.

Sur la carte, le motif des déplacements, en dehors d'une affaire de service, sera énoncé en ces termes : « Permission régulière ».

Mon collègue insiste vivement sur la nécessité de la stricte observation des règles ci-dessus exposées. De nombreux abus se sont produits, des fraudes même ont été commises; des personnes absolument étrangères au département de l'instruction publique ont obtenu des compagnies des billets de demi-place, avec des bons qui leur avaient été prêtés par des instituteurs. De semblables faits ne sauraient se renouveler, sans compromettre le maintien de la faveur accordée. Je vous prie donc d'adresser à qui de droit, sur ce point particulier, les recommandations les plus formelles. — Recevez etc. (1).

Nota. — La circ. min. précitée du 26 mai 1884, était accompagnée du MODÈLE de la carte portant demande de demi-place, sur les chemins de fer, en faveur des instituteurs (ou institutrices) primaires publics. — Mais ce modèle ayant été modifié par une autre formule que l'on trouvera plus loin, à la suite de la circ. min. tr. publ., 15 juillet 1885, nous ne le mentionnerons que *pour mémoire.*

Circ. min. 13 juill. 1884 (adressée aux préfets par le min. de *l'instr. publ.* — Modification du modèle de carte annexé à la circ. min. du 26 mai 1884, ayant pour objet de faire ajouter après le nom et la résidence du titulaire, la mention *du département* dans lequel se trouve cette résidence). — *P. mém.* Voir le modèle définitif, annexé à la circ. min. du 15 juillet 1885 (instr. publ.), notifiée aux compagnies par circ. min. 29 juillet 1885 (tr. publ.).

Demi-tarif étendu aux élèves-maîtres des écoles normales (et cartes photographiques à présenter par les divers titulaires). — Circ. du 15 juillet 1885, adressée par le ministre de l'instr. publique aux préfets. — V. *ci-après* :

Circ. min. 15 juillet 1885, adressée aux préfets par le min. de l'instr. publ. (Nouvelles formalités pour la délivrance des bulletins de demi-place). — Extension de la mesure aux *élèves maîtres des écoles normales.* — Présentation par le titulaire d'une carte photographique revêtue de sa signature et de celle de l'inspecteur d'académie ou de l'insp. primaire.

« Monsieur le préfet, en vue de prévenir les irrégularités auxquelles a trop souvent donné lieu la délivrance des bulletins de demi-place aux instituteurs et institutrices primaires publics, et en même temps, pour simplifier ce service, j'avais fait demander aux compagnies de chemins de fer, par l'entremise de mon collègue des travaux publics, de consentir à ce qu'une carte permanente et annuelle, contenant leur photographie, fût remise aux instituteurs, carte sur le vu de laquelle ils auraient joui de la réduction consentie en leur faveur.

Mes démarches n'ont point abouti. Les compagnies ont répondu qu'avec un titre de cette nature, il ne resterait aucune trace des voyages effectués par les instituteurs et que rien ne s'opposerait à ce que, en dehors de toute autorisation de leurs supérieurs hiérarchiques et même après avoir cessé leurs fonctions, ils ne réclamassent encore la faveur du prix réduit.

Les compagnies ont toutefois consenti à une simplification d'écritures, résultant de la délivrance d'une sorte de feuille de route extraite de carnets à souche, préalablement timbrés par l'une d'elles, ainsi qu'il sera expliqué ci-après.

Au lieu de bulletins distincts pour l'aller et le retour, et suivant les réseaux, une seule carte suffira désormais pour toute la durée du voyage, fût-il effectué sur des lignes appartenant à des compagnies différentes.

(1) En portant cette circ. de M. le min. de l'instr. publ. et des beaux-arts à la connaissance des admin. des compagnies, son collègue, M. le min. des trav. publ. a fait suivre cette communication des observations suivantes (circ. min. 13 juin 1884) : « Messieurs, M. le ministre de l'instr. publique et des beaux-arts vient d'adresser aux préfets une circulaire, par laquelle il leur fait connaître les conditions auxquelles est subordonnée l'application du demi-tarif au transport, *en tout temps,* des instituteurs et institutrices primaires. — Cette circulaire, dont vous trouverez ci-joint un exemplaire, prescrit la stricte observation des règles arrêtées, d'un commun accord, en vue de prévenir les abus qui s'étaient produits ; elle donne ainsi complète satisfaction aux comp. de ch. de fer. — Rien ne s'oppose plus, dès lors, à ce que le nouveau régime, applicable à la circulation des instituteurs primaires sur les voies ferrées, soit mis immédiatement en vigueur ; et je vous prie, en conséquence, de donner sans retard, à cet effet, des instructions précises à votre personnel..... »

Le porteur devra être muni de sa photographie, revêtue de sa signature et de celle de l'inspecteur d'académie ou de l'inspecteur primaire.

Le délai de validité étant étendu à deux mois, les inspecteurs pourront être saisis à l'avance des demandes qui affluent, en si grand nombre, au moment des congés de Pâques et des grandes vacances, de façon à avoir un loisir suffisant pour établir les cartes et les envoyer aux destinataires.

Afin de prévenir les difficultés résultant de l'extension parfois abusive de la faveur du demi-tarif accordée aux instituteurs et aux institutrices primaires publics, les compagnies ont déclaré expressément qu'elles repoussaient toute assimilation (1). — En ce qui concerne les élèves-maîtres des écoles normales, elles ont cependant consenti, sur mes instances, à maintenir le bénéfice de la réduction de prix à l'élève-maître chargé de classe à l'école annexe, au moment des congés prévus. Si l'école annexe comporte réglementairement plusieurs classes, chaque élève-maître chargé d'une de ces classes bénéficiera de la réduction de prix dans les mêmes conditions. La carte photographique est également obligatoire pour les élèves-maîtres.

Pour que le nouveau système puisse fonctionner lors des prochaines vacances, j'ai fait établir d'urgence un certain nombre de carnets que je vous envoie, avec recommandation d'en faire, dès maintenant, confectionner d'autres en quantité suffisante pour n'être pas pris au dépourvu. Car désormais mon département n'aura pas à se charger de cette fourniture, pas plus que de la dépense qu'elle occasionnera. Les carnets, d'où la carte de voyage sera détachée et auxquels la souche demeurera adhérente, doivent être préalablement revêtus du timbre de la compagnie à laquelle appartient la principale gare desservant le chef-lieu du département. L'inspecteur d'académie aura donc à les envoyer en temps utile, par l'intermédiaire du chef de gare, à la compagnie, qui les lui renverra timbrés. Il n'en sera remis de nouveaux qu'en échange d'un nombre égal de carnets épuisés, munis de l'intégralité de leurs souches dûment remplies et transmis de même à la direction de la compagnie, par l'intermédiaire du chef de gare.

Sur les carnets que je vous envoie, je n'ai pu faire imprimer le nom du département. Cette indication devra donc être, pour cette fois, remplie à la main. Vous la ferez imprimer à l'avenir. Quant au nom de la compagnie, laissé en blanc dans le texte du modèle et qui s'applique à la compagnie de départ, il devra être rempli A LA MAIN DANS CHAQUE CAS.

Vous voudrez bien, en portant ces dispositions à la connaissance des instituteurs et institutrices primaires publics, les inviter à présenter sans retard leurs photographies au visa des inspecteurs de leur circonscription. Le visa de l'inspecteur et la signature du porteur devront être placés au bas de la photographie.

Provisoirement et jusqu'au 31 octobre prochain, pour les voyages à effectuer sur un seul et même réseau, vous pourrez utiliser les imprimés actuels dont il resterait un certain stock, étant bien entendu que les anciennes formules seront employées, comme précédemment, à raison d'un exemplaire pour chaque trajet. Dans tous les cas, les instituteurs et institutrices ou les élèves-maîtres chargés de classe à l'école annexe *devront être munis de leur photographie dûment visée*, ainsi qu'il a été dit plus haut..... »

Circ. min. 29 *juillet* 1885, (tr. publ.) — Notification aux adm. des comp., de la circ. min. précédente, 15 juillet 1885, du min. de l'inst. publ., avec *nouveau modèle de bulletin de demi-place.* — Extension de la mesure aux *élèves-maîtres des écoles normales.* — — Production de *photographies*, etc.

« Messieurs, en réponse à ma dépêche d..., vous m'avez soumis les quelques modifications de simple forme que vous proposiez d'apporter au système adopté par M. le ministre de l'instruction publique, pour prévenir le retour des irrégularités auxquelles donnaient lieu les bulletins de demi-place précédemment délivrés aux instituteurs et institutrices primaires publics.

J'ai communiqué ces modifications à mon collègue qui les a acceptées et qui vient, à la date du 15 courant, d'adresser à tous les préfets une circulaire leur faisant connaître les nouvelles conditions arrêtées, d'un commun accord, pour le transport, sur les voies ferrées, des instituteurs primaires publics.

J'ai l'honneur de vous transmettre ci-joints... exemplaires de cette circulaire, ainsi

_____

(1) Nous rappellerons à ce sujet que, dans sa séance du 29 mai 1884, la Chambre des députés avait renvoyé au min. de l'instr. publique et au min. des tr. publ., sur l'avis favorable de la commission, une pétition des insp. primaires du dép. de l'Isère, demandant en leur faveur la réduction de demi-place.

que du modèle de bulletin de demande de demi-place, tel qu'il vient d'être définitivement arrêté (1).

Rien ne me paraît plus s'opposer, dès lors, à ce que le nouveau système fonctionne pour les prochaines vacances, ainsi que d'ailleurs vous avez bien voulu m'en donner déjà l'assurance, et je vous prie en conséquence, de prendre d'urgence à cet effet toutes les mesures nécessaires... »

MINISTÈRE
DE
L'INSTRUCTION PUBLIQUE.
———
SOUCHE
RESTANT ADHÉRENTE AU CARNET.
———
N° ⬛
DEMANDE DE DEMI-PLACE
pour le parcours
de
à
avec retour
de
à
et arrêts facultatifs à
 	
en faveur de M
institut   primaire publi
à
  Elève-maître   faisant fonc-
tions d'institut   adjoint   à
l'école annexe de l'école normale
de
 	
département d
 	
  Délivré à
le   188 .
	MINISTÈRE DE L'INSTRUCTION PUBLIQUE.
	———
	DEMANDE DE DEMI-PLACE.
	———
	N° ⬛
	
	  La Compagnie des chemins de fer d et, s'il y a lieu, les compagnies correspondantes sont priées de délivrer des billets à demi-tarif pour les parcours suivants :
	    ALLER : **RETOUR :**
	de de
	à à
	avec arrêts facultatifs aux gares ci-après :
	en faveur de M (1) , institut primaire publi
	à (ou) élève-maître faisant fonctions d'institut
	adjoint à l'école annexe de l'école normale d
	             département d
	          A , le 188 .
	  VALABLE pendant un délai de deux mois à partir de la date ci-dessus.
	Signature du titulaire, *Signature de l'inspecteur d'académie*
	                     ou de l'inspecteur primaire,
	
	          (Sceau de l'inspecteur d'académie).
	
	TIMBRES A DATE DES GARES DE DÉPART ET D'ARRÊT (2)

(1) La présente feuille de route est essentiellement personnelle et le titulaire devra présenter, à toute réquisition, la photographie contresignée dont il est porteur. Elle ne peut servir à obtenir la réduction du demi-tarif concédée par les compagnies qu'autant que toutes les indications en auront été exactement remplies. Elle doit être remise à la gare d'arrivée définitive et simplement présentée aux gares où l'arrêt est facultatif.

(2) En cas d'insuffisance du nombre des cases prévues ci-dessus, les timbres des gares de départ et d'arrêt qui n'auront pu trouver place dans ces cases seront apposés au verso.

INSTRUCTION D'AFFAIRES.

I. Prescriptions générales du service des chemins de fer. — V. *Cahier des charges, Circulaires, Lois, Ordonnances, Ordres de service* et *Règlements.*

II. Instruction rapide des affaires. (Circ. min., 2 juillet 1863. *Extr.*) — « Chaque préfet devra donner dans ses bureaux, les ordres les plus précis pour que les affaires en général, qui sont du ressort du min. des tr. publ., et surtout celles qui touchent à des intérêts privés, soient examinées, résolues et traitées avec la plus grande promptitude. — V. *Préfets.*

———

(1) Voir ci-dessus la circ. du min. de l'instr. publ. (15 juillet 1885), et, ci-après, le nouveau modèle de bulletin de demande de demi-place.

« Il serait à désirer ajoute ladite circ. que, dans les admin. publiques, ainsi qu'il est d'usage dans les bureaux des particuliers, la réponse à la correspondance courante eût lieu immédiatement et jour par jour, et ne présentât jamais d'arriéré. Quant aux questions qui sortent de la catégorie des affaires courantes, il y en a peu qui, sauf, bien entendu, l'observation des délais et formalités réglementaires, comportent plus d'une semaine d'élaboration ; il serait souhaitable que ce délai maximum ne fût qu'exceptionnellement dépassé.

« Les préfets devront, en outre, lorsque les dossiers devront sortir de leurs mains pour subir les diverses phases de l'instr. admin., ne pas permettre qu'ils séjournent dans les bureaux des fonctionn. qui doivent être consultés, au delà du temps strictem. nécess. pour l'émission de leur avis.

« Le ministre ne négligera rien, de son côté, pour seconder cette activité, et s'il arrivait que quelque affaire, intéressant un département, éprouvât du retard dans les bureaux de l'administration supérieure, les préfets sont engagés à la lui rappeler. »

Instruction spéciale des affaires de travaux. (Circ. min. des 28 déc. 1878 et 9 janv. 1882. V. *Etudes.*) — Voir aussi les mots *Conférences, Enquêtes, Expropriation, Projets, Travaux,* et le mot *Formules* où se trouvent désignés bon nombre de modèles que l'on peut se procurer d'avance, soit en les demandant directement au ministère, soit en s'adressant à l'imprimeur de l'admin.

Délai d'examen des affaires de pourvois. — V. *Contentieux* et *Pourvois.*

III. Expédition des affaires du contrôle de l'exploitation. — (Circ. min. du 6 mars 1879 adressée aux insp. gén. du contrôle et renouvelant à MM. les Ingén. les instructions les plus pressantes sur la nécessité d'imprimer toute la célérité désirable à l'instruction des affaires communiquées au service du contrôle de l'expl. des ch. de fer).

(6 *mars* 1879. Ext.). — « En règle générale, toute affaire qui vous est communiquée devra être renvoyée à l'admin., avec votre rapport, dans un délai maximum de 40 jours. Ce délai, qui est celui que le C. d'Etat fixe généralement pour l'examen de questions, souvent très délicates, me semble largement suffisant pour permettre aux fonctionnaires du contrôle de formuler un avis éclairé. J'ai à peine besoin d'ajouter qu'il devra être abrégé autant que possible pour l'expédition des affaires courantes, et notamment pour celles qui, comme les ordres de service relatifs à la marche des trains et les propositions de tarifs, réclament une solution dans les délais réglementaires. Il en sera de même à plus forte raison pour les affaires signalées comme *urgentes* qui devront être expédiées sans le moindre retard.

« Dans les cas exceptionnels où à raison, soit de la difficulté des questions à examiner, soit de la diversité des renseignements à recueillir....., etc., le terme de 40 jours vous paraîtrait devoir être dépassé, vous devez m'en aviser, en indiquant les circonstances spéc. qui retardent l'expéd. de l'affaire. Je vous prierai de m'avertir également lorsque les comp. tarderont à vous répondre, et, le cas échéant, de formuler vos propositions sans attendre les observations qu'elles négligeraient de vous faire parvenir en temps utile » (1).

IV. Dispositions diverses. — Des instructions gén. ou spéc. sont du reste en vigueur dans chacun des grands services relevant du ministère des tr. publ. soit pour l'expédition des affaires courantes qui ne donnent lieu à aucune difficulté et qu'il n'y a dès lors aucun motif de garder dans les bureaux ; soit pour la production nécessairement plus laborieuse des avant-projets et projets et spéc. des documents relatifs à la construction

---

(1) A la date du 4 avril 1879 l'ing. en chef de section d'un service de contrôle complétait ces instr. par les suivantes (adressées aux ing. ord.) : — « Il peut arriver que, par suite de la lenteur que met la comp. à répondre aux communications qui lui sont faites (*notamment pour les affaires de grande voirie pour lesquelles elle est consultée en même temps que l'ingén. du contrôle et invitée à lui transmettre directement son avis*), vous soyez mis dans l'impossibilité de vous conformer à la circ. du 6 mars dernier relative aux retards que subit l'instr. des affaires soumises au contrôle. — Pour obvier à cet inconvénient, je crois devoir vous indiquer ci-après la manière dont vous devrez désormais procéder à cet égard : — *Vingt jours après* que vous aurez été saisi d'une affaire pour laquelle la comp. aura été en même temps appelée à donner son avis à vous le transmettre, vous voudrez bien la rappeler à l'ingén. de la voie et attendre sa réponse encore pendant 10 jours. — Si cette réponse ne vous est pas parvenue après ce nouveau sursis, il conviendra de m'en informer et j'aviserai. »

des chemins de fer, ou à l'étude des réglements et des autres affaires importantes du service de l'exploitation.

4° *Rappel d'affaires en retard.* — (États à fournir, etc.). V. *Affaires.*

INSTRUCTION PUBLIQUE.

Affaires générales (relatives aux ch. de fer). — V. *Administrations.*

Transports divers (intéressant l'instr. publique). — 1° Transport à demi-place des instituteurs et institutrices primaires et des élèves maîtres des écoles normales. V. *Instituteurs.* — 2° Transport gratuit d'élèves. (Écoles attitrées par les compagnies pour les enfants de leurs agents.) *P. mémoire.* — 3° Cartes d'abonnement pour les élèves des diverses écoles, lycées, etc. — V. *Abonnement,* § 1.

Transport de livres destinés aux bibliothèques scolaires (demi-tarif). — V. *Librairie.*

INSTRUMENTS.

Prescriptions et conditions diverses. — 1° Transport d'instruments agricoles et aratoires (V. *Classification et Concours*); — 2° Instruments et appareils de pesage (V. *Grues, Pesage, Poids et mesures*); — 3° outils et instruments divers. — V. *Outils.*

INTENDANCE.

Affaires du transport des troupes. — V. *Service* et *Transports militaires.*

INTERCEPTION DES VOIES.

I. **Signaux à observer.** (Ext. d'une circ. adressée, le 13 sept. 1865, par la comp. d'un des gr. réseaux *à tous ses agents du service de la voie.*) — « La faute de ne pas couvrir la voie, lorsqu'elle n'est pas libre et susceptible de laisser passer les trains, est une des fautes les plus graves qu'un agent puisse commettre; c'est un cas de renvoi. — Des rapports devront toujours être faits à cet égard; ces rapports devront parvenir sans délai au chef de service, par la voie hiérarchique; les ing. voudront bien y joindre leurs propositions, afin que justice soit faite imméd. » — V. *Gardes-lignes, Poseurs* et *Surveillance.*

Circulation temporaire sur une seule voie. — V. *Circulation.*

II. **Travaux et manœuvres dans les gares.** — Aucune interception des voies principales, aucune manœuvre sur les mêmes voies, ne doivent avoir lieu dans une gare ou à ses abords, c'est-à-dire entre les deux signaux fixes, sans que le chef de gare en ait été préalablement averti. — En conséquence, les ordres de service recommandent expressément aux agents et ouvriers de la voie de toujours prévenir le chef de gare, lorsqu'ils ont à intercepter les voies principales entre les deux signaux fixes d'une même gare, soit pour y exécuter des travaux, soit pour y effectuer des manœuvres de wagons ou de wagonnets, soit pour tout autre motif. — Dans ces circonstances, le chef de gare ou l'agent qui le remplace, doit faire le nécessaire pour l'exécution des signaux prescrits par les règlements. — V. *Disques-Signaux.*

III. **Indications diverses.** — 1° Ralentissement et mesures en cas de parcours défectueux (disposition spéc. pour la réparation des voies). (V. *Parcours défectueux*). — 2° Changement d'itinéraire, par suite d'interception des voies (Inondations, etc.) — V. *Itinéraire.*

INTERCOMMUNICATION.

I. Signaux de communication dans les trains. — 1° *Mise en communication des conducteurs gardes-freins avec le mécanicien;* (Prescription de l'ordonn. du 15 nov. 1846). « Art. 23. Les conducteurs gardes-freins seront mis en communication avec le mécanicien, pour donner, en cas d'accident, le signal d'alarme, par tel moyen qui sera autorisé par le min. des tr. publ., sur la proposition de la compagnie. » (V. ci-après les suites données. — 2° *Mise en communication des voyageurs avec les agents.* (Mesures de sécurité prescrites ou étudiées à la suite d'attentats criminels commis dans les trains.) — Voir les divers documents rappelés ou reproduits ci-après :

1° *Circ. min. des* 18 août *et* 8 oct. 1857, 13 janv. 1860 *et* 7 oct. 1863 (ayant pour objet l'application de l'art. 23 de l'ordonn. de 1846 prescrivant la *mise en communication des conducteurs gardes-freins avec le mécanicien*) ; rappel des divers systèmes : cloche ou sifflet à vapeur, mis en jeu par un cordon prolongé jusqu'à la queue du train ; — appareil électrique Prudhomme, etc. — V. le mot *Communications*, § 3.

2° *Vœux de la commission d'enq.* 1863. (Extr. des conclusions de la commission d'enquête et de la circ. min. du 1er février 1864, en ce qui concerne la double question de la communication à établir, d'une part, *entre les gardes-freins et le mécanicien*, et d'autre part *entre les voyageurs et les agents du train.* — Voir le même mot *Communications*, § 3.

3° *Premières dispositions prescrites pour les deux modes de communication.* (Circ. min. des 21 avril et 29 nov. 1865, des 5 avril, 21 juin, 13 nov. 1866 et extr. de l'exposé de la situation de l'État, 1866.) (Voir le même mot *Communications*, § 3.) — Voir aussi au mot *Incendie*, une circ. min. du 16 mai 1866, prescrivant aux comp. d'établir des marchepieds et des mains courantes le long de toutes les voitures et fourgons des trains de voyageurs.

4° *Extr. de divers nouveaux documents* (et notamment du rapport de la commission d'enquête instituée en août 1879 (rapport du 8 juill. 1880,) et des circ. min. des 30 juill. et 13 sept. 1880, 2 nov. 1881, 15 avril 1884, 4 mai 1885, etc). — Voir ci-après :

Extr. du rapport de la commission d'enquête (8 juillet 1880) : — « Deux événements récents : un crime et un accident de personne, qui ont, l'un et l'autre, entraîné mort d'homme, ont démontré la nécessité ; 1° d'exiger désormais, dans toute son étendue, l'exéc. de l'art. 23 de l'ordonn. du 15 nov. 1846, qui prescrit de mettre dans les trains de voyageurs les conducteurs gardes-freins en communication entre eux et avec le mécanicien pour donner, en cas d'accident, le signal d'alarme; 2° d'inviter en outre les compagnies à prendre les mesures nécessaires pour donner désormais aux voyageurs le moyen de faire appel aux agents du train.

La commission ayant fait de cette mesure l'objet d'un rapport et d'un avis qui ont déjà été soumis au ministre, je me bornerai à en rappeler, sommairement et pour ordre, les principaux considérants et les conclusions.

Presque toutes les compagnies se sont bornées, jusqu'ici, à employer une simple corde pour mettre en communication le chef de train placé dans le fourgon de tête avec le mécanicien, au moyen d'un timbre placé sur le tender. D'autres, et notamment la comp. de l'Est, ont parfois complété ce système en ajoutant une deuxième corde tendue du dernier fourgon au premier, et communiquant également avec une cloche ou un timbre placé dans le fourgon. Cette solution n'était ni assez complète ni surtout assez sûre pour être généralisée, recommandée et encore moins imposée aux compagnies.

On avait essayé, sur quelques réseaux, l'intercommunication électrique du système de l'ing. Prud'homme, mais on l'avait presque toujours promptement abandonnée en lui reprochant son irrégularité de fonctionnement à la suite d'insuccès persistants des premiers essais.

Deux comp., plus familiarisées avec l'emploi des appareils électriques, l'avaient toutefois conservée : le Nord, en lui donnant tous les soins voulus et en en perfectionnant l'emploi ; la comp. de Lyon, en ne s'en occupant d'abord qu'un peu mollement, puis en se décidant enfin, cette dernière année, à lui consacrer l'équipe de personnel nécessaire à son bon entretien.

Ces soins ont achevé de démontrer que le système était, quand on le veut bien, d'une application pratique et qu'il pouvait fonctionner avec une régularité très satisfaisante.

Il est donc possible d'avancer aujourd'hui qu'à défaut d'autre appareil, on a, dans le système électrique Prud'homme, un appareil qui peut permettre de satisfaire rigoureusement à l'art. 23 de l'ordonn. précitée, et d'aller plus loin, en mettant les voyageurs en communication constante et assez sûre avec les gardes-freins.

On a dû faire remarquer, en outre, qu'un complément indispensable de cette mise en communication d'appel avec les agents était de donner à ceux-ci la faculté de circuler sans danger sur toute la longueur du train.

La commission a pensé, enfin, qu'il pouvait être utile d'établir entre les compartiments voisins une certaine solidarité, par exemple au moyen d'ouvertures de dimensions restreintes fermées par des glaces.

Elle a été amenée, en conséquence, à émettre l'avis qu'il y avait lieu : — 1° D'inviter les comp. de ch. de fer à exécuter désormais, dans toute son étendue, la prescr. de l'art. 23 de l'ord. de 1846, en donnant aux conducteurs gardes-freins un moyen sûr et efficace de communiquer avec le mécanicien, soit directement, soit par l'intermédiaire de l'un d'entre eux ; — 2° De les inviter également à prendre les mesures nécessaires pour donner aux voyageurs le moyen de faire appel aux agents, et de recommander, comme ayant fait ses preuves sous ce rapport, aussi bien que pour les comm. entre les agents, le mode de comm. électrique en usage dans les comp. du Nord et de P.-L.-M. ; — 3° De les inviter à prendre des mesures pour que la circulation le long des trains, pour les marchepieds, soit toujours possible, au moins pour un des agents ; soit en adaptant des marchepieds et des mains-courantes aux wagons à marchandises admis dans les trains de voyageurs, soit en plaçant convenablement ceux qui n'en seraient pas munis ; — 4° D'appeler leur attention sur l'utilité qu'il y aurait, pour prévenir des tentatives criminelles, à établir des communications partielles entre les compartiments voisins d'une même voiture par exemple au moyen d'ouvertures de dimensions restreintes, fermées par des glaces.

La commission estime que les mesures qui viennent d'être indiquées, notamment celles qui ont trait à l'application de l'art. 23 de l'ordonn. de 1846, devront être appliquées d'abord aux trains express et aux trains directs ou de longs parcours, pour être étendues progressivement à tous les trains de voyageurs. »

Circ. min. 30 *juillet* 1880 (adressée aux adm. des comp. de ch. de fer). — « Messieurs, mon admin. a signalé, à plusieurs reprises, aux compagnies la nécessité d'établir, dans les trains en marche, entre les conducteurs et les mécaniciens, et par extension, entre les voyageurs et les agents, la communication prescrite par l'art. 23 de l'ord. du 15 nov. 1846. — Des accidents et des faits graves, survenus récemment sur diverses lignes, ont démontré que les mesures adoptées jusqu'à présent par les compagnies ne suffisent pas pour constituer une solution absolument satisfaisante et qu'il y a urgence à prendre des dispositions définitives.

J'ai soumis la question aux délibérations de la commission d'enquête sur les moyens de prévenir les accidents de chemins de fer. Cette commission vient de m'adresser son rapport... (*suivait le résumé de ce rapport, dont le texte est reproduit ci-dessus*)...

Prenant en considération : — D'une part, la nécessité de ne pas différer davantage les mesures définitives propres à prévenir les accidents et le retour des faits qui ont, à diverses reprises, justement ému l'opinion publique ; — D'autre part, les résultats de l'instruction à laquelle s'est livrée la commission d'enquête et qui sont indiqués dans son rapport :

J'ai, par applic. des art. 12 et 23 de l'ord. du 15 nov. 1846, arrêté les disp. suiv. :

1° Les comp. de ch. de fer exécuteront désormais, dans toute son étendue, la prescr. de l'article 23 de ladite ordonn. en donnant aux conducteurs gardes-freins un moyen sûr et efficace de communiquer avec le mécanicien, soit directement, soit par l'interm. de l'un d'entre eux ;

2° Elles sont invitées à prendre les mesures nécessaires pour donner aux voyageurs, dans toutes les voitures à cloisons séparatives complètes, le moyen de faire appel aux agents. — Sans exclure aucun des moyens en expérimentation sur les divers réseaux, le mode de communication électrique en usage sur ceux du Nord et de la Méditerranée leur est recommandé, comme pouvant fournir, avec les précautions convenables, une solution du double problème de la communication des agents entre eux et avec les voyageurs ;

3° Les comp. sont invitées, en outre, à prendre les mesures nécess. pour que, dans tous les trains, l'un des agents au moins puisse circuler le long des voitures affectées aux voyageurs ;

4° Enfin leur attention est appelée sur l'utilité qu'il y aurait, pour prévenir des tentatives criminelles, à établir des communications partielles entre les compartiments voisins d'une même voiture ; par exemple, au moyen d'ouvertures de dimensions restreintes fermées par des glaces.

La troisième de ces mesures devra être réalisée immédiatement, en tant qu'il s'agit de grouper convenablement les véhicules dans les trains et sous réserve de l'extension qui pourra être donnée, par la suite, à l'installation de marchepieds sur les wagons à marchandises.

La première et la deuxième devront l'être avant le 1er mai 1881, pour tous les trains express et directs ayant des parcours de 25 kilomètres ou plus sans arrêts.

Un avis ultérieur informera les compagnies de l'époque à laquelle les deux mesures ci-dessus devront être étendues aux autres trains de voyageurs.

Les prescr. de la présente circ. sont, d'ailleurs, applic. aux lignes expl. par l'État..... »

Circ. min. 13 *sept.* 1880, adressée aux comp. au sujet des propositions contenues dans le rapport d'enq. du 8 juillet 1880 (Extr.) — « La commission estime qu'il y a lieu d'inviter les comp. à exécuter désormais, dans toute son étendue, la prescr. de l'art. 23 de l'ordonn. de 1846, et à donner en outre aux voyageurs le moyen de faire appel aux agents du train.

Cette importante question a été traitée dans un rapport spécial de la commission d'enquête.

J'ai fait connaître aux compagnies, par une circ. du 30 juillet dernier, les dispositions arrêtées à cet égard par l'admin. supér. — Voir plus haut.

Je crois devoir rappeler ici que les comp. ont été invitées : — 1° A exécuter désormais, dans toute son étendue, la prescr. de l'art. 23 de l'ordonn. du 15 nov. 1846, en donnant aux conducteurs gardes-freins un moyen sûr et efficace de communiquer avec le mécanicien, soit directement, soit par l'interm. de l'un d'entre eux ; — 2° A prendre les mesures nécessaires pour donner aux voyageurs, dans toutes les voitures à cloisons séparatives complètes, le moyen de faire appel aux agents ; — 3° A prendre également les mesures nécessaires pour que, dans tous les trains, l'un des agents au moins puisse circuler le long des voitures affectées aux voyageurs.

L'attention des comp. a été appelée en même temps sur l'utilité qu'il y aurait, pour prévenir des tentatives criminelles, à établir des communic. partielles entre les compartiments voisins d'une même voiture, par exemple au moyen d'ouvertures de dimensions restreintes, fermées par des glaces.

L'admin. a d'ailleurs décidé que la troisième de ces mesures serait réalisée immédiatement, et que la première et la deuxième devraient l'être avant le 1er mai 1881 pour tous les trains express ou directs ayant des parcours de 25 kilom. ou plus, sans arrêt.

Je ne puis que vous confirmer ces instructions... »

Circ. min. 2 *nov.* 1881, faisant connaître aux insp. gén. du contrôle, les résultats acquis et la tâche restant à accomplir pour donner aux voyageurs les garanties de sécurité nécessaires. (Extr.) — « *Mise en communication des agents entre eux et des voyageurs avec les agents, dans les trains en marche.* — La mise en communication entre les voyageurs et les agents est assurée au moyen des appareils électriques Prud'homme sur le réseau du Nord, où ces appareils sont appliqués à 4,000 voitures, et sur celui de la Méditerranée, où les mêmes appareils sont en service sur 1000 voitures et vont l'être sur 7,000.

Les autres compagnies ont entrepris une série d'essais qui vont prendre fin et elles seront prochainement en mesure d'appliquer une solution définitive.

La comp. de l'Ouest expérimente un mode d'intercommunication par l'air comprimé, en relation avec le frein Westinghouse. L'expérience paraît devoir réussir et l'applic. du système sera immédiatement développée.

La comp. de l'Est, en attendant les résultats des essais faits sur les réseaux voisins, établit au moyen de cordes la communication entre les agents dans ses trains rapides. Depuis que son choix s'est arrêté sur le frein Westinghouse, elle projette l'applic. de l'air comprimé tentée par la comp. de l'Ouest. Le système électrique Prud'homme est, en outre, installé sur le train rapide organisé entre Calais et Bâle, de concert avec la comp. du Nord.

La comp. du Midi expérimente une modification de l'appareil Prud'homme et la comp. d'Orléans un nouveau système à corde.

L'administration du réseau de l'Etat a mis à l'essai un système particulier (système Maurice, à pétards).

Sur tous les réseaux d'ailleurs, conf. à la recommandation de la commission d'enquête, les mesures ont été prises pour que, dans tous les trains, la circulation des agents soit assurée le long des voitures à voyageurs... »

Circ. min. 15 *avril* 1884 (impartissant un délai aux compagnies, pour assurer dans les conditions prescrites, l'intercommunication dans les trains) : « Aux termes des circ. min. des 30 juill. et 13 sept. 1880, les comp. de ch. de fer devaient prendre des dispositions pour réaliser, avant le 1er mai 1881, la mise en communication des agents entre eux et des voyageurs avec les agents, dans les trains express ou directs effectuant des parcours de 25 kilom. ou plus, sans arrêt.

La réalisation de cette mesure devant nécessiter de longues études et des installations assez compliquées, mon admin., à la suite de demandes présentées par plusieurs compagnies, décida que le délai accordé pour l'application de l'intercommunication serait prolongé et que le terme n'en serait définitivement fixé que lorsque le comité de l'expl. technique des ch. de fer aurait été éclairé sur la valeur des divers systèmes encore en expérimentation sur la plupart des réseaux.

Plusieurs attentats, commis récemment dans des trains en marche, ont démontré la nécessité de donner une solution à cette importante question, réservée depuis plus de deux ans.

J'ai, dès lors, invité le comité de l'expl. technique à me faire connaître d'urgence son avis sur l'état d'avancement des travaux entrepris à cet égard par les compagnies et sur les mesures à prescrire définitivement. — Une commission spéciale, prise dans le sein du comité, a été chargée d'examiner la question. Cette commission a présenté un rapport détaillé, dont voici l'analyse succincte :

Toutes les compagnies, — sauf celle de l'Ouest, qui a préféré une transmission pneumatique, pour laquelle elle utilise la conduite du frein à air comprimé Westinghouse, — ont adopté les appareils électriques du système Prud'homme, que quelques-unes d'entre elles ont heureusement perfectionné, en vue d'assurer au courant électrique un circuit complet, sans avoir recours aux barres d'attelage et aux rails.

Les résultats obtenus par l'emploi des appareils électriques sont généralement satisfaisants; ils seraient meilleurs encore si toutes les compagnies, à l'exemple de celles du Nord et de la Méditerranée, avaient organisé un service d'agents spéciaux chargés de l'entretien des appareils et de leur vérification en cours de route.

L'admin. ne saurait s'immiscer dans les détails particuliers d'installation des appareils, ni dans la question relative à la conduite à tenir par les agents, en cas d'appel. Tout ce qu'elle doit demander, c'est que les organes de commande, placés dans les voitures et qui diffèrent de réseau à réseau, soient d'un fonctionnement sûr, d'un accès suffisamment facile, sans toutefois permettre trop aisément aux enfants de s'en servir; qu'ils se prêtent aux vérifications fréquentes des agents et qu'ils donnent à ceux-ci, en cas d'appel, le moyen de reconnaître le compartiment d'où cet appel est parti, alors même que son auteur voudrait se dissimuler.

Quant à l'établ. de communications partielles entre les compartiments contigus des voitures, au moyen de glaces dormantes, les avis sur l'opportunité de cette mesure sont partagés. Deux compagnies, celles du Nord et de la Méditerranée, sont entrées largement dans la voie indiquée à cet égard par l'admin. supér., et il convient d'attendre, avant d'insister sur la généralisation d'un dispositif semblable, le résultat des expériences faites en grand par ces deux compagnies.

La commission a conclu en ces termes :

« Il y a lieu d'inviter les comp. et l'adm. des ch. de fer de l'Etat à se mettre en mesure d'exécuter complètement, avant le 1er juillet 1885, la circ. min. du 30 juillet 1880.

« Quel que soit l'appareil adopté par elles, les organes placés dans les voitures pour appeler les agents devront remplir les conditions suivantes :

« Etre d'un fonctionnement sûr, d'un accès suffisamment facile, se prêter à des vérifications fréquentes du bon fonctionnement, donner aux agents, par un signe placé de préférence à l'extérieur des voitures, le moyen de reconnaître le compartiment d'où un appel est parti, sans qu'il soit possible au voyageur d'en supprimer l'indication.

« Dans le cas où les appareils actuellement existants auraient besoin d'être modifiés pour remplir ces conditions, des délais pourraient être accordés.

« Les compagnies devront organiser l'entretien et la vérification des appareils de manière à en assurer efficacement le bon fonctionnement; les agents du contrôle de l'Etat devront faire à cet égard des vérifications fréquentes, dont il sera rendu compte à l'adm. dans les rapports du service.

« Toute initiative est laissée aux compagnies quant aux règles à suivre par les agents en cas d'appel. »

Ces conclusions ont été adoptées par le comité et j'y ai donné également mon approbation.

Je vous invite en conséquence, messieurs, à ne rien négliger pour que d'ici au 1er juillet 1885 tous vos trains express et directs soient munis de l'intercommunication, et à vous conformer, pour l'applic. de cette mesure, aux règles indiquées par le comité de l'expl. technique.

Veuillez, je vous prie, m'accuser réception de la présente circulaire, dont je donne connaissance à MM. les insp. gén. du contrôle. » — Voir ci-après au § 2.

Circ. min. 4 mai 1885 (adressée aux comp.) — Rappel général des circ. précédentes, concernant les nouveaux appareils de sécurité et invitation aux compagnies de compléter dans le plus bref délai l'applic. de celles des mesures restant à réaliser, notamment en ce qui concerne les cloches électriques, les enclenchements, *l'intercommunication*, etc. — Voir le mot *Enclenchements*, § 2, 7°. — V. aussi plus loin, § 3.

II. Mesures de police et questions de responsabilité.

— Nous devons mentionner ici, comme complément des premières mesures prises au sujet de *l'intercommunication*, le décret du 11 août 1883, ajoutant la prescription suivante à l'art. 63 de l'ordon. du 15 nov. 1846. (Des mesures concernant les voyageurs et les personnes étrangères au service du chemin de fer) :

« Il est défendu 1°..., 2°..., 3°..., 4° de se servir, sans motif plausible, du signal d'alarme mis à la disposition des voyageurs pour faire appel aux agents de la Compagnie. » (Voir ledit décret *en note*, au mot *Ordonnances*.) — Voir aussi aux mots *Actes de malveillance* et *Attentats*, au sujet des avis urgents à donner et des constatations immédiates à faire dans les graves circonstances dont il s'agit.

Limite de la responsabilité d'une compagnie (au sujet de l'attentat dont un voyageur avait été victime dans un train en déc. 1869). — Affaire *Constantin James*, contre la comp. de P.-L.-M. — Entre autres griefs, le plaignant avait reproché à la comp. de n'avoir pas un matériel construit de manière à permettre aux voyageurs d'appeler à leur secours, en cas de danger, et à assurer ainsi leur sécurité. — Le trib. civil de la Seine, par un jugement du 28 août 1872, qui a été confirmé par la C. d'appel de Paris, le 16 déc. 1873, a repoussé la demande en raison de ce qu'aucune infraction certaine aux prescriptions existantes n'a été relevée, et que le matériel en question « satisfaisait à toutes les conditions prescrites par l'autorité admin., dans l'intérêt d'une bonne police et de la sûreté publique. — Par suite, la compagnie avait rempli, sous ce rapport, toute la mesure de ses obligations », le système d'*intercommunication* étant encore d'ailleurs à l'étude, et les compagnies ayant jusqu'alors été seulement engagées à établir, dans chaque compartiment, un appareil de sonnerie électrique (1).

Nouvelle étude de la question. — Voir le § 3 ci-après :

III. Étude des mesures à prescrire (*pour assurer aux voyageurs en chemin de fer de nouvelles garanties de protection et de sécurité*). — A la suite de nouveaux attentats, (assassinat de M. Barrème, dans un train de la comp. de l'Ouest, etc.), le *Journal officiel* a publié dans son numéro du 25 janvier 1886, un rapport du 23 dudit mois, adressé au min. des tr. publ. par le directeur des ch. de fer et relatif à la formation d'une commission chargée d'arrêter les mesures à prendre pour assurer aux voyageurs en chemins de fer de nouvelles garanties de protection et de sécurité. Cette commission devra examiner spécialement les trois points ci-après :

« Signaux d'appel en France et à l'étranger ; leur fonctionnement ; leur réglementation ; moyens d'en faciliter l'usage au public ;

« Modifications à apporter aux types actuels des voitures à voyageurs, à l'effet d'établir des communications permanentes ou facultatives par l'emploi de glaces dormantes ou de tout autre moyen, soit entre toutes les voitures d'un même train ;

« Surveillance du train et des voyageurs en cours de route par les agents des Compagnies.

Le rapport de cette commission devra être fourni dans le délai de trois mois.

Nota. — Nous avons reproduit au mot *Appareils*, § 5, le texte intégral du rapport ministériel du 23 janvier 1886, où se trouvent d'ailleurs passées en revue les mesures déjà réalisées ou étudiées et notamment celles dont il est question dans les rapports d'enquête de 1863 et 1880, et dans les circ. min. ci-dessus rappelées des 30 juill. et 13 sept. 1880 et du 15 avril 1884. — Voir aussi au même mot *Appareils*, § 5 les autres documents qui peuvent se rapporter à cet objet.

Suites données. (Travail de la nouvelle commission d'enquête.) Dans cette question si compliquée d'attentats *personnels* contre les voyageurs dans les compartiments de wagons, et notamment en ce qui concerne l'installation et surtout l'usage du signal de communication, entre les voyageurs et les agents, il est aisé de comprendre les incertitudes et les tâtonnements du passé, ainsi que la difficulté d'improviser sur l'heure une solution pour l'avenir. — Aussi, ne connaissons-nous pas encore le résultat des études, des recherches et des travaux de la nouvelle commission d'enquête. — Nous devons par conséquent renvoyer au mot *Voyageurs*, § 8, l'insertion des documents officiels que nous aurons pu recueillir sur ce point important du service des ch. de fer.

INTERDICTION DE CARRIÈRES.

I. Mines et carrières préexistantes (*aux abords des chemins de fer*). — Excavations à remblayer ou consolider en exéc. des art. 24 et 25 du cah. des ch. — V. *Carrières*, § 5 et *Mines*, § 4.

---

(1) La tentative d'assassinat contre le docteur C. James avait eu pour auteur le nommé *Humbert*, qui a été condamné à la peine des travaux forcés à perpétuité par la C. d'assises des Bouches-du-Rhône, 14 févr. 1870.

Suppression d'office des anciennes carrières (dans les cas où la sûreté publique ou la conservation du chemin de fer peut l'exiger). — Art. 10, loi 15 juill. 1845. — V. *Carrières*, § 5.

Indemnité d'interdiction. — « Le propr. d'une carrière a droit à une indemnité, à raison de ce que l'expl. de cette carrière a été interdite par le préfet dans l'intérêt d'un ch. de fer, lorsque cette expl. était en activité antérieurement à la construction dudit chemin de fer. » (*C. d'État*, 16 fév. 1878.) — V. aussi *Mines*, § 4.

Dommages éventuels. — V. *Carrières*, § 5.

II. Ouverture de nouvelles carrières et mines. (Zones de servitudes dans lesquelles l'exploitation des carrières et mines doit être interdite.) — Anciens règlements applicables, en vertu de l'art. 3 de la loi du 15 juillet 1845. — V. *Carrières*, § 1, et *Mines*, § 1.

INTÉRÊT.

I. Produits de l'exploitation des chemins de fer. — 1° Dividende d'actions et intérêt des obligations. (V. *Actions*, § 3, *Bénéfices*, *Conventions*, *Garantie* et *Obligations*. — 2° Impôt de 3 p. 100 sur les intérêts des actions et obligations et sur les dividendes. (Loi, 29 juin 1872) (V. *Impôts*). — 3° Garantie d'intérêt pour les lignes du nouveau réseau et pour les chemins d'intérêt local. — V. *Garantie*.

Intérêts et amortissement (pour les nouvelles lignes dont la dépense a été mise à la charge des compagnies par les conventions de 1883). — V. *Conventions* et *Documents annexes.*

Calcul de l'amortissement. (Voir ce mot.)

II. Intérêts des dépenses avancées par les compagnies (*pour le compte de l'État*). — Circ. min., 10 mars 1884. — V. *Dépenses* et *Justifications*.

III. Intérêts divers. — 1° pour expropriation de terrains (V. *Expropriation*) : — 2° pour payement de travaux aux entrepreneurs (art. 49 des clauses et conditions générales. (V. *Clauses*) ; — 3° pour indemnités de récoltes et de dommages. — V. *Dommages*, *Extraction*, § 2, et *Indemnités :* — 4° Règlement d'intérêts d'après le droit commun (art. 1150 et suiv., C. civ.).

Point de départ des intérêts. — En matière admin. comme en matière civile il est de jurispr. constante que les intérêts des indemnités dues, soit pour dommages, soit pour toute autre cause, ne courent pas tant qu'ils n'ont pas été demandés ou qu'ils n'ont pas fait l'objet d'une convention spéciale. (*Extr. de divers arrêts.*)

IV. Intérêt général. — Les ch. de fer de toute nature sont créés dans l'intérêt du public. — Pour le bon équilibre des choses, cet intérêt s'impose aux efforts des compagnies comme à ceux de l'État. — Voir à ce sujet *Autorisations*, *Compagnies*, *Concessions*.

Nouvelles lignes d'intérêt général. — (Formalités ; — Programme de 1878 ; — Nouvelles conventions.) — V. *Chemin de fer d'intérêt général.*

Nouvelles gares. (Utilité publique.) — V. *Gares*, § 2, et *Utilité publique*.

INTERNATIONAL.

I. Service de frontière. — V. *Douane*, *Frontière*, *Service international*.

Tarifs d'exportation, d'importation et de transit. — V. *Exportation* et *Tarifs*.

II. Territoire international. (Sol des chemins de fer.) — V. *Nationalité*.

Police et Surveillance. (Affaires diverses.) — V. *Police sanitaire*, etc.

INTERRUPTION DE SERVICE.

Voies interceptées par suite d'accident. — V. *Accidents* et *Interception*.

Circonstances imprévues ou de force majeure. (Mesures à prendre d'urgence.) —
V. *Encombrement, Évacuation, Force majeure, Guerre, Inondations, Itinéraire, Neiges,
Troupes,* etc.

INTERVALLE ENTRE LES TRAINS.

I. Prescriptions générales. (Art. 27, 31 et 35; ord., 15 nov. 1846.) — V. *Ordonnances*.

Mesures d'application. — Voir ci-après, l'extr. du rapport d'enq., 8 juill. 1880 :

Rapp. offic. 8 juill. 1880 (Extr.) — « La marche des trains et leur ordre de succession
sont déterminés et arrêtés sur tous les réseaux à l'aide de tableaux graphiques dressés avec le
plus grand soin par les chefs de mouvement. On y inscrit avant tout les lignes qui représentent
le tracé de la marche de tous les trains de voyageurs. On intercale ensuite, dans les vides laissés
dans les mailles de ce premier canevas, les lignes représentant le tracé horaire des divers trains
de marchandises et on règle les garages et les stationnements de manière à maintenir un espacement suffisant aux trains de voyageurs, pour éviter toute chance de collision.
En général, c'est au moyen d'un intervalle de temps qu'on s'attache à maintenir entre les
trains un espacement suffisant et régulier pour empêcher les collisions, préoccupation constante
de l'exploitation.
Je rappelle la règle habituellement suivie dans ce but :
Aucun train (ou machine) ne doit partir d'une station ou la dépasser avant qu'il se soit écoulé,
depuis le départ ou le passage du train précédent, un intervalle de 10 minutes.
Toutefois, cet intervalle peut être réduit à 5′, dans les cas suivants : — 1° Lorsque le premier
train a une marche plus rapide que le second ; — 2° Lorsque la distance à parcourir, sur la
même voie, par les trains qui se suivent, n'excède pas 2 kilom.
L'intervalle peut même être réduit à 3′ (d'après les règlem. partic. de quelques comp.) lorsque
deux trains qui se succèdent à une station d'embranchement doivent à moins d'un kilom. de
cette station, suivre chacun une direction différente.
En conséquence, à chaque passage de train ou de machine aux gares où ils ne s'arrêtent pas,
on met le disque-signal à l'arrêt aussitôt que le train ou la machine l'a dépassé, et ce signal est
maintenu après le passage pendant le temps réglementaire.
En pleine voie, le signal d'arrêt est fait et maintenu par les agents de la voie pendant les cinq
minutes qui suivent le passage d'un train de voyageurs et pendant les dix minutes qui suivent
le passage d'un train de marchandises.
Les règlements fixent en outre généralement un second délai qui suit le premier, et pendant
lequel on doit présenter aux trains un signal de ralentissement.
Ce système, quand il est appliqué avec vigilance, peut offrir des garanties de sécurité suffisantes; mais, sans énumérer tous ses inconvénients, il a le défaut capital de laisser une trop
large place aux négligences des agents. » — Voir ci-après, § 2.

Système de cantonnement et signaux divers (ayant pour objet de maintenir l'intervalle
réglementaire entre les trains, par applic. des art. 27, 31 et 35 de l'ordonn. de 1846. —
V. *Block-System.* et *Cloches électriques*.

II. Surveillance spéciale. — Tous les règlements des compagnies, approuvés par le
ministre, sont unanimes pour prescrire aux agents d'observer rigoureusement les dispositions ayant pour objet l'intervalle à maintenir entre les trains et de faire en pareille
circonstance, lorsqu'il y a lieu, les signaux nécessaires. — V. *Collisions, Conducteurs de
trains, Disques, Gardes-lignes, Surveillance, Travaux* et *Voie*.

INTRODUCTION SUR LA VOIE.

I. Circulation autorisée. — *Service du contrôle, et personnel judiciaire et administratif.* — (Agents et fonctionnaires désignés à l'art. 62 de l'ordonn. du 15 nov. 1846, et
aux art. 55, 56, 58 du cah. des ch., etc., etc. — Magistrats et fonctionnaires divers.) —
V. *Libre circulation*.

Voyageurs munis de leurs billets. (Admission sur les trottoirs.) — V. *Gares,* § 6.

II. Personnel industriel. — 1° Agents des buffets. (V. *Buffets.*) — 2° Personnes étrangères au service des chemins de fer. (Art. 61, ordonn., 15 nov. 1846.) (Voir *Industries* et *Personnes étrangères.* — 3° Personnel des expéditeurs. — V. *Manutention.*

Introduction sur un chemin industriel. « Le fait par un individu, de s'introduire dans l'enceinte de la voie ferrée d'un chemin industriel, en brisant la clôture et pour y couper des osiers, constitue une contrav. à l'art. 61, 1°, de l'ord. de 1846, un délit prévu et réprimé par l'art. 456 du Code pénal, et une tentative de délit prévue et réprimée par l'art. 401 du même Code. » (Tr. corr. Chalon-sur-Saône, 3 juillet 1879.)

III. Introduction entre les véhicules (dans les manœuvres). — V. *Manœuvres* et *Manutention.*

IV. Introduction d'animaux sur les voies ferrées. (Infractions.) — V. *Bestiaux.*

INVENTAIRES.

I. Service des compagnies. — Outre les constatations spéciales relatives au matériel et aux appareils de chauffage, d'éclairage, etc., la tenue de l'inventaire du petit matériel, du mobilier, des fournitures diverses et des imprimés, constitue l'une des parties importantes du service intérieur des gares. Des instr. spéc. sont données à cet égard aux agents. Mais comme les ordres de service relatifs à cet objet ne sont pas uniformes pour toutes les compagnies de ch. de fer, nous nous bornerons à rappeler que, sur la plupart des lignes, les inventaires tenus en double (un exemplaire pour la gare, un exemplaire pour le chef du mouvement) sont de trois espèces, savoir :

1° *Inventaire d'ouverture.* Celui qui est établi, lorsqu'une gare ou une station est ouverte au service de l'exploitation ; — 2° *Inventaire annuel.* Celui qui est fait chaque année par l'inspecteur de l'exploitation ou son suppléant ; — 3° *Inventaire d'installation.* Celui qui est fait au moment de l'arrivée d'un nouveau chef de gare ou de station.

Fournitures d'objets. — Les objets envoyés sont reçus par le chef de station ; leur arrivée est constatée par cet agent, en présence d'un insp. ou de son suppléant, et pointée sur l'inventaire.

Objets non inscrits sur l'inventaire. — On ne mentionne pas ordinairement dans les inventaires les fournitures diverses d'un usage journalier, qui doivent être renouvelées tous les jours, tous les mois ou même chaque année, et qui sont désignées sous le titre de fournitures fongibles, telles que chiffons, balais, fournitures de bureau, imprimés, verres de couleur, cheminées, approvisionnement de piles télégraphiques, etc. (*Inst. spéc.*)

Objets disparus. — Tout objet disparu est mis à la charge du chef de gare, à moins que ce dernier ne justifie en avoir fait la remise entre les mains d'un des agents placés sous ses ordres. Dans ce cas, le prix d'imputation est retenu sur le traitement ou sur le cautionnement de l'agent auquel la responsabilité de l'objet a été déléguée. (*Ibid.*)

II. Bureaux des ingénieurs et autres fonctionnaires du contrôle. — Les inventaires tenus dans les bureaux des ingén. des p. ch., attachés aux services de contrôle, sont dressés d'après les dispositions en vigueur pour le service général des p. et ch. (Instr. minis. du 28 juill. 1852.) — Voir, à ce sujet, les renseignements donnés au mot *Bureaux,* où nous avons reproduit l'instr. min. du 1er sept. 1866 intéressant spéc. le service de contrôle de l'expl. des ch. de fer. — Ladite circ. est accompagnée des modèles de registres d'ordre et d'*inventaire* à tenir notamment par les *commiss. de surv. adm.* et les insp. de l'expl. commerciale.

Changements de service. — Le registre d'inventaire est un document appartenant essentiellement au bureau dans lequel il est tenu. Il sert naturellement de base aux formalités de remise de service, lorsqu'il y a lieu d'y procéder en cas de mutation ou de changement du titulaire. Pour les commiss. de surv. admin., le procès-verbal de remise, outre les objets courants du service, doit toujours comprendre l'écharpe, le timbre-cachet et la carte de circulation.

Indications spéciales. — V. *Bureaux, Franchises, Personnel, Projets.*

Prescriptions communes à tous les ingénieurs. — Une circ. minist. du 16 nov. 1869 avait établi pour tous les services d'ingén. de l'admin. des p. et ch., au point de vue de la tenue des inventaires, une classification générale qui comprenait les points ci-après (mentionnés seulement p. mém., ces indications ayant été modifiées par des instructions ultérieures. — *Voir plus loin.*) « 2ᵉ section. (*Personnel.*) — Ch. 9. Ingénieurs et sous-ingénieurs. — 10. Inspecteurs des chemins de fer. — 11. Conducteurs. — 12. Commissaires de surveillance. — 13. Employés secondaires... »

« 12ᵉ section. (*Chemins de fer.*)
1° Construction. — Ch. 120. Travaux neufs et de grosses réparations. — 121. Alignements, récolements. — 122. Contraventions. — 123. Objets divers ;
2° Contrôle des travaux. — Ch. 124. Travaux d'entretien. — 125. Travaux neufs et de grosses réparations. — 126. Alignements, récolements. — 127. Objets divers ;
3° Contrôle de l'exploitation. — Ch. 128. Surveillance générale. — 129. Police des stations. — 130. Matériel. — 131. Composition et circulation des trains. — 132. Contraventions. — 133. — Accidents. — 134. Tarifs. — 135. Traités particuliers. — 136. Statistique. — 137. Objets divers.

Modifications. — Ainsi que nous l'avons fait connaître au mot *Bureaux*, 1ʳᵉ note du § 6, la classification prescrite pour les inventaires des bureaux d'ingénieurs a été de nouveau modifiée par des instr. complémentaires des 31 oct. 1879, 3 mai 1880, etc. — Les circulaires précitées n'ayant pas un intérêt direct pour le service proprement dit des chemins de fer, et se trouvant dans tous les bureaux d'ingénieurs de même que les autres instructions se rapportant au même objet, nous avons cru pouvoir nous dispenser de les développer dans ce recueil.

INVENTIONS.

I. Commission ministérielle (*instituée pour l'examen des inventions et règlements*). — Et suppression de cette commission qui a été remplacée par le comité de l'expl. technique des ch. de fer, comité chargé de donner son avis sur les projets de règlements et sur les inventions intéressant la sécurité. — V. *Comités,* § 2, et *Commissions,* § 3.

Nouveaux appareils approuvés ou recommandés par l'admin. (à la suite d'enquêtes spéciales, ou d'études faites par les commissions et comités institués auprès du ministère des tr. publ. et par les services de contrôle.) — V. *Appareils,* §§ 4 et 5, *Aiguilles, Bifurcations, Block-system, Cloches électriques, Enclenchements, Enquêtes, Freins, Intercommunication, Matériel roulant, Passages à niveau, Signaux, Sonneries, Trains, Vitesse, Voie, Voie unique* et *Voyageurs.*

II. Inventions émanant des compagnies. — (Extr. d'une circ. min. du 15 mars 1858, adressée aux compagnies.) — « Indépendamment des affaires auxquelles donnent lieu, sur les ch. de fer en exploitation, les nouveaux systèmes recommandés par l'adm., les comp. entreprennent souvent, d'après leur seule initiative, des expériences sur des appareils qui leur sont directement proposés et qui ont pour but, soit d'augmenter la sécurité de la circulation, soit de perfectionner, dans un intérêt général, les conditions d'expl. de ces nouvelles voies. — Par une circ. du 18 mars 1858, adressée aux administrateurs des ch. de fer, le min. leur a fait connaître qu'il ne pouvait qu'encourager ces tendances des comp. et qu'il les verrait toujours avec satisfaction s'associer aux travaux des hommes spéciaux et faciliter leurs recherches ; mais il désire qu'à l'avenir aucune expérience ne soit autorisée par une compagnie sans que les ingén. du contrôle en soient officiellement informés. — Il importe, en effet, que ces fonctionnaires, qui représentent l'adm. supér., ne soient pas tenus dans l'ignorance d'inventions nouvelles, de procédés nouveaux qui peuvent être appelés à faire faire de nouveaux progrès à l'industrie des ch. de fer ; il importe également qu'ils soient mis en mesure de signaler particulièrement à l'admin. celles de ces inventions dont il y aurait lieu de conseiller ou même de prescrire la mise en pratique. — Enfin, à un autre point de vue, les connaissances spéciales et les lumières des ingénieurs du contrôle, ne peuvent, en pareille circonstance, que profiter à la fois aux inventeurs et aux compagnies. »

Rapports des ingénieurs. — Les ingénieurs en chef du contrôle ont été invités en même temps à assister ou à se faire représenter aux expérimentations de cette nature, afin de rendre compte du résultat au ministre par un rapport contenant leurs observations et leur avis personnel sur le mérite de l'invention.

Contrefaçon des procédés (imaginés par les compagnies). — V. *Contrefaçon.*

III. Innovations sur les chemins de fer étrangers. — Parmi les appareils rentrant dans les catégories énumérées ci-dessus, au § 1er, quelques-uns d'entre eux ont incontestablement pour origine des applications faites sur des chemins ou par des ingénieurs étrangers. — Mais comme l'immense labeur effectué en propre sur nos voies ferrées nationales serait déjà très suffisant pour donner un intérêt majeur à un livre surtout plus complet et plus étendu que le nôtre, nous n'avons pu songer à compulser ce qui se passait dans les autres pays en matière de chemins de fer, étant persuadé d'ailleurs qu'à peu de chose près, les procédés ont de part et d'autre une grande analogie. — C'est donc par exception que nous donnons le court programme ci-après de quelques-unes des inventions et applications nouvelles signalées par les ingénieurs belges, envoyés en mission à l'étranger en 1879 et 1880 (*Compte rendu de* 1882) :

Angleterre. — Expérimentation du *procédé Bower*, pour la préservation des produits sidérurgiques, et emploi des MACHINES *Mogul*, pour la traction des trains lourdement chargés (Compagnie du Great-Eastern).

Allemagne. — Procédé pour l'allumage rapide des locomotives (Chemin de *Berlin-Stettin*). — Emploi des *tubes en fer* pour toutes les locomotives (chemin de fer Rhénan), et instruction des apprentis dans les ateliers (Chemin de fer de *Berg-March.*).

Indications détaillées. (V. le *Journal officiel* français, n° du 13 oct. 1882 d'où nous avons extrait les renseignements très résumés qui précèdent.)

ITINÉRAIRE.

I. Cartes, plans et graphiques itinéraires, profils, etc. (à joindre aux projets de travaux de chemins de fer.) — Voir les mots *Cartes, Études, Enquêtes, Gares, Haltes, Plans, Projets, Stations,* etc.

Plan définitif de la ligne. (Délimitation des terrains.) — V. *Bornage.*

Profils itinéraires des lignes en exploitation. — Dans les divers services de chemins de fer, il est fait usage, notamment pour certaines affaires relatives à la voie, de profils itinéraires, dressés à l'échelle de 0m,02 pour 1000m, avec échelle facultative pour les hauteurs. — Ces profils donnent ordinairement les indications suivantes : 1re ligne (supér.), *Départements* ; 2e id., *Communes* : 3e id., longueur des *alignements droits* et rayons des *courbes;* 4e id., *Paliers, pentes et rampes* : 5e ligne (interméd.), *Profil en long* (déblais et remblais) ; 6e ligne (interméd.), *Ouvrages d'art* : 7e ligne id., *Gares, Stations, Haltes, Disques* et *Passages à niveau;* 8e ligne (inférieure), *Kilométrage* ; 9e id., *Distance des stations entre elles;* 10e ligne et suivantes, *Subdivisions des services* (conducteurs et agents de la voie, commiss. de surv. admin., etc., etc.); *indications facultatives.*

Aucune instr. gén. n'ayant réglé la forme des itinéraires dont il s'agit, nous n'avons pu que nous borner aux indications succinctes qui précèdent et qui peuvent varier suivant les services et suivant la distribution de la surveillance.

II. Itinéraire des trains. — (*Art.* 43. *Ordonn. du* 15 *nov.* 1846 ; Extr.) « Des affiches placées dans les stations font connaître les heures de départ des convois ordinaires de toute sorte, les stations qu'ils doivent desservir, les heures auxquelles ils doivent arriver à chacune des stations et en partir. » — Mais, malgré l'expression *« de toute sorte »* cette disposition de l'ordonn. de 1846 ne s'applique pas aux trains de marchandises dont l'indication des itinéraires dans les affiches serait inutile pour le public et produirait du reste une confusion pour les voyageurs. — Les trains de marchandises figurent seulement dans les tableaux de la marche des trains *soumis à l'approb. de l'admin.* en vertu du § 2 du même art. 43 de l'ordonn. de 1846 (V. *Ordres de service*). — Ils figurent également, bien entendu, sur tous les tableaux, livrets et graphiques du service intérieur des compagnies (Voir le même mot *Ordres de service* et *Graphiques*). — Les tableaux de la marche des trains concernant spéc. les voyageurs doivent être affichés 8 jours au moins avant leur mise à exécution. — V. *Affichage.* — Les compagnies ne peuvent y insérer aucune disposition spéciale qui n'ait été au préalable approuvée par l'admin. (*Id.*)

Voitures de correspondances. — Au sujet de l'itinéraire des omnibus desservant les gares pour le transport des voyageurs. — Voir les mots *Omnibus, Traités,* etc.

Inobservation de l'itinéraire de marche. — « Le mécanicien qui passe une station, sans s'y arrêter, lorsque cet arrêt a été prévu par les ordres de service, commet une infraction au règl., et est punissable correctionnellem., en vertu de l'art. 21 de la loi du 15 juillet 1845. » (Trib. correct. Compiègne, 5 nov. 1862, cond. d'un mécanicien à 16 fr. d'amende.)

Il est inutile de faire ressortir les conséquences graves que pourrait avoir à un moment donné, pour la sécurité, le fait reprimé par le jugement précité du tribunal de Compiègne. Les infractions de cette nature sont heureusement exceptionnelles, et on en trouverait, sans doute, bien peu d'exemples sur les divers chemins de fer.

II bis. Choix de l'itinéraire pour le voyageur. — Lorsque pour se rendre d'un point à un autre, la configuration du réseau (ou des réseaux), permet de choisir entre deux itinéraires, le voyageur a le droit de prendre l'itinéraire qui lui convient, à la condition de payer le tarif qui s'applique à cet itinéraire. (*Règle générale.*) — D'un autre côté, lorsque le voyageur ne désigne pas un itinéraire de son choix, il est toujours dirigé par la voie la plus courte qui doit être aussi la plus économique. (Décis. min. 13 août 1868 relative au règl. concerté entre les comp. d'Orléans et du Midi. *Extr.*) Itinéraire fixé aux militaires. V. *Feuilles de route.*

Circonstances de force majeure. (Éboulements, inondations, etc.) — V. *Force majeure.*

III. Itinéraire normal des marchandises. — *Choix de l'itinéraire par l'expéditeur.* —(Circ. min. du 28 mai 1867; *Extr.*) — « Les expéditeurs ont un droit absolu de choisir l'itinéraire qui devra être suivi pour leurs marchandises, à la condition de payer le tarif qui s'applique à cet itinéraire. » (V. *Expéditeurs.*) — V. aussi plus loin au § 4.

Application des tarifs (suivant l'itinéraire désigné). — Deux itinéraires étant donnés soit sur un réseau, soit sur des réseaux différents, l'expéditeur a le droit absolu de choisir l'un ou l'autre, à la condition de payer le tarif qui s'applique à cet itinéraire (Tr. comm. Perpignan, 26 oct. 1866. — Décis. minist. 28 mai 1867. — V. *Expéditeurs.*

A défaut d'ordre ou d'indication spéc., les transports doivent être effectués par la voie la plus courte, qui doit être en même temps la plus économique. (Décis. min. 13 août 1868, relative au règl. concerté entre les comp. d'Orléans et du Midi.)

Toutefois les compagnies ont la faculté de diriger les expéditions des marchandises par l'itinéraire de leur choix, pourvu qu'elles se conforment aux prescriptions susvisées, c'est-à-dire qu'elles appliquent la taxe la plus économique et qu'elles rendent les marchandises dans les délais prescrits pour la voie la plus courte.

Désignation insuffisante du tarif le plus réduit. — D'après le trib. de comm. de la Seine (26 nov. 1884), « c'est à l'expéditeur qu'il appartient d'indiquer à une compagnie de chemin de fer la direction qu'il entend faire suivre à ses marchandises, même lorsqu'il a demandé l'application du tarif le plus réduit. — La compagnie doit seulement aider l'expéditeur de ses renseignements, sans encourir de ce chef d'autre responsabilité que celle de droit commun. » — (*Affaire relative à un transport par grande vitesse.*) — Dans cette matière, si fertile en discussions comme tant d'autres se rapportant à l'application des tarifs de ch. de fer, la C. de cass. n'a pas toujours partagé l'avis des tribunaux de commerce, notamment dans une affaire *Fischer*, où un jugement du trib. de comm. de Nancy, 7 mai 1883, condamnant la comp. de l'Est au remboursement d'un colis égaré et livré tardivement, ainsi qu'au payement de dommages-intérêts, a été cassé, 27 janv. 1885, par le motif que l'itinéraire le plus court n'avait point été choisi nonobstant la demande du tarif le plus réduit. — L'arrêt de la C. de C. est ainsi libellé (*Extr.*) :

« Vu l'art. 7 de la loi du 20 avril 1810, et les art. 2 et 3 de l'arr. min. du 12 juin 1866 ; — Attendu que le jugement attaqué a condamné la comp. de l'Est à des domm.-intérêts, pour retard dans le transport et la livraison d'un panier d'asperges expédié au Sʳ Fischer, de Perpignan à Nancy, par grande vitesse. sans constater l'heure à laquelle le colis a été remis à la gare de Perpignan ; — Qu'aux termes de l'arrêté précité, l'heure de la remise à la gare d'expédition étant le point de départ des délais de transport et de livraison, l'omission signalée dans le jugement attaqué ne permet pas de reconnaître si, en effet, la comp. de l'Est a négligé de se conformer aux prescr. des régl. et s'il a été fait à la cause une juste applic. de la loi ; — Qu'à défaut de la mention précise de l'heure à partir de laquelle les délais doivent être calculés, le jugement attaqué manque de base légale et a par suite violé les textes susvisés... » (C. C., 27 janv. 1885.)

Modification obligée d'itinéraire. — Voir plus loin, au § 4, les dispositions et instructions relatives aux changements d'itinéraire motivés par des circonstances exceptionnelles ou imprévues. (*Accidents, Inondations, Interception de voies, Force majeure*, etc.)

Réclamations non admises (après payement préalable du prix de transport). — Applic. de l'art. 105 du C. de comm. — Une comp. de ch. de fer est en droit de se prévaloir de l'exception contenue dans l'art. 105 du Code de comm., au cas où l'action à elle intentée par un expéditeur de marchandises repose sur une prétendue infraction au contrat de transport (demande du tarif *le plus réduit*, devant entraîner l'applic. d'un tarif *spécial* et, par suite, l'adoption d'un itinéraire déterminé). — Trib. civil de Saint-Calais, 16 nov. 1883. — Déjà, la Cour de cass. avait tranché, dans le sens ci-après la réclamation d'un expéditeur qui s'était borné à demander le tarif le plus réduit, *sans parler d'itinéraire*, et avait intenté une action contre la compagnie, après réception de la marchandise et payement du prix de transport, pour avoir fait suivre à la marchandise une direction plus coûteuse que celle que comportait l'itinéraire normal. — Voici le résumé du jugement du trib. de comm. et de l'arrêt de la Cour :

Itinéraire non indiqué par l'expéditeur. — (Réclamation après payement du prix de transport.) — (Tr. comm. Sedan, 1ᵉʳ juin 1877.) — « L'expéditeur n'ayant pas indiqué la voie ferrée à suivre, la comp. de l'Est, qui a en mains la ligne de Lérouville (plus courte et moins coûteuse), a eu tort d'expédier par une autre direction (plus longue) les colis en question, de manière à créer, à son profit, une différence de prix. — C'est à tort que la comp. de l'Est prétend qu'un itinéraire doit lui être fixé, les comp. de ch. de fer se reliant entre elles pouvant facilement faire prendre aux colis la direction la plus avantageuse à l'expéditeur ; — les comp. de ch. de fer, étant investies d'un monopole, n'ont pas le droit d'en user à leur gré avec le public, mais doivent, au contraire, faire l'application du tarif le moins coûteux. »
Admission de la fin de non-recevoir de la compagnie (par suite du payement effectué du prix de transport). — La C. de cass., 5 août 1878, a annulé le jugement précité du tr. de comm. de Sedan, « attendu qu'il a rejeté, implicitement et sans donner aucun motif, l'exception de l'article 105 du Code de commerce opposée par la compagnie ». — V. aussi *Fin de non-recevoir*.

Dans une circonstance plus récente, la Cour de cassation s'est de même prononcée ainsi qu'il suit, contrairement à la décision des premiers juges : « Le fait de n'avoir pas transporté par la voie la plus directe les marchandises à elle remises en gare de Questembert, par le sieur Noury, constituait de la part de la comp. d'Orléans une faute dans l'exécution du contrat de transport ; mais cette faute a été couverte par la réception de la marchandise et le payement du prix de transport, sans protestations, ni réserves ; — Dès lors, en repoussant l'exception tirée de l'article 105 du Code de commerce, le jugement

attaqué a violé ledit article : — Par ces motifs, casse et annule... » (C. C. 24 déc. 1884).
— Voir au sujet de cette question si controversée de l'applic., en matière de ch. de fer,
de l'art. 105 du C. de commerce les mots *Fin de non-recevoir*, *Payement préalable*,
Preuves et *Vérification*.

III *bis*. Itinéraire des transports empruntant plusieurs réseaux. — En l'absence

d'un règlement d'ensemble ou d'une instr. gén. déterminant les obligations des compagnies au sujet de la direction la plus courte et la moins coûteuse à donner aux marchandises *qui empruntent plusieurs réseaux*, nous nous bornons à résumer sur ce point, par
ordre de date, les documents les plus explicites de la jurispr. des cours et tribunaux :

Itinéraire indiqué pour un transport commun entre deux compagnies. — (Jurispr. de la C. de
cass. au sujet de l'appl., des art. 49, 50 et 61 du cah. des ch. et de la circ. min. précitée du
28 mai 1867.)

Arrêt, C. C., 20 juillet 1875 ; *Comp. de P.-L.-M.* — « Sur le premier moyen, tiré de la violation des art. 49 et 50 du cah. des ch. de la compagnie, par suite de la fausse applic. de la
circ. minist. du 28 mai 1867 : — attendu que la compagnie demanderesse prétendait n'être
point tenue de l'obligation de faire parvenir des marchandises, à un point situé en dehors de
son réseau, par une ligne que désigne l'expéditeur ;

Attendu que, si l'obligation dont il s'agit ne résulte pas des art. 49 et 50, elle résulte de l'article 61 du cah. des ch. ; qu'en effet, aux termes du § 5 de cet art. 61, les compagnies dont les
lignes se joignent sont tenues de s'arranger entre elles, de manière que le service des transports
ne soit jamais interrompu au point de jonction, et qu'évidemment l'interruption qu'on a voulu
prévenir aurait lieu, si, au point de jonction, devait nécessairement se tenir un destinataire chargé
de recevoir la marchandise pour la réexpédier après ;

Sur le deuxième moyen, tiré de la violation de l'art. 1153 et de la fausse applic. de l'art. 1378
du Code civil : — attendu que le jugement attaqué constate, en fait, que l'entrave apportée par
la compagnie demanderesse aux expéditions par la voie de Sens est le résultat d'une entente
entre elle et la comp. de l'Est, entente ayant pour but de favoriser le trajet par Gray, au profit
de la comp. de l'Est et au préjudice de l'expéditeur ;

Que la mauvaise foi de la compagnie demanderesse est, dès lors, suffisamment établie et
qu'ainsi c'était bien le cas de faire application de l'art. 1378 du C. civil (1). (C. C., 20 juillet
1875 et dans le même sens, 24 février 1875.)

Demande du tarif le plus réduit jusqu'à destination (sans indication d'itinéraire). — Un expéditeur de marchandises transportées sur plusieurs réseaux, pour lesquelles il a demandé le *tarif
le plus réduit* jusqu'à destination, se plaint qu'une compagnie intermédiaire ne leur ait pas fait
suivre la voie la plus économique et la plus courte tout à la fois, mais qui aurait exigé l'emprunt d'un autre réseau, et réclame le remboursement du supplément de frais de transport ainsi
occasionné. — Le trib. de comm. de Cette, saisi de l'affaire, a condamné ladite compagnie intermédiaire au remboursement réclamé, — par le motif qu'elle devait diriger les marchandises par
la voie dont le prix du transport était le plus réduit. (Jugem. du 12 mai 1881). — Mais la C.
de cass. a donné raison à la compagnie par les motifs suivants : « L'expéditeur qui veut que sa
marchandise suive un itinéraire empruntant un autre réseau, au lieu de suivre, sur tout le parcours, le réseau de la compagnie à laquelle il remet ladite marchandise, — doit indiquer cet itinéraire. — Cette indication ne saurait s'induire de la seule demande du *tarif le plus réduit jusqu'à destination*, mentionnée dans la déclaration d'expédition... » (C. de C., 20 mai 1885.) —
Déjà, un arrêt analogue avait été rendu par la même cour (3 févr. 1885), sur l'appel fait, par
l'admin. des ch. de fer de l'État, d'un jugem. du trib. de comm. de Limoges du 5 juillet 1882.
Voici le résumé principal de l'arrêt dont il s'agit :

« Une comp. de ch. de fer, à laquelle un expéditeur remet ses marchandises sans désigner
l'itinéraire à leur faire suivre, doit les transporter par l'itinéraire le plus court. — Mais ce principe comporte des exceptions, notamment dans le cas où lesdites marchandises doivent emprunter
plusieurs réseaux. — Ainsi l'expéditeur — qui se borne à demander le *tarif le plus réduit* —
ne saurait exiger que la compagnie du point de départ recherche, parmi les tarifs étrangers à son
réseau, celui qui serait le plus économique pour l'expéditeur, même avec les lenteurs d'un itinéraire plus ou moins allongé ; c'est alors à celui-ci à faire cette recherche et à désigner l'itinéraire
qu'il croit devoir lui être le plus profitable. »

Itinéraire empruntant partiellement un autre réseau (demande insuffisante). — *Admin. des*

---

(1) « 1378. S'il y a eu mauvaise foi de la part de celui qui a reçu, il est tenu de restituer,
tant le capital que les intérêts ou les fruits, du jour du payement. »

chemins de fer de l'État contre *Cave*. — « L'expéditeur qui veut que sa marchandise suive au besoin un itinéraire emprunté partiellement à un autre réseau, au lieu de suivre, sur tout le parcours, le réseau de la compagnie à laquelle il remet ladite marchandise, — doit indiquer cet itinéraire. — Ce désir ne saurait s'induire de la seule demande du *tarif le plus réduit*, — surtout si cette mention de la déclaration d'expédition est accompagnée de celle *par toutes voies du réseau de départ*. » (C. C., 4 août 1885.)

Tarif le plus réduit, correspondant à l'itinéraire le plus long. — « Aux cas où une marchandise doit emprunter plusieurs réseaux et où il n'y a pas d'itinéraire indiqué par l'expéditeur, la demande par celui-ci du tarif le plus réduit ne saurait obliger la compagnie du point de départ à rechercher, sur ces réseaux et parmi les tarifs des autres compagnies, la combinaison qui, même au prix d'un allongement de parcours, amènerait la plus grande économie sur l'ensemble du transport. » (Trib. comm. de Nantes, 28 juillet 1886, conforme à la jurispr. précitée de la C. de cass.)

IV. Changement accidentel d'itinéraire dans le transport des marchandises. — (*Inondations; Rupture d'ouvrages; Force majeure.*) Par suite d'inondations, une compagnie expédie par une voie détournée et elle réclame, pour le montant de ce transport, une somme supérieure à celle qui serait réellement due pour le trajet direct. — Le premier point à examiner, en cas de litige à ce sujet, est de savoir si ladite compagnie s'est réellement trouvée sous le coup d'une *force majeure* et s'il n'y a aucune imputation de faute à adresser à ses agents. Nous n'avons pas besoin d'ajouter que les compagnies sont les premières intéressées, dans ces circonstances difficiles, à prendre les mesures qui peuvent le mieux sauvegarder leurs intérêts et ceux du public. La *force majeure* établie (dans les formes rappelées au mot *Force majeure*), il est hors de contestation, suivant la jurispr. établie, que les compagnies sont en droit d'exiger le payement de l'excédent de parcours pour le changement d'itinéraire qu'elles ont été obligées de faire subir aux marchandises en cours d'expédition ou de transport : seulement de nombreux jugements ou arrêts, notamment Tr. comm. d'*Orléans*, 1er mai 1867; Tr. comm. *Seine*, 23 nov. 1867; C. d'appel *Paris*, 21 juill. 1868; Tr. comm. Vannes, 18 fév. 1867, ont admis catégoriquement que la compagnie aurait dû préalablement aviser de la situation, lorsqu'elle en avait le temps, les expéditeurs ou les destinataires, intéressés dans le changement de direction des marchandises (1). — Mais la C. de cass., par un arrêt du 5 mai 1869, s'est formellement prononcée contre ce système, et a reconnu le droit des compagnies de réclamer le prix du supplément de parcours résultant de l'itinéraire réellement suivi par suite d'un cas de force majeure non contesté au procès. Le sommaire de cet arrêt est ainsi conçu :

· « Un fait de force majeure non contesté au procès a rendu impossible la continuation au delà de S..... du parcours que les 10 caisses de savon dont il s'agit dans la cause auraient dû suivre, d'après les conditions convenues lors de leur expédition, pour arriver au lieu de leur destination. — Par suite de ce fait de force majeure, les agents de la compagnie ont donné à ces marchandises, pour leur transport (audit lieu), où elles sont, en effet, parvenues à leur destinataire et propriétaire, la seule direction qu'ils ont déclarée possible, dans l'état de la voie ferrée, à partir de S..... — Devant le tribunal de commerce, la compagnie soutenait que par là les agents avaient satisfait, en présence de l'obstacle que la force majeure avait apporté à la continuation du transport sur le parcours prévu lors de l'expédition, au mandat qu'elle avait à remplir, tel que les circonstances lui permettaient de l'exécuter, à l'effet de faire parvenir à leur destination les marchandises expédiées. — Le jugement attaqué, au lieu d'examiner si, dans ces circonstances et eu égard aux nécessités du service du chemin de fer, les agents de la compagnie auraient pu prendre d'autres et plus utiles mesures, dans l'intérêt du propriétaire desdites marchandises, s'est borné

_____

(1) Dans une affaire plus récente (Tr. comm. Rouen, 30 août 1872), le jugement rendu contre la compagnie s'exprimait ainsi : — « Il était du devoir de la compagnie de prévenir l'expéditeur de la façon anormale dont elle entendait appliquer le tarif demandé; ne l'ayant point fait, elle ne saurait être admise à appliquer une taxe que les demandeurs n'auraient point acceptée, s'ils l'eussent connue, puisqu'ils pouvaient opérer le transport de leurs marchandises plus économiquement par d'autres voies. »

à déclarer que la compagnie, — faute par ses agents d'avoir, préalablement au changement de direction des marchandises, prévenu, en lui demandant ses instructions, ce propriétaire de l'obstacle qui s'était produit à la continuation du transport de celles-ci sur la voie d'abord indiquée, — n'avait contre lui aucun principe d'action, pour le supplément du prix réglé conformément aux tarifs légaux et afférent à la distance kilométrique réellement parcourue.

« En le décidant ainsi, alors qu'aucun fait constitutif d'une faute n'était imputé aux agents de la compagnie, le jugement attaqué a mis à la charge de cette dernière les conséquences d'un cas de force majeure, dont elle n'était pas responsable. » (C. C., 5 mai 1869.)

D'autres arrêts de la même Cour (9 août 1873, 5 mai et 21 déc. 1874), ont été rendus dans le même sens, mais sans s'expliquer au sujet des avis préalables à donner aux intéressés. Voici les passages principaux de ces arrêts dont l'un, celui du 5 mai 1874 se rapportait à l'intéressante question de l'application en cas de changement d'itinéraire d'un tarif à *prix fermes*, c'est-à-dire non soumis aux bases kilométriques.

Changement d'itinéraire causé par la rupture d'un pont (Affaires de guerre, Force majeure, Application d'un tarif à *prix fermes*). « Lorsque le trajet direct auquel est afférent un prix ferme ne peut être suivi, le destinataire des marchandises est sans droit pour réclamer l'application de ce prix ferme, même en offrant un supplément de prix proportionnel à l'allongement de parcours résultant du trajet indirect. « Arrêt C. Cass. 5 mai 1874, portant confirmation d'un jugement du Trib. de comm. d'Angers 14 fév. 1873 (comp. d'*Orléans*, contre Himling et comp. de l'*Ouest*).

Ligne interceptée (par suite des événements de guerre) *changement de direction des marchandises.* — « Il est reconnu, par le jugement attaqué, qu'à l'époque où se placent les expéditions de l'espèce, le trajet par les voies ferrées entre Bordeaux et Paris ne pouvait s'accomplir en suivant la ligne la plus courte, mais seulement au moyen d'un détour par Périgueux et Vierzon. — Le jugement n'impute, d'ailleurs à la compagnie demanderesse, à l'occasion de ces expéditions, aucune faute d'où résulte qu'elle aurait induit le défendeur en une erreur que celle-ci ne pouvait absolument éviter, ou qu'elle aurait mal accompli le mandat dont elle aurait été chargée; en refusant, dans ces circonstances, d'accueillir la demande de la compagnie d'Orléans, en payement d'une taxe supplémentaire, à raison du trajet détourné par Périgueux et Vierzon, et cela par le motif que la force majeure ne saurait créer aucun droit à ladite compagnie, le jugement attaqué a violé la disposition légale ci-dessus visée. » (C. C. 21 déc. 1874).

APPRÉCIATION ADMINISTRATIVE (*au sujet du changement d'itinéraire des marchandises sans information préalable*). Dans une espèce particulière (réseau du Midi) un destinataire s'est plaint de ce qu'une expédition lui était arrivée surtaxée d'une somme assez considérable sous prétexte que cette expédition détournée par suite d'inondation à B... avait dû accomplir un trajet plus étendu sur la voie de fer, en passant par A... Il a demandé si les compagnies pouvaient exiger ces frais suppl., bien qu'elles n'eussent pas préalabl. mis l'intéressé à même de donner son adhésion à un changement d'itinéraire qui devait entraîner l'augmentation du prix établi au point de départ de la marchandise. — Examen fait de l'affaire, les circonstances signalées ont paru ne rien présenter d'irrégulier, et la dépêche minist. relative à cet objet (23 août 1879) a fait ressortir les points suivants (*Ext.*) :

« Plusieurs arrêts de la C. de cass., et notamment ceux des 5 mai 1869 et 21 déc. 1874, ont admis qu'en présence d'un cas de force majeure, les compagnies sont fondées, eu égard aux nécessités de leur service, à modifier d'office l'itinéraire d'un transport, et à percevoir la taxe afférente au trajet réellement parcouru. — Les inondations qui ont, au mois de..... interrompu la circulation des trains à B..... semblent bien constituer un des cas de force majeure visés par les arrêts de la cour régulatrice et je pense, dès lors, que les comp. n'ont pas excédé leurs droits dans les circonstances en question. — Quoi qu'il en soit, le ministre n'a pu que répondre d'une manière purement officieuse, ajoute la dépêche, à la question qui lui a été posée, l'autorité judiciaire étant seule compétente pour statuer sur les difficultés de la nature de celles qui se sont élevées entre le réclamant et les compagnies. »

IV *bis.* **Circonstances diverses, constitutives de la force majeure.** — V. les mots *Encombrements, Force majeure, Guerre* et les articles correspondants.

IVRESSE.

Répression. — L'ivresse d'un agent attaché à l'expl. d'un chemin de fer pouvant dans certaines circonstances occasionner de graves accidents, des instructions très rigoureuses ont été mises en vigueur dans les diverses compagnies pour informer le personnel que tout agent surpris en état d'ivresse quel qu'en soit le degré, se trouve placé sous le coup d'une révocation, indépendamment de la pénalité qui s'attache à tout fait qui, d'après l'art. 20 de la loi du 15 juillet 1845 peut être considéré comme un abandon du poste de service. — V. *Abandon,* § 5.

Perte des droits à la retraite. — Outre la perte de leur emploi, les agents renvoyés pour cause d'ivresse encourent aussi la déchéance des droits qu'ils peuvent avoir à la retraite. — V. *Retenues, Retraites* et *Révocations.*

JARDINS.

Dépendances des chemins de fer. — Des divergences se sont quelquefois élevées au sujet des terrains et des ouvrages que l'on doit considérer comme des *dépendances* des voies ferrées. Les avenues de gare et les jardins des stations et des maisons de garde, notamment, avaient paru dans certains cas ne pas faire, dans le sens du mot, partie intégrante du chemin de fer. Mais la question a été nettement tranchée d'abord pour les *avenues de gare* qui sont généralement comprises dans les dépendances des voies ferrées, tant qu'elles n'ont pas fait l'objet d'une livraison aux communes ou aux services intéressés, — V. *Avenues, Chemin d'accès* et *Dépendances,* et ensuite pour les *jardins* des maisons de garde, qui ont donné lieu aux appréciations suivantes :

Jardins des maisons de garde (à comprendre dans le bornage). — Dans l'esprit de l'adm., les maisons de garde des passages à niveau *et leurs jardins* sont compris dans les dépendances du chemin de fer. (Circ. min. 31 déc. 1863.) — V. *Bornage.*

Questions de mitoyenneté et d'alignement. — D'après une déc. spéc. du 4 août 1879 « les maisons de garde et les terrains nécessaires à ces maisons font partie du domaine public et sont régis par la loi du 15 juillet 1845 et par les règl. de grande voirie. — Les terrains dont il s'agit, n'étant acquis qu'en vue d'une affectation publique dont l'adm. seule a qualité et compétence pour apprécier les exigences, ne peuvent être soumis aux règles de droit commun, au regard des propriétés riveraines tant qu'un acte émané d'elle n'en a pas prononcé la désaffectation. — Par suite un alignement, *pour* la construction (*d'un mur pignon,* dans l'espèce), le long d'un jardin atteignant à une maison de garde, ne peut être donné que suivant la ligne séparative de la propriété riveraine et du jardin, toutes saillies, baies ou jours droits, de même que tout égout des toits sur le jardin, étant rigoureusement interdits au riverain. » (Extr. d'une *décis. min.* du 4 août 1879, demande du sieur *Ribaute,* jardinier à Toulouse.) — Voici les principaux passages de cette intéressante décision :

« Un propr., désirant clore un terrain formant la partie principale d'une parcelle dont une portion a été acquise par l'État pour servir de jardin au garde-barrière, et s'appuyant sur l'article 663 du Code civil, a demandé la construction, à frais communs avec l'État, du mur de clôture dont il s'agit.

La compagnie, entendue, a fait observer que cet article n'était pas applicable aux terrains du

chemin de fer. — Les *maisons de garde et leurs jardins* font incontestablement partie, d'après elle, du domaine public, et sont régis par la loi du 15 juillet 1845 et par les règl. de gr. voirie.
— Le terrain destiné au jardin du passage à niveau *ayant été exproprié* ne peut plus être soumis aux règles de droit commun, jusqu'à ce qu'une décision de l'admin. supér. ait reconnu qu'il n'est plus nécessaire pour des besoins d'utilité publique.

Le service de construction (service de l'Etat), a pensé au contraire comme le requérant, que les jardins de gardes-barrières qui sont séparés eux-mêmes du chemin de fer par une clôture, ne font pas partie inhérente du domaine public. — L'art. 538 du Code civil, qui règle la distribution des biens, ne classe dans cette catégorie que les chemins, routes, etc., en un mot toutes les parties du territoire non susceptibles d'une propriété privée. — Les jardins des gardes ne sont pas inséparables des ch. de fer et sont susceptibles de propriété privée ; dès lors ils rentrent dans le droit commun auquel la jurispr. ne déroge qu'en présence d'un texte de loi formel.

L'insp. gén. du contrôle, partageant entièrement l'avis de la comp., a rappelé qu'il résultait nettement de la décis. minist. du 31 déc. 1853 *sur le bornage*, que les jardins de garde-barrière font partie du domaine public, « et doivent être bornés comme l'assiette des voies elles-mêmes. »
— Les terrains dont il s'agit, n'étant acquis qu'en vue de leur utilité pour le service de l'expl. du ch. de fer, sont protégés par cette affectation même contre toute demande d'aliénation ou d'établ. de servitude pouvant faire obstacle à la dite affectation ; d'ailleurs, l'admin. seule a qualité pour constater et reconnaître cette utilité spéciale et les dits terrains ne sauraient, en conséquence, tomber sous l'applic. des règles de droit commun, notamment au regard des propriétés riveraines, tant qu'un acte émané d'elle n'en a pas prononcé la désaffectation. — Qu'ainsi le pétitionnaire ne saurait être admis à bâtir un mur pignon le long du jardin du passage à niveau...
« que suivant la ligne séparative de sa propriété et de ce jardin, toutes saillies baies ou jours droits, de même que tout égout des toits sur le jardin, lui étant rigoureusement interdits. »

L'admin. des domaines consultée ne considère pas les jardins annexés aux maisons de garde, dont quelques-unes, ajoute-t-elle, sont même séparées de la voie ferrée, par des propriétés particulières, comme des dépendances nécessaires au fonctionnement de l'expl., « et comme aucune disposition légale n'exempte l'Etat des règles du droit commun pour ce qui est de ses propriétés privées, il est tenu, en présence de la demande du riverain, de contribuer, dans la limite fixée par l'art. 663 du Code civil, à la construction du mur de clôture, sauf à se soustraire à cette obligation en abandonnant la moitié de l'emplacement sur lequel le mur doit être construit...... »

Le ministre des finances, adoptant la manière de voir du service des domaines et des ingénieurs de la construction, a été d'avis d'appliquer, dans l'espèce, la règle du droit commun et notamment la disposition de l'art. 663 du Code civil.

Le conseil gén. des p. et ch. a été d'avis que la maison du garde-barrière est *une annexe nécessaire du passage à niveau* et le jardin *une annexe nécessaire à la maison* ; que cette double nécessité ne saurait être contestée quand l'adm. l'affirme (1), car elle seule a qualité et compétence pour apprécier les exigences de l'exploitation.....

Enfin le Conseil d'Etat (*section des travaux publics*), après en avoir délibéré, dans sa séance du 9 juillet 1879, a exprimé l'avis suivant :

« Considérant que le fait d'avoir été acquis pour un service public, et par voie d'expropr., ne suffit pas pour donner aux terrains dont il s'agit les caractères et les privilèges propres aux portions du domaine *public imprescriptible et inaliénable* ; — Que le bornage prescrit par le cah. des ch. des comp. et les instr. min., n'a pas eu, non plus, pour but et pour effet d'attribuer aux terrains compris dans les limites, quelle que soit leur destination, ce même caractère et ces mêmes privilèges ; — Mais dans le cas où les jardins dont il s'agit sont atténants aux maisons de gardes-barrières, et situés aux abords de la voie, ils doivent être considérés comme des dépendances de la voie elle-même, faisant partie, au même titre, de la gr. voirie aux termes de l'art. 1er de la loi du 15 juillet 1845 :

A émis l'avis que les terrains destinés aux jardins des gardes-barrières font partie du domaine public des chemins de fer, et qu'il y a lieu de rejeter la proposition du pétitionnaire... »

Conformément à cet avis du conseil d'Etat et à celui du conseil général des ponts et chaussées, le ministre a approuvé les conclusions de M. l'inspecteur général directeur du contrôle. ».

Indications diverses. — V. Bornage, *Dépendances*, *Fossés* et *Livraison*, 3°.

JETS DE PIERRE.

Projection ou dépôt de pierres sur la voie. — L'art. 61 de l'ordonn. du 15 nov. 1846 défend de jeter ou déposer aucuns matériaux ni objets quelconques dans l'enceinte du

---

(1) L'admin. des tr. publ., *évidemment*, qui a les chemins de fer sous sa direction et qui est juge des appropriations qui leur sont nécessaires.

chemin de fer, sous peine d'une amende de 16 fr. à 3,000 fr. (Application de l'art. 21 de la loi du 15 juillet 1845. — V. *Pénalités*.)

Jets de pierres sur les trains en marche. — V. *Actes de malveillance*, § 3.

JOINTS.

I. Assemblage des extrémités des rails. — Les joints des rails portent généralement sur les traverses. Toutefois dans le système *Vignole*, les joints, consolidés par des éclisses, portent à faux entre deux traverses ; mais ces traverses sont beaucoup plus rapprochées entre elles que les autres. Les rails sont posés bout à bout en laissant entre eux une ouverture qui est réglée suivant la température et qui est, en moyenne, de 0^m,002 à 0^m,003. Les dimensions des boulons et des trous de rails de la voie Vignole ont été combinées de manière à faciliter les variations des joints. (*Inst. spéc.*)

Les joints correspondants de deux files de rails doivent être exactement sur une ligne d'équerre par rapport à l'axe de la voie. On obtient ce résultat dans les courbes, en employant des rails raccourcis dans le cours de rails le plus voisin du centre. (*Ibid.*)

Coussinets et traverses de joints. — V. *Coussinets*, *Éclisses* et *Traverses*.

II. Joints des tuyaux de conduite d'eau. — V. *Tuyaux*.

JONCTION.

Raccordement de lignes. (V. *Embranchements*.) — Jonctions de trains (insuffisance de voies de garage). — V. *Croisements* et *Garage*.

Service aux gares de jonction. — V. les mots *Délais* et *Frais accessoires*.

JOURNAUX.

I. Publicité administrative. — 1° Avis relatifs aux *adjudications*, *enquêtes*, *expropriation* (Voir ces mots) ; — 2° Insertion de jugements ou d'autres affaires pouvant intéresser les chemins de fer (V. *Affichage*.). — 3° Insertion, au *Journal officiel*, de la situation des travaux des chemins de fer de l'Etat et des comptes d'expl. des compagnies. — V. *Comptes et situations*, §§ 2 et 5.

II. Vente de journaux dans les gares. — Aux termes de l'art. 70 de l'ordonn. du 15 nov. 1846, « aucun crieur, vendeur ou distributeur d'objets quelconques ne pourra être admis, par les comp., à exercer sa profession dans les *cours* ou bâtiments des stations et dans les salles d'attente destinées aux voyageurs, qu'en vertu d'une autoris. spéc. du préfet du départem. ». Cette disposition est évid. applic. à la vente de *journaux*, livres, etc.

Mais il y a une distinction à faire entre la vente dans *l'intérieur* des gares et celle qui s'effectue dans les *cours extérieures des stations*, ces cours étant considérées comme voies publiques. Dans le premier cas, indépendamment de la permission ordinaire de police, l'industriel doit être obligatoirem. pourvu de l'autorisation prévue par l'art. 70 précité de l'ordonn. de 1846. Dans le second cas, la seule présence dans la cour de la gare d'un vendeur de journaux non muni de cette dernière autorisation, mais pourvu d'un permis de vente sur la voie publique, ne semble pas constituer une contrav. ; il y a lieu seulement alors d'appliquer la prescr. de l'art. 3 de l'arr. gén. de la police des cours des gares, d'après laquelle toute sollicitation importune ou tout fait de nature à troubler l'ordre ou à gêner la circulation sont poursuivis conformément aux lois. — V. *Cours*.

Questions de monopole. — Une plainte de la maison Hachette relative à la vente de journaux *dans la cour et sous la marquise des gares* a soulevé la double question de savoir « si l'autorisation accordée par le préfet doit être retirée parce qu'elle nuit à la maison Hachette, et si l'acquiescement de la compagnie à cette autorisation n'aurait pas été nécessaire ».

Une décis. min. du 27 juin 1873 a statué sur ces diverses questions de la manière suivante : — La demande de la maison Hachette tendant à obtenir le retrait de l'autorisation que le préfet a accordée dans l'espèce n'est pas fondée, le départem. des tr. publ. n'ayant pas d'ailleurs, sur le fond de l'affaire, à intervenir dans les questions de concurrence ou de monopole qui peuvent se rattacher à la vente d'objets quelconques dans les gares. — Mais aux termes des circ. min. des 16 août 1861 et 29 juillet 1863, le service du contrôle aurait dû être appelé, dans la circonstance, à donner son avis sur l'opportunité de l'autorisation ». — V. aussi *Bibliothèques* et *Industries.*

III. Conditions de transport des journaux. — (*Ancien privilège de la poste.*) — La loi du 25 juin 1856 interdit le transport, par toute voie étrangère au service des postes, des journaux, ouvrages périodiques, circulaires, prospectus, catalogues et avis divers, imprimés, gravés, lithographiés ou autographiés. Elle interdit, en outre, de renfermer dans les imprimés, échantillons, papiers de commerce ou d'affaires, affranchis à prix réduits, aucune lettre ou note pouvant tenir lieu de correspondance. Toute contravention est punie d'une amende de 150 à 300 fr., et en cas de récidive, d'une amende de 300 à 3,000 fr. (Arrêté du 27 prairial an ix, et lois des 22 juin 1854 et 25 juin 1856.)

Dérogations. — Par exception aux dispositions qui précèdent, les *ouvrages périodiques non politiques* formant un paquet dont le poids dépasse 1 kilogramme, ou faisant partie d'un paquet de librairie qui dépasse le même poids, peuvent être expédiés par une autre voie que celle de la poste, mais à la condition que, dans l'un et l'autre cas, les exemplaires ne porteront aucune mention ou suscription de nature à en faciliter la remise à d'autres personnnes que le destinataire du paquet.

Exception étendue à tous les journaux et recueils sans exception. (Conditions obligatoires.) — Loi 6 avril 1878 ; V. *Postes,* § 5.

Prix de transport des journaux (comme *librairie.* V. ce mot). — Retards dans les expéditions et les délais de livraison. — V. *Délais,* § 3.

IV. Publications interdites et transports irréguliers. — A titre de simple renseignement, nous reproduisons, ci-après, les anciennes instructions antérieures à la loi du 6 avril 1878, relatives aux infractions commises dans le transport ou la propagation des journaux.

Fraudes. — Afin d'éviter le transport frauduleux des journaux, soit isolément comme marchandise, d'après un bulletin de dépôt, soit en compagnie d'un porteur qui les fait admettre avec lui comme bagages, en contravention aux dispositions de l'arrêté du 27 prairial an ix, le min. des finances a indiqué, comme moyen de faire obstacle à la fraude : — « 1° La saisie au point de départ, c'est-à-dire dans les embarcadères des ch. de fer, des journaux et public. dont il s'agit, soit par la gendarmerie, soit par les préposés des douanes, soit par les préposés des contr. indir. et des octrois, de service dans ces embarcadères; — 2° Le signalement des fraudeurs et de leurs manœuvres aux autorités locales, lorsque la fraude serait reconnue sur un des points intermédiaires où les moyens manqueraient pour opérer immédiatement l'arrestation des contrevenants. »

Ces mesures ont été rappelées par une circ. du min. des tr. publ., du 26 avril 1849, exprimant le vœu que les chefs de station soient invités à exercer une surv. spéc., en vue du fait signalé. Les commiss. de surv. « auront à prêter leur concours aux agents de la comp., pour assurer l'exéc. de la loi et garantir les intérêts du Trésor, lésés par la fraude ainsi exercée à son préjudice. » (*P. mém.* voir ci-dessus.)

Journaux et écrits laissés dans les voitures. (Circ. min. adressée aux comp. le 24 avril 1867.) — « M. le min. de l'intér. m'informe que les voyageurs venant de l'étranger à Paris abandonnent fréquemment dans les voitures de ch. de fer des journaux et des écrits divers dont l'entrée en France est interdite. A l'arrivée des trains, ajoute S. Exc., un agent de la comp. fait la visite des voitures, s'empare de ces papiers et peut en faire un usage regrettable, soit en les colportant, soit en les vendant. — L'affluence des voyageurs devant devenir de plus en plus considérable pendant la durée de l'Exposition universelle et l'introduction frauduleuse des publications prohibées pouvant dès lors prendre plus d'extension, je vous invite à donner à vos agents les ordres nécessaires pour que tous les journaux ou écrits quelconques publiés à l'étranger et qui seraient trouvés dans les wagons soient déposés au bureau du commissaire spécial de police. — Veuillez, d'ailleurs, m'accuser réception de la présente dépêche dont je donne communic. à S. Exc. le min. de l'intér. et à l'ing. en chef du contrôle, et me faire connaître les dispositions prises par votre comp. pour en assurer l'exécution. »

Rappel des instructions précédentes. (Circ. min. adressée le 22 juin 1868 aux admin. des comp.) — « Par une circ. du 24 avril 1867, je vous ai invités, sur la demande de S. Exc. le min. de l'intér., à prescrire à vos agents de déposer au bureau du commiss. spéc. de police tous journaux ou écrits quelconques, publiés à l'étranger. qui seraient trouvés dans les voitures à voyageurs, à l'arrivée des trains. — Mon collègue m'informe que cette prescription ne reçoit pas une complète exécution : que, dans certaines gares, les chefs et les employés s'emparent des journaux ou écrits prohibés abandonnés par les voyageurs, et que c'est en vain que les commiss. spéc. de police les réclament. — Je vous prie, Messieurs, de rappeler à vos agents les ordres qu'ils ont dû recevoir à ce sujet, et de leur faire connaître que ceux d'entre eux qui ne s'y conformeraient pas, pourraient être l'objet de mesures disciplinaires, par applic. du décret du 27 mars 1852. »

Transport et colportage illicites de journaux et brochures politiques. — Circul. adressée le 9 juillet 1877 par le min. des tr. pub. aux insp. gén. du contrôle. — « Monsieur, mon attention a été appelée sur le transport et le colportage illicites de journaux et brochures politiques. — Ce moyen de propagande constitue un délit de droit commun, dont la constatation appartient aux commiss. de surv. admin. des ch. de fer, en leur qualité d'officiers de police judiciaire. Il est indispensable que le service du contrôle exerce sur ce point une grande vigilance et je vous invite à donner des ordres, pour que les commiss. de surv. placés sous votre direction apportent à cette partie importante de leur service le soin le plus attentif. — Vous voudrez bien, monsieur, m'accuser réception de la prés. circ. ; vous en trouverez ci-joint des ex. que je vous prie de faire parvenir à chacun des fonctionn. du service que vous dirigez. »

V. Indications diverses. — V. *Délais*, § 3, *Industries*, *Postes*, § 5, et *Vente*.

JOURS.

I. Affaires de voirie. — (Jours droits ou obliques et issues, pris sur le chemin de fer). — Voir les mots *Alignements*, *Avenues*, *Chemins d'accès*, *Cours* et *Jardins*.

Prescriptions de droit commun. — Voir les art. ci-après du Code civil :

« 675. L'un des voisins ne peut, sans le consentement de l'autre, pratiquer dans le mur mitoyen aucune fenêtre ou ouverture, en quelque manière que ce soit, même à verre dormant.

« 676. Le propr. d'un mur non mitoyen, joignant immédiatement l'héritage d'autrui, peut pratiquer dans ce mur des jours ou fenêtres à fer maillé et verre dormant. — Ces fenêtres doivent être garnies d'un treillis de fer, dont les mailles auront un décimètre d'ouverture au plus, et d'un châssis à verre dormant.

« 677. Ces fenêtres ou jours ne peuvent être établis qu'à vingt-six décimètres au-dessus du plancher ou sol de la chambre qu'on veut éclairer, si c'est au rez-de-chaussée, et à dix-neuf décimètres au-dessus du plancher, pour les étages supérieurs.

« 678. On ne peut avoir des vues droites ou fenêtres d'aspect, ni balcons ou autres semblables saillies, sur l'héritage clos ou non clos de son voisin, s'il n'y a dix-neuf décimètres de distance entre le mur où on les pratique et ledit héritage.

« 679. On ne peut avoir des vues par côté ou obliques sur le même héritage, s'il n'y a six décimètres de distance.

« 680. La distance, dont il est parlé dans les deux art. précédents, se compte depuis le parement extérieur du mur où l'ouverture se fait, et, s'il y a balcons ou autres semblables saillies, depuis leur ligne extérieure jusqu'à la ligne de séparation des deux propriétés. »

II. Jours fériés. — *Suspension des travaux.* — Extr. du cah. des ch. — « *Art. 26.* Pour l'exécution des travaux, la compagnie se soumettra aux décisions ministérielles concernant l'interdiction du travail les dimanches et jours fériés. » — Plusieurs décis. min. et notamment celle du 20 mars 1849, ont rappelé et maintenu l'interdiction du travail les dimanches et jours fériés (au moins pour les ouvriers employés au compte de l'administration); mais, par suite de l'urgence de certains travaux de ch. de fer, quelques comp. ont obtenu, dans certains cas, l'autorisation de faire travailler le dimanche, en dehors du temps consacré à l'office divin, à divers ouvrages parmi lesquels nous citerons les suivants : 1° Percement d'un tunnel et tranchées aux abords; — 2° déplacement des voies d'évitement et prolongement des voies provisoires sur les remblais ou dans les tranchées en cours d'exécution, etc., etc. Ces autorisations ont été données sous la réserve formelle que la faculté de travailler exceptionnellement le dimanche pourrait être retirée dès que l'admin. le jugerait convenable.

Jours fériés au point de vue de l'expédition et de la livraison des marchandises. — « Par exception, les dimanches et *jours fériés*, les gares des marchandises à petite vitesse seront fermées à midi, et les livraisons restant à faire avant la fin de la journée seront remises à la première moitié du jour suivant....... » (Ext. de l'art. 13 de l'arr. *minist.* du 12 juin 1866. — V. *Délais*, § 1. — *Stationnement de wagons complets*, les dimanches et jours fériés. — V. au mot *Frais accessoires* (petite vitesse, § 5), l'arr. minist. du 27 mai 1878, relatif au *chargement et au déchargement des wagons complets*, et la circ. min. interprétative du 29 août 1879.

Désignation des jours fériés. — Par *jours fériés* (en dehors des dimanches) on entend, dans le service des ch. de fer, le 1er janvier; le lundi de Pâques; l'Ascension; le lundi de la Pentecôte; l'Assomption; la Toussaint; la Noël; et la fête nationale du 14 juillet.

JUGEMENTS. — JUGES. — JUGES DE PAIX.

I. Questions de compétence en matière judiciaire, — 1° Affaires de travaux (V. *Compétence*, § 1). — 2° Dommages résultant des travaux d'entretien (*id.*, § 2). — 3° Contestations entre les compagnies et leurs entrepreneurs (*id.*, § 3). — 4° Affaires d'exploitation (*id.*, § 6). — 5° Questions mixtes (*id.*, § 7). — 6° Indications diverses (*id.*, § 8), — 7° Réclamations pour dommages de travaux et d'exploitation (V. *Dommages*). — 8° Formalités de procédure (V. *Assignation*). — 9° Relevé des condamnations prononcées en matière de règlements des chemins de fer (V. *Pénalités*, *Procès-verbaux*, *Suites judiciaires*, et *Tribunaux*. Voir aussi au § 2 ci-après). — 10° Intervention des magistrats pour la police et la surveillance des chemins de fer (V. *Magistrats*. — Voir aussi plus loin, au § 3, les indications qui se rapportent aux attributions des *juges de paix*, en ce qui concerne les contestations distinctes et les affaires de police de l'exploitation des chemins de fer).

II. Suites judiciaires données aux procès-verbaux dressés en matière de ch. de fer. — Premières dispositions établies par les circ. min. du 17 juill. 1860; 10 et 27 févr. 1862, 18 juill. 1864, 27 janv. 1865 et 30 juin 1868, au sujet de la production des tableaux et bulletins faisant connaître les suites données aux procès-verbaux constatant des accidents ou des infractions à la police des chemins de fer.

1° *Circ. min.* 17 *juill.* 1860 (adressée aux chefs du contrôle). — *Tableaux collectifs mensuels des décisions judiciaires.* — « L'admin. s'est préoccupée des mesures qu'il conviendrait de prendre pour être plus régulièrement informée, à l'avenir, des décis. judic. qui interviennent sur pr.-verbaux dressés en matière de délits commis sur les ch. de fer ou de contrav. à la police de ces voies de communication. — Le mode de constatation en usage, depuis 1854, consistait à obliger les chefs des parquets à faire parvenir mensuellement aux chefs du contrôle, chacun pour ce qui le concerne, des états relatant soit les *jugements rendus* soit les *ordonnances de non-lieu* intervenues; mais, absorbés par les soins que réclament de leur part les nombreuses affaires sur lesquelles ils ont à requérir, ces magistrats ne pouvaient apporter, à la rédaction des états qu'ils avaient mission de produire, qu'une attention distraite; et, le plus souvent, ou bien cette production n'avait pas lieu, ou bien, dans l'impossibilité de compulser de nombreux et volumineux dossiers, certaines affaires, importantes et qu'il eût été très utile de consigner sur ces états, échappaient à leur attention.

« Pour remédier à cet inconvénient, il a été convenu avec le min. de la justice qu'à l'avenir, les chefs du contrôle dresseraient eux-mêmes les états des affaires sur lesquelles les renseignements ci-dessus rappelés devront être fournis par les chefs des parquets. Ces états devront être adressés aux procur. gén. des C. d'appel qui ont mission de les faire parvenir aux procur. des trib., et c'est également par l'intermed. des procur. gén. qu'ils reviendront, convenablement complétés, entre les mains des ing. en chef. Je vous prie de vouloir bien, en ce qui vous concerne, vous conformer à la marche que je viens de tracer et à laquelle le min. de la justice attache beaucoup de prix, dans un intérêt d'ordre hiérarchique que vous apprécierez. — Je vous adresse... ex. du tableau qu'il vous appartient de préparer et dont le cadre a été arrêté, de concert, entre les deux départem. de la justice et des tr. publ. — Les procur. gén. ont reçu du min. de la justice des instr. conformes à la présente. » — *Suit le modèle du tableau collectif mensuel* (1).

TABLEAU INDICATIF

DES INFRACTIONS AUX RÈGLEMENTS DE L'EXPLOITATION DES CHEMINS DE FER SUR LESQUELLES LES INGÉNIEURS DU CONTRÔLE ADMINISTRATIF ONT DU ÊTRE CONSULTÉS, EN VERTU DE L'ARTICLE 4 DE LA LOI DU 27 FÉVRIER 1850, ET DES DÉCISIONS JUDICIAIRES AUXQUELLES CES INFRACTIONS ONT DONNÉ LIEU.

DATES des procès-verbaux.	NOMS, qualité et domicile de l'agent verbalisateur.	NOMS et domiciles des contrevenants.	LIEU de la contravention.	NATURE de l'infraction.	OBSERVATIONS du contrôle.		TRIBUNAL qui a statué.	DÉCISION judiciaire ou ordonnance de non-lieu.		OBSERVATIONS sur l'état de l'affaire, instruction, enquête, poursuites, appels, etc., etc.
					Date.	Analyse.		Date.	Analyse.	
1	2	3	4	5	6	7	8	9	10	11

Adressé à M. le procureur général de la Cour d   , pour être transmis à M. le procureur du trib. d   par l'inspecteur général des chargé de la surveillance administrative du réseau d

A   , le   18

L'inspecteur gén ral,

Certifié sincère et véritable.

A   , le   18

Le procureur du trib.,

Transmis à l'inspecteur général des   chargé de la surveillance administrative du réseau d

A   , le   18 .

Le procureur général,

2° *Circ. min.*, 10 févr. 1862, min. de la justice, adressée aux procureurs généraux, et notifiée par circ. min., 27 févr. 1862, tr. publ., aux chefs du contrôle. (*Copie des dispositifs de jugement*). — « L'admin. des tr. publ. ayant besoin, dans un intérêt d'ordre et de sécurité, d'être renseignée avec exactitude sur la suite donnée aux procès-verbaux en matière de police des chemins de fer, je vous ai recommandé, par différentes circ., d'inviter vos substituts près les trib. de prem. instance à transmettre périodiquement aux chefs du contrôle les renseignements réclamés par cette administration.

« Aujourd'hui, le min. des tr. publ. appelle mon attention sur l'utilité qu'il y aurait à ce que les jugements statuant en matière de police des ch. de fer fussent communiqués *in extenso* aux chefs du contrôle, lorsque les réquisitoires du ministère public et les dispositifs du jugement sont contraires à l'avis exprimé par ces ingén., conf. à la loi du 27 févr. 1850. — Mon collègue ajoute qu'il importe à l'adm. de connaître les considérants, plus ou moins longuement développés, par lesquels les trib. repoussent les avis de ses représentants.

« Je partage entièrement cette opinion et je vous prie, en conséquence, de vouloir bien donner des ordres pour que les commiss. de surv. admin. puissent prendre copie, sans frais, des jugements ou arrêts rendus sur leurs procès-verbaux, toutes les fois que ces fonctionnaires en recevront l'ordre de leurs ingénieurs en chef. »

3° *Circ. min.* 18 juill. 1864. *Tr. publ.* (*États distincts des suites judiciaires données aux affaires d'accidents ou de contraventions*). — Une circ. min. adressée le 18 juill. 1864

(1) Ces tableaux, dûment complétés, restent comme archives dans les bureaux des chefs du contrôle, qui sont dispensés de les envoyer au ministère. (*Inst. spéc.*) — L'envoi seul des comptes rendus et bulletins dont il est question plus loin, au présent article, est obligatoire.

aux chefs du contrôle et dont le premier paragr. recommandait à ces fonctionn.
« de donner imméd. avis au min. de tous les accidents qui se produisent sur les ch.
de fer, dont la surv. leur est confiée » (V. *Accidents*, §§ 4 et 11), se terminait ainsi
qu'il suit :

« Il est un autre point sur lequel je dois appeler spécialement votre attention :

Quand, à l'occasion d'un accident ou d'une contrav. quelconque, la justice se trouvera
saisie, vous devrez suivre, avec soin, toutes les phases de l'instr. judic., afin d'être à
même de fournir à l'admin. des renseignem. précis sur les résultats de cette instruction.

Dans le cas où il interviendrait une *ordonn. de non-lieu*, vous aurez à m'en donner
avis sur-le-champ, en reproduisant, autant que possible, les motifs de cette ordonn.

Dans le cas, au contraire, où l'affaire serait portée devant un tribunal...., vous voudrez bien soit assister, en personne, aux débats judic., soit vous y faire représenter par
un des fonctionn. du contrôle, suivant l'importance de la question, et vous aurez soin de
m'adresser ensuite un rapport dans lequel vous consignerez, non-seulement le résultat
de l'affaire, mais encore les incidents qui auront pu se produire dans les débats : à ce
rapport devra être jointe la copie textuelle du jugem. ou de l'arrêt. (V. plus haut.)

Afin de vous faciliter l'accompliss. de ces instr., j'invite la comp. du ch. de fer, dont
le contrôle vous est confié, à vous tenir exactement informé de tous les faits qui auront
provoqué l'interv. de la justice et à vous faire connaître, notamment, les jours qui seront
désignés pour les débats, lorsque l'affaire sera portée devant les tribunaux. »

4° *Circ. min.*, 27 *janvier* 1865; Tr. publ. aux chefs du contrôle (*Bulletins spéciaux
pour les accidents*). — « Pour que l'instr. précitée du 18 juillet 1864 reçoive une exéc.
complète et uniforme, le min. à fait préparer un tableau dont il a fait adresser un certain
nombre d'ex. aux chefs du contrôle, avec les recommandations suivantes :

« Tout accident qui, dans le courant de l'année....., aura occasionné la mort ou des
blessures, ou aura donné lieu à un procès-verbal, devra faire l'objet d'un état distinct,
lequel devra être immédiatement envoyé à l'admin.—Je tiens, d'ailleurs, à ce que chacun
des tableaux relatifs à un accident de train, suivi ou non de mort *ou de* blessures, soit
accompagné, autant que possible, du jugement ou de l'arrêt, reproduit *in extenso*. » —
(Au sujet des *modèles de bulletins*, V. la circ. ci-après) :

5° *Circ. min.* 30 *juin* 1868; Tr. publ. aux chefs du contrôle (*Modèles de bulletins spéciaux des suites judiciaires données aux affaires d'accidents et de contraventions*). — « Par
une circ. du 18 juillet 1864, mon prédécesseur a invité les ingén. du contrôle à faire connaître à l'admin., dans chaque cas particulier et par des avis spéciaux, les suites judiciaires des accidents et des contraventions de toute nature qui se produisent sur les voies
ferrées. Dans le but de faciliter au contrôle l'exécution de cette instr. min., j'ai l'honneur
de vous adresser deux cadres à peu près semblables à celui qui a fait l'objet d'un envoi
de l'admin. sup. en date du 27 janvier 1865.....

« En conséquence, toutes les fois qu'un fait quelconque, accident ou infraction aux
lois et règlements sur la police des chem. de fer, aura donné lieu à un procès-verbal
dressé, *soit par un agent du contrôle*, soit par un *agent assermenté* de la compagnie, vous
voudrez bien m'informer, aussitôt que possible, de la suite que ce procès-verbal aura
reçue, et, à cet effet, vous me ferez parvenir un avis sommaire, conforme, suivant le cas,
à l'une des formules ci-jointes.

« Lorsqu'il s'agira d'un accident de train ou d'un accident isolé ayant entraîné mort
ou blessures, quelle que soit la victime, vous aurez soin de me transmettre, indép. de
l'avis dont il est question ci-dessus, une copie *in extenso* du jugement ou de l'arrêt qui
serait intervenu à la suite de cet accident. La copie textuelle accompagnera le bulletin
sommaire, ou pourra m'être envoyée plus tard, à la condition que le bulletin annoncera

cet envoi ultérieur. — Vous procéderez de la même manière en ce qui concerne la copie textuelle du jugement ou de l'arrêt, pour toute contravention grave ou offrant quelque intérêt au point de vue des principes. » — (Suivent les nouveaux modèles.)

MINISTÈRE
des
TRAVAUX PUBLICS.

Nouveaux modèles d'états (format 0.21 sur 0.31).

18... — CHEMIN DE FER D

DATE de la contravention.	NATURE de la contravention.	QUALITÉ de l'agent verbalisateur.	SUITE JUDICIAIRE (*a*) ou ordonnance de non-lieu (*b*) (*c*)

DATE de l'accident.	NATURE de l'accident.	SUITE JUDICIAIRE (*a*) ou ordonnance de non-lieu (*b*) (*c*).

Nota commun aux deux modèles,

(*a*) Dispositif sommaire du jugement ou de l'arrêt.
(*b*) Reproduire autant que possible les motifs de cette ordonnance.
(*c*) Dans le cas où le procès-verbal n'aurait reçu aucune suite de la part du ministère public, inscrire dans cette colonne la mention suivante : « Classé sans suite. »

6° *Circ. min.* 30 *juillet* 1879; Tr. publ. (aux insp. gén. du contrôle). — Rappel des instr. précédentes, *relatives à l'envoi des états de suites judiciaires en matière d'accidents et de contraventions.* — « Monsieur l'insp. gén., aux termes des instr. min., et notamment de la circ. du 30 juin 1868, les services de contrôle doivent faire connaître, aussitôt que possible, à l'adm. sup., *dans chaque cas particulier* et par des états distincts, les suites judiciaires des accidents survenus et des contraventions commises sur les voies ferrées.

Ces instructions ne sont pas toujours observées. Certains services de contrôle paraissent même les avoir complètement oubliées ; d'autres apportent dans la production des états qu'ils ont à fournir un retard regrettable.

Je tiens à recevoir à l'avenir très régulièrement les renseignements de cette nature, afin de pouvoir les communiquer en temps utile, au comité de l'exploitation technique. —Veuillez, en conséquence, prendre des mesures pour que les états de suites judiciaires me parviennent au plus tard quinze jours après la date du jugement, de l'arrêt ou de l'ord. de non-lieu.

Il me parait indispensable, d'ailleurs, que ces états soient accompagnés de copies *in extenso* des jugements ou arrêts lorsqu'il s'agira d'accidents de trains et d'accidents isolés ayant entraîné mort ou blessures, et qu'il en soit de même dans les cas de contraventions graves ou dans ceux qui présenteront un intérêt particulier au point de vue des principes. — Recevez, etc. »

7° *Circ. min.* 10 *sept.* 1883 (tr. publ.); adressée aux insp. gén. du contrôle, au sujet des vérifications et constatations à faire par les *commiss. de surv.* en ce qui concerne la *désinfection des wagons* (Ext.)..... « Il conviendra, pour tenir en éveil le zèle de ces agents, de leur demander un relevé mensuel des résultats de leur surveillance, avec indication des procès-verbaux de contravention qu'ils auront dressés et de la suite judiciaire que ces procès-verbaux auront reçue... » — V. *Désinfection*, fin du § 2.

Délais d'appel des jugements. — En matière civile ordinaire, le délai pour interjeter appel est de deux mois à partir du jour de la signification du jugement à personne ou à domicile. (Art. 2, loi 3 mai 1862, modifiant les dispositions des art. 16 et 443 du C. de procéd. civile, et 645 du C. de comm., qui fixaient généralement à trois mois le délai de l'appel pour les jugem. des justices de paix, des trib. de prem. instance et des trib. de commerce.) — En *matière criminelle*, le délai de *dix jours*, fixé par les art. 174, 203 et 422 du C. d'instr. crim., pour se pourvoir contre les jugements ou arrêts de simple police, des trib. correctionnels et des Cours d'appel, ne paraît pas avoir été modifié.

Dispositions diverses. — 1° Formalités judiciaires (V. *Assignation, Compétence, Justice, Magistrats, Pénalités, Procès-verbaux* et *Tribunaux* ; — 2° *Réquisition d'ouvriers pour l'exécution des jugements.* — Arrêté du Conseil des Cinq-Cents du 22 germinal an IV (11 avril 1796) et instr. min. du 12 juillet 1828 (V. *Conseils de préfecture*) ; — 3° Affichage des jugements intervenus en matière de chemins de fer. — V. *Affichage*, § 4.

Décisions administratives. — V. *Conseils, Contraventions, Pourvois* et *Recours.*

III. Juges d'instruction et juges de commerce. (Affaires soumises aux trib. civils, corr. et de comm.) ; — V. *Compétence, Justice, Magistrats* et *Tribunaux.*

Citation en justice (des fonctionnaires et agents). — V. *Citation.*

IV. Juges de paix. — *Attributions en matière de ch. de fer.* — (1° QUESTIONS DE TRAVAUX, DE BORNAGE, etc.) — La loi organique du 25 mai 1838, réglant les attributions des juges de paix, porte à l'art. 6 les dispositions suivantes, qui ne paraissent pas avoir été modifiées par d'autres lois plus récentes, notamment par celles des 20 mai 1854, 2 mai 1855, etc.

« Art. 6. — Les juges de paix connaissent, en outre, à charge d'appel : — 1° des entreprises commises, dans l'année, sur les cours d'eau servant à l'irrigation des propriétés et au mouvement des usines et moulins, sans préjudice des attributions de l'autorité administrative dans les cas déterminés par les lois et par les règlements ; des dénonciations de nouvel œuvre, complaintes, actions en réintégrande et autres actions possessoires fondées sur des faits également commis dans l'année ; — 2° des actions en bornage et de celles relatives à la distance prescrite par la loi, les règlements particuliers et l'usage des lieux, pour les plantations d'arbres ou de haies, lorsque la propriété ou les titres qui l'établissent ne sont pas contestés ; — 3° des actions relatives aux constructions et travaux énoncés dans l'article 674 du Code civil, lorsque la propriété ou la mitoyenneté du mur ne sont pas contestées..... — V., au mot *Puits*, le dit art. 674 du C. civil. » — Voir aussi *Plantations.*

2° AFFAIRES D'EXPLOITATION (Art. 2 de la même loi du 25 mai 1838; Extr.). — « Les juges de paix prononcent, sans appel, jusqu'à la valeur de 100 fr., et à charge d'appel, jusqu'au taux de la compétence en dernier ressort des trib. de 1re inst., — sur les contestations... entre les voyageurs et les *voituriers* ou bateliers, pour retards, frais de route et perte ou avarie d'effets accompagnant les voyageurs... »

Aux mots *Assignation*, § 3 et *Compétence*, § 6, nous avons cité quelques exemples d'applic. de la loi précitée de 1838, au double point de vue des sièges attributifs de juridiction (en matière de sociétés), et de l'*exclusion* des trib. de comm. pour certaines contestations entre voyageurs et compagnies. — Mais, d'après la jurispr. actuellement en vigueur de la C. de cass., la loi de 1838 n'a eu pour but que d'étendre le *taux* de la compétence des juges de paix en cette matière, sans exclusion des trib. de comm., et à la condition que le juge de paix soit compétent *ratione materiæ*, comme il est dit dans les nouveaux textes au sujet desquels nous ne pouvons que renvoyer aux recueils spéc. de jurisprudence.

Transport des marchandises. — Ni la loi de 1838, ni le droit commun interprété par la jurispr., n'attribuent aux juges de paix les litiges relatifs au transport proprement dit des marchandises. — Ces affaires (sauf en ce qui concerne les colis postaux et d'autres questions réservées à la jurid. admin.), rentrent exclusivement dans la compétence des trib. de comm., ou des trib. civils, quand il n'y a pas de trib. de comm. dans l'arrondissement. (V. *Commissionnaires, Compétence,* § 6 et *Tribunaux.*) — Les juges de paix ont seulement à intervenir dans certains cas pour les affaires de refus de marchandises. (V. *Laissé pour compte*) ou pour des constatations spéc. — V. le 4° ci-dessous.

Affaires du personnel (questions de louage de services, etc.) — « *Art.* 5 (même loi du 25 mai 1838). — Les juges de paix connaissent également sans appel, jusqu'à la valeur de cent francs, et, à charge d'appel, à quelque valeur que la demande puisse s'élever : — 3° des contestations relatives aux engagements respectifs des gens de travail au jour, au mois et à l'année, et de ceux qui les emploient ; des maitres et des domestiques ou gens de service à gages ; des maitres et de leurs ouvriers ou apprentis, sans néanmoins qu'il soit dérogé aux lois et règlements relatifs à la juridiction des prud'hommes... »

Nota. — Cette question d'agents *en louage de service* n'a pas encore été bien précisée en matière de ch. de fer. — Mais en tout cas les aiguilleurs, les mécaniciens et autres agents *commissionnés* des comp. ne sont pas considérés comme de simples ouvriers. — Voir les mots *Accidents,* § 9, *Agents,* § 3, *Assignation,* § 3, *Prud'hommes* et *Témoignages.*

Affirmation des procès-verbaux (devant le juge de paix). — V. *Affirmation,* § 1.

3° CONSTATATION DES CRIMES, DÉLITS, etc. (Pouvoirs des juges de paix comme officiers de police judic. — V. *Crimes, Officiers de police judiciaire* et *Magistrats.*

Contraventions de police. — Une loi du 27 janvier 1873 a modifié ainsi qu'il suit les art. 138, 144 et 178 du C. d'inst. crimin. — 1° *Art.* 138. « La connaissance des contraventions de police est attribuée *exclusivement* au juge de paix du canton dans l'étendue duquel elles ont été commises ». — 2° *Art.* 144 et 178 (pour mémoire).

4° ATTRIBUTIONS DIVERSES. — (*Vente d'objets abandonnés en gare.*) — Les juges de paix sont chargés, par le décret du 13 août 1810, de procéder à l'ouverture et à l'inventaire des ballots, malles, caisses et paquets délaissés dans les bureaux des entreprises de transport et destinés à être vendus à la diligence de la régie de l'enregistrement. — V. *Abandon,* § 3.

Questions d'octroi (compétence des juges de paix). — V. *Octroi.*

JURISPRUDENCE.

Affaires générales (en matière de ch. de fer). — V. *Conseil d'État, Conseil de préfecture, Inspecteurs, Jugements, Justice, Procureurs généraux, Tribunaux,* etc.

Citations particulières. — Les documents principaux de la jurisprudence commerciale, administrative et judiciaire des chemins de fer ont été résumés et reproduits, lorsqu'il y avait lieu, dans le présent recueil, avec les dates des décisions et, autant que possible, en regard des textes de lois ou de règlements auxquels ils se rapportent.

JURY.

I. Formation du jury d'expropriation (*pour cause d'utilité publique*). — L'art. 14 de la loi du 3 mai 1841, sur l'expropr. pour cause d'utilité publique, stipule que le jugement prononçant l'*expropriation* commet un des membres du tribunal pour remplir les fonctions attribuées au magistrat directeur du jury, chargé de fixer l'indemnité et désigne un autre membre pour le remplacer au besoin. — D'après l'art. 29 (même loi), la liste du jury appelé à régler les indemnités en matière d'expropr. pour cause d'utilité publique est arrêtée chaque année dans la session du conseil général du département.

Attributions du jury. — Au sujet des attributions conférées au jury par la loi précitée du 3 mai 1841, nous ne pouvons que renvoyer à cette loi reproduite au mot *Expropriation* (art. 29 et suivants.)

Serment. — En matière d'expropriation pour utilité publique, le défaut de mention dans le procès-verbal de la prestation de serment des jurés entraîne la nullité de la décision du jury. (C. C., 19 mai 1851.) Cette mention doit s'entendre, en ce sens, que le serment a été prêté par les jurés individuellement. (C. C., 24 déc. 1851.)

Assistance des ingénieurs. — Une instr. du min. des tr. publ. du 20 nov. 1844, a recommandé aux préfets de confier la défense des affaires soumises au jury aux ingén. des p. et chaussées, en les faisant assister, au besoin, d'un avocat. — Voir, au sujet de la désignation de *l'avocat* ou *l'avoué* chargé des affaires d'expropr. pour le compte de l'État, les circ. min. des 30 juin 1880 et 26 janv. 1883, et la note 1 de l'art. 37 de la loi du 3 mai 1841, au mot *Expropriation*; et au mot *Honoraires* les instr. ayant pour objet le règl. des honoraires des officiers ministériels.

Cassation et reconstitution du jury. — « En matière d'expropr. pour cause d'utilité publique, lorsqu'il y a eu cassation d'une première décision du jury, le nouveau jury, devant lequel l'affaire est renvoyée, ne peut, à peine de nullité, être composé d'aucun des jurés qui ont participé à la décision annulée. » (C. C., 8 juin 1853.)

II. **Jury des assises.** (*Dispense des officiers de police judiciaire.*) — Un commiss. de surv. admin. ayant cru devoir soumettre à M. le président de la C. d'assises de Paris la question de savoir si sa double qualité de *comm. de surv. admin.* et *d'officier de police judic.* ne créait pas une incompatibilité avec les fonctions de juré, la Cour, après avoir délibéré, a décidé (20 août 1868) que le nom de ce commissaire avait été porté *à tort* sur la liste du jury. Elle en a, en conséquence, ordonné la *radiation*.

Agents des compagnies. — Par extension, les agents assermentés des compagnies par la nature de leurs fonctions et par leur assimilation aux gardes champêtres (V. *Agents*, § 3) paraissent ne pas devoir être portés sur la liste du jury, de même qu'ils ont toujours été dispensés autrefois du service de la garde nationale.

Exceptions. — Nous devons rappeler toutefois, en ce qui concerne les *commissaires de surv. admin.* que ces fonctionnaires, d'après la jurispr. de la C. de cass., peuvent exercer les fonctions de jurés dans toute affaire où ils n'ont point agi comme officiers de police judiciaire. (C. C. 2 sept. 1875.)

JUSTICE.

I. **Organisation des pouvoirs administratif et judiciaire.** — V. *Organisation*.

Avis à donner aux autorités judiciaires (et mesures diverses.) — V. *Accidents, Actes de malveillance, Crimes, Délits, Ingénieurs, Jugements, Magistrats, Tribunaux, Vols, etc.*

II. **Compétence judiciaire.** — V. *Compétence, Responsabilité, Tribunaux*.

Constatations des infractions. — (Attributions distinctes.) — V. *Commissaires, Contraventions, Contrôle, Magistrats, Officiers de police judiciaire* et *Procès-verbaux*.

Agents appelés en témoignage. (Circ. du min. des trav. publ, du 23 juill. 1863, aux comp. Extr.) — « A l'occasion d'un incident d'audience qui s'est produit devant la C. d'assises du dép. des Landes, pendant sa dernière session, le min. de la justice a appelé l'attention du min. des tr. publ., sur les inconvénients qu'entraîne l'obligation où se trouvent les employés des chemins de fer, cités à bref délai devant les tribunaux, de ne pouvoir quitter leurs postes avant d'en avoir demandé et obtenu l'autorisation, ce qui exige toujours une certaine perte de temps. — Pour remédier à ces inconvénients, le min. de la justice a exprimé l'avis que lorsque des agents de ch. de fer sont appelés à témoigner dans des instances judiciaires, il conviendrait que les comp. les autorisassent à demander, par dépêche télégraphique, la faculté de se déplacer et qu'on leur fît connaître, de la même manière, que leur demande est accueillie. Le min. des tr. publ. a adopté, de tout point, la proposition du garde des sceaux, et il a invité les comp. à donner des instr.

dans le même sens aux employés de tout grade attachés à l'expl. des réseaux qui leur sont concédés. »

Dépêches échangées dans ces circonstances (Ext. d'une circ. min. tr. publ., 3 sept. 1863, aux comp. et aux chefs du contrôle) : « Relativement au déplacement des employés de chemin de fer cités comme témoins devant les tribunaux, j'ai été saisi de la question de savoir si les dépêches échangées dans ces circonstances ne doivent pas être considérées comme dépêches de service, et à ce titre affranchies de toute taxe à la charge des compagnies ou de leurs employés appelés en témoignage. — J'ai l'honneur de vous annoncer qu'il vient d'être décidé, de concert avec M. le min. (des télégr.), que les dépêches échangées dans les conditions ci-dessus rappelées, seront à l'avenir considérées comme rentrant dans la catégorie des transmissions gratuites relatives au service du personnel, lesquelles ont fait l'objet d'arrêtés spéciaux pour chaque réseau de chemin de fer. »

Légalité des dépositions des agents (distinction entre les matières commerciales et les affaires d'accidents.) — V. *Agents*, § 3, 5° et *Témoignages*.

Commissaires de surveillance administrative. — Sur l'examen des observations présentées par un commissaire de surveillance au sujet d'une citation qui lui avait été donnée de comparaître comme témoin devant un tribunal correctionnel saisi d'un procès-verbal de contravention dressé par ce commissaire, le ministre a adressé au chef du service du contrôle, à la date du 10 octobre 1853, une dépêche dont l'extr. suit ·

« Il est hors de doute que les commiss. de surv. cités régulièrement pour être entendus en témoignage devant un tribunal, sont tenus de comparaître et de satisfaire à la citation. Les dispositions des art. 80 et 157 du Code d'instr. crim. sont générales et s'appliquent aux officiers de police judiciaire comme à toute autre personne. La justice peut, en effet, avoir besoin d'être éclairée sur certaines circonstances que l'officier de police judiciaire a omis de consigner dans son procès-verbal et elle doit avoir la faculté de requérir l'audition de ce fonctionnaire.

« C'est sans doute un motif de cette nature qui a déterminé la citation en justice du commissaire de surveillance. En procédant à l'instruction de l'affaire, le procureur du tribunal aura reconnu que ce commissaire avait négligé de constater quelque circonstance essentielle et il aura jugé nécessaire de le faire entendre comme témoin à l'audience.

« Je ne saurais donc me préoccuper, au point de vue du service, de ce fait accidentel et isolé. Il n'est pas à craindre que les chefs de parquet abusent du droit qui leur est dévolu de requérir la comparution des commissaires verbalisateurs. Je suis rassuré à cet égard par la sagesse de ces magistrats et par les précédents ; si l'abus venait à se produire, j'aviserais à agir auprès de mon collègue, M. le garde des sceaux. »

Ingénieurs cités comme témoins. (Dispense prévue par cir. min. du 16 juin 1857.) — V. *Procureurs des Cours et Tribunaux.*

II bis. Transports du ministère de la justice. — 1° Formalités et réquisitions relatives au transport des *accusés, délinquants condamnés, prisonniers*, etc. — V. *Prisonniers.*

2° *Transport des pièces de conviction.* (Payement des frais.) — Circ. min. des tr. publ. 7 juin 1860 aux admin. des comp. — « Le garde des sceaux appelle mon attention sur les difficultés qu'éprouveraient les procureurs (des trib.) pour obtenir la remise des pièces de conviction transportées par la voie des chemins de fer.

Voici ce que m'écrit à ce sujet mon collègue :

« Les employés des compagnies présentent *à toute heure* les colis dont ils sont chargés, et ils ne veulent les remettre que contre argent. Or le procureur (du trib.), qui n'a pas de fonds destinés à solder une semblable dépense, déclare qu'il entend recevoir les pièces, sauf aux compagnies à présenter, avec le réquisitoire, leur mémoire, qui doit être ordonnancé par le juge comme frais urgents. Ce mode ne convient pas aux compagnies.....

« Un pareil état de choses ne pourrait se prolonger sans préjudice pour le service. »

Je n'ai pas besoin d'insister sur la nécessité de remédier aux inconvénients signalés par le garde des sceaux et je vous prie de prendre des mesures immédiates pour que les agents de votre compagnie se conforment exactement aux règles concernant le payement des frais de justice. »

Formalités judiciaires (et indications diverses). — 1° *Assignations.* (V. ce mot) ; — 2° *Simplification des instances* (vœu formé par la commission d'enq. des ch. de fer)

(V. au mot *Enquêtes d'exploitation*, la circ. min. du 1ᵉʳ février 1864) ; — 3° Comptes rendus des jugements et ordonnances de non-lieu. — V. *Jugements.*

III. Assistance judiciaire aux indigents. (Extr. de la loi du 22 janvier 1851.)

Matière civile. — Art. 2 à 7 (Organisation des bureaux spéciaux chargés, par arrondissement, de prononcer l'admission à l'assistance judiciaire).—(*P. mém.*)

Art. 8. — Toute personne qui réclame l'assistance judic. adresse sa demande sur papier libre au procureur du trib. de son domicile. Ce magistrat en fait la remise au bureau établi près de ce tribunal. Si le trib. n'est pas compétent pour statuer sur le litige, le bureau se borne à recueillir des renseignements, tant sur l'indigence que sur le fond de l'affaire. Il peut entendre les parties. Si elles ne sont pas accordées, il transmet, par l'interm. du procureur du trib., la demande, le résultat de ses informations et les pièces, au bureau établi près de la juridiction compétente.....

10. — Quiconque demande à être admis à l'assistance judiciaire doit fournir : — 1° Un extrait du rôle de ses contributions, ou un certificat du percepteur de son domicile, constatant qu'il n'est pas imposé ; — 2° Une déclaration attestant qu'il est, à raison de son indigence, dans l'impossibilité d'exercer ses droits en justice, et contenant l'énumération détaillée de ses moyens d'existence, quels qu'ils soient. — Le réclamant affirme la sincérité de sa déclaration devant le maire de la commune de son domicile ; le maire lui en donne acte au bas de la déclaration.

11. — Le bureau prend toutes les informations nécessaires pour s'éclairer sur l'indigence du demandeur, si l'instruction déjà faite par le bureau du domicile du demandeur, dans le cas prévu par l'art. 8, ne lui fournit pas, à cet égard, des documents suffisants. — Il donne avis à la partie adverse qu'elle peut se présenter devant lui, soit pour contester l'indigence, soit pour fournir des explications sur le fond. — Si elle comparait, le bureau emploie ses bons offices pour opérer un arrangement amiable.....

15. — Le ministère public est entendu dans toutes les affaires dans lesquelles l'une des parties a été admise au bénéfice de l'assistance.....

21. — Devant toutes les juridictions, le bénéfice de l'assistance peut être retiré en tout état de cause, soit avant, soit même après le jugement : 1° s'il survient à l'assisté des ressources reconnues suffisantes ; — 2° s'il a surpris la décision du bureau par une déclaration frauduleuse.

22. — Le retrait de l'assistance peut être demandé, soit par le ministère public, soit par la partie adverse. — Il peut aussi être prononcé d'office par le bureau. — Dans tous les cas, il est motivé.

23. — L'assistance judiciaire ne peut être retirée qu'après que l'assisté a été entendu ou mis en demeure de s'expliquer.

24. — Le retrait de l'assistance judiciaire a pour effet de rendre immédiatement exigibles les droits, honoraires, émoluments et avances de toute nature, dont l'assisté avait été dispensé.....

26. — Si le retrait de l'assistance a, pour cause une déclaration frauduleuse de l'assisté, relativement à son indigence, celui-ci peut, sur l'avis du bureau, être traduit devant le tribunal de police correctionnelle et condamné, indépendamment du payement des droits et frais de toute nature, dont il avait été dispensé, à une amende égale au montant total de ces droits et frais, sans que cette amende puisse être au-dessous de cent francs, et à un emprisonnement de huit jours au moins et de six mois au plus.

Matière criminelle et correctionnelle. — 28. — Il sera pourvu à la défense des accusés devant les Cours d'assises, conf. aux dispositions de l'art. 294 du Code d'instr. crim.

29. — Les présidents des trib. corr. désigneront un défenseur d'office aux prévenus poursuivis à la requête du min. public, ou détenus préventiv., lorsqu'ils en feront la demande et que leur indigence sera constatée, soit par les pièces désignées dans l'art. 10, soit par tous autres documents..... »

JUSTIFICATIONS FINANCIÈRES.

I. Vérification des comptes d'établissement et d'exploitation des chemins de fer.

— 1° *Chemins de fer d'intérêt général concédés aux compagnies*, antérieurement aux concessions de 1875 et aux nouvelles conventions de 1883. — (Règles tracées par un décret du 2 mai 1863.) (1).

---

(1) Ce décret était applic. à l'un des gr. réseaux. — Des décrets analogues ont été rendus les 6 mai, 6 juin, 6 août et 20 septemb. 1863, et le 12 août 1868, pour les diverses compagnies. — Nous ne les mentionnons que pour mémoire, nous bornant à reproduire *in extenso* le décret du 2 mai 1863 dont les dispositions principales sont restées en vigueur, au moins en ce qui concerne la justification des dépenses faites par les compagnies pour compléter leurs réseaux tels qu'ils ont été déterminés par les conventions de 1883. — V. *Conventions.*

« TITRE 1ᵉʳ. — *Justification des frais de premier établissement.*

« Art. 1ᵉʳ. — Le capital affecté au rachat ou à la constr. des lignes tant de l'ancien que du nouveau réseau..., est établi, tant pour l'applic. de la garantie d'intérêt que pour l'exercice du droit de partage des bénéfices, par un compte qui comprend : 1° toutes les sommes que la comp. justifie avoir dépensées dans un but d'utilité pour le rachat, la constr. et la mise en service de chaque ligne et de ses dépendances, jusqu'au 1ᵉʳ janvier qui a suivi l'ouverture de la ligne ; — 2° la dépense d'entretien et d'expl., jusqu'à la même époque, des parties du chemin successiv. mises en service ; — 3° les trois cinquièmes de la dépense d'entretien de la voie et des terrassements pendant une année à dater de la même époque, pour les parties du chemin qui n'auraient été mises en service que dans le cours de l'année précédente ; — 4° les sommes employées au payement de l'intérêt et de l'amortissement des titres émis pour le rachat ou la constr. des lignes du nouveau réseau, jusqu'à l'époque où commence pour ces lignes l'applic. de la garantie d'intérêt, et seulement pour la portion de cet intérêt et de cet amortisssment qui ne serait pas couverte par les produits nets des lignes ou sections successiv. mises en exploitation.

« 2. — Sont déduits du compte des frais de premier établ. : 1° les produits bruts de toute nature afférents aux parties du chemin, successiv. mises en service, et réalisés jusqu'au 1ᵉʳ janvier qui a suivi l'ouverture de chaque ligne ; — 2° le produit des propriétés immobilières à aliéner, ainsi qu'il est prescrit ci-après, art. 6 ; — 3° le produit des capitaux affectés à l'établ. de chaque ligne jusqu'au moment de leur emploi en travaux.

« 3. — Le compte général par ligne est arrêté provisoirement, d'après les écritures de la comp., au 1ᵉʳ janvier qui a suivi la mise en expl. de chaque ligne. — A ce compte est joint l'état des dépenses faites et constatées jusque-là, mais qui n'auraient pu être payées. Ces dépenses, ainsi que les frais extraordinaires d'entretien et de terrassement de la voie mentionnés au § 3 de l'art. 1ᵉʳ, sont l'objet d'un compte suppl. arrêté trois mois après la fin de l'année révolue qui suit la date fixée pour l'achèvement complet des travaux.

« 4. — Le compte général devient définitif cinq ans après le 1ᵉʳ janvier qui a suivi l'ouverture de chaque ligne. Jusqu'à cette époque la compagnie peut porter au compte des frais de premier établissement les dépenses nécessaires pour compléter la construction et la mise en service de la ligne. — (Voir ci-après au § 3.)

« 5. — Après l'expiration de ce délai de cinq ans, la compagnie peut être autorisée, par décrets délibérés en C. d'État, à ajouter audit compte, mais seulement pour l'exercice du droit de partage des bénéfices, les dépenses faites pour l'exécution des travaux qui sont reconnus de premier établ. — Dans ce cas, la comp. n'a droit qu'au prélèvement sur les produits nets, des intérêts de l'amortissement desdites dépenses.

« 6. — La comp. doit procéder, dans le délai de deux années après l'achèv. complet des travaux de la ligne, à l'aliénation de toutes les propriétés immobilières qu'elle a acquises et qui ne sont pas affectées au service du ch. de fer. — Dans le cas où l'aliénation n'a pas lieu avant la clôture du compte général définitif, la valeur d'acquisition desdites propriétés immobil. est déduite du compte de premier établ. — Le produit des aliénations est porté, à mesure qu'elles s'opèrent, à un compte spécial, qui reste ouvert jusqu'à la clôture du compte général et qui vient en déduction de ce dernier compte.

« 7. — Le compte général, tant provisoire que définitif, présente pour chaque ligne, le développement des dépenses, conformément aux tableaux dont les modèles sont déterminés par le ministre des travaux publics, la compagnie entendue.

« 8. — Le compte général définitif sera produit, avec les pièces à l'appui, dans les six

mois de la date du présent décret, pour celles des lignes qui ont été mises en exploitation depuis plus de cinq ans. — Pour les autres lignes, le même compte sera fourni cinq
ans après le 1er janvier qui aura suivi l'ouverture de chacune d'elles. — Le compte provisoire et l'état des dépenses restant à payer seront fournis avec les pièces à l'appui, savoir :
Pour les lignes ouvertes depuis moins de cinq ans, dans les six mois de la date du présent décret, et pour les lignes encore en construction, le 1er janvier qui suivra la mise en
exploitation de chacune d'elles.

« 9. — Les comptes de premier établissement sont soumis à l'examen d'une commission instituée par le min. des tr. publ. La commission est composée d'un conseiller
d'État, président et de six membres, dont trois au choix de notre min. des finances. La
comp. est tenue de représenter les registres, pièces comptables, correspondances et tous
autres documents que la commission juge nécessaires à la vérification des comptes. —
La commission peut se transporter au besoin, par elle-même ou par ses délégués, soit au
siège de la comp., soit dans les gares, ateliers et bureaux de toutes les lignes. — Elle
adresse son rapport, avec les comptes et les pièces justificatives, au min. des tr. publ.,
qui, après communication à notre ministre des finances, arrête, sauf le recours au Conseil d'État, le montant des sommes dépensées qu'il reconnait devoir faire partie du
capital auquel est applicable la garantie d'intérêt.

« TITRE II. — *Justification annuelle des dépenses d'exploitation et des recettes.*

« 10. — La compagnie est tenue de remettre, dans les trois premiers mois de chaque
année, au min. des tr. publ., le budget de ses dépenses et de ses recettes pour l'exercice
commençant au 1er janvier suivant, et de lui communiquer, dans le cours de l'exercice,
les modifications qu'il y aurait lieu d'apporter à ce budget.

« 11. — Le compte des dépenses et le compte des recettes de chaque exercice sont
établis d'après les registres de la compagnie, distinctement pour l'ancien et pour le
nouveau réseau, dans les quatre premiers mois de l'exercice suivant. — Les dépenses et
les recettes propres à chacune des sections du nouveau réseau, successivement mises en
exploitation, sont séparément établies jusqu'à l'époque où commence pour ces sections
l'application de la garantie d'intérêt (1).

« 12. — Sont compris dans les frais annuels d'entretien et d'expl. : 1° toutes les
dépenses qui, à partir du 1er janvier qui a suivi la mise en service de chaque ligne, ont
été faites dans un but d'utilité pour les réparations ordinaires et extraordinaires, l'expl.
et l'admin. du ch. de fer et de ses dépendances, à l'exclusion des dépenses à porter au
compte du premier établ.; — 2° les contrib. de toute nature, payées par la comp.;—3° les
frais d'entretien et d'expl. des propriétés immobilières jusqu'à leur aliénation; — 4° le
prélèvement opéré pour la réserve, conf. aux statuts; — 5° les prélèvements ou versements faits au profit des employés de la comp. — N'y sont pas compris : — 1° l'intérêt
et l'amortissement des emprunts, notamment de ceux que la comp. aurait contractés
pour l'achèv. des travaux en cas d'insuffisance du capital garanti par l'État, aux termes
de l'art. 10 de la convention du 11 juin 1859; — 2° les frais concernant des établ. qui
ne servent pas directement à l'expl. du ch. de fer (2).

« 13. — Le compte des recettes comprend, distinctement pour l'ancien et le nouveau
réseau, les produits bruts de toute nature autres que ceux provenant d'établissements

---

(1) Voir aux *Documents annexes*, les conventions de 1883.
(2) Voir, au § 2 du présent article, les dispositions se rapportant aux *travaux accessoires à*
comprendre dans les comptes d'exploitation. — V. aussi au mot *Conventions*, le rappel des nouvelles dispositions résultant des conventions précitées de 1883.

qui ne servent pas directement à l'exploitation du chemin de fer. — Les produits des immeubles à aliéner y sont portés jusqu'au jour de l'aliénation.

« 14. — A dater de l'exercice 1864, les comptes annuels font ressortir : 1° le produit net kilométrique de l'expl. des lignes terminées de l'ancien réseau ; — 2° la portion de ce produit net qui doit, s'il y a lieu, couvrir, concurremment avec les produits nets de l'expl. du nouveau réseau, l'intérêt et l'amortissement garantis par l'Etat ; — 3° le montant du capital employé en dépenses de premier établ. du nouveau réseau, ainsi que le montant des intérêts et de l'amortissement garantis ; — 4° le montant des produits nets de l'expl. du nouveau réseau à affecter au service des intérêts et de l'amortissement concurremment avec l'excédent des produits nets de l'ancien réseau.

» 15. — A dater de l'exerc. 1872 inclusiv., les comptes d'exercice font ressortir.... l'excédent des produits nets à partager par moitié entre l'État et la compagnie.

« 16. — Le ministre des travaux publics détermine, la compagnie entendue, les justifications à produire à l'appui des comptes dont les développements par articles sont présentés conformément aux modèles arrêtés par lui.

« 17. — Les comptes des recettes et des dépenses de chaque exercice sont adressés, dans les quatre premiers mois de l'année suivante, au min. des tr. publ.

« TITRE III. — *Application de la garantie d'intérêt et partage des bénéfices.*

« 18. — A dater de l'exercice 1864, s'il parait résulter des comptes des recettes et des dépenses d'un exercice qu'il y a lieu de réclamer la garantie de l'intérêt et de l'amortissement, le ministre des travaux publics soumet lesdits comptes à l'examen de la commission mentionnée dans l'art. 9. — A dater de l'exercice 1872, les comptes sont, dans tous les cas, soumis à l'examen de la commission.

« 19. — Le min. des tr. publ., après avoir communiqué au min. des finances les comptes portant liquidation, soit d'avances à la charge du Trésor, soit de bénéfices à partager entre l'État et la comp., en arrête le règl. définitif sur le rapport de la commission.

« 20. — Imméd. après la fin de chaque année et avant le règl. définitif des comptes des recettes et des dépenses, arrêté conf. aux art. 17 et 18, si les produits nets de l'exercice affectés au payement de l'intérêt et de l'amortissement garantis par l'État paraissent insuffisants, le min. des tr. publ. peut, sur la demande de la comp., sur le rapport de la commission et après communication au min. des finances, arrêter le montant de l'avance à faire à la comp. — Dans le cas où le règl. définitif des comptes de l'exercice ferait reconnaître que l'avance a été trop considérable, la comp. sera tenue de rembourser imméd. l'excédent au Trésor avec les intérêts à 4 p. 100.

« 21. — Lorsque l'État a payé, à titre de garant, tout ou partie d'une annuité, il en est remboursé avec les intérêts à 4 p. 100 par an, conf. aux disp. de l'art. 8 de la conv. du 11 juin 1859.—A cet effet, le règl. de compte arrêté par le min. des tr. publ.... contient, s'il y a lieu, la liquidation et le prélèvement des avances du Trésor (1).

« TITRE IV. — *Contrôle et surveillance.*

« 22. — Un inspecteur général des chemins de fer, désigné chaque année par le ministre des travaux publics, est chargé, sous son autorité, de surveiller, dans l'intérêt de l'État, tous les actes de la gestion financière de la compagnie.

« 23. — La compagnie lui communique, à toute époque, les registres de ses délibérations, ses livres-journaux, ses écritures, sa correspondance et tous documents qu'il juge nécessaires pour constater la situation active et passive de la compagnie.

_____

(1) Voir, aux *Documents annexes*, les nouvelles conventions de 1883.

« 24. — L'inspecteur général.... a le droit d'assister à toutes les séances de l'assemblée générale de la compagnie.

« 25. — Il reçoit de la compagnie, pour les transmettre avec son avis au ministre des travaux publics, tous les comptes et documents qu'est tenue de fournir la compagnie aux termes du présent décret.

» 26. — La comptabilité de la comp. est soumise à la vérification périodique de l'insp. gén. des finances, qui a, pour l'accompl. de cette mission, tous les droits dévolus à l'insp. gén. des ch. de fer par l'art. 22 du présent décret (1).

« TITRE V. — *Dispositions générales et transitoires.*

« 27. — La forme des obligations à émettre par la compagnie, la quotité, le mode de négociation et les conditions de chaque émission partielle, doivent être préalablement approuvés par notre ministre.... des travaux publics.

« 28. — Dans le cas où la comp. se croit lésée par les règl. de compte arrêtés ainsi qu'il est prescrit ci-dessus, elle conserve son recours au C. d'État par la voie contentieuse.

« 29. — Sont abrogées les dispositions des décrets et ordonnances antérieures en ce qu'elles auraient de contraire aux dispositions du présent décret.

« 30. — Le min. des tr. publics, et le min. des finances sont chargés, etc. »

Nota (P. mém.) : — 1° *Distinction entre l'ancien et le nouveau réseau* (V. *Garantie*) ; — 2° *Comptes financiers des chemins de fer de l'État* (V. ci-après, § 2) ; — 3° *Justifications pour les lignes d'intérêt local* (V. ci-après, § 2) ; — 4° *Commissions de vérification et indications diverses* (au sujet de la distinction à faire, suivant la nature des travaux, pour l'imputation des dépenses au compte de *premier établissement*, ou à celui de l'*exploitation* (V. ci-après, §§ 2 et suiv.) ; — 5° *Erreurs commises* (V. plus loin au § 7) ; — 6° *Statistique financière.* — *Id.*, § 8.

Justification des dépenses faites par les compagnies pour le compte de l'État. (Travaux complémentaires, et travaux des lignes à terminer ou à construire en vertu des conventions de 1883). — Voir les mots *Conventions* et *Dépenses*, § 1er ; V. aussi les §§ 4 et 5 du présent article. — *Majoration de dépenses* (frais généraux et intérêts). — Décis. min. 10 mars 1884, etc. (V. *Dépenses*, § 1er).

II. Commissions chargées de la vérification des comptes des compagnies (en ce qui concerne la garantie d'intérêt accordée par l'État). — *Arr. minist. du 12 juin* 1879 (substituant les insp. gén. des p. et ch. ou des mines aux anciens insp. gén. des ch. de fer qui, aux termes de l'art. 22 du décret du 2 mai 1868, étaient désignés pour surveiller, dans l'intérêt de l'État, tous les actes de la gestion financière des compagnies) :

(*Arr. minist.* 12 juin 1879). — « Le min. des tr. publics, — Vu les décrets...., instituant les commissions chargées de la vérification, en ce qui concerne la garantie d'intérêt accordée par l'État, des comptes des comp. de ch. de fer ; — Vu notamment les dispositions de ces décrets aux termes desquelles le min. des tr. publ. désigne trois membres de ces commissions ; — Sur la proposition du chef de la division du personnel. — ARRÊTE :

« Les membres appelés, sur la désignation du min. des tr. publ., à faire partie des commissions de vérification des comptes des compagnies, sont pris parmi les inspecteurs généraux des ponts et chaussées et des mines.

« Chaque commission devra comprendre deux insp. généraux des p. et ch., l'un de 1re classe, l'autre de 2e classe, et un insp. gén. des mines de 1re ou de 2e classe.

« L'inspecteur général du contrôle du réseau sera l'un de ces trois inspecteurs.

« Les deux autres pourront être en activité de service ou en retraite et faire partie de plusieurs commissions. » — V. les documents ci-après :

---

(1) Voir, au sujet du nouveau contrôle financier résultant des conventions de 1883, les mots *Commissaires généraux* et *Conventions*, et le § 2 du présent article.

(*Décret du 28 mars* 1883) instituant une commission unique pour la vérification des comptes de chacune des comp. de ch. de fer. — V. *Commissions*, § 5.

(*Nouvelles dispositions*) relatives à la vérification des comptes des compagnies. — V. *Commissaires généraux, Comptes* et *Conventions* (1).

Gestion financière des chemins de fer de l'État. — Par arr. du min. des tr. publ., en date du 1er déc. 1879, rendu sur le rapport du directeur du personnel et des mines, une commission a été instituée à l'effet d'examiner et de vérifier les comptes de l'admin. des ch. de fer de l'État. — Cette commission se compose d'un conseiller d'État, président, et de six membres, dont trois nommés sur la désignation du min. des finances. — V. *Chemins de fer de l'État*, fin du § 3.

Justifications relatives aux chemins d'intérêt local (commission et formalités spéciales) : — 1° Dispositions de l'art. 16 de la loi du 11 juin 1880, sur les chemins de fer d'intérêt local et les tramways. (Justifications à fournir par les concessionnaires, et conditions des *subventions* accordées par l'État, le département ou les communes.) V. *Chemin de fer d'intérêt local*, § 1er. — 2° Décret du 20 mars 1882, pris pour l'exécution de l'art. 16 précité du 11 juin 1880, et décret modificatif du 23 décembre 1885. — V. *Subventions*.

III. Distinction entre les projets de travaux complémentaires et les travaux proprement dits de premier établissement. — Rappel, *pour mémoire*, des différentes circulaires et instructions relatives aux projets présentés par les compagnies, pour travaux complémentaires des anciennes lignes et pour travaux dits de premier établissement, et imputation des dépenses dont il s'agit, ainsi que de celles se rapportant aux lignes nouvelles à terminer ou à construire par les compagnies en vertu des conventions approuvées par les lois du 20 novembre 1883.

1° *Décrets du 2 mai* 1863, *des 6 mai, 6 juin, 6 août et 20 septembre* 1863, *et du 12 août* 1868. (Art. 1 à 5 du décret-type du 2 mai 1863; *Comptes de premier établissement*.) — Voir ci-dessus, § 1er. (2).

---

(1) Afin de faciliter la recherche un peu compliquée des combinaisons successives concernant la surveillance et le contrôle de la gestion financière des compagnies, nous énumérons ci-après par ordre de date les principaux actes et documents qui s'y rapportent : — 1° Vérifications prévues par l'art. 66 du cah. des ch. (V. *cah. des ch.*) ; — 2° Décrets de 1863, art. 9 et 22 à 26 et décrets de 1868, relatifs aux justifications financières (V. ci-dessus § 1er) ; — 3° Décret du 21 mai 1879, portant création d'insp. gén. chefs du contrôle, et décret du 20 juin 1879 substituant ces chefs de service aux anciens insp. gén. des ch. de fer qui n'appartenaient pas au corps des p. et ch. ou des mines et qui étaient chargés de la surv. des opérations financières des comp. (V. *Inspecteurs*) ; — 4° Décret du 7 juin 1884, créant des commissaires généraux, ayant pour mission de surveiller dans l'intérêt de l'État (au point de vue des nouvelles conventions de 1883, tous les actes de la gestion financière des compagnies) (V. *Commissaires généraux*) ; — 5° Enfin, arr. min. du 20 juillet 1886, réorganisant le contrôle technique et commercial des ch. de fer. — V. *Contrôle*, fin du § 3 bis.

(2) Dans les conventions passées en déc. 1875, entre l'État et les diverses comp. *pour la construction de nouvelles lignes de ch. de fer*, les dispositions ci-dessus rappelées du décret du 2 mai 1863 ont été formulées comme il suit :

« Le compte de premier établ. des lignes de l'ancien et du nouveau réseau sera arrêté provisoirement, tant pour l'applic. de la garantie d'intérêt que pour l'exercice du droit de partage des bénéfices, avant le 1er janvier qui suivra leur mise en exploitation. — Ce compte sera arrêté définitiv. après un délai de dix ans, lequel courra à partir du 1er janvier 1878, pour les lignes mises en expl. avant cette époque et pour les lignes terminées postérieurement au 1er janvier 1878, à partir du 1er janvier qui suivra la mise en exploitation de chaque ligne. — Pour les lignes sur lesquelles la pose de la deuxième voie aura été effectuée sur la demande de l'État, le compte de premier établ. sera arrêté dix ans après le 1er janvier qui suivra la mise en expl. de la deuxième voie. — En aucun cas, le capital garanti ne pourra excéder la somme de... — Toutefois après l'expiration de ce délai de dix ans, la comp. pourra être autorisée, s'il y a lieu, *par décrets délibérés en conseil d'État*, à prélever, avant tout partage de bénéfices, sur l'ensemble des

2° *Circ. min. tr. publ. 7 septembre 1878, aux chefs du contrôle.* (Projets à soumettre au C. d'État. (*Délais de présentation.*) — « Monsieur, le C. d'État en adoptant des projets de décret portant approb. de travaux complém. de premier établ. a fait remarquer plusieurs fois qu'une partie de ces travaux avaient été exécutés ou au moins commencés avant la demande d'approb., et a rappelé que, aux termes des conventions passées entre l'État et les comp., les seules dépenses qu'il y ait lieu de porter au compte complémentaire, de premier établ., sont celles qui ont été effectuées « conformément à des projets préalablement approuvés par décrets délibérés en conseil d'État. — Les travaux dont il s'agit n'ont pas généralement un caractère d'urgence tel qu'ils ne puissent être prévus longtemps à l'avance, et je ne vois aucun motif pour que les irrégularités signalées par le C. d'État doivent se reproduire.

Je viens en conséquence d'inviter les comp. à prendre les mesures pour qu'à l'avenir les projets de ces travaux soient présentés plusieurs mois avant l'époque où il y aura lieu d'en entreprendre l'exécution. — Je vous invite à veiller de votre côté à ce que les dispositions ci-dessus rappelées, soient rigoureusement observées, et je vous recommande de hâter autant que possible l'examen des projets qui vous sont soumis. »

3° *Travaux communs à l'ancien et au nouveau réseau (bases et calcul de la ventilation à établir).* — Instr. minist., réseau du *Midi*, et étendue aux autres services de chemins de fer (9 janv. 1880).

« Monsieur l'insp. gén. (du contrôle). Le C. d'État délibérant, dans sa séance du 24 déc. 1879, sur une demande de la comp. des ch. de fer du Midi, tendant à faire approuver par décret des travaux exécutés à la gare de Toulouse, qui est commune à l'ancien et au nouveau réseau, a appelé de nouveau l'attention de mon admin. sur la nécessité d'exiger, d'une part, que les comp. fassent autoriser avant toute exécution les travaux qu'elles se proposent d'imputer sur leurs comptes compl. de premier établ.; d'autre part, qu'elles soumettent au gouvernement, lorsqu'il s'agit de travaux à exécuter dans une gare mixte, en même temps que la demande d'approb. des travaux, les bases et le calcul de la ventilation à établir entre les deux réseaux.

J'ai l'honneur de porter à votre connaissance ces observations, qui ont été communiquées par une circ. du 9 janv. courant, aux six grandes comp. avec invitation d'en tenir compte à l'avenir dans les propositions qu'elles auront à soumettre à l'administration (1). »

4° *Travaux distincts à comprendre aux comptes de premier établissement* (en vertu du décret du 2 mai 1863). — Les travaux de deuxième voie, par exemple, bien que pouvant être exécutés après le délai fixé par l'art. 4 dudit décret, à dater de l'ouverture de la première voie, conservent évidemment le caractère de travaux de premier établ. dans le sens

---

produits nets de l'ancien et du nouveau réseau, l'intérêt et l'amortissement des dépenses faites sur l'un ou l'autre de ces deux réseaux pour l'exécution de travaux qui seraient reconnus être de premier établissement. »

Nouvelles conventions de 1883. — Nous ne pouvons au sujet des modifications ultérieures apportées aux conventions de 1875, en ce qui concerne la garantie d'intérêt et la justification des comptes, que renvoyer aux conventions insérées aux *Documents annexes* et notamment aux art. 11 (*P.-L.-M.*), 14 (*Orléans*), 11 (*Nord*), 13 (*Midi*), 8 (*Est*) et 8 (*Ouest*).

(1) Au sujet de l'estimation de la dépense dans les projets, l'ing. en chef de section d'un des services de contrôle a donné les instr. suiv. aux ingén. placés sous sa direction. « Il arrive quelquefois que la compagnie ne donne pas le détail en quantités et prix de certaines parties d'ouvrages comprises dans les détails estimatifs de ses projets et qu'elle se dispense même de fournir un détail estimatif, en se bornant à indiquer dans son rapport le montant en bloc de la dépense. — Lorsque ces circonstances se présentent, les ingén. du contrôle se bornent le plus souvent à signaler le fait, disant qu'ils manquent des éléments nécessaires pour apprécier l'estimation, etc.; *sous la réserve* de cette observation, ils proposent d'approuver le projet. — Il est cependant nécessaire que l'estimation donnée par la comp. soit appréciée par l'admin., avant d'être approuvée, et les ingén. sont seuls en état de le faire. — Il conviendra donc, à l'avenir, de toujours donner dans vos rapports une appréciation ferme et sans réserve des estimations présentées par la comp., et si les éléments que vous possédez pour le faire sont insuffisants, vous pouvez et devez vous adresser aux ingén. de la comp., auteurs des projets, pour avoir les indications nécessaires. » (21 fév. 1880. Ext.)

général du mot. — Voir du reste, au sujet de la *définition* des travaux complémentaires, l'avis du C. gén. des p. et ch., 23 déc. 1869, la circ. min. du 6 déc. 1875, et les autres décisions citées aux §§ 4 et 5 du présent article, ainsi que les désignations distinctes d'ouvrages que l'on doit considérer comme devant être compris dans le premier établissement.

5° *Produits à déduire du compte de premier établissement.* — (Produits bruts de la ligne, des terrains aliénés, de certains capitaux jusqu'au moment de leur emploi, etc.) — *Art. 2,* décret 2 mai 1863. — V. au § 1ᵉʳ. — *Subventions à déduire.* — « Du compte de premier établ. du nouveau réseau d'un ch. de fer, il y a lieu de déduire, à la date de son échéance le dernier terme des subventions primitivement promises par l'État et ultérieurement converties en annuités. La comp. ne peut se prévaloir, pour retarder cette imputation, de la clause par laquelle l'État s'était primitivement réservé de ne payer le dernier terme des subventions qu'après l'ouverture de l'ensemble des lignes. » (C. d'État, 15 juin 1877.) — Voir aussi plus loin, au § 4.

6° *Indication de la dépense des projets antérieurs ou postérieurs aux nouvelles conventions* (Circ. min. 23 janv. 1884, aux administrateurs des comp. de ch. de fer). — « Le conseil gén. des p. et ch. (3ᵉ section) a fait remarquer qu'il serait utile que les comp. de ch. de fer indiquassent, chaque fois qu'elles présentent un projet de travaux compl. de premier établ., le montant total des travaux de cette nature déjà soumis à l'approb. min. depuis l'application des nouvelles conventions, en cumulant ledit total avec le montant du projet présenté.

« Pour satisfaire à cette observation qui m'a paru fondée, j'ai l'honneur de vous inviter à faire comprendre dorénavant, dans le rapport annexé à chaque projet de travaux complémentaires de premier établissement, un tableau contenant les indications suivantes :

Montant des travaux complémentaires approuvés depuis le 1ᵉʳ janvier 1884.
Montant des projets présentés antérieurement ou postérieurement au 1ᵉʳ janvier 1884, non encore approuvés, mais dont l'approbation est attendue en 1884, et compris le présent projet...   ....

TOTAL...................

Je vous prie de vouloir bien m'accuser réception de la présente. — Recevez, etc.

7° *Dépenses de premier établissement faites par la compagnie au compte de l'État* (et travaux des lignes à terminer ou à construire en vertu des conventions de 1883). — Voir les mots *Conventions* et *Dépenses,* § 1. — V. aussi les §§ 4 et 5 du présent article. — *Majoration de dépenses* (frais généraux et intérêts). — Circ. min. 10 mars 1884, etc. — V. *Dépenses,* § 1. — V. aussi plus loin, au § 6, les indications relatives à la majoration (*frais généraux et intérêts*) des dépenses faites par les comp. soit pour travaux complémentaires, soit pour travaux au compte de l'État.

IV. Distinction entre le compte d'établissement et le compte d'exploitation. — D'après un avis du C. gén. des p. et ch., 23 déc. 1869, on doit imputer au *compte d'exploitation, l'allongement des quais de voyageurs d'une station* (V. ci-après) :

Travaux accessoires des gares et de la voie : 1° Allongement de trottoirs (*Avis du C. gén. des p. et ch.,* 23 déc. 1869). — A l'occasion de la présentation d'un projet d'allongement des quais de voyageurs de la gare de Maromme (ligne de Paris au Havre), la comp. de l'Ouest avait insisté pour que cette dépense, montant à 13,000 fr., fût imputée sur les comptes annuels d'*exploitation* et non sur ceux de *premier établissement.* L'allongement en question ne lui paraissait pas, en effet, devoir être rangé dans la catégorie des *travaux* désignés comme il suit à l'art. 5 de la convention du 4 juill. 1868 :

« Travaux compl. tels que l'agrandissement des gares, l'augmentation du matériel roulant et pose de secondes voies ou voies de garage sur les lignes, tant de l'ancien que du nouveau réseau. »

Cet article, d'après la comp., ne pouvait s'appliquer aux travaux de détail que les besoins des lignes en expl. réclament presque journellement, et qu'on n'a pu prévoir dans les estimations qui ont servi de base aux nouvelles conventions. Déjà même des décis. spéc. l'avaient autorisée à imputer sur le compte d'expl. des dépenses de diverses constructions accessoires des stations, notamment de cabinets d'aisances à la gare d'Auteuil, d'un abri à la gare de Besle, etc.; la comp. ajoutait que l'État avait, comme elle-même, intérêt à charger le moins possible le capital de premier établ., qu'il est nécessaire de réserver pour des travaux importants.

Enfin, la comp. s'appuyait sur le passage suivant, libellé, dans la convention relative à la comp. de l'Est : « *Les travaux accessoires à exécuter dans les gares* demeureront compris dans le compte annuel des *dépenses de l'exploitation.* » Disposition insérée parce que la comp. de l'Est, pour qui la garantie a commencé à être appliquée un an avant toutes les autres comp., a eu, la première aussi, à discuter le mode d'imputation des dépenses au compte de premier établ. ou à celui de l'expl., suivant leur nature.

Le *C. gén. des p. et ch.*, saisi de la question, « considérant qu'il résulte des explications fournies par M. le dir. gén. des p. et ch. de fer, présent à la séance, que le passage précité de la convention avec la comp. des ch. de fer de l'Est (11 juill. 1868, § 3 de l'art. 10) a été employé, dans la discussion des conventions, comme une explication de la portée que l'adm. attribuait à la définition des travaux complémentaires, admise dans les conventions de l'Ouest, d'Orléans et de la Méditerranée; et que, par suite, l'imputation des dépenses paraît devoir être réglée d'après les termes de ce passage, aussi bien pour ces comp. que pour celles du Midi et du Nord, dont les conventions ne portent pas la définition détaillée des travaux complémentaires;

« Estime qu'il y a lieu d'imputer au compte d'exploitation la dépense, estimée à 13,000 fr., pour l'allongement des quais de voyageurs de la station de Maromme. » (Avis du 23 déc. 1869. Extr.)

2° *Remplacement de rails, substitutions de plaques tournantes, etc.*).— « On doit considérer comme constituant une *dépense d'exploitation,* le remplacement de rails de fer par des rails d'acier d'un poids un peu supérieur, alors surtout que le prix payé pour les nouveaux rails est inférieur à celui des anciens. — Il y a lieu, au contraire, de comprendre dans le *compte d'établissement,* la différence existant entre le prix des plaques tournantes et celui qui a été payé pour d'autres plaques d'un plus grand diamètre, placées en remplacement des premières. » (C. d'État, 15 juin 1877.) — V. aussi le § suivant.

V. Imputations spéciales au compte d'exploitation. (Extr. de diverses décisions intéressant un ou plusieurs réseaux.) — 1° *Allongements de quais, remplacement de rails, etc.* — V. le § ci-dessus.

2° *Constructions accessoires des stations.* (Cabinets d'aisance, abris, etc.), à imputer sur le compte d'exploitation. — V. également le § 4 ci-dessus.

3° *Modification ou déplacement d'anciens ouvrages.* « Conf. à ce qui se fait dans les autres ch. de fer, il y a lieu, pour éviter un double emploi dans le compte de *premier établ.*, d'inviter la comp. du Midi à déduire sur le montant du devis des installations nouvelles qui entraînaient la suppression d'anciens travaux, les *dépenses faites* pour ces anciens travaux, et non la *valeur des vieux matériaux.* Ces dépenses comprennent : — Les frais de déplacement de voie ; — Les frais de démontage et remontage des machines fixes des ateliers ; — Les frais de transport, réparation et pose des portes, fenêtres et menuiseries replacées dans le nouveau local ; — Les frais de démolition des maçonneries dont les matériaux sont réemployés dans les constructions projetées ; — Les frais de démolition de maçonneries, même quand les matériaux en sont abandonnés, vendus, rentrent en magasin. » (Extr. d'un avis du C. d'État. 4 déc. 1872) (1).

_____

(1) « Le C. d'État a pensé qu'*au lieu de signaler à la comp.* les articles qui, d'après l'avis des ingén. et du C. gén. des p. et ch., *ne constituent que des frais de déplacement et doivent tomber dans le règlement de compte à la charge de l'expl.*, il était préférable de relever imméd. ces articles et d'en déduire le montant sur le total du devis, afin de ne porter au décret que des dépenses admissibles à raison de leur nature, tout en réservant l'évaluation définitive » (Ext. d'une dép. minist. du 27 oct. 1874. Réseau du Midi). — V. aussi, plus loin, 6° du présent paragr.

4° *Déplacement d'appareils à l'occasion de la pose d'une deuxième voie sur diverses portions du réseau du Midi.* (Extr. d'un avis du C. d'État, section des tr. publ., etc., notifié par dépêche minist. du 13 oct. 1873). — Le C. d'État « a fait observer que les devis de la plupart des projets comprennent les frais de déplacement d'appareils faisant partie de la voie, et qu'il y aurait lieu, conf. à la jurispr. suivie par les comp. de la Médit. et du Nord, de reporter ces frais sur *le compte de l'expl.* et de les déduire en conséquence sur le montant des travaux de l'établ., en indiquant toutefois le total de cette déduction. »

5° *Dépenses d'intérêt secondaire et amélioration des aménagements existants.* (Extr. d'une décis. du C. d'État notifiée par dép. min. du 12 mars 1875 aux comp. et aux services du contrôle). — « Les conventions passées en 1868 entre l'État et les grandes comp. de ch. de fer doivent être interprétées en ce sens que les dépenses compl. de premier établ. à faire approuver par décrets délibérés au C. d'État doivent être restreintes aux dépenses importantes se rapportant strictement à la catégorie des travaux de premier établ. et que les dépenses d'intérêt secondaire, de même que les améliorations d'aménagements existants ne devraient pas être portées au compte compl. de premier établ. » — « A l'avenir, dit le min., je ne comprendrai dans les projets de décret à soumettre au C· d'État, que les dépenses se rapportant à des travaux présentant, tant par leur nature que par leur importance, le caractère de *travaux de premier établissement* (1).

6° *Déplacement d'anciens ouvrages motivé par des travaux neufs.* — (Extr. d'une délib. prise par le C. gén. des p. et ch., 5 *janv.* 1878) : — « Les dépenses faites pour le déplacement d'anciens ouvrages sont imputables au compte de premier établ. (du réseau du Midi) lorsque ce déplacement est motivé par l'exéc. de travaux neufs dont l'utilité est reconnue et dont les projets sont régulièrement approuvés. Elles entrent dans le prix de revient de ces travaux, au même titre, par exemple, que la valeur d'une maison particulière qu'il faudrait acquérir et supprimer, et on ne comprendrait pas qu'elles en fussent retirées pour être mises à la charge du service d'entretien auquel elles sont étrangères. »

Nota. — Cette délib. ne s'applique pas, bien entendu, *aux constructions provisoires qui ont fait leur temps et que l'on remplace par des ouvrages définitifs établis dans d'autres conditions de confort et de solidité.* Il est évident, en effet, que la dépense à porter au compte de premier établ. n'est alors que la différence entre le prix de l'ouvrage neuf et la valeur primitive de la

---

(1) (Ext. d'une circ. min. du 6 déc. 1875, aux insp. gén. du contrôle, *relative au même objet*.) — « Ma dépêche (du 12 mars 1873) a donné lieu à des observ. présentées à des points de vue différents, ce qui devait, d'ailleurs, nécessairement se produire, par suite de la situation différente des compagnies sous le rapport, tant de la garantie d'intérêt que du partage des bénéfices.

« Le conseil d'Etat a été, en conséquence, appelé à en délibérer de nouveau :

« Il a reconnu que, dans une matière aussi délicate, où il s'agit d'appliquer des conventions qui créent un droit aux comp., comme à l'État, il n'était pas possible de refuser l'imputation, au compte du premier établ., de travaux qui, sans avoir une importance considérable, ne rentreraient pas, par leur nature, dans la catégorie des travaux d'entretien, et étaient motivés par le développement du trafic. — Cette assemblée a fait remarquer que, sans doute, l'art. 10 de la convention passée le 11 juillet 1868 avec la comp. des ch. de fer de l'Est stipule que les travaux accessoires à exécuter successiv. dans les gares, doivent être portés au compte d'expl., mais que cette clause *qui ne se trouve que dans la convention précitée*, et encore pour les lignes de *l'ancien réseau* seulement, ne peut être étendue aux autres comp., à l'égard desquelles elle n'a pas été expressément stipulée. — Après avoir, enfin, déclaré qu'il serait très difficile, dans la pratique, *de trouver la limite qui sépare les dépenses importantes des dépenses d'intérêt secondaire*, le C. d'Etat a été d'avis qu'il convenait *de renoncer à établir une définition limitative des travaux complémentaires.*

« Je viens, en conséquence, de porter à la connaissance des grandes compagnies ces nouvelles observations du C. d'État en ajoutant que j'étais décidé à y avoir égard afin d'éviter toute difficulté dans le règlement définitif de leurs comptes. »

vieille construction détruite. » (Ext. de la circ. d'un des insp. gén. ayant pris part à la délibération.)

7° *Ripage de certaines portions de voie ou déplacement d'appareils déjà existants.* — « L'exécution de la plupart des travaux compl. projetés, entraîne comme d'habitude le ripage de certaines portions de voies et le déplacement d'appareils déjà existants, tels que clôtures, barrières de passages à niveau, gabarits de chargement, guérites, disques, plaques tournantes, etc. — La comp. du Midi a demandé que toutes les dépenses résultant de ces ripages et déplacements fussent imputées, *non plus au compte d'exploitation,* mais au compte de *premier établissement.* La compagnie prétend désormais ériger en principe absolu que les frais de tous les déplacements d'ouvrages existants, entraînés par l'exécution d'un travail neuf, doivent suivre, au point de vue de l'imputation, le sort de la dépense principale, c'est-à-dire être portés, comme cette dernière, au compte des travaux complémentaires. — Le C. d'État estime que cette théorie absolue est contraire à l'esprit des conventions de 1868 et 1869. On a admis jusqu'à ce jour comme règle d'interpr. de ces conventions qu'il ne suffisait pas, pour qu'une dépense fût imputée au compte des travaux compl., que le travail auquel elle se rapportait *fût motivé par le développement du trafic et ne rentrât pas d'ailleurs par sa nature dans la catégorie des travaux de simple entretien ;* on a exigé en outre que l'exécution de ce travail eût comme résultat d'ajouter un élément nouveau, *un complément aux constructions ou à l'outillage du chemin de fer.* Ainsi, c'est par une applic. de ce principe (applic. d'ailleurs non contestée par la comp. du Midi elle-même) que les dépenses résultant des déplacements d'*appareils existants* (alors que ces déplacements ne sont la conséquence d'aucun travail neuf) sont portées au compte d'exploitation.

« C'est encore en vertu du même principe qu'on reporte du compte du premier établ. à celui d'expl., comme ne correspondant plus à aucun élément dans l'outillage ou les constr. des ch. de fer, les dépenses, soit d'anciens ouvrages ultér. supprimés sans remplacement, soit d'ouvr. provis. remplacés par des ouvr. définitifs.

« Étant donnés ces précédents, la section ne voit, dans les différentes espèces qui lui sont soumises, aucun motif particulier pour déroger à un principe qui sert de base à l'ensemble de la jurisprudence, *et qui a, d'ailleurs, été accepté jusqu'à ce jour sans difficulté par les grandes compagnies.* » — (Avis du C. d'État, 31 juill. 1878, notifié au chef du contrôle du réseau du Midi, par dép. min. du 23 août 1878. *Extr.*)

VI. Frais généraux et intérêts, à ajouter aux devis estimatifs des travaux complémentaires à imputer au compte de premier établissement. — (Extr. d'une circ. min. 16 mars 1872, adressée aux admin. des comp. et notifiée aux chefs de service du contrôle, le 11 mai 1872) : : — *Exécution des conventions de 1868 et 1869.* — V. ci-après :

« J'avais invité votre comp. à se concerter avec les autres comp. de ch. de fer jouissant de la garantie d'intérêt, afin d'adopter des bases uniformes pour le calcul des frais généraux et des sommes représentant l'intérêt et l'amortissement qui sont ordinairement indiqués dans les devis de travaux compl. *à faire approuver par décrets rendus en C. d'État conf. aux conventions intervenues en 1868 et 1869.* — En réponse à cette dépêche, vous avez proposé d'introduire dans les estimations dont il s'agit :

« 1° 6 p. 100 pour frais généraux, comprenant les frais du personnel et les frais d'adm. de la comp. ; — 2° 6 p. 100 pour représenter l'intérêt des sommes avancées pendant la construction et jusqu'au 31 déc. de l'année de l'achèvement du travail auquel se rapportera l'estimation.

« Vos propositions ont été soumises à la commission chargée de la vérific. des comptes de la comp., et cette commission a exprimé l'avis que si l'adm. des tr. publ. et les comp. croyaient utile d'adopter des bases uniformes pour le calcul des frais accessoires marqués dans les devis de travaux compl. à approuver par décrets, elle n'avait pas d'objections à faire aux bases proposées par les comp. Mais, dans la pensée de la commission, les indications données à cet égard dans les devis ne pourraient avoir, pour les frais accessoires, une autre portée que pour les dépenses principales ; elles ne devraient pas être considérées comme une sorte de forfait qui lierait plus tard les commissions de contrôle et les empêcherait de rechercher le chiffre exact des dépenses faites et des frais accessoires qui s'y rattachent.

« La commission a déclaré que, sous cette réserve expresse, elle ne faisait pas d'objection à vos propositions. »

Evaluation des frais généraux et intérêts (déduction faite du mobilier de la voie). — Interprétation de la décision précédente, d'après laquelle les compagnies pouvaient ajouter aux devis estimatifs des travaux compl. à imputer au compte de premier établ. ; — 1° 6 p. 100 pour frais généraux comprenant les frais de personnel et les frais d'admin. de chaque comp.; — 2° 6 p. 100 pour représenter l'intérêt de l'amortissement des sommes avancées pendant la construction et jusqu'au 31 déc. de l'année d'achèvement du travail auquel se rapportait l'estimation ; soit ensemble 12 p. 100 des estimations brutes des travaux à exécuter ou dépenses à faire. (Extr. d'une circ. min. du 1er avril 1873, adressée aux chefs du contrôle) :

« Le C. d'Etat vient de faire observer, par une note délibérée dans sa séance du 6 février 1873, que cette bonification de 12 p. 100 ne peut être évaluée que sur le montant net des travaux compl. à exécuter ; *qu'il y a donc lieu de déduire avant toute addition de ce chef, sur le total brut du devis, la valeur du mobilier retiré de la voie.*

« Je vous prie, Monsieur, de veiller à l'avenir à ce que les compagnies se conforment à cette observation dans la confection de leurs devis. »

Nouvelles instructions (au sujet de la majoration des dépenses faites par les compagnies pour le compte de l'État). — Circ. min. du 10 mars 1884 établissant les bases provisoires de majoration (6 p. 100 pour frais généraux et 2 p. 100 pour avances de fonds) sauf règlement ultérieur des intérêts après vérification des comptes de chaque exercice. — Voir le texte même de la décision dont il s'agit, au mot *Dépenses*, § 1.

Vérification des dépenses faites au compte de l'État (en vertu des conventions de 1883). — Circ. min. 22 oct. 1885.) (V. le même mot *Dépenses*, § 1.) — Voir aussi plus haut, § 2.

VII. Erreurs dans les comptes d'établissement. — (*Rectification.*) »] Les erreurs qui auraient été commises pendant plusieurs années dans les comptes relatifs aux dépenses d'établ. peuvent être rectifiées pour calculer la garantie d'intérêt afférente à une nouvelle année, lors même que ces comptes auraient été arrêtés. » (C. d'*État*, 15 juin 1877.)

VIII. Statistique financière. — 1° Lignes d'intérêt général concédées aux compagnies (V. les mots *Comptes* et *Statistique*, § 5).— 2° Chemins de fer de l'État. (Arrêté min. du 20 juin 1878 ; titre 2.) (V. *Chemins de fer de l'État*, § 3, 7°). — 3° Lignes d'intérêt local. — (Art. 16, loi du 11 juin 1880, décrets du 20 mars 1882 et du 23 déc. 1885.) (V. *Chemin de fer d'intérêt local* et *Subventions*.) — 4° Indications diverses. — V. ci-dessus, § 2.

KAOLIN.

I. Classification. — Le kaolin ou terre à porcelaine est ordinairement classé par analogie avec l'argile dans la 3e série des tarifs de la petite vitesse. — Bien que ce produit n'occupe pas une place très importante parmi les marchandises les plus usuelles transportées sur les ch. de fer, il n'en est pas moins rangé parmi les matières premières, dont il a paru nécessaire et avantageux, sur quelques lignes, de faciliter et de favoriser le transport par l'application de prix réduits.

II. Tarifs spéciaux. — Ainsi, par exemple, la comp. d'Orléans a mis en application le tarif spécial suivant pour le transport des kaolins expédiés suivant certaines conditions de parcours et de tonnage : — Prix par 1,000 kilogr., frais de chargem., de décharg. et de gare compris : — d'une station quelconque à une autre station du réseau, 0 fr. 08 c. par tonne et par kilom., plus 1 fr. 50 c. par 1,000 kilogr. pour frais de chargem., de décharg. et de gare, sous condition d'un parcours minim. de 50 kilom., ou en payant comme pour 50 kilom. — L'expéditeur doit fournir un chargement complet de

5,000 kilogr. au minimum, ou payer pour ce poids, s'il y a avantage pour lui. — L'expédition de la marchandise aura lieu dans les cinq jours qui suivront la remise à la gare. — La compagnie ne répond pas des déchets et avaries de route.

Conditions diverses. — V. *Tarifs*, § 4.

KILOGRAMME. — KILOGRAMMÈTRE.

Indications relatives au tonnage (la tonne est comptée, sur les chemins de fer, pour 1,000 kilogr.) — V. *Tonnage.*

Coupures admises pour le transport des colis. — Extr. du cah. des ch. (tarif général). — Art. 42 et 47, gr. et petite vitesse (V. *Cah. des ch.*). — Tarifs d'application. — V. *Colis, Marchandises, Messagerie* et *Tarifs.*

Kilogrammètre (P. mém.). — Force ou travail nécessaire pour élever le poids de 1 kilog. à 1 m. de hauteur dans l'espace d'une seconde. — V. *Vapeur.*

KILOMÈTRE. — KILOMÉTRAGE.

I. Tarification kilométrique. — Extr. de l'art. 42 du cah. des ch. : — « La perception (des taxes) a lieu d'après le nombre de kilom. parcourus. Tout kilom. entamé sera payé comme s'il avait été parcouru en entier. Si la distance parcourue est inférieure à 6 kilom., elle sera comptée pour 6 kilom. »

Comptages exceptionnels (et mesurage des longueurs). — V. *Distances.*

Kilométrage à indiquer sur les cartes d'avant-projet. (Circ. min. 7 août 1877.) (V. *Études.* — Profils itinéraires (indication des distances.) — V. *Itinéraire.*

II. Pose de poteaux kilométriques. — (Points de repère de la ligne) (V. *Poteaux*). — Suppression des poteaux ou piquets hectométriques *dans les gares* (Circ. min. 13 nov. 1883). — V. le même mot *Poteaux.*

LACÉRATION D'AFFICHES.

Pénalité. (Art. 479 du C. pénal.) — V. *Affichage*, § 6.

LAINES.

I. Conditions générales de transport. — Le prix de transport des laines, expédiées en petite vitesse, aux conditions des tarifs généraux, est fixé à 0 fr. 14 c. au maximum, par tonne et par kilomètre (2ᵉ classe du tarif du cah. des ch. *Art.* 42).

Déchets admis. — 1° Déchets par dessiccation (V. *Déchets*). — 2° Déchets de laines considérés comme engrais. — V. *Engrais*

II. Tarifs spéciaux. — Sur la ligne de Lyon, où le trafic de laines présente une importance assez considérable, la comp. applique, pour le transport de la laine brute et de la laine lavée, un tarif réduit qui est fixé en moyenne, à 0 fr. 085 par tonne et par kilom., pour expéditions de 5,000 kilogr., au minimum, ou payant pour ce poids, s'il y a avantage pour l'expéditeur. Il est perçu, de plus, 1 fr. par tonne, pour frais de chargement, de déchargement et de gare. — Les stations intermédiaires, non dénommées, peuvent jouir du bénéfice du même tarif, moyennant l'exécution des conditions approuvées pour tout le parcours.

Mouillure de laines (transportées sans responsabilité). — V. *Mouillure.*

LAISSÉ POUR COMPTE.

Bagages laissés pour compte. — (Trib. comm. Nantes, 3 mai 1882.) — « Lorsque les bagages d'un voyageur sont égarés et ne lui sont remis qu'au bout d'un mois, il a droit à des dommages-intérêts, pour le préjudice qu'il a éprouvé ; mais aucune disposition de loi ne l'autorise à laisser pour compte de la compagnie du chemin de fer lesdits bagages. — (Dubois contre admin. des ch. de fer de l'État.) — V. *Bagages*, § 8.

Formalités et litiges relatifs aux marchandises laissées pour compte. — Les marchandises expédiées par chemin de fer en grande ou en petite vitesse peuvent être refusées pour des causes du fait de la compagnie, soit pour *avaries*, soit pour *perte partielle de colis*, soit pour *retards* dans le transport ou la livraison. — Elles peuvent être refusées également pour des causes étrangères aux voituriers ou entrepreneurs de transports, c'est-à-dire pour *retards dans l'envoi* du fait de l'expéditeur ; pour *non-commande* de la marchandise et enfin en cas de *non-conformité* de la marchandise avec la commande.

Les mesures à prendre dans l'une et l'autre circonstance sont prévues d'une manière générale, à l'art. 106 du code de comm., d'après lequel, en cas de refus ou contestation pour la réception des objets transportés, leur état est vérifié et constaté par des experts nommés par le président du trib. de comm. ou à son défaut par le juge de paix, pour ensuite lesdits objets être déposés ou vendus ainsi qu'il est expliqué audit art 106. (V. *Commissionnaires.*) — Seulement, dans la pratique, les comp. n'entendent rester que dépositaires jusqu'à ce qu'il en soit autrement ordonné ; — Elles assurent d'abord les formalités du magasinage provis., et elles prennent ensuite, suivant les règles en vigueur pour cet objet sur chaque réseau, les mesures nécessaires soit pour la mise en dépôt des marchandises, même chez un tiers, ou leur remise aux domaines (V. *Abandon, Entrepôt, Évacuation, Magasinage*), soit pour leur *Camionnage d'office* (V. *Camionnage*, § 1), et au besoin pour la vente des objets soumis à une prompte détérioration. — Voir *Abandon* et *Vente*.

Relativement aux questions de responsabilité des comp. envers leurs commettants, en cas d'avarie, de perte de marchandises ou de retard dans le transport ou la livraison. — Voir les mots *Avaries, Manquants, Perte, Preuves, Retards, Responsabilité, Vérification*. — La jurispr. étant du reste peu explicite en ces matières de *refus* et de *laissé pour compte* qui heureusement donnent généralement lieu à transaction, nous nous bornons à grouper ou à rappeler ci-après quelques points particuliers :

Questions diverses : — 1° Formalités pour la constatation des avaries à l'arrivée (V. *Constatations*) ; — 2° Simplification pour la vente en cas de refus (p. mêm.) (V. *Marchandises*, § 6 et *Vente*) ; — 3° Formalités diverses (V. *Vente*, § 2) ; — 4° Vérification à l'arrivée. — V. *Vérification*.

5° *Ventes opérées par les agents eux-mêmes des compagnies.* — D'après une circ. min. du 30 juill. 1872, il est interdit aux agents des comp. de ch. de fer de procéder eux-mêmes à l'adjud. publique de marchandises laissées pour compte à la comp., ainsi qu'à la vente d'objets mobiliers non réclamés dans les six mois de leur arrivée à destination. — V. *Abandon*.

6° *Avis à donner à l'expéditeur* (du refus du destinataire de recevoir les marchandises au moment où la livraison lui en est faite par la comp.) — V. *Livraison*.

7° *Validité du laissé pour compte.* — En dehors des cas où par suite d'avaries ou autres accidents ou retards, les marchandises sont considérées *comme n'étant plus utiles* aux destinataires (toutes actions étant ouvertes pour le remboursement de leur valeur), la jurispr. a statué sur quelques affaires spéciales, parmi lesquelles nous citerons les suivantes :

Laissé pour compte et responsabilité des compagnies (en cas de retard prolongé). — Remboursement par la comp. du prix intégral de la marchandise (V. *Retards*, § 5). — Nous avons à citer, dans le même sens, un jugement du trib. civil de Ruffec, 27 juillet 1880, ainsi résumé : « Un négociant en vins expédie des fûts vides à son commissionnaire du Midi, qui ne les reçoit qu'après l'expiration d'un délai de plus de trois mois. — La campagne étant terminée, lesdits fûts sont laissés pour compte de la comp. du ch. de fer, condamnée, en outre, à rembourser à l'expéditeur les frais de transport et à lui payer des dommages-intérêts. » — Une opinion contraire a été exprimée, par le trib. de comm. de Cambrai (jugem. du 1er mars 1881), d'après lequel « le destinataire de marchandises qui lui sont remises avec un long retard n'a droit qu'à des dommages-intérêts ; sa prétention de laisser pour compte lesdites marchandises à la compagnie du chemin de fer est juridiquement inadmissible ». — On voit qu'en cette matière les divergences ne font pas défaut quoique à proprement parler, il semble importer peu que la partie lésée soit indemnisée de telle ou telle façon. Toutefois, dans le cas où la marchandise en souffrance *peut encore être utilisée*, les documents ci-après ne laissent aucun doute sur l'inadmissibilité du laissé pour compte.

Laissé pour compte non justifié (Marchandise pouvant être utilisée). — « Il ne peut y avoir lieu à abandon d'une marchandise, à moins que celle-ci n'ait péri ou ne soit devenue sans emploi dans les mains de l'expéditeur, par la faute du transporteur (*jurispr. constante*. — *Dans l'espèce*, où l'avarie se borne à un manquant, une barrique d'eau-de-vie est remise par la comp. à l'expéditeur, compte étant tenu du manquant de celui-ci par celle-là. » (Trib. comm. Bordeaux, 22 oct. 1874, et C. de cass., 15 févr. 1876.)

Affaires communes à deux comp. différentes. — Un jugem. du trib. de comm. de Dijon a décidé, le 13 sept. 1872, qu'une marchandise remise le 26 juin 1871 à la gare de St-Gall (compagnie Suisse) et n'étant arrivée que le 22 févr. 1872 à Pontarlier (Cie de Lyon), *est devenue sans utilité pour les destinataires et doit rester pour le compte des transporteurs*, mais un arrêt de la C. de cass. du 29 avril 1874 a cassé et annulé le dit jugem. sous prétexte que le *retard existait avant* que la marchandise eût été remise par la comp. suisse, à la comp. de Lyon, et que cette dernière n'aurait pu être actionnée, à raison des conséquences de ce retard qu'autant qu'il résulterait des faits de la cause qu'elle se serait substituée à toutes les obligations de la comp. suisse et aurait ainsi accepté la responsabilité de la faute de celle-ci (ce dont le jugement ne parlait pas). — Voir, au sujet de cet endossement de responsabilité, les mots : *Assignations, Avaries, Bagages* et *Transports*.

Laissé pour compte de marchandises expédiées contre remboursement. — « Un expéditeur adresse contre remboursement des marchandises à un destinataire qui déclare les laisser pour compte dudit expéditeur. — D'autre part, un créancier de ce destinataire faisant saisir-arrêter lesdites marchandises entre les mains de la comp. du point d'arrivée, cette comp. en effectue le dépôt, conf. aux ordres de l'expéditeur, aussitôt que main-levée de la saisie-arrêt lui est donnée. En agissant ainsi, ladite comp. n'encourt aucune responsabilité, attendu qu'elle n'a pas qualité pour apprécier le mérite de cette saisie-arrêt et se faire juge d'une question de propriété entre l'expéditeur et le destinataire. » (Trib. comm. *Havre*, 19 janv. 1880. — Id., *Marseille*, 9 avril 1880.)

LAIT.

I. Conditions de transport. — Le lait transporté en grande vitesse est taxé aux prix et conditions fixés à l'art. 42 du cah. des ch. pour les marchandises à gr. vitesse. — Mais dans le tarif général d'applic. des comp. le prix de transport est réduit à 0 fr. 28 c. par tonne et par kilom. (*par expédition de 50 litres, au minimum*). D'après ce tarif, le lait est taxé d'après son poids cumulé avec celui des boîtes. — Le retour des boîtes vides a lieu *franco*. — Le chargement et le déchargement du lait sont faits par les soins et aux frais des expéditeurs et des destinataires. — Quelle que soit la distance parcourue, le minimum de la perception est fixé à 40 cent. par expédition.

Les expéditions de lait inférieures à 50 litres sont taxées d'après le tarif général des articles de messagerie et marchandises à grande vitesse, à moins qu'il n'y ait avantage pour l'expéditeur à payer pour 50 litres d'après le prix ci-dessus.

Conditions diverses. — *Frais accessoires* et *Délais de livraison.* — V. ces mots.

Nota. — Les comp. de ch. de fer ont un délai de deux heures pour le déchargem. et la manutention du lait, et elles ne sont tenues de le mettre à la disposition des destinataires qu'après l'expiration des deux heures qui suivent l'arrivée régl. des trains (T. comm. Seine, 6 juillet 1859). — *Retards.* — « L'obligation prise par une comp. de ch. de fer de livrer le lait qu'elle est chargée de transporter, dans les deux heures de l'arrivée des trains, doit s'entendre des heures régl. indiquées pour l'arrivée des trains et non des heures de leur arrivée effective » (T. comm. Seine, 25 nov. 1858). — La réception du lait, après les heures fixées par la convention, et le payement du prix du transport n'établissent pas une fin de non-recevoir contre la demande du destinataire, en payement de dommages-intérêts pour cause de retard dans la livraison. » (*Ibid.*) — Pour ces questions assez controversées de délais de livraison, notamment pour les expéditions destinées aux halles et marchés, — V. les mots *Délais* et *Denrées*.

II. Tarifs spéciaux pour le transport du lait. — Les prix des tarifs spéc. appliqués par les diverses comp. pour le transport du lait varient suivant les parcours et les localités. Sur quelques lignes, le prix du transport du lait, pour les expéditions de 5,000 kil. au minimum, ou payant pour ce poids, s'il y a avantage pour l'expéditeur, est réduit jusqu'à 0 fr. 14 c. par tonne et par kilom., frais de chargement, de déchargement et de gare non compris. — Le chargem. est fait par l'expéditeur (à qui faculté est laissée de le compléter en route jusqu'à 5,000 kilogr.), et le déchargem. par le destinataire. — La comp. n'est responsable des retards (non justifiés par une cause de force majeure) que jusqu'à concurrence de tout ou partie du prix du transport, suivant l'importance du retard. — Les expéditeurs conservent tout recours pour les retards de plus de douze heures. (*Extr.*)

LAMPISTERIE.

I. Prescriptions générales relatives à l'éclairage. — Les comp. de ch. de fer ont des obligations expresses au sujet de la question d'éclairage des gares et des trains ; les principales dispositions pour cet objet sont contenues aux art. 6 et 24 de l'ordonn. du 15 nov. 1846. — V. *Éclairage*, §§ 1 et 2. — V. aussi les mots *Collisions*, § 7, *Disques*. § 3, *Fosses*, *Passages à niveau* et *Signaux*. — Le nettoyage et l'entretien des appareils doivent être l'objet d'un soin spécial. — V. ci-après :

Note sur les appareils d'éclairage. — Des instr. détaillées règlent pour chaque comp. tout ce qui concerne la fourniture et l'entretien de la lampisterie. Nous citerons par extr. les dispositions suivantes :

Nettoyage des appareils. — Il est recommandé, sur toutes les lignes, d'entretenir les appareils d'éclairage dans un état de propreté parfaite. — Chaque jour, ils doivent être essuyés avec un chiffon gras, qui les débarrasse de la poussière, entretient la peinture en bon état et recouvre d'une légère couche grasse les parties du métal à découvert, de manière à préserver ces dernières de l'altération qui résulterait de leur séjour à l'air. — Le chiffon gras doit seul être employé pour les vernis et les fers-blancs, le blanc d'Espagne pour les réflecteurs et la terre pourrie pour les cuivres.

Pour nettoyer les cheminées et les verres gras, on les passe dans du plâtre en poudre, qui absorbe la graisse et enlève l'humidité, puis on les essuie avec un chiffon propre.

Entretien. — Les appareils d'éclairage qui ne sont pas abrités doivent être soigneusement rentrés dans la lampisterie, lorsqu'ils ne sont pas en service. Lorsqu'ils doivent rester un certain temps sans être employés, il faut vider leurs lampes, les essuyer et les mettre à l'abri de la poussière.

Pendant l'hiver, lorsque l'huile des lampes est congelée, il ne faut jamais trop les approcher du feu pour les dégeler, car on courrait risque de faire fondre la soudure.

Pour éviter la rupture des charnières et des coupes, les lanternes des voitures ne doivent pas être ouvertes ni fermées trop brusquement ; on ne doit pas non plus essayer de les ouvrir sans avoir au préalable tiré le mentonnet du ressort.

II. Éclairage au gaz. — Le service d'éclairage au gaz est confié, en général, à des employés spécialement désignés, qui ont à tenir compte des recommandations suivantes :

Toute fuite, tout dérangement dans les conduites et dans les compteurs doivent être signalés immédiatement aux chefs de service.

Tout dérangement dans les appareils, toute irrégularité dans le service des usines à gaz, doivent également être signalés dans le plus bref délai.

Pour quelques grandes gares, le service d'éclairage au gaz est fait par des usines établies au compte même de la compagnie du chemin de fer.

LAPINS DE GARENNE.

Conditions ordinaires de transport. — V. *Animaux, Délais* et *Livraison.*
Interdiction de transport en temps prohibé; comme pour *poissons.* — V. ce mot.

LATRINES.

Installation et entretien (Pavillons, urinoirs, etc.). — V. *Lieux d'aisances.*

LÉGUMES SECS ET FRAIS.

Conditions de transport (gr. et petite vitesse). — V. *Déchets* et *Denrées.*
Transport en temps d'épidémie (des légumes et fruits).— Circ. min. 22 juillet 1885. —
V. *Épidémies* et *Police sanitaire.*

LESTAGE DES WAGONS.

I. Poids mort à ajouter aux wagons à frein. (*Étude de la question.*) — Circ. min.
26 févr. 1856.—« A l'occasion d'une proposition ayant pour objet de fixer à 4,000 kilogr.
le poids mort à ajouter aux wagons à freins placés dans les trains de marchandises, le
C. gén. des p. et ch. (section des ch. de fer) a fait observer que cette proposition provo-
quait seulement la solution d'un cas particulier, celui du recul des voitures ou wagons,
en cas de rupture de l'attelage, sur un réseau de ch. de fer où les pentes n'excèdent pas
1/100ᵉ et où les wagons chargés ne pèsent moyennement que 8,000 kilogr.; que, cependant, les freins sont destinés à rendre d'autres services que celui de prévenir le recul des
convois en cas de rupture de l'attelage; qu'ils doivent servir à modérer et même à détruire entièrement la vitesse des convois, dans un intervalle aussi restreint que possible;
que, sous ce rapport, les effets des freins doivent varier avec la vitesse et le poids du
chargement des trains, de telle sorte qu'il y ait un certain rapport entre la masse des
wagons munis de freins et celle des autres wagons ou voitures du même convoi, pour que
cette dernière masse, animée d'une certaine vitesse, puisse être arrêtée, dans un intervalle déterminé, sur une partie de chemin dont la déclivité est également connue. »

Le Conseil a pensé, dès lors, qu'il y aurait lieu : « 1° d'examiner si les wagons à freins
placés dans les convois de toute nature sont convenablement lestés ; 2° de recueillir des
observations sur la manière dont ces freins fonctionnent, suivant la vitesse, la pente, la
masse des wagons à freins et celles des autres voitures ou wagons, et enfin, l'intervalle
dans lequel les convois sont arrêtés ; 3° de provoquer les mesures qu'il conviendrait de
prescrire pour que les dispositions réglementaires relatives aux freins soient aussi efficaces que possible dans l'intérêt de la sécurité. »

II. Suites données. — Les résultats de cette étude n'ont rien présenté de décisif ; mais
ils ont fait reconnaître que c'est surtout à la disposition des freins eux-mêmes et à la
régularité des chargements qu'il faut demander les garanties nécessaires pour assurer la
sécurité de la circulation. (Extr. de l'enq. sur l'expl. 1858.)

Dans la pratique, la quotité du lest, que les comp. de ch. de fer ont reconnue nécessaire et sont dans l'usage d'appliquer aux wagons à frein entrant dans la composition
des trains de voyageurs, varie de 2,000 à 4,000 kilogr.; les règlements contiennent
d'ailleurs au sujet du lest de chargement des wagons à frein des prescriptions et recommandations particulières qui se combinent avec la question du nombre lui-même de
reins à placer dans les convois. — V. *Chargements* et *Freins.*

Dans le cas où les wagons à frein entrant dans la composition des convois que l'on manœuvre sur les voies en pente, ne seraient pas convenablement chargés et exposeraient les trains et portions de trains, détachés de la machine, à être entraînés en dérive par l'effet du vent ou par l'action de la gravité, les chefs de manœuvre doivent faire caler aussi solidement que possible les voitures et les wagons.—V. *Abandon*, § 4, *Calage*, *Contraventions*, *Manœuvres* et *Pénalités*.

LETTRES D'AVIS.

I. Avis à donner aux destinataires. (*Marchandises adressées en gare.*) — Ainsi que cela paraissait naturel et conforme aux besoins réels du commerce et de l'industrie, diverses décisions judiciaires avaient admis que les compagnies étaient tenues d'informer, par *lettres d'avis*, les destinataires de l'arrivée des marchandises adressées en gare; mais la C. de cass., au nom des principes purement juridiques, s'est prononcée formellement et à diverses reprises dans le sens suivant :

Lettres d'avis non obligatoires. — « L'art. 10 de l'arr. du 12 juin 1866 (V. le mot *Délais*) n'impose point à une comp. de ch. de fer l'obligation de prévenir le destinataire de marchandises livrables en gare, par une lettre d'avis, de l'arrivée de ces marchandises. —En conséquence, un tribunal viole ledit article, s'il déclare la comp. responsable envers ce destinataire des conséquences d'un retard, par l'unique motif qu'elle n'avait point adressé à celui-ci cette lettre d'avis en temps utile.—L'envoi d'une telle lettre,— prescrit non dans l'intérêt du destinataire, mais dans celui des comp., au point de vue exclusif des droits de magasinage, — est purement facultatif. » (C. de cass. 2 déc. 1873, 7 et 27 août 1878, 26 mars 1879 et 14 janvier 1880.) — « *Dans l'espèce*, il n'est pas constaté que la vente des marchandises refusées, quoique faite sans autorisation, ait causé au destinataire un préjudice quelconque. » (C. de cass. 26 mars 1879.) — Voici le résumé de quelques autres décisions plus récentes, qui n'aideront certainement pas à la pratique régulière des nombreuses et importantes opérations commerciales qu'il serait si utile de simplifier en ce qui concerne le service des chemins de fer (1) :

Applic. de l'art. 4 de l'arr. min. précité du 12 juin 1866 (Délai de la remise des marchandises. — Avis de l'arrivée desdites marchandises non donné au destinataire). — « L'obligation, pour les comp. de ch. de fer, de mettre les marchandises à grande vitesse livrables en gare à la disposition des destinataires, deux heures après l'arrivée du train qui a transporté ces marchandises, n'implique pas l'obligation de donner avis de leur arrivée à ces destinataires, mais seulement d'être en mesure de les délivrer à ceux-ci, quand ils se présentent à l'expiration du délai prescrit. » (C. C., 29 nov. 1881.) — Dans l'espèce, « le jugem. attaqué a condamné la comp. de P.-L.-M. à une indemnité envers le Sr Duclaux pour le préjudice causé par un retard de livraison, sans constater que ce destinataire se soit présenté en gare avant le jour où il a retiré la marchandise, et en se fondant uniquement sur ce que la comp. avait négligé d'avertir ledit Sr Duclaux de l'arrivée de l'expédition. — D'où il suit qu'en décidant ainsi, le jugement attaqué a violé l'art. 4 de l'arrêté ministériel précité. »

Marchandises arrivées en retard. — Condamnation d'une comp. à garder pour compte les marchandises litigieuses, arrivées en retard, à en rembourser la valeur au destinataire et à lui payer des dommages-intérêts (Trib. comm. de Vervins, 23 août 1881). — « Cassation, pour défaut de motifs, du jugement qui précède, — par la raison qu'il s'est borné à déclarer qu'il y avait eu retard dans le transport desdites marchandises et n'a pas fait connaître en quoi ce retard aurait consisté. — L'obligation pour les comp. de ch. de fer, de mettre les marchandises à petite vitesse livrables en gare à la disposition du destinataire, dans le jour qui suit celui de leur

---

(1) Il est vrai, d'un autre côté, que le commerce s'est plaint de ce que les avis dont il s'agit étaient taxés comme *lettres ordinaires*, et a demandé qu'ils fussent assimilés sous diverses conditions aux circulaires, imprimés, factures, etc. — Voir à ce sujet le compte rendu de la discussion, dans la séance de la *Ch. des députés* (6 déc. 1882), du projet de loi portant fixation du budget gén. des dépenses et des recettes pour l'exercice 1883.

arrivée, n'implique pas l'obligation de donner à ce destinataire avis de l'arrivée de ses marchandises. » (C. C., 21 nov. 1883.)

Marchandises à grande vitesse. — « L'obligation, pour les comp. de ch. de fer, de mettre les marchandises *à grande vitesse* à la disposition du destinataire dans le délai de deux heures après l'arrivée du train, n'implique point, à l'égard des marchandises livrables en gare, l'obligation de donner à ce destinataire avis de l'arrivée de ses marchandises. » (C. C., 8 juin 1886.)

Envoi tardif de la lettre d'avis. — « La prescription réglementaire qui impose aux comp. l'obligation de mettre la marchandise à la disposition du destinataire, dans un délai déterminé, ne leur impose point en outre l'obligation de le prévenir, par une lettre d'avis, de l'arrivée de cette marchandise. » — Dans l'espèce, le jugem. attaqué, en mettant à la charge de la comp. de P.-L.-M. le dommage dont se plaignaient Brondet, Martin et Cⁱᵉ, sans constater que ce dommage fût imputable à une faute commise par elle ou par ses agents, mais uniquement parce que le destinataire *avait été avisé tardivement* de l'arrivée des marchandises en gare, a formellement violé l'art. 10 de l'arr. min. précité du 12 juin 1866. » (C. C., 23 févr. 1881.)

Conditions illégales, inscrites dans les lettres d'avis. — « Une comp. de ch. de fer perd le bénéfice du délai régl. dans lequel elle est autorisée à remettre à un destinataire ses marchandises livrables en gare, — si, par l'envoi d'une lettre d'avis d'arrivée de ces marchandises, elle met le destinataire en demeure d'en prendre livraison avant l'expiration dudit délai. — Par suite, lorsqu'elle ne se trouve point en mesure de remettre ces marchandises au destinataire, — ou, comme *dans l'espèce*, à l'*acheteur* de celui-ci, — au moment où il se présente pour les retirer, en conséquence de ladite lettre d'avis, cette comp. doit réparer le préjudice qu'elle a ainsi, par son fait, occasionné à ce destinataire. (Trib. comm. Poitiers, 19 mai 1879.)

Lettre d'avis obligatoire pour l'arrivée des animaux. — Par un arrêt du 30 janv. 1872, la C. de cass. a statué sur une affaire relative à l'obligation pour les comp. d'envoyer une *lettre d'avis* au sujet des expéditions d'animaux arrivant en gare, et s'est exprimée ainsi : — « Il n'est pas établi et il ne paraît pas avoir été allégué, devant les juges du fond, que les animaux dont il s'agit aient voyagé en cage ou panier et se soient ainsi trouvés dans la condition qui aurait exigé qu'il fût donné, par lettre, avis de leur arrivée au destinataire. Ainsi, c'est avec raison que l'arrêt a décidé que le demandeur ne justifiait d'aucun motif sérieux et légitime de son refus de prendre livraison .» — La Cour faisait ainsi allusion aux animaux envoyés autrement que dans des cages ou paniers, et qui étant supposés, d'après les conditions du tarif, devoir être accompagnés en route, ne nécessitaient pas l'envoi d'une lettre d'avis de la comp. au destinataire et motivaient par suite la mise en fourrière desdits animaux, lorsqu'il n'en était pas pris livraison à l'arrivée. — D'où semble résulter l'obligation catégorique de prévenir les intéressés de l'arrivée des animaux *non accompagnés.*

Avis à donner aux expéditeurs (marchandises refusées). — V. le § 2 ci-après.

II. Dispositions pratiques.

II. Dispositions pratiques. — En principe, il y a lieu en ce qui concerne les avis d'arrivage des marchandises de petite comme de grande vitesse, de s'incliner devant la jurispr. de la C. de C. — Mais, *dans la pratique*, il n'en est pas moins vrai que des lettres d'avis sont généralement envoyées par les compagnies. — Ces lettres font loi à l'égard du destinataire pour fixer le point de départ du magasinage. En *droit étroit*, elles n'engagent pas les comp. pour la régularité des avertissements. — Par suite, les malentendus ou omissions qui peuvent survenir dans l'envoi de ces lettres ou dans l'énonciation quelquefois erronée des noms et des adresses restent illogiquement à la charge de ceux qui sont étrangers à ces inexactitudes. — Nous ignorons s'il ne serait pas possible par une disposition légale de rendre obligatoire et régulier l'envoi des lettres d'avis dont il s'agit ; mais, dans notre opinion, il y a certainement une amélioration à réaliser à ce sujet, de même que pour les avis à donner aux expéditeurs, au sujet des marchandises refusées par les destinataires ou ayant donné lieu à des incidents de route intéressant ces derniers. — V. *Livraison.*

Constatation de l'envoi des lettres d'avis (et autres indications). — V. *Avis.*

III. Envoi d'avis et de lettres de service.

III. Envoi d'avis et de lettres de service. — V. *Dépêches, Franchises* et *Postes.*

LETTRES DE VOITURE.

I. Contrat établi entre l'expéditeur et le voiturier. (Droit commun.) Art. 101 et suiv. du Code de commerce. — Voir *Commissionnaires*, § 1.

Applications en matière de ch. de fer. — « Toute expédition de marchandises sera constatée, *si l'expéditeur le demande*, par une lettre de voiture, dont un exemplaire restera aux mains de la comp. et l'autre aux mains de l'expéditeur. Dans le cas où l'expéditeur ne demanderait pas de lettre de voiture, la comp. sera tenue de lui délivrer un *récépissé* qui énoncera la nature et le poids du colis, le prix total du transport et le délai dans lequel ce transport devra être effectué. » (Art. 49 du cah. des ch., dernier paragraphe, rappelant le principe posé par l'art. 50 de l'ordonn. du 15 nov. 1846.) — Cette disposition est également rappelée à l'art. 15 de l'arr. min. du 12 juin 1866, relatif aux délais de transport (V. *Délais*), qui prescrit en outre d'indiquer sur le récépissé « *les noms et l'adresse du destinataire* ».

Formalités diverses. — En exécution de la loi du 13 mai 1863 sur les *récépissés* (V. ce mot), toutes les expéditions, *sans exception*, faites par le commerce, soit en grande, soit en petite vitesse, doivent être accompagnées : — Ou d'une lettre de voiture timbrée, remise par l'expéditeur ; — Ou d'une facture de transport, timbrée (à 0 fr. 60 c), créée par les agents du ch. de fer sur la *demande formelle* de l'expéditeur ; — Ou, enfin, du double du récépissé du nouveau modèle.

Toute expédition de petite vitesse, *devant emprunter la voie de terre*, doit être toujours accompagnée d'une lettre de voiture ou d'une facture de transport (au timbre de 0 fr. 60 c.). Les gares ne peuvent, sous aucun prétexte, s'écarter de cette prescription, attendu que les récépissés timbrés (à 0 fr. 25 c.), ne peuvent être utilisés que pour le parcours sur le chemin de fer seulement. — Voir plus loin, § 2.

Les marchandises destinées à l'étranger et sortant de France *par chemin de fer*, peuvent n'être accompagnées que du récépissé ordinaire timbré à 0 fr. 25. (*Id.*)

Dans le cas où l'expéditeur qui aurait fourni lui-même la lettre de voiture timbrée, qui doit accompagner l'expédition, demanderait un duplicata de cette lettre de voiture, les comp. ont le droit de le lui refuser et ne sont tenues qu'à lui remettre un récépissé établi sur la formule ordinaire. Dans ce dernier cas, le double du récépissé destiné à être remis au destinataire reste ordinairement attaché à la souche attenant au registre, et n'est rempli que par les mots : *Une lettre de voiture accompagne l'expédition.*

Dans le cas où une facture de transport timbrée à 0 fr. 60 c. est créée *sur la demande formelle de l'expéditeur*, les compagnies consentent ordinairement à délivrer à celui-ci un duplicata de cette facture de transport sur un imprimé non timbré, en tête duquel on porte la mention : *Duplicata*. Si l'expéditeur demande un récépissé, ce récépissé est établi comme il vient d'être dit ci-dessus.

Il est bien entendu que les récépissés à remettre aux destinataires, à défaut d'une lettre de voiture, doivent accompagner l'expédition jusqu'à destination et être remis aux destinataires en même temps que la marchandise. — Voir *Déclaration* et *Récépissés*. — Voir aussi les indications ci-après, antérieures à la loi du 30 mars 1872 rappelée plus loin, au § 2.

Grande vitesse. — « La lettre de voiture est rarement appliquée aux expéditions à grande vitesse, notamment pour les marchandises dites *messagerie*. — Les comp. se dispensent même, autant que possible, et quelquefois refusent de donner un *récépissé* à l'expéditeur qui le demande. — Cette dernière obligation ne souffre pourtant aucune exception et doit recevoir son accomplissement dans tous les cas, qu'il s'agisse de transport, soit à grande, soit à petite vitesse. » (Circ. min. du 15 juillet 1856.)

Forme de la lettre de voiture. — Toutes les comp. ont adopté des formules spéc. pour lettres de voiture, et elles en mettent volontiers des exemplaires à la disposition des expéditeurs, lorsqu'ils en font la demande. — La forme de ces lettres de voiture, bien qu'elle diffère, sur quelques points, pour les diverses comp., comporte généralem. les indic. de l'art. 102 du Code de comm. mises en harmonie avec celles de la *déclaration écrite* dont la production, par l'expéditeur, est prescrite par les tarifs (V. *Déclarations*). Les imprimés comportent, en outre, pour l'établ. de la taxe, les marques et n°ˢ d'expédition et certains détails de comptabilité qui constituent, à proprement parler, la véritable facture du prix de transport. — Le prix du timbre s'ajoute aux frais de transport.

Indication du lieu de livraison. — Les lettres de voiture doivent faire connaître si la livraison doit avoir lieu en *gare* ou *à domicile*. Dans ce dernier cas, la demeure du destinataire doit être exactement indiquée (rue et n°).

Sur quelques lignes de chemins de fer, la nouvelle lettre de voiture timbrée diffère de l'ancienne facture de transport, notamment par la suppression de l'indication du mode de livraison (en gare ou à domicile), indication qui, au lieu d'y être imprimée, devra désormais y être indiquée à la main. Par suite, au lieu d'avoir des lettres de voiture différentes, suivant que les expéditions étaient livrables en gare ou à domicile, on se sert du même modèle de lettre de voiture pour ces deux genres d'expédition.

Expéditions au delà du chemin de fer. — Comme on l'a vu plus haut, § 1ᵉʳ, l'expéditeur reçoit de la compagnie, suivant les cas, un exemplaire non timbré de la lettre de voiture, ou plutôt un double (*timbré*) du récépissé qui remplace cette lettre de voiture. A cette occasion, quelques compagnies ont recommandé à leurs chefs de gare d'indiquer à la main, sur le récépissé à remettre à l'expéditeur, au-dessous de la ligne : « *total en port dû,* » les mots : « *jusqu'à.,....* » en indiquant la gare destinataire du réseau, toutes les fois qu'une expédition en port dû est destinée à un point desservi par un chemin relié ou par un service de correspondance. — Cette mesure est indispensable pour prévenir les difficultés que soulèvent journellement certains expéditeurs ou destinataires, en émettant la prétention que le récépissé délivré au point de départ indique le prix qu'ils doivent payer jusqu'à la destination définitive. » (*Inst. spéc.*)

II. Subtitution des récépissés aux lettres de voiture. (*Loi du 30 mars 1872 et indications diverses.*) — Sauf l'énonciation nominale de *lettres de voiture*, souvent employée en jurispr., ces pièces justificatives des expéditions de petite vitesse ont généralement disparu aujourd'hui du service des ch. de fer, et sont suppléées, même pour les transports internationaux, par les formules dites *récépissés* qui contiennent au sujet des expéditions de grande et de petite vitesse toutes les indications obligatoires. (Voir ci-dessus, § 1.) (Voir aussi *Récépissés*). — Droit de timbre. — 1° (Extr. de la loi du 28 févr. 1872). — « Art. 11. Le droit de décharge de dix centimes créé par l'art. 18 de la loi du 23 août 1871 pour constater la remise des objets, sera réuni à la taxe due pour les récépissés et lettres de voiture qui est fixée ainsi qu'il suit : récépissé délivré par les comp. de ch. de fer (droit de décharge compris), 35 centimes ; — Lettre de voiture (droit de décharge compris) 70 centimes. — 2° Extr. de la loi du 30 mars 1872 (qui permet pour les transports *effectués autrement qu'en grande vitesse* de ne pas faire de distinction entre les lettres de voiture et les récépissés, moyennant le droit de timbre uniforme de 70 centimes). — V. *Timbre*, § 7.

Défaut de remise de récépissés (Litiges). — V. *Récépissés*.

III. Clause pénale. — L'art. 102 du C. de comm. rappelé plus haut a admis que les lettres de voiture devaient énoncer l'indemnité due pour cause de retard, retenue qui, d'après un usage constant et immémorial, était du tiers du montant du prix de transport. La résistance faite par les comp. aux prétentions élevées, à ce sujet, par les expéditeurs, a été la source d'un très grand nombre de difficultés et de procès auxquels la C. de cass. a heureusement mis un terme, par un arrêt que l'on peut résumer ainsi qu'il suit :

« Les comp. de ch. de fer, qui sont obligées de délivrer une lettre de voiture aux expéditeurs ou commissionnaires, qui les chargent du transport de leurs marchandises, ne sont pas tenues d'y insérer une clause d'indemnité quelconque, pour cause de retard, nonobstant l'art. 102 du C. de comm. » (C. C., 27 janv. 1862.) — Elles ne peuvent, à défaut de règl. admin., être liées à cet égard, que par leur consentement et en l'absence de convention préalable ou d'accord ultérieur sur l'indemnité, pour cause de retard ; c'est aux tribunaux à arbitrer cette indemnité, en raison du préjudice provenant du retard. » (C. C., 27 janv. 1862.)

LÉZARDES.

Dommages causés aux propriétés (par suite du passage des trains). — « Les lézardes qui se sont produites dans une maison par suite de l'ébranlement résultant du passage des trains peuvent motiver l'allocation d'une indemnité. » (C. d'État, 3 janv. 1873, et 16 mai 1879 ; jurispr. conforme à celle déjà résumée aux mots *Dommages*, § 2, et *Ébranlement de maisons.*)

Dommages indirects ou antérieurs. — V. *Dommages*, §§ 3 et 3 *bis*.

LIBRAIRIE.

I. Conditions de transport. — Les produits de librairie ne sont pas *nommément* désignés à l'art. 42 du cah. des ch. ; mais on doit admettre, par assimilation, que le tarif de transport, à petite vitesse, des livres, ouvrages, prospectus et autres documents imprimés, y compris actuellement les *journaux* (V. *Postes*, § 7), est celui de la 1re classe dudit cah. des ch., soit 0 fr. 16 par tonne et par kilom., pour la petite vitesse. — Les comp. ont maintenu, en effet, cette nature de transports dans la 1re série de leurs tarifs d'applic. — V. au mot *Marchandises*, pour l'indication des prix par série.

Pour la *grande vitesse*, les conditions sont indiquées à l'art. *Messagerie*, ou au mot *Colis*, pour les paquets jusqu'à 5 kilogr.

Papiers à imprimer. — Une tarification analogue a été fixée pour le transport des papiers à imprimer, qui rentrent, comme les livres eux-mêmes, dans la catégorie des objets manufacturés et qui ont fait d'ailleurs, sur diverses lignes, l'objet de tarifs spéciaux assez variés, au sujet desquels il faut se reporter aux tarifs de chacune des compagnies.

Bibliothèques scolaires. — Par suite d'une mesure appliquée sur divers ch. de fer, mesure commune sans doute à toutes les comp., les envois de livres faits en *petite vitesse* par le min. de l'instr. publique, pour les bibliothèques scolaires, sont transportés à demi-tarif. — Pour être admises à bénéficier de cette réduction, qui, d'ailleurs, ne s'applique pas aux frais accessoires d'enregistr., de manutention et de camionnage, les expéditions devront être accompagnées d'un avis émanant du ministère de l'instr. publique (avis dont la teneur a été donnée dans l'ordre de service relatif à cet objet). (Extr. d'une instr. spéc., févr. 1865.)

Transport de journaux ou d'imprimés. (Cond. spéc.) — Exéc. de l'arr. du 27 prairial, an IX et de la loi du 6 avril 1878. — V. *Journaux.*

II. Vente de livres dans les gares. — Par applic. de l'art. 70 de l'ordonn. du 15 nov. 1846, aucune vente de livres, journaux, etc., ne peut avoir lieu, dans l'intérieur des gares, sans une autorisation spéciale du préfet du département, qui doit prendre l'avis du chef du contrôle. — V. *Bibliothèques*, § 1 et *Journaux*, § 2.

Questions de monopole. — L'admin. des tr. publ. n'a pas à s'immiscer dans les questions de *monopole*, etc., qui peuvent se rattacher à la vente d'objets divers dans les gares (*questions qui sont du ressort de la police générale*) ; mais elle doit veiller à ce que l'industrie, exercée dans l'enceinte du chemin de fer, ne soit pas une cause de gêne ni de trouble pour l'expl. et à ce que le transport des livres, vendus dans les gares, soit effectué par les comp. aux conditions gén. des tarifs et sans aucune faveur. — Nous avons résumé à ce sujet, aux mots *Bibliothèques*, *Buffets*, *Industries*, *Journaux* et *Vente*, divers documents sur la matière, et notamment, au mot *Bibliothèques*, un jugem. du trib. de la

Seine (28 juill. 1884. Aff. *de Chirac*), qui s'est refusé à considérer les traités passés avec la maison Hachette pour l'installation de librairies dans les gares comme constituant un monopole interdit par la loi. — Bien longtemps après, la C. d'appel de Paris a confirmé ce jugement, par un arrêt du 12 mars 1886 qui contient les considérations suivantes :

« Si les bâtiments et cours des stations doivent être considérés comme des lieux publics lorsqu'il s'agit de l'applic. des lois pénales, ils ne peuvent, si ce n'est en cette matière, être assimilés aux voies publiques. — L'art. 68 de la loi sur la liberté de la presse du 29 juillet 1881, abrogeant toutes les lois et tous les règl. restrictifs de « la vente sur la voie publique », ne leur est point applicable ; il n'a abrogé ni explic. ni implic. l'art. 70 de l'ord., ayant force de loi sur la police des ch. de fer ; — Il suit de là que le concess. d'une bibliothèque dans une gare exerce son commerce, au regard des tiers, dans les mêmes conditions que tout autre libraire dans ses magasins ouverts au public ; qu'il est donc libre de mettre ou de ne point mettre en vente, sous sa responsabilité et suivant ses appréciations personnelles, tels ouvrages qu'il jugera convenable ; — Les contrats intervenus entre la librairie Hachette et les comp., n'intéressant en rien le service des transports publics, ne sont point soumis à l'homolog. admin. préalable, comme ceux relatifs aux taxes et tarifs de transport ; — Si, par suite des stipulations insérées dans ces contrats, certains abus venaient à se produire, c'est auprès du préfet du dép., dont l'autorisation est nécessaire pour l'ouverture et le maintien des librairies de gares, qu'il conviendrait d'exercer un recours. » (C. Paris, 12 mars 1886. Extr.)

LIBRE CIRCULATION.

I. **Fonctionnaires et agents autorisés** (*à circuler dans les voitures*). — La libre circulation des fonctionnaires et agents de l'État ayant à voyager sur les chemins de fer pour le service a été réglée en principe par les articles suivants du cah. des ch.

Contrôle et surveillance. — « Les fonctionnaires ou agents chargés de l'inspection, du contrôle et de la surveillance du chemin de fer seront transportés gratuitement dans les voitures de la compagnie. (Art. 55, § 1.)

Fonctionnaires du contrôle des travaux. — « Sur quelques points, les ingén. en chef attachés au service de surv. technique sont, en même temps, chargés des travaux qui restent à livrer par l'État aux comp. concess. Ces fonctionn. sont secondés, pour ce service spécial, par des agents de divers ordres, auxquels il convient d'accorder les facilités convenables pour qu'ils puissent être envoyés sur les points de la ligne où leur présence est nécessaire. Mais, comme il ne s'agit que d'un service purement transitoire, et qui ne rentre pas dans les prévisions de la loi ni de l'ordonn. applicables à l'expl. proprement dite, l'admin. ne saurait, en pareil cas, délivrer des cartes de circulation. Elle se réserve, en pareille circonstance, d'apprécier la convenance des permissions spéciales que la comp. serait disposée à accorder, sur la proposition motivée de l'ingén. en chef. » (Circ. min., 6 oct. 1847. Ext.)

Contributions indirectes et douanes. — La même faculté (de transport gratuit) est accordée aux agents des contributions indirectes et des douanes chargés de la surv. des ch. de fer dans l'intérêt de la perception de l'impôt. (Art. 55, § 2, cah. des ch.)

Services des postes. — *Art. 56, 12°.* — « La comp. sera tenue de transporter gratuitement, par tous les convois de voyageurs, tout agent des postes chargé d'une mission ou d'un service accidentel, et porteur d'un ordre de service régulier délivré à Paris par le direct. gén. des postes. Il sera accordé à l'agent des postes en mission une place de voiture de 2ᵐᵉ classe, ou de 1ʳᵉ classe, si le convoi ne comporte pas de voiture de 2ᵐᵉ classe. » — V. *Postes.*

Service des télégraphes. — *Art. 58, § 4.* — « Les agents de la télégraphie, voyageant pour le service de la ligne électrique, auront le droit de circuler gratuitement dans les voitures du chemin de fer. »

Préfets. — MM. les préfets sont en dehors des dispositions applic. aux fonctionn. et agents de surveill. « Le transport gratuit leur est dû dans l'étendue de leur dép., dès qu'il se déclarent en tournée de service sur le ch. de fer. » (Circ. min., 6 oct. 1847.

Extr.)—Mais un préfet, pas plus que toute autre autorité, n'a le pouvoir de faire arrêter un train en marche hors le cas de force majeure ou de réparation de la voie.

Magistrats judiciaires. — Lorsqu'un procureur de la République ou un magistrat instructeur se rend sur la ligne pour informer au sujet d'un fait intéressant le service du chemin de fer, il est de règle, bien que le cah. des ch. n'en fasse pas mention, qu'il doit être admis à circuler gratuitement dans les trains moyennant les formalités en vigueur sur chaque réseau. — Si le magistrat est accompagné d'un greffier, ce dernier jouit de la même faculté.

Voici, à ce sujet, l'ext. d'un ordre de l'une des gr. comp. (*février* 1886) : « Lorsqu'un procureur de la République ou son substitut ou un magistrat instructeur (*juge d'instruction ou juge de paix*) se rend sur la ligne pour informer au sujet d'un fait intéressant le service de la compagnie, il doit être admis à circuler gratuitement, sous la condition de remettre à la gare de départ une *réquisition écrite* en échange de laquelle il lui est délivré gratuitement un *billet de place*.

Le greffier accompagnant le magistrat instructeur peut être compris dans la *réquisition* délivrée par celui-ci et être admis à voyager dans les mêmes conditions.

Les formules de *réquisition* seront déposées dans les gares et les haltes pour être présentées aux magistrats qui demanderont à bénéficier de la faculté dont il s'agit.

(Circulation des magistrats dans les trains de marchandises). — Dans le cas où un fonctionnaire supérieur de l'ordre admin. ou judic. (*préfet, sous-préfet, procureur général, procureur de la République, juge d'instruction ou juge de paix*) demanderait à être transporté par un train de marchandises, le chef de gare devrait lui faire observer que les règlements n'autorisent pas le transport des voyageurs par les trains de cette catégorie. Si, nonobstant cette observation, la demande est maintenue, le chef de gare doit y déférer, en réclamant une *réquisition écrite* pour couvrir sa responsabilité.

Circulation sur la voie. — V. plus loin, au § 7.

Libre circulation d'agents divers et d'autres personnes.—1° Agents des compagnies (V. ci-après, § 5) ; — 2° Fonctionnaires de la police (*Ibid.*, § 4) ; — 3° *Gendarmes* (V. ce mot, §§ 1 et 2) ; — 4° Toucheurs de bestiaux (V. *Toucheurs*) ; — 5° Circulation dans les trains de marchandises. — Voir la note précédente relative au transport des magistrats admin. ou judic. *par les trains de marchandises.* — V. aussi, plus loin, au § 6.

II. Limitation du droit de circulation.—En principe, les fonctionn. et agents chargés de la surv. et du contrôle des ch. de fer en expl. ont le droit de libre circulation sur toute l'étendue de la ligne à laquelle ils sont attachés. En effet, l'art. 23 de la loi du 15 juillet 1845, établissant que les agents de surv. de l'admin. publique peuvent verbaliser sur toute la ligne du ch. de fer auquel ils sont attachés, leur confère naturellement le droit de circuler gratuitement sur toute l'étendue de la même ligne. — Mais le min. des tr. publ. a cru devoir, par mesure d'ordre, limiter le droit dont il s'agit à une portion déterminée du chemin de fer. — V. ci-après l'extr. des instr. relatives à cet objet :

« Si, dans des circonstances extraordinaires, un commiss. ou un agent est obligé de continuer le parcours de la ligne hors de son arrondiss., c'est au moyen d'une réquisition écrite, adressée au chef de gare, qu'il doit obtenir son transport. La comp. pourra ensuite remettre ces réquisitions à l'admin., afin qu'on puisse apprécier si le déplacement était réellement motivé par un intérêt de service. » (Extr. de deux circ. min. des 28 juill. 1846 et 10 nov. 1847 dont les autres dispositions sont reproduites ou résumées au présent article.)

Une autre circ. min., du 21 janv. 1853, portait ce qui suit : « En principe les agents de la surv. admin. ont le droit de circuler gratuitement sur la ligne entière à laquelle ils sont attachés. Si l'admin. a, par ses circ. des 28 juill. 1846 et 10 nov. 1847, limité ce droit, en circonscrivant leur surv. dans une portion déterminée du ch. de fer, c'est une mesure qui ne lie qu'elle seule, et elle est toujours maîtresse de lever les entraves qu'elle a mises elle-même à l'exercice du droit de ses agents, lequel a été réservé expressément. »

II bis. Exercice du droit de circulation. — *Formalités et instr. diverses.*

1° *Cartes de circulation.* — « Les fonctionnaires et agents dépendant du ministère des tr. publ. ne pourront réclamer la circulation gratuite sur les ch. de fer qu'autant qu'ils seront porteurs d'une carte de service, délivrée et signée par le ministre et revêtue d'un enregistr. spécial. « (Circ. min., 6 oct. et 10 nov. 1847. Extr.)

« Les préfets (comme on l'a déjà dit ci-dessus) sont en dehors de ces dispositions. Le transport gratuit leur est dû, dans l'étendue de leur département, dès qu'ils se déclarent en tournée de service sur le chemin de fer. » (Circ. 6 oct. 1847. Extr.)

« Des cartes de circulation gratuite ne seront délivrées qu'aux fonctionn. et agents dénommés tant dans la loi du 15 juill. 1845 que dans l'ord. régl. du 15 nov. 1846, et chargés de la surv. des ch. de fer. (V. *Contrôle*.) — Elles ne sont valables que dans l'étendue de la circonscr. respective de chaque fonctionn. ou agent. Les limites des circonscr. seront indiquées sur chaque carte, et l'intention formelle de l'admin. est qu'aucune tolérance ne soit demandée ni accordée au delà. » (Circ. 6 oct. 1847. Extr.)

2° *Indications contenues dans les cartes.* — (Circ. min., 23 avril 1849. Extr.) — L'administr., en vue de régulariser l'exercice du droit de libre circulation des fonctionn. et agents attachés à la surveill. de l'expl. des ch. de fer concédés, vient de décider : 1° qu'un format type sera adopté, à l'avenir, pour les cartes de libre circulation délivrées à ces fonctionnaires ; — 2° que ces cartes seront renouvelées annuellement.

« Les cartes du nouveau modèle sont disposées de manière à permettre de mentionner, au besoin, le droit de circulation sur les machines, sur la voie, dans les gares, ateliers, etc., afin d'éviter toute difficulté aux fonctionnaires que leur spécialité appelle à surveiller ces dépendances du chemin de fer.

« Quant aux voitures dans lesquelles les agents préposés à la surv. des ch. de fer doivent pouvoir voyager, les conditions mêmes du service n'ont pas paru à l'admin. se prêter à une classific. résultant du grade ou de l'emploi. La nature de leurs fonctions exige qu'ils puissent monter indistinctement dans les voitures de toute classe. Le contrôle que les agents inférieurs des comp. exercent, à cet égard, sur quelques lignes de ch. de fer, par suite de l'usage établi, ne saurait qu'être nuisible à la considération due au caractère public des fonctionn. dont il s'agit. Il m'a paru nécessaire d'admettre que les agents de *tout ordre*, préposés à la surv. d'un ch. de fer, doivent pouvoir voyager *dans les voitures de toute classe.* » (Circ. min., 23 avril 1849. Extr.)

Cette dernière disposition n'est pas absolue et les agents ne peuvent exiger l'adjonction d'une voiture spéciale, lorsque le train dans lequel ils désirent voyager n'offre pas de places dans les voitures de 1re classe. (Circ. min., 26 déc. 1849.)

La circ. min. du 23 avril 1849 porte en outre qu'une instr. de service pourra astreindre les agents à prendre alternativement passage dans les voitures de différentes classes, afin d'observer tous les faits de la circulation et d'en rendre compte à qui de droit.

3° *Tableaux annuels de proposition.* — Vers la fin de chaque année, le min. demande aux chefs de service compétents des propositions spéc. pour le renouvell. des cartes de circ., renouvell. prescrit par la circ. précitée du 23 avril 1849. — Les tableaux fournis pour cet objet doivent indiquer le « nom, la qualité de l'agent, l'étendue de la circonscr. placée sous sa surv., et celle sur laquelle il doit, à raison de ses fonctions, pouvoir user du droit de libre circulation. Le tableau devra spécifier, en outre, pour chaque fonctionn. ou agent, l'exercice de ce droit, en ce qui concerne la voie, les gares, les machines, ateliers, etc.; enfin les commiss. de surv. admin. doivent avoir la libre circ. depuis le lieu de leur résidence jusqu'à celle du commiss. le plus rapproché, de manière à permettre à ces fonctionnaires de se mettre en rapport pour les faits du service. (Circ. min., 19 nov. 1857.)

4° *Visa de la compagnie.* — « Pour que les cartes de circulation ne puissent donner lieu à aucune difficulté de la part des préposés de la compagnie, le conseil d'administration pourra apposer sur le revers de ces cartes, son cachet particulier, avec le visa d'un des administrateurs. La formule de ce visa devra, dans ce cas, être celle-ci : *Vu pour être exécuté par les agents de la compagnie.* » (Circ. min., 10 nov. 1847.) — Cette formalité une fois remplie, aucun nouveau visa ne doit être apposé sur les cartes par les surveillants ni par les contrôleurs des compagnies.

5° *Perte des cartes.* — « Les cartes de circulation sont personnelles et ne doivent, en aucune circonstance, sortir des mains des titulaires. S'il arrivait qu'une carte vint à s'égarer, il y aurait lieu, de la part de l'agent, à en informer immédiatement l'admin. ainsi que la comp. concess., afin que des mesures soient prises pour empêcher l'abus que pourrait être tenté d'en faire un détenteur illégitime. » (Circ. min., 10 nov. 1847.) — *Soins à donner à la conservation des cartes* (Circ. min. du 19 juin 1882, aux chefs du contrôle) : « L'admin. reçoit fréquemment des demandes pour le remplacement des cartes de circulation délivrées à des fonctionn. et agents du contrôle de l'expl. des ch. de fer et qui ont été égarées par les titulaires. — Ces cartes confèrent aux fonctionn. et agents à qui elles sont confiées un privilège exclusivem. personnel et sont un titre officiel leur permettant au besoin d'établir et de faire connaître leur qualité.—Il importe donc, pour éviter des abus dont la répression est difficile, qu'elles ne tombent pas entre les mains de personnes étrangères au service. — Je vous prie, en conséquence, d'appeler particulièrement l'attention des fonctionnaires et agents sous vos ordres, sur la nécessité de veiller avec le plus grand soin à la conservation des cartes dont ils sont détenteurs. »

6° *Places à occuper* (V. au présent § 2 *bis,* 2°).

7° *Droit de monter sur les machines.* — V. ci-après, § 6.

III. Droit de parcours des fonctionnaires en congé. — Comme on l'a vu plus haut, l'admin., par ses circ. du 28 juill. 1846 et 10 nov. 1847, a limité, par mesure d'ordre, le droit de circulation des agents de la surv. admin. dans une portion déterminée du ch. de fer.

Mais lorsque ces agents seront porteurs d'un congé régulier, ils jouiront du libre parcours sur la ligne à laquelle ils sont attachés, jusqu'au point le plus rapproché du lieu de leur destination, et la même faculté sera étendue aux agents nouvellement institués ou déplacés. (Circ. minist., 17-21 janv. 1853. Extr.)

Absences non autorisées (demande de permis, etc.). — En dehors de circonstances graves relatives au service, et à moins qu'ils ne remplissent l'intérim d'un collègue, les agents de la surv. admin. ne peuvent circuler gratuitement en dehors de leurs circonscriptions, sans une permission d'absence ou un congé délivré par le min. ou par le chef du contrôle ; une circ. min. du 9 sept. 1863 a fait ressortir les inconvénients de tout ordre résultant notamment de l'absence irrégulière des commiss. de surv. admin. et des demandes de permis de faveur qu'ils adressent aux compagnies.

« La circ. précitée, du 9 sept. 1863, recommande aux chefs de service du contrôle de prendre les mesures nécessaires pour que, d'une part, dans aucun cas et sous aucun prétexte, les comm. de surv. admin. ne sortent jamais sans congé et sans une autorisation régulière des limites de leur circonscription, et pour que, d'autre part, il ne leur soit accordé par la comp., en dehors de l'intervention personnelle du chef du contrôle, aucune carte de circ. gratuite sur les sections de la ligne où ils n'ont aucune surv. à exercer. »

Les instructions données à ce sujet aux commiss. de surv. par la plupart des chefs du contrôle comprenaient en outre l'invitation de ne pas solliciter directement de la comp. des billets de circulation en franchise ou à prix réduits pour des personnes de leur famille ou autres.

Fonctionnaires nouvellement institués. — Les agents et fonctionn. nouvellement attachés à la surv. d'un ch. de fer ont, pour se rendre à leur poste, le droit de libre parcours sur l'ensemble de la ligne, bien qu'ils ne soient pas munis d'une carte officielle de circulation, ni d'un permis de la comp. Il suffit qu'ils exhibent la commission ou la lettre de nomination qui leur a été délivrée par le min. (Circ. min., 17-21 janv. 1853).

IV. Circulation des fonctionnaires de la police. — Sur la demande du préfet de police, les compagnies ont fait connaître à leurs employés que les agents de la préfecture de police, pourvus de cartes temporaires à parcours partiel, pourront circuler en dehors des parcours indiqués sur ces cartes, au moyen de réquisitions écrites et signées par eux, qu'ils remettront aux chefs de gare et en échange desquelles il leur sera délivré un billet pour le parcours et pour la classe qu'ils auront indiqués. (*Février* 1863.) — Les instructions directes du min. de l'intérieur, concernant en particulier les *commissaires et inspecteurs spéciaux de la police des chemins de fer*, contiennent les dispositions suivantes, savoir :

1º *Circ. min.*, 15 *juillet* 1872 (du min. de l'intér. aux préfets) : « Monsieur le préfet, des commissaires de police, — se fondant sur le décret du 15 avril 1863, qui a conféré aux agents de la police ordinaire, ayant dans leur circonscription des communes traversées par une ligne de fer, l'autorité que le décret du 22 février 1855 a attribuée aux commissaires spéciaux de police, — croient pouvoir user de la faculté de requérir le transport aux frais de mon département, pour des affaires se rattachant à la surv. gén. qui leur incombe.

« Il y a là un abus qu'il importe de faire disparaître.

« Je vous prie, en conséquence, de faire connaître aux fonctionnaires auxquels s'appliquent les dispositions du décret du 15 avril 1863, que la faculté de réquisition, d'abord accordée pour des cas spéciaux et urgents seulement, a été retirée, suivant instructions contenues dans une circulaire du 6 sept. 1867, dont vous trouverez trace dans vos bureaux.

« Toutes les fois donc que ces agents auront à se déplacer dans un sérieux intérêt de service, en cas d'accident ou d'événements graves sur la ligne, ils auront à faire eux-mêmes l'avance du prix de leur transport, qui leur sera remboursé sur les fonds de mon département, par votre intermédiaire et sur le vu de pièces justificatives (1). »

2º *Décis. du min. de l'intér.*, 31 août 1872. (Ext.) « Les inspecteurs spéciaux de la police des chemins de fer ne devront plus être admis à voyager aux frais de l'État que sur des réquisitions signées par les préfets, les sous-préfets, le directeur de la sûreté générale, et les commissaires divisionnaires et spéciaux de la police des chemins de fer. »

Droit de circulation sur la voie. — V. ci-après, § 7.

V. Personnel de la compagnie et agents divers. — Des permis de circulation avec franchise entière ou avec réduction de moitié du tarif sont délivrés par les comp., lorsqu'il y a lieu, aux entrepr. et agents des ch. de fer, aux indigents, aux corporations religieuses, musicales, agricoles, etc., suivant les autorisations données dans chaque cas par le conseil d'admin., ou par les chefs de service ayant pouvoir à cet effet.

D'après les instructions spéciales de la plupart des compagnies, le droit de transport gratuit dans les trains appartient : — 1º aux membres du conseil d'admin. de la comp., qui se font reconnaître, au besoin, par leur médaille; 2º aux directeurs, ing. et chefs de service de la comp., portés sur l'état arrêté annuellement par le conseil d'admin., sur la constatation de leur identité; — 3º aux employés porteurs d'un permis ou d'une lettre régulière de service. (*Extr.*)

Des ordres de service intérieurs indiquent, d'ailleurs, les places que les divers fonctionnaires, employés et agents de la compagnie peuvent occuper dans les trains, en dehors de celles qui leur sont réservées dans les compartiments de service.

Bagages des permissionnaires. — « Les bagages des permissionnaires sont transportés gratuitement jusqu'à concurrence de 30 kilog. Les excédents au delà de 30 kilog. sont taxés d'après le tarif, à moins d'indication contraire portée sur les permis et précisant avec bagages ou outils, ou matériaux. » (Inst. spéc.)

Circulation de gendarmes et agents divers. — Au sujet de la circulation des militaires

_____

(1) Voir au mot *Commissaires de police* les décr. des 22 févr. 1855 et 15 avril 1863, cités dans la dépêche ci-dessus. — Nous croyons, du reste, qu'il y a lieu de se reporter aux ordres intérieurs des comp. au sujet des commiss. spéciaux proprement dits de la police des ch. de fer qui, sur les divers réseaux, ont reçu les facilités nécessaires pour leurs transports urgents.

et employés militaires escortant les transports de poudres, nous ne pouvons que renvoyer aux articles *Gendarmes*, *Militaires* et *Poudres*.

Toucheurs, etc. — Les tarifs accordent généralement la gratuité de transport aux conducteurs ou toucheurs de bestiaux et à certains expéditeurs. Mais un permis de circulation, accordé par une compagnie à un expéditeur, ne saurait être refusé à un autre, sous prétexte que les expéditions de ce dernier sont de moindre importance. (C. Paris, 15 déc. 1858.) — V. *Toucheurs*.

Relativement aux agents des contributions indirectes, des douanes, des postes, des télégraphes, etc., dont l'introduction dans l'enceinte des chemins de fer est ordinairement réglée par des instructions spéciales concertées avec les administrations compétentes, nous avons résumé ci-dessus, § 1er, les dispositions du cah. des ch. établissant le principe de la libre circulation des agents des services dont il s'agit.

VI. Droit de monter sur les machines ou dans les trains de marchandises. — Les cartes de circulation délivrées aux ingén. des p. et ch. et des mines, et aux conducteurs et gardes-mines attachés au contrôle de l'exploitation, leur donnent généralement le droit de monter sur les machines. — Les commiss. de surveill. jouissent du même droit moyennant la remise d'une réquisition écrite et motivée. — V. à ce sujet au mot *Locomotives*, § 3, l'art. 39 de l'ordonn. du 15 nov. 1846, et ses applications.

Trains de marchandises. (Ext. d'une dépêche min. du 15 janv. 1852, relative à une affaire intervenue sur le réseau d'Orléans.) « Pour n'être pas inscrit explic. dans le règl. du 15 novembre 1846, le droit des commiss. (d'accompagner les trains de marchandises en montant, soit dans les voitures à voyageurs, soit dans les fourgons qui entrent dans la composition de ces trains) ne saurait être mis en question; il est inhérent au caractère dont ces fonction. sont revêtus et découle de leurs attributions mêmes : chargés de surveiller tous les faits de l'expl., ils doivent pouvoir accompagner les trains de toute catégorie, et dès lors trouver place sur les voitures ou wagons qui composent ces trains : ils peuvent même, si le train, à raison des éléments dont il est formé, n'offre aucune place disponible, exiger l'adjonction d'une voiture.

« On ne doit pas perdre de vue que le libre parcours accordé aux commiss. n'est point une faveur dont ils jouissent dans leur intérêt privé, c'est seulement un moyen d'exercer la surv. dont ils sont chargés; et si la comp. trouve des inconvénients à ce que les commiss. montent dans un wagon chargé, c'est à elle à composer les trains de façon à toujours réserver une place où puissent se tenir les agents de la surv. Je dois ajouter que, dans la pratique, il est peu de convois de marchandises qui n'aient, soit une voiture, soit au moins un compartiment réservé. »

Admission des conducteurs des p. et ch. dans les trains de marchandises. — La question de savoir si les conducteurs des p. et ch., attachés au contrôle, ont le droit de faire usage des trains de marchandises pour leurs tournées de service s'est présentée sur quelques réseaux.

Cette question a été appréciée de la manière suivante par les chefs du contrôle : — « Les cartes de libre circulation délivrées aux conducteurs des p. et ch., leur donnant le droit de monter même sur les machines, il ne peut y avoir aucun doute sur la faculté que doivent avoir ces agents, comme l'ont déjà les commiss. de surv., de monter dans les trains de marchandises (Voir la décis. ci-dessus). En un mot, les fonction. et agents du contrôle doivent pouvoir faire usage, pour leur service de surv., des trains de toute catégorie. »

Réquisitions spéciales en cas d'accident. — V. *Accidents*, § 6.

VII. Circulation sur la voie. « Il est défendu à toute personne étrangère au service du ch. de fer de s'introduire dans l'enceinte de la voie, d'y circuler ou stationner. (Art. 61, ordonn. 15 nov. 1846.) Toute infraction à cette disposition est punie de 16 fr. à 3,000 fr. d'amende. » (Art. 21, loi 15 juillet 1845.)

« Sont exceptés de cette défense, les maires et adjoints, les commiss. de police, les officiers de gendarmerie, les gendarmes et autres agents de la force publique, les préposés aux douanes, aux contrib. indirectes et aux octrois, les gardes champêtres et forestiers *dans l'exercice de leurs fonctions et revêtus de leurs uniformes ou de leurs insignes.* — Dans tous les cas, les fonction. et les agents désignés au paragr. précédent seront tenus de se conformer aux mesures spéc. de précaution qui auront été déterminées par le min., la comp. entendue. » (Art. 62, même ordonn.) — V. *ci-dessous*.

« Les cantonniers, gardes-barrières et autres agents du ch. de fer devront faire sortir immédt. toute personne qui se serait introduite dans l'enceinte du chemin, ou dans quelque portion que ce soit de ses dépendances où elle n'aurait pas le droit d'entrer. En cas de résistance de la part des contrevenants, tout employé du ch. de fer pourra requérir l'assistance des agents de l'admin. et de la force publique. » (Art. 68, *ibid.*)

Circulation de personnes diverses. — Outre les exceptions ci-dessus mentionnées, nous devons signaler celles concernant les agents des domaines et des autres admin. (V. *Postes, Télégraphes, etc.*) appelés par leur service à pénétrer dans l'intérieur des gares, les facteurs de poste, gardes-pêche, etc., autorisés dans certains cas, bien rares toutefois, à suivre la voie pour leurs tournées; les buffetiers, ouvriers et tâcherons des chemins de fer pourvus d'autorisations, etc. — V. aussi plus haut, § 1er.

Droit spécial des magistrats judiciaires. — Le droit de circulation sur la voie des magistrats judic., et notamment des procureurs des trib. et de leurs substituts délégués, résulte implic. de l'art. 62 ci-dessus de l'ordonn. de 1846 et de l'art. 23 de la loi du 15 juillet 1845 (V. *Lois*), mais en général les autorités locales, les magistrats et toutes autres personnes ayant par leur qualité le droit de pénétrer librement sur les voies évitent généralement ou du moins doivent éviter d'user de ce droit en dehors des affaires de service, car en pareille circonstance le public est plutôt excité par l'exemple qu'il n'est retenu par la crainte de commettre une infraction au règlement.

Mesures spéciales de précaution. — La circ. minist. du 31 déc. 1846, portant envoi de l'ordonn. réglem. du 15 nov. 1846, contient la disposition suivante au sujet de l'applic. de l'art. 62 de ladite ordonn. « L'art. 62, en permettant aux maires et adjoints, aux commissaires de police, aux officiers de gendarmerie, gendarmes, etc., de pénétrer, dans certains cas, dans l'enceinte du chemin de fer, d'y circuler ou stationner, les oblige à se conformer aux mesures spéc. de précaution qui seront déterminées par le min., les comp. entendues. Ces mesures doivent être évidemment concertées entre les ingén. des p. et ch. et les ingén. des mines, et leurs propositions, après avoir été communiquées aux compagnies pour avoir leurs observations, seront transmises à l'admin. supér., qui statuera. »

Les mesures dont il s'agit ont été gén. comprises dans les règl. de la voie, qui contiennent : 1° l'obligation, pour les personnes autorisées à circuler dans l'enceinte du ch. de fer, de se soumettre aux mesures de précaution, dont l'exéc. est confiée aux agents de la surv.; 2° les dispositions relatives à l'expulsion des personnes non autorisées à circuler sur la voie. — V. *Personnes étrangères* et *Surveillance.*

Circulation dans les cours des gares. — V. *Avenues* et *Cours.*

VIII. Libre accès des quais (aux voyageurs munis de billets). — V. *Gares.*

LIÈGE.

Conditions de transport.—Comme pour *bois*; tarif de la 2e classe (V. le mot *Bois*). — *Tarifs d'application.* 1° Le liège *brut* est ordinairem. compris dans la 4e *série* et le liège *ouvré* (bouchons, etc.), dans la 3e *série* des tarifs d'applic. des comp. — 2° Majoration de *moitié en sus* (marchandises pesant moins de 200 kilog. sous le volume d'un mètre cube). —V. *Marchandises* (légères) et *Majoration.*

LIEU PUBLIC.

I. Dépendances publiques des voies. — Le chemin de fer n'est pas un *lieu public*, à proprement parler, puisque la circulation sur la voie est interdite aux personnes étrangères (V. *Libre circulation*, § 7). Mais les cours des gares sont considérées, jusqu'à un certain point, comme des voies publiques au point de vue de l'introduction, dans ces cours, des voitures, des commissionnaires, et des autres industries qui peuvent s'y exercer. Il n'y a, à cet égard, d'autre restriction, en dehors des règlements ordinaires de police, que celle du maintien du bon ordre. — V. *Cours des gares.*

Les salles d'attente, quais, trottoirs, etc., sont considérés comme des dépendances intérieures des chemins de fer ; mais ces dépendances peuvent, dans certains cas, avoir le caractère de *lieu public*, d'après le sens attaché à ces mots lorsqu'il s'agit de police ordinaire. — V. ci-après, § 2.

Wagons. — L'intérieur d'un wagon est considéré comme un lieu public, même quand il ne s'y trouve qu'une seule personne. Ce principe qui aggrave la pénalité encourue, par exemple, par un voyageur qui aurait troublé le bon ordre ou commis quelque acte coupable dans une voiture, a été établi par plusieurs décis. judic. (T. corr. Rouen, 19 juill. 1858 ; *id.*, Senlis, 27 oct. 1858 ; *id.*, Dijon, 18 mars 1859 ; *id.*, Mans, 29 nov. 1860.) — V. aussi *Crimes, Intercommunication* et *Voyageurs.*

II. Exercice de la police ordinaire (dans les dépendances de la voie et des gares considérées comme *lieu public*).—La loi de 1845 et l'ordonn. de 1846 règlent la police des ch. de fer au point de vue seul de l'exploitation ; il n'y est pas fait mention des injures, violences et rixes entre voyageurs, soit dans l'intérieur des gares, soit dans les wagons ; sous ce rapport comme pour d'autres faits de la police ordinaire tels que vols, etc., l'intérieur du ch. de fer est considéré comme *lieu public ;* il a été fait à ce sujet une distinction bien nette entre les divers agents chargés des constatations. — V. *Commissaires de surveillance, Commissaires de police, Délits* et *Vols.*

LIEUX ET CABINETS D'AISANCES.

I. Installation. — Il est d'usage, au moins pour les principales stations des lignes à double voie, de placer des urinoirs et latrines de chaque côté des gares, d'une part, pour le service des voyageurs montants, d'autre part, pour le service des voyageurs descendants. *Il est convenable, d'ailleurs, d'indiquer la situation de ces établissements, au moyen d'écriteaux placés à la vue des voyageurs* (1). — Pour les sections à voie unique, les installations dont il s'agit sont ordinairement reportées du côté du bâtiment de la station, sans préjudice d'autres annexes, s'il y a lieu.

Pavillons-urinoirs. — Nous ne connaissons aucune prescription uniforme concernant l'établ. de pavillons-urinoirs, soit dans l'intérieur même des stations, soit dans les cours de départ et d'arrivée. Ce détail utile de l'aménagement des gares n'en doit pas moins être l'objet des soins particuliers des admin. de ch. de fer, au point de vue de la commodité des voyageurs et des agents, et à celui de l'hygiène et de la salubrité.

Comme indication relative *au mode de construction* des pavillons-urinoirs, nous nous bornerons à rappeler qu'on doit chercher, autant que possible, à réaliser dans leur disposition, la double condition de les rendre facilement accessibles au public et, en même temps, de ne pas offusquer la vue des voyageurs.

La dépense d'un pavillon isolé, construit avec murs en maçonnerie de pierre ou de briques, dans de bonnes conditions d'installation et de salubrité, s'est élevée, sur quelques lignes, de 7,500 à 8,000 fr. — V. *Prix divers.*

II. Entretien. — Les urinoirs et lieux d'aisances doivent être l'objet d'un bon entretien, au même titre que les autres dépendances du ch. de fer. — V. *Entretien.*

---

(1) D'après l'usage général, rappelé par des instr. spéc., des inscriptions ou tableaux indicatifs apparents doivent faire connaître aux voyageurs descendant ou passant dans les gares l'emplacement des urinoirs et lieux d'aisances, pour hommes et pour dames.

Quelques compagnies ont passé des traités avec des entrepr. spéciaux, pour l'entretien, le nettoyage et la désinfection des lieux d'aisances. Ces entrepr. fournissent le désinfectant liquide et le réactif pour lavage, et donnent les indications nécessaires aux agents du chemin de fer pour en faire l'emploi. Les instructions des comp. relatives à cet objet contiennent ordinairement les dispositions ci-après :

« Les chefs de gare et de station auront à prévoir les besoins de ce service, et devront ne pas attendre l'épuisement complet des approvisionnements pour faire leurs demandes. — Les barils et touries contenant les désinfectants et le réactif seront renfermés et confiés au soin du chef d'équipe. L'emploi de ces matières devra être surveillé attentivement, suivant les indications de l'instruction. — Les expéditions et réceptions de fournitures seront faites suivant le mode adopté pour les envois de service.

« Les lieux d'aisances doivent être lavés et nettoyés plusieurs fois par jour et tenus constamment dans un état parfait de propreté : un employé doit être désigné pour ce travail et en être rendu responsable. » (*Inst. spéc.*)

III. Établissement de water-closets dans les trains. — Quelques comp. ont déjà fait, sur les trains express et postes, l'essai de wagons construits dans des conditions spéc. répondant à l'objet de ce paragr. D'autres comp. attendent, pour établir des water-closets dans leurs trains, qu'un système satisfaisant, suivant elles, ait été découvert.

LIGNES NOUVELLES.

I. Réseau complémentaire d'intérêt général. — V. *Chemins de fer de l'État, Comptes, Concessions, Études, Garantie, Homologation, Intérêt général, Justifications, Ouverture, Personnel, Projets, Publicité, Travaux, Zones.*

Travaux à exécuter par les compagnies. (Nouvelles conventions de 1883.) — Questions de dépenses, règles d'économie, etc. — V. *Conventions* et *Dépenses.*

Lignes d'intérêt local. (Incorporation). — V. *Ch. de fer d'intérêt local.*

II. Lignes à voie étroite. — Nous n'avons au sujet de ces lignes aucun document général à mentionner dans le présent recueil. — Nous rappellerons seulement *pour mémoire*, la loi du 10 déc. 1885, ayant pour objet d'approuver une convention passée avec la comp. de l'Ouest pour l'exécution, à voie étroite, de divers chemins de fer; convention y annexée. (*Journ. off.*, 11 déc. 1885.)

LIMITES.

Délimitation d'une ligne de chemin de fer. — V. les mots *Alignement, Barrières, Bornage, Clôtures, Dépendances, Jardins de garde, Mitoyenneté* et *Murs.*

Limites des transports (au point de vue de la livraison). — V. *Livraison.*

LINGERIES. — LINS.

I. Tarif général de transport. — Les tissus et objets de lingerie sont gén. compris dans la 1re classe du tarif du cah. des ch., ou dans la 1re série des tarifs d'applic. La taxe maximum est de 0 fr. 16 c. par tonne et par kilom. — Un tarif exceptionnel (prévu à l'art. 47 du cah. des ch.), est appliqué aux *Broderies, Dentelles* et *Guipures.* (Voir *Tarif exceptionnel.*)

Tarif à petite vitesse pour les cotons. — V. ce mot.

Messagerie et envoi d'échantillons. (V. ces mots.) — Voir aussi *Colis postaux.*

II. Tarifs spéciaux. — Outre les tarifs réduits, en vigueur pour le transport des tissus, tarifs variant de 0 fr. 07 c. à 0 fr. 09 c. par tonne et par kilom., on applique sur divers réseaux des tarifs spéc. pour le transport des lins et chanvres en tiges. Le prix par kilom. pour un wagon de 5,000 kilogr. est génér. compris entre 0 fr. 25 c. et 0 fr. 33 c., suivant le parcours; mais il n'y a pas de base uniforme pour cet objet.

Conditions diverses. — V. *Marchandises* et *Tarifs.*

LIQUIDES. — LIQUEURS.

I. Conditions générales de transport. — Le transport, à petite vitesse des *spiritueux* et des *huiles* est compris dans la 1re classe du tarif de l'art. 42 du cahier des charges et taxé à 0 fr. 16 par tonne et par kilomètre (V. *Classification*). — Les vins, vinaigres, boissons, bières, sont portés à la 2e classe du même tarif et sont taxés à 0 f. 14 par tonne et par kilomètre. — Pour les conditions relatives au coulage, aux déchets, etc. (V. les mots *Avaries, Coulage, Déchets, Manquants* et *Laissé pour compte*). — Voir aussi pour la spécification des divers transports de liquides et liqueurs, soumis ou non aux droits fiscaux les mots *Alcool, Bière, Boissons, Eaux-de-vie, Vins, Vinaigres*, etc.

Pour les *tarifs spéciaux.* — V. ci-après au § 2.

Mode de taxation. — Certaines compagnies ont été invitées à maintenir leur mode de taxation des liquides *au poids*, tout en conservant l'ancien usage de compter les pièces pour une tonne, pour les vins provenant de la Bourgogne et du Bordelais. (Déc. minist., 15 fév. 1862.)

Altération ou vol de liquides. — La falsification ou tentative de falsification de liquides est punie d'un emprisonnement de 2 à 5 ans et d'une amende de 25 à 500 fr., pa l'art. 387 du Code pénal. — Le vol proprement dit est puni de la réclusion. (Extr. de l'art. 386 du même Code, 4e alinéa.) — *Fraudes diverses.* — V. *Déclarations*, § 3.

Mesures de conservation (et responsabilité). — V. *Coulage, Force majeure, Gelée, Livraison, Manutention* et *Responsabilité.*

II. Tarifs spéciaux. — Les conditions auxquelles les diverses compagnies effectuent, à prix réduits, le transport des alcools, vins, vinaigres, bières, etc., sont trop variables pour qu'elles puissent être résumées dans ce recueil. Nous mentionnerons seulement quelques indications principales s'appliquant aux divers produits qu'on peut classer sous la dénomination générale de liquides :

1° *Alcools, eaux-de-vie en fûts*, etc. (Chemin de Lyon, Ouest, Orléans, etc.) — Tarif réduit jusqu'à 0 fr. 08 et 0 fr. 05 par tonne (1000 kilog.) et par kilom., suivant les parcours, plus 1 fr. 50 pour frais de chargement, de déchargement et de gare (avec minimum de taxe variant pour certaines expéditions). — V. aussi *Alcools* et *Eaux-de-vie.*

2° *Vins et vinaigres en fûts.* — Bien que les *spiritueux* figurent dans la 1re classe du cah. des ch. et que les vins, vinaigres, boissons, etc., soient nommément désignés dans la 2e classe, les tarifs spéc. des comp. ne font ordinairement pas de distinction entre ces divers liquides. En général, le prix de transport, à prix réduit, des *vins en fûts*, ne varie guère au-dessus ou au-dessous de 0 fr. 06 par tonne et par kilom., plus 1 fr. 50 par tonne, pour frais accessoires. — On doit, au surplus, consulter pour ces transports importants les tarifs mêmes, si dissemblables, des compagnies.

3° *Bières en fûts.* — Le prix de transport varie de 0 fr. 06 à 0 fr. 08, par tonne et par kilom., suivant les parcours; il est perçu 1 fr. 50 pour frais accessoires. Sur le chemin du Nord, le prix *de gare en gare* est le même que celui de la cinquième série des tarifs généraux, et ne s'applique qu'aux expéditions par wagon complet d'au moins 5,000 kilog. ou payant pour ce poids. — V. aussi le mot *Bière.*

4° *Vins en caisses ou en paniers* (Lyon). — Tarif de la quatrième série, plus 1 fr. 50 par tonne pour frais de chargem., de déchargement et de gare; ce tarif est applic. aux expéditions de 500 kilog., au minimum, ou payant pour ce poids, s'il y a avantage pour l'expéditeur et aux expéditions de moins de 500 kilog., accompagnant une expédition de vins en fûts de 500 kilog., au minimum. — V. les tarifs des diverses lignes.

5° *Eaux minérales.* — Sur quelques lignes (notamment sur le chemin de Lyon), le prix de transport des eaux minérales (en vrac) par wagon complet de 4,000 kilog., ou payant pour ce poids, varie 0 fr. 06 à 0 fr. 08 par tonne et par kilom., suivant les parcours. Il est perçu de plus 1 fr. 50 par tonne, pour frais accessoires. — La taxe, frais accessoires non compris, ne peut être inférieure à 6 fr. par tonne, pour les parcours jusqu'à 100 kilom. inclusivem. (*Même observation.*)

6° *Eaux de mer* (Ouest). — Tarif de 0 fr. 04 à 0 fr. 07 par 1000 kilog. et par kilom., par expédition de 5,000 kilog. ou payant pour 5,000 kilog. (chargement et déchargement faits par les expéditeurs et les destinataires). — Le minimum de perception est de 2 fr. (parcours de 0 à 75 kilom.), de 5 fr. 25 (parcours de 76 à 150 kilom.) et de 7 fr. 50 (parcours de 151 kilomètres et au-dessus).

7° *Huiles* (V. ce mot). — V. aussi *Matières*.

8° *Acides* (Ouest). — Tarif de 0 fr. 06 à 0 fr. 08 par 1000 kilog. et par kilom., suivant les parcours, par chargem. complet de wagons de 5,000 kilog. Les excédents de poids chargés sur chaque wagon sont taxés au prix du même tarif et par fraction indivisible de 100 kilog.

Mesures de sécurité pour le transport des acides. — V. *Matières*.

9° *Bouteilles vides, cruchons, touries vides*, etc. — Sur presque toutes les lignes, les bouteilles vides en verres, cruchons, touries et autres vases vides expédiés en vrac, *par wagon complet*, ou en cadres, cages ou harasses, *quel que soit le poids de l'expédition*, sont transportés aux prix suivants savoir : (ch. de l'Ouest) 0 fr. 06 par 1000 kilog. et par kilom., plus 1 fr. pour frais de chargem., de déchargement et de gare (ch. de l'Est); de 0 fr. 06 à 0 fr. 08, suivant les parcours, non compris les frais accessoires. Sur la plupart des lignes, le chargem. et le déchargem. des bouteilles expédiées *en vrac*, par wagon complet, doivent être faits par les soins et aux risques et périls des expéditeurs et des destinataires.

10° *Fûts vides.* — Tarif variant de 0 fr. 10 à 0 fr. 15 par tonne et par kilom. (avec minimum de taxe, suivant les parcours), plus 1 fr. 50 pour frais accessoires, lorsque le chargem. et le déchargem. ne sont pas faits par les expéditeurs et les destinataires. — V. *Futailles* et *Fûts*.

Conditions diverses. — V. *Marchandises* et *Tarifs*.

Questions de responsabilité. — « Une comp. de ch. de fer est responsable des avaries provenant de sa faute, même pour les marchandises transportées par applic. d'un tarif spéc. (*jurispr. const.*), par ex., du déficit constaté à l'arrivée pour une expéd. d'esprit-de-vin, dont les fûts sont restés en gare exposés aux ardeurs du soleil. — (C. C., 30 mars 1868.)

III. Indications diverses. — 1° Délais de livraison des liquides. (Voir *Délais*, § 2, et *Livraison*.) — 2° Droits fiscaux. — V. *Acquits-à-caution*, *Contributions* et *Octroi*.

LITERIE.

I. Tarif de transport. — Les objets de literie transportés à petite vitesse sont implicitement compris dans la 1ʳᵉ classe des marchandises taxées à 0 fr. 16 au maximum, par tonne et par kilom. (Art. 42, cah. des ch. général.)

Les compagnies ont généralement maintenu les *objets de literie*, dans la 1ʳᵉ série de leurs tarifs d'application, en majorant d'ailleurs les expéditions de literie pesant moins de 200 kilog. sous le volume d'un mètre cube (literie non encaissée). — V. *Marchandises* (légères).

Une exception a été faite, sur quelques lignes, pour le transport des lits en fer, *sans responsabilité*, transport qui est taxé au prix de la 3ᵉ série des tarifs généraux de petite vitesse. — Des tarifs spéciaux sont également mis en vigueur sur les divers réseaux pour atténuer les inconvénients de la majoration de 50 p. 100, appliqués au transport des meubles, non emballés, lorsque ces expéditions n'atteignent pas le poids de 200 kilogr. par m. cube. — V. *Majoration*.

II. Conditions diverses. (V. *Marchandises* et *Tarifs*.) — Voir aussi *Meubles*.

LITIGES.

Définition. — On entend nécessairement par le mot *litiges* dans le langage des ch. de fer, les difficultés relatives au transport effectué ou à effectuer par un voyageur ou par un colis de grande ou de petite vitesse, dans des conditions qui paraissent anormales soit au voyageur, soit au propr. de la marchandise, soit enfin à la comp. elle-même. — V. pour l'inscription et l'examen des plaintes, le mot *Réclamations.*

Règlement des litiges. — La question du règl. des litiges ou réclamations ne saurait être résumée dans une formule succincte et précise. — Elle comporte essentiellement l'appréciation particulière et l'étude de chacune des affaires ainsi que l'interprétation exacte des documents de la législation et de la jurispr. admin. ou judic. des ch. de fer. Nous n'avons aucune indic. gén. à mentionner à ce sujet. Les comp. appliquent d'ailleurs, en ce qui les concerne, certaines règles particulières pour l'examen et le règlement des litiges survenus soit entre elles soit avec le public. (Voir à ce sujet *Arbitrage, Chef de gare, Règles à suivre* et *Service commun.*) — En ce qui touche plus spéc. l'examen et le règlement des *réclamations* qui se produisent administrativement, nous renvoyons aux indications contenues aux mots *Commissaires de surv., Contrôle* et *Réclamations.*

Litiges divers de l'exploitation. — A titre de simple renseignement et sous la réserve, comme nous l'avons dit, des règles en vigueur sur les divers réseaux, pour l'instruction des affaires qui peuvent être traitées à l'amiable ou portées devant les tribunaux, on peut consulter aussi dans ce recueil, au sujet de divers exemples de litiges de nature très variée, les mots : *Assignation, Avaries, Bagages, Bestiaux, Billets, Clause de non-garantie, Compétence, Déchets, Déclaration, Délais,* §§ 2 et 3, *Dommages, Encombrement,* § 4, *Erreurs, Évacuation, Fin de non-recevoir, Force majeure, Guerre,* § 3, *Incendie, Inondations, Itinéraire, Laissé pour compte, Lettres d'avis, Livraison, Magasinage, Manquants, Marchandises, Opposition, Payement, Perte, Pesage, Prescription, Preuves, Responsabilité, Retards, Transports, Vérification.*

Améliorations étudiées ou signalées (dans le service des transports.) — V. *Comités, Commissions, Congrès international, Enquêtes, Questionnaire* et *Modifications.*

LIVRAISON.

I. **Remise des bagages.** — Les bagages des voyageurs leur sont livrés à l'arrivée sur la présentation de leur bulletin d'enregistrement. — Cette remise est faite dans les conditions indiquées à l'article *Bagages,* § 4. — V. aussi *Responsabilité* et *Vérification.*

Laissé pour compte (des bagages retardés). — V. *Laissé pour compte.*

II. **Livraison de marchandises** (à grande ou petite vitesse). — 1° *Formalités et délais,* (par applic. des art. 50 et 52 du cah. des ch., de l'arr. min. du 12 juin 1866, et de divers autres documents). (V. *Camionnage, Délais, Denrées, Marchandises* et *Vérification.*) — Voir aussi au sujet des contestations qui peuvent s'élever à l'arrivée des marchandises, et du refus des destinataires d'en prendre livraison, les mots *Avaries, Constatations, Destinataire, Laissé pour compte, Lettres d'avis, Payement préalable, Réserves, Vente,* etc. — V. aussi *Marchandises,* § 6.

Livraisons spéciales pour les halles et marchés. — « En général de ce que, dans l'usage, la livraison de certaines marchandises aux destinataires se fait avec une promptitude particulière, — il ne s'ensuit pas qu'il y ait retard et, par suite, responsabilité de la comp. du ch. de fer, pour une livraison tardive, mais opérée dans les délais réglementaires — (dans l'espèce transport de poissons destinés à un marché). » — C. Cass., 27 juillet 1874 et 1er déc. 1874. — V. à ce sujet, *Délais, Denrées, Retards.*

Livraison des animaux (Extr. des tarifs) (V. *Animaux,* § 3, et *Délais*). — « La comp. de ch. de fer dont le tarif dispose qu'elle ne peut être déclarée responsable de la perte des chiens qui s'enfuient pendant le déchargement, en l'absence des propriétaires ou destinataires, n'encourt de responsabilité, en cas de perte d'un chien, survenue dans ces circonstances, que s'il est fourni la preuve d'une faute ou d'une négligence imputable à la compagnie ou à ses agents. » — (C., C. 11 déc. 1876.) — *Livraison des chiens* (ou autres animaux), *transportés par caisses ou paniers.* — « Une comp. de ch. de fer n'est pas responsable de la perte d'un chien transporté dans une caisse et qui s'enfuit pendant le déchargement, alors que la fuite de ce chien a été occasionnée par le vice de la caisse en dehors de toute faute de la compagnie, qui n'est d'ailleurs nullement obligée à placer la caisse dans un endroit d'où le chien ne pourrait échapper. » (C. C. 5 juin 1878.) — V. *Animaux*, § 3, *Bestiaux*, § 2, et *Chiens*.

Livraison de liquides. (V. ci-après, § 2.) — Voir aussi au mot *Matières*, pour la livraison en gare de certains liquides inflammables.

Manutention (pour les livraisons en gare). — V. *Manutention*.

Bureaux de ville (fonctionnement). — V. *Bureaux*, § 2.

II *bis.* Litiges divers *(au sujet des formalités de livraison).* — V. ci-après :

1° *Avis à donner à l'expéditeur du refus de la marchandise* (par le destinataire). — D'après le trib. civil de Sancerre, 27 août 1878, « aucune disposition de loi ou de régl. n'oblige une comp. de ch. de fer à informer l'expéditeur du refus de sa marchandise par le destinataire ou à la lui renvoyer. » — Le système *contraire*, c'est-à-dire l'obligation d'avertir l'expéditeur, a été admis par divers tribunaux, savoir : Trib. comm. *Villefranche*, 19 mai 1868 ; — Id. *Seine*. 12 oct. 1869 ; — Id. *Clermont-l'Hérault*, 6 mars 1873 ; — Id. *Perpignan*, 11 janv. 1881 ; — Id. *Poitiers*, 24 juillet 1882 ; — D'autre part en l'absence d'un texte légal, l'opinion d'un auteur, s'est prononcée pour *la négative*, en faisant une assimilation de l'espèce en litige avec celle jugée par la C. de C. le 20 juin 1876, où cette cour déclare « qu'une compagnie n'est obligée en vertu d'aucune disposition législative à informer le destinataire de marchandises d'une saisie-arrêt pratiquée, entre les mains de ladite comp., par un créancier de l'expéditeur ». — L'analogie ne nous semble pas frappante et, selon nous, si l'obligation n'existe pas et laisse toute liberté d'argumenter, elle n'en serait pas moins une mesure de bonne administration. — V. à ce sujet au mot *Guerre*, § 3, 2° les dispositions prises en cas de force majeure.

2° *Refus de livraison au destinataire* (après avis donné de l'arrivée des marchandises). — « Une comp. donne au destinataire de marchandises livrables en gare avis de leur arrivée, le mettant ainsi en demeure d'en prendre livraison, puis, sans motifs légitimes, lui en refuse la remise. — A la suite des contestations et par un même acte extrajudic., ce destinataire de marchandises somme la comp. de les lui livrer et l'assigne, en cas de non-livraison, devant le trib. compétent, en réclamant des domm.-intér. pour le préjudice occasionné par le retard. — Le lendemain, néanmoins, il prend livraison desdites marchandises et en paye le prix du transport. — Dans ces circonstances, — desquelles résulte la preuve qu'il n'a nullement renoncé à son action en domm.-intér. contre la comp., — celle-ci n'est pas fondée à lui opposer l'exception tirée de l'art. 105 du Code de comm. » (Trib. comm. Pont-Audemer, 16 janv. 1881, confirmé par C. d'appel Rouen, 17 août 1881, et par C. de C., 22 juill. 1884) (1).

3° *Livraison à une gare non désignée* (Réclamation du destinataire). — « Des marchandises expédiées de l'étranger sont adressées au destinataire à une gare-frontière. — La comp., prétextant qu'elle n'a pas d'entrepôt à ladite gare, dirige ces marchandises sur la gare du domicile du destinataire, qui, invoquant les termes formels du contrat de transport, refuse de prendre livraison. — Le devoir de la comp. était de retenir les marchandises litigieuses dans son entrepôt le plus rapproché de ladite gare-frontière et d'aviser le destinataire de leur arrivée. — En agissant autrement, elle a commis une faute qui engageait sa responsabilité et doit être condamnée à la réparation du dommage qu'elle a ainsi occasionné. » (Trib. comm. Villefranche, 13 septembre 1881, confirmé par C. d'appel Lyon, 7 févr. 1882.)

4° *Livraison de liquides* (à une personne autre que le destinataire). — Dans le cas où une marchandise expédiée par ch. de fer et livrable en gare a été remise à une personne autre que le véritable destinataire, l'expéditeur, vendeur de cette marchandise, surtout s'il s'agit de liquides, a le droit de la laisser pour compte de la comp. chargée du transport et de se faire payer sa

_____

(1) Au sujet de cette question si controversée de payement préalable du prix de transport et de l'applic. de l'art. 105 du C. de comm., la C. de C. a établi (1er févr. 1882) « que la réception des marchandises et le payement du prix de la voiture ont pour effet d'éteindre toute action contre le voiturier ; que l'ignorance, de la part du destinataire, du jour du départ des marchandises expédiées, alors qu'il n'est pas constaté qu'elle provient de la compagnie, ne saurait faire obstacle à l'applic. du dit art. 105 » (V. *Fin de non-recevoir* et *Payement préalable*). — Nous ajouterons qu'au sujet de la vérification assez difficile des colis, soit à domicile, soit en gare, il n'est pas fait de distinction, en matière de fin de non-recevoir, entre les avaries *occultes* et les avaries *apparentes.* — V. le mot *Vérification*.

facture par cette compagnie. — En pareil cas, la comp. n'est pas fondée à offrir à l'expéditeur de lui rendre sa marchandise, lorsque, à raison de sa nature, l'identité n'en est pas garantie. — Mais la comp. d'expéd. doit obtenir son recours contre la comp. d'arrivée, lors même que l'adresse ne porterait pas des indications suffisamment explicatives, si la comp. d'arrivée a eu le tort de délivrer la marchandise pour un autre que le destinataire véritable, sans se faire représenter le bulletin ou récépissé d'expédition et sans s'assurer des droits du réclamateur. » (Trib. comm. Havre, 2 mars 1863) (1).

5° *Indication des causes de retard dans les livraisons.* — « Est nul, pour défaut de motifs, le jugement qui condamne une comp. de ch. de fer à des domm.-intér. à raison d'un retard dans la livraison sans expliquer en quoi consiste ce retard. » (C. C., 27 mai 1878.) — Une distinction doit être faite aussi dans les cas analogues entre les circonstances d'avaries et les retards (*id.*, 27 mars 1878). — *Autre espèce* (nécessité d'indiquer dans les jugements et arrêts, les heures effectives de remise et de réception des marchandises). C. de cass., 31 mars 1879. — V. aussi *Retards*.

6° LIMITATION DU MANDAT DE TRANSPORT (*au point de vue de la livraison*). — « En ce qui concerne la livraison de marchandises transportées par ch. de fer, l'expéd. et le destinat. sont absolum. indépendants. L'expéd. a le droit de limiter l'étendue du mandat donné par lui à la comp., — par exemple, de déterminer le point où finit le transport, — et ne peut être lié, après coup, par une convention intervenue entre celle-ci et le destinataire. — Ce dernier n'est pas lié, relativement au camionnage, par une convention intervenue entre la comp. et l'expéditeur. » (C. de cass., 20 mars 1872.) — Dans une autre affaire où l'avis du destinataire devait prévaloir « la Cour d'appel a décidé avec raison que la demanderesse ne détenait les huit wagons de lin que sur l'ordre et pour le compte de Combe-Malle, et que, dès lors, elle ne pouvait en disposer, sans prendre préalablement ses instructions ; — L'arrêt constate, en fait, que le transport des lins à Lille a causé préjudice à leur propr., soit en retardant la livraison, soit en augmentant les altérations de la marchandise par une plus longue absence de soins ; ces faits étaient de nature à justifier l'allocation de domm.-intér. dont la cour a pu apprécier souverainement le chiffre. » (C. C., 13 mai 1874.)

7° *Litiges relatifs à la livraison des bestiaux* (questions de délais, de responsabilité, etc.). — V. *Animaux, Bestiaux, Délais, Responsabilité* et *Retards*.

Lettres d'avis pour prendre livraison. — D'après la jurispr. de la C. de C., les lettres d'avis que les compagnies sont dans l'usage d'adresser aux destinataires, pour les inviter à prendre livraison de marchandises adressées *en gare*, suivant les indications contenues dans les arrêtés concernant les frais accessoires et notamment ceux de *magasinage*, ne sont pas obligatoires (V. *Lettres d'avis*). — En cas d'irrégularités, il résulte dudit principe des dérangements et des complications dont il serait bien désirable de débarrasser la pratique usuelle des affaires de chemins de fer. — L'avis paraît toutefois avoir été considéré comme légal pour les animaux expédiés en cage ou en paniers. (C. de C., 30 janv. 1872.)

Expéditions au delà du chemin de fer. — Sur quelques lignes, la recommandation suivante a été adressée aux chefs de gare et de station : — « Toutes les fois qu'une gare avise une autre gare de la *non-livraison* de colis expédiés en destination de localités situées au delà du réseau de la compagnie, elle doit, autant que possible, faire connaître la maison de roulage dans laquelle les colis sont déposés, afin que la gare expéditrice puisse donner ce renseignement à l'expéditeur ou à son cédant et que celui-ci puisse de son côté écrire à cette maison pour terminer directement le litige. » (*Instr. spéc.*)

Avis à donner (en cas d'empêchement de livraison, par suite de force majeure). — V. *Guerre*, § 3, 2°.

Avis pour la livraison des animaux. — V. *Lettres d'avis*.

III. Livraison de terrains et remise d'ouvrages. — 1° Livraison aux compagnies de lignes commencées par l'État (V. ci-après, § 4. — V. aussi *Chemin de fer d'intérêt général*) ; — 2° Remise et livraison, aux services ou tiers intéressés, des chemins, ponts, ponceaux, aqueducs et ouvrages divers, construits soit par l'État, soit par les compa-

_____

(1) Cette décision se trouve d'accord, en principe, avec l'arrêt ci-après résumé de la C. de cass. — « Une compagnie de chemin de fer, qui laisse enlever une marchandise par l'expéditeur, sans exiger la restitution du récépissé ou d'une autorisation du destinataire, commet une faute lourde et est notamment responsable des sommes avancées par le destinataire audit expéditeur. » (C. de cass., 9 déc. 1873.)

gnies, en dehors des dépendances de la voie ferrée (V. *Chemin*, § 1, *Fossés*, *Ponts*, *Projets*, *Réception*, *Remise* et *Terrains*) ; — 3° Retards dans la livraison des terrains pour les *chemins de fer d'intérêt local* (Privation des bénéfices de l'expl. pour la comp. concess.; — Responsabilité du département ; —Fixation des indemnités ; —Appréciation des faits) : —C. d'État, 1er juill. 1881 et 21 déc. 1883. — *P. mém.* — V. les mots *Chemin de fer d'intérêt local* et *Subventions*.

IV. Remise de lignes par l'État aux compagnies. — 1° Travaux commencés par l'État, d'après le système de la loi du 11 juin 1842 et livrés aux compagnies (V. *Compagnies*, § 6) ; — 2° Dispositions complémentaires (Programme de 1878, etc.) (V. *Chemins de fer de l'État*) ; — 3° Conditions nouvelles de la remise de diverses lignes aux compagnies (Exécution des *conventions* approuvées par les lois du 20 nov. 1883), savoir : Réseau P. L. M., art. 7 ; — *Id.*, Orléans, art. 8 ; — *Id.*, Nord, art. 6 ; — *Id.*, Midi, art. 6 ; — *Id.*, Est, art. 4 ; — *Id.*, Ouest, art. 5. — V. *Conventions* et *Documents annexes*.

LIVRE TERRIER.

Immatriculation des immeubles acquis par l'État. — Une circ. du min. des tr. publ., 7 juin 1880, adressée aux préfets, à la suite d'un avis du *C. d'État* du 3 févr. précédent, a rappelé qu'il y avait lieu de se conformer à l'art. 23 de la loi de finances du 29 déc. 1873, d'après lequel aucun payement pour acquisition d'immeubles par l'État, ne peut avoir lieu « sans que le mandat fasse mention du numéro sous lequel l'immeuble acquis a été immatriculé sur les sommiers des domaines ». — Les ingén. en chef doivent s'entendre à ce sujet avec les direct. des domaines afin d'éviter, dans la remise des mandats, des retards pouvant donner lieu à des suppl. d'intérêt en pure perte pour le Trésor. — V. ci-après :

Formalités d'immatriculation (sur les sommiers des domaines, préalablement au payement des indemnités, des immeubles acquis par l'État en vue d'un travail d'utilité publique). — Dispositions concertées avec l'admin. des finances et notifiées par circ. min. tr. publ., 6 mai 1881, aux préfets et aux ingén. en chef. (Extr.)

« Les immatriculations devront être faites, soit au vu des expéditions remises aux dir. des Domaines, en vertu de l'art. 56 de la loi du 3 mai 1841, soit, pour les acquisitions résultant du jugem. d'expr., au vu d'un ex. du journal contenant les public. prescr. par l'art. 15 de ladite loi, soit, enfin, pour les acquisitions faites sur la réquis. des propr., en vertu de l'art. 50, au vu d'une copie de la décision du jury, lorsque les acquisitions n'auront pas fait l'objet d'une transaction amiable. — Les pièces susmentionnées devront être fournies au dir. des Domaines avant l'époque du mandatement des indemnités. Mais dans le cas tout à fait exceptionnel où ces pièces ne pourraient être remises avant cette époque, MM. les ingén. en chef pourront les remplacer, sauf à les fournir ultérieurement, par un relevé sommaire indiquant la nature, la situation, la contenance et la date d'acquisition de chaque parcelle.

En outre, l'immatr. devra être constatée par un certific. délivré par le dir. des Domaines et qui sera annexé au mandat de payement des ind. — Afin que ce certific. soit établi d'une manière uniforme, je vous adresse ci-joint un modèle qui a été arrêté de concert avec l'adm. des finances et qui pourra servir au besoin pour les certific. collectifs (1).

---

(1) Le dit modèle de *certificat*, en dehors des titres de la 1re page, contient, en un en-tête qui

(Colonnes 1 à 8 au *verso*, 2e page de l'état).   COMMUNE

NUMÉROS DU PLAN d	DÉSIGNATION du CADASTRE.		NOMS ET PRÉNOMS DES PROPRIÉTAIRES résultant des traités amiables ou du jugement d'expropriation.	NATURE des IMMEUBLES acquis ou expropriés.	CONTENANCES		PRIX D'ACQUISITION par propriétaire.
	Sections.	Numéros.			partielles.	totales.	
1	2	3	4	5	6	7	8

TITRE DE LA PREMIÈRE PAGE. — 1° En marge : *Département d*   . *Direction de l'enregist.*

Les certificats devront être préparés par MM. les ingén. en chef et remis par eux en même temps que les autres pièces aux dir. des Domaines, qui devront y porter les numéros d'immatriculation. — Le modèle du certificat pourra également être utilisé comme relevé sommaire, dans le cas où, par suite de circonstances exceptionnelles, les pièces qui doivent servir à l'immatriculation n'auraient pu être fournies avant l'époque du mandatement des indemnités... »

Livre terrier tenu par les ing. en chef (pour mentionner les différentes phases de l'acquisition et de l'expropriation des terrains). — *P. mém.*

LIVRES.

Conditions de transport et vente. — V. *Bibliothèques* et *Librairie.* — V. aussi au mot *Vente,* la circ. min. du 24 mai 1884.

LIVRETS.

I. Publicité spéciale des tarifs (Dépôt des livrets). — V. *Publicité.*
Erreurs commises dans les livrets. — V. *Erreurs,* § 2.

II. Livrets de la marche des trains. — V. *Indicateurs* et *Graphiques.*
Transport de livrets et d'indicateurs. — V. *Imprimés.*

III. Livrets d'ouvriers (*Visa*). — V. *Commissaires de police,* § 4.

IV. Livrets militaires (Récépissé du livret individuel des militaires, comme titre de voyage). Cir. min. Guerre, 11 août 1883. — V. *Militaires,* § 3, 6°.

LOCATIONS.

I. Amodiation des terrains en excédent. — Les parcelles, assez nombreuses, de terrains, acquises à l'amiable ou expropriées en dehors des dépendances proprement dites de la voie, soit pour des emprunts de terrassements ou pour extraction de ballast, soit en vertu de l'art. 50 de la loi du 3 mai 1841 (V. *Expropriation*), sont dans beaucoup de cas rétrocédées aux propriétaires riverains, lorsqu'ils en font la demande, en ayant égard, s'il y a lieu, au droit de préemption réservé aux anciens possesseurs ou à leurs représentants par l'art. 60 de la loi précitée (V. *Terrains*).— V. aussi *Domaines,* § 3, au sujet de la remise à l'admin. des domaines des terrains restés sans emploi (par applic. de l'ordonn. du 22 mars 1835 et de divers autres documents).

A défaut de rétrocession des parcelles en excédent, *appartenant au domaine public,* les compagnies ont incontestablement le droit, en qualité d'usufruitières ou de nues propriétaires de tous les terrains qui leur ont été remis par l'État, d'amodier, c'est-à-dire, de céder en location les parcelles dont il s'agit. Elles n'ont d'autres règles à suivre, à cet égard, que celles du droit commun (V. art. 582 et suivants du Code civil), à moins toutefois que les terrains loués ne soient

s'étend sur les 2ᵉ et 3ᵉ pages (verso et recto), les indications de colonnes ci-après :

D...... ·   (Colonnes 9 à 13 au *recto,* 3ᵉ page.)

DATE DU JUGEMENT D'EXPROPRIATION ou, en cas de cession amiable de l'arrêté de cessibilité.	NATURE ET DATE des ACTES TRANSLATIFS de propriété.	NUMÉROS D'IMMATRICULATION sur les sommiers des Domaines.		OBSERVATIONS spécialement en ce qui concerne les acquisitions faites en vertu de l'article 50 de la loi du 3 mai 1841.
		Articles.	Paragraphes.	
9	10	11	12	13

des Domaines, etc. — 2° Sur la page même (en titres distincts) : *Chemin de fer d*   . *Acqui-*

situés tout près des gares, ou destinés, d'après le bail, à recevoir des constructions. Dans ces deux cas, l'autorité administrative doit être mise à même de s'assurer que les terrains amodiés ne peuvent être utilisés pour le service du chemin de fer, et de surveiller, d'un autre côté, l'exécution des règlements de grande voirie et de la police de la voie.

Occupation du domaine public (à titre de location). — V. *Occupation*.

II. Location de terrains pour dépôts de marchandises. — Quelques compagnies appliquent, avec l'autorisation du ministre, des tarifs spéciaux pour location, dans certaines gares, de terrains considérés comme des *magasins particuliers* et dont elles peuvent disposer sans inconvénient pour le service Ces emplacements sont exclusivement réservés, sans aucune responsabilité de la part de la compagnie, aux dépôts de bois, de houille, de plâtre, de pierres, de matériaux divers, et autres marchandises provenant du commerce personnel du locataire et arrivées par les trains de la compagnie à qui appartiennent les terrains. Les emplacements dont il s'agit ne peuvent être sous-loués.

D'après les conditions ordinairem. en usage pour ces locations, les locataires doivent avoir dans leurs dépôts, pendant les heures de service de la gare, un représentant qui reçoive les lettres d'avis des arrivages et prenne les mesures nécessaires pour la conduite et la manutention des wagons, conformément aux indications contenues dans les tarifs.

Il est indispensable, du reste, de se reporter à ces tarifs pour le régl. des prix de location, le payement de frais accessoires, et pour les conditions diverses imposées aux locataires.

Les frais de clôture et de couverture, s'il y a lieu des terrains loués, et de toutes les dispositions intérieures destinées à faciliter le service de la compagnie, sont entièrement à la charge des locataires, comme compensation, sans doute, de la réduction qui leur est ainsi faite sur les tarifs généraux du magasinage. — V. aussi *Magasinage* (au départ).

Location de magasins spéciaux (pour le service des embranchements particuliers). — V. *Embranchements industriels*.

III. Location du matériel. — En dehors : 1° de la redevance à payer aux compagnies, par les propr. d'*embranch. particuliers*, pour la fourniture et l'envoi du matériel mis à leur disposition (V. *Embranchements*, § 3); — 2° des questions d'échange de matériel entre les diverses gares de tête de ligne, à Paris, par le chemin de ceinture, quelques compagnies ont fait des conventions spéciales pour la location respective de véhicules de toute nature, à l'exception des voitures de luxe (coupés, salons, etc.).

D'après ces conventions, la réparation et l'entretien normal du matériel s'effectueront par les soins et au compte de la comp., propr. du matériel. Le nettoyage, le lavage et le graissage auront lieu par les soins et à la charge de la comp. sur la ligne de laquelle circulera le matériel.

A titre de frais d'entretien normal et de frais de location, et d'usure du matériel, les comp. se tiendront compte l'une à l'autre : — 1° de 2 fr. 50 par jour d'absence (le jour de départ et le jour d'arrivée non compris), pour un véhicule de petite vitesse, pendant les douze premiers jours d'absence. Passé ce délai, chaque jour d'absence en plus sera compté à raison de 5 fr. (1); — 2° 10 fr. par jour d'absence (le jour de départ non compris, mais le jour d'arrivée compris), pour une voiture à voyageurs et pour tout autre véhicule de grande vitesse : wagons-postes, fourgons à bagages, trucks à calèche et écuries. (*Extr.*)

Location de wagons aux expéditeurs. — V. *Magasinage* et *Wagon complet*.

---

sitions d'immeubles. — CERTIFICAT D'IMMATRICULATION sur les sommiers des domaines. — *Article* 23 de la loi du 29 déc. 1873.

LIBELLÉ FINAL. — « Le directeur des Domaines du département de   certifie que les immeubles portés dans l'état d'autre part comme ayant été acquis par l'État pour la construction d   dans la commune d   ont été immatriculés sous les numéros inscrits aux colonnes 11 et 12 de cet état, sur les sommiers des Domaines tenus en exécution de l'article 23 de la loi du 29 décembre 1873.

A   le   188 .

Vu par l'ingénieur en chef.

(1) Ce dernier droit n'est pas applicable aux wagons chargés par l'une des deux lignes contractantes en destination d'un réseau étranger aux deux compagnies. — V. aussi *Avaries*.

LOCOMOBILES.

I. Définition. — « Sont considérées comme *locomobiles*, les machines à vapeur qui peuvent être transportées facilement d'un lieu dans un autre, n'exigent aucune construction pour fonctionner sur un point donné, et ne sont employées que d'une manière temporaire à chaque station. » (Art. 22, décret 30 avril 1880.)

Conditions d'autorisation (art. 22 à 25, même décret). — V. *Machines à vapeur.*

II. Usage sur les chemins de fer. — Les machines à vapeur locomobiles, qui peuvent en général remplacer, avec avantage, les ouvriers dans beaucoup de travaux, tels que battage de pieux, fabrication de mortier et de béton, épuisements, montage de matériaux, etc., sont d'un usage assez fréquent sur les ch. de fer, pour certains travaux à poste fixe, et notamment pour la manœuvre des grandes plaques tournantes dans les dépôts. — V. *Plaques.*

En dehors des indications contenues dans le décret précité du 30 avril 1880, qui a abrogé celui du 25 janvier 1865, et modifié les dispositions de l'ordonn. du 22 mai 1843, nous ne connaissons au sujet de l'usage et de l'emploi des machines locomobiles aucune instr. uniforme spéc. applicable aux ch. de fer.

LOCOMOTIVES.

I. Définition et prescriptions générales (concernant notamment l'emploi des chaudières à vapeur) : « Les machines à vapeur locomotives sont celles qui sur terre travaillent en même temps qu'elles se déplacent par leur propre force, telles que les machines des *chemins de fer* et des tramways, les machines routières, les rouleaux compresseurs, etc. » (Art. 26, décret du 30 avril 1880.) — V. *Machines à vapeur.* —V. aussi au même mot les art. 2 à 8, 11 à 24, 25, § 1er, et les art. 26 à 28. — L'art. 29 porte la disposition suivante : « La circulation des machines locomotives a lieu dans les conditions déterminées par des règlements spéciaux ».

Emploi des locomotives sur les chemins de fer (choix des meilleurs systèmes, conditions diverses). — V. les dispositions suiv. extraites du *cah. des ch. gén.* des comp., et des *règl. et instructions* concernant le service des chemins de fer.

1° *Extrait du cahier des charges* (art. 32, § 1er). — « Les machines locomotives seront construites sur les meilleurs modèles ; elles devront consumer leur fumée et satisfaire, d'ailleurs, à toutes les conditions prescrites ou à prescrire par l'admin. pour la mise en service de ce genre de machines. » — V. plus loin les §§ 1 *bis*, 2 et 3.

Entretien des locomotives. (Art. 32, dernier alinéa du cah. des ch.) — « Les machines, locomotives, tenders, voitures, wagons de toute espèce, plates-formes composant le matériel roulant seront constamment entretenus en bon état. » — V. *Entretien* et *Matériel* (roulant).

Service des machines locomotives. (Extr. de l'ordonn. du 15 nov. 1846) :

« Art. 7. — Les machines locomotives ne pourront être mises en service qu'en vertu de l'autor. de l'adm. et après avoir été soumises à toutes les épreuves prescrites par les règlements en vigueur. — Lorsque par suite de détérioration ou pour toute autre cause, l'interdiction d'une machine aura été prononcée, cette machine ne pourra être remise en service qu'en vertu d'une nouvelle autorisation (1).

_____

(1) « Lorsqu'une machine interdite, ou pour laquelle il ne peut être justifié de la levée de l'interdiction, est attelée à un train sur le point de partir, les commiss. de surv. ad min. ne doivent point l'arrêter : la perturbation qui pourrait en résulter dans le service serait une cause de danger plus grave que la circulation même de la machine, et, dans ce cas, ces fonctionnaires

« 8. — Les essieux des locomotives, des tenders et des voitures de toute espèce, entrant dans la composition des convois de voyageurs ou dans celle des trains mixtes de voyageurs et de marchandises allant en grande vitesse, devront être en fer martelé de premier choix. — V. *Essieux* et *Matériel roulant*.

« 9. — Il sera tenu des états de service pour toutes les locomotives. Ces états seront inscrits sur des registres qui devront être constamment à jour, et indiquer, à l'article de chaque machine, la date de sa mise en service, le travail qu'elle a accompli, les réparations ou modifications qu'elle a reçues, et le renouvellement de ses diverses pièces. — Il sera tenu, en outre, pour les essieux de locomotives, tenders et voitures de toute espèce, des registres spéciaux sur lesquels, à côté du numéro d'ordre de chaque essieu, seront inscrits sa provenance, la date de sa mise en service, l'épreuve qu'il peut avoir subie, son travail, ses accidents et ses réparations ; à cet effet, le numéro d'ordre sera poinçonné sur chaque essieu. — Les registres mentionnés ci-dessus seront représentés, à toute réquisition, aux ingénieurs et agents chargés de la surveillance du matériel et de l'exploitation. — V. *Essieux* et *Registres*.

« 10. — Il est interdit de placer dans un convoi comprenant des voitures de voyageurs aucune locomotive, tender ou autre voiture d'une nature quelconque, montés sur des roues en fonte. — Toutefois, le min. des tr. publ. pourra, par exception, autoriser l'emploi de roues en fonte, cerclées en fer dans les trains mixtes des voyageurs et de marchandises, et marchant à la vitesse d'au plus 25 kilom. à l'heure. — V. *Roues*.

« 11. — Les locomotives devront être pourvues d'appareils ayant pour objet d'arrêter les fragments de coke tombant de la grille et d'empêcher la sortie des flammèches par la cheminée... — Voir plus loin, § 2.

« 15. — Les locomotives, tenders et voitures de toute espèce devront porter : 1° le nom ou les initiales du nom du chemin de fer auquel ils appartiennent ; 2° un numéro d'ordre... — Voir plus loin, § 3.

« 16. — (*Entretien et réparation.*) — Les machines locomotives, tenders et voitures de toute espèce, et tout le matériel d'exploitation, seront constamment maintenus dans un bon état d'entretien. (V. art. 32 du cah. des ch.) — La comp. devra faire connaître au min. des tr. publ. les mesures adoptées par elle à cet égard, et, en cas d'insuffisance, le ministre après avoir entendu les observations de la compagnie, prescrira les dispositions qu'il jugera nécessaires à la sûreté de la circulation.

« 18. — (*Personnel pour chaque machine.*) — Voir *Composition de convois*, § 1.

Disposition et attelage des machines dans la composition des trains. (Art. 19 de l'ordonn. du 15 nov. 1846. Extr.) — « Les locomotives devront être en tête des trains. — Il ne pourra être dérogé à cette disposition que pour les manœuvres à exécuter dans le voisinage des stations ou pour le cas de secours. Dans ces cas spéciaux, la vitesse ne devra pas dépasser 25 kilom. par heure. — V. *Attelages*.

« 20. — Les convois de voyageurs ne devront être remorqués que par une seule locomotive (sauf les cas mentionnés audit art. 20, textuellement reproduit, avec les annotations nécessaires, au mot *Attelages*).

Stationnements (ext. de la même ordonn.) — « 28. — Sauf le cas de force majeure ou de réparation de la voie, les trains ne pourront s'arrêter qu'aux gares ou lieux de stationnement autorisés pour le service des voyageurs ou des marchandises. — Les locomotives

---

devront se borner à dresser procès-verbal de la contravention. — Quand, au contraire, la machine, placée dans les conditions indiquées ci-dessus, arrive au terme de son voyage, les commissaires doivent formellement s'opposer à ce qu'elle soit remise en circulation, et la placer au besoin sous scellés. » (Circ. min., 9 déc. 1847.)

ou les voitures ne pourront stationner sur les voies du chemin de fer affectées à la circulation des trains. — V. *Mécaniciens* et *Stationnement.*

Vérifications (*ibid.*). — « 36. — Le mécanicien devra porter constamment son attention sur l'état de la voie, arrêter ou ralentir la marche en cas d'obstacles, suivant les circonstances, et se conformer aux signaux qui lui seront transmis ; il surveillera toutes les parties de la machine, la tension de la vapeur et le niveau d'eau de la chaudière. Il veillera à ce que rien n'embarrasse la manœuvre du frein du tender.

Droit de monter sur les machines (art. 39 de l'ordonn. du 15 nov. 1846 et applications). — Voir ci-après, § 3, 8°.

Machines de secours. — « 40. — Des machines dites de secours ou de réserve devront être entretenues constamment en feu et prêtes à partir, sur les points de chaque ligne qui seront désignés par le min. des tr. publ., sur la proposition de la compagnie. — Les règles relatives au service de ces machines seront également déterminées par le ministre, sur la proposition de la compagnie. »

(Des décisions ministérielles spéciales ont déterminé, pour les diverses lignes, les principales gares qui doivent être munies de machines de secours. Nous avons indiqué, d'ailleurs, au mot *Secours* les prescriptions administratives ayant pour objet *l'expédition et la vitesse des machines de secours.*)

I bis. Perfectionnement des systèmes de locomotives. — (Extr. du rapport général d'enquête du 8 juillet 1880.)

La compagnie de l'Ouest, depuis quelques années déjà, a notablement amélioré son type de machine à grande vitesse et l'a mise en complète harmonie avec les conditions actuelles de son service. La base a été allongée et le poids sur l'essieu d'avant, qui n'était que de 8 tonnes, a été porté à 11 tonnes. Plus récemment, on a essayé deux dispositions nouvelles tendant à donner à ces machines encore plus de stabilité.

La première consiste à placer un balancier en travers sur l'essieu d'avant, afin de répartir également la charge sur les deux roues, et d'empêcher le mouvement oscillatoire de la machine.

Par la seconde, on a utilisé un longeron qui existait déjà dans le plan diamétral de ce type de machine ; on l'a muni d'une troisième boîte à graisse sur le milieu de l'essieu et, par l'intermédiaire d'un ressort spécial s'appuyant sur cette troisième boîte, on a réparti la charge de l'essieu sur son milieu et sur les deux roues. — 50 machines ainsi modifiées sont déjà en service, et on annonce qu'on en aura prochainement une centaine.

La comp. du Nord tend de plus en plus à l'adoption de machines à la fois rapides et puissantes, tout en augmentant leurs conditions de stabilité. — Son plus nouveau type à grande vitesse est une machine anglaise, légèrement modifiée (mixte-express) de 39 à 40 tonnes, à cylindres et mouvement intérieurs, à deux grandes roues couplées à l'arrière, de $2^m,10$ de diamètre, à avant-train articulé, ce qui lui permet de passer sans secousses, à grande vitesse, dans les parties les plus sinueuses du nouveau réseau.

La compagnie a 20 machines de ce type en service. Elles remorquent des trains express de 20 voitures à la vitesse moyenne de 72 kilom. sans jamais prendre le moindre retard. Elles peuvent atteindre au besoin la vitesse de 90 à 95 kilom. à l'heure. — 25 autres machines de $5^m,50$ d'empatement, du poids de 37 tonnes, d'un type à peu près identique au précédent, à l'exception du train articulé d'avant, remplacé par un simple essieu conservant dans ses boîtes à graisse un jeu longitudinal, réglé par des plans inclinés, sont également employées à la traction des trains à grande vitesse sur les lignes principales de l'ancien réseau, dont les courbes ont de plus grands rayons, et font un service très satisfaisant et d'une grande sûreté.

La compagnie a aussi adopté un nouveau type de machines-tenders très stable, à 3 essieux couplés, à roues de $1^m,65$ de diamètre, avec train articulé à l'arrière supportant le tender. Ces machines sont destinées à remorquer, soit des trains de voyageurs de 24 voitures, aux vitesses des trains-omnibus les plus rapides, soit, éventuellement, des trains militaires composés de 40 voitures qu'elles enlèvent avec la plus grande facilité. 35 machines de ce type ont été commandées ; 7 sont déjà en service.

Les compagnies du Nord, de l'Est et de Paris-Lyon-Méditerranée emploient aussi, pour leurs trains express, des machines à grandes roues libres à l'arrière, du type Crampton, d'une grande stabilité, aux plus grandes vitesses, mais dont la faible adhérence ne permet de remorquer que des trains composés d'un petit nombre de voitures.

La comp. de l'Est s'est donné une machine à grande vitesse très stable, de $5^m,35$ d'empatement, en modifiant le type de la machine Crampton par l'adoption de deux roues couplées à l'arrière, à grand diamètre de $2^m,30$, avec essieu, à l'avant, à grande portée au moyen de longerons extérieurs. Cet essieu d'avant a une charge de 11 tonnes qui empêche tout galop de la machine. il a un jeu longitudinal, réglé par des plans inclinés, qui permet à la machine de passer facilement dans les courbes. Ces machines remorquent facilement 16 à 18 wagons à la vitesse moyenne de 72 kilom. à l'heure, en service d'une régularité parfaitement assurée.

La machine à grande vitesse de la comp. du Midi est aussi une machine mixte à cylindres extérieurs, mais à simples longerons, à deux essieux couplés, dont les roues ont un diamètre de $2^m,10$. Les machines de ce type font un service très régulier.

Les comp. d'Orléans et de Paris-Lyon-Méditerranée ont des machines à grande vitesse à deux essieux couplés, dont elles ont très notablement augmenté la stabilité en plaçant à l'arrière un quatrième essieu pour supporter le foyer, qui était en porte à faux.

Sur le réseau d'Orléans, on donne un soin particulier à la répartition de la charge sur les essieux, de manière que les essieux extrêmes, et surtout celui d'avant, soient suffisamment chargés. On ajoute, dans ce but, à certaines machines, des traverses en fonte, de façon à avoir, sur l'essieu d'avant, une charge de 11 à 12 tonnes qui puisse empêcher le galop. Quant aux perturbations pouvant résulter des mouvements relatifs des pièces mobiles, on en arrête le développement au moyen de contre-poids, procédé classique adopté par toutes les compagnies, et qui donne, dans la pratique, des résultats très satisfaisants.

Les dernières machines du type à quatre essieux que la comp. Paris-Lyon-Méditerranée a construites pour ses trains rapides sont d'une grande puissance et d'une grande stabilité. Leur poids est de 44 tonnes Elles ont $5^m,80$ d'empatement. Les diamètres des roues des deux essieux couplés sont de $2^m,10$. (Les anciennes machines n'avaient que des roues de 2 m.) On a laissé un centimètre de jeu longitudinal à chacun des essieux d'avant et d'arrière; l'essieu d'avant porte 12 tonnes. — La limite de vitesse de ces machines est de 90 kilom. Elles peuvent facilement remorquer 18 à 20 voitures à la vitesse de 72 kilom. à l'heure; et si on les emploie au service des trains omnibus, 24 voitures, à la vitesse de 55 kilom.

Ce type a quatre essieux, qui permet la meilleure répartition du poids de la machine, est surtout à recommander pour les lignes à grand trafic solidement construites, à courbes à grands rayons. Il est également employé sur le réseau d'Orléans avec des roues motrices de 2 m. à $2^m,10$, et un peu moins de puissance en raison des dimensions moins grandes de son foyer, mais dans des conditions tout aussi remarquables de stabilité.

Résumé des améliorations apportées aux locomotives (Conditions de vitesse, dispositions des *bandages, essieux, attelages*, etc). — Même rapport d'enq., 8 juillet 1880 (V. *Matériel roulant* et *Vitesse*). — V. aussi les paragr. ci-après en ce qui concerne les instructions et dispositions actuellement en vigueur.

II. Appareils principaux des locomotives. — (*Dispositions réglementaires.*) — La

perfection relative apportée, depuis quelques années, à la construction des machines locomotives, dispense d'entrer dans la description de tel ou tel système, ce que ne comporte pas, au surplus, le cadre de ce recueil. — L'admin. a laissé, d'ailleurs, pour le choix des types de machines, toute initiative aux comp., sous la réserve, bien entendu, de l'exéc. des prescr. contenues dans les règl. en vigueur. Ces règlements s'appliquent n particulier aux dispositions de détail mentionnées ci-après :

1° *Appareils pour retenir les flammèches*. (Exécution de l'art. 11 précité de l'ordonn. du 15 nov. 1846.) — Arr. min. 1er août 1857 — et indications diverses. — V. le mot *Appareils*, § 2.

2° *Appareils pour arrêter les fragments de coke* (au moyen de cendriers). — Applic. du même art. 11 de l'ordonn. de 1846. (V. *Appareils*, § 2.) — *Enlèvement des cendriers en temps de neige*. (Décret du 30 mars 1874.) — V. *Cendriers*.

3° *Grilles fumivores*. — (Exéc. de l'art. 32, susvisé du cah. des ch.) — Instr. min. et dispositions diverses. — V *Fumée*.

4° *Frein à installer sur les locomotives* et *Boîtes à sable*. (Circ. minist. adressée le 4 févr. 1865 aux adm. des comp. de ch. de fer et communiquée aux chefs du contrôle) : « Par une circ. du 15 avril 1864, j'ai invité les comp. de ch. de fer à me faire connaître leurs observations sur l'utilité qu'il pourrait y avoir, d'une part, à installer un frein sur les locomotives et, d'autre part, à faire usage de boîtes à sable pour produire rapidement l'arrêt des trains en marche (1).

---

(1) En ce qui concerne le frein à installer sur les locomotives, la circ. précitée du 15 avril 1864

J'ai soumis les réponses des comp. à l'examen de la comm. spéc. instituée par arr. min. du 28 juin 1864, et, dans le rapport qu'elle vient de m'adresser, la comm. exprime l'avis :

1° Qu'il n'y a pas lieu de prescrire l'emploi des boîtes à sable, attendu que les comp. de ch. de fer ont spontanément placé des appareils de cette nature sur presque toutes leurs machines ;

2° Qu'il serait à désirer que toutes les locomotives fussent munies de freins, mais que, à raison des difficultés que l'on rencontrerait pour en adapter à certains types, il est impossible de faire de cette mesure l'objet d'une prescription absolue et que l'administration peut, en conséquence, se borner à recommander aux compagnies de persévérer dans la voie d'essais où elles sont, pour la plupart, entrées, notamment en ce qui concerne les locomotives à grande vitesse qui n'ont qu'un seul essieu moteur.

J'ai l'honneur de vous transmettre ces conclusions. en insistant, autant qu'il est en moi, sur la recommandation qui fait l'objet de la dernière partie de l'avis de la commission. » (Circ. min. du 4 fév. 1865.) — V. *Freins*.

5° *Autres organes principaux des machines.* — V. *Bielles, Boîtes, Châssis, Chaudières, Cylindres, Essieux, Plaques de garde, Roues, Tubes-ca'orifères*, etc.

6° *Appareil d'alimentation* (système Giffard). — V. *Injecteur*.

7° *Locomotives spéciales.* — Voir ci-après au § 5.

III. Surveillance administrative, réception et service des locomotives : — 1° Attributions des préfets et notamment du préfet de police, pour autoriser le service des machines employées sur les lignes ayant leur point de départ à Paris (V. *Matériel* et *Réceptions*) ; — 2° surveillance à exercer par les ingénieurs des mines et les gardes-mines (V. *Ingénieurs*). — V. aussi le mot *Frontière*.

3° *Épreuves de parcours.* — Indépendamment des épreuves préparatoires de chaudières, cylindres, etc., que les machines locomotives peuvent avoir à subir chez le fabricant en vertu des décrets et règlem. sur les appareils à vapeur, il a été d'usage de tout temps que le préfet de police à Paris ne donne le permis de circulation desdites machines sur le ch. de fer qu'après les épreuves de parcours auxquelles il est procédé par les soins des ingén. du contrôle ; aux termes d'une décis. min. du 23 déc. 1868, l'autorisation à délivrer à cet égard par le préfet est restée obligatoire même sous le régime du nouveau décret de 1865, remplacé par celui du 30 avril 1880. — Nous avons donné des renseignements détaillés à ce sujet à l'article *Réceptions*, § 3.

4° *Formalités diverses.* — Quel que soit le type des locomotives employées par les diverses compagnies, pour le service des voyageurs ou pour le service des marchandises, les demandes de mise en circulation et les permis eux-mêmes contiennent les indications suivantes en vertu d'une disposition de l'ordonn. de 1843 non abrogée par le décret de 1865, cité au mot *Machines* (et reproduites, en partie, à l'art. 15 ci-dessus de l'ordonn. de 1846) : — 1° Le nom de la locomotive et le service auquel elle sera destinée ; — 2° La pression maximum (en nombre d'atmosphères) de la vapeur dans la chaudière, et les numéros des timbres dont la chaudière et les cylindres auront été frappés ; — 3° Le

---

contenait la disposition suivante : « La commission des freins instituée près mon admin. et dans laquelle les compagnies sont représentées par un directeur et un chef de service, tout en réservant son opinion sur les divers systèmes qu'elle a eu à examiner, a pensé qu'un des moyens d'arrêt les plus efficaces serait l'application d'un frein énergique aux locomotives et a émis l'avis qu'il conviendrait d'inviter les co mpagnies concessionnaires à faire cette application — L'installation d'un semblable appareil n'entraînerait pas de modifications essentielles dans le matériel, et on ne peut, d'ailleurs, en contester l'utilité pratique, car il résulte des renseignements fournis par la commission, que des freins fonctionnent avec avantage sur 150 locomotives du chemin de fer du Nord. »

diamètre des soupapes de sûreté ; — 4° La capacité de la chaudière ; — 5° Le diamètre des cylindres et la course des pistons ; — 6° Enfin, le nom du fabricant et l'année de la construction.

Essai de voitures à vapeur (portant leur moteur avec elles) et de locomotives-tenders de faible poids. — *Réseau de l'État.* — Décret 20 mai 1880. — V. ci-après, § 5.

Locomotives à quatre roues et machines de travaux. — V. le même § 5.

5° *Service des machines.* — Des tableaux et des ordres intérieurs très détaillés règlent, d'une part, le nettoyage, la mise en feu et le travail quotidien des machines, et d'autre part, les dispositions ayant pour objet de relever la statistique du parcours des trains et des machines, ainsi que le travail des locomotives dans les gares ; mais nous n'avons pour cet objet aucune indication uniforme ou réglementaire à mentionner.

« Le temps pendant lequel une machine peut rester en service sans être vidée, nettoyée et visitée, dépend beaucoup de la qualité des eaux. Les comp. qui ont leur point de départ à Paris sont unanimes dans leurs plaintes sur la mauvaise qualité des eaux qui leur sont fournies par la ville. Les chaudières s'incrustent avec une grande rapidité, et les moyens préventifs mis en usage, tels que la pomme de terre, la chaux, etc., n'ont pas réussi. Quelques compagnies ont dû s'imposer de grandes dépenses pour se procurer des eaux convenables. » (Enq. sur l'expl. — Recueil admin., 1858.)

6° *Consommation des machines* (V. *Alimentation*). — Dans ces dernières années, il a été fait des expériences au sujet de l'emploi des huiles minérales pour le chauffage des locomotives, mais nous ne connaissons à ce sujet aucune instr. générale.

7° *Marche des locomotives.* — V. le § 4 ci-après.

8° *Droit de monter sur les machines.* — « Aucune personne autre que le mécanicien et le chauffeur ne pourra monter sur la locomotive ou sur le tender, à moins d'une permission spéciale et écrite du directeur de l'exploitation du chemin de fer.

« Sont exceptés de cette interdiction les ingén. des p. et ch., les ingén. des mines chargés de la surveillance, et les commissaires de surv. admin. Toutefois, ces derniers devront remettre au chef de la station ou au conducteur principal du convoi une réquisition écrite et motivée. » (Art. 39, ordonn. du 15 nov. 1846.)

Les conducteurs des ponts et chaussées et gardes-mines, attachés au service du contrôle, sont compris dans la même exception que les ingénieurs.

Les ordres de service des comp. confèrent aux ingén. du matériel et de la traction, aux chefs et sous-chefs de traction, aux chefs et sous-chefs de dépôt, le droit permanent de monter sur les machines ; mais le nombre de personnes qui peuvent être admises sur une locomotive ne doit jamais dépasser cinq, mécanicien et chauffeur compris.

Pour les machines *Crampton*, ce nombre est réduit à quatre.

Quelques agents du mouvement, tels que les aiguilleurs et les chefs de manœuvres, sont également autorisés à monter sur les machines pendant les manœuvres ; mais il leur est expressément interdit de monter ou de descendre pendant la marche de la locomotive. — V. *Aiguilleurs* et *Manœuvres*.

9° *Entretien des machines.* (Art. 32, cah. des ch.) — V. *Entretien*.

IV. Chargement et marche des locomotives. — Les règles générales intéressant la circulation des locomotives au point de vue des signaux, de la vitesse, des itinéraires de marche, des devoirs des agents, etc., etc., se confondent avec celles qui concernent la marche des trains eux-mêmes ; elles se trouvent résumées, soit aux mots distincts de ce recueil, soit au § 1er du présent article. Il y a toutefois quelques points spéciaux qui trouveront ici leur place ; ce sont les suivants :

1° *Attelage des locomotives* (en tête et en queue des trains) : à la date du 21 avril 1865, le min. des tr. publ. avait autorisé les comp., par interprétation de l'art. 19 de l'ordonn. du 15 nov. 1846, à atteler en queue des trains de toute nature les machines de renfort dont l'emploi pourrait être jugé nécessaire pour franchir les rampes d'une déclivité supérieure à 0^m,010. — Une nouvelle décis. min., portant la date du 18 juillet 1863, a supprimé la restriction relative à la déclivité. En conséquence, les compagnies sont maintenant autorisées à atteler, partout où elles le jugeront nécessaire, les machines de renfort en queue des trains de toute nature, et cette autorisation s'applique *à l'intervalle entier* compris entre deux stations dès qu'il se trouve entre ces stations une rampe rendant le renfort nécessaire. — Ces deux décisions min. (qui ne modifient pas, d'ailleurs, la condition de *limitation de vitesse* rappelée à l'art. 19 précité de l'ordonn. de 1846) sont textuellement reproduites à l'article *Attelages*.

2° *Circulation, tender en avant.* — D'après quelques décisions spéciales, prises pour certaines lignes, « les machines pourront être mises régulièrement en service avec leur tender en avant, dans des cas exceptionnels, pourvu que l'arrière du tender soit armé de chasse-pierres. La vitesse ne devra pas alors dépasser 25 à 30 kilom. à l'heure. Le dessus du tender devra être dégagé de telle sorte que le mécanicien puisse exercer, sans difficulté, sa surveillance sur la voie ». Lorsqu'un train sera remorqué par une machine ayant ainsi son tender en avant, on devra l'arrêter à la première station munie de plaques tournantes à locomotives, pour y remettre le tender dans sa position normale, c'est-à-dire à l'arrière de la machine.

3° *Mesures spéciales pour la circulation des machines de renfort et de secours.* — V. *Mécaniciens* et *Secours*.

4° *Charge maximum remorquée par les locomotives.* — « En signalant aux compagnies, comme une cause principale de danger, pour la sécurité des convois, l'excès de chargement des trains, qui produit des retards dans la marche et expose les machines à patiner, principalement sur les rampes, le min. les a invitées, par circ. du 3 oct. 1856, à donner des ordres pour que la charge des trains ne dépasse pas la puissance des machines, en les supposant placées dans les circonstances atmosphériques les plus défavorables et sur les rampes les plus fortes du trajet qu'elles ont à parcourir. » (Extr. V. *Surveillance*.)

En général, la charge que peut traîner une machine varie, avec le type de la machine, suivant son adhérence et sa puissance de vaporisation ; avec la section de la ligne, suivant ses rampes et ses courbes ; avec la vitesse du train, etc., enfin avec l'état atmosphérique, suivant l'état du rail, le vent, etc. — D'après un ordre de service appliqué sur l'un des réseaux, on avait évalué aux chiffres suivants *la limite de charge des locomotives circulant sur une voie supposée en ligne droite et en palier, avec des rails secs et sans vent contraire* (Ces indications sont reproduites, à titre comparatif, sous réserve de perfectionnements plus récents) :

Limites de chargement dans les conditions susindiquées. 1° *Machines Crampton ou à roues libres.* — Trains express rapides (70 kilom. à l'heure), 110 tonnes. Trains express (60 kilom. ibid.), 160 tonnes. *Ibid.* (50 kilom., ibid.), 210 tonnes.

2° *Machines à quatre roues couplées.* — Trains omnibus (45 kilom. à l'heure), 280 tonnes. *Ibid.* (40 kilom. ibid.), 330 tonnes.

3° *Machines à six roues couplées.* — Trains de marchandises (30 kilom. à l'heure), 750 tonnes. *Ibid.* (25 kilom. ibid.), 850 tonnes. *Ibid.* (20 kilom. ibid.), 1100 tonnes.

Il est bien entendu que la moindre courbe ou la plus faible rampe diminuerait sensiblement ces chiffres. — V. ci-après.

Charge des trains express sur les rampes (Chaque relais de machines a été assimilé à une longueur de rampe uniforme ou fictive, variant sur la même section pour chaque nature de train par suite de l'impulsion plus ou moins active que l'on peut donner à la vitesse en attaquant une rampe forte, sauf à diminuer graduellement cette vitesse, de manière à profiter de l'inertie pour aider à la remonte. — On a tenu compte, d'un autre côté, des courbes et des autres circonstances défavorables de la section). — Les machines à *roues libres* des trains express et postes, marchant à une vitesse de 60 kilom., peuvent remorquer des charges qui varient entre 140 et 71 tonnes sur les sections où les rampes fictives ont été calculées de 1^{mm},25 à 6 millimètres.

Pour la vitesse maximum de 80 kilom., la charge admise, sur les pentes de 1^{mm},25 à 5 millimètres, descend graduellement de 75 tonnes à 40 tonnes. (A partir des rampes de 6 millim., la vitesse maximum doit rigoureusement être maintenue à 60 kilom.)

Pour les rampes fictives, comprises entre 6 millim. et 8 millim., les charges, pour les vitesses des trains express, marchant à 60 kilom. (au maximum), correspondent à 71 tonnes, 55 tonnes.

Rampes de 10 millim., ibid. (même vitesse), 43 tonnes, id. de 11 millim., 38 tonnes, 14 millim., 28 tonnes, 18 millim., 12 tonnes.

Trains ordinaires de voyageurs. — Les machines à quatre roues *couplées*, affectées au service des trains ordinaires de voyageurs, remorquent sur les rampes fictives de 1^{mm},5 à 6 millim. (vitesse de 45 kilom. à l'heure), des charges moyennes de 225 tonnes, 120 tonnes réduites à 145 tonnes, 80 tonnes pour la vitesse maximum de 60 kilom.

Rampes de 6 millim. à 8 millim. (vitesse de 45 kilom.), charges de 120 et 100 tonnes.

Rampes de 10 millim. (même vitesse), 80 tonnes; id. 11 millim., 75 tonnes; id. 14 millim., 52 tonnes; id. 18 millim., 37 tonnes.

Trains de marchandises. — Les chiffres correspondant aux données ci-dessus, pour les machines à six roues couplées, ordin. employées pour le service des marchandises, sont les suivants :

Vitesse de 35 kilom. : En moyenne, 350 tonnes, 2 0 tonnes (suivant les machines) sur les rampes de 2 millim. à 6^{mm},5 (correspondant, dans certains cas, à celles de 1^{mm},25, à 6 millimètres, trains express); id. pour la vitesse maximum de 50 kilom., 225 tonnes, 125 tonnes.

Rampes de 6^{mm},5 à 9 millim., chiffres correspondants (vitesse de 35 kilom.), 200 tonnes, 150 tonnes.

Rampes de 10^{mm},5 (même vitesse) : 135 tonnes; 12 millim., 115 tonnes; 14 millim., 100 tonnes; 18 millim., 72 tonnes.

Pour l'établ. des chiffres ci-dessus, on a admis 0,14 pour le coefficient d'adhérence, en bon rail ; ce coefficient est souvent en réalité supérieur, mais il convient, pour la sécurité du service, de ne pas se baser sur l'effort limite extrême.

Lorsque les circonstances atmosphériques ne permettent pas de remorquer les charges normales, il peut être fait des réductions de 0 05, 0,10, 0,15 ou 0,20 de ces charges pendant un temps déterminé. Dans la saison des neiges, des glaces, etc., les chefs de dépôt ou les agents qui les suppléent sont laissés juges de la re des réductions exceptionnelles, dont les coefficients croissent par cinq centièmes (0,05, 0,10, 0,15 ou 0 20...). Ces chiffres comprennent la réduction permanente qui pourrait déjà avoir été opérée et qu'elles remplacent et annulent.

Charge à la descente. — Sur quelques sections, la déclivité est assez grande pour que les trains descendent par la seule action de la gravité ; les charges, dans ce cas, illimitées en ce qui concerne la traction, sont soumises seulement aux restrictions suivantes :

1° Le nombre des wagons pleins ou vides des trains de voyageurs ne peut dépasser 24 ;

2° Le nombre des wagons pleins ou vides des trains de marchandises, quel que soit le nombre des machines, sera au plus, dans les cas ordinaires, de 70 wagons.

Poids des véhicules. — Pour permettre aux agents d'évaluer les chargements des trains, nous rappellerons que les poids à compter dans le tonnage des convois, pour les véhicules vides et les machines froides des différents types, sont ceux indiqués à l'art. *Poids.* — Les chiffres dont il s'agit sont spéc. déterminés ainsi qu'il suit pour quelques grands réseaux :

1° *Véhicules à grande vitesse (vides).* — Voitures à trois essieux, de toutes classes, fourgons à bagages, 8 tonnes; — Id. à deux essieux, en moyenne 6 tonnes 500 kilog.; — Breaks, écuries, trucks, 5 tonnes ; — Bureaux ambulants à 4 ou 6 roues, 7 et 8 tonnes.

Tonnage utile moyen des véhicules chargés. Voitures à voyageurs, 2 tonnes; — Fourgons à bagages, 4 tonnes; — Breaks, écuries et trucks, 5 tonnes.

2° *Véhicules à petite vitesse (vides).* — Wagons plats et plates-formes, wagons-tombereaux et wagons fermés, wagons à bestiaux, etc., environ 5 tonnes.

Le tonnage utile des véhicules de petite vitesse, c'est-à-dire le poids des marchandises transportées, est extrait des feuilles de chargement; il est compté en tonnes, en négligeant, pour chaque véhicule, les fractions de tonnes. — Il résulte, en général, de la suppression des fractions une perte moyenne de 500 kilog. par wagon ; cette perte est compensée par une augm. de 500 kilog. sur le poids des wagons vides.

Le *tonnage brut* s'obtient en ajoutant le poids du véhicule au tonnage utile. (Inst. spéc.)

3° *Machines froides et tenders.* — Le poids d'une machine froide et de son tender, quel qu'en soit le type, est d'environ, savoir : vide d'eau et de combustible, 50 tonnes ; chargée d'eau et de combustible, 60 tonnes; machine seule vide, 35 tonnes ; tender seul vide, 15 tonnes.

Circulation des machines de chemins de fer sur les voies de quai (rattachées par des embranchements). — V. *Embranchements* et *Quais.*

V. Locomotives spéciales (accessoirement employées sur les chemins de fer).

1° *Essai, sur le réseau de l'État, de voitures à vapeur* (portant leur moteur avec elles) *et de locomotives-tenders de faible poids* (remorquant une ou plusieurs voitures sans interposition de fourgon). — *Décret du 20 mai 1880* :

« Sur le rapport du min. des tr. publ. — Vu la demande présentée par l'admin. des ch. de fer de l'État, à l'effet d'être autorisée à mettre en circulation, à titre d'essai, sur les lignes peu fréquentées de son réseau, des voitures à vapeur portant leur moteur avec elles et des locomotives-tenders de faible poids, remorquant une ou plusieurs voitures sans interposition de fourgon ; — Vu les art. 18 et 20 de l'ordonn. du 15 nov. 1846...

Vu l'avis du comité de l'exploitation technique des ch. de fer ; — Le Conseil d'Etat entendu, — Décrète :

Art. 1er. — Le ministre des travaux publics pourra autoriser, à titre d'essai, pour le service des voyageurs, la mise en circulation de voitures à vapeur portant leur moteur avec elles et de locomotives-tenders de faible poids, remorquant une ou plusieurs voitures sans interposition de fourgon.

2. — Le personnel des agents accompagnant les voyageurs pourra, dans le cas d'une seule voiture, être réduit à un mécanicien et à un conducteur garde-frein.

3. — Les mesures de précaution qui devront être observées dans la marche et dans les gares, les limites de vitesse qu'on ne devra pas dépasser, seront réglées par des arrêtés ministériels.

4. — Le ministre des travaux publics est chargé, etc... »

2° *Machines à quatre roues.* — La constr. et l'expl. des ch. de fer d'intérêt local et des embranch. secondaires établis ou à établir dans diverses localités, étant de nature à attirer l'attention sur l'emploi de locomotives moins compliquées et moins coûteuses que celles en usage sur les grandes lignes, il nous paraît intéressant de rappeler qu'à la suite de l'accident de la ligne de Versailles, rive gauche, une décis. min. du 15 mai 1842 a interdit « aux comp. concess. des ch. de fer des environs de Paris » l'emploi des machines locomotives à quatre roues. Par dérogation à cette disposition, la comp. de Lyon a été autorisée (décis. min. spéc. 9 nov. 1857) « à employer, pour la traction des trains de banlieue, quelques locomotives à quatre roues, sous la réserve que la vitesse de ces trains n'excédât pas 45 kilom. à l'heure ». La comp. de l'Ouest fait également usage, il paraît, de quelques machines du même système pour les manœuvres de gare. Mais en dehors de ces exceptions, on sait que les locomotives des grandes lignes de ch. de fer sont généralement montées sur trois ou quatre essieux. Il n'en est pas moins vrai que l'ordonn. du 15 nov. 1846 ne mentionne pas l'interdiction dont il s'agit, et porte seulement (art. 7) que les machines locomotives ne pourront être mises en service qu'en vertu de l'autorisation de l'admin. D'autre part, l'art. 32 du cah. des ch. gén. dispose « que les machines locomotives seront construites sur les meilleurs modèles et qu'elles devront satisfaire, d'ailleurs, à toutes les conditions prescrites ou à prescrire par l'admin. pour la mise en service de ce genre de machines ». La défense d'employer des locomotives à deux essieux pour le remorquage des trains, ne paraît donc pas avoir été explicitement confirmée par les règl. du service des ch. de fer, et elle n'est pas absolue, mais il est évident qu'elle ne saurait être enfreinte sans une autorisation expresse de l'administration.

3° *Machines à ballast.* — On emploie indistinctement pour le service des trains de matériel destinées à l'entretien ou à la réparation des lignes en exploitation, des machines à deux ou trois roues accouplées, qui font partie du roulement des machines en service journalier. — Ces locomotives sont autorisées et surveillées comme les autres machines. — Leur service est réglé par des ordres spéciaux.

4° *Machines à travaux.* — Les entrepr. des travaux de constr. de *lignes nouvelles* font ordinairement usage, pour les grands travaux de terrassement, de ballastage et de transport des matériaux de la voie, de machines qui proviennent gén. des lignes de ch. de fer, où elles ont déjà été l'objet d'un permis de circulation qui les suit, lorsque la comp. les cède à l'entrepr. A la rigueur, elles devraient être autorisées pour leur nouveau service, mais il ne parait point exister pour cet objet d'indication réglementaire.

Les machines *neuves* employées sur les lignes en construction doivent avoir été préalablement essayées sur un chemin de fer exploité, et autorisées par le préfet du département où ce chemin de fer a son point de départ.

Quelle que soit leur origine, les diverses machines locomotives affectées au service des travaux des *lignes nouvelles* sont placées, au point de vue de leur usage, sous la surveill. des ingén. du contrôle de la construction; mais les accidents proprement dits de machine à vapeur, qu'elles peuvent occasionner (explosions, etc., etc.), ressortissent, pour la constatation et l'étude au point de vue technique, aux ingén. des mines ou des p. et ch. chargés, dans le département où a eu lieu l'accident, de la surv. des appareils à vapeur; c'est du moins ce qui se fait dans la pratique, aucune règle générale ne paraissant non plus avoir été établie pour cet objet.

Locomotives routières (Arr. min. 20 avril 1866) et *Matériel roulant* des lignes d'intérêt local et des tramways (loi du 11 juin 1880, cah. des ch. et régl. divers). — *P. mém.* — Voir pour les dispositions principales les mots *Chemin de fer d'intérêt local, Voies publiques* et *Tramways.*

VI. Prescriptions et indications diverses. — 1° Renseignements sur l'alimentation des machines locomotives servant au transport des voyageurs ou des marchandises (V. *Alimentation* et *Coke*). — Emploi de la *contre-vapeur* (V. ce mot); — 2° Rupture de pièces des machines (V. *Avaries, Détresse, Ruptures* et *Tubes*); — 3° Entretien et réparation des locomotives (V. art. 32 du cah. des ch. et 16 de l'ordonn. du 15 nov. 1846.— V. aussi le mot *Ateliers*); — 4° Registres à tenir pour le service des locomotives (V. *Essieux* et *Registres*); — 5° Devoirs à remplir par les agents pour la conduite des machines (V. *Chauffeurs, Chefs de dépôt, Contre-vapeur, Mécaniciens* et *Traction*); — 6° Manœuvres à la machine. — V. *Manœuvres.*

Infractions, pénalités. — 1° Art. 21 de la loi du 15 juill. 1845 et 79 de l'ordonn. du 15 nov. 1846, relatifs aux infractions commises aux règl. des ch. de fer (V. *Pénalités*); — 2° Loi du 21 juill. 1856, sur la police des appareils à vapeur (V. *Machines*); — 3° *Explosions;* pénalité édictée par l'art. 437, C. pén. (V. *Explosions*).

VII. Tarif de transport des locomotives. — 1° Conditions générales du cah. des ch. (V. *Matériel*); — 2° *Tarifs spéciaux et à prix réduits.* Sur les grandes lignes, le transport des locomotives et tenders vides *roulant sur les rails* fait l'objet de tarifs spéciaux, dont les prix varient de 0 fr. 06 c. à 0 fr. 07 c. par tonne et par kilom. (sous la condition d'un parcours de 200 kilom. ou payant pour ce parcours). Sur certains réseaux le prix de 0 fr. 06 c. par tonne et par kilom. est appliqué sans conditions de parcours. Tous ces tarifs déclinent la responsabilité des avaries de route. Il est stipulé, en outre, que le graissage de route devra être fait par les soins des intéressés. Un graisseur est transporté gratuitement pour cet objet.

Pièces détachées de locomotives. — V. *Fers* et *Fontes.*

Machines locomotives expédiées de France à l'étranger (Trafic international. — Retard de plusieurs mois. — Question de compétence sur la demande en garantie formée par un commissionnaire de transport étranger contre une compagnie étrangère de ch. de fer). — Litige, *porté devant un tribunal français* qui a condamné le commissionnaire de transport français à payer des dommages-intérêts, fixés au tiers du prix total de transport, à l'expéditeur des locomotives, ainsi que les commissionnaires de transport étrangers et la compagnie étrangère de chemin de fer à garantir et indemniser le commissionnaire de transport français (Trib. comm. Seine, 30 sept. 1875). — Mais la C. de C. (15 janv. 1878) a annulé ce jugement par les motifs ci-après: « Le tribunal français était incompétent pour connaître des difficultés survenues, entre un commissionnaire de transport étranger et une compagnie étrangère de chemin de fer, à propos du contrat de transport dont il s'agit, — alors même que l'action intentée à celle-ci par celui-là avait été introduite comme demande en garantie, à la suite d'une demande principale formée devant ce tribunal français dans des conditions régulières. » (Comp. de *Berg* et *March* contre *Charlier* et *Scheibler*.)

VIII. Statistique des locomotives. — D'après un relevé fait en 1875 sur le nombre total des locomotives employées sur le globe, les États-Unis en revendiquaient 14,233 ; l'Angleterre, 10,933 ; la France, 4,933 ; l'Allemagne, 5,927 ; la Russie, 2,604 ; l'Autriche, 2,369, plus 506 pour la Hongrie ; les Indes-Orientales, 1,323 ; l'Italie, 1,172, etc. Le nombre total est, en chiffre rond, de 50,000. Exprimée en chevaux-vapeurs, la force de toutes les locomotives du globe s'élèverait à environ 10 millions de chevaux.

Ces chiffres n'ont pu et ne peuvent encore que s'accroître dans une proportion considérable par suite du développement donné en tout pays, notamment en France, à l'industrie des ch. de fer. — Il convient de se reporter à ce sujet aux recueils spéciaux de statistique réunis et publiés par l'admin. conformément à diverses instructions rappelées aux mots *Matériel* et *Statistique* (V. notamment aux dits articles la circ. min. du 15 févr. 1881). — Nous croyons toutefois intéressant de faire ressortir ici, d'après la statistique des lignes d'intérêt général de la *France européenne* (chiffres arrêtés au 31 déc. 1881, Recueil officiel, 1883), la proportion kilométrique de l'emploi du *matériel locomoteur et roulant*, qui se répartissait à cette époque ainsi qu'il suit : Locomotives à voyageurs et mixtes, 0,13. — *Id.* à marchandises et diverses, 0,17. — Voitures à voyageurs, 1re cl., y compris voitures de luxe, 0,13. — *Id.*, 2me cl., y compris voitures mixtes, 0,22. — *Id.*, 3e cl., 0,28. — Wagons de service, 0,27. — *Id.* de marchandises, 7,66. — *Nombre total de voitures et wagons à freins*, 48,836.

LOGEMENTS.

I. Locaux affectés aux agents de la compagnie. — Les chefs et sous-chefs de gare et les divers agents *sédentaires* de la voie, de l'expl. et du matériel, sont ordinairement logés dans les bâtiments des gares ou dans leurs annexes ; mais il n'existe, à cet égard, aucune règle générale. Les ordres de service des comp. rendent les agents responsables du bon état d'entretien et de propreté des logements mis à leur disposition, et contiennent, au sujet de la fourniture, de la conservation et du renouvellement des objets mobiliers, des instr. détaillées qu'il ne nous paraît pas nécessaire de reproduire ici.

Logement retiré aux agents révoqués (contestation ayant pour objet l'applic. d'un règlement sur les retraites). — « Le règl. de la caisse des retraites dont il s'agit dispose que les retenues sont acquises du jour où elles ont été opérées et que le remboursement n'en pourra avoir lieu que dans les cas exceptionnels dont la comp. se réserve l'appréciation exclusive. — Cette clause, qui n'a rien d'illicite, dont le sens est clair et précis, doit recevoir exécution à l'égard du mari, qui l'avait librement acceptée (*jurispr. constante*) (V. *Retraites*, § 4). — « Le logement occupé par le mari et la femme leur était fourni par la compagnie, non à titre de location, mais pour les besoins de leur service ; la jouissance en devait donc cesser avec leur emploi, qui pouvait leur être retiré au gré de cette compagnie. » (C. C., 4 août 1879.)

Indications particulières. — 1° Droit proportionnel sur les habitations (impôt dû à l'État — V. *Contributions* et *Patente*) ; — 2° Installations diverses (V. *Bâtiments*, *Buffets*, *Bureaux*, *Gares*, *Jardins*, *Maisons de garde*, *Mobilier*, etc.).

II. Militaires logés dans les gares. — 1° Circ. du 28 sept. 1858 du ministre de l'intérieur aux préfets, notifiée le 29 nov. 1858 aux services de contrôle par le ministre des trav. publ. — *Pour mémoire*, V. ci-après ;

2° (Circ. minist. du 26 déc. 1859, adressée par le min. des tr. publ. aux préfets, avec invitation de vouloir bien en faire connaître les dispositions aux sous-préfets et maires des communes du département.) — « Une circulaire de M. le ministre de l'intérieur, en date du 28 sept. 1858, vous a fait connaître comment il convenait d'appliquer, aux agents domiciliés dans l'enceinte des chemins de fer, les dispositions de la loi du 23 mai 1792, relative au logement des militaires chez l'habitant.

« Son Exc. faisait observer que les termes de cette loi étant absolus, ces agents ne peuvent être soustraits à cette charge, qui doit leur incomber comme à tous les citoyens ; que toutefois, d'une part, les lois et règl. sur la police des ch. de fer interdisant, au point de vue de la sécurité, l'introduction dans l'enceinte de la voie de toutes personnes étrangères au service de l'expl., et, d'un autre côté, l'exiguïté des logements affectés à une certaine classe d'agents ne permettant pas à ces agents de loger les militaires, il appartenait aux autorités municipales d'apprécier cette double circonstance et de tempérer, par cette appréciation, ce que les prescriptions de la loi de 1792 pourraient avoir, ou de trop onéreux pour lesdits agents, ou de contraire à la sécurité publique.

« Le min. de l'intér. rappelait que le droit pour les maires de tenir compte, dans la répartition du logement des gens de guerre, des facultés des habitants et des autres circonstances locales, a été reconnu à ces magistrats par un arrêt de la C. de cass. du 13 août 1842. »

« Il résulte des principes ci-dessus exposés :

« 1° Qu'en droit, tous les agents des ch. de fer, qu'ils soient ou non domiciliés dans l'enceinte des voies, doivent supporter la charge des logements des gens de guerre, sous la réserve des atténuations résultant des facultés de ces agents, atténuations qui sont laissées à l'appréc. des admin. municipales, sauf réclam. de la part des intéressés ;

« 2° Qu'en fait, dans la plupart des cas et à raison des circonstances locales, dont l'appréciation appartient également aux admin. municipales, les agents dont il s'agit ne devront pas admettre les militaires dans les immeubles dépendant du ch. de fer et dont l'occupation leur est réservée à raison de leurs fonctions : ils auront, en conséquence, à prendre, à cet égard, des mesures pour que les logements soient assurés, à leurs frais, en dehors des dépendances de la voie, le tout sauf réclam. envers qui de droit. »

Logement des militaires réquisitionnés (pour des travaux urgents). — V. *Troupes.*

LOIS.

I. Principales lois (applic. au service des ch. de fer) : — En juin 1876, un membre de la Chambre des députés a exprimé le vœu ou plutôt déposé une proposition de loi, ayant pour objet de ne modifier la législation existante en général, que sous l'obligation de refondre toutes les lois sur le même point, d'en coordonner les divers articles, de fixer une jurisprudence à l'égard des articles maintenus, de manière que toutes les lois précédentes touchant la même matière soient non avenues, et de ne pas se trouver obligé de se référer quelquefois à cinq et six législations, afin de retrouver les diverses dispositions concernant une seule et même matière. — Une pareille besogne ne serait pas chose facile même pour les chemins de fer dont la législation est en quelque sorte toute moderne. — En attendant cette heureuse amélioration, si du moins elle est possible, nous ne pouvons que donner ci-après la nomenclature des lois les plus importantes qui régissent l'établ., l'expl. et le service général des ch. de fer, en renvoyant pour la recherche du texte même de ces lois aux mots correspondants du recueil ou à la table chronologique qui le termine. — Nous donnons ici, seulement (*in extenso*, V. § 2), la loi organique de la police des ch. de fer, en date du 15 juillet 1845. — *Suit la nomenclature des autres lois précitées :*

28 pluviôse an VIII (17 févr. 1800). — Attrib. admin. — V. *Conseils*, § 4.
29 floréal an X (19 mai 1802). — Contrav. et affaires de gr. voirie. — V. *Grande voirie*, § 2.
16 sept. 1807. — Règlement d'indemnites. — V. *Occupation de terrains.*
21 avr. 1810. — Mines et carrières (actuellement en révision).
3 mai 1841. — Expropriation pour cause d'utilité publique. — V. *Expropriation.*
11 juin 1842. — Établ. de gr. lignes de ch. de fer ; tr. commencés par l'Etat. — V. *Compagnies.*

15 juill. 1845. — Dispositions gén. applic. à l'établ. des ch. de fer. — V. *Compagnies*, § 6.
15 juill. 1845. — Police des chemins de fer. — V. ci-après, § 2.
27 févr. 1850. — Commissaires de surveillance administrative. — V. *Commissaires*.
21 juill. 1856. — Machines à vapeur; infractions, pénalté. — V. *Machines*.
Lois de 1857, de 1859 (11 juin), de 1863 (11 juin). — Cah. des ch. et conventions relatifs à l'établ. de diverses lignes de ch. de fer (*P. mém.*). — V. au mot *Cahier des charges* les dispositions actuellement en vigueur pour les grandes lignes de ch. de fer.
12 juill. 1865. — Chemin de fer d'intérêt local (remplacée par la loi du 11 juin 1880).
Loi du 27 juillet 1870. — Autorisation générale de grands tr. publics. — V. *Autorisation*.
Loi du 10 août 1871. — Loi sur les Conseils généraux de département. — V. *Conseils*.
Loi du 30 mars 1872. — Loi sur le timbre des récépissés, sur le groupage, etc. — V. *Timbre*.
Loi du 15 juin 1872. — Perte de titres au porteur. — Mesures conservatrices. — V. *Titres*.
Loi du 29 juin 1872. — Impôt sur les valeurs mobilières. — V. *Impôt*.
Lois de 1874 et 1875. — Nouvelles concessions de chemins de fer.
Lois des 16 et 31 déc. 1875. — Exécution de divers chemins de fer par l'Etat.
Loi du 13 mars 1875. — Service militaire des chemins de fer. — V. *Guerre*.
Loi du 3 juil. 1877. — Réquisitions militaires relatives aux chemins de fer. (*Id.*)
Loi du 18 mai 1878. — Rachat de diverses lignes de chemins de fer par l'Etat.
Loi du 17 juill. 1879. — Classement complémentaire de chemins de fer d'intérêt général.
Lois de 1878. 1879 et 1880. — Travaux de superstructure de divers chemins de fer.
Loi du 11 juin 1880. — Chemins d'int rêt l cal et tramways.
Loi du 21 juill. 1881. — Police sanitaire des animaux. — V. *Désinfection*.
Loi du 21 juill. 1882. — Diverses lois. — Expl. prov. de ch. construits par l'Etat.
Loi du 17 juill. 1883. — Applic. à l'Algérie de la loi sur les ch. d'int. local.
Loi du 30 nov. 1883. — Nouvelles conventions avec les gr. compagnies. — V. *Conventions*.

Nota. — Pour les autres lois à consulter. — V. *la Table chronologique*.

Préparation des lois, règl. conventions, etc. — V. *Comités* et *Conseils*.

II. Loi sur la police des chemins de fer. (15 juill. 1845.)

TITRE Iᵉʳ. — *Mesures relatives à la conservation des chemins de fer.* — Art. 1ᵉʳ. — Les chemins de fer construits ou concédés par l'État font partie de la grande voirie.

2. — Sont applicables aux chemins de fer les lois et règlements sur la grande voirie qui ont pour objet d'assurer la conservation des fossés, talus, levées et ouvrages d'art dépendant des routes et d'interdire sur toute leur étendue le pacage des bestiaux et les dépôts de terre et autres objets quelconques.

3. — Sont applicables aux propriétés riveraines des chemins de fer les servitudes imposées par les lois et règlements sur la grande voirie, et qui concernent : — L'alignement, — L'écoulement des eaux, — L'occupation temporaire des terrains en cas de réparation, — La distance à observer pour les plantations et l'élagage des arbres plantés, — Le mode d'exploitation des mines, minières, tourbières, carrières et sablières, dans la zone déterminée à cet effet. — V. *Grande voirie*.

Sont également applicables à la confection et à l'entretien des chemins de fer, les lois et règlements sur l'extraction des matériaux nécessaires aux travaux publics.

4. — Tout chemin de fer sera clos des deux côtés et sur toute l'étendue de la voie. — L'administration déterminera, pour chaque ligne, le mode de cette clôture, et, pour ceux des chemins qui n'y ont pas été assujettis, l'époque à laquelle elle devra être effectuée. — V. *Clôtures*.

Partout où les chemins de fer croiseront de niveau les routes de terre, des barrières seront établies et tenues fermées, conformément aux règlements. — V. *Barrières*.

5. — A l'avenir, aucune construction autre qu'un mur de clôture ne pourra être établie dans une distance de deux mètres d'un chemin de fer. — Cette distance sera mesurée, soit de l'arête supérieure du déblai, soit de l'arête inférieure du talus du remblai, soit du bord extérieur des fossés du chemin, et, à défaut, d'une ligne tracée à 1ᵐ,50 à partir des rails extérieurs de la voie de fer. — V. *Alignements*.

Les constructions existantes au moment de la promulgation de la présente loi, ou lors de l'établissement d'un nouveau chemin de fer, pourront être entretenues dans l'état où elles se trouveront à cette époque. — Un règl. d'admin. publique déterminera les formalités à remplir par les propr. pour faire constater l'état desdites constructions, et fixera le délai dans lequel ces formalités devront être remplies. — V. *Bâtiments*.

6. — Dans les localités où le chemin de fer se trouvera en remblai de plus de trois mètres au-dessus du terrain naturel, il est interdit aux riverains de pratiquer, sans autorisation préalable, des excavations dans une zone de largeur égale à la hauteur verticale du remblai, mesurée à partir du pied du talus.

Cette autorisation ne pourra être accordée sans que les concessionnaires ou fermiers de l'exploitation du chemin de fer aient été entendus ou dûment appelés.

7. — Il est défendu d'établir, à une distance de moins de 20 mètres d'un chemin de fer desservi par des machines à feu, des couvertures en chaume, des meules de paille, de foin et aucun autre dépôt de matières inflammables.

Cette prohibition ne s'étend pas aux dépôts de récoltes faits seulement pour le temps de la moisson. — V. *Couvertures*.

8. — Dans une distance de moins de 5 mètres d'un chemin de fer, aucun dépôt de pierres ou objets non inflammables ne peut être établi sans l'autorisation préalable du préfet. — V. *Dépôts*.

Cette autorisation sera toujours révocable.

L'autorisation n'est pas nécessaire : — 1° Pour former, dans les localités où le chemin de fer est en remblai, des dépôts de matières non inflammables, dont la hauteur n'excède pas celle du remblai du chemin ; — 2° Pour former des dépôts temporaires d'engrais et autres objets nécessaires à la culture des terres.

9. — Lorsque la sûreté publique, la conservation du chemin et la disposition des lieux le permettront, les distances déterminées par les articles précédents pourront être diminuées en vertu d'ordonnances royales rendues après enquêtes.

10. — Si hors des cas d'urgence prévus par la loi des 16-24 août 1790 (V. *Bâtiments*), la sûreté publique ou la conservation du chemin de fer l'exige, l'administration pourra faire supprimer, moyennant une juste indemnité, les constructions, plantations, excavations, couvertures en chaume, amas de matériaux combustibles ou autres, existant dans les zones ci-dessus spécifiées, au moment de la promulgation de la présente loi et, pour l'avenir, lors de l'établissement du chemin de fer.

L'indemnité sera réglée, pour la suppression des constructions, conformément aux titres IV et suiv. de la loi du 3 mai 1841 (V. *Expropriation*), et, pour tous les autres cas, conformément à la loi du 16 sept. 1807. — V. *Occupation de terrains*.

11. — Les contraventions aux dispositions du présent titre seront constatées, poursuivies et réprimées comme en matière de grande voirie. — V. *Contrav.* et *Gr. voirie*.

Elles seront punies d'une amende de 16 à 300 fr., sans préjudice, s'il y a lieu, des peines portées au C. pénal et au titre III de la présente loi. Les contrevenants seront, en outre, condamnés à supprimer, dans le délai déterminé par l'arrêté du C. de préf., les excavations, couvertures, meules ou dépôts faits contrairement aux dispositions précédentes. — A défaut par eux de satisfaire à cette condamnation dans le délai fixé, la suppression aura lieu d'office, le montant de la dépense sera recouvré contre eux par voie de contrainte, comme en matière de contributions publiques.

TITRE II. — *Contraventions de voirie commises par les concessionnaires ou fermiers de chemins de fer.* — Art. 12. — Lorsque le concess. ou le fermier de l'expl. d'un chemin de fer contreviendra aux clauses du cah. des ch. ou aux décisions rendues en exécution de ces clauses, en ce qui concerne le service de la navigation, la viabilité des routes nationales, départem. ou vicinales, ou le libre écoulement des eaux, procès-verbal sera dressé de la contrav., soit par les ingén. des p. et ch. ou des mines, soit par les conducteurs, gardes-mines et piqueurs, dûment assermentés. — V. *Procès-verbaux.*

13. — Les procès-verbaux, dans les quinze jours de leur date, seront notifiés administrativement au domicile élu par le concess. ou le fermier, à la diligence du préfet et transmis dans le même délai au C. de préf. du lieu de la contravention.

14. — Les contraventions prévues à l'art. 12 seront punies d'une amende de trois cents francs à trois mille francs. — V. *Pénalités.*

15. — L'admin. pourra, d'ailleurs, prendre immédiatement toutes mesures provisoires pour faire cesser le dommage, ainsi qu'il est procédé en matière de gr. voirie.

Les frais qu'entraînera l'exéc. de ces mesures seront recouvrés, contre le concess. ou fermier, par voie de contrainte, comme en matière de contr. publ.

TITRE III. — *Mesures relatives à la sûreté de la circulation.* — Art. 16. — Quiconque aura volontairement détruit ou dérangé la voie de fer, placé sur la voie un objet faisant obstacle à la circulation, ou employé un moyen quelconque pour entraver la marche des convois ou les faire sortir des rails, sera puni de la réclusion.

S'il y a eu homicide ou blessures, le coupable sera, dans le premier cas, puni de mort, et, dans le second, de la peine des travaux forcés à temps.

17. — Si le crime prévu par l'article 16 a été commis en réunion séditieuse, avec rébellion ou pillage, il sera imputable aux chefs, auteurs, instigateurs et provocateurs de ces réunions, qui seront punis comme coupables du crime et condamnés aux mêmes peines que ceux qui l'auront personnellement commis, lors même que la réunion séditieuse n'aurait pas eu pour but direct et principal la destruction de la voie de fer.

Toutefois, dans ce dernier cas, lorsque la peine de mort sera applicable aux auteurs du crime, elle sera remplacée, à l'égard des chefs, auteurs, instigateurs et provocateurs de ces réunions, par la peine des travaux forcés à perpétuité.

18. — Quiconque aura menacé, par écrit anonyme ou signé, de commettre un des crimes prévus en l'article 16 sera puni d'un emprisonnement de trois à cinq ans, dans le cas où la menace aurait été faite avec ordre de déposer une somme d'argent dans un lieu indiqué, ou de remplir toute autre condition.

Si la menace n'a été accompagnée d'aucun ordre ou condition, la peine sera d'un emprisonnement de trois mois à deux ans, et d'une amende de cent à cinq cents francs.

Si la menace avec ordre ou condition a été verbale, le coupable sera puni d'un emprisonnement de quinze jours à six mois, et d'une amende de 25 à 300 francs.

Dans tous les cas, le coupable pourra être mis, par le jugem., sous la surv. de la haute police, pour un temps qui ne pourra être moindre de 2 ans ni excéder 5 ans.

19. — Quiconque, par maladresse, imprudence, inattention, négligence ou inobservation des lois ou règlements, aura involontairement causé sur un ch. de fer, ou dans les gares ou stations, un accident qui aura occasionné des blessures sera puni de huit jours à six mois d'emprisonnement, et d'une amende de cinquante à mille francs.

Si l'accident a occasionné la mort d'une ou de plusieurs personnes, l'emprisonnement sera de six mois à cinq ans et l'amende de trois cents à trois mille francs.

20. — Sera puni d'un emprisonnement de six mois à deux ans tout mécanicien ou conducteur garde-frein qui aura abandonné son poste pendant la marche du convoi.

21. — Toute contravention aux ordonn. portant règl. d'admin. publique sur la police, la sûreté et l'exploitation du chemin de fer, et aux arrêtés pris par les préfets, sous l'approbation du min. des tr. publ., pour l'exécution desdites ordonnances, sera punie d'une amende de seize à trois mille francs. — En cas de récidive dans l'année, l'amende sera portée au double, et le tribunal pourra, selon les circonstances, prononcer, en outre, un emprisonnement de trois jours à un mois.

22. — Les concessionnaires ou fermiers d'un chemin de fer seront responsables, soit envers l'État, soit envers les particuliers, du dommage causé par les administrateurs, directeurs ou employés à un titre quelconque au service de l'exploitation du chemin de fer. — V. *Administrateurs* et *Responsabilité*.

L'État sera soumis à la même responsabilité envers les particuliers, si le chemin de fer est exploité à ses frais et pour son compte.

23. — Les crimes, délits ou contrav. prévus dans les titres I et III de la présente loi pourront être constatés par des pr.-verbaux dressés concurremment par les officiers de police judic., les ingén. des p. et ch. et des mines, les conducteurs, gardes-mines, agents de surveill. et gardes nommés ou agréés par l'admin. et dûment assermentés (1).

Les procès-verbaux des délits et contrav. feront foi jusqu'à preuve contraire.

Au moyen du serment prêté devant le tribunal de première instance de leur domicile, les agents de surveill. de l'admin. et des concessionnaires ou fermiers pourront verbaliser sur toute la ligne du chemin de fer auquel ils seront attachés.

24. — Les procès-verbaux dressés en vertu de l'article précédent seront visés pour timbre et enregistrés en débet.

Ceux qui auront été dressés par des agents de surveillance et gardes assermentés devront être affirmés dans les trois jours, à peine de nullité, devant le juge de paix ou le maire, soit du lieu du délit ou de la contravention, soit de la résidence de l'agent.

25. — Toute attaque, toute résistance avec violence et voies de fait envers les agents des chemins de fer, dans l'exercice de leurs fonctions, sera punie des peines appliquées à la rébellion, suivant les distinctions faites par le Code pénal.

26. — L'article 463 du Code pénal est applicable aux condamnations qui seront prononcées en exécution de la présente loi.

27. — En cas de conviction de plusieurs crimes ou délits prévus par la présente loi ou par le Code pénal, la peine la plus forte sera seule prononcée.

Les peines encourues pour des faits postérieurs à la poursuite pourront êtrs cumulées sans préjudice des peines de la récidive. »

LONGRINES.

Emploi pour la voie. — L'emploi des longrines pour l'établissement des voies a été généralement abandonné et remplacé par le système de support des rails au moyen de *traverses* (V. ce mot). Une exception doit être signalée pour la construction de certains ponts métalliques *à poutres jumelées* où les rails sont supportés par des longrines reposant sur des entretoises. — V. *Ponts métalliques.*

LONGUEURS.

I. Bases kilométriques des tarifs. — Le kilomètre (ou 1000 mètres) est l'unité de longueur pour les chemins de fer français. — Les tarifs officiels ont tous pour base cette mesure, à laquelle correspond le prix unitaire fixé par le cahier des charges ou par les tarifs spéciaux, pour le transport des voyageurs et des marchandises (2).

---

(1) Une circ. minist. adressée, le 19 nov. 1862, aux chefs du contrôle les a invités à veiller en ce qui concerne les conducteurs et gardes-mines placés sous leurs ordres à l'accomplissement de la formalité du serment exigé par cet article. — V. d'ailleurs, l'art. *Assermentation.*

(2) Le mille métrique (1000 m.) est également adopté pour l'application des tarifs de chemins de fer, en *Belgique*, en *Espagne*, en *Hollande*, en *Italie*, où l'on compte aussi le mille de 60 au

« La perception des tarifs a lieu d'après le nombre de kilom. parcourus. Tout kilom. entamé sera payé comme s'il avait été parcouru en entier. — Si la distance parcourue est inférieure à 6 kilom., elle sera comptée pour 6 kilom. » (Art. 42, cah. des ch. Extr.)

Comptages exceptionnels. — V. *Distances.*

II. Longueur totale des voies exploitées (au 31 déc. 1881, — *France-Européenne. — Recueil offic.,* 1883). Longueur ensemble 25,092, dont 10,487,9 à *deux voies* ou plus, et 14,604,1 à *une voie.*

Répartition en alignements droits, courbes, paliers, pentes et rampes. — V. les mots *Courbes* et *Déclivités.*

Longueur kilométrique exploitée au 31 déc. 1885 (Sur les chemins de fer français), savoir :

Réseau de l'État...................................	2,267 kilom.
Six grandes compagnies...........................	28,198 —
Compagnies diverses.............................	254 —
Chemin de fer d'intérêt local....................	1,182 —
Chemins de fer à voie étroite...................	368 —
TOTAL................	32,269 kilom.

Longueur exploitée à la même époque sur les divers ch. de fer de l'Europe (Extr. d'un document off. du min. des tr. publ.).

L'Allemagne a en exploitation....................	37,535 kilom.
La France.......................................	32,491 —
La Grande-Bretagne et l'Irlande.................	30,983 —
La Russie et la Finlande........................	26,483 —
L'Autriche-Hongrie..............................	22,613 —
L'Italie..	10,354 —
L'Espagne.......................................	9.1×5 —
La Suède et la Norvège..........................	8,454 —
La Belgique.....................................	4,410 —
Les Pays-Bas et le Luxembourg...................	2,800 —
La Suisse.......................................	2,758 —
Le Danemark.....................................	1,942 —
La Roumanie.....................................	1,660 —
Le Portugal.....................................	1,529 —
La Turquie, la Bulgarie et la Roumélie..........	1,394 —
La Grèce..	323 —
La Serbie.......................................	214 —
TOTAL GÉNÉRAL............	195,158 kilom.

L'accroissement de la longueur des ch. de fer exploités en Europe, du 31 déc. 1884 au 31 déc. 1885, a été au total de 5,942 kilom., soit 3,14 p. 100 du réseau en expl. l'année précédente.

Le réseau français s'est accru de 4,06 pour 100, chiffre supérieur à la moyenne. La longueur des lignes ouvertes en France durant l'année 1885 représente 21,36 p. 100 de la longueur des lignes ouvertes dans toute l'Europe pendant le même exercice. (Extr. du *Journal offic.,* 1er octobre 1886.)

III. Pose de poteaux kilométriques (repères des longueurs). — V. *Poteaux.*

---

degré (1852 m.), dans le duché de *Luxembourg* et en Suisse (*littoral* français). Dans ce dernier pays, la lieue (*stunde*) de 10,000 *fuss* ou pieds est de 4,800 m.

Voici d'autres types d'unités de longueur qui s'éloignent du mille métrique.

Allemagne, en général (*meile,* lieue de 15 au degré), 7,408m,00. — *Bade* (duché de), mille, 8,888m,90. — *Bavière,* 7,425m,79. — *Prusse,* mille du Rhin, 7,532m,00. — *Angleterre, mile* (1760 yards), 1609m,31. — *Autriche,* mille de poste. 7,586m,47. — *Danemark* et *Hambourg,* 7,538m,00. — *Pologne,* mille de 20 au degré, 5,556m,00; mille nouveau (8 werstes), 8,534m,00. — *Russie,* werste (500 *sagènes*), 1066m,78. — *Turquie,* berri, 1476m,00.

LOQUETEAUX.

I. Installation de loqueteaux (aux portières des wagons). — Le C. gén. des p. et ch., consulté par le min. des tr. publ. au sujet du meilleur système à employer pour la fermeture des voitures à voyageurs, a émis un avis qui a fait l'objet d'une décis. min. du 11 mai 1855, textuellement reproduite à l'art. *Portières de wagons;* cet avis comprenait la question de savoir si l'emploi des loqueteaux extérieurs adoptés par certaines compagnies devait être généralisé, et, dans le cas de l'affirmative, s'il conviendrait de les installer de manière à pouvoir être manœuvrés de l'intérieur des wagons.

En conformité de l'avis exprimé sur ce point par le conseil général, la décision précitée a prescrit aux compagnies l'emploi de loqueteaux, placés extérieurement au bas des portières, à 0m,50 au plus, en contre-bas des ouvertures de ces portières. (Extr.)

II. Prescriptions diverses. (Application de l'art. 26 de l'ordonn. du 15 nov. 1846, relatif à la fermeture des portières de wagons.) — V. *Portières.*

LORRYS OU WAGONNETS.

I. Emploi pour les travaux. — On donne le nom de *lorrys* à de petits wagonnets ou trucks poussés à bras d'homme, mis à la disposition des brigades de poseurs pour les travaux d'entretien courant des voies de fer.

D'après les règlements approuvés, sur la plupart des lignes, « lorsqu'un truck ou lorry circulera ou stationnera sur les voies principales, un employé muni des signaux nécessaires devra se tenir constamment à 800 mètres (et même jusqu'à 1500 mètres, au moins, suivant la déclivité de la voie) à l'arrière du truck ou lorry, pour arrêter tout train ou toute machine qui se présenterait sur la même voie.

« Les trucks ou lorrys ne devront jamais être employés pendant la nuit ni en temps de brouillard. »

Sur les sections à voie unique, le wagonnet pourra marcher indifféremment dans un sens ou dans l'autre, à la condition d'être précédé ou suivi par un homme chargé de faire les signaux à la distance réglementaire.

Dès qu'un train est signalé sur la voie que parcourt le wagonnet, celui-ci doit être immédiatement culbuté en dehors. (En principe, les règlements prescrivent d'enlever les lorrys des voies, quinze minutes avant l'heure de passage des trains.)

Dans les gares, on ne devra jamais faire circuler de wagonnets sur les voies qu'après en avoir prévenu le chef de station. (Extr. d'une instr. spéc.)

II. Usage abusif. — Quelques agents des équipes ont cru pouvoir, dans certains cas, faire usage de lorrys pour le transport de leurs objets personnels. Des punitions disciplinaires et même quelquefois des condamnations judiciaires intervenues à la suite d'accidents, leur ont montré que cette pratique était tout à fait irrégulière.

LOUAGE DE SERVICES.

Réclamations d'agents (non commissionnés). — Voir *Hommes d'équipe.*

MACHINES A VAPEUR.

I. Formalités générales d'autorisation (et mesures diverses concernant les chaudières et machines à vapeur, autres que celles qui sont placées à bord des bateaux). L'ancienne ordonn. du 22 mai 1843, qui avait réglé en détail les dispositions relatives aux appareils à vapeur autres que ceux installés sur les bateaux, a été successivement remaniée et remplacée par des décrets portant les dates des 25 janv. 1865, 30 avril 1880 et 29 juin 1886 (ce dernier modifiant ou complétant surtout l'art. 14 de celui du 30 avril 1880). — Nous avons donné, au mot *Locomotives*, les principaux renseignements intéressant les formalités d'emploi et de service de ces machines, et au mot *Locomobiles*, divers détails concernant l'usage dont elles peuvent être l'objet sur les chemins de fer, soit pour les travaux d'établ. ou d'entretien de la voie (*épuisements*, etc.), soit pour la manœuvre des plaques tournantes. — D'un autre côté, sans parler de l'outillage des ateliers du matériel, des machines à vapeur fixes fonctionnent dans beaucoup de gares où des prises d'eau sont pratiquées pour l'alimentation des locomotives.

En raison de ces intérêts divers, nous reproduisons ci-après la réglem. actuelle des appareils dont il s'agit, c'est-à-dire les décrets du 30 avril 1880 et 29 juin 1886, en faisant remarquer toutefois que d'après le rapport même et les instructions qui ont précédé ou suivi le décret du 30 avril 1880 (Voir *Journal officiel* du 3 mai suivant), il n'y a pas eu à proprement parler de changement aux conditions essentielles de l'épreuve *des chaudières neuves* (1). — C'est ce qui nous a engagé à rappeler, au mot *Chaudières*, quelques-unes des anciennes dispositions de l'ordonn. de 1843 et du décret de 1865. — Ceci expliqué, nous insérons ci-après, le texte même des nouveaux décrets :

1° *Décret, 30 avril 1880.* — « Art. 1er. — Sont soumis aux formalités et aux mesures prescrites par le présent règlement : 1° les générateurs de vapeur, autres que ceux qui sont placés à bord des bateaux ; 2° les récipients définis ci-après (titre V). »

TITRE Ier. — MESURES DE SÛRETÉ RELATIVES AUX CHAUDIÈRES PLACÉES A DEMEURE.

2. — Aucune chaudière neuve ne peut être mise en service qu'après avoir subi l'épreuve réglementaire ci-après définie. Cette épreuve doit être faite chez le constructeur et sur sa demande. — Toute chaudière venant de l'étranger est éprouvée avant sa mise en service, sur le point du territoire français désigné par le destinataire dans sa demande.

3. — Le renouvellement de l'épreuve peut être exigé de celui qui fait usage d'une chaudière : — 1° Lorsque la chaudière, ayant déjà servi, est l'objet d'une nouvelle installation ; — 2° Lorsqu'elle a subi une réparation notable ; — 3° Lorsqu'elle est remise en service après un chômage prolongé. — A cet effet, l'intéressé devra informer l'ingén. des mines de ces diverses circonstances. En particulier, si l'épreuve exige la démolition du massif du fourneau ou l'enlèvement de l'enveloppe de la chaudière et un chômage plus ou moins prolongé, cette épreuve pourra ne point être exigée, lorsque des renseignements authentiques sur l'époque et les résultats de la dernière visite, intérieure et extérieure, constitueront une présomption suffisante en faveur du bon état de la chaudière. Pourront être notamment considérés comme renseignements probants les certificats délivrés aux membres des associations de propr. d'appareils à vapeur par celles de ces associations que le min. aura désignées. — Le renouvellement de l'épreuve est exigible également lorsque, à raison des conditions dans lesquelles une chaudière fonctionne, il y a lieu, par l'ingén. des mines, d'en suspecter la solidité. — Dans tous les cas, lorsque celui qui fait usage d'une chaudière contestera la nécessité d'une nouvelle épreuve, il sera, après une instruction où celui-ci sera entendu, statué par le préfet. — En aucun cas, l'intervalle entre deux épreuves

---

(1) *Indications explicatives*, données dans les documents relatifs au décret du 30 avril 1880 (*Extr.*). — « Rien n'est changé aux conditions essentielles de l'épreuve des chaudières neuves ; mais, désormais, cette épreuve pourra être exigée dans d'autres cas que ceux de réparation notable ; elle ne devra jamais être retardée de plus de dix ans. — Les chaudières de 1re catég. pourront être établies à 10 m. de distance d'une maison d'habitation, sans aucune disposition particulière. — Les chaudières de la 2e catég. ne peuvent être placées dans l'intérieur des ateliers que lorsque ceux-ci ne font point partie d'une maison d'habitation. Il ne sera plus fait d'exception pour les maisons réservées aux manufacturiers, à leurs familles et à leurs employés. — Les chaudières de la 3e catég. pourront continuer à être établies dans une maison quelconque. — Les récipients de vapeur, de formes diverses, d'une capacité de plus de 100 litres, sont assujettis à la déclaration. Ils sont, en outre, soumis à l'épreuve officielle, et munis, dans certains cas, d'une soupape de sûreté. Un délai de six mois est accordé pour l'exécution de cette mesure. » — V. aussi plus loin, décr. du 29 juin 1886.

consécutives n'est supérieur à dix années. Avant l'expiration de ce délai, celui qui fait usage
d'une chaudière à vapeur doit lui-même demander le renouvellement de l'épreuve.

Epreuves. — 4. — L'épreuve consiste à soumettre la chaudière à une pression hydraulique
supérieure à la pression effective qui ne doit point être dépassée dans le service. Cette pression
d'épreuve sera maintenue pendant le temps nécessaire à l'examen de la chaudière dont toutes les
parties doivent pouvoir être visitées. — La surcharge d'épreuve par centimètre carré est égale à
la pression effective, sans jamais être inférieure à un demi-kilogr. ni supérieure à 6 kilogr. —
L'épreuve est faite sous la direction de l'ingén. des mines et en sa présence, ou, en cas d'empêchement, en présence du garde-mines opérant d'après ses instructions. — Elle n'est pas exigée pour
l'ensemble d'une chaudière dont les diverses parties, éprouvées séparément, ne doivent être
réunies que par des tuyaux placés, sur tout leur parcours, en dehors du foyer et des conduits de
flamme, et dont les joints peuvent être facilement démontés. — Le chef de l'établissement où se
fait l'épreuve fournit la main-d'œuvre et les appareils nécessaires à l'opération.

5. — Après qu'une chaudière ou partie de chaudière a été éprouvée avec succès, il y est
apposé un timbre indiquant, en kilogrammes par centimètre carré, la pression effective que la
vapeur ne doit pas dépasser. — Les timbres sont poinçonnés et reçoivent trois nombres indiquant
le jour, le mois et l'année de l'épreuve. — Un de ces timbres est placé de manière à être toujours apparent après la mise en place de la chaudière.

Soupapes de sûreté. — 6. — Chaque chaudière est munie de deux soupapes de sûreté, chargées de manière à laisser la vapeur s'écouler dès que sa pression effective atteint la limite maximum indiquée par le timbre régl. — L'orifice de chacune des soupapes doit suffire à maintenir,
celle-ci étant au besoin convenablement déchargée ou soulevée et quelle que soit l'activité du feu,
la vapeur dans la chaudière à un degré de pression qui n'excède, pour aucun cas, la limite ci-
dessus. — Le constructeur est libre de répartir, s'il le préfère, la section totale d'écoulement
nécessaire des deux soupapes réglementaires entre un plus grand nombre de soupapes.

Manomètre. — 7. — Toute chaudière est munie d'un manomètre en bon état placé en vue du
chauffeur et gradué de manière à indiquer en kilogr. la pression effective de la vapeur dans la
chaudière. — Une marque très apparente indique sur l'échelle du manomètre la limite que la
pression effective ne doit point dépasser. — La chaudière est munie d'un ajutage terminé par
une bride de 0ᵐ,04 de diamètre et 0ᵐ,005 d'épaisseur, disposée pour recevoir le manomètre
vérificateur.

Appareils divers. — 8. — Chaque chaudière est munie d'un appareil de retenue, soupape
ou clapet, fonctionnant automatiquement et placé au point d'insertion du tuyau d'alimentation
qui lui est propre.

9. — Chaque chaudière est munie d'une soupape ou d'un robinet d'arrêt de vapeur placé,
autant que possible, à l'origine du tuyau de conduite de vapeur, sur la chaudière même.

10. — Toute paroi en contact par une de ses faces avec la flamme doit être baignée par l'eau
sur sa face opposée. — Le niveau de l'eau doit être maintenu, dans chaque chaudière, à une
hauteur de marche telle qu'il soit, en toute circonstance, à 0ᵐ,06 au moins au-dessus du plan
pour lequel la condition précédente cesserait d'être remplie. La position limite sera indiquée,
d'une manière très apparente, au voisinage du tube de niveau mentionné à l'art. suivant. — Les
prescr. énoncées au présent art. ne s'appliquent point : — 1° Aux surchauffeurs de vapeur
distincts de la chaudière ; — 2° A des surfaces relativement peu étendues et placées de manière
à ne jamais rougir, même lorsque le feu est poussé à son maximum d'activité, telles que les
tubes ou parties de cheminée qui traversent le réservoir de vapeur, en envoyant directement à
la cheminée principale les produits de la combustion.

11. — Chaque chaudière est munie de deux appareils indicateurs du niveau de l'eau, indépendants l'un de l'autre et placés en vue de l'ouvrier chargé de l'alimentation. — L'un de ces
deux indicateurs est un tube en verre, disposé de manière à pouvoir être facilement nettoyé et
remplacé au besoin. — Pour les chaudières verticales de grande hauteur, le tube en verre est
remplacé par un appareil disposé de manière à reporter en vue de l'ouvrier chargé de l'alimentation l'indication du niveau de l'eau dans la chaudière.

TITRE II. — ÉTABLISSEMENT DES CHAUDIÈRES A VAPEUR PLACÉES A DEMEURE.

12. — Toute chaudière à vapeur destinée à être employée à demeure ne peut être mise en
service qu'après une déclaration adressée par celui qui fait usage du générateur au préfet du
département. Cette déclaration est enregistrée à sa date. Il en est donné acte. Elle est communiquée sans dél..i à l'ingénieur en chef des mines.

13. — La déclaration fait connaître avec précision : — 1° Le nom et le domicile du vendeur
de la chaudière ou l'origine de celle-ci ; — 2° La commune et le lieu où elle est établie ; — 3° La
forme, la capacité et la surface de chauffe ; — 4° Le numéro du timbre régl. ; — 5° Un numéro
distinctif de la chaudière, si l'établ. en possède plusieurs ; — 6° Enfin, le genre d'industrie et
l'usage auquel elle est destinée.

14. — Les chaudières sont divisées en trois catégories. — Cette classification est basée sur le
produit de la multiplication du nombre exprimant en mètres cubes la capacité totale de la chaudière (avec ses bouilleurs et ses réchauffeurs alimentaires, mais sans y comprendre les surchauf-

feurs de vapeur) par le nombre exprimant, en degrés centigrades, l'excès de la température de l'eau correspondant à la pression indiquée par le timbre réglementaire sur la température de 100 degrés, conformément à la table annexée au présent décret. — Si plusieurs chaudières doivent fonctionner ensemble dans un même emplacement et si elles ont entre elles une communication quelconque directe ou indirecte, on prend, pour former le produit comme il vient d'être dit, la somme des capacités de ces chaudières. — Les chaudières sont de la première catégorie quand le produit est plus grand que 200 ; de la deuxième, quand le produit n'excède pas 200, mais surpasse 50 ; de la troisième, si le produit n'excède pas 50. — Voir plus loin, 2°, le *decret du 29 juin* 1886.

15. — Les chaudières comprises dans la première catégorie doivent être établies en dehors de toute maison d'habitation et de tout atelier surmonté d'étages. N'est pas considérée comme un étage, au-dessus de l'emplacement d'une chaudière, une construction dans laquelle ne se fait aucun travail nécessitant la présence d'un personnel à poste fixe.

16. — Il est interdit de placer une chaudière de 1re catég. à moins de 3 m. d'une maison d'habitation. — Lorsqu'une chaudière de 1re catég. est placée à moins de 10 m. d'une maison d'habitation, elle en est séparée par un mur de défense. — Ce mur, en bonne et solide maçonnerie, est construit de manière à défiler la maison par rapport à tout point de la chaudière distant de moins de 10 m., sans toutefois que sa hauteur dépasse d'un mètre la partie la plus élevée de la chaudière. Son épaisseur est égale au tiers au moins de sa hauteur, sans que cette épaisseur puisse être inférieure à un mètre en couronne. Il est séparé du mur de la maison voisine par un intervalle libre de $0^m,30$ de largeur au moins. — L'établ. d'une chaudière de 1re catég. à la distance de 10 m. ou plus d'une maison d'habitation n'est assujetti à aucune condition particulière. — Les distances de 3 m. et de 10 m. fixées ci-dessus sont réduites respectivement à $1^m.50$ et à 5 m., lorsque la chaudière est enterrée de façon que la partie supérieure de ladite chaudière se trouve à *un mètre* en contre-bas du sol, du côté de la maison voisine.

17. — Les chaudières comprises dans la 2e catég. peuvent être placées dans l'intérieur de tout atelier, pourvu que l'atelier ne fasse pas partie d'une maison d'habitation. — Les foyers sont séparés des murs des maisons voisines par un intervalle libre de *un mètre* au moins.

18. — Les chaudières de 3e catég. peuvent être établies dans un atelier quelconque, même lorsqu'il fait partie d'une maison d'habitation. Les foyers sont séparés des murs des maisons voisines par un intervalle libre de $0^m,50$ au moins.

19. — Les conditions d'emplacement prescrites pour les chaudières à demeure, par les précédents articles, ne sont pas applicables aux chaudières pour l'établ. desquelles il aura été satisfait au décret du 25 janv. 1865, antérieurement à la promulgation du présent règlement.

20. — Si, postérieurement à l'établ. d'une chaudière, un terrain contigu vient à être affecté à la construction d'une maison d'habitation, celui qui fait usage de la chaudière devra se conformer aux mesures prescrites par les art. 16, 17 et 18, comme si la maison eût été construite avant l'établ. de la chaudière.

21. — Indépendamment des mesures générales de sûreté prescrites au titre 1er et de la déclaration prévue par les art. 12 et 13, les chaudières à vapeur fonctionnant dans l'intérieur des mines sont soumises aux conditions que pourra prescrire le préfet, suivant les cas et sur le rapport de l'ingén. des mines.

TITRE III. — CHAUDIÈRES LOCOMOBILES.

22. — Sont considérées comme locomobiles les chaudières à vapeur qui peuvent être transportées facilement d'un lieu dans un autre, n'exigent aucune construction pour fonctionner sur un point donné et ne sont employées que d'une manière temporaire à chaque station.

23. — Les dispositions des articles 2 à 11 inclusivement du présent décret sont applicables aux chaudières locomobiles.

24. — Chaque chaudière porte une plaque sur laquelle sont gravés, en caractères très apparents, le nom et le domicile du propriétaire et un numéro d'ordre, si ce propriétaire possède plusieurs chaudières locomobiles.

25. — Elle est l'objet de la déclaration prescrite par les art. 12 et 13. Cette déclaration est adressée au préfet du département où est le domicile du propriétaire. — L'ouvrier chargé de la conduite devra représenter à toute réquisition le récépissé de cette déclaration.

TITRE IV. — CHAUDIÈRES DES MACHINES LOCOMOTIVES.

26. — Les machines à vapeur locomotives sont celles qui sur terre travaillent en même temps qu'elles se déplacent par leur propre force, telles que les machines des chemins de fer et des tramways, les machines routières, les rouleaux compresseurs, etc.

27. — Les dispositions des articles 2 à 8 inclusivement et celles des articles 11 et 24 sont applicables aux chaudières des machines locomotives.

28. — Les dispositions de l'article 25, § 1er, s'appliquent également à ces chaudières.

29. — La circulation des machines locomotives a lieu dans les conditions déterminées par des règlements spéciaux.

TITRE V. — RÉCIPIENTS.

30. — Sont soumis aux dispos. suiv. les récipients de formes diverses, d'une capacité de plus de cent litres, au moyen desquels les matières à élaborer sont chauffées, non directement à feu nu, mais par de la vapeur empruntée à un générateur distinct, lorsque leur communic. avec l'atmosphère n'est point établie par des moyens excluant toute pression effective nettement appréciable.

31. — Ces récipients sont assujettis à la déclaration prescrite par les art. 12 et 13. — Ils sont soumis à l'épreuve, conf. aux art. 2, 3, 4 et 5. Toutefois, la surcharge d'épreuve sera, dans tous les cas, égale à la moitié de la pression maximum à laquelle l'appareil doit fonctionner, sans que cette surcharge puisse excéder 4 kilogr. par centimètre carré.

32. — Ces récipients sont munis d'une soupape de sûreté réglée pour la pression indiquée par le timbre, à moins que cette pression ne soit égale ou supérieure à celle fixée pour la chaudière alimentaire. L'orifice de cette soupape, convenablement déchargée ou soulevée au besoin, doit suffire à maintenir, pour tous les cas, la vapeur dans le récipient à un degré de pression qui n'excède pas la limite du timbre. — Elle peut être placée, soit sur le récipient lui-même, soit sur le tuyau d'arrivée de la vapeur, entre le robinet et le récipient.

33. — Les dispositions des art. 30, 31 et 32 s'appliquent également aux réservoirs dans lesquels de l'eau à haute température est emmagasinée, pour fournir ensuite un dégagement de vapeur ou de chaleur, quel qu'en soit l'usage.

34. — Un délai de six mois, à partir de la promulgation du présent décret, est accordé pour l'exécution des quatre articles qui précèdent.

TITRE VI. — DISPOSITIONS GÉNÉRALES.

35. — Le ministre peut, sur le rapport des ingénieurs des mines, l'avis du préfet et celui de la commission centrale des machines à vapeur, accorder dispense de tout ou partie des prescriptions du présent décret, dans tous les cas où, à raison soit de la forme soit de la faible dimension des appareils, soit de la position spéciale des pièces contenant de la vapeur, il serait reconnu que la dispense ne peut pas avoir d'inconvénient. — Voir plus loin, 2°, art. 3 du décret du 29 juin 1886.

36. — Ceux qui font usage de générateurs ou de récipients de vapeur veilleront à ce que ces appareils soient entretenus constamment en bon état de service. — A cet effet, ils tiendront la main à ce que des visites complètes, tant à l'intér. qu'à l'extér., soient faites à des intervalles rapprochés pour constater l'état des appareils et assurer l'exéc., en temps utile, des réparations ou remplacements nécessaires. — Ils devront informer les ingén. des réparations notables faites aux chaudières et aux récipients, en vue de l'exéc. des art. 3 (1°, 2° et 3°) et 31, § 2.

37. — Les contraventions au présent régl. sont constatées, poursuivies et réprimées conformément aux lois. — Voir plus loin au § 5, la loi du 21 juillet 1856.

38. — En cas d'accident ayant occasionné la mort ou des blessures, le chef de l'établ. doit prévenir imméd. l'autorité chargée de la police locale et l'ingén. des mines chargé de la surv. L'ingén. se rend sur les lieux, dans le plus bref délai, pour visiter les appareils, en constater l'état et rechercher les causes de l'accident Il rédige sur le tout : — 1° Un rapport qu'il adresse au procureur de la République et dont une expéd. est transmise à l'ingén. en chef, qui fait parvenir son avis à ce magistrat ; — 2° Un rapport, qui est adressé au préfet par l'interm. et avec l'avis de l'ingén en chef. — En cas d'accident n'ayant occasionné ni mort ni blessure, l'ingén. des mines seul prévenu, il rédige un rapport qu'il envoie, par l'interm. et avec l'avis de l'ingén. en chef, au préfet. — En cas d'explosion, les constructions ne doivent point être réparées et les fragments de l'appareil rompu ne doivent point être déplacés ou dénaturés avant la constatation de l'état des lieux par l'ingénieur.

39. — Par exception, le min. pourra confier la surv. des appareils à vapeur aux ingén. ordin. et aux cond. des p. et ch., sous les ordres de l'ingén. en chef des mines de la circonscription.

40. — Les appareils à vapeur qui dépendent des services spéciaux de l'Etat sont surveillés par les fonctionnaires et agents de ces services.

41. — Les attributions conférées aux préfets des départements par le présent décret sont exercées par le préfet de police dans toute l'étendue de son ressort.

42. — Est rapporté le décret du 25 janvier 1865.

43. — Le min. des tr. publ. est chargé, etc. (Décret, 30 avril 1880.)

Nota. — Suivait un tableau en deux colonnes donnant les *valeurs correspondantes* de la pression effective en *kilogr.* (col. 1) et de la température en *degrés centigrades* (col. 2). — La 1re colonne indiquait les chiffres consécutifs de 0,5 — 1 — 1,5 — 2 — 2,5, etc. cumulés ainsi jusqu'à 20 et, *en regard* de chacun de ces nombres (2° col.), les chiffres « de 111, 120, 127, 133, 138, 143, 147, 151, 155, 158, 161, 164, 167, 170, 173, 175, 177, 179, 181, 183, 185, 187, 189, 191, 193, 194, 196, 197, 199, 200, 202, 203, 205, 206, 208, 209, 210, 211, 213, 214. »

2° *Décret du 29 juin 1886.* — Le Président de la République française, — Sur le rapport du min. des tr. publ., — Vu la loi du 21 juillet 1856 ; — Vu le décret du 30 avril 1880, relatif aux chaudières à vapeur autres que celles qui sont placées sur des bateaux ; — Vu l'avis de la commission centrale des machines à vapeur ; — Le C. d'Etat entendu, — Décrète :

Art. 1er. — Lorsque plusieurs générateurs de vapeur, placés à demeure, sont groupés sur une conduite générale de vapeur, en nombre tel que le produit, formé comme il est dit à l'art. 14 du décret du 30 avril 1880, en prenant comme base du calcul le timbre régl. le plus élevé, dépasse le nombre 1800, lesdits générateurs sont répartis par séries correspondant chacune à un produit au plus égal à ce nombre : chaque série est munie d'un clapet automatique d'arrêt, disposé de façon à éviter, en cas d'explosion, le déversement de la vapeur des séries restées intactes.

2. — Lorsqu'un générateur de première catégorie est chauffé par les flammes perdues d'un ou plusieurs fours métallurgiques, tout le courant des gaz chauds doit, en arrivant au contact des tôles, être dirigé tangentiellement aux parois de la chaudière. — A cet effet, si les rampants destinés à amener les flammes ne sont pas construits de façon à assurer ce résultat, les tôles exposées aux coups de feu sont protégées, en face des débouchés des rampants dans les carneaux, par des murettes en matériaux réfractaires, distantes des tôles d'au moins 50 millim., et suffisamment étendues dans tous les sens, pour que les courants de gaz chauds prennent des directions sensiblement tangentielles aux surfaces des tôles voisines, avant de les toucher.

3. — Les dispositions de l'art. 35 du décret du 30 avril 1880 sont applicables aux prescriptions du présent règlement.

4. — Un délai de six mois est accordé aux propr. des chaudières, existant antér. à la promulg. du présent règl., pour se conformer aux prescriptions ci-dessus.

5. — Le ministre des travaux publics est chargé, etc.

II. Application du décret du 30 avril 1880 (aux machines *locomobiles* et locomotives). — V. ci-dessus, pour les *locomobiles*, les art. 22 à 25 du décret précité, et pour les *locomotives*, les art. 26 à 29 dudit décret. — V. aussi les mots *Alimentation, Cours d'eau, Locomotives* et *Prises d'eau.*

Manœuvres de machines. (Précautions à prendre.) — V. *Machines.*

III. Épreuves spéciales des chaudières (Dispositions prescrites pour les récipients ; installations diverses). V. ci-dessus, au § 1er, les indications détaillées contenues dans les décrets du 30 avril 1880 et du 29 juin 1886. — V. aussi les mots *Appareils, Fumée, Manomètre, Soupapes,* etc.

Infractions, Accidents, etc. (Constatations et pénalités). — V. ci-après, §§ 4 et 5.

IV. Accidents occasionnés par les machines à vapeur : — 1° Incendies causés par les locomotives (V. *Incendies*) ; — 2° Explosions de chaudières et accidents divers (art.38 du décret du 30 avril 1880) (V. ci-dessus, § 1). — *Indications spéciales* (relatives aux locomotives) (**V.** *Explosions,* § 1). — 3° Pénalités. — Voir plus loin, § 5.

Comptes rendus d'accidents (et des suites judiciaires qu'ils ont pu recevoir). — A l'occasion de l'ancien décret du 25 janv. 1865, le min. des tr. publ. avait adressé le 30 avril 1866, aux préfets et par ampliation aux ingénieurs, relativement aux accidents survenus dans l'emploi des appareils à vapeur, une circulaire dont il nous semble utile, à titre de renseignement, de rappeler les indications suivantes :

Circ. min. du 30 avril 1866 (Publication des relevés d'accidents d'appareils à vapeur). — *Extr.* :

« Pour que les publications dont il s'agit aient toute leur utilité, il est nécessaire que chaque accident ayant eu quelque gravité s'y trouve signalé, avec la cause qui l'a produit et ses circonstances principales. — Il sera donc essentiel que tous les accidents occasionnés par des appareils à vapeur soient, de la part des ingén. chargés de la surv., l'objet de rapports que je vous serai obligé, monsieur le préfet, de me transmettre très exactement, en y joignant au besoin vos observations ou propositions.

« Comme, en outre, il serait utile pour l'admin. d'avoir connaissance des suites données par les tribunaux aux procès-verbaux qui doivent, en pareil cas, être dressés et remis au ministère public, je vous prierai aussi de me communiquer ces renseignements en m'informant, au fur et à mesure, de chaque décision judiciaire qui sera intervenue. »

Nota. — Nous devons rappeler que les dispositions qui précèdent s'appliquaient surtout aux *machines fixes,* les accidents de *locomotives* faisant d'ailleurs l'objet de constatations et de relevés spéciaux très détaillés en ce qui concerne le service proprement dit de l'expl. des chemins de fer (Voir *Accidents, Ateliers, Explosions, Ruptures, Tubes calorifères*, etc.). — Voir aussi les §§ 5 et 6, ci-après.

V. Infractions. — Pénalités. — Ainsi qu'il est dit à l'art. 37 du décret ci-dessus du 30 avril 1880, « les contraventions (audit règlement) sont constatées, poursuivies et réprimées *conformément aux lois.* » — C'est à dessein évidemment qu'on n'a pas *désigné* distinctement les lois auxquelles il est fait allusion, et qu'on a modifié sur ce point l'ancienne rédaction de l'art. 29 du décret du 25 janvier 1865 qui renvoyait à la loi du 21 juillet 1856, et, pour la responsabilité civile, aux art. 1382 et suivants du Code civil. — En effet, les constatations et les poursuites ne sont pas les mêmes quand il s'agit d'un accident de *locomotive* pouvant donner lieu à l'applic. de l'art. 19 de la loi du 15 juillet 1845 sur la police des chemins de fer (V. *Accidents*, § 8), que lorsqu'il est question d'accidents d'*ateliers*, par exemple, ne rentrant pas dans la catégorie ni dans la statistique des faits d'exploitation prévus par ladite loi et auxquels s'appliquent alors les dispositions suivantes :

Pénalités en matière d'infraction ou d'accidents (dans le service des appareils à vapeur) (Loi, 21 juillet 1856) : — Ladite loi du 21 juillet 1856, sur la police des appareils à vapeur, punit d'une amende de 100 à 1000 fr. (art. 1er), et de 25 à 200 fr. (art. 2), tout fabricant qui a livré, soit une chaudière, soit toute autre pièce destinée à produire de la vapeur, sans que ces pièces aient été soumises aux épreuves prescrites par les règl. et d'une amende de 25 à 500 fr. (art. 3 et 4), quiconque a fait usage d'un appareil à vapeur non autorisé ou pour lequel toutes les formalités régl. n'ont pas été remplies. Les dispositions de cette loi étant d'une applic. très rare sur les chemins de fer, nous nous dispensons de les reproduire *in extenso*, en faisant toutefois une exception pour l'art. 7, qui intéresse une nombreuse catégorie d'agents :

« Art. 7. — Le chauffeur ou mécanicien qui a fait fonctionner une machine ou chaudière à une pression supérieure au degré déterminé dans l'acte d'autorisation, ou qui a surchargé les soupapes d'une chaudière, faussé ou paralysé les autres appareils de sûreté, est puni d'une amende de 25 à 500 francs, et peut être, en outre, condamné à un emprisonnement de trois jours à un mois.

« Le propriétaire, le chef de l'entreprise, le directeur, le gérant ou le préposé par les ordres duquel a eu lieu la contravention prévue au présent article, est puni d'une amende de 100 à 2,000 fr. et peut être condamné à un emprisonnement de six jours à deux mois.»

Explosions. — Enfin l'art. 437 du Code pénal punit de la réclusion quiconque aura occasionné l'explosion d'une machine à vapeur. Cette disposition a eu évidemment en vue un délit volontaire. — V. *Explosions*.

Constatations (et surv. générale). — V. le § suivant.

VI. Surveillance générale des machines à vapeur : — 1° Machines locomotives et *machines fixes* employées dans les ateliers du chemin de fer (Surv. dévolue aux ingénieurs du contrôle). — Cir. min. 15 avril 1850 (V. *Contrôle*, § 2) ; — 2° Autres machines de l'industrie (Intervention des ingénieurs du service des mines, en cas d'accident). — V. ci-dessus, les articles 3, 12, 35, 36 et 38 du décret du 30 avril 1880.

MADRIERS.

Conditions de transport des bois de charpente (Madriers excédant 6m,50 de longueur). — V. le mot *Bois*, § 3. — V. aussi *Marchandises* et *Tarifs* (spéciaux).

MAGASINAGE.

Sommaire. — I. *Règlement annuel des tarifs.* — II. *Indications générales d'application.* — III. *Camionnage d'office (abus de magasinage).* — IV. *Réclamations et litiges.* — V. *Delais légaux d'appl. des tarifs.* — VI. *Limitation du droit de magasinage.* —VII. *Réexpédition au delà du ch. de fer.* — VIII et IX. *Retards dans les délais de livraison.* — X. *Tarif de magasinage des marchandises et objets remis aux domaines.*

I. Règlement annuel des droits de magasinage. — Les frais de magasinage des marchandises de gr. et de petite vitesse dans les gares de ch. de fer, sont compris dans le tarif général des frais accessoires réglé ou prorogé annuellement par le min. des tr. publ., en exécution de l'art. 51 du cah. des ch. (V. *Frais accessoires*), et de l'art. 47 de l'ordonnance du 15 nov. 1846. — V. *Ordonnances.*

Comme nous l'avons fait connaître au mot *Frais accessoires*, le tarif qui est resté jusqu'à ce jour en vigueur est celui du 30 nov. 1876, dont les dispositions en ce qui concerne les droits de magasinage des marchandises de grande et de petite vitesse, des voitures, stationnement de wagons, etc., sont les suivantes (1) :

Tarif de magasinage (grande vitesse). — Ext. du titre 1er de l'arr. min. du 30 nov. 1876) : — Chap. 1er, § 4. — Il est perçu, pour le magasinage des articles de messagerie, marchandises, denrées et lait, adressés *en gare* et qui ne sont pas enlevés, pour quelque cause que ce soit, dans les 48 heures de la mise à la poste de la lettre d'avis adressée par les comp. au destinataire, un droit de 0 fr. 05 par fraction indivisible de 100 kilogr. et par jour. — (Non compris l'impôt additionnel de 10 p. 100 établi par la loi du 16 sept. 1871, pour les transports à gr. vitesse. — V. *Impôts*, §§ 2 et 5.)

Le même droit de magasinage sera perçu par fraction indivisible de 1000 fr. et par jour, pour les articles *à la valeur* placés dans les mêmes conditions.

Dans les deux cas ci-dessus, le minimum de la perception est fixé à 0 fr. 10.

Les droits ci-dessus fixés sont également applic. aux articles de messagerie, marchandises, denrées, lait et articles *à la valeur*, adressés *à domicile* et dont le destinataire serait absent ou inconnu, ou refuserait de prendre livraison, à la condition qu'avis de ces circonstances sera adressé imméd. par les comp. à l'expéditeur ou au cédant.

Dans ce cas, les frais de retour des colis à la gare sont à la charge de la marchandise.

Les chiens dont il n'est pas pris livraison à l'arrivée sont mis en fourrière aux frais, risques et périls de qui de droit. — Les frais de fourrière sont acquittés sur justification de dépenses. — V. le mot *Fourrière.*

(§ 5). *Dépôt des bagages* (et de marchandises diverses.) — V. *Dépôt*, § 4.

Suite du tarif de Magasinage. Gr. vitesse. (*voitures. pompes funèbres, animaux* (bœufs, vaches, taureaux, chevaux, etc.), et des *animaux de petite taille en cages* ou *paniers*).—Titre 1er, chap. 2, § 3 et ch. 3 de l'arr. min. du 30 nov. 1876. — « Il est perçu, pour le stationnement des voitures qui ne sont pas enlevées, pour quelque cause que ce soit, dans les 48 heures de la mise à la poste de la lettre d'avis adressée par les comp. au destinataire : un droit de 1 fr. par voiture et par jour.

En cas de non-enlèvement des cercueils, il sera perçu, à partir de l'arrivée : un droit de 5 fr. par cercueil et par jour.

Les animaux dont il n'est pas pris livraison à l'arrivée sont mis en fourrière aux frais, risques et périls de qui de droit. — Les frais de fourrière sont acquittés sur justification de dépenses.

Même tarif. — *Titre II.* Petite vitesse. (*Marchandises.*) — Chap. 1er (§ 4). — Il est perçu pour le magasinage des marchandises adressées *en gare* et qui ne sont pas enlevées pour quelque cause que ce soit, dans les 48 heures de la mise à la poste de la lettre d'avis adressée par les comp. au destinataire, les droits suivants : — 5 *centimes* par fraction indivisible de 100 kilogr. et par jour, pour les trois premiers jours, à partir de l'expiration du délai fixé ; — 10 *centimes* par fraction indivisible de 100 kilogr. et par jour, pour chaque jour en sus. — Le *minimum* de la perception est fixé à 10 *centimes.*

Les droits ci-dessus fixés sont également applicables aux marchandises adressées *à domicile* et

_____

(1) En ce qui concerne spéc. le *stationnement des wagons complets*, dont le chargem. et le décharg. incombent aux expéditeurs ou aux destinataires, voir plus loin le rappel de l'arr. min. du 27 mai 1878. — V. aussi les mots *Délais* et *Livraison*, pour les questions se rapportant à l'application des frais de magasinage des marchandises en général.

dont le destinataire serait absent ou inconnu, ou refuserait de prendre livraison, à la condition qu'avis de ces circonstances sera adressé imméd. par les comp. à l'expéditeur ou au cédant. — Dans ce cas, les frais de retour des colis à la gare sont à la charge de la marchandise (1).

Les mêmes droits de magasinage seront perçus, au départ et dès l'expiration des vingt-quatre heures qui suivront la remise en gare, pour les marchandises que les compagnies consentiraient, sur la demande de l'expéditeur, à conserver sur leurs quais ou dans leurs magasins au delà de ce délai, les compagnies n'étant tenues d'ailleurs d'accepter que les marchandises prêtes à être expédiées.

Stationnement des wagons. (Transports par wagon complet avec faculté ou obligation pour les intéressés de faire eux-mêmes le charg. ou le décharg.) — § 5, *id.* — V. au mot *Frais accessoires,* les dispositions combinées de l'arr. min. du 30 nov. 1876 et de celui du 27 mai 1878.

Animaux, voitures (Chap. 2, *id.*), § 3, *et animaux de petite taille en cage ou en paniers* (Chap. 3). — Il est perçu, pour le stationnement des voitures qui ne sont pas enlevées, pour quelque cause que ce soit, dans les 48 heures de la mise à la poste de la lettre d'avis adressée par les compagnies au destinataire : un droit de 1 fr. par voiture et par jour.

Les animaux dont il n'est pas pris livraison à l'arrivée sont mis en fourrière aux frais, risques et périls de qui de droit. — Les frais de fourrière sont acquittés sur justification de dépenses.

Matériel roulant. (Chap. 4, *id.*), § 4. — Il est perçu, pour le stationnement des wagons, chariots, locomotives et tenders qui ne sont pas enlevés, pour quelque cause que ce soit, dans les 48 heures de la mise à la poste de la lettre d'avis adressée par les comp. au destinataire : Un droit de 5 fr. par véhicule et par jour.

II. Indications générales diverses (pour lesquelles il y a lieu de se reporter soit plus loin au § 10, pour les frais de magasinage des objets remis aux domaines, soit au § 2 du mot *Frais accessoires,* pour les points suivants, savoir : 1° affichage des taxes ; — 2° frais accessoires des transports militaires ; — 3° frais accessoires sur les lignes d'*intérêt local ;* — 4° impôts divers ; — 5° frais de douane et frais de quai.

Magasinage au départ. — Voir ci-dessus le dernier alinéa du tarif de magasinage des *marchandises* à petite vitesse.

Limite des droits de magasinage. — Voir plus loin, au § 6.

III. Camionnage d'office des marchandises (en cas de grande affluence ou d'encombrement des gares, et en vue de remédier dans certains cas *aux abus du magasinage*). — Arr. min., 12 janv. 1872. (V. *Camionnage,* § 1.) — Dans le même but, et afin d'éviter que la modicité du prix du magasinage ne fût plus l'une des principales causes de l'encombrement des chemins de fer, divers arrêtés min. pris à la suite de la guerre de 1870-1871, notamment ceux du 10 oct. 1871 et du 12 janv. 1872, avaient modifié les anciens prix du magasinage, mais cette situation transitoire a été régularisée par les dispositions générales indiquées ci-dessus au § 1ᵉʳ et qui ont été, comme nous l'avons dit, successivement prorogées jusqu'à ce jour, sans qu'aucun changement essentiel y ait été apporté à notre connaissance.

IV. Litiges (au sujet des *marchandises en souffrance*). — Voir les indications ci-après :

Marchandises non réclamées. — « Lorsque des marchandises dont le transport est confié à une comp. de ch. de fer ne sont pas réclamées, celle-ci ne peut pas les emmagasiner indéfiniment. — Elle doit, après six mois (délai conforme aux indications du décret du 13 août 1810), se pourvoir, par applic. de l'art. 106 du C. de comm., à fin de faire ordonner la vente, le dépôt ou le séquestre desdites marchandises. — Dès lors, elle est sans droit pour demander le payement des frais de magasinage durant un délai supérieur à six mois. » (Trib. comm. Seine, 2 août 1881.)— Antérieurement, la C. de C. (9 mai 1865), avait statué comme il suit, dans une affaire de marchandises non réclamées par l'expéditeur: — « Le tribunal ne commet pas un excès de pouvoir en refusant à une comp. de ch. de fer le payement des droits de magasinage pour des marchandises non réclamées, lorsqu'il constate que, s'il est vrai que c'est par la faute de l'expéditeur que

---

(1) Voir au mot *Camionnage,* § 2, les dispositions de l'arr. min. du 12 janv. 1872, relatives à l'autorisation donnée aux comp., en cas de grande affluence ou d'encombrement des gares, de faire *camionner d'office* les marchandises soit au domicile du destinataire, soit dans un magasin public. — V. aussi plus loin au § 4, les dispositions relatives aux *marchandises en souffrance.*

la marchandise est restée non réclamée, la compagnie aurait dû provoquer une tierce consignation. » — Voir plus loin, au § 10, le tarif de magasinage d'objets remis aux domaines.

Marchandises non livrées, par suite de saisie-arrêt. — Réclamation portée contre l'adm. des ch. de fer de l'État au sujet d'une expédition contre remboursement qui aurait été retenue par cette admin., par suite de saisie-arrêt pratiquée sur le destinataire, bien que la marchandise fût restée la propriété de l'expéditeur, tant que le remboursement n'était pas effectué. — Cette saisie lui paraissant essentiellement nulle, le trib. de comm. de Limoges, 2 mai 1883, tout en mettant hors de cause le destinataire et l'auteur de la saisie-arrêt, a ordonné la restitution des marchandises à l'expéditeur, les frais de transport et de magasinage étant laissés à la charge de la compagnie. — Mais la C. de C. (13 avril 1885), a modifié ledit jugement ainsi qu'il suit : « La compagnie, en gardant lesdites marchandises, n'a fait qu'obéir aux injonctions de celui qui les avait saisies-arrêtées entre ses mains, — lequel est dès lors tenu de la garantir des condamnations motivées par l'exécution de ses ordres. »

Marchandises retenues dans les gares intermédiaires (force majeure, etc.) — « Les droits de magasinage ne sont dus qu'autant que la marchandise transportée est parvenue à la gare où elle doit être remise au destinataire ; — ils ne peuvent donc être exigés si cette marchandise s'arrête en cours de voyage dans une gare intermédiaire, ce stationnement eût-il pour cause une force majeure non imputable au voiturier. » (C. d'appel Paris, 11 nov. 1875.) — Cette jurispr. a été confirmée par un arrêt de la C. de cass. 3 juillet 1878, qui se résume ainsi : — « Lorsque, par suite d'un cas de force majeure, des marchandises expédiées par chemins de fer sont retenues dans une gare intermédiaire, le destinataire ne peut, alors même qu'une lettre d'avertissement lui aurait été adressée, être tenu de payer le droit de magasinage. » — *Stationnement accidentel en cours de route.* — « Le stationnement des marchandises dans les gares, au cours du voyage, pour cause d'encombrement ou par suite d'un ordre du gouvernement, ne peut constituer un dépôt nécessaire, lorsque ces marchandises n'ont été ni en danger de périr, ni remises à un tiers, mais, au contraire, sont restées entre les mains de ladite compagnie. — Celle-ci n'était donc pas fondée à réclamer des expéditeurs des frais de magasinage pour la période dudit stationnement. » (C. C. 7 juillet 1873 et 14 janv. 1874.) — V. aussi *Force majeure, Guerre, Incendie, Inondations.*

Marchandises retirées sous réserves. — « Le destinataire de marchandises, qui les retire dès qu'il y est autorisé sous réserve de ses droits, ne doit pas de frais de magasinage, alors surtout qu'il était fondé à résister aux prétentions de la compagnie. » (Trib. comm. du Mans, 11 déc. 1883.)

REFUS DE PRENDRE LIVRAISON ; LAISSÉ POUR COMPTE. (*Mise en séquestre de marchandises refusées.*) — Applic. de l'art. 106 du Code de comm. (V. *Commissionnaires, Dépôt, Laissé pour compte* et *Livraison.*) — *Responsabilité pour les marchandises refusées déposées chez des tiers.* — « Une comp. de ch. de fer peut valablement se substituer un tiers, pour la garde de marchandises refusées par le destinataire et sujettes aux droits d'octroi et de régie, à la condition de rester responsable de la conservation de ces marchandises envers ce destinataire.—Ledit destinataire est tenu de payer à ce tiers les droits de magasinage d'après le tarif régl. de la comp. » C. C. 11 nov. 1872.) — Mais ce dépôt chez un tiers est facultatif (C. C. 29 mai 1877). — Lorsque ce déplacement de marchandises a lieu, les droits de magasinage sont dus et les conditions réglées comme il est indiqué à l'arrêt ci-dessus visé de la C. de cass. du 11 nov. 1872, et aux nouveaux arrêts de la même cour, intervenus sur cette matière, 13 mars 1874, 15 févr. et 29 mai 1877. —V. aussi *Dépôt, Encombrement, Entrepôt, Évacuation, Laissé pour compte* et *Vente.*

V. Délais légaux du magasinage. — On a vu au § 1er que, faute d'opérer l'enlèvement des colis à l'arrivée, pour quelque cause que ce soit, le droit de magasinage court à partir des 48 heures écoulées depuis la mise à la poste de la lettre d'avis adressée, par la compagnie, au destinataire. — En cas de désaccord sur les dates, *le timbre de la poste* fait ordinairement foi. (Indication minist., déc. 1861.) — En conséquence, l'envoi de l'avertissement, mentionnant au besoin les frais auxquels s'expose le retardataire, est *obligatoire* pour motiver les droits de magasinage prévus par les tarifs.

« Le délai accordé aux destinataires à partir de la mise à la poste, par les compagnies, de la lettre d'avis qu'elles doivent lui adresser, ne peut être allongé sous prétexte que la lettre d'avis a été mise à la poste dans un lieu où il ne se trouvait pas de bureau de distribution. » (C. C., 8 juillet 1863.)

La compagnie ne paraît pas, au surplus, devoir être rendue responsable des fausses routes résultant d'une adresse inexacte donnée par l'expéditeur d'un colis *adressé en gare*, attendu qu'elle ne peut, dans ce cas, envoyer *utilement à domicile*, la lettre d'avis prescrite par les instructions, lettre qui, par une appréciation juridique d'ailleurs, peu compatible, selon nous, avec la pratique régulière des affaires, est considérée comme n'étant pas obligatoire au point de vue proprement dit de l'avis à donner et ne constituerait qu'une simple écriture d'ordre établissant le point de départ des frais de magasinage. — V. *Lettres*.

Il y aurait lieu seulement d'aviser l'expéditeur, lorsque l'admin. des postes retourne la lettre non parvenue. — Voir la note ci-après :

En principe, le *nom du destinataire* doit être désigné sur l'envoi remis au chemin de fer; mais, par suite d'une tolérance accordée au commerce, on n'exige pas toujours l'indication de *l'adresse* de ce destinataire, notamment lorsque les marchandises doivent, après leur arrivée en gare, être remises à un porteur d'ordre d'enlèvement. Dans ce cas, la comp. est naturellement dispensée de l'envoi d'un avis d'arrivée, puisque le destinataire s'est engagé implicitement à faire les diligences nécessaires pour que les marchandises soient retirées en temps utile de la gare, sous peine de l'applic. des frais de magasinage.

Enfin, dans les cas bien rares, sans doute, où la lettre d'avertissement ne parvient pas à destination, par suite d'un oubli ou d'une faute de la comp., aucune instruction ne semble autoriser cette dernière à percevoir les frais de magasinage, lorsque le destinataire vient réclamer *d'office* ses colis, quel que soit, d'ailleurs, le temps écoulé depuis leur arrivée.

Jours fériés (retranchés des délais de magasinage). — Applic. des arr. min. du 12 juin 1866, notamment des art. 5 et 13 (V. *Délais*) et du 2 juin 1866. — Voir ci-après :

Arr. min. 2 juin 1886. (Fête nationale du 14 juillet.) — « Le min. des tr. publ.; — Vu les lois, décrets, etc..... — Vu l'arr. min. du 12 juin 1886 (art. 13)..... — Sur le rapport du dir. des ch. de fer, — Arrête :

Art. 1er. — L'art. 13 de l'arrêté ministériel du 12 juin 1866 est complété de la manière suivante :

« Le 14 juillet, à l'occasion de la fête nationale, les gares de petite vitesse seront fermées, toute la journée, et le délai fixé pour la perception du droit de magasinage sera augmenté d'un jour. »

Art. 2. — Le présent arrêté sera notifié à l'adm. des ch. de fer de l'État et aux comp. de ch. de fer. Il sera publié et affiché, pour être mis en vigueur à partir de l'année 1886. Les préfets, les fonctionn. et agents du contrôle sont chargés d'en surv. l'exécution. »

Magasinage anticipé. — La comp. qui a transporté des marchandises dans un délai plus court que celui résultant des règlements (V. *Délais*), est-elle fondée à *anticiper* l'application des frais de magasinage, c'est-à-dire à faire tourner, à son profit, la différence entre le délai réel et le délai légal et réglementaire de l'arrivée des marchandises? — Cette question, qui a soulevé de nombreux débats, a été résolue ainsi qu'il suit par la C. de cass. : — « Les délais accordés aux comp., pour le transport des marchandises sont des délais *maxima* auxquels les comp. peuvent renoncer; elles peuvent expédier en bloc les colis qui leur ont été confiés en plusieurs chargements; et, lorsque les marchandises sont arrivées en gare, elles peuvent forcer les destinataires à les enlever dans le délai de 48 heures de la lettre d'avis qu'elles lui ont transmise, et faute par eux de faire cet enlèvement dans les délais fixés, les obliger à payer les droits de magasinage, quoique ces marchandises soient arrivées, en tout ou en partie, avant l'expiration des délais réglementaires. » (C. C., 12 août 1863.)

VI. Limitation du droit de magasinage. — D'après la jurispr. établie notamment par la C. d'appel de Bourges (fin juillet 1874), « les comp. de ch. de fer outrepassent leurs droits en réclamant, pour des marchandises dont le destinataire n'avait point pris livraison, des frais de magasinage dépassant la valeur desdites marchandises. »

Tarifs spéciaux. — Sauf un bien petit nombre d'exceptions, les droits de magasinage indiqués dans certains tarifs spéciaux ne diffèrent pas de ceux résultant des tarifs généraux. — En tout cas, il est d'usage d'appliquer, pour les expéditions faites en vertu des tarifs spéciaux, les conditions de magasinage les plus favorables pour le public.

Marchandises soumises aux formalités de douane. — « Les droits de magasinage, établis au profit des comp. de ch. de fer, sont seulement applicables aux marchandises que celles-ci conservent en leur qualité d'entrepreneur de transport. — Ils ne sont point applicables aux marchandises que ces compagnies détiennent à un autre titre, — notamment à celles qui sont retenues par la douane, pour être soumises à sa vérification, dans les magasins que lesdites compagnies sont obligées de mettre à sa disposition, en vertu des conventions intervenues entre elles et l'admin. fiscale. » (Trib. comm. Tourcoing, 27 juin 1876.) — V. *Douane.*

VII. Réexpédition au delà du chemin de fer. — Les conditions ordinaires du magasinage, indiquées aux §§ 2 et 3, sont également applicables aux marchandises et colis transportés par les services de réexpédition organisés pour certaines localités. (V. *Réexpédition.*) — A défaut d'un service attitré, pour les localités au delà du chemin de fer, on rentre dans le droit commun, et les expéditions ne sont reçues par le chemin de fer que jusqu'à la gare la plus rapprochée du point à desservir. Mais le destinataire ne doit pas moins être informé de l'arrivée des colis en gare, faute de quoi, les frais de magasinage ne sauraient être régulièrement perçus.

VIII. Marchandises arrivées en retard. — 1° *Litiges,* (Voir ci-dessus, § 4); — 2° Mise en séquestre des marchandises (*id.,* même § 4); — 3° Remise aux Domaines (V. *Abandon*); — 4° Tarif distinct de magasinage des objets remis aux Domaines. — V. ci-après, § 10.

IX. Transports à prix réduits avec délais allongés. — (Réclamations.) — V. *Clause de non-garantie, Retards* et *Responsabilité.*

X. Marchandises délaissées dans les gares (et remises à l'admin. des Domaines). — *Tarif de magasinage fixé pour ces marchandises,* par l'arr. min. ci-après, du 20 avril 1863 et déjà cité au mot *Abandon,* § 1 :

« Art. 1er. — Il sera perçu par les comp. de ch. de fer, pour le magasinage des marchandises, articles de messagerie ou bagages *enregistrés* qui, abandonnés dans les gares, sont vendus par l'admin. du Domaine, en exéc. du décret du 13 août 1810, un droit de : 36 francs par tonne de 1000 kilogr. et pour six mois. — La perception sera effectuée sur l'expédition totale et par fraction indivisible de 10 kilogr.

« 2. — Le montant du droit à percevoir ne pourra dépasser le prix de six mois de garde; il ne pourra être, en aucun cas, supérieur au prix de la vente, diminué des frais privilégiés.

« 3. — A la fin de chaque mois, les compagnies feront à l'admin. du Domaine la déclaration des objets rentrant dans la catégorie énoncée à l'art. 1er du présent arrêté, et abandonnés pendant le dernier mois du semestre précédent.

« 4. — Le présent arrêté n'est pas applicable aux colis, *non enregistrés,* oubliés ou perdus par les voyageurs dans les voitures, gares, stations et salles d'attente des ch. de fer, pour lesquels les comp. n'ont à exiger aucun droit de garde.

« Il n'est pas applicable non plus aux colis *enregistrés,* qui seraient réclamés par leurs propriétaires (expéditeurs ou destinataires) avant leur remise au Domaine; ces colis resteront soumis au tarif ordinaire du magasinage. »... (Arr. min., 20 avril 1863.)

Objets sujets à une prompte détérioration. — Les comp. ne peuvent évidemment retenir, au delà d'un certain temps, les colis abandonnés renfermant de la marée, du lait, des œufs, du gibier, ou tous autres objets susceptibles d'une prompte altération. Il est d'usage, dans ce cas, sur presque tous les ch. de fer, de faire vendre d'urgence ces objets, en présence d'un agent de l'autorité, après l'expiration légale du délai de planche. A l'occasion d'une réclamation spéciale, l'admin. supér. s'est bornée, « en ce qui concernait la marche à suivre pour la vente des objets sujets à une prompte détérioration, à rappeler à la comp. de ch. de fer intéressée dans la question, que, d'après ses tarifs, elle était autorisée à exiger d'avance le prix du transport, et qu'à défaut de ce payement préalable, les difficultés, s'il en surgissait, ne pouvaient être résolues que conf. au droit commun. » (12 juin 1862.) — Enfin il est de règle que « les délais régl. d'expédition, de transport et de livraison de gare en gare des marchandises, sur les ch. de fer, s'appliquent à celles sujettes à une *altération rapide* comme à toutes les autres. » (C. C., 20 janv. 1875.) — Pour les formalités spéc. de vente desdites marchandises, — V. le mot *Vente*.

MAGASINS.

Indications diverses. — 1° Frais de magasinage sur les chemins de fer (V. *Magasinage*); — 2° Camionnage d'office de marchandises (*en cas d'encombrement*) et dépôt de marchandises en souffrance (V. *Camionnage, Dépôt, Encombrement, Entrepôt, Evacuation, Vente*); — 3° Magasins et établissements particuliers (V. *Embranchement* et *Locations*) ; — 4° Magasins pour le service des douanes (V. *Douane*, § 3) ; — 5° Etablissements ou magasins dangereux. — V. *Dynamite, Etablissements, Pétrole, Poudres*.

MAGISTRATS.

I. **Instruction des affaires judiciaires en matière de ch. de fer.** — Voir les mots *Accidents, Citation, Compétence, Contraventions, Ingénieurs*, § 3, *Jugements, Juges de paix, Justice, Procès-verbaux, Procureurs* (des Cours et Trib.), *Police, Tribunaux*, etc.

Magistrats administratifs (Attrib. diverses). — V. *Maires, Préfets*, etc.

II. **Circulation des magistrats** (*dans l'enceinte des chemins de fer*). — Voir au mot *Libre circulation*, les conditions diverses de l'admission des magistrats à circuler sur la voie et dans les trains, y compris les *trains de marchandises*, où nous avons mentionné pour ce dernier objet des instr. spéc. analogues aux dispositions ci-après :

Réquisition de transport par les trains de marchandises ou de service (Lettre du min. des tr. publ., 9 nov. 1875, aux admin. de la comp. d'Orléans). — « Aux termes de la circ. min. du 18 févr. 1868 (V. *Accidents*, § 6) les ingénieurs du contrôle ont le droit et le devoir, en cas d'accident sur le chemin de fer, de se rendre sur les lieux par le premier train en partance, sans qu'il y ait à considérer si ce train est un train de voyageurs, de marchandises ou de service. Le même droit me paraît appartenir, mais seulement sur réquisition écrite, aux magistrats instructeurs, lorsqu'ils sont obligés de se déplacer pour un transport judiciaire. »

Nota. — La même mesure avait déjà été sanctionnée administrativement sur le réseau de la Méditerranée, dont un régl. gén. intérieur (n° 2) contient la disposition suivante (art. 405) : — « Les préfets, sous-préfets, procureurs de la République et juges d'instruction peuvent être admis, mais seulement sur réquisition écrite, à voyager dans les fourgons de marchandises. »

Relations des commissaires de surv. adm. avec les magistrats du ministère public. (C. min., 16 oct. 1876, aux chefs du contrôle) :

« M. le min. de la justice a récemment appelé mon attention sur l'utilité qu'il y aurait, pour l'action de la justice, à ce que les commiss. de surv. admin. des ch. de fer se missent, plus régulièrement que plusieurs d'entre eux ne le font habituellement, en relation avec les magistrats du ministère public. — Aux termes de la loi du 27 févr. 1850, les commiss. de surv. admin. des ch. de fer sont placés, en leur qualité d'officiers de police judic., sous la surv. des procureurs de la République, à qui ils doivent envoyer directement tous les procès-verbaux de délits ou contraventions qu'ils ont à dresser. Ils doivent exactement constater tous les accidents qui arrivent dans leur circonscription, en transmettre procès-verbal au procureur de la République et se tenir à sa disposition, pour toutes les enquêtes suppl. auxquelles il pourrait y avoir lieu de procéder. — Les commiss. de surv. sont aussi chargés de constater, dans toutes les gares où il n'y a pas de commissaire de police spécial, les crimes, délits et contraventions de droit commun, commis dans l'enceinte des ch. de fer et de leurs dépendances, et ils ont à rendre compte de l'accompliss. de cette mission aux magistrats du parquet, — qui sont pleinement autorisés à réclamer, dans l'enceinte des ch. de fer et de leurs dépendances, le concours des commiss. de surv.

admin., et qui peuvent, par suite, leur adresser les signalements des individus recherchés par la justice.

« Je vous prie, monsieur, de vouloir bien rappeler ces diverses prescriptions aux commissaires de surveillance placés sous votre direction et les inviter, de la manière la plus formelle, à s'y conformer exactement... »

Rapports généraux du service du contrôle avec les magistrats. (Circ. min., 15 avril 1850, et instr. min. des 15 févr. et 15 oct. 1881.) — V. *Contrôle*, §§ 3 et 3 *bis*.

MAIN-COURANTE.

Installation de mains-courantes (le long des voitures et fourgons entrant dans la composition des trains de voyageurs). — Circ. min., 16 mai 1866, ayant pour objet les mesures spéciales à prendre en cas d'accidents. — V. *Incendie*, § 1, 3°. — Voir aussi *Contrôleurs de route, Intercommunication* et *Voyageurs*.

MAINMORTE.

Dispense de la taxe des biens de mainmorte (pour la partie du domaine public concédée aux compagnies, et pour les *lignes d'intérêt local*). — Voir le mot *Contributions*, § 1 et 5. — *Droits divers sur les chemins de l'État.* — V. le même mot *Contributions*, § 4.

MAINTIEN DES COMMUNICATIONS LOCALES.

Applic. des art. 10 à 14 *du cah.* (V. *Cahier des ch., Chemin, Ouvrages d'art* et *Routes*). — Remise des parties de routes ou chemins modifiés (V. *Maires, Réceptions* et *Remise*). — *Travaux provisoires* (V. art. 17 cah. des ch.).

Voies ferrées établies sur les routes et chemins. — V. *Voies publiques*.

MAIRES.

I. **Attributions en matière de chemins de fer.** — En général, les fonctions propres au pouvoir municipal (maires, adjoints et conseils municipaux), sous la surveillance et l'inspection des préfets et sous-préfets, sont : de faire jouir les habitants d'une bonne police, notamment de la propreté, de la sûreté et de la tranquillité dans les rues, lieux et édifices publics. (Lois, déc. 1789 [art. 50], 24 août 1790 et 28 pluviôse an VIII.)

Les attrib. *spéc.* des maires et adjoints pour les affaires municipales et communales, se rattachant à l'établ. et à l'expl. des ch. de fer, peuvent être résumées ainsi qu'il suit :

1° *Enquêtes locales, expropriation de terrains, etc.* — Le maire est le magistrat spécialement chargé par les art. 5, 6 et 7 de la loi du 3 mai 1841, de procéder, sous la direction de l'autorité préfectorale, aux enquêtes locales ouvertes pour l'expropr. des terrains nécessaires à l'établ. des ch. de fer. (V. *Enquêtes* et *Expropriation*.) Les maires doivent s'assurer personnellement, et principalement en ce qui concerne les intérêts communaux, que les travaux projetés satisfont aux besoins de la viabilité et de l'écoulement des eaux.

2° *Enquêtes pour l'établissement des stations.* — Les emplacements des stations ne sont définitivement fixés qu'après des enquêtes locales et après la délibération des conseils municipaux. — V. *Enquêtes*.

3° *Enquêtes pour l'établissement des machines à vapeur.* — Les maires étaient chargés par l'article 7 de l'ordonn. du 22 mai 1843, de procéder aux enquêtes *de commodo et incommodo*, relatives à l'établ. des machines à vapeur fixes, mais ces formalités ont été modifiées par les nouveaux décrets du 25 janv. 1865 et du 30 avr. 1880. — V. *Machines à vapeur*.

La mise en service des locomotives et des locomobiles ne donne pas lieu à des enquêtes; seulement le fonctionnement des locomobiles sur la voie publique est régi par les règl. de police locaux. (Art. 24, 2° alinéa, du décret précité de 1865, rappelé *p. mém.*)

4° *Enquêtes pour déplacement de chemins communaux.* — Enfin, dans certains cas, il est également ouvert des enquêtes locales au sujet du déplacement des chemins communaux nécessité par l'agrandiss. des gares ou autres travaux de ch. de fer. — V. *Gares*, § 3.

5° *Affaires de curage des cours d'eau.* (Curage d'office.) — V. *Cours d'eau.*

6° *Bornage des chemins de fer.* — Les maires des communes font naturellement partie des commissions instituées par les préfets, au sujet du bornage des chemins de fer. Ils reçoivent les dires et observations des propriétaires intéressés, recueillent leurs signatures en cas d'adhésion, ou constatent leur silence en cas d'abstention. — V. *Bornage*, § 5.

7° *Questions d'octroi* (matériaux des chemins de fer). — V. *Octroi.*

II. Exécution des travaux (*intéressant les communes*). — Les autorités locales doivent veiller à ce que les dégradations commises aux chemins communaux par les grands travaux de ch. de fer, soient réparées au fur et à mesure qu'elles se produisent ; les maires adresseront, s'il y a lieu, au préfet toutes réclamations à cet égard. — V. *Routes*, § 1.

Les maires surveilleront, en ce qui les concerne, l'exécution des mesures prescrites par l'administration, pour la traversée ou la modification des voies de communication vicinales et le maintien de l'écoulement des eaux.

Réparation des chemins communaux. — Les comp. ne peuvent exécuter ni modifier aucun ouvrage sur les chemins communaux sans l'autorisation du maire. (C. C., 31 janv. 1855.) — Voir ci-dessus, § 1er, au sujet de la modification des chemins.

Chemins latéraux. — Sont compris dans les dépendances de la petite voirie et les attributions des maires, les chemins latéraux et voies d'accès remis aux communes et situés en dehors du bornage. — V. *Chemins latéraux* et *Chemins vicinaux.*

Formalités de réception. — V. *Ouvrages d'art* et *Réceptions.*

III. Alignements et affaires de gr. voirie. — Les maires ont qualité, en vertu de l'art. 52 de la loi du 16 sept. 1807, pour délivrer et fixer les alignements au bord des chemins latéraux ou des avenues de ch. de fer, qui ont donné lieu à une remise régulière à la commune. — V. *Alignements*, § 7, *Avenues de gares*, *Chemin d'accès*, *Gr. Voirie* et *Voies publiques.*

Les compagnies ont, d'ailleurs, le droit, en se conformant aux plans approuvés, de faire sur le sol du chemin de fer, aux abords des chemins latéraux et sans demander alignement au maire de la commune, les travaux nécessaires pour l'entretien et la conservation du chemin de fer (enlèvement et rétablissement de clôtures, construction de murs, etc.). Le maire aurait seulement à prendre des mesures spéciales ou à prévenir l'administration si la compagnie empiétait sur le chemin communal, ou si ses travaux présentaient quelque danger pour la sécurité du passage sur ce dernier chemin.

Contraventions de grande voirie. — L'art. 2 de la loi du 29 floréal an x (19 mai 1802) a conféré aux maires le droit de constater les contrav. commises sur les grandes routes, et, par extension, sur les ch. de fer (V. *Grande voirie*); mais il y a eu, sur les voies ferrées, très peu d'exemples de l'interv. des maires pour ces constatations qui sont surtout dévolues aux agents du contrôle et de la comp.

Circulation sur la voie. — Nous rappellerons, d'ailleurs, que les maires ont le droit de libre circulation sur la voie pour accomplir les actes de leurs fonctions. (V. *Libre circulation*, § 7.) — Voir aussi *Magistrats.*

IV. Affaires de l'exploitation. — En leur qualité d'officiers de police judiciaire, les maires et adjoints sont appelés à constater, dans certains cas, les crimes, délits et contraventions prévus par la loi du 15 juillet 1845 (titres I et III) concurremment avec les fonctionnaires et agents mentionnés dans l'art. 23 de la même loi. (V. *Actes de malveillance* et *Contraventions.*) — L'art. 24 de ladite loi désigne les *maires*, concurremment avec les juges de paix, pour recevoir l'affirmation des procès-verbaux dressés par les agents des compagnies. (V. *Affirmation.*) — Au sujet des *plaintes* relatives à l'exploitation, proprement dite, des ch. de fer, les magistrats municipaux ne sont dénommés dans les règlements que pour donner, au besoin, leur visa sur les registres de réclamations déposés dans les gares. (V. *Registres*.) — La police locale, sous la direction des maires, a qualité pour assurer le maintien du bon ordre dans les cours des gares. — V. *Cours*, § 4.

Accidents. — L'intervention des maires est quelquefois motivée en matière d'exploitation, lorsqu'il s'agit de constater les accidents, ayant occasionné mort ou blessures, accidents qui doivent leur être signalés par les agents du chemin de fer. (V. *Accidents*, § 2.) Mais, en général, leur concours pour les informations judiciaires est limité aux affaires ressortissant au droit commun.

Actes de malveillance. — Les maires et adjoints ont des devoirs spéciaux à remplir pour prévenir, autant que possible, les actes de malveillance aux abords des voies ferrées. — V. *Actes de malveillance* et *Gardes champêtres*.

Police sanitaire (Déclarations). — V. *Désinfection* et *Police sanitaire*.

Simple police. — Le maire exerçait autrefois les fonctions de juge de la simple police, en vertu des art. 137 et suiv. du C. d'instr. crim., notamment dans les communes et dans les localités où ne réside pas un juge de paix ; mais ces dispositions ont été modifiées par la loi du 27 janv. 1873. (V. *Juges de paix*, *Police* et *Tribunaux*.) Les maires et adjoints doivent, néanmoins, tenir la main à ce que les propr. riverains des ch. de fer ne laissent pas introduire leurs bestiaux dans l'enceinte des voies ferrées et veiller à la conservation des affiches intéressant le service du ch. de fer, telles que celles concernant les heures de service de la marche des trains, l'applic. des tarifs et la police des cours des gares et des passages à niveau.

Affaires diverses d'exploitation. — Outre leur initiative pour signaler, lorsqu'il y a lieu, à l'admin. compétente, les points défectueux de la marche des trains et de l'appl. des tarifs, les maires peuvent être appelés à fixer l'itinéraire des omnibus de ville desservant les gares pour le transport des voyageurs, au départ et à l'arrivée. (V. *Itinéraire*, *Omnibus*, *Traités*.) — Ils ont, dans certains cas, à surveiller l'affichage même des tarifs. (V. *Publications*.) — Les déclarations de douane pour les transports internationaux sont ordinairement visées par eux. — V. *Douane*.

Réquisitions pour l'escorte des poudres (circ. min., 31 août 1882). — V. *Dynamite*.

Logements de troupes. — Les maires, à qui les lois et règlements ont donné le droit d'envoyer des militaires en logement chez l'habitant, doivent éviter, à moins d'une nécessité absolue de service, d'imposer cette charge aux agents des compagnies domiciliés dans les bâtiments des gares. — V. *Logements*.

Transport d'indigents. (Certificats à délivrer par les maires). — V. *Indigents*.

V. Exécution des arrêtés administratifs. — Le maire est une autorité administrative. Il lui appartient, d'après les lois et règlements, d'assurer l'exécution des décisions et prescriptions émanant de l'autorité préfectorale. — V. *Conseils de préfecture*.

Exécution des jugements. — V. *Jugements*.

VI. Intervention des maires et conseils municipaux pour les lignes d'intérêt local (Loi du 11 juin 1880 et applications). — V. *Chemin d'intérêt local*, *Enquêtes*, *Subventions*, *Tramways* et *Voies publiques*.

MAÏS.

Conditions de transport (tarif gén. — 2e cl.) — V. *Cah. des ch.* et *Céréales*.

MAISONS.

Dommages causés aux maisons voisines du chemin de fer. — 1° Privation des facilités d'accès (V. *Dommages*. — Voir aussi *Accès* et *Compétence*) ; — 2° Changement de salubrité (V. *Dommages*); — 3° Tassement des terrains, *id*; — 4° Causes d'humidité, *id*. — 5° Ebranlement de maisons (lézardes, etc.), Dommages directs, susceptibles de réparation. — C. d'État, 21 mars 1861 (V. *Dommages*, § 2), et 3 janv. 1873 (V. *Ebranlement et Lézardes*); — 6° Dommages indirects (Voir le mot *Dommages*, § 3); — 7° Couvertures en chaume (V. *Couvertures*); — 8° Indications diverses. — V. *Bâtiments* et *Immeubles*.

MAISONS DE GARDE.

I. Établissement. — L'art. 13 du cah. des ch. porte qu'il sera établi une maison de garde, à chaque passage à niveau, toutes les fois que l'utilité en sera reconnue par l'admin. En général, lorsqu'un passage à niveau ne présente pas assez d'importance pour motiver l'installation d'un agent spécial, la surv. de ce passage est comprise dans le canton du gardien du passage le plus rapproché, et il n'y est pas construit de maison d'habitation, mais il convient au moins d'y installer une guérite de garde. — V. *Guérites* et *Passages à niveau*.

Prix de revient. — Le prix approximatif d'établ. d'une maison de garde est d'environ 3,500 à 4,500 fr. suivant les types de bâtiments et suivant les localités.

Numérotage. — Les maisons de garde sont ordinairement numérotées à partir de l'origine de la ligne; les inscriptions sont faites au moyen de numéros peints à l'huile ou à la colle, ou de plaques de tôle ou de fonte émaillée (n°s blancs sur fond bleu) dont le prix peut varier de 2 fr. à 1 fr. 50 et même 1 fr. 25 la pièce (non compris pose et transport) suivant les quantités demandées aux fournisseurs (sur plusieurs lignes, il est fait usage de plaques semblables pour le numérotage des poteaux kilométriques).

Indications diverses. (Délimitation, etc.) — V. *Infrastructure* et *Jardins*.

II. Types de maisons de garde. — Les types de maisons de garde sont trop variables sur les divers chemins de fer, pour qu'il soit possible de signaler le modèle qui satisfait le mieux aux conditions de commodité et d'économie. — Quel que soit le système adopté, les maisons de gardes-barrières sont ordin. disposées de manière que la porte d'entrée soit tournée du côté de la voie de fer. Sur plusieurs lignes, le pignon faisant face à la voie de fer est distant de 4 ou 5 m. du rail extérieur, afin que le garde surpris par l'arrivée d'un train ne se précipite pas imméd. sur la voie. Pour plus de sécurité, on a placé devant la porte, dans l'alignement du treillage, une barrière fixe qui ne laisse à chacune de ses extrémités qu'une issue de 1 m. environ. — V. *Barrières* et *Passages à niveau*.

Les dimensions des maisons de garde, dont les corps principaux de bâtiment sont le rez-de-chaussée et le 1er étage, ne dépassent guère, en général, de 8 à 10 m. de longueur, 5 à 6 m. de largeur et 6 à 8 m. de hauteur, depuis le socle jusqu'au faîte de la toiture. Des jardins sont presque toujours annexés à ces bâtiments. — V. *Jardins*.

III. Entretien. — Les maisons de garde et leurs jardins attenants font partie intégrante des dépendances du ch. de fer et sont clôturés au dehors par des treillages spéciaux. (V. *Bornage* et *Clôtures*.) Leur entretien est soumis, au même titre que celui des autres ouvrages de la voie, à la surv. du ministre et du service de contrôle.

Par applic. de l'art. 61 de l'ordonn. du 15 nov. 1846, la présence d'animaux dans les cours ou jardins des maisons de garde, paraît devoir être interdite.

IV. Droit proportionnel d'impôt sur les maisons des gardes-barrières. — Une compagnie de chemin de fer doit être soumise au droit proportionnel de patente à raison des maisons de garde des passages à niveau. (C. d'État, 6 déc. 1860.) — Le droit proportionnel sur le logement des gardiens des passages à niveau doit être calculé au quarantième. (C. d'État, 22 janv. 1863.) — V. *Patente*.

MAJORATION.

I. Dépenses de travaux (*exécutés par les compagnies au compte de l'Etat*). — Majoration admise. — V. *Dépenses, Justifications* et *Marchés*.

II. Tarif des marchandises (légères), *majoré de* 50 p. 100. — Aggravation de taxe évitée par l'appl. des *tarifs spéciaux*, auxquels la nomenclature générale des marchandises, insérée dans les tarifs généraux, renvoie ordinairement par des *astérisques*. — Voir, comme application, les mots *Classification, Foins, Fourrages, Futailles, Fûts, Meubles, Marchandises, Voitures*, etc.

MALADIES.

I. Personnel de l'Etat. (*Congés pour cause de maladie.*) — Aux termes de l'art. 16 du règl. du 9 nov. 1853 sur les pensions civiles, les fonctionn. peuvent obtenir des congés pour cause de maladie, et conserver leur traitement pendant trois mois, et la moitié pendant trois autres mois, lorsque la maladie a été dûment constatée. Les demandes de congé doivent donc être, dans ce cas, accompagnées d'un certificat de médecin. — Une circ. min. du 18 août 1863 a recommandé, à cette occasion, aux chefs du contrôle des ch. de fer, de veiller à ce que le certificat dont il s'agit soit toujours joint aux demandes de congé pour cause de maladie, qu'ils auraient à transmettre à l'admin. supérieure.

Nous ajouterons, pour mémoire, qu'à moins d'exception autorisée, les certificats de maladie doivent émaner des médecins certificateurs délégués dans chaque département par les préfets. — V., à ce sujet, au mot *Médecins*, la circ. min. du 30 mars 1857.)

II. Agents des compagnies. — En dehors des renseignements mentionnés aux articles *Médecins* et *Caisse de secours*, nous ne connaissons aucune règle *uniforme* au sujet des mesures motivées par les maladies des agents et des ouvriers des chemins de fer; mais comme il s'agit ici d'une question qui intéresse un nombreux personnel, nous reproduisons ci-après, à titre de simple renseignement, les principaux extraits de l'instruction en vigueur sur l'un des grands réseaux (celui de l'*Est*).

« Tous les employés et agents au service de la compagnie recevront, en cas de maladie, gratuitement et sur leur demande, les soins du médecin choisi par elle.

(Le médecin requis pour visiter le malade constatera, dans son rapport, la nature, les causes et la durée probable de la maladie.)

« Les agents des gares et stations, dont l'état maladif permet le déplacement, doivent, après avoir reçu l'autorisation de l'inspecteur principal de la section, se rendre à la visite au lieu de résidence du médecin.

« Les employés ou agents malades continueront de recevoir l'intégralité de leur traitement, si la durée de la maladie n'excède pas huit jours ; au delà de huit jours et jusqu'à deux mois, ils recevront la moitié de leur traitement; si la durée de la maladie excède deux mois, le directeur de la compagnie statuera.

« Les employés et agents malades, si le rapport du médecin constate que leur maladie provient exclusiv. de leur service, seront soignés aux frais de la comp. pendant 3 mois, soit à leur domicile, soit à l'hospice, suivant leur désir. Dans le cas où ils préféreraient être soignés à leur domicile, les médicaments seront payés par la comp., et fournis, sur l'ordre de son médecin, par le pharmacien qu'il aura désigné. Ils recevront l'intégralité de leur traitement pendant leur maladie ; toutefois si la durée de la maladie excède 3 mois, le directeur de la comp. statuera.

« Toutes les dispositions du présent règl. sont applic. aux ouvriers *payés à l'année*.

« A l'égard des *ouvriers à la journée*, ils recevront gratuitement les soins du médecin de la comp., et il leur sera accordé la moitié de leur salaire pendant 15 jours à partir du jour de la maladie. Si la maladie se prolongeait au delà de 15 jours, ou s'il résultait du rapport du médecin qu'elle provient exclusiv. de leur service, le dir. de l'expl. statuera.

« Tout secours et tout soin pourra être refusé, si le rapport du médecin constate que la maladie provient d'intempérance, de vice ou de rixe. »

Décès. — Nous rappellerons qu'en cas de décès des employés ou des ouvriers payés à l'année, la compagnie se charge des frais d'inhumation et alloue, d'ailleurs, s'il y a lieu, des secours *spéciaux* à la veuve et aux enfants du défunt.

III. Malades indigents (*transportés à prix réduits*). — 1° Transport des blessés militaires envoyés dans les établ. thermaux. (Circ. min., 21 juin 1872 et 10 janv. 1881.) (V. *Militaires*); — 2° Indigents se rendant à la clinique nationale ophthalmologique (V. *Indigents*, § 1, 2°); — 3° Malades indigents se rendant à l'institut Pasteur. — V. *Indigents*, § 1, 3°.

MALLE DES INDES.

I. Vitesse. — Le passage de la malle des Indes (sur le territoire français) n'avait été l'objet d'aucune prescription exceptionnelle. En donnant à ce sujet les indications ci-après, nous n'avons pour but que de faire connaître la vitesse exacte du train dont il s'agit, au moins lorsqu'il circulait de Calais à Marseille. (*Extr. d'un ordre spéc.*) :

En principe, la malle des Indes était simplement adjointe aux trains express ; le parcours total de Calais à Marseille est de 1,190 kil. (non compris la traversée de Paris), savoir : ligne du Nord, 327 kil. ; ligne de Paris à Marseille, 863 kil. ; la durée ordinaire du trajet peut être évaluée à 6 heures pour la première ligne et à 19 heures pour la seconde (marche des trains express auxquels la malle est adjointe) : les vitesses effectives correspondantes s'élèvent donc à 54 kil. 5 et 45 kil. 4, et pour l'ensemble des deux lignes, soit en moyenne, à 47 kil. 6 à l'heure.

Train spécial. — En cas d'urgence, de retard, ou lorsque les dépêches comportent plus de deux allèges (ou fourgons spéciaux adjoints au wagon-poste titulaire) on fait suppléer exceptionnellement le train express par un train extraordinaire dont la vitesse effective est exactement la suivante : ligne du *Nord*, 59 kil. 4 à l'heure ; ligne de *Paris à Lyon*, 46 kil. 3 ; ligne de *Lyon à Marseille*, 45 kil. 5 ; moyenne générale, 48 kil. 8.

Ces chiffres relevés sur les tableaux officiels montrent que la vitesse moyenne du train spécial destiné à suppléer dans de rares occasions les trains express, auxquels il est d'usage d'adjoindre la malle des Indes, n'excède pas sensiblement la vitesse de ces derniers trains.

Dans les parcours où l'on n'a pas à lutter contre les obstacles du tracé (sur le ch. du Nord, par ex.), la vitesse du train spéc. est favorisée, dans une certaine proportion, par le petit nombre de véhicules du convoi, dont la composition est gén. réglée de la manière suivante :

1 Machine Crampton à *frein*; — 1 fourgon à frein avec *conducteur-chef*; — 2 ou au plus 3 voitures de la poste; — 1 voiture de 2° classe à frein (1 graisseur).

II. Prix de transport. — *En résumé*, pour le trajet de la malle des Indes sur les lignes françaises de ch. de fer, cette malle était adjointe, à l'aller et au retour, à un train régulier, chaque fois que la chose était possible; outre la simplification qui en résultait, on n'avait pas ainsi à faire une dépense assez considérable, le prix d'un train spécial étant 10 à 12 fois plus élevé que le prix réel de transport de la malle, ajoutée comme allège des postes au train régulier.

MALVEILLANCE.

Indications diverses (tentatives de déraillement, jets de pierres, attentats contre les personnes, etc.). — V. *Actes de malveillance*, *Crimes*, *Dégradations*, *Voyageurs*.

MANDATS. — MANDATAIRES.

I. Formalités administratives. — Sans reproduire ici les règles de comptabilité sur la forme et l'émission des mandats destinés à acquitter des dépenses régul. faites ou approuvées, nous rappellerons que les mandats de payement concernant les dépenses du service des p. et ch. sont délivrés (et remis aux parties prenantes) par les sous-ordonnateurs. (Art. 7, règl., 28 sept. 1849.) — Chaque mandat ne peut comprendre qu'une seule partie prenante individuelle ou collective, désignée par son nom propre et sa qualité.

Mandats d'indemnités d'expropr. de terrains. (Certificat d'immatriculation sur le sommier des domaines, à joindre aux mandats.) — V. *Livre terrier.*

Mandats relatifs au personnel. — Dans les mandats comportant des retenues pour la retraite, pour congé ou pour augmentation de traitement, on retient d'abord le 5 p. 100 régl. ; on impute ensuite les autres déductions sur le restant du traitement net.

Lorsqu'un fonctionnaire ou agent se trouve en disponibilité avec demi-traitement, on fait porter sur le montant du traitement total la retenue de 5 p. 100 pour la retraite, et on ne compte au titulaire que la moitié de la différence nette.

Les mandats sont touchés, soit aux caisses des payeurs généraux des départements, soit chez les comptables désignés dans le visa que le payeur appose sur ces mandats, d'après les indications fournies par le bordereau d'émission.

Le visa du trésorier payeur général est obligatoire pour les mandats payables au chef-lieu aussi bien que pour tous autres. (Ext. d'un décret du 1er mai 1867 et d'une circ. min. du 15 juin 1867.)

Refus de payement des mandats. — V. au mot *Payements.*

Perte d'un mandat. — « En cas de perte d'un mandat, il en est délivré un duplicata sur la déclaration motivée de la partie intéressée, et d'après l'attestation écrite du payeur, portant que l'ordonn. ou le mandat n'a pas été acquitté, ni par lui, ni sur son visa, par un autre comptable. » (Ext. du règ. sur la comptab.) — Voir le nota ci-après.

Nota. — C'est la partie intéressée elle-même qui, en cas de perte du mandat qui lui a été délivré, doit produire la déclaration exigée. Cette déclaration doit être formulée sur *papier timbré.* — Dans le cas où le mandat aurait été perdu à la poste, par exemple, la déclaration à produire par la partie intéressée devrait simplement constater que le mandat délivré en son nom ne lui est pas parvenu.

« La déclaration de perte d'un mandat, revêtue du certificat de non-payement, restera entre les mains de l'ordonnateur secondaire. Cet ordonnateur devra indiquer, sur le mandat délivré par duplicata, la date de la déclaration de perte et celle du certificat de non-payement du mandat primitif. — En cas de double payement à la suite de la délivrance d'un duplicata, l'ordonnateur, pour dégager sa responsabilité, sera tenu de représenter la déclaration de non-payement du mandat primitif, afin que l'on puisse reconnaître celui des comptables qui aurait délivré indûment le certificat de non-payement et lui faire subir les conséquences de l'erreur qu'il aurait commise. » (Circ. min., 5 nov. 1857. Ext.)

D'après une circ. des finances, 15 mai 1858, « une *copie* de la déclaration de perte et des certificats de non-payement qui l'appuient, sera *préparée* par le *payeur* et remise à l'ordonnateur avec l'original. Cet original sera joint au duplicata du mandat, et la copie certifiée conforme par le comptable demeurera entre les mains de l'ordonnateur. » — V. *Payeurs.*

Mandats à toucher par des héritiers d'agents décédés. — Ces mandats ne peuvent être touchés par les ayants droit que sur la présentation des pièces suivantes : 1° acte de décès (timbré et légalisé) ; 2° certificat de propriété, délivré par qui de droit, en exécution de la loi du 28 floréal an VII et du modèle joint au décret du 18 septembre 1806. — Ledit certificat est dispensé de l'enregistr. par une décis. min. du 13 nov. 1847.

Quittances timbrées (timbres à apposer sur les mandats). — V. *Quittances.*

II. Mandatement par les compagnies. — Comme on l'a vu au mot *Comptabilité,* il n'existe, pour les divers ch. de fer, aucune base *uniforme* pour la liquidation et le payement des dépenses occasionnées par les travaux, l'entretien et l'exploitation des lignes *concédées.* — Toutefois, certaines comp. ont appliqué aux mandats délivrés par leurs chefs de service des règles analogues à celles qu'exige le mandatement des dépenses de l'État, sauf toutefois en ce qui concerne la durée des exercices et les délégations de caisse à caisse. Elles ne tolèrent pas que les mandats soient signés (pour acquit) par les femmes ou par les employés des titulaires, ou bien par des personnes qui signent *par procuration,* sans justifier de leur droit par la production de cette pièce. Il est prescrit aux caissiers centraux de n'admettre que les mandats acquittés par les ayants droit eux-mêmes, à moins que l'acquit ne soit accompagné d'une procuration faite sur *papier timbré*, ou qu'une procuration générale n'ait déjà été adressée au caissier.

II. Mandats et mandataires de droit commun. (Applic. sur les ch. de fer des art. 1984 et suiv. du C. civil). — 1° Agents considérés comme *mandataires de la comp.*, (exclusion des agents *non commissionnés*. Voir *Accidents*, § 9 et *Hommes d'équipe*); — 2° Mandataires divers (*chargés de vérifications et de constatations*, etc.) — « Si, pour constater le retard d'une marchandise transportée par ch. de fer et livrable en gare, le destinataire doit se présenter au jour indiqué par la comp. pour la livraison, il peut être remplacé par un mandataire. » (Tr. comm., Clermont-Lhérault, 23 janv. 1877.)

MANŒUVRES ET MANUTENTION.

I. Mesures générales de sécurité. — Nous avons rappelé à leur lieu et place les principales dispositions à observer pour l'aiguillage, la mise en mouvement, le garage et l'arrêt des trains et machines. (V. *Aiguilleurs, Arrêts, Chauffeurs, Collisions, Garages, Hommes d'équipe, Mécaniciens, Signaux*, etc.) Nous reproduirons seulement la disposition suivante, qui figure dans les règl. de toutes les comp. et notamment dans les instructions adressées aux *aiguilleurs*, aux *conducteurs de trains* et aux *mécaniciens* :

« Les mouvements de trains et de machines dans les gares, à l'entrée et à la sortie des dépôts et des ateliers, doivent s'exécuter toujours à petite vitesse et avec la plus grande prudence. — Aucun mouvement, aucune manœuvre ne doit, d'ailleurs, avoir lieu dans l'intérieur d'une gare sans l'autorisation ou l'ordre du chef de gare ou de son représentant. »

La comp. d'Orléans a recommandé à ses agents de ne pas dépasser, pour la vitesse de marche des machines en manœuvre, la vitesse d'un homme marchant au pas gymnastique. — Sur le même réseau, « lorsque la machine isolée ou en tête d'un train est arrêtée, le mouvement horizontal de droite à gauche fait avec la lanterne blanche ou le drapeau roulé signifie la marche en avant. — Le même mouvement horizontal avec la lanterne rouge ou le drapeau déployé, signifie la marche en arrière. — Lorsque la machine isolée ou en tête d'un train est en marche, le signal fait avec la lanterne rouge ou le drapeau déployé signifie l'arrêt. » (*Extr. des instr.*)

Manœuvres de gare confiées aux chauffeurs. — Sur quelques réseaux, en exécution d'un règl. approuvé, ou d'un ordre de service spéc., « Sont autorisés à suppléer les mécaniciens dans les manœuvres de gare : — 1° Les chauffeurs de gare; — 2° Les chauffeurs de réserve, dans toutes les gares ou stations munies d'une machine de réserve mais non pourvues d'un dépôt de machines; — 3° Les chauffeurs désignés par les ingén. et chefs de traction, à la condition qu'ils soient choisis parmi les chauffeurs de 1re classe ou parmi ceux de 2e classe. — Les chauffeurs ci-dessus désignés ne doivent, dans aucun cas, effectuer des manœuvres engageant momentanément, soit une voie de l'expl., soit même une aiguille dont la manœuvre relève du service de l'expl., sans avoir près d'eux un homme pour manœuvrer le frein. » (Extr. des *instr. spéc.* 1880, 1883.) — Voir au mot *Chauffeurs* les circul. minist. 11 janv. 1855 et 24 juin 1856, relatives au même objet.

Nota. — Parmi les nombreuses instructions et ordres de service en vigueur sur les divers réseaux pour la sécurité des manœuvres de gare et qui s'appliquent soit à l'observation des dispositions prescrites par l'admin. supér., soit à l'exécution des mesures de détail, nous relevons les points suivants que nous résumons *pour mémoire* :

Pendant les manœuvres, les agents chargés de répéter les signaux aux mécaniciens doivent être très attentifs à ceux des chefs de manœuvre.

La plus grande prudence doit présider aux manœuvres *au lancé*. — V. § 5, 2°.

Les mécaniciens doivent marcher *prudemment*.

Les chocs doivent être évités dans la marche en avant ou en recul, dans les manœuvres sur plaques tournantes et dans l'attelage des voitures.

Toutes les fois qu'un ou plusieurs véhicules sont abandonnés sur une voie de garage, les freins sont serrés, les véhicules sont calés, et les arrêts mobiles sont fermés.

Une sérieuse attention doit être apportée : 1° dans le garage des wagons, afin que les croisements soient toujours parfaitement dégagés; 2° dans la manœuvre des aiguilles, pour prévenir les fausses directions.

Les agents négligents seront punis avec sévérité et pourront être, en outre, rendus responsables des avaries causées par leur faute. (Extr.)

Enfin *sur tous les réseaux*, des ordres de service détaillés ont été mis en application pour régler les diverses mesures à prendre dans les manœuvres suivantes : 1° *Mouvements effectués* dans les gares, des machines ou trains de voyageurs, de marchandises ou de trains de travaux (défense de monter sur les véhicules, d'en descendre, de s'introduire entre les wagons), etc. ; — 2° *Manœuvres à bras* (interdiction de tirer ou pousser aux tampons, etc.) ; — 3° *Manœuvres à la machine ou à la corde* (précautions spéciales) ; — 4° *Manœuvres d'attelage et de décrochage.* — Voir à ce sujet comme pour d'autres dispositions *non uniformes*, insérées dans les règlements des compagnies, les instructions reproduites plus loin au § 3 et aux suivants.

Responsabilité (en cas d'accident). — V. le même § 3 et plus loi le § 6.

Manœuvres opérées par les expéditeurs. — V. ci-après, § 7. — V. aussi *Manutention.*

II. Surveillance des manœuvres. (*Dispositions en vigueur sur plusieurs réseaux.*) — « Dans les gares de formation des trains, les manœuvres de toute nature, y compris les garages des trains de passage, sont exécutées, d'après les instructions des chefs et sous-chefs de gare, par des agents spéciaux (chefs de manœuvre et agents adjoints). — Dans les autres gares, les manœuvres sont commandées par les chefs de gare eux-mêmes ou par les agents désignés par eux (chefs d'équipe, etc.).—Se reporter à ce sujet aux ordres *intér.* de chaque ligne.

« Les chefs de gare se font assister par les conducteurs-chefs pour les manœuvres des trains de passage et peuvent leur déléguer, au besoin, la direction de ces manœuvres. Toutefois cette délégation ne peut être donnée par les chefs de gare qu'aux conducteurs connus d'eux, comme habitués aux manœuvres et bien au fait des dispositions et des aiguilles de leurs gares. — V. au mot *Gares*, § 4, pour ce qui concerne le *Service de nuit.* — V. aussi *Surveillance.*

« Dans les gares où il n'existe pas de service de nuit et dans celles où ce service est confié à des agents inférieurs, les conducteurs-chefs ont l'initiative et la responsabilité des manœuvres de leurs trains ». — Voir à ce sujet *Agents*, §§ 6 et 7.

Manœuvres diverses. (Garages, etc.) — V. *Garage, Refoulement, Voie unique.*

III. Service spécial des équipes. — « Des accidents assez fréquents atteignent les hommes d'équipe et les employés des comp. par leur imprudence ou par leur témérité. Comme ex. d'une imprudence qui leur est souvent si funeste, on peut citer l'habitude où sont les hommes d'équipe, dans le but, sans doute, de hâter l'accompliss. des manœuvres, de procéder à l'attelage ou au décrochage des véhicules avant l'arrêt complet de la locomotive. Surpris ainsi par un mouvement de recul du convoi, ces agents sont le plus souvent renversés et précipités sous les roues, ou pris et serrés entre les tampons. Il importe de prendre les mesures nécessaires pour prévenir les accidents de cette nature et pour mettre un terme à l'imprudence des agents, qui compromettent ainsi gravement leur sécurité, sans que la rapidité qu'ils croient apporter dans les manœuvres par un empressement inutile présente aucun avantage pour le bien du service. En conséquence, les chefs de gare, mécaniciens et chefs d'équipe devront interdire d'une manière absolue aux employés sous leurs ordres de s'introduire entre les wagons qu'ils ont à détacher ou à atteler, avant l'arrêt complet du train ou de la locomotive. » (Circ. min., 11 nov. 1857, rappelée le 25 janv. 1862, et à différentes autres reprises, ainsi qu'il est indiqué ci-après) :

Rappel des recommandations ministérielles (circ. min., 7 juin 1864, adressée aux adm. des ch. de fer et communiquée aux ingén. en chef du contrôle) : — « Par deux circ., en date du 11 nov. 1857 et du 25 janvier 1862, l'admin. a appelé l'attention des comp. sur la fréquence des accidents qui atteignent particulièrement les agents de l'expl. employés dans les gares, par suite de l'habitude dangereuse qu'ont ces agents de s'introduire entre les véhicules en mouvement pour les atteler ou les décrocher. — Les comp. ont été invitées à prescrire les mesures nécessaires pour prévenir le retour de ces accidents d'autant plus déplorables qu'il serait plus facile d'y mettre un terme — Cette invitation ne paraît pas avoir obtenu le résultat qu'il était permis d'espérer, car les rapports du service du contrôle me signalent de nouveaux accidents dus à l'imprudence avec laquelle des gardes-freins auraient procédé à des manœuvres de wagons pendant que les trains étaient encore en mouvement.

« En conséquence, et, me référant aux circulaires de mon prédécesseur, je vous prie de faire afficher dans toutes les gares et stations de votre réseau un ordre de service interdisant d'une manière absolue l'introduction des agents entre les véhicules avant l'arrêt des trains et imposant une amende ou toute autre punition disciplinaire aux contrevenants. » (Circ. min., 7 juin 1864) (1). — V. aussi §§ 5 et 6.

Enfin, une circ. min. du 21 sept. 1858 a prescrit aux comp. d'*interdire formellement à leurs agents de monter sur les marchepieds des machines en marche*; mais on éprouve quelque difficulté dans la pratique à faire observer cette règle.

Manœuvres de signaux (service de la voie). — V. *Signaux*.

IV. Agents atteints au croisement des convois. — Lorsque les gardes-lignes et poseurs ont à se porter sur l'accotement opposé pour signaler un train ou pour se garer eux et leurs outils, etc., ils s'empressent de revenir à leur poste aussitôt après le passage du dernier wagon, et un deuxième train croisant le premier, surprend quelquefois les agents dans ces évolutions et leur fait payer cher l'imprudence qu'ils commettent en ne s'assurant pas au préalable que les deux voies sont complètement libres et qu'il n'y a plus aucun danger à traverser la voie. — V. *Gardes et Surveillance*.

Manœuvres de wagonnets (Travaux de la voie). — V. *Lorrys*.

V. Mesures diverses de précaution. — Dans l'impossibilité de reproduire ici l'ensemble des recommandations faites sur les divers réseaux, aux agents employés et ouvriers, au sujet des précautions à prendre dans les manœuvres contre les chances d'accidents, nous allons seulement résumer ci-après quelques détails se rattachant au service des trains et des machines dans les gares, ou à la manœuvre d'appareils spéciaux (*en dehors des indications déjà résumées au § 3*) :

---

(1) Nous avons à mentionner ici une nouvelle circ. min. du 28 juin 1884, contenant un rappel pressant, au sujet de la *recommandation* faite par la circ. min. du 7 juin 1864. (*Extr.*)

« Malgré cette recommandation, de fréquents accidents se produisent encore dans les manœuvres de gare. D'après les ingén. du contrôle, la cause doit en être attribuée à ce que les instr. min. ne sont pas suffisamment portées à la connaissance des agents et que, le plus souvent, les infractions qui sont commises sous les yeux mêmes des chefs ne sont pas réprimées. — Pour remédier à cette situation, je vous invite, messieurs, à édicter un nouvel ordre de service, conforme à celui qui est visé par la circ. min. du 7 juin 1864 et reproduisant, en outre, les prescr. régl. appliquées sur votre réseau pour les manœuvres de gare. Cet ordre de service devra être placardé *en permanence* dans les gares et halles à marchandises; un exemplaire en sera remis à tous les hommes d'équipe ou auxiliaires actuellement en fonctions, ainsi qu'à ceux qui seront admis ultérieurement..... » (*Circ. min.*, 28 juin 1884, Extr.) — V. ci-après l'*extr. de l'avis* d'applic. affiché par quelques comp.

« A l'avenir, aucun homme d'équipe nouveau, commissionné ou en régie, ne sera mis en service, soit aux manœuvres, soit à la manutention, sans qu'au préalable il lui ait été donné connaissance de *l'avis*..... qui reproduit les parties de *l'ordre*..... dont il doit se pénétrer, et qui signale en outre quelques précautions à prendre dans la manutention. — Cet agent, attestera par sa signature que cette communication lui a été faite. Un registre sera spécialement affecté à cet usage dans chaque station. — Les chefs de station sont invités à assurer la stricte exécution de ces dispositions, qui devront faire l'objet d'un contrôle fréquent de la part des inspecteurs. »

1° *Manœuvres aux tampons.* — Au lieu de pousser les véhicules en plaçant leur épaule au tampon, les ouvriers des gares doivent se tenir aux oreilles du wagon ou à tout autre point où ils ne risquent pas d'être surpris au contact des attelages. — Voir aussi plus haut, § 3, au sujet des agents et ouvriers qui s'introduisent entre les véhicules *en marche* pour procéder aux manœuvres d'attelage ou de décrochage.

2° *Manœuvres par impulsion ou au lancé* (faites à l'aide des machines). — Ces manœuvres qui consistent, par exemple, à tamponner des *wagons*, pour les diriger sur les voies de garage ou vers d'autres véhicules, offrent dans quelques cas un certain avantage, par la rapidité d'exécution ; mais, entre autres dispositions, il est expressément interdit : — 1° De lancer des véhicules contenant des voyageurs ou des animaux ; — 2° De lancer des véhicules sur un train ou portion de train contenant des voyageurs ou des animaux ; — 3° De lancer des véhicules, soit sur une voie principale, soit sur une voie aboutissant à une voie principale, à moins qu'il ne se trouve au devant de ces véhicules, dans le sens de la marche à suivre, d'autres véhicules à l'arrêt, ayant leurs freins serrés et étant en nombre suffisant pour qu'ils ne puissent pas être mis en mouvement, dans le cas où ils seraient heurtés par les véhicules lancés.

3° *Manœuvres à la prolonge.* — Ces manœuvres, très usitées dans les grandes gares, ont surtout pour objet d'activer le mouvement des wagons en supprimant les opérations ordinaires d'accrochage et de décrochage et en permettant de remorquer des wagons qui se trouvent sur une autre voie que la machine.

« Les employés des gares et des trains, qui concourent aux manœuvres qui se font au moyen de la prolonge, ne doivent jamais se placer sur la voie en avant des wagons tirés par la machine pour décrocher la prolonge. — Ce décrochage, *qui ne doit se faire en principe que lorsque la machine et les véhicules sont arrêtés*, s'effectue ordinairement en détachant d'abord l'extrémité de la prolonge fixée au tender au moment où la machine ralentit sa marche après avoir imprimé aux wagons une impulsion suffisante ; la prolonge suit le mouvement des wagons, et, pour éviter qu'elle ne soit entraînée sous les roues, elle doit être relevée sur le tampon de la première voiture et maintenue dans cette position jusqu'à l'arrêt complet des wagons manœuvrés. C'est alors seulement qu'elle doit être détachée des wagons. — Il ne doit être employé pour ces opérations que des prolonges réglementaires et en bon état de conservation et il est absolument interdit d'employer à cet usage des prolonges de wagon. (*Extr. des instr.*)

4° *Manœuvres par chevaux* (Circ. min., 20 août 1847). — V. *Chevaux*, § 4.

5° *Manœuvres de freins.* — Nous référant aux indications déjà données aux mots *Abandon*, § 5, et *Gardes-freins* (où nous avons renvoyé *par erreur* au § 4 dudit mot *Abandon*, au lieu du § 5), nous allons rappeler ici, abstraction faite de la question d'application des freins continus, voir *Freins*, les principales règles suivies pour la manœuvre des freins ordinaires. — D'après les ordres de service se rapportant à cet objet : « Plusieurs coups de sifflets *saccadés* commandent de *serrer les freins.* — Un coup de sifflet *bref* commande de *desserrer* les freins.

Les conducteurs de trains ne doivent serrer les freins *sans avertissement* qu'en cas d'obstacle sur la voie ou de danger imminent. — V. *Gardes-freins.*

Enrayage de trains fractionnés. — Toutes les fois qu'un train est fractionné, qu'une manœuvre de wagons s'exécute à une gare ou à un point quelconque de la ligne, il convient de prendre toutes les mesures nécessaires pour éviter que les wagons, qu'ils forment ou non une même partie de train, puissent être mis en mouvement, soit par l'action du vent, soit par leur propre poids sur les pentes, soit, enfin, pour toute autre cause. — On doit serrer les freins. — Les freins des wagons à marchandises, après avoir été abattus, devront être maintenus au moyen de clavettes, dont les wagons sont ordin. munis à cet effet. — En cas d'insuffisance du nombre de freins, les voitures ou les wagons seront calés. — Outre le serrage des freins, il est toujours prudent, lorsque la manœuvre se fait de nuit, par un grand vent ou sur une partie de voie en pente, de caler fortement, par des coins ou des barres placées en travers du rail, les deux wagons extrêmes, de manière à assurer l'immobilité de la partie de convoi qui doit rester dételée.

5° *Manœuvre des appareils de chargement et de pesage.* — « Il est essentiel que les grues soient toujours manœuvrées lentement, à la remonte comme à la descente ; trop de rapidité, en enlevant ou en descendant la charge, occasionne des chocs brusques, et, par suite, la rupture des chaînes ou des engrenages.

On ne doit pas non plus laisser des charges suspendues aux chaînes des grues, ainsi que cela a lieu souvent. Les colis ne doivent y être placés qu'au moment même de leur chargement, et en être retirés aussitôt après leur déchargement. — V. aussi le mot *Grues.*

« Lorsqu'il y aura lieu d'admettre, pour la manœuvre des grues, le concours des voituriers ou chargeurs étrangers au service de la compagnie, la manœuvre ne devra jamais être faite qu'en présence et sous la responsabilité d'un homme de la gare.

« En ce qui concerne les bascules, les avaries ou les dérangements qui s'y produisent proviennent le plus souvent de la faute des employés au pesage, soit qu'ils jettent les colis sur les plateaux avec violence, au lieu de les poser doucement, soit qu'ils pèsent des charges supérieures à la force des appareils, soit enfin qu'ils manœuvrent le levier avec brutalité. » (*Inst. spéc.*)

Opérations diverses de chargement et de déchargement et manœuvres spéciales *d'aiguilles*, de *barrières*, de *disques*, de *plaques tournantes*, etc. (V. ces divers mots). — V. aussi *Bagages, Chargement, Déchargement* et *Manutention*.

Intervention des chefs d'équipe dans les manœuvres d'accrochage et de décrochage des véhicules. — (Circ. min. adressée le 26 déc. 1884, aux adm. des comp. et par ampliation aux chefs du contrôle). — « Messieurs, à la suite de plusieurs accidents survenus récemment dans des manœuvres de gare, mon attention a été de nouveau appelée sur les dangers que courent les agents chargés de la direction de ces manœuvres, lorsqu'ils prennent part eux-mêmes aux accrochages et aux décrochages des véhicules.

« Les chefs d'équipe ne peuvent en effet commander et agir à la fois, et leur introduction entre les wagons a lieu le plus souvent quand leurs ordres ont déjà reçu un commencement d'exécution, c'est-à-dire au moment où les véhicules sont en marche.

« D'un autre côté, en se mettant dans l'impossibilité matérielle de surveiller les mouvements de la machine et de prescrire au mécanicien les arrêts et les ralentissements nécessaires, les chefs d'équipe compromettent la sécurité du personnel qu'ils dirigent. Il est donc indispensable, dans un intérêt majeur, d'interdire formellement à ces agents d'opérer eux-mêmes l'accrochage ou le décrochage des wagons ; leur rôle doit se borner à commander les manœuvres et à faire les signaux réglementaires.

« Je vous prie, messieurs, de préparer et de me soumettre aussitôt que possible un ordre de service dans ce sens. »

☞ *Nota.* — Les modifications qui ont pu être faites à ce sujet par les compagnies dans leurs ordres de service, sont comprises dans les instructions et règlements divers dont nous avons parlé ci-dessus aux §§ 2 et 3, et que nous n'avons pu mentionner que *p. mém.* en raison de leur défaut général d'uniformité.

VI. Responsabilité des agents. — En cas d'accident de personnes produit par négligence, inattention, imprudence dans les manœuvres, les agents en faute sont responsables et passibles de poursuites correctionn., en vertu de l'art. 19 de la loi du 15 juillet 1845. (V. *Accidents*, § 8.) — La responsabilité civile est indiquée au même mot, § 9. — Lorsque les manœuvres de gare n'ont pas pour objet le mouvement d'un train dans lequel se trouvent des voyageurs ou des agents, c'est-à-dire lorsqu'il ne s'agit que de simples déplacements de wagons, de plaques tournantes, etc., ces manœuvres ne sont considérées que comme des travaux de gare, auxquels ne sont pas applic. les règl. relatifs aux accidents d'expl. Dans ce cas, si la négligence apportée dans les manœuvres occasionne des blessures, il est ordinairem. fait applic. des dispositions de droit commun édictées par les art. 319 et 320 du C. pénal. — V. *Accidents d'exploitation*, § 8, et *Accidents de travaux*, §§ 3 et 4.

Responsabilité directe des chefs de gare, des chefs de manœuvres, etc. (Questions de surveillance, d'imprudence, etc.) — Voir les mots *Agents*, § 9, et *Chef de gare*.

Imprudence personnelle des chefs de manœuvres. — « Un sous-chef de manœuvre, chargé de désunir deux wagons faisant partie d'un groupe auquel est attelée une locomotive, donne au mécanicien le signal d'arrêt ; puis il s'introduit sur la voie entre ces deux wagons, sans attendre que se produise le mouvement de recul qui a normalement lieu en pareil cas ; il a un pied écrasé entre une roue et le rail.

« Dans ces circonstances, l'accident doit être attribué uniquement à l'imprudence de la victime et la compagnie, — qui n'a contribué dans aucune mesure, soit à le déterminer, soit à l'aggraver par un défaut de précautions à elle légalement imputable, — est affranchie de toute responsabilité. » — (Trib. civil de la Seine, 5 déc. 1882, confirmé par C. d'appel, 30 juin 1883, et par C. de C., 17 nov. 1884.) — Voir aussi, plus haut, fin du § 5 la circ. min. 26 déc. 1884.

Imprudence des hommes d'équipe. (Distinction entre les agents *commissionnés* et *non commissionnés*.) — V. *Agents*, § 9, et *Hommes d'équipe*.

VII. Manœuvres effectuées par les ouvriers des expéditeurs. — Afin de prévenir les accidents résultant de l'intervention de personnes étrangères au service des gares, dans la manutention des wagons, le ministre a prescrit les dispositions suivantes, par une circ. du 29 sept. 1855 : « 1° Les manœuvres opérées par les personnes étrangères aux ch. de fer, seront surveillées et dirigées par les agents, et sous la responsabilité des compagnies ; 2° toute manœuvre de wagon sur les voies affectées à la circulation des trains et sur celles qui longent les voies de service ou y aboutissent immédiatement est interdite aux personnes étrangères au chemin de fer ; 3° aucun individu ne pourra être admis à travailler dans l'enceinte ou les dépendances d'un chemin de fer, sans l'autorisation du chef de gare ou de l'agent préposé par la compagnie ». — V. aussi, au mot *Manutention*, l'arr. min. du 15 nov. 1879, et divers autres documents.

MANOMÈTRES.

I. Installation sur les machines. — Les manomètres dont les chaudières à vapeur doivent être munies aux termes des règlements sur les appareils à vapeur sont destinés à indiquer la tension précise de la vapeur dans les chaudières des locomotives.

Ils peuvent servir de guide au mécanicien dans un grand nombre de circonstances, pour le chargement du combustible, l'ouverture des portes du foyer, etc. ; ils préviendront des accidents qui pourraient avoir des effets désastreux.

D'après l'art. 7 du décret du 30 avril 1880 (Voir *Machines à vapeur*), « toute chaudière est munie d'un manomètre en bon état, placé en vue du chauffeur, disposé et gradué de manière à indiquer en kilogrammes la pression effective de la vapeur dans la chaudière. Une marque très apparente indique sur l'échelle du manomètre la limite que la pression effective ne doit point dépasser. — La chaudière est munie d'un ajutage terminé par une bride de 0^m,04 de diam. et 0^m,005 d'épaisseur disposée pour recevoir le manomètre vérificateur ».

Nota. — La circ. min. du 1er mars 1865, portant envoi de l'arr. du 25 janv. 1865 (qui avait précédé celui du 30 avril 1880 et où se trouvait une disposition analogue au sujet du manomètre), contenait le passage suivant :

« En ce qui touche les appareils de sûreté dont les chaudières doivent être munies d'après le nouveau règl., ces appareils sont exactement les mêmes que ceux du règl. de 1843... »

Par suite, il n'est pas sans intérêt de rappeler ici quelques-unes des dispositions qui avaient été adoptées en exécution de l'ordonnance de 1843 :

Une circ. min. du 15 déc. 1849 a autorisé « l'emploi de toute espèce d'appareils manométriques sur les chaudières à vapeur, à la condition que ces appareils manométriques soient bien fabriqués et bien gradués, et que la chaudière, toutes les fois que son manomètre n'est pas à air libre, soit munie d'un ajutage convenablement placé pour les vérifications. » (Rappelé par circ. min. du 26 août 1852.)

Systèmes recommandés. — Divers systèmes de manomètres ont été soumis à l'adm. supér. et recommandés par elle. Tels sont les appareils *Richard, Regnault, Caly-Cazalat* (invention Journeux), *Desbordes* et *Bourdon.* — Toutefois « après un examen approfondi des différents instruments manométriques qui peuvent être employés sur les chaudières, la commission centrale des machines à vapeur s'est prononcée pour l'adoption du manomètre métallique à cadran de M. Bourdon... Ce manomètre lui a paru réunir le plus d'avantages, tant par l'exactitude de ses indications, ce qui était là l'objet essentiel, que par la facilité qu'il présente, en raison de son petit volume, de pouvoir être transporté commodément... — En outre, comme il est gradué jusqu'à 18 atmosphères, on pourra s'en servir aussi pour les épreuves des chaudières, et, sous ce rapport, il sera très utile. Souvent, en effet, les soupapes d'essai adaptées aux chaudières ou à la presse hydraulique, se trouvant imparfaitement rodées, laissent échapper l'eau bien avant que la pression ait atteint le degré maximum à obtenir, en sorte qu'il existe une assez grande incertitude sur la valeur du résultat final. Au moyen de l'emploi du manomètre en question dans les épreuves, celles-ci seront rendues bien plus sûres, et en même temps elles se feront bien plus facilement. (Ext. de la circ. minist. du 26 août 1852.)

II. Moyens de vérification. — « Quels que soient les instruments que l'on emploiera, il sera nécessaire que les ingénieurs vérifient de temps à autre l'exactitude de leur graduation. » (Circ. min. du 16 mars 1846. Ext.) — On n'emploie pas, d'ailleurs, de *moyens spéciaux* pour la vérification des manomètres; l'ajutage prescrit par la circ. précitée du 15 déc. 1849, et rappelé par l'art. 7 du décret du 30 avril 1880 (Voir *Machines à vapeur*), est seul obligatoire.

MANQUANTS.

I. Définition. — L'expression *manquant*, assez usitée en termes de ch. de fer, signifie naturellement un *colis en moins* (bagages ou marchandises), ou un *déficit de poids*. — Les démarches et constatations relatives à ces manquants doivent être régul. faites, autant que possible, au moment où une vérification, un arrangement ou une constatation peuvent avoir lieu *en temps utile*. Nous pouvons ajouter qu'en raison des détails et de l'importance toujours croissante du service des ch. de fer, ces questions d'*avaries*, de *déficits* et de *manquants* qui sont des choses distinctes, bien entendu, n'en sont pas moins également fécondes toutes les trois en discussions et en procès, et comportent, par conséquent, tout le soin et l'attention des agents.

A défaut d'une instruction générale sur la matière, nous ne pouvons d'abord que renvoyer aux mots *Déchets* et *Déficits*, en ce qui concerne les différences survenues entre les quantités expédiées et les quantités reçues. — En règle générale, « c'est à bon droit que la compagnie est déclarée responsable du déficit, alors qu'il est constaté qu'à raison de la brièveté du trajet, la marchandise (du *blé*, dans l'espèce), n'a pu subir un déchet de route appréciable, et que la compagnie n'a pas fait la preuve qu'aucune faute ne lui est imputable. » (C. C., 5 nov. 1883.) — Voir aussi, au sujet de cette importante question, les mots *Clause de non-garantie, Coulage, Force majeure, Fûts, Perte, Preuves, Soins de route, Vins* et *Vice propre.*

Soustraction commises en cours de route (Extr. d'une instr. spéc.) — « En présence des manquants constatés par les destinataires dans les colis de toute nature, et notamment dans les colis comestibles, chaussures, etc., les dispositions ci-après sont rappelées au personnel : — *Art. 1er.* — Les stations de départ doivent apporter les plus grands soins à la reconnaissance. — L'aspect général du colis, l'état de l'emballage, le poids, sont autant de particularités sur lesquelles doit porter l'attention des agents. — Il faut rechercher minutieusement si le conditionnement du colis n'est pas de nature à présenter plus tard, aux yeux du destinataire, les apparences d'une soustraction opérée en cours de transport. — *Art. 2.* — Les agents des trains ont à exercer en route une surveillance active sur les colis qui leur sont confiés. — *Art. 3.* — Il incombe aux stations d'arrivée de prendre toutes mesures pour que des soustractions ne puissent se commettre pendant le séjour des colis en gare avant leur enlèvement. — *Art. 4.* — Dès qu'un manquant est constaté au départ, en route ou à l'arrivée, avis en est donné à l'inspecteur principal de l'arrondissement. Celui-ci procède d'*urgence* à une enquête ayant pour but d'amener la découverte des coupables, et en transmet, s'il y a lieu, les résultats au chef de l'exploitation... »

II. Litiges. — *Manquants au départ.* (Contestations sur le poids.) — V. *Pesage.*

Manquants à l'arrivée. — « Si, à l'arrivée des marchandises, on a constaté un déficit, le voiturier ne pouvait être tenu, conf. à la lettre de voiture, qu'à faire état au destinataire de la différence qui existait entre le poids qu'il lui livrait et celui qu'il avait reçu; — en le condamnant à payer le déficit calculé, non pas sur le poids, mais sur la contenance, le jugement attaqué (T. com. Béziers, 24 mars 1870) a changé les conditions du contrat intervenu entre les parties et violé, par suite, la disposition de loi ci-dessus transcrite. » (C. Cass., 12 août 1872.) — *Mention du manquant sur la lettre de voiture.* — « En reconnaissant formellement sur la lettre de voiture, avant l'enlèvement de la marchandise, le manquant qui sert de base à l'action du destinataire, une comp. de ch. de fer réserve par cela même les droits de celui-ci. » (C. Cass., 14 avril 1874.) — V. aussi *Laissé pour compte, Livraison,* etc.

Manquant constaté dans un transport commun entre diverses compagnies. — Voici le résumé d'un arrêt de la C. de C. intervenu à ce sujet le 6 mai 1872 :

« Au cas de manquants constatés dans des marchandises expédiées par l'entremise d'une série de compagnies de ch. de fer, le destinataire peut, pour obtenir la réparation qui lui est due, s'adresser à la dernière de ces compagnies, — sauf à celle-ci à exercer son recours contre qui de droit, puisque les manquants existaient (*dans l'espèce*) avant que ces marchandises ne lui aient été remises. — Pour ce destinataire, un seul contrat de transport existe, — celui qui régit l'expédition, d'une manière indivise et continue, depuis le point de départ jusqu'au lieu de destination.

« En acceptant lesdites marchandises, sauf à être indemnisé du déficit, le destinataire n'exerce pas seulement un droit, il remplit une obligation à laquelle il ne peut se soustraire. » (C. C., 6 mai 1872.)

Manquant dans un transport international. — « Au cas de perte d'une partie des marchandises expédiées par l'entremise d'une série de compagnies de ch. de fer (étrangères et française, *dans l'espèce*), le destinataire peut, pour obtenir la réparation qui lui est due, s'adresser à la dernière de ces compagnies, — sauf à celle-ci à exercer son recours contre qui de droit. » (Jurisp. usuelle.)

Indications diverses. — V. *Avaries, Bagages, Perte, Preuves* et *Service international.*

MANUFACTURES ET ATELIERS.

I. Indications générales relatives aux usines et ateliers. — 1° Surveillance des ateliers, du matériel des chemins de fer et des machines à vapeur qui les desservent. (Affaires rentrant dans les attributions des ingénieurs du contrôle.) — Voir à ce sujet, au mot *Ordonnances,* l'art. 56 de l'ordonn. du 15 nov. 1846 ; au mot *Contrôle,* § 3, l'arr. min. et la circ. du 15 avril 1850, ainsi que les nouvelles dispositions qui ont pu modifier ou compléter les attributions du service de surveillance, et enfin au mot *Machines* les décrets et instructions se rapportant spécialement aux appareils à vapeur.

Affaires diverses intéressant les ateliers et usines. — Voir ces mots.

II. Établissements classés comme insalubres, dangereux ou incommodes. (*Application en ce qui concerne les chemins de fer.*) — Les nombreux documents qui constituent la législation des établissements insalubres dangereux ou incommodes, n'ont en général qu'un intérêt restreint pour le service des chemins de fer. Les décrets principaux sur la matière sont ceux des 31 janv. 1866, 31 janv. 1872, 7 mai 1878, 22 avril 1879, 26 févr. 1881, 20 juin 1883, et *enfin un nouveau décret du 3 mai 1886,* auquel était annexée une nomenclature récapitulative des établissements dont il s'agit. — Nous n'avions pas sous les yeux ce dernier décret quand nous avons préparé notre article *Établissements,* mais l'extrait de la nomenclature que nous avions donnée *d'après les précédents documents,* n'ayant pas été modifié par les dispositions de ce nouveau décret du 3 mai 1886, nous ne pouvons que maintenir les indications déjà résumées au mot *Établissements.*

III. Travail des enfants dans les ateliers et manufactures. — L'importante question du travail des enfants dans les ateliers de l'industrie, a donné lieu, elle aussi, à de nombreuses dispositions successivement revisées ou complétées, qui se justifient par la variété de la main-d'œuvre et des travaux auxquels elles s'appliquent et par la nécessité de protéger l'enfance contre des abus de nature à compromettre sa santé et ses forces. — Ainsi, depuis 1841, date de la première loi sur cette matière intéressante, sont intervenus un grand nombre de documents que nous énumérons dans la note ci-après :

Nota. — Résumé chronologique de la législation du travail des enfants dans les manufactures et dans les établ. insalubres, dangereux ou incommodes :

1° *Loi du 22 mars 1841*, sur la question spéc. du travail des enfants;

2° *Décret du 7 déc. 1868*, d'après lequel aucun enfant de moins de 8 ans ne devait être admis à travailler dans les manufactures. — Le même décret, qui a été suivi d'une circ. min. détaillée du 12 déc. 1868, contenait d'ailleurs diverses dispositions au sujet de la limitation du temps de travail des enfants âgés de 8 à 12 ans, et des règles concernant le travail de nuit, l'interdiction du travail les *dimanches et jours fériés*, et l'interdiction absolue du travail pour certaines industries dangereuses, etc.; les derniers paragr. se rapportaient enfin aux justifications à donner au sujet de l'écolage des enfants;

3° *Nouvelle loi organique, 19 mai 1874*; sur le travail des enfants et des filles mineures employés dans l'industrie; interdisant l'admission des enfants dans les établissements et ateliers dont il s'agit, avant l'âge de 12 ans révolus, sauf diverses exceptions à l'égard des enfants de 10 ans révolus pour l'emploi dans certaines industries, ladite loi réglant d'ailleurs les autres points mentionnés dans les lois et décrets antérieurs, et créant un corps d'inspecteurs pour la surv. des nouvelles dispositions;

4° *Décrets pris pour l'exécution de ladite loi du 19 mai 1874*, savoir : — 1° Décrets des 27 mars 1875 et 1er mars 1877 (industries dans lesquelles les enfants de 10 à 12 peuvent être employés); — 2° Décret du 12 mai 1875 (travail dans les mines); — 3° Décrets des 13 mai 1875, 2 mars 1877 et 31 oct. 1882 (travaux fatigants ou dangereux); — 4° Décrets des 14 mai 1875, 2 mars 1877, 22 sept. 1879, 31 oct. et 3 nov. 1882 (travail dans les établissements classés comme insalubres, incommodes ou dangereux); — 5° Décrets des 22 mai 1875 et 5 mars 1877 (travail de nuit et du dimanche, etc.)

Rapport de la Commission supérieure d'inspection (6 juillet 1886, inséré au *Journal officiel*, 5 sept. 1886), rendant un compte très détaillé des résultats de l'inspection du travail des enfants dans les manufactures, et rappelant, du reste, que de nouvelles dispositions ont été mises à l'étude, à ce sujet, par M. le min. du comm. et de l'industrie.

Personnel de surveillance. — Tout en renvoyant aux documents les plus récents, nous reproduisons ci-après une instruction rétrospective se rattachant à la législation de 1868, au sujet de la *surveillance du travail des enfants dans les manufactures.* (Circ. min., 30 avril 1869, adressée aux préfets et par ampliation aux ingénieurs.) — L'inspection du travail des enfants dans les manufactures a été attribuée, par décret du 7 déc. 1868, aux ingén. des mines. On s'est demandé si, pour ce qui concerne les ateliers de ch. de fer, l'inspection du travail des enfants devait être exercée par les ingén. du service ordinaire ou par ceux du contrôle. — Le décret du 7 déc. 1868 n'a, en effet, rien spécifié à cet égard : l'art. 1er porte seulement que les ingén. des mines rempliront les fonctions d'inspecteurs du travail des enfants « chacun dans la circonscription minéralogique à laquelle il est attaché; » ce qui veut dire uniquement que la surv. appartient à l'ingén. dans les limites territoriales où il exerce ses attributions, mais ne doit pas s'entendre en ce sens que l'ingén. chargé du service ordinaire des mines dans ces limites aurait seul compétence pour la surv. du travail des enfants dans les manufactures. — Cette question a été déjà examinée et résolue pour les appareils à vapeur fixes existant dans l'enceinte des ch. de fer, et il a été décidé que, bien qu'en principe, la surv. des machines à vapeur appartienne en totalité à l'ingénieur du service ordinaire, par exception, cette surv. serait exercée dans l'enceinte des ch. de fer par l'ingén. des mines attaché au contrôle. — La même solution m'a paru devoir être admise pour la surv. du travail des enfants dans les ateliers de ch. de fer. Il serait illogique, en effet, de donner entrée dans le même atelier à deux ingénieurs différents; et, d'un autre côté, la surv. sera plus efficace si elle est confiée à l'ingén. du contrôle.

« J'ai décidé, en conséquence, que l'inspection du travail des enfants, dans les ateliers des chemins de fer soumis au contrôle de l'État, sera exercée par les ingénieurs des mines attachés au contrôle de ces chemins. » (*Extr.* p. mém.)

Indications détaillées au sujet du personnel de surveillance. — Se reporter au texte même des documents spéciaux résumés ou rappelés ci-dessus.

MANUTENTION ET MANŒUVRES.

I. Service des gares et des trains. — 1° Mesures générales de sécurité (V. *Manœuvres*, § 1); — 2° Surveillance des manœuvres (*Id.*, § 2); — 3° Service spécial des équipes (*Id.*, § 3); — 4° Mesures et manœuvres diverses (*Id.*, § 5); — 5° Responsabilité des agents, questions de surveillance, d'imprudence, etc. (*Id.*, § 6). — Voir aussi *Chargement*, *Déchargement* et *Signaux* (nouveau règlement).

II. Manutention opérée par des personnes étrangères au service des gares. — 1° Recommandations faites par circ. min. du 29 sept. 1855. (V. *Manœuvres*, § 7.) — 2° Nouvelles conditions (réglées par arr. minist. du 15 nov. 1879) au sujet de la manutention des wagons à marchandises par le personnel étranger au chemin de fer :

« Le min. des tr. publ., — Vu la circ. min. du 29 sept. 1855, qui fixe les conditions auxquelles est subordonnée la manutention des wagons à marchandises par le personnel étranger aux comp. dans les gares de ch. de fer ; — Vu l'avis émis par le Comité de l'expl. technique, dans sa séance du 7 oct. 1879 ; — Considérant qu'un accident récent a démontré que les dispositions de la circulaire précitée du 29 sept. 1855 sont insuffisantes, qu'il convient, dès lors, de les compléter et de les rendre d'ailleurs obligatoires pour les compagnies et pour les personnes étrangères au service du chemin de fer, — Arrête :

Art. 1er. — Dans l'intérieur des gares, les manœuvres exécutées par les personnes étrangères au ch. de fer sont surveillées et dirigées par les agents des comp. et sous leur responsabilité.

2. — Sur les voies principales affectées à la circulation des trains, de même que sur celles qui les longent ou y aboutissent immédiatement, toutes les manœuvres de wagons sont interdites aux personnes étrangères au chemin de fer. — Toutefois, cette interdiction ne s'applique pas aux manœuvres exécutées sous la direction immédiate du chef de gare ou de son représentant.

3. — Sur les voies situées en dehors du domaine propre des chemins de fer (*voies de ports fluviaux ou maritimes, embranchements particuliers*, etc.), les manœuvres de wagons sont faites par les soins et sous la responsabilité des expéditeurs et destinataires, l'administration du chemin de fer n'étant responsable que des manœuvres qui y seraient exécutées par ses propres agents.

4. — Dans l'intérieur des gares, des portions de voies peuvent être désignées par le chef de gare, sous sa responsabilité, et mises à la disposition des expéditeurs ou destinataires pour y exécuter les manœuvres de wagons, dans les conditions de l'art. 3.

5. — Les ingén. du service du contrôle et les commiss. de surv. admin. sont chargés d'assurer l'exécution du présent arrêté, qui sera porté, par voie d'affiches, à la connaissance du public. » (Arr. min., 15 nov. 1879.)

III. Frais de manutention (compris dans les *frais accessoires* réglés annuellement en vertu de l'art. 51 du cah. des ch. et de l'art. 47 de l'ordonnance du 15 nov. 1846) (V. *Frais accessoires*). — Dispositions relatives au chargement et au déchargement des wagons complets (*Frais de stationnement, etc.*). Arr. minist. du 27 mai 1878 et circ. minist. du 29 août 1879. — V. le même mot *Frais accessoires*. (Petite vitesse, § 5.)

IV. Réclamations au sujet de la manutention des colis. (Manutention trop lente). — « Lorsqu'un expéditeur estime qu'une compagnie lui porte préjudice par la lenteur apportée à la manutention de ses marchandises, il peut légalement saisir de sa plainte les tribunaux ordinaires. » (C. C., 27 mai 1862.) — *Lenteur dans la remise des bagages.* — V. *Bagages*, § 4.

Manutention trop brusque. — « La suppression de la garantie des avaries, de la part de la compagnie, n'était stipulée que pour le cas où l'avarie serait le résultat d'un mauvais emballage. — Le jugement constate que l'emballage ne laissait rien à désirer et que l'avarie avait pour unique cause la manutention trop brusque, malheureusement employée par les agents de la compagnie; — Dans de pareilles circonstances, le jugement a pu repousser les exceptions présentées par la compagnie, sans violer les articles de loi invoqués par le pourvoi. » (C. Cass., 13 août 1872.)

Dérangement des appareils de chargement et de pesage (V. le mot *Grues*). Manutention de marchandises livrables en gare (*mise à la disposition du destinataire, du personnel et du matériel de la compagnie. — Avaries*). — « Une comp. de ch. de fer a accompli ses obligations, lorsqu'elle a déposé, sur le quai d'une gare, les marchandises livrables à cette gare au destinataire. — Dès lors, si, pour rendre service à celui-ci, le chef de gare met à sa disposition le matériel et le personnel nécessaires au chargement desdites marchandises sur son camion, la compagnie n'est pas responsable de l'avarie qui survient durant cette dernière opération. » (Tr. comm., Bourges, 17 février 1873.)

MARBRE.

I. Conditions générales de transport. — Le marbre en bloc est compris dans la 2ᵉ classe des marchandises, taxées d'après le tarif général de la petite vitesse à 0 fr. 14 par tonne et par kilomètre. (Extr. de l'art. 42 du cah. des ch.)

Tarifs d'application. — Le prix de transport du marbre varie naturellement, dans les tarifs d'applic. des diverses comp., suivant qu'il s'agit de marbre en bloc, de marbre en tranches ou de marbres artificiels. Ce dernier produit figure ordinairement à la 1ʳᵉ série des tarifs généraux (taxée à 0 fr. 16 ou 0 fr. 15, suivant les compagnies). — Sur diverses lignes, les marbres *ouvrés* et *polis* jouissent de réductions de prix au sujet desquelles nous ne pouvons que renvoyer aux tarifs spéc. en vigueur sur les divers réseaux. — Au point de vue de la distinction à faire pour l'application des tarifs, une épaisseur de marbre, pesant plus d'une tonne, doit être considérée non comme une *tranche* mais comme un *bloc* (C. cass., 9 avril 1877).

Emploi de madriers pour le transport des marbres d'un fort poids (P. mém.)

II. Statues et objets d'art (tarif *ad valorem*). — Voir *Finances*.

MARCHANDISES.

I. Définition. — « L'expression *marchandises* n'a rien de limitatif et est prise, dans un sens générique, au point de vue du commissionnaire ou voiturier pour lequel le colis est l'objet d'un lucre. » (T. Seine, 14 avril 1857.)

Chevaux et bestiaux. — Ils sont rangés, quant à l'appl. des lois et règl. sur la police des ch. de fer, dans la catégorie des marchandises. — V. aux mots *Bestiaux* et *Chevaux* pour les conditions spéc. auxquelles sont soumises ces deux natures de transport.

Installation du service des marchandises. — Nous devons renvoyer au mot *Gares*, §§ 1 à 8, au sujet des installations multiples et quelquefois considérables qu'exige notamment le service de la petite vitesse. — Il serait difficile, d'ailleurs, de détailler ici toutes les prescriptions relatives aux marchandises voyageant sur les voies ferrées, sans reproduire à peu près la généralité des documents qui se rapportent à l'ensemble même des transports. Nous devons nous borner, en conséquence, à rappeler ou à résumer ci-après les dispositions les plus usuelles sur la matière.

II. Tarifs et conditions générales de transport. — Les taxes et les conditions, relatives au transport de marchandises, sont réglées d'une manière générale par les art. 42 à 53 du cah. des ch. des concessions de ch. de fer (V. *Cahier des charges*). Pour les détails d'application, nous ne pouvons que renvoyer aux divers articles de ce recueil où sont rapportées les opérations à faire et les formalités à remplir pour l'expédition, le transport et la livraison des colis ; les points principaux sur lesquels il nous paraît utile d'appeler spécialement l'attention sont les suivants :

1° *Grande vitesse.* — Bien que le tableau général de classification, inséré à l'art. 42 du cah. des ch., désigne nommément certaines marchandises, telles que les *denrées*, dans la catégorie des transports à grande vitesse, il est stipulé que les marchandises *de toute classe* peuvent être transportées à la vitesse des trains de voyageurs, moyennant une taxe qui ne pourra dépasser, non compris l'impôt dû à l'État, 0 fr. 36 par tonne et par kilom. (art. 42 du cah. des ch. Extr.), et non compris les frais accessoires. (Voir pour l'application des conditions spéciales aux transports de grande vitesse les mots *Bagages, Colis, Délais, Denrées, Factage, Finances, Messagerie* et *Tarifs.* — D'après le même art. 42 du cah. des ch., lorsque les animaux et bestiaux (*qui y sont dénommés*) « seront, sur la demande des expéditeurs, transportés à la vitesse des trains de voyageurs, les prix seront doublés. » — V. *Animaux* et *Bestiaux.*

Conditions *particulières pour les animaux de petite taille* (en cages ou en paniers), et pour les *chiens* (V. *Animaux*, § 3 et *Chiens*). — V. aussi à l'appendice du présent recueil une nouvelle instr. min. du 4 nov. 1886, d'après laquelle les compagnies peuvent, en ce qui concerne les *chiens de petite taille*, renfermés dans des cages ou paniers, autoriser les voyageurs à conserver avec eux ces animaux, pourvu que les personnes qui voudront user de cette tolérance s'assurent du consentement de tous les autres voyageurs occupant le même compartiment aussi bien au départ qu'en cours de route.

2° *Petite vitesse.* — Les marchandises transportées à *petite vitesse* sont divisées en *quatre classes* par l'art. 42 du cah. des ch. Ces marchandises sont taxées, au maximum, à 0 fr. 16 (1re cl.); 0 fr. 14 (2e cl.) ; 0 fr. 10 (3e cl.); 0 fr. 08 à 0 fr. 04 (4e cl.) par tonne et par kilom. (non compris les frais accessoires) ; mais, par les motifs indiqués au mot *Classification*, les tarifs généraux et spéciaux d'applic. des compagnies ont divisé les mêmes marchandises en plusieurs séries (6 sur la plupart des lignes) avec des prix établis de façon à ne jamais dépasser les limites correspondantes du cah. des ch. Ces prix diffèrent peu des suivants, au moins pour la plupart des grandes lignes, savoir : — 1re *série* : 0 fr. 15 par tonne et par kilomètre, non compris les frais accessoires ; — 2e *série* : 0 fr. 135 (*Id., Id.*); — 3e *série* : 0 fr. 11 (*Id., Id.*); — 4e *série* : 0 fr. 095 (*Id., Id.*); — 5e *série* : 0 fr. 08 (*Id., Id.*); — 6e *série* : 0 fr. 07 à 0 fr. 04 (*Id., Id.*).

Sur d'autres lignes, les comp. n'ont admis que quatre séries correspondant à peu près aux quatre classes du cahier des ch. gén. ; mais tous les tarifs d'application en vigueur sur les divers réseaux, contiennent la nomenclature détaillée des marchandises auxquelles s'appliquent lesdits tarifs. — Il est indispensable, du reste, de se reporter aux recueils mêmes des volumineux tarifs des compagnies pour se rendre un compte exact du prix attribué à telle ou telle marchandise, suivant sa nature et suivant la distance parcourue. Aussi n'avons-nous donné que pour mémoire les indications rappelées ci-dessus.

Marchandises non dénommées (Assimilation). — V. *Classification*, § 2.

Marchandises dangereuses. — V. *Acides, Dynamite, Poudres, Matières.*

Tarifs spéciaux. — (V. l'article *Tarifs*, § 4.) — Voir aussi au même article *Tarifs* les indications générales relatives à l'établissement et à l'application des taxes.

Indications diverses de l'art. 42 du cah. des ch. — (Mode de perception, parcours et poids, coupures de petits colis). V. *Cah. des ch.* — V. aussi *Colis* et *Taxes.*

Transport des masses indivisibles. — (Application de l'art. 46 du cah. des ch. et indications relatives aux pièces de bois et de fer d'une longueur supérieure à 6m,50.) — V. les mots *Bois, Camionnage, Fers* et *Fontes* et *Masses indivisibles.*

Marchandises transportées à prix réduit. — Voir l'indication suivante :

Demande préalable du tarif à appliquer (Tarif *spécial*, ou tarif *commun*, etc.). — « En l'absence d'une demande expresse, par l'expéditeur de marchandises, de l'applic. d'un tarif *spéc.*, l'applic. du tarif gén. est inévitable. — Peu importe que cet expéditeur fût sans intérêt pour réclamer ce dernier traitement. » (*C. de cass.*, 5 févr. 1878.) — « Les prix du tarif commun aux deux comp. ne devant être appliqués qu'autant que l'expéditeur en aura fait la demande expresse sur sa déclaration, la première comp. n'était pas tenue d'appliquer ledit tarif. » (C. C., 22 janvier 1878.) — V. aussi à ce sujet *Déclarations*, § 2, *Expéditeurs*, § 3 et *Tarifs*, § 4.

Choix de l'itinéraire le plus court. — V. *Itinéraire* et *Tarifs* (spéciaux).

3° *Tarif exceptionnel.* — (Applicable à divers transports énumérés à l'art. 47 du cah. des ch., tels que les marchandises de faible densité, pesant moins de 200 kilogr. sous le volume d'un mètre cube, les matières inflammables ou explosibles, les animaux et objets dangereux, les animaux de prix, les métaux et objets précieux, les objets d'art, les finances et valeurs, et en général les paquets, colis ou excédents de bagages pesant isolément 40 kilogr. et au-dessous.) — V. *Tarifs*, § 2. — Voir aussi les indications ci-après, au sujet de la *majoration* établie, voir *Tarifs*, § 2, sur les marchandises dites *de faible densité*, c'est-à-dire qui ne pèsent pas 200 kilogr. sous le volume d'un mètre cube.

MARCHANDISES LÉGÈRES, ENCOMBRANTES, DE FAIBLE DENSITÉ, ETC. (majoration de moitié en sus du tarif). — *Règles particulières d'application.* — « Les marchandises encombrantes étant éventuellement soumises à une surtaxe de moitié en sus du prix fixé par le tarif général, une demande en revision de la taxation de l'expédition de telles marchandises, pour être utilement faite, doit l'être quand la vérification matérielle est encore contradictoirement praticable. » (C. cass. 29 mars 1876, dans l'espèce transport de bouchons.)

Les meubles (*emballés* ou *non emballés*) sont soumis à la même majoration de tarifs lorsque le poids d'expédition n'atteint pas 200 kilog. par m. cube. Sur quelques lignes, toutefois on ne soumet à cette majoration que les meubles non *encaissés* : voir ci-après.

Relativement au transport de certains produits de *verrerie*, la question s'est élevée de savoir à qui de l'expéditeur ou de la comp. appartenait de justifier que ces produits étaient ou non exempts de la majoration de 50 p. 100 que doivent supporter les marchandises ne pesant pas 200 kilog. au m. cube. — (Affaire portée devant le tr. de comm. de la Seine, 4 nov. 1876, et résolue comme suit par la C. de C., 13 févr. 1878) : — « C'est à celui qui répète la chose payée de prouver qu'elle l'a été indûment. — Or, l'expéditeur ne prouve pas que ses marchandises fussent exemptes de la majoration de prix dont il se plaint. — C'est à tort que la preuve des faits sur lesquels il appuyait sa demande a été mise à la charge de la compagnie. » — V. aussi plus loin, § 4.

Désignation par nature, des principales marchandises dites légères ou encombrantes, *marquées au tarif de petite vitesse comme devant être taxées moitié en sus* du prix fixé pour la série à laquelle elles appartiennent, lorsqu'elles pèsent moins de 200 kilog. sous le volume d'un mètre cube :

Ext.—Arbres et arbustes vivants.—Bateaux et Canots, dont la longueur n'excède pas 6ᵐ,50. — Billards. — Bascules. — Boissellerie. — Bouchons. — Cages. — Caisses vides. — Caisses de voitures. — Carrosserie. — Cartonnages. — Chaises non encaissées. — Chapellerie. — Cylindres en verre. — Duvets. — Eponges. — Ecorces. — Etoupes. — Fagots. — Ferblanterie. — Fleurs.— Fourrages secs. — Fûts vides. — Glaces. — Horlogerie. — Houblon. — Instruments. — Jarres.— Jouets.— Lièges.— Lampisterie.— Literie. — Machines. — Meubles non emballés. —Nattes.— Noir. — Orgues. — Pailles non spécialement dénommées. — Pianos.— Plantes.— Plumes duvets. — Porte-bouteilles en fer. — Ruches d'abeille. — Sellerie. — Sommiers. — Sparterie.—Tabletterie.— Tamis. — Thé. — Treillage. — Ustensiles de ménage. — Vannerie. — Verrerie. — Volières. — Warech. — Zinc en tuyaux.

(*Nota.*) — Les désignations ci-dessus diffèrent plus ou moins suivant les réseaux aux tarifs généraux desquels il convient de se reporter pour avoir des données certaines, en ce qui concerne l'atténuation portée par ces tarifs à l'aggravation de taxe de moitié en sus pour certaines marchandises légères et encombrantes sans doute, mais qui, en réalité, n'ont qu'une faible valeur comme les fourrages et les fûts vides, par exemple. — V. à ce sujet *Fourrages* et *Fûts*.

4° *Ordre et régularité des expéditions* (art. 49 du cah. des ch., applicable aux transports de grande comme de petite vitesse). — « La compagnie sera tenue d'effectuer constamment, avec soin, exactitude et célérité, et sans tour de faveur, le transport des voyageurs, bestiaux, denrées, marchandises et objets quelconques qui lui seront confiés. — Les colis, bestiaux et objets quelconques seront inscrits, à la gare d'où ils partent et à la gare où ils arrivent, sur des registres spéciaux, au fur et à mesure de leur réception ; mention sera faite, sur les registres de la gare de départ, du prix total dû pour leur transport. — Pour les marchandises ayant une même destination, les expéditions auront lieu suivant l'ordre de leur inscription à la gare de départ. » (*Extr.*)

5° *Insuffisance de matériel.* — Dès que l'enregistrement a eu lieu, les marchandises doivent partir dans le délai fixé par le cah. des ch., faute de quoi, le chef de gare est passible de poursuites correctionnelles, sans préjudice de toute action en domm.-intér. contre la comp. Cette dernière ne peut, d'ailleurs, alléguer pour excuse l'insuffisance du matériel. (C. d'Angers, 29 août 1853. C. Paris, 19 nov. 1853.) Nous renvoyons, d'ailleurs, à l'article *Matériel*, § 4, pour plus amples renseignements sur cette question importante, au sujet de laquelle il faut se reporter aussi aux mots *Affluence, Encombrement, Force majeure, Responsabilité* et *Trafic international.*

6° *Expéditions retardées; encombrement de gares.* (Empêchements divers.) — Nous avons réuni aux mots *Affluence, Encombrement, Force majeure, Guerre,* etc., divers documents concernant les difficultés qu'a occasionnées, dans certaines circonstances, l'expédition des marchandises. Les *Céréales*, elles-mêmes, à l'époque des perturbations de la guerre de 1870-71, subirent le sort commun des retards. Aussi le min. des tr. publ. avait-il dû prendre le 25 sept. 1871, un arrêté (abrogé plus tard le 4 déc. 1871) pour requérir les comp. de ch. de fer « d'expédier les *blés de semence* de préférence à toute autre marchandise ».

Avis relatifs aux encombrements de gare. — D'après un jugement du trib. de comm. du Havre, remontant à la date du 29 mai 1855, une compagnie, en cas d'encombrement des gares, « n'est pas excusable d'avoir refusé des marchandises, lorsqu'elle n'a pas averti les expéditeurs à temps, et que, d'ailleurs, elle n'a pas fait tout ce qu'il lui était possible de faire pour la réception et l'expédition des marchandises qui lui étaient offertes, et elle doit être, en conséquence, condamnée aux domm.-intér. de l'expéditeur dont les marchandises ont été refusées. — Mais pour les divers litiges se rapportant à cette question nous ne pouvons que renvoyer au mot *Encombrement*, § 4.

7° *Délais légaux d'expédition de transport et de livraison.* — Les dispositions prises en vertu de l'art. 50 du cah. des ch. pour déterminer les délais de transport et de livraison des marchandises, ont fait l'objet d'un arr. min. du 12 juin 1866, dont l'application avait dû être momentanément suspendue pendant les événements de guerre de 1870-71, mais qui avait été remis en vigueur dès l'évacuation complète des départements. — Cet arrêté, modifié du reste par celui du 3 nov. 1879, est reproduit avec les développements nécessaires au mot *Délais*. — V. aussi *Délais*, à l'appendice.

8° *Services de factage, de camionnage, de réexpédition,* etc. (Applic. de l'art. 52 du cah. des ch.) — Voir, aux mots *Camionnage, Factage, Réexpédition* et *Traités*, les dispositions adoptées pour les marchandises remises ou livrées dans les délais réglementaires.

Camionnage d'office. — A l'occasion des encombrements de gare mentionnés plus haut, un arrêté min. *provisoire* avait été mis en applic. au sujet du camionnage d'office des marchandises. Cet arrêté, du 12 janv. 1872, n'ayant pas encore été formellement abrogé, nous en donnons ci-après le texte :

« Art. 1er. — Les comp. de ch. de fer sont autorisées, à titre provisoire, à faire camionner d'office, soit au domicile des destinataires, soit dans un magasin public, *toutes* les marchandises qui, adressées en gare à un point quelconque de leurs réseaux, ne seraient pas enlevées dans la *journée du lendemain* de la mise à la poste de la lettre d'avis écrite par la compagnie au destinataire ; les frais de ce camionnage étant calculés d'après les tarifs homologués. — Cette disposition est applicable indistinctement aux marchandises mises à quai ou laissées sur les wagons pour être déchargées par les destinataires. »

Bureaux de ville (considérés comme succursales des gares). — V. *Bureaux.*

Frais accessoires (d'enregistrement, de chargement, de déchargement et de magasinage, etc.). *Applic. de l'art. 51 du cah. des ch.* — Voir, au mot *Frais accessoires*, l'arr. min. du 30 nov. 1876 et d'autres documents.

III. Formalités et conditions diverses des transports de marchandises. — 1° Formalités au départ et à l'arrivée. (V. les mots *Déclarations, Groupage, Enregistrement, Lettres de voiture, Livraison, Magasinage, Manutention, Pesage, Récépissés, Reconnaissance* et *Vérification*.) — 2° Formalités fiscales (Voir les mots *Acquits-à-caution, Contributions, Douane, Impôt, Timbre* et *Octroi*). — Au sujet des formalités fiscales se rattachant aux indications contenues dans les divers articles que nous venons de rappeler, une circ. min. du 9 avril 1861 a spécialement invité les compagnies « à faire connaître exactement aux buralistes de la régie les délais assignés par leurs tarifs au transport des boissons, afin que ces délais puissent être reproduits sur les acquits-à-caution ou les congés délivrés par le service des contributions indirectes ».

Application des tarifs. — 1° Formalités d'examen, d'approbation et de publication (V. *Tarifs*, § 7). — 2° Choix du tarif général ou spécial (*Ibid.*, § 5). — 3° Choix de l'itinéraire par l'expéditeur (V. *Expéditions* et *Force majeure*). — 4° Expéditions d'une station intermédiaire (V. *Tarifs*, § 4). — 5° Détaxes. — V. ce mot.

Erreurs dans l'application des taxes (V. *Taxes*). — V. aussi le mot *Erreurs*.

Déboursés. — « L'avance au départ des frais ou déboursés dont une expédition peut être grevée, n'est obligatoire que de compagnie à compagnie, et au transit d'une ligne de fer sur une autre. » (*Tarif gén.*, Extr.)

Marchandises expédiées contre remboursement. — V. *Remboursement*.

IV. Prorogation des tarifs (réglés annuellement, conf. aux prescr. des art. 47 et 51 ci-dessus visés du cah. des ch.). — Il est de principe, en vertu de l'art. 47 de l'ordonn. du 15 nov. 1846, que lorsque le renouvellement des tarifs à arrêter annuellement par l'admin. n'a point eu lieu en temps utile, ces tarifs sont prorogés de droit. — V. comme applic. les mots *Frais accessoires* et *Tarif* (exceptionnel).

Tarifs majorés. — « Le tarif des marchandises encombrantes comme celui des autres marchandises et objets exceptionnels, mentionnés à l'art. 47 précité, est réglé annuellement par le ministre sur la proposition des compagnies. Toutefois, lorsque l'admin. a approuvé une classification de marchandises présentée par une comp. de ch. de fer, les expéditeurs ne peuvent pas se refuser au payement des prix portés dans le tarif, sous prétexte qu'il n'a point été revisé annuellement par l'autorité supérieure, notamment lorsqu'il s'agit de marchandises encombrantes pesant moins de 200 kilog. par mètre cube. » (C. d'Amiens, 3 juin 1854.)

V. Conditionnement des marchandises. — « La compagnie n'est pas tenue d'accepter non emballées les marchandises que le commerce est dans l'usage d'emballer. — Elle n'est pas tenue non plus d'accepter les marchandises dans un emballage défectueux ni celles qui présentent une trace évidente de détérioration. — Les marchandises susceptibles de se confondre avec d'autres marchandises de même nature ou dont le contact pourrait être nuisible, telles que les pommes de terre, la houille, le soufre, etc., ne sont acceptées *en vrac* que par wagon complet, à moins que la charge étant insuffisante, l'expéditeur ne consente à payer la taxe d'un wagon complet. » (Extr. du *Tarif général*.) — Voir aussi *Verrerie* et *Emballage*.

Expédition de matières dangereuses. (Mesures spéc. de précaution). — V. *Matières*.

Conditionnement des articles à la valeur. — V. *Finances*.

Emballage défectueux. — Les compagnies de chemins de fer ne répondent pas des avaries survenues aux marchandises expédiées *en vrac*, lorsque ces avaries ne peuvent être imputées à la négligence ou à la faute des agents chargés du transport, mais proviennent du défaut d'emballage ou du vice propre de la chose. (Trib. comm. d'Amiens, 29 nov. 1859.) — Seulement, lorsque les compagnies ont un retard à se reprocher, elles peuvent être privées de tout ou partie du prix de transport comme indemnité de retard. (*Ibid.*, 24 avril 1860.) — Malgré le bulletin de garantie qu'elle se fait remettre en prévision d'avaries pour cause d'emballage défectueux, la compagnie ne reste pas moins responsable de ces avaries, lorsqu'il a été statué par les juges du fait que le mauvais emballage de la marchandise n'est pas établi, ou lorsqu'il y a eu négligence de la part des agents de la compagnie dans le transport des colis. » (Div. déc., et notamment C. C., 26 janv. 1859.)

Transmission d'une compagnie à l'autre. — « En cas d'avarie d'une marchandise transportée, l'expédition est présumée avoir été bien conditionnée à l'origine, s'il n'y a eu réserves de la part du commissionnaire en la recevant, ou s'il n'y a, de sa part, preuve contraire. Cette preuve ne peut résulter d'un procès-verbal non contradictoire, dressé après que l'objet transporté a subi des réparations du fait des transporteurs. — Une comp. de ch. de fer qui, en recevant des marchandises à elle apportées par une autre compagnie, a fait des réserves à cause de leur conditionnement, encourt cependant une part de responsabilité, si l'avarie s'est continuée dans son service par de fausses mesures de conservation, des retards de livraison et de mauvaises difficultés pour soustraire les transporteurs en faute à une juste responsabilité. » (C. Rouen, 26 juin 1863.)

Déchets de route. — L'entrepreneur de transport par chemin de fer a droit à la bonification d'usage pour le déchet de route, comme l'ancien roulage. (Trib. comm. Seine, 13 déc. 1855.) — V. aussi l'art. *Liquides* et les mots *Déchets* et *Déficits*.

Retour gratuit d'emballages. — V. *Emballage* et *Tarifs spéciaux.*

V *bis*. Incidents de route. — (*Avaries, Perte, Preuves, Responsabilité, Retards,* etc.)

Perte et avaries de marchandises. — Les voituriers répondent de ce qui leur a été remis sur le port ou dans l'entrepôt pour être placé dans leur bâtiment ou voiture. (Art. 1783, C. civ., V. l'art. *Responsabilité.*) — Voir aussi *Perte, Preuves, Retards.*

Pertes d'échantillons. — « En cas de perte de marchandises, les dommages-intérêts dus au destinataire doivent représenter seulement le prix de ces marchandises et le bénéfice perdu ; mais ils ne peuvent comprendre les bénéfices qui auraient pu être réalisés par la conclusion d'un marché auquel les marchandises devaient servir d'échantillon. » (Trib. comm., Seine, 23 juin 1834.)

Marchandises retrouvées. — « Lorsqu'une marchandise égarée est retrouvée, le transporteur est recevable à réclamer la restitution de la somme qu'il aurait payée en trop sur une facture exagérée, c'est-à-dire le remboursement de la différence entre le payement effectué et le prix réel de la chose. » (Trib. comm., Narbonne, 11 sept. 1861.)

Avaries de marchandises transportées sur des lignes différentes. (V. *Avaries* et *Responsabilité.*) — D'après les indications données au mot *Avaries*, § 5, l'action civile, lorsqu'il y a lieu d'en intenter une, peut être légalement dirigée contre la compagnie chargée de livrer les colis. — V. aussi *Transports.*

Avaries diverses. — « La compagnie ne peut alléguer pour excuse que, faute de compartiments suffisants, elle n'a pas pu prévenir entre deux colis un contact dangereux pour l'un d'eux, et les tribunaux ont tout pouvoir, soit pour allouer une indemnité à l'expéditeur, soit pour ordonner que ce voiturier gardera pour compte la marchandise, en payant le prix entier. » (C. Lyon, 28 févr. 1860.) — V. aussi *Avaries.*

Marchandises en souffrance. — 1° Colis laissés pour compte (V. *Retards*). — 2° Fausses directions (V. *Colis*). — 3° Marchandises abandonnées en gare (V. *Abandon, Faillite, Laissé pour compte, Magasinage, Opposition, Saisie-arrêt, Vente,* etc.). — 4° Altération volontaire de marchandises. — V. *Liquides.*

5° *Assurances de marchandises.* — V. *Assurances,* § 1.

6° *Obligation générale de la compagnie pour la conservation des marchandises.* — « En général, vis-à-vis des particuliers qui lui confient leurs marchandises, une comp. de ch. de fer est en faute, du moment qu'elle n'assure pas, par tous les moyens en son pouvoir, la conservation desdites marchandises. » (C. de C., 16 mai 1876.) — Voir aussi *Encombrement, Entrepôt, Évacuation, Gelée, Guerre, Incendie, Inondations, Itinéraire, Manquants, Mouillure, Vice propre, Vols,* etc.

Indications diverses (Contestations, Réclamations). — V. *Litiges.*

VI. Livraison et remise de marchandises. (V. *Délais, Guerre, Livraison, Magasi-*

nage et *Vérification*.) — « En matière de transport de marchandises par les comp. de ch. de fer, la remise du bon de livraison au destinataire, l'émargement et le payement du prix de transport n'équivalent pas à une *livraison réelle* exonérant la compagnie de sa responsabilité. (C. Paris, 31 déc. 1855.) Les compagnies ne peuvent, à cet égard, exciper de la fin de non-recevoir établie par l'art. 105 du Code de comm. (C. Metz, 29 août 1855.) (V. aussi au sujet de la question générale de *livraison*, les mots : *Fin de non-recevoir*, *Livraison*, *Payement préalable*, etc.). — En conséquence, si les marchandises, malgré la remise de ce bon de livraison au destinataire et le payement du prix du transport, sont restées dans les magasins de la compagnie et y ont été incendiées, par exemple, la comp. doit être déclarée responsable, à moins qu'elle ne prouve que cette perte est le résultat d'un événement de force majeure. » (C. Paris, 31 déc. 1856.) — Voir les mots *Force majeure*, *Incendie*, *Perte* et *Preuves*.

Vente en cas de refus. — « En cas de refus, par le destinataire, de recevoir une marchandise qui ne peut se conserver dans les magasins de la gare, la comp. du ch. de fer peut faire vendre cette marchandise au profit de qui il appartiendra, après avoir obtenu l'autorisation du commiss. de surv. admin. et sans autre formalité de justice. » (Trib. comm., Seine, 1er août 1860.) « Lorsqu'une compagnie a cru devoir faire autoriser la vente par le juge, il n'est pas nécessaire que cette vente soit précédée d'une signification de l'autorisation, ni d'une mise en demeure de prendre livraison. » (C. Paris, 8 mai 1857.) — V. aussi les mots *Abandon*, §§ 1 et 2, *Magasinage*, § 10, et *Vente*.

MARCHE DES TRAINS.

I. Organisation et approbation du service et de la marche des trains. — 1° Applic. de l'art. 43 de l'ordonn. du 15 nov. 1846. — Aux termes de l'art. 43 de l'ordonn. du 15 nov. 1846, « des affiches placées dans les stations feront connaître au public les heures de départ des convois ordinaires de toute sorte, les stations qu'ils doivent desservir, les heures auxquelles ils doivent arriver à chacune des stations et en partir. — Quinze jours, au moins, avant d'être mis à exécution, ces ordres de service seront communiqués en même temps aux ingén. en chef et insp. princip. du contrôle, au préfet du départem. et au min. des tr. publ., qui pourra prescrire les modifications nécessaires pour la sûreté de la circulation ou pour les besoins du public. » (*Extr.*) — Voir les mots *Affichage*, *Itinéraire*, *Livrets*, *Ordres de service* et *Trains*. — Voir aussi les instructions ci-après, relatives à la production de *graphiques*, ainsi qu'à la préparation et à l'examen des tableaux de la marche des trains de voyageurs et de marchandises (1).

1° *Tableaux graphiques à joindre aux ordres de service* (Circ. min. du 19 août 1878 aux admin. des compagnies). — « Messieurs, plusieurs comp. de ch. de fer ont l'habitude de joindre aux ordres de service qu'elles communiquent à l'admin., en vertu de l'art. 43 de l'ordonn. du 15 nov. 1846, des tableaux graphiques de la marche des trains (V. *Graphiques*). — C'est là une pratique excellente, très propre à faciliter à l'admin. l'étude de l'organisation du service; je désire qu'elle soit généralisée et suivie régulièrement. — Je vous prie, en conséquence, de vouloir bien désormais annexer aux ordres de service que vous me ferez parvenir les tableaux graphiques de la marche des trains sur les lignes de votre réseau. » — V. aussi plus loin, 5°.

2° *Études préparatoires à chaque renouvellement de saison.* — 1° Circ. min., 7 juin 1878 (communication des ordres de service par la compagnie) (V. *Trains*, § 1). — 2° Circ.

---

(1) Nous avons particulièrement indiqué au mot *Ordres de service*, l'extension qu'il était d'usage de donner, en ce qui concerne les trains de *marchandises*, aux prescriptions de l'ordonn. de 1846 qui ne semblait s'appliquer en principe qu'aux trains de voyageurs ou aux trains mixtes. — V. notamment, à cette référence, *la nouvelle C. min.* 30 oct. 1886.

min., 27 août 1878 (Mesures ayant pour objet d'améliorer le service des trains). (Voir le même mot *Trains*, § 1.) — 3° Circ. min., 21 oct. 1878 (Fonctionnaires du contrôle chargés, contradictoirement avec les compagnies, d'étudier les services d'été et d'hiver). *P. mém.* — Voir la circ. modificative ci-après :

Nouvelle circ. min., 4 *mai* 1881 (adressée aux admin. des comp. de ch. de fer, et par ampliation aux chefs du contrôle). — « Messieurs, les circ. min. des 27 août et 21 oct. 1878, relatives à la marche des trains, ont prescrit aux fonctionn. du contrôle de procéder, deux fois par an, contradictoirement avec les comp., à une étude préparatoire de chacun des services d'été et d'hiver. — L'admin. supér. voulait ainsi se rendre compte des modifications qui auraient été réclamées, dans le courant de l'année, par les conseils généraux, les chambres de commerce, etc...., afin de pouvoir tracer d'avance aux comp. le programme des améliorations à réaliser dans le prochain service.

Mais, depuis lors, le comité consultatif des ch. de fer a été réorganisé par décret du 24 nov. 1880 (V. *Comités*, § 1), et se trouve aujourd'hui saisi de toutes *les réclamations relatives à la marche des trains.* — Il examine, au fur et à mesure qu'ils se produisent, après instruction par les fonctionnaires du contrôle, les vœux et les plaintes des conseils généraux, des chambres de commerce ou du public, et ses avis, lorsqu'ils ont été revêtus de mon approbation, sont notifiés aux compagnies, avec invitation d'en tenir compte dans l'étude du prochain service d'hiver ou d'été.

Ce mode de procéder fournit certainement un des éléments les plus utiles de l'étude préparatoire de la marche des trains et, depuis le 24 nov. dernier, il a été mis en harmonie avec le régime des circulaires de 1878, au moyen des dispositions suivantes.

Les vœux et les réclamations concernant la marche des trains sont, dès leur arrivée, communiqués à MM. les insp. gén. du contrôle, qui les font instruire, contradictoirement avec les compagnies intéressées, et adressent sans retard leurs rapports a l'admin. centrale. Ces rapports sont envoyés, avec toutes les pièces de l'instruction, au comité consultatif des ch. de fer, et les avis du comité, lorsqu'ils ont été transformés en décis. min., sont notifiés aux comp. et aux fonctionn. du contrôle.

En outre, l'administration fait inscrire, sur un registre spécial, les modifications et améliorations qu'elle a successivement prescrites.

Afin d'utiliser le mieux possible ces diverses dispositions pour le règlement de la marche des trains à chaque renouvellement de saison, j'ai décidé que, deux fois par an (le 1er mars, pour la saison d'été, et le 1er sept., pour la saison d'hiver), le service central enverrait des extraits du registre à MM. les insp. gén. du contrôle, qui les transmettront à leur tour aux compagnies, avec telles observations qu'ils jugeront convenables. — (V. aussi plus loin 3° et 6°.)

Il est bien entendu que ces envois périodiques ne feront pas obstacle aux communications spéciales qu'il y aurait utilité à faire à d'autres époques.

Les compagnies pourront ainsi combiner leur marche de trains de manière à y comprendre toutes les améliorations prescrites par l'admin., et il leur sera facile de présenter *leurs propositions fermes* dans le délai indiqué par la décis. min. du 7 juin 1878 (V. *Trains*, § 1), c'est-à-dire *un mois* avant la date fixée pour la mise en vigueur du nouveau service. — (Voir aussi plus loin, circ. min., 7 juill. 1884.)

MM. les inspecteurs généraux du contrôle devront, de leur côté, produire leurs rapports *dans la quinzaine.*

J'enverrai alors le dossier complet de l'affaire au comité de l'expl. technique, appelé à donner son avis sur « les modifications dans la marche et le service des trains », conf. à l'arr. min. du 25 janv. 1879. — V. *Comités*, § 2.

Je statuerai ensuite, et ma décision sera notifiée sans retard.

Je tiens essentiellement à ce que, sans recourir aux autorisations provisoires que l'admin. a dû donner en maintes circonstances, les services d'hiver et d'été soient toujours approuvés *avant la date fixée pour leur ouverture*. Je compte sur votre concours pour arriver à ce résultat, qui ne pourra être obtenu que si les délais d'instruction indiqués sont strictement observés.

Les extraits du registre tenu par l'admin. seront envoyés, en temps utile, à MM. les insp. gén. du contrôle pour le service d'hiver de 1881-1882.

En ce qui concerne le prochain service d'été, le travail fait en exécution des circ. de 1878 doit permettre de saisir incessamment le comité de l'expl. technique des mesures concertées entre les comp. et les fonctionn. du contrôle. — Veuillez..., etc. »

3° *Régles de présentation et d'examen des ordres de service de la marche des trains* (Circ. min. tr. publ., 7 juill. 1884, adressée aux chefs du contrôle) : — « Monsieur l'insp. gén., une décis. min. du 7 juin 1878 (V. *Trains*, § 1), a invité les comp. de ch. de fer à présenter leurs propositions relatives à la marche des trains *un mois* avant la mise en vigueur. Ce délai devrait être suffisant. Cependant l'approb. min. peut rarement être donnée avant l'ouverture du nouveau service. L'admin. est, dès lors, obligée de recourir à des approb. provisoires, et les mesures qu'elle est amenée à prescrire ne sont pas appliquées en temps utile, ce qui suscite de vives et justes réclamations de la part du public. — (V. plus loin 6°, de nouvelles instr. sur les délais.)

Les retards proviennent du mode de communication des propositions des comp., des lenteurs qu'entraîne la transmission de ces propositions aux divers fonctionn. du contrôle, et enfin des longs rapports que chacun de ces fonctionn. a à produire sur la même question. — (V. plus haut, cir. min. 4 mai 1881.)

Pour remédier à cette situation, j'ai décidé qu'à l'avenir, les compagnies communiqueraient leurs ordres relatifs à la marche des trains à tous les *fonctionn. du contrôle technique et commercial*, en même temps qu'au ministre, c'est-à-dire un mois à l'avance.

Lorsqu'il s'agira des services d'été et d'hiver, ou de modifications de quelque importance proposées en cours de saison, les ingén. en chef réuniront les ingén. ordinaires placés sous leurs ordres, dans les *huit jours* qui suivront la communication de la compagnie, et examineront de concert la nouvelle marche projetée.

De leur côté, les insp. princip. de l'expl. comm. réuniront également les insp. particuliers, dans le même délai, et procéderont à une étude analogue.

Les résultats de ces conférences seront consignés dans des procès-verbaux, qui seront immédiatement transmis à l'insp. gén. dir. du contrôle.

Le cinquième jour de cet envoi, l'insp. gén. convoquera les ingén. en chef, les insp. princip. et un représentant de la comp., pour discuter les conclusions formulées dans les premières conférences; il dressera, le jour même, procès-verbal de cette deuxième conférence et l'enverra *de suite* au ministre, avec tout le dossier de l'instruction et son avis personnel.

L'affaire sera soumise d'urgence aux délib. du comité de l'expl. technique des ch. de fer, et ensuite, s'il y a lieu, à celles du comité consultatif. L'insp. gén. remplira, d'ailleurs, les fonctions de rapporteur auprès des comités.

Une fois en possession des avis des comités, je statuerai sans délai, de sorte que la décision approbative pourra être notifiée à la compagnie avant l'inauguration du nouveau service. — (V. plus loin § 6°, et *Ordres de service*.)

Si le projet de la comp. comportait des modifications dans les corresp. des trains aux gares de bifurc. de deux réseaux voisins, les insp. gén. du contrôle examineraient, de concert, ces modifications, et adresseraient à l'adm. supér. un rapport collectif sur la question, avec leurs propositions motivées. Ce rapport serait indépendant des procès-verbaux de conférences relatifs à la marche générale des trains et devrait faire l'objet d'un envoi spécial.

Je tiens essentiellement à ce que les règles que je viens de tracer soient désormais observées et je vous prie de donner des instructions en conséquence aux fonctionnaires placés sous vos ordres.

Veuillez d'ailleurs m'accuser réception de la présente circulaire dont j'envoie copie à toutes les compagnies de ch. de fer. »

4° *Délais de présentation des ordres de service.* — V. ci-après, 6°.

5° *Réduction dans le nombre et le parcours des trains de voyageurs* (Examen des propositions des compagnies). — Circ. min., 22 juillet 1884, adressée aux admin. des comp. et par ampliation aux chefs du contrôle :

« Messieurs, les diminutions de recettes de l'ex. 1883 ont provoqué, sur les divers réseaux, des réductions correspondantes dans le nombre et le parcours des trains de voyageurs. — L'admin. a consenti aux réductions qui lui ont paru justifiées par la nécessité de ramener une juste proportionnalité entre les recettes et les dépenses ; mais les suppressions de trains de voyageurs ne procurant que des économies relativement peu importantes, et, d'autre part, ces suppressions étant le plus souvent préjudiciables à l'intérêt général, elles ne seront autorisées à l'avenir qu'à la condition d'être parfaitement motivées.
Je vous prie, en conséquence, messieurs, lorsque vous croirez devoir proposer de réduire, sur une ligne ou section de ligne, le nombre des trains qui circulaient pendant la période correspondante de l'année précédente, de justifier votre proposition par l'évaluation approximative du produit brut kilométrique des trains de voyageurs qui seraient maintenus.
Il vous sera, d'ailleurs, facile de trouver les éléments de cette évaluation, soit en calculant une moyenne d'après les recettes de voyageurs, soit en vous basant sur des comptages de voyageurs faits, sur la section même ou sur une section analogue, pendant la même période de l'année précédente ou pendant une période équivalente de l'année courante.
Afin de faciliter la comparaison, vous devez, en outre, joindre à vos propositions un graphique du service projeté et un graphique du service qui était en vigueur pendant la période correspondante de l'année précédente. Ces graphiques seront dressés dans la forme ordinaire, mais à une échelle très petite, et ne comprendront que les trains de voyageurs et les noms des gares importantes et de bifurcation.
Veuillez m'accuser réception de la présente circulaire, que je porte à la connaissance des inspecteurs généraux du contrôle. »

6° *Modifications en cours de saison.* (Circ. min. 26 févr. 1886, aux admin. des compagnies.) — « Messieurs, il arrive fréquemment que les propositions de modification de la marche des trains, en cours de saison, me sont soumises et sont communiquées à l'insp. gén. dir. du contrôle quelques jours seulement avant la mise en vigueur, de telle sorte que ma décision approbative ne peut être prise en temps utile. Il en résulte que l'admin. est obligée de recourir à des approb. provisoires, qu'il lui faut ensuite transformer en approbations définitives, après l'instr. régl. — Je crois donc devoir vous rappeler qu'aux termes de l'art. 43 de l'ordonn. de 1846 les propositions de marche de trains doivent m'être soumises et être communiquées au service du contrôle *quinze jours au moins* avant d'être mises à exécution. — Je vous prie d'observer rigoureusement ce délai à l'avenir..... » (Voir plus haut 2° et 3°.) — Voir aussi à *Ordres de service*, § **1** *bis*, la nouvelle circ. min. du 30 oct. 1886.

Organisation de trains spéciaux, de trains mixtes, de trains de marchandises, de trains de travaux et de trains de troupes. — Voir les mots *Composition de convois*, *Ordres de service*, § 1 *bis*, *Surveillance*, *Travaux*, *Trains* et *Troupes*.

Garages des trains. — La marche des trains à petite vitesse (voyageurs et marchandises), qui doivent être dépassés en route par d'autres trains, est réglée de telle sorte qu'ils soient garés dans une station quinze minutes (vingt minutes sur quelques lignes) avant le train qui les suit. (Enq. sur l'expl.)

L'emploi du télégraphe électrique facilite beaucoup les garages et permet aux trains de ne pas perdre trop de temps dans les manœuvres auxquelles ils donnent lieu.

Nous avons fait connaître, d'ailleurs, à l'art. *Garages*, les mesures à prendre lorsqu'un train à garer en route pour laisser passer un autre train n'a pas une avance suffisante sur ce dernier pour se garer en temps utile.

Transition de service. — Sur presque toutes les lignes, on est dans l'usage de reviser le service des trains à deux époques de l'année (mai et novembre). La transition d'un service à l'autre fait ordinairement l'objet d'une instr. gén. adressée par la comp. à tous ses agents pour leur recommander d'apporter une attention particulière aux nouvelles dispositions adoptées, notamment aux mesures prescrites pour combiner la marche des nouveaux trains avec ceux expédiés la veille et qui n'arrivent à destination que le jour même de l'ouverture du nouveau service. Des instructions détaillées règlent également tout ce qui concerne le mouvement des trains et des machines ainsi que les modifications qui sont la conséquence du changement de service pour la mise en circulation des trains de ballast et de matériaux. — Ces dispositions ont une extrême importance. — C'est sur leur complète et rigoureuse exécution que repose la sécurité du service de transition. — « Il est donc indispensable qu'elles soient l'objet de toute l'attention du personnel de l'exploitation. » (Inst. spéc.)

7° *Service de l'Algérie.* — 1° Décret du 19 mai 1882, attribuant au gouverneur général de l'Algérie, entre autres affaires relatives au service des chemins de fer d'intérêt général, le droit de statuer sur les *modifications partielles* à la marche des trains en cours de saison, le ministre se réservant de statuer sur les ordres de service généraux réglant la marche des trains (V. *Algérie*, § 2). — 2° Circ. min. 22 oct. 1884, portant interprétation de la disposition dont il s'agit (V. le même mot *Algérie*, § 2, note). — 3° Communication au ministre, des tableaux indiquant les *modifications partielles* de service de trains en Algérie. (Circ. min. 26 févr. 1886.) — Voir ci-après :

Circ. min. 26 févr. 1886 (tr. publ.), adressée aux admin. des comp. de ch. de fer algériens, au sujet de la communication à faire au min. des documents relatifs aux *modifications partielles* de trains. — « Messieurs, aux termes des décrets de rattachement de 1882 et de la circ. min. interprétative du 22 oct. 1884 (voir ci-dessus), les « ordres de service généraux » réglant la marche normale des trains, en Algérie, sont soumis à l'approb. du min. des tr. publics, et les « modifications partielles » qu'il peut être nécessaire d'apporter à cette marche sont approuvées par le gouverneur général de l'Algérie. — Mon admin. n'est donc pas toujours exactement renseignée sur le service en vigueur dans la colonie.

Pour obvier à cet inconvénient, j'ai décidé qu'à l'avenir, lorsque les compagnies des chemins de fer algériens proposeront une modification partielle de la marche des trains, elles devront m'envoyer cinq exemplaires des tableaux et des graphiques de la nouvelle marche, tels que les aura approuvés le gouverneur général.

Je vous prie de m'accuser réception de la présente circulaire et de vous conformer rigoureusement aux prescriptions qu'elle renferme.

Veuillez, d'ailleurs, m'adresser dès à présent une collection des tableaux et graphiques du service actuellement en vigueur sur votre réseau... »

8° *Service de la poste.* (Application de l'art. 56 du cah. des ch. et dispositions diverses.) — V. *Conférences* et *Postes*.

II. Détails principaux de la marche des convois. — Les règl. des comp., approuvés par le min. des tr. publ. en vertu des pouvoirs qui lui ont été conférés (V. *Règlements*), comprennent naturellement tout ce qui se rapporte à la marche et au mouvement des convois sur les lignes à double voie comme sur les sections à voie unique. Pour ces dernières sections, nous avons spécialement résumé à l'art. *Voie unique* les indications qui s'y rapportent.

Relativement à la *circulation sur la double voie*, il n'y a pour cet objet, pas plus que pour beaucoup d'autres détails du service des ch. de fer, de dispositions absolument uniformes pour les divers réseaux. — Mais les ordres généraux sont tous basés sur les points suivants qui ont été réglés en principe par l'ordonn. de 1846, ou par les instructions, circulaires et arrêtés relatifs à son application.

1° *Sens du mouvement des convois.* (Art. 25 de l'ord. du 15 nov. 1846.) — « Pour chaque chemin de fer, le min. des tr. publ. déterminera, sur la proposition de la comp., le sens du mouvement des trains et des machines isolées sur chaque voie, quand il y a plusieurs voies, ou les points de croisement quand il n'y en a qu'une. — Il ne pourra être dérogé, sous aucun prétexte, aux dispositions qui auront été prescrites par le ministre, si ce n'est dans le cas où la voie serait interceptée ; et, dans ce cas, le changement devra être fait avec les précautions indiquées en l'art. 34. » (V. plus loin cet art. 34 qui est relatif au service de *pilotage des trains* en cas d'accident, de réparation ou de toute autre cause.) — En général, les trains et les machines doivent circuler sur la voie de gauche, en regardant le point vers lequel ils se dirigent. (*Extr. des instr.*)

2° *Signal du départ des trains.* — (Art. 26 même ordonn. et circ. min. des 31 déc. 1865 et 4 janv. 1866, invitant les compagnies « à prendre des mesures immédiates pour que les ordres de départ ne soient, à l'avenir, donnés que par le chef de gare ou par l'agent réglementairement désigné pour le suppléer, en cas d'absence ». — V. *Départ*, § 2.

3° *Heures de service.* — D'après l'art. 27, 1ᵉʳ alinéa de l'ordonn. de 1846, aucun convoi ne pourra partir d'une station avant l'heure déterminée par le règlement de service.—Les heures de service et les autres conditions de nombre, de vitesse et de marche des trains sont arrêtées périodiquement par le ministre et font l'objet d'itinéraires spéciaux, conformément aux indications données ci-dessus au § 1ᵉʳ.

4° *Intervalle à observer entre les trains.* — Par applic. du 2° alinéa de l'art. 27 de l'ordonnance de 1846, cet intervalle a été fixé en *principe* à 10 min., sauf les exceptions indiquées au mot *Intervalle*. — V. aussi *Block-System* et *Cloches*.

5° *Signaux et Disques-signaux.* — Disques de protection des gares et des points de bifurcation (applic. de l'art. 27, 3° et 4° alinéas, et de l'art. 35 de l'ordonn. de 1846). — V. *Bifurcations, Disques-signaux* et *Signaux*.

Observation des signaux ordinaires et des signaux détonants ou pétards. — V. les mots *Brouillards* et *Signaux*.

Mouvements des trains près des bifurcations. — Les précautions à prendre en vertu de l'art. 37 de l'ordonn. du 15 nov. 1846, au sujet du ralentissement de vitesse près des bifurcations ou à la traversée des changements de voie sont spéc. indiquées aux mots *Aiguilleurs, Bifurcations, Manœuvres, Sifflet* et *Signaux.*

En raison de l'extrême importance des manœuvres faites aux abords des bifurcations, nous reproduirons ici quelques indications qui se trouvent déjà résumées dans le cours de ce recueil, indépendamment des nouvelles règles générales sur les signaux :

Se référant aux dispositions de l'art. 38, § 2, de l'ordonn. régl. du 15 nov. 1846, aux termes duquel « les mécaniciens devront se servir du sifflet à vapeur comme moyen d'avertissement, toutes les fois que la voie ne leur paraîtra pas complétement libre », le min. a décidé qu'à l'approche des voies de garage ou de bifurcation, les mécaniciens devront faire entendre :

« Un coup de sifflet prolongé pour aller à gauche ;
« Trois coups de sifflet prolongés pour aller à droite. »

Les ordres de service de quelques compagnies recommandent aux mécaniciens de faire ce signal à 500 m. avant d'arriver aux aiguilles de bifurcation et d'embranchement, et de donner les coups de sifflet distinctement, de manière que ces signaux ne puissent être confondus avec ceux prescrits pour faire serrer les freins. (Inst. spéc.)

Traversée des tunnels (1ᵉʳ alinéa de l'art. 29 de l'ord. de 1846). — V. *Souterrains.*

6° *Devoirs spéciaux des mécaniciens* (art. 36 à 38 de l'ord. de 1846), et des *gardes-lignes* (art. 31 id.). — V. *Mécaniciens* et *Gardes-lignes.*

7° *Composition et conduite des trains.* — (V. *Chefs de trains, Composition de convois* et *Conducteurs, Gardes-freins, Graisseurs* et *Visiteurs.*) — Voir aussi *Chefs de gare.*

8° *Incidents de route.* (Accidents, Arrêts, Détresse, Retards.) — V. ces mots.

Signal en cas de réparation de la voie, ou d'accident. (art. 32 de l'ord. de 1846.) — « Dans le cas où, soit un train, soit une machine isolée s'arrêterait sur la voie pour cause d'accident, le signal d'arrêt indiqué en l'article précédent devra être fait à cinq cents mètres au moins à l'arrière. (V. *Détresse* et *Signaux*.) — Les conducteurs principaux des convois et les mécaniciens conducteurs des machines isolées devront être munis d'un signal d'arrêt. » — V. *Ateliers*.

33. (*Ibid.*). Lorsque des ateliers de réparation seront établis sur une voie, des signaux devront indiquer si l'état de la voie ne permet pas le passage des trains, ou s'il suffit de ralentir la marche de la machine. — (*Idem.*)

34. (*Service de pilotage.*) — « Lorsque, par suite d'un accident, de réparation ou de toute autre cause, la circulation devra s'effectuer momentanément sur une voie, il devra être placé un garde auprès des aiguilles de chaque changement de voie. — Les gardes ne laisseront les trains s'engager dans la voie unique réservée à la circulation qu'après s'être assurés qu'ils ne seront pas rencontrés par un train venant dans un sens opposé. — Il sera donné connaissance au commissaire (de surv. adm.) du signal ou de l'ordre de service adopté pour assurer la circulation sur la voie unique. » — V. *Pilotage*.

40 et 41. (*Machines et agrès de secours.*) — V. *Secours*.

9° *Garage des trains* (V. ci-dessus § 1er). — V. aussi *Garage*.

10° *Arrêts et stationn. interdits sur la voie* (art. 28 de l'ord. de 1846). (V. *Arrêts et Stationnements*.) — Au sujet des arrêts obligatoires commandés par des signaux, il doit être fait usage des freins prévus par l'art. 18 de ladite ord. — V. *Freins*.

11° *Conditions de vitesse et autres pour les diverses catég.* de trains (applic. de l'art. 29 de l'ord. de 1846). (V. *Trains*, §§ 2 et suivants.) — Voir aussi les mots *Freins* et *Vitesse*, au sujet de la corrélation entre la vitesse admise et les moyens d'arrêt.

12° *Trains extraordinaires.* (Art. 30 de l'ordonn. du 15 nov. 1846) :

« Le ministre des travaux publics prescrira, sur la proposition de la compagnie, les mesures spéciales de précaution à prendre pour l'expédition et la marche des convois extraordinaires. — Dès que l'expédition d'un convoi extraordinaire aura été décidée, déclaration devra en être faite imméd. au commiss. (de surv.), avec indication du motif de l'expédition du convoi et de l'heure du départ. »

Pour l'exécution des dispositions ci-dessus, V. l'art. *Trains*, § 3.

Trains de marchandises et de matériaux. — V. *Trains*, §§ 5 et 7.

III. Circulation des machines isolées.

— D'après les règlements, une machine isolée doit être regardée comme un train, au point de vue de la circulation sur la voie.

Signaux en cas d'accident. — V. ci-dessus § 1, 9°.

Dans les gares, les manœuvres des machines isolées doivent se faire à petite vitesse et avec la plus grande prudence. — Les aiguilleurs ou chefs de manœuvres doivent faire avec soin les signaux d'arrêt ou ceux qui ont pour objet de faire avancer ou reculer le train ; les mécaniciens, à leur tour, observeront exactement ces signaux.

Pour la circulation des machines *en dehors des gares*, il est ordinairement d'usage de prendre les dispositions suivantes :

« Toute machine, autre que celles de secours, se rendant isolément d'un point à un autre, pourra circuler sans être accompagnée d'un agent du mouvement ; mais elle ne pourra être autorisée à partir sans que sa marche ait été préalablement réglée par le chef de gare expéditeur. Si le parcours d'une machine devait avoir lieu chaque jour aux mêmes heures, sa marche sera réglée par l'agent général du mouvement.

« Un chef de gare ne devra jamais laisser partir une machine isolée sans s'être assuré que le mécanicien est bien porteur d'un itinéraire réglant sa marche jusqu'à destination. » — Nous ne pouvons, d'ailleurs, au sujet des mesures de précaution à prendre pour la marche des machines isolées, que renvoyer au mot *Mécaniciens*, § 3, 5°.

Machines de secours. — V. *Secours*.

IV. Mesures nouvelles de sécurité (et rappel des dispositions principales se rapportant distinctement à la circulation des trains et des machines sur la double voie, à la circulation à voie unique, à la circulation temporaire à voie unique sur une ligne à double voie). — Voir les mots *Appareils, Bifurcations, Block-System, Circulation, Cloches électriques, Freins, Intercommunication, Matériel roulant, Voie unique* et *Voyageurs.*

MARCHEPIEDS.

I. Installation de marchepieds (et de mains-courantes) le long des véhicules entrant dans la composition des trains de voyageurs). — Circ. min. 16 mai 1866, ayant pour objet les mesures spéciales à prendre en cas d'accidents (V. *Incendie*, § 1, 3°). — V. aussi *Contrôleurs de route, Intercommunication* et *Voyageurs.*

II. Forme et disposition (*des marchepieds*). — Par une circ. du 6 juillet 1857, ayant pour objet de fixer la disposition réciproque des marchepieds des voitures, et des trottoirs des stations (V. *Quais* et *Portières*), le min. des tr. publ. a exprimé le vœu que les dispositions suivantes fussent adoptées uniformément sur l'ensemble des lignes de ch. de fer : — « 1° Les marchepieds inférieurs régneront sur toute la longueur des voitures et seront placés de 0^m,64 à 0^m,70 en contre-bas des planchers ; — 2° Les arêtes extérieures des marchepieds inférieurs seront distantes l'une de l'autre de 3^m,10 ; — 3° Le marchepied supérieur aura 0^m,40 de longueur, et divisera en deux pas égaux la différence de niveau entre le plancher de la voiture et le marchepied inférieur ; — 4° La saillie du marchepied supérieur sur le bord du plancher sera de 0^m,15 au moins, et la saillie du marchepied inférieur sur le marchepied supérieur de 0^m,10 au moins. »
Ces dispositions ont été généralement suivies, au moins sur la plupart des lignes.

Objets atteints par les marchepieds. — « Les agents doivent veiller à ce que les matériaux et les outils déposés sur les voies ne puissent être atteints, ni par les cendriers des locomotives, ni par leurs bielles, ni par les *marchepieds des voitures.* A cet effet, ils ne doivent pas perdre de vue que les marchepieds dépassent extérieurement les rails de 0^m,90, et que, pour certaines machines, les cendriers et les bielles descendent à peu près au niveau du rail. » (Ext. de l'art. 5 du règl. des poseurs, réseau d'Orléans.)

Défense de circuler sur les marchepieds (pendant la marche). — V. *Voyageurs.*

III. Marchepieds des voitures de messageries et diligences. — V. *Voitures.*

MARCHÉS.

I. Adjudications et marchés de travaux de l'État. — 1° Décret du 18 nov. 1882, *et documents divers*, relatifs aux adjudications et aux marchés passés au nom de l'État (V. *Adjudications*). — 2° Prescriptions diverses. — V. *Clauses et conditions, Devis, Entrepreneurs, Traités* et *Travaux.*

Marchés de gré à gré et travaux en régie. — Voir au mot *Adjudications*, § 1, l'art. 23 du décret du 18 nov. 1882.

Nota. — Pour les marchés de gré à gré passés au nom de l'État et qui concernent surtout les ouvrages et les objets d'art et de précision dont l'exécution ne peut être confiée qu'à des artistes éprouvés (art. 69, § 5 du décret du 31 mai 1862, sur la comptabilité publique), et les adjudications restreintes *ne pouvant sans inconvénient être livrées à une concurrence illimitée* (art. 71, même décret), diverses règles ont été posées par les circ. min. des 1er juin 1880 et 21 nov. 1882) adressées aux préfets et notifiées aux ingén. en chef des *services des travaux.* Les dispositions finales de la dernière de ces circulaires, concernant la production et l'examen des soumissions, les délais d'approbation, etc., sont ainsi conçues :

Extr. circ. min., 21 nov. 1882. — ... « Il est arrivé que la valeur d'une soumission présentée a été contestée par le soumissionn. lui-même, parce que, disait-il, l'admin. ayant laissé s'écouler six mois avant de lui faire connaître que ses propositions étaient acceptées, il ne se trouvait plus dans les mêmes conditions qu'au moment où il avait pris l'engagement d'exécuter à forfait, moyennant un certain prix, le projet qui lui avait été présenté. Cette réclamation a dû être admise.

En vue d'éviter le retour de semblables difficultés, j'ai décidé qu'à l'avenir le programme des entreprises qui feront l'objet d'un concours dans les conditions que je viens de rappeler devra toujours contenir une clause, que je me réserve d'approuver déterminant pour chaque cas particulier, le délai pendant lequel les soumissionn. s'engageront à exécuter leur marché, conf. aux stipulations dudit programme et aux prix fixés dans leur soumission, quelles que soient les circonstances intervenues. »

Travaux exécutés par les compagnies au compte de l'État (sans marché préalable ni série de prix). — Décret du 7 juillet 1883. — V. *Dépenses*, § 1, note 1.

Indications diverses. — V. *Enregistrement, Ponts et Superstructure.*

II. Marchés passés par les compagnies, pour leurs propres travaux. (*Texte intégral de l'art. 27 du modèle gén. de cah. des ch.*)

« *Art. 27.* — Les travaux (des compagnies) seront exécutés sous le contrôle et la surveillance de l'administration.

Les travaux devront être adjugés par lots et sur série de prix, soit avec publicité et concurrence, soit sur soumissions cachetées entre entrepreneurs agréés à l'avance; toutefois. si le conseil d'administration juge convenable, pour une entreprise ou une fourniture déterminée, de procéder par voie de régie ou de traité direct, il devra, préalablement à toute exécution, obtenir de l'assemblée générale des actionnaires l'approbation, soit de la régie, soit du traité.

Tout marché à forfait, avec ou sans série de prix, passé avec un même entrepreneur, soit pour l'exécution des terrassements et ouvrages d'art, soit pour l'ensemble du chemin de fer, soit pour la construction d'une ou plusieurs sections de ce chemin, est, dans tous les cas, formellement interdit.

Le contrôle et la surv. de l'adm. auront pour objet d'empêcher la compagnie de s'écarter des dispositions prescrites par le présent cah. des ch. et spécialement par le présent art., et de celles qui résulteront des projets approuvés. »

Conditions et surv. des travaux (des comp.) — V. *Contrôle et Projets.*

III. Foires et marchés. — *Services de transport.* — 1° Délivrance de billets à prix réduits (V. *Billets*, § 4). — 2° Mesures en cas d'affluence (V. *Affluence et Encombrement*). — 3° Approvisionnement des foires et marchés (transport d'animaux, de marée et d'objets divers). — V. *Animaux, Bestiaux, Délais, Denrées, Livraison, Marchandises, Marée*, etc.

MARÉE.

Transport des poissons frais. — 1° Tarif général (gr. vitesse) (V. art. 42 du cah. des ch.). — 2° Approvisionnement des halles et marchés. — « L'usage de faire parvenir et de livrer les paniers de marée avant l'ouverture du marché du lieu d'arrivée ne peut avoir pour conséquence juridique d'empêcher ladite comp. de se prévaloir des dispositions de son cah. des ch., ni d'engager sa responsabilité alors que les délais régl. n'ont point été dépassés. » (C. cass., 8 août 1878.) — V. aussi *Délais, Denrées et Livraison.*

Transport de poissons en temps prohibé. (Loi du 31 mai 1865, décret du 10 août 1875 et instr. diverses.) — V. le mot *Poissons.*

MARINE. — MARINS.

I. Conditions de transport (*par les chemins de fer*). — Les dispositions de l'arr. min. du 15 juin 1866, réglant, en exécution de l'art. 54 du cah. des ch. gén., l'applic. du tarif militaire, sur les voies ferrées, sont de tous points applicables au transport des marins ; voir l'arrêté dont il s'agit et divers autres documents au mot *Militaires*. — Voir aussi au même article l'état B du personnel ressortissant au département de la marine qui doit être admis, sur les chemins de fer, au bénéfice de la réduction de prix stipulée par les cah. des ch. — Cet état se trouve annexé à l'arr. min. du 14 août 1884, remplaçant les divers arrêtés qui ont successivement modifié les états du personnel de la guerre et de la marine, admis au bénéfice de la réduction de tarif.

Élèves commissaires de la marine. — A la suite d'une communication de son collègue le min. de la marine et des colonies, le min. des tr. publ. a décidé (le 20 avril 1865) « que les *élèves commissaires de la marine*, institués par décret du 7 oct. 1863, seraient inscrits à la 3e colonne de l'état B, dont il vient d'être question. — Ledit état contient, en effet, actuellement, l'énonciation dont il s'agit.

Marins en disponibilité. (Extr. d'un arrêté min. du 18 juillet 1865) :

« *Art.* 1er. — Les marins en disponibilité seront inscrits dans la 4e colonne de l'état B..... sans qu'il soit fait d'ailleurs, en ce qui les concerne, la même restriction que pour les militaires en congé renouvelable. » (Voir pour l'application actuelle l'état B joint à l'arr. min. du 14 août 1884, inséré au mot *Militaires*, et où sont portés aussi à la 4e col., sans autre annotation « *les marins ou militaires en congé renouvelable*, lorsqu'ils se rendent dans leurs foyers, lorsqu'ils sont rappelés ou qu'ils voyagent en vertu d'un ordre de service) ». — Même observation pour les *marins, militaires et assimilés, en cas de convocation devant les commissions de réforme* (mesure qui semble avoir été prise à la suite, ou en vertu de la circ. adressée par le min. des tr. publ. aux comp. le 14 janv. 1884, au sujet des *marins titulaires de la gratification de réforme renouvelable*); circ. que nous ne mentionnons que *p. mém.*, de même que celle du min. de la marine, 2 août 1884, relative au même objet.

Gardes-consignes (admis au tarif militaire, en vertu d'un arrêté du min. des tr. publics, en date du 15 mai 1882, dont l'extr. suit) : — « Le min., etc. — Vu..... le décret du 23 janv. 1882, créant un personnel de gardes-consignes affectés à la surv. du matériel naval dans les ports et dans les établ. de la marine situés hors des ports ; — Vu le décret du 27 mars 1882, aux termes duquel les gardes-consignes dont il s'agit forment un corps *militaire* soumis aux mêmes règles de compétence, de hiérarchie et de discipline, que les marins vétérans, les pompiers de la marine et les surv. des prisons maritimes ; — Vu les lettres... ; — Considérant..., etc. — Arrête : — *Art.* 1er. — Les gardes-consignes-majors, les gardes-consignes et les gardes-consignes ambulants sont admis à voyager sur les chemins de fer au quart du tarif fixé par le cahier des charges. — *Art.* 2. — (Notification aux compagnies)... »

Nota. — La circ. d'envoi de l'arrêté, dont il s'agit, aux préfets, en date du 30 mai 1882 leur recommande de donner connaissance de l'arrêté aux compagnies des *chemins de fer d'intérêt local* qui existeraient dans leurs départements. — Le personnel désigné dans ledit arrêté a été compris, du reste, dans l'*état B* annexé à l'arr. min. du 14 août 1884. — V. *Militaires.*

Inscrits maritimes (rappelés au service). — Une convention spéciale est passée, ou prorogée, tous les cinq ans, entre le ministre de la marine stipulant pour l'État, *d'une part*, et les six grandes compagnies (du Nord, de l'Est, de Lyon, d'Orléans, de l'Ouest et du Midi), *d'autre part*, pour le transport d'une certaine catégorie de marins *rappelés au service*. — Voici un extr. de la dernière convention, datée du 31 mars 1882, s'appliquant au transport des *inscrits maritimes*, lorsqu'ils sont rappelés au service, *par mesure générale* (Extr. emprunté à la *cir. d'appl.*, de l'un des gr. réseaux.) :

« Art. 1er. — Les marins des équipages de la flotte *provenant de l'inscription maritime* sont admis, en cas de rappel au service *par mesure générale*, à voyager dans les conditions spécifiées aux articles suivants sur les lignes concédées aux six compagnies contractantes ou exploitées par elles, sur la présentation de *bons* de chemins de fer conformes au modèle (annexé à la convention). — Ces *bons* sont en *carton* et de *couleur blanche.*

« 2 à 5 (Délivrance et usage des bons à l'aller et au retour). — *P. mém.*

« 6. — Il est accordé aux comp. sur le montant du prix réduit (tarif militaire) une augmentation de 2 p. 100 destinée à compenser les dépenses que leur occasionne l'organisation de ce service spécial.

« 7. — Le prix du trajet en chemin de fer est dû aux comp. avec l'augmentation déterminée par le précédent article du moment qu'elles présentent un *bon* en règle et sans qu'il y ait lieu de se préoccuper de savoir si le porteur du *bon* est arrivé ou non à destination.

« 8. — Le remboursement des sommes dues aux comp. a lieu sur la production d'une facture en double exped. sur papier timbré, accompagnée d'un relevé en double expéd. sur papier libre, et des *bons* justificatifs de la créance. — Les comp. ont la faculté de produire leurs comptes par mois ou par périodes de dix jours, à leur choix. — Le payement a lieu à Paris dans les 45 jours qui suivent la présentation des comptes.

« 9. — Conf. aux dispositions de l'art. 79 du règl. du 14 janvier 1869, servant à l'exéc. du décret du 31 mai 1862 sur la comptabilité publique, les sommes payées aux comp. en vertu du présent traité seront abondées du 3 p. 100 à l'infini. — Ces sommes ainsi abondées seront passibles de la retenue de 3 p. 100 au profit de la caisse des invalides de la marine. — *P. mém.*

« 10 et 11 (Durée de la convention, frais de timbre et d'enregistr., etc.). — *P. mém.* »

Personnel enseignant de diverses écoles. (Établissement des pupilles de la marine ; écoles des apprentis des ports ; cours normal des instituteurs de la flotte ; école des mousses ; école des torpilles, etc., etc.) — Sur la demande du min. de la marine, une circ. du min. des tr. publ., adressée aux compagnies le 17 sept. 1884, a exprimé auxdites compagnies le désir que par assimilation avec les instituteurs et institutrices primaires du départem. de l'instr. publique, le personnel enseignant dont il est question dans ladite circ. soit admis à voyager à demi-place, *en tout temps* et quelle que soit la cause du déplacement. (*Extr.*) — V. ci-après :

Suites données. — Le résultat de l'interv. du min. des tr. publ. est ainsi résumé dans une lettre que celui-ci a adressée, le 15 déc. 1884, à son collègue de la marine (Extr. emprunté au *Code annoté de Lamé Fleury*) :

« Les grandes compagnies n'ont opposé de refus qu'en ce qui touche le professeur d'électricité à l'école des torpilles, à Rochefort, dont la situation ne saurait être, à leur avis, assimilable à celle des instituteurs primaires.

« Elles sont donc disposées à délivrer, *en tout temps*, des bons de réduction de demi-place à l'instituteur chef et aux instituteurs (6 personnes) de l'établ. des pupilles de la marine, à Brest ; mais, au lieu d'accréditer ces fonctionnaires auprès de leurs gares et d'autoriser celles-ci à accorder une réduction à demi-tarif sur le vu d'une pièce administrative, elles ont exprimé le désir que la demande de cette faveur fût adressée au directeur de chaque compagnie par le préfet maritime ou, en son nom, par le chef de service dûment autorisé.

« Elles viennent de me faire connaître, en outre, que ce nouveau régime, applicable également pour le personnel enseignant de la marine précédemment admis à circuler à demi-place, sera mis en vigueur à partir du 1er janvier 1885. Il importe, dès lors, qu'à partir de cette date, les cartes administratives actuellement en usage ne soient plus délivrées au personnel enseignant dont il s'agit, ces cartes devant être considérées comme nulles et sans valeur par les gares.

« Les admin. des ch. de fer de l'État, de Lagny à Villeneuve-le-Comte, de Somain à Anzin, et la comp. Franco-Algérienne ont donné des ordres en vue d'assurer aux membres du personnel enseignant relevant de votre ministère l'application pure et simple du traitement déjà en vigueur pour le personnel enseignant du min. de l'instr. publique.

« La comp. des ch. de fer de Bône-Guelma et prolongements (Algérie) m'a fait savoir qu'eu égard à sa situation particulière au point de vue du jeu de la garantie d'intérêt, elle ne pouvait consentir, en faveur des membres du personnel enseignant de la marine, le transport à prix réduits que pour les voyages qu'ils auront à faire, à l'époque des vacances, pour rentrer dans leurs familles ou regagner les établ. d'instruction. »

II. **Questions diverses.** — 1° *Détachements de marins, dirigés d'un port sur l'autre* (Circ. min. du 3 déc. 1872.) (V. *Détachements*). — 2° *Transports par le chemin de ceinture de Paris.* — Avis à donner aux compagnies, pour le passage des troupes de marine par le chemin de ceinture de Paris, notamment pour les détachements inférieurs à 500 hommes. — (V. *Chemin de ceinture*). — 3° Mécaniciens gradés de la flotte (*Mobilisation ; Recrutement*). — Circ. min. 13 oct. 1884. — V. *Mécaniciens.*

Détails d'application. — V. les mots *Guerre, Militaires* et *Matériel.*

MARNE.

Tarif général de transport (4ᵉ cl. de l'art. 42 du cah. des ch.) (Voir *Engrais*). — Voir aussi le mot *Dépôts.*

MARQUISES.

Abris couverts. — 1° Établissement de marquises intérieures ou extérieures dans les gares de voyageurs ou de marchandises (*p. mém.*). — 2° Évaluation de la valeur locative. — V. les mots *Contributions* et *Patente.*

MARRONS.

Conditions de transport (comme châtaignes). — 2ᵉ cl. Art. 42, cah. des ch.

MASSES INDIVISIBLES.

Conditions de transport. — D'après l'art. 46 du cah. des ch., « les droits de péage et les prix de transport déterminés au tarif ne sont point applicables à toute masse indivisible pesant plus de 3,000 kilogr. — Néanmoins, la comp. ne pourra se refuser à transporter les masses indivisibles, pesant de 3,000 à 5,000 kilogr. ; mais les droits de péage et les prix de transport seront augmentés de moitié. — La comp. ne pourra être contrainte à transporter les masses pesant plus de 5,000 kilogr. — Si, nonobstant la disposition qui précède, la comp. transporte des masses indivisibles pesant plus de 5,000 kilogr., elle devra, pendant trois mois au moins, accorder les mêmes facilités à tous ceux qui en feraient la demande. — Dans ce cas, les prix de transport seront fixés par l'admin., sur la proposition de la compagnie. »

Tarifs d'application. (Extr. du modèle de tarif, petite vitesse, art. 12) :

« Les prix du tarif sont augmentés *de moitié* pour les masses indivisibles pesant de 3,000 à 5,000 kilogr. et portés *au double* pour les masses indivisibles pesant plus de 5,000 kilogr., mais ne dépassant pas 10,000 kilogr., sans toutefois que, dans ce dernier cas, le prix puisse être inférieur à 25 centimes par tonne et par kilomètre.

« (Dans le cas où la comp. consentirait à transporter aux conditions du présent tarif les masses indivisibles pesant plus de 10,000 kilogr., il conviendra de substituer au chiffre 10,000 celui qui serait adopté par elle comme limite du poids à transporter.)

« La comp. n'accepte pas le transport des masses indivisibles pesant plus de 10,000 kilogr., ni des objets dont les dimensions excèdent celle du matériel (1).

« Si, nonobstant la disposition qui précède, la comp. transporte des masses indivisibles pesant plus de 10,000 kilogr. ou des objets dont les dimensions excèdent celles du matériel, elle devra, pendant trois mois au moins, accorder les mêmes facilités à tous ceux qui en feraient la demande. — Dans ce cas, les prix de transport seront fixés par l'admin., sur la proposition de la compagnie.

« Dans toutes les gares d'expédition ou de destination où il n'existe pas de grues ou de treuils de force suffisante pour le chargement ou le déchargement des masses indivisibles pesant plus de 5,000 kilogr., le chargement et le déchargement en seront faits par les soins et aux frais, risques et périls de l'expéditeur ou du destinataire. »

---

(1) Les objets de dimensions exceptionnelles, notamment les pièces de bois et de fer d'une longueur supérieure à 6ᵐ,50 ne sont pas comprises dans la classification générale des marchandises, ni dans les règles ordinaires du camionnage. Les expéditeurs doivent s'entendre préalablement avec les compagnies pour ces espèces de transports, ou se reporter aux tarifs généraux ou spéciaux en vigueur sur les diverses lignes de chemins de fer. — V. *Fers* et *Fontes.*

Foudres de vin, etc., considérés comme masses indivisibles. — « L'art. 12, susénoncé, en surtaxant les masses indivisibles d'un certain poids, a eu en vue non les marchandises indivisibles de leur nature, mais bien tout colis qui, présenté par l'expéditeur sous un volume et sous une masse que le transporteur ne doit point diviser, offre, à raison de son poids ou de ses dimensions, des difficultés exceptionnelles de chargement et de transport ; tel est le cas de l'espèce ; — Il importe peu que la comp. ait reçu le colis dont s'agit, sans exiger qu'on ne divisât le poids, et qu'elle ait accepté de le transporter aux conditions du tarif spécial ; il n'appartient pas, en effet, à la comp. de déroger, par ses agissements, ses négligences ou ses erreurs, aux dispositions des tarifs homologués par l'admin., qui sont seuls obligatoires pour tous ceux qui traitent avec elle, en même temps que pour elle-même. » (C. C., 31 déc. 1873.)

MATÉRIAUX.

I. Extraction de matériaux. — (Droit d'extraction résultant de l'art. 22 du cah. des ch. et des anciens règlements.) — V. *Cah. des ch., Carrières, Clauses et conditions générales, Extraction, Interdiction, Occupation de terrains, Travaux,* etc.

Matériaux soumis aux droits d'octroi. (Extr. des règl.) — V. *Octroi.*

II. Conditions d'emploi des matériaux (Art. 18 du cah. des ch.). — « La compagnie n'emploiera, dans l'exécution des ouvrages, que des matériaux de bonne qualité ; elle sera tenue de se conformer à toutes les règles de l'art, de manière à obtenir une construction parfaitement solide (Art. 18, cah. des ch.)... » — Voir à ce sujet les mots *Ballast, Chaux, Coins, Coussinets, Eclisses, Entretien, Rails, Traverses,* etc.

Perte de matériaux. — « La remise à l'entrepreneur de coussinets, chevilles et coins n'ayant été constatée ni par un reçu signé de lui, comme le prescrivait un article du devis, ni par aucune pièce contradictoirement dressée, l'entrepreneur ne peut être déclaré responsable de la perte de ces objets. » (C. d'État, 28 juin 1855.)

Abandon d'outils et de matériaux sur les voies. — V. *Abandon* et *Outils.*

III. Conditions de transport des matériaux. — Le tarif général inscrit à l'art. 42 du cah. des ch. pour les marchandises *à petite vitesse,* comprend, *à la* 2ᵉ *classe,* les chaux et plâtres, les bois de charpente, les fers, cuivres et autres métaux ouvrés ou non, les fontes moulées. — Id., *à la* 3ᵉ *classe,* les pierres de taille et produits de carrières, moellons, meulières, argiles, briques, ardoises. — Id., *à la* 4ᵉ *classe,* les pierres à chaux et à plâtre, les pavés, les matériaux pour la construction et la réparation des routes, les cailloux et sables. — Au sujet des détails d'application sur les divers réseaux, suivant les séries adoptées dans les tarifs généraux des compagnies, voir les mots *Marchandises* et *Tarifs,* § 1. — V. aussi *Matériel fixe.*

Conditions et mesures de précaution (pour certains transports de matériaux). — Voir les mots *Bois, Fers, Masses indivisibles, Matériel, Pierres de taille* et *Rails.*

Tarifs spéciaux. — Les matériaux de construction, ardoises, bois, briques, chaux, ciments, fers, fontes, pavés, pierres brutes, pierres à macadam, sable, zinc, etc., sont transportés à prix réduits sur tous les ch. de fer moyennant des conditions de tonnage et de parcours pour lesquelles il est indispensable de se reporter aux tarifs spéc. des diverses compagnies. Les indications que nous avons déjà données à ce sujet aux articles : *Fers, Fontes* et *Pierres,* et celles fournies par les tarifs en ce qui concerne le transport des *bois, briques, chaux, ciments,* etc., font connaître qu'en général, le prix de transport des matériaux de construction, par wagon complet et pour le parcours au-dessus de 100 kilom., est fixé, suivant les produits, jusqu'à un minimum de 0ᶠ,04 par tonne et par kilom., frais de chargement et de déchargement non compris. — En général, les prix moyens qui ressortent des tarifs spéc. pour le transport des matériaux sont les suivants :

Ardoises, 0ʳ,06 par tonne et par kilom. (parcours de 50 kilom. et au-dessus) ; *bois de charpente*, 0ʳ,045 (parcours de 150 kilom. et au-dessus) ; *briques*, 0ʳ,04 (parcours au-dessus de 100 kilom.) ; *ciments*, 0ʳ,035 (parcours au-dessus de 200 kilom.) ; *plâtres*, *chaux*, 0ʳ,05, 0ʳ,04 (parcours de 100 à 200 kilom. et au-dessus de 200 kilom.), et, en général, pour tous les *matériaux de construction*, 0ʳ,04, 0ʳ,035 (parcours de 100 à 300 kilom. et au-dessus de 300 kilom.).

Matériaux de la compagnie. — Des ordres de service détaillés règlent pour chaque compagnie les conditions de transport des matériaux destinés au service du chemin de fer, ainsi que des imprimés, mobilier des gares, appareils, etc. — Les bons de transport sont ordinairement signés par les représentants des chefs de service de la constr. et de l'expl. des ch. de fer. L'indication des ingénieurs et agents autorisés à donner ces signatures est détaillée sur une liste dressée à l'avance.

Les conditions générales qui régissent les transports des matériaux employés au service des chemins de fer sont les suivantes, au moins pour la plupart des compagnies :

Les objets ou matériaux de toute nature, destinés au service de la compagnie, sont transportés aux conditions suivantes :

Envoi d'un poids inférieur à 100 kilog., par les trains de toute nature : *franco*.

Envoi de 100 kilog. et au-dessus :

Par les trains de voyageurs ou mixtes : 0 fr. 10 par tonne et par kilom. ;

Par les trains de marchandises (*Ibid.*) : 0 fr. 025.

Il n'est perçu en sus de la taxe aucuns frais accessoires d'enregistr. ni de manutention, lorsque les expéd. sont chargées et déchargées aux frais des services expéditeur et destinataire.

Par exception, les bâches et les agrès de wagons sont transportés *franco*, quel que soit le poids des expéditions.

Quelle que soit la vitesse employée, les transports taxés sont compris dans les écritures de la petite vitesse et sont accompagnés de factures de transport non timbrées.

Par conséquent, les envois de moins de 100 kilogr. effectués par les trains de voyageurs ou mixtes pourront seuls figurer dans les écritures de la grande vitesse.

IV. Circulation des trains de matériaux (V. *Trains*, *Travaux* et *Voie unique*). — Nous croyons utile de rappeler ici, d'une manière générale, que toutes les prescriptions obligatoires s'appliquant aux trains de marchandises, auxquelles il n'est pas formellement dérogé par des règl. spéc., sont applicables aux trains de matériaux.

Par suite, *aucun train de matériaux ne devra quitter une gare sans que le signal de départ lui ait été donné, de la manière prescrite pour les trains de marchandises, par le chef de gare*, lequel devra se conformer, pour les intervalles à maintenir entre ce train et les trains ordinaires, aux prescr. régl. — V. *Intervalles*.

Transport des appareils télégraphiques. — V. *Télégraphie*.

MATÉRIEL FIXE DE LA VOIE.

I. Dispositions adoptées (pour les chemins de fer concédés). — Voir les mots *Aiguilles*, *Alimentation*, *Appareils*, *Barrières*, *Changements de voie*, *Coins*, *Coussinets*, *Disques*, *Éclisses*, *Gabarits*, *Grues*, *Heurtoirs*, *Machines*, *Plaques tournantes*, *Ponts à bascule*, *Prix*, *Rails*, *Réservoirs*, *Signaux*, *Télégraphie*, *Traverses* et *Voie*.

Service chargé de l'installation et de l'entretien des appareils fixes. — Sur la plupart des réseaux exploités, il existe un service du matériel fixe de la voie qui est chargé principalement de l'installation des machines fixes, grues, réservoirs, ponts à bascule, gabarits, disques-signaux, etc. ; sauf toutefois certains massifs de fondation et autres constructions nécessitées par ces appareils et qui sont comprises dans les attributions soit des *architectes* (V. ce mot), soit des ingénieurs et agents du service de la voie.

Entretien (Extr. d'une instr. spéc. de la ligne de Paris à la Méditerranée) : — « Le service de la voie est chargé de l'entretien de tous les appareils fixes, sauf les grues de chargement et les grues d'alimentation, dont l'entretien est confié au service du matériel et de la traction, et les ponts à bascule qui sont entretenus par un entrepreneur spécial. — Lors même que le service de la voie chargerait habituellement les ateliers de la compagnie de la réparation de certains appareils, les demandes de réparation ne doivent jamais être adressées directement par les agents des gares à ces ateliers ; elles doivent toujours être adressées aux chefs de section ou aux piqueurs, à qui il appartient de juger comment les réparations doivent être faites. » (*Inst. spéc.*, 9 *juillet* 1864.)

II. Matériel fixe des chemins de fer de l'État. (Ouvrages métalliques, signaux, matières et objets divers). — Voir les mots *Adjudications*, § 2, *Études*, *Marchés*, *Projets* et *Superstructure*. — Voir aussi les références données ci-dessus, § 1er, pour les chemins de fer concédés et les documents reproduits ou rappelés ci-après, en ce qui concerne spécialement les *chemins de fer construits par l'État et non concédés* :

1o *Circ. min.*, 30 *nov.* 1880. *complétée par la circ. suiv. du* 14 *mai* 1881 (adressée aux ingén. en chef, au sujet des formules-types dont il y a lieu de faire usage pour les *projets distincts de matériel accessoire de la voie*) — « Monsieur l'ingén. en chef, par une circ. en date du 30 nov. 1880, je vous ai invité à présenter deux projets distincts pour la fourniture du matériel fixe nécessaire à l'établ. des ch. de fer construits par l'État et non concédés, et je vous ai fait parvenir les formules-types se rapportant au projet de fourniture de la voie courante. — J'ai l'honneur de vous adresser ci-jointes celles relatives aux accessoires de la voie. — Ces formules ont été établies de manière à permettre aux services de construction d'indiquer, sous une forme aussi succincte que possible, toutes les données dont le service central du matériel fixe peut avoir besoin pour préparer avec certitude les adjudic. desdits accessoires ; elles comportent d'ailleurs, au bas des pages, des notes et renvois destinés à en faciliter l'emploi. — Veuillez vous servir exclusiv. de ces formules pour la rédaction des projets que vous aurez à présenter. » (*P. mém.*) — V. plus loin circ. min., 14 nov. 1881.

2a *Circ. min.*, 16 *mai* 1881 (Attributions respectives du service central du matériel fixe et des services de construction). — « Monsieur l'ingén. en chef, la réception et la livraison des matériaux, matières et objets divers nécessaires à l'armature des voies de ch. de fer construits par l'État et non concédés comportent des opérations pour lesquelles il m'a paru utile de déterminer les rapports qu'elles nécessiteront entre le service central du matériel fixe et les services chargés de la construction de ces lignes. — A cet effet, j'ai arrêté les dispositions suivantes, qui règlent les attributions respectives de ces différents services :

I. — *Création de dépôts à proximité des gares de livraison, par les soins et à la charge des services de la construction.* — Les cah. des ch. dressés par le service central du matériel fixe pour les adjudic. des fournitures nécessaires à l'armature des ch. de fer construits par l'État désignent exclusiv., comme lieux de livraison, des gares déjà en exploitation et ouvertes aux marchandises. — Il appartient aux services chargés de la constr. des lignes à armer de créer des dépôts spéc. à proximité de ces gares, pour la réception et l'emmagasinement du matériel qui doit leur être livré ; de passer, au besoin, et de faire approuver par l'adm. supér. des traités pour l'établ. et l'expl. d'embranchements reliant ces dépôts auxdites gares de livraison ; d'en assurer l'exécution ; de pourvoir chaque dépôt des installations qui peuvent être nécessaires à l'arrimage, au classement et à la conservation du matériel et, enfin, d'y constituer un garde-magasin. — Ce garde-magasin est accrédité par le service de la construction, tant auprès du service central du matériel fixe qu'auprès du chef de la gare dans laquelle doit se faire la livraison des matériaux à emmagasiner dans le dépôt.

II. — *Délivrance des ordres d'expédition du matériel par le service central.* — Nulle expédition n'est faite par le fournisseur aux gares de livraison qu'en vertu d'un ordre émanant de l'ingén. en chef du service central et qui énonce la nature et le nombre des matériaux ou objets à expédier, ainsi que leur poids ou cube, s'il y a lieu. — Un duplicata de cet ordre d'expéd. est adressé, en même temps, par l'ingén. en chef du service central à l'ingén. en chef du service de la constr. et transmis par ce service à son garde-magasin, avec ordre d'emmagasiner le matériel, au fur et à mesure de son arrivée.

III. — *Avis d'expédition adressés par le fournisseur.* — L'envoi successif du matériel compris dans l'ordre d'expédition est ensuite signalé par le fournisseur, au moyen d'avis correspondant à chaque lettre de voiture, et qu'il dresse en triple copie, dont l'une est envoyée au garde-magasin désigné comme destinataire dans l'ordre d'expédition, la seconde à l'ingén. en chef du service de la construction, et la troisième à l'ingén. en chef du service central. — Ces avis constatent le nombre et la nature des matériaux et objets expédiés, ainsi que la marque des wagons et le tonnage.

IV. — *Constatations et opérations du garde-magasin à l'arrivée du matériel dans la gare de livraison.* — A l'arrivée en gare des wagons annoncés par un avis d'expéd. du fournisseur, le garde-magasin vérifie les quantités et l'état du matériel arrivé, mais non leur qualité, et il relate les résultats de cette vérification au dos de l'avis d'expédition ; puis il passe les écritures constatant l'entrée dans son magasin du matériel effectivement reçu et en dresse le récépissé, dont un duplicata, accompagné de l'avis d'expéd. annoté par lui, est transmis par le service de la constr. à l'ing. en chef du service central.

V. — *Rangement du matériel dans le dépôt, en vue de la réception.* — Le matériel est disposé dans le dépôt de manière que la réception en soit aussi facile que possible. — Le garde-magasin doit notamment classer à part, dans chaque lot, les matériaux et objets qui ont été signalés par lui comme arrivés en mauvais état et sur lesquels l'attention de l'agent réceptionnaire lui paraît, à un point de vue quelconque, devoir être spécialement appelée.

VI. — *Réception provisoire du matériel dans le dépôt.* — Après l'emmagasinement et le rangement de l'ensemble du matériel compris dans l'ordre d'expéd. de l'ingén. en chef du service central et successiv. annoncé par les avis du fournisseur, ce service envoie au dépôt un agent pour procéder à la réception provisoire et en informe préalabl. le service de la constr., lequel en avise, à son tour, le garde-magasin et lui donne l'ordre d'assister à la réception. — Le garde-magasin fournit à l'agent réceptionnaire tous les renseign. qui peuvent être nécessaires à l'appui des constatations faites par lui à l'arrivée du matériel en gare et lui fait part de toutes les autres observations qu'il juge utiles ; il reconnaît contradictoirement avec cet agent les quantités reçues de matériaux et objets de chaque espèce, fait séparer ceux qui sont rebutés ou dont la réception est subordonnée à des travaux préalables de réparation, et vise le procès-verbal de réception. — Ce procès-verbal est envoyé directement par l'agent réceptionnaire au service central du matériel fixe.

VII. — *Ordre relatif au remplacement des matériaux et objets rebutés ou à leur déduction du marché, ainsi qu'à la mise en état du matériel à réparer.* — L'ingén. en chef du service central décide, après entente avec celui du service de la constr., si les matériaux et objets rebutés doivent être remplacés ou simplement retranchés du marché, et il donne au fournisseur, à ce sujet, des ordres dont copie est adressée à l'ingén. en chef du service de la construction. — En cas de remplacement, l'ordre d'expéd. des nouveaux matériaux et objets à fournir rappelle le délai dans lequel ce remplacement doit être opéré, aux termes du cah. de ch. ; à défaut de stipulation inscrite au marché, le délai de livraison est fixé par l'ing. en chef du service central, et il en est de même de celui dans lequel le fournisseur doit mettre en état de réception le matériel à réparer avant réception.

VIII. — *Sortie du matériel rebuté dans la réception provisoire.* — Lorsque les matériaux et objets de rebut sont simplement retranchés du marché, le service de la constr., aussitôt après avoir reçu copie de l'ordre adressé dans ce sens au fournisseur, délivre un ordre de sortie au garde-magasin, qui effectue ensuite la remise de ces matériaux et objets au fournisseur ; un duplicata du reçu de celui-ci est transmis par le service de la constr. à l'ing. en chef du service central. — Si, au contraire, il y a lieu de remplacer le matériel rebuté, ce matériel reste en magasin jusqu'à la réception de celui qui doit y être substitué. — Cette réception une fois prononcée, le garde-magasin demande à l'ing. du service de la constr. un ordre de sortie des matériaux et objets de rebut, en exécution duquel il opère ensuite comme dans le cas précédent.

IX. — *Constatations à faire par le service de la construction pour établir les époques effectives d'expiration des délais de garantie, et notification de ces époques au service central.* — Le service de la constr. fait toutes les constatations nécessaires pour établir d'une manière authentique les époques auxquelles doivent expirer, d'après les prescriptions des cah. des ch., les délais de garantie des diverses natures de matériel qui lui ont été livrées, soit que ces délais courent de la dernière livraison, soit qu'ils aient pour origine l'ouverture à la circulation publique de la ligne ou portion de ligne sur laquelle les matériaux sont employés. — Chacune de ces dates d'expiration des délais de garantie, établies par entreprise et par ligne ou portion de ligne, est notifiée par l'ing. en chef du service de la constr. à celui du service central, avec une avance suffisante pour que la réception de la fourniture ou portion de fourniture correspondante puisse être opérée en temps opportun.

X. — *Réception définitive du matériel.* — La réception définitive du matériel s'effectue, comme il a déjà été indiqué à l'art. 6, pour la réception provisoire, après avis donné au service de la constr. et avec le concours de son garde-magasin. — Il appartient, d'ailleurs, à ce service de justifier, s'il en est besoin, que les matériaux et objets soumis à chaque réception définitive, soit en œuvre, soit après avoir été retirés des voies, sont bien encore placés sous la responsabilité du fournisseur.

XI. — *Remise au fournisseur, dans les lieux de livraison, du matériel rebuté à la suite de la réception définitive.* — *Remplacement ou déduction de ce matériel.* — *Sortie du magasin.* — Le matériel dont le rebut est prononcé à la suite de la réception définitive est rendu au fournisseur dans les lieux mêmes où il l'avait livré. — Les transports nécessaires à l'exécution de cette disposition incombent au service de la construction. — Les décisions relatives au remplacement des matériaux et objets rebutés, ou à leur déduction du marché, sont prises conf. aux instr. déjà données à ce sujet dans l'art. 7 ci-dessus, et la sortie de ces matériaux s'opère, dans l'un ou l'autre cas, suivant les prescr. de l'art. 8.

Je vous prie de tenir compte, en ce qui vous concerne, des instructions qui précèdent. » (Circ. min., 16 mai 1881.)

3° *Circ. min. 14 nov. 1881* (Devis du matériel fixe des ch. de fer construits par l'État, et non concédés. — *Signaux et matériel télégraphique*). — « Monsieur l'ingén. en chef, par ma circ. du 14 mai 1884, je vous ai adressé, notamment, un modèle de devis descriptif concernant la fourniture du matériel accessoire de la voie des ch. de fer construits par l'Etat et non concédés. — D'après les indications de ce devis, les signaux doivent être fournis par le service central du matériel fixe, et les services de constr. desdits chemins sont chargés du montage et de la pose de ces appareils. — Cette manière de procéder m'a paru présenter de sérieux inconvénients : En effet, les futurs exploitants des nouvelles lignes peuvent avoir, sur leurs réseaux, des types de signaux qui leur sont spéciaux et auxquels ils apportent constamment des améliorations, dont le service central du matériel fixe n'aurait pas toujours eu connaissance ; de plus, le moindre dérangement dans ces appareils délicats peut faire encourir de graves responsabilités au service d'exploitation.

Par ces motifs, j'ai décidé qu'à l'avenir *les signaux des lignes construites par l'Etat* et non concédées seront fournis et posés par les futurs exploitants, et que les dépenses auxquelles donneront lieu cette fourniture et cette installation leur seront remboursées par les services de constr. desdites lignes, après vérification des mémoires présentés à cet effet.

Vous voudrez bien, en conséquence, supprimer du devis dont il s'agit toutes les indications qui se rapportent aux signaux.

Dès que l'état d'achèvement d'une ligne vous permettra de fixer l'époque à laquelle ces appareils pourront être installés, vous aurez à m'en informer et à m'adresser des propositions qui permettent à mon admin. de s'entendre à cet égard avec le futur exploitant, de telle sorte qu'il ne soit apporté, de ce chef, aucun retard dans la mise en exploitation de la ligne.

Enfin, je crois devoir vous recommander, en outre, de ne pas comprendre *la fourniture du matériel télégraphique* dans les projets concernant le matériel accessoire de la voie. Les dispositions à adopter pour les lignes électriques des ch. de fer doivent faire l'objet de conférences entre les services chargés de la construction de ces chemins et les représentants de l'admin. des postes et télégraphes ; ce n'est qu'à la suite de ces conférences que vous aurez à m'adresser des propositions spéciales à ce sujet. »

4° *Circ. min. 6 sept.* 1882. — Préparation des projets de fourniture du matériel fixe pour la superstructure des chemins de fer construits par l'État. — V. *Superstructure.*

5° *Circ. min. 5 janv.* 1883 (concernant l'envoi des devis et cah. des ch. relatifs aux adjudic. du matériel fixe des ch. de fer construits par l'État. — V. *Adjudications,* § 2.

III. Surveillance technique du matériel fixe. — V. les mots *Contrôle, Entretien, Ingénieurs, Inspecteurs, Projets, Surveillance* et *Travaux.*

Améliorations. — Le comité de l'expl. technique des ch. de fer, qui a été institué près du ministre des trav. publ. par arr. min. du 25 janv. 1879, modifié par celui du 7 février 1882, est chargé entre autres attributions de donner son avis sur l'entretien et le perfectionnement du matériel fixe, et du *matériel roulant (dont il va être question ci-après).*

MATÉRIEL ROULANT.

SOMMAIRE. — I. *Systèmes de matériel.* — I bis. *Améliorations et perfectionnements.* — II. *Conditions d'entretien et de surveillance.* — III. *Matériel avarié ou réformé.* — IV. *Emploi, répartition, insuffisance,* etc. (du matériel). — V. *Matériel spécial* (transports divers). — VI. *Matériel militaire.* — VII. *Tarif de transport du matériel roulant.* — VIII. *Statistique* (carnets de classification du matériel en service, etc.) — IX. *Reprise du matériel par l'Etat* (à la fin de la concession).

I. Conditions et choix des systèmes de matériel roulant. (Extr. du cah. des ch. et des règlements d'application.)

Art. 32 (Cah. des ch. gén. des concessions). — « Les machines locomotives seront construites sur les meilleurs modèles ; elles devront consumer leur fumée et satisfaire, d'ailleurs, à toutes les conditions prescrites ou à prescrire par l'admin. pour la mise en service de ce genre de machines.

Les voitures de voyageurs devront également être faites d'après les meilleurs modèles, et satisfaire à toutes les conditions réglées ou à régler pour les voitures servant au transport des voyageurs sur les chemins de fer. Elles seront suspendues sur ressorts et garnies de banquettes.

Il y en aura de trois classes au moins :

1° Les voitures de 1re classe seront couvertes, garnies, fermées à glaces, munies de rideaux ;

2° Celles de 2e classe seront couvertes, fermées à glaces, munies de rideaux, et auront des banquettes rembourrées ;

3º Celles de 3ᵉ classe seront couvertes, fermées à vitres, munies soit de rideaux, soit de persiennes, et auront des banquettes à dossier. Les dossiers et les banquettes devront être inclinés, et les dossiers seront élevés à la hauteur de la tête des voyageurs.

L'intérieur de chacun des compartiments de toute classe contiendra l'indication du nombre de places de ce compartiment.

L'administration pourra exiger qu'un compartiment de chaque classe soit réservé, dans les trains de voyageurs, aux femmes voyageant seules.

Les voitures de voyageurs, les wagons destinés au transport des marchandises, des chaises de poste, des chevaux ou des bestiaux, les plates-formes, et, en général, toutes les parties du matériel roulant seront de bonne et solide construction.

La compagnie sera tenue, pour la mise en service de ce matériel, de se soumettre à tous les règlements sur la matière.

Les machines locomotives, tenders, voitures, wagons de toute espèce, plates-formes composant le matériel roulant seront constamment entretenus en bon état ».

Dispositions de l'ordonn. régl. du 15 nov. 1846 (Titre II, relatif au matériel employé à l'exploitation) (V. *Ordonnances*). — Les art. 7 à 16 du titre II, dont il s'agit, concernent les points suivants, savoir : — *Art.* 7. Épreuves et emploi des machines locomotives (V. *Locomotives*). — *Art.* 8. *Essieux* (V. ce mot). — *Art.* 9. Registres de service des locomotives et des essieux (V. *Registres*). — *Art.* 10. Roues des véhicules (V. *Roues*). — *Art.* 11. Appareils propres à arrêter les fragments de coke et les flammèches (V. *Appareils*). — *Art.* 12 à 14. Dispositions relatives aux voitures à voyageurs (solidité, commodité, etc.) (V. *Voitures*). — *Art.* 15. Numéros d'ordre et estampille, etc. (V. *Locomotives* et *Voitures*). — *Art.* 16. Entretien du matériel roulant. — V. *Entretien* et *Surveillance* (1).

---

(1) Extr. du rapport à l'appui de l'ordonn. du 15 nov. 1846 :

« Le matériel d'expl., on doit le comprendre aisément, n'exige pas une surv. moins attentive et moins assidue que la voie du chemin de fer. — En premier lieu, les machines locomotives, en ce qui touche leur appareil moteur et les réservoirs dans lesquels la vapeur se forme et s'accumule, doivent être, comme tous les appareils à vapeur, soumises à certaines épreuves et à une surveillance continue... — Quant aux autres éléments des machines, à leurs essieux, roues, ressorts de suspension et de traction, et généralement à toutes les parties qui servent à la locomotion rapide, elles devront être l'objet de l'examen le plus sévère.

Ce que je dis des roues et des essieux de machines, je puis le dire également des roues et des essieux de tenders et voitures de toute nature servant au transport des voyageurs. — La rupture d'un essieu de locomotive et de voiture, en amenant un déraillement, peut quelquefois donner naissance aux plus graves accidents ; il est donc indispensable, d'une part, que les essieux des locomotives et des voitures de voyageurs soient composés de fer martelé de premier choix et qu'ils ne soient admis qu'à cette condition, et, d'autre part, qu'après leur admission ils soient l'objet d'un contrôle continu. Bien des questions, sans doute, restent encore à résoudre, en ce qui touche les essieux, soit sur la durée du service qu'ils peuvent faire, sur les altérations que peuvent produire dans leur constitution les chocs et les vibrations auxquels ils sont soumis sur les ch. de fer ; mais, en attendant que l'expérience pourra nous apprendre sur ces questions, il faut au moins prescrire toutes les précautions dont la pratique a démontré l'utilité.

Les articles du titre II du projet de règlement répondent à ce grand intérêt. — Je crois devoir dire ici quelques mots de la clause contenue en l'art. 11, et d'après laquelle les locomotives devront être munies d'appareils propres à arrêter les fragments de coke tombant de la grille ou à empêcher la sortie des flammèches par la cheminée. Le but de cette clause est facile à saisir : lorsque les locomotives sont en marche, si elles sont dépourvues de cendriers, il s'échappe du foyer des fragments de coke incandescents qui sont projetés au loin et qui, venant à rencontrer quelques matières combustibles, des bois, des chaumes, des céréales, peuvent y mettre le feu, comme on en a déjà vu plusieurs exemples ; en même temps, à raison du grand courant d'air qui, par suite de la rapidité même du mouvement, s'établit du foyer vers la cheminée, un grand nombre de particules embrasées sont emportées en dehors du tuyau, et plusieurs fois déjà ces flammèches ont occasionné des incendies. — Pour arrêter les fragments de coke sortant de la grille, le seul moyen connu jusqu'ici est l'emploi d'un cendrier ; mais le cendrier lui-même a quelques inconvénients, et, dans l'espérance qu'il sera possible de trouver un moyen plus sûr, il convient de se borner à prescrire l'application d'un appareil quelconque propre à atteindre le même but. — Quant aux flammèches qui s'échappent par la cheminée, l'on connaît et l'on applique divers moyens pour en empêcher la sortie ; mais aucun d'eux n'a paru jusqu'ici complètement satisfaisant ; j'ai dû me borner, dès lors, à prescrire l'emploi d'un appareil propre à remplir la destination ci-dessus indiquée... » (*Extr.*) — V. *Appareils*.

Principales indications des règlements. — (Voir dans le cours de ce recueil, les mots *Attelages, Appareils, Cendriers, Chaudières, Épreuves, Essieux, Fourgons, Fumée, Locomotives, Machines, Manomètres, Ressorts, Roues, Soupapes, Tampons, Tenders, Tubes calorifères, Voitures, Wagons,* etc. — Voir aussi les indications résumées aux §§ 2 et suivants du présent article.

I bis. Améliorations et modifications du matériel roulant. (Recommandations et indications générales contenues dans le rapport présenté au min. des tr. publ., le 8 juillet 1880, au nom de la commission d'enquête sur les moyens de prévenir les accidents de chemins de fer). — 1° *Locomotives* (Voir ce mot). — 2° Matériel de voyageurs et de marchandises (*Voitures, Wagons* et *Véhicules divers*). — V. ci-après.

(Extr. du rapport d'enquête du 8 juillet 1880) :
« Le soin apporté à la construction et à l'entretien du matériel roulant est une des bases les plus essentielles de sécurité, et devait, à ce titre, appeler toute notre attention.

Les types de locomotives en service sur nos divers réseaux sont très variés. Toutes les machines anciennes ont été successivement améliorées et réglées de manière à conserver la stabilité voulue aux vitesses maxima qu'il leur est permis de prendre sur des sections de voies solides et d'un tracé approprié à leur mouvement. Quant aux machines nouvelles, on s'est constamment donné pour programme de leur assurer une grande stabilité, tout en satisfaisant aux nécessités actuelles du trafic qui exigent de grandes vitesses et des conditions d'adhérence pouvant permettre d'entraîner facilement des trains très chargés de façon à ne rien perdre, en route, de l'extrême régularité de marche, qui constitue l'un des préservatifs les plus efficaces contre les accidents. — Toutes les compagnies ont complètement abandonné, dans la construction des chaudières de locomotives, l'emploi de la tôle d'acier, qui ne donnait pas assez de sécurité. On emploie généralement des tôles de fer de 1er choix. Les accidents de chaudières ont d'ailleurs presque entièrement disparu. — Voir spécialement au mot *Locomotives,* les renseignements détaillés extraits du même *rapport d'enquête,* ou des règlements généraux, au sujet des améliorations et perfectionnements réalisés dans les divers systèmes de locomotives employées sur les grandes lignes d'intérêt général.

Suite du même rapport. — Certaines pièces du matériel roulant, telles que bandages de roues, essieux, etc., dont les ruptures, en marche, peuvent entraîner des accidents graves, ont été, dans l'enquête, l'objet de la plus sérieuse attention et la commission a pu se convaincre que les compagnies se préoccupent incessamment de leur amélioration et y mettent des soins constants. — De même que, dans le matériel fixe, l'acier, ou du moins le métal diversement fabriqué qui en porte le nom, tend de plus en plus à remplacer le fer.

Bandages. — La comp. Paris-Lyon-Méditerranée n'emploie cependant encore que des bandages en fer soudé pour ses machines et tenders à grande vitesse et pour toutes ses voitures. Les machines, tenders et wagons à marchandises ont des bandages en acier fondu doux, fabriqués par le procédé Martin Siemens. — La comp. d'Orléans a adopté, pour tous ses bandages, l'acier fondu Bessmer, ou Martin, en exigeant des matières premières d'une provenance de choix. — Il en est de même de la comp. du Nord, qui n'a conservé les bandages en fer que pour les roues de tenders, en raison de l'action des freins sur ses roues. — La comp. de l'Est a adopté l'acier puddlé pour les bandages des roues d'avant des machines à voyageurs et pour les roues des tenders. Elle conserve le fer à grains fins pour les bandages des voitures à grande vitesse. Elle emploie l'acier fondu pour toutes les autres roues. — La comp. du Midi est, à peu de différence près, dans ces mêmes errements. — La comp. de l'Ouest emploie maintenant exclusivement l'acier fondu ; mais elle a encore en service un grand nombre de bandages en fer et en acier puddlé.

On voit que la nature du métal des bandages et ses conditions d'emploi sont très diversement appréciées par nos compagnies. Les ruptures de bandages d'acier fondu sont les plus fréquentes, principalement par les grands froids. Les épreuves de ces bandages sont cependant généralement faites avec le plus grand soin et les séries soupçonnées défectueuses sont immédiatement écartées. Indépendamment des épreuves par le choc, presque toutes les compagnies ont adopté l'épreuve par traction, sur des éprouvettes ou barrettes découpées dans le corps de quelques bandages. Ce complément d'épreuve paraît donner des notions précises sur la qualité caractéristique de l'acier. Nous signalons son emploi comme indispensable.

Le mode d'attache des bandages sur les roues a la plus grande importance au point de vue de la sécurité en cas de rupture. Presque toutes les compagnies étudient des dispositions propres à empêcher le bandage de se détacher de la roue quand il est brisé. La comp. d'Orléans commence à employer un modèle d'attache mixte qui semble promettre de bons résultats. Le bandage est en quelque sorte agrafé à la roue : fixé du côté du boudin par des vis obliques, il porte, à son côté extérieur, une saillie circulaire à gorge qui vient emboîter un redan pratiqué sur la jante de la roue. Un de ces bandages a été brisé cet hiver et est resté attaché à la roue.

Les bandages des véhicules en service dans les trains de voyageurs sont d'ailleurs l'objet d'une surveillance constante. Des visiteurs exercés, dont le zèle est stimulé par des primes, ont ordre de retirer de la circulation tout bandage dont l'application sur la roue ne serait plus parfaite, ou dont l'état décèlerait quelque défectuosité.

Essieux. — Les mêmes précautions sont prises pour les essieux de machines, voitures, wagons, dont les moindres fissures doivent provoquer la mise immédiate hors de service.

Les comp. d'Orléans, de l'Est, du Midi, de Lyon n'emploient que des essieux en fer forgé de 1er choix. — La comp. du Nord n'emploie que l'acier Bessmer ou Martin et n'a qu'un seul type d'essieu renforcé pour ses voitures et ses wagons. La portée de calage a uniformément 140 millim. et les fusées 120 millim. sur 85. — Les essieux coudés de ses machines à cylindres intérieurs sont munis de frettes en fer doux. — La comp. de l'Ouest a, en ce moment, en service, à peu près en quantité égale, des essieux en fer doux et en acier fondu ; mais elle développe l'emploi de l'acier, en raison de la difficulté de plus en plus grande de trouver de bon fer par ce temps d'accroissement de fabrication de l'acier. Son expérience semble d'ailleurs lui démontrer de plus en plus que, dans un essieu, ce sont les dimensions des diverses parties et la forme générale qui constituent les qualités essentielles ; la nature du métal, acier ou fer, n'a qu'une importance secondaire.

Quant aux qualités du métal, elles varient en général par séries de fabrication. Certaines séries, de qualité défectueuse, se font très vite reconnaître par des ruptures isolées. On retire alors de la circulation toute la série d'une même fourniture. La sécurité est à ce prix et aucune compagnie ne s'y soustrait.

Attelages. — On renforce de même généralement les attelages. Avec l'accroissement des masses en mouvement dans les trains, il est nécessaire de chercher à s'assurer contre les ruptures, et sur les lignes à fortes rampes comme celles du réseau de Lyon, on essaye les tendeurs et leurs crochets jusqu'à 25 à 30,000 kilog. — Les chaînes de sûreté se rompent presque toujours lorsque le tendeur se brise ; on cite cependant des cas où elles ont résisté et où elles ont prévenu des accidents en soutenant la caisse de la voiture. Il n'y a donc pas lieu de les supprimer ; il faut au contraire les renforcer, comme on le fait sur le réseau de l'Est.

Toutes les parties du nouveau matériel pouvant entrer dans la composition des trains de voyageurs, et particulièrement des express, sont maintenant partout renforcées dans un but de sécurité. On peut donner pour exemple la comp. de Lyon, dont le matériel à voyageurs est construit avec des châssis en fer et présente une solidité qui lui permet de résister à toutes les avaries. Cette solidité est une garantie des plus sérieuses contre les conséquences des accidents. »

Modification du matériel au point de vue des attentats commis contre les voyageurs (Signaux de communication dans les trains et mesures diverses). — Voir aux mots *Appareils*, § 5, et *Intercommunication*, les nombreux documents réunis au sujet des précédents de cette question qui a donné lieu, à la suite d'un nouveau crime, à la formation d'une commission spéciale, instituée par arrêté min. du 23 janvier 1886. — Cette commission avait été particulièrement chargée d'étudier : 1° le système et le fonctionnement des signaux d'appel; — 2° les modifications à apporter aux types actuels des voitures à voyageurs; — 3° les mesures ayant pour objet la surveillance du train et des voyageurs, en cours de route, par les agents des compagnies.

Dispositions adoptées. — La commission d'enquête, ayant terminé ses travaux (1), a envoyé un rapport détaillé au min. des tr. publ. sur le résultat de ses études. — Elle a rejeté, quant au matériel actuel, le projet de couloir central pour chaque wagon; elle s'est prononcée pour l'établissement entre chaque compartiment d'une large glace visuelle et pour la réfection des signaux d'arrêt qui ne sont pas suffisamment apparents et ne se trouvent pas facilement à la portée de chaque voyageur. — Ces prescriptions, approuvées par le ministre, ont été notifiées aux compagnies, par une circ. du 10 juillet 1886 dont nous donnons le texte intégral au mot *Voyageurs*, § 8.

Dimensions, poids, prix de revient et indications diverses (relatives au matériel roulant). — Voir les mots *Poids, Prix, Voitures, Wagons*, etc.

II. Entretien, surveillance et conservation du matériel. — « Les machines, locomotives, tenders, voitures, wagons de toute espèce, plates-formes composant le matériel

---

(1) Travaux dont nous n'avons eu connaissance que depuis l'impression de notre article *Intercommunication*.

roulant, seront constamment entretenus en bon état. » (Art. 32, cah. des ch.). — Cette prescription est également énoncée dans l'ordonn. régl. du 15 nov. 1846, qui laisse le ministre juge des mesures à prendre en cas d'insuffisance (Art. 16). — V. *Entretien, Locomotives* et *Ordonnances*.

Numérotage, estampille, etc. — « Les locomotives, tenders et voitures de toute espèce, devront porter : 1° le nom ou les initiales du nom du chemin de fer auquel ils appartiennent; 2° un numéro d'ordre. Les voitures de voyageurs porteront, en outre, l'estampille délivrée par l'administration des contributions indirectes. Ces diverses indications seront placées d'une manière apparente sur la caisse ou sur les côtés des châssis. » (Art. 15, ordonn. du 15 nov. 1846. — V. aussi, au mot *Estampillage*, l'art. 13 de la même ordonn. et ses annotations.

Les locomotives, voitures, wagons, etc., des compagnies, sont généralement divisés en numéros et en séries désignés par des lettres différentes. — Ces indications, qui présentent une importance relativement considérable au point de vue de l'ordre et de la régularité, sont détaillées avec un grand soin dans les ordres de service et dans les instructions relatives à l'emploi du matériel; mais leur défaut, en quelque sorte inévitable, d'uniformité, ne nous permet pas de les développer ici. — Nous rappellerons seulement, qu'en vertu d'une circ. min. du 4 nov. 1886, prise sur l'avis du comité de l'expl. technique des ch. de fer, au point de vue des nouvelles mesures de sécurité à prendre pour l'expl. des lignes à voie unique, les comp. ont été invitées à munir, sur chacune de leurs faces latérales, les fourgons de tête de *chaque train de voyageurs*, de *marchandises* ou *mixtes*, d'une plaque indicatrice du numéro de ce train. — V. le mot *Voie unique*.

Fonctionnement du personnel des compagnies (pour le service du matériel). — Les lois, règl. et décisions sur les chemins de fer ne contenant aucune prescription générale en ce qui concerne l'organisation et les attributions des ingénieurs du matériel et de la traction attachés au service des compagnies, nous nous bornerons à résumer, ci-après, les principales indications qui se rapportent, au moins pour la plupart des lignes, à cette branche importante de l'exploitation des voies ferrées.

Le service du matériel et de la traction dépend ordinairem. de la direction de l'exploitation. — Il est dirigé par un *ingénieur en chef* ayant autorité sur tous les agents du service.

Ce service a dans ses attributions : l'étude et la construction, dans les ateliers de la compagnie ou dans les ateliers étrangers, du matériel fixe (sauf le matériel des voies) et du matériel roulant; l'entretien et la réparation du matériel fixe et du matériel roulant; la direction des dépôts; la conduite des machines, et, en général, tout ce qui concerne la traction des trains (matériel et personnel); les approvisionnements en matières diverses et combustibles nécessaires pour l'exploitation.

Les attributions du service du matériel et de la traction sont partagées, sur divers réseaux, sous la direction supérieure des ingénieurs en chef, en six divisions, comprenant ordin. le service central; — la division de la comptabilité; — la division du matériel (V. *Ateliers, Machines, Locomotives, Voitures, Wagons*); — la division de la traction (V. *Traction*); — la division des magasins; — et enfin la division des approvisionnements de combustibles.

Des ordres de service détaillés règlent, pour chaque compagnie, les attributions spéciales de chacune des divisions qui viennent d'être désignées.

Vérifications à faire par les agents. — « Les vérifications du matériel se font dans les gares par des agents spéciaux, et pendant la marche par des graisseurs. » (Enq. sur l'exp. *Recueil admin.*, 1858.) Les détails relatifs à la disposition des véhicules, et aux visites et vérifications dont les diverses parties du matériel roulant doivent être l'objet, sont indiqués aux mots *Ateliers, Avaries, Chauffeurs, Chefs de dépôt, Conducteurs, Freins, Graisseurs, Loqueteaux, Mécaniciens, Portières, Ruptures, Traction, Voitures* et *Wagons*. — V. aussi plus haut §, 1, l'extr. du rapp. d'enq., 8 juillet 1880.

Contrôle des travaux dans les ateliers étrangers. — Le contrôle des travaux, dans les ateliers étrangers, est presque toujours placé sous la direction d'un agent ayant le titre de *contrôleur chef des travaux extérieurs*. — « Cet agent a dans ses attributions la surv. des travaux exécutés pour le service du matériel et de la traction dans les ateliers étrangers, la direction des contrôleurs attachés à cette surveillance; son action est limitée à l'exécution des travaux, conf. aux dessins approuvés par l'ingén. en chef; il ne pourra autoriser aucune modification aux projets sans l'autorisation de l'ingén. principal du matériel ou des ingén. en chef. » (*Ext. d'une instr. spéc.*)

Surveillance de l'État. — Le min. des tr. publ. statue directement sur toutes les mesures qui s'appliquent à l'ensemble de la circulation..., *au service de la traction et à l'entretien du matériel...*, etc. (Arrêté et circ. minist. du 15 avril 1850 (V. *Contrôle*). Toutefois, les mesures relatives à la mise en circulation ou l'interdiction des machines locomotives ou des voitures affectées au transport des voyageurs, sont prises par le préfet du départem. où le ch. de fer a son point de départ (le préfet de police, à Paris), sauf au préfet à donner régulièrem. avis au min. des arrêtés pris pour tout ce qui concerne cet ordre de faits. — V. *Locomotives, Préfets* et *Réceptions.*

Ingénieurs du contrôle. — Au point de vue du service du contrôle, la surv. du matériel et de la traction rentre dans les attrib. des ingén. des mines placés sous les ordres des insp. gén. chargés de la direction du contrôle (V. *Contrôle* et *Ingénieurs*). — Voir aussi au § 3, ci-après, au sujet de la constatation des avaries.

Machines fixes. — Les mesures concernant les machines à vapeur fixes restent dans les attributions exclusives des préfets de chaque département ; la surveillance de ces machines fixes et appareils à vapeur est confiée aux ingénieurs du contrôle. — V. *Gardes-mines, Ingénieurs, Machines à vapeur* et *Préfets.*

Situations du matériel roulant (V. *Rapports, Registres, Statistique* et *Tubes calorifères*). — Voir aussi plus loin au § 7.

Conservation du matériel. — Nous croyons utile de rappeler ici diverses recommandations faites par les compagnies pour le maintien en bon état des voitures et wagons :

Les chefs de gare et de stations ne doivent laisser sur les voies de garage que les voitures à voyageurs qui sont indispensables aux besoins immédiats du service. Toutes les autres doivent être abritées sous les remises ou voies couvertes dont dispose la station.

A défaut de place suffisante, on doit remiser de préférence les voitures de 1re et de 2e classe, et principalement celles qui viennent d'être remises à neuf.

Dès qu'une voiture à voyageurs est laissée ou remisée dans une gare, on doit avoir soin d'en lever toutes les glaces pour éviter que la poussière ou la pluie pénètre à l'intérieur.

Au départ des stations, les agents doivent veiller à ce que les portières soient bien fermées et les loquets tournés, afin d'éviter toute ouverture et bris en route.

Lorsqu'en route un compartiment cesse d'être occupé, les agents du train doivent en relever les glaces, afin qu'aucune escarbille enflammée ne puisse tomber dans ce compartiment et l'incendier. — Les chefs de gare et de station doivent veiller à l'accomplissement de cette dernière mesure pendant le stationnement des trains.

Lorsqu'ils prennent le service d'un train, les chefs de train doivent en visiter toutes les voitures et faire constater par écrit par le chef de gare toute avarie qu'ils remarqueraient. — Semblablement, à l'arrivée à destination, les employés de la gare désignés à cet effet doivent faire une inspection minutieuse du train, et, en cas d'avaries, prendre des réserves vis-à-vis du chef de train et en sa présence. — (Voir ci-après, § 3).

Il est défendu d'écrire ou de dessiner contre les fourgons. En cas d'infraction constatée, des réserves doivent être prises par les chefs de train et employés des gares, ainsi qu'il vient d'être dit pour les avaries.

Les manœuvres à coup de tampon et par impulsion sont interdites. — V. *Manœuvres.*

Les étiquettes ne doivent pas être collées sur les numéros, lettres de série et autres indications peintes sur les wagons. (Extr. d'une instr. spéc.)

III. Matériel avarié ou réformé (*Constatations, vérifications,* etc.). — D'après les ordres de service des comp., il est interdit d'utiliser les wagons sur lesquels est apposée une étiquette portant l'inscription : *Réformé*, ou : *A envoyer aux ateliers.* Il n'est fait exception que dans le cas où la réparation est de peu d'importance, et où le visiteur du matériel donne une déclaration écrite, établissant que le wagon peut être chargé et circuler sans danger. — Voir ci-dessus, au sujet de la *conservation du matériel,* les avis d'*avaries,* à donner par les agents après la visite du matériel.

Les agents de l'exploitation ne doivent jamais remettre en circulation, sans l'avoir fait

examiner par les agents du service du matériel, un wagon qui a éprouvé un déraillement, même lorsque ce wagon ne leur paraît avoir éprouvé aucune avarie (V. *Déraillements*).
— Le service du contrôle admin. doit, de son côté, pouvoir être mis en mesure de faire les vérifications nécessaires en cas d'*avarie* ou d'accident de matériel. — V. à ce sujet les mots *Avaries*, § 1, *Essieux*, § 2, et *Ruptures*.

Dégradation du matériel par les voyageurs. — D'après un jugem. du tr. correct. de Lorient, 13 août 1875, la « dégradation du matériel par un voyageur peut donner lieu à l'applic. de l'art. 479, § 1 du Code pénal »... — Généralement, les compagnies de ch. de fer, en cas d'avaries imputables aux voyageurs, se bornent à leur faire payer les dégâts qu'ils ont pu commettre notamment dans les compartiments de voitures (glaces brisées, etc.). — V. *Glaces*.

IV. Emploi, répartition, insuffisance, etc., du matériel. — V. *Affluence, Chargements, Chefs de gare, Composition des convois, Encombrement, Gabarits*, etc.

Sur la plupart des lignes, la répartition du matériel est confiée au chef du mouvement qui dirige, centralise et contrôle l'ensemble des opérations relatives à ce service et qui est secondé par des inspecteurs principaux chargés chacun d'une subdivision du réseau.
Les attributions des bureaux répartiteurs sont définies, d'ailleurs, par des ordres de service spéciaux qui règlent avec détail cette partie distincte du service de l'exploitation, et qui déterminent, en outre, les écritures et les comptes à tenir en ce qui concerne la fourniture faite par le service du matériel au service de l'exploitation et des travaux : 1° des bâches, prolonges et courroies ; 2° des appareils d'éclairage, de chauffage, pompes, etc., que comporte le service des chemins de fer.

Insuffisance de matériel. — « L'exploitation des chemins de fer concédés aux compagnies crée, en faveur de celles-ci, un monopole qui leur impose, en principe, l'obligation de tenir à la disposition du public un matériel suffisant aux besoins des voyageurs et du commerce. » (C. Paris, 19 nov. 1853.) (Voir, à ce sujet, l'art. 49 du cah. des ch.). — L'admin. supér. qui, notamment par l'art. 16 de l'ord. de 1846, s'est réservé de prescrire les mesures nécessaires pour le maintien constant en bon état du matériel roulant (Voir ci-dessus, § 2), doit être appelée aussi dans la pratique à déterminer si le fait d'insuffisance du matériel doit être attribué à la négligence des agents de la compagnie ou à un cas de force majeure (V. *Responsabilité* et *Retards*). — Voir aussi le mot *Gares*, § 3, au sujet de l'augmentation du matériel, nécessité par l'accroissement du trafic.

Un jugem. du trib. de la Seine, du 2 mars 1863, en établissant, comme l'arrêt précité de la C. de Paris, que les comp. doivent toujours avoir à la disposition du commerce, un nombre de wagons suffisant pour l'expédition des marchandises qu'elles sont chargées de transporter, n'a pas admis, comme cas de *force majeure*, l'accroissement du trafic des marchandises, occasionné par l'interruption momentanée de la navigation, par la quantité exceptionnelle des grains de l'étranger et par la nécessité d'obéir aux réquisitions du ministre, qui enjoignait à la compagnie de faire d'urgence et par priorité le transport des céréales. — V. *Affluence, Encombrement* et *Force majeure*.

Les encombrements de gare, survenus par suite de la pénurie du matériel, occasionnée par les événements de guerre de 1870-1871, ont donné lieu à diverses mesures énumérées aux mots *Guerre, Magasinage* et *Marchandises*. L'élévation du tarif de magasinage et le camionnage effectué d'office, sont sans doute d'excellentes mesures. L'expérience a montré aussi qu'il y avait un grand intérêt pour les compagnies, en cas d'affluence dans l'arrivage des marchandises, à *faire relever rapidement ces arrivages* afin d'en donner avis le plus tôt possible aux intéressés, et de leur donner avis aussi des expéditions forcément retardées.

Échanges de matériel. — Les inconvénients résultant, soit au point de vue de la sécurité, soit au point de vue économique, du passage des wagons d'une ligne sur l'autre, ont été l'objet d'une étude spéciale, prescrite par la circ. min. du 22 janv. 1855. L'invitation ministérielle avait notamment pour objet l'examen des dispositions adoptées par les compagnies depuis l'ouverture du chemin de ceinture, pour régler le mouvement et le passage des wagons d'une ligne sur l'autre, et les conditions à prescrire pour éviter les inconvénients de l'échange du matériel hétérogène ou des transbordements.

En général, la solution des diverses questions posées par la circulaire précitée peut se résumer comme il suit (*Extr. conforme à la circ.*).

1° L'échange du matériel entre les différentes lignes, mises en communication par le chemin de ceinture, se fait journellement, sans inconvénients sérieux, et sans apporter de grandes variations dans la puissance de transport dont chaque compagnie peut disposer;

2° Les transbordements de marchandises sont très rares, et les plaintes présentées à cet égard par le commerce sont à peu près nulles;

3° La première des conditions auxquelles doit satisfaire le matériel d'une ligne pour être admis sur les autres lignes, c'est que l'axe de traction et les tampons des véhicules soient à la même hauteur. — V. *Tampons*.

Les compagnies ne doivent admettre, d'ailleurs, dans la composition de leurs trains, que les voitures et wagons (de provenance étrangère) dont les dimensions, les attelages, la construction, ont été vérifiés et reconnus sans danger pour la sécurité.

Indications diverses (relatives à l'échange ou au passage du matériel d'une ligne à l'autre). — V. *Chemin de ceinture, Embranchements, Gares de jonction, Règles à suivre, Service commun, Transbordements, Transports.*

V. Matériel spécial. — Wagons affectés aux transports des produits des *Embranchements industriels*, des *Matières dangereuses*, des *Aliénés* et *Prisonniers*, des *Poudres*, des *Postes*, de la *Douane*, etc., etc. (V. ces divers mots). — V. aussi les articles *Incendie* et *Wagons*, au sujet des véhicules dont on ne peut ouvrir les portes de l'intérieur. — *Matériel militaire.* — V. ci-après, § 6.

Wagons pour le transport des pierres de taille. — Par une décision du 7 février 1870, rappelée au mot *Pierres*, le ministre des travaux publics a approuvé un rapport dans lequel la commission des règlements et inventions a exprimé l'avis qu'il y avait lieu, en ce qui concerne *l'appropriation des wagons* affectés, sur les divers réseaux, aux transports des pierres de taille, savoir :

« 1° De munir les wagons que l'on ferait construire dorénavant, pour le transport des pierres de taille, de rebords latéraux d'une hauteur de 0^m08 au moins, mesurée à partir du plan supérieur des traverses de la plate-forme;

« 2° De faire subir, dans un délai de deux ans, aux wagons sans rebords actuellement en service, des modifications qui les ramènent au nouveau type adopté;

« 3° Enfin, de décider que lorsqu'un wagon, ancien ou nouveau, servant au transport des pierres de taille, n'aurait des rebords que de chaque côté, sans en avoir à l'avant et à l'arrière, les traverses extrêmes seraient considérées comme supplément à l'absence de rebords transversaux, le changement devant être, par suite, toujours fait de telle sorte que les pierres s'appuient latéralement contre lesdites traverses, sans jamais reposer dessus. »

Indications diverses. — 1° Installation des wagons-écuries, notamment pour le transport des étalons (V. *Wagons*) ; 2° Assainissement des wagons à bestiaux. — V. *Bestiaux*, § 5, *Désinfection* et *Police sanitaire*.

VI. Matériel militaire. — (*Réquisition éventuelle des moyens de transport des compagnies*). — Art. 54, 2e alinéa du cah. des ch. gén. — « Si le gouvernement avait besoin de diriger des troupes et un matériel militaire ou naval sur l'un des points desservis par le chemin de fer, la compagnie serait tenue de mettre immédiatement à sa disposition, pour la moitié de la taxe du même tarif, tous ses moyens de transport ».

Règles générales d'application. — 1° Arr. min. du 15 juin 1866 (Titre II. Dispositions relatives aux militaires ou marins voyageant en corps) (V. *Militaires*, § 4). — 2° Loi du 3 juillet 1877 relative aux réquisitions militaires et décret du 2 août 1877 ayant pour objet l'exécution de cette loi (V. *Guerre*, § 2 *bis*). — 3° Exercices d'embarquement et de débarquement des troupes (Extr. du règl. gén. du 1er juillet 1874) (V. *Militaires*, § 1, et *Troupes*). — 4° Traités spéciaux pour le transport du matériel militaire (Rappel du traité du 2 sept. 1861, renouvelé en 1868) (V. *Artillerie* et *Militaires*, § 2). — Voir aussi à la fin du présent paragraphe.

Utilisation des wagons à marchandises pour le transport des troupes. — Circ. min., tr. publ. 12 juillet 1884, adressée aux administrateurs des compagnies de chemins de fer :

« Messieurs, dans le but de faciliter l'utilisation des wagons à marchandises des diverses compagnies pour le transport des troupes et du matériel de guerre, M. le min. de la guerre a fait examiner par la commission militaire supérieure des chemins de fer, avec le concours des représentants des services techniques des compagnies, les dispositions essentielles qu'il conviendrait d'adopter définitivement pour la construction de ces véhicules.

« Par lettre du 18 juin dernier, mon collègue m'informe que, d'après l'avis de la commission, il a fixé comme il suit les *conditions auxquelles devront satisfaire les wagons à construire, à l'avenir, par les administrations de chemins de fer.*

WAGONS COUVERTS.

Dimensions. — 1° La longueur extérieure minima sera de 6 mètres ; à l'intérieur, elle sera de 5m,93.

2° L'ouverture de la porte sera au moins de 1m,45.

3° La largeur intérieure minima sera de 2m,50.

4° La hauteur minima sous les courbes du plafond, mesurée près de la paroi, contre la porte, sera de 1m,98.

5° La hauteur minima de l'entrée sera de 1m,895.

Forme. — 6° Il doit rester au moins 1m,70 entre le plancher du wagon et le fond de la guérite du garde-frein.

Accès. — 7° Portes roulantes à un ou deux vantaux, ayant des dispositions telles qu'un homme puisse de l'intérieur manœuvrer facilement l'organe de fermeture et la porte elle-même.

8° Les wagons seront pourvus d'étriers ou de marchepieds longitudinaux.

Aération. — 9° Le wagon sera pourvu de volets à glissières ou se rabattant à l'extérieur. Le nombre de ces volets peut être réduit à un sur chaque face ; dans ce cas, le volet unique peut être placé dans la porte. Ses dimensions seront, au maximum, celles des volets actuellement en usage dans les wagons à marchandises, au moins 0m,50 sur 0m,30.

Éclairage. — 10° Les wagons devront être éclairés pendant la nuit.

WAGONS PLATS.

TRUCS A FOND COMPLÈTEMENT PLAT.

Dimensions. — 1° Longueur intérieure minima 6 mètres.

2° Largeur intérieure minima 2m,65.

Dispositions relatives aux côtés. — 3° Les petits côtés seront à rabattement, si leur hauteur dépasse 0m,16.

4° Si la hauteur des grands côtés dépasse 0m,20, ils auront, sur chaque face, une porte d'au moins 3 mètres, laquelle ne sera pas au milieu du grand côté, mais vers son extrémité. Les deux portes seront, l'une par rapport à l'autre, disposées en diagonale.

TRUCS A FONDS GARNIS DE TRAVERSES SAILLANTES.

Dimensions. — 1° Longueur. — Comme pour les trucs à fond plat.
— 2° Largeur. — Id.
Dispositions relatives aux côtés. — 3° Petits côtés. — Id.
— 4° Grands côtés. — Id.

Traverses. — 5° La saillie maxima des traverses ne dépassera pas, en général, 0m,06.

6° Leur écartement ne sera pas inférieur à 0m,76.

7° Le plancher devra être libre de traverses dans l'espace compris entre les deux côtes 1m,25 et 2m,08 comptées horizontalement, à partir de l'aplomb des tampons arrivés à la limite du refoulement.

Traverses d'une saillie exceptionnelle. — 8° Si les nécessités particulières d'une exploitation exigeaient une surélévation des traverses, leur saillie ne dépasserait pas 0m,11. Dans ce cas, leur nombre ne sera pas supérieur à 6, y compris les traverses extrêmes, et la longueur du truc sera portée à 7 mètres.

Résistance du plancher — 9° Les planchers des trucs munis de traverses saillantes offriront autant de résistance que ceux des trucs à fond plat.

« En portant, suivant le désir exprimé par M. le ministre de la guerre, ces dispositions à votre connaissance, je vous prie de vouloir bien me faire savoir à quelle époque et dans quelle proportion votre compagnie commencera à les mettre en application dans la construction de ses nouveaux wagons à marchandises. — Recevez, etc. »

Traités spéciaux pour le transport du matériel militaire. — Nous rappelons, seulement ci-après, *p. mém.*, diverses circulaires adressées par le min. des tr. publ. aux chefs du contrôle relativement aux traités spéciaux réglant les conditions de transport *du matériel de la guerre et de la marine*, et, en particulier, à celui du 2 sept. 1861 qui a été renouvelé en 1868 (V. *Artillerie* et *Militaires*, § 2), et qui n'est mentionné ici que *sous réserve des modifications ultérieures dont il peut avoir été l'objet.*

1° *Circ. min. 30 déc. 1863.* — « Aux termes de l'art. 56 du traité passé le 2 sept. 1861, entre les départements de la guerre et de la marine d'une part, et les comp. de ch. d'autre part, les fourgons, voitures, chariots, charrettes, etc., sont taxés au prix des marchandises en général, pour un poids minimum de 2,000 kilogr., et lorsque ce matériel est expédié *démonté*, il est taxé au poids réel, mais avec un minimum de 4,000 kilogr. par wagon. — D'après une lettre que je reçois de M. le min. de la guerre, la vérification des comptes de l'agence générale des comp. de ch. de fer a relevé que, dans ce dernier cas, le nombre de vagons employés pour le chargement, excédait de beaucoup le poids réel, de telle sorte que la dépense qui en résulte atteint et dépasse même parfois celle que l'on aurait eue à payer si le matériel eût été remis, non démonté, aux compagnies. — Dans l'impossibilité où elle est de contrôler l'exactitude des décomptes de l'agence générale, l'admin. de la guerre a décidé que ces décomptes ne seraient admis à l'avenir, qu'autant qu'ils seront appuyés d'un certificat du commiss. de surv. admin., attestant le nombre de vagons que chaque chargement aura exigé.

« Pour l'exécution de cette mesure, et, conf. au vœu exprimé par mon collègue, je vous prie d'inviter les commiss. de surv. admin. placés sous vos ordres, à faire les constatations et à délivrer les certificats que le département de la guerre croit devoir exiger à l'appui des décomptes de l'agence générale des comp. de ch. de fer, toutes les fois qu'il s'agira du transport d'un matériel roulant démonté. »

2° *Constatations.* (Circ. min. 15 fév. 1864, aux chefs du contrôle.) — « A la date du 30 déc. 1863, je vous ai chargé d'inviter les commiss. de surv. admin. placés sous vos ordres à faire les constatations et à délivrer les certificats que le département de la guerre exige à l'appui des décomptes de l'agence générale des comp. de ch. de fer, toutes les fois qu'il s'agira du transport d'un matériel roulant démonté.

« Depuis lors, j'ai cru devoir faire observer à M. le min. de la guerre que, pour donner à ces constatations une forme régulière, il serait utile de fournir aux commiss. de surv. admin., qui pourraient être appelés à y procéder, des formules imprimées qu'ils n'auraient plus qu'à remplir. — Tout en reconnaissant les avantages de cette mesure, le min. a pensé qu'il serait plus simple que les certificats fussent inscrits sur les lettres de voiture administratives et en marge de ces actes. La formule adoptée serait la suivante :

« Le commissaire de surveillance administrative, soussigné, certifie que le matériel roulant démonté, dont le détail est indiqué sur la présente lettre de voiture, a exigé *tant de wagons* pour son chargement complet.

« Cette formule sera prochainement imprimée ; mais, afin d'épargner aux commissaires la peine de la libeller eux-mêmes, mon collègue ajoute qu'il invite l'agent général des transports à la faire ajouter, à la main par ses préposés, en attendant l'épuisement des lettres de voiture actuelles, de manière qu'il n'y ait plus qu'à la remplir et à la signer. »

Indications et vérifications diverses. — Voir les mots *Artillerie* et *Militaires*, § 2.

VII. Tarif de transport du matériel roulant des chemins de fer.

— Les prix ci-après, fixés par l'art. 42 du cahier des charges pour le transport à petite vitesse du matériel, ont été généralement maintenus dans les tarifs des compagnies.

Voitures. — V. ce mot.

« Wagon ou chariot pouvant porter de 3 à 6 tonnes. . 0 fr. 15 c.

« Wagon ou chariot pouvant porter plus de 6 tonnes. . 0 20

« Locomotive pesant de 12 à 18 tonnes (ne traînant pas de convoi). . . . . 3 »

Par pièce et par kilomètre.

« Locomotive pesant plus de 18 tonnes (ne trainant pas de convoi).	3	75	Par pièce et par kilomètre.
« Tender de 7 à 10 tonnes.	1	50	
« Tender de plus de 10 tonnes.	2	25	

Manutention. — « Au départ, le matériel roulant est déchargé des chariots qui l'ont apporté aux gares des chemins de fer et placé sur les rails ; à l'arrivée, il est chargé sur les chariots qui doivent l'emporter, le tout aux frais, risques et périls des expéditeurs et des destinataires, et il n'est rien perçu pour cette double opération ni pour les opérations de gare. » (Extr. du tarif gén.)

Frais accessoires (Chargement, Déchargement, Location, Magasinage, Pesage, etc.). — Voir *Frais accessoires* et *Locations.*

Tarifs spéciaux. — Presque toutes les compagnies appliquent des tarifs spéciaux, soit pour le transport, soit pour la location du matériel. — Nous ne mentionnerons pas ici les conditions détaillées de prix et autres contenues dans ces tarifs, très variables d'ailleurs; nous renverrons seulement, comme nous l'avons déjà fait pour divers tarifs spéciaux, aux indications générales résumées à l'article *Tarifs*, § 4.

Tarif à prix réduit pour le transport des locomotives. — V. *Locomotives.*

VIII. Statistique du matériel locomoteur et roulant. — *Indications générales.* — Voir les mots *Locomotives, Statistique, Voitures* et *Wagons.*

Carnets de classification du matériel en service sur les différents réseaux. (Circ. min. tr. publ., 15 février 1881, aux admin. des comp.). — « Messieurs, les compagnies publient, chaque année, un carnet contenant l'énumération et la classification des machines, tenders, voitures et wagons, qui composent leur matériel. — Je vous prie de me faire parvenir cinq exemplaires du carnet semblable le plus récemment publié, en ce qui concerne votre réseau. — Je vous serai, d'ailleurs, obligé de m'adresser une communication analogue tous les ans. »

IX. Reprise du matériel par l'État à la fin de la concession (*Extr. de l'art.* 36 *du cah. des ch.*, 3e et 4e alinéas).

« En ce qui concerne les objets mobiliers, tels que le matériel roulant, les matériaux, combustibles et approvisionnements de tout genre, le mobilier des stations, l'outillage des ateliers et des gares, l'État sera tenu, si la compagnie le requiert, de reprendre tous ces objets sur l'estimation qui en sera faite à dire d'experts, et réciproquement, si l'État le requiert, la compagnie sera tenue de les céder de la même manière.

« Toutefois, l'État ne pourra être tenu de reprendre que les approvisionnements nécessaires à l'exploitation du chemin pendant six mois. »

Indications diverses (du cah. des ch.). — V. *Concessions* et *Rachat.*

MATÉRIEL TÉLÉGRAPHIQUE.

Application de l'art. 58 *du cah. des ch.* (et indications diverses). — V. *Télégraphie.*

MATIÈRES DANGEREUSES.

I. Conditions de transport. — (*Matières explosibles ou inflammables*) exclues des trains de voyageurs par application des art. 21 et 66 de l'ordonn. du 15 nov. 1846 (V. *Capsules, Cartouches, Dynamite* et *Poudres*). — Voir aussi l'arr. min. ci-après, du 20 nov. 1879, réglant la classification et le transport par ch. de fer des matières explosibles ou inflammables. — *Matières infectes :* V. plus loin au § 5.

Nota. — L'arrêté min. précité, du 20 nov. 1879, qui avait modifié ou remplacé divers règlements antérieurs, notamment celui du 31 mars 1877 relatif à la classification et au transport des matières explosibles ou inflammables, a lui-même été complété ou modifié par de nouveaux documents que l'on trouvera plus loin au § 2, savoir : 1° Arr. min. 21 juillet 1881 (*cordonnets de soie noire*) ; — 2° Arr. min. 30 juin 1883 et circ. 3 mars 1884 (*chiffons gras et déchets de coton ou de laine gras*) ; — 3° Décis. min. 29 déc. 1883 (*acide nitrique autre que celui du commerce*).

Arrêté 20 *nov.* 1879 (Classific. et transport des matières explosibles ou inflammables) :

« Le min. des tr. publ. : — Vu les art. 21 et 66 de l'ordonn. du 15 nov. 1846... ; — Vu l'arr. min. du 31 mars 1877, relatif à la classification et au transport des matières explosibles ou inflammables (*P. mém.*) ; — Vu le règl. du 30 mars 1877, concernant le transport des poudres et munitions de guerre ; et l'arrêté modificatif du 21 juin 1878 (V. *Poudres*) ; — Vu le règl. du 10 janv. 1879, pour le transport de la dynamite (V. *Dynamite*) ; — Vu les avis de la commission des inv. et règl. et du comité de l'expl. technique des ch. de fer : — Considérant que l'arrêté du 31 mars 1877 présente certaines lacunes qu'il convient de combler, — Arrête :

Titre I. — CLASSIFICATION. — Art. 1er. — Les matières explosibles ou inflammables sont classées, au point de vue des précautions à prendre pour leur transport sur les chemins de fer, en quatre catégories, savoir :

1re *Catégorie.* — Poudres de guerre, de mine ou de chasse ; munitions de guerre autres que celles qui sont spécifiées à la 2e catégorie ; fulminates, fulmi-coton, picrate de potasse, dynamite, acide nitrique monohydraté, connu sous le nom d'acide nitrique fumant ; artifices, mèches de mineurs munies d'amorces ou d'autres moyens d'inflammation, huile de pétrole non rectifiée ; *acide nitrique du commerce, chlorure de méthyle :* huiles dites *essentielles*, extraites par distillation du pétrole, des schistes bitumineux ou du goudron de houille. (Ces huiles ont pour caractère d'émettre des vapeurs qui prennent feu au contact d'une allumette enflammée, même lorsque leur température ne dépasse pas 35 degrés centigrades.)

2e *Catégorie.* — Capsules, cartouches métalliques, allumettes chimiques, chlorates, *mèches de mineurs non amorcées*, phosphore, éther, collodion, sulfure de carbone, benzine ; huile de pétrole rectifiée et huile de schiste ou de goudron de houille, quand elles sont contenues dans des touries en verre ou en grès (1).

3e *Catégorie.* — Pailles, foins, cotons, chiffons gras, résines liquides, brai gras, goudron liquide ; pétrole rectifié et huiles minérales dans des fûts de bois (2).

4e *Catégorie.* — *Bois* de toute nature, *charbon de bois, huiles végétales ; résines sèches, brai sec, goudron sec ; pétrole rectifié* et *huiles minérales* dans des vases métalliques ; *alcools, essence de térébenthine*, et en général toutes les matières plus ou moins inflammables non dénommées dans les trois premières catégories.

Titre II. — EMBALLAGE ET CHARGEMENT. — Art. 2. — *Matières de la* 1re *catégorie.* — Les dispositions prescrites par l'arrêté du 30 mars 1877, pour l'emballage et le chargement des poudres de guerre, de mine ou de chasse et des munitions de guerre, sont applicables aux *fulminates*, aux *fulmi-coton* et au *picrate de potasse* (3).

Quant à la *dynamite*, les mesures de précaution dont elle doit être l'objet sont prescrites par le règlement spécial du 10 janvier 1879 (4).

---

(1) *Chiffons gras.*, etc., classés à la 2e catég. au lieu de la 3e. — V. plus loin § 2.
(2) Addition des *cordonnets de soie noire*, à la 3e catégorie. — V. plus loin § 2.
(3) Voir cet arrêté du 30 mars 1877, au mot *Poudres.*
(4) Voir au mot *Dynamite*, ce règl. du 10 janvier 1879.

L'*acide nitrique monohydraté* sera renfermé dans des wagons blindés avec des lames à recouvrement en tôle ou en plomb très épais. Ces wagons devront être fournis par les expéditeurs.

Les *pièces d'artifice* de petite dimension et les *mèches de mineurs* munies d'amorces ou d'autres moyens d'inflammation seront emballées dans des caisses en planches d'un centimètre au moins d'épaisseur. Les *pièces d'artifice* de grande dimension seront fixées avec soin contre les parois des wagons et isolées. On n'admettra aucune autre matière facilement explosible ou inflammable dans les wagons contenant des artifices ou des mèches de mineurs.

Le *chlorure de méthyle* sera renfermé dans des cylindres métalliques offrant, sous la responsabilité du fabricant de chlorure, une résistance suffisante.

L'*huile de pétrole non rectifiée*, l'*acide nitrique du commerce* et les *huiles essentielles* comprises dans la première catégorie doivent être contenues dans des vases métalliques bien fermés, dans des fûts cerclés en fer ou dans des touries en verre ou en grès, bien bouchées et entourées d'une enveloppe en paille, en osier ou en toute autre matière qui les protège contre les chocs. Toutefois, lorsque l'*acide nitrique du commerce* sera livré dans des bouteilles, celles-ci devront être bouchées, bien emballées, de manière à être protégées contre les chocs, et placées debout dans des caisses en planches d'un centimètre au moins d'épaisseur. — Sur chaque caisse, une inscription indiquera, avec le côté du dessus, la nature du liquide contenu et rappellera en outre la nécessité de toujours maintenir les caisses à plat sur leur fond pendant le transport ou le séjour sur les quais des gares.

Art. 3. — *Matières de la* 2ᵉ *catégorie.* — Les matières comprises dans la deuxième catégorie seront chargées dans des wagons couverts et à panneaux pleins. Elles ne pourront être acceptées qu'autant que les emballages rempliront les conditions suivantes: — V. aussi plus loin, § 2.

Capsules, cartouches métalliques. — Emballage dans des sacs, et les sacs dans des caisses en planches d'un centimètre au moins d'épaisseur.

Allumettes chimiques, chlorates, mèches de mineurs non amorcées. — Emballage dans des caisses en planches d'un centimètre au moins d'épaisseur.

Phosphore. — Emballage soit dans des fûts étanches et remplis d'eau, soit dans des boîtes en fer-blanc remplies d'eau et soudées, entourées de sciure de bois et renfermées dans des caisses cerclées en fer ou munies aux deux bouts de fortes traverses en bois, entourant les quatre faces desdites caisses.

Ether, collodion, sulfure de carbone, benzine. — Emballage dans des vases métalliques bien fermés, dans des fûts cerclés en fer ou dans des touries en verre ou en grès, bien bouchées et entourées d'une enveloppe en paille, en osier ou en toute autre matière qui les protège contre les chocs.

Huile de pétrole rectifiée et *huile de schiste* ou de *goudron de houille.* — Emballage dans des touries en verre ou en grès, bien bouchées et entourées d'une enveloppe en paille, en osier ou en toute autre matière qui les protège contre les chocs.

Art. 4. — *Matières de la* 3ᵉ *catégorie.* — Les *pailles, foins* et *cotons*, lorsqu'ils sont transportés dans des wagons découverts, doivent être bâchés de telle sorte que la surface supérieure du chargement, au moins, soit couverte. Les *chiffons gras* doivent être bâchés complètement — V. aussi plus loin, § 2.

Les *résines liquides*, le *brai gras*, le *goudron liquide*, le *pétrole rectifié* et les *huiles minérales* comprises dans la troisième catégorie doivent être contenus dans des fûts de bois cerclés en fer.

Art. 5. — *Matières de la* 4ᵉ *catégorie.* — Les matières de la quatrième catégorie ne sont assujetties à aucune condition spéciale de chargement. Les vases métalliques contenant des liquides inflammables seront refusés s'ils ne sont pas hermétiquement bouchés.

Titre III. — TRANSPORT. — Art. 6. — Le transport de la *nitro-glycérine* est absolument interdit sur les chemins de fer, même par les trains de marchandises.

§ 1er. — TRAINS DE TOUTE NATURE TRANSPORTANT DES VOYAGEURS.

Art. 7. — Le transport des matières comprises dans la première catégorie ne peut, dans aucun cas, être effectué par les trains contenant des voyageurs.

Les matières de la deuxième catégorie sont également exclues des trains portant des voyageurs sur les sections où circulent des trains réguliers de marchandises, sauf l'exception prévue à l'article 1er du règlement susvisé du 30 mars 1877, en ce qui concerne les cartouches que les militaires peuvent porter dans la giberne ou dans le sac. Cette exception s'applique également aux munitions de chasse transportées par les voyageurs sur leur personne ou dans un sac à main.

Sur les sections où ne circulent pas des trains réguliers de marchandises, les matières de la deuxième catégorie pourront être transportées par trains mixtes, à la condition que les wagons qui les contiennent soient séparés des voitures de voyageurs par trois véhicules, au moins, ne renfermant pas de matières facilement inflammables, qui soient placés à l'avant ou à l'arrière des voitures de voyageurs.

Les wagons contenant des matières de la troisième catégorie doivent être séparés des voitures de voyageurs par trois véhicules, au moins, ne contenant pas de matières facilement inflammables, lorsqu'ils sont placés à l'avant des voitures de voyageurs, et par un véhicule au moins, lorsqu'ils sont placés à l'arrière de ces voitures.

Les wagons contenant des matières de la quatrième catégorie doivent être séparés des voitures de voyageurs par un véhicule, au moins, ne contenant pas de matières facilement inflammables.

Les wagons contenant des matières de la deuxième ou de la troisième catégorie doivent être séparés de la machine par deux wagons, au moins, ne contenant pas de matières facilement inflammables.

Lorsque les matières de la troisième ou de la quatrième catégorie seront chargées dans des wagons couverts et à panneaux pleins, ces wagons pourront occuper dans le train une place quelconque.

Art. 8. — Les dispositions des articles précédents, concernant les trains transportant des voyageurs, ne sont pas applicables aux trains de marchandises dans lesquels se trouvent les agents de l'État ou de l'industrie privée qui doivent accompagner certaines expéditions (1).

---

(1) Il est évidemment fait allusion ici aux agents mentionnés dans une circ. min. du 24 mars 1874, adressée aux inspecteurs généraux du contrôle et notifiée aux compagnies et par laquelle il a été décidé qu'il y avait lieu « 1° d'accorder aux compagnies l'autorisation d'admettre, à titre exceptionnel, dans les trains de marchandises contenant de la poudre ou de la dynamite, les agents de l'État ou de l'industrie privée qui doivent accompagner certaines expéditions ; — 2° De décider que ces agents prendraient place, lorsqu'ils seraient peu nombreux, dans les fourgons des conducteurs ; qu'en cas d'insuffisance des fourgons, ces mêmes agents seraient placés, soit dans une voiture spéciale, soit dans les véhicules chargés des expéditions accompagnées ; que cette voiture ou ces véhicules seraient séparés, par trois wagons au moins, de ceux qui contiennent la poudre ou la dynamite ». — Voir au surplus à l'art. *Dynamite*, les circ. min. des 7 août et 1er sept. 1879, etc., et au mot *Poudres* la circ. min. du 21 juin 1880.

Voir aussi au § 2, 5° du présent article, l'arr. min. du 26 juill. 1880 portant interprétation de l'art. 8 ci-dessus de l'arr. du 20 nov. 1879, au point de vue des risques d'incendie pouvant résulter de l'imprudence des agents ainsi admis dans les trains dont il s'agit.

§ 2. — Trains de marchandises.

Art. 9. — Les wagons chargés de matières de la première catégorie doivent toujours être précédés et suivis de trois wagons au moins non chargés de matières de la première catégorie des matières dangereuses.

Les trains de marchandises contenant des wagons chargés de matières de la première catégorie pourront être d'ailleurs remorqués, dans les cas prévus par les règlements, par deux machines placées, l'une à l'avant, l'autre à l'arrière, à la condition que les wagons chargés de ces matières seront toujours précédés et suivis de trois wagons, au moins, ne contenant pas de matières de la première ou de la deuxième catégorie.

La position, dans les trains de marchandises, des wagons chargés de matières des trois dernières catégories ne donne lieu à aucune prescription spéciale.

Titre IV. — Dispositions diverses. — Art. 10. — L'arrêté susvisé du 31 mars 1877 est abrogé. — Sont également abrogées toutes dispositions antérieures qui seraient contraires au présent arrêté.

Art. 11. — Le présent arrêté sera notifié aux compagnies de chemins de fer. — Il sera publié et affiché. — Les préfets, les fonctionnaires et agents du contrôle sont chargés d'en surveiller l'exécution. (Arr. min. 20 nov. 1879.)

II. **Modifications ou additions à l'arrêté réglementaire du 20 nov. 1879** (*Cordonnets de soie noire, Chiffons gras,* etc.) :

1° *Arr. min.* 21 *juillet* 1881 (notifié aux comp. par circ. min. du 8 août 1881). Add. au règl. — *Cordonnets de soie noire.*

« Le min. des tr. publ., — Vu les art. 21 et 66 de l'ordonn. du 15 nov. 1846; — Vu le règl. du 20 nov. 1879...; — Vu l'avis des chambres de commerce de Paris et de Lyon; — Vu l'avis du comité de l'expl. technique des ch. de fer; — Sur le rapport du conseiller d'État dir. gén. des ch. de fer; — Considérant qu'il est nécessaire de prendre des mesures pour empêcher la combustion spontanée du *cordonnet de soie noire,* tant en cours de transport que pendant l'arrêt ou les manutentions dans les gares; — Arrête :

Art. 1er. — Les « cordonnets de soie teints en noir » sont ajoutés à la nomenclature des matières de la troisième catégorie, énoncées dans l'art. 1er du règl. du 20 nov. 1879.

2. — L'art. 4 du règl. précité sera complété par un nouveau §, ainsi conçu :

Les cordonnets de soie teints en noir doivent être parfaitement lavés et complètement desséchés; ils seront emballés par paquets de 10 kilogr. au maximum, dans des caisses à claire-voie; la largeur des caisses ne devra pas excéder la plus grande dimension des paquets; les paquets seront isolés en tous sens les uns des autres, par des traverses laissant entre chacun d'eux un espace vide pour la circulation de l'air. Le poids des caisses ne pourra pas dépasser 50 à 60 kilogr. Les expéditions se feront en grande vitesse pendant les chaleurs; elles pourront être faites en petite vitesse pendant l'hiver.

3. — Le présent arrêté sera notifié aux compagnies de chemins de fer. — Il sera publié et affiché. — Les préfets, fonctionn. et agents du contrôle sont chargés d'en surveiller l'exécution. »

2° *Arr. min.* 30 *juin* 1883 (2e modific. du règl. du 20 nov. 1879). — *Chiffons gras et déchets de coton ou de laine gras.*

« Le min. des tr. publ., — Vu les art. 11 et 66 de l'ordonn. du 15 nov. 1846; — Vu le règl. du 20 nov. 1879 et l'arr. modificatif du 21 juillet 1881...; — Vu l'avis du comité de l'expl. technique des ch. de fer; — Sur le rapport du dir. de l'expl. du contrôle financier et de la statistique des ch. de fer; — Considérant qu'il est nécessaire de prendre des mesures pour empêcher la combustion spontanée des *chiffons gras et des déchets de coton ou de laine gras*, tant en cours de transport que pendant l'arrêt ou les manutentions dans les gares ; — Arrête :

Art. 1er. — *Les chiffons gras et les déchets de coton ou de laine gras* sont ajoutés à la nomenclature des matières de la deuxième catégorie, énoncées dans l'article 1er du règl. du 20 nov. 1879.

Les mots *chiffons gras* seront supprimés dans le 4e paragraphe dudit article (matières de la troisième catégorie).

2. — L'art. 3 du règl. précité sera complété par un nouveau §, ainsi conçu :

Chiffons gras, déchets de laine ou de coton gras. Emballage dans des caisses en tôle ou en planches d'un centimètre au moins d'épaisseur.

3. — Dans l'article 4, § 1er, on supprimera la disposition suivante : *Les chiffons gras doivent être bâchés complétement.*

4. — Le présent arrêté sera notifié aux comp. de ch. de fer. — Il sera publié et affiché. — Les préfets, les fonctionn. et les agents du contrôle sont chargés d'en surveiller l'exécution. » — *Voir la circ. suspensive ci-après :*

3e *Circ. min. tr. publ.* 3 mars 1884 (aux insp. gén. du contrôle). — *Nouvelle étude de la question du transport par chemin de fer des chiffons gras et déchets de coton ou de laine gras.* — « Monsieur l'insp. général, la mise à exécution de l'arrêté du 30 juin 1883, relatif au transport par chemin de fer des chiffons gras et des déchets de coton ou de laine gras, a provoqué, de la part de divers négociants et filateurs, des réclamations qui me paraissent mériter une sérieuse attention.

Les pétitionnaires déclarent que l'application des prescriptions dudit arrêté aura pour effet d'interdire le transport des déchets dont il s'agit et, par suite, de supprimer la valeur d'un produit important de l'industrie de la filature, si durement éprouvée depuis plusieurs années.

Depuis que l'arrêté est devenu exécutoire, ces déchets s'entasseraient dans les établissements où ils ont été recueillis et les transactions dont ils étaient l'objet auraient totalement cessé.

Les intéressés nient qu'on puisse considérer les déchets de coton ou de laine gras comme susceptibles de créer un danger d'incendie par inflammation spontanée, dans le sens prévu par l'article 21 de l'ordonn. du 15 nov. 1846. Tous les industriels qui mettent en œuvre ces matières en accumulent depuis longtemps et en conservent des masses plus ou moins considérables, et ils se croient, dès lors, en situation d'affirmer que ce danger de combustion spontanée n'est nullement à craindre. Le fait particulier et isolé, qui, disent les intéressés, semble avoir provoqué l'arrêté du 30 juin dernier et dont la cause n'a pas été établie d'une manière certaine, ne saurait suffire pour jeter dans leurs opérations et leurs transactions, déjà très difficiles, la profonde perturbation dont ils ont à souffrir.

En raison de ces considérations, les réclamants demandent que la question tranchée par l'arrêté du 30 juin 1883 soit de nouveau mise à l'étude. Ils sont convaincus que, d'une nouvelle instruction, résultera la certitude que le transport en chemin de fer des *déchets de coton ou de laine gras* ne saurait présenter aucun danger d'incendie, ils estiment en conséquence, que l'arrêté précité peut être rapporté, les compagnies restant d'ailleurs libres de se servir, pour ce transport, si elles le croient utile, de wagons en tôle semblables à ceux qui sont usités sur les réseaux des États voisins.

Je vous prie de vouloir bien soumettre l'affaire à l'examen des ingénieurs de votre service et de provoquer les observations de la compagnie dont le contrôle vous est confié.

Quand vous aurez recueilli tous les éléments de cette instruction, vous voudrez bien vous concerter avec vos collègues chargés des autres services du contrôle, en vue de préparer, d'un commun accord, le projet des modifications qu'il pourrait y avoir lieu d'apporter à l'arr. min. du 30 juin 1883. — Je vous serais obligé de m'adresser, le plus tôt possible, ce projet, qui devra être accompagné d'un rapport collectif, résumant les résultats de l'instruction poursuivie sur chaque réseau.

Par une autre lettre, en date de ce jour, j'autorise d'ailleurs les compagnies à admettre par tolérance, à titre provisoire et jusqu'à nouvel ordre, le transport des déchets de laine et de coton gras dans des récipients fermés, de quelque nature qu'ils soient. — Recevez, etc. »

4o *Circ. min.*, 29 déc. 1883, tr. publ. (adressée aux admin. des comp.). — *Acide nitrique autre que celui du commerce :*

« Messieurs, deux incendies survenus, sur le réseau de l'Ouest....., à des wagons chargés de touries d'acide nitrique, ont donné lieu de reconnaître que l'imprégnation, par l'acide azotique, de la paille qui enveloppe les touries, et l'action des rayons du soleil pouvaient déterminer, à une température bien inférieure à 100°, l'inflammation de la paille ainsi imprégnée.

« L'analyse chimique a également permis de constater que le liquide qui avait occasionné ces incendies était, non pas de *l'acide nitrique du commerce*, qui renferme au plus 70 p. 100 d'acide monohydraté, mais bien de *l'acide nitrique fumant*, puisque ce liquide contenait 91 p. 100 d'acide monohydraté; que sa densité était de 1,505 et qu'il marquait 48°,5 à l'aéromètre Beaumé.

« MM. les ing. du contrôle de l'Ouest, consultés à cette occasion, ont fait observer que l'acide expédié aurait dû, conf. au § 3 de l'art. 2 de l'arr. min. du 20 nov. 1879, être « renfermé dans des wagons blindés avec des lames à recouvrement en tôle ou en plomb « très épais », wagons que l'expéditeur était dans l'obligation de fournir. Ces fonctionnaires ont pensé, en conséquence, qu'il y avait lieu de tenir rigoureusement la main à l'observation des prescriptions relatives au transport de l'acide nitrique et qu'il convenait même de les préciser, en invitant les comp. de ch. de fer à refuser toute expédition de cet acide autrement que dans des wagons blindés, toutes les fois que la déclaration d'expédition ne porterait pas la mention formelle : ACIDE NITRIQUE DU COMMERCE. — Le comité de l'expl. technique des ch. de fer a émis un avis semblable, que j'ai approuvé.

« Je vous prie, en conséquence, de vouloir bien donner à votre personnel des instructions conformes aux conclusions, ci-dessus rappelées, du service du contrôle. — Vous voudrez bien, d'ailleurs, m'accuser réception de la présente communication et me faire connaître, en même temps, les mesures auxquelles elle aura donné lieu sur votre réseau. — Recevez, etc. ».

5° Arr. min., 26 juillet 1880 (rappelant l'art. 8 ci-dessus de l'arr. min. du 20 nov. 1879, et *ayant pour objet les risques d'incendie* pouvant résulter de l'imprudence des agents ou personnes accompagnant certaines expéditions).

(26 juillet 1880). — « Le min. des tr. publ., — Vu la circ. min. du 23 juillet 1863, qui autorise l'admission des wagons à bestiaux dans les trains omnibus ou mixtes. (V. *Composition des convois*); — Vu l'arr. min. du 20 nov. 1879, relatif au transport des matières explosibles ou inflammables, et notamment son art. 8 (*voir ci-dessus le texte dudit art. 8*); — Vu les rapports des fonctionn. du contrôle du réseau de la Méditerranée au sujet d'un incendie qui s'est déclaré....., dans un wagon-écurie faisant partie d'un train de voyageurs; — Considérant que cet incendie paraît devoir être attribué à l'imprudence d'un palefrenier qui s'était servi d'une bougie pour s'éclairer pendant le voyage; sur l'avis du Comité de l'expl. technique des ch. de fer, ARRÊTE :

« Art. 1er. — Il est interdit aux conducteurs et toucheurs de bestiaux, aux palefreniers et, en général, à toute personne accompagnant certaines expéditions par voies ferrées, de s'éclairer autrement qu'au moyen d'une lanterne dans l'intérieur des wagons-écuries ou autres véhicules mis à leur disposition par les comp. de ch. de fer.

« 2. — Les ingén. du contrôle et les agents placés sous leurs ordres, les commiss. de surv. admin. et les agents assermentés des compagnies sont chargés d'assurer l'exécution du présent arrêté, qui sera porté, par voie d'affichage dans les gares, à la connaissance des intéressés. » (26 juillet 1880.)

Risques divers d'incendie. (Défaut de déclaration des marchandises). — Incendie spontané avant l'expiration du délai de livraison, etc.) — D'après un jugement du tr. de comm. de Charleville, 22 avril 1874, un expéditeur de déchets de laine, parmi lesquels se trouvaient des *débourrures*, c'est-à-dire des *déchets gras*, en déclarant la présence de ces *débourrures*, avertissait suffisamment la comp. de la nature inflammable desdites marchandises et ne commettait point une faute pouvant exonérer celle-ci de sa responsabilité. — Mais d'après la C. de C. « les marchandises dont il s'agit étant *livrables à domicile*, cette compagnie avait droit, en sus du *délai de transport sur la voie ferrée*, à un *délai supplémentaire*, avant l'expiration duquel se trouve l'heure où elles ont spontanément pris feu. — Ladite comp. n'était alors point en demeure de livrer ces marchandises, dont la perte a été mise à sa charge. — D'ailleurs il n'est point établi que ce *délai supplé-mentaire* fût inutile, ni que le destinataire des marchandises se fût présenté auparavant, comme il en avait le droit, pour les retirer ». (C. cass., 18 juillet 1876). — *Matières inflammables con-tenues dans un colis de drogueries et non déclarées.* — Un colis de drogueries contenant des *ma-tières inflammables*, est remis à une comp. par un expéditeur, pour être transporté à *grande vitesse*, sans que cet expéditeur déclare l'existence desdites matières inflammables, ainsi qu'il est réglementairement prescrit et alors que ce transport est interdit par un train de voyageurs. — Ces matières prennent feu, durant un garage du wagon, et en occasionnent l'incendie. — Condam-nation de l'expéditeur au remboursement des indemnités payées à divers par la compagnie et au payement à celle-ci de dommages-intérêts. — Rejet du double recours en garantie formé par cette compagnie et cet expéditeur contre le destinataire. » (Tr. civ., Seine, 24 déc. 1873). — *Allu-mettes chimiques* (et autres produits inexactement déclarés) — V. *Allumettes* et *Incendie*, § 2.

Dispositions spéciales pour les poudres et la dynamite. — V. ces mots.

III. Tarif de transport des matières dangereuses (Indications contenues au *tarif exceptionnel* réglé en vertu de l'art. 47 du cah. des ch.) (V. *Tarifs*, § 2.) — D'après les *termes généraux* dudit tarif, *en ce qui concerne la grande vitesse,* « les matières explo-sibles ou inflammables, les animaux et objets dangereux pour lesquels des règl. de police prescriraient des précautions spéciales étant exclus des trains portant des voya-geurs, le tarif de la grande vitesse ne leur est pas applicable. »

Petite vitesse. — « Les matières inflammables ou explosibles, telles que :

« *Poudres à feu, fulminates, capsules, artifices, allumettes chimiques, phosphore, éther,* et les objets dangereux pour lesquels des règlements de police prescriraient des pré-cautions spéciales, sont taxés *moitié en sus* du prix fixé par le tarif général pour les marchandises de la première série. » — Voir le mot *Traités.*

Application du tarif de transport de la dynamite. — V. *Dynamite,* § 8.

IV. Dépôts ou exposition de matières inflammables (aux abords des voies ferrées). — Extr. des lois et règlements :

1° *Interdictions* prononcées par la loi du 15 juillet 1845 et applications pour les *dépôts riverains* et pour les *couvertures en chaume.* — V. l'art. *Dépôts.*

2° *Exposition de matières inflammables* (dans les maisons ou bâtiments antérieurs à l'établ. du ch. de fer) : « Celui qui possédait, avant l'établ. du ch. de fer, un bâtiment au long duquel le chemin de fer est venu passer peut continuer à jouir dudit bâtiment dans les mêmes conditions qu'auparavant. La comp. du ch. de fer n'est pas fondée à prétendre que le fait d'avoir enfermé des récoltes dans le bâtiment ainsi situé, alors que des fenêtres regardant la voie ferrée, les unes étaient restées ouvertes, les autres étaient bouchées avec de la paille, constitue une contravention à la police des ch. de fer pour dépôt de matières inflammables dans la zone prohibée ; à soutenir, par suite, qu'elle ne doit pas porter la responsabilité d'un incendie allumé dans le bâtiment dont il s'agit par les flammèches de ses locomotives. » (C. C., 20 nov. 1866.)

3° *Indications diverses.* — V. *Couvertures en chaume, Dépôts, Incendie.*

V. Matières infectes. — Des plaintes s'étant élevées sur l'usage consistant à adjoindre aux trains mixtes, des wagons chargés de noir animal, de fûts de sang, de cuirs verts ou de toute autre matière exhalant une odeur infecte, le ministre avait décidé, le 18 août 1858 : que tout transport de matières infectes, dont le dépôt, aux termes des règlements, formerait un établissement incommode ou insalubre, devrait être interdit par les trains de toute nature contenant des voyageurs. — Une exception à cette mesure n'était admise que pour les lignes dont l'importance du trafic ne comporte pas l'établ. de trains spéciaux de marchandises, et, dans ce cas, les compagnies avaient à soumettre à l'admin. des propositions à l'effet de déterminer le nombre et la situation, dans les trains, des wagons renfermant ces matières. — D'un autre côté, les *suifs* étaient compris, sur quelques lignes, parmi les substances frappées de l'interdiction qui précède. — Actuellement, le transport des *matières infectes* est soumis aux dispositions suivantes :

Conditions de transport des matières infectes (et de leur stationnement dans les gares de voyageurs). — Circ. min., 15 mars 1881, tr. publ., — adressée aux admin. des comp. — (et communiquée le 31 mars suivant aux insp. gén. du contrôle) :

« Messieurs, aux termes des règlements, sur les lignes où il n'existe pas de trains de marchandises réguliers, les matières infectes peuvent être transportées par trains mixtes, à la condition toutefois que les wagons chargés de ces matières soient placés à l'arrière des trains et séparés des voitures à voyageurs par un ou plusieurs wagons de marchandises ordinaires.

« Cette réglementation est bonne ; mais elle ne me paraît pas complète. En effet, si elle est suffisante pour garantir d'exhalaisons insalubres les voyageurs placés dans le train même qui transporte les matières infectes, elle ne saurait obvier aux inconvénients que présente, pour le public en général, le stationnement, dans les gares, de wagons chargés de matières de cette nature, en face du bâtiment des voyageurs.

« A certaines heures, dans les gares, un grand nombre de personnes se tiennent sur les quais, attendant le train qu'elles doivent prendre. De plus, il n'est pas rare qu'un train de voyageurs s'arrête à une gare au moment où stationne, sur une voie adjacente, un train comprenant des wagons chargés de matières infectes. Dans ces circonstances, un semblable voisinage peut incommoder une partie du public.

« Deux mesures me paraissent devoir être prises pour remédier à cette situation ou du moins en atténuer les désagréments.

« En premier lieu, il faut veiller, avec le plus grand soin, à ce que les trains qui transportent des matières infectes ne séjournent jamais dans les gares au delà du temps réglementaire.

« En second lieu, on doit éviter autant que possible de faire stationner les wagons chargés de ces matières en face du bâtiment des voyageurs ou des trains qui s'arrêtent à la gare. — Je vous prie de donner à votre personnel des instructions formelles dans ce sens. — Veuillez m'accuser réception....., etc. (1). »

Dénomination des matières infectes (dont le chargement, le déchargement, le transport et la circulation ont été réglementés par un arr. min. *du 14 janvier 1884*). — Voir ci-après le texte dudit arrêté :

Arr. min. 14 janv. 1884. — « Le min des tr. publ., — Vu les réclamations de diverses municipalités..... ; — Vu les demandes ou observations des comp. de ch. de fer ; — Vu les observations du conseil d'hygiène du dép. de la Seine et celles du préfet de police ; — Vu les rapports des différents services du contrôle ; — Vu les dépêches ministérielles qui ont statué provisoirement

---

(1) Une nouvelle circ. min., 2 juillet 1884 (postérieure à l'arrêté ci-après reproduit, du 14 janv. 1884, réglant le transport des *matières infectes*), contenait les recommandations suivantes adressées aux admin. des comp. — « Messieurs, mon attention vient d'être appelée sur les inconvénients que présente le stationnement prolongé, dans les gares expéditrices, de wagons chargés de matières infectes. — A raison des circonstances (d'épidémie) et de la saison dans laquelle nous nous trouvons, il est de toute nécessité que ces matières séjournent le moins longtemps possible dans la gare de départ et que les wagons qui ont servi à les transporter soient désinfectés à l'arrivée, aussitôt après le déchargement. — Je vous invite donc, messieurs, à prendre *d'urgence* des dispositions pour assurer, dans les conditions que je viens d'indiquer, le transport des gadoues et de toutes les autres matières putrescibles. — (Voir au présent art. l'arr. min., 14 janv. 1884 et la circ. min. 24 déc. 1884.)

« Veuillez m'accuser réception de la présente circ., que je porte à la connaissance des insp. gén. du contrôle, chargés d'en surveiller l'exécution. — J'en envoie également copie aux préfets, auxquels il appartient de prescrire, en outre, telles mesures qu'ils jugeraient utiles dans un intérêt de police locale. »

sur plusieurs des demandes ou réclamations précitées ; — Vu l'avis du comité consultatif des ch. de fer ; — Sur le rapport du conseiller d'État, dir. des ch. de fer, — Arrête :

GADOUES VERTES.

Art. 1er. — Les gadoues vertes devront être chargées directement de voiture à wagon dans un délai d'*une heure*, à partir de l'entrée en gare, par les soins de l'expéditeur ou, à défaut, *à ses frais*, par les agents de la compagnie.

2. — Les wagons devront être déchargés à l'arrivée et les matières enlevées de la gare dans un délai de *six heures* (nuit non comprise) à partir de leur arrivée, par les soins du destinataire, ou, à défaut, *à ses frais* et d'urgence par la compagnie.

GADOUES NOIRES.

3. — Les gadoues noires ne seront acceptées que dans des cadres ou tout autre dispositif analogue, permettant le transbordement direct de voiture à wagon et inversement, sans remuer en aucune façon les matières à l'air libre : le chargement devra en être terminé dans le délai *d'une heure* à partir de l'entrée en gare, par les soins de l'expéditeur, ou, à défaut, *à ses frais* et d'urgence par la compagnie.

4. — Le déchargement et l'enlèvement des cadres dans la gare d'arrivée devront être effectués dans un délai de *trois heures* (nuit non comprise) à partir de leur arrivée, par les soins du destinataire, ou, à défaut, *à ses frais* et d'urgence par la compagnie.

5. — Lorsque les gadoues noires seront apportées dans des tonneaux ou caisses hermétiquement fermés, le délai ci-dessus désigné sera porté à *six heures* (nuit non comprise).

RÉSIDUS DE FONTE DES SUIFS, ETC.

6. — Les résidus de fonte des suifs, les boyaux verts, les autres résidus de boucherie ou d'équarrissage et les gadoues provenant des fosses d'aisances ne sont reçus pour l'expédition que dans des tonneaux ou caisses hermétiquement fermés et complétement étanches.

7. — Ces matières ne seront acceptées qu'avec l'ordre exprès donné par l'expéditeur de faire, à l'arrivée, le camionnage au domicile du destinataire, lorsque la gare sera pourvue d'un service de camionnage. — Dans le cas contraire, elles ne seront acceptées qu'avec une déclaration du destinataire, remise au point d'expédition, spécifiant que l'enlèvement de la marchandise sera effectué par ses soins, dans le délai de *six heures* (nuit non comprise) à partir du moment où ce destinataire aura été avisé par le télégraphe, la poste ou un exprès.

8. — Les dispositions de l'article précédent sont également applicables en entier aux transports des *cuirs verts*.

DISPOSITIONS GÉNÉRALES.

9. — Si la gare d'arrivée ne possède pas de service de camionnage, les wagons chargés devront être remisés immédiatement après l'expiration des délais, aux frais et à la disposition du destinataire, sur une voie de garage aussi rapprochée que possible, mais distante de 1 *kilomètre* au moins de tout centre d'habitations.

10. — Les wagons chargés des matières désignées dans les articles qui précèdent ne devront jamais être différés en route par les compagnies de chemins de fer.

11. — Ces compagnies devront désigner à l'avance et faire connaître au public les trains et les itinéraires suivis, au départ des gares de Paris et des grandes villes donnant lieu aux transports de *gadoues pour engrais*, afin que les expéditeurs puissent apporter leurs marchandises au moment voulu pour le chargement et prévenir à l'avance les destinataires, en vue de l'enlèvement, à l'arrivée, dans les délais respectivement assignés.

12. — Tous les frais supplémentaires de manutention, remisage, stationnement des wagons, etc., imposés par la négligence des expéditeurs ou destinataires qui ne rempliront pas leurs obligations dans les délais respectivement prescrits seront exigibles à partir de l'expiration de ces délais.

13. — Le présent arrêté sera notifié aux compagnies de chemins de fer. — Il sera publié et affiché. — Les préfets, les fonctionnaires et agents du contrôle sont chargés d'en surveiller l'exécution. » — (V. *la décis. min. spéc. ci-après* relative aux *os de cuisine et de boucherie*.)

Décision complémentaire du 6 oct. 1884. — Notifiée aux admin. des comp. et par ampliation aux insp. gén. du contrôle (pour donner les instr. nécessaires aux comm. de surv. admin. placés sous leurs ordres).

« Messieurs, j'ai consulté M. le Min. du comm. au sujet des difficultés que rencontre dans la pratique, notamment en ce qui concerne les expéditions *d'os de cuisine et de boucherie*, l'applic. de l'arr. min. du 14 janv. 1884, qui règle le transport des matières infectes par le chemin de fer.

Mon collègue m'a fait connaître que l'examen de la question par le comité d'hygiène institué près de son département exigera un temps assez long, mais que le comité, prévoyant la nécessité de modifier diverses dispositions dudit arrêté, est d'avis d'user dès à présent d'une certaine tolérance, afin de sauvegarder les intérêts de l'industrie.

D'après cet avis, je vous autorise, messieurs, à recevoir jusqu'à nouvel ordre les expéditions d'os de cuisine et de boucherie *faites en vrac*.

Je notifie cette décision à M. l'inspecteur général du contrôle. — Recevez etc. »

Circ. min., 24 déc. 1884. — *Désinfection des wagons ayant contenu des matières infectes.* — Voir ci-dessus, *en note*, la circ. min. du 2 juillet 1884, modifiée par la circ. min. suivante, adressée le 24 déc. 1884 aux comp. et notifiée le 31 déc. suivant aux chefs du contrôle :

24 déc. 1884. — « Messieurs, afin de prévenir l'extension de l'épidémie cholérique, je vous avais invités, à la date du 2 juillet 1884, à faire désinfecter tous les wagons ayant servi au transport des matières infectes.

L'épidémie ayant aujourd'hui disparu, il serait inutile de pratiquer plus longtemps cette désinfection. Il vous suffira, à l'avenir, de vous en tenir aux mesures de propreté commandées par l'hygiène et qui sont toujours indispensables.

Je vous prie de m'accuser réception de la présente circulaire, que je porte à la connaissance des préfets et des inspecteurs généraux du contrôle. — Recevez, etc. »

Indications diverses. — V. *Bestiaux, Désinfection, Epidémies* et *Police sanitaire.*

MATIÈRES EXPLOSIBLES, INFLAMMABLES, INFECTES, ETC.

Mesures spéciales de transport. — V. *Dynamite, Poudres* et *Matières dangereuses.*

MATS.

Transports de mâts (ayant plus de 6ᵐ 50 de longueur). — V. *Bois*, § 3.

Mâts de signaux (de protection). — V. *Bifurcations, Disques, Signaux, etc.*

MÉCANICIENS.

I. Recrutement et admission. — Les mécaniciens sont choisis parmi les chauffeurs les plus capables. Ils sont sous les ordres des chefs de dépôt dans les dépôts, des chefs de gare ou de leurs délégués pendant le stationnement dans les gares, et des chefs de trains pendant la marche. Les Écoles d'arts et métiers en fournissent un grand nombre. (Enq. sur l'expl. recueil admin. 1858.) — Nous ne connaissons du reste aucun document général réglant l'applic. de l'art. 74 de l'ordonn. du 15 nov. 1846, d'après lequel « nul ne pourra être employé en qualité de mécanicien conducteur de train, s'il ne produit des certificats délivrés dans les formes qui devront être déterminées par le min. des tr. publics ». Les garanties de bon choix et de bon service des mécaniciens sont néanmoins indiquées aux références ci-après :

Principales conditions d'admission (et de service) (V. *Agents*, § 5). — Voir aussi les renseignements détaillés reproduits et rappelés plus loin aux §§ 2 et suivants.

Engagement. — Un mécanicien est considéré comme placé par sa position au-dessus d'un ouvrier ou d'un agent travaillant au jour, au mois ou à l'année. — L'exécution des clauses du contrat qu'il passe avec les compagnies est du ressort de la juridiction commerciale. (C. C., 13 mai 1857.) — V. à ce sujet le mot *Agents*, § 9.

Emploi éventuel dans les compagnies, des mécaniciens gradés de la réserve de la flotte. —

(Cir. min. tr. publ., adressée le 13 oct. 1884, aux adm. des comp. de ch. de fer.) — « Messieurs, aux termes de l'art. 147, 2ᵉ §, de l'instr. du 28 déc. 1879, sur l'admin. des hommes de la réserve..., — les mécaniciens gradés de la réserve de la flotte, premiers maîtres, maîtres, seconds maîtres et quartiers maîtres, sont classés dans la non-disponibilité en temps de paix ; mais ils doivent, en temps de guerre, rejoindre leur destination dès le premier jour de la mobilisation. A cet effet, ils recevront dorénavant un certificat spécial de classement dans la non-disponibilité en temps de paix, qui leur tiendra lieu de feuille de route, et ils seront dirigés sur les ports auxquels ils sont affectés, aussitôt que l'ordre de mobilisation aura été publié. — En appelant mon attention sur ces nouvelles dispositions, M. le ministre de la marine et des colonies m'a fait connaître son intention de les appliquer strictement, afin d'assurer le service de mobilisation de la flotte.

« La plupart des mécaniciens gradés de la réserve sont employés dans les compagnies de chemins de fer. Les compagnies seraient exposées à voir leur personnel réduit, dans des proportions nuisibles à la marche du service, si elles n'avaient pris à l'avance les mesures nécessaires pour parer à cette situation.

« Je crois devoir, en conséquence, vous signaler d'une manière toute particulière les nouvelles dispositions adoptées par le département de la marine et vous inviter à en tenir compte dans le recrutement des agents de votre compagnie. »

II. Distribution du service normal des mécaniciens. — (*Extr. des rapp. d'enq.*)

« Au dépôt, les mécaniciens s'occupent de petit entretien et des menues réparations de leurs machines ; dans les gares, ils surveillent la machine en feu et exécutent les manœuvres de composition et de décomposition des trains ; en route, ils conduisent les trains et réparent les petites avaries qui pourraient arriver au matériel.

« L'usage général est qu'un mécanicien monte et conduise toujours, autant que possible, la même locomotive jusqu'à ce qu'elle entre en grande réparation ou qu'elle soit impropre au service commandé : c'est le meilleur moyen pour qu'il la soigne ou la répare bien. Les mécaniciens font en général, tour à tour, le service des trains sur la ligne et le service de la réserve dans les gares. Il est, d'ailleurs, impossible de soumettre d'avance le travail des mécaniciens à des règles fixes et invariables. Ce travail est généralement réglé à l'avance pour les trains réguliers. Il est naturellement indéterminé pour les trains facultatifs et les trains spéciaux. Enfin, lorsqu'un mécanicien est au dépôt, il peut partir à l'improviste pour aller porter secours à un train en détresse ou pour doubler la traction d'un train lourdement chargé.

« Quant au nombre de jours consécutifs pendant lequel un mécanicien reste de service sur la ligne, il dépend tout à fait de la nature des trains qu'il remorque. Ainsi, pour les trajets à petit parcours, pour les trains de banlieue, un mécanicien peut sans inconvénient continuer ce service pendant une série de jours ; il n'en est pas de même pour les trains de longs trajets ou pour les trains de marchandises qui sont plus fatigants et forcent le mécanicien à rester plus d'une journée hors de chez lui, surtout si l'on remarque que le service des trains se combine avec celui des dépôts.

« Le repos absolu accordé aux mécaniciens dépend essentiellement des conditions plus ou moins fatigantes dans lesquelles le service s'effectue. » — V. plus loin, § 4.

Personnel pour chaque train. (Ext. de l'ordonn. du 15 nov. 1846.) — « Art. 18. Chaque train de voyageurs devra être accompagné : 1° d'un mécanicien et d'un chauffeur par machine : le chauffeur devra être capable d'arrêter la machine en cas de besoin » (V. *Composition des convois*). — V. aussi *Chauffeurs* et *Gardes-freins*.

Signal de communication entre le mécanicien et les gardes-freins. — « Art. 23 id. Les conducteurs gardes-freins seront mis en communication avec le mécanicien, pour donner en cas d'accident, le signal d'alarme, par tel moyen qui sera autorisé par le min. des tr. publ. sur la proposition de la compagnie. » — V. à ce sujet les mots *Intercommunication* et *Matériel*, § 1 bis, et *Signaux* (régl. 15 nov. 1885).

Vérifications du matériel. — « Avant le départ du train. le mécanicien s'assurera si toutes les parties de la locomotive et du tender sont en bon état, si le frein de ce tender fonctionne convenablement. » (Ext. de l'art. 26 de l'ordonn. de 1846.) — V. *Locomotives* et *Matériel* — V. aussi plus loin, § 3.

II *bis*. Prescriptions diverses de la même ordonnance. — 1° Départ du train (art. 26 et 27, V. *Démarrage* et *Départ*) ; — 2° Intervalle entre les trains successifs (art. 27, 31 et 35. V. *Intervalle*) ; — 3° Observation des signaux (art. 27. V. *Disques-signaux* et *Signaux*) ; — 4° Arrêt et stationnement des trains (art. 28. V. *Arrêts* et *Stationnement*) ; — 5° Traversée des souterrains et limite de la vitesse (art. 29. V. *Souterrains* et *Vitesse*) ; — 6° Signaux à faire par les gardes-lignes aux mécaniciens (art. 31. V. *Gardes-lignes* et *Signaux*) ; — 7° Signaux en cas d'accidents ou de réparations (art. 32 et 33. V. *Détresse* et *Réparations*) ; 8° Circulation à simple voie (art. 34. V. *Pilotage*) ; — 9° Attention à porter constamment par le mécanicien sur l'état de la voie (art. 36. V. *Ordonnances*) ; — 10° Précautions à prendre à l'arrivée aux points de bifurcation, aux gares, aux passages à niveau, courbes, tranchées et autres points dangereux de la voie (art. 37 et 38. V. *Ordonnances*) ; 11° Autorisations pour monter sur les machines (art. 39. V. *Locomotives*, § 3) ; — 12° Machines et agrès de secours (art. 40 et 41. V. *Secours*) ; — 13° Tableaux de la marche des trains (V. *Itinéraires*, *Ordre de service* et *Graphiques*) ; — 14° Extrait des règlements à remettre aux mécaniciens, art. 78 de l'ord. de 1846 (V. *Ordonnance*.)

III. Instructions résumées dans les règlements (*ou dans les ordres de service*). Approuvées en exécution de l'ordonn. du 15 nov. 1846 et du cah. des ch. (*Extr.*) :

1° *Alimentation de la machine, attelage et mesures diverses de précaution.* — L'alimentation de la chaudière doit se faire, autant que possible, sur les voies autres que les voies principales (V. *Manœuvres*). — V. aussi plus loin, 5°.

Lorsqu'un mécanicien est obligé de pénétrer sur les voies principales, soit pour alimenter, soit pour toute autre cause, il ne pourra le faire qu'après avoir reçu l'autorisation du chef de gare ou de son représentant chargé d'installer les signaux nécessaires.

Le mécanicien doit mettre sa machine en tête du train avec précaution et veiller par lui-même ou par l'intermédiaire du chauffeur à ce que la machine et le tender soient bien attelés au train, et à ce que le cordon de communication avec le chef de convoi soit convenablement installé.

Il doit démarrer sans secousse.

Pendant le trajet, le mécanicien et le chauffeur doivent se tenir debout : le premier, à portée de la manette du régulateur ; le second, à côté de la manivelle du frein.

Dans le cas où la présence du mécanicien serait nécessaire sur une autre partie de la machine, le chauffeur doit le remplacer auprès du régulateur.

2° *Éclairage.* — Toute machine en marche, sur les voies principales ou sur les voies de service, doit toujours être munie, pendant la nuit, des fanaux réglementaires (V. *Signaux*). — Les ordres de service spéciaux rendent les mécaniciens responsables de l'allumage des falots de leurs machines et contiennent les indications relatives au fonctionnement de cet éclairage, lorsque les appareils viennent à s'éteindre en route ou lorsqu'il y a lieu d'employer des appareils de rechange.

En cas d'accident de personnes survenu par suite d'inobservation desdites règles, le mécanicien est passible de poursuites judiciaires, en vertu de l'art. 19 de la loi du 15 juillet 1845.

3° *Observation des signaux.* — En cas de signal d'arrêt (V. *Signaux*), le mécanicien doit prendre immédiatement les dispositions rappelées à l'art. *Arrêts*, § 2.

Une fois l'arrêt obtenu, si c'est un signal fixe manœuvré à distance que le mécanicien a devant lui, il avancera lentement et avec la plus grande prudence, de manière à dépasser le signal, s'il n'aperçoit aucun obstacle devant lui. — Dans aucun cas il ne devra atteindre ni une aiguille, ni une traversée de voie protégées par le signal.

Un train ou une machine qui ont ainsi dépassé un signal fixe ne doivent pas être considérés comme suffisamment protégés par ce signal, et jusqu'à ce qu'ils en soient éloignés de plus de 800 mètres, il y a lieu de les couvrir à l'arrière.

Signaux détonants. — Dispositions à prendre par le mécanicien en vertu du règlement min. du 15 mars 1856. — V. *Brouillards* et *Signaux détonants*.

4° *Incidents de route* (V. *Accidents*, *Arrêts*, *Avaries*, *Chauffeurs*, *Collisions*, *Déraillements*, *Détresse*, *Freins*, *Garage*, *Ralentissement*, *Retards*, *Ruptures*, *Secours*, *Stationnements* et *vitesse*). — V. aussi *Marche* et *Pilotage* (des trains).

5° *Circulation des machines isolées.* — Une machine isolée étant considérée comme un train au point de vue de la circulation sur la voie, il y a lieu de prendre pour la marche de cette machine des mesures de précaution analogues à celles en vigueur pour les trains eux-mêmes.

Dans les gares, les manœuvres des machines isolées doivent se faire à petite vitesse et avec la plus grande prudence. Les aiguilleurs ou chefs de manœuvres doivent faire avec soin les signaux d'arrêt ou ceux qui ont pour objet de faire avancer ou reculer le train ; de son côté, le mécanicien doit porter toute son attention sur ces signaux et les observer exactement.

En dehors des gares, lorsqu'une machine (autre que celles de secours soumises à des prescriptions spéciales, V. Secours) devra se rendre isolément d'un point à un autre, il est nécessaire que sa marche soit préalablement réglée par le chef de la gare expéditrice ou par l'agent chef du mouvement. Un chef de gare ne devra jamais laisser partir une machine isolée sans s'être assuré que le mécanicien est bien porteur d'un itinéraire régulier.

Au sujet des mesures à prendre pour la circulation des machines isolées en cas d'accident, de détresse, de ralentissement, de signaux, etc., les règlements recommandent généralement l'observation des dispositions suivantes :

Détresse des machines isolées. — Lorsque, par un motif quelconque, une machine isolée vient à s'arrêter sur la voie, le chauffeur doit se porter immédiatement en arrière au pas de course pour faire, à la distance réglementaire, les signaux d'arrêt qui doivent protéger la machine. — Ce devoir doit être accompli *sans la moindre hésitation*, et quelque assurance qu'on puisse avoir qu'aucun train, qu'aucune machine ne doit survenir. — Le chauffeur, en se portant ainsi à l'arrière de la machine isolée, doit être porteur, le jour, d'un drapeau rouge, la nuit, d'une lanterne à verre rouge, avec les moyens de la rallumer, si elle venait à s'éteindre, et le jour, comme la nuit, de signaux-pétards. — Le mécanicien devra s'assurer que le présent ordre est bien exécuté dans toutes ses prescriptions. — Si le chauffeur est rappelé par le mécanicien, et s'il n'a pu se faire remplacer par un agent ou un ouvrier de la voie pour faire les signaux d'arrêt, il mettra sur les rails, avant de revenir à sa machine, deux pétards au moins, un à gauche, l'autre à droite, espacés de 25 à 30 mètres l'un de l'autre. Par un temps humide, le nombre des pétards devra même être porté à trois, espacés de la même manière.

Ralentissement. — Lorsque, par une cause quelconque, la vitesse d'une machine marchant isolément se trouvera momentanément ralentie, au point de permettre à un homme marchant au pas de la suivre, le chauffeur descendra et mettra des pétards sur la voie derrière la machine, de distance en distance, et au moins de kilom. en kilom., tant que la vitesse de la machine lui permettra de le faire. — Les règlements interdisent formellement au chauffeur, chargé d'assurer les signaux à l'arrière de la machine en détresse, *de revenir à sa machine, même lorsqu'il y serait rappelé, s'il n'a pu, soit charger un agent de faire les signaux d'arrêt, soit, à défaut d'agent, placer des pétards à la distance réglementaire. Les pétards sont même considérés comme insuffisants, lorsqu'il y a lieu de présumer que les machines sont pourvues de chasse-neige, ou lorsqu'un train ou une machine sont attendus sur la voie où stationne la machine isolée.*

Accidents de machines isolées. — En cas d'accident interceptant l'une ou les deux voies, le mécanicien de la machine isolée doit assurer les signaux, faire prévenir le plus promptement possible les chefs de gare les plus rapprochés, et prendre toutes les mesures nécessaires pour rétablir le service.

Sur la voie unique, les signaux doivent être faits à l'avant et à l'arrière de la machine. Si le chauffeur ne peut être assisté, à cet effet, par un agent de la voie, il doit commencer par couvrir le côté par lequel le premier train est attendu.

Marche à contre-voie. — Dans le cas d'accident survenu à une machine marchant isolément, s'il convient de faire venir, par exception, une machine de secours à contre-voie, le mécanicien en fera, par écrit, la demande au chef de la première gare en avant. — La demande par écrit sera portée par le chauffeur ou par un garde de la voie, lequel devra prévenir les gardes, poseurs et autres agents, qu'une machine de secours doit être attendue à contre-voie. — Dans ce cas, il est formellement interdit au mécanicien de se remettre en marche ou de laisser pousser sa machine par un autre train, ou par une autre machine qui surviendrait.

La machine doit rester à l'arrêt jusqu'à l'arrivée de la machine demandée à contre-voie.

Le mécanicien de cette dernière, pendant tout le temps qu'il marchera à contre-voie, devra avancer avec la plus grande prudence et de manière à pouvoir toujours s'arrêter dans l'étendue de la voie qui lui paraîtra libre.

Machines détachées du train. — Toutes les fois qu'une machine sera forcée d'abandonner une partie de train ou un train sur la voie, soit pour aller conduire au premier garage une partie du train, soit pour aller prendre de l'eau, soit pour toute autre cause, le mécanicien devra se concerter avec le chef de train, et lorsque la machine devra être attendue à contre-voie, le chef de train remettra au mécanicien un ordre écrit. — Dans ce cas, le mécanicien devra s'arrêter à tous les passages à niveau, pour prévenir les gardes-barrières qu'une machine doit être attendue à contre-voie. Il donnera le même avertissement aux gardes et autres agents de la voie, et, à son retour, il marchera avec les précautions indiquées ci-dessus à la fin de l'article précédent.

Arrivée ou passage aux gares. — Le mécanicien conduisant un train spécial ou une machine isolée doit, toutes les fois qu'il franchit une gare et qu'il ne peut s'assurer de loin que la voie est libre, redoubler de prudence et diminuer sa vitesse.

Lorsqu'un mécanicien conduisant une machine isolée s'arrête dans une gare, il doit se mettre imméd. en communication avec le chef de cette gare ou l'agent chargé de la manœuvre des disques-signaux. En leur absence, il doit prendre lui-même les mesures nécessaires.

Machines en stationnement. Lorsqu'une machine est en stationnement prolongé, le levier de changement de marche doit être au point mort, le frein du tender serré et les roues motrices calées.

Le mécanicien et le chauffeur ne doivent pas s'absenter en même temps : l'un deux restera toujours préposé à la garde de la machine. — V. à ce sujet *Abandon*, § 5.

Lorsqu'une machine stationne sur une voie de garage, on doit enlever ou effacer les signaux rouges d'arrière, afin que les mécaniciens des trains survenants ne soient point induits en erreur par la vue de ces signaux.

Les leviers des soupapes de sûreté des machines en stationnement prolongé et des machines de réserve devront être desserrés à quatre atmosphères et demie ; ils ne seront resserrés au maximum de la pression autorisée qu'une demi-heure au plus avant le départ.

Circulation sur les sections à simple voie (Voir *Pilotage* et *Voie unique*.)

IV. Durée du service quotidien des mécaniciens (demande de renseignements adressée aux chefs du contrôle, par circ. minist. du 9 mai 1865) :

« Des réclamations se produisent fréquemment au sujet du travail excessif qui serait imposé aux mécaniciens et aux chauffeurs sur les chemins de fer ; on attribue assez généralement à ce travail trop prolongé la plupart des accidents que nous avons à regretter.

Je vous prie de me faire connaître aussi exactement que possible quelle est la durée du service quotidien de ces agents, en spécifiant le nombre d'heures qu'ils passent en route ou dans les dépôts avant de rentrer à leur domicile, et le temps de repos qui leur est accordé entre deux voyages. — Vous voudrez bien remarquer, d'ailleurs, que ces renseignements ne doivent pas consister purement et simplement en une moyenne, attendu qu'une semblable indication ne ferait pas suffisamment ressortir le maximum de la durée du travail des mécaniciens et chauffeurs. — Or, c'est précisément ce maximum qu'il m'importe de connaître, et, à cet effet, j'ai besoin de chiffres précis résultant des ordres de service.

J'ai également besoin de savoir quelles sont les conditions d'âge, d'aptitude, etc., exigées pour remplir l'emploi de mécanicien sur le réseau dont le contrôle vous est confié. — Recevez, etc... »

Nota. — Diverses indications se rapportant à l'objet de ladite circulaire du 9 mai 1865 se trouvent déjà résumées au § 1er ci-dessus et au § 5 de l'article *Agents*, mais nous ne connaissons pas de règle générale adoptée au sujet de la durée proprement dite du service journalier des mécaniciens, service pénible d'ailleurs sous divers rapports et qui est bien fait, du reste, pour attirer la sollicitude sur cette intéressante partie du personnel.

V. Primes d'économie de combustible (demande de renseignements adressée aux chefs du contrôle, par circ. min. du 12 oct. 1866). — « L'attention de l'administration a été depuis longtemps appelée sur le système des primes que les compagnies accordent aux mécaniciens pour les encourager à réaliser des économies de combustible. — Cette question a été soulevée de nouveau à l'occasion d'accidents récemment survenus sur nos voies ferrées. Le public a cru voir dans le système des primes, combiné avec les pénalités infligées aux mécaniciens en cas de retard, la cause de ces accidents, qui serait ainsi attribuée à l'intérêt que les agents peuvent avoir à ralentir la marche sur les rampes et à l'exagérer sur les pentes.

Je vous prie d'examiner ce qu'il peut y avoir de fondé dans les préoccupations du public, et de me faire connaître votre avis sur le système des primes et des pénalités.

Je vous serai obligé, d'ailleurs, de vouloir bien, pour le réseau dont le contrôle vous est confié, recueillir et me transmettre les renseignements suivants : 1° Quelle peut être mensuellement, pour chaque mécanicien, l'importance de la prime? — 2° Cette prime est-elle complètement perdue pour eux lorsque le train est en retard? — 3° La perte ne comprend-elle que la prime réalisée pendant le voyage où s'est produit le retard, ou réagit-elle sur la somme totale des primes gagnées pendant le mois? — 4° Quelle est la pénalité en cas de retard? Est-elle invariable ou proportionnelle à l'importance du retard, et, dans ce dernier cas, est-elle limitée entre un minimum et un maximum? — 5° Quelle est l'économie en combustible, et, par suite, en argent que peut représenter annuellement pour la compagnie le système des primes?

Je désire que votre réponse à la présente dépêche me parvienne le plus tôt possible, et, au plus tard, à la fin de ce mois. (12 oct. 1866.).... »

Les renseignements fournis à l'administration à la suite de l'invitation contenue dans la circulaire précédente ont dû nécessairement être très variables. — Aussi ne pouvons-nous que reproduire ici, à défaut de document uniforme, l'indication suivante, que nous avions déjà formulée avant la date de la circulaire dont il s'agit :

« Il est ordinairement alloué aux mécaniciens, sur presque toutes les lignes, des primes de régularité de marche et d'économie de combustible et de graissage. Ces allocations qui varient pour chaque chemin de fer, ont pour contre-poids des amendes en cas de retards ou de négligence. Mais on a rarement occasion d'employer des mesures répressives à l'égard des mécaniciens, qui sont généralement des agents très capables et très consciencieux. »

VI. Mesures d'ordre ; questions de personnel, etc. — Les mécaniciens, dans l'exercice de leurs fonctions, doivent être munis de tous les objets et règlements prescrits par les ordres de service. — (V. *Signaux*). — Ils s'assurent que leur machine est munie des outils, engins et signaux nécessaires.

Une liste des outils et engins sera affichée dans l'intérieur de la boîte du tender ; ils en seront responsables et devront, en arrivant au dépôt, faire remplacer ceux qui auraient été perdus ou cassés en route.

Les mécaniciens devront s'assurer que les lanternes-signaux des machines sont en bon état. — Voir à ce sujet, au § 3, ci-dessus, les extr. des ordres et règl.

Les machines doivent être à la disposition des gares, dix minutes avant l'heure fixée pour le départ des trains.

Lorsqu'un mécanicien arrive à la gare extrême, il doit faire en sorte que la vapeur ait une tension suffisante pour être en mesure d'exécuter les manœuvres nécessaires.

A l'arrivée, le mécanicien doit faire connaître au chef de gare et au chef de dépôt tout ce qu'il a pu remarquer à la machine, au train, à la voie, aux fils télégraphiques, et tout ce qui peut intéresser le service.

Les mécaniciens ne doivent laisser monter sur les machines que les personnes autorisées. Ils sont responsables de la stricte observation des prescriptions contenues à cet égard dans les ordres de service. — Voir à ce sujet *Libre circulation*.

Infractions aux règlements. — Nous rappellerons, enfin, que les mécaniciens sont responsables de tous les faits de leur service, et que les infractions qu'ils commettraient aux règlements de l'exploitation tombent, suivant les cas, sous l'application des art. 19 et 21 de la loi du 15 juillet 1845. — V. *Accidents, Contraventions* et *Pénalités*.

Abandon du poste (Art. 20 de la loi du 15 juillet 1845) (V. *Abandon*, § 5). — Indications diverses (relatives au personnel). — Voir dans son ensemble le mot *Agents des compagnies*. — (V. aussi le mot *Mécaniciens*, à l'appendice).

Questions de révocation, de retenues et de retraite. — D'après la jurispr. établie, « en signalant le *refus de service* et *l'ivresse* comme entraînant le renvoi des mécaniciens, un règl. intérieur d'une comp. de ch. de fer n'a pas pu avoir pour effet de la désarmer disciplinairement dans les autres cas. » — Voir, au sujet de ces questions délicates, les mots *Personnel* et *Retraites*, § 4.

Intervention législative (au sujet d'une pétition présentée par les mécaniciens et les chauffeurs et sur diverses questions relatives aux contestations de ces agents avec les comp. de ch. de fer).

Pour mémoire, aucune solution générale n'étant encore intervenue à notre connaissance en ce qui concerne le contrat et les rapports entre les comp. de ch. de fer et leurs agents commissionnés (1).

VII. Mécaniciens des machines fixes. — Voir, au mot *Machines*, le décret du 30 avril 1880, sur la police des appareils à vapeur.

MÈCHES DE MINEURS.

Conditions spéciales de transport (Mesures de sécurité). — V., au mot *Matières dangereuses*, les dispositions de l'arr. minist. du 20 nov. 1879 (1re et 2e catég.).

MÉDECINS. — MÉDICAMENTS.

I. Premiers secours en cas d'accident. (Exécution de l'art. 75 de l'ordonn. du 15 nov. 1846). — Dépôt et inspection des boîtes de médicaments et appareils de secours, dans les gares et les trains. — V. *Appareils*.

Surveillance médicale (en temps d'épidémie). — V. plus loin, § 3.

II. Organisation du service médical des compagnies. — Le service médical des chemins de fer est réglé, pour chacune des grandes compagnies, par des ordres de service très détaillés, contenant les principales règles d'hygiène et les précautions à prendre par les agents et ouvriers, pendant et après leurs travaux. — D'après ces ordres de service, l'expérience a démontré que les maladies internes qui atteignent le plus communément les employés et ouvriers de chemins de fer, sont les maladies des voies digestives et toutes celles que cause *le refroidissement* (douleurs rhumatismales et névralgiques, affections de la gorge et de la poitrine). — Il est donc de leur intérêt essentiel de se conformer aux recommandations hygiéniques faites sur les diverses lignes.

Extr. des instr. générales (en vigueur sur la plupart des réseaux). — Le service médical des compagnies est ordinairement divisé en sections ou circonscriptions médicales, dont l'étendue varie suivant l'importance des gares qui s'y trouvent comprises. Les postes médicaux sont néanmoins assez rapprochés pour que les secours ne soient pas tardifs, et l'étendue des circonscriptions ne dépasse pas ordinairement 30 kilom., en moyenne.

Chaque circonscription médicale est confiée à un médecin résidant au chef-lieu de sa section. Le service de toutes les circonscriptions et des approvisionnements est centralisé à Paris, ou autres grandes villes, entre les mains d'un médecin principal.

Les médecins attachés au service des compagnies sont chargés de donner des soins gratuits aux employés, aux ouvriers, et, lorsqu'il y a lieu, aux voyageurs du chemin de fer. Ils délivrent les bons et certificats nécessaires pour la remise des médicaments, secours, permissions d'absence, congés, etc. — En cas d'accidents, ils doivent pourvoir immédiatement à toutes les mesures nécessaires.

Quand les malades sont dans l'impossibilité de se déplacer, les médecins doivent les visiter et leur donner des soins à domicile. — V. l'art. *Maladies*.

Les médecins sont chargés, d'ailleurs, d'examiner les individus qui demandent à être admis parmi les employés de la compagnie, et de constater leur degré d'aptitude corporelle au service.

Ils doivent, enfin, visiter périodiquement les boîtes de secours, les dépôts de médicaments, les appareils, etc., installés dans les ateliers, les gares, les trains, etc.

Circulation gratuite. — Chaque médecin de section a droit à la circulation gratuite sur le chemin de fer et dans les omnibus conduisant aux gares dans toute l'étendue de la circonscription confiée à ses soins.

III. Surveillance de l'État. — Un médecin spécial a été chargé, par l'admin. supér., de l'inspection des boîtes et appareils de secours établis dans les principales stations des diverses lignes de ch. de fer partant de Paris. (Déc. minist. du 28 nov. 1848, notifiée par

_____

(1) On peut consulter utilement à ce sujet les comptes rendus des discussions de l'ancienne *Assemblée nationale* des députés (notamment dans les séances des 9 février, 18 mars, 24 avril et 24 juin 1872), et le rapport déposé à la nouvelle *Chambre des députés* dans sa séance du 6 déc. 1880.

M. le préfet de police, qui avait désigné M. le docteur Marc pour le service dont il s'agit.) — Le médecin attitré fait des tournées périodiques, dont il rend compte, pour chaque réseau, par un rapport spécial qui est ordinairement transmis au ministre par l'intermédiaire, et, s'il y a lieu, avec les observations du chef de service du contrôle.

Nomination d'un nouveau médecin inspecteur (circ. minist. du 7 janv. 1865, adressée aux chefs du contrôle) : « J'ai l'honneur de vous informer que, par arrêté du 4 janv. 1865, M. le docteur *Voisin* a été nommé inspecteur des boîtes de secours sur les ch. de fer, en remplacement de M. le docteur *Marc*, décédé. — Cette disposition aura son effet à dater du 1er janv. 1865. » (*P. mém.* et sous réserve de modif. plus récentes.)

IV. Certificats médicaux (à joindre aux demandes de congé et d'admission à la retraite). — D'après les instr. admin., toute demande de congé pour cause de maladie, de mise en disponibilité, ou de pension exceptionnelle pour cause d'infirmités, doit être accompagnée d'un certificat du médecin délégué. — Voir les indications ci-après :

La circ. minist. *adressée le 30 mars* 1857 aux préfets, relativem. aux certificats médicaux, *à joindre aux demandes de congé de maladie*, porte ce qui suit :

« Lorsqu'un fonctionnaire ou employé demande son admission à la retraite pour cause d'invalidité ou d'infirmités....., son état de santé doit être constaté, suivant les prescriptions des art. 30 et 35 du règl. d'admin. publique, du 9 nov. 1853, par un médecin désigné par l'admin. et assermenté.

L'art. 16 du même règlement, relatif aux congés que peuvent obtenir les fonctionnaires et employés, les dispense, dans certains cas de maladie, de toute retenue sur leur traitement et suppose également, dans ces divers cas, la production d'un certificat de médecin comme base de la décision à prendre par l'autorité supérieure.

Jusqu'ici aucune règle précise n'a été prescrite par l'admin. pour la délivrance des certificats à produire..... — J'ai pensé qu'il y avait utilité à combler cette lacune, et je viens vous faire connaître les dispositions auxquelles il m'a paru convenable de s'arrêter.

En principe, c'est au préfet qu'il appartient de choisir les médecins appelés à délivrer les certificats dont il s'agit : mais, au lieu de les désigner dans chaque cas particulier, il y aurait avantage à faire choix immédiatement d'un médecin spécial qui serait appelé à faire, dans chaque circonstance, les constatations qui pourraient être nécessaires.....

Quant aux honoraires des médecins....., ils pourraient être réglés à raison de 2 francs par certificat, avec addition d'une somme de 25 centimes par kilom., lorsque les médecins seraient obligés de se déplacer en dehors de la commune de leur résidence.

Ces frais seront payés sur les mémoires présentés par les médecins et approuvés par l'admin. supér. Ils seront imputés sur le même chapitre du budget que le traitement du fonctionnaire ou de l'agent intéressé. » (Extr.)

V. Police sanitaire (en temps d'épidémie). — (*Organisation d'un service de surv. médicale à certaines gares.*) — Décret du 30 juillet 1884 :

« Le Président de la République française, — Vu les dispos. de l'art. 1er de la loi du 3 mars 1822, relative à la police sanitaire, qui confère au gouvern. le droit de déterminer, par des ordonn., les mesures extraord. que l'invasion ou la crainte d'une maladie pestilentielle rendrait nécessaires sur les frontières de terre ou dans l'intérieur ; — Vu l'avis du comité consultatif d'hygiène publique de France, en date du 28 juill. 1884 ; — Sur le rapport du min. du comm. ; — DÉCRÈTE :

Art. 1er. — Dans les gares de ch. de fer où le min. du comm. jugera utile d'organiser un service de surv. médicale, les médecins délégués par le préfet du département auront le droit d'obliger les voyageurs qui seraient reconnus malades à suspendre leur route ; ils pourront les faire transporter, pour leur donner leurs soins, dans des locaux spéciaux, aménagés à cet effet en dehors, mais à proximité des gares.

2. — Le min. du comm. est chargé de l'exéc. du présent décret, qui sera publié au *Journal officiel* et inséré au *Bulletin des lois*.

Application du décret du 30 juillet 1884 à certaines gares déterminées (arrêté du min. du comm., *même date*). (Extr.) :

« Art. 1er. — Un service de surveillance médicale est organisé dans les gares ci-après désignées :
Réseau de Paris-Lyon-Méditerranée. — Cannes, Tarascon, Avignon, Valence, Lyon, Mâcon, Dijon, Nîmes, Montpellier et Clermont.

Réseau du Midi. — Cette, Narbonne, Toulouse, Montauban, Bordeaux, Tarbes.

Réseau d'Orléans. — Périgueux, Limoges.

2. — Les préfets désigneront les médecins qui seront chargés de ce service.

3. — Ces médecins seront tenus de se trouver, dans les gares, au passage des trains pouvant amener des voyageurs venant des localités contaminées.

4. — Il leur sera attribué, pour chaque vacation, une indemnité de 10 francs, imputable sur les fonds du service sanitaire. »

Indications diverses. — V. *Épidémies, Matières infectes* et *Police sanitaire.*

MÉLASSE ET MIEL.

Tarif maximum de transport (V. *Denrées*). — Déchets admis. — V. *Déchets.*

MERCURE.

Tarif exceptionnel (Art. 47, cah. des ch.). — V. *Tarifs*, § 2.

MESSAGERIE.

I. Transports considérés comme messagerie. — Les colis, objets et paquets de toute espèce, transportés sur les ch. de fer par la grande vitesse, sont classés sous la désignation générique d'articles de messagerie et sont taxés, de même que les marchandises à grande vitesse, sans distinction de nature en tant qu'ils ne contiennent pas de finances, valeurs ou objets d'art, pour lesquels il existe un tarif *ad valorem.* — V. *Finances.*

Marchandises à grande vitesse. — « Les *huîtres, poissons frais, denrées, excédents de bagages* et *marchandises de toutes classes* transportés à la vitesse des trains de voyageurs sont taxés à 0 fr. 36 par tonne et par kilom., non compris l'impôt. » (Art. 42 du cah. des ch. Extr.) — « Le prix ci-dessus n'est point applicable : 1° aux denrées et objets qui ne sont pas nommément énoncés dans le tarif et qui ne pèseraient pas 200 kilog. sous le volume d'un mètre cube...; 2° et en général, à tous paquets, colis ou excédents de bagages, pesant isolément 40 kilog. et au-dessus. » (Art. 47 *ibid.*). — V. les mots *Denrées, Marchandises* et *Tarifs*, §§ 1 et 2..

Impôt sur les transports à grande vitesse. — D'après la loi de finances du 16 sept. 1871, il doit être perçu au profit du Trésor public, à dater du 15 oct. 1871, une taxe additionnelle de 10 p. 100 du prix de transport des excédents de bagages et de la messagerie à gr. vitesse. Dans l'applic. de cette taxe, il ne doit pas être tenu compte de tout prix ou fraction de prix sur lesquels la taxe serait inférieure à 0 fr. 05. — V. *Impôt.*

Indications diverses. — 1° Distinction entre les colis d'un poids inférieur ou supérieur à 40 kilog. (V. *Colis* et *Tarifs*, § 1 et 2). — 2° Coupures de poids (V. *Colis*). — 3° Groupage des colis (V. *Groupage*). — Minimum de perception (V. *Tarifs*, § 1). — 4° Transport des *denrées* et du *lait* (V. ces mots). — 5° Transport des marchandises ne pesant pas 200 kilog. sous le volume d'un m. cube (V. *Tarifs*, § 1). — 6° Transport des matières dangereuses (V. *Matières*). — 7° Formalités d'envoi (V. *Déclarations, Factage, Finances, Octrois, Récépissés, Reconnaissance*, etc.). — 8° Marchandises expédiées contre remboursement (V. *Finances*, § 4). — 9° Frais accessoires. — V. *Frais.*

II. Tarifs d'application. — Le tarif général réglé avant l'établ. du nouvel impôt de guerre *pour les colis d'un poids dépassant 40 kilog.* (V. *Tarifs*, § 1) et le tarif exceptionnel annuellement réglé par le ministre pour les colis d'*un poids inférieur ou égal au plus à 40 kilog.* (V. *Tarifs*, § 2) ont fixé à 0 fr. 40 et 0 fr. 50 par tonne et par kilom. les prix de ces deux catégories de transports, soit 0 fr. 0004 et 0 fr. 0005 par kilog. et par kilom. Avec le nouvel impôt, les mêmes expéditions, sauf pour les fractions exonérées, seraient taxées comme il suit :

Exemple d'une tarification de messagerie. — 1° Expéd. de 40 kilogr. et au-dessus (le surplus au-dessus de 40 kilogr. étant réglé par coupures de 10 en 10 kilogr.). — L'envoi d'un colis de 49 kilogr., par exemple, payant comme pour 50 kilogr., transporté à 100 kilom. de distance et taxé à 0 fr. 00044 par kilogr. et par kilom. coûterait 2 fr. 20, non compris les frais accessoires (enregistrement, pesage, manutention).

2° *Expéditions de colis d'un poids inférieur à 40 kilog. ou ne dépassant pas ce poids* (1re coupure 5 kilogr., 2e coupure 10 kilogr., et ensuite de 10 en 10 kilogr.) :

(1er exemple). L'envoi d'un colis de 3 kilogr. à 235 kilom. (payant pour 5 kilogr.) coûterait 5 fois 0 fr. 00055, soit 0,00275 multiplié par 235, soit, en chiffres ronds, 0 fr. 65 ; plus 0 fr. 10 d'enregistrement. — *Total*, 0 fr. 75 ;

(2e exemple). L'envoi d'un colis de 8 kilogr. à 422 kilom. (payant comme pour 10 kilogr.) coûterait 10 fois 0 fr. 00055, soit 0 fr. 0055 multiplié par 422, soit, en chiffres arrondis, 2 fr. 35, plus 0 fr. 10 d'enregistrement. — *Total* 2 fr. 45, y compris frais de manutention dont les colis de 40 kilogr. et au-dessous ont été exonérés, de même que les articles *taxés à la valeur* et les *chiens.* — Les divers prix ci-dessus indiqués ne comprennent pas les frais de factage, tant au départ qu'à l'arrivée. — Mais les frais dont il s'agit sont combinés avec le prix du transport du chemin de fer dans le tarif uniforme mentionné aux mots : *Colis postaux et petits colis* (envois jusqu'à 3 kilogr. — et de 3 à 5 kilogr.).

Délais de transport et de livraison. — Les colis de messagerie doivent être présentés, trois heures au moins avant l'heure réglementaire du train par lequel ils doivent être transportés : ils sont mis à la disposition des destinataires deux heures après l'arrivée à destination de ce train ou du train correspondant. Pour les détails relatifs aux denrées des halles, nous renvoyons au mot *Délais*, §§ 1 et 2. Les heures indiquées ci-dessus ne comprennent pas, bien entendu, le temps nécessaire pour effectuer le factage des colis. — V. *Factage.* — (V. aussi *Denrées*).

Avaries, Retards, Responsabilité. — V. ces mots.

III. Transport des articles de messagerie par les trains express. — La commission d'enquête générale sur l'exploitation (Recueil administ. 1863) avait proposé « d'autoriser les compagnies à transporter par trains express certaines marchandises aux conditions suivantes : — 1° Que, par chaque train, la charge ne dépasse pas un poids déterminé, tel que serait celui de 2,000 kilog. ; — 2° Que les compagnies aient, dans ce cas, la faculté d'élever leurs tarifs de la grande vitesse de 20 ou 25 p. 100 ; — 3° Que ces expéditions soient réservées au service des points extrêmes, et des grands centres d'industrie et de commerce ; — 4° Que ces marchandises puissent être apportées à la gare, non plus trois heures, mais seulement une heure avant le départ des trains ; — 5° Que ce service accéléré s'applique aux envois de valeurs et d'argent, mais sans relèvement de tarifs ». — (P. *mém.*).

Conditions d'application. — Aucune mesure générale n'a été prise en ce qui concerne le transport des petits colis par les *trains express*; mais, au sujet des diverses conditions actuellement applicables au transport des petits colis dont le poids ne dépasse pas 5 kilogr., nous ne pouvons que renvoyer à l'article *Colis postaux*, et au mot *Délais*, § 1, où sont indiquées les dispositions adoptées en faveur du public pour l'économie et la rapidité de transport des petits colis dont il s'agit.

MÉTAUX.

I. Formalités d'extraction et d'emploi. — V. *Acier, Matériel, Mines, Rails*, etc.

II. Conditions de transport. — Les métaux, *ouvrés ou non*, sont compris dans la 2e classe du tarif fixé par l'art. 42 du cah. des ch. gén. Le maximum de perception est de 0 fr. 14 par tonne et par kilom. — V. Cah. des ch.

Tarifs d'application (V. *Cuivres*, *Fers* et *Fontes*, *Plomb*, etc.). — Au sujet de l'applic. des tarifs *spéciaux*, pour le transport des métaux usuels, fers, fontes, etc., il est indispensable de consulter les recueils des tarifs des diverses compagnies.

Métaux précieux (Or, argent, mercure, platine, etc.). — V. *Tarifs*, § 2.

MEUBLES.

I. Conditions de transport. — Les meubles, transportés à petite vitesse, sont compris implicitement comme *objets manufacturés* (ou fabriqués) dans la 1re classe des marchandises taxées à 0 fr. 16 par tonne et par kilom. Ils figurent généralement dans la 1re série des tarifs d'application des compagnies (V. *Marchandises*). — Mais avec majoration de *moitié en sus* pour les expéditions d'un poids inférieur à 200 kilogr. par mètre cube. — Voir plus loin, § 3.

Grande vitesse. — V. l'art. *Messagerie.*

II. Meubles non emballés. — En général, les comp. ne sont pas tenues d'accepter non emballées, c'est-à-dire *en vrac*, les marchandises que le commerce est dans l'usage d'emballer, et, comme les meubles se trouvent dans ce cas, pour les expéditions partielles, elles ont le droit de les refuser, lorsqu'il y a absence ou défaut d'emballage.

Toutefois, certaines compagnies acceptent les expéditions de meubles *en vrac*, pour épargner au commerce des frais trop onéreux, lorsqu'il s'agit de meubles ordinaires et probablement aussi pour conserver au chemin de fer des transports qui lui échapperaient, si l'on se montrait trop rigoureux à cet égard.

Ainsi, par exemple, la comp. de Lyon-Méditerranée accepte le transport à petite vitesse des meubles non emballés, c'est-à-dire non protégés par des caisses à panneaux pleins ou à claire-voie, en mettant, selon l'importance de chaque expédition, un ou plusieurs wagons à la disposition des expéditeurs, afin qu'ils opèrent eux-mêmes le chargement de leurs meubles. (Le déchargement est fait par les soins et aux frais et risques des destinataires.) — Les meubles non emballés expédiés de cette manière sont taxés à 0 fr. 10 par tonne et par kilom., avec un minimum de perception de 0 fr. 40 par wagon complet ou non complet et par kilom.; pour le transport de meubles isolés ou en petite quantité, on applique les prix des tarifs généraux, lorsqu'il y a avantage pour l'expéditeur.

Sur le ch. de fer de l'Ouest, les meubles *en vrac* sont transportés aux prix de la 4e série des tarifs gén., par wagon complet de 4,000 kilogr. au minimum ou payant pour ce poids. (Chargement et déchargement aux frais, soins, risques et périls des expéditeurs et des destinataires.)

Sur d'autres réseaux, le prix par wagon complet de 4,000 kilogr. est maintenu à la 1re série du tarif général, avec exonération, bien entendu, comme dans les cas précédents, de la surtaxe éventuelle de 50 p. 100.

Bulletin de garantie. — En se chargeant de ces expéditions, les compagnies font signer aux expéditeurs *un bulletin de décharge ou de garantie* pour les avaries qui pourraient survenir pendant le séjour des meubles en gare, leur chargement, leur transport et leur déchargement (1).

Égalité de traitement. — Lorsqu'une difficulté s'élève entre la comp. et un expéditeur au sujet de l'*exécution du bulletin de garantie*, cette difficulté, qui est du ressort des tribunaux ordinaires, ne doit pas être tranchée par la compagnie. Cette dernière doit, d'ailleurs, refuser invariablement d'accepter *les meubles en vrac* ou les accepter contre bulletin de garantie, sans faire aucune exception à l'égard de tel ou tel expéditeur. (Extr. d'une déc. minist. du 17 juin 1863.) — V. au § 3 ci-après.

---

(1) Une compagnie de chemin de fer est en droit d'exiger un bulletin de garantie de l'expéditeur de meubles à emballage insuffisant, qui voyagent, dès lors, aux risques et périls du destinataire.

Ce bulletin de garantie a pour effet de mettre à la charge du destinataire, non seulement la preuve du fait de l'avarie (non contesté, dans l'espèce, par la compagnie), mais surtout la preuve (non offerte par le destinataire) d'une faute de ladite compagnie qui soit la cause de ce fait. — Trib. de comm. de Montreuil-sur-Mer, 10 août 1881.

III. Conditions de poids. — D'après les conditions des tarifs généraux, lorsque le poids d'une expédition de meubles (emballés ou non emballés) n'atteint pas 200 kilogr. par mètre cube, elle doit être taxée moitié en sus du prix de la première série.. — Voir, à ce sujet, le mot *Marchandises*, § 2, 3°, où sont indiqués dans la nomenclature des marchandises *légères, encombrantes* ou *de faible densité*, donnant droit à la majoration de 50 p. 100, « les *meubles non emballés* » soumis en même temps, comme il est dit au § 2 ci-dessus, à l'application de *tarifs spéciaux* qui atténuent dans une assez forte proportion l'aggravation de la surtaxe dont il s'agit.

IV. Indications diverses. — V. *Ameublement* et *Mobilier*.

MEULES.

I. Conditions de transport. — Les meules à aiguiser, à moudre, etc., sont ordinairement classées dans la 3ᵉ série des tarifs généraux des compagnies, et taxées par conséquent à 0 fr. 11 environ par tonne et par kilomètre.

Quelques compagnies appliquent des tarifs beaucoup plus réduits, lorsque les meules sont transportées *sans responsabilité* et par *wagons complets*.

II. Dépôts de meules de foin, etc., aux abords des voies. — V. *Dépôts*, § 2.

MIEL.

Conditions de transport (comme pour *Mélasse*). — V. ci-dessus.

MILITAIRES ET MARINS.

SOMMAIRE. — I. *Questions de travaux et de personnel*. — II. *Conditions générales de transport* (cah. des ch., traités, règlem., etc.). — III. *Mouvements divers des troupes et du matériel* (Constatations, Formalités, etc.). — IV. *Application du tarif militaire sur les voies ferrées* (Etats du personnel de la guerre et de la marine admis au tarif réduit, etc.). — V. *Règlement de comptes* (et documents spéciaux).

I. Questions de travaux et de personnel. — 1° Intervention des ingénieurs de l'armée pour l'examen des projets intéressant la défense militaire et la zone frontière (V. *Conférences, Projets, Travaux* et *Zones*) : — 2° Entretien des ouvrages du chemin de fer aux abords de la zone militaire (V. *Entretien*, § 4) ; — 3° *Troupes employées aux travaux urgents du ch. de fer.* (Inondations, éboulements, encombrements de neige, etc.) (V. *Troupes*) ; — 4° *Logements militaires dans les gares.* — V. *Logements*.

Fonctions et emplois réservés aux anciens militaires. — 1° Service des compagnies. — (Application de l'art. 65 du cah. des ch. et indications diverses) : « Art. 65 (cah. des ch.). — Un régl. d'admin. publique désignera, la compagnie entendue, les emplois dont la moitié devra être réservée aux anciens militaires de l'armée de terre et de mer libérés du service. »

Ce règlement ne parait pas avoir été rendu, au moins à notre connaissance; mais l'enquête sur l'exploitation (*Recueil administratif* 1858) a constaté que toutes les comp. de ch. de fer avaient spontanément fait une très large part aux anciens militaires, surtout dans le choix des employés en contact habituel avec le public. — V. *Personnel*.

2° *Service de la surveillance administrative.* — Comme application, en ce qui concerne le personnel des commiss. de surv. admin., du principe rappelé à l'art. 65 précité du cah. des ch., nous citerons l'extr. suivant d'une circ. du min. de la guerre, adressée, le 9 nov. 1855, aux généraux commandant les divisions militaires :

« Le min. des tr. publ. a bien voulu me faire connaître que son département peut disposer, dans les chemins de fer, d'emplois de commiss. de surv. en faveur d'officiers en retraite que leurs blessures et leur âge n'empêcheraient pas de rendre encore d'utiles services dans l'administration. — Les lieutenants et les capitaines seraient appelés aux emplois de commissaire de surv. admin., dont le traitement varie de 1500 à 3,000 fr... — Je vous invite donc à donner connaissance de ces dispositions aux officiers intéressés qui se trouvent dans votre division et particulièrement à ceux qui, retraités par suite de blessures ou d'infirmités..., ont des droits plus marqués à la bienveillance du Gouvernement..... »

La même circ. rappelait que certains emplois (ceux d'insp. de l'expl. commerciale, par exemple) pourraient être attribués aux anciens officiers supérieurs, mais en faisant remarquer avec raison que ces emplois étaient très peu nombreux et les vacances bien rares.

Nous devons rappeler que les emplois de commiss. de surv. admin. et d'insp. de l'expl. commerciale, se donnent aujourd'hui au concours à la suite d'épreuves dont nous avons fait connaître le programme aux mots *Commissaires*, *Examens* et *Inspecteurs*; mais [la priorité n'en est pas moins acquise aux anciens officiers de l'armée pour une partie déterminée des postes dont il s'agit.

Liquidation des retraites mixtes (Services militaires et civils). — V. *Retraites*.

3° *Emplois réservés aux anciens sous-officiers* (des armées de terre et de mer.) — Extr. des lois du 24 juillet 1873 et du 22 juin 1878. — Voir le mot *Emplois*, § 2.

4° *Indications concernant le service militaire dans les gares* (Police d'ordre ; Escorte des poudres, de la dynamite, des aliénés et prisonniers militaires, etc). — Voir *Aliénés*, *Cours des gares*, *Dynamite*, *Escortes*, *Gendarmes*, *Postes militaires*, *Poudres*, etc.

5° *Conditions générales de transport du personnel et du matériel de l'armée.* — Voir les documents réunis ou rappelés ci-après.

II. Conditions générales des transports militaires. (*Militaires ou marins voyageant en corps ou isolément, chevaux, bagages et matériel militaire ou naval*). — (Art. 54 cah. des ch. Lignes d'int. gén.) : — « Les militaires ou marins voyageant en corps, aussi bien que les militaires ou marins voyageant isolément pour cause de service, envoyés en congé limité ou en permission ou rentrant dans leurs foyers après libération, ne seront assujettis, eux, leurs chevaux et leurs bagages, qu'au quart de la taxe du tarif fixé par le cah. des ch. (*Moitié de la taxe pour les chemins d'intérêt local exécutés avec une subvention de l'État. — V. art. 54 du cah. des ch., au mot Chemin de fer d'intérêt local*) (1).

Matériel. — « Si le gouvernement avait besoin de diriger les troupes et un matériel militaire ou naval sur l'un des points desservis par le chemin de fer, la compagnie serait tenue de mettre immédiatement à sa disposition, pour la moitié de la taxe du même tarif, tous ses moyens de transport. » (Art. 54, cah. des ch., lignes d'int. gén., 2ᵉ alinéa.)

Lors de la guerre de 1870-1871 les dispositions de l'art. 54 du cah. des ch. ont également été appliquées aux gardes nationales, mobiles et mobilisées et autres corps auxiliaires appelés à l'activité. — Nous donnons plus loin au § 4, les tableaux du personnel de la guerre et de la marine, actuellement admis au tarif réduit.

Prix des places (des voyageurs militaires). — Il est perçu pour les militaires ou marins voyageant isolément, comme pour les militaires ou marins voyageant en corps, les prix suivants, savoir : voitures de 1ʳᵉ classe : 0 fr. 028 ; 2ᵉ classe : 0 fr. 021 ; 3ᵉ classe :

---

(1) L'art. 8 de la loi du 18 mai 1878, relative au rachat de divers chemins de fer par l'Etat, (V. *Rachat*), spécifiait que provisoirement chacune des lignes rachetées par l'Etat serait exploitée aux conditions de tarif et de prix spéciales à sa concession propre ; il en résultait que certaines lignes pouvaient maintenir la taxe de moitié prévue par leurs cah. des ch. pour les transports militaires. — Sur les instances réunies du département de la guerre et des travaux publics, l'unification du tarif la plus favorable aux militaires a été adoptée, et ils voyageront, à l'avenir, au quart de tarif, sur toutes les parties du réseau de l'Etat. (Décis. du Conseil d'adm. des ch. de fer de l'Etat, 5 févr. 1879.)

0 fr. 0154 (par voyageur et par kilomètre, non compris le nouvel impôt établi en 1871 sur les transports à grande vitesse (V. *Impôt*). — Voir aussi *Voyageurs*, en ce qui concerne les règles de police et de prudence qui sont applicables aussi bien aux voyageurs *militaires* qu'aux voyageurs *civils*.

Bagages (V. ci-après, au § 4, les art. 14 et 17 de l'arr. minist. du 15 juin 1866). — Les excédents de bagages des militaires sont transportés au quart de la taxe du tarif indiqué pour le transport des colis. — V. *Messagerie*.

Nota. — « Les articles 44 et 54 du cah. des ch. doivent s'entendre en ce sens que le bagage du soldat, qui doit être transporté gratuitement jusqu'à 30 kilogr. et au quart du tarif pour le reste, comprend non seulement ce que le soldat aurait à porter lui-même s'il voyageait par étapes, mais encore les effets destinés à remplacer au fur et à mesure ceux qui sont en service — et les outils destinés à être distribués à la troupe à son arrivée à destination. — Il suffit que ces effets et ces outils soient spécialement affectés au corps » (C. d'Etat, 8 mai 1885). — Voir à ce sujet les indications détaillées données au mot *Bagages*, § 1, note 1.

Chevaux (V. ci-dessus, l'art. 54 du cah. des ch. et ci-après, au § 4, les art. 22, 23 et 24 de l'arr. minist. du 15 juin 1866, et l'état *C* y annexé). — D'une manière générale, au moins sur les grandes lignes, les chevaux des militaires sont transportés au quart du tarif. L'attribution du nombre de chevaux pour chaque grade ou emploi a été souvent discutée et remaniée. — Elle se trouve établie aujourd'hui conformément au nouvel état *C* qui a remplacé les tableaux successifs mis en application en vertu de l'arr. min. précité du 15 juin 1866. — V. plus loin au § 4.

Nota. — « Les chevaux de remonte doivent être transportés à prix réduit dans la proportion d'un cheval pour un cavalier de conduite. » (C. d'Etat, 5 mars 1880.) — Au sujet des chevaux des soldats ou *ordonnances*, attachés au service des officiers, cette dénomination d'*ordonnance*, ne peut s'entendre du *domestique civil* d'un officier, et le cheval de celui-ci ne peut être transporté à prix réduit (C. C. 14 août 1877). — Voir, au sujet des difficultés relatives au transport des chevaux de l'armée, le mot *Chevaux*, § 1.

Matériel militaire. — D'après le 2e alinéa de l'art. 54, susvisé du cah. des ch. : « Si le gouvernement avait besoin de diriger des troupes et un matériel militaire ou naval sur l'un des points desservis par le chemin de fer, la compagnie serait tenue de mettre immédiatement à sa disposition, pour la moitié de la taxe du même tarif, tous ses moyens de transport. » — D'après la jurispr. du C. de préf. de la Seine et du C. d'État la disposition ci-dessus n'a pas pour effet d'étendre la *réduction militaire* « au transport des voitures de l'armée ni des voitures particulières appartenant à des militaires ou marins ». — Par suite, dans l'arr. min. d'application du 15 juin 1866, les art. 12, 13, 19, 20 et 21 sont rédigés dans ce sens. — Voici le texte desdits articles :

Art. 12. — Les voitures, caissons et prolonges de l'armée, de même que les canons et affûts voyageant avec l'armée, sont taxés comme matériel aux conditions générales stipulées dans le cah. des ch.

13. — Les voitures, les caissons et prolonges sont taxés comme vides et par pièce, à moins qu'ils ne soient démontés, auquel cas ils sont taxés au poids. — Les canons et leurs affûts sont taxés au poids dans tous les cas. — Sont également taxés au poids les approvisionnements, ainsi que le matériel et le chargement des voitures *à la suite des corps*.

19. — Les chevaux des cantinières commissionnées voyageant, soit isolément, soit en corps (un cheval par cantinière), sont taxés au tarif réduit du cah. des ch. — Les voitures des cantinières sont soumises aux mêmes conditions de tarif que celles de l'armée. Toutefois, le chargement placé sur ces voitures est taxé au tarif réduit, comme *bagage*, sans préjudice de la gratuité acquise jusqu'à 30 kilogr. par voyageur. — Les transports désignés au présent article ne profiteront de la réduction du tarif qu'autant qu'ils seront effectués en grande vitesse.

20. — Les voitures particulières appartenant à des militaires ou marins sont taxées au prix du *tarif ordinaire*.

21. — Dans toute voiture transportée sur les chemins de fer, lorsque les voyageurs excédant le nombre admis gratuitement sont militaires ou marins, ceux-ci conservent le bénéfice de leur qualité et jouissent de la réduction militaire appliquée aux places de 2e classe. — Voir plus loin, au § 4, le texte complet de l'arr. min. du 15 juin 1866 et ses annotations.

Nous rappellerons *pour mémoire* que lors de la guerre de 1870-71 et en vertu de décisions spéciales tous les transports à faire par la voie ferrée pour le matériel de l'artillerie départementale ont joui d'une réduction de 75 p. 100 et n'ont payé que le quart des prix portés aux tarifs homologués, par analogie avec ce qui s'est pratiqué pour le matériel de l'État. — Il nous serait difficile, d'ailleurs, sans entrer dans de très grands développements, d'établir ici les diverses catégories de transport du matériel militaire qui sont légalement l'objet du tarif réduit ou qui ont été comprises dans les traités ou arrangements spéciaux passés entre les ministres compétents et les compagnies, traités dont la légalité se trouve d'ailleurs en parfaite conformité avec l'art. 48 du cah. des ch. gén. des concessions. A défaut de la reproduction de ces documents, nous mentionnerons pour mémoire quelques extraits des dispositions des traités dont il s'agit :

Agence générale des transports de la guerre. — Par suite d'un traité passé entre le ministre de la guerre et les grandes compagnies de ch. de fer, une agence générale, *fonctionnant à Paris*, et des préposés spéciaux *établis dans les grands centres militaires*, sont chargés de toutes les opérations et écritures qui concernent le transport du matériel, des denrées, approvisionnements, armes, effets d'équipement, etc., expédiés par l'administration de la guerre. L'origine du premier traité passé pour cet objet remonte à 1852. — Son renouvellement a eu lieu par de nouveaux traités mis successivement en exécution, le 2 sep. 1861, le 10 févr. 1868, ce dernier valable jusqu'au 31 déc. 1873 et prorogé ou modifié ensuite jusqu'en 1879 ; et enfin par celui du 22 déc. 1879 qui a été prorogé lui-même jusqu'au 31 déc. 1890. — Les formalités et conditions détaillées dans ces traités ont surtout pour objet : 1° la définition des transports à effectuer et l'organisation du service ; — 2° les formalités au départ, — ordres de transport et lettres de voiture ; — 3° les parcours et délais de transport ; — 4° la limitation des quantités à enlever ; — 5° les formalités à l'arrivée ; — 6° les dispositions spéciales aux poudres et aux munitions de guerre et matières explosibles ; — 7° à la fixation des prix ; — 8° au décompte, à l'ordonnancement et au payement des transports ; — 9° aux réclamations, déchéances et dispositions diverses ; — 10° à la durée du traité.

Sans entrer dans les nombreuses indications de ce marché, non plus que dans d'autres conventions spéciales (*Voir Marine*), nous rappellerons que le tarif du matériel en général, par tonne de 1000 kilogr. et par kilom. a été fixé, en ce qui concerne les chemins de fer, à 0 fr. 22 (*vitesse accélérée*) et 0 fr. 09 (*petite vitesse*), mais quelques prix spéciaux sont supérieurs (poudres) ou inférieurs (céréales, projectiles, bois de construction). — Le transport du mobilier personnel des officiers a été l'objet d'indications et de réductions particulières dans la plupart des ordres de service d'application des compagnies. — Sur quelques réseaux, ce mobilier, *à la condition d'être emballé*, n'est taxé qu'à 0 fr. 08 par tonne et par kilom.

L'art. 56 du même traité porte d'ailleurs que les fourgons, voitures, chariots, charrettes, etc., sont taxés au prix des marchandises et en général pour un poids minimum de 2,000 kilogr. par voiture à 4 roues et de 1000 kilogr. par voiture à 2 roues. — Lorsque ce matériel est expédié *démonté*, il est taxé au poids réel, mais avec un minimum de 4,000 kilogr. par wagon.

Distinction entre la grande et la petite vitesse. — Comme nous en avons donné ci-dessus un exemple, les nouveaux tarifs font une distinction entre la *vitesse accélérée* et la *petite vitesse*. — Le modèle du traité du 10 févr. 1868 portait même, au 6e alinéa de l'art. 7, que « sur les chemins de fer, les transports en grande vitesse seraient payés au prix des tarifs de chaque comp. et qu'ils seraient soumis aux conditions générales applicables au public. »

Nous n'avons pas à reproduire ici les tarifs en question ni les modifications dont ils ont pu être l'objet. — Nous savons seulement que pour la grande *vitesse*, les anciens traités ne contenaient pas d'indication particulière, mais à l'occasion de la guerre de Crimée, par exemple, les compagnies ont réduit volontairement de 0 fr. 11 le tarif kilom. de la tonne transportée à grande vitesse ; c'est, bien entendu, l'Etat qui avait bénéficié de cette réduction et non l'agent général des transports. (C. d'Etat, 4 sept. 1856.) — Voir d'ailleurs, en ce qui concerne les conditions spéciales de certains transports de la guerre, les mots : *Artillerie, Armes, Bagages, Capsules, Cartouches, Dynamite, Frais accessoires, Poudres, Matières dangereuses,* etc.

Passage des troupes et du matériel par le chemin de fer de ceinture de Paris. — 1° Avis à donner (V. *Chemin de ceinture*, § 5) ; 2° *Tarif.* — D'après la concession du 10 déc. 1851, les troupes et le matériel militaire devaient être transportés gratuitement sur le chemin de ceinture, mais cette disposition a été modifiée, d'abord par le traité précité du 2 sept. 1861 renouvelé entre l'admin. militaire et les comp. de ch. de fer ; et ensuite par la concession du chemin de ceinture, rive gauche, faite le 10 juillet 1863 à la comp. de l'Ouest.

Constatations pour le transport du matériel. — V. ci-après, § 3.

Composition des trains de troupe. — A la date du 9 fév. 1870, le min. des tr. publ. a décidé que le nombre maximum des wagons pouvant être admis dans les trains de troupe serait uniformément fixé, sur toutes les voies ferrées, à 40 véhicules, non compris la locomotive et son tender, sous la réserve bien entendu d'une vitesse de marche n'excédant pas 30 kilom. à l'heure ; mais par d'autres décisions concertées entre la guerre, les tr. publ. et les comp., ce nombre a été porté à 50 véhicules. — V. *Composition de convois.*

Règlements pour l'embarquement, l'installation et le débarquement des troupes et du matériel.
— D'après les premiers règlements, qui portaient la date du 6 nov. 1855, et par suite des décis. du min. de la guerre des 6 avril et 23 août 1868, 2 places sur 10 ou par compartiment de 3e classe devaient être laissées inoccupées pour les corps de troupes suivants : *carabiniers, cuirassiers, sapeurs de tous corps.*
Idem. Une place sur 10 pour tous les autres corps.
Les places inoccupées étaient payées aux compagnies, à la condition qu'elles transporteraient gratuitement les sacs et autres objets d'équipement.
L'organisation actuelle *du service par chemins de fer*, des transports des troupes et du matériel de la guerre et de la marine est régie par le règlement général du 1er juillet 1874, dont nous allons donner ci-après quelques extraits ainsi que des modifications dont il a lui même été l'objet.

Extr. du règl. gén. du 1er juillet 1874, modifié par deux décrets rappelés plus loin, des 27 janv. 1877 et 29 oct. 1884. — SERVICE PAR CHEMINS DE FER DES TRANSPORTS DE LA GUERRE ET DE LA MARINE. — Voir le résumé analytique suivant, augmenté de quelques extr. détachés de ce volumineux document qui se trouve dans toutes les gares de ch. de fer et dont les matières sont divisées ainsi qu'il suit, savoir :

Principes généraux. — Art. 1er. Division des transports militaires. — Art. 2. Transports ordinaires. — Art. 3. Transports stratégiques. — Art. 4. Instruction des troupes. — Exercices d'embarquement et de débarquement (1).

Autorités militaires ayant qualité pour prescrire les transports, art. 5 à 11.

Nota. — Aux termes de l'art. 6, le droit de requérir des transports de troupes et de matériel militaire sur les ch. de fer est exclusivem. dévolu au min. de la guerre et aux généraux commandant les corps d'armée (Voir à ce sujet : *Guerre, Mobilisation* et *Service militaire des ch. de fer*). L'art. 9 est relatif aux livrets de marche des trains à envoyer par les comp. de ch. de fer. — (*P. mém.*).

Mode de transmission des ordres du mouvement, et surveillance, — art. 12 à 18. — L'art. 13 est relatif aux *bons de chemins de fer* établis par le fonctionn. chargé du service de marche. — (*P. mém.*).

Transport des militaires isolés, art. 19 à 23. P. mém. — V. plus loin, § 4, l'arr. min. du 15 juin 1866 et les documents modicatifs.

Nota. — Les art. 20 et 21 concernent les notifications à faire à l'avance aux comp. de ch. de fer par l'autorité militaire, dans le but d'éviter les inconvénients pouvant résulter de l'insuffisance des trains et de l'encombrement des gares au moment de l'appel des jeunes soldats, de l'appel ou du renvoi des réserves et de l'armée territoriale, de la libération des classes, du départ et du retour simultanés d'un nombre de permissionnaires supérieur à cinquante (Voir

---

(1) *Matériel pour les exercices d'embarquement de troupes* (Circ. min. adressée aux adm. des comp., 11 août 1883). — « Messieurs, par dépêche du 23 juillet dernier, M. le min. de la guerre m'informe que dans le rapport d'ensemble qu'elle lui a adressé, conf. à l'art. 4 du règl. gén. du 1er juillet 1874, au sujet des exercices d'embarquement et de débarquement exécutés en 1882, la commission militaire sup. des ch. de fer a appelé son attention sur ce fait que, dans un certain nombre de garnisons, les troupes n'avaient eu à leur disposition, pour l'embarquement des hommes, que des voitures de 3e classe exclusivement. — Le règl. précité (art. 4) a soin, il est vrai, d'indiquer que les exercices d'embarquement ne doivent entraîner, pour les comp., ni dépense ni trouble dans leur service. Toutefois, comme il y a un intérêt majeur à familiariser les troupes avec l'emploi des wagons aménagés, dont l'usage sera général au moment d'une mobilisation, je viens, d'après la demande de mon collègue, vous prier de vouloir bien, chaque fois que ce sera possible sans nuire au service normal, mettre à la disposition de l'autorité militaire des wagons aménagés, de préférence aux voitures de 3e classe. — Je vous serai obligé de m'accuser réception de la présente circulaire. »

pour le même objet, au mot *Appel*, la circ. du min. de la guerre, 5 mai 1877). — Voir aussi plus loin au § 3, 5°, la circ. min. du 20 juillet 1886, ayant pour objet l'admission des militaires et marins dans les *trains rapides* comportant des voitures de toutes classes.

« Art. 22. — Les commiss. de surv. admin., en vertu des pouvoirs qui leur sont conférés par les règl. sur le service de marche, ont autorité sur les militaires isolés qui auraient perdu la direction indiquée sur leurs feuilles de route, ou qui ne seraient porteurs d'aucune pièce. — Ils ont, suivant les cas, à prendre, à l'égard de ces militaires, les mesures ci-après :

« Art. 23. *Isolés en dehors de la direction indiquée sur leur feuille de route ou ayant perdu leur feuille de route.* — Si des militaires isolés se trouvent en dehors de la direction indiquée sur leur feuille de route par suite d'une erreur commise par eux de bonne foi, que le commissaire et le chef de gare apprécient, la compagnie les remet gratuitement à l'embranch. où l'erreur a été commise, ainsi qu'elle le fait pour les voyageurs civils, et le commissaire constate l'incident par une annotation sur la feuille de route afin d'expliquer le retard qui pourrait résulter du changement de direction. — Si cette situation provient du fait intentionnel de l'homme ou si le militaire déclare ne pas avoir l'argent nécessaire pour vivre et voyager jusqu'à destination, le commissaire le remet, après examen, entre les mains de la gendarmerie ou de l'autorité militaire locale. — Dans le cas où le militaire déclare au commiss. de surv. avoir perdu sa feuille de route, celui-ci le remet comme il a été dit plus haut, entre les mains de l'autorité militaire, à moins que, d'après les résultats de l'examen auquel il s'est livré, il ne juge préférable de lui délivrer un sauf-conduit, valable jusqu'à la résidence du sous-intend. mil. le plus voisin, dans la direction que le militaire déclare avoir à suivre.

« Art. 24. — Postes à établir éventuellement dans certains locaux des gares disposés à cet effet par les soins des comp. pour le temps et la durée correspondant aux époques des opérations d'appel, de libération, de départ et de retour des semestriers. » — V. *Postes militaires.* — V. aussi *Commiss. de surv.* § 6.

Transport des détachements et du matériel (par les trains ord. de l'expl.) — Art. 25 à 38. V. *Appel* et *Détachements.* — Voir aussi plus loin, § 3, 5°.

Transport des troupes et du matériel (par trains spéciaux). — Art. 39 à 60. P. mém.

Nota. — L'art. 52, relatif à la composition des trains, indique l'ordre dans lequel doivent être placés, autant que possible, les divers véhicules composant les trains pour le transport des différentes armes. — Au sujet même du nombre de voitures entrant dans la composition des trains, il y a lieu de se reporter à la circ. min. du 14 juillet 1876, art. *Trains militaires*, et aux décrets des 27 janv. 1877 et 29 oct. 1884, modificatifs du règl. gén. du 1er juillet 1874 (1).

Transports stratégiques, art. 61 à 167. — Voir accessoirement au mot *Projets* la circ. min. 21 fév. 1878, concernant les chemins de fer stratégiques.

Transports de la marine et des colonies, art. 168 à 172. — V. accessoirement les mots *Détachements* et *Marine.....* — Voir ci-dessus la note relative à l'applic. de l'art. 52 du règl. du 1er juillet 1874.

Nota. — Le règl. gén. du 1er juillet 1874, ci-dessus analysé, et qui forme à lui seul un

_____

(1) Le règl. gén. du 1er juillet 1874 a, d'abord, été l'objet (décret du 27 janv. 1877) de diverses modifications parmi lesquelles figurent celles qui ont pour objet de permettre de porter à *cinquante* voitures le nombre de véhicules d'un train militaire et de préciser les règles à suivre pour embarquer les chevaux dans le sens parallèle à la voie. — Il a été ensuite révisé, refondu, et, pour mieux dire, absorbé par un nouveau décret du 29 oct. 1884 qui a été substitué par le fait au premier règl., et dont nous avons d'ailleurs reproduit le nouveau texte dans les quelques extraits *donnés ci-dessus*, ou aux mots : *Postes militaires*, en ce qui concerne les mesures d'ordre dans les gares.

volume assez étendu, auquel il faut nécessairement recourir pour les détails d'application, se termine par des *appendices*, accompagnés de planches, avec des notes et annexes parmi lesquelles nous relevons les documents ci-après, que l'on peut retrouver, au moins en partie, dans les matières de notre recueil, savoir : 1° Rappel pour l'exploitation des chemins de fer de campagne, de l'application des règlements ordinaires des voies ferrées, sauf les modifications résultant du règl. de 1874, etc. ; — 2° Documents divers pour l'embarquement, le transport et le débarquement des troupes, des chevaux et du matériel (Voir ci-dessus la note de l'art. 4 du règl. précité de 1874) ; — 3° Ordres de service pour la circulation des trains sur les sections à double et à simple voie exploitées par les directions des chemins de fer de campagne (V. comme documents indicatifs nos articles *Circulation, Signaux* et *Voie unique*) ; — 4° Règlement pour le transport par chemins de fer des poudres et munitions de guerre (Arr. min. guerre et tr. publ., 30 mars 1877) (Voir notre article *Poudres*) ; — 5° Id. arr. 20 nov. 1879 (Matières explosibles ou inflammables) (V. *Matières*) ; — 6° Id. du 10 janv. 1879, modifié par celui du 31 oct. 1882 (Transport de la dynamite) (V. *Dynamite*) ; — 7° Service des frais de route (Décret du 18 juill. 1876) P. mém. (V. *Mobilisation*) ; — 8° Décret du 9 juin 1883 (Organisation des directions militaires des ch. de fer de campagne) P. mém. (V. *Service militaire des chemins de fer*) ; — 9° Règlement du 23 déc. 1876, modifié par les décrets des 18 juillet 1878 et 5 juillet 1881 sur l'organis. et l'admin. des sections techniques d'ouvriers de ch. de fer de campagne (*Ibid.*) ; — 10° Décret, 23 juillet 1884 portant organisation du service de la télégraphie militaire (V. *Télégraphie*) ; — 11° Instr. 9 mars 1883 (Haltes repos et alimentation) *P. mém.* ; — 12° Création d'une dir. gén. des ch. de fer et des étapes aux armées (Décret, 7 juillet 1881) *P. mém.*

Formalités diverses. (Livrets ou feuilles de route ; ordres de service spéciaux formant titre de voyage pour les officiers, *en cas de* mobilisation, etc.) — Voir ci-après au § 3, 6°.

III. Mouvements divers des troupes et du matériel. (*Constatations, formalités*, etc.) — Extrait des documents relatifs aux mesures spéciales d'organisation, de mobilisation ou de guerre, ainsi qu'aux dispositions particulières concernant la validité des livrets, des feuilles ou des ordres de route, le choix des trains pour les militaires isolés et les détachements, les mesures concernant les militaires blessés ou malades et les prisonniers, aliénés, etc. — V. ci-après aux n°s 1° et suivants.

Comme préliminaire aux documents qui ont pour objet de régler l'*application* du tarif militaire sur les voies ferrées, en vertu de l'art. 54 du cah. des ch., et qui forment le texte du § 4 ci-après, nous avons voulu donner au moins un résumé de divers détails qui se rapportent soit aux modifications nombreuses qu'ont subies le personnel et le matériel de l'armée, soit aux questions de forme qui ont nécessité une entente préalable entre les administrations intéressées. Voici à ce sujet, le rappel de quelques-unes des instructions dont il s'agit :

1° *Organisation et surveillance des transports militaires* (loi du 13 mars 1875 et documents divers). — Voir les mots *Appel, Armée, Commission militaire supér. des ch. de fer, Génie, Non-disponibles, Réservistes, Service militaire des ch. de fer, Transports, Trains, Troupes*, etc. — Voir aussi, au § 2 ci-dessus, l'extr. du règl. gén. du 1er juillet 1874, et au mot *Commiss. de surv.*, la circ. min. du 26 juin 1875, ayant pour objet la surv. à exercer par ces fonctionn. lors du passage des troupes dans les gares.

2° *Réquisitions militaires relatives aux chemins de fer.* (Emploi des chemins de fer en temps de guerre). — Loi du 3 juillet 1877 et règl. d'admin. publique du 2 août 1877, etc. — V. *Guerre*, § 2.

3° Mesures diverses concernant les transports de matériel (V. *Dynamite, Poudres, Matériel, Matières, Trains* et *Transports*). — Voir aussi plus haut les documents du § 2 ainsi que l'extr. du règl. du 1er juillet 1874, et au § 4, ci-après, les conditions d'application du tarif militaire sur les voies ferrées.

4° *Dispositions spéciales aux feuilles et livrets de route.* — La règle générale relative aux feuilles de route dont doivent être munis les militaires voyageant isolément est indiquée à l'art. 2 de l'arr. min. du 15 juin 1866 (Voir au § 4 ci-après. Voir aussi au mot *Feuilles de route*, en ce qui touche l'usage de ces titres de voyage, et leur remplacement dans certains cas par les *livrets militaires*). (Circ. min. du 5 mars 1886 relative à la suppression de la feuille de route délivrée *aux hommes des classes renvoyées dans leurs foyers*, suppression motivée dans un double but de simplification et d'économie, tout en laissant subsister dans leur intégralité auprès des compagnies de ch. de fer les droits des intéressés à l'application du tarif militaire). — Voici d'ailleurs l'extrait principal de la circ. dont il s'agit :

Extr. de la circ. min. guerre, 5 mars 1886. (Suppression de la feuille de route individuelle).
« — En principe, la feuille de route individuelle, délivrée jusqu'ici aux hommes des classes renvoyées dans leurs foyers, est supprimée.

Titre en tenant lieu. — Elle sera remplacée par une mention spéc. établie conf. à la formule indiquée ci-après et portée à la fin du livret individuel, sur la partie interne de la couverture.

Présentation aux guichets des gares. — Sur le vu de la mention de mise en route qui aura été portée au livret, les hommes renvoyés dans leurs foyers auront droit au tarif militaire.

Formule de la mention à inscrire sur le livret. — La formule de la mention dont il s'agit sera la suivante :

> Passe dans la (*disponibilité ou réserve*).
> Se retire à (*résidence, canton et département*).
>
> A   , le   188 .
>
>   Le
>
>   (*Cachet de l'autorité signataire.*)

Signature et cachet. — L'autorité signataire de la mention de mise en route sera, selon le cas : — Le major, si l'homme appartient au dépôt ; — L'officier faisant fonctions de major, si l'homme appartient à la portion active ; — Le commandant d'armes, si l'homme appartient à un détachement ; — Enfin, pour les corps qui n'ont pas de conseil d'admin., tels que les sections d'admin., le commandant de section pour les hommes présents au dépôt, et le commandant d'armes pour les hommes détachés. — Ces officiers apposeront, à côté de leur signature, soit le timbre humide qui leur est attribué en raison de leurs fonctions normales, soit celui du conseil d'admin. central ou éventuel du corps dont ils font partie.

Dispositions transitoires. — Les livrets individuels qui feront l'objet de tirages ultérieurs porteront, *imprimée*, la mention spéciale au renvoi dans les foyers. — Mais, en ce qui concerne les livrets individuels en cours de service, ladite mention devra y être portée *à la main*, par les soins des corps, dès que la notification des présentes dispositions leur sera parvenue, afin que, lors du renvoi de la classe, il n'y ait plus qu'à compléter la formule par l'indication de la position de l'homme, du lieu où il se retire, de la date et du visa. Il est très important que cette opération préliminaire soit effectuée sans retard, pour éviter qu'au moment du renvoi, le travail d'inscription sur les livrets ne soit trop considérable. Aussi je vous prie de donner les ordres les plus formels à cet égard, et de veiller à leur stricte et prompte exécution.

Cas où une feuille de route individuelle pourra être délivrée. — Enfin, dans le cas où, par suite d'une circonstance particulière et dûment justifiée, un homme de la classe ne pourrait être mis en possession de son livret au moment de son renvoi dans ses foyers, il lui serait délivré exceptionnellement une feuille de route individuelle..... »

Livret individuel, en cas d'appel ou de mobilisation, et ordres de service *formant titre de voyage pour les officiers.* — Voir plus loin, 6°.

5° *Transport des hommes en détachement.* — Rappel des instructions applicables au transport des détachements de militaires et de marins (V. *Détachements*). — Places à occuper par les officiers commandant les détachements (Circ. min. tr. publ., 3 déc. 1872). — Voir le même mot *Détachements.* — ADMISSION, DANS LES TRAINS RAPIDES comportant des voitures de toutes classes, *des militaires et des marins voyageant isolément*, ou EN DÉTACHEMENTS D'UN EFFECTIF INFÉRIEUR A 21 HOMMES ; (extr. d'une circ. du min. des tr. publ., adressée le 20 juillet 1886 aux admin. des compagnies, à la suite d'une étude prescrite par circ. min. tr. publ., 13 sept. 1884) à l'effet d'assurer l'ordre et avertir les compagnies, dans les circonstances exceptionnelles où les permissionnaires, porteurs de billets militaires ou de bons de chemins de fer, pourront se présenter en grand nombre dans certaines gares, pour y prendre des trains de vitesse comportant des voitures de 2ᵉ et de 3ᵉ classe).

Voici le texte de cette décision, à laquelle les compagnies et le min. des tr. publ. ont donné leur adhésion et dont l'insertion au *Journal officiel* a dû tenir lieu de notification :

« I. *Transport des isolés.* — Afin d'éviter les encombrements qui peuvent se produire dans les gares de ch. de fer, par suite de l'affluence des militaires envoyés en permission les dimanches et jours fériés, et devant prendre place dans les trains express ou trains poste comprenant des voitures de 2ᵉ et de 3ᵉ classe, les notifications de départ de permissionnaires prescrites par l'article 21 du règl. du 1ᵉʳ juillet 1874 (modifié en 1884), sur les transports par ch. de fer, devront parvenir la veille du départ aux chefs de gare intéressés.

Elles mentionneront : — 1° Le nombre d'hommes qui doivent se présenter à chaque gare et leurs destinations ; — 2° La date de l'expiration des permissions, toutes les fois que celles-ci auront une durée de plus de 24 heures.

La lettre collective du 15 octobre 1883 est abrogée.

II. *Transport des détachements dans les trains express ou poste.* — Tout détachement d'un effectif inférieur à 21 hommes pourra être embarqué avec armes et bagages, dans les trains express ou dans les trains-postes comprenant des wagons de 2ᵉ et de 3ᵉ classe, en observant les prescriptions de l'art. 27 du règl. gén. pour les transports militaires par ch. de fer.

Toutefois les trains express ou poste ne pourront, en général, recevoir à la même gare plus d'un seul détachement de moins de 21 hommes (1). »

6° *Ordres de mobilisation, convocations, indemnités de route, etc.* (Exécution de la loi du 24 juillet 1873 et instr. diverses) (V. *Mobilisation,* — Voir aussi plus haut, *p. mém.* le règl. du 1ᵉʳ juillet 1874.) — *Transport des officiers en cas de mobilisation.* — (Extr. d'un arrêté min. du 15 avril 1876). — « Art. 1ᵉʳ. — En cas de mobilisation de l'armée, tout officier porteur d'un *ordre de service* a droit au transport à prix réduit sur les chemins de fer. Cette disposition sera mentionnée sur chaque ordre. » — Voir aussi l'état *A* placé à la suite de l'arrêté min. et des documents reproduits au § 4 ci-après :

Titre de voyage (en cas de mobilisation) des *hommes temporairement démunis de leur livret.* — Circ. min. adressée le 11 août 1883 par le min. de la guerre aux chefs de corps. — « Mon cher général, j'ai arrêté, de concert avec le syndicat des comp. de ch. de fer, les dispositions suivantes, concernant l'emploi du récépissé du livret individuel (modèle 8 *bis*) pour le transport, en cas d'appel ou de mobilisation, des hommes temporairement démunis de leur livret.

« En cas de mobilisation, les récépissés seront acceptés dans les gares sans restriction aucune, qu'ils soient signés par les maires ou par les chefs des brigades de gendarmerie.

En ce qui concerne le temps de paix, les hommes ne seront admis à voyager, sur les voies ferrées, au tarif réduit, que lorsque le récépissé, présenté à défaut du livret, aura été délivré par la gendarmerie.

Les brigades de gendarmerie n'ayant pas de timbre, les récépissés délivrés par leurs soins ne seront pas revêtus d'un cachet.

En conséquence, chaque fois que le livret sera déposé pour un changement de situation susceptible de coïncider avec une convocation à bref délai (changement de domicile, affectation, etc.), le récépissé modèle 8 *bis* devra être délivré par la gendarmerie.

En principe, les imprimés de ce modèle déposés dans les mairies ne seront employés que pour les opérations annuelles du retrait des livrets à l'occasion du passage d'une classe dans l'armée territoriale ou d'hommes à la disposition dans la réserve..... » (Ext. circ. 11 août 1883.)

7° *Transport des officiers de l'armée territoriale* (convoqués à des réunions partielles d'instruction théorique et pratique). Circ. min. (guerre), 12 sept. 1883, rappelant celle du 4 avril 1877 (*convocations à des réunions partielles*) et celle du 15 avril 1880 (*convocations annuelles*) et ayant pour objet de préciser et de signaler aux comp. de ch. de fer la

---

(1) « Les observations insérées dans les tableaux de marche des trains, d'après lesquelles les personnes voyageant *à prix réduits* sont exclues de certains trains rapides renfermant des voitures de toutes classes, devront, *dans un délai aussi court que possible*, être modifiées de telle sorte que cette exclusion ne s'applique pas aux militaires et marins voyageant isolément ou en détachements d'un effectif inférieur à 21 hommes. » (Ext. de la circ. tr. publ. 20 juillet 1886, dont le min. a donné connaissance aux min. de la guerre et de la marine, ainsi qu'aux insp. gén. du contrôle.)

distinction à faire, entre l'instr. gén. relative aux appels périodiques (circ. 15 avril 1880) et la circ. min. du 4 avril 1877, dont il était convenu que les dispositions ne devaient s'appliquer *qu'à des réunions limitées et ne concernant souvent qu'un seul régiment.*

Sans entrer ici dans des développements étendus au sujet de cette simple question de forme, nous donnons la substance même des deux instructions dont il s'agit (1).

(*Circ.* 4 *avril* 1877.) — « Lorsqu'il y aura lieu de réunir des officiers de l'armée territoriale pour suivre les cours d'instruction militaire, le chef de corps adressera, à Paris, au siège de la compagnie, ou, en province, à l'agent délégué qui lui aura été désigné par chaque compagnie, une liste indiquant les noms, les parcours de ces officiers et les dates exactes de l'aller et du retour. — La compagnie leur enverra alors des bons de réduction nominatifs (au quart du tarif) que le chef de corps fera parvenir aux intéressés. » — V. la *note*, au bas de la page.

(*Circ.* 15 *avril* 1880) relative aux *convocations annuelles.* — « Les officiers recevront, par les soins des commandants de corps d'armée, *des ordres spéciaux* de convocation portant *récépissés*, dont le modèle est joint à la présente instruction. Ces ordres seront établis : pour les officiers des corps de troupe d'infanterie, par les capitaines-majors subdivisionnaires ; pour les officiers des armes spéciales, par les capitaines-majors régionnaires ; pour les fonctionnaires de l'intendance et les officiers des services administratifs, par les intendants militaires des corps d'armée. — Les ordres portant récépissés sont adressés par les commandants de corps d'armée aux officiers des corps de troupes destinataires, par l'intermédiaire des chefs de corps territoriaux ou par les soins de la gendarmerie, suivant le cas. — L'ordre de convocation, conforme au modèle joint à la présente instruction, porte un récépissé, qui sera rempli par le destinataire et renvoyé au commandant de corps d'armée, en passant par les intermédiaires qui ont transmis l'ordre de convocation. — Les ordres de convocation sont libellés de façon à pouvoir, en cas d'absence de tout fonctionnaire de l'intendance, servir de feuille de route aux officiers, pour eux et pour les chevaux qu'ils auraient obtenu l'autorisation d'emmener, conformément aux règlements en vigueur. »

8° *Rappel* (pour mémoire), *des dispositions concernant les revues, les commissions spéciales de réforme, les sociétés de tir,* etc. (interprétation des précédents états du personnel admis au tarif réduit, sur les voies ferrées), ou extension spéciale de la réduction du prix des places :

Revues (Arr. min. 25 nov. 1876). — *Hommes appelés par les commissions spéciales de réforme.* — « Le min. des tr. publ. — Vu..... considérant..... que, dans la pratique ordinaire de la vie militaire, le mot ; *revue* s'applique non seulement à une réunion de parade ou d'exercice, mais encore à toute opération d'inspection donnant lieu à un examen déterminé d'hommes, de chevaux ou de matériel ; — ARRÊTE :

Art. 1er. — Les hommes soit de la réserve de l'armée active, soit de l'armée territoriale et de sa réserve, qui sont convoqués par l'autorité militaire pour être examinés par les commissions spéc. de réforme, sont admis à voyager, sur les ch. de fer, au quart du tarif fixé par les cah. des ch.

2. Le présent arrêté sera notifié, etc. »

Sociétés de tir, régulièrement constituées. — (Décision prise par le syndicat des chemins de fer sur la demande du ministère de la guerre) :

(*Ext.*) « Le bénéfice de la demi-place sera désormais accordé, en cas d'appel, aux hommes de l'armée territoriale faisant partie des sociétés de tir régulièrement constituées. Ces hommes, quand ils se déplaceront pour se rendre aux réunions, seront tenus de présenter aux agents des gares

---

(1) Par une circ. du 10 mai 1884, le min. des tr. publ. a fait connaître directement aux comp. des ch. de fer d'int. gén. l'interprétation donnée par son collègue de la guerre aux circ. précitées, et avisé en même temps les comp. de ch. de fer d'int. local par l'interm. des préfets. — Mais, en fin de compte, la première circul. du min. de la guerre, 4 avril 1877, a été rapportée par une nouvelle décision du même min. (19 janvier 1885) d'après laquelle « les officiers de l'armée territoriale n'auront droit au quart du tarif que lorsqu'ils seront convoqués, conf. aux règl. en vigueur, par les généraux commandant les corps d'armée ». — En portant cette décision à la connaissance des admin. des comp., le min. des trav. publ. a rappelé, à ce sujet, 28 févr. 1885, que depuis sa communication du 10 mai 1884 « est intervenu l'arrêté min. du 14 août 1884 réglant l'application du tarif militaire sur les voies ferrées, arrêté dont les dispositions et notamment l'état A' permettent aujourd'hui de rapporter la circ. précitée du 4 avril 1877 ». — V. ces documents à la fin du § 4, ci-après.

un *bulletin de convocation* visé par l'autorité militaire. Ils payeront place entière au départ, mais il leur sera délivré gratuitement un billet de retour sur le vu d'une attestation de l'officier dirigeant le tir et constatant que le porteur a assisté à la séance.

« Dans une circ. en date du 16 déc. 1878, insérée au *Journal militaire officiel*, le min. a réglé les conditions d'après lesquelles le *bulletin de convocation* pourra être délivré. »

Militaires réformés avec gratification renouvelable. — A la suite de négociations poursuivies entre les admin. compétentes et dont les phases sont indiquées dans deux circ. développées, adressées aux comp. par le min. des tr. publ. les 1er févr. et 21 sept. 1883, le min. de la guerre a fait insérer au *Journal officiel*, 12 déc. 1883, une instr. du 23 nov. 1883, d'après laquelle le transport à prix réduit sur les voies ferrées, y compris les lignes d'intérêt local, serait accordé, d'après les bases suivantes, aux anciens militaires convoqués devant les commissions de réforme appelées à statuer sur le renouvellement de leurs gratifications : « La remise *au quart de place* sur le réseau de l'Etat et *au demi-tarif* sur les autres réseaux, leur est faite sur la production de l'ordre de convocation. »

La circ. adressée pour cet objet, le 21 sept. 1883, par le min. des tr. publ. aux comp., se terminait ainsi : — « Suivant, d'ailleurs, le désir que vous en avez exprimé, je prie M. le min. de la guerre de vouloir bien, pour éviter toute erreur, faire imprimer en caractères très apparents, sur les ordres de convocation dont il s'agit, les mots : « Au *quart* du tarif et au *demi*-tarif, » indiquant les réductions dont les intéressés bénéficieront, suivant les lignes, lorsqu'ils seront appelés devant les commissions de réforme. »

Conventions spéciales (entre le min. de la marine et les gr. comp. de ch. de fer) pour le transport des marins et militaires de la marine en congé renouvelable ou en réserve, lorsqu'ils sont rappelés en service par mesure générale. — V. *Marine.*

Détachement de marins (dirigés d'un port sur l'autre). Circ. minist. du 3 déc. 1872 (V. *Détachements*). — V. aussi au 5º du présent paragraphe.

9º *Places à occuper et trains à prendre par les officiers, sous-officiers et soldats* (des armées de terre et de mer). — Art. 8 de l'arr. min. du 15 juin 1866, et nouvel arr. (20 déc. 1873, modifiant ledit art. 8). — Voir plus loin le § 4, contenant les documents d'application du tarif militaire sur les voies ferrées.

10º *Transport des blessés militaires* (se rendant aux eaux thermales). — Lors de la guerre de 1870-71, « les compagnies, pour s'associer aux bienveillantes intentions du ministre ont accordé la réduction de demi-place à tout garde mobile, mobilisé et volontaire blessé ou malade qui serait envoyé aux eaux thermales aux frais du département de la guerre. — Le ministre a adhéré à ces conditions, sous la réserve expresse que, pour éviter les abus, la faveur dont il s'agit sera excl. réservée à la catégorie des militaires dont il est question, et qu'en aucun cas cette mesure ne devra recevoir son exécution que dans les limites consenties par les comp. de chemins de fer, à l'exclusion des militaires en retraite. » (Extr. d'une circ. min. guerre, 24 juin 1872.) — Par une autre circ. du 10 janv. 1881, le min. de la guerre a décidé qu'à l'avenir, le bon spécial de ch. de fer, délivré en conformité de la loi du 12 juillet 1873, pourra être scindé même sur un seul réseau, sur la demande motivée des intéressés, mais à la condition cependant que les arrêts interméd. seront limités au maximum de 24 heures. — Ces dispositions (ajoute la circ.) adoptées dans l'intérêt des *anciens militaires et marins allant faire usage des eaux thermales*, seront soumises à l'appréciation des fonctionn. de l'intendance chargés spécialement du service de marche. »

11º *Aumôniers militaires*, admis à la réduction de tarif. — *Légalité des permissions* accordées par les médecins de service des hôpitaux. — (Extr. d'une circ. min. tr. publ., adressée le 13 octobre 1883 aux compagnies) : — « Par suite d'un règlement du 7 nov. 1882 (ministère de la guerre), les permissions sont accordées aux aumôniers des hôpitaux, comme à tout le personnel affecté aux hôpitaux militaires, par les *médecins chefs de service.* — En conséquence et par analogie avec les dispositions de l'art. 44 de ladite instruction, il y a lieu de comprendre les aumôniers militaires dans le personnel relevant directement des médecins chefs d'un établissement hospitalier. Il est à remarquer d'ailleurs, que les aumôniers militaires figurent à l'état A annexé à l'arrêté minist. du 1er avril 1876 relatif à l'application du tarif militaire (Etat remplacé, *mais avec la même inscription*, par celui annexé à l'arr. min. du 14 août 1884. — V. à la fin du § 4 ci-après)... »

12° *Personnel de la marine.* — Conditions de transport des *inscrits maritimes* (convention du 31 mars 1882). — (V. *Marine.* — Personnel assimilé Extr. d'un arrêt du Ç. d'État, 19 janvier 1883 : « La réduction de tarif, accordée aux marins par l'article 54 du cah. des ch., ne doit pas s'appliquer seulement au personnel naviguant de la marine, mais à tous les agents qui ont été asssimilés aux marins par les ordonnances et décrets d'organisation. — Ledit article (dans l'espèce actuelle) doit être entendu en ce sens que les comp. de ch. de fer sont tenues de transporter au quart du tarif les commis et écrivains du commissariat de la marine et des directions et établissements hors des ports, les comptables des matières, les musiciens gagistes et les agents inférieurs des vivres, mais ces derniers seulement lorsque, désignés pour aller en mer ou venant de débarquer, ils se rendent d'un port à un autre. » — Voir le nota ci-après :

Nota. A l'occasion de la préparation des nouveaux états, joints à l'arr. min. du 14 août 1884, une circ. min. adressée le 14 févr. 1884 par le min. des tr. publ. aux admin. des comp. de ch. de fer, au sujet de diverses additions à faire au personnel de la *guerre* ou de la *marine* admis au tarif réduit, exprimait finalement la pensée « que l'entente existait complètement entre les départements de la guerre et de la marine et les comp. de ch. de fer, et que rien ne s'opposera plus, dès lors, à la publication de l'arrêté min. qui mettra en vigueur les nouveaux états A, A' et B ». — Ces états ont été publiés en effet. Nous les reproduisons *in extenso* (en signalant les légères modifications survenues depuis leur date, au § 4 ci-après, à la suite de l'arr. min. auquel étaient joints les précédents états similaires dressés pour le même objet.

13° *Transports divers.* — Dans l'impossibilité de réunir au présent article, forcément restreint, tous les documents intéressant l'ensemble des transports militaires nous renvoyons pour ordre, en ce qui concerne diverses matières résumées ou traitées distinctement, aux mots *Aliénés, Appel, Armée, Commission militaire, Dynamite, Escortes, Guerre, Marine, Matériel, Matières dangereuses, Mobilisation, Non-Disponibles, Poudres, Prisonniers, Réservistes, Trains, Traités, Transports,* etc.

14° *Conditions spéciales de transport du matériel militaire.* (Constatations et vérifications). — Ainsi que nous l'avons fait connaître plus haut, au § 2, sous la rubrique *Matériel militaire,* et spéc. au paragr. intitulé : *Agence générale des transports de la guerre,* les opérations et formalités réglant les conditions d'expédition du matériel militaire ont fait l'objet d'un traité dont l'origine remonte à l'année 1852 et qui a été successivement modifié ou remplacé par les traités du 2 sept. 1861, du 10 févr. 1868, du 22 déc. 1879, ce dernier ayant été lui-même prorogé jusqu'au 31 déc. 1890. — Nous avons à rappeler pour ordre à ce sujet, qu'en exécution desdits traités ou des règlements généraux relatifs aux transports de l'armée, il a été prescrit diverses mesures qu'aucune instruction nouvelle ne paraît avoir explicitement rapportées ou modifiées et que nous mentionnons ci-après à titre de simple renseignement :

Constatations relatives aux transports des troupes. (Circ. min. tr. publ. aux comp., 15 juin 1855.) — « Le min. des finances ayant demandé qu'à l'avenir les factures présentées par les comp. de ch. de fer pour transport de troupes fussent accompagnées de pièces justificatives constatant l'exécution complète du service jusqu'à destination, le min. de la guerre vient d'arrêter les dispositions suivantes :

1° Les chefs des détachements transportés par chemins de fer, qui certifient déjà le départ desdits détachements sur les états de composition d'effectif, en mettant :
« Bon pour le transport, en voitures de....., classe de....., hommes de....., à..... »
Devront dorénavant constater également leur arrivée par un certificat ainsi conçu :
« Je, soussigné, commandant le détachement désigné ci-dessus, certifie que le transport de ..... hommes (*détailler, quand il y aura lieu, le nombre d'officiers, de sous-officiers, de caporaux ou brigadiers et soldats, ainsi que la quantité de bagages et le nombre de chevaux, etc.*) a été effectué de..... à.....
« A....., le..... 188 . »

2° Les fonctionnaires de l'intendance militaire, liquidateurs de la dépense, devront, par suite, à l'avenir, modifier l'arrêté des factures ainsi qu'il suit :

« Certifié pour l'exécution du service, vérifié et arrêté par nous, intendant militaire, à la somme de..... »

« 3° Il n'est rien changé au mode actuellement en vigueur pour les militaires isolés. »

« Les dispositions dont il s'agit ont été notifiées par le min. de la guerre aux intendants militaires des divisions territoriales, et le min. des finances a également adressé des instructions analogues aux payeurs des départements.

« En portant à votre connaissance le nouveau mode de comptabilité adopté pour les transports de troupes par chemins de fer, je vous prie de prendre, de votre côté, les mesures nécessaires pour son application. Il importe particulièrement que les *États de composition d'effectif,* — remis aux comp. par les commandants de détachements, au moment du départ, *avec les réquisitions,* — suivent les détachements, pour être certifiés, au lieu de destination, comme il est dit plus haut. Je vous invite, en conséquence, à donner des ordres à ceux de vos agents qui président à l'embarquement et au débarquement des troupes, pour que cette formalité soit régulièrement remplie.»

Transport du matériel roulant démonté. — Les constatations à faire par les commiss. de surv. admin. relativement au transport du matériel roulant démonté ont été réglées par deux circ. du min. des tr. publ., en date des 30 déc. 1863 et 15 février 1864 ; ces deux circ. sont reproduites au mot *Matériel,* § 6.

Surveillance de l'expédition du matériel roulant (par les officiers d'artillerie). Circ. min. guerre, 6 août 1869, ayant pour objet l'exécution du § 2 de l'art. 56 du traité du 10 févr. 1868. — V. *Artillerie.*

Transport de poudres (trains spéciaux). Exécution de l'art. 47 du traité du 21 déc. 1879, prorogé jusqu'en 1890. — V. *Poudres.*

Composition des bagages militaires. — Circ. min. guerre, 31 déc. 1879, ayant pour objet l'exéc. du même traité du 21 déc. 1879. — V. *Bagages,* § 1.

IV. Application du tarif militaire sur les voies ferrées. — Arrêté min. du 15 juin 1866, interprété par la circ. d'envoi de même date (1) et successivement modifié par les documents reproduits ou mentionnés, en regard ou à la suite de l'arr. min. dont il s'agit, qui avait lui-même remplacé un ancien règlement du 31 déc. 1859.

(Arr. min. 15 juin 1866). — « Le min. des tr. publ..... — Vu les cah. des ch. (art. 54), l'arr. min. du 31 déc. 1859; etc., etc. — D'accord avec les min. de la guerre et de la marine..... — Les comp. de ch. de fer entendues..... — ARRÊTE :

TITRE Ier. — MILITAIRES OU MARINS VOYAGEANT ISOLÉMENT.

« Art. 1er. — Sera transporté au prix réduit fixé par les cahiers des charges le personnel qui figure aux états A et B annexés au présent arrêté. — (Voir, plus loin, les nouveaux états mis en vigueur par l'arrêté min. du 14 août 1884.)

Nota. — Ces états font connaître le personnel des départements de la guerre et de la marine qui est admis à voyager au tarif militaire.....

« Une seule objection a été présentée par le syndicat des chemins de fer (*dans la préparation des états de 1866*), au sujet du personnel inscrit dans les états A et B ; elle concerne les examinateurs des écoles d'hydrographie. « Nous croyons, dit le syndicat, que l'examinateur de l'école « d'hydrographie ne peut être assimilé à un militaire ou à un marin. Ce ne sont point les consi-« dérants de l'arrêté du C. de préf. qu'il faut consulter, ce sont les termes du dispositif: Or, « l'examinateur de l'école d'hydrographie ne figure nullement dans la liste qui constitue l'art. 1er « de l'arr. du 23 juillet 1863. » Les examinateurs des écoles d'hydrographie ne figurent pas, en effet, dans l'art. 1er de l'arr. du C. de préf. de la Seine que le C. d'État s'est approprié ; on ne les trouve ni dans le dispositif ni dans les considérants, et cela par une raison bien simple,

---

(1) « Après avoir recueilli les observ. des min. de la guerre et de la marine et celles des compagnies, j'ai pris l'arrêté ci-joint, qui peut être considéré comme le résultat d'une entente à peu près complète entre les parties intéressées. Cet arrêté, exactement conforme à la doctrine du C. d'État sur tous les points où les prétentions des compagnies ont été admises, reproduit, pour le surplus, l'arr. min. du 31 déc. 1859, qu'il est d'ailleurs destiné à remplacer. (Extr. de la circ. min. tr. publ. 15 juin 1866, portant envoi de l'arrêté de même date réglant l'application du tarif militaire sur les voies ferrées. Les autres passages principaux de la même circulaire sont reproduits en regard des différents articles de l'arrêté auxquels ils se rapportent.)

c'est que le droit au tari⸱   ⸱ n'était pas contesté dans la requête des compagnies. Le syndicat confond évidemment les examinateurs des écoles d'hydrographie avec l'examinateur de classement et de sortie de l'école navale auquel les trib. admin. ont refusé le bénéfice du tarif militaire. Quant aux examinateurs des écoles d'hydrographie, bien qu'ils fussent compris dans l'ancien état du min. de la marine, leur situation n'a pas été attaquée devant le C. de préf. : il n'y avait dès lors aucun motif pour les supprimer dans le nouvel état, et j'ai décidé qu'ils y seraient maintenus. (Suite de la circ. d'envoi du 15 juin 1866.) — V., du reste, au sujet des nouveaux états de 1884, au point de vue de l'entente avec les adm. de la guerre et de la marine l'ext. de la circ. min. tr. publ., 14 févr. 1884, extr. donné ci-dessus, au § 3,12°.

« 2. — Tout militaire ou marin, pour obtenir son transport à prix réduit sur les chemins de fer, doit présenter une feuille de route. Cette feuille de route peut servir pour un voyage (aller et retour).

« Lorsque la feuille de route a déjà servi pour un premier voyage (aller et retour), chaque visa délivré ultérieurement par l'autorité compétente (fonctionnaires de l'admin. centrale dûment autorisés, de l'intendance ou du commissariat de la marine, chefs de corps ou de détachement, commandants de place, sous-préfets, maires), en exécution d'un ordre ou d'une permission de l'autorité militaire, constitue une feuille de route nouvelle donnant droit à un nouveau voyage (également aller et retour) (1).

« La feuille de route ainsi que les visa successifs indiquent la direction que le titulaire doit prendre.

Nota. — (Suite de la circ. d'envoi du 15 juin 1866)..... « Il ne suffit pas de présenter une feuille de route pour avoir droit au tarif militaire ; il faut encore que le titulaire figure parmi les catégories désignées dans les états A et B. Des mesures devront donc être prises par les départements de la guerre et de la marine pour que la qualité de celui à qui est livré le titre de voyage soit toujours clairement et complètement énoncée.

« La question de savoir si les militaires ou marins peuvent, après avoir accompli un premier voyage, en effectuer un autre avec la même feuille de route, a été affirmativement résolue par le C. d'Etat : il faudra seulement qu'il soit constaté que le nouveau voyage est ordonné ou autorisé par l'autorité militaire. Le 2e § de l'art. 2, rédigé dans ce sens, porte que « lorsque la feuille de route a déjà servi pour un premier voyage (aller et retour), chaque visa délivré ultérieurement par l'autorité compétente (fonctionn. de l'adm. centrale dûment autorisés, de l'intendance ou du commissariat de la marine, chefs de corps ou de détachement, commandants de place, sous-préfets, maires), en vertu d'un ordre ou d'une permission de l'autorité militaire, constitue une feuille de route nouvelle donnant droit à un nouveau voyage (également aller et retour.) »

« Il suit de cette rédaction que le visa peut être délivré soit pour permettre au titulaire de revenir sur ses pas, soit pour lui faciliter le moyen de se diriger sur un point quelconque du territoire autre que celui qui avait été primitivement indiqué. Ainsi, un militaire ou marin porteur d'une feuille de route de Paris à Strasbourg pourra, après avoir effectué ce double trajet, retourner à Strasbourg et revenir à Paris au moyen d'un simple visa ; il pourra aussi aller de Strasbourg à Colmar, après avoir fait viser sa feuille de route dans la première de ces deux villes et revenir ensuite de Colmar à Strasbourg, pour, de là, se diriger sur Paris, son premier point de départ. — (*P. mém.*)

« Quant au militaire ou marin qui s'arrêterait une ou plusieurs fois en route, il lui sera loisible de reprendre le chemin de fer, sans nouveau visa, tant que le parcours indiqué sur sa feuille de route n'aura pas été complètement effectué et pourvu qu'il se trouve dans la direction qui lui est assignée.

« Toutes ces dispositions figuraient déjà dans l'arrêté du 31 déc. 1859 et dans la circ. qui l'accompagnait. La seule condition nouvelle qui ait été ajoutée aux dispositions en vigueur, c'est que les visa apposés sur la feuille de route constateront l'ordre ou la permission de l'autorité militaire. Cette condition semble surtout s'adresser aux visa délivrés par les sous-préfets et les maires ; car, pour les autres fonctionn. également appelés à viser la feuille de route, la qualité du signataire du visa se confondra le plus souvent avec la qualité de celui qui doit ordonner ou

---

(1) « *Les commandants de dépôts de recrutement et de réserve* sont compris au nombre des fonctionnaires désignés par l'art. 2 (ci-dessus), comme ayant qualité pour délivrer la feuille de route ou le titre qui la supplée. » (Art. 1er de l'arrêté du 31 déc. 1868 concerté entre les ministres des travaux publics et de la guerre.)

Art. 2 du même arrêté du 31 déc. 1868. — Voir la note correspondant à l'art. 3 de l'arrêté du 15 juin 1866.

autoriser le voyage. Toutefois, le C. d'Etat n'ayant fait aucune distinction, la constatation exigée par le décret du 26 août 1865 devra toujours être énoncée dans la rédaction même des visa, quelle que soit d'ailleurs l'autorité qui les délivre.

« Il doit être d'ailleurs bien entendu que la condition restrictive dont il est question dans les observations qui précèdent ne s'appliquera qu'aux *visa* du titre de voyage : les fonctionnaires compétents, y compris les sous-préfets et les maires, conservent la faculté de délivrer, les premiers une feuille de route, les seconds un sauf-conduit, sans être astreints à aucune obligation autre que celles qui résultent des règlements spéciaux sur la matière.

« Le dernier paragr. de l'art. 2 stipule que *la feuille de route ainsi que les visa successifs, indiquent la direction que le titulaire doit prendre.* Cette clause n'implique pas l'obligation de tracer un itinéraire aux porteurs de feuilles de route ; elle a seulement pour but, deux directions étant données, de permettre aux titulaires de prendre, sans encourir des difficultés dans son voyage, celle qui lui conviendrait le mieux, fût-ce même la plus longue. Il suffira donc qu'une feuille de route, délivrée, par exemple, pour le trajet de Paris à Toulouse, porte : *par Limoges ou par Nîmes,* et le militaire pourra prendre, suivant le cas, le chemin de fer d'Orléans ou celui de la Méditerranée pour se rendre à sa destination et en revenir. »

« 3. — La feuille de route peut être suppléée par les saufs-conduits, congés, permissions ou ordres de service délivrés par l'autorité compétente désignée à l'art. 2, et ce qui est applicable à la feuille de route est également applicable à ces différents titres (1).

Nota. — (Suite de la circ. d'envoi du 15 juin 1866.) — « L'art. 3 énumère les titres qui peuvent suppléer la feuille de route. Il n'a pas paru possible d'exiger que ces titres (saufs-conduits, congés, permissions, ordres de service) fussent toujours revêtus d'un cachet administratif. Une permission ou un ordre de service sont souvent délivrés par un chef de détachement, qui peut être un simple officier, quelquefois même un sous-officier, et ceux-ci n'ont pas à leur disposition le cachet du colonel. Toutefois, M. le min. de la guerre a bien voulu prendre certaines mesures pour entourer de garanties convenables l'usage des permissions militaires. Par une circ. du 16 oct. 1865...., Son Exc. recommande aux autorités de son département de délivrer, autant que possible, les permissions sur formules imprimées et d'apposer le cachet toutes les fois que le signataire du titre en est régl. muni. Ce sont là sans doute de simples recommandations qui n'ont pas un caractère obligatoire ; mais elles n'en sont pas moins de nature à prévenir la plupart des abus signalés par les compagnies. »

« 4. — Des cartes personnelles, destinées à remplacer la feuille de route, seront délivrées par les compagnies de chemins de fer,

« *Pour le service de la guerre :*

« Aux maréchaux de France placés à la tête des commandements supérieurs, aux officiers généraux commandant une division ou une subdivision militaire, aux intendants, sous-intendants et adjoints à l'intendance, aux officiers de gendarmerie ;

« *Pour le service de la marine :*

« Aux préfets maritimes et chefs du service maritime dans les ports secondaires, aux majors généraux de la marine, aux commissaires de l'inscription maritime.

« Ces cartes donneront à chacun des officiers ou fonctionnaires désignés au présent article la faculté de voyager au prix réduit du cahier des charges dans la circonscription où s'étendent son commandement ou ses attributions.

Nota. — (Suite de la circ. d'envoi.) — « Il a été reconnu que les chefs d'un service militaire ou maritime à poste fixe ne devaient pas être obligés de se munir constamment d'une feuille de route pour voyager à prix réduit dans le ressort de leur commandement ou de leurs attributions, et qu'il convenait que des cartes personnelles leur fussent délivrées par les comp. de ch. de fer. Tel est l'objet de l'art. 4, auquel les comp. ont donné une adhésion sans réserve. »

« 5. — Par exception aux dispositions des art. 2 et 3, les sous-officiers et commandants de brigade de gendarmerie, voulant voyager sur les chemins de fer pour affaire de

_____

(1) « *Les ordres d'appel sous les drapeaux* et *les ordres de route* sont ajoutés, parmi les titres de voyage indiqués à l'art. 3 (ci-dessus) comme pouvant suppléer la feuille de route. » (Art. 2, Arr. min. du 31 déc. 1868. V. plus haut, § 3, 4°). — V. aussi le mot *Feuilles de route.*

service, seront admis au bénéfice de la réduction consentie par le cab. des ch. sur leur déclaration écrite qu'ils voyagent pour cause de service.

« Les gendarmes seront transportés à prix réduit en présentant un des titres mentionnés aux art. 2 et 3. — V. aussi *Gendarmes.*

Nota. — (Suite de la circ. d'envoi.) — « L'art. 5 consacre, au profit des sous-officiers de gendarmerie, des commandants de brigade et des gendarmes, une disposition en usage depuis la décis. min. du 21 sept. 1849. On s'est borné à en exclure les officiers qui, aux termes de l'art. 4 de l'arrêté ci-joint, sont munis de cartes personnelles. — En rappelant, dans le 2ᵉ § de l'art. 5, que les gendarmes sont tenus de produire un des titres mentionnés aux art. 2 et 3, je n'ai pas besoin de faire observer que, parmi ces titres, figurent les permissions et les ordres de service délivrés par les chefs de détachement et que, par conséquent, un simple commandant de brigade est apte à autoriser un gendarme à prendre le chemin de fer toutes les fois que les circonstances l'exigent. »

« 6. — La feuille de route ou le titre qui la supplée sont considérés comme nuls lorsqu'ils sont périmés, et ne donnent pas droit, dans ce cas, à la réduction de tarif.

Nota. — (Circ. d'envoi.) — « L'arr. min. du 31 déc. 1859 disposait qu'une permission, même périmée, donnait à celui qui en était porteur le droit de réclamer la réduction de tarif tant qu'elle n'avait pas été utilisée. Le C. d'Etat en a décidé autrement. Tout titre de voyage périmé doit être considéré comme nul. L'art. 6 est conforme à cette décision. »

« 7. — Les compagnies sont autorisées à demander, en route, aux porteurs de billets militaires l'exhibition de leur feuille de route, lorsque ceux-ci ne sont pas en uniforme. — Il est interdit aux compagnies d'exiger, en route, cette exhibition, lorsque les porteurs de billets militaires sont en uniforme.

Nota. — (Circ. d'envoi.) « D'après l'art. 7, les comp. peuvent, pour assurer le contrôle, demander, en route, aux porteurs de billets militaires, l'exhibition de leur feuille de route, mais seulement lorsque ceux-ci ne sont pas en uniforme ; l'uniforme, lorsqu'il existe, paraissant suffire pour le contrôle de route. Cette clause, empruntée à l'arr. de 1859, et dont la réserve finale était repoussée par les comp., a été entièrement maintenue par les trib. admin. »

« 8. — Les sous-officiers des armées de terre et de mer, les officiers-mariniers, soldats et agents de même rang en uniforme ne seront admis à voyager à prix réduit que dans les voitures de 2ᵉ et de 3ᵉ classe, à moins que des raisons de service constatées par l'autorité compétente sur la feuille de route ou sur le titre qui la supplée ne les obligent à voyager par un train *express* qui n'aurait que des voitures de 1ʳᵉ classe. L'autorité compétente reste d'ailleurs seule juge des raisons de service qui justifient l'exception et n'est pas tenue de les développer. — Les officiers seuls et assimilés seront admis à voyager dans les voitures de 1ʳᵉ classe (1).

« 9. — Sauf l'exception prévue au § 1ᵉʳ de l'art. 8, les comp. sont tenues de refuser des billets de 1ʳᵉ classe aux sous-officiers, officiers-mariniers, soldats et agents de même rang *en uniforme*, quand bien même ceux-ci les réclameraient sous leur responsabilité personnelle ou offriraient de payer place entière ; mais elles doivent satisfaire aux

---

(1) Les dispositions *de cet art.* 8 ont été modifiées de la manière suivante par un arr. min. tr. publ. du 20 déc. 1873. — « (Art. 8.) — Les sous-officiers des armées de terre et de mer, les officiers-mariniers, soldats et agents de même rang, *en uniforme*, ne seront admis à voyager que dans les voitures de deuxième et de troisième classe. — Ils ne pourront voyager dans les voitures de première classe que lorsque l'autorisation formelle leur en aura été donnée par l'autorité militaire. Cette autorisation devra être expressément mentionnée sur la feuille de route ou le titre qui la supplée. — Les officiers seuls et assimilés seront admis, de plein droit, à voyager dans les voitures de première classe..... » — V. aussi *Détachements.*

Admission des détachements dans les trains rapides (comportant des voitures de toutes classes). (Circ. min. 20 juill. 1886). — V. plus haut, § 3, 5°.

demandes de billets de 1ʳᵉ classe à prix réduit qui leur seraient adressées par des sous-officiers, officiers-mariniers, soldats et agents de même rang *en habit bourgeois*.

« 10. — Les officiers et assimilés, soit en uniforme, soit en habit bourgeois, peuvent occuper, si bon leur semble, des places autres que celles de 1ʳᵉ classe. »

Nota. — (Circ. d'envoi.) — « Les art. 8, 9 et 10, relatifs aux places qui sont assignées aux militaires ou marins, suivant leur grade, reproduisent des mesures de discipline depuis longtemps prescrites par les administrations de la guerre et de la marine, et dont l'application n'aggrave, d'ailleurs, en rien les charges des compagnies. »

TITRE II. — MILITAIRES OU MARINS VOYAGEANT EN CORPS.

« 11. — Sera transporté, en corps, au prix réduit fixé par les cahiers des charges, le personnel inscrit sur les états mentionnés à l'art. 1ᵉʳ.

Nota. — (Circ. d'envoi.) — « L'art. 11 se réfère, pour les militaires et marins voyageant en corps, aux états arrêtés par l'art. 1ᵉʳ pour les militaires ou marins voyageant isolément. Cette disposition a pour but de constater, à l'avantage des compagnies, que le bénéfice du tarif réduit n'est accordé, même dans le cas d'un voyage en corps, qu'au personnel désigné aux états A et B. »

« 12. — Les voitures, caissons et prolonges de l'armée, de même que les canons et affûts voyageant avec l'armée, sont taxés comme matériel aux conditions générales stipulées dans le cahier des charges.

Nota. — (Circ. d'envoi.) — « Le C. d'Etat, d'accord avec le C. de préf. de la Seine, a décidé que les voitures, caissons et prolonges de l'armée, les canons et leurs affûts, même lorsqu'ils voyagent avec l'armée, doivent être taxés comme matériel aux conditions générales stipulées dans le cah. des ch. Je cite textuellement les conclusions du C. de préf., qui sont d'ailleurs reproduites dans l'art. 12 de mon arrêté ; mais je crois utile de faire remarquer que les *conditions générales stipulées dans le cah. des ch.* ne doivent pas être confondues avec le tarif maximum fixé par l'acte de concession. Tout ce que les comp. ont demandé et obtenu, c'est que les canons et leurs affûts, les voitures caissons et prolonges, cessant d'être assimilés aux bagages, fussent soumis au tarif ordinaire. Mais on ne saurait admettre que dans le cas de réductions de prix régulièrement approuvées et applicables à tous, les départements de la guerre et de la marine, par cela même qu'ils représentent l'Etat, n'auraient pas le droit d'en réclamer le bénéfice. Pour les transports ci-dessus énoncés, comme pour tous autres transports militaires, les prix homologués sont les seuls qui doivent être perçus, lorsqu'il n'y a pas lieu d'appliquer la réduction fixée par le cah. des ch. »

« 13. — Les voitures, les caissons et les prolonges sont taxés comme vides et par pièce, à moins qu'ils ne soient démontés, auquel cas ils sont taxés au poids.

« Les canons et leurs affûts sont taxés au poids dans tous les cas.

« Sont également taxés au poids les approvisionnements, ainsi que le matériel et le chargement des voitures *à la suite des corps*.

Nota. — (Circ. d'envoi.) — « L'art. 13 tranche une question qui avait été soulevée par le département de la guerre. Il s'agissait de savoir si les voitures, les caissons et les prolonges doivent être taxés à la pièce, comme véhicules, ou au poids comme marchandises. La taxation à la pièce a été admise, selon la règle générale, sauf le cas où les voitures, caissons et prolonges seraient démontés. Quant aux canons, affûts, approvisionnements et matériel de toute espèce, que ces approvisionnements et ce matériel soient ou non chargés sur des voitures, ils doivent être taxés au poids. »

« 14. — Le transport des militaires ou marins voyageant en corps, de leurs chevaux et de leurs bagages est taxé au quart du tarif fixé par les cah. des ch., toutes les fois qu'il s'effectue dans les conditions ordinaires et sans que le Gouvernement requière la suspension de tout ou partie du service de la compagnie chargée d'opérer ce transport.

« Néanmoins, lorsqu'un train spécial est requis pour un envoi de troupes, il est accordé à la compagnie un minimum de 5 francs (impôt compris) par kilom. parcouru, si l'ensemble des taxes à percevoir pour le transport du personnel et du matériel est insuffisant pour faire ressortir une taxe kilométrique égale à ce chiffre.

« Le minimum de 5 francs par kilomètre s'applique également au train spécial qui serait requis pour un envoi de chevaux accompagnés de leurs cavaliers ou des cavaliers ou ordonnances chargés de les conduire, s'il s'agit de chevaux de remonte ou de chevaux appartenant à des officiers, et ce minimum s'établit sur le prix de transport cumulé des hommes, des chevaux et des excédents de bagages.

Nota. — (Circ. d'env.) — « L'art. 14 détermine le cas où les transports doivent être effectués au quart du tarif fixé par le cah. des ch. Un minimum de 5 fr. (impôt compris) par kilom. parcouru est consenti aux comp. de ch. de fer lorsqu'un train spécial est requis pour les transports qui ont lieu dans ces conditions, et ainsi se trouve généralisée l'application d'une taxe qui, dans l'origine de l'exploitation, était perçue par certaines compagnies en vertu de conventions intervenues entre elles et le département de la guerre. Toutefois, le minimum de 5 fr. ne sera appliqué qu'autant que *l'ensemble des taxes à percevoir pour le transport du personnel et du matériel est insuffisant pour faire ressortir une taxe kilométrique égale à ce chiffre*. Dans l'ensemble de ces taxes figureront celles qui seront prélevées à plein tarif aussi bien que celles qui seront le résultat de la réduction légale. — L'extension des dispositions qui précèdent aux envois de chevaux soulève incidemment une question que je me réserve de traiter en examinant l'art. 23, où elle trouve naturellement sa place. »

« 15. — Dans le cas où le Gouvernement a besoin de diriger des troupes ou un matériel militaire ou naval sur un des points desservis par un chemin de fer, et où il requiert la mise immédiate à sa disposition de tous les moyens de transport, il paye la moitié de la taxe du tarif, bien que la compagnie, après avoir satisfait à toutes les exigences de la réquisition, ait continué en partie ses services, soit à l'aide d'un matériel emprunté provisoirement à une autre compagnie, soit même à l'aide d'une portion de son matériel qui, n'ayant pas été employée en vertu de la réquisition, aurait été par l'administration reconnue inutile pour assurer l'exécution de la réquisition.

Nota. — (Circ. d'envoi.) — « Je n'ai aucune observation à présenter sur l'art. 15, relatif aux transports effectués à la moitié de la taxe du tarif. Je me bornerai à faire remarquer que la rédaction en est conforme aux conclusions du Conseil d'Etat. »

« 16. — Dans le cas où les départements de la guerre et de la marine feraient construire des voitures cellulaires pour le transfèrement de leurs détenus, les employés et gardiens, soit militaires, soit marins, ainsi que les détenus placés dans ces voitures, seront transportés au tarif militaire.

« Le transport des voitures cellulaires sera gratuit.

« Provisoirement, les admin. de la guerre et de la marine feront transférer leurs détenus dans un compartiment spécial de 2e classe à deux banquettes : ce compartiment sera payé au prix de 20 centimes par kilomètre (plus l'impôt dû au Trésor).

Nota. — (Circ. d'envoi.) — Les dispositions stipulées par le cah. des ch. en faveur des prisonniers civils devaient s'appliquer, au même titre, aux prisonniers militaires. L'art. 16 porte, en conséquence, que, dans le cas où les départements de la guerre et de la marine feraient construire des voitures cellulaires pour le transfèrement de leurs détenus, le transport de ces voitures sera gratuit. Quant aux militaires ou marins placés dans les voitures cellulaires, ils ne peuvent pas perdre le bénéfice de leur qualité, et ils voyageront au quart du tarif légal. — Provisoirement, les admin. de la guerre et de la marine continueront à faire transporter leurs détenus dans un comp. spéc. de 2e cl. à deux banquettes, taxé, comme pour les détenus civils, au prix de 0 fr. 20 c. par kilom., plus l'impôt dû au Trésor. Ce mode de transport, dans l'état actuel des choses, est en même temps pour ces admin. un droit et une obligation. La décision du 6 août 1857, qui a interdit l'immixtion des prisonniers civils avec les autres voyageurs, et la décision additionnelle du 29 oct. suivant sont, en effet, de tous points, applicables aux prisonniers militaires ou marins. — Je rappellerai, en outre, qu'une décision du 15 juin 1858 a assimilé le transfèrement des aliénés à celui des détenus, et que l'immixtion prohibée pour les uns l'a été également pour les autres (V. *Aliénés*). — La même règle doit être suivie à l'égard des aliénés de la guerre et de la marine, qui voyageront dès lors dans les mêmes conditions que les prisonniers.

TITRE III. — DISPOSITIONS COMMUNES AUX MILITAIRES OU MARINS VOYAGEANT ISOLÉMENT
ET AUX MILITAIRES OU MARINS VOYAGEANT EN CORPS.

« 17. — Les militaires ou marins voyageant isolément et porteurs d'un titre régulier,
aussi bien que les militaires ou marins voyageant en corps, ont droit au transport gratuit de 30 kilogr. de bagages par homme. L'excédent est taxé au prix réduit fixé par le
cah. des ch. — La réduction de taxe accordée aux militaires ou marins pour bagages
n'est applicable qu'à leur armement personnel et aux effets d'habillement ou autres
menus objets à leur usage (V. plus haut, § 2). — V. aussi le mot *Bagages*.

Nota. — (Circ. d'envoi.) — « L'art. 17 est spéc. consacré aux conditions de transport des
bagages et des excédents de bagages des militaires ou marins voyageant soit isolément, soit en
corps. Sur la demande de certaines compagnies, et dans leur intérêt, le ministre de la guerre
avait bien voulu, dans le temps, assigner une limite aux excédents de bagages susceptibles
d'être transportés à prix réduit. Cette disposition avait été généralisée par l'arr. min. du 31 déc.
1859; mais les comp., qui l'avaient autrefois sollicitée, en ayant demandé et obtenu l'annulation, elle cessera d'être appliquée pour faire place au régime du droit commun. Le premier
paragr. de l'art. 17 est rédigé en ce sens. Quant au deuxième paragr., il limite, conf. aux conclusions du C. de préf. maintenues par le C. d'Etat, le bénéfice du prix réduit à l'armement
personnel des militaires et marins et aux effets d'habillement ou autres menus objets à leur
usage. Vous remarquerez, toutefois, que cette interprétation, restreinte, par ses termes mêmes,
aux bagages transportés avec réduction de taxe, ne s'étend pas aux 30 kilogr. transportés gratuitement. Pour ce dernier transport, les militaires ou marins doivent nécessairement être traités
comme les voyageurs ordinaires. » — V. *Bagages*.

« 18. — Tout militaire ou marin qui demanderait à occuper une place dite *de luxe*
payera le tarif réduit de la 1re classe, et, de plus, le supplément intégral exigé pour ces
sortes de places. — V. *Coupés et places de luxe*.

Nota. — (Circ. d'envoi.) — « Conf. à une disposition depuis longtemps en vigueur, les militaires ou marins qui demanderaient à occuper une place dite *de luxe* sont tenus de payer le supplément intégral exigé pour ces sortes de places. L'art. 18 reproduit purement et simplement
cette disposition. »

« 19. — (*Transport des chevaux et du matériel des cantinières.*) — Voir au mot Cantinières ledit art. 19 ainsi que le passage de la circ. minist. qui s'y rapporte.

« 20. — Les voitures particulières appartenant à des militaires ou marins sont taxées
au prix du *tarif ordinaire*.

Nota. — (Circ. d'envoi.) — « L'art. 20 porte que les voitures appartenant à des militaires
ou marins seront taxées au prix du tarif ordinaire. Cette disposition, empruntée à l'arr. min. du
31 déc. 1859 et que consacre implicitement l'interprétation des trib. admin. sur la question des
bagages, est maintenue dans le nouvel arrêté. »

« 21. — Dans toute voiture transportée sur les chemins de fer, lorsque les voyageurs
excédant le nombre admis gratuitement sont militaires ou marins, ceux-ci conservent le
bénéfice de leur qualité et jouissent de la réduction militaire appliquée aux places de
2e classe.

Nota. — (Circ. d'envoi.) — « D'après une clause du cah. des ch., deux personnes peuvent
être transportées gratuitement dans les voitures particulières à une banquette et trois dans les
voitures à deux banquettes, lorsque l'expédition a lieu en grande vitesse ; les voyageurs excédant ce nombre payent le prix des places de 2e classe. Quelques comp. avaient autrefois élevé la
prétention de faire payer aux militaires qui se trouveraient dans ces dernières conditions le prix
intégral de la 2e classe, sans tenir compte de leur qualité. Une semblable prétention ne pouvait
être admise, et il est même difficile de s'expliquer l'intérêt qui l'avait fait naître, car les militaires n'avaient qu'à monter dans les wagons pour avoir droit à la réduction consentie par le cah.
des ch. : en restant dans la voiture transportée sur truck, ils laissaient autant de places disponibles pour la compagnie. L'art. 21 fait cesser toute difficulté. Lorsque, par exemple, une voiture à deux banquettes contiendra quatre voyageurs, dont un sera militaire, les trois voyageurs
ordinaires seront transportés gratuitement et le voyageur militaire payera le prix d'une place de

2e classe, réduit dans la proportion légale. Je crois superflu d'ajouter que, si les trois premiers voyageurs étaient militaires ou marins, ils n'auraient rien à payer, puisqu'ils rentreraient dans les conditions ordinaires du cahier des charges. »

« 22. — Les officiers et employés de tous grades de l'armée de terre peuvent faire transporter à prix réduit le nombre de chevaux qui leur est attribué, soit sur le pied de paix, soit sur le pied de guerre, par l'état C annexé au présent arrêté.

Nota. — (Circ. d'envoi.) — « L'art. 22 fixe, conf. à l'état C, le nombre de chevaux attri-bué aux officiers et employés de tous grades, soit sur le pied de paix, soit sur le pied de guerre. Cet état, substitué à celui qui était annexé à l'arr. min. du 31 déc. 1859, est conforme au type que j'ai communiqué aux compagnies le 10 février 1864. » — (V. plus loin, arr. min. 14 août 1884.)

« 23. — Les chevaux des militaires ainsi que les chevaux de troupe ne sont expédiés à prix réduit qu'autant qu'ils sont accompagnés de leurs cavaliers ou des cavaliers ou ordonnances chargés de les conduire, s'il s'agit de chevaux de remonte ou de chevaux appartenant à des officiers.

« Toutefois, pour les chevaux de remonte, il y aura au moins un cavalier de conduite pour trois chevaux. Dans le cas où l'effectif présenterait plus de trois chevaux par cava·lier, l'excédent sera taxé au prix du tarif ordinaire.

« Les chevaux dont il est question au présent article ainsi qu'aux art. 14, 19 et 22 ci-dessus seront transportés à grande vitesse dans les conditions prescrites par l'arrêté ministériel du 12 juin 1866. — V. *Délais.*

Nota. — (Circ. d'envoi.) — « Le C. d'État a décidé que les chevaux des militaires ainsi que les chevaux de troupe ne doivent être expédiés à prix réduit qu'autant qu'ils sont accompagnés de leurs cavaliers. Cette disposition doit-elle être interprétée en ce sens que le prix réduit n'est applicable au transport des chevaux qu'autant que chaque cheval est accompagné d'un cavalier et surtout du cavalier auquel il appartient? Les comp. ne l'ont pas pensé, car elles ont admis avec raison que les chevaux d'officiers, voyageant avec les cavaliers ou ordonnances chargés de les conduire, seraient taxés au quart du tarif. Il m'a paru que, par des considérations analogues à celles qui avaient guidé les compagnies, le bénéfice de la mesure devait être acquis également aux chevaux de remonte ; mais, pour éviter les abus, j'ai décidé, d'accord avec le min. de la guerre, que, dans ce dernier cas, il y aurait au moins un cavalier de conduite pour trois che-vaux. Toutefois, s'il s'agissait de transporter un convoi de remonte qui ne présenterait pas cette proportion entre le nombre des cavaliers et celui des chevaux, les comp. ne devraient pas pour cela se croire autorisées à refuser le prix réduit. Dans ce cas, les hommes seront d'abord admis au tarif militaire ; aucune difficulté ne saurait s'élever sur ce point : quant aux chevaux, ils seront transportés aux conditions de ce même tarif, dans la limite de la proportion fixée par mon arrêté. Ainsi, par exemple, si le convoi se compose de trente chevaux et de huit hommes, vingt-quatre chevaux seront expédiés à prix réduit, et les six autres payeront le tarif ordi-naire.

« L'art. 23, rédigé dans ce sens, renferme les diverses dispositions que je viens de rappeler.

« Le dernier paragr. du même article stipule que les chevaux des militaires et les chevaux de troupe voyageant au prix réduit fixé par le cah. des ch. devront être transportés à grande vitesse dans les conditions prescr. par l'arr. min. du 12 juin 1866 : j'ai voulu qu'il fût ainsi bien entendu, alors surtout que la petite vitesse était supprimée par suite de la décision du C. d'Etat, que les chevaux seraient expédiés dans les conditions ordinaires de la grande vitesse, c'est-à-dire par les trains de voyageurs comprenant des voitures de toutes classes et correspondant avec leur destination. Certaines irrégularités, qui m'ont été signalées par le min. de la guerre, ont motivé en outre cette clause additionnelle. » — V. aussi *Chevaux* et *Délais.*

« 24. — Les frais accessoires d'enregistr., de chargement et de déchargement, de magasinage, etc., sont perçus, pour les transports de la guerre et de la marine, conf. aux *tarifs ordinaires* et sans réduction, lors même que, sans en avoir été requis, les militaires ou marins effectuent le chargement et le déchargement. — V. *Frais.*

Nota. — La disposition de l'art. 24 est conforme à la décision des trib. admin.

« 25. — Pour les transports de la guerre et de la marine, le minimum de la percep-tion est fixé à 10 centimes.

Nota. — (Circ. d'envoi.) — « D'après l'art. 25, le minimum de la perception est réduit, dans tous les cas, à 10 centimes pour les expéditions de la guerre et de la marine, soit qu'il s'agisse d'expéditions soumises au minimum légal de 40 centimes, soit qu'il s'agisse de celles dont le minimum a été abaissé à 25 centimes par les compagnies elles-mêmes. »

« 26. — Les dispositions applicables aux voyageurs ordinaires sont également applicables aux militaires ou marins en tout ce qui n'est pas contraire aux prescriptions du présent arrêté. — V. le mot *Voyageurs*.

Nota. — (Circ. d'envoi.) — « L'art. 26 a pour objet de faire connaître que les dispositions applic. aux voyageurs ord. telles, par ex., que les mesures adoptées pour les billets perdus, les suppl. de route, etc., sont également applic. aux militaires ou marins en tout ce qui n'est pas contraire aux clauses spéc. concernant les départem. de la guerre et de la marine. »

« 27. — Toutes décisions antérieures concernant les transports à prix réduit de la guerre et de la marine, et notamment l'arrêté ministériel du 31 déc. 1859, ainsi que la circulaire qui l'accompagne, sont rapportés.

Nota. — (Indication finale de la circ. minist. d'envoi du 15 juin 1866.) — « J'ai réuni dans l'arrêté ci-joint non seulement les dispositions de l'arr. min. du 31 déc. 1859 qui n'ont pas été réformées par le C. d'Etat, mais encore les différentes décisions successivement rendues sur la matière. L'art. 27 rapporte en conséquence tout arrêté, toute décision antérieure, et l'admin., les compagnies et les intéressés trouveront ainsi dans un seul et même document la solution des diverses questions relatives à l'application du tarif militaire. — Bien que la jurispr. des trib. admin. ait fixé les points litigieux et que les autres aient subi une épreuve de plus de six ans sous le régime de l'arrêté de 1859, j'ai cru nécessaire de présenter les observations qui précèdent pour bien faire comprendre le sens, la portée et le but du nouvel arrêté que vous aurez à exécuter. Toute difficulté étant aujourd'hui résolue en principe, je me plais à espérer que les compagnies feront ce qui dépendra d'elles pour aplanir celles qui pourraient surgir dans la pratique. »

« 28. — Le présent arrêté sera notifié aux compagnies de chemins de fer.

« Les préfets, les fonctionnaires et agents du contrôle sont chargés d'en surveiller l'exécution. » (*Arrêté minist.*, 15 juin 1866.) — Voir, ci-après, l'arrêté modificatif du 14 août 1884 et les états A, A', B, C et C' qui l'accompagnent.

Suivent les états A, A', B, C et C', d'après les modèles joints *au nouvel arrêté du 14 août 1884*, et qui s'appliquent savoir :

Etat A. — Personnel de la guerre admis, *en tout temps*, au bénéfice de la réduction du tarif militaire.
Etat A'. — *Id.* Admission au tarif réduit, *dans certaines circonstances déterminées*.
Etat B. — Personnel de la marine admis au tarif réduit.
Etat C. — Nombre de chevaux dont les officiers, assimilés et employés militaires peuvent être pourvus sur le pied de paix et de guerre.
Etat C'. — Nombre de chevaux attribués au personnel de divers services de la guerre *dans certaines circonstances déterminées* (1).

Extr. de l'arr. min. du 14 août 1884 (mettant en vigueur les nouveaux états A, A', B, C et C',). — « Le min. des tr. publ., — Vu l'arr. min. du 15 juin 1866..., — Vu la décis. min. du 9 mars 1870 et l'arr. min. du 1er avril 1876...., Vu, etc...., Vu les lettres du min. de la guerre..... et du min. de la marine....; — Considérant que pour tenir

---

(1) L'origine des premiers états A, B et C remonte à 1859 et les mêmes états modifiés avaient été joints à l'arr. min. du 15 juin 1866 (V. les art. 1 et 22 dudit arrêté). Par suite de la *réorganisation de l'armée*, l'état A' avait été ajouté depuis à la collection, par un arr. min. du 1er avril 1876 qui avait également remanié les tableaux A et B ainsi que l'état C dont le dernier modèle avait été joint à la décision min. du 9 mars 1870. Tout cela est à peu près rappelé, du reste, dans le nouvel arr. min. du 14 août 1884 dont nous donnons l'ext. principal, et qui a été lui-même basé sur la nécessité de tenir compte de l'état de la jurisprudence et des nouveaux décrets (et lois) d'organisation.

compte de l'état de la jurispr. et des décrets (et lois) d'organisation..... il est nécessaire de reviser, etc....; — Les compagnies de chemins de fer entendues ; — Arrête :

Art. 1ᵉʳ. — Les états A, A′ et B, annexés à l'arr. min. du 1ᵉʳ avril 1876, et l'état C, annexé à la décision min. du 9 mars 1870, sont remplacés par les états ci-joints A, A′, B, C et C′, qui seront mis immédiatement en vigueur.

2. — Le présent arrêté sera notifié aux compagnies de chemins de fer. — Les préfets, les fonctionnaires et agents du contrôle sont chargés d'en surveiller l'exécution. »

Nota. — Nous avons mentionné plus haut, au § 3, 12°, une circ. min. tr. publ. 14. *fév.* 1884, relative à l'entente préliminaire qui s'était établie avec les adm. de la guerre et de la marine au sujet des nouvelles dispositions. — En transmettant l'arrêté ci-dessus, du 14 août 1884, *par une circ. de même date*, aux chefs du contrôle et aux compagnies, le min. des tr. publ. après avoir mentionné les points qui avaient donné matière à observation, s'adresse comme suit à ces dernières : — « Satisfaction a été ainsi donnée aux observations que les compagnies avaient présentées relativement à l'état C; il a été tenu compte également des modifications qu'elles avaient demandées en ce qui concerne les états A, A′ et B, au fur et à mesure qu'ils leur ont été communiqués. — L'accord étant ainsi complètement établi, je ne puis que vous prier, messieurs, de vouloir bien assurer, sur votre réseau, l'exécution de l'arrêté que j'ai l'honneur de vous notifier. » *(Extr. cir. min. 14 août 1884 portant envoi de l'arr. min. de même date.)*

Modifications survenues depuis l'arr. min. du 14 août 1884. — 1° A l'état A (addition, à la 2ᵉ *colonne,* des élèves-officiers de diverses écoles, qui figuraient *à la 3ᵉ colonne*). 2° Annotations à inscrire sur l'état C par suite d'une *réduction* des chevaux attribués en temps de paix à certains officiers. — Voici les ext. des circul. concernant les changements dont il s'agit :

1° *Circ. min. 17 janv. 1885*, tr. publ. aux comp. — Extr. (au sujet des *élèves-officiers*). — « D'après une lettre que je viens de recevoir, M. le Ministre de la guerre a décidé que les élèves-officiers de toutes les écoles militaires, sans distinction, seront à l'avenir assimilés aux officiers, au point de vue du droit au transport en 1ʳᵉ classe sur les voies ferrées. — Par suite de cette décision, il y aura lieu de reporter dans la 2ᵉ colonne de l'état A, annexé à mon arrêté du 14 août 1884, les élèves de l'école d'infanterie de Saint-Maixent, qui figurent actuellement dans la catégorie des sous-officiers (3ᵉ colonne de l'état A).

En outre, l'appellation d'élèves-officiers s'appliquant également aux élèves de l'école militaire d'artillerie et du génie créée à Versailles, par décret du 10 janvier 1884, il conviendra de comprendre aussi ces élèves dans la catégorie des officiers.

Suivant le désir exprimé par mon collègue, je vous prie de donner à votre personnel les instructions nécessaires pour que la mise en vigueur des dispositions ci-dessus indiquées ne donne lieu à aucune difficulté... »

2° *Modifications à l'état C.* — Circ. min. 10 nov. 1884, tr. publ., annonçant aux compagnies, et par ampliation aux chefs du contrôle et aux préfets, que le min. de la guerre a fait insérer l'arr. min. du 14 août 1884 au *Journal militaire officiel* (n° 73, année 1884) et ajoutant ce qui suit :

« Mon collègue appelle également mon attention sur les annotations qu'il a cru devoir faire inscrire sur l'état C (sous forme de nota inséré à la page 11 dudit arrêté) pour tenir compte d'une décision présidentielle du 15 sept. dernier qui réduit de deux à un le nombre des chevaux attribués, en temps de paix, aux capitaines des troupes à pied et aux lieutenants et sous-lieutenants de toutes armes employés comme officiers d'ordonnance, mesure qui est également applicable aux sous-intendants militaires de 3ᵉ classe. — Ces modifications ne peuvent faire l'objet d'aucune observation de la part des adm. de ch. de fer, puisqu'elles ont pour unique conséquence de restreindre leurs obligations en ce qui concerne le nombre des chevaux qu'elles ont à transporter au tarif militaire.

Vous trouverez ci-joint, indépendamment de la copie de la note précitée de M. le min. de la guerre, un ex. de l'arrêté du 14 août 1884 sur lequel a été ajoutée, au bas de la page 2, une bande imprimée reproduisant les annotations ci-dessus indiquées : je vous adresse également .....

exemplaires de cette bande afin qu'il vous soit possible d'en munir chacun des exemplaires de l'arrêté du 14 août que je vous ai précédemment envoyés..... » (Suit le texte de la bande ou *nota* dont il s'agit.) :

« Nota. — Une décision présidentielle du 15 septembre 1884 a réduit à un en temps de paix le nombre des chevaux attribués aux capitaines des troupes à pied et aux lieutenants et sous-lieutenants de toutes armes employés comme officiers d'ordonnance.

Les sous-intendants militaires de 3ᵉ classe ont droit à un cheval en temps de paix et à deux chevaux en temps de guerre. »

Extr. de la circ. envoyée pour le même objet aux chefs du contrôle et aux préfets (10 nov. 1884). — « Vous trouverez également ci-joints... exemplaires de la bande imprimée reproduisant ces modifications, sous forme de *nota*, afin qu'il vous soit possible d'en munir..... chacun des ex. de l'arrêté du 14 août que je vous ai précédemment envoyés.

Le premier paragraphe de ce *nota* est afférent au sixième alinéa des observations, se terminant par ces mots : « comme sur le pied de guerre. »

Le second paragraphe correspond à la rubrique « Intendance militaire. — Sous-intendant militaire, 2-3 chevaux ».

3° *Indications diverses.* — Voir plus haut § 3, 7° et 8°.

Note ministérielle (guerre). — 27 sept. 1884, *pour l'application des tarifs militaires sur les chemins de fer.* (Extr.)

« L'arrêté pris par le min. des tr. publ., à la date du 14 août 1884, a pour objet de remplacer, d'une part, les états A, A′ et B joints à l'arrêté du 1ᵉʳ avril 1876, d'autre part, l'état C, annexé à la circ. min. du 9 mars 1870, par de nouveaux états A, A′, B, C et C′. — V. plus loin.

Les trois premiers de ces états, A, A′ et B, comprennent le personnel de la guerre et de la marine qui doit être transporté à prix réduit, sur les chemins de fer ; les deux autres (C et C′) fixent le nombre des chevaux dont les officiers ou employés militaires de tous grades peuvent être pourvus sur le pied de paix et sur le pied de guerre, ou dans certaines circonstances déterminées.

En portant ce nouvel arrêté à la connaissance des militaires de tous grades et des fonctionnaires militaires, le Ministre recommande d'inscrire très exactement sur les pièces d'exécution de transport (feuille de route ou bons de chemins de fer, congés ou permissions), sans addition, ni modification, la qualité du titulaire telle qu'elle figure sur les états annexés audit arrêté.

L'attention des fonctionnaires de l'intendance est tout particulièrement appelée sur l'alinéa 5 des observations insérées à l'état C, d'après lequel les officiers et assimilés en disponibilité n'ont plus droit, après six mois passés dans cette position, qu'à un nombre de chevaux inférieur à celui qui leur est attribué sur le pied d'activité.

Afin de prévenir les abus qui pourraient se produire dans l'application de cette clause, il conviendra, pour déterminer la situation de l'officier ou de l'assimilé, d'indiquer, sur la feuille de route ou le bon de chemin de fer, la date précise de la mise en disponibilité. »

ÉTAT A.

ÉTAT DU PERSONNEL

ressortissant au département de la guerre qui doit être admis, *en tout temps*, au bénéfice de la réduction de prix stipulée par les cah. des ch. de ch. de fer.

LE MINISTRE DE LA GUERRE ET SON ÉTAT-MAJOR.

OFFICIERS GÉNÉRAUX, OFFICIERS SUPÉRIEURS et assimilés.	OFFICIERS, DEPUIS LE GRADE DE CAPITAINE et employés militaires assimilés.	ADJUDANTS, SOUS-OFFICIERS, CAPORAUX, SOLDATS et agents assimilés.
Maréchaux de France.	Capitaines.	Adjudants, chefs armuriers et sous-chefs de musique.
	Lieutenants.	
Généraux de division.	Sous-lieutenants.	Sous-officiers et gendarmes.
Généraux de brigade.	Chefs de musique.	Maîtres ouvriers des corps de troupe.
Colonels.	Elèves à l'Ecole d'application de l'artillerie et du génie.	Caporaux et brigadiers.
Lieutenants-colonels.	Elèves à l'Ecole d'état-major.	Soldats, tambours, clairons, trompettes et enfants de troupe.
	Elèves à l'Ecole polytechnique.	
Chefs de bataillon.	Elèves à l'Ecole spéc. militaire de S.-Cyr.	Cavaliers de manège.
Chefs d'escadron.	Elèves à l'Ecole de cavalerie de Saumur.	Cavaliers de remonte.
Majors. Fonctionnaires du corps du contrôle.		Sapeurs-pompiers de la ville de Paris.
Intendants généraux. Intendants militaires. Sous-intendants militaires.	Adjoints à l'intendance.	Cantinières, vivandières et blanchisseuses commissionnées.
Ingénieurs des poudres. Commissaires du Gouvernement et rapporteurs près les conseils de guerre et les conseils de revision.	Substituts près les conseils de guerre et les conseils de revision.	Commis-greffiers, agents principaux, sergents, huissiers, appariteurs et sous-officiers de surveillance attachés aux parquets, prisons, pénitenciers et ateliers de condamnés, fusiliers et pionniers de discipline.
Médecin inspecteur général.	Médecins et pharmaciens-majors de 2e classe.	Elèves à l'Ecole militaire de Saint-Maixent. (A reporter à la 2e col. V. plus haut, la circ. min. du 17 janv. 1885, au sujet des élèves-officiers.)
Médecins et pharmaciens inspecteurs. Médecins et pharmaciens principaux.	Médecins et pharmaciens aides-majors. Médecins et pharmaciens stagiaires aides-majors de 2e classe à l'Ecole d'application du Val-de-Grâce.	Elèves à l'Ecole d'administration militaire de Vincennes.
Médecins et pharmaciens majors de 1re classe. Vétérinaires principaux.	Vétérinaires. Aides-vétérinaires. Archivistes des bureaux de l'état-major. Annonciers militaires.	
Officiers d'admin. princip. des hôpitaux militaires, de l'habillement et du campement, des bureaux de l'intendance militaire, des subsistances militaires et de la justice militaire.	Officiers d'administration et officiers d'administration adjoints des hôpitaux militaires, de l'habillement et du campement, des bureaux de l'intendance militaire, des subsistances militaires et de la justice militaire.	Employés militaires de l'artillerie, du génie et des équipages militaires faisant partie des cadres de l'armée. Ouvriers d'Etat, sous-officiers stagiaires du génie, caserniers, portiers-consignes, éclusiers militaires, artificiers, gardiens de batterie, maréchaux des logis, chefs mécaniciens, gardes-parcs, maréchaux ferrants, bourreliers, selliers, ouvriers en fer et en bois et ouvriers militaires de chemins de fer.
Adjoints princip. de 1re cl. du génie.	Adjoints princip. de 2e cl. et adjoints du génie.	
Gardes princ. de 1re cl. de l'artillerie.	Gardes princip. de 2e cl. et gardes de l'artillerie.	
	Contrôleurs d'armes.	
Interprètes principaux.	Interprètes.	
Officiers supér. de l'Hôtel des Invalides.	Officiers de l'Hôtel des Invalides.	Militaires de l'Hôtel des Invalides.

OFFICIERS GÉNÉRAUX. OFFICIERS SUPÉRIEURS et assimilés.	OFFICIERS, DEPUIS LE GRADE DE CAPITAINE et employés militaires assimilés.	ADJUDANTS, SOUS-OFFICIERS, CAPORAUX, SOLDATS et agents assimilés.
Officiers généraux, fonctionnaires du contrôle ; — intendants généraux inspecteurs ; — intendants militaires. Médecins inspecteurs et pharmacien inspecteur du service de santé du cadre de réserve. Officiers de l'armée active en disponibilité ou en non-activité. (NOTA. — Les officiers en retraite ne sont pas compris, sauf l'exception ci-après.) Colonels, lieutenants-colonels, chefs de bataillon, majors, du cadre d'activité, démissionnaires ou en retraite, commandant un bureau de recrutement.	Officiers de l'armée active en disponibilité ou en non-activité. (NOTA. — Les officiers en retraite ne sont pas compris, sauf l'exception ci-après.) Capitaines, lieutenants, sous-lieutenants, du cadre d'activité, démissionnaires ou en retraite, employés dans le service du recrutement. Capitaines-majors et officiers adjoints de l'armée territoriale.	Militaires de l'armée active en congé, lorsqu'ils se rendent dans leurs foyers, lorsqu'ils sont rappelés ou qu'ils voyagent en vertu d'un ordre de service. Les sous-officiers de l'armée territoriale soldés d'une manière permanente.
Khalifats, bach-aghas et aghas exerçant un commandement en territoire militaire.	Kaïds, cheiks, exerçant un commandement en territoire militaire.	Cavaliers et fantassins auxiliaires indigènes.

ÉTAT A'.   ÉTAT DU PERSONNEL.

ressortissant au département de la guerre qui doit être admis, *dans certaines circonstances déterminées*, au bénéfice de la réduction de prix stipulée par les cah. des ch. de ch. de fer.

OFFICIERS SUPÉRIEURS ET ASSIMILÉS.		OFFICIERS, DEPUIS LE GRADE DE CAPITAINE et assimilés.		ADJUDANTS, SOUS-OFFICIERS, CAPORAUX, SOLDATS et agents assimilés.	
Lieutenants-colonels et chefs de bataillon de l'armée territoriale.	En cas de mobilisation, de manœuvres ou de revues.	Capitaines, lieutenants et sous-lieutenants de l'armée territoriale.	En cas de mobilisation, de manœuvres ou de revues.	Sous-officiers, caporaux, brigadiers, tambours, clairons, soldats de l'armée territoriale.	En cas de mobilisation, de manœuvres ou de revues.
Directeurs et chefs de service de la télégraphie militaire.	En cas de mobilisation, de manœuvres ou de revues.	Chefs de section, chefs de poste et télégraphistes de la télégraphie militaire.	En cas de mobilisation, de manœuvres ou de revues.	Ouvriers de la télégraphie militaire.	En cas de mobilisation, de manœuvres ou de revues.
		Capitaines, lieutenants et sous-lieutenants des compagnies de chasseurs forestiers.	En cas de mobilisation, de manœuvres ou de revues.	Sous-officiers, caporaux, clairons et chasseurs du corps forestier.	En cas de mobilisation, de manœuvres ou de revues.
Chefs de bataillon commandant un bataillon de douanes.	En cas de mobilisation, de manœuvres ou de revues.	Capitaines et lieutenants des compagnies de douanes.	En cas de mobilisation, de manœuvres ou de revues.	Sous-officiers, caporaux, tambours ou clairons du corps des douanes et douaniers.	En cas de mobilisation, de manœuvres ou de revues.

Officiers de réserve et de l'armée territoriale se rendant à des réunions d'instruction ou allant faire un stage.

Officiers, sous-officiers et soldats, fonctionnaires et employés militaires de tous grades des réserves de l'armée active et de l'armée territoriale, en cas de mobilisation, de manœuvres ou de revues.

Hommes de la réserve de l'armée active et de l'armée territoriale, appelés à se présenter devant les commissions spéciales de réforme.

NOTA. En cas de guerre seulement, sont transportés, au tarif militaire, sur les chemins de fer, les corps spéciaux formés en vertu de décrets et conformément à l'article 8 de la loi du 24 juillet 1873, tels que, par exemple, *les agents de la trésorerie et des postes, les sergents de ville, les corps de volontaires autorisés, etc.*

ÉTAT B.   ÉTAT DU PERSONNEL

ressortissant au département de la marine qui doit être admis, sur les ch. de fer,
au bénéfice de la réduction de prix stipulée par les cah. des ch.

LE MINISTRE DE LA MARINE ET SON ÉTAT-MAJOR.

DÉSIGNATION DES CORPS.	OFFICIERS GÉNÉRAUX OFFICIERS SUPÉRIEURS et assimilés.	OFFICIERS, DEPUIS LE GRADE DE CAPITAINE ou de lieutenant de vaisseau et assimilés.	EMPLOYÉS MILITAIRES, OFFICIERS MARINIERS, sous-officiers, marins, soldats et agents assimilés.
Corps de la marine.	Amiral. Vice-amiral. Contre-amiral. Capitaine de vaisseau. Capitaine de frégate.	Lieutenant de vaisseau. Enseigne de vaisseau. Aspirant.	
Mécaniciens de la flotte.	Mécanicien en chef.	Mécanicien principal.	
Génie maritime...	Inspecteur général. Directeur des constructions navales. Ingénieur.	Sous-ingénieur. Élève.	
Ingénieurs hydrographes	Ingénieur en chef. Ingénieur.	Sous-ingénieur. Élève.	
Commissariat de la marine........	Commissaire général. Commissaire. Commissaire adjoint.	Sous-commissaire. Aide-commissaire. Élève commissaire.	
Agents du commissariat de la marine.	Agent principal.	Agent. Sous-Agent. Commis. Ecrivain.	
Inspection des services administratifs et financiers de la marine et des colonies....	Inspecteur en chef. Inspecteur. Inspecteur adjoint.		
Personnel administratifs des directions de travaux.	Agent administratif principal.	Agent administratif. Sous-agent administratif. Commis. Ecrivain.	
Comptable des matières.	Agent comptable principal.	Agent comptable. Sous-agent comptable. Commis de comptabilité.	Magasinier. Ecrivain. Distributeur.
Service des manutentions de la marine.	Agent de manutention principal.	Agent de manutention. Sous-agent de manutention.	
Corps de santé de la marine......	Inspecteur général. Directeur du service de santé. Médecin ou pharmacien inspecteur. Médecin ou pharmacien en chef. Médecin ou pharmacien professeur. Médecin ou pharmacien principal.	Médecin ou pharmacien. Aide-médecin ou aide-pharmacien. Médecin ou pharmacien auxiliaire. Aide-médecin ou aide-pharmacien auxiliaire.	
Tribunaux maritimes et conseils de guerre......	Commissaire rapporteur. Commissaire du Gouvernement.	Rapporteur. Greffier. Commis-greffier.	
Aumônerie de la marine........	....	Aumônier.	
Ecole navale	Professeur de 1re classe.	Professeur de 2e, 3e ou 4e classe. Élève de l'Ecole navale.	
Ecole d'hydrographie	Examinateur. Professeur de 1re classe.	Professeur de 2e, 3e ou 4e classe.	
Trésoriers des Invalides	Trésorier général. Trésorier de 1re classe.	Trésorier de 2e ou 3e classe.	

DÉSIGNATION DES CORPS.	OFFICIERS GÉNÉRAUX, OFFICIERS SUPÉRIEURS et assimilés.	OFFICIERS, DEPUIS LE GRADE DE CAPITAINE ou de lieutenant de vaisseau et assimilés.	EMPLOYÉS MILITAIRES, OFFICIERS MARINIERS, sous-officiers, marins, soldats et agents assimilés.
Equipages de la flotte....	....	Chef de musique des divisions.	Premier maître, maître, second maître, quartier-maître de toute spéc. ou profession (manœuvre, canonnage, torpilleur, mousqueterie, timonerie, mécanicien, fourrier, charpentier, voilier, calfat, commis aux vivres, magasinier, infirmier, tambour et clairon) ; pilote breveté, pilote côtier ; fourrier chef, fourrier ordinaire, élève mécanicien, ouvrier mécanicien, matelot, novice, apprenti marin, mousse et pupille; sous-chef de musique des divisions, chef et second chef de musique de bord, maître musicien, second maître, quartier-maître musicien, matelot musicien, élève musicien, second maître tailleur, second maître cordonnier, quartier-maître distributeur, quartier-maître tonnelier, quartier-maître boulanger, quartier-maître coq, matelot distributeur, matelot tonnelier, matelot boulanger, matelot coq.
Marins vétérans.......	....		Adjud. pr. des mouvements du port Premier maître vétéran, maître vétéran, second maître vétéran, quartier-maître vétéran, matelot vétéran, premier maître mécanicien vétéran, maître mécan. vétéran, second maître mécan. vétéran, quartier-maître mécan. vétéran, matelot mécan. vétéran.
Pompiers de la marine....	....		Chef pompier, maître pompier, sergent pompier, caporal pompier, pompier ordinaire.
Troupes de la marine (gendarmerie, artillerie, infanterie)....	Général de division. Général de brigade. Colonel. Lieutenant-colonel. Chef de bataillon ou d'escadron et major.	Capitaine. Lieutenant. Sous-lieutenant. Chef de musique. Vétérinaire. Aide-vétérinaire.	Sous-officier, chef et sous-chef artificier, caporal ou brigadier, gendarme maritime, soldat, enfant de troupe, cantinière, vivandière et blanchisseuse commissionnées.
Employés de l'artillerie de la marine.	Garde principal d'artillerie de 1re classe.	Garde principal d'artillerie de 2e classe, garde d'art., garde auxiliaire.	Maître ouvrier. Sous-chef de musique, chef et sous-chef de fanfare. Gardien de batterie; garde stagiaire.
Armuriers de la marine...	....		Chef armurier, maître armurier, second maître armurier, quartier-maître armurier, ouvr. armurier.
Agents de surveillance des arsenaux et établissements pénitentiaires....	....		Garde-consigne-major. Garde-consigne. Garde-consigne ambulant. Surveillant principal. Surveillant chef de travaux. Surveillant chef. Surveillant.
Divers.......	Officiers généraux en disponibilité ou en réserve. Officiers supérieurs et assimilés en non-activité. (NOTA. Les officiers en retraite ne sont pas admis.)	Officiers et assimilés en non-activité. (NOTA. Les officiers en retraite ne sont pas compris.)	Marins en disponibilité. Marins ou militaires en congé renouvelable, lorsqu'ils se rendent dans leurs foyers, lorsqu'ils sont rappelés ou qu'ils voyagent en vertu d'un ordre de service.
Réserve de l'armée de mer.	Officiers et assimilés se rendant à des réunions d'instruction ou allant faire un stage. — Officiers et assimilés, marins, militaires et assimilés, en cas de mobilisation et d'appel pour exercices ou revues. — Marins, militaires et assimilés, en cas de convocation devant les commissions de réforme.		

ÉTAT C.

ÉTAT

indiquant le nombre de chevaux dont les officiers, assimilés et employés militaires de tous grades peuvent être pourvus sur le pied de paix et sur le pied de guerre.

DÉSIGNATION DES GRADES ET EMPLOIS.		sur le pied de paix.	sur le pied de guerre.
ÉTATS-MAJORS.			
État-major général.	Maréchal de France	8	10
	Général de division	6	6
	Général de brigade	4	4
Service d'état-major.	Colonel et lieutenant-colonel	3	3
	Chef d'escadron	2	3
	Capitaine	2	3
	Lieutenant	2	2
Intendance militaire.	Intendant général	4	6
	Intendant militaire	3	4
	Sous-intendant militaire (1)	2	3
	Adjoint à l'intendance	1	2
État-major des places transitoirement.	Chef de bataillon	»	2
	Capitaine	»	1
État-major particulier de l'artillerie.	Colonel	3	3
	Lieutenant-colonel	2	3
	Chef d'escadron	2	2
	Capitaine (4)	1	2
	Garde principal (2)	»	1
	Garde (2)	»	1
État-major particulier du génie. (2 bis.)	Colonel	3	3(A)
	Lieutenant-colonel	2	2(A)
	Chef de bataillon	2	2(A)
	Capitaine	1	2(A)
	Lieutenant	1	1(A)
	Adjoint	»	1(A)
CORPS DE TROUPE.			
Colonel et lieutenant-colonel	d'infanterie	2	2
	de cavalerie	3	3
	d'artillerie.. { Colonel	3	3
	d'artillerie.. { Lieutenant-colonel	2	3
	du génie	2	2
	du train des équipages militaires	2	2
	de gendarmerie (y compris la garde républicaine)	2	2
	de gendarmerie, remplissant les fonctions de grand prévôt d'armée	»	3
	de sapeurs-pompiers (Paris)	2	»
Chef de bataillon ou d'escadron	d'infanterie breveté	2(B)	»
	d'infanterie	1	2
	de cavalerie	2	2
	d'artillerie	2	2
	du génie breveté	2(B)	2
	du génie	1	2
	du train des équipages militaires	2	2
	de gendarmerie (y compris la cav. de la garde républ.)	2(C)	2
	de la garde républ. (inf. et du bataillon mobile)	1	2
	de gendarmerie (prévôt de corps d'armée)	»	3
	de sapeurs-pompiers (Paris)	1	»
Major	de cavalerie	2	2
	d'artillerie	2	2
	de toutes armes	1	1
Capitaine	d'infant. (à l'exception du trésor. et du cap. d'habill.)	1(D)	1
	du génie (à l'exception du trésor. et du cap. d'habill.)	1(E)	1
	de cavalerie	2	2
	d'artillerie (3)	2	2
	d'une comp. d'ouvriers d'artillerie	»	1
	d'une comp. de sapeurs conducteurs du génie	2	2
	major du train des équipages militaires	1	«
	d'une comp. du train des équipages militaires	2	2
	de gendarmerie aux armées	»	2

OBSERVATIONS.

Le Ministre de la guerre a droit à dix chevaux. (Décis. min. 18 avril 1873.)

Le gouverneur militaire de Paris a droit à 12 chevaux. (Décis. min. 24 juin 1873.)

Le gouverneur militaire de Lyon a droit à 10 chevaux. (Décis. min. 12 août 1871.)

Les officiers attachés à la personne du Président de la République peuvent avoir un cheval en sus du nombre fixé par le présent état pour les officiers de leur grade. (Décis. min. 1er avril 1876.)

Les officiers et assimilés en disponibilité n'ont plus droit, après les six premiers mois, qu'à la moitié du nombre de chevaux qui leur étaient attribués sur le pied d'activité; ceux qui n'ont droit qu'à un cheval dans la position de présence conservent le même droit, après 6 mois passés dans la disponibilité; ceux qui avaient 3 chevaux peuvent en conserver 2. (Circ. 29 sept. 1873.)

Les capitaines, lieutenants, sous-lieutenants de toutes armes employés comme aides de camp ou officiers d'ordonnance ont droit à 2 chevaux sur le pied de paix comme sur le pied de guerre. — (V. plus haut *Note modificative.*

(1) V. plus haut *Note modificative* pour les sous-intendants de 3e classe.

Les capitaines d'artillerie adjoints aux directeurs de Vincennes et de Versailles peuvent avoir 2 chevaux. (Décis. min. 13 févr. 1876.)

(2) Décis. présidentielle 30 sept. 1875.

DÉSIGNATION DES GRADES ET EMPLOIS.	NOMBRE DE CHEVAUX sur le pied de paix.	NOMBRE DE CHEVAUX sur le pied de guerre.
Capitaine (Suite.) — de gendarmerie commandant d'arrond. en Algérie...	»	2
de gendarmerie, du bat. mobile et de la garde républ.	4	4
trésorier et d'habillement des armes à cheval	4	4
adjudant-major, ingénieur et instructeurs des sapeurs-pompiers (Paris).	4	»
Lieutenant et sous-lieutenant — d'infanterie (4), officier payeur et d'approvisionn. (F).	»	4
de cavalerie.	4	4
d'artillerie (5).	4	4
d'une compagnie d'ouvriers d'artillerie.	»	4
Lieutenant et sous-lieutenant. — d'une comp. de sapeurs-conducteurs du génie.	4	4
d'une comp. de sapeurs-mineurs du génie.	»	4
du train des équipages militaires.	4	4
de gendarmerie commandant d'arrond. en Algérie...	»	2
de gendarmerie (y compris la cav. de la garde républ.).	4	4

SERVICE DE SANTÉ.

	NOMBRE DE CHEVAUX sur le pied de paix.	NOMBRE DE CHEVAUX sur le pied de guerre.
Médecin inspecteur général (6).	2	4
Médecin et pharmacien inspecteur.	4	3
Médecin et pharmacien principal.	4	2
Médecin-major de 1re classe. / des régiments. — d'infanterie.	4	2
d'artillerie.	2	2
du génie.	4	2
de la garde républicaine.	4	»
des sapeurs-pompiers (Paris).	4	»
Médecin major de 2e classe / des régiments. — d'infanterie.	4	2(G)
de cavalerie.	4	2(G)
d'artillerie.	4	2(G)
du génie.	4	2(G)
des escadrons du train des équipages militaires.	4	2(G)
du bataillon mobile et de la garde républicaine	4	»
Médecin aide-major. / des régiments. — d'infanterie.	4	4
de cavalerie.	4	4
d'artillerie.	4	4
du génie.	4	4
des escadrons du train des équipages militaires.	4	4
du bataillon { mobile et de la garde républicaine.	4	»
{ de sapeurs-pompiers (Paris).	4	»
Médec. attachés aux quartiers gén. et ambul. (7). — Majors de 1re et de 2e classe.	»	2
Aides-majors de 1re et de 2e classe.	»	4

SERVICES ADMINISTRATIFS.

Officier d'administration principal du service des subsistances milit.	»	2
Officier d'administr. des autres grades du service des subsist. milit.	»	4

SERVICE VÉTÉRINAIRE.

Vétérinaires.. { principal de 1re et de 2e classe.	4	2
{ en premier ou en second.	4	4
Aide-vétérinaire.	4	4

CERCLES ET BUREAUX ARABES.

Chef de bataillon ou d'escadron.	»	2
Capitaine, lieutenant, sous-lieutenant (de toutes armes) (8)	»	2

INTERPRÈTES MILITAIRES.

Interprète principal.	»	2
Interprète des autres classes.	»	4

AUMÔNIERS.

Aumônier titulaire (9).	»	4

SERVICE DES REMONTES.

Colonel ou lieutenant-colonel commandant de circonscription de remonte et directeurs des établissements hippiques en Algérie.	2	2
Chef d'escadrons commandant un dépôt de remonte.	2	2

SERVICE DE LA JUSTICE MILITAIRE (10).

....	»	»

OBSERVATIONS.

(2 bis) Les colonels, lieutenants-colonels et chefs de bataillon de l'état-major particulier du génie, employés dans les places fortes où l'on exécute des travaux de défense, peuvent avoir, pendant la durée des travaux, un cheval en sus du nombre indiqué ci-contre. (Circ. 6 sept. 1875.)

Les capitaines et lieutenants du génie attachés aux places fortes où l'on exécute des travaux de défense peuvent avoir, en temps de paix, une deuxième monture.(Circ. 28 août 1874.)

(A) Décis. présidentielle 26 févr. 1876.

(B) Circ. 26 avril 1880.

(c) Décis. présidentielle 30 avril 1878.

(D) Loi du 8 juillet 1881.

(E) Loi de finances du 29 déc. 1882.

(3) Les capitaines détachés dans les établissements n'ont droit qu'à un cheval.

(4) Les lieutenants d'infanterie, âgés de 50 ans, ont droit à un cheval en campagne.

(F) Instr. min. 17 mars 1882.

(5) Les lieutenants et sous-lieutenants des batteries de montagne en Algérie ont droit à deux montures.

(6) Décis. présidentielle 7 nov. 1882.

(a) Décis. présidentielle 26 févr. 1876.

(7) Sur le pied de guerre seulement. (Décis. présidentielle 26 févr. 1876.)

(8) Décis. présidentielle 26 févr. 1876.

(9) Décr. 27 avr. 1881.

(10) L'officier commandant l'atelier de travaux publics à Bougie a droit à un cheval. (Décis. min. 5 mai 1876.)

ÉTAT

indiquant le nombre de chevaux attribués au personnel ci-après, ressortissant
au département de la guerre *dans certaines circonstances déterminées.*

DÉSIGNATION DES ARMES ET DES GRADES.	NOMBRE DE CHEVAUX		OBSERVATIONS.
	sur le pied de paix.	sur le pied de guerre.	
Réserve de l'armée active (1). Officiers de tous grades et de toutes armes.	(A)	(A)	(A) Les officiers de réserve et ceux de l'armée territor. ont droit, *en cas de stage, de réunions d'instruction, de revues ou de manœuvres,* au nombre de chevaux déterminé par l'état C pour les officiers du même grade et de la même arme de l'armée active sur le pied de paix, et, *en cas de mobilisation,* au nombre de chevaux déterminé pour ces mêmes officiers (par ledit état) sur le pied de guerre.
Armée territoriale (2). Officiers de tous grades et de toutes armes.	(A)	(A)	
Télégraphie militaire (3). Directeur de la télégraphie.............	4	3	
Chef de service.............	4	2	
Chef de section.............	4	4	
Chef de poste.............	»	4	
Trésorerie et postes. Payeur général, payeur principal, payeur particulier, payeur adjoint chargé de desservir éventuellement les brigades de cavalerie attachées aux corps d'armée, payeur adjoint ou commis de trésorerie attaché à une division de cavalerie.....	»	4 (B)	(B) Décret du 24 mars 1877. (C) Décret du 22 septembre 1882. (1) Loi du 24 juillet 1873, art. 40. (2) Loi du 24 juillet 1873, art. 35. (3) Décis. min. 14 juin 1877.
Chasseurs forestiers. Commandant de compagnie.............	4	4 (C)	
Douaniers. Chef de bataillon....................	4	2 (C)	
Adjudant-major (capitaine ou lieutenant).	4	4 (C)	

INDICATIONS DIVERSES (contenues *dans notre* 2ᵉ *édition,* à la suite des tableaux précédemment en vigueur et que nous avions uniquement insérées *p. mémoire*). — 1° D'après une décision spéc. du min. de la guerre (rappelée dans un ordre de service du 11 janv. 1867, de la comp. de P.-L.-M.), « les militaires libérés du service et retournant dans leurs foyers reçoivent, au lieu du prix de leur voyage sur les voies de fer, des réquisitions leur permettant d'effectuer leur trajet, sauf règlement ultérieur des frais entre les comp. et l'adm. de la guerre. »

L'ordre de service précité, entre autres dispositions de détail relatives à l'applic. de la décis. min. dont il s'agit, recommande aux chefs de gare qui délivreront des billets au quart du tarif aux militaires isolés porteurs de réquisitions, de retenir les réquisitions présentées, de les faire signer au préalable par les militaires intéressés, de les joindre à leur liquidation à l'appui de leur crédit et d'apposer, d'ailleurs, sur les feuilles de route des militaires les mentions de départ, de destination et de train, prescrites par les instr. du service intérieur.

2° *Militaires ayant dissipé leur indemnité de route.* — Une autre décis. spéc. du min. de la guerre, dont nous n'avons pas la date précise, avait été résumée ainsi qu'il suit, dans le *Moniteur de l'armée* : — A l'avenir, tout militaire voyageant isolément qui, après avoir dissipé son indemnité, se présentera dans un lieu de passage, ne sera plus reconduit à son corps par étapes, ainsi que le prescrivait la circ. du 3 nov. 1863, mais recevra, *à titre d'avance en route imputable à sa masse individuelle,* la somme *strictement nécessaire* pour rejoindre son corps d'armée par les voies ferrées ; la gendarmerie se bornera à l'escorter jusqu'à la station du ch. de fer la plus voisine et y surveillera son départ. Tout militaire rejoignant ainsi son corps subira, à son arrivée à destination, une punition disciplinaire, conf. aux prescr. de la circ. précitée du 3 nov. 1863.

3° *Tarif de l'indemnité de route.* (Extr. d'un décret du 19 mai 1869 fixant les tarifs des indemnités de route attribuées aux militaires isolés, sur les ch. de fer qui n'ont pu être, comme les grandes lignes, soumis par les lois de concession à la réduction des trois quarts du tarif légal et sur lesquels les militaires payent demi-place ou place entière) : « Lorsque le parcours a lieu sur les voies ferrées où les militaires payent demi-place, le taux de l'indemnité kilométrique de transport fixé par le présent tarif est doublé ; il est quadruplé si le ch. de fer n'est astreint à aucune réduction du prix de la place. » (1)

4° *Mesures motivées par les événements de guerre.* — V. *Guerre.*

V. Règlement des comptes (*relatifs aux transports militaires*). — Voir à titre de renseignement au § 2, du présent article, le résumé des attributions de l'*Agence des transports de la guerre* (exécution du traité passé avec les compagnies), et l'extr. du règl. gén. du 1ᵉʳ juillet 1874 ; et au § 3, 14°, les vérifications et constatations spéciales concernant les détachements de troupes et le matériel.

Frais accessoires (pour les transports militaires). — Circ. min. tr. publ., 18 nov. 1878. — V. *Frais accessoires*, § 2, 2°.

Délais d'acquittement des dépenses. — Voir *Administrations.*

MINERAIS.

Conditions d'extraction (aux abords des ch. de fer) (V. *Extraction* et *Mines*). — Embranchements industriels. — V. *Embranchements.*

Tarif de transport (3ᵉ classe) (V. art. 42 cah. des ch.). — Transports à prix réduit (V. *Wagon complet*). — V. aussi *Fers* et *fontes.*

MINES. — MINIÈRES.

I. Anciens règlements applicables aux chemins de fer. — Aux termes de l'art. 3 de la loi du 15 juill. 1845, les servitudes imposées par les lois et règlements sur la grande voirie et qui concernent le mode d'exploitation des mines, minières, tourbières, etc., sont applicables aux propriétaires riverains des chemins de fer.

Les anciens règlements relatifs à l'exploitation des carrières, tourbières et à l'extraction des matériaux, sont résumés aux mots *Carrières, Extraction* et *Tourbières.* Il nous reste à mentionner ici les dispositions qui peuvent être spéc. applic. aux *mines* et *minières.* Les dispositions dont il s'agit sont empruntées aux lois fondamentales des 28 juillet 1791 et 21 avril 1810, cette dernière ayant été modifiée, d'ailleurs, par la loi du 9 mai 1866 (art. 57 et 58) et par celle du 27 juillet 1880 (art. 11, 23, 26, 42, 43, 44, 50, 70, 81 et 82). — Voir aux paragraphes suivants :

Travaux à la rencontre des mines et des chemins de fer (Application des cah. des ch.) — V. plus loin, au § 3.

II. Définition des mines. — « Seront considérées comme mines celles connues pour contenir en filons, en couches ou en amas, de l'or, de l'argent, du platine, du mercure, du plomb, du fer en filons ou couches, du cuivre, de l'étain, du zinc..... ou autres matières métalliques ; du soufre, du charbon de terre ou de pierre, du bois fossile, des bitumes, de l'alun et des sulfates à base métallique. » (Art. 2, loi du 21 avril 1810.)

Minières et tourbières. — « Les minières comprennent les minerais de fer dits d'alluvion, les terres pyriteuses propres à être converties en sulfate de fer, les terres alumineuses et les tourbes. » (Art. 3, *ibid.*)

Autorisations. — Les lois précitées des 28 juillet 1791 et 21 avril 1810 ont admis que les mines ne pouvaient être exploitées qu'en vertu d'une autorisation supérieure et notamment d'un acte de concession délibéré en Conseil d'État. — Voir plus loin la loi modificative du 27 juillet 1880 et notamment le nouvel art. 11 ayant pour objet le consentement du propr. de la surface, et la limite de l'étendue des sondages, puits, gale-

_____

(1) Voir aussi au mot *Mobilisation*, le décret du 29 janv. 1879, réglant l'ind. de route accordée aux réservistes et aux disponibles en cas de mobilisation.

ries, etc., et l'art. 50 modifié de la loi de 1810 relatif à la surv. de l'administration au point de vue de la conservation des voies publiques, etc.

L'exploitation des minières est assujettie, d'ailleurs, à des règles spéciales. Elle ne peut avoir lieu sans permission. (Art. 57, loi du 21 avril 1810.)

Cet art. 57 relatif aux minières ainsi que l'art. 58 de la même loi prescrivant l'observation des règlements généraux ou locaux concernant la sûreté et la salubrité, ont été modifiés ainsi qu'il suit par la loi du 9 mai 1866 :

Art. 57. — Si l'expl. des minières doit avoir lieu à ciel ouvert, le propr. est tenu, avant de commencer à exploiter, d'en faire la déclaration au préfet. Le préfet donne acte de cette déclaration, et l'exploitation a lieu sans autre formalité. Cette disposition s'applique aux minerais de fer en couches et filons, dans le cas où, conf. à l'art. 69, ils ne sont pas concessibles. Si l'expl. doit être souterraine, elle ne peut avoir lieu qu'avec une permission du préfet. La permission détermine les conditions spéciales auxquelles l'exploitant est tenu, en ce cas, de se conformer.

Art. 58. — Dans les deux cas prévus par l'article précédent, l'exploitant doit observer les règlements généraux ou locaux concernant la sûreté et la salubrité publiques auxquels est assujettie l'exploitation des minières... (Loi du 9 mai 1866. Ext.)

III. Distances à observer. — En principe, d'après l'art. 11 de la loi du 21 avril 1810, on ne devait pas faire de sonde, ni ouvrir des puits ou galeries dans la distance de *cent mètres* des clôtures murées ou des habitations ; mais cette distance a été réduite à *cinquante mètres,* dans le nouvel art. 11 modifié par la loi du 27 juillet 1880. Ladite loi, pas plus que celle de 1810, ne fait pas mention de la distance à observer aux abords des *voies publiques* ; mais, comme l'expl. des mines, minières, etc., est soumise à la surv. des ing. de l'État, ces derniers peuvent toujours provoquer les mesures nécessaires dans l'intérêt notamment de la sécurité des ch. de fer en se fondant sur les dispositions de l'art. 50 de la loi précitée dont le texte *nouveau* est reproduit ci-dessous, à titre de renseignement, en même temps que celui des autres articles revisés de la loi de 1810 :

Loi du 27 juillet 1880, revisant plusieurs art. de la loi de 1810.
Article unique. — Les art. 11, 23, 26, 42, 43, 44, 50, 70, 81 et 82 de la loi du 21 avril 1810 sont modifiés ainsi qu'il suit :
Art. 11. — Nulle permission de recherches ni concession de mines ne pourra, sans le consentement du propriétaire de la surface, donner le droit de faire des sondages, d'ouvrir des puits ou galeries, ni d'établir des machines, ateliers ou magasins dans les enclos murés, cours et jardins. — Les puits et galeries ne peuvent être ouverts dans un rayon de *cinquante mètres* des habitations et des terrains compris dans les clôtures murées y attenant, sans le consentement des propriétaires de ces habitations.
Art. 23. — L'affichage aura lieu, pendant deux mois, aux chefs-lieux du dép. et de l'arrondiss. où la mine est située, dans la commune où le demandeur est domicilié et dans toutes les communes sur le territoire desquelles la concession peut s'étendre ; les affiches seront insérées, deux fois à un mois d'intervalle, dans les journaux du dép. et dans le *Journal officiel.*
Art. 26. — Les oppositions et demandes en concurrence seront admises devant le préfet jusqu'au dernier jour du second mois à compter de la date de l'affiche. Elles seront notifiées, par actes extrajudiciaires, à la préfecture du département où elles seront enregistrées sur le registre indiqué à l'art. 22. Elles seront également notifiées aux parties intéressées, et le registre sera ouvert à tous ceux qui en demanderont communication.
Art. 42. — Le droit accordé par l'art. 9 de la présente loi au propriétaire de la surface sera réglé sous la forme fixée par l'acte de concession.
Art. 43. — Le concess. peut être autorisé, par arr. préfectoral, pris après que les propr. auront été mis à même de présenter leurs observations, à occuper, dans le périmètre de sa concession, les terrains nécessaires à l'expl. de sa mine, à la préparation métallique des minerais et au lavage des combustibles, à l'établ. des routes ou à celui des ch. de fer, ne modifiant pas le relief du sol. — Si les travaux entrepris par le concess. ou par un explorateur, munis du permis de recherches mentionné à l'art. 10, ne sont que passagers, et si le sol où ils ont eu lieu peut être mis en culture, au bout d'un an, comme il l'était auparavant, l'indemnité sera réglée à une somme double du produit net du terrain endommagé. — Lorsque l'occupation ainsi faite prive le propr. de la jouissance du sol, pendant plus d'une année, ou lorsque, après l'exécution des travaux, les terrains occupés ne sont plus propres à la culture, les propr. peuvent exiger du concess. ou de l'explorateur l'acquisition du sol. — La pièce de terre trop endommagée ou dégradée sur une trop grande partie de sa surface doit être achetée en totalité si le propriétaire l'exige. — Le terrain à acquérir ainsi sera toujours estimé au double de la valeur qu'il avait

avant l'occupation. — Les contestations relatives aux indemnités réclamées par les propr. du sol aux concess. de mines, en vertu du présent article, seront soumises aux trib. civils. — Les dispositions des paragr. 2 et 3, relatives au mode de calcul de l'indemnité due au cas d'occupation ou d'acquisition des terrains, ne sont pas applicables aux autres dommages causés à la propriété par les travaux de recherche ou d'exploitation, la réparation de ces dommages reste soumise au droit commun.

Art. 44. — Un décret rendu en Conseil d'Etat peut déclarer d'utilité publique les canaux et les chemins de fer, modifiant le relief du sol, à exécuter dans l'intérieur du périmètre, ainsi que les canaux, les chemins de fer, les routes nécessaires à la mine et les travaux de secours, tels que puits ou galeries destinés à faciliter l'aérage et l'écoulement des eaux, à exécuter en dehors du périmètre. Les voies de communication créées en dehors du périmètre pourront être affectées à l'usage du public, dans les conditions établies par le cah. des ch. — Dans le cas prévu par le présent article, les dispositions de la loi du 3 mai 1841, relatives à la dépossession des terrains et au règlement des indemnités, seront appliquées.

Art. 50. — Si les travaux de recherche ou d'exploitation d'une mine sont de nature à compromettre la sécurité publique, la conservation de la mine, la sûreté des ouvriers mineurs, la conservation des voies de communication, celle des eaux minérales, la solidité des habitations, l'usage des sources qui alimentent des villes, villages, hameaux et établissements publics, il y sera pourvu par le préfet.

Art. 70. — Lorsque le min. des tr. publ., après la concession d'une mine de fer, interdit aux propr. de minières de continuer une expl. qui ne pourrait se prolonger sans rendre ensuite impossible l'expl. avec puits et galeries régulières, le concess. de la mine est tenu d'indemniser les propr. des minières dans la proportion du revenu net qu'ils en tiraient. — Un décret rendu en Conseil d'Etat peut, alors même que les minières seront exploitables à ciel ouvert ou n'ont pas encore été exploitées, autoriser la réunion des minières à une mine, sur la demande du concess. — Dans ce cas, le concess. de la mine doit indemniser le propr. de la minière, par une redevance équivalente au revenu net que ce propr. aurait pu tirer de l'exploitation et qui sera fixée par les trib. civils.

Art. 81. — L'exploitation des carrières à ciel ouvert a lieu en vertu d'une simple déclaration faite au maire de la commune et transmise au préfet. Elle est soumise à la surveillance de l'administration et à l'observation des lois et règlements.

Les règlements généraux seront remplacés, dans les départements où ils seront en vigueur, par des règlements rendus sous forme de décrets en Conseil d'Etat.

Art. 82. — Quand l'exploitation a lieu par galeries souterraines, elle est soumise à la surveillance de l'administration des mines, dans les conditions prévues par les articles 47, 48 et 50.

Dans l'intérieur de Paris, l'expl. des carrières souterraines de toute nature est interdite.

Sont abrogées les dispositions ayant force de loi des deux décrets des 22 mars et 4 juillet 1813 et du décret, portant règl. gén., du 22 mars 1813, relatifs à l'expl. des carrières dans les départements de la Seine et de Seine-et-Oise. (Loi 27 juillet 1880.)

Interdiction d'exploiter les mines (à une certaine distance de la voie ferrée). — « Le ministre des tr. publ. ne peut, sans excès de pouvoir, obliger, par voie de mesure générale, tous les exploitants de mines de sel, voisines d'un ch. de fer ou d'un canal à reporter le siège de leurs travaux à une distance déterminée du chemin de fer ou du canal. C'est au Gouvernement seul qu'il appartient de prendre une mesure semblable. » (C. d'État, 4 mars 1881.) — Voir à ce sujet, plus haut, l'art. 50 modifié de la loi de 1810.

Règlement d'indemnités (pour cause d'interdiction partielle ou totale de l'exploitation des mines, par suite d'expropriation ou de mesures de police). — Questions de compétence judic. ou admin. et indications diverses (*distinction entre le fond et la surface*, etc.) — V. ci-après.

IV. Travaux à la rencontre des mines et des chemins de fer (*Interdiction éventuelle des mines; distinction entre le fond et la surface; conflits de compétence au sujet de la dépossession des mines ou du dommage qui peut être causé à l'exploitation, etc.*).

Obligations réciproques des concessionnaires de chemin de fer et des mines (Art. 24 du cah. des ch. gén. des voies ferrées) : — « Si la ligne du chemin de fer traverse un sol déjà concédé pour l'expl. d'une mine, l'admin. déterminera les mesures à prendre pour que l'établ. du chemin de fer ne nuise pas à l'expl. de la mine, et réciproquement, pour que, dans le cas échéant, l'expl. de la mine ne compromette pas l'existence du chemin de fer. » (1er *paragr.*)

« Les travaux de consolidation à faire dans l'intérieur de la mine, à raison de la traversée du chemin de fer et tous les dommages résultant de cette traversée pour les concessionnaires de la mine, seront à la charge de la compagnie. (*Ibid.*, 2° *paragr.*)

Obligations des concessionnaires des mines. — De leur côté, les concessionnaires des mines sont spéc. soumis aux dispositions suivantes que l'on trouve dans les modèles de cah. des ch. des concessions des mines : — « Dans le cas où les travaux projetés par le concessionnaire devraient s'étendre sous (un chemin de fer) ou à une distance de ses bords moindre de..... mètres, ces travaux ne pourront être exécutés qu'en vertu d'une autorisation du préfet, donnée sur le rapport des ingén. des mines, après que les propriétaires et les ingénieurs (du chemin de fer) auront été entendus, et après que le concessionnaire aura donné caution de payer l'indemnité exigée par l'art. 15 de la loi du 21 avril 1810. Les contestations relatives soit à la caution, soit à l'indemnité, seront portées devant les tribunaux et Cours, conformément audit article. — S'il est reconnu que l'autorisation peut être accordée, l'arrêté du préfet prescrira toutes les mesures de conservation et de sûreté qui seront jugées nécessaires. »

Nota. — Ces questions assez compliquées de rapports entre les industries de mines et les services de chemins de fer sont dans beaucoup de cas une affaire de *premier occupant.* Ainsi lorsqu'une voie ferrée vient à s'ouvrir dans le voisinage ou dans le périmètre d'une concession de mines, il paraît y avoir lieu à l'application de l'art. 44 ci-dessus reproduit de la loi du 21 avril 1810, modifié par la loi du 27 juillet 1880 d'après lequel la loi sur l'exprop. 3 mai 1841 doit servir de règle pour la dépossession des terrains et le règl. des indemnités. — Voir aussi plus haut l'extr. du cah. des ch. des concessions des mines et l'art. 15 rappelé plus loin de la loi de 1810, art. non modifié par celle du 27 juillet 1880.

En ce qui concerne les indemnités de dépossession proprement dite, ou de dépréciation, c'est évidemment au moment opportun des formalités d'expropriation que les concess. des mines paraissent devoir élever leurs réclamations pour les atteintes que la construction du chemin de fer pourrait apporter à l'exploitation de la mine. Cela résulte des textes ci-dessus rappelés et incidemment de la décision judic. suivante qui attribue aux trib. civils l'appréciation de ces indemnités, *même lorsqu'il n'a pas été procédé à l'expropriation de la mine pour cause d'utilité publique.* — En effet, dit le jugement, « lorsqu'un chemin de fer traverse une mine précédemment concédée, sans qu'il ait été procédé à l'exproprᵣ., pour cause d'utilité publique, de la mine, c'est aux trib. civils et non aux trib. admin. que les concess. de la mine doivent s'adresser pour faire cesser l'indue possession de la comp. du ch. de fer et pour faire régler l'indemnité qu'ils prétendent. » (T. Seine, 20 nov. 1856 ; C. Paris, 24 juill. 1857.) — Nous verrons plus loin les exceptions établies, lorsqu'il s'agit de réclamations motivées par des interdictions partielles ou totales d'expl. des mines, *résultant de mesures administratives* prises dans l'intérêt de la sécurité publique en vertu de l'art. 50 susvisé de la loi du 27 juillet 1880, modifiant celle du 21 avril 1810.

Inversement, les concessionnaires des mines doivent, de leur côté, par voie amiable ou par la voie des trib. judiciaires, répondre de la réparation des dégâts qu'ils peuvent causer aux propr. du sol; mais en ce qui concerne le droit de l'admin. au point de vue de la propriété du sol, nous nous bornerons aux indications suivantes :

Distinction entre le fond et la surface. — Le sol des terrains sous la surface desquels sont exploitées des mines peut ne pas appartenir aux concessionnaires de ces mines. Dans beaucoup de cas, cette surface est la propriété de particuliers qui reçoivent une redevance pour l'expl. souterraine. Dans d'autres cas, une partie du sol dont il s'agit est occupée par un chemin de fer, une route ou par toute autre dépendance du domaine public. — De toute façon, il est admis qu'après une concession de mines, les droits des propr. du sol restent intacts, sauf à ces propriétaires à ne pas porter atteinte à l'exploitation de la mine, conformément au droit commun établi par l'art. 544 du C. civil d'après lequel « la propriété est le droit de jouir et disposer des choses de la manière la plus absolue, pourvu qu'on n'en fasse pas un usage prohibé par les lois ou par les règlements. »

De leur côté, les concess. des mines ne doivent évidemment pas conduire leurs travaux de manière à les rendre compromettants pour la sûreté de la surface.

Ces obligations réciproques entre les concess. des mines et les particuliers sont incontestablement applicables, lorsqu'il s'agit de l'État possesseur des ch. de fer, des routes ou de tout autre ouvrage superposé. En admettant même que le droit de propriété de l'État (ou celui des compagnies) ne soit pas absolument identique à celui des particuliers, il est au moins de toute évidence que l'occupation du sol par une route ou un chemin de fer, implique la propriété du tréfonds dans la limite nécessaire pour garantir la sécurité de la voie publique. — Voici, à ce sujet, un arrêt de la C. de cass. un peu compliqué par suite de la date incertaine des dommages, mais que nous croyons devoir mentionner à titre de renseignement :

Ext. d'un arrêt de la C. de C. (21 juillet 1885). Conflit entre la société des houillères de Rive de Gier et la comp. de P.L.M.

« La Cour..., — Attendu qu'aux termes de l'art. 15 de la loi du 21 avril 1810, tout concess. de mines est tenu de réparer le préjudice que son expl. occasionne aux constructions ou installations faites à la surface par les propr. ou avec leur autorisation ; que cette responsabilité existe, sans qu'il y ait lieu de distinguer si ces constructions ou installations sont d'intérêt public ou privé, si elles sont postérieures ou non à l'expl. de la mine, par cela seul qu'un dommage a été causé à la suite de travaux exécutés même suivant les règles de l'art, c'est-à-dire sans faute imputable au concess. des mines ;

« Attendu qu'en l'absence de toute dérogation postérieure à cet égard, il devait en être ainsi au profit des comp. de ch. de fer substituées aux droits et aux obligations des propr. de la surface, du moment que la construction de la voie ferrée, sur un sol déjà concédé pour l'expl. d'une mine, ne portait à la propriété minière aucune atteinte directe et susceptible de constituer une éviction partielle de ladite propriété ;

« Attendu que — si, d'après l'art. 24 du cah. des ch. de 1853, applic. aux ch. de fer à construire à partir du 1ᵉʳ janvier 1856, les travaux de consolidation dans l'intérieur d'une mine antérieurement concédée et tous les dommages résultant de leur traversée pour les concess. de la mine sont à la charge de la comp. du ch. de fer, — cette disposition nouvelle ne saurait rétroagir et porter atteinte aux droits antérieurement acquis ;

« Attendu qu'en l'espèce, il est constaté par l'arrêt attaqué que les dommages dont la comp. des ch. de fer de Paris à Lyon et à la Méditerranée réclamait la réparation remontent à une époque antérieure au 1ᵉʳ janvier 1856 ; que, dès lors, la cour de Lyon, en accueillant sa prétention, loin de violer les articles visés par le pourvoi, en a fait, au contraire, une exacte application ;

« Par ces motifs, rejette le pourvoi... »

IV *bis.* **Interdiction restreinte ou totale de l'expl. des mines,** *par suite de mesure administrative* (Compétence pour l'appréciation des dommages). — Les obligations et les droits respectifs des entreprises des chemins de fer et des concessionnaires des mines, étant établis, comme il vient d'être dit ci-dessus, et la coexistence des deux industries étant admise, il nous reste à résumer, ci-après, les dispositions applicables dans le cas d'interdiction partielle ou totale de l'expl. des mines *par suite de mesure administrative* prise soit par le préfet (art. 50, loi 27 juillet 1880), soit par le ministre (Voir plus loin l'arrêt du trib. des conflits, 7 avril 1884), soit par le Gouvernement. — Voir ci-dessus, § 3, l'arrêt du C. d'État du 4 mars 1881.

Interdiction provisoire d'une mine (Action intentée par le concess. d'une mine à l'occasion de la construction d'une gare de chemin de fer). — Compétence attribuée à l'autorité judiciaire. Tr. de Saint-Etienne, 18 janv. 1876 et C. d'appel Lyon, 31 janv. 1877. — « La situation faite au concess. d'une mine de houille, — par un arrêté préfectoral interdisant jusqu'à ce qu'il en soit autrement ordonné l'exploitation de cette mine, dans l'intérêt de la construction d'une gare de chemin de fer, — est équivalente à une dépossession définitive. — Dès lors, il n'appartient point au conseil de préfecture de statuer sur l'action intentée par ledit concessionnaire contre la compagnie du chemin de fer. » (*Trib. des conflits*, 5 mai 1877.) — Nous devons rapprocher de cette décision l'arrêté suivant du même trib. des conflits, 7 avril 1884, qui semble, au contraire, ne pas considérer comme une *dépossession* le fait de l'interdiction, jusqu'à ce qu'il en soit autrement ordonné, d'une mine pour laquelle *il n'est pas justifié que l'expl. ne pourra jamais être autorisée sans compromettre la sécurité des ouvrages de la voie ferrée.* — Voici le texte même de cette décision :

Arrêt du trib. des conflits (7 avril 1884), intervenu au sujet du désaccord existant entre la société des mines de Rive-de-Gier et la comp. P.L.M.

La demande d'indemnité formée contre la compagnie du chemin de fer de Paris à Lyon et à la Méditerranée, par les sieurs Coste, Clavel et Ce et par la société anonyme des houillères de Rive-de-Gier, est fondée sur le préjudice qui résulte pour les sieurs Coste et consorts de la décision, en date du 11 juin 1844, par laquelle le min. des tr. publ. a interdit, jusqu'à ce qu'il en soit autrement ordonné, l'expl. des mines de Combes et Egarande, à moins de 30 m. du plan vertical passant par l'axe du chemin de fer de Saint-Etienne à Lyon.

Les sieurs Coste et consorts prétendent que, à raison du long temps écoulé depuis que cette interdiction a été prononcée et de l'incertitude qui existe sur le point de savoir si elle pourra jamais être levée, le préjudice dont ils se plaignent doit être considéré comme équivalent à une dépossession, complète et définitive d'une partie de la concession minière.

Mais, d'une part et en fait, il n'est pas établi par l'instruction que l'exploitation du massif houiller actuellement frappé d'interdiction ne pourra jamais être autorisée sans compromettre la sécurité des ouvrages dépendant de la voie ferrée ; la compagnie du chemin de fer soutient, au contraire, que cette exploitation ne produirait, moyennant certaines précautions, aucun inconvénient pour la superficie.

D'autre part, le jour où il serait permis d'extraire le charbon qui se trouve dans la zone déterminée par l'arr. min. du 11 juin 1844, l'exploitation s'en ferait au profit et pour le compte des sociétés concessionnaires des mines ; d'où la conséquence que ces sociétés ne sont pas fondées à soutenir que l'interdiction d'exploiter la partie de leur mine située à moins de 30 m. de l'axe du chemin de fer équivaut à une expropriation et que, par suite, le préjudice qui en résulte pour elles doit être apprécié par l'autorité judiciaire, par application de la loi du 3 mai 1841.

Le préjudice allégué ne constitue qu'un dommage en matière de travaux publics et la connaissance des demandes en indemnité pour la réparation des dommages de cette nature, lors même qu'ils sont permanents et quelle qu'en soit l'étendue, est réservée à la juridiction administrative, par l'article 4 de la loi du 28 pluviôse an VIII.

Dès lors, c'est à bon droit que le conflit d'attributions a été élevé (1).

Suppression d'anciennes excavations (applic. de l'art. 10 de la loi du 15 juillet 1845). — V. les mots *Carrières*, § 5 et *Excavations*.

IV *ter*. **Poursuites de police.** — Art. 93 à 96, formant le titre X et dernier de la loi du 21 avril 1810 (articles non modifiés par la loi susvisée de 1880).

---

(1) Dans une précédente affaire où il s'agissait d'interdire provisoirement l'exploitation d'une mine au-dessus de laquelle une voie ferrée devait être établie, le C. d'Etat s'était prononcé ainsi qu'il suit : — « L'interdiction, par le ministre, d'exploiter une partie de mines au-dessus de laquelle un chemin de fer doit être établi, constitue, pour l'exploitant, un simple dommage et non une expropr., alors que l'admin. déclare que cette interdiction n'est pas absolue et définitive, et que la comp. du ch. de fer consent à prendre à sa charge les travaux de consolidation qu'exigera l'expl. de la mine sous le railway, si elle vient à être autorisée. Il appartient, dès lors, à l'autorité admin. de connaître de la demande en indemnité formée à raison de ce dommage. » (C. d'Etat, 11 mars 1861.) — Enfin, nous mentionnerons un autre arrêt du C. d'Etat, d'après lequel le concess. d'une mine, obligé, en vertu d'une décis. min., de suspendre son exploitation dans le voisinage d'un chemin de fer, dont la concession est postérieure à celle de la mine, éprouve un dommage direct et matériel qui lui ouvre un droit à indemnité contre la comp. du ch. de fer. L'interdiction dont il s'agit ne rentre pas dans le cas de l'art. 50 de la loi du 21 avril 1810 qui prescrit au préfet de pourvoir à ce que la sûreté des habitations de la surface ne soit pas compromise par l'exploitation de la mine, ce qui est exclusif du droit du concessionnaire à une indemnité. (C. d'Etat, 15 juin 1864.) — En ces matières, si diversement interprétées en apparence, *d'exploitation de mines suspendue par mesure administrative*, la solution précise semble donc être subordonnée, dans chaque cas, au caractère éventuel ou définitif de l'interdiction et à la nature même des causes qui l'ont motivée.

« Art. 93. — Les contraventions des propriétaires de mines exploitants non encore concessionnaires ou autres personnes, aux lois et règlements, seront dénoncées et constatées comme les
contraventions en matière de voirie et de police.

94. — Les procès-verbaux contre les contrevenants seront affirmés dans les formes et délais
prescrits par les lois. — V. Procès-verbaux.

95. — Ils seront adressés en originaux à nos procureurs des trib., qui seront tenus de poursuivre d'office les contrevenants devant les trib. de police corr., ainsi qu'il est réglé et usité pour
les délits forestiers, et sans préjudice des dommages-intérêts des parties.

96. — Les peines seront d'une amende de 500 fr. au plus et de 100 fr. au moins, double en
cas de récidive, et d'une détention qui ne pourra excéder la durée fixée par le code de police
correctionnelle. »

V. Permissions pour déblais et extractions à la mine. — 1° *Travaux du chemin de
de fer.* — Des ordres de services spéciaux règlent les précautions à prendre pour les
déblais à la mine nécessités par les travaux d'achèvement du chemin de fer. La mesure
la plus importante consiste à couvrir les voies dans les deux sens, dix minutes avant de
mettre le feu aux mines. On ne doit les découvrir qu'après s'être bien assuré qu'elles sont
entièrement libres. (Ordres de service.)

Le feu ne doit être mis que dix minutes après le passage du dernier train et de façon
que les voies soient entièrement déblayées vingt minutes au moins avant le passage du
train suivant. (*Ibid.*)

Aux abords des routes, il convient de faire donner les avis nécessaires, soit au moyen
de poteaux indicateurs, soit par l'envoi d'ouvriers chargés de prévenir le public. (*Ibid.*)

Emploi de bourroirs. — Les bourroirs en cuivre, ou autre métal, pouvant produire
quelquefois des étincelles dans les roches dures et occasionner des accidents, il convient
d'employer, autant que possible, des bourroirs en bois, au lieu de bourroirs en cuivre,
pour le chargement des coups de mines. (*Ibid.*)

2° *Travaux des ponts et chaussées* (exploitation des carrières à la mine), modèle ordinaire de permission adopté dans certains départements, et rappelé pour mém. »

« Le conducteur des travaux ne pourra faire partir la mine qu'aux heures fixées d'avance et
déterminées de concert entre lui et le chef de section de la compagnie. — Pendant la préparation
des mines et jusqu'après leur explosion, elles seront signalées sur la voie et couvertes par un
drapeau rouge, placé de chaque côté à 800 mètres de distance. — Aux heures qui ont été convenues, un agent de la compagnie devra se trouver sur les lieux à l'effet de placer les signaux
et d'enlever les débris de pierres et autres matériaux qui, lancés sur la voie, pourraient faire
obstacle à la circulation des trains. Les carriers ne pourront faire partir aucune mine sans l'autorisation de l'agent de la compagnie. — Tout dommage causé à la voie ou à ses dépendances
devra être réparé à la charge du service des ponts et chaussées qui sera d'ailleurs responsable de
tout accident survenu, soit par négligence, soit par inexécution des mesures prescrites, ou provenant de la projection des blocs de rocher sur les terrains de la compagnie. — Le service des
p. et ch. sera tenu de payer à la compagnie la somme de un franc par jour pour frais de surveillance pendant toute la durée des travaux qui ne devra pas excéder un mois. » — V. le 3°,
ci-après.

3° *Nouvelles dispositions générales, pour le tirage à la mine* (réglées par l'arr. min. du
12 décembre 1881 et la circ. min. du 5 sept. 1882) au point de vue de l'exploitation des
carrières bordant les ch. de fer. — V. *Carrières.*

Transport de mèches de mineurs. — V. le mot *Matières dangereuses* (1).

Distinction entre les carrières exploitées à ciel ouvert ou par galeries souterraines (art. 81
et 82 modifiés de la loi de 1810). — Voir plus haut.

Interdiction. — Lorsqu'une carrière était en pleine exploitation avant l'établissement

---

(1) Les transports de la *dynamite* et des *poudres*, font l'objet d'articles spéciaux. — Les
mesures de précaution pour l'emploi de la dynamite dans les mines et carrières ont été indiquées
dans une circ. du min. des tr. publ., 9 août 1880. (*Pour mémoire.*)

d'une voie ferrée, la compagnie n'est pas fondée à prétendre que le propriétaire de cette carrière n'est pas recevable à réclamer une indemnité à raison du dommage que lui cause l'interdiction d'employer la mine à une distance moindre de 30 mètres du chemin de fer; cette demande relève de la compétence du conseil de préfecture. « (C. d'Etat, 24 fév. 1870.) — Voir aussi les mots *Carrières* et *Interdiction*.

VI. Terrains géologiques. — Les fossiles provenant des tranchées ou carrières ouvertes pour les travaux seront recueillis par les soins communs des ingén. des mines et des p. et ch. et envoyés au musée paléontologique de l'École des mines. (Ext. d'une circ. min. 25 nov. 1853, rappelant celle du 11 janv. 1847, résumée au mot *Carrières*.

« Il sera utile de recueillir systématiquement des séries diverses de fossiles mis à nu. L'École des mines s'enrichira ainsi d'un grand nombre d'échantillons de choix, précieux par leur caractère. Il est à remarquer, d'ailleurs, que des fossiles déjà connus, mais provenant de points différents, offrent toujours un grand intérêt, en fournissant le moyen d'identifier des terrains séparés par de grands espaces et placés dans d'autres conditions.

La science pourra s'éclairer ainsi de nouveaux faits paléontoliques, dont la constatation n'importe pas moins à ses progrès qu'aux études pratiques de l'ingénieur des mines. » (Circ. minist., 4 août 1853. Ext.)

VII. Embranchements de mines et d'usines. — Exécution de l'art. 62 du cah. des ch. gén. des ch. de fer, au point de vue de l'établ. des embranchements industriels et du transport des produits des mines et usines. — Voir *Embranchements*, § 3.

Chemins de fer spéciaux (à exécuter dans le périmètre des mines). Formalités de la déclaration d'utilité publique *lorsque ces chemins modifient le relief du sol* (art. 44 de la loi du 21 avril 1810, modifié par la loi du 27 juillet 1880). — Voir ci-dessus, § 3. — V. aussi les renseign. résumés au § 4.

Occupation de terrains (voie ferrée permanente pour l'expl. d'une mine). — « S'il appartient au préfet d'autoriser un concessionnaire de mines à occuper, sans le consentement des propriétaires, les parcelles nécessaires à l'expl. de la mine, ce fonctionnaire ne peut néanmoins accorder cette autorisation lorsqu'il s'agit d'établir sur ces terrains *une voie ferrée permanente* ». (C. d'État, 5 août 1881.)

Redevance d'une mine exploitée, par ch. de fer. — La redevance proportionnelle à laquelle est soumis l'exploitant d'une mine doit être calculée d'après la valeur du minerai sur le carreau de la mine et non d'après cette valeur déterminée au port d'embarquement, — alors même que le transport serait effectué au moyen d'un chemin de fer affecté presque exclusivement à l'exploitation. (C. d'Etat, 17 nov. 1882.)

VIII. Personnel du service des mines. Participant à la surv. des ch. de fer en ce qui concerne l'expl. technique, la traction et le matériel. — Voir *Ingénieurs, Gardes-mines, Locomotives, Machines à vapeur, Matériel roulant* et *Personnel*. — Voir aussi plus haut, les indications résumées au § 3.

Participation des ingén. des mines, aux conférences mixtes (décret du 12 déc. 1884 et instr. diverses). — V. *Conférences*, § 2.

Inspecteurs généraux des mines (chefs du contrôle des chemins de fer). — V. *Comités. Commissions, Conseils* et *Inspecteurs*. — Voir aussi au mot *Contrôle* § 3 bis : 1° l'instr. gén. du 15 oct. 1881 sur le rôle et les attributions des fonctionnaires du contrôle (p. et ch., *Mines*, etc.). — 2° le décret du 20 juillet 1886 réorganisant le service technique et commercial des ch. de fer.

MINISTRES. — MINISTÈRES.

I. Attributions générales. — En dehors des *comités, commissions* et *conseils* (voir ces mots), institués près du ministère des travaux publics, d'où relève le service proprement dit des chemins de fer, l'admin. centrale, comprend les subdivisions indiquées au mot *Administrations*. — Les documents les plus récents que nous ayons enregistrés en ce qui concerne l'organisation de l'admin. sup. des trav. publ. sont les suivants, savoir : — 1° décret 29 déc. 1881, suppression de la dir. gén. des ch. de fer et attribution dudit service au secrétaire d'État. *P. mém.* — 2° décret 7 févr. 1882, portant rétablissement de la « direction des chemins de fer ». *P. mém.* — 3° décrets du 17 oct. 1882 et du 31 déc. 1883 réorganisant la « direction des chemins de fer. ». Voir au surplus le mot *Directeurs-Directions.*

Modification des comités siégeant au ministère des tr. publ. — 1° décrets des 24 nov. 1880 et 20 mars 1882, nouvelle organisation du comité consultatif des chemins de fer. V. *Comités,* § 1. — 2° arr. min. tr. publ. 7 févr. 1882 modifiant la composition du comité de l'expl. technique. V *Comités,* § 2. — 3° Indications diverses. V. *Comptes* et *Justifications.*

II. Affaires ressortissant aux divers ministères. — V. *Administrations.* — V. aussi les mots *Commissions, Conseils, Douane, Emprunts, Justifications, Finances, Guerre et Marine, Impôt, Instituteurs, Instruction publique, Lignes nouvelles, Police, Postes, Télégraphie, Timbres, Traités, Transports,* etc.

Nota. En vertu d'un décret du 21 févr. 1885, le *ministère du commerce* aura deux représentants dans le comité consultatif des ch. de fer.

Au sujet du ministère des finances nous avons à signaler les diverses commissions instituées pour la vérification des comptes des compagnies, d'après les nouvelles conventions de 1883. — V. *Comptes* et *Justifications.*

Enfin, en ce qui concerne le département de la guerre nous mentionnerons le décret du 30 mars 1886 portant réorganisation de la *commission militaire supérieure des chemins de fer,* et les divers documents relatifs aux transports de la guerre et de la marine. — V. *Commissions,* § 6 et *Militaires.*

III. Avances de frais de transport pour les administrations publiques. — V. *Administrations.*

MISSIONS.

Frais de missions (arrêté min. du 26 déc. 1854). Voir *Frais divers.*

MITOYENNETÉ.

Droit commun (art. 653 à 673 du code civil). V. *Murs.* — Ouverture de jours et d'issues. V. *Jours.*

Mitoyenneté avec les dépendances du chemin de fer. — V. *Dépendances* § 1, et *Jardins.*

MOBILIER.

I. Conditions de transport des meubles. (*Tarif maximum;* 1re cl. du cah. des ch.) — V. *Meubles* et *Majoration.*

Meubles non emballés (mode d'expédition). — V. *Meubles,* § 2. — Voir aussi au mot *Militaires,* § 2, pour le transport du mobilier personnel des officiers.

II. Ameublement des gares : 1° bureaux des commiss. de surv. adm. V. *Bureaux,* § 4 ; — 2° indications diverses. V. *Gares,* § 4. — 3° *Vestibules.* V. ce mot.

III. Reprise des objets mobiliers par l'État *à l'expiration des concessions* (art. 36, cah. des ch. *Extr.*). « En ce qui concerne les objets mobiliers, tels que le matériel roulant, les matériaux, combustibles, et approvis. de tout genre, le mobilier des stations, l'outillage des ateliers et des gares, l'État sera tenu, si la comp. le requiert, de reprendre tous ces objets sur l'estimation qui en sera faite à dire d'experts, et récipr., si l'État le requiert, la comp. sera tenue de les céder de la même manière. Toutefois, l'État ne pourra être tenu de reprendre que les approv. nécess. à l'expl. du chemin pendant six mois. »

MOBILISATION DE L'ARMÉE.

Formalités (au point de vue de l'emploi et du service des chemins de fer). — V. *Armée, Commission militaire supérieure, Guerre* § 2, *Militaires* et *Marins, Non-disponibles, Réservistes, Service militaire des chemins de fer, Trains* et *Transports*.

Recrutement des mécaniciens gradés de la réserve de la flotte (circ. min. 13 oct. 1884, tr. publ.) — V. *Mécaniciens*.

Nota. — C'est aux termes de la loi du 24 juillet 1873, que les hommes appartenant à des services régulièrement organisés en temps de paix, peuvent, en temps de guerre, être formés en corps spéciaux destinés à servir, soit avec l'armée active, soit avec l'armée territoriale (Extr. de l'art. 8). — L'art. 26 de la même loi (V. *Service militaire*) est relatif aux moyens à fournir par les compagnies pour les mouvements et la concentration des troupes et du matériel de l'armée. — V. aussi *Génie*.

Convocations (par voie de publication et d'affiches). — Loi du 19 mars 1875 (*P. mém.*). — Voir au mot *Non-disponibles*, le rappel des art. 2, 3 et 9 de la loi du 18 nov. 1875. — Voir aussi au mot *Militaires*, § 3, 6° et 7°, l'arr. min. 15 avril 1876 et la circ. min. du 15 avril 1880 relative aux officiers de l'armée territoriale voyageant en vertu d'un ordre de service. — *Id.* (circ. min. 11 août 1883, concernant les hommes temporairement démunis de leurs livrets).

Appel de troupes (mesures d'ordre). — V. *Appel.* — Voir aussi *Détachements* et *Militaires*, § 3, 5°. — Surveillance dans les gares (règl. gén. du 1er juillet 1874, modifié par décret du 29 oct. 1884). — V. *Militaires*, § 2.

Indemnités de route (décret du 29 janv. 1879, abrogeant le décret du 18 juillet 1876. *P. mém.*). — V. plus loin l'art. 8 dudit décret de 1879.

« En cas de mobilisation, l'ind. *journalière* est seule allouée aux réservistes et aux disponibles, l'ind. *kilométrique* ne leur étant pas nécessaire, puisqu'ils sont transportés gratuitement en vertu du traité à forfait passé avec les comp. de ch. de fer. » (Circul. du 6 févr. 1878, *Journal militaire*, partie régl. page 41.) Pour les hommes de troupe de l'armée territoriale et les hommes à disposition convoqués par affiches, les hommes chargés de services accessoires (hommes à la disposition ou classés dans les services auxiliaires), l'ind. kil. n'est allouée que dans les cas déterminés soit au décret, soit dans les instr. relatives à son application. Dans d'autres cas, les autorités militaires font usage des *bons de chemins de fer* prévus à l'art. 8 ci-après du décret du 29 janvier 1879.

« Art. 8. — (*Décret 29 janv. 1879.*) Les chefs de corps, les commandants des dépôts, les commandants des diverses écoles militaires et les commandants des bureaux de recrutement, ainsi que les autres autorités militaires auxquelles le ministre de la guerre croira devoir concéder ultérieurement la même faculté sont autorisés, *en cas de mobilisation*, à délivrer, sous leur responsabilité, pour tenir lieu de feuille de route, des ordres de mouvement rapide, détachés d'un registre à souche, imprimés sur du papier de couleur distincte et contenant *des bons de chemins de fer*. La même faculté leur est accordée *dans les circonstances urgentes du service*, mais à la charge d'y joindre l'ordre du ministre ou du commandant du corps d'armée qui a prescrit le mouvement. » — V. aussi *Marins*.

Indications diverses. — V. *Service militaire des chemins de fer*.

MODIFICATIONS.

I. Prescription générale. (loi du 9 août 1839). — *Art. unique.* — « Les comp. concess. des ch. de fer concédés jusqu'à ce jour, sont autorisées à proposer des modifications au tracé général des chemins et à leur largeur, au maximum des pentes, au minimum du rayon des courbes, au nombre des gares d'évitement, à la hauteur ou à la largeur des ponts sur les chemins vicinaux et d'exploitation, au mode de construction des ponts à la rencontre des routes, rivières ou canaux, et enfin à la pente des routes déplacées ; mais ces modifications ne pourront être exécutées que moyennant l'approbation préalable et le consentement formel de l'autorité compétente. » (*Ext.*)

Dispositions des cahiers des charges. — Art. 3. — Aucun travail ne pourra être entrepris, pour l'établ. des ch. de fer et de leurs dépendances, qu'avec l'autorisation de l'admin. supér. ; à cet effet, les projets de tous les travaux à exécuter seront dressés en double expédition et soumis à l'approb. du ministre, qui prescrira, s'il y a lieu, d'y introduire telles modifications que de droit : l'une de ces expéditions sera remise à la compagnie avec le visa du ministre, l'autre demeurera entre les mains de l'admin. — Avant, comme pendant l'exécution, la compagnie aura la faculté de proposer, aux projets approuvés, les modifications qu'elle jugerait utiles ; mais ces modifications ne pourront être exécutées que moyennant l'approb. de l'admin. supér. — Voir au mot *Concessions* au sujet de la révision des cahiers des charges eux-mêmes.

Modifications de tracé. — 1° Changements de tracé proposés par les commissions d'enquête (art. 10, loi du 3 mai 1841). — V. *Expropriation.* — 2° Légalité des décisions administratives autorisant des modifications de tracé. — V. au mot *Expropriation* la note du même art. 10 de la loi du 3 mai 1841. V. aussi *Études* et *Projets.*

Nouvelles stations ou haltes (demandées aux compagnies et modifications ou déplacements de gares.) — V. *Gares*, §§ 2 et 3.

Nouveaux passages à niveau. — Questions d'établissement, d'entretien et de personnel (applic. des art. 30, 31 et 39 du cah. des ch.) V. *Entretien* et *Passages.*

Modification de barrières. — V. *Barrières, Clôtures* et *Passages à niveau.*

II. Modifications d'ouvrages divers. — Changements apportés aux dispositions prévues par les cah. des ch. et notamment par les art. 7, 8 et 14 :

1° *Voies, fossés, alignements droits et courbes, déclivités,* etc. (Aucune modification aux dispositions des art. 7, 8 et 14 du cah. des ch. ne peut être exécutée que moyennant l'approb. de l'admin. supér. — V. *Cahier des charges.*

2° *Modification des gares, des ponts, des chemins et des routes.* — Voir ces divers mots. — Voir principalement les mots *Accès, Chemin* (public), *Cours d'eau, Déviations, Écoulement des eaux, Justifications, Navigation, Ponts et ponceaux, Routes, Voies publiques,* etc.

Modifications motivées par la sécurité ou par les besoins du service. — Droit de l'admin. d'imposer ces modifications aux compagnies. — 1° Voies accessoires dans les gares ou aux abords (Voir art. 9 du cah. des ch.) — 2° Ouvrages nécessités au point de vue de la navigation, de la viabilité des routes et chemins et de l'écoulement des eaux (Voir art. 12 à 15 de la loi du 15 juillet 1845. — 3° Dépenses faites pour modifications ou achèvement d'ouvrages. — V. *Dépenses* et *Justifications.*

Modifications dans la zone militaire (Formalités). — V. *Projets, Travaux* et *Zones.*

III. Revision des règlements d'exploitation. — Il est de règle générale que les compagnies doivent être entendues, sauf le cas d'urgence, pour toutes les modific. apportées à leurs projets et propositions. Cette obligation est inscrite en termes formels, au moins en ce qui concerne l'exploitation, à l'art. 69 de l'ordonn. du 15 nov. 1846 qui donne du reste au min. le droit de statuer *directement*, dans certains cas (V. *Ordonnances*). — Elles sont de même entendues pour les affaires relatives à l'entrée des voitures dans les cours des gares, pour les diverses questions concernant la création et la revision des règlements, et enfin, par analogie, pour toutes les affaires de gr. voirie.

Indications diverses (Formalités de revision). — V. *Règlements.*

IV. Modifications dans la marche et le service des trains. — 1° Applic. de l'art. 43 de l'ordonn. du 15 nov. 1846 (Voir aux mots *Affichage, Comités, Graphiques, Marche des trains, Ordres, Règlements,* etc., les dispositions en vigueur pour l'exécution de l'art. 43 précité de l'ordonn. de 1846. — D'une manière générale, les modifications apportées dans les ordres de service réglant la marche des trains de voyageurs doivent être préalablement soumises au ministre et au contrôle et annoncées au public par des affiches. — Voir à ce sujet le mot *Marche des trains.*

Réductions dans la marche des trains (Évaluation du produit brut, etc.) — Circ. min. du 22 juill. 1884, ayant pour objet l'organisation du service des trains, par applic. de l'art. 43 de l'ordonn. de 1846. — V. *Marche des trains.*

Nota. — Au mot *Ordres de service,* nous avons reproduit, *p. mém.* l'extr. suivant de la circ. min. 31 déc. 1846, explicative de l'ordonn. régl. du 15 nov. précédent : « Une comp. peut quelquefois chercher, dans des vues d'économie, à concentrer la circulation dans un trop petit nombre de convois journaliers : elle peut adopter des heures de départ et d'arrivée qui se combinent mal, et qui même se combinent d'une manière dangereuse avec les heures de départ et d'arrivée des chemins d'embranch. ou de prolongem. Dans ces différents cas et dans tous les autres qui peuvent se présenter, le droit comme le devoir de l'admin. est de prendre et d'ordonner les modifications qu'elle jugerait nécessaires à la sûreté de la circulation et aux besoins du public. »

Sans doute, comme l'a admis la Cour d'appel de Paris (7 avril 1853), « les comp. de ch. de fer ont le droit de modifier le service des transports et même de supprimer un train, lorsqu'elles n'ont point contracté l'obligation de le maintenir à heure fixe et pendant un temps déterminé ; » — Mais sans parler du droit de contrôle et d'autorisation de l'admin. supér., les compagnies ont elles-mêmes le premier intérêt à faciliter le plus possible le service, afin de ne pas perdre d'un côté ce qu'elles pourraient économiser de l'autre, et à donner une légitime satisfaction au public.

Changement d'itinéraire (Voir les mots *Force majeure, Inondations* et *Itinéraire.* — Modifications dans le service des marchandises. (Avis à donner et précautions à prendre.) (V. les mots *Encombrement, Évacuation, Force majeure,* etc.) — Informations (*à donner au public*). — Indépendamment des circonstances de force majeure qui peuvent se présenter dans le service des voies ferrées, d'autres changements tels que : l'ouverture de nouvelles gares au service de la grande et de la petite vitesse ; au transport des voitures, chevaux et bestiaux ; l'interruption du service des marchandises, par suite d'affluence ; et, enfin, toutes les modifications aux dispositions et règlements approuvés, doivent être portées à la connaissance du public. — V. *Affichage,* § 3, *Guerre,* § 3, *Marchandises,* § 2, *Matériel,* § 4, *Retards,* § 5.

V. Tarifs, etc. — « L'administration supérieure est autorisée à statuer provisoirement sur les modifications que les compagnies pourraient demander aux tarifs réglés par les cahiers des charges. » (Loi du 9 août 1839. *Extr.*)

Formalités. — V. *Homologation, Publications* et *Tarifs.*

VI. Modification et amélioration du matériel roulant. — (V. *Locomotives* et *Matériel*). — Voir aussi, en ce qui concerne les mesures destinées à assurer aux voyageurs en chemin de fer de nouvelles garanties de protection contre les tentatives criminelles, le mot *Voyageurs,* § 8, où est reproduite la circ. min. du 10 juillet 1886, intervenue à la suite du rapport de la commission d'enquête et dont l'extr. relatif aux modifications à apporter au matériel est ainsi conçu :

« La commission a admis qu'il y avait lieu d'étendre à tous les trains de voyageurs proprement dits, à l'exception des trains mixtes, l'application du système d'intercommunication avec signaux d'alarme déjà prescrit aux compagnies par les circ. min. des 30 juillet, 13 sept. 1880 et 15 avril 1884, pour tous les trains express et directs effectuant des parcours de 25 kilom. ou plus sans arrêt. — J'ai adopté cet avis et décidé que l'amélioration dont il est question actuellement devrait être complètement réalisée avant le 1ᵉʳ janvier 1888..... » — J'ai décidé (également) « que toutes les voitures à construire seraient munies de glaces dormantes (dans les cloisons séparatives des compartiments) et qu'il en serait de même des voitures actuellement en service, au fur et à mesure de leur envoi en grosse réparation..... » — V. au mot *Voyageurs*, § 8, le texte intégral de la décision dont il s'agit.

VII. Modifications du personnel par suite d'insuffisance, de mauvais service ou autrement (Extr. du cah. des ch. et de l'ordonn. du 15 nov. 1846) (V. *Agents*, § 7). — *Surveillance de l'administration* (Décret du 27 mars 1852). — V. *Agents*, § 2.

VIII. Modifications et améliorations générales (*dans l'ensemble du service*). — Examen, études, travaux et propositions des comités et commissions d'enquête. — V. *Appareils, Bifurcations, Block-system, Comités, Commissions, Congrès, Conseils, Enquêtes, Freins, Intercommunication, Matériel roulant, Signaux, Vitesse, Voie unique* et *Voyageurs*, § 8.

MOELLONS.

Conditions de transport (3ᵉ cl.) — V. art. 42, cah. des ch. et *Tarifs*.
Indications diverses (tarifs réduits, etc.). — V. *Matériaux* et *Pierres*.

MONNAIE.

Indications diverses. — 1° Tarif de transport de la monnaie de billon (V. *Finances*, § 1). — 2° Transport de l'or et de l'argent (V. *Tarif* (exceptionnel). — 3° Exportation de numéraire (V. *Transports*, § 1). — 4° Échange de monnaie (V. *Receveurs*) (1). — Voir aussi *Billets de banque*.

MONOPOLE.

I. Lignes concurrentes. — L'admin. étant toujours juge des circonstances dans lesquelles il y a lieu d'autoriser de nouvelles lignes voisines de celles déjà concédées (V. *Embranchements*), nous n'avons au sujet de cette question importante qu'à appeler l'attention sur les considérations développées dans les documents résumés aux mots *Autorisation, Chemin de fer d'intérêt général* et *Concessions*.

Indications diverses. — 1° Monopole et charges des concessions (V. *Cahier des charges, Compagnies* et *Concessions*); — 2° Monopole de la vente dans les gares (V. *Bibliothèques, Buffets, Librairie*, etc.); — 3° Vente de combustibles par les compagnies (V. le mot

---

(1) Ext. d'un avis du min. des finan. (oct. 1879). — Exéc. de la convention monétaire de 1878 (*P. mém.*). — « A partir du 1ᵉʳ janv. 1880, les pièces divisionnaires d'argent italiennes et pontificales *ne seront ni remboursées, ni reçues en payement par les caisses publiques.* — Les seules monnaies divisionnaires qui doivent rester dans la circulation, après le retrait des pièces italiennes et pontificales, sont les suivantes : pièces nationales, 50 et 20 c. aux millésimes de 1864 et années suivantes ; 2 fr. et 1 fr. aux millésimes de 1866 et années suivantes ; — Pièces belges, grecques et suisses : 20 c., 50 c., 1 fr. et 2 fr. aux millésimes de 1866 et années suivantes. » — La nouvelle convention monétaire du 6 nov. 1885 a réduit partiellement les exclusions ; mais nous avons pu constater sur les ch. de fer comme ailleurs, que les restrictions dont il s'agit, surtout en raison de la pénurie de petite monnaie et de la difficulté de vérification des millésimes, etc., sont une source d'embarras pour les industriels comme pour le public.

Vente); — 4° Vente d'aliments aux ouvriers (*Ibid.*); — 5° Prescriptions relatives aux entreprises correspondantes (V. *Camionnage, Correspondances* et *Factage*); — 6° Prescriptions de droit commun (art. 419 du Code pénal) *pour mémoire.*

II. **Transports réservés à l'admin. des postes** (Exceptions établies par la loi du 6 avril 1878). — V. *Bibliothèques,* § 1, *Journaux,* § 2, *Librairie,* § 2, et *Postes.*

MONTRES. — HORLOGES. — PENDULES.

Conditions de transport. — Tarif général, 1re classe, art. 42, cah. des ch. — V. aussi *Tarif* (exceptionnel), pour les objets d'or et d'argent.

Indications diverses (arrêts, dérangements, etc.). — V. *Horloges.*

MOUILLURE.

I. Responsabilité. — En principe, les commissionnaires et voituriers sont responsables du bon état des marchandises qu'ils ont à transporter; mais l'interprétation de cette règle en ce qui concerne la *mouillure* et par suite l'avarie des colis a le privilège avec quelques autres questions rappelées pour la plupart ci-dessus, au mot *Litiges,* de grossir encore le nombreux contingent des procès de chemins de fer.

La responsabilité générale de la compagnie résulte de l'applic. des art. 1784 du Code civil, 97 et suiv. du C. de Comm. (V. *Avaries,* § 3); mais sous l'exception des cas de force majeure, exception qui ne peut toujours être établie d'une manière catégorique (V. *Force majeure*). — Il a été fait du reste dans les tarifs d'application des compagnies diverses réserves au sujet de l'emballage et du conditionnement des marchandises (V. *Marchandises,* § 5). — En ce qui concerne les précautions à prendre pour le bâchage des wagons, elles sont indiquées au mot *Chargement.* — Toute mouillure ou avarie de route occasionnée par la négligence ou le défaut de précaution de la compagnie engage la responsabilité de cette dernière avec cette distinction que, pour les circonstances où les marchandises sont transportées aux conditions du tarif général, la compagnie lorsqu'elle excipe de la force majeure doit elle-même en faire la preuve (V. *Fourrages* et *Preuves*), tandis que les expéditeurs ou les destinataires doivent établir la preuve des fautes de la compagnie ou de celles de ses agents lorsqu'il s'agit de l'application d'un tarif spécial contenant la clause habituelle de non-garantie. — Voici le résumé de quelques décisions judiciaires sur cet objet.

Mouillure dans un transport effectué suivant un tarif spécial. — « La compagnie n'étant, par le tarif spécial, tenue de fournir que des wagons non couverts ni bâchés, l'absence de bâches ne saurait constituer une négligence à elle imputable. » (C. cass. 28 déc. 1875.) — *Transport de fourrages* : « La mouillure de foin transporté, aux termes d'un tarif spécial, par wagons découverts, constitue une de ces avaries de route dont la compagnie n'est pas responsable, aux termes dudit tarif. » (C. cass. 21 nov. 1871, 29 janv. 1872, 31 déc. 1879, etc.) — Non-responsabilité de la comp. même lorsque ses agents ont promis de couvrir les marchandises avec des bâches, cet engagement ne pouvant lier la comp. du ch. de fer (*Id.* 31 déc. 1879). — « La compagnie a rempli ses obligations envers l'expéditeur en lui livrant, pour le transport des fourrages dont il s'agit, des wagons découverts sans bâche (transport par tarif spécial). — A lui incombait de prendre, lors du chargement, toutes les précautions nécessaires pour protéger ces fourrages contre la pluie. » (C. cass. 7 août 1878.) — *Tarif spécial comportant des wagons couverts.* « Dans un transport de fourrages en wagons couverts, même opéré par application d'un tarif spéc., une comp. de ch. de fer est tenue de fournir des bâches de qualité et de dimensions suffisantes pour préserver les marchandises de la mouillure. — Mais le chargement par l'expéditeur comprend le bâchage du wagon et, si ce bâchage est défectueux, l'expéditeur reste responsable des conséquences de sa faute. — La comp. demeure seulement responsable des avaries occasionnées par l'emploi de bâches insuffisantes ou en mauvais état. — La clause de *non-garantie* a uniquement pour effet de mettre la preuve des fautes de la comp. à la charge des expéditeurs ou destinataires et de leur faire supporter les avaries qui seraient la conséquence naturelle du mode de transport

librement choisi par l'intéressé (*jurispr. constante*). » (Tr. comm. de Chambéry) 25 juin 1879.
— *Avarie antérieure à la mise en wagon.* « Dans l'espèce, une expertise constatant que la mouille des sacs de son transportés devait remonter à une époque antérieure à la mise en wagon couvert et plombé, la compagnie destinataire ne pouvait être déclarée responsable de cette avarie. » (C. cass. 6 août 1879.)

Avarie dans un transport international. (LAINES.) — Un expéditeur de laines, transportées de l'étranger, demande, par l'intermédiaire de son commissionnaire de transport et sans autorisation du destinataire, un wagon couvert avec bâche et donne une décharge de responsabilité pour la mouillure qui pourrait survenir. — Dans ces conditions et l'avarie litigieuse desdites laines s'étant produite sur le réseau étranger, la comp. française doit être mise hors de cause et le destinataire doit s'adresser à l'expéditeur, — qui est condamné à lui tenir compte de cette avarie, mais auquel garantie est également accordée contre le commissionnaire de transport. — (Trib. comm. *Tourcoing,* 8 avril 1884.) — Validité de la constatation faite par un commun accord entre la comp. française et le destinataire français. (*Même affaire.*) — V. ci-après, § 2.

Mouille provenant du vice propre de la marchandise. — « Une comp. de ch. de fer peut se refuser à transporter une marchandise avec une mention de garantie pour la mouille provenant du vice propre de cette marchandise. » (Tr. comm. Dunkerque, 19 août 1884, confirmé par la C. d'appel, Douai, 20 déc. 1884.)

II. Constatation d'avaries par suite de mouillure, etc. (Simplification des formalités) (V. *Avaries*, § 4). — Trafic international. *Validité de la constatation d'une avarie de mouillure.* — Il y a lieu d'admettre la constatation de ladite avarie, bien qu'elle ait été faite en dehors des règles édictées par l'art. 106 du C. de comm., mais d'un commun accord entre la comp. française et le destinataire français. (Tr. comm., *Tourcoing,* 8 avril 1884.)

MOULINS ET USINES.

Dommages résultant des travaux des voies ferrées (défaut d'écoulement des eaux, etc.). — V. *Dommages, Écoulement des eaux* et *Usines.*

MOUTONS.

Conditions de transport (V. art. 42 cah. des ch.). — V. aussi *Animaux.*

Introduction sur la voie. — « Le propriétaire de moutons qui, nonobstant l'existence d'une clôture réglementaire et non discontinue, s'introduisent dans l'enceinte d'un chemin de fer, commet une contravention prévue et réprimée par l'arrêt du conseil du 16 déc. 1859 (*jurispr. constante*). » C. d'État, 30 avril 1875. — V. *Bestiaux.*

MOUVEMENT.

I. Attributions du service du mouvement (dans l'organisation de la plupart des compagnies). — Le service du mouvement, qui forme l'une des branches principales du service général de l'exploitation, est placé dans les attributions d'un agent supérieur ayant le titre de *chef du mouvement.* — Ce service comprend ordinairement les affaires ci-après (*Extr. d'une instr. spéc.*) :

1° Organisation du service des trains de voyageurs et de marchandises ; préparation et envoi sur la ligne de tous les ordres relatifs à ces trains (livrets, tableaux, circulaires, etc.) ; — 2° Utilisation des trains de marchandises au point de vue de la composition et de la charge normale ; — 3° Accélération du service des trains dans les gares et stations ; — 4° Exécution des prescr. régl. relatives à la sécurité des trains en marche et dans les gares ; — 5° Trains extraordinaires et trains de ballastage ; — 6° Réparation du matériel roulant ; vérification des séjours des wagons dans les gares ; — 7° Établissement des comptes de parcours ; — 8° Comptes d'échange et de location du matériel roulant avec les chemins étrangers ; — 9° Approvisionnement des stations en objets de toute nature, éclairage, chauffage, mobilier, habillement, inventaires, télégraphe électrique ; — 10° Personnel des trains ; contrôleurs de route.

Le chef du mouvement a autorité sur tous les agents du service actif pour la mise à exécution de toutes les mesures relatives aux affaires dont l'énumération vient d'être donnée ; il correspond directement, soit avec les inspecteurs principaux, soit avec les chefs de gare. (*Instr. spéc.*)

II. Organisation de la marche des trains. — 1° Sens du mouvement des convois. Art. 25, ordonn. 15 nov. 1846 (V. *Ordonnances*). — 2° Approbation des tableaux et ordres de service (V. *Marche des trains*). — 3° Dispositions spéciales pour le départ, la circulation et l'arrivée des convois (V. *Départ*). — Voir aussi *Arrivée, Circulation, Composition de convois, Retards, Trains* et *Voie unique*.

Affaires diverses. — Voir les mots *Accidents, Cours des gares, Détresse, Locomotives, Mécaniciens, Matériel, Pilotage, Traction, Vitesse*, etc.

III. Surveillance du mouvement. — Le service du mouvement des convois est placé, au point de vue de la surv. de l'État, sous la direction de l'insp. général du contrôle et spéc. dans les attributions des ingén. des mines. — Voir *Commissaires de surveillance, Contrôle, Gardes-mines, Ingénieurs, Inspecteurs* et *Personnel*.

MULETS.

Conditions de transport (et indications diverses). — V. *Animaux* et *Bestiaux*.

MUNITIONS DE GUERRE.

Transports de dynamite et de poudre (V. ces mots). — *Munitions diverses* classées dans la 1ʳᵉ et la 2ᵉ catég. des matières dangereuses. — V. *Matières dangereuses*.

MURS.

I. Établissement de murs de clôture (par voie d'alignement aux abords des voies ferrées). — *Formalités diverses* (art. 5 de la loi de 1845). — V. *Alignements*.

Alignement le long d'un ch. de fer clôturé lui-même par un mur. « Aux termes de l'art. 5 de la loi du 15 juillet 1845, aucune construction autre qu'un mur de clôture ne peut être établie dans une distance de 2 m. d'un ch. de fer et cette distance doit être mesurée, soit de l'arête inférieure du talus du remblai, soit du bord extérieur du chemin, et, à défaut, d'une ligne tracée à 1 m. 50 c. à partir des rails extérieurs de la voie de fer. — Au droit de la propriété des requérants, le ch. de fer est établi en déblai. Dès lors, aux termes de la disposition précitée, la distance de 2 m. doit être calculée à partir de l'arête supérieure du talus. Ainsi c'est avec raison que, par son premier arrêté, le préfet de la Seine avait décidé que l'alignement serait donné à 2 m. de l'arête actuelle . . . . . , et il y a lieu d'annuler la décision par laquelle le min. des tr. publ. a décidé que la largeur de 2 m. serait comptée à partir de la face extérieure du mur de clôture établi par la comp. du ch. de fer du Nord. — La contestation dont s'agit ne rentre pas dans celles auxquelles s'appliquent les dispositions du décret du 2 nov. 1864. Dès lors, il n'y a pas lieu de prononcer de dépens contre l'administration. » (C. d'Etat, 21 janv. 1881.)

II. Murs de soutènement. — L'établissement des ouvrages de soutènement a ordinairement pour objet : 1° de maintenir la stabilité des grands remblais ; 2° d'arrêter les glissements horizontaux des terres argileuses refluant sous la pression des terrassements ; 3° enfin, de consolider les talus de déblai pour empêcher les éboulements de terres et quelquefois de blocs de rocher sur les rails. — La forme et les dispositions de ces ouvrages d'art sont subordonnées aux conditions locales et ne font l'objet d'aucune prescription *spéciale* dans les cah. des ch., ni dans les règl. gén. du service des ch. de fer.

Dommages causés par l'établ. d'un mur de soutènement. — V. *Dommages*.

III. Murs mitoyens. — Les chemins de fer peuvent être clos ou bordés dans quelques circonstances exceptionnelles, et suivant des conditions particulières, par des constructions ou des murs établis en mitoyenneté avec les propriétaires riverains. Les questions de droit commun, qui résultent de cette mitoyenneté, tombent sous l'applic. des art. 653, 654, 655 et 656 du Code civil. — Voir ci-après : *Mur bordant une gare.*

Réparations. — « Le juge des référés est compétent pour faire constater les réparations à faire par un chemin de fer à un mur de séparation élevé par lui et de l'entretien duquel il s'est chargé aux termes de conventions arrêtées entre lui et un particulier. Mais il ne peut, sans excéder sa compétence, ordonner la confection par le chemin de fer des réparations constatées, ni, à son défaut, autoriser l'autre partie à y faire procéder. » (C. Paris, 26 déc. 1857.)

Mur bordant une gare (mitoyenneté inadmissible à moins de désaffectation du terrain du chemin de fer) (V. avis du C. d'État, 13 avril 1880, au mot *Dépendances*, § 1). — Voir aussi *Jardins.*

IV. Indivisibilité des ouvrages. *Murs ou perrés séparatifs de la ligne et des propriétés riveraines.* (Remise aux tiers.) — V. *Ponts* et *Remise.*

NATIONALITÉ.

Caractère du sol d'un chemin de fer international. — « La nationalité d'un chemin de fer est caractérisée par son assiette sur le sol national, par la souveraineté nationale dont il relève et par le statut réel qui le régit. — Dans l'espèce, le chemin de fer du Nord-Belge, exploité par la comp. française du Nord, n'en a pas moins la nationalité du territoire dont il fait partie intégrante. » (C. Douai, 9 août 1882.)

Service de frontière (et affaires diverses). — V. les mots *Douane, Frontière, Police sanitaire, Service international, Tarifs* (d'exportation, d'importation et de transit), *Trafic international*, etc.

NAVIGATION.

I. Maintien de la navigation (à la traversée des ch. de fer). — Les travaux motivés par la rencontre ou le contact des lignes limitrophes de navigation et de ch. de fer sont soumis à diverses règles et formalités qu'il nous paraît utile de grouper ainsi qu'il suit (Applic. de l'art. 17 du cah. des ch. et documents divers) :

1° *Chemins de fer exécutés par l'État.* — Lorsqu'il s'agit de tr. publ. intéressant à la fois les ch. de fer et la navigation fluviale ou maritime, et lorsque ces ouvrages sont exécutés par l'État lui-même, les projets de travaux, après avoir subi les épreuves préalables d'enquête, sont examinés par les ingén. compétents, réunis en conférence, conf. aux dispositions de la circ. minist. du 12 juin 1850 (ou du décret du 16 août 1853, relatif aux travaux mixtes à exécuter dans la zone des servitudes militaires). Après la clôture des conférences, les ingén. soumettent à l'admin. les dispositions qui leur paraissent de nature à assurer à la fois le maintien de la navigation et la sécurité de la circulation sur le chemin de fer, et à concilier, d'ailleurs, tous les intérêts en présence.

Nous ferons remarquer incidemment que l'usage de ces conférences n'est pas établi pour les ouvrages à construire à la rencontre des cours d'eau *non navigables ni flottables;* mais il n'en convient pas moins que les ingén. chargés des travaux du ch. de fer s'éclairent des connaissances de leurs collègues du service hydraulique pour l'étude définitive des dispositions à adopter.

Dans les divers cas, les travaux approuvés doivent être reconnus et vérifiés, après leur achèvement, par les ingén. des services intéressés, et leur réception est constatée, sur l'initiative des ingén. auteurs des projets, par des procès-verbaux de récolement régulièrement transmis à l'admin. supérieure. — V. *Projets* et *Réception.*

2° *Travaux concédés.* — Les mêmes conférences et formalités ont lieu, en vertu des textes précités, lorsqu'il s'agit de travaux exécutés par les comp. concess. Dans ce dernier cas, les instr. et règl. rendent obligatoire l'intervention des ingén. du contrôle chargés de surveiller l'exéc. des dispositions du cah. des ch. gén., applicable à la concession de la ligne. — De leur côté, les ingén. des comp. concess. sont entendus dans les enquêtes et les conférences, sinon comme membres participants, du moins pour fournir leurs observations et avis. — V. *Conférences*, *Études* et *Projets*.

Mesures à prendre pendant l'exécution des travaux. — L'une des clauses essentielles qui figurent dans le cahier des charges général au sujet de l'exécution des travaux de chemins de fer concédés est la suivante :

« Art. 17. — A la rencontre des cours d'eau flottables ou navigables, la compagnie sera tenue de prendre toutes les mesures et de payer tous les frais nécessaires pour que le service de la navigation ou du flottage n'éprouve ni interruption ni entrave pendant l'exécution des travaux. » — (On verra plus loin que l'inexécution de cette clause peut donner lieu, contre les concessionnaires, sur la constatation des ingén. chargés de la surveillance, à des poursuites de grande voirie.)

Travaux définitifs. — Les ouvrages à construire sur les chemins de fer pour la traversée des voies de navigation doivent réunir les conditions ci-après énumérées :

Viaducs. — Dans la pratique, la qualification de *pont* est donnée aux ouvrages servant exclusivement à franchir des cours d'eau, rivières ou fleuves, et qui ont le plus souvent des dimensions en longueur fort peu différentes de la largeur occupée par le lit même du cours d'eau traversé, tandis que les *viaducs* franchissent les vallées par une succession d'arches donnant à l'ensemble de l'ouvrage des dimensions hors de proportion avec celles qu'eût exigées l'exécution d'un simple pont sur le cours d'eau, fort, faible ou même nul, qui occupe le thalweg de la vallée.

L'art. 15 du cahier des charges général n'établit pourtant pas cette distinction dans sa disposition suivante, qui s'applique uniformément aux ouvrages d'art destinés à franchir les cours d'eau, quelle que soit leur importance :

« Art. 15 (extr.). Les viaducs à construire à la rencontre des rivières, des canaux et des cours d'eau quelconques auront au moins 8^m,00 de largeur entre les parapets, sur les chemins à deux voies, et 4^m,50 sur les chemins à une voie. La hauteur de ces parapets sera fixée par l'administration et ne pourra être inférieure à 0^m,80.

« La hauteur et le débouché du viaduc seront déterminés, dans chaque cas particulier, par l'administration, suivant les circonstances locales. »

Système de construction. — « Tous les aqueducs, ponceaux, ponts et viaducs à construire à la rencontre des divers cours d'eau seront en maçonnerie ou en fer, sauf les cas d'exception qui pourront être admis par l'admin. » (Art. 18, cah. des ch., extr.).

Le paragr. 1er du même article 18 porte l'obligation de n'employer, dans l'exécution des ouvrages, que des matériaux de bonne qualité, et de se conformer à toutes les règles de l'art, de manière à obtenir une construction parfaitement solide.

Hauteur libre des ponts (sur les rivières et les canaux). — Min. pour certains canaux, 3^{m}70. — Circ. min., 30 mai 1879. — V. *Ponts*, § 1 *bis*.

Projets, Réception et Remise d'ouvrages. — V. *Ponts* et *Ponceaux*, *Projets* et *Remise*.

II. Ponts mobiles sur les canaux. — La faculté que l'admin. s'est réservée de déterminer la hauteur et le débouché des viaducs dans chaque cas particulier, suivant les circonstances locales, lui a permis de n'admettre pour les *ponts fixes* établis sur les canaux que des dimensions parfaitement en rapport avec les intérêts de la navigation et le service de la batellerie. Mais, sur quelques points exceptionnels, et à défaut sans doute d'une différence de niveau suffisante, au point d'intersection des deux lignes, on avait toléré en principe l'établissement de *ponts tournants* ou mobiles auxquels on aurait pu donner par analogie le nom de passages à niveau de navigation.

Les conditions de service de ces passages, qui présentent une sujétion exceptionnelle, bien plus encore pour le chemin de fer que pour la navigation, ont été réglées avec un soin particulier par l'admin. supér. — V. *Canaux.*

III. Entretien des ouvrages. — D'après la jurispr. consacrée pour les travaux construits par les compagnies, à la traversée des voies de communication en général, l'entretien des ouvrages qui ne sont pas destinés à former partie intégrante de la voie ferrée, n'est point à la charge des compagnies, mais, après réception des travaux et remise aux admin. dont dépendent les voies qu'ils desservent, à la charge de ces administrations. Ce principe est directement applicable aux ouvrages qui peuvent avoir été prescrits en dehors, ou, par extension, des conditions du cah. des ch., pour assurer le maintien de la navigation ou l'écoulement des eaux.

Contestations sur l'entretien. — « La décision par laquelle un ministre a rejeté la réclamation d'une comp. de ch. de fer qui prétendait n'être pas chargée d'entretenir, de garder et manœuvrer les viaducs, ponts ou acqueducs éclusés..., construits sur la voie, et les arrêtés pris en exécution de cette décision, ne font pas obstacle à ce qu'il soit statué par le conseil de préfecture sur l'étendue des obligations de la compagnie à cet égard, lorsqu'il est, d'ailleurs, établi, en fait, que la contestation dont il s'agit est au nombre de celles dont le cah. des ch. attribue la connaissance au C. de préf. » (C. d'État, 20 juillet 1854.)

IV. Infractions au cahier des charges. — La loi du 15 juillet 1845, sur la police des voies ferrées, porte que les ch. de fer construits ou concédés par l'État font partie de la gr. voirie. — La même loi prescrit, d'ailleurs, de constater, comme en matière de gr. voirie, les infractions commises par le concess. ou le fermier de l'exploitation, aux clauses du cah. des ch. ou aux décisions rendues en exécution de ces clauses, en ce qui concerne le service de *la navigation ou le libre écoulement des eaux.* (Extr. de l'art. 12.) — V. au mot *Contraventions,* pour la constatation des infractions dont il s'agit.

Ouvrages d'art construits sans autorisation. — Un concessionnaire qui a construit un certain nombre d'ouvrages d'art, dans un certain nombre de communes, à la rencontre de cours d'eau *distincts,* sans leur donner les dimensions prescrites par les arrêtés préfectoraux, a commis autant de contraventions et est passible d'autant d'amendes qu'il y a d'ouvrages d'art. (C. d'État, 4 mars 1858.)

V. Obstacles à la navigation. — Une compagnie ne peut être condamnée à des domm.-intér. envers les tiers à raison des obstacles accidentels qui résulteraient, pour le service de la navigation, de la présence d'un pont par elle construit sur une rivière navigable, conf. aux projets approuvés, et même avec des modifications à ces projets, si l'admin. a néanmoins reçu les travaux. (C. d'État, 2 août 1851.) On ne peut, d'ailleurs, considérer comme un dommage direct et matériel l'interruption de service qui serait résultée pour une compagnie de bateaux à vapeur de ce qu'elle n'aurait pas pu, en temps de crue d'eau, faire passer ses bateaux sous l'arche marinière du pont ainsi construit par la compagnie du chemin de fer. (*Ibid.*)

Prises d'eau. — Certains travaux accessoires des gares de chemins de fer, tels que les prises d'eau nécessaires pour l'approvisionnement des réservoirs d'alimentation des machines locomotives, peuvent, sans apporter des entraves à la navigation, contribuer à modifier le régime des cours d'eau. Les compagnies, qui se trouvent à cet égard dans le droit commun, doivent, comme tous particuliers, se pourvoir de l'autorisation prescrite par les règlements sur la matière et notamment par le décret de décentralisation du 25 mars 1852, même lorsqu'il s'agit de simples cours d'eau non navigables ni flottables, par ce motif surtout que les eaux détournées sont *consommées* pour les besoins de l'exploitation, et qu'elles ne sont pas rendues à leur cours naturel.

Nous rappellerons à ce sujet que l'application des dispositions du décret précité du 25 mars 1852, est soumise aux règles suivantes :

Canaux navigables. — Les autorisations de prises d'eau dans les *canaux navigables ou flottables de l'Etat* ne rentrent point dans le cercle de celles qui ont été attribuées aux préfets par le décret du 25 mars 1852, sur la décentralisation administrative (avis du C. d'Etat du 6 octobre 1859). En conséquence de cet avis, dont le ministre a adopté les conclusions, les préfets n'autoriseront directement aucune prise d'eau dans les canaux de l'Etat, et les demandes de cette nature doivent être soumises à l'admin. supér. (Ext. d'une circ. min. du 26 janv. 1860). — Il suit de là que tout en maintenant les attributions des préfets en ce qui concerne les prises d'eau en général, et notamment celles qui ne présentent pas d'inconvénients ou ne soulèvent pas de plaintes, l'admin. supér. s'est réservé de statuer sur les demandes de prises d'eau qui doivent avoir pour effet de modifier d'une manière sensible le niveau ou le régime des canaux (ou des rivières canalisées). — Dans ce dernier cas, les demandes de prises d'eau, indépendamment des conférences à ouvrir avec le service de la navigation, comportent diverses formalités que nous avons détaillées à l'article *Prises d'eau,* où nous avons également parlé des dispositions relatives à l'usage des eaux souterraines et aux litiges que peuvent faire naître en général les affaires de prises d'eau, par suite de dommages causés aux usines.

VI. Travaux ultérieurs de navigation (art. 59, cah. des ch. Extr.) — « Dans le cas où le gouvernement ordonnerait ou autoriserait la construction de canaux qui traverseraient la ligne concédée, la comp. ne pourra s'opposer à ces travaux ; mais toutes les dispositions nécessaires seront prises pour qu'il n'en résulte aucun obstacle à la construction ou au service du ch. de fer ni aucuns frais pour la compagnie.

« 60 (*id*). — Toute exécution ou autorisation ultérieure de canal, de travaux de navigation dans la contrée où est situé le chemin de fer concédé, ou dans toute autre contrée voisine ou éloignée, ne pourra donner ouverture à aucune demande d'indemnité de la part de la compagnie. » (Ext.)

Embranchements de ports. — V. *Embranchements* et *Quais maritimes.*

VII. Arrangements et traités avec les compagnies de navigation (art. 53 du cah. des ch.). — V. *Correspondances, Délais* et *Tarifs,* § 5.

Transports communs. — « En livrant des marchandises au seul destinataire désigné par les expéditeurs, une compagnie de chemin de fer accomplit et met à fin la mission qu'elle tenait de ceux-ci. — Peu importe que les rapports fréquents de ladite compagnie avec ce destinataire ne permettent pas d'admettre qu'elle ait pu l'envisager autrement qu'en qualité de commissionnaire de transport intermédiaire représentant un voiturier (*par mer* dans l'espèce) et chargé de réexpédier les marchandises. — Conséquemment la réception de ces marchandises et le payement du prix de transport par ce destinataire éteignent, aux termes de l'art. 105 du Code de comm., toute action contre ladite compagnie. » (C. C., 16 mai 1870.)

Touage. — Nous rappellerons, *p. mémoire,* qu'un décret du 25 juillet 1860 a autorisé l'établissement d'un service de touage en Seine, avec interdiction de tout traité ou cession à une comp. de ch. de fer. (2ᵉ sem. 1860, série 11, bull. 848, p, 771.)

NÉGLIGENCES.

Négligences occasionnant des accidents (art. 19 de la loi du 15 juillet 1845). (Voir *Accidents,* § 8). — Service télégraphique. — V. *Télégraphie.*
Négligences (dans les transports). — V. *Soins de route.*
Indications diverses. — Voir *Contraventions, Pénalités* et *Punitions.*

NEIGES.

I. Amoncellements. — L'hiver de 1854-1855 ayant présenté une rigueur exceptionnelle l'admin. a fait étudier par les ingén. des compagnies et de l'Etat la question d'amoncellement des neiges au point de vue des perturbations apportées dans la circulation des trains. — Cette étude devait porter sur les points suivants, mentionnés dans un programme du 12 mars 1855 :

1° La neige tombée directement a-t-elle produit des encombrements de nature à entraver ou arrêter la marche des convois ? ou ces encombrements ne sont-ils dus qu'aux masses de neige transportées par le vent ?

2° Epaisseur de la couche de neige tombée directement sur la voie ;

3° Y a-t-il eu des encombrements de voie ailleurs que dans les parties de chemin de fer qui sont en déblai ou plus ou moins encaissées ? ailleurs que dans les parties en plaine ? ailleurs que dans les terrains découverts ?

4° Influence de la topographie des contrées dans lesquelles le chemin de fer est établi, et notamment des grandes plaines ;

5° Influence des bois, plantations de vignes ou autres, pour empêcher ou amoindrir les amoncellements de neige sur les chemins de fer ;

6° Désigner les parties de chemins de fer où les voies ont été encombrées, et, pour chaque cas particulier, indiquer : 1° si ces parties sont en déblai ou en remblai ; 2° l'inclinaison des talus du chemin de fer et autres particularités du profil ; 3° les longueur, largeur et épaisseur de l'amoncellement des neiges sur les rails ; 4° les limites entre lesquelles varient les profondeurs du déblai ou les hauteurs du remblai, dans les parties de voie encombrée ; 5° si le chemin est bordé de haies ou de murs de clôture, de cloisons en planches ou de digues, cavaliers de dépôts, etc. ; 6° le côté d'où venait le vent qui a transporté la neige, et la direction du vent par rapport au chemin de fer ;

7° Dans les parties en déblai qui ont été encombrées, quelle est la profondeur au delà de laquelle les neiges transportées n'ont fait que s'amonceler sur les talus, sans atteindre les rails ?

8° En rapprochant les observations récentes de celles antérieurement faites, vérifier si les neiges ne sont pas généralement transportées par les mêmes vents dans les mêmes lieux ;

9° Y a-t-il des cas où les talus ne sont inclinés qu'à 1^m de hauteur pour 6^m de base et plus ? Dans ce cas-là, a-t-on observé le moindre encombrement ?

10° Y a-t-il d'autres cas qui, par le fait d'un élargissement du déblai ou par toute autre disposition, rentrent dans la catégorie des cas précédents ? A-t-on observé, dans ces cas-là, qu'il se soit formé des encombrements ?

11° A-t-il été exécuté quelques dispositions spéciales pour empêcher les encombrements de neige, et quel a été leur plus ou moins d'efficacité ?

12° Quel a été l'effet des clôtures en haie ou treillage, des murs, des cloisons en planches, digues ou cavaliers de dépôt, à l'égard des amoncellements de neige ?

Les effets de ces ouvrages accessoires pouvant être très différents suivant leur hauteur et leur emplacement, relever exactement, dans chaque cas particulier, la hauteur de ces ouvrages et leur distance à la crête du déblai ou au pied du remblai ;

13° Pour compléter les renseignements demandés aux articles précédents, fournir des profils en travers levés dans les parties où la voie a été encombrée et aussi dans les parties où la neige ne s'est amoncelée que sur les talus, sans atteindre les rails. Choisir, pour ces profils, les emplacements qui offrent le plus d'intérêt ; y indiquer la direction du vent, les voies, la figure des amoncellements de neige sur les rails ou sur les talus, et même leur mode de formation par couches successives, si ce mode a été observé, notamment l'effet singulier des tournoiements d'air ou remous dans la formation des couches qui s'accumulent sur les talus des tranchées ; ne pas omettre de représenter, sur ces profils, avec exactitude, les clôtures, murs, banquettes, cavaliers de dépôt, etc., et, en général, tous les accessoires qui ont pu exercer quelque influence à l'égard des amoncellements de neige ;

14° Entraves que les encombrements de la voie ont apportées à la marche des trains : retards, arrêts, suspension de service, durée de ces entraves, faits particuliers importants, concernant, soit les voyageurs, soit les machines ;

15° Moyens employés pour débarrasser les voies : aperçu des travaux exécutés et des dépenses faites. A-t-on fait usage d'appareils particuliers, tels que râteau à neige, wagon-râcloir, charrue à neige, etc. ? Description de ces appareils, leur efficacité ;

16° Opinion des ingénieurs du contrôle : 1° sur les mesures préventives à adopter pour empêcher ou atténuer les encombrements de neige ; 2° sur les moyens à employer pour déblayer rapidement la voie.

II. Mesures adoptées. — Il résulte d'une note résumée par la commission d'enq. sur l'expl., relativement aux questions ci-dessus posées, qu'il y a encore incertitude sur les moyens de *prévenir* l'amoncellement des neiges sur les voies, et l'étude de cette partie de la question demande à être continuée. Quant au moyen de déblayer les voies de la neige qui les encombre, si l'on peut avoir recours à quelques agents mécaniques, il faut reconnaître que la ressource la plus facile à se procurer, c'est un nombre de bras en rapport avec la quantité de neige tombée et la surface à déblayer. — V plus loin, § 4.

En temps ordinaire, et lorsque la neige tombe sur la voie comme sur les terrains voisins, sans que le vent vienne l'accumuler en des points spéciaux, les ouvriers ordinaires de l'entretien, armés d'un racloir à neige, suffisent parfaitement pour rendre les voies libres. Ce n'est donc que dans quelques cas exceptionnels, après des tourmentes, par exemple, qu'il y a lieu de requérir des ouvriers auxiliaires, et, dans ces cas, des instr. spéc. données par le min. de la guerre assurent aux comp. le concours des régiments en garnison dans les localités voisines du chemin de fer.

Règlements spéciaux. — Les instr. contenues dans les règl. du service de la voie contiennent ordin. les recommandations suivantes, au sujet de l'enlèvement des neiges :

1° Lorsque la neige commence à tomber, ou le verglas à se fixer sur les rails d'une manière inquiétante pour la circulation, soit de jour, soit de nuit, les agents, dirigés et surveillés par les piqueurs et les chefs de section, et munis des outils dont ils ont besoin (*balais, large pelle, racloirs, etc.*) devront se tenir en permanence à leur poste tant que durera le danger, et feront tous leurs efforts pour que les trains trouvent les voies nettoyées et sablées.

Ils devront dégager et nettoyer d'abord les aiguilles des changements et croisements de voie qui se trouvent sur leur canton, les entre-rails des passages à niveau et des ponts par-dessous, pour que les boudins des roues des wagons puissent y passer librement.

Ils dégageront et balayeront ensuite les rails des voies, en commençant par celle sur laquelle doit passer le premier train.

Le nettoyage des voies est répété dans la journée aussi souvent que cela est nécessaire, afin que tous les convois puissent circuler librement et les trouvent propres;

2° Après avoir balayé et dégagé les rails et assuré la circulation des trains, ils s'occuperont à relever la neige dans l'entre-voie ou sur les accotements, à la rejeter dans les fossés, les emprunts et sur les talus des remblais;

3° Pour que les cendriers des machines ne se remplissent pas de neige, on ne devra jamais la relever entre les deux rails d'une même voie. Les tas qu'on déposera sur les accotements ou dans l'entre-voie devront être à une distance suffisante des rails pour n'être atteints ni par les marche-pieds des voitures, ni par les bielles des machines à roues couplées.

Pour le verglas, on le concassera sur le rail, ou on saupoudrera le rail de sable, suivant que l'épaisseur de la glace sera plus ou moins forte;

4° Dans le cas où la neige viendrait à tomber en grande quantité, les maires des communes seront priés de requérir le secours de leurs habitants et celui des troupes qui se trouveraient dans le voisinage; — V. plus loin, § 4.

5° Lorsqu'il y aura une forte épaisseur de neige, les chefs de section pourront, après s'être concertés avec les chefs de la station et du dépôt les plus voisins, faire allumer une ou plusieurs machines, les faire circuler sur les points où ce serait le plus utile, organiser des transports de travailleurs supplémentaires, et prendre toutes les mesures que les circonstances nécessiteront pour dégager les voies et assurer la marche des trains.

Moyens d'enlèvement, en pays de montagnes. — Dans la traversée des régions élevées, tant que la neige n'atteint qu'une épaisseur de 0,25 sur les voies, le passage seul des convois suffit pour déblayer les rails. Mais lorsque la couche dépasse 0,25, il est fait usage, soit du wagon chasse-neige, soit d'un appareil triangulaire que l'on adapte à l'avant d'une forte locomotive et qui pénètre dans les neiges comme la proue d'un navire. — Cet appareil rejette parfaitement la neige de chaque côté des rails, notamment lorsque la couche ne dépasse pas 1^m à $1^m,05$ de hauteur; au delà de cette limite, la neige, déjà tassée par son propre poids, présente une surface de contact plus grande au chasse-neige, éprouve, en beaucoup de points, une pression latérale, produite par les talus mêmes de la voie et finit par se coaguler et par offrir une résistance sérieuse à l'appareil refoulant. On se trouve alors dans la nécessité d'employer au moins 2 machines, l'action du feu de la 1re machine pouvant, d'ailleurs, se trouver paralysée par la neige qui reflue jusque sous le foyer, à cause du vide d'environ $0^m,05$ ménagé entre les rails et les arêtes inférieures des plaques de forte tôle, qui composent l'appareil triangulaire.

Wagon chasse-neige. — Lorsque la couche de neige ne dépasse pas $0^m,50$ à $0^m,70$, il paraît suffisant de faire usage d'un wagon spécial poussé par la machine et armé à l'avant d'un appareil analogue à celui dont nous avons parlé plus haut. Mais ce wagon présente l'inconvénient de se soulever facilement lorsque la résistance de la neige est trop forte. On a remédié en partie à cette difficulté en établissant dans le vide ménagé entre les deux plaques de tôle une manivelle qui permet de faire monter et descendre l'appareil ; mais cette ressource est insuffisante, en ce sens que lorsqu'on l'emploie pour diminuer la résistance opposée au wagon par les neiges, ou pour faciliter le passage dans les courbes, on laisse subsister la couche de neige la plus incommode, c'est-à-dire celle qui est à peu près réduite en glace et qui adhère directement à la voie. On ne peut, d'ailleurs, songer à lester le wagon de façon à maintenir sa stabilité, parce que la charge qu'on devrait lui faire supporter serait mise difficilement en rapport avec celle de la locomotive refoulante et pourrait, si elle était trop forte, compromettre la solidité des essieux. — L'emploi du wagon chasse-neige paraît donc devoir être restreint à certains cas où le dégagement des masses n'exige pas, pour ainsi dire, un effort brutal et où l'on n'a pas à compter avec la congélation des couches inférieures.

Accidents. — Il convient d'ajouter qu'en temps de neige, les chances d'accidents proprement dits sont heureusement bien rares, à moins que les communications télégraphiques elles-mêmes ne soient interrompues. Nous voulons parler surtout des collisions entre deux trains, collisions qui semblent à peu près impossibles dans les moments ou l'un et l'autre de ces trains ont beaucoup de peine à se mouvoir. La détresse ou le retard d'un convoi dans les neiges ne présente généralement d'autre danger, et c'est déjà beaucoup trop, que celui résultant, pour les voyageurs, d'un stationnement par trop rigoureux dans des contrées où la rareté et l'éloignement des habitations rendent quelquefois les secours tout à fait illusoires. — V. plus loin, au § 4, « Concours des troupes ou des ouvriers des localités, pour l'enlèvement des neiges et le déblaiement des voies. »

III. Chargement des trains en temps de neige, de glace, etc. (V. *Locomotives*, § 4, 4°). — *Suppression des cendriers de locomotives en temps de neige* (décr. 30 mars 1874) et indic. diverses. — V. *Cendriers, Incendies, Locomotives* et *Pénalités*.

IV. Réquisitions de troupes et d'ouvriers pour l'enlèvement des neiges. — Nous avons résumé ci-dessus, § 2, le résultat des études relatives à l'emploi d'engins mécaniques pour l'enlèvement des neiges. A moins d'encombrements absolument exceptionnels, et dans la majorité des cas, le meilleur moyen pour déblayer rapidement les voies, surtout après des tourmentes subites, est encore d'avoir recours à l'appel des ouvriers ou des troupes qui peuvent se trouver dans la localité. — L'éventualité de la réquisition des troupes, pour cet objet, a été prévue dans les circulaires et décisions ministérielles rappelées au mot *Troupes* et qui s'appliquent aux *travaux urgents* nécessités non seulement par des encombrements de neiges, mais aussi par des inondations, des éboulements ou autres accidents fortuits.

Dans le cas spécial de troupes réquisitionnées pour l'enlèvement et le déblaiement des neiges (V. *Troupes*, § 4), une nouvelle circ. min. tr. publ. adressée le 28 févr. 1881 aux compagnies, et par ampliation, le 15 mars suivant, aux chefs du contrôle, contient les recommandations suivantes :

Circ. min. 28 févr. 1881 (aux administrateurs des compagnies). — *Mesures concernant les militaires employés au déblaiement des neiges.* — Messieurs, M. le ministre de la guerre m'annonce que des cas d'indisposition, plus ou moins graves, se sont produits parmi les militaires qui ont été provisoirement mis au service des compagnies, pour déblayer les voies ferrées encombrées par les neiges. — Afin de prévenir le retour de semblables faits, qui paraissent devoir être attribués au mode d'après lequel le travail a été dirigé, mon collègue propose les mesures suivantes :

Mesures préventives.

1° Diviser le travail en plusieurs chantiers et, à chaque chantier, attacher deux brigades de travailleurs, destinées à se relever réciproquement.

2° Diriger les travaux de déblaiement comme des têtes de sape, une brigade se chauffant pendant que l'autre travaille.

3° Confectionner, sur le chantier même, le repas chaud à donner aux hommes, ainsi que du café, qu'ils prendront d'heure en heure, à raison de 1/4 par homme. Le feu allumé à cet effet servira en même temps à réchauffer les travailleurs.

4° Au repas chaud adjoindre un quart de litre de vin par tête.

5° Ne pas distribuer d'eau-de-vie pure, mais la mêler au café.

6° Munir les travailleurs de sabots, assez larges pour qu'ils puissent y mettre leurs pieds chaussés, et de gros gants ou moufles de drap.

7° Ne pas prolonger chaque reprise du travail au delà de trois heures.

Mesures curatives.

1° Empêcher les hommes influencés par le froid de céder au sommeil et les tenir en mouvement.

2° S'il y a commencement de congélation, éviter l'approche du feu, mettre le membre congelé dans de l'eau froide, et tâcher de le réchauffer progressivement par des frictions, etc. Donner au malade du café chaud, par petites gorgées, éviter l'emploi de l'eau-de-vie comme boisson.

Je vous prie de porter à la connaissance de votre personnel les mesures indiquées par M. le ministre de la guerre et de donner des ordres pour qu'elles soient appliquées, dans le cas où des militaires seraient mis à la disposition de votre compagnie pour le déblaiement des voies en temps de neige. — Veuillez, etc.

V. Responsabilité des compagnies (*pour retards en temps de neige*). — « L'amoncellement des neiges, qui a tantôt gêné, tantôt interrompu la circulation des trains sur un réseau de chemins de fer, est un fait de force majeure et n'engage point, au cas de retard de marchandises, la responsabilité de la compagnie concessionnaire. » (Diverses décisions judiciaires et notamment tr. de comm. *Sarlat*, 31 janv. 1881). — V. aussi *Force majeure*.

NITRO-GLYCÉRINE.

Restrictions. — « Le transport de la *nitro-glycérine* est absolument interdit sur les ch. de fer, même par trains de marchandises. » (Art. 6, arr. minist. 20 nov. 1879.) (V. *Matières dangereuses*). — *Transport de la dynamite*, à base de *nitro-glycérine* (loi du 8 mars 1875, arr. minist. du 10 janv. 1879, circ. minist. du 7 août 1879 et documents divers). — V. *Dynamite*.

NIVELLEMENT GÉNÉRAL DE LA FRANCE.

I. Conservation des repères. — Ext. du règl. min. du 17 fév. 1877, dont l'envoi a été fait aux préfets, par une circulaire de même date.

Art. 1er. — Sont chargés de la surveillance et de la conservation des repères des lignes de base du nivellement général de la France :

Les ingén. du contrôle de l'expl. des ch. de fer, avec l'assistance des compagnies, — les ingénieurs des services de... selon que les lignes de base suivent les voies ferrées, les canaux et les rivières navigables, ou les routes et chemins de tout ordre...

L'ingén. en chef, dir. du dépôt des cartes et plans et des archives du min. des tr. publ., centralisera toutes les affaires relatives à la conservation et à l'extension du nivellement, et entrera, à cet effet, en relation directe avec les chefs de service susmentionnés.

2° Aucun repère ne sera déplacé, même s'il est situé sur un ouvrage à démolir en vertu d'un projet approuvé, sans qu'il en ait été donné préalablem. avis à l'ingén. en chef et sans qu'un repère provisoire, établi dans des conditions de stabilité parfaite et dûment vérifié, ait été posé pour servir au rétabl. ultérieur du repère officiel. Après l'achèvement des travaux, il sera procédé, par les soins de l'ingén. en chef, à la mise en place du repère définitif, en le rattachant au repère provisoire mentionné ci-dessus. Dans le cas où quelque doute subsisterait à l'égard de l'altitude vraie du repère déplacé, on en contrôlerait la position par des opérations de nivellement prolongées jusqu'au repère authentique le plus voisin. — Il sera dressé de chacune des deux opérations, enlèvement et repose du repère officiel, un procès-verbal relatant les circonstances dans lesquelles elles auront été effectuées. Ce pr.-verbal sera transmis au dir. du dépôt avec le rapport annuel à produire en vertu des dispositions de l'art. 5 ci-après...

3. — Si l'ouvrage détruit ne doit pas être remplacé, ou si le repère ne peut être fixé sur le nouvel ouvrage à la même altitude, on établira à proximité, sur un massif de maçonnerie, un dé en pierre de taille, dans lequel sera scellée la plaque métallique du repère. L'altitude ne sera modifiée que dans le cas où il y aurait impossibilité de faire autrement.

4. — Lorsqu'un repère inscrit au nivellement général aura disparu, ce repère sera reconstitué, autant que possible, dans les conditions définies au livre du nivellement général. L'ancienne plaque métallique, si elle a été conservée ; à son défaut une plaque nouvelle, contenant les mêmes indications, sera posée, à l'aide d'un repère provisoire, rattaché lui-même exactement aux deux repères les plus rapprochés.

5. — Il sera fait, chaque année, du 1er mai au 1er septembre, par les agents désignés à cet effet par l'ingénieur en chef, une visite générale des repères. — Cette visite sera constatée par un pr.-verbal dressé sur un cahier qui portera, au verso des feuillets, une liste complète des repères, textuellement extraite du livre de nivellement des lignes de base, et en face, au recto, des observ. succinctes indiquant soit que la situation des repères n'a pas varié, soit les modifications ou corrections qu'on a dû leur faire subir. — Ce pr.-verbal devra être transmis au dir. du dépôt le 1er oct. de la même année, au plus tard.

Lors de la première visite générale, laquelle aura lieu en 1877, on apportera une attention minutieuse à la recherche des repères et à la vérification des cotes d'altitude qui, par suite de tassements du sol ou par d'autres causes, auraient pu subir quelque altération. Le procès-verbal mentionnera tous les changements qui se seront produits dans le tableau des repères depuis la publication faite en 1864.

6. — Il sera tenu, au dépôt des cartes et plans, un grand livre du nivellement de la France...

Le ministre arrêtera, sur la proposition du directeur du dépôt et sans distinction de département, les modèles des nouvelles plaques métalliques indicatives des altitudes. Ces plaques seront confectionnées et expédiées par les soins du dépôt.

Chaque année, le directeur du dépôt dressera le tableau de rectifications et additions à faire au livre du nivellement général de la France. Des exemplaires de ce tableau seront envoyés à tous les chefs de service. Il sera publié, à des époques qui seront déterminées ultérieurement et sous une forme plus compacte, de nouvelles éditions du nivellement général, comprenant les rectifications et extensions indiquées ci-dessus.

7. — Les préfets, les chefs des divers services des p. et ch., les comp. de ch. de fer et de navigation recevront communication du présent règl. et restent chargés d'en assurer l'exécution » (1).

Modèles des procès-verbaux (P. mém.). — Des formules spéciales de procès-verbaux ont été adoptées. — 1° Pour procès-verbal de *dépose d'un repère;* — 2° Pour procès-verbal de *repose d'un repère;* — 3° Pour procès-verbal de *visite annuelle des repères.* — Nous ne jugeons pas nécessaire de reproduire ici ces formules, dont des exemplaires ont été envoyés à tous les ingén. en chef, par le *Dépôt des cartes et plans*, à la date du 31 mars 1877.

II. Mesures d'ensemble (ne s'appliquant pas *spéc.* aux ch. de fer). — *Pour mémoire.*

— 1° Circ. min., trav. publ., adressée le 25 nov. 1878, à la commission centrale du nivellement de la France, formée sous la présidence du min. des tr. publ., des délégués

---

(1) Au sujet de l'applic. du règl. du 17 févr. 1877, les instructions de même date adressées aux ing. en chef contenaient les indications suivantes : « Il est certain que plusieurs repères ont été déplacés, soit par suite des événements militaires..., soit par suite de l'amélioration ou de la reconstruction des ouvrages sur lesquels ils étaient apposés. — L'admin. a donc le devoir de s'enquérir des mesures prises pour les replacer, des procédés qui ont été suivis pour y arriver et des soins qui ont été apportés dans cette opération. — Le règl. s'applique uniquement aux repères du modèle officiel, c'est-à-dire aux repères métalliques scellés dans des ouvrages en maçonnerie et non aux repères naturels pris sur des parties de ces ouvrages ; ces derniers restent nécessairement en dehors de l'opération, et vous n'aurez pas besoin de les relater dans vos pr.-verbaux. — En outre, j'ai dû établir une distinction entre les repères qui dépendent des lignes de base et ceux appartenant aux nivellements faits en vertu de l'art. 6, sur des prolongements ou ramifications du réseau actuel. — Ces derniers devront affecter une forme différente et vous seront expédiés par les soins du dir. du dépôt des plans. — Je n'ai pas besoin de vous faire remarquer combien est délicate la nouvelle mission qui vous est confiée. Autant les repères qui en font l'objet peuvent offrir de facilités et d'avantages dans le service si l'exactitude de leur position est entière, autant ils présenteraient d'inconvénients et de dangers si cette position, pour quelques-uns d'entre eux, était entachée d'erreur. »

des ministères des travaux publics, de l'intérieur et de la guerre (Indication des opérations à effectuer d'après le programme arrêté le 6 mai 1879). — 2° Circ. min., juillet 1879. — Instructions données aux préfets par les min. des trav. publics et de l'intérieur (Exécution dudit programme et demande du concours des conseils généraux pour obtenir des départements, dans une mesure proportionnelle à leur intérêt, une subvention financière et la participation du service vicinal). — 3° Circ. min. du 25 mars 1880 ; tr. publ. à préfets (Travail à fournir par les commissions locales des départements. — Établissement des lignes de base) (*P. mém.*).

NOIR ANIMAL.

Conditions de transport. — Le noir animal est classé dans la catégorie des *matières infectes*, soumises à des conditions spéciales. — V. *Matières*, § 5.

NON-DISPONIBLES DE L'ARMÉE.

Indications p. mém. — On entend par *disponibles de l'armée*, les militaires ayant fait une partie de leur temps et autorisés à rester dans leurs foyers à la disposition du ministre de la guerre. — La position des *non-disponibles* est déterminée par les indications données au présent article, et que nous reproduisons *en simple extr.* sous réserve d'autres documents complémentaires ou modificatifs qui ne rentrent pas directement dans le cadre de ce recueil.

Répartition des non-disponibles. — Une étude, faite surtout au point de vue de la mobilisation, a permis de diviser les *non-disponibles* en deux catégories, savoir :

« 1° Ceux qui seront désignés comme devant concourir à la formation des sections techniques d'ouvriers de chemins de fer de campagne et des sections télégraphiques, ainsi qu'au service de la trésorerie et des postes aux armées, et ceux reconnus indispensables à des admin., comp. de ch. de fer, établissements, services relevant à un moment donné des départements de la guerre et de la marine, et au bon fonctionnement desquels la guerre et la marine ont un *intérêt direct* ;

« 2° Ceux que les services publics conserveront temporairement dans l'intérêt général après l'ordre de mobilisation, afin de n'être pas désorganisés par un départ subit et de pouvoir opérer les remaniements de personnel.

« En cas de mobilisation :

« Les premiers rejoindront les postes militaires auxquels les auront destinés leurs chefs de service, ou seront, suivant le cas, maintenus non-disponibles.

« Les seconds, conformément aux termes formels de l'art. 9 de la loi du 18 nov. 1875, ne seront pas tenus de rejoindre *immédiatement*, et resteront à leur poste, où ils attendront les ordres de l'autorité militaire, que leur transmettront leurs chefs de service. Ils seraient, en cas de nécessité, convoqués par ordres d'appel individuels, pour être dirigés sur tel corps de troupe ou tel service que leur désignerait le ministre de la guerre (1).

« Les uns et les autres, aussitôt l'ordre de mobilisation publié, devront se considérer comme mobilisés et soumis aux lois qui régissent l'armée. En temps de paix, ils seront affranchis de toute obligation militaire et cesseront d'être astreints aux déclarations prescrites par les art. 34 de la loi du 27 juillet 1872, 2 et 3 de celle du 18 nov. 1875 ; mais, afin qu'au moment d'une mobilisation ou d'une convocation, il ne puisse être spéculé sur la situation de non-disponibilité, j'ai décidé que les avantages attachés à cette situation (dispenses d'exercices et d'appels en temps de paix, dispense de rejoindre immédiatement en cas de mobilisation) ne seront acquis qu'aux non-disponibles employés depuis trois mois au moins dans les compagnies, administrations, etc... » (Circ. min. guerre, 1er sept. 1877. *Extr.*)

La même circ. contient des instr. de détail pour divers points d'applic. que nous rappellerons seulement p. mém., savoir : — 1° *Radiation* de non-disponibles et tenue des contrôles ; — 2° *Transmission de pièces* ; — 3° Non-disponibles candidats aux *grades d'officiers*, et officiers ou

---

(1) La loi du 18 nov. 1875, dont l'art. 9, intéressant les *non-disponibles* appartenant aux services publics ou aux chemins de fer et résumé ci-dessus, a eu pour objet « de coordonner les lois des 27 juillet 1872, 24 juillet 1873, 13 mars, 19 mars et 6 nov. 1875, avec le Code de justice militaire. »

assimilés nommés à des emplois entraînant leur passage dans la non-disponibilité ; — 4° Recommandation concernant l'accompl. des formalités relatives aux *réservistes* à classer dans la catégorie des *non-disponibles* (V. *Réservistes*) ; — 5° Dispositions relatives aux non-disponibles de l'armée de mer ; — 6° Dispositions spéciales à l'*armée territoriale* ; — 7° Tableaux et documents divers (annexés à ladite circ.).

Perte des droits à la position de non-disponible. — Par une dépêche du 23 juillet 1878, le min. des tr. publ. a rappelé aux comp. de ch. de fer : que l'autorité militaire est disposée « à prendre de sévères mesures disciplinaires » à l'égard des hommes qui négligeront la formalité suivante (prescrite par la circ. min. précitée du 1er sept. 1877 : « Tout homme qui perd ses droits à la position de non-disponible doit remettre son certificat au commandant de brigade de la gendarmerie de sa résidence, dans un délai de quatre jours, et faire connaître sa nouvelle adresse. »

Service et transports militaires sur les chemins de fer. — V. *Guerre, Militaires et marins, Mobilisation* et *Service militaire des ch. de fer.*

NOTIFICATIONS.

I. Notifications relatives aux affaires de travaux et de grande voirie. — 1° *Affaires relatives aux expropriations de terrains* (Art. 15 et 57 de la loi du 3 mai 1841). — V. *Expropriation.*

Nota. — « L'agent assermenté d'une compagnie de chemin de fer a qualité pour signifier sur toute la ligne les actes qui intéressent cette compagnie ; la prétendue nullité de cette signification serait d'ailleurs couverte, n'ayant pas été proposée devant le jury d'expropriation. » (C. C., 11 janv. 1863.)

2° *Notification des procès-verbaux de contravention et des arrêtés du conseil de préfecture.* — Ces notifications ont ordinairement lieu à la diligence du préfet par les soins du maire de la localité. — V. *Procès-verbaux*, § 2, 7°.

3° *Notification de décisions ministérielles* (Approbation de projets, affaires d'exploitation, etc.) (Voir le *Nota* ci-après). — V. aussi § 2.

Nota. — *Décisions comportant plusieurs ampliations.* (Ext. d'une circ. min. tr. publ. 7 mai 1880, adressée aux préfets, et relative aux inconvénients, dépenses et pertes de temps occasionnés par la nécessité de copier les décis. min. à un certain nombre d'ex. soit dans les bureaux des préfectures, soit dans ceux des ingén. et conducteurs, copies dont rien ne garantit d'ailleurs l'authenticité.) « Désireux de remédier à ces inconvénients, j'ai décidé qu'à l'avenir les décisions de mon admin. qui comporteront plusieurs ampliations, seront autographiées ou chromographiées au ministère, et que MM. les préfets et ingén. en chef en recevront dorénavant un nombre d'ex. suffisant pour les besoins de leur service. — Les exemplaires destinés aux ingén. en chef vous seront adressés pour leur être transmis par vos soins toutes les fois que, d'après les règl. ou les usages en vigueur, il vous appartiendra de leur notifier ma décision. Vous voudrez bien en effectuer la transmission dans le plus bref délai, à moins que des raisons spéciales ne vous déterminent à ajourner la notification ; dans ce cas, vous devrez m'en référer immédiatement. »

II. Notifications aux compagnies concessionnaires. — « L'ingénieur en chef du contrôle (aujourd'hui l'insp. gén.) notifie à la compagnie (ordin. par l'interméd. du commiss. de surv. admin.) les décisions ministérielles et les arrêtés des préfets, qui lui sont communiqués à cet effet. » (Circ. min. du 15 avril 1850. Extr.)

Tarifs. — « Le procès-verbal dressé par le commiss. de surv. admin., pour constater la notification des décis. min. *concernant les tarifs* proposés par les comp., doit être régulièrem. adressé au min. » (Circ. min., 10 mars 1854. Extr.)

Formalités de notification. — « Les arrêtés pris pour prescrire certaines mesures de sûreté dans l'expl. d'un ch. de fer, sont valablement notifiés au dir. représentant la comp., lequel se trouve chargé d'en donner connaissance à tous les agents de l'entreprise appelés, par les fonctions qu'ils remplissent, à y conformer leurs actes. L'admin. n'a aucun moyen de connaître ces agents et de leur notifier personnellement son arrêté : ces agents, lorsqu'ils seront poursuivis comme y ayant contrevenu, ne peuvent donc prétendre, pour s'excuser, qu'ils en ont ignoré les dispositions. » (C. C., 9 mai 1844.) — Les notifications aux *agents* eux-mêmes se font ordin. au moyen de circulaires imprimées, concertées, lorsqu'il y a lieu, entre les différents chefs de service de la compagnie.

Force obligatoire des décisions notifiées à la compagnie. — « Une décision min., *notifiée à la compagnie*, bien que rendue sur sa demande et sous la forme d'autorisation, est obligatoire pour la comp. et pour le public. » (C. Paris, 10 mars 1860.) — Voir aussi, au mot *Arrêtés ministériels*, un arrêt analogue de la C. de C., 21 nov. 1883.

Délais des notifications à la comp. (en matière de tarifs). — La formalité de notification aux compagnies des décisions min. portant homologation provisoire ou définitive des tarifs, *doit être remplie dans les 24 heures* et les chefs du contrôle ont été chargés de veiller, en ce qui les concerne à ce que ce délai ne soit jamais dépassé. (Circ. min. 23 janv. 1863 (*Ext.*)

III. Notifications aux fonctionnaires de la surveillance. — « Il importe essentiellement que les fonctionnaires et agents préposés à la surv. des ch. de fer aient connaissance, sans retard, des mesures dont ils ont à surveiller l'exécution, comme aussi des dispositions que les compagnies, dans leur correspondance avec les chefs du contrôle, annoncent avoir prises en conformité des invitations qui leur ont été adressées. En un mot, il faut qu'ils soient tenus avec soin au courant de ce qui touche à leur service, et mis ainsi à même d'agir, dans l'occurrence, en parfaite connaissance de cause. En conséquence, le chef du contrôle doit donner exactement avis aux ingénieurs et inspecteurs des décisions ou dispositions concernant leurs services respectifs, en les accompagnant de ses instructions personnelles. » (Circ. min., 7 févr. 1854.)

NOUVEAU RÉSEAU.

Distinction faite entre le nouveau et l'ancien réseau (dans les anciens documents relatifs à la garantie d'intérêt). — V. *Garantie* et *Justifications*.

Nouvelles conditions. — Voir le mot *Conventions* et les *Documents annexes*.

Dispositions applicables aux divers réseaux. — V. les mots *Cahier des charges* et *Chemin de fer d'intérêt général.*

NOUVEAUTÉS.

Tarif de transport. — Les marchandises désignées sous le nom générique de *nouveautés* sont implicitement comprises, sauf les broderies, dentelles et guipures, dans la catégorie des *Objets manufacturés* (1re classe, cah. des ch.) (V. aussi *Tarif* (exceptionnel). — *Transport de petits colis jusqu'à 5 kilog.* — V. *Colis postaux.*

Déclaration de colis. — « Les *nouveautés* ne figurent pas dans la nomenclature des marchandises soumises au tarif exceptionnel annuel, taxées *ad valorem*, et, comme telles, devant être l'objet d'une déclaration. — Une compagnie, dont l'attention devait être éveillée par cette qualification (qui ne se trouve dans aucun tarif), pouvait s'enquérir exactement de la nature du colis de *nouveautés* que lui présentait un expéditeur. — L'expression générique de *nouveautés* comprend tous les tissus de prix en laine, soie, fil ou coton, — par exemple, les *châles* » (Tr. comm., Nancy, 30 juin 1873; C. d'appel, Nancy, 3 janv. 1874; C. Cass., 3 juin 1874).

Broderies, Dentelles, Guipures (V. ces mots). — V. aussi *Tarif* (exceptionnel).

NUMÉRAIRE.

Conditions d'envoi (et indications diverses). — 1º Transport de l'or et de l'argent (V. *Finances* et *Tarif* (exceptionnel). — 2º Exportation de numéraire (V. *Transports,* § 1). — 3º Monnaie de billon (V. *Finances,* § 1). — 4º Échange de monnaie (V. *Receveurs*). — Voir aussi *Billets de banque* et *Monnaie*, Note 1.

NUMÉROTAGE.

Mesures d'ordre. — 1° Inscription et numérotage, *pour ordre*, des essieux de machines locomotives, des tenders et des voitures de toute espèce (Art. 9 et 15, ordonn. 15 nov. 1846) (V. les mots *Essieux*, § 3, *Locomotives*, §§ 1 et 3, *Tenders* et *Voitures*). — 2° Numérotage des maisons de garde, des poteaux kilométriques et hectométriques, des aiguilles des voies, des machines fixes d'alimentation, des trains de toute nature. — Les dispositions à prendre à ce sujet sont réglées par des ordres de service spéc. en vigueur sur chacun des réseaux et que nous ne pouvons que mentionner *p. mém.* — 3° *Entretien.* — Pour remplir leur but les inscriptions de numérotage doivent être repeintes lorsqu'il y a lieu et entretenues avec soin.

Numérotage des trains. — Il y a lieu de munir, sur chacune de leurs faces latérales, les fourgons de tête et de queue de tous les trains de *voyageurs*, de *marchandises* ou *mixtes*, d'une plaque indicatrice du numéro du train. (Extr. d'une circ. min. du 4 nov. 1886, relative aux mesures de sécurité à prendre pour l'expl. des ch. de fer à voie unique.) — V. *Voie unique.*

OBJETS.

I. Transport d'objets quelconques à grande vitesse. — 1° Conditions générales (V. *Bagages*, *Colis*, *Délais*, *Messagerie*, *Marchandises* et *Tarifs*). — 2° Réduction des délais de petite vitesse pour le transport des *objets quelconques* compris dans la 1re et la 2e série des marchandises (Arr. min., 15 mars 1877) (V. *Délais*, à l'appendice. — 3° Tarif normal pour les objets manufacturés (*petite vitesse*). — « Les objets manufacturés sont compris dans la 1re cl. du tarif gén. inscrit à l'art. 42 du cah. des ch., et la taxe de transport, non compris frais accessoires, est de 0 fr. 16 par tonne et par kilom. pour la petite vitesse. — *Nota*. Les *objets manufacturés non dénommés* ne peuvent s'entendre que des objets qui ont subi leur dernière préparation et sont prêts à être livrés au consommateur. » (C. Cass., 12 mars 1875.)

Majoration de tarif (Application du *poids spécifique*). — Les mots *objets manufacturés* compris dans le tarif du cah. des ch., sont une énonciation générique et ne peuvent être considérés comme exonérant de la taxe certaines marchandises légères *non dénommées* dans les tarifs (Voir, à ce sujet, les mots *Majoration* et *Marchandises*). — Il n'est pas nécessaire, d'ailleurs, pour que la taxe spéc. soit applicable, que les colis aient le *volume d'un mètre cube* : il suffit que leur poids spécifique soit tel que, sous ce volume, ils ne pèseraient pas 200 kilogr. (C. Limoges, 13 juin 1862. Tr. comm., Bordeaux, 19 août 1862. Tr. comm., Seine, 19 août 1862.)

Transport d'objets fragiles (V. *Verrerie*). — Petits colis. — V. *Colis postaux.*

II. Objets précieux, objets d'art, etc. — Conditions de transport comme pour finances et valeurs. — V. *Finances* et *Tarif* (exceptionnel).

Déclaration des objets précieux. — « L'obligation de déclarer les finances, valeurs, bijoux, s'applique seulement aux transports à gr. vitesse et aux objets expédiés par voie de messagerie, et non aux bagages des voyageurs. — En l'absence même de déclaration, les comp. peuvent être déclarées responsables de la perte des objets précieux renfermés dans ces bagages. — Elles ne sont pas responsables, au même titre que des bagages, de tous les objets qui peuvent être contenus dans les colis. — Il appartient au juge du fait d'apprécier ce qu'il faut entendre par bagages suivant les circonstances, eu égard notamment à la situation de fortune du voyageur, à sa profession, au but et aux conditions de son voyage. — Ainsi, peuvent être considérés comme bagages les bijoux et les objets d'or et d'argent qu'un orfèvre emporte dans sa malle pour les faire réparer. » (C. Riom, 13 août 1879.)

Statuettes en bronze. — « La dénomination de *cuivre ouvré* s'applique au cuivre qui n'a reçu que la préparation suffisante pour être employé aux différentes nécessités de l'industrie. — La dénomination de *cuivre manufacturé* s'applique au cuivre qui a été définitivement employé à un produit industriel spécial et a reçu les dernières préparations permettant de le livrer à la vente. — C'est à cette deuxième catégorie qu'appartiennent des *statuettes en bronze.* » (C. d'appel, Paris, 2 mars 1885.)

Objets dangereux. — V. *Tarif* (exceptionnel), *Matières* et *Salles d'attente.*

III. Objets abandonnés dans les gares ou dans les trains (*ou trouvés dans les dépendances du ch. de fer*). — D'une manière générale, tout agent de la compagnie, à quelque service qu'il appartienne, ou toute personne attachée à une entreprise relevant de la compagnie (*buffets, bibliothèques, omnibus, factage, camionnage*, etc.) qui trouve dans les dépendances du chemin de fer (*gares, voie, voitures* ou *wagons*), un objet quelconque qu'il y a lieu de supposer perdu ou égaré, en fait la remise suivant les cas déterminés par les ordres de service en vigueur sur les divers réseaux, au chef de la gare la plus voisine, au chef du train, ou au chef de la gare extrême du parcours du train. — Les ordres de service très détaillés ordinairement appliqués sur les divers réseaux, au sujet de l'inscription, du dépôt et de la destination à donner aux épaves dont il s'agit, étant loin d'être uniformes, nous avons seulement résumé quelques indications générales, que l'on trouvera au mot *Abandon*, § 1, en ce qui concerne les *colis enregistrés* ou *non enregistrés*, leur remise aux domaines et les frais de magasinage.

Nota. — Il va sans dire que le devoir des voyageurs, d'après les simples règles du droit commun, est également de déposer entre les mains des agents de la compagnie tous les objets et petits colis qu'ils trouveraient oubliés dans les voitures.

Objets tombés des trains. — Sur toutes les lignes, les gardes et poseurs ont pour mission de ramasser les objets qui auraient pu tomber des trains, et de les serrer dans leur maison ou guérite jusqu'à ce qu'ils puissent les faire parvenir à leur chef immédiat ou au chef de gare le plus voisin, ou au moins prévenir, par avis, ces derniers, lorsqu'il s'agira d'objets trop lourds. (Instr. spéc.)

Des reçus seront donnés aux gardes pour les objets qu'ils auront ainsi remis.

IV. Indications diverses : 1° Objets jetés ou déposés sur les voies (V. *Actes de malveillance, Dépôts, Jets de pierres*). 2° Objets détournés. — V. *Vols.*

3° *Vente d'objets divers dans les gares.* — Aux termes de l'art. 70 de l'ordonn. du 15 nov. 1846, « aucun crieur, vendeur ou distributeur d'objets quelconques, ne pourra être admis par les comp. à exercer sa profession dans les cours ou bâtiments des stations et dans les salles d'attente destinées aux voyageurs, qu'en vertu d'une autorisation spéc. du préfet du département. » — Nous avons indiqué aux mots *Buffets, Industries* et *Vente* les formalités à remplir en vertu de la disposition dont il s'agit.

OBLIGATIONS.

I. Droits et obligations des compagnies. — V. *Cahier des charges* et *Règlements*. — V. aussi *Droits, Encombrement, Évacuation, Incendie, Inondations, Itinéraire, Force majeure, Gelée, Guerre, Marchandises, Mouillure, Responsabilité*, etc.

II. Emprunts émis par les compagnies. — 1° Formalités (autorisation du min. des

tr. publ. et avis obligatoire du min. des finances). (V. *Actions*, § 5, et *Emprunts*.)
— Voir aussi au mot *Justifications*, l'art. 27 du décret du 2 mai 1863.

Garantie d'intérêt par l'État. (Voir *Garantie*.) — Voir aussi au mot *Conventions* et
aux *Documents-annexes* les nouvelles dispositions arrêtées entre l'Etat et les compagnies
et approuvées par les lois du 30 nov. 1883 et notamment l'art. 16 de la convention de la
comp. P.-L.-M. ; art. 11 et suivants, comp. d'Orléans ; etc.

Conditions d'émission. — Toute nouvelle émission de valeurs, et notamment d'*obligations*,
motivée par l'extension du réseau d'une comp. de ch. de fer ou par la nécessité d'acquitter, à
une époque déterminée, les charges éventuelles de premier établ., confère ordin. aux détenteurs
d'actions la faculté de participer à la répartition proportionnelle des nouveaux titres ; les émissions d'obligations ont pris une importance considérable ; le capital de ces emprunts dépasse déjà
de beaucoup la valeur représentative des actions. En tout cas, les obligations sont garanties en
première ligne par l'actif social, et si elles ne concourent pas au dividende, elles ont au moins
l'avantage de présenter une fixité relative dans les cours de négociation et d'offrir à des époques
plus ou moins rapprochées la prime de remboursement par voie de tirage au sort.

Achat d'obligations. — La négociation des titres d'obligations se fait, comme on sait, par
l'entremise des agents de change. Les diverses comp. délivrent elles-mêmes des titres d'obligations
sur la demande qui leur en est faite ; mais « les chefs de gare ne doivent pas accepter les demandes
d'obligations nominatives faites au nom de femmes mariées, de mineurs, d'interdits, de nus
propriétaires ou usufruitiers, et, en général, de toute personne qui devrait ou désirerait faire
inscrire dans le libellé d'un certificat nominatif des dispositions particulières. Pour toutes les
demandes de cette catégorie, les chefs de gare inviteront les acheteurs à s'adresser directement
au secrétariat général de la compagnie ». (*Inst. spéc.*)

Obligations des lignes d'intérêt local. — 1° Autorisation et formalités (art. 18, loi du
11 juin 1880.) (V. *Chemin de fer d'intérêt local*. — Voir aussi *Garantie*, § 3.) — 2° Chemin
rétrocédé à l'Etat. — V. ci-après.

III. Chemins rétrocédés à l'État (*Situation des obligataires*). — Le porteur d'obligations d'une comp. de ch. de fer qui a rétrocédé son réseau à l'Etat ne saurait prétendre
que — ses droits se trouvant compromis par le fait de cette rétrocession — il peut
demander à la justice de prescrire des mesures telles que la nomination d'un séquestre
entre les mains duquel seraient déposées des valeurs destinées à servir de garantie aux
obligations, lorsqu'aux termes des statuts, lesdites obligations n'ont été accompagnées
d'aucune sûreté spéciale. (C. C. 10 mai 1881.) — D'autre part, la comp. ne peut prétendre
qu'une semblable rétrocession constitue un cas de force majeure, alors qu'elle a eu lieu
avant l'époque où l'Etat aurait pu imposer le rachat et que d'ailleurs la comp. (et à cet
égard l'appréc. des circonst. par les juges du fait est souveraine) n'a nullement subi le
rachat par l'Etat mais l'a plutôt sollicité et librement consenti. — En conséquence, la
comp. est à bon droit condamnée à des domm.-intér. pour inexécution de ses engagements
envers les porteurs d'obligations ou de bons émis par elle. (C. C. 18 avril 1883.)

IV. Questions et indications diverses. — 1° Droits d'impôt et de timbre (V. les mots
Garantie, § 3, *Impôt* et *Timbre*) ; 2° Perte ou dépossession de titres (loi du 15 juin 1872)
(V. *Titres*) ; 3° Amortissement des obligations (V. *Actions*, § 9 et *Amortissement*) ;
4° Conditions de transport de titres (V. *Finances et Valeurs*). — V. aussi le *nota*
ci-après.

Nota. — Indications spéc. *pour transport de titres* : 1° entre compagnies (V. *Récépissés*) ;
2° entre expéditeur *étranger* et destinataire *français*. — « Un expéditeur étranger adresse à un
destinataire français un paquet cacheté, contenant un certain nombre d'obligations, qui n'est pas
livré à l'arrivée. — Il y a lien de droit entre ce destinataire et la compagnie française, que s'est
substituée la compagnie étrangère. — Celle-ci est mal fondée à opposer à celle-là l'exception
tirée de l'art. 105 du C. de comm., alors que la décharge donnée par celle-là à celle-ci n'est que
provisoire. — D'ailleurs, l'absence du paquet litigieux a été constatée par un *bulletin d'irrégularité*
qu'a dressé la comp. française, — qui est condamnée à indemniser le destinataire, mais sous la
garantie de la comp. étrangère. » (Tr. comm. Seine, 27 sept. 1877.)

OBSTACLES. — OBSTRUCTIONS.

I. Obstruction et interception des voies. — V. *Actes de malveillance, Arrêts mobiles, Réparations, Signaux, Surveillance, Stationnement* et *Travaux*.

Parcours défectueux (mesures spéc.). — V. *État défectueux de la voie*.

II. Obstacles fixes près des rails. — Une décision minist. du 10 juin 1868 a fixé comme ci-après, pour le réseau de l'Est, la distance minimum à observer entre le bord du rail extérieur et les obstacles de toute nature (*candélabres, piles ou culées de pont, parapets, grues hydrauliques, etc.*) existant le long des voies.

« 1° Aucun obstacle s'élevant au-dessus du niveau des marche-pieds ne pourra dorénavant être placé, sur le réseau de l'Est, à moins de 1^m,35 du bord du rail le plus rapproché, appartenant à une voie principale ;

2° Les obstacles placés à une distance moindre pourront être maintenus, à moins d'une décision contraire, spéciale à chaque cas ; mais la distance sera ramenée au chiffre indiqué de 1^m,35 lorsque des modifications apportées dans la consistance des gares le permettront. »

Applic. gén. — Une étude prescrite par le min. des tr. publ. au sujet de l'application, sur tous les réseaux, de la mesure dont il s'agit a fait connaître que sur plusieurs sections la distance entre le bord du rail extérieur et les obstacles latéraux était inférieure à 1^{m}35, distance qui ne pouvait dès lors être prescrite par mesure générale. — La commission des règl. et inventions, consultée à ce sujet par le ministre, a exprimé l'avis, notamment pour l'applic. de la mesure sur le réseau d'Orléans, « qu'il y avait lieu de maintenir, en principe, pour les constructions à venir, la distance minimum de 1^{m}35 entre le bord du rail extérieur et les obstacles longitudinaux, tout en admettant que des exceptions pourraient être autorisées, sur la demande motivée de la compagnie. » — Cet avis a été approuvé par décis. min. du 29 avril 1869.

Encombrement et obstruction des gares. — V. le mot *Encombrement*.

III. Obstacles à la navigation. — V. *Dommages* et *Navigation*.

OCCUPATION DE TERRAINS.

I. Droit d'occupation. — « Sont applicables aux propriétés riveraines des chemins de fer les servitudes imposées par les lois et règlements sur la grande voirie et qui concernent... *l'occupation temporaire des terrains en cas de réparation* (art. 3, loi 15 juillet 1845). — L'usage des formules employées pour les affaires d'occupation de terrains est mentionné au dossier L, circ. min. 28 juin 1879. — V. *Formules* (1).

Substitution des compagnies aux lieu et place de l'État (V. art. 22 cah. des ch.) — L'avis de l'ingén. en chef du contrôle, lorsqu'il s'agit de demandes d'occupation de terrains pour les *chemins concédés*, est obligatoire, en vertu de la circ. min. du 21 fév. 1877. — V. *Projets*, § 1 *bis*.

L'occupation de terrains pour *dépôts de matériaux, études*, etc., est une conséquence de la législation qui permet d'extraire des matériaux (Jurisp. inv.) et les *dommages* sont toujours du ressort du C. de préf., en vertu de la loi du 16 sept. 1807, dont l'extrait est reproduit ci-après, et de l'art. 4 de la loi du 28 pluviôse an VIII (V. *Conseils de préfecture*). De même, dans quelques circonstances, les comp. de ch. de fer ont été autorisées directe-

---

(1) Les constatations et formalités générales relatives aux *occupations de terrains* ayant pour objet l'exécution des travaux publics ont été réglées d'ailleurs par un décret du 8 février 1868, reproduit plus loin au § 3 du présent article.

ment par les préfets à occuper des terrains, *au-dessus des tunnels,* pour l'établ. des poteaux et fils télégraphiques (V. *Télégraphie*). Toutefois, il ne s'agit pas, dans ce dernier cas, d'une occupation *temporaire*, mais d'une servitude *permanente*, analogue à celle rappelée dans l'espèce suivante :

Servitudes pour conduites d'eau. — « Il est de principe qu'une servitude ne peut être établie que par une loi ou par la volonté des parties. Or, il n'existe aucune disposition législative qui impose aux particuliers l'obligation de laisser établir, sur leurs fonds, des tuyaux ou conduits servant à l'alimentation des gares de ch. de fer. D'un autre côté, il est évident que les travaux nécessaires ont le caractère d'établissement définitif, et ne sauraient, par suite, être assimilés aux ouvrages provisoires que les entrepr. peuvent être autorisés à exécuter, sur le fonds d'autrui, en vertu d'un arrêté d'occupation temporaire. » Ce passage est extrait d'un rapport min. fait à propos de l'affaire suivante, qui a été l'objet d'un décret au contentieux du 3 fév. 1859 :

« Un arr. préf. autorise une comp. de ch. de fer à établir, dans les terrains de plusieurs propriétaires, « une conduite souterraine en fonte ou en ciment à 0ᵐ,80 au-dessous du sol, pour « amener les eaux de diverses sources à une station, et porte qu'en cas de contestation, les « indemn. dues à raison des domm. résultant de ce travail, seront réglées par le C. de préf. » Sur une réclamation de ces propr., le min. des tr. publ. a annulé cette fausse attribution de compétence, et statué « que l'indemn. due aux réclamants devra être réglée par le jury d'expropr., « après l'accompliss. des formalités prescrites par la loi du 3 mai 1841. » Le pourvoi de la comp., fondé notamment sur la fausse applic. de cette loi, a été rejeté par le C. d'État, qui a ainsi sanctionné la doctrine ministérielle. » (3 févr. 1859.)

Dépôts permanents. — « Le dommage résultant des dépôts *permanents* de terre sur un terrain qu'une comp. de ch. de fer a restitué au propr., après l'avoir occupé temporairement, ne saurait être assimilé à une expropr. ; il appartient, dès lors, au C. de préf. d'en apprécier les conséquences, à l'exclusion de l'autor. judic. Allocation d'une indem. basée sur la dépréciation causée par le dépôt de terre à la propriété. Rejet de conclusions ayant pour objet l'enlèvement du dépôt. » (C d'État, 30 juillet 1863, aff. *Giboulot.*) — Par un autre arrêt que nous résumons ci-après, le C. d'État a tranché une question importante, relativement à l'appréciation des faits qui doivent caractériser l'occupation proprement dite ou la dépossession des terrains :

Etablissement d'un chemin de fer pour l'expl. d'une carrière. — « Dans le cas où soit le préfet, soit le ministre, auraient autorisé, à titre d'occupation temporaire, l'équivalent d'une véritable expropriation, appartiendrait-il au C. d'État, statuant au contentieux, de *caractériser l'occupation indéfinie* et de décider qu'elle constitue une *dépossession* ; que, par suite, le règl. de l'indem. appartient, non pas au C. de préf., mais aux autorités instituées par les lois des 7 juillet 1833 et 3 mai 1841 ? Résolu affirm. — Dans l'espèce, recours pour excès de pouvoirs, formé par des propriétaires contre un arrêté préf. et une décis. min. qui avaient autorisé un concess. de tr. publ. à établir sur leur terrain un chemin de fer pour l'expl. d'une carrière. Rejet par les motifs suivants : L'occupation n'a été autorisée que jusqu'à une certaine époque. Les propriétaires prétendent, il est vrai, que cette autorisation est susceptible d'être renouvelée et que par des renouvellements successifs, l'admin. et la compagnie pourraient arriver à paralyser entre leurs mains, l'exercice de leur droit de propriété; mais le renouvellement de l'autorisation n'a été qu'une prévision et les conséquences de cette évaluation ne peuvent être appréciées à l'avance; il suit de là que les propr. ne sont pas fondés, quant à présent du moins, à soutenir que les terrains dont il s'agit seraient soumis à une occupation indéfinie, qui équivaudrait à une dépossession. » (C. d'État, 7 janvier 1864.)

Terrains occupés pour une voie ferrée desservant une mine. (Arrêt du C. d'État, 5 août 1881). — V. *Mines*, § 7.

Limite des autorisations. — Le mot *temporaire* étant un peu vague lorsqu'il s'agit *d'occupation de terrains*, il peut s'élever la question de savoir d'abord dans quel délai limite l'arrêté d'autorisation doit recevoir au moins un commencement d'exécution, et ensuite quelle est la durée attribuée aux opérations :

1° Sur le premier point, à défaut d'indication explicite dans l'arrêté, on pourrait prendre pour base d'assimilation l'art. 35 du régl. gén. de gr. voirie, portant « que les autorisations ne sont valables que pour un an, à partir de la date des arrêtés, etc... » — Mais en fait *d'occupation de terrains*, il faut entendre, selon nous, par la disposition précitée, que les opérations doivent être *commencées au moins dans le délai d'un an*, car pour leur durée même elle peut se prolonger bien au delà d'une année (V. ci-après, 2°). — En tout cas, ces autorisations peuvent être renouvelées lorsqu'il y a nécessité. — V. plus loin, § 2.

2° Sur le second point, l'autorisation est ordinairement limitée à l'exécution d'une entreprise déterminée (V. *Extraction*). — Elle peut néanmoins durer *plusieurs années* (art. 8 du décret du 8 févr. 1868) (V. ci-après). — Mais elle ne doit pas dégénérer en *occupation indéfinie*, ce qui équivaudrait à une dépossession à laquelle devraient s'appliquer alors les formalités d'acquisition ou d'exprop. prévues par la loi du 3 mai 1841. L'appréciation de cette éventualité est d'ailleurs de la compétence des conseils administratifs. — V. ci-dessus.

Extraction des matériaux (ind. spéc.) — V. *Extraction.* — Voir aussi plus loin, au § 3, le décret du 8 février 1868.

II. Règlement d'indemnités. — A défaut d'accord entre les parties au sujet de la réparation des dommages causés par les extractions de matériaux ou les occupations de terrains, les indemnités sont réglées conformément aux dispositions contenues dans les lois et documents rappelés ci-après :

1° *Loi du* 28 *pluviôse an* VIII. (V. *Conseils de préfecture.*)

2° *Loi du* 16 *septembre* 1807. (Extr. pour ce qui peut concerner les occupations de terrains et l'extraction des matériaux dans les propriétés privées). — V. ci-après :

(*Extr. de la loi du* 16 *sept.* 1807, applic. au serv. des ch. de fer) :

Titre XI. — *Des indemnités aux propriétaires pour occupation de terrains.*

Art. 48. — Lorsque, pour exécuter un dessèchement, l'ouverture d'une nouvelle navigation, un pont, il sera question de supprimer des moulins et autres usines, de les déplacer, modifier, ou de réduire l'élévation de leurs eaux, la nécessité en sera constatée par les ingén. des p. et ch. Le prix de l'estimation sera payé par l'État, lorsqu'il entreprend les travaux ; *lorsqu'ils sont entrepris par des concessionnaires, le prix de l'estimation sera payé avan: qu'ils puissent faire cesser le travail des moulins et usines.* — Il sera d'abord examiné si l'établ. des moulins et usines est légal, ou si le titre d'établ. ne soumet pas les propr. à voir démolir leurs établissements sans indemnité, si l'utilité publique le requiert.

49. — Les terrains nécessaires pour l'ouverture des canaux et rigoles de dessèchement, des canaux de navigation, de routes, de rues, la formation de places et autres travaux reconnus d'une utilité générale, seront payés à leurs propr., et à dire d'experts, d'après leur valeur avant l'entreprise des travaux, et sans nulle augmentation du prix d'estimation.

50. — Lorsqu'un propr. fait volontairement démolir sa maison, lorsqu'il est forcé de la démolir pour cause de vétusté, il n'a droit à l'indemn. que pour la valeur du terrain délaissé, si l'alignement qui lui est donné..... le force à reculer sa construction.

51. — Les maisons et les bâtiments dont il serait nécessaire de faire démolir et d'enlever une portion pour cause d'utilité publique légalement reconnue, seront acquis en entier, si le propr. l'exige ; — sauf à l'admin. publique ou aux communes à revendre les portions de bâtiment ainsi acquises, et qui ne seront pas nécessaires pour l'exécution du plan. La cession par le propr. à l'admin. publique ou à la commune, et la revente, seront effectuées d'après un décret rendu en C. d'État sur le rapport du min. de l'intérieur, dans les formes prescrites par la loi.....

53. — Au cas où, par les alignements arrêtés, un propr. pourrait recevoir la faculté de s'avancer sur la voie publique, il sera tenu de payer la valeur du terrain qui lui sera cédé. Dans la fixation de cette valeur, les experts auront égard à ce que le plus ou le moins de profondeur du terrain cédé, la nature de la propriété, le reculement du reste du terrain bâti ou non bâti loin de la nouvelle voie, peuvent ajouter ou diminuer de valeur relative pour le propriétaire. — Au cas où le propr. ne voudrait point acquérir, l'admin. publique est autorisée à le déposséder de l'ensemble de sa propriété, en lui payant la valeur telle qu'elle était avant l'entreprise des travaux. La cession et la revente seront faites comme il a été dit en l'art. 51 ci-dessus.

54. — Lorsqu'il y aura lieu en même temps à payer une indemnité à un propriétaire pour terrains occupés, et à recevoir de lui une plus-value pour des avantages acquis à ses propriétés restantes, il y aura compensation jusqu'à concurrence ; et le surplus seulement, selon les résultats, sera payé au propriétaire ou acquitté par lui.

55. — Les terrains occupés pour prendre les matériaux nécessaires aux routes ou aux constructions publiques, pourront être payés aux propriétaires comme s'ils eussent été pris pour la route même. — Il n'y aura lieu à faire entrer dans l'estimation la valeur des matériaux à extraire, que dans le cas où l'on s'emparerait d'une carrière en exploitation ; alors lesdits matériaux seront évalués d'après leur prix courant, abstraction faite de l'existence et des besoins de la route pour laquelle ils seraient pris, ou des constructions auxquelles on les destine. — V. à ce sujet au mot *Extractions*.

56. — Les experts, pour l'évaluation des indemnités, seront nommés, pour les objets de travaux de grande voirie, l'un par le propriétaire, l'autre par le préfet, et le tiers-expert, s'il en est besoin, sera de droit l'ingénieur en chef du département ; *lorsqu'il y aura des concessionnaires*, un expert sera nommé par le propriétaire, un par le concessionnaire et le tiers-expert par le préfet. — V. *Expertises* et *Personnel*.

57. — Le contrôleur et le dir. des contrib. donneront (lorsqu'il y a lieu) leur avis sur le pr.-verbal d'expertise qui sera soumis par le préfet à la délibération du C. de préf. Le préfet pourra, dans tous les cas, faire faire une nouvelle expertise.

Renouvellement d'autorisation. — Nous rappellerons à ce sujet la disposition de l'art. 8 du 8 février 1868 (V. au § 3 ci-après) d'après laquelle « si les travaux doivent durer plusieurs années, il doit être fait à la fin de chaque campagne une nouvelle constatation de l'état des lieux » et au besoin, sans doute, un règlement de compte.

Dommages divers. — 1° Extraction de matériaux (V. *Extraction*). — 2° Enlèvement de récoltes (*id.*) (1). — 3° Payement d'intérêt (*id.*). — 4° Servitudes pour conduites d'eau (V. au § 1er). — 5° Suppression de sources par suite d'occupation de terrains (V. *Sources*). — 6° Occupation permanente. — V. ci-dessus § 1er.

Conventions directes entre les compagnies et les tiers (Compétence). — « Lorsque l'occupation temporaire d'un terrain et la disposition momentanée des eaux d'un ruisseau pour l'extraction, le lavage et le transport de sables destinés à la construction d'un ch. de fer par une comp. concess., ont eu lieu en vertu d'une convention intervenue entre le propr. et l'ingén. de la comp. *en l'absence de tout arrêté d'autorisation*, c'est à l'autorité jud. et non au C. de préf. qu'il appartient de statuer sur la demande en indemnité par ledit propr. (art. 4, loi du 28 pluviôse, an VIII). — L'autorité judiciaire est compétente, pour régler même l'indemnité due à raison de fouilles postérieures à un arrêté préf. pris au cours des travaux et autorisant la continuation de l'occupation du terrain, lorsque la convention n'a pas cessé d'être exécutée, et que d'ailleurs, il n'y a eu aucun déport entre ces fouilles et celles qui ont été faites avant l'arrêté. La contestation est de la compétence du trib. de commerce. » (C. d'Etat, 11 nov. 1872.)

Litiges entre les compagnies et leurs entrepreneurs. — « La compagnie a été autorisée, par arrêtés préfectoraux, à occuper temporairement diverses parcelles de terrains pour faciliter l'exécution des travaux de construction de la ligne de Givors à La Voulte. Les propr. des terrains occupés se sont adressés, pour obtenir le payement des indemn. auxquelles ils ont droit, aux entrepr. qui ont appelé en cause la comp. et ont demandé que les indemn. réclamées fussent mises à la charge de ladite compagnie. — L'art. 21 du cah. des ch. annexé au décret de concession dispose que les indemnités, pour occupation temporaire et pour détérioration de terrains, seront supportées et payées par la compagnie. Si ladite comp. soutient que des conventions particulières, conclues avec les entrepr., mettaient le payement de ces indem. à leur charge, il n'appartenait pas au C. de préf. d'apprécier lesdites conventions ; il devait se borner à mettre, conf. à l'art. 21 précité, à la charge de ladite comp. les indemn. dues aux propr., sauf à ladite comp. à faire valoir devant l'autorité compétente tous droits qu'elle peut avoir contre les entrepreneurs, en vertu du sous-traité passé avec eux. » (C. d'État, 8 août 1884.)

---

(1) Lorsque dans les indemnités d'*occupation de terrains* il s'agit aussi de la perte de la récolte sur pied, les demandes des locataires sont admissibles. *P. mém.* (C. d'État, 10 juillet 1885.)

3° *Décret du 8 février* 1868 (constatations et formalités). — V. ci-après.

III. Décret du 8 février 1868. (*Formalités à suivre et constatations à faire au sujet des occupations temporaires de terrains*) :

Art. 1ᵉʳ. — Lorsqu'il y a lieu d'occuper temporairement un terrain, soit pour y extraire des terres ou des matériaux, soit pour tout autre objet relatif à l'exécution des travaux publics, cette occupation est autorisée par un arrêté du préfet, indiquant le nom de la commune où le terrain est situé, les numéros que les parcelles dont il se compose portent sur le plan cadastral, et le nom du propriétaire. — Cet arrêté vise le devis qui désigne le terrain à occuper, ou le rapport par lequel l'ingénieur en chef chargé de la direction des travaux propose l'occupation. — Un exemplaire du présent règl. est annexé à l'arrêté.

2. — Le préfet envoie ampliation de son arrêté à l'ingénieur en chef et au maire de la commune. L'ingénieur en chef en remet une copie certifiée à l'entrepreneur, le maire notifie l'arrêté au propriétaire du terrain ou à son représentant.

3. — En cas d'arrangement à l'amiable entre le propriétaire et l'entrepreneur, ce dernier est tenu de présenter aux ingénieurs, toutes les fois qu'il en est requis, le consentement écrit du propriétaire ou le traité qu'il a fait avec lui.

4. — A défaut de convention amiable, l'entrepr., préalablement à toute occupation du terrain désigné, fait au propriétaire, ou, s'il ne demeure pas dans la commune, à son fermier, locataire ou gérant, une notification par lettre chargée indiquant le jour où il compte se rendre sur les lieux ou s'y faire représenter. Il l'invite à désigner un expert pour procéder contradictoirement, avec celui qu'il aura lui-même choisi, à la constatation de l'état des lieux. — En même temps, l'entrepr. informe par écrit le maire de la commune de la notification faite par lui au propriétaire. — Entre cette notification et la visite des lieux, il doit y avoir un intervalle de *dix jours* au moins.

5. — Au jour fixé, les deux experts procèdent ensemble à leurs opérations contradictoires. Ils s'attachent à constater l'état des lieux de manière qu'en rapprochant plus tard cette constatation de celle qui sera faite après l'exécution des travaux, on ait les éléments nécessaires pour évaluer la dépréciation du terrain ou faire l'estimation des dommages. Ils font eux-mêmes cette estimation si l'entrepr. et le propr. y consentent. — Ils dressent leur procès-verbal en trois expéditions, dont l'une est remise au propriétaire du terrain, une autre à l'entrepreneur, et la troisième au maire de la commune.

6. — Si, dans le délai fixé par le dernier paragraphe de l'art. 4, le propriétaire refuse ou néglige de nommer son expert, le maire en désigne un d'office, pour opérer contradictoirement avec l'expert de l'entrepreneur.

7. — Immédiatement après les constatations prescrites par les art. précédents, l'entrepreneur peut occuper le terrain et y commencer les travaux autorisés par l'arrêté du préfet, tous les droits du propriétaire étant réservés en ce qui concerne le règlement de l'indemnité. — Toutefois, s'il existe sur ce terrain des arbres fruitiers ou de haute futaie qu'il soit nécessaire d'abattre, l'entrepr. est tenu de les laisser subsister jusqu'à ce que l'estimation en ait été faite dans les formes voulues par la loi. — En cas d'opposition de la part du propriétaire, l'occupation a lieu avec l'assistance du maire ou de son délégué.

8. — Après l'achèvement des travaux et, s'ils doivent durer plusieurs années, à la fin de chaque campagne, il est fait une nouvelle constatation de l'état des lieux. — A défaut d'accord entre l'entrepr. et le propr. pour l'évaluation partielle ou totale de l'indemnité, il est procédé conf. à l'art. 56 de la loi du 16 sept. 1807. — V. *ci-dessus*.

9. — Lorsque les travaux sont exécutés directement par l'admin., sans l'intermèd. d'un entrepr., il est procédé comme il a été dit ci-dessus ; mais alors la notification prescrite dans l'art. 4 est faite par les soins de l'ingénieur et l'expert chargé de constater l'état des lieux, contradictoirement avec celui du propriétaire, est nommé par le préfet.

10. — Notre min..... des travaux publics est chargé, etc.

Circ. minist. du 15 févr. 1868 portant envoi aux préfets du décret précité du 8 févr. 1868. — *P. mém.* — Cette circulaire après avoir passé en revue les divers articles du nouveau règlement, se termine ainsi qu'il suit :

« Telles sont les dispositions qui doivent être désormais appliquées en matière d'occupation temporaire de terrains pour l'exécution de tr. publ. dépendant de mon admin. : ces dispositions mettront un terme aux plaintes légitimes élevées souvent par les propriétaires contre des actes dont la responsabilité remontait jusqu'à l'admin. elle-même, et je ne doute pas que MM. les ingén. ne s'associent avec empressement à la pensée qui a dicté le nouveau règl. et qu'ils n'en surveillent l'application avec le soin le plus attentif ; ils devront rappeler aux entrepr. que toute infraction de leur part engage leur responsabilité personnelle, et que, dans le cas où ils seraient pris à partie par les tiers intéressés pour n'avoir pas accompli les formalités réglementaires, l'admin. devrait rester complètement en dehors de la contestation. »

Nota. — Comme nous l'avons déjà rappelé, les dispositions ci-dessus s'appliquent aux tr. publ. *concédés* comme à ceux exécutés au compte de l'État.

Occupations non autorisées. — En l'absence d'une autorisation régulière de l'admin., les entrepreneurs de travaux de ch. de fer, ni les compagnies concessionnaires, ne peuvent fouiller ou occuper des terrains d'une manière *temporaire* ou *permanente*, sans avoir préalablement demandé et obtenu l'adhésion du propriétaire ; l'admin. doit, d'ailleurs, rester étrangère au règlement de l'indemnité de dommages et, à défaut d'accord amiable, l'affaire est du ressort des tribunaux civils. Les indications données à cet égard à l'art. *Extraction*, § 2, sont corroborées par la décision suivante : — « Un adjudicataire de travaux de chemins de fer qui opère des fouilles sur une propriété privée sans l'autorisation de l'administration n'agit pas en qualité d'entrepreneur de travaux publics ; dès lors, la réparation du dommage que les fouilles ont pu causer au propriétaire n'est pas de la compétence du conseil de préfecture. » (C. d'Etat, 23 mai 1861.)

Respect des propriétés privées (dans les opérations faites pour la préparation des projets). — V. *Études*, § 1.

IV. Terrains à occuper sur le domaine public. — 1° Traversée des fortifications (V. aux mots *Domaines*, *Expropriation* et *Fortifications*, les règles excluant l'aliénation des terrains du domaine militaire et sans doute aussi l'*occupation temporaire* desdits terrains, à moins d'autorisation expresse, non prévue, du reste, dans les documents relatifs aux ch. de fer). — 2° Occupation temporaire du *domaine maritime* et de ses dépendances (arr. min. tr. publ. et fin., 3 août 1878.) (Formalités d'autorisation et fixation des redevances), *P. mém.* — 3° Arr. min. *de même date* (tr. pub. et fin.) réglant les formalités à remplir pour l'occupation temporaire du *domaine public fluvial ou terrestre* (conditions d'autorisation et fixation des redevances). *Id., id.* — 4° Circ. min. du 8 déc. 1879 (tr. publ.) ayant pour objet l'exécution de ce dernier arrêté et relative à l'envoi d'un état des permissions accordées et au classement des autorisations données soit par les préfets, lorsqu'il y a accord entre les représentants de tous les services intéressés, soit par l'administration supérieure lorsque cet accord n'existe pas. *Id., id.* — (Nous ne faisons que mentionner ces divers documents qui n'ont qu'une application indirecte et bien rare, très probablement, pour le service des chemins de fer où les travaux des voies par exemple, lorsqu'ils intéressent les autres services publics, font l'objet de dispositions spéciales, comme il est indiqué à *Conférences*, *Quais maritimes*, *Prises d'eau*, etc.)

Affaires diverses. — V. les mots *Domaines*, *Locations*, *Voies publiques*.

OCTROI.

I. Circulation des agents du service (*et dispositions diverses*). — Les agents du service de l'octroi peuvent circuler sur la voie dans l'exercice de leurs fonctions (V. *Libre circulation*, § 7). — Ils ont qualité, dans certains cas, pour constater les contraventions de grande voirie (décret du 18 août 1810), mais ce n'est là qu'une éventualité tout à fait exceptionnelle en matière de chemins de fer.

Dépenses du service de l'octroi. — « Aucune disposition de la loi de concession ni du cahier des charges y annexé, n'imposant aux comp. l'obligation de supporter les frais de service de l'octroi, elles doivent en être exonérées. » (C. d'État, 17 juillet 1843). — Elles sont seulement dans l'usage de fournir dans quelques-unes de leurs gares, et après entente, s'il y a lieu, avec les municipalités, et, avec l'autorisation de l'admin., des locaux spéciaux pour le service dont il s'agit.

Visite des colis de voyageurs. — « L'admin. a recommandé aux comp. de ch. de fer de placer à Paris, dans les salles d'arrivée des voyageurs et dans celles des bagages, des affiches en gros caractères, invitant les voyageurs à ouvrir spontanément leurs malles et autres colis, sans attendre la réquisition des employés de l'octroi. — Quant à ceux-ci, le préfet de la Seine a donné les instructions nécessaires pour que leur nombre fût toujours en rapport avec les besoins du service, et que, de concert entre ce personnel et la compagnie, la salle des bagages fût divisée en plusieurs sections, dont chacune est exclusivement confiée à un nombre déterminé d'employés, qui n'en peuvent être distraits pour la visite d'une section contiguë. »

Régime spécial des gares de Paris (établi par décret du 19 déc. 1859, à l'occasion de l'extension des limites de l'octroi au delà des anciennes barrières). — *Ouverture de nouveaux bureaux* (Extr. dudit décr.). — « Art. 3. — Il sera établi tel nombre de bureaux de déclaration, de recette, de vérification et de surveill. qui sera jugé nécessaire, tant aux portes autres que celles donnant sur le bois de Boulogne qui sont ménagées dans le mur des fortifications, qu'aux nouvelles entrées par eau, sur les ports de déchargement, dans les gares et sur les lignes de ch. de fer, depuis le point où la voie franchit l'enceinte de Paris, jusqu'à son extrémité à l'intérieur. — Des bureaux et services seront également organisés à l'intérieur des nouveaux territoires réunis à la ville de Paris, pour assurer la perception dans les abattoirs, marchés et établ. publics, dans les entrepôts à domicile autorisés par l'art. 5 de la loi (relative à l'extension des limites de Paris), dans les usines appelées à jouir du bénéfice de l'art. 7, ainsi que dans les fabriques et autres lieux de production d'objets assujettis aux droits d'octroi.

4. — Des arrêtés du préfet de la Seine, le conseil municipal consulté, continueront à déterminer, suivant les localités et les besoins de la perception, la nature du service auquel chacun des bureaux établis en vertu de l'article précédent devra être affecté, les heures d'ouverture et de fermeture desdits bureaux. — Ces arrêtés seront publiés et affichés dans l'intérieur et à l'extérieur des bureaux.

(*Nouveau régime des gares*). — « Art. 34. — A partir du 1er janvier 1860, le régime de l'octroi de Paris, suivi dans les gares de ch. de fer situées à l'intérieur, s'étendra jusqu'au point où la voie franchit les fortifications. — Les employés de l'octroi auront accès sur toute la ligne, ainsi que dans les gares ou établissements existant sur ce parcours où ils auront à assurer la perception des droits du Trésor public et des droits d'octroi sur tous les objets soumis à ces taxes.

35. — Les droits dus seront exigibles au moment de l'arrivée, comme aux autres entrées de Paris, sur les objets destinés à la consommation locale. — Toutefois, en raison de la nature des transports exécutés par les ch. de fer, ainsi que des destinations diverses que reçoivent les chargements, les gares seront considérées comme lieu de transit, sous la condition d'un classement distinct des marchandises assujetties qui les tienne entièrement séparées des ateliers, magasins et approvisionnements de toute sorte affectés aux travaux de l'expl., étrangers au mouvement des marchandises. — Bien que soumis, dès leur arrivée, à la surv. gén. du service de l'octroi, les objets imposables n'acquitteront les droits que lors de la sortie des gares. — Il en sera de même pour toutes les formalités relatives aux expéditions vers les entrepôts de l'intérieur ou en passe-debout. — Aucune déclaration ne sera exigée pour les marchandises imposables, réexpédiées des gares, soit directement par la voie d'arrivée, soit d'une gare à l'autre par le chemin de ceinture, à moins que, par suite d'opérations particulières, il n'y ait prise en charge et compte tenu par les employés de l'octroi, nécessitant la reconnaissance à la sortie des marchandises.

(*Installations*). — 36. — Les comp. de ch. de fer fourniront, tant dans les gares que sur la voie, à partir des fortifications et jusqu'au point extrême à l'intérieur, les bureaux, locaux et emplacements qui seront réclamés pour le service des perceptions et de surveillance de l'octroi..... — En cas de réclamations des comp. de ch. de fer, contre l'exécution du présent article, il sera statué par le min. des tr. publ., de concert avec le min. de l'intérieur. (Ext. du décret du 19 déc. 1859.)

II. Établissement et perception des taxes.

(Extr. de la loi du 24 juillet 1867 sur les attrib. des conseils municipaux.) — « *Art.* 8. — L'établissement des taxes d'octroi par les conseils municipaux ainsi que les règlements relatifs à leur perception seront autorisés par décrets rendus sur l'avis du Conseil d'État. »

« 9 et 10. — (*Pour mémoire.*) — Exécution (dans des conditions déterminées) des délibérations prises par les conseils municipaux, concernant 1° la suppression ou la diminution des taxes d'octroi, etc., etc. — Voir ci-après, § 3.

Formalités d'acquittement des droits (*Expéditions par chemins de fer*), *compagnies mandataires*. — « A défaut d'instructions contraires de la lettre de voiture, les compagnies peuvent se considérer comme autorisées à acquitter les droits d'octroi pour une marchandise *livrable à domicile.* » (Tr. comm., Seine, 31 août 1859.) — « Les compagnies ont le droit de faire l'avance, pour le destinataire, des droits dus sur une marchandise livrable à domicile. C'est dès lors avec pleine raison qu'elles réclament à la fois au destinataire, et les frais de transport et le montant des droits qu'elles ont payés. » C. Cass., 19 déc. 1866. — Mais pour les marchandises *livrables en gare,* la C. d'appel de Nimes a décidé que le règl. d'un octroi qui oblige les habitants domiciliés à l'extérieur des bureaux de perception, mais dans l'enceinte du rayon de l'octroi, à faire la déclaration et à acquitter les droits des objets qui y sont assujettis, avant de les introduire chez eux, est inapplicable aux comp. de ch. de fer dont les gares, situées dans l'enceinte du rayon, reçoivent des objets soumis aux droits d'octroi ; c'est au destinataire seul qui se les fait délivrer et qui les introduit en ville qu'incombe l'obligation de les déclarer et d'en acquitter les droits. (20 août 1863.)

« Les comp. de ch. de fer ne peuvent non plus être obligées à faire aucune déclaration, ni même à remplir les formalités du transit, relativement aux objets qui ne stationnent dans leurs gares que pour être expédiés vers une autre destination, alors même qu'ils traverseraient le rayon de la perception des droits d'octroi. » (T. comm., Seine, 31 août 1859 et Cour de Nimes, 20 août 1863.) — Voir aussi, au sujet de ces formalités d'octroi et d'acquittement des droits par les comp. un arrêt de la C. de C. du 16 janv. 1885.

Omission des formalités (Responsabilité). — « Des vins, expédiés sous acquit-à-caution à un marchand en gros, entrepositaire, sont, comme tels, affranchis des droits de régie et d'octroi, au moins temporairement. — Néanmoins la compagnie paye le montant de ces droits. — En ce faisant, elle commet une faute dont elle est responsable. » (C. cass., 30 avril 1877.) — *Présentation de l'acquit-à-caution.* — « La production de l'acquit-à-caution devant être préalable à l'introduction d'objets assujettis aux droits d'octroi, le fait de présenter, pour un tel objet prêt à entrer en ville, un acquit-à-caution inapplicable, constitue non une tentative de contravention, mais une contravention consommée. » (C. cass., 17 mars 1876.) — *Désignation incomplète.* — « L'expéditeur d'une caisse de chandelle composée la déclare exactement à la gare de départ, mais l'épithète *composée* est omise sur le récépissé délivré à la gare d'arrivée au voiturier du destinataire. — Par suite, ce voiturier déclare, à l'octroi d'une ville, une caisse contenant de la *chandelle,* est poursuivi et est condamné correctionnellement, pour fausse déclaration. — Il actionne la compagnie, qui appelle en garantie l'expéditeur, pour être indemnisé des conséquences pécuniaires de cette condamnation. — Condamnation de la compagnie à indemniser ledit voiturier et à lui payer des dommages-intérêts, sans qu'elle puisse être garantie par l'expéditeur de la caisse de chandelle (C. cass., 12 juin 1877). — V. aussi *Alcool* et *Boissons.*

Entrepôt fictif. — Voir le nota (7°) du § 3 ci-après.

III. Droits à payer par les compagnies pour leur propre compte. — (Extr. du décret du 12 février 1870, portant règl. d'admin. publique pour l'exécution des articles 8, 9 et 10 (Voir ci-dessus) de la loi du 24 juillet 1867.)

« 13. — Les combustibles et matières destinés au service de l'exploitation des chemins de fer, aux travaux des ateliers et à la *construction de la voie* seront affranchis de tous droits d'octroi. — En conséquence, les dispositions relatives à l'entrepôt à domicile des combustibles et matières premières employés dans les établissements industriels, à la préparation et à la fabrication des objets destinés au commerce général, sont applicables aux fers, bois, charbons, coke, graisses, huiles, et en général à tous les matériaux employés dans les conditions ci-dessus indiquées. — En dehors de ces conditions, tous les objets portés au tarif qui seront consommés dans les gares, salles d'attente et bureaux, seront soumis aux taxes locales. — V. ci-après, décret du 8 déc. 1882.

« 14. — L'abonnement annuel pourra être demandé pour les combustibles et matières admis à l'entrepôt, aux termes des articles ... 13... — « Les conditions de l'abonnement seront réglées de gré à gré entre le maire et le redevable. »

Décret du 8 déc. 1882 (complétant l'art. 13 du décret, ci-dessus du 12 févr. 1870). — « Sur le rapport, etc.... — Vu..... le décret du 12 févr. 1870 sur les octrois. — Vu le décret du 12 juillet 1882 relatif à l'octroi de Paris. (*P. mém.*) — Le Conseil d'Etat entendu. — DÉCRÈTE. — *Art. 1er.* L'art. 13 du décret du 12 févr. 1870 est complété ainsi qu'il suit : — Les combustibles et matières destinés au service de l'exploitation des chemins de fer, aux travaux des ateliers et à la construction de la voie, seront affranchis de tous droits d'octroi. — En conséquence..... (suit la même rédaction que celle de l'art. 13 du décret ci-dessus du 12 févr. 1870 jusqu'aux mots : *seront soumis aux taxes locales.*) — Les dispositions qui précèdent sont applicables à la construction et à l'exploitation des lignes télégraphiques. — *Art. 2.* Les ministres des finances et de l'intérieur sont chargés, etc.

Nota. — Nous donnons ci-après, par nature de matières et par ordre de dates, sans chercher à les interpréter, divers extraits de la jurispr. sur les octrois (affaires survenues avant ou après les décrets précités de 1870 et 1882 et ayant pour objet notamment l'*usage général* ou l'*usage local* des objets en litige, les questions d'*entrepôt fictif*, etc.) :

1° *Objets consommés dans les buffets.* — « L'introduction dans le buffet d'une gare de chemin de fer, d'un objet soumis aux droits d'octroi, est une contravention, dès que cette gare est comprise dans le périmètre d'octroi de la ville. » (Trib. corr. Dôle, 27 avril 1869 et Cour de Besançon, 30 juillet 1869).

2° *Droits sur les fers et fontes.* — « Ne sont assujettis au droit d'octroi que les pièces de fer et fontes pouvant entrer dans la construction des bâtiments (ville de Paris). Sont, en conséquence, exemptes de tout droit, les pièces destinées à l'industrie pour la construction des machines. » (Justice de paix, 4e arrond. de Paris, 6 juin 1862.) — V. aussi plus loin, dans le corps de cette note : 4° *Construction des gares.*

Tuyaux des conduites d'eau. — « Le régl. d'octroi d'une ville soumettant aux droits toutes pièces en fer ou en fonte façonnée pouvant entrer dans les constructions, — une comp. de ch. de fer doit payer une somme proportionnelle au poids de tuyaux en fonte d'eau pluviale placés dans une cour de gare. » (Justice de paix, Paris, 27 sept. 1871.) — V. plus loin : 3° *Matériaux de la voie.*

Fers et fontes pour les voies de garage et les plaques tournantes. — « Lorsqu'un tarif d'octroi assujettit spéc. à une taxe les fers ou fontes employés à la construction « du bâtiment », les mots « construction du bâtiment » ne sont pas synonymes du mot « *construction* » pris isolément. — En conséquence, aucune taxe ne peut être perçue, en vertu de ce tarif, pour les fers ou fontes employés par une comp. de ch. de fer à l'établ. des voies de garage et à la réparation des plaques tournantes. » (C. C., 17 févr. 1886). — V. dans le corps de cette note : 5° *Voies de garage.*

3° *Matériaux de la voie.* — « Les comp. de ch. de fer sont tenues au payement des droits d'octroi, pour les matières qu'elles emploient *et qui se consomment dans le périmètre assujetti,* lorsque ces matières sont régulièrement frappées d'un droit par les régl. locaux. — Ainsi les rails, coussinets et traverses, employés à la construction de la voie ferrée, sont soumis aux droits qui frappent tous les matériaux de construction. — En effet, l'expl. d'un ch. de fer ne saurait être confondue avec sa construction, et par suite les objets tels que rails, coussinets et traverses, employés à la construction de la voie ferrée, restent soumis aux droits portés par le tarif et qui frappent tous les matériaux de construction. » (C. C., 27 nov. 1871) (1). — V. aussi plus loin, dans le corps de cette note : 7° *Entrepôt fictif.*

4° *Construction de gares et annexes.* — « L'exemption édictée, par le régl. d'octroi d'une ville, en faveur des matériaux employés pour une voie de fer, ne peut s'étendre à la toiture vitrée qui, dans l'intérieur d'une gare, recouvre ladite voie. — Cette toiture, faisant partie intégrante de la gare, constitue une construction locale, dont les matériaux (verres à vitre, dans l'espèce) sont, par cela même, soumis aux droits d'octroi. » (C. C., 15 janv. 1878.) — « La règle qui soumet aux taxes locales les objets consommés *dans le périmètre assujetti,* s'étend aux matériaux employés exclusiv. à la construction d'une gare. » (Tr. civil, Sables-d'Olonne, 28 mars 1882, applic. du régl. du 12 févr. 1870.) — « Si aux termes de l'art. 13 du décret du 12 févr. 1870, textuellement reproduit par l'art. 40 du régl. de l'octroi, « les matières « destinées au service de l'expl. des ch. de fer, aux travaux des ateliers et à la construction de

_____

(1) Malgré la distinction faite, dans ledit arrêt du 27 nov. 1871, au sujet de l'emploi des matériaux *dans le périmètre assujetti,* il nous semble que cet arrêt ne rentre pas clairement dans le sens des dispositions du décret de 1870 maintenues par celui de 1882.

« la voie, sont affranchies de tous droits d'octroi, » — cette exception à la règle qui soumet aux taxes locales les objets consommés dans le périmètre assujetti doit être rigoureusement limitée aux cas prévus. — Elle ne saurait s'étendre aux matériaux employés exclusivement à la construction d'une gare. — En le jugeant ainsi, le tribunal, loin de violer les articles susvisés, n'en a fait qu'une juste application. » (C. C., 21 janv. 1884.)

Annexes de la construction des gares (dortoirs et dépendances diverses). — « Doivent seulement être considérées comme *matières destinées à la construction de la voie* celles devant faire partie intégrante de cette voie ou en constituer l'accessoire indispensable, — et comme *matières destinées au service de l'exploitation* celles s'appliquant aux besoins de la voie ferrée, notamment à la marche des trains, à la sécurité des personnes et à la conservation du matériel. — Dans l'espèce, il résulte des constatations de fait du jugement attaqué que le bâtiment destiné à un dortoir, à une salle de bains et à un bureau, a été élevé dans un intérêt purement privé, pour la convenance du ch. de fer et pour le plus facile recrutement de son personnel ; que les travées pour l'atelier de peinture et l'atelier de chaudronnerie, la porte pour les remises, les trottoirs bordant les petites lignes ferrées qui longent les travées, la cave voûtée pour l'emmagasinement des huiles et la maçonnerie pour l'établ. d'un pont tournant, loin de se rattacher par un lien nécessaire à la construction de la voie ferrée ou au service de l'exploitation, ne forment que les accessoires d'ateliers où le ch. de fer, se faisant constructeur, confectionne lui-même son matériel ; — En déclarant, par suite, non affranchis des droits qui frappent les objets consommés dans le lieu sujet, les matériaux employés à ces divers travaux, le trib. civil de Tours n'a nullement violé les articles susvisés... » (C. C., 17 févr. 1886.)

Affranchissement des matériaux destinés à la construction d'une rotonde. — « Les matériaux au sujet desquels a été perçu le droit dont la restitution est demandée, ont été employés à la construction d'une rotonde destinée à servir de remise pour les locomotives. — Cette construction fait nécessairement partie de la voie ferrée, avec laquelle elle communique. — D'autre part, elle sert à l'exploitation de la voie ferrée, puisqu'elle est destinée à la conservation des locomotives, qui sont les principaux engins de l'exploitation. — Dès lors, en refusant d'appliquer aux matériaux dont il s'agit l'exemption édictée par l'art. 13 du décret du 12 févr. 1870, le jugement attaqué a violé ledit article. » (C. C., 10 août 1886.)

Gare exclue du périmètre de l'octroi. — « Le conseil municipal de la ville dont il s'agit (*Montereau*) avait pris l'engagement d'exclure à toujours du rayon de l'octroi la gare du chemin de fer, dans le cas où les limites du périmètre assujetti viendraient à être étendues, et cet engagement a depuis été tenu. — *En cet état des faits*, c'est à tort qu'il est opposé à la compagnie que cet engagement n'avait été ni approuvé ni ratifié. » (C. C., 21 juin 1882.)

5º *Voies de garage.* « Les fers et fontes employés par une comp. de ch. de fer, dans une gare, à l'établ. de voies de garage et à la réparation de plaques tournantes, ne sont pas soumis à la taxe d'un tarif d'octroi qui impose seulement ceux de ces métaux destinés à la *construction des bâtiments.* » (Justice de paix de *Lyon*, 1er canton, 25 juin 1883.) — Une distinction a été faite toutefois dans la même audience et dans le sens de l'application de la taxe, au sujet d'une voie de garage destinée *au service des charbons d'une gare*, par le motif qu'elle est exclusivement affectée aux besoins de cette gare, dans ses rapports spéciaux avec la consommation locale. — Cette dernière décision a été *réformée* par jugement du trib. civil de Lyon, 31 déc. 1884 et interprétée ainsi qu'il suit par la C. de C. dans un arrêt commun aux deux affaires : — « En décidant que les fers et fontes employés par la comp. P.-L.-M. dans la gare de Perrache, à l'établissement des voies de garage et à la réparation de plaques tournantes, n'ont pas servi à la construction des bâtiments et ne sont pas, dès lors, soumises à la taxe, le jugement attaqué n'a violé ni la disposition du tarif précité, ni celle du tarif général annexé au décret du 12 février 1870. » (C. C., 17 févr. 1886.)

6º *Droits sur les combustibles, huiles, suifs, graisses,* etc. (ancienne jurispr.). — « Les comp. concess. sont redevables envers l'octroi des droits à percevoir sur les charbons consommés, non seulement dans les bureaux ou par la machine' d'alimentation de la gare, mais encore par les locomotives de service. » (C. C., 7 janv. 1852.) — Depuis cette première décision, un autre arrêts avait exonéré d'une manière générale des droits d'octroi, les charbons employés par les comp., soit pour la réparation du matériel roulant, soit pour la construction ou l'entretien de l'outillage qui leur est nécessaire (C. C., 8 juillet 1861) ; — Mais les charbons employés dans les *ateliers établis dans le rayon de l'octroi* pour la réparation du matériel roulant n'ont pas été compris dans l'exemption admise pour les matières employées à la préparation d'objets destinés au commerce général. (C. C., 28 avril 1862.)

Consommation des machines de passage. — « Une comp. de ch. de fer ne peut être soumise à des droits d'octroi pour la quantité de houille, de coke, d'huile et de suif, que ses machines consomment, pendant leur trajet sur le périmètre de l'octroi d'une commune, — une telle consommation se distingue profondément des consommations purement locales, en vue desquelles ont été rendus les règl. de l'octroi. » (C. C., 27 avril 1870.)

Service intérieur des machines dans les gares (manœuvres ; service de secours ; machine hydraulique ; etc.). — « Le règl. gén. du 12 févr. 1870 soustrait au payement des droits les matières premières qui ne sont pas réellement l'objet d'une consommation dans le rayon de l'octroi, — par exemple, les combustibles qu'y prennent des machines locomotives ne l'y consomment que pour une minime partie. — Mais il n'en est point ainsi du combustible employé au chauffage des machines faisant le service intérieur de la gare et accidentellement le service de secours — ou de la machine hydraulique, si celle-ci est établie dans le rayon de l'octroi » (C. cass., 26 févr. 1877).

Accomplissement des formalités légales (pétrole amené à destination dans le rayon de l'octroi). — « Si, en cours de transport, l'accompliss. des formalités légales en matière d'octroi ne peut être exigé des comp. de ch. de fer, cette impossibilité ne doit plus être invoquée, quand les objets assujettis sont amenés à destination dans le rayon de l'octroi. — Ainsi une comp. contrevient au règl. local, lorsqu'elle introduit, sans déclaration et sans acquittement des droits, dans le périmètre assujetti, le pétrole destiné au service de son exploitation. — Peu importe que ce pétrole se trouvât encore dans les wagons au moment de la saisie, si ceux-ci avaient été remisés dans une dépendance du magasin de ladite compagnie destinataire. » (C. C., 28 mars 1885.)

7° *Entrepôt fictif.* — Les gares et les dépendances des ch. de fer n'étant considérées que comme des lieux de transit ou de passage par rapport *aux marchandises soumises aux droits fiscaux*, ces marchandises ne peuvent recevoir leur *destination définitive*, sans l'accomplissement des formalités nécessaires, telles qu'elles ont été réglées par exemple *pour les gares de Paris* (Voir au § 1 ci-dessus le décret du 19 déc. 1859). Voir aussi, au § 2, diverses dispositions relatives à l'établ. des taxes et à l'acquittement des droits. Ce séjour momentané des marchandises dans l'enceinte des ch. de fer, *sous la réserve du règlement ultérieur des droits d'octroi*, caractérise, si nous avons bien compris, ce que l'on appelle l'*entrepôt fictif*. — Pour plus de précision, nous résumons ci-après diverses décisions judiciaires qui se rapportent à cet objet :

Marchandises soumises aux droits d'octroi. — « L'enceinte d'une voie ferrée ne peut, quant à celles des marchandises transportées qui sont sujettes aux droits d'octroi dans une commune, être légalement considérée comme un lieu neutre, fictivement placé hors du périmètre de l'octroi et ainsi affranchi de l'accompliss. des formalités régl. — Il y a seulement impossibilité momentanée de soumettre à cet accomplissement lesdites marchandises en cours de transport. — Cette impossibilité cessant dès que les marchandises sont amenées à destination dans le périmètre assujetti, les règles communes reprennent leur empire. — Ainsi la comp. concess., lorsqu'elle introduit, en cours de transport, ces marchandises dans ledit périmètre, n'est point encore en état de contravention. — Il en est de même à l'arrivée dans une gare, si celle-ci ne contient pas de bureau d'octroi, puisque alors ladite comp. ne peut non plus remplir les formalités imposées aux conducteurs d'objets assujettis. — Mais elle doit, sous peine cette fois de contrevenir au règl. de l'octroi, remplir lesdites formalités avant de remettre au destinataire ses marchandises, qui, non déclarées à l'entrée, au cours du transport, sont arrivées à destination dans le périmètre de l'octroi. — En conséquence, condamnation de la compagnie à l'amende et aux dépens, avec confiscation des marchandises saisies » (Jugem. du trib. corr. de la Seine, 20 août 1879, confirmé par C. d'appel, *Paris*, 20 déc. 1879, et par C. de C., 30 avril 1881) (1).

Matériaux de la compagnie. — L'exemption des droits d'octroi prononcée par l'art. 13 du décret de 1870, en faveur des matériaux destinés à la construction de la voie du chemin de fer (dans l'espèce, *voie de garage*) ne peut être accordée qu'à la condition que les formalités de l'entrepôt fictif aient été préalablement remplies à leur égard. — Légalité de la condamnation de la comp. et de la confiscation des matériaux (C. C., 29 avril 1881). — Des *traverses, coussinets, rails, fers d'enclenchement, disques et autres objets déjà façonnés pour servir exclusivement à l'agencement de la voie*, ne rentrent pas dans les catégories spéciales de bois et de fer énoncées au règl. local de l'octroi ; dès lors, la comp. n'était point obligée de demander l'admission de ces matériaux à l'entrepôt fictif (C. C., 28 mars 1885, deux arrêts). — Mais si l'art. 13 du décret du 12 févr. 1870 exempte des droits d'octroi les matières destinées à la construction de la voie, c'est à la condition que les formalités de la déclaration et de l'admission à l'entrepôt fictif auront été préalablement accomplies ou que les compagnies seront pourvues d'un abonnement annuel régulier. — Dès lors, du *bois dur de construction*, de sa nature assujetti aux droits d'octroi, ne pouvait, quoique destiné à la construction de la voie ferrée, bénéficier de ladite exemption, — la comp., non abonnée, n'ayant pas rempli à cet égard les formalités réglementaires. (C. C., 28 mars 1885, comp. P.-L.-M.)

8° *Vérifications en matière d'octrois* (registres). — La comparaison des registres d'arrivage d'une comp. de ch. de fer, — qui ne font pas foi vis-à-vis des tiers, notamment en ce qui con-

---

(1) Le destinataire desdites marchandises, — qui les dépose sur un terrain situé dans le périmètre de l'octroi, appartenant à la compagnie et loué par celle-ci à ce destinataire, — doit également, sous peine de contrevenir au règlement de l'octroi, remplir les formalités y édictées. — Même jugem., tr. corr. *Seine*, 20 août 1879.)

cerne la nature des marchandises livrées aux destinataires, — et des registres de l'octroi d'une ville ne saurait, en matière de contrav. au règl. de cet octroi, constituer qu'une présomption insuffisante pour établir la culpabilité de ces destinataires. — Ceux-ci ne peuvent être tenus de représenter leurs quittances des droits que lorsque leurs marchandises ont été saisies en cours de transport ou suivies jusqu'à leur domicile par les préposés de l'octroi (C. d'appel Lyon, 5 mai 1881, confirmé par C. de C , 2 déc. 1881). — V. aussi plus haut, § 2.

9° *Dispositions rétrospectives des règlements d'octroi.* — « La disposition de l'art. 13, § 1, du règl. d'adm. publ. du 12 févr. 1870, — aux termes duquel « *les combustibles et matières destinés au service de l'exploitation des chemins de fer, aux travaux des ateliers et à la construction de la voie, seront affranchis de tous droits d'octroi* », — est générale et absolue. — La prorogation du tarif d'octroi d'une ville, décrétée en 1871, n'a pu avoir lieu que sous la réserve implicite d'abrogation des conditions de ce tarif contraires aux prescr. du règl. gén. de 1870 (Juge de paix, Beauvais, 1er déc. 1874). — Il faudrait, pour l'hypothèse contraire, que le décret de prorogation *spécial* dérogeât explicitement au règl. *général*, à défaut de quoi cette dérogation ne peut être présumée. » (**Tr.** civil, Beauvais, 16 mars 1875.)

III. *bis.* Application des règlements d'octroi sur les lignes accessoires . (*Quais maritimes, Chemins d'intérêt local, Tramways.*) (1).

1° *Embranchement des quais maritimes.* — « Des voies ferrées, installées par une comp. de ch. de fer sur les quais d'un port, pour en relier les bassins avec la gare, présentent le même caractère d'application au commerce général que le chemin de fer proprement dit, dont elles constituent en réalité un prolongement. — Dès lors, les matériaux employés à la construction de ces voies ferrées sont affranchis des droits d'octroi. » (C. C., 12 déc. 1883.)

2° *Chemin de fer d'intérêt local.* — L'assimilation des lignes d'intérêt local aux chemins de fer de l'Etat, en ce qui concerne l'exonération des taxes d'octroi dans le sens indiqué aux paragr. précédents, semble résulter implicitement, 1° des règl. de 1870 et de 1882 qui n'ont pas établi de distinction à ce sujet. — 2° des motifs mêmes qui, dans une affaire portée devant la C. de C., ont été invoqués pour refuser cette assimilation aux tramways à traction de chevaux. — V. ci-après.

3° *Tramways à traction de chevaux* (ne s'étendant pas au delà des limites d'une ville, et considérés par le juge de paix de Lille, 16 mars 1875 comme *ne pouvant recevoir la qualification de chemins de fer* ; et comme constituant une industrie purement locale soumise au payement des taxes ordinaires d'octroi). — Confirmation par le tr. civil de Lille, 2 juill. 1876, et par la C. de C. arrêt du 12 nov. 1877, ainsi résumé :

« Sans rechercher s'il convient de considérer comme chemins de fer les voies ferrées à traction de chevaux, communément appelées *tramways,* sans distinction de leur mode d'exploitation, de leur direction et de leur parcours, — il est certain, du moins, que cette qualification ne saurait être donnée aux voies ferrées à traction de chevaux dont l'établ. a été autorisé pour la ville de Lille par les décrets des.... ; — Il est reconnu, en effet, que ces lignes de tramways, établies sur diverses voies publiques de cette ville ne s'étendent pas au delà de ses limites et constituent une industrie parement locale, s'exerçant exclusivement pour le transport à l'intérieur de la commune, soit des personnes, soit des objets divers, soit des marchandises ; — Dès lors, on ne saurait, ainsi que le fait expressément l'art. 13 du décret du 12 févr. 1870 pour les chemins de fer, assimiler les bois et fers employés à leur construction aux matières dont il est fait usage, dans les établissements industriels, pour la préparation et la fabrication des objets destinés à la consommation générale. » (C. C., 12 nov. 1877.)

IV. Compétence pour les litiges (*au sujet des taxes d'octroi*). — « C'est à l'autorité judiciaire. — compétente, d'après les lois spéciales de la matière, pour statuer sur les contestations auxquelles peut donner lieu la perception des taxes d'octroi, — qu'il appar-

---

(1) Nous ne parlons pas ici des droits d'octroi relatifs aux *travaux de chemins de fer entrepris par l'Etat* et au sujet desquels la question d'exonération, en vertu du décret de 1870, a été nettement tranchée en faveur de ces chemins, par un arrêt de la C. de C. du 21 juin 1880. Il y a même lieu de s'étonner que cette question ait pu se produire.

tient de déterminer le sens et d'apprécier la valeur et la légalité des actes en vertu desquels ces taxes sont réclamées ». (C. d'Etat, 24 déc. 1875.)

Attributions des juges de paix (pour les questions d'octroi). — C'est ordinairement devant les juges de paix, en vertu des attributions qui leur sont conférées par les lois au point de vue de l'applic. des règlements approuvés par l'autorité municipale, et de la répression des contraventions de police, que sont portées en premier ressort, les affaires relatives à la perception des taxes d'octroi. (*P. mém.*).

ŒUFS.

Conditions de transport (gr. vitesse). V. *Denrées.* — (Petite vitesse), 1ʳᵉ cl.

OFFICIERS.

I. Officiers de l'armée. — *Conditions de transport.* — 1° Appl. des art. 4 et 8 de l'arr. min. du 15 juin 1866, et modific. introduite par l'arr. min. du 20 déc. 1873. (V. *Militaires*, § 4). — 2° Convocations périodiques (circ. min. 10 mai 1884, etc), *Id.* § 3, 7°. — 3° Transport à prix réduit des *élèves-officiers* (Ecole de Saint-Maixent, etc.) Circ. min. 17 janvier 1885 (V. *Militaires*, § 4). 4° Officiers accompagnant des détachements (V. *Détachements.* — Voir aussi au mot *Militaires*, § 3, 5°, la circ. min. du 13 sept. 1884). 5° Nombre de chevaux attribués aux officiers sur le pied de paix et de guerre (Voir au mot *Militaires*, § 4, les états joints à l'arr. min. du 14 août 1884 modifiant les états précédemment annexés à l'arr. susvisé du 15 juin 1866. — 6° Indications diverses (V. les mots *Armée, Génie, Guerre, Militaires et marins, Mobilisation, Non-disponibles, Réservistes, Service militaire des chemins de fer.*)

II. Officiers de police judiciaire. — (Attributions en matière de chemins de fer). — Nous avons résumé aux art. *Commissaires, Gardes champêtres, Gendarmes, Juges de paix, Maires, Police, Préfets, Procureurs,* les attrib. spéc. des officiers de police judiciaire, en ce qui concerne la constatation des accidents, crimes, délits et contraventions, survenus ou commis sur les chemins de fer. — Les devoirs généraux et les pouvoirs des officiers de police judiciaire sont définis en principe, par les art. 8 et suiv. du C. d'instr. crim. ; les art. 16 et 17 de ce code relatifs à la recherche et à la constatation des délits et contraventions sont textuellement reproduits au mot *Gardes champêtres.* — Nous rappellerons ici que les lois et règl. sur les ch. de fer ont créé sous le titre de *Commissaires de surv. admin.* (spéc. chargés des constatations relatives à la police de l'exploitation), une nouvelle catégorie d'officiers de police judiciaire (de nature mixte), placés d'une part, sous la surv. des procureurs des trib., et, d'autre part, sous les ordres directs des ingén. et des insp. commerciaux du contrôle de l'Etat. (V. *Commissaires de surveillance* et *Contrôle*, § 3.

Aux termes de la circ. min. du 15 avril 1850, « les commiss. de surv., quoique investis du caractère d'officiers de police judiciaire, *ne sont pas auxiliaires* du procureur de la République ; lorsqu'ils auront eu l'occasion de procéder à une arrestation, ils devront donc remettre sans délai les coupables entre les mains des autorités judiciaires locales, auxquelles il appartient de *procéder* à l'instruction de l'affaire; » par suite, les officiers de police judiciaire, qu'ils soient ou non *auxiliaires* du procureur du tribunal, ont, en cas de flagrant délit, le droit d'arrêter les auteurs des crimes, délits et contraventions dans la limite tracée à cet égard par les règlements. — La loi leur a également conféré la faculté de requérir la force publique dans les conditions déterminées par l'art. 25 ci-après du C. d'instr. crim. : « Art. 25. — Les procureurs (des trib.) *et tous autres officiers de police judiciaire* auront, dans l'exercice de leurs fonctions, le droit de requérir directement la force publique. » — V. *Réquisitions.*

Indications diverses. — V. *Justice* et *Jury.* — V. aussi le mot *Constatations.*

II. *bis.* **Personnel des compagnies.** — Les gardiens de la voie et autres agents attachés au service des compagnies n'ont ni la qualité, ni le caractère d'officiers de police judiciaire. Ils sont toutefois assimilés aux gardes champêtres, lorsqu'ils ont rempli la formalité de l'assermentation. — V. *Agents, Assermentation, Gardes champêtres.*

III. **Officiers ministériels** (*Affaires d'expropriation*). — Voir au mot *Expropriation*, l'art. 37 de la loi du 3 mai 1841. — Voir aussi le mot *Honoraires.*

OMNIBUS.

I. Organisation. — A défaut, et quelquefois comme complément des services libres de voitures publiques, organisés pour desservir les gares, les compagnies sont dans l'usage, au moins pour les stations d'une certaine importance, de passer des traités avec des entrepreneurs spéciaux pour organiser et assurer le transport des voyageurs de la gare à la ville et *vice versa.* — Ces entreprises sont soumises aux règles et dispositions indiquées aux mots *Correspondances* et *Traités*, § 3.

Service distinct. — Le transport des voyageurs fait par une comp. de ch. de fer, de l'intérieur d'une ville à sa gare, constitue, lorsque la compagnie perçoit un prix spécial indépendamment de celui des places sur le chemin de fer, une industrie distincte de l'exploitation de la voie ferrée. (C. d'Etat, 20 déc. 1855.) — Néanmoins, pour les transports ainsi organisés, la compagnie est responsable du service des agents attachés aux entreprises d'omnibus au même titre qu'elle est responsable, en vertu de l'art. 1384 du Code civil, des faits et actes commis par les agents de l'exploitation. (T. Seine, 18 juillet 1856. C. Besançon, 21 janv. et 25 août 1860.)

Irrégularités des omnibus de ville (faisant le service à domicile). — Les traités spéciaux réglant le service des omnibus qui vont prendre ou ramènent les voyageurs à domicile sont d'une utilité incontestable, à la condition que les personnes ne soient pas exposées, comme cela arrive quelquefois, à manquer le train par suite de négligence ou d'inexactitude des agents préposés à ce service. — Nous donnons ci-dessous un exemple des difficultés dont il s'agit et qui sont relatives, d'une part, à l'accomplissement régulier de ce service obligatoire, et d'autre part, aux formalités d'*inscription* des demandes faites par les voyageurs dans les bureaux mêmes d'omnibus :

« Sur le premier point : — il est produit un traité intervenu entre la comp. et Lequeux, en vertu duquel ce dernier est tenu d'aller prendre les voyageurs en ville pour les conduire à la gare; — Lequeux est tenu de mettre ledit traité à la connaissance du public par tous les moyens de publicité (affichage, etc.) ; — L'on ne comprendrait ni le traité lui-même ni la publicité qui lui est donnée, si la comp. de l'Ouest n'avait voulu imposer à Lequeux, vis-à-vis du public, l'obligation de le remplir dans toutes ses parties ; que Lequeux est donc tenu de transporter les voyageurs de leur domicile à la gare pour tous les trains et notamment celui de 5 h. du matin, lorsqu'il en est régulièrement requis ;

Sur le second point : — c'est à bon droit que Lequeux soutient que la réquisition doit être faite à son bureau central ; — c'est là seulement que les voyageurs peuvent se faire inscrire sur le registre à ce destiné et tirer récépissé de leur inscription ; — on ne saurait reconnaître le cocher de la voiture de Lequeux comme le mandataire de ce dernier ; — ledit cocher ne peut donc valablement recevoir de réquisition pour aller prendre des voyageurs ; — Sans se préoccuper de savoir si le bureau doit être ouvert à toute heure et s'il l'était le 15 déc., il est certain, en fait, que Martin ne s'est pas transporté audit bureau, pour faire sa réquisition d'une manière régulière; il y a donc lieu de dire à tort l'action dudit Martin ;..... » (Tr. de comm. *Granville*, 16 févr. 1882.)

Questions de concurrence (Affaire s'appliquant à un service d'omnibus reliant deux gares parisiennes de réseaux différents). — L'ordonn. de police concernant le service des omnibus de chaque réseau, auxquels est interdite toute concurrence aux omnibus ordinaires, est applicable audit service de transport en commun des personnes. (C. C.,

1ᵉʳ août 1884, infirmant une décision contraire du tr. de simple police de *Paris*, 4ᵉ arr.)

Accidents de voitures. — Les accidents de voitures publiques en correspondance avec les trains des ch. de fer sont considérés comme tout à fait étrangers au service de l'expl. de ces chemins et rentrent dans le droit commun. — V. *Assurances*, § 2.

II. **Indications diverses.** — 1° Principales conditions des services d'omnibus (V. *Traités*, § 3). — 2° Affichage du prix et du nombre des places, et indications relatives à la police ordinaire des voitures (V. *Roulage*). — 3° Entrée des voitures publiques (service des compagnies, services libres des maîtres d'hôtel, etc., etc.) dans les cours des gares et des stations (V. *Cours des gares*). — 4° Itinéraire des omnibus. — Par leur nature même et l'éventualité de leurs parcours, les services d'omnibus qui vont chercher ou qui ramènent les voyageurs *à domicile* ne peuvent avoir d'itinéraire déterminé à l'avance et nous ne connaissons aucune clause inscrite à ce sujet dans les traités. — Mais il existe aussi, dans certaines localités plus ou moins importantes, des services de voitures qui fonctionnent *directement* entre les bureaux de ville et les gares, ou entre les gares desservant dans la même ville des réseaux différents. — Dans ce cas, l'itinéraire des omnibus, ne serait-ce que comme simple mesure de police, est ordinairement arrêté de concert ou avec l'assentiment de l'autorité municipale.

Stationnement dans les rues des villes. — C'est à l'autorité judiciaire qu'il appartient de prononcer, en cas de contestation entre l'admin. et les particuliers, à l'égard de la perception des droits de stationnement sur la voie publique que fait percevoir une commune. L'arrêté par lequel le préfet de la Seine, en exéc. d'une délib. du conseil mun. de la ville de Paris, a assujetti à une taxe de stationnement les omnibus d'une comp. de ch. de fer, ne fait pas obstacle à ce que celle-ci conteste, devant l'autorité judiciaire, la légalité de cette délibération et de cet arrêté. » (C. d'État, 19 févr. 1868.)

OPPOSITIONS.

I. **Retenues d'appointements par suite d'opposition.** — D'après les règl. sur la comptabilité publique, « toutes saisies-arrêts ou oppositions sur des sommes dues par l'État, toutes significations de cession ou transport desdites sommes, et toutes autres ayant pour objet d'en arrêter le payement, doivent être faites entre les mains des payeurs, agents ou préposés sur la caisse desquels les ordonnances ou mandats sont délivrés.

« Néanmoins, à Paris, et pour tous les payements à effectuer à la caisse du payeur central du trésor public, elles sont exclusivement faites entre les mains du conservateur des oppositions au ministère des finances.

« Sont considérées comme nulles et non avenues toutes oppositions ou significations faites à toutes autres personnes que celles ci-dessus indiquées. »

Agents des compagnies. — La jurispr. n'a pas assimilé les agents des comp. aux fonctionn. de l'État en ce qui concerne les oppositions faites sur les traitements. Ainsi, dans certains cas, les trib. supérieurs ont admis la saisie sans limitation, en exéc. des art. 2092 et 2093 du C. civil. — Nous empruntons, à ce sujet, au Recueil de l'enq. sur l'expl. quelques détails qui intéressent le nombreux personnel des compagnies.

« On sait qu'aux termes de la loi du 21 ventôse an IX, les traitements des fonctionnaires et *employés civils* ne sont saisissables que jusqu'à concurrence du cinquième sur les premiers 1000 fr. et toutes les sommes au-dessous, du quart sur les 5,000 fr. suivants, et du tiers sur la portion excédant 6,000 fr., à quelque somme qu'elle s'élève. — Les compagnies ont demandé s'il n'y aurait pas lieu d'assimiler leurs agents aux employés civils... — En général, les créanciers se soumettent aux règlements amiables, faits par les compagnies pour sauvegarder leur service, en même temps qu'elles assurent le remboursement de la dette, et beaucoup d'agents se libèrent par des retenues successives, dont la quotité est fixée par lesdits règl.; mais si un créancier est impitoyable, s'il ajoute à la charge de la dette les frais judiciaires, nécessaires pour obtenir un titre exécutoire, alors l'employé se trouve dans une situation dont il peut rarement sortir, et il quitte fatalement le service de la compagnie.

Si la loi de ventôse an IX était étendue aux employés des ch. de fer, ou, tout au moins, à certaines catégories d'employés, cette mesure, qui ne soulèverait pas de critique sérieuse, serait acceptée sans difficulté par les créanciers, qui, dans la plupart des cas, en ont devancé l'application, et elle serait reçue avec reconnaissance par la nombreuse catégorie des employés de ch. de fer, qui y trouveraient une garantie de sécurité pour leur avenir. D'un autre côté, elle n'aurait pas d'effet fâcheux, au point de vue de la morale, car les comp. conserveraient toujours la faculté de révoquer les employés qui profiteraient de l'assimilation pour laisser leurs dettes en souffrance ou pour en contracter de nouvelles. » (*Enq.* Recueil, 1858.)

Oppositions aux cautionnements d'employés. — Décret du 1er avril 1879. — V. *Chemins de fer de l'État*, § 3, 8°.

Oppositions aux parts de bénéfices. — Il y a lieu d'assimiler aux traitements des employés des ch. de fer, les parts qui leur sont assurées par les statuts des comp. dans les bénéfices de l'exploitation. — En conséquence, la saisie-arrêt pratiquée à la requête d'un créancier sur le traitement d'un employé et réduite au quart de ce traitement par jugement du tribunal, n'atteint que dans la même proportion la part attribuée à la partie saisie dans les bénéfices. (T. Seine, 19 avril 1855.)

Modération des saisies-arrêts sur les traitements d'employés. — La modération des retenues sur les traitements et sur les parts de bénéfice, admise par la décision qui précède, a été appréciée dans les termes suivants par un arrêt de la C. d'appel de Bordeaux : « Les tribunaux sont autorisés à modérer les effets d'une saisie-arrêt pratiquée sur un traitement (*dans l'espèce*, d'un employé de chemin de fer). » — Mais nous devons ajouter que les compagnies se montrent en général très sévères pour ceux de leurs agents qui ne se mettent pas le plus tôt possible en règle à cet égard ou dont les traitements sont atteints par des oppositions successives. Nous ne pouvons, pour cet objet, que renvoyer aux ordres spéciaux, appliqués sur les divers réseaux.

Retenues diverses (faites aux agents). — V. *Punitions, Retenues* et *Retraites*.

Sommes et pensions pour aliments (insaisissabilité). — V. *Saisie-arrêt*.

II. Opposition sur les marchandises. — *Règles de droit commun.* — Les formalités de droit commun, concernant les *saisies-arrêts ou oppositions*, en général, sont réglées par les art. 557, 558 et suivants du Code de procédure.

En matière de chemins de fer, il peut se présenter divers cas. — 1° Lorsque les saisies-arrêts ou oppositions ont lieu au préjudice *de l'expéditeur*, considéré comme débiteur. — 2° Lorsqu'elles sont effectuées contre le destinataire à qui est envoyée la marchandise. — 3° Lorsque l'expéditeur est en même temps destinataire, c'est-à-dire qu'il s'expédie la marchandise à lui-même, dans une autre localité. — 4° Enfin, lorsque les marchandises sont expédiées *contre remboursement*, et qu'une opposition frappant *le destinataire*, l'expéditeur demande la restitution des marchandises.

Voici le résumé des décisions judic. intervenues sur ces questions qui sont assez compliquées, mais d'où il semble résulter néanmoins que la marchandise, lorsqu'elle est en cours de voyage et qu'il n'en est pas autrement ordonné par l'autorité compétente, doit être régulièrement transportée et remise dans le délai déterminé, *hors le cas de force majeure* (suivant l'applic. de l'art. 97 du C. de comm.).

1er CAS (*Saisies ou oppositions pratiquées par des tiers contre l'expéditeur*). — Dans une affaire où il s'agissait d'une *saisie-exécution*, la C. de C., *par un arrêt du 4 déc.* 1867, a déclaré « qu'aux termes de l'art. 583 du C. de pr. civile, la voie de la *saisie-exécution* n'est ouverte au créancier qu'autant que les meubles qu'il veut saisir-exécuter sont encore aux mains de son débiteur. — En fait, ces meubles étaient dans une gare, où le possesseur les avait fait précédemment transporter et déposer. En cet état, ce n'était pas par voie de saisie-arrêt que le créancier aurait dû procéder ".

Dans une espèce où il avait été procédé par voie de défense de transporter, la C. d'appel de Paris avait décidé que « la défense signifiée par un créancier à un chef de gare d'expédier par le ch. de fer des colis appartenant à un débiteur, est nulle et donne lieu, en cas de préjudice, à une indemnité au profit de celui-ci ». (Arrêt du 30 déc. 1874, analogue à la jurispr. déjà établie par les décisions ci-après.) — « En ce qui touche la demande de A... en nullité de l'acte signifié au chef de gare par B... contenant défense à la comp. du ch. de fer de transporter toute espèce de meubles, effets, objets mobiliers et marchandises, qui pourraient être amenés à ladite gare par A... — Sur le mérite de l'acte en lui-même, sous quelque point de vue qu'on le considère et l'apprécie, cet acte est sans précision et sans portée légale; il n'est pas l'exécution précise du jugement qu'il mentionne, exécution qui ne peut frapper que des objets déterminés et non des objets inconnus, qui n'existent même pas au moment où elle se manifeste. — Ces défenses, généralement faites à un chef de gare, d'expédier les colis et marchandises déposés en gare, à destination, par un négociant, ne résultent que d'un acte incertain, qui n'a par lui-même aucune valeur, est contraire aux principes posés par la loi en matière de saisie-arrêt, ou de saisie-gagerie, ou de revendication, ou de saisie-exécution... Un tel acte, virtuellement nul, ne peut donc produire aucun effet. » (Tr. Provins, 18 avril 1861; — C. Paris, 2 mai 1863.) — En conséquence, l'autorité judiciaire faisait inhibition expresse au chef de gare de s'arrêter à cette défense, qu'elle déclarait « vexatoire et faite avec intention de nuire », et condamnait même B... à payer à A... des dommages-intérêts.

2ᵉ cas (Destinataire débiteur. — Opposition signifiée à son préjudice). — « Le transporteur, simple mandataire de l'expéditeur, n'a pas à s'enquérir du propriétaire de la chose transportée et doit, à moins de retrait de la marchandise par l'expéditeur qui la lui a confiée, exécuter strictement le transport, objet du mandat. — Le fait de la destination ne peut impliquer, par lui-même, aux yeux du transporteur, une indication quelconque de la propriété, et n'est pas pour lui que la détermination nécessaire d'une condition du contrat de transport; — toute autre solution de la question ci-dessus jetterait une perturbation considérable dans le commerce et l'industrie, dans l'admin. des ch. de fer, dans tous les intérêts liés à la matière des transports. » (C. d'appel, Paris, 30 déc. 1871.)

Dans une affaire analogue, la Cour d'appel de Rouen (arrêt du 28 janv. 1878) a décidé qu'il n'appartient pas aux comp. de ch. de fer de se faire juges des oppositions formées entre leurs mains sur les marchandises qu'elles transportent. — Dans l'espèce, le destinataire contre qui était formée l'opposition, résidait à l'étranger, et la demande de l'expéditeur avait pour but non pas de rentrer en possession de ses marchandises, mais d'obliger la compagnie à les remettre à destination. — V. aussi au mot Saisie-Arrêt la jurispr. de la C. de Paris en cette matière, et au mot Magasinage, § 4, les formalités relatives aux marchandises retenues pour cause de saisie-arrêt.

3ᵉ cas (Expéditeur s'adressant la marchandise à lui-même, dans une autre localité). — « C'est à tort que malgré les saisies-arrêts pratiquées par les créanciers de cet expéditeur sur toutes les marchandises lui appartenant et se trouvant dans les diverses gares d'un réseau de chemin de fer, la compagnie se refuse à lui livrer lesdites marchandises. » (C. d'appel, Bordeaux, 3 mars 1874.)

4ᵉ cas (Marchandises expédiées contre remboursement. — Oppositions formées contre le destinataire). — « L'opposition formée entre les mains d'une compagnie de ch. de fer sur les marchandises pouvant arriver à l'adresse d'un destinataire, ne frappe point les marchandises livrables contre remboursement, par la raison que ces marchandises ne deviennent la propriété du destinataire qu'au moment où il les paye. » (Trib. comm. Seine, 8 janvier 1870.) — V. aussi à ce sujet au mot Laissé pour compte.

Revendication en cas de faillite (Droit de l'expéditeur). — V. *Faillite*, § 2.

III. Oppositions diverses. — 1ᵉ Opposition aux arrêtés rendus en matière administrative (V. *Pourvois et Recours*). — 2ᵉ Id., en matière judiciaire (Art. 149 et suiv. du Code de proc. civ.). — P. mém. — 3ᵉ Oppositions formées au sujet de titres mobiliers perdus par les détenteurs. — V. *Titres*.

OR, PLAQUÉ D'OR, ETC.

Conditions d'envoi (Formalités). — V. *Finances, Monnaie, Objets d'art et Tarif*, § 2.

Exportation de numéraire (Déclaration frauduleuse). — V. *Transports*, § 1.

ORAGES.

Mesures préventives des accidents (en temps d'orage). — V. *Ouragans*.

ORDONNANCES.

I. Grande voirie. — La table générale, placée à la fin de ce volume, et à laquelle nous ne pouvons que renvoyer, donne l'énumération des anciennes ordonn. de gr. voirie, rendues applic. au service des ch. de fer. — V. aussi l'art. *Grande voirie.*

II. Enquêtes et travaux (ordonn. du 18 février 1834). — V. *Enquêtes.*

III. Exploitation (ordonn. du 15 novembre 1846 portant règl. d'admin. publique sur la police, la sûreté et l'exploitation des chemins de fer) (1).

TITRE Ier. — DES STATIONS ET DE LA VOIE DES CHEMINS DE FER. — SECT. 1re. — *Des stations.* — Art. 1er. — L'entrée, le stationnement et la circulation des voitures publiques ou particulières destinées soit au transport des personnes, soit au transport des marchandises, dans les *cours* dépendant des stations des chemins de fer, seront réglés par des arrêtés du préfet du département. Ces arrêtés ne seront exécutoires qu'en vertu de l'approb. du ministre des travaux publics.

SECT. II. — *De la voie.* — Art. 2. — Le chemin de fer et les ouvrages qui en dépendent seront constamment en bon état. — La compagnie devra faire connaître au min. des tr. publ. les mesures qu'elle aura prises pour cet *entretien.* — Dans le cas où ces mesures seraient insuffisantes, le min. des tr. publ., après avoir entendu la compagnie, prescrira celles qu'il jugera nécessaires.

3. — Il sera placé, partout où besoin sera, des gardiens en nombre suffisant pour assurer la surveillance et la manœuvre des *aiguilles* des croisements et changements de voie ; en cas d'insuffisance, le nombre de ces gardiens sera fixé par le ministre des travaux publics, la compagnie entendue.

4. — Partout où un chemin de fer est traversé à niveau, soit par une route à voitures, soit par un chemin destiné au *passage* des piétons, il sera établi des *barrières.* — Le mode, la garde et les conditions de service des *barrières* seront réglés par le ministre des travaux publics, sur la proposition de la compagnie.

5. — Si l'établissement de *contre-rails* est jugé nécessaire dans l'intérêt de la sûreté publique, la compagnie sera tenue d'en placer sur les points qui seront désignés par le ministre des travaux publics.

6. — Aussitôt après le coucher du soleil et jusqu'après le passage du dernier train,

---

(1) Nous avons indiqué en *caractère italique* les titres ou mots auxquels il faut se reporter dans le présent recueil au sujet de l'application des articles correspondants de l'ordonn. régl. du 15 nov. 1846. — Une circulaire ministérielle, très développée, du 31 déc. 1846, accompagnait l'envoi de l'ordonnance organique du 15 nov. 1846 ; mais plusieurs dispositions explicatives de cette circulaire ayant été renouvelées par des documents plus récents, nous nous sommes borné à reproduire, pour mémoire, les passages concernant les articles suivants, savoir :

Art. 3, 4, 5, 25, 27, 29, 31 et 33. — Attributions mixtes des ingén. des p. et ch. et des mines attachés au service du contrôle. — V. l'article *Ingénieurs*, § 3.

7 et suiv. — Conditions diverses du matériel roulant. — V. *Matériel.*

43. — Organisation du service des convois. — V. *Ordres de service.*

58. — Bureaux des commissaires de surveillance administrative. — V. *Bureaux*, § 4.

60. — Examen des règlements. — V. *Règlements.*

62. — Circulation autorisée sur la voie. — V. *Libre circulation*, § 7.

63. — Prescription relative aux fumeurs. — V. *Fumeurs*, § 1.

73. — Uniforme obligatoire des agents. — V. *Uniforme.*

75. — Appareils médicaux. (Ext. de la circ. précitée du 31 déc. 1846, combiné avec diverses décisions). — V. *Appareils de secours*, § 1.

les stations et leurs abords devront être éclairés (V. *Éclairage*). — Il en sera de même des *passages à niveau* pour lesquels l'admin. jugera cette mesure nécessaire.

TITRE II. — DU MATÉRIEL EMPLOYÉ A L'EXPLOITATION. — Art. 7. — Les machines *ocomotives* ne pourront être mises en service qu'en vertu de l'autorisation de l'admin., et après avoir été soumises à toutes les épreuves prescrites par les règl. en vigueur. — Lorsque, par suite de détérioration ou pour toute autre cause, l'interdiction d'une machine aura été prononcée, cette machine ne pourra être remise en service qu'en vertu d'une nouvelle autorisation. — V. *Locomotives* et *Matériel roulant.*

8. — Les *essieux* des locomotives, des tenders et des voitures de toute espèce, entrant dans la composition des convois de voyageurs ou dans celle des trains mixtes de voyageurs et de march. allant à gr. vitesse, devront être en fer martelé de premier choix.

9. — Il sera tenu des états de service pour toutes les locomotives. Ces états seront inscrits sur des *registres* qui devront être constamment à jour, et indiquer, à l'article de chaque machine, la date de sa mise en service, le travail qu'elle a accompli, les réparations ou modifications qu'elles a reçues et le renouvellement de ses diverses pièces. — Il sera tenu, en outre, pour les essieux de locomotives, tenders et voitures de toute espèce, des *registres* spéciaux sur lesquels, à côté du numéro d'ordre de chaque essieu, seront inscrits sa provenance, la date de sa mise en service, l'épreuve qu'il peut avoir subie, son travail, ses accidents et ses réparations ; à cet effet, le numéro d'ordre sera poinçonné sur chaque essieu. — Les *registres* mentionnés aux deux paragr. ci-dessus seront représentés, à toute réquisition, aux ingén. et agents chargés de la surv. du matériel et de l'exploitation. — V. aussi *Matériel.*

10. — Il est interdit de placer dans un convoi comprenant des voitures de voyageurs aucune *locomotive*, tender ou autre voiture d'une nature quelconque, montés sur des roues en fonte. — Toutefois, le min. des tr. publ. pourra, par exception, autoriser l'emploi de roues en fonte, cerclées en fer, dans les trains mixtes de voyageurs et de marchandises, et marchant à la vitesse d'au plus 25 kilom. à l'heure.

11. — Les locomotives devront être pourvues d'*appareils* ayant pour objet d'arrêter les fragments de coke tombant de la grille et d'empêcher la sortie des flammèches par la cheminée. — V. *Cendriers* et *Flammèches.*

12. — Les *voitures* destinées au transport des voyageurs seront d'une construction solide ; elles devront être commodes et pourvues de ce qui est nécessaire à la sûreté des voyageurs. — Les dimensions de la place affectée à chaque voyageur devront être d'au moins 0^m,45 en largeur, 0^m,65 en profondeur et 1^m,45 en hauteur; cette disposition sera appliquée aux chemins de fer existants, dans un délai qui sera fixé pour chaque chemin par le ministre des travaux publics.

13. — Aucune *voiture* pour les voyageurs ne sera mise en service sans une autorisation du préfet, donnée sur le rapport d'une commission, constatant que la voiture satisfait aux conditions de l'article précédent. — L'autorisation de mise en service n'aura effet qu'après que l'*estampille* prescrite pour les voitures publiques par l'art. 117 de la loi du 25 mars 1817 aura été délivrée par le directeur des contributions indirectes.

14. — Toute *voiture* de voyageurs portera dans l'intérieur l'indication apparente du nombre des places.

15. — Les *locomotives*, tenders et voitures de toute espèce devront porter : 1° le nom ou les initiales du chemin de fer auquel ils appartiennent; 2° un numéro d'ordre. Les voitures de voyageurs porteront, en outre, l'estampille délivrée par l'administration des contributions indirectes. Ces diverses indications seront placées d'une manière apparente sur la caisse ou sur les côtés des châssis.

16. — Les machines *locomotives*, tenders et voitures de toute espèce, et tout le matériel d'exploitation, seront constamment maintenus dans un bon état d'*entretien*. — La comp. devra faire connaître au min. des tr. publ. les mesures adoptées par elle à cet égard ; et, en cas d'insuffisance, le ministre, après avoir entendu les observ. de la comp., prescrira les dispositions qu'il jugera nécessaires à la sûreté de la circulation.

TITRE III. — DE LA COMPOSITION DES CONVOIS. — Art. 17. — Tout convoi ordinaire de voyageurs devra contenir, en nombre suffisant, des voitures de chaque classe, à moins d'une autorisation spéciale du ministre des travaux publics.

18. — Chaque train de voyageurs devra être accompagné : — 1° D'un *mécanicien* et d'un *chauffeur* par machine : le chauffeur devra être capable d'arrêter la machine en cas de besoin ; — 2° Du nombre de *conducteurs gardes-freins* qui sera déterminé pour chaque chemin, suivant les pentes et suivant le nombre de voitures, par le min. des tr. publ., sur la proposition de la compagnie.

Sur la dernière voiture de chaque convoi ou sur l'une des voitures placés à l'arrière, il y aura toujours un frein et un conducteur chargé de le manœuvrer.

Lorsqu'il y aura plusieurs conducteurs dans un convoi, l'un d'entre eux devra toujours avoir autorité sur les autres.

Un train de voyageurs ne pourra se composer de plus de vingt-quatre voitures à quatre roues. S'il entre des voitures à six roues dans la *composition du convoi*, le maximum du nombre de voitures sera déterminé par le ministre.

Les dispositions des paragraphes précédents sont applicables aux *trains mixtes* de voyageurs et de marchandises marchant à la vitesse des voyageurs.

Quant aux convois de marchandises qui transportent en même temps des voyageurs et des marchandises, et qui ne marchent pas à la vitesse ordinaire des voyageurs, les mesures spéciales et les conditions de sûreté auxquelles ils devront être assujettis seront déterminées par le ministre, sur la proposition de la compagnie. — V. *Trains mixtes*.

19. — Les locomotives devront être en tête des trains. — Il ne pourra être dérogé à cette disposition que pour les manœuvres à exécuter dans le voisinage des stations ou pour le cas de *secours*. Dans ces cas spéc., la vitesse ne devra pas dépasser 25 k. par heure. — V. aussi *Manœuvres*.

20. — Les convois de voyageurs ne devront être remorqués que par une seule locomotive sauf le cas où l'emploi d'une machine de renfort deviendrait nécessaire, soit pour la montée d'une rampe de forte inclinaison, soit par suite d'une affluence extraordinaire de voyageurs, de l'état de l'atmosphère, d'un accident ou d'un retard exigeant l'emploi de secours, ou de tout autre cas, analogue ou spécial, préalablement déterminé par le min. des tr. publ. — Il est, dans tous les cas, interdit d'atteler simultanément plus de deux locomotives à un convoi de voyageurs. — La machine placée en tête devra régler la marche du train.

Il devra toujours y avoir en tête de chaque train, entre le tender et la première voiture de voyageurs, autant de voitures ne portant pas de voyageurs qu'il y aura de locomotives attelées. — V. aussi *Attelages* et *Fourgons*.

Dans tous les cas où il sera attelé plus d'une locomotive à un train, mention en sera faite sur un *registre* à ce destiné, avec indication du motif de la mesure, de la station où elle aura été jugée nécessaire et de l'heure à laquelle le train aura quitté cette station. — Ce registre sera représenté, à toute réquisition, aux fonctionnaires et agents de l'admin. publique chargés de la surveillance de l'exploitation.

21. — Il est défendu d'admettre, dans les convois qui portent des voyageurs, aucune matière pouvant donner lieu soit à des explosions, soit à des incendies. — V. *Poudres*.

22. — Les voitures entrant dans la composition des trains de voyageurs seront liées entre elles par des moyens d'attache tels, que les tampons à ressort de ces voitures soient toujours en contact. — V. *Tampons.*

Les voitures des entrepreneurs de messageries ne pourront être admises dans la composition des trains qu'avec l'autorisation du ministre des travaux publics, et que moyennant les conditions indiquées dans l'acte d'autorisation.

23. — Les conducteurs gardes-freins seront mis en *communication* avec le mécanicien, pour donner en cas d'accident le signal d'alarme, par tel moyen qui sera autorisé par le min. des tr. publ. sur la proposition de la compagnie.

24. — Les trains devront être éclairés extérieurement pendant la nuit. En cas d'insuffisance du système d'éclairage, le ministre des travaux publics prescrira, la compagnie entendue, les dispositions qu'il jugera nécessaires.

Les *voitures fermées*, destinées aux voyageurs, devront être éclairées intérieurement pendant la nuit et au passage des *souterrains* qui seront désignés par le ministre.

TITRE IV. — DU DÉPART, DE LA CIRCULATION ET DE L'ARRIVÉE DES CONVOIS. — Art. 25. — Pour chaque chemin de fer, le min. des tr. publ. déterminera, sur la proposition de la compagnie, le sens du *mouvement* des trains et des machines isolées sur chaque voie, quand il y a plusieurs voies, ou les points de croisement, quand il n'y en a qu'une. — Il ne pourra être dérogé, sous aucun prétexte, aux dispositions qui auront été prescrites par le min., si ce n'est dans le cas où la voie serait interceptée ; et dans ce cas, le changement devra être fait avec les précautions indiquées en l'art. 34 ci-après.

Art. 26. — Avant le départ du train, le mécanicien s'assurera si toutes les parties de la locomotive et du tender sont en bon état, si le frein de ce tender fonctionne convenablement. — V. *Mécaniciens.*

La même vérification sera faite par les conducteurs gardes-freins, en ce qui concerne les voitures et les freins de ces voitures.

Le signal du départ ne sera donné que lorsque les portières seront fermées.

Le train ne devra être mis en marche qu'après le signal du départ.

27. — Aucun convoi ne pourra partir d'une station avant l'heure déterminée par le règlement de service. — Aucun convoi ne pourra également partir d'une station avant qu'il se soit écoulé, depuis le départ ou le passage du convoi précédent, le laps de temps qui aura été fixé par le ministre des travaux publics, sur la proposition de la compagnie. — V. *Block-System* et *Intervalle.*

Des *signaux* seront placés à l'entrée de la station, pour indiquer aux mécaniciens des trains qui pourraient survenir si le délai déterminé en vertu du paragr. précédent est écoulé. — Dans l'intervalle des stations, des *signaux* seront établis, afin de donner le même avertissement au mécanicien sur les points où il ne peut pas voir devant lui à une distance suffisante. Dès que l'avertissement lui sera donné, le mécanicien devra ralentir la marche du train. En cas d'insuffisance des signaux établis par la comp., le min. prescrira, la comp. entendue, l'établ. de ceux qu'il jugera nécessaires.

28. — Sauf le cas de force majeure ou de réparation de la voie, les trains ne pourront s'arrêter qu'aux gares ou lieux de *stationnement* autorisés pour le service des voyageurs ou des marchandises. — Les locomotives ou les voitures ne pourront stationner sur les voies du chemin de fer affectées à la circulation des trains.

29. — Le min. des tr. publ. déterminera, sur la proposition de la comp. les mesures spéc. de précaution relatives à la circulation des trains sur les plans inclinés et dans les *souterrains* à une ou à deux voies, à raison de leur longueur et de leur tracé.

Il déterminera également, sur la proposition de la compagnie la *vitesse* maximum que les trains de voyageurs pourront prendre sur les diverses parties de chaque ligne et la durée du trajet.

30. — Le min. des tr. publ. prescrira, sur la proposition de la comp., les mesures spéciales de précaution à prendre pour l'expédition et la marche des *trains extraordinaires*. — Dès que l'expédition d'un convoi extraordinaire aura été décidée, déclaration devra en être faite imméd. au commissaire (de surv.), avec indication du motif de l'expédition du convoi et de l'heure du départ.

31. — Il sera placé le long du chemin, pendant le jour et pendant la nuit, soit pour l'entretien, soit pour la surveillance de la voie, des agents en nombre assez grand pour assurer la libre circulation des trains et la transmission des signaux ; en cas d'insuffisance, le ministre des travaux publics en réglera le nombre, la compagnie entendue.

Ces agents seront pourvus de signaux de jour et de nuit, à l'aide desquels ils annonceront si la voie est libre et en bon état, si le mécanicien doit ralentir sa marche ou s'il doit arrêter immédiatement le train.

Ils devront en outre signaler de proche en proche l'arrivée des convois.

32. — Dans le cas où, soit un train, soit une machine isolée, s'arrêterait sur la voie pour cause d'accident, le signal d'arrêt indiqué en l'article précédent devra être fait à cinq cents mètres au moins à l'arrière. — V. *Détresse.*

Les conducteurs principaux des convois et les mécaniciens conducteurs des machines isolées devront être munis d'un signal d'arrêt.

33. — Lorsque les *ateliers* de réparation seront établis sur une voie, des signaux devront indiquer si l'état de la voie ne permet pas le passage des trains, ou s'il suffit de ralentir la marche de la machine.

34. — Lorsque, par suite d'un accident, de réparation, ou de toute autre cause, la circulation devra s'effectuer momentanément sur une voie, il devra être placé un garde auprès des aiguilles de chaque changement de voie. — Les gardes ne laisseront les trains s'engager dans la voie unique réservée à la circulation qu'après s'être assurés qu'ils ne seront pas rencontrés par un train venant dans un sens opposé. — Il sera donné connaissance au commissaire (de surv.) du signal ou de l'ordre de service adopté pour assurer la circulation sur la voie unique.

35. — La comp. sera tenue de faire connaître au min. des tr. publ. le système de *signaux* qu'elle a adopté ou qu'elle se propose d'adopter pour les cas prévus par le présent titre. Le min. prescrira les modifications qu'il jugera nécessaires.

36. — Le *mécanicien* devra porter constamment son attention sur l'état de la voie, arrêter ou ralentir la marche en cas d'obstacles, suivant les circonstances, et se conformer aux signaux qui lui seront transmis ; il surveillera toutes les parties de la machine, la tension de la vapeur et le niveau d'eau de la chaudière. Il veillera à ce que rien n'embarrasse la manœuvre du frein du tender.

37. — A cinq cents mètres au moins avant d'arriver au point où une ligne d'embranchement vient croiser la ligne principale, le mécanicien devra modérer la vitesse, de telle manière que le train puisse être complètement arrêté avant d'atteindre ce *croisement*, si les circonstances l'exigent. — Au point d'embranchement ci-dessus désigné, des signaux devront indiquer le sens dans lequel les aiguilles sont placées.

A l'approche des stations d'arrivée, le mécanicien devra prendre les dispositions convenables pour que la vitesse acquise du train soit complètement amortie avant le point où les voyageurs doivent descendre, et de telle sorte qu'il soit nécessaire de remettre la machine en action pour atteindre ce point.

38. — A l'approche des stations, des passages à niveau, des courbes, des tranchées et des souterrains, le mécanicien devra faire jouer le *sifflet à vapeur* pour avertir de l'approche

du train. — Il se servira également du sifflet comme moyen d'avertissement, toutes les fois que la voie ne lui paraîtra pas complètement libre.

39. — Aucune personne, autre que le mécanicien et le chauffeur, ne pourra monter sur la *locomotive* ou sur le tender, à moins d'une permission spéciale et écrite du directeur de l'exploitation du chemin de fer. — Sont exceptés de cette interdiction les ingén. des p. et ch., les ingén. des mines chargés de la surveillance, et les *commissaires*..... Toutefois, ces derniers devront remettre au chef de la station ou au conducteur principal du convoi une réquisition écrite et motivée.

40. — Des *machines* dites de secours ou de réserve devront être entretenues constamment en feu et prêtes à partir, sur les points de chaque ligne qui seront désignés par le min. des tr. publ., sur la prop. de la comp. — Les règles relatives au service de ces machines seront également déterminés par le min., sur la prop. de la comp.

41. — Il y aura constamment, au lieu de dépôt des machines, un *wagon* chargé de tous les agrès et outils nécessaires en cas d'accident.

Chaque train devra, d'ailleurs, être muni des outils les plus indispensables.

42. — Aux stations qui seront désignées par le min. des tr. publ., il sera tenu des registres sur lesquels on mentionnera les *retards* excédant dix minutes, pour les parcours dont la longueur est inférieure à 50 kilom., et quinze minutes, pour les parcours de 50 kilom. et au delà. Ces registres indiqueront la nature et la composition des trains, le nom des locomotives qui les ont remorqués, les heures de départ et d'arrivée, la cause et la durée du retard. — Ces registres seront représentés, à toute réquisition, aux ingén., fonctionn. et agents de l'admin. publique chargés de la surv. du matériel et de l'exploitation. — V. *Retards*.

43. — Les affiches, placées dans les stations, feront connaître au public les heures de départ des convois ordinaires de toute sorte, les stations qu'ils doivent desservir, les heures auxquelles ils doivent arriver à chacune des stations et en partir.

Quinze jours au moins avant d'être mis à exécution, ces *ordres de service* seront communiqués en même temps aux *commissaires royaux*, au préfet du département et au ministre des travaux publics, qui pourra prescrire les modifications nécessaires pour la sûreté de la circulation ou pour les besoins du public.

TITRE V. — DE LA PERCEPTION DES TAXES ET DES FRAIS ACCESSOIRES — Art. 44. Aucune taxe de quelque nature qu'elle soit, ne pourra être perçue par la compagnie qu'en vertu d'une *homologation* du ministre des travaux publics. — Les taxes perçues actuellement sur les chemins dont les concessions sont antérieures à 1835, et qui ne sont pas encore régularisées, devront l'être avant le 1er avril 1847.

45. — Pour l'exéc. du § 1er de l'art. qui précède, la comp. devra dresser un tableau des prix qu'elle a l'intention de percevoir, dans la limite du maximum autorisé par le cah. des ch., pour le transport des *voyageurs*, des *bestiaux*, *marchandises* et objets divers, et en transmettre en même temps des expéditions au min. des tr. publ., aux préfets des dép. traversés par le chemin de fer et aux commiss. royaux. — V. *Inspecteurs* et *Tarifs*.

46. — La comp. devra, en outre, dans le plus court délai et dans les formes énoncées en l'art. précédent, soumettre ses prop. au min. des tr. publ. pour les prix de transport non déterminés par le cah. des ch., et à l'égard desquels le min. est appelé à statuer. — V. *Tarif* (exceptionnel) et *Taxes*.

47. — Quant aux *frais accessoires*, tels que ceux de chargement, de déchargement et d'entrepôt dans les gares et magasins du chemin de fer, et quant à toutes les taxes qui doivent être réglées annuellement, la compagnie devra en soumettre le règlement à l'approbation

du ministre des travaux publics, dans le dixième mois de chaque année. Jusqu'à décision, les anciens tarifs continueront à être perçus.

48. — Les tableaux des taxes et des frais accessoires approuvés seront constamment affichés dans les lieux les plus apparents des gares et stations des ch. de fer.

49. — Lorsque la compagnie voudra apporter quelques changements aux prix autorisés, elle en donnera avis au min. des tr. publ., aux préfets des départements traversés et aux commissaires royaux. — Le public sera en même temps informé par des affiches des changements soumis à l'approbation du ministre.

A l'expiration du mois à partir de la date de l'affiche, lesdites taxes pourront être perçues, si, dans cet intervalle, le min. des tr. publ. les a homologuées.

Si des modifications à quelques-uns des prix affichés étaient prescrites par le ministre, les prix modifiés devront être affichés de nouveau, et ne pourront être mis en perception qu'un mois après la date des affiches. — V. *Affichage* et *Tarifs*.

50. — La compagnie sera tenue d'effectuer avec soin, exactitude et célérité, et sans tour de faveur, le transport des marchandises, bestiaux et objets de toute nature qui lui seront confiés. — Au fur et à mesure que des colis, des bestiaux ou des objets quelconques arriveront au chemin de fer, enregistrement en sera fait immédiatement, avec mention du prix total dû pour le transport. Le transport s'effectuera dans l'ordre des inscriptions, à moins de délais demandés ou consentis par l'expéditeur, et qui seront mentionnés dans l'enregistrement.

Un *récépissé* devra être délivré à l'expéditeur, s'il le demande, sans préjudice, s'il y a lieu, de la *lettre de voiture*. Le récépissé énoncera la nature et le poids des colis, le prix total du transport et le *délai* dans lequel ce transport devra être effectué.

Les registres mentionnés au présent art. seront représentés à toute réquisition des fonctionn. et agents chargés de veiller à l'exécution du présent règlement.

TITRE VI. — DE LA SURVEILLANCE DE L'EXPLOITATION. — Art. 51. — La surveillance de l'exploitation des chemins de fer s'exercera concurremment :

Par les *commissaires royaux*. — V. *Inspecteurs;*

Par les *ingénieurs* des ponts et chaussées, les *ingénieurs* des mines, et par les *conducteurs*, les *gardes-mines* et autres agents sous leurs ordres;

Par les *commissaires* spéciaux de police et les agents sous leurs ordres.

52. — Les commissaires royaux (V. *Inspecteurs*), seront chargés : — De surveiller le mode d'application des tarifs approuvés et l'exécution des mesures prescrites pour la réception et l'enregistrement des colis, leur transport et leur remise aux destinataires; — De veiller à l'exécution des mesures approuvées ou prescrites pour que le service des transports ne soit pas interrompu aux points extrêmes de lignes en communication l'une avec l'autre; — De vérifier les conditions des traités qui seraient passés par les compagnies avec les entreprises de transport par terre, ou par eau, en correspondance avec les ch. de fer, et de signaler toutes les infractions au principe de l'égalité des taxes; — De constater le mouvement de la circulation des voyageurs et des marchandises sur les ch. de fer, les dépenses d'entretien et d'exploitation, et les recettes.

53. — Pour l'exécution de l'article ci-dessus, les compagnies seront tenues de représenter, à toute réquisition, aux commissaires royaux, leurs registres de dépenses et recettes et les registres mentionnés à l'art. 50 ci-dessus.

54. — A l'égard des chemins de fer pour lesquels les compagnies auraient obtenu de l'État soit un prêt avec intérêt privilégié, soit la garantie d'un minimum d'intérêt, ou pour lesquels l'État devrait entrer en partage des produits nets, les commissaires royaux exerceront toutes les autres attributions qui seront déterminées par les règlements spéciaux à intervenir dans chaque cas particulier.

55. — Les ingénieurs, les conducteurs et autres agents du service des ponts et chaussées seront spécialement chargés de surveiller l'état de la voie de fer, des terrassements et des ouvrages d'art et des clôtures.

56. — Les ingén. des mines, les gardes-mines et autres agents du service des mines seront spécialement chargés de surveiller l'état des machines fixes et locomotives employées à la traction des convois, et, en général, de tout le matériel roulant servant à l'exploitation. — Ils pourront être suppléés par les ingén., conducteurs et autres agents du service des ponts et chaussées, et réciproquement.

57. — Les *commissaires* spéciaux de police et les *agents* sous leurs ordres sont chargés particulièrement de surveiller la composition, le départ, l'arrivée, la marche et les stationnements des trains, l'entrée, le stationnement et la circulation des voitures dans les cours et stations, l'admission du public dans les gares et sur les quais des chemins de fer. — V. *Commissaires* (de surv.)

58. — Les compagnies sont tenues de fournir des locaux convenables pour les commissaires spéciaux de police et les agents de surveillance.

59. — Toutes les fois qu'il arrivera un *accident* sur le chemin de fer, il en sera fait immédiatement déclaration à l'autorité locale et au *commissaire* spécial de police, à la diligence du chef du convoi. Le préfet du département, l'ingénieur des ponts et chaussées et l'ingénieur des mines chargés de la surveillance et le commissaire royal en seront immédiatement informés par les soins de la compagnie.

60. — Les comp. devront soumettre à l'approb. du min. des tr. publ. leurs *règlements* relatifs au service et à l'exploitation des chemins de fer.

TITRE VII. — DES MESURES CONCERNANT LES VOYAGEURS ET LES PERSONNES ÉTRANGÈRES AU SERVICE DU CHEMIN DE FER. — Art. 61. — Il est défendu à toute personne étrangère au service du chemin de fer : — 1° De s'introduire dans l'enceinte du chemin de fer, d'y circuler ou stationner; — 2° D'y jeter ou déposer aucuns matériaux ni objets quelconques; — 3° D'y introduire des chevaux, bestiaux ou animaux d'aucune espèce; — 4° D'y faire circuler ou stationner aucunes voitures, wagons ou machines étrangères au service. — V. *Libre circulation.*

62. — Sont exceptés de la défense portée au premier paragr. de l'art. précédent, les maires et adjoints, les commiss. de police, les officiers de gendarmerie, les gendarmes et autres agents de la force publique, les préposés aux douanes, aux contrib. indirectes et aux octrois, les gardes champêtres et forestiers, dans l'exercice de leurs fonctions et revêtus de leurs uniformes ou de leurs insignes. — Dans tous les cas, les fonctionn. et les agents désignés au paragr. précédent seront tenus de se conformer aux mesures spéc. de précaution qui auront été déterminées par le min., la compagnie entendue.

63. — Il est défendu :

1° D'entrer dans les voitures sans avoir pris un *billet*, et de se placer dans une voiture d'une autre classe que celle qui est indiquée par le billet;

2° D'entrer dans les voitures ou d'en sortir autrement que par la portière qui fait face au côté extérieur de la ligne du chemin de fer;

3° De passer d'une voiture dans une autre, de se pencher au dehors;

4° *De se servir, sans motif plausible, du signal d'alarme mis à la disposition des voyageurs pour faire appel aux agents de la compagnie* (1).

_____

(1) Ce 4e alinéa (*imprimé en italique*), a été ajouté à l'ancien texte de l'ordonn. de 1846, par un décret du 11 août 1883, ainsi conçu : — « Le Président de la République française, — Sur le rapport du min. des tr. publ. ; — Vu l'art. 9 de la loi du 11 juin 1842 relative à l'établ. des

Les voyageurs ne doivent sortir des voitures qu'aux stations, et lorsque le train est complètement arrêté.

Il est défendu de fumer dans les voitures ou sur les voitures et dans les gares ; toutefois, à la demande de la compagnie et moyennant des mesures spéciales de précaution, des dérogations à cette disposition pourront être autorisées.

Les voyageurs sont tenus d'obtempérer aux injonctions des agents de la compagnie pour l'observation des dispositions mentionnées aux paragraphes ci-dessus.

64. — Il est interdit d'admettre dans les voitures plus de voyageurs que ne le comporte le nombre de places indiqué conformément à l'article 14 ci-dessus.

65. — L'entrée des voitures est interdite : — 1° A toute personne en état d'ivresse ; — 2° A tous individus porteurs d'*armes* à feu chargées ou de paquets qui, par leur nature, leur volume ou leur odeur, pourraient gêner ou incommoder les voyageurs.

Tout individu porteur d'une arme à feu devra, avant son admission sur les quais d'embarquement, faire constater que son arme n'est point chargée.

66. — Les personnes qui voudront expédier des marchandises de la nature de celles qui sont mentionnées à l'art. 21 devront les déclarer au moment où elles les apporteront dans les stations du ch. de fer. — Des mesures spéc. de précaution seront prescrites, s'il y a lieu, pour le transport desdites marchandises, la compagnie entendue. — V. *Matières dangereuses.*

67. — Aucun *chien* ne sera admis dans les voitures servant au transport des voyageurs ; toutefois, la compagnie pourra placer dans des caisses de voitures spéciales les voyageurs qui ne voudraient pas se séparer de leurs chiens, pourvu que ces animaux soient muselés, en quelque saison que ce soit.

68. — Les cantonniers, gardes-barrières et autres agents du ch. de fer devront faire sortir immed. toute personne qui se serait introduite dans l'enceinte du chemin, ou dans quelque portion que ce soit de ses dépendances où elle n'aurait pas le droit d'entrer. — En cas de résistance de la part des contrevenants, tout employé du ch. de fer pourra requérir l'assistance des agents de l'admin. et de la force publique.

Les chevaux ou bestiaux abandonnés, qui seront trouvés dans l'enceinte du chemin de fer, seront saisis et mis en fourrière.

TITRE VIII. — DISPOSITIONS DIVERSES. — Art. 69. —Dans tous les cas où, conformément aux dispositions du présent règl., le min. des tr. publ. devra statuer sur la prop. d'une compagnie, la comp. sera tenue de lui soumettre cette proposition dans le délai qu'il aura déterminé, faute de quoi, le min. pourra statuer directement. — Si le min. pense qu'il y a lieu de modifier la proposition de la compagnie, il devra, sauf le cas d'urgence, entendre la comp. avant de prescrire les modifications.

70. — Aucun crieur, vendeur ou distributeur d'objets quelconques ne pourra être admis par les compagnies à exercer sa profession dans les cours ou bâtiments des stations et dans les salles d'attente destinées aux voyageurs, qu'en vertu d'une autorisation spéciale du *préfet* du département. — V. *Industries.*

71. — Lorsqu'un chemin de fer traverse plusieurs départements, les attributions con-

gr. lignes de ch. de fer (loi reproduite au mot *Compagnies*, § 6) ; — Vu la loi du 15 juillet 1845... (reproduite au mot *Lois*) ; — Vu l'ordonnance du 15 nov. 1846, portant règlement, etc..... — Le Conseil d'État entendu, — DÉCRÈTE : — *Art. 1ᵉʳ.* — L'art. 63 de l'ordonn. du 15 nov. 1846 (TITRE VII. Des mesures concernant les voyageurs...., etc.) est complété de la manière suivante : « ART. 63. — Il est défendu 1°..... 2°..... 3°..... — 4° *De se servir,* etc. (voir le texte ci-dessus), — Art. 2. — Le min. des tr. publ. est chargé de l'exécution du présent décret, qui sera inséré au *Bulletin des Lois.* » — Voir aussi, au sujet de la défense faite, dans cet alinéa 4°, les mots *Intercommunication,* § 2 et *Voyageurs,* § 8.

férées aux préfets par le présent règlement pourront être centralisées, en tout ou en partie, dans les mains de l'un des préfets des départements traversés.

72. — Les attributions données aux préfets des départements par la présente ordonnance seront, conformément à l'arrêté du 3 brumaire an IX, exercées par le préfet de police dans toute l'étendue du département de la Seine, et dans les communes de Saint-Cloud, Meudon et Sèvres, département de Seine-et-Oise.

73. — Tout agent employé sur les chemins de fer sera revêtu d'un *uniforme* ou porteur d'un signe distinctif; les cantonniers, gardes-barrières et surveillants pourront être armés d'un sabre.

74. — Nul ne pourra être employé en qualité de *mécanicien* conducteur de train, s'il ne produit des *certificats* de capacité délivrés dans les formes qui seront déterminées par le ministre des travaux publics.

75. — Aux stations désignées par le ministre, les compagnies entretiendront les médicaments et moyens de secours nécessaires en cas d'accidents.

76. — Il sera tenu dans chaque station un registre coté et paraphé, à Paris, par le préfet de police, ailleurs, par le maire du lieu, lequel sera destiné à recevoir les *réclamations* des voyageurs qui auraient des plaintes à former, soit contre la compagnie, soit contre ses agents. Ce registre sera présenté à toute réquisition des voyageurs.

77. — Les registres mentionnés aux art. 9, 20 et 42 ci-dessus seront cotés et paraphés par le commissaire de police. — V. *Commiss.* (de surv.) et *Registres.*

78. — Des exemplaires du présent règl. seront constamment affichés, à la diligence des compagnies, aux abords des bureaux des chemins de fer et dans les *salles d'attente.* — Le conducteur principal d'un train en marche devra également être muni d'un exemplaire du règlement. — Des extraits devront être délivrés, chacun pour ce qui le concerne, aux mécaniciens, chauffeurs, gardes-freins, cantonniers, gardes-barrières et autres agents employés sur le chemin de fer. — Des extraits, en ce qui concerne les règles à observer par les voyageurs pendant le trajet, devront être placés dans chaque caisse de voiture. — V. *Affichage.*

79. — Seront constatées, poursuivies et réprimées, conformément au titre III de la loi du 15 juillet 1845, sur la police des chemins de fer, les *contraventions* au présent règlement, aux *décisions* rendues par le ministre des travaux publics, et aux *arrêtés* pris, sous son approbation, par les préfets, pour l'exécution dudit règlement.

80. — Notre min. secr. d'État des tr. publ. est chargé de l'exéc. de la présente ordonn., qui sera insérée au *Bulletin des lois.* » (*Ordonn. régl.*, 15 nov. 1846) (1).

ORDONNANCES DE NON-LIEU.

Indications relatives aux affaires judiciaires (Suites données). — V. *Jugements.*

ORDRE ET RÉGULARITÉ DES TRANSPORTS.

Applic. des art. 49 cah. des ch., et 50 ordonn. du 15 nov. 1846. — La commission d'enq. gén. sur l'exploitation (Recueil administ., 1863) a exprimé l'avis : « qu'il n'y avait pas lieu d'apporter de modifications à la réglementation en vigueur en ce qui touche l'ordre d'expédition des marchandises. »

―――――――

(1) Ainsi que nous l'avons expliqué plus haut, les titres ou mots indiqués en *caractère italique* dans l'ordonnance ci-dessus du 15 nov. 1846 correspondent aux mots de ce Recueil où se trouvent les détails d'application des dispositions dont il s'agit.

L'article 50 de l'ordonn. du 15 nov. 1846, correspondant à l'art. 49 du cah. des ch., ne mentionne pas la régularité de transport pour les *voyageurs;* mais cette régularité est de droit; elle est subordonnée, d'ailleurs, au nombre de voitures admises dans chaque train (V. *Composition de convois*), à la répartition même des trains (V. *Ordres de service*), et enfin à l'exactitude du service des billets, des salles d'attente, etc. (V. *Guichets, Quais* et *Salles d'attente*). — V. aussi les mots *Abaissement* et *Réduction* (des tarifs), *Marchandises, Transports, Voyageurs*, etc.

ORDRES DE SERVICE.

I. Organisation de la marche des trains (Art. 43 de l'ordonn. du 15 nov. 1846). — « Des affiches, placées dans les stations, feront connaître au public les heures de départ des convois ordinaires de toute sorte, les stations qu'ils doivent desservir, les heures auxquelles ils doivent arriver à chacune des stations et en partir (V. *Affichage*, § 2). — Quinze jours au moins avant d'être mis à exécution, ces ordres de service seront communiqués en même temps aux commissaires royaux, au préfet du département et au ministre des travaux publics, qui pourra prescrire les modifications nécessaires pour la sûreté de la circulation ou pour les besoins du public. »

D'après la circ. min. du 31 déc. 1846 portant envoi de l'ordonn. précitée « l'art. 43, qui est relatif à l'organisation du service des convois sur le chemin de fer, au nombre et aux heures de départ de ces convois, mérite une attention particulière.

« En premier lieu, la sûreté publique est intéressée dans la fixation des heures de départ des convois qui doivent se succéder sur la voie; il faut que ces heures soient combinées de manière que jamais les trains, soit de voyageurs, soit de marchandises, ne puissent s'atteindre et se heurter.

« D'autre part, le service du chemin de fer doit être organisé de telle sorte que, chaque jour, les personnes qui ont à le parcourir soient assurées de trouver, lorsqu'elles se présentent, les moyens de transport qui leur ont été promis; il faut que, chaque jour, les compagnies donnent au public, dans chaque sens et à des heures de départ commodes, un nombre de convois en rapport avec le nombre des voyageurs qui circulent et avec l'importance des relations établies. Les compagnies, sans doute, sont le plus souvent les meilleurs juges des besoins du public à cet égard ; mais quelquefois elles peuvent se tromper dans leur appréciation, et le gouvernement doit avoir le droit de pourvoir à ce que cette appréciation peut offrir d'erroné et d'incomplet. Une compagnie, par exemple, peut quelquefois chercher, dans des vues d'économie, à concentrer la circulation dans un trop petit nombre de convois journaliers : elle peut adopter des heures de départ et d'arivée qui se combinent mal, et qui même se combinent d'une manière dangereuse avec les heures de départ et d'arrivée des chemins d'embranchement ou de prolongement. Dans ces différents cas et dans tous les autres qui peuvent se présenter, le droit comme le devoir de l'administration est de prendre et d'ordonner les modifications qu'elle jugerait nécessaires à la sûreté de la circulation et aux besoins du public. »

Instructions diverses (au sujet de la présentation et de l'examen des ordres de service de la marche des trains) en exécution de l'art. 43 de l'ordonn. de 1846 dont l'application a été étendue en ce qui concerne sinon l'*affichage*, du moins *la communication administive*, aux convois de marchandises comme aux trains de voyageurs. — V. *au* § 1 *bis ci-après*, les instructions successives qui ont réglé cette partie importante du service.

Communication des tarifs (art. 49 de l'ord. de 1846). — V. *Ordonnances.*

I *bis*. Délai de vérification des ordres de service. — « Les comp. de ch. de fer doivent, aux termes du règl. du 15 nov. 1846 (art. 43 et 49), communiquer à l'admin. sup., aux préfets et aux fonctionn. chargés du contrôle et de la surv., leurs ordres de service, quinze jours avant leur mise à exécution, et leurs propositions de tarifs, un mois avant le moment où ils doivent être mis en perception..... En général, et à moins de circonstances exceptionnelles qui seront signalées dans les rapports, l'avis du chef du contrôle doit parvenir au ministre, au plus tard, huit jours après que les ordres de service auront été communiqués par les compagnies, et quinze jours après la communication, lorsqu'il s'agira de propositions de tarifs. » (Circ. min. du 23 août 1850. V. *Affichage* et *Tarifs*.) Par la même circulaire, le ministre a recommandé aux chefs du contrôle de lui signaler les compagnies qui ne leur communiqueraient pas exactement leurs projets d'ordres de service ou de tarifs.

Nota. — L'exécution des art. 43 et 49 de l'ordonn. du 15 nov. 1846 a été rappelée par plusieurs circ. min., dont les principales portent les dates des 31 août 1849 et 25 nov. 1859 ; cette dernière circ. min., adressée aux compagnies, est ainsi conçue : « A l'occasion du dernier renouvellement de service pour la saison d'hiver sur les différents ch. de fer en expl., j'ai été conduit à remarquer que certaines comp. ne se conforment pas aux prescr. de l'art. 43 de l'ordonn. régl. du 15 nov. 1846, en ce qui concerne les délais dans lesquels les propositions relatives aux changements à apporter à la marche des trains doivent être soumises à l'administration. — Cette inobservation des obligations qui sont imposées aux comp. a pour premier inconvénient de ne laisser au service du contrôle et à l'admin. qu'un laps de temps insuffisant pour l'examen approfondi des propositions présentées, et d'un autre côté la mise en vigueur des nouveaux ordres de service, avant la décision approbative, constitue de la part des comp. une contrav. à l'art. 27 de l'ordonn. du 15 nov. 1846. — Il importe que cette situation irrégulière ne se renouvelle plus. Les services, tels qu'ils sont réorganisés au commencement des saisons d'été et d'hiver, réclament une étude sérieuse qui doit préoccuper les comp. bien avant l'époque où s'ouvre chaque saison, et il n'est pas admissible qu'elles ne soient pas préparées et qu'elles n'aient pas arrêté leurs propositions avant le délai qui leur est imposé par l'art. 43. D'ailleurs l'époque d'ouverture des nouveaux services n'est pas invariablement déterminée et rien ne saurait justifier l'inobservation de cette prescription réglementaire. »

Enfin la disposition finale de cette circ. recommandait de constater par procès-verbal les infractions qui pourraient être commises à l'art. 43 de l'ord. de 1846.

Rappel des instructions relatives à l'organisation de la marche des trains. (Délais de présentation et de vérification des ordres de service). Nous avons mentionné aux mots *Graphiques* et *Marche des trains*, diverses circulaires ayant pour objet l'exécution de l'art. 43 de l'ordonn. de 1846, au point de vue de la célérité et de la régularité que comporte l'étude de la marche des convois. Toutes ces circulaires se trouvent aujourd'hui abrogées et remplacées par la suivante, adressée aux compagnies le 30 oct. 1886.

Circ. min. tr. publ. 30 *octobre* 1886, adressée aux comp. de ch. de fer (au sujet des *délais de communication à l'admin. des propositions relatives à la marche des trains de toute nature*). — « Par diverses circulaires ministérielles, dont les plus récentes portent les dates des 25 février et 7 juin 1886, les comp. de ch. de fer ont été invitées à soumettre à l'admin., dans les délais déterminés, leurs propositions relatives soit à l'organisation ou à la modification du service des trains, soit à la mise en marche des trains spéciaux, tels que trains de plaisir, de pélerinage, etc. — Or, les prescriptions de ces circulaires ayant été diversement interprétées tant par les comp. que par les services de contrôle eux-mêmes, vous ne m'adressez pas toujours vos propositions dans les délais réglementaires, en sorte que mon admin. ne peut pas toujours statuer à leur sujet en temps utile.

Pour remédier à cet inconvénient, il m'a paru nécessaire de réunir, dans une seule et même circulaire, toutes les prescriptions édictées sur la matière par les circulaires antérieures. — J'ai décidé, en conséquence, qu'à l'avenir, vous voudrez vous conformer, pour la présentation de vos propositions relatives au service des trains, aux indications contenues dans le tableau (*reporté ci-après*) :

J'ai pris, d'ailleurs, la résolution de refuser de statuer sur toute proposition de la nature de celles dont il est ici question, qui me serait soumise en dehors des conditions et délais ci-dessus fixés.

Je vous prie de m'accuser réception de la présente circulaire, qui abroge toutes les précédentes ayant trait au même sujet. »

OBJET DES PROPOSITIONS.	AVIS PRÉALABLE.
Organisation des services d'été et d'hiver.........	A l'administration supérieure et au contrôle, *un mois* à l'avance.
Modification de trains réguliers en cours de saison.	A l'administration supérieure et au contrôle, *quinze jours* à l'avance.
Mise en marche de trains extraordinaires ou spéciaux ne contenant qu'une voiture à voyageurs..	Au contrôle seulement, dès que l'expédition est décidée.
Mise en marche de trains extraordinaires ou spéciaux contenant plus d'une voiture à voyageurs..	A l'administration supérieure et au contrôle, *huit jours* à l'avance.
Transformation d'un train régulier de marchandises en train facultatif ou d'un train facultatif de marchandises en train régulier.	A l'administration supérieure et au contrôle, dès que le changement est décidé.
Mise en marche de trains de ballast, de travaux, etc.	Néant.

Approbation des tableaux de marche des trains. — Le droit d'approbation des ordres de service de la marche des trains appartient au ministre. Il n'est même pas d'usage que les préfets rendent exécutoires, dans leurs départements respectifs, les décisions relatives à ces ordres de service, les affiches des compagnies ne faisant que rappeler des tarifs déjà publiés et homologués et ne devant, à moins d'autorisation, contenir, soit des dérogations aux obligations générales imposées aux compagnies par les cahiers des charges, soit des interprétations des arrêtés ministériels sur les tarifs. — V. *Affichage.* § 2.

II. Règlements généraux et ordres de service intérieurs de l'exploitation. — Nous avons résumé au mot *Règlements* les dispositions à prendre en vertu des art. 60 et 69 de l'ordonn. du 15 nov. 1846 et de l'art. 33 du cah. des ch. pour la présentation et l'approbation des ordres gén. relatifs au service et à l'expl. des ch. de fer. Dès que la décision minist. est intervenue, la comp. est tenue d'adresser à l'admin. et au service du contrôle un nombre suffisant d'exemplaires des règl. dont il s'agit.

Ordres de service intérieur (non soumis à l'approbation). — Aucune instruction générale ne contenant d'indication précise au sujet de la remise au service de contrôle des imprimés et ordres divers que les comp. sont dans l'usage de distribuer à leurs propres agents pour certains détails du service intérieur de l'exploitation, l'un des chefs du contrôle (celui du réseau du Midi) a été amené à solliciter de l'admin. supér. la connaissance de ce qu'on pouvait et devait exiger de la compagnie. — Par sa réponse du 14 sept. 1869 le min. a fait connaître que la compagnie satisfait à toutes ses obligations en communiquant à l'insp. gén. du contrôle les ordres de service intéressant l'autorité administrative et le public. — En terminant sa dépêche, le min. ajoute : « Je ne doute pas d'ailleurs que la compagnie ne s'empresse de vous adresser, à titre officieux, les documents d'ordre intérieur qui exceptionnellement pourraient avoir quelque rapport avec le service dont la direction vous est confiée ». (*Extr.*)

Sanction pénale des règlements. — Lorsque les ordres de service relatifs à l'exploitation sont approuvés par le ministre et ont pour objet l'exécution d'un règl. d'admin. publique, toute infraction à leurs prescriptions devient une contravention à laquelle est attribuée la sanction pénale de la loi de 1845. — V. *Pénalités.*

Indications diverses. (Applic. des ordres spéciaux, etc.) — V. *Règlements.*

ORDRES RELIGIEUX.

Réductions de tarifs. — Les comp. sont dans l'usage de consentir une réduction de moitié sur le prix des places en faveur des personnes appartenant aux ordres religieux. — V. *Billets*, § 4, *Fraudes, Pèlerinages* et *Réduction* (de tarifs).

Restrictions. — D'après les instr. spéc. en vigueur, le bénéfice du demi-tarif n'est accordé qu'aux membres proprement dits des communautés religieuses, et nullement aux personnes qui peuvent être attachées à ces communautés à un titre quelconque ; ainsi, on n'admet pas au bénéfice du demi-tarif l'aumônier d'une communauté de religieuses, lors même qu'il serait porteur d'une obédience régulière en la forme.

ORGANISATION DE POUVOIRS.

I. **Organisation administrative.** — Extr. de la loi de janv. 1790. — Sect. III. — Art. 2. — Les admin. de départem. seront encore chargées, sous l'autorité et l'insp. du roi, comme chef de la nation, et l'adm. gén. du royaume, de toutes les parties de cette admin., notamment de celles qui sont relatives..... 5° à la conservation des propriétés publiques ; 6° à celles des forêts, rivières, chemins et autres choses communes ; 7° à la direction et confection des travaux pour la confection des routes, canaux et autres ouvrages publics autorisés dans le départem..... ; 9° au maintien de la salubrité.

« Art. 7. — Les admin. de département ne pourront être troublées dans l'exercice de leurs fonctions administratives par aucun acte du pouvoir judiciaire. »

Grande voirie. — Extrait de la loi des 7-14 octobre 1790 : Art. 1er. — L'administration, en matière de grande voirie, attribuée aux corps administratifs par l'art. 6 du titre XIV du décret des 6-7 sept. 1790, sur l'organisation judiciaire, comprend dans toute l'étendue du royaume, l'alignement des rues, des villes, bourgs et villages qui servent de grandes routes. — V. aussi *Grande voirie* et *Procès-verbaux*.

Préfets et conseils de préfecture. — Extr. de la loi du 28 pluviôse an VIII (17 fév. 1800). « TITRE II. Admin. de départem. Art. 3. — Le préfet sera seul chargé de l'administration. « Art 4. — Attributions des conseils de préfecture. — V. *Conseils.* « Art. 5. — Lorsque le préfet assistera au conseil de préfecture, il présidera ; en cas de partage, il aura voix prépondérante. — V. *Préfets.*

II. **Organisation judiciaire.** — Extr. de la loi du 24 août 1790 : TITRE II. — Art 13. — Les fonctions judiciaires sont distinctes et demeureront toujours séparées des fonctions administratives. — Les juges ne pourront, à peine de forfaiture, troubler, de quelque manière que ce soit, les opérations des corps administratifs, ni citer devant eux les administrateurs pour raison de leurs fonctions.

. . . .

« TITRE XI. — Art. 3. — Les objets de police confiés à la vigilance et à l'autorité des corps municipaux sont : 1° Tout ce qui intéresse la sûreté et la commodité du passage dans les rues, quais, places et voies publiques ; ce qui comprend le nettoiement, l'illumination, l'enlèvement des encombrements, la démolition ou la réparation des bâtiments menaçant ruine, l'interdiction de rien exposer aux fenêtres ou autres parties des bâtiments qui puisse nuire par sa chute, et celle de rien jeter qui puisse blesser ou endommager les passants, ou causer des exhalaisons nuisibles. »

III. **Police municipale et règl. de voirie** (extr. de la loi du 19 juill. 1791) :

TITRE 1er. — *Police municipale.* — Art. 18. — Le refus ou la négligence d'exécuter les règlements de voirie, ou d'obéir à la sommation de réparer ou démolir les édifices menaçant ruine sur la voie publique, seront, outre les frais de la démolition ou de la réparation de ces édifices, punis d'une amende de la moitié de la contribution mobilière, laquelle amende ne pourra être au-dessous de six livres..... — *Art.* 29, § 2. — Sont également confirmés provisoirement les règlements qui subsistent touchant la voirie, ainsi que ceux actuellement existants à l'égard de la construction des bâtiments, et relatifs à leur solidité et sûreté, sans que, de la présente disposition, il puisse résulter la conservation des attributions ci-devant faites sur cet objet à des tribunaux particuliers. — (V. ci-dessus, § 2. — V. aussi *Police*, § 5).

IV. **Indications diverses.** — V. *Conseils, Police* et *Tribunaux.*

ORPHÉONS.

Délivrance de billets à prix réduit. — Voir au mot *Billets*, § 4.

OS DE CUISINE ET DE BOUCHERIE.

Conditions de transport. (C. m. 6 oct. 1884). — V. *Matières infectes.*

OURAGANS.

Précautions à prendre. — Des ordres de service spéciaux règlent les mesures à prendre dans certaines régions où les trains sont exposés à des accidents en cas d'ouragans. Ils se rapportent principalement à la composition des trains qui doit être réduite le plus possible, au profit d'un plus fort lestage et à l'outillage des agents chargés de la surv. de la voie et d'assurer le maintien des fils, poteaux télégraphiques, etc. Nous ne pouvons que renvoyer pour certains détails accessoires aux mots *Arrêts mobiles*, *Enrayage*, *Freins*, *Lestage*, *Pentes*, *Télégraphie*, etc.

Écoulement des eaux d'orage. — V. les mots *Écoulement* et *Inondations.*

OUTILS.

I. Outils pour les travaux neufs. — V. *Clauses et cond. gén.*, art. 19 et suiv.

II. Conditions de transport des outils. — Les outils ne sont pas dénommés dans la classification de marchandises, mentionnée à l'art. 42 du cahier des charges ; mais par assimilation ils paraissent compris dans les *objets manufacturés* portés à la 1re classe et soumis d'après le tarif général de petite vitesse à une taxe de 0 fr. 16 par tonne et par kilomètre, non compris les frais accessoires.

Tarif d'application. — Dans le tarif d'application, les *outils non dénommés* sont généralement maintenus dans la 1re série. — V. *Marchandises* et *Tarifs.*

III. Outillage des agents du ch. de fer. — 1° *Outils des mécaniciens.* — Les mécaniciens doivent s'assurer que leur machine est munie des outils (crics, etc.), engins et signaux nécessaires. — Une liste des outils et engins est affichée dans l'intérieur de la boîte du tender. Les mécaniciens sont responsables de ces objets, et doivent, en arrivant au dépôt, faire remplacer ceux qui auraient été perdus ou cassés en route.

2° *Agrès et engins de secours.* — V. *Secours.*

3° *Outillage des gardes-lignes et poseurs.* — Outre les appareils affectés aux signaux, les comp. fournissent ordin. aux gardes-lignes les outils ou instruments qui peuvent leur être nécess., soit dans leurs travaux d'entretien, soit pour l'allumage des signaux, le graissage et le nettoyage des appareils, etc. — Ces outils sont réparés ou remplacés à leurs frais quand leur détérioration provient d'un défaut d'entretien ou de négligence. — (*Extr. des instr. spéc.*)

Sur quelques lignes où il existe des poseurs spéciaux pour l'entretien de la voie, chaque poseur, sous-chef et chef d'équipe se procure et entretient en bon état à ses frais, les outils ci-après : une batte à langue de carpe, un chasse-coin, une pelle en fer, une pelle en bois, une raclette, un balai. — Les autres outils, instruments et objets dont les équipes doivent être pourvues sont fournis par la comp., mais entretenus à frais communs par tous les hommes composant l'équipe, à l'exception des anspects, crics, niveaux, règles, brouettes, lanternes, drapeaux, burettes, gabarits, wagonnets, qui sont entretenus par la compagnie si la détérioration ne provient pas du défaut de soin des agents.

Enfin, sur d'autres réseaux, les outils principaux mis par les comp. à la disposition de chaque brigade de poseurs sont ordinairement les suivants : wagonnet, anspect, pince en fer, dite crayon (une par homme), pince à pied de biche, chasse-coins (deux par brigade pour la voie à double champignon), clef à fourche (deux par brigade, serrage d'écrous ; voie éclissée), marteau à deux têtes pour saboteur (deux par brigade), scie à bûches, burin (deux par brigade), batte en fer (une par homme), gabarit d'écartement, herminette, laceret (deux par brigade), règle de niveau, jeu de nivelettes, niveau à bulle d'air, appareils et outils pour enlever les neiges, boîte d'aiguilleur et cric (dans les gares).

En temps de neige, les gardes-lignes et autres ouvriers de la voie doivent être pourvus chacun de deux balais, — d'une large pelle en bois, — d'une raclette en fer.

4° *Aiguilleurs.* — L'énumération des outils et objets dont ces agents doivent être réglementairement pourvus est donnée à l'article *Aiguilleurs*, § 7.

Abandon d'outils et de matériaux sur la voie. — En exécution des prescriptions ministérielles rappelées au mot *Abandon*, § 1, il a été donné sur la plupart des lignes des instructions qui peuvent être résumées comme il suit :

1° Les rails en approvisionnement doivent être rangés le long de l'accotement, près des poteaux kilométriques, autant que possible au bas du ballast ;

2° Les traverses doivent, quand cela est possible, être enterrées dans le ballast à proximité des poteaux kilom., les coussinets restant visibles ; sinon, elles doivent être rangées à côté des rails.

3° Les coussinets, chevillettes, coins, éclisses, boulons et autres matériaux portatifs, doivent être déposés et renfermés avec soin dans les maisons de garde, dans les maisonnettes servant d'abri aux poseurs, ou bien encore, si les maisons et maisonnettes sont situées à une trop grande distance, dans des coffres établis près des poteaux kilométriques et solidement fermés à clef. On ne devra sortir ces matériaux de leur dépôt que pour les besoins de l'entretien, et ceux que l'on retirera des voies par suite de remplacement devront être immédiatement resserrés et renfermés jusqu'à leur enlèvement définitif ;

4° Les ouvriers poseurs et autres ne doivent jamais laisser d'outils sur les voies après leur travail ; ils sont tenus, à peine de punition, d'emporter ces outils ou de les renfermer, comme il vient d'être dit, dans les maisons de garde, maisonnettes de poseurs ou coffres.

« Quant aux matériaux approvisionnés pour la réfection ou l'éclissage des voies, ou provenant de ces opérations, ils se trouvent toujours en quantités trop considérables pour qu'il soit possible de leur appliquer les dispositions ci-dessus prescrites ; on devra néanmoins enlever aussitôt que possible tous les matériaux provenant de la voie ; les ouvriers, après leur travail, devront emporter et renfermer leurs outils dans des lieux convenables, et les agents chargés de la direction de ces travaux établiront, la nuit, pendant l'absence des ouvriers, un ou plusieurs gardes qui devront veiller à ce qu'aucune personne étrangère au service ne s'introduise sur les chantiers. — Ces dispositions devront être imposées aux entrepreneurs qui pourraient être chargés de l'exécution desdits travaux. » (*Inst. spéc.*)

Outils dangereux introduits dans les salles d'attente. — V. *Salles.*

OUTRAGES.

I. Délits de droit commun. — V. *Actes de malveillance*, § 6, *Injures* et *Lieu public.*

Outrages à la pudeur. — L'outrage à la pudeur commis dans un compartiment, dont les glaces étaient baissées, d'une voiture à voyageurs d'un train de ch. de fer en marche, alors qu'on pouvait voir du dehors ce qui se passait dans l'intérieur de cette voiture et que l'acte incriminé a pu être aperçu du public, sur un ou plusieurs points du trajet, est prévu et puni par l'art. 330 du C. pénal. (C. C., 19 août 1869.)

II. Outrages aux agents (dans l'espèce, par un voyageur trouvé, dans un train, porteur d'un colis qui, par son volume, pouvait gêner ses compagnons de route). — « L'outrage fait par paroles à un commiss. de surv. admin. et à un agent assermenté d'une comp. de ch. de fer est réprimé, pour le premier, par l'art. 222 du Code pénal, et pour le second, par l'art. 224. » (Trib. corr. Neufchâtel, 1er déc. 1876.) — Voir aussi, à ce sujet, le mot *Agents*, § 3.

OUVERTURES.

I. Mise en exploitation des sections nouvelles (Extr. du cah. des ch., *Art.* 28). — « A mesure que les travaux seront terminés sur des parties de ch. de fer susceptibles d'être livrées utilement à la circulation, il sera procédé, sur la demande de la comp., à la reconnaissance, et, s'il y a lieu, à la réception provisoire de ces travaux par un ou plusieurs commissaires que l'adm. désignera. — Sur le vu du procès-verbal de cette reconnaissance, l'admin. autorisera, s'il y a lieu, la mise en expl. des parties dont il s'agit ; après cette autorisation, la compagnie pourra mettre lesdites parties en service et y percevoir les taxes (approuvées). Toutefois, ces réceptions partielles ne deviendront définitives que par la réception générale et définitive du chemin de fer. »

Formalités préliminaires. — « L'obligation de demander à l'admin. supér. la réception des voies ferrées, avant leur exploitation, incombe à la compagnie concessionnaire et nullement au constructeur de ces voies, qui, en cette qualité, en fait la livraison aux compagnies. » (C. C., 1er févr. 1855.)

Commission spéciale de réception. — Dans la pratique, la reconnaissance des travaux est faite par une commission spéciale nommée par le ministre et qui est ordin. composée des chefs de service du contrôle des travaux et du contrôle de l'expl., accompagnés des représentants de la compagnie. — « Le chef du contrôle ne doit pas procéder, sans l'ordre de l'admin. supér., à la reconnaissance des travaux exécutés, sur le simple avis qui lui est donné, par la compagnie, de l'achèvement de ces travaux. » (Circ. min., 20 mai 1856. *Extr.*)

Conditions d'autorisation. — Il n'existe pas, à notre connaissance, de modèle uniforme pour la rédaction des procès-verbaux ayant pour objet la *reconnaissance* des travaux de lignes ou sections de lignes dont les compagnies demandent successivement la mise en exploitation. — Mais les procès-verbaux dont il s'agit après avoir mentionné le transport de la commission sur les lieux (par un train spécial *préalablement organisé par la comp. intéressée*), donnent en premier lieu la description du tracé, mentionnent la longueur de la ligne, en alignements droits et courbes, détaillent (au moyen de tableaux annexes), les longueurs, les positions kilom. et les conditions diverses (rayons, déclivités, etc.) des courbes, des pentes, rampes et paliers ; la disposition (par rapport aux projets approuvés) du profil en long et des profils en travers, en distinguant ceux des ouvrages exécutés pour une ou deux voies, les terrains achetés pour le même objet, etc. — L'avis de la commission porte ensuite sur les conditions d'exécution des divers ouvrages de la ligne, *fossés, plate-forme de la voie, terrassements, ouvrages d'art, passages à niveau, murs de soutènement, voie, ballast, clôtures, stations, alimentation d'eau des machines, dépôts de machines, télégraphie, signaux*, etc. (Au paragraphe : *Ouvrages d'art*, on rappelle ordin. ceux des *ponts métalliques* qui ont été l'objet des épreuves réglementaires.) (V. *Epreuves*.) — La commission présente enfin telles observations et réserves qu'elle juge utiles, et c'est sur le vu du procès-verbal ainsi dressé, et expédié (naturellement dans le plus bref délai possible), que l'admin. supér. si elle le juge à propos, donne l'autorisation d'ouvrir la ligne, en faisant connaître, s'il y a lieu, les modifications ou compléments d'ouvrages à exécuter soit avant la mise en exploitation, soit s'il n'y a pas d'urgence immédiate, après que la ligne aura été livrée au public.

Date d'ouverture des nouvelles lignes (Avis à donner à l'adm. supér.). — *Circ. min.* tr. publ., adressée, *le 30 avril* 1886, aux insp. gén. du contrôle. — « Monsieur l'insp. gén., dès qu'une comp. est autorisée à ouvrir une nouvelle ligne, mon admin. demande au service du contrôle de lui faire connaître la date exacte de la mise en exploitation de cette ligne. Ce renseignement est nécessaire pour la publication de certains documents. — Or il s'écoule quelquefois un assez long intervalle entre la date de l'autorisation d'ouverture et celle de la mise en expl. de la ligne. Il en résulte que la demande de l'admin. reste souvent sans réponse, et que, dès lors, celle-ci peut être portée à considérer comme exploitée une ligne qui ne l'est pas encore.

Pour éviter toute erreur, je vous prie, Monsieur l'inspecteur général, de m'aviser immédiatement à l'avenir du jour précis de la mise en exploitation des nouvelles lignes dépendant du réseau dont la surveillance vous est confiée, sans attendre que vous y soyez préalablement invité (1). »

Homologation des tarifs préalablement à la mise en exploitation (Circ. min., 28 oct. 1880, ayant pour objet l'exécution des art. 44 et 49 de l'ordonn. du 15 nov. 1846). — V. *Homologation*, § 3.

Tarifs intéressant une compagnie houillère (Exception). — « Le tarif maximum du cahier des charges d'une concession de chemins de fer n'est applicable qu'au fur et à mesure de la mise en exploitation de chaque section du réseau. — Est légale la convention, approuvée par le ministre des travaux publics, qui règle l'usage exceptionnel, au profit d'une compagnie houillère, d'une section non encore livrée au public. » (C. cass., 12 mars 1873.)

Chemins d'intérêt local. — Mise en expl. de lignes avant l'autorisation d'ouverture. — V. *Ch. de fer d'int. local*, § 4.

II. Mesures relatives à l'ouverture des nouveaux services. — Les comp. sont gén. dans l'usage de ne confier le service des nouvelles gares ouvertes à l'exploitation qu'à des agents expérimentés ayant déjà fait leurs preuves sur d'autres sections. — L'admin. supér., de son côté, n'autorise l'ouverture du nouveau service que moyennant une installation convenable du personnel, et lorsque les gares sont pourvues de tous les aménagements nécessaires (matériel fixe, télégraphe, disques-signaux, barrières, etc.).

Dès qu'une nouvelle gare ou section de chemin de fer est ouverte au service de la grande ou de la petite vitesse, des ordres de service règlent avec détail les relations à établir avec les autres gares de la ligne ou avec celle des réseaux correspondants pour la délivrance des billets des voyageurs et pour l'organisation du trafic.

Quelquefois, une station affectée, en principe, au service des *voyageurs* est ouverte ultérieurement au service de la petite vitesse ou à celui des chevaux, bestiaux, etc.; les compagnies doivent soumettre, à cet égard, des propositions spéc. au min., notamment pour l'applic. des taxes. — V. *Homologation* et *Tarifs*.

Dans les divers cas où il est apporté un changement aux dispositions approuvées, ou lorsque le service des voyageurs ou des marchandises est interrompu pour quelque motif

---

(1) Nous rappellerons *p. mém.* les instructions précédentes, d'après lesquelles les chefs du contrôle ont à fournir régul. à l'adm. supér., en vertu des circ. min. des 21 nov. 1857, 10 août 1859 et 10 juin 1861, pour le service de la statistique des ch. de fer : la date de l'ouverture *au public*, le relevé des distances de station à station, et le croquis figuratif des sections successiv. livrées à l'exploitation.

La 1re circ. 21 nov. 1857 a prescrit de « faire connaître régul. à l'admin. sup. la date précise de la mise en expl. des sections nouvelles, soit pour le service des voyageurs, soit pour celui des marchandises. En outre, les chefs de service ont été invités à adresser au ministre, en même temps que la date d'ouverture, la longueur exprimée en mètres des sections ajoutées au réseau exploité ».

La dépêche du 10 août 1859, qui accompagnait l'envoi des premiers *croquis indicateurs des distances* approuvés par l'admin., contenait au sujet de l'établ. de ces croquis des recommandations qui se trouvent résumées au mot *Distances*, § 4.

Enfin, la circ. min. du 10 juin 1861, qui n'était qu'un rappel des instr. antérieures, portait ce qui suit : « Par une circ. du 21 nov. 1857, j'ai eu l'honneur d'informer MM. les ingén. du contrôle que je désirais connaître, à l'avenir, la date précise de la mise en expl. des sections nouvelles. En outre, j'ai invité ces chefs de service à m'adresser, en même temps que la date d'ouverture, la longueur exprimée en mètres des sections ajoutées au réseau exploité. — Postérieurement à cette circ., dans ma dépêche du 10 août 1859, accompagnant l'envoi des croquis indic. des distances, j'ai eu l'occasion de rappeler de nouveau les instr. contenues dans ladite circ., et d'insister pour que tous les faits, pouvant nécessiter des modific. dans ces croquis, soient portés immméd. à ma connaissance. — Ces différentes prescr. n'étant pas observées exactement par quelques-uns de MM. les ingén. du contrôle, je me vois obligé de rappeler les termes des deux circ. précitées à l'exéc. desquelles j'attache beaucoup d'importance. »

que ce soit, les comp. doivent en informer régulièrement le public. — V. *Affichage, Force majeure, Guerre, Incendie, Inondations, Itinéraire*, etc.

III. Indications diverses. — 1° Ouverture des nouveaux services de trains (V. *Marche des trains* et *Ordres de service*) ; — 2° Heures d'ouverture et de fermeture des gares (V. *Heures*); — 3° *Bureaux de ville*. — Dans certains cas, les bureaux de ville sont considérés comme des succursales des gares au point de vue des marchandises remises à ces bureaux et camionnées aux gares de départ dans un délai de deux heures après la fermeture réglementaire desdites gares (V. *Bureaux*, § 2, et *Camionnage*, § 5). — Ouverture de colis, *au départ* (en cas de suspicion de fraude) (V. *Déclarations*). — Ouverture de colis, *à l'arrivée* (V. *Vérification*) ; — 4° Ouverture des salles d'attente et des portières de voitures (V. *Salles d'attente, Loqueteaux* et *Portières*); — 5° Ouverture de barrières de passages à niveau (mesures de précaution, signaux d'avertissement, etc.) (V. *Barrières* et *Passages à niveau*) ; — 6° Ouvertures de jours et issues sur le chemin de fer. — V. *Jours*.

OUVRAGES D'ART.

I. Dispositions générales. — *Conditions d'établissement* (Extr. du cah. des ch.). — 1° Présentation et approbation des projets (*art. 3 à 5*). — 2° Ouvrages pour une ou deux voies (*art. 6*). — 3° Ponts à la rencontre des routes ou chemins (*art. 10, 11 et 12*). — 4° Principales dimensions des viaducs et ponts sur les cours d'eau et prévision de *passages accolés* pour voie charretière ou pour piétons (*art. 15*). — 5° Principales dimensions des souterrains (*art. 16*). — 6° Ponts provisoires à la rencontre des voies de communication (*art. 17*). — 7° Nature et qualité des matériaux pour les aqueducs, ponceaux, ponts et viaducs (*art. 18*) (1). — 8° Acquisition de terrains, indemnités de dommages, d'extraction et d'occupation de terrains, etc. (*art. 21 et 22*).

Au sujet de ces indications générales, qui ont surtout pour objet les travaux des *compagnies concessionnaires*, mais qui s'appliquent aussi en grande partie aux travaux de ch. de fer exécutés par l'État, comme aux lignes d'intérêt local, on doit se reporter aux mots *Aqueducs, Cahier des charges, Chemins, Conférences, Études, Passages, Projets, Ponts, Souterrains, Viaducs*, etc. — En ce qui concerne la mise en adjudication desdits ouvrages, nous renvoyons, au moins pour les ponts métalliques construits par l'État, au mot *Adjudications*, § 2, et pour les travaux des compagnies au mot *Marchés*.

Nota. — Les ouvrages d'art les plus fréquents sur les chemins de fer, en dehors des aqueducs et ponceaux servant à l'écoulement des eaux et à l'assainissement de la voie, sont ordin. les ponts établis à la rencontre de celles des voies de communication (routes ou chemins) qu'il n'est pas possible de traverser à niveau ; on leur donne en général le nom de pont ou passage *supérieur* ou *inférieur*. — Il n'est pas rare de le reste de trouver dans les projets de chemin de fer des dénominations différentes pour désigner le même ouvrage. Nous avons déjà fait une remarque de ce genre à l'art. *Aqueducs* : nous ajouterons qu'on appelle indistinctement : 1° passage inférieur (ou supérieur) ; 2° pont sous rails (ou sur rails) ; 3° et enfin viaduc en dessus (ou en dessous), l'ouvrage construit pour faire passer le chemin de fer au-dessus ou au-dessous d'une route ou d'un cours d'eau. — A notre avis, l'expression qui prête le moins à l'équivoque est celle de *pont sous rails* ou *pont sur rails*, la qualification de viaduc devant être réservée, d'ailleurs, pour les grands ouvrages qui franchissent les vallées, suivant la définition donnée à l'art. *Viaduc*. — V. ce mot.

---

(1) Cet art. 18 du cah. des ch. est ainsi conçu : — « La compagnie n'emploiera, dans l'exécution des ouvrages, que des matériaux de bonne qualité ; elle sera tenue de se conformer à toutes les règles de l'art, de manière à obtenir une construction parfaitement solide. — Tous les aqueducs, ponceaux, ponts et viaducs à construire à la rencontre des divers cours d'eaux et des chemins publics ou particuliers seront en maçonnerie ou en fer, sauf les cas d'exception qui pourront être admis par l'administration. »

Mode de construction des ouvrages d'art. — « Tous les aqueducs, ponceaux, ponts et viaducs à construire à la rencontre des divers cours d'eau et des chemins publics ou particuliers, seront en maçonnerie ou en fer, sauf les cas d'exception qui pourront être admis par l'administration. » (Art. 18, cah. des ch., Extr.)

Qualité des matériaux employés (V. *Matériaux*). — Voir aussi à titre de renseignements l'article *Clauses et Conditions générales.*

Dispositions détaillées des ouvrages. — Nous avons fait connaître au mot *Routes*, les dimensions qu'il convient de donner aux viaducs établis en dessus ou en dessous des routes nationales, départementales et ch. vicinaux. Ces viaducs doivent laisser, aux voies de communic. traversées, les largeurs *minima* suivantes, savoir : 8^m pour la route nationale, 7^m pour la route dép., 5^m pour un ch. vicinal de gr. communic. et 4^m pour un simple ch. vicinal. (Extr. des art. 11 et 12, cah. des ch.). — La hauteur de la clef de voûte au-dessus des routes et chemins sera de 5^m au moins (4^m,30 au moins, lorsque le pont est formé de poutres horizontales.) — La largeur libre du chemin de fer (*à double voie*) sera au moins de 8^m et la hauteur libre au-dessus du rail extérieur de chaque voie ne sera pas inférieure à 4^m,80.— V. aussi le mot *Chemin.*

Ponts sur les rivières, canaux, cours d'eau. — La largeur entre les parapets sera au moins de 8^m sur les ch. à deux voies et de 4^m,50 sur les ch. à une voie. La hauteur et le débouché du viaduc seront déterminés dans chaque cas par l'admin., suivant les circonstances locales (Art. 15 du cah. des ch. Extr.). — V. *Navigation.*

Parapets. — La hauteur des parapets de la voie de fer ne pourra être inférieure à 0^m,80. Cette hauteur devra, dans certains cas, être portée à 1^m,50 aux abords des stations (Circ. minist. du 31 août 1855). — V. *Parapets.*

Travaux de l'État. — En ce qui concerne spécialement la présentation et l'exécution des projets dressés par les ingénieurs de la construction au compte de l'État, on doit consulter, aux mots *Études* et *Projets*, les documents réunis au sujet du réseau complémentaire d'intérêt général. — Ainsi, dans un but de simplification, le min. des tr. publ. a autorisé les ingén. à ne présenter avec leurs projets d'exécution que les dessins des principaux ouvrages d'art, sans y joindre ceux des ouvrages ou des bâtiments conformes à des types déjà approuvés, et à distraire du dossier tous les détails des avant-métrés d'ouvrages d'art. (V. à ce sujet, au mot *Projets*, les recommandations de la circ. minist. du 28 avril 1880, notamment en ce qui concerne les pièces à compléter avant l'adjudication. — D'un autre côté, l'adm. supér. des tr. publ. a envoyé à tous ses ingénieurs une collection très intéressante de *types d'ouvrages d'art courant* (recueil de types et de tableaux ayant pour objet l'étude et la constr. des ch. de fer exécutés par l'État). Circ. min. du 30 juillet 1879. — Nous ne mentionnons cet envoi que *p. mém.*, en reproduisant toutefois l'extr. suivant de la circ. précitée du 30 juillet 1879. — « Les types d'ouvrages d'art ont été choisis, comme réunissant le mieux les conditions de bon goût et d'une sage économie, parmi ceux qui sont adoptés par les grandes compagnies et qui ont reçu la sanction de l'expérience. Ils ne s'appliquent qu'aux ouvrages d'art courants.

En ce qui concerne les ouvrages d'art exceptionnels, la commission a estimé que les dispositions de ces ouvrages étaient presque toujours imposées par des circonstances topographiques qui présentent la plus grande diversité. On serait, par ce motif, conduit à comprendre dans le recueil des types un très grand nombre de dessins, ce qui aurait entraîné, sans beaucoup d'utilité, une dépense relativement considérable. D'accord avec la commission et avec le conseil gén. des p. et ch., j'ai pensé qu'il fallait laisser à MM. les ingén. le soin de s'inspirer des exemples que leur ont donnés leurs devanciers, en cherchant eux-mêmes, dans les collections publiées par les soins de l'admin., les grands ouvrages qui peuvent avoir le plus de rapport avec ceux dont la construction leur est confiée.

Je crois essentiel d'ajouter que l'envoi des types qui font l'objet de la présente circulaire ayant, comme je l'ai dit, principalement pour but de faciliter et d'activer l'étude des projets, MM. les ingén. devront présenter, pour les ouvrages qu'ils auront à construire, les dispositions qui leur paraîtront à eux-mêmes les plus convenables, eu égard aux circonstances dans lesquelles ils se trouvent placés. Si les types ainsi présentés par eux une première fois sont approuvés par l'admin., MM. les ingén. seront dispensés de les reproduire dans leurs projets successifs, tant qu'ils n'y apporteront pas de modifications nouvelles. »

Remise à la compagnie de travaux exécutés par l'État : — 1° Système établi par la loi du 11 juin 1842 (V. *Compagnies*, § 6) ; — 2° Travaux remis en vertu des nouvelles conventions de 1883 (V. *Conventions* et *Documents annexes*) ; — 3° Réceptions diverses d'ouvrages. — V. ci-après, § 2.

Garantie des ouvrages d'art livrés aux compagnies. — « L'État doit être déclaré responsable de la chute d'un viaduc emporté par une rivière, avant l'expiration du délai de deux années fixé pour la garantie des ouvrages d'art livrés à une compagnie, alors que cette rivière, par suite de son régime, étant exposée à des crues extraordinaires, les ouvrages projetés devaient, en prévision de ces crues, être établis dans des conditions spéciales de solidité, et qu'il a été reconnu, d'ailleurs, que la crue, cause de la chute, n'a pas dépassé les proportions des crues observées antérieurement, et que cette chute a été déterminée par les dispositions défectueuses du plan des ingénieurs. » (C. d'État, 8 mai 1861.) — Nous ne pouvons d'ailleurs, au sujet des conditions générales de garanties stipulées pour les travaux remis par l'État aux compagnies, que renvoyer aux mots *Compagnies*, § 6, et *Travaux*, § 2.

Insuffisance des ouvrages proposés. — Lorsque les ponts, ponceaux et autres ouvrages ne sont pas indiqués en nombre suffisant dans les projets, et que des ouvrages supplémentaires sont réclamés, soit pour la viabilité des routes et des |chemins, soit pour l'écoulement des eaux, il est nécessaire de faire à cet égard toutes réserves dans les enquêtes et de bien préciser la position, l'emplacement et les dimensions qu'il convient de donner à ces ouvrages. — L'admin. a toujours le droit de prescrire les dispositions nécessaires pour remédier à l'insuffisance des ouvrages et sauvegarder l'intérêt public.

Indications accessoires. — 1° Épreuves et réceptions des ouvrages d'art (V. ci-après, § 2). — 2° Épreuves spéciales des ponts métalliques (V. *Épreuves*) ; voir aussi au mot *Ponts* pour les épreuves des ponts métalliques de faible ouverture. — 3° Autorisations de ponts communaux, passerelles, etc. (V. *Chemin* et *Projets*). — 4° Modifications aux prescriptions du cahier des charges (V. *Modifications*). — 5° Garantie des ouvrages (Voir *Entrepreneurs, Responsabilité* et *Travaux*). — 6° Imputation au compte d'exploitation des ouvrages accessoires des gares. — V. *Justifications*.

Ouvrages d'art construits sans autorisation. — « Un concessionnaire qui a construit un certain nombre d'ouvrages d'art dans un certain nombre de communes à la rencontre de chemins et de cours d'eau *distincts*, sans leur donner les dimensions prescrites par les arrêtés préfectoraux, a commis autant de contraventions et est passible d'autant d'amendes qu'il y a d'ouvrages d'art. » — C. d'État, 4 mars 1858.

Dommages causés par les travaux d'art. — V. *Contraventions* et *Dommages*, etc.

II. Reconnaissance, réception, épreuves, livraison et remise d'ouvrages d'art. —

1° Reconnaissance et réception des ouvrages à l'occasion de l'ouverture de lignes ou sections de lignes nouvelles (Art. 28 du cah. des ch. et formalités diverses. — V. *Ouvertures*, § 1er, et *Réception*). — 2° Épreuves des ponts métalliques supportant les voies de fer et de ceux destinés aux voies de terre (texte intégral des circ. min. des 26 févr. 1858, 15 juin 1869 et 9 juillet 1877. — V. *Épreuves*). — 3° Livraison aux compagnies des ouvrages d'art exécutés ou commencés par l'État, suivant le système de la loi du 11 juin 1842, ou en vertu des conventions de 1883 (V. *Compagnies*, § 6, *Conventions* et *Travaux*, § 2). — 4° Livraison et remise d'ouvrages hors clôtures (V. *Ponts*). — 5° Remise aux services intéressés des ouvrages ayant pour objet la modification ou la déviation des routes, chemins, cours d'eau, etc. (V. les mots *Chemin* (public), *Déviations, Ponts* et *Remise*. — V. aussi au mot *Projets*, § 1 *bis*, la circ. min. du 21 févr. 1877.

III. Entretien, conservation et surveillance des ouvrages d'art. —

Le bon entretien des ouvrages d'art, faisant partie des voies ferrées, doit avoir lieu au même titre que celui des autres dépendances des chem. de fer, en vertu de l'art. 30 du cah. des ch. gén. (V. *Entretien*). Un pont construit pour faire passer une route (ou un cours d'eau) au-dessous ou au-dessus des rails doit être regardé comme une dépendance du chemin de fer (V. *Bornage*) et est compris, par suite, dans les charges de l'entretien ; il n'en est pas de même des chaussées des passages inférieurs auxiliaires accolés à certains passages à niveau (V. *Passages* et *Ponts*). — Nous avons mentionné, au même mot *Ponts*, une décis. judic. relative à la responsabilité des ingénieurs et des agents de la compagnie au sujet d'un accident attribué au mauvais état d'un pont qui n'avait pas été l'objet d'une surveillance suffisante (C. Grenoble, 8 fév. 1878). — En ce qui concerne les attributions des ingénieurs de l'État pour le contrôle et la surveillance de la voie et de ses dépendances, nous renvoyons aux mots *Contrôle, Ingénieurs* et *Inspecteurs*. — D'une manière générale, les moindres déformations dans les ouvrages en maçonnerie et dans les ponts métalliques doivent être réparées le plus tôt possible, et avec un grand soin, suivant les obligations imposées à ce sujet aux compagnies par les documents ci-dessus rappelés.

Conservation des planchers ou tabliers en charpente. — Les planchers en bois des ponts sous rails doivent être constamment recouverts d'une couche de ballast de quelques centimètres d'épaisseur, tant pour les mettre à l'abri du feu des locomotives que pour les préserver des influences atmosphériques.

Visite des ouvrages. — Sur la plupart des lignes, des ordres de service spéciaux recommandent à MM. les ingénieurs et chefs de section de profiter des basses eaux pour visiter les fondations des ouvrages en rivière, et les constructions qui ne peuvent être facilement examinées que dans les basses eaux ou par les temps de sécheresse. Ils devront faire faire ou proposer sans délai les rechargements d'enrochements, les comblements d'affouillements, et, en général, toutes les réparations reconnues nécessaires.

Application des anciens règlements. — L'art. 2 de la loi du 15 juillet 1845 a rendu applicables aux chemins de fer les anciens règlements de grande voirie concernant la conservation des ouvrages d'art dépendant des chemins publics. — D'après cette disposition, il y aurait lieu, selon nous, d'appliquer pour les dégradations involontaires d'ouvrages d'art commises sur les chemins publics la pénalité édictée par l'art. 40 de la loi du 6 oct. 1791 portant que : « les cultivateurs ou tous autres qui auront dégradé ou dété- « rioré de quelque manière que ce soit des chemins publics seront condamnés à la « réparation ou à la restitution et à une amende. » — Cette amende doit, d'ailleurs, être fixée, suivant les cas, au chiffre de 16 à 300 francs (art. 11 de la loi du 15 juillet 1845), sans préjudice de peines plus graves, si la dégradation était volontaire (V. *Dégradations*), ou si elle occasionnait des accidents de personnes (V. *Accidents*, § 8). — Voir aussi à ce sujet les mots *Clôtures* et *Grande voirie.*

Autorisations et affaires de voirie. — 1° Demande des riverains (V. *Grande voirie*). — 2° Ouvrages de voirie compris dans la zone militaire. — V. *Entretien*, § 4.

IV. Statistique des ouvrages d'art. — V. *Statistique, Tunnels* et *Viaducs.*

A titre de renseignement spécial, nous indiquons ci-après le nombre d'ouvrages d'art correspondant aux 25,092 kilom. de chemins de fer d'intérêt général (10,487^k,9 à deux voies ou plus, et 14,604^k,1 à une voie) exploités au 31 déc. 1881 (*France européenne*), suivant le recueil officiel publié en 1883, savoir : — *Nombre de passages pour routes et chemins,* 34,958 (sous rails, 10,379 ; à niveau, 20,025 ; sur rails, 4,554). — Longueur ensemble entre les têtes des passages sur rails, 18,890^m,43. — *Ponts et viaducs sous rails* : Ponts et aqueducs de moins de 5^m d'ouverture, nombre 42,672 ; longueur ensemble entre les culées, 62,945^m,79. — *Ponts de 5 à 20^m entre les culées :* nombre, 3,408 ; longueur ensemble, 31,017^m. — Ponts de 20^m et plus entre les culées ; nombre, 1203 ; longueur ensemble, 90,352^m,12. — *Viaducs sous rails de 10^m et plus de hauteur moyenne :* nombre, 482 ; longueur ensemble en couronnement : 69,713^m,84. — *Souterrains :* nombre, 779 ; longueur ensemble en couronnement, 297,774^m,72 ; prix moyen par unité le mètre courant, 1259 fr.

OUVRAGES DIVERS DE LA VOIE.

Formalités d'autorisation et d'exécution. — V. *Travaux* et *Voie.*

OUVRIERS.

I. Ouvriers d'entrepreneurs. — Prescriptions contenues dans le cahier des clauses et conditions générales des entreprises. — V. l'art. *Clauses*.

Privilège accordé aux ouvriers pour le payement des salaires. — Le privilège conféré par le décret du 26 pluviôse an II aux ouvriers et fournisseurs, des entrepreneurs de travaux publics, sur les sommes dues à ceux-ci par l'État, ne s'applique pas au cas de travaux de chemins de fer exécutés par des compagnies et non aux frais de l'État, aucuns fonds n'étant ni affectés à leur payement, ni déposés dans une caisse publique, comme l'exige le décret précité. — C. C., 16 juillet 1860.

Établissement de cantines. — L'établ. d'une cantine destinée à loger et à nourrir des ouvriers employés à un ch. de fer constitue une opération commerciale. — En conséquence, l'action en payement des frais de construction de cette cantine, élevée par celui qui l'exploite sur un terrain par lui loué, doit être portée devant la jurid. commerciale et devant le trib. du lieu de la construction. — C. Paris, 26 février 1859.

Vente à prix réduit d'aliments aux ouvriers. — V. *Vente*.

II. Dommages et accidents de travaux. — Voir les articles *Accidents de travaux, Entrepreneurs* et *Travaux*. Voir aussi plus loin § 3, en ce qui concerne les ateliers des compagnies.

Secours aux ouvriers blessés sur les chantiers de l'État (arr. minist. du 15 déc. 1848, Ext.) : — « *Art.* 3. Les ouvriers atteints de blessures ou de maladies occasionnées par les travaux, après avoir reçu sur place les premiers secours de l'art, seront soignés gratuitement à l'hôpital ou à domicile. — *Art.* 4. Pendant la durée de l'interruption obligée du travail, qui devra être constatée par un certificat de médecin, ils recevront la moitié du salaire qu'ils auraient pu gagner, s'ils avaient pu continuer à travailler (disposition s'appliquant surtout aux ouvriers mariés ou ayant des charges de famille, circ. min. 22 oct. 1851). — *Art.* 5. Lorsque, par suite de blessures, ils seront devenus impropres au travail de leur profession, on leur allouera la moitié de leur salaire pendant une année, à partir du jour de l'accident. — *Art.* 6. Lorsqu'un ouvrier marié ou ayant des charges de famille aura été tué sur les travaux, ou aura succombé à la suite soit de blessures, soit d'une maladie occasionnées par les travaux, sa veuve ou sa famille aura droit à une indemnité de 300 fr. — *Art.* 7. Les secours mentionnés aux deux articles précédents pourront être augmentés par des décis. spéc. du min. des tr. pub., selon la position et les besoins des victimes ou de leurs familles. — *Art.* 8. Les ouvriers qui seront blessés *étant dans un état d'ivresse* ne pourront recevoir que des secours médicaux. »

Retenue pour secours. — La retenue pour secours à supporter par les entrepreneurs sera de 1 p. 100 sur la valeur de l'ensemble des travaux adjugés. (Circ. min. 22 oct. 1851.)

Liquidation des secours. (Interpr. de l'arr. min. du 15 déc. 1848.) — « La réserve qui se constitue naturellement, non en prenant pour base les sommes dépensées pour secours, mais bien par la retenue proportionnelle faite à chaque payement d'acompte à l'entrepr., ne doit point être réalisée dans une caisse quelconque chargée d'en faire recette ; elle demeure comprise intégralement dans le montant du crédit de l'opération, jusqu'au moment où il devient nécessaire d'y puiser pour faire face à l'un des besoins auxquels elle est destinée à pourvoir. Ce cas se présentant, les dépenses de secours ou autres prévues par l'arr. du 15 déc. 1848 sont certifiées, mandatées et payées dans les formes voulues par les règles de la comptabilité publique, avec imputation sur le fonds général de l'entreprise..... (*Extr. circ. min.* 23 *juillet* 1849.) — « C'est généralem. après l'exéc. complète des travaux qu'il y a lieu de régler avec l'entrepr. le compte relatif à la retenue..... Si la somme obtenue (en comparant le chiffre total des dépenses faites pour secours, avec la somme qui résulte de l'applic. du taux de la retenue) est inférieure aux dépenses, il en résulte, dans le montant du crédit de l'entreprise, un déficit auquel le min. pourvoit par une allocation supplémentaire..... Si elle est supérieure aux frais, il est satisfait à la prescription (de l'arrêté)..... par l'abandon de la différence à l'entrepreneur..... Un point, toutefois, exigera, de la part des ingén., une attention constante, c'est la défalcation, lors des payements d'acomptes, des retenues successives à faire subir aux entrepren. Dans quelques services, l'usage s'est établi de faire figurer ces retenues dans les comptes mensuels des ingén. ordinaires. Il convient que cet usage se généralise. Il en résultera, sans nouveau travail, une constatation en quelque sorte permanente, éminemment propre à prévenir les erreurs. » (*Extr.*, même circ.)

Compte rendu des accidents survenus sur les chantiers de l'État et indications diverses. — V. *Accidents de travaux*, §§ 5 et 6.

III. Ateliers des compagnies. — Nous avons résumé à l'art. *Ateliers*, § 1, quelques indications générales intéressant principalement les ouvriers employés aux chantiers de réparation des voies. Pour les questions de garantie et de responsabilité respective des compagnies et des entrepreneurs qu'elles se substituent, nous ne pouvons que renvoyer aux art. *Accidents de travaux*, § 4, et *Entrepreneurs*, § 3. — En général, les compagnies sont civilement responsables des dégâts ou dommages causés par leurs ouvriers dans l'exercice de leurs travaux, notamment dans les cas spécifiés aux articles auxquels nous avons renvoyé ci-dessus et d'après les textes indiqués d'ailleurs aux mots *Compagnies* et *Responsabilité*.

Embauchage d'ouvriers. — « L'ing. ord. chargé de diriger les travaux en régie d'une comp. de ch. de fer n'est pas responsable de l'inobserv. de la loi du 22 juin 1854, qui prescrit aux chefs ou directeurs d'ateliers d'inscrire sur les livrets des ouvriers la date de leur entrée et de leur sortie. — Du moins, échappe à la censure de la C. de C. le jugement qui relaxe l'ingén. des fins de la poursuite, en se fondant sur ce que l'embauchage et le congédiement des ouvriers ne rentraient pas dans ses attributions. » (C. C., 7 mars 1862.)

Transport d'ouvriers sur les lignes en exploitation. — Les mesures d'installation de wagons et de précaution, pour les ouvriers transportés par les trains de matériaux, sont réglées par des ordres de service spéciaux, sur les diverses lignes. — Nous y trouvons la prescription générale suivante : « Dans chaque wagon transportant des ouvriers, un chef ouvrier, sous les ordres du chef de train, a autorité sur les ouvriers et fait prendre les précautions nécessaires pour éviter les accidents. » — *Conduite des trains de travaux.* — V. les mots *Trains* et *Travaux*.

Manœuvres de gare (mesures de précaution et de surveillance) (V. *Hommes d'équipe* et *Manœuvres*). — Distinction entre les ouvriers en régie et les agents commissionnés (*Idem*). — Ouvriers des expéditeurs, et autres, étrangers au ch. de fer. — Voir les mots *Ateliers, Herbes, Manœuvres, Manutention* et *Personnes étrangères*.

IV. Dispositions spéciales. — 1° Assurances en cas d'accidents arrivés aux ouvriers (V. *Assurances*). — 2° Abandon d'outils d'ouvriers sur les voies (V. *Abandon* et *Outils*). — 3° Circulation des ouvriers dans l'enceinte du chemin de fer (V. *Ateliers* et *Libre circulation*). — 4° Réquisition d'ouvriers pour l'exécution des jugements et des arrêtés administratifs (V. *Conseils de préfecture*). — 5° *Secours aux ouvriers des compagnies.* — Les dispositions prises sur quelques lignes pour l'allocation de secours aux ouvriers ou aux employés blessés dans les travaux ou dans les manœuvres reproduisent quelques-unes des dispositions de l'arrêté ministériel précité du 15 décembre 1848. — Il n'y a, néanmoins, aucune règle obligatoire à ce sujet. — Mais en cas de maladie des ouvriers, par exemple, il leur est toujours donné des soins et des secours immédiats, conformément aux dispositions résumées aux articles *Maladies* et *Médecins*.

Ouvriers des compagnies de chemins de fer du génie. — V. les mots *Armée, Guerre, Génie, Non-disponibles* et *Service militaire des chemins de fer*.

PACAGE.

Interdiction du pacage des bestiaux (sur les voies publiques). — L'art. 2 de la loi du 15 juillet 1845 rend applicables aux chemins de fer les lois et règlements qui ont pour objet d'interdire sur toute l'étendue des routes le pacage des bestiaux (Voir pour l'application de cette disposition les mots *Bestiaux*, § 4, *Moutons* et *Porcs*. — Pacage des plantations du chemin de fer, *situées à l'arrière des clôtures* (plantations considérées comme ne faisant pas partie de la clôture elle-même). — Absence de contravention. — C. d'État, 20 nov. 1874. — V. *Clôtures*, § 1.

PAIEMENT *ou* PAYEMENT.

I. Indications de comptabilité. — « Les dépenses effectuées sur le budget du min. des tr. publ. sont payées dans les départements, soit au chef-lieu du département, à la caisse du payeur, soit sur le visa du payeur, aux caisses des receveurs particuliers des finances ou des percepteurs, d'après les indications des ordonnateurs secondaires et des sous-ordonnateurs secondaires. — Afin de faciliter le payement des mandats payables hors du chef-lieu du dép., le min. des fin. a décidé qu'ils pourraient être présentés, pour le payement, aux caisses des receveurs des revenus indirects, indépendamment des autres comptables désignés ci-dessus. » (Circ. min. 5 nov. 1857.)

Formalités diverses. — 1° Mode de délivrance des mandats, et de remplacement des mandats perdus (V. *Mandats*). — 2° *Refus de payement.* — « En cas de refus de payement, pour vice de forme, etc., le payeur est tenu de remettre immédiatement la déclaration écrite et motivée de son refus au porteur de l'ordonnance ou du mandat. — Si, malgré cette déclaration, le ministre ou le sous-ordonnateur requiert par écrit et sous sa responsabilité, qu'il soit passé outre au payement, le payeur y procède sans autre délai. — Les sous-ordonnateurs rendent compte immédiatement au min. des tr. publ. des circonstances et des motifs qui ont nécessité de leur part l'application de cette mesure. » (*Ext. des règl. de comptabilité publique.*)

Payement de terrains expropriés (et d'indemnité de dommages). — V. *Indemnités.*

Comptabilité des compagnies. — 1° Mode de payement des *actions* et *obligations* (V. ces mots). — 2° *Payement du prix des transports* (sur les ch. de fer). — Il est presque inutile de rappeler que le prix des places des voyageurs sur les ch. de fer est toujours payable d'avance (V. *Billets*). — Il n'en est pas de même pour les marchandises, dont les expéditions, d'après les tarifs généraux, « sont effectuées, à la volonté de l'expéditeur, « en port dû ou en port payé ; néanmoins, les articles sujets à détérioration ou sans « valeur ne sont admis qu'en port payé à l'avance. » — V. aussi *Administrations publiques, Indigents, Justice,* § 2 *bis, Militaires et Prisonniers.*

« Le payement préalable du prix de transport par le destinataire avec réception *effective* de la marchandise modifie singulièrement, à l'égard des compagnies, la responsabilité qui leur incombe en cas d'avarie » (C. cass., 5 fév. 1856, 9 mars 1870, 25 août, 13 et 17 nov. 1873, 4 fév. 1874, 20 nov. 1882 et 30 mars 1885) (V. *Avaries,* § 3). — Au cas de refus d'un colis par le destinataire, c'est à l'expéditeur qu'incombe l'obligation de payer à la comp. du ch. de fer les frais de transport et de magasinage. (T. comm. d'Orléans, 15 avril 1868.) — V. au § 2, ci-après, les développements relatifs au sujet de l'importante question, non encore explicitement résolue, de la *fin de non-recevoir,* invoquée par les compagnies, en vertu de l'art. 105 du Code de comm. pour les réclamations soulevées par les destinataires des marchandises, après réception et payement préalable du prix de transport.

Déboursés pour les expéditions en transit. — V. *Déboursés.*

II. Payement préalable du prix de transport (*et réception des objets transportés*). — Réclamations ultérieures, non admises, en vertu de la *fin de non-recevoir* édictée par l'art. 105 du Code de commerce. — Ainsi que nous l'avons expliqué aux mots *Avaries, Fin de non-recevoir, Vérification,* etc., la jurisprudence est loin d'être précise au sujet de l'application, en matière de ch. de fer, de l'art. 105 du C. de comm., d'après lequel « la réception des objets transportés et le payement du prix de la voiture éteignent toute action contre le voiturier » (1). Dans l'état actuel de la législation, la C. de cass. admet que la fin de non-recevoir dont il s'agit est applicable notamment pour les cas d'*avaries* même occultes (V. *Avaries*, § 3), comme pour les contestations sur les questions de retards et de délais, les détournements, fraudes et vols dont la preuve n'est pas établie à l'égard de la compagnie, ainsi que dans l'inexécution de l'itinéraire demandé par l'expéditeur, la fausse direction donnée aux marchandises, et même dans certains cas douteux relatifs aux redressements, des erreurs de tarifs (V. *Fin de non-recevoir*, §§ 1 à 3). — Nous ne pouvons que rappeler ou résumer ci-après quelques-uns des principaux et nombreux arrêts de la C. de cass. intervenus sur cette matière confuse qui a été l'objet dans ces derniers temps d'une étude à la Chambre des députés, en vue d'une réforme législative. — (V. plus loin *la prop. de loi présentée à ce sujet*.)

D'après la C. de C., les dispositions de l'art. 105 du C. de comm. sont générales et ne comportent aucune distinction entre les avaries *extérieures* ou *apparentes* et les avaries *intérieures* ou occultes. (C. C. 10 mars 1880 et 20 nov. 1882.) — « Mais, la fin de non-recevoir dudit article n'est pas opposable à l'action du *destinataire* qui a pour objet la réparation d'une erreur provenant de l'application du tarif général à l'exclusion du tarif commun, applicable d'office alors du moins que cette erreur n'est pas contestée. » (C. C. 8 janvier 1879), disposition modifiée du reste ou interprétée dans différents sens, suivant les espèces, par d'autres arrêts de la C. de C. notamment 14 déc. 1880 et 27 nov. 1882, tout en admettant d'ailleurs les *réserves faites* au moment de la réception au cas de fausse applic. de tarifs, 18 janvier et 28 mars 1882, etc. (V. *Fin de non-recevoir*, § 3) et l'irrecevabilité de la fin de non-recevoir dans le cas suivant : — « L'exception tirée de l'art. 105 du Code de comm. ne peut point été opposée par une comp. de ch. de fer au destinataire de marchandises, quand il s'agit de la répétition de l'indû, que la somme perçue en trop provienne soit d'une erreur de calcul, soit d'une fausse application du tarif demandé. » (Jug. du tr. de comm. *Niort*, 2 août 1882, confirmé par C. C. 28 janv. 1885). — La fin de non-recevoir n'est pas opposable non plus dans certains cas où il s'agit de paiements effectués ou d'émargements donnés pour des marchandises soumises à des formalités de douanes (C. C. 6 nov. 1878), ni lorsque, malgré la remise du bon de livraison au destinataire et le payement du prix de transport que ce dernier du livraison réelle de la marchandise n'a pas été effectuée (C. Paris, 31 déc. 1856) (2). — A un autre point de vue, la comp. ne peut pas invoquer ladite fin de non-recevoir, quand, à l'occasion d'un encombrement de gare rendant toute vérification impossible elle exige le paiement du transport avant tout enlèvement des colis (V. *Encombrement*, § 4, 2°). — « Cette fin de non-recevoir est opposable alors que l'action n'a pas pour objet la rectification et la réparation d'une simple erreur de calcul intervenue dans l'application des tarifs, mais se fonde uniquement sur une faute commise dans l'exécution du contrat de transport, spécialement sur une fausse direction donnée à la marchandise. » (C. C. 2 juillet 1879 et 17 juillet 1883.) — Notamment, dans le cas où la faute dans l'exécution du contrat de transport pouvait être couverte par la ratification des intéressés (C. C. 21 déc. 1880). — Elle est opposable de même, dans divers cas distincts rappelés aux mots *Fin de non-recevoir*, *Itinéraire*, *Réserves* et *Vérifications*, savoir : Destinataire non fixé sur les délais de transport (C. C. 1er février 1882). —

---

(1) Les difficultés dont il s'agit sont très bien expliquées dans l'indication suivante, que nous empruntons à un journal d'un des grands centres commerciaux et industriels :

« Vous êtes commerçant, vous avez fait une commande, et vous l'attendez avec impatience. Un beau jour, le camion du chemin de fer s'arrête à votre porte et y dépose les colis à votre adresse. Le camionneur vous présente un récépissé. Vous y jetez un coup d'œil rapide pour voir s'il n'y a pas quelque grosse erreur de tarif ; un autre coup d'œil sur les colis pour vous assurer qu'ils ne portent pas trace apparente d'avarie, et vous payez le voiturier qui a hâte de poursuivre sa distribution. C'est fini ; la marchandise est reçue. Le soir ou le lendemain seulement, vous procédez à loisir à une vérification moins sommaire. — Vous reconnaissez qu'une erreur a été commise à votre préjudice sur le prix de transport que vous a réclamé la compagnie, que pendant le trajet des avaries se sont produites. Des objets fragiles ont été cassés ou fêlés, des étoffes ou des objets d'alimentation ont été détériorés par l'humidité ou trop abondamment dégustés par des consommateurs non payants. Vous vous retournez contre la compagnie des transports : vous lui réclamez le remboursement de l'indûment perçu ou une indemnité pour la dépréciation subie par votre marchandise. La compagnie vous répond purement et simplement par le texte de l'art. 105... »

(2) D'après un autre arrêt moins ancien de la C. de cass., le payement préalable du prix de transport exigé par une comp. de ch. de fer *n'implique pas réception des marchandises*, mais la fin de non-recevoir édictée par l'art. 105 du C. de comm. est opposable au destinataire qui a *pris livraison* des colis (C. C. 11 avril 1877).

Retards pour non-fourniture de matériel en temps utile). C. C., 10 juillet 1883). — Fraudes, détournements, vols, non prouvés à la charge de la compagnie (C. C., 18 avril 1883). — Inexécution d'itinéraire (C. C., 14 et 21 déc. 1880). — Retards dans la livraison des colis (C. C. 28 mars 1882). — *Nota :* un arrêt plus récent 28 juillet 1884 semble toutefois avoir admis la légalité des réserves faites au moment de la livraison par le destinataire au sujet des délais dépassés dans les transports. (V. *Réserves.*) — Mais dans toutes ces affaires si compliquées, les exceptions, elles-mêmes, ne sont établies qu'avec des nuances de nature à accroître encore les risques des procès ; ce qui ne peut que faire désirer une prompte solution aux dispositions législatives ci-après, qui n'existent encore qu'en projet, mais dont nous devons parler *p. mém.*

Révision de la loi sur la responsabilité des voituriers en matière de transports. — Des volumes entiers ont été écrits relativement à l'application aux chemins de fer des dispositions primitives du Code de commerce concernant les anciennes entreprises de roulage. Notre recueil n'étant pas un livre de discussion, il nous est impossible de reproduire, même sous une forme abrégée, les arguments invoqués notamment en faveur d'une modification des articles 105 et 108 du code de commerce, dont nous avons donné le texte au mot *Commissionnaires.* — En ce qui concerne les documents officiels relatifs à l'étude et à l'éclaircissement de cette question qui se rattache à des intérêts matériels si sérieux, nous ne pouvons que renvoyer au projet de loi présenté pour cet objet à la Chambre des députés, le 28 nov. 1881, au nom de la commission instituée à cet effet au ministère de la justice, de concert avec MM. les ministres des travaux publics et de l'agriculture, et du commerce. — Sans entrer dans les motifs exposés à l'appui du projet de loi, nous croyons devoir reproduire les conclusions de la commission tendant à soumettre, dans les termes suivants, à l'examen du pouvoir législatif la modification des articles 105 et 108 du code de commerce :

PROJET DE LOI. — *Article unique.* — Les art. 105 et 108 du Code de comm. sont remplacés par les dispositions suivantes :

Art. 105. — La réception des objets transportés et le payement du prix de la voiture éteignent toute action contre le voiturier pour avaries ou perte partielle, si, dans les deux jours francs qui suivent cette réception et ce payement, le destinataire n'a pas notifié au voiturier ses protestations motivées.

Dans le même délai et à défaut d'entente amiable dûment constatée, la vérification des objets transportés devra être faite par un expert désigné sur requête par le juge de paix.

Art. 108. — Les actions pour avaries, perte matérielle ou retard, auxquelles peut donner lieu contre le voiturier le contrat de transport, sont prescrites, dans le délai d'un mois, pour les expéditions faites dans l'intérieur de la France, et dans celui de deux mois pour celles faites de l'étranger. Ce délai courra du jour de la réception des marchandises.

Toutes autres actions auxquelles peut donner lieu le contrat de transport, tant contre le voiturier ou le commissionnaire que contre l'expéditeur ou le destinataire, sont prescrites, après deux mois, pour les expéditions faites dans l'intérieur de la France, et après quatre mois pour celles faites de l'étranger : le tout à compter, pour le cas de perte totale, du jour où la remise de la marchandise aurait dû être effectuée, et, pour le cas d'inexécution des conditions du contrat, du jour où les marchandises auront été remises au destinataire, le tout sans préjudice des cas de fraude ou d'infidélité.

Ces prescriptions ne courront, pour les actions récursoires en garantie, que du jour de l'exercice de l'action contre le garanti. La durée de la prescription des actions récursoires sera, dans tous les cas, d'un mois.

Nouveau projet. — La question dont il s'agit n'ayant pas encore reçu de solution paraît avoir été reprise dans ces derniers temps, particulièrement en ce qui concerne la révision de l'art. 105 du Code de comm. — Voici, en effet, ce que nous lisons dans quelques grands journaux du 22 nov. 1886 : (*Extr.*)

Modification de l'art. 105 du Code de commerce. — « La Chambre va être saisie par un remarquable rapport de M. Gilbert Gaillard, député du Puy-de-Dôme, d'un projet de loi élaboré par les soins d'une commission parlementaire. D'après ce projet de loi, l'article 105 de la section IV du titre VI du Code de commerce intitulé : *Du Voiturier,* et qui est ainsi conçu : « La réception des objets transportés et le payement du prix de la voiture éteignent toute action contre le voiturier, » sera modifié ainsi : La réception des objets transportés et le payement du prix de la voiture éteignent toute action intentée contre le voiturier, pour avarie ou perte partielle, si dans les deux jours francs non compris les jours fériés, qui suivent cette réception et le payement, le destinataire n'a pas notifié au voiturier, par acte extra-judiciaire ou par lettre recommandée, sa protestation motivée. »

Il suffit de rapprocher ces deux textes pour constater quelle sérieuse amélioration tout à l'avantage du commerce y a été apportée.

Nous donnerons, s'il y a lieu, à l'appendice de ce recueil, les nouveaux documents qui pourront intéresser la solution de cette question qui, avec la *clause de non-garantie*, et les affaires spéciales de *force majeure*, de *pertes*, de *preuves*, de *responsabilité* en matière *d'accidents*, etc., est une de celles qui alimentent le plus les litiges de l'exploitation des ch. de fer. — V. aussi le mot *Vérification*.

PAILLE.

Conditions de transport. — Comme pour *Fourrages* (V. ce mot). — *Précautions spéciales* applic. à la 3ᵉ catég. des matières inflammables). — V. *Matières*.

Couvertures en chaume (Interdiction). — V. *Couvertures* et *Dépôts*.

PAIN.

Conditions de transport (Gr. et petite vitesse). — Comme pour *Denrées* (V. ce mot). — *Transport des provisions de l'armée*. — V. *Militaires*.

PAPETERIE. — PAPIER.

I. **Transport**. — 1º En grande vitesse (V. *Messagerie*) ; — 2º Tarif général de la petite vitesse (1ʳᵉ classe, objets manufacturés). — V. *Objets*. — Il convient, d'ailleurs, de se reporter aux tarifs d'application pour les diverses espèces de papiers *à écrire*, *à imprimer*, *papier d'emballage*, *papier de verre*, *papiers peints* et papiers non dénommés dont la classification est plus ou moins variable.

Assimilations. — 1º Les *enveloppes à lettre* rentrent dans les objets englobés par la généralité du mot *papeterie* (C. cass. 5 janvier 1874) ; — 2º Le *papier à cigarettes en cahiers*, c'est-à-dire prêt à être livré au commerce et au consommateur, est un *objet manufacturé* et doit, comme tel, être classé dans la première série du tarif général et non dans la troisième. (Tr. comm. Seine, 23 nov. 1877.) — Un jugement *contraire à la décision qui précède* a été rendu, le 20 juillet 1882, par le trib. de comm. d'Angoulême qui s'est prononcé dans le sens suivant : — « Le papier à cigarettes en cahiers, — *article commun et de bas prix, non sujet aux avaries de route*, — doit, comme papier non dénommé, être classé dans la deuxième *série du tarif général ou dans la* troisième, *quand l'expédition est faite sans responsabilité* » ; — 4º Les *photographies*, sont aussi classées comme papeterie (V. *Photographie*) ; — 5º Les *vieux papiers* sont ordinairement classés comme *chiffons*, 5ᵉ série. — V. *Marchandises*.

Tarifs spéciaux. — Sur quelques lignes, on applique des tarifs spéciaux pour le transport à petite vitesse des papiers à écrire ou à imprimer, du papier d'emballage ou à sucre, emballés ou non emballés, par expédition de 5,000 kilog. au minimum, ou payant pour ce poids, s'il y a avantage pour l'expéditeur. — Le prix de transport est de 0,08 par tonne et par kilom., plus 1 fr. par tonne pour frais de chargement, de déchargement et de gare. — V. aussi *Librairie*.

Perception de l'impôt sur le papier. — Mise en cause du chef de gare en cas de fraude *dans un transport de papier*. — Les employés des contrib. indir., s'ils ont vu sortir un chargement d'une fabrique, peuvent, toujours et quelle que soit la distance, exiger l'ampliation de la déclaration préalable d'enlèvement, — dans l'espèce, du chef de la gare de chemin de fer où ledit chargement a été conduit et remis par le camionneur de la fabrique. — C'est entre les mains du chef de gare, — détenteur de la marchandise transportée en fraude et représentant légal, en qualité de voiturier, de l'auteur de la fraude, — que la saisie doit être opérée et contre cet agent que le procès-verbal de contravention doit être rédigé. — D'ailleurs, renvoi du chef de gare de la plainte. (C. C. 28 nov. 1874).

II. Journaux et écrits périodiques, etc. — V. *Imprimés* et *Journaux*.

Papiers d'affaires.—Les sacs de procédure et papiers d'affaires peuvent être transportés sur les chemins de fer comme *messagerie* (V. ce mot. — V. aussi l'art. *Postes*, § 3), ou par la petite vitesse (V. *Colis*) ; mais il y a plus d'avantage, pour l'expéditeur, notamment lorsque le poids des paquets ne dépasse pas 1 kilog., à les remettre (franco) à l'admin. des postes, qui perçoit, pour ces sortes d'envois, un tarif très réduit et uniforme, quelle que soit la distance.

III. Valeurs, titres, billets de banque, etc. (Le tarif des finances (V. *Finances*) est applicable pour les valeurs *déclarées* ; mais les compagnies n'ont pas le droit d'exiger une taxe *ad valorem*, alors que les expéditeurs les déclarent exemptes de toute responsabilité à cet égard.) (*Inst. spéc.*)

PARAPETS.

I. Dimensions à donner aux parapets d'ouvrages d'art. — Les art. 11 et 15 du cah. des ch. réservent à l'admin. le soin de fixer la hauteur à donner aux parapets des ouvrages d'art de la voie de fer et admettent que cette hauteur ne pourra, dans aucun cas, être inférieure à $0^m,80$. — Les dispositions nécessaires sont déterminées à cet effet ainsi que le mode lui-même de construction des parapets au moment de la présentation des projets d'ouvrages d'art. — V. *Projets.*

II. Garde-corps aux abords des gares. (Décis. min. du 31 août 1855, notifiée le même jour aux ing. du contr.) — « Certains ouvrages d'art, voisins des stations et sur lesquels s'arrête une partie des trains de voyageurs, se trouvent ou dépourvus de parapets, ou surmontés de parapets si peu élevés, que des voyageurs, trompés par l'obscurité de la nuit, prennent le parapet pour la tablette de couronnement d'un trottoir, ce qui a amené de très graves accidents.—A l'occasion d'un pareil événement survenu sur la ligne du Havre, le C. gén. des p. et ch. (section des ch. de fer) a émis l'avis qu'il y avait lieu de prescrire, sur tous les ch. de fer destinés au transport des voyageurs, la construction de garde-corps en fer ou de parapets en pierre, et la modification des parapets en pierre actuellement existants, au-dessus de tous les ouvrages d'art situés à moins de 200 m. en avant de l'axe du lieu de stationnement des trains, et à moins de 150 m. en arrière.

« Les parapets en pierre à construire devraient avoir $1^m,50$ de hauteur.

« Les parapets en pierre existants devraient être surhaussés, de manière à avoir cette hauteur de $1^m,50$, soit au moyen de maçonnerie, soit par une cloison pleine ou à claire-voie en bois ou en fer, établie d'aplomb sur le parement intérieur du parapet.

« Au lieu de surhausser les parapets en pierre actuellement existants, on pourrait les remplacer par de simples garde-corps en fer d'un mètre de hauteur, qui devront être posés à la plus grande distance possible de la voie.

« Tel est le programme des modifications que le C. gén. des p. et ch. a jugé utile d'apporter aux ouvrages d'art qui, par leur trop grande proximité des stations, peuvent présenter des dangers pour les voyageurs. — J'ai adopté en principe l'avis du conseil, et je vous prie de vouloir bien, conjointement avec les ingén. de la comp., rechercher quels sont, sur le réseau de ch. de fer exploité par ladite comp., les ouvrages d'art auxquels il y aurait lieu de faire appliquer les dispositions ci-dessus indiquées. — J'ai notifié la présente décision à la comp. et je l'ai invitée à donner des instructions à ses ingén. pour que la vérification à laquelle il convient de procéder ait lieu sans retard. »

A la suite des observations présentées par les compagnies au sujet de la décision précédente il a été admis notamment pour le réseau d'Orléans (Dép. minist. du 15 juillet 1856) :

« 1° Que dans l'étendue fixée par la décision du 31 août 1855, tous les ouvrages d'art, quelles que soient leur hauteur, leur longueur et leur importance, doivent être accompagnés de garde-corps établis suivant les conditions énoncées dans cette décision ;

« 2° Qu'il ne peut être admis d'exception à cette règle que pour ceux des garde-corps en pierre qui se trouvent à plus de 1m50 des rails extérieurs, ou pour les garde-corps en métal déjà existants. »

PARCOURS DÉFECTUEUX.

Mesures de précaution. — La désignation de *parcours défectueux* s'entend, en général, sur les chemins de fer, des parcours effectués sur des parties de lignes en réparation ou dégradées et qui exigent un ralentissement des trains ou d'autres mesures de surv. ou de précaution. — Ces mesures font ordinairement l'objet d'ordres de service spéciaux réglant soit la période d'interruption, soit la reprise de la circulation normale. — V. à ce sujet l'art. *État défectueux de la voie.*

Parcours commun à plusieurs lignes. — Comme à *Transports communs.*

PARQUETS JUDICIAIRES.

Questions de chemin de fer intéressant les tribunaux (Instr. diverses). — V. *Accidents, Contraventions, Justice, Pénalité, Procureurs des cours et tribun.,* etc.

PARTAGE DE BÉNÉFICES.

Situation établie par les conventions de 1883 (pour le partage des bénéfices entre l'État et les compagnies, en retour de la garantie d'intérêt). — V. les mots *Bénéfices* et *Conventions.* — V. aussi les *Documents annexes.*

PASSAGES.

I. **Traversée des routes, chemins et cours d'eau** (*Applic. des art.* 10, 11, 12, 14, 15 *et* 17 *du cah. des ch.*). — On désigne dans les projets de ch. de fer, par le nom de passage supérieur ou pont sur rails, l'ouvrage qui fait passer une route ou un chemin ordinaire par-dessus la voie de fer ; le nom de passage inférieur ou pont sous rails, désigne inversement le même ouvrage, lorsqu'il s'agit de faire passer la route ou le chemin sous la ligne du chemin de fer. Le nom de pont ou viaduc est réservé surtout pour les ouvrages destinés à franchir les cours d'eau et les vallées. — Les dimensions *minima* des ponts ou passages sur rails ou sous rails ont été fixées, savoir : aux art. 11 et 12 du cah. des ch., pour les routes et chemins vicinaux et communaux (V. *Chemins* et *Routes*) et à l'art. 15 du cah. des ch. pour la traversée des rivières, canaux et cours d'eau (V. *Navigation*). — Tous ces ouvrages, lorsqu'ils sont compris dans le périmètre du chemin de fer (V. *Bornage*), font partie des dépendances de ce chemin, et doivent être entretenus par les compagnies. — V. à cet égard les mots *Dépendances, Entretien* et *Ouvrages d'art.*

Substitution d'ouvrages. — Le maintien des communications des routes de terre comporte enfin des ouvrages auxquels on donne le nom de *passages à niveau* (V. plus loin). — Mais ces derniers ouvrages sont remplacés quelquefois eux-mêmes, dans certains cas exceptionnels, par des *passages sous rails.* — S'il résulte de cette substitution quelque dommage pour les propriétés riveraines, il est fait application du principe suivant : — « Le C. de préf., en se fondant sur ce que le dommage même établi ne serait pas de nature à donner droit à une indemnité (l'allongement de parcours résultant pour les voitures de ce qu'elles ne peuvent traverser le passage sous rails ne constituant pas un dommage direct et matériel), ne peut pas rejeter la demande en indemnité sans avoir ordonné l'expertise prescrite par la loi du 16 sept. 1807. » (C. d'État, 17 janv. 1867.) — D'un autre côté, « lorsqu'un pont sous rails, substitué à un passage à niveau, est trop bas pour les voitures chargées, et que le détour imposé ainsi à ces voitures pour atteindre le passage voisin n'est que de 25ᵐ, cet inconvénient est plus que compensé par l'avantage que présente un pont d'un abord facile et constamment ouvert aux piétons, aux animaux, aux voitures vides, par rapport à l'ancien passage à niveau situé à l'entrée d'une gare, d'un accès incommode et fréquemment fermé par les manœuvres de trains ou de machines. » (C. d'État, 24 févr. 1870.) — Nous mentionnons enfin, au mot *Passages à niveau*, § 2, divers documents se rapportant à ces questions de substitutions d'ouvrages, opérées à la suite de conventions particulières.

Emplacement. — L'emplacement et la disposition à adopter pour l'établ. des divers *passages* de routes, chemins et cours d'eau, d'une rive à l'autre des ch. de fer, sont surtout déterminés (indépendamment des indications résumées au mot *Ouvrages d'art*) par les conditions locales, par la disposition du terrain et par l'importance de la circulation riveraine. Ce sont là des questions techniques à étudier dans chaque cas par les ingénieurs chargés de la rédaction des projets. — V. aussi l'art. 15 du cah. des ch. en ce qui concerne spécialement les *passages accolés* aux ponts de ch. de fer.

Nombre moyen de passages. — La proportion kilométrique du nombre des ponts et passages à prévoir dans les projets est généralement assez variable ; mais les indications recueillies pour un grand nombre de lignes permettent d'évaluer approximativement de 800ᵐ à 900ᵐ l'espacement moyen des passages de voies de communication et à un chiffre à peu près égal la distance qui sépare les ponts, aqueducs et autres ouvrages motivés par la rencontre des rivières, canaux et cours d'eau, ce qui donne, en général, pour l'espacement moyen de deux ouvrages d'art ou passages successifs, une longueur de 400 ou 450 mètres. — V. aussi, à ce sujet, aux mots *Ouvrages d'art* et *Ponts*.

Indication des passages sur les projets. — Voir art. 5 du cah. des ch.

II. Ouvrages provisoires. — Extr. de l'art. 17 du cah. des ch. (*Routes et Chemins*) : — « A la rencontre des routes nationales ou départementales et des autres chemins publics, il sera construit des chemins et ponts provisoires, par les soins et aux frais de la compagnie, partout où cela sera jugé nécessaire pour que la circulation n'éprouve ni interruption ni gêne. — Avant que les communications existantes puissent être interceptées, une reconnaissance sera faite par les ingén. de la localité à l'effet de constater si les ouvrages provisoires présentent une solidité suffisante et s'ils peuvent assurer le service de la circulation. — Un délai sera fixé par l'admin. pour l'exécution des travaux définitifs destinés à rétablir les communications interceptées. »

Passages à niveau (Art. 10, 13 et 14, cah. des ch.). — V. ci-après.

PASSAGES A NIVEAU.

I. Conditions d'établissement (*Prescriptions du cah. des ch.*). — Art. 10, 13 et 14.

« *Art.* 10. — A moins d'obstacles locaux dont l'appréciation appartiendra à l'admin., le chemin de fer, à la rencontre des routes nationales ou départementales, devra passer, soit au-dessus, soit au-dessous de ces routes. — Les croisements à niveau seront tolérés pour les chemins vicinaux ruraux ou particuliers.

« 13. — Dans le cas où des routes nationales ou départementales ou des chemins vicinaux, ruraux ou particuliers seraient traversés à leur niveau par le chemin de fer, les rails devront être posés sans aucune saillie ni dépression sur la surface de ces routes, et de telle sorte qu'il n'en résulte aucune gêne pour la circulation des voitures. — Le croisement à niveau du chemin de fer et des routes ne pourra s'effectuer sous un angle moindre de 45 degrés. — Chaque passage à niveau sera muni de barrières ; il y sera, en outre, établi une maison de garde toutes les fois que l'utilité en sera reconnue par l'administration. — La comp. devra soumettre à l'approb. de l'admin. les projets types de ces barrières.

« 14. — Lorsqu'il y aura lieu de modifier l'emplacement ou le profil des routes existantes, l'inclinaison des pentes et rampes sur les routes modifiées ne pourra excéder trois centimètres par mètre pour les routes nationales ou départementales, et cinq centimètres pour les chemins vicinaux. L'adm. restera libre, toutefois, d'apprécier les circonstances qui pourraient motiver une dérogation à cette clause, comme à celle relative à l'angle de croisement des passages à niveau. »

Disposition des barrières (Applic. de l'art. 4, § 3, loi du 15 juillet 1845 et de l'art. 4 de l'ordonn. du 15 nov. 1846). — V. *Barrières*.

Détails d'exécution. — L'ouvrage constituant un passage à niveau comprend ordinairement un pavage de la traversée et de ses abords, la construction d'une maison de gardien et, enfin, l'établissement de barrières mobiles permettant aux piétons et aux voitures de suivre la direction de la route de terre, à un moment où il n'y a aucun danger pour la sécurité. — La rectification des déclivités aux abords est réglée ainsi qu'il est dit ci-dessus, à l'art. 14 du cah. des ch. — Sur diverses lignes construites par l'État, *un palier* de 10ᵐ au moins a été rendu obligatoire en *dehors* et de *chaque côté* des barrières.

Les voies, à la traversée des passages à niveau, sont posées avec des coussinets spéc. de forme convenable pour recevoir en même temps le rail et un contre-rail, de manière à ménager une ornière pour le passage du boudin ou rebord des roues. — Les dimensions de cette ornière sont ordin. de 0,08 de largeur et 0,05 de profondeur. — La disposition qui vient d'être indiquée remplit la condition de l'art. 13 précité du cah. des ch., obligeant à établir les rails sans saillie, et à donner à la traversée une surface unie et facilement roulante, pour les voitures de terre, sans gêner le service du chemin de fer.

Largeur des passages à niveau (Projets d'exécution des travaux d'infrastructure des *chemins non concédés*). — Sur l'avis du C. gén. des p. et ch. (3ᵉ section), signalant la convenance de fixer une largeur uniforme pour les passages à niveau destinés à maintenir les communications entre les deux parties d'une voie publique séparées par une voie ferrée, le min. des tr. publ. a pris la décision suivante (15 janv. 1881) : « La largeur normale à la voie des passages à niveau dont il s'agit sera, à moins de circonstances exceptionnelles dont il sera spéc. justifié, de 4 m. pour les chemins vicinaux ordinaires et de 6 m. pour les ch. de gr. comm. et d'intérêt commun, ainsi que pour les routes nationales et départementales. — Quel que soit, d'ailleurs, le système adopté pour la chaussée des passages à niveau (pavage ou empierrement), il devra être appliqué uniformément sur toute l'étendue du passage, y compris les portillons (1). »

Établissement et service des barrières. — On a vu plus haut (art. 13 du cah. des ch.) que les comp. doivent soumettre à l'approb. de l'admin. les projets types des barrières des passages à niveau. — D'un autre côté, l'art. 4, § 3, de la loi du 15 juillet 1845, et l'art. 4 de l'ordonn. du 15 nov. 1846 (mentionnés plus haut), se rapportent surtout aux conditions de service et d'éclairage des barrières. — Ces deux objets : *établissement* des passages à niveau et *conditions de classement et de service*, ne doivent donc pas être confondus au point de vue des formalités d'approbation ; l'*instruction min.* ci-dessous du 12 sept. 1881 donne les éclaircissements nécessaires à ce sujet.

II. Distinction entre l'établissement et le classement des passages à niveau

_____

(1) Sur la demande d'une des compagnies intéressées, le min. des tr. publ., par dépêche spéc. du 12 mai 1886 (*réseau du Midi*), a admis que la largeur normale à la voie des passages à niveau desservant les ch. de gr. communic. et d'int. commun pouvait, par applic. des art. 11 et 12 du cah. des ch. (et sans que la circ. min. du 15 janv. 1881 puisse y mettre obstacle), être réglée en tenant compte, dans chaque cas, des circonstances locales et sans que cette largeur puisse jamais descendre au-dessous de 5 m. pour les ch. de gr. communic. et de 4 m. pour les ch. d'int. commun (*Extr.*).

(Circ. min. du 12 sept. 1881 aux préfets et par ampliation aux compagnies et aux insp. gén. et ingén. du contrôle) : « Monsieur le préfet, à la suite de vœux émis par les conseils municipaux ou le conseil général de leur département, plusieurs préfets ont cru devoir soumettre à l'admin. supér. des projets d'arrêtés destinés à régler tout à la fois les conditions d'établissement et de classement de passages à niveau dont on avait demandé la création. — Ces projets d'arrêtés ont été préparés sur la proposition des compagnies et d'après l'avis des ingén. du contrôle; mais la marche suivie n'en était pas moins irrégulière, attendu que les préfets n'ont pas qualité pour régler, par voie d'arrêté, les conditions d'établissement des passages à niveau. Ils ne doivent préparer et me soumettre que des arrêtés relatifs aux conditions de classement.

« Je crois devoir, en conséquence, vous rappeler la marche qu'il y a lieu de suivre en pareil cas. — Toutes les fois que vous serez saisi d'une demande tendant soit à l'établ. d'un passage à niveau, soit à la modification des conditions d'établ. d'un passage déjà construit, vous devrez la transmettre à l'insp. gén. chargé du contrôle, qui la communiquera à la compagnie, s'il y a lieu, en l'invitant à présenter ses observations ou à préparer le projet des travaux à exécuter. Quand celle-ci aura répondu, l'insp. gén. fera examiner l'affaire par les fonctionnaires du contrôle, puis vous adressera le dossier avec son avis. Vous le transmettrez, avec vos observations, à l'admin. supér., qui statuera sur la suite à donner à l'affaire.

« Dans le cas où le projet préparé par la comp. aura été, après examen en C. gén. des p. et ch., approuvé par une décis. min., cette décision vous sera notifiée et c'est alors seulement que vous aurez à me soumettre un projet d'arrêté destiné à régler le classement du passage à niveau dont l'établissement aura été ainsi autorisé.

« Il sera procédé de la même manière pour fixer, par arrêté préfectoral, les nouvelles conditions de classement des passages à niveau dont les conditions d'établissement auront été modifiées... Je vous prie, etc... » — (Voir ci-après, § 3, les documents relatifs à la régl. dudit service).

Substitution ou suppression d'ouvrages. — Nous avons résumé au mot *Passages* (en dessus ou en dessous) divers arrêts du C. d'État relatifs aux inconvénients ou dommages pouvant provenir de la substitution d'un passage sous rails à un passage à niveau. Voici d'autres documents de la jurisprudence, au sujet de ces questions contentieuses de remaniement des passages établis à la traversée du ch. de fer, notamment lorsque les conditions qui s'y rapportent ont été réglées par des conventions particulières :

Dommages causés par l'établissement ou la suppression des passages à niveau. — 1° Difficultés d'accès à un chemin vicinal. — L'exéc. d'un pass. à niveau, régulièrem. opérée par une comp. de ch. de fer, l'exonère de toute responsabilité au sujet des difficultés d'accès à un chemin vicinal, dans l'espèce. (C. d'Etat. 20 juin 1873) ; — 2° *Ecoulement des eaux.* — « Si par l'effet des travaux exécutés sur le chemin vicinal, l'écoulement des eaux par la voie publique a cessé d'être possible, ladite comp. ne saurait se dispenser de l'obligation de procurer l'écoulement de ces eaux et de réparer les dommages qu'elles peuvent causer aux propriétés voisines. » C. d'Etat, 20 juin 1873) ; — 3° *Remblai sur une rue.* — « L'établ. d'un remblai dans une rue, pour en relier le sol à un pass. à niveau (de ch. de fer d'int. local, *dans l'espèce*), occasionne un préjudice à une propriété longeant ladite rue ; l'indemnité due à raison de ce préjudice doit être supportée par la compagnie » (C. d'Etat, 4 juillet 1873.) ; — 4° (*Allongement de parcours, suppression d'usage d'un puits.*) — « Lorsque par la suppression d'un pass. à niveau sur un ch. de fer, l'un des riverains éprouve un dommage résultant : soit de la privation d'un droit de servitude d'un puits par suite de l'allongement de parcours et de la difficulté d'accès ; soit de l'allongement de parcours qui lui est imposé tant pour le service général de sa propriété que pour se rendre à la ville voisine, il appartient au C. de préf. d'apprécier le dommage, en vertu de l'art. 4 de la loi du 28 pluviôse an viii. — Décidé que le 1er chef constitue un dommage pour lequel il est dû réparation et que le 2e chef ne constitue pas dans l'espèce un dommage donnant lieu à indemnité. (C. d'Etat, 5 juillet 1871) ; — 5° *Compétence au sujet de la suppression même des passages.* — C'est aux trib. civils et non à la jurid. admin. qu'il appartient de connaître d'une demande d'indemnité formée par un propr. riverain d'un ch. de fer, à raison de la suppression d'un pass.

à niveau sur ledit chemin, alors surtout qu'il est constaté que ce passage constituait, au profit du propr. riverain, un droit réel de servitude établi par contrat de vente. (C. C., 2 févr. 1859.) — « Si le propriétaire n'a pas été appelé devant le jury à la suite d'une procédure d'expropr. spécialement applicable à la servitude à laquelle il avait droit, il peut valablement saisir les trib. ordinaires de la fixation de son indemnité. (Ibid.) (1). »

6° *Substitutions d'ouvrages, opérées à la suite de conventions particulières.* (1° Chemin d'exploitation.— Remplacement d'un *passage supérieur* par un *passage à niveau.*) — « A supposer même qu'une convention particulière soit intervenue entre la commune et la comp. de l'Est, il rentrait dans les pouvoirs d'appréciation du min. des tr. publ. d'autoriser les travaux nécessaires pour le rétabl. du chemin d'expl. dit « au-dessus de Mathias », intercepté par le ch. de fer, sur le territoire de la commune de Thil, et de régler les conditions dans lesquelles il serait pourvu au rétabl. dudit chemin. — Ainsi la décision du ministre, rendue après enquête, est un acte d'adm. accompli par le ministre, dans la limite de ses pouvoirs et qui n'est pas susceptible d'être déféré au C. d'Etat, par applic. des lois des 7-14 oct. 1790 et 24 mai 1872. » (C. d'Etat, 21 janv. 1881) ; — 2° *Jurisprudence du tribunal des conflits :* « Dans son exploit d'assignation, le sieur Rives allègue l'existence d'un engagement qui aurait été pris envers lui par l'Etat, lors de l'expr. d'une parcelle de terrain dépendant de son domaine, et qui aurait eu pour objet l'établ. d'un pass. à niveau. Il demande l'exécution de cet engagement et, pour le cas d'inexécution, des dommages-intérêts. — Dans son mémoire en déclinatoire, le préfet, loin de contester cette allégation, soutient que l'Etat, en substituant au pass. à niveau un pont au-dessus de la voie ferrée, n'a pas manqué à l'engagement pris envers le sieur Rives. Dans l'arrêté de conflit, il discute la valeur et l'étendue de la convention, et prétend qu'elle n'a pas porté sur la forme particulière du passage. — L'autorité judiciaire est seule compétente pour constater l'existence de la convention alléguée, pour en déterminer le sens et la portée, ainsi que pour statuer sur les conséquences de l'inexécution. Dès lors, c'est à bon droit que le tribunal s'est déclaré compétent. » (Trib. des conflits, 12 mai 1883.)

Demande de passages nouveaux, sur les lignes en exploitation (Applic. des art. 30, 31 et 59 du cah. des ch.) (V. *Entretien,* § 2). — V. aussi au mot *Comités,* § 2, au sujet de l'étude des questions de passages à niveau.

Dispense de barrières sur certains chemins. — 1° Lignes d'intérêt local (Art. 20, loi du 11 juin 1880) (V. *Chemin de fer d'intérêt local*). — 2° Lignes diverses (Loi du 27 déc. 1880). — V. *Clôtures,* § 1.

Signaux protecteurs des passages à niveau. — V. plus loin, § 6.

III. **Entretien des passages à niveau.** — Toute la partie de la route de terre comprise dans la traversée du passage à niveau, entre les barrières du chemin de fer, fait partie intégrante de la voie (V. *Bornage*) et doit être entretenue par le service du chemin de fer au même titre que les barrières, les maisons de garde, etc. (exécution de l'art. 30 du cah. des ch.) (V. *Entretien,* § 2). — Nous avons mentionné à l'article *Conduites d'eau et de gaz,* § 2, une décis. min. du 5 mars 1885, d'après laquelle « les terrains dépendant d'une voie publique, quelle qu'elle soit (dans l'espèce, traversée à niveau d'une route nationale), du moment qu'ils sont incorporés à un chemin de fer par suite de l'établissement d'un passage à niveau, passent *ipso facto* dans le domaine public national, et deviennent une dépendance du chemin de fer dans toute l'acception du mot. Le passage à niveau (desservant ladite voie publique) fait donc partie intégrante de cette ligne, avec simple servitude au profit de la route qui la traverse ».

Entretien des passages en dessous accolés aux pass. à niveau. — L'entretien des passages sous rails accolés aux pass. à niveau des routes nationales ou départem. et celui de leurs chemins d'accès n'est point à la charge de la compagnie, mais, après réception des travaux et remise aux admin. dont dépendent les routes et chemins qu'ils desservent, à la charge de ces administrations. — Voir *Chemin (d'accès)* et *Routes.*

_____

(1) Au sujet de la suppression d'ensemble des passages à niveau d'une ligne, nous mentionnerons, *pour mémoire,* la loi, promulguée le 16 août 1886, portant approbation d'une convention passée entre le min. des tr. publ. et le syndicat du chemin de fer de ceinture de Paris (rive droite), pour la suppression des passages à niveau de ce chemin de fer.

Éclairage des barrières (et dispositions diverses). — V. ci-après, § 4.

IV. Mode de classification et de service des passages à niveau (Applic. de l'art. 13 du cah. des ch., de la loi du 15 juill. 1845 et de l'art. 4 de l'ordonn. du 15 nov. 1846). — Comme il est dit dans l'art. 4 de la loi du 15 juill. 1845, « les barrières des passages à niveau sont maintenues fermées en principe d'après les dispositions contenues à cet égard dans les règlements (1). »

Les règl. dont il s'agit *ne sont pas uniformes pour les diverses compagnies.* — Toutefois, l'admin. s'est arrêtée à un modèle qui, appliqué d'abord au réseau de Lyon-Médit., a paru pouvoir, sauf quelques modific. de détails, être adopté pour les autres ch. de fer. Voici le modèle en question (dernier type, approuvé par arrêté min. du 7 mars 1881) :

1° *Type de règlement* (adopté pour la compagnie de Paris-Lyon-Méditerranée) et contenu dans un arrêté ministériel du 7 mars 1881 ; cet arrêté a été pris en vertu de l'art. 4 de la loi de 1845 et de l'art. 4 de l'ordonn. de 1846, sur les propositions de la compagnie, examinées par les ingénieurs du contrôle, sur l'avis du comité de l'expl. technique des ch. de fer, et sur le rapport du conseiller d'Etat, directeur général des chemins de fer :

« Art. 1ᵉʳ. — Les passages à niveau, établis pour la traversée des chemins de fer de Paris à Lyon et à la Méditerranée, sont divisés en cinq catégories.

2. — Sur toutes les lignes, le service est divisé en service de jour et service de nuit. Sauf exception, le service de jour commence à 6 h. du matin et finit à 9 h. du soir ; le service de nuit commence à 9 h. du soir et finit à 6 h. du matin.

3. — Dans la 1ʳᵉ catégorie sont compris tous les passages à niveau pour voitures, ouverts, en moyenne, plus de 100 fois par 24 heures.

Pendant le service de jour, les barrières de ces passages à niveau resteront habituellement ouvertes ; elles seront fermées lorsqu'un train sera en vue ou attendu.

Pendant le service de nuit elles seront habituellement fermées.

Le service en sera fait, jour et nuit, par des agents qui devront être constamment à portée de ces passages. Pendant le service de jour seulement, ce service pourra être confié à des femmes.

4. — La 2ᵉ catégorie comprend les passages à niveau pour voitures, ouverts, en moyenne, moins de 50 à 100 fois par 24 heures.

Pendant le service de jour : 1° sur les lignes à très grande circulation de trains, les barrières seront habituellement fermées ; elles seront ouvertes à la demande des passants ; 2° sur les lignes à moyenne ou à faible circulation de trains, les barrières seront habituellement ouvertes. Elles seront fermées lorsqu'un train sera en vue ou attendu.

Pendant le service de nuit, les barrières seront habituellement fermées sur toutes les lignes. — Un homme logé dans une maison contiguë au passage à niveau sera tenu de se rendre à l'appel de toute personne qui demandera l'ouverture des barrières.

5. — Dans la 3ᵉ catégorie sont rangés les passages à niveau pour voitures, ouverts, en moyenne, moins de 50 fois par 24 heures. — Ils seront habituellement fermés jour et nuit, et ouverts, à la demande des passants, par l'agent logé dans la maison contiguë au passage à niveau.

6. — Les passages à niveau, soit pour voitures, soit pour piétons, concédés à des particuliers, à charge par eux d'en assurer la manœuvre, forment la 4ᵉ catégorie. — Les barrières en seront fermées à clef, par les propriétaires, et manœuvrées par eux, sous leur propre responsabilité.

7. — Dans la 5ᵉ catégorie sont rangés tous les passages à niveau publics pour piétons, isolés ou accolés à des passages pour voitures. — Ces passages sont fermés par de petites barrières ou portillons que les passants ouvrent eux-mêmes à leurs risques et périls, et qui se referment par leur propre poids. — Voir *Portillons.*

8. — Sur les lignes où la circulation des trains est régulièrement suspendue pendant une partie de la nuit, les barrières des passages à niveau des 1ʳᵉ, 2ᵉ et 3ᵉ catégories restent ouvertes, sauf les nécessités du service, entre le dernier train du soir et le premier train du matin. — Voir plus loin, circ. min. 18 mai 1881.

9. — Sur les points où la fréquentation serait nulle pendant une partie du jour ou de la nuit, ou à certaines époques de l'année, certains passages à niveau désignés spécialement, pourront être tenus constamment fermés, pendant une partie du jour ou de l'année. — Voir plus loin, 2°.

10. — Lorsque l'ouverture d'une barrière sera demandée, l'agent chargé de la manœuvre devra s'assurer que les voies pourront être traversées avant l'arrivée d'un train. Dans ce cas, il ouvrira

_____

(1) C'est-à-dire dans les arrêtés préfectoraux rendus sous l'approbation du min. des tr. publ., en vertu de l'art. 2 de l'arr. min. du 15 avril 1859 (V. *Contrôle*, § 3). — V. aussi plus haut, § 2, la circ. min. du 12 sept. 1881.

les barrières, en commençant par celle de sortie, et les refermera immédiatement. — Il devra refuser d'ouvrir, lorsqu'un train arrivant sera en vue à moins de 2 kilom. ou sera annoncé, soit par la corne d'appel du garde voisin, soit par tout autre moyen.

Aux passages à niveau fermés par des barrières manœuvrées à distance, la demande d'ouverture se fera au moyen de sonnettes, et, de son côté, l'agent chargé de la manœuvre devra, avant de refermer la barrière, en avertir par plusieurs coups de sonnette.

11. — Les barrières des passages à niveau, qui sont habituellement ouvertes, doivent être fermées 5 minutes avant l'heure régl. du passage des trains réguliers ou annoncés ; on les rouvre imméd. après le passage de ces trains. Pendant qu'elles sont ainsi fermées, leur ouverture, lorsqu'elle est demandée, a lieu dans les conditions et conformément aux prescr. de l'art. précédent.

Lorsqu'un passage à niveau, voisin d'une station, sera dans le cas d'être intercepté, pendant plus de 10 min. consécutives, par des trains en stationnement ou en manœuvre, le préfet fixera, s'il y a lieu, sur la proposition de l'ingén. en chef du contrôle et la comp. entendue, la durée maximum de l'interruption du passage.

12. — *Éclairage.* — Pendant toute la partie de la nuit où il y a des mouvements de trains, et tant que les barrières sont maintenues fermées, les passages à niveau de 1re catégorie sont éclairés de deux feux. — Ceux de 2e catégorie sont éclairés d'un feu. — Ceux des autres catégories ne sont pas éclairés, à moins de prescriptions spéciales de l'admin. supér.

13. — Le classement des passages à niveau dans chacune des catégories ci-dessus déterminées et l'application des dispositions de l'art. 9 du présent arrêté, seront réglés sur la proposition de la compagnie, par des arrêtés préfectoraux, qui seront soumis à l'approbation ministérielle. — Voir plus loin, 2°.

14. — Les préfets des départements traversés par les chemins de fer de...., les fonctionnaires et agents du contrôle sont chargés de surveiller l'exécution du présent arrêté, qui sera notifié à la compagnie. »

2° D'après les premières instructions ministérielles les dispositions précitées ont été appliquées à chaque département par des arrêtés préf. portant classement particulier de chaque passage dans d'une des catégories de la classification générale, conformément au libellé suivant proposé par la commission.

« Art. 1er. — La ligne de..... est comprise parmi les chemins de fer à..... circulation.

« Les passages à niveau y sont classés ainsi qu'il suit :

(*Forme du tableau*) : — 1re col.. : Désignation des passages à niveau ; — 2e col. : Numéro d'ordre depuis l'origine de la ligne ; — 3e col. : Communes ; — 4e col. : Distance depuis l'origine ; — 5e col. : Nombre d'ouvertures moyen par 24 heures ; — 6e col. : Catégorie ; — 7e col. : Système des barrières ; — 8e col. : Observations.

« Art. 2. — Conf. à l'art. 9 de l'arr. min. ci-dessus reproduit, la circulation pourra être complètement interdite pendant les intervalles ci-après, aux passages à niveau qui suivent :

(*Forme du tableau*) : — 1re col. : Désignation des passages à niveau ; — 2e col. : Numéro d'ordre depuis l'origine de la ligne ; — 3e col. : Communes ; — 4e col. : Distance depuis l'origine ; — 5e et *dernière col.* : Intervalles de temps pendant lesquels les barrières seront maintenues constamment fermées chaque jour.

« Art. 3. — La circulation pourra être interdite complètement aux époques de l'année ci-après sur les passages à niveau qui suivent :

(*Forme du tableau*) : — 1re col. : Désignation des passages à niveau ; — 2e col. : Numéro d'ordre depuis l'origine de la ligne ; — 3e col. : Communes ; — 4° col. : Distance depuis l'origine ; — 5e col. : Époques de l'année pendant lesquelles les barrières seront maintenues constamment fermées.

(D'après les mêmes instr., des propositions spéc. pour chaque dép. et pour les divers pass. à niveau qui y sont établis devront être adressées par la comp. à l'ingén. en chef du contr. qui les transmettra ensuite avec son avis au préfet compétent, et cet administrateur devra en faire l'objet d'un arrêté qui sera soumis à l'approbation ministérielle, conf. à l'art. 4 de l'ordonn. du 15 nov. 1846) (1).

_____

(1) Voici, à ce sujet, une instr. min. tr. publ. adressée aux préfets, le 3 mars 1886. — « Monsieur le préfet, mon admin. a eu occasion de relever certaines erreurs qui s'étaient glissées au cours de leur impression, dans les arrêtés préfectoraux destinés à régler, sous l'approbation ministérielle, le classement des passages à niveau des divers réseaux d'intérêt général. — Pour rendre plus facile la vérification à opérer, je vous serai obligé, toutes les fois que vous me soumettrez le *projet manuscrit* d'un de ces arrêtés de classement ou d'un arrêté modificatif, de m'en adresser *deux* exemplaires. L'un vous sera renvoyé comme par le passé, lorsque je l'aurai approuvé ;

« Ces arrêtés préfectoraux, bien qu'étant pris partiellement pour chaque département du réseau, doivent contenir intégralement l'arrêté ministériel qui règle le service pour l'ensemble dudit réseau. » (*Instr. spéc.*)

3° *Frais d'impression et d'affichage.* — Ces frais, dont les imprimeurs des préfectures font quelquefois l'avance ou qui dans d'autres cas sont payés directement par les compagnies, sont de droit à la charge de ces dernières. (Applic. de l'art. 33 du cah. des ch.)

Service des passages à niveau de lignes à circulation interrompue pendant la nuit (Circ. min. adressée le 18 mai 1881 aux compagnies et, par ampliation, aux insp. gén. du contrôle) : « A l'occasion d'un accident, les comp. de ch. de fer ont été invitées à faire connaître les mesures prises, sur leurs réseaux respectifs, pour assurer la sécurité aux passages à niveau des lignes à circulation interrompue pendant la nuit. — Les compagnies ont satisfait à cette invitation. Leurs réponses ont été communiquées aux différents services de contrôle, pour examen et avis ; les résultats complets de l'instruction ont été soumis ensuite au comité de l'expl. technique des ch. de fer. — Après une étude approfondie du régime adopté sur chaque réseau pour la protection des pass. à niveau des lignes à circul. interrompue pendant la nuit, le comité a constaté que le mode de procéder des comp. en cette matière, quoique différent, donnait toutes garanties de sécurité et n'avait soulevé jusqu'ici aucune réclamation. Il a, dès lors, exprimé l'avis que l'on pouvait sans inconvénient maintenir l'état de choses actuel. Le comité a pensé toutefois que, dans un intérêt d'uniformité et pour faciliter à la fois l'expl. de la voie ferrée et la circul. sur les chem. publics, il convenait d'appeler l'attention des comp. sur les considérations suivantes : — 1° L'expérience prouve que, sur les passages à niveau des lignes qui n'ont pas de service de nuit, il n'y a lieu de maintenir les barrières fermées entre le dernier train du soir et le premier train du matin que dans les cas exceptionnels où les faits de l'exploitation motivent une dérogation au régime d'ouverture permanente. — 2° L'éclairage des passages à niveau maintenus ouverts la nuit est une bonne mesure de sécurité, qui doit être surtout appliquée aux passages de 1re et de 2e catégorie. — 3° L'établissement de barrières volantes en travers de la voie ferrée n'est pas à recommander en général. Néanmoins, à défaut d'autre combinaison meilleure, l'installation de barrières semblables peut être admise pour les passages à niveau sur lesquels circulent des bestiaux ou des voitures par convois. — 4° Enfin l'affichage, dans les dépôts de machines, de la liste des passages maintenus ouverts pendant la nuit est une mesure utile, à moins que la presque totalité des passages ne soient laissés ouverts.

J'ai adopté l'avis du comité. — Je vous prie, en conséquence, de prendre note des indications qui précèdent et d'en tenir compte, le cas échéant. »

Réclamation contre la fermeture d'un passage à niveau pendant la nuit. — « Attendu que, d'une part, la régl. des pass. à niveau sur les ch. de fer est expressément attribuée à l'autorité admin. par la loi du 15 juillet 1845 et par l'ordonn. du 15 nov. 1846 ; que, d'autre part, ces passages constituent des travaux publics et que, dès lors, si leur établ. cause à une propriété riveraine un dommage de nature à motiver l'allocation d'une indemnité, c'est devant le C. de préf. qu'elle doit être réclamée ; — D'où il suit que la C. d'appel de Riom était incompétente pour connaître des deux chefs de demande qui lui étaient soumis ; qu'en décidant le contraire et en statuant, en conséquence, sur le litige, elle a commis un excès de pouvoir et violé les lois ci-dessus visées ; — Par ces motifs et sans qu'il soit besoin de statuer sur les autres moyens du pourvoi, CASSE et annule..... » (C. C. 13 févr. 1882.)

Mesures spéciales de sécurité (pour certains passages, à raison de leur situation particulière). — V. plus loin, § 6.

---

l'autre restera au dossier, pour être comparé avec les placards imprimés que vous me ferez parvenir ultérieurement. — Je vous prie de vouloir bien me renvoyer signé, mais sans lettre, le récépissé joint à la présente dépêche. — Recevez, etc. »

V. Infractions, accidents, responsabilité et questions diverses. — Les infractions relatives au vice ou au défaut d'établ. des barrières (inexéc. de l'art. 4 de la loi du 15 juill. 1845), sont du ressort du C. de préf. — Mais les infractions commises aux arrêtés préfectoraux, pris sous l'approb. du min. pour la réglementation du service des passages à niveau (en vertu de l'art. 4 de l'ordonn. du 15 nov. 1846) tombent sous l'applic. de l'art. 21 de la loi du 15 juill. 1845. — V. *Compétence, Grande voirie* et *Pénalités*. Voir spécialement, pour diverses contraventions relatives à la manœuvre des barrières, à l'introduction accidentelle des bestiaux sur la voie, aux conditions irrégulières du service des passages à niveau, sur une ligne en construction, etc., les mots *Barrières*, § 5, et *Bestiaux*, § 4.

Introduction interdite de voitures, chevaux, etc. — Le 27 déc. 1869 un procès-verbal a été dressé contre un charretier qui, étant en état d'ivresse, avait laissé son cheval, attelé à une voiture, pénétrer dans l'enceinte du chemin de fer et enfoncer la barrière d'un passage à niveau, à Saint-Rémy. Le tribunal de simple police de Rambouillet a, par jugement devenu définitif, condamné le délinquant à cinq francs d'amende, par application des art. 21 et 26 (loi du 15 juill. 1845), 61 (ord. 15 nov. 1846) et 463 Code pénal. — V. aussi *Bestiaux*, § 4.

Accidents aux passages à niveau. — 1° Chevaux effrayés venant briser les barrières. — 2° Rencontre de véhicules aux passages à niveau. — 3° Imprudence des personnes traversant les voies. — 4° Négligence des gardes-barrières, insuffisance d'éclairage, etc. — (V. *Barrières*, § 5. — Voir aussi d'une manière générale les mots *Accidents, Contraventions* et *Responsabilité*.) — En matière de *responsabilité civile*, « quoiqu'il appartienne à l'autorité administrative, en vertu de la loi de 1845 et de l'ordonn. de 1846, de régler les conditions de l'éclairage, de la garde et de la fermeture des passages à niveau sur les ch. de fer, les tribunaux peuvent, sans attenter aux droits de l'autorité admin., déclarer, en cas d'accident, qu'une comp. de ch. de fer s'est rendue coupable d'imprudence et a encouru une responsabilité civile en n'éclairant un pass. à niveau que d'un côté, en ne préposant à ce passage qu'un garde au lieu de deux, et en fermant le portillon au crochet et non à la clef. En le décidant ainsi, le juge du fait n'a pas franchi la limite de ses attributions souveraines et n'a pas empiété sur les droits de l'administration. » — C. C., 19 août 1863 (1).

Passage à niveau voisin d'un pont suspendu. — V. *Ponts*, § 4.

V *bis*. **Détails du service des passages à niveau.** — 1° *Éclairage des barrières* (Voir ci-dessus art. 12 de l'arrêté-type). — 2° Conditions du service des gardes-barrières (Voir le même arrêté; V. aussi les mots *Barrières* et *Gardes-barrières*). — 3° Accessoires des passages à niveau (V. *Barrières, Contrerails, Guérites, Maisons de gardes, Portillons* et *Sonneries*). — 3° Passages divers (V. *Chemin, Navigation, Passages, Ponts* et *Routes*). — 4° Nombre de passages de toute nature (V. *Ouvrages d'art*). — 5° *Passages à niveau particuliers*. — Pour l'établissement de ces passages, nous ne pouvons que renvoyer à l'art. *Barrières*, § 4. — Pour le mode de service, il y a lieu de se reporter en outre à l'art. 6 de l'arr. min. type, du 7 mars 1881 (V. ci-dessus, § 4). — *Concession non autorisée de passages particuliers.* — « Une compagnie n'a pas le droit de concéder un passage au

___

(1) Cet arrêt de la C. de C. n'a plus d'application aujourd'hui, en ce qui concerne, du moins, les *portillons* qui ne comportent pas de *fermeture à clef* et qui sont manœuvrés aux *risques et périls* des passants (V. plus haut, § 4, l'art. 7 du règl. type). — Il n'en est pas de même de la *barrière* proprement dite, dont le défaut de fermeture *au moment du passage des trains*, peut engager la responsabilité de la compagnie, comme dans l'affaire ci-après : « Une femme, trouvant ouverte la barrière d'un passage à niveau, pénètre sur la voie et est renversée par un train. — La seule ouverture de cette barrière devait faire supposer que le passage était libre et la compagnie est responsable de l'accident. » (Trib. civil de Lyon, 13 févr. 1883.)

travers d'un chemin de fer. — Le fait de placer, sans autorisation de l'admin., un ponceau sur un fossé de ce chemin, pour permettre de le traverser à niveau et relier les deux portions d'une propriété, donne lieu à l'applic. de l'art. 11, § 2, de la loi de 1845. » (C. d'État, 29 mars 1851.) — *Infractions.* — « La juridiction *correctionnelle* ne peut être saisie du défaut d'ouverture d'un passage à niveau particulier, dont le service ne touche en rien à ce qui est d'ordre public et de sûreté générale, quel que soit, d'ailleurs, le dommage éprouvé par l'usager. » — T. Blois, 11 déc. 1846. — 6° *Suppression de passages* (publics ou particuliers). — V. ci-dessus, § 2.

VI. Protection spéciale de certains passages à niveau (*signaux avertisseurs*). —

Extr. du rapport général d'enquête présenté le 8 juillet 1880, par la commission chargée d'étudier les nouveaux appareils de sécurité propres à prévenir les accidents sur les ch. de fer (et documents divers) :

1° *Rapport d'enquête,* 8 juillet 1880. — « *Passages à niveau.* — Les passages à niveau sont soumis à une réglementation qui est à très peu près la même sur tous les réseaux. Ceux qui sont le plus fréquentés nécessiteraient souvent des mesures spéciales de sécurité.

Sur quelques réseaux, notamment sur l'Est, ceux de ces passages qui se trouvent dans des conditions telles que les machines ou trains non attendus peuvent y arriver sans être aperçus ou entendus à une distance convenable, sont protégés au moyen de disques avancés manœuvrés par les gardes-barrières, et situés à 800 m. environ, dans la direction où le passage est masqué.

D'autres fois, dans certaines conditions de voisinage d'une station, c'est le disque-signal qui est placé au passage à niveau, et c'est l'aiguilleur de la station qui le manœuvre pour avertir le garde-barrière de l'arrivée prochaine d'un train.

Beaucoup d'inventeurs ont proposé l'emploi d'appareils avertisseurs automatiques mis en mouvement au passage des trains par des pédales situées à 1200 ou 1500 m. avant le passage à niveau. Aucun ne nous a paru susceptible d'être recommandé. — Le moins imparfait était la pédale d'annonce de M. Lartigue, qui a été expérimentée pendant trois ans, en avant de 15 passages à niveau du ch. de fer du Nord. L'appareil, basé sur le même principe que le contrôleur d'aiguilles, consistait en une pédale très légère, attachée à un basculeur à mercure, de manière à lui communiquer au passage des roues d'un train, le mouvement de bascule voulu pour produire l'interruption du courant électrique nécessaire au déclenchement d'une sonnerie trembleuse placée au passage à niveau. — Malgré les soins que M. Lartigue avait donnés à la construction de sa pédale, le fonctionnement de l'appareil était incertain. On a successivement supprimé tous les appareils en essai, à l'exception de deux qui restent encore en expérience.

Il y aurait d'ailleurs, un certain danger, en cas de non-fonctionnement, à employer des appareils automatiques pour ce genre d'avertissements. Il est très préférable de donner directement, d'une station ou d'un passage à niveau voisin, le signal de l'arrivée du train. — On a employé avec succès, dans ce but, sur le réseau de l'Ouest, l'appareil Regnault.

Sur le réseau P.-L.-M., on a adopté un petit appareil télégraphique très simple et à recommander, imaginé par M. Jousselin. Il permet par l'inclinaison à droite ou à gauche d'une aiguille, l'échange entre l'avertisseur et le garde-barrière, et inversement, de ses quatre dépêches laconiques, qui suffisent à assurer la sécurité et à montrer que le signal a été compris : « ouvrez » ; « fermez » ; « j'ouvre » ; « je ferme ».

Comme appareil avertisseur d'une grande sûreté, on a les sonneries allemandes (système Siemens) dont il sera question en parlant de la *voie unique* (V. ce mot). — Une de ces sonneries est installée au Landy, à la sortie de la gare de la Chapelle, sur la ligne du Nord, pour avertir la gare de Saint-Denis de l'arrivée de tous les trains.

Ainsi, les appareils qui peuvent donner un surcroît de sécurité aux passages à niveau en avertissant de l'arrivée des trains ne manquent pas, et la commission se fait un devoir de proposer au ministre d'en recommander l'emploi sur tous les points où la fréquentation exceptionnelle du passage, ou sa situation particulière, peuvent être des causes de danger. »

2° *Circ. min. 13 sept.* 1880, rappelant aux comp. les conclusions de la commission d'enquête. (*Ext.*) « La commission émet l'avis qu'il y a lieu de recommander aux compagnies l'emploi d'appareils avertisseurs ou protecteurs aux passages à niveau, eu égard à leur fréquentation et à leur situation.

Je rappellerai à ce sujet que, par une circ. min. du 3 sept. 1879, les comp. ont été invitées : — 1° A procéder, de concert avec les services de contrôle, à une révision gén. de leurs pass. à niveau, en vue de déterminer ceux de ces passages qui, à raison de leur situation particulière, auraient besoin d'être protégés plus spéc. ; — 2° A proposer les mesures dont cette révision aurait fait reconnaître l'opportunité. — L'admin. ne peut qu'inviter celles des comp. qui n'ont pas encore terminé leur étude, à présenter leurs propositions dans le délai de trois mois au plus, afin que l'ensemble du travail puisse être soumis prochainement au comité de l'expl. tech. des ch. de fer. »

3° *Circ. min.* 2 *nov.* 1881, adressée aux comp. (*Extr.*) « Le service du contrôle et celui des comp. ont procédé contrad. à une révision gén. des pass. à niveau, en vue de déterminer ceux de ces passages qui nécessiteraient l'installation d'appareils de protection. — Ce travail de révision, très laborieux, vient d'être terminé et va être soumis aux délibérations de la section du contrôle. Sans attendre l'achèvement de cette instruction, on a pourvu à la protection d'un assez bon nombre de passages à niveau.

Sur le réseau du Nord, tous les passages à niveau des sections à voie unique sont avertis de l'arrivée des trains, au moyen des cloches électriques; sur les lignes à double voie, quelques appareils avertisseurs spéciaux sont en expérience.

Sur le réseau de l'Ouest, 95 passages à niveau sont protégés, soit par des disques à distance manœuvrés par les gardes-barrières, soit par des appareils Regnault avec sonneries, mis en mouvement des stations les plus voisines.

Sur le réseau d'Orléans, 38 passages à niveau sont munis de signaux et 14 autres vont l'être prochainement.

Sur le réseau de la Méditerranée, on poursuit l'installation des appareils avertisseurs Jousselin, 56 passages à niveau en sont déjà pourvus.

Sur le réseau de l'Est, un certain nombre de passages à niveau sont protégés par des disques à distance et des sonneries.

Sur le réseau du Midi, 85 passages à niveau des plus importants sont munis de disques protecteurs à distance.

Le réseau de l'Etat comprend des lignes rachetées où les passages à niveau n'étaient pas munis de barrières; on n'a jusqu'ici installé aucun appareil, mais actuellem. l'admin. de ce réseau active la classification et la révision de tous les passages à niveau. »

4° *Circ. min. du* 4 *mai* 1885. (Rappel général des circul. précédentes et invitant les compagnies à compléter dans le plus bref délai l'application de celles des mesures restant à réaliser, notamment en ce qui concerne les *cloches électriques*, les *enclenchements*, l'*intercommunication* (V. ces mots) et la protection des passages à niveau.) *P. mém.*

VII. Croisement à niveau entre chemins de fer. — Le cah. des ch. n'a pas déterminé spéc. les dispositions et dimensions des ouvrages permettant à un ch. de fer de franchir, par-dessus, par-dessous ou à niveau, une autre ligne distincte de ch. de fer; mais cette acune n'existe pas en réalité, si l'on considère, par analogie, qu'un viaduc établi à la rencontre de deux voies ferrées quelconques A et B, participe à la fois du pont sur rails et du pont sous rails des routes. En effet : 1° l'ouverture du pont entre les culées sera au moins de 8 m. (largeur de la double voie ferrée A) et la distance verticale ménagée au-dessus des rails extérieurs de chaque voie, pour le passage des trains, ne sera pas inférieure à 4^{m}80 au moins (applic. de l'art. 12 du cah. des ch., relatif aux viaducs *sur rails*, des routes), 2° la largeur entre les parapets (largeur de la double voie ferrée B) sera au moins de 8 m., et la hauteur des parapets (à fixer par l'admin.) ne pourra, dans aucun cas, être inférieure à 0^{m}80 (applic. de l'art. 11 du cah. des ch. relatif aux viaducs *sous rails*). — Il n'y aurait d'exception à ces règles élém. qu'autant que l'une des lignes serait à double voie, et l'autre à simple voie.

Croisement à niveau de deux chemins de fer. — L'art. 13 du cah. des ch., qui a seulement prévu la traversée à niveau par un ch. de fer des routes et ch. vicinaux et ruraux, ne saurait fournir aucune indication directement applic. au croisement à niveau de deux chemins de fer A et B (considérés en dehors de tout raccordement donnant accès aux trains, d'une ligne sur l'autre). — Il n'existe, à notre connaissance, aucun règl. gén. pour l'établ. de cette variété de passages à niveau dont il existe pourtant déjà des exemples (notamment au croisement du chemin de Chagny à Montceau-les-Mines et de la ligne industrielle du Creusot au canal du Centre), et qu'on sera sans doute amené à tolérer, au moins sur quelques embr. secondaires, lorsque les lignes de ch. de fer sillonneront le pays dans tous les sens.

Ce système de traversée, qui présente en quelque sorte, pour le service, les inconvénients d'une bifurc. double, exige, outre l'observ. des règl. prescrivant de faire jouer le sifflet et de ralentir la marche des trains aux abords du croisement, de manière à pouvoir obtenir l'arrêt sur un simple signal fait à la main, la présence d'un agent, à poste fixe, qui peut communiquer avec la gare la plus voisine, au moyen d'un appareil télégraphique, et qui est chargé de maintenir constamment à l'arrêt, pour les effacer successivement au moment du passage des trains, sinon les disques de protection établis dans les quatre directions, au moins ceux des trois directions opposées à celle par laquelle doit arriver le premier train attendu ou annoncé. — Des ordres de service spéc. indiquent aux agents les devoirs qu'ils ont à remplir pour assurer la sécurité de la circulation dans ces passages relativement dangereux.

PASSEMENTERIE.

Tarif général (classification). — 1ʳᵉ classe du cah. des ch. — V. *Marchandises.*
Conditions spéciales de transport. — V. *Broderies, Dentelles, Guipures.*

PASSERELLES.

Mode d'établissement (des passerelles établies à la rencontre des ch. de fer). — 1° Ouvrages prévus dans les projets (V. *Ponts* et *Projets*). — 2° Passerelles établies aux frais des particuliers (V. *Projets*, § 5). — 3° *Passerelles accolées aux ponts de chemin de fer* (addition à l'art. 15 du cah. des ch.). — V. *Ponts*, § 1.

PATENTE.

I. **Fixation des droits de patente.** — 1° Extr. des premiers règl. de patente concernant l'industrie des ch. de fer. — Droit fixe et droit proportionnel.

(Extr. de la loi de 1844 et de l'instr. de 1858 sur les patentes). — Aux termes de la loi du 25 avril 1844 et de la loi des finances du 4 juin 1858, les comp. de ch. de fer étaient soumises : 1° à un *droit fixe* de patente de 200 fr., plus 20 fr. par myriamètre en sus du premier, jusqu'au maximum de 5,000 fr. ; 2° à un *droit proportionnel* du 20ᵉ sur la maison d'habitation, et du 40ᵉ sur l'établissement industriel.

L'art. 45 de l'instr. gén. sur les patentes, du 31 juillet 1858, portait ce qui suit : « Les bâtiments servant à l'expl. des ch. de fer, n'étant point généralement affermés et ne pouvant guère être comparés à d'autres bâtiments affermés, on estimera partout, afin d'arriver, autant que possible, à des résultats uniformes, la valeur locative pour laquelle ils doivent entrer dans les éléments du droit proportionnel, à raison de 5 p. 100 de la valeur de construction, augmentée de la valeur du sol. » — V. ci-après l'extrait des nouvelles dispositions qui ont modifié la législation des patentes.

2° *Loi du 29 mars* 1872 (communication de registres, etc.). — P. *mém.*

3° *Nouvelle législation des patentes* (loi du 15 juillet 1880 ; Ext. des dispositions pouvant recevoir une applic. sur les ch. de fer). — *Art.* 2. La contribution des patentes se compose d'un droit fixe et d'un droit proportionnel. — *Art.* 3. Le droit fixe est réglé conf. aux tabl. A, B, C annexés à la présente loi..... — *Art.* 8. Le patentable ayant plusieurs établ., boutiques ou magasins de même espèce ou d'espèces différentes est, quel que soit le tableau auquel il appartient comme patentable, passible d'un droit fixe, en raison du commerce, de l'industrie ou de la profession exercée dans chacun de ces établ., boutiques ou magasins. — Les droits fixes sont imposables, dans les communes où sont situés les établ., boutiques ou magasins qui y donnent lieu... — *Art.* 12. Le droit proportionnel est établi sur la valeur locative tant de la maison d'habitation que des magasins, boutiques, usines, ateliers, hangars, remises, chantiers et autres locaux servant à l'exercice des professions imposables. — Il est dû, lors même que les logements et les locaux occupés sont concédés à titre gratuit. — La valeur locative est déterminée, soit au moyen de baux.... ou de déclarations...., soit par comparaison avec d'autres locaux.... — Le droit proportionnel pour les usines et les établ. industriels est calculé sur la valeur locative de ces établ. pris dans leur ensemble et munis de tous leurs moyens matériels de production. —

Art. 13. Le taux du droit proportionnel est fixé conf. au tableau D annexé à la présente loi.... — *Art.* 22. *Les sociétés ou compagnies anonymes, ayant pour but une entreprise industrielle ou commerciale, sont imposées pour chacun de leurs établissements à un seul droit fixe, sous la désignation de l'objet de l'entreprise, sans préjudice du droit proportionnel....* — *Art.* 37. Les compagnies de chemins de fer, les services de transports.... sont tenus de laisser prendre connaissance des registres de réception et d'expédition de marchandises aux agents des contributions directes chargés de l'assiette des droits de patente.... (1) »

Extr. des tableaux joints à la loi (du 15 juillet 1880). — 1° Extr. des tabl. A et D : *Chargement et déchargement des navires, des bateaux ou des voitures de chemins de fer* (Entrepreneur de). — 6e classe. — Taux, 30e du droit proportionnel. — 2° *Id.* B et D : *Commissionnaires de transport par terre et par eau.* — Droit de patente variant de 300 fr. à 30 fr. suivant le chiffre de la population, plus une taxe correspondante au nombre des personnes attachées à l'industrie. — *Taux sur la maison d'habitation et sur les bureaux,* 10e du droit proportionnel. — *Taux sur les locaux, autres que les bureaux, servant à l'exercice de la profession,* 40e du droit proportionnel.

3° *Extr.* des tabl. C. et D. — *Chemins de fer avec péage* (Concessionnaire ou exploitant de) :

10 fr. par kilomètre pour les lignes ou portions de ligne à double voie.

5 fr. par kilomètre pour les lignes ou portions de ligne à simple voie. — Ne seront comptées dans les lignes à double voie que les parties pourvues de deux voies et reliant au moins deux stations entre elles.

Dans le cas où la ligne aurait moins d'un kilom., les droits ci-dessus seraient applicables.

Taux sur la maison d'habitation, 20e du droit proportionnel.

Taux sur l'établissement industriel, 50e du droit proportionnel,

Industries diverses : — 1° Exploitant de *buffet* dans l'intérieur d'une gare de chemin de fer. —Droit de patente de 5 fr.—Plus 10 fr. par personne employée au service ou à la surveillance. — Droit proportionnel du 20e sur la maison d'habitation, du 50e sur l'établ. industriel ; —

2° *Camionneurs, diligences, omnibus, roulage,* etc. (droits divers). *P. mém.* — V. plus loin, § 3.

(4°) *Nouvelle loi du 29 juin* 1881 (portant modification de l'impôt des patentes). — Nous ne mentionnons que *pour mémoire,* cette loi qui ne semble avoir apporté aucune espèce de modification, en ce qui concerne les chemins de fer, aux dispositions précédentes de la loi du 15 juillet 1880.

II. Détails d'application et d'interprétation. — Par suite de la diversité même de la matière et des nombreux éléments qui concourent à l'établissement des droits des patentes sur les chemins de fer, il s'est fréquemment produit, entre l'administration fiscale et les compagnies imposées, des désaccords qui ont été, d'après les règles ordinaires de compétence, soumis aux tribunaux administratifs. — Selon le système suivi dans ce recueil, nous donnerons ci-après, par ordre de date, une analyse succincte des principales difficultés litigieuses dont il s'agit, mais en plaçant d'abord en première ligne les instructions générales qui ont été la conséquence soit des dispositions de la loi précitée du 15 juillet 1880, soit de la jurisprudence du C. d'État antérieure à l'application de ladite loi.

Instruction générale sur les patentes (notifiée le 6 avril 1881 par le dir. gén. des contrib. directes et approuvée par le min. des finances). *Extr.*

(1) Au sujet de l'exéc. dudit art. 37 (qui reproduit textuellement l'art. 6 de la loi du 29 mars 1872), le min. des tr. publ. a adressé le 10 mai 1872, aux comp. la circ. suiv.— « Afin que le service des contrib. directes ne rencontre pas de difficultés pour l'exéc. de ces prescr. législatives, M. le min. des fin. me prie de les notifier aux comp. de ch. de fer; il ajoute que, de son côté, il donne des instr. pour que les recherches et les investigations, ainsi autorisées, soient toujours effectuées avec le tact et la prudence convenables en pareille matière. — Je ne doute pas, messieurs, que vous ne soyez tout disposés à faciliter, en ce qui vous concerne, l'exéc. d'une loi qui touche aux intérêts du Trésor, et je vous prie d'adresser à vos gares les recommandations nécessaires pour que les agents des contrib. directes ne rencontrent aucun obstacle dans l'accomplissement de la délicate mission qui leur est confiée..... »

Chap. II. — *Du droit fixe. Règles générales*, n° 21 traitant de ce qui *constitue l'établ.* en ce qui concerne spéc. les patentables du tableau C. — Il est rappelé, à ce sujet, que « les différentes fractions des lignes d'une même compagnie de chemin de fer » ne forment qu'un seul établissement.

Chap. IV. — *Du droit proportionnel*, n° 52. *Évaluation des bâtiments servant à l'exploitation des chemins de fer.* — Les bâtiments et emplacements qui servent à l'expl. des ch. de fer n'étant point généralement affermés et ne pouvant pas toujours être utilement comparés à d'autres bâtiments affermés, leur valeur locative doit le plus souvent être déterminée par voie d'appréciation, on s'attachera à constater leur valeur normale eu égard à la localité où ils seront situés.

Il est impossible de tracer des règles précises à ce sujet; l'admin. ne peut fournir à ses agents que quelques indic. gén. C'est dans les arrêts du C. d'État qu'ils devront chercher des solutions pour les cas particuliers qui pourront se présenter.

On fera entrer dans l'estimation les gares, les stations, les hangars, en un mot, tous les immeubles servant à l'exercice de l'industrie; mais on s'abstiendra d'y comprendre la voie ferrée, avec ses plaques tournantes et ses autres annexes, dans toute la partie de son parcours où elle peut être considérée comme voie publique, ainsi que les terrains et constructions dépendant de la voie ferrée ou qui font partie de la voie publique; on en exceptera également les locomotives et le matériel roulant.

On distinguera la valeur locative des locaux passibles du droit proportionnel sur le pied du 20°, de celle des locaux qui ne sont passibles du même droit que sur le pied du 50°; tels sont les bâtiments occupés par l'admin., les bureaux de recette, les salles d'attente, etc. — V. ci-après.

L'estimation devra toujours être précédée de la visite attentive des lieux et de leur description. On indiquera la situation des bâtiments, la surface qu'ils occupent, le genre des constructions, l'élévation, le nombre des étages, la superficie et la nature des terrains affectés au service de l'exploitation, le nombre, la destination, etc., des diverses machines existant dans les ateliers, ainsi que tous les autres renseignements propres à faciliter le contrôle et le rapprochement des estimations faites par les divers agents.

Les agents trouveront ci-après, en ce qui concerne la patente des ch. de fer, l'indication des principaux points élucidés par la jurispr. du C. d'État.....

1° Ne sont point passibles du droit proportionnel :

Les terrains et constructions contenant une dépendance de la voie ferrée ou de la voie publique : les cours de service donnant accès à la voie ou à la gare des marchandises; les quais découverts situés le long de la voie ferrée : les quais, même couverts, servant à l'embarquement des voyageurs; la toiture qui recouvre l'embarcadère et le débarcadère des voyageurs; les quais à coke et à bestiaux; les marquises qui recouvrent l'embarcadère des voyageurs et les trottoirs de la cour d'accès des voyageurs; les voies de garage, leurs rails et les fosses à piquer; les entre-voies; les guérites des aiguilleurs; les voies qui conduisent à la halle d'arrivée; les aqueducs ou égouts établis pour l'assainissement de la gare;

Les terrains, constructions et logements qui ne sont pas de nature à être considérés comme servant à l'exploitation industrielle et commerciale; les cours, terres vagues, jardins, non utilisés pour l'exploitation ou ne l'étant qu'accidentellement; les bureaux des commissaires de surveillance administrative et des commissaires de police; le bureau du télégraphe et le logement des préposés, les bureaux et les magasins de la douane; le bureau de l'octroi; le bureau des objets perdus; la remise des pompes à incendie; les cabinets d'aisance des cours de départ et d'arrivée; les murs de soutènement et de clôture, et les fondations extraordinaires; les grilles en bois et en fer servant de clôture aux cours de la gare;

Les logements des employés qui ne représentent pas la compagnie et dont l'habitation dans les gares n'est pas exigée par les besoins du service, par exemple, les logements des ingénieurs, de l'inspecteur de la traction, du conducteur des travaux, du chef du bureau de la grande vitesse, du contrôleur ambulant, du receveur principal, du receveur distributeur des billets, des piqueurs des travaux.

2° Sont passibles du droit proportionnel au 20° de la valeur locative :

Les logements, situés dans les gares, des représentants de la compagnie; les logements des chefs de gare, des chefs de station, du sous-chef de gare chargé de suppléer le chef de gare, de l'agent commercial.

3° Sont passibles du droit proportionnel au 50° de la valeur locative :

Les terrains et constructions servant à l'exploitation; les bureaux; les gares de réexpédition; les ateliers et leurs dépendances, ainsi que leur outillage; les voies qui conduisent aux ateliers de réparation et aux remises, les cours et les terrains affectés au même service; les quais et trottoirs sous les gares de marchandises ou servant de lieux de dépôt et chantiers; les chantiers servant de dépôt du matériel; les ateliers et leurs outillages fixe et mobile; les voies et plaques tournantes situées à l'intérieur des remises, rotondes et ateliers; les terrains pavés qui entourent les bâtiments et y donnent accès, à l'exception des cours de départ et d'arrivée; les cours intérieures des ateliers, lorsqu'elles ne donnent pas accès à la voie ferrée ou sont réservées à l'usage exclusif des ouvriers ; les rails établis sur les voies qui conduisent aux remises et magasins, et les plaques tournantes placées sur ces voies ; les ponts à bascule et leurs guérites, les grues à pivot ; les appareils pour le gaz et les bouillottes ; la gare d'eau servant à l'exploitation ; le château d'eau et ses accessoires ; les réservoirs ; les conduites d'eau et de gaz autres que celles qui desservent la voie publique ; la machine fixe qui alimente les locomotives ; les grues hydrauliques ; les tuyaux établis sous la voie ferrée et servant à conduire l'eau de la machine fixe au réservoir ;

Les logements occupés dans la gare par les employés qui ne représentent pas la compagnie, mais dont l'habitation dans la gare est exigée par les besoins du service, tels que les sous-chefs de gare chargés du service de la petite et de la grande vitesse, le chef de dépôt, l'aiguilleur, le garde-magasin, les concierges, les contrôleurs surveillants, etc. ; les sous-chefs de gare qui n'ont pas d'attributions spéciales, le chauffeur de la machine hydraulique, les charbonniers, le mécanicien du dépôt, l'agent chargé de surveiller les livraisons de charbon ;

Les maisons des gardes de passages à niveau ou gardes-barrières » (1).

Appréciations confirmées ou admises par la jurispr. du C. d'Etat (depuis la date des instructions qui précèdent). — 1° *Maisons de gardes-barrières*. Ces maisons, qui servent à assurer la sécurité de la circulation, font partie de l'établ. industriel et sont passibles du droit proportionnel de la contribution des patentes ; d'autre part, la comp. n'est pas fondée à soutenir que lesdites maisons ne doivent être soumises à la contribution foncière qu'à raison de la superficie des terrains qu'elles occupent et doivent être exemptées de la contribution des portes et fenêtres. (C. d'Etat, 21 avril 1882) ; — 2° *Dépense des chambres et bourses de commerce*. — Assimilation légale des comp. de ch. de fer aux patentables assujettis à la taxe pour frais de chambres et de bourses de commerce. (Applic. des art. 11 et 15, loi 23 juill. 1820, 33, loi 25 avril 1884 et 38, loi du 15 juill. 1880). *P. mém.* (C. d'Etat, 22 déc. 1882) ; 3° *Gare et quais maritimes* (Contestation relative à l'estimation de la valeur locative de l'ensemble d'une gare maritime et réclamation de la compagnie non admissible en admettant même que les grues et machines à vapeur de la gare maritime doivent être évaluées d'après le taux de 5 p. 100 et non d'après celui de 10 p. 100.) — C. d'Etat, 16 mars 1883. (*P. mém.*) ; — 4° *Exploitation d'un buffet dans l'intérieur d'une gare* (Estimation légale de la valeur locative, servant de base au droit proportionnel de patente, établie par rapport aux locaux qui ont fait l'objet du bail passé entre l'exploitant et la compagnie. — Appréciation de faits). — C. d'Etat, 8 févr. 1884. (*P. mém.*)

Droits de patente appliqués aux chemins de fer d'intérêt local (mêmes dispositions que pour les lignes d'intérêt général). (V. *Contributions*, § 5.) — Exploitation faite pour le *compte du département* (affaire spéciale au dép. des Ardennes). — « L'exploitation d'un chemin de fer d'intérêt local est faite pour le compte d'un département qui, seul, encaisse les bénéfices ou supporte les pertes, la compagnie voulant rester étrangère aux chances de l'entreprise. — Dans ces circonstances, le dép. des Ardennes doit être considéré comme exerçant la profession de concessionnaire de chemin de fer avec péage, et c'est à

_____

(1) Cette circulaire si détaillée du 6 avril 1881, nous dispense d'entrer dans l'énumération des arrêts antérieurs du C. d'Etat qui ont réglé l'application des droits de patente sur les ch. de fer, et notamment de celui du 25 févr. 1881 (concernant les conduites d'eau, grues hydrauliques, latrines, quais de réception et de livraison des marchandises, *considérés comme éléments imposables*, et les voies de garage, plaques tournantes et logements d'employés faisant partie des dépendances de la voie ferrée, et par suite *non imposables*). — D'autres décisions antérieures se rattachant à la contribution foncière des mêmes dépendances de l'*établ. industriel* ou de la *voie ferrée*, sont d'ailleurs résumées *p. mém.* au mot *Contributions*, § 2 (logements d'agents, portes et fenêtres, voies de garage, plaques tournantes, halles internationales, cabinets d'aisance, ponts à bascule, etc.). — Voir aussi des décisions spéc. antérieures, aux mots *Citernes*, *Entrepôt* et *Quais maritimes*. — Au sujet de l'attribution du droit *proportionnel* aux locaux des *gares communes*, on peut citer l'arrêt suivant : — « La comp. requérante, concess. de ch. de fer avec péage, fait usage, en commun avec la comp. du Nord, de la gare de Saint-Quentin, pour la réception des voyageurs et des marchandises transportés par elle. Elle occupe dans cette gare les locaux destinés à la remise de ses wagons et de ses locomotives et au dépôt des marchandises provenant ou à destination de sa ligne. Dans ces circonstances, c'est avec raison qu'elle a été imposée au droit proportionnel, à raison de la partie de la gare servant à l'exercice de son industrie. — Les conventions particulières intervenues entre les deux comp., et d'après lesquelles la comp. du Nord aurait pris à sa charge les contrib. afférentes aux terrains et bâtiments de la gare, ne sauraient faire obstacle au recouvrement de la taxe régulièrem. imposée à la comp. requérante, sauf à celle-ci, si elle s'y croit fondée, à exercer son recours contre la comp. du Nord devant l'autorité compétente. » (C. d'Etat, 8 mars 1878.)

tort que le C. de préf. a accordé audit dép. décharge des droits de patente auxquels il avait été primitivement imposé, en ladite qualité, pour l'année 1882, sur le rôle de la ville de Mézières. » — C. d'État, 8 juin 1883.

III. Patente d'industries privées. (Se rattachant au service des ch. de fer.)

1° *Entrepreneurs et sous-traitants.* — « Il y a lieu d'imposer à la patente, en qualité d'entrepr. de tr. publ., le sous-traitant d'une comp. concess. d'un ch. de fer qui exécute pour son compte, au moyen d'un matériel à lui appartenant et avec des ouvriers payés par lui, une partie des travaux dudit chemin. » (C. d'État, 19 janv. 1860.) — « Le sous-traitant d'un entrepr. de ch. de fer, qui s'est chargé à forfait, et à ses risques et périls, d'une partie des travaux, est devenu par ce fait entrepr. de travaux publics et patentable comme tel. » — C. d'État, 10 mars 1862 et 4 juin 1862.

2° *Camionneurs.* — « Est soumis à la patente comme *commissionn. de transports*, un contribuable dont l'industrie consiste, en vertu d'un traité passé avec une comp. de ch. de fer, à transporter, sous sa propre responsabilité, les marchandises de la gare chez les particuliers et réciproquement ; qui reçoit des particuliers une indemnité calculée d'après le poids des marchandises et qui occupe, dans la gare, un bureau où il reçoit les ordres d'enlèvement. » — C. d'État, 30 avril 1862 et 7 août 1872.

3° *Architectes.* — Un architecte attaché à un service de ch. de fer et n'exerçant aucun travail particulier, en dehors de son service, ne peut être porté au rôle des patentables d'une ville, comme exerçant cette profession. — C. d'État, 8 fév. 1860.

4° *Compagnies étrangères.* — « Une compagnie étrangère exploitant un tronçon de chemin de fer qui lui a été cédé sur le territoire français n'est pas déchargée de la contribution des patentes applicable à cette partie de ligne. » (C. d'État, 15 avril 1859.) — Mais une telle compagnie ne peut être considérée comme concessionnaire dans le sens de la loi des patentes (c'est-à-dire de la loi antérieure à celle du 15 juillet 1880). — Il y a donc lieu, avant toute fixation de droits à son égard, de faire un classement spécial de sa profession (C. d'État, 22 juin 1877). — Cette profession a été ultérieurement assimilée à celle de *concessionnaire de chemin de fer avec péage* (C. d'État, 27 février 1880). — *Nota.* — Dans la nouvelle loi (V. ci-dessus) on n'a fait qu'une seule catégorie pour le *concessionnaire* ou *l'exploitant*, d'un chemin de fer avec péage.

IV. Droits divers (applic. aux ch. de fer) (V. *Contributions* et *Impôts*). — Vérifications spéc. (*au moyen des feuilles d'expédition*). — Circ. min. 28 août 1883 et 14 janv. 1884. — V. *Impôt*, § 6.

PATINAGE DES MACHINES.

Indications diverses. — En temps de brouillard ou de pluie fine, la matière grasse qui existe sur le champignon du rail ressort et présente une surface glissante qui fait perdre aux roues des locomotives, circulant sur les rampes ou remorquant des trains un peu lourds, une grande partie de leur adhérence. Par suite de cet état du rail, les roues des machines tournent sans que le train avance, et ce mouvement insolite, auquel on donne le nom de *patinage*, est l'une des causes les plus fréquentes des retards pendant la mauvaise saison. — Les mécaniciens n'ayant pas encore trouvé d'autres moyens de remédier à cet inconvénient que de jeter du sable sur les rails, nous croyons devoir rappeler les instructions relatives à cet objet.

Emploi de boîtes à sable. — La question s'étant élevée de savoir s'il y avait lieu d'inviter les compagnies à faire usage de boîtes à sable pour produire rapidement l'arrêt des trains en marche, le ministre a décidé qu'il n'y avait pas lieu de *prescrire* l'emploi de ces boîtes à sable, les compagnies ayant spontanément placé des appareils de cette nature sur presque toutes leurs machines (Extr. de la circ. du 4 février 1865). — V. *Locomotives*. — (V. aussi l'instr. suiv.) :

Mesures spéciales de précaution pour le sablage des rails. — « Il arrive fréquemment que, lorsque les rails sont humides, les mécaniciens qui ont à démarrer avec des trains lourdement chargés, prennent du ballast et le jettent sur les rails, en avant de leur machine, afin d'empêcher le patinage. — Ce moyen, qui est bon, n'a pas d'inconvénient en pleine voie ; mais il est dangereux lorsqu'on l'emploie sur les changements, croisements et plaques tournantes, ou près de ces appareils, parce que de gros graviers peuvent, dans ce cas, s'introduire entre les aiguilles et les rails entaillés des changements, ou entre les rails et les contre-rails des croisements, ou dans les plaques tournantes, et occasionner ainsi des déraillements, ou tout au moins fausser les pièces des appareils de la voie. — Pour éviter ces inconvénients, et attendu que les mécaniciens sont souvent trop pressés pour prendre les précautions convenables, il est recommandé aux aiguilleurs et gardes, dans tous les cas où le démarrage des trains est difficile. de jeter eux-mêmes du sable sur les rails devant la machine, et de veiller à ce qu'aucun gros gravier ne s'introduise dans les appareils de la voie ; lorsque le train sera reparti, ils examineront avec soin si la voie est en bon état et si les appareils fonctionnent bien. » (Instr. spéc.)

Limitation de chargement des trains. — V. *Locomotives*.

PAVAGE. — PAVÉS.

I. Détails d'exécution. — *Confection de pavage* : 1° A la traversée à niveau des routes et chemins (V. *Passages à niveau*) ; 2° Pavage des avenues d'accès (V. *Rues communales*) ; 3° Trottoirs (Voir ce mot). — *Prix du millier de pavés.* — A Paris, notamment, le prix moyen du millier de pavés cubiques de 0m23 de côté, rendu sur place, est d'environ 400 à 500 francs.

II. Conditions de transport des pavés (Tarifs divers). — V. *Matériaux*.

PAYEMENT. — PAYEURS.

Indications diverses. — Voir *Comptabilité, Mandats, Oppositions, Paiement*.
Accréditement de signature (auprès des payeurs). — V. *Signature*.

PÉAGE.

Chemin public. — On distingue naturellement un chemin de fer *avec péage* de celui, par exemple, qui dessert un établ. industriel et où ne circule pas le public. — Le prix du tarif maximum figurant au modèle de cah. des ch. d'une concession de chemin de fer (art. 42) se divise en prix de *péage* et prix de *transport*. — D'après les dispositions en vigueur (art. 48, cah. des ch.), « en cas d'abaissement de tarif la réduction porte proportionnellement sur ces deux prix ». — Le premier, — correspondant au capital d'établ. de la voie ferrée et à ceux des frais généraux qu'exigent l'entretien et l'admin. de cette voie, — doit être payé par quiconque y circule ou y fait circuler des marchandises. — De tels cas, où le concess. n'a droit qu'aux prix fixés pour le péage, se présentent lorsque plusieurs comp. ont une section commune. — Voir à ce sujet *Embranchements*.

PEAUX ET CUIRS.

Conditions de transport (applic. de l'art. 42, cah. des ch.). — V. *Cuirs*.
Cuirs verts (considérés comme matières infectes). — V. *Matières*, § 5.

PÊCHE.

I. Conditions de transport des produits de pêche. — V. *Denrées et Poissons*.
II. Transports interdits en temps de pêche prohibée. — Les lois des 15 avril 1829

et 31 mai 1865 et le décret du 25 janvier 1868 contiennent l'interdiction de *transporter* les diverses espèces de poissons pendant le temps où la pêche est prohibée (sauf, dans certains cas applicables aux poissons provenant d'étangs ou réservoirs particuliers) (1).

Les époques d'interdiction sont gén. fixées comme il suit. (Ext. du décret du 25 janv. 1868) : — 1° Du 20 oct. au 31 janvier, est interdite la pêche du saumon, de la truite et de l'ombre chevalier ; — 2° Du 15 avril au 15 juin, est interdite la pêche de tous les autres poissons et de l'écrevisse. — 3° Est comprise dans cette interdiction, la pêche de l'ombre commun, de l'anguille et de la lamproie, mais non celle des autres poissons qui vivent alternativement dans les eaux salées (art. 1er). — Dans la semaine précédant chaque période d'interdiction de la pêche, des publications seront faites dans les communes pour rappeler la date du commencement et de la fin de ces périodes (art. 3).

Justification d'origine (décr. du 10 août 1875). — Art. 4. « Quiconque, pendant la période d'interdiction, transporte ou débite des poissons dont la pêche est prohibée, mais qui proviennent des étangs ou réservoirs, est tenu de justifier de l'origine de ces poissons. » — Voir plus loin, circ. min. 30 octob. 1886.

Constatation des infractions. — En dehors des agents du service proprement dit de la pêche, ce sont les préposés des contributions, des douanes et des octrois qui sont appelés à constater les contrav. en matière de transport prohibé de poissons. Les lois désignent également pour ces constatations les officiers de police judiciaire et les gardes champêtres. Par extension et conf. aux règl. des ch. de fer, les agents assermentés du chemin de fer, assimilés aux gardes champêtres, doivent aussi apporter leur concours à l'observation de la loi pour l'objet dont il s'agit. — V. à ce sujet l'instr. min. ci-après :

(*Extr. d'une circ. adressée le 30 oct. 1886 par le min. des tr. publ. aux ingén. en chef qui ont dans leur service la police de la pêche.*) — Cette instruction a eu surtout en vue la surv. et la constatation des délits *dans les halles et marchés* ; mais nous en détachons p. mêm. l'extr. suivant à titre de renseignement pour les fonctionn. et agents du service et de la surveillance des chemins de fer : « .... Ainsi que le rappelait le rapporteur de la loi du 31 mai 1865, « ce sera toujours au pêcheur ou au marchand qui mettra en vente du poisson d'étang (ou de réservoir pendant les époques de prohibition à faire la preuve de son origine, et les tribunaux auront à apprécier si cette preuve est satisfaisante..... — De leur côté, les gardes-pêche, les gendarmes, les gardes champêtres, les officiers de police judiciaire, etc., quand ils constatent que du poisson est transporté et mis en vente en temps prohibé, ont à examiner s'il y a lieu ou non de dresser un procès-verbal de contravention, et, par suite, à apprécier la validité des preuves d'origine produites par le détenteur du poisson..... » (*Extr. p. mêm.*)

Indications diverses. — Voir le mot *Poissons frais.*

PEINTURE.

I. Procédés de conservation du matériel fixe. — Quelques compagnies ont recommandé à leurs ingénieurs de faire donner deux couches de peinture au *minium* à toutes les plaques reçues des usines, ainsi qu'aux signaux et à toutes les pièces de fer et de fonte qui en sont susceptibles. — Cette peinture doit être faite par les soins des ingénieurs, dans les chantiers de la compagnie, dès la réception des pièces.

« Dans cette opération, il faut éviter de laisser arriver la peinture sur les surfaces de frottement ou d'articulation. Ces surfaces doivent être enduites d'un mélange de suif et de céruse dans les proportions suivantes :
75 pour 100 de suif et 25 pour 100 de céruse. — L'application se fait à chaud, quand le mélange est liquide, au moyen d'une brosse ou d'un pinceau.

---

(1) Lesdits étangs et réservoirs sont ceux définis comme il suit, à l'art. 30 de la loi du 15 avril 1829 (*Extr.*) : — « Sont considérés comme des étangs ou réservoirs les fossés et canaux appartenant à des particuliers, dès que leurs eaux cessent naturellement de communiquer avec les rivières. »

Après la pose, on donnera la teinte définitive, au moyen d'une 3° couche de peinture, en ayant toujours soin de ne pas en mettre sur les surfaces polies. » (*Inst. spéc.*)

Prix de la peinture. — A Paris, le prix moyen d'un m. carré de peinture à l'huile à 3 couches avec céruse de Clichy est d'environ 1 fr. 20. Le m. carré de goudronnage s'y élève à 0 fr. 30 pour la 1ʳᵉ couche, et à 0 fr. 15 pour la 2ᵉ couche.

Peinture des ponts métalliques (service d'entretien). — V. *Entretien* et *Ponts.*

II. Emploi de l'oxyde (ou blanc de zinc). — « Conf. à l'avis du C. gén. des p. et ch., le min. a décidé que le blanc de zinc sera admis, en concurrence avec le blanc de céruse, dans les trav. du service des p. et ch... Les ingén. devront tenir compte de cette disposition dans la rédaction de leurs devis. » — Circ. min. 10 avril 1850. *Extr.*

PÈLERINAGES.

Service du chemin de fer. — 1° Conditions de tarif à prix réduit (V. *Billets* et *Ordres de service*). — 2° Fraudes (interdiction aux voyageurs munis de billets *directs* de pèlerinage de s'arrêter aux stations intermédiaires, à moins d'abandonner leur billet de retour) (V. *Billets*). — 3° Service d'ordre et mesures en cas d'affluence. — Voir *Affluence* et *Police*.

PÉNALITÉS.

I. Infractions au cahier des charges (*commises par les compagnies*). — Dans l'état actuel de la législation et de la jurispr., le cah. des ch. et la loi de concession à laquelle ce document se rattache ne paraissent avoir de sanction pénale qu'en ce qui concerne les *infractions de gr. voirie* commises par les concessionnaires (Titre II, loi du 15 juillet 1845. V. *Contraventions* et *Procès-verbaux*). — La violation des obligations conventionnelles résultant des autres clauses du cah. des ch. est de nature à entraîner la *déchéance* (Voir ce mot) ; mais elle ne saurait donner lieu, envers les concess. contrevenants, à une action publique, indépendante de l'action civile dérivant des engagements qu'ils ont pris, soit vis-à-vis de l'État, soit vis-à-vis des particuliers (C. C., 10 mai 1844. C. Orléans, 7 juillet 1847. C. Colmar, 23 février 1848). — V. aussi *Cah. des ch.*, § 4.

Toutefois, les agents des compagnies sont passibles de poursuites judiciaires, à raison de l'inexécution des mesures d'ordre et de police prévues dans l'acte de concession, lorsque ces mesures sont reproduites dans les règl. placés sous l'empire de la sanction pénale édictée par l'art. 21 de la loi de 1845 (V. plus loin, § 4). — Ils ont à répondre, notamment, au moins au point de vue de la responsabilité civile des compagnies, de l'observation des dispositions ayant pour objet la perception des taxes et des frais accessoires, l'expédition régulière et sans tour de faveur des voyageurs et des marchandises, l'insuffisance du personnel, celle de l'installation ou de l'entretien du matériel, etc. (V. à ce sujet, à titre de renseignement, les art. *Délais, Marchandises, Matériel, Règlements, Responsabilité, Salles d'attente*, etc.). — De leur côté, les voyageurs et les expéditeurs de marchandises peuvent se placer sous le coup d'une poursuite en cas de fraudes ou de fausses déclarations. — V. *Fraudes.* Voir aussi, au sujet de ces affaires judiciaires se rapportant à la sanction pénale des infractions proprement dites aux dispositions du cah. des ch., les mots *Bagages*, § 3, *Cahier des charges*, § 4, et *Compartiments réservés.*

II. Règlements de grande voirie. — Nous avons rappelé, à l'art. *Grande Voirie* et aux mots correspondants, les principales dispositions des anciens règl. rendus applicables au service des ch. de fer. Les pénalités diverses, et quelquefois exorbitantes de ces anciens règlements, ont en quelque sorte perdu leur signification, puisque l'art. 11 de la loi du

15 juillet 1845, qui permet de réduire le minimum de l'amende à 16 fr., a confirmé, en ce qui concerne les contr. de gr. voirie, commises par des tiers, sur les lignes de ch. de fer, les dispositions de la loi modératrice du 23 mars 1842, reproduites à l'art. *Amendes*. — Voir, au mot *Lois*, le texte même de l'art. 11 de la loi du 15 juillet 1845, qui édicte la pénalité applicable aux contrav. de gr. voirie commises par les tiers, et, au mot *Grande voirie*, les observations relatives à la pénalité édictée par l'ancienne loi du 6 oct. 1791. — V. aussi *Police*.

Contraventions de voirie commises par les concessionnaires (Art. 12, titre II, de la loi du 15 juillet 1845) (V. *Contraventions*, § 2). — *Art. 14*. Les contraventions prévues à l'article 12 seront punies d'une amende de trois cents à trois mille francs. — *Art. 15*. L'admin. pourra, d'ailleurs, prendre immédiatement toutes mesures provisoires pour faire cesser le dommage, ainsi qu'il est procédé en matière de grande voirie. — « Les frais qu'entraînera l'exécution de ces mesures seront recouvrés contre le concessionnaire ou fermier, par voie de contrainte, comme en matière de contrib. publiques. »

Réparations des dommages. — La loi du 29 floréal an x attribue aux trib. admin. la connaissance de toutes les contrav. de gr. voirie et dégradations commises sur les grands ch. publics. — V. *Contraventions* et *Dommages*.

Contraventions mixtes. — Le C. de préf. doit appliquer les peines pécuniaires, en prononçant sur les amendes encourues par les contrevenants, comme sur les indemnités, restitutions et réparations auxquelles les contrav. peuvent donner lieu. Dans le cas où les contrav. de voirie constituent un délit soumis à la peine corporelle et d'emprisonnement, l'autorité admin. prononce les dispositions qui sont de sa compétence, en ce qui concerne la peine pécuniaire, sauf à renvoyer les contrevenants ou délinquants devant le trib. correctionnel, pour l'application de la peine corporelle. » (Exéc. de la loi du 29 floréal an x, ext. d'une circ. des p. et ch., adressée aux préfets le 13 frimaire an xi, 4 déc. 1802.)

III. Mesures relatives à la sûreté de la circulation. — 1° Pénalités pour les tentatives de déraillement et autres crimes et délits (Art. 16, 17, 18 et 25 de la loi du 15 juillet 1845) (V. *Actes de malveillance*). — 2° Répression des faits occasionnant des accidents (art. 19 de la même loi) (Voir ci-après, § 5). — 3° Agents abandonnant leur poste (art. 20 *ibid.*) (Voir *Abandon*). — 4° Constatation des crimes, délits ou contraventions (art. 12 et 23 *ibid.*) (V. *Contraventions* et *Grande voirie*). — 5° Responsabilité des concessionnaires (art. 22 *ibid.*) (V. *Responsabilité*). — 6° Circonstances atténuantes et cumul des peines (art. 26 et 27 *ibid.*) (V. plus loin au § 8). — 7° *Accidents de machines à vapeur* (Voir *Machines*). — 8° Infractions aux règlements d'exploitation et aux décisions ministérielles et arrêtés pris pour l'exécution desdits règlements. — Voir ci-dessus § 1er et ci-après, § 4.— (V. aussi *Décisions* et *Règlements*.)

Police sanitaire des animaux (loi 21 juillet 1881). — V. *Désinfection*.

IV. Règlements d'exploitation. — Ordonnances, etc. — « Toute contravention aux ordonn..... portant règlement d'admin. publique sur la police, la sûreté et l'expl. du ch. de fer, et aux arrêtés pris par les préfets, sous l'approbation du min. des tr. publ., pour l'exécution desdites ordonnances, sera punie d'une amende de seize à trois mille francs. — En cas de récidive dans l'année, l'amende sera portée au double, et le tribunal pourra, selon les circonstances, prononcer, en outre, un emprisonnement de trois jours à un mois. » — Art. 21, titre III. — Loi du 15 juillet 1845.

Décisions ministérielles, arrêtés préfectoraux, etc.—L'art. 79 de l'ordonn. (ou règl. gén. sur les ch. de fer) du 15 nov. 1846 porte ce qui suit : — « Seront constatées, poursuivies et réprimées, conf. au titre III de la loi du 15 juillet 1845 (V. l'art. 21 ci-dessus), les contrav. au présent règl., aux décisions rendues par le min. des tr. publ., et aux arrêtés pris, sous son approb., par les préfets, pour l'exéc. dudit règlement. »

Nota. — La rédaction de la disposition précédente ne diffère, comme on le voit, de celle de l'art. 21 précité de la loi du 15 juillet 1845, que par l'extension de la sanction pénale aux *décisions ministérielles* prises pour l'exéc. du règlement. Dans cette circonstance, le législateur de 1846 a pensé avec raison, que les décisions et circulaires ministérielles formeraient le contingent le plus important de la réglementation du service des ch. de fer, et qu'il convenait de leur donner une force nouvelle. Nous ajouterons que la pénalité combinée des art. 21 et 79 précités de la loi de 1845 et de l'ordonn. de 1846 trouve son application, pour la majeure partie des infractions commises, soit par les agents des compagnies, soit par les particuliers, en ce qui touche du moins les mesures de sécurité, d'ordre ou de police, rappelées dans les divers articles du présent recueil. — Nous renvoyons pour cet objet au mot *Règlements*, et au § 6, ci-après, en ce qui concerne les infractions commises dans l'application des ordres du service intérieur des compagnies.

Application des tarifs. — Irrégularité d'affichage, de distribution de billets, fausse perception, solidarité des condamnations, etc. — Voyez au mot *Affichage*, § 3, le résumé d'un arrêt de la C. de cass. du 20 mars 1868.

Règlements divers. — 1° Sanction pénale du règl. des signaux (V. *Règlements*). — 2° Police des cours des gares (pénalité prévue par l'art. 13 du règl. modèle du 25 sept. 1866) (V. *Cours des gares*, § 3). — 3° Police des passages à niveau (V. *Passages*). — 4° Dérangement ou destruction de disques, ou d'appareils divers (V. *Dégradations*). — 5° Application d'amendes ou autres punitions. — V. *Amendes* et *Punitions*.

V. Pénalité spéciale pour les accidents d'exploitation (Art. 19 de la loi du 15 juillet 1845). — « 19. — Quiconque, par maladresse, imprudence, inattention, négligence ou inobservation des lois ou règlements, aura involontairement causé, sur un chemin de fer, ou dans les gares ou stations, un accident qui aura occasionné des blessures sera puni de huit jours à six mois d'emprisonnement et d'une amende de cinquante à mille francs. — Si l'accident a occasionné la mort d'une ou plusieurs personnes, l'emprisonnement sera de six mois à cinq ans et l'amende de trois cents à trois mille francs. » — Voir *Accidents d'exploitation*, § 8.

Accidents causés par les machines à vapeur (loi 21 juill. 1856). — V. *Machines*.

Accidents de travaux (Pénalité de droit commun, art. 319 et 320 du Code pénal). — V. l'art. *Accidents de travaux*.

VI. Règlements intérieurs des compagnies. — En matière pénale, tout est de droit étroit, et l'on ne peut appliquer aucune peine, si elle n'est pas prononcée par la loi.

Or, l'art. 21 de la loi du 15 juillet 1845 ne mentionne que les contrav. commises aux ordonn. portant règl. d'admin. publique sur la police, la sûreté et l'expl. du ch. de fer, et aux arrêtés pris par les préfets, sous l'approb. du min. des tr. publics pour l'exécution desdites ordonnances. — D'après la règle rigoureuse du texte de cet article, les décisions ministérielles et règlements approuvés, *qui n'ont point été prévus par l'ordonn. du 15 nov. 1846, ni par la loi du 15 juillet 1845*, ne sauraient, en conséquence, donner lieu à l'applic. de l'art. 21 de cette dernière loi; mais leurs dispositions sont quelquefois interprétées d'une autre façon (Voir *Règlements*) et servent, en cas de contraventions, suivies d'accidents, à caractériser et rendre plus manifeste la maladresse, la négligence ou l'inattention des agents compromis, et pour démontrer que leur faute tombe bien sous le coup de l'art. 19 de la loi du 15 juillet 1845.

La jurispr. a confirmé depuis longtemps le principe exclusif dont nous venons de parler, et on peut citer entre autres décisions, un arrêté de la C. d'Orléans, 7 juillet 1847, qui a formellement refusé d'attribuer une sanction pénale à une décision prise en dehors des prévisions des lois et règl. organiques du service des ch. de fer. La C. de cass. s'est également prononcée sur cet objet ainsi qu'il suit : — La contravention à une disposition d'un règl. intérieur d'une comp. de ch. de fer, approuvé par le min. des tr. publ., est punie des peines portées par l'art. 21 de la loi de 1845, pourvu que cette disposition procède d'une prescription de l'ordonn. de 1846. Le déraillement d'une machine dans une manœuvre de gare, s'il occasionne un dérangement dans le service des trains, doit être considéré comme un accident auquel s'applique l'article 59 de l'ordonn. de 1846. C'est au chef de station qu'incombe le devoir de donner à l'admin. l'avis prescrit par ledit article. Appréciations de faits. » (C. C., chambre crim., 4 août 1870.) — Voir du reste, au sujet de cette jurisprudence, diversement interprétée dans certains cas, les mots *Bagages*, § 3, *Cahier des charges*, § 4, *Compartiments réservés* et *Règlements.*

Punitions disciplinaires. — Du reste, lorsque la justice se trouve désarmée, en cas d'infraction non suivie d'accidents, aux règlements dépourvus de sanction pénale, il reste la voie disciplinaire, à laquelle les compagnies ne manquent pas d'avoir recours, chaque fois que cela est nécessaire pour le bon exemple.

Punitions demandées par le service du contrôle. — Voir le mot *Punitions.*

VII. Peines de simple police. — Dans quelques circonstances de droit commun, où les infractions ne présentaient pas de gravité réelle (V. *Actes de malveillance, Affichage, Alignement, Bestiaux, Matériel, Police, Passages à niveau, Voyageurs, etc.*), il a été fait applic. des peines suivantes édictées par le C. pénal :

« Art. 471. — 1re classe, de 1 fr. à 5 fr. d'amende ; récidive, 3 jours d'empris. au plus.
« Art. 475. — 2e   id.   de 6 fr. à 10 fr.   id.   id.   5   id.   id.
« Art. 479. — 3e   id.   de 11 fr. à 15 fr.   id.   id.   5   id.   id.

Récidive. — « Il y a récidive (en matière de police), lorsqu'il a été rendu contre le contrevenant, dans les douze mois précédents, un premier jugement pour contrav. de police commise dans le ressort du même tribunal. » (Ext. de l'art. 483 C. pénal.) — V. aussi *Récidive.*

Disposition générale. — Art. 484 (C. pénal). — « Dans toutes les matières qui n'ont pas été prévues par le Code, et qui sont régies par des lois et règlements particuliers, les cours et les tribunaux continueront de les observer. »

VIII. Affaires générales. —1° Questions mixtes et de droit commun. —V. *Compétence, Police* et *Tribunaux.*

2° Circonstances atténuantes. — Voir à la lettre *C.*

3° Récidive (V. ci-dessus, § 7). — Voir aussi l'alinéa 4° ci-après.

4° *Cumul des peines.* — « En cas de conviction de plusieurs crimes ou délits prévus par la loi sur les ch. de fer ou par le C. pénal, la peine la plus forte sera seule prononcée. Les peines encourues pour des faits postérieurs à la poursuite pourront être cumulées, sans préjudice des peines de la récidive. » (Art. 27, loi du 15 juillet 1845.) — « Le principe de *non-cumul* des peines est applicable aux contraventions punies de peines correctionnelles, spécialement aux contraventions, aux lois et règlements sur la police des ch. de fer, punies desdites peines. » —C. d'appel Riom, 14 mai 1883.

5° *Prescriptions des peines.* —V. *Prescription.*

6° *Sanction des règlements n'édictant pas une pénalité spéciale.* — V. art. 471, § 15, du Code pénal.

PENDULES, MONTRES ET HORLOGES.

Indications diverses. — Voir le mot *Horloges.*

PENSIONS.

Liquidation et règlement (V. *Retraites*). — Saisie-arrêt. — V. *Oppositions.*

PENTES.

I. Prescriptions du cah. des ch. — 1° *Maximum des déclivités* (art. 8, cah. des ch.) (V. *Déclivités, Études*, § 2, et *Projets*). — 2° *Modifications* (V. ce mot). — 3° Maximum des déclivités des routes et ch. déviés ou modifiés (art. 14 du cah. des ch.) (V. *Routes*). — 4° *Poteaux indicateurs des pentes.* — V. *Poteaux.*

II. Freins à placer dans les trains sur les fortes pentes (et mesures diverses de précaution) (V. *Arrêts mobiles, Enrayage* et *Freins*). — *Manœuvres sur les parties de voies en pente* (V. *Arrêts, Contre-vapeur* et *Manœuvres*). — *Embarrage de wagons isolés*, dans les stations placées au sommet de rampes de forte inclinaison (V. *Rampes*). — Chargement des trains (circulant sur les fortes déclivités). — V. *Locomotives*, § 4.

PERCEPTION DE TAXES.

Redressement d'erreurs (V. *Fin de non-recevoir, Erreurs, Taxes*). — Suppléments à payer (modifications d'itinéraire). — V. *Itinéraire*.

Perception de droits fiscaux (Formalités diverses). — V. *Acquits, Boissons, Contributions, Impôt, Octroi, Patente* et *Timbre*.

PERCHES ET BOIS DE CHARPENTE.

Classification (2ᶜ cl. cah. des ch.). — V. les mots *Bois* et *Classification*.

PERMIS. — PERMISSIONS.

I. Permissions de voirie. — V. les mots *Alignements* et *Grande voirie*.
Infractions (Constatations et formalités diverses). — V. *Procès-verbaux*.

II. Libre circulation. — 1° Fonctionnaires de la surveillance (V. *Libre circulation*). — 2° Agents des compagnies (*Ibid.*, § 5). — 3° Permis accordés aux expéditeurs (toucheurs de bestiaux, etc.) (V. *Toucheurs*). — 4° Autorisations diverses (circulation sur la voie, etc.) (V. *Libre circulation*, § 7).

Usage illégal des permis. — « M. C... est traduit devant le tribunal pour avoir voyagé dans un wagon de 1ʳᵉ classe sur le ch. de fer d... avec un permis gratuit délivré à M. L..., chef de bureau de l'architecte de ladite comp., lequel permis lui avait été remis volontairement par M. L... pour faire ce voyage. — Le trib. dit que les faits imputés à C... constituent non point le délit d'escroquerie, mais une simple contrav. aux lois et ordonn. sur l'expl. des ch. de fer; en conséquence, il condamne C... en 300 fr. d'amende, le condamne en outre à payer à titre de domm.-intérêts, à la comp., la somme de 139 fr. 50 c., valeur représentative du trajet fait par le prévenu; fixe au minimum la durée de la contrainte par corps, et le condamne aux dépens. » (*Journaux* du 23 juin 1869.)

III. Permis de circulation du matériel. — Nous avons indiqué au mot *Réception*, — 1° les règles à suivre pour la mise en circulation des voitures et wagons; — 2° les formalités de mise en circulation des machines locomotives. — Pour les locomotives, la réglementation résumée à l'art. *Machines* ne semble pas avoir dérogé aux dispositions précédemment en vigueur pour la mise en circulation des locomotives. — Ainsi l'autorisation préalable du préfet est toujours nécessaire; cette autorisation ne s'applique pas seulement aux chaudières, mais à tous les organes de la locomotive; il y a là un grand intérêt de sécurité publique que le gouvernement ne pouvait évidemment abandonner. — Le ministre des travaux publics a donc invité le préfet de police à Paris, à continuer de délivrer comme par le passé, sur le rapport des ingén. du contrôle, des permis de circulation pour les machines locomotives que les comp. affectent au service d'expl. des ch. de fer (Extr. de la déc. minist., 23 déc. 1868). — V. *Réception*.

IV. Permissions militaires (art. 3, arr. min., 15 juin 1866, réglant l'application du tarif militaire sur les voies ferrées). — V. *Militaires*, § 4.

Extr. de la circ. min. du 15 juin 1886 (portant envoi de l'arrêté précité) : — « L'art. 3 énumère les titres qui peuvent suppléer la feuille de route. Il n'a pas paru possible d'exiger que ces titres (sauf-conduits, congés, permissions, ordres de service) fussent toujours revêtus d'un cachet admin. Une permission ou un ordre de service sont souvent délivrés par un chef de détachement, qui peut être un simple officier, quelquefois même un sous-officier et ceux-ci n'ont pas à leur disposition le cachet du colonel. Toutefois, le min. de la guerre a bien voulu prendre certaines mesures pour entourer de garanties convenables l'usage des permissions militaires. Une circ. 16 oct. 1865 recommande aux autorités de son département de délivrer, autant que possible, les permissions sur formules imprimées et d'apposer le cachet toutes les fois que le signataire du titre en est régl. muni. Ce sont là sans doute de simples recommandations qui n'ont pas un caractère obligatoire ; mais elles n'en sont pas moins de nature à prévenir la plupart des abus signalés par les compagnies. »

Ordres et autorisations diverses de route. — V. *Feuilles* et *Militaires*, § 3.

PERSONNEL.

I. Services de l'État (Travaux de chemins de fer *exécutés par l'État*, et contrôle des travaux *exécutés par les compagnies*). — Les services de construction des grandes lignes de chemins de fer sont placés sous la *direction* du min. des tr. publ., lorsqu'il s'agit de travaux exécutés sur les fonds de l'État. L'admin. supér. exerce, d'ailleurs, en vertu du cah. des ch. gén. (art. 27), une surveillance directe sur les services de travaux organisés par les compagnies concessionnaires.

Les services de travaux ou de surveillance dont il s'agit sont composés notamment d'*ingénieurs* des ponts et chaussées, de *conducteurs* des ponts et chaussées et d'*employés secondaires* (V. ces divers mots) ; ils ressortissent, comme tous les autres services de l'admin. des trav. publ. à l'insp. gén. des p. et ch. dans la division duquel s'exécutent les travaux et qui rend compte soit annuellement, soit par des rapports spéc., au min. de la situation et de la marche des services de travaux ou de *contrôle des travaux* dont il s'agit.

Cadre auxiliaire du personnel (temporairement attaché aux services d'études et de travaux entrepris par l'Etat pour l'exécution du programme de 1878).—*Institution et licenciement* (Extr. et rappel *p. mémoire* de divers documents relatifs au personnel dont il s'agit). *Décret* 20 déc. 1878 *et circ. min.* 8 janv. 1879, relatifs à la création d'un cadre auxiliaire d'ingén. et de chefs de section ; *circ. min.* 8 fév. et 19 mars 1879, fixant le traitement des chefs et des sous-chefs de section ; *arr. min.* 5 avril et *circ. min.* 29 avril 1879, concernant l'admission des chefs de section au grade d'ingénieur ; *circ. min* 7 juin 1879, prescrivant la production de feuilles signalétiques du personnel du cadre auxiliaire ; *circ. min.* 7 août 1880, ad. aux préfets (admission exceptionnelle des conducteurs des p. et ch. dans le cadre auxiliaire) : « A l'avenir aucun conducteur des p. et ch. en activité ou en congé ne pourra passer dans le cadre auxiliaire, *même en donnant sa démission.* — Seront seuls exceptés de cette règle les conducteurs ayant quitté le service de l'Etat depuis plus de cinq ans, soit par suite de démission, soit par suite de congé.»— *Exécution des conventions de 1883.* (Situation faite au personnel attaché au service des lignes entreprises par l'Etat). — *Décret du 25 mars 1883*, portant suppression du cadre auxiliaire. (*P. mém.*) — *Destination donnée au personnel* (du cadre régulier ou du cadre auxiliaire) en ce qui concerne les lignes dont la construction doit être assurée par les compagnies (circ. min. 7 févr. 1884). — V. *Conventions*, § 2.

Réclamations d'agents révoqués (cadre auxiliaire).—« La décision par laquelle le conseil d'adm. des ch. de fer de l'Etat a prononcé la révocation du sieur C... des cadres du personnel des ch. de fer de l'Etat a été prise par ledit conseil dans l'exercice des pouvoirs que lui confère l'art. 4 du décret du 25 mai 1878. Ainsi ni le recours formé par le sieur C... contre ladite décision et contre celle du ministre, ni la demande d'indemnité formée contre l'Etat, à raison de la révocation dont s'agit, ne sont de nature à être portés devant le C. d'Etat par la voie contentieuse. — Sur la demande du sieur C... tendant à l'allocation de la somme de... pour reliquat de compte : — le sieur C... ne justifie d'aucune décision portant refus de procéder au remboursement des sommes qui pourraient lui être dues. » (C. d'Etat, 10 juillet 1885.)

Détails du contrôle des travaux des compagnies (Services placés sous la direction des insp. gén. et des ingén. en chef des p. et ch.). — Applic. de l'art. 27 du cah. des ch. (V. *Contrôle*, §§ 1 et 2). — V. aussi *Comptes rendus* et *Projets*.

Contrôle de l'exploitation. — Ce sont également les insp. et ingén. de l'État (corps des p. et ch. et corps des mines) auxquels sont adjoints d'une part des commiss. de surv.

fonctionnant dans les gares, et d'autre part des insp. spéc. pour la partie commerciale, qui sont chargés des services de contrô'e de l'exploitation des chemins de fer concédés. — Nous ne pouvons pour cet objet que renvoyer aux mots *Administrations, Commissaires, Conducteurs des p. et ch., Contrôle,* § 3, *Employés, Gardes-mines, Ingénieurs, Inspecteurs* et *Préfets.* — Nous appelons également l'attention sur l'institution nouvelle des *Commissaires généraux* auxquels a été dévolu le *contrôle financier* des comp. de ch. de fer (V. *Commissaires généraux* et *Contrôle,* § 4), et sur la récente organisation du personnel supérieur du *Contrôle technique* (Arr. min. 20 juill. 1886). — V. *Contrôle,* § 3 *bis,* 3°, *Inspecteurs, Quais maritimes* et *Tarifs.*

Détails du contrôle d'exploitation.—Dans les documents distincts de ce recueil figurent diverses instructions au sujet desquelles il faut se reporter aux objets mêmes qu'elles concernent. — Ainsi par exemple au mot *Désinfection* (des wagons), il est parlé de la surv. admin. à exercer pour cet objet; au mot *Dynamite,* § 2 (Art. 4, arr. min. du 10 janv. 1879), est mentionnée l'intervention éventuelle des gardes-mines ou *des* conducteurs des p. et ch. pour la surv. des établissements de dynamite. — Nous avons donné aussi à leur place la législation spéciale des carrières, des machines à vapeur et des mines, etc., en ce qui peut concerner les ch. de fer. — Au sujet des attributions des *ingénieurs en chef des mines,* dans le contrôle, nous avons cité, au mot *Ingénieurs,* les instructions relatives à leur participation aux conférences relatives aux travaux mixtes. — Enfin, au point de vue de la surv. générale et des tournées, nous avons donné les indications nécessaires à chacun des articles spéciaux se rapportant aux divers fonctionnaires et agents du service de contrôle de l'exploitation.—V. aussi en ce qui concerne les agents inférieurs attachés à ce service le mot *Employés secondaires,* qui peuvent concourir pour les postes de *Commissaires* de surv. dans les conditions ci-après : « La limite d'âge d'admission au concours pour l'emploi de commiss. de surv. admin., fixée à 34 ans pour les candidats civils, a été reculée à 40 ans pour les candidats comptant comme employés secondaires des p. et ch., 6 ans au moins de services dont 3 au moins *dans le contrôle de l'expl. des ch. de fer.* » (Arr. min. 26 juin 1880 et Circ. min. aux Insp. gén. 3 juillet suivant.)

Franchise télégraphique des fonctionn. du contrôle de l'expl. (Arr. min. du 1er juillet 1875. — Extr. de l'état B, indiquant les fonctionn. jouissant de la franchise télégraphique).

DÉSIGNATION DES FONCTIONNAIRES AYANT DROIT A LA FRANCHISE.	NATURE ET ÉTENDUE DE LA FRANCHISE.
Service des chemins de fer.	Limitée aux dépêches relatives aux accidents sur les voies ferrées, et adressées au ministre des travaux publics, au préfet du département, au procureur de la République du ressort, et aux ingénieurs du contrôle.
Les ingénieurs, commissaires et autres agents préposés à la surveillance administrative des chemins de fer, même résidant à Paris.	

Droit de priorité (Extr. de l'instruction du 1er juillet 1875, Annexe A) : — « 1. Le droit de franchise télégraphique implique, pour la correspondance des fonctionnaires et agents des services publics qui en sont investis, d'une part, l'exonération de la taxe, de l'autre, la priorité de transmission. — 2. Ce droit ne s'applique qu'aux dépêches *officielles urgentes,* c'est-à-dire aux communications relatives au service et que la poste ne pourrait transmettre en temps utile. » — *Indications diverses* (et modifications pouvant intéresser le contrôle des ch. de fer). — V. *Télégraphie.*

Franchise postale (des fonctionn. et agents du contrôle). — V. *Franchises.*

Organisation numérique du personnel du contrôle. — Le nombre d'ingénieurs et d'agents attachés aux services de *contrôle de la construction* des ch. de fer concédés aux comp., n'a rien de fixe, le personnel en question ayant souvent d'autres attributions en dehors des services dont il s'agit. — Nous n'en parlons par conséquent que *pour mémoire.* — Mais, en ce qui concerne spéc. le contrôle de l'exploitation, il est moins difficile d'établir au moins une *évaluation approximative* du personnel, surtout en prenant des moyennes générales pour plusieurs années et pour plusieurs lignes, et en tenant, d'ailleurs, compte d'un autre côté : 1° des doubles services d'ingén. dont presque aucun n'est exclusivement restreint à celui du contrôle; — 2° de la présence simultanée de deux ou trois commissaires dans quelques grandes gares ; — 3° de l'affectation d'un certain nombre d'agents au travail proprement dit des bureaux ; — 4° enfin, de l'importance relative du service actif de surv., par rapport à la fréquentation des lignes à *double* ou à *simple* voie, etc. — Ceci posé, en dehors des chefs ou directeurs des services, les longueurs des circonscriptions sont établies en moyenne dans les limites suivantes, savoir : *Ingénieurs* (p. et ch.), 250 à 300 kilom. ; — *Id.* (mines), 800 à 1000 kilom. ; — *Conducteurs* (p. et ch.), 150 à 200 kilom. ; — *Gardes-mines,* 250 à 350 kilom. ; — *Commissaires de surv. admin.,* 60 à 80 kilom. ; *Inspecteurs commerciaux,* 550 à 650 kilom.

Indications générales s'appliquant à l'ensemble du personnel de l'État, attaché aux services des ch. de fer (Exéc. et surv. des travaux ou contrôle de l'exploitation). — Voir plus loin, § 4.

II. Personnel des compagnies (1° *Travaux neufs*). — En dehors des chefs de la direction centrale des compagnies, le personnel attaché aux *travaux neufs* des lignes concédées se compose, en général, d'ingénieurs, de chefs de bureaux d'ingénieurs, de chefs et sous-chefs de section, d'employés, de piqueurs, de poseurs, et des diverses catégories d'entrepreneurs et d'ouvriers. — Nous n'avons à mentionner à ce sujet, en fait d'indications générales, que quelques extr. des documents statistiques officiels, relatifs auxdits services de construction et réunis au *Nota* ci-après. — 2° *Lignes en exploitation*. Les principaux renseignements relatifs à l'entretien et à l'exploitation des chemins de fer concédés aux compagnies se trouvant déjà groupés, en grande partie aux articles distincts, *Administrateurs, Agents, Chauffeurs, Chefs divers, Compagnies, Directeurs, Entretien, Gardes-barrières, Gardes-freins, Gardes-lignes, Ingénieurs, Inspecteurs, Marchés, Mécaniciens, Médecins, Militaires,* § 1, *Retraites, Statuts,* etc., nous ne pouvons également, pour ce qui peut intéresser l'ensemble du personnel, que renvoyer au *Nota* ci-après et aux documents généraux qui lui font suite :

Nota. 1° *Composition numérique des services de construction.* — Une ligne, celle d'Arvant à Murat, établie dans des conditions assez difficiles sur une longueur à simple voie, de 60 kilom. (dépense moyenne : 326,982 fr. par kilom.), a exigé, outre la direction des ing. et du service central, le concours 1° d'un notaire pour les acquisitions de terrains (sur une section) et d'un agent spécial (pour l'autre section) ; — 2° de deux ingén. du matériel access. attachés l'un à l'étude et au contrôle aux usines des tabliers métalliques, l'autre à l'installation des alimentations, des disques, des grandes plaques tournantes et des bascules ; — 3° d'un architecte access. chargé des projets de bâtiments exécutés avec son concours consultatif par des conducteurs d'architecture relevant de l'ingén. ordinaire ; — 4° et enfin, au moment de la plus grande activité, d'un personnel composé de 6 chefs de section, 10 conducteurs, 18 piqueurs, 12 employés de bureau, 16 surv. et agents temporaires ; soit en totalité 63 agents, c'est-à-dire à peu près un par kilom., indépend. des employés des entreprises. — Sur la ligne beaucoup moins difficile de Montluçon à Limoges où les terrassements ont été établis pour une voie et les ouvrages d'art pour deux voies (dépense moyenne : 221,240 fr. par kilom.), le personnel, sauf quelques détails, et notamment l'emploi d'un seul agent spécial pour les acquisitions de terrains, a été organisé d'une manière analogue à celle ci-dessus indiquée pour la ligne d'Arvant à Murat. Le nombre des chefs de section, conducteurs, piqueurs, employés et surveillants divers y a atteint, en effet, non compris le personnel central de Paris, le chiffre d'un agent environ par kilom., au moment de la plus grande activité. — Ces chiffres sont donnés comme simple indication, car il n'est guère possible d'établir des moyennes numériques, en ce qui concerne le personnel d'ingénieurs, de chefs de section et d'agents divers nécessaires à la construction d'une longueur déterminée de chemin de fer ; on comprend, en effet, que l'étendue des circonscriptions de chaque ingénieur ou agent est subordonnée à la nature et à l'importance des ouvrages à exécuter.

2° *Personnel des services d'entretien et de réparation des voies.* — Pour le personnel actif, placé sous les ordres de l'ing. en chef de la surv. et de l'entretien proprement dit de la voie, la répartition du service de quelques grandes comp. fait ressortir les chiffres suivants, savoir : 1° longueur moyenne des circonscriptions attribuées aux ingén. ordinaires, ou chefs d'arrondiss. (ou de division), environ 200 kilom. ; 2° *Ibid.,* chefs de section, 50 à 60 kilom. ; 3° *Ibid.,* piqueurs (chefs de districts, etc.), 20 kilom. ; 4° *Ibid.,* gardes-lignes (V. ce mot) 2,000 mètres. Il convient d'ajouter qu'à chaque arrondiss. d'ingén. correspond en outre, suivant les besoins du service, un piqueur et des gardes-lignes spéc. chargés de la surv. et des tournées *de nuit,* et enfin, un certain nombre de poseurs et brigadiers-poseurs, à *poste fixe*, employés, indépend. de la surv. de la ligne, à la pose de plaques tournantes, changements, croisements et traversées de voies, aux remplacements partiels de rails, et autres travaux d'entretien et de réparation ne motivant pas l'emploi de tâcherons ou d'entrepreneurs spéciaux. — V. aussi le mot *Chef de section.*

D'après d'autres renseignements recueillis pour l'ensemble des lignes de l'un des réseaux les plus productifs, le service de *la voie* et des *bâtiments* comprenait pour ce réseau, en dehors du personnel central du siège de la compagnie, 5,367 employés (dont 4,875 agents de la surveillance, de l'entretien, équipes et gens de service). En outre de ces derniers 4,875 agents, on a employé 2,750 ouvriers à la journée pour l'éclissage des voies et les travaux de construction sur les lignes en exploitation. Le nombre des femmes gardes-barrières était de 1530 et la *proportion des militaires*, dans le personnel de la voie, s'élevait à 30 p. 100. — La longueur du réseau dont il s'agit était à cette époque de 2,577 kilom.

3° *Service actif de l'exploitation.* — Ainsi que nous l'avons fait connaître au mot *Compagnies*, le personnel d'un chemin de fer en exploitation se compose, en dehors des chefs de service, de quatre groupes distincts, savoir : 1° l'*administration centrale*, qui comprend le service des ingénieurs, ceux de la comptabilité, du contentieux, du secrétariat général, etc. ; 2° la *voie* où se trouvent les chefs de section, les conducteurs, les aiguilleurs, les gardes-lignes et les gardes-barrières, les cantonniers, etc. ; 3° le *matériel* et la *traction* où figurent les chefs de dépôts et d'ateliers, les mécaniciens, les chauffeurs et les ouvriers des ateliers de réparation ; 4° et, enfin, l'*exploitation*, qui renferme les chefs et employés des gares, les conducteurs de trains, les gardes-freins, les graisseurs, etc. » (Enq. sur l'exp., *Recueil admin.* 1858.)

Personnel des gares et des trains. — Le personnel d'un train dépend de la composition de ce train. Il est déterminé dans certains cas par les règlements (V. *Composition des convois*). Le personnel des gares varie naturellement suivant l'importance du mouvement des voyageurs et des marchandises. — Au mot *Gares*, nous avons cité un document d'après lequel chaque station, quelle que soit son importance, doit être desservie *au moins* par deux agents, le chef de service pouvant être secondé par un garde-ligne facteur, chargé de surveiller la voie pendant l'intervalle compris entre les heures de passage des trains. Quelques-unes des grandes gares à marchandises de Paris étaient desservies (en 1869) par 6 à 700 agents.

Le nombre des gardes-lignes, des gardes-barrières et des poseurs varie également suivant les besoins et l'entretien de la surveillance. — V. *Gardes*.

En général, « le nombre des agents nécessaires pour assurer une bonne exploitation est en moyenne de 70 à 80 par myriamètre. » — Cette dernière évaluation, mentionnée dans le recueil de l'enquête admin. de 1858 sur le service des ch. de fer, a été confirmée par le relevé statistique officiel publié en 1869 au sujet de la situation de l'ensemble des lignes au 31 déc. 1866. D'après ce document le nombre des personnes employées sur les divers réseaux, d'une longueur totale de 14,447 kilom. exploités à cette époque, s'est élevé à 7,84 par kilom., savoir : 0,12 pour l'administration ; 3,12 pour l'exploitation ; 2,23 pour la traction et le matériel et 2,37 pour la voie et les bâtiments. — Ce chiffre de 7,84 par kilom. s'est un peu élevé et s'est transformé en celui de 8,27, dans le recueil de statistique officiel de 1880 (longueur d'environ 22,126 kilom. *exploitée au 31 déc.* 1878, date qui n'est pas indifférente, par cette raison qu'elle forme comme le point de départ du nouveau régime établi pour l'extension du réseau d'intérêt général). — Il se décompose, d'ailleurs, comme il suit :

1° *Administration centrale* (0,12, savoir) : — 221 administrateurs, directeurs, sous-directeurs, secrétaires généraux ; 2,094 agents des bureaux ; 374 concierges et garçons de service.

2° *Mouvement et trafic* (3,25, savoir) : — 292 directeurs, chefs et sous-chefs de l'exploitation et du mouvement (Service central) ; 4,520 personnel des bureaux (du service central) ; 314 garçons de bureau et gens du service central ; 4,352 chefs et sous-chefs de gare, 20,475 receveurs, facteurs enregistrants, comptables ; 32,703 hommes d'équipe, manœuvres et ouvriers (service des gares et des stations) ; 3,352 chefs de train, contrôleurs de route, sous-inspecteurs ; 5,828 conducteurs, gardes-freins (service des trains).

3° *Traction et matériel* (2,12, savoir) : — 683 ingénieurs, chefs de dépôts, chefs et sous-chefs d'ateliers ; 4,495 personnel des bureaux, dépôts, contre-maîtres ; 10,501 mécaniciens, chauffeurs ; 31,159 ouvriers, gens de service à l'année ou à la journée.

4° *Voie et bâtiments* (2,78, savoir) : — 462 ingénieurs, architectes, inspecteurs et chefs de section : 3,622 agents des bureaux, conducteurs et piqueurs ; 57,536 agents de la surveillance de l'entretien, équipes, ouvriers, etc.

Soit en totalité, pour 22,126 kilom., 182,983 agents (dont 124,283 *commissionnés*). — La proportion du nombre d'emplois donnés aux *anciens militaires*, est d'environ 39 p. 100 sur les grands réseaux, et celui des femmes employées comme gardes-barrières, receveuses, etc., d'environ 7,6 p. 100. — (Le compte rendu de 1869, *lignes exploitées au 31 déc.* 1866, faisait figurer 113,205 agents pour 14,447 kilom., y compris 41,191 employés payés à la journée, 8,426 femmes employées et 31,417 anciens militaires.)

III. Indications diverses relatives au personnel des ch. de fer. — 1° Formation des compagnies (V. *Compagnies, Sociétés* et *Statuts*). — 2º Attributions des diverses catégories du personnel (V. *Agents, Exploitation, Matériel, Mouvement, Traction* et *Voie*). — 3º Dispositions relatives au choix et à la nomination des agents ; à leur assimilation aux agents de l'autorité; à la déposition des agents en justice; au classement des agents dans le service actif, à leur responsabilité et enfin au nombre obligatoire d'employés (V. l'art. général *Agents*). — Voir aussi au sujet des emplois accordés aux *anciens militaires*, le mot *Militaires*, § 1, et la fin du *Nota* du § 2 ci-dessus). — 4º Uniforme, port d'armes et services publics des agents (*Ibid.*, § 3). — 5º Institutions de prévoyance, rétributions, secours, retraites, logements, etc. (*Ibid.*, § 10). — *Oppositions, Saisies-arrêts* (V. ces mots). — Rapports entre les compagnies de ch. de fer et leurs agents commissionnés. — Voir, à ce sujet, le mot *Mécaniciens*, § 6.

6º *Surveillance de l'admin. publique.* — Un décret du 27 mars 1852, que nous avons déjà rappelé à l'art. *Agents*, contient ce qui suit : — *Art.* 1er. — Le personnel actif employé aujourd'hui par les diverses comp. de ch. de fer, et celui qui sera ultérieurem. employé par les comp. qui viendront à se former, est soumis à la surv. de l'admin. publique. — L'admin. aura le droit, les comp. entendues, de requérir la révocation d'un agent de ces compagnies. » — V. au mot *Agents*, § 2, pour l'applic. de ce décret.

7º *Déplacement des agents.* — Les commiss. de surv. admin. ont le droit, en leur qualité d'offic. de police judic., de requérir devant eux les agents des comp. impliqués dans les affaires comme parties ou comme témoins; mais cette faculté doit se concilier, autant que possible, avec les exigences du service de ces agents. — V. *Réquisitions.*

8º *Licenciement des ingénieurs et agents.* — « Le débat engagé entre une comp. de ch. de fer et un ingénieur qu'elle a licencié, à l'occasion de ce licenciement, est commercial de sa nature. Dès lors, tous genres de preuves sont admissibles. La rupture du contrat de louage intervenu entre les parties provient du fait de la comp., celle-ci doit des domm.-intérêts à son ingénieur. » (C. C., 4 mai 1868. Comp. des ch. de fer russes.) — *Agents appartenant à un réseau cédé par une compagnie à une autre* (Obligation non imposée à la nouvelle compagnie de conserver le personnel cédé, à moins d'une stipulation expresse à cet égard). C. d'appel, Lyon, 18 mars 1885. — *P. mém.*

9º *Personnel accessoire.* — V. *Buffets, Libre circulation, Manœuvres, Ouvriers*, etc.

IV. Dispositions générales (Services des ponts et chaussées et des mines). — 1º Extrait des décrets d'organisation des 13 oct. et 24 déc. 1851 (V. *Congés* et *Inspecteurs*). — V. aussi les alinéas 2º et 3º ci-après :

2º *Ingénieurs devenus concessionnaires ou entrepreneurs.* — « Aux termes de l'art. 27 du décret du 13 oct. 1851, portant organisation du corps des p. et ch., *les ingénieurs des p. et ch. ne peuvent devenir entrepreneurs ni concess. de travaux publics sous peine d'être considérés comme démissionnaires.*

« Le C. gén. des p. et ch., appelé à se prononcer sur l'interprétation à donner à cette disposition, a été unanimement d'avis qu'elle devait être entendue en ce sens qu'il était interdit, en toute circonstance, aux ingén. de tout grade, non seulement de devenir entrepreneurs ou concess. de tr. publ., mais encore de se mettre, à un titre quelconque, au service d'un entrepreneur, soit en France, soit à l'étranger. — Cette interpr. est évidemment conforme à l'esprit du règl., et il importe à la dignité du corps que l'application en soit rigoureusement maintenue... — Aux termes de l'art. 37 du décret du 13 oct. 1851, la même règle est applicable aux conducteurs des p. et ch. » (Circ. min. 10 avril 1861. Extr.) — Elle doit être observée même lorsqu'il s'agit de fonctionn. ou d'agents *en congé illimité* (Circ. min. oct. 1879) (1).

_____

(1) Les congés *illimités*, admis pour le corps des p. et ch. ont été remplacés *par des congés renouvelables.* (Décret du 30 oct. 1879.) — V. *Congés*, § 3.

3° *Congés illimités accordés aux insp. des p. et ch.* — Voir *Inspecteurs*, § 2, 8°.

4° Travaux particuliers (*études de chemins de fer*, *projets*, etc., etc.). — Une circ. min. du 15 oct. 1864, adressée aux ingén. en chef, porte ce qui suit : « D'après les dispositions des décrets d'organ. des corps des p. et ch. et des mines, les ingén. peuvent se charger des travaux pour le compte des départements, des communes, ou des particuliers, et les décrets du 10 mai 1854 ont réglé les honoraires et frais de déplacement qui leur sont dus dans ce cas. — Toutefois, il a toujours été entendu que les ingén. ne pourront user de cette faculté sans avoir préalabl. demandé et obtenu l'agrément de l'admin. supér., seule en mesure de décider si ces travaux sont compatibles avec leur position et ne sont pas de nature à nuire à leur service obligatoire. — Cette prescription s'applique également aux conducteurs des ponts et chaussées et aux gardes-mines. » (Circ. min., 15 oct. 1864. *Extr.*)

Expertises. — Extr. d'une circ. min. tr. publ., 30 oct. 1886 (adressée aux ingénieurs des p. et ch. et des mines). — Aucun ingénieur, conducteur ou garde-mines ne doit « jamais accepter la mission d'expert avant d'en avoir référé à l'admin. supér., si ce n'est dans le cas où il aurait été nommé par un tribunal *expert de l'État* à l'occasion d'un litige où ce dernier serait en cause ».

5° *Allocations spéciales aux fonct. et agents* (pour le service du contrôle). — V. les mots *Budget, Frais divers, Retraites, Traitements, Uniforme,* etc.

Secours exceptionnels (demandés par les ingén., les préfets, etc., en faveur d'agents admis à la retraite, de veuves ou orphelins d'anciens agents et même de fonctionn. ou agents se trouvant encore en activité de service). Réserve à apporter dans ces allocations afin d'éviter les abus. (Circ. min. 23 déc. 1876. Extr.) : « ... Il importe avant tout d'éviter l'abus, qui, j'en conviens, peut se produire d'autant plus facilement, en matière de secours, que, en définitive, ces allocations ne s'accordent généralement qu'a des personnes plus ou moins malheureuses ; mais, je le répète, il est de toute nécessité d'apporter dans cette partie des dépenses de mon admin. d'importantes réductions. Pour obtenir ce résultat, il convient tout d'abord de n'accueillir qu'avec une extrême réserve les demandes de secours qui pourraient être présentées, d'en faire l'objet d'un examen approfondi et de ne me les transmettre, avec un avis favorable, que si vous avez la certitude que l'admin., en accueillant votre proposition, viendra en aide à une réelle infortune... »

6° *Tenue des bureaux ; expédition rapide des affaires* (et comptes rendus divers) (V. *Bureaux, Comptes* et *Instruction d'affaires*). — Envoi par les ingén. en chef au min. des tr. publ. d'états mensuels pour lesquels une solution n'est pas intervenue (Circ. min., 11 avril 1881) (V. *Comptes rendus*, § 3). — Centralisation des affaires. — V. *Administrations, Ministères* et *Préfets.*

7° *Chemins de fer de l'État* (*Agents chargés de l'expl. de ces chemins*). — Indications diverses (Voir *Cautionnement* et *Chemins de fer de l'État*). — Voir aussi *Contrôle*, § 5.

8° *Erreurs et négligences commises par le personnel* (V. *Agents, Erreurs, Négligences, Pénalités, Punitions, Responsabilité,* etc.) — Agents *dormant pendant le service.* — Ce fait est considéré comme un *abandon du poste* et peut motiver soit des poursuites en vertu de l'art. 20 de la loi du 15 juillet 1845 (V. *Abandon*, § 5), soit le renvoi des agents, comme cela a lieu aussi en cas d'*ivresse*. — V. ce mot.

Dispositions spéciales (Commiss. de surv. admin. et insp. de l'expl. commerciale) (V. *Commissaires* et *Inspecteurs*). — Voir aussi le § 5 ci-après.

V. Formalités et prescriptions diverses. — *Assermentation, Bureaux, Congés, Décorations, Examens, Feuilles signalétiques, Frais divers, Franchises* (postale et télégraphique), *Libre circulation, Médecins, Retraites.* — Voir ces mots.

Demandes d'emploi. — Les comm. de surv. adm. doivent s'abstenir « de solliciter, auprès des comp. des ch. de fer auxquels ils sont attachés, des emplois, soit pour leurs parents, soit pour d'autres personnes » (Circ. min., 18 nov. 1857). — V. *Agents.*

Passages à bord des navires. — Conf. à une circ. min. du 30 nov. 1855, « les demandes pour passage à bord des bâtiments de la marine nationale, formées par les fonctionn. dépendant du min. des tr. publ., ne devront être transmises au ministre de la marine que par l'intermèd. du ministre des travaux publics. »

Sollicitations contraires à la hiérarchie. — « Un certain nombre d'agents et même de fonctionnaires du dép. des travaux publics, en vue d'obtenir de l'avancement ou des récompenses et même pour des affaires d'un ordre purement intérieur, telles que des congés ou des changements de résidence, croient devoir recourir à l'intervention de personnages étrangers à la hiérarchie des corps. — Outre que cette intervention pourrait être une cause d'embarras pour l'admin. supér., elle laisserait croire que sa sollicitude et sa bienveillante équité ont besoin d'être éveillées sur les intérêts du personnel qui est placé sous sa direction. — Le ministre désire qu'à l'avenir ses collaborateurs de tout ordre s'en rapportent à leurs supérieurs hiérarchiques et aux préfets du soin de faire valoir leurs droits acquis et de manifester leurs convenances personnelles. Ils le trouveront toujours heureux de donner satisfaction à leurs vœux dans la mesure des moyens qu'il aura de le faire et autant que le permettra une attentive pondération des titres nés, soit de l'ancienneté, soit surtout du mérite des services. — Le ministre acceptera, d'ailleurs, avec empressement toute réclamation qui lui serait directement adressée, après avoir été préalabl. faite au chef du service compétent. » (Circ. min., 23 nov. 1863. *Extr.*)— V. *Feuilles signalétiques.*

Commissions de fonctionnaires et d'agents (et actes de naissance). — Les commissions ministérielles de nomination, notamment celles des commiss. de surv. admin., sont ordin. envoyées par l'admin., aussitôt que les actes de naissance des titulaires lui ont été fournis. — Ces commissions sont quelquefois réclamées par les parquets pour servir de base à la formalité de prestation de serment des agents, au moment de leur entrée en fonctions. — V. *Assermentation.*

Rapports de service. — 1° Avec la compagnie (V. *Contrôle* et *Inspecteurs*) ; — 2° Avec la justice (V. *Accidents, Contraventions, Justice, Procès-verbaux, Procureurs des Cours* et *Tribunaux*; — 3° Avec le public. — V. *Voyageurs.*

VI. Personnel des chemins de fer d'intérêt local. —V., aux mots *Chemin de fer d'int. local* et *Contrôle*, § 6, les dispositions relatives : — 1° au choix des agents auxquels devra être confié le soin de faire les études des chemins de fer d'intérêt local, et, ultérieurement, de diriger ou de surveiller la construction ; — 2° les prescriptions ayant pour objet l'organisation du contrôle de l'exploitation.

Intervention des Conseils généraux des départements. — V. *Préfets.*

VII. Personnel accessoire et services divers. — 1° Service des *buffets*, des *bibliothèques*, des *cours des gares* (V. ces mots). — 2° Surveillance de police dans les gares, mesures sanitaires, etc. (V. *Police*). — 3° Personnel judiciaire et militaire (V. *Justice, Magistrats, Marins* et *Militaires*). — 4° Fonctionnement des services des postes et télégraphes et de la perception des droits fiscaux (V. *Contributions, Douane, Impôt, Octroi, Patente, Postes, Télégraphie, Timbre*, etc.). — 5° Agents des expéditeurs (V. *Manœuvres* et *Manutention*). — 6° Ouvriers et personnes étrangères circulant dans l'enceinte du chemin de fer. — V. *Personnes étrangères.*

PERSONNES ÉTRANGÈRES.

I. Interdiction de circuler sur la voie. — En exécution des art. 61 et 68 de l'ordonn. du 15 nov. 1846, « les gardes et les poseurs ou cantonniers doivent empêcher toute personne étrangère au service du chemin de fer de circuler ou de stationner sur le chemin ou sur ses francs-bords, à moins d'une autorisation. »

Personnes autorisées (V. *Libre circulation*). — Les personnes autorisées à circuler dans l'enceinte de la voie « devront se soumettre aux mesures de précaution, dont l'exécution est confiée aux agents de la surveillance ». (Extr. des règl. appr.)

Surveillance. — « Si la personne rencontrée dans l'enceinte du chemin de fer est étrangère au service et ne se trouve pas dans les exceptions autorisées, le garde la conduira hors de la voie, après avoir pris son nom et son signalement et s'être assuré qu'elle n'était pas sur la voie dans des vues de malveillance. — En cas de soupçon à cet égard, il dressera procès-verbal et, au besoin, arrêtera ou fera arrêter le délinquant. » (*Ibid.*)

Résistance aux agents. — « Si, en cherchant à prévenir ou empêcher des actes contraires aux lois et règl., les gardes et les poseurs ou cantonniers éprouvaient de la résistance de la part des contrevenants ou de tous autres, ils demanderont main-forte aux autres agents du ch. de fer, qui devront imméd. leur porter secours; ils pourront, d'ailleurs, requérir l'assistance de l'aut. locale et de la force publ. » (*Ibid.*)

II. Prescriptions relatives aux ouvriers. (V. *Ateliers, Herbes, Manœuvres*, etc.). — « Les ouvriers, momentanément employés aux travaux d'une gare, ne peuvent s'introduire sur la voie ou dans une portion des dépendances du chemin où leur besogne ne les appelle pas. » (T. Chaumont, 10 juill. 1857.)

Personnes accompagnant des animaux. — V. *Bestiaux, Chevaux* et *Toucheurs.*

PERTE D'OBJETS.

I. Formalités et responsabilité. — 1° Perte de *matériaux* et d'objets destinés au chemin de fer (V. *Abandon*, § 3, *Matériaux*, § 2, et *Outils*). — 2° Perte de *bagages* et colis à la main (enregistrés ou non enregistrés) (V. *Bagages*, § 8. — Voir aussi les mots *Abandon*, §§ 1 et 2, et *Finances*). — 3° Perte de colis-marchandises (V. *Marchandises*, § 5 *bis*). — Voir aussi les indications suivantes.

Droit commun (Responsabilité des commissionnaires et voituriers, pour perte de marchandises, sauf la preuve par eux fournie du cas de force majeure). — Art. 1784 C. civ. et 97 du C. de comm. — V. *Commissionnaires*, § 1.

Applications. — 1° Perte de marchandises inexactement déclarées. (Dissimulation pratiquée à l'égard de la compagnie.) (V. *Déclarations*, § 3). — 2° Perte de colis-postaux (V. *Colis*, § 3). — 3° Perte de cadres en retour (*transport par tarif spécial, avec clause de non-garantie*). — Perte d'un cadre vide transporté en retour *gratuitement* aux termes d'un tarif spéc. qui exonère la comp. du ch. de fer de toute responsabilité en pareil cas. — Condamnation de la comp., jugement du trib. comm., Roanne 19 juill. 1882, annulé « par le motif que, des circonstances y invoquées (*étendue restreinte du parcours, poids, volume et destination dudit cadre*) et étrangères au fait même du transport, il ne ressort aucun rapport juridique et nécessaire entre la perte de l'objet et l'existence d'une faute imputable à la compagnie. » (C. C., 11 févr. 1884.) — *Perte des sacs vides en retour* (tarif spécial, avec clause de non garantie). — Responsabilité de la compagnie résultant de la preuve, établie *ou non établie* à l'égard de la négligence ou de l'infidélité de ses agents). C. C., 4 février 1874 et 5 janv. 1875 (V. le mot *Sacs*). — 4° Colis non réclamés, *oubliés, délaissés* ou *perdus* dans les gares (V. *Abandon*, §§ 1 et 2). — 5° *Marchandises perdues* ou *retrouvées* (limite des dédommagements). (V. *Marchandises*, § 5 *bis*.) — 6° *Perte d'une caisse oubliée sur le quai d'une gare.* (Aff. de la comp. de P.-L-M. contre Moiroud.) — La Cour..... Sur le moyen unique du pourvoi tiré de la violation, par fausse applic., des art. 1382 et 2279 du C. civil ; — Attendu que le jugement attaqué constate qu'une caisse, marquée J. M. 105, avait été laissée par mégarde sur le quai de la gare, que ladite caisse, trouvée par les employés de la gare, avait été expédiée à Paris, pour être déposée au magasin général des objets égarés, — que, sur la réclamation du sieur Moiroud, auquel cette caisse appartenait, le chef de gare de Vaise se borna à répondre que la caisse n'avait pas été trouvée par ses employés, — qu'aucune recherche ne fut faite dans les écritures constatant l'expédition ou le dépôt des objets égarés au magasin général, non plus que dans le magasin lui-même, — qu'avant de procéder à la vente de la caisse, aucune demande ne fut adressée à la gare d'expéd. pour savoir si des réclamations ne s'étaient pas produites ; — Attendu qu'en ces conditions, c'est à bon droit que le jugement attaqué a déclaré la comp. de P.-L.-M. responsable du dommage causé au sieur Moiroud, cette comp. ne pouvant être admise à se prévaloir du silence de ses régl. relativem. aux objets égarés, quand le droit commun suffit à lui imposer les mesures et les soins nécessaires pour que les objets puissent être facilement retrouvés ; — Par ces motifs, rejette le pourvoi..... » (C. C., 17 mai 1882.)

7° *Formalités de procédure* (Action du destinataire en cas de perte) : — « L'art. 108 du Code de comm. n'exige pas qu'il soit prouvé par la comp. du ch. de fer ou reconnu par le propr. de la marchandise réclamée que celle-ci est réellement perdue. Ce propriétaire est en demeure d'agir, par le seul fait que ladite marchandise n'a point été livrée. » (*C. cass.* 7 janv. 1874). — (*Compagnie actionnée par l'expéditeur.* — « Au cas de perte d'un colis transporté par ch. de fer, la comp. ne saurait encourir de responsabilité vis-à-vis du *destinataire* alors qu'elle est actionnée par l'*expéditeur* avec lequel seul elle s'est trouvée en rapport. » (Trib. comm. d'Arras, 2 nov. 1880).

8° *Transports internationaux.* — Bagages perdus (V. *Bagages*). — Règlement de dommages, au lieu de destination, pour pertes de marchandises (C. C., 13 août 1879). — Voir aussi *Trafic international.*

9° *Indications diverses.* — V. les mots *Dépôts, Déficits, Détournements, Litiges, Manquants, Récépissés, Responsabilité, Trafic, Transports, Vols,* etc.

II. Cas de force majeure. — *Responsabilité du destinataire.* — « Un certificat du maire prouve qu'une gare a été envahie par l'ennemi qui, le lendemain et le surlendemain de son arrivée, a enlevé ou détruit toutes les marchandises se trouvant à cette gare, ainsi que le mobilier et les archives de la compagnie. — La compagnie certifie que les marchandises litigieuses étaient au nombre de celles qui ont ainsi péri par un fait de guerre. — Elle n'acceptait plus les expéditions que sans garantie de délai, en conformité d'un arrêté minist. de réquisition de tous ses moyens de transport. — Dans ces circonstances, ladite comp. n'est pas responsable desdites marchandises. — C'est au destinataire et non à l'expéditeur à supporter les conséquences d'un tel fait de force majeure. » (Trib. de comm. de Charleville, 2 août 1871.) — Voir aussi au sujet de ces questions importantes de *pertes* de marchandises, attribuées à un cas de force majeure, les mots *Commissionnaires, Force majeure, Guerre,* § 3, *Incendie,* § 2, *Inondations,* § 3, et *Responsabilité.*

Preuves à fournir de la force majeure (Distinction à faire en ce qui concerne l'application des tarifs gén. ou l'applic. des tarifs spéc. sans garantie (V. *Preuves*). — Prescription des instances judiciaires. — V. *Prescription.*

III. Perte de titres et d'objets divers. — 1° *Perte de cartes de circulation* (V. *Libre circulation,* § 2 *bis,* 5°). — 2° *Perte de titres et valeurs* (Revendication, en vertu de la loi du 15 juin 1872) (V. *Titres*). — 3° *Perte des droits à la retraite.* — Voir *Retenues, Retraites* et *Révocations.*

IV. Indemnités pour pertes, avaries et incendie de marchandises (à comprendre aux comptes d'exploitation). — V. le mot *Comptes,* § 5.

PERTURBATIONS.

Crises (dans l'industrie gén. des ch. de fer). — Discussion, à l'*Assemblée nationale.* Séance du 7 déc. 1871 (p. mém). — Perturbations diverses. — V. *Accidents, Force majeure, Guerre, Incendie, Inondations* et *Responsabilité.*

PESAGE.

I. Reconnaissance et pesage des colis. — Tous les colis destinés à être transportés en grande ou en petite vitesse, doivent être reconnus et pesés avec soin, au moment où ils sont reçus dans les gares, et, autant que possible, en présence de l'expéditeur. —

Les agents ne doivent pas se contenter de la déclaration de l'expéditeur, ni s'en rapporter aux indications contenues dans la lettre de voiture. La pesée doit toujours être faite par leurs soins *et sous leur responsabilité* (V. *Reconnaissance*). — Poids spécifique de divers objets et matières. — **V.** *Poids*, § 4.

Règlement annuel du tarif de pesage. — Exécution de l'art. 51, cah. des ch. et de l'art. 47 de l'ordonn. du 15 nov. 1846 (V. *Frais accessoires*, savoir, pour la grande vitesse, le § 3 du chap. 1er de l'arr. du 30 nov. 1876. — Id., *petite vitesse*, § 3, chap. 1er du titre II. — § 3, chap. 4 et art. 2, ch. 5. — *Impôt pour la grande vitesse*. — Id. Titre 1er, chap. 4). — *Indications diverses* (Voir le même mot *Frais accessoires*, § 2). — *Prorogation des tarifs non renouvelés*. — V. art. 47, ordonn. du 15 nov. 1846.

Litiges sur les questions de pesage. — 1° Obligation du pesage. « Les comp. de ch. de fer doivent, au départ et pour établir la taxe, faire à leurs frais un pesage des marchandises dont le transport leur est confié. — Si elles ne font pas ce pesage *ordinaire*, un pesage requis à l'arrivée par le destinataire ne saurait être considéré comme *supplémentaire* et les frais doivent en demeurer à leur charge, — alors même que l'expéditeur aurait déclaré le poids *sur la lettre de voiture*; (Trib. civil de Briey, 24 juill. 1879; confirmé par C. de C., 28 mars 1882). — 2° *Déclaration inexacte du poids des marchandises* (considérée dans certains cas comme une *fraude* et pouvant donner lieu à des poursuites, le pesage officiel de la compagnie faisant d'ailleurs foi dans ces circonstances (V. *Déclarations*, fin du § 3). — 3° *Contestations sur le poids* (entre l'exp. et la comp.). — « Il suffit que le poids des marchandises ait été, lors du chargement sur les wagons, accepté par une comp. de ch. de fer et, en conséquence, porté sur le récépissé par elle délivré à l'expéditeur pour que ladite compagnie demeure, vis-à-vis de celui-ci, responsable de ce poids » (Trib. comm. *Seine*, 1er juin 1872). — 4° *Réclamation du destinataire*. — « Si à l'arrivée de marchandises transportées par chemin de fer, un déficit est constaté, la comp. ne peut être, conf. à la lettre de voiture, tenue à faire état au destinataire que de la différence entre le poids livré par elle et le poids à elle remis. » (C. *Cass*. 12 août 1872 et 26 janv. 1886.) — 5° *Manquant dans un wagon de charbon* (non pesé au départ). — Fautes non relevées contre la comp. (C. C., 5 janv. 1881) (V. *Charbon*). — 6° *Litiges entre vendeurs et acheteurs*. — « Si, aux termes de l'art. 1585 du C. civil, dans la vente de marchandises vendues au poids, celles-ci restent aux risques du vendeur jusqu'à ce qu'elles aient été pesées, — le pesage fait à la gare d'expédition, pour l'application de la taxe de transport, ne peut juridiquement suppléer le pesage contradictoire entre le vendeur et l'acheteur, qui seul rend la vente parfaite et opère les transferts de la propriété desdites marchandises. » (Tr. civil *Blaye*, 1er juillet 1874.) — 7° *Déchets admis* (dans le transport). — V. *Déchets*.

II. Minimum obligatoire d'instruments de pesage à fixer spéc. pour chaque département, par arrêté préfectoral (circ. min., 22 juin 1853, etc.) — V. *Poids et mesures*.

Ponts à bascule et grues de chargement. — V. ces mots.

PESTE BOVINE.

Police sanitaire (Désinfection de wagons). — V. *Désinfection*.

PÉTARDS.

Signaux détonants obligatoires (règl. min. du 15 mars 1856). — V. *Brouillards*.

Visite et remplacement des pétards (Extr. d'une instr. spéc. 15 avril 1886) : « Plusieurs accidents survenus au personnel ont été occasionnés par des explosions de boîtes à pétards qui se sont produites sans cause apparente. — Ces explosions ont été attribuées à la détérioration de l'enveloppe métallique des pétards, produite, dans la plupart des cas, par la rouille et ayant eu pour résultat de mettre à nu la matière fulminante. — Afin de prévenir le retour d'accidents de cette nature, il est prescrit aux mécaniciens et chauffeurs qui ont dans leur outillage des boîtes à pétards de les visiter fréquemment et de demander le remplacement des pétards qui leur paraîtront détériorés. — Les chefs et sous-chefs de dépôt devront, chaque fois qu'ils feront l'inventaire des outillages, s'assurer du bon état des pétards et signaler les mécaniciens ou chauffeurs qui auront négligé de faire remplacer ceux en mauvais état. — Dans les stations de machines de réserve, les mécaniciens chefs de réserve seront chargés de veiller au bon état des pétards confiés au personnel placé sous leurs ordres. »

Nouveau code des signaux (Emploi des pétards). — V. *Signaux*, § 5.

PETITE VITESSE.

Tarif gén. du cah. des ch. (V. *Marchandises*). — Tarif d'application et tarifs exceptionnels (V. *Tarifs*). — Impôt établi, puis supprimé (V. *Impôt*, § 2 *bis*). — *Opérations et indications diverses.* — V. les mots *Délais, Expéditions, Marchandises, Tarifs, Trains, et Wagons complets Transports.*

PETITE VOIRIE.

Alignements et travaux divers (aux abords des chemins latéraux et des voies vicinales) (V. l'art. *Maires*). — *Concours des autorités locales*, pour les autorisations de voirie. — V. au mot *Gr. voirie*, l'art. 41 du régl. gén. du 20 sept. 1858.

Police de voirie (constatations, etc.). — V. *Cours des gares, Juges de paix, Police*, etc.

PÉTITIONS.

Timbre obligatoire. — « Par applic. de la loi du 13 brum. an VII, art. 12, toutes les pétitions, réclamations et demandes adressées aux admin. et établ. publics sont assujetties au timbre. » (Indications rappelées par une circ. des finances, 10 sept. 1871.)

Rappel inséré au *Journal officiel* (juin 1886). — « Aux termes de la loi du 13 brumaire an VII, toutes les demandes, pétitions et réclamations adressées aux ministres et aux administrations publiques doivent être formulées sur papier timbré. — Les *demandes de secours* font seules exception à cette règle générale. — Toutes les autres pétitions adressées aux ministres sur papier libre seront classées à titre de simple renseignement, et il ne leur sera donné suite que lorsqu'elles auront été renouvelées sur papier timbré. »

PETITS PAQUETS.

Transport de petits colis (et tarif commun pour les *petits paquets* de 5 kilogr. et au-dessous, d'une valeur ne dépassant pas 100 fr.). — V. *Colis.*

Perte des petits paquets. — « Un tarif spéc., pour le transport des paquets dont le poids n'excède pas 5 kilogr., ne s'appliquant point aux objets dont la valeur du kilogr. est supér. à 20 fr. (*ancien tarif*), — si la comp. perd un *petit paquet*, le propr. n'a pas le droit de lui réclamer autre chose que la valeur de ce colis, calculée d'après le maximum qui vient d'être indiqué. » (Divers tribun. notamm. Saint-Quentin, 13 déc. 1879.)

Réclamations. — Au sujet des réclamations primitives des *commissionnaires* libres contre le tarif des petits paquets, si utile surtout au point de vue de l'*uniformité*, voici le texte même du compte rendu de la pétition des intéressés (séance de l'*Assemblée nationale*, 19 févr. 1880).

« De nombreux entrepr. de camionnage, factage et groupage, sollicitent l'intervention de la Chambre, dans le but d'obtenir qu'une nouvelle homologation du tarif commun, dit des « petits paquets » soit refusée aux six gr. comp. de ch. de fer. — Ce tarif, — font observer les pétitionnaires, — englobant la prise au domicile de l'expéditeur, la traction sur la voie ferrée et la remise chez le destinataire, est illégal, parce qu'il étend le monopole de transport des comp. au delà des limites des réseaux concédés. — *Motifs de la commission.* — La commission ne croit pas que ce tarif puisse être homologué à nouveau, parce qu'il favorise la concurrence des ch. de fer contre l'industrie libre et oblige quand même le public à payer aux comp. le prix du factage, fait ou non fait par elles. L'applic. de ce tarif constituerait, en outre, un précédent permettant aux compagnies de demander l'homologation de tarifs semblables, pour des colis de tout poids et de toute nature, transportés en grande ou en petite vitesse, ce qui entraînerait la ruine de l'industrie des facteurs, camionneurs et groupeurs. — En conséquence, la commission prend la pétition en considération et la renvoie à l'examen de M. le min. des tr. publ. » — V. au mot *Colis*, § 3, le nouveau tarif spécial commun de transport des *colis postaux* et des *petits paquets.* Il est établi dans ce nouveau tarif une distinction pour le *factage*, suivant que la remise est faite ou non à domicile ; mais les combinaisons essentielles de la première amélioration sont maintenues. — En retirant cette amélioration, qu'il n'y aurait au contraire selon nous *que tout intérêt à étendre* on exciterait certainement les plus vives réclamations. — Les industries libres elles-mêmes ont dû déjà, d'ailleurs, prendre leur parti d'une innovation qui a été on ne peut mieux accueillie par le public.

PÉTROLE.

I. Indications générales. — 1° Classement des ateliers et magasins (V. le mot *Eta-blissements*). — 2° Conditions spéciales et tarif de transport. — V. *Matières dangereuses* (1re catég.) et *Tarif* (exceptionnel).

Précautions à prendre dans les gares (Ext. d'une dép. minist. du 16 sept. 1871 qui a approuvé un avis de la comp. du Midi prescrivant, en raison du dépôt considérable de fûts de pétrole dans certaines gares) : — 1° d'affecter une place spéciale au pétrole, loin des autres marchandises et loin des voies parcourues par les machines ; — 2° d'approvisionner dans le voisinage une quantité de sable pouvant servir à éteindre un commencement d'incendie ; — 3° d'interdire avec beaucoup de rigueur de fumer sous les halles ; — 4° de nettoyer fréquemment la place réservée au pétrole et d'éviter que les balayures, pailles volantes, etc., puissent s'y accumuler ; — 5° d'éloigner les appareils d'éclairage ou de prendre du moins des précautions pouvant atténuer le danger en ce voisinage ; — 6° de surveiller d'une manière toute particulière la manutention des chargements de pétrole, de confier autant que possible cette manutention aux meilleurs agents, etc.

Camionnage d'office. — La comp. a été autorisée en outre à faire camionner d'office au domicile des destinataires et à leurs frais le pétrole qui, adressé *en gare*, ne serait pas enlevé dans les 48 heures de la mise à la poste de la lettre d'avis adressée au destinataire.

II. Chauffage des machines à l'huile minérale. — P. mém.

PHOSPHORE.

Transport. — Le phosphore est compris dans la 2e catégorie des matières dangereuses dont le transport est réglementé par l'arr. min. du 20 nov. 1879. — V. *Matières dangereuses.* — *Nota.* (P. mém.) — Un décret du 8 déc. 1886 a imposé un acquit à caution aux importateurs de phosphore.

PHOTOGRAPHIES.

Classification. — « Les *photographies* ne sauraient être considérées comme *objets d'art*. Il est constant que cette sorte de marchandise fait partie du commerce de papeterie. » Tr. comm. Seine, 3 déc. 1868 (V. *Papeterie*). — Transport des matières de fabrication (Collodion, etc.). — V. *Matières dangereuses* (2e catég.).

Photographies d'instituteurs (Applic. du tarif réduit). — V. *Instituteurs*.

PHYLLOXÉRA.

I. Documents généraux (*au sujet de la circulation et de l'introduction en France des plants et débris de vignes et des produits agricoles*) : — 1° Convention internationale phylloxérique conclue à Berne le 3 nov. 1881. — 2° Décret du 15 mai 1882 rendant ladite convention exécutoire *en France;* — 3° Arr. 15 juin 1882, min. de l'agric. réglementant la circulation à l'intérieur de la France des produits de l'agriculture et documents divers; (P. mém.) — V. § 2, ci-après.

Interdiction, en temps d'épidémie (de l'importation de raisins et de fruits). — Décret 2 juil. 1885 et Circ. min. 22 juill. 1885. — V. *Fruits et légumes.*

II. Mesures spéciales (*pour prévenir la propagation du phylloxéra*). — Circ. min. 13 juill. 1883, portant envoi par le min. des tr. publ. aux comp. de ch. de fer et aux insp. gén. du contrôle d'une note sur la circulation et l'introduction en France des plants et débris de vignes et des produits agricoles.

I. PLANTS DE VIGNES AVEC OU SANS RACINES, SARMENTS ET AUTRES DÉBRIS DE LA VIGNE.

1° *Importation en France.* — Les raisins de table peuvent entrer librement en France ; mais ils doivent être enfermés dans des boîtes, caisses ou paniers solidement emballés et néanmoins faciles à visiter. Le raisin de vendange ne peut pénétrer en France que foulé et en fûts bien fermés. Le marc de raisin ne peut être introduit que dans des caisses ou des tonneaux fermés.

Les plants de vignes, les boutures avec ou sans racines, les sarments, les échalas ayant déjà servi, les composts, terres et terreaux ne peuvent entrer sur le territoire de la République française qu'à destination d'un arrondissement phylloxéré, spéc. autorisé à cultiver les vignes étrangères et figurant, comme tel sur la carte phylloxérique la plus récente, établie conf. à la loi du 15 juillet 1878.

Ils ne sont introduits qu'avec le consentement et sous le contrôle du gouvernement, par les bureaux de douane désignés au décret du 8 juillet 1882.

La circulation desdits plants de vignes, boutures, etc., à travers les territoires indemnes, ne peut avoir lieu que dans des caisses en bois, parfaitement closes au moyen de vis et néanmoins faciles à visiter et à refermer.

2º *Circulation en France* (P. mém.) — V., plus loin, circ. min. 4 août 1884.

II. PRODUITS HORTICOLES ET PRODUITS DES PÉPINIÈRES, JARDINS, SERRES ET ORANGERIES.

1º *Importation en France.* — Les fleurs coupées ou en pots, les légumes et autres produits maraichers, les graines et fruits de toute nature sont admis, comme les produits de l'agriculture, à la libre circulation internationale (art. 2 de la convention de Berne).

Les plants et arbustes, autres que la vigne, provenant de pépinières, de jardins, de serres ou orangeries, ne sont admis, aux termes de l'art. 2 du décret du 28 août 1882, à pénétrer en France que s'ils sont accompagnés d'une déclaration de l'expéditeur et d'une attestation de l'autorité compétente du pays d'origine, portant :

A. Qu'ils proviennent d'un terrain (plantation ou enclos) séparé de tout pied de vigne par un espace de 20 mètres au moins ou par un obstacle aux racines, jugé suffisant par l'autorité compétente ;

B. Que ce terrain ne contient aucun pied de vigne ;

C. Qu'il n'y est fait aucun dépôt de cette plante ;

D. Que, s'il y a eu des ceps phylloxérés, l'extraction radicale, des opérations toxiques répétées et, pendant 3 années, des investigations ont été faites, qui assurent la destruction complète de l'insecte et des racines.

Ces produits ne peuvent être introduits que par des bureaux de douane désignés à l'art. 1er du décret du 28 août 1882.

2º *Circulation en France.* (P. mém.) — V. la circ. min. ci-après.

Circ. min. 4 août 1884, tr. publ., adressée aux compagnies et par ampliation aux insp. gén. du contrôle, pour leur transmettre de nouvelles prescriptions de M. le min. de l'agric. au sujet de la CIRCULATION EN FRANCE *des plants, arbres et arbustes provenant des arrondissements phylloxérés.*

(C. M. 4 août 1884.) « Messieurs, un arrêté du 15 juin 1882, pris par M. le ministre de l'agriculture, a réglementé la circulation à l'intérieur de la France, des produits de l'horticulture.

Aux termes de l'art. 4 de cet arrêté, « les plants, arbustes et tous végétaux autres que la vigne provenant de pépinières, de jardins, de serres ou d'orangeries, situés dans les arrondissements phylloxérés, ne peuvent être introduits dans les arrondissements indemnes ou non autorisés à recevoir des cépages étrangers ou des cépages provenant d'arrondissements phylloxérés, que s'ils sont accompagnés d'une déclaration de l'expéditeur et d'une attestation de l'autorité compétente du pays d'origine. »

Cette attestation doit certifier (art 6) :

« 1º Que les objets proviennent d'un terrain (plantation ou enclos) séparé de tout pied de vigne par un espace de 20m au moins, ou par d'autres obstacles, aux racines, jugés suffisants par l'autorité compétente ;

« 2º Que le terrain ne contient lui-même aucun pied de vigne ;

« 3º Qu'il n'y est fait aucun dépôt de cette plante ;

« 4º S'il y a eu des ceps phylloxérés, que l'extraction radicale en a été opérée, que des opérations toxiques réitérées ont été effectuées et que des investigations répétées pendant trois ans assurent la destruction complète de l'insecte et des racines. »

D'après une lettre que M. le min. de l'agric. vient de m'adresser, la nécessité de se procurer, pour chaque envoi, un certificat d'origine spéciale présenterait de grandes difficultés et aurait soulevé de vives réclamations de diverses sociétés d'horticulture, relativement aux entraves que les pépiniéristes rencontrent à certaines époques de l'année, pour leurs expéditions de plantes.

Afin de remédier à cet état de choses, mon collègue vient de décider qu'une liste des pépiniéristes se trouvant dans les conditions prescrites par l'article 4 de l'arrêté précité du 15 juin

1882, serait dressée *tous les six mois* par le délégué de chaque département pour le phylloxéra, et transmise aux compagnies de ch. de fer.

Pour chaque envoi, l'expéditeur devra, à défaut de la production du certificat d'origine, justifier qu'il figure sur la liste du délégué départemental, en présentant une déclaration ainsi conçue :

Le soussigné, expéditeur des végétaux à destination de..... déclare que cet envoi provient en entier de son établissement, qu'il s'est conformé aux prescriptions de l'arrêté du 15 juin 1882, et qu'il est inscrit sur la liste des pépiniéristes se trouvant dans les conditions requises pour être autorisé à expédier ses produits.

En me priant de porter à votre connaissance ces dispositions, qui lui paraissent de nature à éviter les retards dont se plaignent les expéditeurs, sans diminuer toutefois les précautions nécessaires pour la circulation des produits horticoles, M. le min. de l'agric. a ajouté que, bien entendu, ces mêmes dispositions se rapportaient exclusivement au transport des produits horticoles en France et que rien n'était changé en ce qui concerne les expéditions à l'*étranger*, lesquelles restent toujours régies par le décret du 15 mai 1882, rendant exécutoire *en France* la convention internationale phylloxérique conclue à Berne, le 3 nov. 1881.

Je vous prie, Messieurs, de vouloir bien adresser aux gares de votre réseau des instructions conformes aux prescriptions qui précèdent et de m'accuser réception de la présente dépêche. »

PICRATE DE POTASSE.

Conditions spéciales de transport. — V. *Matières dangereuses* (1re catég.)

PIERRES.

I. **Conditions de transport.**—Les pierres à chaux et à plâtre, les pavés et matériaux pour la construction et la réparation des routes, les pierres de taille et produits de carrières, les moellons, meulières, etc., figuraient en principe dans la 3e cl. du tarif gén. de petite vitesse, fixé par l'art. 42 du cah. des ch. ; ces transports étaient par suite taxés à 0 fr. 10 par tonne et par kilom., non compris frais accessoires. Mais la tarification dont il s'agit ne paraît avoir été maintenue que pour les pierres de taille. Les nouveaux modèles de cah. des ch. contiennent en effet la création d'une 4e classe, pour le transport des pierres à chaux et à plâtre, et des pavés et matériaux de routes. — V. *Classification* et *Tarifs* (division par séries).

Dans les tarifs d'application, les pierres de taille sont traitées de différente façon, selon qu'elles sont parementées, ébauchées ou simplement dégrossies. Il est nécessaire de se reporter pour cet objet aux livrets de tarifs des diverses compagnies.

Tarifs spéciaux. — Presque toutes les comp. de ch. de fer appliquent des tarifs spéc. à prix réduits pour le transport des matériaux, moyennant certaines conditions de délais, de parcours et de tonnage. Les prix les plus réduits remarqués dans ces tarifs sont les suivants :

1° *Pavés et pierres à macadam.* — Tarif de transport par wagon complet chargé de 5 à 10,000 kilog. 0,003 à 0,036 (suivant le parcours), par tonne et par kilom., non compris le chargement et le déchargement (effectués par les intéressés) ;

2° *Pierres de taille, granits, etc.* — Tarif de transport par wagon chargé de 5 à 10,000 kilog. : 0 fr. 07, 0 fr. 06, 0 fr. 05, 0 fr. 04, 0 fr. 03 pour les parcours variant de 50, 75, 100, 150, 300 à 400 kilom. et au-dessus, non compris frais accessoires ;

3° *Pierres à plâtre.* — *Ibid.* — Parcours de 0 à 50 kilom., 0 fr. 06 ; de 50 jusqu'à 100 k., 0 fr. 05 ; de 101 à 150 k., 0 fr. 04 ; de 150 k. et au-dessus, 0 fr. 03 ; non compris frais accessoires ;

4° *Pierres à meules.* — V. *Meules* ;

5° *Transport du marbre* (V. *Marbre*). — Pour le transport des statues en marbre et des pierres précieuses soumises à la taxe *ad valorem.* — V. *Finances.*

Pierres précieuses (tarif exceptionnel). — V. *Tarifs.*

II. **Mesures de précaution pour le transport des pierres de taille.** — (Circ. min. adressée le 7 févr. 1870 aux comp. et par ampliation aux chefs du contrôle): « A l'occasion d'un accident grave survenu dans la tranchée de Chelles (ligne de Paris à Strasbourg), accident qui a motivé, de la part de la comp. de l'Est, un ordre de service portant interdiction de transporter les pierres de taille autrement qu'à l'aide de wagons munis de rebords d'une hauteur de 0ᵐ15, au moins, l'admin. supér. a chargé les insp. gén. du contrôle de lui faire connaître les conditions dans lesquelles le transport desdites pierres s'effectue sur nos voies ferrées. — Il résulte des renseignements fournis par ces chefs de service que les dispositions du matériel affecté au transport des pierres de taille sont loin d'être les mêmes sur tous les réseaux. On emploie des plates-formes sans rebords ou des wagons plats avec rebords latéraux et transversaux, ou enfin des wagons avec rebords latéraux seulement. La hauteur des rebords elle-même varie selon le type des wagons. — Le dossier de cette instr. a été communiqué à la commission des règl. des ch. de fer, et la commission, dans un rapport du 30 nov. 1869 revêtu de l'appr. min., a exprimé l'avis qu'il y avait lieu, savoir :

« 1° De munir les wagons que l'on ferait construire dorénavant pour le transport des pierres de taille, de rebords latéraux d'une hauteur de 0ᵐ,08 au moins, mesurée à partir du plan supérieur des traverses de la plate-forme ;

« 2° De faire subir, dans un délai de deux ans, aux wagons sans rebords actuellement en service, des modifications qui les ramènent au nouveau type adopté ;

« 3° Enfin de décider que lorsqu'un wagon, ancien ou nouveau, servant au transport des pierres de taille n'aurait des rebords que de chaque côté, sans en avoir à l'avant et à l'arrière, les traverses extrêmes seraient considérées comme suppléant à l'absence de rebords transversaux, le chargement devant être, par suite, toujours fait de telle sorte que les pierres s'appuient latéralement contre lesdites traverses, sans jamais reposer dessus.

« Je n'ai pu moi-même, en adoptant cet avis, que confirmer la décision de mon prédécesseur. — Je vous prie, en conséquence, de prendre des mesures pour assurer, sur votre réseau, le transport des pierres de taille dans les conditions indiquées par la commission des règlements de chemins de fer. »

Conditions défectueuses de chargement (Faute imputée à l'expéditeur). — « C'est à tort que, — reconnaissant que le chargement, opéré par l'expéditeur, était défectueux et rendait plus facile la déviation des pierres de taille, — le jugement attaqué a condamné la compagnie à réparer tout le dommage, dont ledit expéditeur aurait dû supporter une partie. » (C. C. 9 mars 1886.)

III. Prescriptions diverses. — 1° Chargem. des blocs de pierre (V. *Grues de chargem.*) ; 2° Dépôts de pierres aux abords des voies (V. *Dépôts*) ; 3° Jets de pierres sur la voie ou sur les trains en marche. — V. *Actes de malveillance* et *Jets de pierres.*

PILOTAGE.

I. Définition. — Lorsque, sur un chemin à double voie, l'une des voies est momentanément interceptée par suite d'accident, de réparation ou pour toute autre cause, la circulation est ordinairement reportée, par applic. de l'art. 34 de l'ordonn. de nov. 1846 (V. *Ordonnances*), sur la voie restée libre entre les deux stations situées en deçà et au delà du point obstrué. — Dans certains cas, cette circulation temporaire est restreinte à un parcours compris entre deux points plus voisins du lieu de l'accident, sur lesquels points on a préalablement placé des aiguilles (et, s'il y a lieu, des postes télégraphiques), et organisé un service dit de *pilotage*, qui fonctionne conf. aux indications données dans les règl. ou ordres généraux des compagnies.

Les règlements dont il s'agit présentent entre eux quelques différences au point de vue de l'expédition, de la conduite et de l'arrêt des trains, le ministre des travaux publics a fait procéder à l'étude dont il est question au § 2 ci-après.

II. Mesures uniformes. — (Circ. min. du 19 mai 1866 aux ingén. du contrôle.

« J'ai soumis à la commission instituée par arr. min. du 28 juin 1864 les rapports qui m'avaient été adressés, en suite de ma circ. du 26 juill. 1865, par les ingén. en chef du contr. des différents ch. de fer en expl., pour régler, d'une manière gén., le service du pilotage, lorsque la circulation s'effectue accidentellement sur une seule voie. — Après avoir examiné les divers systèmes actuellement en vigueur, la commission a posé, dans les termes suivants, les principes généraux qui doivent présider au service accidentel à voie unique, sur les lignes de chemins de fer où ce service s'effectue par pilotage :

« Lorsque, sur une ligne à double voie, la circulation est momentanément interceptée sur l'une des voies, et qu'un service temporaire à voie unique avec pilotage doit y être établi, les mesures à prendre par l'agent chargé de l'organisation de ce service sont les suivantes :

« Désigner un employé, dit *pilote*, chargé d'accompagner les trains et les machines sur la voie unique. Un ordre écrit ou tel autre signe de reconnaissance déterminé à l'avance est donné au pilote, de manière que cet agent puisse justifier de sa qualité pendant toute la durée de ses fonctions. Cet ordre ou ce signe lui sont retirés dès que son service est fini.

« Placer des gardes :

« 1° A chacune des extrémités de la voie unique. Ces gardes reçoivent l'ordre écrit de ne laisser engager sur la voie unique aucun train, aucune machine sans la présence, à l'aiguille, de l'employé pilote et sans son ordre.

« 2° A chacune des aiguilles, s'il en existe, qui font communiquer la voie unique avec des garages ou des embranchements de quelque nature qu'ils soient. Ces gardes reçoivent l'ordre écrit de ne laisser engager, des garages ou de l'embranchement sur la voie unique, aucun train, aucune machine, aucun véhicule.

« Disposer l'aiguille par où les trains marchant à contre-voie sortent, pour reprendre leur voie normale, de manière à les diriger toujours sur cette voie.

« Pour l'organisation de ces mesures, la correspondance peut être échangée par le télégraphe électrique, à la condition que les dépêches soient passées, en toutes lettres, sans abréviation, et que les réponses mentionnent textuellement les instructions ou les ordres reçus et les mesures prises en conséquence.

« Ces dispositions prises il est procédé au service à contre-voie d'après les règles suivantes dont le pilote, le mécanicien, les chefs de trains et les agents de la voie assurent l'exécution, chacun en ce qui le concerne :

« Tous les trains et toutes les machines, quelle que soit leur direction, sont arrêtés à leur entrée sur la voie unique.

« Le pilote ne donne au premier train marchant, en sens contraire de la circulation normale, l'ordre de s'engager sur la voie unique, qu'après avoir reçu l'assurance que la voie est libre, qu'un garde est placé à l'autre extrémité, que ce garde a reçu l'ordre écrit de ne laisser engager aucun train, aucune machine sans la présence à l'aiguille d'un employé piloté et sans son ordre, et, dans le cas où il existe des aiguilles en des points intermédiaires de la voie unique temporaire, que les gardes de ces aiguilles ont aussi reçu la consigne écrite de ne laisser engager, de l'embranchement sur la voie unique, aucun train, aucune machine, aucun véhicule.

« Lorsque plusieurs trains sont successivement expédiés dans le même sens, avant le passage d'un train marchant en sens contraire, le dernier de ces trains est seul accompagné par l'employé pilote. La garde de la tête de la voie unique est, dans ce cas, autorisé par l'employé pilote, présent lui-même à l'aiguille, à laisser pénétrer les trains non acompagnés.

Le garde de l'aiguille, par où les trains sortent à contre-voie, ramène cette aiguille dans la direction convenable pour la sortie de ces trains, aussitôt après le passage des trains pour lesquels il a changé sa direction.

« Toutes les fois que les cantonniers n'ont pas été prévenus en temps utile de la circulation à contre-voie, le mécanicien du premier train qui passe sur la voie unique en sens contraire de la circulation normale sur cette voie, doit marcher avec la plus grande prudence, et être en mesure de s'arrêter dans la limite de l'étendue de la voie qui lui paraît libre. Il prévient les gardes et les cantonniers qui, a partir de ce moment, doivent protéger, *en avant et en arrière à la distance réglementaire*, les travaux de nature à intercepter la circulation, ou les lorries qu'il serait indispensable de faire circuler. »

« Tout en approuvant cet avis, je me bornerai, quant à présent, pour rester dans la limite des conclusions de la commission, à vous inviter à examiner, en ce qui concerne le réseau dont le contrôle vous est confié, d'une part, si les règl. en vigueur sont conformes aux principes susénoncés, et, d'autre part, si les détails d'exécution, au sujet desquels vous conserverez toute latitude d'appréciation, paraissent susceptibles d'être approuvés ou maintenus. — Vous voudrez bien ensuite me rendre compte de cet examen, dans un rapport qui mettra l'admin. en mesure de statuer sur les règlements actuellement appliqués au service du pilotage. »

Améliorations diverses. — V. à titre de renseignem. le mot *Block-system.*

PIQUEURS.

I. Agents des ponts et chaussées. — Nous avons résumé, au mot *Employés,* les conditions d'admission de certains agents inférieurs de l'admin. des p. et ch. qui étaient désignés autrefois sous le nom de *piqueurs* et qui portent actuellement le titre d'employés secondaires des ponts et chaussées.

II. Piqueurs du service des ch. de fer. — Sur quelques lignes on a conservé la dénomination de *piqueurs* (de jour ou de nuit) aux agents chargés, sous les ordres des chefs de section, de surveiller les équipes de poseurs et les gardiens de la voie et des pass. à niveau, et de concourir, enfin, aux divers travaux d'entretien. — Les mêmes agents sont désignés sur d'autres ch. de fer sous le nom de *chefs de district.* — Nous avons résumé à leur sujet les indications suivantes :

Aucune instr. gén., autre que les règl. spéc. du service de la *voie,* des *poseurs* et de la *surveillance,* ne règle les attributions des piqueurs (ou chefs de district), auxquels la formalité de l'assermentation confère, d'ailleurs, le droit de constater les infractions de grande voirie, commises sur les ch. de fer et leurs dépendances.

Les tournées de ces agents sont gén. réglées par des instr. spéc. Dans leur rôle modeste, ils peuvent rendre d'excellents services en signalant immédiatement à leurs chefs tous les faits qui peuvent intéresser la sécurité des voies, et en prenant, dans la limite de leurs attributions, les mesures ayant pour objet d'assurer les signaux, de débarrasser les voies obstruées par les neiges, les glaçons ou par d'autres obstacles fortuits ou malveillants, et enfin de prévenir, par une surveillance vigilante, les accidents qui pourraient résulter de la négligence des gardes-barrières et des gardes-lignes. — Ils visent à cet effet, dans leurs tournées, les livrets des gardiens de la voie, et ils ont, en outre le soin de noter sur leurs propres carnets les heures et les points kilométriques où ils rencontrent les trains.

Libre circulation. — Pour faciliter le service des piqueurs, il a été admis, sur quelques lignes que ces agents, ainsi que les chefs poseurs, sont autorisés à « monter dans les fourgons de tête des « trains de marchandises, que leurs cartes de circulation fassent ou non mention de cette autorisation ». (Ext. d'une inst. spéciale, sept. 1864.)

Indications générales (s'appliquant au personnel). — V. *Agents.*

PLACES.

I. Indications diverses (relatives aux compartiments de wagons et de voitures). — 1° Nombre obligatoire de places dans les trains (V. *Composition de convois*); — 2° Dimensions des places (V. le mot *Voitures,* § 1); — 3° Prix des places des trois catégories (V. *Billets* et *Voyageurs*); — 4° Places de luxe (V. *Coupés*); — 5° Classement des voyageurs dans les compartiments. — « Une comp. de ch. de fer ne doit à chaque voyageur qu'une place individuelle et n'est point obligée d'assurer, aux parents voyageant avec leurs enfants, des places telles qu'ils se trouvent tous réunis dans un même compartiment. » (Juge de paix d'Amiens, 24 mai 1877) (V. aussi *Voyageurs,* § 3, et *Militaires*); — 6° Compartiments réservés (V. *Compartiments*); — 7° Contrôle des billets (V. *Billets,* § 3, et *Voyageurs,* § 4) ; — 8° Affichage du prix des places de ch. de fer et d'omnibus (V. *Affichage*). — 9° Places marquées. — *Droit des voyageurs,* consacré par une instr. min. du 30 sept. 1869. — V. *Voyageurs* (1).

_____

(1) Par suite d'un usage abusif établi sur diverses lignes, un seul et même voyageur, en

Déclassements. — V. ce mot.

II. Places publiques établies au-devant des gares (comprises dans les dépendances des chemins de fer). — V. *Bornage.*

Police des places et avenues des gares. — V. *Avenues.*

III. Places de guerre. — Travaux de ch. de fer aux abords de ces places. Décr. des 20 avril et 8 sept. 1878, 24 et 25 janv. 1882, 11 août 1882, etc. — V. *Zones.*

PLAINTES.

Relevé des réclamations (Registre à tenir dans les gares en exécution de l'art. 76 de l'ordonn. du 15 nov. 1846) (V. *Réclamations*). — *Instruction des plaintes* (et relevés analytiques). — V. *Constatations* et *Réclamations.*

PLANCHES.

Tarif de transport (2ᵉ classe). — V. art. 42, cah. des ch. et *Bois.*

PLANS.

I. Cartes et plans à joindre aux projets de ch. de fer. (Art. 3, 4 et 5 du cah. des ch. des concessions) (V. *Cahier des charges*). — V. aussi *Études* et *Projets.*

Plans parcellaires et dessins divers (lignes construites par les compagnies) (V. au mot *Projets,* la circ. min. du 21 fév. 1877); — *Lignes construites par l'État.* — V. les mots *Études, Expropriation, Formules* et *Projets.*

II. Plans du bornage.—(Art. 29 cah. des ch. et circ. min. 31 déc. 1853).—V. *Bornage.*

Dépôt des archives. — Outre l'expédition des plans et des procès-verbaux de bornage, destinés aux archives ministérielles, les arrêtés préfectoraux, pris pour l'exéc. du bornage, prescrivent ordinairement le dépôt à la préfecture d'un exemplaire des plans et procès-verbaux dressés pour chacune des communes traversées.

III. Cartes de l'état-major et cartes d'étude. — V. *Cartes.*

PLANTATIONS.

I. Application des anciens règlements. — « Sont applicables aux propriétés riveraines des chemins de fer, les servitudes imposées par les lois et règlements sur la grande voirie et qui concernent..... la distance à observer pour les plantations et l'élagage des arbres plantés. » (Art. 3, loi du 15 juill. 1845. Ext.)

Les lois et règlements dont il s'agit peuvent être résumés ainsi qu'il suit :

1° *Distance à observer* (pour l'établ. des plantations riveraines). — D'après l'art. 5 de

---

descendant de voiture pendant l'arrêt à une station, se croit autorisé à marquer plusieurs places afin d'avoir moins de compagnons de route, ce qui présente une véritable gêne pour d'autres voyageurs qui sont ainsi exposés à chercher inutilement des places et qui ne peuvent requérir *qu'à la dernière minute,* c'est-à-dire au moment où les voyageurs reviennent du buffet, des lieux, etc., l'assistance d'un agent afin d'être casés, eux et les personnes qui les accompagnent. — Il est malheureusement difficile d'éviter cet inconvénient, à moins d'obliger les voyageurs à monter dans le train avant le moment juste du départ ou de leur infliger la menace d'une amende ou du payement des places s'ils les marquent indûment en persistant à prétendre qu'elles leur appartiennent. — Mais l'un et l'autre moyen nous semblent peu pratiques sinon impossibles. — Il y a peut-être là un détail à étudier.

la loi du 9 vent. an XIII (28 févr. 1805) l'admin. peut interdire d'établir des plantations aux abords des voies publ. à moins d'une distance de 6ᵐ. Ledit art. est ainsi conçu :

« 5. Dans les grandes routes, dont la largeur ne permettra pas de planter sur le terrain appartenant à l'État, lorsque le particulier riverain voudra planter des arbres sur son propre terrain, à moins de 6ᵐ de distance de la route, il sera tenu de demander et d'obtenir l'alignement à suivre de la préf. du dép. ; dans ce cas, le propr. n'aura besoin d'aucune autorisation particulière pour disposer entièrement des arbres qu'il aura plantés. »

Nous ajouterons que « le décret du 16 déc. 1811 n'a pas infirmé l'art. 5 de la loi du 9 ventôse an XIII qui interdit toute plantation sans autorisation, et à moins de 6ᵐ des routes. » (C. d'État 4 janvier 1866.) — Mais il est bien rare, à moins qu'il ne s'agisse d'arbres à haute tige, dont la chute pourrait offrir un danger direct pour les voies ferrées, qu'il soit imposé d'observer une distance aussi considérable. Dans la généralité des cas, il est fait application de l'ancienne ordonn. du roi du 4 août 1731, qui fixe à 2ᵐ la distance dont il s'agit. Cette ordonnance paraît du reste avoir servi de base aux prescriptions plus récentes du droit commun, l'art. 671 du C. civil ayant maintenu la même distance de 2ᵐ pour les arbres à haute tige. — V. ci-après :

Règles spéciales pour la distance des arbres fruitiers ou de petite essence. — Dans la pratique, l'alignement, le long des voies ferrées des plantations composées d'arbres fruitiers, ou de petite essence, espacés entre eux à la volonté du permissionnaire, est ordin. fixé à 2ᵐ de la clôture, conf. à l'ordonn. précitée du 4 août 1731, portant ce qui suit :

« Fait, Sa Majesté, itérative défense à tous laboureurs, vignerons, jardiniers et autres, de « planter aucuns arbres à une moindre distance que celle de 6 pieds (environ 2 mètres) du bord « extérieur des fossés ou berges des grandes routes. »

Cette prescription a été rappelée et maintenue par l'art. 671 du C. civil, notamment en ce qui concerne les arbres à haute tige; mais aux termes de l'art. 5 de la loi du 9 ventôse an XIII (28 févr, 1805), les propr. riverains sont obligés de demander alignement à la préf. du dép. pour les plantations à établir à *moins de 6ᵐ* de distance des routes. — L'admin. reste donc juge d'autoriser ou de refuser l'alignement des plantations dans une zone, variant de 2 à 6 mètres de distance de la clôture du chemin de fer.

Règles du droit commun. (Rappel p. mém. de la loi ci-après, du 20 août 1881, *modifiant plusieurs articles du Code civil.*)

ARTICLE UNIQUE. — Sont modifiés ainsi qu'il suit les articles..., 671, 672, 673... :

671. — Il n'est permis d'avoir des arbres, arbrisseaux et arbustes près de la limite de la propriété voisine qu'à la distance prescrite par les régl. particuliers actuellement existants, ou par des usages constants et reconnus, et, à défaut de régl. et usages, qu'à la distance de 2ᵐ de la ligne séparative des deux héritages pour les plantations dont la hauteur dépasse 2ᵐ, et à la distance d'un demi-mètre pour les autres plantations. — Les arbres, arbustes et arbrisseaux de toute espèce peuvent être plantés en espaliers, de chaque côté du mur séparatif, sans que l'on soit tenu d'observer aucune distance, mais ils ne pourront dépasser la crête du mur. — Si le mur n'est pas mitoyen, le propr. seul a le droit d'y appuyer ses espaliers.

672. — Le voisin peut exiger que les arbres, arbrisseaux et arbustes plantés à une distance moindre que la distance légale soient arrachés ou réduits à la hauteur déterminée dans l'article précédent, à moins qu'il n'y ait titre, destination du père de famille ou prescription trentenaire. — Si les arbres meurent, ou s'ils sont coupés ou arrachés, le voisin ne peut les remplacer qu'en observant les distances légales.

673. — Celui sur la propriété duquel avancent les branches des arbres du voisin peut contraindre celui-ci à les couper. Les fruits tombés naturellement de ces branches lui appartiennent. — Si ce sont les racines qui avancent sur son héritage, il a le droit de les y couper lui-même. — Le droit de couper les racines ou de faire couper les branches est imprescriptible.

Abatage d'arbres bordant la voie. (Avis du C. gén. des p. et ch. et docum. relatifs à l'applic. des art. 3 et 10 de la loi de 1845.) — V. *Abatage.*

Maintien de plantations riveraines (dans certains cas où les arbres sont utiles pour protéger le chemin de fer contre les érosions d'une rivière). — Affaire portée devant le C. d'État par le min. des tr. publ. qui s'opposait à l'abatage dans l'intérêt de la loi; les terrains sur lesquels des arbres avaient été coupés par M..., devant d'après le min., quoique situés hors des clôtures du ch. de fer, être considérés comme faisant partie du domaine public. — (Question de procédure. C. d'État 3 janv. 1881.) P. mém.

2° *Anciens règlem. relatifs à l'élagage.* — En ce qui concerne l'essartement et l'élagage des plantations riv. des ch. de fer, il n'y a pas eu d'applic., à notre connaissance, de l'ancien arrêt de 1720, qui prescrit de faire des essartements aux abords des voies publiques, *suivant la largeur attribuée aux routes.* Nous ferons la même observ. au sujet des dispos. de l'ordonn. plus ancienne encore des eaux et forêts (août 1669) qui prescrivait l'élagage des « *bois, épines et broussailles dans l'espace de soixante pieds des grands chemins* » (distance dans laquelle l'adm. a conservé le droit d'exiger l'essartement *quelle que soit d'ailleurs la largeur de la route*). (C. d'État 31 déc. 1849.)

3° *Suppression de plantations* (antérieures à l'établ. de la voie ferrée ou établies depuis cette époque).— En matière de ch. de fer, c'est spéc. l'art. 10 de la loi du 15 juillet 1845 qui a donné à l'admin. le pouvoir de faire supprimer, moyennant juste indemnité, les plantations riveraines qui pourraient compromettre la sécurité publique ou la conservation des ch. de fer, et, par extension, celles qui pourraient gêner la vue des signaux ou présenter, en un mot, un obstacle quelconque à la facilité et à la sûreté de la circulation. — Mais, ce cas s'applique, ainsi qu'il est dit au mot *Bâtiments*, aux plantations existant *avant l'établ.* du chemin de fer. — Pour les plantations *plus récentes que la voie ferrée*, des mesures spéciales ont été prises sur quelques réseaux pour leur abatage et les préfets des départements traversés par les lignes de ces réseaux ont pris simplement, d'après une formule préparée par les ingén. du contrôle, des arrêtés mettant les propr. riverains du ch. de fer en demeure de couper et enlever les arbres qu'ils ont plantés depuis l'époque de l'établ. de la voie dans une zone de 2^m à partir de la limite dudit chemin de fer. P. mém. — V. le mot *Abatage.*

Indications diverses (V. ci-dessus les art. 671, 672 et 673 revisés du Code civil et au sujet de l'*échenillage* et de l'*élagage* des plantations et haies vives, les mots *Clôtures*, § 2, et *Haies.* — Interdiction de *déposer* les branches, bourrées, sarments ou autres matières inflammables à moins de 20^m de la voie. — V. *Dépôts.*

II. Plantations spéciales sur le sol des chemins de fer. — « Les talus des déblais et des remblais sont généralement recouverts de plantations qui consolident les terres et les maintiennent. — En ayant soin d'éviter les arbres à haute tige, et notamment les peupliers, ces plantations semblent sans inconvénients. — V. le *nota* ci-après :

Nota. — Les plantations faites le long d'un chemin de fer ont pour but, soit la *salubrité*, pour mettre à l'abri du soleil le fond des chambres d'emprunt, qui sont tantôt noyées, tantôt desséchées, et donnent lieu à des émanations nuisibles ; soit la *consolidation* du talus ; soit la *mise en valeur* de certains terrains qui, sans cela, resteraient tout à fait incultes ; soit un *abri* contre l'amoncellement des neiges, dans le Nord et l'Est, et contre les vents dans le Midi.

« En général, il faut que ces plantations soient peu serrées et basses, pour ne pas gêner la vue, surtout dans les courbes, et pour éviter les accidents qui pourraient résulter de la chute d'un arbre sur la voie. Il faut éviter surtout le peuplier, dont le bois est cassant et dont les feuilles tombent à demi desséchées. Lorsque le vent les porte sur les voies, ces feuilles s'attachent aux rails et déterminent le patinage des roues. » (Enq. sur l'expl. 1858.)

Essences. — « Les essences adoptées par quelques compagnies pour les talus sont les arbres verts, les acacias, les marsaults, les bouleaux, les érables, et pour les chambres d'emprunt, des osiers et des saules. » (*Ibid.*)

Conservation des plantations du chemin de fer. — Nous avons cité à l'art. *Clôtures*, au sujet de la conservation des haies vives et des plantations, divers règl. de grande voirie rendus applic. aux ch. de fer par l'art. 2 de la loi du 15 juillet 1845. Pour les dégradations volontaires, il y a lieu d'appliquer l'art. 43 de la loi de police du 6 oct. 1791, ainsi conçu : — « Quiconque aura coupé ou détérioré des arbres plantés sur les routes sera condamné à une amende du triple de la valeur des arbres, et à une détention qui ne pourra excéder six mois. » — Cette disposition de la loi du 6 oct. 1791, au sujet de laquelle nous renvoyons d'ailleurs à l'art. *Gr. voirie*, § 2, a été confirmée, quant à la peine corporelle, par les art. 445 et suivants du Code pénal.

« *Art.* 445. — Quiconque aura abattu un ou plusieurs arbres qu'il savait appartenir à autrui, sera puni d'un emprisonn. qui ne sera pas au-dessous de 6 jours, ni au-dessus de six mois, à raison de chaque arbre, sans que la totalité puisse excéder 5 ans. — *Art.* 446. — Les peines seront les mêmes à raison de chaque arbre mutilé, coupé ou écorcé de manière à le faire périr. »

Plantations d'agrément. — Les plantations d'agrément, fleurs ou arbustes, établies comme ornement dans l'enceinte des gares de ch. de fer, sont entretenues par les agents du service de la voie conf. aux instr. spéc. en vigueur pour cet objet.

PLAQUÉ D'OR OU D'ARGENT.

Conditions de transport. (Tarif exceptionnel.) — V. *Finances*.

PLAQUES DE GARDE.

Indication explicative (au sujet des plaques de garde). — Ces pièces des véhicules (machines, tenders, etc.) sont disposées de manière à embrasser les boîtes à graisses et ont pour fonction de lier invariablement le châssis avec les essieux dans le sens horizontal et de le guider lorsqu'il oscille de haut en bas par suite de la flexion des ressorts; celles des roues de support ont aussi pour effet de maintenir le parallélisme des essieux. — Elles sont formées chacune de deux plaques de tôle appliquées de part et d'autre du longeron (V. *Châssis*), et assujetties par deux lignes de rivets ou de boulons; quelquefois même, elles font corps avec le longeron (Ext. de l'ouvr. Lechatelier, Flachat, Petiet et Polonceau).

PLAQUES TOURNANTES.

I. Installation. — Les plaques tournantes, dont tout le monde connaît l'usage sur les ch. de fer, sont ordin. établies en fer et fonte, suivant les meilleurs modèles et conf. aux types généraux approuvés ou acceptés par l'admin. Elles reposent, soit sur des appuis en maçonnerie, soit sur des châssis en bois, à l'exception, quelquefois, de celles sur lesquelles ne passent jamais ni machines, ni trains en manœuvres. — Nous ne saurions entrer dans des détails techniques au sujet de l'établ. des plaques tournantes ou d'autres appareils tels que chariots roulants, ayant pour objet d'établir une communication entre diverses voies de service parallèles et qui se trouvent ainsi reliées transversalement. Nous résumons seulement ci-après quelques indications pratiques sur les appareils dont il s'agit. — (Extr. des instr.)

1° Il ne sera plus construit à l'avenir de couvercles de pivot en fonte pour plaques tournantes; on conservera toutefois les couvercles en fonte quand ils seront en bon état; mais quand ils seront brisés, on les remplacera par des couvercles en tôle (*inst. spéc.* Lyon, janv. 1862).

2° Les plus petites plaques servant à tourner les wagons ont ordin. 3^m,40 de diamètre; mais, par suite de l'écartement plus grand des essieux de véhicules de grande vitesse, le diamètre des plaques a été porté à 4^m,40, 4^m,50, 5 mètres, et même 5^m,20 pour permettre d'y tourner les locomotives. — Une plaque tournante de 4^m,50 de diamètre pesant environ 10,000 kilog., valait moyennement 4,000 fr. en 1856. Ce prix n'a guère varié depuis 1856; mais il peut, dans certains cas être supérieur ou inférieur au chiffre indiqué, suivant la sujétion et les frais du transport et de la pose.

Les chariots roulants qui sur certains points suppléent les plaques tournantes reviennent mis en place de 18 à 1900 fr. par pièce.

3° L'installation des plaques tournantes, sur les *voies principales*, présente de graves inconvénients au point de vue de la sécurité; aussi, aux gares où il en existe, les trains doivent tous s'y arrêter, ou, tout au moins, ralentir leur marche, de manière à ne passer sur ces appareils qu'à la vitesse de 2 mètres par seconde.

Grandes plaques des dépôts. — V. plus loin, § 3.

II. Entretien. — La surv. de l'entretien des plaques tournantes a été comprise, nommément, dans les attrib. du ministre et du service du contrôle. (Circ. min. du 15 avril 1850, V. *Contrôle.*) — Pour assurer cet entretien, il est indispensable de balayer le dessus de la plate-forme des plaques, de manière à empêcher les pierres, le sable, la terre, la paille, etc., etc., de s'introduire dans l'intérieur des cuves.

Dans les temps de neige, ce balayage doit avoir lieu plusieurs fois par jour.

L'intérieur des cuves doit être visité et nettoyé au moins deux fois par mois.

Les galets et le cercle sur lequel ils roulent doivent être tenus dans un état de propreté tel que le roulement des galets puisse se faire très facilement. Les axes des galets et le pivot central de la plaque doivent être arrosés d'huile, lorsqu'il y a lieu.

L'intérieur de la boîte du pivot central doit également être visité de temps en temps ; on doit l'essuyer avec soin et l'arroser d'huile. — Tous les boulons des plaques sont passés en revue et leurs écrous serrés, au besoin. — Ce travail doit se faire avec beaucoup de soin, en soulevant les plateaux de recouvrement et en prenant toutes les précautions nécessaires pour ne pas nuire à la circulation des trains et aux manœuvres dans les gares.

Chaque plaque doit être entretenue en bon état et toujours bien réglée. La plate-forme mobile doit reposer sur ses galets.

« Dans l'entretien, il y a des poseurs qui, pour relever des plaques qui tassent, posent des cales en fer ou en bois entre le châssis et les fontes. — Ce moyen de relevage partiel est très mauvais et fait casser les croisillons des plaques : il doit être formellement proscrit, et on ne doit relever les plaques qu'en bourrant le sable sous le châssis. » (*Inst. spéc.*)

III. Manœuvre. — Dans les manœuvres, on doit éviter avec soin de dégrader les plaques par des chocs brusques. — V. *Manœuvres.*

Lorsqu'on tourne une machine ou un wagon, le crapaud doit être constamment levé ; il n'est abaissé que pour arrêter le mouvement de rotation.

Plaques des dépôts. — Depuis longtemps, on a installé dans les dépôts de locomotives des plaques de 12 et 14 m. de diamètre, qui permettent de tourner les machines attelées à leur tender. Ces plaques sont mues presque toutes par une petite locomobile à chaudière verticale du système Flaud, ou par tout autre système.

Les plaques des dépôts sont nettoyées, graissées et entretenues par les hommes des dépôts, sous la surveillance des chefs de dépôt.

Plaques en réserve. — Elles sont nettoyées, graissées et entretenues par les hommes de chantier, sous la surveillance des chefs de section.

IV. Indications diverses.—1° *Plaques nouvelles.* (Justification de dépenses.) (V. *Justifications*). — 2° question de patente et de contributions (V. ces mots). — 3° Recommandation aux agents de venir en aide aux voyageurs qui ont à descendre de voiture sur des files de plaques (instr. min. 31 juill. 1879) (V. *Voyageurs*). — 4° Dommages causés à un immeuble voisin du ch. de fer par suite de l'établ. et de la manœuvre d'une *plaque tournante.* — Responsabilité de la comp. (C. d'État, 24 nov. 1882.) — V. *Dommages*, § 6.

PLATINE.

Conditions de transport (tarif exceptionnel). — V. *Finances.*

PLATRE.

Conditions de transport (4° classe). — V. *Chaux, Pierres* et *Matériaux.*

PLOMB.

Tarif de transport. — Le plomb, *ouvré ou non,* est dénommé à la 2ᵉ classe du tarif fixé par l'art. 42 du cah. des ch. gén. Le maximum de perception est de 0 fr. 14 par tonne et par kilomètre (V. aussi *Sulfates*). — Le plomb *ouvré* figure gén. dans la 2ᵉ série du tarif d'applic. des diverses comp. et le plomb en *tables* dans la 3ᵉ série ; le plomb en *saumons* est ordin. compris dans l'une des dernières séries.

PLOMBS DE DOUANE.

Rupture des plombs (des wagons à marchandises expédiés sous le régime douanier) ; mesures à prendre, en vertu des instr. min. (V. *Douane*). — Plomb spécial *sur les caisses de dynamite* (Art. 4 arr. min. 10 janv. 1879) (V. *Dynamite*, § 2). — Plombage spéc. des colis de poissons. — V. *Poissons,* § 2, note.

POIDS ET MESURES.

I. **Extrait des lois et règlements** (relatifs aux poids et mesures) :

1° *Loi du 4 juillet* 1837..... « Art. 4. Ceux qui auront des poids et mesures (autres que ceux du système métrique décimal) dans leurs magasins, boutiques, ateliers ou maisons de commerce... seront punis comme ceux qui les emploieront, conformément à l'art. 479 du Code pénal. »

Cet article est ainsi conçu : « Seront punis d'une amende de 11 à 15 fr. inclusivement : ..... 6° Ceux qui emploieront des poids ou des mesures différents de ceux qui sont établis par les lois en vigueur..... » (*Extr.*)

2° *Ordonnance du 18 déc.* 1825. — P. mém. — V. plus loin, § 2.

3° *Ordonnance du 17 avril* 1839. — « Art. 13. Indépendamment de la vérification primitive....., les poids et mesures..... sont soumis à une vérification périodique, pour reconnaître si la conformité avec les étalons n'a pas été altérée. — Chacune de ces vérifications est constatée par l'apposition d'un poinçon nouveau.....

« Art. 15. — Les préfets dressent, pour chaque département, le tableau des professions qui doivent être assujetties à la vérification.—Ce tableau indique l'assortiment des poids et mesures dont chaque profession est tenue de se pourvoir.

« 20. — La vérification périodique pourra être faite aux sièges des mairies, dans les localités où, conf. aux usages du commerce et sur la proposition des préfets, notre min..... jugerait cette opération d'une plus facile exécution, sans toutefois que cette mesure puisse être obligatoire pour les assujettis et sauf le droit d'exercice à domicile. — Les vérificateurs peuvent toujours faire, soit d'office, soit sur la réquisition des maires, et du procureur (de la République), soit sur l'ordre du préfet et des sous-préfets, des visites extraordinaires et inopinées chez les assujettis. »

II. **Application pour les chemins de fer.** (*Minimum obligatoire des instruments de pesage dont les gares de chemins de fer doivent être pourvues.*)

Circ. adressée, le 22 juin 1853, *par le min. de l'intérieur, de l'agric. et du comm. aux préfets.* — Dans les départements où il existe des ch. de fer, on a diversement interprété les dispositions de l'ordonn. de 1825, relatives au minimum obligatoire d'instruments de pesage auquel les gares doivent être soumises, ainsi qu'à la rétribution qui doit en résulter. — Dans quelques départements, les gares ne sont pas comprises au nombre des assujettis à la vérification périodique ; dans d'autres, on leur a imposé l'obligation d'avoir un certain nombre de balances de magasin et une quantité relative de poids de 20 kilogr. en fer ; dans d'autres enfin, elles figurent au tableau d'assortiments pour une ou deux bascules seulement.

« Ce mode de procéder, cette différence dans l'application du tarif, ayant donné lieu à des réclamations fondées, j'ai dû chercher à ramener l'uniformité dans cette partie du service, et, dans ce but, j'ai décidé que toutes les gares de ch. de fer devraient être doré- navant munies d'instruments de pesage et des poids nécessaires à leur usage.

« Si, dans une gare, il existe plusieurs points sur lesquels s'effectue habituellement le pesage des colis et marchandises, tant à l'arrivée qu'au départ, il sera établi, dans chaque emplacement, soit une bascule, soit une balance de magasin.— La *quantité* de ces instru- ments sera fixée par un arrêté que devront prendre les préfets, et dont un extrait sera transmis au ministre dès qu'il aura [été publié. — Quant au *droit de rétribution*, il sera établi suivant le tarif annexé à l'ordonn. du 18 déc. 1825, modifiée par celle du 21 déc. 1832 (1).

« Là où les balances de magasin seront adoptées, l'admin. devra exiger qu'elles soient munies d'une quantité de poids en rapport avec leurs différentes portées.

Quant à la portée des bascules, elle sera déterminée suivant l'importance de la gare et en proportion des besoins du service. »

Uniformité des décisions (mesures pour prévenir les réclamations). — « Une circ. émanée, le 22 juin 1853, du min. de l'intér., de l'agric. et du comm., vous a fait connaître comment vous aviez à procéder pour fixer, dans votre département, le minimum obligatoire des instruments de pesage dont les gares de ch. de fer doivent être pourvues.

« Il a été reconnu, depuis lors, que pour prévenir les réclamations des compagnies et conserver, autant que possible, aux décisions l'uniformité désirable, il conviendrait, avant de prendre vos arrêtés, de consulter les ingén. en chef du contrôle des expl. de ch. de fer et d'entendre même les observ. des entreprises intéressées. En cas de contestation, vous voudriez bien m'en référer ; et, lorsque vos arrêtés seront devenus définitifs, vous aurez à les notifier, non plus aux chefs de gare, qui n'ont pas qualité pour recevoir les communications de cette nature, mais au siège même des compagnies, aux directeurs de l'admin. » (Circul. adressée, le 8 juin 1854, par le min. de l'agric. du comm. et des tr. publ. aux préfets.)

Vérification annuelle des appareils. — « Les admin. de ch. de fer doivent être assimilées aux commerçants, et à ce titre, elles doivent se conformer aux prescr. de la loi sur les poids et mesures, et des ordonn. de police rendues en conformité de cette loi, et notam- ment sur la vérification annuelle. » (C. C., 23 avril 1857.)

Formalités et tarif de pesage (des colis). — V. *Pesage.*

III. Ponts à bascule. — Les ponts à bascule installés dans certaines gares de mar- chandises pour le pesage des wagons et des colis exceptionnels ne sont pas compris dans les appareils obligatoires prescrits par les règl. ; mais en exéc. d'une décis. min. du 23 juill. 1863, les ponts à bascule affectés au pesage des colis seront désormais reçus à

---

(1) Il y a lieu de se reporter pour cet objet aux ordonn. du *préfet de police*, à Paris, aux arrêtés spéc. pris par les préfets des départements *en vertu du nouveau système des poids et mesures.* — Ainsi un décret du 26 févr. 1873, abrogeant d'anciennes dispositions, mentionne à *l'art.* 6 la longue énumération des professions, commerces et industries (*y compris les chemins de fer*), assujetties à la vérification des poids et mesures légaux. — *L'art.* 7 mentionne le tableau indiquant les séries de poids et mesures en usage, et *l'art.* 9, le nouveau tarif des droits de véri- fication à percevoir. — En outre, un décret du 27 sept. 1877 porte à l'art. 1er que « les six séries de poids en fer désignés au tableau B, § 2, annexé au décret du 26 février 1872, pourront être complétées par des poids de vingt grammes, dix grammes et cinq grammes *du système Dosse* ». — Et à l'art. 2, que « la taxe des poids en fer de vingt grammes, dix grammes et cinq grammes *du système Dosse* est fixée à neuf centimes pour chaque poids ». — Enfin, le décret, *du 7 janvier* 1878 réduit le tarif desdites séries du système Dosse à *six centimes*, pour chaque poids, au lieu de neuf centimes.

la vérification et au poinçonnage, et les détenteurs de ces instruments devront fournir aux vérificateurs les poids nécess. à cette opération. — V. *Ponts à bascule*, § 2.

Tarif de rétribution annuelle. — (Comme pour les balances bascules de la plus forte portée, soit 1 fr. 80.)

IV. Poids comparatifs (de divers objets et matières). — A titre de simple aperçu, nous allons consigner ici quelques indications sur les poids approximatifs des matériaux, véhicules, etc., qui peuvent servir d'élément, soit pour l'évaluation de la valeur des objets, soit au point de vue de leur transport.

Les chiffres ci-après sont, bien entendu, des *moyennes* plus ou moins variables.

1° *Poids spécifique de quelques matériaux* (1 mètre cube d'eau distillée pesant 1000 kilog. ou une tonne). — Acier, 7,84 ; — ardoise, 2,83 ; — ballast (*pierre cassée ou sable*), 2 ; — bois (*chêne dur*, 1,17 ; — *hêtre*, 0,852; — *orme*, 0,80 ; — *peuplier*, 0,529) ; — cuivre, 8,90 ; — fers en barre, 7,788 ; — granit, 2,70 ; — pierre à bâtir (*grossière*), 1,80 (en moyenne) ; — marbre, 2,70 ; — pierre dure, 2,50 (en moyenne) ; — pavés, 2,60, etc. (Ext. de l'*Ann. des longitudes.*)

Poids spécifique des combustibles. — Coke, 400 k. — Houille, 800 k. — Compacte, 12 à 1300 k. (p. m. cube).

2° *Appareils spéciaux des voies de fer.* — Boulons (voie Vignoble), 0 k. 50 à 0 k. 60 la pièce. — Chevillettes, 0 k. 37. — Coussinets de joints, 13 k. 80. — Coussinets intermédiaires, 10 k. 60. — Coussinets éclisses, 9 k. 50 sur quelques lignes. — Crampons (voie Vignole), 0 k. 25 à 0 k. 27. — Eclisses (voie Vignole), 4 k. à 4 k. 95. — Plaques tournantes (de 4m40 à 4m50), 9 à 10 t. — *Id.* de 12m (pour machines), environ 25 t. — Platines de joint, 2 k. à 2 k. 20. Rails par mètre linéaire, 37 k. 50 (Double champignon). — *Id.* Vignole, 35 k. — Selles d'arrêt (voie Vignole), 1 k. 30. — Tirefonds (voie Vignole), 0 k. 32 à 0 k. 35. — *Id.* pour coussinets éclisses et coussinets en fonte, environ 0 k. 30 à 0 k. 32.

3° *Matériel roulant.* — Locomotives à *voyageurs*. Poids brut *maximum*, tender compris, 61 t. 7 (nord). — Poids brut *minimum*, machines tender de l'*Ouest* environ 15 tonnes. — *Poids moyen* ordinaire (machines pleines et en feu), 45 t. — *Locomotives à marchandises* : Poids moyen ordinaire (en service), 45 à 50 tonnes. — Machines Engerth, 60 à 62 tonnes. — Machines mixtes, à voyageurs et à marchandises, en moyenne, 35 tonnes.

Le tender isolé en charge, pèse de 15 à 20 t. suivant la force des machines. — V. comme renseignements comparatifs : *Alimentation* et *Locomotives.*

Fourgons ambulants de la poste (avec charge) 8 à 10 tonnes (wagons à 4 ou 6 roues).

Voitures de voyageurs (Poids brut moyen, sans voyageurs). — 1re, 2e et 3e cl. — 5 t. 9 ; 5 t. 8 ; 5 t. 6. — *Nota.* — Le nombre de places de voyageurs dans les voitures de 1re classe est en moyenne de 24,4 ; — en 2e classe, 41,5 ; — en 3e classe, 43,4 ; sur la plupart des lignes, on évalue le poids moyen des voyageurs à 60 kilog., ce qui est un maximum, en tenant compte des femmes et des enfants.

Wagons de service. — Poids brut moyen, 5 t. 6. Capacité, 4 t. 4.

Wagons à marchandises (toutes natures). — Poids brut moyen, 4 t. 4. — Capacité, 8 t. 3.

Indications d'ensemble (chargement des trains). — V. *Locomotives*, § 4.

POISSONS FRAIS.

I. Conditions ordinaires de transport. — Les poissons frais sont dénommés à l'art. 42 du cahier des charges, parmi les marchandises transportées à grande vitesse, moyennant un tarif de 0 fr. 36 par tonne et par kilomètre, non compris l'impôt et les frais accessoires. — V. *Denrées* et *Messagerie.*

Tarifs et délais d'application. — A l'occasion d'un envoi de *poissons* non expédiés par le premier train, après la remise en gare par l'expéditeur et arrivés tardivement pour être mis en vente, la comp. a été condamnée à des domm. intérêts, en raison de la *célérité exceptionnelle* qu'il y avait lieu d'apporter à ce transport (Trib. de comm. Niort, 23 avril 1884). — Mais ce jugement a été cassé par le motif que l'expédition et le transport de la marchandise litigieuse avaient été opérés dans le délai réglementaire (*jurispr. constante*). — C. C. 25 oct. 1886.

Transport par tarif spécial à responsabilité limitée (Retards dans une expédition de poissons). — Condamn. de la comp. pour n'avoir pas fait l'envoi par le premier train réglementaire. — Trib. comm. Boulogne-sur-Mer, 13 juin 1882. — Mais d'après la C. de cass., par le tarif spécial dont il s'agit dans l'espèce, la compagnie a précisément entendu se soustraire à l'application des principes de droit commun, *en limitant la responsabilité qu'elle pourrait encourir* à raison des fautes, même lourdes mais exemptes de dol et de fraude, qu'elle aurait commises et qui auraient occasionné des retards dans les expéditions » (C. C. 13 août 1884).

Indications diverses. — V. *Délais, Denrées, Marchés et Marée.*

II. Transport de poissons en temps prohibé (Extr. de la loi du 31 mai 1863, du décret du 10 août 1875 et instr. div.) — V. le mot *Pêche.*

Nota. — D'après une instr. du min. des tr. publ., 19 oct. 1879, prise sur avis des finances pour l'exéc. des nouveaux décrets des 10 août 1875 et 18 mai 1878, et « conf. à ce qui a été réglé pour le *lapin de garenne* et le *gibier* d'eau, c'est à l'autorité préfectorale qu'il appartiendra d'autoriser les introductions, pendant les périodes d'interdiction de la pêche, de poissons d'eau douce expédiés à des départements où la pêche des mêmes espèces est encore permise. — Le préfet informera, le cas échéant, des autorisations données, le chef du service des douanes au lieu d'importation. L'arrivée du poisson à destination déclarée sera assurée au moyen du plombage des colis et d'un acquit-à-caution. Cet acquit sera déchargé, soit par le service des douanes soit par l'autorité municipale des communes où il n'existe pas de bureau de douane. — Ces dispositions ne concernent pas les poissons de réserves ou d'étang, lesquels peuvent, en vertu de la loi du 31 mai 1863, être importés en toute saison, pourvu qu'il soit justifié de leur origine au moyen de certificats émanant des autorités du lieu d'extraction. En ce qui concerne le saumon, on ne considérera comme poisson de réservoir que ceux dont la longueur, mesurée de l'œil à la naissance de la queue, n'excède pas 25 centimètres ».

Constatation des infractions (Circ. min. 30 oct. 1886). — V. *Pêche.*

POLICE.

Sommaire. — I. *Grande voirie.* — II. *Police de l'exploitation.* — III. *Police judiciaire* (Formalités, etc.). — III bis. *Affaires de simple police.* — IV. *Police ordinaire* (Délits communs et mesures de sûreté et de police générale). — V. *Police municipale.* — VI. *Police sanitaire.* — VII. *Objets divers de police.*

I. Grande voirie. — La police de grande voirie sur les chemins de fer est exercée, conf. aux titres 1 et 2 de la loi du 15 juillet 1845, et comme il est indiqué aux mots *Contraventions, Grande Voirie, Préfets et Procès-verbaux.*

D'après l'art. 23 de ladite loi, les agents des compagnies, au moyen du serment prêté devant le tribunal de première instance de leur domicile, peuvent verbaliser sur toute la ligne du chemin de fer auquel ils sont attachés, concurremment avec les agents de l'administration. — V. *Assermentation.*

Action possessoire en matière de grande voirie. — Un arrêté préfectoral (qui n'a été ni réformé ni même attaqué par la voie contentieuse), ayant refusé au propriétaire d'un immeuble situé le long de l'avenue d'une gare un alignement avec accès, ce propriétaire ne peut saisir le juge de paix d'une action possessoire. (C. C., 29 août 1871.)

Compétence pour les questions de grande voirie (et objets divers s'y rattachant) (V. *Compétence et Conseils*). — Incompétence des juges de simple police, pour connaître des infractions à un règlement de gr. voirie. — V. plus loin, § 5.

Infractions spéciales (en matière de lois et règlements de gr. voirie, applicables aux ch. de fer). — V. *Alignements, Bestiaux, Carrières, Clôtures, Dépôts, Mines, Pénalités, Plantations, Télégraphie,* etc.

II. Police de l'exploitation (*Mesures relatives à la sûreté de la circulation et à la régularité de l'expl. sur les ch. de fer*). — Les dispositions ayant pour objet la police, la sûreté et l'exploitation des chemins de fer sont réglées d'une manière détaillée par le titre 3 de la loi du 15 juillet 1845 (voir *Lois*) et par le règlement général du 15 nov. 1846 textuellement reproduit au mot *Ordonnances*. Les cinq premiers titres de ce dernier règlement comprennent tout ce qui concerne : 1° le service des stations et de la voie ; 2° le matériel employé à l'exploitation ; 3° la composition des convois ; 4° le départ, la circulation et l'arrivée des convois; 5° la perception des taxes et des frais accessoires.

Le titre VI s'occupe de la surveillance de l'exploitation. A ce sujet, nous avons indiqué, dans les divers articles de ce recueil (V. *Agents, Commissaires, Contrôle, Ingénieurs Inspecteurs, Préfets, Surveillance*, etc.), les attributions des fonctionnaires et agents chargés spécialement de la surveillance ou de l'exécution des règlements sur la police des chemins de fer. Les renseignements que nous avons donnés à cet égard embrassent en quelque sorte, tous les détails de l'exploitation.

Le titre VII de l'ordonn. précitée a trait aux mesures concernant les voyageurs et les personnes étrangères au service du ch. de fer. Les détails d'applic. des prescr. régl. dont il s'agit, sont résumés soit aux mots *Libre circulation* et *Voyageurs*, §§ 3 et 8, soit aux autres articles se rapportant aux objets prévus dans le même titre. Cette observation s'applique également à l'exécution des *dispositions diverses* qui font l'objet du titre VIII et dernier de l'ordonn. de 1846.

Mesures de police spécialement réglées par des arrêtés préfectoraux. — 1° police des cours des gares (art. 1er ordonn. 15 nov. 1846) (V. *Cours des gares*) ; — 2° police des passages à niveau (art. 4, *ib.*) (V. *Passages*) ; — 3° épreuves des machines locomotives (art. 7, *ib.*) (V. *Réceptions*) ; — 4° police des buffets et des crieurs et distributeurs d'objets (V. *Buffets* et *Vente*) ; — 5° tarifs rendus exécutoires par des affiches préfectorales (V. *Publications*) ; — 6° police des compartiments réservés (dispositions à rendre exécutoires par les préfets). — V. *Compartiments*.

II bis. Détails d'application (*Police de l'exploitation*) (V. le mot *Contraventions*, § 6. V. aussi aux mots *Commissaires de surveillance, Gares* et *Salles d'attente*) pour les détails relatifs à la police des salles d'attente des gares et des trains. — Nous rappellerons seulement que la police d'*ordre* sur la voie, dans les gares et dans les trains est ordin. faite par les agents des comp., qui requièrent, lorsqu'il y a lieu, l'intervention des commissaires et des gardes champêtres, gendarmes et autres agents de l'autorité publique. — V. *Affluence, Compartiments, Convois, Fumeurs, Gardes champêtres, Gendarmes, Quais, Personnes étrangères, Salles d'attente, Sergents de ville, Surveillance* et *Voyageurs*.

Police des trains. — Pendant la marche des convois, c'est au conducteur chef du train ou aux contrôleurs de route qu'il appartient principalement d'assurer l'exéc. des règl. sur la police des ch. de fer, et notamment de l'art. 63 de l'ordonn. du 15 nov. 1846 reproduit au mot *Voyageurs*. — Ledit art. 63 a été interprété de la manière suivante par la Cour de cass. (Bulletin du 31 mars 1864) :

[I.] La loi organique sur les chemins de fer considère comme contravention le fait du voyageur qui descend d'un train non encore arrêté ; mais on ne peut assimiler à cette contravention le fait par un voyageur de monter dans un train déjà en marche ; ce dernier fait, d'ailleurs, non prévu par la loi, ne constitue donc pas une contravention punissable.

« [II.] Le voyageur muni d'un billet ne peut être considéré comme ayant contrevenu à l'art. 63 de l'ordonn. du 15 nov. 1846, qui défend à toute personne étrangère au service du chemin de fer de s'introduire, circuler ou stationner dans les gares, alors même qu'il ne s'y serait introduit qu'au moment où le train se mettrait en mouvement ; le billet dont est muni ce voyageur justifie son droit d'introduction dans la gare, sauf les règlements intérieurs de la gare, dont l'exécution appartient aux agents de l'administration seuls. »

Cette jurispr., n'exclut pas les poursuites à exercer contre le voyageur sinon pour le fait même de monter dans un train en marche, du moins par les incidents accessoires qui peuvent s'y rattacher, tels que résistance aux avertissements des agents, circulation irrégulière (lorsque le voyageur n'est pas muni d'un billet), passage d'un marchepied à l'autre des wagons, entrée dans les voitures par l'entrevoie, etc., etc.

III. Police judiciaire. — Les art. 9 et 10 du Code d'instr. crim. ont conféré aux commissaires, gardes champêtres, juges de paix, juges d'instruction, maires, officiers de gendarmerie, préfets et procureurs des trib. les pouvoirs d'officiers de police judiciaire, pour la constatation des crimes, délits et contraventions en général. — V. *Officiers de police judiciaire* et *Organisation de pouvoirs.*

En matière de chemins de fer, les attributions de la police judiciaire comprennent principalement la constatation et les suites judiciaires à donner aux accidents ayant occasionné mort ou blessures, et aux actes de malveillance, crimes, délits et vols, commis dans l'enceinte des voies ferrées. Toutefois, d'après les dispositions de l'art. 23 de la loi du 15 juillet 1845, et les documents que nous avons cités aux mots *Commissaires de surveillance* et *Commissaires de police*, les premières constatations relatives à *l'exploitation* proprement dite des ch. de fer, ressortissent exclusivement aux officiers de police judiciaire et autres fonctionn. et agents spécialement attachés au contrôle et à la surv. des voies ferrées. — Les constatations, dont il s'agit, ne motivent ordin. l'intervention des officiers de police judiciaire et agents étrangers à l'admin. des tr. publ., que lorsqu'il s'agit de crimes et délits de droit commun ou d'affaires fiscales ou autres, se rattachant aux diverses branches de l'admin. publique.

Formalités de justice en matière de ch. de fer : 1° Avis à donner aux autorités judiciaires (et mesures diverses) (V. *Accidents, Actes de malveillance, Crimes, Délits, Ingénieurs, Jugements, Magistrats, Tribunaux, Vols, etc.*) — 2° Compétence judiciaire (V. *Compétence, Responsabilité, Tribunaux*). — 3° Constatation des infractions (Attributions distinctes) — V. *Commissaires, Contraventions, Contrôle, Magistrats, Officiers de police judiciaire* et *Procès-verbaux.*

III *bis.* **Affaires de simple police.** — La simple police est exercée par les juges de paix chacun dans l'étendue de son canton (Applic. de l'art. 138 du C. d'instr. crim. modifié par la loi du 27 janv. 1873) (V. *Juges de paix*). — Nous rappellerons qu'en général, l'exercice de la simple police s'applique aux contraventions qui, d'après les dispositions du quatrième livre du Code pénal, peuvent donner lieu, soit à quinze francs d'amende ou au-dessous, soit à cinq jours d'emprisonn. ou au-dessous, qu'il y ait ou non confiscation des choses saisies, et quelle qu'en soit la valeur. — V. *Pénalités*, § 7.

En aucun cas les délits et contrav. en matière d'expl. de ch. de fer ne sont du ressort des juges de simple police ; ils sont toujours justiciables ou des conseils de préfecture ou des trib. de première instance, aux termes des art. 11, 13, 25, 26 et 27 de la loi du 15 juillet 1845. Les trib. de simple police ne peuvent être appelés à connaître que des délits de droit commun qui se commettent dans l'enceinte des ch. de fer et qui n'affectent pas la sûreté de la circulation des trains. — C'est ainsi qu'à l'occasion d'infractions secondaires se rattachant au droit commun bien que s'étant produites sur les chemins de fer, il n'a été fait application que des peines de simple police. — V. notamment *Actes de malveillance, Affichage, Alignement, Bestiaux, Passages à niveau, Voyageurs*, etc.

Police de grande voirie. — Les juges de simple police sont incompétents pour connaître des infractions à un règl. de gr. voirie. (C. C., 18 mars 1853, 21 janvier et 25 juin 1859.) Les points principaux touchant à la police municipale sont indiqués dans la loi des 19-22 juillet 1791, dont un extrait est reproduit à l'art. *Organisation de pouvoirs*, et dans la loi nouvelle du 5 avril 1884. — Voir plus loin, au § 5. — Voir aussi plus haut, § 1, pour la police proprement dite de la *gr. voirie.*

Police municipale (art. 91 à 109, loi 5 avril 1884). — V. ci-après, § 5.

IV. Police ordinaire (*Délits communs et mesures de sûreté et de police générale*). Attributions des commissaires centraux et communaux et des inspecteurs spéciaux de police (V. *Commissaires de police* et *Inspecteurs*, § 5). — V. aussi, plus loin, le programme d'examen et les nouvelles conditions d'admission du personnel de la police spéciale des chemins de fer.

Crimes et délits (commis dans l'intérieur d'un chemin de fer considéré comme *lieu public*). — Ces crimes et délits, qu'ils se rattachent ou non à l'expl. des ch. de fer ont leur caractère aggravé par les circonstances dans lesquelles ils se produisent. (V. *Lieu public*.) S'il s'agit par ex. de cris, désordres ou rixes, ne rentrant pas sous l'applic. des lois et règl. des voies ferrées, il convient de recourir, pour la répression de ces délits, aux peines portées par le Code pénal, savoir : pour les coups et blessures, aux art. 309, 310 et 311 du C. pénal, et pour les injures, diffamations, cris, tapage nocturne, bruit d'instruments, etc., aux art. 376, 471 et 475 du même Code. — Nous ne parlerons pas ici de certains crimes de personnes, pour lesquels il serait sans objet de relater une pénalité déterminée, les dispositions les plus rigoureuses des lois en vigueur étant naturellement applicables à ces attentats qui ont donné lieu du reste à des mesures exceptionnelles. — V. *Voyageurs*, § 8.

Organisation du personnel de la police spéciale des chemins de fer. — 1° Commissaires spéciaux et inspecteurs de police, créés par décret du 22 févr. 1855 (V. *Commissaires de police*, § 1); — 2° Commissaires divisionnaires. Id. 1er sept. 1862 (*Ibid*); — 3° Inspecteurs auxiliaires, nommés par le min. de l'intérieur et placés sous l'autorité immédiate, et la direction des commissaires de police (Décret 6 mars 1875). P. mém. — 4° Circulation sur le chemin de fer. — V. *Libre circulation* et *Réquisitions*.

Programme d'examen et conditions d'admission (aux fonctions de commissaire de police ou d'inspecteur spécial de la police des chemins de fer). — 1° Arr. min. du 18 mai 1879, dont un extr. seulement est rappelé plus loin, ledit arrêté ayant été remplacé ou plutôt modifié par de nouvelles instructions (circ. min. aux préfets et arr. 30 déc. 1885, min. de l'intér.) qui font l'objet du 2° ci-après.

2° *Nouvelles instructions* (30 déc. 1885, min. de l'int.) au sujet des conditions d'admission du personnel de la police spéciale des chemins de fer (insertion au *Journal officiel* du 5 janvier 1886). — V. *p. mém.* les extraits suivants :

(*Extr. circ. min. 30 déc. 1885, aux préfets*). — « L'arr. min. 18 mai 1879, imposant des examens écrits et oraux aux candidats qui demandent à être appelés aux fonctions de commissaire de police ou d'inspecteur spécial de la police des chemins de fer, n'a pas, dans son application, atteint entièrement le but qu'elle recherchait. — En effet, un assez grand nombre de candidats, reconnus admissibles par les commissions d'examen, ont été appelés à occuper ces fonctions souvent difficiles et délicates, et remplissent très imparfaitement leurs devoirs professionnels, parce qu'ils n'offrent pas toutes les garanties désirables. — D'autre part, plusieurs de ces candidats ont été rayés du cadre du personnel de la police pour insuffisance manifeste.

J'ai lieu de croire que cet état de choses est dû à ce que, dans beaucoup de départements, les commissions d'examen se sont trouvées en présence d'un seul candidat et, manquant p r ce fait, de points de comparaison dans les postulants qu'elles avaient mission d'examiner, ont été amenées à se montrer trop indulgentes et ont reconnu admissible ce candidat unique, malgré la faiblesse de ses épreuves.

J'ai pensé que, pour remédier à cet inconvénient et relever le niveau des examens, il suffirait de soumettre tous les postulants à la même épreuve écrite et de grouper, pour les épreuves orales, les candidats de plusieurs départements, sans modifier, quant à présent du moins, le programme actuel. A cet effet, j'ai pris, à la date de ce jour, un arrêté, dont je vous transmets un exemplaire sous ce pli, modifiant, sur certains points, celui de 1879.

Cet arrêté stipule que les examens écrits continueront à être subis, comme par le passé, dans les bureaux des préfectures, et porteront sur un sujet qui sera le même pour tous les départements et qui vous sera envoyé, sous pli cacheté, par les soins de mon administration, la veille du jour de la composition. Il indique également les villes régionales dans lesquelles les candidats des départements groupés devront se rendre, pour y subir les épreuves orales.

J'ai décidé que les épreuves écrites auraient lieu, cette année, le 30 janvier courant, à une heure que je vous laisse le soin de fixer vous-même.

Je vous prie, monsieur le préfet, de tenir la main à ce que les compositions se fassent dans les conditions prescrites par ce nouvel arrêté et me soient transmises le jour même de l'examen.

Les épreuves orales auront lieu à une date qui n'est pas encore arrêtée et que je vous ferai

connaître ultérieurement, en vous adressant la liste nominative des candidats de votre département autorisés à se présenter auxdites épreuves..... »

(Extr. du nouvel arr. min. 30 *déc.* 1885.) — « Le min. de l'intérieur, vu la loi du 28 pluviôse an VIII ;..... — Vu l'arr. du 18 mai 1879 ; — Sur la proposition du directeur de la sûreté
générale, — ARRÊTE :

Art. 1er. — Nul ne peut être appelé aux fonctions de commissaire de police ou d'inspecteur
spécial de la police des chemins de fer : — 1° S'il est âgé de plus de quarante ans ; — 2° S'il
n'a atteint sa vingt-cinquième année ; — 3° S'il n'a été agréé par le ministre de l'intérieur ; —
4° S'il n'a été porté sur la liste d'admissibilité dressée à la suite d'un examen, conformément
aux dispositions du présent arrêté.

2. — Les candidats ne pourront pas se présenter aux examens avant vingt-trois ans ; ils ne le
pourront plus après trente-cinq ans. — Toutefois, ceux qui justifieront de cinq ans de services
militaires ou administratifs, seront admis aux épreuves jusqu'à quarante ans.

3. — Les examens mentionnés dans l'art. précédent auront lieu chaque année du 15 au
30 janvier : à Paris, au min. de l'intérieur, et au chef-lieu de chaque dép. à l'hôtel de la préfecture.

4. — Des commissions pour les examens oraux seront constituées dans les villes ci-après
désignées.....

5. — Les candidats devront adresser au min. de l'intérieur : — 1° Une demande d'emploi
dans laquelle ils indiqueront s'ils connaissent une ou plusieurs langues étrangères ; — 2° Une
expédition authentique de l'acte de naissance : — 3° Un certificat établissant qu'ils possèdent la
qualité de Français ; —4° Un certificat de moralité, délivré par le maire de la résidence et dûment
légalisé ; — 5° Un extrait du casier judiciaire ; — 6° Un certificat du médecin, dûment légalisé,
constatant que les candidats sont de bonne constitution et exempts de toute infirmité les rendant
impropres à faire un service actif ; — 7° L'acte constatant qu'ils ont satisfait à la loi sur le
recrutement ; — 8° Des attestations faisant connaître les antécédents des candidats et les études
auxquelles ils se sont livrés ; — 9° Des états de services, diplômes, certificats, etc., qui auraient
pu leur être délivrés, ou des copies de ces pièces dûment certifiées.

6. — *(Envoi des dossiers par le ministre aux préfets)*...

7. — Chaque préfet fera pour son dép., la liste des candidats, qu'il avisera, au moins quinze
jours à l'avance, de la date de l'examen. — Dans le dép. de la Seine, le préfet de police est
chargé de dresser la liste des candidats et de leur donner l'avis dont il s'agit.

8. — *(Commissions d'examen)*... Composition de ces commissions (départements et Paris)...

9. — Nul ne peut être admis plus de trois fois aux épreuves de l'examen. — Pour être admis
à subir une 2e ou 3e épreuve, tout candidat devra adresser au min. de l'intérieur avant le 1er déc.,
une nouvelle demande, dans laquelle il indiquera la date et le lieu où il aura passé son dernier
examen.

10. — Seront dispensés de l'examen, les candidats munis du diplôme de bachelier ès-lettres
ou de celui de bachelier ès-sciences.

11. — Les sous-officiers des armées de terre ou de mer qui se trouvent dans les conditions
prescrites par la loi du 24 juillet 1873, pour obtenir des emplois civils, continueront à subir
l'examen suivant le mode déterminé par le décret du 28 oct. 1874, portant régl. d'adm. publique.
— V. *Emplois*.

12. — L'examen est divisé en deux parties : l'épreuve écrite et l'épreuve orale.

13. — L'épreuve orale est publique.

14. — Le candidat ne peut être admis aux épreuves orales que s'il a subi avec succès les
épreuves écrites.

15. — L'examen porte sur les matières suivantes :

Epreuve écrite : Rédaction d'un procès-verbal ou d'un rapport sur une affaire de service. —
Le sujet de la composition sera le même pour tous les candidats; il sera choisi par le directeur
de la sûreté générale et envoyé, sous pli cacheté, à MM. les préfets pour le jour même de l'examen. — Le préfet déléguera le secr. gén. de la préf. ou un conseiller de préf. pour dicter le
sujet de la composition et surveiller le travail des candidats. Le pli cacheté contenant le sujet de
la composition sera ouvert par ce fonctionn. délégué, en présence des candidats, au moment fixé
pour l'épreuve. — Ce fonctionn. dressera un procès-verbal de l'épreuve et le remettra, avec les
compositions, au préfet, qui enverra les pièces, le jour même de cette épreuve, au ministère de
l'intérieur (dir. de la sûr. gén.). — Trois notes seront données pour l'épreuve écrite, savoir :
Valeur relative : 1° pour l'écriture, 1 ; — 2° pour l'orthographe, 2 ; — 3° pour la rédaction, 3.

Epreuve orale, § I. — Arithmétique : numération décimale. — Addition, soustraction, multiplication, division. — Preuve de ces opérations. — Nombres décimaux. — Fractions. —
Système légal des poids et mesures (valeur relative) 2

§ II. — Histoire et géographie : Notions sommaires d'histoire de France. — Géographie
physique de la France. — Frontières maritimes et continentales. — Chaînes de montagnes,
bassins, fleuves, rivières et lacs. — Départements. — Chefs-lieux. — Villes principales.—
Réseaux de chemins de fer (valeur relative) 2

§ III. — Notions de droit pénal : Du délit en général. — Définit. et distinctions des crimes, délits et contrav. — Tentative et commencem. d'exéc. — Des peines en matière criminelle et correctionn., et de leurs effets. — Notions sur la culpabilité et la non-culpabilité. — Eléments constitutifs du délit. — Circ. aggravantes. — Excuses. — Circ. atténuantes. — Complicité. — Connexité. — Auteurs. — Co-auteurs. — Complices. — Des faux commis dans les passe-ports, feuilles de route et certificats. — De la corruption des fonctionn. publics. — Des abus d'autorité contre les particuliers. — Rébellion, outrages et violences contre les dépositaires de l'autorité et de la force publique. — Dégradation des monuments. — Vagabondage et mendicité. — Délits commis par voie d'écrits, images et gravures. — Des associations et réunions illicites. — Meurtres. — Menaces. — Blessures et coups volontaires ou invol. — Attentats aux mœurs. — Arrestations illégales. — Faux témoignage. — Calomnies. — Injures. — Vol. — Escroqueries. — Abus de confiance. — Infractions commises par les expéditeurs et par les voyageurs. — Destructions. — Dégradations. — Dommages. — Peines de police (valeur relative)...................... 3

§ IV. — Notions d'instr. crim. : Action publique et action civile. — Délits commis sur le territoire et hors du territoire. — Police judiciaire. — Officiers de police judiciaire. — Moyens d'information. — Procès-verbaux. — Constatations. — Instruction dans les cas ordinaires, dans les cas de crime ou de délits flagrants. — Attrib. et devoirs des comm. de police. — Notions générales sur l'organisation et la composition des juridictions pénales (valeur relative)....................... 3

§ V. — Loi du 15 juillet 1845 sur la police des ch. de fer. — Ordonn. du 15 nov. 1846 sur la police, la sûreté et l'expl. des ch. de fer. — Loi municipale du 5 avril 1884, notamment les art. 91 à 109. — Organisation actuelle du contrôle de l'Etat. — Attributions des différents fonctionn. du contrôle (valeur relative).................... 3

§ VI. — Notions sur les attributions des fonctionn. judiciaires, admin. et militaires (valeur relative)....................... 2

§ VII. — Langues étrangères (valeur relative)...................... 3

16. — (Fixation du produit des coefficients par les notes relatives). — Comme à l'art. 4 du programme des commiss. de surveillance. — V. Examens.

17. — Nul ne peut être admis aux épreuves orales s'il n'a obtenu, pour les trois notes de l'épreuve écrite, le chiffre de 60.

18. — Le chiffre 150 (minimum) pour l'épreuve orale est nécessaire pour que le candidat soit inscrit sur la liste d'admissibilité.

19 à 21. — (Formalités et indications diverses)...

22. — Les dispositions de l'arrêté du 15 mai 1879 sont rapportées en ce qu'elles ont de contraire aux dispositions du présent arrêté.

23. — Le dir. de la sûr. gén. et le dir. du secr. et de la compt. au min. de l'int. sont chargés, chacun en ce qui le concerne, de l'exéc. du présent arrêté. »

Constatations respectives des commissaires de police et des commissaires de surv. admin. (circ. min. 1er juin 1855). — V. *Commissaires de police*, § 2.

V. Police municipale. — Nous avons rappelé aux mots *Compétence, Contraventions et Organisation de pouvoirs*, les principaux détails ressortissant à l'admin. municipale, pour les affaires pouvant se rattacher au service des chemins de fer. Ces renseignements ne se trouvent nullement modifiés par l'importante et volumineuse loi du 5 avril 1884, sur *l'organisation municipale* (loi insérée à la même date au *Journal officiel*). — Comme on l'a vu au paragr. précédent, les art. 91 à 109 de ladite loi, *traitant des questions spéciales afférentes à la police municipale,* ont été mentionnés parmi les connaissances exigées au programme d'examen des *commissaires et inspecteurs de la police des ch. de fer* (art. 15, § 5 de l'arr. min. du 30 déc. 1885. V. ci-dessus, § 4). — A titre de simple renseignement, nous nous bornons à donner ci-après l'analyse succincte des art. 91 à 109 de la loi dont il s'agit :

Art. 91 à 96. — (Formalités d'exécution et de publicité des arrêtés et règlements relatifs aux mesures de police municipale.) P. mém.

97. — Mesures spéciales au bon ordre, à la sûreté et à la salubrité publiques (notamment celles concernant la sûreté et la commodité du passage sur les voies publiques). — *Id.,* répression des rixes, disputes, ameutements. — *Id.,* police des foires, marchés et lieux publics. — *Id.,* transports et services funèbres. — *Id.,* débit et salubrité des denrées. — Mesures, en cas

d'accidents, d'incendies, d'inondations ou *d'épidémies* (V. ci-après, à ce sujet, § 6, *Police sanitaire*). — Mesures relatives aux aliénés, à la divagation des animaux malfaisants, etc. — V. *Animaux dangereux*.

98. — Détails sur la police des routes et de la voirie. (*P. mém.*) — V. à ce sujet *Alignements*, § 5, *Grande voirie*, *Pénalités*, *Procès-verbaux*, et la fin du § 3 *bis*, ci-dessus.

99. — (Réserve du droit des préfets pour l'exéc. des mesures précitées, en cas d'abstention des autorités municipales.)

100 et 101. — (Usage des cloches d'église, etc.)

102. — (Gardes champêtres nommés par les maires.)

103. — (Règles d'organisation du personnel de la police.)

104 et 105. — (Attrib. respectives des préfets et des maires, *suivant les localités*.)

106 à 109. — Responsabilité des communes pour les dégâts ou dommages résultant de crimes ou délits commis à force ouverte ou par violence par des attroupements ou rassemblements armés ou non armés, soit envers les personnes, soit contre les propriétés publiques ou privées. (*P. mém.*) — V. *Crimes*.

VI. Police sanitaire.—1° Mesures prises antérieurement à la loi spéciale du 21 juillet 1881 sur la police sanitaire des animaux (V. *Bestiaux*, § 3). — 2° Application de la loi du 21 juillet 1881, du décret du 22 juin 1882 et des instr. min. intervenues à la suite. (Désinfection de wagons, et mesures diverses relatives à l'importation et à l'exportation des animaux, etc., etc.) (V. *Désinfection*). — 3° Introduction interdite, *dans les gares*, d'animaux vicieux, dangereux ou malades (V. au mot *Cours des gares*, l'art. 11 du modèle de règl. de police du 25 sept. 1866). — 4° Surveillance médicale dans les gares (en temps d'épidémie) (V. *Fruits et légumes*, *Matières infectes* et *Médecins*).—5° Mesures ayant pour objet d'empêcher la propagation du *phylloxéra*. — V. ce mot.

VII. Objets divers de police. — 1° Conservation des lignes télégraphiques (V. *Télégraphie*). — 2° Mesures de voirie relatives à l'exploitation des carrières et des mines (V. *Mines*). — 3° Police des appareils à vapeur (V. au mot *Machines*, le décret du 30 avril 1880 et la loi du 21 juillet 1856). — 4° Mesures de salubrité prescrites par l'autorité municipale (V. *Stationnement*; — V. aussi l'art. *Matières infectes*). — 5° Infractions aux règlements de police de la chasse et de la pêche. — V. *Chasse*, *Gibier*, *Pêche* et *Poissons frais*.

POMMES ET POIRES.

Conditions de transport. — V. *Denrées* et *Fruits* (gr. et petite vitesse). — *Tarifs spéciaux*.—Quelques comp. appliquent pour le transport à *petite vitesse* des pommes à cidre, pommes et poires à la pelle, pommes de terre, etc., en sacs ou en paniers ou en *vrac*, par expéd. d'au moins 4 à 5,000 kilogr., des tarifs spéc. dans lesquels le prix de transport est réduit, suivant les parcours, jusqu'à 0 fr. 06 par tonne et par kilom., chargement et déchargement non compris.

POMPES A INCENDIE.

I. Installation. — Dans toutes les gares d'une certaine importance, les comp. ont installé une équipe de manœuvre de pompes, dirigée par un chef ou un sous-chef d'équipe. Mais, les conditions de ce service ne présentant aucune innovation exceptionnelle propre à l'*exploitation* des ch. de fer, nous en parlons seulement pour mémoire.

Dépôts. — Sur quelques lignes, les pompes à incendie placées dans les dépôts, dont le personnel est peu nombreux, ne sont pas manœuvrées périodiquement, ainsi que le prescrivent les ordres de service. Mais ces pompes sont manœuvrées au moins une fois par mois par des agents du servic° de l'exploitation, auxquels il est accordé une indemnité spéciale pour cet objet. — « Les chefs de gare désigneront ces agents qui manœuvreront les pompes sous la direction et la responsabilité du chef de dépôt. » (*Inst. spéc.*)

II. Transport des sapeurs-pompiers. — La comp. de Lyon-Médit. a mis en vigueur

(*Instr. spéc.*, oct. 1863), les mesures suivantes, qui sont en usage aussi, certainement, sur les autres lignes de ch. de fer : — « Lorsqu'un incendie se déclarera dans une localité voisine du chemin de fer, les sapeurs-pompiers, qui se présenteraient à une gare pour être conduits à la gare la plus rapprochée du lieu du sinistre, seront transportés gratuitement, tant à l'aller qu'au retour, avec le matériel dont ils pourraient être munis, par le premier train desservant régulièrement les points de départ et de destination, *pourvu qu'ils soient en uniforme et qu'ils soient porteurs d'une réquisition administrative* signée par le représentant de l'autorité préfectorale ou municipale.....—En cas d'incendie à proximité de la gare qu'ils dirigent, les employés du chemin de fer ne doivent pas hésiter à mettre à la disposition de qui de droit les pompes qu'ils pourraient avoir à leur gare et à faire accompagner ces appareils par le personnel que les besoins du service ne commandent pas impérieusement de faire rester à la gare. »

Sapeurs-pompiers de la ville de Paris. — D'après l'organisation en vigueur, les sapeurs-pompiers de la ville de Paris sont considérés comme *militaires ;* c'est donc à ce mot qu'on doit se reporter pour les indications relatives aux voyages qu'ils peuvent faire en corps ou isolément. (*Extr. des instr.*)

III. Moyens préventifs des incendies (et indications diverses). — V. *Incendie.*

POMPES D'ÉPUISEMENT.

Conditions de transport (V. *Objets manufacturés*) — (1re cl. du cah. des ch.). — *Systèmes et mode d'emploi* (pour les travaux ou les réfections d'ouvrages). — L'emploi des pompes centrifuges, ou de tout autre système, est assez fréquemment usité sur les chemins de fer, notamment pour les fondations des ponts et autres ouvrages, pour l'aménagement des prises d'eau, etc., mais nous n'avons à citer aucune instruction générale se rapportant à cet objet.

POMPES FUNÈBRES.

I. Transport des cercueils. — Cette nature de transports, comprise dans le tarif gén. de grande vitesse sous la rubrique *Pompes funèbres*, donne lieu à la taxation suivante (*non compris l'impôt*). — Extr. de l'art. 42, cah. des ch.

4° *Service des pompes funèbres et transport des cercueils.*

	PÉAGE.	TRANS-PORT.	TOTAL par kilomètre.
GRANDE VITESSE.	fr. c.	fr. c.	fr. c.
Une voiture des pompes funèbres renfermant un ou plusieurs cercueils, sera transportée aux mêmes prix et conditions qu'une voiture à 4 roues, à deux fonds et à deux banquettes..........................	0 36	0 28	0 64
Chaque cercueil confié à l'admin. du chemin de fer sera transporté, dans un compartiment isolé, au prix de..........................	0 18	0 12	0 30
Et pour les *trains express*, dans une voiture spéciale au prix de.....	0 60	0 40	1 00

Frais accessoires. — 1° Droit d'enregistrement : 0 fr. 10 ; — 2° Droit de manutention (chargement et déchargement) : — *Voitures,* 2 fr. (par pièce). — *Cercueils,* 2 fr. (par pièce). — En cas de non-enlèvement de cercueils, il sera perçu, à partir de l'arrivée, un droit de 5 fr. par cercueil et par jour. (Arr. min. du 30 nov. 1876.) — V. *Frais accessoires.*

Nota. — L'addition à l'art. 42 du cah. des ch. du transport des cercueils par les *trains express*, a été prescrite par un décret du 12 mai 1869, d'après lequel « chaque cercueil, confié à l'adm. du ch. de fer pour être transporté par *trains express* dans une voiture spéciale sera soumis au tarif suivant (*impôt non compris*) : péage, 0 fr. 60 ; transport, 0 fr. 40. Total par cercueil et par kilom., 1 fr. ».

Fermeture des cercueils (soit à clef, soit au moyen d'un scellement en plomb, en présence des familles). Circ. min. 29 déc. 1880. — V. plus loin, § 3.

II. Formalités d'autorisation. — D'après les règles admises, la comp. est tenue de ne jamais recevoir un cercueil sans que l'autorisation admin., indispensable en pareille circonstance, lui ait été exhibée ; si cette justification ne pouvait être faite, la comp. devrait se refuser au transport, et même prévenir l'autorité locale.

Une instr. spéc., notifiée à ce sujet le 3 déc. 1864, par la comp. de Lyon-Méditerranée à ses agents, porte ce qui suit (Ext.) : — « Aux termes des tarifs actuels, les transports de cercueils n'étant reçus qu'accompagnés, les chefs de gare ne devront accepter un cercueil que tout autant que la personne devant l'accompagner produira l'une des pièces ci-après désignées : — 1º Une autorisation du maire, si le transport est fait d'un lieu à un autre de la même commune ; — 2º Une autorisation du sous-préfet, si le transport est fait d'une commune à une autre du même arrondiss., ou d'un arrondiss. dans un autre arrondiss. limitrophe, quand même ce dernier ferait partie d'un autre département ; — 3º Une autorisation du préfet dans tous les autres cas. »

Cercueils non accompagnés. — V. l'instr. spéc. qui précède (1).

III. Fermeture des fourgons et compartiments contenant des cercueils. — (Circ. min. tr. publ. adressée le 29 déc. 1880 aux admin. des compagnies) :

« Messieurs, mon attention vient d'être appelée sur un fait regrettable.

A l'arrivée à destination d'un corps transporté par voie ferrée, on a trouvé, dans le fourgon contenant le cercueil et qui devait être affecté à ce seul transport, une malle qui, tout d'abord, avait paru y avoir été placée avec une intention frauduleuse. — L'enquête à laquelle il a été procédé a permis ensuite de reconnaître que l'enregistrement de la malle avait eu lieu régulièrement et que c'était par inadvertance qu'un agent avait, en cours de route, chargé ce colis dans le fourgon destiné au transport funèbre.

Afin de prévenir le retour de semblables faits, je vous prie de donner des instructions aux agents du service de l'exploitation pour que les fourgons ou compartiments contenant des cercueils ne puissent recevoir aucun autre objet et soient toujours fermés, soit à clef, soit au moyen d'un scellement en plomb, en présence des familles, qui seront appelées à assister à l'apposition et à l'enlèvement de la fermeture. — Cette mesure me paraît commandée par le respect dû aux morts ; elle aura, en outre, pour effet d'empêcher les fraudes qui pourraient se commettre en pareille circonstance (*transport de colis non déclarés*). — Veuillez, etc... »

PONTS ET PONCEAUX.

I. Conditions d'établissement. — Suivant la définition donnée au mot *Passages*, on désigne dans certains cas par les noms de ponts sur rails et ponts sous rails les ouvrages destinés à faire passer les routes et chemins en dessus, ou en dessous des voies ferrées ; mais la qualification de *Pont* est donnée surtout aux ouvrages servant exclusiv. à franchir les cours d'eau, rivières ou fleuves, et qui ont le plus souvent des dimensions en longueur fort peu différentes de la largeur occupée par le lit même du cours d'eau traversé.

_____

(1) Nous ignorons le motif pour lequel la comp. de Lyon se refusait à cette époque à recevoir les cercueils *non accompagnés*, mais aujourd'hui cette restriction n'existe plus au moins sur la plupart des lignes, ainsi qu'il résulte d'une instr. spéc. empruntée cette fois à un autre grand réseau et qui contient ce qui suit au sujet de l'autorisation à produire pour le transport des cercueils. — « L'autorisation est toujours jointe à la Feuille de route, *que le Cercueil soit ou non accompagné*. Elle est mentionnée sur la Feuille de route et sur le Récépissé timbré. » — (*Inst. spéc.*, déc. 1881.) — Sur toutes les lignes, d'ailleurs, les personnes *qui accompagnent un Cercueil isolé* montent dans les voitures de la compagnie et payent les places qu'elles occupent.

— (Le nom de *Viaduc* s'applique aux ouvrages qui franchissent les vallées par une succession d'arches donnant à l'ensemble de la construction, des dimensions hors de proportion avec celles qu'eût exigées l'exécution d'un simple pont sur le cours d'eau, fort, faible, ou même nul qui occupe le thalweg de la vallée.)

Dimensions générales des ponts, passages et viaducs. — Ces dimensions sont déjà résumées au mot *Ouvrages d'art ;* mais nous croyons utile de rappeler ici les articles du cah. où se trouvent indiquées les dispositions qui doivent servir de base pour l'établissement des projets : 1° Dimensions des ponts sur rails ou sous rails à la traversée des routes et chemins (Art. 11 et 12 du cah. des ch. V. *Routes*) ; — 2° Ponts sur les rivières, canaux et cours d'eau (Art. 15 du cah. des ch. V. *Navigation.* — V. aussi plus loin au sujet des passages accolés) ;—3° Parapets et garde-corps (Art. 11 et 15 du cah. des ch. V. *Parapets*); — 4° Autorisation de ponts communaux, passerelles, etc. — V. *Projets.*

Ponts provisoires. — L'art. 17 du cah. des ch. a prescrit à la compagnie d'établir tous les ponts provisoires nécessaires pour maintenir les communications interrompues par les travaux d'établ. du chemin de fer. — V. *Chemins* et *Routes.*

Système de construction des ouvrages définitifs. — « Tous les aqueducs, ponceaux, ponts et viaducs à construire à la rencontre des divers cours d'eau et des chemins publics ou particuliers seront en maçonnerie ou en fer, sauf les cas d'exception qui pourront être admis par l'administration. » (Art. 18 du cah. des ch.)

Systèmes divers de ponts. (Ponts métalliques, ponts mobiles sur les canaux, etc., etc.) (V. plus loin. §§ 2 et 4). — V. aussi le mot *Viaducs.*

Indications relatives à l'insuffisance des ouvrages proposés, à ceux construits sans autorisation ; et enfin à l'entretien et à la conservation des ouvrages d'art compris dans les *dépendances* des chemins de fer. — V. *Ouvrages d'art.*

Incorporation. — En règle générale toutes les parties d'un pont en dessus ou en dessous faisant corps avec le chemin de fer sont des dépendances de la voie ferrée et doivent être entretenues par la comp. concess. ; mais l'entretien de la chaussée proprement dite de ces ouvrages ainsi que de la chaussée des passages accolés aux passages à niveau et de leurs chemins d'accès, incombent au service chargé de l'entretien des routes et chemins. — L'obligation d'entretenir la *chaussée* ou le *tablier* d'un pont faisant passer une route ou un chemin vicinal *par-dessus* la voie ferrée peut être d'ailleurs subordonnée, dans l'intérêt même de la sécurité du chemin de fer, à des stipulations où à des conventions spéciales, comme dans les cas ci-après :

Modification du tablier ou de la chaussée des ponts. — « Dans un tel cas où la compagnie, dans l'intérêt du service du chemin de fer, a demandé et obtenu l'autorisation de changer le mode de construction d'un pont destiné à raccorder les deux portions d'une rue et de substituer un tablier en bois à une chaussée pavée, l'entretien du pont modifié a été laissé à la charge de la compagnie concessionnaire. Elle a même dû continuer à entretenir le tablier dudit pont, la ville ne contribuant à la dépense, suivant ses offres, que pour la somme que lui coûte, en moyenne, l'entretien du pavé de la rue. » (C. d'État, 29 mars 1853.)

Ponts supprimés. — « Un pont faisant partie d'une voie publique régulièrement classée, ne peut être supprimé qu'en vertu d'une décision de l'autorité administrative qui déclasse cette voie publique en totalité ou en partie. Une comp. de ch. de fer qui fait une semblable suppression sans y être autorisée n'agit point en qualité d'entrepr. de tr. publics. En conséquence, la demande en domm.-intérêts formée contre elle par les propriétaires voisins qui en ont souffert n'est pas de la compétence du C. de préf. » (C. d'État, 25 févr. 1859.)

I bis. Modifications aux projets. (Art. 3 du cah. des ch.). — V. *Modifications,* § 1.

Passages accolés aux grands ponts. — Addition résultant des conventions de 1875 et insérée à l'art. 15 des cah. des ch. actuels :

« Dans tous les cas où l'admin. le jugera utile, il pourra être accolé aux ponts établis par la comp. pour le service du ch. de fer une voie charretière ou une passerelle pour piétons. L'excédent de dépense qui en résultera sera supporté par l'État, le département ou les communes intéressées, après évaluation contradictoire des ingén. de l'État et de la compagnie. » — Les conventions de 1875 portaient en outre l'add. suivante : — « A défaut d'accord entre les ingén. de l'État et ceux de la comp., l'excédent de dépense sera réglé par un décret rendu en C. d'État. »

Nota. — Dans les circonstances où les ouvrages accessoires sont ainsi établis, il est indispensable de bien fixer à qui incombera *l'entretien ultérieur* de la voie charretière ou de la passerelle dont il s'agit. — Sans cela on risquerait de laisser à la charge de l'Etat, en cas de désaccord avec les tiers, une dépense quelquefois assez lourde, ou de soulever, en ce qui concerne les compagnies, *lorsque ce sont elles qui construisent*, des difficultés sérieuses, au sujet de travaux qui, en définitive, ne forment pas une *dépendance* des chemins de fer.

(Détails divers.) — *Hauteur libre sur les rivières et canaux* (réservée par l'art. 15 du cah. des ch.). — Extr. d'une circ. min. du 30 mai 1879, aux préfets, relative au projet de loi sur l'amélioration des voies navigables : « Sur les canaux dont les écluses ont 38m,50 de longueur utile de sas...., il y a lieu de fixer à 3m,70 le minimum de la hauteur libre à ménager entre le plan d'eau normal et le dessous des ponts, dans toute la largeur du plafond du canal sous chaque pont; — En ce qui concerne les rivières, il n'y a aucune hauteur uniforme à fixer, cette hauteur devant, dans chaque cas, faire l'objet de propositions spéciales motivées. » — *Libre écoulement des eaux.* — « Lorsqu'il résulte de l'instr. que les conséquences d'une *inondation* ont été aggravées par la faute d'une comp. de ch. de fer, par suite de l'insuffisance du débouché d'un pont sous-remblai, ladite comp. doit indemniser le propriétaire d'un moulin pour les préjudices, avaries et chômage qu'il a eu à subir par suite de cet état de choses. » C. d'État, 8 août 1872. — *Réparation de dommages divers* (résultant de l'insuffisance des ouvrages). — V. les mots *Dommages, Écoulement des eaux* et *Inondations.*

Détails relatifs aux ponts métalliques. (Exécution, épreuves, etc.) (V. ci-après, § 2). — *Formalités de remise et de réception des divers ouvrages* (ponts, ponceaux, aqueducs, ouvrages hors lignes, etc., construits par l'État ou par les compagnies) (V. plus loin, § 3). — *Établissement de ponts divers. Id.,* § 4. — *Statistique des ouvrages d'art. Id.,* § 5.

II. Ponts métalliques. — 1° Préparation des projets (V. *Études, Formules, Projets et Types d'ouvrages*). — 2° Marchés passés par les compagnies (art. 27 du cah. des ch.) (V. *Marchés*). — 3° Exécution et mise en adjudication des travaux métalliques entrepris par l'État. (Circ. min. 7 nov. 1874, 11 août 1880, 7 nov. 1882 et documents divers.) (V. *Adjudications,* § 2). — *Nota.* — Nous donnons ci-après, ou nous rappelons du moins p. mém., les extr. principaux des trois circ. dont il s'agit :

Circ. min. 7 nov. 1874. — D'après les termes mêmes de cette circulaire, les adjudications doivent être nécessairement insérées : — 1° Celles de 30,000 fr. et au-dessus, dans le *Journal officiel*; — 2° Celles de 10,000 fr. et au-dessus, dans le *Journal des travaux publics*; — 3° Enfin, toutes les adjudications, quel que soit leur chiffre, doivent être publiées également par les journaux de la localité ou du département. (*Extr.*)

Nota. — « L'admin. centrale est chargée seule du soin de préparer les insertions au *Journal officiel* et au *Journal des travaux publics*; c'est à cet effet que la circ. min. du 7 nov. 1874 invite MM. les préfets à envoyer au ministère cinq exemplaires des affiches relatives aux adjud., quel que soit le chiffre de l'évaluation des travaux auxquels elles se rapportent. — Il est de plus essentiel, pour que le but soit complétement atteint, que les affiches soient parvenues à l'admin. trois semaines avant la date fixée pour l'adjudication, ou tout au moins quinze jours avant cette date, dans le cas exceptionnel où le délai de publicité a été réduit par décision spéciale..... » (Extr. de la circ. min. de rappel, 7 nov. 1882.)

Circ. min. du 11 août 1880, adressée aux préfets (et par ampliation aux ingén.). — « Parmi les industriels qui concourent aux adjud. de travaux métalliques. il en est un grand nombre qui ont à Paris leur atelier, leur siège social ou des représentants accrédités. — Ces industriels ont, à diverses reprises, attiré mon attention sur le prix qu'ils attacheraient à pouvoir prendre connaissance à Paris des dossiers d'adjud., y examiner ces dossiers de manière à compléter ainsi l'étude nécessairement sommaire faite sur place soit par eux, soit par leurs délégués, et formuler ainsi des offres assises sur des bases plus certaines. — Leurs observ. m'ont paru fondées. Il y a tout intérêt, non seulement pour eux, mais encore pour l'Etat, à ce qu'ils ne se présentent aux adjud. qu'en pleine connaissance de cause. — La décision que je viens de prendre pour la constitution à Paris d'un service central d'achat et de livraison d'un matériel fixe destiné à la superstructure des ch. de fer exécutés par l'Etat, leur donnera satisfaction en ce qui concerne les adjud. relatives à la fourniture de ce matériel (V. *Superstructure*). — Il ne me reste donc de mesures à prendre que pour les autres fournitures et ouvrages métalliques que comporte la construction de l'infrastructure des ch. de fer ou l'exéc. des autres tr. publ. — J'ai décidé ce qui suit pour ces fournitures et ouvrages :

Toutes les fois qu'il devra être procédé à une adjud. de travaux métalliques présentant quelque importance, les ingén. en chef devront m'adresser un exemplaire du dossier d'adjudication. — Cet ex. sera déposé au min. des tr. pub. (divis. du cab., 1er bur.) et y sera communiqué sans déplacement aux intéressés, de 10 h. 1/2 du matin à 5 h. du soir, excepté les dimanches et jours fériés. — Il devra me parvenir avant l'affichage. Avis du dépôt sera donné dans l'affiche dont le paragr. relatif à la communication du dossier sera libellé comme il suit : — *Les pièces du projet seront communiquées aux entrepreneurs tous les jours excepté les dimanches et jours fériés* (1° dans les bureaux de la préf... divis... etc., de... h... à h... — 2° *Id.* de M..... ing. ord..... — 3° *Id.* de l'admin. centr. du min. des tr. publ., etc.). *Ext.*)

Nota. — « L'innovation établie par la circ. précitée du 11 août 1880 a donné de bons résultats ; des entrepreneurs ont pu se livrer ainsi, sans déplacement, à l'étude des projets et se sont trouvés en mesure de formuler des offres qui ont été souvent fort avantageuses pour l'État, et le min., dans sa circ. de rappel du 7 nov. 1882, a recommandé essentiellement la continuation de cette manière de procéder, en insistant du reste tout particulièrement pour que les dossiers dont il s'agit soient transmis à l'admin. supér. avant l'affichage ou, tout au moins, en même temps que cette formalité. — Enfin la circ. du 11 août 1880 n'ayant pas fixé le chiffre à partir duquel les dossiers devaient être adressés au ministère et la mesure ayant produit des hésitations, « il m'a paru indispensable (dit le min. des tr. publ., *dans sa nouvelle circ. du 7 nov.* 1882), de déterminer, d'une façon précise, les cas dans lesquels cette transmission doit avoir lieu, et j'ai décidé que la mesure s'appliquerait désormais aux projets de 20,000 fr. et au-dessus. — Je vous prie, Monsieur le Préfet, de vouloir bien veiller à la stricte exéc. des prescrip. contenues dans la présente circ., dont j'adresse d'ailleurs une ampliation à MM. les ingénieurs..... » (*Extr.*)

Indications diverses. — V. les mots *Adjudication*, *Matériel fixe* et *Superstructure*.

Épreuves des ponts métalliques (Circ. min. 9 *juill.* 1877, revisant celles du 26 févr. 1858 (*ponts supportant les voies de fer*) et du 15 juin 1869 (*ponts supportant les voies de terre*). — V. *Épreuves.* — V. aussi *Projets* : circ. min. 21 févr. 1877.

Peinture et entretien des ponts métalliques. — En dehors d'une surv. et d'un entretien incessants, et par suite de l'altération assez rapide des parties des ponts métalliques exposées aux intempéries, l'expérience a montré que ces ponts devaient être repeints au moins tous les cinq ou six ans. — Toutes les parties des mêmes ponts doivent également être réparées avec soin.

Détails divers d'entretien des ponts métalliques. — Sur diverses lignes les rails des petits ponts métalliques portent sur des longrines en bois reposant sur les entretoises qui relient les poutres jumelées desdits ponts. — Ces entretoises qui supportent ainsi l'effort principal, ainsi que les longrines en bois facilement sujettes à détérioration, exigent un entretien constant et régulier. — Voir d'ailleurs le mot *Entretien* et le § 3 ci-après.

III. Entretien général des ponts et ponceaux (*et questions de remise des ouvrages hors clôture*, construits dans l'intérêt des communes ou des particuliers). — 1° Ouvrages exécutés par l'État et remis aux compagnies (États descriptifs à dresser) (V. *Compagnies*, § 4). — 2° Ouvrages exécutés par les compagnies (Voir au mot *Projets* la circ. min., § 11, du 21 févr. 1877). — 3° Ouvrages divers (V. *Chemin*, *Déviations*, *Navigation*, *Routes*, etc.). — 4° Obligation de l'entretien des ouvrages compris dans les dépendances du ch. de fer (Art. 30 du cah. des ch. et applic.) (V. *Entretien et Ouvrages d'art*). — 5° Difficultés survenues dans la pratique, au sujet de la remise aux intéressés, *et de l'entretien des ouvrages accessoires.* — Voir les indications suivantes :

Remise, livraison et entretien des ponts et ponceaux non compris dans les dépendances du chemin de fer (OUVRAGES HORS CLÔTURES). — 1° *Lignes construites par l'État.* — En vertu des principes rappelés aux mots *Chemin* (public) et *Remise*, la livraison des chemins latéraux, de leurs ponts et ponceaux et des divers ouvrages hors clôtures, construits par l'État, dans l'intérêt des communes ou des particuliers et dans des circonstances déterminées, doit être considérée comme ayant lieu d'office par la simple prise de possession. — (Une décis. explicite a été rendue à ce sujet le 24 févr. 1864 pour la ligne de Paris à Chalon (V. *Chemin*, § 4). — En pareil cas, la réception et l'entretien d'un chemin latéral et d'un pont construit sous ce chemin ne peuvent être imposés à la compagnie. — (C. d'Etat 27 déc. 1860.) — Une exception a été faite sur le réseau du Midi, pour un ouvrage connexe avec celui du chemin de fer et formant un ensemble considéré comme *indivisible* (V. ci-après). — Pour éviter d'ailleurs toute difficulté les ingén. de la construction au *compte de l'Etat* ont ou doivent avoir le soin de faire la remise aux communes ou aux services intéressés de tous chemins déviés, modifiés, des chemins latéraux, ponts, ponceaux et aqueducs, en désignant exactement la nature et les dimensions des ouvrages. (V. *Réception et Remise*.) — La même obligation existe impérieusement pour les compagnies, au sujet des *ouvrages hors clôtures* établis sur les lignes qui leur ont été concédées et qu'elles ont construites elles-mêmes. — Elles sont tenues de prendre sous la direction du chef du contrôle l'initiative des remises et opérations dont il s'agit, en spécifiant aussi, le plus exactement possible, la nature et les dimensions des ouvrages livrés. (V. au mot *Chemin*, une décis. min. spéc., 20 févr. 1856). — V. aussi au mot *Projets* le § 11 de la circ. minist. du 21 févr. 1877 (1).

Connexité des ouvrages du ch. de fer avec les parties hors clôtures (indivisibilité). — Question soulevée au sujet du ponceau *du Soumès*, ouvrage exécuté et entretenu par l'Etat jusqu'au moment de la livraison définitive à la compagnie (Ext. d'une déc. min. 10 avril 1879, réseau du *Midi*) relative au refus fait par la comp. de prendre en charge le radier et les perrés ainsi que la partie dudit ponceau *située sous le chemin latéral*, par le motif que ces travaux sont complètement indépendants de la voie ferrée. — D'après l'ing. ordin. (de la constr. service de l'Etat), les travaux dont il s'agit constituent des dépendances de la voie ferrée, en tant que leur conservation et leur entretien sont nécessaires pour sauvegarder la partie principale du ponceau qui porte le chemin de fer et que ce fait est reconnu implicitement par la comp., qui à deux reprises a demandé à l'admin. la réparation desdits travaux... — La décis. du 25 fév. 1876 qui a prononcé la remise définitive de la ligne... a mis complètement à la charge de la compagnie, qui l'a accepté, l'entretien de tous les ouvrages du ch. de fer. — Or si la réclamation actuelle était admise, l'Etat serait obligé d'avoir toujours, pendant la durée de la concession, parallèlement à la compagnie, un service d'entretien pour un certain nombre de dépendances de la ligne. — Il y a donc lieu de mettre la comp. en demeure de concourir avec les ingén. de l'Etat, à la rédaction d'un procès-verbal de réception de ces travaux et de décider, dès à présent, qu'en cas de refus, un pr.-verbal sera dressé par les ingén. de l'Etat constatant ledit refus et emportant remise des travaux à la compagnie. — De son côté, l'ing. en chef de la construction, considérant que le ponceau du Soumès n'est qu'un seul et même ouvrage indivisible, construit pour le ch. de fer et sur lequel la commune de Beauchalot n'a qu'un droit de passage pour un chemin dévié ; que l'arrière radier et les perrés en aval du ponceau sont indispensables à la conservation de l'ouvrage, et en sont des dépendances nécessaires ; que si la comp. avait construit le ch. de fer elle ne pourrait se soustraire à l'obligation de les entretenir et de les réparer au besoin, a pensé qu'il y avait lieu de décider que la comp. du Midi était tenue de prendre en charge le ponceau du Soumès en entier ainsi que l'arrière-radier et les perrés qui lui font suite en aval. — Après avoir consulté le C. gén. des p. et ch., le min. des tr. pub. par une décis. du 10 avril 1879 a adopté cet avis de l'ingén. en chef, qui lui a paru parfaitement motivé.

Enfin, une décis. min. plus récente, intervenue le 26 juin 1880, au sujet des *contre-fossés* de ch. de fer (V. *Fossés*), a statué ainsi qu'il suit sur la question des *ouvrages indivisibles* : « La comp. s'est refusée à recevoir les parties d'aqueducs ou ponceaux servant à la fois au chemin de fer et à un chemin latéral, *qui sont situés sous ce dernier et qui lui font suite*, mais l'administration a

---

(1) L'arrêt suivant du C. d'Etat, montre du reste suffisamment l'intérêt de la question au point de vue pratique et général. — « La commission instituée, en 1867 (par arr. du Préfet de la Loire), à l'effet de procéder à la reconnaissance et à la réception des travaux exécutés par la compagnie pour les traversées et déviations des chemins vicinaux et ruraux de la comm. de Saint-Just, — s'est bornée à constater, par son pr.-verbal, que les portions de voie nouvelle, ouvertes en remplacement du chemin rural dévié aux abords de l'ancien gué de la Tuilière, étaient construites conf. aux projets approuvés et se trouvaient en bon état d'entretien. Mais elle n'a fait, dans ledit pr.-verbal, aucune mention du pont de la Tuilière, — pont au sujet duquel la comm. et la comp. étaient en instance devant le C. de préf. depuis le 16 juin 1865, et dont, en vertu d'un arrêté de ce conseil du 23 mars 1866, des experts étaient chargés de constater le plus ou moins de solidité. — Il résulte de l'instruction, et notamment des rapports d'expertise et de tierce expertise, qu'à la date du 27 nov. 1867, le pont de la Tuilière était, depuis deux ans déjà, devenu à peu près impraticable. Cet ouvrage d'art, antérieurement construit et mal entretenu, dont la remise n'avait pas, d'ailleurs, été acceptée par la commune, avait été abandonné par la comp. à la circulation des piétons et des voitures, dès 1864, et n'avait subi depuis lors par les soins de la comp., aucune réparation. Il suit de là que la comp. n'est pas fondée à soutenir qu'en livrant à la commune de Saint-Just un pont de bois délabré, elle a satisfait aux prescr. de la décis. min. du 5 nov. 1863. » (C. d'Etat, 14 déc. 1877.)

déjà décidé, le 10 avril 1879, que la comp. du Midi devait prendre en charge tout le ponceau du *Soumès*, qui s'étendait sans discontinuité sous la voie et sous un chemin latéral, y compris l'arrière-radier et les perrés en aval, qui sont indispensables à la conservation du ponceau et qui en sont les dépendances nécessaires. — Le principe posé par cette décis. doit être étendu à tous les ouvrages qui se trouvent dans les mêmes conditions que le ponceau du Soumès.

IV. Établissement de ponts divers. — 1° Ponts mobiles sur les canaux (V. *Navigation*); — 2° Épreuves de ponts métalliques (V. *Épreuves*). Nous rappellerons ici qu'une décision minist., du 22 mars 1865, relative au chemin de Lyon (ligne de Corbeil à Maisse) a établi que « les ponts métalliques de 3 à 4 mètres d'ouverture pouvaient être considérés comme suffisamment éprouvés par le passage des trains de ballast; mais qu'il y avait lieu de faire subir aux ponts de 8 mètres l'épreuve réglementaire » ; — 3° Ponts à bascule pour le pesage des wagons. — V. *Ponts à bascule.*

4° *Ponts volants pour le service de la cavalerie.* — Deux décisions ministérielles des 27 oct. et 13 nov. 1854, ont prescrit la construction de ponts volants pour le service des transports de la cavalerie. — Ces anciennes circulaires, qui ne présentent qu'un intérêt assez restreint au point de vue du service général des chemins de fer, ont été modifiées ou complétées, d'ailleurs, par les règl. gén. du 1er juill. 1874 et du 29 oct. 1884 et par d'autres documents au sujet desquels nous ne pouvons que renvoyer au mot *Militaires*, § 2.

5° *Ponts suspendus.* — A la date du 4 mai 1870, le min. des tr. publics a arrêté un nouveau modèle de cah. des ch. pour les concessions et le service des divers types de ponts suspendus. Nous n'avons remarqué dans ce document aucune disposition se rapportant à l'établ. ou à l'expl. des ch. de fer; et nous n'en parlons ici que *p. mém.*

Passage à niveau voisin d'un pont suspendu. — « Un passage à niveau est établi au point de rencontre d'un chemin de fer et d'un chemin vicinal dans l'espèce construit par le concess. d'un pont suspendu en exéc. du cah. des ch. de cette entreprise. Si les modifications apportées à l'accès dudit pont suspendu causent au concess. un dommage, celui-ci est fondé à en poursuivre la réparation contre la comp. du ch. de fer. Appréciation de faits. » (C. d'État, 19 déc. 1868.)

Travaux d'art (pour la 2e voie). — Voir *Double voie.*

V. Statistique des ouvrages d'art. (*Formalités de production des tableaux*). — 1° Conditions techniques d'établissement (V. *Statistique*). — 2° Renseignements relatifs aux grands ponts et viaducs (V. *Viaducs*). — 3° Nombre d'ouvrages relevés dans la statistique officielle de 1883 (chiffres arrêtés au 31 déc. 1881, pour les 25,092 kilom. de ch. de fer, exploités à cette époque dans la France-Européenne). — V. *Ouvrages d'art,* § 4. — V. aussi le mot *Passages.* — 4° Renseignements antérieurs (faisant ressortir le nombre et le *prix de revient des ouvrages*). — V. les indications suivantes :

DÉPENSE D'ÉTABLISSEMENT DES PONTS. — *Nombre d'ouvrages, prix de revient*, etc. D'après le résumé officiel, publié en 1865, des conditions techniques d'établ. des 11,099 kilom. de ch. de fer français exploités à la fin de l'année 1852, l'ensemble du réseau comprenait pour la traversée des routes et chemins (outre 6,971 passages à niveau), 5,089 ponts sous rails, et 2,391 ponts sur rails, soit en totalité, 14,451 ouvrages ou 1,30 par kilomètre, ce qui porte l'espacement moyen des passages à 768 m.

Le nombre des ponceaux, aqueducs et ponts proprement dits, établis, à la même époque, *sur les rivières, canaux et cours d'eau*, était de 17,972, d'une longueur totale, de 82,959 mètres, longueur subdivisée comme il suit : 1° ponceaux et aqueducs de moins de 5m d'ouverture : nombre, 15.642, longueur totale, 25,861 mètres ; — 2° ponts de 5m à 20m entre les culées : nombre, 1,803, longueur totale, 15,500 mètres ; — 3° ponts de 20m et plus entre les culées : nombre, 527, longueur totale, 41,597 mètres.

Les 527 grands ponts (dont 369 en maçonnerie, 122 métalliques, 19 en charpente et 17 mixtes) de 20m et plus de longueur entre les culées, formant la 3e catégorie ci dessus indiquée, avaient ensemble 2,984 arches et une surface de voie de 344,259 mètres carrés. Leur dépense totale s'est élevée à 151,425,119 francs, soit 3,640 francs par mètre courant et 440 francs par mètre carré en surface de voie.

Enfin, les indic. spécialem. relevées au 31 déc. 1862, pour 151 grands viaducs (dont 142 en maçonnerie, 3 en charpente, 5 métalliques et 1 mixte), de 10ᵐ et plus de hauteur moyenne, *traversant les vallées*, etc., ouvrages distincts des grands ponts *établis sur les cours d'eau*, montrent que la dépense moyenne de ces ouvrages établis gén. pour deux voies, et d'une longueur totale, en couronnement, de 29,419ᵐ s'est élevée à 2,692 fr. par m. courant et à 158 fr. environ par m. superficiel, en projection verticale.

En général, la dépense moyenne des ponts *métalliques* a été plus élevée que celle des mêmes ouvrages en *maçonnerie*; d'un autre côté, les ponts établis à la traversée des fleuves, rivières et cours d'eau comportent presque toujours des fondations plus coûteuses que celles des viaducs traversant les vallées; ce double motif explique sans doute la différence assez considérable qui existe entre le prix moyen de revient, *par mètre courant*, des 527 grands ponts (dont 122 métalliques) et celui des 151 grands viaducs (dont 5 seulement ont été construits en système métallique).

Prix de revient des ouvrages secondaires. — 1° Aqueducs (voir ce mot); 2° *passages divers.* Par aperçu, la dépense des ponts en maçonnerie en plein cintre établis pour la traversée des routes et chemins, et construits dans des conditions normales, ne s'éloigne guère, en plus ou en moins, des chiffres suivants, savoir : 1° de 20 à 25,000 fr. (route nationale); — 2° de 18 à 20,000 fr. (route départementale); 3° de 15 à 17,000 fr. (ch. vicin. de gr. communic.); — 4° de 13 à 15,000 fr. (chemin vicinal ou rural).

La dépense d'une passerelle de piétons servant à traverser le chemin de fer, pour la desserte des propriétés, peut être évaluée en moyenne de 3,500 à 4,000 fr. (construction en fonte); *idem* pour passerelle à voitures, de 8 à 9,000 fr. (construction en fonte).

VI. Insuffisance des ouvrages (et indications diverses). — V. ci-dessus, §§ 1 et 1 *bis*, et les mots *Dommages, Écoulement des eaux, Inondations* et *Ouvrages d'art.*

PONTS A BASCULE.

Etablissement. — Les appareils de pesage connus sous le nom de ponts à bascule sont ordinairement établis sur l'une des voies qui desservent les gares à marchandises d'une certaine importance, pour le pesage des wagons et des colis exceptionnels. Leur mode d'installation ne présente, en ce qui concerne les chemins de fer, aucune particularité de nature à être signalée dans le présent recueil.

Sur la plupart des lignes, la fosse destinée à recevoir l'installation du pont à bascule est construite par les soins du service du matériel fixe de la voie. — Le prix de revient de cette fosse s'est élevé, sur quelques chemins de fer, à 1200 fr. en chiffres ronds.

Le prix d'installation du pont à bascule lui-même dépend de la forme du pont et du système de construction. On ne saurait l'évaluer, pour une force de 15 à 20 tonnes, à moins de 3,000 fr., fondations comprises.

Conservation et manœuvre des appareils. — Les règlements des compagnies recommandent de balayer, tous les jours, les ponts à bascule et leur pourtour, de les visiter et nettoyer complétement une fois tous les mois, ainsi que les bascules portatives, et de ne les manœuvrer que lorsque ces appareils sont bien équilibrés.

Dans les manœuvres qui précèdent et suivent chaque pesée, il faut avoir soin de maintenir les excentriques embrayées, de manière à éviter les mouvements brusques de la plate-forme.

Vérification et poinçonnage. — Le min. de l'agric., du comm. et des tr. publ. a décidé, le 20 juillet 1863, que les ponts à bascule affectés au pesage des colis, seront désormais reçus à la vérification et au poinçonnage, et que les détenteurs de ces instruments devront fournir aux vérificateurs les poids nécessaires à cette opération. — En rappelant cette décision par un ordre de service relatif à son exécution, le préfet de police de Paris a fait connaître : « 1° Que pour faciliter et accélérer dans leur propre intérêt, les opérations de vérification, les assujettis fourniront un aide pour le maniement du matériel à vérifier à domicile. — 2° Qu'une lettre du vérificateur en chef des poids et mesures fera connaître à l'avance le jour et l'heure où le vérificateur se présentera à domicile pour opérer la vérification et le poinçonnage des ponts à bascule. »

Le poids (comparatif) des colis partiels et objets encombrants, dont l'emploi a été autorisé par l'admin. pour la vérific. des ponts à bascule, peut être apprécié facilement par les vérificateurs, au moyen de pesées successives faites préalablement sur les balances-bascules.

On emploie, en général, pour.vérifier la précision des ponts à bascule, une charge équivalente à la force du pont. Si l'on ne peut atteindre exactement la limite de la portée totale, il est d'usage du moins de s'en rapprocher le plus possible. La vérification ordinaire de la portée totale ne doit pas dispenser, d'ailleurs, de faire des vérifications partielles, afin de s'assurer du jeu de l'instrument avec toutes charges. (*Instr. spéc.*)

PONTS ET CHAUSSÉES.

I. **Indications diverses.** — 1° Admin. générale des tr. publics (V. *Administrations*). — 2° Direction des p. et ch. (V. *Direction*). — 3° Extrait des décrets d'organisation du corps des p. et ch. (V. *Personnel*, § 4). — 4° Attributions des fonctionn. et agents des p. et ch. en matière de ch. de fer (V. *Conducteurs, Employés, Ingénieurs, Inspecteurs*). — V. aussi *Commissaires de surv. adm.*

Inspecteurs généraux des p. et ch. (chefs du contrôle de l'exploitation des chemins de fer) (V. *Comités, Commissions, Conseils* et *Inspecteurs*). — V. aussi au mot *Contrôle*, § 3 *bis* : 1° L'instr. gén. du 15 oct. 1881 sur le rôle et les attributions des fonctionnaires du contrôle (p. et ch., mines, etc.). — 2° Le décret du 20 juillet 1886 réorganisant le service technique et commercial des ch. de fer.

II. **Travaux accessoires intéressant les divers services des p. et ch.** — V. les mots *Navigation, Ouvrages d'art, Ponts, Réception, Remise. Routes* et *Travaux*.

PORCELAINES ET FAIENCES.

Conditions de transport. — Les expéditions de faïences, porcelaines, poteries, etc., fournissent un chiffre relativement élevé au trafic des marchandises d'usage général transportées par les ch. de fer.— Ces marchandises sont classées implicitement à l'art. 42 du cah. des ch. (1re classe), sous le titre d'*Objets manufacturés*. — Leur répartition dans des séries distinctes a lieu suivant qu'il s'agit de produits fins ou communs, emballés ou non emballés, etc. — V. *Cah. des ch., Marchandises* et *Tarifs*.

Transport des matières premières. — V. *Kaolin* et *Terres*.

Tarifs spéciaux. — Diverses comp. (Lyon, Orléans, etc.) se chargent, pour certains parcours, des expéd. de faïence, porcelaine et poterie : 1° *en vrac*, par wagon complet de 4,000 kilogr. au minimum, ou payant pour ce poids s'il y a avantage pour l'expédileur (Lyon) ; 2° *emballées* sans condition de tonnage (Lyon et Orléans), moyennant une tarific. spéc. équivalente à peu près au prix de la 3e série du tarif gén., sans que les taxes d'applic., frais accessoires non compris, puissent excéder un certain maximum. — Le chargement et le déchargement sont faits par les soins et aux frais des destinataires.

PORCS.

Conditions de transport. —V. *Animaux, Bestiaux* et *Wagons complets.*

Introduction de porcs sur la voie. — Le propr. de porcs qui s'introduisent dans l'enceinte d'un ch. de fer est passible d'une poursuite de grande voirie (V. *Bestiaux*, § 4). *Nota.* — Dans une affaire portée devant le C. d'État, 11 mai 1872, un pr.-verbal dressé au sujet d'une contrav. de ce genre avait été annulé, mais uniquement parce que le C. de préf. avait statué plus d'un an après que la contrav. avait été commise, et qu'il y avait dès lors prescription, par appl. de l'art. 640 du C. d'inst. crim.

PORT PAYÉ. — PORT DU.

Règlement de frais de transport. — V. *Déboursés, Paiement, Remboursements.*

Paiement préalable (fin de non-recevoir en cas de réclamation). — V. *Paiement.*

PORTIÈRES DE VOITURES.

I. Fermeture des portières avant le départ du train. — D'après l'art. 26 de l'ord. du 15 nov. 1846, le signal du départ des trains ne doit être donné que lorsque les portières seront fermées. — C'est le chef de gare ou son représentant qui donne le signal du départ après s'être assuré que les portières sont bien fermées. — V. *Départ.*

Il était d'usage autrefois de fermer *à clef* les portières; cet usage a été supprimé depuis longtemps. Les voyageurs, placés dans l'intérieur des wagons, peuvent ouvrir assez facilement les portières, mais ils ne doivent jamais le faire lorsque le train est en mouvement.

Mode de fermeture des portières et installation de loqueteaux (circ. min. du 11 mai 1855 adressée aux comp. et par ampliation aux ingén. du contrôle). — « Les moyens de fermeture des voitures à voyageurs variant, selon les différentes lignes de ch. de fer, j'ai consulté le conseil gén. des p. et ch. (section des ch. de fer), sur la double question de savoir si l'emploi des loqueteaux adoptés par certaines comp. devait être généralisé, et, dans le cas de l'affirmative, s'il conviendrait de les installer de manière qu'ils pussent être manœuvrés de l'intérieur des wagons. — Le conseil gén., après avoir pris connaissance des rapports présentés sur la question par les ingén. du contrôle des lignes en exploitation, a rappelé que les mécanismes employés jusqu'ici pour la fermeture des portières de voitures de chemins de fer sont au nombre de trois : — Le *premier*, identique au mode usité pour les voitures de ville, consiste en un pène à ressort, taillé en bec de cane, qui laisse toujours à la poignée extérieure sa même position, que le bec de cane ait joué ou non, et que la portière soit ouverte ou fermée. — Le *second* se compose d'une poignée montée sur un axe qui commande un pène à bascule entrant à frottement dans une gâche pratiquée dans le battant de la portière. Avec ce système, la poignée, répétant tous les mouvements du pène, indique par sa position si la portière est ouverte ou fermée ; ces poignées sont, les unes rectangulaires, les autres elliptiques. — Le *troisième* est le même que celui décrit ci-dessus, mais avec addition d'un loqueteau établi à la partie inférieure des portières et à portée ou hors d'atteinte des voyageurs.

« L'examen de ces différents modes de fermeture a fait reconnaître au conseil général : — Qu'avec le *premier système*, rien ne donnant la garantie que la portière soit fermée, l'addition d'un loqueteau est indispensable ; — Que le *second système*, bien que très préférable au premier, laisse encore beaucoup à désirer, la position de la poignée étant la même lorsque la portière est fermée ou simplement poussée, et qu'il est résulté des accidents par suite d'une portière mal fermée ou s'ouvrant spontanément pendant la marche d'un train ; — Que, dans l'emploi de ce système, il est préférable de donner aux poignées une forme rectangulaire plutôt qu'une forme elliptique, qui trompe plus facilement l'œil; — Enfin, que l'emploi des loqueteaux, déjà admis par certaines comp., offre une garantie de plus, en indiquant avec certitude si les portières sont entièrement fermées; qu'ils peuvent se manœuvrer aisément et sans retard, mais qu'ils pourraient aggraver les suites d'un accident s'ils n'étaient pas convenablement placés, c'est-à-dire à portée de la main des voyageurs.

« En résumé, le C. gén. des p. et ch. a émis l'avis qu'il y avait lieu : — 1° De prescrire aux compagnies l'emploi de loqueteaux placés extérieurement au bas des portières, à 0ᵐ,50 au plus, en contre-bas des ouvertures de ces portières ; — 2° De recommander aux comp. l'emploi du *second mode de fermeture* décrit ci-dessus, de préférence au premier ; — 3° De recommander aux compagnies employant ledit second mode de donner aux poignées la forme rectangulaire allongée plutôt que la forme elliptique.

« Les conclusions du conseil général m'ayant paru convenablement motivées, j'ai l'honneur de vous informer que, par décision de ce jour, je viens de les approuver et de les déclarer applicables au chemin de fer que vous exploitez. — Par suite de ma décision, l'addition de loqueteaux installés comme il est dit ci-dessus, aux portières des voitures à voyageurs de toutes classes, devient une obligation pour votre compagnie et il vous est accordé un délai de six mois pour la réalisation de cette amélioration. »

Fermeture des wagons-écuries et des wagons à bestiaux. — V. *Fermeture.*

II. Ouverture des portières. — L'art. 63 de l'ordonn. du 15 nov. 1846 contient défense d'entrer dans les voitures ou d'en sortir autrement que par la portière qui fait face au côté extérieur de la ligne du chemin de fer, et de se pencher au dehors de ces voitures. — Ces utiles prescriptions, auxquelles les voyageurs contreviennent trop facilement, sont indiquées textuellement à l'art. *Voyageurs.*

Bris de glaces des portières. — V. *Glaces.*

PORTILLONS.

I. Installation aux passages à niveau (Circ. minist. adressée, le 14 juin 1855, aux comp. et par ampliation aux ingén. du contrôle). — « Les passages pour piétons, accolés aux barrières des passages à niveau, sont fermés, sur certains ch. de fer, par de simples *tourniquets*, sous lesquels des enfants ou des animaux domestiques de petite espèce peuvent passer pour s'introduire sur les voies : ces tourniquets sont, en outre, incommodes pour les personnes chargées de fardeaux. — L'insuffisance de ce mode de fermeture ayant déjà occasionné des accidents, j'ai invité les ingén. des divers services du contrôle à me faire connaître s'il n'y aurait pas lieu de supprimer lesdits tourniquets et d'y substituer des *portillons* se fermant seuls.

« Le service du contrôle et, de son côté, le c. gén. des p. et ch. (section des ch. de fer) ont reconnu qu'il y aurait avantage évident à remplacer les tourniquets par des portillons. — Sans vouloir adresser à cet égard aucune injonction à votre comp., je me bornerai à lui rappeler que la garde et le service des passages des piétons, accolés aux passages à niveau pour voitures, font partie des obligations générales concernant le service des barrières des passages à niveau ; que, dès lors, si un accident survenait par suite de l'insuffisance des clôtures desdits passages, sa responsabilité se trouverait directement engagée, aux termes des art. 19 de la loi du 15 juill. 1845 et 4 de l'ordonn. du 15 nov. 1846. — V. les mots *Lois* et *Ordonnances.*

« Je ne puis donc que vous engager à prendre les mesures nécessaires pour que, soit au moyen de tourniquets auxquels on adapterait des cadres pleins ou à claire-voie, soit par l'installation de portillons à simple ou double battant, les passages pour piétons, accolés aux passages à niveau, soient clôturés de manière à empêcher les enfants et les animaux de s'introduire sur les voies. Il importerait également que ces barrières fussent munies d'un verrou, ou de tout autre système de fermeture qui permit aux gardes de les tenir fermées pendant le passage des convois. — Je fais connaître à l'ing. en chef du contrôle les recommandations que je vous adresse, et je le charge de veiller à ce que les clôtures des passages de piétons soient complétées là où cela sera reconnu nécessaire. »

II. Dispositions diverses (V. *Barrières*, § 3, et *Passages à niveau*). — *Portillons isolés* (manœuvrés aux risques et périls des passants), classés à la 5e catégorie des passages à niveau. — V. *Passages.*

PORTS MARITIMES.

I. Ouvrages intéressant les ports maritimes. — V. *Conférences.*

Installations diverses. — 1° Embranch. de ports (V. *Embranchements*) ; — 2° Quais desservis par locomotives. — V. *Embranchements, Locomotives* et *Quais.*

II. Expéditions des ports maritimes. — V. *Délais de livraison* et *Tarifs,* § 9.

POSEURS.

I. Composition et attributions des brigades. — Aux mots *Cantonniers* et *Gardes-lignes,* nous avons fait connaître que sur quelques réseaux ces derniers agents font l'office de poseurs et sont chargés de la réparation des voies de fer, en même temps que du petit entretien et de la surveillance. — Sur d'autres grands réseaux, il existe outre les gardes-lignes, des brigades de poseurs dont les principales attributions sont résumées ci-après :

« Les brigades de poseurs (chargées des relèvements, réparations et travaux partiels des voies) sont uniformément composées d'un brigadier et d'un nombre de poseurs, variant de 2 à 6 hommes. — Les chefs de brigade partagent avec les gardes, la police et la surveillance de la voie ; ils doivent s'assurer, par eux-mêmes que les signaux néces-sités par les réparations sont régulièrement faits aux trains en marche. — De plus, ils doivent, tous les matins, avant de se mettre à l'ouvrage, visiter les voies de fer dans toute l'étendue de leur circonscription et renouveler cette visite le soir, avant de quitter la ligne. » (*Enquête sur l'exploit.,* Recueil adm. 1858.)

D'après les règl. spéc. qui les concernent, les chefs poseurs et les poseurs sont chargés, sous les ordres immédiats des piqueurs et des chefs de section, d'entretenir la voie sur un parcours d'une étendue déterminée appelée *canton ;* ils doivent veiller à ce qu'elle soit toujours en bon état. Les chefs sont responsables de la conduite et du travail de leurs ouvriers. — Voici l'extr. des règl. de quelques grands réseaux :

« Le service des poseurs consiste dans l'entretien proprement dit des voies, comprenant le redressement, le bourrage et le relèvement des voies, le règlement du ballast, le nettoyage de la voie, quand il ne peut être fait par les gardes-lignes et gardes auxiliaires, et le remplacement des rails, coussinets, traverses, coins, chevillettes, pièces de changements ou de croisements, de plaques tournantes, etc., détériorés ou hors d'usage ; comme aussi dans la pose de voies ou par-ties de voies neuves et dans la modification des voies existantes, et, en outre, dans tous les travaux accessoires à l'entretien des voies, tels qu'enlèvement des neiges, chargement de matériaux, qui leur sont ordonnés par leurs chefs. »

Chaque brigade de poseurs est munie, indépendamment des outils et instruments mentionnés dans les ordres de service, des drapeaux, lanternes, pétards, cornes d'appels et objets nécessaires pour faire les signaux, et les divers règlements qui les intéressent.

Outils des poseurs, emploi et transport de matériaux. — V. les mots *Abandon, Ballast, Dépôts, Lorrys, Matériaux, Outils, Trains, Travaux, Traverses, Voie.*

Remaniement de voies. — Lorsqu'on devra *relever* les voies, les brigadiers auront bien soin de ne relever que de sept à huit centimètres à la fois et de répartir cette saillie sur au moins quatre rails. (Pour ces détails plus ou moins variables sur les divers réseaux, nous renvoyons aux mots *Ballast, Courbes, Ecartement, Rails, Traverses* et *Voie.*)

Signaux. — *Lorsqu'il y aura lieu de remplacer un rail rompu ou avarié ou une pièce quelconque d'appareil posé dans les voies principales, le brigadier ne devra commencer l'opération du rempla-cement qu'après s'être fait couvrir à la distance de 800 à 1500 mètres ou plus, suivant la déclivité de la voie en arrière, dans les parties à double voie, en arrière et en avant dans les parties à voie unique. Si un garde se trouve à proximité et n'est pas empêché par un devoir plus urgent, le brigadier pourra l'employer pour faire le signal d'arrêt. A défaut de garde, le brigadier fera planter, à la distance régl., un drapeau rouge sur l'accotement de la voie à couvrir, et il fera placer trois pétards espacés de 25 mètres près du drapeau rouge, afin de le suppléer dans le cas où* il viendrait à être renversé par le vent ou par toute autre cause. Lorsqu'il y aura lieu de présumer que les machines sont pourvues de chasse-neiges qui pourraient enlever les pétards, le drapeau devra être tenu par un homme. Quand le travail sera terminé, le brigadier devra veiller à ce qu'on enlève les pétards en même temps que le drapeau. — V. aussi, au mot *Signaux*, le nouveau règl. du 15 nov. 1885.

Les remplacements de matériel devront, sauf urgence, être opérés dans l'intervalle compris entre le passage de deux trains. — Quand il s'agira d'une opération plus importante et plus longue, telle que la pose, l'enlèvement ou le déplacement d'appareils sur les voies principales, etc., l'ingén. en fixera le jour et l'heure, sur la proposition du chef de section, et en donnera avis au service du mouvement.

Les brigadiers éviteront de dégarnir les voies, pendant les temps pluvieux et ils ne devront jamais, dans les travaux habituels de la voie, quitter la ligne, à la fin de la journée, sans avoir regarni les parties où le dégarnissage aura été effectué. — Dans le cas où la voie serait laissée, à la fin de la journée, dans un état qui ne permît pas d'y laisser passer les trains à toute vitesse, le chef poseur y laissera un homme sûr, et préviendra les gardes voisins, ainsi que le surveillant de nuit, afin que les signaux convenables soient faits.

Surveillance de la ligne. — Les poseurs doivent concourir avec les gardes à la surv. de la ligne, en ce qui concerne notamment l'observ. des intervalles régl. entre les trains et des signaux de voie libre, de ralentissement et d'arrêt, à faire aux trains réguliers, facultatifs, spéciaux ou dédoublés (V. *Intervalles, Ralentissement, Signaux* et *Surveillance*). — Les chefs poseurs doivent faire, de temps à autre, des tournées sur les machines des trains express, afin de se rendre un compte exact de l'état des voies.

Accidents. — En cas d'accidents, et dans toutes circonstances, quand ils en sont requis, les poseurs doivent prêter secours et assistance au mécanicien et au chef de train et se tenir à leurs ordres, surtout lorsque l'accident pourra avoir quelque influence sur la régularité de la marche ou des manœuvres du train suivant.

Garage des ouvriers au passage des trains. — V. *Manœuvres* et *Surveillance*.

Temps de neige. — A l'approche de la saison des neiges, les poseurs dégarniront de ballast les faces intérieures des rails, sur toute leur hauteur, afin de prévenir, autant que possible, au moment de la chute de la neige, la formation de bourrelets sous les rebords des roues. — Au moment opportun, les poseurs se rendront sur la voie, munis de charrues, de pelles en bois, de râclettes et de balais et déblaieront les voies, en commençant par dégager les rails, et dans les gares, les appareils de changements, de croisements et les plaques tournantes. — V. *Neiges*, § 2.

Délits et contraventions. — Les poseurs prêteront main-forte, toutes les fois qu'ils en seront requis, aux gardes chargés de la police des chemins de fer. (Les chefs poseurs sont ordinairement assermentés et peuvent, au besoin, dresser des procès-verbaux.)

Mesures d'ordre, tournées, etc. — Les chefs poseurs devront se conformer exactement aux divers ordres de service réglant les tournées, les heures de présence sur la voie, les constatations d'emploi de matériaux, le remplacement, la conservation et le bon entretien des outils, etc. — Lorsqu'un poseur sera trouvé *en état d'ivresse* sur la voie, il sera révoqué immédiatement. »

Surveillance des lignes télégraphiques. — V. *Télégraphie*.

II. Mesures et indications diverses. — 1° Obligation formelle d'assurer les signaux d'arrêt en cas de réparation ou d'obstruction des voies (V. *Réparations* et *Signaux*) ; — 2° Surv. spéc. pour les objets abandonnés ou tombés sur les voies (V. *Abandon* et *Objets*) ; — 3° Indications gén. relatives au personnel (V. au mot *Agents*). — *Vol commis par un poseur* (voie ferrée non considérée comme chemin public). — V. *Vols*.

POSTES.

I. Service des lettres et dépêches. (Disposition de l'art. 56 du cah. des ch. et indications diverses au sujet des trains journaliers de la poste, des convois extraordinaires, du transport gratuit des agents, des difficultés survenues entre l'admin. et les comp., etc., etc.)

« Art. 56. (Cah. des ch.) — Le service des lettres et dépêches sera fait comme il suit : — 1° A chacun des trains de voyageurs et de marchandises circulant aux heures ordinaires de l'exploitation, la compagnie sera tenue de réserver, gratuitement, deux compartiments spéciaux d'une voiture de 2e classe ou un espace équivalent, pour recevoir les lettres, les dépêches et les agents nécessaires au service des postes, le surplus de la voiture restant à la disposition de la compagnie. — 2° Si le volume des dépêches ou la nature du service rend insuffisante la capacité des deux compartiments à deux banquettes, de sorte qu'il y ait lieu de substituer une voiture spéciale aux wagons ordinaires, le transport de cette voiture sera également gratuit.

« Lorsque la compagnie voudra changer les heures de départ de ses convois ordinaires, elle sera tenue d'en avertir l'administration des postes quinze jours à l'avance.

« *Convois réguliers.* — 3º Un train spécial régulier, dit *train journalier de la poste*, sera mis gratuitement, chaque jour, à l'aller et au retour, à la disposition du min. des postes et télégraphes, pour le transport des dépêches sur toute l'étendue de la ligne. — 4º L'étendue du parcours, les heures de départ et d'arrivée, soit de jour, soit de nuit, la marche et les stationnements de ce convoi, sont réglés par le min. des tr. publ., et le min. des postes et télégraphes, la compagnie entendue (1). — *Convois spéciaux :* 5º Indépendamment de ce train, il pourra y avoir tous les jours, à l'aller et au retour, un ou plusieurs convois spéciaux, dont la marche sera réglée comme il est dit ci-dessus. La rétribution payée à la compagnie, pour chaque convoi, ne pourra excéder 0 fr. 75 par kilom. parcouru pour la première voiture et 0 fr. 25 pour chaque voiture en sus de la première. — 6º La compagnie pourra placer dans les convois spéciaux de la poste des voitures de toutes classes, pour le transport, à son profit, des voyageurs et des marchandises. — 7º La compagnie ne pourra être tenue d'établir des convois spéciaux ou de changer les heures de départ, la marche ou le stationnement de ces convois, qu'autant que l'admin. l'aura prévenue, par écrit, quinze jours à l'avance. — *Expédition des convois extraordinaires.* — 8º Néanmoins, toutes les fois qu'en dehors des services réguliers, l'admin. requerra l'expédition d'un convoi extraordinaire, soit de jour, soit de nuit, cette expéd. devra être faite immed., sauf l'observ. des règl. de police. Le prix sera ultérieurement réglé de gré à gré ou à dire d'experts, entre l'admin. et la compagnie. (*Nota.* Ce prix a été fixé à 8 fr. par kilom.)

« *Voitures spéciales de la poste.* — 9º L'admin. des postes fera construire à ses frais les voitures qu'il pourra être nécessaire d'affecter spécialement au transport et à la manutention des dépêches. Elle réglera la forme et les dimensions de ces voitures, sauf l'approbation, par le min. des tr. publ., des dispositions qui intéressent la régularité et la sécurité de la circulation. Elles seront montées sur châssis et sur roues. Leur poids ne dépassera pas huit mille kilogr., chargement compris. L'admin. des postes fera entretenir à ses frais ses voitures spéciales ; toutefois, l'entretien des châssis et des roues sera à la charge de la compagnie. — V. au § 2, *Bureaux ambulants.*

« 10º La compagnie ne pourra réclamer aucune augmentation des prix ci-dessus indiqués, lorsqu'il sera nécessaire d'employer des plates-formes au transport des malles-postes ou des voitures spéciales en réparation.

« *Vitesse des trains-poste.* — 11º La vitesse moyenne des convois spéc. mis à la disposition de l'admin. des postes ne pourra être moindre de 40 kilom. à l'heure, temps d'arrêt compris ; l'admin. pourra consentir une vitesse moindre, soit à raison des pentes, soit à raison des courbes à parcourir, ou bien exiger une plus grande vitesse, dans le cas où la compagnie obtiendrait plus tard, dans la marche de son service, une vitesse supérieure.

« *Transport gratuit des agents.* — 12º La compagnie sera tenue de transporter gratuitement, par tous les convois de voyageurs, tout agent des postes chargé d'une mission ou d'un service accidentel et porteur d'un ordre de service régulier, délivré à Paris, par le dir. gén. des postes. Il sera accordé à l'agent des postes en mission une place de voiture de 2e classe, ou de 1re classe, si le convoi ne comporte pas de voitures de 2e classe. — Pour la circulation des *facteurs* sur la voie, V. *Libre circulation*, § 7.

« *Bureaux des stations.* — 13º La comp. sera tenue de fournir à chacun des points extrêmes de la ligne, ainsi qu'aux principales stations intermédiaires qui sont désignées par l'admin. des postes, un emplacement sur lequel l'admin. pourra faire construire des bureaux de poste ou d'entrepôts des dépêches, et les hangars pour le chargement et le déchargement des malles-postes. Les dimensions de cet emplacement seront, au maximum, de 64 m. carrés dans les gares des départements et du double à Paris. — 14º La valeur locative du terrain ainsi fourni par la compagnie, lui sera payée de gré à gré ou à dire d'experts. — 15º La position sera choisie de manière que les bâtiments qui y seront construits aux frais de l'admin. des postes, ne puissent entraver en rien le service de la compagnie. — 16º L'admin. se réserve le droit d'établir à ses frais, sans indemnité, mais aussi sans responsabilité pour la comp., tous poteaux ou appareils nécessaires à l'échange des dépêches sans arrêt de train, à la condition que ces appareils, par leur nature ou leur position, n'apportent pas d'entraves aux différents services de la ligne ou des stations. — 17º Les employés chargés de la surv. du service, les agents préposés à l'échange ou à l'entrepôt des dépêches, auront accès dans les gares ou stations pour l'exécution de leur service, en se conformant aux règl. de police intérieure de la compagnie. » (Art. 56 du cahier des charges) (2).

---

(1) V. au mot *Conférences*, § 2 bis, la circ. min. tr. publ., 10 juillet 1882, relative à la participation du service des postes, au sujet des dispositions concernant les lignes d'intérêt local.

(2) *Agents entreposeurs.* — Par suite d'un accord entre l'admin. des postes et les compagnies, un agent du ch. de fer est chargé, pour certaines gares, non pourvues d'un personnel *spécial*, de l'échange et de l'entrepôt des dépêches, opérations qui se font dans les conditions suivantes : —

I bis. Difficultés d'application (Interprétation de l'art. 56 du cah. des ch.).

Trains journaliers. — « Aux termes du cah. des ch. la comp. s'est engagée à réserver gratuitement, dans l'un des trains journaliers de voyageurs ou de marchandises, un compartiment spécial pour recevoir les lettres, les dépêches et les agents nécessaires au service des postes. — La comp. soutient que cette disposition ne s'applique qu'à un des trains circulant chaque jour dans un seul sens et que c'est à tort que le C. de préf. a décidé qu'elle devait réserver un compartiment dans un des trains circulant sur ses lignes dans l'un et l'autre sens. — Mais, si l'expression *train journalier* présente quelque ambiguïté, l'intention commune des parties ne peut être douteuse. D'après une pratique constante, les traités de concession assurent au service des postes les mêmes avantages pour la circulation dans les deux sens, sur les voies ferrées. La comp. ne produit aucun document duquel il résulterait que, dans les négociations qui ont précédé la convention du..., elle aurait proposé de déroger, sur ce point, à l'usage constamment suivi. De ce qui précède, il résulte que la requête doit être rejetée. » (C. d'État, 8 févr. 1878.)

Limitation des objets transportés. — « D'après le cah. des ch. la comp. est tenue, pour le service des lettres et dépêches, soit de réserver à l'admin. un certain nombre de compartiments spéciaux, soit, dans le cas où le volume des dépêches ou la nature du service rendrait insuffisante la capacité de ces compartiments, de transporter gratuitement une voiture spéciale, dont le poids est limité. — Dans le sens de cet article, le service des lettres et dépêches comprend tous les objets dont l'admin. des postes est tenue d'effectuer le transport au prix du tarif établi par la loi, et qui sont expédiés sous une même enveloppe de toile ou de papier, ficelée et cachetée au bureau de départ, qui ne doit être ouverte qu'au bureau d'arrivée, sans qu'il y ait lieu de distinguer entre les objets pour lesquels la poste a un droit exclusif de transport et ceux dont elle opère le transport en concurrence avec l'industrie privée. » (C. d'État, 7 mars 1873. Aff. ayant rapport au transport des *échantillons.* — V. à ce sujet, les mots *Colis postaux* et *Échantillons.*

Interruption de service. (RÉCLAMATIONS DE LA COMPAGNIE. *Compétence.*) — Litige survenu au sujet de la réclamation élevée par une compagnie, tendant à obtenir l'allocation entière de l'indemnité annuelle accordée, et à ne pas subir de réduction pour la période correspondante à la durée de l'interruption occasionnée par la guerre de 1870-71 :

« Les stipulations contenues dans la convention intervenue entre le min. des tr. publ. et la comp. ont eu pour objet, en ce qui concerne le service des postes, de régler l'exécution de l'art. 56 du cah. des ch. auquel ladite convention est annexée. Une décis. du min... ne fait pas obstacle à ce que la difficulté élevée par la comp. soit portée devant la jurid. compétente pour prononcer en premier ressort. Dès lors, cette comp. n'est pas recevable à se pourvoir directement devant le C. d'État contre ladite décision. » (C. d'État, 6 juin 1873.)

Service télégraphique (Dispositions spéciales). Art. 58 du cah. des ch. et applications diverses (Matériel et personnel). — V. *Télégraphie.*

II. Voitures spéciales de la poste et installations diverses (*Bureaux ambulants*).

« L'échange des dépêches avec les bureaux ambulants et les courriers convoyeurs doit s'effectuer à la portière du bureau ambulant ou du compartiment de wagon occupé par le courrier, et sans déplacement de la part des agents des bureaux ambulants ou des courriers. — L'entreposeur expédiera et recevra les courriers par entreprise chargés du transport des dépêches entre la station et les bureaux de poste désignés..... — L'entreposeur remplira les parts (feuille de route) des courriers d'entreprise et y constatera exactement les heures de départ et d'arrivée desdits courriers. — Il sera approvisionné de ces formules en blanc par le directeur de chacun des bureaux de poste, où aboutissent les courriers partant de la station, et il renverra à ce directeur, chaque jour, par le premier ordinaire, les parts ayant servi la veille. — Les dépêches doivent être déposées, pendant l'intervalle de leur réception à leur réexpédition, dans un coffre spécial fermant à clef, établi dans l'intérieur des bureaux de la station, et placé sous la surv. imméd. de l'entreposeur. » (*Instr. spéc.*)

— Le § 9° de l'art. 56 du cah. des ch. porte que le poids des voitures spéciales de la poste ne dépassera pas 8,000 kilogr., chargement compris. — « La compagnie peut refuser le transport de ladite voiture spéciale lorsque le poids en dépasse la limite ainsi fixée. — Mais, si elle a consenti à effectuer le transport d'une voiture spéciale dont le poids excède 8,000 kilogr., elle ne peut réclamer aucune rétribution à raison de l'excédent ». (C. de préf. Seine, 7 mars 1878).

Nota. — On a vu ci-dessus (C. d'Etat, 7 mars 1873), qu'il n'y avait pas de distinction à faire entre les divers objets transportés dans les compartiments ou les bureaux ambulants de la poste. — Quant à la limitation même du poids des *voitures spéciales*, nous rappellerons que le comité consultatif des ch. de fer dans un avis approuvé par décis. min. du 9 mars 1866, avait conclu comme il suit, au sujet d'une contestation survenue entre l'admin. des postes et une comp. de ch. de fer : « 1° Le poids de 8,000 kilogr., fixé par le § 9 de l'art. 56 du cah. des ch., comprend la caisse, le chargement, le châssis et les roues. — 2° Il y a lieu, par le dép. des tr. publ., d'intervenir auprès du dép. intéressé pour que les bureaux ambulants de la poste, mis en circulation *sur le réseau dont il s'agit*, ne dépassent pas le poids des plus lourdes voitures à six roues affectées au transport des voyageurs et soient ainsi ramenées à un poids de nature à donner toute garantie à la sécurité publique. »

Service et surveillance des bureaux ambulants (Dispositions relatives à l'installation de wagons ou de compartiments dans les trains pour le service des postes). — « L'accès de ces compartiments est interdit de la manière la plus absolue, non seulement aux voyageurs, mais encore aux employés de la comp. eux-mêmes. Les agents devant concourir au service des bureaux ambulants, pourront être admis avec des cartes ou des feuilles spéciales. — Les employés des bureaux ambulants ne doivent se charger, soit à titre onéreux, soit à titre gratuit, d'aucune commission, ni transport, ni se livrer personnellement à aucune entreprise industrielle ou commerciale. Ils ne peuvent emporter avec eux que les sacs de nuit destinés à renfermer les effets à leur usage personnel. » (Arr. du 10 janvier 1856, et inst. diverses du min.)

Surveillance spéciale. — Le service des bureaux ambulants a été placé par le dir. gén. de l'admin. des postes, sous la surv. d'insp. spéc. — Ces agents sont admis à voyager gratuitement, dans les compartiments de 1re classe et dans les bureaux ambulants, sur le vu d'un ordre de service régulier. — De plus, des permis de 1re classe ou de 2e classe, selon le grade des employés, peuvent être délivrés sur la présentation d'un ordre ou d'une lettre de service, émanant du dir. gén. de l'admin. des postes, et indiquant qu'ils doivent voyager par chemin de fer pour cause de service. — Ces permis sont ordinairement délivrés par le service du mouvement. (*Extr. des instr.*)

Lettres remises aux bureaux ambulants. — « Les agents des bureaux ambulants seront tenus de recevoir à la main, dans toutes les stations desservies par les trains contenant des véhicules de cette nature, toutes les lettres ordinaires qui pourront leur être présentées, non seulement par les voyageurs et par les employés des compagnies, mais encore par toute personne qui aura été admise, à un titre quelconque, dans l'intérieur des gares. » (Circ. de l'adm. des postes, mai-juin 1863.) — Une boîte *aux lettres* est installée d'ailleurs à la portière du bureau ambulant et sert aux employés du chemin de fer ainsi qu'aux voyageurs du train. — Enfin, « les chefs de gare ont été autorisés, pour entrer dans les vues de l'admin. des postes, à accorder aux personnes qui se présenteront pour user de la faculté nouvelle offerte au public, toutes les facilités compatibles avec le bon ordre de la police intérieure des gares. » (*Insp. spéc.*)

Remise des dépêches de service aux bureaux ambulants. — Les commiss. de surv. admin. ont la faculté de déposer leur correspondance officielle aux bureaux ambulants de la poste, au moment de leur passage dans les gares (avis min. 1er mars 1864. — V. *Franchises,* § 1). Mais cette faculté n'a pas été étendue aux paquets remis aux courriers auxiliaires qui n'ont pas qualité pour manipuler les dépêches. (*Id.*)

Dépêches télégraphiques transmises par les bureaux ambulants. — V. *Télégraphie*, § 4.

Aménagements des wagons-postes (et emplacement de ces wagons dans les trains). — C'est l'admin. des postes elle-même qui, en dehors des dispositions obligées du matériel circulant sur les ch. de fer, prescrit les mesures relatives à l'aménagement des fourgons du service postal. Le poids de ces fourgons varie de 7 à 8 tonnes pour les véhicules de 4 ou 6 roues. — Au sujet *de la position à donner dans les trains aux bureaux ambulants de la poste*, nous ne pouvons que renvoyer à la circ. min. 14 févr. 1881. — V *Bureaux*, § 3.

Modification des marchepieds et mains courantes. — Voir au mot *Incendies* les dispositions de la circ. minist. du 16 mai 1866.

Accidents résultant de l'aménagement des wagons-postes. — Les comp. de ch. de fer sont responsables vis-à-vis des employés des postes aussi bien que vis-à-vis d'autres voyageurs des accidents survenus pendant la marche des trains. En vain soutiendraient-elles que les blessures reçues par les employés ont été causées surtout par l'aménagement des wagons-postes sur lesquels l'adm. des postes seule a droit de contrôle. En pareil cas, les trib. ordin. sont compétents pour apprécier la demande en garantie formée par la comp. d'un ch. de fer contre l'admin. des postes. » (C. Paris, 17 août 1866.)

De son côté, le C. d'Etat s'est prononcé ainsi qu'il suit :

« En principe aucune disposition du cah. des ch. d'une concession de ch. de fer, — en ce qui concerne le personnel voyageant dans les voitures spéciales affectées par l'admin. des postes au transport des dépêches et obligatoirement remorquées par le concessionnaire, — n'exonère ce concessionnaire de la responsabilité de droit commun qui peut lui incomber en cas d'accident. — En fait et dans l'espèce, lors de blessures occasionnées à un agent de l'admin. des postes par le renversement, à la suite du déraillement d'un train, du wagon-poste où voyageait cet agent, il n'est pas établi que la manière dont ce véhicule était construit et aménagé intérieurement ait eu une influence quelconque, sur ledit accident. » (C. d'Etat, 10 nov. 1868.) — L'autorité admin. est d'ailleurs compétente pour connaître de ces contestations. (C. d'Etat, 13 déc. 1866.)

Boîtes mobiles des gares. — Il existe dans les gares d'une certaine importance, une boîte mobile qui est levée au moment du passage du train; le public peut y déposer sa correspondance 5 minutes avant. — Mais, d'après une circ. min. des tr. publ. 12 sept. 1866, les commiss. de surv. admin. n'ont pas été autorisés à déposer dans les boîtes mobiles des gares leurs dépêches contresignées de service. — V. au mot *Boîtes*, § 6, le texte même de ladite circ. du 12 sept. 1866.

II *bis*. Service des postes sur les chemins de l'État et sur les lignes d'intérêt local. — Des dispositions analogues à celles du cah. des ch. des *lignes concédées*, sont appliquées au service général et en particulier au *service postal* effectué sur le réseau des chemins de l'État (V. à ce sujet l'art. 8 du décret du 25 mai 1878, au mot *Chemins de fer de l'État*, § 3) (1). — Relativement aux *lignes d'intérêt local*, nous ne pouvons, en ce qui concerne l'installation du service postal sur les lignes dont il s'agit que renvoyer à l'art. 56 du cah. des ch. qui les concerne. — V. *Chemin de fer d'intérêt local*, § 1. — V. aussi *Télégraphie*.

III. Privilège de la poste (*Transports illicites*). — Nous avons cité au mot *Journaux*, § 3, les extr. de l'arrêté du 27 prairial an IX et de la loi du 25 juin 1856 énumérant en dehors du transport des lettres confié à la poste les catégories de journaux, d'imprimés et d'objets divers pour le transport desquels elle avait conservé un privilège exclusif. — Des modifications importantes ont été introduites dans ledit service. — Nous les mentionnons ci-après :

---

(1) Nous avons fait connaître déjà, que pour le service des *transports militaires*, par exemple, l'analogie avait été établie entre le réseau de l'État et ceux des compagnies, quant à l'application la plus favorable des dispositions en vigueur sur les réseaux concédés. — V. *Militaires*, § 2 (1re *note*).

Première modification. — En vertu des lois citées au mot *Journaux*, § 3 et de la jurispr., en dehors de l'exception faite pour les *ouvrages politiques non périodiques*, les comp. de ch. de fer pouvaient accepter le transport sans condition de poids : 1° Des public. de librairie non périodiques, et gén. de tout imprimé non périodique, n'ayant pas le caractère d'avis et de circulaire ; — 2° Des registres, cartes et plans ; — 3° Des papiers et dossiers de procédure ; — 4° Des lettres de voiture et factures de transport accompagnant la marchandise transportée ; — 5° Des pièces et lettres relatives au service de la compagnie, circulant par son matériel et sur la ligne ; — 6° Des échantillons ; — 7° Enfin aux conditions expresses de poids, ci-après indiquées, « des journaux et revues périodiques, mais non politiques et uniquement consacrés aux lettres, sciences et arts, à l'agr. et à l'industrie, pourvu qu'ils forment un paquet *dont le poids dépasse 1 kilogr.*, ou s'ils font partie d'un paquet de librairie dépasssant ce poids. » — Enfin une nouvelle loi du 6 avril 1878, dont nous donnons ci-dessous un extr. a eu pour effet de modifier encore, en ce qui concerne les journaux et imprimés, tout ou partie des prohibitions précédentes.

Réforme postale (Loi 6 avril 1878, et décret d'applic.). *Extr.* :

« Art. 8. — Les journaux recueils, annales et bulletins, mémoires périodiques, ainsi que tous les imprimés sont exceptés de la prohibition établie par l'art. 1er de l'arrêté du 27 prairial an IX quel que soit leur poids, mais à la condition d'être expédiés soit sous bandes mobiles ou sous enveloppes ouvertes, soit en paquets non cachetés et faciles à vérifier.... — Art. 10. — Les dispositions des articles qui précèdent ne sont applicables qu'aux lettres et imprimés confiés à la poste, nés et distribuables en France et en Algérie. »

(*Décret du 15 avril 1878, Ext.*) — « *Art. 1er.* — Les taxes postales établies par la loi du 6 avril 1878..... seront appliquées à partir du 1er mai 1878 ».

Infractions aux lois et règl. du service postal. — (Décisions judic. résumées ci-après, sous réserve des modifications postérieures aux décisions dont il s'agit. — « Il y a immixtion dans le transport des lettres, de la part d'une compagnie de chemin de fer qui transporte une lettre cachetée n'accompagnant aucune marchandise, et relative aux intérêts d'une maison de commerce, spéc. d'une maison de camionnage, avec laquelle la comp. a fait un marché approuvé par l'admin. supérieure. » (C. C., 24 nov. 1854.)

(*Bordereaux d'expéd.*). — Une comp. de ch. de fer ne peut se refuser, sous prétexte qu'elle serait exposée à une contrav. aux lois sur la poste, à transporter les fiches, sortes de bordereaux de diverses lettres de voitures, qui sont afférentes à plusieurs colis groupés sous une même enveloppe, qu'elle s'est chargée de transporter. (C. C., 4 août 1863.)

Responsabilité des expéditeurs. — « L'expéditeur de colis en contrav. aux règl. de l'admin. des postes peut être condamné civilement à réparer le tort par lui occasionné au chef de gare qui a été poursuivi correctionnellement, pour immixtion dans le transport des lettres. » (Trib. civil de Lyon, 3 juin 1876.)

Responsabilité des agents. — « Un chef de gare de ch. de fer est personnellement responsable de toute immixtion illicite dans le transport des lettres, dans la partie du service dont il est le chef, sauf son recours par les voies civiles contre les expéditeurs. » (C. C., 5 mai 1855 et 28 févr. 1856.) — « L'immixtion dans le service des postes, résultant de l'expéd. dans une caisse transportée par ch. de fer, de lettres ou imprimés dont le transport est réservé à l'admin. des postes, est imputable pénalement au chef de la gare expéditrice en vertu de l'art. 9 de l'arr. du 27 prairial an IX, qui permet à l'admin. de poursuivre les entrep. de messageries, pour les contrav. commises par leurs postillons, facteurs ou courriers. — Le chef de gare est seul responsable de toute négligence, défaut de surv. ou contraventions qui sont commises dans la gare dont il a la direction et qui deviennent par cela même son propre fait, sans qu'il puisse en décliner la responsabilité pénale, sous le prétexte qu'il serait personnellement étranger au fait, objet de la poursuite » (C. C., 4 janv. 1866). — *Excuse.* — *Bonne foi.* — La bonne foi et l'ignorance du fait même de l'existence de lettres dans les paquets ou colis transportés, ne peuvent constituer une excuse. » (C. C., 5 mai 1855 et 28 févr. 1856.)

Vérification des dépêches des compagnies. — « Les papiers relatifs au service personnel des entrepreneurs de transport de toute espèce devront être transportés, *à découvert ou sous bandes*, de manière que la vérification puisse en être faite, sans obstacle, soit par les préposés des postes et des autres services financiers, soit par les agents de la force ou de la sûreté publique. Il est spécifié, d'ailleurs, que les papiers dont il s'agit, et que l'ancienne législation appelait lettres de voiture, doivent être uniquement destinés aux propres agents de l'expl. sur la ligne qu'elle dessert, à l'exclusion de toutes autres correspondances pour des sociétés ou des personnes avec lesquelles l'entreprise aurait des rapports d'intérêts ou de commerce. » (Circ. de l'adm. des postes, 25 févr. 1854.)

Responsabilité pour accidents (mise en cause de la comp.). — V. ci-dessus, § 2.

IV. Dépêches du service de l'État. — V. *Dépêches, Franchises* et *Personnel.*

Installation spéciale du service télégraphique (et conditions de service). — V. *Télégraphie.*

POSTES MILITAIRES.

Installation de postes militaires (dans les gares). — Extr. du régl. gén. du 1er juillet 1874, pour les transports mil. par ch. de fer : *modifié par décret du 29 oct. 1884 :*

Art. 24. — Des postes commandés par un officier peuvent être installés dans les gares, sur la demande que chacune des comp. intéressées en fait à l'autorité militaire locale. Ces postes sont établis dans des locaux disposés à cet effet par les soins des comp., pour le temps et pour la durée correspondant aux époques des opérations d'appel ou de libération des classes de l'armée active, des réserves et de l'armée territoriale, de départ et de retour simultané des permissionnaires lorsque leur nombre *excède cinquante.* — Ils sont assujettis à toutes les obligations du service des places (1).

Le chef de poste assure, par le déplacement des factionnaires et par sa surv. personnelle, le maintien du bon ordre parmi les isolés, dans les salles de la gare et sur les quais d'embarquement. C'est à lui que le *Commissaire de surveillance* fait conduire les militaires désignés plus haut, comme devant être remis à l'autorité militaire. — Le chef de poste fait conduire ces hommes au Sous-Intendant militaire, s'il en existe un dans la localité, ou, dans le cas contraire, les remet entre les mains de la gendarmerie. — Le chef de poste reçoit sa consigne du chef d'état-major du corps d'armée. Cette consigne contient une instruction sommaire rappelant les dispositions principales des régl. sur le service de marche relatives aux isolés, afin que l'officier n'ait jamais aucune hésitation sur la conduite à tenir vis-à-vis des isolés qui sont en dehors de leur direction.

Les abords des gares sont, en outre, dans les grands centres de population et dans le voisinage des camps, l'objet d'un service spéc. de surv. militaire. Ces mesures d'ordre se rattachent au service de place ou au commandement des camps et territoires. Elles reçoivent tout le développement nécessaire pendant les grands mouvements d'isolés.

Enfin, toutes les fois que les circonstances le permettent, les hommes isolés sont groupés sous les ordres d'un ou plusieurs sous-officiers, qui les conduisent à la gare, et les maintiennent en ordre jusqu'au moment du départ. »

POTEAUX INDICATEURS.

I. Poteaux kilométriques (Pose comprise dans les trav. de *superstructure*). — V. *Matériel fixe* et *Superstructure.*

Installation. — Sur toutes les lignes de ch. de fer, les distances sont repérées au moyen de poteaux kilométriques, dont l'une des conditions est d'offrir à la vue des agents des trains un numérotage bien apparent. Ces poteaux ne sont ordin. posés qu'après vérification contradictoire, avec le service du contrôle, des distances relevées par le service de la construction. Ces distances, qui doivent, d'ailleurs, être soumises à l'approb. min. pour servir de base aux tarifs généraux d'application, sont mesurées, à partir de l'axe du bâtiment des voyageurs de la station, formant point de départ de la ligne ; il en résulte qu'elles ne représentent pas exactement la longueur totale du chemin, longueur qui devrait, en réalité, être comptée à partir du heurtoir des locomo-

---

(1) Des postes peuvent être établis, s'il y a lieu, dans les gares de bifurcation situées dans les localités non pourvues de garnison ; à cet effet, les admin. des ch. de fer adressent leurs demandes au commandant du corps d'armée sur le territoire duquel se trouvent situées ces gares. — Les comp. de ch. de fer transportent ces postes à leurs frais. — L'autorité militaire, après entente avec les admin. de ch. de fer, apprécie si, en raison du plus ou moins d'éloignement de la station, il convient d'envoyer un détachement qui resterait en permanence pour fournir les postes pendant la durée des passages, ou de faire relever ceux-ci, tous les jours, en se servant des trains de l'exploitation. (Circ. min. guerre, 24 avril 1875.)

tives placé à l'extrémité de la gare (V. *Distances*).— Dans l'intervalle des poteaux kilométriques, il existe aussi sur toutes les lignes des *poteaux hectométriques* que l'on s'est décidé sur diverses lignes à remplacer par de petites bornes en pierre.

Suppression des poteaux hectométriques dans l'intérieur des gares. —(Circ. min., 13 nov. 1883, adressée aux comp. et par ampliation aux chefs du contrôle.)

« Messieurs, à l'occasion d'un accident (*lampiste grièvement blessé en tombant du haut d'une voiture sur un poteau hectométrique*), les ingén. du contrôle ont soulevé la question de savoir s'il ne conviendrait pas de supprimer, dans la traversée des gares, les poteaux hectométriques établis dans l'entrevoie, qui entravent la circul. des agents et peuvent, dans certains cas, devenir une cause de danger. — Il a paru à quelques-uns de ces fonc- tionn. que les poteaux hectom. pourraient être utilement remplacés, soit par des plaques en fonte fixées sur des traverses au niveau du ballast, soit par des madriers également établis sur des traverses au niveau de la voie et dont la face supérieure serait équarrie, suivant le profil du ballast, et revêtue d'une couche de couleur apparente, soit enfin par toute autre disposition analogue permettant le repérage des voies principales. — J'ai soumis l'affaire au comité de l'expl. technique des ch. de fer.

« Le comité, tout en reconnaissant les inconvénients que peuvent présenter les poteaux hectométriques placés dans l'intérieur des gares, n'a cependant pas pensé qu'à l'occasion d'un accident isolé et dû à une circonstance toute fortuite, il y eût lieu d'en ordonner la suppression complète. Il a fait observer que la mesure offrait plus d'intérêt dans certaines gares que dans d'autres, et il a émis l'avis qu'il suffisait d'appeler sur ce point l'attention des comp., en leur laissant le soin de supprimer les poteaux là où elles le jugeraient utile pour la sécurité des agents. — J'ai l'honneur de vous transmettre cet avis, qui me paraît bien motivé, et je vous prie de me faire connaître les mesures que vous aurez prises pour satisfaire aux recommandations du comité. — Recevez, etc. »

Nota. — Sur quelques lignes, les bornes hectométriques en pierre situées dans la traversée des gares ou aux abords de certaines bifurcations et autres points importants ont été, à la suite de la circ. min. précitée, arasées au niveau du sol avec l'inscription nécessaire, gravée et peinte, sur la face supérieure restée seule apparente.

II. Poteaux indicateurs des déclivités. — Sur divers réseaux, les poteaux indica- teurs des pentes, paliers et rampes, sont de deux sortes, l'une et l'autre en tôle émaillée. Les premiers, d'un modèle plus petit, sont destinés aux besoins du service de la voie; ils reçoivent les indications *exactes* de longueur et de déclivité de chaque partie de la ligne. Les seconds, d'un plus grand modèle, ont été posés pour l'usage des mécaniciens; les indications en sont moins détaillées, les pentes et rampes d'une inclinaison peu diffé- rente y sont groupées, et les déclivités inscrites sont des moyennes en nombres entiers de millièmes. — V. le mot *Déclivités*.

III. Poteaux-limites de protection et de direction des trains. — Il existe égale- ment, sur tous les ch. de fer, des poteaux indicateurs déterminant la limite de pro- tection des disques-signaux établis aux abords des stations. Ces poteaux sont destinés à indiquer aux conducteurs d'arrière d'un train qui a dépassé le signal fixe, tourné à l'arrêt, la limite que le dernier wagon du train doit atteindre pour que le convoi soit efficacement couvert par le disque (V. *Disques-signaux*, § 5). — Voir aussi, au sujet des poteaux de protection, le nouveau *Code des signaux* (Règl. min., 15 nov. 1885) dont l'art. 13, notam- ment, est ainsi conçu :

Art. 13. — Le *disque* ou *signal rond* (mentionné à l'art. 12, V. *Signaux*, § 5), doit être suivi d'un *poteau* indiquant par une inscription, le point à partir duquel le signal fermé assure une protection efficace.

Poteaux d'arrêt des machines. — On a installé aussi, dans quelques gr. gares, des poteaux indiquant aux mécan. les points où ils doivent arrêter leur machine, afin que les voitures à voyag. soient normalem. placées devant le quai de débarquement.

Poteaux sémaphores (destinés à maintenir entre les trains les intervalles nécessaires). — Voir, au mot *Signaux*, § 5, l'art. 16 du règl. précité du 15 nov. 1885.

IV. Poteaux indicateurs et signaux fixes des bifurcations. — En ce qui concerne le service des bifurcations de lignes ou embranchements distincts, comme complément des disques ronds à distance ou des signaux carrés d'arrêt absolu qui protègent ces bifurcations (V. *Bifurcations*, § 2, et *Disques-signaux*, §§ 1 et 2), nous devons mentionner les indicateurs spéciaux de bifurcation dont il est question dans le nouveau Code des signaux (V. *Signaux*, § 5), et dont l'art. 18, notamment, est ainsi conçu :

Art. 18. — L'indicateur de bifurcation est formé soit par une plaque carrée, peinte en damier vert et blanc, éclairée la nuit par réflexion ou par transparence, soit par une plaque portant le mot *bifur*, éclairée la nuit de la même manière. — Ce signal est disposé, sauf autorisation contraire du min., de manière à donner constamment la même indication.

Le damier vert et blanc peut être aussi employé comme signal d'avertissement annonçant des signaux carrés d'arrêt absolu qui ne protègent pas des bifurcations.

Le mécanicien qui rencontre, non effacé, l'un des signaux précédents, doit se mettre en mesure de s'arrêter, s'il y a lieu, à l'embranchement ou au signal d'arrêt absolu qu'annonce ledit signal.

Poteaux indicateurs de direction des trains (gares de bifurcation). — Dans certaines gares de bifurcation, de croisement ou de tête de ligne, il y a des poteaux qui indiquent à l'usage du public la destination des différents trains en stationnement sur les voies. Cette mesure a été prise surtout pour éviter des malentendus aux voyageurs au moment de monter dans les voitures.

V. Prescriptions diverses. — 1° Poteaux indiquant la limite des points de garage. — Sur diverses lignes, on a remplacé par des *traverses de garage* les anciens poteaux indiquant *la limite* du stationnement des wagons, aux abords des changements de voie. Ces traverses sont placées en deçà de l'angle de croisement des voies, à une distance suffisante pour garantir la sûreté des indications du garage. — 2° Poteaux de stationnement des voitures dans les cours des gares (Voir au mot *Cours des gares* les art. 2 et 5 du règl. type du 25 sept. 1866). — 3° Poteaux indicateurs de déblais à la mine (V. *Mines*, § 5). — 4° Poteaux télégraphiques (V. *Télégraphie*). — 5° Conditions de transport des poteaux, perches, mâts, etc. — V. *Bois*.

POTERIE.

Conditions de transport. — Le tarif de la poterie est celui de la 1re *classe* (Art. 42 du cah. des ch., *Objets manufacturés*), sauf les distinctions faites dans les tarifs d'applic. entre la poterie *en métal* et la poterie de *grès* et celle de terre non vernie. — *Tarifs spéciaux.* — La *poterie de grès* diffère, autant par sa nature et sa fabrication que par son emploi, de la *poterie de terre non vernie;* elle ne peut, dès lors, être soumise au tarif spéc. particulièrement applicable à celle-ci ; elle doit l'être au tarif spéc. des *poteries* en général (C. C., 22 août 1881).

POUDRES.

I. Conditions de transport (*Prescriptions de l'ordonn. du* 15 *nov.* 1846) : — « Art. 24. — Il est défendu d'admettre dans les convois qui portent des voyageurs aucune matière pouvant donner lieu, soit à des explosions, soit à des incendies. — Art. 66. — Les per-

sonnes qui voudront expédier des marchandises de la nature de celles qui sont mentionnées à l'art. 21 devront les déclarer au moment où elles les apporteront dans les stations
du chemin de fer. — Des mesures de précaution seront prescrites s'il y a lieu... la compagnie entendue. »

Mesures de précaution (pour le transport des poudres. — *Exclusion absolue du transport par trains de voyageurs*). — Règl. min. du 30 mars 1877 (remplaçant celui du
25 juill. 1873 sur le transport des poudres, et non applicable, sauf certaines conditions,
aux expéd. de poudre de moins de 200 kilog.). — V. art. 13.

Arr. min., 30 mars 1877. — Les min. de la guerre et des tr. publ., — Vu les art. 21
et 66 de l'ordonn. du 15 nov. 1846 ; — Vu le règl. du 25 juill. 1873 sur le transport des
poudres ; — Vu les avis de la commission des inventions et des règl. et de la commission militaire supér. des ch. de fer ; — Considérant que, d'après les résultats de l'expérience, le transport, par ch. de fer, des poudres et munitions de guerre peut être
affranchi de certaines dispositions restrictives et qu'il y a lieu, par suite, de reviser le
règl. du 25 juillet 1873 ; — ARRÊTENT :

« Art. 1er. — Conf. à l'art. 21 de l'ordonn. du 15 nov. 1846, — il est interdit d'admettre les poudres de guerre, de mine ou de chasse dans les trains de voyageurs ou dans
les trains mixtes. Ces matières ne peuvent être transportées que par les trains de marchandises ne comprenant aucun wagon de voyageurs. Toutefois, les militaires voyageant
pour le service sont autorisés à porter leurs cartouches dans la giberne ou dans le sac.
— Les munitions de guerre chargées dans des caissons d'artillerie peuvent être transportées par les trains militaires spéciaux affectés au transport des troupes.

2. — Les poudres doivent toujours être livrées aux ch. de fer dans de doubles enveloppes, toutes les deux étanches, c'est-à-dire ne laissant pas tamiser le contenu. L'enveloppe intérieure peut être une caisse en bois, un baril, un sac en toile ou en cuir, ou
même en carton ou en papier, s'il s'agit de munitions confectionnées. — L'enveloppe
extérieure sera une caisse en bois ou en cuivre ou un baril. Elle portera une inscription
très apparente indiquant la nature du contenu. — *L'agent du min. de la guerre ou des
finances, chargé de l'expéd.*, devra mentionner sur la déclaration d'expédition que les conditions d'emballage ci-dessus indiquées ont été remplies.

3. — Les barils, caisses ou coffres d'artillerie renfermant de la poudre ou des munitions de guerre sont chargés sur des wagons couverts et fermés, à panneaux pleins,
munis de ressorts de choc, et ne contenant aucune autre espèce de marchandises. Les
barils de poudre doivent être couchés dans les wagons, fortement calés avec du bois et
non placés debout sur l'un des fonds. — Les *munitions de guerre* peuvent être transportées dans des caissons d'artillerie chargés sur wagons plats.

4. — Lorsqu'un wagon sert au transport de la poudre, son plancher doit être couvert
d'un prélart imperméable de manière à prévenir le tamisage sur la voie. — Il doit porter
une inscription extérieure bien apparente indiquant la nature de son chargement.

5. — On doit employer de préférence, pour le transport des poudres, des wagons sans
frein. Lorsqu'on fait usage de wagons à frein, on doit se conformer aux prescriptions
suivantes : — 1º Il est interdit de faire usage du frein ; — 2º Les surfaces des ferrures
des axes ou leviers de transmission du mouvement, qui pourraient être apparentes dans
les wagons, doivent être soigneusement recouvertes d'étoffes ou enveloppées dans des
manchons en bois. — L'emploi des *wagons munis de freins à main* n'est pas défendu ; il
est seulement interdit de faire usage des freins, le wagon chargé de poudre ne devant
être accessible à aucun agent du train.

6. — La charge d'un wagon de poudre, y compris les emballages, est limitée à
5,000 kilogr. — Cette disposition n'est pas applicable aux *cartouches métalliques*, pour le

transport desquelles il n'est fait aucune limite de chargement. — Un train ne pourra pas recevoir plus de *dix wagons* de poudre ou de dynamite. — En conséquence, toute expéd. exigeant l'emploi de plus de dix wagons sera divisée en deux ou plusieurs trains.

7. — « Les wagons chargés de poudre et de munitions de guerre doivent toujours être « précédés et suivis de trois wagons, au moins, non chargés de matières de la 1re caté-« gorie des matières dangereuses. » (Arr. modificatif du 21 *juin* 1878, pris pour faci-liter l'exéc. de l'art. 53 du règl. du 1er juillet 1874, sur les transports militaires.)

Dans les *manœuvres de gare* pour la composition et la décomposition des trains, les wagons chargés de poudre pourront être manœuvrés à l'aide de machines locomotives, à la condition qu'ils seront séparés de ces machines par trois wagons au moins ne renfer-mant aucune matière explosible ou facilement inflammable. Ces manœuvres s'effectueront d'ailleurs avec une vitesse qui ne dépassera pas celle d'un homme marchant au pas; elles seront commandées par un agent qui en aura la responsabilité. Les manœuvres par lan-cement sont interdites pour ces wagons.

Les trains de marchandises contenant des wagons chargés de poudre ou de fulminate peuvent être remorqués, dans le cas où ce mode d'attelage est autorisé pour les trains de marchandises ordinaires, par *deux machines* placées, l'une à l'avant, l'autre à l'arrière.

8. — Les expéditions de poudres ou de munitions de guerre sont soumises aux condi-tions suivantes de surveillance dans les gares de départ et d'arrivée. — *Gare de départ.* — L'escorte qui accompagne jusqu'à la gare expéditrice un envoi de poudres ou de munitions de guerre est tenue de rester pour garder cet envoi jusqu'au départ du train. — *Gare d'arrivée.* — Les compagnies doivent demander à l'autorité militaire une garde pour veiller sur les wagons de poudre, si le chargement n'est pas enlevé dans un délai de trois heures après l'arrivée du train (1).

---

(1) Nous avons reproduit au mot *Dynamite*, § 2, 7°, la circulaire min. très développée du 7 août 1879 (*tr. pub.*), relative aux escortes et à la garde des convois de dynamite. — Ces instructions avaient été modifiées ou complétées par une nouvelle circ. min. (tr. pub.) du 21 juin 1880, rappelant les instr. suiv. du min. de la guerre : — 1° circ. adressée le 21 juillet 1879, aux généraux commandant les corps d'armée (*Ext.*) : « Les militaires désignés pour garder un convoi de dynamite de l'*industrie privée*, dans le lieu où ils tiennent garnison, ont droit à une indemnité de *garde* fixée par jour ou fraction de jour à 1 fr. 25 cent., pour les caporaux ou brigadiers, et à 1 franc pour les soldats. — Les militaires obligés de quitter le lieu de leur gar-nison pour aller garder un convoi de dynamite ont droit tant à ladite indemnité de *garde* qu'à l'indemnité de *route* de 1 fr. 25 cent. (caporaux, brigadier et soldats) pour chaque journée passée hors de la garnison. Ils reçoivent, en outre, 0 fr., 017 par kilomètre parcouru sur les voies ferrées. Les parcours à pied ne donnent pas droit à l'indemnité kilométrique. — L'indemnité de *garde* est payée directement au chef de la troupe par la compagnie du chemin de fer, qui se fait rembourser par le destinataire..... Il n'est pas accordé d'indemnité de *garde* pour la dynamite fabriquée au *compte de l'Etat...* » — (*Ext.* de la dép. adressée le 22 avril 1880, par le min. de la guerre à son collègue des tr. publ. au sujet de la garde des *wagons de poudre dans les gares* d'arrivée) : — ... « L'Etat n'expédiant jamais directement à des particuliers de la poudre ni de la dynamite et les envois aux établissements publics étant réglés par des *traités spéciaux*, la com-pagnie du chemin de fer, à moins de cas exceptionnels, est seule responsable du séjour qu'un convoi, soit de poudre, soit de dynamite de l'Etat, peut faire, au delà du délai de trois heures, dans une gare d'arrivée, et n'a, par suite, rien à réclamer de ce chef. — (*Au sujet de l'exéc. de l'art.* 8, § 3, *du règl. du* 30 *mars* 1877 (poudres) et de l'art. 12, § 3 du règl. du 10 janv. 1879 (dynamite), la dépêche du min. de la guerre, 22 *avril* 1880, se termine ainsi) : Le service nor-mal des brigades de gendarmerie étant toujours très chargé, il n'y a pas lieu de revenir sur la décision du 4 avril 1879, qui exempte la gendarmerie de ce surcroît de service, et, en conséquence, lorsque les comp. de ch. de fer auront, dans le cas de force majeure et exceptionnels, à requérir une garde militaire pour surveiller un convoi de poudre ou de dynamite dans une gare d'*arrivée*, en cas de non-enlèvement du chargement dans un délai de trois heures après l'arrivée du train, elles devront s'adresser au commandant de la troupe en garnison dans la localité la plus voisine, à l'exclusion de la gendarmerie, sauf en cas d'extrême urgence. — De nouvelles circ. min. (22 oct. et 21 nov. 1882 et 25 juin 1883, etc.) sont intervenues au sujet de l'escorte et de la

9. — Les comp. sont prévenues, 24 heures à l'avance, des transports de poudres ou de munitions de guerre qu'elles auront à effectuer. — Lorsque le trajet doit avoir lieu, en totalité ou en partie, sur des lignes *à une seule voie*, les comp. sont prévenues trois jours à l'avance. Elles font connaître dans le plus bref délai, à l'expéditeur, le jour et l'heure du départ des trains. Les livraisons de poudres et de munitions aux gares se font en conséquence. — Les poudres remises par les agents de l'État sont reçues les dimanches et jours fériés, *même après l'heure de midi.* — Lorsque les poudres doivent être expédiées *par un train de nuit*, elles sont amenées à la gare deux heures au moins avant le coucher du soleil et chargées dans les wagons avant la nuit. — Toute manutention de poudres pour leur chargement, leur déchargement et même leur transbordement d'un wagon à un autre dans les gares de jonction, si besoin était, sera faite de jour.

10. — Chaque expédition de poudres ou de munitions de guerre doit être faite par le plus prochain train susceptible de recevoir cette nature de chargement. — Elle doit être *enlevée de la gare destinat.* dans les 12 heures de jour qui suivront son arrivée ; si cette condition n'est pas remplie à la diligence du destinataire, la comp. du ch. de fer est autorisée à faire cet enlèvement aux frais, risques et périls de ce dernier.

11. — Conf. aux disp. du règl. du 15 déc. 1856 (titre III, art. 13), les directeurs d'artillerie reçoivent dans l'enceinte des arsenaux les voitures chargées de poudre, quelle que soit l'heure à laquelle elles se présentent ; si elles arrivent la nuit, ils les font conduire à proximité des magasins et attendent jusqu'au jour pour faire opérer le déchargement. — Voir les mots *Artillerie* et *Traités.*

12. — Lorsque le transport des poudres et des munitions de guerre doit être effectué des magasins de l'État à la gare du ch. de fer, et réciproquement par voie ferrée, les wagons devront arriver à la gare deux heures au plus et une heure au moins avant le départ des trains. — L'agent de l'État *qui aura opéré le chargement* restera responsable de l'observ. des mesures de précaution prescrites par le présent règl. pour cette opération. — Voir aussi *Dynamite.*

13. — Le présent règlement n'est pas applicable aux expéditions de poudre de moins de 200 kilogrammes. Toutefois, les livraisons inférieures à cette quantité seront placées dans des wagons fermés et couverts, ne contenant aucune matière explosible ou facilement inflammable. Elles seront signalées d'une manière spéciale à l'attention du chef de train. — *Ces expéditions ne pourront, toutefois, être transportées par les trains portant des voyageurs* (1).

14. — Aucune expédition de poudre ne doit être acceptée par les compagnies sans une feuille d'expédition régulière.

15. — Le règl. du 25 juill. 1873 est abrogé. » (Arr. min., 30 mars 1877.)

II. Indications diverses. — 1° Arr. min. du 21 juin 1878, modifiant l'art. 7 de l'arr. du 30 mars 1877 (V. ci-dessus ledit art. 7). — 2° Circ. min. (tr. publ.) du 21 juin 1880 relative aux escortes et à la garde des convois de dynamite (V. ci-dessus la note 1 du même arr. du 30 mars 1877. — V. aussi au mot *Gendarmes* pour le relèvement des escortes des transports de poudres). — 3° Arr. min. du 20 nov. 1879, réglant la classification et le transport *des matières explosibles ou inflammables* (V. *Matières.* — V. aussi

---

garde des poudres, des munitions de guerre, de la dynamite ou autres explosifs. — Nous ne pouvons pour cet objet que renvoyer au mot *Dynamite*, § 2.

(1) L'art. 8 de l'ancien règl. du 15 févr. 1861, relatif au transport des poudres, limitait à 500 kilogr., poids brut, les expéditions de poudres non escortées, et portait du reste au 2° § l'obligation pour les compagnies de prévenir les commiss. de surv. des gares de départ, d'arrivée, ou de transbordement, du jour et de l'heure d'arrivée des expéditions de poudre excédant la limite de poids dont il s'agit. (Renseign. rappelé *p. mém.*).

les mots *Artillerie, Capsules, Cartouches, Matériel* et *Militaires*). — 4° Arr. min. du 26 juillet 1880 (*risques divers d'incendie, accidents,* etc.) (V. le même mot *Matières* et l'art. *Guerre*, § 4). — 5° Conditions spéciales du transport de la *dynamite* (V. ce mot). — 6° *Tarifs.* — V. *Dynamite,* § 8, *Matières* et *Tarif exceptionnel.*

Traités spéciaux pour les transports de la guerre. — Des traités spéciaux sont passés entre les comp. de ch. de fer et les admin. de la guerre et des finances, notamment pour les transports de poudres, et règlent les prix et les conditions de détails applicables aux expéditions dont il s'agit. — Comme nous l'avons rappelé au mot *Militaires*, § 2, c'est le traité du 22 déc. 1879 (dont l'exécution est confiée à une *agence générale*) qui se trouve aujourd'hui en vigueur pour les transports du matériel militaire. — Nous en détachons l'art. 47 ci-après, concernant les mesures spéciales aux *transports de poudres* par chemins de fer :

Art. 47. — Les expéditions sont faites par les comp. dans les trains ordinaires de marchandises, dans les conditions déterminées par les règlements :

« Entre les points qui sont desservis par les lignes sur lesquelles il n'existe pas de trains de marchandises réguliers, les poudres et autres matières explosibles taxées aux prix des poudres dont les règl. en vigueur prohibent le transport, par trains de voyageurs, sont, par mesure générale, à la diligence et par les soins des comp., dirigées par le plus court des itinéraires desservis par des trains de marchandises réguliers pouvant admettre cette catégorie de transports, et la voie de terre n'est employée et décomptée que pour les portions de parcours où il est impossible de l'éviter.

« Dans le cas où un parcours de terre ne peut être évité, mais où il y a doute sur la question de savoir quel parcours de terre doit être effectué et décompté, par ex., si le point de départ ou de destination est une gare intermédiaire d'une ligne non desservie par des trains de marchandises réguliers, on doit adopter et décompter celui des deux itinéraires qui donne le moindre nombre de kilom., en comptant, pour le déterminer, chaque kilom. de terre pour trois kilom. de fer.

« La liste des lignes non desservies par des trains réguliers sera arrêtée au début du traité, et revisée, s'il y a lieu, tous les six mois.

« Dans tous les cas, l'admin. de la guerre peut requérir un *train spécial*, sans augmentation de prix, avec un minimum de 5 fr. par train et par kilomètre, soit pour une portion de l'itinéraire, soit pour le parcours entier de l'itinéraire (1). »

POURVOIS.

I. Affaires d'expropriation (Art. 20, loi de 1841). — V. *Expropriation.*

Recours en cassation (Délais à observer et nécessité de donner suite auxdites affaires dans le plus bref délai possible). — Circ. min. 16 août 1886. *P. mém.* — V. ci-après pour les aff. se rattachant plus spéc. au serv. des ch. de fer.

II. Affaires contentieuses. — Les décisions ou arrêts rendus par les C. de préf. au sujet des questions dont ils doivent connaître (V. *Conseils*) peuvent être l'objet de pourvois formés devant le C. d'État, soit par les tiers intéressés, soit par l'admin. ou par les comp. concess. substituées à ses lieu et place. — Nous allons nous occuper ici surtout des pourvois formés par l'administration.

Formalités à remplir (Circ. min. du 27 juillet 1854, aux préfets). — « Tout arrêté du C. de préf., rendu sur les matières contentieuses ressortissant au service des tr. publ.,

---

(1) Il est observé (*ordre d'applic. de l'un des gr. réseaux*) que « sur les lignes où il n'y a pas régulièrement en circulation un train de marchandises pouvant transporter de la poudre, les transports de cette nature faits pour le compte du min. de la guerre ne doivent donner lieu à la mise en marche d'un train facultatif que dans le cas où il est présenté une réquisition de l'adm. militaire ». — Nous rappellerons enfin *p. mém.* que, d'après les anciens traités, « toute expédition de poudres d'un poids brut de 80 kilogr. au maximum était considérée *comme échantillon.* » (Circ. min. 31 juill. 1861.)

devra dans la huitaine être notifié à la partie. Si le dispositif s'écarte des conclusions présentées par les ingén., il sera communiqué dans le même délai à l'ingén. en chef, lequel devra, dans les dix jours, renvoyer le dossier à la préfecture, en donnant un avis motivé sur la question de savoir s'il y a lieu de former un pourvoi. — Après avoir pris connaissance de l'affaire, mais au plus tard dans les dix jours qui suivront ce renvoi, le préfet devra transmettre les pièces au ministre (Extr.). — *Délais des pourvois adminis-tratifs.* (Applic. du délai de trois mois et indications diverses relatives *aux relevés men-suels* des décis. du C. de préf. à envoyer par les préfets aux ingénieurs.) — Circ. min. 8 juill. 1862. — V. *Contraventions*, § 5.

Point de départ des pourvois. — Ext. d'une inst. min. 2 février 1867. — « Un décret rendu au contentieux du C. d'État, le 13 déc. 1866, a rejeté, comme tardif, un pourvoi formé par l'admin. en ce qu'il a été formé plus de trois mois après la *date de la décision attaquée.* — Une jurispr. antérieure ne faisait courir le délai dont il s'agit que du jour de la transmission de la décision du C. de préf. au min. ou de la notific. de cette décision par l'admin. préf. à la partie. Je vous invite à prendre note de cette jurispr. nouvelle... » — V. aussi au § 3.

Formalités devant le Conseil d'Etat. — V. au mot *Conseils*, § 4, le décret du 2 nov. 1864, et les documents de 1872 qui n'ont modifié en rien le *délai de trois mois* accordé en principe pour les recours au C. d'Etat ; suit à ce sujet une instr. min. réglant l'applic. de l'art. 8 du premier de ces décrets (celui de 1864).

« Aux termes de l'art. 8 du décret du 2 nov. 1864, lorsque les ministres sont appelés à pro-duire des défenses ou à présenter des observations sur des pourvois introduits devant le C. d'Etat, la section du contentieux fixe, eu égard aux circonstances de l'affaire, les délais dans lesquels les réponses et observations doivent être produites. — Dès que la question du contentieux veut bien me demander mon avis sur des pourvois, je m'attache à vous en communiquer les pièces immé-diatement pour vous permettre, soit de compléter les dossiers, soit de me faire connaître les observations que vous avez à présenter dans l'intérêt de l'admin. Ces communications entraînent certains délais qui varient naturellement suivant la nature et l'importance des affaires. Je ne puis à cet égard vous tracer de règles uniformes, et j'admets parfaitement que, si les questions que soulève l'examen d'un pourvoi sont du ressort des conseils spéciaux ou exigent une étude sur les lieux, il soit nécessaire de prolonger l'instruction dont elles sont l'objet ; mais j'ai remarqué que, même dans les cas où les recours au contentieux ne soulèvent pas de difficultés, les réponses des préfectures se font quelquefois attendre. J'appelle sur ce point toute votre attention. Je désire vivement, en ce qui me concerne, pouvoir me conformer aux intentions qui ont inspiré le décret du 2 nov. 1864, et je compte à ce sujet sur votre concours et votre vigilance. » (10 mai 1865. Circ. du min. de l'intér. aux préfets.)

Rapports des ingénieurs sur les pourvois. Ces rapports doivent d'après les instr. du min. des tr. publ. être expédiés dans le plus bref délai possible. — V. au § 3 ci-après. — En ce qui le concerne, le min. de l'intér. a adressé le 7 mars 1873 une circ. aux préfets pour appeler leur attention sur la nécessité d'accélérer autant que possible l'instr. des pour-vois formés devant le C. d'Etat.

Effet suspensif des pourvois. — « Le recours devant le C. d'Etat n'étant pas *suspensif*, rien n'empêche de faire exécuter une déc. du C. de préf. dès qu'elle a été rendue. » C. d'État, 4 août 1870 (1).

Opposition aux arrêtés. — Les arrêtés du C. de préfecture sont pris par défaut ou con-

---

(1) Cette disposition avait fait l'objet d'une restriction dans la loi du 30 mai 1872, sur le C. d'Etat, dont quelques dispositions semblent avoir été maintenues par celle de 1879. — V. *Conseils*, § 4, notamment le principe qui résulte des derniers paragr. de l'art. 24 de ladite loi, lesquels sont formulés comme il suit : « Les recours formés contre les décisions des autorités administratives continueront à n'être pas suspensifs. — Néanmoins les conseils de préfecture pourront subordonner l'exécution de leurs décisions, en cas de recours, à la charge de donner caution ou de justifier d'une solvabilité suffisante. — Les formalités édictées par les art. 440 et 441 du C. de proc. civ. seront observées pour la présentation de la caution. »

tradictoirement. Les arrêtés pris par défaut peuvent être l'objet d'une opposition devant le conseil, qui alors rend un jugement contradictoire. — C. d'État, 24 mars 1818. — (En matière de gr. voirie, il n'y a pas à notre connaissance de délai dans lequel cette opposition doit être formée.) — *Arrêtés suivis d'exécution.* — Lorsqu'un arrêté rendu par défaut a reçu son exécution, il n'est plus susceptible d'opposition (C. d'État, 1er août 1834, 13 avril 1842, *ibid*). — Le C. de préfecture reçoit la tierce opposition à ses arrêtés contradictoires. (*Ibid.*)

Recours contre les décisions administratives. — V. *Recours.*

III. Pourvois relatifs à la police de la grande voirie (Circ. min. adressée aux chefs du contrôle, le 8 juillet 1862). « L'admin. a souvent eu l'occasion de reconnaître que les états trimestriels des décisions des C. de préfecture, en matière de contrav. de gr. voirie sur les ch. de fer. ne remplissaient qu'imparfaitement le but que l'on se propose, à savoir : d'apprécier dans chaque cas particulier les décisions rendues afin d'en poursuivre, lorsqu'il y a lieu, la réformation devant le C. d'État ; en effet, telle décision rendue au commencement du trimestre peut n'être portée à sa connaissance qu'après l'expiration du délai de pourvoi... — Pour obvier à cet inconvénient, je viens d'inviter MM. les préfets à faire parvenir mensuellement aux ingén. en chef du contrôle, chacun pour ce qui le concerne, un état dans la forme des états trimestriels et faisant connaître les arrêtés intervenus pendant le mois en matière de contrav. de gr. voirie sur les ch. de fer. — V. *Contraventions*, § 5. — Lorsque ces états relateront des décisions contre lesquelles vous jugerez qu'il y a lieu de se pourvoir, vous aurez à provoquer de la part de MM. les ingén. sous vos ordres des rapports dans lesquels seront discutés les motifs de pourvoi. Ces rapports seront par vous transmis avec vos observations et votre avis à M. le préfet compétent avec invitation, à ce magistrat, de compléter le dossier et de l'adresser sans retard à l'admin. supér. Vous voudrez bien me donner avis de ce renvoi le jour même où il aura été effectué et me faire connaître la date du jour où vous aurez eu connaissance de la décision dont il vous paraît y avoir lieu d'appeler. — V. plus haut, § 2, pour le *point de départ du pourvoi*. — L'examen des ingén. est donc toujours urgent en ces sortes d'affaires, car il importe qu'un temps moral d'examen soit réservé à l'admin. préfectorale pour discuter vos propositions et à l'admin. supér. pour apprécier l'opportunité des pourvois et les présenter en temps utile. »

Pourvois présentés par les contrevenants. — « D'un arrêt du C. d'État, en date du 21 juin 1866, rendu sur le pourvoi formé par l'admin. contre un arrêt du C. de préf. de la Seine, renvoyant des fins du procès-verbal dressé contre lui un sieur Gilles qui avait contrevenu à la loi du 15 juillet 1845, sur la police des ch. de fer, il résulte qu'en matière de contraventions, le contrevenant n'est pas tenu, pour faire courir les délais du pourvoi, de notifier à l'admin. les décisions qu'elle-même a provoquées, mais que ces délais courent de la date de ces décisions. » (C. d'État, 21 juin 1866.) — V. aussi plus haut, § 2.

Intervention des concessionnaires. — « Lorsque le C. de préfecture a renvoyé le prévenu des fins d'un proc.-verbal de grande voirie et que le min. ne s'est pas pourvu contre la décision, les concess. n'ont pas qualité pour le déférer au C. d'État et soutenir, soit qu'une contravention ait été commise, soit qu'une indemnité leur est due. » C. d'État, 12 janv. 1850, 1853 et 14 mars 1863.

Pourvois ministériels au sujet des dépens (C. d'État, 13 déc. 1878 et 7 août 1883). P. mém. — Voir, à ce sujet, le mot *Grande voirie*, § 2 bis.

POUTRES.

Conditions de transport. — V. *Bois, Fers* et *Masses indivisibles.*

PRÉEMPTION.

Droit des propriétaires expropriés (au sujet des parcelles de terrain acquises en vertu de la loi de 1841 et devenues inutiles au service du chemin de fer) (Voir au mot *Expropriation* les art. 50 et 60 de la loi du 3 mai 1841). — *Formalités de rétrocession de terrains.* — V. les mots *Rétrocession* et *Terrains.*

Préemption de douane (Déclaration inexacte). — V. *Douane*, § 2.

PRÉFETS.

I. Attributions générales. — Aux termes de l'art. 3 du décret du 28 pluviôse an VIII (17 févr. 1800), le préfet est seul chargé de l'admin. du département. — Il a le droit de faire des règl. de police d'int. gén. pour toute l'étendue du département. » (C. C., 23 sept. 1853.) Mais il ne peut par ex., dans un arrêté de conflit, remettre en question ce qui a été décidé par un décret rendu en C. d'État au sujet du même litige. (C. d'État, 19 nov. 1859.) — Les arr. préf. n'ont pas besoin, pour être exécutoires, d'être insérés au Recueil admin., ou d'être publiés à son de trompe; il suffit qu'ils aient reçu une publicité en rapport avec l'objet spécial qu'ils avaient en vue, et notamment qu'ils aient été affichés en lieu convenable. (C. C. déc. 1862.)

En matière de chemin de fer, les attr. principales des préfets ont été définies par les instr. ministérielles et notamment par la circ. et l'arrêté ministériels du 15 avril 1850 dont il sera question plus loin. Elles se trouvent réglées aussi par des décisions spéciales qui ont organisé le service de la surv. de l'État, et, enfin, par les divers documents qui ont été rendus applicables d'une manière générale au service des voies ferrées. Ces attributions, sauf les exceptions relatives aux chemins de fer d'intérêt local (voir § 8), se trouvent résumées dans les paragraphes qui suivent. — *Nota.* Pour ce qui concerne le *préfet de police*, à Paris. — V. plus loin, § 6.

Libre circulation des préfets (sur les ch. de fer). — V. plus loin, § 5.

II. Questions spéciales d'études et de travaux. — 1° Autorisation d'occuper les propriétés pour les études (V. *Études*). — 2° Enquêtes pour la déclaration d'utilité publique et l'expr. des terrains. — V. *Enquêtes, Expropriation* et *Terrains.*

3° *Autorisation de travaux.* — L'intervention des préfets, dans la quest. d'établ. des lignes de ch. de fer, notamment en ce qui concerne les affaires d'enquête, d'expropriation, d'acquisition et d'occupation des terrains, modification de routes, chemins, etc., construction de voies d'accès, ouvertures de carrières, extraction de matériaux, règlement d'indemnités de dommages, réclamations, etc., s'exerce spécialement en vertu des lois des 16 sept. 1807, 3 mai 1841 et 15 juillet 1845 (Voir au mot *Lois*) et conf. aux instructions reproduites dans les articles distincts de ce recueil; — Toutefois les projets d'ouvrages qui se rattachent à la *voie ferrée* ou à la traversée des routes, canaux, rivières, cours d'eau, etc., etc., sont approuvés par le ministre : — mais les rapports des ingén. du contrôle sur les projets de travaux (voies, gares et ouvrages d'art) présentés par les comp. doivent, à moins d'instruction contraire, parvenir au ministre par l'interméd. des préfets : (V. à ce sujet, au mot *Projets*, § 5, la circ. min. 26 oct. 1869). — Nous avons réuni, d'un autre côté, aux mots *Études* et *Projets*, divers documents qui concernaient l'exécution des nouvelles lignes formant le réseau complémentaire des chemins d'intér. général (*Programmes de 1875 et de 1878*), savoir : 1° circ. min. des 7 août 1877, 28 déc. 1878 et

9 janvier 1882 (art. *Études*, § 2). — 2° circ. min. 21 févr. 1877 (ch. de fer concédés). — V. *Projets* (1).

De même, tous les ouvrages accessoires motivés par le déplacement ou la modification des voies de communications locales sont ordin. soumis à l'approb. ministérielle pour tout ce qui concerne du moins les parties incorporées ou attenantes à la voie ferrée. — L'interv. de l'autorité départem. ne s'exerce à ce sujet que dans le cas où le service du ch. de fer n'est nullement intéressé aux travaux à exécuter. — V. *Projets*.

Lignes d'intérêt local (et travaux divers). — V. *Chemin de fer d'intérêt local*.

4° *Bornage de la voie*. — V. *Bornage*. — *Nota*: les arrêtés préfectoraux relatifs au bornage des ch. de fer prescrivent ordinairement le dépôt aux archives des préfectures d'une expédition des plans et procès-verbaux de bornage.

5° *Grande voirie*. — Toutes les affaires de gr. voirie, concernant le service des ch. de fer, sont exclusivem. du ressort des préfets et des conseils de préfecture. Les textes résumés au § 3, confirment sous ce rapport les attrib. génér. conférées à l'autorité préfectorale par les lois et règl. relatifs aux grandes voies publiques (V. *Grande voirie*). Les préfets sont également compétents pour prendre, lorsqu'il y a lieu, les mesures de grande voirie nécessitées par l'expl. des mines aux abords des ch. de fer (V. *Mines*, § 3). — Ils doivent communiquer aux chefs du contrôle les procès-verbaux de gr. voirie, qui n'auraient pas passé sous les yeux de ces fonctionn. (V. *Procès-verbaux*, § 4). — Ils doivent aussi leur adresser, *très régulièrement*, les relevés périodiques des décisions des conseils de préfecture. — V. *Contraventions*, § 5, et *Pourvois*, § 3.

6° *Affaires relatives à la modification des chemins publics, cours d'eau*, etc. (Examen et approb. de projets, etc.). — V. *Chemin*, § 1, *Cours d'eau*, §§ 4 et 5, *Passages, Ponts et ponceaux, Réception, Remise, Routes* et *Voies publiques*.

III. Entretien de la voie et mesures locales. — Toutes les mesures qui concernent l'entretien de la voie de fer et de ses dépendances restent centralisées directement entre les mains du min. des tr. publ. (circ. min., 15 avril 1850. Extr.) ; mais d'après la même circ., « l'exécution des mesures d'intérêt local est confiée au préfet de chaque dép. dans l'étendue de sa circonscription : telles sont les mesures de grande voirie, dont les lois et les règl. ont été rendus applic. aux ch. de fer par la loi du 15 juillet 1845, c'est-à-dire les mesures concernant la conserv. des terrassements, des ouvr. d'art et des clôtures, le mode de constr. et de fermeture des barrières, la chaussée et les abords des passages à niveau, l'alignement des constr. riveraines, l'écoulement des eaux, l'occupation temporaire des terrains pour réparations et extraction de matériaux nécess. à l'entretien, les plantations et dépôts de matériaux aux abords des ch. de fer, l'établ. des couvertures en chaume et les dépôts de matières inflammables, etc. ; les mesures concernant la police extérieure des chemins de fer et de leurs abords, et notamment l'entrée et le stationnement des voitures dans les cours des gares et stations; les mesures relatives aux vendeurs de journaux, aux marchands de comestibles et à l'établissement des buffets dans les stations. » — *Voir les mots correspondants de ce recueil.*

---

(1) A l'occasion du surcroît considérable d'écritures que l'exéc. du grand progr. de nouveaux travaux devait imposer aux bureaux des préfectures, l'invitation suivante avait été adressée aux ingén. de l'Etat : *Concours à prêter aux préfectures pour la préparation et l'expédition des affaires.* « Il importe dans l'intérêt même de la bonne marche de leurs services, que les ingén. n'hésitent pas à dresser eux-mêmes les pièces dont la préparation devrait à la rigueur incomber aux préfectures, mais ne nécessite cependant pas l'interv. personnelle des préfets ou des fonctionn. et employés de leurs bureaux. » (Extr. d'une circ. du min. des tr. publ. aux préfets et par ampliation aux ingénieurs, 10 févr. 1880.)

Ces dispositions ont été résumées dans l'art. 2 de l'arr. minist. du 15 avril 1850 :

Art. 2. — « Les mesures d'intérêt local concernant la conservation des bâtiments, ouvrages d'art, terrassements et clôtures, des abords des gares et stations, des passages à niveau, des ponts, rivières ou canaux traversant les chemins de fer, y compris la police des cours dépendant des stations, et en général toutes les questions relatives à l'exécution des titres I et II de la loi du 15 juillet 1845, sur la police des chemins de fer, sont dans les attributions des préfets des départements traversés. » — V. *Contrôle, Lois* et *Ordonnances.*

Nous rappellerons seulement que d'après les art. 1 et 4 de l'ordonn. du 15 nov. 1846, et l'art. 21 de la loi du 15 juill. 1845, les arrêtés pris par les préfets pour la police des cours des gares et le service des barrières des passages à niveau, ainsi que les autres arrêtés préf. ayant pour objet la police, la sûreté et l'expl. des ch. de fer, n'ont force de règl. qu'après avoir reçu l'approb. du min. des tr. publics (1).

Cours des gares. — La question de réglementation de l'entrée et de la circulation des voitures publiques dans les cours des gares a soulevé des difficultés au sujet desquelles nous avons donné les indications nécessaires au mot *Cours.* — En principe, « les préfets tiennent, des lois spéciales sur l'établ. des ch. de fer, le droit de prendre des arrêtés réglant la police des gares ; dès lors, on ne pourrait alléguer que les arrêtés pris sur cet objet portent entrave à telle ou telle industrie particulière pour en éluder les prescriptions ; ils sont exécutoires jusqu'à ce qu'ils aient été réformés par l'autorité supérieure. » (C. C., 6 déc. 1862.) — « Il suffit, d'ailleurs, pour que ces arrêtés soient exécutoires, qu'ils aient reçu une publicité en rapport avec l'objet spécial qu'ils ont en vue, et notamment qu'ils aient été affichés dans la gare. » *(Ibid.)*

Passages à niveau. — Comme on l'a vu plus haut, les préfets ont à statuer, sous l'approbation du min. des tr. publ., sur diverses affaires locales concernant notamment le mode de fermeture et de service des barrières, des passages à niveau (Voir à cet égard les renseignements détaillés résumés au mot *Passages à niveau,* où nous avons reproduit les extraits de la loi du 15 juillet 1845 et de l'ordonn. du 15 nov. 1846 relatifs à cette partie du service, ainsi que le modèle de *règl. gén.* adopté par l'administration).

Mesures diverses. — Enfin l'art. 70 de l'ordonn. du 15 nov. 1846 a subordonné à l'approb. du préfet diverses industries qui s'exercent dans l'intérieur des gares. Nous ne pouvons, à ce sujet, que renvoyer aux art. distincts *Bibliothèques, Buffets, Industries, Journaux* et *Vente.* — Voir aussi, au § 5, ci-après, le rappel de diverses dispositions d'intérêt général se rattachant au service des chemins de fer, notamment en ce qui concerne les mesures à prendre au sujet des *épidémies,* du *phylloxera,* de la *police sanitaire* des animaux, etc.

IV. Surveillance du matériel. — « Jusqu'à nouvel ordre, les préfets seront appelés à statuer sur tout ce qui concerne la mise en circulation ou l'interdiction des machines locomotives ou des voitures affectées au transport des voyageurs sur les ch. de fer qui prendront leur point de départ dans leur département. Ils donneront régulièrement avis au min. des arrêtés qu'ils auront pris à ce sujet. Les permis de circulation, délivrés dans un département, sont valables pour toute l'étendue de la ligne à laquelle appartiennent les machines locomotives ou les voitures que ces permis concernent, et même, pour les voitures, aux lignes d'embranch. ou de prolongem. sur lesquelles les nécessités du parcours commun les appellent à circuler. (Circ. précitée, 15 avril 1850.) Ces disposi-

---

(1) Les *frais d'impression* des arrêtés dont il s'agit, en ce qui concerne les *chemins de fer concédés,* sont à la charge des *compagnies,* auprès desquelles les préfectures doivent en poursuivre le payement ou le remboursement. (Applic. de l'art. 33 du cah. des ch.) — V. *Impressions.*

tions sont indépendantes de la haute surveillance exercée par le ministre, en ce qui concerne l'installation, l'entretien, la conservation, et, s'il y a lieu, l'augmentation du matériel. — Pour les formalités de réception du matériel, nous renvoyons aux mots *Estampillage, Matériel, Réceptions, Roulage, Voitures* et *Wagons*.

Surveillance des machines fixes. — « Les attributions des préfets comprennent également les mesures qui concernent les machines à vapeur fixes destinées à mettre en mouvement les tours et autres appareils des ateliers de réparations, où à faire marcher les pompes qui alimentent les prises d'eau pour les machines locomotives ; mais par dérogation aux règles du service départemental, la surv. de ces machines fixes et appareils à vapeur sera confiée désormais aux ingén. du contrôle. » — Circ. précitée, 15 avril 1850 (Extr.). — V. *Alimentation, Machines, Prises d'eau* et *Réservoirs.*

Surveillance des appareils de pesage. — V. *Poids et Mesures.*

V. Affaires d'exploitation (*et service général*). — En dehors des points ci-dessus énumérés, les préfets ont à prendre certaines mesures et ont à recevoir, dans la limite qui va être indiquée ci-après, divers documents et renseign. soit pour le personnel, soit au sujet des faits de l'expl. proprement dite des ch. de fer.

1° *Libre circulation des préfets sur la voie.* — Le transport gratuit est dû aux préfets dans l'étendue de leur département, dès qu'ils se déclarent en tournée de service sur le chemin de fer. — V. *Libre circulation.*

2° *Surveillance du personnel de la compagnie.* — Cette surv. est exercée conf. aux règles rappelées aux mots *Agents* et *Personnel.* Les préfets ont d'ailleurs, pour mission d'agréer, sur la proposition de la comp. et l'avis du chef du contrôle, les agents proposés pour l'*assermentation.* — V. ce dernier mot.

3° *Personnel du contrôle.* — Les propositions de fin d'année (avancem. et indemn.), concernant les fonctionn. et agents de l'admin. des tr. publ. attachés aux services de contrôle des ch. de fer, sont ordin. transmises, vers la fin de chaque année, au min. par l'interm. des préfets. — V. *Feuilles signalétiques.*

En général, toutes les demandes relatives au personnel administratif, sur lesquelles il doit être statué par le ministre (congés de plus de 10 jours, indemnités de secours et de fin d'année, frais de voyage, affaires de comptabilité, etc.), doivent toujours, à moins d'urgence absolue, être transmises à l'admin. supér., par l'interm. des préfets (V. *Congés, Personnel* et *Secours*). — RAPPORTS DES PRÉFETS AVEC LES SERVICES DE CONTRÔLE (V. les mots *Contrôle, Conseils, Personnel,* et généralem. tous les articles de ce recueil qui peuvent intéresser l'adm. préf.). — Voir aussi au mot *Instruction*, § 2, la circ. min. du 2 juill. 1863 relative à la prompte expédition des affaires de service.

Affaires diverses du personnel du chemin de fer. — V. *Personnel.*

4° *Communication à faire aux préfets par les Compagnies*, d'une part au sujet de l'organisation de la marche des trains (V. *Ordres de service*), d'autre part au sujet de la présentation et de l'affichage des tarifs. — V. *Publicité* et *Tarifs.*

En général, le ministre s'est réservé de statuer directement sur tout ce qui concerne le service de l'exploitation ; mais d'après l'art. 2 de l'arr. minist. du 15 avril 1850, « chaque préfet prend dans l'étendue de son département, les mesures nécessaires pour rendre exécutoires les règlements et instructions concernant le public. »

Telles sont, par exemple, les dispositions applicables à la publication des tarifs, celles relatives aux compartiments réservés dans les trains et les autres mesures intéressant les voyageurs et les commerçants. Les préfets reçoivent, d'ailleurs, directement des compagnies un double de leurs propositions de tarifs, et ils doivent, conf. à diverses instructions (V. *Tarifs*, § 7), communiquer ces propositions aux *chambres de commerce* qu'elles intéressent. Mais en cas de réclamation, ils n'ont aucune mesure à prescrire, et ils doivent se borner à soumettre leurs observations au min. des tr. publ. qui est seul compétent pour homologuer ou modifier les tarifs.—En ce qui concerne les *lignes d'intérêt local*, les formalités relatives aux tarifs sont un peu différentes. — V. à ce sujet *Chemin de fer d'intérêt local*, § 1, loi 11 juin 1880 et applications.

Plaintes diverses. — C'est également au ministre et non aux préfets qu'il appartient de connaître des plaintes administratives concernant la régularité du transport des voyageurs et des marchandises. Les préfets sont saisis seulement, comme nous l'avons dit plus haut, des réclamations d'intérêt local qui se rattachent au service de la voie, telles que les affaires de *dommages, écoulements d'eau, incendie* et *inondations de propriétés riveraines*, etc. — V. ces divers mots.

Transport d'aliénés, de prisonniers, d'indigents, etc. — L'admin. préfectorale doit prendre, lorsqu'il y a lieu, les dispositions et donner aux gares les avis nécessaires pour le transport des *aliénés*, des *prisonniers* et des *indigents* (Voir ces mots). — Voir aussi au mot *Militaires*, pour tout ce qui concerne les transports de l'armée et de la marine.

5° *Accidents et retards.* — Les communications à adresser aux préfets doivent porter enfin sur tous les faits et circonstances de nature à intéresser le bon ordre et la sûreté publique ; ainsi, par exemple, indépendamment des avis d'accident qui doivent parvenir à l'autorité locale, à la diligence de la comp., en vertu de l'art. 59 de l'ordonn. du 15 nov. 1846, les commiss. de surv. admin. doivent adresser aux préfets des dépêches télégraphiques pour tous les accidents graves qui se produisent sur le chemin de fer (V. *Accidents*). — Voir aussi au n° 6° ci-après.

Les compagnies sont également tenues (circ. minist., 30 janvier 1856) de faire connaître aux préfets les retards d'une heure et au-dessus, survenus dans la marche des trains de voyageurs (V. *Retards*). Les commiss. de surv. doivent s'assurer, de leur côté, que ces avis sont exactement envoyés. — V. aussi au n° 6° ci-après.

En un mot, les préfets ont le droit, comme chefs supér. du service admin. dans leur départem., de réclamer des insp. et commiss. de surv., ainsi que des ingén. du contrôle des ch. de fer, dans les limites de leurs attrib. respectives, tous les renseign. propres à les éclairer sur les faits de l'exploitation (Circ. min., 13 nov. 1852).

6° *Faits principaux d'exploitation à signaler aux préfets.* — (Extr. de la circ. min. du 8 janvier 1855, adressée aux chefs du contrôle) : « Il faut que les administrateurs placés à la tête des départements traversés soient mis à même d'exercer, dans la plénitude de leurs pouvoirs, la part d'action qui leur a été attribuée par le règl. du 15 nov. 1846, l'arr. min. et la circ. du 15 avril 1850. » — Nous donnons, à ce sujet, le corps principal des instr. dont il s'agit :

Extr. de la circ. min. tr. publ. 8 janv. 1855. — Aux termes de la circ. min. du 15 avril 1850, l'exéc. des mesures d'intérêt local reste confiée au préfet de chaque dép., dans l'étendue de sa circonscription. Au nombre de ces mesures sont expressément rangées celles qui concernent la police extérieure des ch. de fer et de leurs abords, l'entrée et le stationnement des voitures dans les gares et stations, la vente des journaux et des comestibles et l'établ. des buffets dans l'intérieur des gares.

Conf. à la même circ., indépendamment des arrêtés que les préfets ont à prendre, chacun dans sa circonscription, pour rendre exécutoires les décis. min. qui concernent le public et notamment celles qui ont pour objet la perception des taxes, ils sont appelés à donner leur avis à l'adm. supér. sur les questions qui se rattachent aux intérêts placés sous leur sauvegarde, sur la fixation des heures de départ et du nombre des convois, sur les applications et modifications des tarifs, pour lesquels les comp. sont tenues de leur communiquer leurs propositions. Elle porte, en outre, que l'ing. en chef du contrôle, déjà placé sous les ordres des préfets pour toutes les parties du service qui sont de leur ressort immédiat, devra leur fournir tous les renseign. qui leur paraîtraient utiles et qu'ils lui demanderaient sur l'ensemble et sur les détails de l'exploitation, et le charge de notifier à la comp. les arrêtés pris par les préfets.

« D'un autre côté, la réglementation spéc. aux ch. de fer n'a pas enlevé ces voies de communication à la surv. et à l'action que les préfets doivent exercer sur tous les points de leurs départements respectifs, dans l'intérêt de l'ordre, de la police et de la sûreté générale.

« Tels sont les principes généraux dont il est indispensable que les chefs du contrôle fassent la base de leurs rapports avec les préfets et qui m'amènent naturellement à parler des communications qu'ils doivent faire à ces magistrats, soit à Paris, soit dans les départements.

« Il importe que les préfets sachent si les régl. publiés par eux pour la police des cours, gares et stations sont exactement observés, si les vendeurs de journaux et de comestibles, admis dans les dépendances des stations, sont pourvus de permissions régulières et s'ils se conforment aux conditions qui leur ont été imposées, et si les buffets sont légalement autorisés, s'ils sont tenus d'une manière convenable, et si les objets de consommation ne s'y vendent pas à des prix exagérés. » — Enfin, les dernières recomm. de la circ. aux chefs du contr. étaient les suivantes :

« Vous devez aussi avertir les autorités préfectorales de toutes les irrégularités qui auraient lieu dans le mouvement des convois, des départs de trains extraordinaires, des changements survenus dans les ordres de service (V. *Accidents, Ordres de service* et *Trains extraordinaires*), et enfin le préfet de police doit être informé spéc. des *prévisions d'affluence extraordinaire de voyageurs*, assez à temps pour pouvoir ordonner, de concert avec vous et avec les compagnies, toutes les mesures de précaution nécessaires au maintien du bon ordre.

« Toutes les fois que vous aurez eu à constater des retards de quelque importance, soit au départ, soit à l'arrivée, il conviendra que vous indiquiez les causes aux préfets (V. *Retards*) ; je n'ai pas besoin d'ajouter que vos communications doivent porter, non seulement sur les objets que la circ. de 1850 a expressément rangés dans les attrib. des préfets, mais encore sur tous les faits et circonstances de nature à intéresser le bon ordre et la sûreté publique.

« En ce qui concerne particulièrement vos rapports avec le préfet de police, il est à désirer que vos communications aient lieu régulièrement, et je vous invite à adresser tous les mois à ce fonctionnaire un rapport sur les objets mentionnés dans la présente circ., sans préjudice des cas exceptionnels qui motiveraient une correspondance spéciale. »

Avis relatifs aux suppressions de service. — Dans certaines circonstances exceptionnelles de guerre, d'inondations, etc., quelques chefs de service de contrôle ont rappelé aux commissaires de surveillance les prescriptions suivantes : — « Il est indispensable que les suppressions de trains, les changements dans les heures de départ et toutes autres modific. de service soient portés de suite à la connaissance de MM. les Préfets ; à plus forte raison y a-t-il lieu d'informer sans aucun retard ces magistrats des dispositions ayant pour objet la cessation ou la reprise de service des gares ; ces derniers avis devront même être portés par exprès ou signalés par dépêches télégraphiques. »

7° *Crimes et délits communs, Actes de malveillance*, etc. (Service de police). — Le pouvoir d'officiers de police judiciaire conféré aux préfets par l'art. 10 du Code d'instr. crim. et celui qu'ils tiennent de la loi du 15 juillet 1845 (art. 23) leur donne qualité pour intervenir directement en ce qui concerne les crimes, délits et actes de malveillance commis dans l'enceinte du ch. de fer, pour prescrire à cet effet toutes mesures utiles (V. notamment *Actes de malveillance*). Les préfets centralisent, d'ailleurs, les mesures de police ordinaire qui peuvent se rapporter au service des ch. de fer. — V. *Commissaires de police, Inspecteurs*, § 5, *Magistrats*, et *Police*, § 4.

8° *Mesures de sûreté, d'hygiène et de salubrité* (Dispositions à prescrire ou à surveiller par les préfets en ce qui concerne les mesures nécessitées par les *épidémies*, le *phylloxera*, la contagion du *bétail* et autres fléaux). — V. *Désinfection, Épidémies, Matières* (dangereuses ou infectes), *Médecins, Phylloxera* et *Police* (sanitaire).

VI. Préfet de police à Paris. — L'art. 72 de l'ordonn. du 15 nov. 1846 porte que les attributions confiées aux préfets des dép. par cette ordonn. seront exercées par le préfet de police dans le ressort de sa préfecture ; c'est donc à ce magistrat que doivent être adressées, pour tout ce qui concerne l'admin. préf., les affaires intéressant la police, la sûreté et l'expl. des ch. de fer ; cet administrateur reçoit aussi les communications spéciales et les rapports mensuels prévus par la circ. du 8 janvier 1855 (V. ci-dessus), ainsi que les affaires relatives au personnel du contrôle (demandes de congés de plus de 10 jours, états de frais de déplacement et de voyage, pièces de comptabilité, feuilles signalétiques, propositions de fin d'année, etc., etc.), et enfin les *demandes d'assermentation d'agents*, présentées par les comp. (ordin. par l'intermédiaire du chef du contrôle, avec commissions, extraits du casier judiciaire et autres pièces à l'appui). — *Centrali-*

sation de service. — Le préfet de police *centralise les permis de circulation du matériel* (pour l'ensemble des lignes partant de Paris) (V. *Réceptions*). — Il est chargé de la *préparation des arrêtés relatifs à la publication des tarifs* (intéressant plusieurs départements). — V. *Publications.*

Nota. — Les attributions du préfet de la Seine restent néanmoins intactes en ce qui concerne notamment les questions de travaux et la police de la grande voirie.

Communications spéciales. — Le préfet de police doit être spéc. informé des prévisions d'affluence extraordinaire de voyageurs, assez à temps pour pouvoir ordonner, de concert avec le chef du contrôle et avec les comp., toutes les mesures de précaution nécessaires au maintien du bon ordre. (Circ. min., 8 janv. 1855. Extr.)

Rapports mensuels. — Les communications au préfet de police doivent être faites régulièrement, et le chef du contrôle doit lui adresser tous les mois un rapport distinct, sans préjudice des cas exceptionnels qui motiveraient une correspondance spéciale. (Extr. de la circ. du 8 janvier 1855 reproduite plus haut, § 5.)

Nota. — La circonscription du préfet de police comprend toute l'étendue du département de la Seine et les communes de Saint-Cloud, Meudon et Sèvres, département de Seine-et-Oise (Extr. de l'arr. des consuls du 3 brum. an ix, 25 oct. 1800).

VII. Affaires générales. — 1° Formalités relatives aux arrêtés préfectoraux (V. *Arrêtés*). — 2° Notification aux parties intéressées (V. *Notifications*). — 3° Infractions (V. *Pénalité*). — 4° Questions contentieuses (V. *Conseils, Décentralisation, Pourvois* et *Procès-verbaux*). — 5° Invitation aux chefs du contrôle de rendre compte au min. (*dans leurs rapports mensuels*) des principales communications qu'ils ont envoyées à MM. les préfets dans le courant de chaque mois. (Circ. du 12 oct. 1854, tr. publ.)

Sous-Préfets (avis à leur donner). — V. *Sous-Préfets.*

VIII. Décentralisation administrative, chemins d'intérêt local, etc. — Nous avons reproduit aux mots *Décentralisation, Chemin (vicinal)*, etc., quelques extraits des décrets et règl., qui attribuaient aux préfets le droit de statuer sur diverses affaires départementales ou communales dont la décision appartenait précédemment aux ministres. — Nous avons à faire ici une réserve au sujet des changements qui ont pu être apportés à ces dispositions par la nouvelle loi du 10 août 1871 sur les conseils généraux, loi qui a eu pour effet de déposséder les préfets d'une partie de leurs pouvoirs directs.

Ainsi pour ne parler que des *ch. vicin.*, la loi précitée du 10 août 1871 aurait conféré au conseil gén. le droit de statuer sur les projets, plans et devis relatifs aux trav. des ch. de gr. comm. et d'int. commun. Quant aux ch. vicin. ordin., la décision est réservée à la commission départementale. (Instr. min. de l'intér. 3 janv. 1872. *Extr.*)

Chemins de fer d'intérêt local. — Au sujet des chemins de fer d'intérêt local placés *tout d'abord* sous le régime de la loi du 12 juillet 1865, la loi précitée du 10 août 1871 (art. 46, 12°) avait attribué aux conseils gén. de départem. la direction desdits chemins, le mode et les conditions de leur construction, les traités et les dispositions nécessaires pour en assurer l'exploitation. — Mais d'après une circul. adressée le 8 oct. 1871 aux préfets par le min. de l'intér., « le paragr. 12 en question de la loi de 1871 n'avait point eu pour effet d'abroger la loi spéc. du 12 juillet 1865, sauf dans les cas exceptionnels indiqués dans ladite circ. dont nous reproduisons *p. mém.* l'extr. suivant :

« Il est douteux, en effet, qu'un chemin d'intérêt local puisse être établi sans qu'il soit nécessaire d'acquérir des terrains par voie d'expropriation ; l'entreprise devra donc être déclarée d'utilité publique et, à ce point de vue, il sera indispensable de recourir à un décret. En outre, comme l'État intervient dans l'opération par une subvention fixée au quart, au tiers, ou à la moitié de la dépense, suivant le produit du centime dans le département, le Gouvernement aura toujours le droit d'examiner le contrat de concession et les conditions du cahier des charges, et par suite de refuser son adhésion. — Les dispositions du paragr. 12 ne sauraient donc être appliquées que dans des cas exceptionnels et qu'autant que le conseil général, renonçant à toute subvention de l'Etat, ouvrirait la voie ferrée sur des trains dont la cession aurait été opérée à l'amiable. (Extr. circ. min. 8 oct. 1871.) *P. mém.*

Nouvelle loi du 11 juin 1880 (et applic.). — V. *Ch. de fer d'int. local.*

PREMIER ÉTABLISSEMENT.

Justification de dépenses (Décrets de 1863, 1868, et instr. diverses, — notamment circ. min., 23 janv. 1884) (V. *Dépenses et Justifications*). — Comptes à établir d'après les nouvelles conventions de 1883. — Voir *Conventions* et *Documents annexes.*

PRESCRIPTION.

I. **Délai [de la prescription en matière de travaux.** — « La prescription de 30 ans s'applique aux actions en indemnité formées à raison des dommages résultant de l'exécution des travaux d'une comp. de ch. de fer (C. d'État, 14 déc. 1877). » — Voir *Déviations.* — Responsabilité décennale. — V. *Responsabilité*, § 1.

II. **Prescriptions en matière de contravention.** — « L'action publique (pénalité) et l'action civile (réparation) en matière de contrav. de police sont prescrites après une année. (Art. 640 du Code d'inst. crim.) Cette règle est évidemment applicable aux infractions et délits relatifs à la police de l'expl. des ch. de fer, comme elle l'est à la police du roulage. — Les *peines* portées par les jugements sont prescrites après *deux années* révolues. — V. art. 639 du même Code.

« *En matière de grande voirie,* la prescription annale n'est applicable qu'aux amendes et non à la réparation matérielle du dommage résultant de ces contraventions et à l'inviolabilité du domaine public. » (C. d'État, 3 mai 1851.) En conséquence, on doit poursuivre la répression d'une contravention portant atteinte à la conservation du chemin de fer et de ses dépendances, quel que soit le temps écoulé depuis qu'elle a été commise (1). — V. aussi *Grande voirie.*

III. **Matières civiles et commerciales.** — L'action civile est prescrite après *six mois* (en France) et *un an* (expéditions à l'étranger) pour perte ou avaries de marchandises. (Extr. de l'art. 108 du Code de comm.) — Ledit art. 108 du Code de comm. est applicable aux commerçants comme aux non-commerçants. » (Tr. Seine, 4 avril 1857.) — La prescription *annale* ne s'applique point aux expéditions de l'étranger faites *à destination de l'intérieur de la France.* — En l'absence d'actes interruptifs valables, la prescription de six mois était celle de l'espèce. (C. Paris, 30 nov. 1886.) — V. au mot *Paiement,* au sujet de la *revision* projetée de l'art. dont il s'agit.

---

(1) Nous devons rapprocher, toutefois, des dispositions qui précèdent, l'arrêt plus récent dont l'extr. suit : — « Doit être annulé l'arrêté du C. de préf. qui a statué *au fond* sur un procès-verbal de contrav., plus d'un an après le jour où ladite contrav. avait été commise, et où, par conséquent, l'action publique et l'action civile étaient prescrites par applic. de l'art. 640 du code d'instr. crim. — Le contrevenant renvoyé des fins d'un pr.-verbal de contrav. de gr. voirie, dressé contre lui par les agents d'une comp. de ch. de fer, n'est pas fondé à demander que ladite comp. soit condamnée aux dépens et à des domm.-intérêts, à raison des frais et démarches qu'il a dû faire pour sa défense. Il n'appartient, en effet, qu'à l'autorité admin. de poursuivre la répression des contrav. de gr. voirie commises sur les ch. de fer; d'où il résulte que la comp., n'étant pas en cause devant le C. de préf., ne peut être condamnée à des domm.-intérêts ou aux dépens. » (C. d'Etat, 11 mai 1872.)

Retards. — « L'action pour retard dans la livraison de colis transportés par une compagnie de chemin de fer se prescrit après six mois, comme l'action intentée pour le cas de perte. » (C. C., 14 juillet 1858 et divers arrêts ci-après rappelés.)

Circonstances interruptives (de la prescription). — Divers arrêts de la C. de C., notamment 11 juin 1877, 8 avril 1879 et 4 août 1879, ont admis la prescription de l'action après 6 mois, dans divers cas où il n'y avait ni fraude ni infidélité à imputer à la compagnie. Nous mentionnons ci-après quelques espèces où des restrictions ont pu être admises par suite de circonstances incidentes.

(Perte de marchandises.) — « La prescription édictée par l'art. 108 du code de comm. forme une exception péremptoire et absolue, qui ne peut être écartée que pour les causes et dans les cas déterminés par la loi, notamment par un des moyens limitativement énoncés dans l'art. 2244 du Code civil. » (C. cass. 20 mars 1874 et 10 mai 1876.) — « La circonstance — qu'une comp. de ch. de fer a connu la perte d'un colis et s'est livrée à des recherches infructueuses pour le retrouver — n'interrompt pas cette prescription. » (C. cass. 30 mars 1874.) — « La dite prescription ne peut point être invoquée par une comp. de ch. de fer, au cas de perte de marchandises, si la demande tardivement introduite par l'expéditeur ne l'a été qu'après reconnaissance formelle du droit de celui-ci, sur ses réclamations incessantes, par ladite compagnie. » (C. cass. 22 avril 1874.) — *(Reconnaissance verbale du débiteur.)* — « Si la reconnaissance même verbale du débiteur, quand elle est établie dans les cas et sous les formes édictées par la loi, peut interrompre la prescription, — on ne peut reconnaître cet effet juridique et ce caractère à une réclamation purement verbale du créancier, restée sans résultat. » (C. C. 1ᵉʳ déc. 1874.) — « Une reconnaissance formelle de l'obligation de réparer le dommage résultant de la perte des marchandises, — reconnaissance qui n'existait pas dans l'espèce, — pouvait seule avoir pour effet de substituer la prescription trentenaire à la prescription de l'art. 108 du code de comm. » (C. cass. 29 déc. 1874.) — *(Défaut d'expédition des colis.)* — En cas de non-envoi ou de défaut d'expédition des colis, la comp. n'est pas fondée à invoquer la prescription de six mois en cas de réclamation. (C. cass. 4 août 1879.)

Interruption de la prescription en cas de vols et détournements. — « Il résulte des dispositions combinées des art. 105 et 108 du Code de comm., que la prescription édictée par le premier de ces articles n'est point applicable en cas de fraude ou d'infidélité imputables au personnel d'une comp. de ch. de fer. » (C. C. 6 mai 1872.)

Accidents. — « L'action civile en dommages-intérêts pour blessures reçues par l'imprudence ou la négligence d'un des agents de la compagnie se prescrit par trois ans. » (T. Seine, 21 juin 1860.) Applic. de l'art. 638 Code d'instr. crim. — V. aussi *Quasi-délit.*

IV. Arrérages (Art. 2277, C. civil). — « Les arrérages de rentes perpétuelles et viagères, ceux des pensions alimentaires, les loyers des maisons et le prix de ferme des biens ruraux, les intérêts des sommes prêtées, et généralement tout ce qui est payable par année ou à des termes périodiques plus courts, se prescrivent par *cinq ans.* »

PRESTATIONS.

I. Prestation des chemins vicinaux. — (Extr. de la loi du 21 mai 1836.)

« Art. 3. — Tout habitant, chef de famille ou d'établissement, à titre de propriétaire, de régisseur, de fermier ou de colon partiaire, porté au rôle des contributions directes, pourra être appelé à fournir, chaque année, une prestation de trois jours : — 1° pour sa personne et pour chaque individu mâle, valide, âgé de dix-huit ans au moins et de soixante au plus, membre ou serviteur de la famille et résidant dans la commune. — 2° pour chacune des charrettes ou voitures attelées, et, en outre, pour chacune des bêtes de somme, de trait, de selle, au service de la famille ou de l'établissement dans la commune. »

(Application pour les agents des chemins de fer.) — « Aux termes de l'art. 3 de la loi du 21 mai 1836, tout habitant, chef de famille ou d'établ., peut être appelé à fournir chaque année une prestation de trois jours pour chaque individu mâle, membre ou serviteur de la famille, et résidant dans la commune. Mais les empl. des comp. de ch. de fer, attachés au service des stations, ne peuvent être considérés comme des serviteurs, dans le sens de l'art. précité. Dès lors, c'est à tort qu'une telle compagnie est nominativement imposée dans une commune, à raison d'hommes employés à la station en qua-

lité de poseurs, brigadiers et cantouniers. » (C. d'État, 18 août 1857. — Confirmé par nouvel arrêt, C. d'État, 23 mars 1877.)

II. Indications diverses. — 1º Règles établies par la loi du 11 juin 1880, sur les *lignes d'intérêt local* (V. notamment l'art. 34 de ladite loi relatif aux tramways. — Voir aussi, au mot *Chemin de fer d'intérêt local*, les divers documents qui accompagnent la loi dont il s'agit). — 2º *Subventions* pour dégradations de chemins vicinaux. — V. *Chemin*, § 7, et *Subventions*, § 4.

PREUVES.

I. — Obligations des compagnies (*Droit commun*). — D'après les indications données aux mots *Avaries*, § 3, *Commissionnaires* et *Force majeure*, § 3, les compagnies sont tenues, *à moins de stipulation contraire*, de justifier des cas de *force majeure* ou du *vice propre* de la chose, en cas d'irrégularités dans les transports qui leur sont confiés (Voir notamment aux mots précités les conditions d'application de l'art. 1784 du C. civil, et des art. 97 et suivants du C. de comm.).

Dérogations. — 1º pour les preuves justificatives d'erreurs dans l'application des tarifs (V. *Détaxes*, § 1, et *Erreurs*, § 2). — 2º pour les preuves à établir *en matière d'accidents*, par les héritiers des victimes (V. *Héritiers*). — 3º pour les contestations au sujet des *heures de remise de marchandises à la gare* (Voir au § 1 bis ci-après). — 4º Preuves à établir par l'expéditeur (en matière d'applic. de tarif, *à clause de non-responsabilité*). — Voir ci-après, § 2.

I bis. Justification des heures de remise des marchandises à la gare (*Cassation* d'un jugement du trib. de comm. de Rouen, 18 avril 1883, qui avait condamné la comp. à des domm. intér. pour retards (non établis par des indications précises). — « D'une part, c'était à l'expéditeur, qui se plaignait d'un retard subi par sa marchandise, d'établir qu'il l'avait remise à la gare plus de trois heures avant le départ du train prétendu obligatoire. — D'autre part, l'omission d'une indication précise de l'heure de remise, origine du délai réglementaire de transport, — auquel il n'appartient point à la compagnie de déroger, — privait de base légale le jugement qui précède, aucune présomption ne pouvant être juridiquement tirée du fait de l'expédition de cette marchandise par ledit train. » (C. C., 11 févr. 1885.)

Questions diverses. — V. *Délais, Retards, Responsabilité.*

II. Preuves à la charge des expéditeurs ou des destinataires (*Justifications à établir en matière de retards, de perte ou d'avaries de marchandises transportées aux conditions des tarifs spéciaux, avec clause de non-garantie*). — Dans cette matière si obscure et qui a donné lieu à tant de litiges, la jurispr. distingue ordin. deux cas, savoir : lorsqu'il s'agit d'avaries dues à la *force majeure* ou au *vice propre* de la chose (V. *Avaries*, § 6, *Force majeure*, § 3, et *Vice propre*) ; ou lorsqu'il s'agit de *fautes* ou de *négligences* commises par les agents. — Nous avons rappelé, d'un autre côté, à la fin du § 6 du mot *Avaries*, combien il doit être difficile aux expéditeurs ou aux destinataires d'établir la preuve des fautes ou négligences dont il s'agit. — Nous désirons, sans l'espérer, que les indications groupées ci-après, si elles ne donnent pas une solution précise des questions dont il s'agit, puissent indiquer au moins aussi clairement que possible les points principaux sur lesquels il y a chose jugée.

(*Extr. de la jurispr. au sujet des preuves à établir en matière d'applic. des tarifs avec clause de non-garantie.*) — Un des premiers arrêts de la C. de C. intervenus à l'occasion des affaires dont il s'agit se résumait ainsi : — « Lorsqu'un tarif spécial de ch. de fer accorde aux expéditeurs une diminution sur le tarif général, moyennant de plus grands délais de transport et sous la clause que la comp. ne répond pas des *avaries de route*, c'est à la comp. qui se prétend irresponsable en vertu de la clause interprétée par les juges du fait qu'incombe l'obligation de prouver que l'avarie causée à la marchandise transportée *provient de force majeure* ou d'un *vice propre* de la chose qui a déterminé l'avarie de route et ne peut pas être imputé à une faute de ses agents ; à défaut d'une telle preuve, la comp. doit supporter le montant de l'avarie (C. C., 24 avril 1865).—Mais d'après une nouvelle appréciation, devenue invariable, de la C. de C. : « Si la clause de non-garantie n'a pas pour effet d'affranchir une compagnie de toute responsabilité pour les fautes commises par elle, cette clause a pour résultat de mettre, contrairement au droit commun, la preuve de ces fautes à la charge de l'intéressé. » (C. C. 14 juill. 1874, 24 juill. 1877, 10 déc. 1878, 9 juill. 1879, 5 janv. et 30 nov. 1881, 8 févr. et 15 mars 1882, 3 janv., 9 mai et 19 nov. 1883, 24 mars 1885, 3 nov. 1886, etc., etc.) — « Pour accueillir la demande du destinataire en réparation d'une avarie constatée à l'arrivée, un tribunal ne peut se fonder sur de simples inductions, au lieu de l'affirmation d'un fait déterminé, constitutif d'une faute de ladite compagnie. » (C. C. 30 nov. 1881.) — *Compagnie mise en cause, comme ayant mis le propriétaire de la marchandise dans l'impossibilité de faire la preuve* (de la faute des agents). — « Dans l'espèce, la faute est simplement affirmée et attribuée sans précision à un manque de soins. — Peu importe que la compagnie, déclarée à tort responsable, ait, — d'une part, fait décharger le wagon contenant les marchandises litigieuses, — puisqu'elle n'est aucunement obligée à différer, jusqu'à l'arrivée du destinataire, une opération qui était à la charge exclusive de cette compagnie et qui devait nécessairement être préalable à la livraison ; — D'autre part, qu'elle ait camionné à *domicile* des marchandises *livrables en gare*, — puisque l'avarie existait déjà et qu'aucun obstacle n'était ainsi apporté aux droits de défense du destinataire. » (C. C. 8 févr. 1882.) — *Fûts avariés en cours de route.* — « En fait, les intimés, défendeurs au procès, n'ont articulé aucun fait pouvant établir la faute du voiturier ; les avaries signalées par l'expert nommé par le tribunal, comme étant survenues en cours de transport, doivent donc être réputées avaries de route, dans le sens du tarif susvisé, et ne peuvent à ce titre engager la responsabilité de la compagnie, qui s'en est légalement exonérée. » (C. C. 15 mars 1882.) — *Perte de sacs vides en retour* (production de lettres relatives audit transport, etc.). — Cassation d'un jugem. du trib. de comm. de Grasse (22 sept. 1881), par la raison qu'une déclaration sans précision ne contient l'affirmation d'aucun fait déterminé, constitutif d'une faute, et qu'il est impossible de voir, dans lesdites lettres, la reconnaissance d'une faute de la comp. ou d'un droit du réclamant. (C. C. 19 nov. 1883.) — *Avaries survenues en cours de route, à des caisses contenant des verres à vitre* (26 caisses sur 100, présentaient, à l'arrivée, des feuilles brisées). — Condamnation de la comp. (trib. comm. Narbonne, 29 janv. 1883), par le motif que la *clause de non-garantie* n'a pas trait à la *perte totale* de la marchandise. — Cassation du dit jugem. par les motifs ci-après : — « L'effet de la clause de non-garantie est d'obliger le destinataire qui se plaint d'une avarie de route à prouver qu'une faute imputable à la compagnie en a été la cause (*jurispr. constante*).—Le jugement attaqué ne contenant l'indication d'aucune faute de cette nature, la condamnation portée contre ladite compagnie manque de base légale. » (C. C. 24 mars 1886.) — *Manquant de trois-six* dans un wagon-réservoir (condamnation de la comp. pour n'avoir pas pris les soins ordinaires de route, trib. comm. Pézénas, 30 juill. 1883). Cassation de ce jugem. par le motif qu'en procédant à l'ouverture du wagon-réservoir de trois-six, avec l'assistance du commiss. de surv. admin., pour arrêter le coulage, la comp. agissait dans l'intérêt de l'expéditeur et du destinataire ; elle ne se reconnaissait point ainsi responsable de ce coulage. — En ne précisant ni le moment, ni le lieu où le coulage a pu être aperçu par la comp., le trib. n'indique point où il aurait été possible à celle-ci d'y remédier, alors que l'ouverture du wagon plombé ne pouvait s'effectuer qu'en gare, en présence d'un commiss. de surv. admin. ou en vertu d'une autorisation de justice. (C. C. 3 nov. 1886.) — *Objets en fonte brisés à la suite de choc en cours de transport résultant d'accident.* — « Si d'un article du tarif spécial il résulte que la comp. est responsable des avaries survenues à la suite de « choc en cours de transport résultant d'accident », — le jugem. constate que la preuve de cet accident n'a pas été rapportée et que le demandeur, qui, dans tous les cas, eût dû prouver une faute à la charge de la comp., n'a pas davantage fait cette preuve ; que ces appréciations sont souveraines. — En de pareilles circonstances, en décidant que la responsabilité de la comp. n'avait pu être engagée au delà de la mesure réglée par le tarif spécial, le jugement attaqué n'a violé aucun des articles visés au pourvoi, mais a fait une juste applic. des principes de la matière. » (C. C. 19 janv. 1887.)

Appréciation des fautes de la compagnie. — En dehors des arrêts absolus dont nous venons de reproduire le résumé, la C. de C. a admis certains cas où les tribunaux pouvaient aussi décider, *souverainement*, s'il y a eu manque de soin ou faute de la part des agents de la compagnie, et si cette dernière doit en être déclarée responsable. — Voici, à ce sujet, l'extr. de quelques arrêts (1).

---

(1) Nous donnons ces extraits sans en tirer, du reste, une conséquence générale, nous bornant à insister sur les inconvénients de ces procès qui ne sont, sans doute qu'une affaire de *frais généraux* pour les *grosses maisons* et les *compagnies*, mais qui peuvent aussi être une affaire très onéreuse pour le modeste public.

Principe de la responsabilité. — « Le voiturier étant, aux termes de l'art. 103 du C. de comm., garant de la perte des objets qui lui ont été confiés à moins qu'il ne prouve que la perte est le résultat d'un cas fortuit ou de force majeure, la disposition des tarifs spéciaux des ch. de fer qui exonère les comp. de la responsabilité des avaries de route ne les dégage pas de la présomption de faute établie par l'art. précité. » (C. C., 30 mai 1866.) — *Bris de grilles en fonte* (Applic. d'un tarif spécial). — Pourvoi contre un jugement déclarant la compagnie responsable (Affaire *comp. de l'Est* contre *Geoffroy-Jobard*). « Le jugement attaqué s'est fondé sur ce que les grilles expédiées présentaient par elles-mêmes une résistance suffisante pour que le transport s'effectuât sans avarie et sur ce que l'avarie qui s'était produite était le résultat d'un choc violent, survenu soit au chargement, soit au déchargement de la marchandise. — En déduisant de ces faits précis, par lui souverainement constatés, la preuve d'un manque de soins de la part des agents de la comp. et en déclarant, par suite, celle-ci responsable de leur faute, le jugement attaqué n'a violé aucune loi. (C. C., 29 mars 1886.) — 2ᵉ *offaire analogue.* (*Comp. de l'Est* contre *Bernodat.*) — En déduisant, des faits précis souverainement constatés par le tribunal, la preuve d'un manque de soins de la part des agents de la compagnie et en déclarant, par suite, celle-ci responsable de leur faute, le jugement attaqué n'a violé aucune loi. (C. C., 29 mars 1886.)

Action immédiate en cas de perte de marchandises. — « L'art. 108 du C. de comm. n'exige pas qu'il soit prouvé par ladite compagnie ou reconnu par le propriétaire de la marchandise réclamée que celle-ci est réellement perdue. Ce propriétaire est en demeure d'agir, par le seul fait que ladite marchandise n'a point été livrée. » (C. Cass. 7 janvier 1874.)

Difficultés de vérification (Encombrement des gares). — V. *Encombrement*, § 4.

III. Preuve en matière de contraventions. — Les pr.-verbaux dressés en matière de contrav. font foi de leur contenu jusqu'à preuve contraire (Jurispr. invar.).

Agents appelés en témoignage (formalités). — V. *Justice.*

PRÉVENUS.

Conditions de transport (Circ. min., 29 nov. 1884). — V. *Prisonniers.*

PRIMES.

Encouragement aux agents. — V. *Aiguilleurs, Gardes-lignes* et *Mécaniciens.*
Participation aux bénéfices (Applic. sur quelques lignes). — V. *Agents*, § 10.

PRISES D'EAU.

I. Formalités obligatoires. — L'alimentation des machines locomotives dans les gares de chemins de fer comporte l'établissement de réservoirs qui sont ordinairement établis d'après l'un des systèmes suivants : 1° Réservoirs naturels communiquant avec la grue hydraulique (V. *Grues*) au moyen de tuyaux souterrains. — 2° Réservoirs alimentés au moyen de machines à vapeur fixes. — 3° Manège avec chevaux. — 4° Enfin, puits manœuvrés à bras d'hommes.

Nous avons donné à ce sujet quelques indications au mot *Réservoirs.* — Nous rappellerons qu'il existe des réservoirs hydrauliques pour l'alimentation des machines dans les gares un peu importantes distantes entre elles d'environ 20 à 30 kilom. en moyenne. — V. aussi *Alimentation* et *Gares.*

A défaut d'un réservoir naturel situé à proximité de la gare dans les dépendances du chemin de fer, voici quelles sont les formalités généralement usitées lorsqu'il y a nécessité pour les compagnies de faire une prise dans un cours d'eau.

1° *Prises d'eau de droit commun.* — Lorsqu'il ne s'agit pas de cours d'eau *navigables ou flottables*, la demande de prises d'eau peut être appuyée sur l'art. 641 ou sur l'art. 644 du Code civil, ainsi conçus :

« 641. — Celui qui a une source dans son fonds peut en user à sa volonté, sauf le droit que le propr. du fonds inférieur pourrait avoir acquis par titre ou par prescription. »
« 644. — Celui dont la propriété borde une eau courante autre que celle qui est déclarée

dépendance du domaine public par l'art. 538, au titre *de la distinction des biens*, peut s'en servir, à son passage, pour l'irrigation de ses propriétés. »

Le sol du chemin de fer et, par conséquent, les sources qui peuvent s'y trouver, étant la propriété de l'État, les comp. doivent toujours soumettre leur projets de prise d'eau à l'approb. de l'admin. supér. Cette approbation ne peut d'ailleurs être donnée que sous la réserve des droits des tiers et après les formalités spéciales d'enquête, rappelées par la circ. min. du 16 nov. 1834. — V. *Enquêtes*, § 1er, 5°, et par celle du 23 oct. 1851. P. *mém.* — Voir aussi plus loin, fin du § 2.

Au sujet des enquêtes relatives aux prises d'eau nous devons faire connaître la simplification suivante autorisée par le C. d'Etat. — « *Suppression de la première enquête*, au sujet des prises d'eau d'irrigation sur les canaux et en ce qui touche les *prises d'eau faites au moyen de machines sur tous les cours d'eau du domaine public, et qui, eu égard au volume du cours d'eau, n'ont pas pour effet d'en altérer sensiblement le régime.* » (Avis favorable du C. d'Etat du 22 déc. 1874.) « Il conviendra toutefois, ajoute l'instruction, de maintenir une durée de vingt jours à l'enquête qui s'ouvrira à la fois, désormais, sur la demande du pétitionnaire et sur les propositions des ingénieurs, et qui ne sera d'ailleurs suivie d'une seconde enquête de quinze jours qu'autant que les ingén. auront été d'avis, d'après cette première enquête, de modifier leurs propositions primitives. » — *Questions de dommages.* — V. plus loin, § 4.

Canal privé. — « Une prise d'eau faite pour les besoins d'une entreprise de tr. publ., sur un canal fait de main d'homme, et dérivant ses eaux d'une rivière navigable, ne constitue pas une expropr., mais seulement un dommage dont l'appréciation appartient exclusivement à l'autorité administrative. » (T. Seine, 13 déc. 1859.) — Pour les prises d'eau faites sur les canaux navigables. — Voir *Navigation*, § 5.

Affluents des rivières navigables. — En dehors de l'ordonn. des eaux et forêts citée plus loin, § 2, un édit. de déc. 1672, confirmé implicitement par un arrêté du 13 nivôse an v (2 janv. 1797), a interdit à toute personne de détourner l'eau des ruisseaux affluant dans la Seine ou d'en *affaiblir ou altérer* le cours par *tranchées, fossés, canaux* ou autrement. — Mais en dehors de ces anciens textes dont l'application était même restreinte au rayon de l'approvisionnement de Paris, les prises d'eau pratiquées sur les cours d'eau qui ne forment pas une dépendance du domaine public, paraissent soumises aux prescriptions ci-dessus rappelées du droit commun. — Seulement, si l'art. 644 du C. civil permet sous certaines réserves de faire usage des eaux courantes pour l'*irrigation des propriétés*, il n'en résulte pas le droit absolu pour les compagnies d'*affaiblir* ou d'*altérer* pour l'approvisionnement de leurs réservoirs d'alimentation, les cours d'eau non navigables ni flottables qui pourraient être affectés de servitudes inférieures pour le service des usines, des irrigations, des établissements thermaux, etc., etc. — L'autorisation est donc nécessaire dans ces divers cas ; elle n'est d'ailleurs généralement accordée que sous la réserve des droits des tiers (V. *Cours d'eau*). — Ces autorisations sont du ressort des préfets d'après les documents résumés au mot *Décentralisation*, et les litiges qui peuvent en découler sont du ressort de l'autorité administrative. — V. plus loin, § 4.

2° *Eaux souterraines.* En ce qui concerne l'usage fait, dans certains cas, par les comp. des nappes souterraines, dont le cours est interrompu, soit par les travaux de terrassements du ch. de fer, soit par l'ouverture de puits spéciaux, on rentre dans le droit commun consacré par l'art. 641 du Code civil. L'art. 15 du cah. des ch. gén., qui prescrit aux comp. « de rétablir et d'assurer, à leurs frais, l'écoulement de toutes les eaux dont le cours serait arrêté, suspendu ou modifié par leurs travaux », n'est réellement applicable qu'aux eaux de la surface, y compris, bien entendu, celles dont le lit, quoique souterrain, aurait été établi par la main des hommes. Le C. d'État semble l'entendre ainsi, au moins pour les eaux de sources dont la possession n'est pas justifiée par titre ou par prescription.

Compétence. — « Les ch. de fer faisant partie de la gr. voirie, les trib. civils sont incompétents pour statuer sur la demande formée contre une comp. de ch. de fer, à fin de travaux à exécuter sur la voie, pour rendre au demandeur la jouissance des eaux d'une source ; mais la fixation des domm.-intér. dus à raison de la privation de ces eaux, dont l'existence a été garantie au demandeur par un contrat d'échange survenu entre lui et ladite comp. de ch. de fer, est du domaine de la jurid. civile. Toutefois, il y a lieu de surseoir sur ce second chef jusqu'à ce qu'il ait été statué sur le premier par l'autorité administrative. » (Tr. Seine, 1er mars 1862.) — V. aussi plus loin au § 4.

II. Cours d'eau navigables ou flottables (*Rivières et canaux*). — L'art. 44 de l'ordonn. des eaux et forêts, du mois d'août 1669, « défend à toutes personnes de détourner l'eau des rivières navigables ou flottables, ou d'en affaiblir et altérer le cours par fossés, tranchées ou canaux, à peine d'être punies comme usurpatrices et condamnées aux dépens de réparation. » L'art. 4 de l'arrêt du C. d'État, du 24 juin 1777, *défend de son côté d'atterrir le lit des rivières et canaux navigables, ni d'en affaiblir et changer le cours par aucunes tranchées ou autrement.* — Toutefois, l'art. 4 de la loi du 6 oct. 1791 admet, en principe, que tout propr. riverain peut faire des prises d'eau dans les fleuves ou rivières navigables ou flottables, sans néanmoins en détourner ni embarrasser le cours d'une manière nuisible au bien général et à la navigation établie. — La surv. de l'admin. s'exerce comme il est dit ci-après :

« Les administrations centrales, etc., veilleront à ce que nul ne détourne le cours des eaux des rivières et canaux navigables ou flottables et n'y fasse des prises d'eau ou saignées pour l'irrigation des terres, *qu'après autorisation, et sans pouvoir excéder le niveau qui aura été déterminé.* » (Art. 10, loi du 21 sept. 1792, confirmé par un arrêt du C. d'État, du 31 oct. 1817, portant *qu'il est à propos de consacrer, etc., par des ordonnances royales tout règl. général concernant dans son ensemble un cours d'eau, lors même qu'il n'est ni navigable ni flottable.*)

« Art. 11, loi 21 sept. 1792 — Les propr. de canaux de desséchement particuliers ou d'irrigation ayant à cet égard les mêmes droits que la nation, il leur est réservé de se pourvoir en justice réglée pour obtenir la démolition de toutes prises d'eau, etc. — V. plus haut *Canal privé.*

« 12. — *Ibid.* — Il est défendu aux admin. municipales de consentir à aucun établissement de ce genre dans les canaux de desséchement, d'irrigation ou de navigation appartenant aux communes, sans l'autorisation formelle et préalable des admin. centrales. »

Enfin, le décret de décentralisation du 25 mars 1852 a compris dans les attributions des préfets : « l'autorisation, sur les cours d'eau navigables ou flottables, des prises d'eau faites au moyen de machines, et qui, eu égard au volume du cours d'eau, n'auraient pas pour effet d'en altérer sensiblement le régime. »

« Avant d'autoriser des établissements de ce genre, le préfet devra s'assurer, par les rapports des ingénieurs, que ces établ. ne peuvent nuire en rien aux intérêts de la navigation ou du flottage, ni porter aucune atteinte aux droits anciens, consacrés par des autorisations ou concessions régulières. Il conviendra de déterminer, dans chaque cas, le volume d'eau concédé, et de prescrire que les eaux qui ne seraient pas absorbées d'une manière utile seront rendues à la rivière. — Il pourra même y avoir lieu, dans certaines circonstances, afin de donner à tous les intérêts une garantie complète, de stipuler que la prise d'eau nouvelle sera fermée, sur l'ordre du préfet, toutes les fois que cette mesure sera reconnue nécessaire, soit dans l'intérêt de la navigation, soit pour assurer aux anciens usagers les eaux auxquelles ils ont droit en vertu de leurs titres, soit pour laisser dans la rivière le volume d'eau que l'on jugera utile d'y maintenir en étiage. » (Circ. min., 27 juill. 1852. Ext.)

Formalités en vigueur pour les ch. de fer. — (Exemple emprunté au ch. du Bourbonnais suivant une décis. min. prise sur l'avis du C. gén. des p. et ch. et notifiée par le préfet du Loiret au service du contrôle le 5 juill. 1861.)

« La prise d'eau à pratiquer dans la rivière du Loing, pour l'alimentation de la station de Montargis, ne pourra être autorisée que par *décret...* — Elle devra être assujettie à une redevance, par applic. de la loi des finances du 16 juill. 1840. En conséquence, MM. les ingén. de la navigation, devront inviter la comp. à faire connaître le volume d'eau qui devra être employé à l'alimentation de la gare, et fixer la redevance à raison de 0 fr. 10 par m. cube dérivé chaque jour, en y ajoutant, pour le terrain qui sera occupé sur le domaine public, un droit fixe de 1 fr. — Un projet de règl. devra être rédigé pour la prise d'eau. On y conservera les dispositions applicables à l'espèce, en y ajoutant celles qui seront indiquées par MM. les ingén. voyers du département (en ce qui concerne la traversée des routes et chemins). — Ces projets ainsi complétés seront soumis à l'enquête prescrite par la circ. du 16 nov. 1834. — V. *Enquêtes.* — On y joindra l'avis de M. le dir. des domaines, en ce qui touche la redevance, et le consentement écrit par lequel la compagnie s'engage à la payer. »

Prises d'eau sur les canaux navigables. — V. *Navigation*, § 5.

III. Demandes en autorisation. — Quelle que soit la suite à donner aux demandes de prises d'eau, il est convenable que ces demandes soient adressées directement aux préfets qui consultent les ingén. des services intéressés et procèdent aux enquêtes et à toutes les operations nécessaires pour réunir les éléments de l'autorisation, et pour établir, lorsqu'il y a lieu, le règlement d'eau.

Formalités diverses. — Voir ci-dessus, § 2.

IV. Litiges sur les prises d'eau. — Lorsqu'il s'agit d'eaux souterraines absorbées ou détournées de leur cours naturel par les travaux d'une comp. de ch. de fer, les trib. civils sont compétents (après que la jurid. admin. a statué sur la réparation matérielle du dommage) pour interpréter, *au point de vue de la privation des eaux*, un contrat intervenu entre le demandeur et le défendeur. (Trib. Seine, 1er mars 1862.) De même, l'autorité judiciaire peut être appelée à statuer *sur le droit d'usage* des eaux courantes ou pluviales servant aux travaux d'une usine, qui auraient été interceptées par l'établ. ou pour le service du ch. de fer. (C. d'État, 19 mai 1858.) — Enfin, cette question de déviation ou d'usage *non autorisé* des eaux a été reconnu comme ressortissant à l'autorité judiciaire (Décision du *trib. des Conflits*, 24 mai 1884, d'après laquelle « le trib. de Riom n'a retenu la cause pendante devant lui, pour y être statué au fond, qu'en tant qu'elle porte sur le préjudice que la comp. causerait aux demandeurs en détournant les eaux, en dehors des *conditions de temps* et de *quantité* fixées par l'arrêté d'autorisation. Dans ces circonstances, le préfet n'était pas fondé à revendiquer pour l'autorité administrative la connaissance du litige). — Mais en ce qui concerne *l'appréciation des* dommages qui ont pu être le résultat des travaux régulièrement autorisés et exécutés dans les conditions de ces autorisations, et notamment du règlement de l'indemnité qui peut être due à l'usinier inférieur dont la prise d'eau diminue la force motrice, la jurispr. du *trib. des Conflits* a nettement attribué compétence pour cet objet aux tribunaux administratifs, contrairement aux arrêts de la C. de C. (3 déc. 1862, 12 févr. 1873) (Voir à ce sujet la décision très explicite du *trib. des Conflits*), 13 mars 1875 et divers autres documents cités au mot *Cours d'eau*, §§ 1 et 3. — Nous complétons ces premiers documents par les nouvelles décisions suivantes du même tribunal supérieur. — Voir la note ci-après :

Nota. — Le *tribunal des conflits*, ayant eu à trancher une question de compétence à l'occasion du dommage causé à un propriétaire par suite du curage, par la comp., d'un réservoir d'eau, établi pour l'alimentation des machines locomotives à la gare d'Andelot, a décidé que ce travail ayant un caractère public la contestation était du ressort de la jurid. administrative (31 mars 1878).

Recours pour suppression d'ouvrages de prise d'eau et indemnité réclamée à raison du trouble à une usine. — « Les travaux qui ont donné lieu à l'action en garantie de la dame Anna Mary ont été exécutés par la comp., en sa qualité de concess. de la ligne d'int. gén. de Saint-Lô à Lamballe, pour amener dans le réservoir de la gare de Coutances l'eau nécessaire à l'alimentation des machines locomotives. Ils ont été autorisés et approuvés par décis du min. des tr. publ., et, exécutés dans ces conditions, les ouvrages forment une dépendance de la gare de Coutances. Aux termes de son cah. des ch., la comp. est obligée d'entretenir les ouvrages dépendant du ch. de fer et de les remettre en bon état, à l'expiration de sa concession. Il suit de là que les travaux exécutés pour la construction ou l'entretien de ces ouvrages ont le caractère de travaux publics. En conséquence, c'est à l'autorité admin. qu'aux termes de l'art. 13 (titre II) de la loi des 16-24 août 1790 et de l'art. 4 de la loi du 28 pluviôse an VIII, il appartient de connaître du différend survenu entre la dame Anna Mary et la comp. de l'Ouest à l'occasion desdits travaux. » (*Trib. des Conflits*, 19 juillet 1881.)

V. Questions diverses. — 1° Obstacles à la navigation (V. *Navigation*, § 5). — 2° Occupation de terrains pour la pose des conduites d'eau (V. *Occupations*). — 3° Machines fixes d'alimentation. — V. *Machines*.

PRISONNIERS.

I. Conditions de transport. — Les conditions générales de transport des prisonniers sont réglées savoir : pour les *détenus et prisonniers civils*, par l'art. 57 du cah. des ch. (Voir lettre C), et pour les *prisonniers militaires*, par l'art. 16 de l'arr. minist. du 15 juin 1866. — V. *Militaires*, § 4.

Précautions spéciales. — Les mesures de précautions prises pour les prisonniers civils et les aliénés sont applicables de plein droit aux prisonniers militaires et marins (Ext. de la circ. min. du 15 juin 1866 portant envoi de l'arr. de même date (Voir *Militaires*). — Les mesures dont il s'agit sont rappelées ou réglées par les circ. suivantes :

1° *Circ. min. du 6 août* 1857 (adressée aux préfets). *Extr.*

« J'ai été informé que, sur certaines lignes de chemins de fer, des prisonniers, escortés de gendarmes, prenaient place dans des voitures de 3e classe destinées au transport des voyageurs, lorsque le nombre de ces prisonniers ne comportait pas l'emploi d'une voiture cellulaire. — Pour prévenir les inconvénients qui résultent de cette immixtion fâcheuse, contre laquelle le public élève les plus vives réclamations, je crois devoir vous rappeler les dispositions qui régissent actuellement le transport des prisonniers sur les ch. de fer et la situation de chacune des comp. à cet égard..... » — V. ci-après.

Ces dispositions sont, d'une part : transport des détenus et de leurs gardiens « à moitié prix du tarif de la dernière classe, dans les voitures cellulaires construites aux frais de l'État ou des départements ». — La plupart des comp. sont tenues en outre « dans le cas où l'admin. voudrait faire usage des wagons ordinaires pour le transport des détenus, de mettre à sa disposition un ou plusieurs compartiments de voitures de 2e classe à deux banquettes, moyennant le prix de 0 fr. 20 (*impôt non compris*) par compartiment et par kilomètre. — « Dans tous les cas, en présence des termes formels des cah. de ch., soit anciens, soit nouveaux, et des réclamations fréquentes qui me sont parvenues, l'admin. ne peut permettre que les détenus et leurs gardiens soient placés dans les mêmes compartiments que les voyageurs ordinaires; et j'ai décidé que ce mode de transport serait formellement interdit..... » — V. *Aliénés*.

2° *Avis à donner aux gares.* — « Les gares sur lesquelles les préfets auront à faire diriger des prisonniers seront prévenues, par un avis, *deux heures au moins* avant le passage du train qui doit emmener ces prisonniers, toutes les fois que cela sera possible. » (Circ. minist. du 29 oct. 1857.)

3° *Récépissé du prix de transport.* — En exéc. d'une lettre adressée par le min. des fin. au min. de l'intér., 27 août 1863, « les reçus donnés par les comp. de ch. de fer aux gardiens des voitures cellulaires pour constater le prix du transport des détenus et de leurs gardiens, sont exempts de timbre et peuvent, depuis la loi du 13 mai 1863, comme avant cette loi, être délivrés sur papier libre et sans frais. »

4° *Stationnement dans les gares des gendarmes et des prisonniers qu'ils escortent.* (Circ. min. guerre, 15 oct. 1880, aux *chefs de légion* de gendarmerie, et communiquée, le 16 déc. suivant, aux comp. de ch. de fer et aux chefs du contrôle, en vue d'en faciliter l'exécution).

« Messieurs, mon attention a été appelée sur des difficultés qui se sont élevées, entre la gendarmerie et les comp. de ch. de fer, au sujet du stationnemement dans les gares des gendarmes et des prisonniers qu'ils escortent. — Il y aurait de sérieux inconvénients à astreindre les compagnies à admettre dans les salles d'attente des prisonniers, dont, d'ailleurs, le voisinage doit être gênant et désagréable pour les autres voyageurs. Par suite, j'ai signalé à M. le min. des tr. publ. la difficulté qu'il y aurait à reléguer ces prisonniers et leur escorte, soit dans des corridors ou vestibules ouverts au public, soit sur les trottoirs intérieurs de la gare, ce mode de procéder devant faciliter les tentatives d'évasion et laisser les gendarmes, ainsi que leurs prisonniers, sans abri contre le froid et les intempéries.

« M. le min. des tr. publ. m'expose que, dans les gares où les trains se forment, les gendarmes et leurs prisonniers pouvant monter immédiatement dans le compartiment qui leur est réservé, il n'y a aucune disposition spéciale à prescrire. Quant aux stations où les trains ne font que passer, les comp. ont reçu des instructions pour que, dans la mesure du possible, les gendarmes qui amènent des prisonniers attendent, dans un local inoccupé ou dont on pourrait momentanément changer la destination, le passage du train qu'ils ont à prendre.

« Ces dispositions me paraissent de nature à remédier aux inconvénients qui m'ont été signalés ; mais, pour en faciliter l'exécution, il importe que la gendarmerie s'entende, au préalable, avec les chefs des gares où l'on aurait à conduire des prisonniers. Ces agents devraient être prévenus par un avis, deux heures au moins avant le passage du train qui doit emmener ces prisonniers, toutes les fois que cela sera possible.

« En outre, les prisonniers ne devraient être amenés aux gares d'expédition que peu de temps avant l'heure fixée pour le départ des trains. Ils trouveraient alors, dans les gares de formation, le train tout prêt à les recevoir ; et, dans les stations de passage, où les bâtiments sont très restreints, un local serait plus facile à réserver, s'il suffisait de le rendre disponible pour quelques instants seulement.

« Je vous prie de tenir la main à ce que les militaires de votre légion chargés d'escorter des prisonniers en chemin de fer se conforment ponctuellement aux prescriptions qui font l'objet de la présente circulaire... »

I bis. Transport des prévenus ou accusés par chemins de fer (*Règlement des frais*). — Circ. min., 29 nov. 1884, adressée par le min. de la justice aux *procureurs généraux*, et communiquée le 27 déc. suivant, par le min. des tr. publics aux comp. (pour la mise à exécution des dispositions prescrites par le garde des sceaux) :

Circ. min., 29 nov. 1884 (*Extr.*). — Monsieur le procureur général, le décret du 18 juin 1811 dispose que les prévenus ou accusés seront conduits à pied par la gendarmerie de brigade en brigade. Par exception et si les circonstances l'exigent, ces détenus pourront être transférés, soit en voiture, soit à cheval, sur les réquisitions motivées des officiers de justice.

Une circ. du 30 juin 1855 a recommandé aux magistrats de substituer l'emploi du chemin de fer à celui de la voiture, toutes les fois que l'usage de la voie ferrée permettrait de réaliser une économie sur le prix du transport. — Depuis cette époque, le développement des réseaux de ch. de fer, la célérité qu'il assure, l'exemple donné par l'adm. pénitentiaire de conduire les condamnés en voiture cellulaire, le désir d'accélérer l'instr. et d'abréger la détention préventive, le refus manifesté par la plupart des détenus d'entreprendre ou de continuer une longue route à pied, ont eu pour résultat de multiplier les transports en ch. de fer, même en l'absence des circonstances qui seules, d'après le décret de 1811, justifient l'abandon de la conduite à pied.

J'ai dû me préoccuper de cet état de choses, mais les renseignements variés que j'ai recueillis sur la pratique suivie dans tous nos ressorts judiciaires m'ont démontré l'impossibilité d'imposer des règles fixes dans cette partie du service. Cependant je dois vous recommander de faire respecter en général le service réglementaire de la conduite à pied, par la raison qu'il est de beaucoup le plus économique.......

Mais, tout en recommandant que le transport en voiture ne soit qu'exceptionnellement appliqué aux détenus valides, je sens la nécessité de laisser aux magistrats une certaine latitude dans l'appréciation des moyens d'effectuer la translation. Lorsque, par des motifs d'un intérêt supérieur, — nécessité d'accélérer l'instruction ou d'abréger la durée de la détention préventive, précautions à prendre contre les dangers d'évasion, etc., — ils se croiront autorisés à reléguer au second plan la question d'économie et à renoncer par conséquent à la conduite à pied, les magistrats auront à choisir entre la voie ferrée et la voiture du convoyeur. Les ch. de fer présentent de tels avantages que souvent la dépense sera diminuée par la préférence qui leur sera donnée sur la voiture. On agira, dès lors, en exécution des instr. contenues dans la circ. précitée de 1855. Les magistrats se détermineront en faveur d'un système de translation plutôt que d'un autre en s'inspirant à la fois des intérêts du trésor et de la bonne administration du service judiciaire. — Si les conditions nouvelles de la locomotion forcent la chancellerie à tolérer l'extension des translations des détenus par les voitures ou par les voies ferrées, elles lui créent un devoir d'atténuer, en même temps, le surcroît de dépense qui en résulte par l'organisation d'un système de recouvrement des frais de transport sur les condamnés beaucoup plus efficace que le système actuellement en vigueur.

J'ai dû, en conséquence, arrêter des dispositions nouvelles que je vous prie de vouloir bien mettre à exécution *à partir du 1er janvier prochain*.

I. — DE LA TRANSLATION DES PRÉVENUS OU ACCUSÉS. — 1° *Escortes dans le département*.......
— 2° *Escortes hors du département*.......

Jusqu'à ce jour, les réquisitions adressées aux comp. de ch. de fer ne stipulaient que le transport des detenus et celui de l'escorte à l'aller. Au retour, les gendarmes voyageaient comme des militaires isolés et les indemnités auxquelles ils ont droit, toutes les fois qu'ils se trouvent dans l'impossibilité de rentrer le jour même à leur résidence, leur étaient avancées par le ministère de la guerre, qui s'en faisait rembourser le montant par mon département. A l'avenir, les magistrats établiront, en double ex., autant de réquisitions distinctes qu'il y aura à parcourir de réseaux différents ou de parties du même réseau séparées par des lignes appartenant à d'autres compagnies. Ces réquisitions, qui devront indiquer exactement la nature de l'inculpation et le nombre des agents de l'escorte, comprendront à la fois le transport de l'escorte à l'aller et au retour. Les gendarmes pourront ainsi regagner gratuitement le lieu de leur résidence.....

En échange de la réquisition, sur laquelle le chef de l'escorte certifiera, au départ, l'exéc. du transport, chaque comp. de ch. de fer taxera aussitôt, pour le parcours qui lui est propre, le transport des prévenus ou accusés et de leur escorte en compartiment réservé à l'aller, le retour des gendarmes au prix militaire et remettra à ceux-ci deux billets collectifs, dont un pour le retour. Chacun de ces billets sera muni d'un coupon intitulé : *Duplicata du billet collectif n°* et mentionnera le montant des frais du trajet pour lequel il aura été délivré. Les gendarmes présenteront les deux duplicata au greffe du tribunal, avec deux ex. de leur mémoire, et conserveront le billet collectif pour le retour. L'un et l'autre billet seront retirés par les gares destinataires, comme tous les billets de ch. de fer.....

II. — DE LA TRANSLATION DES DÉTENUS APPELÉS EN TÉMOIGNAGE. — Lorsque des condamnés, appelés à comparaître comme témoins devant un tribunal ou une cour, sont extraits de l'établ. où ils subissent leur peine, les frais de leur translation à l'aller sont recouvrables sur les prévenus ou accusés contre qui une condamnation aura été prononcée. Il conviendra donc d'observer, dans cette circonstance, les règles établies pour la translation des inculpés.....

III. — DES GENDARMES ALLANT EN TÉMOIGNAGE. — Les gendarmes cités comme témoins seront transportés par les chemins de fer, tant au retour qu'à l'aller, contre la remise d'une réquisition du magistrat compétent, visée pour exécution du transport..... (*Extr.*)

II. Prisonniers de guerre. — « Aux termes des règl. français relatifs aux prisonniers de guerre, ces militaires doivent être considérés et traités comme les militaires français suivant le grade, soit en station, soit en route, soit à l'hôpital... Les prisonniers de guerre, porteurs d'une feuille de route délivrée par les intendants militaires, doivent être traités sur le pied des nationaux et admis, par suite, à voyager sur les ch. de fer français au quart du tarif. » (Circ. min., 6 juill. 1859, aux comp. de ch. de fer.)

Réquisitions de l'intendance (V. *Gendarmes*, § 2). — Voir aussi *Réquisitions*.

III. Jeunes délinquants. — En principe, l'art. 57 du cah. des ch. et diverses circ. min. avaient appliqué aux jeunes délinquants les dispositions relatives au transport dans des compartiments séparés, des prisonniers ordinaires et de leurs gardiens ; mais, pour couper court aux difficultés survenues à l'occasion du défaut d'unité dans l'applic. des tarifs, les min. de l'intér. et des tr. publ. ont admis, d'un commun accord, qu'à partir du 1er juill. 1862, les enfants et leurs surveillants voyageront *au prix intégral du tarif général de la 3e classe* et se présenteront aux gares sans réclamer aucune réduction de prix, et, par suite, sans être tenus d'exhiber aucune pièce.

PRIVILÈGE.

I. Privilège en matière de travaux. — 1° *Privilège des ouvriers* pour le salaire (V. *Entrepreneurs*, § 3, et *Ouvriers*). — 2° Privilège des entrepreneurs pour le payement de travaux de ch. de fer exécutés avec subvention de l'État. — V. *Entrepreneurs*, § 3, et *Subventions*, §§ 2 et 3.

II. Privilège des voituriers (pour les frais de transports). — « Le privilège du voiturier pour les frais de transport ne s'étend pas, d'une manière générale et absolue, pour tous les frais de transport, sur tous les objets transportés en vertu d'un seul et unique traité préexistant entre l'expéditeur et le destinataire. La nature du privilège répugne à ce caractère de généralité..... — Lorsque les opérations de transport sont distinctes, isolées les unes des autres, et donnent lieu à autant de frais distincts qu'il y a d'opérations de transports séparées, le privilège pour le payement des frais relatifs à l'une des deux opérations ne peut être exercé sur les marchandises formant l'objet d'une autre opération, demeurée étrangère à la première et ne pouvant y être rattachée que par cette considération, que toutes les deux ont été exécutées en vertu d'une même convention passée entre les mêmes parties. » (C. C., 13 févr. 1849.)

Indications diverses. — V. *Faillite.*

PRIX DIVERS.

I. Prix de transport (grande et petite vitesse). — V. *Cahier des charges, Colis, Marchandises, Messagerie, Militaires, Tarifs, Transports* et *Voyageurs.*

Trains de travaux. — *Prix d'un train de travaux (fourni à l'État).* — Pour un train de travaux (machine, 10 wagons, 1 ou 2 fourgons, et personnel), le prix de location qu'une comp., dans une circonstance partic., a fait payer à l'État a été de **150 fr.** par jour.

Prix d'un train spécial. — 1° Service militaire (minimum 5 fr. par kilom., impôt compris) (V. au mot *Militaires*, § 4, l'art. 14 de l'arr. min. du 15 juin 1866, réglant l'applic. du tarif militaire sur les voies ferrées). — 2° *Service des postes.* Prix d'un train spéc., 8 fr. par kilom. — Applic. de l'art. 56, 8° du cah. des ch. (V. *Postes*, § 1). — 3° *Prix d'un train spécial de voyageurs* (minimum 5 fr. 60 par kilom., impôt compris, les voyageurs payant, quel que soit leur nombre, le prix de la 1re classe, et les voitures, chevaux, chiens et bagages, les taxes homologuées par l'administration).

II. Prix de revient des ouvrages de chemin de fer (Indications approximatives recueillies soit dans les relevés statistiques officiels, soit dans les projets de travaux exécutés sur diverses lignes). — *Pour plus de clarté,* nous avons classé les objets par ordre alphabétique, suivant la nature des ouvrages et du matériel.

1° Établissement des voies, Ouvrages d'art, etc. (chemins à 2 voies.) — Abris, bâtiments, dépôts, voir 4°. — Alimentation, voir 3°. — Aqueducs (ouverture 0m,60 à 2m) 41 fr. à 300 fr. le m. cour. ; *id.* de 2m,50, avec passage pour piétons, 575 fr. le m. cour. — Ballast, 4 à 5 fr. le m. cube. — Barrières roulantes en fer, 1100 fr. par passage tout compris ; *id.* en charpente, 800 fr., tout compris. — Portillons (V. plus loin). — Briques (m. cube de maçonn. ordin.), 36 fr. — Changements et croisements de voie (voir 3°). — Chaux hydraulique (le m. cube), 35 fr. — Ciment (le m. cube, *en fabrique*), 35 fr. — Clôtures sèches (en échalas, treillage mécanique, en p'ace), 1 fr. par m. linéaire ; *id.* en fils de fer, 1 fr. 40 à 1 fr. 70 ; *id.* haies vives, 0 fr. 25 à 0 fr. 40 ; *id.* en charpente (palissades de gare, y compris peinture), 8 à 10 fr. — Épreuves de ponts métalliques, 140 fr. par kilom. — Frais d'études et de personel, 4 p. 100 du montant des travaux. — Garde-corps en fonte (y compris dés de scellement en pierre dure), 11 fr. le m. cour. — Gares (voir 4°.) — Guérites (chêne, sapin, zinc), 500 fr. la pièce, 75 fr. le m. carré. — Maçonnerie de pierre de taille (le m. cube), 95 à 100 fr. ; *id.* de moellons et libages, 15 fr. (parements 2 fr. 50 m. superf.). — Maisons de garde, 7,000 fr. (130 à 160 fr. par m. carré). Matériel fixe (voir 3°.). — Murs de soutènement (m. superf. d'élév. verticale), 15 à 30 fr. — Palissade de station (voir ci-dessus *Clôtures*). — Passages à niveau (abords et pavage), 800 fr. ; barrières (V. ci-dessus). — Passages pour piétons, 100 fr. pièce. — Passages divers. V. *Ponts.* — Passerelles, 3,500 à 7,000 fr. (suivant le système, maçonnerie, platelage, fer, etc.) — Peinture (à 3 couches), 1 fr. à 1 fr. 25 m. superf. — Perrés (V. ci-dessus *Murs*). — Plaques tournantes (voir 3°.). — Ponceaux (jusqu'à 5m d'ouvert.), 400 fr. à 900 fr. — Ponts et passages de 5m à 9m d'ouvert. en maçonnerie, ou avec poutres, 1000 à 3,000 fr. — Ponts sous rails de 20m ou plus de longueur, 3,544 par m. courant, 439 fr. par m. carré de voie (V. spécial. l'art. *Ponts*). Portillons, 55 à 60 fr. pour *chaque* passage. — Pose de voies (non compris fourniture), 4 fr. le m. cour. — Poteaux de pente et kilométriques, 79 fr. par kilom.; Poteaux télégraphiques (V. l'art. *Télégraphe*). — Quais à marchandises, etc. (voir 4°). Quais à voyageurs, 40 fr. m. cour. — Rails (voir 3°). — Remise de voitures (voir 4°). — Télégraphe, 250 fr. par kilom. — Terrains, 6,000 fr. par hectare. — Terrassements (y compris transport), 2 fr. 25 le m. cube. — Trottoirs à voyageurs (par m. cour.), 40 fr. — Tunnels, 1366 par m. cour. (prix moyen, calculé pour 403 souterrains).—Viaducs ordinaires (V. ci-dessus *Ponts*) ; Viaducs sous rails de 10ᵐ et plus de hauteur, 2,777 fr. par m. courant, 340 fr. par m. carré de voie et 147 fr. par m. superf. de projection verticale (prix moyens calculés pour 241 grands viaducs). — Voie (à double champignon tout compris), 40 fr. par m. courant ; *id.* (système Vignole, ne se retournant pas), 30 fr. tout compris. — Voie de garage, V. *Garage*, § 1, 2ᵉ *note*.

2° *Prix approximatif de certains travaux de 2ᵉ voie* (sur les lignes en exploitation) : — Ballast (main-d'œuvre d'extraction, triage, chargem., décharg. et emploi), non compris transport, 0,95 à 1 fr. le m. cube ; — Coaltarage à chaud de *chevillettes* (y compris fourniture du coaltar et toutes mains-d'œuvres), 3 fr. le mille ; — Déchargement et coltinage des matériaux fournis par les magasins et rechargem. pour distribution sur la ligne, 0 fr. 50 la tonne ; — Déplacement de *clôtures* et *haies vives*, 1 fr. le m. courant ; — Dépose de voies *champignon*, triage des matériaux, coltinage et mise en dépôt, à 5ᵐ de distance, 0 fr. 20 le m. courant ; — Dépose de *changements* à 2 voies, y compris enlèvement, coltinage et mise en place des matériaux, 25 fr. pièce ; — Entretien de la nouvelle voie, jusqu'à réception, 0 fr. 50 m. courant ; — Pose de changem. à 2 voies, complets (sans interrompre la circul.), 75 fr. pièce ; — Pose de contre-rails de *pass.* à niveau (pour une voie), 9 fr. par passage ; — Pose sur terre de *voie champignon*, 0 fr. 30 m. courant ; — Relevage de *voie champignon*, 0 fr. 20 m. courant ;— Ripage de voie, *id.* 0 fr. 40 m. courant. — Sabotage de *traverses*, 0 fr. 20 pièce.

3° *Matériel de voie et matériel fixe.* — Alimentation (comprenant un réservoir château-d'eau à fond sphérique de 2ᵐ,80 à 5ᵐ de diamètre, de 5 à 10,000 fr. tout compris ; sa machine fixe de 3 à 5 chevaux (à bouilleurs, ou tubulaire): 5 à 7,000 fr. pour la machine, 6 à 10,000 fr. pour le bâtiment ; Grue hydraulique avec fosse, 2,000 fr., aqueduc compris ; conduites de 0ᵐ,054 à 0,135 de diam., de 4 à 11 fr. le m. courant. — Boulons (la tonne de 1000 kilog.), 450 fr., non compris le transport sur le chemin de fer. — Changements de voie (*simple, double, triple*, tout posé), 1500 à 3,500 fr. — Croisements simples et traversées de voies, 600 à 900 fr. (suivant les systèmes). — Chariots roulants, de 18 à 1900 fr. en place. Chevillettes (non compris transport sur rails), 395 fr. la tonne. — Coins en chêne (*idem*), 140 fr. le mille. — Coussinets en fonte (*idem*), 200 fr. la tonne.—Crampons en fer, 400 fr. *id.* — Croisement de rotonde, 300 à 315 fr. la pièce. — *Disques* (V. ce mot). — Éclisses, 250 fr. la tonne. — Fosses à piquer (V. l'art. spécial *Fosses*).—Gabarits de chargement (fixes ou avec arrêts mobiles), 300 fr. à 500 fr. la pièce. — Grues de chargement (6 tonnes, y compris fondations) de 6 à 7,000 fr.; — Grue de la puissance de 20 tonnes (V. l'art. spécial *Grues de chargement*). — Grues hydrauliques (V. ci-dessus *Alimentation*). — Machines fixes (*idem*) : Plaques tournantes (diam. 4,40, wagons ; 12ᵐ, machines), 3,750 fr., 14,500 fr. — Ponts à bascule (de 20 à 30 tonnes), 2,500 fr.; non compris fondations en maçonn., 950 fr. — Ponts métalliques (voir 1°). — Rails (double champignon), la tonne 250 à 280 fr. non compris transport par la ligne ; *id.* Rails vignole, 245 à 250 fr. *id.* — Rails d'acier (V. *Acier*). — Réservoirs (V. ci-dessus *Alimentation*). — Tire-fonds en fer, 360 à 400 fr. la tonne. — Traverses (intermédiaires et de joint), de 5 à 7 fr. la pièce (en chêne ou en hêtre injecté). — *Tuyaux en fonte* (V. ci-dessus *Alimentation*).

4° *Bâtiments, Dépôt, Logements et Installations diverses.* —Abris à voyageurs (avec annexes), 180 à 200 fr. le m. q. — Abri à marchandises, 105 à 110 fr. le m. carré. — Banc couvert, 148 fr. m. q.; *id.* avec l'encorbellement, 81 fr. *id.* — Château d'eau d'alimentation (V. ci-dessus, 3° *Alimentation*). — Dépôt de machines (provisoire en charpente pour 6 ou 8 machines, plan rectangulaire (40 fr. m. q. — *Idem*, grand type pour 16 machines (construction en pierre), 100 à 120 fr. par m. q.). — Entretien général (voie et bâtiments y compris personnel), environ 22 p. 100 de la dépense totale d'exploitation. — Estacades à coke (en chêne, longueur 24ᵐ), 698 fr. ; quais à coke (V. ci-après). — Gares, 1ʳᵉ classe, 75 à 90,000 fr. (230 à 250 fr. par m. carré); 2ᵉ classe, 60 à 75,000 fr. ; 3ᵉ classe, 30 à 40,000 fr. ; 4ᵉ classe, 20 à 30,000 fr. ; — Guérites (voir 1°). — Halles marchandises en maçonnerie (non compris quais découverts en pierre) : grand type, 40 à 45,000 fr. ; type moyen, 30 à 35,000 fr. ; petit type, 8 à 12,000 fr. ; halle provisoire en charpente, 8 à 10,000 fr. — Hangars (V. *Halles*, § 2). - Logements pour chefs de dépôt, 270 fr. par m. q. ; *id.* annexes, 100 fr. par m. q. — Lieux d'aisances provisoires, 104 fr. par m. q. ; 1ʳᵉ classe, 313 fr. par m. q.; pavillons en charpente ou maçonnerie, 225 à 235 fr. m. q. — Marquises extérieures, 55 fr. par m. carré. — Maison de garde (voir 1°). — Quais couverts, environ 95 fr. le m. superf. ; *id.* avec encorbellement, 58 fr. — Quais à coke, environ 32 fr. le m. cour. — Quais à voyageurs, 40 fr. *id.* — Remise de voitures, provisoire en charpente, 6,000 à 6,500 fr. pour 8 voitures, 24 fr. par m. q. ; *id.* définitive en maçonnerie, 20 à 26,000 fr. pour 10 voitures, 65 à 70 fr. par m. carré ; petit type de remise pour 6 voitures, 12 à 13,000 fr. (55 fr. par m. q.)

5° *Matériel roulant.* — En raison du grand nombre de systèmes de locomotives, voitures et wagons de toutes sortes, il serait difficile de donner des indications même approximatives sur le prix de chaque véhicule. Nous savons seulement que sur quelques lignes une *locomotive* munie de son tender est revenue en moyenne à 60,000 fr. — Les Engerth coûtent près du double. On compte pour la machine ordinaire 43,000 fr., et pour le tender 11,000 fr. — Une voiture de 1re classe revient aux comp. à 10,000 fr., et avec coupé, 11,000 ; une voiture de 2e classe, à 6,000 fr., et une voiture de 3e classe, à 5.000 fr. — Les wagons à marchandises sont fournis à des prix très variables et qui atteignent de 3 à 5,000 fr. suivant leur nature et suivant leur mode de construction La dépense générale d'entretien du service du matériel et de la traction, y compris le personnel, est en moyenne de 34,9 p. 100 de la dépense totale d'exploitation. — V. les mots *Locomotives*, *Matériel* et *Statistique*.

III. Devis et analyse des prix. (Travaux de l'État ou travaux concédés.) — V. *Analyse de prix*, *Clauses* et *cond. gén.*, *Devis* et *Formules*.

PROCÉDURE ADMINISTRATIVE.

Formalités diverses (Affaires contentieuses).— V. *Conseils*, *Instruction* et *Pourvois.*

Rédaction de procès-verbaux (en matière de chemins de fer).— V. *Agents*, § 3, *Contraventions* et *Procès-verbaux.*

PROCÈS-VERBAUX.

I. Constatations de grande voirie. — 1° Infractions prévues par la loi du 15 juillet 1845, V. *Contraventions*, § 1 ; — 2° Agents chargés des constatations, V. *Grande voirie*, § 2 ; — 3° Contrav. commises par les concess., V. *Contraventions*, § 2 ; — 4° Contraventions commises par les autorités communales, V. *Amendes*, § 1.

Contraventions mixtes (et contrav. douteuses). — V. *Contraventions* et *Gr. voirie*, § 2.

II. Formalités de rédaction des pr.-verb. de gr. voirie. — 1° Principales indications à consigner dans les pr.-verb. (V. *Accidents*, § 7, et *Contraventions*, § 4 ; *Grande voirie* et *Police*, § 1) ; — 2° Évaluation des dégâts (V. ci-dessous, 6°).

Déclaration de procès-verbal. — Le mot *procès-verbal* lui-même implique l'idée d'une déclaration *verbale* faite à la partie intéressée par l'agent verbalisateur, au moment de la constatation ; mais l'omission de cette formalité, qui est gén. usitée, lorsque le contrevenant est présent, n'entraîne nullement la nullité de l'opération. Nous ajouterons que les procès-verbaux font foi de leur contenu jusqu'à preuve contraire (V. ci-après 6°).

3° *Date et clôture des procès-verbaux.* — Il résulte des dispositions des art. 15 et 20 du C. d'instr. crimin., qu'en ce qui concerne les *contraventions de police*, un procès-verbal doit être clos dans les trois jours ; la C. de cass. l'a jugé plusieurs fois en ce sens, et quelques C. de préf. pensent que ces règles de droit commun sont également applic. aux contrav. à la police du roulage, à celles de la gr. voirie, et, par suite, à celles des ch. de fer, conf. à l'art. 2 de la loi du 15 juillet 1845. — La seule règle certaine, c'est que les pr.-verb. de gr. voirie doivent être dressés aussitôt que possible, après l'opération de l'accession des lieux, avec bonne foi et *selon les circonstances.* — Mais aucune disposition de loi ni de régl. ne prescrit de dresser pr.-verbal de contrav. en matière de gr. voirie dans les 24 heures de la reconnaissance de la contravention ; il ne peut résulter pour ces actes un motif de nullité de ce qu'ils n'ont pas été dressés dans ce délai. (C. d'État, 22 août 1839.)

4° *Affirmation des procès-verbaux.*—Aucune nullité ne peut résulter non plus du défaut d'affirmation des pr.-verb. dressés par les cond. des p. et ch. ou les comm. de surv. adm. (V. *Affirmation.* — V. aussi plus loin, 6°).

5° *Visa pour timbre et enregistrement.* — Les pr.-verbaux dressés en matière de gr. voirie ne sont pas nuls pour ne pas avoir été enregistrés ou visés pour timbre dans le délai fixé par la loi. En conséquence, c'est à tort qu'un C. de préf. refuse de statuer sur un procès-verbal constatant une contrav. de gr. voirie, par le motif qu'il n'aurait pas été enregistré dans ledit délai. — V. à ce sujet *Enregistrement*, § 4.

6° *Envoi des procès-verbaux.* — Les pr.-verb. dressés pour contrav. de gr. voirie, par les fonctionn. et agents chargés de la surv. des ch. de fer, seront adressés directement au chef du contrôle, qui devra, dans la huitaine, les transmettre au préfet, avec ses observations. (Ext. de la loi du 27 février 1850 et de la circ. minist. du 15 avril 1850.) V. par exemple au mot *Commissaires de surv. admin.*, § 7, les règles à suivre par ces fonctionnaires (circ. min. 15 janv. 1885) pour l'envoi de leurs pr.-verbaux. Ces procès-verbaux font foi de leur contenu jusqu'à preuve du contraire (Art. 23, loi du 15 juillet 1845, et C. d'État, 3 août 1850), même lorsqu'ils n'ont pas été *affirmés*, formalité dont les règl. et la jurispr. ont dispensé notamment les ingén. et cond. des p. et ch. et les commiss. de surv. admin., attachés au contrôle des chemins de fer (1).

L'apposition du visa du chef de service sur les procès-verbaux n'est pas obligatoire. (C. d'État, 19 déc. 1838.)

Envoi des procès-verbaux dressés par les agents des compagnies. (V. *Contraventions*, § 4. — Voir aussi § 4 du présent article.)

7° *Notification aux parties intéressées.* — « Les pr.-verb. de voirie dressés contre les « concess. seront, dans les quinze jours de leur date, notifiés admin. au domicile élu par « le concess. ou fermier, à la diligence du préfet et transmis dans le même délai au « C. de préf. du lieu de la contravention. (Art. 13, loi du 15 juillet 1845.) » Mais en ce qui concerne les pr.-verb. dressés à l'égard des tiers, et bien qu'il soit d'usage de les notifier aux intéressés pour qu'ils présentent leurs moyens de défense, aucune loi ne rend cette formalité obligatoire. (Jurisp. invar. du C. d'État.)

Toutefois, la nouvelle loi sur les séances des conseils de préfecture (V. *Conseils*) semble exiger que la formalité de notification, ou du moins de l'assignation, soit appliquée à l'égard des tiers contrevenants, et c'est ce qui a gén. lieu par l'intermèd. de l'autorité locale représentée par le maire qui notifie également aux parties intéressées, lorsqu'il y a lieu, les décisions intervenues à la suite des procès-verbaux.

Formalités diverses. — 1° Poursuite des contraventions (V. *Conseils* et *Pourvois*) ; — 2° Relevés mensuels et trim. des décis. des conseils de préfecture (à fournir par les préfets et à envoyer au Ministre). — V. *Contraventions*, § 5.

III. Police de l'exploitation.

III. Police de l'exploitation. — Outre les accidents ayant occasionné mort ou blessures (V. *Accidents*, § 7) et les autres faits graves motivant des constatations immédiates, les fonctionn. et agents désignés en l'art. 23 de la loi du 15 juillet 1845 (V. *Contraventions*, § 6, et *Actes de malveillance*), sont appelés à verbaliser, soit contre les particuliers, soit contre les agents eux-mêmes des comp., pour constater les diverses infractions commises aux dispos. de l'ordonn. régl. du 15 nov. 1846, et aux arrêtés et décisions pris pour l'exécution de cette ordonnance. — Voir par ex. le mot *Désinfection de wagons*.

Ce sont généralement les comm. de surv. adm. qui dressent les pr.-verb. dont il s'agit en se conformant aux instr. en vigueur pour cet objet. Ces instr. sont contenues notamment dans le titre III de la loi du 15 juillet 1845 et dans celle du 27 févr. 1850 dont

---

(1) Au sujet de l'*évaluation des dégâts et des frais*, « les dossiers destinés à être soumis au C. d'État, en matière de contraventions, doivent indiquer exactement le chiffre des frais et des dommages qui peuvent être mis à la charge des délinquants par l'arrêt en dernier ressort. » — Extr. d'une circ. min. tr. pub. aux préfets, et par ampliation aux ingén., 15 mai 1880.

l'art. 4 autorise même ces fonctionnaires à adresser *directement* leurs procès-verbaux aux parquets, en même temps qu'ils en transmettent un duplicata au chef du contrôle. — Voir à ce sujet, au mot *Commissaires de surveillance*, § 7, la circ. min. du 15 janvier 1885 relative au *mode d'envoi* des dits procès-verbaux judiciaires qui sont bien distincts des constatations spéciales dont il est question ci-après au § 5.

Contraventions douteuses. — Dans le cas seulement où il s'agirait d'une contravention douteuse, comme il s'en présente quelquefois dans un service aussi complexe, et où le commissaire, en présence d'un fait qui le laisserait indécis sur la nécessité de verbaliser, demanderait des instructions au chef du contrôle, il est admis que ce dernier chef de service peut intervenir pour indiquer au commissaire qui le consulterait la détermination qu'il doit prendre. — V. *Contraventions*, § 7.

Formalités d'affirmation et d'enregistrement. — V. ces mots.

IV. Procès-verbaux des agents des compagnies, etc. — D'après l'art. 23 de la loi du 15 juillet 1845, les agents des concess. ou fermiers pourront, au moyen du serment prêté devant le tribunal de première instance, verbaliser sur toute la ligne du ch. de fer auquel ils sont attachés. — Une circ. concertée entre le min. de la justice et son collègue des tr. publ., a prescrit aux officiers du ministère public : « 1° De communiquer très exactement aux ingén. en chef du contrôle des ch. de fer tous les pr.-verb. constatant des infractions aux règl. de l'expl., qui, ayant été dressés par des agents des comp., n'auraient pas passé sous les yeux de ces fonctionnaires ; 2° *et d'enjoindre aux commissaires de police et aux maires de communiquer pareillement aux ingénieurs dont il s'agit les procès-verbaux relatifs à ces mêmes infractions.* »

Cette disposition a été portée *à la connaissance des préfets*, par circ. min. du 29 nov. 1852, en leur rappelant qu'il y aura lieu de s'y conformer, en ce qui concerne les procès-verbaux de gr. voirie qui leur seraient adressés par des agents des compagnies (et qu'ils doivent comme il est dit ci-dessus communiquer aux chefs du contrôle).

« Les pr.-verb. de contrav., qu'ils émanent des agents de l'État ou des préposés des compagnies, sont ainsi soumis à une règle commune, et les ingén. en chef ont à transmettre, pour les uns comme pour les autres, à l'autorité judic. ou admin., leurs observations motivées, dans le délai prescrit par l'art. 4 de la loi du 27 févr. 1850. » (Circ. min. 4 déc. 1852 portant envoi aux ingén. en chef du contrôle de la circ. précitée du 29 nov. 1852.)

Il est convenable, d'ailleurs, que les comp. adressent à l'ingén. en chef du contrôle, un double des procès-verbaux dressés par leurs agents. (Enq. sur l'expl.)

Formalités à remplir par les agents des compagnies. — Outre les formalités d'affirm. et d'enregistr. auxquelles sont astreints les pr.-verb. dressés par les agents du ch. de fer, ces derniers ont à suivre dans leurs constatations certaines règles s'appliquant surtout à l'exposition nette, exacte et précise des faits, à l'obligation de faire connaître aussi les noms, professions et domicile des témoins, ainsi que le lieu et la date de naissance du délinquant, etc. Nous ne connaissons du reste aucune instr. gén. pour cet objet.

V. Délivrance de copie des procès-verbaux. — *Formalités de timbre et d'enregistrement* (Circ. min. du 7 oct. 1872, tr. publ., aux insp. gén. du contrôle) : « Indépendamment des pr.-verb. qu'ils rédigent en qualité d'off. de police judic., les commiss. de surv. adm. des ch. de fer dressent encore, dans certains cas, à la requête et dans l'intérêt des compagnies, des pr.-verb. ayant pour but, par ex., de sauvegarder la responsabilité de ces compagnies vis-à-vis de tiers, expéditeurs ou destinataires. Ils sont encore appelés à délivrer, dans un but d'authenticité, des copies certifiées conformes des registres commerciaux tenus dans les gares, pour permettre aux comp. de se défendre, soit contre d'autres comp., soit contre des tiers. — Aucun texte de la loi n'exempte ces pr.-verb. et ces copies du payement des droits de timbre et d'enregistr. au comptant. Les comp. sont, en effet, au point de vue de la loi de l'impôt, de véritables particuliers et doivent être soumises à toutes les charges que supportent les citoyens. — M. le min. des fin. m'informe cependant que les prescr. des lois relatives aux impôts du timbre et de l'enregistr. ne sont point observées, pour les pièces dont il s'agit. — Comme il importe, dans l'intérêt du Trésor, de mettre fin à cet état de choses, je vous prie, monsieur, de vouloir bien donner, à cet effet, à qui de droit, les instr. nécessaires. »

VI. Constatations et affaires diverses : 1° Délits de simple police, de droit commun et contrav. mixtes (V. *Police* et *Commissaires spéc.*); — 2° Constatations demandées par le public (V. *Constatations*); — 3° Poursuites de contraventions (V. *Conseils*, *Contraventions*, *Ingénieurs*, *Pourvois* et *Procureurs des cours et tribunaux*); — 4° Suites données aux procès-verbaux de gr. voirie (V. *Contraventions*, § 5) et à ceux concernant la police de l'exploitation. (V. *Accidents*, § 11, et *Jugements*.)

PROCUREURS DES COURS ET TRIBUNAUX.

I. Attributions et droit de circulation. — Les attrib. de la police judic. sont concentrées principalem. dans les mains des procureurs des trib., des juges d'instr. et de leurs auxiliaires. (Art. 9 du C. d'inst. crimin. — Voir aussi les art. 22 à 48 et suiv. du même Code.) Toutes les fois que ces fonctionnaires se présentent, en cas d'accidents ayant occasionné mort ou blessures, de crimes ou de délits, pour faire acte de leurs fonctions, ils ont droit de pénétrer dans l'enceinte du chemin de fer et d'y verbaliser. (Loi du 15 juill. 1845. Ext. de l'art. 23.)

Accès sur la voie. — « La faculté de faire les constatations prévues par l'art. 23 (précité) de la loi du 15 juill. 1845 entraîne nécess. avec elle le droit de circuler sur la gare. MM. les proc. des trib. et leurs substituts doivent donc toujours être admis dans l'enceinte du ch. de fer, en leur qualité d'officiers de police judiciaire. » Ce principe a été rappelé par une circ. du min. des tr. publ., en date du 18 août 1853, adressée aux comp., à l'occasion d'un substitut qui, sur le refus de sortir d'une gare où il se trouvait à raison de ses fonctions, en avait été expulsé avec violence et voies de fait par deux agents qui ont eu à répondre de leurs actes devant la justice (sans préjudice de leur révocation demandée par l'adm. supér.). — Nous retenons seulement *pour mém.* l'extr. suivant de la circ. min. concernant ce fait heureusement exceptionnel :

« Il ne suffit pas qu'une répression énergique atteigne ceux qui portent à ce point l'oubli du respect de l'autorité. Il faut rendre impossible le renouvellement d'aussi déplorables conflits et je viens vous inviter à adresser aux agents de votre entreprise les recommandations les plus expresses pour qu'ils apportent constamment, dans les rapports avec les fonctionn. de l'ordre judic. ou admin., préposés, à un degré quelconque, à la surv. des ch. de fer, les égards et la déférence dus au caractère dont ils sont revêtus. — Dans l'espèce, le droit du substitut n'était pas contestable : il résulte implicitement de l'art. 23 de la loi du 15 juill. 1845, sur la police des ch. de fer, portant que les contrav. aux régl. de l'expl. peuvent être constatées concurremment par les *officiers de police judic.*, les ingén. des p. et ch. et des mines, etc. La faculté de faire ces constatations entraîne nécessairement avec elle le droit de circuler sur la gare. Les procureurs des trib. et leurs substituts doivent donc toujours être admis dans l'enceinte du ch. de fer, en leur qualité d'officiers de police judiciaire. — Je compte sur votre concours pour assurer le libre exercice du droit que ces magistrats tiennent de la loi et de leur institution, et sur votre empressement à donner, dans cette vue, des instructions spéciales aux agents du chemin de fer que vous administrez. »

De son côté, le min. de la justice, par une dépêche du 15 sept. 1853, adressée aux procureurs généraux près les cours d'appel, tout en insistant sur la gravité du fait signalé par le min. des tr. publ. aux compagnies et en rappelant la répression judiciaire dont il avait été l'objet et les instr. données pour faire respecter le droit des magistrats, qui avait reçu ainsi une nouvelle et utile garantie, terminait sa circ. ainsi qu'il suit :

Vous comprendrez, comme moi, que ce droit, tout incontestable qu'il est, ne doit pas être exagéré dans l'application. Ce serait le compromettre que de s'en servir pour des motifs frivoles et étrangers au service. Vous et vos substituts ne devez pas hésiter à user de cette faculté, toutes les fois qu'un intérêt réel d'action ou de surveillance, dont vous ne devez compte, du reste, qu'à vos chefs hiérarchiques, paraîtra l'exiger ; autrement, vous devez vous abstenir. Je compte, à cet égard, sur votre prudence et votre discernement. — (Nous ne pouvons d'ailleurs pour cet objet que renvoyer au mot *Magistrats*.)

Avis à donner à la justice (au sujet des accidents, crimes et délits commis en matière de chemins de fer). — V. *Accidents d'exploitation*, § 2 et suiv., *Accidents de travaux*, § 1, *Actes de malveillance*, § 4, *Crimes* et *Vols*.

II. Rapports avec les fonctionnaires du contrôle. — Les commiss. de surv. admin. attachés aux services du contrôle des ch. de fer sont placés sous la surveill. des proc. des trib. en ce qui concerne la constatation des crimes, délits et contraventions. Ils leur fournissent un double des procès-verbaux qu'ils dressent pour constater des infr. aux règl. de l'expl. (l'autre double est envoyé aux ingénieurs du contrôle) (Extr. de la loi du 27 fév. 1850, cité au mot *Commissaires de surveillance*, § 2). — Voir ci-dessous, au sujet de l'envoi des procès-verbaux et des avis à fournir par les chefs du contrôle.

« Les commiss. de surveill. admin., quoique investis du caractère d'officiers de police judiciaire, ne sont pas *auxiliaires* du procureur du tribunal. Ainsi, lorsqu'ils auront eu l'occasion de procéder à une arrestation, ils devront remettre sans délai les coupables entre les mains des autorités judiciaires locales, auxquelles il appartient de procéder à l'instruction de l'affaire. » (Circ. min., 15 avril 1850. Ext.)

Procès-verbaux des commis. de surveill. — Aux termes de la loi du 27 févr. 1850, les commissaires de surv. admin. « adressent directement leurs pr. verb. aux proc. des trib., lorsqu'ils ont pour objet de constater un accident, un crime ou délit ; il importe, en effet, que les poursuites soient exercées dans le plus bref délai possible, et, de plus, il s'agit de faits qui ne peuvent donner lieu à aucune hésitation, à aucune incertitude, quant à leur nature elle-même, et à leurs conséquences : il peut y avoir tout au plus incertitude sur l'identité des coupables. Ils lui adressent de même directement les pr. verb. destinés à constater des infractions aux règl. d'expl. » (Circ. min., 15 avril 1850. Ext.) — *Avis des ingénieurs du contrôle.* « Dans la huitaine du jour où ils auront reçu les procès-verbaux constatant des infractions aux règl. de l'expl., les ingénieurs transmettront au procureur de la République leurs observations sur ces procès-verbaux. » (Art. 4, loi du 27 fév. 1850.)

Nota (relatif à l'avis du chef du contrôle). — Les commiss. de surv. admin. adressent directement aux proc. des trib. les pr.-verb. destinés à constater des infr. aux règl. d'expl. « Mais, comme, dans ce cas, il s'agit de matières spéciales, quelquefois d'une appréciation délicate et souvent de nature technique, les observations et l'avis de l'ingén. en chef ont paru un élément, sinon tout à fait indispensable, au moins très utile à l'instruction : souvent, en effet, la gravité des contrav. peut être affaiblie ou même annulée par des décisions du min. des tr. publ., par des autorisations ou des délais de tolérance accordés aux compagnies, et l'ingén. en chef est le fonctionnaire le mieux placé pour porter ces circonstances à la connaissance de l'autorité judiciaire. Aussi la loi a-t-elle décidé que les procès-verbaux dont il s'agit seraient transmis en double original au procureur du tribunal et à l'ingén. en chef, et que, dans la huitaine du jour où l'ingén. les aura reçus, il devra transmettre ses observ. au procureur du tribunal. » (Circ. min., 15 avril 1850. Extr.) — V. aussi *Procès-verbaux*, § 3.

Renseignements complémentaires à fournir par le contrôle. — « Lorsque des poursuites sont exercées pour contrav. à la police des ch. de fer, les procureurs des trib. doivent s'adresser, non pas au min. des tr. publ., mais au chef du contrôle de chaque réseau, pour en obtenir la communication des ordres de service des comp. ou des décisions réglementaires concernant l'expl. des voies ferrées. Les procureurs des trib. ne peuvent s'adresser à l'admin. supér. qu'en cas de refus ou de difficultés et par l'intermed. du garde des sceaux. » (Extr. de la circ. min., justice, 29 sept. 1857.)

Nous ajouterons que les chefs du contrôle, n'ayant gén. à leur disposition qu'un nombre très restreint de règl. imprimés des comp., préviennent, autant que possible, les demandes des parquets en faisant reproduire dans les renseign. et avis qui leur sont adressés, les extr. textuels des règl. se rapportant aux affaires en instance.

Procès-verbaux dressés par les agents des compagnies. — V. *Procès-verbaux*, § 4.

Crimes et délits de droit commun. — V. *Commissaires de Police.*

II bis. Suites données aux pr. verb. (Relevés à fournir aux chefs du contrôle, au sujet des jugem. ou ordonn. de non-lieu). — V. *Jugements* et *Suites judiciaires.*

III. Citation des ingénieurs en justice. — Les ingén. en chef du contrôle étant tenus de fournir aux procureurs des trib. les observ. et renseign. qui leur sont demandés au sujet des contrav. commises par les comp., les ministres des tr. publ. et de la justice se sont concertés au sujet des inconvénients que présentait la citation des ingén. devant les juges d'instruction pour déposer au sujet des affaires sur lesquelles ils ont déjà fourni des rapports. Par une circ. du 19 avril 1857, M. le garde des sceaux a invité les juges d'instruction à ne citer les ingén. en chef du contrôle dans les procédures relatives aux contrav. aux règl. de l'expl. et de la police des ch. de fer, que dans le cas où les renseign. fournis déjà par les ingén. seraient insuffisants au point de vue des nécessités judiciaires. » (Circ. du min. des tr. publ., 16 juin 1857.)

Citation d'autres fonctionnaires ou agents. — V. *Justice* et *Témoignages.*

IV. Affaires diverses. — V. les mots *Accidents, Actes de malveillance, Contraventions, Crimes, Délits, Jugements, Justice, Pénalités, Police* et *Tribunaux.*

Transport de pièces de conviction. — « Les employés des compagnies présentent *à toute heure* les colis dont ils sont chargés, et ils ne veulent les remettre que contre argent. Or, le procureur du tribunal, qui n'a pas de fonds destinés à solder une semblable dépense, a pourtant le droit de recevoir les pièces, sauf aux comp. à présenter, avec le réquisitoire, leur mémoire qui doit être ordonnancé par le juge comme frais urgents..... — Dans ces conditions, les comp. ont été invitées à donner des instructions à leurs agents, pour qu'ils se conforment exactement aux règles concernant le payement des frais de justice. » (Ext. d'une circ. min. adressée aux compagnies, le 7 juin 1860.) — V. *Justice*, § 2 bis.

V. Procureurs généraux. — Les proc. gén. près les Cours d'appel sont les chefs hiérarchiques des proc. des trib., et il leur appartient d'intervenir dans les questions de ch. de fer, lorsque les affaires n'ont pas reçu une solution définitive devant les trib. civils ou correctionnels, ou lorsqu'il leur paraît avoir été fait, en première instance, une fausse applic. des lois, décisions et règl. sur l'exploitation. — Il ne nous appartient pas de définir en détail les attributions de ces hauts magistrats. Nous rappellerons seulement qu'ils ont été désignés par une circ. min. du 17 juillet 1860, pour transmettre, avec leur visa, aux chefs du contrôle, les comptes rendus mensuels des décisions intervenues à la suite des procès-verbaux dressés par les fonctionnaires et agents de la surveillance administrative. — V. d'ailleurs, aux mots *Jugements* et *Suites judiciaires*, les nouvelles instructions relatives à cet objet.

PRODUITS.

I. Transport de produits divers (*Applic. du cah. des ch. et mesures spéc.*). — 1° Conditions de transport de produits chimiques, de matières dangereuses et de produits divers (V. *Drogues et Matières*) ; — 2° Objets manufacturés (V. *Objets*) ; — 3° Produits métallurgiques (V. *Fers et Fontes*) ; — 4° Produits agricoles. — V. *Céréales, Fruits* et *Phylloxera.*

II. Évaluation du produit net des lignes. — L'élément principal, servant à évaluer le trafic approximatif des ch. de fer à ouvrir, est celui de la circulation des voyageurs et des marchandises sur toutes les voies de terre et d'eau susceptibles de transmettre leur mouvement commercial aux nouvelles lignes. — Il y a lieu aussi de tenir compte du développement probable des manufactures et usines, etc. — Sur d'autres points on a pris *a posteriori* comme terme de comparaison les résultats de l'expl. des ch. de fer voisins construits et exploités depuis plusieurs années avec les résultats déduits des comptages faits avant leur construction sur les routes auxquelles ils ont été substitués. Enfin pour d'autres lignes on a déterminé le centre de gravité de la population à desservir eu égard au tracé de la ligne. Ce point établi, on a calculé un coefficient de produits en voyageurs et en marchandises par chaque habitant.

Comparaison de quelques données. — D'après une note soumise à la Société des ingénieurs civils, en 1869, le *trafic probable* des ch. de fer doit se déduire à peu près du chiffre de la population traversée et les études détaillées faites à ce sujet ont montré que « *le rapport entre les voyageurs expédiés et le nombre des habitants d'une station oscille entre 4 et 9, suivant la richesse de la contrée traversée, soit une moyenne de 6,50 sur cent habitants, et que pour les marchandises la moyenne générale est de 2 tonnes 1/10 par habitant pour toute la France* ». — Mais ces chiffres ont été obtenus en éliminant : 1° les chiffres fournis par les grandes villes; 2° les stations où le mouvement est dû à la proximité d'un centre industriel important; 3° les banlieues des grandes villes, parce que le nombre des voyageurs est dû à la population de la ville voisine et non au déplacement local; 4° les villages dont la population est inférieure à 1000 habitants, parce que, ordinairement, les stations établies près de ces petits villages sont motivées par le voisinage d'un centre plus important (1). — D'un autre côté, le trafic étant la somme des produits des expéditions et des arrivages par le parcours moyen de chaque voyageur et de chaque tonne de marchandises, l'auteur de la note, en admettant d'ailleurs que $0^f,05$ soit le prix de transport d'un voyageur à 1 kilom., $0^f,06$ le prix de transport d'une tonne de marchandises à 1 kilomètre, arrive à évaluer la recette probable à :

$0^f,66$ par habitant dans les pays riches et industriels;
$0^f,50$ — dans les pays agricoles;
$0^f,66$ — dans les pays exclusivement vignobles.

Toutefois, ces valeurs ne sont pas absolues, elles sont variables avec les distances de transport, et on ne peut guère en attendre la réalisation avant une période de 7 à 8 années d'exploitation.

Enfin la dépense par kilom. afférente à une ligne que l'on pourrait considérer, dans ce cas, comme avantageuse pour le concessionn. et profitable pour le public, est égale à la somme qu'on obtient en multipliant 20 fr. par le chiffre de la population intéressée à l'exécution de la ligne et en diminuant le résultat de 100,000 fr. — P. mém.

Lignes de frontière. — Dans la plupart des cas, les lignes de frontière traversent des régions accidentées qui ont nécessité, pour l'évaluation du revenu probable, d'intéressants comptes rendus. — Nous avons sous les yeux (*réseau des Pyrénées*) l'un de ces rapports (daté de 1881) où après avoir signalé les produits miniers, les productions extractives, les eaux thermales, les établissements balnéaires, les ressources de l'industrie et de l'agriculture, et enfin les diverses circonstances de nature à attirer la population, on a pris pour base d'évaluation du tarif des voyageurs le chiffre de 0 fr. 06 par kilom., prix interméd. entre le prix légal de la 3ᵉ cl. et celui des billets d'aller et retour. — Pour les marchandises lourdes (minerais, fontes, houille, marbre, plâtre, etc.) transportées à pleine charge de wagons et pour de grands parcours, on s'est basé sur le chiffre de 0 fr. 04 par tonne et par kil., ce tarif réduit étant généralement admis aujourd'hui pour les transports de cette espèce, et sur le prix de 0 fr. 08 pour les marchandises plus encombrantes, le trafic pouvant augmenter, d'ailleurs, après l'ouverture de la ligne, suivant l'impulsion donnée aux industries ou aux ressources de la localité.

Produit net réalisé sur l'ensemble des lignes du réseau français (Extr. des documents statistiques publiés par l'admin. supér. des tr. publ.).

Nota. — Dans les tableaux succincts, que nous donnons ici, du produit net moyen des lignes pour l'ensemble des ch. d'int. gén. de la France continentale, aux deux époques distinctes de 1866 (antérieurem. à l'Expos. univ. de 1867 et à la guerre d'Allemagne), et de 1883 (préalablem. à la mise en applic. des nouvelles conventions passées avec les comp. à la fin de ladite année), figurent d'un côté les recettes brutes réalisées, et d'autre part (au moins par une simple

_____

(1) Les données dont il s'agit, ajoute la note, ne sauraient du reste s'appliquer à un chemin d'intérêt local, par ex., car ces coefficients résultent d'un transit considérable sur de grandes lignes ayant l'attraction de transports à grandes distances qui ne seront jamais le fait d'un petit chemin destiné à faire, dans un parcours réduit, office de messager.

déduction) le rapport pour 100 des dépenses aux recettes d'exploitation. — Dans le tableau *de* 1883, nous n'avons pas fait la distinction entre l'ancien et le nouveau réseau, cette distinction ne figurant plus d'ailleurs dans les conventions nouvelles, où il n'est question que des comptes généraux *d'établ.* et *d'expl.* — Enfin, nous avons expliqué dans la colonne d'observ. du tableau n° 2 comment les tableaux officiels, auxquels il y a lieu de se reporter pour cet objet, font ressortir, *suivant les lignes,* des excédents réels de produit net ou des insuffisances, *par rapport aux charges des capitaux engagés.*

TABLEAU 1. — *Lignes exploitées au 31 décembre 1866.*

COMPAGNIES.	LONGUEURS moyennes exploitées fin 1866.	DÉPENSES d'exploitation par kilomètre.	EXCÉDENT des recettes sur les dépenses.	PRODUIT net moyen pour l'ensemble du réseau.	OBSERVATIONS.
	kil.	fr.	fr.	fr.	
NORD. { Ancien réseau....	4,066	31,722	43,701	} 39,451	Les recettes brutes par kilom. peuvent se déduire en ajoutant les dépenses, par kilom. au produit net (donné également ci-contre, par kilomètre).
{ Nouveau réseau...	465	12,462	44,996		
EST. { Ancien réseau....	977	26,656	34,518	} 49,490	
{ Nouveau réseau...	1,553	15,524	44,434		
OUEST. { Ancien réseau....	900	32,334	34,748	} 49,395	Le produit net est la différence entre les recettes et les dépenses d'exploitation.
{ Nouveau réseau...	1,002	41,213	5,605		
ORLÉANS. { Ancien réseau....	1,762	20,074	27,568	} 48,673	
{ Nouveau réseau...	1,303	9,870	6,643		
LYON. { Ancien réseau....	2,006	30,162	48,446	} 33,967	
{ Nouveau réseau...	4,374	44,999	43,265		
MIDI. { Ancien réseau....	797	16,559	27,294	} 45,059	
{ Nouveau réseau...	783	7,644	2,605		
CHEMIN DE CEINTURE	17	90,282	76,644	} 76,644	
MOYENNES générales...	43,915	20,061	23,943	23,943	Y compris plusieurs autres réseaux secondaires.

TABLEAU 2. — *Lignes exploitées au 31 décembre 1883.*

GRANDES COMPAGNIES et RÉSEAUX DIVERS.	LONGUEURS moyennes exploitées fin 1883.	RECETTES brutes par kilomètre.	DÉPENSES d'exploitation par kilomètre	PRODUIT net moyen par kilomètre.	OBSERVATIONS.
	kil.	fr.	fr.	fr.	Les tableaux de la statistique officielle font ressortir, *par rapport aux charges des capitaux engagés,* des excédents réels de produits pour certaines lignes et des insuffisances pour les autres. — Au sujet de ces combinaisons financières très détaillées et qui se rattachent à la *garantie d'intérêt,* nous ne pouvons que renvoyer aux documents officiels eux-mêmes du min. des tr. publics.
NORD (ensemble du réseau)..	2,068	77.746	39,398	38,248	
EST id...........	3,343	40,558	25,034	45,527	
OUEST id...........	2,896	45,829	24,567	21,262	
ORLÉANS id...........	4,362	40,320	19,022	21,298	
P.-L.-M. id...........	6,576	51,800	25,700	26,100	
MIDI id...........	2,342	41,225	20,944	20,284	
Lignes secondaires.........	4,294	24,864	44,787	7,077	
Ensemble des lignes concédées.	22,904	46,902	24,376	22,526	
RÉSEAU DE L'ÉTAT.........	2,234	40,777	9,214	4,563	
Moyennes générales.........	25,435	43,662	23,013	20,649	

Lignes d'intérêt local.— Ces lignes ne sont pas naturellement comprises dans les tableaux ci-dessus qui ne s'appliquent qu'aux ch. de fer *d'intér. général.* — A titre de simple renseignement, voici quelques chiffres relatifs aux lignes dont il s'agit. — Longueur *moyenne* (des ch. d'int. local) exploitée fin 1883 (*tout le réseau*), 1506 kil. ; fin 1884 (*id.*), 1,558 kil. ; — Dépenses d'expl. par kil. (fin 1883), 5,505 fr. (fin 1884), 5,402 fr. ; — *Recettes,* chiffres correspondants, 6,837 fr. et 6,375 fr. ; — *Produit net moyen,* par kilom. (fin 1883), 1,332 fr. (fin 1884), 973 fr.

Calcul des dépenses d'exploitation (pour le fonctionnement de la garantie d'intérêt). — D'après un rapport inséré au *Journal officiel* du 9 janv. 1887, au sujet de la ligne d'int. gén. de Blidah à Berrouaghia, les *dépenses d'exploitation* sont calculées pour le fonctionnement de la garantie d'intérêt d'après la formule $3,500 + \dfrac{R}{3}$ dans laquelle R représente la recette brute kilométrique.

III Indications diverses. — 1° Évaluation du produit brut, pour déterminer les *modifications et réductions* que les compagnies peuvent proposer d'apporter à *la marche des trains*. Circ. min., 22 juill. 1884 (V. *Marche des trains*, § 1, 5°). — 2° Influence du trafic sur l'ouverture de la 2ᵉ voie (art. 6, cah. des ch. gén.) (V. *Cahier des charges et Double voie*). — 3° Détermination du produit net pour le rachat des lignes. — V. *Rachat*.

PROFILS.

Dessins et profils à joindre aux projets (Applic. de l'art. 5 du cah. des ch. et indications diverses (V. *Projets*, § 1). — *Types* recueillis pour les lignes construites par l'État (circ. min., 30 juill. 1879 et instr. de 1881 (*P. mém.*). — V. *Types*.

Règles à observer. — 1° Limite des pentes et rampes. — V. *Déclivités*.

2° Niveau des terrassements et du ballast. — V. *Ballast, Dressement* et *Terrassements*.

3° *Niveau des rails.* — Le niveau des rails est ordin. fixé à 0ᵐ,60 au-dessus de la plate-forme de terrassement dans les déblais et à 0ᵐ,55 dans les remblais ; il dépasse donc de 0ᵐ,05, en moyenne, le niveau supérieur du ballast. Dans les parties surhaussées, en prévision de tassements, le niveau du rail devra être réglé de manière à être maintenu ultérieurement en parallélisme avec le profil en long des terrassements.

4° *Raccordements de profils en longueur.* — La question de raccordement, en profil longitudinal, des pentes, rampes et paliers, est réglée en général de telle sorte que chaque différence de pente de 1 millim. soit rachetée par un adoucissement ou une régularisation de déclivité correspondant à une longueur de 10ᵐ. Cette opération est surtout une affaire de soins pratiques et ne saurait être bien définie sans l'aide d'épures ou de dessins spéciaux.

Profils itinéraires (des lignes en exploitation). — V. *Itinéraires*.

PROJETS.

I. Lignes construites par les compagnies. — 1° Applic. des art. 3, 4 et 5 du cah. des ch. et documents divers relatifs à l'établiss. des ouvrages.

Production des projets. — « Art. 3, cah. des ch. (1ᵉʳ paragr.). Aucun travail ne pourra être entrepris, pour l'établ. des ch. de fer et de leurs dépendances, qu'avec l'autorisation de l'admin. supér. ; à cet effet, les projets de tous les travaux à exécuter seront dressés *en double expédition* et soumis à l'approb. du min., qui prescrira, s'il y a lieu, d'y introduire telles modifications que de droit ; l'une de ces expéditions sera remise à la comp. avec le visa du min., l'autre demeurera entre les mains de l'administration. » — *Modifications* (Art. 3, 2ᵉ paragr. du cah. des ch.). — V. *Modifications*.

Signatures. — « A moins d'une délégation spéc. de l'admin. supér., tous les projets et propositions intéressant l'établ., la conservation ou l'expl. d'un ch. de fer, doivent, d'après les dispositions mêmes des statuts des compagnies, être signés par une personne ayant qualité pour engager la compagnie concessionnaire, c'est-à-dire, soit par le directeur du chemin, soit, lorsqu'il n'y a pas de directeur, par un ou plusieurs membres du comité de direction chargé de la gestion ordinaire des affaires de la compagnie et de l'exécution des décisions du conseil d'administration. » (Circ. min., 20 mai 1856.)

« Art. 4. (Cah. des ch.) La comp. pourra prendre copie de tous les plans, nivellements et devis qui pourraient avoir été antérieurem. dressés aux frais de l'État.

Pièces du projet. — « Art. 5. Le tracé et le profil du chemin de fer seront arrêtés sur la production de projets d'ensemble, comprenant pour la ligne entière, ou pour chaque section de la ligne : — 1° Un plan général à l'échelle de 1/10000 ; — 2° Un profil en long à l'échelle de 1/5000 pour les longueurs, et de 1/1000 pour les hauteurs, dont les côtes seront rapportées au niveau moyen de la mer pris pour plan de comparaison : au-dessous de ce profil, on indiquera au moyen de trois lignes horizontales disposées à cet effet, savoir : — Les distances kilométriques du ch. de fer, comptées à partir de son origine ; — La longueur et l'inclinaison de chaque pente ou rampe ; — La longueur des parties droites et le développement des parties courbes du tracé, en faisant connaître le rayon correspondant à chacune de ces dernières ; — 3° Un certain nombre de profils en travers, y compris le profil type de la voie ; — 4° Un mémoire dans lequel seront justifiées toutes les dispositions essentielles du projet, et un devis descriptif dans lequel seront reproduites, sous forme de tableaux, les indications relatives aux déclivités et aux courbes, déjà données sur le profil en long.

« La position des gares et stations projetées, celles des cours d'eau et des voies de communication traversés par le chemin de fer, des passages, soit à niveau, soit en dessus, soit en dessous de la voie ferrée, devront être indiquées tant sur le plan que sur le profil en long ; le tout sans préjudice des projets à fournir pour chacun de ces ouvrages. »

Chemins d'intérêt local (Dispositions correspondantes du cah. des ch., art. 3, 4 et 5). — Voir *Ch. de fer d'int. local*. — Voir aussi au mot *Enquêtes*, § 1 *bis* le décret du 18 mai 1881 et la circ. min. du 11 août 1882.

Dessins et plans. — Au sujet des ext. de *cartes de l'état-major*, à joindre au dossier (V. *Cartes*). le min. de la guerre, en ce qui concerne les ch. d'int. local, et afin de faciliter les études que nécessite l'exécution de ces chemins qui sont entrepris par les départements, a décidé que la taxe fixée par décis. du 6 juin 1857, « serait réduite à l'avenir de 32 fr. à 10 fr. par décim. carré de calque au 40,000°. — Il est bien entendu que la rétribution revenant aux dessinateurs pour le dessin continuera à être perçue en même temps comme par le passé ». (Ext. d'une circ. min. tr. publ., 9 févr. 1870.)

Etudes préparatoires et *Projets définitifs* (des chemins concédés). — 1° Etudes (voir ce mot). — 2° Projets spéciaux des gares et des ouvrages d'art (Voir *Conférences, Dévia-tions, Gares, Ouvrages d'art, Ponts* et *Routes*). — 3° Projets intéressant plusieurs services (V. *Conférences*). — 4° Enquêtes, Expropriation (Voir ces mots). — 5° *Travaux sur les lignes en exploitation* (Participation des ingén. des mines aux conférences relatives à ces travaux) (V. *Conférences*, § 2. — Voir aussi plus loin, § 1 *bis*). — 6° Contestations au sujet de l'établ. des avenues et ch. d'accès (Avis du C. d'État, 19 févr. 1886). — V. *Gares*, fin du § 3.

Au sujet des travaux d'utilité publique à exécuter dans la zone militaire, les bases et disposi-tions générales de tous les projets d'ensemble concernant lesdits travaux sont, avant d'être décré-tées, l'objet d'instructions faites séparément par chaque ministère, et sur lesquelles la commis-sion mixte des travaux publics est consultée. — « Dans ces projets est compris l'établ. des lignes de ch. de fer...., soit que les travaux doivent être entrepris par l'Etat, les départements ou les communes, soit qu'ils doivent l'être par des compagnies. » (Art. 17, décret du 16 août 1853.) — V. *Commissions, Conférences, Travaux* et *Zones*.

« Il est fait, du procès-verbal de conférence, des dessins et des autres pièces à y annexer, par les soins du chef de service qui a pris l'initiative des conférences, et aux frais de ce service, autant d'expéd. signées en minutes qu'il y a d'officiers ou d'ingén. chargés de l'instruction de l'affaire au premier degré. Toutes les pièces à joindre à un pr.-verbal seront visées à la date de ce pr.-verbal. (Art. 15, décret du 16 août 1853) (V. *Conférences*). De son côté, le service militaire ou maritime ne peut entreprendre, dans la zone frontière, aucun travail intéressant le service des ch. de fer, des routes, canaux, etc., sans l'accompliss. des formalités exigées par l'art. 13 du même décret du 16 août 1853. » (*P. mém.*)

I bis. Présentation et vérification des projets (*relatifs aux travaux concédés*). — 1° Attributions des ingénieurs du contrôle des travaux. — (V. *Contrôle*, § 2). — 2° Formalités de présentation des projets (Art. 3, 4 et 5 du cah. des ch. et documents divers (V. ci-dessus, § 1). — 3° INSTRUCTION ET EXAMEN DES PROJETS PRÉSENTÉS PAR LES COMPAGNIES (Circ. min., 21 févr. 1877, adressée aux préfets et par ampliation aux ingénieurs des services de contrôle. Cette circ. min., qui a eu pour objet d'apporter l'unité et la régularité dans la manière de procéder des *ingénieurs des services de contrôle pour l'examen des projets de chemins de fer présentés par les comp. concess.*, et qui a été préparée par une commission spéc. prise dans le C. gén. des p. et ch., a établi les dispositions suivantes : (*Extr.*)

(*Dispositions de la circ. min. du 21 févr. 1877*). — « I. PRÉSENTATION DES PROJETS. — Toutes les pièces doivent être revêtues de la signature d'un directeur, administrateur ou délégué ayant qualité pour engager la compagnie. — V. ci-dessus, § 1.

II. COMPOSITION DES DOSSIERS. — (1°) *Projets de tracé et de terrassements.* — Les dossiers à produire devront être exactement composés suivant les prescriptions de l'art. 5 du cah. des ch. — (2°) *Projets relatifs au nombre et à l'emplacement des stations.* — Les comp. se conformeront aux prescr. de la circ. min. du 23 janv. 1854 (V. *Enquêtes*, § 1, 3°). Les chemins d'accès aux stations seront indiqués sur les plans et définis dans la notice à l'appui. — (3°) *Dossiers destinés à l'enquête du titre II.* — Indépendamment d'une notice explicative, les plans et états parcellaires seront toujours accompagnés, à titre de renseignements, du plan général à l'échelle de 1/10,000, du profil en long et d'un tableau indicatif des ouvrages de toute nature destinés à assurer le maintien des communications et l'écoulement des eaux.

III. VÉRIFICATION DES PLANS PARCELLAIRES. — Les arrêtés préfectoraux ordonnant l'ouverture des enquêtes prescrites par le titre II de la loi du 3 mai 1841 (V. *Expropriation*), ne devront jamais être pris avant que l'ingén. en chef du contrôle ait été mis en mesure de s'assurer que les plans parcellaires sont conformes au tracé approuvé. Dans le cas où il n'en serait pas ainsi, les modifications proposées par la compagnie seront soumises préalablem. à l'approb. de l'admin. supérieure.

IV. DÉPÔT DES PLANS PARCELLAIRES. — Le délai pendant lequel le plan parcellaire reste déposé à la mairie, conf. aux art. 5 et 6 de la loi du 3 mai 1841 (V. *Expropriation*) est de *huit jours pleins* dans lesquels ne sont compris ni le jour de l'avertissement donné aux parties intéressées, ni le jour de la clôture du procès-verbal d'enquête.

V. AVIS A DONNER AUX SERVICES PUBLICS. — Ampliation des arrêtés ordonnant l'ouverture des enquêtes parcellaires sera adressée par le préfet aux ingén. en chef des différents services intéressés dans l'exécution du chemin de fer, ainsi qu'à l'agent voyer en chef du service vicinal, et, s'il y a lieu, à l'insp. des forêts, au cas où la voie ferrée devrait traverser des forêts de l'État ou des bois communaux dont l'exploitation pourrait être modifiée par les travaux.

VI. CHANGEMENTS PROPOSÉS PAR LA COMMISSION D'ENQUÊTE. — Toutes les fois que la commission d'enquête aura proposé d'apporter aux dispositions des plans parcellaires un changement quelconque ayant pour conséquence de faire comprendre de nouveaux terrains dans l'expropr., il devra être procédé à l'enquête supplémentaire prescrite par l'art. 10 de la loi du 3 mai 1841. — Les modifications consenties par la comp. seront imméd. introduites à l'encre *bleue* sur les plans parcellaires ; celles auxquelles la comp. n'aurait pas donné son adhésion, ainsi que les nouvelles dispositions dont le service du contrôle croirait devoir prendre l'initiative lors de l'examen du dossier, seront simplement indiquées sur des feuilles de retombe.

VII. ARRÊTÉS DE CESSIBILITÉ. — L'arrêté de cessibilité que le préfet est autorisé à prendre directement lorsqu'un accord complet s'est établi entre la commission d'enquête et la compagnie, doit, dans tous les cas, être rendu sur la proposition de l'ingén. en chef du contrôle, et non sur une demande directe de la compagnie.

VIII. OCCUPATION TEMPORAIRE DES TERRAINS. — L'avis préalable de ce chef de service est également nécessaire dans le cas d'occupation temporaire de terrains.

IX. EXAMEN DES PROJETS. — Les ingén. du contrôle auront notamment à examiner :

Si *le projet de tracé et des terrassements* satisfait dans son ensemble aux indications générales du décret de concession, ainsi qu'aux prescr. du cah. des ch., notamment en ce qui concerne l'inclinaison des pentes et rampes, les rayons des courbes, la longueur des alignements droits entre deux courbes consécutives en sens contraire et celles des parties horizontales entre deux fortes déclivités versant leurs eaux vers le même point, les largeurs des profils en travers, si les paliers pour les stations prévues sont convenablement ménagés, si les intérêts des différents services publics paraissent sauvegardés dans une juste mesure ;

Si le nombre et les emplacements des stations définitivement proposées à la suite de l'enquête spéciale prescrite par la circ. min. du 23 janv. 1854 (V. *Enquêtes*, § 1, 3°) paraissent devoir donner une satisfaction suffisante aux intérêts industriels et commerciaux de la contrée ; si l'accès des gares est assuré dans de bonnes conditions, toutes réserves demeurant d'ailleurs faites quant aux dispositions de détail des voies d'accès, quais et bâtiments des stations ;

Si les ouvrages indiqués sur les *plans parcellaires* pour le rétabl. des communications et l'écoulement des eaux sont en nombre suffisant, et s'ils présentent des ouvertures et des débouchés convenables, les détails de ces ouvrages ne devant d'ailleurs être approuvés définitivem. qu'après la production de projets spéc. et sur le vu des pr.-verb. des conférences avec les services intéressés ;

Si les projets des ouvr. d'art présentent les dimensions fixées par le cah. des ch., s'ils assurent toute garantie de stabilité, et s'ils n'offrent rien de défectueux au point de vue de l'art ; si, en particulier, le travail des différentes parties des ouvr. métalliques demeure renfermé dans les limites réglementaires.

X. CONFÉRENCE AVEC LES SERVICES PUBLICS. — (1°) *Projets à exécuter dans les limites de la zone frontière et dans le rayon des enceintes fortifiées.* — Ces projets feront l'objet de conférences mixtes auxquelles il sera procédé dans les formes réglées par le décret du 16 août 1853 (V. *Conférences* et *Zones* (militaires). — (2°) *Projets intéressant les différents services des ponts et chaussées.* — Conf. à la circ. min. du 12 juin 1850 (V. *Conférences*) tout projet intéressant plusieurs services dépendant de l'admin. des p. et ch. devra faire l'objet d'une conférence préalable entre les ingén. ordin. des services intéressés ; le procès-verbal de cette conférence sera visé par les ingén. en chef des services et revêtu de leur avis respectif. — (3°) *Projets intéressant le service vicinal.* — L'ingén. en chef du contrôle adressera au préfet les projets intéressant le service vicinal, afin que ce magistrat puisse provoquer les observ. de l'agent voyer en chef ; ces projets seront ensuite renvoyés à l'ingén. en chef du contrôle, avec les observ. auxquelles ils auront pu donner lieu de la part du service vicinal. — Après l'accompliss. des formalités mentionnées aux deux paragr. précédents (2° et 3°), l'ingén. en chef du contrôle adressera le dossier général au préfet, en y joignant son avis personnel sur les différentes questions soulevées dans l'instruction et ses propositions définitives, pour le tout être transmis par les soins de ce magistrat à l'admin. supérieure (1).

XI. RÉCEPTION ET REMISE DES TRAVAUX. — Les pr.-verb. des épreuves des ouvrages métalliques seront adressés directement au min. des tr. publ. par l'ingén. en chef du contrôle. Ils devront faire connaître en détail de quelle manière il a été procédé à ces épreuves et comment se sont comportées pendant et après lesdites épreuves les différentes parties de la construction. — V. *Epreuves.*

Il sera procédé, sur la demande de la compagnie, au récolement et à la remise aux différents services intéressés des routes, chemins et cours d'eau déviés ou modifiés par suite de l'exécution du chemin de fer (*remise prononcée d'office*, s'il y a lieu, en cas de réclamation non admise (V. *Remise*). — Cette opération sera dirigée par l'ingén. en chef du contrôle ou par l'un des ingén. sous ses ordres délégué à cet effet. La reconnaissance des travaux sera faite en présence des représentants de la compagnie, par les représentants des services qui doivent accepter les ouvrages et demeurer chargés de leur entretien, notamment :

Pour les routes nationales et départementales et pour les travaux intéressant la navigation, par les ingénieurs chargés de ces services ;

Pour les chemins de grande communication, par les agents voyers ;

Pour les chemins vicinaux et ruraux, par les maires des communes intéressées, assistés, s'il y a lieu, des agents voyers ;

Pour les travaux intéressant les syndicats, par les directeurs de ces associations.

Les procès-verbaux de reconnaissance et de remise des travaux exécutés seront rédigés en triple expédition dont l'une sera destinée à la compagnie, l'autre au chef du service intéressé, et la troisième à l'ingén. en chef du contrôle. — V. *Formules.*

XII. COMPOSITION DES ARCHIVES. — Les divers documents que l'ingén. en chef du contrôle de la construction remettra au service de contrôle de l'exploitation, après l'achèvement des travaux, comprendront essentiellement, en outre des projets approuvés, une expédition des plans parcellaires certifiée conforme aux pièces officielles qui ont servi de base à l'arrêté de cessibilité et au jugement d'expropriation.

J'envoie, Monsieur le Préfet, une ampliation de ces instructions à MM. les ingén. du contrôle et aux comp. de ch. de fer. Je vous prie de vouloir bien tenir la main à ce que les prescriptions qui y sont contenues soient strictement observées, et à ce que les affaires soient expédiées le plus promptement possible. » (*Circ. min.*, 21 *févr.* 1877.) — V. ci-après 3° *bis* et 5°.

_____

(1) Au sujet des projets de terrassements des chemins de fer devant traverser des *pays marécageux*, ou dont la construction nécessiterait le creusement de *chambres d'emprunt* de nature à modifier notablement les lieux au point de vue de l'écoulement des eaux, les conférences prévues par les instructions ci-dessus rappelées *ont été rendues obligatoires.* (Circ. min., 31 mai 1879, Extr.)

3° *bis.* — *Réserves apportées à l'approbation des projets des compagnies* (Instr. faisant suite à la circ. ci-dessus du 21 fév. 1877). — *Le C. gén. des p. et ch.* (6 déc. 1877), revisant une formule qu'il avait adoptée dans sa séance du 4 juin 1874 pour les réserves dont il convient d'accompagner l'approb. des projets de *tracé* et de *terrassements* des ch. de fer,

Est d'avis que cette formule doit être modifiée ainsi qu'il suit :

Le projet n'est approuvé d'ailleurs que *sous la réserve des modifications qui seraient la consé-quence des décisions à intervenir :*

(1°) En ce qui touche le nombre et l'emplacement des stations, à la suite de l'enquête définie par la circ. min. du 25 janv. 1854 (V. *Enquêtes*), *et les projets de détail des mêmes stations* (circ. du 21 févr. 1877). — V. ci-dessus, § 1 *bis, tit. II,* 3°, et *tit. IX,* § 3.

(2°) En ce qui touche les *ouvrages à construire* pour le rétablissement des communications et l'écoulement des eaux. — V. même circ., *tit. IX,* paragr. 4 et 5, et *tit. X.*

(3°) Enfin, en ce qui touche les *plans et états parcellaires* soumis à l'enquête du titre II de la loi du 3 mai 1841, — V. même circ., *tit. III, IV, V, VI* et *IX.*

Projets de travaux neufs, sur les lignes exploitées. — V. ci-dessous, 6°.

4° *Indications diverses* (au sujet de l'approb. des projets des compagnies). — Voir plus loin, § 5 ; — V. aussi au mot *Ch. de fer d'int. local* pour l'applic. de la loi du 11 juin 1880 et du cah. des ch. des lignes dont il s'agit et au mot *Enquêtes,* § 1 *bis,* le décret du 18 mai 1881 et la circ. min. du 11 août 1882.

Transmission rapide des dossiers (Recomm. min.). — V. *Instruction d'affaires.*

5° *Simplification des projets.* — 1° Emploi de formules uniformes (circ. min. 28 juin 1879 ; chemins exécutés par l'État, V. *Formules*).— *Extension au service des compagnies*) (Recommandations faites à ce sujet par circ. min. de même date du 28 juin 1879, dans l'esprit qui a dicté la 1re circ. du 21 fév. 1877, reproduite ci-dessus 3°. *P. mém.* (1). — 2° Simplification des dossiers d'avants-projets (*Chemins construits par l'État*). Circ. min. 28 avril 1880 (V. plus loin, § 2). — 3°. *Nota.* Nous ne connaissons pas d'extension faite à ce sujet pour les projets de compagnies. — 4° *Recueil de types d'ouvrages d'art* (Circ. min. 1879 et 1881). — Voir plus loin, § 2, 5°.

6° TRAVAUX SUR LES LIGNES EN EXPLOITATION (*Examen des projets des compagnies par le service de contrôle de l'exploitation*). TRANSMISSION DES DOSSIERS, etc. (circ. min. adres-sée le 27 juin 1879 aux insp. gén. du contrôle et par ampliation aux ingén. en chef de section (*texte principal*) :

(27 juin 1879) « Les circ. min. des 27 janv. et 15 juin 1879 (V. *Ingénieurs,* § 3, et *Inspec-teurs,* § 2, 5°) ont apporté diverses modifications au mode d'instruction des affaires ressortissant au service du contrôle de l'expl. des ch. de fer. — Il me paraît utile d'indiquer de quelle manière MM. les insp. gén. chargés de la dir. du contr. de l'expl. doivent intervenir dans l'in-struction de celles de ces affaires qui ont pour objet l'exécution de travaux sur les lignes com-prises dans le réseau qui leur est confié.

Comme par le passé les projets de travaux adressés par les comp. à l'admin. seront transmis à MM. les insp. gén. du contrôle, qui auront à les communiquer dans la forme ordinaire aux ingén. en chef de section, lesquels, après en avoir fait l'examen, les renverront à l'admin., directement

---

(1) *Ext.* de la circ. précitée du 28 juin 1879 : « Les formules qui doivent être employées, quel que soit le mode d'exéc. des ch. de fer, contiennent des blancs qui permettent de les utiliser dans tous les cas. — Tout en ne me dissimulant pas que leur emploi pourra contrarier sur plusieurs points les habitudes prises, je crois devoir les rendre obligatoires. Les concess. sont trop éclairés pour ne pas reconnaître que l'admin. sert leur intérêt en usant de son droit de réglementation pour assurer la régularité des opérations qu'il lui appartient de contrôler. — Elle n'entend nulle-ment, du reste, imposer aux comp. des formes minutieusement étroites ; mais elle tient à ce que le cadre tracé soit régulièrement suivi dans son ensemble. » (A cette circ. était jointe la collection complète des formules.)

avec leur rapport, lorsque le projet présenté ne soulèvera que des questions purement techniques, ou par l'interméd. du préfet, lorsque les nouvelles dispositions toucheront à l'intérêt public.

Les dossiers, ainsi complétés, seront communiqués par l'admin. supér. à MM. les insp. gén. du contrôle, qui les soumettent directement au C. gén. des p. et ch. (3ᵉ section) avec un rapport écrit ou avec un rapport verbal, suivant la nature de l'affaire. » (Circ. min., 27 juin 1879.) — V. aussi au mot *Contrôle*, § 3 *bis*, le décret du 20 juill. 1886.

Nota. — Il a été recommandé de ne pas faire de surcharges à l'encre sur les projets. Les modifications doivent être indiquées au crayon ou par une feuille transparente de retombe facile à enlever. (*Extr.*)

7° PROJETS DES COMPAGNIES SOUMIS AU CONSEIL D'ÉTAT (*au point de vue de l'imputation des dépenses au compte de premier établissement*). — 1° Décrets de 1863 et 1868 et documents antérieurs aux *conventions de* 1883 (V. *Justifications*, §§ 1, 2 et 3). — 2° Distinction entre le compte de premier établissement et le compte d'exploitation (*Id.* §§ 4, 5 et 6). — 3° Nouvelles instructions au sujet de la majoration des dépenses *faites par les compagnies au compte de l'État* et vérifications diverses relatives aux nouvelles conventions de 1883. (V. *Justifications*, § 7, *Conventions* et *Dépenses*, § 1. — Voir notamment au mot *Justifications*, § 3, la circ. min. du 23 janv. 1884, relative à l'indication distincte du montant des travaux nouvellement approuvés et des projets antérieurs, et au mot *Dépenses*, § 1, la circ. min. du 22 oct. 1885 ayant pour objet la vérification des dépenses faites par les comp. au compte de l'État, en vertu des conventions de 1883.

Nota. — Les chefs de service du contrôle ont généralement recommandé aux ingén. placés sous leur direction de ne pas omettre dans leurs rapports *pour travaux complémentaires*, la formule d'approbation transmise à ces ingénieurs et ainsi conçue : « ..... est d'avis d'approuver, étant entendu que la dépense de..... sera portée au compte de premier établissement, par application des dispositions de l'art..... de la convention approuvée par la loi du 20 nov. 1883.

II. Chemins de fer construits par l'État. — 1° *Organisation des services d'études et de travaux* (des lignes d'intérêt général exécutées par l'État). (V. au mot *Études* les indications du § 1, et les instructions nouvelles réunies au § 2, notamment le règl. joint à la circ. min. du 9 janv. 1882.)— 2° ENQUÊTES, CONFÉRENCES, PRÉPARATION ET RÉDACTION DES PROJETS. — Il paraît y avoir lieu, en général, à en juger du moins par les instructions déjà résumées ci-dessus, de suivre, en ce qui concerne les projets de travaux de ch. de fer exécutés par l'État, les bases principales indiquées par le cah. des ch. des *chemins concédés*, et par les documents ministériels qui en ont réglé l'application. (Voir ci-dessus, §§ 1 et 1 *bis*. Voir aussi *Bureaux*, § 7, *Conférences, Gares, Enquêtes, Études, Ouvrages d'art*, etc. (1). Toutefois, certains détails de rédaction et d'instruction des projets définitifs ou des avant-projets, n'étant pas absolument identiques pour l'État et pour les comp., nous croyons devoir, en dehors de l'applic. éventuelle de l'ancien PROGRAMME GÉNÉRAL DES PROJETS DE TR. PUBL. (*Règl. min.* 14 *janvier* 1850, qui se trouve dans tous les bureaux d'ingénieurs), réunir ci-après les documents officiels qui se rapportent spécialement et directement aux *projets de ch. de fer non concédés*, exécutés par l'État. — Voir à l'*Appendice* un extr. dudit règl. de 1850.

3° *Présentation d'avant-projets.* — 1° Formalités d'utilité publique (V. *Avant-projet, Conférences, Enquête* et *Zone frontière*) ; — 2° Règl. min. du 9 janv. 1882, relatif à l'instruction des affaires et à la transmission des dossiers (V. *Études*, § 2, 2°) ; — 3° Instructions diverses, antérieures au règl. précité du 9 janv. 1882. (Évaluation des profits, communications au min., etc.) *P. mêm.* — Voir le nota ci-après.

---

(1) Au 3° du § 1 *bis* ci-dessus, nous avons rappelé une décis. minis. du 31 mai 1879 rendant les *Conférences* obligatoires au sujet du creusement des *chambres d'emprunt*, et de la traversée des *pays marécageux*.

Nota. — Une circ. min. du 14 mai 1880 a recommandé aux ingénieurs, quand il s'agit de préparer les dossiers *d'enquête,* d'user de la plus grande réserve en ce qui concerne le calcul des profits à tirer des travaux. — Ils doivent, en rédigeant leurs mémoires et notices, s'abstenir de chiffrer la valeur de ces profits et se borner à relater des faits matériels, précis et incontestables. — Il importe en effet de ne pas livrer à la publicité des évaluations qui n'ont qu'un caractère de probabilité et sur lesquelles pourraient se fonder des espérances susceptibles d'être déçues. — (Ces renseign. accompagnés de justific. complètes et détaillées doivent seulement trouver leur place dans les rapports produits à l'admin. à l'appui des avant-projets). — *Pièces complém. à fournir au ministre en vue des communications à faire aux Chambres :* — Ext. d'une circ. min. du 6 juin 1880. — « A l'avenir, MM. les ingén. en chef me remettront, indépendamment du dossier officiel de l'enquête d'utilité publique, une copie des pièces les plus importantes telles que plans généraux, notices pour l'enquête, avis des commissions, délibérations des chambres de commerce et des conseils municipaux et rapports sur les résultats de l'enquête. Cette copie me sera adressée directement par les ingén. en chef..... — Elle pourra être, soit manuscrite, soit autographiée ou chromographiée. Je crois d'ailleurs devoir, à cette occasion, signaler tout particulièrement l'intérêt que j'attache à voir se généraliser le plus possible les procédés de reproduction rapide des dessins ou des documents écrits. » — V. aussi *Études,* § 2.

Simplification des avant-projets (Chemins construits par l'État). — Mesures motivées par la nécessité d'imprimer une grande activité aux nouveaux travaux de ch. de fer, et arrêtées par *décis. min. du 28 avril* 1880, conf. à l'avis du C. gén. des p. et ch.

(1°) Toutes les fois qu'un avant-projet aura été étudié avec assez de soin et de détails pour qu'aucun changement notable en plan ou en profil ne doive y être apporté ultérieurement en exécution, je donnerai, s'il y a lieu, sur la prop. du C. gén. des p. et ch., l'autorisation de prendre cet avant-projet pour base de l'enquête sur le nombre et l'emplacement des stations ; cette enquête pourra ainsi être ouverte imméd. après la promulgation de la loi ou du décret déclarant l'utilité publique de la ligne. — En cas de réserve de dispenser, dans le même cas, les ingén. de la production du projet de tracé et de terrassements (*Dossier* B des formules types jointes à la circ. min. du 28 juin 1879. — V. *Formules*).

(2°) Les ingén. auront soin de ne soumettre à l'admin., dans leurs projets de tracé et de terrassements (*Dossier* B) et dans leurs projets d'exécution (*Dossier* E), que les profils en travers principaux, au lieu de produire, comme ils le font souvent, de volumineux cahiers contenant tous les profils ayant servi au calcul des terrasses.

(3°) Ils s'abstiendront de m'envoyer avec leurs projets d'exécution (*Dossier* E) les dessins des dispositions de déviations de chemins et de cours d'eau sur lesquelles ils se seraient entendus avec les services intéressés et qui n'auraient pas une importance exceptionnelle. Ils ne me présenteront que les dessins des princip. ouvr. d'art, sans y joindre ceux des ouvrages ou des bâtiments conformes à des types déjà approuvés. — Ils distrairont du dossier tous les détails des avant-métrés d'ouvrages d'art.

Toutefois, il doit être bien entendu que les pièces des projets d'exécution seront complétées avant l'adjud., conf. au bordereau-type annexé à la circ. min. du 28 juin 1879. — Ces documents compl. seront préparés dans les bureaux des ingén. pendant la durée de l'instruction à l'admin. centrale.

(4°) Les ingénieurs seront dispensés de joindre aux avants projets (*Dossier* A) et aux projets de tracé et de terrassements (*Dossier* B), ainsi qu'aux projets d'exécution (*Dossier* E), les procès-verbaux des conférences avec les services civils intéressés, lorsque l'accord se sera établi et que cet accord n'entraînera pas pour l'État l'obligation de faire des travaux de quelque importance ; ils se borneront alors à mentionner l'entente aux deux degrés dans leurs rapports et à en indiquer sommairement les bases. — Il en sera de même pour les conférences avec le service militaire, quand les deux conditions précitées seront remplies et qu'il n'y aura pas lieu à une adhésion de M. le min. de la guerre.

Bien appliquées, ces mesures permettront de gagner un temps précieux. Je compte sur le zèle si éclairé de MM. les ingénieurs pour en tirer largement profit et surtout pour me mettre à même de renoncer le plus souvent possible à la production du projet de tracé et de terrassements. »

4° *Projets définitifs* (Emploi de formules uniformes). — Circ. min. 28 juin 1879, avec application aux projets des compagnies (V. ci-dessus, § 1, 5°). — (Au sujet des *projets spéciaux* ayant pour objet le matériel fixe et la superstructure des ch. de fer construits par l'État (circ. min. 30 mars 1880, 14, 16 et 17 mai 1881, 14 nov. 1881, 6 sept. 1882 et 5 janv. 1883), nous ne pouvons que renvoyer aux mots *Devis, Matériel fixe,* § 2, et *Superstructure.* — V. aussi *Études,* § 2.

Recueil de types et de tableaux, collectionnés par l'administration (*et envoyés aux ingén.*

chargés de l'étude et de la constr. des ch. de fer exécutés par l'État), circ. min. 30 juillet 1879, p. mém. Cette collection comprend : 1° Des types de plans et de profils ; — 2° Des types d'ouvrages d'art courants ; — 3° Des tableaux graphiques. — *Nota.* Nous avons donné au mot *Ouvrages d'art*, § 1ᵉʳ, l'extr. princip. de la dite circ. au sujet *des types d'ouvrages d'art.* — La même circ. rappelle entre autres dispositions que les *stations* des nouvelles lignes construites par l'État « doivent être placées autant que possible en palier et en alignement droit sur toute leur longueur qui ne peut être inférieure à 400 m.».— (*Courbes, rampes et pentes,* « à établir, en raison de l'importance secondaire des nouvelles voies à construire »). « Il conviendra d'abaisser, dans la plupart des cas, la limite des *rayons de courbure* jusqu'à 300 m. et même à 250 m. aux abords des stations, et d'élever celle des *rampes et pentes* jusqu'à 30 millièmes en raison des difficultés que pourra offrir le relief du sol.» — *Exception pour les chemins stratégiques.* La même circ. min. 30 juill. 1879 (tr. publ.) énumère à ce sujet les conditions techniques auxquelles doit satisfaire une ligne, d'après la dépêche du min. de la guerre, 21 fév. 1878, pour être classée dans la catégorie des *chemins de fer dits stratégiques* (1). — Enfin, au sujet du type de la largeur de 6ᵐ assignée à la *plateforme* dans les terrains ordinaires et 5ᵐ pour la plateforme des *tranchées dans le rocher,* toute latitude est laissée à ce sujet aux ingénieurs. — (Extr. circ. min. 30 juill. 1879.) — (Nouvelles indications au sujet des *types d'ouvr. d'art* (Circ. min. mai 1881. — V. *Types.*

Frais généraux à faire figurer dans les projets. — Une circ. min. du 12 août 1880 a recommandé aux ingén. (ch. de fer exécutés par l'Etat) de faire figurer dans l'estimation sommaire des dépenses, les frais généraux auxquels donnent nécess. lieu les études et l'exéc. des travaux et qui comprennent les traitements, émoluments, frais fixes et allocations diverses (frais de tournées indemnités de campagne et de résidence et travail suppl.) du cadre permanent et du personnel temporaire, ainsi que les salaires des surveillants, porte-mires, chaîneurs, etc., frais de location ou d'installation des bureaux et magasins, achat d'instruments, etc. — Cette estimation dépendant de la nature des travaux, de leur importance, de leur durée, de la situation des chantiers relativem. à la résidence des agents chargés de leur surv., doit faire, dans chaque cas, l'objet d'une étude spéc. et de justifications détaillées.

(*Nota.*) — « En ce qui concerne les travaux de ch. de fer, c'est-à-dire la partie la plus importante au point de vue des dépenses, du programme, il résulte des relevés minutieux faits par le C. gén. des p. et ch. que les frais généraux de toute nature peuvent s'élever en moyenne à 7 p. 100 de l'estimation des travaux et des acquisitions de terrains pour les lignes à une voie, et 4 p. 100 pour les lignes à deux voies. Si de ces chiffres on déduisait respectivement 2 p. 100 et 1 p. 100 en nombres ronds pour les dépenses du personnel permanent et du personnel auxiliaire, il resterait 5 p. 100 et 3 p. 100 pour les dépenses à évaluer par les ingénieurs. » (Ext. de la circ. min. précitée du 12 août 1880).

---

(1) Ces conditions sont les suivantes (*Ext. de la dép. min. du 21 fév. 1878*). — « 1° La déclivité normale maxima ne doit pas dépasser 15 millim., par mètre, et, lorsqu'elle atteint ce chiffre, un dépôt pour une machine de réserve, destinée à donner le renfort aux trains qui se présentent est établi au pied de ces rampes exceptionnelles. — 2° Un palier de 100 m. doit être interposé entre deux déclivités de sens contraire, toutes les fois que l'une d'elles dépasse 5 millim. par mètre. — 3° Les courbes ne peuvent avoir un rayon inférieur à 300 m. ; ce minimum est porté à 500 m. sur les pentes ou rampes supérieures à 8 millim. — 4° Un alignement droit de 100 m. au moins doit être ménagé entre deux courbes de sens contraire toutes les fois que le rayon de l'une d'elles est inférieur à 500 m. — 5° Sur les chemins à voie unique, les voies de croisement des trains ne doivent pas être distantes l'une de l'autre de plus de 15 kilom. — 6° Sur ces mêmes chemins à voie unique, des voies de garage doivent être disposées à des distances qui ne seront pas supérieures à 25 kilom. — 7° Les voies de garage comme les voies de croisement doivent être horizontales et présenter une longueur de 400 m. — 8° Les prises d'eau ne doivent pas être distantes de plus de 25 kilom. Elles doivent fournir, en 24 heures, un débit de 200 m. cubes, si la distance est de 20 kilom. et au-dessous, et un débit de 240 m. cubes, si cette même distance est de 21 à 25 kilom. — 9° Il ne peut être dérogé aux conditions énoncées dans les huit articles qui précèdent qu'avec l'assentiment du département de la guerre, auquel doivent être soumises toutes les propositions spéciales à chaque cas particulier. »

Projets de déviations (de routes, chemins et cours d'eau). — V. les mots *Chemin, Déviations* et *Routes.* — Voir aussi plus haut, § 1 *bis*, à titre de renseignement, les titres IX, X et XI de la circ. min. du 24 fév. 1877 (travaux des compagnies).

III. Formalités d'adjudication des projets. — V. *Adjudications, Marchés, Matériel fixe* § 2 et *Superstructure.* — Voir aussi au mot *Ponts*, § 2, les circ. min. du 11 août 1880 et du 7 nov. 1882, relatives à l'adjudication des travées métalliques et à la création à Paris d'un service central de fourniture du matériel fixe pour la superstructure des lignes exécutées par l'État.

Projets spéciaux de matériel fixe (Chemins de l'Etat). — V. *Superstructure.*

IV. Projets des lignes d'intérêt local. — 1° Dispositions de la loi du 11 juin 1880 (art. 3) et prescriptions du cah. des ch. (art. 3) (Voir les mots *Chemin de fer d'intérêt local* et *Utilité publique*); — 2° Cartes de l'état-major, à joindre aux projets (V. ci-dessus, § 1); — 3° Dossiers spéciaux des enquêtes relatives aux lignes d'intérêt local (V. au mot *Enquêtes*, § 1 *bis*, le décret du 18 mai 1881 et la circ. min. du 11 août 1882); — 4° Chemin d'intérêt local empruntant les voies publiques. — V. *Chemin d'intérêt local*, § 3, et *Voies publiques.*

V. Formalités générales d'approbation des projets (*Exécution de l'art. 3 précité du cah. des ch. et dispositions relatives aux ouvrages accessoires*). Voir ci-dessus, au § 1 *bis*, en ce qui concerne les formalités de présentation et de vérification des projets relatifs aux *Chemins concédés* et, au § 2, les instr. spéc. s'appliquant aux ch. de fer construits par l'État. — D'une manière générale, et à moins de cas d'urgence ou d'instructions contraires, c'est toujours par l'interméd. des préfets que les ingén. du contrôle doivent adresser leurs rapports à l'admin. supér. sur tous les projets de *travaux* intéressant les ch. de fer. Une circ. min. du 26 oct. 1869, adressée aux ingén. du contrôle, contenait à ce sujet les dispositions suivantes que nous reproduisons sous la réserve des indications déjà données ci-dessus, notamment au § 1 *bis*, 6°.

C. m. 26 oct. 1869. Extr. « J'ai remarqué que plusieurs projets de travaux neufs, à exécuter sur des ch. de fer en exploitation, ont été transmis directement à l'admin. supér. par MM. les insp. gén. chargés de la direction du service du contrôle. — Il importe que MM. les préfets aient connaissance de tous les travaux neufs de chemins de fer à exécuter dans leurs départements, et qu'ils donnent leur avis sur les dispositions projetées par les compagnies, ainsi que sur les propositions du service du contrôle relatives auxdits travaux. Je vous invite, en conséquence, à veiller, à l'avenir, à ce que les projets de travaux renvoyés à votre examen me parviennent par l'interm. de MM. les préfets. » — V. la distinction faite au § 1 *bis*, 6°.

Ponts à la rencontre des routes, chemins et cours d'eau. — Ces ouvrages sont compris, comme on vient de le voir, dans les projets à soumettre à l'approb. ministérielle. Toutefois, sur quelques lignes de ch. de fer, les préfets ont été autorisés à statuer directetement, après avoir pris l'avis des ingén. du contrôle et des agents voyers, sur les projets de détail présentés par les comp. pour la traversée des chemins vicinaux et communaux, travaux comprenant, soit la déviation ou le redressement de ces chemins, soit leur raccordement en plan et en profil avec le pont ou le passage à niveau de la voie de fer. — Dans certains cas, le droit d'approb. attribué aux préfets, comprenait aussi la construction des ponts eux-mêmes. — Mais sur la généralité des ch. de fer, on paraît s'être borné jusqu'ici à faire figurer sur les projets dont il s'agit les parties d'ouvrages ayant un caractère exclusivement vicinal, c'est-à-dire les remaniements de chaussées, fossés, banquettes, murs de soutènement, etc., aux abords de la voie ferrée. Nous devons ajouter que les attrib. de l'autorité préfectorale, en matière d'approb. des projets sur les ch. vicinaux, ont été modifiées par la loi du 10 août 1871 sur les C. gén. (V. l'extr. de ladite loi au mot *Préfets*, § 8).

Passerelles établies aux frais des particuliers. — Le ministre seul a le droit, avant comme après l'ouverture de l'expl. des lignes de ch. de fer, d'autoriser, sur la demande et aux frais des communes ou des particuliers, l'établ., à la traversée de la voie de fer, de passerelles à piétons ou à voitures, ayant pour objet d'ouvrir un nouveau passage communal ou de desservir des propriétés particulières.

Les préfets, lorsqu'ils sont saisis des projets définitifs relatifs à ces ouvrages, ne sont appelés, d'après les règles admises, qu'à statuer sur les questions des abords et sur les dispositions du raccordement avec le ch. de fer ; ils ne sont pas dans l'usage d'approuver directement le système d'établ. et les dispositions et dimensions du pont ou de la passerelle. — Les dessins de ces ouvrages, avec pièces à l'appui, doivent être soumis à l'approb. de l'admin. supér. préalablement à l'exécution des travaux. — Certains préfets ont pris le moyen terme suivant : ils approuvent, lorsqu'il y a lieu, l'ensemble du projet (ouvrage d'art et abords) de la passerelle autorisée en principe par l'admin. supér. ; mais ils ont le soin de soumettre leurs arrêtés approbatifs à la sanction du ministre.

VI. Dispositions diverses. — 1° *Programme uniforme pour la rédaction des projets de travaux publics* (Règl. min. du 14 janv. 1850). — Nous ne mentionnons que *pour mém.*, cet ancien règl. qui pour les ch. de fer, du moins est utilement suppléé par les instructions assez nombreuses déjà résumées aux précédents paragraphes et par les types et dessins d'*ouvrages*, et formules de pièces écrites, dont sont munis aujourd'hui tous les ingénieurs (V. *Formules* et *Types*). — Ainsi que nous l'avons rappelé d'ailleurs ci-dessus, le programme dont il s'agit se trouve reproduit en extr. à l'*Appendice* de ce recueil (1) ; — 2° *Modifications autorisées aux projets.* (V. ci-dessus, art. 3. cah. des ch. V. aussi le mot *Modifications*) ; — 3° Projets de travaux neufs *sur les lignes* en exploitation. V. ci-dessus § 1 *bis*, 6° (V. aussi *Travaux*) ; — 4° Projets de travaux, *d'entretien et de réparation* (V. les mots *Réparation* et *Travaux*) ; — 5° Exécution et réception des ouvrages. (V. ci-dessus, § 1 *bis* ; V. aussi les mots *Réceptions, Remise* et *Travaux*) ; — 6° Projets divers (relatifs au service d'exploitation). — V. *Marche des trains, Ordres de service, Propositions, Règlements* et *Tarifs.*

PROPOSITIONS.

I. Communications des compagnies. — *Formalités réglementaires.* — 1° Installation d'agents, de signaux, de matériel, etc. (titre Ier, ordonn. 15 nov. 1846) (V. *Ordonnances*) ; — 2° Propositions pour la marche des trains et l'applic. des tarifs (titres III, IV et V même ordonn.) (V. *Homologation, Marche des trains, Ordres de service,* § 1 *bis* et *Tarifs*) ; — 3° Règlements divers (V. *Approbations* et *Règlements*) ; — 4° Modification des propositions de la compagnie (*Art.* 69, ordonn. 15 nov. 1846). — Voir aussi a décis. min. ci-après (intervenue sur la réclam. d'une comp.).

(*Décis. spéc. 29 juillet 1864.* Extr.) — Une décis. min., prescrivant, sur l'avis de l'ingén. en chef du contrôle, des modifications à un ordre de service soumis par la comp. à l'approb. de l'admin. supér., a soulevé diverses objections de la part de cette comp., qui a fait remarquer, en outre, que lorsque des changements sont apportés à ses propositions, il serait à désirer que ces changements lui fussent préalablement communiqués. Le min. a adressé à ce sujet la recommandation suivante à l'ingén. en chef du contrôle : — « La demande de la comp. étant conforme aux dispositions de l'art. 69, § 2, de l'ordonn. du 15 nov. 1846, je vous prie de vouloir bien y avoir égard toutes les fois qu'il vous paraîtra utile de modifier une proposition soumise à votre examen. Votre rapport devra constater l'accomplis. de cette formalité. » — *Nota.* — Dans ces affaires, les comp. ont évidemment tout intérêt, de leur côté, à ne pas faire attendre trop long-temps l'envoi de leurs observations. (V. *Ordres de service.*)

II. Notes et propositions de fin d'année. — V. *Études,* § 2, et *Personnel.*

---

(1) Nous renvoyons aussi, en dehors des renseignements ci-dessus rappelés, aux mots *Adjudications, Analyse de prix, Cartes et plans, Clauses et Conditions, Devis, Formules, Marchés, Travaux, Types, Zone frontière,* et d'une manière générale à tous les articles qui peuvent se rattacher à la rédaction et à l'exécution des projets nécessités par l'établ. des ch. de fer.

PROPRIÉTÉS RIVERAINES.

Indications à consulter. — V. *Accès, Alignements, Bâtiments, Bornage, Carrières, Clôtures, Couvertures en chaume, Dépendances, Dommages, Écoulement des eaux, Emprunts, Excavations, Études, Expropriation, Extraction, Forêts, Fossés, Fours, Grande voirie, Immeuble, Incendies, Inondations, Jours, Mines, Occupation de terrains, Plantations, Puits, Servitudes, Terrains,* etc.

PRUD'HOMMES.

Bases d'organisation du Conseil des prud'hommes (Institution ayant pour but de juger les contestations entre patrons et ouvriers). Loi du 1er juin 1853 (*P. mém.*)

Compétence (Actions intentées par des mécaniciens de ch. de fer contre les compagnies). — Contrairement aux décis. rendues par le conseil des prud'hommes de Paris (16 et 30 oct. 1871), le trib. de C. Seine a jugé « qu'un mécanicien de locomotive ne saurait être rangé dans la classe légale des ouvriers. Il doit être assimilé à un sous-aide d'ingénieur. — Dès lors, la contestation d'un tel agent et de la comp. qui l'emploie n'est pas de la compétence du conseil des prud'hommes ». (Tr. comm. Seine, 25 janv. 1872.)

Projet de loi (pour l'extension des attrib. du Conseil des prudhommes). — A la séance de l'*Assemblée nationale* du 8 févr. 1872, divers membres de cette assemblée ont présenté la prop. de loi suivante :

« Avant le 1er mai 1872, un décret d'institution, rendu dans les formes prescrites par l'art. 1er de la loi de 1853, modifiera ainsi qu'il suit les ordonn. du 29 déc. 1844 et du 9 juin 1847 ;

« Il est établi à Paris, siège social de toutes les comp. de ch. de fer, une cinquième section du conseil des prud'hommes ; cette section statuera sur les différends qui pourront s'élever entre les ouvriers employés par les comp. de ch. de fer et les comités de direction de ces compagnies. »

(*Suites données.*) — Après de longs et intéressants débats à la *Ch. des députés,* le projet de loi ci-dessus a reçu les solutions suiv. : 9 février 1872, *Urgence non déclarée ;* — 18 mars 1872. La commission d'initiative *propose de ne pas prendre ce projet en considération ;* — 24 avril 1872. Adoption des conclusions de la commission et par suite *rejet de la proposition de loi. — Nouvelle étude parlementaire* (relative aux rapports des grandes comp. avec leurs agents commissionnés). P. mém.

Loi spéc. du 10 déc. 1884 sur les conseils de prud'hommes (formalités d'élections). — Rien à signaler, dans cette loi, de particulier aux ch. de fer.

PUBLICATIONS. — PUBLICITÉ.

1. Prescriptions diverses. — 1° Affaires de travaux (V. *Adjudications, Enquêtes, Expropriation) ;* — 2° Affaires d'exploitation (V. *Ordres de service,* applic. de l'art. 43 de l'ordonn. de 1846) ; *Cours des gares* (art. 15 du règl. type du 25 sept. 1866) ; *Passages à niveau ; Délais* (art. 16, arr. min. 12 juin 1866) ; *Frais accessoires,* § 2, *Affichage* (publicité relative aux tarifs de buffets, aux compartiments réservés dans les trains, aux corresp. manquées, aux retards, etc.) ; *Jugements,* etc., etc.

Publicité relative à l'applic. des tarifs. — Les art. 44 et 45, de l'ordonn. du 15 nov. 1846 contiennent les indications nécessaires au sujet de la mise en applic. des tarifs à percevoir dans la limite fixée par le cah. des ch. — L'art. 46 se rapporte aux propositions à fournir au min. pour les taxes non prévues au cah. des ch. — L'art. 48 concerne l'affichage du tarif des frais accessoires. — Enfin l'art. 49 de la même ord. se rapporte aux modifications apportées aux tarifs (V. *Affichage, Arrêtés préfectoraux, Homologation, Ordonnances et Tarifs*).

D'après les règles établies, les propositions, présentées par les comp. doivent recevoir une publicité préalable, dont les formalités sont détaillées au mot *Affichage*. — Une fois les tarifs approuvés, les dispositions qui s'y rapportent sont portées à la connaissance du public dans les conditions indiquées aux paragr. suivants :

II. Publication des tarifs homologués. — L'art. 2 de l'arr. minist. du 15 avril 1850 (V. *Contrôle*) charge les préfets de prendre, chacun dans l'étendue de son dép., les mesures nécessaires pour rendre exécutoires les règl. et instr. min. concernant le public, *notamment en ce qui concerne la publication des tarifs.* Voici les princip. dispositions en vigueur pour cet objet (sauf pour les tarifs internationaux ou d'exportation).

Forme des arrêtés (et frais d'impressions, etc.). — « Lorsque les préfets ont sous les yeux les prop. de la comp. et la décis. de l'admin. supér., ils possèdent tous les éléments nécess. pour prendre leurs arrêtés ; il suffit d'intercaler, comme dispositif, entre le préambule et la formule finale, le projet de tarif tel qu'il a été homologué ou modifié par l'admin. » (Circ. min. 15 avril 1854.) — *Frais d'impression et d'affichage.* — « La comp. n'a plus à intervenir que pour rembourser les frais auxquels donnent lieu l'impression et l'affichage de l'arrêté préfectoral. » (*Même circul.*) — Voici à ce sujet l'ext. d'une dépêche adressée pour cet objet, le 25 avril 1864, au préfet de l'Ain : « L'affichage des arrêtés que vous avez à prendre en matière de tarifs de ch. de fer doit être fait directement par vos soins, même à l'intérieur des gares et non par ceux de la comp., qui ne doit intervenir dans l'opération que pour en rembourser les frais. »

Intervention du préfet de police. (Circ. min. 14 juin 1854, Ext.) « Toutes les fois que le préfet de police doit intervenir dans la publication du tarif homologué, ce magistrat communique aux préfets des dép. une épreuve de son ordonn. Chaque préfet, après avoir fait sur cette épreuve les changements nécessaires pour la convertir en arrêté applicable dans son dép., la renvoie signée par lui au préfet de police, et indique, en outre, le nombre d'ex. dont il a besoin. Ces ex. lui sont adressés dès le tirage, effectué par les soins et sous la surv. de la préf. de police est terminé, et il publie ensuite lui-même son arrêté. Au surplus, les tarifs de ch. de fer n'étant pas tous applicables dans le dép. de la Seine, il faut tenir compte des exceptions qui se produisent pour certains tarifs spéciaux et pour les tarifs destinés à être rendus exécutoires sur une ligne qui n'est pas en relation directe avec Paris. — Dans ces divers cas, le préfet de police n'ayant pas d'arrêté à prendre, et ne pouvant dès lors fournir aucun élément de publication, les préfets devront, lorsque les taxes homologuées seront susceptibles d'être perçues dans leur département, se référer purement et simplement à la circ. min. du 14 avril 1854. (V. ci-dessus.)

Points où les affiches doivent être apposées. — D'après l'art. 699 du C. de procédure civile, relatif à l'affichage des documents administratifs et judiciaires, et en tenant compte des circonstances spéc. aux ch. de fer, l'affichage des propositions de tarifs (fait par les soins des comp.) et celui des arrêtés pris par les préfets pour la publication de ces tarifs, après leur homologation, devrait avoir lieu savoir : 1° dans les endroits les plus apparents des gares des localités où le tarif est applicable ; 2° à la porte extérieure des mairies, et, au besoin, des préfectures et sous-préfectures ; 3° aux principales places des localités intéressées ; 4° et enfin, aux portes extérieures des trib. de comm. et des chambres de commerce, toutes les fois que les tarifs intéresseront les industriels ou négociants des localités situées dans le ressort desdites chambres.

Légalité des tarifs non publiés par les préfets. — « La perception des taxes modifiées devient légitime par le seul effet de l'homol. de l'admin. supér., conf. aux dispos. de l'ord. de 1846 ; — A la vérité, des cah. de ch. antérieurs, énoncent la nécessité d'un arr. préf. rendant exécutoires, dans chaque dép. que traverse la voie ferrée, les taxes homol. par le min. ; mais cette condition n'ayant pas été reproduite dans le cah. des ch. qui régit seul aujourd'hui la comp. demanderesse, la taxe dont il s'agit dans l'espèce était obligatoire, bien qu'elle n'eût pas été rendue exécutoire par un arr. préf. » (C. C., 1er août 1864.)

III. Livrets remplaçant les affiches (pour les tarifs volumineux, tels que les livrets de tarifs *gén.*, *spéc.* ou *communs*). — Extr. de diverses instr. ministérielles :

Les livrets, visés par le chef du contrôle, seront déposés dans les préfectures et sous-préfectures des dép. traversés par le ch. de fer, dans les bureaux des commiss. de surv. admin. et dans le vestibule des gares et stations pour y être tenus à la disposition du public. — Un *avis sommaire* publié par les préfets et placardé une seule fois sur les murs des localités desservies par le ch. de fer, mais affiché, d'une manière permanente et à la diligence de la comp., dans les gares et stations, fera connaître au public les lieux de dépôt où il sera admis à consulter le livret.

« Chaque addition ou modification qui pourrait être introduite, par la suite, dans les tarifs spéc. compris dans le livret actuel, sera portée à la connaissance du public, après homolog. de l'admin. supér., par des arrêtés préfectoraux publiés en *affiches*, et transcrite ensuite, par les soins de la comp., sur une feuille ou sur des feuilles de même format que le livret; lesdites feuilles également visées par le chef du contrôle, devant être successivement ajoutées à ce même livret, de manière que le public ait constamment sous les yeux un tout complet. Il conviendra, à cet effet, qu'il en soit dressé des ex. en nombre suffisant à chaque service, savoir : à l'admin. supér., 15 ; — à chaque chef du contrôle, 40 ; — et aux préfets une quantité égale à celle des recueils déposés dans chaque département.

« Comme, au surplus, les tarifs spéc. ne sont jamais bien considérables, les feuilles addition- nelles fournies par la comp. reproduiront non seulement la modification approuvée, mais le tarif complet tel qu'il résulte de cette modification. Elles seront envoyées à tous les préfets du réseau, que le tarif s'applique ou non dans le ressort de leur préfecture.

« Tout nouveau tirage de feuilles additionnelles devra être vérifié par l'inspecteur principal de l'exploitation commerciale, afin d'assurer une parfaite identité entre la décision homologative et les tarifs insérés au livret.

« Enfin, la comp. sera tenue d'adresser à l'admin. centrale 15 ex. du livret homologué, ledit livret, rectifié et modifié comme il est dit ci-dessus. — Et à chaque chef du contrôle, 40 ex. de ce même livret. — Quant aux préfets, ils recevront le nombre d'ex. nécessaire à chacun d'eux, et ces ex. devront être revêtus du visa des chefs de service du contrôle. »

Légalité du dépôt des livrets (substitué aux affiches). — « Si, aux termes de l'art. 49 de l'ordonn. du 15 nov. 1846 et des cah. des ch. des comp. de ch. de fer, les modifications appor- tées aux tarifs doivent être publiées par voie d'affiches, ce mode de publication, qui s'effectue ordin. par des placards, n'est pas prescrit impérativement en cette forme. — En conséquence, il peut être remplacé par l'affiche d'avis sommaires (avertissant le public que ces tarifs sont à sa disposition) et par le dépôt de livrets contenant les tarifs, dans les gares et autres lieux, conf. aux décis. min. rendues à ce sujet, particulièrement pour les tarifs gén. qui, à raison de leur étendue, ne pourraient pas être publiés par voie d'affiche. » (C. C., 31 déc. 1866 ; voir aussi un arrêt rendu dans le même sens, le 14 nov. 1865.)

Sursis d'exécution des tarifs (contestation sur la forme de la publicité). — « L'autorité judiciaire est seule compétente pour prononcer sur les contestations relatives à l'appli- cation des tarifs pour transport par chemin de fer et aux conditions de publicité auxquelles ces tarifs ont été assujettis par la loi ou les règlements. — En conséquence, la C. d'appel qui, au lieu de statuer sur la prétendue illégalité des tarifs, dont une comp. lui demande l'application, ordonne qu'il sera sursis jusqu'à ce que cette question de légalité soit tranchée par l'autorité admin., méconnaît les règles de sa propre compé- tence, aussi bien que la force exécutoire attachée aux actes ministériels régulièrement pris pour autoriser la perception des taxes. » (C. C., 31 déc. 1866 ; voir aussi un arrêt rendu dans le même sens, le 14 nov. 1865.)

IV. Communications des arrêtés préfectoraux. — Les arrêtés préfectoraux qui ren- dent exécutoires, dans chaque dép., les décisions par lesquelles l'admin. supér. homo- logue les tarifs des transports sur les ch. de fer, doivent être régulièrement communi- qués au ministre, et il convient, dans l'intérêt du service, que la même communication soit faite aux chefs du contrôle. MM. les préfets doivent, en conséquence, adresser toujours à l'admin. centrale quatre ou cinq ex. et à l'ingén. en chef deux ex. au moins, des arrêtés à prendre pour autoriser la perception des taxes sur les chemins de fer qui traversent leur département. » (Circ. min. du 23 août 1850.) — *Suppression de l'envoi au ministre* (Circ. min. 11 nov. 1884). — V. *Homologations*, § 1.

Un exemplaire des arrêtés dont il s'agit doit être d'ailleurs adressé par les préfets aux chambres de commerce. (Circ. min. 15 févr. 1862.)

Indications diverses. — 1° Règles applicables à la mise en vigueur des tarifs (V. *Affichage*, *Arrêtés*, *Homologation* et *Tarifs*). — 2° Homologation des tarifs des lignes d'intérêt local. — V. *Homologation*, § 4, et *Tarifs*, § 10.

PUITS.

Conditions d'établissement aux abords des voies. — L'établ. des puits riverains, à plus de 2^m de la limite d'un chemin de fer, échappe aux règlements spéciaux des voies ferrées à moins que l'excavation ne puisse être considérée comme dommageable pour le service public. dans lequel cas il y aurait lieu de faire application de l'art. 6 de la loi du 15 juillet 1845, cité au mot *Excavations*.

L'ouverture de puits est surtout une affaire de police locale et comporte toujours une déclaration à l'autorité, désignant l'endroit où l'on a le projet de faire les travaux. — Le droit commun en cette matière est réglé par la loi du 24 août 1790 et par les art. 674 du Code civil et 471 du Code pénal (1).

Puits pratiqués pour les besoins du chemin de fer. — 1° Sur la généralité des lignes il est d'usage d'établir, dans les dépendances des gares ou des passages à niveau, des puits servant surtout à l'usage des agents ; — il n'y a pas d'ailleurs de mesure uniforme pour cet objet, sauf en ce qui concerne la nécessité d'entretenir ces puits en bon état ; — 2° *Puits d'aérage pour les tunnels* (V. *Souterrains*) ; — 3° Puits pour l'alimentation des machines. — V. *Prises d'eau*.

Dommages. — « Si, en exécutant des tranchées sur son terrain, un propr. a intercepté des sources qui alimentaient le puits de son voisin, ce fait ne saurait créer un droit à indemnité au profit de ce dernier qui ne prétend pas d'ailleurs avoir acquis par titre ou par prescription, aux termes de l'art. 641 du C. civil, des droits à l'usage de ces sources.» (C. d'État 16 mars 1870.) — *Compétence.* — « L'action en domm.-intérêts intentée à une comp. pour dommages causés à un puits, dérivant non du fait même des travaux de celle-ci, mais d'une convention passée entre les parties à l'occasion de ces travaux, est de la compétence des trib. civils. » (C. C. 2 avril 1878.) — V. aussi *Sources*.

PUNITIONS DISCIPLINAIRES.

I. Pénalité attachée aux délits et contraventions. — V. *Amendes* et *Pénalité*.

Négligence des agents. — V. *Abandon* (du poste), *Ivresse*, *Responsabilité*, *Sommeil* et les divers articles de ce recueil touchant la régularité du service.

II. Punitions disciplinaires. — D'après le décret du 27 mars 1852, le personnel actif des comp. de ch. de fer est soumis à la surv. de l'admin. publique, qui a le droit de requérir la révocation des agents de cette catégorie, et à plus forte raison celui d'exiger leur punition par voie d'amende ou de suspension de service. Déjà, dans diverses circonstances, ce droit a été exercé par le ministre ; mais il faut bien admettre qu'avant

---

(1) (C. civil, 674.) Celui qui fait creuser un puits ou une fosse d'aisance près d'un mur mitoyen ou non ; — celui qui veut y construire cheminée ou âtre, forge, four ou fourneau, — y adosser une étable, — ou établir contre ce mur un magasin de sel ou amas de matières corrosives, — est obligé à laisser la distance prescrite par les règlements et usages particuliers sur ces objets, ou à faire les ouvrages prescrits par les mêmes règlements et usages, pour éviter de nuire au voisin.

d'en user, l'admin. tienne à se renseigner sur la punition infligée par la comp. afin de reconnaître si cette punition est suffisante. — Les comp. ne peuvent donc se refuser à fournir aux ingén. du contrôle les renseign. que ces derniers ont à leur demander pour cet objet. (Ext. d'une dép. min. 5 nov. 1864, *spéc. à l'un des grands réseaux.*)

Nota. — Des ordres de service détaillés, mais n'ayant pas un caractère uniforme ou général, règlent pour chaque comp. les circonstances et la quotité des punitions afférentes aux diverses fautes que les agents peuvent avoir commises (Actes d'improbité ou falsification d'écritures ; ivresse en service ; indiscipline et refus de service ; infractions diverses aux règlements, etc., etc.) — L'inscription de ces fautes sur des registres spéc. et les mesures qui en sont la conséquence sont prévues dans lesdits ordres de service intérieurs que nous ne mentionnons que *p. mém.*

Punitions demandées par le contrôle. — En dehors de la pénalité attachée par les lois et règl. aux délits et infractions commis en matière de ch. de fer., la question s'est élevée, sur quelques lignes, de savoir si le service du contrôle est fondé en vertu du décret du 27 mars 1852 (V. *Agents*, § 2), à intervenir dans l'application des peines disciplinaires infligées par les comp. à leurs agents. — Le comité de l'expl. technique des ch. de fer a exprimé à ce sujet l'avis suivant qui a été adopté par décis. min. du 4 juin 1879 (*spéc. au réseau du Midi*) :

(*Extr.*) « Le comité a fait observer que le décret du 27 mars 1852 confère au min. le droit de révoquer un agent d'une comp., mais qu'il est muet sur les autres pénalités, et qu'en ces matières, qui sont de droit étroit, il n'est guère possible d'étendre ou d'interpréter. Il lui semble dès lors, que la jurispr. suivie jusqu'à ce jour ne repose pas sur un texte assez précis pour que l'on puisse y persévérer légalement. — L'admin. ne restera pas d'ailleurs désarmée dans le cas où, la révocation ne pouvant être prononcée, une punition lui paraîtra cependant nécessaire. Les fonctionn. du contrôle peuvent, en effet, toutes les fois que la faute commise est de nature à engager la responsabilité de la comp., conf. à l'art. 22 de la loi du 15 juill. 1845 (Voir *Responsabilité*, § 2), dresser procès-verbal des faits pour qu'il y soit donné telle suite que de droit. »

Punitions à porter à la connaissance du Ministre. — Antérieurement à la décis. ci-dessus du 4 juin 1879, l'admin., à l'occasion de peines disciplinaires requises par le contrôle, avait demandé d'être renseignée dans chaque cas sur la punition infligée par la compagnie afin d'apprécier si cette punition était suffisante (V. ci-dessus la circ. min. 5 nov. 1864). — Une circ. min. nouvelle avait été envoyée le 10 oct. 1878, aux insp. gén. du contrôle, pour leur recommander d'adresser le plus tôt possible à l'admin. supér. les communications dont il s'agit « à l'occasion d'accidents dus à une négligence ou à l'inobservation des règlements ».

QUAIS DES STATIONS.

I. Trottoirs à voyageurs. — La longueur des trottoirs à voyageurs varie bien entendu suivant l'importance des gares. — Pour certains réseaux, des décis. min. ont prescrit de mettre l'étendue des trottoirs de toutes les stations en rapport avec le développement des trains de la plus grande dimension (100^m pour 12 voitures, 120^m pour 15 voitures, 150^m pour 19 voitures, 180^m pour 23 voitures, 200 et plus pour un plus grand nombre de voitures). — La largeur des trottoirs est ordin. de 4 à 8^m et atteint quelquefois 10^m pour les gares exceptionnelles.

Indications pratiques. — Les aménagements des voies, quais et trottoirs des stations, doivent toujours être tenus en rapport avec l'importance du trafic de chacune des gares. — Il n'existe pas d'instr. uniforme pour cet objet. — Mais, en ce qui concerne du moins les ch. de fer exécutés par l'État, l'admin. supér. a collectionné et mis à la disposition de ses ingénieurs, des types généraux applicables suivant les circonstances. — Dans quelques grandes gares, desservant une population d'environ 30,000 habitants, les trottoirs établis devant la façade du bâtiment ont ordin. une largeur de 6^m. — Les trottoirs intermed. séparant les voies de voyageurs ont au moins 4^m. — Enfin l'entre-voie séparative des voies de voyageurs et de marchandises est en moyenne de 6^m. (*Renseign. spéc.*)

Hauteur des trottoirs. — D'après une recommandation de l'admin. supér., « les trot-toirs seront arasés de 0ᵐ,30 à 0ᵐ,35, en contre-haut du rail le plus voisin ; l'arête extérieure de la tablette du couronnement sera alignée parallèlement au rail et arasée à une distance de 0ᵐ,75 à 0ᵐ,80 de l'arête extérieure du rail. — Toutefois, dans les gares de tête, ou les stations de banlieue, les trottoirs élevés pourront être autorisés sur les demandes des compagnies. » (Circ. min., 6 juillet 1857.) — Le système de trottoirs élevés a été en effet adopté pour quelques grandes gares de têtes de ligne, mais dans les divers systèmes la distance de 0ᵐ,80 entre l'arête extérieure de la bordure et l'arête du rail, a été généralement observée. — *Les conditions d'établ. des trottoirs,* varient suivant les lignes. Nous ne pouvons qu'indiquer ci-après quelques données usuelles à ce sujet :

Bitumage ou empierrement. — Les quais ou trottoirs à voyageurs sont ordin. bitumés, et leur relèvement au-dessus du niveau des rails est soutenu par des bordures en grès ou en granit. Les autres dispositions sont étudiées suivant les besoins de l'aménagement des gares. — Dans les gares secondaires, on compose quelquefois d'un simple empierrement le sol même du trottoir. Ce trottoir est soutenu par une bordure en pierre ou même en bois.

Prix d'établissement. — Sur quelques lignes, le prix de revient du mètre linéaire de trottoirs ou quais à voyageurs, avec bordures en granit, s'est élevé à 40 fr. (non compris les remblais). Nous entendons par mètre linéaire de trottoir, un mètre de longueur du mur seulement avec la bordure en granit, abstraction faite de la largeur du quai, qui est simplement formée par un remblai pilonné et sablé, dont la valeur n'est pas comprise dans le prix moyen ci-dessus indiqué : pas plus que celle du pavage ou du dallage en asphalte ou tout autre recouvrement de la surface qui doit être comptée à part.

Libre accès des quais et trottoirs des gares (pour les voyageurs munis de billets, et mesures de précaution à prendre par ces voyageurs pour prévenir des erreurs dans le choix du train ou des accidents en s'avançant trop près des bordures de trottoirs, etc.) — Circ. min., 10 janv. 1885 et 10 mars 1886. — V. *Gares,* § 6.

Quais maritimes (Service des ports de mer). — V. plus loin, § 3.

II. Quais à marchandises. — V. au mot *Halles.* — V. aussi *Prix divers.*

Quais à bestiaux, chevaux et voitures. — D'après les tarifs généraux, le transport des voitures, chevaux et bestiaux n'est accepté qu'aux stations et pour les stations pourvues de quais d'embarquement. Il n'existe de quais de cette espèce que dans les gares présen-tant une certaine importance. L'admin. supér. s'est réservé, d'ailleurs, de déterminer les stations où devront être établis des quais d'embarquement pour les voitures, chevaux et bestiaux. Les dispositions de ces quais ne sont assujetties à aucune règle *uniforme.* — V. *Bestiaux,* § 1. — La rampe pour les équipages et les bestiaux présente, dans certaines gares, une inclinaison de 0ᵐ,08 par mètre, et est disposée de manière que le chargement puisse avoir lieu par le bout et par le côté des wagons.

Quais à coke. — Ces quais sont situés à proximité des fosses à piquer le feu et des grues hydrauliques, pour faciliter l'alimentation des machines. — Dans quelques gares, la hauteur de la partie inférieure des quais à coke sur laquelle on décharge les wagons, avait été établie en principe à 1ᵐ, au-dessus du rail. — Sur quelques points cette hau-teur a été légèrement réduite pour mieux faciliter le déchargement des wagons.

Estacades à coke. — V. *Estacades.*

III. Quais maritimes. — 1° *Embranchements des ports* (Conditions d'établissement).
— Nous ne connaissons, en dehors des indications données aux art. 61 et 62 du cah. des ch., aucune disposition particulière se rapportant à l'établ. de voies ferrées sur les quais maritimes comme accessoires des grandes gares desservant les ports de commerce. — Ce sont ordinairement les compagnies elles-mêmes qui établissent ces voies ferrées, soit pour mettre leurs gares en communication avec des entrepôts maritimes, soit pour

opérer directement le transbordement des marchandises amenées ou expédiées par les
navires ou les bateaux. — En général, ces voies de quai sont disposées (comme pour les
passages à niveau de routes ou chemins traversant la voie ferrée), de manière à ne pas
gêner la circulation des voitures, c'est-à-dire avec pavage et contrerails et avec coussinet double recevant à la fois le rail et le contrerail. — Nous donnons plus loin les
indications relatives au service des voies dont il s'agit :

Raccordement d'une gare avec un quai de rivière (Dommages). — Un industriel a été autorisé,
en 1868, à établir, sur le quai des Abattoirs à Caen, un embarcadère à titre essentiellement
révocable et sous la stipulation expresse qu'aucune indemnité ne pouvait être réclamée par les
requérants pour le dommage que pourraient leur occasionner les travaux exécutés par l'État,
pour quelque cause que ce soit. — De son côté, la comp. de l'Ouest, ayant été régulièrement
autorisée, en 1872, par le min. des tr. publ., à construire sur l'Orne un pont destiné à raccorder
la gare de Caen avec les voies ferrées établies sur les quais du port de cette ville, a été considérée comme se trouvant aux lieu et place de l'État et comme ne devant par suite aucune indemnité au propriétaire de l'embarcadère, à raison de la réclamation élevée par ce dernier. (*C. d'État*,
4 mai 1877, *Extr.*)

Conditions de service des voies ferrées établies sur les voies des quais (maritimes ou fluviaux). A défaut d'un règl. gén. applicable au service dont il s'agit, nous reproduisons
ci-après deux spécimens d'arrêtés préfectoraux qui ont réglé sur la demande de la comp.
et les propositions des ingén. de l'État, le service, au moyen de locomotives, des voies de
fer desservant : — 1° le bassin à flot de Saint-Nazaire. — 2° les quais du port de
Bordeaux. — *Extr. p. mêm.*

Arr. préf., 12 avril 1866 (Port de Saint-Nazaire). — *Service autorisé avec interdiction de sta-
tionnem. pendant la nuit.* — Nous, préfet, etc..... Vu..... ARRÊTONS : *Art. 1er.* — La voie de fer
qui relie la gare des marchandises aux hangars et entrepôts de la compagnie, établis sur le quai du
Commerce, à Saint-Nazaire, pourra être desservie par des machines locomotives. — Ces locomotives ne pourront marcher qu'au pas. — Les trains seront toujours précédés par un homme qui
sera chargé de faire ranger les voitures. — Les mécaniciens devront ralentir ou arrêter suivant les
signaux qu'ils recevront. La même règle est applicable aux machines marchant isolément. — Les
mécaniciens ne purgeront les cylindres et n'ouvriront les robinets d'épreuve qu'en cas d'absolue
nécessité et de manière à ne pas gêner la circulation sur la voie publique ; ils ne feront usage du
sifflet que pour commander la manœuvre des freins, et dans le cas où la voie leur paraîtrait
embarrassée. — Si des wagons étaient laissés en stationnement sur cette voie, il devrait être
ménagé entre eux un espace libre d'au moins 10m au droit de chacune des rues d..... — Sur
toutes les autres voies disposées autour du bassin à flot, le mouvement des wagons sera effectué
exclusivement soit à bras d'homme, soit à l'aide de chevaux. — Tout wagon au repos sur ces
voies, même momentanément, pendant les manœuvres générales, sera calé à l'avant et à l'arrière.
— Ni les wagons, ni les locomotives, ne pourront séjourner la nuit sur les quais.
    2. — Les agents de la compagnie et les expéditeurs ou destinataires de marchandises à la
disposition desquels des wagons auront été mis, devront se conformer, tant pour le stationnement que pour le mouvement des locomotives et wagons, aux ordres qui leur seront donnés par
les officiers de port. Le chargement et le déchargement ou le lestage des navires qui n'opéreront
point par chemin de fer ne pourront être interrompus par le passage des wagons que lors des mouvements généraux nécessités par le service, et ces mouvements s'effectueront avec la plus grande
rapidité possible.
    3. — Le présent arrêté sera notifié, etc., etc.

Arr. préf., 4 août 1871 (Voies des quais du port de Bordeaux). — *Service avec locomotives,
limité aux heures de nuit, seulement.* — Nous, préfet, etc..... — Vu..... — Considérant que,
dans l'intérêt du commerce, et eu égard aux circonstances actuelles, il y a lieu de favoriser, par
tous les moyens possibles, le prompt déchargement des wagons et de prévenir leur stationnement
prolongé sur des points où ils restent sans emploi ; — Considérant que cette situation autorise
des mesures exceptionnelles ; — Que l'usage, pendant la nuit, d'une locomotive pour la traction
des wagons sur les voies des quais ne saurait présenter d'inconvénients sérieux. — ARRÊTONS :
    Art. 1er. — Provisoirement, et jusqu'à ce qu'il en ait été autrement ordonné, la comp. des
ch. de fer du Midi est autorisée à procéder, au moyen d'une locomotive, à la traction des wagons
qui ont à circuler sur les voies des quais du port de Bordeaux.
    2. — La présente autorisation est accordée sous la réserve des conditions ci-après : — 1° La
circulation des locomotives n'aura lieu que pendant la nuit, de 9 h. du soir à 5 h. du matin ;
— 2° Les machines ne marcheront qu'à la vitesse du pas de l'homme ; elles devront toujours

pouvoir être arrêtées instantanément par le mécanicien ; — 3° Elles seront précédées d'un agent à pied, qui sera porteur d'une lanterne rouge et devra s'assurer de la liberté de la voie ; cet agent, au moyen d'une cloche, avertira le public de l'approche de la machine ; — 4° L'usage du sifflet à vapeur est interdit au mécanicien.

3. — M. l'inspecteur général du contrôle des chemins de fer du Midi, M. l'ingénieur en chef du service maritime, ainsi que M. le commissaire central, sont chargés, chacun en ce qui le concerne, d'assurer l'exécution du présent arrêté, qui sera imprimé en placard et affiché.

Organisation actuelle du contrôle des voies ferrées établies sur les quais maritimes ou fluviaux (Extr. de l'arr. min. 20 juill. 1886) :

« *Art. 2.* — Les ingén. en chef des services des ports de mer sont placés directement sous les ordres de l'insp. gén. directeur (du contrôle) pour ce qui touche le contrôle de l'exploitation des voies ferrées établies sur les quais, ainsi que des gares et embranchements maritimes. — Ils sont nécessairement consultés sur les tarifs commerciaux qui intéressent les transports à destination ou en provenance des ports dépendant de leur service. » — Voir *Contrôle*, § 3 *bis*.

Extr. du rapport min. à l'appui du décret précité du 20 juill. 1886. — Voir au mot *Contrôle*, § 3 *bis*, 3°, la partie dudit rapport ayant pour objet la modification du service des ingén. en chef de région et contenant ce qui suit : « Je considérerais cependant comme indispensable de maintenir aux ingén. en chef chargés de services de ports de mer le contrôle des voies de quais, et même d'étendre leurs attributions actuelles aux gares et raccordements maritimes uniquement destinés au service de ces ports. L'expl. des voies ferrées de cette nature, tant au point de vue technique qu'au point de vue commercial, est en effet trop intimement liée à celle du port lui-même pour qu'on puisse persister à les confier à deux services ou à les faire relever de deux inspections différentes. Aujourd'hui, les ingén. en chef de ports de mer ont bien déjà le contrôle de voies de quais, mais les affaires y relatives sont examinées par l'insp. gén. de la division et non par le directeur du contrôle ; d'autre part, ce directeur surveille l'expl. des gares et embranchements maritimes, mais non par l'intermèd. du service du port, qui n'est appelé à présenter ses observ. que par voie de conférence avec les ingén. du contrôle. Dans l'organisation nouvelle, les ingén. en chef de ports de mer seraient placés directement, pour cette partie de leurs attributions, sous les ordres du directeur du contrôle, qui serait tenu de les consulter notamment sur les tarifs commerciaux intéressant les transports en provenance ou à destination des ports situés dans leur service. »

Contraventions commises sur les voies des quais. — 1° *Infraction de gr. voirie* (Applic. de l'art. 2 de la loi du 15 juillet 1845). — Espèce relative *au dépôt* sur la voie ferrée d'un quai maritime de cendres de pyrites par les entrepreneurs ou les ouvriers d'un industriel qui a été personnellement mis en cause (C. d'État, 22 déc. 1882 et 30 mai 1884) (V. *Dépôts*, § 1.) — 2° *Contraventions à la police des ports maritimes* (Stationnement prolongé de wagons au delà du temps fixé par l'arrêté d'autorisation de la voie de quai.) — Dans l'espèce, procès-verbal dressé par le maître de port de Port-Vendres, les wagons (de la comp. du Midi) ayant gêné la circulation sur les quais par leur stationnement au delà du temps *strictement nécessaire* pour leur chargement et leur déchargement. — D'après le C. d'État, le stationnement dont il s'agit n'a pas eu une durée suffisante pour constituer une contrav. aux règl. préf. — Il y a lieu, en conséquence de décharger ladite comp. de la condamnation prononcée contre elle par le conseil de préfecture (C. d'État, 28 mai 1886). — 3° *Défaut de fourniture de wagons* (sur un quai déterminé). — Action intentée à tort contre la comp. pour n'avoir pas mis à *jour fixe* des wagons vides à la disposition de l'expéditeur, le devoir de ladite comp. étant seulement d'assurer dans le délai réglementaire, et qu'il s'agisse d'une gare ordinaire ou d'une gare maritime, les transports de marchandises dont l'expédition lui a été régulièrement demandée. (C. d'État, 10 déc. 1883.) — V. *Gares*, § 8.

Questions fiscales. — 1° Droit proportionnel de patente sur les grues et machines à vapeur d'une gare maritime (V. *Patente*, fin du § 2). — 2° Affranchissement des droits d'octroi pour les matériaux servant à la construction des voies ferrées installées par une comp. sur les quais d'un port. (C. C., 12 déc. 1883.) — V. *Octroi*, § 3 *bis*, 1°.

IV. Indications diverses. — 1° Précautions à prendre dans les manœuvres des gares et des quais (*y compris ceux des ports fluviaux ou maritimes*). Arr. min., 15 nov. 1879 (V. *Manutention*, § 2). — 2° Objets vendus sur les quais des stations (V. *Bazars, Bibliothèques, Industries, Journaux, Livres* et *Vente*). — 3° Admission sur les trottoirs des voyageurs munis de billets (V. *Gares*, § 6, et *Salles d'attente*). — 4° Quais de douane (V. *Douane*). — 5° Entretien et police des quais. — Les divers trottoirs et quais des gares, stations et halles à marchandises font partie des dépendances du chemin de fer (V. *Entretien*), et sont soumis à ce titre, au contrôle et à la surv. de l'administration. — V. *Ingénieurs, Commiss. de surv.* et *Contrôle*.

QUASI-DÉLIT.

Prescription triennale invoquée à tort par une compagnie, à l'occasion d'une action intentée par la veuve d'un homme d'équipe mort dans un accident de formation de train, affaire non suivie de poursuite correctionnelle. Contrairem. au jugem. du trib. qui avait admis la prescription triennale à laquelle est assujettie toute action basée sur un délit, la cour d'appel a déclaré la comp. civilement responsable des conséquences de l'accident. — « *D'une part*, en effet, si l'homme d'équipe a péri victime de sa propre imprudence, les suites de cette imprudence eussent été conjurées par une plus exacte surv. du chef d'équipe dirigeant la manœuvre où s'est produit l'accident; — *D'autre part*, l'action de la veuve était basée sur un quasi-délit et n'était, dès lors, assujettie qu'à la prescription trentenaire. » (Confirmé par C. de C., 12 mars 1878.)

QUESTIONNAIRE.

I. Étude générale des questions de chemins de fer (Questionnaires adoptés à diverses époques pour les enquêtes parlementaires ou administratives, ayant pour objet l'amélioration du service des voies ferrées, savoir : — 1° Périodes correspondantes aux publications de 1858 et de 1863 (V. *Enquêtes*, § 2); — 2° Questionnaire du 2 mars 1870 (enquête gén. ordonnée par le gouvernement, sur les travaux publics). *P. mém.* — 3° Questionnaire de 1877 (*enquête parlementaire*) et questionnaires (pour l'enquête écrite) adressés aux chambres de commerce, aux chambres consultatives et aux personnes intéressées, ayant pour objet les affaires de l'exploitation et les tarifs. (*P. mém.*) — Voir, à titre de renseignement, au sujet de l'abaissement des taxes et, de l'unification des tarifs, la circ. min. 2 nov. 1881 (Article *Réduction et réforme des tarifs*).

Nota. — Il serait sans intérêt de reproduire ici textuellement tous ces anciens questionnaires par suite même de leurs modifications successives et par le motif que plusieurs parties des programmes dont il s'agit ont reçu la suite voulue, ou du moins qu'il en a été tenu compte, lorsqu'il y avait lieu, dans les divers documents collectionnés dans ce recueil aux articles qu'ils concernent plus spécialement. — Voir notamment les mots *Cahier des charges, Chemins, Colis, Commissions, Comités, Congrès, Enquêtes, Marchandises, Marchés, Messagerie, Réduction et réforme des tarifs, Régime des chemins de fer, Tarifs, Traités, Voyageurs*, etc.

II. Affaires internationales. — 1° Questions de travaux (V. au mot *Zone frontière* le rappel du décret du 8 sept. 1878, pris pour l'exéc. du décret du 16 août 1853, ainsi que la circ. min., 20 juin 1880, relative à la procédure à suivre pour l'instruction des affaires concernant des travaux internationaux). — 2° Nationalité du sol des ch. de fer à la frontière (V. *Nationalité*). — 3° Indications diverses relatives au service de frontière. — V. *Douane, Frontière, Police sanitaire, Service international* et *Tarifs*, § 9.

III. Questionnaires divers (Affaires techniques relatives aux mesures ayant pour objet l'application de nouveaux appareils propres à prévenir les accidents de chemins de fer, à assurer l'intercommunication dans les trains, etc., etc.). — Voir les mots *Appareils*, §§ 4 et 5, *Bifurcations*, *Block-system*, *Cloches électriques*, *Enclenchements*, *Enquêtes*, § 3, *Freins*, *Intercommunication*, *Matériel roulant*, *Passages à niveau*, *Ralentissement*, *Signaux*, *Sonneries*, *Trains*, *Vitesse*, *Voie unique* et *Voyageurs*, § 8.

QUINCAILLERIE.

Tarif de transport (comme objets manufacturés), 1re cl. — V. le mot *Objets*.

QUITTANCES.

Formalité du timbre (en matière de quittances). — La loi de brumaire an VII, avait soumis au droit et à la formalité du timbre, les quittances des sommes excédant dix francs, reçues par les comptables des caisses publiques ; il n'y avait d'exception que pour les quittances de traitements et émoluments des fonctionn. et agents de l'admin., et pour celles n'excédant pas dix francs lorsqu'il ne s'agissait pas d'un acompte ou d'une quittance finale sur une plus forte somme — seulement les quittances exonérées du timbre ne devaient pas être accompagnées des *mémoires* ou *factures* ; il suffisait d'y indiquer le détail des fournitures ou des travaux. — Le droit de timbre des quittances, mémoires, factures etc., qui était primitivement de 0 fr. 35 a été successivement élevé à 0 fr. 50 et 0 fr. 60. — V. à ce sujet au mot *Timbre*, les nombreux documents réunis pour cet objet ainsi que les dispositions relatives au *timbre mobile* dont il est question ci-après :

Timbre mobile. — L'art. 18 de la loi du 23 août 1871, exécutoire à partir du 1er déc. de la même année, assujettit à un droit de timbre de 0 fr. 10 toutes les quittances, factures acquittées au-dessus de 10 fr., tous les reçus ou décharges de sommes, titres, valeurs ou objets et gén. tous les titres, de quelque valeur qu'ils soient, signés ou non signés, qui emporteraient libération, reçu ou décharge. La perception du droit de 0 fr. 10 sur les titres libératoires s'opère, soit au moyen de timbres mobiles collés et oblitérés par ceux qui veulent en faire usage, soit au moyen de l'empreinte d'un timbre apposé par l'admin. sur les formules imprimées, destinées aux factures, quittances, reçus, décharges, etc. Ces dispositions ont été naturellement appliquées aux reçus, quittances, décharges, etc., délivrés par les comp. de ch. de fer pour acquit de frais de transport, dépôt de coupons, etc., etc. — V., au mot *Timbre*, le résumé des documents qui ont précédé pour l'applic. desdits *timbres mobiles* la circ. min. ci-après, adressée le 30 juin 1881 aux préfets, par le min. de l'intérieur.

Circ. min. 30 juin 1881. Extr.) — Monsieur le préfet, un décret en date du 29 avril 1881, rendu sur la prop. de M. le min. des fin., vient d'abroger la décis. min. du 25 nov. 1871, aux termes de laquelle la perception des droits de timbre de quittance à 0 fr. 10, exigibles sur les états d'émargement des admin. publiques de l'Etat, pouvait être effectuée sans l'apposition de timbres mobiles, par voie de retenue, sur le montant desdits états, de la valeur du droit de timbre. Mais, en même temps, afin de faciliter le payement du droit du timbre de quittance, le même décret a décidé la création de nouveaux timbres mobiles de 0 fr. 50, 1 fr. et 2 fr., dont l'emploi sera, concurremment avec les timbres de 0 fr. 10, obligatoire à partir du 1er juill. 1881. Toutefois ces timbres collectifs ont une destination spéciale. Ils sont exclusivement destinés à timbrer les *états dits d'émargement, les registres de factage et de camionnage et autres documents constatant des payements ou remises d'objets... pour lesquels il est dû un droit de timbre de 0 fr. 10 par chaque payement excédant 10 francs, ou par chaque objet reçu ou déposé.*

RACHAT DES CONCESSIONS.

I. **Prescriptions du cahier des charges général.** — *Art.* 37. (Extr.) — « A toute époque, après l'expiration des quinze premières années de la concession, le gouvernement aura la faculté de racheter la concession entière du chemin de fer. — Pour régler le prix du rachat, on relèvera les produits nets annuels obtenus par la compagnie pendant les sept années qui auront précédé celle où le rachat sera effectué ; on en déduira les produits nets des deux plus faibles années, et l'on établira le produit net moyen des cinq autres années. — Ce produit net moyen formera le montant d'une annuité, qui sera due et payée à la compagnie pendant chacune des années restant à courir sur la durée de la concession. — Dans aucun cas, le montant de l'annuité ne sera inférieur au produit net de la dernière des sept années prises pour termes de comparaison. — La compagnie recevra, en outre, dans les trois mois qui suivront le rachat, les remboursements auxquels elle aurait droit à l'expiration de la concession (pour la cession à l'État des objets mobiliers, matériel, outillage, etc.) ..... — V. *Mobilier*, § 3.

Nouvelles concessions (dernier § de l'art. 37 du cah. des ch.). — « Dans tous les cas où il serait fait concession à la compagnie de nouvelles lignes de ch. de fer, si le gouvernement use du droit qui lui est réservé par le présent article de racheter la concession entière, la compagnie pourra demander que les lignes dont la concession remonte à moins de quinze ans soient évaluées non d'après leurs produits nets, mais d'après leur prix réel de premier établissement. »

Nota. — Une loi du 23 mars 1874 concernant les réseaux d'Orléans, de Lyon, du Midi et des Charentes (V. *Concessions*) avait déjà établi ce qui suit au sujet du rachat des nouvelles concessions accordées aux comp. déjà existantes :

« Art. 12. — En ce qui concerne les comp. déjà existantes, si le gouvernement exerce le droit qui lui est réservé par l'art. 37 du cah. des ch. de racheter la concession entière, la comp. pourra demander que les lignes dont la concession remonte à moins de 15 ans soient évaluées non d'après leurs produits nets, mais d'après leur prix réel de premier établissement. Les mêmes conditions de rachat s'appliqueront à la comp. nouvelle de..., dans le cas où des embranchem. lui seraient concédés ultérieurement. — Conf. au cah. des ch., les concessions éventuelles rendues définitives par la présente loi, prendront fin en même temps que le réseau de la comp. auquel elles appartiennent. »

Examen des affaires de rachat. — 1° Avis à donner par le comité consultatif permanent des chemins de fer (V. *Comités*, § 1). — 2° *Débats parlementaires.* A titre de simple renseign. nous rappelons que les principales questions relatives au rachat des ch. de fer ont été discutées dans les séances de la Chambre des députés des 14 et 15 déc. 1870, 3 févr. 1872, 15 et 19 févr., 12, 13, 17, 19, 20 et 22 mars 1877. — Voir enfin au *Journal officiel* du 24 févr. 1880, l'exposé des motifs présenté à la séance du 12 févr. 1880 au sujet du rachat partiel du réseau d'*Orléans* (rachat dont il est question ci-dessous, fin du § 2).

Dispositions particulières (résultant des conventions de 1883). — V. *Conventions.*

II. Rachat de diverses lignes secondaires que les intérêts particuliers et généraux ont engagé l'État à prendre à son compte (*Loi du 18 mai 1878*). — Voir l'extr. ci-après :

Loi 18 mai 1878. — « Art. 2. — Sont approuvées les conventions provisoires annexées à la présente loi, passées entre le min. des tr. publics et les comp. de ch. de fer ci-après désignées (1)... — Cette approbation est donnée sous les réserves contenues aux art. 5 et 6 ci-après.

3. — Une loi de finances créera les ressources à l'aide desquelles il sera pourvu : — 1° Au payement, en capital et intérêts, de la partie du prix de rachat exigible pour les dépenses, arrêtées à la date du 30 juin 1877, dont le montant se trouvera fixé par les sentences arbitrales; — 2° Au payement de certains travaux dont l'achèvement a été réservé par les conventions aux

---

(1) Ces conventions ont été passées, savoir : — Le 31 mars 1877, avec la comp. des Charentes. — Le 22 mai 1877, avec la comp. de la Vendée ; — Le 21 avril 1877, avec la comp. de Bressuire à Poitiers ; — Le 26 avril 1877, avec la comp. de Saint-Nazaire au Croisic ; — Le 26 avril 1877, avec la comp. d'Orléans à Châlons : — Le 16 avril 1877, avec la comp. de Clermont à Tulle ; — Le 12 juin 1877, avec le syndic de la faillite de la comp. d'Orléans à Rouen ; — Le 31 mars 1877, avec la comp. de Poitiers à Saumur ; — Le 19 avril 1877, avec la comp. de Maine-et-Loire-et-Nantes ; — Le 26 avril 1877, avec la comp. des chemins de fer nantais.

compagnies rachetées ; — 3° Au payement des travaux que le min. des tr. publ.... sera autorisé à faire exécuter directement sur les lignes rachetées. — V. *Amortissement.*

4. — En attendant qu'il soit statué sur les bases définitives du régime auquel seront soumis les ch. de fer dont l'art. 2 de la présente loi règle la reprise par l'Etat, le min. des tr. publ. assurera l'expl. provisoire de ces lignes à l'aide de tels moyens qu'il jugera le moins onéreux pour le Trésor. Des décrets détermineront les conditions dans lesquelles s'effectueront les recettes et les dépenses de l'expl. provisoire, ainsi que le mode suivant lequel elles seront justifiées. La loi de finances prévue à l'art. 3 ci-dessus créera également les ressources à l'aide desquelles il sera fait face à l'insuffisance éventuelle des produits de l'exploitation des lignes dont il s'agit.

5. — Les concessionn. actuels continueront l'expl. de ces mêmes lignes jusqu'au jour où le min. des tr. publ. sera en mesure, par les moyens prévus à l'art. ci-dessus, de les décharger de cette obligation, sans que cet état transitoire puisse être prolongé plus de six mois après la promulgation de la présente loi.

6. — Lors de la remise des lignes à l'Etat, après ratification définitive des conventions et des sentences par les assemblées générales d'actionn. ou par les syndics de faillite dûment autorisés, le min. des tr. publ. retiendra, sur le prix de vente, la somme jugée nécessaire pour garantir l'Etat, laquelle ne sera payée qu'après la production d'un pr.-verbal de remise constatant que l'Etat est effectivement entré en possession de toutes les livraisons prévues, et dans les conditions stipulées par les sentences arbitrales.

7. — L'enregistr. des conventions annexées à la présente loi et des sentences arbitrales prévues dans ces conventions ne donnera lieu qu'à la perception du droit fixe de 3 fr. »

8. — *Dispositions diverses.* — V. *Militaires,* 1re note du § 2.

Conventions spéciales (pour le rachat et l'expl. de la ligne de Lérouville à Sedan). — Une loi du 4 août 1879 a autorisé le rachat par l'État de la ligne de Lérouville à Sedan, et une 2e loi du 8 août 1879 a été rendue au sujet de l'expl. provisoire de ladite ligne. Voici à titre de renseign. un ext. des conventions spéc. annexées à la loi du 4 août 1879 et insérée au n° du *Journ. offic.* du 5 août 1879 :

(Ext.) — « *Art.* 1er. — Ladite cession comprend les terrains acquis et les ouvrages exécutés, sauf l'exception portée ci-après à l'art. 2.

2. — Les terrains compris dans les entreprises et les excédents acquis sur réquisition des propriétaires en vertu de la loi du 3 mai 1841 sont compris dans le rachat et seront la propriété de l'État ; les excédents autres que ceux dont l'acquisition a eu lieu en vertu de la loi ne sont pas compris dans le rachat ; ils demeurent la propriété de la compagnie et resteront en dehors du bornage définitif prévu par l'art. 7. Toutefois l'Etat aura, pendant une année, le droit de racheter, au prix de 7,500 fr. par hectare, tout ou partie de terrains qui sont aujourd'hui la propriété de la comp. et non compris dans le présent rachat.

3. — (*Prix de la cession et conditions de payement*).....

4. — Le matériel roulant, le mobilier des stations et les approvisionnements de la ligne ne sont pas compris dans le prix stipulé à l'art. 3. Ils seront acquis par l'Etat à dire d'experts... La clause relative à l'époque du payement et aux intérêts en cas de retard stipulée à l'art. 3 sera applicable au payement de la somme due en vertu du présent article.

5. — (*Etat substitué à la comp. pour les traités relatifs aux gares communes*).....

6. — (*Chemins à livrer en bon état d'entretien ; travaux compl. à la charge de l'Etat ; parachèvement précédant la mise en réception, à la charge du syndic de la faillite*).....

7. — (*Bornage,* expressément mis à la charge de la compagnie)....

8. — (Somme réservée pour le *solde* des dépenses).....

9. — (Ligne à recevoir par l'Etat, *libre de toutes charges et liquidations*).....

10. — (Distribution du prix du rachat aux ayants droit, *sans* l'intervention de l'Etat.

11. — (*Personnel.*) — « Les employés du service d'expl. en résidence sur le parcours de la ligne de Lérouville à Sedan seront conservés dans leur emploi ou dans un emploi analogue. Si au moment de la prise en possession par l'Etat ils venaient à être congédiés pour une cause quelconque, ne provenant pas de leur fait, il sera payé par l'Etat, à ceux ayant plus d'un an de service, une ind. égale à quatre mois de leur traitement. — Les employés de l'expl. attachés au service central à Paris, et qui font partie du personnel de la comp. depuis trois ans au moins, bénéficieront de la clause qui précède. »

Rachat partiel du réseau d'Orléans. — (Projet de loi.) Exposé de motifs présenté à la Chambre des députés, le 12 fév. 1880 (*Journ. offic.* 24 fév. 1880). P. *mém.,* ledit projet qui a donné lieu dans la séance du 17 déc. 1880 à diverses observations se rattachant à la revision d'ensemble des tarifs, ayant en définitive été retiré par un décret présenté à la Chambre des députés la veille de la dite réunion.

Rachat ou rétrocession des lignes d'intérêt local. — 1° Chemin d'intérêt local à incorporer au réseau d'intérêt général (V. *Chemin de fer d'intérêt local*, § 2) ; — 2° Rachat demandé par le département (art. 36 du cah. des ch.) (V. *Chemin de fer d'intérêt local*) ; 3° Situation des obligataires (V. *Obligations*, § 3, et *Rétrocession*) ; — 4° Versement à la caisse des dépôts et consignations, du prix de rachat par l'État, en cas d'opposition formée par le département (C. d'État, 24 mars 1882. — *P. mêm.*) ; — 5° Exécution de la convention de rachat par l'État (*dommages causés aux tiers*; — dans l'espèce, dommages causés à une propriété voisine ; — obstacle apporté au libre écoulement des eaux) : « Il résulte de l'instruction qu'à la date du 13 juin 1878, l'État a pris possession de la ligne de Montreuil-Bellay à Angers, dont le prix a été ordonnancé au profit de la comp. et payé. — Par cette prise de possession, l'État a reconnu, d'une part, que la comp. avait exécuté, en ce qui le concerne, les obligations résultant pour elle, soit de son cah. des ch., soit de la convention de rachat ; et il a pris, d'autre part, à sa charge, les obligations pouvant résulter, à l'égard des tiers, des dommages causés par l'existence ou la défectuosité de la construction de la ligne rachetée. — Dans ces circonstances, c'est à tort que le C. de préf. a mis l'État hors de cause et condamné la compagnie à payer au sieur Touret une ind. de 324 fr. et il y a lieu de mettre ladite ind. à la charge de l'État. — Ce dernier remboursera à la comp. le montant des condamnations prononcées contre elle par l'arrêté attaqué. » (C. d'Etat, 16 févr. 1883.)

III. Exploitation des lignes rachetées. — 1° Service provisoire (V. l'art. 4 ci-dessus de la loi du 18 mai 1878) ; — 2° Organisation et fonctionnement de l'exploitation (*Décrets et documents divers*). — V. *Chemins de fer de l'État*.

RAILS.

I. Nature et dimensions des rails. — « Le poids des rails sera au moins de 35 kilogr. par m. courant sur les voies de circulation, si ces rails sont posés sur traverses, et de 30 kilogr. dans le cas où ils seraient posés sur longrines. » (Art. 19 du cah. des ch.) — Les rails employés sont généralem. à double champignon . leur longueur varie de $4^m,50$ à 6^m et leur poids par m. courant de 30 kilogr. à 37 kilogr. 50. (Enq. sur l'expl.) « Les rails sont supportés par des coussinets qui reposent eux-mêmes sur des traverses en bois. L'espacement de ces traverses est un peu au-dessus ou au-dessous de 1 mètre, suivant la longueur des rails. » (*Ibid.*) — Sur quelques réseaux, le système de rails à double champignon n'est employé que concurremment avec le rail dit *Vignole*, qui ne comporte pas de coussinets et dont les patins sont posés directement sur les traverses au moyen de crampons. Le poids et le prix de la tonne des rails *Vignole* comme de ceux à double champignon sont indiqués aux mots *Poids* et *Prix divers*, mais ces indications s'appliquent surtout aux anciens rails de fer.

Système de rails en acier. — Au mot *Acier*, § 1, nous avons mentionné l'emploi progressif de *rails en acier* ou de rails cémentés extérieurement. — Cette substitution s'effectue, en général, au moyen de rails du type *double champignon*, d'une longueur de $5^m,50$ et du poids de 37 kilogr. par m. courant. — Les rails de longueur double (11^m), adoptés dans certains cas, ne s'emploient naturellement que dans les parties en alignement droit. — V. aussi les mots *Statistique* et *Voie*.

II. Indications diverses. — 1° *Fabrication des rails.* On peut diviser la fabrication des rails en trois parties : 1° confection des paquets ; 2° chauffage et laminage ; 3° finissage. Notre recueil ne comporte pas, bien entendu, la description de ces opérations, description qui exigerait de trop longs développements. « Presque toutes les compagnies font surveiller dans les usines, par des agents spéciaux, la fabrication des rails qu'elles commandent. (Enq. sur l'expl. — Recueil 1858.) Les usines ne répondent ordinairement des rails que pendant trois ans.

2° *Réception des fournitures.* — « La réception des rails et des coussinets a lieu généralement au moyen d'épreuves de choc et de pression supportées par un nombre indéterminé de rails et de coussinets pris au hasard dans la fourniture. — Le nombre des pièces soumises à l'épreuve peut être fixé en moyenne à 1 pour 100 de la fourniture, lorsque les essais ont lieu par jour de fabrication et non à la fin de la fourniture. Dans ce cas, si un dixième des barres ou des coussinets ne résiste pas aux épreuves, il convient de rejeter toute la série. » (Enq. sur l'expl.)

Emploi des rails et éclissage. — Sur la plupart des réseaux, l'ancien rail double champignon en fer avait une longueur de 6^m dans les parties de voie en ligne droite et dans le côté extérieur des courbes. Pour le côté *intérieur* des courbes, on a fait usage de rails raccourcis proportionnellement aux différences de longueur des deux files de rails. Sur quelques lignes, la longueur *uniforme* donnée aux rails raccourcis est de 5^m,96, quel que soit le rayon de la courbe. On se rend compte facilement du nombre de rails de 5^m,96, qui doivent correspondre, dans chaque courbe, aux rails de 6^m en partant de cette base, que les longueurs *théoriques* des rails raccourcis, correspondant aux rails de 6^m, varient de 5^m,964 à 5^{m}997 pour les courbes de 250^m à 3,000^m de rayon. — *Détails divers* (éclissage; retournement des rails, etc.). — Voir les §§ 3 et 4 ci-après.

III. Retournements et ruptures de rails.

— « Les ruptures de rails sont l'une des causes les plus fréquentes des déraillements qui surviennent dans l'expl. des ch. de fer, et ces ruptures elles-mêmes proviennent le plus souvent de l'état de vétusté de rails que l'on a retournés, après l'usure ou l'exfoliation de l'un des deux champignons. » — La commission d'enq. sur l'expl. (Recueil 1858) a exprimé le vœu que la question du retournement des rails et de l'influence de cette opération sur la sécurité de la circulation fût prochainement résolue. — Les chefs du contrôle ont été invités, à cet effet, par circ. min. du 2 mai 1857, à étudier la question dont il s'agit, de concert avec les ingén. des compagnies. Aucune mesure générale n'a encore été prescrite à cet égard. Mais les comp. ont apporté, depuis cette époque, une sérieuse attention sur le retournement des rails et elles n'hésitent pas à mettre au rebut les rails avariés qui ont déjà un certain temps de service. — Voici d'ailleurs, à ce sujet, quelques renseignements extraits de documents spéciaux :

Retournement des rails. — Dans la pratique, il a été reconnu qu'il y avait danger dans le remploi d'un rail « dont l'un des boudins s'était séparé complètement de la partie verticale sur une longueur de 40 centimètres et qui dénotait ainsi un grave défaut de soudure ». D'autre part, il a été admis qu'il n'est pas possible de réemployer sur les voies principales un rail retourné dont l'avarie (en dessus ou en dessous) « ne laisserait pas une résistance suffisante pour permettre le *passage rapide* des machines et des trains ». — Enfin il a été prescrit sur quelques lignes de n'employer sur les voies de garage les rails qui tout en présentant certaines avaries laissent une résistance suffisante pour permettre d'assurer en toute sécurité le *passage lent* des machines ou des wagons isolés. — Dans ce dernier cas il convient de soutenir les rails avariés « par un bout de traverse, un coussinet et un coin, placés sous la partie affaiblie » (Instr. diverses' (Ext.). — Mais d'une manière générale, « la commission des règl. de ch. de fer a fait observer qu'il n'est pas à sa connaissance que l'admin. ait jugé utile jusqu'ici d'intervenir auprès des comp. de ch. de fer, au sujet du retournement des rails avariés. Elle pense qu'il y aurait plus d'inconvénients que d'avantages à agir autrement, la responsabilité de la comp devant rester entière dans les questions de cette nature. — (Ext. d'une décis. min. du 4 mai 1877, *relative au réseau du Midi.*)

IV. Éclissage et main-d'œuvre des voies.

— Les comp. ont généralement rempli le désir exprimé par l'admin. supér. relativement à l'éclissage des voies, opération qui constitue l'une des plus utiles améliorations réalisées dans ces derniers temps. — Voir au surplus pour la pose et l'emploi des rails et pour la substitution des rails d'acier les mots *Coussinets, Double voie, Éclisses, Justifications, Poseurs, Réparations, Superstructure, Traverses* et *Voie.*

Relèvement du rail extérieur dans les courbes. — V. *Courbes,* § 3 et *Dévers.*

V. Entretien des rails. — Les dispositions générales relatives à l'entretien de la voie sont indiquées au mot *Entretien.* — Afin de faciliter cet entretien, il est installé, sur les diverses lignes, des rateliers dits kilométriques où sont approvisionnés des *rails* et autres matériaux destinés à assurer l'entretien dont il s'agit. — *Mesures diverses de précaution.* — Lorsque les rails sont gras et glissants, il est d'usage d'y jeter du sable dans un espace de 30 mètres avant l'approche des quais et devant le réservoir où s'arrête la machine. — V. *Patinage.*

VI. Chargement et transport des rails. — D'après une circ. min. du 20 mai 1856, le transport des rails ne devait être effectué, *par des trains contenant des voyageurs,* que sur les sections où il ne circulait pas de trains réguliers de marchandises ; mais l'expérience ayant fait reconnaître qu'on pouvait sans inconvénient revenir sur cette mesure, il a été décidé ce qui suit (*Extr. de nouvelles instructions*) :

« Les transports de wagons de rails pourront à l'avenir s'effectuer par trains mixtes aux conditions ci-après énoncées, sur toutes les lignes de ch. de fer comportant ou non des trains réguliers de marchandises : 1° Les rails seront chargés sur des plates-formes à rebords suffisamment relevés pour s'opposer efficacement à leur chute. (Circ. min., 22 juin 1863. Ext.) — 2° Les wagons chargés de rails seront attelés en tête des trains mixtes, immédiatement après le *fourgon de tête,* et ils seront constamment séparés des voitures à voyageurs par un ou plusieurs wagons à marchandises ordinaires. » (Même circ. du 22 juin 1863 complétée par une nouvelle circ. minist. du 23 juillet 1863.)

Tarif de transport. — Le transport des rails, comme celui des autres produits métallurgiques, est compris dans la 2ᵉ cl. du tarif gén. de l'art. 42 du cah. des ch., et est taxé en petite vitesse à 0 fr. 14 par tonne et par kilom.— Dans les tarifs d'applic., les *rails* sont rangés dans la 3ᵉ ou dans la 4ᵉ série (V. *Marchandises*) moyennant certaines conditions spéc. pour lesquelles il faut consulter les tarifs eux-mêmes.

Tarifs spéciaux. — Enfin sur certaines lignes, le prix de transport des rails soumis aux conditions des tarifs spéc. descend jusqu'à 0 fr. 035 par tonne et par kilom. pour les parcours de 500 kilom. et au-dessus, par wagon complet ou payant comme pour un wagon complet s'il y a avantage pour l'expéditeur. Dans ce cas les délais sont plus ou moins prolongés, et les transports dont il s'agit sont effectués conformément aux autres dispositions établies pour les expéditions jouissant de tarifs réduits. — (V. *Tarifs spéciaux.*)

Transport pour le compte des compagnies. — V. *Trains* § 7, *Transports,* § 2.

RALENTISSEMENT.

I. Prescriptions réglementaires. — 1° Applic. de l'art. 37 de l'ordonn. du 15 nov. 1846 (V. *Changements de voies,* § 4) ; — 2° Ralentissement des trains à l'arrivée des gares (V. *Arrêts,* § 1) ; — 3° Ralentissement sur les pentes rapides (V. *Vitesse*) ; — 4° Vitesse ralentie dans les parties de *voie défectueuse* ou en *réparation.*— Voir aux mots *Ateliers, État défectueux de la voie* et *Réparations,* les dispositions généralement appliquées dans les circonstances dont il s'agit. — Voir aussi au § 2 ci-après l'extr. du nouveau code des signaux approuvé par arr. min. du 15 nov. 1885.

Ralentissement accidentel. — Nous avons déjà résumé aux mots *Arrêts,* § 3, *Brouillards* et *Détresse,* les mesures principales à prendre, notamment lorsque la vitesse d'un train se trouve momentanément ralentie *au point de permettre à un homme marchant au pas de suivre ce train.*— Un jugement du trib. correct. de Tonnerre, intervenu le 13 oct. 1864 à la suite d'un accident grave, avait admis d'ailleurs que les agents d'un train, dont la vitesse, *sans être précisément ralentie* jusqu'à la limite indiquée plus haut, est réduite au point de laisser gagner une avance dangereuse au train suivant, étaient tenus de prendre les dispositions prescrites par les règlements en vigueur. — A cette époque, les principales dispositions dont il s'agit pouvaient se résumer comme il suit (*Extr.*) :

1° Les gardes-lignes ont pour principal devoir de faire les signaux prescrits (signaux à la main, pose de pétards, etc.) pour que les convois se suivent à l'intervalle réglementaire (qui est de 10 minutes en principe) ou dans l'ordre indiqué par les tableaux approuvés de la marche des trains (V. *Graphiques* et *Intervalle*) ; — 2° Les mécaniciens doivent avoir sous les yeux, pendant le trajet, le tableau de la marche des trains et se rendre compte de leur position ; si le mécanicien est obligé de s'arrêter sur la voie, il doit informer le chef de train des causes de l'arrêt et lui indiquer s'il peut demander la machine de secours (V. *Mécaniciens*) ; — 3° Les conducteurs du convoi doivent veiller constamment sur le train qui leur est confié ; s'ils s'aperçoivent d'un fait de nature à rendre nécessaire l'arrêt du train, ils doivent serrer le frein, afin d'appeler l'attention du mécanicien, et agiter leur drapeau rouge ou leur lanterne rouge, pour que ce signal puisse être transmis au mécanicien, soit par un autre conducteur, soit par tout autre employé des gares ou de la voie. — V. *Communication*.

II. Adoption de signaux uniformes (*pour les divers réseaux*).

Extr. du règl. min. 15 nov. 1885. — « Art. 3. — Le signal de ralentissement fait à des trains en pleine marche indique que la vitesse effective doit être réduite de façon à ne pas dépasser un maximum de 30 kilom. à l'heure pour les trains de voyageurs, et de 15 kilom. pour les trains de marchandises.

« Art. 7. — Le drapeau vert déployé ou le guidon vert commande le ralentissement. — Le feu vert commande le ralentissement.

« Art. 8. — En cas de ralentissements accidentels, comme ceux nécessités par les travaux ou l'état de la voie, un drapeau roulé, un guidon blanc ou un feu blanc indique le point à partir duquel le ralentissement doit cesser. »

Disque de ralentissement (art. 17 du même code de signaux). — V. *Disques*, § 2. — Voir aussi au mot *Signaux*, le texte intégral du dit règl. du 15 nov. 1885 et notamment les dispositions qui concernent les *pétards* destinés à compléter les signaux optiques mobiles commandant l'arrêt.

RAMPES.

I. Prescriptions diverses. — 1° *Limite maximum des rampes* (d'après le cah. des ch.) (V. *Déclivités*) ; — 2° *Mesures de précautions à prendre sur les fortes pentes* (V. *Déclivités*, § 2. *Freins* et *Vitesse*) ; — 3° *Limitation de la charge des trains circulant sur les rampes* (Applic. de l'art. 20 de l'ord. de 1846) (V. *Locomotives*, § 4) ; — 4° *Attelage des locomotives de renfort* pour gravir les rampes (V. *Attelages*) ; — 5° Arrêts mobiles, calage, etc. — Voir ci-après, § 2.

Nouvelles lignes construites par l'État (limitation des déclivités). — V. au mot *Projets*, § 2, 5°, la circ. min. 30 juill. 1879.

II. Stationnement et manœuvres de matériel (sur les parties de voies en rampe).— Voir les mots *Arrêts mobiles*, *Calage* et *Freins*. — V. aussi l'indication ci-après :

Embarrage des wagons isolés de la machine dans les stations placées au sommet de rampes de forte inclinaison. — Extr. d'une circ. min. (21 déc. 1864), adressée aux comp. et au contrôle à la suite d'un accident survenu sur un ch. de fer où, pendant des manœuvres, des wagons abandonnés sur une rampe de 10 mill. se mirent spontanément en mouvement et vinrent heurter un train de voyageurs : « L'embarrage des wagons isolés de la machine (et au repos) dans les stations placées au sommet de rampes de forte inclinaison peut donner lieu à de très graves accidents, lorsqu'on ne prend pas la précaution de retirer les barres au moment du départ des wagons. La torsion et la flexion des essieux résultent souvent, en effet, de cette négligence ; mais l'embarrage n'en est pas moins le seul moyen pratique appliqué pour empêcher, dans les stations en pente, le départ spontané des wagons non attelés. — Aussi le min., sur l'avis de la comm. des règl. et inv., a recommandé aux comp. l'emploi de l'embarrage dans les stations qui présentent des conditions analogues à celles qui ont amené l'accident (précité), tant qu'on n'aura pas suppléé à ce moyen de précaution par l'adoption de procédés complètem. satisfaisants.

RAPPORTS.

I. Comptes rendus des travaux. — 1° Rapports au sujet des *Conférences*, des *Enquêtes* et des *Projets* (Voir ces mots) ; — 2° Situation des approvisionnements (V. *Approvisionnements*) ; — 3° Situation des travaux neufs (V. *Comptes et Situations*) ; — 4° Rapports relatifs aux affaires d'*accidents* et de *contraventions*. — V. le § ci-après.

II. Rapports spéciaux et périodiques (des fonctionnaires du contrôle). — (Extr. d'une instr. min. 15 oct. 1881 reproduite au mot *Contrôle*, § 3 *bis*.)

(*Formalités prévues par l'instr. gén. précitée du 15 oct. 1881*) :

1° Transmission par l'*insp. gén. du contrôle* au min. des rapports au sujet desquels l'adm. supér. est appelée à statuer (1).... et des pièces périodiques suivantes, dressées par les ing. en chef : 1° Rapports mensuels.... 2° Comptes moraux mensuels des travaux neufs.... 3° Etats mensuels d'accidents.... Relevés mensuels des plaintes.... Relevés périodiques du trafic.... *Id.* des recettes et du mouvement des voyageurs et des marchandises.... *Id.* surv. de l'envoi de documents par la comp. et rapports relatifs à ces envois.... Production d'un rapport annuel, ayant pour objet de rendre compte de la situation générale du service. (Voir, pour les détails des instructions dont il s'agit, le mot *Contrôle*, § 3 *bis*.)

2° Rapports à fournir par les *ingénieurs en chef du contrôle*. — Envois de rapports aux préfets sur les affaires de la compétence de ces magistrats, travaux, grande voirie, police de l'exploitation, rapport annuel pour le conseil général, etc., etc. (Instr. min. 15 oct. 1881. V. *Contrôle*, § 3 *bis*.)

3° Rapports à fournir par les ingén. ord. et agents du contrôle, les inspecteurs de l'expl. commerciale, et les commissaires de surv. admin. (Voir la même instr. du 15 oct. 1881 et le nouvel arr. min. du 20 juillet 1886 sur la réorganisation du service technique et commercial des ch. de fer, au mot *Contrôle*, § 3 *bis*). — Voir aussi le § 3 du présent article.

Rapports décadaires des commissaires de surv. admin. — L'instr. précitée du 15 oct. 1881 contient le § suivant au sujet de la production des rapports *décadaires* des commiss. de surv. admin. (rapports qui ont remplacé les anciens *relevés hebdomadaires* prescrits par la circ. min. du 28 avril 1849).

(*Ext. instr. min. 15 oct. 1881.*) — « Indépendamment des rapports spéc. que le service de chaque jour peut exiger, les commiss. (de surv.) adressent, tous les dix jours, à l'ingén. ordin. des p. et ch., à l'ing. ordin. des mines et à l'insp. particulier, un rapport dans lequel ils rendent compte, suivant un cadre qui leur est tracé, de la situation du service et de leurs tournées (circ. des 21 oct. 1848, 28 avril 1849, 15 avril 1850 et 27 nov. 1880) (V. le *nota* ci-après). — Ils signalent aux ingén. et aux insp. de l'expl. les faits qui paraissent constituer des infractions aux règl., aux décisions ministérielles ou aux arrêtés préfectoraux dont ces fonctionnaires ont à surveiller l'exécution (2). »

Nota : La dern. des circ. qui viennent d'être citées, celle du 27 nov. 1880, a simplement transformé en *périodes décadaires*, en vue de faciliter la production régulière des rapports men-

---

(1) Une exception avait été faite pour les affaires de *réclamations* dont l'envoi *direct* des dossiers au min. des tr. publ. était réservé aux ingén. en chef du contrôle et aux insp. principaux de l'expl. commerciale ; mais ce système a lui-même été modifié par une nouvelle instr. min. du 23 févr. 1885, d'après laquelle les tableaux analytiques des plaintes seront seuls transmis à l'adm. supér., *avec les rapports mensuels ;* les dossiers des plaintes seront conservés dans les bureaux des insp. gén. du contrôle. (V. *Réclamations*.)

(2) Nous n'avons pas reproduit ici la circ. min. du 21 oct. 1848 qui contenait les *premières instr. sommaires* adressées aux commiss. de surv. admin. pour l'envoi de leurs rapports, instructions qui ont été remaniées et complétées en détail par les autres documents rappelés ou résumés au mot *Commissaires*.

suels adressés à l'admin., les anciennes *divisions hebdomadaires* qui avaient été fixées par la circ. min. du 28 avril 1849 pour les rapports périodiques et les relevés de retards à fournir par les commiss. de surv. admin. sur les différentes parties du service. — D'après les nouvelles instructions, le mois, au point de vue des documents dont il s'agit, serait divisé, non plus en *semaines*, mais en 3 *décades* : « la 1re, du 1er au 10 ; la 2e, du 11 au 20 ; la 3e du 21 au dernier jour du mois, et les rapports et relevés de retards correspondant à la 3e décade doivent toujours être envoyés par les commiss. à leurs chefs immédiats le 1er du mois suivant. » — La base même des rapports n'a pas été modifiée et se subdivise ainsi qu'il suit (Extr. de la circ. 28 avril 1849) : — n° 1, exploitation technique et matériel ; — *Ibid.*, n° 2, travaux et voies de fer ; — n° 3, exploitation, *le premier* adressé à l'ing. des mines, chargé de l'expl. technique et du matériel ; *le second*, à l'ingén. des p. et ch., chargé du service des travaux et de la voie, et *le 3e* à l'insp. de l'expl. commerciale. — Ces rapports comprennent les points suivants :

(N° 1.) *Exploitation technique et matériel*. — « 1° Service des cours dépendant des stations ; — 2° Service des aiguilleurs ; — 3° Service des barrières ; — 4° Eclairage des stations ; — 5° Mise en circulation de machines non autorisées ou interdites ; — 6° Introduction dans les trains de voyageurs de wagons montés sur roues en fonte ; — 7° Emploi des appareils à retenir les flammèches et les cendriers ; — 8° Mise en circulation de voitures non autorisées ou interdites ; — 9° Indication du nombre des places dans chaque voiture ; — 10° Numérotage des véhicules de toute nature, application des estampilles sur les voitures ; — 11° Etat d'entretien du matériel ; — 12° Composition des convois (art. 17, 18, 19 et 20 du règlement du 15 novembre 1846) (V. *Ordonnances*) ; — 13° Transport de matières dangereuses dans les convois ; — 14° Attelages des voitures, transport des voitures de messageries sur trucks ; — 15° Communication des gardes-freins avec le mécanicien ; — 16° Eclairage des trains ; — 17° Mesures relatives au départ des trains (art. 26 et 27 ; — 18° Service des signaux d'arrêt et de ralentissement aux abords des stations et sur la voie ; — 19° Stationnement sur les voies de circulation en dehors des gares et stations ; — 20° Mesures spéciales relatives à la circulation dans les souterrains et sur les plans inclinés ; — 21° Vitesse des trains en marche et durée des trajets ; — 22° Expédition et marche des trains extraordinaires ; — 23° Surveillance de la voie et signaux destinés à assurer la marche des trains ; — 24° Mesures de sécurité à observer par les mécaniciens à l'approche des stations et des points dangereux (art. 37 et 38) ; — 25° Admission sur les machines de personnes étrangères au service ; — 26° Service des machines de secours ou de réserve, et des wagons de secours ; — 27° Accidents (rappeler sommairement les accidents signalés par des rapports spéciaux) ; — 28° Modifications aux heures de départ et d'arrivée ; — 29° Introduction dans l'enceinte du chemin de fer de personnes étrangères au service, et autres dispositions de l'article 61 du règlement (du 15 nov. 1846) ; — 30° Prescriptions concernant les voyageurs (art. 63, 65 et 67) ; — 31° Surcharge des caisses de voitures (art. 64) ; — 32° Prescription relative à l'uniforme des agents de la compagnie ; — 33° Boîtes de secours et médicaments ; — 34° Affichage des règlements ; — 35° Plaintes et réclamations des voyageurs relatives au service du mouvement ; — 36° Observations diverses.

(N° 2.) *Travaux et voies de fer*. — 1° Entretien de la voie et de ses dépendances ; — 2° Service des aiguilleurs ; — 3° Service des barrières ; — 4° Eclairage des passages à niveau ; — 5° Surveillance de la voie, et signaux de toute nature destinés à assurer la marche des trains (art. 31, 33, 35 et 37, ordonn. du 15 nov. 1846) ; — 6° Observation des mesures de précaution prescrites en cas de réparation des voies, et service accidentel sur une voie (art. 34) ; — 7° Introduction dans l'enceinte du chemin de fer de personnes étrangères au service, et autres dispositions de l'article 61 du règlement ; — 8° Accidents (rappeler sommairement les accidents signalés par les rapports spéciaux) ; — 9° Observations diverses.

(N° 3.) *Exploitation commerciale*. — 1° Modifications aux heures de départ et d'arrivée ; — 2° Perception de taxes non autorisées ; — 3° Conditions particulières consenties par la compagnie à certains expéditeurs ; — 4° Affichage permanent des tableaux de taxes et frais accessoires ; — 5° Expédition de marchandises, bestiaux et objets de toute nature, dans l'ordre des numéros d'enregistrement, et autres dispositions relatives à l'article 56 du règlement du 15 nov. 1846 ; — 6° Composition des trains en ce qui concerne la nature des voitures (art. 17) ; — 7° Plaintes et réclamations du public concernant la perception des taxes ; — 8° Observations diverses.

Observations communes aux trois formules. — Certains articles se trouvent reproduits dans deux des trois formules ; ils se rapportent à des questions complexes qui intéressent à la fois deux services. — V. *Ordonnances*.

III. Rapports mensuels. — (Ext. de la circ. précitée du 28 avril 1849.) — Chacun des fonctionnaires à qui sont adressés les rapports hebdomadaires dont il vient d'être parlé (rapports transformés comme il vient d'être dit en rapports *décadaires*), donnera, chaque mois, un résumé des faits qui auront été signalés, tant par les commiss. (de surv.) que par les conducteurs des ponts et chaussées et les gardes-mines (V. *Tournées*), et de ceux qu'ils auront constatés eux-mêmes dans leurs tournées de service. — Ces rapports, accompagnés des observations des chefs du contrôle sont transmis chaque mois à l'administration. — V. *Contrôle*, § 3 *bis* (1).

D'après de précédentes instructions, le rapport des ingén. des mines doit comprendre outre les renseignem. d'usage : 1° La situation des avaries du matériel ; — 2° L'énumération des convois extraordinaires expédiés pendant le mois (V. *Trains*, § 3) ; — 3° Correspondances manquées (V. *Correspondances*, § 2). — Mais une circ. min., du 9 avril 1856, a fait connaître qu'il n'y avait pas lieu d'y indiquer le résumé des retards éprouvés par les trains ; le rapport contiendra seulement lorsqu'il y a lieu sous forme de résumé « les observations que suggérera à l'ingénieur la marche des trains, tant au point de vue de leur chargement qu'au point de vue du matériel moteur, et les propositions dont l'examen des tableaux hebdomadaires lui aura démontré la nécessité ». — Le rapport de l'ing. des p. et ch., *pour lequel nous ne connaissons pas de modèle uniforme*, se subdivise à peu près suivant l'ordre des matières indiquées ci-dessus pour le rapport n° 2 du commiss. de surv. — A ce rapport (dit *de l'exploitation*), l'ingén. en chef, conf. à une circ. min. du 7 juill. 1879, doit joindre sous le titre d'*Annexe* un tableau faisant connaître la situation des projets ou travaux (approuvés ou non approuvés) exécutés par la compagnie.

Envoi distinct des tableaux d'accidents (Circ. min. 24 mars 1860). — « Le chef du service du contrôle doit fournir, par des envois séparés, d'une part, les rapports mensuels concernant l'expl. technique, et, d'autre part, l'état général mensuel des accidents constatés sur le réseau de ch. de fer dont le contrôle lui est confié. (V. *Accidents*, § 14). — Relevés concernant les contraventions (V. *Jugements* et *Contrav.*, § 5). — *Relevé mensuel des plaintes*. — V. *Réclamations*.

Rapports mensuels des insp. commerciaux (V. *Inspecteurs*). — Les rapports des insp. particuliers de l'expl. commerciale, soit de mois, soit de quinzaine, doivent toujours être joints au rapport de l'insp. principal, rapport que le chef du contrôle adresse mensuellement au ministre. (Circ. min. 24 mai 1854.)

Relevés sommaires du trafic. — Sans reproduire les renseign. détaillés, insérés dans les tableaux spéc. du trafic (V. *Statistique* et *Trafic*), le min. a demandé que l'on indiquât dans les rapports mensuels du service commercial « le relevé des recettes effectuées pendant le mois, avec la comparaison entre les recettes du mois de l'année courante et celles du mois correspondant de l'année précédente ». (Circ. min. du 4 fév. 1853).

Indication des tournées. — « Les ingénieurs et inspecteurs doivent terminer leurs rapports mensuels par l'énumération des tournées qu'ils ont faites pendant le mois, et l'indication des sections du chemin qu'ils ont visitées. » (Circ. min. 19 juillet 1854.) — Voir aussi le mot *Tournées*.

Rappel des communications adressées aux préfets. — « L'ingén. en chef devra insérer dans ses rapports mensuels un paragr. spéc. rappelant les diverses communications de quelque importance qu'il aura envoyées, dans le courant du mois, aux préfets et aux fonctionn. placés en dehors du service de contrôle, ainsi que la suite que ces communications auront pu recevoir. » (Circ. min. 12 oct. 1854.)

Rapports mensuels au préfet de police. — V. *Préfets*, § 6.

IV. Rapports spéciaux et divers. — La circ. min. du 28 avril 1849, reproduite en extrait principal au § 2, fait observer en terminant que l'exécution des dispositions relatives à l'envoi des rapports périodiques ne dispensera pas les ingén. et insp. du ser-

----

(1) Parmi les diverses instructions qui ont réglé, à diverses époques, l'envoi des documents périodiques, nous ne devons pas omettre : 1° la décis. minist. du 17 oct. 1867, qui prescrit de joindre aux rapports mensuels du service commercial un relevé des bons de détaxe ordonnancés pendant le mois (V. *Détaxes*, § 2). — 2° une décis. antérieure du 6 mars 1855, d'après laquelle il y avait lieu de faire des envois distincts pour les rapports mensuels du service technique et du service commercial (*p. mém.*).

vice de contrôle « de l'obligation de dresser des rapports spéciaux, en cas d'accident ou
de circonstance particulière méritant d'être signalée sans retard ». (Extr. de la circulaire minist. du 28 avril 1849.) — Ces rapports concernent surtout en dehors des importantes constatations d'*accidents*, les *contraventions* et les *plaintes*; ils s'appliquent aussi
aux renseignements à fournir aux préfets (V. *Préfets*) et aux résumés demandés ordinairement chaque année par ces derniers à l'époque de la session des *Conseils généraux*. —
Les indications relatives à la production de ces divers rapports ont d'ailleurs été rappelées dans la circ. min. gén. du 15 oct. 1881, ci-dessus mentionnée, § 2, et donnée en texte
complet au mot *Contrôle*, § 3 *bis*.

Rapports des assemblées générales d'actionnaires. — V. *Comptes rendus*.

RÉBELLION.

Résistance aux agents. — 1° Applic. de l'art. 25 de la loi du 15 juillet 1845 et de
l'art. 224 du Code pénal (V. *Agents des Compagnies*, § 3). — 2° Peines appliquées à la
rébellion. — V. art. 212 et 218 du Code pénal.

Réquisition de la force publique. — V. l'art. *Réquisitions*.

RÉCÉPISSÉS.

I. Formalités obligatoires. — « Toute expédition de marchandises sera constatée, si
l'expéditeur le demande, par une lettre de voiture dont un exemplaire restera aux mains
de la compagnie et l'autre aux mains de l'expéditeur. Dans le cas où l'expéditeur ne
demanderait pas de lettre de voiture, la compagnie sera tenue de lui délivrer un réce-
pissé qui énoncera la nature, le poids et la désignation des colis, les noms et l'adresse
du destinataire, le prix total du transport et le délai dans lequel ce transport devra être
effectué. » (Ext. de l'art. 50 de l'ordonn. du 15 nov. 1846, de l'art. 49 du cah. des ch.
et de l'art. 15 de l'arr. min. du 12 juin 1866.)

Expéditions au delà du ch. de fer (et indic. diverses). — V. *Lettres de voiture* (1).

Timbre des récépissés. 1° Ext. de la loi des finances du 13 mai 1863. — « A partir du
1er juillet prochain, les récépissés à délivrer par les comp. de ch. de fer aux expéditeurs, lorsque
ceux-ci ne demandent pas de lettres de voiture, seront timbrés à 0 fr. 20 (Voir plus loin les
modific. d'impôt). — Le récépissé énoncera la nature, le poids et la désignation des colis, les
nom et adresse du destinataire, le prix total du transport et le délai dans lequel ce transport
devra être effectué. — Un double du récépissé accompagnera l'expédition et sera remis au destinataire. — Toute expédition, non accompagnée d'une lettre de voiture, doit être constatée sur
un registre à souche timbrée sur la souche et sur le talon, à peine d'une amende de 50 fr. —
Les préposés de l'enregistrement sont autorisés à prendre communication de ce registre, ainsi
que de ceux mentionnés par l'art. 50 de l'ordonnance du 15 nov. 1846, et des pièces relatives
aux transports qui y sont énoncés. — La communication aura lieu, selon le mode prescrit par
l'art. 54 de la loi du 22 frimaire an VII, et sous les peines y portées. »

2° *Loi de finances des 23 et 25 août* 1871. (Extr. de l'art. 1er). — « Le droit de timbre des
récépissés de ch. de fer est élevé de 20 à 25 centimes. »

3° *Nouvelles modifications d'impôt.* — 1° *Petite vitesse* (Récépissé pouvant tenir lieu de *lettre de
voiture*, 0 fr. 70, pour les transports effectués autrement qu'en grande vitesse, loi du
30 mars 1872) (V. le mot *Timbre*, § 7). — 2° *Grande vitesse*, 0 fr. 35 pour chaque récépissé,
y compris (comme pour le prix ci-dessus de petite vitesse) 0 fr. 10, pour droit de décharge
(voir le même mot *Timbre* § 7). — 3° EXPÉDITIONS GROUPÉES (*des entrepreneurs de messagerie et autres intermédiaires de transport*), art. 2, loi du 30 mars 1872 (V. *Groupage*). —

---

(1) D'après une circul. min. finances, 15 mars 1882, que nous mentionnons *p. mém.*, le
transport successif, par chemin de fer et par mer, de colis groupés et expédiés à l'étranger,
donne lieu, pour le transport effectué en France par chemin de fer, à la délivrance 1° d'un réce-
pissé pour l'envoi collectif ; 2° d'un récépissé spécial pour chaque destinataire.

3° RETOURS D'ARGENT (marchandises expédiées contre remboursement), droit de récépissé de 0 fr. 35 (art. 10 de la loi du 19 février 1874.) (Voir *Remboursement.*) — 4° RÉCÉPISSÉS POUR LES TRANSPORTS DE TITRES. (*Actions, obligations, etc.*) Applic. du même art. 10 de la loi du 19 fév. 1874. « Les comp. de ch. de fer sont tenues, sous peine d'amende, de créer un récépissé timbré pour chaque transport des titres des autres compagnies qui sont expédiés pour des opérations de renouvellement de conversion ou de payement. Mais ce récépissé n'est pas obligatoire à l'égard des titres émanant de la comp. qui fait le transport. » (Déc. min. *Fin.* 9 juin 1879). — Ainsi l'admin. de l'enregistr. est en droit d'exiger d'une comp., que le transport des titres *étrangers à cette compagnie*, soit accompagné, tant à l'aller qu'au retour, d'un récépissé timbré de 0 fr. 35. — Ce récépissé est dû non pour chaque titre transporté, mais pour chaque transport (Ext. des instr.). — 5° *Décimes supplémentaires* (non applicables sur les droits de récépissés). — V. *Décimes.*

Refus de délivrer des récépissés. — Voir plus loin § 3.

II. Modèles de récépissés (de grande et de petite vitesse). — A la suite d'un vœu exprimé par la commission d'enquête sur l'exploitation (1863, V. *Enquêtes,* § 2), et sur les propositions demandées aux compagnies et présentées par elles, le min. des tr. publ., après avoir pris l'avis de la section permanente du comité consultatif, a arrêté par décis. du 26 févr. 1866, adressée aux comp. et aux services de contrôle, un *type uniforme* de récépissés *pour la grande* et la *petite* vitesse, avec invitation de *mettre les nouveaux modèles en usage, au fur et à mesure de l'épuisement des anciennes formules.* — La circ. min. relative à cet objet contenait la recommandation finale ci-après : « Je vous prie de donner à vos agents les ordres les plus formels pour que toutes les indications laissées en blanc sur les modèles soient toujours exactement remplies à la main et en caractères très lisibles. J'attache un véritable intérêt à ce que des documents réguliers soient enfin substitués aux pièces défectueuses et incomplètes dont le commerce s'est plaint si souvent et avec juste raison. »

Grande vitesse. — Le type de récépissé de la *grande vitesse,* qui a reçu depuis cette époque pour l'expédition des colis postaux (V. *Colis*) quelques modifications spéciales, mais *non uniformes,* à notre connaissance, en ce qui concerne du moins l'ensemble des compagnies, contenait dans le modèle de 1866 les indications qui figurent au *tableau* et au *nota* ci-après :

Nota. — Le tableau ci-dessus forme le *recto* du récépissé de grande vitesse. — *Le verso* (non reproduit) contient dans le bulletin à remettre *au destinataire* : 1° L'extrait de l'arrêté réglant les délais de transport et de livraison (art. 2, § 1er, 2, 3, 4, 5 et 14) (V. *Délais*). — 2° Une colonne portant pour titre : « *Indication des taxes en cas de réexpédition.* » — Sur le bulletin à remettre *à l'expéditeur* figure le *nota* suivant : *Nota.* — La colonne des prix de transport, d'autre part, ne comprend pas le montant des frais dont les colis peuvent se trouver grevés au delà de la gare d'arrivée du réseau, pour réexpédition, factage, octroi, douane, etc. Toutefois, pour les réexpéditions taxées à un tarif commun, cette colonne comprend le prix de transport jusqu'à la gare d'arrrivée où expire le tarif commun. »

Modèle des récépissés de petite vitesse. — MODIFICATIONS DIVERSES résultant des circ. minist. des 16 mai 1874, 15 sept., 10 nov. 1875 et 6 mars 1876. Une première modification ayant dû être apportée aux modèles de récépissés, au sujet de l'impôt *établi*, puis *supprimé*, sur la petite vitesse, nous n'en parlons que pour mémoire. — D'un autre côté, les compagnies pour prévenir, en ce qui touche les récépissés, les difficultés d'application de la loi du 23 août 1871 sur les timbres de quittance, avaient demandé l'autorisation de supprimer la mention « *Pour acquit — Le chef de gare* » imprimée sur les récépissés de petite vitesse. — Cette autorisation ne leur a été accordée (circ. min. 16 mai 1874) qu'à la condition « dans le cas où le destinataire demanderait une quittance véritable, en offrant de payer le droit de timbre, s'il s'agit d'une somme de plus de 10 fr., de faire écrire à la main les mots *Pour acquit* sur le récépissé et d'agir de même, sauf l'apposition du timbre, lorsque la somme étant égale ou inférieure à 10 fr., le destinataire (exempt, dans ce cas, du droit de 0 fr. 10) voudra retirer un reçu des frais de transport payés par lui ». (*Ext.*) — *Mention de garantie.* — Au sujet de la demande d'addition, d'une formule de *garantie*, sur le modèle de récépissé de petite vitesse, le min. des tr. publ. par une circ. du 10 nov. 1875 faisant suite à une décision du 15 sept. précédent, a déclaré que l'admin. « a toujours entendu rester étrangère aux difficultés qui peuvent s'élever entre les expéditeurs et les comp., au sujet de la constatation de l'état des marchandises remises au chemin de fer et de la stipulation des garanties à demander au départ. Ce sont là des questions de droit commun dont l'appréciation, le cas échéant, est réservée à l'autorité judiciaire. — Le ministre ne saurait, dès lors, en principe, attacher la sanction administrative à un bulletin de garantie et ne saurait surtout consacrer par son approbation la formule proposée par les compagnies ». (*Ext.*)

Circ. min. 6 mars 1876. — A la suite d'une communic. min. du 10 nov. précédent, le min. des tr. publ. ayant reçu, des *compagnies syndiquées au ch. de fer de ceinture*, un nouveau modèle de *récépissé pour les tranports à petite vitesse*, a approuvé ledit modèle à la date du 6 mars 1876, et a notifié « directement sa décision aux compagnies syndiquées, en invitant, en même temps, les autres compagnies à adopter le nouveau modèle, au fur et à mesure de l'épuisement des formules actuelles ».

Nota. — Ce nouveau modèle de récépissé de petite vitesse qui a remplacé celui qui avait été approuvé par la décis. min. du 26 févr. 1865, est reproduit ci-dessous, sinon dans sa forme même, du moins quant à ses indications principales.

Type du récépissé de petite vitesse approuvé par décis. min. du 6 mars 1876 : 1° RECTO détaché de la *souche* libellée ainsi qu'il suit en 8 lignes *distinctes*, savoir : « N°...; gare expéditrice...; date...; gare destinataire...; expéditeur...; destinataire...; n° d'expédition...; remboursement, fr.... »

CHEMINS DE FER d

RÉCÉPISSÉ A REMETTRE AU DESTINATAIRE.

Nº

GARE EXPÉDITRICE :
GARE DESTINATAIRE :
Date de remise :
Expédition Nº   du   188 .
Wagons :
Délais de transport :
Sortie du réseau expéditeur par

M   NOM ET ADRESSE DE L'EXPÉDITEUR :

M   NOM ET ADRESSE DU DESTINATAIRE :

A LIVRER   (Indiquer en gare ou à domicile.)

DÉTAIL DES DÉBOURS.

PIÈCES DE DOUANE OU DE RÉGIE accompagnant l'expédition.

COLIS		NATURE DES MARCHANDISES. (Indiquer, s'il y a lieu, les dimensions cubiques des colis.) (*)	POIDS.	SÉRIES OU TARIFS.
Marques et numéros.	Nombre.	Désignation de l'emballage.		

(*) Si ce cadre ne suffit pas pour l'inscription des colis, le laissera en blanc et faire l'inscription au verso.

PETITE VITESSE

Tarifs et itinéraires demandés.

(Reproduire textuellement les mentions de la déclaration d'expédition).

DÉCOMPTE DES FRAIS.	PORT PAYÉ fr. c.	PORT DU fr. c.
FEUILLE D'EXPÉDITION CRÉÉE POUR (1)		
Enregistrement......	» 10	» 10
Ch. de fer { K Série à fr.		
d { K Série à fr.		
Ch. de Ctᵉ { K Série à fr.		
Compᵗᵉ { K Série à fr.		
correspᵗ { K Série à fr.		
Impôt 5 p. 100. (Supprimé. — Voir Impôt.)		
Timbre.........	70	70
Déboursés.........		
Camionnage au départ par la compagnie.....		
Remboursement payable après encaissement.....		
Retour des fonds laissés par l'expéditeur à la charge du destinataire.....		
TOTAL.....		
Camionnage à l'arrivée par la compagnie.....		
Lettre d'avis......		
Réparations..........		
Magasinage (jours).....		
TOTAL.....		
Camionnage à l'arrivée par l'entrepreneur ou réexpédition.....		
Octroi ou passe-debout.....		
TOTAL.....		

(1) S'il doit y avoir une réinscription en cours de transport, indiquer la gare pour laquelle est créée la première feuille d'expédition.

Nº   CHEMIN DE FER d

Récépissé à remettre à l'expéditeur.
(Petite vitesse.)

GARE
d

Reçu de M¹.   à M.
en port (1)   à M.   pour être expédié
contre remboursement de fr.   à
1 colis ci-après, qui doit   être mis à sa disposition dans les délais déterminés d'autre part. (Arrêté ministériel du......)

MARQUES et numéros.	NOMBRE ET NATURE des colis.	POIDS déclaré.	PRIX de transport (2)

PORT PAYÉ, F.   Le   188

Le Chef de gare,

Nota. — Les prix et délais indiqués sur le présent récépissé ne sont obligatoires, pour le public et pour la Compagnie, qu'autant qu'ils sont conformes à ceux des tarifs homologués.

(1) Dû ou payé.

(2) Les prix indiqués dans cette colonne ne comprennent pas ceux dont l'expédition pourrait être grevée au delà de la gare d'arrivée du réseau pour frais de réexpédition, magasinage, réparations, octroi, etc. Toutefois, pour les expéditions taxées au tarif commun du chemin de fer d   avec d'autres chemins de fer correspondants, le prix du transport est indiqué jusqu'à la gare d'arrivée où expire le tarif commun.

2° VERSO du récépissé de petite vitesse (partie correspondante au bulletin *imprimé au recto*, à remettre au *destinataire* (voir ci-dessus).

PORT DU.

RÉEXPÉDITIONS SUCCESSIVES.

De
Sortie du réseau réexpéditeur par à 188.
Expédition n°
Wagons

Report d'autre part..... { Port et débours.......
{ Remboursement.......

Compagnie { Série à fr.
{ Série à fr.
d { Compagnie { Série à fr.
d { Série à fr.

Impôt 5 p. 100. (Supprimé. — Voir *Impôt*.)
Réexpédition

TOTAL.......

De
Expédition n° du à 188.
Wagons

Report d'autre part..... { Port et débours.......
{ Remboursement.......

Compagnie { Série à fr.
{ Série à fr.
d { Compagnie { Série à fr.
d { Série à fr.

Impôt 5 p. 100. (Supprimé. — Voir *Impôt*.)

Total.......

Camionnage à l'arrivée par la compagnie.......
Lettre d'avis.......
Réparations.......
Magasinage (jours).......

Camionnage à l'arrivée par l'entrepreneur ou réexpédition.......
Octroi ou passe-debout.......

Total.......

PORT PAYÉ.

SÉRIES OU TARIFS.

POIDS.

NATURE DES MARCHANDISES.
(Indiquer, s'il y a lieu,
les dimensions cubiques des colis.)

(Voir ci-dessus au tableau *recto* la
note indiquée par un *astérisque*.)

TOTAL.......

COLIS.
DÉSIGNATION de l'emballage.
NOMBRE.
MARQUES et numéros.

NOTA. — Les indications du présent récépissé, en ce qui concerne les prix et les délais, n'engagent la compagnie et le public qu'autant qu'elles sont conformes aux conditions des tarifs homologués. Aucune réclamation ne peut être examinée sans la production du présent récépissé.

Nota. — Dans le verso de la partie du récépissé de petite vitesse, à *remettre au destinataire*, nous relevons la mention suivante qui n'existait pas à notre connaissance sur l'ancien modèle : « *Aucune réclamation ne peut être examinée sans la production du présent récépissé.* »

L'importance de cette recommandation ressort, du reste, de la décision judiciaire suivante : « Le destinataire désigné dans le récépissé d'expédition délivré par une compagnie de chemins de fer chargée du transport des marchandises ne peut se prévaloir de cette désignation pour se faire remettre les marchandises expédiées qu'à la condition d'être nanti du récépissé dont il s'agit ; et tant que ce titre n'est pas sorti des mains de l'expéditeur, les marchandises peuvent être restituées à celui-ci sur la remise par lui effectuée du récépissé d'expédition délivré à son nom sans que la responsabilité de la compagnie puisse être engagée, alors même qu'elle aurait su que la personne désignée comme expéditeur n'était pas propriétaire des marchandises expédiées. » (C. C., 5 août 1878.)

Nous ajouterons qu'en ce qui concerne les *transports internationaux*, les compagnies font usage de formules spéciales approuvées, suivant les cas, par le ministre des travaux publics. C'est ainsi qu'ont été approuvés par décis. min. du 14 janv. 1874, réseau de l'*Est*, des modèles particuliers de récépissés de gr. et de petite vitesse pour les expéditions *franco-allemandes*.

3° *Sur le verso du bulletin* (imprimé au *recto* ci-dessus) *à remettre à l'expéditeur*, figurent seulement (pour mémoire) les art. 6 à 14 de l'arrêté déterminant les délais d'expédition et de livraison, de gare en gare, des marchandises expédiées à petite vitesse (Voir *Délais* et *Transports*).

III. Obligation de délivrer des récépissés (Circ. min. tr. publ. 14 juin 1864, aux chefs du contrôle).

— « Malgré les instructions réitérées de l'admin., les comp. de ch. de fer, si j'en crois les renseignements qui me parviennent, mettent toujours une certaine résistance à la délivrance des récépissés. — Les récépissés sont, sans doute, remplis pour chaque expédition et détachés du registre à souche avec le timbre exigé par la loi du 13 mai 1863 ; mais l'exemplaire destiné à l'expéditeur est, le plus souvent, mis de côté et n'est pas délivré à qui de droit. — Le Trésor ne perd rien à cet état de choses ; mais le public, est lésé car il paye le prix d'un titre qu'on ne lui remet pas. — Il importe donc que les fonctionn. du contrôle administratif surveillent la délivrance des récépissés au point de vue de l'intérêt des expéditeurs, comme les agents des finances surveillent l'apposition du timbre au point de vue des intérêts du Trésor. Je vous prie, en conséquence, de vouloir bien donner des instr. dans ce sens aux insp. de l'expl. commerciale et aux commiss. de surv. admin., en leur rappelant que le récépissé doit être délivré d'*office*, alors même que le public, ignorant le plus souvent ses droits, ne le demande pas. — Toute négligence à cet égard, de la part de la comp. dont le contrôle vous est confié, devra être constatée par pr.-verbal et déférée aux tribunaux » (1).

Justifications suppléant ou complétant les récépissés. — « L'usage introduit par une comp. de ch. de fer de ne pas délivrer de récépissé pour les marchandises qu'on lui confie, autorise l'expéditeur, en cas de perte de la marchandise, à faire la preuve de la réalité du dépôt, d'après tous les éléments de la cause, et notamment ses livres de facture et sa correspondance avec le destinataire. » (T. comm., Strasbourg, 18 mars 1859.) — « Le défaut de remise du récépissé n'ayant point été invoqué par l'expéditeur comme une cause de dommage distincte *de la perte de ses colis*, mais pour établir *cette perte*, — celle-ci était la cause unique de l'action, qui tombait ainsi sous l'application de l'art. 108 du Code de commerce. » (C. C., 7 mars 1881). — *Récépissé non produit.* — « Une comp. de ch. de fer ne saurait être responsable de la non-expédition de marchandises au sujet desquelles l'expéditeur ne produit pas de récépissé, titre qui seul constaterait l'obligation de les transporter. » (Tr. civil d'Avesnes, 31 janv. 1884) (Voir les décisions précédentes et la note 1 du présent paragr.) — « La comp. est en droit de ne pas reconnaître le desti-

---

(1) Par exception, la présentation des carnets spéciaux, dont certains expéditeurs habituels ont persisté à faire usage, sur quelques lignes, pour l'inscription et l'émargement de leurs expéditions, a paru aux compagnies équivaloir à un refus d'accepter les récépissés avec lesquels, d'après elles, ces carnets feraient double emploi. On n'en conserve pas moins les récépissés dans un dossier spécial, de manière à pouvoir les vérifier au besoin. Les carnets constituent, d'ailleurs, un titre légal. (*Instr. spéc.*)

nataire qui ne se présente pas muni du récépissé remis à l'expéditeur. — Ensuite, si ce destinataire, en prenant livraison de ses marchandises, paye *sans réserves* le prix de transport, elle est en droit d'opposer l'exception de l'art. 105 du Code de commerce à l'action intentée pour cause du long retard résultant desdits incidents. — Enfin, la lettre de voiture ne mentionnant pas qu'il s'agissait d'une caisse d'échantillon, la comp. n'encourt non plus aucune responsabilité pour le préjudice que ce retard a causé au destinataire, préjudice qu'elle n'a pu prévoir. » (Tr. comm., Marseille, 11 mars 1881.) — *Discussions au sujet du poids des colis.* — Nous devons rappeler enfin *que le poids porté sur le récépissé ne dispense pas d'un pesage contradictoire entre le vendeur et l'acheteur s'il y a contestation.* — V. *Pesage.*

RÉCEPTION.

I. Formalités de réception de travaux (Ouvrages exécutés, soit par entreprise au compte de l'État, soit par les compagnies) :

1° *Travaux de l'État* (Extr. des règl. de comptabilité) : « L'ingén. ordin. constate la réception provisoire des travaux d'une entreprise par un pr-verbal (modèle règl. n° 15), dressé en triple expédition. L'une des expéd. est envoyée à l'ingén. en chef, une autre remise à l'entrepreneur, et la 3ᵉ conservée dans le bureau de l'ingén. ordinaire. — A l'expiration du délai de garantie, l'ingén. ordin. se transporte de nouveau sur les lieux pour examiner les travaux, et, s'il reconnait qu'ils satisfont aux conditions du devis et sont en bon état d'entretien, il déclare qu'il y a lieu d'en accorder la réception définitive. — Il dresse procès-verbal de cette opération dans la forme du modèle n° 15 *bis* (annexé au règl.) — Ce procès-verbal est suivi d'un décompte des ouvrages exécutés, certifié par l'ingén. ordin., et présenté à l'acceptation de l'entrepreneur. — Le procès-verbal de réception définitive est adressé à l'ingén. en chef, pour être vérifié et approuvé par lui s'il y a lieu. » (Extr.) — V. aussi au mot *Clauses*, l'art. 38 des clauses et cond. gén. des entreprises. — *Remise d'ouvrages aux services intéressés.* — V. plus loin.

2° *Travaux des compagnies* (Formalités de réception d'ouvrages divers en dehors de la réception générale mentionnée au § 1 *bis*.). — Extr. de la circ. min. du 21 févr. 1877, donnée au mot *Projets* et relative aux *ch. de fer concédés* :

Extr. circ. min., 21 févr. 1877. — § XI. *Réception et remise des travaux.* — Les pr.-verb. des épreuves des ouvrages métalliques seront adressés directement au min. des tr. publ. par l'ingén. en chef du contrôle. Ils devront faire connaître en détail de quelle manière il a été procédé à ces épreuves et comment se sont comportées pendant et après lesdites épreuves les différentes parties de la construction. — V. *Épreuves.*

Il sera procédé, sur la demande de la comp., au récolement et à la remise aux différents services intéressés des routes, chemins et cours d'eau déviés ou modifiés par suite de l'exéc. du ch. de fer. Cette opération sera dirigée par l'ingén. en chef du contrôle ou par l'un des ingén. sous ses ordres délégué à cet effet. La reconnaissance des travaux sera faite en présence des représentants de la comp., par les représentants des services qui doivent accepter les ouvrages et demeurer chargés de leur entretien, notamment :

Pour *les routes nationales et départementales et pour les travaux intéressant la navigation*, par les ingénieurs chargés de ces services ;

Pour *les chemins de grande communication*, par les agents voyers ;

Pour *les chemins vicinaux et ruraux*, par les maires des communes intéressées, assistés, s'il y a lieu, des agents voyers ;

Pour *les travaux intéressant les syndicats*, par les directeurs de ces associations.

Les procès-verbaux de reconnaissance et de remise des travaux exécutés seront rédigés en triple expédition dont l'une sera destinée à la compagnie, l'autre au chef du service intéressé, et la troisième à l'ingénieur en chef du contrôle (V. *Formules*). — Voir aussi *Remise de travaux.*

Indications diverses. — 1° Remise des travaux de modific. des chemins communaux et ouvrages divers (V. *Chemin*, § 1, *Déviations*, § 1, *Navigation*, § 1, *Ouvrages d'art*, § 2, *Routes*, et *Travaux*. — V. aussi au § 2, ci-après une déc. min. spéc. du 30 mars 1857).

— 2° Remise d'office d'ouvrages donnant matière à contestation (V. le mot *Remise*). —

3° Reconnaissance contradictoire des travaux des nouvelles lignes incorporées aux réseaux des gr. comp. par les conventions de 1883. — V. *Conventions*. — Voir aussi aux documents annexes.

I *bis*. Réception générale et mise en exploitation des sections nouvelles (Voir au mot *Ouvertures*, § 1, les documents détaillés ci-après, savoir : — 1° Disposition de l'art. 28 du cah. des ch. concernant la reconnaissance et la réception provisoire des travaux. — 2° Formalités préliminaires (incombant à la compagnie, C. C., 1ᵉʳ févr. 1855). — 3° Commission spéciale de réception à désigner par le min. (Extr. de la circ. min., 20 mai 1856). — 4° Conditions diverses d'autorisation. — Voir aussi au même mot *Ouvertures*, pour divers autres renseignements.

2ᵉ *Voie*. — Comme question de principe, nous mentionnerons une dépêche min., du 10 nov. 1862 (ch. de Lyon), qui a chargé l'ingén. en chef du contrôle de l'exploitation de procéder à la réception de la 2ᵉ voie sur la 1ʳᵉ section de l'un des embranchements exploités jusqu'alors à voie unique. « La réception des autres sections pourra être faite sans délégation spéciale et sur la simple demande de la compagnie. »

Réception du matériel fixe et des ouvrages d'art. — 1° Indications relatives aux Aiguilles, Coussinets, Eclisses, Grues hydrauliques, Plaques tournantes, Rails, Réservoirs, Traverses, etc. (V. ces mots.) — 2° Epreuves des ponts métalliques. — V. *Epreuves* et *Ponts*.

II. Travaux divers intéressant plusieurs services (*Conférences, Travaux militaires*, etc.). — Des règles spéciales ont été posées par une circ. min., tr. publ., 12 juin 1850, en ce qui concerne les conférences à ouvrir pour l'exécution des travaux de nature à intéresser plusieurs branches du service public (*routes, chemins, navigation*, etc.). — En terminant cette circulaire dont le texte principal est donné au mot *Conférences*, § 1, le ministre a recommandé qu'il fût dressé après l'achèvement des travaux, un procès-verbal de remise entre les services intéressés. L'initiative de cette réception paraît incomber, d'ailleurs, au service chargé de l'exécution des travaux, service qui, d'après les termes mêmes de la circ. précitée, est le plus intéressé à dégager sa responsabilité en temps utile. — V. ci-dessus, § 1, 2°.

Travaux mixtes, zone militaire (Art. 26 du décret du 16 août 1853). — « La remise de tout ouvrage exécuté par un service pour le compte d'un autre service, donne lieu à un procès-verbal dressé de concert par les chefs de ces deux services, en présence des personnes dont la participation est nécessaire. Ce procès-verbal rappelle les conditions, charges ou réserves auxquelles ces ouvrages restent assujettis. — La remise n'est définitive qu'après que le procès-verbal a été approuvé par les ministres compétents, quand il s'agit du service de l'État, et par les préfets quand il s'agit des administrations locales. » — V. aussi *Zone frontière*.

Modifications de chemins, routes, et ouvrages de navigation. — Voir ci-après, à titre de simple renseign., l'extr. d'une décis. min. *spéc.* pouvant compléter, *pour certains détails*, les documents déjà reproduits ci-dessus, § 1.

Décis. min. spéc., 30 *mars* 1857 (relative à la ligne de Paris à Mulhouse) :

1° *Chemins vicinaux*. — « En ce qui concerne les ch. vicin., il a été arrêté, d'un commun accord, entre l'adm. des tr. publ et celle de l'intér., que la réception des tr. exéc. par les comp. de ch. de fer pour la déviation et la modific. desdits chemins, serait faite par les maires assistés des agents du service vicinal, d'une part, et, d'autre part, par les délégués de la comp., en présence de l'ingén. en chef du serv. du contr., et que les pr.-verb. de ces réceptions seraient rédigés en triple expédition, dont l'une pour le maire de la commune intéressée, l'autre pour la comp., et la 3ᵉ pour l'ing. en chef du serv. du contr. Il est bien entendu, d'ailleurs, que ce dernier peut se faire représenter dans les opérations dont il s'agit par l'un des ingénieurs sous ses ordres, qu'il délègue à cet effet.....

(Les procès-verbaux de réception doivent reproduire dans l'une des colonnes, les dispositions et les réserves des décisions approbatives, et dans une autre colonne, l'indication des suites données. — Ils sont envoyés par les chefs de service compétents, soit au préfet, soit au ministre, suivant que les travaux intéressent les communes, le département ou l'État.)

2° *Routes et cours d'eau.* — Quant aux ouvrages exécutés sur les routes nationales et départem., les canaux, les rivières et les cours d'eau, rien n'a été arrêté en ce qui les concerne, mais il est bien évident qu'il doit être procédé pour ces ouvrages dans une forme analogue à celle qui a été adoptée pour les ch. vicin., c'est-à-dire que la remise doit en être faite par les représentants de la comp., aux ingén. du service auquel doit incomber l'entretien ultérieur des travaux, en présence de l'ingén. en chef du service du contrôle ou de son délégué, et que le résultat de l'opération doit être constaté par la rédaction d'un procès-verbal dressé en triple expédition. »

Initiative des réceptions. — « C'est aux comp. qu'il appartient, dans tous les cas, de provoquer la réception des travaux, puisque seules elles ont intérêt à en réclamer la remise à qui de droit et à s'affranchir, par ce moyen, des frais qui ont dû, jusque-là, rester à leur charge. » — V. plus haut, à ce sujet, l'extr. de la circ. min. du 21 févr. 1877.

Délais de garantie. — « D'un autre côté, aucun délai n'a été fixé pour la garantie des travaux exécutés par les compagnies, l'admin. ayant entendu rester maîtresse d'apprécier, dans chaque cas particulier, ce qu'il pourrait y avoir à décider à cet égard. »

Remise d'office des ouvrages (en cas de contestation). — V. *Remise.*

III. Réception du matériel. — 1° *Machines locomotives* (art. 7, ordonn. du 15 nov. 1846) (V. *Locomotives*). — 2° Voitures à voyageurs (art. 13 de la même ordonn.) (V. *Estampillage* et *Voitures*). — 3° Matériel étranger. — V. plus loin, 6°.

3° *Permis de circulation des locomotives.* — D'après l'arr. min. et la circ. du 15 avril 1850, ce sont les préfets qui délivrent les permis de circulation des machines sur l'avis des ingén. du contrôle. Les permis délivrés dans un département sont valables pour toute l'étendue de la ligne à laquelle appartiennent les machines locomotives ou les voitures que ces permis concernent et même pour les voitures devant circuler sur les réseaux correspondants. — V. au mot *Contrôle*, § 3, les docum. précités de 1850.

A Paris, c'est le préfet de police qui délivre les permis de circulation du matériel pour toutes les lignes ayant leur point de départ dans cette ville.

La question de savoir si le décret du 25 janv. 1865 sur les machines à vapeur n dispensait pas les machines d'une *permission préalable* ayant été posée au min. par le préfet de police, ce dernier a reçu, à la date du 23 déc. 1868, une instr. qu'en raison de son intérêt général nous croyons utile de résumer en extrait :

(Nous devons rappeler seulement que le décret précité du 25 janv. 1865 a été successivement remplacé ou complété par les décrets du 30 avril 1880 et 29 juin 1886, reproduits au mot *Machines à vapeur*, § 1.) — Mais l'*art.* 27 dudit décret de 1865 auquel il est fait allusion dans l'instruction ci-après, se retrouve à peu près en termes identiques dans l'*art.* 29 du décret du 30 avril 1880, d'après lequel « la circulation des machines locomotives a lieu dans les conditions déterminées par des règlements spéciaux ». — L'instruction suivante, adressée le 23 déc. 1868, par le min. des tr. publ. au préfet de police, conserve donc toute sa portée.

(*Extr. de l'instr. min. précitée du 23 déc. 1868.*) — D'après l'art. 27 du décret du 25 janv. 1865 la circ. des locomotives sur les ch. de fer ne restant implicitement soumise qu'à l'ordonn. de 1846 dont l'art. 7 renvoyait pour les épreuves des locomotives aux règl. alors en vigueur ; d'un autre côté le règl. en vigueur à cette époque étant l'ordonn. du 22 mai 1843 qui a été rapportée par le décret de 1865, il a paru au préfet que l'art. 7 de l'ordonn. de 1846 se trouvait par le fait abrogé. Cette interpr. est tout à fait contraire à la pensée du gouvernement ; lorsque, par l'art. 27 du décret de 1865, l'adm. a réservé l'applic. des mesures prescrites par les règl. d'admin. publ. *elle a eu précisément pour but de maintenir les règl. spéc. en vigueur au moment où intervenait le décret de 1865.* — De là, résulte que pour les locomotives l'autorisation préfectorale est toujours nécessaire ; cette autorisation ne s'applique pas seulement aux chaudières, mais à tous les organes de la locomotive ; il y a là un grand intérêt de sécurité publique que le gouvernement ne pouvait évidemment abandonner. — Le préfet continuera donc à délivrer comme par le passé, sur le rapport des ingén. du contrôle, des permis d'autorisation pour les machines locomotives que les comp. affectent au service d'expl. des ch. de fer. » (*Extr.* p. mém.)

4° *Dispositions spéciales aux locomotives.* — « Les comp. font surveiller la construction, examiner toutes les pièces détachées des locomotives; après les épreuves réglementaires, les machines sont reçues provisoirement. — Leur réception devient définitive après un parcours de garantie qui varie de 4,000 à 20,000 kilomètres. — Le permis de circulation n'est d'ailleurs donné à ces machines, par le préfet, qu'après un voyage d'essai fait par l'ingén. des mines du contrôle. » (Enq. sur l'expl. 1858.)

5° *Réception des pièces diverses* : Indications relatives aux Chaudières, Essieux, Locomotives de travaux, Manomètres, Ressorts, Soupapes, etc. — V. ces mots.

Essieux. — Les épreuves de cassure, de chauffage et de torsion des essieux varient sur les diverses lignes de ch. de fer. — « En général, les comp. se montrent à peu près toutes opposées aux épreuves sur les essieux qui doivent entrer en service. Elles pensent que la meilleure garantie d'une bonne fabrication est de s'adresser aux usines qui sont connues par la bonté de leurs produits. » (Enq. sur l'expl., Recueil 1858.) — Voir aussi *Matériel roulant.*

6° *Matériel étranger circulant en France.* — A l'occasion d'une partie de ligne française exploitée par une compagnie suisse, voir *Frontière*, et dont les voitures devaient aux termes d'une décision spéciale être soumises à la réception d'usage à Dijon où elles avaient un stationnement, le préfet de la Côte-d'Or a été invité « à former une commission composée d'ingén. et d'experts praticiens, pour examiner l'installation technique et les dispositions usuelles du matériel suisse. Le préfet pourra désigner, pour faire partie de cette commission, un ou plusieurs des ingén. de l'arrondiss. minéralogique de..., un architecte et un carrossier. L'ingén. en chef du contrôle, par la nature de ses fonctions, est naturellement appelé à en faire partie ; le préfet aura donc à la compléter par la nomination de ce chef ou par un des fonctionnaires de son service, délégué par lui.

« La commission vérifiera si les véhicules satisfont, sous le rapport de la construction, de la solidité, de la commodité et des dimensions aux prescriptions de l'art. 12 de l'ordonn. de 1846; elle pourra, s'il y a lieu, proposer les changem. à apporter et le délai dans lequel ces changem. devront être effectués; mais dans ce cas, il y aurait lieu d'entendre la comp. de la Méditerranée avant de prescrire aucune modification.

« Le préfet voudra bien, d'ailleurs, donner les instr. nécessaires pour que les visites aient lieu, autant que possible, dès l'arrivée des voitures à Dijon.

« En ce qui touche la rémunération des vacations des commissaires, il est bien entendu que les membres étrangers à l'admin. peuvent seuls y avoir droit, et le préfet devra régler leurs honoraires conf. au tarif adopté dans le dép. de la Côte-d'Or, pour les expertises admin. La dépense qui en résultera sera imputée sur les crédits du contr. de la surv. des ch. de fer ». (Décis. min. spéc. 16 janv. 1865. *Extr.*)

IV. Réception de marchandises. — 1° FORMALITÉS RELATIVES A LA RÉCEPTION DES COLIS DANS LES GARES, pour être expédiés en grande ou en petite vitesse. — V. les mots *Bagages, Colis, Déclaration, Groupage, Enregistrement, Marchandises*, § 3, *Récépissés, Reconnaissance* et *Vérification*.

Marchandises reçues dans les bureaux de ville. — V. *Bureaux*, § 2.

2° MARCHANDISES ET COLIS REÇUS PAR LES DESTINATAIRES (*Litiges et difficultés en cas d'avaries, de pertes, de retards ou de dommages quelconques*). — Dans l'impossibilité de résumer en un seul article les nombreux documents relatifs aux litiges très variés auxquels donnent lieu les transports de chemins de fer, et en particulier les désaccords qui peuvent se produire au moment de la remise des marchandises aux ayants droit, nous renvoyons pour cet objet aux mots spéciaux : *Avaries, Clause de non-garantie.*

Déchets, Déficits, Fin de non-recevoir, Force majeure, Laissé pour compte, Livraison, Magasinage, Manquants, Perte, Prescription, Preuves, Réserves, Responsabilité, Retards, Vérification, etc. — Voir aussi la note ci-après :

Réception des colis après payement préalable du prix de transport (Réclamations ultérieures, non admises, en vertu de la *fin de non-recevoir* édictée par l'art. 105 du C. de commerce). — « En règle générale, *notamment en matière d'avaries,* l'art. 105 du C. de commerce ne distingue pas entre les avaries apparentes et les avaries occultes, non plus qu'entre la réception de la marchandise faite au *domicile du voiturier,* c'est-à-dire au cas d'une compagnie de chemin de fer (comme dans l'espèce), à la gare d'arrivée, et la réception faite au *domicile du destinataire.* » (C. C., 9 mars 1870.) — Mais la pratique des transports de chemins de fer offre diverses autres matières donnant lieu à interprétation au point de vue de l'application dudit article, en ce qui touche notamment les questions de délais, de retards, de prescription, de preuves, les erreurs de tarifs, la légalité des *réserves* qui peuvent être faites par les intéressés au moment de la réception des colis, et enfin les affaires de constatations, de vérification, de laissé pour compte et de vente des marchandises refusées. Nous ne pouvons, pour ces divers objets, que renvoyer aux mots *Fin de non-recevoir, Perte, Prescription, Preuves, Réserves, Vente, Vérification,* et surtout au mot *Paiement préalable,* § 2, où nous avons rappelé le projet de révision de la loi sur la responsabilité des voituriers en matière de transports.

RECETTES.

Constatation. — V. *Comptes, Justifications, Produit net, Statistique* et *Trafic.*
Recettes sur les ch. de fer de l'État. — V. *Ch. de fer de l'État,* § 3, 3°.

RECEVEURS-BURALISTES.

I. Délivrance de billets. — Des instructions plus ou moins uniformes ont été données aux chefs de gare et aux receveurs spéciaux (hommes ou femmes) placés sous leurs ordres pour leur indiquer, outre les détails de comptabilité du service courant, la marche à suivre, en ce qui concerne notamment la délivrance des billets aux voyageurs en destination de lignes correspondantes du même réseau ou de localités desservies par d'autres compagnies. — Sur toutes les lignes, les agents préposés à la délivrance et à la comptabilité des billets sont rendus responsables des erreurs qu'ils commettent par leur inattention et l'inobservation des ordres de service. Il leur est expressément recommandé d'être aussi prévenants que possible envers le public. — Les receveurs et comptables de la grande et de la petite vitesse doivent adresser, à la caisse centrale, *sans modifier en quoi que ce soit la nature des versements,* les espèces d'or et d'argent et les billets de banque tels qu'ils proviennent de l'ensemble de leurs recettes effectuées dans les conditions réglementaires. — Voir aussi *Billets de banque, Boîtes, Finances* et *Monnaie.*

Heures d'ouverture des guichets (pour le service des voyageurs). — V. *Billets.*

II. Echanges de monnaie, de billets, etc. (Ext. d'une dép. minist. du 24 fév. 1872 (intervenue à la suite des crises de guerre) et relative à l'acceptation des billets de banque ou des bons de monnaie en payement du prix de place des voyageurs). — « L'admin. ne pouvait s'occuper qu'à titre officieux de la mesure prise par les comp. relativem. à l'acceptation, soit des billets de banque, soit des bons de monnaie : elle n'avait, en effet, ni à l'autoriser ni à l'interdire. La question soulevée est une question de droit commun, et, d'après l'art. 7 de la loi du 22 avril 1790, c'est le débiteur (le voyageur dans l'espèce) *qui est toujours obligé de faire l'appoint, et, par conséquent, de se procurer le numéraire d'argent nécessaire pour solder exactement la somme dont il est redevable.* — Un jug. du trib. de simple police de Toulon, 2 nov. 1871, et un arrêt de la C. de cass., 6 janv. 1872, ont consacré ce principe et établi que ni la loi du 12 août 1870 qui a donné cours légal aux billets de la Banque de France, ni aucune autre loi « n'obli-

gent au change des monnaies » ; que dès lors le fait, par une comp. de ch. de fer, de refuser de rendre de la monnaie sur une pièce ou un billet excédant plus ou moins la somme due ne constitue pas une contravention... — Quant aux bons de monnaie émis par les sociétés financières, il est évident que, ces bons n'ayant pas cours forcé comme les billets de banque, on peut toujours les refuser, même lorsque la dépense à acquitter est égale ou supérieure à leur valeur. — Les comp. de ch. de fer ne sauraient être obligées, à plus forte raison, de rembourser l'appoint quand la dépense est inférieure à la valeur du bon de monnaie présenté. — Toutefois, les comp. se sont départies volontairement de la rigueur de ces règles... (Voir le *Nota* ci-après). — La diversité même des mesures prises prouve que l'admin. a laissé les comp. libres de prendre les dispositions qui leur semblaient le mieux concilier les intérêts du public et leurs propres intérêts, et qu'elle est restée étrangère, autant que possible, à une question dans laquelle ni le cah. des ch. ni les règl. ne l'autorisaient à s'immiscer. »

Nota. — Le tableau envoyé aux ingén. du contrôle en même temps que la circul. précitée, faisait connaître que sur le réseau *d'Orléans* les billets de banque et les bons de monnaie sont acceptés sur tout le réseau lorsque l'appoint métallique à rendre n'excède pas la moitié du billet ou de la coupure à échanger. — Sur les autres grands réseaux, les billets ne sont acceptés que lorsque la monnaie à rendre n'excède pas une somme variant de 5 fr. à 50 fr. suivant la valeur des billets et suivant les lignes. — Sur les mêmes réseaux, les bons de monnaie émis par le Comptoir d'escompte et la Société générale ne sont reçus sur tout le réseau *ou dans certaines gares désignées* que comme appoint au-dessus de 20 fr. et au-dessous comme valeur représentative du prix de la place. — Sur Lyon, on rend la monnaie quand la somme à recevoir dépasse la moitié de la valeur de la coupure présentée. — Sur l'*Ouest*, l'*Est* et le *Midi*, on ne rend jamais de monnaie. — Mais, sur ce dernier réseau (*Midi*), les bons de monnaie sont acceptés dans *toutes les gares du réseau* pour voyageurs et marchandises, pour leur intégralité. (*Ext.*)

Vérification d'écritures (des receveurs et comptables). — V. *Registres*.

RÉCIDIVE.

Prescription de l'art. 21 *de la loi de* 1845 (édictant une pénalité de 16 fr. à 3,000 fr. en matière d'infraction à la police des chemins de fer). — « En cas de récidive dans l'année, l'amende sera portée au double et le tribunal pourra, selon les circonstances, prononcer en outre un emprisonnement de trois jours à un mois. »

Pénalités de droit commun (Récidive). — V. *Pénalités*, §§ 7 et 8.

RÉCLAMATIONS.

I. Plaintes relatives aux travaux. — La majeure partie des réclamations auxquelles peuvent donner lieu les *travaux* de ch. de fer s'applique aux dommages causés aux propriétés riveraines, au maintien des communications locales, à l'écoulement des eaux, à l'extraction des matériaux, à l'occupation des terrains, aux secours à allouer aux ouvriers blessés, etc., etc. — Ces affaires sont du ressort de la jurid. admin., et, à défaut d'accord amiable entre les parties intéressées, elles sont réglées conf. aux indications détaillées données dans le cours de ce recueil, notamment aux mots *Chemin, Compétence, Conseils, Cours d'eau, Dommages, Études, Expropriation, Indemnités, Navigation, Occupation de terrains, Passages* et *Travaux*.

Réclamations spéciales (relatives à l'établ. des cours et avenues des gares, des passages à niveau, des prises d'eau, etc., et questions diverses d'entretien). — V. *Alignements, Cours, Dépendances, Entretien, Grande voirie, Ouvrages d'art, Passages à niveau, Prises d'eau, Sources, Souterrains* et *Usines*.

II. Service de l'exploitation (*Voyageurs et Marchandises*). — Les détails du service de l'expl. donnent lieu, quelquefois sans motif fondé, à une variété de plaintes telle qu'il serait impossible ou du moins bien difficile de grouper les points principaux qui font l'objet des réclamations dont il s'agit. — Toutefois, les griefs qui paraissent se reproduire le plus fréquemment sont ceux relatifs à la distribution des billets, au service des bagages, aux retards dans le transport des voyageurs et des marchandises, au manquement des correspondances, aux erreurs dans la perception des tarifs, aux avaries ou pertes de colis ou de marchandises, etc., etc. — Quels que soient le motif ou l'importance de la plainte, l'admin. supér. a donné des instructions pour que les réclamations même les plus minimes, reçoivent la suite nécessaire. — Les principales dispositions relatives à cet objet peuvent être résumées ainsi qu'il suit :

Nota spéc. (applicable surtout aux réclamations inscrites par les intéressés eux-mêmes sur les registres des gares). Ces plaintes après avoir été relevées par les commiss. de surv. sont instruites par le contrôle, qui en donne connaissance au min. Le résumé des déc. min. intervenues au sujet des réclamations dont il s'agit est inscrit, lorsqu'il y a lieu, sur le registre lui-même des plaintes (les analyses des décis. min. sont adressées à cet effet aux comm. de surv. par leurs chefs immédiats). Nous avons fait plus loin une distinction entre les plaintes inscrites sur le registre spéc. des gares et les plaintes verbales que les commiss. de surv. reçoivent directement et qu'ils ne doivent d'ailleurs ni provoquer, ni encourager, ni même appuyer ; il a été recommandé à ce sujet à ces fonctionnaires, quand on leur exprime des réclamations verbales, de demander d'abord au plaignant son nom, sa qualité et son domicile afin de savoir à qui recourir pour obtenir des renseign. complémentaires s'ils étaient nécessaires. De toute façon, les plaintes inscrites ou verbales établies régulièrement et accompagnées de l'avis du contrôle, et quand il y a lieu, des observations de la compagnie sont portées à la connaissance du ministre et reçoivent les suites ou les indications voulues, soit que la comp. elle-même y fasse droit, soit qu'il y ait lieu de prescrire une mesure admin., soit enfin que l'affaire doive être laissée à l'appréciation des tribunaux. — *Voir les indications ci-après :*

1° *Registres de plaintes tenus dans les gares.* — « Il sera tenu, dans chaque station, un registre coté et parafé, à Paris, par le préfet de police, ailleurs, par le maire du lieu, lequel sera destiné à recevoir les réclamations des voyageurs qui auraient des plaintes à former, soit contre la compagnie, soit contre ses agents. Ce registre sera présenté à toute réquisition des voyageurs » (Art. 76 de l'ord. du 15 nov. 1846) (1).

Gares aux marchandises. — A la suite d'une circ. du 10 août 1858, qui prescrivait aux comp. de déposer des registres de réclamations dans les principales gares à marchandises, les comp. ont été invitées à affecter un bureau au service de la surv. admin. dans chacune des gares de marchandises de la banlieue de Paris (Circ. min. 18 nov. 1858, aux ingén. en chef du contrôle).

Refus du registre des plaintes (Circ. min. adressée, le 18 juin 1866, aux comp. et par ampliation aux chefs du contrôle « pour surv. l'exéc. des dispositions contenues dans cette dépêche »). — « Des réclamations sont journellement adressées à l'admin. au sujet des difficultés que le public éprouverait à se faire présenter, par les agents des comp., le registre déposé dans chaque station pour recevoir les plaintes qu'il peut avoir à formuler. — Les résistances qui se produisent me paraissent inexplicables en présence des termes si formels de l'art. 76 de l'ordonn. du 15 nov. 1846, qui prescrit de « présenter « ce registre à toute réquisition des voyageurs ». — Je vous invite, en conséquence, à donner des ordres pour que cette disposition du règlement soit exécutée sans hésitation et

---

(1) A l'occasion du dépôt d'un registre spécial de plaintes *au buffet d'une gare*, une décis. min. spéc., 9 mars 1882, a statué ainsi qu'il suit (affaire du réseau du Midi) : « On ne peut pas interdire à une comp. de déposer au buffet un registre spécial ; ce registre doit rester distinct de celui qui est prescrit par l'art. 76 de l'ordonn. du 15 nov. 1846 ; mais, néanmoins, il doit être accessible au commiss. de surv. admin. afin que celui-ci puisse vérifier s'il contient des plaintes contre la comp. ou contre ses agents. » (*Ext.*)

sans observation par le personnel de vos gares. — Dans le cas où de nouveaux refus viendraient à se produire, je me verrais forcé de faire dresser procès-verbal contre les agents
récalcitrants. »

Un jugem. du trib. de Fontainebleau, rendu le 8 avril 1859, a condamné à 5 fr. d'amende
et aux frais un agent qui avait refusé de remettre le registre des plaintes à un voyageur.

Inscriptions accessoires sur le registre des plaintes. — Les observations ou annotations
des chefs de gare ou d'autres agents de la comp. ne doivent pas prendre place dans le
registre des plaintes (instr. spéc. réseau d'*Orléans*); — mais il n'y a pas lieu à s'opposer
à ce que les registres des plaintes soient *visés* par les insp. et autres agents de la comp.,
ces visa ne pouvant qu'être avantageux à l'observation des règlements (Décis. min. spéc.
24 août 1869, réseau du *Midi. Ext.*). — « Les registres déposés dans les gares, en exécution de l'art. 76 de l'ordonn. de 1846, doivent être présentés à toute réquisition *des
voyageurs qui auraient des plaintes à former*, mais ils ne sont pas destinés à recevoir les
témoignages ou les observations des tiers. » (Décis. min. spéc. 24 janv. 1872, réseau du
Midi. Extr.)

Mention, sur les registres, des déc. min. rendues au sujet des plaintes. — (Extr. d'une instr.
spéc., réseau du Midi.) — « Par décis. minist. du 12 oct. 1868, MM. les commiss. de surv.
admin. ont reçu mission de mentionner, en marge des plaintes inscrites par le public sur les
registres dont la tenue est prescrite, par l'ordonn. de 1846, une analyse des décis. min. rendues
au sujet de ces plaintes. — Afin de faciliter à ces fonction. l'inscription de cette analyse, les
chefs de station doivent réserver, sur chacune des pages du registre, une marge de *six centimètres
au moins* de largeur, en traçant un trait qui isole la marge du corps de la page... »
Une mesure analogue est en vigueur sur d'autres réseaux.

2° *Réception des plaintes.* — D'après la circ. minist. du 15 avril 1850, les commiss. de
surv. admin. stationnent, d'une manière à peu près permanente, dans les gares pour
recueillir les plaintes et les réclamations du public. Les mêmes fonctionnaires sont ordinairement chargés de prendre copie, dans leurs tournées, des réclamations inscrites sur
les registres tenus dans les gares de leur circonscription. Ils sont enfin dans l'usage de
transmettre hiérarchiquement ces diverses plaintes, avec leurs observations, au chef de
service compétent. — *Renseignements à fournir à l'admin. supér. au sujet des plaintes*
(Extr. d'une circ. min. du 23 fév. 1885, adressée aux insp. gén. du contrôle). — « Aux
termes de la circ. min. du 15 oct. 1881 (V. *Contrôle*, § 3 bis), les ingén. en chef du contrôle et les insp. principaux de l'expl. commerciale doivent adresser *directement* au ministre leurs rapports sur les plaintes en matière d'expl. de ch. de fer. — En vue de réduire
autant que possible le travail d'écriture de ces fonction., j'ai décidé qu'à l'avenir les
tableaux analytiques des plaintes seront seuls transmis à l'admin. supér. avec les rapports mensuels, et que les dossiers des plaintes seront conservés dans les bureaux des
insp. gén. du contrôle... » — *Plaintes formulées par les agents de la ligne.* — La circulaire précitée de 1850 ne parle pas des plaintes que les *agents des compagnies* déposeraient
spontanément entre les mains des commiss. de surv. admin., notamment pour des griefs
qui leur seraient purement personnels ou pour des incidents étrangers à la surv. admin.;
mais, sur la plupart des lignes, l'abstention en pareille matière est généralement passée
en règle de conduite (1).

_____

(1) On a vu ci-dessus (décis. min. spéc. 24 janv. 1872) que les registres déposés dans les
gares ne sont pas destinés à recevoir les témoignages ou les observations des tiers. — Il ne convient pas non plus que les commiss. de surv. y transcrivent d'office ni les plaintes verbales qui
peuvent avoir été faites, ni même la copie des plaintes contenues dans les lettres qu'ils peuvent
avoir reçues. (Décis. spéc. 12 mai 1873 ; Réseau du *Midi.*)

Plaintes adressées aux agents eux-mêmes. — De nombreuses instr. spéc. recommandent aux employés des gares et stations et des trains, de faire leurs efforts, tout en assurant le service, pour éviter au public tout sujet de plainte et de réclamation. Lorsqu'une plainte ou une réclamation leur est adressée, ils doivent, quel qu'en soit le motif, la recevoir *avec la plus grande politesse*, et, si elle est fondée, s'empresser d'y faire droit.

3° *Instruction et transmission des plaintes.* — Comme on l'a vu plus haut, les commis. (de surv.) reçoivent ou relèvent sur les registres les plaintes relatives au service de l'exploitation, et fournissent aux chefs de service compétents les renseignements nécessaires pour permettre d'apprécier la validité des plaintes dont il s'agit. D'après les instr. en vigueur sur divers réseaux, le commis. entend au besoin le plaignant et les personnes, agents ou autres, qui peuvent témoigner des faits ; il consulte les documents de nature à éclairer l'affaire ; il procède, en un mot, à toutes les vérifications nécessaires, en se bornant d'ailleurs à transmettre, par la voie hiérarchique, ses avis ou rapports sur les réclamations, sans les provoquer, les encourager ou les appuyer (V. *Réquisitions*, § 2).

Gares communes. — Dans les gares communes à deux comp., il est d'usage que le commis. appelé à relever ou à constater une plainte relative au service, d'un autre réseau que celui auquel il est attaché, se borne à transmettre cette plainte avec le commencement d'instr. dont elle a été l'objet à son collègue de l'autre comp. (voir à ce sujet au mot *Constatations*, § 2, ce qui a lieu notamment à l'occasion des accidents survenus dans les gares de jonction)...

Suites données. — Les rapports ou renseignements définitifs sur les plaintes, envoyés, suivant les cas, par l'ingén. en chef du contrôle technique ou par l'insp. principal de l'expl. commerciale, à l'insp. gén. du contrôle, sont transmis au ministre soit par des envois spéciaux lorsqu'il s'agit d'affaires urgentes, soit sous la forme de tableaux analytiques joints aux rapports mensuels, ainsi qu'il est indiqué dans la circ. min. susmentionnée (voir 2°), en date du 23 févr. 1885. — Le titre de ces tableaux porte ordinairement les indications suivantes : 1re colonne, noms et qualités des plaignants ; 2e, gare où la plainte a été inscrite, date de la réclamation ; 3e, objet de la plainte ; 4e, date du rapport (de l'ingénieur ou de l'inspecteur) ; 5e, observations ou suites données. — Voir enfin, plus haut, les instr. relatives aux inscriptions et mentions à faire sur le registre même des plaintes (*Visas, suites données*, etc.).

4° *Envoi des copies de plaintes par les agents* (Ext. des instr. des compag.). — Lorsqu'une plainte est consignée sur le registre des réclamations, lequel doit toujours être mis à la disposition des voyageurs sur leur première réquisition, le chef de gare ou de station qui l'a reçue doit en transmettre imméd. la copie au chef de l'exploitation, en y joignant tous les détails relatifs aux faits qui en font l'objet et en s'abstenant d'inscrire ces détails sur le registre même des réclamations.

5° *Pouvoir de transiger à donner aux chefs de gare.* — Sur divers réseaux, les chefs de gare sont autorisés, dans un certain nombre de cas où il ne s'agit que de pertes ou avaries légères de marchandises, manquants et retards peu importants, demandes fondées de détaxes, etc., à faire le règlement des réclamations ou litiges jusqu'à concurrence d'une somme variant progressivement de 10 fr. à 200 fr., suivant l'importance des gares. — La commission spéciale d'enquête (Recueil adm. 1863) a exprimé l'avis qu'il conviendrait de généraliser la mesure adoptée par quelques-unes des comp., de déléguer aux chefs de gare le pouvoir de transiger directement avec les particuliers, expéditeurs ou destinataires, en cas de contestation jusqu'à concurrence d'une somme peu élevée. — V. aussi *Arbitrage* et *Chefs de gare.*

6° *Règlement des litiges.* — L'admin. supér. étudie les plaintes au point de vue des réformes qu'il peut y avoir lieu d'introduire dans le service ; mais si le plaignant veut obtenir la réparation du préjudice qu'il a éprouvé, dans un cas déterminé, et s'il ne peut s'entendre directement avec la compagnie, il doit s'adresser à l'autorité judiciaire ou aux trib. de commerce (V. *Compétence* et *Tribunaux*).

RÉCOLEMENTS. — RECONNAISSANCE.

I. Récolements d'ouvrages de voirie. — *Alignements* et *Grande voirie*.

II. Récolement de travaux. — 1º Formalités de réception des travaux exécutés au compte de l'État (V. *Réception*, § 1) ; — 2º Récolement et remise aux intéressés des travaux accessoires exécutés par les compagnies (V. *Réception*, § 2) ; — 3º Récolement des travaux complémentaires exécutés par les compagnies sur les lignes en exploitation. Les décisions minist. approuvant les projets partiels dont il s'agit désignent ordinairement les ingén. du contrôle pour procéder au récolement des travaux dès leur achèvement ;— 4º *Reconnaissance générale* des travaux d'une ligne préalablement à son ouverture (Voir *Ouvertures*, § 1) ; — 5º *Reconnaissance contradictoire* des travaux des nouvelles lignes incorporées aux réseaux des gr. compagnies par les conventions de 1883 (V. *Conventions*). — Voir aussi aux *documents annexes*.

Embranchements particuliers (Récolement des travaux). — V. *Embranchements*.

III. Reconnaissance de marchandises. — Le déchargement, la livraison sur les quais et la réception des marchandises amenées par les expéditeurs, les voituriers et les camionneurs dans les gares, constituent des opérations importantes, dont la bonne exécution prévient un assez grand nombre de difficultés et de réclamations et qui s'effectuent ordinairem. conf. à des instr. spéc. dont nous donnons l'extr. ci-après :

Formalités au départ. — Il est recommandé, en général, aux employés des gares, de ne procéder à la reconnaissance des marchandises que contradictoirem. avec l'expéditeur ou son représentant. Les agents doivent vérifier avec soin le nombre, le poids et la nature des colis, les marques, numéros et adresses qu'ils portent, l'accompliss. des diverses formalités de douane, d'octroi, etc., et faire compléter au besoin les indications destinées à être reproduites sur les feuilles de chargement et d'expédition. Toutes les comp. sont, d'ailleurs, dans l'usage d'exiger un *bulletin de garantie*, lorsque l'emballage ou le conditionnement des colis peut faire naître des inquiétudes fondées sur les chances d'avarie de la marchandise, en cours de transport. Les marchandises en vrac (c'est-à-dire non emballées) ne sont ordin. acceptées que si elles peuvent supporter le transport dans cette condition et si elles n'ont aucun risque à courir. — Lorsque le poids annoncé par l'expéditeur n'aura pu être contradictoirem. reconnu, l'ordre d'expédition devra mentionner que le poids indiqué est le poids déclaré. — Les colis définitivem. reconnus sont ordin. placés sous la garde et sous la responsabilité d'un employé désigné par le chef de gare. (*Instr. spéc.* Extr.)

Vérifications à l'arrivée (en gare ou à domicile). — V. *Vérification*.

RECOURS.

I. Recours judiciaire. — L'expression *recours en grâce* désigne spéc. les demandes adressées au chef de l'État ou au min. de la justice par les personnes frappées de condamn. judic. — Les recours en grâce formés par les agents du ch. de fer, qui ont été l'objet de condamn. à la suite d'accidents et de contraventions, sont ordin. communiqués par le min. de la justice à son collègue des tr. publ. qui demande, dans la plupart des cas, les avis du service du contrôle sur les suites à donner aux affaires.

Appel formé contre les décisions judiciaires. — V. *Jugements*.

II. Recours administratifs (Ext. de la circ. minist. du 27 juillet 1852 adressée aux préfets au sujet des mesures de décentralisation). — Voir ci-après :

Décisions préfectorales et ministérielles. — Instr. adressées aux préfets. — « Le recours contre les décisions préfectorales peut s'exercer au moyen de requêtes adressées au min. des tr. publics, soit directement, soit par votre intermédiaire. Dans le premier cas, vous voudrez bien, sur la communication qui vous sera donnée de la réclamation dont j'aurai été saisi, me transmettre toutes les pièces de l'instruction, en y joignant les avis de MM. les ingén. et vos observ. personnelles sur la réclamation des intéressés. — Lorsque le recours vous aura été adressé pour être transmis par vous à l'admin. sup., il conviendra, afin d'éviter un double renvoi, de le communiquer immédiatem. à MM. les ing., et de m'adresser ensuite, ainsi que je l'ai dit ci-dessus, le dossier complet avec votre avis particulier. Dans l'un et l'autre cas, dès que vous aurez été saisi d'une requête présentée au ministre contre un arrêté préfectoral, vous voudrez bien surseoir à l'exécution de cet arrêté, à moins que quelque circonstance spéciale ou quelque motif d'urgence n'en exige l'exécution immédiate. » (Extr. circ. min. 27 juillet 1852.) — *Recours contre les décisions ministérielles*. — V. le mot *Décisions*, § 2.

Pourvois formés devant le C. d'Etat (Formalités). — V. *Conseils*, § 4, *Grande voirie* et *Pourvois*.

REDEVANCE.

Lignes nouvelles (empruntant des lignes déjà concédées). — V. *Embranchements*.

Remboursements à l'Etat (prévus par les conventions de 1883). — V. *Conventions*.

Redevances spéciales pour les prises d'eau (et pour l'occupation du domaine public). — V. les mots *Domaines*, *Occupation* et *Prises d'eau*.

RÉDUCTION ET RÉFORME DES TARIFS.

I. Abaissement graduel des taxes. — A la date du 1er fév. 1864, le min. des trav. pub. adressait aux comp., au sujet des améliorations à réaliser dans le service des ch. de fer, une longue circ. reproduite *in extenso* au mot *Enquêtes* et qui contenait le passage suivant : « L'expérience enseigne que tout abaissement de tarifs, comme toute modification favorable aux voyageurs ou aux marchandises, sont très promptement et très largement compensés par l'augmentation du trafic. Cette vérité est trop bien établie, par votre propre expérience elle-même, pour que vous puissiez la méconnaître. Je ne doute donc pas que la question ne soit étudiée par vous à un point de vue élevé et libéral. » — Nous n'avons pas à apprécier ici les conditions dans lesquelles les comp. ont observé cette loi du progrès. — On peut dire seulement que par suite de l'applic. de nombreux tarifs spéc. ou de l'abaissement progressif des *séries*, le prix moyen de la tonne kilométrique transportée par la locomotive a déjà subi d'assez notables réductions. De même, sans qu'il ait été apporté de grands changements aux prix ordinaires des places de voyageurs dont le *tarif plein* s'est même accru, depuis l'origine, de l'impôt des deux dixièmes et des décimes, les réductions partielles ont une tendance réelle à se multiplier comme le montrent l'extension des billets d'aller et retour pour les marchés, fêtes, foires, excursions et les remises accordées, en dehors des transports de militaires, soit par voie d'*abonnement* (V. ce mot), soit par la délivrance de billets à demi-place aux communautés, aux orphéons, aux *instituteurs*, aux *sociétés de tir régulièrement constituées* et à diverses associations (scientifiques et autres). — Dans cet ordre d'idées, il y a lieu de considérer aussi les réductions opérées à l'occasion des expositions industrielles et des concours agricoles (V. *Concours*), et enfin les nouvelles instances qui ont été faites par le min. des tr. publics auprès des compagnies (circ. min. du 19 janv. 1880, du 25 sept. 1884 et du 3 nov. 1886), pour la création, notamment en faveur des voyageurs et intéressés des maisons de commerce, de *chèques de circulation* établis suivant un *tarif kilométrique différentiel*, comportant à la fois une réduction sur le prix kilom. lui-même et une réduction proportionnelle à la distance parcourue. — Ne connaissant pas jusqu'ici, en dehors des indications déjà données au mot *Abonnement*, de mesure d'ensemble prise pour réaliser l'amélioration dont il s'agit, nous n'entrerons pas dans plus de détails au sujet du mécanisme et de l'application de ce nouveau tarif de grande vitesse, nous réservant de compléter s'il y a lieu nos indications à l'article *Tarifs* § 4, ou au mot *Voyageurs*. — Mais nous pensons que ces réductions partielles et successives, quand elles pourront se concilier avec les charges de l'exploitation et avec la possibilité de simplifier et d'uniformiser les tarifs, pourront se résumer peut-être en une formule générale donnant satisfaction, aussi, au gros du public qui est en définitive le principal tributaire de l'industrie des chemins de fer.

Formalités d'autorisation des tarifs de voyageurs à prix réduits (Circ. min. 27 juin 1881 et indications diverses). — V. *Billets*, § 4.

Conditions énoncées dans les conventions de 1883. — V. plus loin § 4.

II. Réforme des tarifs de petite vitesse. — Depuis les premières études générales faites à l'occasion du projet de rachat partiel du réseau d'Orléans (Voir *Chemins de fer de l'État*, § 4), la question si importante de réforme des tarifs de ch. de fer a préoccupé l'adm. supér. aussi bien que les chambres et les institutions représentatives du commerce et de l'industrie. Malgré son étendue relative, comme document préliminaire, nous n'hésitons pas, en raison du caractère d'ensemble et de l'utilité des renseignements qu'elle contient, à reproduire ci-après la circ. min. adressée le 2 nov. 1881 aux administrateurs des compagnies (au sujet des modifications à introduire dans le système de tarification en vigueur et sur la nécessité d'apporter l'uniformité, la simplicité et la clarté dans une organisation qui s'est établie successivement suivant les besoins, mais sans plan d'ensemble).

(*Circ. min. 2 novembre 1881*, adressée aux administ. des ch. de fer) : — Messieurs, la réforme des tarifs de ch. de fer est une des questions qui préoccupent le plus vivement le commerce et l'industrie. Des réclamations ont été maintes fois portées devant les chambres et ont donné lieu à plusieurs enquêtes parlementaires et administratives. L'attention des comp. a été particulièrement appelée, pendant ces dernières années, sur certaines modifications à introduire, sans tarder, dans le système de tarification en vigueur et sur la nécessité d'apporter l'uniformité, la simplicité et la clarté dans une organisation qui s'est faite progressivement, sans plan d'ensemble, pour répondre aux besoins successifs, au fur et à mesure qu'ils se révélaient.

Répondant aux vues de l'admin., les gr. comp. de ch. de fer ont entrepris tout d'abord la revision de la classification des marchandises et proposé, en 1878, une répartition en 6 séries, qui a été adoptée, en principe, par une décis. min. du 17 avril 1879.

Jusqu'à cette époque, les tarifs généraux des diverses compagnies n'avaient pas d'autre point commun que l'assimilation, identique pour tous les réseaux, de 1500 marchandises aux 72 marchandises-types, formant les 4 classes du cah. des ch. Mais les comp. avaient été laissées libres, pour l'applic. des prix, de diviser les marchandises en séries plus ou moins nombreuses et on avait adopté la répartition suivante : 4 séries pour la comp. d'Orléans ; 5 séries pour les comp. de l'Est et du Midi ; 6 séries pour la comp. de l'Ouest ; 7 séries pour les comp. du Nord et de la Méditerranée. La nouvelle classification du 17 avril 1879 fait disparaître cette diversité.

Désormais, sur tous les réseaux, les marchandises seront réparties *uniformément en 6 séries* et figureront, dans la classification de chacune des compagnies non seulement sous des dénominations identiques, mais *encore avec le numéro même de série*.

En adoptant cette nouvelle sérification comme base d'une revision des tarifs généraux, le comité consultatif avait pris soin de réserver expressément l'examen ultérieur de ces tarifs, lorsqu'ils pourraient être soumis au min. des tr. publ., suivant la forme prescrite par les lois et règlements; et la décis. min. du 17 avril 1879 n'a pas manqué de reproduire formellement cette réserve.

Au mois de juillet 1880, vous avez soumis à l'homologation, d'accord avec les 5 autres grandes comp. et les syndicats des deux ch. de fer de ceinture de Paris, un tarif général commun pour le transport à petite vitesse des marchandises de toute nature, expédiées d'une gare quelconque d'un réseau à une autre gare quelconque des autres réseaux. Les prix de ce tarif comprennent les droits de transmission dans les gares de jonction des réseaux, font disparaître les relèvements de taxes kilométriques auxquelles les soudures donnent lieu actuellement, au passage d'un réseau à l'autre, et suppriment les surtaxes attribuées au chemin de fer de ceinture de Paris.

C'est là une heureuse innovation, qui sera certainement très appréciée du public, auquel elle assurera, pour les 6 grands réseaux, — considérés, au point de vue des taxes, comme n'en formant plus qu'un seul, — tous les avantages de simplification et d'unité si désirables en matière de tarifs généraux, savoir :

Identité dans la dénomination des marchandises ;
Identité dans la répartition de ces marchandises en 6 séries ;
Identité dans les taxes à percevoir pour chaque série.

Ces avantages se feront encore mieux sentir, si, *comme cela est indispensable*, le nouveau tarif général fonctionne non seulement comme tarif général *commun*, pour les échanges entre des réseaux différents, mais encore comme tarif général *intérieur*, pour les relations de chaque réseau pris isolément, à l'exemple de ce qui existe déjà pour le tarif commun des petits colis à grande vitesse.

Vous avez reproduit la nomenclature des marchandises en 6 séries, adoptée en principe par la décision du 17 avril 1879, et vous vous êtes conformés aux recommandations que l'admin. vous avait adressées, à la suite de l'enquête sénatoriale de 1877 et du rapport de M. George, sénateur, savoir : 1° Indication explicite, en tête du tarif, des bases de toute nature et des formules d'après lesquelles les taxes sont calculées ; 2° Adoption du système de tarification connu sous le nom de *Tarif belge* et dans lequel la base kilométrique, constante sur une étendue limitée, décroît successivement avec la distance ; 3° Emploi des distances *réelles* ou *légales*, à l'exclusion de toute *distance d'application facultative*.

Les bases *initiales* de votre nouveau tarif sont respectivement, pour les 6 séries : 16, 14, 12, 10, 9 et 8 centimes par tonne et par kilom.

Elles s'appliquent jusqu'à 350 kilom. pour la 1re et la 2e série ; jusqu'à 300 kilom., pour les 3e, 4e et 5e séries, et jusqu'à 40 kilom. pour la 6e série.

Pour les parcours supérieurs aux limites indiquées ci-dessus et pour les 5 premières séries, elles décroissent de 1 centime par chaque zone supplémentaire de 100 kilom. jusqu'aux minima respectifs de 7, 6, 5, 4 et 3 centimes, qui deviennent alors les bases kilométriques constantes pour les parcours supérieurs.

Pour la 6e série, la base initiale descend à 4 centimes, entre 41 et 200 kilom., et à 3 centimes invariablement pour les parcours au delà de 200 kilom.

Votre projet, que je viens de résumer sans l'apprécier, a été soumis à l'instruction réglementaire. — Les chambres de commerce et les chambres consultatives des arts et manufactures ont été appelées, dès le 5 juillet 1880, à formuler leurs observations. Un très petit nombre d'entre elles (11) ont répondu à ce premier appel et j'ai cru devoir leur adresser une circ. spéc., pour leur signaler l'importance de la question et les inviter à me faire connaître si elles avaient des objections à présenter ou si les propositions des comp. leur paraissaient susceptibles d'être approuvées.

La plupart des chambres de commerce et des chambres consultatives (111 sur 173) m'ont fait parvenir des réponses. Quelques-unes se sont bornées à un simple accusé de réception.

La grande majorité, sans méconnaître les avantages de simplification et d'unité de votre projet, a signalé la proportion excessive de relèvements de taxes qu'il entraînerait et a réclamé des modifications, destinées à faire disparaître ces relèvements dans la plus large mesure possible.

17 chambres même ont demandé formellement au ministre de s'opposer à la mise en vigueur du tarif, tel que vous l'avez présenté.

Quant à la répartition des marchandises entre les 6 séries, elle n'a donné lieu à des observations que de la part d'un très petit nombre de chambres de commerce. Vous avez déjà, pour déférer à ces observations, promis de réaliser quelques changements, et il est pris acte de cette promesse.

Les fonctionn. du contrôle, appelés ensuite à formuler leur avis, ont été unanimes à ne proposer l'homolog. que sous réserve de modific. plus ou moins profondes.

L'admin. centrale a, de son côté, fait une étude préparatoire et circonstanciée du nouveau tarif. — Vous avez été appelés à fournir des renseignements en réponse à un questionnaire portant : — Sur la désignation, le tonnage et la valeur des principales marchandises expédiées avec application du tarif général ; — Sur l'existence des courants commerciaux nettement accusés pour ces mêmes marchandises ; — Sur le nombre absolu et le produit brut des expéditions par tarif général, avec indication de leur rapport au nombre et au produit total des expéditions par tous tarifs.

J'ai fait résumer ces divers renseignements dans un tableau synoptique ; et, comme vos réponses (sauf pour la comp. du Nord) ont été tout à fait insuffisantes en ce qui touche l'indication de la valeur des marchandises, j'ai fait dresser un tableau spécial donnant approximativement cette indication pour les marchandises de chaque série, en empruntant les chiffres au tableau des valeurs en douane (importation) et à quelques documents intérieurs. — Une fois ces éléments réunis, l'admin. a entrepris la comparaison détaillée des tarifs généraux actuels avec le tarif projeté, considéré soit comme tarif général *commun*, soit comme tarif général *intérieur*. — Cette comparaison a été laborieuse et difficile, attendu que, sauf pour les comp. du Nord, de l'Est et de l'Ouest, qui ont adopté des bases kilométriques déterminées pour toutes les lignes de leurs réseaux, les tarifs généraux actuels se composent de prix fermes, variables à l'infini, d'une ligne à l'autre d'un même réseau, et ne se prêtant à aucune formule précise. — Après avoir fait établir de nombreux tableaux numériques (193), j'ai eu recours à la représentation graphique, afin de faire ressortir et d'apprécier nettement les résultats de ce travail. L'administration a dressé dans ce but : — 1° 12 planches d'ensemble à petite échelle, comprenant 35 diagrammes, commentés par des légendes qui expliquent la méthode suivie pour faire la comparaison entre les prix actuellement perçus et ceux du nouveau tarif ; — 2° 12 planches de détail à grande échelle, permettant de mieux étudier les faits principaux représentés par les planches d'ensemble. — Je mettrai ce travail à votre disposition.

Toutes les pièces du dossier ainsi complété ont été placées sous les yeux du comité consultatif des ch. de fer, invité à se prononcer sur vos propositions. — Eu égard à l'importance de l'affaire, le comité a chargé une commission prise dans son sein de procéder à un examen préparatoire. — Après avoir délibéré sur le rapport de cette commission, il a formulé les observations suivantes.

L'unification et la simplification que réclame à juste titre le commerce ne seraient pas suffisamment réalisées, si le nouveau tarif général ne s'appliquait point aux relations intérieures des divers réseaux, aussi bien qu'aux relations de réseau à réseau. Il est absolument nécessaire que ce tarif soit, tout à la fois, un *tarif général commun* et un *tarif général intérieur* pour tous les réseaux, de telle sorte que, dans le calcul des taxes, le public n'ait pas à se préoccuper de la répartition conventionnelle des lignes entre les diverses comp. concess. ou administrations exploitantes, et que l'ensemble des ch. de fer français constitue, à ce point de vue, un seul et unique réseau. Une exception à cette règle serait faite toutefois pour la ligne de Bordeaux à Cette (Midi), dont les tarifs, beaucoup plus bas que ceux des autres lignes, subiraient un relèvement exagéré et au profit de laquelle un tarif particulier devra, par suite, être substitué au nouveau tarif général.

L'examen des diagrammes représentant les écarts entre les taxes actuelles et celles qui résulteraient du tarif général proposé par les compagnies révèle : — En ce qui concerne les relations de réseau à réseau, des relèvements notables pour la plupart des marchandises des séries supérieures, c'est-à-dire pour celles auxquelles s'appliquent surtout les tarifs généraux ; — En ce qui concerne les relations intérieures, c'est-à-dire les relations les plus importantes, des relèvements beaucoup plus frappants encore, pour la plupart des marchandises, surtout à la distance moyenne des transports et aux distances inférieures.

L'unification des tarifs ne peut être achetée au prix d'une augmentation de taxes dont le public poursuit, au contraire, l'abaissement. Il est donc nécessaire de reviser les propositions des compagnies et notamment de réduire les bases initiales et leur longueur d'application.

En tout état de cause, le tarif proposé pour la 6ᵉ série est inadmissible pour les relations intérieures, attendu qu'il dépasse le maximum légal, vers les distances de 100 et de 300 kilomètres.

Il serait impossible de se rendre compte, dès aujourd'hui, des résultats de la nouvelle tarification pour toutes les marchandises. Il faut donc conserver à la sérification de 1879 son caractère provisoire, afin de pouvoir ultérieurement réaliser les quelques abaissements de série dont l'expérience démontrerait la nécessité.

Les compagnies n'ont pas prévu la participation de l'admin. des ch. de fer de l'Etat au bénéfice du nouveau tarif général. Cette participation est indispensable pour tous les ch. de fer exploités par l'Etat ou à son compte. — Elle paraît devoir être accordée aussi à la comp. des Dombes, qui l'a formellement demandée et dont le réseau a une étendue et une consistance suffisante pour justifier cette mesure. — Toutes réserves doivent être faites pour l'accession ultérieure et éventuelle d'autres réseaux au concert établi entre les grandes compagnies.

En résumé, le comité a émis l'avis qu'il y avait lieu, pour l'admin. supér. : — 1° De ne pas approuver le projet de tarif, tel qu'il a été présenté par les compagnies, et d'en entreprendre la revision sur de nouvelles bases, dans le sens des indications du rapport de la commission ; — 2° De vous demander la confirmation des intentions manifestées à diverses reprises, par votre compagnie, pour l'application du nouveau tarif général aussi bien comme tarif général *intérieur* que comme tarif général *commun* (sauf exception à admettre pour la ligne de Bordeaux à Cette, qui se trouve dans des conditions particulières) ; — 3° De maintenir un caractère provisoire à la nouvelle classification des marchandises, afin que l'on puisse opérer ultérieurement, s'il y a lieu, les quelques abaissements de série dont l'expérience viendrait à démontrer la nécessité ; — 4° De faire participer au nouveau tarif général les ch. de fer exploités par l'Etat ou pour son compte ; de chercher à y faire également participer la comp. des Dombes, qui l'a expressément demandé, et de réserver l'accession ultérieure et éventuelle d'autres compagnies.

Je vous prie, en conséquence, de vouloir bien désigner, sans retard, les représentants de votre compagnie qui seront chargés de discuter avec mon administration les modifications à introduire dans vos propositions.

L'œuvre de réforme de nos tarifs de chemins de fer serait incomplète si elle se bornait à celle des tarifs généraux. Ceux-ci ne correspondent, en effet, qu'à la moitié environ du nombre total des expéditions et à un chiffre inférieur au quart du total des recettes par tous tarifs.

Les tarifs spéciaux ou conditionnels, dont le nombre est aujourd'hui de plus de 1,000, donnent plus particulièrement satisfaction aux besoins du commerce et de l'industrie, et l'importance de leur rôle se mesure par ce double fait que, d'une part, le jeu de ces tarifs correspond à une proportion voisine des 4/5 de la recette totale par tous tarifs et, d'autre part, qu'ils ont permis d'abaisser au-dessous de 6 centimes, par tonne et par kilom., la moyenne des taxes perçues. Ils ont été l'objet, vous ne l'ignorez pas, des plus vives réclamations, qui ont retenti dans les enquêtes de toute nature de ces dernières années et dans les débats parlementaires.

Sans qu'il y ait lieu d'insister en ce moment sur ces critiques, j'estime que la réforme des tarifs spéciaux doit suivre immédiatement celle des tarifs généraux.

Je suis, d'ailleurs, informé que vos études ont porté simultanément sur la réforme des deux catégories de tarifs, et que, si le premier rang est donné à la réforme des tarifs généraux, c'est dans l'intérêt de l'ordre normal à suivre dans cette matière difficile.

Je compte que vous ne négligerez rien pour que vos propositions complémentaires me soient transmises dans le plus bref délai possible (Circ. min., 2 nov. 1881) (1).

III. Formalités diverses (*au sujet des abaissements des tarifs*). — 1° Service des voyageurs (Circ. min. 27 juin 1881) (V. *Billets*, § 4. V. aussi au § 1 du présent article); — 2° service des marchandises (applic. de l'art. 48, cah. des ch.) (V. *Abaissement de tarif*); — 3° Établ. de tarifs spéciaux (V. *Tarifs*); — 4° Réduction spéciale pour le transport des céréales (V. *Céréales*);— 5° Id. pour le transport des *petits paquets* (V. *Colis et Petits paquets*).

Solidarité non encore établie pour les différents réseaux.— « Le prix de transport d'une tonne de marchandises, *réduit pour les sections d'un réseau*, n'est point applicable au cas où ces marchandises sont à destination d'une gare située en dehors dudit réseau, — *dans l'espèce*, à l'étranger. » (C. Cass. 11 mars 1878.)

IV. Réductions de tarifs et dispositions prévues par les conventions de 1883.— 1° *Service des voyageurs* (réduction éventuelle de l'impôt, combinée avec celle des prix des places). — Voir aux documents annexes les art. suiv. des conventions de 1883 (savoir : *P.-L.-M.*, art. 15; *Orléans*, art. 17; *Nord*, art. 15; *Midi*, art. 15; *Est*, art. 14 et *Ouest*, art. 14); — 2° *Trafic commun*, Id. Orléans, art. 16 et Ouest, art. 16.

RÉEXPÉDITION.

I. Organisation des services de réexpédition. — Aux termes de l'art. 52 du cah. des ch., les comp. sont tenues d'effectuer le factage (gr. vitesse) et le camionnage (petite vitesse) des colis et marchandises dans une zone déterminée. — Au delà de cette zone obligatoire, les mêmes services prennent ordin. le nom de *Correspondance* pour la grande

---

(1) L'étude générale de l'abaissement et de l'unification des tarifs, si nettement posée dans la circ. de 1881, a donné lieu, notamment dans les séances de la *Ch. des députés* (23 févr. et 27 mars 1882, 2 juillet 1885 et 27 mars 1886, à des débats intéressants mais que nous ne pouvons mentionner ici que *p. mém.* — Nous empruntons seulement au *Journal offic.* du 16 nov. 1885 la note suivante relative aux dispositions qui avaient été prises pour le réseau de *Lyon* et qui ont fait spéc. l'objet des observ. présentées à la séance parlementaire du 27 mars 1886.

(Extr du *J. offic.*, 16 nov. 1885.) — « Une note insérée au *Journal officiel* du 26 août 1885 a fait connaître que le ministre des tr. publ. venait d'homologuer de nouveaux tarifs pour le réseau de P.-L.-M. — Cette tarification a été étudiée dans les vues d'unification et de simplification qui avaient été recommandées à diverses reprises par les commissions de l'Assemblée nationale, de la Ch. des députés et du Sénat. — La réforme a d'ailleurs été combinée avec un abaissement sensible de la taxe moyenne perçue sur le public. — Néanmoins, l'uniformisation n'a pu être réalisée sans un grand nombre de relèvements. Il eût été impossible, en effet, surtout dans la situation actuelle, de prendre comme régulateurs les tarifs les plus bas, sans déprimer outre mesure les recettes de la comp. et sans faire peser des charges excessives sur le Trésor, par le jeu de la garantie d'intérêts. — Dès avant l'homolog., l'admin. a exigé et obtenu de la comp. l'engagement d'apporter d'importantes réductions aux barèmes des tarifs gén. et spéc., quand les produits de l'expl. atteindront des limites déterminées. Il y a là un engagement ferme, dont l'exécution n'est ajournée que par la situation difficile où se trouve actuellem. l'industrie des transports. — De plus, il a été entendu que des mesures immédiates seraient prises, le cas échéant, pour faire disparaître les relèvements dont le maintien serait trop préjudiciable au commerce. *Ext. du Journal offic.*, 16 nov. 1885.) — V. aussi *Tarifs*, § 9.

vitesse et de *Réexpédition*, pour la petite vitesse. Ces dernières entreprises sont régies par l'art. 53 du cah. des ch. général, mais elles ne sont pas obligatoires pour les compagnies. — Les conditions de légalité et d'application des traités de *réexpédition*, passés entre les compagnies et leurs entrepreneurs, sont indiquées en détail aux mots *Correspondance*, § 3, et *Traités*. — Lesdits traités n'obligent pas, bien entendu, les expéditeurs qui demeurent libres de profiter ou non du service organisé par les compagnies. Il en est de même des destinataires des colis *adressés à domicile*, pourvu qu'ils fassent connaître, en temps utile, leur intention au chef de la gare d'arrivée (V. à ce sujet *Camionnage* et *Factage*). — *Questions de responsabilité*. — Les compagnies sont responsables des opérations de leurs traitants pour les services de réexpédition (Déc. min. 21 oct. 1857, Voir les mots *Correspondance* et *Responsabilité*. — V. aussi plus loin, au § 2, en ce qui concerne la *responsabilité directe* des entreprises de réexpédition à l'égard du public).— Contestations sur le magasinage des marchandises en réexpédition (V. *Magasinage*, § 7). — V. aussi les indic. § 2 ci-après.

Chef de gare servant d'agent de réexpédition (Mesures prohibitives). — V. *Commissionnaires*, fin du § 1. — Intervention d'un tiers commissionnaire.—V. plus loin, § 2.

Localités non desservies pour la petite vitesse (Instr. spéc. réseau de Lyon, 20 févr. 1865). — « Certaines localités désignées dans les tarifs de réexpédition de gr. vitesse, n'étant pas dénommées dans ceux de petite vitesse, il peut arriver que, dans le but d'assurer le transport jusqu'à destination, un expéditeur désire stipuler sur sa déclaration que la *petite vitesse* devra être employée jusqu'à la gare d'arrivée, mais que la réexpédition par terre sur la destination définitive devra avoir lieu à *grande vitesse*, la compagnie n'ayant pour cette localité qu'un service de correspondance à *grande vitesse*. — De même, un expéditeur peut demander la réexpédition à *petite vitesse* d'un envoi fait à *grande vitesse* jusqu'à la gare de réexpédition, pour une destination desservie seulement par *petite vitesse*. — Les gares prendront note qu'elles peuvent sans aucun inconvénient déférer aux demandes de cette nature, pourvu qu'elles soient exprimées clairement sur les déclarations. — Les titres de transport et les feuilles d'expédition devront être annotées avec beaucoup de soin, afin de renseigner les gares d'arrivée sur le mode de réexpédition prescrit par les expéditeurs. »

Formalités pour les envois en réexpédition. — V. *Finances*, § 4, et *Récépissés*.

II. Réclamations diverses (*Compétence*, etc.). — « Les trib. ord. sont compétents pour statuer sur les contestations qui peuvent résulter de l'applic. des traités de réexpédition. » (C. *Paris*, 14 août 1858.) — *Désignation exacte du destinataire* (V. *Livraison*). — *Intervention d'un tiers commissionnaire.* — « Les comp. ne peuvent remettre les marchandises qui leur ont été confiées qu'au destinataire indiqué dans la lettre de voiture ; si, par suite de circonstances particulières, elle en confiaient momentanément une partie à un tiers, celui-ci ne les garderait que pour le compte de la comp. et aux risques et périls de celle-ci ; dès lors sa responsabilité restant engagée, elle continuerait par suite à pouvoir réclamer les droits de magasinage au taux de ses tarifs, sans que le propr. des marchandises eût à s'inquiéter ni à se prévaloir des arrangements particuliers qui seraient intervenus entre la comp. et le tiers qu'elle se serait substitué. » (C. C. 13 mai 1874.) — V. aussi *Destinataire*, § 2, et *Magasinage*, § 7.

Droit de réexpédition par embranchements contractuels. — « La comp. du ch. de fer de Lyon ne saurait réclamer de ses embranchés contractuels un droit de réexpédition toutes les fois que leurs marchandises passent sur une partie du ch. de fer appartenant actuellement à la même comp., mais qui constituait auparavant un autre embranch., l'absence de tarifs spéc. exclut la perception d'un droit particulier. » (C. d'Etat, 24 déc. 1866.)

Responsabilité des compagnies au sujet des opérations de leurs traitants (V. au § 1er ci-dessus).— *Responsabilité directe des entrepreneurs de réexpédition* (dans l'espèce, *responsabilité pénale*, pour exactions commises au détriment du public). — « Relaxe de l'entrepr. du service de réexpédition des marchandises d'une comp. de ch. de fer :

— 1° En ce qui concerne les exactions commises au détriment du public par son préposé, — par le motif que rien n'établit que celui-ci ait été engagé ou autorisé à opérer les perceptions illégales ; — 2° En ce qui concerne des cas où ledit entrepreneur procédait comme camionneur libre. — Condamnation de cet entrepr., pour les faits à lui personnels, — par applic. des art. 44 de l'ordonn. de 1846, 21 et 27 de la loi de 1845. — (C. d'appel Riom, 14 mai 1883.)

III. **Réexpédition par eau, etc.** — V. *Correspondances* et *Navigation*.

RÉFORME.

Mesures diverses : — 1° Réforme des signaux (nouveau règl. du 15 nov. 1885) (V. *Signaux*) ; — 2° Réduction et uniformité des tarifs (Circ. min. 2 nov. 1881) (V. *Réduction*) ; —3° Transport des militaires et marins réformés (Instr.).—V. *Marine* et *Militaires*.

REFOULEMENTS.

I. **Mesures de sécurité.** — Les expressions *refoulement* et *marche à contre-voie* n'ont pas absol. la même signific. Ainsi, un train peut refouler en suivant le *sens normal du mouvement*, et la marche à contre-voie peut avoir lieu *avec* ou *sans* refoulement. Dans le cas de *refoulement* (c'est-à-dire de recul des trains dans les gares), la manœuvre se fait avec une grande prudence (à la vitesse d'un homme au pas : 2^m par seconde), et après que l'agent de manœuvres s'est bien assuré que la voie est libre dans le sens du mouvement rétrograde, et que des signaux bien distincts ont été faits au mécanicien.

Refoulement sur les changements de voie. — Les aiguilles prises en pointe, dans les manœuvres de refoulement, doivent être maintenues avec le plus grand soin dans la position voulue, pendant toute la durée de la manœuvre.

II. **Marche à contre-voie.** — Lorsqu'un train en détresse, sur la ligne, est refoulé par la machine d'un autre train survenant, ou par la machine de secours demandée en arrière, on doit marcher avec la plus grande prudence. La vitesse, dans ce cas, ne doit pas dépasser 20 ou 25 kilom. à l'heure. — V. *Contre-voie, Détresse, Pilotage* et *Secours*, § 2.

REFUS.

Conditions d'acceptation ou de refus d'ouvrages et de travaux.—V. les mots *Chemin, Dépendances, Entretien, Ouvrages d'art, Passages, Ponts, Réception, Remise* et *Travaux*.

Marchandises refusées (ou dont la livraison n'est acceptée qu'avec réserves).—V. *Laissé pour compte, Magasinage, Paiement préalable* et *Vente*.

Contestations au sujet de marchandises refusées (pour cause d'avaries). — « Des marchandises transportées par ch. de fer sont refusées par le destinataire, comme avariées en cours de route, ainsi du reste que l'établit une expertise régulière. — Dans ces conditions, la comp., qui n'a fait aucune réserve lors de la remise desdites marchandises à la gare de départ, est seule responsable à l'égard du destinataire et perd tout recours contre l'expéditeur. — Deux expertises non contradictoires, — provoquées l'une par ladite comp. au point d'arrivée, l'autre par cet expéditeur au point de départ, où les marchandises litigieuses avaient été ramenées, — sont annulées. » (Tr. comm., Poitiers, 24 mars 1879.) — Voir au sujet de ces questions si compliquées d'avaries en cours de route, de responsabilité, etc., les mots *Avaries, Clause de non-garantie, Constatations* et *Réserves*.

Expéditions non acceptées (par suite d'encombrem. des gares). — V. *Encombrement*.

RÉGIME DES CHEMINS DE FER.

Indications générales (améliorations successives étudiées ou réalisées) (V. *Commissions, Comités, Concessions, Enquêtes, Marchandises, Tarifs, Voyageurs*). — Régime établi par les nouvelles conventions de 1883. — V. *Conventions.*

REGISTRES.

I. **Tenue de registres d'ordre** (pour le service du personnel et des travaux) (V. *Bureaux* et *Comptabilité*). — Livre terrier pour l'immatriculation des immeubles acquis par l'État. — V. *Livre terrier.*

II. **Registres obligatoires du service de l'exploitation** : 1° Accidents (V. *Accidents d'exploitation*, § 14) ; — 2° Registre des retards (V. *Retards*, § 3) ; — 3° Registre des plaintes (V. *Réclamations*) ; — 4° Registre des essieux du matériel locomoteur et roulant (V. *Essieux*, § 3) ; — 5° Tenue d'états de service des locomotives (art. 9, ordonn. 15 nov. 1846).—V. *Locomotives*, § 1.—V. aussi le mot *Essieux*, § 3 ;

6° *Registre d'emploi des machines de renfort*. — Une circ. minist. du 21 juin 1847 a prescrit aux diverses comp. d'adopter, pour le type de registre à tenir, en vertu de l'art. 20, § 5 de l'ordonn. du 15 nov. 1846 (service des machines de renfort), le modèle de la comp. d'Orléans, qui se compose des colonnes ci-après désignées :

1re colonne, dates ; — 2e, numéro des trains ; — 3e, nature des trains ; — 4e et 5e (itinéraire), point de départ, point d'arrivée ; — 6e, nombre de wagons ; — 7e, heure de départ ; — 8e à 11e, titre général : service des machines, sous-titres ; — 8e et 9e (section de...), numéros des machines, noms des mécaniciens ; — 10e et 11e (section de...), numéros des machines, noms des mécaniciens ; — 12e à 17e (adjonction de la deuxième machine), sous-titres ; — 12e, numéro de la machine ; — 13e, point de départ ; — 14e, heure de départ ; — 15e, point d'arrivée ; — 16e, heure d'arrivée ; — 17e, motif de l'adjonction ; — 18e, observations.

Nota. — Ce registre n'est tenu qu'à une seule gare, celle de Paris, par exemple, pour tous les chemins de fer qui y ont leur point de départ.

II *bis*. **Tenue de registres commerciaux** (par applic. des art. 1785 du C. civil, 96 du C. de comm., 49 du cah. des ch. et 50 de l'ordonn. du 15 nov. 1846). — V. *Commissionnaires* et *Marchandises*, § 2, 4°. — « L'établ. d'un chemin de fer constituant une entreprise d'une nature essentiellement commerciale, les livres et registres dont la tenue importe à l'expl. d'une telle entreprise ont, d'après la loi, le caractère d'écritures de commerce. » (C. C., 29 avril 1853.) — Les registres à souche peuvent au besoin faire foi de l'envoi des lettres d'avis. — Dans la collection des livres d'ordre et de comptabilité nécessités par le service des compagnies figure en première ligne le registre des *récépissés* dont la tenue a donné lieu à des instructions spéc. mentionnées au mot *Récépissés*, §§ 2 et 3.

Irrégularités. — Des instr. particulières ont rappelé aux employés des gares que les registres et toutes les écritures comptables doivent toujours être tenus proprement, sans surcharge ni grattage. Lorsqu'il est nécessaire de rectifier des mots ou des chiffres déjà inscrits, cette opération doit se faire en passant un trait à l'encre sur ces mots ou sur ces chiffres, de manière que ceux-ci restent lisibles, et en mettant au-dessus les mots ou les chiffres rectifiés. — Dans une affaire dont la date exacte ne nous est pas connue, « un employé d'une comp. de ch. de fer avait apposé ou fait apposer, dans la colonne d'émargement d'un registre, destiné à l'inscription des articles de messagerie expédiés, et tenu par lui, la fausse signature d'un chef de train : placée en regard de l'inscription d'un pli, elle avait pour objet de constater faussement que celui-ci avait reçu ce pli et d'opérer ainsi la décharge du premier. La C. d'assises a déclaré que ce fait coupable constituait le crime de faux en écritures de commerce. » (Code annoté, Lamé-Fleury.) — V. aussi au mot *Fausses déclarations.*

III. Visa et vérification des registres. — Dans la pratique, les registres destinés à l'inscription des plaintes dans les gares sont régulièrement cotés et paraphés par le préfet de police ou par les maires, comme le prescrit l'art. 76 de l'ordonn. du 15 nov. 1846 (V. *Réclamations*). — Les registres mentionnés aux art. 9, 20 et 42 de l'ordonn. du 15 nov. 1846 (*Matériel et Retards*) sont ordin. cotés et paraphés par les commiss. de surv. admin., en exéc. de l'art. 77 de ladite ordonn. — Les autres registres (livres de commerce, registres d'accidents, etc.) ne sont pas, à notre connaissance, assujettis à la formalité du paraphe administratif.

Comme règle générale, les registres doivent être représentés à toute réquisition aux fonctionn. et agents chargés de la surv. du ch. de fer. L'ordonn. du 15 nov. 1846 rend cette disposition obligatoire, notamment pour tous les registres tenus en exécution de l'ordonn. dont il s'agit. L'arr. min. du 21 juin 1879 rend également obligatoire la commun. des registres des comp. aux insp. gén. du contrôle au point de vue de la surv. de la gestion financière desdites comp. — V. à ce sujet les mots *Commissaires généraux*, *Contrôle* et *Inspecteurs*.

Communication des registres aux agents chargés de la perception du timbre et de l'impôt, savoir : — 1° Timbre des récépissés (loi 13 mai 1863) (V. *Récépissés*). — 2° *Id.* groupage des expéditions (Art. 2, loi du 30 mars 1872) (V. *Groupage*). — 3° *Id.*, timbre de quittances, reçus, décharges, etc. (Art. 22, loi du 23 août 1871) (V. *Timbre*). — 4° *Id.*, de l'impôt sur les titres et valeurs (lots et primes de remboursement) (V. *Impôts*). — 5° *Id.*, de l'assiette du droit de patente (Art. 37, loi 15 juill. 1880) (V. *Patente*). — 6° *Id.*, perception de l'impôt (loi de finances, 26 mars 1878. *Ext.*). — « Art. 3. — Les comp. de ch. de fer et autres entreprises de transports par terre et par eau sont tenues de communiquer aux agents des contrib. indirectes, tant au siège de l'expl. que dans les gares, stations, dépôts et succursales, les registres et documents de toute nature concernant le transport d'objets soumis à l'impôt. — Tout refus de communication sera constaté par procès-verbal et puni des amendes édictées par l'art. 122 de la loi du 25 mars 1817, relative aux voitures publiques. »

Nota. — En dehors du droit des *fonctionnaires et agents du contrôle de l'État et des commissaires et inspecteurs* désignés aux art. 50 et 53 de l'ordonn. de 1846, de se faire représenter à toute réquisition tous livres, registres et pièces de transport, les fonctionn. et agents des autres admin. sont énumérés ainsi qu'il suit dans les ordres spéciaux relatifs à la communication des registres. (Déc. 1883, Extr.)

Les *inspecteurs des finances* peuvent se faire représenter par les stations tous les documents qu'ils jugent nécessaires pour constater la situation financière de la compagnie (Titre IV, décret 6 mai 1863).

Les *préposés de l'admin. de l'enregistr., des domaines et du timbre* sont autorisés à prendre communication de tous livres, registres, pièces de recettes, de dépenses et de comptabilité, et de toutes pièces de transport (Art. 10, loi 13 mai 1863, et art. 22, loi 23 août 1871).

Les *agents des contrib. directes*, chargés de l'assiette des droits de patente, peuvent prendre connaissance des registres de réception et d'expédition de marchandises (Art. 6, loi 29 mars 1872). — Ils peuvent également prendre connaissance des déclarations d'expédition, pourvu que la communication de ces documents puisse être faite sans provoquer leur déplacement, et sans entraîner aucune gêne pour le service.

Les *agents des contrib. indirectes* peuvent exiger communication, tant au siège de l'expl. que dans toutes les gares, stations, dépôts et succursales, des registres et documents de toute nature concernant les transports (Art. 3, loi du 26 mars 1878).

Le même droit appartient aux *employés d'octroi*, relativement aux pièces de transport et de régie afférentes aux objets transportés dans le rayon de l'octroi (Art. 28, ordonn. 9 déc. 1814) ; mais, sauf le cas où ils agissent pour le compte de l'admin. des contrib. indirectes, ce dont ils doivent justifier, ils n'ont pas le droit de prendre communication des livres et registres des stations.

Les *préfets*, les *procureurs de la République* et leurs *substituts*, les *juges d'instruction*, *juges de paix*, *maires*, *adjoints*, *commissaires de police*, *officiers de gendarmerie*, ont le droit, quand ils procèdent comme officiers de police, ou comme magistrats instructeurs, de prendre communication de tous registres et pièces de transport. Ils doivent, toutefois, en formuler la demande par écrit. (*Extr.* p. mém.)

Communication aux tribunaux des registres non prévus par la loi.—« Les livres dont le C. de comm. permet d'ordonner la représentation ne sont pas uniquement ceux dont

la loi exige et règle la tenue par les commerçants. — Il appartient aux trib. de se faire
représenter aussi les autres livres auxiliaires dont l'examen est propre à éclairer leur
religion,— *dans l'espèce, le registre de bulletin de colis manquants* et le *copie de lettres,*
tenus par une comp. de ch. de fer, à deux de ses gares. » (Tr. comm. Lizieux, 23 janv.
1872, confirmé par C. C. 4 mars 1873.)

IV. Délivrance d'extraits de registres ou de procès-verbaux (Droit de timbre
et d'enregistr.).— Circ. min. 7 oct. 1872. — V. *Procès-verbaux.*

RÈGLEMENTS.

I. Grande voirie. — V. *Alignements, Contraventions* et *Grande voirie.* — *Réglement*
la police du roulage (Extr.). — V. *Ponts* et *Roulage.*

Questions de dommages (V. *Dommages* et *Indemnités*). — D'une manière générale,
« il n'est pas nécessaire qu'une comp. de ch. de fer ait enfreint les règl. spéc. de son
service, pour qu'elle soit responsable des dommages causés directement à la propriété
privée par son expl. et excédant la mesure des obligations ordinaires du voisinage. »
(C. C. 3 janv. 1887.)

II. Réglements généraux d'exploitation. — D'après l'art. 9 de la loi du 11 juin 1842
sur l'établ. des gr. lignes de ch. de fer, « des règl. d'admin. publique détermineront
les mesures et les dispositions nécessaires pour garantir la police, la sûreté, l'usage et la
conservation des ch. de fer et de leurs dépendances. — Cette clause a été reproduite
dans des termes analogues par l'art. 33 du cah. des ch. gén. qui prescrit, d'ailleurs,
d'entendre la compagnie et qui présente, en outre, les développements suivants :

Art. 33, cah. des ch. (suite). — Toutes les dépenses qu'entraînera l'exécution des mesures
prescrites en vertu de ces règlements seront à la charge de la comp. — La comp. sera tenue de
soumettre à l'approb. de l'admin. les règl. relatifs au service et à l'expl. du chemin de fer (1). —
Les règlements dont il s'agit..... seront obligatoires non seulement pour la comp. concessionnaire,
mais encore pour toutes celles qui obtiendraient ultérieurement l'autorisation d'établir des lignes
de ch. de fer d'embranch. ou de prolongem., et, en général, pour toutes les personnes qui
emprunteraient l'usage du ch. de fer. — Le min. déterminera, sur la proposition de la comp., le
minimum et le maximum de vitesse des convois de voyageurs et de marchandises et des convois
spéciaux des postes, ainsi que la durée du trajet.

Règlement organique du service d'expl. des ch. de fer (Ordonn. du 15 nov. 1846). —
V. *Ordonnances.* — Modification de l'art. 63 du règl. dont il s'agit (décret du 11 août
1883, au sujet de l'usage du signal d'alarme mis à la disposition des voyageurs). —
V. au titre VII de ladite ordonn. — V. aussi au mot *Lois,* la loi organique du 15 juillet
1845 sur la police des chemins de fer, et à l'art. *Chemin de fer d'int. local* la loi du
11 juin 1880 et les documents divers réglant l'établ. et l'usage des chemins de fer
d'intérêt local et des tramways.

Validité et sanction pénale des règlements. — « Les règl. d'adm. publ. ne peuvent être
attaqués par la voie contentieuse que pour incompétence ou excès de pouvoirs, ou pour
violation des formes prescrites par les lois et règlements. » (C. d'État, 10 mai 1851.)—
En ce qui concerne spéc. la sanction des dispositions insérées au *cah. des ch. gén.* autres
que celles concernant les infractions de *grande voirie* (voir ce mot), — quelques-unes
de ces dispositions (compartiments réservés, groupement des bagages, etc. (V. *Bagages,*

---

(1) Cette disposition est reproduite à l'art. 60 de l'ordonn. générale du 15 nov. 1846.

Billets et *Compartiments*), ont été signalées, dans certains cas, comme n'étant pas assujetties à la sanction pénale prévue par les art. 21 de la loi du 15 juillet 1845 et 79 de l'ordonn. régl. du 15 nov. 1846. — Une jurispr. décisive à ce sujet semble résulter de l'arrêt suivant de la C. de cass.

« L'observation des tarifs et *règlements généraux* relatifs à l'expl. des ch. de fer, lorsqu'ils sont revêtus de l'approb. nécessaire pour leur mise en vigueur, est garantie par la sanction pénale de l'art. 21 de la loi du 15 juillet 1845. — Il en est ainsi spécialement : — 1° du cah. des ch. intervenu entre le min. des tr. publ. et une comp. de ch. de fer, et qui a été approuvé avec la convention par la loi ou le décret de concession ; — 2° des tarifs généraux de la comp., homologués par le min. des tr. publ., en vertu de la délégation de pouvoirs à lui conférée par l'art. 79 de l'ordonn. du 15 nov. 1846, cah. des ch. et tarifs relatifs dans l'espèce, au transport gratuit de 30 kil. de bagages par chaque voyageur. » (C. Cass., 16 déc. 1882 ; Ch. crim.) — Voir d'ailleurs, en ce qui touche les divergences dont il s'agit, les mots *Bagages*, § 3, *Cahier des charges*, § 4, *Compartiments réservés*, et *Pénalités*, § 1.

Dépenses occasionnées par l'exécution des règlements (frais d'impression, frais d'affichage et dépenses diverses. — Applic. de l'art. 33 précité du cah. des ch.). — V. *Arrêtés préfectoraux*, *Dépenses*, § 3, *Contrôle*, fin du § 3 *bis*.

Arrêtés minist. et préfectoraux, décisions et ordres divers (caractère obligatoire, légalité et sanction pénale) (V. *Arrêtés*, *Décisions* et *Pénalités*, §§ 3 et 4). — Nous ne pouvons, du reste, à défaut de texte *absolument précis*, que renvoyer, au sujet des suites judiciaires que peuvent comporter les dispositions des arrêtés ministériels et préfectoraux, ainsi que les décisions minist. relatives au service des ch. de fer, aux indications du § 2, ainsi qu'au texte même de l'art. 21 de la loi du 15 juillet 1845 et des art. 69 et 79 de l'ordonnance du 15 nov. 1846. — V. *Pénalités*, § 4. — V. aussi *Amendes*, *Décisions*. *Punitions*, *Tarifs*, § 8, etc.

III. Ordres et règlements distincts d'application (art. 33 du cah. des ch.; voir ci-dessus § 2 et art. 60 de l'ordonn. du 15 nov. 1846, voir au mot *Ordonnances* où se trouve reproduit textuellement le règl. d'admin. publique du 15 nov. 1846, sur la police, la sûreté et l'expl. des ch. de fer). « D'après l'art. 60 (précité), les comp. doivent soumettre à l'approb. du min. des trav. publ. leurs règl. de service et d'expl. Les dispositions de ces règlements, pouvant se rapporter à des objets placés dans les attrib. des divers ordres d'agents préposés à la surv. de l'expl., doivent être préalablement examinées par ceux de ces agents qu'ils concerneront spécialement. » (Extr. de la circ. min. 31 déc. 1846.)

Revision générale des règl. d'expl. des compagnies. — La communic. min. suivante avait été adressée le 10 août 1864, aux comp. et aux chefs du contrôle :

(Circ. min., 10 août 1864, aux comp.) — « Parmi les dispositions à régler par le min. sur la proposition des comp. en exéc. de l'ordonn. du 15 nov. 1846, les unes ont fait l'objet de décis. ministérielles anciennes ou récentes, qui reçoivent aujourd'hui leur application sur les divers réseaux ; d'autres n'ont donné lieu jusqu'à présent, sur certaines lignes du moins, à aucune décision. Enfin, dans la plupart des cas et pour le plus grand nombre des lignes, les dispositions approuvées par l'admin. supér., à l'époque de l'ouverture du ch. de fer, n'ont pas été étendues aux sections nouvelles livrées postérieurement à l'exploitation. — Cette situation anormale ne saurait se prolonger davantage ; il importe, dans l'intérêt du service et des comp. elles-mêmes, de la régulariser dans le plus bref délai. Il est également essentiel, sans prétendre à une uniformité absolue, de coordonner, autant que possible, les mesures adoptées par les différentes comp. pour assurer l'exéc. de l'ordonn. de 1846.

« Je vous prie, en conséquence, de me communiquer, dans le délai d'un mois, les règl. d'expl. intéressant la sécurité publique qui sont actuellement en vigueur ou que vous auriez l'intention de mettre en applic. sur votre réseau, en vertu des articles 2, 3, 4, 18, §§ 2 et 7, 23, 25, 27, 29, 30, 31, 35, 40, 41 et 42 de l'ordonn. précitée. Vous voudrez bien, d'ailleurs, en m'adressant cette communication, spécifier les règl. qui ont été approuvés déjà par l'admin. pour l'ensemble ou pour une partie des lignes qui vous sont concédées, et ceux qui n'ont reçu jusqu'à ce jour aucune approbation. — Je me propose de soumettre tous ces règl., en vue de préparer l'approb. des uns et la revision des autres, à l'examen de la commission, instituée par arr. min. du 28 juin dernier et dans laquelle les compagnies sont représentées par deux de leurs membres (1). — Il est bien entendu que vous aurez soin de faire à l'ingén. en chef du contrôle la même communication qu'à l'admin. supérieure. » (Extr.)

Le ministre donnait en même temps les instr. suivantes aux chefs du contrôle : « Dès que ces règl. vous auront été communiqués par la comp. dont le contrôle vous est confié, vous voudrez bien les examiner, en comprenant dans votre examen ceux qui ont été approuvés déjà par l'admin. et ceux qui n'ont reçu jusqu'à ce jour aucune approb., et vous aurez soin, d'ailleurs, de faire de chacun d'eux l'objet d'un rapport spécial et distinct. »

Suites données. — Toutes les compagnies ont aujourd'hui leurs règl. spéc., approuvés et uniformisés autant que possible, au moins en ce qui concerne les règlements touchant de plus près à la sécurité. — Nous avons résumé à chacun des articles distincts de ce recueil quelques-unes des dispositions essentielles des ordres approuvés. — V. aussi au mot *Signaux* le nouveau règlement général uniforme du 15 nov. 1885 auquel, on a donné le nom de *Code des signaux.*

Modifications apportées ou proposées aux règlements. — Il est de règle générale que les comp. doivent être entendues, sauf le cas d'urgence, pour toutes les modifications apportées à leurs projets et propositions. Cette obligation est inscrite en termes formels, au moins en ce qui concerne l'expl., à l'art. 69 de l'ordonn. du 15 nov. 1846. — Elles sont de même entendues pour les affaires relatives à l'entrée des voitures dans les cours des gares, pour les diverses questions concernant la création et la revision des règl., et enfin, par analogie, pour toutes les affaires de gr. voirie. — V. *Propositions.* — V. aussi *Ordres de service.*

Légalité et pénalité des règlements d'application (voir l'art. 21 de la loi du 15 juillet 1845, et l'art. 79 de l'ordonn. de 1846, cités au mot *Pénalités* (V. aussi *Voyageurs*). — L'extension qu'a subie implicitement le sens de l'art. 21 de la loi de 1845 par suite des dispositions des art. 60 et 79 de l'ordonn. de 1846, relatifs aux décisions du ministre, a été judiciairement consacrée par l'arrêt résumé ci-après :

« La décision par laquelle le min. des trav. publ. approuve le règlement des signaux proposé par une comp. de ch. de fer est un règl. d'admin. publique. En conséquence, les infractions à ce règlement sont punissables des peines portées par l'art. 21 de la loi du 15 juillet 1845. » (C. Rennes, 25 août 1864.)

Instructions et ordres de service intérieurs des compagnies (Formalités de communic. et d'approb.). — « Les mesures particulières prises par les comp., en applic. des règlem. ou ordres de service gén. déjà approuvés, ne doivent pas être soumises individuellement à l'approb. minist. — Il suffit qu'elles soient communiquées au contrôle, et c'est dans le cas seulement où il y aurait désaccord entre le contrôle et la comp. au sujet de l'applic. des règl. gén., aussi bien que dans celui où une dérogation à ces règl. serait demandée, qu'il y aurait lieu d'en référer au ministre. » — Avis du *comité de l'expl. technique des ch. de fer*, approuvé par une décis. min. du 15 mai 1880 qui se termine ainsi : — « Les comp. devront prendre l'initiative de la demande d'approb. min. pour les règl. particuliers ou consignes locales qui, en vertu de l'avis du comité, doivent être revêtus de cette approbation. — Dans tous les cas, le contrôle sera chargé de transmettre à l'admin. supér., pour la collection qui existe au ministère, quelques ex. des règl. spéc. et consignes qui lui seront communiqués par les compagnies. — Il signalera en même temps ceux des règl. qui, par applic. des instr. tracées plus haut, comportent l'approb. ministérielle. »

Règlements de police ordinaire, etc. — V. *Police.*

IV. Indications diverses. — 1° Affichage des règlements (art. 78 de l'ordonn. de 1846 et applications diverses (V. *Affichage*). — 2° *Remise aux agents des extraits des*

---

(1) Les attributions de ladite commission sont dévolues aujourd'hui au *comité de l'expl. technique des ch. de fer*, qui est chargé, d'une manière générale, de donner son avis sur l'application et l'interprétation des règlements. — V. *Comité*, § 2.

règlements qui les concernent. — Les chefs de gare, chefs de trains, mécaniciens, chauffeurs, gardes-freins, cantonniers, gardes-barrières et autres agents employés sur le chemin de fer, doivent toujours être munis des règlements qui les concernent (Extr. de l'art. 78, ordonn. du 15 nov. 1846). Ils sont personnellement responsables de leur exécution (1). — 3° *Circulaires et ordres intérieurs des compagnies* (V. au § 3 ci-dessus. — V. aussi *Ordres de service* et *Punitions*). — 4° Règlements en vigueur sur les chemins de fer de l'État et les lignes d'intérêt local (V. *Chemins*). — 5° Règlements étrangers. — V. *Service international.*

Mode d'examen des règlements. — V. ci-dessus, § 3.

RÈGLES A SUIVRE.

Instructions communes entre ch. de fer. — On entend ordinairement par : *Règles à suivre*, dans le service des chemins de fer, les conventions spéciales passées entre les diverses compagnies françaises et au besoin avec les compagnies étrangères, au sujet des questions d'échange et d'emploi de matériel, de transbordement, de vérifications d'avaries, de règlement des litiges, de réclamations, etc., et enfin pour les constatations, vérification de marchandises échangées, réserves, refus de payement, heures de prise en charge et objets divers. — Ces conventions ont un simple caractère d'ordre intérieur au point de vue du service des comp. et n'intéressent qu'indirectement les rapports de celles-ci avec le public. — Nous avons énuméré toutefois aux mots *Service commun, Service international* et *Transports*, quelques indications d'attributions ou de responsabilité qui peuvent être envisagées à un point de vue général. — On peut se reporter aussi à l'article 61 du cah. des ch. au sujet de la circulation des trains sur les parties communes des anciennes et nouvelles lignes, et à l'art. 62 en ce qui touche les rapports des compagnies concessionnaires avec les propriétaires d'embranchements industriels. — Enfin, en ce qui concerne la nécessité d'assurer la régularité du service de transport au point de jonction des diverses lignes, nous ne pouvons que renvoyer aux mots *Gares,* § 7, et *Service commun,* § 2.

Conventions et traités à communiquer au ministre. — Voir *Traités.*

RÉGULARITÉ DU SERVICE.

Voyageurs et marchandises. — 1° Applic. de l'art. 49 du cah. des ch. (V. *Cahier des charges, Marchandises,* § 2, et *Voyageurs*). — 2° Questions diverses. — V. *Encombrement, Force majeure, Gares,* § 5, *Service commun, Règles à suivre, Retards* et *Trains.*

---

(1) Au sujet des *engagements réciproques*, résultant pour les compagnies et leurs agents des règlements mis en application sur la ligne, nous devons citer l'extr. judiciaire suivant : « Il convient de distinguer, parmi les règl. d'une comp. de ch. de fer, ceux qui l'obligent vis-à-vis de son personnel et ceux qui ne l'obligent pas. — Le règlement sur les retraites est dans la première catégorie et la comp. pourrait être contrainte de le produire, — ce que d'ailleurs elle n'a jamais refusé de faire, *dans l'espèce.* — Il n'en est pas de même des règl. d'ordre intérieur, relatifs à la distribution du travail entre les employés de chaque classe, dont la connaissance n'est pas donnée à ceux-ci à titre d'engagement pris à leur égard par la comp. et dont la communication ne peut, dès lors, être ordonnée par le tribunal, à titre d'élément de décision dans un procès. — On ne saurait admettre, en principe, qu'un agent puisse discuter ces règl. et trouver, dans la critique de leur applic., la source d'une demande en domm.-intérêts. — Le louage de service, sans détermination de durée, peut toujours cesser par la volonté de l'une des parties, en observant les conditions, expresses ou tacites, de l'engagement. — L'exercice d'un droit reconnu par la loi ne peut constituer une faute ni motiver, par suite, une cond. à des domm.-intérêts. » (C. d'appel, Bourges, 22 déc. 1880.)

RELÈVEMENT.

Conditions et formalités. — 1° Modification de taxes (art. 48 et suiv. du cah. des ch.) (V. *Cahier des charges* et *Taxes.* — V. aussi au mot *Réduction de tarifs,* la circ. min. du 2 nov. 1881 relative à l'unification des taxes). — 2° Relèvement de voie. — V. le mot *Réparations.*

REMBLAI.

Indications à donner dans les projets de terrassements (V. les mots *Projets* et *Terrassements*). — Confection des remblais (chambres d'emprunt, etc.). — Applic. de l'art. 15 du cah. des ch. (V. *Emprunts.* — Voir aussi *Projets,* § 2, au sujet des terrassements exécutés dans les terrains marécageux). — *Dommages causés par les remblais.* (V. les mots *Écoulement des eaux, Inondations, Passages à niveau*). — Questions diverses de sécurité. — V. *Contrerails, Éboulements* et *Surveillance.*

REMBOURSEMENT.

I. Formalités relatives aux transports contre remboursement. — 1° Service facultatif des compagnies pour ce genre de transport profondément entré dans les usages du commerce (Application du tarif des finances) (V. *Finances*). — 2° *Retards, contestations et difficultés* (au sujet des sommes perçues par les compagnies lors de la livraison aux destinataires, pour être remboursées à l'expéditeur et application de la taxe des finances à ces retours d'argent). — Voir ci-après le texte ou le résumé des instr. min. successives relatives à cet objet :

(*Circ. min.,* 17 *juillet* 1858, aux chefs du contrôle.) — « J'ai reçu des comp. les renseign. que je leur avais demandés relativement à l'organisation du service des *retours d'argent* sur les ch. de fer. — Tout en me réservant d'examiner la question et en reconnaissant, d'ailleurs, que les transports de cette nature s'effectuent d'une manière satisfaisante, sur chaque ligne considérée isolément, je crois devoir signaler, dès à présent, à votre attention un point qui me paraît laisser à désirer, dans cette partie du service, et sur lequel portent principalement les réclamations du commerce : je veux parler des retards que subissent les envois de remboursements, quand il s'agit de marchandises *passant d'une ligne sur une autre.* Il m'a été adressé, à ce sujet, des plaintes qui démontrent l'insuffisance du système actuel et l'utilité d'y introduire des améliorations immédiates. — Dans cet état de choses, je ne puis que vous inviter à vous concerter avec les comp. des ch. qui aboutissent à votre réseau et vous recommander de prescrire ensuite les mesures nécessaires pour que, dans le cas où les marchandises contre remboursement empruntent plusieurs lignes, le service des retours d'argent, du point de départ au point de destination, soit effectué avec une célérité et une régularité suffisantes pour prévenir toute nouvelle réclamation du public. »

(*Circ. min.,* 26 *oct.* 1863, adressée aux compagnies.) — « D'après les plaintes qui me parviennent, le commerce aurait fréquemment occasion de constater des retards considérables dans le transport et la livraison des sommes qui suivent les expéditions à titre de remboursement. — Ces sommes, vous le savez, sont soumises à la taxe ordinaire des finances et valeurs, lesquelles sont toujours expédiées en gr. vitesse. Elles doivent donc, comme les autres envois de même nature, être mises à la disposition des ayants droit dans les délais ordinaires de la gr. vitesse. Je vous prie de veiller à ce que, dans aucun cas, ces délais ne soient dépassés. — Veuillez, en m'accusant réception de la présente dépêche, me faire connaître les mesures que vous aurez prises pour prévenir le retour des irrégularités que je viens de vous signaler. »

Circ. min., 9 *févr.* 1870, aux compagnies (rappelant les instructions précédentes, d'après lesquelles le transport et la livraison des sommes qui suivent les expéditions *à titre de remboursement,* doivent avoir lieu dans les délais régl. de la gr. vitesse) et se terminant ainsi : — « En présence des plaintes que l'adm. a reçues, depuis quelque temps, au sujet des retards considérables que subiraient les expéditions de cette nature, je crois devoir insister sur les recomm. contenues dans les circ. précitées et vous inviter à prendre les mesures nécessaires pour que le service des *retours d'argent* sur votre réseau s'effectue avec toute la célérité et la régularité que le public est en droit d'attendre des compagnies. »

Expédition des colis postaux (contre remboursement). — D'après le § 6 des conditions applicables aux *colis dits postaux*, ces colis *ne pourront être grevés de remboursements*, sauf les exemptions établies par les lois et décrets spéciaux. — V. *Colis.*

II. Formalités de timbre pour les retours d'argent (*et question de légalité de la taxe appliquée pour cet objet*). — Toute expédition contre remboursement paye *deux taxes distinctes*, l'une pour le transport proprement dit de la marchandise, l'autre pour le retour d'argent, ce qui est assez onéreux dans certains cas pour le public, le second transport n'ayant réellement pas lieu et se bornant à une espèce de compte de banque, la compagnie expéditrice faisant le remboursement après avis d'encaissement par la comp. destinataire. — V. *Finances.* — Aussi, la C. de C. a-t-elle admis, le 6 mai 1873, le principe suivant au sujet du *timbre* de récépissé de l'expédition en retour. — « Les expéditions contre remboursement ne constituent qu'une opération unique, et le retour de l'argent ne peut donner lieu, par les comp. de ch. de fer, à la création d'un second récépissé, et, par suite, à la perception d'un second timbre de 0 fr. 35. — Il n'y a d'applicable, dans ce cas, que le timbre de décharge de 0 fr. 10 à la charge des compagnies. » — Mais cette jurispr. de la C. de C. n'a pas prévalu dans la loi plus récente du 19 févr. 1874, relative à l'établissement de nouveaux impôts, et dont l'art. 10 est ainsi conçu :

« *Art. 10.* — Les recouvrements effectués par les entrepr. de transports à titre de remboursement des objets transportés, quel que soit d'ailleurs le mode employé pour la remise des fonds au créancier, *ainsi que tous les autres transports fictifs ou réels de monnaies ou de valeurs*, sont assujettis à la délivrance d'un récépissé ou d'une lettre de voiture dûment timbrée. Le droit de timbre du récépissé ou celui de la lettre de voiture, fixé dans ce cas à 0 fr. 35, y compris le droit de décharge, est supporté par l'expéditeur de la marchandise. »

III. Remise légale des colis expédiés contre remboursement (*Avis à donner au destinataire; — Remise entravée par suite de saisie-arrêt ou d'opposition,* etc.). Extr. de diverses décisions judic. — V. ci-après.

(*Avis à donner au destinataire.*) — Une caisse de biscuits est expédiée à gr. vitesse en gare contre remboursement à un *marchand ambulant*, qui ne se présente pas pour la retirer, bien qu'il ait été régulièrement avisé. — La comp. laisse écouler une douzaine de jours avant d'informer l'expéditeur de l'abstention du destinataire. — Dans ces circonstances de fait (profession du destinataire, nature de la marchandise), — si la comp. était obligée, par les règles du droit commun en matière de mandat, d'aviser l'expéditeur en temps opportun de l'incident, — il n'y a point eu de sa part retard exagéré et préjudiciable. (Trib. civil de Ruffec, 6 nov. 1883.) — V. aussi *Lettres d'avis* et *Livraison.*

(*Saisie-arrêt, Opposition.*) — « Lorsque l'expédition est faite contre remboursement, le voiturier contracte l'engagement de ne faire la livraison au destinataire que contre le payement de la somme à rembourser et de restituer la marchandise à l'expéditeur, si cette condition essentielle n'est point remplie. — Dès lors, la livraison ne devant être faite au destinataire que contre remboursement, les saisies-arrêts pratiquées contre celui-ci ne pouvaient servir de prétexte au voiturier pour refuser la restitution de la marchandise à l'expéditeur. » (C. C., 26 avril 1882.) — V. aussi *Opposition,* 4ᵉ cas.

Remboursement du prix de marchandises refusées. — V. *Retard,* § 5.

IV. Remboursements à faire par les compagnies à l'État (pour avances d'annuités de garantie prévues par les conventions de 1883). — V. *Conventions.*

REMISE DE LIGNES ET DE TRAVAUX.

I. Réception d'ouvrages. — Nous avons résumé au mot *Réception,* § 1, les indications concernant d'une part, la réception des travaux de ch. de fer exécutés soit *par l'État,* soit *par les compagnies,* et d'autre part, les formalités de réception et de remise aux services ou aux tiers intéressés des travaux accessoires (déviation ou modification de chemins publics, cours d'eau, ouvrages d'art, etc.). — Afin de régler le plus tôt possible la charge d'entretien des ouvrages dont il s'agit, il est nécessaire d'en faire la remise officielle aussitôt après l'achèvement des travaux et en se conformant aux prescriptions indiquées, et d'où nous détachons l'extr. suivant :

Envoi de procès-verbaux de récolement, de réception et de remise d'ouvrages. — Il est d'usage de bien fixer dans les pr.-verbaux de livraison des chemins, travaux d'art et autres ouvrages : — 1° La longueur, la largeur et la position desdits *chemins*, à droite ou à gauche de la voie ferrée. — 2° La situation et les dimensions des *ponts, ponceaux, aqueducs, buses, dalots, fossés, rigoles, murs de soutènement*, etc., compris dans la réception. — FORMULES DES PROCÈS-VERBAUX. — Au sujet de l'emploi de formules uniformes devant servir à la rédaction des procès-verbaux, nous renvoyons aux circ. min. du 28 juin 1879 et 21 févr. 1877, concernant les opérations relatives aux lignes construites par l'État et à celles concédées aux compagnies. — V. les mots *Formules* et *Projets*.

Remise d'office des ouvrages. — En cas de contestation au sujet de la remise aux intéressés des ouvrages accessoires mis à la charge du ch. de fer, l'adm. supér., après instruction préalable, est dans l'usage de décider si la livraison doit être *faite d'office*. — Voir à titre de renseignement, au mot *chemin*, § 1, les décis. min. des 20 févr. et 11 mars 1856, dont les dispositions ont du reste été appliquées dans des cas beaucoup plus récents (1). — Voir aussi *Entretien, Ouvrages d'art*, § 2, *et Ponts*, § 3.

II. Lignes et travaux remis par l'État aux compagnies. — 1° Système de la loi de 1842 (V. *Compagnies*, § 6). — 2° Remise de lignes par l'État aux compagnies, en vertu des conventions de 1883 (*Arbitrage en cas de contestation*). — V. aux conventions dont il s'agit (*insérées aux documents annexes*) les articles suivants, savoir : *Art.* 7, Réseau de P.-L.-M; *Art.* 8, id. Orléans ; *Art.* 6, id. Nord ; *Art.* 6, id. Midi ; *Art.* 4, id. Est; *Art.* 5, id. Ouest. — V. aussi *Rachat* et *Rétrocession*.

III. Chemins de fer d'intérêt local (Rétrocession à l'État). — V. *Rétrocession*.

Remise à l'État de lignes incorporées à son réseau (Art. 14, décret du 25 mai 1878). — V. *Ch. de fer de l'État*, § 3, 2°.

IV. Formalités générales de réception des lignes ouvertes au public (Applic. de l'art. 28, cah. des ch). — V. *Ouvertures*.

REMISES DE MACHINES ET DE VOITURES.

I. Installation des remises à machines. — Les rotondes à machines locomotives sont ordin. disposées pour recevoir et mettre à couvert *au moins* 16 machines et 9, lorsque la remise est semi-circulaire. Il y a également des remises semi-circulaires où l'on peut garer jusqu'à 16 machines, — et même jusqu'à 24 et 30 machines dans quelques grandes gares. — Il y a aussi des remises de machines de *forme rectangulaire*. Dans ces remises, les locomotives sont placées à droite et à gauche du bâtiment et un pont

---

(1) A l'occasion de l'établ. d'un ch. latéral destiné à remplacer un chemin préexistant, voisin d'une gare, *le C. d'État s'est prononcé comme il suit :* « La décision par laquelle le min. a prescrit la remise de cette voie à la ville n'a été rendue que pour l'exéc. de sa décis. antérieure (approuvant le projet d'une gare avec modif. des accès). — Dès lors, cette décision est un acte d'admin., accompli par le min. dans la limite de ses pouvoirs et qui n'est pas susceptible d'être déféré au C. d'État par la voie contentieuse. — D'ailleurs, la décision attaquée ne fait pas obstacle à ce que la ville poursuive, si elle s'y croit fondée, devant la jurid. compétente, l'exéc. de la convention qui serait intervenue entre elle et la comp. relativem. au chemin dont il s'agit. » (C. d'État, 26 janv. 1883.)

roulant mis en mouvement, le plus souvent par une machine à vapeur, est disposé au milieu pour amener les machines de la remise sur la voie de sortie du dépôt, et *vice versa*. — A défaut d'instr. uniforme, nous résumons ci-après quelque indications empruntées à des documents spéciaux :

Dépense. — La dépense d'établ. des remises pour dépôt de machines s'est élevée, sur quelques lignes, à environ 80 fr. le mètre superficiel de surface couverte, non compris les fosses à piquer. — Pour le prix des remises *de voitures*, V. au § 2 ci-après.

Plaques centrales. — Les voies rayonnantes des rotondes aboutissent à une plaque tournante centrale qui permet de diriger les machines sur les points nécessaires. Les voies des remises semi-circulaires possèdent également une maîtresse-plaque tournante, située en dehors du bâtiment couvert, au centre du fer à cheval. — Les grandes plaques tournantes centrales des rotondes sont aussi parfois mises en mouvement par une petite machine à vapeur, comme les ponts roulants des remises. (Les locomobiles à chaudière verticale et à foyer intérieur, du système Flaud, sont employées avec avantage pour ce service.)

Couverture. — Le zinc employé comme couverture des remises de machines locomotives est d'un mauvais usage, en ce sens qu'il se corrode par la fumée de ces machines. — On remédie en partie à cet inconvénient, en plaçant au-dessus de chaque cheminée de machine une hotte en tôle surmontée d'un long tuyau qui s'élève au-dessus de la partie supérieure de la toiture : ce tuyau, ou cheminée factice, sert encore à augmenter le tirage du foyer, pendant l'allumage des machines. — Certaines comp. préfèrent, au système de couverture en zinc, la *tuile*, qui n'a pas le même inconvénient et qui est plus économique au double point de vue du premier établ. et de l'entretien. (*Extr. p. mém.*)

II. Dispositions des remises à voitures et à wagons.

— Les dimensions des remises servant à abriter les véhicules en réserve ou en dépôt dans les gares d'une certaine importance sont réglées suivant les besoins du service et les conditions locales.

La dépense d'établ. des remises *couvertes*, pour voitures, s'est élevée sur quelques lignes, savoir : — 1° Remise provisoire en charpente, pour 8 voitures, 25 à 30 fr. *par mètre superficiel.* — 2° *Id.*, définitive, en maçonnerie, pour 10 voitures, 65 à 70 fr. ; *id.* — 3° Petit type de remise, pour 6 voitures, 55 fr., *id.* — 4° Remise à wagons, en bois et briques, 36 fr., *id.* — 5° *Chariot roulant* pour faire passer les véhicules d'une voie sur l'autre, dans les remises de voitures, environ 18 à 1900 fr. pièce, mis en place.

Les remises couvertes, à *trois voies au moins*, sont les plus commodes, en ce qu'elles permettent d'isoler et de mettre à l'abri les trois classes de wagons de voyageurs. — Il n'y a guère, d'ailleurs, que les gares de premier ordre, ou les gares de formation de trains, qui possèdent des remises de voitures couvertes, à plusieurs voies ; dans les gares de second ordre, il y a seulement deux voies affectées au remisage des voitures ; mais cette disposition, qui n'est même pas générale et qui est suppléée en beaucoup de points par des voies de remisage non couvertes, est déjà suffisante.

Wagons à marchandises. — Ces wagons stationnent ordinairement sur les voies de garage non couvertes ou sous les hangars affectés au service des marchandises. — V. *Garage* et *Halles.*

Portes. — D'après l'expérience de quelques compagnies, les portes ne sont nécessaires aux remises de wagons que lorsque les ouvertures de ces remises sont exposées au vent qui amène la pluie. — Mais, même dans ce cas, il est rare qu'on ferme les portes, et l'on est même quelquefois obligé de les démolir. — Il est préférable, et plus économique, dans le cas d'une pareille exposition, de donner à la profondeur des remises deux ou trois mètres en sus de l'emplacement occupé par les wagons. — Cet agrandissement peut se faire, soit en prolongeant le toit en auvent, soit en donnant à la construction des dimensions un peu plus grandes.

RÉPARATIONS.

I. Entretien courant (Applic. de l'art. 30 du cah. des ch.) (V. *Dépendances* et *Entretien*).

— Précautions spéciales. — V. ci-après :

Ateliers de réparation de la voie. — 1° Signaux à faire en cas de réparation, par applic. de l'art. 33 de l'ordonn. du 15 nov. 1846 (V. *Ateliers*, § 1). — 2° Service accidentel à organiser momentanément sur une voie en cas d'accident, de réparation ou de toute autre cause (applic. de l'art. 34 de la même ordonn.). — Voir *Pilotage*.

3° *Agents chargés des réparations*. — « Les réparations, selon leur importance, sont entreprises d'après les ordres des chefs poseurs, des conducteurs, des chefs de section ou des ingénieurs. — Lorsque les réparations sont de nature à entraver ou à ralentir la circulation des trains, les mesures à prendre sont concertées entre les deux chefs de service de la voie et de l'exploitation. » (Ext. de l'enq. sur l'expl.)

Organisation des ateliers. — Sur la plupart des lignes de ch. de fer, les brigades de poseurs, outre les détails de l'entretien dont ils sont chargés, concurremment avec les gardes-lignes, procèdent, lorsqu'il y a lieu, aux réfections partielles et aux remaniements entrepris sur une certaine étendue de la voie. Sur d'autres lignes, ce sont les cantonniers eux-mêmes qui exécutent, non seulement les petits ouvrages de simple entretien, mais aussi les réparations d'une certaine importance, telles que les relèvements de voie, les remplacements de traverses, de rails, etc., etc. — V. *Gardes-lignes* et *Poseurs*.

Dans certains cas, les grosses réparations sont exécutées, selon leur importance, et sous la surv. des ingénieurs et agents des compagnies, par des *entrepreneurs* ou des *tâcherons spéciaux*, auxquels il est expressément recommandé de se conformer aux prescriptions réglementaires. Les chefs d'atelier et surveillants sont personnellement responsables des accidents attribués à leur imprudence ou à l'inobserv. des régl. qui les concernent, notamment des art. 33 et 34 ci-dessus rappelés, de l'ordonn. du 15 nov. 1846.

Pour les détails des travaux de réparation à exécuter sur les voies, nous ne pouvons que renvoyer aux nombreux articles de ce recueil qui s'y rapportent. — Voir notamment *Aiguilles, Ballast, Coins, Coussinets, Disques, Dressement, Éclisses, Entretien, Gardes-lignes, Poseurs, Rails, Souterrains, Traverses, Trains, Transports, Travaux, Voie*, etc.

Dans certains cas, on peut *remplacer les voies sans gêner l'exploitation* en employant, par exemple, trois brigades distinctes de poseurs, pendant l'intervalle des trains : 1° au dégarnissage du ballast ; 2° au démontage des rails et traverses ; 3° à la pose de la nouvelle voie. Ces opérations sont conduites par petites portions successives, de façon que l'une des brigades prépare le travail de la suivante et qu'il ne reste aucune partie de voie démontée qui ne puisse être rétablie 10 minutes avant le passage du train attendu. — Nous ajouterons que l'arrivée imprévue d'une machine ou d'un train extraordinaire, *non annoncé*, pouvant déjouer les prévisions des chefs d'atelier en ce qui concerne les heures de passage des trains, les règles relatives aux signaux doivent toujours être rigoureusement observées, cette condition intéressant au plus haut point la sécurité.

Enfin, il est à peu près inutile de rappeler que les trains et les machines doivent circuler avec lenteur et avec la plus grande prudence aux abords des ateliers de la voie, et sur les parties de voie fraîchement remaniées et non encore recouvertes de ballast.

Voie unique. — En cas de grosse réparation, accident, éboulement, etc., sur la voie unique, il est ordin. d'usage de *riper* la voie du côté libre ou bien de poser immédiatement une voie de service, avec aiguilles de raccordement aux extrémités. — *Riper la voie*. — C'est la porter ou plutôt la faire glisser sur la droite ou sur la gauche.

En cas d'installation d'un atelier de réparation sur la *voie unique*, les signaux indispensables pour couvrir le point obstrué doivent être portés à 800 mètres *au moins*, en amont et en aval de la partie de voie interceptée.

Travaux de réparation dans les dépendances des gares et dans les tunnels (Mesures spéciales de précaution). — V. *Ateliers*, § 1, et *Souterrains*.

Imputation de la dépense des nouveaux ouvrages. — V. *Justifications*.

II. **Autorisation de travaux sur les lignes en exploitation.** — V. *Travaux*. — Voir aussi au mot *Projets* (§ 1, 6°) la circ. min. du 27 juin 1879.

III. **Réparation du matériel.** — « Dans toutes les gares de départ et dans les principales gares intermédiaires, un employé du service de la traction est chargé de visiter en détail toutes les voitures de chaque train ; il désigne (par des étiquettes ou par des inscriptions spéciales) les voitures dont l'état ne lui paraît pas entièrement satisfaisant et il les signale au chef de gare, qui doit immédiatement les faire retirer du train. » — Le nécessaire est fait aux ateliers. — V. *Ateliers* et *Matériel*, § 2.

Les chefs de dépôt sont chargés de visiter toutes les machines et tous les tenders qui séjournent dans leur dépôt et d'en assurer le petit entretien.

Voies de service. — Les voies de garage affectées au *petit entretien du matériel* ne dépendent pas ordin. des voies proprement dites affectées à l'expl., c'est-à-dire qu'elles ne sont pas couvertes, lorsqu'on y effectue des réparations. La sécurité commande, dès lors, qu'avant d'introduire des wagons ou machines sur les voies dont il s'agit, les avertissem. nécess. soient donnés *à tous les ouvriers* qui peuvent y être échelonnés.

IV. Réparation de dommages. — Voir *Avaries, Dommages* et *Responsabilité*.

REPÈRES.

Lignes de nivellement (conservation des repères). — V. *Nivellement*.

RÉQUISITIONS.

I. Réquisition de la force publique. — Les réquisitions adressées aux agents de la force publique, par les officiers de police judiciaire, s'exercent en vertu des art. 10 et 25 du C. d'instr. crim. — La pénalité infligée aux dépositaires de la force publique pour refus d'obéir aux réquisitions dont il s'agit est prévue par les art. 234 et 475, § 12, du C. pénal. — *Droit personnel des commiss. de surv. admin.* (Loi, 27 févr. 1850, arr. min., 15 avril 1850 et documents divers). — V. *Commissaires* et *Contrôle.*

Forme des réquisitions en ce qui concerne la gendarmerie. — A la suite d'une commun. du min. de la guerre et par *circ. du 5 juin 1875,* adressée aux chefs du contrôle, le min. des tr. publ. a rappelé que les commiss. de surv., dans leurs relations de service avec la gendarmerie, ne doivent pas perdre de vue les prescr. ci-après du décret du 1er mars 1854 — (*Extr.*) :

« Art. 95. — Les réquisitions doivent énoncer la loi qui les autorise, le motif, l'ordre, le jugement ou l'acte administratif en vertu duquel elles sont faites.

« 96. — Les réquisitions sont faites par écrit, signées, datées et dans la forme ci-après :

« De par... (le chef de l'Etat, en le désignant)... conformément à la loi... en vertu d... (loi, arrêté, règlement), nous requérons le... (grade et lieu de résidence), de commander, faire... se transporter, arrêter, etc., et qu'il nous fasse part (si c'est un officier) et qu'il nous rende compte (si c'est un sous-officier) de l'exécution de ce qui est par nous requis au nom de... »

« 97. — Les réquisitions ne doivent contenir aucun terme impératif, tel que : Ordonnons, voulons, enjoignons, mandons, etc., ni aucune expression ou formule pouvant porter atteinte à la considération de l'arme, et au rang qu'elle occupe parmi les corps de l'armée. »

Réquisition des agents du ch. de fer. — V. ci-après, § 2.

I bis. Assistance aux agents des compagnies (Art. 68 de l'ordonn. du 15 nov. 1846 (V. *Agents*, § 3). — *Assimilation aux gardes champêtres* (*Ibid*). — Par suite de cette assimilation et de l'attribution qui leur est conférée, par l'art. 23 de la loi du 15 juillet 1845, de dresser procès-verbal, *concurremment avec les officiers de police judiciaire*, pour la constatation des crimes, délits ou contraventions prévus dans les titres 1 et 3 de ladite loi, les agents des comp. ont également qualité pour requérir la force publique.

II. Déplacement et réquisition des agents des compagnies. — Les commiss. de surv. admin. ont le droit, en leur qualité d'offic. de police judic., de requérir devant eux les agents des comp. impliqués dans les affaires (d'accidents ou de contrav.) comme parties ou comme témoins ; mais cette faculté doit se concilier, autant que possible, avec les exigences du service de ces agents. — Le droit dont il s'agit résulte de la qualité même des commissaires; il a été rappelé par la décis. min. du 7 janv. 1859, adressée au chef du contr. du rés. d'Orléans, décis. qui peut se résumer ainsi qu'il suit :

« Pour une réclamation émanée d'un voyageur et qui serait purement commerciale, le commissaire n'est pas juge ; il doit se borner à recevoir la plainte et la transmettre au chef du contrôle. Mais quand il s'agit d'un fait relatif à l'expl., le commiss. est officier de police judic. : il peut et il doit en cette qualité entendre toutes les personnes qui sont à même de l'éclairer dans ses recherches, et les chefs de gare ne sauraient à aucun titre refuser de donner les renseign. qui leur sont demandés. »

Une circ. du min. de l'intér., en date du 4 sept. 1856, contenait aussi les passages suivants au sujet du droit de réquisition exercé par les *commissaires spéciaux de police* sur les agents des compagnies. « Si l'intérêt de la discipline, dans un nombreux personnel, demande qu'aucun agent ne soit détourné de son service sans que ses chefs aient donné l'autorisation, cette règle générale ne s'applique point aux circonstances dans lesquelles un offic. de police judic., agissant dans l'intérêt de la loi, réclame un concours qui lui paraît nécessaire. — Autant que possible, dans les cas de l'espèce, le commiss. spec. s'adressera au chef des agents dont il aurait à requérir le concours, mais son droit de réquisition directe ne saurait être mis en doute. »

Réquisitions pour les opérations sur le terrain. — (Extr. d'une dép. min. adressée, le 7 juin 1853, au chef du contr. du réseau d'Orléans). — « Vous demandez l'autorisation de vous entendre avec le directeur de la compagnie afin que les *conducteurs des ponts et chaussées* puissent au besoin obtenir le concours des agents et ouvriers de la compagnie pour les opérations sur le terrain que peut nécessiter le service du contrôle, — Vous faites connaître qu'il est indispensable pour l'exactitude des renseignements qu'ils sont appelés à fournir que les conducteurs puissent réclamer l'aide de ces agents lorsque surtout ce travail ne demandera que quelques heures. — Je ne puis qu'adhérer à votre proposition. »

III. Réquisitions de guerre. — 1° Matériel requis pour le transport des troupes (App. de l'art. 54 du cah. des ch.) (V. *Militaires.* V. aussi *Force majeure*, § 1 bis, 9°, et *Guerre*, § 2 *bis*). — 2° Autorités militaires ayant qualité pour requérir les transports (Art. 6, rég. gén. du 1er juillet 1874) (V. *Militaires*, § 2, p. mém.) — 3° *Loi du 3 juillet 1877 relative aux réquisitions militaires de transports sur les ch. de fer.* (V. *Guerre*, § 2 bis). — 4° Actes divers relatifs aux réquisitions militaires (dispensés du timbre et enregistrés gratis lorsqu'il y aura lieu à la formalité de l'enregistr.) (*Loi 18 déc.* 1878).

IV. Réquisitions diverses. — 1° Pour le transport des indigents et aliénés, des condamnés, accusés ou prévenus (V. *Indigents*) ; — 2° *pour l'arrêt des trains et transport des fonctionnaires du contrôle, en cas d'accident* (V. *Accidents*, § 6) ; — 3° id. des magistrats instructeurs (V. *Magistrats*) ; — 4° Réquisition pour le transport des fonctionnaires de la police ordinaire (V. *Libre circulation*, § 4) ; — 5° *Réquisition d'agents des compagnies* (V. ci-dessus, § 2) ; Id. pour les opérations sur le terrain, *Id.* — 6° *Constatations requises par le public* (V. *Constatations*) ; — 7° Réquisition pour l'ouverture des colis (V. *Dynamite*, § 5 ; — 8° Réquisition des commiss. de surv. pour monter sur les machines et dans les trains de marchandises (V. *Libre circulation*, § 6) ; — Idem pour circuler en dehors de leur circonscription (*Ibid.*, § 2) ; — 9° Réquisition d'ouvriers pour l'exéc. des travaux (V. *Conseils de préfecture*) ; — 10° Réquisitions pour le paiement des mandats (V. *Paiements*).

RÉSERVES.

Admissibilité des réserves pour la réception des colis. — Dans la plupart des matières de ce recueil touchant aux questions commerciales, nous n'avons pas manqué de rencontrer l'insuffisance de précision des documents relatifs à l'application de l'art. 105 du Code de comm. qui exclut toute action contre les compagnies après réception des objets transportés et paiement du prix de la voiture. — Nous avons rappelé au mot *Fin* de *non-recevoir*, § 3, que ledit art. 105 ne faisait pas mention des *réserves* ou *protestations* qui pouvaient être formulées par les intéressés au moment où la marchandise leur était livrée, soit en gare, soit *à domicile par le camionneur;* — mais que ces réserves étaient légales lorsqu'il s'agissait d'erreurs de chiffres donnant ouverture à répétition de l'indû (C. C. 18 janv. et 27 nov. 1882), ou de délais de transport dépassés (C. C. 28 juillet 1884). — Enfin, en matière de manquants (ou d'avaries), *sans pouvoir refuser ces réserves*, la compagnie est autorisée à retenir les marchandises « pour en faire régulièrement constater l'état » (C. C. 25 juin 1884 et 2 février 1887. — V. *Vérification*). — — La question de savoir si une compagnie a le droit de refuser absolument de laisser apposer sur ses registres des réserves, ayant *notamment* pour objet l'inobservation d'un itinéraire non désigné *explicitement* (l'expéditeur s'étant borné à demander le *tarif le plus réduit*), a été agitée à l'occasion d'un arrêt de la C. de C. du 3 févr. 1885; — mais nous n'avons aucune donnée certaine à mentionner ici pour cet objet, ledit arrêt étant d'ailleurs longuement résumé au mot *Itinéraire*, § 3.

Réserves de compagnie à compagnie (transmission de marchandises). — V. les mots *Marchandises*, § 5, *Règles à suivre* et *Trafic commun*.

RÉSERVISTES.

Indications p. mém. : 1° Conditions de transport au quart de place (V. l'art. gén. *Militaires*, et notamment les tableaux annexés à l'arr. min. 14 août 1884); — 2° Ordres de convocation des officiers de l'armée territoriale (Circ. min. 15 avril 1880, V. *Militaires*, § 3, 7°); — 3° Feuilles de route pour les hommes passés dans la réserve (*Id.*, § 3, 4°). — *Convocations périodiques* (Mesures d'ordre, V. ci-dessous, circ. min. 27 déc. 1880); — 4° Mesures prescrites pour éviter l'encombrement des gares (en cas d'appel des troupes. — Circ. min. guerre, 5 mai 1877. — V. le mot *Appel*); — 5° Instructions diverses (Indemnités de route, police d'ordre, non disponibles, etc.). — V. les circ. min. résumées ou mentionnées ci-après.

(Extr. d'une circ. min., 1er sept. 1877) relative aux réservistes qui doivent être classés dans la non-disponibilité « comme appartenant à des admin. (comp. de ch. de fer, etc.) relevant à un moment donné des départem. de la guerre et de la marine et au bon fonctionnement desquelles la guerre et la marine ont un intérêt direct ». — Des tableaux nominatifs sont fournis à cet effet par les comp. des ch. de fer et les admin. intéressées, à l'autorité militaire compétente, avec l'indication des qualités motivant la dispense. « Tout réserviste susceptible d'être classé parmi les non disponibles, et dont la position n'aura pas été établie avant l'ordre de mobilisation ou avant la convocation en temps de paix, sera astreint à rejoindre le corps de troupe auquel il est affecté. » — V. le mot *Non-disponibles*.

Police d'ordre dans le trajet en ch. de fer. (Circ. min., 27 déc. 1880, tr. publ., relative à l'exécution des prescriptions du règl. du 1er juillet 1874, défendant aux troupes embarquées de chanter, de pousser des cris et de troubler par conséquent le service des chemins de fer.) — D'après cette circ. *adressée par le min. des tr. publ. aux chefs du contrôle*, le min. de la guerre a rappelé aux généraux commandant les corps d'armée qu'il devait être bien entendu que les prescriptions dont il s'agit s'appliquaient aussi bien aux isolés qu'aux détachements constitués. Il a fait remarquer, en même temps, que les militaires libérés étaient sous la surv. des corps qu'ils quittent jusqu'au moment du départ des trains où ils ont pris place, et que les autorités militaires locales avaient le devoir d'user, pour maintenir la tranquillité parmi les hommes congédiés, tant que les trains ne sont point partis, des moyens d'action que l'art. 24 du règl. du 1er juillet 1874 met à leur disposition. — M. le min. de la guerre reconnaît sans doute qu'en cours de route, et dans les gares de transit, le maintien de l'ordre est plus difficile à assurer, attendu que les hommes libérés, voyageant isolément, échappent complètement à l'action de leurs corps; mais il pense que les commiss. de surv. admin. ont qualité pour signaler, soit aux gendarmes de service dans les gares, soit même aux postes que l'autorité militaire jugerait à propos de placer dans les gares les plus importantes, tous les désordres qui viendraient se produire, afin d'appeler sur les délinquants une répression sévère. — Je reconnais, avec mon collègue, l'utilité qu'il y a à ce que les commiss. de surv. admin. prêtent leur concours actif à l'autorité militaire, dans les circonstances analogues à celles qu'il m'a signalées; je vous prie, en conséquence, d'inviter ces commissaires, qui, d'après la circ. min. du 26 juin 1875 doivent déjà se trouver aux gares lors des passages de troupe annoncés, à s'y trouver également lors des mouvements importants de réservistes et de soldats libérés. — Mon collègue m'a demandé, en conséquence, de prendre les mesures nécessaires pour que, lors du renvoi des réservistes, comme pour la libération des classes, la surv. que les agents du contrôle exercent journellement sur les ch. de fer soit encore plus vigilante — Pour faciliter, du reste, la tâche de ces agents, M. le min. de la guerre me fera connaître, en temps utile, les dates successives auxquelles auront lieu, sur les voies ferrées, les mouvements importants de réservistes et de soldats libérés. — J'aurai soin, d'ailleurs, de vous transmettre sans retard les indications, etc..... » (Extr.)

Rappel d'une circ. min., guerre, 8 avril 1879 (Solution de diverses questions relatives à l'appel des réservistes) : — ... 1° — 2° — 3° — 4° et 5°... (Instructions relatives aux indemnités de route.) P. mém. — 6° Mo ifications d'itinéraires, Sursis de départ, etc. (Réservistes s'exposant à perdre le bénéfice du tarif réduit militaire). — Voir le paragr. ci après :

« 6° Quelques abus ont été signalés par une comp. de ch. de fer. Un réserviste a obtenu, à l'expiration de la période d'exercices, l autorisation de se rendre, pour affaires de famille, dans une localité voisine du lieu de convocation. Il s'ensuit que, lorsque ce militaire s'est mis en route pour rentrer dans ses foyers, il s'est présenté à une gare autre que celle dont il devait régulièrement partir, et qu'au moment où il a demandé au chef de gare un billet à prix réduit, il n'y avait plus droit, puisqu'il avait laissé passer la période pendant laquelle les réservistes peuvent voyager au tarif militaire..... — Un autre réserviste qui se trouvait dans les mêmes conditions, s'est fait délivrer, par un suppléant légal du sous-int. mil., une feuille de route au moyen de laquelle il a obtenu la réduction de tarif qui lui eût été refusée à bon droit s'il avait présenté son livret en dehors de la période d'instruction. »

Il convient d éviter le retour de pareils faits. En conséquence, les corps s'abstiendront à l'avenir d'accorder aux réservistes des permissions ou des sursis de départ. Les hommes seront, en outre, prévenus que ceux qui, par convenance personnelle, négligeraient de se mettre en route imméd. après la fin des exercices, s'exposeraient à se voir refuser le bénéfice du transport à prix réduit. Les corps prendront, bien entendu, leurs dispositions pour que ce motif ne puisse être opposé aux hommes retenus sous les drapeaux pour maladie, punition, etc. — Quant aux fonctionn. de l'intendance ou aux suppléants légaux, ils s'abstiendront de délivrer des feuilles de route aux réservistes renvoyés dans les délais réglementaires.

(Derniers paragraphes.) Solde, etc. (P. mém.)

Ordres périodiques de convocation. — V. ci-dessus la circ. 27 déc. 1880.

RÉSERVOIRS HYDRAULIQUES.

I. Installation. — Dans toutes les gares importantes et surtout dans celles où il existe un dépôt de locomotives, on établit des réservoirs et des grues hydrauliques pour l'alimentation des machines locomotives. Ces réservoirs ne sont soumis à aucun type ou modèle régl. et toute initiative, à cet égard, est laissée aux compagnies.

En général, lorsque la gare est située à proximité d'une rivière ou d'un cours d'eau quelconque, on établit auprès de ce cours d'eau une machine à vapeur qui met en mouvement des pompes aspirantes et refoulantes qui approvisionnent les réservoirs. A défaut du voisinage d'un cours d'eau, on creuse un puits de dimension convenable et on y installe les pompes. Enfin, si l'on se trouve dans un pays accidenté ou dans le voisinage d'une source très abondante, on établit un bassin ou citerne qui reçoit les eaux de la source et les maintient à un niveau permettant de les diriger, au moyen de tuyaux en fonte, dans le réservoir de la gare. De là, les eaux se rendent aux grues hydrauliques au moyen d'une conduite spéciale.

Les prix de revient des réservoirs ou châteaux d'eau établis dans les gares pour l'alimentation des machines sont indiqués à l'art. Prix divers. — Relativement aux formalités à remplir pour les installations dont il s'agit, nous ne pouvons que renvoyer aux art. Alimentation, Enquêtes, Grues et Prises d'eau.

II. Surveillance. — Les réservoirs et leurs machines à vapeur font partie intégrante du chemin de fer et sont soumis, sous l'autorité du ministre et des préfets des départements où sont situées les machines à vapeur, à la surv. des ingén. du contrôle de la ligne. (Arr. et circ. minist. du 15 avril 1850. Extr.)

RÉSILIATION.

Marchés résiliés (art. 34, 36 et 43, cl. et cond. gén.). — V. Clauses.

Retrait des concessions (art. 38, cah. des ch.). — V. Déchéance.

RÉSINES.

Conditions de transport (des résines liquides ou sèches). — V. *Matières.*

RÉSISTANCE.

Exécution des règlements : 1° Violences envers les agents (art. 25 de la loi du 15 juillet 1845, art. 68 de l'ordonn. du 15 nov. 1846, art. 64 du cah. des ch. et applic. diverses) (V. *Agents*, § 3, *Rébellion* et *Outrages*) ; — 2° Réquisition de la force publique (V. *Réquisitions*) ; — 3° Droit commun. — V. art. 209 du C. pénal.

RESPONSABILITÉ.

I. Questions de travaux. — 1° Responsabilité des comp. pour les actes de leurs entrepr. (V. *Entrepreneurs*); — 2° Responsabilité des sous-traitants (*Ibid.* V. aussi *Clauses et Cond. générales*) ; — 3° Accidents causés par les travaux (V. *Accidents de travaux*, § 4) ; — 4° Responsabilité pour travaux exécutés sur les lignes en expl. (V. *Accidents d'exploitation*, § 9); — 5° Réparation des dommages causés par les travaux (V. *Dommages*) ; — 6° Garantie pour les travaux d'art. — V. *Ouvrages.*

Garantie de droit commun. — « La réception définitive des travaux ne peut avoir pour effet d'affranchir l'entrepr. de la garantie de droit commun, telle qu'elle résulte des art. 1792 et 2270 du C. civil; par suite, l'entrepr. demeure, même après ladite réception responsable pendant dix ans des vices de construction qui mettent en péril l'existence de tout ou partie des travaux. » (C. d'État, 1851 et 1853.)

Garantie de l'État pour les travaux remis à une compagnie. — « Par interprétation du contrat intervenu entre l'État et une comp. de ch. de fer, lorsque l'État a livré à cette comp. les ouvrages exécutés par lui, il a été décidé que cette dernière a pris à sa charge les travaux livrés par l'État, et que depuis l'expiration du délai de garantie, l'État est affranchi de toute responsabilité, soit à l'égard de la compagnie, *soit à l'égard des tiers.* » (C. d'État, 30 juillet 1857.)

Bien que cette disposition soit intervenue spéc. à l'occasion d'une contestation entre l'État et l'une des grandes comp. de ch. de fer, elle paraît avoir pour but d'exonérer l'État de toute responsabilité dans les divers cas où les travaux de chemin de fer ont été commencés pour son compte, et remis ensuite aux compagnies dans les conditions indiquées ci-dessus (Voir au sujet de cette question les indications détaillées données au mot *Travaux*, § 2). — Voir aussi les mots *Ouvrages d'art, Ponts* et *Remise.*

II. Responsabilité de transport. — 1° Garantie de droit commun des commissionnaires et voituriers considérée *par la jurisprudence* comme applicable aux ch. de fer (art. 96 à 108, C. de comm., et 1782 à 1786 du C. civil). V. *Commissionnaires* (1); — 2° Responsabilité de droit commun, pour les délits et quasi-délits. — V. ci-après art. 1383, 1384 et suiv. du Code civil (*Extr.*) :

« (1383) Chacun est responsable du dommage qu'il a causé non seulement par son fait, mais

---

(1) Nous devons ajouter aux textes précités les art. 1953 et 1954 du même Code, en ce qui a rapport à la responsabilité des *dépositaires :* — (*Art.* 1953.) — Ils sont responsables du vol ou du dommage des effets du voyageur, soit que le vol ait été fait ou que le dommage ait été causé par les domestiques ou préposés de l'hôtellerie ou par des étrangers allant et venant dans l'hôtellerie. — (*Art.* 1954.) — Ils ne sont pas responsables des vols faits avec force armée ou autre force majeure.

encore par sa négligence ou par son imprudence. — (1384) On est responsable non seulement du dommage que l'on cause par son propre fait, mais encore de celui qui est causé par le fait des personnes dont on doit répondre, ou des choses que l'on a sous sa garde..... — Les maîtres et les commettants sont responsables du dommage causé par leurs domestiques et préposés dans les fonctions auxquelles ils les ont employés..... La responsabilité ci-dessus a lieu, à moins que les..... et artisans ne prouvent qu'ils n'ont pu empêcher le fait qui donne lieu à cette responsabilité. — (1385) Le propr. d'un animal, ou celui qui s'en sert, pendant qu'il est à son usage, est responsable du dommage que l'animal a causé, soit que l'animal fût sous sa garde, soit qu'il fût égaré ou échappé. — (1386) Le propr. d'un bâtiment est responsable du dommage causé par sa ruine, lorsqu'elle est arrivée par une suite du défaut d'entretien ou par le vice de sa construction. »

Responsabilité spéc. des comp. de ch. de fer (art. 22, loi du 15 juillet 1845) : — « Les concessionn. ou fermiers d'un ch. de fer seront responsables, soit envers l'État, soit envers les particuliers, du dommage causé par les administrateurs, directeurs ou employés, à un titre quelconque, au service de l'expl. du ch. de fer. » (Art. 22, loi 15 juillet 1845, § 1.) — V. le mot *Compagnies*.

« L'État sera soumis à la même responsabilité envers les particuliers, si le chemin de fer est exploité à ses frais et pour son compte. » (Art. 22, *ibid.*, § 2.)

Responsabilité des services intermédiaires. — « D'après l'art. 99 du C. de comm., le commissionnaire primitif est garant des faits du commissionnaire intermédiaire auquel il adresse la marchandise. Cette disposition constituait, sans doute, une présomption de faute à la charge d'une comp. de ch. de fer, qui avait reçu la marchandise des mains de l'expéditeur et qui l'avait ensuite remise à une autre compagnie. Mais cette présomption pouvait être combattue par la preuve contraire. S'agissant, dans l'espèce, d'une matière commerciale, cette preuve pouvait s'induire de simples présomptions, pourvu toutefois qu'elles fussent graves, précises et concordantes. » — C'est aux juges du fait qu'il appartient de les rechercher, dans les documents de la cause, et d'en déterminer le caractère et la valeur. — Dans l'espèce, « le peu de temps qu'une marchandise était restée à la disposition de la première comp. ne pouvait faire admettre que l'avarie éprouvée pût lui être imputée, à raison de celui qui eût été utile pour faire disparaître extérieurement les traces restées à l'extérieur. » (C. C., 9 juin 1858.) (Voir l'art. *Assignations*.) — Voir aussi les mots *Avaries*, § 5, *Bagages*, § 8, *Commissionnaires*, § 2, *Marchandises*, § 5 *bis*, *Retards*, *Service commun*, *Service international*, *Trafic commun* et *Voyageurs*.

Service intermédiaire de navigation. — « Lorsque des marchandises sont confiées à un batelier pour être remises à une comp. de ch. de fer qui doit ensuite les faire parvenir à destination, le batelier ne doit pas être considéré comme commissionn. pour la totalité du transport par eau et par terre, mais seulement, pour celui qui se fait par eau. » (C. Metz, 10 mars 1858.)

Responsabilité personnelle des agents. — La question de responsabilité personnelle des agents est résumée à l'art. *Agents*, § 9. — Les ingén. chefs de service des comp. ont quelquefois eux-mêmes été mis en cause en cas d'accidents devant être imputés à un défaut de direction (V. *Accidents*, § 9. V. aussi plus loin au § 2 *bis*, 1°). — Mais la responsabilité de la comp. considérée comme partie impersonnelle est surtout entendue au point de vue civil. — D'après la jurispr., « la déclaration qu'une partie est civilement responsable de condamnations doit s'entendre, à moins d'intention contraire, des frais et dommages et non des amendes. » (C. C., 20 mars 1868, affaire relative à une infraction commise en matière de ch. de fer.) — En ce qui concerne la responsabilité propre de la compagnie envers ses agents (à l'occasion notamment d'accidents de service), voir les mots *Accidents*, § 9, *Hommes d'équipe* et *Règlements*.

Exceptions aux règles générales de responsabilité : 1° Cas de vice propre, de force majeure ou cas fortuit (applic. des art. 97 et 98, C. de comm., et 1784, C. civil) (Voir *Avaries*, § 5, *Force majeure*, *Vice propre*); — 2° Responsabilité déclinée par la compagnie *pour certains transports, avec clause de non-garantie, faisant l'objet de tarifs spéciaux à prix réduits.* — Cette exception est légale par le motif que le commissionn. n'est garant des avaries ou perte de marchandises et effets que dans le cas où il n'y a pas *stipulation contraire dans la lettre de voiture* ou force majeure. (Extr. de l'art. 98, C. de comm.) — Mais la jurispr. a admis, dans certains cas, que la clause de non-garantie ne couvrait pas les comp. des négligences qui pourraient être commises par leurs préposés dans le transport de la marchandise (V. *Avaries, Clause de non-garantie, Preuves* et *Soins de route*); — 3° Exception tirée de l'art. 105 du C. de comm. d'après lequel « la réception des objets transportés et le payement du prix de la voiture éteignent toute action contre le voiturier ». — Voir au sujet des difficultés de cette question et des propositions faites pour y remédier les mots *Fin de non-recevoir, Paiement préalable* et *Vérification.*

II *bis*. Applications diverses de la garantie des compagnies (Extr. des décisions intervenues en vertu des textes précités, pour quelques-unes des matières litigieuses les plus saillantes de l'exploitation. — *Nota.* — Nous suivrons l'ordre alphabétique :

(1° *Accidents.*) — Responsabilité de la comp. et de ses agents, ou de l'État quand c'est lui qui exploite (Voir ci-dessus, § 2, et *Accidents*, § 9). — D'après les documents résumés aux passages indiqués, en dehors de *la garantie* générale des comp., la responsabilité est personnelle pour chacun des agents. — La C. de cass., dans un arrêt du 26 juillet 1872, a néanmoins établi une exception d'après laquelle « la responsabilité réglementaire de *l'aiguilleur* (par exemple) n'apporte aucune modification à l'ensemble des dispositions, également réglementaires, qui prescrivent au *chef de gare* l'exercice d'une surv. constante de tous ses subordonnés ». — « Dans l'espèce (rencontre, sur une voie unique, d'un train de voyageurs et d'un train facultatif de marchandises en manœuvre), l'arrêt attaqué a constaté les faits qui constituent, à la charge du demandeur, l'oubli de cette surveillance ; cette constatation appartient souverainement au juge du fait ; loin de violer l'art. 19 de la loi du 15 juillet 1845, etc., l'arrêt attaqué en a fait une juste interprétation ; Rejette le pourvoi..... » (C. C., 26 juill. 1872.)

Accident de voie (dans l'espèce, *pont notoirement en mauvais état et non suffisamment visité et surveillé*). — Le renseignement résumé au mot *Accidents*, § 9, relativement à la responsabilité encourue par les *chefs* de la voie, en cas de déraillement provenant d'une insuffisance des précautions prises dans les ouvrages, peut être rapproché d'un arrêt de la C. de Grenoble, 8 févr. 1878, d'après lequel un *ingén.* de la comp. et un chef de section ont été mis en cause au sujet d'un déraillement causé par le mauvais état de la voie ferrée (sur un pont voisin d'une gare), accident, ajoute la Cour dans de longs développements, que la plus simple surv. effectuée aurait pu conjurer. — *Accidents provenant du transport des poudres et des matières dangereuses.* — V. le mot *Guerre*, § 4.

(2° *Avaries.*) — Les compagnies sont responsables des avaries chaque fois que celles-ci ne proviennent ni du *vice propre* de la chose ni d'un cas de force majeure, C. C., 5 févr. 1879. (V. aussi *Avaries* et *Clause de non-garantie*). — *Vice propre de la chose.* — « La responsabilité du voiturier cessant lorsque les avaries des marchandises qu'il transporte proviennent du vice propre de la chose, le seul fait d'avoir, sans réserves, reçu de l'expéditeur des marchandises avariées ne prive pas la comp. de son recours contre cet expéditeur. » (C. C., 25 août 1875.) — *Responsabilité des avaries pour les objets transportés sans responsabilité.* — Dans les tarifs, la condition *sans responsabilité* généralement appliquée aux marchandises transportées *à découvert* s'entend seulement des avaries et déchets de route. (Extr. de l'art. 55 du modèle de tarif général.) (V. aussi *Clause de non-garantie.*) — *Conditionnement défectueux des colis.* — Voir *Marchandises*, § 5.

(3° *Bagages ; perte de colis et de marchandises,* etc.) — Responsabilité légale; Justifications, etc. — V. *Bagages*, §§ 8 et 9, *Marchandises, Pertes, Preuves.*

(4° *Laissé pour compte, Livraison, Paiement préalable, Retards.*) (V. ces mots.) — V. aussi, au § 2, les indic. relatives à l'art. 105 du C. de comm.

(5° *Location de wagons.*) — « L'admin. de ch. de fer qui loue à un expéditeur un wagon pour le chargem. des marchandises, à la condition qu'il en fera lui-même le chargem., n'est pas responsable de la disparition de l'un des colis qui faisaient partie de l'expédition. » (C. C., 27 déc. 1848.)

(6° *Retards dans le transport des voyageurs.*) — Réparation, en cas de faute de la compagnie et de *préjudice* causé au voyageur. — Compagnie déclarée responsable du préjudice éprouvé par un voyageur à l'occasion de l'irrégularité d'un train retardé de 55 minutes par suite non d'un cas de force majeure, mais par la faute de la comp. qui avait transformé un train *omnibus* de voyageurs en train *mixte* de voyageurs et de marchandises. (C. C., 28 mars 1870.) — Voir d'ailleurs les documents résumés au mot *Retards*, § 5.

(7° *Transports divers*) — 1° Exécution des traités passés avec les administrations. — *Transports de la marine (p. mém.)* — « Les chefs de gare préposés des transports de l'État qui ont à effectuer des expéditions pour le compte du min. de la marine se sont trouvés dans le cas d'exiger des bull. de garantie de mouille pour certaines catégories d'objets dénommés au § 4 de l'art. 56 du traité du 2 sept. 1861, notamment pour des projectiles. — L'accomplis. de cette formalité ne devra plus être exigé à l'avenir, M. le min. de la marine et des colonies ayant déclaré que l'adm. de la marine n'a jamais eu l'intention de rendre les comp. de ch. de fer responsables de la mouille pour les divers objets dénommés dans le 4ᵉ § de l'art. 56 du traité (*boulets, bombes et obus non chargés, canons en fonte de fer, fers en barres et fers cornières, fontes brutes, câbles-chaînes, plaques pour cuirasses de navire*), quoique la rédaction de ce paragr. puisse laisser croire qu'elles ne sont dispensées de la garantie de l'espèce que pour les *ferrailles* et les *tôles brutes*. » (Instr. spéc., Réseau de Lyon, 3 févr. 1865.) (V. aussi *Administrations*, *Finances*, *Guerre*, § 3, *Marine*, *Militaires* et *Traités*.) — 2° *Transports à l'étranger*. — « Lorsqu'une comp. de ch. de fer propose au public des tournées dites *trains de plaisir*, qui doivent s'exécuter tant en France qu'à l'étranger, elle est responsable du dommage causé aux voyageurs ou à leurs bagages par le fait des entreprises étrangères, qu'elle s'est substituées pour l'accompliss. du voyage. » (C. Paris, 22 août 1859.) (Voir aussi au § 2 ci-dessus.) — 3° *Transports en dehors de la voie ferrée* (V. *Camionnage*, *Correspondance*, *Factage*, *Omnibus* et *Réexpédition*.) — Pour les entreprises *attitrées par les compagnies*, le recours contre ces dernières, par suite de l'irrégularité des services de correspondances, est de droit commun. (Déc. min. du 21 octob. 1857.) — Voir aussi plus haut, § 2.

III. Questions spéciales de responsabilité. — 1° Indications de détail au sujet de la régularité de divers transports : *Animaux*, *Avaries*, *Bagages*, *Bestiaux*, *Boissons*, *Camionnage*, *Chevaux*, *Chiens*, *Contrebande*, *Correspondance* (manquée), *Coulage*, *Déchets*, *Délais* (non observés), *Destinataire* (inconnu), *Dommages* (divers), *Erreurs*, *Finances*, *Force majeure*, *Gelée*, *Guerre*, *Incendie*, *Inondations*, *Itinéraire* (modifié), *Livraison* (irrégulière), *Manquants*, *Mouillure*, *Objets* (précieux), *Petits paquets*, *Retards*, *Perte*, *Vols* (Voir ces divers mots); — 2° Soins imposés aux compagnies et devoirs du public (V. *Encombrement*, *Entrepôt*, *Évacuation*, *Marchandises*, *Pertes*, *Preuves*, *Vérification* et *Vice propre*); — 3° Vente de marchandises sujettes à litige (V. *Abandon* et *Vente*); — 4° Questions de compétence pour les litiges en matière de responsabilité. — V. les mots *Assignation*, *Compétence* et *Tribunaux*.

IV. Responsabilité et garantie de l'État (pour les chemins construits ou exploités à son compte). — Art. 22 de la loi du 15 juill. 1845. (V. ci-dessus, § 2. — V. aussi *Accidents de travaux* et *Chemin de fer de l'État*.) — Questions de garantie d'intérêt. — V. *Conventions*.

RESSORTS.

I. Ressorts pour wagons et locomotives. — Les ressorts de *suspension*, de *choc* et de *traction* des véhicules employés sur les chemins de fer se composent de bandes ou feuilles d'acier juxtaposées et embrassées au milieu par une bride qui les maintient réunies. Ces lames doivent être en acier fondu de la meilleure qualité. — Le nombre des lames superposées des ressorts de suspension varie suivant le tarage ou le poids du véhicule, et est déterminé de manière à pouvoir supporter un poids supérieur à la charge maxima. — *Améliorations*. — V. *Matériel roulant*.

Ressorts de suspension. — Les ordres de services *spéciaux*, en vigueur sur quelques lignes, recommandent de ne jamais admettre dans les trains de voyageurs ou de marchandises certains wagons du service de la voie qui ne sont pas montés sur ressorts de suspension.

Prescriptions spéciales pour les tampons à ressort. — V. *Tampons*.

II. Épreuves de fabrication. — Pour la plupart des lignes, les aciers employés à la fabrication des ressorts sont vérifiés par un contrôleur spécial et subissent, pendant la construction, des épreuves de cassure permettant d'apprécier la qualité du métal.

Épreuves de résistance et de flexion. — Après leur fabrication, les ressorts sont soumis, un à un, aux épreuves de résistance et de flexion détaillées ci-dessous : — Après avoir été posés par leurs extrémités sur deux supports à chariots, on les charge, au milieu de leur longueur, d'un poids capable de produire dans l'acier un allongement de 0ᵐ,005. On laisse les ressorts ainsi chargés pendant quelques instants, puis ayant supprimé une partie de la charge (environ un quart), on leur imprime un mouvement d'oscillation verticale, dont l'amplitude extrême a pour limite celle qui convient à l'allongement de l'acier ci-dessus indiqué. — Pour satisfaire à la condition d'allongement fixée ci-dessus, la flexion totale des ressorts de suspension, en leur milieu, devra être de $0^m,125$ et celle des ressorts de choc et de traction, mesurée également au milieu de leur longueur, devra être de $0^m,263$. — Les ressorts qui dans ces essais successifs ne conserveraient pas exactement leur flèche normale de 1re épreuve sont rejetés.

Délai de garantie. — Les ressorts reçus à l'usine de fabrication sont encore soumis à un délai de garantie qui est presque toujours fixé à deux années, pendant lesquelles le fournisseur doit remplacer, à ses frais, tous les ressorts qui viendraient à être brisés ou qui auraient perdu en service plus de $1/10^e$ de leur flèche de fabrication.

III. Rupture en cours d'exploitation. — Les ruptures des ressorts de suspension des véhicules de ch. de fer, ruptures qui peuvent, dans certains cas, occasionner des déraillements, sont heureusement des faits très rares dans l'exploitation. — « Lorsqu'un ressort de suspension de locomotive vient à se rompre, on place une cale en bois entre la boîte à graisse et le longeron, et on gagne le dépôt le plus voisin en marchant à très petite vitesse, et avec les plus grandes précautions. » (Enq., 1858.)

Constatation des avaries. — V. les mots *Accidents* et *Avaries*.

RETARDS.

I. Causes principales des retards. — Au point de vue des voyageurs et des constatations officielles, il y a retard dans la marche d'un train ou d'une machine, lorsque ce train part de la gare expéditrice ou arrive *à son point de destination* après l'heure fixée par les ordres de service. Mais, en réalité, on doit admettre, comme le font les comp., qu'il y a retard chaque fois que le train ou la machine quitte une *gare quelconque* ou y arrive après l'heure fixée par les tableaux de la marche des trains.

Dans le cas de retard en route, les mécaniciens sont autorisés sur quelques réseaux à accélérer dans une certaine proportion la vitesse pendant le trajet et ils regagnent ainsi quelquefois le temps perdu ; mais ce système de compensation ne doit jamais être mis en pratique aux dépens de l'exécution rigoureuse des règl. et de la sécurité.

Les causes de retards sont, d'ailleurs, très nombreuses et varient suivant les saisons. Aux approches de l'hiver, la marche des trains a beaucoup à souffrir des conditions atmosphériques, du patinage des machines, par suite de l'humidité des rails, et des ruptures de pièces du matériel causées par la transition d'une température à l'autre. Les premières gelées déterminent assez souvent des ruptures de rails qui entravent pour un moment la circ. des trains. — Enfin, l'affluence des marchandises qui, sur beaucoup de lignes, a lieu vers la fin de l'année, est aussi une cause de retard pendant la saison d'hiver. En été, les retards, bien moins importants, doivent être presque exclusiv. attribués à l'affluence des voyageurs et des bagages, aux manœuvres exceptionnelles de gare, et quelquefois à un excès de chargement.

Importance relative des retards. — Le chiffre du retard éprouvé par un train a une importance naturellement proportionnelle au parcours effectué par ce train. Nous avons fait connaître plus loin, au § 3, les limites numériques admises pour l'inscription des retards dans les relevés et constatations prescrits pour cet objet. — *Correspondances manquées par suite de retards* (V. *Correspondance*). — V. ci-après au § 3, au sujet de la constatation des corresp. manquées.

II. Mesures préventives. — La régularité de la marche des trains est intimement liée : 1° à l'installation dans les principales gares, d'une bonne réserve de matériel et de personnel pour les époques d'affluence ; 2° au soin qu'on doit apporter à faire enlever les marchandises dès qu'elles sont arrivées à destination (V. *Transports*) ; 3° à l'organisation et à la composition des convois, dont les limites de chargement doivent être maintenues, autant que possible, au-dessous de celles correspondant à la puissance maximum des machines ; 4° enfin à l'observ. littérale et constante des mesures et dispositions prescrites par les règl. d'expl. et de surveillance.

On ne saurait, d'ailleurs, déterminer à l'avance le moyen de prévenir certaines perturbations indépendantes des prévisions du service ou de la volonté des agents, et notamment celles occasionnées par l'état atmosphérique, et par les avaries de matériel ou d'autres circonstances de force majeure. — L'expérience des faits peut seule permettre d'apprécier les mesures à prendre pour remédier aux irrégularités du service. — Lorsqu'il y a lieu d'ailleurs, l'admin. éclairée par les états de retard dont il est question ci-après, § 3, peut intervenir auprès de la comp. pour lui faire modifier dans les parties reconnues défectueuses les ordres de service de la marche des trains. — De son côté, l'autorité judiciaire peut être appelée à intervenir en cas d'infraction ou pour statuer sur les demandes d'indemnités de retard que les tiers se croient fondés à présenter.

Nous avons résumé aux articles *Accidents*, § 12, *Chargements*, *Garages*, *Locomotives*, § 4, *Secours*, *Matériel*, § 4, et *Surveillance*, divers renseignements qui se rattachent soit aux circonstances qui peuvent porter atteinte à la régularité de la circulation, soit aux mesures à prendre lorsque les retards se sont produits.

III. Constatation et relevés des retards (tenue de registres et production d'états périodiques) (Applic. de l'art. 42 de l'ordonn. de 1846 et docum. divers).

1° *Tenue des registres.* — « Aux stations qui seront désignées par le min. des tr. publ., il sera tenu des registres sur lesquels on mentionnera les retards excédant dix min. pour les parcours dont la longueur est inférieure à 50 kilom., et quinze minutes pour les parcours de 50 kilom. et au delà. Ces registres indiqueront la nature et la composition des trains, le nom des locomotives qui les ont remorqués, les heures de départ et d'arrivée, la cause et la durée du retard. » (Art. 42, ordonn. du 15 nov. 1846.) — Les états désignant les gares des divers réseaux où sont tenus les registres en question (États soumis à l'adm. supér. en vertu des dispositions de l'art. 42 précité de l'ordonn. de 1846), comprenant les *gares où meurent les trains* ainsi que les *gares de bifurcation* où il est nécessaire de constater plus spécialement la régularité du service, à raison des correspondances qui y sont établies. (Extr. d'une décis. min. spéc., 17 janv. 1882.)

2° *Relevés statistiques des retards* (1). — Une circ. minist., du 19 février 1856, a invité le service du contrôle à fournir à l'admin. supér. des tableaux indiquant les retards qui ont affecté la marche des trains pendant chaque période hebdomadaire. — *Pour le service des voyageurs* chaque train régulier, inscrit sur l'état, devra être l'objet d'indications faisant connaître les retards de 15 min. survenus dans un parcours de moins de 100 kil. et de 30 min. dans un parcours de plus de 100 kilom, ainsi que les causes de ces retards. — Pour les *trains de marchandises*, une deuxième circulaire (du 24 mars 1860) avait déterminé les limites dans lesquelles les retards devaient être constatés ; mais d'après les nouvelles instructions rappelées ci-après, la mention des trains de marchandises a été supprimée dans les relevés de retards. — *Modification des tableaux* (Circ. min., 14 déc. 1860, *Extr.*). — « Les retards constatés sur le réseau entier devront être relatés (à partir du 1er janvier 1861) par ordre de date et par catégorie de trains, savoir : 1° *Trains de voyageurs* (trains express, poste, omnibus et mixtes) : en ayant soin d'inscrire les retards des *express* et *poste* à l'encre rouge...., de telle sorte que ces trains

---

(1) Les anciens *rapports hebdomadaires*, envoyés par les commiss. de surv. admin. à leurs chefs immédiats et auxquels était joint le *relevé des retards*, spéc. destiné à l'ing. des mines attaché au contrôle, ayant été transformés en *rapports décadaires*, afin de faciliter la production régulière des rapports mensuels, la même transformation a dû naturellement avoir lieu pour l'envoi des relevés périodiques de retards à fournir à l'admin. par le service du contrôle. Nous n'avons, sous la main, à ce sujet, que l'extr. de la circ. min. du 27 nov. 1880, déjà reproduit au mot *Rapports*, § 2.

soient parfaitement distincts des autres ; — 2° *Trains de marchandises*, p. mém., ces trains ne figurant plus dans les relevés dont il s'agit (circ. min., 5 janv. 1866, adressée aux chefs du contrôle et d'après laquelle la mention des retards des trains de marchandises sera désormais supprimée comme surchargeant inutilement les états, outre qu'elle exige un temps considérable, et étant à peu près sans intérêt, les délais fixés pour le transport des marchandises à petite vitesse étant des délais théoriques tout à fait indépendants de la vitesse des trains). — *Extr.*

3° *Formule d'état de retards adoptée* (d'après les diverses instructions). — V. aussi les modifications à la suite (*au sujet de la mention à faire, dans les relevés de retards, des correspondances manquées aux gares de bifurcation*) :

1ʳᵉ page (*titre*) : Ministère des travaux publics. — Travaux publics. — Service de surveillance et de contrôle des chemins de fer concédés. — Ligne de..... — Exploitation technique et matériel. — Etat hebdomadaire des trains arrivés en retard. — Année 188... — Du..... au..... 188...

2ᵉ et 3ᵉ pages (*tableaux*, avec intercalaires s'il y a lieu) : 1ʳᵉ colonne, dates ; 2ᵉ et 3ᵉ, *lieux* : de départ, d'arrivée ; 4ᵉ, nature et nᵒˢ des trains ; 5ᵉ, nᵒˢ des machines ; 6ᵉ, noms des mécaniciens ; 7ᵉ, 8ᵉ, 9ᵉ et 10ᵉ, *nombre de voitures* : de voyageurs, de service, à marchandises, total ; 11ᵉ, heures de départ ; 12ᵉ et 13ᵉ, *heures d'arrivée* : prescrites, réelles ; 14ᵉ, retards ; 15ᵉ, indications détaillées des causes de retards et de leurs résultats.

4ᵉ page, *Etat récapitulatif* : 1ʳᵉ col., trains ; 2ᵉ, nombre des trains qui ont circulé dans les deux sens ; 3ᵉ, nombre des retards ; 4ᵉ, rapport pour 100 du nombre des retards à celui des trains ; 5ᵉ, 6ᵉ et 7ᵉ, *importance des retards* : de 15 à 30 minutes inclusivement, de 31 à 59 minutes inclusivement, de 1 heure et au-dessus ; 8ᵉ à 14ᵉ, titre général : Causes ; sous-titres : 1° *stationnements prolongés* (8ᵉ, 9ᵉ et 10ᵉ col.), manœuvres en gare, affluence de voyageurs, attente des trains en correspondance ou en croisement ; 2° *accidents* (11ᵉ et 12ᵉ col.) provenant des trains, provenant d'autres trains ; 3° *causes atmosphériques* (13ᵉ col.) ; 4° *autres causes* (14ᵉ et dernière colonne). Le texte de cette récapitulation ne comporte que 4 lignes : 1° (trains) de voyageurs *express* ; 2° *poste* ; 3° *omnibus et mixtes* ; 4° totaux. — Les chiffres des 1ʳᵉ et 2ᵉ lignes doivent être écrits en rouge, de même que les chiffres correspondants du tableau général des 2ᵉ et 3ᵉ pages.

4° *Correspondances manquées aux gares de bifurcation* (*mention de tout retard qui aurait eu pour conséquence de faire manquer la correspondance avec le train d'une autre ligne*). — Circ. min., 27 juillet 1872 aux chefs de service du contrôle ; (*Ext.*) — « Au sujet de la question de savoir s'il ne conviendrait pas de mentionner, à l'avenir, sur les états des retards de trains, tout retard qui aurait eu pour conséquence de faire manquer la correspondance avec le train d'une autre ligne, la commission des règl. de ch. de fer s'est prononcée pour l'affirmative et le min. a approuvé cet avis. Une légère modific. de la formule des états (décadaires) permettra de tenir note des correspondances manquées, sans exiger un grand surcroît de travail. »

Les modifications indiquées sur le nouveau modèle consistent notamment dans le changement de titre de la 1ʳᵉ page qui est actuellement libellé comme suit : « Etat (décadaire) 1° des trains arrivés en retard aux stations extrêmes. — 2° des trains arrivés en retard aux stations de bifurcation où la correspondance a été manquée, et dans l'addition, à la 4ᵉ page, d'un tableau contenant les colonnes suivantes : 1ʳᵉ colonne, *Gares de bifurcation*, 2ᵉ et 3ᵉ col. Titre général : (Train arrivé après le départ du train correspondant.) — Sous-titres : *Numéros — Parcours* ; 4ᵉ à 5ᵉ col. Titre général (Train parti avant l'arrivée du train correspondant.) — Sous-titres : *Numéros — Parcours*. — 6ᵉ et dernière colonne : *Nombre de correspondances manquées*.

IV. Avis spéc. à donner au sujet des retards. — 1° *Avis télégraphiques*. — Il est d'usage dans le service des comp. que tout retard excédant 10 min. pour les trains de voyageurs et 15 min. pour ceux de marchandises au départ d'une gare où il est établi un poste télégr. doit être annoncé au poste suivant (Pour quelques trains désignés dans des ordr. de serv. spéc., le chiffre de 15 min. est porté exceptionn. à 25 min.). Tout retard excédant 20 min. doit être transmis de poste en poste, jusqu'au dépôt où le train doit changer de machine. Quand le retard est de plus d'une heure, la cause doit en être indiquée (*Instr. spéc.*). — Les commiss. de surv. admin. sont naturellement autorisés

à relever les retards dont il s'agit, soit au bureau télégr., soit sur les registres tenus dans les gares.

2° *Avis à envoyer aux préfets.* — « Lorsque, par une cause quelconque, un *train de voyageurs* ne pourra arriver à destination que plus *d'une heure* après le moment de son arrivée réglementaire, avis de ce retard, et autant que possible de sa cause, devra être donné sur la ligne, par le télégr., aux chefs de gare, qui devront communiquer imméd. la dépêche aux commiss. de surv. — Ces derniers fonctionn. auront mission, à leur tour, d'informer les préfets, afin que ces magistrats puissent prendre telles mesures qu'ils jugeront à propos, pour faire connaître au public la cause du retard et calmer ses appréhensions. » (Circ. min., 8 déc. 1855.) — V. le *nota* ci-après.

Mesures concernant les gares de Paris (extr. circ. min. 29 déc. 1855) : — 1° Pour Paris, il n'y a pas lieu de suivre vis-à-vis le préfet de police (au sujet des avis) la marche indiquée par la circ. du 8 déc. 1855 ; — 2° La mesure (ayant pour objet d'annoncer le retard par un placard affiché dans les salles où le public vient attendre les voyageurs) est la seule qui doive être mise en exécution dans les gares de Paris.

(Nota.) — *Forme et circonstances des avis ; Affichage,* etc. — Pour faciliter l'applic. de la circ. précitée du 8 déc. 1855, le min. a chargé les compagnies « du soin de faire placarder, dans toutes les gares desservies par les trains, les annonces que le public peut avoir intérêt à recevoir touchant les causes des retards desdits trains, et en donnant aux chefs de gare la mission d'informer les préfets. — Il est bien entendu, d'ailleurs, que ces avis ne seront utiles et ne devront être donnés qu'autant que la préfecture sera imméd. à proximité de la station où doit arriver le train attendu, et qu'en outre, le retard de ce train aura été ou devra être assez considérable pour exciter des alarmes dans le public et justifier une annonce en dehors de la gare ». (Circ. min., 30 janv. 1856.)

3° *Perturbations dans les correspondances aux points de bifurcation.* — 1° Mesures prescrites par la circ. minist. du 15 avril 1859 (V. *Correspondances*) ; — 2° Renseignements à consigner dans les les relevés de retards et dans les rapports mensuels du contrôle (expl. technique). — V. ci-dessus, § 3. — V. aussi *Correspondances* ; — 3° Avis à donner au public au sujet de correspondances manquées : — Par une dép. du 20 mai 1865, le min. des tr. publ. a invité les comp. de ch. de fer, par extension des décis. des 8 déc. 1855 et 30 janv. 1856, « à faire afficher dans les gares intéressées non seulement les retards de plus d'une heure survenus dans la marche des trains attendus, mais encore les correspondances manquées aux points de bifurcation. »

V. Responsabilité pour retards. — L'appréciation du préjudice éprouvé par le public, en cas de retard des trains de voyageurs ou de marchandises, est en général une affaire de droit commun. Nous allons résumer, ci-après, les principales règles en vigueur sur cette matière délicate ; en renvoyant d'abord au mot *Responsabilité,* § 2, pour les dispositions générales, savoir : art. 96 à 108 du C. de comm., 1782 à 1786 du C. civil, 1953 et 1954 du même code, et enfin à l'art. 22, loi du 15 juillet 1845, en *ce qui concerne la responsabilité directe des comp. de ch. de fer* ou celle de l'État quand l'expl. se fait à ses frais et pour son compte. — Voir aussi au même mot *Responsabilité,* § 2, les indications générales relatives aux *transports effectués en commun,* par diverses entreprises, et les cas d'exceptions aux règles générales de responsabilité en ce qui touche, d'une part, l'application des tarifs réduits, *avec clause de non-garantie,* et d'autre part la *fin de non-recevoir* tirée de l'art. 105 du C. de comm. d'après lequel « la réception des objets transportés et le payement du prix de la voiture éteignent toute action contre le voiturier ».

Retards dans le transport des voyageurs et de leurs bagages. — D'une manière générale, les retards éprouvés par les voyageurs de chemins de fer et leurs bagages engagent la responsabilité civile des compagnies, à moins qu'ils ne soient occasionnés par des circ. de force majeure (V. *Bagages, Force majeure, Responsabilité,* § 2, et *Tribunaux*). Une comp. de ch. de fer est responsable du préjudice qu'elle occasionne à un voyageur, en ne lui livrant que tardivement ses bagages. Peu importe que l'assignation, délivrée à un moment où ce voyageur n'était privé de ses bagages que depuis quelques jours, ne portât pas demande de domm.-intérêts (T. comm. de Nantes, 22 mars 1871) (V. au surplus l'art. *Bagages*, §§ 8 et 9.) — Mais dans ces diverses réclamations, la première justification à faire est celle du préjudice éprouvé.

Litiges spéciaux relatifs aux retards de trains de voyageurs (Appréciation de circonstances qui en l'absence de la *force majeure*, peuvent motiver la réparation du *préjudice réellement causé*).— « 1° L'échauffement d'un essieu ne constitue pas un fait de force majeure pouvant exonérer une comp. de ch. de fer de la responsabilité des retards occasionnés par cet échauffement ; mais la comp. ne doit que la réparation du préjudice direct causé par l'accident. » (Tr. comm. Seine, 30 nov. 1865) (1). — 2° De son côté, le tr. de comm. de Sens a également décidé qu'une comp. de ch. de fer, tout en étant responsable des retards pour lesquels elle ne justifiait pas d'une force majeure, ne devait réparation que du préjudice réellement causé (jugem. du 5 déc. 1865) (V. aussi *Voyageurs*, § 7). — 3° (*Transformation de train.*) — Compagnie déclarée responsable du préjudice éprouvé par un voyageur à l'occasion de l'irrégularité d'un train retardé de 55 minutes, non par suite d'un cas de force majeure, mais par la faute de la comp. qui avait transformé un train omnibus de voyageurs en train *mixte* de voyageurs et de marchandises. (C. C., 28 mars 1870.) — 4° (*Réparation d'un préjudice réel.*) — Comp. rendue responsable, en dehors d'un cas de force majeure, du préjudice causé à un voyageur par suite du retard d'un train arrivé à destination après l'heure réglementaire. (Tr. comm., Cette, 16 nov. 1871.) — 5° *Préjudice éventuel.* — « Un receveur de l'enregistr. qui devait se rendre à une expertise ordonnée par son admin., ayant été empêché de partir, quoique muni de son billet, par suite d'une négligence attribuée aux agents de la comp., a assigné cette dernière en alléguant que ce retard aurait pu lui occasionner un préjudice pour l'avoir empêché d'assister comme témoin à une expertise intéressant son admin. — Par le fait, cette expertise s'est terminée au gré de l'adm. ; mais si elle eût été défectueuse, le retard qui avait empêché le receveur d'y assister lui aurait causé un préjudice ou au moins une défaveur auprès de l'admin. ; — il a réclamé 1,500 fr. de domm.-intérêts. — Le trib. de comm. de Charleville, reconnaissant que le plaignant avait manqué le train parce que l'appel des voyageurs n'avait pas été fait, et attendu que ce retard eût pu lui devenir nuisible, a condamné la comp. à lui payer 50 fr. de domm.-intér. avec dépens. » (Tr. comm., Charleville, 23 mars 1864.) — 6° *Réclamations non admises dans une affaire relative à divers voyageurs qui, à l'occasion d'un retard, avaient réclamé un train spécial et l'expédition de dépêches télégraphiques, a décidé ce qui suit :* — « Lorsqu'un train de ch. de fer a été retardé par un événement de force majeure, les voyageurs ne sont pas fondés à réclamer des domm.-intér. ; ils ne sont pas fondés non plus à obtenir un train extraordinaire spéc. ou que la comp. fasse fonctionner le télégraphe pour avertir du retard au lieu de destination. » (C. C., 10 février 1868.) — 7° *Manquement de correspondance.* — La réclamation d'un voyageur auquel le retard d'un train (quelle qu'en soit la cause) a fait manquer le départ par une ligne de correspondance ne comporte l'intervention de l'admin. supér. que dans les circonstances indiquées à l'article *Correspondances*, et est, d'ailleurs, pour l'appréciation du préjudice causé, du ressort des trib. ordinaires, si le plaignant juge à propos de la leur déférer (principe rappelé par une dépêche min., 6 août 1859, ch. de Lyon).

Retards dans le transport des marchandises. — La jurisprudence a également consacré, pour le transport des marchandises par les voies ferrées, le principe de responsabilité de droit commun applic. aux voituriers en général. — « En effet, une comp. de ch. de fer est assujettie, pour le transport des marchandises, aux conditions de responsabilité imposées aux voituriers par les art. 1782 et suivants du C. civil. » (C. Paris, 25 nov. 1856.) — *Spécialement*, le commissionnaire est garant de l'arrivée des marchandises et effets dans le délai déterminé par la lettre de voiture, hors les cas de la force majeure légalement constatée. (Art. 97, C. de comm.) — Par *commissionnaire*, la loi entend tout entrepreneur chargé du transport des marchandises par terre et par eau. Le mot *voiturier* (section 3 du C. de comm.) est applicable, en général, aux entrepr. qui transportent, en même temps, des voyageurs et des marchandises. — La qualification commune de *commissionnaires* et de *voituriers* est donc applic. aux comp. de ch. de fer. — En conséquence, d'après les dispositions combinées des art. 97 et 104 du C. de commerce : — Si, par l'effet de la force majeure, le transport n'est pas effectué dans le délai convenu, il n'y a pas lieu à indemnité contre les comp. pour cause de retard. » — V. *Force majeure* et *Responsabilité*, § 2.

Litiges spéciaux relatifs aux retards de marchandises, Bestiaux, etc. (Affaires concernant

_____

(1) Le trib. de comm. de la Seine, 9 août 1864 (*Lombard*, contre ch. d'*Orléans*), avait même été plus loin en ne considérant pas comme des cas de force majeure les *avaries survenues en cours de route à la machine*, ce système lui paraissant contraire « autant à l'intérêt de la sécurité publique qu'à celui de la régularité du service, les comp. ne devant faire usage que de machines pouvant fournir un service sûr et régulier ».

grande et la petite vitesse). — 1° *Réclamations relatives aux colis postaux* (V. *Colis*, § 3). — Nous avons résumé aussi aux mots *Animaux*, *Délais*, § 2, *Denrées*, § 2, *Halles*, § 3, *Livraison*, *Marchandises*, §§ 5 bis et 6, *Marée*, *Poissons*, etc., divers documents ayant trait aux difficultés ou aux retards des transports de grande vitesse (1). — 2° *Retard ordinaire*. — « La responsabilité d'une compagnie de chemin de fer, en cas de retard *ordinaire* dans le transport des marchandises, peut être limitée, dans une certaine mesure, par une disposition insérée dans un tarif spécial, comme compensation de la réduction de prix. — Mais une telle disposition réserve nécessairement l'applic. du droit commun pour les retards causant un dommage considérable. » C. Cass., 3 févr. 1873. — 3° *Retard prolongé* (Remboursement du prix des marchandises). — «En présence d'un long retard et à raison des circonstances, une comp. peut être condamnée à payer à l'expéditeur le prix de ses marchandises et des domm.-intérêts. » (Tr. comm., Bordeaux, 25 janv. 1857. C. Bordeaux, 26 juin 1857.) — « Lorsqu'un colis, égaré par une comp. de ch. de fer, n'est retrouvé que postérieurement à l'époque favorable pour utiliser les marchandises qu'il contenait, l'expéditeur peut refuser de le recevoir avec une ind., et réclamer le prix intégral de ladite marchandise. » (C. Paris, 18 mai 1863.) — Une comp. de ch. de fer ne peut pas s'exonérer du payement du préjudice réel causé à ses clients par le retard dans l'arrivée des expéditions, sous prétexte qu'elle a inséré dans ses tarifs homologués une clause portant qu'en cas de retard l'expéditeur n'aura droit, pour toute ind., qu'à la retenue du prix de transport. » (Tr. comm., Seine, 4 oct. 1859.) (Voir aussi, au mot *Laissé pour compte*, d'autres décisions assez divergentes sur ces affaires de remboursement de marchandises non régulièrement transportées.) — 4° *Modification d'itinéraire* (V. *Itinéraire*, § 3). — 5° *Insuffisance du matériel*. — « Les adm. de ch. de fer sont responsables du retard dans l'arrivée des marchandises dont le transport leur a été confié, sans pouvoir invoquer l'insuffisance de leur matériel. » (C. Paris, 19 nov. 1853.) — D'après cette décision, il ne faudrait pas considérer l'insuffisance du matériel comme une *cause de force majeure*. Cependant, les comp. se sont parfois trouvées dans une situation telle que l'expédition régulière des colis était devenue à peu près impossible (V. *Transports*). — Quel que soit le motif de l'insuffisance du matériel, il a été admis, en principe, que les comp. qui ne pourraient faire partir leurs expéditions dans les délais légaux doivent en donner avis aux expéditeurs, sous peine d'assumer sur elles la responsabilité du retard (V. aussi *Matériel roulant*, § 4). — 6° *Livraison tardive mais effectuée dans les délais réglementaires*. — D'après divers arrêts de la C. de cass., une comp. de ch. de fer n'est pas responsable d'un retard ne permettant pas l'entrée de bestiaux ou de marchandises *sur le marché*, lorsqu'elle se trouve encore dans les délais régl. au moment où elle en fait la remise (V., à ce sujet, les indic. données au mot *Délais*). — Voir aussi la note correspondante au 1° ci-dessus. — 7° *Difficultés relatives à la clause de non-garantie*, et au payement préalable du prix de transport excluant les réclamations en cas de retard en vertu de l'art. 105 du C. de comm. (V. *Clause de non-garantie*, *Fin de non-recevoir*, *Paiement*, *Preuves*, *Réserves* et *Vérification*). — 8° Retards imputables aux *commissionn. primitifs ou intermédiaires* (V. *Responsabilité*, § 2). — Dans une affaire spéciale de retard, une comp. de ch. de fer a été reconnue en droit, en cas de retard de marchandises, d'invoquer le bénéfice dudit art. 105, du moment où elles ont été reçues par un *commissionnaire intermédiaire*, qui a acquitté sans réserves les frais de transport, puis a réexpédié ces marchandises au destinataire *définitif*, ainsi qu'il en était chargé. » (C. C., 24 nov. 1874.) — Cette décision peut être utilement rapprochée de la jurispr. logique qui permet d'une manière générale en cas de réclamation de mettre en cause la comp. qui remet la marchandise (C. C., 13 août 1879, et documents divers cités aux mots *Avaries*, *Bagages*, *Erreurs* et *Trafic* (international). — 9° *Retard dans les transports internationaux*. — Un expéditeur *étranger*, en traitant avec une comp. *étrangère*, s'est nécessairement soumis, tant pour lui que pour le destinataire *français*, aux règl. qui la régissent. — Or en cas de retard dans l'arrivée de marchandises, elle ne paye, sauf les cas de force majeure, qu'une partie du prix de transport. — C'est donc à tort qu'elle a été condamnée récursoirement à payer des domm.-intér. au destinataire de marchandises arrivées avec un retard *bien minime*. » (C. C., 7 août 1878.) — (*Indemnité réglementairement limitée*.) — « Condamnation de la comp. française, dans un transport international nonobstant la limitation des obligations de la comp. étrangère, au payement de domm.-intér. envers le destinataire des marchandises retardées par le fait de cette dernière compagnie. » (Tr. comm., Reims, 9 mai 1876.) — « Conf. au tarif intern. franco-belge, l'ind. due au destinataire pour le retard de ses marchandises ne pouvait excéder le montant des frais de transport. »

---

(1) Nous rappellerons seulement ici, au sujet des *denrées de halle*, le principe suivant de jurispr. (dans l'espèce, transport de *paniers de poisson*). Quel que soit l'usage établi, une comp. de ch. de fer n'est pas responsable d'un retard survenu dans l'arrivée d'un panier de poisson après l'heure d'ouverture du *marché*, alors que les délais régl. n'ont pas été dépassés (C. C., 1er déc. 1874 et 8 août 1878). — « Peu importe qu'une erreur du personnel de la comp. ait fait dépasser à ces paniers de poisson la gare de destination, où il a fallu les ramener, — si cette erreur n'a été la cause d'aucune avarie particulière et n'a point empêché l'arrivée desdits paniers de poisson à cette gare dans les délais réglementaires. » (C. C., 1er déc. 1874.) — Voir aussi *Délais*, § 2, *Denrées*, *Marchés*, *Marée* et *Livraison*.

(C. C., 27 mars 1878.) (Voir aussi les mots *Tarifs* et *Transports* (internationaux). — 10° Nécessité de préciser les heures et circonstances des retards. — « Est nul, pour défaut de motifs,
le jugement qui condamne une compagnie de chemins de fer à des dommages-intérêts à raison
d'un retard dans la livraison sans expliquer en quoi consiste ce retard. » (C. C., 27 mai 1878,
31 mars 1879 et 20 août 1884.) — (*Nécessité de faire une distinction entre les retards et les avaries.*) — Décision analogue, C. C., 27 mars 1878. — V. *Avaries*, § 5.

Retards exceptionnels, refus de livraison, vente de marchandises, etc. — V. les mots
Délais, Encombrement, Force majeure, Guerre, § 3, *Incendie, Inondations, Laissé pour
compte, Lettres d'avis, Livraison, Magasinage, Refus, Réserves, Vente*, etc.

VI. Règlement de litiges et indications diverses. — 1° Pénalité pour retard stipulée
dans la lettre de voiture (Voir à l'art. *Lettres de voitures*, § 3, le résumé d'un arrêt de
cass., 27 janv. 1862) ; — 2° Pouvoir de transiger à donner aux chefs de gare (V. *Chefs*
(de gare) et *Réclamations*, § 2, 5°); — 3° *Recours à la voie judiciaire.* — Les compagnies
autant que les particuliers ont tout intérêt à ce que les réclamations relatives aux retards
soient l'objet d'un arrangement amiable. A défaut d'entente, c'est aux trib. de comm. et
aux trib. civils, suivant les cas, qu'il appartient d'apprécier si la responsabilité du chemin
de fer est engagée, et si le retard a été réellement dommageable pour le plaignant. —
V. *Arbitrage, Litiges* et *Responsabilité*.

Légers retards non préjudiciels. — « Il est jugé souverainement et en fait, *par le jugement attaqué*... que les légers retards éprouvés par un destinataire ne lui ont causé aucun
préjudice. — En cet état des faits et en décidant que ce destinataire n'avait droit ni à
une réduction du prix de transport, ni à des domm.-intér., le jugement attaqué n'a violé
aucune loi. » (C. C., 8 août 1867 et 2 févr. 1887.)

RETENUES.

Entreprises de travaux. — 1° Retenues pour la garantie des *ouvrages* (Art. 44 et suiv.
des clauses et cond. gén.) (V. *Clauses*). — 2° Retenues pour les secours à accorder aux
ouvriers blessés (Circ. min., 22 oct. 1831). — V. *Ouvriers*.

Retenues pour la caisse des retraites. — 1° Service de l'État (V. *Retraites*, § 1). —
2° Service des compagnies (Dispositions variables). — V. au même mot *Retraites*, §§ 3
et 4, diverses indications relatives aux caisses de retraite des compagnies. — *Employé
congédié.* — « La clause du règl. de la caisse des retraites d'une comp. de ch. de fer,
portant que les retenues faites sur les appointem. sont acquises à la caisse du jour où
elles ont été opérées et ne sont sujettes à aucune répétition, sans faire aucune distinction
quant aux causes pour lesquelles l'employé cesserait de faire partie des cadres, est licite
et obligatoire pour l'employé qui l'a librement acceptée. — En conséquence, le remboursement de ces retenues ne peut être réclamé même par l'employé qui aurait été congédié brusquement et sans motifs. » (C. C., 4 août 1879.)

RETOURNEMENT DE RAILS.

Règles essentielles de précaution (Renseign. spéc.). — V. *Rails*, § 3.

RETOUR D'ARGENT ET D'OBJETS DIVERS.

Formalités relatives aux transports contre remboursement et à la régularité des retours
d'argent) (V. *Finances*, § 4, et *Remboursement*, § 1). — 2° Question de légalité de la
taxe appliquée pour les retours d'argent, consacrée par l'art. 10 de la loi du 19 févr.
1874 (Id., § 2). — 3° Opposition et saisie-arrêt. — Id., § 3.

Retour d'objets divers. — V. les mots *Emballage*, § 2, et *Sacs vides*.

RETRAITES.

I. Personnel de l'État (Applic. de l'art. 5 de la loi du 9 juin 1853, d'après lequel, le droit à la pension de retraite (des fonctionn. et employés civils) est acquis par ancienneté à 60 ans d'âge et après 30 ans accomplis de service — *sous dispense de la condition d'âge..., le titulaire qui est reconnu par le min. hors d'état de continuer ses fonctions*). — Fonctionnaires et agents *ayant droit à pension*, et indication de l'âge auquel ils sont nécessairement admis à *faire valoir leurs droits à la retraite* (service de la construction ou du contrôle des ch. de fer). — 1° Inspecteurs gén. des p. et ch. ou des mines (âge de la mise à la retraite) : Insp. gén. *de 1re cl.*, 70 ans, *Id. 2e cl.*, 65 ans. — Ingén. en chef des p. et ch. ou des mines, *Id.*, 62 ans ; — Ingén. ordin. *Id.*, 60 ans (*Extr. des décrets et règl. organiques*). — 2° Sous-ingén. des p. et ch. ; conducteurs principaux des p. et ch. et gardes-mines principaux, Id. 65 ans ; conducteurs des p. et ch. et gardes-mines de 1re et de 2e cl. *Id.* 62 ans ; — conducteurs des p. et ch. et gardes mines de 3e cl., et employés secondaires des p. et ch. (désignés comme ayant droit à pension par décis. min., 31 mars 1854), Id. 60 ans (*Extr. de la loi 9 juin 1853, et décis. min. tr. publ. 24 mai 1878*). — 3° Insp. princip. et partic. de l'expl. commerciale, *Id.* 70 ans (*Décret 21 nov. 1866*). — *Commissaires généraux* (nouvelle création. p. mém.). — *Id.* 70 ans par assimil. avec les anciens insp. gén. des ch. de fer (décr. 21 nov. 1866). — 4° Commiss. de surv. admin. (désignés comme ayant droit à pension, par décis. min. 31 mars 1854), *Id.* 65 ans (70 ans pour les commiss. de surv. nommés *avant la date du décret du 22 juin 1863* (1). — Voir à ce sujet le décret du 21 nov. 1866 ainsi conçu :

Décret modificatif (21 nov. 1866). — *Art. 1er.* — Les insp. gén. des ch. de fer, les insp. princip. et insp. partic. de l'expl. commerciale sont nécessairement admis à faire valoir leurs droits à la retraite à l'âge de 70 ans. — Les commiss. de surv. admin. des ch. de fer sont nécessairement admis à faire valoir leurs droits à la retraite à l'âge de 65 ans. — *Art. 2.* — Les commiss. de surv. qui étaient en exercice avant le décret du 22 juin 1863 susvisé seront maintenus jusqu'à l'âge de 70 ans. Les commiss. qui, ayant des services militaires, compteraient moins de douze ans de services effectifs dans le cadre des commiss., seront maintenus en activité jusqu'à l'expiration de cette période de douze années (Voir ci-dessous le nouveau décret du 10 sept. 1876). — *Art. 3.* — Les dispositions des art. 2 et 3 de notre décret du 22 juin 1863 susvisé sont et demeurent rapportées.

Nouveau décret modificatif (10 sept. 1876). — « Le Président de la République..... sur le rapport du min. des tr. publ..... Vu les décr. des 22 juin 1863 et 21 nov. 1866, etc. — DÉCRÈTE : *Art. 1er.* — Les anciens militaires qui, à dater de la promulgation du présent décret, seront nommés commissaires de surv. admin. des ch. de fer seront admis à la retraite à *l'âge de 65 ans révolus*, qu'ils aient ou non douze ans de service effectif dans le cadre des commissaires. » — (*Ext. de la circ. d'envoi du 26 sept. 1876*) : « Les commiss. de surv., *anciens militaires*, nommés après le décret du 22 juin 1863, seront maintenus en activité jusqu'à ce qu'ils aient accompli leurs douze années de service de commissaire. Cette disposition s'appliquera même à ceux qui déjà auraient été admis à faire valoir leurs droits à la retraite. — Mais *à l'avenir*, les anciens militaires qui seront nommés commiss. de surv. seront nécessairement admis à la retraite à l'âge de 65 ans, qu'ils aient ou non douze ans de service en qualité de commissaire. »

Retenues supportées par les fonctionnaires et agents ayant droit à pension (Extr. et applic. de l'art. 3 de la loi précitée du 9 juin 1853). — « 1° Une retenue de 5 p. 100 sur les sommes payées à titre de traitement fixe ou éventuel, de préciput, de supplément de

---

(1) Ce décret du 22 juin 1863, *abrogé par celui du 21 nov. 1866*, fixait à 65 ans la limite d'âge de retraite des insp. gén. de ch. de fer (V. *Inspecteurs*, § 3), à 62 et 60 ans, celle des insp. commerciaux, et à 60 ans, celle des commiss. de surv., avec des exceptions permettant de prolonger jusqu'à l'âge de 70 ans la durée de service des insp. gén. (*déjà en exercice*), et jusqu'à la fin de la période de dix années, les comm. de surv. qui à l'âge de 60 ans n'auraient pas dix années au moins de services effectifs dans le cadre des commissaires.

traitement, de remises proportionnelles de salaires, ou constituant, à tout autre titre, un émolument personnel ; — 2° Une retenue du douzième des mêmes rétributions, lors de la première nomination ou dans le cas de réintégration, et du douzième de toute augmentation ultérieure ; — 3° Les retenues pour cause de congés et d'absences, ou par mesure disciplinaire... » (*Extr.*) — « La retenue de 5 p. 100 doit être comptée sur le traitement intégral *payé* ou *non payé*, et doit être relatée distinctement dans les mandats, ainsi que chacune des autres retenues à exercer. » (Circ. min. 14 août 1856.)

Allocations non passibles de retenues. — « Les sommes allouées à titre de frais fixes, de frais de voyage, de tournées, de missions extraordinaires, de déplacement et de découchers, les ind. fixes de résidence attribuées aux conducteurs et employés secondaires des p. et ch. ou aux gardes-mines, les ind. de travail extraordinaire et les gratifications de fin d'année continueront d'être affranchies de toute retenue. » (Circ. min., 31 mars 1854.)

Règlement de la pension (Art. 6, loi 9 juin 1853). — La pension est basée sur la moyenne des traitements et émoluments de toute nature soumis à retenue dont l'ayant droit a joui pendant les six dernières années d'exercice. — Art. 7. — La pension est réglée, pour chaque année de services civils, à un soixantième du traitement moyen... — En aucun cas, elle ne peut excéder les trois quarts du traitement moyen. — Voir plus loin l'extr. du tableau indiquant le maximum des pensions.

Fonctionnaires et agents non soumis à la retenue avant 1853. — (*P. mém.*) — Aux termes de l'art. 18, paragr. final, de la loi de 1853, les fonction. et employés qui antérieurem. ne subissaient pas de retenue, et n'étaient pas placés sous le régime des loi et décret des 22 août 1790 et 13 sept. 1806, sont admis à faire valoir la totalité de leurs services pour constituer leur droit à pension ; mais toutefois cette pension n'est liquidée que pour le temps pendant lequel ces fonctionnaires auront subi la retenue et n'est réglée qu'à raison d'un cent-vingtième du traitement moyen, par chaque année de services, avec addition d'un trentième du montant ainsi fixé de la pension, pour chacune des années li quidées. — Il résulte des documents qui ont servi de base à la loi du 9 juin 1853 que les fonctionn. attachés au min. des tr. pub., qui n'obtenaient pas de pension de retraite sur caisses de retenue, antér. à cette loi, n'étaient pas placés sous le régime des loi et décret du 22 août 1790 et 13 sept. 1806, et n'obtenaient pas de pension sur les fonds gén. du trésor, en vertu des dispos. de ces loi et décret. — D'autre part, antér. à 1853, les commiss. de surv. adm. des ch. de fer ne subissaient pas de retenues sur le traitement et n'avaient pas de caisse spéc. pour pensions de retraite. — Il suit de là que c'était en vertu de l'art. 18, paragr. final ci-dessus relaté, de la loi du 9 juin 1853, et d'après les bases de liquidation posées dans cet article, que la pension de retraite à laquelle le s^r M... avait droit, comme ancien commiss. de surv. admin. des ch. de fer, devait être liquidée. (C. d'Etat, 29 mai 1874.)

Liquidation de retraites mixte, civiles et militaires. — D'après les règlements, une grande partie du personnel des commiss. de surv. admin. et des insp. de l'expl. commerciale étant recruté parmi les anciens officiers de l'armée active (Voir *Commissaires*, § 3), nous réunissons ci-dessous les documents qui s'appliquent — soit à la liquidation d'une *pension unique* basée sur les services militaires et civils, cumulés, — soit à l'allocation d'un *supplément* de pension civile ajoutée à la *pension militaire* déjà obtenue.

1° *Pension établie sur l'ensemble des services militaires et civils* (Loi, 9 juin 1853 ; *Art.* 8). — « Les services dans les armées de terre et de mer concourent, avec les services civils, pour établir le droit à pension et seront comptés pour leur durée effective, pourvu, toutefois, que la durée des services civils soit au moins de douze ans dans la partie sédentaire ou de dix ans dans la partie active (1er paragr.). »

2° *Allocation d'un supplément de pension pour les douze années de services civils* (Art. 8, *Id.* 2e paragr.). — « Si les services militaires de terre ou de mer ont été déjà rémunérés par une pension, *ils n'entrent pas dans le calcul de la liquidation*. S'ils n'ont pas été rémunérés par une pension, la liquidation est opérée d'après le minimum attribué au grade par les tarifs annexés aux lois des 11 et 18 avril 1831. » — V. *l'applic. ci-après :*

Liquidation des suppléments de pension (en exécution de la loi précitée de 1853 et des régl.

spéc. en matière de retraites civiles ou militaires). — « Les anciens officiers déjà pensionnés comme tels, qui entrent dans l'adm. civile à un titre quelconque (*Commissaires, Inspecteurs,* etc.), peuvent, après 12 ans de services civils, recevoir une nouvelle pension dont le taux représente les 12/60 ou le 1/5 du traitement moyen des six dernières années. — Le chiffre de cette pension est augmenté d'autant de 60es du dit traitement moyen que le fonctionnaire a d'années de service en plus des 12 années nécessaires pour constituer le droit à la 2° pension. — Il faut, dans tous les cas, que les 12 années de services civils cumulées avec les services militaires donnent un total de 30 années au moins pour établir le droit à pension. »

Services militaires de terre et de mer comptés pour les pensions exceptionnelles accordées en cas d'accidents ou d'infirmités graves (Disposition relative à l'exécution des deux premiers paragr. de l'art. 11 de la loi du 9 juin 1853 et rappelée par le décret du 9 nov. 1853 (art. 36), qui renvoie pour la liquidation aux art. 8 et 12 de ladite loi et qui se termine par le parag. suivant : « La liquidation s'établit, dans les mêmes cas, sur le traitement moyen, lorsqu'il est plus favorable à l'employé que le dernier traitement d'activité. »

Dispositions diverses de la loi du 9 juin 1853 (et du décret du 9 nov. 1853 réglant son application). — 1° *Services hors d'Europe* (Art. 10, loi 9 juin 1853, *p. mém.*). — 2° Liquidation anticipée de pension, *par suite de blessures, d'accidents ou d'infirmités*, résultant de l'exercice des fonctions (*Art. 11 et 12, id.*). — 3° *Dispositions relatives aux congés* (temporaires ou renouvelables). — *Art. 16* (même loi, *Id.*) (V. *Congés*). — 4° *Point de départ de la pension* (temps du surnumérariat non compté). Art. 23, *id.* — 5° *Perte des droits à la retraite* (fonctionnaires ou agents démissionnaires, destitués ou révoqués d'emploi). Art. 27, *Id.*(1). — 6° *Situation des veuves de pensionnaires décédés* (Extr. des art. 13 et 16, loi du 9 juin 1853 (V. plus loin). — 7° *Tableau du maximum des pensions* (et indications annexes de la loi du 9 juin 1853 ou extraites des instr. minist.). — V. ci-après.

Tableau du maximum des pensions (Annexe de la loi de 1853) 2e *Section.* — Magistrats de l'ordre judic., de la Cour des comptes, fonctionn. de l'enseign. et ingén. des p. et ch. et des mines. Maximum des pensions : 2/3 du traitement moyen sans pouvoir dépasser 6,000 fr.

(3e *Section.*) — Fonctionn. et employés des admin. centrales et du service intérieur des différents ministères, agents et préposés de toutes classes autres que ceux compris dans les sections ci-dessus : — Traitements de 1000 fr. et au-dessous, 750 fr. — De 1001 à 2,400, 2/3 du traitement moyen sans pouvoir descendre au-dessous de 750 fr. — De 2,401 à 3,200, 1600 fr. — De 3,201 à 8,000, 1/2 du traitement moyen. — De 8,001 à 9,000, 4,000 fr. — De 9,001 à 10,500, 4,500 fr. — De 10,501 à 12,000, 5,000 fr. — Et au-dessus de 12,000 fr., 6,000 fr.....

Pièces à produire à l'appui d'une demande de pension à titre d'ancienneté après 60 ans d'âge et 30 ans de service : (1°) Acte de naissance ; — (2°) Déclaration du domicile où le réclamant désire toucher sa pension (simple renseignem. indiquant la résidence et le chef-lieu d'arrondissement) ; — (3°) Extrait du registre matricule, ou état des services rendus dans l'admin. avec indication du traitement de chacune des six dernières années ; — (4°) Certificat émané directement du min. de la guerre ou du min. de la marine pour la constatation des services rendus dans les armées de terre ou de mer ; — (5°) Certificat du préfet du dép. où des services de préfecture ou de sous-préfecture auraient été rendus, constatant la durée des services et la rémunération sur les fonds d'abonnement. Cette pièce doit être visée par le min. de l'int. (*Extr. des instr. min.*, avril 1868.)

Pièces spéciales à fournir par les veuves (indépendamm. de celles ci-dessus indiquées) : — (1°) Leur acte de naissance ; — (2°) L'acte de décès de l'employé ou du pensionnaire ; — (3°) L'acte de célébration du mariage ; — (4°) Un certificat de non-séparation de corps, ou de non-divorce ; — (5°) Dans le cas où il y aurait eu séparation de corps, la veuve doit justifier que cette séparation a été prononcée sur sa demande. — Les orphelins prétendant à pension fournissent, indépendamment des pièces que leur père aurait été tenu de produire : — 1° Leur

---

(1) « Le fonctionnaire démissionnaire, révoqué ou destitué, s'il est réadmis dans un emploi assujetti à la retenue, subit de nouveau la retenue du premier mois de son traitement et celle du premier douzième des augmentations ultérieures. — Celui qui, par mesure disciplinaire ou par mutation volontaire d'emploi, est descendu à un traitement inférieur subit la retenue du premier douzième des augmentations ultérieures. » (Décret du 9 nov. 1853. Ext.)

acte de naissance; — 2° L'acte de décès de leur père; — 3° L'acte de célébration du mariage de leurs père et mère; — 4° Une expédition ou un extrait de l'acte de tutelle; — 5° En cas de prédécès de la mère, son acte de décès. — En cas de séparation de corps, expédition du jugement qui a prononcé la séparation ou un certificat du greffier du tribunal qui a rendu le jugement; — En cas de second mariage, acte de célébration. — Les veuves ou orphelins prétendant à pension produisent le brevet délivré à leur mari ou père, lorsqu'il est décédé en jouissance de pension, ou une déclaration constatant la perte de ce titre.

Pièces à produire à l'appui d'une demande de pension exceptionnelle, pour cause d'infirmités après 50 ans d'âge et 20 ans de service : (1°) Acte de naissance; — (2°) Certificat du médecin qui donne habituellement ses soins au fonctionnaire. Ce certificat est destiné à servir de base à une contre-enquête faite sous la direction de l'autorité préf. par un médecin délégué et assermenté. Il devra indiquer la nature des infirmités, l'époque où elles ont été contractées, *leur corrélation avec l'exercice des fonctions,* l'impossibilité où elles mettent l'employé de les continuer. Si les faits certifiés paraissent concluants, le préfet désignera, pour examiner le fonctionnaire, un médecin qui prêtera serment devant le juge de paix ou le maire de sa résidence ; — (3°) Certificat du médecin délégué. Il donnera *les mêmes indications* que le précédent sur les infirmités du fonctionnaire, et, en outre, énoncera que le signataire est délégué et assermenté : si le médecin délégué est le même que le médecin ordinaire, le certificat fera mention de la double qualité; — (4°) Déclaration de l'autorité municipale et des supérieurs immédiats du fonctionnaire attestant *l'exactitude* ou tout au moins la *notoriété* des faits constatés par les certificats médicaux. Cette déclaration peut être inscrite à la suite des certificats ou faire l'objet d'actes séparés. — Le préfet transmettra au ministre les pièces de l'instruction accompagnées de son avis; — (5°) Déclaration du domicile où le réclamant désire toucher sa pension (simple renseignem. indiquant la résidence et le chef-lieu d'arr.); — (6°) Extr. du registre matricule, ou état des services rendus dans l'admin., avec indication du traitement de chacune des six dernières années; — (7°) Certificat émané directem. du min. de la guerre ou du min. de la marine, pour la constatation des services rendus dans les armées de terre ou de mer; — (8°) Certificat du préfet du dép. où des services de préfecture ou de sous-préfecture auraient été rendus constatant *la durée des services et la rémunération sur les fonds d'abonnement.* Cette pièce doit être visée par le min. de l'intérieur. (Ext. des instr. min.)

Veuves et enfants. — La pension de la veuve du fonctionnaire *retraité* ou ayant droit à la retraite est du *tiers* de celle du mari, pourvu que le mariage ait été contracté six ans avant la cessation des fonctions du mari. Les orphelins mineurs ont droit, en commun, à la même allocation (Ext. des art. 13 et 16, loi du 9 juin 1853). — Ont également droit à pension, quels que soient l'âge et la durée d'activité du titulaire, les veuves ou enfants mineurs d'un fonctionnaire qui a perdu la vie dans l'exercice de ses fonctions. (Art. 14 *Ibid.*) — *Pièces à produire.* — Voir ci-dessus.

II. Personnel des chemins de fer de l'État.—Un décret du 13 janv. 1883 *(pris sur le rapport du min. des tr. publ.,* et visant la loi du 18 mai 1878 et les deux décrets du 25 mai 1878, reproduits à notre article *Chemins de fer de l'État)* a approuvé le projet de règlement présenté par l'admin. des chemins de fer de l'État pour l'institution d'une caisse de retraites en faveur des agents et employés commissionnés de son réseau. — (V. ci-après ledit règl. dont les dispositions ont été rendues applicables à partir du 1er janvier 1883.)

RÈGLEMENT (13 JANVIER 1883).

TITRE 1er. — *Institution et dotation de la caisse des retraites.* — Art. 1er. — Une caisse des retraites est instituée, par l'admin. des chemins de fer de l'État, pour les employés faisant partie du personnel commissionné de tous les services.

2. — La donation de la caisse des retraites est formée : 1° par une retenue de 5 p. 100 opérée mensuellement sur le traitement fixe et par une retenue du douzième du même traitement, lors de la première nomination ou dans le cas de réintégration, et du douzième de toute augmentation ultérieure; — 2° Par une subvention de l'admin., égale à la retenue de 5 p. 100 exercée sur les traitements des employés et qui sera versée à ladite caisse aux mêmes époques que cette retenue; — 3° Par les produits des placements de fonds de la caisse; — 4° Par les dons à titres divers ou les subventions supplémentaires qui pourraient être fournies par l'administration; — 5° Par le reliquat des amendes infligées aux agents commissionnés, et qui n'aurait pas été distribué en secours au 31 décembre de l'année à laquelle ces amendes se rapportent.

3. — Les retenues exercées conf. au paragr. 1er de l'art. précédent, et qui sont obligatoires pour tout le personnel commissionné, seront inscrites au compte respectif de chaque agent. —

Ces retenues lui seront restituées, sans intérêts, dans les cas prévus par les art. 8, 9 et 10 ci-après, ou seront remises à sa veuve ou à ses enfants, s'il est décédé en fonctions avant cinquante ans d'âge et vingt ans de service.

TITRE II. — *Conditions du droit à la pension de retraite. — Liquidation des pensions.* — Art. 4. — Pour avoir droit à la pension de retraite, tout agent de l'admin. des chemins de fer de l'Etat doit avoir cinquante-cinq ans d'âge et vingt-cinq ans de service.

5. — La pension de retraite est basée sur la moyenne des traitements soumis à la retenue dont l'agent aura joui, soit pendant les six dernières années, soit pendant toute la durée de ses services, si ce dernier décompte lui est plus avantageux.

6. — Tout agent, remplissant les conditions d'âge et de durée de service fixées à l'art. 4 ci-dessus, aura droit à une pension égale à la moitié de son traitement moyen, établi d'après les bases indiquées à l'art. 5. — Cette pension sera augmentée de 1/50e du traitement moyen par chaque année excédant vingt-cinq ans de service. — Le maximum de la pension de retraite est fixé aux trois quarts du traitement moyen des six dernières années, sans que ce maximum puisse dépasser 6,000 francs.

7. — Le conseil d'admin. a le droit de mettre à la retraite d'office les employés qui ont atteint les limites d'âge et de durée de service fixées à l'art. 4. — De son côté, tout employé, ayant atteint les limites d'âge et de service, peut demander sa mise à la retraite et faire liquider sa pension.

8. — Les agents qui seront réformés en raison d'infirmités contractées par suite de leurs fonctions, avant d'avoir réalisé les conditions d'âge et de durée de service fixées par l'art. 4, auront droit à une pension de retraite s'ils ont atteint cinquante ans d'âge et vingt ans de service. — Cette pension sera égale à celle qu'ils auraient obtenue d'après l'art. 6, diminuée de 1/50e par année de service et de 1/50e par année d'âge en moins. — Pour les mécaniciens, chauffeurs et autres agents des trains, qui seront dans l'incapacité de faire aucun service après cinquante ans d'âge et vingt ans de service, la liquidation de leur pension sera faite comme s'ils avaient cinquante-cinq ans d'âge et vingt cinq ans de service. — Les agents réformés avant cinquante ans d'âge et vingt ans de service n'auront droit qu'à la restitution de leurs retenues, sans intérêts.

9. — N'ont également droit qu'à la restitution de leurs retenues, sans intérêts, les agents démissionnaires ou révoqués.

10. — Au moment de la liquidation de sa pension, l'agent qui en fera la demande pourra retirer le capital des retenues qu'il aura versées à la caisse des retraites. — Dans ce cas, le montant de la pension qui lui est attribué par les art. 6 et 8 sera réduit de moitié.

11. — Pour la liquidation des pensions de retraite, la durée des services est comptée par années et par mois, et calculée du premier jour du mois qui suit la date du commissionnement par le conseil d'admin. au premier jour du mois pendant lequel la retraite est prononcée et à partir de vingt ans d'âge. — En ce qui concerne les agents qui, pour obéir à la loi du recrutement, quitteront leurs fonctions et y seront réintégrés après l'expiration du temps de service militaire obligatoire, les années passées sous les drapeaux seront comptées comme années de service dans l'admin. des ch. de fer de l'Etat, à la condition de verser pour lesdites années la retenue de 5 p. 100 sur le montant du traitement dont ils jouissaient à leur départ.

12. — La pension de retraite de l'agent est réversible par moitié sur la tête de la veuve ou de ses enfants mineurs ayant moins de dix-huit ans. — La veuve ou les enfants n'auront droit à l'applic. de la clause précédente que si le mariage de l'agent a eu lieu trois années au moins avant la liquidation de sa pension de retraite. — Le droit à pension n'existe pas, pour la veuve, dans le cas de séparation de corps prononcée sur la demande du mari. — La part réversible sur les enfants est partagée entre eux par égales portions et payée à chacun d'eux jusqu'à l'âge de dix-huit ans, sans que la part d'un enfant soit réversible sur les autres. — S'il existe, avec la veuve, des orphelins nés d'un mariage antérieur, il sera prélevé en leur faveur, sur la pension attribuée à la veuve, un quart de ladite pension, s'il y a un seul orphelin, et moitié s'il y en a plusieurs. — La part de la pension ainsi attribuée aux enfants mineurs sera réversible sur la tête de la veuve, quand les mineurs auront atteint l'âge de dix-huit ans ou s'ils décèdent avant cette époque. — Au décès d'une femme retraitée comme employée commissionnée des chemins de fer de l'Etat, la moitié de la pension qui lui était servie en cette qualité sera reversée sur ses enfants légitimes âgés de moins de dix-huit ans. Le mari ne pourra réclamer aucune part de la pension accordée à sa femme.

13. — Lorsqu'un agent décédera dans l'exercice de ses fonctions, après cinquante ans d'âge et vingt ans de service, cet agent sera considéré comme ayant été mis d'office à la retraite, et sa veuve ou ses enfants mineurs auront droit, dans les conditions de l'art. précédent, à la partie réversible de la pension qui lui aurait été attribuée conf. aux deux premiers paragr. de l'art. 8 ci-dessus.

TITRE III. — *Dispositions transitoires.* — Art. 14. — Les dispositions du présent règl. sont obligatoires pour tous les agents commissionnés qui, au 1er janv. 1883, seront âgés de moins de trente ans. — Ils seront tenus, en conséquence, de verser le douzième du traitement dont ils jouiront à cette époque et de subir, à partir de cette date, les autres retenues prescrites par l'article 2. — Les agents commissionnés qui, à la même date du 1er janv. 1883, auront dépassé l'âge de trente ans, seront admis à bénéficier de l'institution de la caisse des retraites à la condition de verser également le premier douzième de leur traitement et de subir, à partir de la mise à exécution du règl., les retenues prescrites par l'art. 2. — Il sera accordé aux agents visés dans les deux paragr. qui précèdent un délai de deux ans pour compléter le versement du premier douzième. — La liquidation de la retraite pourra exceptionnellement, en ce qui concerne ces derniers agents, être faite en leur faveur au bout de cinquante-cinq ans d'âge, quel que soit d'ailleurs leur nombre d'années de service; cette liquidation sera opérée sur les bases déterminées par le présent règl., sous déduction de 1/25e de la pension normale par chaque année manquant pour obtenir la limite de vingt-cinq ans. — Lorsque ces agents continueront leurs services au delà de cinquante-cinq ans, chaque année en plus leur donnera droit au 1/50e de leur traitement moyen des six dernières années jusqu'à concurrence de vingt-cinq ans de service. Au delà de soixante ans d'âge, la portion dont les agents pourront augmenter leur pension de retraite en restant au service ne sera plus que de 1/60e par an. — Les dispositions relatives à la mise à la réforme ou à la réversibilité des pensions sur la tête des veuves et des orphelins seront, dans les conditions des art. 12 et 13 ci-dessus, applicables aux agents qui font l'objet du paragr. qui précède.

Les agents âgés de plus de trente ans, qui voudront profiter du bénéfice de la caisse des retraites, devront faire connaître leur intention avant le 1er juillet 1883. Les dispositions du présent règlement leur seront néanmoins applicables à partir du 1er janvier de la même année.

Les livrets pris à la caisse des retraites de la vieillesse au nom des agents commissionnés, subissant les retenues prescrites par l'ordre général n° 39, seront remis aux ayants droit.

Titre IV. — *Gestion et administration de la caisse des retraites.* — Art. 15. — Le conseil d'admin. des ch. de fer de l'État statue sur toutes les questions auxquelles peut donner lieu la liquidation des pensions de retraite. — Le conseil d'admin. est investi des pouvoirs les plus étendus pour la gestion de la caisse des retraites. Il autorise les acquisitions et les aliénations de valeurs, mobilières ou immobilières, pour le compte de ladite caisse. Il nomme, chaque année, une commission de cinq membres, choisis : trois parmi les administrateurs des chemins de fer de l'État et deux parmi les agents intéressés. — Il délègue à cette commission tout ou partie de ses pouvoirs. Toutefois les acquisitions et les aliénations de valeurs, mobilières et immobilières, doivent être soumises à l'approbation du conseil d'administration. — Tous les actes faits en exécution des décisions du conseil ou de la commission sont signés par le président de ladite commission.

16. — La commission rend compte au conseil d'admin., à la fin de chaque exercice, des opérations et de la situation de la caisse des retraites.

Fonctionnaires de l'État appelés à faire partie du comité consultatif des chemins de fer (Effet de la mise à la retraite). — D'après un décret du 10 février 1886 (visant celui du 24 nov. 1880, V. *Comité consultatif*), « les fonctionnaires des diverses administrations, appelés à faire partie du comité consultatif des ch. de fer, cesseront de droit d'appartenir au comité *lors de leur admission à la retraite.*

III. Caisses de pensions et de secours en faveur des agents des compagnies. —

Nous avons déjà résumé à l'article *Agents des compagnies*, § 10, diverses indications relatives aux caisses de prévoyance, secours, *retraites*, etc., instituées en faveur du nombreux personnel employé sur les lignes de fer. Les règl. détaillés en vigueur pour cet objet sur les divers réseaux n'ont malheureusement rien d'uniforme. Sur quelques lignes, le service des pensions est organisé et dirigé par la comp. seule. — Sur d'autres réseaux, le fonds de retraite est ordin. déposé à la caisse des retraites pour la vieillesse, et est formé par les versements des retenues obligatoires faites aux agents, combinées avec les ressources complémentaires fournies par les compagnies. — Nous mentionnons ci-après à ce sujet d'abord l'extr. de la nouvelle loi du 20 juillet 1886, relative à la caisse nationale des retraites pour la vieillesse, et ensuite le règl. d'une des gr. compagnies, basé en grande partie sur la participation de la caisse de la vieillesse, mais dont l'intérêt spécial consiste dans l'*admission des ouvriers à la journée* à l'allocation des pensions de retraite.

Caisse de la vieillesse (Nouvelle loi, 20 *juillet* 1886 abrogeant les précédentes, notamment celles des 18 juin 1850, 4 mai 1864 et 20 déc. 1872). — Extr. : « *Art.* 1er. — A partir du 1er janv. 1887, la caisse des retraites, créée par la loi du 18 juin 1850 prendra le nom de : Caisse nationale des retraites pour la vieillesse; elle fonctionnera, sous la garantie de l'État, dans les conditions ci-après énoncées. — *Art.* 2. — La caisse nationale des retraites pour la vieillesse est gérée par l'admin. de la caisse des dépôts et consignations, qui pourvoit aux frais de gestion. — *Art.* 3. — Il est formé, auprès du min. du commerce, une commission supérieure chargée de l'examen de toutes les questions qui concernent la Caisse nationale des retraites pour la vieillesse. — Cette commission présente chaque année au Président de la République, sur la situation morale et matérielle de la Caisse, un rapport qui est distribué au Sénat et à la Chambre des députés. — Elle est composée de 16 membres, ainsi qu'il suit : ..... — *Art.* 4. — Le capital des rentes viagères est formé par les versements volontaires des déposants. — *Art.* 5. — Les versements sont reçus et liquidés à partir de 1 franc et sans fractions de franc. Ils peuvent être faits, soit à capital aliéné, soit à capital réservé. — *Art.* 6. — Le maximum de la rente viagère que la Caisse nationale des retraites est autorisée à inscrire sur la même tête est fixé à 1200 francs. — *Art.* 7. — Les sommes versées dans une année, au compte de la même personne, ne peuvent dépasser 1000 fr. — Ne sont pas astreints à cette limite : — 1° Les versements effectués en vertu d'une décision judiciaire; — 2° Les *versements effectués par les admin. publiques avec les fonds provenant des cotisations annuelles des agents non admis au bénéfice de la loi du 9 juin 1853 sur les pensions civiles;* — 3° Les versements effectués par les sociétés de secours mutuels avec les fonds de retraite inaliénables déposés par elles à la Caisse des dépôts et consignations. — En aucun cas, ces versements ne pourront donner lieu à l'ouverture d'une pension supérieure à 1,200 fr. — *Art.* 8. — Les rentes viagères constituées par la Caisse nationale des retraites sont incessibles et insaisissables jusqu'à concurrence de 360 fr..... — *Art.* 10. — L'entrée en jouissance de la pension est fixée, au choix du déposant, à partir de chaque année d'âge accomplie de cinquante à soixante-cinq ans..... — *Art.* 11. — Dans le cas de blessures graves ou d'infirmités prématurées régulièrement constatées, conf. au décret du 27 juillet 1861, et entraînant incapacité absolue de travail, la pension peut être liquidée même avant cinquante ans et en proportion des versements faits avant cette époque..... — *Art.* 21. — Il est remis à chaque déposant un livret sur lequel sont inscrits les versements par lui effectués et les rentes viagères correspondantes..... » — *Pour les divers détails d'admin. de la caisse de la vieillesse, il y a lieu de se reporter au texte même de la loi.*

Règlement de la caisse des retraites du ch. du Nord (Édition, mai 1876) (*Ext.*). — Une retenue de 3 p. 100 obligatoire pour les employés commissionnés, appointés à l'année, *facultative pour les ouvriers payés à la journée*, est effectuée tous les mois sur les traitements et salaires. Le montant de cette retenue, qui *appartient en propre* à l'agent qui l'a subie, est versé tous les trois mois à son compte personnel à la CAISSE DES RETRAITES POUR LA VIEILLESSE, à l'effet de lui constituer une pension viagère, à partir de l'âge de 50 ans. — Les versements sont effectués soit à *fonds perdus*, soit à *capital réservé*, au choix de chaque agent, conf. aux régl. de la *Caisse des retraites pour la vieillesse.....* — Les retenues mensuelles, faites sur les appointements ou salaires d'agents qui quittent le service de la comp. dans le courant d'un trimestre, leur sont restituées sans intérêts et sur récépissé, au moment de leur départ, si elles ne sont retenues pour d'autres causes.

La comp., de son côté, assure (sans retenue complémentaire) aux agents qui auront été soumis à la retenue indiquée ci-dessus (*Caisse de la vieillesse*) des PENSIONS VIAGÈRES, indépendantes de celles qui auront été constituées par ladite caisse. — Les pensions ainsi accordées par la comp. sont établies sur les bases suivantes. — 1° Pour le personnel commissionné, 1/80e du traitement moyen des 6 dernières années, pour chaque année de service accomplie sans interruption. — 2° *Pour les ouvriers à la journée,* la pension est égale à la rente acquise à la *Caisse des retraites pour la vieillesse* au moyen de la retenue spécifiée ci-dessus. — En aucun cas, la pension accordée n'est inférieure à 100 fr. de rente viagère. — En raison de leur caractère alimentaire, les pensions accordées par la compagnie sont, de condition expresse, incessibles et insaisissables. — *Aucune pension n'est accordée qu'autant que l'intéressé a été préalabl. admis par la comp. à faire valoir ses droits à la retraite* (V. à ce sujet le § 4, ci-après). — Âge d'admission à la retraite, 50 ans. — Temps de service exigé, 25 ans, dans le service sédentaire ; 20 ans, dans le service actif. — (*Blessures* et *infirmités.*) — Des pensions réglées en proportion du temps de service effectif sont liquidées en faveur des agents qui ont reçu en service des blessures graves ou qui ont contracté des infirmités prématurées entraînant incapacité absolue de travail. — (*Veuves.*) — Les pensions sont réversibles pour un tiers sur la veuve de l'agent lorsqu'elle a été mariée 6 ans au moins avant cessation de fonctions et qu'elle n'a pas été *séparée de corps*, sur la demande du mari. — (Ces dispositions sur les retraites *ne sont pas applicables aux agents du service des lignes en construction.*)

Nota. — Sur d'autres réseaux, comme nous l'avons dit, les caisses de retraites sont gérées directement par la compagnie et à ses frais, les fonds appartenant à la Caisse et les valeurs qui les représentent constituant un dépôt dans les mains de la compagnie. — Sur le ch. de fer d'Orléans, la question des pensions de retraite se combine avec celle des parts proportionnelles attribuées au personnel, sur les bénéfices de l'exploitation. — Enfin quelques comp. ont stipulé dans leurs régl. plus récents, que le placement des fonds de la Caisse des retraites aurait lieu en obligations de ces comp. ou en rentes sur l'État. — Le défaut général d'uniformité de ces divers règlements ne nous permet pas de les reproduire ici ; mais, au point de vue de certains détails, et notamment de la *statistique officielle*, établie au 31 déc. 1883, des Caisses de pensions et de secours fonctionnant en faveur des agents des comp., des renseignements intéressants relatifs aux divers réseaux de chemins de fer français ont été donnés avec tout le développement qu'ils pouvaient comporter dans le Bulletin du min. des tr. publ., *déc.* 1886, p. 518.

Dépenses des caisses de secours et de retraites. (Ces dépenses doivent être portées aux comptes d'exploitation des comp. au point de vue de la garantie d'intérêt.) — Le principe posé dans ce sens par un arrêt du C. d'État, 26 janv. 1883, a été formellement spécifié dans les conventions générales de 1883. — V. *Conventions.*

IV. Révocation et perte des droits à la retraite (*des agents des compagnies*). — A diverses reprises, plusieurs cours et tribunaux ayant à statuer sur des réclamations d'employés révoqués ou congédiés ont admis, dans certains cas, la restitution des versements précédemment faits par ces agents à la caisse spéciale des retraites gérée par la compagnie ; mais d'après la jurisprudence absolue de la C. de c., « la clause du règl. de la caisse des retraites d'une comp. de ch. de fer, — aux termes duquel les retenues opérées sur les appointements, au profit de ladite caisse, lui sont acquises, du jour où elles sont opérées, et ne sont sujettes à aucune répétition de la part de l'employé, — est licite et obligatoire pour cet employé qui l'a librement acceptée (*jurispr. constante*). » — (C. cass. 18 déc. 1872, 10 mai 1875, 10 et 24 mai 1876, 4 août 1879, 16 déc. 1880, 24 et 26 fév. 1881, 2 mai 1881, etc.) — *Décision analogue pour un mécanicien* (inculpé de contrebande), *qui réunissait les conditions d'âge et de service exigés pour obtenir une pension*, mais qui n'avait pas encore été admis par la compagnie à faire valoir ses droits à la retraite (C. C., 26 nov. 1878). — *Droit de révocation.* — Dans plusieurs affaires distinctes, il a été admis invariablement par les diverses juridictions que les comp. de ch. de fer avaient toute latitude pour congédier ou révoquer les agents, mais sous les réserves de droit commun, c'est-à-dire « en observant les délais d'usage et les conditions expresses ou tacites de l'engagement ». (C. d'appel, Amiens, 10 juin 1872 ; Paris, 12 août 1873 ; Douai, 15 juin 1874, etc.) — La règle générale établie par la C. de cass. au sujet du droit de révocation des agents des comp. est celle-ci : « Une comp. de ch. de fer peut, en observant les délais commandés par l'usage et les conditions expresses ou tacites du contrat, — mais sans avoir à rendre compte des motifs de sa détermination, — congédier l'employé qui lui a loué ses services pour une durée indéterminée (*jurispr. constante*). » C. Cass., 10 mai 1875. — Voir aussi les indications ci-après :

Dédommagements. — Quelque formel que soit le droit attribué aux compagnies, les cours et trib. dans un grand nombre de jugem. ou d'arrêts ont cru pouvoir discuter ou plutôt apprécier les motifs des révocations ou renvois, et statuer en faveur des agents, pour certains cas de restitution ou de dédommagement. — Nous nous bornerons seulement à rappeler les dates de quelques-unes de ces affaires, savoir : 10 août 1871 ; Tr. comm., Lons-le-Saulnier (agent inculpé d'avoir par imprudence ou néglig·nce occasionné un accident). — 27 mars 1872 ; Tr. comm., Chambéry (agent trouvé en état d'ivresse, mais qui, quoique déjà ancien de services, n'avait jamais été puni pour intempérance). — 15 juillet 1872 ; même tribunal (chef de train soupçonné d'avoir pratiqué, pour la fraude du tabac, un faux fond à un fourgon). — 22 nov. 1873 ; Tr. comm., Salins (révocation considérée comme ayant eu lieu sans motifs légitimes). — 20 mai 1875 ; Tr. comm., Chambéry (agent comptant de bons services comme antécédents). — 31 mai 1875 ; même tribunal (révocation d'agent prétendue arbitraire). — 1er févr. 1875 ; Tr. comm., Nice (homme d'équipe poursuivi et condamné en première instance et acquitté par la Cour d'appel). — 2 mars 1872 ; C. d'appel, Besançon (Réparation due, d'après la Cour, à un mécanicien congédié brusquement et en l'absence de motifs sérieux ; ledit agent ayant droit, en outre, à la répétition des retenues qui lui avaient été faites pour la Caisse des retraites). — 10 juin 1872 ; C. d'appel, Amiens (indemnité à allouer, d'après la Cour, au cas de renvoi immédiat d'un agent et sans motif indiqué). — 12 août 1873 ; C. d'appel, Paris (affaire de refus de service, et d'ivresse ayant déterminé le renvoi d'un mécanicien pour cause légitime, mais réserves au sujet du droit de la comp. d'infliger, à un employé renvoyé sans motifs sérieux, la perte des retenues qu'il a subies). — 15 juin 1874 ; C. d'appel, Douai (employé de gare congédié, avec une gratification dûment acceptée de 2,200 fr. représentant presque une année de ses appointements). — Enfin en ce qui concerne la restitution *des versements effectués à la Caisse des retraites pour la vieillesse*, le droit des agents ne saurait être mis en doute et ce droit a été consacré par un article du règl. dont nous avons reproduit un extr. ci-dessus, § 3. Il résulte du reste, des termes d'un arrêt de la C. d'appel de Rouen. du 8 juin 1872, que les sommes versées *nominalement*, à la Caisse de la vieillesse en faveur d'un employé congédié postérieurement à ces versements et au nom de sa femme, ont dû leur être remboursées.

Projet de loi sur les rapports des compagnies avec les agents commissionnés. Dans la séance de la Chambre des députés (6 déc. 1880), il a été fait un rapport au nom de la commission chargée d'examiner les propositions de divers membres de la Chambre, tendant à régler les rapports entre les comp. de ch. de fer et leurs agents commissionnés, notamment en ce qui concerne les dédommagements pouvant se rattacher aux questions de révocations et de perte de retraite, etc. — Nous ignorons si une solution précise et pratique est possible pour cette réglementation délicate qui a de nouveau été l'objet de débats dans les séances des 24 et 26 févr. 1881 et dans d'autres réunions plus récentes. — Le seul renseignement certain que nous ayons à résumer ici est l'avis reproduit dans dans les journaux du 2 avril 1881, au sujet de l'étude, par M. le garde des sceaux, d'un projet de loi portant que les agents de toutes les grandes comp. de ch. de fer, tramways, omnibus, etc., qui sont soumis à des retenues pour retraite, devront être considérés comme liés par un contrat de longue durée. — Ces admin. ne pourront donc les renvoyer qu'en justifiant de motifs sérieux et en leur donnant une indemnité proportionnelle.

RÉTROCESSION.

I. **Terrains sans emploi** (*rétrocédés aux propr. primitifs*). 1° Applic. des art. 60, 61 et 62 de la loi du 3 mai 1841 (V. *Expropriation*); — 2° Formalités de rétrocession (V. *Alignements*, § 9.— Voir aussi les indications résumées ci-après au présent article); — 3° Aliénation ou location de terrains en excédent (V. *Location* et *Terrains*); — 4° Justifications d'achat et de rétrocession des terrains (Voir au mot *Justifications*, l'art. 6 du décr. du 2 mai 1863); — 5° Effet des rétrocessions au point de vue même des travaux à exécuter, et litiges divers.— *V. ci-après :*

Contestations au sujet des rétrocessions de terrains. — « En rétrocédant à des tiers une partie de l'immeuble qu'elle avait acquis en vue des travaux dont elle était chargée, une comp. de ch. de fer n'a pu entendre accepter une obligation qui aurait eu pour résultat de lui interdire la faculté d'adopter, dans l'exécution de ces travaux mêmes, les conditions qu'elle jugerait être les plus favorables. » (T. Seine, 4 août 1866.) — *Terrains illégalement employés.* — « L'ancien propr. d'un terrain exproprié a droit de revendiquer ce terrain s'il n'a pas été utilisé pour l'objet qu'aurait en vue l'expropriation. Il n'est pas nécessaire qu'un acte administratif déclare la non-utilisation lorsqu'elle résulte des faits eux-mêmes. par ex. de l'annexion du terrain au sol d'une rue nouvelle, alors qu'il s'agissait d'une autre expropr. pour un ch. de fer. Dans ce cas il y a lieu à renvoi devant le jury pour fixer l'ind. relative à cette seconde expropriation. — Mais, s'il y a eu usurpation d'une partie de ce terrain par le ch. de fer sur lequel l'expropr. a été prononcée, le renvoi doit avoir lieu devant le trib. civil qui seul doit prononcer sur la demande en revendication de la parcelle usurpée. (C. C., 29 mai 1867.) — *Parcelles à conserver provisoirement.* — « Lorsque le bornage du chemin de fer (V. *Bornage*) n'est pas achevé, le min. des tr. publ., saisi d'une demande en rétrocession d'une parcelle non comprise dans la limite légale du chemin (V. *Alignements*), n'excède pas ses pouvoirs en rejetant la demande par le motif que cette parcelle doit être conservée pour les besoins du chemin de fer (dans l'espèce, pour la régularisation des talus). (C. d'Etat, 27 mars 1862.) — La décision ne fait pas obstacle à ce que, si, après l'achèvement définitif des travaux et le bornage du chemin de fer, il était reconnu qu'une partie du terrain exproprié *n'était pas affectée* au service de la voie, l'ancien propr. puisse en demander la remise, et, en cas de contestation, faire valoir ses droits devant les trib. civils. » (*Ibid.*) — Décision analogue pour un terrain utilisé pendant quatre ans et ensuite *désaffecté.* (C. C., 7 janv. 1885.)

II. **Rétrocession de lignes.** — 1° Chemins d'intérêt local, incorporés dans le réseau de l'État (Art. 14, décr. 25 mai 1878).— V. *Chemins de fer de l'État*, §§ 2 et 3, et *Che-*

min de fer d'intérêt local, art. 11, loi 11 juin 1880 ; — 2° Légalité de la transformation des lignes secondaires (V. *Chemin de fer d'int. local*, § 2) ; — 3° Rachat des lignes concédées aux compagnies (V. *Rachat*) ; 4° Indications diverses—V. *Remise* (de lignes), *Obligations*, § 3, et *Subventions*.

REVENU.

Opérations relatives au produit de l'exploitation. — 1° Revenu des chemins concédés (V. *Actions, Bénéfices, Dividende, Garantie, Obligations, Recettes*) ; — 2° *Id.* des ch. fer de l'État (V. au mot *Chemins de fer de l'État* le décr. du 25 mai 1878 sur l'organ. financière desdits chemins) ; — 3° Impôt sur le produit des actions et obligations (V. *Impôt*) ; — 4° Évaluation du trafic probable. — V. *Produit*.

REVISION ET RÉFORME DES TARIFS.

Abaissement et unification des taxes (Renseig. divers). — V. *Réduction*.

RÉVOCATIONS.

Causes et conséquences des révocations d'agents. — 1° Abandon (du poste) (V. *Abandon*, § 5) ; — 2° Applic. du décr. du 27 mars 1852 (V. *Agents*, §2) ; — 3° Fautes entraînant la révocation et négligences diverses (V. *Agents*, § 9, *Ivresse, Sommeil, Vols*, etc) ; — 4° Droit de révocation exercé par la compagnie et perte des droits à la retraite (V. le mot *Retraites*, § 4).—*Mention des révocations et de leurs causes sur un registre intérieur.* — Une comp. de ch. de fer, comme tout chef d'industrie, peut consigner l'expression de son opinion sur la conduite du personnel dans un registre intérieur. Elle n'encourrait de responsabilité que dans le cas où, se départissant de sa réserve, elle donnerait de la publicité à la mesure qu'elle a prise. (C. d'appel, Paris, 1er févr. 1882.)

Révocation d'agents des services accessoires. — V. *Correspondances*.

RIPAGE DES VOIES.

Opération de déplacement des rails (Réparation de la voie unique) (V. *Réparations*).— Justification de dépense. — V. *Justifications*.

Nota. — C'est au compte d'expl. qu'on fait ordin. figurer, par suite de nouveaux travaux, la dépense d'anciennes *voies ripées* (dépense qui ne dépasse guère 1 fr. par mètre courant de voie ripée).

RIVIÈRES.

Modifications (résultant de travaux). — V. *Navigation* et *Ouvrages d'art*.

Prises d'eau. — « Quand une comp. de ch. de fer a été autorisée à faire une prise d'eau sur une rivière pour l'alimentation des trains, l'ind. réclamée par les tiers qui se prétendent lésés est une ind. pour dommage causé par un travail public, et cette demande doit être portée devant le C. de préf., exclusivem. compétent pour y statuer. » (C. C., 3 déc. 1862.) — V. *Prises d'eau*.

RIZ.

Tarif gén. (2e cl.) — Id. *d'appl.* (ordin. 4e série). — *Déchets.* — V. ce mot.

ROUENNERIE.

Tarif gén. (1re cl.) — *Tarif d'appl.* (ordin. 1re série).

Interprétation d'un tarif spécial. — A l'occasion de l'expression commerciale *Rouennerie*, employée dans un *tarif spécial*, la C. de C. a admis que cette désignation « ne s'entend réellement que d'une « étoffe confectionnée avec des écheveaux de coton teints à l'avance et que le tisserand mélange sur son métier, d'après le dessin qui lui a été donné ». (C. Cass., 3 déc. 1873, 28 janv. et 17 févr. 1874.)

ROUES.

I. Interdiction des roues en fonte (art. 10 de l'ordon. du 15 nov. 1846) (V. *Ordonnances*. — (Voir aussi pour les avaries, au § 2 ci-après). — *Système adopté.* — « Les comp. emploient génér. deux espèces de roues de locomotives : roues toutes en fer forgé et roues à moyeux en fonte avec rayons en fer. Ces rayons en fer sont tantôt à T, chaque barre de fer à T formant deux demi-rayons et une portion de la jante, tantôt rectangulaires, avec une jante en fer de même forme soudée entre chaque rayon. » (Enq. sur l'expl. — Recueil, 1858.)

Décalage et ruptures. — « Le décalage des roues est un cas extrêmement rare, qui n'a jamais produit d'accident. — La rupture des roues est également rare. » — (Enq. sur l'expl.) — Voir aussi le *nota* suivant et le § 2 ci-après.

(*Nota.*) — On entend par *décalage*, le glissement du bandage de la roue sur la jante dont il peut se détacher, dans certains cas, notamment par la rupture des rivets et l'allongement (ou la dilatation) du bandage pendant la marche. — Ces dérangements n'ont jamais occasionné d'accidents graves; mais ils ne sont pas sans exemples, au moins sur quelques lignes de chemins de fer. — « Dans le cas de *décalage*, on arrête la machine, on recale la roue comme l'on peut et l'on gagne un dépôt ; les mesures à prendre dans ce cas et en cas de rupture sont les mêmes que pour une rupture d'essieu. (V. *Essieux*.) — D'ailleurs, le décalage n'a jamais lieu brusquement et d'une quantité suffisante pour causer un accident. Le mouvement de la roue sur l'essieu se reconnaît facilement, et l'on peut toujours arrêter la machine assez à temps pour prévenir un sinistre. » (Enq. sur l'expl. 1858.)

Wagons à 4 ou 6 roues. — V. *Déraillements.*

II. Indications diverses. 1° Entretien (par les comp.) des roues et châssis des wagons des postes (art. 56 cah. des ch., § 9) (V. *Postes*) ; — 2° Locomotives à 4 ou 6 roues (V. *Locomotives*) ; — 3° Accidents. — V. *Avaries, Bandages* et *Ruptures*.

« Dans un accident occasionné par la rupture du bandage d'une roue, il a été constaté que les spires dont ce bandage était formé n'avaient pas intérieurem. toute l'adhérence nécess.; leur soudure n'existait qu'à la surface et masquait le vice interne de la pièce. Si cette défectuosité n'était manifestée par aucun signe extérieur et si le bandage, présentant les apparences d'une bonne fabrication, avait été reçu à la suite des épreuves d'usage, ces circonst. ne constituent ni cas fortuit ni force majeure à la décharge de la comp., et l'accident a pour cause déterminante un vice de matériel, dont le voiturier demeure responsable. » (C. Paris, 27 nov. 1866.)

ROULAGE.

I. Entreprise de voitures (V. *Correspondances* et *Réexpédition*). — V. aussi au mot *Cours des gares* le règl. de police du 25 sept. 1866, et notamment les art. 9 à 16.

II. Police du roulage (Extr. du décret du 10 août 1852, dont l'art. 4 notamment est relatif aux *attelages exceptionnels*, qui ont besoin d'une autorisation spéc. pour circuler sur les ponts métalliques). — V. *ci-après* :

Art. 4 (*Attelages exceptionnels circulant sur les ponts*) (V., au mot *Epreuves*, la partie de la circ. min. du 9 juill. 1877 relative aux ponts métalliques supportant des voies de terre)... — *Art.* 10. Il est interdit de laisser stationner sans nécessité sur la voie publique aucune voiture attelée ou non attelée... — *Art.* 14. (*Voitures ne servant pas au transport des personnes.*) — Tout voiturier ou conducteur doit se tenir constamment à portée de ses chevaux ou bêtes de trait et en position de les guider. — *Art.* 18. (*Messageries, voitures publiques.*) — « Le préfet ou le sous-préfet ordonne la visite des voitures, afin de constater : — 1° ...; — 2° si elles ne présentent aucun vice de construction qui puisse occasionner des accidents. Cette visite, qui pourra être renouvelée toutes les fois que l'autorité le jugera nécessaire, sera faite en présence du commissaire de police, par un expert nommé par le préfet ou le sous-préfet... — *Art.* 28. Pendant la nuit, les voitures publiques seront éclairées par une lanterne à réflecteur placée à droite et à l'avant de la voiture. — *Art.* 29. Chaque voiture porte à l'extérieur, dans un endroit apparent, indépendamm. de l'estampille délivrée par l'adm. des contr. indir., le nom et le domicile de l'entrepr., et l'indication du nombre des places de chaque compartiment. — *Art.* 30. Elle porte à l'intérieur des compartiments : — 1° Le numéro de chaque place ; — 2° Le prix de la place depuis le lieu de départ jusqu'à celui d'arrivée. — L'entrepr. ne peut admettre, dans les compartiments de ses voitures, un plus grand nombre de voyageurs que celui indiqué sur les panneaux conf. à l'art. 29... — *Art.* 34. Les postillons ou cochers ne pourront, sous aucun prétexte, descendre de leurs chevaux ou de leurs sièges. — Il leur est adjoint d'observer, dans les traversées des villes et des villages, les règl. de police concernant la circul. dans les rues. — Dans les haltes, le conducteur et le postillon ne peuvent quitter en même temps la voiture tant qu'elle reste attelée. — Avant de remonter sur son siège, le conducteur doit s'assurer que les portières sont exactement fermées... »

Infractions. — D'après l'art. 17 de la loi du 30 mai 1851, les contrav. ci-dessus prévues sont de la compétence des tribunaux. — *Nota.* — Elles peuvent être constatées par les fonctionn. attachés à la surv. des ch. de fer, lorsqu'elles ont été commises dans les cours des gares ou dans leurs dépendances, ou sur les passages à niveau, etc. — L'art. 9 de la même loi du 30 mai 1851 porte ce qu'il suit : — « (9°) Lorsque, par la faute, la négligence ou l'imprudence du conducteur, une voiture aura causé un dommage quelconque à une route ou à ses dépendances, le conducteur sera condamné à une amende de 3 à 50 francs. » — Les infractions à cette disposition applicable aux ch. de fer sont constatées comme en matière de grande voirie. — V. *Contraventions.*

Avenues des gares. — Lorsque les avenues des gares ont été remises au service des routes ou des chemins, la constatation des infractions à la police du roulage, commises sur ces avenues, incombe au service dont il s'agit. A défaut de remise régulière et lorsque les avenues forment une dépendance du ch. de fer, la circulation des voitures y est soumise à la réglementation indiquée au mot *Avenues.*

Passages à niveau. — La traversée des pass. à niveau par les voitures de terre exige des précautions spéc. qui n'ont pas été prévues par les règl. sur la police du roulage ; mais, dans ces pass. dangereux, les charretiers, trop souvent réfractaires aux mesures d'ordre, comprennent qu'il est de leur intérêt essentiel de bien guider leurs chevaux, et de se conformer, d'ailleurs, aux indic. qui leur sont données par les agents du ch. de fer. — V. *Passages à niveau.*

III. **Conditions de transport des voitures de messageries.** — V. *Voitures.*

ROULEAU COMPRESSEUR.

Classification. « Les rouleaux compresseurs destinés à l'entretien des routes doivent être classés dans la catégorie des *fers ouvrés* et non dans la catégorie des articles de chaudronnerie en fer ou en fonte. » (C. C., 12 juill. 1880.)

ROUTES.

I. **Maintien provisoire des communications.** — L'art. 17 du cah. des ch. gén. contient la clause suivante (*Extr.*) : « A la rencontre des routes nationales ou départem. et des autres ch. publics, il sera construit des chemins et ponts provisoires, par les soins et aux frais de la comp., partout où cela sera jugé nécessaire pour que la circulation n'éprouve ni interruption ni gêne. — Avant que les communications existantes puissent être interceptées, une reconnaissance sera faite par les ingén. de la localité, à l'effet de constater si les ouvrages provisoires présentent une solidité suffisante et s'ils peuvent assurer le service de la circulation. — Un délai sera fixé par l'admin. pour l'exéc. de travaux définitifs destinés à rétablir les communic. interceptées. »

Dégradation des chemins. — V. *Chemin* et *Remise.*

II. Traversée définitive des routes et chemins. — « A moins d'obstacles locaux, dont l'appréciation appartiendra à l'admin., le chemin de fer, à la rencontre des routes nationales ou départem., devra passer, soit au-dessus, soit au-dessous de ces routes. — Les croisements de niveau seront tolérés pour les chemins vicinaux, ruraux ou particuliers. » (Art. 10, cah. des ch.) — *Modifications.* — « Lorsqu'il y aura lieu de modifier l'emplacement ou le profil des routes existantes, l'inclinaison des pentes ou rampes sur les routes modifiées ne pourra excéder 0^m,03 par mètre pour les routes nationales ou départementales, et 0^m,05 pour les chemins vicinaux. L'admin. restera libre, toutefois, d'apprécier les circonstances qui pourraient motiver une dérogation à cette clause. » (Art. 14, cah. des ch.) — V. *Déviations* et *Passages.* — Tous les terrains nécessaires pour la déviation des voies de communication seront achetés et payés par la compagnie concessionnaire. » (Art. 21, *ibid.*) — V. *Terrains.*

Il est de principe, d'ailleurs, que toutes les mesures à prendre et les dépenses à faire pour conserver, sinon pour améliorer, les anciennes conditions de viabilité, sont à la charge des compagnies. Nous rappellerons qu'en vertu de plusieurs décisions du C. d'Etat, le C. de préf. est com. pétent pour connaître à cet égard des réclamations qui se produisent, mais il appartient à l'admin. seule de déterminer et de prescrire les *travaux* à faire pour faire droit à ces réclamations. — V. *Déviations* et *Dommages.*

Délaissés de routes (Questions de propriété). — V. *Terrains.*

III. Ouvrages d'art. — « Tous les aqueducs, ponceaux, ponts et viaducs à construire à la rencontre des..... chemins publics ou particuliers, seront en maçonnerie ou en fer, sauf les cas d'exception qui pourront être admis par l'admin. (Art. 18, cah. des ch.) — La comp. n'emploiera dans l'exéc. de ces ouvrages que des matériaux de bonne qualité. Elle sera tenue de se conformer à toutes les règles de l'art, de manière à obtenir une construction parfaitement solide. » (*Ibid.*)

Viaducs en dessus des routes. — (Art. 11, cah. des ch.) « Lorsque le chemin de fer devra passer au-dessus d'une route nationale ou départem., ou d'un ch. vicinal, l'ouverture du viaduc sera fixée par l'admin. en tenant compte des circonstances locales ; mais cette ouverture ne pourra, dans aucun cas, être inférieure à *huit mètres* pour la route nationale, à *sept mètres* pour la route départementale, à *cinq mètres* pour un ch. vic. de gr. communic., et à *quatre mètres* pour un simple ch. vic. — Pour les viaducs de forme cintrée, la hauteur sous-clef, à partir du sol de la route, sera de *cinq mètres* au moins. Pour ceux qui seront formés de poutres horizontales en bois ou en fer, la hauteur sous poutre sera de *quatre mètres trente centimètres* au moins. — La largeur entre les parapets sera au moins de 8^m (ou 4^m,50 sur les lignes à simple voie). — Leur hauteur sera fixée par l'admin., et ne pourra dans aucun cas être inférieure à 0^m,80. »

Nous ajouterons que, dans un but de sécurité, les parapets des viaducs situés à moins de 200 mètres en avant du lieu de stationnement des trains de voyageurs, et à moins de 150 mètres en arrière, doivent avoir 1^m,50 de hauteur. (Circ. min., 31 août 1855.) — V. *Parapets.*

Viaducs en dessous. (Art. 12, cah. des ch.) — « Lorsque le ch. de fer devra passer au-dessous d'une route... ou d'un chemin vicinal, la largeur entre les parapets... sera fixée par l'admin., en tenant compte des circonstances locales ; mais cette largeur ne pourra, dans aucun cas, être inférieure à *huit mètres* pour la route nationale, à *sept mètres* pour la route départem., à *cinq mètres* pour un ch. vic. de gr. communic., et à *quatre mètres* pour un simple ch. vicinal. — L'ouverture du pont entre les culées sera au moins de *huit mètres* (4^m,50 sur les ch. à simple voie), et la distance verticale ménagée au-dessus des rails extérieurs de chaque voie, pour le passage des trains, ne sera pas inférieure à 4^m,80 au moins. »

Nota. — Les compagnies peuvent être autorisées dans certains cas, sur leur demande, à apporter aux dispositions précitées du cahier des charges les modifications qui leur sembleraient nécessaires. — V. *Modifications* et *Projets.*

Traversée des rues des villes. — Les règles qui viennent d'être énoncées subissent ordin. des modifications profondes, lorsqu'il s'agit d'ouvrages à établir à la rencontre des rues des villes. On peut dire, par ex., que la ville de Paris, par l'importance de premier ordre et la largeur de ses voies de communication, se trouve en quelque sorte en dehors des prévisions des règlements. — « C'est à l'autorité admin. qu'il appartient de prononcer sur des contestations concernant l'exéc. d'une convention intervenue entre une ville et une comp. de ch. de fer pour la construction d'un viaduc substitué, avec approb. de l'admin. supér., à un pont que la comp. était tenue d'établir suivant le type indiqué par son cah. des ch. » (C. d'Etat, 26 mai 1859.) — V. aussi le mot *Rues.*

Ponts sur les rues communales. — V. les mots *Ouvrages d'art* et *Ponts.*

IV. Passages à niveau. — « Dans le cas où des routes nationales ou départem., ou

des ch. vicin., ruraux ou particuliers, seraient traversés à leur niveau par le chemin de fer, les rails devront être posés sans aucune saillie ni dépression sur la surface de ces routes et de telle sorte qu'il n'en résulte aucune gêne pour la circulation des voitures. (Art. 13, cah. des ch.) — A moins de dérogation autorisée par l'admin., le croisement à niveau du ch. de fer et des routes ne pourra s'effectuer sous un angle de moins de 45 degrés. » (Art. 13 et 14, *ibid.*) — *Établissement et service des barrières* (des passages à niveau). — V. *Barrières* et *Passages.*

Passages sous rails accolés aux passages à niveau. — Sur quelques points considérés comme dangereux, par suite de la grande fréquentation du passage ou des nombreuses manœuvres de convois que l'on effectue aux abords des barrières, on établit ordin., pour le service des piétons, des cavaliers et même quelquefois des voitures légères, un passage auxiliaire sous rails, accolé au pass. à niveau et relié avec la route par de petits chemins d'accès. — La dépense de construction de ce passage annexe et celle de son éclairage peuvent être imposées à la comp. comme une des conditions de l'approb. des projets définitifs. Quant à l'entretien de la chaussée du passage sous rails et des chemins d'accès, il doit, après réception, être mis à la charge du service des routes. — V. *Chemins d'accès.*

V. Indications et formalités diverses (relatives aux travaux des routes aux abords

des chemins de fer). — V. *Conférences, Enquêtes, Études, Projets.*

Insuffisance des ouvrages proposés. — Lorsque, dans les projets proposés par la compagnie, des ponts et passages ne sont pas indiqués en nombre suffisant pour assurer la viabilité des routes, les ingén. chargés d'examiner ces projets, en conférence (circ. minist. du 12 juin 1850), doivent proposer au ministre les modifications nécessaires. — Pour les chemins vicinaux et ruraux, les *mesures à prescrire par les préfets* sont ordin. basées sur les avis des agents voyers et des ingén. chargés de la surv. des travaux. Enfin, les autorités locales et même les particuliers doivent faire, en ce qui les concerne, toutes réserves *dans les enquêtes* et signaler au besoin dans leurs observations et réclamations, la position, l'emplacement et les dimensions qu'il convient de donner aux ouvrages supplémentaires reconnus nécessaires. — V. aussi *Avenues, Chemin, Passages* et *zone militaire.*

Réception et remise d'ouvrages. — Nous avons réuni au mot *Réceptions,* §§ 1 et 2, un extr. de la circ. min. du 21 févr. 1877 et divers documents très détaillés, relatifs à la réception et à la remise *aux services intéressés* des travaux accessoires nécessités par l'établiss. des ch. de fer. — En cas de contestation, il a été admis dans certaines circonstances que la remise des ouvrages pouvait avoir lieu d'*office.* — Voir à ce sujet le mot *Remise.* — V. aussi les indications ci-après :

Questions d'entretien. — En principe et sauf de rares exceptions spécifiées à l'avance, le droit commun et l'usage font retomber les charges d'entretien des routes et chemins remaniés à ceux à qui cet entretien incombait antérieurement. Cette obligation résulte en particulier de la décis.

du 30 mars 1857 (voir *Chemin*, § 1), qui stipule seulement la réception préalable des travaux. De même, la comp. est exonérée de l'entretien des avenues de gares et autres voies *nouvelles*, lorsque la remise en a été faite aux services intéressés. — Cette manière de voir a été corroborée par un arrêt de la C. de Paris, 12 nov. 1853, dont suit le résumé : « Les comp. de ch. de fer auxquelles a été imposée en dehors de leur périmètre, dans l'intérêt des communes ou des particuliers, l'exéc. de certains travaux nécess. au rétabl. des communic. déplacées ou changées par l'établ. de la voie de fer, ne sont pas, à moins d'obligation expresse, tenues à l'entretien permanent et aux réparations desdits travaux. » — Les considérants de cet arrêt ne font même pas mention d'une réception préalable des travaux. Ils admettent seulement que les ouvrages ne présentent pas de vices d'exécution. — Malgré le bénéfice de cette doctrine, il est convenable que la comp., dès qu'elle a terminé les travaux approuvés ou ordonnés par l'admin. pour le rétabl. des communic. locales, provoque la remise régulière de ces travaux aux parties intéressées, afin d'éteindre autant que possible toute difficulté dès l'origine. — V. *Chemin*, *Entretien*, *Réception* et *Remise*.

Entretien des passages accolés aux passages à niveau. — Cet entretien est à la charge de la route après réception et remise des travaux. — Par les mots *l'entretien des passages* on ne peut entendre l'entretien du corps de l'ouvrage lui-même qui fait partie intégrante du chemin de fer et dont les réparations doivent, dans l'intérêt même de la sécurité, être confiées à la vigilance du service de la voie et laissées à sa charge. — V. *Chemin d'accès*.

Circonstances impliquant prise de possession (trav. de l'État). — Eu égard aux circonstances propres aux chemins dont les terrassements et les ouvrages d'art ont été construits par l'État, il a été admis qu'à défaut de réception régulière des travaux, la prise de possession par les services intéressés a eu lieu et doit être considérée comme impliquant cette réception. — V. *Avenues*, *Chemins latéraux et vicinaux*, *Entretien*, *Réception* et *Remise*.

Infractions commises par les concessionnaires. — D'après l'art. 12 de la loi du 15 juillet 1845, « lorsque le concess. ou le fermier de l'expl. d'un ch. de fer contreviendra aux clauses du cah. des ch., ou aux décisions rendues en exécution de ces clauses, en ce qui concerne... la viabilité des routes..., procès-verbal sera dressé de la contravention. — L'art. 13 porte que les pr.-verbaux, dans les quinze jours de leur date, seront notifiés administrativement au domicile élu par le concess. ou le fermier, à la diligence du préfet et transmis dans ce même délai au C. de préf. du lieu de la contravention. — Art. 14. — Les contrav. prévues à l'art. 12 seront punies d'une amende de 300 fr. à 3,000 fr. — Art. 15. — L'admin. pourra, d'ailleurs, prendre imméd. toutes mesures provisoires pour faire cesser le dommage, ainsi qu'il est procédé en matière de gr. voirie. Les frais qu'entraînera l'exécution de ces mesures seront recouvrés contre le concess. ou fermier, par voie de contrainte, comme en matière de contrib. publiques. » — V. *Contraventions*, *Grande Voirie* et *Procès-verbaux*.

Affaires d'alignement et police de gr. voirie et du roulage. — V. les mots *Alignements*, *Avenues*, *Chemin*, *Grande Voirie* et *Roulage* (extr. du décret du 10 août 1852).

VI. Routes et chemins vicinaux ultérieurs.

VI. Routes et chemins vicinaux ultérieurs. — « Dans le cas où le gouvern. ordonnerait ou autoriserait la constr. de routes nationales, départem. ou vicinales... qui traverseraient le ch. de fer, la comp. ne pourra s'opposer à ces travaux ; mais toutes les dispositions nécess. seront prises pour qu'il n'en résulte aucun obstacle à la constr. ou au service du ch. de fer, ni aucuns frais pour la comp. (Art. 59, cah. des ch.). » — Toute exéc. ou autorisation ultérieure de route... dans la contrée où est situé le chemin ou dans toute autre contrée voisine ou éloignée ne pourra donner ouverture à aucune demande d'indemnité de la part de la comp. » (Art. 60.)

Jusqu'à présent l'on a construit bon nombre de routes et de chemins à la rencontre des voies ferrées ; mais, en général, l'intérêt des comp. et celui des populations riveraines se sont trouvés d'accord, pour que les nouvelles voies de communic. fussent établies de manière à aboutir aux passages déjà ouverts sur le ch. de fer, lorsqu'il n'était pas possible d'arriver à la gare même, centre naturel de la circulation. — V. *Entretien*, § 2.

VII. Traction avec rails, sur routes et chemins. — V. *Chemins de fer d'int. local* (notamment art. 26 à 39, loi du 11 juin 1880), *Locomotives*, § 5, *Tramways* et *Voies publiques*.

RUES COMMUNALES.

Indications diverses. — 1° Modifications et déviations de rues et voies rurales (V. *Chemin*, § 6, *Déviations*, *Ponts*, § 1, et *Routes*, § 3) ; — 2° Alignements et police (V. *Alignements*, *Maires* et *Roulage*) ; 3° Frais d'entretien, de pavage, d'éclairage. — D'après la jurisprudence établie, les compagnies ne sont pas tenues, à moins de conventions contraires, de contribuer aux frais d'entretien, de pavage, d'éclairage, etc., des rues et chemins communaux, aboutissant au chemin de fer. Elles ne sont obligées d'entretenir que les avenues de gares, chemins et rues qui font partie intégrante des dépendances de la voie ferrée, ou qui n'ont pas été l'objet d'une remise aux communes intéressées. — V. *Avenues*, *Passages à niveau*, *Réception* et *Remise*.

Dommages. — Une comp. de ch. de fer ne peut s'opposer à la construction d'une rue ou route traversant sa voie, — à la condition qu'il n'en résulte pour le chemin de fer aucun préjudice. — V. *Entretien*, § 2, et *Routes*, § 6. — Inversement, le ch. de fer, après toutes les formalités légales, peut être obligé de traverser une rue dans les conditions ci-après indiquées *p. mém.* :

Rue coupée par le ch. de fer (Allongement de parcours). — « A la suite de la réclamation du propriétaire d'un immeuble *riverain d'une rue coupée en deux tronçons par l'établ. d'une gare de marchandises*, il résulte de l'instruction que la partie conservée de la dite rue a la même largeur qu'auparavant et qu'aucune modific. n'a été apportée au niveau du sol, au droit de l'immeuble du réclamant. Antérieurem. aux travaux du ch. de fer, la dite rue n'était pas praticable aux voitures et les travaux n'ont pas eu pour résultat de diminuer les accès de l'immeuble en question. — D'autre part, l'allongement de parcours, résultant pour les piétons de la suppression du passage voûté, ne constitue pas un dommage de nature à donner dans l'espèce un droit à indemnité. » (C. d'Etat, 19 janv. 1883.)

RUISSEAU.

MODIFICATIONS. — V. *Aqueducs*. *Cours d'eau*, *Curages*, *Prises d'eau* et *Usines*.

RUPTURES.

I. Avaries du matériel ou de la voie. — 1° *Attelages rompus.* — Les ruptures de barres d'attelages sont extrêmement rares, surtout dans les trains de voyageurs ; elles n'ont jamais causé d'accident (Enq. sur l'expl. 1858). — Il y a eu toutefois depuis l'époque de cette enquête quelques faits graves qui ont motivé une nouvelle étude sur l'attelage des trains *en double traction.* — V. à ce sujet *Attelages*, § 3. — Les règl. des comp. contiennent génér. les recommandations suivantes, pour les cas où un attelage viendrait à se rompre et occasionnerait ainsi la séparation d'un convoi :

« Les freins compris dans la seconde partie d'un train devront être serrés en aussi grand nombre que possible. — Aussitôt l'arrêt de cette seconde partie obtenu, le ou les conducteurs qui s'y trouveront devront la couvrir avec des signaux *à l'arrière*, si le chemin est à double voie, et tant à *l'avant qu'à l'arrière*, si la circulation n'a lieu que sur une seule voie. Le mécanicien devra agir avec la plus grande prudence. Il cherchera à éviter que la partie du train laissée en arrière ne rejoigne brusquement la première partie. Dans aucun cas, il ne devra reculer vers la seconde partie, à moins qu'elle ne soit en vue et arrêtée. »

Quelquefois, les freins font défaut pour arrêter immédiatement la partie du train en dérive. Il convient alors, si du moins l'on ne se trouve pas très éloigné d'un poste télégraphique, de faire passer une dépêche au poste précédent, afin qu'il ne soit pas expédié d'autre train, avant le garage normal des wagons décrochés.

Rupture de pièces diverses. — Voir les mots *Bandages, Déraillements, Essieux, Explosions, Grues de chargement, Rails, Ressorts, Roues, Tubes,* etc. (1).

Rupture de pièces secondaires. — Il survient assez fréquemment, dans le cours de l'expl., de petites avaries de matériel, notamment dans les diverses pièces secondaires des machines locomotives sans qu'il en résulte d'accident proprement dit ; la plupart de ces avaries peuvent même être génér. réparées sur place par les mécaniciens. « Dans les cas particuliers d'une rupture de bielle, de piston ou de quelque autre partie du mécanisme de la locomotive, on démonte les pièces (du côté où l'avarie s'est produite) et on marche, s'il est possible, avec un seul cylindre (*Eng.* 1858), en modérant la vitesse du train, et en prenant d'ailleurs les plus grandes précautions.

Situation des avaries. — Voir *Avaries* et *Rapports.* — Voir aussi pour l'étude spéc. des ruptures d'essieux, au mot *Essieux,* § 2, et pour l'amélioration du matériel roulant en général, l'art. *Matériel roulant* (Extr. du rapp. d'enq., 8 juillet 1880).

II. **Rupture de plombs de douane.** — V. *Douane,* § 5.

SABLE. — SABLIÈRES.

I. **Exploitation des sablières.** — « Sont applic. aux ch. de fer les servitudes imposées par les lois et règl. sur la grande voirie et qui concernent le mode d'exploitation des... sablières dans la zone déterminée à cet effet. Sont également applic. à la confection et à l'entretien des ch. de fer, les lois et règl. sur l'extraction des matériaux nécessaires aux travaux publics. » (Extr. de l'art. 3, loi 15 juillet 1845.)

Conditions d'application. — V. *Carrières, Dommages, Extraction, Occupation.*

II. **Embranchement de sablières.** — Les sablières, situées à proximité des ch. de fer, sont ordin. exploitées au moyen d'embranch. de service, établis de manière que les changements de voie aboutissant aux voies principales du ch. de fer soient établis normalement à la direction des trains, c'est-à-dire que les aiguilles ne puissent être prises en pointe et qu'elles puissent être cadenassées au besoin dans les intervalles compris entre les heures de service. La manœuvre et les mesures de sécurité que comporte l'usage de ces aiguilles sont confiées à des agents spéc. qui doivent être porteurs des règl. du service et munis des appareils nécessaires pour faire les signaux. Ces agents doivent, enfin, assurer sous leur responsabilité l'exécution des mesures ci-après :

Mesures de précaution. — Les règl. des trav. neufs et d'entretien, approuvés sur plusieurs lignes, prescrivent d'observer diverses mesures de précaution, dont les principales peuvent se résumer ainsi qu'il suit : — « Toutes les fois que des chevaux seront employés à l'expl. d'une sablière ou d'une carrière, un homme désigné par le chef de section, et placé sous la surv. du chef de transport, sera chargé : — 1° de veiller à ce que les chevaux ne viennent jamais sur les voies principales ; — 2° de n'ouvrir la barrière qui sépare ordin. les voies principales de la voie de gare que pour laisser entrer ou sortir les wagons ; — 3° de fermer à clef la bascule ou arrêt mobile destiné à empêcher les wagons remisés sur la voie de gare de s'approcher des voies principales ; — 4° de nettoyer et entretenir en bon état la voie de gare et les changements de voie servant au service de la sablière ou de la carrière ; — 5° de manœuvrer les aiguilles de ces changements de voie, et de s'assurer, avant de les quitter, qu'elles sont remises dans la position voulue. »

---

(1) *Ruptures d'engins de chargement.* « Lorsque, par applic. d'un *tarif spécial,* le chargem. et le déchargem. des marchandises doivent être faits aux risques et périls de l'expéditeur et du destinataire, et par leurs soins, — la comp., qui met gratuitement à leur service ses engins, ne fait alors qu'un prêt à usage. Dès lors, elle ne peut être déclarée responsable des suites d'un accident arrivé par la rupture desdits engins, sauf les réserves contenues dans l'art. 1891 du C. civil. » (Tr. comm., Langres, 30 mars 1874.)

Enfin, sur certaines lignes, « lorsque sur la voie unique un train annonce un train supplémentaire, le chef de la dernière station d'arrêt avant la sablière indique la position de la sablière sur la feuille de marche. — Cette mention est présentée au visa du mécanicien. » (*Inst. spéc.*)

III. Indications diverses. — 1° Emploi des boîtes à sable sur les locomotives (V. *Locomotives*, § 2 ; — 2° Sablage des rails en temps humide (V. *Rails*) ; — 3° Emploi du sable pour les travaux (V. *Ballast* et *Matériaux*) ; — 4° Conditions de transport du sable. — V. *Matériaux*, *Trains*, § 7, et *Travaux*.

SABOTAGE DES TRAVERSES.

Indications diverses. — V. *Coussinets* et *Traverses*.

SACS.

I. Envois de finances en sacs ou sacoches. — V. *Finances*, § 3.

II. Sacs de farines et céréales (V. *Farines*). — Conditions diverses relatives au retour des emballages. — Sur la plupart des lignes de ch. de fer, le transport en retour de sacs vides se fait gratuitement quand l'expéditeur peut, au moyen d'un bulletin de retour délivré par la gare de départ, justifier dans les deux mois, que le transport des marchandises que ces sacs ont renfermées, a bien été effectué par la compagnie. — Voir aussi *Charbon*, § 1er. — Ce transport gratuit de sacs en retour est subordonné à certaines conditions rappelées au *nota* ci-après :

Nota. — « Les conditions que renferme un tarif *spécial* de ch. de fer sont légalement obligatoires pour le public, comme pour la comp. concess. (*jurispr. constante*), — un tel tarif portant que la comp. ne répond pas de la perte des sacs vides transportés au retour en franchise, — cette condition a, en cas de perte, pour résultat, non d'affranchir ladite comp. de toute responsabilité pour les fautes commises par elle, mais de mettre la preuve de ces fautes à la charge de l'expéditeur. » (C. de C., 4 févr. 1874, aff. *Tournadre* et Cᵒ de Paris-Lyon-Méd.) — « Lorsque, comme dans l'espèce (affaire de la Cᵒ de Lyon-Médit., contre May et comp. des Dombes, C. de C., 5 janv. 1875), la perte des sacs vides n'a pu être que le résultat de la négligence ou de l'infidélité des agents de la comp., celle-ci doit réparer le dommage ainsi causé à l'expéditeur. » (*Sacs mouillés.*) — V. *Mouillure* et *Soins de route*.

SAINDOUX.

Tarif du cah. des ch.; comme pour *Graisse* et *Suifs* (V. ces mots). — Tarifs d'applic. (Gr. vitesse). — V. *Denrées* et *Déchets*.

SAISIE-ARRÊT.

(**Formalités**). — Nous avons résumé au mot *Opposition*, § 2, les conditions dans lesquelles la jurispr. admet le plus ou moins de validité des oppositions ou saisies arrêts formées sur les marchandises transportées par ch. de fer. — Dans l'un des cas, le 2ᵉ (*opposition signifiée au préjudice du destinataire*), les décis. rappelées sont peu explicites. — Par de nouveaux arrêts la C. de Paris, 12 juill. 1876 et 5 mars 1879, établit comme suit les principes applicables en cette matière : — Une comp. de ch. de fer n'est pas juge de la propriété des marchandises, en voie de transport, qu'un créancier du *destinataire* fait saisir-arrêter entre ses mains. — C'est donc à bon endroit qu'elle refuse de les restituer à l'*expéditeur* jusqu'à ce que la saisie soit levée ou qu'un jugem. ait déterminé qui en est le propriétaire. — Ce système a été confirmé par la C. de C. (13 avril 1885), dans une affaire que nous avons rappelée au mot *Magasinage*, § 4. — Précédemment, la même Cour, dans un cas spécial de *saisie-exécution* effectuée en vertu de l'art. 583 du

C. de procédure, avait décidé qu'une saisie faite en vertu dudit art. par un créancier sur les meubles de son débiteur, lesquels meubles se trouvaient alors entre les mains d'un tiers, dans l'espèce, d'une comp. de ch. de fer, ne pouvait avoir lieu par voie de saisie-arrêt (C. C., 4 déc. 1867). — Mais ici, il ne s'agissait plus, sans doute, de retenir, jusqu'à nouvel ordre les meubles dans les magasins de la comp. — Mais d'en effectuer en réalité la saisie suivant des formes reconnues inapplic. dans l'espèce. — *Saisies en douane.* (Fraudes et infractions) (V. *Douane*, § 7). — Saisie-revendication (par suite de faillite). — V. *Faillite* (1). — Voir aussi le mot *Vente.*

Oppositions (sur les traitements). — V. *Oppositions*, § 1. — V. aussi au mot *Retraites*, § 3, l'extr. du règl. d'une des comp. de ch. de fer, dans lequel il est rappelé que les pensions établies par ce règl. en faveur des agents et ouvriers ayant un *caractère alimentaire*, ne peuvent être l'objet d'une saisie.

Sommes et pensions pour aliments (insaisissables aux termes de l'art. 581 du C. de proc. civ.). « Ces mots *sommes et pensions* expriment clairement que l'insaisissabilité s'applique aux prestations alimentaires à acquitter en une fois, aussi bien qu'à celles à payer par annuités. D'un autre côté, une condamnation a un caractère essentiellement alimentaire, ayant été rendue au profit d'un malheureux ouvrier terrassier, devenu victime d'un accident grave, dans l'exéc. d'un travail qui lui était commandé, et dépourvu de toute autre ressource, puisqu'il est obligé de recourir à l'assistance judic. » (C. Colmar, 29 avril 1863.)

SALAISONS.

Conditions de transport. — Comme pour *Denrées, Graisse* et *Viande.*

SALLES D'ATTENTE.

I. Installation et prescriptions diverses. — Des salles spéciales sont généralement affectées, dans les bâtiments des stations, aux voyageurs qui, après avoir pris leurs billets, doivent attendre le moment du départ du train.

Les stations d'une certaine importance ont toutes des salles d'attente de 1re, 2e et 3e classe, correspondant à la classification des voyageurs dans les trains. Mais dans les petites stations, il n'y a ordinairement qu'une salle d'attente pour toutes les classes et deux tout au plus suivant la fréquentation.

Chauffage des salles d'attente. — Des appareils de chauffage sont installés dans les salles d'attente de toutes classes. — Le fonctionnement de ces appareils coïncide, à moins de froids exceptionnels, avec l'époque fixée pour la marche des trains de la saison d'hiver.

Surveillance générale des salles. — Voir *Commissaires.*

Police. — Les instructions sur le service des gares contiennent ordinairement la recommandation suivante : « Nul ne sera admis dans les salles d'attente que sur la présentation d'une carte de place ou d'un permis régulier. Toutefois, on doit user de tolérance en faveur des personnes accompagnant les voyageurs dont l'état réclamerait des soins particuliers. Sous aucun prétexte, aucun voyageur ne sera admis dans une salle réservée aux personnes qui ont pris des places d'une classe supérieure à celle indiquée par la teneur de sa carte ou de son permis de circulation. » — Un *agent spécial* est chargé à cet effet de la surv. à exercer aux abords des salles d'attente et d'en interdire l'entrée, non seulement aux voyageurs qui ne seraient pas munis de billets, mais aussi aux voyageurs qui seraient en *état d'ivresse* ou porteurs d'objets prohibés par les règlements et notamment d'outils aratoires, faux, pelles, pioches, serpes, scies, ou d'au-

---

(1) D'autres arrêts de la C. de C. pourraient être cités ici: mais comme ils se rapportent à des affaires n'ayant qu'une portée restreinte, nous rappelons seulement les dates de ces arrêts : — 1o 29 avril 1884, saisie-arrêt maintenue à tort *après désintéressement du poursuivant*; condamnation de ce dernier à des domm.-intér.; — 2o 5 mai 1885, illégalité d'une saisie pratiquée en France sur des objets appartenant à un *état Etranger*, etc.

tres instruments et objets gênants ou dangereux. — *Armes chargées* (fusils, etc.). — L'interdiction portée à l'art. 65 de l'ordonn. de 1846, de monter dans les voitures avec des *armes chargées*, entraine évidemment la défense d'introduire ces mêmes armes dans les *bagages*, ou dans les *salles d'attente* et c'est dans cet esprit que sont conçus les règl. d'applic. — V. aussi *Armes*, § 3.

Stationnement hors des heures de service. — Bancs à placer dans les vestibules des gares, pour les voyageurs amenés par les voitures de correspondance et qui doivent attendre l'ouverture des salles d'attente. — V. *Gares*, § 4.

Service des trains de nuit. (Dép. min. adressée le 6 mai 1865 à la comp. de la Médit. et sans doute aussi, dans un sens analogue aux admin. des autres réseaux.) — « En réponse à ma dépêche relative aux inconvénients que présente, pour les voyageurs arrivés à Paris, le matin, par les trains de nuit et repartant par les premiers trains de la journée, la fermeture des salles d'attente depuis minuit jusqu'à sept heures du matin, vous faites observer qu'à votre gare de Paris les vestibules et salles d'attente (côté du départ) sont ouverts à 6 heures du matin et ne sont fermés qu'après le départ du dernier train, à 10 heures 45 minutes du soir. — Du côté de l'arrivée, les salles sont ouvertes depuis 4 heures du matin jusqu'à 10 heures 55 minutes du soir, et pour mettre le public à l'abri des inconvénients signalés par ma dépêche précitée, vous proposez de laisser aux voyageurs arrivant par les premiers trains du matin la faculté d'attendre dans la gare d'arrivée l'heure de l'ouverture de la gare de départ où ils veulent se rendre. — J'ai l'honneur de vous accuser réception de cette proposition, et j'en prends acte. »

II. Voyageurs oubliés dans les salles d'attente (Circ. min., 6 nov. 1858 adressée aux compagnies). — « L'admin. a été quelquefois saisie de plaintes déposées par des voyageurs qui ont manqué le train pour lequel ils avaient pris leurs billets, par suite de la négligence des surveillants chargés, particulièrement la nuit, d'ouvrir les salles d'attente et de faire monter le public en voiture au moment du passage des convois. — Lorsque de semblables faits se produisent au détriment des voyageurs, vous reconnaîtrez sans doute avec moi qu'il importe de réparer, par tous les moyens possibles, le dommage qu'ils éprouvent, en les dirigeant vers leur destination par le train qui suit immédiatement celui qu'ils ont été mis dans l'impossibilité de prendre. — Je vous invite, en conséquence, à donner les ordres les plus précis aux agents de votre expl., afin que, dans le cas où, par le fait de l'oubli ou de la négligence d'un employé, un ou plusieurs voyageurs viennent à manquer le train pour lequel il leur a été délivré des places, ces voyageurs soient expédiés, sans avoir égard à la nature des billets dont ils sont porteurs, par le plus prochain train quittant la station, quelles que soient la composition de ce train et la classe de voitures qu'il contient. — Toutefois, lorsque ce train ne contiendra que des voitures de 1re classe, il conviendra de placer les voyageurs porteurs de billets de 2e et 3e, autant que possible, dans un compartiment spécial.

Infractions. — Le 23 mars 1864, le trib. de comm. de Charleville a condamné une comp. à payer des dommages-intérêts à un voyageur oublié dans une salle d'attente, — attendu que le retard éprouvé par celui-ci aurait pu lui devenir nuisible. (Code annoté, Lamé-Fleury.) — De son côté, le trib. correct. de Fontainebleau, dans son audience du 21 janv. 1859, avait condamné à une amende de 25 fr. un facteur qui, par la fermeture à clef des salles d'attente avant le moment voulu, avait empêché un voyageur de partir.

III. Libre accès des quais d'embarquement (*sans stationnement dans les salles d'attente*). — Circ. min. adressée le 22 juin 1863 aux comp. concess. des grands réseaux et rappelée par une 2e circ. de 1866) : — « Depuis que les ch. de fer sont en expl., les voyageurs sont dirigés, à mesure qu'ils prennent leurs billets de place, dans les salles d'attente, d'où ils ne sont introduits sur les quais d'embarquem qu'un certain nombre de minutes avant le départ du train. Il résulte divers inconvénients de cet état de choses : d'abord, au moment de l'ouverture des salles d'attente, chacun se précipite quelquefois avec violence, au risque de renverser les femmes et les enfants qui font partie des voyageurs, afin de pouvoir choisir des places à sa convenance : de là des désordres.

Quelquefois, les meilleures places sont occupées, grâce à l'introduction sur les quais, avant l'heure d'ouverture des salles, d'un certain nombre de voyageurs privilégiés ; ce qui donne lieu à des récriminations et à des plaintes qui ne manquent pas d'une certaine justesse. Enfin, les voyageurs devant être introduits en même temps sur les quais n'ont aucun intérêt à arriver de bonne heure au ch. de fer, ce qui produit au dernier moment, un encombrement considérable au guichet et surtout à l'enregistrement des bagages. — Ces inconvénients seraient atténués ou même supprimés, si le voyageur était admis sur les quais dès qu'il est muni de son billet ; il pourrait ainsi choisir sa place, et le classement des voyageurs se ferait sans trouble, les meilleures places étant naturellement dévolues aux plus diligents. Le service de la distribution des billets se ferait avec plus de calme, et celui de l'enregistr. des bagages, moins précipité, permettrait d'éviter beaucoup d'erreurs et de fausses directions qu'on ne peut attribuer qu'au peu de temps laissé aux agents pour cette opération. Enfin, le public apprendrait un peu plus à se conduire lui-même, à veiller à ses propres intérêts et à éviter les chances d'accidents, s'il s'en présentait. — Cette mesure ne léserait d'ailleurs en rien les compagnies qui, par un contrôle fait au moment du départ, s'assureraient que les voyageurs sont bien dans les voitures de la classe pour laquelle ils ont pris un billet. Il pourrait de plus en résulter une économie dans les dimensions qu'on est obligé aujourd'hui de donner aux salles d'attente, puisque le voyageur ne serait plus destiné à y séjourner. — Par toutes ces considérations, le min. a pensé que le moment était venu de faire un essai dans le sens qui vient d'être indiqué et de permettre aux voyageurs l'accès des quais d'embarquement, dès qu'ils sont munis de leurs billets de place... Le min. a ajouté, d'ailleurs, que si l'expérience ne répondait pas à ses prévisions, il n'hésiterait pas à autoriser les comp. à revenir sur une mesure qui n'aurait pas atteint le but proposé, celui d'habituer le public à se guider lui-même dans ses relations avec les ch. de fer.

Nota. En transmettant, le même jour, une copie de cette circulaire aux chefs du contrôle, l'administration leur a recommandé de faire suivre, par les commissaires de surveillance administrative, l'adoption d'un usage en vigueur sur certains chemins étrangers, et de lui rendre compte des conséquences de cette admission du public sur les quais d'embarquement, aussitôt que le train est formé.

Dispositions arrêtées. Cette étude assez prolongée a définitivement donné lieu à diverses mesures qui sont développées dans les circ. min. des 10 janv. 1885 et 10 mars 1886, d'après lesquelles les voyageurs *munis de billets* peuvent, *sous certaines conditions*, pénétrer directement sur les quais, sans stationner dans les salles d'attente. — V. *Gares.* § 6.

SALPÊTRE.

Tarif du cah. des ch., 1re *classe* (V. *Cah. des ch.* art. 42), et ordin. réduction à la 4e série des tarifs d'applic. — *Déchet*, V. ce mot.

SANG DE BOUCHERIE.

Transport du sang de boucherie (desséché ou liquide). — Tarif du cah. des ch., 1re *classe*, comme pour *viandes* et *suifs*. — Conditions spéc. de transport des *fûts de sang* (V. *Matières infectes*). — Dérogation, sur quelques lignes, pour le *Sang frais de boucherie destiné au collage de vins*, et dont le transport est permis par les trains de voyageurs, mais seulement à titre provisoire et sous les réserves suivantes : — « 1° Les wagons contenant le sang frais de boucherie seront placés à l'arrière des voitures de voyageurs. — 2° Si des plaintes venaient à se produire, la compagnie serait tenue, à la première réquisition de l'insp. général du contrôle, de cesser le transport de cette matière par trains de gr. vitesse. » (Décis. min. spéc., 7 juill. 1874 ; *réseau du Midi*).

SAVONS.

Conditions de transport. — Les savons en caisses compris implicitem. dans la 1re classe du tarif gén., art. 42, cah. des ch. (maximum de perception 0 fr.. 16 par tonne et par k.lom.), ont été généralement classés dans la 1re ou dans la 3e série des tarifs d'applic. des comp., suivant qu'il s'agit de *savons fins* de toilette ou de *savons communs*. — En général les chefs de gare ont été invités à considérer et traiter les savons en caisse comme une marchandise craignant la mouillure, et par suite, à les faire abriter, soit sous les hangars, soit au moyen de bâches, en ayant soin, d'ailleurs, de les faire charger dans des wagons couverts, ou, à défaut, dans des wagons découverts bâchés.

Tarifs spéciaux (P. mém.). — Sur la ligne de Marseille à Paris, on applique un tarif spéc. pour les savons communs soit en caisses, soit en cadres en bois plein fermés ou bâ hés. — Les expéditions de 500 kilogr. au minimum ou payant pour ce poids s'il y a avantage pour l'expéditeur sont taxées au prix de la 6e série du tarif gén. avec limitation de taxe suivant les parcours, non compris frais accessoires. Pour les conditions de détail il y a lieu de se reporter au tarif lui-même. — Voir l'indic. ci-après :

Distinction entre les savons communs et les savons de toilette. — « Des savons sont, à la gare de départ, déclarés par l'expéditeur comme *savons communs*, transportables par un tarif *spécial* déterminé; ils sont, à la gare d'arrivée, considérés par la comp. comme *savons de t ilette* et taxés par applic. du tarif *général*. — Sans contester que les savons litigieux f ssent des *savons de toilett*, le trib. déclare qu'ils ne tombent pas, à cause du prix et de la qualité, sous l'applic. du tarif *général*. — En jugeant ainsi, le trib. a ajouté au texte du tarif général et par suite l'a violé. » (C. Cass., 9 janvier 1877.)

SCHISTES.

Conditions spéciales de transport. — V. les mots *Huiles* et *Matières* (dangereuses), 3e catég. — *Tarif général* (2e cl.) comme pour *Bitumes, Goudrons*, etc. — « La dénomination *schistes bitumineux* est applicable à la matière première et naturelle et non aux *huiles de schiste*. » — (Tr. comm., Seine, 15 avril 1862.)

SECOURS.

I. Appareils médicaux de secours (Art. 75, ordonn. du 15 nov. 1846 et applications). — Voir *Appareils de secours* et *Médecins*.

Premiers secours aux blessés. — En général, d'après la circ. min. du 5 juin 1866 (Voir *Appareils*, § 6), les conducteurs chefs de trains reçoivent quelques notions élémentaires sur l'usage des médicaments et appareils renfermés dans les boîtes. — D'autres agents, soit des gares, soit des chantiers de la voie *dûment et préalablement autorisés à cet effet*, peuvent également être appelés à donn r qu-lques premiers soins aux blessés *en attendant l'arrivée du médecin*. — Sur quelques réseaux, des instructions spéciales ont été mises pour cet objet à la disposition du personnel ; mais en l'absence d'une notice uniforme, qu'il serait assez difficile, du reste, de formuler en cette matière délicate où les premières mesures à prendre, quelques simples qu'ell s soient, peuvent varier suivant le point de vue des chefs de service médicaux des diverses compagnies, nous ne pouvons que renvoyer aux documents qui se rapportent spécialement à ces circonstances très h-ureusement exceptionnelles aujourd'hui dans le service des chemins de fer et au sujet desquelles tous les agents, sans exception, ont à cœur de faire acte de prudence et d'humanité.

II. Service de secours aux trains. — 1° Devoirs des conducteurs en cas d'accident de train (V. *Détresse*, § 3); — 2° Entretien de machines et de wagons de secours, et outils dont chaque train doit être muni (art. 40 et 41, ordonn. du 15 nov. 1846). — V. *Locomotives*, § 1, et *Wagon de secours*.

Demande de secours. — Quand une machine en feu d'un dépôt est demandée pour porter secours à un train, ou doit en allumer une autre, opération qui dure au moins deux heures en chauffant au coke, et une heure et demie avec la houille.

Il était d'usage, autrefois, de mettre la machine de secours en marche, lorsque le retard d'un train dépassait moyennement 20 à 30 minutes (voyageurs), 45 minutes (marchandises), et cette mesure était certainement motivée en cas d'accident ou de détresse du train. Mais, dans la pratique, ce secours peut quelquefois n'être pas nécessaire, lorsqu'il s'agit, par exemple, d'un simple ralentissement du convoi ou d'une avarie légère qu'un mécanicien peut réparer lui-même. Il paraît donc plus convenable, en général, dans l'intérêt même de la sécurité, d'attendre que le secours soit demandé. Il ne peut résulter aucun inconvénient sérieux de cette manière de procéder, grâce aux communic. télégr. dont on dispose maintenant sur tous les ch. de fer. En aucun cas, la machine de secours ne doit être mise en marche sans l'accompliss. des règles de prudence applicables aux trains ordinaires.

Forme de la demande de secours. — « La demande de secours (expédiée par les soins du chef de train, soit au moyen du télégraphe, soit par un agent du train ou de la voie (V. *Détresse*, § 3), doit spécifier exactement la nature de l'accident et le lieu où le train est resté en détresse. — Elle doit stipuler si le secours doit arriver à l'avant ou à l'arrière. Le secours ne doit venir de l'arrière que sur ordre écrit et pour un train arrêté à peu de distance du dépôt qu'il vient de quitter. » (Enq. sur l'expl. Recueil, 1858.) — Le secours peut, d'ailleurs, être demandé par un son de corne très allongé, suivi de sons brefs et saccadés et répétés de proche en proche. (*Id.*, Extr.)

II bis. Expédition et vitesse de la machine de secours. — Une circ. min. du 7 déc. 1859 a autorisé les comp. exploitantes, dans l'intérêt de la prompte expédition du secours, à faire circuler à la vitesse de 45 kilom. à l'heure les machines de réserve se dirigeant, tender en avant, à la rencontre des trains restés en détresse. — « Quant aux machines de secours qui se rendraient au-devant des trains avec une marche normale et qui conséquemment une fois attelées remorqueraient lesdits trains en marchant *tender en avant*, attendu que dans ces conditions un déraillement pourrait avoir des conséquences graves qu'il importe de prendre en considération, le ministre a décidé que la vitesse de marche des machines ainsi attelées devrait être maintenue à la limite maximum de 30 kilom. à l'heure. » (Même circ.). La vitesse doit être réduite à 25 kil., au maximum, lorsque le train est poussé par la machine. Voici d'ailleurs les principales mesures en vigueur sur la plupart des gr. réseaux pour la marche des machines de secours :

« Les mécaniciens des machines de réserve doivent toujours tenir ces machines en bon état et prêtes à partir. — Les machines partent au secours sur l'ordre donné par le chef de gare. — Si la machine croise le train en retard, elle continuera jusqu'au plus prochain croisement, pour revenir sur la même voie que le train. — Si le train a besoin d'aide, la machine de réserve l'accostera avec précaution et le poussera jusqu'au point où un croisement lui permettra de se mettre en tête. — Aucune machine ne doit s'approcher à plus de 1000m d'un train ou d'une machine en marche sur la même voie, sauf le cas où elle aurait été expressément demandée ou envoyée. Dans ce cas même, le mécanicien survenant sifflera longuement, et ne s'approchera du train qu'avec précaution. »

Marche à contre-voie. — Le mécanicien de réserve ne doit aller au secours d'un train à *contre-voie* que sur un ordre écrit. Dans ce cas, il devra s'avancer avec la plus grande prudence, en se réservant toujours la possibilité d'arrêter dans l'étendue de la voie qui lui paraîtra libre. — Voir aussi l'art. 23 du Code des signaux, au mot *Signaux*, § 5.

L'agent qui aura demandé une machine de secours à contre-voie devra, en outre, faire placer à 100m, au moins, en avant du train en détresse, un agent avec un signal d'arrêt pour prévenir le mécanicien de la machine demandée à contre-voie, qu'il approche du train.

Devoirs des chefs de gare. — Le chef de gare qui, partant au secours d'un train, sur la demande écrite qui lui en est faite ou sous sa propre inspiration, doit revenir à contre-voie, ne doit jamais omettre de laisser, à l'agent sous ses ordres qui le remplace à sa gare, l'ordre écrit de ne laisser passer ou partir aucun train ou machine avant son retour. (Instr. spéc.)

Avis aux commiss. de surv. — V. *Accidents*, § 2, *Détresse* et *Trains*, § 3.

III. Indications diverses. — 1° Accidents de machines isolées (V. *Mécaniciens*, § 3, 5°). — 2° Secours aux trains sur les sections à simple voie (V. les mots *Signaux*, § 5, et *Voie unique*, § 2). — 3° Secours en cas d'incendie (V. *Incendies* et *Pompes*). — 4° Secours aux ouvriers blessés (V. *Ouvriers*). — 5° Secours pécuniaires aux agents (V. *Personnel*, § 4).

SEIGLE.

Tarif gén. et tarifs spéc. — V. *Céréales* et *Déchets*.

SEL.

Conditions de transport. — Le prix fixé au tarif gén. du cah. des ch. (art. 42) pour le transport, à petite vitesse, du sel de consommation (sel gemme, sel hydraté des eaux mères des salines, sel marin) est celui de la 3e cl., soit 0 fr. 10 par tonne et par kilom. non compris frais accessoires). — *Déchets*. — V. ce mot.

Tarifs d'application. — Sur quelques lignes, la tarific. du cah. des ch. a été conservée, tandis que sur d'autres ch. de fer, cette nature de transport a été classée dans la 4e, dans la 5e et même dans la 6e série des tarifs gén. — V. *Réduction de tarifs*.

Tarifs spéciaux. — Diverses comp. appliquent aux expéditions de sacs de sel (gemme, marin, hydrate), par chargement de 500 kilogr. au minimum, des prix qui ne varient guère au-dessus ou au-dessous : 1° de 0 fr. 75 pour les parcours jusqu'à 100 kilom. ; maximum de taxe : 4 fr. 50 à 6 fr. par tonne, suivant les lignes (chargem. et déchargem. faits par les soins et aux frais des expé l. et des destinataires) ; 2° de 0 fr. 45 pour les parcours de 100 à 200 kilom. (maximum id. de 7 à 10 fr. ibid) ; 3° de 0 fr. 35 pour les parcours au-dessus de 200 kilom. — Sur quelques re-eaux le tarif du sel marin et du sel gemme en sacs, est de 0 fr 06 par 1000 kilogr. et par kilom., plus 1 fr. 50 par tonne pour frais accessoires, sous condition d'un parcours de 50 kilom., ou payant comme pour 50 kilom. Mais sur d'autres lignes les tarifs spéc. des mêmes expéd. ne paraissent pas avoir imposé la condition d'un minimum de parcours, et les prix sont par suite un peu plus élevés.

SÉMAPHORES.

Appareils destinés à maintenir entre les trains les intervalles réglementaires (Art. 16 et 32. Code des signaux, 15 nov. 1885). — V. *Signaux*, § 5.

SÉNATEURS.

Questions de personnel. — Cumul des fonctions d'admin. des ch. de fer avec le mandat électif de sénateur ou de député. (Loi, 20 nov. 1883.) — V. *Conventions*.

Cartes d'abonnement (Circulation des sénateurs sur les ch. de fer). — *P. mém.*

Chambres parlementaires (Questions législatives). — V. *Commissions*.

SENS DU MOUVEMENT.

Prescription régl. (Art. 25, ordonn., 15 nov. 1846). — V. *Marche des trains*, § 2.

Indications diverses. — Voir les mots *Circulation*, *Croisements* et *Signaux*.

SÉQUESTRE.

I. Droit de l'administration. — Le droit du gouvernement de mettre un chemin de fer sous séquestre dérive implicitement des art. 38, 39 et 40 du cah. des ch. — V *Cahier des charges*. — Ce droit a été exercé à diverses reprises, notamment pour les lignes de la Croix-Rousse au camp de Sathonay, du réseau de la Vendée, de la ligne de Bondy à Aulnay-les-Bondy, etc.

Voici un Extr. du décret de mise sous séquestre (26 oct. 1864, chemin de la Croix-Rousse au camp de Sathonay ; Extr.). — « Art. 3. — Il sera procédé imméd., d'une part, à la vérification de la situation financière de la compagnie, au jour de l'établissement du séquestre, par un inspecteur g néral des finances, et, d'autre part, à la constatation des travaux par un inpecteur général des ponts et chaussées. — Art. 4. — A partir de ce jour, tous les produits directs ou indirects du chemin de fer seront perçus par l'administration du séquestre, nonobstant toutes oppositions ou saisies-arrêts, et seront spécialement appl qués, tant au service de l'exploitation qu'à l'exécution des travaux complém-ntaires, s'il y a lieu. — Les droits et les intérêts des actionnaires et des tiers sont et demeurent formellement réservés. »

Compte spécial du Trésor, intitulé : Séquestre administratif des chemins de fer (Loi du 8 mars 1878, *Extr.*). — « Art. 1er. — Le min. des fin. est autorisé à créer parmi les services spéc. du trésor, un compte intitulé : *Séquestre administratif des ch. de fer,* auquel seront imputées en dépense, dans la limite des crédits votés, les avances nécessitées par les travaux et achats à faire aux ch. de fer placés sous le séquestre de l'État. — Art. 2. — Une loi ultérieure déterminera les voies et moyens destinés à solder le compte spécial créé par l'art. 1er. — Art. 3 et 4. — (Ouverture au compte spécial susmentionné d'un crédit pour les travaux et achats concernant les lignes formant le réseau de la Vendée) ». — *P. mêm.*

Cessation du séquestre. — Des décrets spéc. autorisent, lorsqu'il y a lieu, la levée du séquestre. Ils contiennent la clause invariable ci-après : « Les motifs qui ont amené la mise du chemin sous le séquestre n'existant plus aujourd'hui, il n'y a aucun inconvénient à rendre à la comp. la libre disposition de son exploitation. »

Position des administrateurs. — « Les anciens admin. d'un ch de fer, mis sous le séquestre, ont pu continuer à représenter en justice la comp. de ce chemin après la mise sous le séquestre, quoique le décret nommât un nouvel administrateur pour les remplacer. Du moins, le moyen de cass. fondé sur ce que la comp. aurait été irrégulièrement représentée dans cette instance ne peut être présenté pour la première fois devant la C. de cass. On ne peut pas dire qu'un moyen tiré de l'inobserv. des dispositions constitutives d'un séquestre engendre une nullité d'ordre public, quoique le séquestre ait été ordonné dans l'intérêt de l'État et du public, plus encore que dans celui de la compagnie » (C. C., 1er avril 1862.)

Position des agents. — « L'agent d'un chemin de fer mis sous séquestre n'est en rien assimilable à un fonctionnaire public. » (C. C., 9 janvier 1852.)

Droit des obligataires (Séquestre d'une ligne mise en faillite) (V. *Faillite*). — *Chemin rétrocédé à l'État* (question de séquestre). — V. *Obligations*, § 3.

II. Séquestre du matériel en cas d'accident. — Il est de règle élém. que les offic. de police judic. ont le droit de mettre sous séquestre les pièces de conviction ; mais la mise sous séquestre de locomotives ou de wagons, à l'occasion d'accidents, est une mesure rarement motivée sur les ch. de fer, où les premières constatations, lorsqu'elles sont faites conf. aux ordres de service, présentent génér. une précision suffisante (V. *Accidents*). Il est toujours facile, d'ailleurs, de retrouver, au moins pendant la période de l'instr., les wagons, machines et engins qu'il peut être nécessaire de soumettre à une vérific. spéc. Les comp. sont intéressées, en effet, à remiser ces objets pour étudier, lorsqu'il y a lieu, par devers elles, les causes des avaries. — V. *Essieux.*

Marchandises refusées, mises en séquestre ou dépôt (Applic. de l'art. 106 du C. de comm.). — V. *Entrepôt* et *Laissé pour compte.*

SERGENTS DE VILLE.

Police d'ordre. — Les sergents de ville concourent à la police d'ordre dans les gares, not dans les jours de gr. affluence, soit sur la demande des comp., soit par suite de l'initiative des autorités publiques ; mais ils ne doivent jamais, sous aucun prétexte, s'immiscer de leur propre chef dans les questions concernant exclusivem. l'*expl.* des ch. de fer, même lorsque les voyageurs leur adressent directement leurs plaintes.

SÉRIES DE MARCHANDISES.

Transformation, en séries, des classes du tarif général (avec réduction pour certaines marchandises). — V. *Classification, Marchandises* et *Tarifs.*

1re *Limitation des séries.* (Extr. d'une circ. min., 9 févr. 1861, portant envoi d'un modèle de tarif.) — « Quant à la division des classes en séries tarifables, c'est une opération que j'ai dû vous laisser le soin de faire. Vous pourrez donc diviser les classes du Modèle en autant de séries que vous jugerez convenable, sans dépasser, autant que possible, le nombre de six ; vous assignerez à chaque série, dans les limites du maximum légal de la classe correspondante, le prix que votre comp. croira devoir fixer... Je crois inutile de dire que toutes les marchandises inscrites dans les classes devront figurer dans les séries et qu'il ne devra être ajouté, dans les séries, aucune marchandise qui ne figurerait pas dans les classes. »

Unification des séries (Circ. min., 2 nov. 1881, et documents divers). — V. les mots *Réduction de tarifs* et *Tarif* (d'application).

SERMENT.

Prestation du serment professionnel. — *Formalités.* — Voir *Assermentation.*

SERVICE.

Organisation et répartition. — 1° Service général et attributions distinctes (Voir *Agents, Administration, Compagnies, Contrôle* et *Personnel ;* — 2° Services de grande et petite vitesse (V. *Marchandises, Messagerie, Tarifs* et *Voyageurs*) ; — 3° Service médical (V. *Appareils, Maladies, Médecins* et *Secours*) ; — 4° Services publics divers (V. *Contributions, Douane, Octroi, Postes, Télégraphie*) ; — 5° Service de nuit (Circulation interrompue pendant la nuit, sur la ligne) (V. *Disques,* § 4) ; — (*Id.,* sur les passages à niveau) Circ. min., 18 et 19 mai 1881, etc. (V. *Passages à niveau,* § 4) ; — (Surveillance du service de nuit) (V. *Surveillance*) ; — 6° Service commun entre compagnies (V. *Service commun*) ; — 7° Service international (Conventions, etc.) (V. *Douane, Frontière, Service international* et *Tarifs*) ; — 8° Service militaire des chemins de fer (Réquisitions, etc.). — V. *Service militaire.*

SERVICE COMMUN.

I. Partage de l'usage des stations. — D'après le dernier paragraphe ajouté à l'art. 61 des anciens cah. des ch., « la comp. sera tenue, si l'admin. le juge convenable, de partager l'usage des stations établies à l'origine des ch. de fer d'embranch. avec les comp. qui deviendraient ultérieurem. concess. desdits chemins. — En cas de difficultés entre les comp. pour l'applic. de cette clause, il sera statué par le gouvernement. » — Le même art. 61 du cah. des ch. contient d'ailleurs, outre les paragr. relatifs à la faculté pour les comp. concess. de lignes d'embranch. ou de prolongem., de faire circuler, sous certaines conditions, leurs voitures, wagons ou machines sur les lignes déjà concédées, diverses prescriptions générales relatives à la régularité du service au point de jonction. — Voir à ce sujet le mot *Gares,* § 7.

Trafic direct d'une compagnie à l'autre. — 1° Service des voyageurs, des bagages et chiens et des divers transports à gr. vitesse (V. *Correspondance,* § 2, et *Trafic,* § 3). — 2° Service de petite vitesse (V. *Délais, Règles à suivre, Trafic,* § 3, *Transbordement* et *Transmission*). — 3° Reconnaissance contradictoire des colis et marchandises aux gares de jonction. — Pour ces détails du service intérieur des compagnies (V. *Reconnaissance* et *Règles à suivre*). — Voir aussi le nota ci-après :

Nota. — Des ordres de service intérieurs concertés entre les compagnies elles-mêmes règlent minutieusement tout ce qui concerne le passage direct d'une ligne sur l'autre des marchandises de toute nature et du matériel roulant. Nous avons donné à leur place (Voir les références ci-dessus) quelques extraits des indications dont il s'agit, autant que peuvent le permettre, en général, ces instructions un peu compliquées et dissemblables pour les divers réseaux. C'est même pour mém. et comme simple renseign. que nous signalons la simplification suivante apportée au service commun entre deux grandes compagnies (*Ordre spéc.*, janv. 1886) :

« En exécution d'un accord intervenu entre les comp. du ..... et d' ....., la *reconnaissance contradictoire* actuellement effectuée lors des remises de comp. à comp. aux gares de soudure est supprimée pour les marchandises à grande et à petite vitesse, sauf pour les finances et valeurs. Il n'est plus dès lors exigé de réserves pour les avaries ou manquants, autres que ceux survenus aux finances et valeurs, qui peuvent être constatés au passage d'un réseau sur l'autre. — Les indemnités à payer à destination pour avaries, manquants, retards, etc., survenus aux expéditions du trafic direct des deux compagnies), en exceptant toujours celles qui concernent les finances et valeurs, sont partagées entre les deux comp. au prorata kilométrique, *quelle que soit la cause* de l'avarie, du manquant, du retard, etc..... » (Suivaient les détails relatifs aux écritures et aux opérations du régime nouveau.)

Service commun entre ch. de fer et voies de terre (Voir *Correspondance* et *Réexpédition*). — Idem, entre les ch. de fer et les services de navigation. — V. *Navigation*, § 7.

II. Régularité du service aux gares de jonction. — L'art. 61 précité du cah. des ch. impose aux comp. l'obligation « d'assurer le service de transport de manière qu'il ne soit jamais interrompu aux points de jonction des diverses lignes ». — Les mesures rappelées au § 1er ont eu pour objet de répondre à cette disposition, mais néanmoins diverses difficultés s'étant élevées entre les comp. de ch. de fer, au sujet de leurs relations de service aux points de jonction des différents réseaux, et ces difficultés ayant eu pour résultat d'entraver le service des voyageurs et des marchandises, transitant d'une ligne sur la ligne voisine, un arrêté min. du 14 août 1875 avait institué pour l'étude du service des gares de jonction une comm. spéc., qui a fonctionné jusqu'au 31 janv. 1878, époque où elle a été supprimée par arr. min. portant cette dernière date. — La commission dont il s'agit a laissé certainement bien des questions à résoudre, mais sa tâche sera continuée par le *Comité consultatif permanent des chemins de fer*, réorganisé à la même date du 31 janv. 1878 et qui est « nécessairement consulté sur les rapports des comp. entre elles et avec les concess. des ch. de fer dits d'embranch. ou de prolongement ». — V. *Comités*, § 1.

III. Indications diverses. — 1° *Réclamations à l'arrivée* (au sujet des expéditions empruntant plusieurs réseaux) (V. *Avaries, Bagages, Commissionnaires, Erreurs, Responsabilité, Retards*). — 2° *Constatations du contrôle dans les gares de jonction* (V. *Constatations*). — 3° *Gares de triage* (servant sur quelques grandes lignes à la réception et à la distribution des wagons à marchandises à réexpédier sur telle ou telle direction). — P. mém. — 4° *Litiges divers.* — V. *Litiges.*

SERVICE INTERNATIONAL.

I. Organisation du service international. — 1° Travaux de ch. de fer dans la zone frontière (V. *Zones*). — 2° Installation du service douanier (V. *Douane*). — 3° Tarifs d'exportation et de transit (V. *Exportation* et *Tarifs*). — 4° *Surv. de l'exploitation à la frontière* (en dehors des questions de douanes et de tarifs) (V. *Frontière*). — 5° Visite et réception du matériel international (V. le même mot). — 6° Traités pour l'établ. et l'expl. des lignes internationales (V. ci-dessous, § 2). — 7° *Litiges divers*, id., § 3.

II. Spécimen des dispositions relatives à la voie, au matériel et à l'expl. des lignes internationales. — Indic. contenues dans les lois et conv. des 4 avril 1874,

21 mars 1878 et 7 janv. 1879, relatives au service intern. de divers ch. français et belges notamment des lignes de Lille à Commines, de Tourcoing à Menin, de Cambrai à Dour, de St-Amand à Antoing et de Montmédy à Virton, et documents divers.

(*Ext. des conventions.*) « Art. 3. (*Voie et Matériel*) — Chacun des deux gouvernem. arrêtera et approuvera les projets relatifs à la construction, sur son territoire, des ch. de fer dont il s'agit..... — La largeur de la voie entre les bords intérieurs des rails sera, dans les deux pays de 1ᵐ,44 au moins et de 1ᵐ,45 au plus. — Les tampons des locomotives et des wagons seront établis de telle manière qu'il y ait concordance avec les dimensions adoptées sur les chemins de fer en exploitation dans les deux pays. — Au sujet de la différence d'écartement des rails entre pays, notamment à la frontière d'Espagne, V. *Frontière*.

4. — (*Exploitation.*) — Les deux gouvernem. rechercheront les moyens d'obtenir que la section comprise entre les stations frontières de chacun des ch. de fer et située partie sur le territoire français et partie sur le territoire belge, soit exploitée par une seule comp. ou admin. — Ils permettront que les comp. ou admin. chargées de l'expl. sur les deux territoires s'entendent à ce sujet. En cas d'accord à cet égard, accord qui sera soumis à l'approb. des hautes parties contractantes, les deux gouvernem. se réservent de s'entendre ultérieurement, en ce qui concerne cette expl., par voie de correspondance.

5. — (*Expl. commune.*) — Toute admin. à laquelle sera confiée l'expl. commune de parties française et belge du ch. de fer devra désigner, tant en France qu'en Belgique, un agent spéc. et un domicile d'élection où devront être adressés les ordres, les communic. et les réquisitions que les gouv. respectifs et les autorités compétentes auront à faire parvenir à cette admin.

6. — (*Règlements.*) — Les deux gouvernements s'engagent à faire rédiger les règlements de police pour ces chemins de fer, autant que possible, d'après les mêmes principes, et à faire organiser l'exploitation, autant que faire se pourra, d'une manière uniforme.

7. — (*Correspondance et nombre de trains.*) — Les deux gouvernements feront, d'un commun accord, en sorte que dans les stations dans lesquelles, tant en France qu'en Belgique, le chemin de fer sera relié avec ceux existant dans les deux pays, il y ait, autant que possible, correspondance entre les départs et les arrivées des trains les plus directs Ils se réservent de déterminer le minimum des trains destinés au transport des voyageurs, minimum qui ne pourra, dans aucun cas, être moindre de deux par jour, dans chaque direction.

8. — (*Voyageurs et marchandises.*) — Sur tout le parcours du ch. de fer, il ne sera pas fait de différence entre les sujets des deux Etats, quant au mode et au prix de transport et au temps de l'expédition. — Les voyageurs et les marchandises passant de l'un des deux Etats dans l'autre ne seront pas traités, sur le territoire des Etats dans lequel ils entreront, moins favorablement que les voyageurs et les marchandises circulant à l'intérieur de chacun des deux pays.

9. — (*Passeports.*) — Les deux gouv. conviennent réciproquement que les formalités à remplir pour la vérific. des passeports et pour la police concernant les voyageurs seront réglées de la manière la plus favorable que le permet la législation de chacun des deux Etats.

10. — (*Visites de douane.*) — Pour favoriser autant que possible l'expl. du ch. de fer, les deux gouv. accorderont aux voyageurs, à leurs bagages et aux marchandises transportées, en ce qui concerne les formalités d'expéd. en douane, toutes les facilités compatibles avec les lois douanières et les règl. gén. des deux Etats, et spéc. celles qui sont déjà ou seront ultérieurement accordées sur tout autre ch. de fer traversant la frontière de l'un des deux Etats. — Les marchandises et bagages transportés de l'un dans l'autre des deux pays, à destination de stations autres que celles situées à la frontière, seront admis à passer outre jusqu'au lieu de leur destination, sans être soumis aux visites de la douane dans les bureaux de la frontière, pourvu qu'à ce lieu de destination se trouve établi un bureau de douane, qu'il soit satisfait aux lois et aux règl. généraux, et pour autant que, dans certains cas, d'après ces lois et règl., la visite ne soit pas jugée nécessaire ailleurs. — Les deux gouvernem. se confèrent réciproquement le droit de faire escorter par leurs employés de douane les convois circulant entre les stations frontières des deux pays (1).

----

(1) Au mot *Frontière*, § 1, nous avons mentionné la convention internationale (approuvée par décret du 31 *août* 1883 et non 12 nov. 1883, comme on l'a imprimé par erreur), pour la nouvelle percée d'*Espagne*, dans les Pyrénées-Orientales, par Cerbère et Port-Bou. — Nous détachons de ce document les indications ci-après qui se rapportent aux questions importantes de visites et formalités de douane, à la frontière et à l'arrivée à destination. — « *Art. 7.* — Pour faciliter aux comp. les moyens de faire leurs déclarations en pleine connaissance de cause, les chefs de services des douanes sont autorisés à leur permettre d'examiner, avant la déclaration, les marchandises importées de l'étranger, de les décharger même, et d'en prélever des échantillons, afin d'en reconnaître la qualité ou la valeur. — *Art. 8.* — Tout colis pesant moins de 25 kilogr. ne pourra être admis que dans un wagon à coulisses. Toutefois, ceux de ces colis qui formeront excédant de charge pourront être placés dans des caisses ou paniers agréés par la douane du lieu

11. — (*Service des postes.*) — Les comp. ou admin. chargées de l'expl. du ch. de fer seront tenues, en ce qui concerne le service des postes, entre et dans les stations frontières, de remplir les obligations dont l'indication suit : — 1° Transporter gratuitement, par chaque convoi pour voyageurs, les voitures de la poste des deux gouvernements avec leur matériel de service, les lettres et les employés chargés du service ; — 2° Transporter gratuitement, tant que les deux gouv. ne feront pas usage de la faculté mentionnée au paragr. précédent, les malles de la poste et les courriers qui convoient les malles, dans un ou deux compartiments d'une voiture ordinaire de deuxième classe ; — 3° Accorder aux employés de l'admin. postale la libre entrée des voitures destinées au service de la poste et leur laisser la faculté de prendre et de remettre les lettres et les paquets ; — 4° Mettre à la disposition des adm. postales des deux Etats, dans les stations qui seront désignées à cet effet, un emplacement sur lequel elles pourront établir les bâtiments ou hangars nécessaires au service de la poste et dont le prix de location sera fixé de gré à gré ou à dire d'experts ; — 5° Etablir, autant que faire se pourra, entre l'expl. du ch. de fer et le service du transport des lettres, la conformité qui sera jugée nécessaire par les deux gouv. pour obtenir un transport aussi régulier et aussi prompt que possible. Les admin. des postes des deux Etats s'entendront entre elles, relativem. à l'emploi du ch. de fer pour le service postal entre les stations frontières.

12. — (*Télégraphie.*) — Les deux gouvernements consentent à ce qu'il soit établi des télégraphes électro-magnétiques pour le service du ch. de fer. — Des télégraphes électro-magnétiques pour le service international et public pourront également être établis le long du ch. de fer par les soins des deux gouvernements, chacun sur son territoire.

13. — La présente convention sera ratifiée, etc., etc. »

II bis. Mesures internationales (*au sujet des transports contagieux*). — 1° Typhus contagieux du bétail (Voir *Bestiaux*, *Désinfection* et *Police sanitaire*). — 2° Expéditions interdites en vue de combattre l'invasion du phylloxéra. — *Lois des 15 juillet* 1878 *et 2 août* 1879 (réservant au min. de l'agric. et du comm. le droit et le soin de prendre des mesures contre l'extension du phylloxéra et au sujet des transports qui peuvent s'y rattacher). — *P. mém.*

Exécution de la convention internationale phylloxérique de Berne et documents divers (relatifs au transport des plants de vigne, etc.). — V. *Phylloxéra.*

III. Litiges relatifs au trafic international. — 1° Irrégularités de douane (Indications diverses). C. C., 4 déc. 1876, 11 févr. 1878 et trib. comm. Seine, 9 avril 1869. (V. *Douane*). — 2° Choix de l'itinéraire des marchandises (obligations de la comp. de départ). C. C., 24 avril 1872, 4 août 1885, etc. (V. *Exportation*, § 2, et *Itinéraire*, § 3 *bis*). — 3° Perte de bagages (V. *Bagages*, §§ 8 et 9). — 4° *Avarie, perte ou retard* (de marchandises) (V. ces mots. — Voir aussi le 7° ci-après). — 5° Violation de tarifs, erreurs de taxes, etc. (combinaison des tarifs pour l'aller et le retour ou pour des sections différentes). C. C. 27 juill. 1869, 18 fév. 1874 et 4 juin 1877 (V. *Tarifs*, § 9) (*Réparation des erreurs*). — Au cas de surtaxes, l'expéditeur ou le destinataire sont en droit de s'adresser, le premier à la comp. de départ, le second à celle d'arrivée, pour obtenir la restitution du trop perçu (V à ce sujet au mot *Erreurs et Tarifs*, § 9 le résumé des arrêts de la C. de Cass. des 29 juill. 1874 et 2 juil 1879). — 6° *Exportation par voie de détaxe*,

---

et mis sous plombs ou cadenas. — Il pourra de même être fait usage de paniers, lorsque les colis ne seront pas en assez grand nombre pour remplir un wagon. — Art. 9. — A l'arrivée des marchandises au lieu de destination, elles seront déposées dans des locaux spéciaux de la gare, agréés par l'adm. des douanes et susceptibles d'être fermés. — Elles y resteront sous la surv. non interrompue des employés des douanes et en seront enlevées pour la consommation, pour l'entrepôt ou pour le transit, après l'accompliss., dans les délais voulus, des formalités prescrites par les régl. de chaque pays. — Les marchandises extraites de ces lo aux pour le transit, sous le régime du présent régl., ne seront soumises à la visite ni au moment de l'enlèvement ni à la sortie du territoire....... — Art. 11. — Les bagages seront, en général, visités aux stations frontières de *Cerbère* et de *Port-Bou*. — Néanmoins, toutes les fois que la demande en sera faite, soit par les comp. soit par les voyageurs, cette visite pourra être réservée à une douane intérieure spécialem. autorisée à cet effet. — On procédera, dans ce cas, suivant les règles applicables aux convois de marchandises ; et les bagages, placés dans les wagons plombés, seront accompagnés d'une *feuille de route*, ainsi que d'une expédition de douane. » (*Extr.*).

(observation rigoureuse du délai pour la détaxe), C. C., 21 févr. 1872 (V. *Exportation*).
— Questions diverses de responsabilité. — V. le § spéc. 7° ci-après :

7° *Obligations réciproques des compagnies*. (Responsabilité, Compétence.) — « Par son seul
refus de recevoir une expédition régulière de marchandises, une comp. de ch. de fer contrevient
au cah. des ch. de sa concession et devient passible de domm.-intér., sans qu'aucune mise en
demeure soit nécessaire, dès qu'elle a laissé passer le délai fixé par l'exéc. de son obligation de
transport. — Les trib. français sont compétents pour connaître d'une obligation prétendue par
une comp. française contre une comp. étrangère. — Ils n'excèdent pas leurs pouvoirs, mais en
usent régulièrement, en interprétant alors la législation étrangère ; et dans le cas où ils commettraient une erreur dans leur interprétation, cette contravention à la loi étrangère ne constituerait qu'un mal jugé et ne donnerait point ouverture à cassation. » (C. Cass., 18 février 1874
et 31 mars 1875.) — *Que tions de respon-abilité* (pour *avaries, pertes, retards* ou *détournements de bagages ou de marchandises*). — D'après un arrêt de la C. de cass., 9 avril 1879,
l'expéditeur et le destinataire, au cas d'irrégularité dans un transport international, sembleraient
pouvoir actionner indistinctement les divers commissionn. qui ont concouru à ce transport,
même le commissionn. à qui ils n'ont pas remis leurs marchandises ; mais un grand nombre
d'autres décis. mentionnées ou résumées au mot *Transports*, § 3, n'ont rendu l'une ou
l'autre des comp., directement att.-quable. que si elle se trouve *personnellem. en faute* ou si elle
s'est *substituée* aux obligations de la 1re comp. à qui a été confié le transport. — *Action civile.*
(*Mise en cause de la compagnie du lieu de destination.*) — Enfin, d'autres arrêts de la Cour
supér. considèrent comme légale la clause du tarif international d'après laquelle en cas d'accident, retard ou perte, le *dommage doit toujours être réglé au point de destination*, s'il y a
lieu, devant les tribunaux de ce lieu (V. *Action civile*). — Il n'en est pas moins vrai qu'à
défaut de règles absolument identiques et précises à ce sujet, les affaires en question se trouvent
assujetties à des appréciations divergentes préjudiciables au commerce entre pays. — Il serait
par conséquent à désirer, comme il est rappelé au mot *Transports*, § 3, qu'on puisse arriver à
réaliser en cette matière les simplifications recommandées par le congrès international des transports. — Voir *Congrès.*

8° Indications diverses. — V. *Trafic international* et *Transports*, § 1 bis.

SERVICE MILITAIRE DES CHEMINS DE FER.

I. Indications relatives aux services divers de l'armée (en matière de chemins de
fer). — Extrait des lois et décrets se rapportant à cet objet.

1° Organisation établie par la loi du 13 mars 1875 (constitution des cadres et des
effectifs de l'armée active et de l'armée territoriale).

Loi, 13 mars 1875. (Ext.) — *Titre 1er.* — De l'armée active. — CHAP. 1er. Composition de
l'armée active. — *Art. 1er.* L'armée active se compose... 3° des services particuliers, savoir :
... Le service des ch. de fer...
CHAP. 2. Troupes. — *Art. 6.* Les troupes de génie... Chaque régiment comprend... 1 compagnie d'ouvriers de chemins de fer (1)...
CHAP. 4. Etats-majors et services particuliers... 11° SERVICE MILITAIRE DES CH. DE FER...
Art. 22. — Le service mil. des ch. de fer comprend en temps de guerre : — 1° Le service en 1 çà de la base d'opérations sur laquelle l'armée se réunit ; — Le service au delà de
cette base.
23. — Le service en deçà de la base d'opérations est assuré, en exéc. de l'art. 26 de la loi
du 24 juillet 1873, par les ressources et les moyens ordinaires des comp. de ch. de fer. requises
à cet effet (2). — Ce service est préparé, dirigé et surveillé par une *commission militaire supé-*

---

(1) D'après les tableaux annexés à la loi, le cadre d'une compagnie d'ouvriers militaires de
ch. de fer présente la même composition que la compagnie de sapeurs-pompiers, ce qui donne
pour la compagnie : *Officiers* 4, — *Hommes des cadres* 28, — *Soldats* 100, — soit pour l'effectif
total de la compagnie : 132 hommes — plus 1 enfant de troupe. — Au sujet de l'*instruction* de
ces ouvriers. voir la note particulière insérée au mot *Génie*.
(2) Voici le texte du dit article 26 de la loi du 24 juillet 1873, sur l'organis. gén. de l'armée
(*Titre III — Incorporation — Mobilisation*). — *Art. 26.*) — « En cas de mobilisation ou de
guerre, les comp. de ch. de fer mettront à la disposition du ministre de la guerre tous les moyens
nécessaires pour les mouvements de la concentration des troupes et du matériel de l'armée.
— Un service de marche ou d'étapes sera organisé sur les lignes de ch. de fer par un règl.
ministériel. »

rieure des chemins de fer, instituée d'une manière permanente sous l'autorité du ministre de la guerre, et sous les ordres de laquelle fonctionnent des commissions de lignes et des commissions d'étapes. — La commission mil. supér. des ch. de fer est composée de membres civils, dont deux présentés par les six grandes comp. de ch. de fer. et de membres militaires. Elle est présidée par un général de division. — Les membres civils sont nommés par le min. des tr. publ., les membres militaires par le min. de la guerre et de la marine. — V. la nouvelle organis. au mot *Commission*, § 6.

24. — Le service au delà de la base d'opérations est dirigé par une commission placée à l'état-major gén. de chaque armée, laquelle prend le nom de direction militaire des ch. de fer de campagne. — L'exéc. du service est confiée à des commissions mil. de ch. de fer de campagne, autant que possible en nombre égal à celui des voies ferrées principales utilisées par les armées : les présidents de ces commissions ont sous leurs ordres : 1° Les commandants militaires d'étapes établies sur les voies ferrées, conf. à l'art. 26 de la loi du 24 juillet 1873 ; 2° un personnel d'exécution.

25. — Le personnel d'exécution comprend : 1° Les compagnies d'ouvriers des ch. de fer du génie mentionnées en l'art. 6 de la présente loi : les cadres et les effectifs de ces compagnies sont complétés au moment de la mobilisation avec les militaires de la disponibilité et de la réserve employés dans les comp. ou au service du contrôle des ch. de fer ; — 2° Des sections d'ouvriers de ch. de fer, organisées en tous temps et d'une manière distincte par les soins et avec les ressources des diverses comp. des ch. de fer ; le personnel de ces sections est recruté parmi les ingénieurs et employés attachés au service des compagnies, soit volontairement, soit assujettis au service militaire en exéc. de l'art. 36 de la loi du 27 juillet 1872 (1).

Dans le but d'assurer le recrutement, en cas de mobilisation, des compagnies d'ouvriers des ch. de fer du génie, un certain nombre de militaires, ayant accompli dans l'arme du génie une année de service effectif sous les drapeaux, sont détachés dans les comp. de ch. de fer, pour y compléter leur instruction professionnelle. Une convention entre l'Etat et les compagnies déterminera les conditions dans lesquelles sera donnée cette instruction. — Les militaires mis à la disposition des comp. de ch. de fer seront considérés comme étant en congé, pendant le temps qu'ils passeront dans ces compagnies. — Dans le cas où ils viendraient à quitter ces comp., pour une cause quelconque, ils devront rejoindre leurs corps dans les délais réglementaires. — Ces délais commenceront à courir du jour de la cessation du service ou de l'absence du service non autorisée par l'autorité militaire — La constatation de la cessation du service ou de l'absence non autorisée aura lieu par l'autorité militaire, soit d'office, soit sur l'avis des compagnies.

26. — Les nominations relatives aux cadres des sections mentionnées en l'art. précédent sont faites : pour les officiers, dans les formes déterminées pour la nomination des officiers au titre auxiliaire ; pour les autres grades, par le min. de la guerre ; les unes et les autres, sur les propositions des comp. approuvées par le min. des tr. publ. — Le contrôle de ces sections est constamment tenu à jour ; un état des mutations survenues est adressé tous les six mois au min. de la guerre.

27. — Des décrets rendus sur la proposition des min. de la guerre, de la marine et des tr. publ., régleront la composition et les attributions de la commission militaire supérieure des ch. de fer, des commissions de lignes et d'étapes, ainsi que celle des directions militaires des chemins de fer de campagne, des commissions militaires et des commandements d'étapes. — Ces directions, commissions et commandements comprendront un membre appartenant au service des ch. de fer. — Les su-dits décrets détermineront également, les comp. entendues, la composition des sections d'ouvriers de ch. de fer, le nombre de ces sections qui doivent être organisées à l'avance par les soins et avec les ressources de chaque compagnie et arrêteront l'ensemble des dispositions nécessaires pour compléter l'organisation du service militaire des ch. de fer. » .....
(Loi, 13 mars 1875, *Ext.*)

---

(1) Voici le texte du dit article 36 de la loi du 27 juillet 1872 sur le *recrutement de l'armée* (Titre III, du *service militaire*). — « Art. 36. — Tout Français qui n'est pas déclaré impropre à tout service militaire fait partie : — De l'armée active pendant cinq ans. — De la réserve de l'armée active pendant quatre ans ; — De l'armée territoriale pendant cinq ans. — De la réserve de l'armée territoriale pendant six ans : — 1° L'*armée active* est composée, indépendamment des hommes qui ne se recrutent pas par les appels, de tous les jeunes gens déclarés propres à un des services de l'armée et compris dans les cinq dernières classes appelées ; — 2° La *réserve de l'armée active* est composée de tous les hommes également déclarés propres à un des services de l'armée et compris dans les quatre classes appelées immédiatement avant celles qui forment l'armée active ; — 3° L'*armée territoriale* est composée de tous les hommes qui ont accompli le temps de service prescrit pour l'armée active et la réserve ; — 4° La *réserve de l'armée territoriale* est composée des hommes qui ont accompli le temps de service pour cette armée. — L'armée territoriale et la deuxième réserve sont formées par régions déterminées par un règl. d'adm. publique ; elles comprennent, pour chaque région, les hommes ci-dessus désignés aux paragr. 3° et 4° et qui sont domiciliés dans la région. »

Décrets rendus en vertu de la loi du 13 mars 1875. — 1° Attributions de la commission militaire supérieure des ch. de fer : décret, 30 mars 1886 (V. *Commissions,* § 6). — 2° Organisation des directions militaires des ch. de fer de campagne. Décret 9 juin 1883 (*P. mém.*). — 3° Création d'une dir. gén. des ch. de fer et des étapes aux armées. — Décret 7 juill. 1884 (*P. mém.*). — 4° Organisation et admin des sections techniques d'ouvriers de ch. de fer de campagne. — Décret du 23 déc. 1876, modifié par décrets du 18 juill. 1878 et du 5 juill. 1881 (*P. mém.*). — 5° Organisation de la télégraphie militaire. — Décret du 23 juill. 1884 (*P. mém.*).

Mesures en cas de mobilisation ou de guerre. — 1° Transports par ch. de fer. — Art. 26, loi 24 juill. 1873 (Voir ci-dessus, 2° note du § 1er). — 2° *Réquisitions* opérées en vertu de la loi du 3 juillet 1877 et du décret du 2 août 1877. — V. *Guerre,* § 2.

II. **Transports militaires** (*conditions du cah. des ch.*) et questions diverses. — V. *Militaires, Mobilisation, Non-disponibles, Réservistes, Trains et Transports.*

SERVICES PUBLICS.

Stipulations diverses (Art. 54 et suiv. du cah. des ch.). — V. *Cah. des ch.* — V. aussi *Administrations, Douane, Militaires, Réquisitions, Postes, Télégraphie, Travaux* et *Traités.*

SERVITUDES.

Obligations de droit commun. — V. art. 637 et suivants, C. civil. — *P. mém.*

Servitudes pour conduite d'eau. — (Ext. d'un arrêt du C. d'Etat, 20 mars 1874) : — « Le jugem. qui a prononcé l'expropr. de diverses parcelles, appartenant au sr d'Autun, a eu pour effet de transmettre à la comp. la propriété des terrains expropriés affranchie de tous privilèges, hypothèques, droits d'usage et servitudes Dès lors le réclamant aurait dû faire valoir devant le jury, comme un des éléments de l'indemnité à lui due, la valeur que pourrait avoir à la source dont les eaux n'arrivaient devant son château qu'en parcourant tout d'abord une conduite en poterie dont les tuyaux traversaient souterrainement les terrains acquis par la compagnie En interceptant cette conduite d'eau par les travaux qu'elle a exécutés postérieurement à l'époque où elle est devenue propriétaire desdits terrains, la comp. n'a pas causé au sr d'Autun un dommage nouveau et non prévu lors de la décision du jury, et pouvant lui donner droit à une indemnité distincte de celle que lui a allouée ladite décision. » — V. aussi *Dommages, Prises d'eau* et *Sources.*

Servitudes propres au chemin de fer. — V. *Alignements, Carrières, Clôtures, Couvertures en chaume, Dépôts, Ecoulement des eaux, Gr. Voirie, Mines, Occupation de terrains Passages à niveau, Propriétés riveraines,* etc.

Servitudes militaires. (*Extr. du décret du 10 août 1853.*) — « Art. 5. — Les servitudes défensives autour des places et des postes s'exercent sur les propriétés qui sont comprises dans trois zones commençant toutes aux fortifications et s'étendant respectivement aux distances de 250m, 487m et 974m pour les places, et 250m, 487m et 584m pour les postes...

7. — Dans la première zone de servitudes autour des places et des postes classés il ne peut être fait aucune construction de quelque nature qu'elle puisse être, à l'exception, toutefois de clôtures en haies sèches ou en planches à claire-voie, sans pans de bois ni maçonnerie, lesquelles peuvent être établies librement. — Les haies vives et les plantations d'arbres ou d'arbustes formant haie sont spécialement interdites dans cette zone.

8. — Au delà de la première zone jusqu'à la limite de la deuxième, il est également interdit, autour des places de la première série, d'exécuter aucune construction quelconque en maçonnerie ou en pisé. M is il est permis d'élever des constructions en bois et en terre, sans y employer de pierres ni de briques, même de chaux ni de plâtre, autrement qu'en crépissage, et à la charge de les démolir immédiatement, et d'enlever les décombres et matériaux, sans indemnité, à la première réquisition de l'autorité militaire, dans le cas où la place, déclarée en état de guerre, serait menacée d'hostilités. — Dans la même étendue, c'est-à-dire entre les limites de la première et de la deuxième zone, il est permis, tout autour des places de la deuxième série et des postes militaires, d'élever des constructions quelconques. Mais, le cas arrivant où

ces places et postes sont déclarés en *état de guerre*, les démolitions qui seront jugées nécessaires n'entraînent aucune indemnité pour les propriétaires.

9. — Dans la 3ᵉ zone de servitudes des places et des postes, il ne peut être fait aucun chemin, aucune levée ni chaussée, aucun exhaussement de terrain, aucune fouille ni excavation, aucune expl. de carrière, aucune construction au dessous du niveau du sol, avec ou sans maçonnerie, enfin aucun dépôt de matériaux ou autres objets sans que leur alignement et leur position aient été concertés avec les officiers du génie.. — Enfin, dans la même zone, il est défendu d'exécuter aucune opération de topographie sans le consentement de l'autorité militaire. Ce consentement ne peut être refusé, lorsqu'il ne s'agit que d'opérations relatives à l'arpentage des propriétés. »

10. (*Zone unique autour de Paris.*) — V. *Commission mixte...*

13. — Peuvent être exécutés dans les zones de servitudes, par exception aux prohibitions (précédentes) : — 1º Au delà de la première zone des places et des postes, les socles en maçonnerie ou en pierre, isolés ou servant de base à d'autres constructions et ne dépassant pas 0ᵐ,50 en hauteur et en épaisseur ;... — 6º Les murs de soutènement adossés au terrain naturel, sur toute la hauteur, sans déblais ni remblais, créant des couverts ou augmentant ceux qui existent ; — Enfin, les baraques en bois, mobiles sur roulettes, ayant au plus 2 mètres de côté et 2ᵐ,50 de hauteur de faîtage extérieurement...

17. — Les distances mentionnées à l'article 5, pour la détermination des zones de servitudes, sont comptées à partir de la crête des parapets des chemins couverts les plus avancés, ou des murs de clôture ou d'escarpe, lorsqu'il n'y a pas de chemin couvert, ou, enfin, quand il n'y a ni chemin couvert, ni mur de clôture ou d'escarpe, à partir du mur de la crête intérieure des parapets des ouvrages. »

Servitudes militaires spéc. aux ch. de fer. — V. *Entretien*, § 4, et *Zones*.

SIFFLET A VAPEUR.

I. Prescription réglementaire. — « A l'approche des stations, des passages à niveau, des courbes, des tranchées et des souterrains, le mécanicien devra faire jouer le sifflet à vapeur, pour avertir de l'approche du train. Il se servira également du sifflet comme moyen d'avertissement, toutes les fois que la voie ne lui paraîtra pas complètement libre. » (Art. 38, ord. du 15 nov. 1846.) — « La prescription qui précède ne peut pas être suivie d'une manière absolue : l'on comprend, en effet, que dans les parties où la voie se développe en alignement droit, et où les trains peuvent être aperçus de très loin, l'utilité du sifflet devient bien moindre ; il suffit en pareil cas que le mécanicien reste attentif à l'état de la voie et qu'il ne fasse usage du sifflet que si la voie ne lui paraît pas complètement libre. Mais il n'en saurait être de même à l'approche des stations, des passages à niveau existant dans les parties où le chemin de fer est en courbe, des tranchées et des souterrains ; dans chacun de ces cas, le mécanicien doit toujours siffler. » (Circ. min., 6 mai 1856.)

A la suite de cette circ., les comp. ont génér. recommandé aux mécaniciens de faire jouer le sifflet à vapeur comme signal d'avertissement : — 1º Avant de se mettre en marche ; — 2º A l'approche des disques de toutes les stations, quand bien même ils ne doivent pas s'y arrêter ; — 3º Toutes les fois qu'ils n'aperçoivent pas à un kilom. au moins devant eux la voie parfaitement libre et découverte. — Cette prescription est spéc. obligatoire à l'entrée et à la sortie des tunnels et des courbes en tranchées ou masquées, et à l'approche des pass. à niveau établis dans des tranchées ou dont les abords sont masqués.

« Les mécaniciens doivent également faire jouer le sifflet à vapeur toutes les fois qu'ils aperçoivent un train ou une machine venant à leur rencontre sur la voie opposée. »

Signaux divers (Approche des bifurcations, Serrage des freins, etc.). — D'après les anciens règl. « A l'approche des voies de garage ou de bifurcation, les mécaniciens devaient faire entendre : — *Un coup de sifflet prolongé pour aller à gauche* ; *Trois coups de sifflet prolongés pour aller à droite* (Exéc. d'une circ. min., 7 déc. 1858). » — De même, sur la plupart des lignes : — Un coup de sifflet *prolongé* appelait l'attention. — Plusieurs coups de sifflet *saccadés* commandaient de *serrer les freins* ; et un coup de sifflet *bref* de les *desserrer*. Ces diverses dispositions ont été modifiées et uniformisées comme il suit dans le nouveau *Code des signaux* (15 nov. 1885), inséré *in extenso* au mot *Signaux*, § 5, et dont voici l'ext. en ce qui touche les signaux faits au moyen du sifflet des machines.

Règl. 15 nov. 1885 (Extr.). *Section 2.* — (*Signaux du mécanicien.*) — Art. 28. — Le mécanicien communique avec les agents des trains ou de la voie par le sifflet de sa machine.

Un coup prolongé appelle l'attention et annonce la mise en mouvement.

Aux bifurcations, à l'approche des aiguilles qui doivent être abordées par la pointe, le mécanicien demande la voie en donnant le nombre de coups de sifflet prolongés correspondant au rang qu'occupe la voie qu'il doit prendre, en comptant à partir de la gauche, savoir : — Un coup pour prendre la 1re voie; — Deux coups pour prendre la 2e voie; — Trois coups pour prendre la 3e voie; — Quatre coups pour prendre la 4e voie.

Deux coups de sifflet brefs et saccadés ordonnent de serrer les freins; un coup bref, de les desserrer.

Usage du sifflet en temps de brouillard. — V. *Brouillards*, § 2.

II. Usage du sifflet sur les chemins en construction. — Obligation pour le mécanicien de siffler avant de se remettre en marche après un arrêt, même pour les ch. de fer en construction (C. d'appel Douai, 27 juin 1881).

SIGNAL D'ALARME.

Communication dans les trains (Mesures prescrites). — V. *Voyageurs*, § 8.

Usage non motivé des appareils (Répression). — V. art. 63, ordonn. de 1846.

SIGNATURES.

Indications diverses. — 1° Signature des projets présentés par les compagnies (V. *Projets*). — 1° Signature obligatoire des ordres donnés pour le service sur les lignes à simple voie (V. l'art. *Voie unique*). — 3° Signature des réquisitions ayant pour objet l'arrêt des trains (V. *Accidents d'exploitation*, § 6). — 4° Accréditement de la signature *des nouveaux chefs de service.* — Au point de vue de la régularisation des mandats délivrés par un ingén. chargé d'une manière définitive ou *par intérim* de la direction d'un service de l'État, il est prescrit au préfet d'accréditer préalabl. la signature de ce chef de service auprès du payeur (Extr. des instr. sur la comptabilité).

SIGNAUX.

Sommaire. — I. *Disques d'entrée et de service des gares* (Installation et manœuvres), *Signaux d'aiguille, de bifurcation*, etc. — II. *Signaux fixes et mobiles de la voie* (Questions de transmission, d'uniformité, etc.). — III. *Signaux détonants ou pétards.* — IV. *Signaux des trains* (Signal d'intercommunication, etc.). — V. *Code* (ou règl. uniforme) *des signaux échangés entre les agents des trains et les agents de la voie ou des gares.* — VI. *Détails d'application* (trains extraordinaires, installation et manœuvre d'appareils divers).

I. Disques d'entrée et de sortie des gares (et *signaux* divers *d'aiguille, de bifurcation, de protection des manœuvres*, etc.). — Ainsi qu'il est rappelé plus loin au § 5, le min. des tr. publ. a approuvé à la date du 15 nov. 1885 un règl. général ou *Code des signaux*, ayant surtout pour objet d'uniformiser la signification *visuelle* ou *acoustique* des signaux échangés entre les agents des trains et les agents de la voie ou des gares. — En dehors de ce point capital, du *langage des signaux*, nous avons réuni, en ce qui concerne notamment l'installation des *signaux fixes prévus par les art. 27 et 37 de l'ordonnance du 15 nov. 1846*, divers renseignements d'utilité pratique au mot *Disques-signaux*, savoir : 1° Installation et manœuvre (§ 1); — 2° Signaux d'aiguilles (*Id.*); — 3° Enclenchements ou conjugaison de disque et d'aiguilles (*Id.* V. aussi *Bifurcations* et *Enclenchements*); — 4° Entretien et vérification des disques (V. *Disques-signaux*, § 3); —

5° Manœuvre et observation des signaux fixes (*Id.*, § 4) ; — 6° Poteaux limite de protection des disques (*Id.*, § 5).

Unification des systèmes et du langage des signaux (Vœux des commissions d'enquête ; Rapports de 1858 et 1880, etc.). — V. aux paragr. suivants.

II. **Signaux de la voie** (*fixes ou mobiles*). — Extr. de l'ordonn. du 15 nov. 1846. — Art. 31. — « Il sera placé le long du chemin, pendant le jour et pendant la nuit, soit pour l'entretien, soit pour la surv. de la voie, des agents en nombre assez grand pour assurer la libre circulation des trains et la transmission des signaux ; en cas d'insuffisance, le min. des tr. publ. en réglera le nombre, la comp. entendue. — Ces agents seront pourvus de signaux de jour et de nuit à l'aide desquels ils annonceront si la voie est libre et en bon état, si le mécanicien doit ralentir sa marche ou s'il doit arrêter immédiatement le train. Ils devront, en outre, signaler de proche en proche l'arrivée des convois. — Art. 35. — La comp. sera tenue de faire connaître au min. des tr. publ. le système de signaux qu'elle a adopté ou qu'elle se propose d'adopter. — Le ministre prescrira les modifications qu'il jugera nécessaires. »

Dispositions uniformes (*Vœux des commissions d'enquête*, etc.). — « Les signaux mobiles se font au moyen du drapeau, le jour, et de la lanterne, la nuit. L'arrêt, le ralentissement, la voie libre, sont commandés et indiqués par les différentes manœuvres du drapeau ou les différentes couleurs de la lanterne Ces signaux sont employés par tous les agents de la ligne ; ils servent à protéger les points où l'on fait des travaux d'entretien ou de réparations, aussi bien que les manœuvres dans les gares. — Les cantonniers et gardes-lignes annoncent, en outre, l'approche des trains au moyen d'un certain nombre de coups de cornet. » (*Enq. sur l'expl.* Recueil, 1858, *Est.*) — A cette occasion, la commission d'enquête, susdésignée, émettait le vœu que l'adm. ramenât toutes les comp. à l'uniformité des signaux. Cette uniformité, désirable pour prévenir les accidents, notamment aux passages à niveau et aux stations, devait avoir, en outre, l'avantage d'éviter aux agents qui passent d'une ligne sur l'autre un noviciat qui n'est pas sans danger pour la sécurité publique. — De son côté, la commission spéciale d'enquête (dont nous avons, dans plusieurs passages de ce recueil, reproduit, par extraits, le rapport d'ensemble, daté du 8 juill. 1880), après avoir donné l'énumération détaillée des divers systèmes de signaux employés sur les ch. de fer français, a appelé l'attention sur la nécessité de généraliser certains appareils (notamment : 1° *disque carré d'arrêt absolu* doublant le disque avancé rond. franchissable alors avec certaines précautions ; — 2° le *signal fixe*, dit *sémaphore*, protégeant les points où la circul. peut rencontrer des obstacles, soit dans les gares, soit dans les postes intermédiaires du *Block-system* (V. ce mot), afin de maintenir sur la double voie le cantonnement des trains ; — 3° le *poteau indicateur de protection* déterminant la limite en deçà de laquelle se trouve couvert un train qui a dépassé le signal ; — 4° le système de *sonneries* adjointes aux disques à distance non visibles du poste de manœuvre ; — 5° l'emploi des signaux détonants ou *pétards*, particulièrement la nuit et en temps de brouillard ; — 6° enfin le système consistant à munir tous les disques d'arrêt absolu, sur la double voie, « d'un appareil manœuvré par le jeu du mât qui vient placer deux pétards sur la voie, lorsque le disque est tourné à l'arrêt, et qui se retire t, si le disque n'a pas été franchi, dès qu'on le remet a voie libre. (Extr. du rapport d'enq., 8 juill. 1880). » — La plupart des améliorations dont il s'agit figurant dans le *Code des signaux* approuvé par le min. des tr. publ. le 15 nov. 1885 et dont le texte est reproduit plus loin au § 5, nous n'en avons parlé ici que P. mém. — Voir aussi les indications suivantes.

Dispositions prises pour l'unification des signaux. Une première amélioration avait été réalisée sous le rapport du service uniforme des signaux, par le règl. type *du ch. de fer de ceinture*, dont la plupart des dispositions avaient été appliquées successivement sur les grands réseaux ; mais, en ce qui concerne du moins le langage et la signification uniforme des signaux, cette première réglementation, encore assez disparate pour les diverses lignes, a été remplacée par le nouveau règl. gén. ou *Code des signaux*, approuvé par arr. min. du 15 nov. 1885, et auquel les compagnies ont été invitées à se conformer (Voir ci-après, § 5). — Le règlement précité du ch. de ceinture contenait toutefois quelques recommandations générales que nous croyons utile de rapporter ici *pour mémoire* :

Art. 1. — L'absence de **tout** signal indique que la voie est libre. — *Sur tous les points et à toute heure*, les dispositions devront être prises comme si *un train était attendu*. (Dans un ordre de service d'applic. nous lisons aussi cette prescription fondamentale : « Tout agent qui aperçoit ou qui crée un obstacle sur la voie, est responsable des signaux à faire pour prévenir les accidents. »

Trains dédoublés. — Art. 9. — Un drapeau vert le jour, un feu vert la nuit, placés sur un train du côté de l'entre-voie, indique que ce train est *dédoublé*, et qu'il est suivi à dix minutes d'intervalle, par un autre train.

« 10. — Les signaux de nuit doivent être allumés aussitôt que le jour baisse. — Ils seront maintenus jusqu'au grand jour. — Ils doivent encore être allumés pendant le jour, quand le brouillard ou toute autre cause obscurcit l'atmosphère.

« 11. (Usage du sifflet de la machine, serrage ou desserrage des freins.) — *P. mêm.* — V. *Sifflet.*

« 12. — Tout employé, quel que soit son grade, doit obéissance passive aux signaux. »

Indications pratiques (au sujet de la manœuvre ou de la distance des signaux, etc.). — V. les mots *Arrêts, Ateliers, Détresse, Manœuvres* et *Souterrains.*

(*Nota.*) Les lanternes des trains et machines en mouvement doivent être allumées assez longtemps à l'avance, pour que ces trains ou machines ne puissent pas être surpris par la chute du jour entre deux stations — V. *Éclairage.*

Signaux spéciaux d'aiguilles, de bifurcation et de ralentissement (Voir plus loin, § 5, le *Code des signaux* (nouveau règl. du 15 nov. 1885). — *Sémaphores* (pour régler l'intervalle entre les trains). Art. 16, même Code).

III. Signaux détonants ou pétards. — « En cas de brouillard ou de très mauvais temps, les signaux à vue, fixes ou mobiles, n'ont plus aucune espèce d'utilité ; il fallait donc chercher le moyen de suppléer à leur insuffisance ; en d'autres termes, à défaut de la vue, il fallait frapper l'oreille. Comme il y a dans le système des cornes d'appel insuffisance reconnue, l'on a dû avoir recours à une méthode qui présentât moins de chance d'incertitude ; nous voulons parler des signaux détonants. » (Enq. sur l'exploit., *Recueil*, 1858). — Ce système de signaux a été rendu obligatoire par un règl. minist. du 15 mars 1856, qui se trouve textuellement reproduit au mot *Brouillards*, § 1. — L'usage des pétards ne dispense point de l'emploi des autres signaux par les employés et agents stationnant sur la voie. — Des précautions spéc. sont prises et indiquées dans les règl. lorsque les machines sont pourvues de chasse-neige.

Détails d'application. — L'emploi des signaux-pétards, concurremment avec les signaux à la main et en même temps que ces derniers, a été rendu obligatoire sur le réseau d'Orléans par une décis. min. du 19 oct. 1870, à la suite de laquelle la comp. a adressé à ses agents un avis dont l'extrait suit : — « Les agents ne doivent pas hésiter à employer les signaux détonants surtout lorsqu'ils ont pour but de signaler la nécessité d'un arrêt exceptionnel. — Spécialement en ce qui concerne la couverture des trains arrêtés sur la voie, il n'y a nul inconvénient et il y a tout avantage à doubler les signaux rouges par des signaux détonants. — La situation des pétards sur la voie servira au besoin à établir si l'agent chargé de couvrir le train se sera réellement porté en arrière à la distance réglementaire. — En conséquence et sans préjudice de l'applic. des diverses prescriptions (relatives aux signaux ordinaires), tout conducteur couvrant un train arrêté en pleine voie devra, dès qu'il sera parvenu à la distance régl., déterminée par l'article 14 du même ordre, poser deux pétards sur les rails l'un à droite et l'autre à gauche à une distance de 25 à 30ᵐ l'un de l'autre. » (*Inst. spéc.*)

Visite et remplacement des pétards (Instr. spéc.). — V. *Pétards.*

Application générale des signaux détonants ou pétards. — 1° Vœux de la commission d'enquête dans son rapport gén. du 8 juill. 1880 (V. ci-dessus, § 1ᵉʳ); — 2° Prescriptions uniformes insérées à ce sujet dans le *Code des signaux* (Règl. du 15 nov. 1885, art. 4, 9 et 10). — V. plus loin, § 5.

IV. Signaux de communication dans les trains. — 1° Signaux entre le mécanicien et les conducteurs (Extr. de l'ordonn. du 15 nov. 1846). — « Art. 23. — Les con-

ducteurs gardes-freins seront mis en *communication* avec le mécanicien pour donner, en cas d'accident, le signal d'alarme, par tel moyen qui sera autorisé par le min. des tr. publ., sur la proposition de la compagnie. » — Voir pour les suites données à cette prescription de l'ordonn. de 1846, le mot *Communications*, § 3 et les indications rappelées d'ailleurs au 2° ci-après; — 2° *Mise en communication des voyageurs avec les agents.* — En dehors des signaux à établir en vertu de l'ordonn. de 1846, entre le mécanicien et les conducteurs de trains, divers attentats commis dans les wagons, et la nécessité d'assurer d'une manière générale une protection plus efficace aux voyageurs, ont donné lieu à une importante étude ayant pour objet d'établir également un moyen de communication *entre les voyageurs et les agents du train.* Cette étude, qui a eu plusieurs phases successives, n'a pu être résumée dans ce recueil en un seul article spécial; mais on peut reconstituer, en entier, les documents qui s'y rapportent, en consultant : 1° le mot *Appareils* et *Communications*, où se trouvent résumées les premières instructions auxquelles a donné lieu cette importante question; — 2° le mot *Intercommunication*, contenant l'extr. intégral du rapport gén. d'enquête du 8 juillet 1880; — 3° enfin, le mot *Voyageurs*, § 8, où nous avons reproduit les dispositions arrêtées par décis. min. du 10 juillet 1886, sur l'avis de la commission spéciale d'enquête nommée à la suite du renouvellement des attentats dont il s'agit.

Usage du signal d'alarme (Infractions). — V. art. 63, ordonn. de 1846.

V. Uniformité des signaux d'aiguilles, de bifurcation, des trains et de la voie

(*Code des signaux échangés entre les agents des trains et les agents de la voie ou des gares*). — Règl. gén. appr. par arr. min. du 15 nov. 1885, ayant surtout pour objet « d'unifier le langage des signaux optiques et acoustiques échangés entre les agents des trains et les agents de la voie ou des gares. » — Comme explication préliminaire du *Code* des signaux (du 15 nov. 1885), reproduit ci-après, le rapport, de même date, qui accompagnait le règl. dont il s'agit, rappelait les précédents et les phases diverses de l'étude ayant pour objet de mettre les compagnies en demeure de modifier leurs signaux de manière à répondre aux vœux ou aux avis favorables des commissions d'enquête, des Chambres parlementaires, du comité consultatif des ch. de fer et enfin du C. d'État; c'est-à-dire de leur attribuer un langage ne comportant sur les divers réseaux qu'une seule et même signification pour une apparence ou un son déterminé. — En se prononçant à ce sujet le C. d'État, dans sa séance du 9 avril 1884, a spécialement émis l'avis « qu'il pouvait être utile d'uniformiser les règles relatives au *langage* des signaux, tout en laissant aux compagnies, en ce qui touchait les conditions de construction et de manœuvre des appareils, la liberté indispensable au progrès ». Il a fait, en outre, remarquer que, dans l'état actuel de la législation, l'admin. avait les pouvoirs nécessaires; qu'il s'agissait de mesures appartenant, par leur nature, au domaine du pouvoir exécutif, dont il importait, en cette matière, de ne pas amoindrir le rôle et les prérogatives; et que, dès lors, il n'y avait pas lieu de recourir à une loi (1). — Voici, d'ailleurs, le texte même du *Code des signaux*, approuvé par arr. min. du 15 nov. 1885 :

---

(1) Au sujet de la distinction ainsi faite entre l'uniformité *du langage* des signaux et les questions de *construction et de manœuvre* des appareils, comme pour les autres détails du nouveau règlement, l'auteur du rapport à l'appui du *Code des signaux* a ajouté diverses explications parmi lesquelles nous croyons devoir citer les suivantes : « Je n'ai point à examiner ici toutes les dispositions de ce code. Je me borne à indiquer qu'il détermine les règles relatives au langage des signaux fixes ou mobiles de la voie et des trains, ainsi que des signaux de départ et d'arrivée des trains dans les gares. Ont seuls été exceptés : — 1° Les signaux de cloches électriques de voie unique, qui n'intéressent pas directement les agents des trains et pour lesquels l'uniformi-

CODE DES SIGNAUX

ÉCHANGÉS ENTRE LES AGENTS DES TRAINS ET LES AGENTS DE LA VOIE OU DES GARES.

(Arrêté min. 15 nov. 1885.)

« Le min. des tr. publ., — Vu la loi du 15 juillet 1845, sur la police des ch. de fer; — Vu l'ordonn. du 15 nov. 1846, ... et notamment les art. 27, 31, 35, 37, 60 et 69; — ..... Vu l'avis du comité de l'expl. technique des chemins de fer, — ..... Vu l'avis du Conseil d'Etat, en date du 9 avril 1884; — Vu l'avis de la section de contrôle, instituée en vertu de l'art. 4 de l'arr. min. du 25 janv. 1879 (V. *Comités*, § 2.); — Sur le rapport du conseiller d'Etat en service ordin., dir. gén. des p. et ch., des mines et des ch. de fer, — ARRÈTE :

TITRE Ier. — DISPOSITIONS GÉNÉRALES. — *Art.* 1er. — Sont régis par les dispositions suivantes les signaux échangés entre les agents des trains et les agents de la voie ou des gares.

Les régl. spéc. à chaque comp. ne pourront contenir aucune disposition contraire.

Les comp. pourront d'ailleurs être autorisées par le min. des tr. publ. à employer, à titre d'essai, des signaux autres que ceux qui sont prévus et définis au présent arrêté.

TITRE II. — SIGNAUX DE LA VOIE. — *Section* 1re. — GÉNÉRALITÉS. — *Art.* 2. — Les *signaux de la voie*, c'est-à-dire les signaux faits de la voie ou des stations aux agents des trains ou des machines, sont destinés, soit à indiquer la *voie libre*, soit à commander l'*arrêt* ou le *ralentissement*, soit à donner la *direction*.

Dans tous les cas, l'absence de signal indique que la voie est libre.

Les signaux sont *mobiles*, c'est-à-dire susceptibles d'être transportés et employés en un point quelconque, ou *fixes*, c'est-à-dire établis à demeure en un point déterminé.

3. — Le signal de *ralentissement* fait à des trains en pleine marche indique que la vitesse effective doit être réduite de façon à ne pas dépasser un maximum de 30 kilom. à l'heure pour les trains de voyageurs, et de 15 kilom. pour les trains de marchandises.

Section 2. — SIGNAUX MOBILES. — *Art.* 4. — Les signaux mobiles ordinaires sont faits :

Le jour, avec des drapeaux, des guidons, un objet quelconque ou le bras.

La nuit, ou le jour par temps de brouillard épais, avec des lanternes à feu blanc ou de couleur.

Le jour, comme la nuit, avec des pétards.

5. — La *voie libre* peut être indiquée en présentant aux trains :

Le jour, le drapeau roulé ou le bras étendu horizontalement dans la direction suivie par le train.

---

sation de langage n'eût pu être accomplie sans une profonde transformation de tous les appareils du réseau du Nord; — 2° Les signaux d'annonce des circulations extraordinaires, qui n'ont qu'une importance secondaire, et qui font en ce moment l'objet d'études et d'expériences dont il convient d'attendre les résultats; — 3° Les signaux de manœuvres à la machine, dont la réglementation fort complexe n'a pas encore paru susceptible d'être assise sur des bases solides et consacrées par la pratique. — La section de contrôle (voir *Comités*, § 2) s'est attachée à innover le moins possible; elle ne l'a fait que pour les signaux d'aiguilles. Elle s'est efforcée de n'admettre que des solutions simples, nettes et précises, et de choisir celles qui avaient donné les meilleurs résultats et qui étaient le plus généralem. usitées sur les différents réseaux. Les compagnies ont d'ailleurs donné, au point de vue technique, leur adhésion à peu près absolue à ses propositions, malgré certaines objections sur le principe même du code et certaines réserves sur l'imputation des dépenses auxquelles son application pourrait donner lieu. — Ainsi que je l'exposais précédemment, même dans le champ étroit du langage des signaux, le seul qu'ait abordé le code élaboré par la section, rien ne portera obstacle au progrès. Les comp. resteront libres d'expérimenter de nouveaux appareils, avec l'autorisation du min. des tr. publ. et sous le contrôle de l'admin. Comme toutes les œuvres humaines, celle qu'il s'agit de réaliser aujourd'hui n'aura point un caractère immuable; elle sera indéfiniment perfectible et pourra suivre pas à pas les développements de l'art et de la science. Elle pourra même y contribuer en y apportant l'ordre et la méthode, et en faisant mieux converger vers un même but les efforts des compagnies. — La mise en vigueur du nouveau code nécessitera des transformations et, par suite, des dépenses assez considérables sur certains réseaux; mais elle sera échelonnée sur un délai suffisant pour ne pas jeter la perturbation dans les services et pour ne pas surcharger outre mesure le budget des compagnies. — Tout en apportant ces tempéraments dans l'exécution, il conviendra néanmoins de tenir fermement la main à ce que les nouvelles dispositions soient strictement et scrupuleusement observées »... (le ministre ayant d'ailleurs le pouvoir d'imposer ces dispositions aux compagnies en vertu de l'ordonn. de 1846, ainsi que l'a formellement reconnu le C. d'Etat dans son avis du 9 avril 1884.)... (*Ext.*, rapport, 14 nov. 1885, inséré le 16 au *Journal officiel*.)

La nuit, le feu blanc.

6. — Le drapeau rouge déployé, tenu à la main par un agent, commande l'*arrêt immédiat*.

A défaut de drapeau rouge, l'arrêt est commandé, soit en agitant vivement un objet quelconque, soit en élevant les bras de toute leur hauteur.

Le feu rouge commande l'*arrêt immédiat*.

A défaut de feu rouge, l'arrêt est commandé par toute lumière vivement agitée.

7. — Le drapeau vert déployé, ou le guidon vert, commande le *ralentissement*.

Le feu vert commande le *ralentissement*.

8. — En cas de ralentissements accidentels, comme ceux nécessités par les travaux ou l'état de la voie, un drapeau roulé, un guidon blanc ou un feu blanc, indique le point à partir duquel le ralentissement doit cesser.

9. — Les pétards sont employés pour compléter les signaux optiques mobiles commandant l'arrêt, lorsque, soit de jour, soit de nuit, à raison de troubles atmosphériques ou pour toute autre cause, ces signaux ne pourraient pas être suffisamment perceptibles. — Dans ce cas, on doit placer deux pétards au moins, et trois par temps humide, dont un sur chaque rail, à 25 ou 30 mètres d'intervalle et à pareille distance en avant du signal optique qu'ils complètent. — L'emploi des pétards pour compléter les signaux optiques mobiles commandant l'arrêt est obligatoire, lorsque, par suite du brouillard ou d'autres troubles atmosphériques, les signaux optiques ne peuvent être distinctement aperçus à 100 mètres de distance.

10. — En cas de force majeure, des pétards peuvent être employés isolément et indépendamment des signaux optiques, même en l'absence d'un agent posté pour faire les signaux sur place.

Le mécanicien d'un train, qui rencontre des pétards placés dans ces conditions, doit se rendre immédiatement maître de la vitesse de son train, par tous les moyens à sa disposition, et ne plus s'avancer qu'à une vitesse suffisamment réduite pour être en mesure de s'arrêter dans la partie de voie en vue, s'il se présente un obstacle ou un signal commandant l'arrêt. Si, à partir du lieu de l'explosion, après un parcours fixé par le règlement de la compagnie, sans qu'il puisse être inférieur à 1,000 mètres, il ne se présente ni obstacle, ni signal commandant l'arrêt, le mécanicien peut reprendre sa vitesse normale.

Section 3. — Signaux fixes. — *Art.* 11. — Les signaux fixes de la voie sont : — les disques ou signaux ronds ; — les signaux d'arrêt absolu ; — les sémaphores ; — les signaux de ralentissement ; — les indicateurs de bifurcation et signaux d'avertissement ; — les signaux indicateurs de direction des aiguilles.

(Art. 12.) — *Disque ou signal rond.* — Voir *Disques signaux,* § 2.

(Art. 13.) — *Poteau de protection.* — Voir *Disques et Poteaux.*

14. — Le *signal carré d'arrêt absolu* peut prendre deux positions, par rapport à la voie qu'il commande : perpendiculaire ou parallèle. — Le signal présentant au train, le jour, perpendiculairement à la voie, un damier rouge et blanc, et, la nuit, un double feu rouge, commande l'*arrêt absolu*, c'est-à-dire qu'aucun train ou machine ne peut franchir le signal, tant qu'il commande l'arrêt. — Le signal effacé, c'est-à-dire disposé parallèlement à la voie ou présentant, la nuit, un feu blanc, indique que la voie est libre.

15. — Sur les voies autres que celles suivies par les trains en circulation, le *signal d'arrêt absolu* défini à l'article précédent peut être remplacé, avec l'autorisation du ministre, par un signal carré ou rond à face jaune, présentant, la nuit, un simple feu jaune.

16. — Le *sémaphore* est un appareil destiné à maintenir entre les trains les intervalles nécessaires. — Il donne ses indications : le jour, par la position du ou des bras dont il est muni ; la nuit, par la couleur des feux qu'il présente. — Le bras qu'on voit à gauche, en regardant le sémaphore vers lequel le train se dirige, s'adresse seul à ce train. — Le *jour*, le bras étendu horizontalement et présentant sa face rouge, commande l'arrêt ; le bras, incliné vers le bas à angle aigu, commande le ralentissement ; le bras, rabattu sur le mât, indique que la voie est libre. — La *nuit*, le sémaphore commande : l'arrêt, par un feu donnant en même temps le vert et le rouge ; le ralentissement, par le feu vert. Le feu blanc indique que la voie est libre.

Le signal d'arrêt du sémaphore interdit la circulation au delà du poste ou de la station où le sémaphore est placé, sauf autorisation formelle d'avancer, donnée par le chef de station ou par celui qui en fait fonctions, au poste ou à la station et dans des conditions particulières indiquées au mécanicien.

17. — Le *disque de ralentissement* peut prendre deux positions par rapport à la voie qu'il commande. — Le signal présentant au train, le jour, perpendiculairement à la voie, sa face verte, et, la nuit, un feu vert, commande le ralentissement indiqué à l'art. 3. — Le signal effacé, c'est-à-dire disposé parallèlement à la voie et présentant, la nuit, un feu blanc, indique que la voie est libre. — Des limitations spéciales de vitesse peuvent, dans des cas déterminés par le ministre, être indiquées par des tableaux blancs, éclairés la nuit et portant le chiffre auquel la vitesse doit être réduite.

Des tableaux portant en lettres apparentes, éclairées la nuit, le mot ATTENTION, peuvent également, dans les cas fixés par le ministre, être employés pour indiquer aux agents des trains qu'ils doivent redoubler de prudence et d'attention jusqu'à ce que la liberté de la marche leur soit rendue.

18. — L'*indicateur de bifurcation* est formé, soit par une plaque carrée, peinte en damier vert et blanc, éclairée, la nuit, par réflexion ou par transparence, soit par une plaque portant le mot BIFUR, éclairée, la nuit, de la même manière. — Ce signal est disposé, sauf autorisation contraire du ministre, de manière à donner constamment la même indication. — Le damier vert et blanc peut être aussi employé comme *signal d'avertissement* annonçant des signaux carrés d'arrêt absolu qui ne protègent pas des bifurcations. — Le mécanicien qui rencontre, non effacé, l'un des signaux précédents, doit se mettre en mesure de s'arrêter, s'il y a lieu, à l'embranchement ou au signal d'arrêt absolu qu'annonce ledit signal.

19. — Les signaux *indicateurs de direction des aiguilles* se distinguent : — En signaux de *direction*, placés aux aiguilles en pointe, où le mécanicien doit préalablement demander la voie utile par le sifflet de la machine ; — Et en signaux *de position*, destinés à renseigner les agents sédentaires sur la direction donnée par les aiguilles, direction que le mécanicien n'a pas à demander par le sifflet de la machine.

20. — Les signaux *de direction* des aiguilles, signaux qui ne s'adressent qu'aux trains abordant les aiguilles par la pointe, sont faits par des bras sémaphoriques peints en violet, terminés à leur extrémité en flamme par une double pointe ; ces bras sont disposés, se meuvent et sont éclairés, la nuit, de la manière suivante : — 1° Lorsqu'ils sont mus par des leviers indépendants des aiguilles, mais enclanchés avec elles, ils sont placés sur un mât, à des hauteurs différentes, en nombre égal aux directions que peut donner le poste. Le bras le plus élevé correspond à la direction la plus à gauche, le moins élevé à la direction la plus à droite, chacun étant placé de haut en bas, dans l'ordre où se trouvent les directions, en allant de gauche à droite. Les bras ne peuvent prendre que deux positions : la position horizontale, indiquant que la direction correspondante n'est pas donnée ; la position inclinée, à angle aigu, indiquant la direction qui est donnée. La nuit, les bras horizontaux présentent le feu violet ; les bras inclinés, à angle aigu, le feu vert ou le feu blanc, suivant que l'on doit ralentir ou que l'on peut passer en vitesse ; — 2° Lorsqu'ils sont mus automatiquement par l'aiguille, le mât ou indicateur juxtaposé à l'aiguille ne présente jamais qu'un bras apparent. Le bras apparent d'un côté, le jour, ou donnant un feu violet, la nuit, indique que la direction correspondant à ce côté est fermée. Le bras effacé, le jour, ou un feu blanc, la nuit, indique le côté dont la direction est donnée. Lorsque plusieurs bifurcations se suivent au même poste, les appareils sont placés dans l'ordre des directions à prendre, et leurs indications doivent être observées dans le même ordre.

TITRE III. — SIGNAUX DE TRAINS. — *Section 1.* — SIGNAUX ORDINAIRES PORTÉS PAR LES TRAINS. — *Art.* 21. — Tout train circulant de jour, tant sur les lignes à double voie que sur celles à voie unique, doit porter, à l'arrière du dernier véhicule, un *signal de queue* consistant, soit en une plaque de couleur rouge, soit dans la lanterne d'arrière dont le train doit être muni la nuit.

22. — Tout train circulant de nuit, tant sur les lignes à double voie que sur celles à voie unique, doit porter à l'avant au moins un feu blanc, et à l'arrière un feu rouge, placé sur la face arrière du dernier véhicule ; deux autres lanternes doivent être placées de chaque côté, vers la partie supérieure du dernier véhicule, ou en cas d'impossibilité, de l'un des derniers véhicules ; ces lanternes de côté doivent être disposées de façon à lancer un feu blanc vers l'avant et un feu rouge vers l'arrière. — Cette disposition n'est pas obligatoire pour les trains de manœuvre ayant à effectuer un parcours de moins de 5 kilomètres ; dans ce cas, un seul feu rouge à l'arrière suffit (1).

23. — Dans tous les cas où aura été établie, en conformité des prescr. régl. sur la matière, une circulation à contre-voie sur une ligne à double voie, tout train ou machine isolée circulant à contre-voie doit porter : le jour, un drapeau rouge déployé à l'avant ; la nuit, un feu rouge en plus du feu blanc ou des feux blancs de l'article précédent.

24. — Les trains de marchandises peuvent être distingués des trains de voyageurs par l'adjonction d'un feu vert à l'avant.

25. — Les machines isolées circulant pour le service dans les gares portent, la nuit, un feu blanc à l'avant et un feu blanc à l'arrière.

26. — Les machines isolées circulant sur la ligne, hors de la protection des signaux des gares, portent, la nuit : à l'avant, au moins un feu blanc ; à l'arrière, au moins un feu rouge, sans préjudice du signal d'avant spécial au cas de circulation à contre-voie sur une ligne à double voie.

27. — Les comp. peuvent, en se conformant à leurs régl. spéc. approuvés par le min., distinguer la direction des trains ou machines par la position relative assignée aux feux d'avant et par l'addition de feux supplémentaires. Ces feux supplémentaires peuvent être blancs ou présenter toute couleur autre que le rouge.

Section 2. — SIGNAUX DU MÉCANICIEN. — *Art.* 28. — Le mécanicien communique avec les agents des trains ou de la voie par le sifflet de sa machine.

Un coup prolongé appelle l'attention et annonce la mise en mouvement.

---

(1) V. ci-après pour l'interprét. de l'art. 22 du *Code des signaux*, la circ. min. du 2 juin 1886.

Aux bifurcations, à l'approche des aiguilles qui doivent être abordées par la pointe, le mécanicien demande la voie en donnant le nombre de coups de sifflet prolongés correspondant au rang qu'occupe la voie qu'il doit prendre, en comptant à partir de la gauche, savoir : un coup pour prendre la première voie ; — deux coups pour prendre la deuxième voie ; — trois coups pour prendre la troisième voie ; — quatre coups pour prendre la quatrième voie.

Deux coups de sifflet brefs et saccadés ordonnent de serrer les freins ; un coup bref, de les desserrer.

Section 3. — SIGNAUX DES CONDUCTEURS DE TRAINS. — *Art.* 29. — Le train étant en mouvement, le conducteur de tête communique avec le mécanicien par la cloche ou le timbre du tender.

Un coup de cloche ou de timbre commande l'arrêt.

30. — Les conducteurs intermédiaires signalent l'arrêt au conducteur de tête et au mécanicien, comme aux agents de la voie, en agitant à l'extérieur de leur fourgon ou vigie un drapeau rouge déployé ou un feu rouge tourné vers l'avant. — Le conducteur de tête, sur le vu de ce signal, le répète au mécanicien en sonnant la cloche ou le timbre du tender.

Tout agent de la voie qui aperçoit à temps un pareil signal doit faire immédiatement le signal d'arrêt au mécanicien, et, si celui-ci ne l'a pas aperçu, employer tout les moyens à sa disposition pour faire présenter utilement au train le signal d'arrêt par l'agent de la voie ou le poste en avant le plus rapproché, dans le sens de la marche du train.

TITRE IV. — DISPOSITIONS SPÉCIALES. — *Section* 1. — SIGNAL DE DÉPART ET D'ARRÊT DES TRAINS. — *Art.* 31. — L'ordre de départ d'un train est donné au conducteur de tête par le chef de gare ou son représentant, au moyen d'un coup de sifflet de poche. Le conducteur de tête commande à son tour au mécanicien la mise en marche du train, au moyen d'un coup de cornet.

Si le train mis en marche doit être aussitôt arrêté, pour une cause quelconque, le chef de gare en donne le signal par des coups de sifflet saccadés et le conducteur de tête sonne la cloche ou le timbre du tender.

Le mécanicien doit, dans ce dernier cas, obéir aux coups de sifflet du chef de gare, dès qu'il les entend, alors même que le conducteur de tête ne les aurait pas encore confirmés comme il vient d'être dit.

Section 2. — DISPOSITIONS PARTICULIÈRES AU CAS D'EXPLOITATION SUR PLUS DE DEUX VOIES PRINCIPALES. — *Art.* 32. — Si l'exploitation se fait sur plus de deux voies principales, les signaux destinés à chacune des voies devront être placés au voisinage immédiat et à gauche du rail de gauche de ladite voie, dans le sens de la marche des trains, ou au-dessus de cette voie, à l'exception des sémaphores, dont les bras devront être tous placés de façon à être vus les uns au-dessous des autres, les bras les plus élevés s'adressant à la direction la plus à gauche et les plus bas à la direction la plus à droite, dans le sens de la marche des trains, les bras intermédiaires s'adressant à la direction intermédiaire, s'il y en a une.

TITRE V. — DISPOSITIONS TRANSITOIRES. — *Art.* 33. — Les délais dans lesquels les dispositions prescrites par le présent arrêté devront avoir reçu leur complète application seront déterminés, pour chaque réseau, par des décisions ministérielles spéciales. (15 novembre 1885.)

Interprétation de l'art. 22 *du Code des signaux.* — Circ. min. adressée aux comp. le 2 juin 1886 (*Annonce des circulations extraordinaires*). — « Certaines comp. ont exprimé la crainte que, d'après les prescriptions contenues dans l'art. 22 du Code des signaux il ne leur soit plus possible désormais d'annoncer, comme auparavant, les circulations extraordinaires par la substitution de feux verts à l'un quelconque des feux rouges d'arrière que doivent normalement porter les trains. — La section du contrôle du comité de l'expl. technique des ch. de fer, que j'ai consultée à ce sujet, a fait remarquer que cette interprétation ne saurait être donnée à l'art. 22, sans méconnaître les bases mêmes de la codification des signaux, ainsi, du reste, que le prouvent le texte du code et le rapport qui le précède et le commente. Elle a constaté qu'en effet, d'une part, l'art. 22 est compris dans la section I, titre III, intitulé : *Signaux* ORDINAIRES *portés par les trains*, et que, d'autre part, le rapport qui accompagne le code spécifie nettement que *l'on a laissé en dehors de la nouvelle réglementation les signaux d'annonce des circulations extraordinaires*.

La section du contrôle a donc conclu à ce que les dispositions de l'art. 22, qui exige impérativement les deux feux rouges latéraux, lancés vers l'arrière, ne soient pas considérées comme applicables aux signaux d'annonce des circulations extraordinaires. — J'ai l'honneur de vous informer que j'adopte cette interprétation de l'arrêté de mon prédécesseur. — Recevez, etc.... »

VI. Signaux des trains extrordinaires, installation et manœuvre d'appareils divers. — En dehors, ou comme complément des indications déjà bien étendues données ci-dessus, nous devons renvoyer aux articles de ce recueil où se trouvent résumées certaines indications pratiques relatives à l'installation ou à la manœuvre des signaux, et notamment aux mots : *Aiguilles, Arrêts, Ateliers, Bifurcations, Block-system, Cloches électriques, Collisions, Départ, Disques, Éclairage, Embranchements, Gardes-Freins, Intervalles, Manœuvres, Mécaniciens, Réparations, Passages à niveau, Sifflet, Sonneries, Souterrains, Télégraphie, Trains* (extrordinaires), *Voie unique*, etc.

Signaux des chemins de fer de l'État : — 1° Conditions d'installation (Circ. min., 30 nov. 1880, 14 nov. 1881 et documents divers). V. *Matériel fixe*, § 2 et *Superstructure* ; — 2° Langage uniforme des signaux et conditions de service (comme pour les réseaux des gr. comp.). — V. les indic. reproduites, ou résumées au présent article.

Observations finales (Approbation et exécution des règlements relatifs aux signaux). — L'approbation des règlements d'application des signaux, comme de tous les autres règl. concernant le service et l'expl. des ch. de fer, est soumise aux formalités prescrites par les art. 60 et 69 de l'ordonn. du 15 nov. 1846 (V. *Règlements*). N'oublions pas d'ajouter qu'indépendamment de l'exécution exacte de tous les détails du service, auxquels se trouve toujours attachée pour les. agents une grave responsabilité, les circonstances d'inobservations des signaux peuvent avoir de funestes conséquences, alors même que par une longue période de sécurité ou par l'absence apparente de tout incident ou de tout danger, l'utilité des signaux, dans certains cas où ils ne sont faits que pour la bonne règle, peut sembler surabondante. Aussi, quelle que soit la sécurité apparente du service, il est indispensable que les agents se conforment aux règlements des signaux avec la plus rigoureuse ponctualité.

SIMPLIFICATION.

Études pour l'uniformité et la simplification des documents (en matière de chemins de fer). — 1° *Projets* (Voir ce mot). — 2° Règlements d'exploitation (V. *Règlements, Service commun* et *Signaux*, § 5). — 3° Tarifs (V. *Colis postaux, Réduction* (circ. min. 2 nov. 1881) et *Tarifs*). — 4° Instances judiciaires. — V. *Congrès* et *Enquêtes*, § 2.

SITUATIONS PÉRIODIQUES.

Comptes rendus des travaux, du trafic, etc. — V. *Comptes* et *Situations*.

SOCIÉTÉS ANONYMES.

Règles générales d'organisation et de fonctionnement. — Loi du 24 juillet 1867 (mentionnée dans le programme d'examen des insp. de l'expl. commerciale au § 4 : *Notions de droit commercial*). — Voir les extr. ci-après :

Loi, 24 juill. 1867. (Extr.) — Titre Iᵉʳ. — Des sociétés en commandite par actions. (Art. 1 à 4 *sommaire*.) — Division et versement du capital; constitution définitive de la société, après diverses justifications. — Négociation et libération d'actions, conversion au porteur; responsabilité des souscripteurs primitifs; dispositions relatives aux apports qui ne consistent pas en numéraire, etc., etc.). *P. mém.* — (Art. 5 et suiv.) Fonctionnement des sociétés en commandite. *P. mém.* — (*Art*. 13 à 16.) Fraudes et Pénalités (*Id.*)...

Titre II. — Des sociétés anonymes. — (*Art*. 21.) « A l'avenir, les sociétés anonymes pourront se former sans l'autorisation du gouvernement. — Elles pourront, quel que soit le nombre des associés être formées par un acte sous seing privé fait en double original. — Elles seront soumises aux dispos. des art. 29, 30, 32, 33, 34 et 36 du C. de comm. et aux dispos. contenues dans le présent titre ». (*Art*. 22.) « Les sociétés anonymes sont administrées par un ou plusieurs mandataires à temps, révocables, salariés ou gratuits, pris parmi les associés. — Ces mandataires peuvent choisir parmi eux un directeur, ou si les statuts le permettent, se substituer un mandataire étranger à la société et dont ils sont responsables envers elle ». — (Art. 23.) « La société ne peut être constituée si le nombre des associés est inférieur à sept ». — (Art. 24.) « Les dispositions des art. 1er, 2, 3 et 4 de la présente loi sont applicables aux sociétés anonymes. — La déclaration imposée au gérant par l'art. 1er est faite par les fondateurs de la société anonyme ; elle est soumise, avec les pièces à l'appui, à la première assemblée générale, qui en vérifie la sincérité ». — (Art. 25, Sommaire.) Convocation de l'assemblée générale, à la diligence des fondateurs, postérieurement à l'acte qui constate la souscription du capital social et le versement du quart en numéraire ; nomination des administrateurs, etc. P. mém. — (Art. 26. Id.) Administrateurs propriétaires d'un nombre d'actions (de garantie et inaliénables) déterminé par les statuts. P. mém. — (Art. 27 à 32. Id.) Assemblées générales annuelles. — Nombre de voix attribué, par les statuts, à chaque actionnaire, eu égard au nombre de titres dont il est porteur ; — égalité des assemblées et des délibérations ; — nomination de commissaires, associés ou non, chargés de vérifier les opérations. P. mém. — (Art. 33.) « Pendant le trimestre qui précède l'époque fixée par les statuts pour la réunion de l'assemblée générale, les commissaires ont droit, toutes les fois qu'ils le jugent convenable dans l'intérêt social, de prendre communic. des livres et d'examiner les opérations de la société. — Ils peuvent toujours, en cas d'urgence, convoquer l'assemblée générale ». — (Art. 34.) « Toute société anonyme doit dresser, chaque semestre, un état sommaire de la situation active et passive. — Cet état est mis à la disposition des commissaires. — Il est, en outre, établi chaque année, conf. à l'art. 9 du C. de comm. un inventaire contenant l'indication des valeurs mobilières et immobilières et de toutes les dettes actives et passives de la société. — L'inventaire, le bilan et le compte des profits et pertes sont mis à la disposition des commissaires le quarantième jour, au plus tard, avant l'assemblée générale. Ils sont présentés à cette assemblée ». — (Art. 35.) « Quinze jours au moins avant la réunion de l'ass. gén., tout actionn. peut prendre, au siège social, communic. de l'inventaire et de la liste des actionn. et se faire délivrer copie du bilan résumant l'inventaire et du rapport des commissaires ». — (Art. 36.) « Il est fait annuellement, sur les bénéfices nets, un prélèvement d'un vingtième au moins, affecté à la formation d'un fonds de réserve. — Ce prélèvement cesse d'être obligatoire lorsque le fonds de réserve a atteint le dixième du capital social ». — (Art. 37 à 39.) Dispositions relatives à la dissolution de la société en cas de perte des trois quarts du capital social... — (Art. 40.) Interdiction aux administrateurs, à moins d'autorisation, de participer directement ou indirectement à aucun marché, etc. P. mém. — Art. 42 à 47 (Questions de responsabilité). Applic. des dispositions pénales des art. 13, 14, 15 et 16 de la présente loi, etc., etc. P. mém.

Titre III. — Sociétés à capital variable. — (Art. 48 à 54.) P. mém.

Titre IV. — Publication des actes de société. — (Art. 55 à 65.) P. mém.

Titre V. — Sociétés d'assurances (formalités diverses). P. mém.

Indications spéc. aux comp. de ch. de fer (Loi du 15 juillet 1845 et documents divers). — V. Compagnies, Concessions, Inspecteurs, Justifications, Statuts.

Compagnies ou sociétés étrangères. — L'existence légale en France des sociétés ou compagnies étrangères et le droit pour elles d'ester en justice comme demanderesses devant les tribunaux français, résultent, soit de l'autorisation spéciale accordée en vertu de l'art. 2 de la loi du 30 mai 1857 ou de celle prévue par le décret du 22 mai 1858, soit d'une convention spéciale, comme celle intervenue le 30 avril 1862 entre la France et l'Angleterre et aux termes de laquelle les compagnies constituées et autorisées suivant les lois particulières à l'un des deux pays, peuvent ester en justice dans l'autre pays, soit pour intenter une action, soit pour y défendre. — V. à ce sujet les arrêts de la C. de C., 1er août 1860 et 19 mai 1863).

Compagnie défenderesse. — « Dans tous les cas, une société anonyme étrangère manquât-elle des autorisations pour avoir une existence légale en France, n'en serait pas moins, en l'absence d'un décret rendu en conformité de la loi du 30 mai 1857, justiciable des tribunaux français, toutes les fois qu'elle le serait comme défenderesse, actionnée pour les engagements contractés en France envers des Français. L'art. 14 du C. civil ne distingue pas en ce cas entre les personnes physiques et les personnes morales. » (C. C., 19 mai 1863.)

Impôt sur les valeurs des sociétés étrangères (négociées en France) (V. Impôt, § 4, et Timbre). — Justifications à fournir par lesdites sociétés. — P. mém. (Consulter comme précédents, les décrets des 11 janv. 1862 et 11 déc. 1864).

SOCIÉTÉS DE TIR.

Tarif réduit de transport (pour les sociétés de tir régulièrement constituées). — Voir le mot *Militaires*, § 1, 8°.

SOINS DE ROUTE.

Obligations générales des compagnies (pour la conservation des marchandises). — « En général, vis-à-vis des particuliers qui lui confient leurs marchandises, une comp. de ch. de fer est en faute, du moment qu'elle n'assure pas, par tous les moyens en son pouvoir la conservation desdites marchandises. » (C. de C., 16 mai 1876.) — Ainsi que nous l'avons rappelé au mot *Avaries*, § 6, il n'est pas toujours facile de déterminer les cas où la responsabilité de la comp. peut ou non être engagée en cette matière, notamment lorsqu'il s'agit de l'applic. d'un tarif à clause de non-garantie pour les déchets et avaries de route. — Voici toutefois le rappel des documents judiciaires intervenus sur quelques points principaux :

1° *Transport de bestiaux* (arrivés malades à destination faute de soins; responsabilité de la comp.). C. C., 2 juin 1875 (V. *Bestiaux*, § 2); — 2° *Avoines transportées par applic. d'un tarif spécial* (mais avariées par la faute de la comp. qui, dans l'espèce avait transporté ces avoines en *wagons découverts* garnis de *bâches en mauvais état* et disposées de façon « à retenir la pluie plutôt qu'à en préserver la marchandise »; — d'autres sacs reconnus mouillés « ont été placés dans des wagons couverts pêle-mêle avec les sacs secs et en bon état; ce mélange, contre les suites duquel il n'a été pris aucune précaution, a étendu et développé les mouillures premières. » — En faisant résulter de ces circonstances une infraction aux oblig. de la comp. et une faute qui engage sa responsabilité, l'arrêt attaqué n'a violé aucune des dispositions de loi invoquées par le pourvoi (*Indications* extr. d'un arrêt de la C. de C., 24 mai 1882, qui se résume ainsi : « Ni la clause des tarifs spéciaux par laquelle les comp. de ch. de fer se déclarent non responsables des avaries de route, ni les garanties qu'elles peuvent obtenir des intéressés, n'exemptent ces compagnies de prendre des marchandises les soins qui n'ont pas un caractère exceptionnel et ne sont point incompatibles avec les nécessités du service. » — *Un arrêt précédent* du 17 mai 1882, de la même cour, semblait du reste borner les soins *non exceptionnels* dont il s'agit, à ceux imposés par le tarif, et non « à ceux qui ne trouveraient pas leur rémunération dans le prix alloué à la comp. ne peut ni augmenter ni diminuer »; — 3° *Statue brisée (déclaration inexacte du colis).* — La comp. n'est pas responsable du bris d'une statue en terre cuite déclarée faussement comme effets, sous prétexte que ce bris aurait été occasionné par un choc constituant la comp. en faute, alors que cette affirmation n'est pas appuyée de circonstances qui de leur nature, seraient constitutives de la faute de la comp. ou de ses agents (C. C., 14 août 1883); — 4° *Réclamations diverses.* — V. les mots *Avaries, Clause de non-garantie, Litiges, Perte, Preuves* et *Tarifs.*

Soins exceptionnels ou spéciaux. — V. les mots *Encombrement, Entrepôt, Évacuation, Gelée, Guerre, Incendie, Inondations, Itinéraire, Manquants, Mouillure, Vice propre, Vols,* etc.

SOMMEIL.

Faits considérés comme abandon du poste (sommeil pendant le service, ivresse, etc.). — V. *Abandon*, § 5, *Ivresse* et *Révocations.*

SONNERIES.

I. **Cloches électriques.** Signaux destinés à régulariser la marche des trains sur les sections à simple voie). — V. *Cloches* et *Voie unique.*

II. **Sonneries adjointes aux disques signaux.** — Installation de *carillons électriques* à certains disques avancés des gares, des bifurcations et des passages à niveau, non visibles de leur poste de manœuvre, sonneries dont le tintement ne se fait entendre que lorsque le disque a bien fonctionné et est tourné à l'arrêt. — V. les mots *Disques*, § 1, 4°. et *Signaux*, § 2.

L'appareil électrique des signaux fixes se compose ordinairement : 1° d'une pile électrique ; 2° d'une sonnette trembleuse, près du levier du disque ; 3° d'un collier d'excentrique et d'un bouton de contact placés dans la base du mât de signal.

Entretien des sonneries (Extr. d'une instr. spéc.). — La pile doit être visitée chaque jour l'agent chargé de son entretien doit : — 1° Maintenir l'intérieur de la boîte dans un état de sécheresse absolue ; — 2° S'assurer que les vases en verre ne contiennent que de l'eau pure, dont la hauteur ne doit pas dépasser la moitié du vase ; — 3° Entretenir, dans l'intérieur des vases poreux, une dissolution de sulfate de cuivre, dont le niveau doit s'élever jusqu'à un centimètre au-dessous du bord supérieur. — Cette dissolution sera maintenue à un degré convenable de saturation, c'est-à-dire que sa couleur devra être constamment d'un beau bleu ; pour arriver à ce résultat, on ajoutera chaque jour dans le vase poreux un cristal de sulfate de cuivre ; — 4° Enlever au fur et à mesure de leur formation les sels grimpants de sulfate de cuivre qui se forment le long des vases en verre ; — 5° Soulever chaque jour les lames de cuivre au-dessus de la dissolution pour s'assurer qu'elles ne sont pas séparées du zinc. — La pile devra être nettoyée complètement tous les deux mois ; on devra toujours avoir en réserve des zincs, vases de verre et vases poreux de rechange. » (*Inst. spéc.*)

Interruptions. — « Lorsque la sonnette cesse de marcher, l'agent chargé de la manœuvre du disque doit s'assurer de l'état de la sonnerie, visiter la pile, serrer les boutons serre-fils, voir si les fils de terre ou de ligne ne sont pas cassés, enfin s'assurer que le collier d'excentrique placé à la base du disque vient bien appuyer sur le bouton de contact, lorsque le disque est tourné à l'arrêt ; dans le cas où le collier aurait glissé autour du manchon d'ajustement, le remettre en place et resserrer fortement les boulons. — Si ces divers essais ne conduisent à aucun résultat, il faudra avertir l'inspecteur du service télégraphique.

« L'entretien des app. électriques des disques est placé sous la resp. des chefs de gare. »

III. Sonneries à main. — Des communications électriques ayant pour objet de signaler l'approche des trains, sont quelquefois établies entre les guérites de deux ou plusieurs passages à niveau, ou aux abords des tunnels ou d'autres points périlleux. — Une manette pour faire fonctionner l'appareil est placée à chaque extrémité des communications électriques, ainsi qu'une sonnerie.

La manœuvre s'opère en poussant la manette sur l'indication : *Sonnerie*.

La sonnerie ne fonctionne pas quand la manette reste sur l'indication : *Repos*.

SOUDE.

Conditions de transport. — Tarif général, 1re *Classe*, du cah. des ch. (*Produits chimiques*) (V. *Classification*). — *Nota.* — La *soude* jouit, sur la plupart des réseaux, de certaines réductions spéciales au sujet desquelles il convient de se reporter aux tarifs eux-mêmes des compagnies.

SOUDURE DE LIGNES.

Indications diverses (V. *Délais*, § 1 bis, *Embranchement* et *Frais accessoires*) (titre II, petite vitesse). — Études du service aux gares de jonction (V. *Gares*, § 7 et *Service commun*). — Soudure de tarifs. — (V. *Tarifs spéciaux*.)

SOUFRE.

Conditions de transport. — Ces conditions varient suivant la qualité du soufre (*brut*, 3e classe ; *raffiné* et *sublimé*, 1re *id.*), mais en général le *soufre* pour l'agriculture est transporté à des conditions très réduites (V. *Sulfates*). — (*Nota.*) — D'après les instructions données sur la plupart des lignes, les wagons découverts chargés de *soufre* doivent être bâchés. — Voir aussi *Sulfates* et *Sulfures*.

SOUPAPES DE SÛRETÉ.

Appareils obligatoires des chaudières à vapeur (Art. 2 à 8, 11 à 24, 26, 27, 28 et 29 du *décret du* 30 *avril* 1880 qui a remplacé l'ordonn. du 22 mai 1843 et le décr. du 25 janvier 1885, etc.). — V. *Machines à vapeur*, § 1.

Nota. La circ. min. du 1er mars 1865, portant envoi de l'arr. du 25 janv. 1865 (qui avait précédé celui du 30 avril 1880 et où se trouvaient, au sujet des *soupapes de sûreté*, des dispositions analogues à celles du décret de 1880), contenait le passage suivant : « En ce qui touche les appareils de sûreté dont les chaudières doivent être munies d'après le nouveau règl., ces appareils sont exactement les mêmes que ceux du règl. de 1843... » — Par suite, il n'est pas sans intérêt de rappeler ici quelques-unes des dispositions qui avaient été adoptées en exéc. de l'ordonn. de 1843 :

Ressorts. — Le poids destiné à faire équilibre à la pression effective dans les chaudières fixes, pourra être suppléé dans les *locomotives* par des ressorts, disposés de manière à faire connaître, en kilogr. et en fractions décimales de kilogr., la pression qu'ils exerceront sur les soupapes (Art. 54, ordonn. 22 mai 1843. Ext.).

« Les soupapes pressées à l'aide de ressorts à boudin, ont, d'après la construction généralement usitée pour ces ressorts, l'inconvénient de ne s'ouvrir qu'imparfaitement, lorsqu'il se produit un excès de pression dans l'intérieur de la chaudière ; ainsi, chaque atmosphère de pression n'y répond guère qu'à 0m,01 de course du ressort, souvent même à une étendue moindre ; la levée de la soupape n'étant que d'un dixième de cette course, et le ressort se tendant de plus en plus, par l'effet même du soulèvement de la soupape, il en résulte que l'échappement de la vapeur n'a pas une issue assez large pour que la tension ne continue point de monter.

« Afin de parer à cet inconvénient, il conviendra, dans tous les cas où il s'agira d'autoriser la mise en circulation d'une locomotive dont la chaudière n'aura que l'épaisseur minimum tolérée, d'exiger que les ressorts des balances soient disposés de manière que les longueurs des bras de leviers étant, comme c'est le cas ordinaire, dans le rapport de 1 à 10, la course de l'aiguille indicatrice soit de 0m,02 au moins par atmosphère. Il devra, en outre, être prescrit de ménager, entre la division de l'échelle correspondante à la pression maximum et le point extrême de la course de l'aiguille, un intervalle au moins égal à celui qui correspond à deux atmosphères, de telle sorte qu'au-dessus du point où l'aiguille de la balance atteint la division limite, la soupape puisse se soulever encore de 0m,004. — Les comp. de ch. de fer pourront, du reste, suppléer, si elles le veulent, à ces dispositions des ressorts, en faisant usage *de la balance à échappement* imaginée par MM. Lemonnier et Vallée. » (Circ. min., 30 nov. 1852.)

Bagues d'arrêts des leviers. — Dans le principe, « afin d'empêcher qu'on ne surélevât la tension de la vapeur, les leviers qui pressent sur les soupapes devaient être établis de manière à rencontrer un arrêt, lorsqu'ils avaient produit une charge équivalente à celle qui correspond au timbre de la chaudière. » (Ext. d'une circ. min., 18 juin 1849) ; mais, à la suite d'accidents, et sur l'avis de la commission des règl. et inv. (fonctionnant à cette époque), la mesure en question a été supprimée par une nouvelle décision min. du 4 juin 1863, qui se terminait du reste comme il suit :

Dans son avis, la commission a ajouté qu'en acceptant ainsi la possibilité d'une certaine surcharge éventuelle à la discrétion du mécanicien, il y avait lieu d'appeler l'attention de la comp. sur l'opportunité qu'il pourrrait y avoir à adopter des dispositions qui permissent *au mécanicien* de mesurer à chaque instant cette surcharge et aux *chefs de dépôt et autres agents* de contrôler, après coup, l'usage que le mécanicien aura pu faire de cette faculté, sans cependant faire de ces dispositions, l'objet d'une prescription administrative. » (Cet avis a été approuvé par la décis. minist. précitée du 4 juin 1863.) *P. mém.* — V. ci-après.

Vérifications. — Les appareils de sûreté, dont les chaudières des machines à vapeur doivent être pourvues, sont vérifiés par les ing., conf. aux règles posées par diverses circ. minist. — Nous avons résumé quelques-unes de ces instr. à l'art. *Manomètres*. — En ce qui concerne les *soupapes*, « une échelle divisée indique les charges ou tensions correspondant aux diverses longueurs du ressort ; les manomètres ou thermomanomètres, dont ces chaudières seront pourvues, offriront aux ing. un moyen facile de vérifier l'exactitude de la graduation. » (Circ. min., 23 juill. 1843. Extr.) — Les chefs de dépôt, sur la ligne, ont, d'ailleurs, à leur disposition des poids-étalons qui leur permettent de vérifier exactement les ressorts des soupapes de sûreté, toutes les fois qu'il est nécessaire de le faire.

SOURCES.

Altération ou suppression de sources. — Nous avons cité au mot *Dommages*, §§ 2 et 3, divers arrêts du C. d'État d'après lesquels la légitimité des réclamations élevées par des particuliers au sujet de sources taries ou supprimées par suite des travaux de ch. de fer dépend de la justification qui est faite de la propriété desdites sources. Ces décis., naturellement favorables aux comp., lorsque la preuve en question n'est pas fournie et qu'il s'agit de travaux sur des terrains acquis par elles, ou leur appartenant, ont été confirmées par le C. d'État, 14 déc. 1877 (affaire où la commune réclamante se basait sur les termes de l'art. 15 du cah. des charges (Voir *Écoulement des eaux*) et par l'arrêt du 11 juill. 1879, résumé ainsi qu'il suit dans les recueils) : « En ouvrant des tranchées sur des terrains qui lui appartiennent, la comp. a agi dans la limite de ses droits et, si ces tranchées ont, en drainant le sol, diminué ou fait disparaître des sources dont jouissaient antérieurement B... et C..., ce fait ne saurait créer un droit à indemnité contre la compagnie, au profit desdits propr., qui ne prétendent pas avoir acquis, par titre ou par prescription, des droits à l'usage de ces sources (1). »

Disparition de sources : — *1° Sur un terrain occupé par la compagnie.* — Dans une affaire où la comp. de..... avait été autorisée à occuper une certaine surface de terrain appartenant aux sᵣˢ D..... et à prendre 25 m. cubes d'eau par jour dans un récipient de décharge situé sur la même propriété, une indemnité a été accordée, pour privation d'eau et préjudice résultant de la disparition d'une source, auxdits sᵣˢ D..... qu'un arrêt de cour d'appel avait déclarés propriétaires de la soure en litige. (C. d'Etat, 25 mai 1877.) — (*Nota.*) — La décision ajoute que si le dommage était résulté de travaux non autorisés, l'affaire n'eût pas été de celles dont il appartient aux C. de préf. et au C. d'Etat de connaître en vertu de l'art. 4 de la loi du 28 pluviôse an vııı. — *2° Interception, par suite du percement d'un tunnel,* des eaux de source alimentant les fontaines communales. — « Il résulte de l'instruction, notamment des pr.-verb. d'expertise et de tierce expertise, que les travaux effectués par la comp. requérante, pour l'ouverture du tunnel de Fix, ont eu pour effet d'intercepter en grande grande partie les sources qui alimentaient les fontaines communales ; qu'ils ont ainsi causé à la commune un dommage qui est de nature, dans les circonstances de l'affaire et en présence de l'ordonn. précitée du magistrat dir. du jury, à lui donner droit à indemnité. » (C. d'Etat, 21 fév. 1879.) — V. aussi au mot *Souterrains* le résumé de quelques nouveaux arrêts.

Indications diverses (Modification de sources). — V. *Prises d'eau* et *Servitudes*.

SOUS-PRÉFETS.

Attributions en matière de chemins de fer : 1° Affaires de travaux (Voir les mots *Chemin*, *Cours d'eau*, § 5, *Curages*, *Enquêtes*, *Expropriation*, etc.); 2° Affaires d'accidents (avis à envoyer aux sous-préfets). V. *Accidents;* — 3° Dépôt de livrets de tarifs (dans les bureaux des sous-préfectures). V. *Publicité;* — 4° Visa de feuilles de route (donnant lieu à l'application du tarif militaire sur les voies ferrées. V. à *Militaires*, les

---

(1) Dans l'arrêt du 14 déc. 1877, il était dit que la commune se prévalait vainement des termes de l'art. 15 du cah. des ch. « En obligeant la comp. à rétablir et assurer à ses frais l'écoulement de toutes les eaux dont le cours serait arrêté, suspendu ou modifié par ses travaux, cet article n'a eu en vue que les fleuves, rivières et cours d'eau et ne concerne pas les eaux qui coulent souterrainement. Il suit de là que c'est avec raison que l'arrêté attaqué a repoussé, sur ce point, la prétention de la commune. »

dispositions de la circ. min. du 15 juin 1866, en ce qui concerne notamment l'interprétation des art. 2 et suivants de l'arrêté de même date, reproduit au même article ; — 5° Affaires diverses. — V. les mots *Chemin de fer d'intérêt local, Police, Poids et mesures, Préfets* et *Roulage*.

SOUTERRAINS.

I. **Conditions d'établissement** (Prescriptions des art. 6 et 16 du cah. des ch. général (V. *Cahier des charges*). — Voir aussi à l'article *Chemin de fer d'intérêt local* les art. 5 et 15 du cah. des ch. relatif à ces chemins. — Formalités de présentation et *d'approbation des projets*. — V. *Ouvrages d'art* et *Projets*. — Voir aussi plus loin au § 3, en ce qui concerne les dommages causés par l'établ. des tunnels.

Mode de construction. — Extr. de divers renseign. statist. officiels.

1° La largeur régl. de $8^m,00$, entre les pieds-droits de la voie, a été généralem. adoptée pour les souterrains de construction récente, tandis que d'autres tunnels remontant à une époque antérieure ne présentent qu'une largeur variant entre $7^m,40$ et $7^m,60$, dimensions que l'expérience de l'expl. des grandes lignes a fait reconnaître insuffisantes. (*Pour les ch. à une voie, la largeur régl. est de $4^m,50$ au moins, mais la hauteur est rigoureusement celle des ch. à double voie*) ; — 2° La hauteur verticale, entre l'intrados et le dessus des rails extérieurs, fixée à $4^m,80$ au minimum, par les anciens et les nouveaux cah. des ch., a été portée sur plusieurs points à une limite plus élevée ; — 3° L'épaisseur des maçonneries (pieds-droits et voûtes) variant de $0^m,30$ à 1^m et même au delà, suivant la nature et la consistance du terrain, peut être évaluée en moyenne à $0^m,68$: — 4° En ce qui concerne l'écoulement des eaux, il y a été pourvu, lorsqu'il y avait lieu, par des aqueducs longitudinaux ordin. placés sur l'axe de la voie. On s'est dispensé, en général, d'établir un radier en maçonnerie, en béton ou en ciment, sous le ballast, lorsque le sol convenablement réglé, d'ailleurs, était suffisamment résistant ; — 5° Dans beaucoup de cas, les puits ont servi pour faciliter l'enlèvement des déblais, avec l'emploi de machines à vapeur, lorsqu'il y avait lieu ; — 6° La forme du plein-cintre est celle qui paraît avoir été généralem. adoptée pour la construction des voûtes. (La forme elliptique vient en second rang) ; — 7° Enfin la durée approximative de la construction des 28 grands tunnels auxquels se rapportent ces indications, ayant été d'environ 3 ans 5 mois, par souterrain d'une longueur moyenne de $2,010^m$, le percement annuel s'est élevé pour chaque ouvrage à près de 590^m, abstraction faite de la période totale pendant laquelle les 28 tunnels ont été exécutés (1841 à 1862). Ces moyennes ne peuvent, nous le répétons, être considérées que comme de simples aperçus, les chantiers ayant fonctionné très facilement et très rapidement pour certains tunnels, tandis que sur d'autres points, la rencontre du rocher granitique et d'abondantes couches d'eau, a présenté de sérieux obstacles et retardé plus ou moins l'achèvement des travaux.

Prix de revient. — La dépense d'établissement des 306 tunnels construits jusqu'à la fin de l'année 1862 (Recueil 1865) et d'une longueur totale (entre les têtes) de $147,372^m$, s'est élevée à 202,064,945 fr., soit en moyenne à 1371 fr. par m. courant.

Le recueil offic. publié en 1869 porte à 403 le nombre total de souterrains construits sur les ch. de fer de France au 31 déc. 1866 ; à $176,500^m$, leur longueur totale. — Le prix de construction s'est élevé pour l'ensemble à 241,130,000 fr. — et par mètre courant au prix moyen de 1366 fr. comprenant généralement l'achat des terrains pour l'emplacement du tunnel ; — déblais (à la pelle ou à la pioche, à la pince, à la poudre) ; — charpente pour étaiements ; — maçonnerie (pierre de taille, moellons, briques) ; — parements vus (divers) ; — chape ; — égouts ; — charpentes pour cintres ; — fer pour cintres ; — puits (déblais, maçonnerie, blindages) ; — dépenses diverses (indemnités, épuisements, matériel, éclairage, secours, travaux à la journée).

Enfin, dans le recueil officiel publié en 1883, pour les lignes d'intérêt général de la France Européenne, nous trouvons pour une longueur exploitée de 25,092 kilom. un nombre de souterrains s'élevant à 779 et présentant une longueur ensemble en couronnement de $277,774^m,72$. — Le prix moyen d'établiss. de ces souterrains, par unité de mètre courant, s'est élevé à 1259 fr. (1).

Longueur de divers souterrains. — Les plus longs tunnels construits en France sont ceux

---

(1) En général, le système consistant, même lorsqu'on rencontre le calcaire plus ou moins résistant, à maçonner sinon les pieds-droits du moins les voûtes de tous les tunnels, a fait varier, dans une certaine proportion, le prix moyen de quelques-uns de ces ouvrages d'art.

d'Arschwiller (Est), 2,678^m; Blaisy (Lyon), 4,100^m; Crédo (Lyon-Genève), 3,965^m; *Nerthe* (Méditerranée), 4,639^m; *Rilly* (Est), 3,450^m.

Comme terme comparatif, nous ajouterons que le tunnel de la traversée des Alpes (au Mont-Cenis) a une longueur de 13 kilom. — Ce dernier ouvrage, dont nous parlons ici seulement p. mém., a motivé des dispositions exceptionnelles qui n'ont point leur place marquée dans ce recueil.

Etablissement de niches de refuge (pour le garage du personnel de la surv. et de l'entretien). — On donne ordin. aux niches de refuge de forme rectangulaire, établies dans les pieds-droits des souterrains d'une certaine longueur les dimensions suivantes : longueur, 2^m,00, profondeur, 1^m,50, hauteur, 2^m,50. — Au tunnel de Blaisy, près Dijon (d'une longueur de 4,100^m), la distance moyenne de ces niches est de 96^m,50 du côté de la voie de droite, et de 64^m,25 du côté de la voie de gauche. — Au tunnel de Saint-Yrénée, près Lyon (longueur 2,110^m) les niches sont alternatives et disposées de manière à offrir un refuge tous les 50^m. L'espacement moyen des niches d'un même côté de la voie est d'environ 100^m.

Réparation des tunnels — (PROTECTION DES CHANTIERS établis sous les tunnels des lignes *à double voie*). — Circ. min. du 16 mars 1885, modifiée et complétée par celle du 1er février 1886, adressées, les deux, aux compagnies. — *La circ. min. du 16 mars 1885* (motivée par un grave accident survenu à des ouvriers atteints dans un tunnel par un train de ballast qui se croisait avec un train express) avait prescrit, sur l'avis du comité de l'expl. technique des ch. de fer, l'applic., sur la ligne de la Méditerrannée, de diverses mesures de précaution qui se trouvent reproduites, ci-après, dans le texte de la circ. min. du 1er février 1886, et rappelé, en même temps, dans son dernier alinéa, que les prescriptions dont il s'agit « seraient imposées à toutes les compagnies de chemins de « fer et qu'elles s'appliqueraient non seulement aux chantiers de renouvellement des « voies ou du ballast, *mais encore à tous les chantiers de travaux d'une nature quelcon-* « *que* établis dans les tunnels à deux voies. »

Circ. modificative, 1er févr. 1886 (adressée par le min. des trav. publ. aux comp.) — « Aux termes de la circ. min. du 16 mars 1885, relative à la protection des chantiers établis sous des tunnels des lignes à double voie, les compagnies étaient tenues de se conformer aux prescriptions suivantes :

1° Tous les trains, quels qu'ils soient, devront marquer l'arrêt avant d'aborder le chantier, lequel sera traversé à la vitesse d'un homme au pas ;
2° Les lanternes d'avant des trains devront être allumées avant d'entrer sur la partie occupée par les ouvriers ;
3° Les agents chargés d'assurer les signaux à la main, en amont et en aval du chantier, devront veiller à l'exécution rigoureuse de ces prescriptions.

Des objections ayant été faites au sujet des difficultés que présentait l'application rigoureuse des mesures prescrites dans le § 1° précité, j'ai décidé, après nouvel examen de l'affaire en comité de l'expl. technique, que ledit § serait remplacé par le suivant :

Nouveau paragr. 1°.— Lorsque, dans un tunnel d'une longueur de plus de 300 mètres, s'effec- tueront des travaux, soit de réfection de la voûte ou des pieds-droits, soit de réfection de la plate-forme, soit de renouvellement de la voie, tous les trains, quels qu'ils soient, *ralentiront* avant d'aborder le chantier et traverseront ce chantier à la vitesse d'un homme au pas.

Les paragraphes 2° et 3° sont d'ailleurs maintenus.

« Je vous prie d'assurer l'exécution de ma présente décision sur votre réseau et de m'en accuser réception. » (Voir d'ailleurs, ci-dessus, la disposition finale de la 1re circ. min. du 16 mars 1885).

Entretien et conservation des tunnels. — Voir *Ouvrages d'art.*

II. Mesures diverses de sécurité.

— « Le min. des tr. publ. déterminera, sur la pro- position de la comp., les mesures spéc. de précaution relatives à la circulation des trains sur les plans inclinés et dans les souterrains à une ou deux voies, à raison de leur lon- gueur et de leur tracé. » (Art. 29, ord., 15 nov. 1846.) — Par applic. de cet art., il a été pris, sinon par mesure d'ensemble, au moins dans les cas essentiels afférents aux réseaux distincts, diverses dispositions parmi lesquelles nous pouvons citer les suivantes :

1° *Signaux entre les têtes des souterrains.* — La circulation dans tous les grands tunnels (notamment ceux de plus de 1000^m de longueur) est généralement protégée par des signaux fixes manœuvrés par des gardes-lignes, ou par des signaux télégraphiques. Sur divers réseaux il a été admis que deux trains ne doivent pas circuler sur la même voie dans le souterrain. En outre, au moment où des trains de voyageurs passent sur l'une des voies du tunnel, les trains de marchandises ou de matériaux ne doivent pas s'engager sur la voie opposée. — Voir au mot *Block-system*, pour les dispositions concernant le système de *cantonnement* de la ligne, c'est-à-dire des points *où divers trains ne doivent pas circuler simultanément* ;

2° *Éclairage.* — Les ordres de service prescrivent l'éclairage des longs tunnels et des voitures à voyageurs comprises dans les trains qui doivent les traverser. La prescription relative à l'éclairage des voitures figure, du reste, en principe, à l'art. 24 de l'ordonn. du 15 nov. 1846. — V. *Éclairage*, § 2 ;

Nota. — Les *signaux des trains* (d'après les ordres en vigueur sur diverses lignes), doivent toujours être allumés pour le passage dans les souterrains ayant une longueur de 600^m ou au-dessus. — Les lanternes des *voitures* doivent toujours être allumées pour le passage dans les souterrains ayant une longueur de 1000^m ou au-dessus. (Instr. spéc., mai 1884.)

3° *Coups de sifflet.* — L'entrée et la sortie des tunnels doit être signalée par des coups de sifflet. — V. *Sifflet.* — V. aussi § 1er les mesures prescrites en cas de réparation ;

4° *Garage des ouvriers.* — Les niches de refuge, dont il a été question plus haut, permettent aux agents et ouvriers de se garer au moment du passage ou du croisement des trains et des machines dans les tunnels. — « Dans les longs souterrains en courbe et notamment au tunnel de Saint-Yrénée, près de Lyon, on manœuvre une corde ou un fil de fer au passage de chaque train. A cette corde, les poseurs fixent une sonnette qui les avertit qu'un train entre dans le tunnel. » (*Inst. spéc.*) ;

5° *Enlèvement des glaçons.* — « Les glaçons qui se forment à la voûte des tunnels, par suite de l'infiltration des eaux à travers les revêtements de ces ouvrages d'art, ont plusieurs fois été cause d'accidents assez graves, en se détachant au moment du passage des trains dans les souterrains, et en tombant sur les chauffeurs ou mécaniciens des locomotives. — Afin de prévenir le retour de semblables accidents, les comp. donneront, lorsqu'il y aura lieu, les ordres nécessaires pour que les tunnels soient soigneusement visités, et pour que les glaçons qui se forment sous les voûtes soient enlevés avant qu'ils puissent se détacher spontanément. » (Circ. min., 26 oct. 1857) ;

6° *Rupture de rails.* — Enfin, par une circ. du 31 janv. 1861, motivée sans doute par quelques nouveaux accidents et notamment par des ruptures de rails, le min. des trav. publ. a prescrit, en vertu de l'art. 29 de l'ordonn. du 15 nov. 1846, une nouvelle étude générale des mesures de sécurité concernant la circulation des trains dans les tunnels de plus de 1000^m de longueur ou en courbe. — Le premier effet de cette circ. a été de faire presser l'éclissage des voies dans les tunnels, d'y faire adopter l'emploi de rails neufs, autant que possible, et de la meilleure qualité, et enfin d'y assurer exactement l'observation des mesures de précaution et de surv. déjà prescrites pour la sécurité.

III. Dommages causés par l'établ. des tunnels. — V. *Carrières, Dommages, Expropriation, Mines* et *Occupation de terrains* (pose de fils télégr., etc.).

Indemnité de terrain restreinte au sous-sol. — « L'expropriation ayant pour objet l'établ. d'un tunnel de ch. de fer, peut être restreinte, par le jug. qui l'a prononcée, au sous-sol seulement des propriétés que le tunnel doit traverser, sans que les propr. aient le droit de requérir l'acquisition des maisons situées à la surface. — Ces propr. sont, d'ailleurs, non-recevables à réclamer, pour la première fois devant le jury, l'expropr. de la surface, lorsque le jugement qui restreint l'expropr. au sous-sol, n'ayant pas été attaqué en temps utile, a acquis l'autorité de la chose jugée. — La demande d'expropr. totale de la surface ne peut pas non plus être requise après l'expiration du délai de quinzaine fixé par l'art. 50 de la loi du 3 mai 1841. » (C. C., 1er août 1866.)

Suppression ou modification de sources : — 1° Justification des droits du propr. (questions de compétence, etc.). — V. *Dommages* (fin du § 2) ; — 2° Suppression de sources dont la propriété n'est pas justifiée (V. *Dommages*, § 3 et *Sources*) ; — 3° Disparition de sources par suite du percement d'un tunnel (dommages justifiés à réparer par les compagnies). (V. au mot *Sources*, C. d'État, 21 févr. 1879) ; — 4° Tarissement d'un puits à la suite du percement d'un tunnel ; — Réserves lors de l'expropr., indemnités accordées (C. d'État, 25 févr. 1884) ; — 5° Drainage de sources par un tunnel de ch. de fer. — Indemnités accordées aux réclamants qui jouissaient de ces sources pour l'irrigation de leurs propriétés (C. d'État, 11 mai 1883) ; — 6° Suppression ou diminution éventuelle du débit des sources de la commune. — Expertise ordonnée ; — Provision accordée à tort, préalablem. à la constatation du dommage. (C. d'État, 4 décembre 1885.)

SPIRITUEUX.

Conditions de transport. — V. les mots *Alcool, Avaries, Coulage* et *Liquides*.

STATIONNEMENT.

I. Stationnement irrégulier de véhicules. — L'art. 61 de l'ordonn. du 15 nov. 1846 défend « de faire circuler ou stationner dans l'enceinte du ch. de fer aucunes voitures, wagons ou machines étrangères au service. » (V. *Pénalités*.) — Toute infraction de cette espèce suivie d'accident pourrait donner lieu à l'application de l'art. 19 de la loi du 15 juillet 1845 (V. *Accidents*, § 8). — Stationnement de wagons sur les voies de garage. — V. *Arrêts mobiles*.

Stationnement de voitures dans les cours des gares. — V. le mot *Cours*.

II. Stationnement accidentel des trains. — V. *Circulation, Détresse* et *Secours*.

Stationnement ds trains le long des promenades d'une ville (police municipale). — « Est illégal et non obligatoire l'arrêté municipal qui interdit à une comp. de ch. de fer de laisser stationner le long des promenades de la ville des trains ou convois pouvant exhaler des odeurs incommodes et insalubres. Le min. des tr. publ. ou l'admin. supér. ont le droit exclusif de réglementer la police des ch. de fer, lorsque la sûreté et la santé des habitants ne sont pas en cause. » (C. C., 16 déc. 1864.) — V. *Matières*, § 5.

III. Stationnement dans les gares. — Dispositions prescrites ou employées pour prévenir les accidents au moment de la descente des trains : — 1° Éclairage pendant la nuit des stations et de leurs abords (art. 6 de l'ord. du 15 nov. 1846 (V. *Éclairage*) ; — 2° Dispositions à prendre par les mécaniciens pour s'arrêter au point où les voyageurs doivent descendre (art. 37, ordonn., 15 nov. 1846, 3e §) (V. *Arrivée*) ; — 3° Quais de débarquement mis en rapport avec la longueur des trains (V. *Quais*) ; — 4° Obligation imposée aux voyageurs de ne sortir des voitures qu'aux stations et lorsque le train est complètement arrêté (art. 63 de l'ordonn. du 15 nov. 1846) (V. *Voyageurs*) ; — 5° Affluence dans les gares. — V. *Affluence*. — Voir aussi le *Nota* ci-après.

Nota. — Lorsqu'il y a encombrement dans les stations de voyageurs, le chef de gare doit faire tout ce qui dépend de lui pour maintenir l'ordre et pour empêcher les voyageurs de commettre des imprudences ; mais il importe aussi que le public y mette personnellement un peu d'attention et de prévoyance. Dans certains cas, on peut avoir recours, pour le maintien de l'ordre, à l'installation *spéciale* de postes de sergents de ville, de gendarmes ou de troupe ; mais ce sont là des mesures dont l'applic. n'a ordin. lieu que les jours d'affluence exceptionnelle dans les gares des gr. villes ou dans celles avoisinant des centres importants de population.

Stationnement de matières infectes. — V. *Matières*, § 5.

IV. Dispositions diverses. — 1° Machines en stationnement (V. *Mécaniciens*); — 2° Calage des wagons et stationnement de lorrys (ou wagonnets de travaux) (V. *Arrêts, Calage* et *Lorrys*); — 3° Frais de stationnement des wagons à marchandises (Arr. min., 27 mai 1878 et circ. explicative, 29 août 1879. — V. *Frais accessoires* (petite vitesse).

STATIONS.

I. Affaires générales relatives à l'établissement et au service des stations. — Art. 9 du cah. des ch. et dispositions diverses. — V. *Gares* et les articles correspondants. — Voir aussi *Haltes* et *Terrains*.

Heures d'ouverture et de fermeture des gares (gr. et petite vitesse). Extr. de l'arr. min. du 12 juin 1866. V. *Heures de service.* — Modification pour la *petite vitesse* (Arr. min., 16 févr. 1887, remplaçant par les dispositions suivantes les deux premiers paragr. de l'art. 13 de l'arr. de 1866) : « Du 16 mars au 15 octobre, les gares seront ouvertes, pour la réception ou la livraison des marchandises à petite vitesse à 6 heures du matin au plus tard, et fermées, au plus tôt, à 6 heures du soir. — Du 16 octobre au 15 mars, elles seront ouvertes à 7 heures du matin, au plus tard, et fermées, au plus tôt, à 5 heures du soir. »

Stations des lignes secondaires. — La commission générale d'enquête sur l'exploitation (Recueil admin., 1863) a été d'avis qu'il y avait lieu d'autoriser les compagnies, dans la constr. des ch. nouveaux, à établir les stations dans les conditions d'une extrême simplicité, et, dans certains cas même, à n'y élever que de simples hangars.

Travaux accessoires des stations. — V. les mots *Projets, Justifications* et *Travaux.*

II. Inscriptions indicatives des noms des stations (Circ. min. adressée le 17 sept. 1863 aux compagnies). — « Les inscriptions que les comp. de ch. de fer font placer sur les bâtiments des stations, pour en faire connaître la dénomination, ne présentent aucune uniformité et sont souvent insuffisantes. — Ces inscriptions sont établies, tantôt sur les faces latérales des bâtiments, tantôt sur la façade et non sur les côtés, tantôt enfin sur les poteaux qui précèdent les bâtiments. — Il importe que ces indications, indispensables aux voyageurs, soient régularisées. Il me paraît convenable, d'ailleurs, que le nom de la station soit toujours inscrit sur la façade du bâtiment regardant les voies, et de chaque côté de ces voies, lorsqu'un double abri est installé pour les voyageurs. — Je vous prie de vouloir bien prendre des mesures le plus promptement possible, en ce qui vous concerne, pour que les indications des stations de votre réseau soient rectifiées et complétées, conformément aux observations qui précèdent. »

Changement de nom des stations (nécessité par des doubles emplois, etc.). — La dénomination des stations ne peut être changée sans l'approbation ministérielle, même lorsqu'il ne s'agit que d'une simple addition au nom primitif; les préfets sont appelés à donner leur avis, mais ils ne peuvent statuer définitivement à cet égard. (Dép. minist., 2 mai 1862, chemin de Lyon.) — Ces changements de noms n'ont lieu, bien entendu, que sur la proposition des compagnies, ou qu'après que ces dernières ont été appelées à présenter leurs observations.

Avenues des stations. — V. *Avenues* et *Chemins d'accès.*

III. Stations communes (§ additionnel final de l'art. 61 du cah. des ch.). — « Art. 61 (dernier paragr.) La comp. sera tenue, si l'admin. le juge convenable de partager l'usage des stations établies à l'origine des ch. de fer d'embranchement avec les compagnies, qui deviendraient ultérieurement concessionnaires desdits chemins. — En cas de difficultés entre les compagnies pour l'applic. de cette clause, il sera statué par le gouvernement. » — *Application du cah. des ch. et indications diverses.* — Voir les mots *Embranchements, Gares*, § 7, et *Service commun.*

STATISTIQUE.

I. Centralisation ministérielle. — Outre les documents statistiques publiés par les comp. de ch. de fer dans leurs comptes rendus annuels des ass. gén. d'actionn. (V. *Comptes rendus*), ces comp. sont dans l'obligation de produire pour être transmis au min. des tr. publ. tous les éléments nécess. pour établir les relevés concernant les diverses branches du serv. des voies ferrées. — Cette obligation résulte pour certains documents des dispositions des statuts mêmes approuvés par l'admin. supér. (V. *Statuts*). Elle résulte en outre, pour d'autres documents, des décrets relatifs aux justifications à fournir par les comp. au point de vue de la garantie de l'État. — V. *Justifications*.

Instructions relatives à la production des documents. — Dans leur ensemble, les documents généraux recueillis par le service spécial de statistique (qui forme l'une des grandes divisions du min. des tr. publ.), au sujet des ch. de fer français ou étrangers présentent un grand intérêt, mais le nombre considérable de tableaux dont ils sont formés prendrait trop de place dans ce recueil ; nous résumerons simplement ici quelques instructions principales qui s'y rapportent.

II. Relevés périodiques du trafic. — 1º Recettes hebdomadaires. — 2º Trafic mensuel. — 3º États trimestriels (V. *Trafic*). — 4º Récapitulation annuelle (formule B) également mentionnée au mot *Trafic* ainsi que dans les instructions relatives aux documents annuels dont il est question ci-après.

III. Faits d'établissement et d'exploitation. — La production des documents généraux annuels comprend : 1º les formules A et annexe (*dépenses d'établissement*) ; B (*état récapitulatif du trafic mensuel rectifié*) ; C (*dépenses d'exploitation*) ; D (*produit net*) ; E (*mouvement des unités du trafic*) ; F (*matériel roulant, effectif, parcours*) (Voir aussi *Matériel,* § 8) ; G (*mouvement du matériel*) ; H (*personnel, à la fin de l'année*), et 2º les tableaux nº 3 (longueurs, voie, plan, profil) ; nº 4 (profil en travers, rails, ouvrages d'art, stations) ; nº 5 (ponts sous rails de 20^m et plus de longueur entre les culées) ; nº 6 (viaducs sous rails de 10^m et plus de hauteur moyenne) ; nº 7 (souterrains). — *Nota.* — Les tableaux 1 et 2, dressés directement par l'administration, concernent : 1º les conditions principales des concessions ; — 2º la situation (chronologique) des mêmes concessions ; longueurs et proportions pour 100.

Modifications, au point de vue de la garantie de l'État, des premiers modèles communiqués annuellement par l'admin. (Ext. d'une circ. min., 25 juin 1866), réclamant aux ingén. du contrôle l'envoi des formules, A, B, C, D, E, F, G, H et des tableaux 3, 4, 5, 6 et 7, relatifs aux frais d'établ. et d'expl. de l'exercice 1865 : — « Les formules à remplir à cet effet sont les mêmes que celles qui vous ont été adressées pour les exercices précédents, à cela près de quelques modifications devenues nécessaires pour mettre ces formules en harmonie avec quelques-unes des dispositions du régl. d'admin. publique concernant la garantie d'intérêt accordée par l'État. — Le travail dans lequel entrent ordin. les documents qui font l'objet de la présente circ., étant comparatif, on ne pouvait se dispenser d'étendre le même classement à tous les ch. en expl. jouissant ou non de garantie d'intérêt. — Voici, en quelques mots, une analyse des modifications demandées pour chacune des formules.

Formule A. — On devra rappeler dans la colonne d'observations le montant des intérêts payés à l'aide de la garantie de l'État.

Formule B. — L'article relatif au droit de transmission de titres, qui ne figurait précédemment que *pour ordre,* donnant lieu souvent à des erreurs d'application, a été supprimé.

Formule C. — On devra faire figurer à l'avenir, dans le chapitre des annexes de cette formule, la réserve statutaire, ainsi que la dépense pour le timbre des titres que l'on faisait figurer précédemment dans le tableau réservé au produit net.

Formule D. — Cette formule a été modifiée en raison de ce qui vient d'être dit pour la formule C. — A cette occasion, il convient de faire remarquer qu'il ne faut pas confondre la réserve statutaire, qui doit désormais figurer dans la formule C, avec les fonds de réserve et de renouvellement dont le montant continue à figurer dans la formule D. De plus, on y a introduit un article spéc. destiné à recevoir le prélèvement opéré sur l'ancien réseau au profit du nouveau réseau. — Le total du produit net devra être, comme par le passé, le résultat de l'excédent des recettes sur les dépenses sans se préoccuper de ce fait, qu'en ce qui touche l'ancien réseau, il pourra se trouver supérieur au produit net qui lui est réservé par les conventions.

Division par réseau. — Jusqu'ici, mon admin. avait demandé, pour les renseign. statistiques et pour les comp. possédant un ancien et un nouveau réseaux, la division par réseau et une formule présentant l'ensemble des faits. Il n'est rien changé à la marche suivie jusqu'à ce jour, mais les renseign. à fournir pour le nouveau réseau devront être divisés en deux parties, la première s'appliquant aux sections entièrement exploitées avant le 1ᵉʳ janv. de l'ex. 1865 et par là même appelées à jouir de la garantie de l'État, la deuxième comprenant les sections exploitées dans le cours de l'exercice et n'ayant pas droit à la garantie (1). — Je n'ai pas besoin d'ajouter qu'on devra, comme par le passé, établir en outre des formules pour l'ensemble du nouveau réseau et des formules pour le réseau complet.

« *Les tableaux n°s 3 à 7, destinés aux conditions techniques,* n'ont reçu aucune modification et ils ne doivent pas recevoir les renseign. relatifs aux lignes ouvertes antérieurement à l'année 1865, à moins que des changements n'aient été apportés dans leur régime.

« ..... Je vous prie de prendre les mesures nécessaires pour que les renseign. dont il s'agit me parviennent avant la fin du mois de juillet. — Je vous serai obligé de prier la comp. de vouloir bien faire ses efforts pour que le délai fixé ci-dessus ne soit pas dépassé et pour que les renseign. réclamés me soient fournis aussi complets que possible. »

(*Oberv. gén. applic. aux divers tabl. et formules*). Il est essentiel pour la rédaction des tableaux de tenir exactement compte des *notes* placées au bas des formules où il ne doit être apporté aucun changement aux classific. indiquées, sauf à donner en note toutes les explic. nécess. pour la concordance du cadre adopté par l'admin. avec les écritures de la compagnie. — (*Extr. des instr.*)

IV. Renseignements relatifs aux ouvrages d'art. — 1° Comme on l'a vu plus haut,

la série des tableaux statistiques a consacré trois états spéc. respectivem. aux ponts de 20ᵐ et plus de longueur entre les culées, aux viaducs de 10ᵐ et plus de hauteur moyenne, et, enfin, aux souterrains existant au 31 déc. 1861 sur les ch. de fer du territoire français. En vue d'une public. définitive, le min. a prescrit des recherches détaillées, en ce qui concerne ces divers ouvr. d'art. Nous avons rappelé à cet égard, à l'art. *Viaducs,* les dispositions spéc. applic. aux grands ponts et aux viaducs en vertu de la circ. min. du 29 mai 1863. Nous reproduisons, ci-après, les indic. relatives aux tunnels.

2° *Renseignements sur les tunnels.* — Une circ. min., 25 avril 1862 (rappelée à l'occasion de l'ouverture des nouvelles lignes), a prescrit, en principe, la production de tableaux, résumant les dépenses faites pour l'établ. des souterrains. Ces tableaux doivent être accompagnés de dessins indiquant la disposition de ces ouvrages d'art. Les instructions données à cet égard, par l'admin. supér., sont les suivantes :

« L'un des dessins (section transversale) indiquera la forme, les dispositions et dimensions principales du tunnel et notamment les hauteurs sous voûte mesurées à l'aplomb de l'axe et des rails extérieurs, les largeurs à la naissance de la voûte et au niveau des rails, les épaisseurs de la voûte, des pieds-droits et du radier.

« Le deuxième dessin (coupe longitudinale) indiquera la coupe géologique des couches principales du terrain, les longueurs des tranchées aux abords du tunnel, la profondeur de ces tranchées à l'entrée et à la sortie du tunnel ; — les hauteurs du faîte au-dessus du niveau de la mer et du niveau des rails ; — les pentes du tunnel ; — les puits conservés et non conservés, leur profondeur et la distance qui les sépare.

« Les échelles sont facultatives ; MM. les ingénieurs se donneront, à l'égard des dessins, toutes les facilités qu'ils pourront tirer des documents qu'ils possèdent déjà. »

---

(1) Ces dernières indications, qui peuvent avoir été modifiées par suite des nouvelles *Conventions de 1883,* ne sont rappelées ici que *pour mémoire.*

Résumé des dépenses. — Colonne 1, objets des dépenses ; — 2, nature ; — 3, quantités ; — 4, prix de l'unité ; — 5, dépense totale ; — 6, dépense par mètre courant ; — 7, observations.

Les dépenses se subdivisent ainsi qu'il suit : terrains pour l'emplacement du tunnel ; — déblais (à la pelle ou à la pioche, à la pince, à la poudre) ; — charpente pour étaiements ; — maçonneries (pierres de taille, moellons, briques) ; — parements vus (divers), chape ; — égouts ; — charpente pour cintres ; — fer pour cintres ; — puits (déblais, maçonneries, blindages) ; — dépenses diverses (indemnités, épuisements, matériel, éclairage, secours, travaux à la journée).

Renseignements divers. — « Longueur totale du tunnel ;
« Longueur et indication des parties revêtues de maçonneries ;
« Section en mètres carrés du vide du tunnel, mesurée au-dessus des rails ;
« Date et durée de son exécution ;
« Dire si les terrains pour l'emplacement du tunnel ont été acquis, et sur quelle largeur ils l'auraient été, ou si l'on n'a payé qu'une indemnité pour le sous-sol, et, en général, dans quelles conditions la percée a été opérée sous le rapport des terrains traversés. Donner quelques détails sur la composition du prix de revient des déblais, sur l'espèce de chape employée, sur les puits, étaiements, épuisements, et, en général, sur toutes les particularités les plus importantes de la construction du tunnel, afin qu'on puisse utilement le comparer avec d'autres ouvrages du même genre. »

3° *Documents pour former un atlas des chemins de fer* (Circ. min. du 4 nov. 1867). — V. *Cartes et plans,* §4. — Voir aussi *Comptes et situations.*

V. Documents financiers (*formule S*, et annexe ; *Emprunts*, etc.) : — 1° Instr. contenues dans la circ. min. du 11 juin 1863, *Extr.*) « Ce travail devra être présenté sur deux feuilles distinctes, l'une destinée à recevoir les renseign. relatifs à l'ancien réseau et l'autre à ceux qui se rapportent au nouveau. Le tableau annexe est destiné à recevoir les développements relatifs aux emprunts, dont la formule S précitée ne peut présenter que les chiffres totaux. En ce qui touche les dépenses faites, au lieu des dépenses réellement effectuées en terrains, travaux, matériel roulant, frais généraux, etc., on fait figurer les dépenses des comp. à leur point de vue financier. Cette dernière indication est réclamée par la colonne d'observations ; mais le renseign. demandé dans la formule S, étant spéc. destiné à faire ressortir le coût d'établ. par kilom. doit indiquer, tout d'abord, le chiffre des dépenses nécessitées pour l'exécution du chemin. Si donc, par suite de rachat ou de fusion, la dépense mise à la charge de la comp. actuelle diffère en plus ou en moins de la dépense réelle, cette différence doit faire l'objet d'une note spéciale. — En outre, le chiffre des dépenses restant à faire au 31 déc... ne doit s'appliquer qu'aux concessions définitives, sauf à donner en note les dépenses probables de la compagnie applicables aux concessions éventuelles. — L'annexe à la formule S ne me paraît donner lieu qu'à une observ. sur laquelle je ne saurais trop insister. Ainsi, quelques compagnies ont négligé de fournir les indications réclamées par les colonnes 28, 29 et 30, et relatives aux charges de l'exercice... »

2° *Circ. minist. du 9 mai 1866*, relative au même objet... — « Les chiffres à produire pour être portés dans la formule S, ne doivent pas être le résultat d'un simple dépouillement des livres de comptabilité. — Cette formule est exclusivement destinée à faire connaître les dépenses *réellement* faites pour la construction et la mise en expl. des ch. de fer, ainsi que les ressources mises à la disposition des comp. pour couvrir ces dépenses. Dans cet ordre d'idées, il n'y a pas lieu de tenir compte des plus ou moins-values attribuées à quelques-unes des lignes qui sont venues successivem. se fusionner avec le réseau des concessions actuelles. Mais comme il n'est pas sans intérêt pour l'admin. et sans utilité, pour la comp. que l'on puisse faire concorder entre eux les chiffres portés dans la formule S et ceux qui sont publiés dans les comptes rendus aux actionnaires, la colonne d'observations doit recevoir toutes les explications nécessaires pour établir cette concordance... — 2° *point.* — Quelques comp. croient devoir retrancher de leur compte de premier établ., soit le montant des dépenses qu'elles ont amorties, soit l'excédent sur les dépenses effectives du prix de vente de certaines sections cédées à d'autres compagnies. Ce mode de procéder ne saurait répondre, dans le cas actuel, aux vues de l'administration. — Dans le premier cas, il convient de maintenir, dans les comptes, le montant des sommes remboursées au moyen de l'extinction, soit d'actions, soit d'obligations ; dans le second cas, on ne doit retrancher des charges de la comp. que la somme correspondante à celle qui a été dépensée pour la section cédée, sauf à faire figurer l'excédent du prix de vente dans le chapitre des rentrées diverses. » — *P. mém.*, sous réserve des modifications qui ont pu résulter des conventions de 1883. — V. *Conventions.*

VI. Relevés des sections à double ou simple voie (demandés annuellement par le min. aux chefs du contrôle. La circ. qui leur a été adressée pour cet objet, le 18 déc. 1886, porte ce qui suit) : « La publication que l'admin. présente annuellement sur la situation des chemins de fer français comprend un relevé ayant pour objet de faire connaitre les sections de ch. de fer exploitées à double ou à simple voie. — L'ouverture de sections nouvelles et la pose de la 2e voie sur certaines lignes ont nécessairement modifié la situation constatée par la dernière publication qui remonte au 31 déc. 1865. — Je viens, en conséquence, vous prier de me faire connaitre les changements qu'il y aurait lieu d'apporter à ce travail en ce qui concerne le ch. de fer de..., soumis à votre surveillance ; à cet effet, je vous adresse ci-joint une épreuve du tableau de 1865 que vous voudrez bien me renvoyer *mise à jour* et corrigée à l'encre rouge. Tous les chiffres de ce relevé devront reproduire, par section, ceux des longueurs figurant sur le croquis indicateur des distances qui doit être tenu au courant dans votre bureau. » — V. aussi les mots *Ouvertures* et *Voie.*

VII. Relevés des embranchements industriels (Extr. d'une demande de renseign. adressée aux chefs du contrôle, par circ. min., 15 février 1866) : — « L'admin. a autorisé et autorise tous les jours la constr. de nombreux embranch. particuliers sur les lignes de ch. de fer. — Il serait intéressant de comprendre, dans les tableaux qui présentent la situation annuelle des ch. de fer, un état qui contiendrait, par comp., tous ces embranch. — Je viens, en conséquence, vous prier de me transmettre la nomenclature de ceux qui, jusqu'à ce jour, ont été autorisés, sur les différentes sections des ch. de fer compris dans votre service. — Ce renseign., dont vous possédez sans doute tous les éléments, peut m'être adressé sans retard, et je vous serais obligé de ne pas en différer l'envoi au delà d'une quinzaine de jours. — Vous trouverez, ci-annexé, un tableau que vous devrez remplir. »

Nota. — D'après la circ. du 15 févr. 1866, complétée par des instr. plus récentes, le cadre du tableau à fournir comporte les subdivisions ou colonnes suivantes : 1re col., no d'ordre ; 2e, désignation de l'embranch.; 3e, longueur exprimée en mètres ; 4e, désignation de la section à laquelle se rattache l'embranch. ; 5e et 6e, *noms des :* départements traversés, communes traversées ; 7e, nature de l'établ. desservi ; 8e, date et nature de la décision accordant l'autorisation ; 9e, date de l'ouverture ; 10e, mode d'expl. (chevaux, locomotives ou machines fixes) ; 11e col., observations. — Le titre général, outre l'indic. marginale, « *statistique des ch. de fer*, » comprend les indications ci-après : 1re ligne, « *chemins de fer français* ; 2e, *embranchements particuliers se rattachant au chemin de fer de...* » ; 3e ligne. « 18 . » (millésime).

VIII. Statistique de l'industrie minérale. — Les tableaux à fournir annuellement en ce qui concerne la situation des machines et appareils à vapeur, au point de vue de l'industrie minérale (Circ. min. du 27 août 1861 aux ingén. en chef), sont les suivants : — 1o État général des machines locomotives appartenant au chemin de fer ; — 2o Appareils à vapeur. — Ateliers. — Dépôts, etc. ; — 3o État des épreuves de locomotives ; —

4° État des épreuves des appareils à vapeur ; — 5° État des combustibles consommés dans l'enceinte des chemins de fer pendant l'année et par département.

« On ne portera sur ces états que les machines locomotives et les nouveaux appareils mis en service dans le cours du dernier exercice, en ayant soin toutefois d'indiquer pour les anciennes machines ou chaudières, celles qui sont restées en chômage ou qui ont été supprimées depuis la production des derniers états, et de faire connaître dans la colonne des observations le nombre total des machines locomotives et des machines fixes, dont il a été fait usage (pendant l'année à laquelle s'appliquent les renseignements demandés). Les explosions de chaudières, s'il s'en est produit (de nouvelles), devront être l'objet d'une note détaillée. — L'état (n° 5) indiquera tout à la fois le poids et la valeur des combustibles de chaque provenance consommés dans l'enceinte des ch. de fer, ainsi que les proportions dans lesquelles ces combustibles ont été répartis entre les différents dépôts et ateliers. » (Circ. min., 27 août 1861.)

Statistique spéc. du transport des houilles et coke. — V. le mot *Houilles.*

IX. Détails statistiques du service des chemins de fer. — 1° Relevés mensuels des accidents (V. *Accidents,* § 14). — 2° Relevés décadaires des retards (V. *Retards*). — 3° États de service des essieux et du matériel roulant (V. *Registres*). — 4° Documents annuels sur les transports de houilles et de coke (V. *Houille*). — 5° Dates d'ouverture des sections nouvelles et croquis figuratif des sections (V. *Croquis et Ouvertures*). — 6° Longueurs des lignes exploitées en France et en Europe (V. *Longueurs*). — 7° Détails statistiques d'établissement des ch. de fer (V. *Courbes, Déclivités, Ouvrages d'art,* § 4, *Passages, Ponts,* § 5, *Souterrains,* § 1, *Viaducs,* § 2). — 8° Détails du matériel roulant (V. *Locomotives,* § 8, et *Matériel,* § 8). — 9° Statistique du personnel des compagnies (V. *Personnel*). — 10° Comptes rendus des assemblées générales d'actionnaires et situations diverses (V. *Comptes et Situations*). — 11° Poids et prix d'objets divers. — V. *Poids et Prix.*

STATUES ET OBJETS D'ART.

Conditions de transport (V. *Finances,* § 1). — V. aussi *Soins de route.*

STATUTS DES COMPAGNIES.

I. Lois et décisions approbatives. — En dehors des lois organiques du 15 juill. 1845 (Voir *Compagnies,* § 6) et du 24 juill. 1867 (V. *Sociétés*), les conventions et statuts qui régissent en particulier chaque compagnie sont trop nombreux et trop variables pour être reproduits *in extenso* dans ce Recueil où nous avons dû nous borner à résumer aux mots *Actions, Administrateurs, Amortissement, Assemblée générale, Compagnies, Conventions, Dividende, Emprunts, Garantie, Obligations, Sociétés, Subventions,* etc., les généralités qui se rapportent aux engagements contractés par les compagnies d'une part envers l'État et d'autre part envers le public et les tiers, actionnaires, obligataires ou autres. — Dans leur ensemble, les lois approbatives des *conventions* passées entre le min. des tr. publ. et les comp. de ch. de fer ont surtout pour objet les engagements mis à la charge du Trésor par ces conventions. — *Approbation spéciale des statuts.* — Les ordonn. et décrets spéc. approuvant les *statuts,* réservent ordin. à l'État le droit de révoquer l'autorisation en cas de violation ou de non-exécution des statuts approuvés, sans préjudice des droits des tiers. Ils portent, en outre, l'obligation pour les comp. de remettre tous les six mois un extrait de leur état de situation : 1° au min. des tr. publ. ; 2° aux préfets des départements, aux greffes des trib. de comm. et aux chambres de commerce intéressées ; et, enfin, de remettre, chaque année, au ministère des tr. publ. une copie de l'inventaire général de leur actif et de leur passif. — V. aussi *Sociétés.*

II. Modèles de statuts. — Bien que les statuts d'organisation des gr. comp. anonymes de ch. de fer soient loin d'être établis sur un modèle uniforme, ces statuts, qui sont toujours passés par-devant notaire, contiennent généralement des indications et des subdivisions analogues à celles qui sont résumées ou analysées ci-après :

Titre premier. — Constitution de la société. — Objet. — Dénomination. — Domicile. — Durée. — Articles 1 à..... (*pour mémoire*).

Titre deux. — Fonds social. — Actions. (Pour mémoire.) — V. *Actions.*

Titre trois. — Intérêts. — Comptes annuels. — Dividendes. — Fonds de réserve. — Amortissement. (*Pour mémoire.*) — Voir ces divers mots.

Titre quatre. — Conseil d'administration. (*Organisations. — Attributions.*)

Art..... *Attributions du Conseil d'administration.* — Le Conseil d'admin. est investi des pouvoirs les plus étendus pour l'admin. de la société. — Il passe et autorise les marchés de toute nature. — Il autorise les achats de terrains et immeubles néces. pour l'exécution, l'expl. ou l'admin. du ch. de fer. — Il règle les approvisionnements et autorise les achats de matériaux, machines et autres objets nécessaires à l'exploitation. — Il fixe les dépenses générales de l'administration. — Il autorise tous achats ou ventes d'objets mobiliers. — Il autorise la vente des terrains et bâtiments inutiles, la recette des prix de vente. — Il autorise toute mainlevée d'oppositions ou d'inscriptions hypothécaires, ainsi que tout désistement de privilèges avec ou sans payement. — Il exerce toutes actions judiciaires et autorise tous compromis ou transactions. — Il détermine le placement des fonds disponibles et règle l'emploi de la réserve. — Il autorise tous retraits, transferts et aliénations de fonds, rentes et valeurs appartenant à la Société; il donne toutes quittances. — Il arrête les règlements relatifs à l'organisation des services et à l'exploitation, sous les conditions déterminées par le cah. des ch. — Il adresse au Gouvernement toute demande de prolongement ou d'embranchement et de condition de toute nature, sauf autorisation préalable ou ratification de ces demandes par l'assemblée générale. — Il nomme ou révoque tous employés ou agents, détermine leurs attributions et fixe leurs traitements. — Il traite, transige et compromet sur tous les intérêts de la Compagnie. — Il détermine, dans les conditions du cah. des ch., les modifications à apporter au tarif, les transactions y relatives, et le mode de perception des prix du tarif. — Il statue sur tous les intérêts qui rentrent dans l'admin. de la Société. — Il soumet à l'assemblée générale toutes propositions d'emprunt, de prolongement ou d'embranchement, de fusion ou traité avec d'autres compagnies, de prolongation ou renouvellement de la concession, de modifications ou additions aux statuts, et notamment d'augmentation du fonds social et de prorogation ou dissolution de la Société. — Il présente chaque année à l'assemblée générale le compte de sa gestion.

Art..... Le Conseil d'administration pourvoit à la négociation des emprunts votés par l'assemblée générale; il en règle le mode et les conditions...

Nota. — Pour l'organisation des conseils, voir au mot *Administrateurs;* et pour les indemnités et votes, voir, au mot *Compagnies,* les art. 11 et 12 de la loi du 15 juillet 1845.

Titre cinq. — Assemblée générale... — V. *Assemblée.*

Titre six. — (Dispos. gén. — Modifications des statuts, liquidation, contestations.)

Art..... Si l'expérience fait reconnaître la convenance d'apporter quelques modific. ou additions aux présents statuts, l'assemblée est autorisée à y pourvoir dans la forme déterminée c'est-à-dire, lorsque le nombre prescrit de membres est présent, etc., etc.). — Les délibérations relatives à ces objets ne seront exécutoires qu'après avoir été approuvées par le Gouvernement. — Tous pouvoirs sont donnés d'avance au conseil d'admin., délibérant à la majorité de ses membres, pour consentir les changements que le Gouvernement jugerait nécessaire d'apporter aux résolutions votées par l'assemblée générale. — (Voir *Sociétés.*)

Art..... — Lors de la dissolution de la société, l'assemblée génér. sera imméd. convoquée par le conseil d'adm. et déterminera, sur sa proposition, le mode de liquidation à suivre.

Art..... — A l'expiration de la concession, toutes les valeurs provenant de la liquidation seront employées, avant toute répartition entre les action., à mettre le ch. en état d'être livré au Gouvernement, dans les conditions déterminées au cah. des ch. de la concession.

Art..... — Toutes les contestations qui pourraient s'élever pendant la durée de la société ou lors de sa liquidation, soit entre les actionnaires et la société, soit entre les actionnaires eux-mêmes, et à raison des affaires sociales, seront jugées par des arbitres, conformément aux articles 51 et suivants du Code de commerce.

Art..... — Dans le cas de contestation, tout actionnaire devra faire élection de domicile à Paris, et toutes notifications et assignations seront valablement faites au domicile par lui élu, sans avoir égard à la distance de la demeure réelle. — A défaut d'élection de domicile, cette élection aura lieu de plein droit, pour les notifications judiciaires, au parquet de M. le procureur près le trib. de première instance du dép. de la Seine. — Le domicile élu formellement ou implicitement, comme il vient d'être dit, entraînera attribution de juridiction aux trib. compétents du dép. de la Seine. — Conf. au cah., des ch. le domicile de la comp. est fixé à Paris, au siège social, et elle entend que toutes significations ne puissent lui être faites qu'à ce domicile. — V. spéc. le mot *Assignations.*

Formalités diverses des concessions. — Voir le mot *Concessions.*

SUBVENTIONS.

I. Travaux exécutés par l'État. — La contribution des départements et des communes, dans les frais d'établ. des lignes commencées par l'État suivant les règles de la loi du 11 juin 1842, d'abord considérée comme *obligatoire* était plus tard devenue *facultative* (V. *Contributions*, § 1). — Mais, de tout temps, les sacrifices ainsi consentis volontairement ont exercé naturellement une certaine influence au point de vue de la déclaration d'utilité publique des chemins. — Ainsi, à l'occasion des lignes du réseau complém. d'int. gén. dont l'établ. avait été autorisé par l'art. 1er de la loi du 17 juill. 1879 (Voir *Chemin de fer d'int. gén.*), l'art. 3 de ladite loi portait que l'exécution de ces lignes « aurait lieu successivement eu tenant compte de l'importance des intérêts militaires et des intérêts commerciaux engagés ainsi que du *concours financier qui serait offert par les départements, les communes et les particuliers.* » — De son côté, l'art. 3 de la loi précédente du 31 déc. 1875 relative à l'autorisation accordée au min. des tr. publ. d'entreprendre les trav. de plusieurs lignes d'int. gén., portait la disposition suivante : « Viendra en déduction des dépenses à faire, le montant des *subventions*, soit en terrains, soit en argent, qui seront offertes par les départements, les communes et les propriétaires intéressés. »

II. Subventions de l'État ou des départements pour les chemins concédés. — La participation de l'État pour les lignes d'intérêt général, concédées aux compagnies, s'exerce surtout par la garantie d'intérêt et par les combinaisons financières rappelées au mot *Conventions*. Au sujet de la *conversion en annuités* des subventions dont il s'agit (Voir *Annuités* et *Garantie d'intérêt*, § 3). — En ce qui concerne les contributions des départements ou des communes et leur *mode de payement*, nous ne pouvons à défaut d'une instr. génér. que mentionner ici l'extr. suiv. d'une décis. min. du 19 avril 1861, relative à la ligne de Saint-Cyr à Surdon. — « ..... La subvention allouée pour le ch. de fer de..... n'ayant pas été déclarée par la loi acquise au Trésor, devra être payée directement à la comp., après que cette dernière aura fait constater, par l'admin. supér., que l'état d'avancement de ses travaux lui donne droit à un acompte. » — *Subvention promise par un département en vue d'un tracé déterminé* (ultérieurement modifié) et appliquée seulement à la partie de ligne nommément subventionnée (Voir arrêt C. d'État, 26 févr. 1886). — *Subventions à déduire des comptes de premier établissement.* — Voir le mot *Justifications*, § 3, 5°.

Privilège des entrepreneurs sur les fonds de subvention. — A défaut par l'État d'avoir spécifié, d'une manière distincte, la somme qu'il affectait, dans la subvention accordée à une comp. de ch. de fer, au payement des salaires et matériaux de construction, aucun droit n'a été ouvert à l'entrepr. des travaux pour être payé par privilège sur ladite subvention. — Le second jugem. a donc justement ordonné mainlevée de la saisie-arrêt pratiquée au min. des fin. par cet entrepreneur. » (C. d'appel Paris, 21 déc. 1878.) — *Privilège de salaires d'ouvriers.* — Par un arrêt du 9 juin 1880, la C. de C. a formellement admis le privilège du payement des salaires d'ouvriers et des matériaux de construction, par applic. du décr. du 26 pluviôse an II, sur la *subvention accordée par l'État*, même sous la forme d'annuités, à une comp. concess. d'une ligne d'int. gén. — Cependant le privilège établi par ce décret ne saurait s'appliquer au cas de *concession pure et simple avec garantie d'intérêt*, faute de fonds déposés dans les caisses publiques *avec une affectation spéciale* ; — mais le privilège peut s'exercer lorsqu'au moyen d'une subvention accordée à la comp., l'État s'est engagé à payer une somme déterminée. (C. C., 9 juin 1880.)

III. Subventions aux lignes d'intérêt local. — Dispositions de la loi du 11 juin 1880 ; savoir : 1° *Art.* 13 (Principe et mode de la subvention de l'État). — 2° *Art.* 14 (Limite de la subvention à fixer chaque année par la loi des finances). — 3° *Art.* 15

(Partage éventuel des bénéfices des lignes subventionnées). — 4° *Art.* 16 (Règl. d'admin. publ. à prendre pour l'exécution des dispositions dont il s'agit. — 5° *Art.* 17 (Chemins subventionnés pouvant être soumis envers l'État à un service gratuit ou à une réduction du prix des places). — 6° *Art.* 23 (Substitution aux subventions en *capital* de la subvention en *annuités*). — 7° *Art.* 36 (Applic. aux tramways). — V. le mot *Chemin de fer d'intérêt local* (1).

Décret du 20 mars 1882, portant règl. d'adm. publique pour l'exécution de l'art. 16 de la loi du 11 juin 1880 (Texte comprenant la modif. prescrite par décret du 23 déc. 1885) :

Le Président de la république française, — Sur le rapport du min. des tr. publ. — Vu la loi du 11 juin 1880, relative aux ch. de fer d'intérêt local et aux tramways, et notamment l'article 16... — Vu l'avis du conseil général des p. et ch. en date du 8 févr. 1881, et les lettres du min. des fin. en date des 25 juillet et 24 déc. 1881 ; — Le conseil d'Etat entendu, — Décrète :

Art. 1er. — Le capital de premier établ., qui doit servir de base pour l'applic. des art. 13 et 36 de la loi susvisée, est fixé dans les conditions ci-après et dans les limites du maximum prévu par les actes de concession, à moins qu'il n'ait été fixé à forfait par une stipulation expresse. — Ce capital comprend toutes les sommes que le concess. justifie avoir dépensées, dans un but d'utilité, pour l'exéc. des travaux de construction proprement dits, l'achat du matériel fixe et d'expl., le parachèvement de la ligne après sa mise en expl., la constitution du capital actions, l'émission des obligations, les intérêts des capitaux engagés pendant la période assignée à la construction par l'acte de concession ou jusqu'à la mise en expl., si elle a lieu avant le délai fixé. Il peut être augmenté, s'il y a lieu, des insuffisances de recettes résultant de l'expl. partielle des sections qui seraient ouvertes pendant ladite période de construction. — Les dépenses relatives à la constitution du capital actions et à l'émission des obligations ne sont admises en compte que jusqu'à concurrence d'un maximum spécialem. stipulé dans l'acte de concession.

2. — Tout concess. de ch. de fer d'int. local ou de tramway subventionné doit remettre au préfet du dép., dans un délai de quatre mois à partir du jour de la mise en expl. de la ligne entière, le compte détaillé des dépenses de premier établ. qu'il a faites jusqu'à ce jour. — Il présente, avant le 31 mars de chaque année, un compte supplém. de celles qu'il peut être autorisé à ne faire qu'après la mise en expl. pour le parachèvement de la ligne ; mais, en tout cas, le compte de premier établ. doit être clos quatre ans au plus tard après la mise en expl. de la ligne entière. — Dans le cas où l'acte de concession a prévu que le capital de premier établ. pourrait être successivement augmenté, jusqu'à concurrence d'une somme déterminée et pendant un certain délai, pour travaux compl., tels que agrandiss. de gares, augmentation du matériel roulant, pose de secondes voies ou de voies de garage, le concess. doit, chaque année avant le

---

(1) A *simple titre de renseign.* nous reproduisons les extr. suiv. de la circ. min. aux préfets, 12 août 1865, qui se rapportait à l'exécution de l'ancienne loi du 12 juillet 1865, abrogée par la loi du 11 juin 1880 : — 1° *Motifs des subventions.* — Les circonstances princip. qu'il y aura à prendre en considération seront, d'une part, le degré d'utilité du chemin projeté, l'importance des ressources que le dép., les localités ou les propr. intéressés sont en mesure d'y affecter, les difficultés plus ou moins grandes que doit présenter l'exéc. des travaux, enfin le produit présumé de la ligne à construire. Ces divers documents devront être adressés à l'admin., avec le dossier de chaque affaire, et le décret à intervenir statuera à la fois sur le chiffre de la subvention et sur la déclaration de l'utilité publique de l'entreprise. — 2° *Droits de l'État sur les chemins subventionnés.* — Les chemins qui reçoivent une subvention du trésor peuvent seuls être assujettis envers l'État à un service gratuit et à une réduction du prix des places. Cette disposition est fondée sur un principe incontestable d'équité. Il n'était pas admissible, en effet, que l'État pût réclamer, sur un chemin, créé sans son concours et avec les seules ressources du département, la gratuité de services publics. Mais, du moment où une subvention est allouée, la même considération d'équité permet à l'État de stipuler certaines clauses en sa faveur. Toutefois, doit-on conclure de là que toutes les obligations imposées aux gr. comp. pour le transport des dépêches, des militaires et marins, des prisonniers, etc., doivent être réclamées d'une compagnie locale, sans avoir égard à la proportion qui peut exister entre la charge de ces obligations et le chiffre de la subvention demandée? Telle n'est pas la pensée de l'admin., qui se réserve d'examiner, dans chaque cas, les propositions que vous aurez à lui soumettre au sujet des exonérations qu'en retour de sa subvention, l'État pourrait avoir à stipuler à son profit ; il sera statué à cet égard par le décret à intervenir. (Extr. reproduit *p. mém.* sous réserve des dispositions générales contenues dans le règl. d'adm. publ. du 20 mars 1882 que nous reproduisons intégralement au présent article.)

31 mars, présenter un compte détaillé des dépenses qu'il a ainsi faites pendant l'année précédente en vertu d'une autorisation spéc. et préalable, donnée par le min. des tr. publ., quand l'État a consenti à garantir ce capital complémentaire, et par le préfet dans les autres cas.

3. — Avant le 31 mars de chaque année, le concess. remet au préfet du dép. un compte détaillé, établi d'après ses registres et comprenant pour l'année précédente : — 1° Les produits bruts, de toute nature, de l'exploitation ; — 2° Les frais d'entretien et d'expl., à moins que ces frais n'aient été déterminés à forfait par l'acte de concession ou par un acte postérieur. — Le compte d'entretien et d'expl. ne peut comprendre aucune dépense d'établ. ni aucune dépense pour augmentation du matériel roulant.

4. — Le min. des tr. publ. détermine, après avoir pris l'avis du min. des fin., les justifications que le concess. doit produire à l'appui de ces différents comptes, dont les développements par article sont présentés conf. aux modèles arrêtés par lui.

5. — Les comptes ainsi produits par le concess. sont soumis à l'examen d'une commission, instituée par le min. des tr. publ. et composée ainsi qu'il suit : — Le préfet ou le secr. gén. délégué, président ; — Un membre du conseil gén. du dép. ou du conseil municipal, si la concession émane d'une commune, ledit membre désigné par le conseil auquel il appartient ; — Un ingén. des p. et ch. ou des mines, désigné par le min. des tr. publ. ; — Un fonctionn. de l'adm. des finances, désigné par le min. des finances. — La commission désigne elle-même son secrétaire ; s'il est pris en dehors de son sein, il n'a que voix consultative. — Le président a voix prépondérante en cas de partage.

Dans le cas où la ligne s'étend sur plusieurs départements, il est institué une commission spéciale pour chaque département. Ces commissions peuvent se réunir et délibérer en commun, si la concession a été faite conjointement par les conseils gén. de ces dép., par applic. des articles 89 et 90 de la loi du 10 août 1871 ; la présidence appartient au préfet du département que la ligne traverse dans la plus grande longueur.

6. — Le concess. est tenu de représenter les registres, pièces comptables, correspondances et tous autres documents que la commission juge nécessaires à la vérification des comptes. — La commission peut se transporter au besoin, par elle-même ou par ses délégués, soit au siège de l'entreprise, soit dans les gares, stations ou bureaux de la ligne.

7. — La commission adresse son rapport, avec les comptes et les pièces justificatives, au min. des tr. publ., qui les examine, après les avoir communiquées au min. des finances. — Si cet examen ne révèle pas de difficultés ou si les modifications jugées nécessaires sont acceptées par le min. des finances, le département, les communes et le concessionnaire, le min. des tr. publ. arrête définitivement le capital de premier établ. qui doit servir de base pour l'applic. des art. 13 et 36 de la loi du 11 juin 1880. — Il est procédé de la même manière pour arrêter annuellement le chiffre de la subvention due par l'État, le dép. ou les communes et, lorsqu'il y a lieu, la part revenant à l'État, au dép., aux communes ou aux intéressés, à titre de remboursement de leurs avances, sur le produit net de l'exploitation.

8 (1). — Lorsqu'il n'y a pas accord entre l'État, le dép. ou la commune, et le concess., les comptes sont soumis, avec toutes les pièces à l'appui, à la commission de vérific. des comptes des comp. de ch. de fer, instituée en exéc. du décret du 28 mars 1883. — La commission adresse son rapport au min. des tr. publ., qui statue, après avoir pris l'avis du min. des fin., sauf recours au C. d'État. — Par dérogation à l'art. 7, cette commission est toujours consultée sur les comptes des lignes d'intérêt local et des tramways dont les concess. sont liés à l'État, par des conventions financières, pour les ch. de fer d'int. gén. — Elle est, en outre, consultée, directement et sans l'interv. de la commission locale prévue par l'art. 5, sur les comptes des lignes d'intérêt local et des tramways non concédés, ainsi que sur les comptes des tramways concédés à un dép. ou à une commune et non rétrocédés. — Dans tous les cas, elle a les pouvoirs conférés par l'art. 6 aux commissions locales.

9. — En présentant son compte annuel, le concess. peut demander une avance sur la somme qui lui sera due à titre de subvention. — Le montant de l'avance est déterminé par le min. des tr. publ., sur le rapport de la commission locale, après communication au min. des finances. — Dans le cas où le règlement définitif des comptes de l'exercice ferait reconnaître que cette avance a été trop considérable, le concess. devra rembourser imméd. l'excédent au Trésor, au dép. ou à la commune, avec les intérêts à 4 pour 100 par an.

10. — La comptabilité de tout concess. subventionné est soumise à la vérification de l'insp. gén. des fin., qui a, pour l'accomplissement de cette mission, tous les droits dévolus aux commissions de contrôle par l'art. 6 du présent décret.

11. — Dans le cas où l'État n'a pris aucun engagement et où l'entreprise de chemin de fer ou de tramway est subventionnée seulement par un département ou par une commune, il est procédé à l'examen et au règlement des comptes dans les mêmes formes ; mais les attributions conférées au min. des tr. publ. par les art. 4, 5, 7 et 9 sont exercées par le préfet sans qu'il soit

---

(1) Nous donnons ici le texte du nouvel art. 8, tel qu'il résulte de la modification opérée par le décret complém. du 23 déc. 1885.

besoin de consulter le min. des finances. — Lorsqu'une des parties conteste le compte arrêté par le préfet, l'art. 8 est applicable.

12. — Si la subvention est donnée par le dép. ou la commune en capital, en terrains, en travaux ou sous toute autre forme que celle d'annuités, elle est évaluée et transformée en annuités au taux de 4 pour 100, pour l'applic. des art. 13 et 36 de la loi, aux termes desquels l'Etat, ne peut subvenir pour partie aux insuffisances annuelles qu'à la condition qu'une partie au moins équivalente sera payée par le dép. ou la commune.

13. — La subvention à allouer pour l'année de la mise en expl. de la ligne sera calculée, d'après les bases indiquées dans les art. 13 et 36 de la loi susvisée, au prorata du temps écoulé depuis le jour de l'ouverture de la ligne jusqu'au 31 déc. suivant. — Chaque loi ou décret par lequel l'Etat s'engage à subventionner un ch. de fer d'int. local ou un tramway fixe le maximum de la charge annuelle qui peut résulter pour le Trésor de l'applic. des art. 13 ou 36 de la loi susvisée, de manière que le montant réuni de ces maxima ne dépasse, en aucun cas, la somme de 400,000 fr. fixée par l'art. 14 pour l'ensemble des lignes situées dans un même département.

14. — Le min. des tr. publics et le min. des fin. sont chargés, chacun en ce qui le concerne, de l'exécution du présent décret, etc. »

Subventions conditionnelles des communes ou des particuliers (pour les lignes d'intérêt local). — Concours des communes ou des particuliers, prévu par l'art. 1er de la loi du 11 juin 1880 (V. ladite loi, au mot *Chemin de fer d'intérêt local*, § 1). — *Contestations au sujet des promesses de subventions.* — 1° Questions de compétence. — « La souscription consentie par des *propriétaires et négociants*, pour concourir à l'établ. du ch. de fer d'int. local desservant la vallée de....., et l'acceptation de cette souscription par le préfet du dép. constituent un contrat ayant pour objet l'exéc. d'un travail public....., la jurid. admin. est seule compétente pour statuer sur les contestations auxquelles l'existence de l'exécution de ce contrat peut donner lieu. Dès lors, c'est avec raison que le préfet a revendiqué, pour l'autorité admin., la connaissance de ce litige, porté par les demandeurs devant le trib. civil. » (13 mars 1875. Trib. des conflits). — 2° *Subventions non exigibles si les conventions intervenues n'ont pas été remplies.* — On peut consulter à ce sujet un assez grand nombre d'arrêts du C. d'État que nous ne saurions transcrire ici dans tout leur développement et notamment : 24 *juin* 1881 (Commune condamnée à payer sa subvention qu'elle prétendait n'avoir pas été formulée et approuvée dans les conditions légales). — *Id.,* 5 *janv.* 1883 (Retrait de subventions par suite de travaux *non commencés* à l'époque indiquée). — *Id.,* 16 *mai* 1884 (Maintien des engagements, au sujet de travaux *non terminés* à l'époque indiquée, la ligne ayant été ouverte un an plus tard). — *Id.,* 27 *nov.* 1885 (Maintien des engagements, au sujet du refus d'une commune, relatif à la distance trop éloignée de la station). — *Id.,* 5 *mars* 1886. Faillite de l'entrepr. gén. des trav. (Irrecevabilité du syndic à exiger le versement de la subvention). — *Id.,* 16 *avril* 1886. Appréciation des obligations d'un département touchant les subventions non versées par les communes. Questions de faits (*P. mém.*). — 3° Privilège d'entrepreneurs sur les subventions. — V. *Chemin de fer d'int. local*, § 4, et *Entrepreneurs.* — (V. aussi plus haut, § 2.)

IV. Subventions diverses. — 1° Subventions aux entreprises par voie de terre (V. *Correspondances* et *Traités*). — 2° Subventions spéciales à payer par les compagnies pour *dégradation de chemins vicinaux* (Principe légal de ces subventions) (V. *Chemin*, § 7). — Arrêt confirmatif du C. d'État, 16 juill. 1886, ainsi résumé, au sujet de travaux de la comp. de P.-L.-M. :

Les conventions que la comp. a pu passer avec des tiers, pour la confection d'une partie des ouvr. du ch. de fer, n'ont pu changer le caractère et l'étendue des obligations résultant pour elle, soit de la loi du 21 mai 1836, soit de la loi et de la convention précitées. Le préfet ès noms et le maire de la comm. de Saint-Béron ont pu réclamer à la comp. des subv. spéc. à raison des dégrad. extraord. qui ont été causées par les transports auxquels a donné lieu la constr. du ch.

de fer de Chambéry à Saint-André-le-Gaz. Dès lors, c'est à bon droit que le conseil de préfecture a maintenu en cause la comp. requérante. (C. d'Etat, 16 juill. 1886.) — V. aussi *Dégradations*, § 1, au sujet de travaux exécutés dans l'intérêt *non exclusif* des comp. (C. d'Etat, 14 déc. 1883).

SUCCESSION.

Impôt sur les titres de succession. — Voir *Impôt, Titres* et *Valeurs*.

Succession de trains (Intervalle à observer). — V. *Intervalle* et *Signaux*, § 5.

SUCRES.

Conditions de transport. — 1re classe, tarif gén. de petite vitesse (art. 42 du cah. des ch.). — Dans les tarifs d'applic., les comp., tout en maintenant le sucre en pains et le sucre raffiné à la 1re série, ont classé avec l'approb. du min., à la 3e et même à la 4e série des tarifs gén. de petite vitesse, les *sucres bruts* et les *sucres de toute espèce emballés.* — La réduction est encore plus forte sur le réseau de l'Ouest.

TARIFS SPÉCIAUX. — Sur tous les réseaux le transport des sucres *en pain* et *raffinés* et des sucres *bruts*, est l'objet de tarifs spéc., à prix plus ou moins réduits, suivant le mode d'expédition : en *vrac* (c'est-à-dire sans emballage), ou en *cadres, caisses, fûts, harasses* ou *sacs.* — Pour les *sucres raffinés en cadres, caisses*, etc., la taxe varie par tonne et par kilom. de 0 fr. 08 à 0 fr. 06, 0 fr. 055 et même 0 fr. 05, suivant les lignes et suivant les parcours, ou correspond à la 3e ou à la 4e série des tarifs généraux (V. *Marchandises* et *Tarifs*). — Parmi les conditions de détails figure ordin. la suivante : « Les cadres doivent être bâchés et plombés. A l'arrivée, la responsabilité à encourir, par la comp., pour les transports en cadres, caisses, fûts, etc., se borne à la reproduction des cadres, caisses, fûts, etc., dans l'état où les emballages ont été reçus au départ. » (V. aussi *Avaries, Déchets* et *Mouillure*.) — Sur quelques lignes, les expéditions par wagon complet de *sucres en pains ou raffinés expédiés en vrac*, c'est-à-dire sans emballage, jouissent de tarifs plus réduits encore, mais sous la condition expresse que « les wagons doivent être bâchés et plombés à la gare de départ pour être remis en cet état, à la gare d'arrivée, entre les mains du destinataire. Il ne peut y avoir pour chaque wagon qu'un seul destinataire indiqué. La responsabilité de la compagnie se borne à la remise, aux mains du destinataire, du wagon muni de bâches et de plombs apposés au départ par les soins des expéditeurs. »

Sucres bruts. — Sur quelques réseaux, le tarif de transport des sucres bruts est réduit sans condition de tonnage, jusqu'à 0 fr. 06, 0 fr. 05 et 0 fr. 04 par tonne et par kilom. (parcours jusqu'à 100 kilom., de 100 à 600 kilom. et au-dessus de 600). Les tarifs correspondants de plusieurs autres lignes sont un peu plus élevés en moyenne, bien qu'ils stipulent des chargements de 4,000 et 5,000 kilog. pour certains parcours. — Ces derniers transports ont lieu sans *responsabilité* (pour les avaries et déchets de route), et sous les conditions ordinaires des tarifs spéc. auxquels il convient toujours de se reporter pour les détails d'application.

Retour d'emballages. — La condition du *retour gratuit* des emballages démontés est en vigueur sur la plupart des lignes de ch. de fer sous la réserve de la production régulière de la lettre de voiture ou du récépissé timbré qui accompagnait l'expédition de sucre.

SUIFS.

Conditions de transport. — Les suifs ne sont pas *dénommés* dans la classification des marchandises inscrite à l'art. 42 du cah. des ch. gén. : mais ils sont implicitement compris dans la 1re cl. des marchandises, à petite vitesse, taxées à 0 fr. 16 par tonne et par kilom. Les comp. ont, d'ailleurs, maintenu les suifs *épurés* dans la 1re série des tarifs gén. d'applic. (V. *Marchandises*) et les suifs *bruts* dans la 2e série. — *Tarifs réduits.* — Quelques comp. appliquent, spéc., pour le transport des suifs en caisses, en barriques et en pains, le prix de la 4e série des tarifs gén. à petite vitesse ; mais en stipulant des conditions de chargement, de non-responsabilité, de délais de transports prolongés, etc., et sous d'autres réserves générales, au sujet desquelles nous ne pouvons que renvoyer aux mots *Clause de non-garantie, Déchets* (de route), et *Tarifs*, § 4.

Résidus de fonte de suifs (Précautions spéc.). — V. *Matières*, § 5.

SUITES JUDICIAIRES.

Relevés des décisions judiciaires (intervenues en matière d'accidents ou de contrav. de ch. de fer). — 1° Circ. min., 18 juill. 1864, adressée aux chefs du contrôle (V. *Accidents d'expl.*, § 11). — 2° Instructions diverses (27 janv. 1865, 30 juin 1868, 30 juillet 1879 et 10 sept. 1883). — Forme, détails et production des tableaux. — V. *Jugements.*

Nota. — Au sujet des relevés à fournir, à l'occasion des suites judiciaires, des accidents et des contraventions de ch. de fer, il a été recommandé de nouveau aux commiss. de surv. admin. (au moins par quelques chefs du contrôle) : — 1° d'apporter le plus grand soin et la plus grande célérité dans les avis et les constatations d'accidents ; — 2° de faire connaître au chef du contrôle les résultats des blessures que ces accidents pourront avoir occasionnées ; — 3° et de lui fournir, enfin, les renseign. demandés par le min., relativem. aux débats judiciaires et au dispositif des jugem. et ordonn. de non-lieu (en se reportant, à l'égard de la copie des jugem., à la circ. du garde des sceaux, en date du 10 févr. 1862, notifiée aux ing. du contrôle par circ. min., 27 févr. 1862 (V. *Jugements*). — *Demandes faites aux greffiers des tribunaux.* Les commiss. de surv. peuvent prendre sans frais copie ou ext. des jugem. rendus en matière de police de ch. de fer, mais non pas réclamer gratuitement la délivrance de ces copies ou extraits par les greffiers eux-mêmes. (Ext. d'une instr. du min. de la justice, notifiée par dép. du min. des trav. publ., 16 avr. 1880, aff. du réseau du *Midi*.)

SULFATES. — SULFURES. — SOUFRE.

Conditions de transport. — Comme pour *Acides* et *Produits chimiques.* — Précautions spéciales (*Sulfure de carbone,* compris dans la 2° catég. des matières dangereuses). — V. *Matières*, § 1er.

Résidus de sulfate de plomb. — « Ces résidus n'étant ni dénommés, ni classés dans les tarifs d'une comp. de ch. de fer, ne sauraient être assimilés, pour les taxes de transport, au *sulfate de plomb* lui-même, que le tarif comprend dans une cl. spéc. — Ils en diffèrent essentiellem. par la modicité de leur valeur et par les conditions de leur transport. — C'est donc à juste titre qu'un bull. d'expéd. les a considérés comme des *scories de plomb* à taxer par assimilation aux *résidus de métaux,* classés dans la dernière série dudit tarif. » (C. C., 12 fév. 1867.)

Tarifs spéciaux pour le transport du soufre (Réductions diverses moyennant les conditions habituelles des tarifs spéc.). — Se reporter aux tarifs eux-mêmes.

SUPERSTRUCTURE.

I. Travaux à exécuter par l'État. — Dans l'ancien système de la loi du 11 juin 1842 (Voir *Compagnies*, § 6), les travaux de *superstructure* des ch. de fer, laissés à la charge des comp., comprenaient le ballast, la voie de fer et tous ses accessoires, l'établ. des gares, stations et ateliers, moins les terrassements et les ouvrages d'art, et enfin la pose des clôtures de la ligne *sauf les barrières des passages à niveau.* — En outre, les compagnies prenaient à leur compte la fourniture des machines locomotives, les voitures de voyageurs, les wagons de marchandises, les grues et engins nécessaires pour le mouvement des marchandises, les pompes et réservoirs d'eau pour l'alimentation des machines, l'outillage des ateliers de réparation, et en général, tout le matériel *de transport, de chargement* et de déchargement nécessaire à l'exploitation. — De nouvelles bases ont été établies à ce sujet : 1° par les lois des 16 et 31 déc. 1875 autorisant le min. des tr. publ. à entreprendre l'exéc. de diverses lignes de ch. de fer (V. *Chemin de fer d'int. général*, § 1, 6°) ; — 2° par les lois des 14 juin 1878, 31 juill. 1879 et 29 juill. 1880 qui ont étendu l'autorisation à l'exécution des travaux de superstructure de ces chemins, *l'achat du matériel roulant excepté.* — La dernière de ces lois, celle du 29 juill. 1880, contient les dispositions suivantes :

(*Loi*, 29 *juill*. 1880). — « *Art*. 1ᵉʳ. Le min. des tr. publ. est autorisé à entreprendre les travaux de superstructure, l'achat du matériel roulant excepté, sur toute l'étendue des chemins de fer construits par l'État, et dont la déclaration d'utilité publique aura été prononcée au jour de la promulgation de la présente loi. — *Art*. 2. Les travaux seront exécutés suivant les types adoptés, avec approbation du ministre des travaux publics, sur l'avis du conseil général des ponts et chaussées, pour les lignes principales dont les chemins à construire sont les affluents. — *Art*. 3. — Il sera pourvu à la dépense de ces travaux au moyen des ressources extraordinaires inscrites au budget de chaque exercice, et, notamment, pour l'ex. 1880, sur le chap. 11 du budget du min. des tr. publ., 3ᵉ section (Études et tr. de ch. de fer exécutés par l'État). — *Art*. 4. Un compte spécial de la dépense des travaux faisant l'objet de la présente loi et des ressources qui y auront été attribuées sera annexé à la loi portant règlement de chaque exercice. »

Les instructions mentionnées aux mots *Études* et *Projets* au sujet de l'infrastructure des chemins de fer exécutés par l'État, et notamment la circ. min. du 7 août 1877, détaillent comme il suit les ouvrages considérés comme formant la *superstructure* proprement dite des chemins dont il s'agit, savoir : *Ballast, supports, traverses, rails ;* — *Pose de la voie ;* — *Clôtures de toute espèce*, sous réserve d'exceptions dans des cas spéciaux qui seront justifiés ; — *Constructions de toute nature se rattachant à l'exploitation :* bâtiments de gares, ateliers, etc. ; — *Télégraphe, signaux, poteaux kilométriques...,* etc. — On peut ainsi, par comparaison, se rendre compte de la différence de ce programme avec celui de 1842 qui comportait d'ailleurs l'établ. de la *superstructure* par les compagnies elles-mêmes. — Voir, au surplus, *Adjudications*, § 2, *Chemin de fer d'int. gén.*, §§ 1 et 2, *Chemins de fer de l'État*, § 1, *Compagnies, Études, Infrastructure, Marchés, Matériel fixe*, § 2, et *Projets*, § 2.

II. Service central du matériel de superstructure (*de l'État*). — De nombreuses instructions ministérielles ont réglé en détail tout ce qui se rapporte à l'exécution, par l'État, des travaux de superstructure sur les lignes prévues par les lois précitées de 1878, 1879 et 1880 ; mais les nouvelles conventions de 1883, ayant eu pour effet de faire rentrer la plupart de ces lignes dans les réseaux des compagnies, moyennant des combinaisons financières indiquées dans lesdites conventions (dont le texte est d'ailleurs reproduit aux *Documents annexes*), l'importance du service de superstructure au compte de l'État se trouve naturellement restreinte d'autant. — Nous croyons utile, néanmoins, de rappeler ou de résumer ci-après les principaux documents ayant pour objet le fonctionnement du *service central de superstructure des chemins de fer de l'État :*

1º *Arr. min.*, 5 *juillet* 1870 (Extr.). — Le service central constitué à Paris pour l'achat et la livraison d'un matériel fixe destiné à la superstructure des chemins de fer exécutés par l'État, est chargé, savoir..... — « 1º De préparer les adjudic. ou les marchés de matériaux, matières et objets nécessaires à l'armature des voies d'après les projets dressés par les services de construction et qui lui auront été renvoyés après approb. par le min., ou des approvisionn. que l'admin. jugerait nécessaire de faire ; — 2º Avec l'aide des services locaux, de surveiller la préparation et la fabrication de ces objets, de procéder à leur réception, de les conserver et les répartir suivant les besoins, de pourvoir à leur payement ; — 3º De faire sur les matériaux, matières et objets servant à la construction des voies de fer, tous les essais et toutes les expériences qui seront jugés utiles. — Le service central est organisé de la manière suivante : — Un ingén. en chef des p. et ch. ou des mines ; — Deux ingén. ordin. : l'un des p. et ch., l'autre des mines. — Les services locaux seront confiés, sous la dir. imméd. de l'ingén. en chef du service central, à des ingén. des p. et ch. ou des mines, à des conducteurs des p. et ch. ou des gardes-mines, à des agents forestiers et des agents auxiliaires. »

2º (*Mode d'envoi et de livraison du matériel*). — Circ. min., 18 sept. 1880 et 14 mai 1881, relatives à la préparation des projets de superstructure des ch. de fer exécutés par l'État et indiquant le mode d'envoi et de livraison du matériel à expédier par le service central. — V. *Matériel fixe*, § 2 (1), voir aussi les 3º et 5º ci-après.

_____

(1) La Circ. précitée du 18 sept. 1880, entre autres instructions, rappelait aux ingén. en chef que « rien n'était changé d'ailleurs aux autres projets de superstructure, notamment à ceux

3°. *(Formules spéciales de devis, etc.).* — Circ. min., 30 nov. 1880, 14 et 17 mai 1881 (V. *Devis,* § 2 et *Matériel fixe,* § 2). — Circ. min., 14 nov. 1881 (Devis du matériel fixe ; *signaux et matériel télégraphique*). — V. *Matériel fixe,* § 2.

4° *Circ. min.,* 16 *mai* 1881 (Attributions respectives du service central du matériel fixe et des services de construction). — V. *Matériel fixe,* § 2.

5° *(Préparation de projets)* Renseignements à envoyer par les services de construction au service central du matériel fixe. — *Circ. min.,* 6 *sept.* 1882, adressée aux ingén. en chef des services de construction au sujet de la nécessité absolue de présenter en temps utile leurs projets de matériel fixe pour l'armature des voies en vue de la préparation par le service central, des adjudications et marchés, etc. *(Ext.)* — Libellé de la décis... « — 1° Les projets de fourniture du matériel nécessaire à l'armature des voies de ch. de fer construits par l'État seront désormais dressés et présentés à l'approb. de l'admin. supér. par le service central du matériel fixe ; — 2° Ces projets seront préparés d'après les renseign. fournis directement à ce service par MM. les ingén. en chef chargés de la construction desdits chemins ; — 3° En ce qui concerne le matériel de la voie courante, ces chefs de service devront transmettre les renseign. suivants, aussitôt après l'approb. des projets d'exéc. des divers lots composant une section de ligne ou une ligne entière, suivant que la ligne devra être armée successivement par section ou simultanément dans toute sa longueur : — *A.* Type de la voie ; — *B.* Longueur des voies ; — *C.* Copie des tableaux que comportent les art. 2 et 4 des devis et cah. des ch. des projets d'exécution ; — *D.* Gares où les livraisons devront être effectuées *(n'indiquer comme lieux de livraison que des gares en exploitation et ouvertes aux marchandises* ; — *E.* Époque probable à laquelle la pose de la voie pourra être entreprise ; — *F.* Montant de la somme à valoir à attribuer aux dépenses d'installation de dépôts et autres frais spéc. mis à la charge des services de constr. par la circ. du 16 mai 1881 ; — 4° Pour le matériel accessoire de la voie, dès que les projets de détail des stations d'une section de ligne ou d'une ligne entière auront été approuvés, MM. les ingén. en chef devront adresser au service central du matériel fixe un état faisant connaître : — *A.* Le type à adopter pour chaque nature d'appareil ; — *B.* Le nombre d'appareils de même nature à fournir ; — *C.* Les gares où les livraisons devront être effectuées *(n'indiquer comme lieux de livraison que des gares en exploitation et ouvertes aux marchandises); — D.* Les époques de livraisons ; — *E.* Le montant de la somme à valoir nécessaire tant pour solder les dépenses auxquelles donneront lieu le transport du matériel depuis les gares de livraison jusqu'aux lieux d'emploi et le montage des appareils, que pour assurer le payement des dépenses mises à la charge des services de constr. par la circ. du 16 mai 1881 ; — 5° MM. les ingén. en chef devront d'ailleurs, pour certains cas exceptionnels, comme, par ex., pour appareils d'alimentation d'eau, compléter par des projets spéc. les renseign. indiqués ci-dessus ; — Ils devront, en outre, m'aviser des envois faits par eux au service central, en conformité des prescriptions ci-dessus. — Je vous prie d'assurer, en ce qui vous concerne, l'exécution des dispositions qui précèdent. »

Conditions et publicité des adjudications et marchés (du matériel de superstructure). — 1° Instr. diverses et notamment circ. min., 11 août 1880 et 5 janv. 1883 (V. *Adjudications,* § 2) ; — 2° Circ. min., 21 nov. 1882 (Délais d'exécution des marchés) (V. *Marchés,* § 1) ; — 3° Formules et types d'ouvrages. — V. *Projets.*

SURHAUSSEMENT DES RAILS.

Relèvement du rail extérieur dans les courbes. — V. *Courbes* et *Dévers.*

SURTAXES.

Tarif exceptionnel pour certaines marchandises (Applic. de l'art. 47 du cah. des ch.). (V. *Tarif* (exceptionnel), (*Marchandises légères*). — Majoration de tarif (V. *Marchandises*) — *Allongement d'itinéraire* (V. *Itinéraire*). — *Surtaxes de magasinage et de stationnement* (V. *Encombrement, Évacuation, Frais accessoires* et *Magasinage*). — *Surtaxes involontaires ou erronées.* — V. *Détaxes* et *Erreurs,* § 2.

---

relatifs au ballastage et, à la pose des voies, et que ces chefs de service auraient après l'approb. desdits projets, à se concerter, comme par le passé, avec MM. les préfets pour l'adjudic. des travaux. »

SURVEILLANCE.

I. Contrôle des travaux. — Voir *Contrôle*, § 2, et *Ingénieurs*.

Surveillance spéciale de la voie et des gares (Voir les mots *Chefs de section, Commissaires de surveillance, Conducteurs des ponts et chaussées, Déraillements*, § 1, *Gardes-barrières, Gardes-lignes, Piqueurs, Poseurs, Travaux* et *Voie*. Voir aussi au mot *Rapports* les divers points sur lesquels doit porter la surveillance de l'administration. — *Visites exceptionnelles de la voie*, dans les points sujets à dérangements, et surveill. spéc. des grands remblais et des tranchées en temps d'orages, de neiges, etc. (*Service des cantonniers*). — V. plus loin, § 5. — *Surveillance des tunnels*. — Voir *Souterrains*.

Surveillance de nuit. — V. plus loin, au § 5.

II. Surveillance du matériel. — Voir *Chefs de dépôt. Commissaires de surveillance, Gardes-mines, Graisseurs, Locomotives, Matériel, Mécaniciens, Permis de circulation, Réception, Visiteurs*, etc., etc.). — Voir aussi au mot *Rapports* divers points sur lesquels doit porter la surveillance de l'administration.

III. Surveillance générale de l'exploitation. — A la suite d'accidents graves, l'attention des comp. et des ingén. du contrôle avait été appelée par circ. min. des 25 et 30 oct. 1855 et du 3 oct. 1856, sur divers points importants du service de l'expl. ; nous reproduisons ci-après les dispositions principales des circ. dont il s'agit :

1° *Circ. min.*, 25 oct. 1855 (adressée aux compagnies). — Ext... « Sans doute, les régl., approuvés sur votre proposition, et qui sont le fruit d'une expérience déjà prolongée, présentent les garanties d'une bonne exploitation ; l'admin. s'efforce d'ailleurs chaque jour, de concert avec vous, d'y introduire toutes les améliorations dont les faits révèlent la nécessité. Sans doute, des dispositions spéc. règlent toutes les parties du service : surveillance de la voie, organisation des gardes, signaux de jour et de nuit, manœuvre des aiguilles, service des mécaniciens et chauffeurs, précautions spéciales dans le cas d'arrêt ou de ralentissement accidentel des trains, toutes les circonstances diverses que comporte l'expl. d'un ch. de fer ont été prévues et sont l'objet d'instr. précises. — Mais ces instructions, quelle qu'en soit la sagesse, seraient impuissantes à prévenir le danger, si la vigilance des employés et une surv. constante n'en assuraient l'exacte et scrupuleuse exécution... Je vous invite à rappeler de nouveau à tous les agents du service qu'une obéissance absolue aux dispositions réglementaires est le premier de leurs devoirs, et qu'elle est en même temps la seule sauvegarde qui puisse garantir le public et les garantir eux-mêmes des suites trop souvent désastreuses d'une imprudence ou d'un oubli. — Ces recommandations sont surtout nécessaires à l'époque de l'année dans laquelle nous entrons. Les brouillards, fréquents dans cette saison, rendent plus glissante la surface des rails et ralentissent la marche régulière des trains, en même temps qu'ils diminuent la portée des signaux. — Ces circonstances atmosphériques exigent une attention plus soutenue, et l'exacte applic. des mesures de précautions spéciales prévues par vos règlements...

« L'admin., appelée, dans l'intérêt de tous, à remplir vis-à-vis des comp. chargées de l'expl. des ch. de fer un rôle de surv. et de contrôle, ne saurait hésiter à appeler les sévérités de la justice sur toutes les infractions aux régl., alors même que, par une circonstance providentielle, ces infractions n'auraient pas eu de conséquences fatales pour les voyageurs. — Une discipline sévère, une surv. incessante, une ferme volonté d'exactitude dans le départ, la marche et l'arrivée des trains permettront seules d'obtenir la sécurité d'exploitation qui est si vivement désirée par les comp. comme par le gouvernement. »

2° *Circ. min.*, 30 oct. 1855 (adressée aux chefs du contrôle). — « Je crois nécessaire, tout en confirmant les instr. que vous avez précédemment reçues, de signaler particulièrement à votre attention quelques-uns des points les plus importants du service. — Une opinion s'est, depuis quelque temps, répandue dans le public, et semble s'accréditer de plus en plus à chaque nouvelle catastrophe : c'est que l'on peut attribuer en partie de ces accidents à l'insuffisance du nombre des agents de l'expl. et à l'excès de travail qui serait ainsi imposé à chacun d'eux. Une commission d'enquête, chargée par mon prédécesseur de soumettre à une étude approfondie les causes des accidents de ch. de fer et la revision des régl., a recueilli de nombreuses informations à ce sujet ; je dois constater que les investigations auxquelles elle s'est livrée l'ont amenée à considérer comme mal fondée l'opinion que je viens de rappeler. — Toutefois, le développement considérable du trafic et de la circulation, qui a marqué l'année actuelle, a pu modifier les faits reconnus à une époque antérieure; il importe, d'ailleurs, que tous les doutes qui pourraient subsister encore sur un point aussi important soient complétement éclaircis. — Je vous invite donc à m'adresser un état complet des employés du service de la voie et de la traction, gardes de jour et de nuit, agents des stations, aiguilleurs, mécaniciens, chauffeurs, en indiquant, pour chacun d'eux, le chiffre de son traitement et la durée de son travail journalier. Vous me ferez connaître si le taux de ce traitement et cette durée de travail vous paraissent en rapport, d'une part, avec les conditions d'aptitude spéciale, de l'autre, avec le degré de fatigue ou d'attention qu'exige la nature de chaque service. (V. *Personnel*.) — L'admin. trouvera, dans l'examen de ces documents, soit la confirmation de ses premières appréciations, soit les éléments de prescriptions nouvelles à imposer aux compagnies.

« En ce qui concerne la manœuvre des aiguilles et des signaux, je vous ai déjà invité, par une circ. du 28 sept. dernier, à faire de cette partie importante du service l'objet d'une étude et d'une surv. spéciales. Je ne puis que me référer sur ce point aux dispositions de cette circulaire. — La régularité dans le départ, la marche et l'arrivée des trains, est l'une des conditions les plus essentielles de la sécurité de l'expl. Sans doute, on doit faire la part des causes accidentelles, et notamment des circonstances atmosphériques, qui peuvent exceptionnellement arrêter ou ralentir la marche d'un train. Les régl. ont sagement prévu ces cas, et ils ont déterminé les mesures de précaution nécessaires pour prévenir tout danger. La stricte exéc. de ces mesures doit être, de votre part, l'objet d'une constante préoccupation. — Mais il n'est pas moins nécessaire de rechercher avec soin si le ralentissement ou l'arrêt des trains ne seraient pas souvent dus à des causes qui pourraient être prévues et évitées, telles que l'excès de chargement ou l'insuffisance des moteurs. Vous voudrez bien consigner, dans les états périodiques des retards que vous avez à fournir à l'admin., et qui désormais devront m'être transmis à la fin de chaque semaine, des renseign. précis sur les causes de ces retards, sur les points de la ligne où ils se sont produits, et sur la nature des trains qui les ont éprouvés. — Dès à présent, je remarque que les derniers accidents ont présenté, en général, ce caractère commun, qu'ils sont dus à la présence, sur la voie, des trains de marchandises ralentis ou complétement arrêtés dans leur marche. On peut conclure de ce fait que l'organisation des trains de marchandises introduit dans le service général un élément d'irrégularité, dont il n'a peut-être pas été tenu jusqu'ici un compte suffisant dans l'expl. Il est indispensable de veiller à ce que l'ordre de service soit aussi rigoureusement observé pour la marche des trains de marchandises que pour celle des voyageurs, et d'examiner, en outre, s'il ne convient pas de soumettre à de nouvelles prescr. régl. la limite du nombre des wagons ainsi que du chargement, et le temps accordé pour les manœuvres dans les gares. Vous voudrez bien me présenter d'urgence vos propositions sur ce point. — V. *Chargement, Locomotives, Manœuvres* et *Retards*.

Enfin, je vous renouvelle la recommandation qui vous a déjà été adressée par une circ. du 19 juillet 1854, de vous assurer, au moyen de tournées fréquentes, soit de jour, soit de nuit, faites par vous ou par les fonctionn. sous vos ordres, que tous les gardes et agents préposés à la surv. de la voie sont constamment à leur poste et munis de signaux réglementaires; que la marche des trains est régulière; que le service des gares se fait avec exactitude et qu'en un mot toutes les prescr. des régl. sont strictement observées.

En transmettant ces diverses instr. à tous les fonctionn. et employés de votre service, vous adresserez à chacun d'eux, et notamment aux commis. de surv. admin., les ordres les plus formels pour que tous les faits qui peuvent, à un titre quelconque, affecter la sûreté de la circulation, tels que l'état défectueux de la voie ou du matériel, l'irrégularité dans la marche des trains, les infractions aux régl., alors même que ces infractions n'auraient déterminé aucun accident, soient immédi. constatés, pour devenir, suivant les cas, l'objet de mesures admin. ou de poursuites judic. Je n'admets aucune hésitation dans l'accompliss. de ce devoir. — Je compte sur votre concours dévoué pour remplir, en ce qui concerne votre service, les vues de l'admin. Mais le but qu'elle se propose sera plus sûrement atteint, si les faits importants survenus dans l'expl. des diverses lignes sont étudiés en commun, et si les observ. utiles recueillies par chacun de vous peuvent profiter à tous. J'ai donc décidé que désormais les ingén. en chef du contrôle présents à Paris, sé réuniraient en conférence tous les quinze jours, sous ma présidence ou celle du dir. gén. des p. et ch. et des ch. de fer. Ces conférences, dans lesquelles il me sera rendu un compte exact des détails de chaque service, rendront plus rapide et plus sûre à la fois l'action de l'administration. »

3° *Ext. de la circ. min. du 3 oct. 1856* (adressée aux compagnies et communiquée aux ingén. du contrôle) : — « Nous touchons à l'époque de l'année où les circonstances atmosphériques présentent les conditions les plus défavorables à l'expl. des ch. de fer. Les brouillards, les neiges, en ralentissant la marche des trains et en diminuant la portée des signaux, créent un double danger, qui a déjà causé de cruels accidents et que l'on ne peut prévenir que par un redoublement de vigilance. — Je viens vous renouveler à cet égard les recommandations que je vous ai déjà adressées à plusieurs reprises. »

(1° *Régularité dans la marche des trains et dans l'emploi des signaux.*) « La stricte observation des heures de départ et d'arrivée des trains, et le maintien rigoureux d'un intervalle convenable entre les convois qui se suivent, sont les premières conditions de sécurité de l'expl. des ch. de fer. Ce sont ces conditions que tous vos agents doivent s'appliquer à remplir, par une exactitude scrupuleuse dans la marche des trains et par l'emploi régulier des signaux (1).

(2° *Signaux détonants.*) « En ce qui touche les signaux, je vous rappellerai les prescriptions de l'ordre de service que j'ai approuvé le 15 mars dernier, et qui a pour but de régler l'emploi obligatoire des signaux détonants. Je ne puis que vous inviter à renouveler à vos agents les instructions que vous avez dû leur donner pour la rigoureuse observation de cet ordre. — Voir aussi *Pétards* et *Signaux*, § 5.

(3° *Manœuvre des disques* pour maintenir l'intervalle entre les trains.) « Quant à l'intervalle à maintenir entre les trains, j'appelle votre attention sur la manœuvre des disques aux abords des stations, ainsi que sur leur éclairage pendant la nuit et par les temps de brouillard. Il arrive trop souvent que les agents des stations négligent de fermer la voie après le passage d'un train ou se hâtent de l'ouvrir avant que le délai régl. soit écoulé. On a parfois signalé aussi l'absence d'un éclairage suffisant, due, soit à la mauvaise qualité, soit à la congélation de l'huile. Il importe que votre comp. veille de très près à ces détails d'expl. sur lesquels repose en partie la sécurité du service (V. *Disques-signaux*). — V. aussi le mot *Signaux*, § 5.

(4° *Excès de chargement et trains extraordinaires.*) « Je dois encore vous signaler deux causes de dangers auxquelles il est facile de remédier. La première est l'excès de chargement des trains, qui produit des retards dans la marche et expose les machines à patiner, principalement sur les rampes. La seconde est l'envoi des trains extraordinaires, qui amènent toujours quelque trouble dans le service et qui, dans les temps de brouillard, peuvent occasionner de graves accidents. Je vous invite à donner des ordres pour que la charge des trains ne dépasse pas la puissance des machines, en les supposant placées dans les circonstances atmosphériques les plus défavorables et sur les rampes les plus fortes du trajet qu'elles ont à parcourir, et à restreindre dans les limites les plus étroites l'envoi des trains extraordinaires. — V. *Locomotives*, § 4 et *Trains*.

(5° *Accidents individuels de voyageurs ou d'agents.*) « Mon attention s'est portée sur la fréquence des accidents individuels qui atteignent, soit le public, soit vos agents. Le nombre très considérable de ces accidents isolés semble accuser l'oubli ou l'inexécution de certaines prescriptions réglementaires dont il importe d'assurer l'observation.

(6° *Service télégraphique.*) « M. le min. de l'intér. s'est plaint à diverses reprises de l'insuffisance du nombre des agents chargés de la manœuvre du télégr. électr. dans les stations. L'emploi du télégr. est un auxiliaire trop précieux de l'expl. pour que vous ne preniez pas toutes les mesures propres à faire cesser les plaintes dont je viens de vous entretenir.

(7° *Durée du travail des agents.*) « Je vous ai déjà fait remarquer combien il importe que la durée du travail journalier soit toujours en rapport avec le degré de fatigue ou d'attention qu'exige la nature de chaque fonction et combien le service trop prolongé de vos agents peut créer de dangers pour l'expl. Cette observ. est surtout essentielle pendant la durée de la mauvaise saison : elle s'applique plus particul. aux gardes, aux aiguilleurs, aux mécaniciens et aux chauffeurs, dont la ponctualité et la présence d'esprit sont indispensables pour assurer la sécurité de la marche des trains ; j'appelle toute votre attention sur ce point important.

(8° *Tournées.*) « Je vous recommande enfin d'inviter vos chefs de service à s'assurer, par des tournées fréquentes *de jour et de nuit*, que tous les agents sous leurs ordres comprennent et exécutent bien ces régl. et qu'ils apportent dans leurs fonctions tout le zèle et toute la vigilance sans lesquels il n'y a pas de sécurité possible sur les ch. de fer. »

IV. Détails d'application (*Ordres de service des compagnies*). — En notifiant à leurs agents les instructions prises en vertu des circulaires précitées, les comp. leur ont rappelé la disposition essentielle portant que *le signal d'arrêt doit être fait à un train lorsqu'il s'est écoulé moins de dix minutes depuis le passage du train précédent.* — Comme nous l'avons rappelé, du reste, aux §§ 1er et 2 ci-dessus, nous avons mentionné aux divers articles correspondants de ce recueil, les instructions relatives à la surv. de chaque partie du service. — Quelques points importants peuvent être résumés comme suit :

1° *Mécaniciens et conducteurs de trains.* — Sur toutes les lignes, les règlements imposent aux mécaniciens et conducteurs de trains, outre les détails de leur service, l'obligation de surveiller l'état de la voie et de porter toute leur attention sur les signaux qui leur sont faits par les gardes-lignes, gardes-barrières, poseurs et autres agents. — *Contrôle de route.* — V. *Voyageurs*, § 8.

2° *Trains extraordinaires.* — Les trains extraordinaires n'étant pas obligatoirement annoncés

---

(1) Voir à ce sujet au mot *Signaux*, § 5, l'art. 16 du Code des signaux (15 nov. 1885) où il est question de l'intervalle à observer entre les trains et des appareils sémaphoriques employés pour cet objet.

sur la double voie (V. *Trains*, § 3), les agents doivent se tenir sur leurs gardes et agir toujours comme si un train était attendu.

3° *Travaux*. — « Aucun travail de nature à intercepter le voies ne doit être entrepris avant qu'un signal d'arrêt ne soit fait (à la distance régl.) du côté où un train ou une machine peut survenir. A moins d'urgence, aucun travail de nature à intercepter les voies ne devra être entrepris pendant la nuit, ni en temps de brouillard. »

4° *Dérangements de la voie* (Surveill. permanente des *cantonniers*, des *gardes-lignes*, des *poseurs*, etc.). — Si un agent remarque un déplacement ou une rupture dans les rails ou les coussinets, un éboulement, un tassement ou tout autre dérangement, et, en général, un obstacle quelconque de nature à compromettre la sûreté des trains, il doit imméd. envoyer au-devant du premier train qui peut survenir à 800ᵐ *au moins* du point qu'il faut protéger, telle personne qui se trouverait présente, ou qu'il rencontrerait, pour faire le signal d'arrêt. — La circ. min. gén. susmentionnée du 25 oct. 1855 a rappelé que des dispositions spéciales règlent tous les détails de la surv. de la voie, organisation et service des gardes-lignes, cantonniers, etc., signaux de jour et de nuit, manœuvre des aiguilles, tournées, etc., etc. — Les ordres de service relatifs à cet objet sont déjà reproduits en extr. aux divers articles de ce recueil (*Cantonniers, Gardes-lignes, Neiges, Poseurs*, etc.). — Mais il faut se reporter directement aux ordres mêmes de chaque compagnie, en ce qui concerne notamment les heures d'embauchée et de débauchée des équipes, la désignation pour les divers agents des parties à surveiller, le nombre des tournées, et les nombreux détails auxquels les agents doivent rigoureusement se conformer pour assurer la régularité du service.

5° *Surveillance de nuit* (et tournées exceptionnelles). — V. ci-après, § 5.

6° *Surv. spéc. dans les gares*. — Les mesures d'ordre ayant pour objet le bon état de propreté et d'entretien des gares et de leurs abords, la conservation des affiches de service, les soins à donner au chauffage et à l'éclairage, les renseign. à donner aux voyageurs, la délivrance et le contrôle des billets, les manœuvres de formation et de décomposition des trains, la manutention des bagages et des marchandises, le service des quais, les salles d'attente et enfin divers autres détails sont réglés par des instr. précises. — Les surveillants spéc. installés dans les gares ont à veiller surtout à l'exécution des mesures résumées ci-après : — *En ce qui concerne le départ des trains*, les surveillants doivent : — Dix minutes avant l'heure fixée pour la fermeture des guichets de distribution, presser les voyageurs qui se trouvent dans le vestibule ou dans les cours de prendre leur billet de place ; — Avertir par des coups de cloche les voyageurs circulant ou stationnant dans le voisinage de la gare ; — Veiller au bon ordre et à l'exéc. des régl. dans les salles d'attente et sur les quais. — Si, pour monter en voiture, les voyageurs ont à traverser les deux voies, cette opération doit être surveillée avec le plus grand soin, de manière que les voyageurs n'aient à redouter aucun danger. — Les surveillants devront, en outre, si les voyageurs ont à traverser les voies près d'une fosse à piquer le feu, veiller à ce qu'ils ne s'en approchent point, et s'assurer à chaque train de nuit que la lanterne intérieure des fosses est allumée ; — Empêcher les voyageurs de monter ou de descendre dans l'entrevoie ; ouvrir les portières pour faire descendre les voyageurs qui arrivent et monter ceux qui partent ; aider dans ces deux opérations les personnes âgées et infirmes, les femmes et les enfants ; — *Au moment où le train arrive en gare*, les surveillants doivent veiller à ce qu'aucun voyageur ne puisse être atteint par le marchepied d'une des voitures ; — Ils suppléent, au besoin, les gardes-freins pour appeler le nom des stations et des correspondances, annoncer la durée des arrêts, ouvrir les portières, etc. et ils veillent à ce que les voyageurs, lorsqu'ils ont à traverser les voies, pour sortir de la gare, ne s'exposent pas à des chances d'accident. — Les surveillants doivent enfin visiter les voitures laissées dans les gares, s'assurer qu'aucun objet appartenant aux voyageurs n'y est resté, et les remettre, s'il en est trouvé, au chef de gare. — V. aussi le mot *Gares*, § 2.

Gares de marchandises. — Les surveillants dans les gares de marchandises doivent désigner aux camionneurs les quais sur lesquels ils doivent déposer ou prendre des marchandises, et veiller à ce que les chevaux ne soient jamais abandonnés par les conducteurs ; — Activer le chargement et le déchargement des camions et voitures devant les quais, et veiller à ce que le temps de leur stationnement soit réduit autant que possible ; — Faire sortir des quais et de la gare toute personne qui ne pourrait justifier sa présence par la possession, soit d'une autorisation régulière, soit d'un bon de livraison délivré par l'agent chargé du service des arrivages ; — Surveiller les agents préposés à la manutention et aux manœuvres sur les quais et sur les voies, et notamment les ouvriers des expéditeurs et des destinataires. — *Nota important*. Les surveillants de jour ne peuvent quitter leur service qu'après l'arrivée des surveillants de nuit. Ces derniers doivent faire des tournées fréquentes et à des heures irrégulières dans la partie de la gare qui leur est confiée, et rendre compte au chef de service de tous les incidents qui peuvent mettre sur la trace de détournements. (*Extr. des instr.*)

7° *Contrôle des trains en marche* (au point de vue de la régularité du service et de la sécurité des voyageurs). — V. *Voyageurs*, § 8.

Personnel soumis à la surv. de l'adm. publique. — V. *Agents*, § 2.

V. Service de nuit et surveillance exceptionnelle (*points défectueux, intempé-*

ries, etc.). — Les circ. min. et les documents d'application reproduits ci-dessus déterminent les points généraux qui doivent appeler l'attention dans les cas où le service de l'expl. est troublé par des circonstances atmosphériques. Elles énumèrent également les détails à observer dans les cas particuliers où la sécurité dépend absolument de la vigilance et de l'exactitude des agents. Nous devons, en dehors des règles générales dont il s'agit, mettre en relief les extr. suivants d'ordres de service spéciaux des comp., touchant d'une part les conditions de la surv. exceptionnelle à observer *sur quelques points défectueux de la ligne*, et, d'autre part, diverses dispositions applicables au *service de nuit*.

1° *Surveillance spéciale.* (Extr.) — « Pendant la durée des grands vents, des fortes pluies, des fontes de neige, des crues de cours d'eau, et quelques jours après, les chefs-cantonniers font visiter, avant le passage de chaque train, *les points qui peuvent inspirer quelque inquiétude*, notamment : — Les ouvrages susceptibles d'être affouillés ; — Les tranchées et les remblais où des éboulements sont à craindre ; — Les endroits où des excavations se sont produites depuis moins d'un an, dans l'enceinte du ch. de fer ou aux abords : ces excavations sont, autant que possible, comblées avec des moellons ou de gros cailloux, dont un approvisionnement est entretenu à proximité pendant un an. — S'il est à craindre que l'agent chargé de la surv. ne se trouve dans l'impossibilité d'assurer rapidement les signaux des deux côtés du point dangereux, chaque côté est surveillé par un agent. — Les agents visitent les tranchées qui sont l'objet d'une *surv. spéc.*, non seulement en parcourant la voie, mais aussi en suivant la crête des talus, afin de rechercher les mouvements et fissures qui auraient pu se produire... — Des consignes spéciales, inscrites sur le livret des chefs-cantonniers, signalent les points à surveiller. En cas d'urgence, les agents assurent spontanément la surveillance. » (Extr. d'une instr., févr. 1884.)

2° *Inspection des ouvrages d'art.* — « Une insp. détaillée de tous les ouvrages est faite chaque année, avant le 1er juin : elle a lieu, pour les fondations des ouvrages sur les rivières et le lit aux abords, lorsque les eaux sont basses. — Il importe notamment : — De rechercher les dégradations des maçonneries, les déformations des poutres, les commencements de pourriture des bois, les traces de rouille sur les pièces métalliques, le ballottement des rivets, la flexion des poutres métalliques pendant le passage des trains ; — De s'assurer s'il faut curer les ouvrages servant à l'écoulement des eaux, élaguer les plantations aux abords ; si les enrochements, perrés, digues, etc., sont en bon état ; si aucun ouvrage, même situé en dehors de la ligne, n'est de nature à compromettre le ch. de fer ; — De vérifier la position des rails aux passages étroits, tels que ponts, souterrains, tranchées. — Pour examiner les voûtes des souterrains, les agents se tiennent, au besoin sur un train de travaux marchant lentement. — Indépendamment de l'insp. annuelle, les ouvrages d'art sont visités au moins une fois par mois ; *les fondations des ouvrages établis sur les cours d'eau et le lit aux abords sont examinés après chaque crue importante*. — Les réparations urgentes sont exécutées sans retard. — Les enrochements emportés sont remplacés par des enrochements plus résistants. Parfois, il peut être bon de combler les vides, de relier les blocs. Préalablement, les maçonneries des fondations qui auraient été dégradées sont réparées autant que possible. — Les observations intéressant la conserv. du ch. de fer et les renseign. sur les crues importantes, même quand elles n'ont pas causé de dégâts, sont adressés hiérarchiquement à l'ingén. en chef de la voie. » (*Instr. spéc.*, février 1884. Extr.)

3° *Surveillance des aiguilles et changements de voies* (Devoirs des aiguilleurs et agents divers). — V. *Aiguilles*, § 3, *Changements de voie*, §§ 3 et 4 et *Signaux*, § 5. — Voir aussi le 5° ci-après pour le service de nuit.

4° *Surveillance des chargements.* — V. *Chargements*, §§ 2 et 5.

5° *Surveillance de nuit.* — Sur toutes les lignes où il y a un service de nuit, des gardes sont spéc. chargés pendant la nuit de la surv. de la voie. Les devoirs qu'ils ont à remplir consistent surtout en tournées fréquentes. Ils doivent parcourir, au moins *deux fois à pied*, toute l'étendue de leur canton, en faisant des contre-marches, s'il y a lieu, pour déjouer la malveillance. — Les gardes de nuit doivent faire et observer les signaux, conf. aux régl., sous peine d'être considérés comme absents et punis en conséquence. — Ils tiennent note des heures de passage des trains, des points où ils les ont rencontrés et de l'état de leurs signaux. — Ils notent également tous les détails relatifs à la surv. et à l'éclairage des passages à niveau et autres parties de la voie, plaques, aiguilles, signaux, la marche des horloges et l'accord des divers cadrans, etc. — Ils constatent les actes de malveillance et les accidents de toute nature venus à leur connaissance. — Ils signalent, enfin, les agents qui ne seraient pas à leur poste, ainsi que les infractions aux règlements. (Extr. des instr.) — *Service de nuit dans les gares* (V. ci-dessus, § 4, 6°). — (Voir aussi *Gares*, § 4, et *Salles d'attente*, § 1.) — *Interruption, pendant la nuit, du service* de certains passages à niveau. — V. *Passages à niveau*, § 4.

VI. Surveillance des lignes d'intérêt local. — V. le mot *Contrôle*, § 6.

TABACS.

Circulation des agents des manufactures de tabacs (admission de ces agents à voyager sans *payement préalable*, lorsqu'ils sont porteurs d'un bon conforme au modèle concerté à cet effet entre l'adm. des fin. et les compagnies). — *P. mém.*

Conditions de transport des tabacs. — Nous ne pouvons que renvoyer pour cet objet au traité passé entre le min. des finances et les grands réseaux des comp. et de l'État, traité renouvelé le 29 déc. 1885 pour la période du 1er janv. 1886 au 31 déc. 1890. — Aux termes de ce traité et sans parler des conditions relatives aux petits colis de 5 kilogr. et au-dessous, et des expéditions n'excédant pas 40 kilog.; le tarif de transport des tabacs *fabriqués* est fixé à 0 fr. 09 par tonne et par kilom. (*pour la petite vitesse*), et à 0 fr. 22 *id.* (*vitesse accélérée*). — Les tabacs *en feuilles*, expédiés en vrac, sont taxés à 0 fr. 08, avec majoration de 50 p. 100 lorsqu'ils ne pèsent pas 200 kilogr. sous le volume d'un m. cube. Même majoration pour le retour des colis *vides* montés. — *Id.*, pour les masses indivisibles de 3,000 à 5,000 kilogr. — Au sujet des détails d'application (*emballage, avaries, frais divers, décomptes, modes de payement*, etc.), se reporter aux traités eux-mêmes, qui prescrivent d'ailleurs la production d'un acquit-à-caution accompagnant les envois, et indiquant notamment le nombre de colis, leur nature, leurs marques et numéros, leur poids, leur provenance, leur destination et la condition de leur transport en petite vitesse ou en vitesse accélérée.

Questions de fraudes (agents responsables). — Responsabilité *fiscale* d'un chef de gare, au sujet d'introduction frauduleuse de cigares et de tabacs, dont ledit agent a toutefois fait connaître l'expéditeur, et responsabilité pénale des chefs et conducteurs de trains pour importation d'objets prohibés. — V. *ci-après*.

Responsabilité du chef de gare (représentant la compagnie). — Dans une espèce relative à l'envoi par un expéditeur étranger à un destinataire français d'une caisse de légumes contenant une certaine quantité de cigares (caisse saisie à la gare-frontière), le chef de ladite gare et le destinataire, à la charge duquel il n'a pas été établi de participation à la fraude, ont été relaxés par le tribunal, et le jugement a été confirmé en ce qui concerne le destinataire, mais réformé « en ce qui concerne le chef de gare, lequel ne peut être exonéré des conséquences de sa contrav. fiscale alors qu'il n'a pas convenu à l'adm. des douanes de poursuivre le véritable auteur de la fraude, qui ne lui offrait aucune garantie ». (C. d'appel Montpellier, 4 déc. 1882 et C. C., 21 avril 1883.) — *Responsabilité pénale des chefs et conducteurs de trains.* — « La responsabilité des *chefs de trains* des chemins de fer, en cas d'importation d'objets prohibés dans les wagons composant ces trains, n'empêche pas la responsabilité des *conducteurs* placés sous leurs ordres et spéc. chargés de la garde de wagons déterminés. — Dès lors, il y avait lieu d'appliquer les dispositions pénales au prévenu, — dont la responsabilité résultait du seul fait de la découverte du tabac étranger dans son fourgon. » (C. C., 14 mars 1884 et 21 janv. 1885.) — *Infractions diverses.* — V. le mot *Douanes*, § 7.

TABLEAUX.

I. Conditions de transport des œuvres d'art. — V. *Tarif* (exceptionnel).

II. Tableaux et écriteaux indicatifs du service. — 1° Signaux appelant la prudence et l'attention des agents en matière de ralentissement des trains (Art. 17, régl. min. du 15 nov. 1885 (V. *Signaux*, § 5); — 2° *Tableaux indicateurs de la direction des trains.* — Les compagnies ont adopté l'excellente mesure de désigner par des tableaux indicateurs la direction que doivent prendre les trains qui se trouvent dans les gares de bifurcation, mais nous ne connaissons à ce sujet aucune instr. gén.; 3° *Tableaux graphiques à joindre aux ordres de service de la marche des trains* (Circ. min. des 19 et 27 août 1878 (V. *Graphiques* et *Marche des trains*, § 1); — 4° *Tableaux, types et procédés graphiques*, pour la

rédaction des projets des chemins de fer exécutés par l'État (Voir les mots *Formules*,
Ouvrages d'art, *Projets*, § 2 et *Types*); — 3° Indications diverses. — Voir *Écriteaux et
Signaux*, § 5.

TALUS.

Conservation des berges et talus (applic. de l'art. 2, loi 15 juillet 1845 et des anciens
règl. (V. *Berges*). « La dégradation des talus d'un ch. de fer par l'écoulement des eaux
pluviales et ménagères d'une maison riveraine constitue une contrav. de gr. voirie. Le
propr. doit être condamné à l'amende et à faire cesser ledit écoulement. » (C. d'État,
13 déc. 1860.) — *Interdiction du pacage des bestiaux*. — V. *Bestiaux*, § 4.

Affermage et enlèvement des herbes (Extr. des règl. spéc.). — « Les acquéreurs des herbes
des talus et les ouvriers chargés de la coupe et de l'enlèvement des herbes ne sont autorisés à
entrer dans l'enceinte du chemin de fer que pour le temps de la récolte, et seulement par le
passage à niveau le plus voisin de la partie acquise. L'entrée est formellement interdite aux
enfants et à toute personne étrangère aux travaux en question. — Les personnes autorisées ne
pourront circuler sur la voie qu'en se tenant constamment sur la banquette du chemin, et seulement pendant l'intervalle des trains. — Aussitôt qu'un train sera annoncé, les personnes susmentionnées devront se placer sur le talus et y rester jusqu'après le passage du train annoncé.
— Tout dépôt d'herbes, outils, ustensiles, est formellement interdit sur la voie ou sur les banquettes du chemin. »

Délimitation des talus. — V. *Alignements*, *Bornage*, *Profils*, *Terrassements*. — Voir
aussi l'art. 7 du cah. des ch. au sujet des banquettes ménagées au pied de chaque talus
du ballast.

TAMPONS DE CHOC.

I. Systèmes de tampons. — La disposition et l'usage des tampons de choc placés à
l'avant et à l'arrière des locomotives, tenders et véhicules de ch. de fer sont suffisamment connus. L'écartement entre les axes de ces tampons et leur hauteur au-dessus des
rails sont ou devraient être les mêmes dans les véhicules des divers réseaux pour la
parfaite régularité des attelages. — En réalité, du moins à l'époque de la circ. minist.
mentionnée ci-dessous au § 3, la hauteur des tampons au-dessus du rail a varié entre
$0^m,95$ et $0^m,98$ (à charge) et $1^m,05$ (à vide), et l'écartement d'axe en axe, de $1^m,70$ à
$1^m,80$.

Les tampons sont maintenus en contact par les tendeurs d'attelage (V. *Attelage*, § 1; voir
aussi au § 2 ci-après). — Cet attelage est complété par des *chaînes de sûreté* placées latéralement
aux tendeurs et destinées à les remplacer en cas de rupture. — L'écartement d'axe en axe, de
ces chaînes, pour les voitures et wagons est d'environ $1^m,10$. Leur longueur pour les mêmes
véhicules varie de $0^m,66$ à $0^m,70$. Celle nécessaire pour l'attelage des wagons à houille est de
$0^m,40$. Deux circ. min. des 13 mars 1856 et 7 déc. 1859 ont prescrit, à la suite de ruptures
de chaînes d'attelage, une étude « au sujet de l'utilité de ces chaînes et des dispositions les plus
convenables à prendre pour leur maintien ou leur suppression », mais nous ne connaissons pas
de prescription d'ensemble intervenue pour lesdites chaînes d'attelage dont l'usage s'est maintenu sur tous les ch. de fer.

II. Exclusion de tampons secs. — « Il résulte de l'art. 22 de l'ordonn. de 1846, que
tout wagon à marchandises non muni de tampons à ressorts devrait être exclu de la
composition des trains mixtes de voyageurs; toutefois l'administ. a cru devoir, sur la
demande de certaines comp. de ch. de fer, se départir de l'applic. absolue de la disposition ci-dessus rappelée, en autorisant la mise en circulation, en nombre limité, de wagons
à tampons secs armés de ressorts de traction ou de tendeurs Lassale (tendeurs qui sont
également des ressorts de traction et non de choc). Mais l'admin. a expressément recommandé d'exclure des trains mixtes les wagons à marchandises à tampons secs, non munis.

d'ailleurs, de ressorts de traction ni de tendeurs Lassale, et de constater par des procès-verbaux les contrav. ainsi commises à l'art. 22 du règl. de 1846. » (Circ. min., 5 septembre 1855. Ext.)

« En cas d'infraction, le chef de service qui a dirigé la formation du train est punissable des peines prononcées par l'art. 21 de la loi du 15 juillet 1845, et la compagnie est civilement responsable des frais. » (C. Orléans, 24 juin 1851, et C. C., 19 fév. 1852.) — D'après un arrêt de la Cour de Bourges, 21 fév. 1856, il y a contravention « lorsqu'au moment du démarrage, il se produit un écartement de 0^m,20 entre les tampons de certains wagons ».

III. Hauteur uniforme des tampons. — Les comp. ont également reçu l'invitation de se concerter ensemble pour adopter une mesure uniforme relativement à la hauteur des tampons de choc, afin d'éviter les accidents qui peuvent résulter du défaut de contact de ces tampons, lorsqu'un train est composé de wagons de diverses provenances (Circ. min., 13 mars 1856. Ext.). Cette invitation a été rappelée le 7 déc. 1859, par une circ. min. qui contient le passage suivant : « Aujourd'hui que le matériel roulant des comp. s'entremêle sur tous les réseaux, il est indispensable que les conditions d'établ. des parties de ce matériel, qui peuvent être des causes d'accidents, soient étudiées avec soin, et que des bases uniformes soient adoptées partout; il semblerait naturel que le syndicat du chemin de fer de ceinture, à raison même de sa composition, prît à cet égard l'initiative et se chargeât du soin de recueillir les vues et les opinions des comp. non syndiquées, dont les lignes n'aboutissent pas à Paris et de les transmettre à l'admin. centrale. — On ne peut douter, d'ailleurs, que ces dernières ne s'empressent de concourir au but commun qu'il est si désirable d'atteindre. » — Voir *Matériel roulant*.

IV. Manœuvres aux tampons. — V. *Manœuvres*, § 5.

TARAGE DES WAGONS.

Vérifications (prescrites à la suite de plaintes relatives au tarage des wagons, c'est-à-dire au poids des véhicules rentrant dans le chargement total).

Circ. min., 19 juin 1858, aux compagnies. — « Des plaintes m'ont été adressées contre les différences qui existeraient entre la tare inscrite sur les wagons (à marchandises) de ch. de fer et le poids réel de ces mêmes wagons. Si j'en crois certaines réclamations, la surtaxe qui en résulterait pour les expéditeurs correspondrait, dans quelques cas, à un excédent tellement considérable, que les intérêts du public se trouveraient gravement compromis. Il m'a paru nécessaire d'appeler l'attention de votre comp. sur cet état de choses, auquel il serait, d'ailleurs, facile de remédier, par un tarage fréquent et périodique. — Je vous prie, en conséquence, de me faire connaître les mesures adoptées, sur votre ligne, pour le tarage des wagons, le laps de temps qui s'écoule habituellement entre deux tarages successifs et les dispositions prescrites pour le cas où des contestations s'élèveraient, entre les expéditeurs et vos agents, sur l'exactitude du chiffre inscrit comme représentant la tare du wagon sur lequel doit s'effectuer le chargement. »

Dispositions arrêtées à la suite de cet examen (Ext. de la circ. min., adressée le 31 mai 1861 aux chefs du contrôle). — « Il ne paraît pas y avoir lieu, quant à présent, d'astreindre les comp. à une réglementation spéciale et uniforme (*au sujet du tarage des wagons*); toutefois, il importe que l'admin. soit mise à même, le cas échéant, de prescrire les mesures dont l'expérience ferait reconnaître l'utilité, et puisse ainsi donner satisfaction au commerce, si de nouvelles plaintes venaient à se produire. — Je vous prie, en conséquence, d'adresser aux fonctionnaires et agents de votre service les instructions nécessaires pour qu'il me soit rendu exactement compte de toutes les difficultés qui pourraient s'élever, à l'avenir, entre les expéditeurs et la compagnie dont le contrôle vous est confié, au sujet de l'exactitude du tarage des wagons et de la constatation du poids des chargements par wagon complet. »

TARIFS DE TRANSPORT.

SOMMAIRE. — I. *Tarif du cahier des charges* (et tarif général d'application). — II. *Tarif exceptionnel* (art. 47, cah. des ch.). — III. *Tarif des frais accessoires* (art. 51, ibid.). — IV. *Tarifs spéciaux et divers* (à prix réduit). — V. *Tarifs communs et combinés* (généraux et spéciaux). — VI. *Conditions générales d'application des tarifs* (extr. du cah. des ch.). — VII. *Formalités d'examen et d'homologation* (affichage, approbation, questions de réforme et de simplification de tarifs, etc.). — VIII. *Légalité et force obligatoire des tarifs* (Questions de jurisp.). — IX. *Tarifs internationaux* (transit et exportation). — X. *Tarif des chemins de fer d'intérêt local* (approbation, etc.).

I. Tarif général du cahier des charges. — La limite supérieure des prix, que les comp. sont autorisées à percevoir pour le transport des voyageurs, des marchandises et des objets de toute nature, et les conditions générales qui se rapportent à ces transports sont indiquées aux art. ci-après rappelés du cah. des ch., savoir : — 1° *Art. 42.* Droits de péage et prix de transport pour la gr. et la petite vitesse (V. *Cah. des ch.*). — Non compris l'impôt de grande vitesse (V. *Impôt*) ; — 2° *Art. 44.* Bagages (V. ce mot) ; — 3° *Petits colis* (art. 42 et 47 *id.*) (V. *Colis postaux* et *Messagerie*) ; — 4° Assimilation de classes (art. 45) (V. *Classification*) ; — 5° Masses indivisibles (art. 46) (V. *Masses indivisibles*) ; — Tarif *exceptionnel* (art. 47) (Voir au § 2 ci-après) ; — 6° *Abaissement de taxes* (art. 48) (V. *Abaissement*) ; — 7° *Régularité des transports* (art. 49) (V. *Ordre et Régularité*) ; — 8° *Délais de livraison* (art. 50) (V. *Délais et Transports*) ; — 9° Tarifs spéciaux (art. 50) (Voir plus loin, § 4) ; — 10° Tarifs des *frais accessoires* (art. 51) (V. *Frais et Transports*) ; — 11° Camionnage et factage (art. 52) (V. *Camionnage, Factage et Transports*) ; — 12° *Art. 53.* Traités de *Correspondance* et de *Réexpédition.* — V. ces mots.

> *Nota.* — Sans chercher à établir ici une *théorie des tarifs de ch. de fer*, cette matière étant peu claire même lorsqu'elle est traitée avec de longs développements, nous rappelons en ce qui touche la distinction à faire entre *l'établ. légal* des tarifs et la *perception* proprement dite des taxes, que, d'une manière générale, on appelle *taxe* la somme que l'on doit payer aux comp. de ch. de fer, en conformité des tarifs légaux, pour le transport d'une personne ou d'une marchandise. — Le *tarif légal* est celui qui a été l'objet de l'affichage préalable et des formalités obligatoires énumérées au mot *Homologation* et au § 7 du présent art. — Les bases des prix sont celles du cah. des ch. dont les art. sont rappelés ci-dessus. — Nous allons résumer successivement les dispositions principales qui s'appliquent aux diverses natures de tarifs (*Généraux, Spéciaux, Communs, Différentiels, Internationaux,* etc.) en renvoyant du reste à l'art. *Réduction de tarifs* pour la question de revision et d'unification des taxes, question très importante, aussi bien que les autres mesures prises ou étudiées par l'admin. en vue d'assurer une parfaite égalité dans la perception des taxes, et de mettre en tous points les tarifs en rapport avec les intérêts légitimes du commerce et de l'industrie.

TARIFS GÉNÉRAUX D'APPLICATION. — Les tarifs dits *généraux* sont ceux qui, égaux ou même inférieurs au tarif officiel *maximum*, sont applicables à tous les voyageurs ou expéditeurs, sans autres conditions que celles du cah. des ch. ou des conventions spéciales arrêtées de concert avec les comp. pour en régler l'applicat. sur les divers réseaux. — Ordinairement, *sauf des réductions partielles,* le tarif perçu pour la grande vitesse, notamment pour les *voyageurs,* ne diffère pas de celui fixé à l'art. 42 du cah. des ch. — Pour les *marchandises à petite vitesse,* il y a, dans le *tarif général* d'application, des réductions quelquefois assez importantes sur le tarif *maximum.* — Il serait impossible de donner ici des chiffres pour telle ou telle marchandise, ou pour un parcours déterminé. — Les innombrables détails et variations de prix de transport sur les divers réseaux ne peuvent trouver place que dans de volumineux recueils de tarifs. — L'admin. supér. a cherché néanmoins par un recueil modèle, modifié à la date du 12 déc. 1861, à uniformiser pour toutes les compagnies, sinon les prix, au moins les conditions diverses et d'ensemble relatives à l'application des tarifs généraux de grande et de petite vitesse.

— Nous donnons ci-après un extrait de ce modèle, qui forme encore aujourd'hui, sous la réserve de quelques changements de détails, comme le cadre des tarifs généraux d'applic. des diverses compagnies, sans préjudice des dispositions déjà prises ou étudiées pour la réduction et la simplification des tarifs. — V. *Réduction*.

GRANDE VITESSE.

CHAP. Ier. (*Prix de transport et conditions d'application.*) — Art. 1er. — Les prix à percevoir pour le transport des voyageurs sont fixés conformément aux tableaux... sans qu'ils puissent dépasser les maxima suivants :

NOTA. — Les prix qui figurent au tarif général modèle, reproduit ci-après, diffèrent de ceux du cah. des ch. en ce qu'ils comprennent l'impôt primitivem. établi au profit du Trésor sur les transports à gr. vitesse, mais ils ne comprennent pas le *nouvel impôt* établi sur les mêmes transports à la suite de la guerre d'Allemagne. — V. *Impôt*.

1re classe (Voitures couvertes, garnies et fermées à glaces) . . 0'112 ⎫
2e classe (Voitures couvertes, fermées à glaces et à banquettes rembourrées). . . . . 0 084 ⎬ par voyageur et par kilomètre.
3e classe (Voitures couvertes et fermées à vitre). . . . . . 0 0616 ⎭

Art. 2. — Pour les militaires ou marins voyageant en corps, aussi bien que pour les militaires ou marins voyageant isolément pour cause de service, envoyés en congé limité ou en permission, ou rentrant dans leurs foyers après libération, les prix à percevoir sont fixés d'après les bases suivantes, représentant le quart du tarif légal.

1re classe. . . . . 0'028 ⎫ par voyageur
2e classe. . . . . 0 021 ⎬ et
3e classe. . . . . 0 0154 ⎭ par kilomètre.

Art. 3. (*Enfants.*) — V. ce mot, § 1er.

Art. 4. — Le transport des voyageurs est effectué moyennant le payement préalable du prix de la place. Ce payement est constaté par la délivrance d'un billet.

Art. 5. (*Distribution des billets*; — *Ouverture des guichets*, etc.) — V. *Billets*, § 2, 3e alinéa.

Art. 6. (*Présentation et contrôle des billets.*) — V. au mot *Billets*, § 3.

Art. 7. — Toutes les stations du réseau devront, lorsque la nécessité en sera reconnue par l'admin. supér., correspondre directement les unes avec les autres pour la délivrance des billets aux voyageurs. — Cette condition est appliquée dès à présent aux stations de...

NOTA. — Comme il a été dit plus haut, le nouvel impôt établi par la loi de 1871 n'est pas compris dans les prix indiqués au présent modèle de tarif.

CHAP. II. (*Bagages, Articles de messagerie, Marchandises, Denrées, Lait, Finances, Valeurs, Objets d'art, Chiens.*) — SECT. 1re. (*Prix de transport et conditions d'application.*)

PETITE VITESSE.

CHAP. Ier. (*Marchandises.*) — SECT. 1re. (*Classification.*) — Art. 1er et 2 (pour mémoire). — V. au mot *Classification*.

SECT. II. (*Prix de transport et conditions d'application.*) — § 1er. (**Marchandises en général.**) — Art. 3. — Les prix à percevoir pour le transport des marchandises à petite vitesse sont fixés conf. aux tarifs ci-après... pour les marchandises des... séries, et conf. aux prix kilométriques ci-après..., pour les marchandises de... série. — V. au mot *Réduction de tarifs*, la circ. min. du 2 nov. 1881, au sujet de l'unification des *Séries de marchandises*.

Art. 4. — Les prix fixés à l'art. précédent sont applicables aux paquets ou colis pesant isolément plus de 40 kilogr.

Art. 5. — Les paquets ou colis pesant isolément de 0 à 40 kilogr. inclusiv. sont taxés, quelle que soit la série à laquelle ils appartiennent, à raison de 0 fr. 25 c. par tonne et par kilom., sans que la taxe puisse être, en aucun cas, supérieure à celle d'une expédition de même nature pesant plus de 40 kilogr.

Toutefois, le tarif ordinaire de la petite vitesse sera appliqué à tous paquets ou colis, quoique emballés à part, s'ils font partie d'envois pesant ensemble plus de 40 kilogr. d'objets envoyés par une même personne à une même personne.

Le bénéfice de la disposition énoncée dans le paragraphe précédent ne peut être invoqué par les entrepreneurs de messagerie et de roulage et autres interméd. de transport, à moins que les articles par eux envoyés ne soient réunis en un seul colis. — V. *Groupage*.

Art. 6. — Tout paquet ou colis pesant plus de 40 kilogr. et contenant des marchandises de séries différentes est taxé d'après le prix de la série la plus élevée, à moins que l'expéditeur ne justifie de la nature et du poids des objets transportés, auquel cas les marchandises sont taxées séparément, suivant la série à laquelle elles appartiennent.

Art. 7. — La perception des prix fixés aux art. 3 et 5 est effectuée par fraction indivisible de 10 kilogr. — Quelle que soit la distance parcourue, le minimum de la perception est fixé à 40 c. par expédition, frais de chargement, de déchargement et de gare compris.

§ 2. **Plaqué d'or ou d'argent, mercure, dentelles, objets d'art** (*statues, tableaux, bronzes d'art*). — Art. 8. — Le plaqué d'or ou d'argent, le mercure, les dentelles et les objets d'art (*statues, tableaux, bronzes d'art*), sont taxés *moitié en sus* du prix fixé par le tarif général pour les marchandises de la première série. — V. aussi *Tarif exceptionnel*.

§ 3. **Monnaies de billon.** — Art. 9. —

§ 1. **Bagages.** — Art. 8. — Tout voyageur dont le bagage ne pèse pas plus de 30 kil. n'a à payer, pour le transport de ce bagage, aucun supplément du prix de sa place. — Cette franchise ne s'applique pas aux enfants transportés gratuitement, et elle est réduite à 20 kilogr. pour les enfants transportés à moitié prix.

Art. 9. — Les excédents de bagages sont taxés ainsi qu'il suit :

De 0 à 40 kilog., inclusivement, par tonne et par kilomètre. 0ʳ50

Au-dessus de 40 kilog., par tonne et par kilomètre. 0 40

Ce dernier prix sera appliqué aux excédents de bagages qui pèseraient ensemble ou isolément plus de 40 kilog.

Art. 10. — La perception des prix fixés à l'article précédent est effectuée : — De 0 à 5 kilog. inclusiv., par fraction indivisible de 5 kilog.; — Au-dessus de 5 kilog. jusqu'à 10 kilog. inclusiv., par fraction indivisible de 10 kilog.; — Au-dessus de 10 kilog., par fraction indivisible de 10 kilog.

Quelle que soit la distance parcourue, la taxe d'une expédition ne peut être inférieure au minima ci-après :

Pour une expéd. de 0 à 40 kilogr. inclusiv. . . 0ʳ25 } Frais de chargement et de déchargement compris.
Pour une expéd. au-dessus de 40 kilogr. . . . 0 40 }

Art. 11. — Les excédents de bagages des militaires ou marins voyageant à quart de place ne sont assujettis qu'au quart de la taxe du tarif réglé par les art. 9 et 10. — Quelle que soit la distance parcourue, le minimum de la perception est fixé à 10 c. par expédition, frais de chargement et de déchargement compris.

Art. 12, 13 et 14. (*Enregistr. des bagages, Fermeture des guichets*, etc.) — V. *Bagages*.

§ 2. **Articles de messagerie et marchandises.** — Art. 15. — Les articles de messagerie et marchandises à grande vitesse sont taxés sans distinction de nature, en tant qu'ils ne contiennent pas de finances, valeurs ou objets d'art pour lesquels il existe un tarif *ad valorem*. (*V. l'art. 19 ci-après*.) — Les prix de transport sont fixés ainsi qu'il suit :

De 0 à 40 kilogr. inclusivement, par tonne et par kilomètre. 0ʳ50

Au-dessus de 40 kilogr., par tonne et par kilomètre. 0 40

Ce dernier prix sera appliqué à tous paquets ou colis, quoique emballés à part, s'ils font partie d'envois pesant ensemble plus de 40 kilogr. d'objets envoyés par une même personne à une même personne.

Le bénéfice de la disposition énoncée dans le paragr. précédent ne peut être invoqué par les entrep. de messagerie et de roulage et autres intermèd. de transport, à moins que les articles par eux envoyés ne soient réunis en un seul colis. — V. *Groupage*.

Art. 16. — La perception des prix fixés à l'article précédent est effectuée : — De 0 à 5 kilogr. inclusivement, par fraction indivisible de 5 kilogr.; — Au-dessus de 5 kilogr. jusqu'à

Les monnaies de billon sont considérées comme marchandises et taxées *au poids*. — V. la 1ʳᵉ série de la Classification générale

§ 4. **Marchandises ne pesant pas 200 kil. sous le volume d'un mètre cube.** — Art. 10. — V. le § 1ᵉʳ (*Petite vitesse*) du tarif exceptionnel reproduit plus loin au § 2 du présent article.

§ 5. **Matières inflammables ou explosibles et objets dangereux.** — Art. 11. — V. le § 2 (*Petite vitesse*) du même *Tarif exceptionnel*.

§ 6. **Masses indivisibles et objets de dimensions exceptionnelles.** — Art. 12. — V. *Masses indivisibles*, § 2.

SECT. III. (*Frais accessoires*.) — Art. 13 à 17. — V. à l'art. *Frais accessoires* (titre II, *Petite vitesse*, chap. 1ᵉʳ), les §§ 1, 2, 3, 4 et 5 de l'arr. minist. du 30 nov. 1876).

CHAP. II. (*Voitures, Animaux*.) — SECT. Iʳᵉ. (*Prix de transport et conditions d'application*.)

§ 1. **Voitures.** — Art. 18. — Les prix à percevoir pour le transport des voitures à petite vitesse sont ainsi fixés :

Voitures à deux ou 4 roues, à un fond et à une seule banquette dans l'intérieur. . . . . . . 0ʳ25 } par voiture
Voitures à quatre roues, à deux fonds et à deux banquettes dans l'intérieur, omnibus, diligences, etc. . . . . 0 32 } et par kilomètre.

Art. 19. — Les voitures de *déménagement*, à deux ou quatre roues, *à vide*, sont taxées au prix de : — 0 fr. 20 c. par pièce et par kilom. — Les voitures de déménagem., lorsqu'elles sont *chargées*, payent en sus du prix ci-dessus : — 0 fr. 14 c. par tonne de chargement et par kilom.

Art. 20. — Il n'est pas admis de voyageurs dans les voitures expédiées par les trains de petite vitesse.

Art. 21. — Le transport des voitures dont les dimensions dépassent le gabarit n'est pas accepté.

§ 2. **Animaux.** — Art. 22. — Les prix à percevoir pour le transport des animaux à petite vitesse sont ainsi fixés :

Bœufs, vaches, taureaux, chevaux, mulets, ânes, poulains, bêtes de trait. . . . . 0ʳ10 } par tête
Veaux et porcs. . . . 0 04 } et par kilomètre.
Moutons, brebis, agneaux et chèvres. . . 0 02 }

Les personnes qui accompagnent des animaux montent dans les wagons de la compagnie en se conformant aux régl. en vigueur et payent le prix des places de 3ᵉ classe.

Art. 23. — Les animaux dont la valeur déclarée excéderait 5,000 fr. sont taxés *moitié en sus* du prix fixé par le tarif général pour les animaux de la même espèce. — En cas d'accident survenu à des animaux en cours de

10 kilogr. inclusiv., par fraction indivisible de 10 kilogr. — Au-dessus de 10 kilogr., par fraction indivisible de 10 kilogr.

Quelle que soit la distance parcourue, la taxe d'une expédition ne peut être inférieure au minima ci-après :

Pour une expéd. de 0 à 40 kilogr. inclusiv. . . 0ᶠ25	Frais de chargement et de déchargement compris.
Pour une expéd. au-dessus de 40 kilogr. . . 0 40	

§ 3. **Denrées.** — Art. 17. — V. *Denrées, § 1.*

§ 4. **Lait.** — Art. 18. — Le lait transporté à grande vitesse est taxé aux prix et conditions fixés pour les articles de messagerie et marchandises à grande vitesse. (Art. 15 et 16.)

Toutefois, il existe, pour le lait, un tarif réduit. — V. *Lait*, § 1.

§ 5. **Finances, valeurs et objets d'art.** — Art. 19. (*Prix à percevoir.*) — V. le § 4 (*Grande vitesse*) du tarif exceptionnel, reproduit plus loin au § 2 du présent article.

NOTA. — Les monnaies de billon sont considérées comme marchandises et taxées au poids.

Art. 20. — La compagnie n'est pas tenue d'accepter les finances et valeurs à découvert.

Les expéditeurs devront se conformer pour le conditionnement des finances et valeurs à l'ordre de service arrêté par la compagnie et approuvé par l'administration supérieure. — V. *Finances.*

En cas de perte, la compagnie n'est pas tenue de rembourser au delà de la somme déclarée.

§ 6. **Chiens.** — Art. 21 à 24. — V. *Chiens.*

§ 7. **Marchandises ne pesant pas 200 kil. sous le volume d'un mètre cube.** — Art. 25. — V. le § 1 (*Grande vitesse*) du tarif exceptionnel reproduit plus loin.

SECT. II. (*Frais accessoires.*) — Art. 26 à 30. — V. à l'art. *Frais accessoires* (titre Iᵉʳ, *Grande vitesse*, chap. Iᵉʳ), les §§ 1 à 5 de l'arr. minist. du 30 nov. 1876.

CHAP. III. (*Voitures, Pompes funèbres, animaux*). SECT. Iʳᵉ. (*Prix de transport et conditions d'application.*)

§ 1. **Voitures.** — Art. 31 et 32. — V. le mot *Voitures.*)

§ 2. **Pompes funèbres.** — Art. 33 (34 dans quelques tarifs.) — V. *Pompes funèbres*, § 1.

§ 3. **Animaux.** — Art. 34. — Les prix à percevoir pour le transport des animaux à la vitesse des trains de voyageurs sont ainsi fixés :

Bœufs, vaches, taureaux, chevaux, poulains, bêtes de trait, mulets, ânes.	0ᶠ22	par tête et par kilomètre.
Veaux et porcs. . . .	0 0896	
Moutons, brebis, chèvres et agneaux.	0 0448	

Art. 35. — Les chevaux des militaires voyageant à quart de place ne sont assujettis qu'au 1/4 de la taxe du tarif inscrit à l'art. précédent.

transport, la responsabilité de la compagnie reste limitée à 5,000 fr. par tête, si la note de remise ne mentionne pas une valeur supérieure.

Art. 24. — Les animaux dangereux pour lesquels des règlements de police prescriraient des précautions spéciales sont taxés à raison de :

0 fr. 25 c. par wagon spécial contenant un animal et par kilomètre.

Néanmoins, les expéditeurs pourront, à leurs risques et périls, placer plusieurs animaux en cages solides et séparées, dans un même wagon, en payant, pour chaque animal, une taxe *moitié en sus* de celle qui est fixée au tarif général pour les animaux de haute taille.

Art. 25. — Les animaux de petite taille, tels que :

Chats, cochons de lait, cochons d'Inde, lapins, singes, écureuils, oiseaux, placés dans des cages ou paniers fournis par les expéditeurs, sont taxés *au poids*, conformément aux prix et conditions du tarif général des marchandises de la 1ʳᵉ série, et pour le double de leur poids réel, cumulé avec celui des cages ou paniers.

Les chiens, lors même qu'ils sont expédiés en cage, ne peuvent être transportés qu'en grande vitesse. — V. *le tarif général de grande vitesse.*

Art. 26. (Installations pour le service des voitures, chevaux et bestiaux.) — V. au mot *Bestiaux*, § 1.

SECT. II. (*Frais accessoires.*) — Art. 27 à 30. — V. à l'art. *Frais accessoires*, titre II (*Petite vitesse*), chap. II, les §§ 1 à 4 de l'arr. minist. du 30 nov. 1876.

Indications diverses. — V. les mots *Magasinage*, *Pesage* et *Transports.*

CHAP. III. (**Matériel roulant.**) SECT. Iʳᵉ. (*Prix de transport.*) — Art. 31. — Le transport du matériel roulant en petite vitesse est taxé comme suit :

Wagon ou chariot pouvant porter de 3 à 6 tonnes.	0ᶠ15	
Wagon ou chariot pouvant porter plus de 6 tonnes.	0 20	
Locomotive pesant de 12 à 18 tonnes (ne traînant pas de convoi)	3 00	par pièce et par kilomètre.
Locomotive pesant plus de 18 tonnes (ne traînant pas de convoi).	3 75	
Tender de 7 à 10 tonnes.	1 50	
Tender de plus de 10 tonnes.	2 25	

SECT. II. (*Frais accessoires.*) — Art. 33 à 35. — V. à l'art. *Frais accessoires*, titre II, *Petite vitesse*, chap. IV, les §§ 1 à 4 de l'arrêté

Art. 36. (*Animaux d'une valeur excédant 5,000 fr.*) (*Accidents*, etc.) — V. *Animaux*.

Art. 37. (*Animaux de petite taille.*) — V. *Animaux*, § 3, 4°.

Art. 38 (ou 34 selon divers tarifs). — *Installations pour le service des voitures, chevaux et bestiaux*. — V. *Bestiaux*, § 1.

Art 39 à 42. — (*Frais accessoires.*) — V. à l'art. *Frais accessoires*, titre 1ᵉʳ (*Grande vitesse*), chap. II, les §§ 1 à 3 de l'arr. minist. du 30 nov. 1876.

CHAP. IV. (*Disposition commune à tous les transports à grande vitesse.*) — Art. 43. — Tous les prix ci-dessus fixés (prix de transport, minima de perception et frais accessoires) comprennent l'impôt dû au Trésor. (*Nota*. Il s'agit ici du premier impôt établi sur les transports de chemin de fer. Il y a lieu d'y ajouter le nouvel impôt dû à la guerre d'Allemagne. — V. *Impôts*).

CHAP. V. (**Dispositions générales.**) — Art. 44. (*Distances.*) — Tout kilomètre entamé est payé comme s'il avait été parcouru en entier.

Pour toute distance inférieure à 6 kilom., la perception est faite comme pour 6 kilom. entiers.

Art. 45. (*Fractions de poids.*) — Le poids de la tonne est de 1,000 kilogr. — Les fractions de poids sont établies de la manière suivante (sauf l'exception prévue à l'art. 16) : — 1° De 0 à 5 kilogr.; — 2° Au-dessus de 5 jusqu'à 10 kilogr.; — 3° Au-dessus de 10 kilogr., par fraction indivisible de 10 kilogr.

Art. 46. (*Calculs des taxes.*) — La taxation *totale* d'une expédition de même nature est effectuée en arrondissant les chiffres aux 5 centimes supérieurs lorsqu'elle atteint 2 centimes 5 millimes et aux 5 centimes inférieurs lorsqu'elle n'atteint pas 2 centimes 5 millimes.

Art. 47. (*Matières inflammables ou explosibles, animaux et objets dangereux* (exclus des trains portant des voyageurs.) — V. le tarif exceptionnel reproduit au § 2 du présent article.

Art. 48. (*Conditionnement des marchandises.*) — 1ᵉʳ et 2ᵉ alinéas. — V. *Marchandises*, § 5.

(3ᵉ alinéa.) — La comp. n'accepte pas le transport des objets dont les dimensions excèdent celles du matériel. — V. le *Nota* ci-dessous.

Art. 49. (*Déclarations.*) — V. ce mot, § 2.

Art. 50. (*Fausses déclarations.*) — V. *Déclarations*, § 3.

Art. 51. (*Paiements.*) — V. ce mot.

Art. 52. (*Déboursés.*) — Voir ce mot.

Art. 53. (*Remboursements.*) — Les sommes qui suivent les expéditions à titre de remboursement sont soumises, au retour, à la taxe portée au tarif général pour le transport des finances.

Art. 54. (*Lettre de voiture et récépissé.*) — V. au mot *Délais* l'art. 15 de l'arr. minist. du 12 juin 1866.

Art. 55. (*Délais de transport.*) — V. au mot *Délais*, Gr. vitesse, les art. 1, 2, 3, 4, 5, et 14 de l'arr. minist. 12 juin 1866.

ministériel du nov. 1876. — V. aussi *Magasinage* et *Transports*.

NOTA. — Les transports à petite vitesse sont exempts de tout ancien ou nouvel *impôt*. — V. l'art. *Impôts*.

CHAP. IV. (**Dispositions générales.**) — Art. 36. (*Distances*, comme ci-contre pour la *Grande vitesse*, art. 44.)

Art. 37. (*Fractions de poids.*) — Le poids de la tonne est de 1,000 kilogrammes.

Les fractions de poids ne sont comptées que par centième de tonne ou 10 kilogrammes; ainsi, tout poids compris entre 0 et 10 kilogr. paie comme 10 kilogrammes; entre 10 et 20 kilogrammes, comme 20 kilogrammes, etc.

Art. 38. (*Calcul des taxes*, comme ci-contre pour la *Grande vitesse*, art. 46.)

Art. 39. (*Matières inflammables ou explosibles, animaux et objets dangereux.*) — V. le § 2, *Petite vitesse*, du tarif exceptionnel reproduit au § 2 du présent article.

Art. 40. (*Conditionnement des marchandises.*) — V., au mot *Marchandises*, les trois premiers alinéas du § 5.

Art. 41. (*Déclarations.*) — V. ce mot, § 2.

Art. 42. (*Fausses déclarations.*) — V. *Déclarations*, § 3.

Art. 43. (*Paiements.*) — V. ce mot, § 1. 4ᵉ alinéa.

Art. 44. (*Déboursés.*) — V. ce mot.

Art. 45. (*Remboursements.*) — Comme ci-contre, art. 53.

Art. 46 et 47. (*Lettre de voiture et récépissé.*) — (V. au mot *Délais*, l'art. 15 de l'arr. minist. du 12 juin 1866.) — La compagnie n'accepte que pour le coût du timbre (0 fr. 60) le débours des lettres de voiture fournies par les expéditeurs. — Elle n'est pas tenue d'accepter les lettres de voitures payables au retour.

Art. 48. (*Délais de transports.*) — V. au mot *Délais*, *Petite vitesse*, les art. 6 à 14 de l'arr. minist. du 12 juin 1866. — V. aussi au mot *Transports* les dérogations provisoires apportées à ces délais.

Art. 56. — Les expéd. de voitures et d'animaux sont tenus de prévenir le chef de la station du départ, 24 h. au moins à l'avance en lui faisant connaître le nombre et la nature des voitures ou des animaux qu'ils ont à faire transporter. — Cette disposition ne s'applique pas aux chiens ni aux animaux en cages dénommés à l'art. 37.

NOTA. — V. ci-après le barème des délais de transport à petite vitesse.

(*Nota général.*) — Les voitures, cercueils, chevaux, etc., ne sont pas admis dans les trains rapides (V., au mot *Pompes funèbres*, les exceptions admises pour les cercueils). — En cas de non-enlèvement des cercueils, il sera perçu, à partir de l'arrivée, un droit de 5 francs par cercueil et par jour. — La longueur normale du matériel affecté au transport des marchandises est de 6^m,50 et la largeur de 2^m,80. — Par dérogation aux dispos. de l'art 2 de l'arr. du 12 juin 1866 : 1° Les expéditions de messagerie et de finances, composées d'un seul colis et pesant 5 kilogr. au plus, sont admises dans les trains express ; — 2° L'intervalle entre la remise aux gares des expéditions de messagerie et de finances et l'heure régl. du départ du train auquel ces expéditions sont destinées est réduit à deux heures pour les expéditions composées d'un seul colis et pesant 10 kilogr. au plus. — V. *Délais.*

Barême DES DÉLAIS DE TRANSPORTS, DE GARE EN GARE, DES ANIMAUX, DENRÉES, MARCHANDISES ET OBJETS QUELCONQUES EXPÉDIÉS A PETITE VITESSE (Art. 7 et 8 de l'arr. min., 12 juin 1866. — V. *Délais.*)

DISTANCES EN KILOMÈTRES.	DÉLAI d'expédition en jours	DURÉE du trajet en jours.	DÉLAI TOTAL en jours non compris le jour de la remise et celui de la livraison.	OBSERVATIONS.
Délais calculés d'après l'article 7.				NOTA. — Ce barème ne présente directement le calcul des délais que pour les transports effectués, à petite vitesse, sur un seul et même réseau ; il peut, toutefois, servir pour calculer les délais afférents aux transports qui empruntent plusieurs lignes concédées à des comp. différentes et reliées entre elles sans solution de continuité. Les opérations à faire dans ce cas consistent :
De 1 à 150 k. inclus.	1	1	2	
— 151 à 275 —	1	2	3	
— 276 à 400 —	1	3	4	
— 401 à 525 —	1	4	5	
— 526 à 650 —	1	5	6	
— 651 à 775 —	1	6	7	1° A compter séparém. pour chaque ligne distincte, les délais de la 3e col. (durée du trajet) ;
— 776 à 900 —	1	7	8	2° A ajouter au total ainsi obtenu *un jour* pour l'expéd. à la gare originaire de départ ;
— 904 à 1,025 —	1	8	9	3° A augmenter ce dernier total d'autant de fois *un jour* qu'il y a de points de jonction reliant des lignes distinctes.
— 1,026 à 1,150 —	1	9	10	Le total général obtenu au moyen de ces trois opérations (non compris le jour de la remise et
— 1,151 à 1,275 —	1	10	11	celui de la livraison) est le résultat cherché.
— 1,276 à 1,400 —	1	11	12	Le ch. de fer de ceinture autour de Paris est,
— 1,401 à 1,525 —	1	12	13	en tout, considéré comme ligne distincte, sauf à
— 1,526 à 1,650 —	1	13	14	ne compter, dans le cas de transit, qu'un *seul*
Délais calculés d'après l'article 8.				jour de délai suppl. pour les deux points de jonction reliant la ceinture aux lignes aboutissantes.
De 1 à 200 k. inclus.	1	1	2	Il est bien entendu, d'ailleurs, que les délais
— 201 à 400 —	1	2	3	nécessaires pour l'accompl. des formalités de
— 401 à 600 —	1	3	4	douane ne sont pas compris dans le présent
— 601 à 800 —	1	4	5	barème.
— 804 à 1,000 —	1	5	6	
— 1,001 à 1,200 —	1	6	7	
— 1,201 à 1,400 —	1	7	8	
— 1,401 à 1,600 —	1	8	9	
— 1,604 à 1,800 —	1	9	10	

Tarif général des frais accessoires. — Voir plus loin, § 3.

II. Tarif exceptionnel (pour divers transports dénommés à l'art. 47 du cah. des ch.). — Voir le modèle de tarif ci-après (dernier arr. min., 7 déc. 1876).

(*Nota.*) — Lorsque le renouvellem. des tarifs exceptionnels à arrêter annuellem. par l'admin. n'a point eu lieu en temps utile, ces tarifs sont prorogés de droit (art. 47, ordonn., 1846); ils n'en sont pas moins obligatoires pour les expéditeurs (C. d'Amiens, 3 juin 1854).

MODÈLE DE TARIF EXCEPTIONNEL (Arr. min., 7 déc. 1876, successivement prorogé jusqu'à ce jour, et ayant lui-même modifié et remplacé les précédents arr. min. pris pour le même objet les 30 mai 1862 et 31 déc. 1872).

(7 déc. 1876.) — *Le Min. des tr. publ.*, — Vu les cah. des ch. et spéc. l'art. desdits cahiers concernant la fixation du *tarif exceptionnel*; — Vu l'art. 47 de l'ordonn. du 15 nov. 1846; — Vu les arr. min. des 30 mai 1862 et 31 déc. 1872, relatifs aux tarifs exceptionnels; — Vu les prop. des comp.; — Vu les avis des fonctionn. du contrôle; — Sur le rapport du dir. des ch. de fer, — ARRÈTE:

Art. 1er. — Le tarif exceptionnel prévu par le cah. des ch. pour le transport des marchandises de faible densité, matières inflammables ou explosibles, animaux et objets dangereux, animaux d'une valeur déclarée supérieure à 5,000 fr., finances et valeurs, et petits colis pesant isolément 40 kilogr. et au-dessous, est fixé ainsi qu'il suit, pour l'année 1877, sur les ch. de fer d'int. général.

GRANDE VITESSE.

§ 1er. Denrées et objets qui ne sont pas nommément énoncés dans le tarif du cahier des charges et qui ne pèseraient pas 200 kilogr. sous le volume d'un mètre cube. . . . . . .

Moitié en sus des prix fixés par le tarif général sans que, dans aucun cas, la taxe à percevoir puisse être supérieure à celle qui résulterait de l'applic. du tarif simple au poids fictif calculé à raison de 200 kilogr. par mètre cube.

§ 2. Matières inflammables ou explosibles classées dans la 1re catég. de l'arr. min. du 1er déc. 1874 ou de tous autres arrêtés à intervenir en modification de ce dernier.
Animaux et objets dangereux pour lesquels des règl. de police prescriraient des précautions spéc. . . . .

Ces matières, animaux et objets sont exclus des trains portant des voyageurs : en conséquence, le tarif de la grande vitesse ne leur est pas applicable.

Matières explosibles ou inflammables classées dans la 2e catég. de l'arr. min. du 1er déc. 1874 ou de tous autres arrêtés à intervenir en modification de ce dernier. . . . .

Ces matières sont exclues des trains portant des voyageurs sur les sections où circulent des trains réguliers de marchandises, et, dans ce cas, le tarif de la gr. vitesse ne leur est pas applicable. Sur les sections où ne circulent pas des trains réguliers de marchandises, les dites matières peuvent être transportées par trains mixtes; mais elles sont taxées aux prix ci-après fixés pour les mêmes transports en petite vitesse.

§ 3. Animaux dont la valeur déclarée excéderait 5,000 francs. . . . .

Moitié en sus du prix fixé par le tarif général pour les animaux de la même espèce.

§ 4. Or et argent, soit en lingots, soit monnayés ou travaillés, plaqué d'or ou d'argent, mercure, platine, bijoux, dentelles, broderies, pierres précieuses, objets d'art et autres valeurs.

Ad valorem. — 0 fr. 00252 — y compris l'impôt édicté par la loi du 14 juillet 1855 — par fraction indivisible de 1,000 fr. et par kilom.
Quelle que soit la distance parcourue, le minimum de la perception est fixé à 25 centimes par 1000 francs.
La taxe des divers articles compris dans l'énumération ci-contre ne sera, dans aucun cas, inférieure à la plus forte des deux taxes qui pourrait être appliquée soit d'après la valeur déclarée et en conformité du tarif ci-dessus, soit d'après le poids constaté et en conformité du tarif général des articles de messagerie et marchandises à grande vitesse.

§ 5. Paquets, colis ou excédents de bagages pesant isolément 40 kilogrammes et au-dessous . . . .

0 fr. 50 — y compris l'impôt édicté par la loi du 14 juillet 1855 — par tonne et par kilom., sans que la taxe puisse être en aucun cas supérieure à celle d'une expéd. de même nature pesant plus de 40 kilogr. — V. *Colis.*

PETITE VITESSE.

§ 1ᵉʳ. Denrées et objets qui ne sont pas nommément énoncés dans le tarif du cahier des charges, et qui ne pèseraient pas 200 kilogr. sous le volume d'un mètre cube. . . . . . . } Moitié en sus des prix fixés par le tarif gén., selon la série dudit tarif à laquelle ces objets appartiennent, sans que, dans aucun cas, la taxe à percevoir puisse être supér. à celle qui résulterait de l'applic. du tarif simple au poids fictif calculé à raison de 200 kilogr. par m. cube.

§ 2. Matières inflammables ou explosibles classées dans les deux premières catégories de l'arrêté ministériel du 1ᵉʳ décembre 1874 ou de tous autres arrêtés à intervenir en modification de ce dernier.

Objets dangereux pour lesquels des règlements de police prescriraient des précautions spéciales. . . . . } Moitié en sus du prix fixé par le tarif général pour les marchandises de la première série. — V. aussi *Dynamite*, § 8.

Animaux dangereux pour lesquels des règlements de police prescriraient des précautions spéciales . . . . } 0 fr. 25 par wagon spécial contenant un animal et par kilom. — Néanmoins, les expéditeurs pourront, à leurs risques et périls, placer plusieurs animaux en cages solides et séparées dans un même wagon, en payant, pour chaque animal, une taxe moitié en sus de celle qui est fixée au tarif gén. pour les animaux de haute taille.

§ 3. Animaux dont la valeur déclarée excéderait 5,000 francs. . . . . } Moitié en sus du prix fixé par le tarif gén. pour les animaux de la même espèce.

§ 4. *Or et argent, soit en lingots, soit monnayés ou travaillés, platine, bijoux, pierres précieuses et autres valeurs.* . . . . } Ces divers articles ne sont transportés qu'à gr. vitesse; en conséquence, le tarif de la petite vitesse ne leur est pas applicable.

Plaqué d'or ou d'argent, mercure, dentelles, broderies, objets d'art (statues, tableaux, bronzes d'art). . . . . } Moitié en sus du prix fixé par le tarif gén. pour les marchandises de la 1ʳᵉ série.

§ 5. Paquets et colis pesant isolément 40 kilogrammes et au-dessous. . . . . } 0 fr. 25 par tonne et par kilom., quelle que soit la série à laquelle les paquets ou colis appartiennent, sans que la taxe puisse être, en aucun cas, supérieure à celle d'une expéd. de même nature pesant plus de 40 kilogr.

Art. 2. — Les prix ci-dessus ne comprennent ni la taxe addit. de 10 p. 100 édictée par la loi du 16 sept. 1871 pour les expéditions à grande vitesse, ni l'impôt de 5 p. 100 fixé par la loi du 21 mars 1874 pour les expéditions à petite vitesse. (*Nota.* Ce dernier impôt a été supprimé.) — V. *Impôt.*

Art. 3. — Les frais accessoires d'enregistr. et de manutention, de magasinage, etc., seront perçus conf. aux tarifs gén. de la gr. et de la petite vitesse (V. *Frais*). — Le chargement et le déchargement des animaux dangereux pour lesquels des régl. de police prescriraient des précautions spéc., seront effectués par les soins et aux frais des expéditeurs et des destinataires, et il ne sera rien perçu pour cette double opération.

Art. 4. — Sont maintenus dans les tarifs homologués les conditions et les prix qui seraient plus avantageux pour le public que ceux ci-dessus fixés.

Art. 5. — Le présent arrêté sera notifié aux comp. de ch. de fer. — Il sera publié et affiché. — Les préfets, les fonctionn. et agents du contrôle sont chargés d'en surv. l'exéc.

III. Tarif général des frais accessoires (réglé ou prorogé annuellement en conformité de l'art. 51 du cah. des ch. et de l'art. 47 de l'ordonn. du 15 nov. 1846). — Les bases de ce tarif concernant les lignes d'int. gén. ont été successivem. remaniées par divers arr. min. des 30 avril 1862, 10 oct. 1871, 12 janv. et 31 déc. 1872. — Un dernier arrêté du 30 nov. 1876, ayant repris, modifié ou complété les diverses dispositions dont il s'agit, nous l'avons reproduit avec tous les développements nécessaires au mot *Frais accessoires.*

Nota. (s'appliquant aux dispositions d'ensemble des tarifs). — *Réforme et unification des tarifs*

de petite vitesse: — 1° Nécessité de l'abaissement graduel des taxes (Extr. d'une Circ. min..
1ᵉʳ févr. 1864 (V. *Réduction de tarifs*, § 1ᵉʳ); — 2° Question générale touchant la réforme des
tarifs de petite vitesse (Circ. min., 2 nov. 1881) (V. le § 2 du même article, réduction de tarifs);
— 3° Nouvelles discussions parlementaires au sujet de la revision des tarifs (Séances des 23 févr.
et 27 mars 1882, etc.). P. mém.; — 4° Réductions effectives partiellement réalisées au moyen
des tarifs spéciaux appliqués sur les divers réseaux (*Indications diverses*). — Voir le § 4
ci-après.

Formalités d'examen et d'approbation des divers tarifs. — V. § 7.

IV. Tarifs spéciaux, conditionnels, différentiels, à prix réduit. — (Indications

diverses relatives aux tarifs spécialem. appliqués sur les divers réseaux, pour certaines
marchandises désignées et pour certains parcours déterminés.)

1° Tarifs spéciaux de grande vitesse. — En dehors des billets d'aller et de retour ou
d'abonnement (V. *Billets*), des produits alimentaires (V. *Denrées, Lait*, etc.), des animaux et objets destinés aux concours agricoles (V. *Concours*), et des petits colis de 0 à
3 kilogr. et de 3 à 5 kilogr. (V. *Colis postaux*), les tarifs spéciaux de grande vitesse sont
peu nombreux; ils ne comprennent généralement que les transports d'émigrants
(V. *Émigrants*), le passage des marchandises en douane (V. *Douane*), le transport des
chevaux, bestiaux et poulains (V. *Bestiaux, Chevaux* et *Wagon complet*). Ces tarifs, qui
ne sont appliqués qu'avec l'autorisation du ministre (Voir, plus loin, § 7), comportent
des réductions plus ou moins importantes sur les prix fixés au cahier des charges.

Extension du bénéfice des tarifs spéciaux de voyageurs. — Dans notre article *Réduction des
tarifs*, nous avons mentionné les dépêches ministérielles du 25 sept. 1884 et du 3 nov. 1886
adressées par le min. des trav. publ. aux comp. pour leur recommander la création, notamment
en faveur des voyageurs et intéressés des maisons de commerce, de *chèques de circulation* établis
suivant un *tarif kilométrique différentiel*, comportant à la fois une réduction sur le prix kilom.
lui-même et une réduction proportionnelle à la distance parcourue. — Diverses combinaisons
ont été étudiées, parmi lesquelles figure l'application sur le réseau d'*Orléans* d'un nouveau tarif
spécial A, n° 3 *bis*, homologué par la décis. min. précitée du 3 nov. 1886, et dont le mécanisme
est déjà indiqué à notre article *Abonnement*, § 3, note 1. — Mais, d'une manière générale, l'admin. supér. donne la préférence au système « qui consisterait à créer des billets à parcours kilométrique et à prix différentiels, *valables pour toutes les personnes, dans toutes les directions, sur
tout le réseau français* »; ce sont les termes mêmes de la circ. min. du 3 nov. 1886, adressée à ce
sujet aux compagnies et qui se termine par les explications suivantes (*Texte intégral*) :

« Pour entrer dans cet ordre d'idées, les comp. délivreraient de véritables *chèques de circulation*.
qui, ouverts par la comp. à laquelle s'adresserait en premier lieu le voyageur, seraient valables
sur le réseau des six gr. comp. et de l'admin. des ch. de fer de l'État, dans toutes les directions et
pendant un temps donné proportionnel au nombre de kilom. payés par le voyageur. Le prix du
kilom. subirait, lui aussi, une réduction proportionnelle, de telle sorte que le porteur d'un chèque
de 30,000 kilom., par exemple, payerait moins cher par kilom. que le porteur d'un chèque de
20,000 kilom., et celui de 20,000 kilom. que le porteur d'un chèque de 10,000 kilom. La
détermination des prix résulterait d'un calcul à faire entre les comp. et qui serait soumis ensuite
à mon approbation.

« A l'imitation de ce qui a lieu pour les chèques sur les maisons de banque, le porteur du
chèque de circulation détacherait de son carnet, à chaque voyage, un feuillet sur lequel il indiquerait la gare de départ, la gare de destination et le nombre de kilom. entre les deux localités.
Le buraliste, au départ, garderait ce feuillet, qui serait signé en sa présence par le porteur du
chèque, et déduirait sur la souche le nombre de kilom. jusqu'à épuisement du parcours total
payé par le voyageur. Le porteur du chèque recevrait, en échange du feuillet de son carnet, un
billet de voyageur ordinaire, billet frappé au dos d'un timbre humide portant le mot *Chèque* et le
numéro du livret, c'est ce billet qui lui serait remis à la gare d'arrivée.

« La distribution de chèques de circulation procurerait, d'ailleurs, des bénéfices indirects aux
compagnies. Le plus important serait celui de la bonification d'intérêt résultant du prix payé
d'avance du montant kilométrique des chèques. D'autre part, beaucoup de chèques ne seraient
pas épuisés par suite de décès, d'absence, d'expiration de durée du chèque ou pour toutes autres
raisons. Le prix des kilom. non parcourus ferait ainsi retour aux compagnies et atténuerait leurs
sacrifices momentanés. Enfin les comp. concourraient puissamment à activer la circulation des
voyageurs, ce qui aurait pour conséquence un accroissement rapide et progressif du trafic des
marchandises au profit des chemins de fer.

« Je vous prie, Messieurs, de vouloir bien examiner les propositions qui précèdent, en ne per-
dant pas de vue que les déplacements rapides et *économiques* des personnes deviennent une
nécessité aussi impérieuse que les transports des produits du sol, des matières premières et de-

objets manufacturés. — Les compagnies, — en s'inspirant de cette considération et en se concertant entre elles pour l'établ. de tarifs communs qui assureraient, selon les cas, des réductions plus ou moins importantes aux voyageurs effectuant chaque année des parcours considérables, — combleraient évidemment la lacune que présentent, à ce point de vue, les tarifs actuels et contribueraient, c'est ma conviction, au relèvement de la prospérité commerciale du pays. » (Circ. min., 3 nov. 1886. *Ext.*)

Indications diverses. (Réduction légale ou facultative des tarifs de voyageurs). — V. les mots *Abonnement, Bagages, Billets, Enfants, Indigents, Instituteurs, Militaires, Prisonniers, Réduction,* etc.)

2° TARIFS SPÉCIAUX CONDITIONNELS DE PETITE VITESSE. — « Il pourra être établi un tarif réduit, approuvé par le ministre, pour tout expéditeur qui acceptera des délais plus longs que ceux déterminés ci-dessus pour la petite vitesse. » (Extr. de l'art. 50 du cah. des ch.). — D'après la jurispr. les tarifs spéciaux s'appliquent exclusivement aux marchandises *dénommées* dans ces tarifs et non à des marchandises assimilables. — Diverses décisions ont également admis le droit des comp. d'abaisser dans certains cas et à la condition d'appliquer la même règle à tous les expéditeurs les prix eux-mêmes portés aux tarifs spéciaux (V. *Abaissement de tarif*). — Le nombre des marchandises auxquelles sont appliqués, sur tous les ch. de fer, des *tarifs spéciaux à petite vitesse* est d'ailleurs considérable. Les combinaisons et la variété de ces tarifs ne permettent pas d'en donner ici un résumé même succinct, mais nous avons néanmoins placé à leur ordre alphabétique quelques indications relatives aux marchandises les plus usuelles comprises dans les recueils de tarifs *spéciaux* des compagnies. — L'importance desdits tarifs a été signalée, du reste, de la manière suivante, dans la circ. min. du 2 nov. 1881, relative à la nouvelle étude générale de la réduction et de l'unification des taxes de petite vitesse

Extr. C. min. 2 nov. 1881. — « L'œuvre de réforme de nos tarifs de ch. de fer serait incomplète si elle se bornait à celle des tarifs généraux. Ceux-ci ne correspondent, en effet, qu'à la moitié environ du nombre total des expéditions et à un chiffre inférieur au quart du total des recettes par tous tarifs. — Les tarifs spéciaux ou conditionnels, dont le nombre est aujourd'hui de plus de 1.000, donnent plus particulièrement satisfaction aux besoins du commerce et de l'industrie, et l'importance de leur rôle se mesure par ce double fait que, d'une part, le jeu de ces tarifs correspond à une proportion voisine des 4/5 de la recette totale pour tous tarifs et, d'autre part, qu'ils ont permis d'abaisser au-dessous de 6 centimes, par tonne et par kilom., la moyenne des taxes perçues. Ils ont été l'objet, vous ne l'ignorez pas, des plus vives réclamations, qui ont retenti dans les enquêtes de toute nature de ces dernières années et dans les débats parlementaires. — Sans qu'il y ait lieu d'insister en ce moment sur ces critiques, j'estime que la réforme des tarifs spéciaux doit suivre imméd. celle des tarifs généraux. — Je suis, d'ailleurs, informé que vos études ont porté simultanément sur la réforme des deux catégories de tarifs, et que, si le premier rang est donné à la réforme des tarifs généraux, c'est dans l'intérêt de l'ordre normal à suivre dans cette matière difficile ». — Voir pour l'ensemble de la revision dont il s'agit, 1° la circ. min. du 2 nov. 1881. au mot *Réduction de tarifs*; — 2° la circ. min. du 26 janv. 1884, reproduite plus loin au § 9 (*Tarifs internationaux*). — Voir aussi plus loin en ce qui concerne la qualification de *tarif différentiel* attribuée dans certains cas aux tarifs spéciaux.

Certaines opérations exceptionnelles sont également l'objet de tarifs particuliers. Telles sont le passage des marchandises en douane, le pesage dans certaines gares, les transbordements des ch. de fer aux canaux, etc. Les tarifs des marchandises transportées sur les embranch. particuliers doivent aussi trouver leur place dans le recueil des tarifs spéc. de chaque comp. (Circ. min., 14 févr. 1861).

Marchandises de faible densité. — En principe, les comp. ont le droit de grever de la surtaxe de 50 p. 100 les marchandises *non dénommées* au tarif général (trib. comm., Seine, 8 août 1862); mais elles ont perdu ce droit pour les marchandises désignées dans un tarif particulier et soumises à des conditions spéciales. (*Ibid.*)

A ce sujet, le min. a adressé, le 12 fév. 1862, aux comp. une circ. dont l'extr. suit : « La perception de la taxe de *moitié en sus*, pour les marchandises qui ne pèsent pas 200 kilogr. sous le volume d'un m. cube, devrait faire l'objet d'une mention expresse dans le recueil de vos tarifs spéciaux. — Une observ. placée en tête de ce recueil suffirait si votre intention est d'*appliquer* ou de ne pas *appliquer*, d'une manière générale, la majoration de 50 0/0 à *toutes les marchandises de faible densité*, qui voyagent aux prix et conditions des tarifs spéciaux. Dans le cas contraire, il serait indispensable que, pour chaque *tarif spécial*, un astérique correspondant à un renvoi explicatif, désignât les marchandises de faible densité que vous voulez soumettre à la taxe de moitié en sus, étant entendu, dès lors, que toutes les autres seraient affranchies de cette taxe. »

Conditions diverses d'application des tarifs spéciaux. — Les principales conditions qui figurent ordin., en totalité ou en partie, dans les tarifs spéciaux en application sur les diverses lignes de ch. de fer, peuvent être résumées ainsi qu'il suit :

Clause de non garantie. — Les mots : *sans responsabilité*, inscrits dans la classification annexée aux tarifs généraux, en regard de certaines marchandises transportées à prix réduits, s'appliquent aux *avaries et déchets de route*. (Ext. du tarif modèle.) En conséquence, les compagnies, dans leurs tarifs spéciaux, se déclarent exonérées de toute responsabilité pour *déchets et avaries de route*. (La jurispr. a établi, toutefois, qu'elles devaient répondre des avaries de route attribuées à la *négligence* du personnel. — V. à ce sujet les mots *Avaries, Clause de non garantie, Preuves* et *Récépissés*. — Ledit principe a été confirmé une fois de plus par la C. de C. (arrêt du 1er février 1887).

Manutention, fourniture et manœuvre de wagons, etc. — Le chargem. et le déchargem. des wagons sont généralem. faits par les soins et aux frais des destinataires, les comp. perçoivent alors seulement les frais de gare. (V. *Frais*.) — Les expéditeurs par wagons complets doivent, au départ, prévenir les comp. 24 ou 48 heures à l'avance ; et à l'arrivée, les marchandises doivent être enlevées par les destinataires dans les délais fixés au tarif, faute de quoi, il est fait applic. des droits de magasinage ou de stationnement. — V. *Fourniture, Frais accessoires* et *Wagon complet*.

Prorogation des délais de transport. — Les compagnies se réservent, d'ailleurs, de prolonger, dans une certaine limite, les délais généraux de transport, résultant de l'application du cah. des ch. — Voir aux mots *Bestiaux, Délais, Fourniture, Quais* et *Wagon complet*, plusieurs décisions judiciaires relatives à la responsabilité encourue par les compagnies faute de livraison des wagons ou des marchandises dans les délais convenus. — Du reste « lorsque la pénalité pour cause de retard a été fixée sur un tarif spécial qui, à raison d'une diminution de responsabilité et des autres conditions y indiquées, contient un abaissement de prix au profit de tout expéditeur qui réclame expressément l'applic. de ce tarif, il n'appartient pas au juge d'allouer des domm.-intérêts supérieurs à cette pénalité, sous prétexte que le retard proviendrait d'une faute lourde, imputable à la comp. ou à ses agents. » (C. C., 15 mars 1869.)

Conditions de poids. — La plupart des expéditions prévues par les tarifs spéciaux ont lieu par *wagons complets* de 4000, 5000 et même 10,000 kil., ou en payant pour ce poids s'il y a avantage pour l'expéditeur. — V. *Pesage* et *Wagon complet*.

Minimum de perception et de distance. — Les comp., lorsqu'elles appliquent un tarif spéc. pour certains parcours, stipulent quelquefois un min. de perception qui varie suivant les distances divisées en zones : 1° jusqu'à 100 ou 150 kilom. ; 2° de 100 ou 150 k., jusqu'à 200 ou 300 k. ; 3° au-dessus de 300 k., etc. — Pour quelques marchandises, les expéd. à prix réduits, pour des distances inférieures à 50 k., 100 k., etc., ne sont pas admises.

Bénéfice attribué aux stations intermédiaires. — Il est généralement admis que les stations intermédiaires non dénommées dans les tarifs spéciaux ont droit de profiter de ces tarifs. — V. ci-après ce qui est dit à ce sujet relativement aux *tarifs différentiels*.

Option obligatoire entre les tarifs généraux et spéciaux. — Nous avons indiqué ci-après (renseignements relatifs aux *tarifs communs*) les formalités à remplir en ce qui concerne la *déclaration préalable* à faire par l'expéditeur, au sujet du choix du tarif, et le rejet des réclamations qui avaient été présentées au sujet de cette mesure (V. aussi au mot *Expéditions*, la faculté du choix de l'itinéraire laissée à l'expéditeur). — En règle générale un tarif spécial de transports sur voies ferrées n'est applicable que lorsque l'expéditeur en fait la demande expresse sur la note d'expédition. — Une convention puisée dans des rapports entre l'expéditeur et la comp. ne saurait suppléer à la condition expresse imposée. (C. C., 17 févr. 1869.) — « Les juges ne peuvent ordonner l'application d'un *tarif spécial* que si l'expéditeur en revendique le bénéfice par une stipulation expresse et distincte. — Peu importe qu'il s'agisse de marchandises provenant du réseau d'une autre comp. n'ayant pas de tarif spécial, et que la seconde comp., par des instructions ou avis, ait prescrit à ses employés d'appliquer d'office le tarif spécial au cas où les marchandises lui sont transmises par une comp. n'ayant pas de tarif spécial analogue ». (C. C., 12 juillet 1880.) — La demande de tarif spécial doit être insérée sur les notes mêmes d'expédition, et il ne peut y être suppléé ultérieurem. par des énonciations portées sur les récépissés remis avec les marchandises par une comp. de ch. de fer à la comp. qui doit achever le transport. (C. C., 16 mars 1881) (1). — Dans un arrêt du 10 févr. 1886, la C. de C. n'admet pas

_____

(1) D'après un arrêt précédent de la C. de C., l'applic. d'un tarif spécial qui n'a point été

qu'on puisse imposer à l'expéditeur une *formule sacramentelle* pour déclarer le tarif dont il demande l'application. — *Il suffit que son intention ait été clairement manifestée sur sa déclaration d'expédition.*

Cumul de tarifs spéciaux. — « En combinant, au profit d'un expéditeur, les avantages de deux tarifs spéciaux que rien ne relie entre eux, les premiers juges en ont fait une fausse interprétation et étendu la faveur de chacun de ces deux tarifs au delà du cas pour lequel il était fait et en vue duquel chaque tarif avait imposé une charge corrélative (C. C., 12 déc. 1860 et 10 juin 1861) ; mais lorsqu'il s'agit d'un transport partie sur une ligne principale, partie sur un de ses embranch. et que des tarifs différents s'appliquent aux diverses parties du parcours, les tribunaux ne peuvent s'arrêter seulement au tarif le moins élevé ; ils doivent combiner ensemble ces différents tarifs pour fixer le prix total de transport. » (C. C., 31 mars 1862.) — Un tarif spécial ayant son terme à une gare déterminée, ne peut être appliqué aux marchandises qui traversent cette dernière gare avec une destination plus lointaine. (C. C., 11 mars 1878.)

Retour gratuit d'emballages, etc. — En général, les bouteilles vides, vases, sacs, cadres, caisses, paniers, etc., sont transportés gratuitement au retour, sur le vu de la lettre de voiture ou du récépissé timbré qui accompagnait l'expédition ; mais cette bonification n'est ordin. accordée que dans les circonstances indiquées au mot *Emballage*, § 2. — Retour gratuit de produits admis à un concours agricole. — V. *Concours.*

Maintien de certaines conditions des tarifs généraux. — Enfin, il est expressément rappelé que les conditions des tarifs généraux non modifiées par les tarifs spéciaux sont conservées.

Conditions d'examen et d'homologation des tarifs spéciaux. — V. § 7.

3° TARIFS DIFFÉRENTIELS. — Par leur nature même, la plupart des tarifs spéciaux ne présentent pas, pour toutes les fractions d'un parcours quelconque, une base kilométrique uniforme ; de là l'origine des *tarifs différentiels* qui ont été ainsi définis : d'une part, « tarif dont les bases diminuent à mesure que la distance augmente », et d'autre part, « tarif qui n'est pas le tarif normal proportionnel. » — Pour être exempte d'anomalies, la principale règle imposée à ces tarifs est de ne pas renfermer des conditions ayant pour effet de rendre, par exemple, inférieure à la taxe d'un parcours partiel, celle d'un parcours plus allongé comprenant le premier, ni de favoriser telles industries au détriment de telles autres (V. à ce sujet, au § 7 ci-après, la circ. min. du 29 août 1878). — « C'est, d'ailleurs, à l'autorité admin. seule qu'il appartient d'apprécier les éléments divers qui peuvent déterminer le rejet ou l'homologation d'un tarif différentiel, établissant entre les points extrêmes d'un parcours, des taxes proportionnellement moins élevées que celles établies entre les points intermédiaires. » (C. C., 8 juin 1859.) — « Il est dans le pouvoir souverain du juge du fait de décider si un parcours total entre deux points extrêmes a eu lieu au moyen d'un seul voyage ou de deux voyages distincts, et si, par suite, il y a lieu d'y appliquer un seul ou deux tarifs. » (C. C., 8 juin 1859.)

Stations non dénommées. — « Les expéditions partant de gares intermed. ont droit de profiter des tarifs différentiels établis par les comp. de ch. de fer entre les points extrêmes. » (C. C., 19 janv. 1858.) — Les approb. min. consacrent génér. ce dernier principe dans tous les tarifs à prix réduits qui ne font pas jouir du bénéfice de la réduction quelques-unes des stations intermédiaires, notamment pour la plupart des tarifs spéciaux. — Les trib. ordinaires sont compétents au surplus pour apprécier si le bénéfice d'une modific. apportée par l'admin. aux tarifs d'une comp. de ch. de fer s'étend à telle ou telle gare de ce chemin. » (C. Paris, 6 janv. 1858.) — En l'absence d'une clause spéciale dans les tarifs, et en cas de réclamation, pour les stations non dénommées, « l'abaissement n'est appliqué que pour la portion de temps restant à courir depuis le moment où les réclamations ont été reconnues fondées et le moment où expire l'époque pendant laquelle a eu lieu l'abaissement du tarif. » (C. C., 8 août 1861.) — *Bifurcation éloignée du point réel de soudure.* — « Une gare de bifurcation, bien que située à une certaine distance

---

explicitement demandée par l'expéditeur de marchandises, est suffisamment et *implicitement* justifiée par ce fait que ledit expéditeur avait expressément mentionné, sur sa déclaration, qu'il déchargeait la comp. de toute responsabilité. — En employant cette formule d'une adhésion complète aux conditions qui sont la compensation des réductions de prix que comporte un tarif *spécial*, cet expéditeur a évidemment manifesté son intention de jouir du *tarif le plus réduit.* » (C. C., 9 avril 1877.)

(1500ᵐ, *dans l'espèce*) du point de soudure effective de deux lignes est une station *intermédiaire* de l'itinéraire que composent lesdites lignes et, en conséquence jouit, du bénéfice de la clause des *stations non dénommées* d'un tarif *différentiel à prix ferme.* » Tr. comm. *Niort*, 17 déc. 1873 et C. d'appel Poitiers, 10 juin 1874.)

Choix de l'itinéraire laissé à l'expéditeur (à la condition de payer le tarif afférent à cet itinéraire). — V. *Expéditeurs*, § 3, et *Itinéraire*.

V. Tarifs communs et combinés. — La jurispr. a fait une distinction entre les tarifs communs, concertés entre deux ou plusieurs comp. et considérés comme *maximum de perception*, pour le transport des marchandises partant d'un point de l'une des lignes pour aboutir à un point de l'autre ligne, et les tarifs *combinés* qui constituent purement et simplement la réunion de deux tarifs spéciaux à prix réduits. — Mais, dans ses instr. relatives à l'examen des tarifs en général, l'admin. supér. n'a pas établi la distinction dont il s'agit (Voir plus loin, § 7) ; il n'y a eu d'instructions distinctes que pour les tarifs internationaux qui ont fait l'objet de dispositions spéciales (Voir § 9). — *Tarifs spéciaux combinés* (assujettis aux conditions ordinaires des tarifs distincts, en ce qui concerne notamment la *clause de non-garantie, l'extension des délais, l'option obligatoire* pour le tarif demandé, etc.). — V. ci-dessus, § 4.

Formalités et conditions diverses (Questions de réforme et d'unification des tarifs communs, etc.). — En général, les conditions énoncées dans les tarifs combinés ou communs sont celles des tarifs soudés. — Il est toujours stipulé que les conditions des tarifs généraux, non modifiées par les tarifs communs, sont conservées en ce qui concerne chacune des compagnies. — Les comp. reliées à Paris se sont généralement mises d'accord pour appliquer, autant que possible, un mode de taxation uniforme aux expéditions empruntant plusieurs lignes et transitant par le chemin de ceinture, soit lorsque les tarifs réduits ont été demandés au départ, par l'expéditeur, soit lorsqu'il y a lieu d'appliquer les tarifs généraux, soit enfin pour la perception du droit de transit afférent aux gares rattachées au chemin de ceinture. — Mais ces améliorations n'ont guère été appliquées jusqu'ici qu'au transport commun des petits colis à grande vitesse (Voir les mots *Colis* et *Messagerie*). — En ce qui concerne la *petite vitesse*, l'admin. supér. a insisté (Voir notamment, au mot *Réduction et réforme des tarifs*, la circ. min. du 2 nov. 1881), au sujet de l'adoption d'un nouveau tarif général « fonctionnant non seulement comme tarif général *commun*, pour les échanges entre des réseaux différents, mais encore comme tarif général *intérieur*, pour les relations de chaque réseau pris isolément, à l'exemple de ce qui existe déjà pour le tarif commun des petits colis à grande vitesse. » Aucune solution définitive n'étant encore intervenue, à notre connaissance, au sujet de cette importante et difficile question, en dehors du moins de la circ. min. du 26 janv. 1884 touchant surtout les *tarifs internationaux* (Voir ci-dessous, § 9), nous nous bornons à résumer ci-après quelques points touchant l'application des tarifs communs actuels.

Déclaration préalable de l'expéditeur. — L'application des tarifs spéciaux ou communs, *à prix réduits*, n'a lieu que sur la demande expresse de l'expéditeur ; les tarifs contiennent, à ce sujet, la clause suivante (approuvée par circ. min. du 29 juin 1861) : « Les prix des tarifs ne seront appliqués qu'autant que l'expéditeur en aura fait la demande expresse, sur sa déclaration. A défaut de cette demande préalable, l'expédition sera taxée de droit aux prix et conditions des tarifs généraux de chaque compagnie. » — A la suite de réclamations une circ. min. du 25 nov. 1861, a rappelé « que la déclaration préalable a pour unique but de constater l'accord qui doit exister entre les comp. et l'expéditeur. Elle présente donc à cet égard une utilité que le commerce ne saurait méconnaître. » — Il suffit que l'intention de l'expéditeur ait été clairement manifestée sur sa déclaration d'expédition. (C. C., 10 févr. 1886, voir au § 4 ci-dessus.) — Mais un expéditeur de marchandises, qui a demandé l'applic. d'un tarif *spécial* n'est pas fondé à revendiquer celle d'un tarif *commun*, alors qu'elle ne peut être faite qu'autant qu'elle a été expressément demandée. (C. C., 17 avril 1878.) — *Tarif irrégulièrement appliqué* (Compétence). — « L'action en réduction du prix convenu pour le transport des marchandises et en domm.-intérêts formée contre une comp. de ch. de fer et fondée sur ce que les droits de transport auraient été acquittés suivant un tarif commun, tandis qu'ils auraient dû l'être suivant un tarif à prix réduit, est valablement portée devant le trib. du lieu où les marchandises transportées ont été remises à la compagnie. » (C. C , 29 avril 1856.) — *Force obligatoire des tarifs communs.* — « Les tarifs combinés par lesquels deux compagnies de chemins de fer s'engagent à transporter, *à prix réduits*, les marchandises partant d'un point de l'une des deux lignes, pour aboutir à un point de l'autre ligne, sont légaux et obligatoires, lorsqu'ils ont été soumis à l'approb. admin., conf. aux dispositions du cah. des ch. — En conséquence, l'expéditeur placé à un point intermédiaire du parcours n'est pas recevable à réclamer, pour le parcours partiel, les avantages du tarif combiné établi pour le parcours total. — Le principe de l'égalité radicale et absolue, entre les expéditeurs, n'existe que pour les tarifs communs *considérés comme maximum de perception*. — Mais, lorsqu'il s'agit de réduction, par traités de faveur, sur le tarif commun, le droit d'en étendre le bénéfice au public appartient à l'autorité admin. seule, et les expéditeurs ne peuvent individuellement réclamer les avantages du traité qu'à la condition d'en accepter toutes les charges. » (C. C., 12 avril 1859.)

Combinaison des prix. — « Les trib. ne peuvent, sous prétexte d'interprétation des tarifs de ch. de fer, suppléer à leur texte ; en conséquence, lorsque, sur un réseau, existe une taxe applic. à la ligne princip. et une autre taxe plus élevée pour une section spéc., le prix des transports qui empruntent ces deux lignes doit être réglé par la combin. des deux tarifs, en appliquant à chaque partie du transport le prix afférent à chacune d'elles. » (C. C., 27 juill. 1869.)

Transport fait en commun avec une entreprise maritime. — « Des colis, qui sont transportés d'un port étranger à un port français, par une comp. de navigation maritime, donnant avis à son agent de les *expédier immèd.* à une ville de l'intérieur, et que cet agent remet à la gare d'un ch. de fer, n'ont jamais fait d'être en cours de voyage. — Le transport desdits colis est l'œuvre commune de la comp. de navigation et de la comp. du ch. de fer, dont la responsabilité, en cas d'avaries, doit être également commune, au regard du propr. desdits colis. — La comp. de ch. de fer n'est qu'un commissionn. de transport interméd., qui est dispensé de toute vérification des marchandises reçues du commissionn. primitif et ne répond que de ses propres fautes. » (C. C., 12 et 13 mai 1868.)

Responsabilité en matière de tarifs communs. — « L'engagement de la comp. qui se charge du transport des march. de l'une des gares de sa ligne à l'une des gares de l'autre ligne l'oblige vis-à-vis de l'expéditeur, pour tout le trajet, sans que celui-ci ait à prendre aucune mesure pour le transport sur la partie empruntée de l'autre ligne ; l'expéd. se libère valablement de l'entier prix du transport en le versant dans la caisse de la gare d'où les march. sont expédiées et la responsabilité pèse, pour le tout, sur la comp. qui se charge du transport. » (C. C., 8 déc. 1858.) — Il a été décidé, d'ailleurs, « que lorsque deux comp. de ch. de fer ont substitué aux tarifs communs (considérés comme maximum de perception) un tarif *combiné* (réunion de deux tarifs à prix réduits), elles ne sont pas fondées à exercer un contrôle sur la *destination* des marchandises, pourvu que les expéditeurs, usant des avantages du tarif combiné, se conforment aux conditions déterminées. » (C. C., 20 mars 1863.)

Indications diverses. (Service aux gares de jonction, délais dépassés, contestations relatives au transport, etc., etc.) (V. *Avaries, Gares,* § 3, *Clause de non-garantie, Délais, Expéditions, Force majeure, Frais accessoires, Itinéraire, Paiement, Règles à suivre, Service commun, Transbordements et Transports communs.*) — V. aussi à la fin du présent article le § 9, relatif aux *tarifs internationaux* et le § 10, concernant les tarifs communs avec les lignes *d'intérêt local.*

Formalités d'examen des tarifs communs. — V. § 7.

VI. Conditions communes d'application des tarifs.

— Les principales conditions des tarifs généraux, spéciaux, etc., etc., ont été résumées aux paragr. qui les concernent ; nous rappellerons seulement ici quelques dispositions qui s'appliquent à tous les tarifs sans distinction. (Extr. du cah. des ch. et règles d'application.)

1° La perception a lieu d'après le nombre de kilom. parcourus. Tout kilom. entamé sera payé comme s'il avait été parcouru en entier. Si la distance parcourue est inférieure à 6 kilom., elle sera comptée pour 6 kilom. » (Art. 42 du cah. des ch. *Extr.*)

2° *Minimum de taxe.* — « Quelle que soit la distance parcourue, le prix d'une expédition quelconque, soit en grande, soit en petite vitesse, ne pourra être moindre de 0 fr. 40. » (*Ibid.*). — Frais de manutention et de gare. — V. *Frais accessoires.*

3° « Aucune taxe de quelque nature que ce soit ne pourra être perçue par la comp. qu'en vertu d'une homolog. du min. des tr. publ. » (Art. 44 de l'ordonn. du 15 nov. 1846. *Extr.*). — En conséquence, même lorsqu'il s'agit de l'application du tarif maximum fixé au cah. des ch., les comp. doivent soumettre au ministre les prix qu'elles ont l'intention de percevoir et en donner en même temps avis aux préfets des départements traversés et au chef de service du contrôle. Elles doivent, en outre remplir, en ce qui les concerne, toutes les formalités rappelées au § 7 ci-après.

4° *Choix du tarif gén. ou spéc., et de l'itinéraire à suivre.* — V. ci-dessus, § 5.

5° *Mode de perception des taxes* (Port dû, port payé, redressement d'erreurs, etc.). — Voir les mots *Déboursés, Erreurs, Paiement, Preuves, Réserves. Taxes, Vérification,* etc. — Au sujet du mode de perception des taxes sur les *sections nouvelles* (Voir les mots *Distances, Homologation,* § 3, et *Ouvertures,* § 2). — Voir aussi au présent art. la fin du § 7 ci-après.

6° *Unification des taxes.* — V. au mot *Réduction de tarifs,* la circ. min. du 2 nov. 1881 et au § 9 ci-dessous, la circ. min. du 26 janv. 1884.

VII. Formalités d'examen et d'homologation des tarifs. — La mise en application des tarifs de toute nature *sur les lignes d'intérêt général,* est subordonnée à l'approb. du min. des tr. publ. et à diverses formalités préliminaires indiquées au titre 5 de l'ordonn. du 15 nov. 1846 (V. *Ordonnances*), et à l'art. 48 du cah. des ch. des concessions (V. au mot *Abaissement de tarif*). — D'après l'art. 44 de l'ordonn. de 1846 : « Aucune taxe de quelque nature que ce soit ne peut être perçue par la comp. qu'en vertu d'une homologation du min. des tr. publ. » (*Extr.*). — Cette règle, comme nous l'avons dit au 3° du précédent paragr., s'applique même à la perception du *tarif maximum* du cah. des ch. — Les art. 45 à 49 de la même ordonn. de 1846 sont surtout relatifs aux *conditions obligatoires* des propositions à présenter par les compagnies et à l'*affichage* des changements apportés dans les tarifs. — Cette question de publicité, soit des propositions de modification de taxes, soit des tarifs approuvés, est spécialement traitée dans ce recueil aux mots *Affichage, Homologation* et *Publicité* (Voir aussi plus loin au sujet de l'instruction des propositions de la comp. la circ. min. du 31 oct. 1855). — Nous n'avons à mentionner au présent paragr. que les documents, assez nombreux du reste, concernant le mode de communication, les formalités d'examen et les conditions d'homologation des tarifs en général, ainsi que les règles distinctes qui peuvent s'appliquer à l'examen de certaines catégories de tarifs.

1° *Communication officielle des propositions de tarifs* (Applic. des art. 45 et 49 de l'ordonn. de 1846). — Tableaux à dresser par les comp. et à communiquer au min. des tr. publ. aux préfets des dép. traversés et aux fonctionnaires du contrôle (V. le mot *Ordonnances*). — Le délai de communication des propositions desdits tarifs est de *un mois,* au moins avant le moment où ils doivent être mis en perception (Circ. min., 23 août 1850, *Extr.*) (V. *Ordres de service,* § 1 bis). — *Communic. aux ch. de comm. ou aux ch. consultatives.* — De leur côté, conf. à une circ. min. du 15 février 1862 confirmée et complétée par celles des 23 août et 11 sept. 1875, 9 mars, 21 mai et 9 oct. 1878, les préfets communiquent aux chambres de commerce ou aux chambres consultatives de leur département les propositions des compagnies, en accompagnant cette communication d'un *récépissé,* que lesdites chambres leur renvoient daté et signé, et qui est transmis immédiatement à l'admin. centrale (V. le mot *Homologation*). — V. aussi le *nota* ci-après complété par une dernière circ. min. adressée le 23 juillet 1880 aux ch. de commerce.

Nota (relatif à la communic. des prop. de tarifs par les préfets aux chambres intéressées). — *Références ou extr. relatifs aux circul. qui viennent d'être rappelées :* — 1° Circ. min., 15 févr. 1862 (V. *Chambres*); — 2° *Id.,* 23 août 1875. Simple rappel; — 3° *Id.,* 11 sept. 1875 (adressée aux comp.). — « Pour que les prescriptions de l'adm. supér. reçoivent une exéc. complète, il est nécess. que les comp., indépendamm. de la communic. destinée au service intérieur de chaque préfecture, adressent à MM. les préf ts des exemplaires de leurs propositions de tarifs, en nombre égal à celui des ch. de comm. existant dans chacun des départem. que ces propositions intéressent..... En assurant ainsi l'exécution, régulière et complète, des circ. des 15 fév. 1862 et 23 août 1875, je n'entends, du reste, apporter aucune entrave à l'homolog. des tarifs. Les ch.

de commerce devront présenter leurs observations dans le délai fixé par le règl. (art. 49, ordonn. de 1846 et art. 48, cah. des ch.) pour l'instruction des propositions des compagnies : passé ce délai, je statuerai sans plus attendre ; » — 4° *Circ.*, 11 *sept.* 1875 adressée dans le même sens aux préfets ; — 5° (Ext. d'une nouvelle circ. adressée aux préfets *le 9 mars* 1878 au sujet de la régularité des communic. à faire aux ch. de commerce et de *l'envoi de récépissés*).... « En présence des observ. de plusieurs ch. de comm. qui se sont plaintes de n'avoir pas toujours reçu, en temps utile, la communic. prescrite par les circ. min., je tiendrais, avant de statuer, à recevoir l'assurance que cette communication a été régulièrement effectuée. — Je viens, en conséquence, vous prier, d'inviter les ch. de comm. de votre département à vous délivrer un *récépissé* de chacune des propositions que vous leur aurez communiquées, alors même que ces propositions ne motiveraient aucune observation de leur part. Vous voudrez bien me transmettre sans retard ce récépissé, de sorte qu'il me parvienne toujours avant l'expiration du mois d'affichage. (V. ci-après circ. min., 9 oct. 1878, *au sujet du modèle de récépissé.*) — Je ne saurais, d'ailleurs, trop insister pour que les communic. que vous avez à faire aux ch. de comm. aient lieu dès la réception, par votre préfecture, des propositions des compagnies ; » — 6° *Circ.*, 21 *mai* 1878 confirmant les indic. précédentes au sujet de l'envoi en temps utile des observ. des ch. de comm., et priant ces chambres « dans l'intérêt de la prompte expédition des affaires, de vouloir bien désormais adresser *directement* ces observations au min. des tr. publ. » (Le silence des ch. de comm., à l'expiration du délai indiqué ci-dessus, 3°, sera considéré comme un acquiescement pur et simple.) — « Enfin, ajoute la circ., dans le cas où plusieurs propositions se rattachant à des tarifs différents figureraient sur la même affiche, il serait bon que les ch. de comm., au lieu de donner à leurs observ. une forme collective, présentassent un avis *distinct et séparé sur chacune* de ces propositions. Le comité consultatif des ch. de fer, saisi nécessairement de toutes les questions de tarifs, attache beaucoup de prix à l'exécution de cette mesure d'ordre, destinée à faciliter l'instruction des affaires : je crois devoir, en conséquence, vous en recommander l'adoption ; » — 7° *Circ. du 9 oct.* 1878, portant envoi aux préfets d'un *modèle de récépissé* que le min. désire voir adopter, par toutes les préfectures, pour la communic. des prop. de tarifs aux ch. de comm. — Voici du reste, fait connaître le min. aux préfets, comment vous aurez à procéder en pareille matière. — « Lorsque des propositions de tarifs vous seront adressées par les comp. de ch. de fer, vous voudrez bien les communiquer, sans aucun retard, aux ch. de comm. de votre dép. ou, à leur défaut, aux chambres consultatives des arts et manufactures, en accompagnant cet envoi d'un ex. du modèle ci-joint, dont les indications ont été préalablement remplies par vos soins. La ch. de comm. ou la ch. consultative vous renverra le récépissé, daté et signé par elle, et vous me le réexpédierez imméd., à votre tour, sans bordereau ni lettre d'envoi. — Cette manière de procéder, en supprimant tout échange inutile de correspondance aura pour effet de simplifier et d'accélérer l'expédition des affaires. » (*Suivait le modèle de récépissé*) : — 8° *Circ. min.*, tr. publ. adressée directement le 23 juill. 1880, aux chambres de commerce. — V. ci-après.

Circ. min., 23 *juillet* 1880 adressée aux membres des ch. de comm. et rappelant les précédentes mesures d'après lesquelles « les chambres de commerce et les chambres consultatives reçoivent communication de tous les tarifs applicables *sur les lignes comprises dans leur ressort.* » — Mais (ajoute la circulaire), cette publicité, bien que beaucoup plus large que celle qui est prescrite par l'ordonn. du 15 nov. 1846, m'a paru encore insuffisante, et j'ai décidé que chaque proposition de tarifs serait communiquée à *toutes les chambres de commerce et chambres consultatives indistinctement.* — Afin de réaliser cette mesure, il sera publié, par les soins du ministère des tr. publ., un bulletin hebdomadaire, dans lequel figureront toutes les propositions de tarifs soumises à mon homolog., et un ex. de ce bulletin sera adressé gratuitement à chacune des ch. de commerce et ch. consultatives des arts et manufactures. — Chacune de ces assemblées se trouvera donc ainsi, désormais, en mesure d'apprécier, au point de vue des intérêts qu'elle représente, les tarifs projetés par les comp. de ch. de fer et pourra soumettre à l'admin. les objections que ces tarifs soulèveraient. — Mais il importe que ces observ. lui parviennent dans les délais de l'instr. des prop. de tarifs, c'est-à-dire pendant la période de l'affichage régl. Cette période, qui est d'un mois, se comptera, pour chaque affaire séparément, à partir de la date inscrite sur le placard de l'affiche même, date qui sera reproduite dans le Bulletin. — Passé ce délai, pour ne pas retarder indéfiniment la décision à prendre, je devrai considérer le silence des ch. de comm. ou des ch. consultatives comme équivalant à une adhésion de leur part. » — V. aussi au § 9.

Vœux des conseils généraux (Circ. min., 27 août et 4 oct. 1878). — V. *Vœux.*

RENSEIGNEMENTS EXPLICATIFS A FOURNIR PAR LES COMPAGNIES (*à l'appui de leurs propositions de tarifs*). — 1° Circ. min., 30 juillet 1859, adressée aux comp. *Extr.* (et documents divers). — « Les compagnies, au lieu de se borner à une simple lettre d'envoi, doivent accompagner chacune de leurs propositions d'un rapport explicatif qui permette d'en apprécier les motifs en connaissance de cause. » (*Circ. minist.*, 30 *juillet* 1859.) —

« Ces propositions devront être résumées dans une affiche qui puisse servir de base aux arrêtés préfectoraux. » (Dép. min., 15 nov. 1859, ch. de Lyon.) — « Enfin, les modifications ou additions proposées seront indiquées à l'encre rouge sur un exemplaire du tarif joint au dossier. » (Circ. min., 18 janv. 1861.)

2° *Circ. min.*, 16 *juin* 1886, adressée aux adm. des comp. rappelant celle du 30 juillet 1859 (relative aux *rapports explicatifs à joindre aux prop. de tarifs*). — « Messieurs, aux termes d'une circ. min. du 30 juillet 1859, les comp. de ch. de fer doivent joindre à chacune de leurs propositions de tarifs « un rapport explicatif qui permette d'en apprécier les motifs en connaissance de cause. » — Le comité consultatif des ch. de fer a, plusieurs fois, constaté que cette prescription n'était pas convenablement observée. Ce n'est pas, en effet, y satisfaire que d'énoncer que « la proposition a pour but de favoriser tel groupe industriel...., de donner satisfaction aux demandes de tels ou tels commerçants, etc. » Il faudrait encore et surtout faire connaître les motifs pour lesquels il y a lieu de favoriser ces industries et d'accueillir ces demandes. — Je crois devoir appeler votre attention sur ce point, en vous priant de veiller à ce que vos propositions soient accompagnées de tous les renseign. et documents justificatifs nécessaires pour permettre à l'admin. de se prononcer en pleine connaissance de cause. — J'ajouterai qu'en négligeant de fournir ces renseign., vous vous exposeriez à voir rejeter, comme cela est déjà arrivé, des propositions que le comité et l'admin. auraient accueillies (1). »

Propositions et indications diverses (Formalités obligatoires). — V. ci-après :

Tarifs de voyageurs (transport à prix réduit ; circonstances passagères ou imprévues. — Communication officielle). — Circ. min., 27 juin 1881. — V. *Billets*, § 4.

Tarifs à taxes fermes (Bases kilométriques). — « Lorsque les comp. ont à soumettre à l'adm. des tarifs à *taxes fermes* (c'est-à-dire, où l'on ne fait pas ressortir le prix par kilom.), il est prescrit aux comp. de joindre au rapport explicatif qui doit accompagner leurs propositions une note indiquant les bases kilométriques de ces tarifs. Cette note est destinée, comme le rapport même, à servir d'élément particulier d'appréciation pour l'admin. et pour le service du contrôle. » (Circ. min., 18 août 1860.)

Propositions de tarifs spéciaux (Mention des distances). — « Dans les tarifs spéciaux que les comp. de ch. de fer soumettent à mon homologation, les *distances* des points de départ aux points de destination ne sont pas toujours indiquées. Cette indication étant, pour l'admin. comme pour le public, un élément indispensable d'appréciation, je désire que, dans toutes les propositions de tarifs spéciaux que vous aurez à publier et à me soumettre, les distances figurent constamment en regard des taxes à percevoir, soit pour les transports de voyageurs, soit pour les trans-

---

(1) Déjà, une dép. min. du 9 oct. 1878 avait « appelé l'attention des compagnies » sur la disposition ci-dessus rappelée de la circ. min. du 30 juillet 1859, qui d'après le comité consultatif des ch. de fer « n'était pas uniformément observée ou du moins, ne recevait qu'une exécution incomplète ». A ce sujet, la circ. précitée du 9 oct. 1878, contenait les observations textuelles ci-après : — « Le rapport explicatif est un élément indispensable d'appréciation pour le comité et pour l'admin. elle-même : je vous prie de veiller à ce qu'il soit toujours joint, avec le développement que comporte chaque affaire, aux prop. de tarifs que vous aurez désormais à me soumettre. — Je ne puis que vous recommander également la production de divers autres renseign., que les comp. ont encore à produire et qui forment le complément naturel du rapport explicatif. Telles sont la mention des *distances* en regard de chaque parcours (circ. du 16 janvier 1858) ; — l'indication des *bases kilométriques* des taxes projetées (circ. du 18 août 1860) ; — la communication, dans le cas de changements apportés à un tarif spécial, d'un ex. de ce même tarif *modifié à l'encre rouge* (Circ. du 18 janv. 1861). (V. au présent § les extraits desdites circ.). — D'un autre côté (continue la dépêche), je désire que le rapport explicatif et les documents qui s'y rattachent soient communiqués, par vos soins. à M. l'insp. gén. du contrôle, en même temps qu'à l'adm. supér. A cette occasion, je vous ferai remarquer que les lettres qui accompagnent vos propositions de tarifs ne relatent pas toujours la communication que vous avez dû adresser aux préfets et aux insp. gén. du contrôle, conf. à l'art. 49 de l'ordonn. du 15 nov. 1846. — En raison des inconvénients qui en résultent, je tiens à ce qu'une mention indique que ces formalités ont été remplies. — J'attache beaucoup de prix, du reste, à l'accompliss. des diverses mesures que je viens d'énumérer et je ne doute pas que, de votre côté, vous n'en reconnaissiez les avantages, au point de vue de la prompte expéd. des affaires. »

ports de marchandises. » (Circ. min. adressée aux compagnies le 16 janvier 1858.) — *Indication du taux de la réduction kilométrique.* — Voir ci-après, dans les documents concernant l'examen des tarifs, les circ. min., 25 avril 1866 et 10 sept. 1867.

Suppression des anomalies (dans les tarifs différentiels). — Sur l'avis de la section permanente du comité consultatif des ch. de fer, le min. a décidé « qu'il y avait lieu de laisser les comp. de ch. de fer libres d'appliquer des réductions de taxes d'un point à un autre de leur réseau, en choisissant la direction qui leur convient, fût-elle la plus longue, mais sous la condition expresse de respecter les positions géographiques et d'appliquer des tarifs sinon inférieurs, au moins égaux, aux stations intermédiaires situées sur la ligne la plus courte, c'est-à-dire sur la ligne normale, quand bien même les provenances de ces stations seraient dirigées par la ligne la plus longue. » (Décis. min. spéc. *Réseau d'Orléans,* 17 sept 1868.) — Voir aussi plus loin la circ. min. du 29 août 1878, adressée aux chefs du contrôle.

PROPOSITIONS DEMANDÉES AUX COMPAGNIES (*au sujet de la réduction des taxes et de l'unification des tarifs*). — Circ. min., 2 nov. 1881 et documents divers (V. *Réduction des tarifs*). — Se reporter aussi au § 9 ci-après (Tarifs internationaux).

EXAMEN DES AFFAIRES PAR LE CONTRÔLE (*Étude économique et rationnelle des tarifs*). — Ainsi qu'il est indiqué au mot *Homologation,* les propositions de tarifs présentées par les comp. sont examinées en même temps que les observations auxquelles elles ont pu donner lieu de la part des intéressés, par les fonctionnaires du contrôle, et portées ensuite devant le comité consultatif des chemins de fer (V. *Comités,* § 1). — Nous devons rappeler aussi que d'après la nouvelle organisation du personnel supérieur du contrôle (art. 2 de l'arr. min. du 20 juillet 1886, voir *Contrôle,* § 3 *bis*), « les ingénieurs en chef des mines d'un arrond. du service ordin. sont nécessairement consultés sur les tarifs qui intéressent le transport des produits miniers de leur région. » — En principe, les avis du service du contrôle doivent parvenir au ministre, au plus tard, quinze jours après la communication des tarifs faite par la compagnie (Circ. minist. des 23 août 1850, 31 oct. 1855, 10 mai 1858, 23 janv. 1863, 13 juin 1864, etc.). — Ces rapports doivent traiter divers points essentiels et contenir des renseignements précis au sujet desquels des instructions nombreuses ont été envoyées aux *chefs du contrôle* par l'admin. supér. Nous inscrivons, ci-après, dans leur substance principale, les circ. min. dont il s'agit.

1° *Question générale de l'affichage des propositions de tarifs.* — D'après le cah. des ch. (2ᵉ alinéa de l'art. 48), « toute modification de tarif proposée par la compagnie sera annoncée un mois d'avance par des affiches. » (Voir aussi la disposition correspondante de l'art. 49 de l'ordonn. de 1846 qui règle en outre les avis à donner au min., aux préfets et au service du contrôle.) — *Conditions d'application.* — Voir la circ. min. ci-après, adressée le 31 oct. 1855 aux chefs du contrôle.

(*Circ. min.,* 31 oct. 1855. Extr.) — « Les cah. des ch. et le régl. du 15 nov. 1846 stipulent que tous changements apportés dans les tarifs des comp. de ch. de fer, devront être annoncés, un mois d'avance, par des affiches, et qu'à l'expiration du mois, à partir de la date de ces affiches, les taxes pourront être perçues, si, dans cet intervalle, le min. des tr. publ. les a homologuées. — Pour que le vœu de la loi soit rempli, il faut : — 1° Que la publicité donnée aux propositions de tarifs soit suffisante ; — 2° Que l'affichage pendant un mois soit régulièrement constaté ; — 3° Que l'admin. supér. ait été mise à même, dans cet intervalle, de prendre et de notifier aux comp. sa décision. — En effet, l'intérêt général ne peut être satisfait par une publicité restreinte et illusoire, et si le régl. a fixé aux comp. un délai pour la mise en perception des tarifs qu'elles proposent, il a fait en même temps à l'admin. un devoir de statuer, dans le même délai, sur les prop. des comp. — Je crois donc nécessaire de renouveler et de compléter les instructions que l'admin. vous a déjà données, à différentes reprises, sur la marche que vous avez à suivre dans l'examen des tarifs des compagnies.

« En ce qui concerne la publicité à donner aux prop. soumises à mon homolog., vous voudrez bien me faire connaître la marche adoptée par la comp. dont le contrôle vous est confié. J'ai reçu de nombreuses plaintes, tant de la part des ch. de comm. que de celle des particuliers, sur l'insuffisance de l'affichage, le peu de durée des affiches apposées, qui ne sont pas renouvelées, et l'ignorance dans laquelle est tenu le public des modifications qu'il a si grand intérêt à connaître. Vous aurez donc à examiner si chaque localité reçoit des affiches et en quel nombre, sur quels points se fait l'affichage et comment il est pourvu à la conservation ou au renouvellement des affiches, s'il y a lieu d'ordonner l'apposition d'une affiche à la mairie du lieu et la communic. directe par les comp. aux ch. de comm. — V. ci-dessus la circ. min. 23 juillet 1880. Vous voudrez bien me faire parvenir à cet égard un rapport spéc., dans lequel vous m'adresserez, pour chaque dép., des propositions séparées, sur lesquelles je provoquerai les observations des préfets et celles des compagnies. — Quant au délai d'un mois qui doit séparer l'affichage de la mise en perception des tarifs, il importe d'y tenir rigoureusement la main, sauf à l'admin. à juger si le public est intéressé à ce que l'applic. des nouvelles taxes ait lieu avant l'expiration du délai légal. Mais, dans tous les cas, il devra m'être rendu compte, par lettre spéc. et indépendamm. de tout examen de tarifs, du fait matériel de l'affichage et de la date à laquelle il a eu lieu. Cette lettre devra m'arriver, au plus tard, huit jours après l'envoi des prop. des comp., et la date de la dernière affiche apposée pourra, si je le juge utile, servir de point de départ au délai d'un mois exigé par les cah. des ch. » — (31 oct. 1855); — V. ci-après pour les délais d'examen. — *Constatation et formalités diverses d'affichage.* — Diverses circul. (notamment 19 mai 1866 et 30 oct. 1878), en rappelant aux chefs du contrôle les instructions susindiquées, ont insisté sur la disposition d'après laquelle les insp. de l'expl. commerciale doivent être invités à mentionner toujours exactement, dans les rapports qu'ils ont à préparer sur les propositions de tarifs, la constatation du fait matériel de l'affichage et de la date à laquelle il a été effectué. »

2° *Délai d'examen par le contrôle.* — En principe, le délai accordé au contrôle pour l'examen des propositions de tarifs est de 15 jours (Circ. min., 23 août 1850, V. *Ordres de service*, § 1 *bis*). — Cette prescription a été rappelée, avec indication de certains cas exceptionnels, par les circ. min. 31 oct. 1855, 10 mars 1858, 23 janv. 1863 et 13 juin 1864, dont nous reproduisons les extraits suivants : « Le délai de 15 jours (fixé pour la production des rapports sur les tarifs) est un délai *maximum*, et lorsqu'il s'agit de l'addition d'une marchandise ou d'une station à un tarif spécial déjà homologué, sans changement de conditions, un délai de 48 heures semblerait bien suffisant. » (C. M., 23 janv. 1863). — « *Ledit délai ne doit pas être dépassé*; il est même possible de l'abréger dans la plupart des cas (*Id.*, 13 juin 1864), et les chefs du contrôle doivent rendre aussi rapides et régulières que possible les communic. à adresser à l'admin. en matière de tarifs. » — *Rapports sommaires*, au sujet des propositions dont l'étude nécessite un *délai qui dépasse les limites réglementaires.* (Circ. min., 31 oct. 1855 et 10 mars 1858.) — Voir le *Nota* ci-après :

NOTA (relatif aux délais exceptionnels d'examen). — « Si l'examen des prop. de la comp. paraît de nature à entraîner des retards, le chef du contrôle doit en faire une étude sommaire, de concert avec l'insp. du service, et adresser au min., à l'expiration du délai de quinzaine, à partir de l'affichage, un avis interlocutoire, qui lui fera connaître s'il convient de laisser percevoir les nouveaux tarifs *à titre provisoire*, sauf décision définitive, ou d'inviter la comp. à surseoir à la mise en perception. Il est bien entendu que cette forme d'instruction ne devra être employée que le plus rarement possible. » (Circ. min. 31 octobre 1855. *Extr.*) — A raison de l'importance toujours croissante des questions de tarifs, l'instr. du 23 août 1850 rappelée plus haut : *observation du délai de 15 jours*, ne peut recevoir utilement son exécution dans tous les cas, surtout lorsqu'il s'agit de tarifs généraux ou de tarifs communs dont le développement exige une instruction approfondie; mais j'estime que dans les cas ordinaires, notamment pour les tarifs spéciaux, le délai de quinze jours est suffisant pour l'examen des propositions des compagnies. » (Circ. min. 10 mars 1858, qui se réfère, d'ailleurs, à celle du 31 oct. 1855 (citée plus haut) en ce qui concerne l'*examen sommaire* à faire, en attendant une solution définitive, des propositions dont l'étude nécessite un délai plus long).

3° *Règles principales à observer pour l'examen et l'homolog. des tarifs.* — En dehors des instructions ci-dessus rappelées au sujet des conditions d'affichage des propositions de tarifs, ainsi que de la communication à faire au min., aux préfets, au contrôle et aux chambres de commerce et consultatives (et enfin aux délais dans lesquels doivent s'effectuer les formalités), diverses instructions min. ont déterminé les conditions mêmes d'examen des tarifs. — Nous citerons notamment les suivantes, savoir : — *Circ. min.*, 26 déc 1854 (*Examen des tarifs communs*). — *Id.*, 25 avril 1866 et 10 sept. 1867 (*Indication du taux de la réduction des tarifs*). — *Id.*, 29 août 1878 (*Principe d'égalité en matière de perception des taxes*). — *Id.*, 16 juillet 1880 (*Comparaison des prix pour les divers cen-*

tres d'expédition). — Les instructions dont il s'agit sont résumées ci-après en même temps que d'autres renseignements ou indications qui peuvent s'y rapporter au sujet des décisions intervenues, etc. :

Principe d'égalité en matière de perception des taxes. — (Circ. min. adressée le 29 août 1878 aux insp. gén. du contrôle. *Ext.*). — Il ne suffit pas, pour qu'un tarif proposé par la comp. soit homologué par le gouvernement, que ce tarif ne dépasse pas les maxima prévus par l'acte de concession et ne renferme aucune des stipulations ou aucune des anomalies condamnées d'avance par l'admin. Il faut, en outre, qu'il ne contienne pas une dérogation, directe ou indirecte, aux principes généraux du cah. des ch. et notamment à la règle fondamentale qui établit l'égalité en matière de perception de taxes. — L'admin. a non seulement le droit, mais elle a le devoir de s'assurer qu'un tarif proposé ne risque pas de favoriser telles industries au détriment de telles autres, de déplacer arbitrairement des courants commerciaux, de bouleverser les conditions naturelles résultant des distances ou de la situation topographique, de faire une concurrence abusive à d'autres voies de transport ; en un mot, d'entraîner à ces conséquences extrêmes qu'on a eu parfois à reprocher aux tarifs différentiels, et même aux tarifs de transit et d'exportation.

Il convient donc que les insp. chargés du contrôle de l'expl. commerciale étudient les prop. des comp. à ce point de vue et ne se bornent pas à enregistrer, comme ils le font souvent, les résultats de la comparaison des *bases kilométriques* des prix à percevoir avec les tarifs *actuellement appliqués* et avec les chiffres du tarif légal. Une telle comparaison, indispensable assurément pour l'appréciation des tarifs nouveaux, ne suffit cependant pas pour en bien dégager la portée et en marquer le caractère économique.

Pour arriver à l'examen raisonné dont je parle, MM. les insp. auront nécessairement à se mettre en rapports personnels avec les autorités les plus en état de les éclairer, notamment avec les chambres de commerce. Il conviendra qu'ils s'enquièrent auprès d'elles des vœux formés par le commerce et l'industrie des contrées desservies. Ils recueilleront les observations des grands industriels ou même des simples particuliers qui auraient eu l'occasion de relever des défectuosités dans le système des taxes en vigueur. — En un mot, MM. les insp. doivent se pénétrer de la pensée qu'ils sont les interméd. naturels entre le public et les comp. de ch. de fer. Bien des réclamations seraient évitées, bien des malentendus dissipés, bien des difficultés aplanies, si les intéressés se trouvaient mieux édifiés sur l'étendue de leurs droits et de leurs obligations par des communications habituelles échangées avec les fonctionn. du contrôle.

Je compte, monsieur l'insp. gén., sur votre concours et votre dévouement éclairé, pour réaliser, dans cette partie du service, les améliorations que je viens de signaler. — Je vous prie de m'accuser réception de la présente dépêche et d'en donner communic. aux fonctionn. placés sous vos ordres. *J'en envoie moi-même une copie à la comp. dont le contrôle vous est confié.* » (Circ. min. 29 août 1878.)

Comparaison des prix pour les divers centres d'expédition. (Circ. min. 16 juillet 1880, adressée aux insp. gén. du contrôle) : — « Dans les rapports que vous avez à m'adresser sur les prop. de tarifs des comp., vous devez toujours comparer les prix *proposés*, pour un parcours déterminé, avec les tarifs *en vigueur* sur ce même parcours et avec le maximum légal. Cette comparaison est indispensable ; elle est généralement faite dans les rapports qui me sont parvenus, mais elle ne suffit pas. — Il faut encore comparer les prix proposés avec ceux qu'ont à payer d'autres centres d'expédition pour les envois de marchandises similaires, sur le même marché, afin que l'on puisse se rendre compte des conditions dans lesquelles s'exercerait la concurrence entre les divers groupes industriels et commerciaux. — Telle doit être une de vos principales préoccupations dans l'examen des questions de tarifs, et je vous invite à appeler sur ce point l'attention de MM. les insp. de l'expl. commerciale.

Toutes les fois qu'une comp. présentera une proposition de tarif spécial s'appliquant à un mouvement commercial de quelque importance, vos rapports ou ceux des insp. de l'expl. commerciale devront comprendre une étude comparative et raisonnée des prix proposés avec les tarifs en vigueur sur le réseau français pour les divers points d'expédition auxquels ce mouvement fait concurrence. — Dans le cas où ces renseignements manqueraient au dossier, le comité consultatif devrait ajourner son avis jusqu'à ce que l'instruction ait été complétée. — Je vous prie de m'accuser réception de la présente dépêche et d'en donner connaissance aux fonctionn. placés sous vos ordres. » (Circ. min. 16 juill. 1880.)

Examen des tarifs communs. (Circ. min., 26 déc. 1854. *Ext.*) — « Toutes les fois que les tarifs ou traités communs entre plusieurs lignes aboutissant à Paris seront présentés à l'admin., les insp. princip. des lignes intéressées se réuniront pour en faire l'étude en commun. L'instruction ainsi faite, chaque insp. consignera ses conclusions dans un rapport spéc., qui, portant alors non plus sur les détails particuliers à une ligne, mais sur l'ensemble du projet, sera de nature à mieux éclairer l'admin., à lui faciliter l'examen de la question et à hâter la solution des affaires qui lui sont soumises. »

Indication du taux de la réduction des tarifs. (Circ. min., 25 avril 1866, aux chefs du contrôle.)

« Dans le but de se rendre un compte exact de l'économie des tarifs, soit spéciaux, soit communs, présentés par les comp. de ch. de fer, l'admin. a intérêt à comparer les *bases kilométriques* de ces tarifs avec celles des tarifs généraux ou même des tarifs spéciaux déjà en vigueur, et à rechercher quelle est, en pareil cas, *la réduction de prix* offerte aux expéditeurs. — L'appréciation de cette réduction formant le complément nécessaire de l'examen des tarifs, je vous prie d'inviter les insp. de l'expl. commerciale à la faire ressortir désormais, avec une évaluation *en centièmes*, dans les rapports qu'ils auront à préparer sur les propositions de la comp. dont le contrôle vous est confié. » — *Même objet*, rappelé par la circ. min. du 10 sept. 1867, qui indique comme il suit « la forme la meilleure qui pourrait être donnée au tableau de comparaison entre les prix proposés et les prix appliqués. »

INDICATION du PARAGRAPHE de l'affiche.	TARIF PROPOSÉ.		TARIF GÉNÉRAL.		TARIF SPÉCIAL.		RÉDUCTION			OBSERVATIONS.
	Ferme.	Kilomé-trique.	Ferme.	Kilomé-trique.	Ferme.	Kilomé-trique.	abso-lue.	kilomé-trique.	p. 0/0.	Date de l'affiche. Date de l'affi-chage.

HOMOLOGATION DES TARIFS. — (V. spéc. au mot *Homologations* les dispositions prises en exéc. de l'art. 44 de l'ordonn. du 15 nov. 1846.) — *Notification aux compagnies des décisions intervenues en matière de tarifs.* — Les décis. min. portant homolog. provisoire ou définitive des tarifs sont notifiées aux dir. des comp. par les soins du chef de service du contrôle. (V. *Notifications.*) — Cette formalité doit être remplie *dans les 24 heures* et les chefs du contrôle ont été chargés de veiller, en ce qui les concerne, à ce que ce délai ne soit jamais dépassé. (Circ. min., 23 janv. 1863. *Ext.*) — *Publicité à donner aux tarifs approuvés.* — Après l'accomplissement des diverses formalités que nous venons de rappeler, les tarifs reçoivent, soit au moyen d'affiches, soit par le dépôt de livrets dans les gares et autres lieux, toute la publicité prescrite par les instr. résumées à l'article *Publications* (1).

Affichage des modific. min. — « Si des modific. à quelques-uns des prix affichés étaient prescrites par le min., les prix modifiés devront être affichés de nouveau et ne pourront être mis en perception qu'un mois après la date de ces affiches. » (Art. 49, ordonn. 15 nov. 1846. *Ext.*).

Perception des taxes. — (Égalité de traitement, redressement des erreurs, relèvement des taxes, etc.). (V. *Détaxes, Erreurs* et *Taxes*). — (V. aussi les diverses indications données au § 6 ci-dessus). — *Relèvement des tarifs.* — Le relèvement d'un tarif abaissé ne peut avoir lieu que dans le délai minimum de *trois mois*, s'il s'agit de *voyageurs*, — et d'*un an*, s'il s'agit de *marchandises* (art. 48 du cah. des ch. *Ext.*) — Un relèvement est d'ailleurs soumis aux mêmes formalités qu'un abaissement. — Ce principe, qui résulte des instr. gén. sur les tarifs, a été rappelé par une dép. min. 19 juill. 1862 (réseau de Lyon), d'après laquelle les formalités de publicité, d'examen et d'homologation sont obligatoires, qu'il s'agisse d'un abaissement aussi bien que d'un relèvement de prix. — (Nous rappellerons d'ailleurs que les *tarifs internationaux* sont soumis à des dispositions spéciales. — V. plus loin, § 9.)

Extension des tarifs aux sections nouvelles. — Lorsque les comp. ouvrent une section nouvelle, elles sont dans l'usage de compléter leurs tarifs gén. et spéc. de gr. et de petite vitesse, en soumettant à l'approb. de l'admin. supér., pour la nouvelle ligne, « les tableaux annexes des distances avec des barèmes contenant les taxes faites des diverses gares de la section nouvelle aux autres gares du réseau. » (Extr. dép. min. spéc.,

_____

(1) Nous devons rappeler ici, *p. mém.*, deux circ. min. ayant pour objet, la première (7 mai 1872), d'inviter les préfets à donner, en ce qui concerne leur préfecture, « les instr. nécessaires pour que les arrêtés qui doivent être imprimés à Paris, sous la surv. de M. le *préfet de police* (en vertu de la circ. du 14 juin 1854, V. *Publications*, § 2), lui soient envoyés dans un délai aussi court que possible. » — La deuxième circ. min. que nous avons à mentionner est celle du 9 oct. 1878, par laquelle le min., en appelant l'attention des compagnies sur les annotations contenues dans le recueil *Chaix* (publié sous le patronage desdites compagnies), au sujet des erreurs qui peuvent se glisser dans le recueil dont il s'agit, les a priées « de ne faire insérer au recueil Chaix aucun tarif, sans qu'il soit précédé d'une annotation indiquant la date des décisions ministérielles qui l'ont homologué. »

22 août 1864, ch. de Lyon). — Diverses circulaires, notamment celle du 28 octobre 1880, ont rappelé du reste aux comp. que les tarifs appliqués sur de nouvelles lignes ou sections de lignes, ne doivent jamais être mis en vigueur avant d'avoir été homologués et sans avoir reçu la publicité préalable prescrite par le régl. — V. aussi, à ce sujet, *Homologations*, § 3, et *Ouvertures*, § 2.

VIII. Légalité et force obligatoire des tarifs. — (Indications relatives d'une part au droit attribué à l'administration de fixer ou de modifier les tarifs suivant les formes réglementaires, et d'autre part, à la compétence de l'autorité judiciaire pour apprécier si ces tarifs sont légalement appliqués) :

1° *Limites du droit d'appréciation.* — «Dès qu'ils ont été approuvés et publiés dans la forme légale, les tarifs fixés ou modifiés par l'autorité administrative supérieure deviennent obligatoires pour et contre les comp. de ch. de fer, au même titre que les cah. des ch. annexés aux lois de concession, et il n'appartient ni à la jurid. civile, ni aux trib. de comm. d'en faire la critique, ni d'en entraver l'exécution. » (C. Paris, 29 févr. 1860; C. C., *divers arrêts*). — Les tarifs de ch. de fer dûment homologués ont force de loi et ils doivent être exécutés et appliqués à la lettre, suivant leur forme et teneur, sans qu'il soit permis de les étendre ou de les restreindre sous prétexte d'équité. — Ils s'imposent aux parties, nonobstant toute convention contraire, malgré même la promesse d'un abaissement de taxe faite au nom de la compagnie, au sujet d'un prix de transport qui aurait déterminé l'expédition. (C. C., 2 mai, 23 août et 16 déc. 1882, 9 avril et 9 mai 1883, 2 février 1885, etc., etc. — *Questions de légalité des tarifs différentiels* (Voir les indications données au § 4 ci-dessus). — *Litiges au sujet de l'appréciation des tarifs.* — Voir ci-après.

« Il n'est pas permis, par exemple, à un tribunal, d'imposer à la comp. un délai plus court et un prix moins élevé, sous prétexte que, par la nature même des choses, un contrat dérogeant aux tarifs devrait être considéré comme intervenu entre l'expéditeur et le ch. de fer. » (C. cass., 19 janv. 1858). — Mais l'autorité judiciaire a qualité pour apprécier, par exemple, si les taxes approuvées et les conditions prescrites ont été bien appliquées. (C. d'État, 26 fév. 1857.) — L'ordonn. de 1846 et le cah. des ch. des concessions de ch. de fer sont des actes législatifs, dont l'interpr. et l'applic. à l'égard des tiers appartiennent aux trib. judic. — Il en est de même des tarifs dressés en exécution de ces dispositions et qui, comme elles, deviennent la loi du public et des comp. — En conséquence, les trib. chargés d'appliquer ces tarifs ont le droit et le devoir d'examiner s'ils ont été faits, publiés et homologués conf. auxdites dispositions. « En se déclarant incompétente pour statuer sur la légalité des nouveaux tarifs de la comp. et en ordonnant un sursis jusqu'à ce que cette question préjudicielle eût été résolue par l'autorité administrative, une C. d'appel a méconnu les règles de sa compétence. » (C. C., 31 déc. 1866.) — Déjà cette question avait été tranchée ainsi qu'il suit par la C. de Paris. « Les trib. ordin. peuvent être appelés à statuer sur une demande en restitution de sommes perçues par une admin. de ch. de fer, en vertu de tarifs qui n'auraient pas été autorisés et publiés régulièrement. — Cette demande est compétemment portée devant le trib. du lieu où les marchandises ont été confiées à l'adm. du ch. de fer. » (C. Paris, 18 août 1857.) — V. spéc. au sujet de la publicité des tarifs, notamment au moyen de livrets, l'article *Publications*.

2° *Réclamations et appréciations administratives.* — D'après les règles en vigueur au sujet du service commercial des ch. de fer et en dehors des questions de droit commun ressortissant à l'autorité judic., le min. des tr. publ. seul est compétent pour connaître des réclamations ayant pour objet l'établiss. et les modifications de tarifs. « Les préfets, par exemple, n'ont pas qualité pour l'examen de ces réclamations ; ils doivent renvoyer les affaires de ce genre au ministre (dép. minist. du 5 déc. 1861, ch. de Lyon), en y joignant, s'il y a lieu, leurs observations. » *Annotations interprétatives des compagnies.* (Circ. min., 23 juin 1863). — V. *Affichage*, § 2.

3° *Infractions aux dispositions des tarifs approuvés* (Voir *Affichage*, *Pénalité* et *Règlements*. — Voir aussi au mot *Déclarations*, diverses indications relatives au caractère délictueux attribué aux fausses déclarations). — *Rectification d'erreurs.* — V. *Erreurs* et *Preuves*.

IX. Tarifs internationaux. — Les tarifs au sujet desquels nous allons résumer au présent paragraphe les principales dispositions qui ont eu pour objet de favoriser notre industrie nationale des ch. de fer, s'appliquent notamment aux marchandises de *transit* (c'est-à-dire, traversant la France d'une frontière à une autre, sous plomb de douane), et, d'autre part, aux marchandises d'*exportation* (c'est-à-dire, expédiées d'un point situé sur le territoire français en destination de l'étranger). — Les formalités relatives à ces tarifs ont été simplifiées par un décret du 26 avril 1862 conçu et modifié comme il suit :

Déc. 26 avril 1862 (et déc. modificatif 1er août 1864), concernant les tarifs internationaux. — *Tarifs de transit.* — « Art. 2. — Les comp. qui en feront la demande pourront être autorisées par le min. des tr. publics à percevoir les prix et appliquer les conditions qu'elles jugeront les plus propres à combattre la concurrence qui leur est faite par les voies étrangères. — Elles ne seront astreintes, dans ce cas, à aucune formalité d'affichage préalable et à aucun délai, soit pour appliquer les taxes réduites, soit pour opérer dans les limites fixées par leurs cah. des ch., le relèvement des prix abaissés.

3. — Les comp. auxquelles cette autorisation aura été accordée communiqueront au ministre les prix et les conditions applicables aux transports de transit, la veille de leur mise en vigueur. — Chaque tarif de cette catégorie devra être produit sous forme de *prix faits*, c'est-à-dire présenter pour chaque espèce de marchandises un chiffre total unique par tonne, comprenant le péage, le transport et les frais accessoires de toute nature, de la frontière d'entrée à la frontière de sortie. — *Ce prix total devra être le même pour tous les ports de mer desservis directement par les voies ferrées d'un même réseau et compris dans le même groupe, conf. au tableau ci-après* (1) :

Réseau du Nord. — *Groupe unique.* Tous les ports de la frontière belge à Saint-Valery-sur-Somme inclusivement.

Réseau de l'Ouest (trois groupes). — 1er *groupe.* Tous les ports, de Dieppe inclusivement à Caen inclusivement. — 2e *groupe.* Tous les ports de Caen exclusiv. à Saint-Brieuc inclusiv. — 3e *groupe.* Tous les ports de Saint-Brieuc exclusiv. à Brest inclusiv.

Réseau d'Orléans (trois groupes). — 1er *groupe.* Tous les ports, de Châteaulin inclusivement à Lorient inclusivement. — 2e *groupe.* Tous les ports, de Lorient exclusiv. à Nantes inclusiv. — 3e *groupe.* Tous les ports, de la Rochelle inclusiv. à Bordeaux inclusiv.

Réseau des Charentes. — *Groupe unique.* Des Sables-d'Olonne inclusiv. à la Rochelle inclusiv. (compris aujourd'hui dans le *réseau de l'État*). P. mém.

Réseau du Midi (trois groupes). — 1er *groupe.* Tous les ports, de Bordeaux inclusiv. à Arcachon inclusiv. — 2e *groupe.* Tous les ports, d'Arcachon exclusiv. à la frontière d'Espagne. — 3e *groupe.* Tous les ports, de la frontière d'Espagne sur la Méditerranée à Cette inclusiv.

Réseau de la Méditerranée (deux groupes). — 1er *groupe.* Tous les ports, de Cette inclusiv. à Toulon inclusiv. — 2e *groupe.* Tous les ports, de Toulon exclusiv. à la frontière d'Italie.

4. — Chaque tarif de transit sera porté à la connaissance du public, avant sa mise en vigueur, par des affiches apposées dans toutes les gares dénommées dans le tarif.

Nota. — Les projets de ces tarifs doivent être communiqués à l'admin. supér., aux préfets et aux chefs du contrôle. (Circ. min., 30 juin 1862. *Ext.*) — D'après la même circ., si l'adm. ne découvre, dans ces projets, rien qui doive en arrêter la mise en vigueur, *elle se dispense de les homologuer ; elle laisse exécuter le tarif et en accuse seulement réception* ; si elle en juge autrement, elle interdit l'application du tarif.

5. — A toute époque, le min. pourra interdire l'applic. des tarifs de transit.

Tarifs d'exportation. — 6. — Les comp. seront dispensées, pour les tarifs d'exportation à prix réduits, des formalités d'affichage préalables prescrites par l'art. 49 de l'ordonn. du 15 nov. 1846. — Elles seront, en outre, exonérées de l'obligation imposée par les cah. des ch. de ne pas relever les taxes avant le délai d'un an. — Elles devront, pour les tarifs de cette nature, se conformer aux dispositions suivantes :

7. — Les compagnies soumettront au ministre toutes les propositions tendant, soit à abaisser les taxes des marchandises destinées à l'exportation, soit à modifier les conditions générales d'application relatives à ces transports.

Nota — « Les projets doivent être également communiqués aux préfets et aux chefs du contrôle. Les tarifs restent, d'ailleurs, soumis aux formalités de l'homologation, sauf à être appliqués, s'il y a lieu, provisoirement, après les délais indiqués à l'art. 9 de l'arrêté. » (Circ. min. du 30 juin 1862. *Ext.*) — V. aussi plus haut, § 7.

8. — Les propositions dont il s'agit devront indiquer les parties du réseau sur lesquelles les tarifs seront appliqués au départ et la durée fixée pour l'application. — Cette durée ne pourra, dans aucun cas, être inférieure à *trois mois.*

---

(1) Ce 3e paragr. et les indic. finales de l'art. 3 du décret de 1862, sont textuellement reproduits d'après la modification prescrite par un décret spéc. du 1er août 1864.

9. — Si, dans un délai de cinq jours à dater de l'enregistr. de ces propositions (dans les bureaux de l'admin.), le min. n'a pas notifié aux comp. son opposition, les tarifs proposés pourront être appliqués à titre provisoire. — Ces tarifs seront portés imméd. à la connaissance du public par des affiches apposées dans toutes les gares dénommées au tarif.

10. — Toutes les fois qu'après le délai minimum de trois mois, fixé par l'art. 8, ces compagnies voudront relever les tarifs d'exportation par elles abaissés, elles seront tenues de se conformer à toutes les dispositions de leurs cah. des ch. et de l'ordonn. du 15 nov. 1846.

(*Nota*). — La disposition qui précède signifie que les comp. devront procéder, en tout, selon les règles et formalités ordinaires. Le bénéfice ne reste entier, *pour l'exportation*, que lorsqu'il s'agit d'une proposition nouvelle ou d'un abaissement sur un tarif préexistant. (Circ. min., 30 juin 1862 : *Ext.*)

« 11. — A la fin de chaque exercice, chaque compagnie adressera au ministre un tableau général indiquant le tonnage, la nature, la provenance et la destination des marchandises transportées sur son réseau, aux termes des tarifs de transit et d'exportation, ainsi que les prix et conditions auxquels ces transports auront été effectués, etc., etc. »

Conditions principales des tarifs internationaux. — En dehors des indications contenues dans les documents qui précèdent, on peut se reporter utilement aux §§ 6, 7 et 8 ci-dessus au sujet des diverses conditions d'*examen*, d'*homologation* et d'*application* des tarifs en général (Voir notamment au § 7, la circ. min. du 29 août 1878, en ce qui touche le *principe d'égalité à observer en matière d'application des taxes*). — Nous devons, en outre, rappeler ici quelques détails intéressant spéc. les tarifs des marchandises voyageant sous régime de douane, savoir : — 1° Formalités de visite, de plombage de wagons, etc. (V. *Douane et service international*). — 2° Itinéraire des marchandises et tarif d'exportation par voie de détaxe (V. *Exportation*). — 3° Récépissés spéciaux pour les transports internationaux (V. *Récépissés*, § 1, note 1 et § 2 (avant-dernier alinéa). — 4° Communication obligatoire à l'admin. supér. de toutes conventions techniques ou commerciales conclues par les comp. françaises de ch. de fer, soit avec des admin. de ch. de fer étrangers, soit avec des entreprises de navigation. — V. *Traités*.

Stations non dénommées dans les tarifs internationaux (Clause extraite d'une décis. min. du 14 sept. 1869 relative aux réseaux d'Orléans et du Midi). — « Les expéditions au départ d'une station française non dénommée dans ce tarif, mais comprise entre une des stations françaises dénommées et Irun (Espagne) jouiront du bénéfice des prix fixés dans le tarif commun en payant pour la distance 'entière depuis la dernière station française dénommée, située avant le lieu de départ, jusqu'à la station espagnole dénommée, si la taxe, ainsi calculée, est plus avantageuse pour les expéditeurs que celle des tarifs gén. ou spéc. des diverses admin. — *Par extension de* la disposition qui précède, les expéditions entre deux stations françaises, soit dénommées, soit non dénommées, situées sur la ligne internationale, payeront, sur la demande expresse de l'expéditeur : — Dans le premier cas, le même prix que si l'expédition avait lieu entre le point de départ et la frontière espagnole la plus rapprochée de la frontière dénommée au tarif. — « Dans le second cas, le même prix que si l'expédition avait lieu entre la dernière station française dénommée située avant le lieu de départ et la station espagnole la plus rapprochée de la frontière dénommée au tarif. »

Légalité des tarifs internationaux. — « A l'occasion d'une aff. jugée par le tr. de comm. de Belfort, 10 mai 1873, au sujet d'une diminution de moitié du droit réclamé par une comp. étrangère pour le *stationnement* de ses wagons dans la gare française, la C. de C. a décidé que « la seule violation des tarifs d'une comp. de ch. de fer étrangère ne saurait motiver la cassation d'une décision de l'autorité judic. française ; il faut, de plus, qu'il y ait atteinte portée à un texte de la loi française. » (C. C., 18 février 1874). — *Tarif étranger non maintenu.* — Lorsqu'une comp. française de ch. de fer livre des marchandises venant de l'étranger et transportées d'abord par une comp. étrangère qui les lui a remises, le destinataire français ne peut pas exiger l'application pour le transport fait sur le chemin de fer étranger, d'un tarif international qui a légalement cessé d'être applicable sur le réseau de la comp. étrangère. (C. C., 14 déc. 1866). (Voir aussi d'une manière générale les indications résumées au § 8 ci-dessus au sujet de la légalité des tarifs appliqués en France sous l'approb. du min. des tr. publ.). — *Litiges interna-tionaux.* — V. ci-après.

Litiges divers, au sujet des tarifs internationaux. — Nous avons résumé plus haut, § 5, diverses questions de jurispr. s'appliquant d'une manière générale aux tarifs communs et combinés entre compagnies, et il y a là certainement bon nombre de points qui peuvent également se rencontrer dans la pratique des transports internationaux. Nous devons y ajouter les indications suivantes : — (*Marchandises circulant dans un seul sens.*) « La réduction de taxe accordée, par un tarif international, pour le transport de marchandises circulant dans un sens, ne profite point à ces marchandises *circulant en sens contraire.* — Peu importe que la comp. ait précédemment accordé des taxes insignifiantes, d'où se conclurait la réciprocité litigieuse. » — (C. Cass., 4 juin 1877.) — Ainsi un tarif *d'exportation* n'est point conséquemment un tarif dans le sens du retour, c'est-à-dire *d'importation.* — Un semblable tarif ne peut résulter que d'une convention commune entre les comp. françaises et étrangères. — (*Erreurs dans un transport commun international.*) — « L'expéditeur de marchandises transportées en vertu d'un tarif commun à des comp. françaises et étrangères, est en droit, au cas de surtaxe, de s'adresser directement à la comp. française du point de départ, alors même que cette surtaxe a été perçue du destinataire par la comp. étrangère du point d'arrivée. » (Tr. comm. Boulogne, 30 déc. 1873 et C. C. 29 juill. 1874.) — V. aussi *Erreurs,* § 2. — (*Cumul de tarifs différents.*) — Même principe que pour les tarifs communs ordinaires. — V. plus haut, § 5. — (*Application pour les sections en transit.* — « Les trib. ne peuvent, sous prétexte d'interprétation des tarifs de ch. de fer, suppléer à leur texte ; en conséquence, lorsque, sur un réseau, existe une taxe applicable à la ligne principale et une autre taxe plus élevée pour une section spéciale, le prix des transports qui empruntent ces deux lignes doit être réglé par la combinaison des deux tarifs, en appliquant à chaque partie du transport le prix afférent à chacune d'elles. » — (C. C. 27 juill. 1869.) — *Indemnités pour causes d'avaries, etc.* — « C'est à tort que la comp. française, condamnée comme représentant l'admin. étrangère, au paiement de l'indemnité qu'évalue à forfait le tarif *international,* l'a, *en outre,* été au paiement de domm.-intérêts pour réparation du préjudice qu'aurait causé au destinataire un retard prolongé. » (C. C. 25 juillet 1881.) — (*Clause de non-garantie inscrite dans un tarif*). — « Ladite clause de non-garantie avait pour effet de ne rendre la comp. responsable de l'avarie qu'autant que le destinataire établirait qu'elle était due à une faute de cette comp. (*jurispr. constante*), — ce qui n'est nullement établi dans l'espèce. » — (C. C. 23 mai 1883.) — V. aussi les références et les documents indiqués ci-dessus au § 5.

REVISION GÉNÉRALE DES TARIFS (*Abaissement et unification des taxes,* etc.) — 1° Circ. min. gén. du 2 nov. 1881 (Voir *Réduction de tarifs*). — 2° Réforme spécialem. projetée *pour les tarifs internationaux.* — Circ. min. adressée le 26 janvier 1884 par le min. des tr. publ. aux membres des chambres de commerce. (*Demande d'indications précises au sujet des modifications à introduire dans les tarifs d'importation, de transit et d'exportation.*) — « Messieurs, en signant les conventions approuvées par la loi du 20 nov. dernier, les grandes comp. ont pris, relativement aux tarifs, des engagements dont la réalisation donnera, dans une large mesure, satisfaction aux vœux du public.

« Le plus important de ces engagements a pour objet une réforme des tarifs généraux et spéciaux, comportant l'adoption de barèmes kilométriques à bases décroissantes et une réduction considérable du nombre des prix de gare à gare. Les comp. de l'Est et de la Méditerranée m'ont déjà soumis, à cet égard, des projets dont l'instruction se poursuit activement. J'ai invité les autres comp. à m'adresser sans retard leurs propositions, sur lesquelles les chambres de commerce seront appelées à donner leur avis.

Mais, parmi les réformes à réaliser, il en est dont ni l'admin. ni les comp. ne paraissent devoir prendre l'*initiative* ; je veux parler des modifications à introduire dans les tarifs dits « d'importation », ainsi que dans les tarifs de *transit* et d'*exportation.* Sur ces points, les comp. ont dû se borner à promettre de réaliser les réformes dont l'utilité leur serait signalée. Voici, du reste, le texte même de leur déclaration uniforme :

4° En ce qui touche les tarifs qui ont pour objet l'importation en France des marchandises de provenance étrangère, nous sommes à la disposition de l'admin. pour modifier toute combinaison de prix dont l'effet pourrait être d'altérer les conditions économiques résultant de notre régime douanier, sous la seule réserve que les marchandises qu'ils visent ne soient pas importées en France à plus bas prix par d'autres voies de transport.

5° En ce qui touche les tarifs de transit, nous estimons qu'en fait, il n'y a rien à changer aux dispositions fixées par les décrets des 26 avril 1862 et 1er août 1864. — Grâce aux facilités qu'ils leur ont données pour leur permettre de lutter contre les ch. de fer étrangers, plus libres de leurs mouvements, les comp. françaises ont pu attirer sur leurs rails un trafic de transit d'une certaine importance. Personne, ni le gouvernement depuis vingt ans, ni le commerce, ne nous a signalé qu'il y avait convenance à les établir sur d'autres bases.

Si, nonobstant, l'admin. supér. nous signalait l'utilité de mesures nouvelles pour défendre et développer le mouvement auquel les ports et les ch. de fer français peuvent légitimement prétendre, nous n'hésitons pas à lui promettre tout notre concours.

6° En ce qui touche les tarifs d'exportation, certaines réclamations se sont produites : on a demandé que les comp. assurent aux marchandises françaises un traitement égal, à conditions égales, à celui qu'offrent les tarifs de transit aux marchandises étrangères. Sans discuter les détails de questions aussi complexes, nous admettons que l'admin. supér. pourra toujours nous demander que les tarifs de transit communs avec d'autres comp. soient en même temps des tarifs d'exportation, c'est-à-dire que les taxes totales fixées pour le transit s'appliquent aux expéditions faites sur l'étranger par toutes les gares intermédiaires entre les deux gares d'entrée et de sortie, et même par toutes les gares situées sur les embranchements, de part et d'autre de l'itinéraire direct ci-dessus désigné, dans une zone de 50 kilom., et dont la distance à la gare de sortie sera moindre que celle qui sépare les gares d'entrée et de sortie.

Dans tous les cas prévus aux paragr. 4° et 6°, l'affaire serait examinée par une commission, devant laquelle les compagnies seraient entendues et représentées avec voix délibérative. Si la commission se prononçait contre leur avis, une seconde délibération aurait lieu dans le délai minimum de deux mois.

Dans cette situation, l'admin. ne peut que demander aux intéressés eux-mêmes d'indiquer les mesures dont ils souhaitent l'adoption. Il m'a paru, dès lors, nécessaire de convier les chambres de commerce et les chambres consultatives à formuler les vœux du commerce et de l'industrie qu'elles représentent. Je vous prie, en conséquence, de me faire savoir, en ce qui concerne les intérêts dont vous êtes l'organe : — 1° Quelles sont les taxes de chemins de fer qui, en permettant aux marchandises étrangères d'arriver sur nos marchés dans des conditions plus avantageuses que celles qui leur sont offertes par les autres modes de transport, troublent, au préjudice de la production nationale, les conditions économiques résultant de notre régime douanier ? — 2° Quels sont, parmi les tarifs de transit, ceux dont les prix doivent être appliqués, dans les conditions indiquées par les comp., à l'exportation de nos produits ? — 3° Quelles sont, en ce qui concerne les tarifs de transit, les mesures à prendre en vue de développer le mouvement commercial de nos ports ? — Permettez-moi de faire observer, en terminant, qu'il importe essentiellement au succès de vos demandes d'en bien préciser les motifs et la portée. C'est à cette condition que l'admin. se trouvera en mesure de poursuivre efficacement les réformes que réclament les intérêts du commerce et de l'industrie. » (C. M., 26 janv. 1884.)

Nota. — La question de revision des tarifs (*intérieurs, d'importation, de transit, d'exportation*) a été rappelée à l'occasion de la loi de finances de l'exercice 1886, dans les séances de la Chambre des députés, 2 juillet 1885 et du Sénat, 1er août 1885. — Cette étude est poursuivie avec tout l'intérêt qu'elle comporte; mais nous n'avons relevé dans les nouveaux documents aucun élément définitif se rattachant à l'importante question résumée ci-dessus. — Voir aussi *Réduction de tarifs*, § 2, note 1.

X. Tarifs des chemins de fer d'intérêt local. — D'après l'art. 47 du cah. des ch. des lignes d'intérêt local, la perception des tarifs ne peut avoir lieu qu'avec l'homologation du préfet ou du min. des tr. publ. suivant les distinctions établies par l'art. 5 de la loi du 11 juin 1880 et conf. aux dispositions de l'ordonn. de 1846. Cela revient à dire que les taxes (perçues dans les limites du maximum fixé par le cah. des ch.) sont homologuées par le min., lorsqu'il s'agit de tarifs *s'étendant sur plusieurs départements,* ou de tarifs *communs à plusieurs lignes,* et par le préfet, lorsque la ligne est circonscrite dans le dép. et n'a qu'un tarif intérieur (voir *Chemin de fer d'intérêt local*). — Mais dans tous les cas, les formalités sont identiques à celles des lignes d'intérêt général (en ce qui touche notamment l'applic. de l'ordonn. de 1846). — V. ci-dessus, §§ 7 et 8.

Conditions principales de l'homologation ministérielle (V. au mot *Homologation*, § 4, les circ. min. du 24 août 1880 et 11 nov. 1882). — *Rattachement des lignes d'intérêt local au contrôle d'intérêt général* (Circ. min., 27 déc. 1884). — V. le même mot *Homologation*.

Nota. — Au sujet des tarifs d'int. local purement *intérieurs*, une instruction min. qui remonte à l'application de la précédente loi du 12 juin 1865 (remplacée par celle du 11 juin 1880) et qui était successivement adressée au *préfet* de chaque département où s'ouvrait une ligne d'intérêt local, recommandait à ces fonctionn. d'adresser à l'adm. sup. des tr. publ. quelques exemplaires des arrêtés pris par eux pour homologuer les *tarifs intérieurs* dont il s'agit. — Relativement aux propositions adressées à la fois au min. et aux préfets touchant les *tarifs communs* entre les lignes d'int. gén. et d'int. local, une circ. min. du 25 avril 1878 (remplacée, du reste, par celles visées ci-dessus) portait l'invitation suivante adressée aux préfets : — « Afin de faciliter l'instruction des tarifs de cette nature, je vous serai obligé de me faire connaître, dans un délai de quinzaine à dater de la communic. que vous aurez reçue de votre côté, si vous n'avez aucune objection à élever contre les propositions des comp. en ce qui touche *les ch. d'int. local* situés dans votre dép., que ces ch. aient été concédés à une comp. particulière ou à la comp. même qui possède la ligne d'int. général ». — *P. mém.*

TASSEMENT DE VOIE.

Mesures de précaution : — 1° Réparations d'éboulement (V. *Éboulement* et *Réparations*) ; — 2° Rapports d'accidents spéc. à la voie (V. *Accidents d'expl.*, § 6) ; — 3° Surveillance spéciale. — V. *État défectueux de la voie* et *Surveillance*, § 5.

TAUREAUX.

Conditions de transport (et indications diverses). — V. *Animaux* et *Bestiaux*.

TAXES.

I. **Établissement et application des taxes.** — Ainsi que nous l'avons expliqué au mot *Tarifs*, on appelle *taxe*, d'une manière générale, la somme que l'on doit payer aux compagnies en conformité des tarifs légaux pour le transport d'une personne ou d'une marchandise. — Le maximum de ces taxes a été fixé au cah. des ch. des lignes d'intérêt général (art. 42 à 51). — Les principales formalités d'affichage préalable, d'examen, d'homologation, de publicité, etc., qui doivent assurer la légalité des tarifs de toute nature sont indiquées aux mots *Abaissement de tarif*, *Affichage*, *Publications* et *Tarifs*.

Conditions communes d'application des taxes (V. le mot *Tarifs*, § 6). — Au sujet de l'étude générale de l'*unification des taxes*, nous ne pouvons que renvoyer au mot *Réduction de tarifs* (Circ. min., 2 nov. 1881) et au mot *Tarifs*, § 9 (Circ. min., 26 janvier 1884, etc.).

Chemins de fer d'intérêt local. — V. le mot *Tarifs*, § 10.

II. **Mode de perception des taxes.** — « A l'expiration du mois à partir de la date de l'affiche, lesdites taxes pourront être perçues, si, dans cet intervalle, le min. des tr. publ. les a homologuées. » (Ordonn., 15 nov. 1846, art. 49.) — « La perception des taxes devra se faire indistinctement et sans aucune faveur. » (Art. 48, cah. des charges. Extr.) — « Cette disposition doit être entendue en ce sens que les comp. ne peuvent déroger, par des conventions non autorisées, à des tarifs approuvés par l'admin. supér. Mais cet article ne fait pas obstacle à ce que le gouvernement autorise des réductions de tarifs, dont ne peuvent profiter que des expéditeurs de telle ou telle catégorie, ou des marchandises de telle ou telle provenance. » (C. C., 11 août 1864.) — Au sujet du *minimum de perception des taxes*, V. au mot *Tarifs*, § 6, l'art. 42 du cah. des ch. général. Pour le choix du tarif et de l'itinéraire, V. *Expéditions*.

Relèvement des taxes. (Applic. de l'art. 48, cah. des ch.) (V. *Tarifs*, § 7). — V. aussi dans les notes suivantes divers extr. de la jurispr. de la C. de C.

Redressement des erreurs d'application des taxes. — Au sujet de ces questions si compliquées d'erreurs commises dans l'application des tarifs, quelques principes généraux semblent ressortir des nombreux litiges survenus à ce sujet. Ainsi, d'après divers arrêts de la C. de C., « le cah. des ch. d'une concession de ch. de fer et tout tarif régulier ont force de loi *pour* et *contre* la comp. concessionn. » (C. C., 17 août 1864, 27 mars 1866, 13 févr. 1867, 22 déc. 1868, 26 juill. 1871, 20 févr. 1878, 16 déc. 1882, 25 oct. 1886, etc.) — « Cette comp. et les tiers qui contractent avec elle ne peuvent déroger à ces actes administratifs, par des conventions particulières. » (C. C., 22 déc. 1868 et 26 juillet 1871.) (Voir aussi *Tarifs*, § 8.) — « Ni la comp., ni les tiers ne peuvent se prévaloir d'erreurs précédemment commises dans l'applic. d'un tel tarif régulier. — En conséquence, si, à la gare de départ, une erreur s'est glissée dans la fixation du prix de transport, il appartient à la comp., comme à l'expéditeur, de réparer, à la gare d'arrivée, l'erreur commune aux agents de la comp. et à l'expéditeur qui ne peut être censé avoir ignoré les conditions régl. du transport. » (C. C., 4 févr. 1863, 13 févr. 1867 et 26 juill. 1871.) — Une compagnie qui a commis une erreur dans l'applic. des tarifs de transport des march. peut réclamer le complément de taxe (C. C., 9 avril 1883). — Nous avons vu ci-dessus que le public avait aussi son recours dans le sens contraire. — Voir à ce sujet le mot *Erreurs*, § 2 et *Preuves*.

Tarif relevé. — Lorsque, par erreur, des marchandises ont été transportées pour un prix inférieur à la taxe portée aux tarifs, et que les mêmes expéditeurs ont fait transporter, avant que l'erreur eût été rectifiée, d'autres marchandises qui ont payé à leur arrivée le prix régl., ils ne sont pas fondés à réclamer des domm.-intérêts, sous le prétexte que s'ils avaient connu le prix véritable ils n'auraient pas fait de nouvelles expéditions. » (C. C., 27 mars 1866, 6 déc. 1869, 7 juill. 1885.) — La réclamation de la comp. est recevable, bien que le destinataire allègue qu'il aurait vendu les objets transportés plus cher s'il avait su payer un prix de transport plus élevé. » (C. C., 16 mars 1869.)

Tarif spécial substitué à un tarif général. — « Si un tarif spéc. a été appliqué par erreur à une expéd. qui, à raison de sa nature, comportait seulement le tarif général, c'est à tort que le trib. de comm. a refusé la perception du complément de la taxe légalement due, sous le prétexte que la comp. n'avait pas suffisamment protesté contre l'applic. du tarif spécial demandé par les expéditeurs et partagé leur erreur. » (C. C., 22 déc. 1868.) — L'expéditeur ne peut non plus refuser de payer la surtaxe sous le prétexte qu'il ne se serait pas servi du ch. de fer, s'il eût connu le prix plus élevé réclamé après coup par la compagnie. (C. C., 7 juill. 1885.)

Tarif de camionnage. — « Lorsqu'un destinataire de marchandises adressées en gare les partage en deux lots donnant lieu à deux camionnages distincts, il ne peut les réunir pour le calcul des frais de camionnage desdites marchandises. » (C. C., 26 juill. 1871.)

Constatation des erreurs. — V. les mots *Erreurs*, § 2 et *Preuves*.

III. Détaxes. — D'après les textes précités, les tiers peuvent demander, aussi bien que la comp., la réparation des erreurs commises à leur préjudice dans l'applic. des tarifs ; les différences dont il s'agit font ordin. l'objet de *détaxes*. — V. ce mot, en ce qui concerne les justifications des détaxes et les constatations dont elles sont l'objet.

TÉLÉGRAPHIE.

Sommaire. — I. *Installation du service télégraphique* (sur les lignes concédées). — II. *Distribution des postes* (position des fils, etc). — III. *Service des gares* (dépêches privées et officielles). — IV et V. *Dépêches urgentes de service* (franchise, etc.). — VI. *Accidents et perturbations* (dans les appareils). — VII. *Police et surveill. des lignes télégr.* — VIII. *Surv. spéc.* (et mesures diverses). — IX. *Installation d'appareils sur les ch. de l'État et les lignes d'int. local.*

I. Installation du service télégraphique (sur les ch. concédés). — *Appareils de l'État et Service des compagnies.* — Extr. du cah. des ch. et documents divers.

1º *Prescriptions du cahier des charges.* — (Art. 58.) — « *Pose des appareils.* — Le Gouvernement se réserve la faculté de faire, le long des voies, toutes les constructions, de poser tous les appareils nécessaires à l'établ. d'une ligne télégraphique, sans nuire au service du chemin de fer. — *Terrains.* — Sur la demande de l'admin. des lignes télégraphiques, il sera réservé dans les gares des villes et des localités qui seront désignées ultérieurement le terrain nécessaire à l'établ. des maisonnettes destinées à recevoir le bureau télégraphique et son matériel. — *Surveillance.* — La comp. concess. sera tenue de faire garder par ses agents les fils et les appareils des lignes électriques, de donner aux employés télégraphiques connaissance de tous les accidents qui pourraient survenir, et de leur en faire connaître les causes. En cas de rupture du fil télégraphique, les employés de la comp. auront à raccrocher provisoirement les bouts séparés, d'après les instructions qui leur seront données à cet effet. — *Transport gratuit des agents.* — Les agents de la télégraphie, voyageant pour le service de la ligne électrique, auront le droit de circuler gratuitement dans les voitures du chemin de fer. — *Accidents graves.* — En cas de rupture du fil télégraphique ou d'accidents graves, une locomotive sera mise imméd. à la disposition de l'insp. télégraphique de la ligne, pour le transporter sur le lieu de l'accident avec les hommes et les matériaux nécessaires à la réparation. Ce transport sera gratuit, et il devra être effectué dans des conditions telles, qu'il ne puisse entraver en rien la circulation publique. — *Déplacement d'appareils.* — Dans le cas où des déplacements de fils, appareils ou poteaux, deviendraient nécessaires par suite de travaux exécutés sur le chemin, ces déplacements auront lieu, aux frais de la comp., par les soins de l'admin. des lignes télégraphiques. — *Fils et appareils de la compagnie.* — La compagnie pourra être autorisée et au besoin requise par le min. des tr. publ., agissant de concert avec le min. de l'intér., d'établir, à ses frais, les fils et appareils télégraphiques destinés à transmettre les signaux nécessaires pour la sûreté et la régularité de son exploitation. — Elle pourra, avec l'autorisation du min. de l'intér., se servir des poteaux de la ligne télégraphique de l'État, lorsqu'une semblable ligne existera le long de la voie. — La compagnie sera tenue de se soumettre à tous les règlements d'administration publique concernant l'établissement et l'emploi de ces appareils, ainsi que l'organisation, aux frais de la compagnie, du contrôle de ce service par les agents de l'État. » (Art. 58, cah. des ch.)

2° *Installation en dehors des voies.* — La jurispr. a accordé aux préfets le droit de créer des servitudes au profit des voies publiques (C. C., 4 mars 1852). Il est donc certain qu'ils peuvent autoriser la pose des poteaux télégraphiques dans les propriétés privées, et, par conséquent, sur les terrains situés par exemple au-dessus des tunnels de chemins de fer. A défaut d'entente amiable, les indemnités d'occupation de terrain sont réglées comme il est dit au mot *Occupation de terrains*, § 2.

3° *Prix de revient de l'installation télégraphique.* — D'après les documents statistiques, publiés en 1856 par l'admin. des tr. publ., et sauf les modific. qui ont pu survenir depuis cette époque, un appareil de poste coûte, accessoires et installation compris, 720 fr. environ ; l'acquisition, la préparation et la pose des poteaux coûtent environ 150 fr. par kilom. ; enfin, l'acquisition, la préparation et la pose du fil et de ses accessoires, tels que godets, tendeurs, etc., coûtent moyennement 100 fr. par kilom. — Le transport des objets et du matériel de la télégraphie sont dans certains cas taxés comme les transports ordinaires du commerce. — Ils ne sont exécutés en gr. vitesse qu'autant que la demande expresse en a été faite sur la note d'expédition. — Ils sont faits en port dû (V. *Administrations*). — Les transports dont il s'agit ne paraissent pas être taxés sur le chemin de ceinture.

II. Distribution des postes télégraphiques. — Sur tous les chemins de fer, les stations où sont établis des dépôts de machines peuvent correspondre entre elles au moyen du télégraphe électrique. Il y a, de plus, un certain nombre de stations, d'un ordre inférieur, qui peuvent correspondre entre elles et avec les stations de dépôt (Ext. de l'enq. sur l'expl. Recueil admin. 1858). — Enfin, il y a dans certaines gares secondaires, et surtout lorsque deux postes télégraphiques sont trop éloignés, des postes dits *de secours*, qui peuvent attaquer les postes voisins, mais que ces derniers ne peuvent attaquer. — Il n'est pas spéc. question dans ce qui précède du service télégr. des sections à *Voie unique*, service qui doit fonctionner d'une manière générale dans toutes les stations et postes de secours. — V. le mot *Voie unique*.

Voici d'ailleurs, d'après des instr. spéc., les principales dispositions adoptées, en ce qui concerne le service télégraphique des ch. de fer (pose, manœuvre et entretien d'appareils) (1).

_____

(1) Il s'agit surtout dans les renseignements qui vont suivre, de lignes télégraphiques installées *au compte de l'État.* — En ce qui concerne l'établissement par les comp. et l'usage des communications télégraphiques et téléphoniques nécessaires à leur exploitation, il y a lieu de se reporter aux conventions spéciales intervenues pour cet objet entre l'État et lesdites compagnies et pour

Position des fils affectés au service des compagnies. — Les fils télégr. que les comp. sont autorisées à installer, pour leur service d'expl., sur les poteaux télégraphiques supportant les fils de l'État, sont placés imméd. *au-dessous* de ces derniers, dans l'ordre suivant :

1° *Fil direct.* — Sur lequel sont mis en *communication permanente* (pour l'expédition des demandes de secours, des avis d'accidents et de toutes dépêches à grande distance) les appareils télégraphiques des gares principales munies de dépôt de locomotives ou de machines de secours. Ces postes, qui fonctionnent le jour et la nuit, peuvent *attaquer* ou *être attaqués* à tout instant. — Les appareils des gares de moindre importance, non pourvues de dépôt de machines, mais pouvant toutefois être appelées à former un train ou à fournir du matériel, en cas d'affluence des voyageurs, sont mis en *communication directe* sur le fil direct. Ces postes, qui fonctionnent également le jour et la nuit, peuvent attaquer les postes voisins, mais ne peuvent être attaqués par eux.

2° *Fil omnibus.* — Sur lequel sont mis en *communication permanente* les appareils installés dans les gares *à des distances déterminées* et servant aux besoins journaliers de l'exploitation. Ces postes, fonctionnant généralement de jour et de nuit, peuvent attaquer les postes voisins et être attaqués par eux. — Dans les gares où il n'y a pas de service de nuit, le chef de gare doit, avant de quitter son service, avoir le soin de placer le récepteur et le commutateur de sonnerie *en communication directe*, afin que les dépêches qui viendraient à être échangées pendant l'interruption du service, puissent parvenir à destination. — Mais si l'on avait besoin de télégraphier, le chef de gare, préalablement réveillé, doit immédiatement se lever et se mettre à la disposition de l'agent qui a une dépêche à faire transmettre. — Les appareils des postes dits *de secours*, installés dans les gares intermédiaires ou à l'abord des points dangereux, ou encore sur des points où l'on exécute des manœuvres, sont mis en *communication directe* sur fil omnibus. Ces appareils, qui ne servent, comme l'indique leur nom, que pour demander du secours en cas de détresse ou d'accident, peuvent attaquer les postes voisins sans réciprocité.

3° *Fil spécial.* — Enfin, le fil spécial (qui n'est installé que sur quelques lignes et qui est placé le dernier, au-dessous de tous les autres) est destiné à relier plusieurs petites gares consécutives de banlieue avec une gare de premier ordre (comme Paris, Dijon, Lyon), afin de ne pas entraver le service de la grande ligne, par la transmission de dépêches peu importantes.

Entretien et manœuvre des appareils. — La manœuvre des appareils télégraphiques des comp. est faite, suivant l'importance des postes, par les agents de l'État, par les chefs de gare ou par des employés des stations désignés spéc. par les comp. Les règles applicables à cette partie importante du service des ch. de fer ont été l'objet d'instructions détaillées, adressées par les diverses comp. à ceux de leurs agents chargés d'entretenir et de manœuvrer les appareils ; ces instructions sont unanimes pour recommander aux employés « d'entretenir avec soin les piles électriques et d'assurer la bonne tenue des appareils de transmission, ainsi que celle du poste. »

Entretien des appareils de l'État. (Voir les indications contenues à ce sujet dans le règlement du 20 juin 1857, reproduit plus loin, en extrait.)

III. Service télégraphique dans les gares. — 1° *Extr. de la loi du 29 nov.* 1850 (Art. 1er). — La transmission de la correspondance télégraphique privée est toujours subordonnée aux besoins du service télégraphique de l'État. — (*Art.* 5.) Viol du secret des dépêches (pénalités). V. plus loin, § 8. — (*Art.* 10.) Les dépêches sont transmises selon l'ordre d'inscription, etc. — Les dépêches relatives au service des chemins de fer, qui intéresseraient la sécurité des voyageurs, pourront, dans tous les cas, obtenir la priorité sur les autres dépêches. »

2° *Extr. de l'arrêté du min. de l'intér.,* 2 *février* 1857, autorisant provisoirement les

---

lesquelles nous ne connaissons pas de formule générale. — Comme base de ces conventions on peut consulter utilement un arrêt du C. d'État, rendu le 17 mars 1882, au sujet d'un différend du min. avec la comp. du Midi. — Celle-ci, se basant sur l'interprétation de l'art. 58 du nouveau cah. des ch. gén. des ch. de fer, prétendait se soustraire aux clauses des arr. min. rendus sur sa demande de 1854 à 1862 et en vertu desquels, l'État en accordant à la comp. l'autorisation d'établir le long de ses chemins des télégr. spéc. et la faculté de transmission gratuite ou à prix réduit, suivant le cas, de ses dépêches, s'était réservé en échange la gratuité de transport de son propre matériel. — L'arrêt du C. d'État, auquel nous ne pouvons que renvoyer, maintient l'obligation pour la comp. de se soumettre auxdits arrêtés et le droit pour l'admin. des postes et télégr. de stipuler à quelles conditions elle autorise les comp. de ch. de fer à établir des lignes télégraphiques et à s'en servir gratuitement pour certaines catégories de dépêches, et moyennant une taxe réduite pour d'autres.

compagnies (*Art. 1er*) « à transmettre, au profit de l'État, les dépêches privées dans les stations qu'elles auront désignées. » (Art. 2). — Le service des dépêches sera subordonné à celui des compagnies, mais il sera fait aussitôt que possible et toujours dans l'ordre du dépôt des dépêches. »

Nota. — Pendant toute la durée du service des bureaux de l'État, les gares du chemin de fer actuellement ouvertes à la correspondance privée, dans les villes pourvues d'un bureau télégraphique de l'État, cesseront de recevoir ou de transmettre d'autres dépêches que celles qui sont relatives aux incidents de voyage, ou qui seront déposées par des expéditeurs munis de billets de chemin de fer. (Circ. du dir. des lignes télégr., 20 nov. 1860.)

3° *Arr. min.*, 1er *juillet* 1875 (franchise télégraphique des fonctionn. du contrôle des ch. de fer, en cas d'accident). — V. *Personnel*, § 1. — V. aussi aux mot *Accidents*, §§ 4 et 5 les circ. min., tr. publ. ayant pour objet, savoir : celles du 30 janv. 1860, — 27 févr. 1855 et 15 oct. 1864, *la nature des accidents à signaler.* — Id. 14 déc. 1865 et 5 mai 1870 (*simplification des dépêches*). — Id. 25 mai 1882 (*principales circonstances à mentionner dans les avis d'accidents*). — Id. Diverses instructions recommandant aux fonctionn. du contrôle d'expédier autant que possible leurs dépêches par les fils de l'État.

4° Loi du 21 mars 1878 (réduction de taxe). — Décret 16 avril 1861 (règles d'expédition, de réception et de distribution de la correspondance télégraphique intérieure. — Loi du 28 juillet 1885 (établiss., entretien et fonctionnement des lignes télégraphiques et téléphoniques). — *P. mém.*, ces nouveaux documents ne paraissant présenter rien de spécial au service des ch. de fer de fer, ni aucune modification essentielle au règl. du 20 juin 1857, reproduit ci-après, et ayant pour objet principal le service de la télégraphie dans les gares (1).

RÈGLEMENT DU 20 JUIN 1857, pris par le dir. gén. des lignes télégraphiques et concernant : — 1° le service des agents de l'État dans les gares des comp. de ch. de fer ; — 2° les instructions sur la télégraphie privée à l'usage des chefs de gare.

« 1° *Service fait par les agents de l'État.* — Les agents de l'État préposés au service télégraphique dans les diverses gares de chemin de fer sont chargés : — 1° de transmettre, recevoir et expédier les dépêches des compagnies et de l'État et les dépêches privées ; — 2° de tenir un procès-verbal quotidien des séances ; — 3° d'entretenir les piles électriques et d'assurer la bonne tenue des appareils de transmission ainsi que celle du poste.

Nota. — L'art. 7 du règlement du 15 août 1863, sur le service des facteurs, s'exprime ainsi : « Ils sont chargés (les facteurs) de l'entretien matériel de la pile. »

Voici les principales dispositions du règlement du 20 juin 1857, sauf certains détails intéressant uniquement les écritures et l'ordre intérieur des bureaux.

Ordre de transmission des dépêches (par les agents de l'État). — « La transmission des dépêches doit avoir lieu dans l'ordre de leur remise ou de leur arrivée, en observant les règles de priorité suivantes : — 1° dépêches concernant la sécurité des trains ; — 2° dépêches de l'État qui empruntent, par exception, les fils de la compagnie ; — 3° dépêches de service du chemin de fer ; — 4° dépêches privées.

Service des compagnies (dépêches de départ). — Rédaction, signature et inscription des dépêches (pour mémoire). — Les dépêches présentées par les employés des comp. seront immédi. transmises dans l'ordre de leur dépôt, et dans le cas où le déposant jugerait à propos d'intervertir cet ordre, il devrait le faire connaître par écrit. — Les agents des lignes télégraphiques doivent toujours transmettre les dépêches par la voie la plus prompte... Ils ne peuvent refuser ou arrêter une dépêche d'un employé de la compagnie autorisé à correspondre par le télégraphe, sous prétexte qu'elle est sujette à la taxe... — *Dépêches d'arrivée.* — Les dépêches reçues sont communiquées au destinataire par écrit... La copie remise au destinataire doit indiquer l'heure de départ du point extrême et celle d'arrivée dans le poste. En cas de retard anormal, la cause,

---

(1) Au point de vue de la centralisation du service télégraphique, n'omettons pas de rappeler p. mém. : — 1° le décret du 27 févr. 1878 rattachant au ministère des finances le service de la télégraphie, qui était précédemment dans les attrib. du min. de l'intérieur ; — 2° le décret du 25 févr. 1879, qui a créé un min. spéc. (*supprimé* en 1887) des postes et des télégraphes.

lorsqu'elle est connue, est mentionnée succinctement... — Les dépêches reçues doivent être immédiatement envoyées aux employés de la compagnie qu'elles concernent... (1).

Dépêches de passage. — Les dépêches qui, pour arriver à destination, passent par des postes intermédiaires, doivent être réexpédiées par ces derniers avec la plus grande exactitude et toujours par la voie la plus prompte. On doit les transmettre avant celles de la localité, à moins d'urgence de celles-ci... — L'heure du départ du point extrême doit toujours être reproduite dans la réexpédition d'une dépêche de passage.

Enregistrement. — Toute dépêche de la compagnie doit être inscrite au registre des procès-verbaux... Les procès-verbaux doivent relater tous les dérangements ou irrégularités observés... — Tous les matins, la copie du procès-verbal de la veille, se rapportant à une période de 24 heures, de minuit à minuit, est envoyée à l'admin. des lignes télégraphiques; une autre copie seulement est remise au chef de gare de la localité. Ces deux copies, faites au fur et à mesure pendant le cours des séances, doivent être identiques au procès-verbal lui-même. Elles ne comportent ni abréviations ni suppressions. Elles doivent indiquer les noms des agents de service et les périodes de travail qui leur sont applicables. La traduction en toutes lettres doit être inscrite au-dessous des indicatifs d'abréviations. Chaque agent doit signer le travail qui le concerne.

Entretien des appareils. — Les agents de l'État sont responsables, à tour de rôle, du service de la pile et de son entretien, pendant un mois. — L'agent chargé de la pile est obligé de la monter. Il doit toujours avoir en réserve un certain nombre d'éléments inactifs prêts à renforcer le courant. — L'agent qui prend le service quotidien doit vérifier si la pile est en bon état, et dans le cas contraire, y remédier immédiatement. Il demeure responsable de son emploi pendant le temps de son service. — Les appareils doivent toujours être maintenus en parfait état de propreté. L'emploi du papier de verre et de toute autre matière qui raye, est interdit. — Les pièces articulées doivent être nettoyées et huilées avec soin. — Lorsque les agents sont cause, par suite de négligence, maladresse ou défaut de soin, des avaries survenues aux appareils électriques, une partie ou la totalité des dépenses à faire peut être mise à leur charge ; si l'auteur du dommage reste inconnu, tous les agents du poste, préposés au maniement des appareils, en sont responsables. — Les objets de rechange ou de consommation pour le service de la comp. sont demandés, par les agents de l'État, au moyen de bulletins d'approvisionn. imprimés, fournis par la comp. et remis à l'avance au chef de gare, en prévision des besoins.

Dispositions générales. — Les transmissions télégraphiques pour le service de la compagnie ont lieu de jour comme de nuit. Sous aucun prétexte, le poste ne peut être abandonné. Pour chaque période de service, le roulement des agents de l'État est arrêté par le dir. gén. des lignes télégraphiques. — Les agents de l'État doivent donner aux chefs de gare de leur localité, aux ingén. et aux insp. de la comp., tous les renseign. qui peuvent leur être demandés concernant la marche des dépêches de la comp., l'état du poste ou de la ligne. Ils doivent leur communiquer sur place le registre des pr.-verbaux de la comp. pour les recherches à faire; mais hors ces cas, attendu qu'ils sont seuls responsables du secret des dépêches officielles et privées passant par leurs mains, il leur est expressément recommandé de veiller à ce qu'aucune personne étrangère au service ne pénètre ou ne stationne dans l'intérieur du bureau. — ... Les agents de l'État, chargés du service télégraphique dans les gares, doivent fournir à MM. les commiss. de surv. admin. et à MM. les commissaires spéc. de police près du ch. de fer, tous les renseignements relatifs aux irrégularités, retards ou temps d'arrêt signalés dans la marche des trains. — Ces agents n'ont, d'ailleurs, aucune initiative à prendre en ce qui concerne les retards et les incidents sans gravité, et se bornent à répondre aux questions qui leur sont faites et à donner connaissance des dépêches inscrites sur leur registre aux employés des compagnies et fonctionnaires désignés ci-dessus. Mais en *cas d'accidents, les agents des lignes télégraphiques devront en informer immédiat., par écrit, les commiss. de surv. admin. et les commiss. spéc. de police.*

Les agents de l'État doivent apporter dans leurs relations avec les postes voisins, calme, patience et conciliation. Ils doivent se prêter toujours avec bon vouloir à répéter plusieurs fois les dépêches que le correspondant n'aurait pas comprises.

L'agent ne doit jamais se mettre sur un contact. Si, en cours d'une transmission, il est attaqué par un autre poste, il doit se contenter de donner l'indicatif de l'attente et se remettre de suite sur le repos... — En cas de dérangements observés, l'agent de service doit d'office en informer les surveillants, soit par avis transmis par le train, soit par dépêches télégraphiques. — Chaque dérangement, relevé par les surveillants, doit être relaté sur un registre spécial, modèle..., fourni par l'admin., avec l'indication de sa nature et de l'heure où il a été trouvé. Un extrait de ce registre est envoyé chaque jour à l'admin. des lignes télégraphiques avec la copie du procès-verbal des séances.

---

(1) Dans le but d'éviter des dérangements au *stationnaire*, une précédente, circ. (8 avr. 1855) du dir. gén. des lignes télégr. avait prescrit l'installation dans les postes, par les soins de la compagnie, d'une sonnette destinée à appeler un homme d'équipe à qui les dépêches seraient remises moyennant récépissé.

Le stationnaire qui, dans une transmission, chercherait à gêner le travail de son correspondant, à le quereller ou à l'inquiéter, serait sévèrement puni...

Il est appliqué des amendes par le directeur général, sur le rapport du chef de l'exploitation, aux stationnaires des postes de l'État qui, par oubli, négligence ou mauvais vouloir, ont retardé, altéré ou supprimé des dépêches.

2° *Règlement sur la télégraphie privée à l'usage des chefs de gare* (20 juin 1857). — Ce règlement, pris en même temps que le précédent par le directeur gén. des lignes télégr., contient les principales dispositions qui suivent :

« Art. 1er. — Il est permis à toute personne dont l'identité est établie, de correspondre par les télégraphes des comp. de ch. de fer dans les stations désignées à cet effet. *Toutefois, le service de la télégraphie privée est toujours subordonné à celui de l'exploitation des compagnies.* Il est fait, aussitôt que possible, dans l'ordre du dépôt des dépêches.

2. — Une affiche placée à la porte des gares doit indiquer que la station reçoit les dépêches privées.

3. — Toute personne désirant recourir à la télégraphie privée, doit s'adresser au chef de gare ou à l'agent désigné par lui, quand il n'y a pas sur les lieux un employé de l'État.

4. — Dans toute gare où il existe un poste mixte ou un poste de contrôle, la télégraphie privée ne peut être faite que par les agents de l'admin. télégraphique. — Toute dépêche à destination d'un poste de contrôle et arrivant par les fils de la comp., doit être remise au chef de la station de l'État chargé de la faire parvenir à domicile.

5. — (Remises aux comp. sur les dép. privées transmises par elles). — *P. mêm.*

6. — Une dépêche ne peut être acceptée par le chef de gare ou son délégué, qu'autant que l'identité de l'expéditeur se trouve établie. Elle peut l'être soit par l'attestation de témoins connus, soit par la production de passeports, feuilles de route ou toutes autres pièces dont l'ensemble serait jugé suffisant.

7. — Les dépêches doivent être écrites lisiblement en langage ordinaire et intelligible, sans aucune abréviation de mots, datées et signées. Le chef de gare vérifie si les désignations et l'adresse sont suffisantes pour assurer la remise de la dépêche et s'il n'y a rien qui puisse porter atteinte à l'ordre public et aux bonnes mœurs. — (*Nota.*) Quand le chef de gare juge qu'il y a lieu à refuser la transmission d'une dépêche, il énonce sur l'original présenté par l'expéditeur le motif de son refus et signe (art. 6, décret du 17 juin 1852).

8. — Si, à l'arrivée à destination, le chef de gare estime que la communication d'une dépêche peut compromettre la tranquillité publique, il en réfère à l'autorité administrative, qui a le droit de retarder ou d'interdire la remise de la dépêche.

9. — La remise à domicile par exprès ou estafette peut être refusée par la compagnie lorsque, soit à raison de la grande distance, soit à raison de l'état des communications, le poste destinataire ne serait pas en état de faire le service demandé ; dans ce cas la dépêche est envoyée par la poste. Avis en est donné au bureau expéditeur.

10. — Dans toute expéd. de dép. privée, le mot *privée* doit précéder la transmission.

11. — En aucun cas les dépêches ne peuvent être transportées par le chemin de fer ou par une entreprise quelconque de voiture publique ou de messagerie.

Correspondance générale. — Art. 12 (affichage du tarif dans chaque gare) et art. 13 à 19 (relatifs à l'inscription des dépêches sur le livre à souche, à l'indication des sommes perçues, aux demandes de remboursement, au versement des recettes, aux remises accordées aux comp., à l'envoi des pièces à la dir. gén., etc.). *P. mêm.*

20. — Toute dépêche transmise est copiée *in extenso* sur une feuille (modèle C) qui doit mentionner le n° de la dépêche (série spéciale aux dépêches taxées), la date, l'heure du dépôt, du commencement et de la fin de la transmission, le nombre de mots, le détail de la taxe. — Cette copie est visée par le chef de gare.

21. — Toute dépêche reçue est copiée *in extenso* sur une feuille (modèle E) qui porte : 1° le n° du registre à souche que le bureau de départ doit toujours transmettre ; 2° le nombre de mots ; 3° la date, l'heure du commencement de la réception ; 4° la somme allouée pour le port ou pour l'exprès. — Cette copie est également signée par le chef de gare.

22. — L'expédition au destinataire faite sur la feuille (modèle 326) est certifiée conforme par le chef de gare et revêtue du timbre de la station. — Sur cette expédition figure le n° de la série d'ordre général de toutes les transmissions d'arrivée de la gare.

23. — Aucune dépêche n'est remise sans qu'un reçu (modèle 327), portant le n° de l'expédition, soit signé par le destinataire ou en cas d'absence par un membre de sa famille ou une personne attachée à son service.

24 à 26. — Envois à l'admin. (copies de dépêches et registres à souche). *P. mêm.*

27. — Les envois des chefs de gare à l'admin. des lignes télégr. ont lieu par l'interméd. des chefs d'expl. — Toute demande d'imprimés est adressée à ces derniers. »

Nota final. (Tarif international.) — Lorsqu'un chef de gare doit expédier une dépêche à destination d'un bureau étranger, il se fait donner des arrhes et la transmet à la direction de l'État la plus voisine. — Cette direction, chargée dès lors de la réexpédition, lui fait connaître le plus tôt possible la taxe à percevoir.

Gares reliées aux directions de l'État (interprétation de l'arr. min. du 20 juin 1857). — (Ext. d'une circ. min. intér., 18 sept. 1857). — « Les gares doivent expédier aux bureaux de l'État en communication avec elles les dépêches de ou pour la localité, excepté toutefois celles qui doivent être remises en gare, ou qui sont adressées à une des stations du chemin de fer comprises entre la gare et le poste de l'État le plus rapproché. — En règle générale, tout poste de chemin de fer qui reçoit une dépêche à expédier doit la diriger sur le bureau de l'État le plus voisin. En effet, le service de la télégraphie privée étant subordonné, sur les lignes des compagnies, au service de leur exploitation, il y a lieu d'éviter tout encombrement sur ces lignes et d'assurer aux dépêches une prompte transmission, en les admettant au plus tôt sur les fils de l'État. »

IV. Dépêches urgentes du service des ch. de fer (Instr. spéciales relatives d'une part au service de contrôle de l'État et d'autre part au service des compagnies).

1° *Dépêches du contrôle administratif des chemins de fer* (franchise télégraphique des fonctionnaires du contrôle, en matière *d'accidents de chemins de fer*, circonstances principales à mentionner dans les dépêches, simplification des avis, etc., etc.). — *Arr. min.* 1er juill. 1875 et documents divers rappelés ci-dessus, § 3, 3° (Voir aux références indiquées). — *Avis relatifs aux crimes et actes de malveillance* (affaires motivant des dépêches urgentes). — V. *Actes de malveillance*, § 1.

Rédaction succincte et simplification des dépêches. — Diverses instructions sont déjà résumées au mot *Accidents d'exploitation*, §§ 4 et 5, au sujet des mesures ayant pour objet de ne pas surcharger inutilement le service télégraphique dont l'importance naturellement ne fait que s'accroître. Nous reproduisons ci-après une circ. min. qui est relative à la question *de dépense*, laquelle n'est pas non plus sans mériter l'attention :

(Circ. min. tr. publ., 5 mai 1870, adressée aux chefs du contrôle) : « Dans un intérêt d'économie pour le Trésor, le min. des finances vient d'appeler mon attention sur la nécessité de restreindre la correspondance télégraphique officielle, soit en diminuant le nombre des dépêches, soit en en réduisant la teneur. — J'ai constaté que dans le service du contrôle des ch. de fer, la voie télégraphique n'est empruntée que dans les cas d'absolue nécessité. Il ne me paraît pas dès lors possible de réduire le nombre des envois, mais il serait peut-être facile, sans nuire à la clarté, de rendre les dépêches plus concises. — Je vous prie d'adresser des instructions dans ce dernier sens aux fonctionn. placés sous vos ordres. » — Ces fonctionn. ont été généralement invités, en effet, « à se bien pénétrer des intentions de l'admin., et à rédiger leurs dépêches d'une manière laconique et en évitant les détails et mots surabondants, qui n'ajoutent rien au sens principal. »

2° *Transmission des dépêches des compagnies.* — Des ordres de service particuliers à chaque réseau, désignent d'une part, les ingén. insp. et agents divers qui ont qualité pour correspondre par le télégr., et d'autre part, les cas dans lesquels des dépêches sont expédiées.

Les dépêches télégraphiques des compagnies s'appliquent ordin. aux cas suivants : « 1° Annonce de tous les faits relatifs à la circulation sur le chemin de fer, tels que : retards, trains spéciaux, accidents, incendie, interception de la voie, demandes de secours, mouvements de machines, arrêts extraordinaires des trains, réglementation des horloges ; — 2° Indication de la composition des trains, du nombre des wagons à prendre ou à laisser, de la disposition des chargements, de la nature et de la quantité des marchandises à expédier par les gares ; — 3° Demandes de matières et de pièces de rechange, dont l'emploi est urgent par suite d'un cas imprévu ; — 4° Réclamation de bagages et de marchandises égarés, mais seulement de ceux enregistrés, les voyageurs devant payer la taxe des dépêches relatives aux colis non enregistrés, oubliés par eux dans les voitures ou dans les gares; — 5° Agents appelés en témoignage. — V. *Agents*, § 4 et *Justice*, § 2. »

Fonctionnaires et agents des comp. ordin. autorisés à correspondre. — Directeur du chemin de fer. — Ingénieur en chef: (1° de la voie; 2° du matériel et de la traction). — Ingénieurs: (1° chef d'exploitation; 2° inspecteur du matériel et de la traction; 3° de la voie; 4° de la traction). — Chef du service commercial. — Chef du contentieux. — Agent général du mouvement. — Chef du contrôle. — Sous-chef: (1° de traction; 2° du service commercial). — Insp. principal: (1° du mouvement; 2° du service commercial). — Inspecteur: (1° du mouvement; 2° du service commercial; 3° du contrôle). — Agent principal: (1° du mouvement; 2° du service commercial). — Chef: (1° du bureau de mouvement; 2° de dépôt; 3° de section.) — Sous-chef de dépôt. — Chef de gare. — Conducteur chef. — Piqueur de la voie.

SERVICE DES SECTIONS A VOIE UNIQUE (V. l'art. *Voie unique*). — Nous mentionnerons ici *p. mém.* une disposition très importante relative à la circulation exceptionnelle, sur les sections à une seule voie, des trains non réguliers. — « Sur la voie unique, la création de tout train facultatif ou extraordinaire doit être annoncée d'avance à toutes les gares situées sur son parcours. — Indépendamment de cette annonce générale et à moins que le service télégraphique ne soit interrompu, aucun train facultatif ou extraordinaire ne doit quitter une gare sans qu'il ait été signalé par le télégraphe à la gare suivante, et que cette dernière ait répondu que la voie est libre et que le train est attendu. » (Décis. min., 21 sept. 1867.)

En général, sur les chemins *à voie unique*, il est essentiel que toutes les stations puissent se donner respectivement avis du départ et de l'arrivée des trains et échanger les autres dépêches nécessaires au service. (*Enquête sur l'expl. Recueil*, 1858.) — Pour débarrasser plus rapidement la voie, *en cas d'accident*, notamment lorsque les stations de la voie unique sont trop éloignées l'une de l'autre, il est d'usage d'établir des *postes intermédiaires* (éventuellement desservis par les chefs de trains eux-mêmes, en cas d'accident ou de détresse des convois.) Ces postes de secours ramènent l'étendue des circonscriptions télégraphiques à 7 ou 8 kilom. au plus. — Nous rappellerons, d'ailleurs, la recommandation suivante, qui présente une grande importance pour la sécurité: — « Les dépêches télégraphiques échangées sur la *voie unique* doivent toujours être passées en *toutes lettres* et la réponse doit toujours *être la répétition de la dépêche.* »

3° *Bureaux ambulants des postes.* — D'après un arrêté du min. de l'intér., 4 juin 1857 (art. 1er), « les compagnies de chemins de fer sont autorisées à transmettre en franchise, par leurs fils et leurs appareils, les dépêches télégraphiques qui leur seront présentées par les chefs des bureaux ambulants de l'admin. des postes. »

V. Gratuité des dépêches (en dehors du service purement commercial des comp. ou du public). — Extrait des instructions.

1° *Dépêches de service.* — Nous avons à peine besoin de faire observer que les avis télégraphiques dont il est fait mention, au § 4 ci-dessus, sont transmis gratuitement comme dépêches de service. Il faut y ajouter les échanges de dépêches pour la citation des agents des comp. appelés en témoignage (V. *Justice*, § 2) et les dépêches transmises par la police. — V. *Commissaires spéciaux.*

2° *Dépêches privées du public.* — Les dépêches que les voyageurs ou autres personnes sont admis à expédier dans les gares de ch. de fer, autorisées à cet effet par les instr. et règl. résumés plus haut, au § 3, sont soumises à la taxe d'usage. — Des réclamations s'étant élevées à ce sujet, il a été décidé par la C. de cass. le 15 févr. 1868 « qu'une comp. de ch. de fer n'est pas tenue d'expédier gratuitement les dépêches télégraphiques par lesquelles les voyageurs d'un train voudraient informer un tiers, du retard apporté à leur arrivée à destination. » — V. cet arrêt au mot *Voyageurs*, § 7.

VI. Perturbations et accidents du service télégraphique. — 1° Mesures générales (Voir au § 1er, l'art. 58 du cah. des ch.). — 2° *Indications diverses.* — V. ci-après:

(*Ext. du recueil d'enq. sur l'expl.* 1858.) — « Les perturbations qu'éprouve le télégraphe électrique proviennent de la rupture ou du mélange des fils et des pertes de courant ; elles ne sont pas très fréquentes, et, lorsqu'elles se produisent, on avise les agents de l'État, qui recherchent l'endroit défectueux et y portent remède. — Quand ces perturbations proviennent d'un dérangement dans les appareils, on en avise le chef de l'exploitation, qui envoie de suite des appareils de rechange. — Le service des trains est généralement organisé de manière à ne pas souffrir des interruptions télégraphiques, les points de croisement étant indiqués d'avance sur les lignes à simple voie. — Les comp. ne croient pas que l'emploi du télégraphe souterrain présenterait des avantages susceptibles de contre-balancer l'élévation de la dépense d'établissement. On aurait toujours une extrême difficulté à reconnaître les causes d'interruption des courants et les points où les travaux de réparation devraient être faits. » (*Enq. sur l'expl.*)

(*Dépêches arrêtées en route.*) — Lorsque les gares auront reçu une dépêche qu'elles ne pourront transmettre plus loin, pour cause d'interruption télégraphique, elles devront immédiatement en aviser le poste expéditeur, qui prendra des mesures en conséquence. (Extr. d'une instr. spéc. 26 mai 1866, réseau de Lyon.)

Élagage des plantations avoisinant les lignes télégraphiques. — (Extr. *p. mém.* d'une circ. min. tr. publ., 4 oct. 1881) : — « Monsieur le préfet, je suis informé qu'afin d'assurer le fonctionnement régulier des communications télégraphiques par le parfait isolement des fils, les agents de l'admin. des télégraphes devront procéder, au moins deux fois par an, à un élagage très complet des arbres avoisinant les lignes.— Cette opération ne pouvant s'effectuer sur des plantations dépendant des routes nationales ou des voies navigables sans le concours des agents des p. et ch., je vous prie de donner des instructions à MM. les ingén. de votre dép. pour que ce concours soit assuré aux fonctionn. du service télégraphique toutes les fois qu'il sera réclamé. »

VII. Police, Surveillance et protection des lignes télégraphiques.

— Ainsi qu'on le verra plus loin (extr. des circ. min., 26 déc. 1851 et 25 nov. 1852, le min. des tr. publ. a recommandé à tous les agents chargés du contrôle et de la surv. de l'expl. des ch. de fer de veiller avec soin à la conservation des lignes télégraphiques établies le long des voies ferrées. — De leur côté, les règl. spéc. des comp. imposent à ce sujet aux agents de la ligne les obligations les plus formelles (V. ci-après, § 8). — En dehors de leurs devoirs ordinaires de service, le bon fonctionnement des appareils télégr. exige une attention spéciale de la part des agents. — Ainsi, « le chef d'une gare, qui, surtout par un mauvais temps persistant, ne se préoccupe pas du fonctionnement régulier du télégraphe, — qui, par suite, se trouve dans l'impuissance de signaler aux chefs des gares intéressées l'écroulement d'un pont de la voie ferrée, — qui ne songe même point à recourir au poste télégraphique que possède l'État en ville, — qui enfin, en présence d'une catastrophe imminente, n'en avise pas le train immédiatement, — ce chef de gare commet autant de fautes qui engagent sa responsabilité, au sujet de la chute d'un train de voyageurs dans le vide produit par l'écroulement dudit pont. » (C. d'appel d'Aix, 19 juin 1872.) — Nous reproduisons du reste, ci-après, le décret organique du 27 déc. 1851, sur la police et la surv. des lignes télégraphiques, ainsi que les instructions générales ou particulières dont il a été suivi :

Décret, 27 *déc.* 1851 (sur l'établ. et la police des lignes télégraphiques) :

« TITRE I. — (*Établ. et usage des lignes télégraphiques.*) Art. 1er.— Aucune ligne télégraphique ne peut être établie ou employée à la transmission des correspondances que par le gouvernement ou avec son autorisation. — Quiconque transmettra, sans autorisation, des signaux d'un lieu à un autre, soit à l'aide de machines télégraphiques, soit par tout autre moyen, sera puni d'un emprisonnement d'un mois à un an et d'une amende de 1000 à 10,000 fr.

TITRE II. — (*Des contraventions, délits et crimes relatifs aux lignes télégraphiques.*) — Art. 2. Quiconque aura par imprudence ou involontairement commis un fait matériel pouvant compromettre le service de la télégr. électrique, quiconque aura dégradé ou détérioré, de quelque manière que ce soit, les appareils des lignes de télégr. électrique, sera puni d'une amende de 16 à 300 fr. *La contrav. sera poursuivie et jugée, comme en matière de grande voirie.*

3. (*Dégradation volontaire.*)— Quiconque, par la rupture des fils, par la dégradation des appareils ou par tout autre moyen, aura volontairement causé l'interruption de la correspondance télégraphique électrique, sera puni d'un emprison. de trois mois à deux ans et d'une amende de 100 à 1,000 fr. (Les poursuites seront exercées judiciairement. *Note.*)

4. — Seront punis de la détention et d'une amende de 1000 à 5,000 fr., sans préjudice des peines que pourrait entraîner leur complicité avec l'insurrection, les individus qui, dans un mouvement insurrectionnel, auront détruit ou rendu impropre au service un ou plusieurs fils

de télégraphie électrique ; ceux qui auront brisé ou détruit un ou plusieurs télégraphes, ou qui auront envahi, à l'aide de violences ou de menaces, un ou plusieurs postes télégraphiques, ou qui auront intercepté par tout autre moyen, avec violences et menaces, les communications ou la correspondance télégraphique entre les divers dépositaires de l'autorité publique, ou qui s'opposeront avec violences ou menaces au rétablissement d'une ligne télégraphique.

5. (*Attaques envers les agents.*) — Toute attaque, toute résistance avec violence et voies de fait envers les inspecteurs et les agents de surveillance des lignes télégraphiques électriques ou aériennes, dans l'exercice de leurs fonctions, sera punie des peines appliquées à la rébellion, suivant les distinctions établies au Code pénal.

6. (*Contrav. commises par les concess. ou fermiers de ch. de fer*). — Lorsque l'interruption du service télégr. aura été occasionnée par l'inexécution, soit des clauses du cah. des ch. et des décisions rendues en exéc. de ces clauses, soit des obligations imposées au concess. ou fermiers, ou par l'inobserv. des règl. ou arrêtés, procès-verbal de la contrav. sera dressé par les insp. du télégraphe, par les surv. des lignes télégraphiques, ou par les commissaires préposés à la surv. des ch. de fer.

7. — Les procès-verbaux, dans les quinze jours de leur date, seront notifiés administrativement au domicile élu par le concess. ou le fermier, à la diligence du préfet, et transmis dans le même délai au conseil de préfecture du lieu de la contravention.

8. — Les contrav. prévues en l'art. 6 seront punies d'une amende de 300 à 3,000 fr.

Titre IV. — (*Dispositions concernant les télégraphes aériens.*) Art 9. — P. mém.

Titre V. — (*Dispositions générales.*) Art 10. — Les crimes, délits ou contraventions prévus dans la présente loi pourront être constatés par des procès-verbaux dressés concurremment par les officiers de police judiciaire, les commiss. préposés à la surv. des ch. de fer, les insp. des lignes télégraphiques, les agents de surv. nommés ou agréés par l'admin. et dûment assermentés. — Ces procès-verbaux feront foi jusqu'à preuve contraire.

11. — Les procès-verbaux dressés en vertu de l'art. précédent seront visés pour timbre et enregistrés en débet. Ceux qui auront été dressés par des agents de surv. assermentés, devront être affirmés dans les trois jours, à peine de nullité, devant le juge de paix ou le maire, soit du lieu du délit ou de la contravention, soit de la résidence de l'agent.

12. — L'admin. pourra prendre immédiatement toutes les mesures provisoires pour faire cesser les dommages résultant des crimes, délits et contraventions, et le recouvrement des frais qu'entraînera l'exécution de ces mesures sera poursuivi administrativement, le tout ainsi qu'il est procédé en matière de grande voirie.

13. — L'art. 463 du Code pénal est applicable aux condamnations qui seront prononcées en exécution de la présente loi.

14. — En cas de conviction de plusieurs crimes ou délits prévus par la présente loi ou par le Code pénal, la peine la plus forte sera seule prononcée. » — (*Décr.* 27 déc. 1851.)

Application du décret du 27 déc. 1851 (circ. du min. de l'intér. aux préfets, 25 nov. 1852 ; Extr. : « Le décret distingue deux espèces de faits pouvant mettre en péril la corresp. télégraphique ; les uns commis sans intention de nuire, les autres commis avec une intention malfaisante. Les premiers sont justiciables des C. de préf., les autres des trib. ordinaires.

Le § 1er de l'art. 2 place dans les contraventions tous les faits, même involontaires, qui pourraient compromettre le service télégraphique. Mais, pour ôter à cette disposition législative ce qu'elle pourrait avoir de trop rigoureux, si elle était sévèrem. appliquée, je vous recommande de ne poursuivre les contrevenants que lorsque l'imprudence sera manifeste ; et dans ce cas, il faut, sans aucun doute, ranger les faits suivants : attacher des animaux aux supports des lignes, pratiquer des affouillements au pied des poteaux, appuyer sur les appareils de la ligne des pièces de bois et d'autres matières pesantes, susceptibles de les rompre ou de les fausser ; placer enfin sur les fils des objets pouvant établir des communications entre eux. — Les détériorations et les dégradations consisteront principalement dans la dégradation des poteaux, le bris des appareils par le jet de pierres, la rupture des fils par imprudence, les dégâts causés aux lignes électriques souterraines par des travaux faits sans précaution dans le sol où elles sont placées.

La répression des faits volontaires suppose toujours que l'on puisse prouver l'intention mauvaise qui constitue et caractérise le délit ; mais quand cette preuve a été faite, comme l'intention est le principal élément de la criminalité, il ne peut être douteux que tout fait, soit direct, soit indirect, qui amènerait l'interruption de la correspondance télégraphique ne soit soumis aux dispositions pénales de l'art. 3.

(*Des contrav. commises par les concess. ou fermiers de ch. de fer.*) — La plupart des lignes électriques sont placées le long des chemins de fer ; elles sont en contact presque immédiat avec tout le mouvement qu'entraînent toutes ces grandes exploitations, et subissent des périls proportionnels au nombre d'agents qui circulent sur les voies ferrées et à la puissance des masses qui les parcourent. Il fallait protéger les lignes contre de pareils dangers et ne point permettre que les comp., abusant de leur situation, pussent compromettre un service administratif. L'art. 8 a pourvu à cette nécessité en élevant la peine au niveau du péril ; mais le législateur n'a pas voulu punir indistinctement tous les actes, même accidentels, qui viendraient apporter un trouble quelconque dans le service télégraphique. Il exige qu'il y ait faute et que l'accident arrive par l'inexéc. soit des clauses du cah. des ch., soit des obligations imposées aux concessionn., ou par l'inexéc. des régl. ou arrêtés émanés du min. des tr. publ. Vous devez donc agir avec fermeté contre celles des comp. qui, par l'incurie ou le mauvais vouloir de leurs agents, compromettraient la correspondance télégraphique ; mais, il faut aussi bien se garder de rendre les comp. responsables d'actes purement accidentels, et n'accusant ni imprudence, ni mauvaise direction. Lorsque des doutes s'élèvent sur certains faits, vous pourrez consulter utilement les ingén. en chef chargés du contrôle de l'exploitation. » (Circ. min. 25 nov. 1852.)

(Protection et surveillance des lignes télégraphiques.) — Le min. des tr. publ. a recommandé « à tous les agents chargés du contrôle et de la surv. de l'expl. des ch. de fer, de veiller avec soin à la conservation des lignes télégraphiques établies le long des voies ferrées. » (Voir au § 8 ci-après la circ. du min. des tr. publ. relative à cet objet.)

VIII. Surveillance spéciale et mesures diverses. — D'après les règlements des compagnies, approuvés par le ministre, « les cantonniers, gardes et poseurs doivent surveiller les installations télégraphiques, comme la ligne elle-même, et signaler à leurs chefs et à la station la plus voisine, les dérangements et ruptures de fils, en ayant soin d'isoler d'abord les fils rompus pour empêcher leur contact avec les autres. — Ils doivent, en outre, donner aux commiss. de surv. les avis dont il est question dans la circ. suivante, adressée aux chefs du contrôle le 26 déc. 1851 par le min. des tr. publ. — « Je suis informé que des tentatives de destruction ont été dirigées contre le télégraphe électrique établi sur les ch. de fer, sans que ces faits aient été portés par les comp. à la connaissance des commiss. de surv. admin. Cette négligence me paraît regrettable et, pour en prévenir le retour, je vous prie d'inviter les comp. de ch. de fer dont le contrôle vous est confié à signaler imméd. aux commiss. de surv. les accidents, de quelque nature qu'ils soient, qui pourraient survenir aux appareils du télégraphe électrique. »

Mesures diverses. — Les règlements de quelques compagnies mentionnent enfin les mesures suivantes, par applic. ou comme complément des dispositions résumées aux §§ 1 et 2 ci-dessus : — « Les surveillants des lignes télégraphiques peuvent être admis dans tous les trains de voyageurs. » — *(Matériaux, appareils,* etc.) — Les outils et objets dont les surveillants et ouvriers de l'admin. des lignes télégraphiques ont à faire usage pour leur service doivent être transportés en franchise et expédiés de manière qu'ils parviennent à bref délai à leur destination. — Cette dernière mesure, qui s'applique surtout à l'entretien des appareils télégraphiques, ne paraît pas être généralisée sur tous les réseaux lorsqu'il s'agit du matériel de premier établ. des lignes télégraphiques, V. § 1, 3°, et est subordonnée du reste aux conventions passées entre l'État et les compagnies.

Viol du secret des dépêches télégraphiques (ext. de la loi du 29 nov. 1850, sur la télégraphie privée, art. 5). — Tout fonctionn. public qui viole le secret de la correspondance télégraphique est puni des peines portées en l'art. 187 du C. pénal, article d'après lequel toute suppression, toute ouverture de lettres confiées à la poste, commise ou facilitée par un fonctionnaire ou un agent du gouvernement ou de l'admin. des postes, sera punie d'une amende de 16 à 500 fr., et d'un emprisonn. de trois mois à cinq ans. Le coupable sera, de plus, interdit de toute fonction ou emploi public pendant cinq ans au moins et dix ans au plus. »

Télégraphie internationale (formalités). — V. *Service international.*

IX. Installation télégraphique sur les chemins de fer de l'État (et lignes diverses). — 1° Chemins de fer de l'État (circ. min., 14 nov. 1881, et documents divers) (V. *Matériel fixe*, § 2 et *Superstructure*). — 2° Lignes d'int. local (V. l'art. 57 du cah. des ch. de ces lignes). — *Droits d'octroi sur les matériaux des lignes télégraphiques* (Art. 1er, décret 8 déc. 1882). — Voir *Octroi*, § 3.

TÉMOINS. — TÉMOIGNAGE.

I. Dépositions en matière civile *(Formalités et récusations).* Droit commun. — Art. 283 du C. de procéd. civile. — P. mém. — *Qualité des agents des compagnies, pour* *témoigner* (Admission légale du témoignage des agents des comp.), C. C., 29 déc. 1880 (Voir le mot *Agents*, § 3, 5°). — « Le personnel d'une compagnie de chemin de fer peut être cité comme témoin dans une affaire intéressant celle-ci ; peu importe même qu'un agent (*le chef degare*, dans l'espèce) ait eu à rediger un rapport sur l'accident dont il est question. » (Trib. civil et C. d'appel de Chambéry dont différents arrêts ont admis le principe rappelé, « sauf à avoir tel égard que de raison à la déposition dont il s'agit) ». — D'après la C. de Dijon (8 mars 1880, date antérieure à celle de l'arrêt précité et plus général de la C. de c.) « ni un ingén. ni un chef de section de ch. de fer ne sont des serviteurs reprochables dans le sens de l'art. 283 du C. de procéd. — Il en est de même d'un médecin de la compagnie. » — Ainsi que nous l'avons fait connaitre d'ailleurs au mot *Agents*, § 3, 5°, il n'est plus fait de distinction aujourd'hui à ce sujet entre les matières *commerciales* et les affaires *d'accidents*.

    Formalités de citation des agents en justice (Avis télégraphique). Applic. des circ. min. 23 juill. et 3 sept. 1863. — V. *Justice*, § 2.

    II. Ingénieurs et commissaires du contrôle (*appelés en témoignage*). — Circ. min., 10 oct. 1853, 16 juin 1857, etc. — V. *Citation* et *Justice*, § 2.

TENDERS.

    I. Indications explicatives. — Il est presque surabondant de rappeler que le tender est le véhicule exclusivem. affecté au transport du combustible et de l'eau nécessaires à l'alimentation de la locomotive. Ce véhicule, immédiatement attelé à la machine et qui fait en quelque sorte corps avec elle, est toujours muni d'un frein. Il porte, en outre, à son arrière, un coffre contenant les outils et engins nécessaires pour relever un wagon déraillé, ou démonter les parties du mécanisme de la machine qui viendraient à se briser en marche. Le mécanicien est responsable de la conservation et du bon entretien de ces outils. — (*Ext. des instr.*).

    Au sujet des signaux des conducteurs de trains, l'art. 29 du nouveau règl. des signaux rappelle que le train étant en mouvement, le conducteur de tête communique avec le mécanicien par la *cloche* ou le *timbre* du tender. — Un coup de cloche ou de timbre commande l'arrêt. — Voir *Signaux*, § 5.

    Les prescriptions contenues d'ailleurs dans l'ordonn. du 15 nov. 1846 au sujet des *tenders* (Voir ordonnances) se rapportent, savoir : 1° à la qualité des essieux de ces véhicules (art. 8, V. *Essieux*) ; — 2° à l'inscription du numéro d'ordre qu'ils doivent porter (art. 15) ; — 3° à la défense aux personnes non autorisées de monter sur le tender (art. 39) ; — 4° à leur bon état d'entretien (art. 16) ; — 5° aux fourgons à placer à la suite du tender (art. 20) ; — 6° à la vérification du tender avant le départ (art. 26) ; — 7° et enfin à la manœuvre du frein du tender (art. 36).

    Contenances, poids et prix des tenders. — V. *Alimentation, Poids* et *Prix.*

    II. Circulation des machines tender en avant. — V. *Refoulement* et *Secours.*

TENDEURS.

    Système d'attelage. — Le tendeur est la partie du mécanisme d'attelage des véhicules qui sert à rattacher les wagons entre eux et à amener les tampons au contact. Le tendeur et ses deux tampons correspondants sont montés tous trois sur un même ressort appelé ressort de choc ou de traction. — V. *Ressorts.*

    Emploi des tendeurs Lassale. — V. les renseignements sur les wagons à tampons secs, donnés à l'art. *Tampons.*

TENTATIVES DE MALVEILLANCE.

Constatation et répression. — V. les mots *Actes de malveillance* et *Crimes.*

TÉRÉBENTHINE.

Transport des huiles de térébenthine (Précautions spéc.). — V. *Essences.*

TERRAINS.

I. **Acquisitions de terrains** (par l'État, ou par les compagnies substituées aux lieu et place de l'État). — Extr. du cah. des ch. et des lois et instructions.

1° *Formalités générales d'expropriation* (loi 3 mai 1841) (V. *Expropriation.* — Voir au 3° ci-après les dispositions relatives aux terrains achetés par l'État et remis aux compagnies.

2° *Acquisitions faites par les compagnies* (substituées à l'État pour les ch. concédés). — L'art. 6 du cah. des ch. général prescrit d'acheter les terrains pour deux voies (même dans le cas où les rails ne seraient posés que pour une voie seulement). — « Les terrains acquis par la comp. pour l'établ. de la seconde voie ne pourront recevoir une autre destination. » (Art. 6, *id.*, dernier alinéa.) — La compagnie est investie de tous les droits de l'État pour l'acquisition des terrains (Art. 22 du cah. des ch). Elle doit supporter la dépense de tous les achats de terrains, occupations, dommages, etc., conf. aux prescriptions ci-après du cah. des ch. : — *Art. 21.* « Tous les terrains nécessaires pour l'établ. du chemin de fer et de ses dépendances, pour la déviation des voies de communication et des cours d'eau déplacés (V. *Déviations*), et en général, pour l'exécution des travaux, quels qu'il soient, auxquels cet établ. pourra donner lieu, seront achetés et payés par la comp. concessionn. »

Occupations, dommages, etc. (Études et travaux). — « Les indemnités pour occupation temporaire ou pour détérioration de terrains, pour chômage, modification ou destruction d'usines, et pour tous dommages quelconques résultant des travaux, seront supportées et payées par la compagnie » (dernier alinéa de l'art. 21, cah. des ch.). — Voir à ce sujet les mots *Extraction* (de matériaux) et *Occupation* (de terrains). — Voir aussi au mot *Études*, les dispositions relatives au respect des *propriétés privées,* dans les études de ch. de fer.

Chemins de fer secondaires. — En ce qui concerne l'établ. de nouveaux chemins d'intérêt secondaire, la commission d'enq. gén. sur l'expl. (*Recueil admin.* 1863), a exprimé l'avis « qu'il convient de continuer à prescrire l'acquisition des terrains pour deux voies, sauf le cas où rien absolument ne porte à prévoir un grand développement du trafic, et sauf celui où la dépense qu'entraînerait l'acquisition supplémentaire serait, par exception, considérable ». — Il y a lieu (à ce sujet) de prendre en considération la proposition tendant à ce que le prix des terrains soit en partie laissé à la charge des localités traversées, ou du moins, à ce que celles-ci soient tenues de délivrer les terrains à la comp. concess. moyennant un prix d'estimation établi d'avance, sous l'approb. de l'admin. — Pour les lignes construites principalement aux frais du département nous ne pouvons que renvoyer à l'art. *Chemin de fer d'intérêt local.*

Justification de la valeur des terrains achetés par les compagnies (comptes de premier établissement). — Voir au mot *Justifications,* § 1, l'art. 6 du décret du 2 mai 1863.

3° *Acquisitions faites par l'État* (Voir au mot *Compagnies,* § 6, l'art. 3 de la loi du 11 juin 1842 relatif aux terrains achetés pour les lignes commencées par l'État, et la loi du 19 juillet 1845, modificative de la disposition qui mettait une partie de ces terrains à la charge des départements et des communes). — *Terrains n'ayant pas encore reçu leur affectation.* — V. *Dépôts,* § 2, note 1, et *Gr. voirie,* § 5.

Remise de terrains aux compagnies. — Une disposition additionnelle du cah. des ch. de concession des lignes commencées par l'État dans le système de la loi de 1842, porte que ce dernier livrera à la compagnie les terrains achetés dans les conditions de la loi précitée du 11 juin 1842. — Les formalités de livraison sont réglées par des décisions spéciales, en ce qui concerne notamment la liquidation des indemnités restant à payer et la remise des parcelles non employées qui devraient revenir régulièrement à l'admin. des domaines, mais dont la comp. est ordin. mise en possession, en prévision des besoins éventuels de la ligne, sauf à rendre compte à l'État, à la fin de la concession, des excédents ou du produit de leur aliénation. (Voir plus loin au § 4.) — Voir aussi au mot *Conventions*, les références relatives aux lignes commencées par l'État (réseau complémentaire) et remises aux comp. en vertu des conventions de 1883.

4° *Acquisitions amiables.* — En général, les travaux de premier établ. des ch. de fer motivent toujours, à la diligence de l'État ou des comp., l'application de la loi du 3 mai 1841, sur l'exprop. pour cause d'utilité publique ; mais cette loi n'exclut pas les nombreuses acquisitions qu'il est possible de faire à l'amiable, soit par la voie admin. (travaux de l'État), soit par l'interméd. des notaires (travaux des compagnies), et autorise même (art. 58) la restitution des droits fiscaux perçus sur les acquisitions déjà faites à l'amiable, et comprises ultérieurement, dans les arrêtés de cessibilité. — Voir à ce sujet l'art. *Enregistrement.* — V. aussi au mot *Acquisitions de terrains*, pour la dispense de certaines formalités au sujet des *acquisitions amiables* n'excédant pas 500 fr.

De même les *acquisitions complémentaires* faites par les comp. soit pour l'achèvement des lignes, soit pour l'agrandissement des gares, soit enfin, dans toutes les circonstances où les travaux n'ont pas été précédés de la déclaration d'utilité publique, ont ordin. lieu par l'interm. d'un notaire d'après les règles du droit commun, moyennant l'acquittement des droits de timbre et d'enregistr. fixés par la loi. — Dans ces circonstances seulement il est d'usage que les préfets, sur la proposition des compagnies et sur l'avis du contrôle, prennent des arrêtés prononçant l'incorporation au chemin de fer des parcelles exceptionnelles ainsi acquises à l'amiable par les compagnies. — V. aussi *Utilité publique.*

Contributions pour la dépense des terrains. — 1° Chemins entrepris par l'État (Voir au 3° du présent paragr. — V. aussi *Subventions*). — 2° Lignes d'intérêt local (Applic. de la loi du 11 juin 1880) (V. *Chemin d'intérêt local* et *Subventions*). — 3° Limites et légalité des *subventions* consenties. — Dans une affaire spéciale où la commune d'Arques avait pris l'engagement de fournir gratuitement les terrains nécessaires à l'établ. d'une station dans cette localité, le C. d'État a décidé (11 juillet 1884) que l'engagement ainsi pris par la commune ne pouvait s'étendre qu'à l'acquisition de la surface de terrain nécessaire pour l'établ. de la gare dans les conditions prévues à cette époque. Il résulte de l'instruction que cette surface n'excédait pas 3 hectares 15 ares. Le silence gardé par la municipalité, à l'époque où le projet de gare a été soumis aux enquêtes, n'a pu modifier l'étendue des obligations de la commune. — Il suit de là que la comp. du Nord-Est n'est pas fondée à demander que la commune d'Arques soit condamnée à lui rembourser le prix d'une surface de terrain dépassant 3 hectares 15 ares. — *Subvention subordonnée au choix de l'emplacement d'une station* (Terrains *communaux* cédés gratuitement à cet effet pour une ligne d'intérêt local). Engagements tenus suivant l'attestation du Conseil municipal, et reconnus valables par le C. d'État, 18 mars 1887 (Consulter au besoin l'arrêt dont il s'agit).

Sommier d'inscription des terrains acquis par l'État. — V. *Livre terrier.*

I bis. Règles exceptionnelles d'expropriation ou d'occupation de terrains. —
1° *Traversée des carrières* (distinction des carrières exploitées ou non exploitées) (Voir *Carrières*, §§ 3 et 5 et *Mines*, §§ 4 et 4 bis). — 2° Distinction entre la *surface* et le *sous-sol* des terrains traversés par l'établ. d'un tunnel. — V. *Souterrains.*

Compétence judiciaire, au sujet de l'occupation définitive d'un sous-sol incorporé au domaine public : — « Le tréfonds d'une propriété a été occupé, sans exprop. préalable, par une comp.

de ch. de fer, pour la constr. d'un tunnel. — C'est à l'autorité judic. qu'il appartient de décider si le prop. dépossédé a droit à une indemnité, à raison de cette occupation définitive d'un sous-sol ainsi incorporé au domaine public, et de procéder au règl. de cette ind., suivant les formes prescrites par la loi sur l'expropr. pour cause d'utilité publique. » (Trib. des conflits, 13 févr. 1875.)

3° *Terrains à occuper sur le domaine public.* — V. ci-après, § 3.

II. Zone légale des terrains du chemin de fer.
— *Ouvrages compris dans les dépendances de la voie* (Voir les mots *Bornage, Dépendances, Entretien* et *Grande voirie*). — En principe, les terrains *employés* pour l'établ. des ch. de fer et de leurs dépendances font partie de la grande voirie, et les compagnies ne sont qu'usufruitières du sol, soit qu'elles aient elles-mêmes acquis les terrains dont il s'agit, soit qu'elles aient repris les travaux commencés par l'État. — Il appartient donc à l'admin. et notamment à l'autorité préfectorale d'intervenir pour toutes les questions contentieuses qui se rattachent au service domanial de la voie. — Ainsi « aucune construction *étrangère* au service de l'expl. ne doit être autorisée sur les terrains dépendant des chemins de fer (Déc. min., 19 juill. 1860. Aff. Guedeney). » Espèce relative à l'établ. d'un buffet *non incorporé* au ch. de fer. — Voir aussi à ce sujet les mots *Alignements, Anticipations, Clôtures, Contraventions* et *Travaux,* § 4.

Superficie moyenne et dépense (des terrains occupés par les lignes d'intérêt général). — D'après de nombreux renseign. statistiques, la zone *moyenne* de terrain affectée à l'établ. de chemins ouverts à deux voies, ne peut pas être évaluée à moins de 30 mètres, savoir : — 1° Pour chacune des deux voies, d'axe en axe des rails, 1m50, soit 3 mètres ; — 2° entrevoie (unique), 2 mètres ; — 3° accotements extérieurs, chacun 1 mètre, soit 2 mètres ; — 4° banquette ménagée au pied de chaque talus du ballast, 0m50, soit 1 mètre ; — 5° fossés, rigoles, talus du ballast et du terrain, perrés, etc. (par aperçu), 14 mètres ; — 6° stations, remises, ateliers, cours, voies d'évitement (en moyenne), 3 mètres ; — 7° chemins latéraux, chemins d'accès, déviations, etc. (par aperçu), 4 mètres ; — 8° terrains pouvant être revendus, 1 mètre. — Ensemble, 30 mètres. — Dans l'évaluation générale de l'emploi desdits terrains on a trouvé que les 85 centièmes étaient compris entre clôtures, dont 35 centièmes seulement occupés utilement par la voie et les gares. — A l'occasion de l'encombrement des gares et stations qui a été la suite de la crise commerciale des transports, de 1870 à 1872, le ministre s'est fait rendre compte de la superficie comparative des gares et de l'ensemble des voies, y compris bâtiments et annexes. — Nous n'avons pas ce travail général sous les yeux, — mais un extrait relatif au réseau du Midi nous a appris que 25 des principales gares et des gares d'embranchement de ce réseau occupaient dans leur ensemble une surface de 402 hectares 51 ares, soit *en moyenne* une superficie de 16 hect. 10 pour chaque gare.

Dépense moyenne d'achats de terrains. — Les mêmes relevés statistiques ont fait ressortir la dépense moyenne d'acquisition des terrains, pour 13 lignes principales comprenant ensemble 1830 kilom., à 30,718 fr. par kilom. et à 9,102 fr. par hectare. — Mais nous n'avons pas besoin d'insister sur les variations que cette moyenne peut subir d'après la nature des terrains et suivant les localités.

Terrains acquis, non incorporés au ch. de fer. — V. *Grande voirie,* § 5.

III. Terrains occupés sur le domaine public
(*Routes nationales, lits des cours d'eau, terrains divers*). Dans certains cas les comp. ont été autorisées à adjoindre aux ch. de fer, sans indemnité préalable, des parties de terrains dépendant du domaine de l'État. — Ce fait s'est présenté notamment lorsque l'agrandissement d'une gare ou d'un passage à niveau nécessitait la prise de possession d'un terrain dépendant d'une route nationale ou de toute autre partie du sol de l'État. — Mais il n'y a pas ici un droit absolu pour les compagnies, comme cela résulte en termes généraux de la circ. min. du 19 août 1878, reproduite plus loin au § 5 et en particulier de la décision judiciaire suivante antérieure à la circ. dont il s'agit :

Alluvions des fleuves (changements de destination). — « Des terrains d'alluvion d'un fleuve, nécessaires à l'établ. d'un ch. de fer, doivent être achetés à lÉtat par voie d'expropriation, s'ils n'ont pu l'être par une indemnité préalable fixée à l'amiable entre l'État et la compagnie. Cette dernière objecterait vainement que les ch. de fer appartenant dès maintenant à l'État font partie du domaine public et qu'ainsi, le terrain de ce fleuve, aussi domaine public, n'a fait que changer d'affectation, en continuant de profiter à l'État. » (C. C., 8 mai 1865, comp. de Lyon.) — Il s'agissait, dans l'espèce, d'une parcelle expropriée contre un sieur Bertin, et dont le prix avait été versé à la caisse des consignations en raison du litige existant sur la propriété de cette parcelle entre l'État et ledit sieur Bertin, qui s'est désisté pendant l'instance. D'après l'arrêt précité, les terrains provenant du domaine public fluvial ou maritime font partie du domaine de l'État, qui est autorisé à les aliéner et qui doit en percevoir le prix, sans qu'il soit d'ailleurs nécessaire que, par un acte spécial du gouvernement, ces terrains aient été préalabl. retranchés du domaine public ; il suffit, en effet, que l'État leur ait donné une nouvelle destination, ou que ce retranchement se soit opéré de fait par un changement survenu dans la situation des lieux qui fasse cesser l'usage public auquel ils étaient précédemment affectés.

Lit des cours d'eau non navigables ni flottables. — « Une comp. de ch. de fer qui a compris dans le tracé de son chemin un cours d'eau, non navigable ni flottable, ne doit aux riverains aucune indemnité d'expropriation. » (C. C., mai 1861.) — Voir pour cette dernière question, la circ. min. générale du 19 août 1878, reproduite au § 5 ci-après.

Inaliénabilité du sol des fortifications. — D'après une circ. expresse du min. de la guerre, 27 sept. 1855, rappelée avec instance le 24 déc. 1873, « aucun immeuble dépendant des fortifications ne doit être compris dans les arrêtés qui désignent les propriétés à exproprier pour cause d'utilité publique. » — Voir *Fortifications*.

Distinction entre le domaine public et le domaine privé de l'État (Questions de droit commun). — V. *Domaines*.

Terrains restés libres par suite de déviations. — V. plus loin, § 5.

IV. — **Aliénation de parcelles restées sans emploi** (*ou de celles provenant de déviations*). — En principe, les parcelles de terrains reconnues inutiles et celles qui ont été acquises en excédent en vertu de l'art. 50 de la loi du 3 mai 1841 sont ordin. aliénées, ou rétrocédées aux riverains lorsqu'ils en font la demande, dans les conditions indiquées aux articles *Alignements*, § 9, et *Rétrocession* ; le prix de la vente fait retour à l'État ou à la compagnie suivant que l'un ou l'autre a supporté la première dépense d'acquisition des terrains. — Telle est du moins la marche qui avait été suivie pour les anciennes lignes construites par l'État dans le système de la loi de 1842, ou exécutées par les compagnies ; mais ce système de rétrocessions partielles, ayant produit de médiocres résultats, en ce qui concerne les parcelles qui étaient restées la propriété de l'État, une mesure d'ensemble pour l'aliénation de ces parcelles a été prise par la circ. min. suivante du 2 août 1875, adressée aux ingén. de la construction des nouvelles lignes et aux chefs du contrôle des ch. de fer en exploitation.

Circ. min. 2 août 1875 (Extr.). — « Le ministre des finances vient de me faire connaître qu'il résulte des renseignements qui sont parvenus à son admin. qu'il existerait en ce moment, le long des lignes de ch. de fer un assez grand nombre de parcelles qui ont été acquises à diverses époques aux frais de l'État, et sont depuis restées sans emploi. — Mon collègue ajoute que ces parcelles sont de nature à subir des usurpations partielles ou totales qu'il serait fort difficile de faire cesser s'il s'écoulait un peu plus longtemps avant que le Domaine fût appelé à intervenir, et il me demande de donner des ordres pour que la remise de ces parcelles au Domaine ait lieu le plus tôt possible (1). J'ai l'honneur, en conséquence, de vous prier de vouloir bien faire dresser un état des parcelles de terrains qui ont été acquises par l'État pour l'établ. des différentes lignes qui constituent le réseau dont le contrôle vous est confié, et qui se trouvent aujourd'hui sans emploi. — Vous voudrez bien, après avoir relevé pour chaque parcelle les indications qui se rapportent à sa situation cadastrale et à son expropriation, mentionner si le prix d'achat a été

---

(1) Cette dépêche a été motivée sans doute par les *usurpations* qui avaient pu être reprochées à certains propr., comme dans l'espèce suiv. (jugée en C. d'État, 7 août 1874). — « Sur le recours incident du min. tendant à ce que l'arrêté du C. de préf. soit réformé, en tant qu'il a réservé la question de propriété d'une petite parcelle sise en dehors des limites de la voie et occupée par les sieurs Duluat et Cie : — la petite parcelle dont s'agit est en dehors des clôtures du ch. de fer et ne peut être considérée comme constituant une dépendance de la voie. Dès lors,

remboursé plus tard au Trésor par la comp., ou si celle-ci a donné à l'État d'autres terrains en échange. — Vous ferez connaître enfin si cette parcelle vous paraît ne devoir jamais être d'aucune utilité pour le service du chemin de fer.

Ce travail devra être fait par ligne et par département.

Je vous serai obligé d'y faire procéder immédiatement par MM. les ingén. placés sous vos ordres, et de m'en adresser le résultat le plus promptement possible. »

Formalités diverses (au sujet de la revente ou de l'échange des terrains acquis par l'État). — *Concours obligatoire de l'admin. des domaines* (Circ. min., 1er août 1878, relative à la cession irrégulière ou à l'échange des parcelles dont il s'agit et prescrivant la remise de ces parcelles aux Domaines). — V. *Domaines*. — Droit de propriété du sol des avenues de gare et formalités de remise, etc. — V. *Avenues, § 4*. — Terrains restés libres *par suite de déviations*. — V. le § 5 ci-après :

Nota. — Au sujet de l'applic. de la circ. min. du 1er août 1878, relative à la vente ou à *l'échange* des terrains, nécessitant le concours de l'admin. des domaines, nous mentionnons *pour mém.* l'arrêt antérieur ci-après, du C. d'État qui semble constituer une exception aux règles d'usage.

Modification d'une gare. — Lorsque le périmètre d'une gare doit être modifié par voie d'échange de terrain avec un propr. riverain, c'est à la comp. du ch. de fer et non à l'admin. des domaines qu'appartient la faculté de suivre l'échange proposé ; mais cet échange est subordonné à l'approb. préalable du projet par le min. des tr. publ. (C. d'État, 28 mars 1854. Espèce applicable à une modification de gare autorisée par le ministre, sous la réserve que les parcelles remises aux propr. riverains du ch. de fer ne sont pas affranchies des servitudes qui, aux termes de la loi du 15 juillet 1845, grèvent les propriétés bordant les voies ferrées).

Aliénation de parcelles restées disponibles sur les terrains achetés par les compagnies. — Nous ne connaissons pas de règle uniforme au sujet des formalités de revente, *par la compagnie*, des parcelles achetées à ses frais et restées sans emploi. — Il est seulement prescrit aux comp. d'aliéner ces parcelles dans le délai de deux années et de déduire des comptes de premier établissement, la valeur ainsi réalisée des propriétés immobilières qu'elles ont acquises et qui ne sont pas affectées au service du chemin de fer (Éxécution du décret du 2 mai 1863, art. 6). — V. le mot *Justifications*.

Terrains remis par l'État aux compagnies (parcelles non employées). — Voir pour les formalités de rétrocession de ces parcelles les indications résumées au mot *Alignements*, § 9, et qui sont conformes, du reste, à la jurispr. admin. confirmée ci-après :

Le C. d'État a décidé, le 26 janv. 1880, « qu'une parcelle faisant partie de *terrains remis par l'État à une comp.* n'en était pas moins comprise dans la concession, bien qu'elle n'eût pas été ultérieurem. utilisée pour les besoins de l'expl. ; — que, par suite, la comp. avait droit au prix de la vente de ladite parcelle pour en jouir jusqu'à la fin de la concession. »

Déclassements de routes et chemins. — V. à la fin du § suivant.

V. Questions de propriété et d'aliénation des portions délaissées du domaine public (*Terrains provenant de déviations de routes, de cours d'eau modifiés, etc., et occupation des diverses parties du domaine public*).

— Dans ces questions de propriété des parcelles restées disponibles sur les chemins de fer, il y a un cas particulier qui a précédemment donné lieu à des appréciations divergentes. — *C'est celui où il s'agit de la question de propriété ou d'aliénation d'une portion du domaine public* (route nationale, cours d'eau navigable, ou même gare de chemin de fer) *restée libre par suite de dévia-*

---

en occupant cette parcelle, les sieurs Duluat et Cie ne sauraient avoir commis une contrav. de gr. voirie, et le min. est mal fondé à demander l'annulation de la disposition par laquelle le C. de préf. statuant sur le pr.-verbal susvisé, a déclaré réserver les contestations relatives à la propriété dudit terrain. » — V. aussi plus loin, à *Usurpation de terrains*, une décision de même date, au sujet d'une parcelle occupée *indûment* par le même propr., à *l'intérieur des clôtures.*

tion, ou abandonnée par suite des travaux du concessionnaire. — Les difficultés devaient-elles être soumises aux trib. ordinaires ou portées devant les trib. admin.? — D'autre part, qui, de l'admin. des domaines ou des comp. devait bénéficier de la propriété ou de l'aliénation de ces terrains disponibles ?

Sur le premier point le C. d'État (26 janv. 1870) et la C. de cass. (24 août 1870) ont été d'accord pour attribuer à la jurid. admin. contentieuse la connaissance des litiges de cette nature. — L'arrêt de la C. de cass. a été résumé ainsi qu'il suit : — « Le cah. des ch. d'une concession de ch. de fer constitue entre l'État et les concess. un marché de travaux publics. — La revendication dirigée par l'État contre ce concess., relativem. à une portion de route nationale abandonnée par suite d'une *déviation* opérée par les soins et aux frais dudit concessionn., n'est au fond qu'une difficulté sur le sens et la portée dudit cah. des ch. et ressortit, dès lors, à la jurid. des trib. administratifs. » (C. C., 24 août 1870.) — Voir aussi à ce sujet une décision très explicite du trib. des Conflits (3 juillet 1886) qui a attribué compétence à *l'autorité administrative* dans une contestation ayant pour objet la propriété d'une portion de route départementale qui avait été incorporée à une gare avec l'autorisation du ministre.

Relativement à l'attribution même de propriété des terrains dont il s'agit, un arrêt rendu au contentieux du C. d'État, le 28 juillet 1876, s'est nettement prononcé contre la prétention des compagnies et a établi, comme l'avait déjà fait d'ailleurs le C. gén. des p. et ch. (par un avis rappelé dans une décis. min. du 4 nov. 1869), que les portions de route nationale déclassées par suite des travaux de chemins de fer « devaient être remises à l'admin. des Domaines pour être aliénées au profit de l'État. » (V. *Déviations*, § 3). — C'est en vertu du même principe, que le min. des tr. publ. par circ. adressée, le 19 août 1878, aux ingén. en chef des p. et ch., a prescrit les mesures suivantes au sujet non pas seulement de la mise en vente des parcelles ainsi délaissées, mais pour le payement soit d'un *prix*, soit d'une *redevance* pour les diverses portions du domaine public, considérées comme occupées définitivement par le ch. de fer.

Relevé des parcelles disponibles (et mesures diverses) *Circ. min.*, *19 août* 1878. — « Monsieur l'ingén. en chef, par une décision rendue, le 28 juill. 1876, dans une instance engagée entre l'État, et la comp. des ch. de fer de P.-L.-M. — Le C. d'État statuant au contentieux, a reconnu que, — « si l'art. 21 du cah. des ch. de la concession impose à la comp. l'obligation d'acheter et de payer tous les terrains nécessaires pour l'établ. du ch. de fer et pour la déviation des voies de communication, — aucune disposition ne lui attribue les parcelles déclassées des routes; qu'elle n'est pas davantage fondée à se prévaloir, pour se prétendre prop. desdites parcelles, de ce que l'art. 22 la substitue à l'État pour l'exéc. des travaux dépendant de la concession; que cet art. n'a, en effet, pour but que de l'investir des droits et obligations qui dérivent, pour l'admin. des lois et règl. en matière de tr. publ. — L'admin. des domaines a pensé que cette décision, par la généralité de ses termes, lui donnait le droit, non seulement de se faire remettre et d'aliéner, dans les conditions prévues par la loi du 24 mai 1842, les portions des routes nationales et même des lits de cours d'eau navigables ou flottables rendues disponibles par la construction des nouvelles routes ou la création des nouveaux lits, opérée aux frais des comp. des ch. de fer, mais encore d'exiger de ces mêmes comp. le prix de toutes les parcelles du domaine national (routes, cours d'eau, rivages de la mer, etc.) qu'elles emploient à l'établ. des voies ferrées et des autres voies de communication dont la construction est à leur charge.

MM. les dir. des domaines ont été, en conséquence, invités à faire demander à MM. les ingén. des p. et ch. des relevés indiquant : 1° toutes les parcelles de routes, cours d'eau navigables ou flottables, rendues disponibles par les travaux de ch. de fer; 2° toutes les parcelles, de même origine, employées à la constr. des ch. de fer et de nouvelles routes, créées aux frais des compagnies, — et, à la suite de l'examen de ces relevés, à provoquer soit la remise et l'aliénation des terrains disponibles, soit la restitution des terrains vendus, soit la fixation des indemnités à la charge des compagnies (1).

_____

(1) Une lettre écrite à ce sujet le 30 août 1876 par le dir. des domaines du départem. de la *Seine* au préfet de ce départem. rappelait que le service des domaines était autorisé, par la décis.

Cette demande ayant soulevé quelques difficultés, il a paru qu'il y avait lieu de régulariser les occupations, par les comp. de ch. de fer, des dépendances du domaine public et j'ai, d'accord avec M. le min. des fin., décidé que les opérations y relatives devraient être faites d'après les bases suivantes :

« (I.) Toute occupation, par les comp. de ch. de fer, des dépendances du domaine public ou du domaine de l'État doit donner lieu au payement soit d'un prix, soit d'une redevance.

« (II.) Les comp. doivent payer, sans distinction de nature et de provenance, la valeur de toutes les portions du domaine public définitiv. incorporées à la voie ferrée et à ses dépendances, avec le consentement, exprimé ou implicite, du service chargé de la conservation de ce domaine.

« (III.) Est considérée, notamment, comme occupation définitive, celle des portions de routes ou de lits des cours d'eau navigables ou flottables sur lesquelles reposent des constructions, telles que les piles et culées des voûtes ou viaducs qui supportent la voie ferrée.

« (IV.) Mais il n'y a pas lieu d'exiger de prix pour les occupations temporaires et révocables, c'est-à-dire pour celles qui se concilient avec le maintien de l'affectation primitive de la portion du domaine public occupée; seulement, les compagnies sont tenues, comme les simples particuliers, au payement d'une redevance annuelle, en compensation des avantages qu'elles retirent d'une jouissance privative ou privilégiée.

« (V.) Il est admis, par exception à la règle ci-dessus rappelée et sans que cette exception puisse être étendue par analogie, qu'aucune redevance ne doit être exigée des compagnies pour les passages à niveau des voies ferrées sur les routes nationales, à raison des conditions toutes spéciales dans lesquelles s'exerce, sur ces points, la double circulation.

« (VI.) Enfin, en ce qui concerne l'*ancien tracé des routes dérivées*, une décision souveraine ayant reconnu que les comp. n'ont pas le droit d'en disposer à leur profit, même lorsqu'elles en ont opéré le remplacement à leurs frais, ces comp. ne sont pas plus fondées à occuper gratuitement les terrains qui en proviennent qu'à les vendre, et cette occupation doit, dès lors, donner lieu à la perception d'un prix ou d'une redevance, suivant les distinctions qui précèdent. Il doit en être de même pour les anciens lits de cours d'eau navigables ou flottables rendus disponibles par la création de nouveaux lits opérée aux frais des compagnies.

« (VII.) Il n'y a pas lieu, quant à présent, de revendiquer, au nom de l'État, la propriété de portions de lits de cours d'eau, non navigables ni flottables, incorporées à une voie ferrée ou délaissées par suite de la création de nouveaux lits. »

Je vous prie de faire préparer le plus promptement possible, conf. aux indications ci-dessus, les relevés des terrains occupés, par les comp. de ch. de fer, sur les dépendances du domaine public, qui vous ont été demandées par l'admin. des domaines. — Ces relevés dont le modèle joint à la circ. est indiqué ci-dessous (*entête partagé entre le verso et le recto*) seront dressés par département et remis à MM. les dir. des domaines, par l'interméd. de MM. les préfets... »

Nota. — Suit le modèle du tableau (format 0^m,31 sur 0^m,21) portant pour titre de 1re page : *Département d...* — MINISTÈRE DES TRAVAUX PUBLICS. — *Compagnie d...* (chemin de fer d...)

DÉLAISSÉS de ROUTES nationales.	ANCIENS LITS de COURS D'EAU navigables ou flottables.	DÉPENDANCES DU DOMAINE PUBLIC TERRESTRE, FLUVIAL OU MARITIME, occupées par la compagnie, à titre définitif.			
		Ports maritimes.	Cours d'eau navigables ou flottables et rivages de la mer.	Canaux.	Routes nationales.
h. a. c.	h. a. c.	h. a. c.	h. a. c.	h. a. c.	h. a. c.

susvisée du C. d'État du 28 juill. 1876 : — « 1° A se faire remettre et à aliéner, dans les conditions prévues par la loi du 24 mai 1842 (Instr. n° 1676), les portions de routes nationales rendues disponibles par la constr. des nouvelles routes créées aux frais des comp. de ch. de fer; — 2° A demander compte aux comp. du prix en principal et intérêts des parcelles qu'elles auraient aliénées; — 3° Enfin, à retirer de la caisse des dépôts et consignations les sommes provenant d'aliénations qui y auraient été déposées. — La même solution (ajoutait ladite lettre) est applicable aux portions des lits de cours d'eau devenues disponibles dans les mêmes circonstances. — Enfin, d'après la même décision du 28 juillet 1876, les comp. sont tenues de payer à l'État le prix de toutes les parcelles du domaine national public (et notamment des routes, cours d'eau, rivages de la mer, etc.) qu'elles emploient à l'établiss. des voies ferrées et

DÉPENDANCES				OBSERVATIONS.
DU DOMAINE PUBLIC TERRESTRE, FLUVIAL OU MARITIME, occupées par la compagnie, à titre précaire.				
Ports maritimes.	Cours d'eau navigables ou flottables et rivages de la mer.	Canaux.	Routes nationales.	
h. a. c.	h. a. c.	h. a. c.	h. a. c.	

Formalités de remise, de rétrocession ou d'échange de terrains. — 1° Parties délaissées du domaine public (Voir à titre de renseignement au § 4, ci-dessus). — 2° Formalités spéciales pour la vente de terrains provenant de changement de direction ou d'abandon des chemins vicinaux. — V. au mot *Chemin*, § 7, l'art. 19 de la loi du 21 mai 1836.

Nota. — Le principe d'après lequel le sol acheté par l'État pour les routes nationales ne cesse de lui appartenir, à moins d'aliénation légale, est naturellement applicable aux routes départementales et aux chemins vicinaux dont le sol appartient en propre aux départements et aux communes. — Ce système qui s'applique même à une voie publique dont le *classement* est ultérieurement modifié, résulte de trois avis du C. d'État, 27 août 1834, 22 juillet 1858, 22 nov. 1860. — Par le premier de ces avis, le C. d'État établit que le sol des routes nationales classées comme routes départementales ne peut être aliéné qu'au profit de l'État ; d'après le second, le sol des rues de ville classées comme routes nationales, ne peut être vendu qu'au profit de la ville ; et d'après le troisième, le sol d'un chemin vicinal classé comme route nationale ne peut être vendu qu'au profit de la commune. — Voir aussi *Avenues de gare*, § 5.

Échange et locations de terrains. — V. ci-dessus, § 4, et *Locations*.

VI. Renseignements et détails divers. — 1° Respect des propriétés privées (V. *Études*) ; — 2° Extraction et occupation de terrains (V. *Extraction* et *Occupations*) ; — 3° Questions de nue-propriété, etc. (V. *Amortissement* et *Domaines*) ; — 4° Terrains des chemins de fer d'intérêt local (V. *Chemins*) ; — 5° Contribution foncière et taxe des biens de main-morte (V. *Contributions*) ; — 6° Bureaux occupés par les services des postes et des télégraphes (V. *Postes* et *Télégraphie*) ; — 7° Terrains géologiques. — Renseignements à fournir pour l'École des mines (Circ. min., 11 janv. 1847 et 25 nov. 1853). — Voir *Mines*, § 6.

TERRASSEMENTS.

Prescriptions générales. — 1° Exécution des terrassements pour une seule voie (Art. 6 du cah. des ch.) (V. *Double voie*). — 2° *Projets de terrassements.* — Art. 5 du cah. des ch. et circ. min., 21 févr. 1877 (trav. des compagnies) (V. *Projets*). — *Simplification des avant-projets* relatifs aux trav. de l'État. — Circ. min., 28 avril 1880 (V. *Projets*, § 2, 3°). — *Transmission desdits projets.* — Circ. min., 28 déc. 1878 (V. *Études*, § 2, 2°). — 3° Travaux livrés par l'État aux compagnies (système de la loi du 11 juin 1842) (V. *Com-*

des autres voies de communication dont la construction est à leur charge. — En conséquence, et d'après les instr. de M. le dir. gén. des domaines, j'ai l'honneur de vous prier, Monsieur le préfet, de vouloir bien demander à MM. les ingén. en chef, chargés du contrôle des opérations des comp. dans le dép. de la Seine, et, s'il est nécessaire, à MM. les ingén. en chef chargés des services des routes et de la navigation, des relevés indiquant : — 1° Toutes les parcelles de routes, cours d'eau, etc., rendues disponibles par suite des travaux des comp. ; — 2° Toutes les parcelles de même origine employées à la constr. des ch. de fer et des nouvelles voies de communication créées aux frais des compagnies ». — Voir à ce sujet la circ. précitée du 19 août 1878, tr. publ.

pagnies, § 6). — 4° Terrassements des lignes d'intérêt local (Voir au mot *Chemin de fer d'int. local*, les art. 5 et 6 du cah. des ch. de ces lignes). — 5° *Confection des terrassements*. — Voir ci-après :

Mode d'exécution des terrassements. — Sans entrer dans les détails spéciaux relatifs à l'exécution des terrassements et des *voies de service* nécessaires pour leur confection, nous rappellerons que la plateforme des terrassements doit se trouver finalement aux niveaux indiqués par les profils approuvés, en tenant compte des règles générales inscrites dans les devis et dans les ordres de service spéciaux, où nous trouvons, par exemple, les recommandations suivantes :

Déblais et remblais peu élevés. — Dans les tranchées et dans toutes les parties en remblai, où la hauteur des terres rapportées ne dépasse pas 1^m,00, on procédera aux règlements conformément aux profils en long et en travers du projet approuvé.

Remblais élevés. — Pour les remblais de plus de 1^m de hauteur, la surface supérieure des terrassements sera réglée de manière à maintenir l'assiette normale de la voie, dans la prévision des effets ultérieurs des tassements. — Les surhaussements à donner dans ce cas dépendent de trop de circonstances pour être déterminés de prime abord. Il convient, en effet, de tenir compte de l'ancienneté des remblais, de la nature des terres dont ils sont formés et enfin de la compressibilité du sol sur lequel ils reposent. On peut cependant estimer que dans les cas les plus fréquents et pour des remblais récents, une surélévation de 0^m,10, pour 1^m,00 sera suffisante.

Écoulement des eaux. — Les travaux de terrassement doivent être combinés de manière à donner aux eaux de pluie ou de source l'écoulement le plus convenable ; il sera bon, d'ailleurs, de régler la surface des remblais surhaussés en les disposant légèrement en cuvette, afin d'empêcher les eaux de pluie de se répandre sur les talus et de les raviner. Cette disposition aura, d'ailleurs, pour conséquence, par suite du tassement toujours plus grand du bord du remblai, de donner finalement une plate-forme sensiblement de niveau.

Indications diverses. — 1° Tracé des lignes (V. *Tracé*) ; — 2° Pose des voies selon le tracé des terrassements (V. le mot *Voie*) ; — 3° Éboulements (V. *Drainage, Éboulements et Murs*) ; — 4° Dommages causés par les terrassements (V. *Dommages*) ; — 5° Déblais à la mine. — V. *Mines*, § 5.

Fossiles découverts dans les terrassements. — V. *Mines*, § 6.

TERRES POUR L'INDUSTRIE.

Conditions de transport. — V. *Classification, Marchandises et Tarifs.*

Tarifs spéciaux. — Des tarifs spéciaux sont appliqués sur quelques lignes pour le transport de l'argile, du kaolin (Voir ce mot), de la terre réfractaire et des terres non dénommées, employées pour l'industrie. — En général, le prix par 1000 kilog., frais de chargement, de déchargement et de gare compris, est de 0 fr. 05, plus 1 fr. par 1000 kilog. pour frais de chargement, déchargement et de gare ; le minimum de perception par 1000 kilog., frais accessoires compris, a été fixé à 3 fr. 50. — Les expéditions doivent avoir lieu par chargement de 5,000 kilog. au moins. — Enfin, la perception a lieu par fraction indivisible de 100 kilog. (Extr. *p. mém.*).

TIERCE EXPERTISE.

Règlement d'indemnités administratives. — V. *Expertise* et *Personnel*, § 4.

TIMBRE ET ENREGISTREMENT.

I à IV. Droits de timbre ou d'enregistrement sur les actes administratifs (*Cah. des ch., Conventions, Marchés de travaux, Acquisitions de terrains*, etc.; *Traités et Actes divers*). — Nous avons mentionné aux mots *Contribution foncière, Impôts* et *Patente*, les droits fiscaux qui pèsent sur le *sol* et sur l'*industrie* des chemins de fer au point de vué de l'assiette de l'impôt; voici les indications particulières relatives aux droits de *timbre* et d'*enregistrement* applicables aux affaires de travaux et de l'exploitation, au point de vue des actes, feuilles diverses, pièces de service, valeurs et titres mobiliers, soumis aux droits dont il s'agit, y compris les surcharges occasionnées par la guerre de 1870-71.

1° *Droit d'enregistrement des actes de concession, conventions et cahiers des ch.* — Voir à la lettre C, l'art. 71 du cah. des ch.

Marchés, traités et actes divers. — Chemins construits par l'État et *non encore exploités* (loi, 28 févr. 1872 et applic.). — V. ci-après :

(Loi 28 fév. 1872) *Art.* 1er. — La quotité du droit fixe d'enregistr. auquel sont assujettis par la loi du 22 frimaire an VII et par les lois subséquentes les actes ci-après, sera déterminée ainsi qu'il suit, savoir : 1°...., 2°...., etc.... 9° Les adjudications et marchés pour constructions, réparations, entretien, approvisionnements et fournitures, dont le prix doit être payé directement par le Trésor public, et les cautionnements relatifs à ces adjudications et marchés, par le prix exprimé ou par l'évaluation des objets....

Art. 2. — Le taux du droit établi par l'art. 1er ci-dessus est fixé ainsi qu'il suit : 5 fr. pour les sommes ou valeurs de 5,000 fr. et au-dessous, et pour les actes ne contenant aucune énonciation de sommes et valeurs, ni dispositions susceptibles d'évaluation ; — à 10 fr. pour les sommes ou valeurs supér. à 5,000 fr. mais n'excédant pas 10,000 fr.; — 20 fr. pour les sommes ou valeurs supér. à 10,000 fr., mais n'excédant pas 20,000 fr. — Et ensuite à raison de 20 fr. par chaque somme ou valeur de 20,000 fr. ou fraction de 20,000 fr. — Si les sommes ou valeurs ne sont pas déterminées dans l'acte, il y sera suppléé conf. à l'art 16 de la loi du 22 frimaire, an VII.

(*Nota*). — Les marchés dont le prix n'est pas payé *directement* par le Trésor public, sont assujettis ainsi que leurs cautionnements au droit proportionnel (Ext. d'une instr. de l'admin. de l'enregist. 29 fév. 1872). — Voir aussi, au mot *Enregistrement*, la circ. min. 25 mars 1880.

Art. 3. — (Droit minimum de 50 fr. en sus, en cas de dissimulation...)

Art. 4. — Les divers droits fixes auxquels sont assujettis par les lois en vigueur les actes civils, administratifs ou judiciaires, autres que ceux dénommés en l'art. 1er, sont augmentés de moitié... (Voir au 2° ci-après le 2e alinéa du présent art. 4.)

Art. 11. — (Timbre de récépissés et lettres de voitures de ch. de fer.) — V. plus loin, § 7.

Marchés relatifs aux chemins de fer exploités par l'État (Loi de finances, 22 déc. 1878). (Voir le mot *Contributions*, § 4.) — Voir aussi au mot *Enregistrement*, § 1, la circ. min. du 25 mars 1880.

Lignes d'intérêt local (Assimilation aux autres chemins). — V. *Contributions*, § 5, *Droits*, § 3, et *Enregistrement*, § 2.

Actes d'acquisition des terrains (paraissant soumis à la surtaxe indiquée à l'art. 4 de la loi précitée du 28 févr. 1872 (Voir au 1° ci-dessus), sous la réserve de diverses exceptions. — Voir *Acquisition de terrains* et *Enregistrement*, § 3.

2° *Actes de prestation de serment* (Loi du 28 février 1872, art. 4, 2e alinéa). — « Les actes de prestation de serment des gardes particuliers et des agents salariés par l'État, les départements et les communes, dont le traitement et ses accessoires n'excèdent pas 1500 fr. ne seront soumis qu'à un droit de 3 fr. (1). »

3° *Droit de timbre et d'enregistr. des procès-verbaux* (Extr. d'une circ. min., justice, 14 août 1876, et d'une instr. du dir. gén. de l'enreg., des domaines et du timbre, 23 mai 1877) : Sont indiqués comme soumis au *mode de timbre et d'enregistrement*, EN DÉBET..... — 9° Tous les procès-verbaux constatant des délits et contrav. à la police des ch. de fer

---

(1) Cette disposition paraît applicable aux employés des compagnies de chemins de fer qui ont été assimilés, moyennant l'*assermentation*, aux agents de l'autorité et de la force publique. — V. *Agents*, § 3. — D'après une instr. de l'admin. de l'enregistr. (29 févr. 1872), « le droit de 15 fr. élevé à 22 fr. 50 (c'est-à-dire moitié en sus) sera applicable à tous les autres fonctionnaires. » (C'est-à-dire à tous ceux dont le traitement est supérieur à 1,500 fr. — V. *Assermentation*, § 3.)

(art. 24, loi 15 juill. 1845), voir *Lois* et *Procès-verbaux*, et ceux relatifs aux règlements sur les appareils et bateaux à vapeur.....

Droits sur les copies de registres ou constatations. — V. *Procès-verbaux*, § 5.

4° *Quittances, reçus, décharges, acquits, etc.* (Droit de timbre de 0 fr. 10, timbres mobiles, etc.). Loi du 23 août 1871 et applications. — V. ci-après :

(*Loi du 23 août 1871.* Extr.) *Art.* 18. — A partir du 1er déc. 1871, sont soumis à un droit de timbre de dix centimes : — 1° Les quittances ou acquits donnés au pied des factures et mémoires, les quittances et simples, reçus ou décharges de sommes, titres, valeurs ou objets et généralement tous les titres de quelque nature qu'ils soient, signés ou non signés, qui emporteraient libération, reçu ou décharge ; — 2° Les chèques.... — Le droit est dû pour chaque acte, reçu, décharge ou quittance ; il peut être acquitté par l'apposition d'un timbre-mobile, à l'exception toutefois du droit sur les chèques.... — Le droit de timbre de dix centimes n'est applicable qu'aux actes faits sous signatures privées et ne contenant pas de dispositions autres que celles spécifiées au présent article.

19. — Une remise de deux pour cent sur le timbre est accordée à titre de déchet à ceux qui feront timbrer préalablement leurs formules de quittances reçus ou décharges.

20. — Sont seuls exceptés du droit de timbre de 10 centimes... — 2° Les quittances de dix francs et au-dessous, quand il ne s'agit pas d'un à compte d'une quittance finale sur une plus forte somme. — 3° Les quittances énumérées en l'art. 16 de la loi du 13 brumaire an vii (quittances des sommes reçues par les comptables des caisses publiques) — V. le mot *quittances*, — à l'exception de celles relatives aux traitements et émoluments des fonctionn., officiers des armées de terre et de mer et employés salariés par l'État, les départements, les communes et tous établissements publics ; — 4° Les quittances délivrées par les comptables de deniers publics, celles des douanes, des contributions indirectes et des postes, qui restent soumises à la législation qui leur est spéciale. — Toutes autres dispositions contraires sont abrogées... (1.)

22. — Les sociétés, compagnies, assureurs, entrepreneurs de transport et tous autres assujettis aux vérifications des agents de l'enregistrement par les lois en vigueur sont tenus de représenter auxdits agents leurs livres, registres, titres, pièces de recette, de dépense et de comptabilité, afin qu'ils s'assurent de l'exécution des lois sur le timbre. — Tout refus de communication sera constaté par procès-verbal et puni d'une amende de cent à mille francs.

23. — Toute contravention aux dispositions de l'art. 18 sera punie d'une amende de 50 fr. — L'amende sera due par chaque acte, écrit, quittance, reçu ou décharge pour lequel le droit de timbre n'aurait pas été acquitté. — *Le droit de timbre est à la charge du débiteur ; néanmoins le créancier qui a donné* quittance, reçu ou décharge en contravention aux dispositions de l'art. 18, est tenu personnellement et sans recours, nonobstant toute stipulation contraire, du montant des droits, frais et amendes.... »

Décret du 27 nov. 1871, réglant l'applic. de l'emploi du timbre mobile sur les quittances et décharges (*Extr.*) — *Art.* 3. — Les ordonnances, taxes, exécutoires, et généralement tous mandats payables sur les caisses publiques, les bordereaux quittances, reçus ou autres pièces, peuvent être revêtus du timbre à 10 centimes par les agents chargés du paiement. Le timbre est oblitéré au moyen d'une griffe par ces agents... — Les sociétés et compagnies, assureurs et entrepreneurs de transports assujettis aux vérifications des agents de l'enregistrement par l'art. 22 de la loi du 23 août 1871 et par les lois antérieures, peuvent, également sous leur responsabilité, user de la même faculté en ce qui concerne les actions, obligations, dividendes et intérêts payables au porteur, les rentes sur l'étranger, ainsi que toutes autres pièces de dépenses, états de solde et d'émargement. — *Art.* 4. — Les sociétés, compagnies et particuliers qui, pour s'affranchir de l'obligation d'apposer et d'oblitérer les timbres mobiles, veulent soumettre au timbre à l'extraordinaire des formules imprimées pour quittances, reçus ou décharges, sont tenus de déposer ces formules et d'acquitter les droits (sauf la remise de 2 pour cent accordée à titre de déchet) au bureau de

---

(1) Ext. d'une *circ. du 14 avril* 1872 (adressée par le dir. de la comptabilité publique aux trésoriers-payeurs généraux.) — « Les quittances, reçus ou décharges étaient déjà assujettis au timbre par les lois antérieures, mais la loi du 23 août 1871 a modifié le principe du droit, le tarif et le mode de perception. — « Ainsi les mandats de paiement étaient passibles, à cause de l'acquit des parties prenantes, d'un droit de timbre de 0 fr. 50, quelle que fût la dimension du papier ; ce droit n'est plus aujourd'hui que de 0 fr. 10, et il remplace celui de 0 fr. 50. Quant aux factures ou mémoires qui accompagnent lesdits mandats, ils doivent toujours être rédigés sur papier timbré, suivant la dimension, au prix de 0 fr. 60, 1 fr. 20, 2 fr. 40, etc. — Si le *pour acquit* est donné sur ces pièces, on doit y apposer en outre le timbre spéc. de quittance qui est de 0 fr. 10 ; mais dans ce cas, la quittance souscrite au bas du mandat est simplement d'ordre et n'est assujettie à aucun timbre. » — Quant aux traitements qui sont payés sur états d'émargement, il est dû un droit de 0 fr. 10 par chaque partie prenante. (Inst. de l'enreg. 25 août 1871.)

l'enregistr. de leur résidence ou à celui qui sera désigné par l'admin., s'il existe plusieurs bureaux dans la même ville. — *Art.* 5. — Les formules d'état de solde ou de paiements, dits états d'émargements, les registres de factage ou de camionnage et les autres documents pour lesquels il est dû un droit de timbre, par chaque paiement excédant 10 fr. ou par chaque objet reçu ou déposé, ne peuvent être timbrés à l'extraordinaire qu'autant que le droit à percevoir, par chaque page, correspondra à l'une des quotités des timbres de dimension en usage (actuellement 0 fr. 60 ; 1 fr. 20 ; 1 fr. 80 ; 2 fr. 40 et 3 fr. 60). — *Art.* 6. — Les billets de place délivrés par les compagnies et entrepreneurs, et dont le prix excède 10 fr., peuvent, si la demande en est faite, n'être revêtus d'aucun timbre ; mais ces compagnies et entrepreneurs sont tenus de se conformer au mode de justification et aux époques de paiement déterminées par l'administration. »

(*Instruct. min.* 27 *nov.* 1875, 22 *juill.* 1878, 30 *avril* 1879 *et* 29 *nov.* 1880.) (Extr.) — 1° Décis. min. des finances, 27 nov. 1875 exemptant, par tolérance admin., du timbre de 0 fr. 10, *les reçus délivrés dans les gares de départ, sur les carnets des expéditeurs,* à l'exclusion des bureaux de ville, ainsi que des entrepreneurs de transport *autres que les comp. de ch. de fer.*) — « Le reçu, délivré, sur un carnet spécial, à un négociant, des marchandises par lui remises au ch. de fer, est exempt du timbre de 0 fr. 10, pourvu qu'il soit revêtu du timbre humide de la gare expéditrice. — Des négociants et banquiers, lorsqu'ils déposent aux gares des ch. de fer certains colis, sont dans l'usage de ne pas attendre la délivrance du récépissé prescrit par la loi du 13 mai 1863, art. 10 (voir § 7), mais de faire constater imméd. cette remise sur un registre ou carnet qu'ils tiennent et conservent entre leurs mains, par les agents des comp. — De nombreuses contrav. ayant été relevées à l'occasion de semblables mentions, inscrites sans avoir été soumises au timbre de 0 fr. 10, j'ai décidé, sur la demande des comp., qu'il ne serait pas insisté sur le paiement de ce droit, à la condition que chaque mention serait revêtue du timbre humide de la gare expéditrice et *que chacune des expéditions portées sur le carnet donnerait réellement lieu à la délivrance du récépissé obligatoire.* — Dans tous les cas, je me suis réservé la faculté de revenir sur cette mesure et d'exiger la stricte exécution de la loi, si des abus étaient signalés à l'administration. » — 2° *Lettre min. spéc.* 22 *juill.* 1878 (Extr.) — L'exemption (dont il vient d'être parlé) ne s'applique pas aux entrepreneurs de transport autres que les comp. de ch. de fer. — Des prétentions ayant été émises à ce sujet (notamment par la comp. des Messageries nationales), il a été reconnu à la suite d'un examen complet de la question qu'elles ne pouvaient être admises. — 3° *Id.* 30 avril 1879 (*même sens*). — P. mém. — 4° *Lettre min. spéc.* 29 *nov.* 1880 (Extr.) — L'applic. de la déc. min. du 27 nov. 1875 (voir ci-dessus) doit rester limitée aux gares, *à l'exclusion des bureaux de ville des comp. de ch. de fer.*

Décret 29 *avril* 1881 *et circ. min.* 30 *juin* 1881. — Création de timbres mobiles collectifs destinés à timbrer les états dits *d'émargement,* les registres de factage et de camionnage et autres documents constatant des paiements ou remises d'objets... pour lesquels il est dû un droit de 0 fr. 10 par chaque paiement excédant 10 fr., ou par chaque objet reçu ou déposé. — V. *Quittances.*

Pétitions administratives (timbre obligatoire). — V. *Alignements,* § 1, et *Pétitions.*

V et VI. Application spéciale du droit de timbre d'acquit ou de décharge aux services de ch. de fer (*Billet de place* et *bulletin de bagages* des voyageurs ; — décharge d'objets sur les *registres de factage* et de *camionnage*; — droit de 0 fr. 10 réuni à la taxe déjà due pour les *récépissés* et *lettres de voiture,* etc.).

Billets de place et bulletin de bagages des voyageurs. — Soumis au droit de timbre de 0 fr. 10, lorsque leur prix excède 10 fr. (par applic. de l'art. 18 de la loi du 23 août 1871 et du décr. 27 nov. 1871. Voir ci-dessus). — *Explications* (*données dans le rapport à l'appui de la loi*). 1° *Billets.* — « Les termes généraux de l'art. 18 comprennent, dans leur définition, les billets de chemin de fer, car ces billets emportent libération et décharge ; par conséquent, lorsqu'un billet donnera lieu à une perception supér. à 10 fr., il sera sujet au droit de timbre de 0 fr. 10. Ainsi, pour un trajet en ch. de fer d'environ 80 kilom. et au-dessus, en 1re classe, le voyageur payera une taxe suppl. de 0 fr. 10 ; en 2e classe, la taxe ne sera perçue que pour un trajet de plus de 115 kilom. — Elle ne sera exigible que pour un trajet excédant 160 kilom., en 3e classe. » — 2° *Bulletin de bagage.* — « La commission n'a pas considéré le bulletin de bagage comme un reçu d'objet, mais comme un reçu de somme. Par suite, il ne donnera ouverture au droit de 0 fr. 10 que lorsque le prix de l'excédent de bagage s'élèvera au-dessus de 10 fr. »

Nota. — (Justification du timbre des billets.) — « Les billets de place délivrés par les comp.

et entrepreneurs, et dont le prix excède 10 fr. peuvent, si la demande en est faite, n'être revêtus d'aucun timbre ; mais ces comp. et entrepr. sont tenus de se conformer au mode de justification et aux époques de paiement déterminés par l'admin. » — Décret, 27 nov. 1871. Ext.). — *Le droit est à la charge du débiteur* (Ext. de l'art. 23, loi du 23 août 1871. — Voir ci-dessus.)

Décharge d'objets sur les registres de factage et de camionnage. — Applic. de l'art. 20, 2° de la loi ci-dessus du 23 août 1871 (Extr. d'une lettre adressée le 3 févr. 1872 par le min. des fin. au président de la ch. de comm. d'Elbeuf). — « L'exemption établie (art. 20, 2°) en faveur des quittances de 10 fr. et au-dessous, n'est applicable qu'aux libérations de sommes. — Il s'ensuit que les décharges d'objets transportés, donnés sur les registres de factage, camionnage ou autres, sont passibles de l'impôt, quels que soient le prix du transport et la valeur de l'objet transporté. — Il ne m'appartient pas de décider laquelle des personnes en présence (expéditeur, comp. de ch. de fer, destinataire) *doit supporter* le paiement du droit dans le cas dont il s'agit. La question est subordonnée aux conventions des parties et, en cas de contestation, c'est aux trib. qu'il appartiendra de statuer. — Relativement *à l'acquit donné par la comp.*, lorsque le prix du transport est payé par le destinataire et qu'il en est fourni quittance, cet acquit, formant un acte tout à fait indépendant de la décharge, donne lieu à la perception d'un droit de timbre distinct, toutes les fois que la somme payée excède 10 fr. »

Nota. — Ce dernier droit, sauf convention contraire, est à la charge du débiteur, c'est-à-dire du *destinataire*, mais d'après un jugem. du trib. de comm. de la Seine, 3 fév. 1872, « le droit de timbre auquel est soumise toute *décharge d'objet* est dû non par le destinataire des marchandises, mais par la comp. du ch. de fer. » — Finalement, quand une comp. transporte un colis, elle doit payer 0 fr. 10 au Trésor pour *reçu d'objet* constaté sur son registre de *factage* ou de *camionnage*. — De plus, si le prix de transport excède 10 fr., il doit encore être payé au Trésor 0 fr. 10, pour *quittance de somme*, — par l'*expéditeur*, lorsqu'il s'agit d'un colis transporté en *port payé*, ou par le *destinataire*, lorsqu'il s'agit d'un colis expédié en *port dû*. — V. *Quittances* en ce qui concerne les timbres mobiles employés au sujet des droits de décharge ou de quittance, relatifs au factage et au camionnage.

Droit de décharge réuni à la taxe des récépissés. — V. ci-après.

VII. Récépissés et lettres de voiture. — 1° *Transports en grande vitesse.* — Sauf l'exception établie pour les *colis postaux* (Voir plus loin), le droit de timbre pour chaque récépissé afférent aux transports de marchandises à gr. vitesse est de 0 fr. 35, y compris 0 fr. 10 pour droit de décharge. L'art. 2 de la loi du 23 août 1871, en ajoutant deux décimes au principal des droits de timbre de toute nature (Voir plus haut au mot *Décimes*), exceptait de cette disposition les *récépissés de chemin de fer* dont le droit de timbre fixé à 20 centimes par la loi du 13 mai 1863, était d'ailleurs porté à 0 fr. 25 plus les 10 centimes pour droit de décharge, créé par l'art. 18 de la même loi du 23 août 1871, et réuni à la taxe des récépissés et des lettres de voiture par l'art. 11 de la loi du 28 février 1872, soit en totalité 35 centimes pour les récépissés et 70 centimes pour les lettres de voiture. — La nouvelle loi du 30 mars 1872 reproduite ci-après, 2°, en extrait n'a apporté de changement que pour les récépissés concernant les transports effectués *autrement qu'en grande vitesse*, et qui sont taxés à 0 fr. 70 (y compris le droit de décharge) comme pour les lettres de voiture qu'ils peuvent du reste suppléer. — V. ci-après. — Voir aussi *Groupage.*

2° *Transports effectués en petite vitesse.* — Après diverses variations, l'impôt de timbre sur les *récépissés* et *lettres de voitures* de ch. de fer, déterminé par la loi du 13 mai 1863 (Voir *Lettres de voiture* et *Récépissés*) a été établi, pour la petite vitesse, de la manière suivante par la loi du 30 mars 1872 qui permet du reste de ne plus faire de distinction entre les lettres de voitures, et les récépissés, au grand avantage de la simplific. des formules déjà bien nombreuses du service des ch. de fer.

Loi du 30 mars 1872. — Art. 1er. — « A partir du 8 avril 1872, le droit de timbre des récépissés délivrés par les ch. de fer, en exéc. de la loi du 13 mai 1883, est fixé, y compris le droit de la décharge donnée par le destinataire, à 0 fr. 70, pour chacun des transports effectués autrement qu'en grande vitesse. — Ces récépissés *pourront servir de lettres de voiture* pour les transports qui, indépendamment des voies ferrées, emprunteront les routes, canaux et rivières. Les modifications qui pourraient survenir en cours d'expédition, tant dans la destination que dans les prix et les conditions du transport, pourront être écrites sur ces récépissés. *Le droit de 0 fr. 70 n'est pas assujetti aux décimes.*

Art. 2 (Relatif aux *expéditions groupées* par les entrepr. de messagerie et autres intermed. de transport.) — Remise aux gares d'un bordereau détaillé, non timbré, donnant lieu à un *récépissé collectif*, et en outre à un *récépissé spécial* pour chaque destinataire. — V. *Groupage.*

Reçus délivrés sur les carnets d'expéditeurs (pour les marchandises remises aux *gares* de ch. de fer). Ces reçus sont exceptionnellement exempts du timbre de 0 fr. 10, sous diverses conditions indiquées ci-dessus (Décis. min. fin., 27 nov. 1875 : apposition de timbre humide sur chaque reçu, délivrance obligatoire du *récépissé* correspondant, etc.). — Voir aussi au mot *Récépissés*, au sujet des expéditions pour lesquelles le récépissé est considéré comme obligatoire.

Applic. des droits sur les ch. d'intérêt local. — V. *Impôt*, § 3.

Timbre des bulletins d'expédition des colis postaux. — Par exception aux règles de transport des marchandises à grande vitesse, le droit de timbre du récépissé pour l'expédition d'un *colis postal*, n'est que de 0 fr. 10 (le droit de 0 fr. 35 ayant été maintenu du reste pour les petits colis de 3 à 5 kilogr.). — V. le mot *Colis.*

Formalités diverses, relatives au timbre des bulletins de colis postaux (Décret du 19 avril 1881). — *Art.* 1er. — Les formules qui servent à l'affranch. ou à l'expéd. des colis postaux *provenant de l'intérieur* doivent être timbrées à l'extraordinaire. Le timbre est apposé sur la partie de la formule qui doit rester aux mains des comp. — Les formules ne peuvent être livrées au public qu'après cette apposition. — Chaque bulletin d'expéd. devra porter une mention imprimée, indiquant qu'il s'applique à un colis postal. — *Art.* 2. — Tous les bulletins d'expéd. sont, après le transport effectué, réunis, soit au siège social, soit au lieu où les écritures sont centralisées. — Ils y sont conservés pendant la durée d'une année à partir de la date de l'expéd. — *Art.* 3. — Il est tenu, au départ un carnet d'expédition indiquant le n° d'ordre de l'étiquette. la destination et le nom de l'expéditeur ; à l'arrivée, un carnet de réception indiquant le n° d'ordre, la provenance et le nom du destinataire. — *Art.* 4. — Le droit de timbre des colis postaux *venant de l'extérieur* est perçu par l'apposition de timbres mobiles des modèles établis pour l'exéc. de l'art. 18 de la loi du 23 août 1871. — Il est acquitté aux gares frontières ou aux bureaux assimilés, en même temps que les droits de douanes, par la comp. chargée des formalités en douane. — Les timbres sont apposés sur la déclaration collective que cette comp. est tenue de faire à chaque arrivée, aux agents des douanes. — Ces agents vérifient l'exactitude des déclarations, en prennent note sur un carnet spéc., et oblitèrent imméd. les timbres au moyen d'une griffe. — Les comp. dressent, dans chaque gare frontière ou bureau assimilé, au commencement de chaque mois, un relevé des déclarations collectives faites pendant le mois précédent. Ce relevé, visé par les agents des douanes et certifié par eux conforme aux mentions du carnet.... est transmis à l'admin. du timbre par les comp. — Sont applic. aux déclarations collectives les dispos. de l'art. 2. — *Art.* 5 et 6 (Diverses mesures d'ordre). — P. mém.

VIII. Dispense du timbre pour certains transports *et indications diverses.* — Aucune disposition des lois, décrets ou instructions rappelés aux paragr. ci-dessus ne fait mention de la dispense du timbre pour certains transports qui en étaient précédemment exonérés par la jurisprudence et qui s'appliquaient notamment aux feuilles de service, matériaux, etc. des compagnies ou de l'État. — Nous résumons, ci-dessous, les indications antérieures, relatives à cet objet et qui nous semblent avoir été implicitement maintenues, au moins pour tout ce qui n'est pas contraire aux prescriptions générales des lois de surtaxe.

Feuilles d'expédition, de chargement, de march., dispensées du timbre, etc. — « Les feuilles de route ou d'expédition dont se servent les comp de ch. de fer pour accompagner de la gare expéditrice à la gare destinataire les marchandises transportées à gr. vitesse ne doivent pas être considérées comme des lettres de voiture et timbrées comme telles, encore bien qu'elles contiennent la plupart des énonciations que comporte la lettre de voiture, si, d'ailleurs, elles n'ont pas été créées pour former titre entre le voiturier et l'expéditeur, ni pour porter au destinataire la connaissance des conditions de transport et si, par suite, elles ne constituent que des pièces d'ordre et de comptabilité intérieure et des instructions données par la gare expéditrice à la gare destinataire pour la rédaction du livre de factage et du livre de sortie de la gare restante, lesquels seuls sont présentés au destinataire pour recevoir sa décharge à la colonne d'émargement. » (C. C., 27-28 mars 1860). — *Transports de titres, actions, obligations,* etc. (Voir au mot *Récépissés,* § 1, une décision qui exonère du récépissé les titres *appartenant* à la comp. qui les transporte. — *Notes préparatoires du camionneur d'une comp.* (dispensées du timbre. — Trib. Evreux, 1er avril 1859). — *Transports de l'État, matériaux des compagnies,* etc. — Les lettres de voiture accompagnant les expéditions émanant d'agents de l'État sont exemptes de droit de timbre. (Décis. min. finances, 1er juillet 1856.) — Il en est de même (Voir *Matériaux*) des factures accompagnant les transports de matériaux et autres, effectués pour le compte des compagnies. — *Services divers de l'État.* — Il résulte d'une lettre du dir. du mouv. gén. des fonds du Trésor, que les reçus donnés par les comp. de ch. de fer pour les expéditions des fonds du Trésor public sont exempts du timbre, et peuvent être délivrés sur papier libre et sans frais. (*Inst. spéc.,* oct. 1863.) — La même exemption a été accordée : 1° pour les expéd. du service de la télégraphie effectuées sur une réquisition régulière des fonctionn. de l'admin. des lignes télégraphiques, — 2° « pour les reçus donnés par les comp. de ch. de fer aux gardiens des voitures cellulaires pour constater le prix du transport des détenus et de leurs gardiens. » — 3° pour les avis divers relatifs aux réquisitions militaires de transport sur le chemin de fer (loi 18 déc. 1878). — (*Transport du mobilier personnel d'un employé de chemin de fer.*) — Le droit de timbre est dû pour le transport du mobilier personnel d'un employé de ch. de fer, alors même qu'il est gratuit de la part de la compagnie (solution admin. 9 févr. 1867).

Maintien du timbre pour les bulletins de publicité, indicateurs, etc. — Les bulletins des comp. de ch. de fer, contenant des indications tant sur le service de la ligne que sur les services de transport qui y correspondent, ne peuvent être assimilés aux avis émanés de l'autorité publique ; l'imprimeur qui se sert de papier non timbré dans la confection de ces bulletins, de nature à être distribués dans l'intérêt du public et dans l'intérêt des comp., contrevient aux lois sur le timbre et encourt les pénalités déterminées par ces lois. (Tr. Corbeil, 7 mai 1849). — La contrav. existerait également à l'égard de la comp. de ch. de fer qui mettrait de tels bulletins non timbrés en circulation... Les comp. sont soumises, pour tout ce qui concerne l'exploitation et les bénéfices à répartir entre les actionnaires, à toutes les règles du droit commun qui intéressent le Trésor public et qui atteignent toutes les sociétés industrielles (Tr. Étampes, 30 mai 1848). — Un *Indicateur de chemins de fer,* qui a pour objet de faire connaître au public l'organisation du service des ch. de fer et les tarifs de transport, et d'indiquer l'heure de l'arrivée et du départ des trains ainsi que le prix des places, constitue un écrit périodique soumis au droit de timbre imposé par la loi du 17 févr. 1852 (C. C., 5 nov. 1867.) P. mém.

Timbre postal d'affranchissement. (Lettres d'avis d'arrivée des marchandises). — Le destinataire de marchandises livrables en gare est tenu au remboursem. du timbre d'affranch. de la lettre d'avis qu'une comp. de ch. de fer est régl. obligée d'adresser à un tel destinataire. — Celui-ci est, par conséquent, responsable des droits de magasinage dont son refus de remb. a entraîné la perception. — Ce destinataire ne peut dispenser ladite comp. de l'envoi d'une lettre d'avis, — même en s'engageant à accepter, pour la date de l'ouverture des droits de magasinage, l'énonciation qui figure dans les droits de compagnie. (C. C., 28 janv. 1870.)

IX. Timbre des valeurs industrielles (*Actions* et *obligations des ch. de fer*). — En dehors des droits de transmission et de l'impôt sur le revenu (Voir *Impôt*), et par applic. de la loi du 5 juin 1850, les actions de ch. de fer sont soumises à la formalité du timbre à la diligence et aux frais des comp. Le droit de timbre est de 1 p. 100 du capital. L'abonnement est de 5 c. pour 100 fr. par année, conf. à la loi du 5 juin 1850. Les *obligations* sont soumises au même droit de 1 p. 100 (C. C., 14 août 1861). On peut également contracter un abonnement pour s'affranchir de ce droit, moyennant le payement annuel de 5 centimes par 100 francs. — L'abonnement (autorisé par l'art. 31 de la loi du 5 juin 1850) affranchit aussi les actions et obligations émises par les comp. du droit d'enregistrement dû pour chaque transmission. (*Ibid.,* 27 juill. 1858). — Voir aussi *Impôt,* § 3, au sujet de l'application sur les *lignes d'intérêt local.*

Nota. — Lorsque l'État, usant de la faculté qu'il s'était réservée, convertit en annuités la subvention par lui promise à une comp. de ch. de fer, en vertu de travaux à exécuter, et que la comp. émet des obligations pour réaliser cette subvention, le droit de timbre payé par abonnement pour ces obligations en vertu de la loi du 5 juin 1850 est au nombre des contributions à comprendre dans les comptes annuels d'exploitation dressés en vertu du règlement de la garantie d'intérêt due par l'État (C. d'Etat, 4 mars 1881).

Valeurs étrangères. — Aux termes de la loi des finances, du 13 mai 1863, les titres de *rentes, emprunts* ou *autres effets publics* étrangers, qui circulent en France, ont été soumis, à partir du 1er juill. 1863, à un droit de timbre de 50 cent. par 100 fr. ou fraction de 100 fr. de leur valeur nominale. — V. aussi *Impôt*, § 3.

X. Droits supplémentaires. — 1° Addition de deux décimes au principal des droits de timbre de toute nature, à l'*exception des récépissés de chemins de fer* (Voir ci-dessus, art. 2, loi, 23 août 1871). — *Nota.* « Les deux décimes ajoutés au principal des droits de timbre de toute nature par l'art. 2 de la loi du 23 août 1871 sont applicables aux *taxes d'abonnement* exigibles depuis la mise à exécution de cette loi, quelle que soit d'ailleurs l'époque à laquelle l'abonnement ait été contracté ». (Art. 3, loi du 30 mars 1872). — 2° Taxe additionnelle de 5 p. 100 du principal de divers impôts et produits, établie par la loi du 30 déc. 1873, art. 1er, non applicable d'après ladite loi : (n° 1), aux droits de greffe et de *timbre*..... (n° 3), à l'impôt sur les places de voyageurs et le transport à grande vitesse en chemin de fer et en voiture de terre et d'eau. »

Communication de registres (aux agents vérificateurs). — V. *Registres.*

TIMBRES-CACHETS.

Bureaux des ingénieurs (service du contrôle). — Voir *Bureaux.*

Service des commissaires de surveillance. — L'usage des timbres-cachets mis à la disposition des commiss. de surv. admin., ayant une certaine importance, au point de vue de l'authenticité des constatations faites par ces fonctionn., en leur qualité d'officiers de police judiciaire, nous rappellerons qu'aux termes d'une circ. min., 15 nov. 1850, les timbres-cachets fournis par l'admin. supér. « doivent être pris en charge par chaque commissaire et inscrits sur l'inventaire de leur bureau. La remise en est faite, entre les mains de l'inspecteur de l'exploitation commerciale, à chaque mutation d'agents. — Il est bien entendu que ce timbre ne doit pas être apposé sur la corresp. admin. ; il n'en est fait usage que pour les procès-verbaux, les légalisations et les certificats à produire devant l'autorité admin. ou judiciaire. »

Visa des certificats de bonne conduite. — « Les agents de la surv. admin. n'ont pas qualité pour délivrer des certificats de bonne conduite, ou de toute autre nature aux employés des comp. de ch. de fer ; ce droit est naturellem. réservé aux comp. elles-mêmes ou à leurs agents, et les commiss. doivent se borner à attester, s'ils en sont requis, la sincérité de la signature apposée sur le certificat. » (Même circ. 15 nov. 1850.)

Conservation des timbres-cachets. — « Le tampon doit être entretenu dans un état constant d'humidité. Il suffit pour cela d'y verser, une fois par semaine, quelques gouttes du liquide contenu dans la bouteille que renferme la boite. Cette boite doit rester fermée. La brosse est destinée à étendre le liquide sur la surface du tampon ; elle sert également à nettoyer le timbre. » (Ext. d'une circ. minist. du 17 janv. 1851.) — *Nettoyage du timbre.* — Un procédé usuel employé avec succès pour nettoyer les timbres consiste à faire chauffer le timbre et à le frotter avec une bougie en guise de brosse ; les matières huileuses et encrassées disparaissent et tombent complètement d'elles-mêmes.

TIRE-FONDS.

Emploi pour la voie. — On appelle *tire-fonds*, les clous barbelés en fer servant à fixer les coussinets sur les traverses. Leur prix dans les usines est de 360 fr. à 400 fr. la tonne. — Les tire-fonds pour voie Vignole (rail à patin), sont ordin. du poids de 0k 32 à 0k 35. — Id. 0k 30 à 0k 32 pour coussinets-éclisses et coussinets en fonte.

TISSUS, TOILES, ETC.

Conditions ordinaires de transport. — V. les mots *Lingerie, Rouennerie* et *Toiles.*

TITRES ET VALEURS.

I. Émission d'actions et d'obligations de chemins de fer. — 1° Formalités diverses (V. *Actions, Emprunts* et *Obligations*). — 2° Garantie de l'État (V. *Garantie* et *Conventions*). — 3° Impôts sur les valeurs mobilières (V. *Impôt*, § 3 et *Timbre*, § 9). — 4° Indications diverses. — V. ci-après :

I bis. Conditions de transport des titres et valeurs. — 1° Tarif d'applic. du cah. des ch. (V. *Coupons, Finances, Récépissés* et *Timbre*). — 2° Tarifs spéciaux, appliqués par certaines comp. au transport des *titres et papiers-valeurs,* tarifs combinés avec l'assurance des valeurs faites par des compagnies spéciales, tout en laissant à la comp. du ch. de fer l'entière responsabilité du transport. — V. le spécimen de tarif ci-après, appliqué sur l'un des gr. réseaux :

Tarif spéc. B. 6. (Orléans). — Art. 1er. — Les colis contenant des *Titres* ou *Papiers-valeurs* (actions, obligations, titres de rente, etc.) sont soumis à une double perception : — 1° à la taxe des articles de messagerie calculée sur un poids égal à 15 fois le poids réel des colis, et au minimum à 10 kilogrammes. — 2° à une taxe de 0 fr. 10 par 1,000 fr., ou fraction de 1,000 fr. calculée sur la valeur réelle des titres contenus dans le colis.

2. — Les colis contenant des « *Titres* ou *Papiers-valeurs*, sont soumis au mode de conditionnement adopté pour le transport des finances (V. ce mot). Ils devront porter la suscription « *Titres Papiers-valeurs.* — *Valeur certifiée fr...* »

3. — En cas de perte ou de soustraction des colis, les expéditeurs seront tenus, sur la réquisition de la comp., de prendre toutes les mesures conservatoires, de notifier à la comp. tous les avis reçus et de lui prêter tout concours pour les recherches à faire, les recours à exercer, et pour obtenir, s'il y a lieu, le remplacement des titres perdus. — Ils seront tenus également de faire connaître à la comp., la valeur nominale, le nombre et la série des titres. — Ils feront en outre connaître à la comp., autant que possible, l'époque et le lieu où ils sont devenus propr., ainsi que l'époque et le lieu où ont été touchés les derniers dividendes.

4. — Le présent tarif n'est pas applicable au transport des *billets de banque,* de l'or ou de l'argent, soit en lingots, soit monnayés, *plaqué d'or* ou *d'argent, mercure, platine, bijoux,* broderies, dentelles, pierres précieuses et objets d'art.

5. — Le présent tarif ne sera appliqué que si l'expéditeur en fait la demande expresse sur sa déclaration d'expédition.

II. Formalités de transfert et de conversion. — Les opérations de transfert des titres, en général, sont soumises à un droit fixe de 0 fr. 50 p. 100 dans les conditions indiquées au mot *Impôt,* § 3. — Tout titulaire de certificats nominatifs, s'il veut vendre ses titres, doit en opérer la conversion au porteur ; il lui suffit pour cela de signer une demande adressée à la comp. et d'apposer sa signature derrière le certificat dans une case disposée à cet effet. Toutes les signatures doivent être légalisées par un officier ministériel et précédées de ces mots : *bon pour conversion de...* (nombre) *obligations,* ou *bon pour transfert de* (nombre) *obligations.*

Pièces à produire dans la généralité des cas. — Pour les titres nominatifs ordinaires il faut que le titulaire ou la titulaire produisent à l'appui de leur signature une carte d'électeur de date récente ou un certificat de résidence signé par le commiss. de police de la localté ou par le maire de leur arrondissement. — Si la titulaire est *mariée,* joindre : le contrat de mariage et le consentement de l'époux ; le mari doit accompagner la signature de sa femme des mots suivants : *bon pour autorisation.* — Si le titre provient d'une *personne décédée,* il faut : 1° Le testament ou un intitulé d'inventaire fait par le notaire ; — 2° le certificat de payement des droits de mutation, c'est-à-dire prouver que l'on a versé à l'État le montant des droits de succession.

Pour *renouveler* un titre nominatif dont les cases d'échéance sont remplies, il faut produire : un certificat de vie délivré par le maire de son arrond. Quand les titulaires ne savent pas signer, ils font une croix, mais ce signe doit être certifié par deux témoins patentés. Tout propr. de titres nominatifs peut déléguer ses droits à un mandataire au moyen d'une procuration notariée. » (*Renseign. spéc.*)

Dépôt de titres (au siège de la compagnie, ou dans les bureaux de la banque de France ou des autres sociétés de crédit (*P. mém.*). — Voir, à titre de renseignement, le mot *Actions*, § 7 et se reporter aussi aux statuts des compagnies financières qui reçoivent des dépôts de titres.

III. — **Perte de titres au porteur, oppositions, etc.** — 1° *Formalités diverses* (V. *Actions*, § 6). — 2° Dispositions établies par la loi du 15 juin 1872 au sujet de la dépossession des titres au porteur. — Voir ci-après :

(Loi 15 juin 1872) « *Art.* 1er. — Le propriétaire de titres au porteur qui en est dépossédé par quelque événement que ce soit peut se faire restituer contre cette perte dans la mesure et dans les conditions déterminées dans la présente loi.

2. — Le prop. dépossédé fera notifier par huissier à l'établ. débiteur un acte indiquant : le nombre, la nature, la valeur nominale, le n°, et s'il y a lieu la série, des titres. — Il devra aussi, autant que possible, énoncer : — 1° l'époque et le lieu où il est devenu propriétaire, ainsi que le mode de son acquisition ; — 2° l'époque et le lieu où il a reçu les derniers intérêts et dividendes ; — 3° les circonstances qui ont accompagné sa dépossession. — Le même acte contiendra une élection de domicile dans la commune du siège de l'établ. débiteur. — Cette notific. emportera opposition au paiement tant du capital que des intérêts ou dividendes échus ou à échoir.

3. — Lorsqu'il se sera écoulé une année depuis l'opposition sans qu'elle ait été contredite, et que, dans cet intervalle, deux termes au moins d'intérêts ou de dividendes auront été mis en distribution, l'opposant pourra se pourvoir auprès du président du trib. civil du lieu de son domicile, afin d'obtenir l'autorisation de toucher les intérêts ou dividendes échus ou à échoir au fur et à mesure de leur exigibilité, et même le capital des titres frappés d'opposition dans le cas où le dit capital serait ou deviendrait exigible.

4. — Si le président accorde l'autorisation, l'opposant devra, pour toucher les intérêts ou les dividendes, fournir une caution solvable..... — Après deux ans écoulés depuis l'autorisation sans que l'opposition ait été contredite, la caution sera de plein droit déchargée. Si l'opposant ne veut ou ne peut fournir la caution requise, il pourra, sur le vu de l'autorisation, exiger de la comp. le dépôt à la caisse des dépôts et consign. des intérêts ou dividendes échus et de ceux à échoir, au fur et à mesure de leur exigibilité. Après deux ans écoulés depuis l'autorisation, sans que l'opposition ait été contredite, l'opposant pourra retirer de la caisse des dépôts et consign. les sommes ainsi déposées, et percevoir librement les intérêts et dividendes à échoir, au fur et à mesure de leur exigibilité.

5. — Si le capital des titres frappés d'opposition est devenu exigible, l'opposant qui aura obtenu l'autorisation ci-dessus pourra en toucher le montant, à charge de fournir caution. Il pourra, s'il le préfère, exiger de la compagnie que le montant dudit capital soit déposé à la caisse des dépôts et consignations. — Lorsqu'il se sera écoulé dix ans depuis l'époque de l'exigibilité et cinq ans au moins à partir de l'autorisation sans que l'opposition ait été contredite, la caution sera déchargée, et, s'il y a eu dépôt, l'opposant pourra retirer de la caisse des dépôts et consignations les sommes en faisant l'objet.

6 et 7 (Solvabilité de la caution et formalités diverses). — *P. mém.*

8. — Quand il s'agira de *coupons au porteur* détachés du titre, si l'opposition n'a pas été contredite, l'opposant pourra, après trois années à compter de l'échéance et de l'opposition, réclamer le montant desdits coupons de l'établissement débiteur, sans être tenu de se pourvoir d'autorisation.

9 et 10. — (Mesures relatives aux tiers porteurs.) — *P. mém.*

11. — L'opposant qui voudra prévenir la négociation ou la transmission des titres dont il a été dépossédé devra notifier, par exploit d'huissier, au syndicat des agents de change de Paris, une opposition renfermant les énonciations prescrites par l'art. 2 de la présente loi ; l'exploit contiendra réquisition de faire publier les numéros des titres. — Cette publication sera faite un jour franc au plus tard par les soins et sous la responsabilité du syndicat des agents de change de Paris, dans un *bulletin quotidien*, établi et publié dans les formes et sous les conditions déterminées...

12 et 13. — (Négociation interdite des titres frappés d'opposition, etc.) — *P. mém.*

14. — A l'égard des négociations ou des transmissions de titres antérieures à la public. de l'opp., il n'est pas dérogé aux disp. des art. 2279 et 2280 du C. civil.

15. — Lorsqu'il se sera écoulé dix ans depuis l'autorisation obtenue par l'opposant... et que pendant le même laps de temps l'opposition aura été publiée sans que personne se soit présenté pour recevoir les intérêts ou dividendes, l'opposant pourra exiger de l'établ. débiteur qu'il lui soit remis un titre semblable et subrogé au premier...

16. — Les dispositions de la présente loi sont applicables aux titres au porteur émis par les départem., les communes et les établ. publics, mais elles ne sont pas appliquées aux billets de la Banque de France ni aux billets de même nature émis par les établ. légalement autorisés, ni aux rentes et autres titres au porteur émis par l'État, lesquels continueront à être régis par les lois, décrets et règl. en vigueur. — Toutefois, les cautionnements exigés par l'admin. des finances pour la délivrance des duplicatas de titres perdus, volés ou détruits, seront restitués si, dans les vingt ans qui auront suivi il n'a été formé aucune demande de la part de tiers porteurs, soit pour les arrérages, soit pour le capital. Le Trésor sera définitiv. libéré envers le porteur des titres primitifs, sauf l'action personnelle de celui-ci contre la personne qui aura obtenu le duplicata. »

Perte de coupons isolés (Légalité des oppositions). — V. *Coupons.*

TOILES ET TISSUS.

Conditions ordinaires de transport. — Les *toiles* sont mentionnées à l'art. 42 du cah. des ch. (V. *Classification*) sous la désignation générale de *tissus* et sont comprises dans les marchandises taxées à la 1re cl. — V. *Marchandises.* — Mais il convient de se reporter au tarif d'applic. de chacune des comp. au sujet des conditions afférentes aux diverses variétés de *toiles*, telles que les tissus proprement dits, les toiles à bâches ou à voiles, les toiles à sac, les toiles cirées, les toiles de chanvre ou de lin, les toiles de coton, les toiles d'emballage, les toiles en treillis, les toiles imprimées, les toiles métalliques, les toiles non dénommées, etc., etc. — Sur la plupart des réseaux, il est fait une distinction entre les *toiles emballées*, et les *toiles non emballées*, ces dernières jouissant, sous certaines conditions, d'une taxe beaucoup plus réduite, résultant soit d'une classification inférieure, soit d'un tarif spécial. — (*Nota*). Pour être exclues du *tarif spécial* dont il s'agit et donner lieu à l'applic. du tarif général il suffit que les toiles soient placées « *sous une enveloppe quelconque.* » (C. C. 8 août 1877 et 27 mai 1878).

Toiles écrues non emballées, sans responsabilité. — Dans une affaire spéciale à la comp. d'Orléans, où certaines espèces de *toiles non emballées* sont rangées dans la 3e série, il a été rendu un arrêt résumé comme suit : — « Les toiles écrues non emballées, sans responsabilité, ne rentrant dans aucune des quatre catégories classées *à la* 3e *série*, restaient soumises au tarif *de la* 1re *série*, qui comprend les toiles écrues et les toiles non dénommées, sans distinguer si elles voyagent emballées ou non. — *L'erreur que la comp. aurait commise, dans des expéditions antérieures, ne pouvait porter atteinte à la force obligatoire des tarifs.* » (C. C., 14 mai 1878.)

TOLES.

Conditions de transport. — V. *Fers* et *Fontes.* — V. aussi *Masses indivisibles.*
Tarifs spéciaux (Applic. sur les divers réseaux). V. *Fers*, § 2.

CLASSIFICATION DES TOLES (tarif commun d'exportation). — « Les tarifs de ch. de fer doivent être appliqués à la lettre. — Un tarif commun d'exportation comprenant les *tôles* dans sa nomenclature, ce mot renferme, dans son acception générale, aussi bien les *tôles ouvrées* que les *tôles non ouvrées* ». (C. C., 25 mars 1879.) — (*Tuyaux et chaudronnerie en tôle.*) « Le bénéfice d'un tarif commun d'exportation, dont la nomenclature comprend les *tôles* ne saurait être étendu aux *tuyaux* et à la *chaudronnerie en tôle*, — c'est-à-dire à des objets en tôle, auxquels leur forme a fait attribuer une dénomination spéciale, qui se trouvent classés à part dans le *tarif général* et qui ne figurent pas dans ledit *tarif commun* ». (C. C., même date.)

TONNAGE.

Définition. — En termes de ch. de fer, le mot *tonnage* qualifie, comme en navigation, la quantité de poids ou l'importance du chargement des expéditions de marchandises. — « Le poids de la tonne est de 1000 kilogr. — Les fractions de poids ne seront comptées, tant pour la grande que pour la petite vitesse, que par centième de tonne ou par 10 kilogr. — Ainsi, tout poids compris entre 0 et 10 kilogr., payera comme 10 kilogr., entre 10 et 20 kilogr., comme 20 kilogr. — Toutefois, pour les excédents de bagages et marchandises à grande vitesse, les coupures seront établies : 1° de 0 à 5 kilogr.; 2° au-dessus de 5 jusqu'à 10 kilogr. ; 3° au-dessus de 10 kilogr., par fraction indivisible de 10 kilogr. » (Art. 42 du cah. des ch.) — Le tarif général modèle avait prévu le cas où les comp. feraient des coupures plus petites pour les articles de messagerie. — Voir à ce sujet *Colis postaux.*

Minimum de tonnage. — Parmi les conditions qui ont longtemps figuré dans les traités particuliers comme compensation de la réduction de prix consentie à certains expéditeurs, était celle d'un minimum de tonnage à fournir annuellement. — Cette condition, — qui a beaucoup contribué à la suppression des traités particuliers, par l'impopularité qu'elle attirait sur eux, — avait, d'ailleurs, disparu de ces traités, — et n'a jamais figuré dans aucun tarif spécial. — On ne peut pas confondre, avec cette condition, celle dite du *wagon complet.* — Il n'y a non plus aucun rapprochement à établir entre la condition du minimum de tonnage annuel et celle de l'abonnement. (Ext. du *Code annoté* de *Lamé Fleury.*) — Dans leur portée générale ces remarques sont fort justes, mais elles n'ont guère aujourd'hui qu'un intérêt rétrospectif. — V. *Tarifs spéciaux.*

Réclamations au sujet du tonnage des wagons. — V. *Tarage.*

TOUCHEURS DE BESTIAUX.

I. Conditions de transport. — Par une décision minist. du 12 déc. 1861, les compagnies ont été invitées à faire suivre des dispositions ci-après les indications du tarif général concernant le transport des animaux, savoir : — « 1° *Grande vitesse.* — « Les personnes qui accompagnent des animaux montent dans les voitures de la compagnie et payent les places qu'elles occupent. » — 2° *Petite vitesse.* — « Les personnes qui accompagnent des animaux montent dans les wagons de la compagnie, en se conformant aux règlements en vigueur et paient les prix des places de troisième classe. » — Voir aussi le mot *Étalons* (réduction de prix).

Permis de circulation concédés par les tarifs spéciaux. — En général, les tarifs spéc. en vigueur, pour le transport des animaux à petite vitesse, admettent en faveur des conducteurs de bestiaux, le bénéfice des permis de circulation. — « Si l'expéditeur de bestiaux par ch. de fer a le droit, d'après un *tarif spécial,* de réclamer à la comp. un permis de circulation et si, dans ce cas, il est tenu de donner en route à ses animaux tous les soins nécessaires, il peut se soustraire à cette obligation en n'usant pas de son droit, et en n'accompagnant pas son expédition. — De ce que, suivant ledit tarif spécial, cet expéditeur ne peut mettre qu'à ses risques et périls, dans un wagon, un nombre de bestiaux supérieur à un nombre déterminé, il faut conclure que, lorsque le nombre réglementaire n'est pas dépassé, la comp. doit être responsable des avaries de route, hormis le cas fortuit ou de force majeure. » (C. C., 8 février 1869.) — *Transport de chiens.* — Les permis accordés, dans certains cas, aux personnes qui accompagnent des animaux comprennent ordin. le transport des chiens, transport qui est, d'ailleurs, soumis aux mesures ordinaires d'ordre et de précaution prescrites par les règlements. — V. *Chiens.*

Billets illégitimement cédés par les toucheurs. — V. *Fraudes.*

II. Places à occuper par les toucheurs de bestiaux. — Une décis. min. du 17 déc. 1860, rapportant la décis. min. du 5 mars 1860, d'après laquelle « la voiture mise par les comp. à la disposition des toucheurs de bestiaux devait être placée *dans la seconde moitié du train et suivie d'au moins quatre wagons à marchandises,* » a admis que « le fourgon dont il s'agit conservera sa place *en tête des trains et à la suite du tender.* » — La présence de toucheurs de bestiaux dans les fourgons mêmes des chefs de train ne constitue pas, d'une manière générale, une contrav. à l'art. 20 de l'ordonn. du 15 nov. 1846. — La décis. min. du 12 février 1863 permet, en effet, lorsque le nombre des toucheurs de bestiaux est peu considérable, de placer ces individus avec le conducteur-chef. — Voir *Composition des convois,* § 3.

Assainissement des wagons à bestiaux. — V. le mot *Désinfection.*

III. Indications diverses. — *Soins de route* à donner aux animaux (V. *Bestiaux*, § 2, et *Soins de route*). — MODE D'ÉCLAIRAGE, à employer par les conducteurs de bestiaux et par les palefreniers dans les wagons-écuries en vue de prévenir les incendies (Arr. min., 26 juill. 1880). — V. *Matières*, § 2, 5°.

TOURBIÈRES.

I. Application des anciens règlements (*relatifs à l'expl. des tourbières*). — L'art. 3 de la loi du 15 juill. 1845 a rendu applicables aux ch. de fer les servitudes imposées par les lois et règl. sur la grande voirie et qui concernent le mode d'exploitation des..... *tourbières,* dans la zone déterminée à cet effet.

La loi du 21 avril 1810 et le décret du 18 nov., même année, donnent aux ingén. des mines la mission de diriger et de surveiller tous les travaux concernant l'extraction des tourbes et l'atterrissement des entailles tourbées. Ces fonctions leur sont surtout pleinement et entièrement dévolues pour les tourbières domaniales et communales. L'exploitation de celles-ci doit se faire d'après un règl. d'admin. publique, projeté par l'ingén. des mines, et approuvé par le min. des trav. publics.

Distance des fouilles et entailles. — La loi précitée du 21 avril 1810 (Voir *Mines*) n'a pas fixé explicitement la distance à laquelle on doit limiter l'expl. des tourbières, aux abords des voies publiques, et nous pensons qu'il faut se reporter, à cet égard, aux indic. de l'art. 6 de la loi du 15 juill. 1845. En aucun cas, l'expl. ne peut avoir lieu sans l'autorisation admin., sous peine de 100 fr. d'amende. (Art. 84, loi du 21 avril 1810.) La permission doit toujours indiquer, d'ailleurs, les limites générales de la concession. (Art. 58, *ibid.*)

II. Conditions de transport de la tourbe. — V. *Combustibles.*

TOURNÉES.

I. Devoirs du personnel de la compagnie. — Des ordres de service détaillés règlent, sur tous les réseaux, les conditions et les heures des tournées à effectuer par les agents chargés de la surv. de la ligne. — Quelques extraits de ces ordres de service se trouvent résumés, au présent recueil, aux mots *Gardes-barrières, Gardes-lignes, Poseurs* et *Surveillance.* — Les devoirs généraux du personnel supérieur des compagnies sont également rappelés au même mot *Surveillance.* — Voir notamment circ. min., 3 oct. 1856.

II. Tournées des fonctionnaires et agents du contrôle. — Résumé des instr. min. des 15 juin 1879, 22 mars et 8 juin 1880, 15 oct. 1881, 20 juillet 1886 et documents divers. — V. ci-après :

Inspecteurs généraux du contrôle. — Circ. min., 15 juin 1879 invitant les insp. gén. du contrôle à donner une large part au côté extérieur et actif de leur service, à faire dans ce but, à des dates indéterminées et à l'improviste, des tournées fréquentes et rapides, et à y consacrer chaque année un nombre de jours au moins équivalent à six semaines ou deux mois. — Voir aussi *Contrôle,* § 3 *bis* et *Inspecteurs.*

Ingénieurs en chef et ingénieurs ordinaires. — En rappelant, par circ. minist. du 22 mars 1880, l'instr. précitée du 15 juin 1879 le min. a adressé les recommandations suivantes aux insp. gén. du contrôle (*Ext.*) : « Je vous prie, en outre, de prescrire aux ingén. en chef et aux ingén. ordin. placés sous vos ordres de visiter aussi souvent que possible les lignes de leurs circonscriptions.—Votre attention et celle des ingén. devra se porter spéc. sur les mesures prises pour assurer la sécurité de l'expl., sur la manière dont ces mesures sont comprises et appliquées, sur le zèle, l'assiduité et la diligence que les commiss. de surv. admin. apportent à l'exercice de leurs fonctions.—Vous aurez aussi à vous rendre un compte tout particulier de la durée du travail imposé aux agents de l'expl. et à examiner avec soin si ce travail n'est pas exagéré. — Les résultats de ces tournées seront consignés soit dans les rapports adressés périodiquement à l'admin. supér., soit dans des rapports distincts si vous avez à me signaler des faits spéciaux, importants et intéressants. » — (Circ. min. 22 mars 1880). — V. aussi au mot *Contrôle*, § 3 *bis*, les instr. min, de 1881 et 1886, et ci-après, la circ. min., 8 juin 1880.

Conducteurs des ponts et chaussées et gardes-mines. — Circ. min., 8 juin 1880, interprétant les instr. précédentes au sujet de la nécessité de concilier les tournées de MM. les insp. gén. et ingén. en chef et ordin. du contrôle avec les exigences du service : (*Ext.*) — « L'admin. n'a jamais eu l'intention d'obliger MM. les ingén. du contrôle à visiter *personnellement* chaque mois l'ensemble de leur section : ce qu'il importe c'est que chacune des lignes soit visitée, sinon par MM. les ingén., au moins par les agents placés sous leurs ordres. Toutefois, il est désirable, et c'est ainsi que doivent être interprétées mes précédentes instr., que MM. les ingén. fassent en personne une tournée par mois sur *certaines parties* de leur section, étant bien entendu que les autres lignes de la section seront visitées par les agents du contrôle (*conducteurs des ponts et chaussées, gardes-mines.*) » — (*Nota.*) Les tournées des cond. des p. et ch. et des gardes-mines sont inscrites dans les *rapports de quinzaine* qu'ils ont à fournir à leurs chefs de service en dehors des rapports spéciaux. — V. aussi *Contrôle*, § 3 *bis*.

Inspecteurs princip. et particuliers de l'expl. commerciale (Ext. de l'inst. min. gén. 15 oct. 1881). — Les *insp. principaux* « font de fréquentes tournées et doivent visiter, au moins deux fois par an, toute l'étendue de leur section ». — Les *insp. particuliers* « font de fréquentes tournées et visitent leur circonscription au moins une fois par mois. »

Commissaires de surveill. admin. — Les tournées des commiss. de surv. admin., mentionnées dans l'instr. min. gén. du 15 oct. 1881 (Voir *Contrôle*, § 3 *bis*), mais non déterminées par un réglem. uniforme, sont ordin. inscrites dans un tableau spécial qui se trouve placé à la fin des *rapports décadaires* qu'ils ont à fournir aux divers chefs du contrôle. — V. *Commissaires de surv.* et *Rapports.* — V. aussi *Contrôle* à l'appendice.

III. **Tournées de jour et de nuit** (pour la surv. gén. du service). — V. *Surveillance.*

TOURNIQUETS.

Installation aux passages à niveau (Substitution de *portillons* aux anciens tourniquets des passages pour piétons) (V. *Portillons*). — En ce qui concerne la traversée de la voie, c'est, en général, à ses risques et périls que le public fait usage de ces tourniquets ou portillons. — V. *Barrières*, § 3, et *Passages à niveau*, § 4.

TOURTEAUX.

Conditions de transport. — Les tourteaux constituent un produit destiné, soit à l'alimentation du bétail, soit accessoirement à la fumure des terres ; mais, lorsqu'il est classé dans une série déterminée, sous sa nature propre et ses qualités caractéristiques, un jugement ne peut se borner pour lui appliquer le tarif des *engrais non dénommés* « à déclarer que l'expéditeur avait destiné à la *fumure des terres* les tourteaux qui avaient été l'objet des expéditions » *sans constater*, d'ailleurs, que les produits en question *avaient perdu* leur qualité propre et ne pouvaient plus être employés que comme *engrais*. (C. C., 2 févr. 1885. *Extr.*)

TRACÉ.

I. **Conditions de tracé des lignes d'intér. gén.** — Les projets de ch. de fer doivent indiquer, entre autres dispositions, la longueur des parties droites et le développement des parties courbes du tracé, en faisant connaître le rayon correspondant à chacune de ces dernières. (Art. 5, cah. des ch., *Extr.*) (V. *Projets*, § 1). — Les alignements seront raccordés entre eux par des courbes dont le rayon ne pourra être inférieur à..... (ordin. 350^m). — Une partie droite, de 100^m au moins de longueur, devra être ménagée entre deux courbes consécutives, lorsqu'elles seront dirigées en sens contraire. » (Art. 8, § 1er, cah. des ch., *Extr.*). — Dans la pratique, le rayon des courbes, bien qu'inférieur à 500^m sur quelques points, notamment pour certaines lignes nouvelles, est maintenu autant que possible à ce minimum. — V. *Courbes.*

Modifications. — D'après le dernier paragr. de l'art. 8 du cah. des ch., les comp. auront la faculté de proposer aux dispositions relatives aux alignements droits et courbes les modifications qui leur paraîtraient utiles ; mais ces modifications ne pourront être exécutées que moyennant l'approb, préalable de l'admin. supér. (V. *Cahier des charges*). — Voir aussi au mot *Projets*, en ce qui concerne la simplification des *projets de tracé et de terrassements* des chemins de fer *exécutés par l'État*, et les conditions de tracé des chemins dits *stratégiques*.

Chargements de trains mis en rapport avec le tracé. (Extr. du rapport d'enq. 1880.) — « Au point de vue du tracé, les comp. modifient les vitesses et les charges des trains, suivant les conditions de déclivités et de rayons de courbes des diverses sections de chaque ligne, et nous n'avons trouvé dans leurs régl., sur ce point. rien qui ne fût compatible avec les exigences de la sécurité. Pour les nouveaux tracés à établir, on peut demander d'employer, pour le passage des courbes aux alignements droits, le raccordement parabolique du 3e degré (perfectionné à la comp. de l'Est) qui met constamment le surhaussement du rail extérieur en corrélation avec le rayon de la courbure. »

Modifications de tracé proposées par les commissions d'enquête. — V. au mot *Expropriation*, l'art. 10 de la loi du 3 mai 1841.

II. **Conditions diverses.** — V. *Cartes, Études, Profils, Terrassements, Voie*.

Piquetage et tracé de travaux (Opérations). — V. *Clauses*.

TRACTION.

I. **Organisation du service.** — Le personnel du service de la traction comprend ordinairement, en dehors des ingénieurs, les chauffeurs, chefs de dépôt, mécaniciens, ouvriers des ateliers, etc. (Voir ces mots). Les points principaux qui se rapportent à la traction des trains sont indiqués aux art. *Démarrage, Départ, Dépôt, Freins, Locomotives, Machines, Matériel, Patinage, Ressorts, Signaux, Trains, Vitesse*. — Ledit service de la traction forme, avec celui du matériel, l'une des branches principales de l'expl. des ch. de fer ; ce service est divisé, pour chaque réseau, en plusieurs sections confiées à des ingén. chefs de traction, qui relèvent directement des ingén. en chef. — Voici, à ce sujet, quelques détails empruntés à l'un des gr. réseaux :

Hiérarchie. — Les ingénieurs chefs de traction et les sous-chefs qui leur sont adjoints sur la plupart des lignes ont autorité sur les chefs, sous-chefs et ouvriers des dépôts et sur les mécaniciens et chauffeurs. Ils sont appelés, après vérification des bulletins de traction, à régler, lorsqu'il y a lieu, les allocations spéciales attribuées aux mécaniciens.

Attributions. — En général, la division de la traction a dans ses attributions la direction et la surveillance : des dépôts et du personnel qui leur est attaché ; des machines en service dans les dépôts ou sur la ligne, et du personnel qui leur est attaché ; des petites réparations des machines et tenders dans les dépôts ; de la conduite et de l'entretien des machines d'alimentation ; du graissage des trains. En résumé, elle est chargée des mesures à prendre pour assurer, au moyen du matériel, du personnel et des approvisionnements mis à sa disposition, la traction des trains réglementaires ou spéciaux demandés par l'exploitation. — Sur quelques lignes, l'ingénieur chef de traction centralise entre ses mains les fonctions d'ingénieur des ateliers et du matériel roulant pour les localités (autres que Paris, bien entendu) où il existe des ateliers.

Écritures. — *Comptabilité.* — Des ordres de service détaillés fixent pour chaque compagnie les dispositions relatives aux écritures et à la comptabilité de chacune des sections de traction. Ces écritures sont centralisées à la comptabilité générale ou à l'économat, au moins pour ce qui concerne toutes les matières premières et approvisionnements que le service central met à la disposition de chaque section, en lui ouvrant un compte, de même qu'il reçoit des ingén. du matériel tous les objets fabriqués par ce dernier service, ou ceux que les services de la traction et des ateliers ont mis au rebut, par suite d'usure ou de rupture. (*Inst. spéc.*)

II. **Indications diverses.** — 1o Manœuvres de traction (V. *Manœuvres*). — 2o *Surveillance admin. du service de la traction et du matériel.* — Cette surveillance est comprise dans les attrib. des ingén. des mines sous la direction du chef de service du contrôle. — V. *Gardes-Mines, Commissaires de surveillance* et *Ingénieurs*.

TRAFIC.

I. **Comptes rendus.** — Le trafic des chemins de fer s'entend du revenu brut des lignes exploitées, ou plutôt des recettes totales effectuées pour le transport des voyageurs et des marchandises (Voir aux mots *Double voie*, *Produits* et *Projets*, § 2, 3°, pour l'évaluation du trafic probable des chemins de fer). — *Statistique du trafic réalisé.* — Les tableaux généraux que nous avons mentionnés au mot *Statistique*, au sujet du trafic annuel des lignes ferrées, sont indépendants des comptes rendus périodiques dont il va être question ci-après :

1° *Recettes hebdomadaires.* — « Les comp. doivent faire parvenir *directement* au ministre un bulletin de leurs recettes hebdomadaires. Cette mesure ne doit rien changer aux envois à faire au min. par l'ingén. en chef du contrôle, relativement au trafic mensuel, trimestriel ou annuel des chemins de fer. » (Circ. min., 3 juillet 1854.) La formule hebdomadaire doit faire connaître la date de la semaine, la recette distincte en voyageurs et marchandises à grande et petite vitesse, avec comparaison de la recette totale avec celle de la semaine de l'année précédente. Le tableau résume enfin la dépense totale depuis le 1er janvier de l'année courante et de l'année précédente.

2° *Trafic mensuel.* — « Ayant jugé utile d'avoir successiv., dans un tableau d'ensemble, le relevé comparatif du trafic mensuel de tous les ch. de fer du réseau français en activité, le min. a demandé aux chefs du contrôle la production d'une formule spéc. pour chacune des lignes soumises à leur surv. » (Circ. min., 13 oct. 1849.)

« Le classement adopté, dans la formule précitée, ne s'accordera peut-être pas entièrement avec les relevés habituels d'expl. ; mais il sera sans doute facile d'obtenir des comp. les détails demandés, sauf à signaler en note les causes principales des lacunes ou modific., en ajoutant toutes les indic. suppl. qu'il y aura possibilité de recueillir. La formule est disposée de manière à pouvoir indiquer séparément les transports à gr. ou à petite vitesse, sauf à réunir sous une même accolade, lorsque cette division n'est pas connue, toutes les unités de chaque groupe. Mais, dans tous les cas, il convient d'opérer, entre les divers articles du trafic, une distinction aussi complète que possible, soit en nombre ou poids, soit en recette. » (Circ. précitée, 13 oct. 1849.)

Formule modifiée. — Un nouveau modèle de tableau a été envoyé par le min., avec une circ. du 9 mars 1858, qui porte les recommand. suivantes : « La nouvelle formule présente quelques changements avec celle que les ingén. avaient précédemment à remplir ; mais ces modific. sont peu importantes ; elles ont surtout pour but d'attribuer à chaque service une classification plus régulière et mieux justifiée. — Le min. a rappelé, d'ailleurs : 1° qu'aucune correction ne doit être apportée au cadre de cette formule, la colonne d'observ. étant destinée à recevoir toutes celles qu'il serait utile d'y faire figurer ; 2° qu'il est essentiel de tenir compte des notes portées sur ladite formule. »

Dates d'envoi. — Le délai d'envoi des états, fixé en principe aux huit premiers jours du mois suivant, a été étendu aux 20 premiers jours dudit mois. (Circ. minist. du 2 avril 1853.)

3° *États trimestriels.* — Une circ. min., 24 déc. 1855, a également invité les chefs du contrôle à fournir des états sommaires du trafic trimestriel. — Ces tableaux, dont les résultats sont destinés à être insérés au *Journal officiel*, doivent présenter les indications résumées ci-après :

I. — Le 1er trimestre étant achevé, les renseign. transmis pour les deux premiers mois devront être donnés rectifiés ; le 3e mois seulement sera approximatif, en raison du peu de temps écoulé entre la fin de ce dernier mois et le moment fixé pour en fournir les résultats.

II. — Lors de la production des trimestres suivants, on devra rappeler les renseign. précédemment envoyés, avec les modific. apportées, soit au dernier mois, soit à tous les mois antérieurs, en faisant mention, dans la colonne d'observ., des changements opérés.

III. — En outre, rien ne devra être modifié, soit à la forme, soit à l'esprit du cadre, quelles que soient les habitudes prises par les compagnies pour les communications qu'elles font chaque jour à la presse. — Ainsi, les recettes de la grande vitesse seront présentées *avec l'impôt du dixième.* — Le montant de cet impôt figurera, soit pour le trimestre, soit pour les périodes antérieures, dans la colonne à ce destinée. — Enfin, les recettes seront présentées, *déduction faite des détaxes*, ce dont il conviendra également de faire mention.

4° *Récapitulation annuelle*. — Le ministre a demandé aux ingén. du contrôle, par une circ. du 6 avril 1852, de lui fournir, « pour chaque exercice, une récapitulation des trafics mensuels de l'exercice écoulé, en prenant pour base les périodes adoptées par les comp. dans leurs comptes rendus, et en conservant tous les détails portés dans les états mensuels, quand bien même ils ne devraient pas se retrouver plus tard dans les publications des comp. — Par suite de rectifications jugées nécessaires ou de chiffres différemment groupés, ces résumés pourront quelquefois ne pas reproduire exactement, en nombre et en recette, la récapitulation des détails renfermés dans les douze tableaux mensuels et différer peut-être encore des renseign. que présenteront les comptes rendus ; ces inconvénients doivent disparaître devant l'avantage, pour l'admin., de posséder, plusieurs mois avant la publication des rapports, l'état récapitulatif des trafics mensuels. — Il n'y a pas lieu de se préoccuper des recettes étrangères à l'exploitation. Les faits que l'admin. s'attache à saisir, en cette circonstance, ne doivent concerner que les résultats de l'exploitation proprement dite des chemins de fer. » — *Une dépêche min. du* 17 avril 1855 a rappelé que l'état récapitulatif annuel, dont la demande ne change rien aux dispositions relatives à l'envoi des états du trafic mensuel, doit indiquer les résultats du trafic en ce qui concerne les marchandises à petite vitesse, tonnage et recettes, suivant le modèle fourni par l'admin. Les comp. resteront libres d'y ajouter les renseign. qu'elles auront par ailleurs.

II. Variations du trafic. — Les recettes de l'expl. des ch. de fer varient naturellement suivant l'importance et la situation des lignes. Ce trafic est évalué à l'avance, lorsqu'il s'agit d'établir ou de concéder des lignes nouvelles (V. *Produit net*). En cours d'exploitation, l'augmentation progressive du trafic motive celle du personnel et du nombre de convois mis à la disposition du public. La limite minimum du trafic annuel reconnu nécessaire pour alimenter un chemin à double voie a été fixée à 18, 20, et même 25,000 fr. par kilom., dans quelques anciens cahiers des charges. — *Nota*. — Pour les lignes concédées par les lois et décrets des 11 juin et 25 août 1863, l'admin. s'est généralement réservé le droit de prescrire l'établ. de la 2ᵉ voie, lorsque le produit brut de ces lignes atteindra *trente-cinq mille francs* par kil. — Voir au mot *Double voie*, les nouvelles indications relatives à la question dont il s'agit.

III. Trafic entre les différents réseaux (Art. 7 des conditions générales du tarif de grande vitesse approuvé pour toutes les compagnies). — « Toutes les gares du réseau devront, lorsque la nécessité en sera reconnue par l'admin. supér., correspondre directement les unes avec les autres pour la délivrance des billets aux voyageurs. » — En attendant la réalisation d'un tarif général commun et des diverses améliorations attachées à l'exécution des conventions de 1883 (V. *Conventions, Réduction de tarifs* et *Tarifs communs*), nous croyons utile de résumer ici quelques-unes des dispositions spéciales actuellement appliquées pour cette question assez importante du trafic commun entre les diverses compagnies.

1° *Voyageurs*. — Sur quelques lignes, il n'est délivré des billets directs aux voyageurs à destination d'une ligne appartenant à une autre comp., que par certaines gares et à destination d'un nombre plus ou moins limité de localités indiquées dans des tableaux détaillés, désignant les gares de jonction par lesquelles la correspondance doit se faire. — Cette mesure s'applique aux voyageurs à prix complet, aux militaires voyageant au quart du tarif et aux enfants de 3 à 7 ans voyageant à demi-tarif. — Les voyageurs jouissant, à un titre quelconque d'une réduction de prix sur l'une des deux compagnies, ne peuvent recevoir de billets *directs* ; il leur est délivré, au point de départ, un billet valable sur le parcours de la comp. où est situé ce point de départ, et ils ont ensuite à se pourvoir à la gare de jonction, d'un nouveau billet pour le parcours à effectuer sur l'autre réseau.

2° *Bagages et chiens*. — Les bagages et chiens sont enregistrés *pour toutes les gares du réseau correspondant, même pour celles non désignées dans le tableau des stations mises en relation directe,* et quoique les billets remis aux voyageurs portent seulement, comme gare destinataire, le nom de la gare correspondante la plus proche du point de destination. (V. *Bagages,* § 2.) — Les chevaux. voitures, transports funèbres, et les animaux autres que les chiens, ne peuvent être enregistrés comme bagages.

3° *Messagerie, finances, denrées, etc. (grande vitesse).* — Des indications spéciales sont également données dans les instructions intérieures de chacune des compagnies, en ce qui concerne les gares autorisées à correspondre directement entre elles, pour les expéditions d'articles de messagerie, de denrées, finances, chevaux, voitures, animaux et transports funèbres, faites en grande vitesse. — V. spéc. *Colis postaux.*

4° *Transports à petite vitesse..* — La correspondance pour les transports à petite vitesse n'a lieu, comme pour la grande vitesse, que pour les gares *dénommées* dans les ordres de service. — Voir au mot *Tarifs,* §§ 5 et 9 au sujet de l'application des tarifs communs et internationaux (1).

Établissement des taxes. — Les tarifs à appliquer pour les expéditions directes, soit en grande, soit en petite vitesse, sont ceux des deux comp., soudés ensemble. Il n'est perçu, pour les bagages, marchandises, etc., qu'un seul droit d'enregistr. de 0 fr. 10 au profit de la comp. expéditrice; les frais de manutention sont réglés conf. aux tarifs des divers ch. de fer. — Pour la gr. vitesse, les gares de départ sont rendues responsables des taxes établies par elles, soit en port payé, soit en port dû. — Pour la petite vitesse, les gares de départ ne sont responsables que de l'exactitude des taxes en *port payé* établies par elles; la responsabilité des taxes en *port dû* incombe aux gares d'arrivée, à moins que les expéditions ne soient accompagnées d'une bonne lettre de voiture donnant un prix ferme à recevoir à destination. — V. le mot *Taxes.*

Feuilles d'expédition. — Pour la corresp. *directe* des expéditions de gr. vitesse, entre deux compagnies, il est fait des feuilles distinctes, par nature de transport, savoir : 1° pour les articles de messagerie et marchandises taxées au poids; 2° pour les finances; 3° pour les chevaux, voitures et transports funèbres; 4° pour les bestiaux. — Pour la *petite vitesse,* il est également fait des feuilles distinctes, c'est-à-dire, ne comprenant pas d'expédition d'une autre nature, pour les transports : 1° de chevaux et voitures; 2° de bestiaux. — Les écritures relatives à la rédaction et à l'envoi des feuilles d'expédition et aux avis d'encaissement, de remboursement, etc., du *trafic direct,* sont l'objet d'instr. spéc. détaillées auxquelles les agents doivent strictement se conformer.

Gares non comprises dans le trafic direct. — Les gares de deux comp. différentes qui ne sont pas autorisées à trafiquer directement, devront, lorsqu'elles auront des expéditions à faire parvenir d'un réseau sur l'autre, considérer comme gare destinataire la gare de transmission située sur l'itinéraire le plus économique entre leur gare et le point de destination définitif, et cette gare de transmission opérera la réexpédition en faisant de nouvelles écritures. — Pour le trafic direct, comme pour celui qui donnera lieu à des opérations de transmission, les expéditions seront toujours dirigées par la voie la plus économique. (*Inst. spéc.*)

IV. **Trafic international** (Indications diverses). — V. l'article ci-après :

TRAFIC INTERNATIONAL.

I. **Conditions générales.** — 1° Mode d'examen et d'approbation des tarifs internationaux (V. *Tarifs,* § 9). — 2° Formalités de douane (Mesures internationales, déclarations,

---

(1) Des conventions spéciales sont ordin. passées entre les diverses compagnies pour le passage *sans transbordement* de certaines marchandises et wagons complets *d'un réseau sur l'autre,* et pour le règlement des litiges occasionnés par ces transports ; mais dans une matière aussi compliquée et aussi détaillée, il faut nécessairement se reporter aux ordres de service en vigueur sur les divers réseaux. — V. à ce sujet les mots *Litiges, Règles à suivre, Service commun, Tarifs, Traités* et *Transbordements.*

visite des colis, wagons plombés, etc.) (V. *Douane*). — 3° Service commun des compagnies françaises et étrangères à la frontière (Questions de matériel, surveillance, etc.) (V. *Frontière*). — 4° Détails d'exploitation pour les parties de lignes internationales exploitées en commun par l'une des deux compagnies française ou étrangère et mesures sanitaires (V. *Service international*). — 5° Litiges relatifs aux transports internationaux (V. *Assignation*, § 4, *Avaries*, § 5, *Bagages*, § 8, *Exportation*, *Responsabilité*, *Service international* et *Transports internationaux*). — 6° Groupage de colis expédiés à l'étranger. — V. *Récépissés*, § 1, note 1.

II. Dérogations spéciales. — 1° Régime international des colis postaux (V. *Colis*). — 2° *Contrat de transport passé à l'étranger* (entre un expéditeur étranger et une compagnie étrangère, pour l'envoi en France de marchandises). — Ledit contrat est soumis à la réglementation étrangère, qui est opposable au destinataire français, lorsqu'elle n'est pas contraire aux principes d'ordre public reçus en France (C. d'appel de Lyon, 26 mars 1884). — 3° *Limitation de l'indemnité due en cas de retard* survenu sur le réseau étranger (Expéditeur français soumis à la clause *limitative* de responsabilité contenue ou mentionnée à ce sujet dans le tarif). (C. C., 12 juin 1883) (V. aussi *Retards*, § 5). — 4° *Clause de non-garantie inscrite dans un tarif international.* Cette clause, quant au nombre et au poids des colis portés sur la lettre de voiture, s'étend aux marchandises voyageant *en vrac*, par wagon complet, comme à celles contenues en caisses ou en ballots. — Sauf à l'expéditeur ou au destinataire à faire la preuve des fautes alléguées contre la compagnie. (C. C., 6 août 1879.) — 5° *Règlement des litiges au lieu de destination.* — « Est obligatoire pour les comp. qui l'ont consentie comme pour l'expéditeur qui a réclamé l'applic. du tarif international qui la contient, la clause d'après laquelle, en cas d'accident, de retard ou de perte, le dommage doit toujours être réglé au lieu de destination, et s'il y a litige devant les trib. de ce lieu. » (C. C., 13 août 1879.)

III. Communications obligées à l'admin. supér. (Circ. min., 4 nov. 1886, prescrivant aux comp. de communiquer régulièrement au min. avant leur mise en vigueur, tous les *traités*, *conventions* et *arrangements quelconques*, conclus soit avec des administrations de chemins de fer étrangers, soit avec des entreprises de navigation). — V. *Traités*.

TRAINS.

SOMMAIRE. — I. *Généralités* (organisation de service, etc.). — II. *Trains de voyageurs et de la poste* (détails spéciaux). — III. *Trains extraordinaires* (de voyageurs, de pèlerinage, de plaisir, de troupes, etc.). — III bis. *Indications spéciales aux trains de troupes.* — IV. *Trains dédoublés.* — V. *Convois de marchandises* (réguliers, facultatifs, etc.). — VI. *Trains mixtes* (de voyageurs et de marchandises). — VII. *Trains de ballast et de travaux.* — VIII. *Affaires diverses.*

I. Indications générales (relatives aux trains de toute nature, *autres que les convois extraordinaires*). — Les expressions *trains* de voyageurs, *convois* de marchandises, sont toutes deux admises dans la pratique des chemins de fer; mais en réalité la qualification *train* est la seule qui s'applique indistinctement aux convois de toute espèce remorqués par les machines locomotives. — Nous avons indiqué ci-dessous, au § 2, la classification ordin. adoptée pour désigner les différentes natures de trains du service des voyageurs, et résumé d'ailleurs aux autres paragr. certains détails concernant les convois proprement dits de *marchandises*, les trains *mixtes* de marchandises et de voyageurs, et enfin les trains dits *facultatifs*, qui sont comme les trains réguliers, inscrits dans les ordres et livrets de marche, bien qu'ils ne circulent que suivant les besoins du service. — Tous ces divers trains, de même que les *convois extraordinaires* dont nous parlerons au § 3 ainsi que les trains de *ballast* et de *travaux*, ont fait l'objet de nombreuses instructions dont l'observation rigoureuse est la première condition de sécurité pour la circulation. — Il convient d'ajouter qu'au point de vue de l'application des règlements, une *machine locomotive circulant isolément* sur la voie est considérée aussi comme un *train*. — V. *Locomotives* et *Marche des trains*, § 3.

Nota. — Les instructions se rapportant au mot *Trains*, embrassent à peu près, dans leur essence, tous les détails du fonctionnement du service des chemins de fer, et ont avec les diverses branches du personnel, du matériel de l'exploitation et même de la voie, des ramifications innombrables que nous avons dû traiter distinctement, à leur ordre alphabétique, dans ce recueil. — Nous devons, par suite, nous borner à résumer ou à rappeler ici les dispositions générales qui peuvent s'appliquer à l'ensemble de l'organisation et de la marche des trains, en renvoyant, lorsqu'il y a lieu, pour les détails aux documents spéciaux d'application.

Organisation et approbation du service et de la marche des trains (Extr. de l'art. 43 de l'ordonn. de 1846). — « Des affiches, placées dans les stations, feront connaître au public les heures de départ des convois ordinaires de toute sorte, les stations qu'ils doivent desservir, les heures auxquelles ils doivent arriver à chacune des stations et en partir (V. *Affichage*, § 2). — Quinze jours au moins avant d'être mis à exécution, ces ordres de service seront communiqués en même temps aux commiss. royaux (1), au préfet du dép. et au min. des tr. publ., qui pourra prescrire les modifications nécessaires pour la sûreté de la circulation ou pour les besoins du public. » — Nous avons indiqué, en détail, aux mots *Marche des trains*, § 1er, et *Ordres de service*, § 1, les dispositions prises pour assurer la bonne organisation, la régularité et la sécurité du service dont il s'agit. — Service au sujet duquel les compagnies sont obligées, bien entendu, de se conformer aux décisions ministérielles et aux modifications prescrites, lorsqu'il y a lieu, à la suite des formalités d'examen dont il va être question ci-après. — Les compagnies sont d'ailleurs dans l'usage de se concerter avec l'admin. des postes pour assurer dans les conditions les plus convenables le service des trains au point de vue du transport des dépêches, d'après les indications de l'art. 56 du cah. des ch. (V. *Postes*). — Enfin, des affiches spéciales sont placardées par les soins des comp. sur tous les points nécessaires pour faire connaître au public les projets d'organisation et de modification de la marche des trains. — Ces affiches contiennent toutes les indications relatives aux heures de départ et d'arrivée, aux prix des places, aux points non desservis par certains convois, aux détails des correspondances dans les bifurcations, etc., etc.; mais aucune annotation interprétative concernant le service des voyageurs ne doit être ajoutée sans l'approb. admin. sur l'affiche du tableau des trains (Voir *Affichage*, § 2). — Du reste, afin de faciliter les recherches, nous énumérons ci-dessous les principaux documents relatifs à l'étude préliminaire du service de la marche des trains.

Formalités d'examen des ordres de service. — 1° Obligation pour la compagnie de présenter ses propositions en temps utile, en vertu de l'art. 43 précité de l'ordonn. de 1846 (Voir notamment au mot *Ordres de service*, § 1 bis, la circ. min. du 23 août 1850 qui, au sujet d'un renouvellement de service des trains, rappelait avec instance aux compagnies l'exécution dudit article 43, touchant le délai imposé à la compagnie pour les communications à faire au service du contrôle et à l'admin. — Ce délai, réglementairement fixé à 15 jours, a même dû être porté à *un mois*, par la circ. min. adressée aux compagnies le 7 juin 1878, dans les cas où le changement de service comprend l'organisation générale de la marche des trains, pour toute une saison. — Voici le texte même de la circ. dont il s'agit :
(*Circ. min.*, 7 juin 1878). — « Messieurs (les administrateurs), d'après l'art. 43, § 2, de l'ordonn. du 15 nov. 1846, les comp. doivent communiquer aux fonctionn. du contrôle, aux préfets des dép. traversés et au min. des tr. publ., les ordres de service relatifs à la marche des

---

(1) Représentés aujourd'hui par les inspect. gén. chefs du contrôle. — V. *Inspecteurs*.

trains, quinze jours au moins avant leur mise à exécution. — Ce délai permet aux fonctionn. du contrôle d'examiner, en temps utile, les prop. des comp., lorsqu'il s'agit de modific. partielles au service en vigueur; mais il est insuffisant lorsque ces propositions comprennent l'organisation générale de la marche des trains, pour toute une saison. — Dans ce dernier cas, l'instruction étant nécessairement plus difficile et plus longue, la décis. min. portant approb. du projet des comp. n'intervient ordin. qu'après l'inauguration du nouveau service. — Il importe, dans l'intérêt même de votre responsabilité, de régulariser cet état de choses. — En conséquence et tout en reconnaissant que vous n'y êtes pas tenus par l'art. 43 de l'ordonn. de 1846, je vous prie de vouloir bien, à l'avenir, communiquer aux fonctionn. du contrôle, aux préfets et à l'adm. supér., *un mois avant la date fixée pour l'application*, les ordres généraux du service destinés à régler la marche des trains pendant la saison d'été ou la saison d'hiver. » — *Nota*. — Ces ordres généraux doivent être accompagnés de *tableaux graphiques* de la marche des trains (Circ. min., 19 août 1878) (V. *Graphiques*). — La question de *délai de présentation* par les compagnies des ordres de service de la marche des trains a été de nouveau soulevée à diverses reprises et a déterminé enfin le min. à régler par une circ. d'ensemble du 30 oct. 1886, *qui abroge les précédentes*, les délais de présentation des propositions relatives à la marche *des trains de toute nature*. — V. ci-après.

(*Circ. min.*, 30 oct. 1886) fixant les délais de présentation des ordres de service relatifs aux différentes natures de trains. — Cette circulaire étant déjà reproduite *in extenso* au mot *Ordres de service*, § 1 *bis*, nous nous bornons à donner ici le tableau final qui en résume les dispositions :

OBJET DES PROPOSITIONS.	AVIS PRÉALABLE.
Organisation des services d'été et d'hiver.......	À l'administration supérieure et au contrôle, *un mois* à l'avance.
Modification de trains réguliers en cours de saison.	À l'administration supérieure et au contrôle, *quinze jours* à l'avance.
Mise en marche de trains extraordinaires ou spéciaux ne contenant qu'une voiture à voyageurs.	Au contrôle seulement, dès que l'expédition est décidée.
Mise en marche de trains extraordinaires ou spéciaux contenant plus d'une voiture à voyageurs.	À l'administration supérieure et au contrôle, *huit jours* à l'avance.
Transformation d'un train régulier de marchandises en train facultatif ou d'un train facultatif de marchandises en train régulier	À l'administration supérieure et au contrôle, dès que le changement est décidé.
Mise en marche de trains de ballast, de travaux, etc...................	Néant................

Études préparatoires et dispositions ayant pour objet d'améliorer le service des trains. — Indépendamment des instructions ci-dessus rappelées au sujet des communications à faire au service du contrôle et à l'admin. supér., des propositions ou avis des compagnies ayant pour objet l'organisation de la marche des trains, la règle générale est la suivante : — Les tableaux de marche sont examinés au point de vue technique et commercial par les ingén. des mines et par les insp. de l'expl. commerciale attachés au service du contrôle. — Le chef de ce dernier service transmet ensuite les rapports de ces fonctionnaires au ministre qui, après avoir recueilli toutes les informations nécessaires, statue sur les propositions des compagnies (V. *Marche des trains* et *Ordres de service*). — Préalablement à la décision min., les questions relatives à l'organisation et à la marche générale des trains sont de droit soumises aux comités consultatif et d'expl. technique siégeant au min. des tr. publ. (V. *Comités*, §§ 1 et 2). — Les premières vérifications du service du contrôle portent principalement sur les points énumérés dans les circulaires et instructions reproduites ou rappelées ci-après, savoir :

1° *Circ. min.*, 27 *août* 1878 (adressée aux chefs du contrôle). — DISPOSITIONS PRINCIPALES AYANT POUR OBJET D'AMÉLIORER LE SERVICE DES TRAINS. — (*Accélération et régularité* — *création de trains supplémentaires* — *modification des durées d'arrêt et de battement*, etc.) — « Monsieur l'inspecteur général, les nombreuses réclamations qui m'ont été adressées au sujet de la marche des trains ont appelé mon attention sur cette partie essentielle du service des ch. de fer. J'ai constaté que l'organisation actuelle laissait à désirer sur plusieurs points et je me propose, de concert avec vous, d'y apporter les améliorations nécessaires. — Nous serons aidés certainement dans cette tâche par le bon esprit des comp. et par le désir dont elles doivent être animées de donner satisfaction aux besoins légitimes du public.

D'après l'art. 43 de l'ordonn. du 15 nov. 1846, l'initiative des projets de marche des trains appartient aux comp., qui sont tenues de communiquer leurs ordres de service à l'adm. supér. et aux fonctionn. du contrôle, 15 jours au moins avant la mise à exécution. — Par une circ. récente (V. ci-dessus), les comp. ont été engagées à faire désormais ces communic. un mois à l'avance. Mais ce délai lui-même (qui ne pourra peut-être pas toujours être observé à raison des exigences du service international) n'est pas suffisant pour permettre d'examiner à fond le régime d'un grand réseau. Ce régime s'étend, en effet, sur plusieurs lignes principales et sur de nombreux embranchements, entre lesquels s'établissent des courants de trafic les plus divers. — Dans cette situation, il m'a paru que les fonctionn. du contrôle, d'une part, en s'inspirant des vœux des conseils gén. et des ch. de comm. émis dans le courant de l'année, et, d'autre part, en mettant à profit les enseignements de l'expérience, pouvaient étudier utilement en été le service d'hiver et en hiver le service d'été, sans préjudice, bien entendu, de l'examen spécial qui sera fait des nouveaux tableaux de marche, au fur et à mesure de leur production. — Telle est la méthode qui devra être suivie à l'avenir.

Voici, d'ailleurs, les points sur lesquels les fonctionnaires du contrôle devront plus particulièrement porter leur attention :

(I. *Grandes lignes*). — A certaines époques de l'année, pendant la saison des eaux notamment, les trains de grandes lignes sont excessivement chargés, par suite de l'affluence des voyageurs et des bagages. C'est là peut-être la cause la plus fréquente des retards de trains. On la ferait disparaître par la mise en marche de trains supplémentaires, prévus dans l'ordre de service général, et il y aura lieu de provoquer une telle mesure de la part des compagnies, si elles n'en prenaient pas l'initiative. — *Sur les lignes à double voie*, un train supplémentaire ne constitue pas un danger, puisque, sans compter l'avis télégraphique, il est annoncé par le train précédent. Le dédoublement est bien préférable au procédé ordinaire, consistant à n'expédier qu'un seul train trop chargé, lequel part de la gare de formation avec un certain retard, impossible à regagner en route, arrive désheuré à toutes les gares suivantes et désorganise ainsi le service des correspondances aux points de bifurcation. Les retards multiples qui en résultent présentent, d'ailleurs, les plus graves inconvénients. Ils occasionnent, sur les lignes à grande circulation, des changements de garage ; sur les aiguilles de bifurcation, des passages de trains hors tour ; sur les lignes à voie unique, des déplacements des points de croisement. Enfin ils favorisent la tendance des mécaniciens à exagérer la vitesse sur les pentes, le tout au détriment de la sécurité.

(II. *Lignes secondaires et transversales*). — Le service de ces lignes, à quelques exceptions près, est très défectueux. Les compagnies, je le reconnais, se trouvent ici en présence de difficultés particulières, notamment aux points d'intersection sur les grandes artères du réseau. Mais ces obstacles sont loin d'être insurmontables et ils ne doivent pas arrêter une étude sérieuse de notre part et de la part des compagnies. — Une solution satisfaisante a été obtenue sur les lignes transversales qui relient Lyon avec Bordeaux. Un service direct, sans changement de voitures, y fonctionne régulièrement, malgré les difficultés du passage à 14 bifurcations successives. Il est désirable que les mêmes avantages soient obtenus pour tous les autres grands centres de population.

(III. *Embranchements*). — Le service des embranch. est assez complexe ; il doit être, dès lors, examiné de très près. Il faut vérifier si les trains sont en nombre suffisant; s'ils sont convenablement espacés, dans la journée, pour assurer les relations locales; s'ils ont de bonnes correspondances aux points de soudure avec la grande ligne, dans les deux directions. Je ne saurais admettre, ainsi que je l'ai constaté récemment, qu'une ville, chef-lieu d'arrondissement, soit, par suite du manque de concordance des trains, privée de communiquer, pendant la plus grande partie de la journée, avec le reste du département et avec toute la France.

(IV. *Nature et composition des trains*). — Certaines lignes n'ont ni train de voyageurs proprement dit, ni train de marchandises régulier ; tous les trains y sont mixtes. Cette dernière catégorie s'impose, je le sais, comme une condition économique de l'exploitation ; mais il faut savoir en limiter les exigences. — En effet, la charge considérable des trains mixtes, leur longueur, les manœuvres répétées auxquelles ils donnent lieu dans les gares, sont autant de causes de retard qui réagissent fâcheusement sur la marche générale des trains qui leur correspondent. — Vous examinerez et vous me ferez connaître s'il ne conviendrait pas d'inviter formellement les compagnies à établir, sur chacune des lignes secondaires, dans chaque sens, au moins un train de voyageurs, duquel les marchandises de petite vitesse seraient exclues.

(V. *Durée des trajets et des arrêts*). — Sur les lignes les plus suivies, la durée du trajet devra être relevée dans les rapports des ingénieurs. Tout arrêt jugé trop long sera expressément signalé. Il conviendra, en même temps, de faire ressortir la proportion entre la durée totale des stationnements et celle des parcours effectués.

(VI. *Battements aux gares de bifurcation. Délais d'attente en cas de retard*). — Cette question a une importance capitale. Les bifurcations sont très nombreuses dans certaines gares et l'échange des voyageurs s'y effectue souvent dans quatre ou cinq directions différentes. Les battements des trains en correspondance ne doivent avoir que la durée strictement nécessaire pour assurer le service. Il y a, sous ce rapport, de véritables abus. Je pourrais citer des bifurcations où lorsqu'un retard se produit (ce qui n'est que trop fréquent), le battement, combiné avec le délai régl. d'attente, impose aux voyageurs un temps d'arrêt d'une heure et demie. Cet état de choses est fâcheux, et le public s'en plaint avec raison. Lorsque des retards, qui ne sont point dus à un cas de force majeure, font manquer les correspondances, il appartient à la comp. de mettre en marche les trains de remplacement prévus au départ de certaines gares importantes, d'organiser au besoin des trains spéciaux, enfin de prendre toutes les dispositions propres à atténuer, pour les voyageurs, les conséquences de ces incidents regrettables. — Vous voudrez bien me signaler dorénavant les circonstances où ces diverses mesures, reconnues possibles, n'auraient pas été appliquées.

En résumé, monsieur l'insp. gén., je vous prie d'inviter les fonctionnaires sous vos ordres à faire une étude attentive de la marche des trains et des ordres de service qui la règlent. Ils devront s'enquérir des vœux des conseils généraux et des autorités locales, ainsi que des réclamations du public, et se rendre compte de la possibilité d'y donner satisfaction dans une juste mesure (V. *Vœux*). — Ils auront à vous faire leurs propositions à cet égard, en vue du prochain service d'hiver. — De votre côté, après avoir discuté ces propositions et recueilli les observations de la compagnie, vous voudrez bien m'adresser un rapport, détaillé et précis, dans lequel vous présenterez vos conclusions définitives sur les modifications à introduire dans les projets de marche de la compagnie. — Ce n'est qu'à cette condition que l'organisation du service pourra correspondre aux besoins réels des populations et que nous préviendrons ces incessantes réclamations qui semblent accuser notre manque de vigilance. — Je compte sur le zèle de tous vos collaborateurs et, comme je l'ai dit en commençant, sur la bonne volonté des compagnies elles-mêmes, qui ne séparent point leur intérêt de celui du public. — Je vous serai obligé de m'accuser réception de la présente dépêche et d'en donner connaissance aux fonctionn. placés sous vos ordres. J'en envoie moi-même une copie à la comp. dont le contrôle vous est confié. » (*Circ. min.*, 27 août 1878.)

2° *Circ. min.*, 21 oct. 1878 *et circ. modificative du* 4 *mai* 1881 (Formalités diverses à observer par les fonctionnaires du contrôle chargés, contradictoirement avec les compagnies, d'étudier les services d'été et d'hiver). — V. le mot *Marche des trains*, § 1.

3° *Circ. min.*, 7 *juillet* 1884. — Conférences à établir pour l'examen des propositions de la comp., lorsqu'il s'agira des services d'été et d'hiver, ou de *modifications de quelque importance proposées en cours de saison*, et procédure à suivre en particulier si le projet de la compagnie comporte des modifications dans les *correspondances des trains aux gares de bifurcation de deux réseaux voisins*. — V. le mot *Marche des trains*, § 1, 7°.

Réduction éventuelle du nombre ou du parcours des trains (Circ. min., 22 juill. 1884). — V. *Marche des trains*, § 1, 5°.

Examen et mode d'approbation du service des trains pour l'Algérie (Circ. min., 22 oct. 1884). — V. *Algérie*, § 2, note 1 et *Marche des trains* § 1, 7°.

Nombre de trains obligatoires (Aux termes des conventions approuvées par la loi du 20 nov. 1883). — Voir aux *documents annexes* les conventions dont il s'agit, et notamment : Art. 14, réseau P.-L.-M. — *Id.*, 15, Orléans ; — *Id.*, 14, Nord ; — *Id.*, 14, Midi ; — *Id.*, 13, Est ; — *Id.*, 13, Ouest.

MESURES ET INDICATIONS GÉNÉRALES SE RAPPORTANT AUX DIVERS TRAINS (*Application des titres III et IV de l'ordonn. du* 15 *nov.* 1846). — 1° Composition et éclairage des convois (Art. 17 à 24 de l'ordonn. précitée). — Personnel, ordre et composition des convois, éclairage, signaux, etc. (Voir les mots *Attelages, Chauffeurs, Composition de convois, Conducteurs, Freins, Gardes-freins, Mécaniciens* et *Signaux*). — 2° Dispositions spéciales au matériel roulant. — *Titre II, même ordonn.* — Art. 7 à 16 (Voir *Essieux, Locomotives, Matériel roulant, Ordonnances, Voitures* et *Wagons*). — 3° RAPPEL DES DÉTAILS PRINCIPAUX DE LA MARCHE DES CONVOIS : — Applic. des art. 18, 25, 27, 28, 29, 30, 34, 36, 37, 38, 40 et 41 de l'ordonn. de 1846 (V. *Marche des trains*, § 2). — 4° Accidents, retards, incidents de route, police et surveillance des trains (V. *Accidents, Arrêts, Arrivée, Bifurcations, Contrôle, Correspondances, Départ, Détresse, Dynamite, Incendie, Intercommunication, Intervalles, Manœuvres, Matériel, Matières, Pilotage, Police*, § 2, *Poudres, Retards, Secours, Signaux, Stationnement, Surveillance, Transports, Visiteurs, Voie unique, Voitures* et *Voyageurs*). — 5° AMÉLIORATIONS RÉALISÉES OU ÉTUDIÉES DANS LE SERVICE DES TRAINS (Voir les mots *Appareils, Block-System, Freins, Intercommuni-*

cation, Matériel roulant, Signaux, § 5, *Vitesse, Voie unique, Voyageurs,* § 8). — Voir aussi, aux paragraphes suivants, les indications spéciales aux trains des différentes catégories.

II. Classification et service des trains de voyageurs. — Il n'est fait, au sujet de la qualification des trains *ordinaires* ou *express,* aucune distinction dans l'ordonn. de 1846, laquelle se borne : 1° à déterminer la composition de tout *convoi ordinaire de voyageurs* (Art. 17) ; — 2° à réserver au min. des tr. publ. de fixer, sur la proposition de la compagnie, la *vitesse maximum* que lesdits trains pourront prendre, ainsi que la *durée du trajet* (Art. 29); — 3° à laisser également à l'adm. supér. le soin de statuer sur les heures de service des « *convois ordinaires de toute sorte* » et sur les *arrêts* aux stations qu'ils doivent desservir (Art. 43) (Voir ledit art. au § 1er ci-dessus). — Mais en dehors de l'amélioration progressive du matériel et de la voie, le principe initial de la subdivision des trains se trouvait dans ces questions mêmes de *vitesse* et d'*arrêts* aux gares ; et c'est ainsi que sans parler des *trains mixtes* qui transportent en même temps des voyageurs et des marchandises (Voir plus loin, § 6), nous avons aujourd'hui les catégories de trains suivantes pour le service de la poste et des voyageurs, savoir : TRAINS OMNIBUS, à trajet partiel ou total sur toute la ligne; ces trains desservent ordinairement toutes les stations comprises entre le point de départ et le point d'arrivée, et comprennent, bien entendu, des voitures de toutes classes. — TRAINS DIRECTS, animés d'une vitesse un peu plus grande (V. *Vitesse*) et ne s'arrêtant pas, soit aux petites stations de grande banlieue, soit à d'autres gares intermédiaires ; ces trains ont toujours des compartiments de 1re et de 2e classe et quelquefois de 3e classe. — TRAINS EXPRESS ET POSTE (vitesse accélérée) réservés ordinairement pour les grands parcours et ne recevant que des voyageurs de 1re classe. Les marchandises à grande vitesse, sauf les petits colis, ne sont pas admises dans les trains express (V. *Messagerie,* § 3); les billets d'aller et retour de 1re classe n'y sont reçus que pour leur valeur *réelle.* — Les voitures à marchandises sont rigoureusement exclues des trains de vitesse (V. *Composition de convois,* fin du § 1er). — RAPIDES. Cette qualification relativement nouvelle a pris droit d'inscription, concurremment avec les *express,* sur les tableaux et les indicateurs des ordres de marche des grandes lignes; mais la différence des *rapides* avec les *express* ne semble consister, toute question de choix de personnel et de matériel à part, que dans une nouvelle accélération de vitesse et une réduction encore plus grande des points intermédiaires d'arrêt (Voir à ce sujet le mot *Vitesse*). — Nous devons noter, en passant, qu'après certaines réclamations sans doute, les militaires isolés et les détachements de moins de 21 hommes, autorisés à voyager au quart du tarif, peuvent être admis dans ceux des trains rapides qui comprennent des places correspondantes à l'autorisation. — Voir au mot *Militaires,* § 3, 5° les circ. min. 13 sept. 1884 et 20 juillet 1886.

Trains légers (Question à l'étude). — Voir ci-après.

Amélioration successive des trains de voyageurs. — A titre de simple renseignement, nous allons résumer ici *p. mém.* quelques documents relatifs aux conditions d'améliorations réalisées ou étudiées à différentes époques dans le service des trains.

1° *Extr. des rapports d'enquête 1858 et 1863* (signalant les progrès accomplis ou demandés dans l'expl. des ch. de fer). — Ainsi que nous l'avons rappelé au mot *Enquêtes,* § 2, nous avons fait mention, aux articles qu'ils concernaient, des différents extraits du *Recueil d'enquête de 1858.* On peut retrouver quelques-unes de ces indications, en ce qui touche le service des trains, aux mots *Attelages, Composition des convois, Détresse, Essieux, Freins, Lestage* (des wagons), *Ressorts* (de véhicules), *Roues, Ruptures* (et avaries de matériel), *Secours, Signaux, Tubes calorifères, Vitesse,* etc.

Améliorations demandées dans le rapport d'enquête de 1863. — Voir au mot *Enquêtes,* § 2, l'extr. de la Circ. min. gén. du 1er févr. 1864, contenant *in extenso* les conclusions de la commission chargée de l'enquête dont il s'agit et les recommandations adressées en même temps par l'admin. supér. aux compagnies. — Ces recommandations, en ce qui concerne l'organisation du service des trains de voyageurs, ont été rappelées aux comp. *par la circ. min. suivante du 18 avril 1865* (communiquée aux services du contrôle le 30 du même mois) : — « La commission d'enquête sur la constr. et l'expl. des ch. de fer, réunie à nouveau pour délibérer sur les réponses des compagnies à la circ. min. du 1er févr. 1864, a émis l'avis « qu'il n'y avait pas lieu d'insister sur l'augmentation de la vitesse effective des trains express, la vitesse actuelle paraissant se rapprocher suffisamment de celle qu'elle avait demandée. — En ce qui concerne les trains omnibus, sans demander leur accélération par mesure générale, il y a lieu, suivant la commission, « d'établir sur les lignes principales, pour le trajet entier et dans chaque sens, un train journalier direct marchant à la vitesse effective de 40 kilom. à l'heure et contenant des voitures de 1re et de 2e classe. Une ou deux voitures de 3e classe devraient être adjointes à ce train pour les voyageurs de 3e classe devant faire un long trajet. Cette obligation ne serait pas imposée aux lignes qui offrent un système de fortes pentes ou celles d'une fréquentation médiocre. » — La commission insiste, en outre, « sur l'amélioration du service des trains de correspondance » et elle demande « que les stationnements imposés aux points de bifurcation soient abrégés autant que possible. » — Au moment où votre compagnie prépare les ordres de service destinés à régler la marche des trains pendant la saison d'été, je vous invite à vous conformer exactement aux mesures indiquées par la commission d'enquête, dans les propositions que vous aurez à me soumettre... » (*Extr.*)

2° *Circ. min. du 27 août 1878* (relative à l'accélération et à la régularité du service des trains ; à la création de *trains supplémentaires*, sur les lignes à double voie ; à la modification des durées des trajets et des arrêts ; à la fixation des battements aux gares de bifurcation, etc.). — V. ci-dessus, au § 1er, la circ. précitée du 27 août 1878 et d'autres circ. relatives à l'examen des tableaux de la marche des trains.

3° *Extr. du rapport d'enquête, 8 juillet 1880 et de l'enq. spéc. de 1886* (Examen des questions relatives à la sûreté de l'exploitation et à la sécurité personnelle des voyageurs). — Voir notamment, en ce qui concerne les divers appareils destinés à régler la manœuvre et le service des trains, l'amélioration du matériel roulant, etc., les mots *Appareils, Block-system, Cloches électriques, Freins, Intercommunication* (1), *Matériel roulant, Vitesse, Voie unique, Voyageurs,* § 8.

4° *Extr. des conventions de 1883* (nombre de trains obligatoires). — Voir *Conventions.* — Voir aussi plus haut, § 1, l'indication spéciale donnée à ce sujet.

5° *Régl. min., 15 nov. 1885*, déterminant, entre autres dispositions, les signaux ordinaires portés par les trains, les signaux du mécanicien et des conducteurs de trains, les règles spéciales relatives au signal de départ et d'arrêt des trains, etc. — V. *Signaux*, § 5.

ESSAI DE TRAINS LÉGERS DITS TRAINS-TRAMWAYS (Circ. min., 31 août 1882, adressée aux compagnies, avec communication de documents relatifs à l'étranger). — « Mon admin. s'est préoccupée des moyens à employer pour assurer, dans de meilleures conditions et sans qu'il en résultât une augmentation notable des frais d'expl., les relations des localités d'une même région. Elle a pensé que la question pourrait être résolue par la mise en marche de trains légers et économiques, dits « trains-tramways ». — C'est pour consacrer ce principe qu'a été rendu le décret du 20 mai 1880 (V. *Locomotives*, § 5), qui attribue au min. des tr. publ. le droit d'autoriser les compagnies à mettre en circulation des voitures à vapeur portant leur moteur avec elles et des machines-tenders, de faible poids, remorquant une ou plusieurs voitures, sans interposition de fourgon.

Mais, avant d'adresser une communication aux compagnies, mon département a tenu à connaître l'état de la question dans les pays voisins. Des renseign. ont été demandés à ce sujet à M. Kopp., ingén. des p. et ch., dir. de la société des ch. de fer de l'État en Autriche-Hongrie. — Les documents fournis par cet ingén. ont été examinés par une sous-commission prise dans le sein du comité de l'expl. technique des ch. de fer, puis par le comité tout entier.

Les conclusions de la sous-commission sont très favorables à l'introduction en France du système des trains-tramways. Elles ont été adoptées par le comité et j'y ai donné moi-même mon approbation. — J'ai, en conséquence, l'honneur de vous communiquer le rapport de la sous-commission, avec l'avis du comité. J'y joins les notes et dessins produits par M. Kopp. — J'ai à peine besoin d'ajouter que mon admin. est toute disposée à seconder l'action des compagnies, en vue d'aplanir les difficultés de détail qu'elles pourraient rencontrer, au début, dans la voie nouvelle qui leur est tracée. — Veuillez, etc. » — *Nota.* Depuis la date de ladite circ., nous n'avons recueilli aucune information nouvelle sur cette innovation, qui recevrait certainement un bon accueil au point de vue de l'économie des voyages locaux en chemin de fer.

---

(1) Au sujet de la mise en communication à établir dans les trains entre les voyageurs et les agents, il y a lieu de se reporter surtout au travail de la commission spéc. instituée par arr. min. du 23 janvier 1886, et dont les conclusions ont fait l'objet de la décis. min. du 10 juillet 1886 rapportée au mot *Voyageurs*, § 8.

Trains spéciaux de voyageurs (Formalités diverses). — V. § 3 ci-après.

III. Trains extraordinaires ou spéciaux. — La catégorie des trains dits *extraordinaires* ou *spéciaux* embrasse dans sa généralité tous les trains non réguliers dont l'organisation et la marche n'ont pas été préalablement approuvées par l'admin. supér. dans les conditions déterminées au § 1 ci-dessus. — Cette qualification s'applique ordin., d'une part à l'expédition d'un train *exceptionnel* de gr. vitesse requis administrativement ou demandé par des particuliers, et d'autre part, aux trains dits de *plaisir*, de *pèlerinage*, ou aux trains spécialement organisés pour des *concours* ou des *expositions* publiques. — Elle comprend aussi les trains de marchandises expédiés sans avoir été prévus dans les ordres de service, et enfin les trains de *ballast* ou de *travaux*, mais avec des distinctions que nous expliquerons plus loin au § 7.

Les seules dispositions contenues dans l'ordonn. de 1846 au sujet des *trains extraordinaires* sont celles de l'art. 30 dont le § 1er a réservé au ministre le soin de prescrire, sur la proposition des compagnies, les mesures spéciales de précaution à prendre pour l'expédition et la marche desdits trains; le second paragr. se borne à prescrire aux compagnies d'aviser préalablement les commiss. de surv. admin. de l'expédition des trains extraordinaires ou spéciaux. — Voir au mot *Ordonnances*, le texte de l'art. 30 précité dont l'applic. a été réglée, du reste, par les documents ci-après mentionnés.

1er POINT (*Propositions soumises pour ordre au ministre*). — D'après une circ. min. du 11 juin 1863, adressée aux chefs du contrôle, la disposition de l'art. 30 (§ 1er) de l'ordonn. du 15 nov. 1846 « n'a d'autre but que de mettre l'admin. à même de reconnaître si ces trains imprévus, qui doivent trouver leur place dans le mouvement général, sans compromettre la sécurité de la circulation, ont leur itinéraire convenablement tracé; lorsque la sécurité n'est point compromise, lorsque aucune mesure de précaution n'est nécessaire, en dehors de celles qui émanent de l'initiative des compagnies, la décision de l'admin. est sans objet, d'autant plus qu'à raison de l'imprévu des circonstances qui motivent la mise en marche de ces sortes de trains, cette décision n'intervient le plus souvent qu'à *posteriori* et seulement pour ordre ». — D'après ces considérations, le ministre « a reconnu qu'il suffirait à l'avenir que les propositions de l'espèce fussent communiquées par les comp. au service du contrôle qui n'en référerait à l'adm. supér. que lorsqu'il y aurait lieu de prescrire des mesures spéciales. » — « Il demeure entendu que les dispositions du § 2 de l'art. 30 continueront à être observées » (V. ci-après, 2e *point*). — La circ. précitée du 11 juin 1863, se terminait par la recommandation suivante aux chefs du contrôle : « Je vous prie de rendre compte dorénavant, *dans vos rapports mensuels*, du nombre et de la nature des convois extraordinaires qui auront été mis en circulation sans objection de votre part. »

Par d'autres dépêches ou circulaires, le *ministre* a formellement invité les compagnies « *à lui donner directement avis*, en même temps qu'au service du contrôle, huit jours au moins à l'avance, de l'organisation des trains spéciaux formés sous le nom de trains de plaisir, trains de pélerinage, trains pour concours et expositions publiques, etc. » (Circ. min., 22 nov. 1872, rappelée les 21 juillet 1873, 29 août 1884, 7 juin 1886, et en dernier lieu le 30 oct. 1886 par une circ. min. gén. dont nous avons reproduit le *dispositif final*, sous forme de tableau, au § 1 ci-dessus.)

Nota (relatif aux trains de *travaux*, de *ballast*, de réquisition pour le *service de l'armée*, etc.). — La disposition de l'art. 30, § 1er de l'ordonn. du 15 nov. 1846, dont la circ. min. du 11 juin 1863 a réglé l'application, *sans faire de distinction entre les diverses natures de trains spéciaux*, avait été complétée par la circ. min. suivante, adressée le 24 juillet 1863, aux ingén. du contrôle : « Quelques comp. de ch. de fer se méprenant sur les motifs par suite desquels l'admin. les a dispensées de l'obligation de faire approuver avant leur mise en marche certains trains extraordinaires, ont cru voir dans cette mesure une aggravation des obligations qui leur incombent, en ce sens qu'elles seraient dans la nécessité de communiquer au contrôle les marches des *trains de travaux*, de *ballast*, de *réquisition pour le service de l'armée*, etc. — C'est par erreur que la décision du 11 juin dernier a été ainsi interprétée. Les comp. demeurent libres de mettre en circulation les trains extraordinaires de la nature de ceux rappelés ci-dessus ; mais quant aux trains extraordinaires spéciaux, à prix réduits, qu'on organise dans certaines circonstances telles que *Foires, Pèlerinages, Concours ou Expositions publiques*, et qui étaient de la part des compagnies l'objet de propositions spéciales, sur lesquelles, ainsi que le rappelle ma décision du 11 juin, l'homologation administrative n'intervenait le plus souvent qu'*à posteriori*, une plus grande latitude est accordée, puisqu'il suffira d'en communiquer les projets d'organisation au service du contrôle. » — Voir aussi à ce sujet au § 1 ci-dessus, sous forme de tableau, le *dispositif final* de la circ. min. gén. du 30 oct. 1886.

2ᵉ Point. — *Avis à donner aux commiss. de surv.* (Art. 30, § 2 de l'ordonn. du 15 nov. 1846 et interprétation). — Comme on l'a rappelé plus haut, l'art. 30 de l'ordonn. du 15 nov. 1846 a prescrit aux comp. d'aviser les commiss. de surv. admin. de l'expédition des trains extraordinaires ou spéciaux. « Il suffira, du reste, pour obtenir ce résultat, que les chefs de gare dès qu'ils sont avisés de l'envoi d'un convoi extraordinaire, soit au moyen des signaux du train précédent, soit au moyen du télégraphe électrique, préviennent eux-mêmes les commiss. de surv. admin. échelonnés sur la ligne. » (Circ. min., 15 mai 1854.) — Voir aussi plus haut la circ. min. confirmative du 11 juin 1863.

Avis pour les machines de secours. — Le 4ᵉ alinéa de la circ. min. du 11 juin 1863 porte « que les dispositions du § 2 de l'art. 30 de l'ordonn. de 1846 continueront à être observées. » Ces dispositions, outre leur application à tous les convois extraordinaires, comprennent aussi les avis à donner aux commiss. de surv., de l'expédition des machines de secours (considérées elles-mêmes comme des trains extraordinaires). — V. à ce sujet *Détresse* et *Locomotives*.

Précautions spéciales pour l'expédition des trains extraordinaires. — La faculté donnée aux compagnies de créer et d'expédier des trains spéciaux sans autre formalité que celles des feuilles de marche ou avis à envoyer préalablement, suivant les cas, à l'admin. supér. et au contrôle, n'exclut pas l'obligation de se conformer aux instructions déjà insérées, au sujet des trains dont il s'agit, dans les ordres généraux approuvés pour chacun des réseaux. — En effet, en dehors de la préparation des feuilles de marche et de l'envoi des avis, les mesures de précaution prescrites en général pour les trains réguliers (V. *Composition des convois*) sont évidemment applicables aux trains spéciaux, notamment pour le service et la composition des trains (toutefois les *convois de troupes* peuvent comprendre un plus grand nombre de véhicules que les autres trains (V. ci-après). — Les trains de *ballast* et de *travaux* sont soumis aussi à diverses règles qui seront mentionnées ci-après au § 7. Enfin, pour les diverses catégories de trains extraordinaires il est essentiel de ne pas perdre de vue certaines dispositions principales parmi lesquelles nous citerons les suivantes :

Prescription générale. — « Sur tous les points et à toute heure, les dispositions devront être prises comme si un train était attendu. » (*Règl. des signaux*).

Intervalle entre les trains. — « Il y a lieu d'observer pour les trains extraord., suivant leur nature et leur destination, les intervalles déterminés par les règl. — V. *Intervalles*.

Annonce des trains. — « Aux termes des règl. (de la double voie), un train extraord. peut toujours être expédié sans être annoncé à l'avance ; cependant, la *règle générale* est d'en donner avis, autant que possible, sur toute la ligne qu'il doit parcourir, soit au moyen d'un ordre de service, soit par les *signaux* du train précédent, soit par le télégraphe électrique. » (*Enq. sur l'expl.* — Recueil 1858.) — Sur la plupart des lignes, les trains spéciaux ou extraordinaires sont accompagnés d'un inspecteur. (Ibid.) — *Sur les sections à voie unique* la création de tout train extraordinaire ou facultatif doit être *obligatoirement annoncée* à toutes les gares du parcours et faire l'objet de dépêches télégraphiques de chacune des stations à la station suivante. (V. *Télégraphie* et *Voie unique*.) — Voir aussi plus haut, § 1ᵉʳ, la circ. min. du 27 août 1878.

Convois extraordinaires à restreindre en temps de brouillard. — L'une des causes de dangers, rappelée dans une circ. min. adressée le 3 oct. 1856 aux comp. de ch. de fer, au sujet du service général de l'exploitation « est l'envoi des trains extraordinaires, qui amènent toujours quelque

« trouble dans le service et qui, dans les temps de brouillard, peuvent occasionner de graves
« accidents. » — Le ministre a, par suite, invité les compagnies « à restreindre, dans les limites
« les plus étroites, l'envoi des trains extraordinaires. » — V. *Surveillance.*

Mesures diverses. — 1° Expédition de trains aux bifurcations en cas de correspondances manquées.
(V. *Correspondances.*) — V. aussi à ce sujet, au § 1er ci-dessus, la circ. min. du 27 août 1878.
— 2° *Trains demandés par les voyageurs.* — Le délai dans lequel un train spécial peut être mis
en marche, varie suivant les réseaux et suivant les lignes (à *double* ou à *simple voie*), — mais,
un pareil train ne peut être lancé à l'improviste et sa création exige que des pourparlers aient
lieu à ce sujet, assez à l'avance avec les compagnies. — En cas de *retard de route*, plus ou moins
prolongé, les voyageurs ne peuvent pas exiger l'expédition d'un train spécial aux frais du service
du chemin de fer. (V. *Retards*, § 5, et *Voyageurs*, § 7.) — 3° *Tarif d'un train spécial.* — Le
prix d'un train extraord. est généralement fixé à 5 fr. 60 par kilom., impôt compris. C'est un
minimum de perception, les voyageurs payant, quel que soit leur nombre, le prix de la première
classe, et les voitures, chevaux, chiens et bagages, les taxes homologuées par l'administration.
— Pour les trains spéciaux du service postal nous ne pouvons que renvoyer à l'art. *Postes*, § 1.
— V. aussi, au mot *Militaires*, l'art. 14 de l'arr. minist. du 15 juin 1866, réglant l'application
du tarif d'un *train spécial* pour le transport des troupes. — 4° *Dispositions spéciales* au sujet des
trains de *plaisir* (de *pèlerinage*, etc.) des *trains de troupes*, des trains *supplémentaires* ou *dédoublés*,
etc. — Voir ci-après :

Trains de plaisir (Instructions, également applicables aux trains de *pèlerinage*, de *concours*, d'*expositions*, etc.) — Les compagnies ne peuvent pas introduire dans les trains de
plaisir qu'elles mettent en circulation, un nombre de voitures supérieur à celui fixé par
les règlements et instructions pour les trains réguliers de voyageurs. (Décis. minist. du
28 août 1850. Extr.) — « L'admin. a favorisé, d'ailleurs, la création des trains de plaisir
en renonçant à exiger, pour ces cas spéciaux, un affichage opéré quinze jours avant la
mise en exécution. Mais, dans l'intérêt de la sécurité publique, et au point de vue même
de la réduction de tarif qui accompagne l'organisation des trains de plaisir et qui doit
appeler d'une manière plus spéciale l'attention de l'admin., elle a exigé que les comp.
lui soumettent les ordres de service résultant de ces additions de trains, pour que, de
son côté, elle puisse donner à ses agents les instructions qui lui paraîtraient nécessaires. » (Circ. min., 29 mai 1852. Extr.) — Voir le nota ci-après.

Nota. — Cette question de *communications*, à faire à l'admin. supér. et au contrôle, *des ordres
de service* relatifs à l'organisation des trains spéciaux formés sous le nom de trains de *plaisir*,
trains de *pèlerinage*, trains pour *concours* et *expositions publiques*, etc., a été l'objet, comme
nous l'avons dit au commencement du § 3, de diverses circulaires ministérielles, notamment d'une
instruction générale du 30 oct. 1886 qui a résumé et remplacé toutes les autres et qui est insérée
en entier, au mot *Ordres de service*, § 1 bis. — En dehors de ces envois demandés aux compagnies,
il est essentiel aussi que les chefs de gare adressent de leur côté aux commiss. de surv. les avis
prescrits par l'art. 30 de l'ordonn. de 1846. — V. les circ. reproduites au présent paragr.
Responsabilité pour les voyages en train de plaisir. — V. *Responsabilité*, § 2 bis.

III bis. Indications spéciales aux trains de troupes. — 1° *Appropriation du matériel des marchandises pour les trains militaires.* — Circ. min. 12 juill. 1884 (V. *Matériel*,
§ 6. — Voir aussi diverses indications à la même référence, et au mot *Militaires*, pour
tout ce qui peut intéresser le matériel et le service des trains de l'armée). — *Composition
de trains de troupes* (nombre de véhicules) : Nous avons mentionné au mot *Composition
de convois*, une circ. min. du 9 févr. 1870, d'après laquelle les trains de troupes pouvaient
être formés de 40 *véhicules*, non compris la locomotive et son tender, sous la réserve que
la vitesse de marche *n'excéderait pas* 30 *kilom*. — Une nouvelle circ. min., 14 juill.
1876, adressée par le min. des tr. publ. aux comp. a fait connaître à ces dernières que
le chiffre de 50 *véhicules* a été substitué au maximum de 40 fixé par la décision précitée
du 9 févr. 1870 et reproduit dans l'art. 52 du règl. du 1er juill. 1874 sur les transports
militaires. — Voici l'extrait princip. de la nouvelle décision du 14 juill. 1876 :

Extr. C. M. 14 juill. 1876. — « M. le min. de la guerre a fait remarquer que, depuis la
publication de ce règl. (du 1er juill. 1874), la loi d'organisation du 13 mars 1875 avait déterminé une composition nouvelle du bataillon d'infanterie, dont l'effectif de guerre a été réglé comme

ci-après : 18 officiers, 1,006 hommes de troupe ; 5 chevaux de trait ; 2 voitures à 2 roues ; 5 voitures à 4 roues. — Le nombre de wagons ou de trucs de ch. de fer nécessaire pour transporter cette unité tactique, dont il est essentiel de ne ne pas scinder les éléments, serait de 42 et pourrait même s'élever à 45, lorsque le train emmènerait, avec l'un des bataillons, l'état-major du régiment. — Ce chiffre de 45 ne constituerait pas, d'ailleurs, une limite extrême, attendu que, d'après un tableau dressé par l'état-major général, le transport d'un bataillon du génie exige 49 véhicules.

Mon collègue demande, en conséquence, que le nombre de wagons pouvant entrer dans la composition des trains de troupe soit fixé à cinquante.

J'ai soumis l'affaire à la commission des règl. de ch. de fer. — La commission, après avoir reconnu que la demande était parfaitement justifiée au point de vue militaire, l'a examinée au point de vue technique. — Sous ce rapport, la commission fait remarquer que, par leur composition et leur marche lente, les trains militaires ont bien plus d'analogie avec les trains de marchandises qu'avec les trains de voyageurs, et qu'il importe, dès lors seulement, de ne pas fixer un nombre de véhicules qui dépasserait la résistance des attelages et la puissance de traction des machines. — La commission constate, d'ailleurs, que c'est dans cet ordre d'idées qu'ont été rédigés les règl. de certaines nations étrangères. Il lui paraît inadmissible que le même régime ne soit pas établi en France. — Enfin la commission rappelle que, dans la dernière guerre, les comp. de l'Est et de la Médit. qui ont eu à effectuer rapidement des transports considérables de troupes, ont admis jusqu'à 75 véhicules dans plusieurs trains, sans qu'il en soit résulté un seul accident Il est donc permis de dire que l'expérience a prononcé sur la question.

La commission a, en conséquence, exprimé l'avis qu'il y avait lieu de modifier la décis. min. du 9 fév. 1870 et de fixer à 50 véhicules, non compris la locomotive et son tender, le nombre maximum des wagons pouvant entrer dans la composition des trains de troupe, dont la vitesse de marche n'excéderait pas 30 kilomètres à l'heure.

J'ai adopté cet avis, par décision de ce jour. — Je vous prie d'adresser à vos chefs de service des instructions conformes à cette décision et de les inviter à en prendre note sur l'ex. du règl. du 1er juillet 1874 qu'ils ont entre les mains. » (1)

IV. Trains supplémentaires ou dédoublés. — La circ. min. du 27 août 1878, reproduite au § 1 ci-dessus au sujet des *études* et *formalités* d'organisation des trains recommande, pour alléger le service des gr. lignes à *double voie*, en cas d'affluence extraord. de voyageurs et de bagages, de mettre en marche des *trains supplémentaires* qui suivraient le train titulaire et seraient, *sans compter l'avis télégraphique*, annoncés par ce dernier train (Voir à ce sujet le texte même de la circ.). — Dans le service des diverses compagnies, la variété de trains spéciaux dont nous parlons est exprimée par la qualification de *trains dédoublés*. — Les mesures de précaution contenues dans les règlements au sujet de l'expédition de ces trains doivent être rigoureusement observées, de graves accidents pouvant être le résultat de la moindre négligence. — Voir à ce sujet le *nota* ci-après :

Nota. — La collision de Monte-Carlo, qui a eu, en mars 1886, un si grand retentissement a été principalement causée par une omission dans le croisement de deux trains, dont *un supplémentaire qui venait d'être rendu régulier*. — Cet accident s'est produit sur une ligne à *voie unique* ; — nous devons rappeler à cette occasion diverses précautions à prendre, d'abord pour la *double voie*, au sujet des *trains dédoublés*. — En général, lorsque les besoins du service rendent nécessaire le dédoublement d'un train, le premier train doit porter un drapeau vert le jour et un feu vert la nuit. — Le second train devra suivre le premier à dix minutes d'intervalle, en s'arrêtant aux mêmes gares. — Les trains garés pour laisser passer le premier train ne doivent quitter leur garage qu'après le passage du second train. (*Inst. spéc.* qui s'appliquait surtout au service à *double voie* de l'un des grands réseaux.)

Sur la double comme sur la simple voie, les poseurs doivent concourir avec les gardes à la surv. de la ligne, en ce qui concerne notamment l'observ. des intervalles régl. entre les trains et des signaux de voie libre, de ralentissement et d'arrêt, à faire aux trains réguliers, facultatifs, spéciaux ou dédoublés. (V. *Intervalles, Ralentissement, Signaux* et *Surveillance*.) — Mais pour

---

(1) Relativement à la formation de trains militaires *de nuit*, nous ne pouvons que mentionner *p. mém.* une circ. minist. du 1er déc. 1869, qui avait invité les comp. à soumettre à l'admin. un ordre de service pour régler les conditions dans lesquelles devra s'effectuer, la nuit, la circulation des trains spéciaux de troupes, tant sur les lignes où le service de nuit est organisé que sur celles où il ne l'est pas.

les avis télégraphiques et autres mesures de précaution qui ont pour objet de garantir la circulation des trains extraord. en général, et la régularité des croisements sur les lignes à simple voie,
nous ne pouvons que renvoyer au mot *Voie unique.*

V. Trains de marchandises. — L'organisation des convois de marchandises est ordin-
réglée en même temps que le service de voyageurs, par des ordres de service approuvés
par le ministre. Les mesures de précaution et de surveillance édictées pour les trains
de voyageurs sont généralement prescrites et suivies pour les convois dont il s'agit
(V. *Marche des trains* et *Ordres de service.* — V. aussi au § 1 ci-dessus). — « Les comp.
sont, d'ailleurs, tenues de soumettre à l'autorisation de l'admin. supér. la création d'un
train régulier de marchandises, *même dans le cas où ce convoi remplacerait un train
extraordinaire.* Seulement, on peut réduire le délai de 15 jours (fixé en principe pour la
présentation préalable des ordres de service), au temps strictement nécessaire pour que
le service du contrôle examine l'affaire au point de vue de la sécurité publique. Si le cas
venait à se présenter, l'ingénieur en chef du contrôle pourrait autoriser provisoirement
le nouveau train, sauf à en rendre compte immédiatement au ministre. » (Cir. min.,
13 janv. 1853.) — Voir aussi au § 1.

Trains facultatifs. — Les trains facultatifs sont soumis aux mêmes règles que les trains réguliers, et d'après les instructions en vigueur dans tous les services de ch. de fer, ces trains doivent
toujours être attendus, qu'ils soient ou qu'ils ne soient pas expédiés. — Leur itinéraire figure
toujours dans les tableaux généraux de marche dressés pour tous les trains du service régulier. —
Enfin, sur les sections à voie unique l'expédition de tout train facultatif ou extraordinaire doit
être obligatoirement annoncée à toutes les gares du parcours et faire l'objet de dépêches télégraphiques de chacune des stations à la station suivante. (V. *Télégraphie* et *Voie unique.*) — Voir
aussi, plus haut, le § 4 relatif aux *trains dédoublés.*

Admission de voyageurs dans les fourgons de marchandises. — Les *voitures* et la composition des trains destinés aux voyageurs étant subordonnées à des règles spéciales de
précaution (V. *Composition de Convois, Réquisitions* et *Voitures*), il est expressément interdit, *à moins d'une autorisation exceptionnelle,* d'admettre des voyageurs dans les trains de
marchandises et même dans les fourgons des trains à grande vitesse (une infraction de
cette dernière espèce ayant été commise par un chef de gare et un chef de train, ces
deux agents ont été condamnés chacun à 16 fr. d'amende (T. Lyon, 17 nov. 1859). —
Il est inutile d'ajouter qu'il est défendu d'une manière bien plus absolue encore aux
voyageurs ou personnes étrangères au service des trains de s'introduire *de leur propre
volonté* dans les trains de marchandises sous peine de commettre une infraction aux
art. 61 et 63 de l'ordonn. du 15 nov. 1846. — *Admission des fonctionn. du contrôle et
des magistrats* (dans les trains de marchandises). — V. *Libre circulation,* § 1, et *Magistrats.*

Surveillance du service des trains de marchandises. — Des ordres détaillés sont appliqués sur les divers réseaux pour assurer : — 1° Le chargement, l'expédition et le
déchargement des marchandises ; — 2° L'utilisation et la bonne composition des trains
de petite vitesse. — Mais, nous ne pouvons que mentionner p. mém. ces ordres de
service, aucune instruction générale uniforme n'existant à notre connaissance pour cet
objet au sujet duquel nous ne pouvons que renvoyer aux mots *Chargements, Conducteurs
de trains, Manœuvres, Signaux, Surveillance etc.,* etc.) — « Pendant la mauvaise saison,
et lorsque la voie est couverte de neige, il est souvent fort difficile de conserver aux trains
et surtout aux trains de marchandises leur régularité de marche. — C'est alors plus que
jamais qu'il est important d'éviter de les surcharger et de dépasser le chiffre de leur
composition normale. — Il est préférable, sous tous les rapports, de rester au-dessous
de la limite de charge fixée pour la simple traction, et si, dans ces conditions, les trains
réguliers ne peuvent suffire à l'enlèvement des marchandises, de mettre en marche les

trains supplémentaires, plutôt que de mettre les trains ordinaires dans la nécessité de prendre la double traction. » (*Instr. spéc.*)

Arrêts des trains de marchandises dans les gares. — « Il est arrivé quelquefois que des trains de marchandises ne se sont pas arrêtés à des gares dans lesquelles ils n'avaient rien à laisser, bien que la marche des trains prévît des arrêts. — Il importe que des irrégularités de ce genre ne se reproduisent pas ; et l'on rappelle aux gares et aux agents des trains que, sous aucun prétexte, un train de marchandises ne doit passer, sans y stationner, une gare dans laquelle la marche des trains indique un arrêt. » (Inst. spéc. 10 avril 1866. *Réseau de Lyon.*) (1).

VI. Trains mixtes. — L'ordonn. du 15 nov. 1846, dont les dispositions s'appliquent surtout au service des *trains de voyageurs*, a fait notamment dans son art. 18 (Voir *Composition des convois*, § 4), une distinction entre les trains mixtes de voyageurs auxquels il est joint quelques wagons de marchandises, et les convois de marchandises accompagnés exceptionnellement de quelques voitures à voyageurs. On peut dire aujourd'hui que dans la pratique, il n'y a plus, au moins pour la plupart des lignes, qu'une seule espèce de *trains mixtes*, soumis à des règles uniformes et composés proportionnellement aux besoins du service des marchandises et des voyageurs. L'enquête sur l'expl. (Recueil 1858) a fait connaître qu'on fait des trains mixtes sur tous les ch. de fer. Les wagons à marchandises sont en tête et les voitures à voyageurs à la queue des trains. — Les règlements administratifs et les textes de jurispr. admettent, d'ailleurs, que les mesures de précaution à prendre pour les trains composés à la fois de wagons à marchandises et de voitures à voyageurs doivent être les mêmes, en ce qui concerne l'attelage, la composition et la disposition des voitures à voyageurs, que pour les trains ne comportant que des voyageurs. Le ministre s'est réservé, d'ailleurs (art. 18 précité ; ordonn., 15 nov. 1846) de déterminer, sur la proposition des compagnies, les mesures spéciales et les conditions de sûreté auxquelles devront être assujettis les convois mixtes. Voici le résumé des principales décisions intervenues au sujet des trains dont il s'agit :

1° *Tampons.* — Il y a lieu d'exclure des trains mixtes les wagons à marchandises à tampons secs. (Déc. minist. du 5 sept. 1855. — V. *Tampons.*)

2° *Matières dangereuses ou infectes.* — Ces matières ne pourront être admises dans les trains mixtes que lorsque l'organisation du service sur certaines lignes ne prévoit pas de trains de marchandises et sous diverses conditions énumérées à l'art. *Matières.* — Dans les règl. particuliers aux divers réseaux, les comp. recommandent à leurs agents « de n'adjoindre aux trains de voyageurs que des wagons dont le chargement sera parfaitement garanti contre tout danger d'in-

---

(1) En vue de permettre à un train de marchandises en retard de regagner tout ou partie du temps perdu en route, une décis. min. spéc. 17 mars 1881 (*Réseau du Midi*), a approuvé les dispositions suivantes : — « *Art. 1er.* — Tout train de marchandises *circulant sur une ligne à double voie* peut, en arrivant à une station à laquelle il n'a à laisser ni wagons ni marchandises, demander à franchir cette station sans arrêt, alors même que l'itinéraire du train y comporterait un arrêt. — A cet effet, le mécanicien, précédemment renseigné par le chef de train, ralentit sa marche en approchant de la station, et appelle l'attention du chef de station par plusieurs coups de sifflet répétés. — De son côté, le chef de train présente le signal vert aux agents de la station. — S'il n'y a à remettre au train arrivant, ni wagons, ni marchandises, si, d'un autre côté, rien ne s'oppose à ce que ce train poursuive sa marche, le chef de station lui fait le signal d'avancer, puis lui donne le signal réglementaire de départ au moyen de la cloche à main, lorsque la machine passe devant lui. — *Art. 2.* — *Les dispositions qui précèdent ne s'appliquent pas aux lignes à voie unique ; sur ces lignes, tous les arrêts prescrits doivent être observés.* — Elles ne s'appliquent pas non plus aux *machines isolées* qui doivent toujours observer tous les arrêts prévus par leur itinéraire. » — *Nota* de l'ordre du service d'applic. : Tout train de marchandises ayant demandé à franchir une station sans arrêt, ainsi qu'il est dit à l'art. 1er, devra s'arrêter complètement lorsque le signal de départ ne lui sera pas donné au moyen de la cloche, au moment de son passage devant la station.

cendie ou de chute sur la voie. » — D'autres recommandations sont faites au sujet de l'arrimage et du placement des wagons. (Nous renvoyons pour cet objet à l'art. *Chargement.*)

3° *Rails.* — Nous avons rappelé au mot *Rails,* § 6, que le transport de ces matériaux par les trains *contenant des voyageurs* était soumis, en principe, à des restrictions qui ont été levées sous diverses conditions par les circ. minist. de juin et juillet 1863 ; nous ne pouvons, à cet égard, que renvoyer à l'article précité.

4° *Longues pièces de bois.* — Une circ. minist. du 14 déc. 1857 a interdit également de transporter par les trains contenant des voyageurs, les longues pièces de bois, dont le chargement exige l'emploi d'un ou de plusieurs wagons. La même circ. a invité les comp. à réserver exclusivem. aux convois de marchandises les transports de cette nature. — Nous ajouterons qu'aucune nouvelle mesure n'a modifié les dispositions précédentes et que l'interdiction prononcée par la circ. précitée du 14 déc. 1857 a conservé son plein et entier effet, sauf l'exception suivante, admise par cette circ. elle-même : — « Sur les sections où il ne circule pas de convois de marchandises, les wagons chargés de pièces de bois pourront être admis dans la composition des trains mixtes à la condition que ces wagons seront toujours séparés des voitures à voyageurs par un ou plusieurs wagons de marchandises ordinaires et qu'ils seront, d'ailleurs, attachés à la queue des trains ou même après le dernier fourgon à frein. »

5° *Bestiaux.* — Enfin l'obligation imposée aux comp. par la circ. min. du 27 fév. 1856, de placer les wagons à bestiaux, transportés par les trains omnibus ou mixtes, *à la queue de ces trains,* a été rapportée, et les compagnies peuvent les atteler indistinctement à la tête ou à la queue des trains, sous la seule réserve que les wagons dont il s'agit ne contiendraient pas d'animaux d'une odeur insupportable, auquel cas ils devront toujours être placés en queue des trains. (Circ. min.. 23 juillet 1863.) — Nous rappellerons, pour mémoire, que d'après une disposition *non abrogée* de la circulaire précitée, du 27 fév. 1856, « les wagons à bestiaux annexés aux trains contenant des voyageurs seront de construction très solide, fermés aux deux bouts et entourés sur les côtés par une cloison élevée. »

6° *Nombre de freins dans les trains mixtes.* — V. le mot *Freins.*

7° *Trains mixtes de troupes.* — Les trains de troupes qui contiennent à la fois des hommes et du matériel doivent être considérés comme trains mixtes en ce qui concerne leur composition. (*Inst. spéc.*) — Voir à ce sujet le § 3 *bis,* ci-dessus.

VII. Trains de ballast et de travaux.

— Ces trains quelques fréquents qu'ils puissent être ne sont pas compris, comme ceux de voyageurs et de marchandises, dans les tableaux de marche du service général. Ils sont ordin. considérés comme trains extraordin. et ne font point par suite l'objet d'une autorisation ministérielle spéciale (Voir au § 3 du présent article la circ. minist. du 24 juill. 1863, adressée aux chefs du contrôle). — Les ordres de service relatifs à l'organisation des trains dont il s'agit, ne sont même pas préalablement communiqués à l'admin. supér., ni aux chefs de service du contrôle (V. au mot *Ordres de service,* § 1 *bis,* le tableau final de la circ. min. du 30 oct. 1886). — Mais, aux termes de l'art. 30, § 2 de l'ordonn. de 1846, les chefs de gare doivent prévenir les commiss. de surv. de l'expéd. de ces trains, comme de tous les convois extraordin. en général (V. ci-dessus, § 3). — Enfin, une circ. min. du 23 févr. 1885 a prescrit pour la conduite des trains de matériaux, *en vue de prévenir des accidents,* diverses mesures qui se trouvent énumérées au mots *Accidents de travaux,* § 1. — Voir aussi *Souterrains.*

La circulation des trains de matériaux, offrant sous d'autres rapports une grande importance au point de vue de la sécurité, nous allons faire connaître comment se trouve organisé sur quelques réseaux le service dont il s'agit :

1° *Circulation sur la double voie.* — Le ministre a approuvé, le 5 sept. 1864, sur l'avis de la commission des inventions et règl., un ordre de service très détaillé, relatif à la circulation *sur les lignes à double voie* du ch. de fer de P.-L.-M., des trains de matériaux de la voie, de ballastage, et du matériel télégraphique ; bien que ce document n'ait pas un caractère général, il nous paraît utile de faire connaître qu'en ce qui concerne notamment *un service de ballast organisé isolément avec une seule machine, ce qui est le cas le plus ordinaire,* le régl. précité stipule que l'ordre de service spécial (à dresser dans chaque cas, par les ingén. de la voie, de concert avec les insp. et ingén. de l'expl., du matériel et de la traction, et à porter à la connaissance de tous les agents dont il intéresse le service, dans la forme et suivant les distinctions faites par le régl.), devra indiquer : — 1° les stations ou poteaux kilométriques entre lesquels les trains ont à circuler sur les voies principales ; — 2° les points de garage pour les wagons et les machines ; — 3° les heures-limites du travail journalier ; — 4° les heures et la durée des repos à donner aux mécaniciens et conducteurs. — En outre, l'ordre de service spécial doit reproduire textuellement les dispositions des art. 9, 10, 15, 16, 17, 19, 20 et 21 du règl. modèle (Voir ci-après), en les complétant au besoin, par les mesures spéciales qu'il peut y avoir lieu de prescrire dans l'intérêt de la sécurité et de la régularité du service.

Modèle de règlement (approuvé le 5 sept. 1864 pour la circulation des trains de service sur les sections à double voie (*ch. de Lyon*) : Extr.

« Art. 9. — Un conducteur-chef de l'exploitation est attaché à chaque service de ballastage. — Aucun train de ballast ne peut circuler s'il n'est accompagné de cet agent. — Le conducteur-chef est chargé de diriger, en dehors des gares et des sablières, le mouvement de son train sur les voies principales, conf. aux prescr. des règl. généraux et de l'ordre de service spéc. réglant le service du ballastage auquel il est attaché. — Dans les gares, le conducteur-chef est sous les ordres des chefs de gare, avec lesquels il doit se mettre imméd. en rapport à son arrivée. Ils lui prescrivent les mouvements que son train peut avoir à exécuter, et donnent le signal du départ. — En dehors des gares, le conducteur-chef a l'initiative et la responsabilité de la conduite du train sur les voies principales; il a, par suite, autorité sur le mécanicien, le chauffeur et tous les agents de la voie attachés au service de son train, ou chargés de l'exécution des signaux et de la manœuvre des aiguilles, en ce qui touche les mouvements du train sur les voies principales. — Les conducteurs-chefs des trains de ballast sont, d'ailleurs, placés sous les ordres des chefs de section de la voie, pour ce qui concerne la désignation des matériaux à transporter et des points de chargement et de déchargement, ainsi que pour les manœuvres à exécuter sur les voies des carrières ou sablières.

10. — Le conducteur-chef doit toujours être pourvu d'une montre bien réglée, du tableau et du tracé graphique de la marche des trains et des appareils (drapeau, lanterne et pétards) nécessaires pour faire les signaux. — Il se place sur la machine...

15. — La vitesse des trains de ballast ne doit pas dépasser 36 kilom. à l'heure, lorsque la machine est attelée en tête, et 24 kilom., lorsqu'elle pousse son train devant elle.

16. — Les mécaniciens des trains de ballast doivent, en approchant des gares, fermer le régulateur de la machine et ralentir la marche, de manière à pouvoir s'arrêter au besoin.

17. — Pendant toute la durée du stationnement des trains de ballast sur les voies principales dans les gares, les signaux destinés à protéger ces trains sont faits par les soins et sous la responsabilité des chefs de gare...

19. — En dehors des gares, le conducteur-chef pourvoit, sous sa responsabilité, aux signaux à faire pour protéger son train dans les conditions réglementaires, pendant les stationnements prévus ou imprévus et pendant les manœuvres. Le service de la voie met, à cet effet, à sa disposition, le nombre d'agents nécessaire. A défaut d'agents spéciaux, il fait faire les signaux par les agents chargés du service des freins.

20. — Lorsqu'un train de ballast change de voie, les deux voies principales doivent être couvertes, et, dans tous les cas, le mouvement ne doit pas commencer avant que la voie sur laquelle va passer le train ne soit couverte à la distance réglementaire.

21. — Lorsque l'ordre de service spécial n'indique pas d'itinéraires fixes, le conducteur-chef règle lui-même la marche de son train en se conformant rigoureusement aux prescriptions suivantes : — « Les trains de ballast ne doivent pas suivre les trains de voyageurs à moins de dix à quinze minutes d'intervalle, et les trains de marchandises à moins de quinze minutes. — Ils doivent atteindre les points de garage, quinze minutes au moins et être garés dix minutes au moins avant le passage des trains de toute nature qui les suivent. — En conséquence, un train de ballast, dont la marche n'a pas été tracée d'avance par l'ordre de service spécial, ne doit quitter un point de garage qu'après qu'il s'est écoulé, depuis le passage du train précédent, un intervalle de dix ou quinze minutes, suivant la nature de ce train, et, qu'en outre, le conducteur-chef s'est assuré que, dans les conditions de vitesse que comportent la charge de ces trains et les limites fixées par l'art. 15 ci-dessus, il atteindra un autre point de garage, *quinze minutes au moins avant le passage du train suivant*. »

2° *Mesures spéciales de précaution.* — Les règlements en vigueur sur les grands réseaux pour l'exécution de travaux sur les lignes exploitées contiennent généralement les recommandations suivantes : — (*Freins et dispositions diverses.*) — Les trains de ballast et de matériaux sont assimilés aux trains de marchandises, en ce qui concerne le nombre de freins et de garde-freins entrant dans leur composition. La même assimilation a lieu en ce qui concerne le signal de départ à donner par le chef de gare et les intervalles à maintenir entre les trains de matériaux et les trains ordinaires qui les précèdent ou les suivent. — Un wagon à frein sera toujours placé à l'arrière du train de matériaux avec un agent pour le manœuvrer et pour faire les signaux. — (*Aiguilles.*) — Avant que le train ne s'engage dans un changement de voie, le chef de transport s'assurera que les aiguilles sont bien dans la position voulue; il s'assurera également, après le passage du train, que les aiguilles sont remises à leur place. — (Si l'aiguille des voies de service ou des voies de communication sur lesquelles un train de matériaux doit s'engager n'est pas gardée par un aiguilleur spécial, cette aiguille sera cadenassée, et la clef des cadenas sera remise et restera entre les mains du chef de train, qui en sera responsable, ainsi que de la manœuvre des aiguilles.) (V. au mot *Accidents de travaux*, § 1, la circ. min. du 23 févr. 1885).

— *(Accidents.)* — En cas de détresse, de ruptures d'attelage ou d'accident quelconque, il convient de se conformer aux règles indiquées pour les trains du service ordinaire de l'exploitation. — *(Ouvriers.)* — Les recommandations faites aux ouvriers dans l'intérêt de leur propre sécurité comprennent, notamment, l'interdiction de monter sur les wagons ou d'en descendre avant l'arrêt complet du train. Il leur est interdit de sauter d'un wagon à l'autre, surtout pendant la marche. — *(Sens de la circulation.)* — La marche des trains de ballast a lieu dans la direction assignée à chaque voie pour les trains de l'exploitation, de manière que tout train devra prendre une voie pour l'aller et une pour le retour. Lorsqu'un train extraordinaire sera annoncé, le transport des matériaux sera suspendu et les wagons garés jusqu'après le passage du train annoncé.

3° *Voie unique.* — Sur les lignes à une seule voie, les trains circulent dans les deux sens. — Il est interdit de faire croiser, sur la voie unique, les trains de ballastage avec les trains de l'exploitation ou de les faire garer, pour éviter ces trains, dans des stations autres que celles désignées par les ordres de service. Il ne peut y avoir d'exception à cette règle qu'en cas d'accident. — Sur les sections à voie unique, un train de ballast ou de matériaux ne peut franchir une gare sans l'autorisation du chef de station, et après que celui-ci a télégraphié pour s'assurer que la voie est libre et pour aviser son *correspondant* de l'expédition du train. — *En cas de dérangement des appareils télégraphiques*, la circulation des trains de ballast est interdite. — V. l'art. *Voie unique.*

4° *Circulation de wagonnets*, etc. (Mesures de précaution.) — V. *Lorrys.*

5° *Locomotives des trains de travaux.* (Autorisation.) — V. *Locomotives.*

VIII. Affaires générales relatives aux trains. — 1° *Mesures d'organisation et de surveillance* (Voir ci-dessus, § 1). — 2° *Police de route et protection des voyageurs* (Obligations, commodité, sécurité, intercommunication, etc.) (V. *Voyageurs*). — 3° Compartiments réservés (V. *Compartiments*). — 4° Chauffage des voitures (V. *Chauffage*). — 5° Précautions à prendre pour la descente des trains (V. *Descente*). — 6° Passage des trains dans les tunnels (V. *Souterrains*). — 7° Dommages causés aux propriétés riveraines par le passage des trains (V. *Dommages*, § 5, et *Incendies*). — 8° Améliorations diverses (V. *Appareils, Matériel, Signaux, Voie unique* et *Voyageurs*). — 9° Service international. V. *Douanes, Frontière, Service, Trafic* et *Transports.*

TRAITEMENTS.

Extrait des règlements de comptabilité. — Les appointements, attribués aux fonctionnaires et agents de l'admin. publique et aux employés des comp. sont payables, par mois à l'échéance, et sont soumis à diverses règles pour lesquelles il faut nécessairement se reporter aux recueils et instructions de comptabilité. — Nous nous bornons à renvoyer à ce sujet aux mots *Mandats, Paiement*, etc.

Quotité des traitements fixes : — 1° Personnel technique de l'Etat (*Construction, Contrôle, Surveillance*) : — Insp. gén. des p. et ch. et des mines, 1re cl. 15,000 fr. : 2e *id.* 12,000 fr. : — Ingén. en chef, 1re cl. 7,000 fr. (et catég. spéc. à 8,000 fr.); 2e cl. 6,000 fr. ; — Ing. ord., 3 classes : 4,500 fr., 3,500 fr., 2,500 fr.; — Sous-Ingén. 3,700 fr. ; — Conduct. des p. et ch. et gardes-mines *princip.* 3,200 fr.; — Conduct. et gardes-mines, 4 classes : 2,800 fr., 2,400 fr., 2,000 fr., 1700 fr. ; — Employés secondaires, 1re cl. 1200 (et catég. spéc. à 1500 fr.); 2e, 3e et 4e cl. 1000 fr., 800 fr., 600 fr. — *Personnel de la surv. admin.* (Inspecteurs commerciaux, financiers, etc.) — Commissaires généraux, 12,000 fr. (*Moitié du même traitement* allouée sur les fonds du min. des tr. publ. aux insp. gén. des finances nommés commiss. gén. et conservant en outre leurs fonctions.) — Inspecteurs *principaux* de l'expl. commerciale, 5,000 fr. ; Id. *particuliers*, 4,000 fr. ; — Commissaires de surv. admin., 4 classes : 3,000 fr., 2,500 fr., 2,000 fr., 1500 fr. — 2° *Personnel des compagnies et service d'expl. des ch. de fer de l'Etat.* — Pour mémoire. — Les chiffres du traitement fixe des nombreuses catégories d'agents de service de l'expl. proprement dite des chemins de fer (voie, mouvement, traction, etc.) étant trop variables sur les différents réseaux pour qu'il soit possible d'établir un résumé utile à ce sujet.

Traitements réduits. — Voir les mots *Congé, Disponibilité* et *Maladie.*

Retenues, Saisies-arrêts, etc. — V. *Oppositions, Retenues* et *Retraites.*

TRAITÉS.

I. Traités pour les travaux. — 1° *Marchés passés par l'État* (pour les grands ouvrages de chemin de fer) (Voir *Adjudication* et *Marchés*; Voir aussi au mot *Clauses*, en ce qui touche les conditions générales des entreprises). — 2° *Marchés passés par les compagnies.* Réserves faites par l'art. 27 du cah. des ch. (V. *Marchés*, § 2). — 3° Nature des engagements des compagnies avec leurs entrepreneurs. — V. *Accidents de travaux* et *Entrepreneurs*.

Formules de marchés. — Les instructions de certaines compagnies relatives à la rédaction des traités, marchés, soumissions, etc., recommandent toujours aux ingén. et agents de faire emploi pour cet objet de papier timbré ou de formules imprimées préalabl. visées pour timbre (dans le but de réduire les frais d'enregistr. notamment des traités qui ne s'appliquent pas à une somme déterminée de travaux ou de fournitures). — D'après les mêmes instructions, les traités ou marchés ne doivent pas stipuler à l'avance la nomination d'arbitres pour résoudre les difficultés. Cette clause ne pouvant être exécutoire, — ils doivent être rédigés en un seul contexte, divisé en articles, et comprenant les charges, conditions générales et spéciales, les prix, etc. — Pour certaines grandes lignes, le texte du marché est ordin. terminé par la clause suivante : — « Art..... Les contestations, de quelque nature qu'elles soient, qui pourraient naître à l'occasion du présent marché, seront portées devant les trib. du département de la Seine, comme attributifs de juridiction. » — Enfin, les marchés doivent toujours être rédigés en double expédition, l'une pour le fournisseur ou entrepreneur, et l'autre pour la compagnie. (*Inst. spéc.*)

Transport de matériaux d'entrepreneur. — Les traités passés entre les comp. et les entrepr. pour les travaux à exécuter sur les ch. de fer comportent en général une réduction de tarif pour le transport des matériaux employés dans les travaux dont il s'agit. Les bases de réduction n'étant pas uniformes pour toutes les lignes, nous ne pouvons que renvoyer, à cet égard, à l'art. *Matériaux*, où nous avons indiqué les réductions que les comp. appliquent elles-mêmes à leurs propres transports.

II. Traités particuliers pour le transport des marchandises. — Suppression prononcée par l'art. 48 du cah. des ch. (Voir *Abonnement*, § 2), sauf les exceptions relatives aux traités passés avec les admin. publiques (voir plus loin) et aux réductions ou remises qui seraient accordées par la comp. aux *indigents*. — Voir ce mot.

Par une circ. du 26 sept. 1857 (antérieure aux dispositions résumées au mot *Abonnement*, § 2), le min., en annonçant aux comp. qu'il n'admettrait plus pour les transports à prix réduits sur la voie ferrée, des traités particuliers, dont la durée excéderait l'époque du 1er janv. 1858, a décidé que les traités en vigueur à cette époque cesseraient également, quel que fût le terme de leur échéance, de recevoir leur exécution à partir du 1er janv. 1858, faute de quoi, il déclarerait les réductions de prix consenties par ces traités, applicables à tous les expéditeurs sans conditions, usant en cela du droit conféré à l'admin. par les anciens cah. des ch. — La même circ. rappelait que les traités conclus par les compagnies des chemins de fer avec le ministre de la guerre et avec le ministre des finances étaient exceptés des nouvelles dispositions.

Infractions. — « Tout traité particulier, consenti par une comp. de ch. de fer à un expéditeur de marchandises est formellement interdit. — Dès lors, au cas où l'existence d'un tel traité est constatée, la comp. doit être condamnée au payement de dom-intérêts envers les tiers lésés. — Mais le fait constitue une faute, entraînant une réparation civile, et ne tombe sous l'application du texte d'aucune loi pénale. » (C. C. 21 avril 1868). — Voir aussi les autres décisions résumées ci-après :

« Une modération du prix de transport par ch. de fer des marchandises qu'expédie un négociant constitue une faute de la comp. concess., au préjudice des négociants similaires du lieu d'expédition et ladite comp. doit réparer ce préjudice. — Toutefois, cette faute rend seulement la comp. passible de domm.-intérêts envers les expéditeurs lésés. — La réparation du préjudice ne comporte point, en outre, la restitution à ces négociants de la différence entre le prix du *tarif régulier* et le prix du *traité particulier* irrégulièrement consenti. Si les commissionnaires de transport n'ont subi aucun dommage personnel par cet abaissement de prix, ils sont sans qualité pour réclamer la réparation d'un préjudice éprouvé par leurs seuls commettants. — De même, si les destinataires en *port payé* n'ont éprouvé aucun dommage personnel, ils sont sans qualité pour réclamer une indemnité. » (C. C., 3 fév. 1869.)

« Toute réduction indirecte des tarifs approuvés, à l'aide de remises proportionnelles aux quantités de marchandises expédiées, constitue un quasi-délit à la charge d'une comp. de ch. de fer ; elle ne tombe sous l'application d'aucune loi pénale. — La rémunération du *camionneur* d'une telle compagnie peut consister en des remises proportionnelles de cette nature. — Mais lorsqu'il agit en qualité de commissionnaire se chargeant à forfait du transport des marchandises, etc., il devient pour celles-ci un véritable *expéditeur* et les remises proportionnelles sont expressément défendues par le cah. des ch. » (C. C., 17 nov. 1869.)

Exceptions pour les administrations publiques. — Les trois derniers paragraphes de l'art. 48 précité du cah. des ch. sont ainsi conçus : — « Tout *traité particulier* qui aurait pour effet d'accorder à un ou plusieurs expéditeurs une réduction sur les tarifs approuvés, demeure formellement interdit. — Toutefois, cette disposition n'est pas applicable aux traités qui pourraient intervenir entre le gouvernement et la compagnie dans l'intérêt des services publics, ni aux réductions ou remises qui seraient accordées par la compagnie aux indigents. — En cas d'abaissement des tarifs, la réduction portera proportionnellement sur le péage et sur le transport. »

Application des traités administratifs. Les traités passés entre les compagnies de ch. de fer. et les admin. de l'État pour le transport de marchandises et de matériel destinés au service public, forment des recueils volumineux qui ne sauraient être reproduits ici. — Nous en avons seulement fait connaître quelques extraits essentiels se rattachant à divers transports nécessitant une surveillance spéciale. — V. notamment *Dynamite, Finances, Indigents, Marins, Matières dangereuses, Militaires, Postes, Poudres, Prisonniers, Réquisitions, Tabacs, Télégraphie,* etc. Ainsi par exemple, au sujet des traités passés avec l'admin. de la guerre, traités dont la durée est ordin. établie pour une période de cinq ans, nous avons mentionné au mot *Militaires,* § 2, sous la rubrique : *Agence générale des transports de la guerre* le dernier traité du 22 déc. 1879, valable jusqu'au 31 déc. 1885 et qui a été prorogé ensuite lui-même, jusqu'en 1890. — Nous donnons au *nota* ci-après quelques détails à ce sujet :

Nota. (Extr. du traité du 22 déc. 1879.) — Par ce traité les sept grandes comp. (y compris le réseau de l'État) s'engagent à transporter par les moyens et aux clauses et conditions stipulées au traité, la totalité du matériel, des denrées de toute espèce et des approvisionnements de toute nature, que le département de la guerre aura à expédier, soit des magasins et établissements de l'État, soit des magasins et établissements des fournisseurs, lorsque les objets expédiés par ces derniers auront été reçus au départ par l'admin. de la guerre à un titre quelconque. — Le ministre de la guerre s'oblige, de son côté, à remettre la totalité desdits transports aux compagnies, sauf pour quelques cas exceptionnels prévus par le traité. — Les transports sont exécutés au moyen des ch. de fer exploités par les comp. contractantes et, accessoirement, au moyen de lignes appartenant aux comp. étrangères au traité, lorsque celles-ci traversent des localités qui ne sont pas desservies par les rails des compagnies contractantes. — En résumé, le nouveau traité crée une direction unique et générale pour tous les transports. — Chaque comp. sera représentée à Paris par un agent agréé par le ministre de la guerre. — Voir au sujet des prix et conditions de certains transports prévus par le traité dont il s'agit, les mots *Militaires,* § 2 et *Poudres,* § 2.

Difficultés au sujet de l'applic. des traités administratifs (Affaires antérieures à l'applic. du traité actuel de l'admin. de la guerre, rappelées p. mém.) : — « Un traité intervenu entre des comp. de ch. de fer et l'admin. de la guerre stipule que les marchandises appartenant à cette admin. et venant de l'étranger seront remises auxdites comp. à la place de guerre frontière, pour que le transport en France soit effectué par elles. — Dès lors, si de telles marchandises ont été transportées en France au prix du tarif *ordinaire*, ces comp. sont fondées à réclamer l'excédent auquel leur donne droit le tarif *particulier* du traité dont il s'agit. » (C. d'État, 13 juill. 1870.) — *Agents intermédiaires.* — « Une réduction de prix, consentie par les compagnies, postérieurement à une convention relative aux transports par chemin de fer, à grande vitesse, conclue entre le ministre de la guerre et des particuliers agissant en qualité d'agents généraux des comp. de ch. de fer, doit profiter à l'État et non aux particuliers qui avaient servi d'intermédiaire. » (C. d'État, 4 sept. 1856.)

Indications diverses. — 1° *Mode de payement du prix des transports administratifs.* — En dehors des dispositions spéciales contenues dans les traités généraux passés entre les compagnies et les administrations publiques, nous ne pouvons, au sujet du mode de payement du prix des transports dont il s'agit que renvoyer aux mots *Administrations, Indigents, Justice,* § 2, *Militaires* et *Prisonniers.* — 2° Traités engageant le *concours financier* des comp. (et par suite l'intervention de l'État). — V. aux *Documents annexes,* les lois du 20 nov. 1883, relatives aux nouvelles conventions. — 3° *Communication obligée au ministre,* des conventions conclues par les comp. françaises de ch. de fer, soit avec des administrations de ch. de fer étrangers, soit avec des entreprises de navigation. — V. ci-après le § 4 relatif aux *traités internationaux.*

Service commun des comp. françaises (Arrangements, etc.). — V. *Service commun.*

III. Traités pour transports en dehors de la voie ferrée. — L'art. 52 du cah. des ch. a imposé aux compagnies l'obligation d'assurer la remise des marchandises dans un certain rayon au delà de la gare ; ces services spéciaux prennent le nom de *factage* pour la grande vitesse et de *camionnage* pour la petite vitesse (V. *Camionnage* et *Factage).* — La *correspondance* des voyageurs, soit par omnibus de la gare à la ville, soit par des entreprises desservant les localités au delà, et enfin la *réexpédition* des marchandises au delà de la zone obligatoire ci-dessus rappelée, sont soumises aux dispositions de l'art. 53 du cah. des ch. (V. *Correspondance,* § 3 et *Réexpédition).* — Les conditions de détail contenues dans les traités passés par les compagnies avec des entrepreneurs spéciaux pour les services dont il s'agit, mentionnent ordin. les points ci-après dont l'exécution est toujours subordonnée à l'approb. de l'admin. supérieure.

1° *Factage et camionnage.* — Départs en nombre suffisant pour livrer la marchandise à domicile et remise en gare deux heures au moins avant le départ du convoi. — Inscription des marchandises sur des feuilles spéciales. — Responsabilité de l'entrepreneur résultant de l'acceptation, sans réserves, des marchandises rangées sur les camions. — Responsabilité pour les recouvrements. — Formalités d'octroi, de contributions, etc. — Chargement et déchargement des wagons et réception des marchandises remises par l'entrepreneur à la compagnie. — Responsabilité de l'entrepreneur pour vols, pertes ou avaries. — Taxes. — Concurrence interdite. — Interdiction de grouper les petits articles. — Amendes. — Régie et résiliation, s'il y a lieu, en cas d'infraction. — Cautionnement à fournir par l'entrepreneur (intérêt de 4 0/0), etc. (1).

2° *Omnibus.* — *Service de la gare à la ville.* — Indication du service. — Vitesse moyenne par kilomètre. — Nombre de places. — Bon entretien des voitures et chevaux. — Uniforme des cochers. — Tarifs. — Transport gratuit d'agents. — Établissement d'un bureau de ville. — Subvention allouée à l'entrepreneur. — Observation des règlements sur la police des cours. — Pénalité pour inexactitude de service. — Responsabilité de l'entrepreneur ; service en régie (en cas d'inexactitude). — Droit d'exiger le renvoi des agents. — Concurrence illicite aux services organisés par la compagnie. — Durée des traités. — Droit de les modifier. — Contestations déférées au tribunal de commerce de la Seine. — *Nota.* Au sujet des irrégularités de service. — V. *Omnibus,* § 1.

3° *Correspondances.* — Outre la plupart des indications ci-dessus, les traités de correspondance comprennent d'autres articles concernant les points suivants, savoir : — Remise réciproque de la messagerie. — Tarifs des voyageurs et tarifs de la réexpédition. — Places réservées en première ligne aux voyageurs du chemin de fer. — Registre d'ordre tenu à la gare. — Bureaux dans les localités desservies. — Obligation d'augmenter, s'il y a lieu, le nombre des voyages. — Mesures d'ordre. — Service en concurrence, infraction, négligence, contestations, etc... — *(Nota.)* Au sujet des questions de légalité et d'autorisation des services de correspondance (Voyageurs, marchandises, etc.). — V. *Correspondances.* — Voir aussi au 5° ci-après.

4° *Réexpédition.* — Les conditions de la *réexpédition* proprement dite des marchandises à petite vitesse au delà de la zone obligatoire du camionnage sont très variables, suivant la nature des marchandises et suivant les entreprises par route de terre, par navigation, ou par voie maritime. — Nous ne pouvons à ce sujet que renvoyer aux indications générales des mots *Corres-*

(1) Au sujet du camionnage effectué *d'office,* dans certains cas urgents. — V. *Camionnage* et *Transports.*

pondances, § 2, *Navigation* et *Réexpédition.* — Voir aussi pour les détails relatifs aux divers services accessoires les mots *Factage* et *Camionnage,* et au mot *Cours des gares,* en ce qui concerne la police d'entrée, de sortie, de stationnement et d'ordre, des voitures des correspondants dans les gares et stations des chemins de fer. — *Communication préalable des traités au ministre.* — Voir plus loin §§ 3 *bis* et 4.

5° *Légalité des traités.* — « Le traité que passe une compagnie de chemin de fer avec un entrepreneur de voitures ne devient point un acte administratif, par cela seul qu'il est revêtu de l'approbation de l'autorité administrative. En conséquence, les tribunaux ordinaires sont compétents pour statuer sur les contestations qui peuvent en résulter. » (C. Paris, 24 juill. 1855.) — *Questions de concurrence.* — « Les contestations auxquelles donne lieu un traité de *réexpédition* de marchandises, régulièrement consenti par une compagnie de chemin de fer à un entrepreneur de transport, sont de la compétence de la juridiction consulaire. » (Tr. comm. *Colmar,* 3 déc. 1869.) — En présence d'un traité de correspondance revêtu de l'autorisation ministérielle, c'est à tort que des entrepreneurs de voitures publiques reprochent au contractant, comme étant son œuvre, la création d'un bureau de correspondance situé dans la cour de la gare, ainsi que le port d'insignes de la compagnie imposé par ledit traité. (Tr. comm. de Granville, 15 sept. 1880.) — « Une Cour d'appel, qui tout en reconnaissant qu'un traité de *réexpédition,* passé entre une compagnie de chemin de fer et un entrepreneur de transport, est régulier, décide néanmoins qu'un autre entrepreneur est en droit de réclamer les avantages dudit traité, commet un excès de pouvoir et viole expressément les lois sur la matière. (C. C., 27 déc. 1871.) — V. aussi au sujet de ces importantes questions de concurrence les mots *Bureaux de ville,* § 2, *Camionnage,* § 5, *Correspondances,* § 3, *Factage,* § 1, *Omnibus,* § 1, *Ouverture des gares,* § 3, *Réexpédition,* etc.

6° *Conditions de droit commun.* — Voir art. 1121 et 1165, C. civil.

III *bis.* Examen des traités de camionnage, de correspondance, de réexpédition,

etc. — *Approbation administrative,* — Formalités (Application des art. 48, 52 et 53 du cah. des ch.). — 1° Attributions dévolues aux insp. commerciaux du contrôle (V. *Inspecteurs,* §§ 4 et 4 *bis*). — En ce qui concerne les traités de camionnage, notamment les rapports des insp. de l'expl. commerciale (attachés au service du contrôle) doivent faire connaître spécialement si les prix consentis sont conformes au tarif général de camionnage (ordin. en applic. sur chaque réseau) (extr. d'une dép. minist., 3 mai 1860, ch. de Lyon). — 2° Affaires portées devant le comité consultatif des ch. de fer (V. *Comités,* § 1). — 3° *Conventions diverses de navigation et traités internationaux.* — V. le § 4 ci-après.

Modification de traités (Suppression de localités desservies, etc.). — Circ. min. tr. publ., 24 sept. 1880, adressée aux insp. gén. du contrôle. — « Mon admin. est souvent saisie par les comp. de ch. de fer, de propositions ayant pour objet de supprimer une ou plusieurs localités, comme point à desservir, dans les traités passés entre elles et des entrepreneurs de transport pour assurer, au départ des gares de leurs réseaux respectifs, la correspondance des voyageurs et la réexpédition des marchandises à grande et à petite vitesse. — Les comp. se bornent, la plupart du temps, à faire connaître purement et simplement la suppression de telle ou telle localité. Je vous prie d'inviter les comp. à mentionner à l'avenir, dans leurs lettres d'avis, les motifs qui auront déterminé la suppression dont il s'agit. — Cette indication devra également m'être donnée pour les traités de toute nature (*factage, camionnage, réexpédition* à grande et à petite vitesse) qui viendraient à être résiliés et qui ne seraient pas remplacés par de nouvelles conventions, conclues soit avec les signataires de ces traités, soit avec de nouveaux entrepreneurs. — Veuillez, etc. »

IV. Traités internationaux (Questions d'établ. et d'expl.). — Voir les mots *Douane,*

Frontière, Service international, Tarifs, Trafic et *Transports.*

Communication préalable au ministre (des conventions conclues par les comp. française de ch. de fer, soit avec des admin. de ch. de fer étrangers, soit avec des entreprises de navigation). *Circ. min. tr. publ., adressée le 4 nov. 1886 aux comp. :* — « J'ai eu, à diverses reprises, l'occasion de constater que des conv. d'un caractère à la fois technique et commercial conclues par des comp. de ch. de fer français, soit avec des admin. de ch. de fer étrangers, soit avec des entreprises de navigation, n'avaient pas été immédiatement portées par elles à ma connaissance. — Or, certaines de ces conventions, celles, par ex., qui ont pour objet de régler le partage, entre les administrations de ch. de fer ou de navigation intéressées, du trafic qui s'échange entre la France et les pays voisins, ou entre ces pays eux-mêmes, en empruntant les rails français, sont de véritables conventions finaucières auxquelles l'admin. des tr. publ. ne saurait demeurer étrangère. Les conventions de trafic notamment apportent ou peuvent apporter certaines restrictions à l'application des tarifs ; elles peuvent avoir pour conséquence de modifier les recettes de certaines lignes du réseau français et, dès lors, d'affecter le compte général des recettes et de la garantie d'intérêt. A ce double titre, j'estime que ces conventions et toutes autres analogues doivent m'être soumises, *avant même d'être mises en vigueur*, afin que je puisse, après examen, décider si elles doivent ou non être revêtues de mon approbation.

Je vous invite en conséquence : — 1° à m'adresser, *dans le délai d'un mois*, une copie intégrale, certifiée conforme, de tous les traités, conventions ou arrangements *quelconques* que vous pouvez avoir conclus avec des administrations de ch. de fer étrangers ou des entreprises de navigation françaises ou étrangères et qui n'ont pas encore été communiqués à mon admin. ; — et 2° à veiller à ce qu'à l'avenir les conventions ou traités de cette nature me soient toujours soumis *avant leur mise en vigueur*. »

V. Indications diverses (Traités d'expl. provisoire, etc.). — V. *Exploitation*, § 3 et *Conventions*.

TRAMWAYS.

I. Definition et conditions d'établissement des tramways. — A l'occasion d'une affaire de *droits d'octroi*, la C. de C. (12 nov. 1877), « sans rechercher (dit l'arrêt) s'il convient de considérer comme chemins de fer les voies ferrées à traction de chevaux, communément appelées *tramways*, sans distinction de leur mode d'exploitation, de leur direction et de leur parcours », a refusé cette qualification aux voies ferrées à traction de chevaux autorisées par décrets sur diverses voies publiques de la ville de Lille ; « ces lignes de tramways ne s'étendent pas, en effet (ajoute la Cour), au delà des limites de la ville et constituent une industrie purement locale, s'exerçant exclusivement pour le transport à l'intérieur de la commune, soit des personnes, soit des objets divers, soit des marchandises. » — Malgré cette restriction, qui nous parait très juste d'ailleurs, même pour les lignes s'étendant au delà des limites d'une ville, *surtout lorsque la traction a lieu au moyen de chevaux*, nous allons résumer ou du moins rappeler ici les principaux documents relatifs à l'établ. et à l'expl. des voies ferrées, dites sur routes (chemins de fer d'intérêt local ou *tramways à vapeur*).

Nota.—En ce qui concerne spéc. (au sujet des tramways établis dans les villes), les formalités *antérieures à la loi du 11 juin* 1880, rappelée ci-après, nous ne pouvons que renvoyer pour les diverses conditions d'établissement de ce système de voies ferrées locales à *traction de chevaux* ou de *moteurs mécaniques*, aux nombreux décrets intervenus pour les lignes autorisées dans les villes suivantes : 1° *Boulogne-sur-Mer*, 24 avril 1877 ; — 2° *Dunkerque*, 27 avril 1877 ; — 3° *Lille*, 12 octobre 1877 ; — 4° *Montpellier*, 15 mai 1877 ; — 5° *Orléans*, 23 mai 1877 ; — 6° *Paris*(1877 : 10 février, 6 mars, 26 juillet, 4 et 21 août et 9 octobre ; — 1878 : 10 juin et 14 août, etc.); — 7° *Rouen*, 16 juin 1877 ; — 8° *Tours*, 17 octobre 1878 ; — 9° *Valenciennes*, 30 juin 1877 ; — 10° *Nantes*, 21 août 1877 ; — 11° *Lyon*, 17 mai 1879 ; — 12° *Bordeaux*, 23 avril 1881, etc....

Conditions générales d'établissement des tramways (à traction de chevaux ou de moteurs mécaniques établis sur les voies dépendant du domaine public de l'État, des départem.

ou des communes). — 1° *Loi du 11 juin 1880*, sur les ch. de fer d'intérêt local et les tramways (Art. 26 à 39 de ladite loi. — V. *Chemin de fer d'int. local*, § 1). — 2° *Avis à donner par le comité consultatif permanent des chemins de fer* sur les questions qui lui sont soumises relativement à l'établ. et l'expl. des voies ferrées, y compris les chemins de fer dits sur route ou tramways à vapeur (V. *Comités*, § 1). — 3° Décret du 18 mai 1881, déterminant la forme des *enquêtes d'utilité publique* pour l'établissement des chemins de fer d'intérêt local et des tramways sur les voies dépendant du domaine public (V. *Enquêtes*, § 1 bis). — 4° Décret du 6 août 1881, rendu par application de l'art. 30 de la loi du 11 juin 1880, et approuvant *un cah. des ch. type pour la concession de tramways*, préparé par le C. d'État (Voir ci-dessous, un extr. du cah. des ch., type dont il s'agit). — 5° Décret de même date, 6 août 1881, portant règl. d'admin. publ. pour l'exécution de l'art. 38 de la loi du 11 juin 1880, concernant l'établ. et l'expl. des voies ferrées sur le sol des voies publiques. — Voir ce décret au mot *Voies publiques*.

Subventions (Décret du 20 mars 1882). — V. *Subventions*, § 3.

Extr. du cah. des ch. type des tramways (adopté par décret du 6 août 1881). — D'après une circ. min. tr. publ. du 17 oct. 1881, mentionnée au mot *Chemin de fer d'intérêt local*, à la suite du cah. des ch. type desdits chemins, il conviendrait « lorsqu'une ligne d'intérêt local *devra emprunter une ou plusieurs voies publiques*, d'insérer dans le cah. des ch. concernant la concession de cette ligne, et en les intercalant dans un ordre déterminé, les articles du cah. des ch. type des *tramways* qui pourront y être applicables et qui portent notamment les nᵒˢ 5, 6, 7, 8, 9, 12, 13 et 15. » — A défaut du *texte général* du cah. des ch. type des *tramways* qui n'intéresse ainsi que partiellement les chemins de fer d'intérêt local, nous nous bornons à reproduire les articles rappelés dans la circ. min. précitée du 17 oct. 1881, savoir :

« TITRE Iᵉʳ. — TRACÉ ET CONSTRUCTION. — Art. 5. — *Alignements et courbes.* — *Pentes et rampes.* — Les alignements seront raccordés entre eux par des courbes dont le rayon ne pourra être inférieur à (1)... — Le maximum des déclivités est fixé à (2)... — Les déclivités correspondant aux courbes de faible rayon devront être réduites autant que faire se pourra. — Le concessionn. aura la faculté, dans les cas exceptionnels, de proposer aux dispositions du présent article les modifications qui lui paraîtraient utiles ; mais ces modifications ne pourront être exécutées que moyennant l'approbation préalable du préfet.

6. — *Établ. de la voie ferrée.* — *Parties non accessibles aux voitures ordinaires.* — Dans les sections où le tramway sera établi dans la chaussée, avec rails noyés, les voies de fer seront posées au niveau du sol, sans saillie ni dépression, suivant le profil normal de la voie publique et sans aucune altération de ce profil, soit dans le sens transversal, soit dans le sens longitudinal, à moins d'une autorisation spéc. du préfet. Les rails seront compris dans un *pavage* (3) de 0ᵐ,20 d'épaisseur, qui régnera dans l'entre-rails et à 0ᵐ,50 au moins de chaque côté, conf. aux dispositions prescrites par le préfet, sur la proposition du concessionn., qui restera chargé d'établir à ses frais ce *pavage*. — La chaussée *pavée* (4) de la voie publique sera, d'ailleurs, conservée ou établie avec des dimensions telles qu'en dehors de l'espace occupé par le matériel du tramway (toutes saillies comprises), il reste une largeur libre de chaussée d'au moins 2ᵐ,60, permettant à une voiture ordinaire de se ranger pour laisser passer le matériel du tramway avec le jeu nécessaire. — Un intervalle libre, d'au moins 1ᵐ,10 de largeur, sera réservé, d'autre part, entre le matériel de la voie ferrée (toutes saillies comprises) et la verticale de l'arête extérieure de la plate-forme de la voie publique.

7. — *Établ. de la voie ferrée.* — *Parties accessibles aux voitures ordinaires.* — Si la voie ferrée est établie sur un accotement qui, tout en restant accessible aux piétons, sera interdit aux voitures ordinaires, elle reposera sur une couche de ballast, exclusivem. composé de *pierre cassée* (5) de ... de largeur (6) et d'au moins 0ᵐ,35 d'épaisseur totale, qui sera arasée de niveau

---

(1) En général, 40 mètres, pour le cas de voies ferrées exploitées au moyen de locomotives, et 20 mètres pour les lignes à traction de chevaux.

(2) En général, 40 millièmes.

(3) Ou dans un *empierrement*, suivant la nature, la fréquentation de la chaussée dont il s'agit, sa situation en rase campagne ou en traverse, etc.

(4) Ou *empierrée*.

(5) Ou de *gravier*, suivant la nature, la fréquentation de la chaussée dont il s'agit, sa situation en rase campagne ou en traverse, etc.

(6) Largeur égale à la largeur de la voie augmentée d'au moins 0ᵐ,80.

avec la surface de l'accotement, relevé en forme de trottoir. — La partie de la voie publique qui restera réservée à la circulation des voitures ordinaires présentera une largeur d'au moins *six mètres* (1), mesurée en dehors de l'accotement occupé par la voie ferrée et en dehors des emplacements qui seront affectés au dépôt des matériaux d'entretien de la route. — L'accotement occupé par la voie ferrée sera limité, du côté de la route, au moyen d'une bordure d'au moins 0m,12 de saillie, d'une solidité suffisante ; dans les parties de routes et de chemins dont la déclivité dépassera 0m,03 par mètre, cette bordure sera accompagnée et soutenue par un demi-caniveau pavé, qui n'aura pas moins de 0m,30 de largeur. Un intervalle libre, de 0m,30 au moins, sera réservé entre la verticale de l'arête de cette bordure et la partie la plus saillante du matériel de la voie ferrée ; un autre intervalle libre, de 1m,10, subsistera entre ce matériel et la verticale de l'arête extérieure de l'accotement de la route. — Les rails, qui à l'extérieur seront au niveau de l'accotement régularisé, ne formeront sur l'entre-rails que la saillie nécessaire pour le passage des boudins des roues du matériel de la voie ferrée.

8. — *Traverses des villes et villages.* — Dans les traverses des villes et des villages, les voies ferrées devront, à moins d'une autorisation spéciale du préfet, être établies avec rails noyés dans la chaussée entre les deux trottoirs, ou du moins entre les deux zones à réserver pour l'établ. de trottoirs, et suivant le type décrit à l'art. 6. — Le minimum des largeurs à réserver est fixé d'après les cotes suivantes : — *a*) Pour un trottoir, 1m,10 ; — *b*) Entre le matériel de la voie ferrée (partie la plus saillante) et le bord d'un trottoir : — 1° Quand on réserve le stationnement des voitures ordinaires, 2m,60 ; — 2° Quand on supprime ce stationnement, 0m,30.

9. — *Exécution des travaux.* — Le déchet résultant de la démolition et du rétabl. des chaussées sera couvert par des fournitures de matériaux neufs, de la nature et de la qualité de ceux qui sont employés dans lesdites chaussées. — Pour le rétabl. des chaussées pavées au moment de la pose de la voie ferrée, il sera fourni, en outre, la quantité de boutisses nécessaires afin d'opérer ce rétablissement suivant les règles de l'art, en évitant l'emploi des demi-pavés. — Les vieux matériaux provenant des anciennes chaussées remaniées ou refaites à neuf, qui n'auront pas trouvé leur emploi dans la réfection, seront laissés à la libre disposition du concessionnaire. — Les fers, les bois et autres éléments constitutifs des voies ferrées devront être de bonne qualité et propres à remplir leur destination...

TITRE II. — ENTRETIEN ET EXPLOITATION. — Art. 12. — *Entretien.* — Sur les sections où la voie ferrée est accessible aux voitures ordinaires (sections à rails noyés dans la chaussée), l'entretien qui est à la charge du concessionnaire comprend le *pavage* (ou l'empierrement) des entre-rails et de l'entre-voie, ainsi que des zones de 0m,50 qui servent d'accotements extérieurs aux rails.

Une subvention de (subvention à fixer dans chaque cas particulier)... *est allouée au concessionnaire, sur les fonds d'entretien de la route (ou du chemin), en raison de l'usure qui résultera de la circulation des voitures ordinaires sur la largeur de chaussée qui est affectée au service de la voie ferrée. Ce chiffre pourra être révisé tous les cinq ans.*

13. — *Réfection des parties de route ou de chemin atteintes par les travaux de la voie ferrée.* — Lorsque, pour la construction ou la réparation de la voie ferrée, il sera nécessaire de démolir des parties pavées ou empierrées de la voie publique situées en dehors des zones ou de l'accotement indiqués ci-dessus, il devra être pourvu par le concessionnaire à l'entretien de ces parties, pendant une année à dater de la réception provisoire des travaux de réfection ; il en sera de même pour tous les ouvrages souterrains.

14. — *Nombre minimum des voyages.* — .....

15. — *Limitation de la vitesse et de la longueur des trains.* — Le trains se composeront de... voitures au plus et leur longueur totale ne dépassera pas... — La vitesse des trains en marche sera au plus de... kilom. à l'heure. » (2).

II. Détails d'exploitation des tramways.

— Nous avons mentionné ci-dessus, au § 1, le décret du 6 août 1881 portant règl. d'admin. publique pour l'exécution de l'art. 38 de la loi du 11 juin 1880 relatif aux voies ferrées *empruntant le sol des voies publiques*, ce qui est à peu près le cas général des tramways. — En dehors des indications contenues dans le document précité au sujet de *l'établissement même*, sur lesdites voies, soit des chemins de fer d'intérêt local, soit des tramways, le règlement dont il s'agit énumère

---

(1) Six mètres sont le minimum admissible pour une route nationale.
(2) Aux termes des art. 30 et 33 du règl. d'admin. publique sur les lignes de tramways à traction mécanique (V. au mot *Voies publiques*, le décret du 6 août 1881), la longueur des trains ne peut, en aucun cas, dépasser 60 mètres et la vitesse ne peut excéder 20 kilom. à l'heure. L'art. 15 a pour but de permettre à l'autorité concédante de réduire les maxima, lorsqu'elle le croira nécessaire.

longuement dans ses titres II et suivants les conditions et les dispositions intéressant la circulation des voitures et des trains ainsi que les questions d'entretien, de police, de surveillance et de contrôle desdits services. — Nous ne pouvons pour cet objet que renvoyer au texte même de ce règlement inséré au mot *Voies publiques*. — Nous résumons du reste, ci-après diverses affaires se rattachant à certaines difficultés ou réclamations auxquelles le service proprement dit des tramways a donné lieu sur quelques points.

QUESTIONS DE COMPÉTENCE, DE DOMMAGES, DE RESPONSABILITÉ ET MESURES DIVERSES. — 1° *Réclamations de riverains.* — « Il appartient au C. de préfecture de connaître d'une demande en indemnité formée par un particulier contre une comp. concessionn. d'un service de tramways, à raison du dommage qui résulterait pour sa propriété de l'établissement de rails sur la voie publique longeant ladite propriété. » (C. d'État, 23 avril 1880 ; Aff. relative au stationnement devant une maison des voitures d'un service de tramways, stationnement déplacé ultérieurem. sur la réclamation du propr., et qui n'a pu être considéré par le C. d'État, comme une modification des accès de l'immeuble, de nature à donner lieu à indemnité.) — 2° *Modification d'un tramway de ville.* (Emploi de la vapeur et changements au point terminus de la ligne.) — Droits respectifs de l'autorité municipale et de l'admin. centrale. — Arrêt du C. d'État, 25 janv. 1884, rappelé seulement *p. mém.*, l'essai de locomotion à vapeur, autorisé par le min. des tr. publ. ayant cessé à une époque antérieure au pourvoi et l'autorité supérieure ayant été reconnue avoir qualité, d'un autre côté, pour autoriser les modifications de tracé effectuées dans l'espèce. — 3° *Questions de responsabilité pour faits d'exploitation.* — Accident survenu, par suite de l'imprudence du mécanicien d'un *tramway à vapeur*, à une voiture circulant le long de la voie ferrée ; responsabilité civile du concessionnaire établie par un jugem. du tr. civil de Saint-Étienne, 8 janv. 1884, d'après lequel au moment de l'accident, le propriétaire de la voiture était descendu du véhicule et *avait pris le cheval par la bride* ; mais le machiniste lâcha sa vapeur de telle sorte qu'elle jaillit dans les jambes de cet animal, qui, en proie à une terreur folle se renversa contre un mur et tomba dans un ravin, entraînant une partie de la voiture et blessant son maître à la main ; — La compagnie soutient vainement qu'aux termes de l'art. 35 du décret du 6 août 1881 (1), tout conducteur de voitures doit prendre en main son cheval ou ses chevaux, de façon à s'en rendre maître, lors du passage d'un train ; — *Questions de tarif.* (Contestation au sujet d'une clause relative aux billets d'aller et retour dans le cah. des ch. de fer de la concession des tramways d'une autre ville.) — Les trib. civils sursoient à statuer jusqu'à l'interprétation de la clause litigieuse par l'autorité compétente. (Trib. civil Bordeaux, 1er août 1881 et C. d'appel Bordeaux, 13 mars 1882). — Le C. d'État déclare l'incompétence de la jurid. admin. pour interpréter les clauses d'un tarif de transport des voyageurs par tramway. (C. d'État, 15 févr. 1884.) — Au contraire, cette jurid. est compétente pour connaître d'une contestation sur le sens à donner (dans un traité portant cession de la concession des tramways d'une troisième ville, pour la *redevance annuelle payée* par la comp. à titre de droit de stationnement), à l'expression « par chaque voiture en exploitation. » (C. d'État, 1er mai 1885.) — *Usage illégal d'un tramway.* — En faisant construire des omnibus avec des roues propres à s'adapter aux rails d'un tramway, en donnant à ses préposés l'ordre d'emprunter ces rails et en leur défendant de décliner leurs noms, s'ils étaient interpellés, — l'entrepreneur d'un service de voitures, étrangères à ce tramway et ainsi spécialement appropriées pour y circuler, manifestait qu'il acceptait la responsabilité personnelle et directe d'infractions dont il a seul profité ; il ne s'en rendait pas seulement complice, il en était coauteur. (C. d'appel d'Aix, 2 janv. 1885.)

Troupes rencontrées en marche par les tramways. (Circ. min. intér. adressée le 16 sept. 1881 aux préfets, au sujet de l'exécution du décret du 15 oct. 1863 (*art.* 142) « qui interdit aux troupes marchant en armes de se laisser couper par la foule ou par les véhicules » — En rappelant d'après les renseignements transmis par le ministère de la guerre que les conducteurs de tramways, sur diverses lignes, n'arrêtent pas leurs voitures lorsqu'ils rencontrent les troupes en marche et qu'ils traversent les colonnes et les fractionnent en tronçons » ce qui, outre les risques d'accidents, est tout à fait contraire à la dignité de l'armée et à la discipline militaire, le min. de l'intér. termine sa circ. aux préfets par la recommandation suivante : (*Extr.*) — « Il est du devoir de l'admin. civile, de prescrire imméd. les mesures de police nécessaires pour obvier à ces inconvénients et à ces dangers. Je vous prie, en conséquence, d'inviter sans retard le maire de chaque commune sur le territoire de laquelle il existe une ou plusieurs lignes de tramways à édicter le plus tôt possible, en vertu du pouvoir que lui confèrent les lois des 16-24 août 1790 (titre XI, art. 3) et 18 juillet 1837 (art. 10 et 11), un règlement enjoignant à toute personne qui conduit une voiture ou un train de tramways de l'arrêter jusqu'à ce que les troupes en marche qu'elle rencontre soient passées. Les infractions à cette injonction tomberaient sous

----

(1) Voir ledit décret du 6 août 1881, au mot *Voies publiques*.

l'application de l'article 471, n° 15 du C. pénal. La répression, par suite, devrait être poursuivie devant le trib. de simple police. »

III. Renseignements généraux (communs aux chemins d'intérêt local et aux tramways). — Voir *Algérie, Chemin de fer d'int. local, Subventions* et *Voies publiques*.

TRANCHÉES.

Indications au sujet des terrassements de ch. de fer (Exécution, dommages, consolidation, etc.). — V. *Dommages, Éboulements, Emprunts, Inondations, Sources, Terrains, Terrassements*.

Usage du sifflet à vapeur dans les tranchées masquées. — Voir *Sifflet*.

TRANSBORDEMENT.

Modification accidentelle de service. — Dans certains cas d'accident, d'inondation ou d'obstacle imprévu quelconque, occasionnant l'interruption de la voie, et lorsque les accès des stations ou des parties de lignes les plus voisines de la solution de continuité le permettent, on organise, si les circonstances l'exigent, un service de transbordement entre les deux points qui limitent l'obstacle. — Ce transbordement est effectué au moyen d'omnibus, de voitures particulières et par tous les moyens commodes et sûrs dont on peut disposer. Il n'y a pas de règle générale à ce sujet ; seulement, lorsque le chemin de fer est à deux voies et qu'il en reste une de libre, il n'y a pas de *transbordement*, dans le sens qui vient d'être indiqué ; on procède alors par voie de *pilotage* (Voir ce mot).

Transbordement normal de marchandises (au point de jonction des réseaux ou aux gares d'embranchement). — 1° *Conditions de transbordement* (Arrangements entre compagnies, etc.) (V. *Litiges, Règles à suivre, Service commun* et *transmission*. — Voir aussi au point de vue du service international, les mots *Douane, Frontière* et *Trafic*). — « Quand des expéditions destinées à passer d'un réseau sur l'autre se trouvent groupées, soit sur une gare de transit, soit sur une gare chargée du transbordement des wagons de groupage, il est indispensable que la feuille de chargement indique le lieu définitif de destination des colis ». (Inst. spéc.) — 2° *Frais et délais des transbordements*. — Voir les mots *Délais* et *Frais accessoires*.

Transbordement de voyageurs . — Voir *Correspondance, Frontière* et *Trafic*.

TRANSFERTS.

Formalités de conversion de titres (actions ou obligations). — V. *Titres*.

TRANSIT.

Indications diverses. — 1° Formalités (Voir *Douane*). — 2° Mode d'homologation des tarifs de transit et améliorations projetées. — V. *Tarifs*, § 9.

TRANSMISSION.

Objets divers. — 1° Installation des appareils de transmission des disques-signaux (V. *Disques*, § 1). — 2° Transmission de marchandises (entre compagnies) (V. *Gares*, § 1, *Service commun, Service international, Transbordements* et *Transports communs et internationaux*). — 3° Délais de transmission d'un réseau à l'autre (arr. min. 3 nov. 1879) (V. *Délais*, § 1 *bis*). — (*Transmission non effective*). « Lorsque pour des marchandises à gr. vitesse passant d'un réseau sur un autre sans solution de continuité, la transmission ne s'opère point *effectivement*, par suite de dispositions particulières que prend la comp. intéressée, celle-ci peut néanmoins se prévaloir du délai régl. accordé pour ladite transmission. » C. C.. 29 avril 1873. — (*Marchandises sujettes à dépérissement*). « En ce qui concerne l'applic. des délais régl. pour la transmission des marchandises et objets quelconques entre les réseaux de ch. de fer qui aboutissent à la même localité, et qui n'ont pas de gare commune, aucune exception n'existe soit pour les marchandises sujettes à dépérissement, soit pour le cas où les deux gares appartiennent à la même compagnie. — Le fait par une comp. de n'avoir pas usé, pour des expéd. précédentes, des délais entiers, n'implique pas de sa part la renonciation au droit d'user jamais, vis-à-vis du même expéditeur, de l'intégralité de ces délais. » (C. C., 2 févr. 1870) (V. aussi *Délais*, § 2). — FRAIS DE TRANSMISSION (Voir *Frais accessoires* (petite vitesse). — *Taxe de transmission sur une ligne d'intérêt local* (Voir au même mot *Frais accessoires*, l'arrêt de la C. de C., 12 nov. 1878). — 5° Transmission de titres (actions ou obligations) (V. *Titres*). — 6° Transmission de plaintes. — V. *Réclamations*.

TRANSPORTS.

I. **Ordre et régularité des transports.** — Nous résumons ici un article un peu compliqué en ce sens que le mot *transports* se rattache à peu près à tous les détails de l'industrie des chemins de fer. — Aussi, ne pouvons-nous que renvoyer, pour les détails dont il s'agit, aux articles distincts traités dans ce recueil, notamment en ce qui touche les matières énumérées ci-après : 1° *Ordre et régularité des transports* (Prescriptions de l'art. 49 du cah. des ch.) — (V. au mot *Marchandises*, § 2, 4°, les dispositions de l'art. 49 dont il s'agit qui s'appliquent aussi, évidemment, à la régularité du transport des voyageurs). — 2° *Délais de transport*. Arr. min. 12 juin 1866 et modifications. — (V. *Délais* à l'appendice). — 3° Indications spéciales ayant pour objet les diverses expéditions rappelées aux articles distincts de ce recueil (Voir notamment *Administrations publiques, Aliénés, Animaux, Bagages, Bestiaux, Céréales, Colis, Denrées, Dynamite, Finances, Lait, Marchandises, Matériaux, Matériel, Matières dangereuses, Messagerie, Militaires, Pierres de taille, Postes, Poudres, Prisonniers, Responsabilité, Retards, Tarifs, Télégraphie, Trafic, Traités, Voyageurs, Wagon complet*, etc.). — 4° Mesures exceptionnelles prises à l'occasion des événements de guerre de 1870-1871 (V. le mot *Guerre*, § 2 et *Impôts*). — Voir aussi les mots *Affluence, Encombrement, Force majeure* et *Magasinage*, au sujet des mesures exceptionnelles dont il s'agit, qui se rattachaient, par dessus tout, en ce qui concerne la petite vitesse, à l'encombrement des gares et l'insuffisance du matériel, inconvénients auxquels on a cherché à remédier par l'autorisation donnée aux compagnies de faire camionner d'*office* certaines marchandise, par l'élévation du tarif de magasinage et enfin par la suspension temporaire de certaines règles relatives aux délais de transport (1). — 5° *Étude et amélioration du service des trains* (Circ. min. des 7 juin 1878 et 27 août 1878 et documents divers) (V. *Trains*. — Voir aussi aux mots *Appareils, Freins, Matériel roulant* et *Voyageurs*, le résumé des nouvelles mesures ayant pour objet la sécurité des transports). — 6° *Sécurité personnelle et protection des voyageurs dans les trains*. — Signal d'alarme, etc. (Voir les mots *Intercommunication* et *Voyageurs*, § 8).—7° Réquisitions de transport (*en cas d'accident*) (V. *Accidents*, § 6)—(Id. *des magis-*

---

(1) Une seule des mesures dont il s'agit a été maintenue. — C'est celle qui se rapporte à la faculté laissée aux compagnies d'*effectuer d'office le camionnage des marchandises*, en cas d'encombrement des gares. — Voir à ce sujet au mot *Camionnage*, § 1, l'arr. min. du 12 janv. 1872.

trats instructeurs) (V. *Magistrats*). — *Transport des fonctionnaires de la police*, formalités à remplir (Cir. min., 15 juill. et 31 août 1872 (V. *Libre circulation*). — 8° TARIFS DE TRANSPORTS (généraux, exceptionnels, spéciaux, communs, différentiels, etc.) (V. *Tarifs*). — 9° Transports contre remboursement (V. *Remboursement*). — 10° Transports de la guerre et de la marine (Voir *Militaires*. — Voir aussi au § 1 bis ci-après). — 11° Transports divers (*Aliénés, Indigents, Prisonniers, Matières dangereuses*, etc.) (V. ces mots). — 12° *Transport à prix réduit* (V. les mots *Abonnement, Colis postaux, Enfants, Indigents, Instituteurs, Militaires, Petits paquets, Réduction de taxes, Trains*, § 3, *Tarifs*, etc. — 13° Transport de matériaux de la voie. — V. *Trains*, § 7 et *Travaux*, § 4. — Voir aussi au mot *Accidents de travaux*, la circ. min. du 23 fév. 1885). — 14° *Nombre de trains obligatoires*, aux termes des nouvelles conventions de 1883 (V. *Conventions*). — 15° Défectuosités et incidents du service des transports. — *Accidents, Affluence, Avaries, Bagages* (perdus), *Bestiaux* (mal soignés), *Chiens* (échappés), *Coulage* et *Déchets* (de route), *Délais* (non observés), *Encombrement, Erreurs, Force majeure, Fraudes, Inondations, Itinéraire* (modifié), *Marchandises* (détériorées), *Responsabilité, Retards, Perte, Vols* (Voir ces divers mots). — 16° Transports en dehors du chemin de fer. — V. *Camionnage, Correspondance, Factage, Réexpédition* et *Traités*.

I bis. Conditions exceptionnelles de certains transports. — Voir *Marchandises*.

Transport ad valorem de finances et valeurs. — V. *Finances* et *Titres*.

Exportation de numéraire (déclarations frauduleuses). — Circ. min. tr. publ., 2 janv. 1872, aux chefs du contrôle : — « M. le min. de l'intér. vient de m'informer que d'importants envois de numéraire seraient faits à l'étranger par des maisons de France qui ne déclareraient qu'une valeur bien inférieure à la valeur réelle de la somme expédiée. — Je vous prie d'appeler toute l'attention de MM. les commiss. de surv. sur une fraude qui paraît se commettre fréquemment et qui cause un véritable préjudice au Trésor.

Transports communs et internationaux. — V. ci-après, §§ 2 et 3.

Transports militaires. — 1° Institution d'une commission militaire supérieure des chemins de fer (V. *Commissions*, § 6). — 2° Questions diverses relatives aux transports de la guerre et de la marine (V. *Armée*). — 3° Transports militaires à prix réduits. — Art. 54 du cah. des ch. et arr. min. des 15 juin 1866 et 1er avril 1876 (V. *Militaires*, § 2). — 4° id. pour les revues ; id. transports de chevaux ; id. places à occuper par les officiers, sous-officiers et soldats ; id. militaires marins et assimilés voyageant isolément, id. id. — 5° Règlement général pour les transports par chemins de fer (1er juill. 1874, 27 janv. 1877, 29 oct. 1884 (V. *Militaires*, §§ 2 et 3). — 6° Transport des marins rappelés en service (V. *Marine*). — 7° Traités divers de transport (V. *Traités*). — 8° Organisation du *service militaire des ch. de fer* (loi du 13 mars 1875) (V. *Génie* et *Service militaire*). — 9° Dispositions relatives aux *non-disponibles* et aux *réservistes* (V. ces mots). — 10° Transports en cas de mobilisation (V. *Mobilisation*). — 11° Transport des officiers (indications diverses) (V. *Officiers*). — 12° Réquisitions militaires de chemins de fer (loi, 3 juill. 1877) (V. *Guerre*, § 2 bis). — 13° Transports de poudres et munitions de guerre (*id.*, § 4. — V. aussi *Dynamite, Matières dangereuses* et *Poudres*). — 14° Litiges causés par les évènements de guerre (V. *Guerre*, § 3). — 15° Détachements de troupes (Formalités de transports, Services commandés), etc., etc. (V. *Détachements, Militaires* et *Troupes*). — 16° Escortes (V. *Gendarmes, Dynamite* et *Poudres*). — 17° Organisation de trains de troupes. — V. *Matériel militaire, Trains*, § 3, et *Troupes*.

Transports spéc. au service des ch. de fer. — Voir *Trains*, § 7 et *Travaux*, § 4.

II. Transports communs (entre compagnies). — *Obligation générale.* « Par applic. de l'art. 61, § 5, du cah. des ch. des concessions de chemins de fer, — aux termes duquel les compagnies de prolongement sont tenues de s'arranger entre elles, de manière que le service de transport ne soit jamais interrompu aux points de jonction des diverses lignes, — une compagnie est obligée de faire parvenir les marchandises à un point situé hors de son réseau, par la ligne que désigne l'expéditeur. » (C. C. 20 juill. 1875) — (*Choix de l'itinéraire, par l'expéditeur*). L'obligation, « de recevoir et d'expédier les marchandises qui lui sont remises sur son réseau à l'adresse d'un commissionnaire de transports, avec indication d'un itinéraire comportant l'emploi, sur une portion du trajet, d'une ligne qui n'appartient pas à ladite comp. et fait même concurrence à une ligne du réseau de celle-ci », avait été déjà établie par un jugem. du trib. de comm. de Lyon, 14 janv. 1874. — D'après ledit jugement, « si un doute pouvait exister à cet égard, il se trouverait levé par la circ. de M. le min. des tr. publ., en date du 28 mai 1867, laquelle décide que, d'après l'avis émis par le comité consultatif des ch. de fer, les expéditeurs ont un droit absolu, deux itinéraires étant donnés, soit sur un seul et même réseau, soit sur deux réseaux différents, de choisir celui qui devra être suivi par leurs marchandises, à condition de payer le tarif qui s'applique à cet itinéraire (1). » — *Erreurs de transport* (à redresser au lieu de destination) (V. *Erreurs*). — Litiges divers. — V. ci-après :

Action en responsabilité pour avaries, retards, etc. (Compagnie à mettre en cause.) — Dans le cas de transports communs à diverses comp., la jurispr. ne parait pas être bien fixée sur la comp. à mettre directement en cause, en cas de réclamation. Nous avons rappelé quelques-unes de ces difficultés au paragraphe suivant concernant les *transports internationaux*, et nous ne pouvons que citer ici en ce qui concerne exclusivem. les comp. françaises, un jugem. du tr. du Havre, 7 juin 1862, qui rend la comp. chargée de livrer la marchandise responsable, sauf recours contre qui de droit, des avaries même commises sur les autres lignes. — Nous trouvons du reste une confirmation de ce principe dans l'arrêt ci-après résumé de la C. de C. (espèce relative à un retard imputable aux voituriers antérieurs, et dans laquelle la comp. qui livrait la marchandise, avait réclamé le prix intégral du transport et se substituait ainsi auxdits voituriers) : « Le retard étant incontestable, le destinataire a pu s'adresser à la comp. de ch. de fer, des mains de laquelle il recevait sa marchandise attardée, ladite compagnie étant le commissionnaire de transport avec lequel le destinataire se trouvait immédiatement et nécessairement en contact. » (C. d'Appel, Poitiers, 4 août 1873 et C. C. 6 janvier 1874.) — Voir aussi *Action civile, Avaries*, § 5, et *Bestiaux*, § 2.

Règles et dispositions diverses (au sujet des transports communs). — V. *Assignation, Avaries, Embranchements, Gares de jonction, Litiges, Règles à suivre, Service commun, Transbordement*, et *Transmission*.

III. Transports internationaux.

— 1º Détails d'organisation et questions de tarifs (V. *Douane, Service international* et *Tarifs*, § 9). — 2º Nouvelles dispositions relatives au service de frontière (V. *Frontière* et *Service international*). — 3º Questions de responsabilité. — D'après le droit commun (art. 99 du Code de comm.), le commissionn. qui se charge d'un transport par terre ou par eau « est garant des faits du commissionn. interméd. auquel il adresse les marchandises ». — En ce qui concerne l'expéditeur qui traite en pays étranger avec une comp. étrangère la jurispr. constante de la C. de C. a établi que cet expéditeur se soumet aux règlements qui régissent cette compagnie

---

(1) Voici cette décision du 28 mai 1867, dont il nous parait utile de reproduire intégralement le texte : L'admin. a eu à examiner, dans ces derniers temps, la question de savoir si, deux itinéraires étant donnés, soit sur un seul et même réseau, soit sur deux réseaux différents, l'expéditeur a le droit de choisir l'un ou l'autre de ces itinéraires. — Cette question a été soumise au comité consultatif des ch. de fer et le comité a émis l'avis « que — les expéditeurs ont un droit absolu de choisir l'itinéraire qui devra être suivi par leurs marchandises, à la condition de payer le tarif qui s'applique à cet itinéraire. » — Je n'ai pu moi-même, après examen, qu'adopter cet avis et je l'ai, en conséquence, approuvé par une décision de ce jour.

(C. C. 19 juill. 1876, 4 juin et 7 août 1878, etc.). — Les principes que nous venons de rappeler sont d'une application parfaitement logique et pratique lorsqu'il s'agit d'une action intentée par un expéditeur à la compagnie à laquelle il a confié ses marchandises, mais comme, d'un autre côté, aux termes de l'art. 100 du même code, la marchandise sortie des magasins du vendeur ou de l'expéditeur voyage, s'il n'y a convention contraire, aux risques et périls de celui à qui elle appartient (c'est-à-dire dans la plupart des cas, du destinataire), ce dernier a son recours contre le commissionnaire et le voiturier chargés du transport. Ainsi, par exemple, un destinataire français qui a traité un achat à l'*étranger*, est évidemment en droit d'assigner, en cas d'avarie, de perte ou de retard *dans le transport international*, effectué à cette occasion, la comp. française qui doit lui remettre la marchandise. C'est dans ce sens du moins qu'il a été statué au sujet des transports communs entre comp. françaises par les décis. résumées ci-dessus, § 2. — Le droit du *destinataire* mis aux lieu et place de l'*expéditeur étranger*, est également incontestable par application du principe suivant : « Un tarif international stipule qu'au cas d'accident, de retard ou de perte de marchandises, le dommage devra toujours être réglé au lieu de destination et, s'il y a litige, devant les trib. de ce lieu. — Cette clause n'est pas contraire à l'ordre public; obligatoire pour les comp. contractantes, elle l'est également pour l'expéditeur qui y a adhéré, en réclamant l'applic. dudit tarif international ». (C. C., 13 août 1879). — Mais dans d'autres cas, où la clause ci-dessus mentionnée ne figure pas dans le *tarif international*, et où la question de responsabilité entre les diverses entreprises de transport n'a été l'objet que de réserves ou dispositions particulières ignorées du public, il nous est très difficile de dégager des nombreuses décisions intervenues au sujet de litiges internationaux, une règle certaine qui puisse empêcher les réclamants de faire fausse route dans les procès qu'ils peuvent avoir à intenter aux compagnies; nous nous bornons à rapprocher ces décisions en ce qu'elles paraissent avoir de contradictoire :

Litiges légalement introduits par le destinataire envers la comp. chargée de la livraison. — 1° Bagages soustraits, dans un trajet de St-Pétesbourg à Paris — C. C. 15 avril 1875 (V. au mot *Bagages*, § 8. — 2° *Avaries* — *délai de prescription de l'action récursoire*, etc. — « Si, dans un transport (international par terre et par mer, dans l'espèce), des marchandises sont adressées à un commissionn., qui les remet à une comp. de ch. de fer, celle-ci est vis-à-vis du destinataire, un voiturier chargé directement d'un transport et, comme tel, est responsable de toute avarie constatée. — En outre, l'action récursoirement exercée par ladite comp. contre ce commissionn. se prescrit après six mois, qui courent du jour de la remise des marchandises au destinataire (art. 108 du C. de comm., Tr. comm., Romans 1er déc. 1869 et C. C., 11 nov. 1872.) — 3° *Perte de marchandises.* (Action du destinataire valable avant la constatation réelle de la perte de la marchandise.) — C. C., 6 mai 1872, 7 janv. 1874, etc. (V. *Manquants et Perte*. — 4° *Retards*. — Action directe du destinataire contre la comp. qui doit livrer la marchandise, — C. C., 6 janv. 1874. (V. ci-dessus, à titre de renseignement, fin du § 2. — Voir aussi les mots *Action civile* et *Retards*.) — 5° *Erreurs de taxe*. — Responsabilité formelle de la compagnie qui remet la marchandise et action du destinataire valable contre cette compagnie, sauf recours de cette dernière contre les autres transporteurs — C. C., 2 juill. 1879 (V. *Erreurs*). — 6° Même responsabilité de la compagnie de départ à l'égard de l'expéditeur — C. C., 29 juill. 1874 (V. *Tarifs*). — 7° *Responsabilité commune des diverses compagnies*. — Enfin à la date du 9 avril 1879, la C. de C. a rendu un arrêt duquel il semble résulter que « les divers commissionnaires qui ont concouru à un seul et même contrat de transport, sont obligés envers l'expéditeur et le destinataire, et que l'action de ceux-ci ne peut être repoussée sous prétexte qu'ils n'ont rien confié au commissionnaire auquel ils s'adressent, » (V. le mot *Destinataire*). — *Restrictions apportées à l'action directe du destinataire.* — Contrairement au système qui paraît avoir été établi par les arrêts ci-dessus rappelés ou résumés, diverses décisions judiciaires ont subordonné la validité de l'action directe du destinataire à l'imputation de *faute personnelle* attribuée à la comp. mise en cause, et aux *réserves* ou *conditions* qui ont eu pour objet de *régler préalablement* les obligations des compagnies entre elles; c'est-à-dire à des stipulations ou des constatations que le destinataire est censé ignorer dans la plupart des cas et qui ne peuvent toujours figurer dans les règl. officiels et les tarifs. — Ainsi par exemple, d'après la C. de Paris, 9 déc. 1875, — « la comp. française, qui reçoit d'une comp. étrangère, *sans réserve ni protestation*, des marchandises à transporter, accepte l'obligation avec les bénéfices et les charges, et peut être actionnée par le destinataire, à raison de faits à elle personnels et engageant sa responsabilité » Le même principe a été admis par divers arrêts de la C. de C. (11 juin 1872, 6 janv., 13 et 29 avril 1874, 14 août 1876, 10 déc. 1878, etc.) — mais l'action n'est pas valable contre la dernière compagnie, si celle-ci ne s'est pas substituée aux obligations de la compagnie qui a commis la faute et n'a point, par suite, accepté la responsabilité de cette faute. (Ext. desdits arrêts). — *Limitation de la responsabilité.* — L'arrêt du 14 août 1876 ajoute ce qui suit au sujet de la solidarité des compagnies quant à la limite de la responsabilité. — « Une clause ayant pour objet, non d'exonérer ladite comp. étrangère de la responsabilité qui lui incombe comme entrepreneur de transports, — mais de régler, d'avance et à forfait, les conséquences de cette responsabilité, — n'est nullement en opposition avec les principes d'ordre public admis en France. — Dès lors, la comp. française, qui est aux droits de la comp. étrangère, n'est responsable que dans la limite des obligations de celle-ci. » — *Responsabilités distinctes.* — « Le principe juridique de la légalité d'un réglement étranger à l'égard de ceux qui l'ont accepté ne saurait recevoir application en ce qui concerne la responsabilité encourue pour avarie de marchandises transportées sur plusieurs réseaux, étranger ou françois, — avariées avant le passage du réseau étranger au premier réseau français et ne voyageant pas, sur ce réseau étranger, avec une réduction de prix compensée par une absence de garantie » C. C., 19 juillet 1876. — *Réparation finale du préjudice causé.* — Dans les diverses affaires de transports communs ou internationaux il a été nécessairement admis, *à moins de convention contraire*, que la responsabilité *finale*, soit directe, soit par suite d'action récursoire, devait remonter à celui qui avait commis la faute et même à l'expéditeur dans le cas de conditionnement défectueux de l'expédition ou d'autres circonstances de droit commun. On peut consulter à ce sujet divers arrêts de la C. de cass. (31 mars 1874, 25 août 1875, 19 juill., 14 août et 13 déc. 1876, 6 mars 1877. 27 mars, 7 et 27 août 1878.) — Voir aussi aux mots *Action civile, Service international* et *Trafic international*, plusieurs autres décisions anciennes ou récentes, sur cette matière aride et obscure qui avait déjà attiré, en 1878, l'attention du Congrès international des transports (V. *Congrès*), dont les vœux, portant les n° 4 et 5, se résumaient ainsi : — « 4° L'ayant droit aura la faculté d'intenter l'action contre la compagnie expéditrice ou la compagnie destinataire à son choix. — 5° Le tribunal compétent sera celui du défendeur assigné suivant la loi et la jurisprudence de son pays. Les actes extra-judiciaires pourront être signifiés à une gare quelconque de la compagnie. »

Exception de l'art. 105 *du C. de comm.* (éteignant les réclamations après réception des marchandises et payement du prix de transport.) — « S'il n'est point établi, pour un transport international de marchandises, qu'il ait été fait deux contrats, attestés par deux lettres de voiture successives, ayant trait, l'une au trajet de l'étranger à la station frontière, l'autre au trajet de ladite station frontière à la gare de destination, — la réception des marchandises à cette station frontière et le payement du prix de transport, par un autre que le destinataire, n'entraînent pas la déchéance édictée par l'art. 105 du Code de commerce. » (C. C., 31 mars 1874). — V. aussi au sujet de cette question très débattue les mots *Fin de non-recevoir, Paiement, Preuves* et *Vérification.*

IV. Transports contagieux. — V. *Désinfection, Phylloxéra* et *Police sanitaire.*

TRAVAUX.

I. Autorisation générale. — 1° *Chemins de fer d'intérêt général* (Lois des 3 mai 1841 et 27 juill. 1870) (Voir aux mots *Autorisation* et *Expropriation*, les lois précitées et les conditions diverses qui règlent leur application pour les chemins de fer d'intérêt général). — D'après la loi du 3 mai 1841 (art. 3) « tous grands travaux publics, chemins de fer..., entrepris par l'État, les départements, les communes, ou *par compagnies particulières*, avec ou sans péage, avec ou sans subside du Trésor, avec ou sans aliénation du domaine public, ne pourront être exécutés qu'en vertu d'une loi, qui ne sera rendue qu'après une enquête administrative. Une ordonnance royale suffira pour l'exécution des chemins de fer d'embranchement de moins de vingt mille mètres de longueur. Cette ordonnance devra également être précédée d'une enquête. » — Ces dispositions ont été plus ou moins modifiées par les pouvoirs qui se sont succédé depuis 1841 et notamment par la loi sus-mentionnée du 27 juill. 1870, mais par le fait elles se retrouvent encore en vigueur. — 2° *Chemins de fer d'intérêt local et tramways* (loi spéciale du 11 juin 1880 et applications diverses) (Voir les mots *Chemin de fer d'intérêt local, Tramways* et *Voies publiques*). — 3° Travaux mixtes (*civils et militaires*) dans la zone de défense (Art. 23

du cah. des ch. et décrets des 10 et 16 août 1853 et du 8 sept. 1878, etc.). — Voir *Zones militaires*. — Voir aussi plus loin, au § 3.

Formalités et opérations préalables (s'appliquant aux travaux concédés comme à ceux de l'État). — 1° Conférences, enquêtes, études, expropriation de terrains et projets (voir ces mots); — 2° Approbation de travaux neufs (voir *Projets*, § 5); — 3° Autorisation de travaux sur les lignes en exploitation (voir plus loin, § 4); — 4° Exécution des des travaux (voir *Adjudication*, *Cah. des charges*, *Clauses et conditions générales*, *Déviations*, *Gares*, *Ingénieurs*, *Marchés*, *Matériaux*, *Occupation de terrains*, *Ouvrages d'art*, *Subventions*, *Terrains*, *Terrassements*, *Voie*, etc. — Voir aussi les §§ 2 et suivants du présent article); . — 5° Troupes employées aux travaux (V. *Troupes*); — 6° Moyens d'exécution (V. *Ateliers*, *Entrepreneurs* et *Ouvriers*): — 7° Surveillance et contrôle (voir ces mots); — 8° Entraves apportées aux travaux (voir art. 438 du Code pénal); — 9° Accidents de travaux (voir plus loin, § 3 *bis*). — 10° Comptes rendus des travaux (voir *Comptes* et *Situations*); — Prix des divers travaux (voir *Prix*); — 12° Epreuves, Réceptions, Reconnaissance (voir ces mots); — 13° Établissement de la 2ᵉ voie (voir *Double voie*). — 12° Justification générale des dépenses au point de vue des comptes de premier établissement (V. *Dépenses* et *Justifications*). — 15° Travaux de nouvelles lignes ajoutées aux réseaux des compagnies. — V. *Conventions*.

Travaux accessoires. — Voir *Chemin*, *Embranchements*, *Navigation* et *Routes*. — Voir aussi, § 3 *bis*, pour les questions de dommages et de responsabilité.

II. Travaux commencés par l'État (Système de la loi du 11 juin 1842) (Voir au mot *Compagnies*, § 6, le texte additionnel des anciens cah. des ch., ayant pour objet la remise aux compagnies des travaux commencés par l'État, en exécution de la loi de 1842. — D'après ces dispositions les comp. devaient, en général, prendre livraison des ouvrages et du matériel dans l'état où ils se trouveraient et sans pouvoir élever aucune réclamation au sujet des défectuosités qu'ils leur paraîtraient présenter. » — Dans certains cas douteux, la question si délicate de la garantie matérielle des travaux jusqu'au moment de leur réception définitive avait été appréciée comme il suit :

Travaux remis par l'État aux compagnies. — « Lorsque les travaux d'un ch. de fer ont été exécutés par l'État et que la comp. adjudicataire ou concessionn. a été mise en possession de ce chemin, avant qu'ils aient été définitivement reçus, l'acceptation de ces travaux par ladite comp., sans réclamation ni réserve, ne fait pas obstacle à ce que l'admin. constate les malfaçons qui ont pu être commises par l'entrepreneur, et puisse, dans les formes et sauf tout recours de droit, en ordonner la réparation avant de procéder à la réception définitive, nonobstant la jouissance de la compagnie. » (C. d'État, 26 juillet 1851.)

Limite de la garantie de l'État. — « Le cah. des ch. d'une concession de ch. de fer dispose qu'il devra être procédé, un an après la livraison faite par l'État à la compagnie des terrains, terrassements et ouvrages d'art, à une reconnaissance définitive qui aura pour effet d'affranchir l'État de toute garantie, quant aux terrassements; que pour les ouvrages d'art, la garantie cessera un an après le procès-verbal de reconnaissance définitive, et qu'en aucun cas, la responsabilité de l'État ne pourra s'étendre au delà de la garantie matérielle des travaux exécutés par lui. — Une clause porte que la compagnie s'engage à maintenir en bon état d'entretien le chemin de er et ses dépendances et à y effectuer, à ses frais, tous les travaux de réparation et de reconstruction nécessaires. — *Il résulte de ces dispositions* que la compagnie prend à sa charge les travaux livrés par l'État, et qu'après l'expiration du délai de garantie, l'État est affranchi de toute responsabilité, soit à l'égard de la compagnie, *soit à l'égard des tiers*. » (C. d'État, 30 juill. 1857 et 28 nov. 1861.)

Réseau complémentaire d'intérêt général (Nouvelles lignes commencées par l'État, programme de 1878) (Voir les mots *Chemins de fer de l'État*, *Comptes rendus*, *Construction*, *Études*, § 2, *Infrastructure*, *Matériel fixe*, § 2, *Projets*, § 2, *Réception*, *Remise* et *Superstructure*. — Voir aussi au § 3 *bis* ci après, au sujet des *dommages* causés par les travaux de l'État.

III. Travaux mixtes. — Nous avons mentionné aux mots *Conférences* et *Zones mili-taires* les formalités à remplir, en exécution de l'art. 23 du cah. des ch. et [des décrets des 16 août 1853 et 8 sept. 1878, pour la préparation et l'exécution des *projets de tra-vaux mixtes* dans la zone de défense. — Voici quelques extraits de ces documents :

(Art. 18 du décret du 16 août 1853.) — *Autorisation de travaux.* — Chaque directeur (des fortifications, etc.) et chaque ingén. en chef peuvent adhérer immédiatement, au nom du service qu'ils représentent, à l'exécution des travaux mixtes proposés par une autre admin., quand ces travaux leur paraissent sans inconvénient pour leur service et que les inconvénients peuvent disparaître, moyennant certaines dispositions qu'ils impo-sent comme condition de leur adhésion. — Les travaux, objet d'une adhésion condition-nelle, ne peuvent être entrepris qu'autant que l'acceptation des obligations stipulées a été notifiée au service qui les a imposées. — Chaque directeur et chaque ingén. en chef font connaître les adhésions et les acceptations qu'il ont données ou qui leur ont été notifiées, au ministre sous les ordres duquel ils sont placés...

(*Circ. min.*, 25 *août* 1860). — « Lorsque les fonctionn. ou officiers qui auront pris part à des conférences mixtes auront fait connaître qu'ils ne voient aucun inconvénient à l'exéc. des travaux proposés... et qu'ils y adhèrent, chaque chef de service devra spécifier que cette adhé-sion est donnée par applic. de l'art. 18 du décr. du 16 août 1853. Cette mention hâtera l'expéd. des affaires, but que l'adm. cherche à atteindre autant que possible. » (1).

Exécution des travaux mixtes (Art. 23, décr. précité). — « Les travaux *concédés* sont faits par les soins du concessionn. et à ses risques et périls. Si les ouvrages sont à con-struire dans la zone des fortifications, le concessionn., considéré comme entrepreneur de travaux ordinaires militaires, opère sous la direction des officiers du génie, tout en restant exclusivem. chargé de ce qui concerne les moyens d'exécution tant en personnel qu'en matériel. — Les travaux doivent être faits en se conformant exactement aux projets adoptés et suivant les clauses et conditions stipulées. Nulle modification ne peut être apportée aux dispositions arrêtées qu'autant qu'elle a été admise par la commission mixte dans les formes ordinaires, ou qu'elle a fait l'objet d'une adhésion directe. »

(Art.. 25). — *Surveillance.* — « Les officiers et ingén. dont les services sont intéres-sés à l'exécution des travaux mixtes confiés à un autre service, ont le droit de s'assurer qu'on ne s'écarte en aucune manière des dispositions et conditions adoptées. S'ils reconnaissent quelques changements, ils les signalent aux officiers, aux ingén. ou autres fonctionn. chargés de la direction des travaux ; et, s'il n'est pas tenu compte de leurs observations, ils constatent ou font constater les faits par procès-verbal. »

Indications diverses. — V. *Conférences*, § 2, *Projets* et *Zones militaires*.

III *bis*. Accidents et dommages causés par les travaux. — D'une manière géné-rale, l'appréciation des dommages causés aux propriétés riveraines par les travaux publics régulièrement autorisés rentre dans les attributions du conseil de préfecture, aux termes de l'art. 4 de la loi 28 pluviôse an VIII, et ce principe s'applique aux travaux exécutés par les comp. concessionn., comme à ceux de l'État (V. *Compétence, Dommages, Routes*). — Toutefois, après diverses interprétations judiciaires ou administratives dont nous avons donné le résumé aux mots *Accidents de travaux.* § 4, *Compétence*, § 1 et *Dom-*

---

(1) Le décret complémentaire du 8 septembre 1878 dont le texte est reproduit au mot *zones militaires* a introduit, dans l'instruction des affaires de *travaux mixtes*, de nouvelles simplifica-tions dont la principale est celle de l'art. 5 dudit décret du 8 sept. 1878, d'après lequel, en cas d'adhésion directe des chefs de service, les formalités d'usage peuvent être remplacées aux deux degrés par une instruction sommaire permettant d'éviter des retards préjudiciables. — Voir pour les détails au mot *Zones militaires*.

mages, § 1, une distinction a été faite entre les travaux de l'État et ceux des compagnies, notamment lorsque les travaux ont occasionné des *accidents de personnes*. Dans le premier cas (*travaux exécutés par l'État*), « la demande en indemnité, formée à la suite d'un accident qui aurait, suivant le demandeur, été causé par le défaut de certaines précautions reprochables à l'admin. dans l'exéc. des tr. publics, est du ressort des tribunaux admin. La loi de pluviôse an VIII (reproduite au mot *Conseils*) s'applique en effet aux dommages causés aux personnes comme à ceux causés aux propriétés (Tr. Seine, 22 mai 1862). — Plus récemment le trib. des conflits s'est prononcé à ce sujet ainsi qu'il suit : — « Le conseil de préfecture est seul compétent pour connaître d'une demande en indemnité dirigée contre l'État à raison de la mort d'un ouvrier, causée par des travaux publics auxquels il était employé, alors même qu'il est allégué que l'accident provient d'une faute de l'administration. » (Trib. des conflits, 29 déc. 1877. — C. d'État, 15 mars 1878). — Mais en ce qui concerne les actions intentées *contre les compagnies*, la compétence judiciaire attribuée dans certains cas aux réclamations *d'ouvriers blessés* (voir *Accidents de travaux*), ne semble pas avoir été modifiée par la décision suivante du trib. des conflits. — « Les comp. de ch. de fer ne relèvent de la jurid. admin. que pour les litiges auxquels donnent lieu les travaux prévus par leur acte de concession ou spécialement autorisés par un acte ultérieur de l'administration. En l'absence de tout acte administratif leur imprimant le caractère de travaux publics, les travaux exécutés par de telles compagnies sur les propriétés d'autrui, même en vue d'un péril imminent, restent soumis à la juridiction ordinaire. » (Trib. des conflits, 1ᵉʳ mars 1873). — Nous ne pouvons que renvoyer aux références susindiquées, en y ajoutant les indications complémentaires ci-après, relatives aux litiges directs entre les compagnies et les personnes victimes d'accidents, ou entre les compagnies et les entrepreneurs qu'elles se sont substitués.

Responsabilité générale. — Art. 1382 et suivants du C. civil et art. 17, 21, 22, 24 et 25 du cah. des ch. — V. *Cahier des charges* et *Dommages*.

Accidents de personnes. — « Lorsque, dans une demande en domm.-intérêts pour accident occasionné par l'imprudence de l'entrepr. chargé des travaux d'un ch. de fer, il ne s'agit pas d'apprécier le cah. des ch. ou les règlements généraux, mais seulement de statuer sur un quasi-délit pouvant entraîner la responsabilité civile de la compagnie, l'autorité judiciaire est seule compétente. » (C. Paris, 23 juin 1863, sur déclinatoire du préfet de la Seine.) — L'arrêt se fonde sur une décis. du C. d'État, 4 févr. 1858, affaire *Maugeant*.

Mise en cause des entrepreneurs. — Les comp. de ch. de fer sont tenues de faire exécuter à leurs risques et périls les travaux dont elles sont concessionnaires. — En traitant à forfait avec un entrepreneur général, elles ne s'affranchissent pas de la responsabilité des accidents dus, soit à l'incurie de celui-ci, soit à l'insuffisance des précautions. » (Jurispr. invar.) Nous avons déjà cité à ce sujet à l'art. *Accidents de travaux*, § 4, diverses décisions auxquelles nous pouvons joindre le résumé suivant : « Il est expressément constaté, par l'arrêt attaqué, que la comp. s'était réservé la direction des travaux de l'embranchement et que leur mode d'exécution était resté sous la constante autorité de ses ingénieurs. — C'est avec raison que, dans ces circonstances, l'entrepreneur et son cessionnaire ont été considérés comme les préposés de la compagnie. — L'arrêt attaqué, en déclarant, dans l'espèce, la compagnie responsable des faits desdits entrepreneurs, ne s'est livré à aucune interprétation de ses cahiers des charges et n'a fait qu'une juste application des règles du droit commun. » (C. C., 17 mai 1865.) — *Contestations au sujet de marchés.* — « Si un débat sur un marché de travaux publics se concentre entre une comp. de ch. de fer et son entrepreneur, sans engager directement ou indirectement les intérêts de l'État, ce débat ressortit à l'autorité judiciaire. » (C. C., 23 juin 1873.)

Réclamations diverses (Maintien des communications locales et de l'écoulement des eaux, etc.). — V. les mots *Chemin*, *Compétence*, *Conseils*, *Dommages*, *Écoulement des eaux*, *Ouvrages d'art*, *Ponts*, *Prises d'eau*, *Routes*, *Sources*, *Tunnels* et *Usines*. — Voir aussi au mot *Déviations*, § 1, au sujet de la prescription trentenaire qui s'applique aux actions en indemnité, à raison des dommages résultant des travaux de la compagnie.

Accidents causés par des travaux non autorisés. — V. spéc. *Dommages*.

IV. Autorisation de travaux sur les lignes en exploitation (Circ. min. tr. publ., 18 janv. 1854, rappelée par une 2ᵉ circ. du 11 mai 1855) — 1° C. m. 18 janv. 1854 aux chefs du contrôle. — « J'ai été informé que, sur divers points, les comp. concessionn.

de ch. de fer avaient exécuté des ouvrages nouveaux ou modifié des ouvrages existants, sans avoir préalabl. soumis les projets à l'approb. de l'admin. — C'est là une infraction évidente aux principes posés dans les art. 1 et 2 de la loi du 15 juillet 1845, sur la police des ch. de fer, aux termes desquels les chemins construits ou concédés par l'État font partie de la *grande voirie* et sont, par suite, soumis aux lois et règl. concernant ces voies de communication, et d'après lesquels aucun travail de construction ne peut se faire, en aucun temps, sans l'autorisation de l'administration. — D'un autre côté, les comp. devant, aux termes de leurs cah. des ch., soumettre à l'autorité admistrative, et préalablement à l'exécution, toute modification quelconque aux travaux d'établ. du chemin, il en résulte nécessairement que ces ouvrages, une fois exécutés et reçus, ne peuvent subir de changements et qu'il ne peut en être fait de nouveaux par les compagnies, sans autorisation régulière. — Il importe donc, pour les travaux à effectuer par les compagnies, soit sur les voies où s'opère la circulation publique, soit dans les gares ou stations, de distinguer soigneusement les travaux de réparation ou de simple entretien des travaux neufs ou de grosses réparations.

« 1° Les *travaux de simple entretien* s'exécutent au fur et à mesure que les besoins se manifestent, et sans qu'il y ait à produire de projets ou à remplir aucune formalité, sauf toutefois le cas où l'exéc. pourrait amener des dispositions nouvelles dans la marche des trains ou dans le service général de l'expl., auquel cas l'admin. centrale et l'ingén. en chef du contrôle doivent être prévenus assez à temps pour que les mesures proposées par la comp. puissent être examinées et modifiées ou complétées, s'il y a lieu.

« 2° Quant aux *travaux de grosses réparations* ou de *reconstruction*, lorsqu'ils doivent se faire sans aucun changement aux ouvrages primitifs, il suffit que la comp. prévienne l'ingén. en chef du contrôle, au moins une huitaine avant le jour où elle compte mettre la main à l'œuvre, afin que ce fonctionn. soit mis à même d'organiser, en temps utile, le service de surv. de ces travaux ; ce délai peut être réduit en cas d'urgence.

« 3° Enfin, dans le cas où les ouvrages à effectuer constituent des *ouvrages nouveaux* ou présentent des changements à l'état de choses existant, il est indispensable que la compagnie produise, dans la forme ordinaire, les projets de ces travaux, pour qu'il y soit statué par l'administration, après examen.

J'ajouterai que la compagnie ne peut, jusqu'à la notification de la décision à intervenir, entreprendre les travaux projetés, et que tout commencement d'exécution, fait avant cette notification, constituerait une contravention à la loi du 15 juill. 1855 et aux règlements établis en cette matière. »

2° *circ.*, 11 *mai* 1855 (rappelant ou précisant le sens de la précédente) :

« Les travaux qu'il peut être nécessaire d'exécuter, soit sur les voies où s'opère la circulation publique, soit dans les gares et stations, consistent en travaux de réparation ou de simple entretien, et en travaux neufs ou de grosses réparations.

« Pour les premiers (réparation, simple entretien), ils s'exécutent au fur et à mesure que les besoins se manifestent, et sans qu'il y ait à produire de projets ni à remplir aucune formalité, sauf toutefois le cas où l'entretien pourrait motiver des dispositions nouvelles dans la marche des trains ou dans le service général de l'expl., auquel cas l'admin. centrale et l'ingén. en chef du contrôle doivent être prévenus assez à temps pour que les mesures proposées par la comp. puissent être examinées, et modifiées ou complétées, s'il y a lieu.

« A l'égard des travaux de grosses réparations ou de reconstruction, lorsque ces travaux ne doivent avoir pour conséquence d'apporter aucun changement aux ouvrages primitifs, il suffit que la comp. prévienne l'ingén. en chef du contrôle, au moins une huitaine avant le jour où elle compte mettre la main à l'œuvre, afin que ce fonctionn. soit mis à même d'organiser, en temps utile, le service de surv. de ces travaux. En cas d'urgence, ce délai peut être réduit.

« Enfin, en ce qui touche les *ouvrages nouveaux ou devant modifier l'état de choses existant*, il est indispensable que la comp. en dresse les projets réguliers et les fasse parvenir à l'admin. — Jusqu'à ce que la décision concernant ces projets soit intervenue, les comp. doivent s'abstenir de prendre toute autre mesure que celles qui auraient pour objet l'approvisionnement des matériaux en cas d'urgence. Le fait d'avoir mis la main à l'œuvre avant la notification de l'autorisation admin. constituerait une contrav. à la loi du 15 juillet 1845 et aux règl. sur la matière ; il en serait de même si les travaux de grosses réparations étaient entrepris avant d'en avoir informé, en temps utile, l'ingén. en chef du contrôle, ainsi qu'il est dit ci-dessus. »

Examen des projets des travaux exécutés sur les lignes en exploitation (Formalités). — V. *Conférences,* § 2, et *Projets,* § 1 *bis,* 6°.

Exécution et surveillance. — Lorsque des ateliers de réparation seront établis sur une voie, la prescription fondamentale à observer consiste à installer des signaux indiquant si l'état de la voie ne permet pas le passage des trains, ou s'il suffit de ralentir la marche de la machine — (V. *Réparations* et *Signaux,* § 5). — D'après tous les règlements d'application, ces signaux doivent être portés à 800 m. *au moins,* du côté de l'arrivée des trains, pour les chemins à double voie, et de chaque côté du point obstrué, lorsque la réparation a lieu sur la voie unique. — De plus, l'intervalle entre les trains doit être observé conf. aux prescriptions réglementaires. — Les *trains de matériaux* ne figurent pas dans les tableaux du service régulier (V. *Trains,* § 7), mais ils sont assimilés aux trains de marchandises, quant à leur marche et à la distance à laquelle ils doivent être maintenus des trains qui les précèdent ou les suivent. En conséquence, d'après les règl. spéc. précités, *aucun train de matériaux ne devra quitter une gare sans que le signal du départ ne lui ait été donné de la manière prescrite pour les trains de marchandises, par le chef de gare,* lequel devra (comme les autres agents) se conformer, pour les intervalles à maintenir entre ce train et les trains ordinaires, aux prescriptions des règlements. » Une recommandation ministérielle a eu lieu, du reste, au sujet du service des *trains de matériaux* par circ. du 23 février 1885. — Voir *Accidents de travaux,* § 1. — V. aussi *Souterrains.*

Enfin, en ce qui concerne *l'exécution même des travaux sur les voies exploitées,* nous reproduisons ci-après les principaux extraits des règlements ou ordres de service mis en application pour cet objet sur divers réseaux.

Mesures de précaution pour les travaux sur les voies exploitées (Ext. des règl. spéc.) :

Art. 1er. — Les travaux neufs ou d'entretien, exécutés sur le chemin de fer et pouvant occuper, gêner ou interrompre les voies principales, seront exécutés sous l'autorité des ingén. de la voie et la surv. des conducteurs chefs de section et des piqueurs.

2. — Dans l'exécution de ces travaux, les conducteurs chefs de section donneront aux entrepreneurs, tâcherons et ouvriers, les instructions nécessaires et leur feront connaître les prescriptions des art. 3, 4, 5, 6 du présent règlement ; ils recommanderont aux chefs surveillants et aux gardes voisins des travaux de redoubler de vigilance et d'attention, de veiller et de s'opposer à ce que nul ne transgresse les ordres donnés, et de visiter, nettoyer et balayer les voies toutes les fois que cela sera nécessaire ; ils prescriront, en outre, selon les circonstances, les mesures destinées à prévenir les accidents.

3. — *Aucun entrepreneur, tâcheron, ouvrier, ne pourra entreprendre un travail sans en avoir préalablement prévenu le conducteur chef de section.* — Ils se conformeront, d'ailleurs, aux règl. qui régissent l'expl. du ch. de fer, et ils seront responsables, envers la comp., des accidents qui résulteraient de l'inobserv. de ces règl. et de leur négligence ou défaut de soin. Les entrepreneurs sont, d'ailleurs, civilement responsables de leurs ouvriers.

4. — Nul ne pourra introduire des chevaux ou des voitures en dedans des clôtures du ch. de fer, intercepter ou encombrer les voies, même momentanément, en y déposant des matériaux, y plaçant des wagons, ou de toute autre manière, sans y être autorisé par un ordre *écrit.*

5. — Les entrepreneurs, tâcherons et ouvriers travaillant sur le ch. de fer, devront se garer aussitôt qu'un train sera en vue, et se placer en dehors des voies, à 1m,50 au moins du rail extérieur ; ils ne devront jamais déposer sur les voies, ou à proximité, des brouettes, madriers, outils, matériaux, pouvant obstruer les voies, ou être atteints, soit par les marchepieds des voitures, soit par les bielles ou les cendriers de locomotives. — V. *Outils.*

6. — Si, par une cause quelconque, les voies venaient à être obstruées, les chefs ouvriers en préviendraient immédiatement les deux gardes voisins, pour que ceux-ci puissent faire aux trains le signal d'arrêt. — Quant aux travaux d'entretien de la voie, chaque brigadier sera muni de deux drapeaux rouges à long manche pour les travaux de jour, et de deux lanternes rouges pour les travaux de nuit. — Il se servira de ces drapeaux et lanternes conformément à ce qui

est indiqué dans le règlement pour les signaux. — Si la brigade est obligée d'abandonner la voie dans un état qui ne permette pas au train d'y passer à toute vitesse, le brigadier y laissera un homme sûr pour faire le signal de ralentissement ou d'arrêt, suivant le cas, et préviendra les gardes voisins du point dangereux, afin que ceux-ci fassent également les signaux convenables..... » — V. aussi *Signaux*, § 5.

V. Travaux accessoires exécutés par les compagnies. En dehors de la *double voie* (V. ce mot), et des agrandissements ou travaux complémentaires incombant aux compagnies (voir *Gares*, *Modifications* et *Projets*), ou qu'elles doivent exécuter au compte et aux frais de l'État (voir *Conventions* et *Dépenses*), de nouveaux ouvrages sont quelquefois prescrits aux compagnies en cours d'exploitation soit pour l'écoulement des eaux, soit pour le maintien des communications. — De leur côté, les riverains ou les communes ont à établir, dans certains cas, des travaux de voirie (aqueducs, conduites, etc., au travers des voies ferrées). — En général, c'est la compagnie qui exécute ces travaux, soit à ses frais, lorsque les travaux ont été mis à sa charge, soit à titre d'avance, l'essentiel pour elle étant d'avoir la direction des chantiers installés dans les limites de la voie ferrée. — Voici à ce sujet l'extr. d'une décis. min. du 29 mars 1870, relative à l'ouverture sous le chemin de fer de Paris à Bordeaux d'un aqueduc biais se combinant avec le creusement de l'ancien lit d'un ruisseau, et dont le projet n'avait pas été préalablement dressé.

(*Extr.*) — « Bien qu'une décision de mon prédécesseur ait, vu l'urgence, autorisé l'exécution des travaux dont il s'agit, aux frais de l'État, sauf son recours contre qui de droit, *ils n'en doivent pas moins être exécutés par la compagnie, puisqu'ils seront situés sous la voie du chemin de fer et dans les limites du terrain qui lui appartient.* — La compagnie doit donc être mise en demeure de présenter, dans le plus bref délai possible, le projet en question. — Quand la compagnie se sera conformée à cette mise en demeure et que, le projet étant approuvé, le moment sera venu d'entreprendre les travaux, les ingénieurs du département devront m'adresser des propositions spéciales pour l'ouverture des crédits nécessaires. »

Entretien. — Relativement à l'entretien des ouvrages accessoires mis à la charge des comp. (dans l'espèce, *fossés d'irrigation* et autres ouvrages intéressant une propriété riveraine), les comp. doivent y pourvoir pour les parties situées dans l'enceinte du ch. de fer. — Mais l'entretien des nouveaux ouvrages situés sur le terrain des riverains doit être à la charge de ces derniers, s'il n'est pas plus onéreux que celui des anciens ouvrages (C. d'État, 18 mars 1869). — V. aussi *Entretien* et *Remise* (d'ouvrages).

Nouvelles voies de garage. — Nous avons indiqué au mot *Alignement*, § 5, les conditions apportées aux autorisations d'alignement le long de certains terrains en excédent de la voie. — Nous ajouterons ici que les compagnies de chemins de fer ont parfaitement le droit à toute époque d'utiliser ces terrains en y établissant notamment des voies de garage ou des lieux de dépôt, sans qu'en dehors du droit commun elles soient grevées à cet égard d'aucune servitude à l'égard des riverains.

Travaux d'office (V. *Bâtiments*, *Conseil de préfecture*, *Entretien*, *Démolitions* et *Jugements*). — Emploi des troupes pour les travaux urgents. — V. *Troupes*.

Travaux exécutés par les compagnies au compte de l'État. — V. *Dépenses*.

VI. Travaux à porter au compte de premier établissement. — Voir les mots *Conventions*, *Dépenses* et *Justifications*.

TRAVERSÉE DE ROUTES, ETC.

Prescriptions diverses. — V. les mots *Chemins*, *Navigation*, *Passages* et *Routes*.

Traversée des voies de service dans les gares (ou voie en sauterail). — Les voies transversales ont ordin. leurs rails entaillés d'environ 0m06 à la rencontre des rails des voies normales qu'elles coupent. Elles sont établies naturellement à un niveau un peu supérieur à celui de ces dernières voies et disposées de manière à faciliter le passage des wagons dans les deux sens.

TRAVERSES.

I. Emploi de matériaux de bonne qualité (art. 18 du cah. des ch. applicable aux traverses, en bois de chêne ou de hêtre injecté, qui servent comme on sait de support aux rails). — Voir au mot *Matériaux*. — En raison de la supériorité des *traverses en chêne* sur tous les autres systèmes (bois injectés, traverses métalliques, etc.), l'essence de chêne est employée de préférence pour les travaux supportant les rails dans les parties de ligne en courbe, et pour celle des croisements et changements de voie qui sont toujours établies en chêne et dont les prix et les dimensions varient suivant les angles et les ouvertures des croisements. — *Approvisionnement*, V. ce mot.

II. Dimensions et conditions d'emploi des traverses. — 1° Pour les *traverses équarries*, les dimensions sont ordin. les suivantes : longueur, $2^m,60$ à $2^m,70$; largeur, traverses de joints, $0^m,30$; traverses interméd., $0^m,145$. — Des dimensions analogues sont fixées dans les marchés passés par les comp. pour la fourniture des traverses en bois de hêtre, destinées après injection préalable à suppléer l'essence de chêne. — 2° Pour les *traverses demi-rondes ou à segment de cercle*, on leur donne même largeur au plan de pose. Quelques comp. ont conservé aussi la hauteur moyenne de $0^m,145$; d'autres portent cette hauteur à $0^m,18$, de manière à maintenir à peu près le même cube de bois et à pouvoir pratiquer, sans inconvénient, jusqu'au cœur de la traverse, les entailles destinées à recevoir les coussinets, des doubles champignons ou les rails Vignole.

Espacement des traverses. — Il n'y a pas de règle fixe et uniforme établie pour l'espacement des supports de la voie ; l'ancien système comportait ordinairement l'emploi de 6 traverses par rail de 5^m50. — Le rapport général d'enquête sur l'exploitation, 8 juill. 1880, contient à ce sujet des indications détaillées. — Il en résulte que sur les lignes parcourues par les trains les plus lourds et les plus rapides la proportion des traverses est de 7 par rail de 5^m50, et sur certaines sections de 8 par rail de 6^m, et 9 sur quelques rampes. — Ces augmentations, combinées avec la substitution des voies en *rails d'acier*, sont signalées comme produisant le meilleur résultat (V. le mot *Voie*, § 1). — Nous donnons ci-dessous à titre de renseignement l'extr. d'une décis. min. récente, 15 janv. 1885, relative à l'adoption d'une 7e traverse par rail de 5^m50 sur les lignes les plus fatiguées du réseau du *Midi* :

Décis. min. spéc., 15 janv. 1885. — Monsieur le préfet, j'ai examiné en Conseil général des p. et ch. le projet présenté par la comp. des ch. de fer du Midi, pour l'addition d'une 7e traverse par longueur de voie de $5^m,50$ sur les lignes de Bordeaux à Cette, Narbonne à Cerbère et Bordeaux à Hendaye. — Ce projet a pour but d'augmenter la stabilité des voies, qui sont parcourues par des trains de marchandises fort lourds et par des trains rapides de voyageurs. Les travaux ne seraient d'ailleurs exécutés qu'au fur et à mesure des remaniements qui seront faits soit pour le remplacement des rails en fer par des rails en acier, soit pour le renouvellement du ballast. — La dépense, évaluée à 2,500,000 fr., y compris 202,968 fr. 85 de somme à valoir, serait répartie sur 6 ou 7 exercices et imputée au compte de 1er établissement, par applic. des dispositions de l'art. 13 de la convention du 9 juin 1883. — MM. les ingén. et M. l'insp. gén. du contrôle ont proposé d'approuver le projet ainsi que le mode d'imputation de la dépense. — Conformément à l'avis du C. gén. des p. et ch., j'ai, par décision de ce jour, adopté les propositions de MM. les ingénieurs et de M. l'inspecteur général du contrôle... »

Préparation des traverses au sulfate de cuivre. — Divers procédés sont employés pour conserver les bois et notamment les traverses en bois de hêtre suppléant celles de chêne là où cette dernière essence fait défaut. — Ordinairem. le liquide d'injection est de l'eau chargée de 2 p. 100 de sulfate de cuivre ou couperose bleue, c'est-à-dire un mélange qui comprend 2 kil. de sulfate par hect. d'eau. — L'absorption du liquide chauffé et comprimé comme il est nécessaire, est évaluée à 5 kil. 500 de sulfate de cuivre par m. cube de bois de hêtre. — La vérific. se fait par les réactifs. — L'usage est de ne considérer les bois comme bien préparés qu'autant que le réactif (90 grammes de cyano-ferrure de potassium dissous dans un litre d'eau) étendu sur le bois, donnera une colo-ration rouge bien apparente ; la coloration simplement rosée sera réputée insuffisante. — Pour ces essais on met à nu bien entendu sur une ou deux traverses d'essai, ayant au besoin des dimensions doubles des autres, le cœur du bois dans les divers sens.

Nota. — Sur quelques lignes, les procédés d'injection des traverses en *bois de pin* consistent à introduire dans les cellules des bois une dissolution de sulfate de cuivre. En cela ces procédés rappellent le système Boucherie ; mais ils en diffèrent sensiblement par les moyens employés pour obtenir cette introduction : on commence par faire le vide dans les cellules ligneuses ; on y injecte ensuite le liquide antiseptique par une forte pression en vase clos. — Cette pression s'élève au maximum à 8 atmosphères. — Le chargement des traverses dans les cylindres se fait, pour les deux tiers, au moyen de wagonnets en fer, lançant les traverses au fond des cylindres. Pour le dernier tiers, il s'achève à l'épaule. — Les cylindres après le chargement sont fermés au moyen d'une portière ou calotte hémisphérique équilibrée au moyen de contrepoids. — Après qu'on a fait le vide de telle sorte que la pression dans l'intérieur de l'appareil soit moindre de 0m,60 que la hauteur barométrique, le liquide d'injection (2 kil. de sulfate pour 100 litres d'eau) maintenu à une température de 40°, est introduit à raison de 6 kil. 200 à 6 kil. 300 de sulfate solide par mètre cube de bois de pin préparé. — A la sortie des cylindres, l'égouttage se fait très vite et les pertes de liquide sont insignifiantes. — (Le résultat de l'injection des tra-verses, en pin, leur assure ordin. une durée de 10 à 11 ans et une économie d'environ 2/5 sur les traverses en *chêne* ou les traverses en bois de *hêtre préparé* (Voir plus loin § 4.) — Mais les bois doivent être bien secs au moment de l'injection. — Les meilleurs sont ceux coupés de février à juin et dont la dessiccation a pu graduellement s'effectuer en 4 ou 5 mois.

On a remarqué que l'aubier seul du bois s'injecte ; le cœur, sauf dans quelques parties fermen-tées ou échauffées, résiste d'une manière absolue à toute préparation de la dissolution, même dans les jeunes bois qui servent à faire des pièces de petite dimension. — La préparation des bois provenant des vieux arbres est également très difficile, notamment dans la couche d'aubier qui avoisine le cœur et qui est d'un tissu très serré. — L'injection ne paraît pouvoir se faire d'une façon efficace que pour les bois tendres ou relativement tendres. — Avec le chêne, par exemple, les résultats sont à peu près nuls.

Enfin, il est très important pour la préparation que les traverses soient complètement écorcées et que la peau ou liber qui se trouve sous l'écorce soit enlevée.

Traverses créosotées. (Autre système de préparation), *pour mémoire.*

Dépenses. — Le prix des traverses y compris transport, réception, empilage, ne peut pas être estimé aujourd'hui à moins de 5 fr. 50 à 6 fr. La plus-value de la préparation des bois injectés porte en effet à ce prix qui est celui du bois de chêne le prix de revient des traverses en *essence de hêtre*. Cette plus-value est environ des deux cinquièmes du prix normal. Les traverses en *bois de pin* injecté sont plus économiques (voir plus haut), mais d'un usage moins étendu. — En résumé, la dépense de fourniture à pied-d'œuvre des traverses, en chêne par kilomètre de simple voie, ne s'élève guère à moins de 6,000 fr. L'entretien annuel et le remplacement par kilomètre reviennent en moyenne à 400 fr., chiffre qui se trouve peut-être, sur quelques lignes, au-dessous de la vérité.

Sabotage des traverses. — Pour fixer les coussinets sur les traverses, on se sert d'un calibre ou gabarit en fer terminé à ses deux extrémités par deux bouts de rails indiquant exactement la position adoptée pour la voie. — Des entailles dans les parties de voie en courbe, ou un dressement régulier à l'herminette, dans les parties droites sont pratiquées pour recevoir les coussinets qui sont serrés aux rails par des coins, et présentés sur les parties les plus saines des traverses. Le coussinet doit être placé normalement par rapport à l'axe du gabarit et maintenu bien en contact avec le rail sur les points déterminés. Le coussinet étant ensuite posé sur l'entaille, faite d'après les indications du gabarit, on perce la traverse avec une tarière suivant le centre des trous des coussinets et on exécute le chevillage avec la plus grande attention, après s'être bien assuré que le plan de pose est parfaitement en rapport avec l'inclinaison de la table du coussinet; l'omission de cette condition essentielle entraîne presque toujours la rupture des coussinets. — En général, le sabotage doit être vérifié avant la pose de la voie au moyen d'une jauge spéciale. Une tolérance de 0,003 est tout au plus admise dans les écartements, parce qu'on peut y remédier au moyen du serrage des chevilles. (*Instr. spéc.*)

Pour les *rails Vignole* dont les patins sont fixés directement à la traverse, sans coussinets, par deux crampons en fer, les entailles sont exécutées, d'abord en plaçant, comme pour la voie ordinaire avec coussinets, les traverses sur le chantier, en ayant soin de tenir *en dessus* la partie ronde ou affectée de flaches. Les tracés des incisions sont faits au moyen de deux gabarits distincts disposés l'un pour les traverses intermédiaires, l'autre pour les traverses de joints où les extrémités des rails s'ajustent, au moins dans les courbes, sur des plaques de fer dites *selles* qui motivent des entailles et des dispositions spéciales.

L'emplacement des entailles est choisi, comme pour les traverses ordinaires, sur la portion de la largeur la plus saine et la plus propre à servir d'appui au rail. Deux traits de scie sont donnés suivant le tracé de l'entaille. La coupure est achevée à l'herminette ou à la bisaiguë, en ayant soin de conserver intactes les faces verticales produites par la scie. La profondeur de l'entaille ne doit pas être de moins de $0^m,01$. Elle doit offrir au rail une surface d'appui d'une longueur minimum de $0^m,20$ pour les traverses de joint et de $0^m,14$ pour les traverses intermédiaires.

Le perçage des trous des crampons est fait au moment de la pose des rails. On doit éviter de percer ces trous au droit des fentes, lorsqu'il en existe. La perforation doit traverser toute l'épaisseur du bois. Les trous ne doivent point être placés en regard l'un de l'autre, afin de ne pas faire fendre le bois.

Traverses préparées. — Si les traverses sont préparées au sulfate de cuivre, *on enduit de goudron végétal la paroi intérieure des trous des crampons*. (Instr. spéc.)

III. Réception des traverses, pose de la voie, etc.

— Des instructions détaillées sont données en temps et lieu aux agents en ce qui concerne la réception, l'empilage, l'emploi des traverses et la pose proprement dite de la voie. Lors de la pose, les traverses sont espacées, à quelques variations près, d'environ 1 m. d'axe en axe (Voir § 2.) — Quel que soit le système de rail, il est convenable que les deux traverses qui avoisinent le joint soient un peu moins espacées que les autres, afin de diminuer la portée des extrémités des rails et combattre les effets du martelage.

Principales conditions de réception. — En principe, on exige que les faces des traverses équarries soient dressées à la scie. Par tolérance, on admet le dressage à la hache pour les faces latérales ou circulaires. Il convient que les faces inférieures des traverses et les surfaces de pose des coussinets et des rails soient parfaitement planes et sans aucune flache. La tolérance admise pour les flaches ou aubiers des arêtes et parties supérieures varie de 0,03 à 0,04 suivant les lignes de chemins de fer.

Les bois doivent être essentiellement droits. On tolère au plus, dans le sens de la largeur, une courbe dont la flèche ne soit pas supérieure au $1/20^e$ de la longueur. — Les bois de chêne, de hêtre ou de charme, affectés de piqûres, pourritures, malandres, fentes (prolongées), gerçures, gélivures, roulures, nœuds vicieux et autres défauts, ne peuvent être que d'un mauvais usage, et il convient de les rebuter. — Enfin, les bois de chêne durs et à fibres très serrées doivent seuls être employés, à l'exception de ceux qui proviendraient de terrains humides.

IV. Durée des traverses.

— Les observations et expériences faites jusqu'à ce jour, permettent d'évaluer en moyenne à douze ou quinze années la durée des traverses en chêne de bonne qualité, *enfouies dans un ballast étanche et formé autant que possible de gravier sablonneux*. La durée du hêtre *non injecté*, employé de la même manière, ne dépasse guère six à sept années de service; mais il paraît que, par les procédés de préparation au sulfate de cuivre, les traverses en hêtre peuvent fournir une carrière aussi longue que celles fabriquées en bois de chêne.

Dans le relevage ou le remplacement des voies, on ne doit jamais réemployer des traverses sans boucher les anciens trous au moyen de chevilles en bois de chêne trempées dans l'huile créosotée ou simplement dans du goudron de gaz.

TRIBUNAUX.

I. Juridiction administrative. — Les conseils de préfecture, et à un degré supérieur, le C. d'État, ont qualité pour connaître de toutes les contestations et conflits relatifs à l'exécution des travaux autorisés, des dommages causés par ces travaux et de toutes les questions de grande voirie auxquelles peuvent donner naissance l'entretien, la police et la conservation des voies ferrées. — Nous ne pouvons que renvoyer à cet égard aux mots *Compétence* et *Conseils*; aux titres I et III de la loi du 15 juillet 1845 (V. *Lois*); et aux nombreuses indications spéciales résumées aux articles distincts, *Accidents de travaux*, *Bestiaux*, *Carrières*, *Clôtures*, *Contraventions*, *Dommages*, *Extraction de matériaux*, *Grande voirie*, *Mines*, *Occupation de terrains*, *Pourvois*, *Procès-verbaux*, etc. — La compétence administrative ne s'étend pas aux contestations survenues entre les compagnies et leurs entrepreneurs.

II. Tribunaux civils. — Les formalités préliminaires relatives à l'expropriation et à l'acquisition des terrains nécessaires à l'établ. des lignes de fer, sont remplies par les soins de l'autorité administrative (V. *Enquêtes*); mais les tribunaux seuls ont le droit de prononcer l'expropriation pour cause d'utilité publique, après l'accomplissement des formalités légales (V. *Expropriation*). — Les tribunaux civils connaissent, en outre, en dehors des questions civiles de dommages et d'accidents résultant des travaux non autorisés exécutés par les compagnies : 1° des litiges relatifs aux terrains expropriés et non employés; — 2° de l'extraction irrégulière des matériaux; — 3° de certains dommages équivalant à une expropriation. —V. *Dommages*, § 4.

Nota. — « Dans le cas où il serait reconnu, par les tribunaux, que les propriétaires ont droit à une indemnité, à raison du détournement d'une partie des eaux qui alimentent les puits et réservoirs de leurs propriétés, il s'agirait, dans l'espèce, d'un dommage causé par l'exécution d'un travail public, et, aux termes de l'art. 4 de la loi du 28 pluviôse an VIII, c'est l'autorité administrative qui doit procéder au règlement de l'indemnité due pour la réparation de ce dommage. » (C. d'État, 27 mai 1865.) — Lorsqu'il y a lieu d'apprécier, au sujet de l'usage des sources, les termes des actes civils et les engagements et obligations réciproques de ces actes dont l'exécution peut donner lieu à dommages-intérêts, certains tribunaux pensent que cette appréciation reste dans le domaine de la justice de droit commun (T. Seine, 1er mars 1862). — Nous renvoyons à ce sujet à l'article *Prises d'eau*, § 4.

En matière d'exploitation, les tribunaux de première instance, sous la réserve des affaires ayant un caractère purement commercial (Voir ci-après, § 4), ont dans leurs attributions tous les litiges qui se rapportent à la réparation civile des accidents et dommages quelconques résultant de l'expl. des ch. de fer. — *Nota.* « Déclarer simplement qu'avec une autre disposition des lieux, l'accident..... ne se fût pas produit, condamner, en conséquence, la comp. du ch. de fer pour cet accident, — qui résulte d'un fait se rattachant à l'exploitation, — ne constitue point, de la part de l'autorité judiciaire, un empiètement sur les attributions du pouvoir administratif. » (C. C., 10 mai 1870.) — De même, il n'y a pas violation du principe de la séparation des pouvoirs dans un jugement qui, pour déclarer une compagnie responsable d'un retard dans le transport de marchandises, s'est fondé sur ce qu'avec une autre disposition de la voie, l'éboulement cause dudit retard ne se serait pas produit (C. C., 13 déc. 1871). — Enfin, « si, dans l'espoir d'une guérison possible, l'autorité judiciaire s'est bornée à accorder à la victime d'un accident de chemin de fer une provision temporaire, elle n'en conserve point le droit de statuer sur le fond même avant l'expiration du temps pour lequel la provision aurait été accordée. » (C. C., 23 mai 1870.) — Voir d'ailleurs *Accidents*.

Enfin, c'est devant le trib. de 1re instance que sont assermentés les agents appelés à constater les infractions à la police des ch. de fer. — V. *Assermentation*.

Juges de paix. — Les juges de paix sont compétents, au premier degré, en vertu de l'art. 2 de la loi du 25 mai 1838, pour statuer jusqu'à un certain chiffre d'indemnité, sur les contestations entre voyageurs et compagnies de ch. de fer. — Nous avons donné à ce sujet au mot *Juges de paix* des indications détaillées en rappelant d'ailleurs que la loi précitée de 1838, n'avait fait qu'étendre le taux de la compétence de ces magistrats, sans exclusion des trib. de comm., pour la connaissance des contestations dont ladite loi *précise la nature*, dans les conditions indiquées au mot *Juges de paix*. — Nous avons également résumé à la même référence, les attributions diverses dévolues aux juges de paix, en matière de *travaux*, de *bornage*, de *crimes*, *délits* et *contraventions* et d'autres questions se rattachant aux constatations judiciaires.

III. Tribunaux correctionnels. — Sauf pour la grande voirie (Voir ci-dessus, § 1), les délits et contrav. commis en matière de ch. de fer sont toujours justiciables des tribunaux correctionnels aux termes des art. 25, 26 et 27 de la loi du 15 juillet 1845 (Voir pour les applications les mots *Accidents, Actes de malveillance, Contraventions, Crimes, Délits, Procès-verbaux, Pénalités* et *Vols*. — (Les formalités d'instruction des diverses affaires et les dispositions concernant l'intervention des procureurs des Cours et tribunaux maires, préfets, commissaires et autres officiers de police judiciaire sont résumées aux articles distincts de ce recueil).

Simple police. — Les trib. de simple police dans la limite de leurs attributions ne peuvent être appelés à connaître que des délits de droit commun qui se commettent dans l'enceinte des chemins de fer et qui n'affectent pas la sûreté de la circulation des trains, ou de certaines contraventions se rattachant à des règlements spéciaux. — Voir *Juges de paix, Police* § 3 *bis, Tramways,* fin du § 2, etc.

IV. Tribunaux de commerce. — *Application aux chemins de fer* des attributions des tribunaux de commerce, définies par les articles 631 et suivants du Code commercial : « Aux termes de l'article 631 du C. de comm., les tribunaux de commerce sont compétents pour connaître, entre toutes personnes, des contestations relatives à des actes de commerce. » « Une entreprise de transport (dans l'espèce, une compagnie de chemin de fer) est une entreprise de commerce. » — « Les difficultés nées de ce transport exigent l'examen d'un acte commercial. » — « La demande est dirigée contre un commerçant. » (Tr. Seine, 11 oct. 1850.) (V. *Assignations,* § 3, *Compagnies, Entrepreneurs,* § 1, *Statuts,* etc.) — Voir aussi, au sujet de l'organisation même des trib. consulaires les art. 615 et suiv. du Code de commerce (1). — D'après la jurisprudence établie, la compétence dépend de la qualité de commerçant, non du *demandeur,* comme semblaient l'indiquer quelques anciennes décisions judiciaires, mais du *défendeur,* en sorte qu'elle est toujours indiquée lorsqu'il s'agit d'un voyageur, commerçant ou non, attaquant une compagnie commerçante. C'est d'une pratique journalière. — Sous le bénéfice de ces indications, nous résumons ci-dessous quelques affaires où la compétence spéc. des trib. de comm. a été nettement établie :

Achat de valeurs industrielles. — L'acheteur en bourse d'actions (de chemins de fer) fait un acte de commerce qui le rend justiciable des tribunaux de commerce. (T. comm., Seine, 2 sept. 1863.)

Fournitures faites aux compagnies. — Les réclamations relatives aux fournitures faites aux compagnies pour la construction du chemin de fer sont du ressort du tribunal de commerce.

---

(1) La loi du 24 déc. 1871, portant *revision* des art. 618 à 621 du C. de comm., a, entre autres dispositions, fait figurer les *directeurs des compagnies anonymes* de commerce, d'industrie et de finance, dans la catég. des éligibles aux fonctions de membres des trib. de commerce.

(C. C., 28 juin 1842.) — De même, les contestations entre une compagnie et ses employés ressortissent, comme celles entre patron et commis, à la juridiction commerciale. (Trib. comm., Nice, 30 mai 1870 et C. C., 14 nov. 1871.) — V. ci-après.

Réclamations du public. — L'appréciation des griefs du public à l'égard des compagnies au sujet de l'exécution des obligations commerciales contractées par ces dernières sont du ressort des tribunaux consulaires (jurisprudence consacrée), notamment en ce qui concerne le transport des marchandises à grande ou à petite vitesse; — mais comme nous l'avons expliqué plus haut, § 2, la compétence est attribuée aux *juges de paix*, jusqu'à un taux déterminé et dans certaines circonstances, en ce qui concerne les contestations et réclamations ayant pour objet la régularité du transport des voyageurs et la perte de leurs bagages.

Contestations entre les compagnies et leurs agents (Distinction de compétence et d'attributions, suivant qu'il s'agit d'*Accidents*, de *Quasi-délits*, etc., ou de réclamations ayant trait par exemple aux conditions d'engagement ou de rétributions des employés). — V. *Accidents*, § 8, *Agents*, § 9, *Assignation*, § 3, *Prud'hommes*, *Quasi-délit*, *Retraites*, § 4, etc.

Nota. — Dans les arrondissements où il n'y aura pas de tribunaux de commerce, les juges du tribunal civil exerceront les fonctions et connaîtront des matières attribuées aux juges de commerce. » (Art. 640 du Code commercial,).

V. Tribunal des conflits. — 1° Principe de la séparation des pouvoirs administratif et judiciaire. (V. *Organisation*.) — 2° Extr. de l'ordonn. du 1er juin 1828, relative aux conflits d'attributions. (V. *Conflits*.) — 3° *Tribunal des conflits*. (Institué pour juger les conflits d'attribution entre l'autorité administrative et l'autorité judiciaire). Loi du 24 mai 1872. (P. mém.). — *Nota.* — Nous avons donné, lorsqu'il y avait lieu, dans ce recueil, les extraits des décisions du tribunal des conflits intervenues en matière de ch. de fer.

VI. Affaires et formalités diverses. — 1° Assistance judiciaire aux indigents. (V. *Justice*, § 3.) — 2° Comptes rendus des décisions judiciaires, en matière d'accidents et de contraventions. (V. *Jugements* et *Suites judiciaires*.) — 3° Communication aux tribunaux, des registres tenus par les compagnies (V. *Registres*.) — 4° Questions de procédure, de compétence, ou d'attributions spéciales. (V. les mots *Assignation*, *Compétence*, *Conseils*, *Jugements*, *Juges*, *Jury*, *Justice*, *Magistrats*, *Pénalités*, *Pouvoirs*, *Procureurs des cours et tribunaux*, etc.) — 5° Litiges internationaux. — Voir *Service international*, *Trafic* et *Transports internationaux*.

TROTTOIRS.

I. Quais intérieurs des voies. — Bien que dans le service des chemins de fer on confonde quelquefois les mots *Quais* et *Trottoirs*, cette dernière désignation s'entend surtout des trottoirs extérieurs ou intérieurs du bâtiment des gares *affectés au service des voyageurs*. — Le mot *Quais* est surtout réservé aux emplacements où s'opèrent le chargement, le déchargement et la manutention des *marchandises*. — Nous avons toutefois donné à l'article *Quais* divers détails sur l'ensemble des aménagements dont il s'agit, en rappelant, du reste, que la longueur des trottoirs à voyageurs variait bien entendu suivant l'importance des gares. — Pour certains réseaux, par exemple, des décis. min. ont prescrit de mettre l'étendue des trottoirs de toutes les stations en rapport avec le développement des trains de la plus grande dimension (100m pour 12 voitures, 120m pour 15 voitures, 150m pour 19 voitures, 180m pour 23 voitures, 200 et plus pour un plus grand nombre de voitures). — La largeur des trottoirs est ordin. de 4 à 8m et atteint quelquefois 10m pour les gares exceptionnelles. — Pour les autres détails d'établissement des trottoirs à voyageurs et des quais à marchandises nous ne pouvons que renvoyer au mot *Quais*.

Libre accès des quais et trottoirs des gares. (Faculté accordée aux voyageurs munis de billets et mesures de précaution à prendre par ces voyageurs pour prévenir des erreurs dans le choix du train ou des accidents en s'avançant trop près des bordures de trottoirs, etc.) — Circ. min., 10 janv. 1885 et 10 mars 1886. — V. *Gares*, § 6.

II. Descente des trains en dehors des trottoirs. — Quelle que soit la bonne installation des gares au point de vue de la mise en rapport des quais avec la dimension des trains de voyageurs, « il arrive *le plus souvent en fait* (lisons-nous dans un arrêt de la C. d'appel de Douai, 23 janv. 18·3), que les trottoirs dont il s'agit ont une longueur inférieure à celle des trains, sans qu'aucune loi, ni aucun régl. s'y oppose, les plans et dimensions desdits quais ayant, au contraire, reçu préalablement l'approbation de l'autorité administrative ; d'où il suit que les comp. de ch. de fer ne sont pas en faute, si des voyageurs sont obligés de descendre des trains en dehors des quais » ; — La Cour a déclaré la comp. non responsable de l'accident survenu à un voyageur grièvement blessé en descendant d'une voiture arrêtée hors du quai de la station, par le motif ci-dessus donné et en outre « parce que les trains ne peuvent être arrêtés à un point fixe avec une précision absolue » ; — V. aussi *Descente des trains* et le *Nota* ci-après.

Nota. (Trains refoulés après avoir dépassé le trottoir.) — Dans diverses affaires, où la question d'insuffisance des trottoirs ne semblait pas être en jeu, mais où il s'agissait plutôt, soit de manœuvres brusques de *retour en arrière*, de trains qui avaient dépassé le trottoir d'arrêt, soit d'un *défaut d'éclairage* des abords des quais, la responsabilité de la comp., en cas d'accident, a été admise : 1° par le tr. civil de Compiègne, 20 déc. 1882 (voyageur blessé mortellement en descendant d'un train brusquement refoulé) ; — 2° par le tr. civil de Valence, 21 août 1882 (voyageuse tombée et blessée en descendant, *dans l'obscurité*, d'un train qui avait dépassé le trottoir et que l'on ramenait près dudit trottoir, la victime n'ayant pas d'ailleurs entendu à temps l'avertissement donné par un agent de la gare, aux voyageurs du train, au moment de la manœuvre de recul dudit train) ; — 3° par la C. d'appel de Grenoble, 10 mai 1883, qui a confirmé, en principe, ce dernier jugement, par les motifs ci-après : — « Le trottoir dont est pourvue une gare de voyageurs implique que les comp. de ch. de fer ne doivent faire monter ni descendre les voyageurs en dehors de ce trottoir. — La disposition réglementaire prescrivant au mécanicien de faire en sorte que l'arrêt du train ait lieu au point où les voyageurs doivent descendre, implique que ce point est ledit trottoir. — La disposition semblable, prescrivant l'éclairage des stations et de leurs abords, ne distingue point entre l'extérieur et l'intérieur. » (C. d'appel Grenoble, 10 mai 1883.) — Bien que la C. de C. ne paraisse pas avoir eu l'occasion de se prononcer sur ces matières, nous avons cru devoir rapprocher à titre de simple renseignement les décisions mentionnées ci-dessus qui, à un certain point de vue, semblent contradictoires.

III. Trottoirs des avenues de gare. — 1° Autorisation générale pour les trottoirs des avenues de gare considérées comme dépendances de la gr. voirie (Voir à *Grande voirie* les art. 23, 24 et 25 de l'arr. régl. du 20 sept. 1858).

Conditions ordin. d'autorisation. — « La bordure, en pierre, du trottoir, placée à..... de l'axe de l'avenue, doit avoir au moins 0ᵐ,15 de largeur, et 0ᵐ,35 de hauteur, avec une saillie de 0ᵐ,17 à 0ᵐ,18 au-dessus du caniveau. Le trottoir présentera une pente transversale de 0ᵐ,0 par m., vers la chaussée, et une pente en long égale à celle de l'avenue ; il doit être recouvert d'un empierrement de 0ᵐ,10 d'épaisseur, sur lequel on répand une couche de sable de 0ᵐ,03. Le caniveau, de 0ᵐ,50 de largeur, doit être pavé en grès dur d'échantillon et dressé en supposant à la chaussée de l'avenue de la gare un bombement de 1/50 à 1/60 de sa largeur. »

TROUPES.

I. Troupes employées aux travaux urgents. — « Les comp. de ch. de fer, dans certains cas, notamment à la suite d'inondations, d'éboulements ou d'encombrement de la voie par les neiges, ont eu à demander le concours des troupes pour l'exécution de travaux urgents. Il importe, lorsque des circonstances de cette nature se présentent, que les administrations des lignes où ces militaires sont employés assurent, avec le plus grand soin, leur transport de leur garnison au point où ils doivent être occupés et de ce point à leur garnison, et qu'elles pourvoient à tous leurs besoins pendant la durée du travail. » (Ext. d'une circ. min., 31 janv. 1854.) En rappelant le prix que les ministres des tr.

pnbl. et de la guerre attachent à ce qu'il ne se commette pas, à cet égard, des actes d'imprévoyance, la même circ. du 31 janv. 1854 a invité les compagnies à donner à leurs agents les ordres les plus formels pour que, dans le cas où des troupes seraient mises à leur disposition pour l'exécution d'ouvrages urgents, on assure *à l'avance* les moyens de transport à l'aller et au retour, ainsi que la nourriture et tout ce qui peut être nécessaire à ces troupes pendant la durée de leur travail. »

Nourriture et rémunération (Extr. des instr.). — « Les comp. de ch. de fer sont quelquefois dans le cas de recourir aux troupes pour effectuer les travaux d'urgence destinés à prévenir une interruption dans le service ou à rétablir la circulation. — Le min. de la guerre a décidé que, dans ce cas, ces comp. seraient tenues uniformément : A pourvoir à leurs frais au transport et au logement des détachements mis à leur disposition ; à assurer, également à leurs frais, la nourriture de ces détachements pendant tout le temps qu'ils restent éloignés de leur garnison, en leur procurant des vivres chauds et d'une nature réconfortante, qui soient en rapport avec les travaux pénibles qu'ils ont à exécuter. — A allouer aux militaires composant ces détachements, une indemnité journalière fixée à 1 fr. 50 par sous-officier, 1 fr. 25 par caporal et 1 fr. par soldat. — Des instructions ont été données au commandement, pour assurer l'exécution de ces dispositions. » — *Nota.* La décision dont il s'agit, insérée le 11 mars 1879 au journal *le Moniteur de l'armée*, avait été portée, le 6 mars précédent, par le min. des tr. publ. à la connaissance des compagnies qui ont donné à ce sujet les instructions nécessaires à leurs agents. — Voir ci-après.

Enlèvement des neiges (Mesures préventives et curatives au point de vue de la santé des militaires mis à la disposition des compagnies). — Dans le cas spécial de troupes réquisitionnées pour l'enlèvement et le déblaiement des neiges, une nouvelle circ. min. tr. publ. adressée le 28 févr. 1881 aux compagnies, et par ampliation, le 15 mars suivant, aux chefs de contrôle, contient des recommandations détaillées au sujet des mesures préventives et curatives à employer afin de prévenir les cas d'indisposition plus ou moins graves dont les militaires employés auxdits travaux ont eu quelquefois à souffrir. — Les instructions dont il s'agit sont reproduites *in extenso* au mot *Neiges*, § 4.

II. Conditions de transport des troupes. (Application de l'art. 54 du cah. des ch.) —

Nous avons donné en détail, au mot *Militaires*, toutes les indications générales réglant le transport des troupes sur les ch. de fer, par application de l'article 54 du cah. des ch., savoir : au § 2, les conditions d'ensemble relatives au transport dont il s'agit (*troupes, bagages, chevaux, matériel*, etc.), ainsi que l'extr. du règl. du 1er juillet 1874, modifié par décrets des 27 janv. 1877 et 29 oct. 1884. — Au § 3, du même mot *Militaires*, nous avons reproduit ou résumé les instructions se rattachant aux mouvements divers des troupes et du matériel, ainsi que des *détachements* (constatations, formalités, admission des détachements dans les trains rapides, en vertu de la circ. min. du 13 sept. 1884, transport des officiers, transport des isolés, etc.). (Voir aussi, *Chevaux, Feuilles de route, Marine* et *Transports*, § 1 bis. — Enfin au § 4 du mot *Militaires*, nous avons inséré dans tous ses développements l'arr. min. du 15 juin 1866 et les nouveaux tableaux réglant l'application du tarif réduit, militaire, sur les chemins de fer. — Nous nous bornons à reproduire ici, *p. mém.*, quelques indications relatives à l'exécution du règl. du 1er juillet 1874 susmentionné, et au concours des commissaires de surv. admin. à l'occasion du passage des *troupes* ou des *militaires isolés* dans les gares de ch. de fer, etc.

Exercices d'embarquement et de débarquement de troupes en chemin de fer (Alinéas 1, 2 et 5 de l'art. 4 du règl. gén. précité du 1er juill. 1874) :

« Les troupes de toutes armes sont exercées à l'embarquement et au débarquement sur les voies ferrées.

« Les compagnies de chemins de fer prêtent leur concours à ces exercices, pourvu toutefois qu'il n'en résulte pour elles ni dépense, ni trouble dans leur service habituel. A cet effet, les commandants de corps d'armée s'entendent avec les administrations centrales des compagnies, et les mesures de détail sont réglées, dans les villes de garnison, de concert entre les commandants de troupe et les agents locaux des compagnies...

« Le général commandant le corps d'armée fixe chaque année au 1er avril, en raison des circonstances locales, le nombre des séances qui doivent être consacrées à cette instruction dans chaque corps de troupes. »

Pour assurer l'exécution des dispositions qui précèdent, les compagnies ont mis en vigueur sur leurs réseaux respectifs des ordres de service spéciaux, auxquels il y a lieu de se reporter pour les détails. — Voir du reste au mot *Militaires*, dans l'une des notes du § 2, la cir. min. du 11 août 1883 relative au matériel affecté aux exercices d'embarquement des troupes aux termes de l'art. 4 du règl. du 1er juillet 1874.

Le même règl. gén. du 1er juillet 1874, prévoit l'emploi d'un *petit matériel* spécial destiné soit au transport des troupes, soit à l'embarquement des chevaux et au chargement du matériel de guerre. Ce matériel est énuméré, avec les conditions d'application, dans des ordres de service particuliers à chacune des compagnies.

Service d'ordre dans les gares. — 1° Postes spéciaux (V. *Postes militaires*). — 2° Concours des commissaires de surv. admin. (à l'occasion du passage dans les gares, des troupes, détachements, militaires isolés, etc.) — 1° Circ. min., 26 juin 1875 et instructions diverses (V. *Commissaires de surv. admin., § 6*). — 2° Mesures d'ordre au sujet des *militaires isolés* se trouvant en dehors des conditions d'usage (V. au mot *Militaires, § 2*, les art. 22 et 23 du règl. gén. du 1er juillet 1874. — V. aussi *Affluence*.

Transport des cantinières (et de leur matériel). — V. *Cantinières*.

Transport des enfants de troupe. — Le règlement du prix de transport des *enfants de troupe* sur les voies ferrées ayant donné lieu à des dissentiments entre les comp. et le min. de la guerre, la question de principe a été déférée au min. des tr. publ. qui sur l'avis de la section permanente .. : « Considérant que toutes les fois qu'un individu réunit en lui deux qualités dont chacune donne droit à une réduction, il n'y a pas lieu de cumuler en sa faveur le bénéfice de l'une et l'autre *réduction*, mais que l'on doit seulement lui appliquer la moins élevée des deux taxes. — A décidé que .. les enfants de troupe doivent être assimilés aux *soldats* et payer comme eux le quart du tarif. » (18 déc. 1863.) — « Cette décision comporte une application générale sur les ch. de fer; je la fais connaître à M. le min. de la guerre, en le priant de vouloir bien la notifier aux fonctionnaires de l'intendance. » (Dép. min., 20 avril 1864, ch. de Lyon)

Nota. — Cette assimilation a été régularisée dans le nouvel arrêté ministériel du 15 juin 1866 réglant l'application du tarif militaire sur les voies ferrées. — Voir, au mot *Militaires*, la 3e colonne de l'état A joint à l'arrêté dont il s'agit.

III. Indications diverses. — 1° *Composition de trains de troupes*. Circ. min. des 9 février 1870 et 14 juillet 1876 (V. *Trains, § 3 bis*). — 2° Logement de troupes dans les bâtiments des gares (V. *Logements*). — 3° Rappel de diverses questions concernant les transports de l'armée. — V. *Transports, § 1 bis*.

TRUCKS.

Désignation explicative. — Les trucks employés sur les ch. de fer sont des espèces de plates-formes adjointes surtout aux trains de voyageurs ou aux trains mixtes, pour le transport des diligences, des voitures de déménagement et des pompes funèbres, des calèches et voitures diverses voyageant à grande vitesse. — On donne aussi quelquefois ce nom aux *lorrys* ou wagonnets poussés à bras d'homme, mis à la disposition des poseurs pour le transport des matériaux des voies.

Prescriptions relatives aux voitures transportées sur trucks. — V. *Voitures*.

TUBES CALORIFÈRES.

Conditions d'emploi et ruptures. — On connaît le rôle que jouent dans les machines locomotives les tubes de fumée ou à air chaud, employés pour augmenter la surface de chauffe des chaudières à vapeur. Ces tubes sont ordinairement en laiton. Leur diamètre extérieur varie de $0^m,043$ à $0^m,050$, et l'épaisseur de leur paroi, de $0^m,002$ à $0^m,0025$.

Leur principal inconvénient est de s'user assez promptement par l'action du feu et d'être ainsi sujets à des ruptures partielles.

L'enquête sur l'expl. (1858) a fait connaître que « lorsqu'un tube vient à crever, ou lorsqu'une fuite se déclare, l'usage général est d'essayer de tamponner le tube crevé ou d'étancher la fuite. Si l'on n'y parvient pas, on jette le feu et on attend du secours. — Quelques comp. pensent que la cause la plus habituelle de la détérioration des tubes est le frottement des escarbilles de coke contre leurs parois et les incrustations qui se forment à l'extérieur. — Les remèdes indiqués contre les incrustations, notamment le tannin, ont été reconnus insuffisants. » — V. Explosions.

Situations à fournir. — « L'attention du ministre a été appelée, à diverses reprises, sur la fréquence des ruptures des tubes calorifères des machines locomotives : ces sortes d'accidents présentent une assez grande importance, au point de vue de la régularité du service des trains et même à celui de la sécurité de l'exploitation, et il pourrait y avoir lieu d'inviter les comp. à prendre des mesures pour améliorer la qualité de l'alliage dont font usage les constructeurs pour l'établ. de ces organes. — Les chefs du contrôle ont été invités, pour mettre le ministre à même d'examiner cette question, à lui fournir annuellement le relevé des ruptures qui se sont manifestées dans les machines mises en circulation sur le réseau de ch. de fer dont le contrôle leur est confié, avec l'indication du parcours desdites machines. » (Circ. min. des 21 juin 1856 et 27 fév. 1857.)

Ce renseignement est ordinairement consigné dans le rapport mensuel de l'ingén. des mines, du mois de décembre de chaque année. — V. *Avaries* et *Rapports*.

TUNNELS.

I. Conditions d'établissement (Art. 6 et 16 du cah. des ch. et applications). — Le mot *Souterrains* étant l'expression officielle employée dans le cah. des ch. (art. 16), c'est à ce mot que nous avons réuni les divers documents concernant le mode de construction, les prix de revient et les autres dispositions de ces ouvrages que l'on désigne de préférence, dans la pratique du service, sous le nom de *tunnels*. — Nous rappellerons seulement ici qu'en exécution de deux circ. min. des 16 mars 1885 et 1er févr. 1886, reproduites au mot *Souterrains*, § 1, les mesures suivantes doivent être prises pour la protection des chantiers de réparation de la voie établis sous les tunnels :

1° Lorsque, dans un tunnel d'une longueur de plus de 300 mètres, s'effectueront des travaux, soit de réfection de la voûte ou des pieds-droits, soit de réfection de la plate-forme, soit de renouvellement de la voie, tous les trains, quels qu'ils soient, *ralentiront* avant d'aborder le chantier et traverseront ce chantier à la vitesse d'un homme au pas;

2° Les lanternes d'avant des trains devront être allumées avant d'entrer sur la partie occupée par les ouvriers;

3° Les agents chargés d'assurer les signaux à la main, en amont et en aval du chantier, devront veiller à l'exécution rigoureuse de ces prescriptions.

Mesures diverses de précaution (prises par applic. de l'art. 29 de l'ordonn. du 15 nov. 1846). — V. *Souterrains*, § 2.

II. Dommages causés par l'établissement des tunnels. — Nous avons résumé au mot *Souterrains*, § 3, diverses décisions judiciaires relatives à des réclamations élevées par les propriétaires intéressés, soit au sujet d'indemnités de terrains, soit en raison de la suppression ou de la modification de sources taries ou déplacées par suite des travaux de percement des tunnels; l'une de ces décisions (arrêt du C. d'État, 11 mai 1883) est relative au drainage des sources opéré par un tunnel de ch. de fer et à l'indemnité accordée à ce sujet aux réclamants qui jouissaient de ces sources pour l'irrigation de leurs propriétés. — Un arrêt analogue a été rendu par le C. d'État, 8 août 1885, au sujet de la diminution du débit d'une fontaine par suite des travaux également exécutés pour le percement d'un tunnel, circonstance qui a motivé l'allocation d'une indemnité au propriétaire de la fontaine en question, après justification de ses droits — V. aussi les mots *Dommages*, §§ 2 et 3, et *Sources*.

TUYAUX.

Conditions de transport. — Voir les mots *Fonte*, *Poterie*, *Tôles*.

Emploi sur les ch. de fer. — Les tuyaux de poterie ou de fonte sont d'un usage assez fréquent sur les ch. de fer soit pour le drainage des talus (V. *Drainage*), soit pour les conduites d'eau ou de gaz nécessaires à l'alimentation ou à l'éclairage des gares.

Les tuyaux *en fonte* des conduites d'eau sont ordin. disposés de manière à fournir 9 litres d'eau par seconde — Leur diamètre est très variable; celui des *tuyaux droits* est de 0^m,081 à 0^m,162 et s'élève de 0^m,12 à 0^{m}21 pour les manchons. — Le diam. des *tuyaux courbes*, au quart de cercle, varie suivant le rayon des courbes entre 0^m,06 et 0^m,162. — Enfin, les *tuyaux coniques* ont le diam. suivant : au petit bout, 0^m,006 à 0^m,135; — au gros bout, 0^m,081 à 0^{m}162. — Longueur des parties cylindriques des extrémités : petit bout, 0^m,08 ; — gros bout, 0^m,11. — Ce dernier système de tuyau sert principalement à raccorder les conduites de dimensions différentes.

Le prix des tuyaux ou conduites d'alimentation de 0^m,054 à 0^m,135 s'est élevé, sur quelques lignes, de 4 fr. à 11 fr. le mètre courant.

Pose des tuyaux. — 1° Conduites établies par les compagnies (V. *Occupation de terrains*, § 1 et *Prises d'eau*) ; — 2° Conduites pratiquées par les riverains (Affaires de grande voirie). — Voir les mots *Conduites*, § 2, et *Gr. voirie*.

TYPES D'OUVRAGES.

Travaux des chemins de fer de l'État. — Recueil de types et de tableaux collectionnés par l'admin. des tr. publ. et envoyés aux services de construction de ch. de fer exécutés par l'État (Circ. min., 28 juin 1879, avec application aux projets des compagnies) (Voir *Projets*, § 2, 4°). — *Nouveaux modèles et instructions diverses.* — 1° Circ. min., tr. publ., 14 mai 1881. — Matériel accessoire de la voie. Formules-types. Envoi des trois formules-types y afférentes (Avant-métré, détail estimatif, devis descriptif) renfermées dans un bordereau. Instructions (*P. mém.*). — 2° Circ. min., id., 16 mai 1881. — Réception et livraison du matériel nécessaire à l'ouverture des voies. Attributions respectives du *service central* du matériel fixe et des *services de construction*. Dispositions (V. *Matériel fixe*, § 2). — 3° Circ. min. des 30 nov. 1880 et 17 mai 1881. — Nouvelle formule-type de devis descriptif (V. *Devis*, § 2). — 4° Circ. min., 6 sept. 1882 (*préparation de projets*) et documents divers. — V. *Superstructure*, § 2.

TYPHUS CONTAGIEUX DU BÉTAIL.

Mesures sanitaires pour le transport des animaux. — Voir aux mots *Désinfection* et *Police sanitaire*, les dispositions ayant pour objet d'empêcher la propagation des maladies contagieuses des bestiaux.

Nota. — « Les commiss. de surv. admin. seront appelés à concourir à l'exécution de ces dispositions et de toutes les mesures de police sanitaire prescrites pour la désinfection immédiate et sur place, dans toutes les gares sans exception, des wagons ayant servi à des transports de bétail. Toute contravention à ce sujet serait constatée par des procès-verbaux transmis, dans la forme en usage, à l'autorité compétente. » (Circ. min., 9 févr. 1872. *Extr.*) — Voir *Désinfection*.

UNIFICATION DE TARIFS.

Questions d'abaissement et d'unification des taxes. — (Mesures déjà recommandées ou étudiées, pour arriver à l'application sur les divers réseaux d'un tarif général *commun*, uniforme, fonctionnant aussi comme tarif général *intérieur*, et pour la réforme des tarifs spéciaux et internationaux). — V. *Réduction de tarifs*, § 2 et *Tarifs*, § 9.

UNIFORME.

I. Personnel de l'État. (Service des chemins de fer). — Un décret du 4 oct. 1852, avait réglé dans les plus grands détails la question du costume des inspecteurs et ingénieurs des p. et ch. et des mines, conducteurs des p. et ch. et gardes-mines, ainsi que des inspecteurs commerciaux et commissaires de surv. admin. attachés au contrôle des ch. de fer ; — Un autre décret du 16 déc. 1854 s'était également occupé de l'uniforme des anciens *inspecteurs généraux des chemins de fer* dont l'institution est aujourd'hui supprimée ou transformée (V. *Inspecteurs*) ; — mais ces divers fonctionnaires, *sauf les commissaires de surveillance*, n'ayant pas affaire au public proprement dit des chemins de fer et ne recevant, du reste, aucune allocation spéciale pour les frais dudit costume, n'en usent guère, lorsqu'ils le possédent, que pour quelques rares cérémonies officielles. — Aussi, nous bornons-nous à donner à ce sujet les détails suivants, sans faire intervenir le costume des p. et ch. ou des mines (1).

Grande tenue des commiss. de surv. admin. (Extr. du décret du 4 oct. 1852). — Habit bleu, collet et parements pareils, broderie en argent, petite baguette au collet et aux parements, branche de laurier sans ruban, de 0^m,16 de longueur, au collet et aux parements ; gilet blanc ; pantalon bleu sans bande ; chapeau avec plumes, ganse de soie noire brochée d'argent ; épée à poignée noire, garde argentée. « Écharpe tricolore avec frange pareille. » — V. *Écharpes*.

Petite tenue. — « Capote de drap bleu, collet et parements pareils ; broderie du grade au collet seulement, avec la baguette pour les inspecteurs principaux, sans baguette pour les autres grades ; casquette de drap bleu, avec cinq galons d'argent pour les inspecteurs principaux et quatre galons pour les inspecteurs particuliers... ; — (3 galons pour les commissaires.)

Obligation de porter l'uniforme. — « La petite tenue sera seule considérée comme strictement obligatoire pour les commiss. de surv. » (Circ. min., 14 déc. 1852, *Extr.*) — « Ils peuvent, toutefois, les jours ordinaires, ne prendre ni l'écharpe ni l'épée, et remplacer le chapeau par la casquette d'uniforme. Les commissaires sont d'autant moins fondés à se dispenser de l'obligation précitée. qu'ils sont les seuls fonctionnaires dépendant du ministère des travaux publics qui soient indemnisés de leurs frais d'uniforme. » (Circ. min., 10 oct. 1860.) — « Dans plusieurs gares de ch. de fer, notamment à Paris, les commissaires ne se conforment pas sur ce point aux ordres de l'administration. Cette infraction à la règle ne saurait être tolérée. Il importe, pour que le public reconnaisse facilement le fonctionnaire qui doit recevoir ses plaintes, et, dans certains cas, lui prêter assistance, que ce fonctionnaire soit revêtu d'un signe distinctif. » (Extr. d'une circ. min , 8 août 1861, invitant les chefs du contrôle à signaler au ministre ceux des commissaires qui ne tiendraient pas compte des recommandations relatives à l'uniforme) (2).

---

(1) Nous rappellerons seulement que le décret précité de 1852, a spéc. fixé pour les ingénieurs, conducteurs et gardes-mines, une petite tenue, composée notamment d'une capote dont le collet présente à peu près les mêmes ornements que celui de l'habit, et d'une casquette ornée de galons d'or dont le nombre différencie les grades (les conducteurs et gardes-mines principaux portent à la casquette un galon d'argent au milieu de deux galons d'or).

(2) L'instruction suivante mentionnée *p. mêm.* avait été donnée par la circ. précitée de 1852, mais non rappelée par celle de 1880, au sujet de l'obl. du costume pour les *insp. comm. du contrôle.* — « Les insp. de l'exploit. commerciale doivent porter l'uniforme de petite tenue dans leurs tournées et dans toutes les autres circonstances où ils peuvent avoir à faire reconnaître officiellement leur qualité... Les insp. princip. et particuliers des ch. de fer devront porter l'uniforme de grande tenue dans les présentations et visites officielles. ainsi que dans les cérémonies publiques auxquelles ils seraient convoqués... » (Circ. min., 14 déc. 1852. *Ext.*)

Allocation d'une indemnité d'uniforme (aux commiss. de surv. admin.). — Aux termes d'une circ. min. du 31 juillet 1855. les commiss. de surveillance administrative recevront, pour leurs frais de costume. une indemnité une fois payée, fixée, savoir : — 1° Pour la petite tenue, à 150 fr. ; — 2° Pour la grande tenue, à 150 fr. — Le payement de cette indemnité sera effectué sur la proposition du contrôle, après que les commissaires seront pourvus de leur uniforme, tel qu'il est réglé par le décret du 4 octobre 1852. — Sur quelques lignes, la plupart des commissaires sont seulement munis de l'uniforme de petite tenue et généralement ils ne portent même que leur casquette, lorsqu'ils sont de service dans les gares; mais ils doivent toujours avoir à leur portée l'écharpe fournie par l'admin. — V. *Écharpes.*

II. Personnel des compagnies. — « Tout agent employé sur les chemins de fer sera revêtu d'un uniforme, ou porteur d'un signe distinctif; les cantonniers, gardes-barrières et surveillants pourront être armés d'un sabre. » (Art. 73, ordonn. du 15 nov. 1846.) — L'admin. supér. n'a pas jugé convenable, d'ailleurs, d'autoriser les compagnies à mettre des armes à feu à la disposition des gardiens de la voie. (Circ. min., 23 sept. 1858. — V. *Armes.*)

Agents en contact avec le public. — « L'art. 73 précité (de l'ordonn. de 1846) porte que tout agent employé sur les chemins de fer sera revêtu d'un uniforme ou porteur d'un signe distinctif; cette disposition pouvant laisser quelque incertitude sur l'étendue de l'obligation qu'il impose, le ministre a fait connaitre que l'admin. n'a entendu parler, dans cet article, que des agents de la compagnie qui, à un titre quelconque, peuvent se trouver de près ou de loin en contact avec le public. » (Circ. min. 31 déc. 1846. *Extr.*)

Entretien de l'uniforme. — Les compagnies sont ordin. dans l'usage de fournir et renouveler à leurs agents l'habillement d'uniforme, moyennant une retenue mensuelle sur les traitements. L'entretien des effets est laissé à la charge des employés.

Agents en régie. — Les agents employés en régie sur les ch. de fer doivent. aussi bien que les employés commissionnés. être porteurs d'un signe distinctif. — Sur la plupart des grandes lignes, l'uniforme des agents en régie se compose : d'un bourgeron en toile, d'un pantalon de treillis écru, d'une ceinture, d'une casquette, et au besoin d'un caban. Ces objets sont fournis par la comp., moyennant des retenues périodiques sur le salaire des agents.

L'art. 8 du régl. sur la police des cours des gares (V. *Cours*) astreint également les conducteurs des voitures publiques à porter un signe distinctif. — Mais cette disposition ne s'étend pas aux conducteurs des voitures à bras. (*Inst. min.*)

III. Port illégal d'uniforme. — « Toute personne qui aura publiquement porté un costume, un uniforme ou une décoration qui ne lui appartenait pas, sera punie d'un emprisonn. de six mois à deux ans. » (*Art.* 259 *du C. pénal.*) « Un chef de train, révoqué de ses fonctions, qui continue de porter l'uniforme de la comp., commet le délit prévu et puni par l'art. 259 du C. pénal. » (T. corr., Schlestadt, 18 nov. 1856.)

IV. Dispositions particulières. — 1° Indications relatives aux *insignes* des maires, adjoints, magistrats, officiers de police et fonctionnaires divers, lorsqu'ils ont à circuler et à faire des constatations sur le ch. de fer (Voir *Libre circulation*, § 7.) — 2° Places à occuper par les militaires (suivant qu'ils sont ou qu'ils ne sont pas en uniforme.) — V. *Militaires,* § 3, 9°.

URINOIRS.

Conditions d'installation et d'entretien (dans les gares). (V. *Lieux d'aisance*). — *Nota.* — Des inscriptions bien apparentes doivent indiquer l'emplacement des urinoirs et des cabinets d'aisance installés dans les gares et stations. (*Instr. spéc.*)

USINES.

I. Dommages causés aux usines par les travaux de chemins de fer. (Art. 21 du cah. des ch. *Extr.*) — « Les indemnités pour occupation temporaire ou pour détériora-

tion de terrains, pour *chômage, modification* ou *destruction d'usines*, et pour tous dommages quelconques résultant des travaux, seront supportées et payées par la compagnie. »
— Comme on le sait très bien, les chemins de fer, au lieu d'être dommageables pour les usines leur sont au contraire d'une grande utilité, surtout au point de vue des transports des produits qu'elles expédient ou qu'elles reçoivent. — Mais dans quelques cas particuliers se rapportant soit à la modification même des cours d'eau, par suite des travaux du ch. de fer, soit à la difficulté qu'éprouvent quelquefois les compagnies d'assurer leur alimentation d'eau sans réduire d'autant les ressources hydrauliques des industries voisines, des questions litigieuses surgissent naturellement au sujet des ces intérêts distincts et nous en avons résumé plusieurs exemples aux mots *Cours d'eau, Navigation* et *Prises d'eau*. — Nous allons compléter ces divers documents par d'autres indications se rapportant spéc. aux atteintes portées directement aux usines.

Compétence pour l'appréciation des dommages (causés aux usines): 1° Usage *non autorisé* des eaux, ou discussions sur les *conditions de temps et de quantité* fixées par l'arrêté d'autorisation, etc. (Voir au sujet de la compétence attribuée dans ces cas à l'autorité judiciaire le mot *Prises d'eau*, § 4); — 2° Compétence attribuée à l'*autorité administrative* pour l'appréciation des dommages qui ont pu être le résultat des travaux *régulièrement autorisés* et exécutés dans les conditions de ces autorisations, en ce qui touche notamment le règlement de l'indemnité qui peut être due à l'usinier inférieur dont la prise d'eau diminue la force motrice. (Trib. des conflits, 13 mars 1875 et 19 juil. 1881) (V. *Cours d'eau*, §§ 1 et 3, et *Prises d'eau*, § 4): — 3° Prise d'eau *dans un canal non navigable faisant mouvoir une usine louée à un tiers*. — « Dans le cas où le *locataire* d'une usine a fait assigner devant le tribunal civil, le *propriétaire* de cette usine pour s'entendre condamner à faire supprimer une prise d'eau pratiquée par une comp. de ch. de fer pour l'alimentation de ses locomotives dans le cours d'eau non navigable faisant mouvoir l'usine, c'est au conseil de préfecture et non à l'autorité judiciaire, qu'il appartient de statuer sur le recours en garantie formé par le *propriétaire* contre la comp. de ch. de fer, alors du moins que les ouvrages érigés par elle constituent une dépendance d'une de ses gares. » (Trib. des Conflits, 16 juill. 1881) ; — 4° *Légalité de l'arrêté préfectoral d'autorisation*.) — « Le ministre des tr. publ. agit dans les limites de ses pouvoirs en annulant un arrêté du préfet portant règlement nouveau d'une usine, par le motif qu'il ne s'est pas conformé aux circ. ministérielles sur la matière. — Les décisions administratives ne font pas obstacle à ce que les intéressés fassent valoir, devant les trib. civils, les droits qu'ils prétendent résulter pour eux, soit de leurs titres, soit de leur ancienne possession (C. d'État, 18 juin 1868). — 5° *Dommages pouvant donner matière à indemnité* (Suppression d'un chemin d'accès). — La suppression *des accès* d'une usine, pendant l'établ. d'une gare, constitue un préjudice de nature à donner, au profit de l'usinier, ouverture à un droit à indemnité ; — mais il n'en est pas de même d'une légère modification apportée à l'assiette du chemin d'accès à ladite usine. (C. d'État, 13 juin 1873.) — *Modification d'une berge de ruisseau affectée au service d'une usine*. — « Une berge de ruisseau appartenant à une ville, a été expropriée au profit d'une comp. de ch. de fer. Le dépôt des vases qui provenaient du curage de ce ruisseau n'ayant lieu antérieurement que par une tolérance de la ville, un usinier riverain, privé de ladite berge par les travaux de construction d'un pont du chemin de fer, n'a droit de ce chef à aucune indemnité. » (C. d'État, 4 juillet 1873.) — 6° *Dommages compensés par la plus-value de l'usine*. — « Dans le cas où les travaux de construction d'un ch. de fer ont causé un dommage à une usine, l'établ. d'une gare à trois kilom. de cette usine ne constitue pas, pour cette dernière, une plus-value spéciale devant entrer en compensation, jusqu'à due concurrence, avec l'importance de l'indemnité. » (C. d'État, 14 nov. 1879.)

II. Questions et formalités diverses.

II. Questions et formalités diverses. — 1° Usines considérées comme établissements insalubres ou dangereux (V. *Établissements*). — 2° Embranchements de mines ou d'usines (V. *Embranchements*). — 3° Usage de machines à vapeur (V. *Machines*). — 4° Transport de produits d'usines. — V. *Fers, Fontes, Marchandises, Minerais, Mines* et *Tarifs*.

USUFRUIT.

Droit des compagnies (sur le sol des ch. de fer). — Ainsi que nous l'avons dit au mot *Emprunts* (financiers), les comp. de ch. de fer ne sont pas propriétaires des terrains de la voie ferrée ; elles ne sont que concessionnaires avec jouissance à temps, c'est-à-dire usufruitières, jusqu'au moment où elles doivent remettre à l'État en vertu de l'art. 36 du cah. des ch. l'ensemble du ch. de fer, *avec toutes ses dépendances*. — En ce qui concerne les terrains achetés à ses frais, la compagnie a seulement droit au prix de la revente des parcelles restées sans emploi, sauf à donner à ce sujet les justifications nécessaires. — V. *Justifications*, *Rétrocessions* et *Terrains*.

Questions de droit commun. — V. le titre III du C. civil.

USURPATIONS.

Anticipation de terrains. (V. le mot *Anticipations*.) — V. aussi le mot *Terrains* au sujet des *parcelles situées hors clôtures et non bornées*.

Parcelles situées en dedans des clôtures. — « Une clôture a été établie en exécution des lois et régl. sur les ch. de fer, pour déterminer les lim tes de la voie ferrée et de ses dépendances ; le terrain, sis à l'intérieur de la clôture, doit être considéré comme dépendant de la grande voirie. — En détruisant ladite clôture et en occupant le dit terrain, les s^rs Duluat et Ce ont commis une contrav. aux régl. sur la gr. voirie, et c'est avec raison que le C. de préf. les a condamnés à l'amende, à la restitution du terrain, à la réparation des dommages et aux frais. » (C. d'État, 7 août 1874.)

UTILITÉ PUBLIQUE.

I. Établissement des voies. — La déclaration authentique d'*utilité publique* est le caractère conféré aux grands travaux de routes, canaux, chemins de fer, etc., par des lois et décrets spéciaux, dans le but principal de motiver, lorsqu'il y a lieu, l'*expropriation* et la prise de possession, par l'État ou les compagnies, des terrains particuliers ou domaniaux affectés à l'exécution des travaux approuvés. (Voir, 1° au mot *Autorisations* la loi générale du 27 juillet 1870 et ses applications ; — 2° au mot *Expropriation* les formalités à remplir aux termes de l'art. 22 du cah. des ch. général et de la loi du 3 mai 1841 ; — 3° les indications diverses données aux mots *Enquêtes* et *Projets*.)

Chemins industriels. (P. mém.). — Voir le mot *Mines*, § 3.

Chemins de fer d'intérêt local et tramways. — Formalités d'approbation : 1° Loi du 11 juin 1880 (V. *Chemin de fer d'intérêt local*) ; — 2° Décret du 18 mai 1881 portant régl. d'admin. publique (formalités d'enquête) (V. *Enquêtes*, § 1 bis) ; — 3° Circ. min. du 10 juillet 1882, au sujet de l'entente préalable avec l'admin. des postes et télégraphes (V. *Conférences*, § 2 bis) ; — 4° Circ. min., 11 août 1882, relative aux dossiers à envoyer préalablement à l'admin. des travaux publics. — V. *Enquêtes*, § 1 bis, note.

Agrandissements. — Lorsqu'il s'agit de procéder à des acquisitions ou exprop. compl. de terrains pour l'établ. de nouvelles voies de service, l'agrandissem. des gares et autres travaux nécessités par l'extension du trafic des ch. de fer, il est d'usage, notamment lorsque la totalité des terrains n'a pu être acquise à l'amiable, de renouveler les formalités accomplies à l'occasion du premier établ. de la ligne. Dans le cas où les terrains nécessaires pour l'agrandiss. des gares de ch. de fer ou de leurs dépendances sont acquis *amiablement* par les comp., la déclaration d'utilité publique n'est pas obligatoire, mais il est d'usage de soumettre aux préfets les propositions nécessaires pour faire prononcer l'*incorporation* des nouveaux terrains au domaine du ch. de fer.

Ouverture de nouvelles gares. — « La déclaration d'utilité publique de l'établ. de nouvelles gares, la détermination de leur emplacement, etc., sont des mesures de pure administration, prises par l'autorité compétente, dans la limite des pouvoirs qui lui ont été attribués par les régl. sur la matière, qui ne font pas obstacle à ce qu'une comp. porte devant le C. de préfecture toutes les réclamations fondées sur des droits qu'elle prétendrait résulter de l'acte de concession. (C. d'État, 31 mai 1848.)

Nouvelle clause relative au matériel fixe et roulant (insérée dans les lois déclarant l'utilité publique de divers chemins d'intérêt général et d'intérêt local, autorisés en France et en Algérie). — *Extr. des lois des 22, 27 et 31 juill. 1886 et du 28 août 1886.* — « Art .... Le matériel fixe et roulant destiné à la construction et à l'entretien (de la ligne autorisée) sera d'origine exclusivement française. »

II. Conservation du chemin de fer. — Indépendamment des formalités à remplir pour l'acquisition ou l'expropr. des terrains ayant servi à l'établ. ou à l'agrandissement des ch. de fer et de leurs dépendances, la loi a prévu les cas où le principe attaché à la déclaration d'utilité publique serait applicable, dans l'intérêt de la conservation des voies, à la démolition ou à la suppression des bâtiments, constructions, dépôts, plantations, excavations, couvertures en chaume. etc., qui avoisinent le ch. de fer de trop près. On doit se reporter à cet égard : 1° pour les bâtiments *menaçant ruine*, à la loi du 15 juillet 1845 (V. *Bâtiments*); 2° pour les constructions diverses, dépôts, etc., à la même loi de 1845, art. 10 (V. *Couvertures en chaume*). Seulement, ce n'est plus au nom de l'utilité publique, mais à celui de la *sûreté publique*, que l'admin. use ainsi, moyennant une juste indemnité, du droit dont elle est investie.

VACHES ET VEAUX.

Conditions de transport. — 1° Tarif général (V. *Animaux*). — 2° Tarifs divers (V. *Wagon complet*). — 3° Mode d'expédition. — V. *Bestiaux* et *Soins de route*.
Introduction d'animaux sur la voie ferrée. — V. *Bestiaux* et *Pacage*.

VAGABONDS.

Voyageurs sans billet ni argent. — Les voyageurs trouvés dans les trains sans billet ni argent et ne pouvant justifier de leur identité sont soumis aux mesures indiquées à l'art. *Voyageurs*, § 9 (V. aussi au C. pénal, art. 269 et suivants, les prescriptions de droit commun relatives aux individus en état de vagabondage.
Police des cours des gares (Mendicité, etc.). — V. *Cours*.

VAGON. — WAGON.

Renseignements divers. — Voir *Wagon*, à la fin de la lettre V.

VALEURS ET TITRES.

I. Émission de valeurs mobilières et formalités diverses. — Voir *Actions, Obligations, Impôt, Timbre* et *Titres*.)
Droits de succession. — On a vu au mot *Actions*, § 2, qu'afin de ne pas apporter des entraves à la négociation des titres au porteur échus dans un lot d'héritage, les notaires ou autres officiers ministériels ont été autorisés à ne coter ni parapher ces titres. — Cependant l'on rencontre encore souvent parmi les *valeurs* inventoriées dans les successions, des titres au porteur cotés ou paraphés, et les compagnies font, naturellement des difficultés quand il s'agit d'en payer les coupons, d'en rembourser le capital, etc. Le trib. civil de la Seine a rappelé les principes dans un jugement qui tient pour nuls et non avenus les cotes ou paraphes inscrits sur des titres au porteur (19 mars 1879). — *Consignations judiciaires.* — Loi du 28 juillet 1875 (V. *Consignations*). — 5° Négociation ou conversion de valeurs mobilières, appartenant aux *mineurs et interdits* (Loi du 27 fév. 1880). — *P. mém.* — Voir aussi *Impôt*, § 3, 6°.
Transferts et délais de mutation. — Voir *Actions*, § 2 et *Titres*.

II. Transport de valeurs. — 1° Finances renfermées dans les bagages (V. *Bagages*, § 8). — 2° Valeurs déclarées, billets de banque, valeurs gardées par les voyageurs, retours d'argent, etc. (Voir au mot *Finances*). — V. aussi les indications ci-après :

Irrégularités dans le transport des valeurs (Responsabilité). — *Perte d'un colis* (limite du taux de remboursement). — « Lorsque la valeur d'une marchandise susceptible ou non d'être taxée *ad valorem*, est déclarée dans la note d'expédition remise à une comp. de ch. de fer, celle-ci ne peut, en cas de perte du colis, être condamnée envers l'expéditeur ou le destinataire, à titre de remboursement du prix de la chose perdue, au payement d'une indemnité supérieure à la valeur indiquée dans la déclaration. » (C. C., 14 mars 1883.) — *Soustraction en cours de route* (Affaire Giruit, contre la comp. P.-L.-M.). — « Du moment où une comp. de ch. de fer n'use pas de son droit de vérification, la déclaration de l'expéditeur d'une boîte de valeurs est, par cela même, acceptée par ladite compagnie et c'est à tort qu'elle prétend imposer, au cas de contestation ultérieure sur le contenu de cette boîte, une preuve qu'elle pouvait avoir irrécusable et qu'il est devenu impossible à l'expéditeur de fournir complètement satisfaisante. — En conséquence, condamnation de la compagnie au payement à l'expéditeur de la somme par lui déclarée et non remise au destinataire de la boîte litigieuse, avec les intérêts de droit pour tous domm.-intér. (C. d'appel Paris, 20 juill. 1883) et confirmation par la C. de C. (11 août 1884), dans les termes suivants (*Extr.*). — « Une boîte ficelée et cachetée, d'un contenu dont la valeur était déclarée de 7,500 fr. et dont le poids était de 490 grammes, est remise au destinataire avec un poids de 480 grammes seulement et un contenu de cailloux. — Cette diminution de poids, qui tend à faire présumer une manipulation frauduleuse de ladite boîte entre la réception et la remise par la compagnie, engage sa responsabilité. » (C. C., 11 août 1884.) — *Substitution de destinataire* (Escroquerie). — « Une comp. de ch. de fer, qui, sans prendre toutes mesures pour constater l'identité du destinataire d'un paquet de valeurs importantes, le remet à un autre se présentant comme tel, est responsable de l'escroquerie commise par cet individu au préjudice du véritable destinataire. » (Jugem. du tr. civil de Bordeaux, 28 fév. 1883, infirmé par un arrêt de la C. d'appel de Bordeaux, 4 fév. 1884, d'après lequel arrêt, la comp. ne serait pas responsable, « l'escroc étant porteur de documents propres à faire supposer qu'il était réellement ce destinataire. »

Revendication de titres et valeurs (en cas de perte accidentelle, dépossession, incendie, etc.). — Loi 15 juin 1872. — Voir *Titres*.

VAPEUR.

Indications relatives aux appareils à vapeur. — Voir *Chaudières, Explosions, Locomotives, Machines, Manomètres, Soupapes, Tubes-calorifères..*

Données usuelles : — 1° La mesure de force de la vapeur désignée sous le nom d'*atmosphère* correspond à la pression atmosphérique indiquée par les baromètres; elle est égale à 1 kil 033 par centimètre carré de surface et fait équilibre à une colonne de mercure de $0^m,76$ de hauteur; — 2° *Calorie*. — Unité de chaleur nécessaire pour élever de 1° la température de 1 kilog. d'eau; — 3° *Cheval-vapeur*. — Force capable d'élever un poids de 75 kilog. à 1^m de hauteur, dans une seconde de temps (ou récipr. d'élever en une seconde un poids de 1 kilog. à 75^m de hauteur). Le travail produit dans l'un et l'autre cas est de 75 kilogrammètres; — 4° *Kilogrammètre*. — Force ou travail nécessaire pour élever le poids de 1 kilog. à 1^m de hauteur dans l'espace d'une seconde. (Les praticiens désignent aussi par ce mot le même travail, sans tenir compte du temps employé); — 5° *Poids spécifique* des diverses matières (V. *Poids*) ; — 6° Chiffres pratiques de consommation de matières et de vaporisation d'eau. — L'eau vaporisée à 100° produit 1700 fois environ son volume. — V. pour divers détails l'art. *Alimentation*, § 3.

Emploi de la contre-vapeur pour l'arrêt des trains. — Voir les mots *Arrêt des trains*, § 3, *Contre-vapeur*, et *Freins*, § 2 bis, 4°.

VEAUX ET VACHES.

Conditions de transport. — V. *Animaux, Bestiaux* et *Soins de route*.
Introduction sur la voie ferrée. — Voir *Bestiaux*, § 4, et *Pacage*.

VENT. — ORAGES. — OURAGANS.

Mesures de précaution (en temps d'orage). — V. *Ouragans*.

Indépendamment des prescriptions spéciales usitées dans certaines régions où sévissent périodiquement des *ouragans* les mesures suivantes, qui diffèrent peu sur les divers réseaux, doivent être rigoureusement observées pour éviter que, soit par l'action du vent, soit pour toute autre cause, des wagons *garés* ne s'échappent sur les voies de circulation. « Toutes les fois qu'un ou plusieurs véhicules sont abandonnés sur une voie de garage les freins sont serrés, les véhicules sont enrayés et les arrêts mobiles sont fermés. » (*Instr. spéc.*)

Indications diverses. — V. *Arrêts mobiles, Embarrage, Enrayage, Ouragans.*

VENTE.

I. **Objets vendus dans les gares.** — Applic. de l'art. 70 de l'ordonn. du 15 nov. 1846. V. *Bazars, Buffets, Bibliothèques, Industries, Journaux* et *Librairie.*

Formalités à remplir pour la vente d'objets dans les gares. — « Les règles à suivre, lorsqu'il s'agit d'autoriser l'exercice d'une industrie dans une gare, peuvent se résumer ainsi : L'initiative de la demande appartient à la compagnie. Le service du contrôle est ensuite appelé à donner son avis. — Enfin le préfet accorde, par un arrêté, s'il le juge à propos l'autorisation nécessaire (V. *Industries*, circ. min., 24 juin 1874. — V. spéc. au mot *Buffets*, les circ. min. des 16 août 1861 et 29 juillet 1863, qui, à l'occasion de *vente de livres dans les gares*, ont été confirmées par la circ. min. ci-après, du 24 mai 1884.

Circ. min.. 24 mai 1884, adressée par le min. des tr. publ. aux préfets. — « Monsieur le préfet, en présence des termes de l'art. 18 de la loi du 29 juillet 1881, sur la presse, qui établit la liberté du colportage, en soumettant ceux qui s'y livrent à la simple formalité d'une *déclaration* à la préfecture, des doutes se sont élevés dans l'esprit de quelques-uns de vos collègues, sur la question de savoir si l'art. 70 de l'ordonn. du 15 nov. 1846 qui subordonne l'exercice d'une industrie quelconque, dans une gare de ch. de fer, à *l'autorisation* spéciale du préfet du dép., était toujours en vigueur et ne se trouvait pas implicitement abrogé par ladite loi. — Après m'être concerté avec M. le min. de l'intérieur, je crois devoir vous fixer sur ce point.

L'art. 70 du règl. d'admin. publ. du 15 nov. 1846, sur la police, la sûreté et l'expl. des ch. de fer, appartient à une législation spéciale qui concerne ces voies de communication, et une loi sur la presse n'a pu, en aucune façon, l'abroger implicitement.

Il n'y a, en effet, aucune relation à établir entre la déclaration nécessaire pour faire du colportage et vendre des livres sur la voie publique — et l'autorisation dont il faut être muni pour avoir, à tout instant, l'accès des dépendances intérieures d'une gare et des quais d'embarquement des voyageurs, en vue d'exercer une industrie dans des lieux où il est en principe défendu de pénétrer (art. 61 de ce même règlement).

L'art. 70 précité a eu tout spécialement pour objet de donner aux préfets les pouvoirs de police nécessaires pour assurer, de concert avec les compagnies et les fonctionnaires du contrôle, le bon ordre dans les gares et prévenir les encombrements qui pourraient résulter, — au détriment de la sécurité publique, — du grand nombre d'individus qui viendraient exercer une industrie dans l'enceinte du chemin de fer.

C'est donc là une disposition conçue uniquement dans un but de protection, et l'on ne saurait y voir un moyen, pour l'administration, d'accorder à une catégorie de personnes des faveurs qu'elle refuserait à d'autres.

Telle a, d'ailleurs, été de tout temps la doctrine de mon département. Vous n'avez à cet égard qu'à vous reporter aux circulaires ministérielles des 16 août 1861 et 29 juillet 1863, où il est dit que l'admin. des tr. publ. n'a pas à s'immiscer dans les questions générales de concurrence ou de monopole qui pourraient être soulevées, et que le but de l'autori-ation préfectorale est, avant tout, de s'assurer que l'industrie qu'il s'agit d'autoriser « n'est pas de nature à apporter quelque trouble ou quelque entrave dans le service de l'exploitation. »

La situation est absolument la même aujourd'hui.

Vous devrez, en conséquence, monsieur le préfet, dans les affaires de cette nature, continuer à communiquer, pour instruction, au service du contrôle les demandes dont vous serez saisi et délivrer, s'il y a lieu, les autorisations comme par le passé. — Je vous prie, etc... »

Vente de billets d'aller et retour. — Voir au mot *Billets*, § 5, plusieurs décisions judiciaires au sujet du trafic illicite des billets d'aller et retour. — De nouveaux jugements condamnant les délinquants à l'amende et dans l'un des cas à des dommages-intérêts, ont été rendus le 10 nov. 1886 par le trib. corr. de Pont-Lévêque, et le 27 nov. 1886, par le trib. corr. du Havre.

I *bis.* **Ventes faites pour le compte des compagnies.** — 1º Vente d'aliments aux ouvriers. — « Une comp. de ch. de fer (la comp. d'Orléans, dans l'espèce) a le droit de vendre des denrées alimentaires, effets de ménage et d'habillement nécessaires à ses employés et ouvriers ». (Tr. comm. Seine, 30 déc. 1863). — 2º *Vente de déchets de houille.* — Un arrêt de la C. de C. du 6 avril 1864 a admis le pourvoi d'une comp. contre l'arrêt de la C. de Paris, 17 janv. 1863, qui lui interdit la vente des déchets provenant des approvisionnements de houille nécessaires pour l'alimentation de ses locomotives.

Concurrence au commerce libre. — « Les étrangers ont, comme les nationaux, le droit d'invoquer les dispositions insérées dans les cah. des ch. des comp. de ch. de fer, à l'effet de protéger le commerce. Une comp. de ch. de fer, qui achète, dans un but de spéculation, des quantités considérables de charbon pour les revendre, par l'entremise d'un commissionnaire, à des acheteurs déterminés, sur le parcours de sa ligne, contrevient aux dispositions du cah. des ch., s'il résulte des faits constatés que la revente a lieu avec des réductions de prix sur le tarif ordinaire des transports, de manière à faire ainsi une concurrence nuisible au commerce libre. Il en est ainsi alors même qu'une grande partie des charbons achetés par la comp. servirait au chauffage de ses machines, et qu'elle ne revendrait que ceux impropres à son service. En conséquence, l'action en domm.-intérêts dirigée dans ce cas par des tiers qui ont souffert un préjudice de cette concession est recevable, aux termes des art. 48 du cah. des ch. et 1382 du C. civil. — L'arrêt qui, dans ces circonstances, fait défense à la comp. de continuer ce commerce, ne prononce pas par voie de disposition générale et réglementaire. » (C. cass., 5 juillet 1863. — Chambre civile.)

II. Vente de marchandises en cas de refus ou de contestation (Applic. du droit commun et notamment de l'art. 2102, C. civil, et des art. 103 et suiv., C. de comm.). — Les formalités prescrites à cet égard, notamment par l'art. 106 du C. de comm. sont les suivantes : « *Art.* 106. — En cas de refus ou de contestation pour la réception des objets transportés, leur état est vérifié et constaté par des experts nommés par le président du trib. de comm., ou à son défaut, par le juge de paix, et par ordonn. au pied d'une requête. Le dépôt ou séquestre, et ensuite le transport dans un dépôt public, peut en être ordonné. — La vente peut en être ordonnée en faveur du voiturier, jusqu'à concurrence du prix de la voiture. ». — Voici maintenant quelques extraits de la jurisprudence établie au sujet de l'application des dispositions dont il s'agit à différentes affaires du service des chemins de fer.

Formalités et légalité des ventes de marchandises (simplification des formalités, etc.). — 1º Dépôt ou mise en séquestre de marchandises refusées (V. *Entrepôt* et *Laissé pour compte.*) — 2º Formalités de vente. — D'après le principe général « si un destinataire de colis est impuissant à se libérer du prix de transport et des déboursés, la compagnie se pourvoit auprès du président du tribunal, pour obtenir une autorisation de vendre lesdits colis, afin d'assurer le privilège attribué au voiturier par le § 6 de l'art. 2102 du Code civil. » (C. Paris, 8 mai 1857.) — Mais il n'est pas nécessaire, pour la validité d'une vente de marchandises faite conf. à l'art. 106 du C. de comm., de mettre en demeure l'expéditeur ni de lui signifier l'ordonnance du juge. — (C. Montpellier, 30 juin 1871). — La C. de C. semble même aller plus loin, en admettant comme valables des ventes faites *sans aucune autorisation* dans des circonstances que nous ne pouvons que résumer brièvement ci-après.

Vente d'un panier de beurre refusé par le destinataire (pour cause de retard). — Condamnation de la comp. par le motif que cette compagnie avait fait vendre le beurre refusé, sans aucune espèce d'autorisation, et ainsi engage sa responsabilité. (Tr. de comm. d'Argentan, 7 nov. 1883.) — Cassation dudit jugement « par la raison qu'il ne constate pas qu'il soit résulté pour l'expéditeur un dommage quelconque de la vente dont s'agit et constate uniquement que la comp. a disposé de la marchandise en la faisant vendre, sans aucune autorisation; qu'il n'établit nullement que le dommage résultant de la différence entre les prix de facture et de vente ait eu pour cause l'inobservation des formalités prescrites par l'art. 106 du C. de comm. » (C. C., 10 mai 1886.)

Vins vendus après saisie-arrêt (pratiquée entre les mains de la comp. par un créancier du destinataire). — Condamnation de ladite comp. au payement à l'expéditeur, le s^r Bruel, de la valeur d-sdites marchandises, — par le motif qu'elle en avait fait sa chose propre, en les faisant vendre sans remplir aucune formalité judiciaire. (Jugem. du tr. de comm. de Narbonne, 31 mai 1884, d'après lequel « s'il est vrai que la saisie-arrêt ait arrêté les marchandises dans es magasins de la comp. jusqu'à ce que l'instance relative à cette saisie-arrêt ait été vidée, néanmoins en faisant vendre cette marchandise, sans remplir aucune formalité judiciaire, la comp. a fait du vin sa chose propre et qu'elle doit, par suite, être tenue d'en payer le prix au s^r Bruel.) » — Cassation du jugement qui précède, « par le motif qu'il ne précisait pas quels actes de procédure ladite compagnie aurait négligé d'accomplir et ne constatait d'aucune façon en quoi la vente des marchandises aurait été préjudiciable à l'expéditeur. » (C. C., 26 janvier 1887.)

Marchandises sujettes à détérioration. — La première au moins des deux affaires ci-dessus rappelées (*Vente d'un panier de beurre*) peut se rattacher aux questions de vente de marchandises pour lesquelles il peut être dangereux, dans l'intérêt de leur conservation, d'attendre les longueurs des formalités judiciaires. — Nous ne pouvons que renvoyer à ce sujet au mot *Abandon*, fin du § 2 (Voir aussi l'extr. ci-après d'un arrêt de la C. de C. relatif à une vente de *pommes de terres* faite sans autorisation préalable, mais dont le destinataire n'a pu s'en prendre qu'à lui-même de la *dépréciation* de la marchandise.

Pommes de terre laissées en souffrance dans la gare (par le destinataire lui-même qui nonobstant un double avis relatif auxdites pommes de terre livrables en gare, a retardé d'en prendre livraison, malgré un froid rigoureux qui pouvait altérer sérieusement la marchandise dont il s'agit.) — Bien que l'intéressé ait reçu tous les avertissements nécessaires et ait eu le tort de laisser la marchandise en souffrance, à une époque où la rigueur de la température pouvait altérer sérieusement cette marchandise, le tribunal a admis que cette situation n'autorisait pas la comp. du Nord à se passer de l'autorisation exigée par l'art. 106 du code de comm., et l'a condamnée à payer au réclamant la valeur de la marchandise. — Mais la C. de C. en a décidé autrement par un arrêt du 16 nov. 1881, ainsi résumé : — « *Dans l'espèce*, il n'est pas constaté qu'il soit résulté, pour le destinataire, un dommage quelconque de la vente faite par la compagnie ; il est déclaré, au contraire, qu'il a eu le tort de laisser sa marchandise en souffrance, à une époque où la rigueur de la température pouvait l'altérer sérieusement. Ladite compagnie pouvait donc se passer de l'autorisation exigée par l'art. 106 du code de comm. »

Intervention du commiss. de surv. admin. (pour la *vente d'objets sujets à une prompte détérioration*). — Une dép. min. spéc. du 12 juin 1862, citée au mot *Magasinage*, § 10, a rappelé que les réclamations ayant pour objet la vente dans les gares d'objets susceptibles d'une prompte détérioration étaient soumises au droit commun. — A ce sujet un jugem. du tr. de comm. de la Seine, 1er août 1860, a considéré comme légal l'usage suivi sur quelques lignes de procéder d'urgence, sur l'autorisation du *commiss. de surv. admin.*, et sans autre formalité de justice, à la vente d'une marchandise refusée (ou non réclamée en temps utile), qui ne peut se conserver dans la gare ; mais, d'après diverses instr. spéc., nous pensons que les commissaires de surv. doivent s'abstenir d'*ordonner* la vente des objets dont il s'agit, et se borner à procéder aux constatations *matérielles* qui leur seraient demandées, relativement à l'état de ces objets. — Voir le mot *Abandon*, fin du § 2.

Marchandises vendues en temps de guerre. — Force majeure. — V *Guerre*, § 3.

Formalités et indications diverses. — V. *Constatations, Fourrière* et *Vérification*.

III. **Aliénations immobilières**. — 1° Aliénation ou vente de lignes de ch. de fer (V. *Concessions, Rachat* et *Rétrocession*). — 2° Vente de parcelles de terrains restées sans emploi. — V. *Domaines* et *Terrains*.

VERGLAS.

Mesures de précaution. — Indépendamment des prescriptions spéciales en vigueur en temps de *neige* (V. ce mot), la sécurité exige absolument que les agents chargés du nettoyage et du dégagement des voies, aient le soin d'enlever le verglas adhérent aux aiguilles des changements et des croisements de voies, aux rails et aux appareils divers. — V. *Aiguilles*, § 3, et *Surveillance*.

VÉRIFICATION.

I. **Examen de projets de travaux et d'ordres de service divers**. — Voir *Études, Ordres de service, Projets, Propositions, Règlements, Tarifs*, § 7 et *Trains*.

II. Visite du matériel. — 1° Applic. de l'art. 32 du cah. des ch. et de l'art. 16 de l'ordonn. du 15 nov. 1846 (V. *Matériel*, § 2 et *Visiteurs*). — 2° Réception du matériel (français ou étranger) V. *Réception*. — 3° Indications relatives au matériel de la voie. — V. *Matériel fixe*.

III. Vérification des colis. — 1° Visites de l'octroi et de la douane (V. *Alcools, Boissons, Douane* et *Octroi*). — 2° Reconnaissance de la marchandise au départ. — Droit de la compagnie (V. *Déclarations*, § 3 et *Reconnaissance*). — « Ce droit est le corollaire des tarifs, mais il ne doit pas dégénérer en vexation. » (Tr. comm. Seine, 8 mars 1853 ; C. Paris, 10 et 16 août 1853, etc.). — Dans la pratique, et sauf les divers cas où l'emballage et le conditionnement laissent à désirer (V. *Marchandises*, § 5), ou à moins de suspicion de fraude (V. *Déclarations*, § 3), ou de transport de matières dangereuses (V. *Dynamite*, § 5, *Poudres* et *Matières*), il serait presque impossible aux compagnies d'exiger que le *contenu tout entier* des colis, ballots et caisses passe sous les yeux de ses visiteurs. De là, est résultée, dans la réception des marchandises, *sans vérification détaillée*, une tolérance nécessaire, qui est contrebalancée, il faut le dire, par la rigueur de la loi en cas de *fausse déclaration* (V. *Déclarations*, § 3). — D'ailleurs, il est admis, dans la généralité des cas et jusqu'à preuve du contraire, que les marchandises expédiées, du moins dans les conditions de loyauté commerciale, sont présentées aux ch. de fer en bon état et sous leur vrai nom. — 3° *Vérification des marchandises* (en cas d'avaries de route, de manquants, etc.). — La constatation de l'état ou du contenu des colis, en cours de route, ou à l'arrivée au moment de la livraison (*en cas de suspicion d'avaries, de détournements*, etc.) étant l'un des détails du service commercial des ch. de fer qui a soulevé le plus de difficultés, nous croyons utile de mentionner ci-après quelques-unes des nombreuses décisions judiciaires intervenues sur la matière.

Vérifications de route. — *En cours de transport*, il peut survenir des dégâts ou des dépréciations, et c'est ici que les constatations acquièrent une importance réelle. — Néanmoins, lorsque les marchandises empruntent deux ou plusieurs réseaux, la vérification d'ensemble, à chaque gare de jonction, a lieu ordinairement *sans ouvrir les colis*. — Un règlement intérieur arrêté entre les grandes compagnies françaises et auquel ont adhéré quelques compagnies étrangères, détermine du reste la manière de constater les avaries extérieures ou *présumées* des colis, et la part de responsabilité qui incombe à chacune des compagnies ayant coopéré au transport. — Seulement le public reste généralement étranger à ces constatations. — V. à titre de renseignement, les mots *Constatations, Litiges, Règles à suivre, Service commun, Transmission* et *Transports*.

Vérification des colis à l'arrivée (Application de l'art. 105 du C. de comm. (action éteinte contre le voiturier après réception des objets transportés et payement du prix de la voiture) et de l'art. 106 du même code (Formalités judiciaires de vérification et de vente éventuelle des colis). — *Droit du destinataire* (au sujet de la *vérification à l'arrivée*). — « Une comp. de ch. de fer ne peut ni refuser au destinataire la vérification, avant réception et payement, de l'état intérieur des colis, ni exiger que, si cette vérification amiable est réclamée, il y soit procédé par experts, dans les formes prescrites par l'art. 106 du C. de comm. » (C. C., 16 janv., 26 juin et 14 août 1861.) — *Facilités à donner pour la vérification*. — « Il est indispensable que les entreprises de ch. de fer fournissent aux destinataires des objets transportés toutes les facilités nécessaires pour rendre possible et utile, s'ils jugent à propos de la faire, la vérification, tant extérieure qu'intérieure, des colis avant la réception, — cette faculté de vérification étant la seule base de la présomption, établie par l'art. 105 du C. de comm., que la marchandise est arrivée en bon état, lorsqu'aucune réclamation n'est faite avant la réception et le payement du prix de transport. » (C. C., 15 févr. 1856.) — *Vérification amiable* (en vue d'éviter les retards et les frais). — « Refuser au destinataire la vérification amiable, ce serait lui imposer, en prévision d'une éventualité qui se réalise rarement, et ainsi inutilement dans la plupart des transports, la nécessité et les frais d'un mode de procéder applicable seulement, d'après la loi, aux cas exceptionnels de refus et de contestation. — La réserve faite par la jurispr., au profit du destinataire, de son action en cas d'avarie non apparente, est loin de rendre sans objet la vérification amiable. En effet, outre qu'elle facilite au destinataire la preuve de l'absence de traces apparentes, elle éclaire les parties sur ce que l'état apparent des colis pourrait présenter de trompeur. » (C. C., 20 nov. 1860.) — *Réception légale des objets transportés*. — « Il n'y a réception et payement du prix de transport, dans le sens de l'art. 105 du C. de comm. qu'au terme du voyage, lorsque ces marchandises parviennent au destinataire ou à son réprésentant ; seuls, ils ont qualité pour vérifier l'état de celles-ci et l'accomplissement des obligations du voiturier. » (C. C., 21 nov. 1871.) — Une jurispr. constante a admis d'ailleurs que « le payement préalable du prix de transport ne dégage pas la responsabilité de la compagnie en cas de soustraction de tout ou partie du contenu des colis. » — En matière de constatation spéciale d'avaries, il y a lieu de se reporter à notre mot *Avaries*, § 4, ainsi qu'aux indications qui vont suivre au sujet de la question si controversée de *l'extinction des droits du destinataire* après réception des objets transportés et payement du prix de la voiture (Exception tirée de l'art. 105 du C. de comm.).

IV. Réclamations après réception des objets et payement du prix de transport.

(Fin de non-recevoir portée à l'art. 105 du C. de comm.) — Dans la majorité des cas, le déballage des colis, ou la vérification d'un fût de vin par exemple, étant peu commode en gare, comme à domicile, les marchandises, de même qu'elles ne sont pas toujours visitées *au départ*, par les compagnies, sont également reçues telles quelles *à l'arrivée* par le destinataire, du moins lorsque les colis ne présentent aucune trace extérieure d'avarie, mais la C. de C. s'est généralem. refusée à admettre un recours après que la livraison a été faite et le prix de transport réglé. — L'abondance même des documents témoigne ici de l'obscurité de la question. — On peut toutefois, dans ces matières, se reporter utilement aux décisions ci-après :

1° *Vérifications faites après réception et payement* (Exception de l'art. 105 du C. de comm.). — D'après la jurispr. constante de la C. de C. « la disposition de l'art. 105 du C. de comm. est générale. Elle ne comporte aucune distinction entre le cas où l'avarie serait apparente et celui où elle serait intérieure et occulte. » (C. C., 4 févr. 1874, 20 janv. 1875, 20 nov. 1882, etc.) — Peu importe que le voiturier ait exigé le payement avant la livraison effective, si la livraison a réellement eu lieu après le payement et *qu'aucun obstacle* n'ait été apporté à la vérification de la marchandise. (C. C., 16 et 17 juin 1879, 10 mars 1880.) — *Voiturier intermédiaire.* — L'action est non recevable alors même que le destinataire serait un intermédiaire (dans l'espèce une comp. de ch. de fer) qui a payé sans réserves le prix du transport, puis a réexpédié au destinataire définitif. (C. C., 24 nov. 1874, 13 juin 1877.) — *Difficultés de vérification.* — La fin de non-recevoir est opposable chaque fois que la vérification n'a pas été rendue impossible par le fait du voiturier ou par un événement de force majeure ; elle ne saurait être écartée sous le prétexte que la rapidité des relations commerciales ne permettrait pas de déballer les marchandises *en gare* et d'en vérifier l'état avant d'en prendre livraison. (C. C., 16 juill. 1877) [1]. — *Avaries reconnues postérieurement.* — Action non admissible à moins de circonstance de fraude ou d'infidélité dans le transport. (C. C., 25 août 1873, 24 nov. 1875, 15 mai 1876, 11 avr. et 16 juill. 1877, 16 et 17 juin 1879.) — *Vice propre de la chose.* — L'exception de l'art. 105 de comm. est toujours valable en faveur de la compagnie au cas de vice propre de la chose. (C. C., 13 févr. 1878.) (V. aussi *Déchets, Manquants* et *Vice propre*). — *Fausse direction donnée à la marchandise*, même observation lorsqu'il s'agit, en dehors des erreurs de taxe, d'une contestation sur le mode de transport (C. C., 25 avr. 1877), spécialement sur une fausse direction donnée à la marchandise. (C. C., 2 juill. 1879.) (Voir aussi à ce sujet, au mot *Fin de non-recevoir*, § 1, un arrêt de la C. de C., 17 juill. 1883). — *Contestations sur les questions de retards et de délais* (voir à la même référence deux arrêts de la C. de C., 1er févr. 1882 et 10 juill. 1883). — *Réclamations de l'expéditeur.* — Enfin, il a été décidé au point de vue de la disposition de l'art. 105 du C. de comm. que l'extinction était applicable aux actions de l'expéditeur comme à celles du destinataire. (C. C., 10 avr. 1878.) — *Inexécution de l'itinéraire demandé par l'expéditeur.* — V. *Itinéraire*.

---

(1) Au sujet d'un colis *livrable à domicile*, le destinataire (Aff. *Jacquier*, à Valenciennes) avait argué que les camionneurs de la compagnie s'opposaient systématiquement à la vérification avant la *réception* de la marchandise et le payement du prix de transport et se refusaient d'assister à toute vérification et d'admettre des *réserves* en recevant ledit prix. — « Mais, d'après la C. de C. (8 mai 1878), des allégations vagues, qui ne *s'appliquent pas spécialement à la cause* et qui, d'ailleurs, ne reposent que sur une prétendue notoriété, sont absolument sans valeur pour servir de base à une décision judiciaire. » — Dans une autre affaire (*Comp. d'Orléans* contre *Nadal*) « aucune circonstance n'étant relevée d'où il puisse résulter que le camionneur de la compagnie avait mis le destinataire dans l'impossibilité de vérifier l'intérieur de la caisse, au moment de la remise, — l'exception opposée par la compagnie devait être accueillie, nonobstant le caractère *occulte* de l'avarie. » (C. C., 10 avril 1883.)

2° *Dérogations à l'art.* 105 *du C. de comm.* — Il nous semble d'abord inutile de rappeler que le payement du prix de transport *au départ*, c'est-à-dire lorsque l'expédition a lieu en *port payé*, ne dégage nullement la responsabilité de la comp. pour avaries ou soustraction de tout ou partie des colis. s'il n'y a pas eu *réception* proprement dite *à l'arrivée*, sans protestation ou réserve. — Suivent d'autres cas où la C. de cass. a établi que la comp. ne pouvait pas se prévaloir dudit art. 105; savoir : — *Remise non opérée au destinataire lui-même, ou obstacles apportés à la vérification.* — L'exception de l'art. 105 du C. de comm. n'est pas opposable tant que la remise des colis n'a pas été faite au destinataire lui-même ou à son représentant (C. C., 7 juin 1858, 21 nov. 1871 et 15 févr. 1876), ou lorsqu'un obstacle réel a été apporté par le voiturier à la vérification de la marchandise (application indirecte des arrêts ci-dessus mentionnés de la C. de C., 15 mai 1876, 16 et 17 juin 1879). — *Vérification empêchée par des circonstances de force majeure.* — En dehors des obstacles plus ou moins directs qui peuvent être apportés à la vérification des colis (V. ci-dessus), il est absolument entendu que l'action du destinataire ne peut être éteinte, après réception des colis et payement du prix de transport, lorsque la vérification a été empêchée ou entravée par des circonstances de force majeure. — Ce principe résulte implicitement des arrêts mêmes visés dans le 1° de cet article, et plus spéc. de celui du 16 juill. 1877. — *Encombrement de gare.* — Enfin, d'après la C. de C., l'exception précitée n'est pas opposable par la comp., dans le cas où cette comp., pour une marchandise adressée en gare, a exigé le payement avant tout enlèvement, alors que la gare était encombrée de façon à rendre une vérification impossible. (C. C., 13 août 1872.) — *Vérification amiable.* — Comme on l'a vu plus haut, § 3 (vérification à l'arrivée), « une vérification à l'amiable ne peut être refusée au destinataire. » (C. C., 20 nov. 1860.) — Mais il ne saurait en résulter un droit absolu contre le voiturier, pas plus que celui-ci ne saurait se prévaloir des dispositions de l'art. 106 du C. de comm. (Tr. comm. Havre, 8 déc. 1863.) — *Erreurs de taxe.* — L'action contre la comp. malgré l'exception de l'art. 105 du C. de comm. est particulièrement applicable, en cas d'erreurs commises dans la perception des taxes ou dans l'application d'un tarif pour un autre. (C. C., 8 janv. et 2 juill. 1879.) (Voir le mot *Paiement.* — Voir aussi à ce sujet, au mot *Fin de non-recevoir*, § 2, un arrêt de la C. de C., 27 nov. 1882.) — *Cas d'infidélité, de fraudes, de détournements,* etc. — Recours légal contre la compagnie en cas de soustractions reconnues après le payement du prix de transport et la réception effective des colis, s'il y a eu dans le transport des circonstances d'infidélité ou de fraude, pouvant être imputées au voiturier. (*Jurisp. const.*, sous la réserve de *justifications* assez difficiles à établir. (C. C., 26 avr. 1859. — V. *Détournements*, 6 mai 1872, 14 févr. 1876, 11 avr. et 16 juill. 1877, 16 et 17 juin 1879 et arrêts divers cités aux mots *Preuves*, § 2 et *Payement*, § 2). — *Payement préalable des frais de douane.* — Déchéance non applicable lorsqu'il s'agit de paiements effectués ou d'émargements donnés pour des marchandises soumises à des formalités de douane. (C. C., 6 nov. 1878.) — *Expédition scindée en deux parties.* — L'art. 105 du C. de comm. n'est pas applicable à une expédition scindée en deux envois et dont la première partie incomplète a été acceptée sans réserves, et le transport payé. dans la pensée que les colis manquants arriveraient avec la seconde partie. (C. C., 15 juill. 1878.) — *Transport international.* — Réception à la frontière, n'entraînant pas la déchéance. (V. *Transports*, § 3.) — *Admissibilité des réserves faites au moment de la réception des colis.* — Voir les mots *Fin de non-recevoir*, § 2 et *Réserves* (1). — Voir aussi au sujet de ces difficultés incessantes, résultant de l'applic. aux affaires du service des chemins de fer, des art. 105 et 106 du C. de comm. les mots *Arbitrage*, *Avaries*, *Bagages*, *Constatations*, *Expertises* et *Preuves*.

Modifications projetées (au sujet de la responsabilité en matière de transports). — Voir les indications résumées au mot *Paiement*, § 2.

V. Formalités diverses. — 1° Vérifications au point de vue des droits fiscaux (Voir

---

(1) Nous avons mentionné au mot *Réserves*, deux arrêts de la C. de C., 25 juin 1884 et 2 févr. 1887, d'après lesquels les compagnies, *sans pouvoir refuser les réserves faites au moment de la réception des marchandises,* « peuvent retenir ces marchandises pour en faire régulièrement constater l'état. — Le dernier de ces arrêts, celui du 2 févr. 1887, se résume ainsi : — « En cas de difficultés sur le transport des marchandises, une comp. de ch. de fer à laquelle le destinataire offre de prendre livraison sous toutes réserves, sans qu'aucune vérification immédiate soit proposée, est autorisée à retenir lesdites marchandises pour en faire régulièrement constater l'état. » — Dans son précédent arrêt du 25 juin 1884, relatif à des expéditions de vin présentant des *manquants*, la C. de C. après avoir rappelé que le tribunal « s'est fondé sur ce qu'au moment de la livraison *et quelquefois après*, la compagnie avait constaté, au dos des lettres de voiture, l'existence des avaries et consenti au destinataire les plus expresses réserves », disait simplement : « en faisant ces constatations et en accordant ces réserves, *qu'elle ne pouvait pas d'ailleurs refuser*, la comp. n'a pas reconnu le droit du destinataire à une indemnité. »

Contributions, Domaines, Douane, Droits, Hypothèques, Impôt, Octroi, Patente et *Timbre.*
— 2° Vérifications financières. — Voir les mots *Commissaires généraux, Commissions, Comptes, Concours financier, Conventions* (nouvelles), *Inspecteurs, Premier établissement,* etc.

VERRERIE.

Conditions de transport. — Les produits de verrerie sont compris implicitem. à la 1re classe du tarif gén. du cah. des ch. (V. *Classification*) et figurent explicitem. dans la 1re série du tarif d'application (V. *Marchandises*). — Toutefois, sur quelques lignes, la verrerie ordinaire est classée dans la 2° série ; les verres à vitre notamment jouissent de la réduction la plus large accordée aux produits dont il s'agit. — Enfin, la *verrerie commune* emballée, transportée *sans responsabilité* (pour les avaries et déchets de route), figure ordin. dans la 3° série des mêmes tarifs généraux.

Tarifs spéciaux. — Sur plusieurs lignes de ch. de fer, les chargements par wagon complet de 5,000 kilog. (ou payant pour ce poids s'il y a avantage pour l'expéditeur) de *verres à vitre* et *tuiles en verre,* en caisse, cadres ou harasses, de *cloches pour jardins* et *bouteilles vides,* en vrac, etc., sont taxés, non compris frais de chargem. et de déchargem., à raison de 0 fr. 08 ou 0 fr. 06 par tonne ou par kilom., suivant que les parcours sont inf. ou sup. à 300 ou 400 kilom. — Voir aussi au mot *Liquides,* § 2, 9°, pour le transport des bouteilles vides, cruchons, touries vides, etc.

Transport spécial des glaces. — Voir *Glaces.*

Manutention. — Les règlements des compagnies recommandent aux agents de charger les caisses de *glaces,* de *verreries,* de *porcelaines* et en général de tous les objets fragiles, dans des wagons à tampons à ressort, et autant que possible de les manutentionner à la grue. — Un lit de paille doit être étendu sur le plancher du wagon, et des coussins de foin doivent être placés entre les caisses et les parois du wagon. — L'arrimage devra être fait avec soin de façon à prévenir tout déplacement pendant la route. Les caisses doivent être chargées de champ, la longueur dans le sens de la voie. — Les wagons doivent être attelés vers le milieu des trains. » (*Inst. spéc.*)

VESTIBULES.

Bancs à installer dans les vestibules des gares (pour les voyageurs qui se trouvent obligés pendant la nuit d'attendre longtemps le moment où ils peuvent pénétrer dans les salles d'attente). — Circ. min., 29 juillet 1857. (Voir *Salles d'attente.* — Voir aussi au même article, 1° une dép. min. spéc., 6 mai 1865 (P.-L.-M.) relative aux inconvénients de la fermeture des salles d'attente *pendant la nuit ;* 2° diverses circulaires ministérielles se rapportant à la faculté accordée aux voyageurs munis de billets, de pénétrer directement sur les quais, sans stationner dans les salles d'attente.

VIADUCS.

I. **Conditions d'établissement.** — 1° Définition des viaducs (V. *Ponts* § 1er). — 2° Dimensions générales des ouvrages (*Ibid.*). — 3° Prix de revient des grands viaducs sous rails de 10^m, et plus de hauteur moyenne et des ponts sous rails de 20^m et plus de longueur entre les deux culées (V. les mots *Ouvrages d'art,* § 4 et *Ponts,* § 5). D'après les nouveaux renseign. contenus dans le recueil statistique officiel de 1883 pour les lignes d'intérêt général de la France européenne, *établies au 31 déc.* 1881, la dépense des ponts sous rails de 20^m et plus de longueur entre les culées, ressortait par mètre courant à 3,077 francs et par mètre carré à 420 francs. — Pour les *viaducs sous rails,* de 10^m et plus de hauteur moyenne, la dépense s'est élevée à 2,294 francs par mètre courant de viaduc ; à 342 francs par mètre superficiel de voie, et à 126 francs par mètre superficiel de projection verticale (vides et pleins compris). — 4° Entretien des viaducs et indications diverses (Voir *Entretien, Navigation, Ouvrages d'art, Passages, Navigation et Routes.*

Substitution et reconstruction d'ouvrages. — Un viaduc a été construit sur la demande d'une ville, avec approb. de l'admin. sup., en remplacement d'un pont qu'une comp. de ch. de fer était tenue d'établir, aux termes du cah. des ch. de sa concession. Cet ouvrage est un travail public. Dès lors, c'est à l'autorité administrative qu'il appartient de prononcer sur la contestation élevée, entre la ville et la compagnie, concernant l'exécution de la convention intervenue entre elles pour la construction de cet ouvrage. » (C. d'État, 26 mai 1859.) — V. aussi aux mots *Contre-rails, Navigation,* § 5, *Ponts,* § 1, *Rues* et *Travaux.*

II. Production de relevés statistiques sur les grands viaducs (*documents divers servant de base aux recueils officiels dont nous avons rappelé quelques extraits au* § 1er *ci-dessus*). — Extrait d'une circ. min. adressée le 29 juin 1863 aux chefs du contrôle. « La série des tableaux statistiques (dressée conf. aux instr. rappelées au mot *Statistique*) a consacré trois états spéciaux, respectivement, aux ponts de 20m et plus de longueur entre les culées, aux viaducs de 10m et plus de hauteur moyenne, et enfin, aux souterrains (qui ont fait en outre l'objet de recherches statistiques plus détaillées, avec dessins à l'appui (V. *Souterrains*). — « L'accueil fait à quelques essais de publication, portant sur les souterrains, m'a décidé à étendre, en vue d'une publication définitive, les mêmes recherches statisques, aux deux autres catégories d'ouvrages d'art, les grands ponts et les viaducs... En conséquence, j'ai l'honneur de vous faire parvenir plusieurs ex. d'un cadre préparé pour recevoir les détails réclamés en ce qui concerne chacun des grands ponts ou des viaducs construits au 31 déc. 1861... Vous voudrez bien ne pas perdre de vue que vous serez appelé, ainsi que cela a eu lieu pour les recherches statistiques relatives aux souterrains, à m'adresser ultérieurement et au fur et à mesure de l'ouverture de nouvelles lignes, les renseignements analogues pour tous les grands ponts et les viaducs construits depuis le 31 déc. 1861... » — Voir ci-après :

Nota. — Les cadres modèles fournis par l'admin. comprenaient les indications suivantes :

1° *Légende des dessins cotés.* — Les échelles sont facultatives. — MM. les ing. se donneront à l'égard des dessins toutes les facilités qu'ils pourront tirer des documents qu'ils possèdent déjà. *Fig. 1re.* — *Élévation générale* indiquant la forme, les dispositions et les cotes principales de l'ouvrage, la nature géologique du terrain, les dimensions de l'ouverture des arches ou travées, de leur flèche, de leur épaisseur à la clef, de la hauteur *maxima* des piles, de l'épaisseur des piles à leur sommet, etc., etc.
Fig. 2. — *Coupe transversale* indiquant les dispositions de la construction des piles, la largeur de la voie entre les parapets, la largeur des piles à leur base, leur fruit, etc.
Fig. 3. — *Plan* indiquant les dispositions de la construction en projection horizontale et plusieurs niveaux ou étages différents.
Fig. 4. — *Détails principaux* indiquant l'exécution des fondations, l'exécution des piles, l'exécution des arches ou travées, la disposition des cintres, le décintrement, le détail des pièces de charpente ou de métal, leurs assemblages, le système de moises, le tablier, etc., etc.
2° *Résumé des dépenses.* — Tableau formant 7 colonnes, savoir : 1re, Objet des dépenses ; 2e, Nature ; 3e, Quantités ; 4e, Prix de l'unité ; 5e, Dépense totale ; 6e, Dépense par mètre carré d'élévation (vides et pleins confondus) ; 7e, Observations.
Détails du tableau : Terrains. — *Fondations :* Déblais (à la pelle ou à la pioche, à la pince, à la poudre) ; charpente pour étayements ; caissons (bois, dépenses diverses et épuisements) ; pilotis et grillage (bois, dépenses de main-d'œuvre et diverses) ; fer ; fonte ; béton (posé à sec, immergé) ; enrochements ; dépenses diverses ou spéciales. — Dépense totale des fondations. — *Élévation :* maçonneries (pierres de taille, moellons, briques) ; parements vus ; chapes ; cintres (charpente, 1er emploi, 2e emploi, fers) ; fonte (piles en fonte, arches en fonte, frais de main-d'œuvre) ; fer (travées en fer, poutres en tôle, frais de main-d'œuvre) ; charpente (bois, fers pour assemblages). — Dépense totale de l'élévation. — *Dépenses diverses :* perrés et sables sur les voûtes ; tuyaux pour l'écoulement des eaux ; remblais et appropriation près des culées ; indemnités ; secours ; travaux à la journée ; — Total des dépenses diverses ; — Total général des dépenses.
3° *Notice explicative* (3e page). — *Renseignements principaux* sur la longueur totale de l'ou-

vrage, la hauteur moyenne, la surface de l'élévation, vides et pleins confondus, la nature des arches ou travées, la date et la durée de l'exécution.

Renseignements divers sur le mode et les difficultés de la fondation, la composition et le prix de revient du mortier et des bétons, la construction des piles et la résistance des matériaux, la construction et la pose des cintres ou échafauds, la construction et l'appareil des voûtes ou travées, les dimensions et épaisseurs des pièces métalliques ou de charpente et de leurs supports, l'explication plus détaillée de certaines figures des dessins ou de certains objets de dépense, et, en général, sur toutes les particularités les plus importantes de la construction de l'ouvrage considéré, afin qu'on puisse utilement le comparer avec d'autres ouvrages du même genre. — Note spéciale sur le prix de la main-d'œuvre.

VIANDES FRAICHES.

Conditions de transport. — Voir les mots *Délais, Denrées* et *Volailles.*

VICE PROPRE.

Appréciation de responsabilité (droit commun). — Nous avons cité au mot *Commissionnaires,* l'art. 103 du C. de comm. exonérant le voiturier de la responsabilité des avaries qui proviennent du *vice propre* de la chose. — Dans les litiges de chemins de fer, il en est de l'appréciation des circonstances de *vice propre,* comme de la détermination des cas de *force majeure,* qui dégagent les compagnies de toute responsabilité. — Nous ne pensons pas, malgré les nombreuses affaires judiciaires se rapportant à cet objet qu'il soit possible, en aucune façon, d'établir une catégorie précise de ces faits absolument indéfinis et que l'on peut tout au plus rapprocher des précédents qui ont déjà donné matière à discussion. — Sous ce rapport, nous ne pouvons que renvoyer aux mots *Avaries,* §§ 3 et 5, *Bestiaux,* § 2, *Chevaux,* § 2, *Coulage, Déchets, Responsabilité,* § 2 *bis Preuves* et *Soins de route.* — Nous réunissons également ci-après quelques détails spéciaux sur ces questions assez vagues de *vice propre :*

Détermination de fautes à la charge de la compagnie (Vice d'emballage). — « Les comp. de ch. de fer ne sont point obligées de donner à une marchandise des soins exceptionnels autres que ceux qui leur sont imposés au tarif par applic. duquel celle-ci est transportée. — Elles ne sont pas responsables des avaries occasionnées par la force majeure, *le vice propre de la chose* ou le vice de l'emballage, à moins qu'une faute spéciale et déterminée ne leur soit imputée. » (C. C., 17 mai 1882.) — *Transport d'un fût de vin, muni d'un siphon destiné à faciliter l'échappement des gaz* (et à prévenir par suite la fermentation). — « La garantie relative au vice propre de la marchandise transportée a pour effet d'exonérer la compagnie de la responsabilité d'une perte survenue dans les conditions prévues au bulletin d'expédition, sauf à l'expéditeur à prouver la faute de cette compagnie. — Il n'y a pas lieu de distinguer si la marchandise a péri dans l'intérieur de la gare de départ ou durant le transport proprement dit. — La faute de la comp. ne peut résulter de ce que celle-ci aurait omis de vérifier le fonctionnement du siphon dont il s'agit dans l'espèce, la lettre de voiture ne comportant pas l'obligation de procéder à une vérification de ce genre. » (C. C., 18 août 1880.) — *Coulage d'un fût d'alcool.* — « Une comp. de ch. de fer n'est pas responsable du coulage d'un fût d'alcool, bien qu'elle ait reçu ce fût sans protestation ni réserve, s'il est prouvé que le coulage a été provoqué par un vice dudit fût et si aucun fait n'a été relevé à la charge de la compagnie. » (Tr. de comm. d'Arras, 12 déc. 1881.) — *Chevaux vicieux.* — « Pendant que le préposé de l'expéditeur de deux chevaux placés dans un wagon-écurie, se trouve dans un compartiment d'une voiture à voyageurs faisant partie du même train que ledit wagon-écurie, l'un des deux chevaux rompt ses attaches, brise les parois du véhicule, se précipite sur la voie et s'y fait écraser par un train de sens contraire. — Le tr. de comm de la Seine (14 août 1877), a rendu, à cette occasion, un jugement se résumant ainsi : « Le fait n'est point imputable à une faute de ladite compagnie, il l'est au vice propre du cheval transporté. » — Mais la C. d'appel de Paris a infirmé le jugement dont il s'agit, par les motifs ci-après : — « Le préposé de l'expéditeur, en se plaçant dans un compartiment de voyageurs, n'a fait qu'user d'une faculté conforme aux usages. — La comp. était d'autant plus tenue de prendre toutes les précautions nécessaires, pour qu'aucun accident n'arrivât, que les chevaux dont il s'agit voyageaient aux prix les plus élevés. — La présomption de faute est à sa charge et ne pourrait être écartée que par la preuve contraire, que ladite compagnie ne fait pas. »

Constatation du vice propre. — Voir *Constatations, Expertise, Preuves.*

VIDANGE.

Voitures de vidange (Conditions de transport). — V. *Matières* et *Voitures*.

VINAIGRES. — VINS.

Classification et conditions de transport. — 1° Tarif général (Voir *Liquides*, § 1). — 2° Tarifs spéciaux (*Ibid.*, § 2). — 3° Vins en caisse ou en paniers (*Ibid.*). — 4° Transports de futailles (V. *Fûts*). — 5° Foudres considérés comme masses indivisibles (V. *Masses*). — 6° *Coulage, Déchets, Manquants, Vice propre* (Voir ces mots). — 7° Indications et formalités diverses. — Voir les mots *Acquits à caution, Liquides, Octroi, Responsabilité* et *Retards*.

Questions spéciales et responsabilité (Refus de prendre livraison). — Le refus de l'expéditeur de prendre livraison des vins, à l'époque à laquelle une comp. les a mis à sa disposition, doit avoir pour effet de laisser à la charge de cet expéditeur les frais de magasinage et le coulage desdits vins (refusés, pour cause d'offre de livraison tardive, par le destinataire). — Le refus de ce destinataire de prendre livraison le rend responsable des frais de magasinage et du coulage, depuis l'époque à laquelle l'expéditeur lui a fait sommation de se livrer de ces vins jusqu'à celle où la livraison aura lieu. — En raison du retard dans l'arrivée des vins en gare, il y a seulement lieu d'allouer une indemnité au destinataire, en tenant compte du préjudice éprouvé. » (Tr. comm. Seine, 21 mai 1862; C. Paris, 18 févr. 1863.) — *Livraison de liquides à une autre personne que le destinataire.* — (V. au mot *Livraison*, § 2 *bis*, diverses décisions judiciaires.) — *Délais de transport* (Interdiction des tours de faveur). — (V. *Délais*, § 3.) — *Vins transportés avec clause de non-garantie.* — La comp. qui transporte des vins avec clause de non-garantie, ne saurait être déclarée responsable du déficit sur la quantité de ces vins, en dehors de tout fait de négligence relevé contre elle et par l'unique motif « qu'il n'est constaté nulle part qu'aucune faute n'a été commise par elle en cours de route. » (C. C., 4 août 1880.) — (V. aussi à ce sujet, *Déficit, Preuves* et *Vérification*, § 4). — *Fermentation de fûts de vin.* — (V. au mot *Vice propre*, un arrêt de la C. de C., 18 août 1880.) — *Fûts restés exposés aux ardeurs du soleil.* — V. *Liquides*, § 2.

Litiges divers (p. mém.). — Des litiges, un peu confus, se sont produits notamment au sujet des responsabilités encourues pour le transport des vins, *par voie internationale*. — A défaut de documents précis à ce sujet, nous ne pouvons que mentionner ici *p. mém. :* 1° deux jugements du tr. de comm. de Poitiers, 26 mai 1879 et 20 nov. 1882, se rapportant à des transports de vins d'Espagne en France et présentant des avaries ou des manquants mis au compte des compagnies étrangères; — 2° un jugem. du tr. de comm. de Lyon, 30 mai 1882, n'accordant pas l'immunité de l'art. 105 du Code de comm. (V. *Fin de non-recevoir*), à la réception préalable *contre payement de frais de transport*, de vins en fûts, de même qualité dans l'espèce, mais de quantité moindre que celle ayant fait l'objet du contrat de transport. — V. pour les principes généraux, assez compliqués, applicables en pareille matière, les mots *Service, Tarifs* et *Trafic* (internationaux).

VIOLENCES.

Résistance à l'exécution des règlements (avec violences). — V. *Résistance*.

VISITEURS.

Indications diverses. — 1° *Vérification du matériel.* — Le nom de *visiteurs* désigne spéc. les agents chargés de la vérification du matériel; nous avons résumé aux mots *Graissage, Réparations* et *Matériel*, quelques indications relatives aux bons soins que ces agents doivent donner à leur service. — 2° Vérification des trains (V. *Composition des convois*). 3° Visite des colis. — V. *Douane, Octroi* et *Vérification*.

VITESSE.

I. Transports à grande et petite vitesse. — V. *Animaux, Bagages, Délais, Expéditions, Marchandises, Messagerie, Tarifs, Transports* et *Voyageurs*.

II. Limite de la vitesse des trains. — (Vitesse *effective* et vitesse de *pleine marche*.) — Applic. du cah. des ch. et de l'ordonn. de 1846.

Nota. — La vitesse des trains, calculée ordinairement en nombre de kilomètres parcourus par heure est considérée sous deux points de vue différents, et il ne faut jamais confondre la vitesse *effective* avec la vitesse de *pleine marche*, qui se compte non compris les arrêts. — Par la vitesse *effective*, on entend la vitesse moyenne du parcours ; on la calcule en divisant la longueur du trajet parcouru par la durée totale du voyage, temps d'arrêt compris. La vitesse de *pleine marche* est celle qu'atteint le train, pendant qu'il est en marche, indépendamment des ralentissements qu'il subit, soit lorsqu'on approche d'une station, soit lorsqu'on la quitte, soit encore lorsqu'on rencontre un point de bifurcation.

Fixation de la vitesse (Art. 33 du cah. des ch. — Extr.). « Le ministre déterminera, sur la proposition de la compagnie, le minimum et le maximum de vitesse des convois de voyageurs et de marchandises, et des convois spéciaux des postes, ainsi que la durée du trajet. » — L'ordonn. du 15 nov. 1846 porte, de son côté, ce qui suit (*Art.* 29) : « Le min. des tr. publ. déterminera... sur la proposition de la compagnie la *vitesse* maximum que les trains de voyageurs pourront prendre sur les diverses parties de chaque ligne et la durée du trajet. » — Dans certains règlements d'application la vitesse *maximum* des trains (qui est toujours subordonnée à la disposition de la voie en plan et en profil) a été fixée par des décisions spéciales jusqu'à 100 et même 120 kilom. par heure. La vitesse effective est déterminée, pour toutes les lignes, dans les tableaux de service de la marche des trains, approuvés par l'admin., à chaque changement de saison d'été et d'hiver. — Voir à ce sujet les mots *Marche des trains, Ordres de service* et *Trains*.

Vitesse moyenne pour les différentes natures de trains. — La vitesse moyenne effective des divers trains est déterminée en dehors des systèmes de locomotives par des circonstances spéciales à chaque ligne (parcours sur les pentes et rampes, conditions d'alimentation des machines, nombre de voitures remorquées et autres points essentiels). (V. *Alimentation, Freins, Locomotives, Déclivités.* — Voir spéc. au § 1er du mot *Freins* (en ce qui concerne la vitesse des différents trains *express, directs, omnibus,* trains *mixtes* et trains de *marchandises*, par rapport aux déclivités et au nombre de freins entrant dans la composition des divers convois). — Nous avons mentionné à ce sujet au mot *Freins* les anciens règlements qui avaient précédé les dispositions actuelles ayant pour objet l'application de *freins à air comprimé*, dits *freins continus.* — Nous avons également reproduit au mot *Enquêtes*, § 2, l'avis de la commission d'enquête (Recueil 1863), rappelé dans une circ. min. du 1er févr. 1864, au sujet de la vitesse à adopter notamment pour les trains *express* et *omnibus* de voyageurs. — Mais le document le plus récent et le plus complet pour cet objet, au point de vue des dispositions qui semblent avoir prévalu sur chacun des réseaux, en ce qui concerne les questions de vitesse, est le rapport général d'enquête du 8 juillet 1880, dont nous donnons l'extr. intégral ci-après :

(*Extr. du rapp. d'enq.*, 8 *juillet* 1880). — (VITESSE.) — La sécurité de l'expl. exige que les vitesses de marche soient réglées suivant les déclivités, le rayon des courbes de sections de voies à parcourir et l'état particulier de la voie. Les règlements de toutes les compagnies y pourvoient en détails. Leur examen ne nous a paru pouvoir donner lieu, sous ce rapport, à aucune observation.

L'échelle des limites absolues de vitesses fixées par le règlement *de la compagnie de l'Est* peut nous servir d'exemple.

Pour les trains de voyageurs, la vitesse maxima, fixée à 90 kilom. sur les pentes de 0 à 4 mill., doit être réduite à 80 kilom. sur les pentes de 5 à 7 mill. ; à 70 kilom., de 7 à 10 mill. ; à 60 kilom., de 11 à 15 mill. ; à 50 kilom., de 16 à 18 mill. ; à 40 kilom., de 20 à 25 mill.

Pour les trains mixtes, la vitesse maxima fixée à 60 kilom. doit être respectivement réduite, sur les mêmes pentes, à 55, 50, 45, 40 et 30 kilom.

Pour les trains de marchandises, la vitesse maxima fixée à 50 kilom. doit être ramenée, par des réductions correspondantes, à 45, 40, 35, 30 et 25 kilom.

Cette échelle de vitesses est aussi très approxim. celle en usage sur le réseau du Midi.

Sur le réseau d'Orléans, les trains rapides sont réglés à 75 kilom. ; les express à 65 kilom. ; les trains omnibus mixtes et omnibus à 50 et 55 kilom. ; les trains de marchandises à 25 ou 30 kilom.

Sur les lignes du plateau central, où les déclivités atteignent 30 mill. et où les courbes sont nombreuses et de petit rayon, les trains les plus rapides ne sont réglés, comme marche normale, qu'à 45 kilom. à l'heure et ne dépassent pas 28 kilom. à la descente des fortes rampes.

L'échelle est à peu près la même *sur le réseau de Lyon*. Le train rapide de Paris à Marseille, un peu moins rapide que celui de Paris à Bordeaux, est réglé sur une vitesse moyenne de marche de 72 kilom. ; mais il atteint, en quelque points, jusqu'à 96 kilom.

Sur le réseau de l'Ouest, les vitesses réglementaires varient suivant les sections, de 80 à 40 kilom. pour les trains de voyageurs, et de 38 à 20 kilom. pour les trains de marchandises.

Sur la ligne du Nord, qui a eu longtemps le monopole des grandes vitesses, le maximum écrit et fixé, par arr. min. du 30 juill. 1853, est de 120 kilom. : mais dans le service actuel, la vitesse de pleine marche des trains express varie simplement de 70 à 72 kilom. à l'heure. Celle des trains ordinaires, à grande ligne, de 45 à 60 kilom. ; celle des trains de marchandises, de 24 à 30 kilom.

Il est prescrit aux mécaniciens de ralentir avant d'arriver aux bifurcations et aux aiguilles prises en pointe sur la double voie. Ils doivent s'arrêter complètement avant d'aborder les aiguilles d'entrée des stations de croisement sur la voie unique.

En cas de retard, comme il est utile que la vitesse puisse être accélérée dans de larges limites, afin de faire cesser le plus rapidement possible des irrégularités de service qui pourraient compromettre la sécurité, les règlements de la plupart des compagnies autorisent les mécaniciens à dépasser de moitié la vitesse normale indiquée au tableau pour chaque section de ligne, sans toutefois aller au delà des limites fixées, comme il a été dit plus haut pour les divers cas particuliers concernant la voie, et sans jamais dépasser, d'autre part, la vitesse maxima inscrite pour le type de machine remorquant le train. Sous le bénéfice de ces conditions, cette autorisation n'a rien d'excessif et qui puisse compromettre la sécurité. *Sur le réseau du Midi*, aucune accélération n'est permise.

Détails communs aux divers réseaux. — Les limites des vitesses des divers types de machines sont d'ailleurs déterminées sur tous les réseaux d'après le système de la machine, sa puissance de vaporisation et les dimensions des principales pièces du mouvement.

Les machines à roues motrices libres ont pour limites extrêmes de vitesse, suivant le diamètre de leurs roues, de 80 à 120 kilom. — Les machines à deux essieux couplés, de 65 à 90 kilom. — Les machines à trois essieux couplés, de 45 à 65 kilom.

Les exigences du public ont amené graduellement une accélération très notable des vitesses. Il ne faut pas toutefois que ce puisse être au détriment de la sécurité. Quand la voie est très bonne et le matériel d'une grande stabilité, ce qui est le propre de tous nos réseaux, un train rapide peut prendre couramment sans danger, sur des sections en palier ou à très faible inclinaison, et en alignement droit, des vitesses de marche de 95 à 100 kilom. L'important est que le mécanicien soit toujours maître de son train, et qu'il ait dans ses freins un moyen d'arrêt énergique et rapide en face d'un obstacle imprévu. — V. à ce sujet *Freins*, § 2 *bis*.

Il importe aussi à la sécurité *qu'aucun véhicule à marchandises*, sauf, bien entendu, ceux qui, comme les fourgons, les wagons-écuries, et les trucks sont spécialement destinés à circuler dans les trains de voyageurs, ne soit admis dans les trains marchant à une vitesse moyenne supérieure à 55 kilom.

Quant aux *machines de renfort*, je rappelle que, par décis. min. du 18 juill. 1865, toutes les compagnies ont été autorisées à les atteler en queue des trains, sans limitation aucune des inclinaisons et sans autre restriction que celle de l'art. 19 de l'ordonn. du 15 nov. 1846 qui prescrit de ne pas dépasser, en pareil cas, la vitesse de 25 kilom. par heure. Ce mode d'attelage constitue effectivement une mesure de sûreté, en empêchant la rupture d'un convoi, ou en y remédiant au besoin. — V. ci-dessous, § 4.

Vitesse sur les embranchements et sous-embranchements. — Les conditions de tracé et le trafic restreint de certaines lignes secondaires obligent à maintenir sur ces lignes l'application du système de trains mixtes de voyageurs et de marchandises, système incompatible avec une grande vitesse; mais, en général, les compagnies s'empressent, chaque fois que des motifs plausibles le leur permettent, d'augmenter, sur leurs embranchements et sous-embranchements, le nombre de convois réguliers de voyageurs et d'y accroître la rapidité de la circulation.

III. Ralentissement de vitesse. — *Ralentissement obligatoire aux abords des bifurcations et à l'arrivée des gares.* (Applic. de l'art. 37 de l'ordonn. du 15 nov. 1846). —

D'après le résumé des principales instructions : « les mécaniciens ralentissent leur marche à l'approche des stations, des points d'embranchement et de tous autres passages dangereux. De plus, ils ralentissent leur marche pour traverser, soit les stations, soit les points d'embranchement, où ils ne doivent pas s'arrêter. Lorsqu'au point d'embranchement, un aiguilleur doit manœuvrer une aiguille pour leur livrer passage, ils doivent se réduire à une limite de vitesse assez faible, pour pouvoir s'arrêter avant d'atteindre cette aiguille, s'ils s'apercevaient que la voie qu'ils doivent prendre n'est pas libre ou que l'aiguille n'est pas bien disposée. — Enfin, la même précaution est prise « au passage des souterrains ou des ponts tournants, sur les pentes rapides et dans les parties qui peuvent être considérées comme dangereuses, par exemple, sur les remblais élevés, au bord des rivières et dans les courbes où le chemin de fer est en déblai. » (Enq. sur l'expl., Recueil administ., 1858.) — Voir aussi Ateliers, État défectueux de la voie, Manœuvres et Réparations.

Calcul des temps d'arrêt et de ralentissement. — Les arrêts et ralentissements obligatoires réduisent, dans une certaine proportion, la vitesse moyenne. En général, outre l'importance propre de chaque arrêt, il est accordé : 1° aux trains express et de marchandises 2 minutes pour ralentissement au départ et 1 minute à l'arrivée ; 2° aux trains omnibus 1 minute à l'arrivée et 1 minute au départ. Un simple ralentissement, sans arrêt, à une gare de la double voie ou aux bifurcations, est compté pour 1 minute (2 minutes sur la voie unique, trains de voyageurs). Enfin, pour la traversée d'une gare exceptionnelle (telle que celle de Bercy, par exemple), on accorde 3 minutes pour ralentissement.

Ralentissement sur les pentes rapides. — Sur la plupart des lignes, il est spéc. recommandé aux mécaniciens qui ont à descendre des pentes de 15 à 20 mill., de ne pas dépasser la vitesse de 35 à 40 kilom. par heure, pour les trains rapides ; ibid., 25 à 35 kil., pour les trains omnibus ; ibid., 20 à 25 kil., pour les trains de marchandises ou de matériaux.

Ralentissement accidentel. — 1° Mesures de précaution (Voir Arrêts, § 3, Brouillards et Détresse). — 2° Adoption de signaux de ralentissement, uniformes pour les divers réseaux (Régl. gén., 15 nov. 1885). — V. Ralentissement, § 2 et Signaux, § 5.

IV. Machines isolées, ou de secours, ou marchant tender en avant, etc. — 1° Machines de gares. — « La vitesse des machines manœuvrant dans les gares ou à leurs abords ne doit pas dépasser 25 kilom. à l'heure (Exécution de l'art. 19 de l'ordonn. du 15 nov. 1846). — Cette vitesse est en moyenne de 15 kilom. à l'heure. » (Enq. sur l'expl.) — 2° Machines de renfort. — Même vitesse de 25 kilom. à l'heure. (Voir Attelages, § 3). — 3° Machines spéciales de secours. — « La vitesse des machines allant au secours d'un train doit toujours être réduite à 30 kilom. à l'heure, lorsque ces machines, une fois attelées, remorqueraient lesdits trains en marchant tender en avant. » (Extr. d'une circ. min. du 7 déc. 1859, V. Secours.) — 4° Machines d'embranchements, circulant tender en avant. — Diverses décis. min. et notamment celle du 4 juillet 1871, rappelée dans un ordre de service de l'insp. gén. du contrôle du réseau du Midi, ont fixé « à 30 kilom. le maximum de parcours des trains de voyageurs ou de marchandises, lorsqu'ils seraient remorqués par des machines marchant tender en avant, et à 40 kilom. à l'heure le maximum de vitesse de tout convoi circulant dans ces conditions exceptionnelles. »

D'après les termes et l'esprit d'une nouvelle décision du 8 fév. 1872, la comp. du Midi a été autorisée par mesure générale à faire circuler des trains tender en avant, sur les sections qui ne dépassent pas 30 kilom., à la condition que la vitesse maximum ne dépassera pas 40 kilom. à l'heure. — Quand la compagnie désirera augmenter cette limite de parcours ou cette limite de vitesse pour les trains remorqués par une machine tender en avant, elle devra demander et obtenir une autorisation spéciale de l'administration.

V. Constatation de la vitesse. — Il est à peu près impossible, dans la pratique d'obtenir une vitesse de marche rigoureusement uniforme. Les moyens expérimentés pour arriver à constater graphiquement les variations plus ou moins grandes de la vitesse des trains et des machines n'ont donné, jusqu'à ce jour, aucun résultat concluant. D'après l'enquête sur l'exploitation (*Recueil administ.*, 1858), « l'uniformité de la vitesse peut être uniquement contrôlée par l'exactitude de l'arrivée aux passages à niveau et aux gares. On régularise la marche des trains par l'arrêt dans les stations. »

VŒUX DES CORPS ÉLECTIFS.

Suites à donner aux vœux des diverses assemblées (au sujet des tarifs et de la marche des trains). — Les fonctionn. du contrôle, dans l'étude attentive qu'ils doivent faire de la *marche des trains* et des ordres de service qui la règlent, « devront s'enquérir des vœux des conseils généraux et des autorités locales, ainsi que des réclamations du public et se rendre compte de la possibilité d'y donner satisfaction dans une juste mesure. » (*Ext. circ. min.*, 27 août 1878. — V. *Trains*). — De même, pour l'*examen des tarifs*, les insp. chargés du contrôle de l'expl. commerciale « auront nécessairement à se mettre en rapports personnels avec les autorités le plus en état de les éclairer, notamment avec les chambres de commerce. — Il conviendra qu'ils s'enquièrent auprès d'elles des vœux formés par le commerce et l'industrie des contrées desservies. Ils recueilleront les observations des grands industriels ou même des simples particuliers qui auraient eu l'occasion de relever des défectuosités dans le système des taxes en vigueur. (Circ. min. aux préfets, 29 août 1878.) — V. *Tarifs*.

Transmission au ministre des vœux exprimés par les conseils généraux. — (Ext. d'une circ. min. du 4 oct. 1878 aux préfets). — « Afin de faciliter la prompte exécution des instructions contenues dans les deux circulaires précitées (des 27 et 29 août 1878), je vous prie de vouloir bien, à l'avenir, faire parvenir à mon administration, aussitôt après chaque session des conseils généraux, les délibérations de ces assemblées ayant pour objet d'obtenir des changements dans la marche des trains ou des modifications dans les tarifs en vigueur. Je m'empresserai, de mon côté, de porter ces vœux à la connaissance de MM. les inspecteurs généraux du contrôle et de les inviter à rechercher et à me proposer, dans le plus bref délai, les moyens d'y donner satisfaction. »

Vœux divers. — V. *Chambres, Congrès, Enquêtes* et *Questionnaire*.

VOIE DE FER.

I. Conditions d'établissement de la voie et de ses dépendances. — Prescriptions du cah. des ch. général et rappel des articles auxquels il y a lieu de se reporter pour les détails d'application.

Art. 3, 4 et 5. — Présentation des projets. (V. *Projets.*) — Voir spécialement pour les travaux de ch. de fer exécutés par l'État, les mots *Études, Infrastructure, Projets*, § 2, *Matériel fixe, Superstructure* et *Types d'ouvrages*.

Art. 6. — 1° Terrains acquis et ouvrages d'art exécutés pour deux voies. (Voir ledit art. 6 au mot *Cah. des ch.*, — V. aussi *Ouvrages d'art* et *Terrains*.) — 2° Terrassements exécutés et rails posés pour une voie seulement. (Voir le même art. 6). — Voir aussi les mots *Rails* et *Terrassements*.

7. — *Largeur et dimensions de la voie.* — « La largeur de la voie entre les bords intérieurs des rails devra être d'un mètre quarante-quatre (1m,44) à un mètre quarante-cinq centimètres (1m,45). Dans les parties à deux voies, la largeur de l'entrevoie, mesurée entre les bords extérieurs des rails, sera de deux mètres (2m,00). — La largeur des accotements, c'est-à-dire des parties comprises de chaque côté, entre le bord extérieur du rail et l'arête supérieure du ballast, sera de un mètre (1m,00). — On ménagera, au pied de chaque talus du ballast, une banquette de cinquante centimètres (0m,50) de largeur. —

La compagnie établira, le long du chemin de fer, les fossés ou rigoles qui seront jugés nécessaires pour l'assèchement de la voie et pour l'écoulement des eaux. — Les dimensions de ces fossés et rigoles seront déterminées par l'administration, suivant les circonstances locales, sur les propositions de la compagnie. » (V. *Fossés*.) — Voir aussi *Dilatation* et *Écartement des voies*.

8. — *Alignements droits et courbes, Déclivités*, etc. (Voir ledit art. 8 au mot *Cah. des ch.* — Voir aussi *Courbes* et *Déclivités*, notamment en ce qui concerne le *surhaussement* du rail extérieur dans les courbes.) — Quelle que soit la limite autorisée pour les déclivités, il convient toujours d'établir en *palier* les voies des stations, à moins qu'on n'en soit absolument empêché par la disposition des lieux.

9. — *Gares et Voies d'évitement, Stations*. — Voir ledit art. 9 au mot *Cah. des ch.*

Nota. — L'art. 6 précité du même cah. des ch. porte que les terrassements pourront être exécutés et les rails pourront être posés pour une voie seulement, sauf l'établissement d'un certain nombre de gares d'évitement. — D'un autre côté, l'art. 9 stipule que « le nombre, l'étendue et l'emplacement des gares d'évitement seront déterminés par l'administration, la compagnie entendue. — Le nombre des voies sera augmenté, s'il y a lieu, dans les gares et aux abords de ces gares, conformément aux décisions qui seront prises par l'administration, la compagnie entendue. » — La commission d'enquête générale sur l'exploitation (*Recueil administratif*, 1865) a été d'avis : « qu'en ce qui concerne les chemins nouveaux construits à une seule voie, il n'y aura lieu, en général, d'établir des voies de garage que par sections continues de 50 à 60 kilomètres, comprises autant que possible entre des stations importantes. » — V. aussi *Garage*.

Voies nouvelles. — « Les arrêtés par lesquels le préfet et le ministre des travaux publics accordent à une compagnie de chemin de fer l'autorisation d'établir des voies nouvelles sur un terrain compris dans ceux originairement expropriés pour la construction du chemin de fer et de ses dépendances, lors même que ce terrain détaché d'une rue communale, serait encore grevé d'une servitude de passage à niveau au profit de la commune, constituent des actes de pure administration non susceptibles d'être attaqués par la voie contentieuse. » (C. d'État, 12 décembre 1851.)

(Voir d'ailleurs au mot *Gares* pour l'application de la partie des dispositions de l'art. 9 du cah. des ch. relatives à l'établissement des stations.)

Art. 10 à 13. — Traversée de routes et chemins. — V. *Passages*.

14. — Modification de routes et chemins. — V. *Chemin, Routes* et *Voies publiques*.

15. — Traversée des cours d'eau. — V. *Navigation*.

16. — Établissement des tunnels. — V. *Souterrains*.

17. — Maintien des communications de terre et d'eau. — Voir *Cah. des ch.*

18. — Exécution des ouvrages d'art. — V. *Ouvrages d'art*.

19. — *Matériel de la voie*. — Les voies seront établies d'une manière solide et avec des matériaux de bonne qualité. — Le poids des rails sera au moins de trente-cinq kilogrammes par mètre courant sur les voies de circulation, si ces rails sont posés sur traverses, et de trente kilogrammes dans le cas où ils seraient posés sur longrines. (V. *Rails*. — V. aussi *Ballast, Coussinets, Éclisses, Matériel fixe* et *Traverses*.) — Détails statistiques. — V. ci-après, § 1 *bis*.

20. — *Clôtures*. — Le chemin de fer sera séparé de propriétés riveraines par des murs, haies ou toute autre clôture, dont le mode et les dispositions seront autorisés par l'administration, sur la proposition de la compagnie.

Nota. — D'après une dép. min. spéc. (10 févr. 1872) réseau du *Midi*, les clôtures de ch. de fer sont plutôt *séparatives* que *défensives*. L'admin. s'est seulement attachée à examiner si la clôture exécutée est conforme au type approuvé par elle pour l'établ. de ladite ligne. Il a été établi que, dans l'espèce, la clôture du ch. de fer dans la partie dont il s'agit reproduit bien l'ensemble des dispositions du type adopté par l'admin. pour les clôtures en pleine voie, type d'après lequel les pieux sont reliés par quatre fils de fer dont le plus rapproché de terre ne doit

laisser à partir du sol qu'un espace libre de 0^m,30 au maximum, mais que, par suite des ondulations du terrain généralem. pierreux, cet espace est ordin. plus grand sur certains points. La
comp. a été par suite invitée à compléter à bref délai les clôtures de telle sorte qu'en aucun point
les dimensions des vides ne soient supérieures aux limites marquées par les cotes des dessins
types que l'admin. a approuvées (Extr.). — V. aussi *Bestiaux* et *Clôtures*.

Art. 19. à 29. — Dispositions diverses relatives aux acquisitions et occupations de
terrains, aux travaux dans la *zone militaire,* aux *mines* et *carrières,* au *personnel* et à la
réception des travaux, au *bornage* de la ligne. — Voir ces divers mots.

30. — *Entretien de la voie et de ses dépendances.* (V. *Entretien*). Voir aussi plus loin les
indications résumées au § 2.

58. — Installation du service télégraphique. — V. *Télégraphie.*

59 à 62. — Nouveaux travaux et embranchements divers. — V. *Embranchements, Navigation, Routes* et *Voies publiques.*

66 et 67. — Surveillance de l'État. — V. *Contrôle* et *Personnel.*

Conditions d'établ. de la 2e voie. — Voir le mot *Double voie.*

I *bis*. Renseignements généraux sur l'établ. de la voie de fer. — Les recueils
statistiques publiés par l'admin. des tr. publ. ainsi que les comptes rendus des enquêtes
sur l'expl. des ch. de fer contiennent d'utiles renseignements au sujet des conditions
d'établ. et du prix de revient des voies. — Nous réunissons, pour la *voie* comme nous
l'avons déjà fait pour beaucoup d'autres parties du service des ch. de fer, quelques indications générales au sujet des dispositions adoptées sur les divers réseaux. — Ainsi, nous
trouvons d'abord, dans le *rapport général d'enquête du 8 juillet* 1880, l'appréciation suivante résumée par le rapporteur de la commission : « Je passerai rapidement sur ce qui
concerne la voie. Toutes nos compagnies font de son amélioration et de son entretien
l'objet de leurs soins les plus constants. On substitue partout les rails d'acier aux
anciens rails de fer. On augmente généralement le nombre des traverses pour lui donner
plus de solidité, principalement sur les lignes parcourues par des trains rapides ; et, en
même temps, on donne des soins spéciaux à l'amélioration du ballast. — Au point de vue
du tracé, les compagnies modifient les vitesses et les charges des trains, suivant les conditions de déclivité et de rayons de courbes des diverses sections de chaque ligne, et
nous n'avons trouvé dans leurs règlements, sur ce point, rien qui ne fût compatible avec
les exigences de la sécurité. Pour les nouveaux tracés à établir, on peut demander d'employer, pour le passage des courbes aux alignements droits, le raccordement parabolique
du 3e degré (perfectionné à la comp. de l'Est) qui met constamment le surhaussement du
rail extérieur en corrélation avec le rayon de la courbure. » — *Constitution des voies.* —
Voir les indications ci-après.

Système de rails (Extr. du même *rapport d'enq.* 8 *juillet* 1880). — « La comp. d'Orléans
conserve immuablement le rail à double champignon qui lui paraît donner une voie plus stable.
Elle a entrepris le remplacement graduel de ses rails en fer par un rail en acier exactement du
même gabarit. Le poids de son rail est de 37 kil. 1/2. Elle emploie, en général, 6 traverses par
longueur de rail de 5^m,50 et 7 traverses sur la ligne de Paris à Bordeaux, que parcourt le
train le plus rapide. — La proportion de ses rails d'acier atteint, en ce moment, 1/5 de la
totalité des voies.

La comp. du Midi conserve aussi l'ancien rail à double champignon. Le rail en fer pèse
37 kilog. ; on a commencé le remplacement progressif par des rails d'acier, dont on n'a encore
que 120 kilom. : le nouveau rail conserve à très peu près le même profil que l'ancien ; il pèse
37 kilog., 6. La longueur de la barre est de 5^m,50, avec six traverses, et exceptionnellement
sept sur les pentes de 20 mil. ou dans les courbes de 400 m.

La comp. Paris-Lyon-Méditerranée a adopté la voie Vignole, qui a l'avantage d'être plus
douce, d'exclure l'emploi du coussinet et du coin, et qu'elle considère, en conséquence, comme
plus solide et plus sûre. — Il ne lui reste plus que 1.500 kilom. de rails de fer ; tout le reste a
été remplacé par des rails d'acier. — Sur la ligne principale de Paris à Marseille, elle emploie un
rail d'acier de 38 kilogr. dont le patin a 0 m. 13 de largeur (ce qui dispense des selles métal-

liques), avec 8 traverses par rail de 6 m. et 9 sur quelques rampes. Sur les autres lignes, le rail n'est que de 33 kil., avec 9 traverses par barre de 8 m. et selles d'acier, en raison de ce que le patin est plus étroit.

La comp. du Nord a aussi exclusivement adopté la voie Vignole. Son rail d'acier n'est que de 30 kilog., mais elle met uniformément 10 traverses par rail de 8 m. Elle a même essayé, en quelques points, l'addition d'une ou deux traverses supplémentaires, mais sans y trouver d'avantage bien marqué.

La comp. de l'Est n'a plus que quelques centaines de kilom. de voies à double champignon. Elle a adopté depuis longtemps la voie Vignole et le tiers environ de son réseau est aujourd'hui en rails d'acier, du même poids et même nombre de traverses que sur le réseau du Nord. — Sur ses lignes à petits rayons de 300 m., quand la circulation est active, la voie aurait une tendance à s'ouvrir; on y obvie en y ajoutant une ou deux traverses par barre, et en doublant les tire-fonds.

La comp. de l'Ouest renouvelle ses voies les plus chargées de trafic avec des rails d'acier à double champignon, de 38 k. 750, de 8 m. de longueur, avec 10 traverses. Elle obtient ainsi une voie extrêmement stable. Sur les lignes de moindre importance récemment construites, elle a adopté le rail Vignole en acier, de 30 kilog. par mètre courant, de 8 m. de longueur, avec 9 traverses, selles d'acier et même avec un certain nombre de coussinets spéciaux par rail. Dans ces conditions encore on a une voie excellente et très sûre.

Sur le réseau de l'État enfin, on adopte le rail d'acier à double champignon ; et on le substitue progressivement au rail Vignole, sauf, sur la ligne d'Orléans à Châlons, où la 2e voie actuellement en construction sera en rails Vignole d'acier, de 36 kil. 500.

Sur l'ensemble des réseaux, on n'a pas remarqué pendant l'hiver dernier, au moment où les grands froids faisaient perdre à la voie toute son élasticité par le durcissement du ballast, que les ruptures de rails d'acier fussent sensiblement plus nombreuses que celles des rails de fer. Les ruptures de rails d'acier sont d'ailleurs, en général, franchement perpendiculaires à l'axe, et n'occasionnent que très rarement des accidents.

La substitution des croisements sous rails aux croisements à niveau des principales bifurcations est à recommander, dès que l'une des lignes est chargée d'un trafic exceptionnel. Cette disposition est déjà adoptée sur quatre bifurcations de la ligne du Nord, notamment aux voies de la sortie de Paris, au troisième kilomètre. »

Appareils divers. — Voir les mots *Aiguilles, Enclenchements* et *Matériel fixe.*

Détails statistiques. — 1° Relevé des parties de voies construites en alignement droit ou en courbe (limites du rayon des courbes, des pentes, des rampes, etc.) et indications diverses. (V. *Courbes* et *Déclivités*). — 2° Longueur totale des voies exploitées au 31 déc. 1881 et au 31 déc. 1885. (V. le mot *Longueurs*). — 3° Longueur des lignes à double voie, ou plus, exploitées à la même époque 10,488 kilom. *Id.* à une voie, 14,604 kilom. (Total 25,092 kilom.). — 4° Répartition des voies, en rails d'acier ou en rails de fer forgé, au 31 déc. 1881 (France européenne). — Longueur et développement des *voies principales*, en rails d'acier, 16,816 kilom. — *Id.* en fer. 18,899 kilom. — *Voies accessoires*, en rails d'acier, 299 kilom. — *Id.* en fer, 6,223 kilom..... — *Ensemble des voies :* avec rails d'acier, 17,292 kilom. — *Id.* avec rails en fer 25,122 kilom. (Total 42,414 kilom). — 5° Dimensions et poids des rails. — Double champignon et vignole ; longueur moyenne d'un rail, 4 à 8 mètres. — Poids par mètre courant, 30 kilom. à 38 k. 50. — Espacement moyen des supports transversaux 0m,75 à 1m,20. — 6° Relevé des ouvrages d'art, *passages, ponts, souterrains* et *viaducs.* — Voir ces mots.

Prix de revient des voies. — D'après les documents statistiques publiés en 1856 par l'admin. centrale des tr. publ., le prix de revient de la voie, observé pour 1800 kilom. de chemin de fer fait ressortir le prix kilométrique à 115,000 francs et à 62,700 francs pour la simple voie (comprenant pour le ballast 17 p. 100 en moyenne, pose de la voie 7 p. 100, voie proprement dite, rails, coussinets, coins, traverses, etc., 76 p. 100). — Nous regrettons de ne pouvoir donner ici les renseignements résumés dans des publications plus récentes et qui ne doivent pas du reste différer beaucoup des indications ci-dessus puisqu'il n'est pas question ici des terrains, des terrassements et des grands ouvrages d'art, qui en raison des difficultés spéc. peuvent seuls faire subir aux prix de revient des variations assez considérables pour les diverses lignes. — Mais on trouvera au mot *Prix divers*, des détails nombreux sur les bases et les prix des ouvrages partiels considérés comme éléments constitutifs de la voie de fer proprement dite.

Dommages attribués à la voie (et aff. diverses). — V. *Dommages* et *Travaux.*

II. Détails des travaux et de l'entretien des voies. — 1° Confection des *terrasse-ments* et du *ballast* (Voir ces mots. — V. aussi plus loin, 4° *Travaux d'entretien*). — 2° *Pose des voies.* — Les voies de fer suivront exactement les pentes, paliers et rampes, ainsi que les courbes et alignements arrêtés pour les travaux de terrassement, tels qu'ils seront tracés sur la plate-forme du chemin de fer, au moyen de forts piquets d'axes et de hauteur, plantés de cent en cent mètres dans les parties droites, et de vingt en vingt mètres dans les parties courbes. — Les opérations de détail sont les suivantes :

Les chefs poseurs commencent par déterminer, au moyen de piquets et de jalons, l'axe de la voie à poser. — On établira, en même temps, les nivelettes à pieux, à côté et dans l'alignement des deux cours de rails ; en ayant soin de bien assurer la position des pieux par une fiche conve-nable et en serrant les nivelettes à la hauteur voulue, d'après les piquets d'axe, pour servir à bien fixer le niveau des rails.

Cela fait, le chef poseur marquera sur le ballast, avec la règle divisée, l'emplacement que les traverses doivent occuper dans la pose, et les ouvriers de la brigade les déposeront à peu près dans leur position, en commençant par les traverses de joints, quand la pose ne sera pas faite avec éclisses ou par les traverses voisines des joints, dans l'autre cas. — Ces premières tra-verses seront posées avec plus de précision que les autres et devront être tenues un peu plus élevées que les traverses intermédiaires. Quand les coussinets n'auront pas été cloués dans l'axe même des traverses, on aura soin de poser celles-ci de façon que la face latérale de la traverse la plus voisine des coussinets soit toujours du côté par lequel les trains doivent arriver sur la voie que l'on pose. Après cette opération, le chef poseur, avec deux hommes munis d'une grosse pince, alignera, entre les traverses de joints ou voisines de joints, les tra-verses intermédiaires.

Lorsque les rails seront posés dans les coussinets, il sera procédé au coinçage de la manière indiquée à notre article *Coins*, et ensuite au garnissage des traverses, à un bourrage à peu près complet (V. *Bourrage*), et enfin au dressement, au bourrage définitif et au serrage à fond des éclisses (V. *Garnissage* et *Dressement*) (*Inst. spéc.*).

Pose de la voie Vignole, crampons, etc. — A mesure qu'une certaine longueur de rails aura été placée dans les entailles des traverses, et la voie dressée, on procédera à l'éclissage des rails et à la pose des crampons. Avant de procéder à cette opération, toutes les parties qui devront se joindre seront bien nettoyées et les traverses devront être suffisamment bourrées pour bien toucher aux rails. Cela fait, on posera les éclisses en mettant les écrous à l'intérieur de la voie et conve-nablement serrés.

Chaque rail sera fixé, sur chaque traverse, au moyen de deux crampons et en évitant de les mettre sur la même ligne des fibres du bois. Les trous des crampons auront 16 mill. de diamètre ; mais le centre de ce trou sera à 9 mill. de la base du rail, à cause du diamètre du crampon qui est de 19 mill. — Les trous suivront l'inclinaison du vingtième donnée aux rails, afin que la tête du crampon porte exactement sur la base du rail.

Avant d'enfoncer les crampons, on aura soin de s'assurer qu'il y a contact exact entre le rail et la traverse. L'enfoncement devra être fait avec précaution au moyen d'un marteau... et n'être terminé qu'à petits coups, lorsque les quatre crampons d'une même traverse seront placés et que la traverse sera arrêtée à la place, bien carrément par rapport au rail.

Dans les courbes, on rachètera la différence de longueur entre les deux lignes de rails d'une même voie, en plaçant de distance en distance un rail plus court dans la concavité de la courbe ou ligne de petit rayon. La différence des joints sur l'équerre ne devra jamais être de plus de deux centimètres. — V. *Joints* et *Rails.*

Complément des voies. — V. *Aiguilles, Croisements, Disques-signaux, Enclenchements, Gabarits, Fosses, Passages à niveau, Plaques tournantes, Réservoirs, Signaux, Traversée de voies,* etc.

3° *Travaux neufs sur les lignes exploitées.* — V. les mots *Projets* et *Travaux.*

4° *Travaux d'entretien.* — L'entretien courant des voies doit avoir pour objet de main-tenir : — 1° Le dressement en plan et en profil ; — 2° le surhaussement du rail exté-rieur dans les courbes et l'écartement normal des rails (Voir *Dévers* et *Écartement*) ; — 3° l'ouverture des joints et le serrage des éclisses ; — 4° la stabilité des traverses, en pré-venant avec le plus grand soin leur déversement ; — 5° la bonne tenue des coins et des chevillettes. — Cet entretien devra avoir aussi pour objet de conserver à la surface du ballast les ondulations nécessaires pour assurer aussi bien que possible les écoulements de superficie. — En ce qui concerne le *remaniement périodique du ballast*, des ordres de service spéciaux règlent pour chaque compagnie les époques de remaniement du ballast des voies principales et des voies accessoires, et les dispositions à prendre pour le remplacement des matériaux arrivés à la limite d'un bon service. — Nous n'avons aucune donnée générale à résumer au sujet de ces réparations qui doivent être effectuées autant que possible de manière à ne pas interrompre la circulation et avec toutes les précautions exigées par les règlements. — V. *Ateliers, Réparations, Signaux*.

Et enfin, l'entretien devra pourvoir au nettoiement des fossés et au règlement des banquettes, de telle façon que les eaux ne soient retenues nulle part et ne puissent, ni détremper le ballast, ni raviner les terrassements (*Inst. spéc.*).

Nous ne pouvons, du reste, que renvoyer aux mots : *Entretien, Gardes-lignes, Poseurs, Réparations, Surveillance, Trains, Travaux*, au sujet des points principaux sur lesquels doit porter l'entretien de la voie, notamment dans les sections à circulation active, et sur les mesures spéciales de précaution dont ces travaux doivent être l'objet.

Le relevage de la voie, notamment, exige diverses précautions au sujet desquelles les agents doivent se conformer rigoureusement aux ordres de service et règlements en vigueur, à ce sujet, sur chacun des réseaux. — Voir, entre autres dispositions, les mots *Courbes, Décers, Écartement, Poseurs*, etc.

III. Police et surveillance de la voie. — D'après l'art. 1er de la loi du 15 juillet 1845, les ch. de fer construits par l'État font partie de la grande voirie. — Les art. 2 et 3 de ladite loi rendent applicables aux ch. de fer les anciens règl. de gr. voirie (V. *Contraventions et Grande voirie*). L'art. 4 est relatif aux *clôtures et barrières* (Voir ces mots). — L'art. 5 interdit toute construction à une certaine distance de la voie (V. *Alignements*). Les art. 6 et suivants se rapportent aux excavations, dépôts, plantations, etc. interdits aux abords des voies. — L'art. 12 édicte une pénalité pour les contraventions commises par les concessionnaires. — Enfin, les art. 16 et suivants formant le titre III (Voir *Lois*), sont relatifs aux dérangements de la voie de fer et aux autres mesures relatives à la sûreté de la circulation. — De son côté, l'art. 61 de l'ordonn. du 18 nov. 1846, contient diverses prescriptions relatives à la police de la voie (Voir *Ordonnances*), et l'art. 63 interdit toute circulation irrégulière sur le ch. de fer. — V. *Libre circulation*.

Ingénieurs et agents désignés pour la surv. et le contrôle de la voie. — La même ordonn. de 1846 contient à son art. 2 diverses dispositions ayant pour objet l'entretien, la surveillance, le service et l'éclairage de la voie. — D'après d'autres dispositions du même règlement ou du cah. des ch., art. 31, etc., la compagnie est tenue d'avoir un nombre d'agents suffisant pour le service dont il s'agit (V. *Agents*, §§ 6, 7 et 8). — Enfin, le contrôle proprement dit de la voie sur les lignes en exploitation a été confié, sous la direction de l'insp. gén. chef du contrôle, aux *ingénieurs et conducteurs* des p. et ch. (V. ces mots). — Voir aussi *Commiss. de surv.* et *Rapports*.

Protection des voies. — L'une des recommandations les plus importantes faites aux agents, pour la sécurité de la circulation sur les voies principales, est la suivante : — « *Les chefs de gare devront couvrir la voie au moyen du signal fixe pendant 10 minutes après le passage ou le départ de chaque train, soit qu'il s'arrête à leur gare ou qu'il ne s'y arrête pas.* » — Les gardes-lignes et autres agents échelonnés sur la voie doivent, de leur côté, ne faire le signal de voie libre aux trains que lorsqu'ils se suivent à 10 minutes au moins d'intervalle (V. *Intervalle*). — Lorsque la voie se trouve obstruée *pour quelque cause que ce soit* le signal de protection doit être porté au moins à 800m, et même d'après quelques règlements jusqu'à 1,200 et 1,500m suivant la déclivité de la ligne. — Voir, au surplus, en ce qui concerne les *signaux* de la voie et leur manœuvre les mots *Arrêts, Disques-signaux, Ralentissement, Sémaphores* et *Signaux*, § 5.

Responsabilité des agents. — « Il ne suffit pas, pour mettre la responsabilité des chefs de station à couvert, qu'ils donnent l'ordre de faire les signaux ; ils doivent encore s'assurer par eux-mêmes que les signaux sont manœuvrés, soit pour couvrir la gare, soit pour maintenir l'intervalle entre les trains. » (*Inst. spéc.*) — « A l'heure du passage d'un train, qu'il doive ou non s'arrêter dans la gare, l'agent chargé de la manœuvre des disques devra toujours se tenir à proximité du levier ; et il tournera le disque à l'arrêt aussitôt que le train aura dépassé le disque, si ce signal est visible, ou aussitôt que le train pourra être aperçu, si le disque est hors de la vue de la gare. » (*Ibid.*) — « Les chefs de gare ne doivent jamais commencer une manœuvre sur une voie principale, après avoir tourné le disque à l'arrêt, que lorsqu'ils sont certains qu'une machine ou un train n'a pas déjà dépassé le disque au moment où il a été fait. » (*Ibid.*)

Service de la voie unique. — V. plus loin *Voie unique.*

IV. Délimitation de la voie. — V. *Alignements, Barrières, Bornage, Clôtures, Dépendances, Domaines* et *Terrains.*

VOIE PUBLIQUE.

Routes et chemins modifiés. — Voir l'art. gén. *Voies publiques,* où nous avons d'ailleurs reproduit dans tout son développement le décret du 6 août 1881 concernant l'établ. et l'expl. des voies ferrées sur le sol des routes et des chemins publics.

VOIE UNIQUE.

I. Service provisoire sur une voie (*en cas d'accident ou de réparation*). — Art. 25 et 34 de l'ordonn. du 15 nov. 1846 et applications. — V. *Pilotage.* — V. aussi au mot *Signaux,* § 5, l'art. 23 du régl. gén. du 15 nov. 1885.

II. Lignes construites et exploitées à simple voie. — Les conditions d'établissement des lignes *à une seule voie,* sont exactement les mêmes que celles des chemins de fer *à deux voies,* sauf pour les dimensions de la plateforme, et des ouvrages d'art (lorsqu'il y a lieu), qui sont réduites en conséquence. — V. spéc., à ce sujet, les art. 6, 7, 11, 12, 15 et 16 du cah. des ch. et les mots *Ouvrages d'art, Passages, Souterrains, Terrains, Terrassements, Viaduc* et *Voie.*

Etablissement éventuel de la 2e voie. — V. le mot *Double voie.*

II bis. Service normal à voie unique. — La question de sécurité du service des lignes *exploitées à simple voie,* a fait depuis longtemps l'objet d'études très détaillées qui ont abouti en dernier lieu (V. *Block-system,* circ. min. du 12 janv. 1882, et *Cloches électriques,* circ. min. du 4 mai 1885) à l'installation sur toutes les lignes à voie unique, sauf l'exception dont il sera parlé au 4o ci-après, de *Cloches électriques* permettant d'annoncer le départ de chaque train par le signal le plus rapide équivalant à la demande de voie. Voici l'énumération, par ordre de date, des principales mesures dont il s'agit :

1o *Indications résumées dans le compte rendu de l'enquête sur l'exploitation* (Recueil 1858). — « Sur chaque section à simple voie, un agent, spécialement désigné par un ordre de service, est chargé de prendre toutes les mesures que la sûreté et la régularité du service peuvent rendre nécessaires. Cet agent peut seul apporter des modifications au service, autoriser la circulation extraordinaire d'un train, d'une machine ou même de wagons, et commander les trains facultatifs, sous la condition expresse d'annoncer à toutes les gares, par des avis spéciaux, dont les chefs de gare doivent accuser réception, ces modifications de service et ces envois de trains extraordinaires.

« En outre, *les croisements de trains réguliers et facultatifs sont déterminés d'une manière rigoureuse par les ordres de service :* des avis spéciaux indiquent les croisements des trains extraordinaires. Dans les gares où doivent avoir lieu les croisements, les signaux avancés des deux côtés sont tournés à l'arrêt dix minutes avant l'heure réglementaire de l'arrivée du premier train. Ces signaux sont effacés successivement et au fur et à mesure de l'arrivée des trains en gare.

« Le chef de la gare de croisement ne doit faire partir aucun des deux trains avant d'avoir communiqué avec les deux chefs de train, et visé leurs feuilles. » (*Nota.* — **Sur** quelques lignes, cette prescription s'applique aux trains isolés comme aux trains qui se croisent à une station. — Le chef de train ne doit donner le signal de départ qu'après l'accomplissement de cette formalité) (1).

Changement des points de croisement. — « Dans le cas de retard prolongé, dans l'arrivée à une station, d'un train qui doit en croiser un autre, le chef de cette station peut autoriser le train à partir, après s'être assuré près du chef de la station suivante que le train en retard n'y est pas encore arrivé et qu'on l'y arrêtera jusqu'à l'arrivée du train marchant en sens contraire. Cette autorisation doit toujours être donnée par écrit. » (Enq., 1858.) *Nota.* — Lorsque, par exception, deux trains devront se croiser à une gare où l'un d'eux ne s'arrête pas ordinairement, le chef de la gare devra, par surcroît de précaution, faire répéter par un agent de la gare le signal d'arrêt au train *qui ne s'arrête pas ordinairement.* » (Extr. des règl.)

2° *Annonce de tout train facultatif ou extraordinaire, prescrite par décis. minist. du 21 sept. 1867* (prise sur l'avis de la commission des règl. et inv., et adressée aux comp.). — « La commission a reconnu que, s'il n'y a pas lieu d'annoncer les trains réguliers circulant sur la voie unique, cette annonce est du moins nécessaire pour les trains facultatifs et extraordinaires, qui sont évidemment ceux dont la circulation présente le plus de danger et qui, d'ailleurs, ne sont jamais assez nombreux pour que l'expédition et la réception des télégrammes, nécessités par leur signalement, absorbent une grande partie du temps des chefs de gare. — La commission a, dès lors, exprimé l'avis qu'il convient de prescrire à toutes les comp. de ch. de fer les mesures suivantes :

« Sur la voie unique, la création de tout train facultatif ou extraordinaire doit être annoncée, d'avance à toutes les gares situées sur son parcours.

« Indépendamment de cette annonce générale et à moins que le service télégraphique ne soit interrompu, aucun train facultatif ou extraordinaire ne doit quitter une gare sans qu'il ait été signalé par le télégraphe à la gare suivante, et que cette dernière ait répondu que la voie est libre et que le train est attendu.

« Les compagnies devront présenter, à l'admin. supér., des propositions spéciales pour mettre leurs règlements en harmonie avec les dispositions ci-dessus. »

« L'avis de la commission m'ayant paru devoir être adopté, je l'ai approuvé par une décision de ce jour. — Je vous invite, en conséquence, à me soumettre, dans un délai de quinze jours, les propositions spéciales indiquées par la commission, sans préjudice du maintien des prescriptions actuellement en vigueur pour garantir la sécurité, lors même que le télégraphe est interrompu. » (Circ. min., 21 sept. 1867.)

Cette disposition importante a été insérée dans les règlements des compagnies qui contiennent d'ailleurs, au sujet des dérangements télégraphiques, diverses indications parmi lesquelles nous remarquons les suivantes :

Dérangements télégraphiques. — Toute circulation extraordinaire que les règlements prescrivent d'annoncer par des avis télégraphiques est formellement interdite sur les sections à voie unique, tant et aussi souvent que, par suite d'interruption dans les communications télégraphiques, il ne sera pas possible de faire précéder la mise en marche de ces trains de l'entier accomplissement des formalités de rigueur, c'est-à-dire notamment en les annonçant à l'avance, en observant rigoureusement comme pour les trains réguliers les croisements réglementaires et en se conformant à d'autres dispositions pour lesquelles il est absolument indispensable de se reporter aux règlements eux-mêmes de chacune des compagnies.

Suspension des trains du service des travaux. — En cas d'interruption de la communication télégraphique, les trains de ballast ou de matériaux cesseront leur service. — Si cette interruption se prolongeait, ces trains pourraient se faire en vertu d'ordres écrits émanant de l'agent spécial, indiquant l'itinéraire complet du train, de gare en gare, et les points de croisement avec les trains de sens contraire. — Si l'interruption télégraphique se produit pendant que le

---

(1) Il est presque surabondant de rappeler que les heures de départ, de passage et d'arrêt aux gares, d'arrivée à destination, etc., des trains de voyageurs et de marchandises réguliers et facultatifs sont indiquées, comme pour la double voie, dans les tableaux de la marche des trains approuvés par le ministre. — V. *Graphiques, Marche des trains* et *Ordres de service.*

train est engagé entre deux gares, et si celle où il vient se garer ne peut prévenir l'autre de la rentrée du train ou de la machine, l'avis écrit de la voie libre sera porté par le conducteur du train, avec la machine du ballast elle-même, qui reviendra ensuite prendre son train ou rentrera au dépôt, en s'attelant, dans l'un comme dans l'autre cas, en double traction avec le premier train régulier. — En cas de dérangement de la machine, l'avis de voie libre sera porté par un exprès. (Ext. du règlem. approuvé pour l'un des grands réseaux.)

3° *Installation de cloches électriques, recommandée par le rapport d'enquête du 8 juillet 1880* (et rendue obligatoire par diverses décisions dont il sera question plus loin). — Après avoir fait un rapprochement comparatif des divers systèmes d'appareils appliqués soit en France, soit à l'étranger et des règlements en vigueur pour le service des lignes à simple voie, le rapport d'enquête du 8 juillet 1880 se résume ainsi qu'il suit :

(*Extr. du rapport gén. d'enquête, 8 juillet 1880*). — Nous arrivons à l'exploitation à voie unique. Elle est appliquée sur une longueur totale de 12,790 kilom. de l'ensemble des divers réseaux et elle est destinée à un bien plus grand développement quand les lignes nouvellement projetées seront construites.

Elle est répartie en ce moment de la manière suivante : 3,050 kilom. sur le réseau de Paris-Lyon-Méditerranée; 1291 kilom. sur celui du Nord; 1154, 1573, 3,184 1515, 1022 kilom. sur ceux de l'Est, de l'Ouest, d'Orléans, du Midi et sur les lignes de l'État, dont on peut dire à bien peu de chose près qu'elle constitue en ce moment la totalité.

A part deux compagnies qui ont spontanément adopté l'emploi auxiliaire des cloches électriques, le Nord sur la totalité de ses lignes à simple voie et Paris-Lyon-Méditerranée sur les 0,30 environ des siennes, toutes nos compagnies font reposer la sécurité de cette exploitation sur l'usage d'une réglementation précise et sévère sans recourir à d'autres appareils que ceux de la télégraphie ordinaire.

Théoriquement, cette organisation pourrait suffire. Elle suffit en fait. Jusqu'ici, sur presque tous nos réseaux et sur les lignes peu chargées de trafic, on peut la considérer comme offrant les garanties de sécurité désirables. Mais sur les sections déjà nombreuses où le trafic s'est beaucoup développé, il peut être prudent de lui adjoindre quelques systèmes auxiliaires de sécurité.

En Angleterre, on a le système du bâton « staff system » et « staff and ticket system » qui n'est qu'une sorte de pilotage donnant une sécurité absolue contre toute chance de collision sauf le cas de rencontre de véhicules en dérive, et pouvant dispenser de toute autre mesure spéciale de précaution, mais qui ne peut convenir qu'à des lignes à faible trafic. Ce système, sur lequel il nous paraît utile d'appeler l'attention, n'a encore été expérimenté sur aucun de nos réseaux ; on annonce toutefois que la compagnie de l'Ouest va en faire l'essai sur quelques-unes de ses lignes.

En France, deux systèmes d'exploitation sont en présence : le premier, qui semble donner le plus de garanties de sécurité, consiste à toujours demander la voie avant le départ de n'importe quel train. — Ce système n'est cependant en usage que sur un seul réseau, celui de l'Est. — A chaque station munie d'appareils télégraphiques (appareils Morse) le départ de tout train régulier, aussi bien que celui de tout train facultatif ou spécial doit toujours être annoncé au poste le plus prochain vers lequel il se dirige alors même que l'ordre de marche indiquerait que ce poste doit être franchi sans arrêt, et on ne le lance ou on ne le laisse passer qu'autant que le stationnaire du poste suivant a répondu en donnant la voie. Les disques des gares sont normalement fermés et ne peuvent être ouverts aux trains directs que si la réponse permet de laisser passer le train.

La plupart des autres mesures régl. sont d'ailleurs communes aux deux systèmes.

Le second système, adopté par toutes les autres comp. sans exception, n'oblige pas à demander la voie et à annoncer par le télégraphe le départ des trains réguliers; cette obligation, que remplace avantageusement sur deux de nos réseaux l'emploi des cloches électriques, n'est de règle que pour l'emploi des trains facultatifs ou spéciaux.

Dans les deux systèmes, bien entendu, tous les changements de croisements ou toutes les interversions de trains, soit réguliers, soit facultatifs ou spéciaux, sont préalablement annoncés et acceptés par le télégraphe.

Les compagnies qui ont adopté le second système objectent au premier d'occasionner des retards sans utilité sérieuse, d'exiger dans les petites stations un personnel onéreux ou de surcharger les chefs de gare, de multiplier les dépêches uniformes qui ne sont plus passées d'un poste à l'autre que machinalement, presque sans attention et souvent même, quand le train annoncé a déjà été expédié.

Le deuxième système, disent-elles, suffit complètement à assurer la sécurité en attribuant régulièrement la voie à un train déterminé, et cela, sous la garantie de trois responsabilités, celle du mécanicien, du chef de train et du chef de station. La demande de voie n'est pas nécessaire tant que la fixité des croisements est maintenue, et, en service normal, il y a bien des journées où il n'y a pas un seul croisement à déplacer. Avec le système de demande de voie pour tous les trains, ajoutent-elles, une interruption du télégraphe a pour résultat d'arrêter momentanément toute circulation.

Quelques-unes de ces objections, surtout la dernière, seraient facilement levées. La difficulté la plus grave, à l'extension aux autres compagnies, du système de l'Est, consisterait dans la nécessité de changer, sans utilité bien démontrée, des règlements en usage depuis plus de vingt ans et de modifier chez un nombreux personnel d'agents des habitudes prises. La commission ne voit donc pas de motif suffisant pour imposer ce système aux compagnies qui ne l'ont pas encore adopté. Elle fait d'ailleurs remarquer que pour les lignes à voie unique d'une assez grande fréquentation, les seules où le changement du système puisse avoir un intérêt sérieux, l'emploi des appareils de cantonnement à signaux extérieurs ou de cloches électriques qu'elle va être amenée à proposer, donnera à l'exploitation un surcroît de sécurité préférable à celui qu'on attendrait de la demande de voie par le télégraphe.

Sur le réseau du Midi, qu'on peut donner comme exemple d'une bonne exploitation du deuxième système, tous les trains annoncés qui doivent traverser une station sont inscrits, au commencement de la journée, dans leur ordre de succession sur un tableau dit « Tableau diurne ». A mesure qu'un train passe, son numéro est effacé, le chef de la station et tous ses agents ont ainsi sous les yeux le moyen de se rendre compte, à chaque instant, des trains qui n'ont pas encore passé. Ce tableau est employé également sur le réseau du Nord, simplifié et réduit à la seule inscription des trains extraordinaires ; il est adopté aussi par les compagnies d'Orléans, de l'Ouest et de Paris à Lyon et à la Méditerranée ; son utilité ne peut être mise en doute, et nous pensons qu'il y a lieu de le signaler à l'attention des compagnies qui n'en font pas encore usage.

Les changements de croisement et les interversions dans l'ordre d'expédition des trains, soit réguliers, soit extraordinaires, constituent la partie délicate de l'exploitation. Les règlements intérieurs des compagnies, examinés par la commission, y pourvoient autant que possible et déterminent avec précision jusqu'aux moindres détails des précautions à prendre et des dépêches à échanger de station à station.

Depuis l'accident de Flers, la comp. de l'Ouest, en vue d'éviter le retour d'accidents semblables, a complété son règlement par une mesure dont le but est de faire contrôler les uns par les autres les agents des gares et ceux des trains. Chaque conducteur chef est muni d'un journal du train portant, pour toutes les stations à traverser, l'indication des croisements et garages prévus et à effectuer. — A chaque arrêt, le journal est présenté par le conducteur-chef au chef de gare, qui doit ou certifier que les croisements et garages prévus ont été effectués, ou y marquer, en y apposant sa signature, les changements que des perturbations ont pu entraîner, de telle sorte qu'à chaque instant de sa marche, le chef de train qui, d'autre part, a soin d'en informer le mécanicien et de le faire signer, soit toujours porteur d'un journal bien conforme aux faits qui se sont produits et doivent se produire réellement.

Sur tous les autres réseaux, toutes les fois que les croisements réglementaires sont changés, les chefs de train reçoivent des chefs de gare de chacune des stations extrêmes entre lesquelles le changement a été concerté, un bulletin qui doit être signé et porté à la connaissance des mécaniciens qui ont aussi à le signer, indiquant le nouveau point de croisement. C'est toujours une sorte de journal de train, un moyen de solidariser les responsabilités de tous les agents intéressés à la sécurité de la marche du train.

Sur la plupart des réseaux enfin, les règlements prescrivent d'avoir pour chaque section à voie unique un agent spécial chargé, à l'exclusion de toute autre personne, de régler toute circulation extraordinaire sur la section. Aucun train spécial, aucune machine isolée (sauf le cas de secours prévu d'autre part), aucun wagon manœuvré par le service de la voie ne peuvent circuler sur la section sans un ordre écrit émanant de cet agent. Quand cette prescription n'est pas inscrite d'une manière formelle dans le règlement, elle n'en est pas moins réalisée de fait dans la pratique.

Quelque sûre que soit en principe cette réglementation dont je n'ai pu indiquer que les traits principaux et quelque confiance qu'on soit autorisé à lui accorder, après vingt ans d'épreuve, il peut se présenter telle circonstance (et on n'en a eu que trop d'exemples) où par suite d'une distraction, d'une erreur ou d'une faute lourde, quelquefois d'un excellent agent, le système puisse se trouver en défaut, une collision, et presque toujours alors une catastrophe se produise.

Il semble donc indispensable, au moins pour celles de ces lignes à voie unique dont le trafic a pris un assez grand développem. et où circulent des trains ne s'arrêtant pas à toutes les stations, où, par conséquent, les perturb. de service et par suite les causes d'accidents sont le plus à craindre, de se procurer un complém. de sécurité par l'adoption de systèmes spéc. permettant, soit de s'assurer mécaniquement contre les causes d'erreurs, soit de réparer à temps ces erreurs si elles viennent à se produire.

Comme moyens de sécurité auxiliaires déjà expérimentés et incomparablement supérieurs à tous ceux que nous ont présentés les inventeurs, nous pouvons citer tous les appareils qui servent à établir le cantonnement des trains sur les lignes à double voie, pourvu qu'on les modifie de manière à les appliquer à prévenir l'introduction simultanée sur une même section, de deux trains lancés en sens contraire. Tels sont les appareils Tyer, Regnault, etc. La sécurité que donnent ces appareils est bien plus grande quand, à l'imitation du système des électro-sémaphores

Lartigue, on les enclenche avec les signaux extérieurs. Nous avons enfin les cloches électriques... » — V. à ce sujet le 4° ci-après.

4° *Dispositions spécialement applicables aux cloches électriques* (qui ont pour but d'assurer la sécurité du service à voie unique, en permettant d'annoncer le départ de chaque train par le signal le plus rapide équivalant à la demande de voie libre). — Voir à ce sujet au mot *Block-system*, § 2, 3°, la circ. min. du 12 janv. 1882 prescrivant l'installation de ces cloches. (Voir aussi au mot *Cloches électriques*, § 1, à la suite de l'extr. explicatif du rapport de la commission d'enquête, la circ. min. du 4 mai 1885, rappelant la nécessité des cloches électriques à toutes les lignes à voie unique, quel que soit leur trafic, « à l'exception toutefois de celles où le service a lieu en navette à l'aide d'une seule locomotive ». — Nous complétons ici ces documents par le texte intégral de la circ. min. du 4 nov. 1886 adressée aux administrateurs des compagnies et communiquée aux chefs du contrôle.

Modifications des cloches électriques et mesures diverses (Circ. min., 4 nov. 1886). — « Messieurs, l'attention de l'admin. des tr. publ. n'a jamais cessé, vous le savez, de se porter vers la recherche de toutes les mesures propres à accroître la sécurité de l'expl. des lignes à voie unique. — Tout récemment encore, j'ai soumis cette grave question aux délib. du comité de l'expl. technique des ch. de fer, lequel se fondant principalement sur les constatations faites à l'occasion du déplorable accident du 10 mars 1886 (collision de trains sur la ligne de Marseille à Vintimille, entre Monte-Carlo et Roquebrune), a émis l'avis qu'il conviendrait, savoir ;

1° D'étudier s'il ne serait pas possible de modifier les cloches électriques établies dans les gares et stations, de façon à en faire appuyer les signaux acoustiques par un signal optique et à faire donner aux gares et stations expéditrices l'accusé de réception des signaux transmis par elles, ainsi que des trains qu'annonçaient ces signaux ;

2° Et de munir, sur chacune de leurs faces latérales, les fourgons de tête et de queue de chaque train d'une plaque indicatrice du numéro de ce train.

« J'ai adopté cet avis par décision de ce jour, et, en conséquence, je vous invite :

« D'une part, à procéder immédiatement à l'étude demandée par le comité, pour m'en faire connaître ensuite le résultat le plus tôt possible.

« Et, d'autre part, à faire usage dans le plus bref délai et, en tout cas, avant le 1er juillet 1887, sur *tous les trains de voyageurs, de marchandises ou mixtes* circulant sur votre réseau, des plaques indicatrices mentionnées dans l'avis du comité. »

Fonctionnement des cloches électriques (Appareils qui ne dispensent nullement de l'exécution des règlements ordinaires). — V. *Cloches.*

Indications de détail (extraites des règlements en vigueur sur divers réseaux). — *Circulation exceptionnelle.* — *Avis télégraphiques*, etc. — Les trains, machines et wagons circulant *exceptionnellement* sur la voie unique, ne peuvent quitter une gare sans que leurs conducteurs n'aient reçu du chef de service, dans cette gare, le signal réglementaire de départ annonçant que la voie est libre. De son côté, le chef de gare ou son suppléant ne doit donner le signal de départ sans avoir reçu de la gare correspondante l'assurance qu'aucun train n'est déjà engagé sur cette voie et que tous ceux qui se présenteraient seront retenus jusqu'à l'arrivée de celui qui va se mettre en marche. — *Circulation des machines isolées.* — Il est ordinairement interdit de créer sur la voie unique des trains supplémentaires pour la circulation des machines isolées. — Elles sont expédiées soit en double traction aux trains de voyageurs, soit isolément comme *trains spéciaux*, sur demande de voie libre de station à station en service. — *Signaux.* — En cas d'arrêt de train ou d'obstacle sur la voie, les signaux d'arrêt devront être faits à 800^m au moins de distance *en avant et en arrière*, et, au besoin, jusqu'à 1500^m, suivant la déclivité de la voie. — Les mêmes précautions seront prises pour protéger tout wagon de service qui serait mis en circulation sans être remorqué par une machine. — *Annonce des retards de trains* (p. mém.). Se reporter pour cet objet, comme pour tout ce qui concerne le service télégraphique (transmission, enregistrement, accusés de réception, etc.), aux règlements appliqués sur chacun des réseaux. — *Modification des garages.* — « Un train réglementairement garé pour laisser passer un autre train marchant dans le même sens pourra, en cas de retard considérable de ce dernier, recevoir l'ordre de continuer sa marche selon le tableau du service. » — « Un train en retard étant rejoint à une gare par un train marchant dans le même sens, le second train pourra recevoir l'ordre de passer devant le premier, ou les deux trains pourront être réunis en un seul. » — (Ces diverses modifications ne pourront avoir lieu qu'après la remise d'un *ordre écrit* aux chefs de train et l'envoi, à toutes les gares intéressées, des avis télégraphiques prescrits par les instructions). — *Accidents, détresse, secours*, etc. — En cas de détresse ou d'accident, la demande de secours devra être faite, soit en avant, soit en arrière, suivant les circonstances, mais il est formellement interdit d'adresser à la fois deux demandes de secours dans deux directions différentes. En cas d'interruption de la communication télégraphique, la demande de secours sera faite par écrit et envoyée par express. — Entre autres recommandations contenues à ce sujet dans les règl. figure ordin. la suivante : — « Toute machine de secours envoyée à la rencontre d'un train en détresse ou d'une machine isolée sur la voie, ne pourra circuler qu'accouplée à ce train ou à cette machine, du moment qu'elle l'aura rencontré. — Si elle se trouve ainsi amenée du côté opposé à son dépôt, elle n'y retournera qu'accouplée à un train. — *Ruptures d'attelages.* — « En cas de rupture d'attelage entre deux stations, il est formellement interdit de refouler pour raccorder le train. La machine et la tête du train continueront jusqu'à la première station. Le chef de station informé fera garer les wagons amenés par la machine et prendra les mesures pour envoyer chercher la partie de train restée sur la voie. On se conformera aux prescriptions du cas de secours demandé en avant, c'est-à-dire que l'agent resté avec la dernière partie du train ne devra, sous aucun prétexte, laisser pousser les wagons par un train qui surviendrait. — Cependant, si les agents du train s'aperçoivent de la rupture des attelages au moment où elle a lieu, ou bien lorsque la partie laissée sur la voie est encore en vue, ils pourraient refouler pour raccorder le train après s'être assurés que les wagons sont complètement arrêtés. — *Manœuvres dans les gares.* — Les trains arrivant dans les gares doivent être couverts par les disques-signaux (V. *Disques*), et on ne doit ouvrir la voie et les aiguilles aux mécaniciens des trains provenants que lorsqu'il n'y aura aucun danger pour la circulation. De leur côté, ces derniers agents devront aborder les aiguilles et les voies de croisement avec une extrême lenteur ; ils annonceront leur arrivée par un coup de sifflet prolongé, et s'assureront non seulement que les aiguilles sont bien faites, mais encore que la voie qui doit les recevoir est libre. — *Prescription essentielle.* — Il y a lieu, enfin, de prendre sur les sections à voie unique, pour la composition, la marche et le service *général* des trains, et pour tous les incidents de route, les mesures générales de précaution *en usage pour les chemins à double voie*, qui ne sont pas modifiées par les règlements spéciaux de la voie unique, et en tenant compte, avant tout, de la nécessité de garantir la sécurité et de faire les signaux nécessaires à l'amont et à l'aval des trains. — V. *Circulation* et *Marche des trains*.

III. Précautions spéciales pour les trains de ballast et de matériaux.

— Sur la plupart des réseaux toute liberté de mouvement est accordée aux trains de travaux, de ballast, etc., en dehors de certaines obligations et conditions ; de plus, les trains dont il s'agit peuvent être mis en circulation sans approbation préalable du ministre. Il résulterait de ces dispositions (qui s'appliquent à une catégorie de trains assez nombreuse, par suite des travaux d'entretien et de réparation et aussi quelquefois de l'achèvement de la 2ᵉ voie) un certain danger pour la sécurité, si les trains dont il s'agit n'étaient précisément ceux des trains extraordinaires qui sont réglementés avec le plus de détail. En effet, indépendamment des règles ci-dessus rappelées pour la circulation des trains sur la voie unique, les trains de ballast et de matériaux ont été l'objet, sur tous les ch. de fer, d'instructions spéciales qui se rapportent principalement aux points suivants :

Aucun service de ballastage ou de transport de matériaux ne peut avoir lieu sur les sections à voie unique qu'avec une autorisation de l'agent spécial.

Un train de ballast ou de matériaux ne pourra quitter une gare, pour s'engager sur la voie unique, sans un échange de dépêches assurant voie libre. A partir de ce moment, la voie entre les deux gares doit être complètement fermée, jusqu'à ce que, le train étant arrivé, la gare destinataire ait échangé une nouvelle dépêche avec la gare expéditrice.

Des dépêches préalables sont également échangées : 1° lorsqu'une gare doit expédier un train de ballast ou de matériaux, et que ce train, sans avoir été jusqu'à la gare vers laquelle il se dirige, doit revenir à la gare de départ ; — 2° lorsqu'il y a lieu, en observant l'intervalle réglementaire, d'expédier un train ou une machine de ballast, à la suite d'un train de voyageurs ou de marchandises.

Signaux. — Indépendamment des prescriptions ci-dessus rappelées, lorsqu'un train de ballast ou de matériaux sera arrêté sur la voie, il devra être couvert par les signaux d'arrêt faits à 800ᵐ de distance au moins, en avant et en arrière. — La distance des signaux d'arrêt sera portée à 1200ᵐ dans le sens des pentes, si le point de stationnement est voisin de moins de 200ᵐ d'une pente de 5 à 8 mill. par mètre, et à 1500ᵐ, si la déclivité dépasse 8 mill. par mètre.

Sablières. — Lorsque le chef d'un train de ballast aura fait entrer ce train ou une machine du service du ballast sur la voie d'une sablière où se trouve un poste télégraphique, il devra échanger des dépêches avec les gares voisines; à partir de ce moment, il lui est formellement interdit de faire sortir le train ou la machine de son garage sans en avoir obtenu l'autorisation des deux gares voisines par un nouvel échange de dépêches. — Les postes télégraphiques placés aux sablières devront être maintenus généralement en dehors du circuit et ne pourront y entrer que lorsqu'il y aura lieu d'échanger des dépêches avec les postes voisins. La communication directe sera rétablie aussitôt l'échange de ces dépêches. — Les appareils des postes de sablières seront manœuvrés par le chef du train lui-même. — *Dérangements des appareils* (V. ci-dessus, § 2. 2°).

Garages. — Tout train de ballast ou de matériaux circulant entre deux gares devra toujours être garé 10 minutes au moins avant l'heure où les trains de l'exploitation, réguliers ou annoncés, devront partir de l'une de ces deux gares pour l'autre.

Détresse. — En cas de détresse d'un train de ballast, le chef de ce train devra se conformer, pour les demandes de secours, aux prescriptions des règlements en vigueur pour la circulation des trains sur la voie unique.

Nota essentiel. — Pour le *formulaire* des diverses dépêches prescrites dans l'ordre de service, ordre qui doit être remis à tous les agents intéressés, il est indispensable de se reporter aux instructions spéciales en vigueur sur chacun des réseaux. — Voir aussi *Télégraphie.*

IV. Prescriptions diverses. — 1° Réparations de la voie unique (V. *Réparations,* § 1); — 2° Établissement de la 2ᵉ voie (Art. 6 du cah. des ch.). — (V. les mots *Double voie, Réception* et *Travaux*); — 3° Transport de poudres sur la voie unique (Art. 9, règl. min., 30 mars 1877). — (V. *Poudres*); — 4° Relevé des sections à simple voie (statistique). — V. les mots *Voie,* § 1 *bis,* et *Statistique,* § 6.

VOIES COMMUNALES.

Modifications. — V. *Chemin, Passages, Quais, Rues* et *Voies publiques.*

VOIES DE FAIT.

Indications diverses. — V. *Accidents,* § 9, *Agents,* § 3, *Attentats, Blessures, Outrages, Police,* § 4 et *Voyageurs,* § 8.

VOIES DE GARAGE.

Conditions d'installation et de service. — V. *Garage, Gares,* § 1 et *Voie,* § 1.

VOIES PUBLIQUES.

I. Chemin de fer d'intérêt général (traversant ou modifiant les voies publiques). — V. *Chemin, Déviations, Passages, Quais, Routes* et *Rues.*

II. Voies ferrées établies sur le sol des voies publiques. — 1° Appl. de l'art. 38 de la loi du 11 juin 1880 relative aux ch. de fer d'int. local et aux tramways (Voir ci-après) ; — 2° Dispositions à ajouter au cah. des ch. des *lignes d'intérêt local* relativem. aux parties desdits chemins qui empruntent les voies publiques (V. *Tramways,* § 2) ; — 3° Décret du 6 août 1881 portant règl. d'admin. publ. pour l'exécution de l'art. 38 de la loi du 11 juin 1880, en ce qui concerne l'établ. et l'expl. des voies ferrées sur le sol des voies publiques (Voir ce décret inséré textuellement ci-après) ; — 4° Applic. spéc. de ce dernier règl. aux chemins de fer d'int. local. — V. l'art. 57 dudit décret.

(*Texte du décret du 6 août 1881*). — « Le Président de la République française, — Sur le rapport du min. des tr. publ., — Vu la loi du 11 juin 1880 et notamment l'art. 38... (Se reporter au mot *Chemin de fer d'intérêt local*) ; — Vu les avis du Conseil gén. des p. et ch. en date des... ; — Le Conseil d'État entendu ; — DÉCRÈTE :

TITRE Iᵉʳ. — CONSTRUCTION. — Art. 1ᵉʳ. — Aucun travail ne peut être entrepris pour l'établissement d'une voie ferrée sur le sol de voies publiques qu'avec l'autorisation de l'administration compétente, donnée sur le vu des projets d'exécution.

Chaque projet d'exécution comprend l'extrait de carte, le plan général, le profil en long, les profils en travers types et les plans de traverses dont la production est exigée par l'art. 2 du règl. d'admin. publ. du 18 mai 1881 (1), ces documents dressés dans la forme prescrite par l'article précité et dûment complétés ou rectifiés d'après les résultats de l'instruction à laquelle l'avant-projet a été soumis.

Le projet d'exécution comprend en outre :

1° Des profils en travers, à l'échelle de $0^m,005$ pour mètre, relevés en nombre suffisant, principalement dans les traverses et dans les parties où les voies publiques empruntées n'ont pas la largeur et le profil normaux ;

2° Un devis descriptif dans lequel sont reproduites, sous forme de tableau, les indications relatives aux déclivités et aux courbes déjà données sur le profil en long ;

3° Un mémoire dans lequel toutes les dispositions essentielles du projet sont justifiées.

Le projet d'exécution est remis au préfet en deux expéditions, dont l'une revêtue de l'approbation que le préfet aura donnée en se conformant à la décision de l'autorité compétente pour les projets d'ensemble, est rendue au concessionnaire, tandis que l'autre demeure entre les mains du préfet.

Les projets comprenant des déviations en dehors du sol des routes et chemins sont soumis à l'approbation du ministre des travaux publics, pour ce qui concerne la grande voirie et les cours d'eau, et ne peuvent être adoptés par l'autorité qui a donné la concession que sous la réserve des décisions prises ou à prendre par le ministre des travaux publics sur les objets qui précèdent.

Avant comme pendant l'exécution, le concessionnaire aura la faculté de proposer aux projets approuvés les modifications qu'il jugerait utiles ; mais ces modifications ne pourront être exécutées qu'avec l'approbation de l'autorité qui a revêtu de sa sanction les dispositions à modifier.

De son côté, l'administration pourra ordonner d'office les modifications dont l'expérience ou les engagements à opérer sur la voie publique feraient reconnaître la nécessité.

En aucun cas, ces modifications ne pourront donner lieu à indemnité.

(*Bureau d'attente et de contrôle, égouts, etc.*). — Art. 2. — La position des bureaux d'attente et de contrôle qui peuvent être autorisés sur la voie publique, celle des égouts, de leurs bouches et regards, et des conduites d'eau et de gaz, doivent être indiquées sur les plans présentés par le concessionnaire, ainsi que tout ce qui serait de nature à influer sur la position de la voie ferrée et sur le bon fonctionnement de divers services qui peuvent en être affectés.

(*Voies doubles et gares d'évitement*). — Art. 3. — Le projet d'exécution indique le nombre des voies à établir sur les différentes sections des lignes concédées, ainsi que le nombre et la disposition des gares d'évitement.

(*Largeur de la voie. — Gabarit du matériel. — Entre-voie*). — Art. 4. — La largeur de la voie est fixée, pour chaque concession, par le cahier des charges.

La largeur des locomotives et des caisses des véhicules, ainsi que leur chargement, ne peut excéder ni deux fois et demie la largeur de la voie, ni la cote maximum de $2^m,80$; et la largeur extrême occupée par le matériel roulant, y compris toutes saillies, notamment celle des lanternes et des marchepieds latéraux, ne peut dépasser la largeur des caisses augmentée de $0^m,30$.

La hauteur du matériel roulant et de son chargement ne peut excéder $4^m,20$ pour la voie de $1^m,44$; elle est réglée, d'une manière définitive et invariable, par le cahier des charges, pour les voies de largeur moindre, de manière à ne pas compromettre la sécurité du public.

Dans les parties à plusieurs voies, la largeur de chaque entre-voie est telle qu'il reste un intervalle libre d'au moins $0^m,50$ entre les parties les plus saillantes de deux véhicules qui se croisent.

(*Établissement de la voie ferrée. — Largeur réservée à la circulation publique*). — Art. 5. — L'autorité qui a fait la concession détermine les sections de la ligne où la voie sera établie au niveau de la chaussée, avec rails noyés, en restant accessible et praticable pour les voitures ordinaires, et celle où elle sera placée sur un accotement praticable pour les piétons, mais interdit aux voitures ordinaires.

Le cah. des ch. de chaque concession détermine les largeurs qui doivent être réservées pour la libre circulation sur la voie publique, de telle façon que le croisement de deux voitures soit toujours assuré, l'une de ces deux voitures pouvant être le véhicule du tramway dans le premier des cas considérés ci-dessus.

Les dispositions prescrites doivent d'ailleurs assurer, dans tous les cas, la sécurité du piéton qui circule sur la voie publique et celle du riverain dont les bâtiments sont en façade sur cette voie.

Si l'emplacement occupé par la voie ferrée reste accessible et praticable pour les voitures ordi-

(1) Voir ce règl. du 18 mai 1881 au mot *Enquêtes*, § 4 *bis*.

naires, les rails sont à gorge ou accompagnés de contre-rails ; la largeur des vides ou ornières ne peut excéder 0m,029, dans les parties droites, et 0m,035 dans les parties courbes. Les voies ferrées sont posées au niveau de la chaussée, sans saillie ni dépression sur le profil normal de celle-ci.

(*Parties de routes à modifier.* — *Traversées à niveau.* — *Accès des propriétés riveraines*). — Art. 6. — Le concessionnaire fournit, sur les points qui lui sont indiqués, des emplacements pour le dépôt des matériaux d'entretien qui trouvaient place auparavant sur l'accotement occupé par la voie ferrée.

Lorsque, pour maintenir la voie de fer dans les limites de courbure et de déclivité fixées par le cah. des ch., ou pour maintenir le fonctionnement des services intéressés (art. 2), on doit faire subir quelques modifications à l'état de la voie publique, le concessionnaire exécute tous les travaux, soit à ses frais, soit avec le concours des services intéressés, s'il y a lieu, conf. aux projets approuvés par l'administration.

Il opère pareillement les élargissements qui sont indispensables afin de restituer à la voie publique la largeur exigée en vertu de l'article précédent.

Il doit maintenir l'accès à la voie publique des voitures ordinaires, au droit des chemins publics et particuliers, ainsi que des entrées charretières qui seraient interceptées par la voie de fer. La traversée des routes et des chemins publics ou particuliers est opérée à niveau, sans que le rail forme saillie ou dépression sur la surface de ces chemins.

Le concessionnaire doit, d'ailleurs, prendre les dispositions nécessaires pour faciliter l'exécution des travaux qui sont prescrits ou autorisés par l'admin., afin de créer de nouveaux accès, soit aux chemins publics et particuliers, soit aux propriétés riveraines.

(*Déviations à construire en dehors du sol des routes et chemins*). — Art. 7. — Les déviations à construire en dehors du sol des routes et chemins et à classer comme annexes sont établies conf. aux dispositions arrêtées par l'autorité compétente.

(*Écoulement des eaux.* — *Rétablissement des communications*). — Art. 8. — Le concessionnaire est tenu de rétablir et d'assurer à ses frais, pendant la durée de la concession, les écoulements d'eau qui seraient arrêtés, suspendus ou modifiés par ses travaux.

Il rétablit de même les communications publiques ou particulières que l'exécution de ses travaux l'oblige à modifier momentanément.

(*Exécution des travaux*). — Art. 9. — La démolition des chaussées et l'ouverture des tranchées pour la pose et l'entretien de la voie ferrée sont effectuées avec célérité et avec toutes les précautions convenables.

Les chaussées doivent être remises dans le meilleur état.

Les travaux sont conduits de manière à ne pas compromettre la liberté et la sûreté de la circulation. Toute fouille restant ouverte sur le sol des voies publiques, ainsi que tout dépôt de matériaux, est éclairée et gardée au besoin pendant la nuit, jusqu'à ce que la voie publique soit débarrassée et rendue conforme au profil normal du projet.

(*Gares et stations*). — Art. 10. — Le cah. des ch. indiquera si le tramway devra s'arrêter en pleine voie pour prendre ou laisser des voyageurs ou des marchandises sur tous les points du parcours, ou si, au contraire, il ne s'arrêtera qu'à des gares, stations ou haltes désignées, ou si enfin, les deux modes d'exploitation seront combinés.

Dans ces deux derniers cas, si les gares, stations et haltes n'ont pas été déterminées par le cah. des ch., elles le seront lors de l'approbation des projets définitifs par l'autorité concédante, sur la proposition du concessionnaire et après enquête.

Si, pendant l'exploitation, de nouvelles stations, gares ou haltes sont reconnues nécessaires, d'accord entre l'autorité concédante et le concessionnaire, il sera procédé à une enquête spéciale dans les formes prescrites par le règlement d'administration publique du 18 mai 1881 (Voir *Enquêtes*), et l'emplacement en sera définitivement arrêté par le préfet, le concessionnaire entendu.

Le nombre, l'étendue et l'emplacement des gares d'évitement seront déterminés par le préfet, le concessionnaire entendu ; si la sécurité l'exige, le préfet pourra, pendant le cours de l'exploitation, prescrire l'établissement de nouvelles gares d'évitement, ainsi que l'augmentation des voies dans les stations et aux abords des stations.

Le concessionnaire est tenu, préalablement à tout commencement d'exécution, de soumettre au préfet le projet des gares, stations ou haltes, lequel se compose :

1° D'un plan à l'échelle de 1/500, indiquant les voies, les quais, les bâtiments et leur distribution intérieure, ainsi que la disposition de leurs abords ;

2° D'une élévation des bâtiments, à l'échelle d'un centimètre par mètre ;

3° D'un mémoire descriptif dans lequel les dispositions essentielles du projet sont justifiées.

(*Indemnités de terrains et de dommages*). — Art. 11. — Tous les terrains nécessaires pour l'établissement de la voie ferrée et de ses dépendances en dehors du sol des routes et chemins, pour la déviation des voies de communication et des cours d'eau déplacés, et, en général, pour l'exécution des travaux, quels qu'ils soient, auxquels cet établissement peut donner lieu, sont achetés et payés par le concessionnaire, à moins que l'autorité qui fait la concession n'ait pris l'engagement de fournir elle-même les terrains.

794 — VOIES PUBLIQUES.

Les indemnités pour occupation temporaire ou pour détérioration de terrains, pour chômage, modification ou destruction d'usines, et pour tous dommages quelconques résultant des travaux, sont supportées et payées par le concessionnaire.

(Droits conférés au concessionnaire). — Art. 12. — L'entreprise étant d'utilité publique, le concessionnaire est investi, pour l'exécution des travaux dépendant de sa concession, de tous les droits que les lois et règl. confèrent à l'admin. en matière de travaux publics, soit pour l'acquisition des terrains par voie d'expropriation, soit pour l'extraction, le transport ou le dépôt des terres, matériaux, etc., et il demeure en même temps soumis à toutes les obligations qui dérivent pour l'administration de ces lois et règlements.

(Servitudes militaires). — Art. 13. — Dans les limites de la zone frontière et dans le rayon des servitudes des enceintes fortifiées, le concessionnaire est tenu, pour l'étude et l'exécution de ses projets, de se soumettre à l'accomplissement de toutes les formalités et de toutes les conditions exigées par les lois, décrets et règlements concernant les travaux mixtes.

(Mines). — Art. 14. — Si la voie ferrée traverse un sol déjà concédé pour l'exploitation d'une mine, le ministre des travaux publics détermine les mesures à prendre pour que l'établissement de cette voie ne nuise pas à l'exploitation de la mine, et réciproquement pour que, le cas échéant, l'exploitation de la mine ne compromette pas l'existence de la voie ferrée.

Les travaux de consolidation à faire dans l'intérieur de la mine, en raison de la traversée de la voie ferrée, et tous les dommages résultant de cette traversée pour les concessionnaires de la mine, sont à la charge du concessionnaire de la voie ferrée.

(Carrières). — Art. 15. — Si la voie ferrée s'étend sur des terrains renfermant des carrières ou la traverse souterrainement, elle ne peut être livrée à la circulation avant que les excavations qui pourraient en compromettre la solidité aient été remblayées ou consolidées.

Le ministre des travaux publics détermine la nature et l'étendue des travaux qu'il convient d'entreprendre à cet effet, et qui sont d'ailleurs exécutés par les soins et aux frais du concessionnaire.

(Contrôle et surveillance des travaux). — Art. 16. — Les travaux sont soumis au contrôle et à la surveillance du préfet, sous l'autorité du ministre des travaux publics.

Ce contrôle et cette surveillance ont pour objet d'empêcher le concessionnaire de s'écarter des dispositions prescrites par le présent règlement et de celles qui résultent soit des cahiers des charges, soit des projets approuvés.

(Réception des travaux). — Art. 17. — A mesure que les travaux sont terminés sur des parties de voie ferrée susceptibles d'être livrées utilement à la circulation, il est procédé à la reconnaissance et, s'il y a lieu, à la réception provisoire de ces travaux par un ou plusieurs commissaires que le préfet désigne.

Sur le vu du procès-verbal de cette reconnaissance, le préfet autorise, s'il y a lieu, la mise en exploitation des parties dont il s'agit ; après cette autorisation, le concessionnaire peut mettre lesdites parties en service et y percevoir les taxes déterminées par le cahier des charges. Toutefois ces réceptions partielles ne deviennent définitives que par la réception générale de la voie ferrée, laquelle est faite dans la même forme que les réceptions partielles.

(Bornage et plan cadastral des parties en déviation). — Art. 18. — Immédiatement après l'achèvement des travaux et au plus tard six mois après la mise en exploitation de la ligne ou de chaque section, le concessionnaire doit faire à ses frais un bornage contradictoire avec chaque propriétaire riverain, en présence du préfet ou de son représentant, ainsi qu'un plan cadastral des parties de la voie ferrée et de ses dépendances qui sont situées en dehors du sol des routes et chemins. Il fait dresser également à ses frais et contradictoirement avec les agents désignés par le préfet, un état descriptif de tous les ouvrages d'art qui ont été exécutés, ledit état accompagné d'un atlas contenant les dessins cotés de tous les ouvrages.

Une expédition dument certifiée des procès-verbaux de bornage, du plan cadastral, de l'état descriptif et de l'atlas, est dressée aux frais du concessionnaire et déposée dans les archives de la préfecture.

Les terrains acquis par le concessionnaire postérieurement au bornage général, en vue de satisfaire aux besoins de l'exploitation, et qui, par cela même, deviennent partie intégrante de la voie ferrée, donnent lieu, au fur et à mesure de leur acquisition, à des bornages supplémentaires et sont ajoutés sur le plan cadastral ; addition est également faite sur l'atlas de tous les ouvrages d'art exécutés postérieurement à sa rédaction.

TITRE II. — ENTRETIEN ET EXPLOITATION. — *(Entretien)*. — Art. 19. — La voie ferrée et tout le matériel qui en dépend doivent être constamment entretenus en bon état, de manière que la circulation y soit toujours facile et sûre.

Les frais d'entretien et ceux auxquels donnent lieu les réparations ordinaires et extraordinaires de la voie ferrée sont à la charge du concessionnaire.

Sur les sections à rails noyés où la voie ferrée est accessible aux voitures ordinaires, l'entretien du pavage ou de l'empierrement de la surface affectée à la circulation du tramway est réglé, pour chaque concession, par le cahier des charges qui indique le service chargé d'exécuter cet entretien, ainsi que la répartition des dépenses.

Sur les sections où la voie ferrée n'est pas accessible aux voitures ordinaires, l'entretien, qui est à la charge du concessionnaire, comprend la surface entière des voies, augmentée d'une zone de 1^m,00, qui sera mesurée à partir de chaque rail extérieur.

Si la voie ferrée et les parties de voie publique dont l'entretien est confié au concessionnaire ne sont pas constamment entretenues en bon état, il y est pourvu d'office, à la diligence du préfet et aux frais du concessionnaire, sans préjudice, s'il y a lieu, de l'application des dispositions indiquées ci-après dans l'article 41.

Le montant des avances faites est recouvré au moyen de rôles que le préfet rend exécutoires.

(*Du matériel employé à l'exploitation*). — Art. 20. — Le matériel roulant qui est mis en circulation sur la voie ferrée doit passer librement dans le gabarit, dont les dimensions sont fixées conformément aux dispositions de l'article 4 du présent règlement.

La traction est opérée conformément aux clauses de la concession.

(*Machines locomotives à vapeur*). — Art. 21. — Les machines locomotives à vapeur sont construites sur les meilleurs modèles ; elles doivent satisfaire aux prescriptions des art. 7, 8, 9, 11 et 15 de l'ordonn. du 15 nov. 1846 (V. *Ordonnances*), et, pour ce qui concerne spécialement leur générateur, aux dispositions du décret du 30 avril 1880. — V. *Machines à vapeur*.

Les types des machines employées, leur poids et leur maximum de charge par essieu doivent être approuvés par le préfet, sur l'avis du service du contrôle, eu égard aux besoins de l'exploitation et à la composition ainsi qu'à l'état de la voie.

Les machines sont pourvues de freins assez puissants pour que, lancées sur une pente de 0^m,02 par mètre, avec une vitesse de 20 kilomètres à l'heure, elles puissent être arrêtées, sans le secours des freins des voitures remorquées, sur un espace de 20 mètres au plus.

Les locomotives à feu ne doivent donner aucune odeur et ne doivent répandre sur la voie publique ni flammèches, ni escarbilles, ni cendres, ni fumée, ni eau excédante, le concessionnaire étant expressément responsable de tout incendie causé par l'emploi des machines à feu, soit sur la voie publique, soit dans les propriétés riveraines.

Aucune locomotive ne peut être mise en service qu'en vertu d'un permis spécial de circulation délivré par le préfet, sur la proposition des fonctionnaires chargés du contrôle, après accomplissement des formalités prescrites pour les locomotives de chemins de fer et après vérification de l'efficacité des freins, eu égard à la vitesse de la machine et à l'inclinaison de la voie.

(*Autres moteurs mécaniques*). — Art. 22. — Les machines fixes et les machines locomotives de tout autre système que la machine locomotive à vapeur munie d'un foyer doivent satisfaire aux prescriptions spéciales arrêtées par le ministre des travaux publics.

(*Voitures et wagons*). — Art. 23. — Les voitures des voyageurs doivent satisfaire aux prescriptions des art. 8, 9, 12, 13, 14 et 15 de l'ordonn. du 15 nov. 1846 (1). Elles sont suspendues sur ressorts et peuvent être à deux étages.

L'étage inférieur est complètement couvert, garni de banquettes avec dossiers, fermé à glaces au moins pendant l'hiver, muni de rideaux et éclairé pendant la nuit ; l'étage supérieur est garni de banquettes avec dossiers ; on y accède au moyen d'escaliers qui sont accompagnés, ainsi que leurs couloirs latéraux donnant accès aux places, de gardes corps solides d'au moins 1^m,10 de hauteur effective.

Sur les voies ferrées où la traction est opérée au moyen de locomotives, l'étage supérieur est couvert et protégé à l'avant et à l'arrière par des cloisons.

Les dossiers et les banquettes doivent être inclinés, et les dossiers sont élevés à la hauteur des épaules des voyageurs.

Il peut y avoir des places de plusieurs classes ; la disposition particulière des places de chaque classe est conforme aux prescriptions arrêtées par le préfet.

Les wagons destinés au transport des marchandises, des chevaux ou des bestiaux, les plate-formes et, en général, toutes les parties du matériel roulant sont de bonne et solide construction, et satisfont aux prescriptions des art. 8, 9 et 15 de l'ordonn. du 15 nov. 1846.

Chaque voiture sans exception est munie d'un frein puissant.

(*Entretien du matériel roulant*). — Art. 24. — Le matériel roulant et tout le matériel servant à l'exploitation sont constamment maintenus dans un bon état d'entretien et de propreté.

Si le matériel dont il s'agit n'est pas entretenu en bon état, il y est pourvu d'office, à la diligence du préfet et aux frais du concessionnaire, sans préjudice, s'il y a lieu, des dispositions indiquées ci-après dans l'article 41.

(*Règles d'exploitation applicables à tous les services de tramways. — Gardiennage et signaux*).— Art. 25. — Le concessionnaire est tenu de prendre à ses frais, partout où la nécessité en aura été reconnue par le préfet, sur l'avis du service du contrôle, et eu égard au mode d'exploitation employé, les mesures nécessaires pour assurer la liberté et la sécurité du passage des voitures et des trains sur la voie ferrée, et celle de la circulation ordinaire sur les routes et chemins que suit ou traverse la voie ferrée.

(*Ateliers de réparation de la voie*). — Art. 26. — Lorsqu'un atelier de réparation est établi

_____

(1) Voir le mot *Ordonnances*.

sur une voie, des signaux doivent indiquer si l'état de la voie ne permet pas le passage des voitures ou des trains, ou s'il suffit d'en ralentir la marche.

(*Éclairage des voitures des trains*). — Art. 27. — Toute voiture isolée ou tout train porte extérieurement un feu rouge à l'avant et un feu vert à l'arrière. Les fanaux sont à réflecteurs; ils sont allumés au coucher du soleil et ne peuvent être éteints avant son lever.

(*Transport des matières dangereuses*). — Art. 28. — Il est interdit d'admettre dans les convois qui portent des voyageurs, aucune matière pouvant donner lieu soit à des explosions, soit à des incendies.

(*Service des tramways à traction de chevaux*). — Art. 29. — Le cocher doit avoir l'appareil de manœuvre du frein sous la main; il doit porter son attention sur l'état de la voie, sur l'approche des voitures ordinaires ou des troupeaux, et ralentir ou même arrêter la marche en cas d'obstacles, suivant les circonstances; il doit se conformer aux signaux de ralentissement ou d'arrêt qui lui sont faits par les gardiens et ouvriers de la voie.

Le cocher est muni d'une trompe ou d'un cornet, ou de tout autre instrument du même genre, afin de signaler son approche.

Dans les tramways à service de voyageurs, le cocher doit se trouver en communication, au moyen d'un signal d'arrêt, soit avec le receveur, soit avec les voyageurs dans les voitures où il n'y a pas de receveur.

(*Service des tramways à traction mécanique*). — Art. 30. — Sur les lignes de tramways à traction mécanique, la longueur des trains ne peut dépasser 60 mètres. Sous la réserve de cette condition, qui est de rigueur, tout convoi ordinaire de voyageurs doit contenir des voitures ou des compartiments de toutes classes en nombre suffisant pour le service du public.

(*Composition des trains*). — Les machines et voitures entrant dans la composition de tous les trains sont liées entre elles par des attaches rigides, avec ressorts.

(*Composition des trains. — Machines*). — Art. 31. — Les machines sont placées en tête des trains. Il ne peut être dérogé à cette disposition que pour les manœuvres à exécuter dans les stations ou pour le cas de secours; dans ces cas spéciaux, la vitesse ne doit pas dépasser 5 kilomètres à l'heure.

Les trains sont remorqués par une seule machine, sauf à la montée des rampes de forte inclinaison ou en cas d'accident.

Il est, dans tous les cas, interdit d'atteler simultanément plus de deux machines à un train; la machine placée en tête règle la marche du train, dont la vitesse ne doit jamais dépasser 10 kilomètres à l'heure dans le cas d'un double attelage.

(*Personnel des trains*). — Art. 32. — Chaque machine à feu est conduite par un mécanicien et un chauffeur.

Il ne peut être employé que des mécaniciens agréés par le préfet, sur le rapport du service du contrôle.

Le chauffeur doit être capable d'arrêter la machine en cas de besoin.

Chaque train est accompagné, en outre, du nombre de conducteurs gardes-freins qui sera jugé nécessaire; il y a d'ailleurs, en tous cas, sur la dernière voiture, un conducteur qui est mis en communication avec le mécanicien.

Lorsqu'il y a plusieurs conducteurs dans un train, l'un d'eux doit avoir autorité sur les autres.

Avant le départ du train, le mécanicien s'assure si toutes les parties de la locomotive sont en bon état et particulièrement si le frein fonctionne convenablement; il ne doit mettre le train en marche que lorsque le conducteur chef du train a donné le signal du départ.

En marche, le mécanicien doit porter son attention sur l'état de la voie, sur l'approche des voitures ordinaires ou des troupeaux, et ralentir ou même arrêter en cas d'obstacles, suivant les circonstances; il doit se conformer aux signaux qui lui sont faits par les gardiens et ouvriers de la voie.

Cet agent signale l'approche du train au moyen d'une trompe, d'une cloche ou de tout autre instrument du même genre, à l'exclusion du sifflet à vapeur.

Dans les tramways à service de voyageurs, le mécanicien doit se trouver en communication, au moyen d'un signal d'arrêt, soit avec le receveur ou employé, soit avec les voyageurs.

Aucune personne autre que le mécanicien et le chauffeur ne peut monter sur la locomotive, à moins d'une permission spéciale et écrite du directeur d'exploitation de la voie ferrée. Sont exceptés de cette interdiction les fonctionnaires chargés de la surveillance.

Marche des trains. — Art. 33. — Le préfet détermine sur la proposition du concessionnaire, le minimum et le maximum de la vitesse des convois de voyageurs et de marchandises sur les différentes sections de la ligne, ainsi que le tableau du service des trains.

La vitesse des trains en marche ne peut dépasser 20 kilomètres à l'heure. Cette vitesse doit, d'ailleurs, être diminuée dans la traversée des lieux habités ou en cas d'encombrement de la route.

Le mouvement doit également être ralenti ou même arrêté toutes les fois que l'arrivée d'un train, effrayant les chevaux ou autres animaux, pourrait être la cause de désordres et occasionner des accidents.

Les trains ne peuvent stationner en dehors des gares que durant le temps strictement nécessaire pour les besoins du service.

Les locomotives ou les voitures isolées ne peuvent stationner sur les voies affectées à la circulation.

Il est expressément interdit d'effectuer le nettoyage des grilles sur la voie publique.

(*Accidents*). — Art. 34. — Des machines, dites de secours ou de réserve, doivent être entretenues constamment en feu et prêtes à partir, sur les lignes et aux points qui sont désignés par le préfet.

Il y a constamment, au lieu de dépôt des machines, une voiture chargée de tous les agrès et outils nécessaires en cas d'accident.

Chaque train doit, d'ailleurs, être muni des outils les plus indispensables.

Aux stations ou bureaux d'attente et de contrôle désignés par le préfet, le concessionnaire entretiendra les médicaments et moyens de secours nécessaires en cas d'accident.

TITRE III. — POLICE ET SURVEILLANCE. — (*Des mesures concernant les personnes étrangères au service des voies ferrées.*) — Art. 35. — Il est défendu à toute personne étrangère au service de la voie ferrée :

1° De déranger, altérer ou modifier, sous quelque prétexte que ce soit, la voie ferrée et les ouvrages qui en dépendent ;

2° De stationner sur la voie ferrée ou d'y faire stationner des voitures ;

3° D'y laisser séjourner des chevaux, bestiaux ou animaux d'aucune sorte ;

4° D'y jeter ou déposer aucuns matériaux ni objets quelconques ;

5° D'emprunter les rails de la voie ferrée pour la circulation de voitures étrangères au service ;

Tout conducteur de voiture doit, à l'approche d'un train ou d'une voiture appartenant au service de la voie ferrée, prendre en main les guides ou le cordeau de son équipage, de façon à se rendre maître de ses chevaux, dégager immédiatement la voie et s'en écarter de manière à livrer toute la largeur nécessaire au passage du matériel de la voie ferrée.

Tout conducteur de troupeau doit écarter les bestiaux de la voie ferrée à l'approche d'un train ou d'une voiture appartenant au service de cette voie.

(*Des mesures concernant les voyageurs*). — Art. 36. — Il est défendu aux voyageurs :

1° D'entrer dans les voitures ou d'en sortir pendant la marche et autrement que par la portière réservée à cet effet ;

2° De passer d'une voiture dans une autre, de se pencher au dehors, de stationner debout sur les impériales pendant la marche.

Il est interdit d'admettre dans les voitures plus de voyageurs que ne le comporte le nombre de places indiqué dans chaque compartiment.

L'entrée des voitures est interdite :

1° A toute personne en état d'ivresse ;

2° A tous individus porteurs d'armes chargées ou de paquets qui, par leur nature, leur volume ou leur odeur, pourraient gêner ou incommoder les voyageurs. Tout individu porteur d'une arme à feu doit, avant son admission dans les voitures, faire constater que son arme n'est pas chargée.

Aucun chien n'est admis dans les voitures servant au transport des voyageurs ; toutefois, la compagnie peut placer dans des compartiments spéciaux les voyageurs qui ne voudraient pas se séparer de leurs chiens, pourvu que ces animaux soient muselés en quelque saison que ce soit.

(*Expédition des matières dangereuses*). — Art. 37. — Les personnes qui veulent expédier des marchandises considérées comme pouvant être une cause d'explosion ou d'incendie, d'après la classification du décret du 12 août 1874, doivent en faire la déclaration formelle au moment où elles les livrent au service de la voie ferrée.

Les expéditeurs doivent se conformer, en ce qui concerne l'emballage et les marques des colis dangereux, aux prescriptions du décret précité.

(*Affichage du service des voies ferrées*). — Art. 38. — Des affiches placées dans les stations et dans les bureaux d'attente et de contrôle font connaître au public les heures de départ des convois ordinaires, les stations qu'ils doivent desservir, les heures auxquelles ils doivent arriver à ces stations et en partir.

Si l'exploitation de la ligne comporte des arrêts en pleine voie, afin de prendre ou de laisser, soit des voyageurs, soit des marchandises, ces affiches font connaître cette circonstance, en n'annonçant, dans ce cas, que les heures de départ des stations extrêmes.

(*Contrôle et surveillance de l'exploitation*). — Art. 39. — Le préfet nomme les agents chargés du contrôle et de la surveillance prévus par l'article 21 de la loi du 11 juin 1880.

Ces agents ont notamment pour mission :

1° En ce qui concerne l'exploitation commerciale :

De surveiller le mode d'application des tarifs approuvés et l'exécution des mesures prescrites pour la réception et l'enregistrement des colis, leur transport et leur remise aux destinataires ;

De veiller à l'exécution des mesures prescrites pour que le service des transports ne soit pas interrompu aux points extrêmes de lignes en communication l'une avec l'autre ;

De vérifier les conditions des traités qui seraient passés par la compagnie avec les entreprises de transport par terre ou par eau en correspondance avec la voie ferrée, et de signaler toutes les infractions au principe de l'égalité des taxes;

De constater le mouvement de la circulation des voyageurs et des marchandises, les dépenses d'entretien et d'exploitation, et les recettes.

2° En ce qui concerne l'exploitation technique :

De vérifier l'état de la voie de fer, des terrassements, des ouvrages d'art et du matériel roulant, et de veiller à l'exécution des règlements relatifs à la police et à la sûreté de la circulation.

3° En ce qui concerne la police :

De surveiller la composition, le départ, l'arrivée, la marche et le stationnement des trains, l'observation des règlements de police, tant par le public que par le concessionnaire, sur les voies publiques empruntées par la voie ferrée, l'entrée, le stationnement et la circulation des voitures dans les cours et stations, l'admission du public dans les gares et sur les quais de la voie ferrée.

Les concessionnaires sont tenus de fournir des locaux convenables aux agents du contrôle spécialement désignés par le préfet. Ils sont aussi tenus de présenter aux agents du contrôle, à toute réquisition, les registres de dépenses et de recettes relatifs à l'exploitation commerciale, ainsi que les registres de réception et d'expédition des colis.

Toutes les fois qu'il arrive un accident sur la voie ferrée, il en est fait immédiatement déclaration, par le chef de train, à l'agent du contrôle dont le poste est le plus voisin. Le préfet et le chef du contrôle en sont immédiatement informés par les soins du concessionnaire.

Outre la surveillance ordinaire, le préfet délègue, aussi souvent qu'il le juge utile, un ou plusieurs commissaires à l'effet de reconnaître et constater l'état de la voie ferrée, de ses dépendances et de son matériel, et à l'effet d'exercer une surveillance spéciale sur tout ce qui ne rentre pas dans les attributions des agents du contrôle.

(*Règlements de police et d'exploitation*). — Art. 40. — Le concessionnaire est tenu, ainsi que le public, de se conformer aux prescriptions des arrêtés qui sont pris par les préfets pour l'exécution des dispositions qui précèdent.

Toutes les dépenses qu'entraîne l'exécution de ces prescriptions sont à la charge du concessionnaire.

Le concessionnaire est tenu de soumettre à l'approbation du préfet les règlements de service intérieur relatifs à l'exploitation de la voie ferrée.

Les règlements dont il s'agit sont obligatoires non seulement pour le concessionnaire, mais encore pour tous ceux qui obtiendront ultérieurement l'autorisation d'établir des lignes ferrées d'embranchement ou de prolongement, et en général pour toutes les personnes qui emprunteront l'usage du chemin de fer.

(*Interruption de l'exploitation*). — Art. 41. — Si l'exploitation de la voie ferrée vient à être interrompue en totalité ou en partie, si le mauvais état de la voie ou du matériel roulant compromet la sécurité du public, si le mauvais entretien de la partie de la route dont le concessionnaire doit prendre soin compromet la sécurité publique, le préfet prend immédiatement, aux frais et risques du concessionnaire, les mesures nécessaires afin d'assurer provisoirement le service.

Si, dans les trois mois de l'organisation du service provisoire, le concessionnaire n'a pas valablement justifié qu'il est en état de reprendre et de continuer l'exploitation, et s'il ne l'a pas effectivement reprise, la déchéance peut être prononcée par le ministre des travaux publics, sauf recours au Conseil d'État par la voie contentieuse.

Il est pourvu tant à la continuation et à l'achèvement des travaux qu'à l'exécution des autres engagements contractés par le concessionnaire, au moyen d'une adjudication qui sera ouverte sur une mise à prix des ouvrages exécutés, des matériaux approvisionnés et des parties de la voie ferrée déjà livrées à l'exploitation.

Nul ne sera admis à concourir à cette adjudication s'il n'a été préalablement agréé par le préfet.

À cet effet, les personnes qui voudraient concourir seront tenues de déclarer, dans le délai qui sera fixé, leur intention par un écrit déposé à la préfecture et accompagné des pièces propres à justifier des ressources nécessaires pour remplir les engagements à contracter.

Ces pièces seront examinées par le préfet en conseil de préfecture. Chaque soumissionnaire sera informé de la décision prise en ce qui le concerne et, s'il y a lieu, du jour de l'adjudication.

Les personnes qui auront été admises à concourir devront faire, soit à la caisse des dépôts et consignations, soit à la caisse du trésorier-payeur général du département, le dépôt de garantie, qui devra être égal au moins au trentième de la dépense à faire par le concessionnaire.

L'adjudication aura lieu suivant les formes indiquées aux articles 11, 12, 13, 15 et 16 de l'ordonnance du 10 mai 1829.

Les soumissions ne pourront pas être inférieures à la mise à prix.

L'adjudicataire sera substitué aux charges et aux droits du concessionnaire évincé; il recevra notamment les subventions de toute nature à échoir aux termes de l'acte de concession; le concessionnaire évincé recevra de lui le prix que la nouvelle adjudication aura fixé.

La partie du cautionnement qui n'aura pas encore été restituée deviendra la propriété de l'autorité qui a fait la concession.

Si l'adjudication ouverte n'amène aucun résultat, une seconde adjudication sera tentée, sur les mêmes bases, après un délai de trois mois ; si cette seconde tentative reste également sans résultat, le concessionnaire sera définitivement déchu de tous droits, et alors les ouvrages exécutés, les matériaux approvisionnés et les parties de voie ferrée déjà livrées à l'exploitation appartiendront à l'autorité qui a fait la concession.

TITRE IV. — DISPOSITIONS DIVERSES. — *Construction de nouvelles voies de communication.* — Art. 42. — Dans le cas où le gouvernement ordonne ou autorise la construction de routes nationales, départementales ou vicinales, de chemins de fer ou de canaux qui traversent une ligne concédée, le concessionnaire ne peut s'opposer à ces travaux ; mais toutes les dispositions nécessaires sont prises pour qu'il n'en résulte aucun obstacle à la construction ou au service de la voie ferrée, ni aucuns frais pour le concessionnaire.

Concession ultérieure de nouvelles lignes. — Art. 43. — Toute exécution ou autorisation ultérieure de route, de canal, de chemin de fer, de travaux de navigation, dans la contrée où est située une voie ferrée qui a fait l'objet d'une concession ou dans toute autre contrée voisine ou éloignée, ne peut donner ouverture à aucune demande d'indemnité de la part du concessionnaire.

Retrait d'autorisation. — Art. 44. — L'autorisation d'établir ou de maintenir une voie ferrée sur le sol des voies publiques peut être retirée à toute époque, en totalité ou en partie, dans les formes suivies pour la concession, lorsque la nécessité en a été reconnue dans l'intérêt public par le gouvernement, après une enquête ; le tout sous réserve de l'application des articles 6 et 11 de la loi du 11 juin 1880.

(*Réserves sous lesquelles le concessionnaire est admis à emprunter le sol des voies publiques*). — Art. 45. — Le concessionnaire n'est admis à réclamer aucune indemnité :

Ni à raison des dommages que le roulage ordinaire pourrait occasionner aux ouvrages de la voie ferrée ;

Ni à raison de l'état de la chaussée et des conséquences qui pourraient en résulter pour l'état et l'entretien de la voie ;

Ni enfin pour une cause quelconque résultant de l'usage de la voie publique.

Les indemnités dues à des tiers pour des dommages pouvant résulter de la construction ou de l'exploitation de la voie ferrée sont entièrement à la charge du concessionnaire.

Art. 46. — En cas d'interruption de la voie ferrée par suite de travaux exécutés sur la voie publique, le concessionnaire peut être tenu de rétablir provisoirement les communications, soit en déplaçant momentanément ses voies, soit en employant pour la traversée de l'obstacle des voitures ordinaires qui puissent le tourner en suivant d'autres lignes.

(*Concessions de voies de fer d'embranchement et de prolongement*). — Art. 47. — Le gouvernement, les départements et les communes ont le droit de concéder de nouvelles voies de fer s'embranchant sur une voie ferrée déjà concédée ou à établir en prolongement de la même voie.

Le concessionnaire de la ligne principale ne peut s'opposer à l'exécution de ces embranchements, ni réclamer, à l'occasion de leur établissement, une indemnité quelconque, pourvu qu'il n'en résulte aucun obstacle à la circulation ni aucuns frais particuliers pour son entreprise.

Les concessionnaires des voies de fer d'embranchement ou de prolongement ont la faculté, moyennant l'observation du paragr. 1er de l'art. 20 du présent règlement et des règlements de police et de service qui régissent la ligne principale, et moyennant les tarifs du cah. des charges de cette dernière ligne, de faire circuler leurs voitures, wagons et machines sur la ligne principale. Cette faculté est réciproque à l'égard desdits embranchements et prolongements.

Dans le cas où les divers concessionnaires ne peuvent s'entendre sur l'exercice de cette faculté, le ministre des travaux publics statue sur les difficultés qui s'élèvent entre eux à cet égard.

Le concessionnaire d'une voie ferrée ne peut toutefois être tenu d'admettre sur ses rails un matériel dont le poids serait hors de proportion avec les éléments constitutifs de ses voies.

Dans le cas où un concessionnaire d'embranchement ou de prolongement joignant la ligne principale n'use pas de la faculté de circuler sur cette ligne, comme aussi dans le cas où le concessionnaire de cette dernière ligne ne veut pas circuler sur les prolongements et embranchements, ces concessionnaires sont tenus de s'arranger entre eux de manière que le service de transport ne soit jamais interrompu aux points de jonction des diverses lignes.

Celui des concessionnaires qui se sert d'un matériel qui n'est pas sa propriété, paye une indemnité en rapport avec l'usage et la détérioration de ce matériel. Dans le cas où les concessionnaires ne se mettent pas d'accord sur la quotité de l'indemnité ou sur les moyens d'assurer la continuation du service sur toutes les lignes, l'administration y pourvoit d'office et prescrit toutes les mesures nécessaires.

(*Gares communes.*) — Le concessionnaire est tenu, si l'autorité compétente le juge convenable, de partager l'usage des stations établies à l'origine des voies de fer d'embranchement avec les compagnies qui deviendraient concessionnaires desdits embranchements.

Il est fait un partage équitable des frais résultant de l'usage commun desdites gares, et les sommes à payer par les compagnies nouvelles sont, en cas de dissentiment, réglées par voie d'arbitrage.

En cas de désaccord sur le principe ou l'exercice de l'usage commun des gares, il est statué par le ministre des travaux publics, les concessionnaires entendus.

(*Embranchements industriels*). — Art. 48. — Le concessionnaire de toute voie ferrée affectée au transport des marchandises est tenu de s'entendre avec tout propriétaire de carrières, de mines et d'usines qui, offrant de se soumettre aux conditions prescrites ci-après, demande un embranchement; à défaut d'accord, le préfet statue sur la demande, le concessionnaire entendu.

Les embranchements sont construits aux frais des propriétaires de carrières, de mines et d'usines, et de manière qu'il ne résulte de leur établissement aucune entrave à la circulation générale, aucune cause d'avarie pour le matériel, ni aucuns frais particuliers pour le service de la ligne principale.

Leur entretien est fait avec soin, aux frais de leurs propriétaires et sous le contrôle du préfet. Le concessionnaire a le droit de faire surveiller par ses agents cet entretien, ainsi que l'emploi de son matériel sur les embranchements.

Le préfet peut, à toute époque, prescrire les modifications qui sont jugées utiles dans la soudure, le tracé ou l'établissement de la voie desdits embranchements, et les changements sont opérés aux frais des propriétaires.

Le préfet peut même, après avoir entendu les propriétaires, ordonner l'enlèvement temporaire des aiguilles de soudure, dans le cas où les établissements embranchés viendraient à suspendre, en tout ou en partie, leurs transports.

Le concessionnaire est tenu d'envoyer ses wagons sur tous les embranchements autorisés destinés à faire communiquer des établissements de carrières, de mines ou d'usines avec la ligne principale.

Le concessionnaire amène ses wagons à l'entrée des embranchements.

Les expéditeurs ou destinataires font conduire les wagons dans leurs établissements, pour les charger ou les décharger, et les ramènent au point de jonction avec la ligne principale, le tout à leurs frais.

Les wagons ne peuvent, d'ailleurs, être employés qu'au transport d'objets et marchandises destinés à la ligne principale.

Le temps pendant lequel les wagons séjournent sur les embranchements particuliers ne peut excéder six heures, lorsque l'embranchement n'a pas plus d'un kilomètre. Ce temps est augmenté d'une demi-heure par kilomètre en sus du premier, non compris les heures de nuit, depuis le coucher jusqu'au lever du soleil.

Dans le cas où les limites de temps sont dépassées, nonobstant l'avertissement spécial donné par le concessionnaire, il peut exiger une indemnité égale à la valeur du droit de loyer des wagons, pour chaque période de retard après l'avertissement.

S'il est jugé nécessaire par le préfet, statuant sur l'avis du service du contrôle, d'établir un gardien aux aiguilles d'un embranchement industriel, le traitement de cet agent est à la charge du propriétaire de l'embranchement ; mais il est nommé et payé par le concessionnaire.

En cas de difficulté, il est statué par l'administration, le concessionnaire entendu.

Les propriétaires d'embranchement sont responsables des avaries que le matériel peut éprouver pendant son parcours ou son séjour sur ces lignes.

Dans le cas d'inexécution d'une ou de plusieurs des conditions énoncées ci-dessus, le préfet peut, sur la plainte du concessionnaire et après avoir entendu le propriétaire de l'embranchement, ordonner par un arrêté la suspension du service et faire supprimer la soudure, sauf recours à l'administration supérieure et sans préjudice de tous dommages-intérêts que le concessionnaire serait en droit de répéter pour la non exécution de ces conditions.

Le concessionnaire est indemnisé de la fourniture et de l'envoi de son matériel sur les embranchements, par la perception du tarif qui est fixé par son cah. des ch. pour chaque kilom. parcouru.

Tout kilomètre entamé est payé comme s'il avait été parcouru en entier.

Le chargement et le déchargement sur les embranchements s'opèrent aux frais des expéditeurs ou des destinataires, soit qu'ils les fassent eux-mêmes, soit que la compagnie du tramway consente à les opérer.

Dans ce dernier cas, ces frais sont l'objet d'un règlement arrêté par le préfet, sur la proposition du concessionnaire.

Tout wagon envoyé par le concessionnaire sur un embranchement doit être payé comme wagon complet, lors même qu'il ne serait pas complètement chargé.

La surcharge, s'il y en a, est payée au prix du tarif légal et au prorata du poids réel. Le concessionnaire est en droit de refuser les chargements qui dépasseraient le maximum déterminé par son cahier des charges.

Ce maximum sera revisé par le préfet de manière à être toujours en rapport avec la capacité des wagons.

Les wagons sont pesés à la station d'arrivée par les soins et aux frais du concessionnaire.

(*Contribution foncière*). — Art. 49. — La contribution foncière pour les dépendances situées en dehors de l'assiette des routes, chemins et autres voies publiques, est établie en raison de la surface occupée par ces dépendances ; la cote en est calculée comme pour les canaux, conf. à la loi du 25 avril 1893.

Les bâtiments et magasins dépendant de l'exploitation de la voie ferrée sont assimilés aux propriétés bâties de la localité. Toutes ces contributions auxquelles ces édifices peuvent être soumis sont, aussi bien que la contribution foncière, à la charge du concessionnaire.

(*Agents du concessionnaire*). — Art. 50. — Les agents et gardes que le concessionnaire établit, soit pour la perception des droits, soit pour la surveillance et la police de la voie de fer et de ses dépendances, peuvent être assermentés et sont, dans ce cas, assimilés aux gardes champêtres. Ces agents sont revêtus d'un uniforme ou sont porteurs d'un signe distinctif.

(*Comptes rendus statistiques annuels et trimestriels.*) — Art. 51. — Tout concessionnaire doit adresser, chaque année, au préfet des états statistiques conformes aux modèles qui seront arrêtés par le ministre des travaux publics et qui comprennent les renseignements relatifs à l'année entière (du 1er janvier au 31 décembre).

Cet envoi est fait le 15 avril de chaque année, au plus tard. Les renseignements fournis par le concessionnaire peuvent être publiés.

Indépendamment de ces états annuels, le compte rendu des résultats de l'exploitation, comprenant les dépenses d'établissement et d'exploitation et les recettes brutes, est remis au préfet dans le mois qui suit l'expiration de chaque trimestre. Ce compte rendu est dressé en trois expéditions, destinées au préfet, au représentant de l'autorité qui a donné la concession et au ministre des travaux publics ; il est publié, au moins par extraits, dans le *Journal officiel*, conformément aux prescriptions de l'article 19 de la loi du 11 juin 1880.

(*Frais de contrôle*). — Art. 52. — Les frais de visite, de surveillance et de réception des travaux, et les frais de contrôle de l'exploitation sont supportés par le concessionnaire.

Afin de pourvoir à ces frais, le concessionnaire est tenu de verser, chaque année, à la caisse centrale du trésorier payeur général du département, la somme qui est fixée dans le cahier des charges de la concession par chaque kilomètre de voie ferrée concédé.

Si le concessionnaire ne verse pas la somme ci-dessus réglée aux époques fixées, le préfet rend un rôle exécutoire et le montant en est recouvré comme en matière de contributions publiques.

(*Registre des réclamations*). — Art. 53. — Il est tenu, dans chaque station et dans chaque bureau d'attente, un registre coté et parafé par le maire de la commune, lequel est destiné à recevoir les réclamations des personnes (voyageurs ou autres) qui auraient des plaintes à former, soit contre le concessionnaire, soit contre ses agents.

Ce registre est présenté à toute réquisition du public ; il est visé par les agents du service du contrôle et de surveillance administrative.

(*Propositions du concessionnaire*). — Art. 54. — Dans tous les cas où, conformément aux dispositions du présent règlement, le préfet doit statuer sur la proposition d'un concessionnaire, celui-ci est tenu de lui soumettre cette proposition dans le délai qui a été déterminé, faute de quoi le préfet peut statuer directement.

Si le préfet pense qu'il y a lieu de modifier la proposition du concessionnaire, il doit, sauf le cas d'urgence, entendre celui-ci avant de prescrire les modifications dont il s'agit.

(*Affichage et publication du présent règlement*). — Art. 55. — Des exemplaires du présent règlement, ainsi que des articles de l'ordonn. du 15 nov. 1846, du décret du 30 avril 1880 et du décret du 12 août 1871, auxquels il se réfère, sont constamment affichés, à la diligence du concessionnaire, aux abords des bureaux des voies ferrées qui empruntent le sol des voies publiques, ainsi que dans les salles d'attente.

Le conducteur ou receveur de toute voiture, le conducteur principal de tout train en marche sont munis d'un exemplaire du règlement. Des extraits sont délivrés, chacun pour ce qui le concerne, aux cochers, receveurs, mécaniciens, chauffeurs, gardes-freins et autres agents employés sur la voie ferrée.

Des extraits, en ce qui concerne les règles à observer par les voyageurs pendant le trajet, sont placés dans chaque caisse de voiture.

(*Constatation et poursuite des contraventions*). — Art. 56. — Sont constatées, poursuivies et réprimées conformément aux dispositions de la loi du 15 juillet 1845, qui ont été rendues applicables aux tramways par l'article 37 de la loi du 11 juin 1880, les contraventions au présent règlement, aux décisions ministérielles et aux arrêtés pris par les préfets pour l'exécution de ce règlement.

Art. 57. — Les dispositions du présent règlement sont applicables aux chemins de fer d'intérêt local sur les sections où ces chemins de fer empruntent le sol des voies publiques, sans préjudice de l'application de l'ordonn. du 15 nov. 1846. »... (Décret, 6 août 1881.)

III. Rappel de divers documents généraux à consulter (Pour l'exécution des matières qui font l'objet du décret du 6 août 1881, reproduit au paragr. précédent) : — 1° Loi du 15 juill. 1845, sur la police des ch. de fer (V. *Lois*) ; — 2° Ordonn. réglementaire du 15 nov. 1846 (V. *Ordonnances*) ; — 3° Loi du 11 juin 1880, sur les ch. de fer d'int. local et les tramways (V. *Chemin de fer d'int. local*) ; — 4° Cahier des ch. type des lignes d'intérêt local (V. à la *même référence*) ; — 5° Extr. du cah. des ch. type des tram-

ways (V. *Tramways*) ; — 6° Décret du 18 mai 1881 relatif aux enquêtes d'utilité publique des
ch. de fer d'int. local et des tramways (V. *Enquêtes*) ; — 7° Décret du 20 mai 1880, autorisant l'emploi, à titre d'essai, de *voitures à vapeur*, portant leur moteur avec elles, et de
locomotives tenders de faible poids remorquant une ou plusieurs voitures sans interposition de fourgon (V. *Locomotives*, § 5) ; — 8° Arrêté min. du 20 avril 1866, réglant la
circulation des locomotives sur les routes ordinaires. — *P. mém.* — Le dit arrêté ayant
évidemment fait place, au moins lorsque les machines *circulent sur des voies ferrées,* au
décret ci-dessus reproduit, du 6 août 1881, dont l'art. 21 s'applique précisément à l'autorisation et au service des machines locomotives desservant les voies ferrées établies sur
les routes et chemins.

VOIRIE.

I. Contribution des chemins de fer pour les travaux de voirie. — « Si, d'une part,
aux termes de l'art. 1ᵉʳ de la loi de 1845, les chemins de fer font partie de la grande
voirie, d'autre part, ils n'ont aucune communication avec les rues qu'ils longent dans l'intérieur des villes. Ils ne peuvent, en conséquence, être assujettis à contribuer aux frais
du pavage dans ces rues. Dès lors, une compagnie de chemin de fer est fondée à demander décharge de la taxe qui lui a été imposée dans une ville, sur le rôle de répartition
des frais du pavage d'une rue, à raison de la partie du chemin de fer qui longe cette
rue. » (C. d'État, 24 mai 1860.) — V. aussi *Balayage.*

II. Indications diverses. — V. *Alignements, Chemin, Grande voirie, Maires, Police,
Rues* et *Voies publiques.*

VOITURES.

I. Dispositions et dimensions principales des voitures de voyageurs. (Art. 32 du
modèle général du cah. des ch.) — *Extr. :* « Les *voitures de voyageurs* devront être faites
d'après les meilleurs modèles, et satisfaire à toutes les conditions réglées ou à régler
pour les voitures servant au transport des voyageurs sur les ch. de fer. — Elles seront
suspendues sur ressorts et garnies de banquettes.

« Il y en aura de trois classes au moins. — Les voitures de 1ʳᵉ classe seront couvertes, garnies, fermées à glaces, munies de rideaux. — Celles de 2ᵉ classe seront couvertes, fermées à
glaces, munies de rideaux, et auront des banquettes rembourrées. — Celles de 3ᵉ classe seront
couvertes, fermées à vitres, munies soit de rideaux, soit de persiennes, et auront des banquettes
à dossiers. — Les dossiers et les banquettes devront être inclinés, et les dossiers seront élevés à
la hauteur de la tête des voyageurs.

« L'intérieur de chacun des compartiments de toute classe contiendra l'indication du
nombre des places de ce compartiment.

« L'administration pourra exiger qu'un compartiment de chaque classe soit réservé
dans les trains de voyageurs aux femmes voyageant seules. — V. *Compartiments.*

« Les voitures de voyageurs, les wagons destinés au transport des marchandises, des
chaises de poste, des chevaux ou des bestiaux, les plateformes et, en général, toutes
les parties du matériel roulant, seront de bonne et solide construction. La compagnie
sera tenue, pour la mise en service de ce matériel, de se soumettre à tous les règlements
sur la matière. » (Extr. de l'art. 32, cah. des ch.)

Conditions d'entretien. — D'après le dernier alinéa de l'art. 32 du cah. des ch., les voitures,
wagons de toute espèce, etc., seront constamment entretenus en bon état. — Voir plus loin,
§ 1 *bis.*

Prescriptions spéciales applicables au matériel servant au transport des voyageurs. —
L'ordonn. régl., du 15 nov. 1846 contient, au sujet de la mise en service des voitures
destinées au transport des voyageurs, diverses dispositions que nous avons reproduites

aux divers articles correspondants, savoir : Art. 8. Essieux des voitures (V. *Essieux*) ; — Art. 12. *Dimensions des places, etc.* Les voitures destinées au transport des voyageurs seront d'une construction solide ; elles devront être commodes et pourvues de ce qui est nécessaire à la sûreté des voyageurs. — Les *dimensions* de la place affectée à chaque voyageur devront être d'au moins 0^m,45 en largeur, 0^m,65 en profondeur et 1^m,45 en hauteur (1). — Art. 13. Mise en service et estampillage des voitures (V. *Estampillage*). — Art. 14. Toute voiture de voyageurs portera dans l'intérieur l'indication apparente du nombre des places. — Art. 15. Indication du nom ou des initiales du chemin de fer, du n° d'ordre et de l'estampille, d'une manière apparente sur la caisse ou sur les côtés des châssis. — Art. 16. *Entretien* (voir ce mot). — Art. 17. Nombre des voitures dans les convois (V. *Composition des convois*). — Art. 18. Voitures à freins (V. *Freins*). — Art. 20. (Ext.). Il devra toujours y avoir en tête de chaque train, entre le tender et la première voiture de voyageurs, autant de voitures ne portant pas de voyageurs qu'il y aura de locomotives attelées. — Art. 22. *Attelages* (V. *Attelages, Ressorts* et *Tampons*). — Art. 24. Éclairage des voitures (V. *Éclairage*). — Art. 26. Vérification des voitures avant le départ. — Art. 61, 63 et 78. Mesures de police concernant les voyageurs. — V. *Voyageurs*, §§ 3 et 4. — Voir aussi le même mot, § 8.

I *bis*. ENTRETIEN ET APPROVISIONNEMENT DU MATÉRIEL (Art. 32, dernier alinéa du cah. des ch.). — « Les machines, locomotives, tenders, *voitures et wagons de toute espèce*, plateformes composant le matériel roulant, seront constamment entretenus en bon état. » — *Détails d'application* (Voir le mot *Matériel*, § 2). — *Emploi, répartition et insuffisance du matériel* (Id., § 3). — *Remises de voitures*, et de *wagons*. — V. le mot *Remises*.

Amélioration des voitures à voyageurs. — En dehors des questions générales d'amélioration du matériel roulant (Voir *Matériel*, § 1 bis), de nouvelles dispositions ont été adoptées comme on peut le voir par le rapprochement de l'ancien et du nouveau texte des art. 32 et 42 du cah. des ch. en ce qui concerne l'amélioration des voitures de voyageurs. — Voici d'ailleurs à titre de simple indication un extr. du compte rendu des innovations réalisées à ce sujet notamment sur les chemins de fer de l'État (*septembre* 1880) : — « L'admin. des ch. de fer de l'État, qui avait pris la résolution de transformer son matériel de voyageurs, a décidé que les wagons de 2e classe auraient, sur toute l'étendue du réseau, des sièges et des dossiers rembourrés : de plus, les voitures de 2e classe seront à huit places, les voitures de 1re classe à six places, et les sièges seront mobiles. — Depuis quelques semaines, un certain nombre de voitures de 2e classe avec sièges et dossiers rembourrés circulent sur le réseau de l'État. Dans un bref délai, tous les trains seront entièrement pourvus de ces véhicules. — D'autre part, on annonce que les comp. de l'Orléans et du P.-L.-M. viennent de suivre l'exemple donné par l'admin. des ch. de fer de l'État et qu'elles vont, dans certains parcours, améliorer leurs voitures de 3e classe en rembourrant les sièges et les dossiers. » — *Chauffage des voitures* (Voir le mot *Chauffage*, au sujet des améliorations réalisées dans cette partie du service et des nouveaux essais entrepris). — A ces indications on doit ajouter celle qui se rapporte à la canalisation d'eau chaude mise à l'étude par la

(1) Au sujet des dimensions extérieures des voitures de voyageurs, *eu égard à l'emplacement occupé par ces voitures sur les voies, dans les trains ou dans les remises des gares*, nous croyons utile de résumer les indications suivantes, savoir : — La longueur des véhicules, servant au transport des voyageurs, varie suivant la classe de la voiture et suivant le nombre des compartiments. Ainsi, par ex., une voiture de 1re cl. est plus développée qu'un wagon de 2e cl. ou de 3e. Mais, en général, la longueur de chaque véhicule des diverses classes peut être évaluée, en moyenne, à 8^m, y compris les tampons, qui font saillie de 0^m,50 à 0^m,55, chacun. — *Dimensions diverses*. — L'écartement des wagons à voyageurs, entre les tampons, est d'environ 1^m,25. — Entre les mains-courantes, de 1^m,064. — Entre les marchepieds, de 0^m,70. — Largeur minimum d'une voiture de voyageurs, 2^m,60. — Largeur minimum avec la saillie des lanternes, 3^m,24. — (Nota.) — La plus grande largeur développée des machines aux cylindres extérieurs est 3^m,10. — Les dimensions des wagons à marchandises sont indiquées au mot *Wagon*. — Les poids et prix des divers véhicules ont fait l'objet d'indications succinctes aux mots *Poids* et *Prix*.

compagnie de l'Ouest et dont diverses publications ont parlé dans les termes suivants : — Le système dont il s'agit « consiste à remplacer les bouillottes mobiles par un appareil fixé dans le plancher, que la surface supérieure effleurera et qui occupera toute la longueur du comparti- ment ». — *Mise en communication des voitures à voyageurs avec les fourgons des agents des trains* (Questions de sécurité et de protection des voyageurs). — V. *Intercommunication* et *Voyageurs*, § 8.

Tarif de transport des véhicules de chemin de fer. — Le transport des *voitures de voyageurs* expédiées comme *marchandises* par chemin de fer n'a pas été prévu dans les tarifs à *grande vitesse* (V. l'art. 42 du cah. des ch. et le mot *Tarifs*, § 1). — On ne trouve au sujet de cette partie du matériel roulant que les indications ci-après, men- tionnées sous la rubrique *Petite vitesse* et déjà reproduites au mot *Wagon*, § 1, savoir : 1° Prix de transport (en petite vitesse) d'un *wagon* ou chariot, pouvant porter de 3 à 6 tonnes par pièce et par kilomètre, 0 fr. 15, non compris frais accessoires (V. *Frais*). — 2° Même véhicule pouvant porter plus de 6 tonnes, 0 fr. 20. — L'art. 42 du cah. des charges ne paraît avoir prévu le transport par *grande vitesse* que des voitures publi- ques (messageries et autres) et voitures particulières, transportées sur trucks. — Voir au § 2 ci-après.

Statistique des voitures et wagons (et Objets divers). — V. *Matériel*.

II. Voitures transportées sur trucks. — « Les chaises de postes, calèches ou autres voitures qui contiennent des voyageurs doivent être chargées sur des trucks, de façon que l'ouverture de la capote soit placée dans le sens opposé à la marche du train. — Les vasistas des voitures qui voyagent à vide doivent être fermés avec soin. Les voitures doivent être chargées avec précaution. — Toutes les roues doivent être calées dans les deux sens, le timon ou les brancards doivent être démontés. — Indépendam- ment du calage, les roues et les essieux doivent être enveloppés de manière à éviter d'abîmer la peinture, et fortement immobilisés à l'aide de courroies. » (*Inst. spéc.*)

Voitures de messageries. — « Les voitures des entrepreneurs de messageries ne pour- ront être admises dans la composition des trains qu'avec l'autorisation du ministre des travaux publics, et que moyennant les conditions indiquées dans l'acte d'autorisation. » (Art. 22, ordonn. du 15 nov. 1846.)—Quelques-unes des dispositions générales auxquelles ont donné lieu l'agencement et l'admission des voitures de messageries, dans les trains autres que les trains express et postes, ont fait l'objet de circ. min. en date du 4 janv. 1850 et du 17 juin 1850, dont nous donnons ci-dessous les principaux extraits :

Marchepieds. — « Sur certaines lignes de ch. de fer, les marchepieds des trucks sur lesquels reposent les voitures de messageries placées dans les convois se composent de deux palettes ovales, superposées et correspondant à chacune des portions du coupé, de l'intérieur et de la rotonde. A la suite d'un accident, il a paru préférable de substituer à la palette inférieure des marchepieds une tablette courante, de 0ᵐ,30 de largeur, s'étendant d'un bout à l'autre du truck, ainsi que cela a lieu pour les voitures et wagons ordinaires. En conséquence, les comp. de ch. de fer ont été invitées à appliquer à leurs trucks, comme deuxième marchepied, la tablette courante susindiquée, cette disposition étant une des conditions de l'autorisation à accorder pour le transport des voitures de messageries sur plateformes. » (Circ. min., 4 janv. 1850. — Ext.)

Mesures d'ordre (Ext. d'une circ. min., 17 juin 1850). — « 1° Toutes les voitures de mes- sageries chargées sur trucks et transportées sur les chemins de fer devront avoir le cabriolet qui recouvre la banquette d'impériale pourvu de châssis à vitres ; ces châssis devront être entière- ment fermés toutes les fois que la diligence marchera en avant ; — 2° Le conducteur ne devra, dans aucun cas, abandonner sa place sur l'impériale, pendant toute la durée du parcours sur les chemins de fer ; — 3° Les dispositions de l'article 21 et des §§ 2 et suivants de l'art. 63 de l'ordonn. réglem. du 15 nov. 1846 sont expressément applicables aux voitures de messageries et autres, transportées sur trucks dans les convois de voyageurs. » — V. *Ordonnances*.

Tarif de transport des voitures de messageries ou particulières.—1° Transports à grande vitesse (*Ext. du modèle de tarif général d'application*), ch. 3, § 1.— Art. 31. Les prix à percevoir pour le transport des voitures à la vitesse des trains de voyageurs sont ainsi fixés : non compris le premier impôt du dixième et 2 décimes, plus le nouvel impôt de 10 p. 100 (V. *Impôts*), et non compris les frais accessoires (V. *Frais*), savoir : — *Voitures* à deux ou quatre roues, à un fond et une seule banquette dans l'intérieur, 0.50 par voiture et par kilom. — Voitures à quatre roues, à deux fonds et à deux banquettes dans l'intérieur, omnibus, diligences, etc., à 0.64. — Deux personnes peuvent, sans supplément de prix, voyager dans les voitures à une banquette, et trois dans les voitures à deux banquettes, omnibus, diligences, etc. ; les voyageurs excédant ce nombre paient le prix des places de deuxième classe. — Art. 32. Le transport des voitures dont les dimensions dépassent le gabarit n'est pas accepté.

§ 2. — *Voitures des pompes funèbres*. — Voir le tableau de l'art. 42 du cah. des ch. et le mot *Pompes funèbres* au sujet des conditions de transport, ainsi que de l'admission des *cercueils* dans les trains express. — (*Nota*). Les voitures des pompes funèbres vides sont transportées aux mêmes prix et conditions que les voitures à deux et à quatre roues, à un fond et à une seule banquette, expédiées à la même vitesse. — Voir aussi au tarif exceptionnel (*Tarif*, § 2), pour toutes les expéditions de gr. ou de petite vitesse dont le poids serait inférieur à 200 kilogr. sous le volume d'un m. cube, et majorées par suite de 50 p. 100.

Transport de voitures d'enfants (Majoration). — Les voitures servant à promener les enfants doivent être taxées comme objets de carrosserie, avec la majoration de moitié en sus y afférente. (C. C., 10 juillet 1883.)

Voitures démontées. — V. ci-après le 2° relatif à la petite vitesse.

2° *Transports des voitures à petite vitesse* (y compris les voitures de déménagement). Voir au mot *Cah. des ch.* le tableau des tarifs donnés à l'art. 42. — Voir aussi au mot *Tarifs*, § 1, les art. 18, 19, 20 et 21 du modèle général de tarif d'application. — Les voitures, bien que taxées au nombre par les tarifs, peuvent entrer dans la composition du chargement d'un *mobilier* dont elles font partie, lorsque le tarif applicable à ce mobilier ne les excepte pas par une énonciation positive. (C. C. 20 déc. 1886.)

Caisses de voitures et pièces démontées. — La taxe applicable aux voitures l'est à une caisse de voiture complète, peinte et garnie, mais dépourvue de l'avant-train, des ressorts de devant, des essieux et des roues. — Une telle caisse ne rentre pas dans la catégorie des marchandises dites de carrosserie. (C. C. 24 déc. 1877.) — « L'art. 18 du tarif général pour les transports à petite vitesse comprend toutes les voitures ; il ne fait aucune distinction entre celles *démontées* et celles dont les divers organes sont assemblés, ni entre celles qui sont peintes et garnies, et celles qui ne le sont pas. » (C. C. 24 janv. 1882.)

Voitures de vidange. — Les voitures de vidange *doivent être taxées par application de l'art.* 18 *du tarif général* (voitures à 2 ou 4 roues, à un fond et à une seule banquette dans l'intérieur ; à 4 roues, à 2 fonds et à 2 banquettes, omnibus, diligences, etc.).

3° *Installations pour le service des voitures, bestiaux*, etc. (Voir le mot *Bestiaux*, § 1). — *Avis d'expédition à donner au chef de gare*. — Voir au mot *Tarifs*, § 1, l'art. 56 du modèle général de tarif de grande vitesse, et les notes à la suite, d'après lesquelles, entre autres dispositions, les *voitures* ne sont pas admises dans les trains rapides (express, postes, etc.).

4° *Indications diverses* (au sujet de certaines voitures et dispositions spéciales) (Voir les mots *Aliénés, Incendie, Matières, Militaires, Postes, Prisonniers, Toucheurs*, etc.). — Emploi de *voitures dites à vapeur* (Décret du 20 mai 1880, etc.). — Voir *Chemins de fer de l'État*, § 6, et *Voies publiques*, § 3.

III. Voitures des routes de terre. — Aux termes de l'art. 8 de l'ordonn. du 16 juill. 1828, « les voitures publiques doivent être d'une construction solide et pourvues de tout ce qui est nécessaire à la sûreté des voyageurs. » — Voir, pour les conditions diverses, les mots : *Correspondances, Cours des gares, Omnibus, Roulage* et *Traités.*

VOITURIERS.

I. Obligations de droit commun. — Indépendamment des obligations qui leur sont imposées par leurs cah. des ch. et par les lois et règl. spéciaux du service des ch. de fer, les comp. sont soumises aux dispositions du droit commun et assimilées, dans la plupart des cas, à des voituriers, en ce qui concerne les conditions d'avaries, la tenue de registres et les questions de retards, responsabilité, etc., relatives aux transports qui leur sont confiés. — Nous avons reproduit à ce sujet, au mot *Commissionnaires*, les prescr. des art. 96 et suiv. du C. de Comm., se rapportant en général à l'industrie des commissionnaires et du voiturier. — Nous renvoyons également aux mots : *Avaries, Fin de non-recevoir, Force majeure, Livraison, Paiement, Preuves, Registres, Responsabilité, Retards, Vérification, Vice propre,* etc., pour les détails d'application.

Dispositions spécialement applicables aux voituriers (Art. 1782 à 1786 du C. civil) (Voir *Commissionnaires*). — Délits et quasi-délits (Art. 1383, 1384 et suiv. du C. civil). — V. *Responsabilité*, § 2.

II. Entreprises accessoires des chemins de fer. — V. *Bureaux de ville, Camionnage, Correspondance, Cours des gares, Factage, Omnibus, Réexpédition, Roulage, Transports* et *Traités.*

VOLAILLES.

Conditions de transport (V. *Délais, Denrées, Messagerie* et *Livraison*). — Transport de volailles en cages ou paniers. — Voir le mot *Animaux*, § 3.

Tarifs spéciaux. — Sur quelques lignes, les volailles vivantes en cages expédiées par contenance de wagon du port de 5,000 kilog. sont taxées à 0 fr. 32 par kilom. Sur d'autres lignes, les tarifs sont variables suivant les parcours. En général, quand l'expédition par wagon complet n'atteint pas les quantités voulues pour remplir un wagon, elle est taxée d'après les conditions du tarif général applicable aux marchandises non dénommées qui, sous le volume d'un mètre cube, pèsent moins de 200 kilog. Sur d'autres lignes, les *œufs* et la volaille morte sont compris dans le transport spécial à prix réduit pour le transport des denrées. — V. *Animaux*, § 3 et *Denrées*, § 1.

VOLS.

I. Dénonciations. — Une circ. minist., du 5 mars 1858, rappelant plusieurs vols importants commis, soit dans les stations, soit dans les trains en marche, a invité les comp. de ch. de fer « à renouveler aux agents de leur exploitation l'ordre de dénoncer immédiatement aux magistrats locaux, et aux officiers de police judiciaire, tous les vols, fraudes ou détournements quelconques commis dans l'enceinte des ch. de fer ».

« Les commiss. de surveill. admin. ne doivent pas se borner à remettre aux commiss. spéc. de police la suite des affaires de cette nature dont ils sont saisis par les comp. ou dont ils ont directement connaissance ; mais ils doivent en informer la justice, procéder aux premières recherches, en un mot, apporter aux magistrats instructeurs le concours que ceux-ci sont en droit d'attendre de tous les officiers de police judiciaire. — Les commiss. de surv. admin. ne doivent pas perdre de vue, en effet, que cette qualité d'officiers de police judiciaire leur a été conférée par la loi du 27 février 1850, et que, dès lors, leurs devoirs, en matière de crimes ou de délits communs, comme en matière de contravention aux règlements d'exploitation, leur sont tracés par l'art. 29 du C. d'instr. crim., et ce, indépendamment des devoirs et obligations qui incombent pour les mêmes délits aux commiss. spéc. de police fonctionnant près d'eux. » (Circ. min., 5 mars 1858.)

Par une nouvelle circ. min. du 31 mai 1862, adressée aux compagnies, l'admin. supér. s'est plainte de ce que ses recommandations précédentes étaient restées sans effet... Le ministre a prévenu, en conséquence, les compagnies que les ordres les plus sévères ont été donnés aux agents de la surveillance pour que le personnel des trains et des gares soit activement surveillé : il leur a été enjoint, « lorsque des faits de cette nature parviendront à leur connaissance, de verbaliser, non seulement contre les auteurs reconnus ou présumés des délits, mais encore contre les agents supérieurs qui, en ayant été informés, ne les auraient pas dénoncés. » Ces dispositions devront être portées à la connaissance des agents de tous ordres attachés aux compagnies... (Ext.)

Suite à donner aux procès-verbaux dressés en exécution de la précédente circulaire. — Nouvelle circ. min. adressée, le 11 nov. 1867, aux chefs de service du contrôle : « Le cas s'est présenté récemment où j'ai été amené à reconnaître que la circulaire du 31 mai 1862 ne trouvait aucune sanction pénale dans la loi du 15 juillet 1845, combinée avec l'ordonn. du 15 nov. 1846. Il m'a paru, dès lors, qu'il était inutile de transmettre au parquet les procès-verbaux dressés en exécution de ladite circulaire, et qu'il y avait lieu seulement de les mettre en réserve, comme moyen de constatation, pour exiger des compagnies, soit la punition disciplinaire des agents coupables, soit même leur révocation, par application du décret du 27 mars 1852 (V. *Agents*, § 2). — Le ministre de la justice ayant partagé cette manière de voir, j'ai décidé qu'à l'avenir les procès-verbaux dressés par les commiss. de surv. admin. contre les agents supérieurs des compagnies, dans le cas prévu par la circ. min. du 31 mai 1862, au lieu d'être transmis au parquet, seraient conservés par ces fonctionnaires et tenus à la disposition de l'administration. En outre, comme les magistrats instructeurs et les membres du parquet peuvent avoir intérêt à prendre connaissance des procès-verbaux, pour s'éclairer sur la complicité légale des agents qui n'ont pas dénoncé les délits de leurs subordonnés, il doit être bien entendu que les commiss. de surv. admin. devront les leur communiquer, toutes les fois que ces magistrats en feront la demande. »

II. Constatations et pénalités. — Les circulaires précitées contiennent implicitement les indications relatives à la constatation des vols ; mais, pour ces constatations comme pour toutes celles qui ressortissent au droit commun, nous ne pouvons que renvoyer à la circ. minist du 1er juin 1855. — V. *Commissaires spéciaux de police*, § 2.

Vol d'armes appartenant à l'Etat (Interv. du commiss. de surv.). — V. *Armes.*

Répression. — Au sujet des questions de pénalité, on doit se reporter aux art. 379 et suiv. du Code pénal, en tenant compte de ce que les *gares, ateliers, dépôts*, etc., sont réputés *maisons habitées*, et que la voie de fer elle-même est considérée d'après la décision suivante comme un *chemin public*, au point de vue des vols qui peuvent s'y commettre : « La déclaration d'un jury, portant que le vol commis sur un chemin de fer l'a été sur un chemin public, est une décision de fait que la Cour de cassation n'a pas le pouvoir de reviser. » (C. C., 9 avril 1846.) — Cependant, dans d'autres arrêts, le système contraire semble avoir prévalu, notamment dans l'espèce suivante (vol commis par un ouvrier poseur). — Une voie ferrée n'est point un de ces *chemins publics* auxquels s'appliquent les dispositions aggravantes de l'art. 383 du Code pénal. — « Un *ouvrier poseur* d'une comp. de ch. de fer n'est pas le *préposé de voiturier* dont il est question dans l'art. 386, 4° du même Code. » (C. C., 19 juill. 1872.) — « Le wagon stationnant dans une gare n'est, au point de vue du vol commis par un poseur, ni la maison du maître ni l'atelier dont il est question dans l'art. 386, 3° (C. d'Appel d'Angers, 29 avr. 1872). — V. aussi *Lieu public.*

Larcins et filouteries (V. les art. 157, 401 et 405, C. pénal). — Voir aussi *Bagages*, § 3, *Billets*, § 5, *Détournements, Escroqueries, Fausses déclarations, Filouteries, Fraudes.*

III. Responsabilité civile des compagnies (et de ses agents). — Aux conditions générales de responsabilité des voituriers et commissionnaires, prévues aux art. 96 à

108 du C. de comm. (V. *Commissionnaires*); et aux art. 1383, 1384 et suiv. du C. civil (V. *Responsabilité*, § 2); il y a lieu d'ajouter à la charge des comp. : 1° l'art. 22 de la loi du 15 juillet 1845 (V. *Lois*); 2° les art. 1953 et 1954 du C. civil, qui se rapportent à la *responsabilité des dépositaires*, et qui sont ainsi conçus : « Art. 1953. Ils sont responsables (les *dépositaires*) du vol ou du dommage des effets du voyageur, soit que le vol ait été fait ou que le dommage ait été causé par les domestiques ou préposés de l'hôtellerie, ou par des étrangers allant et venant dans l'hôtellerie. — Art. 1954. Ils ne sont pas responsables des vols faits avec force armée ou autre force majeure. » — Par suite, une comp. de ch. de fer est civilement responsable des détournements frauduleux commis par ses agents dans l'exercice de leurs fonctions. — « Une comp. de ch. de fer est responsable du vol commis dans un paquet qui a été défait (soit en route, soit dans une de ses gares), diminué de poids de moitié, adroitement replié dans sa forme première, présenté au destinataire, accepté sans observations et ultérieurement reconnu incomplet devant témoins par ce destinataire. » (Trib. de Douai, 2 fév. 1870.) — Voir, du reste, au sujet de la soustraction d'objets dans les bagages des voyageurs, le mot *Bagages*, § 8. — Le même principe est évidemment applicable au détournement de marchandises (Applic. de l'art. 1783 du C. civil) (V. *Détournements, Finances, Marchandises* et *Responsabilité*). — Colis non enregistrés. — V. *Abandon*, § 2, et *Bagages*, § 8.

Fin de non-recevoir de l'art. 105 *du C. de comm.* (non applicable en matière de détournements de marchandises, l'action contre le voiturier restant ouverte dans ce cas, même après réception et payement préalable des objets transportés). — (Voir, à ce sujet, au mot *Détournements*, § 1, un arrêt de la C. de C., 26 avril 1859, confirmé ainsi qu'il suit par un autre arrêt de la même cour (6 mai 1872). — « Il résulte des dispositions combinées des art. 105 et 108 du C. de comm. que la règle, suivant laquelle la réception des objets transportés et le payement du prix de la voiture éteignent toute action contre le voiturier, n'est applicable que dans les cas de perte ou d'avaries provenant de la négligence du voiturier, c'est-à-dire quand il s'agit de l'exécution du contrat de transport, et non dans le cas de fraude ou d'infidélité, imputables au voiturier ou à ses agents, ayant eu pour résultat le détournement des marchandises transportées. » (C. C., 6 mai 1872.) — V. aussi, au sujet des justifications à faire dans ces matières très importantes mais un peu compliquées, du service des ch. de fer, les mots *Fin de non-recevoir*, § 1, *Finances*, § 6, *Preuves* et *Vérification*.

Mise en cause, ou intervention des agents de la comp. (au sujet de vols). — Nous n'avons pas besoin de rappeler qu'en dehors de la responsabilité civile des compagnies, les agents des ch. de fer sont personnellement responsables des vols constatés à leur charge et pour lesquels, du reste, à l'occasion, les tribunaux se montrent justement sévères. — Aussi, nous bornerons-nous à mentionner ici quelques indications spéciales au sujet des questions de responsabilité hiérarchique ou d'intervention des agents dans certains cas particuliers :

Mise en cause des chefs de gare. — « Le chef de gare n'est pas responsable de son sous-chef. — En conséquence, lorsqu'un objet appartenant à la comp. a disparu pendant le service du sous-chef de gare, et en l'absence réglementaire du chef, la comp. n'a, contre ce dernier, aucune action en responsabilité. — La constatation, faite par la compagnie, hors la présence du chef de gare, révoqué par elle, que certains objets dépendant du matériel de la gare seraient manquants, ne peut pas être opposée à l'ex-chef de gare non appelé à la constatation. » (C. Paris, 31 janv. 1863.) — *Recours des agents inculpés de vol.* — « Sur l'initiative d'une comp. de ch. de fer, mais sans qu'aucune imprudence ni mauvaise foi lui soit imputable, des poursuites correctionnelles sont exercées contre un de ses agents par le ministère public, à l'occasion de vols. — En pareille occurrence, ladite compagnie ne peut être condamnée à réparer le préjudice causé à cet agent par la prévention dont il a été l'objet. » (C. C., 10 mai 1876 et 17 avril 1878.)

Agent tué en facilitant l'arrestation d'un voleur (Refus d'une indemnité au fils mineur de la victime). — « En fait, il résulte des constatations de l'arrêt attaqué (1) que le 24 octo-

---

(1) Cour d'appel d'Alger, 24 juill. 1884 (ch. de fer d'Algérie, exploité par la comp. de P.-L.-M.).

bre 1883, Tudury, employé à la gare de l'Agha, en qualité de reconnaisseur à la halle des arrivages, ayant surpris un indigène en flagrant délit de vol, prévint immédiatement de ce fait le chef de gare; que ce dernier se rendit sur les lieux et, après avoir constaté le vol, invita son agent à conduire avec lui le délinquant au commissariat de police de Mustapha; que, durant ce trajet, cet individu, qui avait à sa droite le chef de gare et à sa gauche Tudury, porta à celui-ci plusieurs coups de couteau; que Tudury succomba le lendemain aux suites de ses blessures; — En droit, aux termes de l'art. 1984 du Code civil, le mandat est un acte par lequel une personne donne à une autre le pouvoir de faire quelque chose pour le mandant et en son nom; — Ainsi, le caractère essentiel de ce contrat consiste dans le pouvoir donné au mandataire de représenter le mandant; — Ce caractère ne se rencontre pas dans l'espèce, puisque le chef de gare s'est borné à réclamer le concours de son subordonné à un acte qu'il accomplissait en sa qualité de représentant de la compagnie; — Dans ces circonstances, loin d'avoir reçu le pouvoir d'agir, soit au nom du chef de gare, soit au nom de la compagnie, Tudury, qui était lié envers cette dernière par un contrat de louage de services, ne faisait qu'exécuter les ordres qu'on lui avait donnés en cette qualité, et, en outre, en prêtant son concours au chef de gare, il se conformait au devoir civique prescrit à tout citoyen par l'art. 106 du Code d'instr. crim.; — Dès lors, en le considérant comme mandataire et en condamnant la comp. à indemniser son fils mineur, à raison de son décès survenu dans les circonstances prérappelées, la Cour d'appel d'Alger a faussement appliqué et, par conséquent, violé les dispositions de l'article 2000 du Code civil. » — (C. C., 14 avril 1886.)

Nota. — Nous avons reproduit à peu près textuellement cet arrêt de la cour supérieure, qui présente une certaine analogie avec l'affaire citée à notre article *Homme d'équipe*, § 2, et dans laquelle un agent qualifié *d'homme de service à gage* avait été blessé en voulant empêcher un voyageur de commettre une infraction aux régl. du ch. de fer. — Dans l'affaire d'Algérie, comme dans celle de l'homme d'équipe, la *C. d'appel* avait pensé qu'un dédommagement était dû aux réclamants. — La C. de cass. en a décidé autrement, en invoquant au surplus les devoirs civiques incombant à tout citoyen. — Nous serions embarrassé de formuler une observation à ce sujet; mais nous regrettons que, dans certaines circonstances, les principes rigides de la justice ne puissent comporter une atténuation en faveur de l'équité et surtout de la nécessité impérieuse de ne pas laisser attiédir une émulation indispensable dans tous les services publics ou particuliers. — V. aussi à ce sujet le mot *Accidents d'exploitation*, § 9.

IV. Mesures préventives des vols. — Pour tous les réseaux, les écritures et les moyens d'investigation des compagnies sont organisés de façon à rendre très difficiles, et nous pourrions même dire assez rares, ces actes d'infidélité, dont elles sont les premières victimes. — Mais il importe, par-dessus tout, que la surveillance ne se relâche à aucun moment, et que les prescriptions des règlements pour le service de jour et de nuit, dans les gares comme dans les trains, soient rigoureusement observées. — Voir notamment à ce sujet le mot *Surveillance*, § 4, 6°.

Mesures spéciales pour les vols des titres au porteur (Revendication facilitée par la loi du 15 juin 1872). — Voir *Titres*.

VOYAGEURS.

Sommaire. — I. *Organisation et service des voyageurs* (tarifs, réductions, etc.). — II. *Service des salles d'attente* (et admission directe sur les quais). — III. *Nombre, disposition et choix des places.* — IV. *Police des voitures* (précautions pour la montée, la descente, etc.). — V. *Arrivée aux gares* (traversée des voies). — VI. *Services divers* (buffets, postes, télégraphes). — VII. *Réclamations, Accidents, Retards, Vols, etc.* (formalités). — VIII. *Sécurité des voyageurs dans les trains* (signal d'alarme). — IX. *Voyageurs sans billet ni argent* (et indications diverses).

I. Organisation et conditions du service des voyageurs. — Indépendamment des formalités relatives à l'organisation des trains de voyageurs et à la publicité dont les tableaux de service doivent être l'objet (V. *Affichage, Marche des trains, Ordres de service et Trains*), les points principaux qui intéressent les voyageurs de chemin de fer sont indiqués avec tous les développements nécessaires dans le cours de ce recueil ; nous allons rappeler ou résumer succinctement ces indications en prenant le voyageur à son point de départ et en le suivant jusqu'au terme de son voyage.

1° *Transport du domicile à la gare* (V. *Correspondances*, § 1, et *Omnibus*).

2° *Prix des places.* — D'après l'art. 42 du cah. des ch. le prix des places des voyageurs, par kilom. a été fixé à 0 fr. 10, 1re *classe*; 0 fr. 075, 2e *classe*; et 0 fr. 055, 3e *classe*; chiffres portés à 0 fr. 112, 0 fr. 084 et 0 fr. 0616 avec le premier impôt d'un dixième et de deux décimes, et élevés à 0 fr. 1232, 0,0924, 0,06776 par le nouvel impôt de guerre de 10 p. 100 (loi du 16 sept. 1871), sauf pour les prix ou fractions de prix sur lesquels cette dernière taxe serait inférieure à 0 fr. 05 (V. *Impôts*). — Les voyageurs ont à payer, en outre, un droit de timbre de 0 fr. 10 sur tout billet dont le prix excède 10 fr. (V. *Timbre.*) — Enfin, le prix des billets à *quart de place* délivrés aux militaires et marins (V. *Militaires*), et ceux de demi-place accordés aux *enfants* de trois à sept ans, et aux *indigents*, pourvus des certificats nécessaires, ainsi qu'aux *instituteurs* (voir ces divers mots) est établi avec la réduction indiquée, sur le *tarif légal* ci-dessus déterminé (1).

Dispositions spéciales pour les malades indigents se rendant à l'institut Pasteur. — Principe de la réduction du prix des places pour cette catégorie de voyageurs (Circ. min. 30 sept. 1868). — V. *Indigents*, fin du § 1er. — *Extension de la mesure aux personnes accompagnant les malades* (Nouvelle circ. min. tr. publ. adressée le 1er mars 1887 aux préfets). — Voir ci-après :

(Circ. min., 1er mars 1887.) — « Monsieur le préfet, par une circ. en date du 30 sept. 1886, je vous ai informé que les comp. de ch. de fer accorderaient, sous certaines conditions, une réduction de 50 p. 100 sur le prix des places aux malades envoyés à Paris par les municipalités pour être admis, à l'institut Pasteur, au traitement préventif de la rage.

En m'accusant réception de cette circulaire, plusieurs préfets m'ont fait remarquer que la concession faite par les compagnies paraissait ne devoir profiter qu'aux malades appelés à subir le traitement, alors que, dans bien des cas et notamment lorsqu'il s'agira d'enfants ne pouvant voyager seuls, il y aurait un intérêt majeur à ce que les personnes qui les accompagnent fussent admises au bénéfice de la même concession.

La question ayant déjà été résolue dans un sens affirmatif par diverses admin. de ch. de fer, j'ai demandé aux autres compagnies si elles seraient disposées à généraliser la mesure.

Les compagnies m'ont fait connaître qu'elles verraient de sérieux inconvénients à adopter à cet égard une règle absolue, dont l'application pourrait donner lieu à des abus, et qu'elles se réservaient dès lors d'examiner la question dans chaque cas particulier.

Elles ont, d'ailleurs, déclaré qu'elles accorderaient le demi-tarif *chaque fois qu'un certificat du maire ou du préfet établirait la nécessité de faire accompagner le malade indigent et que la personne chargée de ce soin voyagerait aux frais du département ou de la commune.*

Toutefois, avant de donner des instructions dans ce sens à leurs gares, certaines compagnies ont demandé que les préfets voulussent bien leur garantir l'indigence des intéressés et le motif de leur voyage.

Il vous appartient de vous entendre à ce sujet avec les compagnies dont le réseau traverse votre circonscription administrative et de donner connaissance de la présente circulaire aux maires de votre département. » (Circ. min., 1er mars 1887.)

Formalités diverses. — 1° Voir au mot *Billets* : les affaires relatives à la *distribution* des billets, § 2 ; à la délivrance des billets *d'aller et de retour* et à prix réduits, § 4 ; à la question des billets périmés, perdus, falsifiés ou détournés, § 5 ; à celle du contrôle des

---

(1) Au sujet des autres réductions de prix concédées dans certaines circonstances et de celles projetées en faveur des voyageurs du commerce et de l'industrie, etc., nous ne pouvons que renvoyer aux mots *Abonnement, Billets*, § 4, *Concours agricole, Réduction de taxes*, § 1er et *Tarifs*, § 4.

billets, des suppléments de parcours, etc., § 3, et enfin à la défense d'entrer dans les voitures sans avoir pris un billet, et de se placer dans une voiture d'une autre classe que celle qui est indiquée par le billet, § 1er. — *Nota.* La défense réglementaire d'entrer dans une voiture sans avoir pris un billet implique également la défense de rester dans cette voiture après la station pour laquelle ce billet a été délivré. — Cette fraude ne peut être imputée qu'à la personne même qui la commet, et elle ne comporte pas la participation d'un coauteur. — Elle ne constitue qu'une contravention purement matérielle, exclusive de toute complicité. (C. C., 7 avril 1870.)

2° *Échange de monnaies.* — Voir les mots *Billets de banque, Monnaie* et *Receveurs.*

3° *Enregistrement, dépôt et service des bagages* (V. au mot *Bagages* les indications très détaillées relatives à l'enregistr. et à la manutention des colis, à la faculté de faire enregistrer les bagages pour la gare destinataire, même lorsque cette gare appartient à un autre réseau, *de faire déposer lesdits bagages à la consigne,* avant le départ ou après l'arrivée du train, à la responsabilité de la perte ou du vol des bagages, etc. (Pour l'expédition des chiens et autres animaux accompagnant les voyageurs, nous ne pouvons que renvoyer aux mots *Animaux* et *Chiens.*) — Voir aussi le mot *Chiens,* à l'appendice, au sujet du transport des chiens de petite taille que les voyageurs conservent avec eux dans les compartiments.

4° *Places et compartiments spéciaux* (Dispositions exceptionnelles). — Voir les mots : *Aliénés, Compartiments réservés, Coupés, Dames seules, Douaniers, Enfants, Fumeurs, Gendarmes, Militaires, Prisonniers, Toucheurs,* etc.

5° *Nombre et choix des places dans les trains.* — Voir ci-après, § 3.

II. Service des salles d'attente. — L'entrée des salles d'attente est interdite aux voyageurs qui ne seraient pas munis de leurs billets ou qui seraient en état d'ivresse. Les surveillants doivent également interdire l'entrée des salles d'attente aux voyageurs porteurs de paquets, d'objets, d'armes ou d'instruments gênants ou dangereux. Chaque voyageur doit se placer dans la salle d'attente de la classe correspondant à son billet et se conformer, d'ailleurs, aux indications qui lui sont données par les agents des compagnies (Exéc. des art. 63 et 65, ordonn. 15 nov. 1846). — V. *Salles d'attente,* § 1.

Libre accès des quais et trottoirs (sans stationnement dans les salles d'attente). — Faculté accordée aux voyageurs munis de billets et mesures de précaution à prendre par ces voyageurs pour prévenir des erreurs dans le choix du train, ou des accidents en s'avançant trop près des bordures de trottoirs, etc. — Circ. min., 10 janv. 1885 et 10 mars 1886. (V. *Gares,* § 6.) — Ainsi que nous l'avons dit au même mot *Gares,* § 6, un avis relatif aux précautions dont il s'agit est ordin. placardé par les comp. dans les dépendances des stations directement accessibles aux voyageurs.

Voyageurs oubliés dans les salles d'attente. — La compagnie doit expédier par le train le plus prochain quittant la station les voyageurs oubliés dans les salles d'attente, et qui, par suite de la négligence des agents, viennent à manquer le train pour lequel il leur a été délivré des places. Les agents coupables de négligence encourent, d'ailleurs, une pénalité pour infraction au cah. des ch. et à l'ordonn. de 1846. — V. *Salles d'attente.*

Vestibules des salles d'attente (Installation spéc.). — V. *Gares,* § 4.

III. Nombre, disposition et choix des places. — Dès son admission sur le quai d'embarquement, le voyageur a le droit, en dehors des circonstances résumées plus bas, de choisir parmi les places *libres* de la classe indiquée sur son billet; à ce sujet, on a vu à l'art. *Composition des convois* que chaque train doit contenir, dans la limite fixée par les règlements, un nombre de places suffisant pour assurer le transport des voyageurs de toutes les catégories. — Les places des diverses catégories ont les dispositions et dimensions indiquées au mot *Voitures*, § 1. — Enfin, « toute voiture de voyageurs portera, dans l'intérieur, l'indication apparente du nombre des places. » (Art. 14, ordonn. du 15 nov. 1846.) — « Il est interdit d'admettre dans les voitures plus de voyageurs que ne le comporte le nombre des places indiqué conformément à l'art. 14 ci-dessus. (Art. 64, *ibid.*). — En ce qui concerne l'*amélioration des voitures de voyageurs* (chauffage, etc.), nous ne pouvons que renvoyer au mot *Voitures*, § 1 *bis*.

Insuffisance des places mises à la disposition du public. — « Sauf le cas de force majeure et celui où le nombre des voitures du train atteint le maximum fixé par l'admin., les comp. de ch. de fer sont obligées d'assurer aux voyageurs des moyens certains de transport dans les voitures de la classe de leur choix, à toutes les heures de départ, non seulement à la station du départ, mais aussi à chacune des stations que les convois doivent desservir. » (C. C., 22 avril 1854.) « Sauf les mêmes exceptions, il y a contravention de la part de l'admin. du ch. de fer qui, après avoir délivré à un voyageur un billet de 1re classe pour une station déterminée, le place, à partir d'un point de jonction avec une autre ligne, dans des wagons de 2e classe faisant partie d'un convoi venu par cette ligne, à défaut d'un nombre de places suffisant dans les voitures de 1re classe de ce convoi. » (*Ibid.*) — Voir aussi le mot *Affluence*.

Voyageurs ne voulant pas se séparer. — A l'occasion de réclamations élevées par des voyageurs désirant occuper un même compartiment et ne voulant pas accepter les places isolées restées disponibles dans le train, un jugement du trib. de simple police de Paris, en date du 20 oct. 1856, a admis le principe suivant : « Une comp. de ch. de fer n'est obligée qu'à fournir de la place aux voyageurs. » Voici, en outre, l'extr. d'une dépêche ministérielle, relative au même objet : — « En ce qui concerne le placement des voyageurs dans les voitures, les compagnies ont le droit de répartir les voyageurs selon les besoins du service ; les employés des ch. de fer ne doivent user de ce droit qu'avec convenance et politesse. » (Dép. minist. du 21 oct. 1856, ch. de l'Est.)

Places marquées par les voyageurs dans les voitures (Extr. d'une dép. minist. adressée, le 30 sept. 1869, à l'insp. gén. du contrôle du réseau du Midi). — « A l'égard du refus fait par un chef de gare d'intervenir pour faire restituer à qui de droit les places marquées dans les voitures, vous faites remarquer qu'il est généralement admis, sur les ch. de fer, que les voyageurs, lorsqu'ils s'absentent temporairement, ont le droit de marquer leurs places. Vous en concluez que les représentants de l'autorité et les agents des comp. sont tenus de faire respecter ce droit, pour empêcher que l'ordre soit troublé, dans les gares, par les discussions qui pourraient s'élever entre les voyageurs au sujet de l'attribution des places. — Vos observations me paraissent parfaitement fondées. » — Voir aussi les mots : *Compartiments réservés* et *Places*.

Difficultés de route (relatives, d'une part, au contrôle des billets et à la perception des suppléments ; et, d'autre part, aux manquements de correspondance entre les trains des diverses lignes) ; voir sur le premier point les mots : *Billets*, § 3, *Contrôleurs de trains*, etc. ; et, sur le second point, l'art. *Correspondances*, § 2.

Changements de place (Déclassements, etc.). — V. *Billets* et *Déclassements*.

IV. Police des voitures (Montée, descente, etc.). — Les voyageurs doivent se conformer aux indications des règl. et à celles qui leur sont données par les agents des comp., pour l'entrée dans les voitures et pour les autres détails rappelés ci-après :

1° (Extr. de l'ordonn. réglem. du 15 nov. 1846) : Art. 63. Il est défendu : 1° d'entrer dans les voitures sans avoir pris un billet, et de se placer dans une voiture d'une autre classe que celle qui est indiquée par le billet ; — « 2° D'entrer dans les voitures ou d'en sortir autrement que par la portière qui fait face au côté extérieur de la ligne du chemin de fer ; — 3° De passer d'une voiture dans une autre, de se pencher au dehors. — Les voyageurs ne doivent sortir des voitures qu'aux stations et lorsque le train est complètement arrêté. » — Le même art. 63, ainsi qu'une circ. min. 11 nov. 1880, contiennent diverses prescriptions relatives aux *fumeurs* (voir ce mot). — Il porte enfin, que les voyageurs sont tenus d'obtempérer aux injonctions des agents de la compagnie pour l'observation des dispositions mentionnées audit art. 63 (Voir *Ordonnances*). — En ce qui concerne le nouveau paragraphe ajouté à l'art. 63, pour interdire aux voyageurs de se servir, sans motif plausible, du *signal d'alarme mis à leur disposition pour faire appel aux agents*, nous renvoyons aux documents résumés plus loin au § 8.

Ouverture irrégulière et dangereuse des portières. (Applic. de l'ordonn. de 1846). — Indépendamment de la défense de descendre de voiture avant l'arrêt complet du train, les règlements d'application des diverses compagnies prescrivent aux agents de défendre, en outre, aux voyageurs « de *monter* ou de *tenter de monter* dans les voitures après que les portières sont fermées et que le signal de départ a été donné par le chef de station ». — Voir à ce sujet le mot *Police*, § 2 *bis*.

Voyageurs en état d'ivresse, ou porteurs de bagages dangereux ou gênants. — D'après l'art. 65 de la même ord. de 1846 : « L'entrée des voitures est interdite : 1° A toute personne en état d'ivresse; 2° à tous individus porteurs d'armes à feu chargées ou de paquets qui, par leur nature, leur volume ou leur odeur, pourraient gêner ou incommoder les voyageurs. — Tout individu porteur d'une arme à feu devra, avant son admission sur les quais d'emb., faire constater que son arme n'est point chargée.

Affichage du règlement. — En exécution de l'art. 78 de l'ordonn. précitée, du 15 nov. 1846, un extrait des dispositions de police concernant les voyageurs est affiché dans l'intérieur de chaque compartiment. — V. *Affichage*, § 5.

Infractions. — Toute infraction commise par les voyageurs aux dispositions des règl. sur les ch. de fer les rend passibles de poursuites correctionnelles et d'une condamnation à une amende de 16 à 3,000 fr., indépendamment des poursuites exercées contre eux, lorsqu'il s'agit de résistance, d'injures ou de voies de fait envers les agents, dans l'exercice de leurs fonctions (Voir à ce sujet, au mot *Lois*, les art. 21 et 26 de la loi du 15 juill. 1845). — Voir aussi les mots : *Abandon*, § 6, *Arrestations*, *Agents*, § 3, *Contraventions*, § 6, *Fraudes*, *Injures*, *Outrages*, *Pénalité* et *Résistance*.

Conflits entre voyageurs. — En ce qui concerne les injures proférées dans les wagons par un voyageur envers d'autres voyageurs, la loi sur les ch. de fer ne mentionne pas de pénalité spéciale pour des faits de cette nature, qui sont constatés d'après les règles résumées ou rappelées aux articles *Commissaires de surveillance* et *Commissaires de police*. — Les circonstances seules peuvent permettre d'apprécier, dans chaque cas, s'il convient d'exercer des poursuites correctionnelles contre les délinquants, qui peuvent toujours, d'ailleurs, être traduits devant le tribunal de simple police en vertu des art. 376 et 471 du Code pénal. — En cas de coups ou blessures, la poursuite judiciaire est exercée en vertu des articles 309, 310 et 311 du même Code. — Pour les cas de *violences*, *attentats* ou *autres crimes exceptionnels*, nous ne pouvons que renvoyer aux indications résumées plus loin au § 8.

Usage interdit des trains de marchandises (V. *Trains*, § 5). — Usage du droit de libre circulation accordé à certains fonctionnaires ou agents. — V. *Libre circulation*.

V. Arrivée aux gares; traversée des voies, etc. — Lorsqu'à l'arrivée des trains, les voyageurs ont à traverser les voies pour sortir des gares, ils doivent se conformer aux indications qui leur sont données par les agents, dans le but de prévenir les chances d'accident (V. *Surveillance*, § 4). — Dans les gares, comme en pleine voie, les voyageurs doivent s'abstenir, sous peine d'engager leur propre responsabilité, d'entraver l'action des agents de la compagnie, en cas d'accidents, détresse, retards, etc.

De leur côté les agents de toute catégorie ont reçu la recommandation d'être aussi prévenants que possible envers les voyageurs. — « Un des principaux devoirs des agents du service des trains est de prêter secours, par tous les moyens et dans toutes les circonstances, aux voyageurs placés sous leur protection ; ils doivent leur donner aide et assistance avec autant d'égards que de politesse dans toutes les occasions et à tous les instants. — Le personnel des gares et stations est tenu d'agir de la même manière à l'égard des voyageurs, soit à leur passage dans les trains, soit à leur départ ou à leur arrivée. » (*Extrait* des ordres de service intérieur de diverses compagnies.)

En cas d'affluence des voyageurs dans l'intérieur des gares, les agents ont à prendre toutes les dispositions nécessaires pour maintenir le bon ordre. Nous ne pouvons à cet égard que renvoyer au mot *Stationnement*. Il est du premier intérêt des voyageurs eux-mêmes, afin d'éviter des accidents, de se conformer en tous points aux mesures prescrites.

Précautions spéciales à la descente des trains. — Nous avons résumé, au mot *Descente des trains*, divers documents d'après lesquels : 1° Si, dans quelques circonstances et relativement à certaines personnes, infirmes ou âgées, la descente n'est pas toujours facile en dehors des quais, ce fait peut donner lieu à des précautions spéciales de leur part, mais n'autorise pas celui qui, par son imprudence ou sa maladresse, encourt quelque dommage en descendant du wagon où il a pris place, à en faire un grief aux comp. de ch. de fer (Diverses décisions, notamment C. d'appel Douai, 23 janv. 1883. — Voir aussi le mot *Trottoirs*.) — 2° Après avoir annoncé distinctement le nom de la station d'arrivée, ou de passage avec arrêt du train, les agents des compagnies ont pour devoir d'ouvrir eux-mêmes les portières sur la demande des voyageurs, de les aider à descendre, surtout pour ceux qui sont âgés, malades ou infirmes. (*Instr. spéc.*) — Ces dispositions ont justement pour objet de prévenir les accidents dus très souvent à la précipitation avec laquelle les voyageurs, fatigués quelquefois, il est vrai, d'un long parcours, se dépêchent de sortir des wagons. C'est surtout *lorsqu'ils ont à descendre sur des plaques tournantes* que l'assistance à donner aux voyageurs est efficace. — Cette assistance a été réglée par la circ. min. suivante, adressée le 31 juill. 1879 aux comp. et notifiée le 11 août suiv. aux insp. gén. du contrôle, en les priant d'en surveiller l'exécution et de donner à ce sujet des instructions aux commiss. de surveill. :

(31 juill. 1879.) — « A la suite d'un accident... la compagnie du Nord a recommandé à ses agents de venir en aide aux voyageurs qui ont à descendre de voiture sur les files de plaque. — La mesure dont la compagnie du Nord a pris l'initiative me paraît excellente et de nature à être généralisée. La descente sur les plaques est en effet très dangereuse, les voyageurs pouvant glisser sur des pièces métalliques ou se heurter contre les saillies de ces appareils. — Je vous prie, en conséquence, de vouloir bien, à l'exemple de la compagnie du Nord, adresser à ce sujet des recommandations à vos agents. — Je pense qu'il ne serait point inutile de profiter de cette occasion pour leur rappeler les égards qu'ils doivent avoir pour le public et plus particulièrement pour les personnes âgées ou infirmes. Malgré les louables efforts faits, dans ce sens, par les administrations de chemins de fer, on observe encore de trop nombreux manquements, de la part du personnel inférieur, et vous aurez certainement à cœur de les faire disparaître... »

Mesures diverses en cas d'affluence (Passage de troupes, trains de plaisir, de pèlerinage, etc.). — Voir les mots : *Affluence*, *Appel* et *Encombrement*.

VI. Service des buffets, usage du bureau ambulant des postes, du télégraphe électrique, etc. (V. *Buffets, Postes*, § 2, *Télégraphie*, § 5). — Voir aussi les indications résumées au § 7 ci-après, en ce qui concerne l'envoi des dépêches télégraphiques.

Organisation de trains spéciaux. — V. le mot *Trains*, § 3.

VII. Réclamations, accidents, retards. — Un *registre spécial* est déposé dans chaque gare pour recevoir les réclamations que les voyageurs auraient à présenter (V. *Réclamations*). Ces plaintes, qui s'appliquent généralement à des pertes de bagages ou à des retards de trains et quelquefois aussi à la distribution des billets, aux échanges de monnaie (V. *Receveurs*), aux altercations avec les agents, etc., etc., peuvent être portées verbalement devant les fonctionnaires de la surveillance (V. *Commissaires*).

Il est, d'ailleurs, de jurisprudence que les réclamations pécuniaires, pour retards causés aux voyageurs, sont du ressort des tribunaux civils (principe rappelé par une dépêche minist. du 6 août 1859, ch. de Lyon). — Relativement aux affaires intéressant les voyageurs (pertes de bagages ou autres) pouvant avoir un caractère commercial de même que pour la réparation de dommages résultant d'accidents, nous ne pouvons que renvoyer aux art. *Assignation, Compétence* et *Tribunaux*.

Responsabilité des compagnies. — La responsabilité des entreprises de chemins de fer pour pertes de bagages a fait l'objet de nombreuses indications à nos art. *Bagages* et *Responsabilité.* — En cas de *simple retard* dans la livraison des colis, nous citerons le jugement suivant : « Une compagnie de chemin de fer est responsable du préjudice qu'elle occasionne à un voyageur, en ne lui livrant que tardivement ses bagages. — Peu importe que l'assignation, délivrée à un moment où ce voyageur n'était privé de ses bagages que depuis quelques jours, ne portât pas demande de dommages-intérêts. » — Appréciation de faits (22 mars 1871, T. de Comm., Nantes).

De son côté, la C. de cass. a apprécié ainsi qu'il suit une affaire de bagages où l'indemnité ne s'appliquait pas exclusiv. à la valeur matérielle desdits bagages. — « La déclaration de la nature des colis transportés par chemin de fer existe seulement à l'égard des marchandises précieuses, soumises par les tarifs à une taxe particulière, à raison de leur valeur. — Elle n'est point exigée en matière de bagages accompagnant un voyageur, à moins qu'ils ne puissent être considérés comme des marchandises précieuses. — La responsabilité de la comp. n'est point, en cas de perte ou de retard dans la remise des bagages, limitée à la valeur matérielle. — Ainsi, la privation d'une caisse d'échantillons durant un certain temps peut causer un préjudice au commerçant à qui cette caisse appartient. » (C. C., 22 nov. 1871.) — Voir aussi *Bagages*, § 8.

Responsabilité pour retards de trains (Force majeure. — Avis télégraphiques, etc.). — D'après les textes rappelés aux mots *Responsabilité* et *Retards*, « les comp. de ch. de fer ne sont pas responsables des conséquences résultant, pour les voyageurs, des retards éprouvés par les trains, lorsque les perturbations doivent être attribuées à des causes de force majeure. » — Lorsque la force majeure n'existe pas, les voyageurs ont droit à la réparation du préjudice réellement éprouvé, mais ils ne peuvent réclamer, par exemple, ni l'expédition d'un train extraordinaire, ni *l'expédition gratuite des dépêches télégraphiques* ayant pour objet d'informer les tiers des retards dont il s'agit. — Ces deux questions, fréquemment soulevées en cas de retards, ont été résolues ainsi qu'il suit :

« Aucune disposition réglementaire n'oblige une comp. de ch. de fer, en cas de retard d'un train, à mettre en marche un train extraordinaire. Cette compagnie n'est pas non plus tenue d'expédier gratuitement les dépêches télégraphiques par lesquelles les voyageurs de ce train voudraient informer un tiers du retard apporté à leur arrivée à destination. » — (C. C., 15 fév. 1868 ; comp. de Lyon c. *Lolliot* et *Lucas*.) — D'après cet arrêt, l'éboulement survenu dans l'espèce « provenait uniquement d'un cas de force majeure et aux suites duquel il a pu être obvié dans un court espace de temps ; que par suite, il n'entraînait pas pour la compagnie l'obligation de doubler le train ordinaire par un train spécial et supplémentaire ; que, d'ailleurs, aucune disposition des règlements qui la régissent ne lui prescrit de recourir, en pareil cas, à cette mesure exceptionnelle, qui peut troubler l'ordre du service et compromettre la sûreté de la circulation ; — D'autre part, aux termes de l'art. 58 du cah. des ch. de la comp. de Lyon, le fil télégraphique qui appartient à cette compagnie n'est destiné qu'à transmettre les signaux nécessaires pour la sûreté et la régularité de son exploitation ».

Mesures spéciales en cas de correspondances manquées ou d'accidents. — Voir les mots *Accidents d'exploitation*, § 9, et *Correspondances*, § 2. — Voir aussi au mot *Télégraphie*, en ce qui concerne les conditions de la *télégraphie privée* dont on s'efforce d'étendre l'installation au profit des voyageurs, au moins dans les gares ou stations d'une certaine importance.

VIII. Sécurité des voyageurs dans les trains. — 1° Dispositions et améliorations ayant pour objet la commodité et la sécurité des voyageurs (communication dans les trains, etc.). Une circ. minist. du 12 déc. 1860 a prescrit, dans l'intérêt de la sécurité des voyageurs, l'étude de diverses mesures ayant pour objet notamment : 1° d'organiser d'une manière permanente le contrôle de route, au moyen de la circulation des agents sur les marchepieds des voitures convenablement disposés ; 2° d'installer un signal, ou moyen de communication, entre les voyageurs et le conducteur placé dans la vigie de l'avant du train ; 3° d'établir dans les voitures, des panneaux à glaces dormantes, formant une communication entre les divers compartiments (*Ext.*).

Les deux premiers points ont été l'objet d'une recommandation spéciale adressée aux compagnies, dans l'un des paragraphes de la circ. minist. du 16 mai 1866, ayant pour objet les dispositions à prendre, soit pour préserver les voitures à voyageurs des chances d'incendie, soit pour assurer les secours en cas de danger (Voir *Incendies*). — Quant à la *communication à établir entre les voyageurs et les agents des trains*, nous donnerons ci-après les renseignements les plus détaillés sur cette importante question.

Améliorations diverses. — « A son tour la commission générale d'enquête (Recueil 1863) avait exprimé divers avis : 1° au sujet de l'emploi de rideaux ou de persiennes dans les compartiments de la 3ᵉ cl., et à plus forte raison dans ceux de la 2ᵉ cl. — 2° les dossiers et les banquettes de la 3ᵉ cl. devraient être inclinés et les dossiers élevés à la hauteur de la tête des voyageurs ; — 3° il n'y a pas lieu de prescrire des règles nouvelles en ce qui concerne les fumeurs ; — 4° il est désirable que le système de water-closets, en usage sur tous les chemins de fer allemands, et en ce moment expérimenté en France par plusieurs compagnies, reçoive une application générale ; — 5° pour l'alimentation des machines à voyageurs, l'emploi de la houille doit être toléré, quand, par la nature de la houille employée et par l'introduction d'appareils fumivores, cet emploi serait exempt d'inconvénients sensibles. » — On doit se reporter pour ces divers objets, aux mots *Coke*, *Enquêtes d'exploitation*, *Fumeurs*, *Houille*, *Voitures* et *Water-closets*. — Les renseignements qui vont suivre se rapportent exclusivement à la question générale de *protection* et de *sécurité*, c'est-à-dire à l'installation depuis longtemps étudiée, d'un signal de communication efficace entre les voyageurs et les agents des trains.

Signal d'alarme mis à la disposition des voyageurs (Extension de l'art. 23 de l'ordonn. du 15 nov. 1846, qui prescrit d'établir dans les trains un moyen de communication entre les conducteurs gardes-freins et le mécanicien). — En dehors des signaux à établir en vertu de l'ordonn. de 1846, entre le mécanicien et les conducteurs de trains (V. *Appareils et Communications*), divers attentats commis dans les wagons, et la nécessité d'assurer d'une manière générale une protection plus efficace aux voyageurs, ont donné lieu à une importante étude ayant pour objet d'établir également un moyen de communication *entre les voyageurs et les agents du train*. Cette étude, qui a eu plusieurs phases successives, n'a pu être résumée dans ce recueil en un seul article spécial ; mais, comme nous l'avons déjà dit ailleurs, on peut reconstituer, en entier, les documents qui s'y rapportent, en consultant : 1° les mots *Appareils* et *Communications*, où se trouvent résumées les premières instructions auxquelles a donné lieu l'installation dont il s'agit ; — 2° le mot *Intercommunication*, contenant au § 1ᵉʳ l'extr. intégral du rapport gén. d'enquête du 8 juillet 1880 et les circulaires ministérielles (30 juillet 1880, 13 sept. 1880, 2 nov. 1881, 15 avril 1884 et 4 mai 1885) se rapportant à diverses mesures prescrites aux compagnies, et au § 3, les documents ministériels du 23 janvier 1886, relatifs à la création, motivée par un nouveau crime, commis dans un train de la ligne de l'Ouest (assassinat de M. Barrême), d'une commission particulièrement chargée d'arrêter les mesures à prendre pour assurer aux voyageurs en ch. de fer de nouvelles garanties de protection et de sécurité.

Nota. — Nous avons reproduit au mot *Appareils*, § 5, le texte intégral du rapport ministériel du 23 janvier 1886, proposant la nomination de la commission, où se trouvent d'ailleurs passées en revue les mesures déjà réalisées ou étudiées et notamment celles dont il est question dans les rapports d'enquête de 1863 et 1880, et dans les circ. min. ci-dessus rappelées des 30 juill. et 13 sept. 1880 et du 15 avril 1884. — Voir aussi au même mot *Appareils*, § 5, les autres documents qui peuvent se rapporter à cet objet.

CONCLUSIONS DE LA COMMISSION, et circ. minist. du 10 juillet 1886, adressée aux administrateurs des compagnies (*au sujet des mesures destinées à assurer aux voyageurs en chemin de fer de nouvelles garanties de protection contre les tentatives criminelles*).

(Circ. min., 10 juillet 1886, tr. publ.) — « Messieurs, par décision du 23 janv. dernier..., j'ai chargé une commission spéciale, composée exclusivement d'hommes techniques, d'étudier les mesures à prendre pour assurer aux voyageurs en chemin de fer de nouvelles garanties de protection contre les tentatives criminelles. — Cette commission a terminé ses travaux et m'en a soumis le résultat... Conformément au programme qui lui avait été indiqué, elle a fait porter ses recherches sur les trois points suivants : — 1° Perfectionnement et réglementation des signaux d'appel ; — 2° Modifications à apporter au matériel, en vue d'établir des communications entre les compartiments contigus d'un même véhicule ou les différentes voitures d'un même train ; — Et 3° Surveillance du train et des voyageurs, en cours de route, par les agents des compagnies.

« Je crois devoir résumer, dans la présente circ., celles des conclusions de la commission qu'il me paraît utile de vous signaler plus particulièrement comme devant être mises immédiatement en pratique.

« I. **Signaux** d'appel. — La commission a admis qu'il y avait lieu d'étendre à tous les trains de voyageurs proprement dits, à l'exception des trains mixtes, l'application du système d'intercommunication avec signaux d'alarme, déjà prescrit aux compagnies par les circ. min. des 30 juillet, 13 sept. 1880 et 15 avril 1884 (1), pour tous les trains express et directs effectuant des parcours de 25 kilom. ou plus sans arrêt.

« J'ai adopté cet avis et décidé que l'amélioration dont il est question devrait être complètement réalisée avant le 1er janvier 1888.

« Je m'associe également aux conclusions ci-après, qui concernent les principales conditions à remplir par les organes des appareils d'intercommunication, et je vous invite à vous y conformer : — *a*) En aucun cas, la hauteur des boutons ou poignées d'appel au-dessus du plancher de la voiture ne doit dépasser 1^m,80 ; — *b*) Chaque compartiment doit contenir un bouton ou une poignée, placés vers le centre du plafond, ou, si cette condition ne peut être remplie, deux boutons ou deux poignées, placés sur les parois ; — *c*) Les boutons ou poignées d'appel seront tout à fait libres, de telle sorte qu'il n'y ait rien à briser ou à déplacer avant de les mettre en jeu ; — *d*) Les conditions d'emploi de l'appareil seront indiquées par des placards, bien apparents et imprimés en caractères commodément lisibles ; — *e*) Les appareils seront disposés, autant que possible, de telle sorte que la sonnerie ou le sifflement provoqués par leur manœuvre continuent à se faire entendre jusqu'à ce que les agents du train interviennent pour y mettre fin.

« II. **Modification du matériel roulant**. — La commission n'a pas pensé qu'il fallût rechercher la solution du problème dans une transformation du type actuel des voitures, conçue en vue d'établir des communications, soit entre les compartiments contigus d'un même véhicule, soit entre toutes les voitures d'un même train. Une mesure de ce genre entraînerait, en effet, des dépenses qui se chiffreraient par des centaines de millions. Néanmoins il lui paraît désirable, sinon au point de vue restreint du danger des attentats, du moins dans l'intérêt de la santé et du bien-être des voyageurs, que les compagnies poursuivent et développent les expériences déjà entreprises par certaines d'entre

_____

(1) Voir les mots *Appareils*, § 5 et *Intercommunication*, § 1er.

elles, en mettant en service régulier divers types de voitures à intercirculation. — Mais la commission a reconnu qu'un des moyens les plus pratiques de faire disparaître ou d'atténuer les dangers éventuels de l'isolement des voyageurs consiste dans l'installation de glaces dormantes dans les cloisons séparatives des compartiments, mesure qui a déjà été recommandée aux comp. par diverses circ. min. et est actuellement appliquée sur les réseaux du Nord et de P.-L.-M. — J'ai décidé, en conséquence, que toutes les voitures à construire seraient munies de glaces dormantes et qu'il en serait de même des voitures actuellement en service, au fur et à mesure de leur envoi en grosse réparation. — Quant aux dimensions de ces glaces, elles devront être telles que les glaces d'une cloison permettent de voir, dans le compartiment adjacent, tous les voyageurs de la banquette qui fait face à cette cloison.

« III. **Surveillance des trains en cours de route.** — La commission a reconnu que la surveillance des trains, en cours de route, par les agents des compagnies circulant sur les marchepieds, était, dans bien des cas, rendue impossible par l'insuffisance du gabarit des ouvrages d'art et qu'elle serait, d'ailleurs, inefficace au point de vue des attentats. Je n'ai donc, pour le moment, aucune mesure particulière à vous prescrire à ce sujet.

« Veuillez, je vous prie, messieurs, m'accuser réception de la présente circulaire et me faire connaître les mesures que vous aurez prises pour vous y conformer. » (Circ. min., 10 juillet 1886).

Usage délictueux du signal d'alarme (disposition ajoutée à l'art. 63 de l'ordonn. du 15 nov. 1846, par décret du 11 août 1883). — « Il est défendu *de se servir, sans motif plausible, du signal d'alarme mis à la disposition des voyageurs pour faire appel aux agents de la compagnie.* Voir à ce sujet les mots *Intercommunication*, § 2 et *Ordonnances.*

IV. Voyageurs sans billet et sans argent (*considérés comme vagabonds s'ils ne peuvent justifier de leur identité*) et indications diverses. — 1° *Circ. min. tr. publ.*, 3 juill. 1854, adressée aux chefs du contrôle. — « Il n'y a pas impunité pour les personnes qui ont voyagé sans billet, puisque l'art. 21 de la loi du 15 juillet 1845 punit d'une amende de 50 à 3,000 fr. toute contrav. aux règl. d'admin. publique sur la police, la sûreté et l'expl. des ch. de fer, et, par suite, le voyageur trouvé sans billet *ou porteur d'un billet délivré pour un trajet plus court que celui qu'il a fait*, en contravention à l'art. 63 du règlement, se trouve passible de l'amende ci-dessus rappelée.

« A la vérité, ce fait n'étant pas puni d'un emprisonnement, le contrevenant ne saurait être mis en état *d'arrestation préventive*; mais on lui demandera de justifier de son identité. S'il le fait, la compagnie se trouvera en mesure, soit de lui réclamer le prix de sa place, soit de faire diriger des poursuites contre lui. S'il ne peut établir son identité, l'autorité administrative aura le droit de le détenir administrativement comme vagabond (loi du 10 vendémiaire an IV), et, lorsqu'il aura été ainsi contraint de se faire connaître, il pourra être condamné à l'amende édictée par l'art. 21 de la loi du 15 juillet 1845. « Ainsi, dans les différentes hypothèses qui peuvent se présenter, les droits des compagnies seront toujours sauvegardés. » (Circ. min. 3 juill. 1854.) — 2° *Arrestations.* — « Dans les gares où réside un commissaire spécial, les personnes arrêtées par ordre des commissaires de surveillance seront conduites devant le commissaire spécial, au lieu d'être remises entre les mains du commissaire de police de la localité ou de l'arrondissement... » (Circ. min. 10 mars 1857.)

INDICATIONS ET INCIDENTS DIVERS. — 1° Usage de faux billets de place, de billets périmés, de billets d'aller et retour délivrés à d'autres personnes, etc. (Voir les mots : *Billets, Feuilles de route* et *Fraudes.*) — 2° Dégradations de matériel commises par les voyageurs. (Voir *Matériel roulant*, § 3.) — 3° Bagages ou colis de voyageurs, abandonnés dans les voitures ou dans les gares. — Distinction entre les colis enregistrés et non enregistrés. (V. *Abandon*, §§ 1 et 2.) — 4° Vols commis au préjudice des voyageurs. — Voir *Vols*.

Voyageurs décédés en route. (Constatations). — Voir *Décès*.

VRAC.

Expéditions en vrac. — L'expression *en vrac*, empruntée aux chargements maritimes, signifie que les marchandises sont placées *pêle-mêle, à découvert, sans enveloppe, sans emballage*, etc., dans le navire ou dans les voitures.

Nous avons rappelé à l'art. *Marchandises* que les compagnies ne sont pas tenues d'accepter en vrac les marchandises que le commerce est dans l'usage d'emballer. Nous avons indiqué également, au même paragraphe, les diverses prescriptions relatives au conditionnement en général des marchandises et aux formalités concernant les colis dont l'emballage est défectueux. — V. aussi *Reconnaissance*, § 3.

Indications diverses. — V. *Meubles, Emballages, Tarifs*, § 4 et *Wagon complet*.

WAGON OU VAGON.

SOMMAIRE. — I. *Indications générales.* — II et III. *Wagons à bestiaux* et *Wagons-écuries.* — IV. *Wagon complet.* — V. *Mesures diverses.* — VI. *Wagon de secours.*

I. Prescriptions et indications générales. (*Conditions de service, etc.*) — Le mot *Wagon* a été quelquefois écrit par un simple V; mais, nous conformant à l'orthographe adoptée généralement dans les documents officiels, nous avons conservé la forme originaire (wagon) comme étant à peu près la seule usitée. — On désigne spécialement sous le nom de *wagons* les véhicules destinés au transport des marchandises et des matériaux. Le nom de *voitures* est réservé aux véhicules de toutes classes, affectés au service des voyageurs. — Nous ne parlons pas des exceptions relatives aux wagons-lits et wagons-salons (V. *Coupés*), aux wagons-postes (V. *Postes*), aux wagons à freins (V. *Freins*) et aux wagons de secours (V. ci-après, § 6), ni enfin aux *fourgons* qui sont, comme on sait, les véhicules où sont chargés les bagages et où prennent place, en même temps, les conducteurs de trains et les gardes-freins.

Wagons proprement dits de marchandises. (Classification.) — Les wagons à marchandises et à matériaux comprennent, d'ailleurs, un très grand nombre de modèles que nous ne saurions décrire ici (les principaux types portent les noms de *fourgons, maringottes, plates-formes, wagons plats, wagons-écuries, wagons à bestiaux, wagons à bascule*, etc., etc.). — Au sujet de l'appropriation des wagons à marchandises pour les *transports militaires*, nous avons donné au mot *Matériel*, § 6, le texte de la circ. min. du 12 juillet 1884 relative à cet objet. — Nous résumons particulièrem. ci-dessous quelques indications relatives aux wagons à bestiaux et wagons-écuries, etc.

Prescriptions réglementaires. — Les règl. *généraux* de ch. de fer ne contiennent aucune disposition spécialement applicable aux wagons à marchandises ou à matériaux. Il est dit seulement à l'art. 32 du cah. des ch. reproduisant l'art. 16 de l'ordonn. du 15 nov. 1846, que les voitures, wagons de toute espèce, plates-formes, composant le matériel roulant, seront de bonne et solide construction et constamment entretenus en bon état... (V. *Entretien* et *Matériel*.) — D'après l'art. 15 de la même ordonn., les *voitures de toute espèce* devront porter : 1° le nom ou les initiales du chemin de fer auquel elles appartiennent ; — 2° un numéro d'ordre. — Nous devons rappeler enfin que l'installation et l'arrimage de certains wagons affectés au transport des *matières dangereuses*, ont fait l'objet de dispositions particulières qui se trouvent indiquées au mot

Matières. — Un peu plus loin, nous parlerons de la désinfection des wagons ayant servi au transport des bestiaux.

Nota. — Nous mentionnerons aussi, au § 4 ci-après, la nouvelle disposition inscrite au modèle de cah. des ch. des lignes d'int. local (art. 41) au sujet de l'application d'un tarif spécial par wagon complet des marchandises des 1re, 2e, 3e et 4e classes, disposition qui ne figure pas dans le cah. des ch. des lignes d'intérêt général, où les transports par *Wagon complet* ou par tarifs spéciaux ont d'ailleurs pris un grand développement. — V. *Réduction de tarifs* et *Tarifs.*

Conditions de transport des wagons de ch. de fer. — Les wagons transportés, à petite vitesse, sur les ch. de fer, *comme marchandises*, sont soumis au tarif suivant, fixé par l'art. 42 du cah. des ch. savoir : 1° Wagon ou chariot pouvant porter de 3 à 6 tonnes par pièce et par kilom., 0 fr. 15, non compris frais accessoires (V. *Frais*). — 2° Même véhicule pouvant porter plus de six tonnes, 0 fr. 20 (Voir *Cah. des charges*). — Le transport *par grande* vitesse des véhicules du ch. de fer n'est pas mentionné dans ledit art. 42 du cah. des ch. — Des tarifs spéciaux sont appliqués, par la plupart des compagnies, au transport des wagons et des autres véhicules expédiés comme marchandises, sur les chemins de fer : mais ces tarifs varient suivant les lignes, et nous ne les rappelons ici que pour mémoire.

Conditions d'emplacement, de chargement, etc. (Voir les mots *Attelage, Chargement, Composition de convois, Freins, Matériel,* § 5, *Tarage, Trains mixtes.*) — On sait que les divers wagons entrant dans la composition des trains de voyageurs, pour former ce que l'on appelle des trains mixtes (V. *Trains,* § 6), doivent, d'après l'art. 22 de l'ordonn. précitée de 1846, être liés entre eux par des moyens d'attache, tels que les tampons à ressort de ces voitures soient toujours en contact (V. *Tampons*). — En conséquence, les voitures contenant des marchandises qui font partie de ces trains doivent être liées entre elles par des tampons à ressorts, et non pas seulement par des tampons secs sans ressort de traction. (C. d'Orléans, 24 juin 1861.) — *Chargements dangereux.* — V. les mots *Dynamite, Matériel* et *Poudres.*
Dimensions des véhicules. — La longueur moyenne d'un wagon à marchandises, entrant dans la composition des trains, est d'environ 6m,50 à 7 mètres (Voir à ce sujet le mot *Matériel,* § 6 et au mot *Tarifs,* § 1, le *nota* placé à la suite du tarif gén. modèle de gr. et petite vitesse. — Voir aussi au § 2, ci-après, en ce qui concerne les wagons à bestiaux). — Quelques compagnies ont expérimenté des *wagons doubles,* pour le transport de longues pièces de bois et de fer, mais aucune mesure générale n'a encore été adoptée à cet égard.

Poids et prix des wagons (Voir *Poids* et *Prix*).

II. Wagons à bestiaux, wagons-écuries, etc. — 1° (*Wagons à bestiaux*). — Comme nous l'avons dit plus haut, les compagnies ont des wagons spécialement appropriés pour le transport des bestiaux. — Des claires-voies sont établies dans les parois latérales de ces véhicules pour leur aération. — Le lavage des wagons à bestiaux et les *mesures sanitaires* prescrites à l'occasion des maladies des animaux font l'objet d'indications détaillées aux mots *Désinfection* et *Police sanitaire.* — Voir aussi plus loin au § 4, au sujet du nombre d'animaux admis pour le chargement d'un wagon complet. — Wagons à bestiaux adjoints aux trains mixtes. — V. le mot *Trains,* § 6, 5°.
2° *Wagons-écuries.* (Dispositions spéciales.) — V. ci-après, § 3.

Aménagement défectueux des wagons à bestiaux (Accident arrivé à une vache). — Transport effectué par application d'un *tarif spécial,* qui contenait les indications suivantes au sujet de la disposition du véhicule et des conditions de responsabilité.
(*Extr. du tarif*). — Les expéditeurs peuvent mettre dans les wagons loués tel nombre d'animaux qu'ils jugent convenable, à leurs risques et périls. — Ils font eux-mêmes le chargement et le déchargement des animaux, sous la surveillance de la compagnie. — Les dimensions des wagons sont de 4m,13 sur 2m,41. — La comp. ne répond pas des accidents qui peuvent survenir aux animaux dans les gares et en route, et même, en cas de mort, elle ne sera tenue que de représenter les corps des animaux.
Dans la gare même de départ de l'expédition faite dans l'espèce, l'une des vaches s'étant étranglée après avoir passé la tête entre les barreaux du wagon, le propr. de l'animal a obtenu, contre la comp. d'Orléans, par jugem. du trib. de comm. de Vannes, 14 janv. 1884, la condamn. de

ladite comp. au payement de domm.-intérêts, par le motif que le wagon, bien que construit sur le type uniforme adopté pour le transport des bestiaux, serait mal aménagé et n'offrirait pas de garanties suffisantes aux expéditeurs des animaux. — Ce jugement a été basé notamment sur les motifs suivants : — « Il serait oiseux de discuter la question de savoir si la présence d'un bouvier ou d'un toucheur aurait suffi pour prévenir un accident de l'espèce ; — Le seul point à éclaircir est celui de savoir si le vice indiscutable, vice avéré, vice propre, du wagon n°... était apparent et si Barroumes est en faute, comme le prétend la comp., de n'avoir fait aucune protestation : — La comp. ne saurait imposer, en aucun cas, à un expéditeur l'obligation de vérifier et de discuter l'état de son matériel avant de s'en servir ; c'est aux agents seuls du transporteur qu'il appartient de faire cette vérification ; le permis de circulation accordé à un toucheur ne saurait avoir pour effet de dispenser la comp. de fournir des moyens de locomotion convenablement aménagés pour l'objet spécial auquel on les destine et de la soustraire à la responsabilité de ses fautes ; s'il en était décidé autrement, on arriverait forcément et d'une façon détournée à l'application d'une clause absolue de non-garantie, que le législateur n'a jamais entendu admettre ; — Dans l'espèce, la précaution la plus élémentaire qui s'imposait à la compagnie était de fournir des wagons bien aménagés, répondant à leur destination et offrant toute sécurité aux expéditeurs de bestiaux. » (Trib. comm. *Vannes*, 14 janv. 1884.)

Mais la C. de C. (5 mai 1886) a cassé ledit jugement « par le motif qu'il n'infère le fait de la mauvaise construction du wagon que de l'accident même qui s'est produit et que, par suite, la condamnation qu'il a prononcée manque de base légale. » (C. C., 5 mai 1886).

Conditions générales des transports par wagon complet. — V. ci-après, § 4.

III. Wagons-écuries. (*Aménagement, Fourniture et Emploi de ces wagons.*) — En général, les compagnies n'emploient les *wagons-écuries* que pour les transports de chevaux à *grande vitesse*, ceux expédiés en *petite vitesse* étant placés dans des wagons à bestiaux ordinaires. (Voir ci-dessus, § 2, 1°.) — Au sujet de l'aménagement des *wagons-écuries* mis à la disposition des directeurs des établ. de haras pour le transport des étalons, la circ. suivante avait été adressée le 1er mars 1864 aux chefs du contrôle par le min. des tr. publics :

Circ. min., 1er *mars* 1864. — « D'après les renseignements fournis par les agents des haras, le matériel de transport dont il s'agit serait si imparfait, les planchers des wagons notamment seraient si peu solides, qu'il en résulterait des accidents fréquents, et quelques étalons de grand prix auraient même été blessés d'une manière grave. — Au moment où les jeunes chevaux récemment achetés par l'administration des haras pour la remonte de ces établissements, vont être dirigés sur leurs destinations respectives et où les étalons de l'État vont prochainement être mis en mouvement vers les stations de monte, il importe de prendre des mesures pour que les wagons-écuries soient aménagés dans des conditions convenables de solidité et de commodité. — Je vous prie, en conséquence, de procéder immédiatement à la vérification de tous les wagons affectés au transport des étalons, ainsi que des chevaux de toute nature sur le réseau dont le contrôle vous est confié. A la suite de cette vérification, vous voudrez bien me faire connaître, par un rapport spécial, les améliorations ou modifications qu'il vous paraîtrait nécessaire ou utile d'apporter à l'installation de ces wagons. » (*Extr.*).

Suites données. — Depuis l'époque de la circulaire précitée, des progrès réels ont été accomplis dans l'amélioration du matériel roulant affecté au transport des animaux en général, et les compagnies y sont intéressées les premières afin de ne pas être exposées, en cas d'accidents mis à leur charge, à payer des indemnités quelquefois assez considérables. — Diverses mesures spéciales ont été prescrites au surplus pour l'amélioration des wagons-écuries. — Ainsi « l'admin. a invité les compagnies de chemins de fer à munir de toiles métalliques les wagons-écuries. » — En outre, la décision minist., intervenue pour cet objet le 16 mai 1866 (V. *Incendies*), a interdit « d'enfermer des hommes dans des voitures ou fourgons dont ils ne pourraient ouvrir eux-mêmes les portes de l'intérieur. » — D'autre part, un arr. min. du 26 juillet 1880, a interdit aux toucheurs de bestiaux, aux palefreniers et en général à toute personne accompagnant certaines expéditions par voies ferrées, de s'éclairer autrement qu'au moyen d'une lanterne dans l'intérieur des wagons-écuries ou autres véhicules mis à leur disposition par les comp. de ch. de fer. — V. *Matières dangereuses*, § 2. — V. enfin, au sujet du maintien en bon état de l'ensemble du matériel, le mot *Matériel roulant*, § 2.

Mise de wagons-écuries à la disposition du public. — En dehors des dispositions qui viennent d'être rappelées, « le wagon-écurie est un matériel spécial que la jurispr. des trib. ne considère pas comme d'emploi obligatoire pour les compagnies, et dès lors une certaine tolérance doit leur être accordée dans la mise à la disposition du public de ce véhicule. Il en serait autrement si l'expéditeur se bornait à demander un wagon ordinaire. — Dans ce cas, les délais sont de rigueur et la comp. se trouverait sans excuse de ne pas les observer. » — Dans une nouvelle affaire spéciale, la *C. de cass.* (chambre des requêtes), arrêt du 17 août 1874, se basant sur l'usage des *wagons-écuries*, adoptés pour le transport des chevaux, à grande vitesse, a établi que : — « Si l'expéditeur a fait sa demande en temps utile et si la compagnie n'excipe d'aucun empêchement de force majeure, celle-ci est responsable, vis-à-vis de l'expéditeur, des conséquences du retard des wagons-écuries à la gare de départ. » (C. C. 17 août 1874). — V. aussi *Fourniture de wagons.*

Emplacement des wagons-écuries (dans les trains). — V. *Ecuries.*

IV. Wagon complet. — Nous avons résumé d'une manière succincte au mot *Tarifs,* § 4, les principales conditions d'application des *tarifs spéciaux* en vigueur sur les divers réseaux pour le transport de certaines marchandises et produits les plus usuels expédiés par grandes masses. L'une des dispositions conditionnelles qui figure dans la plupart des tarifs dont il s'agit, est celle d'après laquelle les chargements ont lieu par *wagon complet* de 4,000 ou 5,000 kilogr. (et quelquefois au-dessus) ou payant pour ce poids, et avec faculté pour les expéditeurs et destinataires de faire eux-mêmes les chargements et déchargements. — Cette question de transports de marchandises ou de bestiaux, *par wagon complet,* présentant un grand intérêt industriel, nous réunissons ci-après les principales indications qui s'y rapportent :

Dispositions générales concernant le transport par wagon complet. — Nous ne trouvons dans le cah. des ch. des grandes compagnies, en dehors de la disposition de l'art. 50, relative aux tarifs spéciaux (V. *Tarifs,* § 4), aucune mention directe ayant trait aux conditions des transports *par wagon complet,* en grande ou en petite vitesse. — Mais dans le nouveau type de cah. des ch. des *lignes d'intérêt local,* on a fait figurer, à l'art. 41, en ce qui concerne la *petite vitesse,* un paragraphe établissant comme il suit le tarif spécial, par wagon complet des marchandises de toute nature :

Extr. du cah. des ch. des chemins de fer d'intérêt local (Art. 41) : « *Tarif spécial par wagon complet.* — Marchandises des 1re, 2e, 3e et 4e classes, 0 fr. 06 par tonne et par kilom. — Les foins, fourrages, pailles et toutes marchandises ne pesant pas 600 kilog. sous le volume d'un mètre cube, 0 fr. 50 par wagon et par kilom. »

Lignes d'intérêt général. — La mention du transport par *wagon complet* a été inscrite d'ailleurs, *en ce qui concerne les grands réseaux,* dans le modèle de tarif général de petite vitesse (*Chap.* 1er. — Classification des marchandises, *art.* 1er) dont nous avons donné l'extrait principal au mot *Classification,* § 3.

Frais de manutention et de stationnement des wagons complets. — Nous voyons également figurer une mention relative aux *wagons complets,* dans l'arr. min. du 30 nov. 1876 réglant les *frais accessoires* des transports de chemins de fer. — Cet arr. min. qui avait lui-même remplacé divers arrêtés antérieurs, notamment celui du 30 avril 1862 dont il est question dans la circ. min., ci-après, du 16 oct. 1886, règle au titre II de la petite vitesse, les frais de manutention applicables aux marchandises transportées par wagon complet de 4,000 kilogr. *et au-dessus,* ou par expédition d'un poids équivalent. — V. aussi au même mot *Frais accessoires* (Petite vitesse), l'arr. min. du 27 mai 1878, réglant les frais de stationnement des wagons.

Étude d'une solution des difficultés auxquelles donne lieu la clause dite du WAGON COMPLET. (Circ. min. tr. publ. 16 oct. 1886, adressée aux inspecteurs généraux du contrôle).

(C. M. 16 oct. 1886). — « Monsieur l'inspecteur général, mon attention a été appelée sur les difficultés auxquelles donne lieu parfois l'application de la clause « par wagon complet de... kilogr. », qui figure dans un grand nombre de tarifs spéciaux.

« Il n'est pas rare, en effet, lorsqu'il s'agit de marchandises de faible densité (laine en vrac, paille, charbon de bois, etc.), que les wagons fournis à l'expéditeur n'aient pas une capacité suffisante pour recevoir un chargement du poids fixé par la clause précitée ; de telle sorte que, la taxe étant calculée d'après un poids supérieur à celui du chargement effectif, les réductions du tarif spécial deviennent à peu près illusoires.

« Il y a certainement, dans ce fait, quelque chose de choquant ; car, s'il est acceptable que les compagnies subordonnent, dans certains cas, l'application de leurs tarifs spéciaux à la fourniture d'une quantité de marchandises suffisante pour constituer le plein chargement et, par suite, la complète utilisation d'un wagon, l'on ne saurait équitablement admettre que cette quantité de marchandises dépasse celle que le wagon peut réellement contenir. Or c'est là ce qui se produit souvent, depuis surtout que le tonnage minimum du wagon complet, fixé à 4,000 kilogr. par l'arr. min. du 30 avril 1862 (remplacé par celui du 30 nov. 1876), a été porté, dans beaucoup de tarifs, à 5,000 kilogr.

« Il suffirait, pour remédier à cet état de choses, soit d'abaisser, pour certaines marchandises, le minimum du chargement par wagon, soit de stipuler que les taxes par wagon complet seront applicables aux expéditions répondant effectivement à la capacité du wagon fourni par la compagnie. Peut-être y aurait-il encore d'autres moyens de répondre au desideratum que je viens de vous signaler ?

« Quoi qu'il en soit, je vous prie de vouloir bien faire examiner la question par les inspecteurs de l'exploitation commerciale, de provoquer ensuite les observations de la compagnie dont le contrôle vous est confié et de m'adresser le plus promptement possible, avec votre avis, les résultats de cette instruction. » (Circ. min. 16 oct. 1886.)

Nota. — Nous mentionnerons ici, *p. mém.*, quelques-unes des difficultés auxquelles a donné lieu, dans certains cas, la pratique des wagons complets : — 1° *Wagon complet chargé de marchandises distinctes.* — « Si des marchandises, classées les unes à la *première* série, les autres à la *deuxième*, le sont à la *troisième* quand elles sont transportées par *wagon complet* et dans des conditions identiques, — il importe peu que l'expéditeur n'arrive à remplir son wagon complet qu'en réunissant des lots des deux catégories de marchandises. » (C. C., 3 mars 1874) ; — 2° *Chargement réparti entre plusieurs wagons* (V. à la page suivante) ; — 3° *Chargements non complétés par l'expéditeur.* — Au sujet de la question de savoir si, lorsqu'un expéditeur a réclamé un wagon complet de 5,000 kilogr., la comp. *a le droit* d'ajouter dans ce wagon des colis étrangers à cette expédition et de décliner ensuite la responsabilité des avaries résultant du contact de ces colis entre eux, on peut se reporter à l'extr. suivant de la partie des tarifs généraux relative au conditionnement des marchandises. — « Les marchandises susceptibles de se confondre avec d'autres marchandises de même nature ou dont le contact pourrait être nuisible, telles que les pommes de terre, la houille, le soufre, etc., ne sont acceptées *en vrac* que par wagon complet, à moins que, la charge étant insuffisante, l'expéditeur ne consente à payer la taxe d'un wagon complet. — Sur quelques réseaux, les compagnies éludent la difficulté en stipulant que le prix du wagon complet devra être payé même quand le wagon fourni est de nature à contenir un chargement supérieur au poids fixé, les expéditeurs restant tenus d'accepter le matériel mis à leur disposition par la compagnie, pourvu que ce matériel satisfasse aux conditions du minimum de poids stipulé par le tarif spécial. — Enfin, dans d'autres cas, les compagnies usent de la latitude qui leur est donnée de substituer à l'indication : par *wagon complet de... kilog.*, celle : par *expédition de... kilog.* (V. *Classification*, § 3) ; — 4° WAGONS DÉCOUVERTS (*Responsabilité des avaries*). — « La clause par laquelle une compagnie stipulerait qu'elle sera affranchie de toute responsabilité, relativement aux marchandises qu'elle se charge de transporter, serait contraire à l'ordre public. — Il n'en est pas de même d'une convention particulière au mode de transport choisi ou accepté par l'expéditeur, — par exemple, de la stipulation que, pour les marchandises chargées en wagons découverts, la fourniture des bâches ne sera pas faite par ladite compagnie. — Cette compagnie n'est pas responsable des avaries qui proviennent exclusivement d'un défaut de précaution, consistant en ce que lesdites marchandises n'ont point été abritées contre la pluie. » (C. C., 31 mars 1874.) — *Litiges divers.* — Voir les mots *Avaries*, § 3, *Bâchage des wagons*, § 3, *Fin de non-recevoir*, *Mouillure*, *Payement préalable*, *Preuves*, *Vérification* et *Vice propre*.

Transport de bestiaux par wagon complet. — Il n'y a pas de règlement général fixant le nombre de têtes de bétail devant composer un *wagon complet.* — D'après quelques tarifs, le chargement du wagon est considéré comme complet lorsqu'il porte 6 *bœufs* ou vaches ou 60 *moutons.* — Le nombre de têtes est de 20 pour les veaux et porcs de moins de six mois. — Sont considérés comme 6 bœufs ordinaires, 8 bœufs maigres, 8 vaches ou 8 petits bœufs. — Dans d'autres tarifs, le nombre des têtes de bétail n'est pas fixé, mais pour les *porcs* notamment, il est indiqué que ce nombre est laissé à la disposition de l'expéditeur, à ses risques et périls. — Pour les porcs maigres, comme pour les moutons, brebis, agneaux chèvres, nous rappellerons que diverses compagnies tiennent à la disposition des expéditeurs des wagons à 2 planchers. Au sujet des chevaux, poulains et mulets, le nombre à admettre par wagon complet est analogue à celui qui a été indiqué ci-dessus pour les bœufs, vaches, veaux, etc. (Voir aussi, § 3 au sujet de l'emploi de *wagons-écuries*). — D'après d'autres tarifs, les expéditeurs peuvent mettre dans les wagons loués tel nombre d'animaux qu'ils jugent convenable, à leurs risques et périls. — Ils font eux-mêmes le chargement et le déchargement des animaux sous la surveillance de la compagnie. (Voir ci-dessus, § 2). — Enfin, les questions de délais et de responsabilité des transports sont rappelées en détail au mot *Bestiaux,* § 2. — Les dispositions relatives à la fourniture préalable du matériel sont indiquées à la fin du présent paragraphe. — *Désinfection des wagons* (Constatation à faire par les commiss. de surv.) — V. *Désinfection* et *Police sanitaire.*

Tarifs appliqués pour les bestiaux (Non compris *moutons* et petits animaux). — Généralement 0 fr. 50 par wagon et par kil. non compris frais de chargement et de déchargement. Dans certains cas les prix sont appliqués par tête de bétail, mais ces prix sont très variables; pour les *moutons,* etc., le prix est ordin. de 0 fr. 30 à 0 fr. 35 pour les wagons à un plancher et de 0 fr. 45 à 0 fr. 50 pour wagon à 2 planchers. Le prix de transport des chevaux, poulains, etc., par *wagon complet,* a déjà été indiqué au mot *Chevaux,* § 1.

Transport des produits extractifs. — Sur la plupart des lignes le prix de transport des minerais de fer par *wagon* complet descend sous diverses conditions jusqu'à 0 fr. 04 et même 0 fr. 03 par tonne et par kil. pour les parcours jusqu'à 200 kil. et au-dessus de 200 kil. — *Nota.* Les conditions relatives à la location ou au séjour des wagons sur les embranchements particuliers sont indiquées à l'art. *Embranchements industriels.* — Voir aussi *Carrières* et *Mines.*

Marchandises ordinaires expédiées par wagon complet. — Bois, bouteilles, charbons, chaux et ciments, coke, houilles, fers et fontes, fourrages, laines, liquides, matériaux, meubles, papiers, pierres, rails, savons, sels, sucres, etc. (V. ces divers mots). — Voir aussi *Carreaux* et *Briques.*

Chargement maximum réparti entre plusieurs wagons. — ¡Des marchandises expédiées par application d'un tarif *spécial,* stipulant le transport par *wagon complet* de 4,000 kilog. et le chargement par l'expéditeur, sont réparties *au départ* entre 6 wagons ne contenant chacun que 2,800 kilog., au lieu de 3 wagons que comportait le minimum de tonnage stipulé. — En conséquence, *à l'arrivée,* la comp. intéressée, rectifie la taxe calculée d'après le tarif *spécial,* applique auxdites marchandises le tarif *général,* d'où refus du destinataire et réclamation de l'expéditeur. — Ladite comp., dans la circonstance, agissait conf. à son droit et la responsabilité de l'incident incombait exclusivem. à l'expéditeur. » (C. d'appel Paris, 18 févr. 1884.) — V. aussi plus haut le *nota* du § 4.

Fourniture de matériel aux expéditeurs. — Nous avons mentionné au mot *Embranchements,* § 3, les conditions dans lesquelles s'effectue la location des wagons, par les compagnies, aux propriétaires d'embranchements particuliers. — En ce qui concerne les demandes de wagons faites par les expéditeurs ordinaires, demandes qui doivent être adressées aux compagnies 24 ou 48 heures à l'avance, *suivant les tarifs,* la jurisprudence a formellement établi les principes suivants : — *Matériel demandé à l'avance et non livré*

(dans l'espèce, transport de bois de chauffage et de chaux). — « Aux termes d'un tarif
spécial pour le transport de marchandises par wagon complet, le délai régl. de ce transport
peut être dépassé de .... jours, sans que l'excédent de délai puisse donner lieu à indemnité. — La comp. du ch. de fer est tenue de recevoir dans ses gares lesdites marchandises et de les transporter dans ces conditions de délai; mais elle n'est pas tenue de
mettre, à l'avance et pour un jour déterminé, des wagons vides à la disposition de l'expéditeur » (*jurispr. constante*). — (C. d'appel, Toulouse, 14 janvier 1882.) — *Id.*, Trib.
civil de Laon, 4 août 1883, et décisions diverses confirmées par les documents déjà
donnés au mot *Fourniture de wagons* et dont nous détachons l'extr. suivant :

Résumé des dispositions relatives à la fourniture des wagons. — D'après l'art. 56 du tarif
général modèle, pour la petite vitesse (V. *Tarifs*), « les expéditeurs de voitures et d'animaux
sont tenus de prévenir le chef de la station du départ, 24 heures au moins, à l'avance, en lui
faisant connaître le nombre et la nature des voitures ou des animaux qu'ils ont à faire transporter. » — Mais, en principe, « ni les cah. des ch. ni aucune autre disposition de loi, n'obligent
les compagnies à mettre, d'avance et à jour fixe, des wagons vides à la disposition des expéditeurs pour le chargement de leurs marchandises; la comp. est seulement tenue d'expédier, sans
tour de faveur et suivant l'ordre de leur enregistr., les marchandises qui sont remises à ses
gares, et d'en effectuer le transport et la livraison dans le délai total déterminé par les règlements. »
(C. C., 10 déc. 1883.) — Cette règle est applicable, qu'il s'agisse d'une gare ordinaire ou d'une
gare maritime, qui doit être considérée dans un port, comme une dépendance et un prolongement de celle-ci. (*Ibid.*)

Facilités à donner aux expéditeurs (pour les fournitures de matériel, compatibles avec
la régularité du service). — A côté de la latitude ainsi laissée à la compagnie au sujet
des demandes préalables de matériel, et sans doute aussi dans l'intérêt d'une bonne
exploitation, la jurisprudence elle-même a réservé certains cas où les difficultés opposées par les chefs de gare peuvent engager la responsabilité du ch. de fer, si les facilités
et les renseignements nécessaires n'ont pas été donnés au public. — Ainsi, par exemple, « une comp. de ch. de fer est tenue de déférer aux demandes d'expédition qui lui
sont faites; et, pour le cas où la déclaration parait irrégulièrement formulée, son devoir
est d'éclairer l'expéditeur de marchandises et non de lui opposer un refus. — Si donc
un chef de gare, tout en semblant reconnaître ce principe d'obligations, agit, *en fait*, de
façon à en rendre l'application illusoire à l'égard d'un expéditeur, — la compagnie
doit être condamnée à payer des dommages-intérêts à cet expéditeur, pour le préjudice
que celui-ci a éprouvé, par suite des agissements du chef de gare, en se trouvant dans
l'impossibilité d'expédier ses marchandises en temps utile. » (Trib. de comm. de Pont-
Audemer, 31 mars 1881, confirmé par la C. de C., 15 mars 1882). — Dans une autre
affaire, déjà rapportée au mot *Fourniture de wagons* et se rapportant à une expédition
faite avant que le chargement des wagons complets ne fût terminé, la C. de C. a rendu
un arrêt dont l'extr. suit :

Délai de chargement des wagons. — La comp. de ch. de fer qui a mis deux wagons à la disposition d'un expéditeur pour être chargés comme wagons complets, est en faute si elle les fait
partir avant l'expiration du délai de 24 heures accordé à l'expéditeur par les tarifs pour compléter son chargement (C. C., 20 nov. 1882).

Fourniture de wagons-écuries. — V. ci-dessus, § 3.

V. Mesures diverses. — 1° Manœuvres de wagons, questions diverses de responsabilité, etc. (V. *Animaux, Avaries, Bestiaux, Chevaux, Embranchements, Manœuvres,
Manutention* et *Responsabilité*); — 2° Attelage de wagons avariés (V. *Matériel*, § 8); —
3° Emploi de véhicules exceptionnels. — Nous avons omis à dessein, dans le présent
article, de mentionner quelques systèmes exceptionnels de véhicules, tels que les *wagons-
citernes* employés sur diverses lignes pour le transport des liquides; nous ignorons si ces
wagons appartiennent à la compagnie ou aux expéditeurs eux-mêmes. A ce sujet, nous

nous bornerons à rappeler l'avis suivant, exprimé par la commission d'enquête sur l'exploitation (Recueil, 1863). — « Sans rétablir les traités particuliers, il serait bon d'encourager les traités ayant pour objet la fourniture, par les expéditeurs de certains produits, des wagons sur lesquels ces produits seraient chargés et stipulant un tarif réduit. » — Il y a lieu de penser que des arrangements de cette nature ont dû être adoptés, au moins pour le service de certains embranchements industriels tributaires des grands réseaux. — Mais l'obligation dont il s'agit a été nettement stipulée pour le transport de certaines matières soumises à une réglementation spéciale (V. *Matières dangereuses*); — 4° Vols commis dans les wagons. — V. le mot *Vols*.

VI. Wagon de secours (Art. 41, ordonn. du 15 nov. 1846). — « Il y aura constamment, aux lieux de dépôt des machines, un wagon chargé de tous les agrès et outils nécessaires en cas d'accident. — Chaque train devra, d'ailleurs, être muni des outils les plus indispensables. »

Composition des wagons de secours. — Dans la pratique, il y a dans chaque gare de dépôt un wagon de secours composé, à quelques différences près, suivant les lignes, des engins désignés ci-après, savoir : — 2 paires de roues montées, — 4 ou 6 boites à graisse, — 6 aspects (leviers), — 1 prolonge, — 1 chaîne de trente mailles, au plus, — 4 traverses garnies, — 4 rails ou bouts de rails, — 1 chèvre de charpentier, — 2 crics, — 2 verrins, — 1 hache à incendie, — 1 scie, — 2 pinces en fer, — 1 poulain, — des madriers de plusieurs dimensions, — des cales en chêne, — 1 boite à outils garnie, — 1 *boite à médicaments et à pansements*.

En outre, chaque train doit être muni des outils les plus indispensables; mais ces outils ne peuvent servir qu'aux réparations ordinaires, et, en cas de déraillement ou d'autre accident grave, on ne doit pas hésiter à expédier le wagon de secours.

Indications diverses. — V. les mots *Détresse, Pilotage* et *Secours*.

WAGONNETS.

Usage pour les travaux. — Voir les mots *Freins*, § 3, et *Lorrys*.

WATER-CLOSETS.

Indications diverses. — V. le mot *Lieux d'aisances*. — V. aussi au mot *Voyageurs*, § 8, au sujet du vœu exprimé par la commission d'enquête sur l'exploitation.

ZINC.

Emploi. — Le zinc trouve un emploi utile sur les chemins de fer, notamment dans la construction des bâtiments des gares, halles, abris, remises et autres dépendances des stations; mais la tuile est préférée, par exemple, pour les couvertures de remises de machines. — V. *Remises*.

Conditions de transport. — Le zinc est implicitem. compris, comme les autres métaux, dans la 2e cl. des marchandises, dont le transport à petite vitesse est tarifé au maximum, à 0 fr. 14 par tonne et par kilom. (Art. 42, cah. des ch.) — Dans leurs tarifs d'application, les comp. ont généralement maintenu le zinc *ouvré* à la 2e série, et le zinc en *feuilles, tuyaux, plaques* ou *saumons*, à la 3e ou à la 4e série.

Responsabilité. — Si l'état de la température a brusquement changé, pendant la durée d'un transport de zinc, on peut attribuer à cette cause, dont la comp. du ch. de fer n'est pas responsable, les avaries survenues à ce métal par humidité (T. comm. Saint-Malo, 9 fév. 1870)

ZONES MILITAIRES.

I. Travaux de chemins de fer dans la zone frontière et dans le rayon de servitude des enceintes fortifiées. — 1° Dispositions de l'art. 23 du cah. des ch. des lignes d'intérêt général (et 23 des lignes d'intérêt local, sauf le mot *concessionnaire* substitué à *compagnie*). — « Dans les limites de la zone frontière et dans le rayon de servitude des enceintes fortifiées, la compagnie sera tenue, pour l'étude et l'exécution de ses projets, de se soumettre à l'accomplissement de toutes les formalités et de toutes les conditions exigées par les lois, décrets et règlements concernant les travaux mixtes. » (Art. 23, cah. des ch.).

Classement des places de guerre et des postes militaires, et délimitation des zones de servitude. — Décret du 10 août 1853, pris pour l'exécution de l'art. 8 de la loi du 10 juillet 1851. — Nous ne mentionnons que p. *mém.* ce décret du 10 août 1853, qui n'a rien de directement spécial pour les chemins de fer et qui a été modifié ou complété à diverses époques, notamment par décrets des 3 mars 1874, 20 avril 1878, 3 oct. 1881, 24 et 25 janv. 1882, 11 août 1882, 29 janv. et 10 sept. 1883, etc. — V. le *Bull. off.* des lois et décrets.

Nota. — Nous avons toutefois reproduit au mot *Servitudes* divers articles du décret précité du 10 août 1853, se rapportant à l'étendue même des servitudes défensives autour des places et des postes militaires. — De leur côté le décret précité du 3 mars 1874, et les tableaux et cartes annexés, ont déterminé en particulier les limites de la zone frontière « depuis l'embouchure de la Seine jusqu'au confluent du canal de Bourgogne et de la Saône, à Saint-Jean de Losne » ; — Id. à l'ouest des places de Lyon et de Grenoble ; — Id. (Art. 3) territoires réservés de la zone frontière, depuis la ligne formée par le canal des Ardennes à la Meuse jusqu'au canal du Rhône au Rhin, de Besançon à Montbéliard. — L'art. 2 étend le rayon des enceintes fortifiées, indiqué aux documents visés dans ledit décret, *et en ce qui concerne les travaux mixtes de toute nature, « à un myriamètre autour des places et postes militaires compris dans la zone frontière. Cette distance est complète à partir des ouvrages les plus avancés. — Des arrêtés du ministre de la guerre détermineront les localités pour lesquelles il est possible, sans nuire à la défense, d'admettre des exceptions à la disposition qui précède. »* — Enfin nous donnons plus loin le texte du décret spécial du 2 avril 1874 relatif à la création de chemins de fer d'intérêt général ou local en dehors de la zone frontière (formalités de communic. des projets).

Instruction des affaires relatives aux travaux mixtes (Décret du 16 août 1853, dont nous avons reproduit les principaux articles avec leurs modifications, aux références suivantes, savoir : — Art. 3, 7, 8, 9, 10 (attributions de la commission mixte, etc.) (Voir *Commissions,* § 2). — Art. 11 à 16 (formalités des conférences) (V. *Conférences,* § 2). — Voir aussi au même mot *Conférences,* les dispositions du décret du 12 déc. 1884, ayant pour objet la participation des *ingénieurs des mines* aux conférences mixtes (Voir enfin aux §§ 2 et 3, ci-après, diverses instructions se rapportant à la simplification de certaines formalités et aux règles à suivre pour assurer la rapidité et la régularité des affaires). — Art. 18, 23 et 25 (adhésion immédiate aux travaux mixtes) (V. *Travaux,* § 3. — V. aussi, plus loin, les décrets des 2 avril 1874, 8 sept. 1878, et la circul. minis., 16 août 1880). — Art. 26. Formalités de réception des travaux mixtes (Voir *Réception,* § 2. — Voir aussi plus loin, § 2). — Art. 30 (répression des contraventions en matière de travaux mixtes) (V. plus loin, § 4). — Art. 40 (classement des voies de communication soumises à la surveillance de l'autorité militaire). — Voir le paragr. suivant :

II. Simplification des formalités d'instruction et d'exécution des travaux mixtes (Décret du 8 sept. 1878). — 1° (Extr. *du rapport du min. de la guerre, à l'appui du décret*). — « Diverses catégories de travaux publics qui aujourd'hui encore ne peuvent être exécutées dans toute l'étendue de la zone frontière qu'après une entente préalable avec le service militaire, ne seront dorénavant plus soumises à cette condition que dans *le rayon des places fortes.* — En outre, pour mettre le service civil à même d'obtenir une solution immédiate dans le cas d'adhésion, et ces cas sont de beaucoup les plus nombreux..., j'ai renoncé en faveur de l'autorité locale à une partie des attributions que l'art. 40 du décret du 16 août 1853 m'avait réservées (1), et je propose que dorénavant les adhésions du service militaire puissent être données par les directeurs du génie, collectivement et sur le simple vu d'une carte d'ensemble des chemins projetés. — Ces officiers supérieurs seront spécialement invités à user aussi largement que possible des nouveaux pouvoirs qui leur sont délégués, de manière que l'instruction de ces sortes d'affaires reçoive toutes les simplifications dont elle est susceptible et ne puisse en aucun cas faire subir à leur solution un retard préjudiciable. » — *Voir le décret ci-dessous :*

2° *Extr. du décret du 8 sept. 1878, relatif à la délimitation de la zone frontière et à la réglementation des travaux mixtes.* — « Le Président de la République française, — Sur le rapport du ministre de la guerre; — Vu la loi, etc.; — Vu le décret du 3 mars 1874 (rappelé ci-dessus, § 1) qui modifie la délimitation de la zone frontière ; — Vu les avis de la commission... — Vu les avis des ministres... — Le Conseil d'État entendu, — DÉCRÈTE :

Art. 1er et 2. — Fixation des limites de la zone frontière, — territoires réservés, etc...

3. Les lois et règlements sur les travaux mixtes et la compétence de la commission mixte s'appliquent aux affaires suivantes : — § 1 (*dans toute l'étendue de la zone frontière*). — 1° Les travaux concernant... les chemins de fer de toute nature... — 4° *Dans toutes les villes fortifiées et autres :* le tracé des rues ou des chemins qui servent de communications directes entre les gares des chemins de fer et les établissements militaires (2).

4. Toutes les fois qu'un travail public devra être exécuté sur le territoire de plusieurs arrondissements de service, les directeurs ou les ingén. en chef auront la faculté de désigner un officier ou un ingénieur qui représentera son service dans la conférence unique pour l'examen de ce travail, et qui recevra à cet effet la délégation spéciale mentionnée à l'art. 12 du décret du 16 août 1853. — Cette désignation sera faite par les ministres compétents si le travail s'étend sur le territoire de plusieurs départements ou directions. Dans ce cas, la disposition du paragr. précédent s'appliquera également au second degré de l'instruction.

5. Dans le cas où une affaire de la compétence de la commission mixte paraîtrait au service qui a pris l'initiative du projet, pouvoir être l'objet de l'adhésion directe que les directeurs et ingénieurs en chef sont autorisés à donner au nom de leur service, en conformité des dispositions de l'art. 18 du décr. du 16 août 1853, l'instruction dans les formes indiquées par les art. 14 et 15 de ce même décret, n'est pas obligatoire et peut être remplacée aux deux degrés par une instruction sommaire. — Dans ce cas, le service qui a pris l'initiative du projet, est tenu de fournir aux services qui sont appelés à donner leur adhésion, la copie de toutes les pièces ou dessins faisant partie du dossier que ceux-ci jugent devoir leur être utiles, notamment pour exercer le contrôle que leur attribue l'art. 25 du même décret. — Toutefois, l'instruction prescrite par les art. 14 et 15 ci-dessus mentionnés devient obligatoire, lorsqu'après l'examen des pièces de l'instruction sommaire l'un des chefs de service déclare se refuser à donner son adhésion directe au projet.

6. Chemins vicinaux, ruraux et forestiers, etc.

Formalités diverses et simplification des conférences. — Applic. de l'art. 5 du décret ci-dessus du 8 sept. 1878 : — 1° *Lieu de réunion des conférences* (Ext. d'une circ. min. trav. pub., 16 août 1880, adressée aux préfets à la suite d'un avis de la commission

––

(1) Cet art. 40 du décret du 16 août 1853, se rapportait à l'indication sur des cartes spéciales et au classement des voies de communication soumises à la surveillance de l'autorité militaire, ainsi qu'aux conditions d'autorisation immédiate des travaux par le ministre de la guerre, ou à l'instruction des projets demeurant soumis aux formalités ordinaires relatives aux travaux mixtes. (XI *Bull.* XCVII, n° 816).

(2) « Les travaux énumérés à l'art. 3 du décret du 8 sept. 1878, qu'ils présentent ou non un caractère international, ne peuvent être exécutés dans la zone frontière sans avoir fait l'objet d'une instruction mixte dans les formes édictées par le décret du 16 août 1853, et il est indispensable que cette instruction ait lieu préalablement à toute conférence internationale... » (Ext. d'une circ. min. tr. publ., 30 juin 1880, qui approuve également l'avis de la commiss. mixte au sujet de l'examen gouvernemental auquel est subordonné l'assentiment à donner ultérieurement à des travaux proposés qui *différeraient* de ceux dont l'exécution aura été admise par les ministres compétents, après avis de la commission mixte des travaux publics. — *P. mém.*

mixte des trav. publ.) : — « Pour accélérer l'expédition des affaires peu importantes, il convient de faire une application aussi fréquente que possible des dispositions de l'art. 5 du décr. du 8 sept. 1878 et l'instruction sommaire dont il est fait mention dans cet article ne comporte pas obligatoirement la réunion effective des conférents, soit au point où doit être exécuté le travail, soit à la résidence du fonctionnaire qui a provoqué la conférence » ; — 2° *Participation des ingénieurs en chef des mines*, attachés au *contrôle de l'exploitation*, aux conférences relatives à l'exécution des travaux mixtes (Circ. min. 10 avril 1880) (V. *Ingénieurs*, § 3 *bis* et décret du 12 déc. 1884 notifié par circ. min. du 16 février 1885, V. le mot *Conférences*, § 2) ; — 3° Circ. min. 20 juin 1880. (Procédure à suivre pour les travaux qui sont l'objet d'un examen international). — (V. la note précédente, relative à l'application de l'art. 3 du décret du 8 sept. 1878 ; — 4° Circ. min. du 1er février 1881, tr. publ., prescrivant d'étudier en conférence mixte l'installation des accessoires des voies ferrées « qui intéressent plus directement l'exploitation militaire, tels que : quais d'embarquement et de débarquement, raccords de ces quais avec les routes voisines, voies spéciales, stations-haltes-repas, prises d'eau, etc. » P. *mém.* — V. les indications ci-après :

Conditions principales des projets. — 1° Travaux exécutés par les compagnies. — Circ. min. du 21 février 1877, dont les §§ 9, 10 et 11 concernent l'examen des projets, les conférences avec les services publics, la réception et la remise desdits travaux (V. *Projets*, § 1 *bis*) ; — 2° *Travaux exécutés par l'État.* — Circ. min. 28 juin 1879, — Conditions techniques (V. *Projets*, § 2). — *Conditions spéciales des chemins stratégiques* (V. la même circulaire du 28 juin 1879 au mot *Projets*, § 2 4°, où se trouvent indiquées en note, d'après une dép. min. spéc. du 21 févr. 1878, les conditions à remplir par les chemins *dits stratégiques*, notamment en ce qui concerne les déclivités normales, la disposition des paliers, des courbes, des alignements, la question des voies de croisement et de garage sur les chemins à voie unique, l'installation des prises d'eau, etc., etc.

Entretien des ouvrages de voirie dans la zone militaire (V. *Entretien*, § 4.) — Interdiction des haies vives dans cette zone. — V. *Haies*, § 2.

III. Création de chemins de fer d'intérêt général ou local, en dehors de la zone frontière. — (Décret du 2 avril 1874 sur le mode d'intervention du ministre de la guerre dans la création des chemins de fer non compris dans la zone frontière.)

(Décret, 2 avril 1874.) — « Le Président de la République française, — sur le rapport des min. de la guerre et des tr. publics ; — Vu l'avis de la commission de défense... — Vu les avis du comité des fortifications... — Vu les avis du conseil général des p. et ch... — Vu la délimitation de la zone frontière, arrêtée par décret du 3 mars 1874 ; — le Conseil d'État entendu, — Décrète :

Art. 1er. — Le min. des tr. publ. communique au min. de la guerre toute proposition tendant à la création d'un ch. de fer, soit d'int. général, soit d'int. local, non compris dans la zone frontière.

2. — Si le min. de la guerre déclare que son départem. est désintéressé dans l'affaire ou si, dans le délai de deux mois, il n'a fait aucune réponse, l'affaire suit son cours, sans autre interv. de l'autorité militaire. — Dans le cas, au contraire, où le min. de la guerre estime que la nouvelle ligne présente un intérêt militaire, il reçoit, sur sa demande, communication des projets.

3. — Si, à la suite de cette communication et de l'examen dont elle est l'objet, l'accord ne s'établit point entre le min. de la guerre et le min. des tr. publ., la commission mixte des tr. publ. est consultée. Le dossier lui est adressé à cet effet, sans qu'il soit nécessaire de passer au préalable par les formalités prescrites en matière de travaux publics.

4. — L'avis de la commission mixte est joint au dossier, qui est renvoyé au ministre des travaux publics, et il y reste annexé, lorsque ce dossier est ensuite soumis, soit à l'examen du Conseil d'État, soit à l'assemblée nationale. — Une expédition du même avis est adressée au ministre de la guerre.

5. — Les ministres de la guerre et des travaux publics sont chargés, chacun en ce qui le concerne, de l'exécution du présent décret, qui sera inséré au *Bulletin des lois*. »

IV. Prescriptions diverses. — 1° Application à l'Algérie des lois et règlements relatifs à la zone de défense (V. *Algérie*); — 2° *Tracé des chemins de fer stratégiques* (V. *Projets*, § 2); — 3° Expropriation de terrains militaires (V. *Fortifications*); — 4° Surveillance des lignes internationales à la zone frontière (V. *Douane, Frontière* et *Service international*); — 5° Affaires diverses intéressant le service militaire. — V. les mots *Armée, Commissions, Guerre, Militaires, Transports* et *Troupes*.

Répression des contraventions *(aux lois et règlements sur les travaux mixtes).* — Décret du 16 août 1853. — *(Extr. de l'art.* 30.) — « Les contraventions portant préjudice aux services civils et de la marine continueront à être constatées, poursuivies et réprimées en conformité des dispositions de la loi du 19 mai 1802, du décret du 16 déc. 1811, de celui du 10 avril 1812, et de la loi du 15 juillet 1845, concernant la conservation et la police des routes, des canaux, des ports et des chemins de fer. — *Art.* 31. — Les gardes du génie, dûment assermentés, recherchent les contraventions et les constatent aussitôt qu'elles sont reconnues. — *Art.* 32. — Les procès-verbaux de contraventions sont notifiés sans délai au contrevenant par les gardes du génie assermentés. — Toutefois, dans le cas où il s'agit de travaux exécutés pour le compte de l'État ou des départements, et où le fait constaté par le procès-verbal résulterait d'ordres donnés par un fonctionnaire ou agent du gouvernement, le procès-verbal est communiqué à ce fonctionnaire et transmis aux ministres compétents, qui en font, d'urgence, le renvoi à la commission mixte, laquelle examine l'affaire suivant les formes prescrites par le présent règlement. Jusqu'à la décision à intervenir, les travaux demeurent suspendus. »

FIN.

APPENDICE

COMPLÉTANT CERTAINS ARTICLES DU DICTIONNAIRE

DOCUMENTS ANNEXES

(TEXTE INTÉGRAL DES CONVENTIONS DE 1883.)

1° APPENDICE.

ACCIDENTS. — Nouvelles instructions, 21 juin 1886, rappelant les avis directs et immédiats à donner au ministre des travaux publics, en cas d'accidents, tant par les comp. que par les fonctionn. du contrôle. Enquêtes administratives, premiers rapports sommaires, rapports détaillés, etc.

1e Circ. min., 21 juin 1886 aux chefs du contrôle). — « Monsieur l'insp. gén., contrairement aux instructions de mon département, je ne suis pas toujours informé avec toute la célérité désirable des faits importants qui se produisent sur les voies ferrées et, particulièrement, des accidents. — D'un autre côté, j'ai constaté que les enquêtes administratives se faisaient avec une lenteur telle que les rapports détaillés des ingénieurs ne me parvenaient, en général, que plusieurs mois après l'accident. — Les inconvénients d'un semblable état de choses ne vous échapperont certainement pas. Il importe, en effet, que l'admin. centrale soit rapidement avisée des accidents, de leurs circonstances et de leurs causes, afin de pouvoir rechercher sans retard les moyens d'en prévenir le retour. — Je vous prie, en conséquence, de rappeler aux fonctionn. placés sous vos ordres que, non seulement tout accident, mais encore tout autre fait d'une certaine gravité doivent être *immédiatement* portés à ma connaissance par la voie télégraphique, sans préjudice du rapport sommaire qui doit m'être adressé, en cas d'accident de train, ayant occasionné mort ou blessure, et du rapport détaillé à fournir dès que l'enquête administrative est terminée. — Je vous serai, d'ailleurs, obligé de prendre des dispositions pour que ces derniers rapports me soient transmis, à l'avenir, *dans un délai de trois semaines au plus.* »

2° Circ. min., même date, 21 juin 1886, aux adm. des compagnies). — « Messieurs, aux termes de la circ. min. du 22 nov. 1854 (V. *Accidents d'exploitation,* § 3), les compagnies de ch. de fer doivent aviser *directement et sans délai,* le ministre des travaux publics des faits importants qui viendraient à se produire sur leurs lignes et, particulièrement, des accidents qui atteindraient les personnes. — Je vous prie de donner des ordres pour que les prescriptions de cette circulaire, qui paraissent avoir été perdues de vue par la plupart des compagnies, soient strictement observées à l'avenir. »

Indemnités d'accident (à comprendre dans les *comptes d'exploitation,* d'après les nouvelles conventions de 1883). — V. au Dict. *Comptes,* § 5, et *Conventions.*

ADJUDICATIONS (*Travaux des compagnies*). — V. *Marchés,* au Dict.

ADMINISTRATEURS (Incompatibilité de fonctions). — V. *Députés,* au Dict.

ALGÉRIE (*Ordres de service à communiquer au ministre*). — Circ. min. 26 fév. 1886. — V. *Marche des trains,* § 1, 7° au Dict.

APPAREILS DE SÉCURITÉ. — Comptes rendus périodiques de l'installation des nouveaux appareils. — V. *Comptes,* § 5, au Dict.

AVARIES. — *Indemnités d'avaries* à comprendre dans les *Comptes d'exploitation,* d'après les conventions de 1883. — V. au Dict., *Comptes,* § 5.

BAGAGES (*Colis considérés comme bagages*). — Contrairement au jugem. du trib. de la Seine, du 17 juillet 1883, cité au mot *Bagages,* § 1, du Dict., la C. d'appel de Paris,

1ᵉʳ février 1886, a établi le principe ci-après, au sujet des colis de route, qu'il y a lieu de considérer comme bagages :

« Tout voyageur doit être admis à présenter comme *bagages* les objets, quels qu'ils soient, qu'il lui convient de faire transporter avec lui, et à revendiquer le bénéfice de la gratuité jusqu'à concurrence de 30 kilog. — Cette règle, — posée par l'admin., — a cependant pour limites les nécessités de chargement et de déchargement des trains. — Dans l'espèce, une charrue en fer, longue de 2 mètres et d'un poids de 150 kilog., facile à manier et à placer dans le fourgon, est considérée comme pouvant faire partie des *bagages* d'un voyageur. » — Cette décision judiciaire a été basée surtout sur une lettre du min. des tr. publics, en date du 11 mai 1875, aux termes de laquelle, après avoir consulté la commission centrale des ch. de fer, le ministre décide, sous forme d'avis, « que tout voyageur qui a payé le prix de sa place doit être admis à présenter comme bagages les objets, quels qu'ils soient, qu'il lui convient de faire transporter avec lui, et à revendiquer pour ce transport le bénéfice de la gratuité, jusqu'à la limite de poids fixée par le cahier des charges. » (Affaire concernant la comp. du *Nord*.)

CAHIER DES CHARGES (*Types officiels*) : — 1° Chemins de fer d'intérêt général (modèle de cah. des ch. applicable *uniformément* sur les lignes anciennes ou nouvelles composant chaque réseau) (V. au Dict. les mots *Cahier des charges* et *Conventions*) ; — 2° Modèle de cah. des ch. des lignes d'intérêt local (V. au Dict. le mot *Chemin de fer d'intérêt local*) ; — 3° Extr. du cah. des ch., type des tramways. — V. *Tramways*, au Dict.

CARRIÈRES (*Exploitation des carrières à ciel ouvert*). — V. au Dict. *Carrières*, § 3, et *Mines*, art. 81 et 82, loi 27 juill. 1880.

CHAUDIÈRES. — Décr. du 30 avril 1880 et nouvelles instructions. — V. au Dict. le mot *Machines à vapeur*, § 1ᵉʳ.

CHEMINS DE FER DE L'ÉTAT (*Service des approvisionnements*). — Décret du 29 janvier 1887, répartissant en trois services les approvisionnements des chemins de fer de l'État (*J. off.*, 17 mars 1887). *P. mém.* — V. au Dict. *Matériel fixe* et *Superstructure*.

CHIENS (*Admission exceptionnelle dans les voitures à voyageurs*). — Circ. min. 4 nov. 1886, aux administrateurs des comp. : — « Messieurs, dans ces derniers temps, j'ai reçu de nombreuses plaintes au sujet de l'admission des chiens dans les voitures à voyageurs. — L'art. 67 de l'ordonnance du 15 nov. 1846 est ainsi conçu :

« Aucun chien ne sera admis dans les voitures servant au transport des voyageurs ; toutefois, la compagnie pourra placer dans des caisses de voitures spéciales les voyageurs qui ne voudraient pas se séparer de leurs chiens, pourvu que ces animaux soient muselés, en quelque saison que ce soit. »

Diverses comp., usant de la faculté qui leur est laissée par le dernier paragr. de cet art., réservent des voitures spéc., pendant le temps de la chasse, aux chasseurs voyageant avec leurs chiens. — D'autre part, les petits chiens pouvant être transportés aux prix et conditions du tarif des *animaux en cage*, rien ne paraît s'opposer à ce que les cages ou paniers où ils sont renfermés soient conservés par les voyageurs, comme colis à la main, *lorsque les personnes placées dans le compartiment y donnent leur assentiment unanime*. L'art. 65 de l'ordonn. de 1846, en effet, interdit seulement l'entrée des voitures « aux individus porteurs de paquets qui, par leur nature, leur volume ou leur odeur, pourraient gêner ou incommoder les voyageurs. » — Les comp. peuvent donc, en ce qui concerne les chiens de petite taille, user de la tolérance compatible avec la sécurité et la commodité des voyageurs. Il est, d'ailleurs, expressément entendu que les personnes qui voudront profiter de cette tolérance devront s'assurer du consentement de tous les autres voyageurs, au départ et en cours de route, et que, si un seul d'entre eux le refuse, les paniers ou caisses contenant les chiens seront portés, aussitôt que possible, dans le fourgon des bagages. — En dehors des deux cas qui sont nettement spécifiés ci-dessus, il doit être *absolument* interdit de laisser monter les chiens dans les voitures à voyageurs...» (*Extr.*)

CLASSIFICATION (de marchandises). — *Unification des séries.* -- Circ. min. 17 avril 1879 et 2 nov. 1881. — V. *Réduction de tarifs.*

CLOCHES ÉLECTRIQUES. — Étude d'une amélioration de ces appareils. — Circ. min. 4 nov. 1886. — V. le mot *Voie unique.*

COMITÉ CONSULTATIF (des chemins de fer). — *Documents complémentaires.* — 1° Décret du 21 février 1885 (visant l'art. 1er du décret du 20 mars 1882). — Art. 1er. — « Le ministère du commerce aura deux représentants dans le comité consultatif des chemins de fer. » — Art. 2. — (Nomination spéciale. *P. mém.*) ; — 2° Décret du 10 février 1886 (visant le décret du 24 nov. 1880). — « Art. 1er. — Les fonctionnaires des diverses administrations appelés à faire partie du comité consultatif des chemins de fer, cesseront de droit d'appartenir au comité lors de leur admission à la retraite ; » — 3° Décret de même date (10 févr. 1886). — « Art. 1er. — Le comité consultatif des chemins de fer aura deux vice-présidents » ; — 4° Décret du 28 oct. 1886 (*Extr.*). — « Le dir. gén. des douanes fait partie de droit du comité consultatif des ch. de fer. »

COMITÉS DU CONTROLE (*Comité général et comités de région*). — Organisation établie par l'arr. min. du 20 juillet 1886. — V. au Dict. le mot *Contrôle,* § 3 *bis.* — V. aussi le mot *Contrôle,* à l'appendice.

Constitution et fonctionnement des comités de réseau (Circ. min., 10 févr. 1887, tr. publ. aux insp. gén. du contrôle). — « Monsieur l'inspecteur général, l'arrêté min. du 20 juillet 1886, portant réorganisation des services de contrôle, stipule (art. 7) que le comité de réseau, institué auprès du directeur du contrôle et sous sa présidence, se réunit *au moins une fois par mois.*

Il n'a pas été jusqu'ici tenu compte de cette prescription, et ce n'est qu'exceptionnellement que quelques comités de réseau ont commencé à fonctionner ; mais, aujourd'hui que la période d'organisation des services peut être considérée comme terminée, je vous prie de ne pas différer davantage la tenue régulière des séances du comité de votre réseau. La prochaine réunion de ce comité devra avoir lieu avant la fin du mois courant.

Les procès-verbaux des séances seront inscrits sur un registre spécial, et signés du président et du secrétaire. Vous voudrez bien me faire parvenir, — *sous forme d'extraits de ces procès-verbaux,* en y joignant, le cas échéant, vos propositions, — ceux des avis du comité, qui vous paraîtront de nature soit à recevoir une suite administrative soit seulement à renseigner l'administration sur des faits intéressants. » — V. plus loin *Contrôle.*

COMMISSAIRES DE SURVEILLANCE — V. ci-après *Contrôle.*

CONFÉRENCES. — (*Nouvelles instructions.*) — V. ci-après *Contrôle.*

CONSEIL D'ÉTAT. — Décret du 3 avril 1886, modifiant l'art. 7 du décret du 2 août 1879, portant règl. intérieur du C. d'État. — *P. mém.,* les nouvelles dispositions ne paraissant rien innover en ce qui concerne les ch. de fer d'int. général.

CONTROLE. — *Nouvelle organisation.* — Arr. min. du 20 juillet 1886. — V. *Contrôle,* § 3 *bis,* 3°. — *Constitution et fonctionnement des comités de réseau.* — V. le mot *Comités,* à l'appendice. — INSTRUCTIONS GÉNÉRALES SUR LA NOUVELLE ORGANISATION DU CONTROLE. — 16 mai 1887, voir ci-après :

1° *Circ. min., tr. publ.,* 16 *mai* 1887, adressée aux insp. gén. du contrôle (et instruction y annexée, *avec tableau à la suite*). — « Monsieur l'inspecteur général, le rapport du directeur des chemins de fer et l'arr. min. du 20 juillet 1886 (V. *Contrôle,* § 3 *bis*), font suffisamment connaître les motifs qui ont déterminé la réorganisation du contrôle de l'exploitation des chemins de fer pour que je n'aie pas à y revenir aujourd'hui.

II.   53

« Ainsi que vous le remarquerez, l'instruction nouvelle, calquée sur celle du 15 octobre 1881 qu'elle annule et remplace, vise les principaux actes (*lois, décrets, arrêtés ou circulaires*) auxquels vous pourrez avoir à vous reporter dans chaque cas particulier.

« Quant au *tableau* qui lui fait suite, il a pour but de fixer la répartition des principales affaires entre les trois chefs de service placés sous vos ordres.

« Si minutieusement qu'aient été élaborés ces documents, il est certain qu'ils n'ont pu indiquer que les traits généraux de la nouvelle organisation ; *les détails d'exécution en seront réglés par des ordres de service intérieur dans chaque direction de contrôle.*

« Vous remarquerez, d'autre part, que les affaires qui concernent à la fois plusieurs services ont été classées dans les attributions du chef de service le plus directement intéressé ; mais il doit être bien entendu que vous resterez toujours libre de consulter les divers fonctionnaires de votre contrôle, si vous le jugez à propos, ou de provoquer des conférences entre eux.

« Je vous prie de m'accuser réception de la présente circulaire et des documents y annexés, dont j'adresse ampliation à tous les fonctionnaires placés sous vos ordres, ainsi qu'à MM. les préfets. »

2° INSTRUCTION ANNEXÉE A LA CIRC. MIN. DU 16 MAI 1887.

Organisation du contrôle de l'exploitation des chemins de fer. — Le contrôle de l'expl. des ch. de fer est dirigé, sous l'autorité du min. des tr. publ., par des insp. gén. des p. et ch. ou des mines.

Ces inspecteurs généraux ont sous leurs ordres, comme chefs de service :

1° Pour le contrôle technique : — Un ingén. en chef des p. et ch., chargé du contrôle des travaux neufs et d'entretien sur les lignes en exploitation du réseau et du mandatement général des dépenses du contrôle ; — Un ingén. en chef des p. et ch. ou des mines, chargé du contrôle de l'exploitation technique ;

2° Pour le contrôle commercial : — Un ou deux insp. princip. de l'expl. commerciale.

Les insp. gén. directeurs du contrôle ont également sous leurs ordres les ingén. en chef des services de ports de mer, pour tout ce qui touche le contrôle de l'exploitation : — 1° Des voies ferrées établies sur les quais ; 2° Des gares et embranchements maritimes.

Les chefs de service du contrôle ont sous leurs ordres : — 1° Pour les travaux neufs et d'entretien, des ingén. ordin. des p. et ch.; — 2° Pour l'exploitation technique, des ingén. ordin. des p. et ch. ou des mines ; — 3° Pour le service commercial, des insp. particuliers de l'expl. commerciale.

Les ingénieurs en chef des ports de mer ont sous leurs ordres, pour toutes les parties du service technique, les ingén. ordin. des p. et ch. chargés du service de ces ports.

Les ingénieurs ordinaires ont sous leurs ordres : — 1° Pour le contrôle du réseau, des conducteurs ou autres agents des p. et ch., des gardes-mines et, dans leurs arrondissements respectifs, les commiss. de surv. admin.; — 2° Pour le contrôle des voies, gares et embranchements maritimes, des conducteurs et autres agents des ponts et chaussées et des officiers de port.

Les inspecteurs particuliers ont sous leurs ordres, pour la partie commerciale, les commissaires de surveillance administrative.

Il est institué, auprès du directeur du contrôle et sous sa présidence, un *Comité de réseau,* comprenant le commissaire général du réseau, l'inspecteur des finances chargé du contrôle financier de la compagnie et les chefs de service du contrôle technique et commercial. — Un des ingén. ordin. du contrôle, à la résidence de Paris, y remplit les fonctions de secrétaire avec voix consultative. (Arr. min., 20 juillet 1886.) — V. *Contrôle,* § 3 *bis,* au Dict.

Rôle et attributions de l'inspecteur général et du comité de réseau. — L'insp. gén. directeur du contrôle exerce une surveillance générale : — Sur l'entretien de la voie et des ouvrages qui en dépendent, du matériel fixe et du matériel roulant ; — Sur les projets et l'exécution des travaux de tout genre, concernant les lignes en exploitation ; — Sur la composition et le mouvement des trains, le service intérieur des gares et toutes les autres parties de l'exploitation technique ; — Sur l'application des tarifs, la perception des taxes et toutes les autres parties de l'exploitation commerciale ; — Sur la gestion financière des compagnies concessionnaires ou des administrations chargées de l'exploitation.

Il inspecte et centralise le travail des fonctionnaires placés sous ses ordres.

Il vérifie, sur place, le fonctionnement des chemins de fer et le service de ses propres agents ; il doit, à cet effet, consacrer à des tournées tout le temps dont il peut disposer.

Il inspecte, au moins une fois par an, les bureaux des ingénieurs en chef et ceux des inspecteurs principaux de l'exploitation commerciale.

Il réunit le Comité de réseau au moins une fois par mois. — Il lui soumet : — 1° L'état mensuel des accidents ; — 2° Les relevés mensuels, trimestriels et annuels du trafic ; — 3° Le tableau mensuel des recettes et du mouvement des voyageurs ; — 4° Les documents fournis par la compagnie ou par l'administration exploitante et constatant, pour chaque exercice, les recettes et les dépenses de l'exploitation ; — 5° Les rapports mensuels des ingénieurs en chef et comptes moraux des travaux neufs ; — 6° Les états mensuels de plaintes ; — 7° Tous les rapports, documents ou dossiers sur lesquels le comité peut être appelé à délibérer, soit par le ministre, soit par l'inspecteur général directeur.

Les pr.-verbaux des délib. du comité de réseau sont adressés, chaque mois, au ministre : ils font connaître l'avis du comité sur toutes les questions soumises à son examen. — L'insp. gén. joint à ces pr.-verb. les relevés mensuels, trim. et annuels ci-dessus énumérés.

Le comité de réseau examine, en outre, le projet de budget présenté, chaque année, par la compagnie, en exécution des décrets relatifs aux justifications financières.

Enfin, il présente, chaque année, à l'admin. supér. un rapport d'ensemble sur les résultats techniques et financiers de l'exploitation. (Arr. min. du 20 juillet 1886.)

L'insp. gén. directeur du contrôle recueille tous les renseignements de nature à éclairer le comité de réseau et l'admin. sur la gestion financière de la comp. ou de l'admin. exploitante.

A cet effet, la compagnie doit lui communiquer, à toute époque, les registres de ses délibérations, ses livres-journaux, ses écritures, sa correspondance et tous les documents qu'il juge nécessaires pour constater la situation active et passive de cette compagnie.

Il a le droit d'assister à toutes les séances de l'assemblée générale de la compagnie.

Il reçoit d'elle, pour les transmettre au ministre avec l'avis du comité de réseau, tous les comptes et documents qu'elle est tenue de fournir aux termes des décrets en vigueur.

Quand il est appelé à formuler son avis sur une affaire quelconque relative au contrôle technique des voies de quais des ports de mer ou des gares et embranchements maritimes, il invite immédiatement à entrer en conférence avec lui l'insp. gén. de la division territoriale. Celui-ci doit, de même, appeler en conférence le directeur du contrôle lorsqu'une affaire dont il est saisi implique une question relative au contrôle technique ou commercial ou financier d'une comp. concess. des voies de quais d'un port de mer de sa division ; le rapport commun ou les avis réunis des deux insp. gén. sont joints au dossier à envoyer à l'admin. centrale (Direction des routes, de la navigation et des mines). Mais il n'y pas lieu à faire intervenir l'insp. gén. de la division territoriale dans l'instruction des affaires qui sont exclusivement relatives au contrôle financier de la comp. concess. ou au contrôle de l'expl. commerciale.

L'inspecteur général directeur du contrôle siège : — 1° Avec voix délibérative, au conseil général du corps auquel il appartient (Décret du 21 mai 1879) ; — 2° Avec voix consultative, pour les affaires de son service, au conseil général du corps auquel il n'appartient pas (Décret du 21 mai 1879) ; — 3° Avec voix délibérative pour les affaires de son service et avec voix consultative pour les autres affaires, au comité consultatif des chemins de fer (Décret des 21 mai 1879 et 24 nov. 1880).

Il est membre de droit : — 1° Du comité de l'expl. technique des ch. de fer (Arr. min., 25 janv. 1879) ; — 2° De la commission de vérification des comptes, pour ce qui concerne les affaires de son réseau (Arr. min., 12 juin 1879).

Il désigne l'un des ingénieurs en chef, chefs de service, pour le remplacer pendant ses tournées ou ses absences, soit dans la direction du service, soit au sein des commissions ou comités (Arr. min., 20 juillet 1886), et pour le représenter, avec voix consultative, devant les conseils généraux des p. et ch. ou des mines.

Rôle et attributions de l'ingénieur en chef chargé du contrôle des travaux neufs et d'entretien et du mandatement des dépenses. — Ce chef de service est chargé, avec le concours des ingénieurs ordinaires, des conducteurs ou gardes-mines et autres agents des ponts et chaussées : — 1° De surveiller les voies et leurs dépendances, le fonctionnement des signaux et autres appareils de sécurité, les travaux d'entretien, de réfection, de seconde voie et, généralement, les travaux de tout genre exécutés sur les lignes en exploitation conformément aux projets approuvés ; — 2° D'examiner les projets présentés par les compagnies ; — 3° De vérifier les décomptes, notamment ceux dont le payement intéresse directement le trésor public ; — 4° D'instruire les demandes de voirie, de donner son avis sur les procès-verbaux dressés pour contravention de grande voirie ou pour contravention aux règlements intéressant le service de la voie.

Il a dans ses attrib. la comptabilité et le mandatement de toutes les dépenses du contrôle.

Il traite et envoie directement au préfet, avec son avis, le rapport de l'ingén. ordin. et les observations de la compagnie, les affaires sur lesquelles ce magistrat est appelé à statuer ou à donner son avis, aux termes de la loi du 15 juillet 1845 ou de la loi du 11 juin 1880 et des règl. en vigueur et qui sont relatifs, notamment : — 1° Aux enquêtes pour la déclaration d'utilité publique ou pour l'expropriation des terrains ; — 2° A l'occupation temporaire des terrains nécessaires à l'exécution de certains travaux ou à l'extraction de matériaux ; — 3° Au règlement des indemnités de dommages ; — 4° Au bornage de la voie ; — 5° Aux permissions de voirie (constructions), plantations, dépôts de matériaux aux abords du chemin de fer, etc.

Il adresse également au préfet des rapports sur les procès-verbaux pour les contraventions de grande voirie, qui sont de la compétence du conseil de préfecture ;

Sur les pétitions que reçoit ce magistrat et au sujet desquelles l'adm. sup. peut seule prononcer ; en particulier, sur les demandes de secours concernant les agents placés sous ses ordres.

Il fournit au préfet, pour la session d'été du C. gén., un rapport d'ensemble sur l'entretien de la voie, les travaux et les projets pendant l'année courante, en ce qui concerne le département.

Il envoie directement au procureur de la République son avis sur les pr.-verbaux d'accidents et de contrav. relatives au service de la voie, qui sont de la compétence de la jurid. correctionnelle.

Il envoie à l'inspecteur général des rapports sur les accidents qui peuvent être dus à l'état de la voie ou de ses dépendances, tels qu'éboulements, inondations, altération du profil de la voie, mauvais état des ouvrages d'art, etc.

Il adresse, à la fin de chaque mois, un relevé de ces accidents à l'ingén. en chef du contrôle de l'expl. technique, chargé d'établir la statistique de tous les accidents sur tout le réseau.

A la fin de chaque mois également, il adresse à l'inspecteur général un rapport sommaire sur la marche du service.

Il lui signale tous les faits intéressants qui ont trait à son service, notamment ceux qui ont été constatés dans les tournées, soit par lui, soit par ses agents.

Un relevé des tournées est annexé à ce rapport.

Il fait, d'ailleurs, de fréquentes tournées et visite, une fois par an, les bureaux des ingén. ordin. placés sous ses ordres et, à l'occasion, les bureaux des commissaires de surveillance.

Il profite de ces tournées pour se rendre personnellement compte des mesures prises par la compagnie pour l'entretien et l'amélioration des voies ferrées et de leurs dépendances.

Rôle et attributions de l'ingénieur en chef chargé du contrôle de l'exploitation technique. — Ce chef de service est chargé, avec le concours des ingén. ordin. des mines ou des p. et ch., des conducteurs des p. et ch., des gardes-mines et des agents secondaires et temporaires des p. et ch., de toutes les questions concernant l'exploitation technique proprement dite.

En particulier, il a pour mission : — 1° D'assurer la réception des machines à vapeur, locomotives ou fixes, et des voitures ; — 2° De surveiller l'entretien du matériel roulant, le fonctionnement des signaux et autres appareils de sécurité, les services du mouvement et de la traction ; — 3° De donner son avis sur les contraventions intéressant ces services.

Il traite et renvoie directement au préfet, avec son avis, le rapport de l'ingén. ordin. et les observ. de la comp., les affaires sur lesquelles ce magistrat est appelé à statuer, aux termes de la loi du 15 juillet 1845 et des régl. en vigueur, après ou sans approb. du min. et qui sont relatives notamment : — 1° A la réglementation des passages à niveau ; — 2° A la police extérieure des chemins de fer et de leurs abords et, spécialement, à l'entrée et au stationnement des voitures dans les gares et stations ; — 3° Aux autorisations de vente de livres, journaux, comestibles ou objets divers et à l'établissement des buffets ou autres industries dans les stations ; — 4° A la mise en circulation ou à l'interdiction des machines locomotives et des voitures destinées au transport des voyageurs et qui prennent leur point de départ dans le département ; — 5° A la mise en service et à la surveillance des machines fixes ; — 6° A l'assermentation des agents de la compagnie.

Il adresse également au préfet des rapports sur les pétitions que ce magistrat reçoit et au sujet desquelles l'admin. supér. peut seule prononcer, en particulier sur les demandes de secours concernant les agents placés sous ses ordres.

Il lui fournit, également, les renseignements qui lui sont demandés sur les faits de l'exploitation et, notamment, sur les circonstances de nature à intéresser le bon ordre et la sécurité publique.

Il transmet au préfet des propositions pour autoriser la mise en service des machines et des voitures (Ordonnance de 1846).

Il envoie directement au procureur de la République son avis sur les pr.-verbaux d'accidents et de contrav. de la compétence de la jurid. correctionnelle (Loi, 27 juill. 1850. — Circ. min., 15 avr. 1850).

Il envoie à l'insp. gén. des rapports détaillés sur les accidents de trains spécifiés dans la circ. min. du 6 déc. 1867, indépendamment des rapports sommaires qui sont adressés directement au min. par l'ingén. arrivé le premier sur les lieux, en exécution de ladite circulaire.

A la fin de chaque mois, il lui adresse un rapport sommaire sur la marche du service ; il signale dans ce rapport tous les faits intéressants, notamment ceux qui ont été constatés dans les tournées, soit par lui, soit par ses agents.

Un résumé des tournées du mois est annexé à ce rapport.

Il adresse également à l'insp. gén. les états périodiques d'accidents, de retards et de plaintes.

Il fait, d'ailleurs, de fréquentes tournées et visite une fois par an les bureaux des ingén. ordin. placés sous ses ordres et, à l'occasion, les bureaux des commiss. de surv. admin. Il profite de ces tournées pour se rendre personnellement compte des mesures prises par la comp. pour la régularité, la sécurité et la commodité de l'exploitation.

Rôle et attributions des ingénieurs en chef des ports de mer. — Les ingén. en chef des ports de mer réunissent les attributions des ingén. en chef du contrôle des travaux et de la voie et celles des ingén. en chef de l'exploitation technique, en ce qui peut s'appliquer aux gares et embranchements maritimes ainsi qu'aux voies ferrées des quais dont ils sont chargés.

Ils sont soumis, sous la réserve qui précède, aux mêmes prescriptions pour leurs rapports avec l'inspecteur général, directeur du contrôle de la compagnie de chemins de fer concessionnaire des voies de quais ou des embranchements et gares maritimes.

Si, dans un même port, il y a plusieurs comp. de ch. de fer qui soient concessionnaires de voies de quais, l'ingén. en chef de ce port se trouve, pour les affaires de chacune des concessions, placé sous les ordres de l'insp. gén., directeur du contrôle correspondant.

Les ingén. en chef des ports de mer sont nécessairement consultés par l'insp. gén. directeur du contrôle sur les tarifs qui intéressent les transports à destination ou en provenance des ports dépendant de leur service. Leur avis est inséré au dossier à la suite de celui de l'insp. princip. de l'expl. commerciale.

Ils peuvent être consultés par l'insp. gén. directeur du contrôle sur les questions d'exploitation technique qui intéressent le commerce maritime, notamment sur l'organisation du service des gares des villes maritimes de leur ressort, sur la composition et la marche des trains à destination ou en provenance de ces villes et sur la correspondance de ces trains avec ceux des autres lignes du même réseau ou des autres réseaux. Ils doivent, d'ailleurs, signaler spontanément à l'insp. gén. directeur du contrôle les améliorations que leur paraîtrait comporter l'exploitation technique aux divers points de vue précités, dans l'intérêt du commerce maritime des ports de leur service.

Rôle et attributions des ingénieurs ordinaires du contrôle des travaux neufs et d'entretien. — Les ingén. ordin. du contrôle des travaux neufs et d'entretien sont chargés, sous les ordres de l'ingén. en chef, de la surveillance de la voie et de ses dépendances, des signaux et appareils de sécurité, ainsi que des travaux de tout genre exécutés sur les lignes en exploitation conformément aux projets approuvés.

Ils instruisent, au premier degré, toutes les affaires qui sont de la compétence de leur service.

Ils font de fréquentes tournées et doivent visiter au moins deux fois par an toute l'étendue de leur arrondissement.

Ils visitent, à l'occasion, les bureaux des commissaires de surveillance.

Ils adressent à l'ingén. en chef des rapports mensuels sur la marche du service, des comptes moraux pour les travaux neufs, des résumés apostillés des rapports décadaires des commiss. de surv. admin.

Les rapports mensuels contiennent un relevé des tournées du mois, avec indication des observations faites au cours de ces tournées.

Ils envoient, également, des rapports sur toutes les affaires ressortissant à leur service et, en particulier, sur les accidents survenus à la voie ou à ses dépendances, par suite d'éboulements, inondations, altération du profil, mauvais état des ouvrages d'art, signaux et appareils de sécurité, etc., ainsi que sur les pr.-verb. dressés pour contrav. de grande voirie.

Au premier avis d'un accident de train, ils se rendent sur les lieux ; s'ils y arrivent avant leur collègue du contrôle de l'expl. technique, ils adressent immédiatement et directement au ministre un premier rapport sommaire, dont ils envoient copie à l'ingén. en chef compétent et à l'insp. gén. directeur.

Rôle et attributions de l'ingénieur ordinaire du contrôle de l'exploitation technique. — Les ingén. ordin. du contrôle de l'exploitation technique sont chargés, sous les ordres de l'ingén. en chef, du contrôle du matériel roulant, du mouvement et de la traction. Ils veillent également au bon fonctionnement des signaux et autres appareils de sécurité.

Ils instruisent, au premier degré, toutes les affaires qui sont de la compétence de leur service.

Ils font de fréquentes tournées et doivent visiter au moins deux fois par an toute l'étendue de leur arrondissement et au moins une fois par an les bureaux des commissaires de surveillance.

Ils adressent à l'ingén. en chef des rapports mensuels sur la marche du service, comprenant, entre autres renseignements, la situation et les avaries du matériel, des observations sur la marche des trains, tant au point de vue de leur chargement qu'au point de vue du matériel moteur, et les propositions qu'ils croient devoir y ajouter.

Les rapports mensuels contiennent un relevé des tournées du mois, avec indication des observations faites au cours de ces tournées.

Ils adressent également à l'ingénieur en chef : — 1° Des résumés apostillés des rapports décadaires des commissaires de surveillance administrative ; — 2° Des états décadaires des retards de trains et des correspondances manquées ; — 3° Des relevés mensuels des accidents ; — 4° Le relevé mensuel des plaintes qui n'ont pas trait au service commercial.

Ils lui envoient des rapports sur toutes les affaires ressortissant à leur service et, en particulier, sur les prop. de la comp. relatives à la marche des trains, sur les accidents de trains, etc.

Ils veillent à la police des gares, des stations et de leurs abords, ainsi qu'à la police des trains.

Ils procèdent à la réception et à la vérification du matériel roulant.

Au premier avis d'un accident de train, ils se rendent sur les lieux ; s'ils y arrivent avant leur collègue du contrôle des travaux et de la voie, ils adressent immédiatement et directement au ministre un premier rapport sommaire, dont ils envoient copie à l'ingén. en chef compétent et à l'insp. gén. directeur.

Rôle et attributions des ingénieurs ordinaires des ports de mer. — Les ingén. ordin. des services de ports de mer réunissent, sous les ordres des ingén. en chef de ports de mer, pour les gares, embranchements et voies dont la surveillance leur est confiée, les attributions conférées, sur le reste du réseau, aux ingén. ordin. du contrôle des travaux et de l'entretien et aux ingén. ordin. du contrôle de l'exploitation technique, en ce qui peut s'appliquer aux voies ferrées dont ils sont chargés.

Ils sont assujettis, sous la réserve qui précède, aux mêmes obligations pour les tournées, la production des rapports et états périodiques et des rapports sur les accidents.

Ils produisent, en outre, les études et rapports qui leur sont demandés par l'ingén. en chef du service maritime de leur départem. sur les questions relatives au contrôle commercial ou à l'expl. technique qui intéressent le commerce maritime de leur circonscription. Ces études et rapports sont joints aux avis adressés par l'ingén. en chef à l'insp. gén. directeur du contrôle et à l'admin. centrale.

Rôle et attributions des conducteurs des ponts et chaussées et gardes-mines. — Les conducteurs des p. et ch. et gardes-mines sont les auxiliaires des ingénieurs sous les ordres desquels ils sont placés, pour toutes les parties du service.

Ils font de très fréquentes tournées et parcourent au moins une fois par mois l'étendue de leur circonscription.

Ils concourent avec les offic. de police judic. à la constatation des crimes, délits et contrav. diverses commis sur les ch. de fer et prévus aux titres I et III de la loi du 15 juillet 1845.

Ils constatent, en outre, par des procès-verbaux les contraventions de voirie commises par les comp. de chemins de fer (Titre II de la loi du 15 juillet 1845).

Rôle et attributions des inspecteurs principaux de l'exploitation commerciale. — Les insp. principaux exercent, sous les ordres de l'insp. général, la surveillance de l'exploitation commerciale.

Ils sont spécialement chargés d'examiner les propositions des compagnies touchant les tarifs et les taxes accessoires, ainsi que les conventions conclues entre les compagnies, les entrepreneurs de transports et les propriétaires d'embranchements particuliers; de constater le mouvement de la circulation, la situation du trafic, les dépenses et les recettes de l'exploitation; de donner leur avis sur l'organisation du service des trains au point de vue commercial, et sur les règlements des compagnies, dont les dispositions se rapportent à des objets placés dans leurs attributions.

Ils adressent à l'insp. gén. des rapports mensuels sur la marche du service. Ces rapports doivent comprendre, notamment, un relevé des recettes effectuées pendant le mois (avec la comparaison de ces recettes et de celles du mois correspondant de l'année précédente), la liste des tournées du mois (avec indication des observations faites au cours de ces tournées) et le résumé des communications qui auraient été faites aux préfets sur leur demande, ainsi que la suite qui aurait été donnée à ces communications. Ils sont accompagnés des rapports mensuels des inspecteurs particuliers.

Un tableau analytique des plaintes relatives au service commercial est annexé au rapport mensuel.

Les insp. princip. lui envoient également les états mensuels, trimestriels et annuels du trafic; des rapports sur toutes les affaires autres que celles qui sont énumérées ci-dessous et pour lesquelles ils peuvent correspondre directement avec le ministre, notamment les notes sur le personnel placé sous leurs ordres.

Ils adressent directement au ministre leurs rapports sur les propositions des compagnies tendant à l'application des traités de factage, camionnage, correspondance et réexpédition, l'inspecteur général n'étant consulté que lorsque l'admin. centrale le juge utile.

Ils notifient à la compagnie les arrêtés pris par les préfets pour publier les tarifs homologués et ils visent les feuilles imprimées contenant ces tarifs.

Ils font de fréquentes tournées et doivent visiter au moins une fois par an toute l'étendue de leur section et les bureaux des inspecteurs particuliers placés sous leurs ordres.

Rôle et attributions des inspecteurs particuliers de l'exploitation commerciale. — Les inspecteurs particuliers sont placés sous les ordres des inspecteurs principaux et leur servent d'auxiliaires pour l'instruction des affaires.

Ils font de fréquentes tournées et doivent visiter au moins deux fois par an les gares de leur arrondissement et une fois par an les bureaux des commiss. de surv. administrative.

Ils adressent à l'insp. principal des rapports mensuels sur la marche du service et les résumés apostillés des rapports décadaires des commiss. de surv. admin. Les rapports mensuels contiennent un relevé des tournées du mois, avec indication des observations faites au cours de ces tournées.

Rôle et attributions des commissaires de surveillance administrative. — Les commiss. de surv. admin., institués par la loi du 27 février 1850, sont placés sous les ordres des ingén. et des insp. particuliers de l'expl. commerciale et correspondent avec eux pour ce qui concerne leurs attributions respectives.

Ils sont attachés aux gares les plus importantes ; ils y stationnent d'une manière à peu près permanente.

En outre, ils sont chargés de la surveillance d'une circonscription, en ce qui concerne : — 1° L'entrée, le stationnement et la circulation des voitures publiques et particulières dans les cours dépendant des stations ; — 2° L'admission du public dans les salles d'attente et sur les quais d'embarquement ; — 3° La manœuvre des aiguilles, la garde et l'éclairage des passages à niveau, la présence des agents préposés à la surveillance des voies, l'éclairage des stations et de leurs abords ; — 4° Les mesures d'ordre relatives aux machines et voitures ; — 5° La composition, le départ, l'arrivée et le stationnement des convois ; la tenue des registres des retards ; — 6° Les mesures d'ordre relatives à l'admission des voyageurs dans les voitures ; — 7° L'exécution des signaux ; — 8° La présence des machines de réserve et des wagons de secours aux lieux désignés à cet effet ; — 9° L'apposition, dans chaque station, des affiches et tableaux indiquant les heures de départ et d'arrivée et des affiches annonçant les retards des trains ; — 10° La perception des taxes ; l'apposition des tableaux indiquant les taxes approuvées ; l'enregistrement et l'expédition des marchandises, la tenue des registres qui sont prescrits à cet effet ; — 11° L'entretien, aux stations désignées et dans les trains de voyageurs, des médicaments et moyens de secours nécessaires en cas d'accident ; — 12° La désinfection des wagons ayant servi au transport des bestiaux ; — 13° L'expédition des plants de vigne provenant des départements phylloxérés ; — 14° Les services de correspondance, de réexpédition de grande et de petite vitesse, de factage et de camionnage.

Ils reçoivent les plaintes que le public peut avoir à présenter relativement au service des agents de la compagnie, à la marche des trains, à l'état du matériel, à la perception des tarifs, au service des passages à niveau, etc.

Ils doivent être présents au passage des trains de troupes.

Indépendamment des rapports spéciaux que le service de chaque jour peut exiger, ils adressent tous les dix jours aux ingén. ordin. et à l'insp. particulier un rapport dans lequel ils rendent compte, suivant un cadre qui leur est tracé, de la situation du service et de leurs tournées.

Ils signalent aux ingénieurs et aux inspecteurs de l'exploitation les faits qui paraissent constituer des infractions aux règlements, aux décisions ministérielles ou aux arrêtés préfectoraux dont ces fonctionnaires ont à surveiller l'exécution.

En cas d'accident, ils se transportent immédiatement sur les lieux, après en avoir donné avis, par dépêche télégraphique, aux ingénieurs ordinaires, aux ingénieurs en chef, à l'inspecteur général, au procureur de la République, au préfet et au ministre des travaux publics. Le cas échéant, ils remplacent cet avis télégraphique par un avis écrit sommaire, complété, s'il y a lieu, par des avis ultérieurs. A la suite de leur enquête, ils rédigent, s'il est nécessaire, de premiers rapports sommaires et, en tout cas, un rapport définitif dans lequel ils constatent les circonstances et les résultats de l'accident ; ils adressent ce rapport à l'ingénieur du contrôle des travaux et de la voie ou à l'ingénieur du contrôle de l'exploitation technique, ou à tous les deux, suivant les cas.

Lorsque l'accident a occasionné des blessures, soit aux agents de la compagnie, soit à d'autres personnes, le rapport ci-dessus est remplacé par un procès-verbal.

Il en est de même lorsque l'accident a eu pour cause une infraction aux règlements.

Dans les circonstances exceptionnelles de guerre, d'inondation, etc., ils doivent informer sans retard les préfets, par dépêche ou par exprès, des suppressions de trains, des changements dans les heures de départ, en un mot de toutes les modifications du service, ainsi que de la reprise du service normal.

Ils s'assurent que les avis de retard des trains de voyageurs dépassant une heure ont été envoyés à ces magistrats par le chef de gare qui dessert le chef-lieu du département.

Ils veillent à ce que les retards soient annoncés par affiches placardées dans les gares.

Ils constatent par des procès-verbaux les contraventions commises, soit par les tiers, soit par les compagnies, aux règlements de toute nature sur les chemins de fer et, plus particulièrement, les contrav. qui ne sont pas spéc. de la compétence des conducteurs des p. et ch. et des gardes-mines, par exemple celles qui concernent les prescriptions relatives à la police des cours des gares et stations, à la composition et au mouvement des trains, à la perception des taxes, aux mesures d'ordre et de police concernant les fumeurs, etc. Lorsque la contravention est de la compétence du C. de préfecture, ils dressent le procès-verbal en double original et l'adressent à l'ingén. ordin. compétent ; lorsqu'elle est de la compétence de la juridiction correctionnelle, ils le dressent également en double original, dont l'un est envoyé au procureur de la République et l'autre à l'ingén. ordin. compétent (loi du 27 février 1850) ou à l'insp. particulier, s'il s'agit d'une affaire commerciale.

Ils ont, pour la constatation des crimes, délits et contraventions commis dans l'enceinte des chemins de fer et de leurs dépendances, les pouvoirs d'officiers de police judiciaire.

Ils sont, en cette qualité, sous la surveillance du procureur de la République et lui adressent directement leurs procès-verbaux.

Ils procèdent, au besoin, à l'arrestation des auteurs des crimes ou délits de droit commun et des tentatives d'actes de malveillance ; mais ils doivent remettre immédiatement les coupables entre les mains des autorités judiciaires locales.

Ils ne doivent, d'ailleurs, intervenir qu'en l'absence des inspecteurs et des commissaires spéciaux de police pour la répression des crimes et délits de droit commun et dans les questions de police ordinaire.

Ils font de fréquentes tournées et visitent leur circonscription au moins une fois par mois.

Rôle et attributions des officiers de port. — Les officiers de port remplissent, auprès des ingénieurs de ports de mer et dans les limites du port, le rôle de commissaire de surveillance administrative et en ont les attributions.

Toutefois, la partie commerciale de l'exploitation reste confiée aux commissaires de surveillance administrative et aux inspecteurs de l'exploitation commerciale.

Dispositions spéciales aux voies ferrées qui desservent les ports de mer. — Des instructions complémentaires règleront, pour chaque port, les détails du service de contrôle, en ce qui touche les voies ferrées qui desservent ce port. » (Approuvé par le min. des tr. publ., 16 mai 1887.)

(*Nota*). — Au sujet de la disposition finale ci-dessus, relative *aux voies ferrées qui desservent les ports de mer*, les bases générales sur lesquelles devront être établies les conditions de service, pour chacun des ports intéressés, en tenant compte du régime distinct sous lequel se trouvent placées les gares maritimes et les voies ferrées des ports, sont les suivantes, savoir : — « 1° Les officiers de port seront exclusivement chargés de la police, dans les limites du port ; — 2° L'ingénieur en chef du port aura dans ses attributions tout le service technique du contrôle. Il aura sous ses ordres les ingénieurs, conducteurs et agents du port, ainsi que les commiss. de surv. admin., pour tout ce qui concerne les mesures d'ordre et de police en dehors des limites du port. Le contrôle du service commercial sera fait par les insp. de l'expl. commerciale et par les commiss. de surv. admin. : L'insp. principal devra s'entendre autant que possible, avec l'ingén. en chef, pour tout ce qui touche aux intérêts du port ; — 3° L'arr. min. du 20 juillet 1886 stipule que les ingén. en chef des ports seront chargés « du contrôle de l'expl. des voies ferrées établies sur les quais, ainsi que des gares et *embranchements maritimes* ». Il conviendra donc de comprendre dans leur service, non seulement les voies ferrées des quais et les quais maritimes, mais encore leurs embranchements, toutes les fois qu'il n'en pourra pas résulter d'inconvénients. » (Extr. d'un avis présenté par le C. gén. des p. et ch. au sujet des nouvelles instructions.)

3° Tableau final de l'instr. min. du 16 mai 1887

(*indiquant la répartition des principales affaires entre les trois chefs de service du contrôle*).

CONTROLE des TRAVAUX NEUFS ET D'ENTRETIEN.	CONTROLE de L'EXPLOITATION TECHNIQUE.	CONTROLE de L'EXPLOITATION COMMERCIALE.
Personnel : Mandatement général des dépenses. Notes signalétiques, Propositions d'avancement, Congés, Indemnités d'intérim, Secours } des ingénieurs et agents du contrôle des travaux neufs et d'entretien et des commissaires de surveillance. Inspection des bureaux des ingénieurs du contrôle des travaux neufs et d'entretien et des commissaires de surveillance. Correspondance avec les ingénieurs en chef accrédités auprès du ministre de la guerre.	*Personnel :* Notes signalétiques, Propositions d'avancement, Congés, Indemnités d'intérim, Secours } des ingénieurs et agents du contrôle de l'exploitation technique et des commissaires de surveillance. Inspection des bureaux des ingénieurs du contrôle de l'exploitation technique et des commissaires de surveillance.	*Personnel :* Notes signalétiques, Propositions d'avancement, Congés, Indemnités d'intérim, Secours } des inspecteurs particuliers de l'exploitation commerciale et des commissaires de surveillance. Inspection des bureaux des inspecteurs particuliers et des commissaires de surveillance.
	Personnel de la compagnie : Assermentation des agents. Réclamations des agents contre la compagnie. Durée du travail, etc.	

CONTRÔLE des TRAVAUX NEUFS ET D'ENTRETIEN.	CONTRÔLE de L'EXPLOITATION TECHNIQUE.	CONTRÔLE de L'EXPLOITATION COMMERCIALE.
Ouverture de lignes : Réception. Reconnaissance des travaux. Travaux de parachèvement.		
Voie : Entretien, renouvellement, consolidation. Projets de pose de seconde voie. Extension des gares. (Ouvrages d'art. Conservation des repères.		Projets d'extension des gares au point de vue commercial.
Projets d'embranchements particuliers. Barrières. Chemins d'accès des gares, clôtures, haies vives. Occupation de terrains. Aliénation. Remises aux Domaines.	Passages à niveau. Classification. Fonctionnement et réglementation. Traités relatifs aux embranchements particuliers au point de vue des mesures de sécurité.	Traités relatifs aux embranchements particuliers en ce qui concerne les taxes à percevoir.
Alignements. Toitures en chaume. Pose de conduites sur ou sous la voie.		
Examen, au point de vue de la dépense et de l'imputation, des projets pour réaliser les consignes.	Consignes pour les gares, les embranchements et la protection des chantiers sur la voie.	
Examen des projets d'établissement des signaux et autres appareils de sécurité, au point de vue de la dépense et de l'imputation. Surveillance de l'entretien de ces appareils.	Étude des systèmes des signaux et appareils de sécurité et de leur mode d'emploi. Surveillance de leur fonctionnement.	
Installation, dans les gares, des appareils destinés à assurer le chauffage et l'éclairage des trains.	*Matériel roulant :* Réception du matériel. Épreuves des chaudières. Autorisation des machines. Systèmes divers de chauffage et d'éclairage. Appareils de chauffage et d'éclairage installés dans le matériel roulant. Systèmes d'attelages, bandages, essieux. Modifications à apporter au matériel roulant, freins, appareils d'intercommunication.	
Réception des travaux d'aménagement du matériel fixe pour le service de la guerre. Haltes-repas.	Réception des travaux d'aménagement du matériel roulant pour le service de la guerre.	
Projets de fourniture de matériel roulant. Examen au point de vue de l'imputation de la dépense.	Évaluation du matériel roulant. Examen des projets de matériel roulant au point de vue technique.	

CONTROLE des TRAVAUX NEUFS ET D'ENTRETIEN.	CONTROLE de L'EXPLOITATON TECHNIQUE.	CONTROLE de L'EXPLOITATION COMMERCIALE.
	Marche des trains : Trains spéciaux, extraordinaires, de ballast. Correspondance entre les trains, délais d'attente, déclenchements en marche. Composition des trains.	Marche des trains au point de vue commercial.
	Services des salles d'attente, des quais, des gares. Consignes pour les manœuvres. Contrôle, appel des voyageurs dans les salles, dans les voitures, etc. Police des cours des gares. Stationnement des voitures.	
	Transports divers : Transport de matières infectes ou dangereuses au point de vue de la salubrité et de la sécurité. Transport de matières altérables dans des conditions spéciales.	
Accidents : Eboulements, inondations, altérations du profil de la voie, des ouvrages d'art, etc. Détresses dues à la voie.	*Accidents :* Collisions, chocs, déraillements, non-fonctionnement des signaux, inobservation des règlements, incendies causés par les machines, incendies spontanés. Accidents de personnes pendant la marche des trains, dans les manœuvres et dans la manipulation des colis. Détresses dues au matériel roulant.	
Contraventions de grande voirie. Pour les voies d'exploitation des ports de mer établies sur le domaine public, contraventions au titre I du décret du 6 août 1884 et aux arrêtés préfectoraux. Suites judiciaires.	Contraventions aux articles 61 et 63 de l'ordonnance du 15 novembre 1846. Pour les voies d'exploitation des ports de mer établies sur le domaine public, contraventions aux titres II et III du décret du 6 août 1884 et aux arrêtés préfectoraux. Suites judiciaires. Recours en grâce (faits d'exploitation).	Délits de droit commun, vols, fraudes, voyageurs sans billets, prolongement de parcours, fausses déclarations de marchandises, etc. Suites judiciaires. Recours en grâce (délits de droit commun).
Vœux, plaintes et réclamations relatifs à : Demandes de haltes, gares, passages, etc. Modification des dispositions des gares. Installation de water-closets, etc. Ecoulement des eaux.	*Vœux, plaintes et réclamations relatifs à :* Demandes d'établissement ou de modification de passages à niveau publics ou particuliers. Marche des trains. Disposition des voitures et tout ce qui concerne l'exploitation. Plaintes contre les agents de la compagnie : gardes-barrières, facteurs, etc. Réclamations relatives au service des buffets.	*Vœux, plaintes et réclamations relatifs à :* Demandes de haltes, gares. Modification aux dispositions des gares intéressant le service commercial. Modification de la nature du trafic accepté dans les gares. Tarifs.

CONTROLE des TRAVAUX NEUFS ET D'ENTRETIEN.	CONTROLE de L'EXPLOITATION TECHNIQUE.	CONTROLE de L'EXPLOITATION COMMERCIALE.
	Autorisations de bibliothèques, buffets, bazars, commissionnaires, bascules, marchands de journaux (art. 70 de l'ordonnance du 15 novembre 1846).	
Rapports mensuels sur la voie et les travaux. Rapports aux conseils généraux (voie).	Rapports mensuels sur l'exploitation. Etat mensuel des plaintes inscrites dans les gares et qui concernent le service de l'exploitation technique.	Rapports mensuels sur l'exploitation commerciale. Etat mensuel des plaintes inscrités dans les gares et qui concernent le service commercial.
Statistique des enclenchements. Cloches électriques, etc., et appareils de sécurité dépendant de la voie.	Statistique du matériel roulant, des freins, de l'intercommunication. Statistique du combustible. Statistique des appareils à vapeur. Statistique des accidents.	Mouvement de la circulation. Dépenses et recettes de l'exploitation. Trafic.
		Tarifs. Traités avec les correspondants de chemins de fer.

CONVENTIONS INTERNATIONALES (*et de navigation*). — Traités conclus avec des administrations de chemins de fer étrangers ou avec des entreprises de navigation. — (*Communications à faire à l'adm. supér.*). Circ. min., 4 nov. 1886, prescrivant aux comp. de communiquer régulièrement au min. des trav. publ., avant leur mise en vigueur, tous les *traités, conventions*. et *arrangements quelconques* conclus, soit avec des administrations de chemins de fer étrangers, soit avec des entreprises de navigation. — V. *Traités*, au Dict.

DÉLAIS DE TRANSPORT. — Arr. min., 29 déc. 1886, tr. publ., modifiant l'art. 8 de l'arr. min. du 12 juin 1866, réglant les délais d'expédition, de transport et de livraison sur les lignes d'intérêt général.

(*Arr. min.*, 29 *déc.* 1886). — « Art. 1er. — L'art. 8 de l'arr. min. du 12 juin 1880 (reproduit au mot *Délais* du dict.) est modifié et complété de la manière suivante :

« Sur les lignes ou sections de réseau désignées à la suite du présent paragraphe et dans les deux sens, tant pour les parcours partiels que pour le parcours total, la durée du trajet sera réduite à vingt-quatre heures par fraction indivisible de 200 kilom. pour les animaux, ainsi que pour les marchandises taxées aux prix de la 1re, de la 2e, de la 3e et de la 4e série des tarifs généraux de chaque compagnie, conformément à la classification approuvée par décision ministérielle du 17 avril 1879 (Voir au dict. *Réduction de tarifs*, § 2), et, en général, pour toutes les marchandises, denrées et objets quelconques qui, rangés dans les séries inférieures, seraient taxés aux prix de la 4e série, sur la demande des expéditeurs.

RÉSEAU DU NORD. — Lignes de Paris à Boulogne, Calais, Dunkerque, Lille et Mouscron, Lille et Baisieux, Valenciennes et Quiévrain, Erquelines, Cambrai et Somain, Arras, Béthune et Hazebrouck, de Rouen à Lille, d'Amiens à Ormoy, par Estrées-Saint-Denis, de Paris à Anor, d'Amiens à Laon.

RÉSEAU DE L'EST. — Lignes de Paris à Igney-Avricourt, Pagny-sur-Moselle, Belfort, Givet, de Laon à Gray, de Givet à Nancy, de Laon à Is-sur-Tille.

RÉSEAU DE L'OUEST. — Lignes de Paris au Havre, Cherbourg, Brest, Granville, Dieppe par Pontoise, de Serquigny à Rouen, du Mans à Mézidon, du Mans à Angers.

RÉSEAU D'ORLÉANS. — Lignes de Paris à Bordeaux (Bastide, Saint-Jean ou transit), Agen, Saincaize, Nantes et Saint-Nazaire, Toulouse, Montluçon, du Mans à Bordeaux, Saincaize, Gan-

nat, de Nantes à Saincaize, Gannat, de Bordeaux à Gannat, Toulouse par Périgueux, de Montluçon à Moulins.

RÉSEAU DE PARIS A LYON ET A LA MÉDITERRANÉE. — Lignes de Paris à Marseille et à Nice,
Nîmes, par Clermont, de Saint-Germain-des-Fossés à Lyon, par Tarare et par Saint-Étienne, de
Paris à Genève, Modane, Belfort, de Tarascon à Cette, de Paris à Grenoble, de Dijon à Pon-
tarlier, de Vesoul à Lyon par Besançon, de Lyon à Nîmes par la rive droite du Rhône.

RÉSEAU DU MIDI. — Lignes de Bordeaux (Bastide ou Saint-Jean) à Irun, Cette, de Narbonne
à Port-Bou.

RÉSEAU DE L'ÉTAT. — Lignes de Tours aux Sables-d'Olonne, de Nantes à Coutras, par Clis-
son, de Paris à Bordeaux, par Château-du-Loir et Saumur, de Poitiers à la Rochelle et à
Rochefort.

(*La suite comme à l'arr. min. du 12 juin* 1866). Voir *Délais* au Dict.

Art. 2. — Le présent arrêté sera notifié aux compagnies de chemins de fer et à l'administration des chemins de fer de l'État. — Il sera publié et affiché. — Les préfets, les fonctionnaires
et agents du contrôle sont chargés d'en surveiller l'exécution. »

DÉTACHEMENTS MILITAIRES (*Admission de certains détachements dans les trains
rapides*). Circ. min., 20 juillet 1886. — V. au Dict., *Militaires*, § 3, 5°.

ÉTABLISSEMENTS INSALUBRES OU DANGEREUX.—Décret du 3 mai 1886, établissant une nouvelle nomenclature, rappelée seulement *pour mémoire*, les dispositions
dont il s'agit n'ayant modifié en rien l'extrait que nous avons donné du précédent décret
au mot *Établissements*, du Dict.

FOURGONS (*à munir d'une plaque indicatrice du N° du train*). — Circulaire min.,
4 nov. 1886. — V. au Dict., *Voie unique*.

FREINS (*Délais d'adaptation de freins continus à tous les trains de voyageurs*). — Dispositions diverses. — Nouvelle circ. min., 2 déc. 1886, tr. publ., adressée aux administrateurs des comp. — « Messieurs, une circ. min. du 29 mars 1886 (Voir *Freins*, au
Dict.) vous a prescrit de munir de freins continus toutes les voitures à voyageurs et
toutes les annexes de la grande vitesse, et de poursuivre cette opération avec assez
d'activité pour que, dans le délai maximum de deux ans, tous les trains de voyageurs,
jusques et y compris les trains omnibus, soient pourvus de ces appareils.

« Quelques compagnies ont sollicité une prolongation de ce délai, à raison de l'importance des fournitures à commander à l'industrie privée et du temps qu'exigera le
montage des freins sur les véhicules.

« Sans méconnaître l'étendue de l'effort qui vous est demandé, j'estime que les objections susmentionnées ne sauraient prévaloir contre l'intérêt de la sécurité publique, alors
qu'il n'est pas matériellement impossible de surmonter les difficultés dont il vient d'être
question.

« Je vous invite donc à vous conformer strictement aux prescriptions de la circ. min.
précitée et notamment à ne pas dépasser, pour quelque motif que ce soit, le délai qui
vous y a été fixé pour l'adaptation de freins continus à tous les trains de voyageurs.

« D'autre part, je crois devoir compléter lesdites prescriptions par les deux suivantes,
sur lesquelles j'appelle tout particulièrement votre attention :

« 1° Les nouveaux trains omnibus qui seront munis de freins continus devront, tout
d'abord et autant que les exigences du service le permettront, être ceux qui desservent
les lignes à profils sinueux et accidentés ;

« 2° Pour aucun motif, même pour regagner un retard, la vitesse de marche des trains
omnibus qui ne seront pas pourvus de freins continus ne devra atteindre 60 kilomètres
à l'heure. »

GARES (*Heures d'ouverture et de fermeture des gares de marchandises de petite vitesse*).
— Arr. min., 16 févr. 1887. — V. plus loin *Heures*.

GRAISSES ALIMENTAIRES (*Margarine, Oléomargarine,* etc.). — Conditions ayant pour but de prévenir les fraudes dans les substances alimentaires (*Beurre,* etc.) — Loi 14 mars 1887. — *P. mém.*

HEURES DE SERVICE (*Réception ou livraison des colis dans les gares*). — Arr. min. du 16 févr. 1887, améliorant les conditions relatives aux heures d'ouverture et de fermeture *des gares de marchandises de petite vitesse.* — « Le min. des tr. publ., — Vu ..... spéc. l'art. 50 des cah. des ch.; — Vu l'arr. min. du 12 juin 1866 (art. 13 ..... reproduit au *Dict.* au mot *Heures de service,* § 3); — Considérant qu'il y a lieu d'étendre la période pendant laquelle les gares de marchandises restent ouvertes le plus longtemps; — Vu l'avis du comité consultatif des chemins de fer; — Les compagnies entendues; — Sur le rapport du directeur des chemins de fer, — ARRÊTE :

« ARTICLE PREMIER. — Les deux premiers paragraphes de l'art. 13 de l'arrêté ministériel du 12 juin 1866 sont remplacés par les suivants :

Du 16 mars au 15 octobre, les gares seront ouvertes, pour la réception ou la livraison des marchandises à petite vitesse, à 6 heures du matin, au plus tard, et fermées, au plus tôt, à 6 heures du soir;
Du 16 octobre au 15 mars, elles seront ouvertes à 7 heures du matin, au plus tard, et fermées, au plus tôt, à 5 heures du soir.

« ART. 2. — Le présent arrêté sera notifié aux compagnies de chemins de fer et à l'administration des chemins de fer de l'État. — Il sera publié et affiché. — Les préfets, les fonctionnaires et agents du contrôle seront chargés d'en surveiller l'exécution. »

INDIGENTS (*Circulation demi-gratuite*). — Réduction de tarif en faveur des personnes accompagnant les malades indigents se rendant à l'*institut Pasteur.* — Circ. minist. du 1er mars 1887. — Voir au Dict. le mot *Voyageurs.*

INGÉNIEURS-INSPECTEURS. — Réorganisation du contrôle technique, commercial, financier, etc., des chemins de fer (Attributions diverses des inspecteurs généraux et ingénieurs des p. et ch. et des mines, des inspecteurs des finances, des commissaires généraux, etc.). — Arr. min., 20 juillet 1886 (V. au Dict. le mot *Contrôle,* § 3 *bis,* 3°). — Ingénieurs en chef *des services des ports de mer,* rattachés pour certains détails au contrôle de l'exploitation des ch. de fer (Voir l'art. 2 de l'arr. min. précité du 20 juillet 1886). — *Ingénieurs* en chef *du service des mines,* consultés sur les tarifs miniers (*Ibid.,* art. 3). — Voir aussi au mot *Contrôle,* à l'appendice, les nouvelles instructions ministérielles du 16 mai 1887, sur l'organisation du contrôle de l'expl. des ch. de fer et sur les attributions des divers fonctionnaires et agents.

LOCOMOTIVES. — 1° *Service général* (V. au Dict., *Locomotives* et *Machines à vapeur.* — V. aussi *Mécaniciens,* à l'appendice); — 2° Décret du 20 avril 1866 (pris en vertu du règl. sur la police du roulage) concernant l'autorisation et la circulation des locomotives dites routières. *P. mém.* (V. au Dict., *Tramways* et *Voies publiques*); — 3° Décret du 20 mai 1880 autorisant la circulation de voitures à vapeur portant leur moteur avec elles et de machines-tenders, de faible poids, remorquant une ou plusieurs voitures, sans interposition de fourgon (V. au Dict., *Locomotives,* § 5). — *Emploi de ces machines pour l'essai de trains légers dits trains-tramways.* — V. au Dict., *Trains,* § 2.

MAIRES (*Indications complémentaires*). — Nouvelle loi municipale, 5 avril 1884. *P. mém.* (Voir au Dict. le mot *Police,* § 5). — *Police des tramways* (Voir au Dict., *Tramways* et *Voies publiques*). — Certificats des maires, préfets ou sous-préfets, pour transport d'indigents, de cercueils, etc. (V. au Dict., *Pompes funèbres,* § 2, et *Voyageurs,* § 1). — Formalités relatives aux transports militaires. — V. au Dict., *Militaires,* § 4.

MACHINES-TENDERS. — V. *Locomotives*, à l'appendice.

MATÉRIEL. — Service général (V. au Dict., *Matériel fixe*, *Matériel roulant* et *Roues*, § 2). — Matériel spécial des chemins de fer de l'État (V. au Dict. le mot *Superstructure* et, à l'appendice, le mot *Chemins de fer de l'État*. — Matériel de provenance étrangère. — V. au Dict. le mot *Utilité publique*.

MATIÈRES INFECTES. — Nous avons inséré au mot *Matières*, § 5 du Dict., l'arr. min. du 14 janv. 1884, portant réglementation du transport par chemins de fer, du chargement et du déchargement dans les gares des matières infectes et notamment des *gadoues*. — Les dispositions dont il s'agit ayant donné lieu à des réclamations de la part de divers commerçants et industriels, ont été, après instruction spéciale, remplacées par un nouvel arrêté du 27 mai 1887 que nous reproduisons ci-dessous en rappelant les anciens articles maintenus ou simplement modifiés.

ARR. MIN., 27 MAI 1887. — Le min. des tr. publ. : — Vu l'arr. min. du 14 janv. 1884...;— Vu les réclamations, etc., etc..., — ARRÊTE,

(*Gadoues vertes*). — Art. 1ᶜʳ (identique à l'art. premier de l'arr. min. du 14 janv. 1884, sauf les mots, *dans un délai de deux heures*, substitués aux mots : « dans un délai d'une heure ». Art. 2. (Comme à l'art. 2 de l'arr. min. du 14 janv. 1884.)

(*Gadoues noires*). — Art. 3. — Les gadoues noires ne seront acceptées dans les gares que du 1ᶜʳ octobre au 1ᵉʳ avril. Elles ne pourront être transportées que dans des récipients étanches fournis par les expéditeurs. — Le chargement devra en être terminé dans le délai de *deux heures* à partir de l'entrée en gare par les soins de l'expéditeur ou, à défaut, *à ses frais* et d'urgence par la compagnie.

Art. 4. — Le chargement et l'enlèvement des récipients définis à l'art. 3, dans les gares d'arrivée, devront être effectués, dans un délai de *trois heures* (nuit non comprise) à partir de leur arrivée, par les soins du destinataire ou, à défaut, *à ses frais* et d'urgence par la compagnie.

Art. 5. — Comme à l'art. 5 de l'arr. min. du 14 janv. 1884, sauf les mots : *le délai désigné à l'art. 4*, substitués aux mots « le délai ci-dessus désigné ».

Résidus de fonte de suifs, boyaux verts, débris frais de peaux, sang non desséché, matières provenant des fosses d'aisances. — Art. 6. — Les résidus de fonte de suifs, les boyaux verts, les débris frais de peaux, le sang non desséché et les matières provenant des fosses d'aisances ne seront reçus, pour l'expédition, que dans des tonneaux ou caisses hermétiquement fermés et complètement étanches. — Ces récipients seront désinfectés avec de l'huile lourde de houille. avant d'être ramenés en gare.

Art. 7. — Ces matières ne seront acceptées à destination des gares non pourvues d'un service de camionnage qu'avec une déclaration du destinataire remise au point d'expédition, spécifiant que l'enlèvement de la marchandise sera effectué par ses soins, dans le délai de *six heures* (nuit non comprise) à partir du moment où ce destinataire aura été avisé par le télégraphe, la poste ou un exprès. — Si la gare destinataire est pourvue d'un service de camionnage, elles ne seront acceptées qu'avec la déclaration du destinataire indiquée au paragr. précédent ou avec l'ordre exprès donné par l'expéditeur de faire, à l'arrivée, le camionnage au domicile du destinataire.

(*Cuirs verts non salés*). — Art. 8. — Les dispositions de l'article précédent sont applicables en entier aux transports des cuirs verts non salés.

(*Os frais*). — Art. 9. — Les os frais seront transportés en wagons fermés et en sacs, du 1ᶜʳ octobre au 30 avril, et en wagons fermés et en tonneaux munis de leurs deux fonds et de tous leurs cercles, du 1ᵉʳ mai au 30 septembre. — On leur appliquera, à leur arrivée, les mesures édictées pour les gadoues vertes.

(*Dispositions générales*). — Art. 10. — Si la gare d'arrivée ne possède pas de service de camionnage et si les matières ne sont pas enlevées par le destinataire dans les délais fixés par les articles 2, 4, 5 et 7, l'enlèvement de la marchandise et son camionnage au domicile du destinataire devront être effectués par tous les moyens que la gare aura en son pouvoir, aux frais, risques et périls du destinataire. En cas d'impossibilité d'effectuer ce camionnage, les wagons devront être remisés, aux frais et à la disposition du destinataire, sur une voie de garage aussi éloignée que possible des habitations.

Art. 11. — (Comme à *l'art.* 10 de l'arr. du 14 janv. 1884.)

Art. 12. — Les comp. devront, etc. (comme à l'art. 11 de l'arr. de 1884, jusqu'aux mots : *pour le chargement*)... Elles devront d'ailleurs prévenir les destinataires du départ des trains emmenant leurs marchandises, en vue de leur enlèvement à l'arrivée dans les délais assignés.

Art. 13 et 14. — (Comme aux art. 12 et 13 de l'arr. du 14 janv. 1884.)

Art. 15 (et dernier). — « L'arr. min. susvisé du 14 janv. 1884 est abrogé. »

MÉCANICIENS ET CHAUFFEURS (Commodité de service). — *Installation de strapontins mobiles sur les machines à marchandises.* — Circ. min. 17 déc. 1886, tr. publ., aux administrateurs des compagnies. — « Messieurs, la comp. du ch. de fer du Nord m'a demandé l'autorisation d'installer, à titre d'essai, sur un certain nombre de machines à marchandises, des strapontins mobiles destinés à permettre aux mécaniciens et chauffeurs de s'asseoir, pendant les stationnements prolongés des trains de marchandises dans les gares et stations. — Ces strapontins seraient placés de telle sorte que le chauffeur et le mécanicien occupent, étant assis, la position normale qu'ils doivent avoir sur la machine ; ils seraient relevables à volonté, de manière à ne pas gêner les mouvements des agents et à ne modifier aucunement les conditions de visibilité de la voie et des signaux. — Le comité de l'expl. technique, auquel j'ai soumis la question, a reconnu que l'essai projeté, ayant pour but de diminuer les fatigues du personnel de la traction et paraissant d'ailleurs, dans les limites restreintes où la comp. du Nord se proposait de l'effectuer, ne pas devoir présenter d'inconvénients pour le service, méritait d'être encouragé. — Conformément à cet avis, qui m'a paru bien motivé, j'ai autorisé cette comp. aux fins de sa demande. — Je vous verrais avec intérêt, messieurs, faire également l'essai de la mesure dont il s'agit, qui paraît devoir, sans nuire à la sécurité de l'expl., améliorer sensiblement les conditions de service d'une catégorie d'agents dignes de toute notre sollicitude. — Je vous serai obligé de me faire connaître au plus tôt vos intentions à cet égard. »

Affaires générales. — V. au Dict., *Chauffeurs* et *Mécaniciens.*

Dispositions concernant les signaux. — Voir au mot *Signaux*, § 5 du Dict., le règl. uniforme du 15 nov. 1885 et notamment le titre III concernant les signaux ordinaires portés par les trains et les signaux du mécanicien et des conducteurs de trains.

PERSONNEL. — Réorganisation du contrôle de l'expl. — Arr. min. 20 juillet 1886 et instructions détaillées, 16 mai 1887. — V. *Contrôle*, à l'appendice.

POSTES ET TÉLÉGRAPHES (*Services réunis au ministère des finances*). — Mai 1887. *P. mém.* — Fixation de la vitesse des trains de la poste (art. 56, 11° du cah. des ch.). (V. au Dict. le mot *Postes*, § 1.) — Approbation par le min. des tr. publ. (art. 3 du cah. des ch. et art. 29 ordonn. 15 nov. 1846). — V. *Vitesse*, au Dict.

PROJETS. — 1° *Indications générales*, relatives aux projets présentés par les compagnies comme à ceux des chemins de fer construits par l'État (V. le mot *Projets*, au Dict.). — 2° Nouvelle circ. min. 16 mars 1887, tr. publ. aux préfets, abrogeant celle du 28 avril 1880 relative à la *simplification des avant-projets des chemins construits par l'État.* — « Monsieur le préfet, par une circ. du 28 avril 1880, l'un de mes prédécesseurs a prescrit à MM. les ingén. d'apporter un certain nombre de simplifications dans la préparation des projets de chemins de fer construits par l'État. — L'expérience ayant fait reconnaître que ces simplifications présentaient plus d'inconvénients que d'avantages, je crois devoir annuler les instructions contenues dans la circ. précitée du 28 avril 1880. J'ai l'honneur de vous en informer. — J'adresse ampliation de la présente circulaire à MM. les ingénieurs. » (Circ. min. 16 mars 1887.)

Nota. — Le programme général des projets de travaux publics (Règl. du 14 janv. 1850), étant resté applic. aux projets de ch. de fer, sur certains points, les ingén. chargés de services de travaux de l'État peuvent avoir à y recourir, soit pour les avant-projets, soit pour les projets définitifs eux-mêmes, en ce qui concerne les indications non contraires à celles des cah. des ch. ou des instructions s'appliquant directement au service des voies ferrées. — Nous avons donné au mot *Cartes et Plans* du Dict. et ci-après, au présent article, des extraits dudit règl. du

14 janv. 1850 qui s'applique du reste indistinctement aux divers travaux du service des ponts et chaussées et que l'on peut consulter dans tous les bureaux de cette administration. — Voir, au surplus, au Dict., les mots *Formules et Types*, au sujet des modèles spéciaux qui ont justement pour but de faciliter la préparation des projets, en ce qui touche notamment le service des ch. de fer de l'État.

Extr. du programme ministériel, 14 janvier 1850. — INDICATIONS DIVERSES. — Les renseignements ci-après s'appliquent indistinctement aux pièces des avant-projets et des projets définitifs, à moins d'indication contraire :

Plan général. — Indiquer les accidents de terrains au moyen, soit de courbes horizontales, soit de hachures, soit de teintes conventionnelles; le plan sera orienté, la direction de chaque cours d'eau sera indiquée par une ou plusieurs flèches.

Mêmes indications pour la carte spéciale (ou le plan général) de *l'avant-projet*, sur laquelle on inscrira, en outre, entre parenthèses, autant de cotes utiles de hauteur, au-dessus du niveau de la mer, que l'on aura pu en recueillir, particulièrement celles qui se rapportent aux faîtes et aux thalwegs.

On rapportera avec précision, sur le plan général, les points principaux du nivellement et notamment : 1° pour *l'avant-projet* les bornes militaires ou kilométriques, s'il en existe, tous les pieds de pentes et sommets de rampes, les piquets d'angles et les points où doivent être placés les ouvrages d'art ; — de plus, lorsque cela pourra être utile pour faciliter l'examen du projet, on rabattra le profil en long sur le plan ; 2° pour le *projet définitif*, on rapportera sur le plan général tous les points du profil en long, sans exception. Les rayons des arcs de cercle, et pour les paraboles, les rayons de courbure aux points de tangence, ainsi qu'au sommet, seront cotés avec exactitude.

Dans les vallées, on indiquera sur le plan la limite du champ d'inondation.

Le thalweg sera figuré, en outre, sur le plan du *projet définitif*.

Le plan général de *l'avant-projet* devra présenter, des deux côtés du tracé, et sur une largeur totale qui ne sera pas, en général, de moins d'un kilomètre, des rangées transversales de cotes de nivellement en nombre assez grand pour justifier complètement le choix de la direction proposée. Les chemins transversaux et, au besoin, les limites des propriétés fourniront des directions naturelles pour ces nivellements. Ils seront compris, autant que possible, entre des limites naturelles, telles que le flanc d'un coteau et une ligne de thalweg ou le bord d'un cours d'eau.

Profil en long (disposé comme il suit) : — 1° Quatre lignes tracées au-dessous du profil indiqueront : la 1re, les longueurs partielles du tracé entre deux cotes consécutives du nivellement (rapporté au niveau de la mer) ; la 2e, les longueurs cumulées à partir de l'origine ; la 3e, la longueur et la déclivité de chaque pente ou rampe ; la 4e, les longueurs des alignements droits, ainsi que les longueurs et les rayons des courbes ; — 2° Une ligne établie au-dessus du profil indiquera la longueur du tracé dans la traversée de chaque commune ; — 3° Le tracé sera divisé en kilomètres (chiffres romains) et fractions de kilomètre (chiffres arabes) ; — 4° On indiquera la longueur constante des entre-profils, avec addition, s'il y a lieu, de profils intermédiaires portant le numéro du profil normal, auquel on ajoutera les indices *a*, *b*, *c*, *d*, etc. ; — 5° Un simple trait noir indiquera la coupe du terrain, un trait rouge la ligne du projet ; — 6° Les surfaces de remblai seront lavées en rouge et celles de déblai en jaune ; — 7° Les cotes de remblai et de déblai seront inscrites en *rouge* et placées (autant que possible) celles de remblai immédiatement au-dessus, et celles de déblai immédiatement au-dessous de la ligne du terrain ; — 8° Les ponts, ponceaux, aqueducs et autres ouvrages d'art seront figurés en coupe sur le profil en long ; — 9° Des lignes et des cotes bleues indiqueront le niveau des plus hautes et des plus basses eaux connues... — (Voir notre mot *Itinéraire* du Dict.)

On indiquera, en outre, sur le profil du projet définitif, les sondages qui auront été faits, notamment sur l'emplacement des tranchées et des remblais d'une certaine hauteur, ainsi que dans les lits des rivières, pour les projets des ponts...

Profils en travers. — 1° Ils comprendront une étendue au moins double de celle du terrain à occuper ; — 2° la cote prise sur l'axe (qui sera distinguée des autres par l'emploi d'un *caractère* spécial ou plus prononcé), sera la même que celle du profil en long et appartiendra, comme les autres cotes des profils en travers et en long, au même plan général de comparaison ; — 3° Les profils en travers levés dans le voisinage d'un cours d'eau ou d'un terrain submersible indiqueront, par un trait bleu et une cote bleue rattachée au plan général de comparaison, le niveau des plus hautes eaux.

Les cahiers de profils en travers *du projet définitif* seront *précédés* des profils types du chemin de fer à exécuter.

Ouvrages d'art. — 1° Tous les dessins seront cotés avec exactitude ; 2° des lignes et des cotes bleues indiqueront le niveau des plus basses et des plus hautes eaux, ceux des hautes et des basses mers de morte eau, de vive eau ordinaire et de vive eau d'équinoxe.

En outre, *pour les projets définitifs*, la coupe des fondations fera connaître : 1° par des traits distincts ou par des teintes conventionnelles, 2° par des indications écrites, la nature et l'épaisseur de chaque couche distincte des terrains dans lesquels les fondations seront engagées.

Sur les plans, coupes et élévations des ouvrages d'art (*projets définitifs*), on aura soin de mettre autant de cotes qu'il sera nécessaire pour que l'on n'ait pas besoin de recourir au devis. On écrira, en chiffres plus prononcés, les dimensions principales, par exemple, pour les ponts et ponceaux, l'ouverture et la montée des voûtes, la hauteur des pieds-droits, l'épaisseur des piles et des culées, l'épaisseur à la clef, la largeur entre les têtes, la hauteur et l'épaisseur des parapets, la largeur des trottoirs, la distance entre les trottoirs, etc.

L'appareil sera toujours figuré en élévation et en coupe.

Pièces écrites. — Le devis, l'avant-métré, l'analyse des prix et le détail estimatif des *projets définitifs* sont établis sur les modèles ordin. fournis par l'admin. — *On ne reproduira, dans les pièces du projet, aucune des conditions qui figurent dans le cahier des clauses et conditions générales, auquel on devra toujours renvoyer par le dernier article du devis.* — On aura soin d'inscrire dans le bordereau toutes les pièces du projet, avec un numéro correspondant.

Pièces à produire avec les projets définitifs ou après l'approbation de ces projets. — 1° Plan parcellaire par commune rapporté sur une feuille de papier continu, formée de feuilles ajustées en ligne droite, sans goussets. En conséquence, à chaque changement notable de direction de l'axe, on établira un onglet en blanc.... — On inscrira sur chaque parcelle le nom du propr., le n° de la matrice cadastrale, et, de plus, un n° d'ordre écrit en rouge, correspondant à celui de l'état des indemnités. — Le plan portera, en outre, les lettres par lesquelles on désigne les sections cadastrales, et les dénominations locales des subdivisions ou lieux dits.

2° Tableau des surfaces à acquérir ; 3° état détaillé des indemnités à payer ; 4° bordereau des pièces du dossier. — On reproduira sur ces états les noms, les numéros et les autres désignations inscrites sur le plan. Pour les noms, il y aura deux colonnes, dans l'une desquelles on inscrira les noms qui figurent à la matrice cadastrale, et dans l'autre ceux des propriétaires actuels et de leurs fermiers ou locataires.

Dispositions générales. — 1° Les plans et nivellements seront toujours rapportés dans le sens indiqué par la dénomination du chemin de fer en allant de gauche à droite ; — 2° On inscrira aux deux extrémités du plan les mots : — *Côté de...* (points de départ et d'arrivée servant à la dénomin. du ch. de fer) ; — 3° Afin de faciliter la recherche, sur les cartes, du lieu où les travaux doivent être exécutés, on placera, à l'origine du profil en long, une note indiquant approxim. la distance de ce point aux principaux centres de population qui précèdent ; et, à l'extrémité du même profil, une note semblable indiquant la distance de ce second point aux principaux centres de population situés au delà ; — 4° On aura soin d'indiquer sur tous les plans, les centres de population, domaines, chemins, cours d'eau, ouvrages d'art, tracés, etc., dont il est fait mention dans les rapports, mémoires, délibérations, et autres pièces quelconques faisant partie du dossier... — Autant que possible, on y inscrira les chiffres des populations ; — 5° On évitera d'employer des expressions locales, ou, si on les emploie, on en donnera la traduction ; — 6° Les écritures et chiffres devront être bien lisibles ; — 7° Les échelles seront représentées graphiquement sur les plans et profils.... — 8° Les plans, profils et dessins seront, autant que possible, collés sur calicot blanc, ou, sinon, dressés sur bon papier, souple et propre au lavis ; — 9° Tous les plans, profils, dessins et pièces écrites, sans exception aucune, seront présentés dans le format dit *tellière*, de 0m,31 de hauteur sur 0m,21 de largeur, ou pliés suivant ces dimensions ; — 10° Les titres, signatures et autres écritures d'usage, ainsi que l'échelle, seront placés sur le *verso* du premier feuillet des plans, profils et dessins. — Indépendamment des formules consacrées (*dressé par l'ingénieur.... soussigné, et vérifié et présenté par l'ingénieur en chef soussigné, conformément à sa lettre ou à son rapport du....*), on inscrira lisiblement, au-dessous des titres généraux, les noms et les grades des signataires du projet.

Les procès-verbaux de conférence entre les ingénieurs des services civil et militaire seront toujours accompagnés d'une expédition des plans, nivellements, dessins et autres pièces mentionnées dans le procès-verbal, et portant les mêmes dates et les mêmes signatures que ce procès-verbal.

QUAIS MARITIMES (*Organisation du contrôle des voies ferrées établies sur ces quais*). — V. le mot *Contrôle*, à l'appendice.

RETARDS. — Dans les indications reproduites aux mots *Rapports*, § 2, et *Retards*, § 3, du Dict., nous avons rappelé, entre autres documents, la circ. min. du 27 nov. 1880, relative aux *relevés décadaires des retards de trains.* — Une circulaire nouvelle, du 25 mars 1887, tr. publ., a réglé dans les termes suivants les dispositions relatives à l'envoi de ces états et aux suites qu'ils peuvent comporter :

Circ. min. 25 mars 1887). — « Monsieur l'Insp. général, conformément aux instructions ministérielles, les services du contrôle m'adressent, à la fin de chaque décade, un état détaillé des retards de trains, avec indication de leurs causes et de leurs conséquences.

Cet état comporte : 1° Le relevé des trains arrivés en retard aux stations extrêmes ; — 2° Le relevé des trains arrivés en retard aux stations de bifurcation où la correspondance a été manquée ; — Et 3º les états récapitulatifs des trains arrivés en retard et des correspondances manquées.

En vue de réduire le travail de vos bureaux, j'ai décidé qu'à l'avenir les relevés à fournir à l'admin. supér. ne comprendraient plus que les états récapitulatifs qui figurent à la dernière page des relevés actuels.

Il ne vous échappera pas, monsieur l'insp. gén., qu'en prenant cette mesure, j'ai obéi à cette double préoccupation de réduire le travail de vos bureaux et de développer encore, si besoin était, l'esprit d'initiative et le sentiment de la responsabilité chez les ingénieurs placés sous vos ordres. C'est à eux, en effet, qu'incombera désormais presque exclusivement le devoir d'examiner, avec la plus minutieuse attention, les états détaillés dont je ne demande plus à recevoir que le résumé récapitulatif. Vous aurez, d'ailleurs, toute facilité de vous assurer, ne fût-ce qu'en comparant ces résumés récapitulatifs à ceux des périodes correspondantes des années précédentes, du zèle et du soin que ces ingénieurs apportent dans la surveillance de la marche des trains, qui constitue l'une des branches importantes de leur service.

Je vous prie de porter cette décision à la connaissance des ingénieurs placés sous vos ordres et de m'accuser réception de la présente circulaire. »

STATISTIQUE. — Nous avons réuni, dans notre *Dict.*, un assez grand nombre d'extraits de la statistique officielle se rapportant à certains détails des chemins de fer traités notamment aux mots *Courbes, Déclivités, Locomotives, Longueurs, Matériel, Ouvrages d'art, Passages, Personnel, Ponts, Poids* et *Prix, Produit net, Souterrains, Trafic, Viaducs,* etc. — Ces divers renseignements ont été surtout choisis parmi ceux qui peuvent fournir d'utiles éléments comparatifs pour l'étude des affaires analogues.

La statistique d'actualité nous tente moins. — Nous faisons toutefois ici une exception en faveur d'un résumé officieux que le *Bulletin du min. des tr. publ.* (mars 1887) a donné, d'après une publication étrangère, et sous diverses réserves d'ailleurs, au sujet de la longueur et du prix de revient de *tous les chemins de fer du monde.* — D'après ce relevé, dont nous ne reproduisons que les chiffres généraux, l'ensemble des voies ferrées sillonnant le monde entier ne s'élevait pas à moins de 487,740 kilom. pour les lignes livrées à l'expl. au 31 déc. 1885, avec attribution proportionnelle de 51.4 p. 100, pour l'*Amérique* ; — *Id.* 40 p. 100, id. *Europe* ; — *Id.* 4.5 p. 100, *Asie* ; — *Id.* 2.7 p. 100, *Océanie* ; — et 1.4 p. 100, *Afrique.* — Dans la répartition des 195,057 kilom. comptés pour l'ensemble de l'Europe, les parts des diverses nations sont les suivantes : — Allemagne (y compris les états tributaires), 19.2 p. 100 — France, 16.7 — Grande-Bretagne et Irlande, 15.8 — Russie et Finlande, 13.6 — Autriche-Hongrie, 11.6 — Italie, 5,4 — Espagne, 4.7 — Suède, 3.5 — Belgique, 2.2 — Pays-Bas et Luxembourg, 1.4 — Suisse, 1.4 — *Pays divers·* (Danemark, Roumanie, Norwège, Portugal, etc., chiffres variant de 1 p. 100 (Danemark) à 0.1 (Serbie).

Le même document évalue le coût d'établissement'des chemins de fer du monde : à 72 milliards 728 millions de francs *pour les chemins de l'Europe,* et à 57 milliards 389 millions pour les chemins *des autres parties du monde,* soit ensemble à 130 milliards 117 millions de francs.

VOYAGEURS. — *Conditions de commodité et de sécurité dans les trains* (V. au Dict. les mots *Composition des convois, Matériel, Voitures, Trains* et *Voyageurs*). — Intercommunication dans les trains et mesures diverses prescrites par une décision ministérielle générale du 10 juillet 1886. — V. au Dict. le mot *Voyageurs,* § 8.

FIN DE L'APPENDICE.

2° DOCUMENTS ANNEXES.

CONVENTIONS NOUVELLES AVEC LES COMPAGNIES.

(Lois 20 novembre 1883. — *Journal officiel*, 21 novembre 1883.)

I. Réseau Paris-Lyon-Méditerranée (Loi 20 nov. 1883, approbative des conventions) :

« Art. 1er. — Est approuvée la convention provisoire passée le 26 mai, et la convention additionnelle passée le 9 juillet 1883, entre le min. des tr. publ. et la comp. des ch. de fer de Paris à Lyon et à la Méditerranée.

« Art. 2. — Sont incorporés dans le réseau d'intérêt général, les chemins de fer d'intérêt local :

« De Mâcon à Paray-le-Monial ;

« De Châlon-sur-Saône à Lons-le-Saunier ;

« De Bourg à Saint-Germain-du-Plain :

« D'Ambérieux à Montalieu, dont l'établissement a été déclaré d'utilité publique par décrets des 16 juin 1866, 30 mars 1867, 1er déc. 1869 et 3 oct. 1872.

« Il sera, s'il y a lieu, statué par décret, rendu en Conseil d'État, sur l'indemnité ou sur les dédommagements qui pourraient être dus aux départements de l'Ain, de l'Isère, du Jura, de Saône-et-Loire et du Rhône.

« Art. 3. — Le montant des travaux complémentaires que le min. des trav. publ. pourra autoriser, sera fixé, chaque année, par un article de la loi de finances.

« Tout nouveau traité engageant le concours financier de la comp. de Paris à Lyon et à la Méditerranée, dans la construction et l'exploitation des lignes ferrées, ne pourra être exécuté qu'après avoir été approuvé par une loi.

« Art. 4. — L'enregistrement des conventions annexées à la présente loi ne donnera lieu qu'à la perception du droit fixe de trois francs (3 fr.).

« Art. 5. — Tout député ou sénateur qui, au cours de son mandat, acceptera les fonctions d'administrateur d'une compagnie de chemins de fer sera, par ce seul fait, considéré comme démissionnaire et soumis à la réélection. »

Convention du 26 mai 1883, annexée à la loi ci-dessus, relative à la Compagnie de *Paris-Lyon-Méditerranée :*

« Art. 1er. — Le min. des tr. publ., au nom de l'État, concède à la comp. des ch. de fer de Paris à Lyon et à la Méditerranée, qui accepte, les lignes suivantes :

1° *A titre définitif :* — Auxerre à Gien, — Auxonne à Chagny, — Avallon à Nuits-sous-Ravières, — Besançon à la frontière suisse avec embranchement sur Lods, — Champagnole à Morez, — Champagnole à Lons-le-Saunier, — La Cluse à Saint-Claude, — Clamecy à Triguère, — Dôle à Poligny, — Épinac aux Laumes, — Firminy à Annonay, — Le Pertuiset à Saint-Just, — Forcalquier à Volx, — Apt à la ligne précédente, — Gilley à Pontarlier, — Largentière à Saint-Sernin, — L'Isle-sur-Sorgue à Orange, — Lozanne à Paray-le-Monial, — Roanne à Chalon et à Montchanin, — Saint-André à Digne, — Tamnay à Château-Chinon, — Voujaucourt à Saint-Hippolyte.

2° *A titre éventuel, et sous réserve de la déclaration d'utilité publique à intervenir :* — Corbeil-Melun-Montereau, — Givors à Lozanne, — Laroche à Cluzes, — L'Estaque à Miramas, — Lure à Loulans-les-Forges, — Lyon-Saint-Clair à Colonges, — Raccordement de Chasse et Vénissieux, — Saint-Jean-du-Gard à Anduze, — Traversée du Rhône à Avignon, — Valdonne à Aix.

La compagnie s'engage en outre à accepter les concessions qui lui seront faites jusqu'à concurrence de 600 kilomètres environ de lignes à désigner d'un commun accord entre les parties contractantes.

Art. 2. — Le ministre des travaux publics, au nom de l'État, fait abandon à la compagnie Paris-Lyon-Méditerranée des lignes de :

Montargis à Sens.

Bonson à Saint-Bonnet.

Pour la première de ces lignes, l'État conservera le matériel roulant ; pour la seconde, la valeur de ce matériel estimé à dire d'experts, lui sera remboursée par la compagnie.

Art. 3. — Sont approuvés les traités passés, le 28 juillet 1881, entre la comp. Paris-Lyon-Médit. et la comp. des Dombes et des ch. de fer du Sud-Est, portant l'un affermage, l'autre cession, à la première, des lignes concédées à la seconde, ainsi que des lignes rachetées par la comp. des Dombes à celle des ch. de fer du Rhône aux termes du traité du 24 juin 1879 ; copie de ces traités demeure annexée aux présentes.

En conséquence, sont incorporées à l'ancien réseau Paris-Lyon-Méditerranée les lignes ci-après : — 1° Bourg à Sathonay ; — 2° Bourg à la Cluse ; — 3° La Cluse à Bellegarde ; — 4° Lyon à Montbrison ; — 5° Sathonay à Lyon-Saint-Clair ; — 6° Mâcon à Paray-le-Monial ; — 7° Chalon-sur-Saône à Lons-le-Saunier ; — 8° Bourg à Saint-Germain-du-Plain ; — 9° Ambérieux à Montalieu.

Les lignes énoncées sous les numéros 6, 7, 8 et 9, concédées à la compagnie des Dombes et des chemins de fer du Sud-Est comme lignes d'intérêt local, sont déclarées d'intérêt général.

Seront également incorporées à l'ancien réseau Paris-Lyon-Médit., lorsque les conditions de la cession prévue au traité précité du 24 juin 1879 seront réalisées, les lignes de Sathonay à la Croix-Rousse et de Sathonay à Trévoux ; cette dernière sera alors déclarée d'intérêt général.

Art. 4. — Le chemin de fer de la Joliette à l'Estaque, concédé à la compagnie par la convention du 1er mai 1863, sera exécuté conformément au tracé par le littoral approuvé par décisions ministérielles des 7 déc. 1868 et 28 juin 1870 et aux plans parcellaires approuvés par décis. min. du 14 février 1873, à moins que le Gouvernement ne se décide pour un tracé étudié par l'intérieur des terres, conf. aux indications des plans annexés à la présente convention.

Ce dernier tracé, s'il était demandé par le Gouvernement, serait complété par l'établissement, à Marseille, dans le quartier d'Arenc, d'une gare nouvelle de 15 hectares environ de superficie, ouverte aux marchandises de petite vitesse sans distinction de nature, de poids, de provenance ou de destination, et d'une gare de formation des trains avec dépôt de machines située derrière les bassins de radoub. Deux passages sur rails seraient établis, l'un entre ces deux gares, l'autre en tête de la gare de formation. En avant de l'entrée sud de la gare d'Arenc, il serait établi entre le Peyssouuel et le boulevard de Paris, une place de 30 m. de large, le tout ainsi qu'il est figuré au plan annexé à la présente convention.

Dans le même cas d'option pour le tracé par l'intérieur des terres, pour tenir compte de l'excédent des dépenses afférent à l'ensemble des travaux prévus au présent article par rapport aux projets déjà approuvés, l'État abandonnera gratuitement à la comp. les terrains lui appartenant, et nécessaires à l'exécution desdits travaux, et supportera la moitié de la valeur des terrains acquis ou à acquérir dans le même but, y compris la partie du sol des abattoirs municipaux à incorporer à la nouvelle gare d'Arenc, et que la ville s'est engagée à céder à l'État, moyennant un million cinq cent mille francs (1,500,000 fr.) en se réservant la propriété des matériaux de démolition, machines et engins, à charge par elle de les enlever. L'État devra obtenir de la ville l'abandon gratuit du sol des rues et places nécessaires à l'exécution des travaux et de leurs dépendances.

Il remboursera à la comp. les droits de mutation qu'elle justifiera avoir soldés pour les acquisitions de terrains déjà faites en vue de l'exécution des travaux.

Le min. des tr. publ. devra faire connaître sa décision à la comp. dans le délai de six mois après la promulgation de la loi approuvant la présente convention.

La ligne de la Joliette à l'Estaque devra être exécutée par la comp. dans le délai de quatre années à partir de l'option du gouvernement, si cette option s'exerce en faveur du tracé par le littoral, et, dans le cas contraire, dans le délai de quatre ans après l'approbation des plans parcellaires qui devront être présentés par la compagnie six mois au plus après notification de cette option.

Art. 5. — Pour toutes les lignes objet de la présente convention, la concession expirera, comme pour les lignes composant le réseau actuel, le 31 décembre 1958.

Art. 6. — La dépense de construction des lignes désignées à l'art. 1er sera à la charge de l'État. Toutefois la comp. contribuera aux dépenses de la superstructure à raison de 25,000 fr. par kilom.; elle fournira de plus à ses frais le matériel roulant, ainsi que le matériel, le mobilier et l'outillage des gares.

La compagnie exécutera ou achèvera, dans l'ordre qui lui sera indiqué par l'admin. supér., les travaux de toutes ces lignes, y compris ceux d'agrandissement et de modification des gares de jonction avec les lignes qui lui appartiennent aujourd'hui pour le compte de l'État. Elle fera à cet effet, si l'État le demande, toutes les avances de fonds nécessaires. Il n'est fait exception que pour les lignes de : — Triguère à Clamecy, — Gien à Toucy-Moulin, — Besançon à la frontière suisse, — dont la superstructure sera terminée par l'État. Un accord ultérieur entre le min. des tr. publ. et la comp. réglera les conditions dans lesquelles celle-ci prendra livraison, pour les achever, des lignes dont l'infrastructure est, en ce moment, commencée par l'État.

Les dépenses à rembourser par l'État, comprenant les frais généraux, les frais de personnel et l'intérêt des capitaux pendant la construction ne pourront, sauf des exceptions motivées par des circonstances de force majeure ou par le caractère aléatoire de certaines estimations telles que : acquisitions de terrains, percement de souterrains, épuisements exceptionnels, consolidation et assainissement de tranchées et remblais, etc., excéder les maxima qui seront fixés d'un commun accord entre l'État et la compagnie, après approbation des projets d'exécution. En cas de désaccord, soit sur la fixation du maximum, soit sur les conséquences des exceptions ci-dessus désignées, il sera procédé par voie d'arbitrage, chaque partie désignant son arbitre et les deux arbitres choisissant, s'il est nécessaire, un tiers arbitre pour les partager ; dans le cas où ils ne pourraient se mettre d'accord sur le choix de ce troisième arbitre, celui-ci sera nommé par le président du tribunal civil de la Seine, sur requête présentée par la partie la plus diligente.

Le min. des tr. publ. se réserve, dans tous les cas, la faculté de faire exécuter les travaux par les ingén. de l'État, dans le cas où il ne pourrait accepter les évaluations de la compagnie.

Art. 7. — Lors de la remise à la comp. des lignes énoncées à l'art. 2, il sera procédé à la reconnaissance contradictoire et à une évaluation des travaux nécessaires pour les remettre en état. En cas de désaccord sur la désignation ou l'évaluation de ces travaux, il sera prononcé par un arbitrage dans les conditions de l'article précédent. Ces travaux seront exécutés par la comp. pour le compte de l'État.

Art. 8. — La comp. sera remboursée de ses avances par le payement annuel, qui lui sera fait par l'État, de l'intérêt et de l'amortissement des emprunts effectués par elle pour subvenir aux dépenses faites en conformité des stipulations des art. 6 et 7.

Le chiffre de cette annuité sera arrêté pour chaque exercice d'après le prix moyen des négociations de l'ensemble des obligations émises par la comp. dans cet exercice. Ce prix moyen sera établi, déduction faite de l'intérêt couru au jour de la vente des titres, et en tenant compte de tous droits à la charge de la comp. dont ces titres sont ou seront frappés, et de tous autres frais accessoires dont la compagnie justifiera.

Les sommes dépensées dans un exercice auront droit, pour cet exercice, à l'intérêt au taux effectif de l'emprunt, du 1er juillet au 31 décembre, quelle que soit l'époque de l'année à laquelle auront été effectués les travaux.

Le montant de l'annuité pour chaque exercice sera réglé au 31 décembre, et la compagnie aura droit, sans qu'il soit besoin d'en faire la demande, aux intérêts, au taux effectif de l'emprunt, du montant de l'annuité depuis le 1er janvier jusqu'au jour où elle lui aura été effectivement soldée, si ce payement n'a été fait dans le courant de janvier.

En outre de cette annuité, l'État remboursera chaque année à la comp. les frais de service des obligations émises par elle pour créer les ressources nécessaires à la construction des lignes concédées par la présente convention ; ces frais sont abonnés à 0 fr. 10 par obligation en circulation et par an.

Art. 9. — Les lignes désignées à l'art. 1er seront exécutées dans les délais ci-dessous :

a) — Dix-huit mois pour celles dont la compagnie n'aura à faire que la superstructure après livraison régulière de l'infrastructure dans les conditions du cah. des ch. suppl. du 18 juillet 1868 ;

b) — Cinq ans pour celles dont la comp. exécutera l'infrastructure, ce délai courant à partir du jour où le min. des tr. publ. aura approuvé l'ensemble des plans parcellaires ;

c) — Pour les lignes dont la comp. aura seulement à achever l'infrastructure, ce délai de cinq ans, à partir de la remise qui lui sera faite des travaux, sera réduit dans le rapport de la somme restant à dépenser au montant total des dépenses faites ou à faire. La comp. devra produire les projets relatifs aux plans parcellaires dans les délais suivants, qui courront à partir du 1er janvier qui suivra la promulgation de la loi approuvant la présente convention :

Deux années pour 200 kilomètres ;
Trois années pour 600 kilomètres ;
Quatre années pour 1200 kilomètres.

Ne sera pas compté dans la supputation des délais ci-dessus indiqués, le temps pendant lequel les divers projets que la compagnie doit fournir pour chaque ligne resteront entre les mains de l'administration.

Pour les lignes concédées à titre éventuel, les délais fixés ci-dessus ne courront qu'à partir de la date de la concession définitive.

La compagnie ne pourra être tenue de livrer à l'exploitation annuellement plus de 200 kilom. des lignes dont l'infrastructure aura été terminée ou exécutée par elle.

Dans le cas où, par le fait de la comp., les délais d'exécution fixés par le présent article seraient dépassés pour une ou plusieurs lignes, la contribution à la construction, imposée à la comp. par l'art. 6, sera augmentée de 5,000 fr. par kilom. et par année de retard.

Ne seront pas comptés comme étant du fait de la comp., les retards qui seraient la conséquence des difficultés qu'elle éprouverait à réaliser les fonds nécessaires à l'exécution des travaux, à raison de la situation du marché financier dûment constatée par le gouvernement.

Art. 10. — Les lignes ajoutées aux concessions de la comp. par les art. 1, 2 et 3 de la présente convention, et celles qui constituent aujourd'hui son ancien et son nouveau réseau, formeront un ensemble régi par le cahier des charges actuellement en vigueur, et pour lequel il n'y aura désormais qu'un compte unique de recettes et de dépenses de l'exploitation. Dans ces dernières, seront compris notamment les allocations de la compagnie pour la caisse des retraites, les impôts, les frais de contrôle et les indemnités pour accidents, pertes, avaries et incendies.

Art. 11. — Les art. 6, 7 et 8 de la convention du 3 juillet 1875, relatifs à la garantie d'intérêt, sont remplacés, à partir du 1er janvier 1884, par les dispositions suivantes :

Sur le produit net résultant du compte unique d'exploitation dont il vient d'être parlé, la compagnie prélèvera :

1° Les charges effectives (intérêt, amortissement et frais accessoires) des sommes empruntées par elle, sous déduction des annuités dues pour l'exercice en représentation des subventions, et soldées à la compagnie ;

a) — Pour le rachat, la construction et la mise en service des lignes exploitées ou à ouvrir, constituant son ancien réseau actuel, accru des lignes définies à l'art. 3, et toutes dépenses dûment justifiées, dans les conditions prévues par le décret du 6 juin 1863 et les conventions en vigueur ;

b) — Pour le payement de la contribution prévue à l'art. 6 ;

c) — Pour les travaux complémentaires à exécuter à toute époque sur l'ensemble du réseau défini à l'art. 10, conformément à des projets approuvés par le min. des tr. publics.

2° Une somme de 44 millions de francs.

L'excédent sera appliqué à couvrir, jusqu'à due concurrence, la garantie accordée par l'État pour les charges effectives des sommes empruntées par la compagnie, sous déduction des annuités reçues en représentation des subventions, pour la construction et la mise en service des lignes, exploitées ou à ouvrir, composant son nouveau réseau actuel, sans que le capital garanti puisse excéder 626 millions de francs (ou 649 millions de francs si la ligne de Gap à Briançon est prolongée jusqu'à la frontière de l'Italie).

Le compte d'établissement des réseaux actuels de la compagnie est réglé à forfait au 31 décembre 1882, subventions non déduites tant pour l'application de la garantie d'intérêt que pour le partage prévu à l'art. 13 :

A 2.607.960.540f71 pour l'ancien réseau ;
A   728.634.259 78 pour le nouveau réseau.

Total...... 3.336.594.800f49

non compris 40.170.271 fr. 38 pour les approvisionnements.

Art. 12. — Lorsque l'État aura, à titre de garant, payé tout ou partie d'une annuité garantie, il en sera remboursé comme suit, avec les intérêts simples à 4 p. 100 :

Lorsque le produit net de l'exploitation, déduction faite des prélèvements déterminés à l'article précédent, dépassera l'intérêt et l'amortissement garantis, l'excédent sera attribué à l'État, dans quelque année qu'il se produise, en atténuation de sa créance.

À l'expiration de la concession, ou en cas de rachat, si l'État est créancier de la compagnie, le montant de sa créance sera compensé jusqu'à due concurrence avec la somme due à la compagnie pour la reprise, s'il y a lieu, de son matériel roulant, aux termes de l'art. 36 du cah. des ch.

Art. 13. — L'art. 9 de la convention du 3 juillet 1875, relatif au partage des bénéfices, est remplacé par la disposition suivante :

Sur le produit net résultant du compte unique d'exploitation dont il est parlé à l'art. 10 de la présente convention, la compagnie prélèvera :

1° Les charges effectives (intérêt, amortissement et frais accessoires) des sommes empruntées par elle, sous déduction des annuités dues pour l'exercice en représentation de subventions et soldées à la compagnie :

a) — Pour le rachat et la construction et pour la constitution des approvisionnements effectifs, dans la limite d'un maximum de 40,000,000 de francs des lignes, exploitées ou à ouvrir, constituant son ancien et son nouveau réseau actuel, accrues des lignes définies à l'art. 3 et toutes dépenses dûment justifiées, dans les conditions prévues par le décret du 6 juin 1863 et les conventions en vigueur ;

b) — Pour le payement de la contribution prévue à l'art. 6 ;

c) — Pour les travaux complémentaires à exécuter à toute époque sur l'ensemble du réseau défini à l'art. 10, conformément à des projets approuvés par le min. des tr. publics :

2° Les remboursements que la compagnie pourrait avoir encore à faire à l'État dans cet exercice, à raison des prescriptions de l'art. 12 ;

3° Une somme de 60,000,000 de francs.

Le surplus sera partagé à raison de deux tiers pour l'État et un tiers pour la comp.

Art. 14. — Sur chacune des lignes désignées à l'art. 1er de la présente convention, le nombre de trains de chaque sens que l'admin. supér. pourra exiger de la compagnie sera fixé à raison de un par 3,000 fr. de recette kilométrique locale, c'est-à-dire de recette calculée d'après les produits des voyageurs et marchandises en provenance ou à destination d'une gare de cette ligne, sans toutefois que ce nombre puisse être inférieur à trois.

Aucune circulation de trains ne pourra être exigée sur une de ces lignes entre dix heures du soir et six heures du matin, tant que la recette locale n'aura pas atteint 15,000 fr. par kilom., à moins que l'État ne prenne à sa charge toutes les dépenses supplémentaires qu'imposerait à la compagnie la création d'un service de nuit. En cas de désaccord, ces dépenses seraient fixées par voie d'arbitrage, comme il est dit à l'art. 6.

Art. 15. — Dans le cas où l'État supprimerait la surtaxe ajoutée par la loi du 16 sept. 1871 aux impôts de grande vitesse sur les ch. de fer, la comp. s'engage à réduire les taxes applicables aux voyageurs à plein tarif de 10 p. 100 pour la 2ᵉ classe et de 20 p. 100 pour la 3ᵉ, ou suivant toute autre formule équivalente arrêtée d'accord entre les parties contractantes. En cas de rachat dans une période de moins de cinq ans après cette réduction, on ajoutera au montant de l'annuité de rachat la perte résultant de cette mesure, en prenant pour base les recettes nettes de voyageurs de l'année qui aura précédé la réforme.

Si l'État fait ultérieurement de nouvelles réductions sur l'impôt, la compagnie s'engage, en outre, à faire une réduction équivalente sur les taxes des voyageurs ; elle ne sera tenue toutefois à ce nouveau sacrifice qu'après qu'elle aura retrouvé, pour les voyageurs circulant sur le réseau actuellement exploité, les recettes nettes acquises avant la première réduction.

La comp. ne serait pas tenue de maintenir ces réductions si l'État, après avoir réduit les impôts de gr. vitesse, venait à les rétablir sous une forme quelconque, en totalité ou en partie.

Art. 16. — Jusqu'au 1ᵉʳ janvier qui suivra l'achèvement de l'ensemble des lignes désignées à l'art. 1ᵉʳ de la présente convention, les intérêts et l'amortissement des obligations émises pour l'exécution de ces lignes et de celles comprises dans la convention du 3 juillet 1875 seront payés au moyen des produits des sections de ces lignes qui seront successivement mises en exploitation.

En cas d'insuffisance, ils pourront être portés au compte de premier établ. et donneront lieu au prélèvement prévu aux art. 11 et 13 de la présente convention.

Art. 17. — Si le gouvernement exerce le droit, qui lui est réservé par l'art. 37 du cah. des ch., de racheter la concession entière, la comp. pourra demander que toute ligne dont la mise en exploitation remonterait à moins de quinze ans soit évaluée, non d'après son produit net, mais d'après le prix réel de premier établissement.

En outre de l'annuité prévue à l'art. 37 du cah. des ch., la comp. aura droit au remboursement des dépenses complémentaires, autres que celles de matériel roulant, exécutées par elle, avec l'approb. du min. des tr. publ., sur toutes les lignes de son réseau, conf. aux dispositions de l'art. 11, sauf déduction de 1/15 pour chaque année écoulée depuis la clôture de l'exercice dans lequel auront été exécutés les travaux.

Art. 18. — Pour toutes les lignes désignées à l'art. 1ᵉʳ, la redevance que la comp. doit payer à l'État pour frais de visite, de surveillance, de réception des travaux et contrôle de l'exploitation ne sera due par elle que pour les lignes en exploitation, et à partir du 1ᵉʳ janvier qui suivra l'ouverture de chaque ligne.

Art. 19. — La présente convention et celles dont il est question à l'art. 3 seront enregistrées au droit fixe de trois francs. »

AVENANT DU 9 JUILLET 1883 A LA CONVENTION DU 26 MAI 1883. — (*Réseau Paris-Lyon-Méditerranée*) :

« Entre le min. des tr. publ., agissant au nom de l'État, et la comp. des ch. de fer de P.-L.-M. — Il a été convenu que les modifications suivantes seraient apportées à la convention du 26 mai 1883 :

Préambule. — Remplacer les mots : dans le délai d'un an au plus tard, par les mots : dans le délai de trois mois au plus tard à dater de l'approb. des présentes par une loi.

Art. 1ᵉʳ. — Remplacer au dernier paragr. les mots : à désigner d'un commun accord entre les parties contractantes, par les mots : à désigner par l'admin., la comp. entendue.

Art. 6. — Ajouter après les mots : elle fera à cet effet les avances de fonds nécessaires, la phrase : Dans le cas où le gouvernement désirerait renoncer au bénéfice de cette disposition, il devrait en prévenir la compagnie six mois à l'avance.

Art. 10. — Ajouter les deux paragr. suivants :

Les résultats de l'expl. des ch. de fer de Petite et de Grande Ceinture de Paris pour la part afférente à la comp. P.-L.-M. continueront d'être ajoutés au compte d'expl. de la compagnie.

Seront aussi compris dans le compte annuel d'exploitation les charges résultant des engagements de toute nature que la comp. pourra contracter, avec l'assentiment du min. des tr. publ., vis-à-vis des concessionnaires des ch. de fer reliés avec ses lignes ou en correspondance avec elles, et les résultats de tout traité de correspondance par terre, par eau ou par voie de fer, autorisé par le ministre.

Art. 11. — Remplacer au 1ᵒ, le mot : empruntées, par le mot : dépensées ;

Ajouter au § B les mots : y compris le matériel.

Art. 13. — Remplacer au 1ᵒ, le mot : empruntées, par le mot : dépensées.

Ajouter au § b les mots : y compris le matériel.

Art. 16. — A rédiger comme suit : Jusqu'au 1ᵉʳ janvier qui suivra l'achèvement de l'ensemble des lignes comprises à l'art. 1ᵉʳ de la présente convention, les frais d'exploitation, les intérêts et l'amortissement des dépenses à la charge de la comp. pour l'exécution de ces lignes et de celles comprises dans la convention du 3 juillet 1875, seront payés au moyen des produits des sections de ces lignes qui seront successivement mises en exploitation.

En cas d'insuffisance, la compagnie aura la faculté de les porter au compte de premier éta-blissement.

Art. 17. — Remplacer au § 1er les mots : d'après le prix réel de premier établ., par les mots : d'après ce que la comp. aura réellement dépensé pour son établissement.

Au § 2, après les mots : exécutés par elle, ajouter les mots : et à ses frais.

Art. 19. — Ajouter après les mots : dont il est question à l'art. 3, les mots : ainsi que celles soumises à l'approbation du gouvernement pour régler la participation de la compagnie dans l'établissement ou l'exploitation des lignes d'embranchement. »

II. Réseau d'Orléans (Loi 20 novembre 1883, approuvant la convention du 28 juin 1883, avec la compagnie d'Orléans) :

« Art. 1er. — Est approuvée la convention provisoire passée, le 28 juin 1883, entre le ministre des travaux publics et la compagnie du chemin de Paris à Orléans.

« Art. 2. — La ligne d'intérêt local de Château-du-Loir à Saint-Calais est incorporée au réseau d'intérêt général.

« Art. 3. — Le montant des travaux complémentaires que le ministre des travaux publics pourra autoriser sera fixé, chaque année, par un article de la loi de finances.

« Tout nouveau traité engageant le concours financier de la comp. d'Orléans, dans la construction et l'exploitation des lignes ferrées, ne pourra être exécuté qu'après avoir été approuvé par une loi.

« Art. 4. — L'enregistr. de ladite convention ne donnera lieu qu'à la perception du droit fixe de 3 fr. »

Convention du 28 juin 1883, relative à la compagnie d'Orléans :

« Art. 1er. — Le min. des tr. publ., au nom de l'État, reprend à la comp. d'Orléans les lignes ci-après :

Nantes à la Roche-sur-Yon ;
Niort à la Possonnière ;
Saint-Benoist à la Rochelle et à Rochefort ;
Château-du-Loir à Saint-Calais.

La comp. livrera ces lignes dans le délai de trois mois, après l'approb. de la présente convention par une loi. Elles seront remises par la comp. dans l'état où elles se trouvent, avec les immeubles, mobilier et outillage qui en dépendent, mais sans matériel roulant, ni approvisionnements.

L'État pourra requérir la cession des matières et objets de consommation approvisionnés pour le service des lignes reprises, sous condition d'en payer la valeur fixée d'un commun accord ou à dire d'experts.

Art. 2. — L'État concède à la compagnie, en échange des lignes désignées à l'article 1er, les lignes suivantes, qui feront désormais partie de ses concessions : Angoulême à Limoges avec embranchement sur Nontron ; — Bordeaux à la Sauve ; — Clermont à Tulle avec embranchement sur Vendes ; — Limoges à Meymac ; — Limoges au Dorat ; — Orléans à Montargis ; — Périgueux à Ribérac ; Saillat à Bussière-Galant ; — Saint-Nazaire au Croisic et à Guérande ; — Tours à Montluçon avec embranchement sur Lavaud-Franche.

Ces lignes seront remises à la comp. sans matériel roulant ni approvisionnements. — La comp. se charge de les munir du matériel et des approvisionnements nécessaires à leur exploitation. L'État, de son côté, aura à pourvoir aux travaux de parachèvement qui seront reconnus nécessaires et aux travaux à faire pour la réception de ces lignes dans les gares d'attache. Ces travaux seront exécutés par les soins de la compagnie.

Art. 3. — Le ministre des travaux publics, au nom de l'État, concède à la compagnie d'Orléans, qui les accepte, les chemins de fer ci-après :

1° Concessions fermes. — Angers à la Flèche; Tournon à la Châtre ; — Auneau à la limite de Seine-et-Oise, vers Étampes ; — Aurillac à Saint-Denis-les-Martel ; — Blois à Romorantin ; — Bourges à Gien et Argent à Beaune-la-Rolande ; — Cahors à Capdenac, avec embranchement sur Figeac ; — Châtellerault à Tournon-Saint-Martin ; — Civray au Blanc ; — Confolens à Excideuil ; — Issoudun à Saint-Florent ; — La Flèche à Saumur ; — Le Blanc à Argent ; — Limoges à Brive ; — Marmande à Angoulême ; — Mauriac à la ligne d'Aurillac à Saint-Denis-les-Martel ; — Montauban à Brive ; — Montluçon à Eygurande ; — Nontron à Sarlat avec embranchement d'Hautefort au Burg-Allassac ; — Poitiers au Blanc ; — Port-de-Piles à Preuilly ; — Preuilly à Tournon-Saint-Martin ; — Quimper à Douarnenez ; — Quimper à Pont-l'Abbé ; — Saint-Sébastien à Guéret ; — Saint-Denis-les-Martel au Buisson avec embranchement sur Gourdon ; — Villeneuve-sur-Lot à Tonneins.

2° Concessions éventuelles. — De la limite de Seine-et-Oise, vers Auneau à Étampes ; — Laqueuille au Mont-Dore ; — La Sauve à Eymet ; — Mauriac à Vendes. — La concession de ces lignes deviendra définitive par le fait de la déclaration de leur utilité publique.

La comp. d'Orléans s'engage, en outre, à accepter la concession qui lui serait faite, par l'État, d'environ 400 kilom. de ch. de fer à désigner par l'admin., la comp. entendue.

Toutes ces lignes seront exécutées en partie aux frais de l'État et en partie aux frais de la compagnie, ainsi qu'il est expliqué à l'article 8 ci-après.

Art. 4. — Le ministre des travaux publics, au nom de l'État, fait abandon à la compagnie d'Orléans des lignes de : — Aubusson à Felletin ; — Auray à Quiberon ; — Concarneau à Rosporden ; — Questembert à Ploërmel ; — Vieilleville à Bourganeuf.

Ces lignes seront livrées à la compagnie sans matériel ni approvisionnements. La compagnie se charge de les munir du matériel et des approvisionnements nécessaires à leur exploitation. — L'État, de son côté, aura à pourvoir aux travaux de parachèvement qui y seront reconnus nécessaires et aux dépenses à faire pour la réception de ces lignes dans les gares d'attache. Ces travaux seront exécutés par les soins de la compagnie.

Art. 5. — Pour fixer le prix des lignes échangées en vertu des articles 1 et 2 :

On relèvera pendant les cinq années d'exploitation qui suivront l'achèvement de la ligne de Tours à Montluçon et à Lavaud-Franche :

D'une part, les produits nets réalisés sur les lignes cédées par l'État ;

D'autre part, les produits nets réalisés pendant les mêmes années sur les lignes cédées par la compagnie ;

Et l'on prendra la moyenne des produits réalisés sur chacune des lignes, pendant ces cinq années.

Si les lignes cédées par l'État donnent un produit net supérieur à celui des lignes qu'il aura reçues en échange, la comp. sera tenue de verser au Trésor, jusqu'à l'expiration de sa concession, une annuité égale à la différence des produits nets constatés. Cette annuité sera portée en dépenses dans le compte unique d'exploitation prévu à l'art. 13.

Si la différence des produits nets est en faveur des lignes cédées par la comp., l'annuité sera due par l'État à la comp. et portée en recette d'expl. dans le compte prévu par le même article.

En aucun cas le produit net à porter en compte, pour chaque ligne, ne pourra être inférieur au produit de la dernière des cinq années prises pour terme de comparaison, ni au produit constaté en 1882 pour les lignes déjà ouvertes à cette époque.

Le compte des recettes et des dépenses d'expl. de chaque ligne sera établi par l'admin. exploitante et justifié dans les formes prescrites par le décret du 6 mai 1863.

Jusqu'au 1er janvier de l'année, à partir de laquelle commencera l'annuité, la comp. versera au Trésor, à la fin de chaque année, le produit net qu'elle aura réalisé sur les lignes reçues de l'État.

La compagnie recevra jusqu'à la même époque le produit net des lignes cédées par elle à l'État.

Le produit net afférent à chaque ligne, dans cette période transitoire, ne pourra, en aucun cas, être compté pour une somme moindre que celle réalisée pendant l'année 1882.

Le trafic échangé entre Tours et Montluçon et leurs au-delà fera l'objet d'un compte commun, dont le produit net sera attribué par moitié à chacun des itinéraires concurrents.

Art. 6. — Pour toutes les lignes objet de la présente convention, la concession expirera comme pour les lignes composant le réseau actuel de la comp. d'Orléans, le 31 déc. 1956.

Art. 7. — La dette contractée par la comp. envers l'État par suite des avances qu'elle a reçues à titre de garantie d'intérêt est liquidée et arrêtée à la somme de 205,398,881 fr. 26, y compris les intérêts jusqu'au 1er janv. 1883. — Cette dette cessera de porter intérêt à partir du 1er janvier 1884. Elle sera remboursée en travaux, ainsi qu'il est dit à l'art. 8 ci-après.

Art. 8. — La dépense de construction des lignes désignées à l'art. 3 sera à la charge de l'État. Toutefois, la compagnie y participera dans la mesure suivante :

1° Elle contribuera, jusqu'à concurrence de 40,000,000 de fr., aux dépenses restant à faire pour la construction de la ligne de Limoges à Montauban. Dans le cas où ces dépenses n'atteindraient pas quarante millions, le surplus sera versé par elle dans les caisses du Trésor dans un délai de six mois après l'ouverture complète de la ligne ;

2° Elle contribuera aux dépenses de superstructure des autres lignes à raison de 25,000 fr. par kilom. ;

3° Elle fournira de plus, à ses frais, le matériel roulant, le mobilier, l'outillage et les approvisionnements de toutes les lignes qui font l'objet dudit article 3.

La comp. exécutera, pour le compte de l'État et dans l'ordre qui lui sera indiqué par l'admin. supér., les travaux de toutes ces lignes, y compris ceux d'agrandissement et de modification des gares de jonction avec les lignes concédées à la compagnie.

Cependant, sauf arrangement contraire, l'État terminera directement l'infrastructure des lignes ou sections de lignes dont il aura commencé les travaux, et il achèvera les sections dont il aura commencé la superstructure.

La compagnie fera l'avance de tous les fonds nécessaires, tant pour les travaux qu'elle aura à exécuter au compte de l'État, que pour l'achèvement des lignes que l'État terminera directement, en vertu du paragr. précédent. Dans le cas où le Gouvernement désirerait renoncer au bénéfice de cette disposition, il devrait en prévenir la compagnie six mois au moins à l'avance.

Les dépenses à rembourser par l'État, comprenant les frais généraux, les frais de personnel et l'intérêt des capitaux pendant la construction, ne pourront, sauf des exceptions motivées par des circonstances de force majeure ou par le caractère aléatoire de certaines estimations, telles que : acquisitions de terrains, construction de souterrains, épuisements exceptionnels, consolidation et assainissement de tranchées ou de remblais, excéder les maxima qui seront fixés d'un commun accord entre l'État et la compagnie, après approbation des projets d'exécution. Le ministre se réserve, d'ailleurs, la faculté de faire exécuter les travaux par les ingénieurs de l'État dans le cas où il ne pourrait pas accepter les évaluations de la compagnie.

En cas de désaccord, soit sur la fixation du maximum, soit sur les conséquences des exceptions ci-dessus désignées, il sera procédé par voie d'arbitrage, chaque partie désignant son arbitre et les deux arbitres choisissant, s'il est nécessaire, un tiers arbitre pour les départager. Dans le cas où ils ne pourraient pas se mettre d'accord sur le choix de ce troisième arbitre, celui-ci sera désigné par le président du tribunal civil de la Seine, à la requête de la partie la plus diligente.

Art. 9. — La comp. exécutera à ses frais, dans un délai de quatre ans, les travaux de transformation du ch. de fer de Paris à Sceaux et à Limours, pour le ramener à la voie ordinaire.

Art. 10. — Les dépenses à faire par la compagnie pour le compte de l'État seront couvertes en premier lieu par voie de compensation avec les sommes dues par la comp. en raison des avances qu'elle a reçues de l'État à titre de garantie d'intérêt, et pour le surplus par des avances que fera la comp. et dont elle sera remboursée comme il est dit à l'art. 11 ci-après.

Art. 11. — La comp. sera remboursée par l'État de ses avances au moyen d'annuités représentant les charges des sommes dépensées par elle pour le compte de l'État, ces charges (intérêts, amortissement, timbre et frais divers) seront déterminées conf. aux dispositions de l'art. 2 de la convention du 5 juillet 1872.

Le chiffre de l'annuité sera arrêté, pour chaque exercice, d'après le prix moyen des négociations de l'ensemble des obligations émises par la comp. dans cet exercice. Ce prix sera établi, déduction faite de l'intérêt couru au jour de la vente des titres, et en tenant compte de tous droits à la charge de la comp., dont ces titres sont ou seront frappés et de tous les frais accessoires dont la compagnie justifiera.

Les sommes dépensées dans le cours d'un exercice seront augmentées de six mois d'intérêt au taux effectif de l'emprunt, quelle que soit l'époque de l'année à laquelle auront été effectuées les dépenses.

Le montant de l'annuité, pour chaque exercice, sera réglé au 31 décembre, et la comp. aura droit, sans qu'il soit besoin pour elle d'en faire la demande, aux intérêts, au taux effectif de l'emprunt, du montant de l'annuité depuis le 1er janvier jusqu'au jour où elle lui aura été effectivement soldée.

En outre de cette annuité, l'État remboursera, chaque année, à la comp. les frais du service des obligations émises par elle pour créer les ressources nécessaires à la construction des lignes concédées par la présente convention. Ces frais seront abonnés à raison de 0 fr. 10 par obligation en circulation et par an.

Art. 12. — Les lignes désignées à l'article 3 seront exécutées dans les délais ci-dessous.

a) Dix-huit mois pour celles dont la comp. n'aura à faire que la superstructure après livraison régulière de l'infrastructure dans les conditions du cah. des ch. suppl. du 26 juill. 1868.

b) Cinq ans pour celles dont la comp. exécutera l'infrastructure, ce délai courant à partir du jour de l'approbation de l'ensemble des plans parcellaires par le min. des tr. publics.

La comp. devra produire tous les projets relatifs aux plans parcellaires dans un délai de quatre ans à partir du 1er janvier qui suivra la promulgation de la loi approuvant la présente convention.

Ne sera pas compté dans la supputation du délai ci-dessus indiqué, le temps pendant lequel les divers projets que la compagnie doit fournir pour chaque ligne resteront entre les mains de l'administration.

Pour les lignes concédées à titre éventuel, le délai fixé ci-dessus ne courra qu'à partir de la date de la concession définitive.

La compagnie ne pourra être tenue de livrer à l'exploitation, annuellement, plus de deux cent cinquante kilomètres (250 kilom.).

(*Inexécution des délais*). — Texte identique à celui des deux derniers alinéas de l'art. 9 de la convention P.-L.-M., sauf les mots « *art.* 8 » substitués à « *art.* 6. »

Art. 13. — Les lignes concédées à la compagnie, en vertu des articles 2, 3 et 4 de la présente convention, celles qui constituent aujourd'hui l'ancien et le nouveau réseau de la compagnie, déduction faite des lignes énumérées à l'article 1er de la présente convention, ainsi que le réseau de la Sarthe, formeront un ensemble régi par le cahier des charges actuellement en vigueur et soumis, en outre, aux dispositions additionnelles contenues dans le cah. des ch. annexé aux conventions de 1875. Il n'y aura désormais, pour l'ensemble de ces lignes, qu'un compte unique de recettes et dépenses d'exploitation.

Dans ces dernières, on comprendrait, notamment, les sommes consacrées par la compagnie à la constitution des retraites de ses employés, les versements aux caisses de prévoyance, les impôts, patentes et frais de contrôle, les indemnités relatives aux accidents, pertes, avaries et les dommages causés par les incendies, les subventions aux correspondances par voie de terre ou par voie d'eau, ainsi que les charges résultant des engagements de toute nature que la compagnie pourra contracter avec l'assentiment du ministre des travaux publics vis-à-vis des concessionnaires de chemins de fer reliés avec ces lignes ou en correspondances avec elles.

Art. 14. — Les dispositions des conventions antérieures concernant la garantie d'intérêt à la charge de l'État et le partage des bénéfices, sont remplacées, à compter du 1er janvier 1884, par les dispositions suivantes :

La compagnie ne pourra avoir recours à la garantie de l'État que dans le cas où le produit net, résultant du compte unique d'exploitation, dont il est parlé à l'article 13, serait insuffisant pour faire face aux affectations suivantes, savoir :

1° Les charges effectives (intérêts, amortissement et frais accessoires, déduction faite des annuités reçues de l'État, à titre de subventions) des sommes dépensées par la compagnie.

a) — Pour le rachat, la construction et la mise en service des lignes constituant son ancien et son nouveau réseau actuels et des chemins de la Sarthe, sous déduction du capital-actions ;

b) — Pour l'exécution des engagements imposés à la compagnie en vertu des articles 2, 4, 8 et 12 de la présente convention ;

c) — Pour les travaux complémentaires et de parachèvement exécutés à toute époque à dater du 1er janvier 1883, sur l'ensemble du réseau défini à l'article 13, avec l'approbation du ministre des travaux publics ;

d) — Pour l'approvisionnement de l'ensemble des lignes exploitées, sans que l'importance de ces approvisionnements puisse excéder la somme de 40 millions de fr.

2° L'intérêt et l'amortissement des sommes affectées par la compagnie au remboursement de sa dette aux termes de l'art. 10 :

3° L'intérêt et l'amortissement des actions, tels qu'ils sont réglés par l'art. 52 des statuts ;

4° Une somme de 24,600,000 fr.

Les dépenses de premier établissement de l'ancien réseau de la compagnie et des chemins de la Sarthe, au 31 décembre 1882, déduction faite des subventions reçues en capital, sont arrêtées à forfait à la somme de 336,520,311 fr. 45, — Savoir :

Ancien réseau, 519,257,447 fr. 13.

Chemins de la Sarthe, 17,262,864 fr. 32.

Lorsque, par suite d'insuffisance du produit net, l'État aura fait des avances à la compagnie, les excédents qui se produiront ultérieurement seront affectés exclusivement au remboursement de ses avances avec intérêt simple à 4 p. 100.

Ce remboursement étant effectué, si le produit net dépasse de 9,600,000 fr. la somme nécessaire pour faire face aux affectations ci-dessus indiquées, le surplus sera partagé dans la proportion de deux tiers pour l'État et d'un tiers pour la compagnie.

Art. 15. — Sur chacune des lignes désignées aux articles 2, 3 et 4 de la présente convention, le nombre de trains de chaque sens que l'administration supérieure pourra exiger de la compagnie sera fixé à raison de 1 par 3,000 francs de recette kilométrique locale, c'est-à-dire de recettes calculées d'après les produits des voyageurs et marchandises en provenance ou à destination d'une gare de cette ligne, sans toutefois que ce nombre puisse être inférieur à trois.

Aucune circulation de trains ne pourra être exigée sur ces lignes, entre dix heures du soir et six heures du matin, tant que la recette kilométrique locale n'aura pas atteint 15,000 fr. par kilom., à moins que l'admin. ne prenne à sa charge les frais de l'organisation du service de nuit auxquels la circulation prescrite aura donné lieu.

Art. 16. — La comp. d'Orléans concède à l'admin. des ch. de fer de l'État et à celles qui lui seraient substituées la faculté d'établir jusqu'à Paris les tarifs des voyageurs et des marchandises en provenance ou en destination de son réseau, sans toutefois que le prix de chaque transport puisse être moindre que celui perçu par la compagnie, pour le même transport, de la gare de jonction de Paris ou vice versâ.

Le prix total de ces transports de ou pour Paris sera partagé entre les deux administrations exploitantes au prorata du nombre de kilomètres parcourus sur leurs réseaux respectifs.

Le partage du trafic entre les lignes du réseau d'État et celles de la compagnie d'Orléans sera réglé sur les bases suivantes :

Le trafic des voyageurs et des marchandises sera attribué à l'itinéraire le plus court, en tenant compte, toutefois, des déclivités supérieures à 15 millimètres par mètre et de la transmission d'un réseau à l'autre.

Il en sera de même pour les voyageurs et marchandises qui, ayant leur point de départ ou de destination sur le réseau d'Orléans ou sur le réseau de l'État, pourraient, dans leur trajet, emprunter des voies étrangères.

La comp. d'Orléans s'interdit d'appliquer, sur un itinéraire quelconque, des tarifs ayant pour effet de détourner le trafic de l'itinéraire auquel il aura été attribué en vertu de la règle ci-dessus.

Elle s'interdit en outre de subventionner directement ou indirectement des services de correspondance par terre ou par eau ayant pour effet de détourner le trafic des lignes auxquelles il devrait être attribué.

Le ministre des travaux publics, au nom de l'État, prend, de son côté, l'engagement de suivre les mêmes règles et de les imposer aux entreprises qui pourraient être ultérieurement substituées à l'admin. des ch. de fer de l'État.

En cas de désaccord sur l'exécution des clauses du présent article, il sera statué au moyen d'un arbitrage constitué comme il est dit à l'article 8.

Art. 17 (*Réduction éventuelle de l'impôt, combinée avec celle du prix des places*). — Identique à l'art. 15 de la convention de P.-L.-M. — Sauf les mots : « *En cas de rachat dans une période de cinq ans après cette réduction* », substitués aux mots : « *En cas de rachat dans une période de moins de cinq ans après cette réduction.* »

Art. 18. — Jusqu'au 1er janvier qui suivra l'achèvement de l'ensemble des lignes désignées à l'art. 3 de la présente convention, les frais d'exploitation, les intérêts et l'amortissement des dépenses mises à la charge de la comp., en vertu de l'art. 8, seront payés au moyen des produits des sections de ces lignes qui seront successivement mises en exploitation. En cas d'insuffisance, la compagnie aura la faculté de les porter au compte de premier établissement et ils donneront lieu au prélèvement prévu à l'art. 14 de la présente convention.

Art. 19. — Si le Gouvernement exerce le droit qui lui est réservé par l'art. 37 du cah. des ch., de racheter la concession entière, la comp. pourra demander que toute ligne dont la mise en exploitation remonterait à moins de quinze ans soit évaluée non d'après son produit net, mais d'après le prix réel de premier établissement.

En outre de l'annuité et des remboursements prévus à l'art. 37 du cah. des ch., la comp. aura droit au remboursement des dépenses complémentaires (autres que celles du matériel roulant remboursables en vertu de l'art. 37 précité) exécutées par elle, à partir du 1er janvier 1884, avec l'approb. du min. des tr. publ., sur toutes lignes de son réseau, sauf déduction d'un quinzième pour chaque année écoulée depuis la clôture de l'exercice dans lequel auront été effectuées les dépenses.

L'annuité à payer à la compagnie, en vertu de l'art. 37 du cah. des ch., ne pourra être inférieure à l'ensemble des sommes mentionnées aux paragr. 1°, 2°, 3° et 4° de l'art. 14 ci-dessus, déduction faite des charges d'intérêt et d'amortissement des sommes remboursées, en exécution de l'alinéa précédent du présent article.

Art. 20. — Pour toutes les lignes désignées aux articles 2, 3 et 4, la redevance que la compagnie doit payer à l'État pour frais de visite, de surveillance, de réception des travaux et contrôle de l'exploitation, ne sera due par elle que pour les lignes en exploitation, et à partir du 1er janvier qui suivra l'ouverture de chaque ligne.

Art. 21. — La présente convention sera enregistrée au droit fixe de 3 fr. »

III. Réseau du Nord (Loi 20 novembre 1883, approuvant la convention du 5 juin 1883, avec la compagnie du *Nord*) :

« Art. 1er. — Est approuvée la convention provisoire passée, le 5 juin 1883, entre le ministre des travaux publics et la compagnie du chemin de fer du Nord.

« Art. 2. — Sont incorporés, dans le réseau d'intérêt général, les chemins de fer d'intérêt local ci-après énumérés :

« Don à Hénin-Liétard ; — Valenciennes à Douzies: — Saint-Just à Cambrai ; — Marcoing à Masnières ; — Abancourt au Tréport ; — Frévent à Gamaches ; — Saint-Omer-en-Chaussée à Abancourt ; — Rochy-Condé à Saint-Just ; — Compiègne à Roye ; — Breteuil (gare) à Breteuil (ville) ; — Estrées-Saint-Denis à Verberie ; — Rivecourt à Ormoy-Villers, avec raccordement, près de Crépy, avec la ligne de Chantilly à Crépy ; — Gisors à Beauvais ; — Beauvais (la rue Saint-Pierre) à Clermont ; — Clermont à Estrées-Saint-Denis ; — Doullens à Arras ; — Frévent à Bouquemaison et Bouquemaison à Doullens ; — Bully-Grenay à Brias ; — Canaples à Amiens ; — Ermont à Méry-sur-Oise et raccordement sur Valmondois ; — dont l'établissement a été déclaré d'utilité publique par décrets des 15 mai et 18 déc. 1869, 6 juin et 3 octobre 1872, 2 mai, 7 juillet, 11 sept. et 8 oct. 1873, 13 janvier 1874, 19 juin 1875, 24 février et 10 sept. 1876 et 12 déc. 1877.

« Il sera, s'il y a lieu, statué par décret rendu en Conseil d'État sur l'indemnité ou sur les dédommagements qui pourront être dus aux départements de l'Oise, du Pas-de-Calais, de la Somme, du Nord, de Seine-et-Oise et de la Seine-Inférieure.

« Art. 3. — Le montant des travaux complémentaires que le ministre des travaux publics pourra autoriser sera fixé, chaque année, par un article de la loi de finances.

« Tout nouveau traité engageant le concours financier de la compagnie du Nord dans la construction et l'exploitation des lignes ferrées ne pourra être exécuté qu'après avoir été approuvé par une loi.

« Art. 4. — L'enregistrement de la convention annexée à la présente loi, ainsi que des traités qui sont mentionnés dans cette convention, ne donnera lieu qu'à la perception du droit fixe de trois francs. »

Convention du 5 juin 1883, relative à la compagnie du Nord :

« Art. 1er. — Le ministre des travaux publics, au nom de l'État, concède à la compagnie du chemin de fer du Nord, qui accepte, les lignes suivantes :

1° A titre définitif. — Le Cateau à Laon ; — Thiant à Lourches ; — Ormoy à Mareuil-sur-Ourcq ; — Laon à Liart, vers Mézières ; — Denain à Saint-Amand ; — Don à Templeuve ; — Haubourdin à Saint-André.

2° A titre éventuel, et sous la réserve de la déclaration d'utilité publique à intervenir : — Armentières à Tourcoing et à Roubaix ; — Roubaix (Wattrelos) à la frontière belge ; — Avesnes à Sars-Poterie ; — Vimy à Guise.

La compagnie s'engage, en outre, soit à accepter les concessions qui lui seraient faites de lignes à désigner par l'admin., la compagnie entendue, jusqu'à concurrence de l'emploi total du fonds de concours de quatre-vingt-dix millions de francs mis par la compagnie à la disposition de l'État par l'art. 6 de la présente convention, soit à verser à l'État, après l'achèvement des lignes ci-dessus concédées, le solde de la somme de quatre-vingt-dix millions de francs.

Art. 2. — Le ministre des travaux publics, au nom de l'État, fait abandon à la compagnie du Nord des lignes de : — Compiègne à Soissons ; — Lens à Armentières ; — Valenciennes au Cateau ; — Busigny à Hirson ; — Dunkerque à la frontière belge, vers Furnes ; — Armentières à la frontière belge.

Lesdites lignes devant être remises à la compagnie en leur état actuel, pour celles qui sont en exploitation, en état de réception définitive, pour celles qui touchent à leur achèvement.

Les lignes susmentionnées sont concédées à la compagnie du Nord pour être incorporées à son ancien réseau.

Art. 3. — La compagnie du Nord est substituée aux compagnies précédemment concessionnaires en ce qui concerne les lignes de Lille-Valenciennes et extensions, Lille-Béthune, Picardie et Flandres, Abancourt au Tréport, Frévent-Gamaches, conf. aux conventions conclues entre la comp. du Nord et les comp. de Lille-Béthune (6 mai 1876), Picardie et Flandres (29 nov. 1879), Abancourt au Tréport (12 juillet 1881), Frévent-Gamaches (15 juillet 1881), et à l'acte d'abandon consenti envers l'État par la comp. de Lille-Valenciennes, en date du 1er oct. 1878.

En conséquence, sont incorporées à l'ancien réseau du Nord les lignes comprises dans ces diverses concessions.

Sont également incorporées audit réseau les lignes d'intérêt local précédemment concédées à la compagnie du Nord et le chemin de ceinture de Lille.

Sont rattachées à l'ancien réseau du Nord les lignes concédées à la comp. du Nord-Est et exploitées par la comp. du Nord, en vertu du traité du 17 déc. 1875, y compris la ligne de Maubeuge à Fourmies et l'embranchement de Cousolre.

Art. 4. — Les indemnités qui pourraient être dues, notamment à raison du partage des bénéfices stipulé pour quelques-unes de ces lignes au profit des départements qui n'ont pas encore donné leur consentement à la déclaration d'intérêt général, resteront à la charge de l'État.

Art. 5. — Pour toutes les lignes, objet de la présente convention, la concession expirera, comme pour les lignes composant le réseau actuel, le 31 décembre 1950, les concessions qui dépassent ce terme étant réduites à cette durée et la concession d'Ermont à Valmondois étant reportée à ladite date.

Toutefois l'État restera chargé, après l'expiration de ce délai : — 1° De payer aux comp. de Lille-Valenciennes, du Nord-Est, ou à leurs représentants, ainsi qu'à la comp. du Nord, comme étant aux droits de la comp. de Lille-Béthune, les rentes stipulées aux traités des 17 déc. 1875, 31 déc. 1875 et 6 mai 1876 ; — 2° D'assurer le service des obligations de la compagnie de Picardie et Flandres : — 3° De servir l'annuité consentie au profit du dép. de la Somme par le traité du 15 sept. 1880.

L'État devra, en outre, exécuter le traité conclu, le 2 février 1876, avec la compagnie des mines de Béthune, pour l'exploitation de la section de Violaines à Bully-Grenay.

Art. 6. — La dépense de construction des lignes désignées à l'art. 1er sera à la charge de l'État. Toutefois, la comp. mettra à la disposition de l'État, à titre de fonds de concours, une somme de 90 millions de francs ; elle fournira de plus, à ses frais, le matériel roulant, ainsi que le matériel, le mobilier et l'outillage des gares.

La compagnie exécutera pour le compte de l'État, dans l'ordre qui lui sera indiqué par l'admin. supér., les travaux de toutes les lignes, y compris ceux d'agrandissement et de modification des gares de jonction avec les lignes qui lui appartiennent aujourd'hui. Elle fera à cet effet toutes les avances de fonds nécessaires.

Les dépenses à rembourser par l'État, comprenant les frais généraux, les frais de personnel et l'intérêt des capitaux pendant la construction, ne pourront, sauf des exceptions motivées par des circonstances de force majeure ou par le caractère aléatoire de certaines estimations, telles que : acquisition de terrains, percements de souterrains, épuisements exceptionnels, consolidation et assainissement de tranchées et remblais, etc., excéder les maxima qui seront fixés d'un commun accord entre l'État et la compagnie, après approbation des projets d'exécution. En cas de désaccord, soit sur la fixation du maximum, soit sur les conséquences des exceptions ci-dessus indiquées, il sera procédé par voie d'arbitrage, chaque partie désignant un arbitre, et les deux arbitres choisissant, s'il est nécessaire, un tiers arbitre pour les départager ; dans le cas où ils ne pourraient se mettre d'accord sur le choix de ce troisième arbitre, celui ci sera nommé par le président du tribunal civil de la Seine, sur requête présentée par la partie la plus diligente.

Le ministre des travaux publics se réserve, dans tous les cas, la faculté de faire exécuter les travaux par les ingénieurs de l'État, dans le cas où il ne pourrait accepter les évaluations de la compagnie.

Art. 7. — A dater de la remise à la compagnie des lignes énoncées à l'art. 2, les travaux restant à faire pour le développement de ces lignes seront exécutés par la compagnie, et à ses frais, au compte de premier établissement.

Art. 8. — La compagnie sera remboursée de ses avances, pour la portion de ces avances qui dépasserait le fonds de concours de 90 millions, par le payement annuel, qui lui sera fait par l'État, de l'intérêt et de l'amortissement des emprunts effectués par elle, pour subvenir aux dépenses faites en conformité des stipulations de l'article 6.

Le chiffre de cette annuité sera arrêté, pour chaque exercice, d'après le prix moyen des négociations de l'ensemble des obligations émises par la compagnie dans cet exercice. Ce prix moyen sera établi, déduction faite de l'intérêt couru au jour de la vente des titres et en tenant compte de tous droits à la charge de la compagnie dont ces titres sont ou seront frappés, et de tous autres frais accessoires dont la compagnie justifiera.

Les sommes dépensées dans un exercice auront droit, pour cet exercice, à l'intérêt, au taux effectif de l'emprunt, du 1er juillet au 31 décembre, quelle que soit l'époque de l'exercice à laquelle auront été effectués les travaux.

Le montant de l'annuité pour chaque exercice sera réglé au 31 décembre et la comp. aura droit, sans qu'il soit besoin d'en faire la demande, aux intérêts, au taux effectif de l'emprunt, du montant de l'annuité depuis le 1er janvier jusqu'au jour où elle lui aura été effectivement soldée, si ce payement n'a été fait dans le courant de janvier.

En outre de cette annuité, l'État remboursera chaque année à la compagnie les frais de service des obligations émises par elle pour créer les ressources nécessaires à la construction des lignes concédées par la présente convention ; ces frais seront abonnés à 0 fr. 10 par obligation en circulation et par an.

Pendant la période d'emploi du fonds de concours de 90 millions, les frais visés par l'alinéa précédent seront portés au compte de l'État pour les obligations afférentes à chaque ligne et jusqu'à la mise en exploitation de chaque ligne.

Art. 9. — Les lignes désignées à l'art. 1er seront livrées à l'exploitation dans un délai de quatre ans, ce délai courant à partir du jour où le ministre des travaux publics aura approuvé l'ensemble des plans parcellaires.

La compagnie devra produire les plans parcellaires dans le délai de deux ans à partir du 1er janvier qui suivra la promulgation de la loi approuvant la présente convention.

Ne sera pas compté, dans la supputation des délais ci-dessus indiqués, le temps pendant lequel les divers projets, que la compagnie doit fournir pour chaque ligne, resteront entre les mains de l'administration.

Pour les lignes concédées à titre éventuel, les délais fixés ci-dessus ne courront qu'à partir de la concession définitive.

La compagnie ne pourra être tenue de livrer à l'exploitation annuellement plus de 100 kilomètres de lignes.

Art. 10. — Les lignes ajoutées aux concessions de la compagnie par les art. 1, 2 et 3 de la présente convention, et celles qui constituent aujourd'hui son ancien et son nouveau réseau, formeront un ensemble régi par le cahier des charges actuellement en vigueur, et pour lequel il n'y aura désormais qu'un compte unique de recettes et de dépenses de l'exploitation. Dans ces dernières, seront compris notamment les allocations de la compagnie pour la caisse des retraites, les impôts, les frais de contrôle et les indemnités pour accidents, pertes, avaries et incendies.

Les résultats de l'exploitation de la Grande-Ceinture, pour la part afférente à la compagnie du Nord, continueront à être ajoutés au compte d'exploitation de la compagnie.

Seront aussi compris dans le compte annuel d'exploitation les résultats de tout traité de correspondance, régulièrement autorisé, avec des entreprises de transport par terre, par eau ou par voie de fer, ainsi que les résultats des traités par lesquels la compagnie a prêté son concours financier à diverses sociétés pour la construction en France de chemins de fer correspondants.

Art. 11. — Les art. 9 et 10 de la convention du 31 déc. 1875, relatifs à la garantie d'intérêt, sont remplacés, à partir du 1er janvier 1884, par les dispositions suivantes :

Sur le produit net résultant du compte unique d'exploitation dont il vient d'être parlé, la compagnie prélèvera :

1° Les charges effectives (intérêt, amortissement et frais accessoires) des emprunts à servir par elle, sous déduction des annuités dues pour l'exercice en représentation des subventions, et soldées à la compagnie :

a) — Pour le rachat, la construction et la mise en service des lignes exploitées ou à ouvrir, constituant son ancien réseau actuel, accru des lignes définies aux art. 1, 2 et 3, et toutes dépenses, dûment justifiées, dans les conditions prévues par le décret du 12 août 1868 et les conventions en vigueur.

b) — Pour le payement de la contribution prévue à l'art. 6.

c) — Pour les travaux complémentaires à exécuter à toute époque sur l'ensemble du réseau défini à l'art. 10, conformément à des projets approuvés par le ministre des travaux publics.

d) — Les redevances, rentes ou annuités dues par la compagnie pour la cession de la concession ou de l'exploitation des lignes énumérées à l'art. 3, ainsi que pour le rachat des droits à partage sur certaines lignes, à partir de l'époque où lesdites redevances, rentes ou annuités deviennent exigibles ;

2° L'intérêt à 4 p. 100 et l'amortissement des actions, conformément au tableau d'amortissement adopté par l'assemblée générale du 30 avril 1863 ;

3° Une somme de vingt millions.

L'excédent sera appliqué à couvrir, jusqu'à due concurrence, la garantie accordée par l'État pour les charges effectives des sommes empruntées par la compagnie, sous déduction des annuités reçues en représentation des subventions pour la construction et la mise en service des lignes, exploitées ou à ouvrir, composant son nouveau réseau actuel, sans que le capital garanti puisse excéder 223,500,000 francs.

Le compte d'établissement des réseaux actuels de la compagnie est réglé à forfait au 31 décembre 1882, subventions acquittées déduites, tant pour l'application de la garantie d'intérêt que pour le partage des bénéfices, prévu à l'art. 13, à :

Pour l'ancien réseau..........................	793.538.658'58
Pour le nouveau réseau........................	240.848.314 74
Pour les autres lignes........................	88.886.181 59
Total.............................	1.123.273.154'91

non compris 27,211,516 fr. 29 pour approvisionnements, ni 16,882,321 fr. 41 pour les versements faits à la même date à titre de participation dans les chemins de fer mentionnés au dernier alinéa de l'art. 10.

Art. 12. — (*Remboursements à l'État.*) — Identique à l'art. 12 de la convention de P.-L.-M.

Art. 13. — L'art. 11 de la convention du 31 déc. 1875, relatif au partage des bénéfices, est remplacé par la disposition suivante :

Sur le produit net résultant du compte unique d'exploitation dont il est parlé à l'art. 10 de la présente convention, la compagnie prélèvera :

1° Les charges effectives (intérêt, amortissement et frais accessoires) des emprunts à servir par elle, sous déduction des annuités dues pour l'exercice en représentation de subventions et soldées à la compagnie :

a) — Pour le rachat et la construction et pour la constitution des approvisionnements effectifs, dans la limite d'un maximum de 30 millions, des lignes exploitées ou à ouvrir constituant son ancien et son nouveau réseau actuels, accrues des lignes définies aux art. 1, 2 et 3, et toutes les dépenses dûment justifiées dans les conditions prévues par le décret du 12 août 1868 et les conventions en vigueur ;

b) — Pour le payement de la contribution prévue à l'art. 6 ;

c) — Pour les travaux complémentaires à exécuter à toute époque sur l'ensemble du réseau défini à l'art. 10, conformément à des projets approuvés par le ministre des travaux publics ;

d) — Les redevances, rentes ou annuités dues par la compagnie pour la cession de la concession ou de l'exploitation des lignes énumérées à l'art. 3, ainsi que pour le rachat des droits à partage sur certaines lignes à partir de l'époque où lesdites redevances, rentes ou annuités deviennent exigibles ;

2° Les remboursements que la compagnie pourrait encore avoir à faire à l'État dans cet exercice, à raison des prescriptions de l'art. 12 ;

3° L'intérêt à 4 p. 100 et l'amortissement des actions, conformément au tableau d'amortissement adopté par l'assemblée générale du 30 avril 1863 ;

4° Une somme de trente-huit millions soixante-deux mille cinq cents francs.

Le surplus sera partagé à raison de deux tiers pour l'État et un tiers pour la comp.

Art. 14. — (*Nombre obligatoire de trains sur chacune des lignes désignées à l'art. 1er de la présente convention.*) — Identique à l'art. 14 de la convention de P.-L.-M.

Art. 15. — (*Réduction éventuelle de l'impôt, combinée avec celle du prix des places.*) — Identique à l'art. 15 de la convention de P.-L.-M.

Art. 16. — Jusqu'au 1ᵉʳ janvier qui suivra l'achèvement de l'ensemble des lignes désignées à l'art. 1ᵉʳ de la présente convention, les intérêts et l'amortissement des obligations émises pour l'exécution de ces lignes seront payés au moyen des produits des sections de ces lignes qui seront successivement mises en exploitation. En cas d'insuffisance, ils pourront être portés au compte de premier établissement et donneront lieu au prélèvement prévu aux art. 11 et 13 de la présente convention.

Art. 17. — (*Exercice du droit de rachat.*) — Identique à l'art. 17 de la convention de P.-L.-M.

Art. 18. — Pour toutes les lignes désignées aux art. 1, 2 et 3, la redevance que la comp. doit payer à l'État pour frais de visite, de surv., de réception des travaux et contrôle de l'expl. ne sera due par elle que pour les lignes en exploitation et à partir du 1ᵉʳ janvier qui suivra l'ouverture de chaque ligne.

Art. 19. — La présente convention et toutes conventions et traités qui y sont mentionnés seront enregistrés au droit fixe de trois francs. »

IV. RÉSEAU DU MIDI (Loi 20 novembre 1883, approuvant la convention du 9 juin 1883, avec la compagnie du *Midi*) :

« Art. 1ᵉʳ. — Est approuvée la convention provisoire passée, le 9 juin 1883, entre le ministre des travaux publics et la compagnie des chemins de fer du Midi et du canal latéral à la Garonne.

« Art. 2. — Le montant des travaux complémentaires que le ministre des travaux publics pourra autoriser sera fixé, chaque année, par un article de la loi de finances.

« Tout nouveau traité engageant le concours financier de la compagnie du Midi, dans la construction et l'exploitation des lignes ferrées, ne pourra être exécuté qu'après avoir été approuvé par une loi.

« Art. 3. — L'enregistrement de ladite convention ne donnera lieu qu'à la perception du droit fixe de trois francs (3 fr.) ».

CONVENTION du 9 juin 1883, relative à la compagnie du *Midi :*

« Art. 1ᵉʳ. — Le ministre des travaux publics, au nom de l'État, concède à la compagnie des chemins de fer du Midi et du canal latéral à la Garonne, qui accepte, les chemins de fer ci-après :

§ 1ᵉʳ. — *A titre définitif :* — Mende à la ligne d'Alais à Brioude ; — Tournemire au Vigan ; — Carmaux à Rodez ; — Elnes à Arles-sur-Tech ; — Prades à Olette ; — Mont de-Marsan à Saint-Sever ; — Albi à Saint-Affrique ; — Lavelanet à Brame ; — Dax à Saint-Sever ; — Bayonne à Saint-Jean-Pied-de-Port, avec embranchement sur Saint-Étienne-de-Baïgorry ; — Saint-Martin-Autevielle à Mauléon ; — Castelsarrazin à Beaumont-de-Lomagne ; — Nérac à Mont-de-Marsan ; — Pamiers à Limoux ; — Quillan à Rivesaltes ; — Bazas à Eauze ; — Lannemezan à Arreau.

§ 2. — *A titre éventuel, et sous la réserve de la déclaration d'utilité publique à intervenir :* — Saint-Girons à Foix ; — Eauze à Auch ; — Ligne de ceinture de Toulouse ; — Beaumont-de-Lomagne à Gimont ; — Carmaux à Vindrac ; — Ligne de jonction, à Bordeaux, des chemins de fer du Midi et du Médoc.

La compagnie s'engage à accepter, en outre, aux conditions de la présente convention, les concessions qui pourront lui être faites, jusqu'à concurrence de 160 kilomètres environ de lignes à désigner par l'administration, la compagnie entendue.

Art. 2. — Le ministre des travaux publics, au nom de l'État, fait abandon à la compagnie des chemins de fer du Midi, qui les accepte, pour les revenus en être perçus au profit de la compagnie et l'exploitation en être faite par elle et à ses frais, à partir du 1ᵉʳ janvier 1884, des lignes de : — Perpignan à Prades ; — Buzy à Laruns.

Le bail qui fait l'objet de la convention passée le 8 avril 1883, entre le min. des tr. publ. et la comp. des chemins de fer du Midi, pour l'expl. du chemin de Buzy à Laruns, bail approuvé par décret du 9 du même mois, prendra fin le 31 décembre 1883.

L'exploitation de ces deux chemins par ladite compagnie aura lieu aux mêmes clauses et conditions que celle des autres chemins qui lui sont déjà concédés.

Art. 3. — La concession des lignes faisant l'objet des deux articles qui précèdent expirera le 31 décembre 1960.

Art. 4. — Le chemin de Perpignan à Prades sera remis à la comp. des ch. de fer du Midi, libre de toutes charges, avec les objets mobiliers et approvisionnements de tous genres existant sur la ligne. — La valeur du matériel roulant, estimée à dire d'experts, sera remboursée à l'État par la compagnie.

Art. 5. — Le chemin de Buzy à Laruns sera remis à la comp. des ch. de fer du Midi, libre de toutes charges. — Les sommes faisant l'objet des 1°, 2° et 3° de l'art. 5 de la convention du

8 avril 1883, mentionnée à l'art. 2 ci-dessus, seront comprises, à partir du 1er janvier 1884, dans l'ensemble du capital de premier établissement du réseau concédé à la compagnie.

Art. 6. — Lors de la remise à la comp. des ch. de fer du Midi des lignes énoncées à l'art. 2 ci-dessus, il sera procédé à la reconnaissance contradictoire de ces lignes et à une évaluation des travaux nécessaires pour les mettre en état. En cas de désaccord sur la désignation ou l'évaluation de ces travaux, il sera prononcé par voie d'arbitrage, chaque partie désignant un arbitre et les deux arbitres choisissant un troisième arbitre ; dans le cas où ils ne pourraient se mettre d'accord sur le choix de ce troisième arbitre, celui-ci sera nommé par le président du tribunal civil de la Seine, sur requête présentée par la partie la plus diligente. Les travaux seront exécutés par la compagnie pour le compte de l'État.

Art. 7. — L'État exécutera lui-même les travaux d'infrastructure des lignes faisant l'objet de l'art. 1er ci-dessus, c'est-à-dire les acquisitions de terrains, les terrassements et les ouvrages d'art des chemins et de leurs stations, ainsi que les maisons de garde et les barrières des passages à niveau. Les projets de tracé et les projets de détail des ouvrages d'art seront communiqués à la compagnie avant d'être définitivement arrêtés par le ministre. Il en sera de même des projets relatifs à l'emplacement et à l'étendue des stations.

La compagnie, de son côté, sera chargée du soin d'exécuter les autres travaux et de pourvoir aux dépenses de fourniture du matériel et de l'outillage de tout genre et des approvisionnements de toute nature nécessaires au service des gares et des trains, à l'entretien de la voie et au service du matériel et de la traction, ainsi que du soin d'exécuter les travaux d'agrandissement et de modification des gares de jonction des lignes faisant l'objet de la présente convention avec celles qui lui sont concédées en vertu des conventions antérieures.

L'ensemble des dépenses d'établissement nécessaires pour l'exploitation des lignes dont il s'agit sera à la charge de l'État, sauf le matériel roulant qui restera à la charge de la compagnie, ainsi que le petit matériel des gares, leur mobilier, leur outillage et les approvisionnements ; la compagnie contribuera de plus aux dépenses de la superstructure pour une somme de 25,000 fr. par kilomètre.

Les dépenses à rembourser par l'État à la compagnie comprennent les frais généraux, les frais de personnel et l'intérêt des capitaux pendant la construction. Ces remboursements, toutefois, pour l'ensemble des lignes faisant l'objet de la présente convention, et déduction faite de la contribution de la compagnie spécifiée à l'alinéa précédent, ne pourront, en ce qui concerne les travaux de superstructure, s'élever à plus de 90,000 fr. par kilomètre. Lorsque ce maximum sera dépassé, l'excédent restera à la charge de la compagnie et sera ajouté à sa contribution plus haut mentionnée.

L'exécution par la compagnie des travaux de superstructure nécessaires pour la mise en exploitation d'une ligne sera précédée de la livraison à la compagnie des travaux d'infrastructure exécutés par l'État. Cette livraison donnera lieu à l'accomplissement des formalités prévues au premier paragr. de la clause B du cah. des ch. suppl. annexé à la convention des 28 déc. 1858 et 11 juin 1859 et à la convention du 10 août 1868 ; postérieurement à ladite livraison, il sera procédé à l'accomplissement des formalités prévues aux autres paragr. de la clause B et aux clauses C et D du même cah. des ch.

La dépense d'infrastructure des doubles voies, sur les points où leur établissement sera nécessaire, restera entièrement à la charge de l'État. La dépense de superstructure sera à la charge de la compagnie.

Art. 8. — La comp. des ch. de fer du Midi devra ouvrir à l'exploitation les sections, comprises entre deux stations principales, des lignes dont les travaux d'infrastructure lui auront été remis par l'État, de la manière indiquée à l'avant-dernier alinéa de l'article précédent, dans un délai de dix-huit mois à dater de cette remise.

Elle ne sera pas obligée toutefois d'ouvrir à l'exploitation, dans le cours d'une même année, une longueur totale de plus de 120 kilomètres des lignes faisant l'objet de l'article 1er de la présente convention, et elle se conformera, pour la préférence à donner, à cet effet, à telle ou telle section dont remise lui aura été faite par l'État, aux indications du ministre des travaux publics.

Art. 9. — La comp. sera remboursée des avances faites par elle à l'État, pour l'exécution des travaux confiés à ses soins, en vertu des dispositions de l'art. 7 ci-dessus, en dehors de la contribution mise à la charge de la compagnie par le même article, par le payement annuel qui lui sera fait par l'État, de l'intérêt et de l'amortissement des emprunts effectués par elle pour subvenir aux dépenses desdits travaux.

Le chiffre de cette annuité sera arrêté, pour chaque exercice, d'après le prix moyen des négociations de l'ensemble des obligations émises par la comp. dans cet exercice. Ce prix moyen sera établi, déduction faite de l'intérêt couru au jour de la vente des titres, et en tenant compte de tous droits à la charge de la comp. dont ces titres sont ou seront frappés et de tous autres frais quelconques dont la comp. justifiera, et sera augmenté des frais de service desdites obligations.

Les sommes dépensées dans un exercice auront droit, pour cet exercice, à l'intérêt du taux effectif de l'emprunt, du 1er juillet au 31 décembre, quelle que soit l'époque de l'année à laquelle auront été effectués les travaux.

Le montant de l'annuité, pour chaque exercice, sera réglé au 31 décembre, et la compagnie aura droit, sans qu'il soit besoin pour elle d'en faire la demande, aux intérêts, au taux effectif de l'emprunt, du montant de l'annuité, depuis le 1er janvier jusqu'au jour où elle lui aura été effectivement soldée, si ce payement n'a été fait dans le courant de janvier.

Art. 10. — Les lignes ajoutées aux concessions de la compagnie par la présente convention et celles qui constituent aujourd'hui son ancien et son nouveau réseau formeront un ensemble régi, tant pour sa construction que pour son exploitation, par les mêmes clauses et conditions, et pour lequel il n'y aura désormais, en ce qui concerne les lignes qui auront cessé d'être exploitées au compte de premier établissement, qu'un compte unique de recettes et de dépenses de l'exploitation. Dans ces dernières seront comprises notamment les allocations de la compagnie pour les caisses des retraites et de prévoyance et autres institutions de bienfaisance, les impôts, les frais de contrôle et les indemnités pour accidents, pertes, avaries et incendies.

Art. 11. — La comp. payera à l'État pendant les dix années, à compter de 1884 inclus, les sommes suivantes, destinées à subvenir aux dépenses que l'État aura à effectuer, dans cet intervalle, en vertu de la présente convention, savoir :

En 1884, le dernier jour de chaque trimestre, une somme de 8,600,000 francs par trimestre ;

Pendant les années suivantes, une somme égale à celle dont le ministre lui aura notifié le montant, au plus tard le 31 décembre de l'année précédente, dans la limite d'un maximum de vingt-deux millions de francs en 1885, 1886 et 1887, vingt-sept millions en 1888, 1889 et 1890, et trente-deux millions pendant les années au-delà, la somme ainsi demandée par l'État étant payable en deux termes semestriels à l'échéance du 30 juin et du 31 décembre.

Chacune des sommes payées à l'État, en exécution de l'alinéa précédent, sera remboursée par lui à la compagnie, au moyen d'annuités payables par termes semestriels, le 1er janvier et le 1er juillet de chaque année, le premier terme étant exigible à l'expiration du délai de six mois à partir du jour du payement à l'État de la somme à rembourser, et le dernier à l'échéance du 1er janvier 1957. Ces annuités seront calculées comme il est dit au deuxième alinéa de l'article 9 ci-dessus.

Seule, la partie de la somme payée par la compagnie à l'État, pendant l'année 1884, représentant, en capital et intérêts, le solde de la dette contractée par la compagnie envers l'État, du chef de la garantie d'intérêts stipulée dans les conventions antérieures, restera acquise à l'État, moyennant quoi la compagnie sera dûment libérée de cette dette. Les dispositions de l'alinéa précédent ne s'appliqueront qu'au complément de cette somme.

Les intérêts de chaque terme des annuités à payer par l'État à la compagnie, en remboursement des sommes dont elle lui a fait l'avance, sont dus de plein droit à la compagnie à partir de l'échéance dudit terme jusqu'au jour du payement effectif du montant de ce terme.

Art. 12. — Jusqu'au 1er janvier qui suivra l'achèvement de l'ensemble des lignes désignées au paragr. 1er de l'art. 1er ci-dessus, la charge d'intérêts et d'amortissement des obligations émises pour l'exécution de ces lignes et de celles concédées à la comp. par la convention du 14 déc. 1875 seront payées au moyen des produits de ces sections de lignes qui seront successivement mises en exploitation. En cas d'insuffisance, la compagnie portera le complément de ces charges au compte de premier établissement.

Art. 13. — Les dispositions des conventions antérieures concernant la garantie d'intérêt à la charge de l'État et le partage des bénéfices sont remplacées, à compter du 1er janvier 1884, par les dispositions suivantes :

La compagnie ne pourra avoir recours à la garantie de l'État que dans le cas d'insuffisance du produit net résultant du compte unique d'exploitation dont il est parlé à l'article 10 ci-dessus, pour faire face aux dépenses suivantes :

1° Les charges effectives, intérêts, amortissement et frais accessoires des emprunts faits par la compagnie jusqu'au 31 décembre de l'année précédente, jusqu'à concurrence de la somme totale (déduction faite des subventions) dépensée, jusqu'à cette date, par la compagnie, soit pour frais de rachat de lignes, travaux et dépenses de premier établissement, dépenses d'approvisionnements effectifs dans la limite d'une somme maxima de 25 millions de francs, travaux et dépenses complémentaires exécutés à toute époque avec approbation du min. des tr. publ., soit pour frais généraux, insuffisances de produit net et charges d'intérêt et d'amortissement pendant les périodes d'exploitation au compte de premier établissement, soit enfin pour payements non remboursables faits ou à faire à l'État, en vertu des conventions antérieures et de l'article 11 de la présente convention, et en général pour des dépenses dûment justifiées dans les conditions fixées par le décret du 6 mai 1863 ;

2° Une somme de douze millions cinq cent mille francs.

Les excédents qui se produiront seront employés par la comp. à rembourser à l'État, avec intérêts simples à 4 p. 100 l'an, les avances qu'il lui aura faites à titre de garant.

Ces remboursements effectués, la part d'excédent, au delà de deux millions cinq cent mille francs, sera partagée entre l'État et la compagnie dans le rapport de deux tiers pour l'État et un tiers pour la compagnie.

Art. 14. — (*Nombre obligatoire de trains sur chacune des lignes désignées aux articles 1 et 2 de la présente convention.*) — Identique à l'art. 14 de la convention de P.-L.-M.

Art. 15. — (*Réduction éventuelle de l'impôt, combinée avec celle du prix des places.*) — Identique à l'art. 15 de la convention de P.-L.-M.

Art. 16. — Seront comprises au nombre des dépenses à inscrire au compte unique d'exploitation, dont il est parlé à l'art. 10 ci-dessus, les charges résultant des engagements de toute nature que la compagnie pourra contracter, avec l'assentiment du ministre des travaux publics, vis-à-vis des concessionnaires de chemins de fer reliés avec ces lignes ou en correspondance avec elles.

Seront également comprises dans ledit compte les dépenses et les recettes des correspondances, par voie de terre ou voie maritime, autorisées par le ministre.

Art. 17. — Si le gouvernement exerce le droit, qui lui est réservé par l'art. 37 du cah. des ch., de racheter la concession entière, la comp. pourra demander que toute ligne, dont la mise en exploitation remonterait à moins de quinze ans, soit évaluée, non d'après son produit net, mais d'après le prix réel de premier établissement.

En outre de l'annuité et des remboursements prévus à l'art. 37 du cah. des ch., la compagnie aura droit au remboursement des dépenses complémentaires (autres que celles du matériel roulant remboursables en vertu de l'art. 37 précité) exécutées par elle à partir du 1er janvier 1884 avec l'approb. du min. des tr. publ., sur toutes les lignes de son réseau, sauf déduction d'un quinzième pour chaque année écoulée depuis la clôture de l'exercice dans lequel auront été effectuées les dépenses.

L'annuité à payer à la comp., en vertu de l'art. 37 du cah. des ch., ne pourra être inférieure à l'ensemble des sommes mentionnées aux paragr. 1 et 2 de l'art. 13 ci-dessus, déduction faite des charges d'intérêt et d'amortissement des sommes remboursées en exécution de l'alinéa précédent du précédent article.

Art. 18. — Pour toutes les lignes désignées aux articles 1 et 2 de la présente convention, la redevance que la compagnie doit payer à l'État pour frais de visite, de surveillance, de réception des travaux et contrôle de l'exploitation, ne sera due par elle que pour les lignes en exploitation et à partir du 1er janvier qui suivra l'ouverture de chaque ligne.

Art. 19. — La part de l'État dans la dépense de premier établissement du chemin du Pont-de-Montgon à Arvant, concédé éventuellement à la compagnie des chemins de fer du Midi par les lois des 23 mars 1874 et 28 décembre 1882, sera réduite à cinq millions de francs.

Art. 20. — La présente convention sera enregistrée au droit fixe de trois francs. »

V. Réseau de l'Est (Loi 20 novembre 1883, approuvant la convention du 11 juin 1883, avec la compagnie de l'*Est*) :

« Art. 1er. — Est approuvée la convention provisoire passée, le 11 juin 1883, entre le ministre des travaux publics et la compagnie des chemins de fer de l'Est.

« Art. 2. — Le montant des travaux complémentaires que le ministre des travaux publics pourra autoriser sera fixé, chaque année, par un article de la loi de finances.

« Tout nouveau traité, engageant le concours financier de la compagnie de l'Est dans la construction et l'exploitation des lignes ferrées, ne pourra être exécuté qu'après avoir été approuvé par une loi.

« Art. 3. — L'enreg. de ladite convention ne donnera lieu qu'à la perception du droit fixe de 3 fr. ».

Convention du 11 juin 1883 (relative à la Compagnie de l'*Est*) :

« Art. 1er, § 1er. — Le ministre des travaux publics, au nom de l'État, concède à la comp. des chemins de fer de l'Est, qui accepte, les chemins de fer ci-après désignés :

1° A titre définitif : — 1° Armentières à Bazoches ; — 2° Bas-Evette à Giromagny ; — 3° Bétheniville à Challerange ; — 4° Favières à Frenelle ; — 5° Fère-Champenoise à Vitry ; — 5° Gerbéviller à Bruyères ; — 7° Hirson à Amagne ; — 8° Jussey à Darnieulles ; — 9° Merrey à Neufchâteau ; — 10° Neufchâteau à Barisey-la-Côte ; — 11° Provins à Esternay ; — 12° St-Dizier à Revigny ; — 13° Saint-Florentin à Troyes (Saint-Julien) et Troyes à Vitry-le-François ; — 14° Saint-Maurice à Bussang ; — 15° Trilport à la Ferté-Milon.

2° A titre éventuel : — 1° Brie-Comte-Robert à un point à déterminer sur la ligne de Paris à Belfort ; — 2° Brienne à Sorcy, par ou près Joinville et Gondrecourt ; — 3° Flamboin à Mouy-sur-Seine ; — 4° Jussey à Gray ; — 5° Liart à Mézières.

La concession de ces lignes deviendra définitive au fur et à mesure de leur déclaration d'utilité publique.

Moyennant l'exécution de la ligne de Flamboin à Mouy-sur-Seine, indiquée ci-dessus, la compagnie de l'Est est exonérée de l'obligation de construire l'embranchement de Chalmaison aux Ormes, obligation résultant du décret du 18 janv. 1855.

§ 2. — La comp. des ch. de fer de l'Est s'engage à accepter la concession qui lui serait faite par l'État d'environ 250 kilomètres de ch. de fer situés dans les départements qu'elle dessert.

Ces chemins seront construits et exploités aux conditions applicables aux chemins dont la nomenclature est indiquée d'autre part.

Art. 2. — Le min. des tr. publ., au nom de l'État, fait cession à la comp. des ch. de fer de l'Est, qui accepte, des ch. de fer ci-après désignés et qui sont aujourd'hui en exploitation : — 1° Amagne à Vouziers et à Apremont ; — 2° Arches à Saint-Dié, avec embranchement sur Fraize et sur Gérardmer ; — 3° Baccarat à Badonviller ; — 4° Bondy à Aulnay-les-Bondy ; — 5° Chalindrey à Mirecourt. — 6° Langres à Andilly ; — 7° Lérouville à Sedan ; — 8° Lunéville à Gerbéviller ; — 9° Nançois-le-Petit à Gondrecourt et à Neufchâteau ; — 10° Pompey à Nomeny ; — 11° Sens à Troyes et à Châlons ; — 12° Toul à Colombey et à Favières.

Art. 3. — Les chemins désignés dans les articles 1 et 2 ci-dessus seront soumis au cahier des charges et aux conditions additionnelles qui régissent l'ensemble des concessions faites à la compagnie de l'Est. Leur concession prendra fin le même jour que ledit ensemble, c'est-à-dire le vingt-six novembre mil neuf cent cinquante-quatre.

Art. 4. — La dépense de construction des lignes désignées à l'art. 1er sera à la charge de l'État.

Toutefois, la comp. contribuera aux dépenses de la superstructure à raison de 25,000 fr. par kilom. — Elle fournira de plus, à ses frais, le matériel roulant, ainsi que le matériel, le mobilier et l'outillage des gares.

La compagnie exécutera ou achèvera, pour le compte de l'État, dans l'ordre qui lui sera indiqué par l'admin. supér., les travaux de toutes les lignes, soit à simple voie, soit à double voie, suivant les prescriptions du min. des tr. publ., y compris le doublement de la voie de l'ancienne ligne d'intérêt local de Bazancourt à Béthéniville, exploitée par la comp. de l'Est, en vertu du traité du 21 mars 1878, approuvé par décret du 22 janv. 1879, et dont l'incorporation au réseau d'intérêt général et le doublement de la voie ont été prescrits par la loi du 11 févr. 1883 et y compris, en outre, les travaux d'agrandissement et de modification des gares de jonction avec les lignes qui lui appartiennent aujourd'hui.

Elle fera, à cet effet, toutes les avances de fonds nécessaires. Dans le cas où le Gouvernement désirerait renoncer au bénéfice de cette disposition, il devrait en prévenir la compagnie six mois au moins à l'avance.

Un accord ultérieur entre le min. des tr. publ. et la comp. réglera les conditions dans lesquelles celle-ci prendra livraison, pour les achever, des lignes dont l'infrastructure est en ce moment commencée par l'État.

Les dépenses à rembourser par l'État, comprenant les frais généraux, les frais de personnel et l'intérêt des capitaux pendant la construction, ne pourront, sauf des exceptions motivées par des circonstances de force majeure ou par le caractère aléatoire de certaines estimations, telles que : acquisitions de terrains, percement de souterrains, épuisements exceptionnels, consolidation et assainissement de tranchées et remblais, etc..., excéder les maxima qui seront fixés, d'un commun accord, entre l'État et la compagnie après approbation des projets d'exécution.

Le min. des tr. publ. se réserve, d'ailleurs, de faire exécuter les travaux par les ingénieurs de l'État, dans le cas où il ne pourrait accepter les évaluations de la compagnie.

En cas de désaccord, soit sur la fixation du maximum, soit sur les conséquences des exceptions ci-dessus désignées, il sera procédé par voie d'arbitrage, chaque partie désignant son arbitre et les deux arbitres désignant, s'il est nécessaire, un tiers arbitre pour les départager. Dans le cas où ils ne pourraient se mettre d'accord sur le choix de ce troisième arbitre, celui-ci sera nommé par le président du tribunal civil de la Seine, à la requête de la partie la plus diligente.

Art. 5. — Lors de la remise à la compagnie des lignes énumérées à l'art. 2, il sera procédé à leur reconnaissance contradictoire et à une évaluation des travaux nécessaires pour les mettre en état et pour doubler les voies sur les points où ce doublement sera prescrit par le min. des tr. publ. En cas de désaccord sur la désignation ou l'évaluation de ces travaux, il sera prononcé par un arbitrage dans les conditions de l'article précédent. Ces travaux seront exécutés par la compagnie pour le compte de l'État.

L'État reprendra le matériel roulant en service sur la ligne de Sens-Troyes–Châlons et recevra en argent ou en travaux la valeur du matériel roulant de la ligne de Lérouville à Sedan, fixée à à 1,099,248 fr. 20 par décis. min. du 6 mars 1880, la comp. prenant à sa charge la fourniture du matériel roulant nécessaire à l'exploitation de toutes les lignes désignées à l'art. 2.

L'État fera abandon à la compagnie du mobilier des gares et de tout le petit matériel pouvant exister sur lesdites lignes.

Art. 6. — La compagnie sera remboursée de ses avances par le payement annuel qui lui sera fait par l'État de l'intérêt et de l'amortissement des emprunts effectués par elle pour subvenir aux dépenses faites en conformité des stipulations des articles 4 et 5.

Le chiffre de cette annuité sera arrêté, pour chaque exercice, d'après le prix moyen des négociations de l'ensemble des obligations émises par la compagnie dans cet exercice. Ce prix moyen sera établi, déduction faite de l'intérêt couru au jour de la vente des titres et en tenant compte de tous droits à la charge de la compagnie dont ces titres sont ou seront frappés et de tous autres frais accessoires dont la compagnie justifiera.

Les sommes dépensées dans un exercice auront droit, pour cet exercice, à l'intérêt au taux effectif de l'emprunt du 1er juillet au 31 décembre, quelle que soit l'époque de l'année à laquelle auront été effectués les travaux.

Le montant de l'annuité pour chaque exercice sera réglé au 31 décembre et payé dans le mois de janvier suivant. Dans le cas où ce payement n'aurait pas été effectué dans ledit mois, la compagnie aura droit, sans qu'il soit besoin d'en faire la demande, aux intérêts, au taux effectif de l'emprunt du montant de l'annuité, depuis le 1er janvier jusqu'au jour où cette annuité lui aura été effectivement soldée.

En outre de cette annuité, l'État remboursera chaque année à la compagnie les frais de service des obligations émises pour créer les ressources nécessaires à la construction ou à l'achèvement des lignes concédées par la présente convention ; ces frais sont abonnés à dix centimes par obligation en circulation et par an.

Art. 7. — Les lignes désignées à l'article 1er seront exécutées dans les délais ci-dessous :

a) — Dix-huit mois pour celles dont la compagnie n'aura à faire que la superstructure dans les conditions du cahier des charges supplémentaire du 11 juillet 1878 ;

b) — Cinq ans pour celles dont la compagnie exécutera l'infrastructure, ce délai courant à partir du jour où le min. des tr. publ. aura approuvé l'ensemble des plans parcellaires ;

c) — Pour les lignes dont la compagnie aura seulement à achever l'infrastructure ; ce délai de cinq ans, à partir de la remise qui lui sera faite des travaux, sera réduit dans le rapport de la somme restant à dépenser au montant total des dépenses faites et à faire.

La compagnie devra produire les projets relatifs aux plans parcellaires dans les délais suivants qui courront à partir du 1er janvier qui suivra la promulgation de la loi approuvant la présente convention :

2 années pour 150 kil.
3 — 400 —
4 — 900 —

Ne sera pas compté dans la supputation des délais ci-dessus indiqués le temps pendant lequel les divers projets que la compagnie doit fournir pour chaque ligne resteront entre les mains de l'administration.

Pour les lignes non comprises dans le paragraphe 1er de l'article 1er, les délais fixés ci-dessus ne courront qu'à partir de la date de la concession définitive.

(*Inexécution des délais.*) — Texte identique à celui des deux derniers alinéas de l'art. 9 de la convention P. L. M., sauf les mots « art. 4 » substitués à « art. 6 ».

Art. 8. — La dette contractée par la compagnie envers l'État, par suite des avances qu'elle a reçues à titre de garantie d'intérêt pour les exercices antérieurs à l'année 1883, et qui s'élève, intérêts compris, au chiffre de 150,636,551 fr. 47 sera compensée avec les dépenses de premier établissement incombant à l'État, aux termes des art. 4 et 5 des présentes conventions, pour l'achèvement de la superstructure des lignes dénommées à l'art. 1er et pour les travaux d'agrandissement et de modification des gares de jonction, tant de ces mêmes lignes que de celles dénommées à l'art. 2 avec les lignes qui appartiennent aujourd'hui à la compagnie.

L'État fait abandon de cette dette à la compagnie, qui accepte cet abandon comme représentant à forfait la part contributive de l'État :

1° Dans les travaux d'établissement ou d'agrandissement des gares de jonction des lignes énumérées aux articles 1 et 2 ci-dessus avec les lignes qui appartiennent aujourd'hui à la compagnie, c'est-à-dire dans les travaux, tant des gares de bifurcation que des gares de formation de trains ;

2° Dans les travaux de superstructure définis par le cab. des ch. suppl. du 11 juillet 1868, qui restent à exécuter pour établir à simple voie les lignes énumérées à l'art. 1er ;

3° Dans les travaux de superstructure de la seconde voie à établir sur une partie de ces lignes jusqu'à concurrence d'une longueur de cent quatre-vingt-deux (182) kilomètres.

La comp. s'engage à exécuter complètement ces travaux à ses frais, tant en payement de sa dette que pour couvrir la part qu'elle doit prendre aux dépenses de superstructure en vertu de l'art. 4.

Le complément des travaux de seconde voie qui seront reconnus immédiatement nécessaires resteront à la charge de l'État. La compagnie fera les avances de fonds nécessaires, et l'État lui en tiendra compte dans les conditions fixées par l'art. 6.

Si l'État réclame ultérieurement la mise à double voie de tout ou partie des lignes établies à simple voie, il payera chaque année à la comp. une annuité suffisante pour couvrir l'intérêt et l'amortissement du capital dépensé, tant que le produit brut de ces lignes restera inférieur à 35,000 fr. par kilom. ; lorsque ce produit atteindra 35,000 fr. par kilom. ou lui sera supérieur, l'intérêt et l'amortissement du capital dépensé resteront à la charge du compte général d'expl. défini à l'art. 9.

L'intérêt et l'amortissement des sommes que la compagnie empruntera pour l'exécution de ces travaux seront compris dans le règlement général annuel des comptes qui seront établis à l'avenir, en ce qui concerne la garantie d'intérêt, conf. aux règles posées par les art. 9, 10 et 11 ci-après, jusqu'à l'expiration du terme fixé par la convention du 31 décembre 1875.

Art. 9. — A partir du 1er janvier 1883, il sera dressé un compte unique des recettes et des dépenses de chaque exercice.

On comprendra, d'une part, dans le compte des recettes : 1° Toutes les recettes des lignes en exploitation complète, y compris la part revenant à la comp. de l'Est des produits des chemins de petite et de grande ceinture et de ceux des lignes exploitées par la comp. de l'Est pour le compte de tiers, avec l'approbation du Gouvernement ; — 2° Les annuités reçues par la comp., en représentation des subventions et des participations de l'État pour la construction des lignes concédées, tant par les conventions antérieures que par la présente convention, au fur et à mesure de l'entrée de chacune de ces lignes dans le compte de l'exploitation complète ; — 3° L'annuité représentant le prix du rachat des lignes cédées à l'Allemagne ; — 4° L'annuité reçue par la comp. pour couvrir l'emprunt spécial émis par elle en remplacement des insuffisances non payées par l'État pour les exercices de 1871 et 1872, conformément à la convention en date du 6 décembre 1872 ; — 5° Les annuités reçues par la comp. pour couvrir de l'intérêt et de l'amortissement des dépenses des secondes voies établies sur l'ordre du min. des tr. publ., conf. à l'art. 11 de la convention du 31 décembre 1875.

On comprendra, d'autre part, dans le compte des dépenses : — 1° Toutes les dépenses d'exploitation, y compris, notamment, les allocations de la compagnie pour les caisses de retraite, de secours et de prévoyance, les impôts, les frais de contrôle et les indemnités pour accidents, pertes, avaries et incendies ; — 2° Les redevances, subventions annuelles et charges de toute nature incombant à la comp. de l'Est pour des lignes concédées à des tiers et exploitées, soit par elle, soit par les concessionnaires eux-mêmes, avec la participation de la compagnie de l'Est, en vertu de traités déjà approuvés par le Gouvernement ou qui seront approuvés ultérieurement par le min. des tr. publ. ; — 3° L'intérêt, l'amortissement et les frais accessoires, au taux effectif des emprunts contractés, des sommes employées par la comp. et dûment justifiées, dans les conditions fixées par le décret du 2 mai 1863 et les conventions en vigueur. *Savoir* :

a) — Pour le rachat, la construction, la mise en exploitation et les approvisionnements effectifs (ces derniers limités au chiffre maximum de 35,000,000 de fr.) des lignes en exploitation complète ;

b) — Pour la réparation des dommages et le rétablissement des ateliers et gares douanières, après la guerre de 1870-1871 ;

c) — Pour couvrir : 1° les insuffisances de recettes des exercices de 1871 et 1872 ; 2° le reliquat des insuffisances des exercices antérieurs non encore réglées, et, au besoin, celles de l'année 1883 ;

d) — Pour les travaux complémentaires à exécuter, à toute époque, sur l'ensemble du réseau, conformément à des projets approuvés par le ministre des travaux publics.

Le solde de ces deux comptes constituera le revenu net de chaque exercice.

Art. 10. — Lorsque les recettes d'un exercice seront insuffisantes pour couvrir les charges calculées comme il vient d'être dit à l'art. 9, augmentées du revenu réservé aux actionnaires et fixé, à l'avenir, au chiffre de 20,750,000 fr., l'État versera le montant de l'insuffisance à la compagnie, à titre de garantie d'intérêts.

Lorsque, dans les années suivantes, le revenu net, calculé comme il est dit ci-dessus, dépassera le revenu réservé aux actionnaires, l'excédent sera affecté au remboursement des avances faites et de leurs intérêts simples à 4 p. 100.

Les excédents libres, quand il s'en produira, seront employés à compenser les insuffisances, constatées ou prévues, des lignes en expl. partielle, comme il sera dit à l'art. 11 ci-après.

Art. 11. — Jusqu'au 1er janvier qui suivra l'achèvement de l'ensemble des lignes désignées à l'art. 1er de la présente convention, ces lignes et celles comprises dans la convention du 31 décembre 1875 donneront lieu à l'ouverture d'un compte provisoire dit d'exploitation partielle.

On portera, chaque année, dans ce compte :

D'une part, les intérêts et l'amortissement des obligations émises pour l'exécution des sections de ces lignes qui seront successivement mises en exploitation et les dépenses nécessitées par cette exploitation.

D'autre part, les recettes d'exploitation, les annuités correspondant à la part contributive de l'État dans leur construction, les excédents du revenu net des lignes en exploitation complète, déversés au compte des lignes en exploitation partielle, comme il est dit à l'art. 10 ci-dessus.

En cas d'insuffisance des recettes, l'excédent de charges sera porté au compte de premier établissement.

Chaque année, la compagnie devra reporter au compte d'exploitation complète celles des lignes terminées dont les charges pourront être, d'une manière continue, couvertes par l'excédent du revenu net déversé les années précédentes du compte des lignes en exploitation complète au compte des lignes en exploitation partielle.

Art. 12. — Les excédents de revenu net qui ne seront pas nécessaires pour couvrir les insuffisances des lignes en exploitation partielle appartiendront aux actionnaires.

Mais, lorsque le revenu net de l'ensemble des lignes en exploitation complète, calculé conformément aux prescriptions de l'art. 9, dépassera la somme de 29,500,000 fr., l'excédent sera partagé à raison de :

2/3 pour l'État,

1/3 pour la compagnie.

Art. 13. — Sur chacune des lignes désignées aux art. 1 et 2 de la présente convention, le nombre des trains de chaque sens que l'admin. supér. pourra exiger de la compagnie sera fixé à raison de un par 3,000 fr. de recette kilométrique locale, c'est-à-dire calculé d'après les produits des voyageurs et marchandises en provenance ou à destination d'une gare de cette ligne et pour le parcours afférent à cette ligne, sans toutefois que ce nombre puisse être inférieur à trois.

Aucune circulation de trains ne pourra être exigée sur une de ces lignes entre dix heures du soir et six heures du matin, tant que la recette locale n'aura pas atteint 15,000 fr. par kilom., à moins que l'État ne prenne à sa charge toutes les dépenses supplémentaires qu'imposerait à la compagnie la création d'un service de nuit.

En cas de désaccord, cette dépense serait fixée par voie d'arbitrage, comme il est dit à l'art. 4.

Art. 14. — (*Réduction éventuelle de l'impôt, combinée avec celle du prix des places*). — Identique à l'art. 15 de la convention de P.-L.-M. — Sauf les mots : « *En cas de rachat dans une période de cinq années après cette réduction,* » substitués aux mots : « *En cas de rachat dans une période de moins de cinq ans après cette réduction.* »

Art. 15. — Si le Gouvernement exerce le droit qui lui est réservé par l'art. 37 du cah. des ch., de racheter la concession entière, la comp. pourra demander que toute ligne dont la mise en exploitation remonterait à moins de quinze ans soit évaluée non d'après son produit net, mais d'après le prix réel de premier établissement.

En outre de l'annuité prévue à l'art. 37 du cah. des ch., la comp. aura droit au remboursement des dépenses complémentaires autres que celles du matériel roulant, exécutées par elle avec l'approb. du min. des tr. publ., sur toutes les lignes de son réseau, conf. aux dispositions de l'art. 9, sauf déduction de un quinzième pour chaque année écoulée depuis la clôture de l'exercice dans lequel auront été exécutés les travaux.

Le prix total de rachat ne pourra, dans aucun cas, ressortir à une somme correspondant à une annuité inférieure au montant du revenu réservé aux actionnaires, fixé par l'art. 10 au chiffre de 20,750,000 fr., augmenté des charges d'intérêt et d'amortissement des emprunts calculées conf. aux prescriptions des art. 6 et 9 de la présente convention.

Art. 16. — Pour toutes les lignes désignées à l'art. 1er, la redevance que la comp. doit payer à l'État, pour frais de visite, de surveillance, de réception des travaux et contrôle de l'exploitation, ne sera due par elle que pour les lignes en exploitation et à partir du 1er janvier qui suivra l'ouverture de chaque ligne.

Art. 17. — La présente convention et toutes celles soumises à l'approbation du Gouvernement, pour régler la participation de la compagnie dans l'établissement ou l'exploitation des lignes d'embranchement, conformément aux prescriptions de l'art. 9, seront enregistrées au droit fixe de 3 fr. »

VI. RÉSEAU DE L'OUEST (Loi 20 novembre 1883, approuvant la convention du 17 juillet 1883, avec la compagnie de *l'Ouest*) :

« Art. 1er. — Est approuvée la convention provisoire passée, le 17 juillet 1883, entre le ministre des travaux publics et la compagnie des chemins de fer de l'Ouest.

« Art. 2. — Le montant des travaux complémentaires que le ministre des travaux publics pourra autoriser sera fixé, chaque année, par un article de la loi de finances,

« Tout nouveau traité engageant le concours financier de la comp. de l'Ouest, dans la construction et l'exploitation des lignes ferrées, ne pourra être exécuté qu'après avoir été approuvé par une loi.

« Art. 3. — L'enregistrement de ladite convention ne donnera lieu qu'à la perception du droit fixe de trois francs (3 fr.). »

CONVENTION du 17 juillet 1883, relative à la compagnie de *l'Ouest* :

« Art. 1er, § 1. — Le ministre des travaux publics, au nom de l'État, concède à la compagnie des chemins de fer de l'Ouest, qui accepte, les chemins ci-après désignés :

1° *A titre définitif* : — Avranches à Domfront ; — Beslé à Guéméné et à la Chapelle-sur-Erdre ; — Carentan à Carteret ; — Carhaix à Morlaix ; — Châteaubriant à Ploërmel ; — Châteaubriant à Saint-Nazaire ; — Dreux à Auneau ; — Eu à Dieppe ; — Evreux à la Loupe ; — Evreux à Neufbourg ; — Évreux-Ville à Évreux-Navarre ; — Fougères à Vire ; — Guingamp à Paimpol ; — La Brohinière à Dinan et à Dinard ; — Neufbourg à Caudebec-les-Elbeuf ; — Neufbourg à Glos-Montfort ; — Pont-Audemer à Quetteville ; — Pouancé à Laval ; — Sablé à Sillé-le-Guillaume ; — Saint-Brieuc au Légué ; — Saint-Georges à Evreux ; — Saint-Méen à Loudéac et à Carhaix ; — Segré à Nantes (section de Candé à Nantes) ; — Vire à Saint-Lô et à Caen.

2° *A titre éventuel* : — De ou près Argenteuil à ou près Mantes ; — Dieppe au Havre ; de Pont-Audemer à Port-Jérôme, avec traversée souterraine de la Seine et prolongement jusqu'au Havre par la vallée de la Seine et raccordement vers Caudebec : — Raccordement de Rouen.

La concession de ces lignes deviendra définitive au fur et à mesure de leur déclaration d'utilité publique.

§ 2. — La compagnie des chemins de fer de l'Ouest s'engage à accepter la concession qui lui serait faite par l'État d'environ deux cents (200) kilomètres de chemins de fer situés dans les départements qu'elle dessert et à désigner par l'administration, la compagnie entendue.

Ces chemins seront construits et exploités aux conditions applicables aux chemins dont la nomenclature est indiquée d'autre part.

Art. 2. — Le ministre des travaux publics, au nom de l'État, fait cession à la compagnie des chemins de fer de l'Ouest, qui accepte, des chemins de fer ci-après désignés et qui sont aujourd'hui en exploitation ou sur le point d'y être : — Alençon à Domfront ; — Caen à Dozulé ; — Châteaubriant à Rennes ; — Couterne à la Ferté-Macé ; — De la limite du département de l'Eure (vers Elbeuf) à Rouen ; — Dives à Trouville ; — Echauffour à Bernay ; — Embranchement du port d'Isigny ; — Laigle à Mortagne ; — L'Étang-la-Ville à Saint-Cloud ; — Lisieux à Orbec ; — Mamers à Bellême et à Mortagne ; — Mayenne à Fougères ; — Mézidon à Dives ; — Miniac à la Gouesnière ; — Morlaix à Roscoff ; — Mortagne à Sainte-Gauburge ; — Orbec à la Trinité-de-Réville ; — Ploërmel à la Brohinière ; — Pré-en-Pail à Mayenne ; — Raccordement, à Pontorson, de la ligne de Vitré à Fougères avec la ligne de Lison à Lamballe ; — Raccordement des deux gares de Saint-Germain ; — Raccordement, près Elbeuf, des lignes d'Elbeuf à Rouen et de Serquigny à Rouen ; — Sainte-Gauburge à Mesnil-Mauger ; — Saint-Georges à Dreux et à Chartres ; — Segré à Candé ; — Vitré à Fougères et à Moidrey ; — Vitré à Martigné-Ferchaud.

L'État terminera lui-même les lignes ou parties de lignes indiquées ci-après, qui sont comprises dans l'énumération qui précède et qui ne sont pas encore livrées à l'exploitation : — Beuzeval à Villers ; — L'Étang-la-Ville à Saint-Cloud ; — Miniac à la Gouesnière ; — Ploërmel à la Brohinière ; — Raccordement, à Pontorson, de la ligne de Vitré à Fougères avec la ligne de Lison à Lamballe ; — Raccordement, près Elbeuf, des lignes d'Elbeuf à Rouen et de Serquigny à Rouen ; — Rectification de la Selle-en-Luitré à Fougères ; — Segré à Candé.

La compagnie s'engage, en outre, à exploiter dans les conditions de la présente convention les lignes d'intérêt local que l'État viendrait à incorporer au réseau d'intérêt général dans la région desservie par ladite compagnie.

Art. 3. — Les chemins désignés dans les art. 1 et 2 ci-dessus seront soumis au cahier des charges et aux conditions additionnelles qui régissent l'ensemble des concessions faites à la compagnie de l'Ouest. Leur concession prendra fin le même jour que ledit ensemble, c'est-à-dire le trente et un décembre mil neuf cent cinquante-six.

Art. 4. — La dépense de construction des lignes désignées à l'art. 1er sera à la charge de l'État.

Toutefois, la compagnie contribuera aux dépenses de la superstructure à raison de 25,000 fr. par kilomètre. — Elle fournira de plus, à ses frais, le matériel roulant, ainsi que le matériel, le mobilier et l'outillage des gares.

La comp. exécutera ou achèvera pour le compte de l'État, dans l'ordre qui lui sera indiqué par l'admin. sup., les travaux de toutes les lignes, soit à simple voie, soit à double voie suivant les prescriptions du min. des tr. publ., y compris les travaux d'agrandissement et de modification des gares de jonction avec les lignes qui lui appartiennent aujourd'hui.

Elle fera, à cet effet, toutes les avances de fonds nécessaires. Dans le cas où le gouvernement désirerait renoncer au bénéfice de cette disposition, il devrait en prévenir la compagnie au moins six mois à l'avance.

Un accord ultérieur entre le ministre des travaux publics et la compagnie règlera les conditions dans lesquelles celle-ci prendra livraison, pour les achever, des lignes dont l'infrastructure est en ce moment commencée par l'État.

Les dépenses à rembourser par l'État, comprenant les frais généraux, les frais de personnel et l'intérêt des capitaux pendant la construction, ne pourront, sauf des exceptions motivées par des circonstances de force majeure ou par le caractère aléatoire de certaines estimations, telles que : acquisitions de terrains, percements de souterrains et assainissement de tranchées et remblais, etc..., excéder les maxima qui seront fixés d'un commun accord entre l'État et la compagnie, après approbation des projets d'exécution.

Le min. des tr. publ. se réserve d'ailleurs de faire exécuter les travaux par les ingén. de l'État, dans le cas où il ne pourrait accepter les évaluations de la compagnie.

En cas de désaccord, soit sur la fixation du maximum, soit sur les conséquences des exceptions ci-dessus désignées, il sera procédé, par voie d'arbitrage, chaque partie désignant son arbitre et les deux arbitres désignant, s'il est nécessaire, un tiers arbitre pour les départager. Dans le cas où ils ne pourraient se mettre d'accord sur le choix de ce troisième arbitre, celui-ci sera nommé par le président du tribunal civil de la Seine, à la requête de la partie la plus diligente.

Art. 5. — Lors de la remise à la compagnie des lignes énumérées à l'art. 2, il sera procédé à leur reconnaissance contradictoire et à une évaluation des travaux nécessaires pour les mettre en état et pour doubler les voies sur les points où ce doublement sera prescrit par le ministre des travaux publics.

En cas de désaccord sur la désignation ou l'évaluation de ces travaux, il sera prononcé par un arbitrage dans les conditions de l'article précédent. Ces travaux seront exécutés par la compagnie pour le compte de l'État.

L'État reprendra le matériel roulant en service sur les lignes de Chartres à Dreux et d'Elbeuf à Rouen, la compagnie prenant à sa charge la fourniture du matériel roulant nécessaire à l'exploitation de toutes les lignes de l'art. 2.

L'État fera abandon à la compagnie du mobilier des gares et de tout le petit matériel pouvant exister sur lesdites lignes.

Art. 6. — (*Remboursement, par annuités, des dépenses avancées par la compagnie.*) — Identique à l'art. 6 de la convention de la comp. de l'*Est*, sauf le 3e alinéa, rédigé comme il suit, pour la comp. de l'Ouest.

« Les sommes dépensées dans un exercice seront augmentées de six mois d'intérêt au taux effectif de l'emprunt, quelle que soit l'époque de l'année à laquelle auront été effectués les travaux. »

Art. 7. — Les lignes désignées à l'art. 1er seront exécutées dans les délais ci-dessous :

a) — Dix-huit (18) mois pour celles dont la comp. n'aura à faire que la superstructure ;

b) — Cinq (5) ans pour celles dont la comp. exécutera l'infrastructure, ce délai courant à partir du jour où le min. des tr. publ. aura approuvé l'ensemble des plans parcellaires ;

c) — Pour les lignes dont la comp. aura seulement à achever l'infrastructure, ce délai de cinq ans, à partir de la remise qui lui sera faite des travaux, sera réduit dans le rapport de la somme restant à dépenser au montant total des dépenses faites et à faire.

La compagnie devra produire les projets relatifs aux plans parcellaires dans les délais suivants, qui courront à partir du 1er janvier qui suivra la promulgation de la loi approuvant la présente convention :

Deux années pour 150 kilomètres ;

Trois années pour quatre cents kilomètres ;

Quatre années pour le solde.

Ne sera pas compté dans la supputation des délais ci-dessus indiqués le temps pendant lequel les divers projets que la comp. doit fournir pour chaque ligne resteront entre les mains de l'admin.

La comp. sera d'ailleurs mise en possession des études et projets préparés par les ingén. de l'État.

Pour les lignes non comprises dans le § 1er de l'art. 1er, les délais fixés ci-dessus ne courront qu'à partir de la date de la concession définitive.

(*Inexécution des délais.*) — Texte identique à celui des deux derniers alinéas de l'art. 9 de la convention P.-L.-M., sauf les mots « art. 4 » substitués à «*art. 6* ».

Art. 8. — La dette contractée par la compagnie envers l'État, par suite des avances qu'elle a reçues à titre de garantie d'intérêt pour les exercices antérieurs à l'année 1883, et qui s'élève, au 31 décembre 1882, en capital, à 189,809,288 fr. 14, et, en intérêts, à 50,886,187 fr. 43, sera compensée avec les dépenses à la charge de l'État que la compagnie prendra à son compte jusqu'à concurrence de 160,000,000 de francs pour les objets suivants : — 1° Dépenses restant à faire en dehors de celles déjà faites ou payées par l'État pour l'établissement ou l'agrandissement des gares de jonction des lignes énumérées aux art. 1 et 2 ci-dessus, avec les lignes qui appartiennent aujourd'hui à la compagnie, ainsi que pour les gares de formation des trains ; — 2° Travaux de consolidation et de parachèvement à exécuter à la charge de l'État sur les lignes énumérées à l'art. 2 ; — 3° Doublement des voies sur les sections des lignes concédées par la présente convention, où ce doublement pourra être prescrit par le min. des tr. publ. ; — 4° Rachat, parachèvement, remise en état, raccordements et jonctions avec les gares de la compagnie, des lignes d'intérêt local que l'État viendrait à incorporer au réseau d'intérêt général ; — 5° Enfin, une part dans les dépenses de superstructure et au besoin d'infrastructure à la charge de l'État, en dehors de la contribution de 25,000 fr. par kilom. fournie par la compagnie.

Moyennant ces dépenses à faire par la compagnie, dans la limite ci-dessus indiquée, et qui comprendront les frais généraux, les frais de personnel et l'intérêt des capitaux pendant la construction, c'est-à-dire jusqu'à la clôture du compte de premier établissement prévu à l'art. 11, l'État fait abandon de sa dette à la compagnie.

Le complément des travaux de seconde voie qui seront reconnus immédiatement nécessaires resteront à la charge de l'État. La compagnie fera les avances de fonds nécessaires, et l'État lui en tiendra compte dans les conditions fixées par l'art. 6.

Si l'État réclame ultérieurement la mise à double voie de tout ou partie des lignes établies à simple voie, il payera chaque année à la compagnie une annuité suffisante pour couvrir l'intérêt et l'amortissement du capital dépensé, tant que le produit brut de ces lignes restera inférieur à 35,000 fr. par kilom. ; lorsque ce produit atteindra 35,000 fr. par kilom. ou lui sera supérieur, l'intérêt et l'amortissement du capital dépensé resteront à la charge du compte général de l'exploitation défini à l'art. 9.

L'intérêt et l'amortissement des sommes que la comp. empruntera pour l'exécution de ces travaux seront compris dans le règlement général annuel des comptes qui seront établis à l'avenir, en ce qui concerne la garantie d'intérêt, conf. aux règles posées par les art. 9, 10 et 11 ci-après, jusqu'au 31 décembre 1935.

Art. 9. — A partir du 1er janvier 1883, il sera dressé un compte unique des recettes et des dépenses de chaque exercice.

On comprendra, d'une part, dans le compte des recettes : — 1° Toutes les recettes des lignes en exploitation complète, y compris la part revenant à la compagnie de l'Ouest des produits des chemins de Petite et de Grande Ceinture et de ceux des lignes exploitées par la compagnie de l'Ouest pour le compte de tiers, avec l'approbation du gouvernement ; — 2° Les annuités reçues par la compagnie en représentation des subventions et des participations de l'État pour la construction des lignes concédées, tant par les conventions antérieures que par la présente convention, au fur et à mesure de l'entrée de chacune de ces lignes dans le compte de l'exploitation complète ; — 3° Les annuités reçues par la compagnie pour la couvrir de l'intérêt et de l'amortissement des dépenses des secondes voies qui pourraient être établies sur l'ordre du ministre des travaux publics.

On comprendra, d'autre part, dans le compte des dépenses : — 1° Toutes les dépenses d'exploitation, y compris notamment les allocations de la compagnie pour les caisses de retraite, de secours et de prévoyance, les impôts, les frais de contrôle et les indemnités pour accidents, pertes, avaries et incendies, et le fond fixe d'amortissement des actions ; — 2° Les subventions à des services de correspondances par terre ou par eau autorisés par l'administration supérieure, ainsi que les redevances, subventions annuelles et charges de toute nature incombant à la compagnie de l'Ouest pour des lignes concédées à des tiers et exploitées, soit par elle, soit par les concessionnaires eux-mêmes, avec la participation de la compagnie de l'Ouest, en vertu des traités déjà approuvés par le gouvernement ou qui seront approuvés ultérieurement par le ministre des travaux publics ; — 3° L'intérêt, l'amortissement et les frais accessoires, au taux effectif des emprunts contractés, des sommes employées par la compagnie et dûment justifiées dans les conditions fixées par le décret du 6 mai 1863 et les conventions en vigueur.

a) — Pour le rachat, la construction, la mise en service et les approvisionnements effectifs (ces derniers limités au chiffre maximum de trente-cinq millions (35,000,000 de fr.) des lignes en exploitation complète) ;

b) — Pour la réparation des dommages après la guerre de 1870-1871 ;

c) — Pour liquider, dans les conditions des §§ 1° et 2° ci-dessus, les insuffisances des exercices antérieurs non encore réglés, en y comprenant les charges résultant de l'exploitation de la ligne de Falaise à Berjou depuis le 1er janvier 1878 ;

d) — Pour les travaux et dépenses complémentaires à faire, à toute époque, sur l'ensemble du réseau, conformément à des projets approuvés par le ministre des travaux publics.

Le solde de ces deux comptes constituera le revenu net de chaque année.

Art. 10. — Lorsque les recettes d'un exercice seront insuffisantes pour couvrir les charges calculées comme il vient d'être dit à l'art. 9, augmentées du revenu réservé aux actionnaires et fixé à l'avenir au chiffre de 11,550,000 fr., l'État versera le montant de l'insuffisance à la comp. à titre de garantie d'intérêt.

Lorsque, dans les années suivantes, le revenu net, calculé comme il est dit ci-dessus, dépassera le revenu réservé aux actionnaires, l'excédent sera affecté au remboursement des avances faites et de leurs intérêts simples à 4 p. 100.

Les excédents libres, quand il s'en produira, seront employés à compenser les insuffisances, constatées ou prévues, des lignes en expl. partielle, comme il sera dit à l'art. 11 ci-après.

Art. 11. — Jusqu'au 1er janvier qui suivra l'achèvement de l'ensemble des lignes désignées à l'art. 1er de la présente convention, ces lignes et celles comprises dans la convention du 31 déc. 1875 donneront lieu à l'ouverture d'un compte provisoire dit d'exploitation partielle.

On portera chaque année dans ce compte :

D'une part, les intérêts et l'amortissement des obligations émises pour l'exécution des sections de ces lignes qui seront successivement mises en exploitation et les dépenses nécessitées par cette exploitation.

D'autre part, les recettes d'exploitation, les annuités correspondant à la part contributive de l'État dans leur construction, les excédents du revenu net des lignes en exploitation complète déversés au compte des lignes en exploitation partielle, comme il est dit à l'art. 10 ci-dessus.

En cas d'insuffisance des recettes, l'excédent de charges sera porté au compte de premier établissement.

Chaque année, la comp. devra reporter au compte d'exploitation complète celle des lignes terminées dont les charges pourront être, d'une manière continue, couvertes par l'excédent du revenu net déversé les années précédentes du compte des lignes en exploitation complète au compte des lignes en exploitation partielle.

Art. 12. — Les excédents du revenu net qui ne seront pas nécessaires pour couvrir les insuffisances des lignes en exploitation partielle appartiendront aux actionnaires.

Mais lorsque le revenu net de l'ensemble des lignes en exploitation complète, calculé conf. aux prescr. de l'art. 9, dépassera la somme de 15,000,000 de fr., l'excédent sera partagé à raison de :

Deux tiers (2/3) pour l'État ;

Un tiers (1/3) pour la compagnie.

Art. 13 (*Nombre obligatoire de trains sur les lignes désignées aux art. 1 et 2 de la présente convention*). — Identique à l'art. 13 de la convention de la comp. de l'*Est*.

Art. 14 (*Réduction éventuelle de l'impôt, combinée avec celle du prix des places*). — Identique à l'art. 15 de la convention de P.-L.-M. — Sauf les mots : « *En cas de rachat dans une période de cinq années après cette réduction,* » substitués aux mots : « *En cas de rachat dans une période de moins de cinq ans après cette réduction.* »

Art. 15. — Si le Gouvernement exerce le droit, qui lui est réservé par l'art. 37 du cah. des ch., de racheter la concession entière, la comp. pourra demander que toute ligne dont la mise en exploitation remonterait à moins de quinze ans soit évaluée non d'après son produit net, mais d'après ce que la compagnie aura réellement dépensé pour son établissement.

En outre de l'annuité prévue à l'art. 37 du cah. des ch., la comp. aura droit au rembourse-ment des dépenses complémentaires, autres que celles du matériel roulant, exécutées par elle et à ses frais avec l'approb. du min. des tr. publ., sur toutes les lignes de son réseau, conf. aux dispositions de l'art. 9, sauf déduction d'un quinzième (1/15) pour chaque année écoulée depuis la clôture de l'exercice dans lequel auront été exécutés les travaux.

Le prix total de rachat ne pourra, dans aucun cas, ressortir à une somme correspondant à une annuité inférieure au montant du revenu réservé aux actionnaires fixé, par l'article 10, au chiffre de 11,550,000 fr., augmenté des charges d'intérêt et d'amortissement des emprunts, calculées conf. aux prescriptions des articles 6 et 9 de la présente convention.

Art. 16 (*Trafic commun avec le réseau des chemins de fer de l'État*). — Identique à l'art. 16 de la convention passée avec la comp. d'*Orléans*, sauf la désignation « *comp. de l'Ouest* », substituée à « comp. d'Orléans » et sauf le renvoi final (pour la question d'*arbitrage*, en cas de désaccord) à l'art. 4 de la présente convention.

Art. 17. — Indépendamment des stipulations qui précèdent, l'admin. du réseau de l'État aura le droit de faire circuler ses trains entre Chartres et Paris (gares Montparnasse et Vaugi-rard) aux conditions suivantes :

L'admin. des ch. de fer de l'État payera à la comp. de l'Ouest, pour toute rétribution, un péage réduit à quatre dixièmes (4/10) de la recette brute réalisée sur le parcours de cette ligne.

Elle sera affranchie de toute redevance pour loyer et frais d'exploitation dans les gares de Chartres et de Paris (Montparnasse et Vaugirard).

Les dépenses du service de la traction ne sont pas comprises dans celles des gares communes ; chaque administration pourvoira elle-même à son service dans des locaux spéciaux.

Art. 18. — La compagnie s'engage, à partir du 1er janvier 1884 : — 1° A renoncer à la perception des prix spéciaux des dimanches et fêtes sur ses lignes de la banlieue de Paris ; — 2° A faciliter les déplacements des ouvriers par l'établissement, sur les mêmes lignes, de billets d'aller et retour valables dans les premiers trains du matin et dans les trains de la soirée, avec réduction de 50 pour 100 sur les prix applicables aux voyageurs à plein tarif de troisième classe.

Art. 19. — Pour toutes les lignes désignées à l'art. 1er, la redevance que la comp. doit payer à l'État pour frais de visite, de surveillance, de réception des travaux et contrôle de l'expl., ne sera due par elle que pour les lignes en exploitation et à partir du 1er janvier qui suivra l'ouverture de chaque ligne.

Art. 20. — La présente convention et toutes celles soumises à l'approbation du Gouverne-ment pour régler la participation de la compagnie dans l'établissement ou l'exploitation des lignes d'embranchement, conformément aux prescriptions de l'art. 9, seront enregistrées au droit fixe de 3 francs. »

FIN DES DOCUMENTS ANNEXES.

TABLE CHRONOLOGIQUE

Indépendamment des principaux documents (lois, décrets et actes ministériels) compris dans cette table, notre recueil contient un très grand nombre d'indications administratives ou judiciaires pour lesquelles *l'ordre alphabétique* où elles ont trouvé leur place, nous a paru suffisant.

(Nota. — Le modèle de cahier des charges général est reproduit au mot **Cahier des charges.** — Voir aussi les articles **Lois** et **Ordonnances.**

			PAGES.	
			Tome I.	Tome II.
1759.	16 déc...	*Arrêt du C. d'État.* — Pacage des bestiaux sur les voies publiques..	203	»
1765.	27 fév....	*Idem.* — Autorisations d'alignement............	104	»
1772.	5 avril..	*Idem.* — Carrières situées le long des grandes routes............	287	»
1800.	(28 pluv. an VIII).	*Loi.* — Attributions des conseils de préfecture.	488	»
1801.	(27 prair. an IX)..	*Arrêté des consuls.* — Transport du service des postes.....	»	457
1802.	(29 flor. an X)....	*Loi.* — Relative à la grande voirie..................	»	31
1805.	(9 vent. an XIII). .	*Idem.* — Distance des plantations aux abords des chemins..	108	»
1807.	16 sept.	*Loi (ext.).* — Règlement d'indemnités administratives............	767	312
1810.	21 avril..	*Idem* sur les mines, minières, carrières, etc. *(ext.)*..............	290	707
—	13 août..	*Décret.* — Remise d'objets aux domaines............	2	»
1817.	25 mars..	*Loi.* — Finances. — Estampille de voitures publiques *(ext.).*......	736	»
1823.	26 fév...	*Ordonn.* — 1re concession de ch. de fer (Saint-Etienne à Andrezieux).	P. mém.	»
1834.	18 fév...	*Idem.* — Enquêtes relatives aux travaux publics............	699	»
1836.	21 mai...	*Loi* relative aux chemins vicinaux *(ext.)*............	329	»
1841.	3 mai...	*Idem.* — Expropriation pour cause d'utilité publique............	758	»
1842.	11 juin...	*Idem.* — Grandes lignes de ch. de fer commencées par l'Etat.....	444	687
1843.	22 mai...	*Ordonn.* relative aux machines à vapeur............	309	619
1845.	15 juill..	*Loi.* — Police des chemins de fer. — Dispositions organiques.....	»	191
—	15 juill..	*Idem.* — Ch de fer du Nord *(ext.).* — Formation des compagnies, etc..	445	»
1846.	15 nov...	*Ordonn.* — Règl. gén. sur la police, la sûreté et l'expl. des ch. de fer.	»	357
—	31 déc...	*Circ. min.* — Instruction pour l'exécution du précédent règlement...	»	357
1847.	22 mai...	*Idem.* — Etudes dans les terrains forestiers............	788	»
—	21 juin...	*Idem.* — Registre d'attelage des machines locomotives............	»	548
—	20 août..	*Idem.* — Travaux de la voie. — Manœuvres par chevaux............	378	»
—	6 oct et 10 nov.	*Circ. min.* — Circulation des fonctionnaires du contrôle..	»	162
1848.	22 fév...	*Circ. min.* — Machines locomotives. — Départ spontané............	586	»
—	20 mars...	*Décret.* — Inspecteurs de l'exploitation commerciale............	»	101
—	29 juill...	*Arr.* — Création de commissaires de surveillance............	419	»
—	21 oct...	*Circ.* — Instructions sommaires aux commiss. de surveillance..	423	522
1849.	16 avril..	*Décision min.* — Nombre de freins dans les convois............	807	»
—	23 avril et 26 déc.	*Circ. min.* — Circulation des fonctionnaires du contrôle.....	»	464
—	28 avril..	*Idem.* — Rapports des commissaires de surveillance............	249	523
—	31 août..	*Idem.* — Communication des ordres de service des compagnies............	»	368
1850.	14 janv...	*Programme ministériel.* — Projets de travaux publics............	294	847
—	27 fév...	*Loi.* — Attributions des commiss. de surv. admin............	449	»
—	15 avril..	*Arr. min. et Circ.* — Organisation du service de contrôle.........	514	»
—	12 juin...	*Idem.* — Conférences. — Travaux intéressant plusieurs services.....	479	»
—	17 juin...	*Idem.* — Voitures de messageries transportées sur trucks..........	»	804
—	12 et 23 août.....	*Arr. min. et Circ.* — Vérification des ordres de service (trains et tarifs)............	512	368
—	29 nov...	*Loi* sur la télégraphie électrique............	»	677
1851.	5 fév. et 27 sept.	*Circ.* — Assermentation des commissaires de surveillance...	444	»
—	30 mai...	*Loi.* — Police du roulage et des messageries..................	»	585
—	12 août..	*Circ.* — Bureaux des commissaires de surveillance............	251	»
—	26 et 27 déc.	*Décret et Circ.* — Police et surv. des lignes télégraphiques..	»	683
1852.	27 mars et 24 avr.	*Idem.* — Personnel des compagnies. — Surveill. de l'admin..	83	»
—	29 mai...	*Circ. min.* — Trains de plaisir et à prix réduits............	»	722
—	29 juin et 29 nov.	*Circ. min.* — Procès-verb. des agents des compagnies............	28	»

		PAGES.	
		Tome I.	Tome II.
1852. 26 juill. et 4 août.	*Décret, Arr.* et *Circ.* — Inspecteurs de l'expl. commerciale..	»	401
— 10 août..	*Décret.* — Police du roulage et des messageries (*ext.*)............	»	584
— 27 août..	*Arr. min.* — Insp. commerciaux. — Frais de bureau et de tournée.	»	402
— 4 oct...	*Décret.* — Costume officiel. (Personnel des tr. publics.)...........	»	760
— 5 nov...	*Circ. min.* — Accidents. — Avis à donner aux autorités...........	16	»
— 13 nov...	*Idem.* — Renseignements à fournir aux préfets.................	»	472
— 8 déc...	*Idem.* — Accidents. — Avis écrits à envoyer par les commissaires..	49	»
— 14 déc...	*Idem.* — Uniforme des commissaires de surveillance...........	»	760
1853. 13 janv...	*Idem.* — Ordres de service relatifs aux trains de marchandises.....	»	724
— 8 mars..	*Idem.* — Transport des dépêches urgentes du contrôle.	587	»
— 19 avril..	*Idem.* — Rapports des insp. de l'expl. commerciale.............	»	402
— 9 juin et 9 nov..	*Loi et Décret.* — Retraites. — Fonctionnaires et agents de l'État (*ext.*).............................	»	574
— 22 juin...	*Circ. min.* — Instruments de pesage dans les gares............	»	431
— 14 juill. .	*Idem.* — Accès des bureaux des commiss. de surveillance........	249	»
— 10 et 16 août...	*Décrets.* — Travaux mixtes dans la zone militaire..........	722	827
— 18 août et 15 sept.	*Circ. min.* — Magistrats admis dans l'enceinte des ch. de fer.	»	491
— 25 nov...	*Circ. min.* — Avis à donner en cas d'accidents.............	17	»
— 31 déc...	*Idem.* — Bornage des chemins de fer.................	231	»
1854. 18 janv..	*Idem.* — Travaux neufs et d'entretien sur les lignes exploitées....	»	745
— 21 janv..	*Idem.* — Bestiaux. — Pacage. — Obligations des riverains....	205	»
— 25 janv..	*Idem.* — Enquêtes au sujet de l'emplacement des stations....	704	»
— 31 janv..	*Idem.* — Troupes employées aux travaux urgents..........	»	755
— 7 fév. et 10 mars.	*Circ. min.* — Notification des décisions ministérielles......	»	335
— 1er mars.	*Règlement* sur le service de la gendarmerie (*ext.*)........	»	24
— 15 avril et 14 juin.	*Circ. min.* — Forme des arrêtés de publication des tarifs...	»	507
— 8 juin...	*Circ. min.* — Instruments de pesage à installer dans les gares.....	»	432
— 3 juill...	*Idem.* — Voyageurs sans argent et sans billet...........	»	848
— 25 oct. ..	*Idem.* — Actes de malveillance. — Surveillance à exercer.	53	»
— 13 nov...	*Instruction.* — Formalités des concessions de chemins de fer......	470	»
— 22 nov. et 26 déc.	*Circ. min.* — Accidents et faits importants à signaler......	19 et 20	»
— 26 déc...	*Circ. min.* — Examen des tarifs communs.............	»	667
1855. 8 janv...	*Idem.* — Communications à faire aux préfets.............	»	472
— 9 janv..	*Idem.* — Accidents. — Avis télégraphiques au ministre.......	20	»
— 11 janv..	*Idem.* — Chauffeurs. — Conduite des machines..........	312	246
— 22 janv..	*Idem.* — Matériel. — Échange entre les différentes lignes (*ext.*)....	»	234
— 3 fév...	*Idem.* — Conducteurs. — Gardes-freins. — Abandon du poste (*ext.*).	6	»
— 22 fév...	*Décret.* — Institution de commissaires spéciaux de police.......	429	»
— 27 fév...	*Inst. min.* — Usage du télégraphe en cas d'accident.........	21	»
— 12 mars..	*Circ. min.* — Neiges. — Amoncellement sur les voies (études)....	»	329
— 14 mai...	*Idem.* — Travaux neufs ou d'entretien sur les lignes exploitées.....	»	745
— 11 mai...	*Idem.* — Voitures à voyageurs, portières et loqueteaux...........	774	450
— 1er juin..	*Idem.* — Commiss. admin. et de police. — Attrib. respectives....	430	»
— 14 juill..	*Loi.* — Impôt sur les transports à grande vitesse..........	»	68
— 31 août...	*Circ. min.* — Parapets des ouvrages d'art voisins des stations......	»	385
— 5 sept...	*Idem.* — Exclusion des tampons secs dans les trains mixtes......	156	646
— 29 sept...	*Idem.* — Manœuvres de gare. — Ouvriers des expéditeurs.........	»	221
— 25 et 30 oct......	*Circ. min.* — Surveillance générale de l'exploitation........	»	640
— 31 oct...	*Circ. min.* — Affichage et examen des propositions de tarifs.......	74	665
— 8 et 29 déc.....	*Circ. min.* — Retards. — Avis à donner aux préfets, et publicité............	»	570
1856. 30 janv. et 19 fév.	*Idem.* — Retards. — 1° Relevés hebdomadaires; — 2° Affichage............	250	568
— 26 fév...	*Circ. min.* — Lestage des wagons munis de freins...............	»	456
— 27 fév...	*Idem.* — Trains mixtes. — Transport de bestiaux...........	458	726
— 13 mars..	*Idem.* — Dangers des fosses à piquer le feu des locomotives........	»	790
— 15 mars..	*Règlement.* — Usage des signaux détonants.................	237	»
— 20 mai...	*Circ. min.* — Transports des rails par trains mixtes.........	»	520
— 24 juin...	*Idem.* — Conditions d'admission et de service des chauffeurs.....	312	246
— 25 août..	*Idem.* — Essieux. — Tenue de registres.................	735	»
— 3 oct....	*Idem.* — Surveillance générale de l'exploitation............	»	641

			PAGES.	
			Tome I.	Tome II.
1856.	16 oct....	*Circ. min.* — Transport des dépêches urgentes du contrôle.	588	»
—	30 oct....	*Idem.* — Machines locomotives de secours.	47	»
—	13 déc....	*Idem.* — Fosses à piquer le feu. — Éclairage.	790	»
1857.	6 fév....	*Idem.* — Relevés mensuels des accidents.	36	»
—	23 fév....	*Idem.* — Retards dans la distribution des bagages.	483	»
—	10 mars..	*Idem.* — Arrestation des voyageurs sans billet ni argent.	437	848
—	11 mars..	*Idem.* — Compartiments à réserver aux fumeurs.	820	»
—	19 avril et 16 juin.	*Circ. min.* — Citation des ingén. dans les procédures.	»	493
—	2 mai...	*Circ. min.* — Retournements et rupture des rails.	»	519
—	3 juin...	*Idem.* — Voitures à voyageurs. — Estampillage.	736	»
—	6 juill..	*Idem.* — Disposition des quais à voyageurs.	»	514
—	9 juill...	*Idem.* — Transport des billets de la Banque de France.	781	»
—	1er août..	*Arrêté min.* — Flammèches des machines locomotives.	424	»
—	6 août et 29 oct.	*Circ. min.* — Transport des prisonniers et de leurs gardiens...	»	483
—	20 août...	*Circ. min.* — Transport des finances. — Valeurs gardées par les voyageurs.	490	»
—	26 sept...	*Circ. min.* — Suppression des traités particuliers.	»	729
—	29 sept...	*Idem.* — Renseignements à fournir par les ingén. à la justice.	»	492
—	26 oct...	*Idem.* — Souterrains. — Enlèvement des glaçons.	»	623
—	11 nov...	*Idem.* — Manœuvres de gares. — Service des équipes.	»	217
—	18 nov...	*Idem.* — Transports pour les administrations publiques.	69	»
—	14 déc...	*Idem.* — Transport de longues pièces de bois par les trains mixtes.	227	726
1858.	16 janv...	*Idem.* — Tarifs spéciaux. — Indication des distances.	»	664
—	26 fév....	*Idem.* — Travaux d'art. — Épreuves des ponts métalliques.	724	»
—	5 mars...	*Idem.* — Dénonciation et constatation des vols.	»	806
—	18 mars...	*Idem.* — Expériences entreprises par les compagnies.	»	420
—	31 mars et 17 juill.	*Circ. min.* — Transports contre remboursement.	783	554
—	20 mai...	*Circ. min.* — Fermeture des voies de garage.	278	»
—	4 juin...	*Loi des finances.* — Patente des concessionnaires.	»	397
—	15 juin..	*Circ. min.* — Transport des aliénés.	103	»
—	19 juin...	*Idem.* — Tarage des wagons.	»	647
—	20 sept...	*Règlement* pour les permissions de gr. voirie.	»	33
—	21 sept...	*Circ. min.* — Interdiction de monter sur les machines en marche...	»	248
—	23 sept...	*Idem.* — Agents de la compagnie. — Port d'armes à feu.	436	»
—	6 nov...	*Idem.* — Voyageurs oubliés dans les salles d'attente.	»	593
1859.	24 janv...	*Idem.* — Tenue d'un croquis général des distances.	631	»
—	2 mars...	*Idem.* — Contre-rails à placer aux points dangereux de la voie.	505	»
—	15 avril...	*Idem.* — Correspondances manquées aux points de bifurcation.	534	»
—	11 juin ..	*Décret.* — Frais de contrôle et de surveillance, pouvant être élevés, par décret spécial, à 450 fr. par kilom. exploité.	P. mém.	
—	30 juill...	*Circ. min.* — Propositions de tarifs spéciaux. Rapports explicatifs...	»	663
—	9 août...	*Idem.* — Enquêtes concernant l'emplacem. des stations.	702	»
—	25 nov...	*Idem.* — Marche des trains. — Ordres de service.	»	368
—	7 déc...	*Idem.* — Chaînes d'attelage des wagons et tampons.	456	647
—	7 déc...	*Idem.* — Expédition et vitesse des machines de secours.	»	596
—	26 déc...	*Idem.* — Interdiction de chasser dans l'enceinte du ch. de fer.	307	»
1860.	4 et 30 janv.	*Circ. min.* — Avis télégraphiques en cas d'accidents.	20	»
—	25 janv...	*Arr. minist.* — Suppression des tarifs d'abonnement.	42	»
—	17 mars et 19 mai.	*Circ.* — Transport de troupes par le chemin de Ceinture.	332	»
—	24 mars..	*Circ. min.* — Relevé des retards des trains de marchandises.	»	568
—	17 juill...	*Idem.* — Comptes rendus mensuels des décisions judiciaires.	»	432
—	18 août...	*Idem.* — Tarifs à taxes fermes. — Bases kilométriques.	»	664
—	29 déc...	*Idem.* — Avis pour les accidents de toute nature.	47	»
1861.	18 janv...	*Idem.* — Propositions de tarifs spéciaux. — Modifications.	»	664
—	18 janv...	*Idem.* — Rupture des plombs de douane.	649	»
—	31 janv...	*Idem.* — Rupture des rails dans les souterrains.	»	623
—	14 fév....	*Idem.* — Embranchements particuliers. — Tarifs spéciaux.	»	657
—	1er mars..	*Arr. min.* — Police des compartiments réservés.	450	»
—	15 mars..	*Décret.* — Émigrants. — Transport de bagages (ext.)	685	»
—	21 mars..	*Circ. min.* — Chemins latéraux. — Entretien.	326	»
—	30 mai...	*Idem.* — Pertes, retards et fausses directions des colis.	405	»

			Tome I.	Tome II.
			PAGES.	
1861.	31 mai...	Circ. min.. — Tarage des wagons. — Vérifications.............	»	647
—	29 juin et 25 nov.	Circ. min. — Déclaration préalable à faire par l'expéditeur..	»	660
—	16 août...	Circ. min. — Vente d'objets dans les gares et les buffets.........	243	»
—	12 déc...	Idem. — Modèle de tarifs généraux............................	»	648
1862.	25 janv...	Idem. — Manœuvres de gare. — Imprudence des agents...........	»	247
—	10 févr. et 27 fév.	Circ. min. — Communication des jugements.................	»	133
—	13 fév....	Circ. min. — Tarifs. — Marchandises de faible densité..........	»	657
—	15 fév....	Idem. — Tarifs. — Communication aux chambres de commerce....	304	»
—	3 avril..	Règlement. — Formalités d'expédition de finances et valeurs......	781	»
—	26 avril et 30 juin.	Décret et circ. — Tarifs de transit et d'exportation..........	»	670
—	28 avril..	Arr. min. — Transport de chevaux étalons.....................	737	»
—	30 avril..	Idem. — Tarif des frais accessoires....................P. mém.	»	655
—	31 mai ...	Circ. min. — Constatation des vols commis sur les ch. de fer.....	»	807
—	6 juin...	Idem. — Passage de troupes par le chemin de fer de ceinture.......	332	»
—	25 août...	Idem. — Objets et colis délaissés dans les gares.............	3	»
1863.	23 janv...	Idem. — Notification des décisions relatives aux tarifs............	»	668
—	24 janv...	Idem. — Objets à remettre aux domaines...................	4	»
—	9 mars, 26 mai et 5 oct.	Circ. min. — Compartiments de dames.............	448	»
—	15 avril..	Décret. — Commissaires de police communaux....	133	»
—	20 avril..	Arr. min. — Magasinage d'objets remis aux domaines............	2	207
—	2 et 6 mai, etc.	Décrets. — Justific. financières à faire par les compagnies.....	»	140
—	13 mai...	Loi. — Timbre des récépissés et des lettres de voiture.......	»	525
—	11 juin et 24 juill.	Circ. min. — Trains extraordinaires. — Ordres de service...	»	720
—	22 juin...	Circ. min. — Transport des rails par les trains mixtes......	»	526
—	22 juin...	Décret. — Retraite des insp. et commiss. des ch. de fer............	»	574
—	23 juillet et 3 sept.	Circ. min. — Agents des compagnies cités en témoignage...	»	138
—	23 juill...	Circ. min. — Transport de bestiaux par les trains mixtes.	458	520
—	29 juill...	Idem. — Gares. — Vente et colportage d'objets...:..........	243	»
—	17 sept...	Idem. — Inscriptions indicatives des noms des stations..........	»	625
—	17 oct....	Idem. — Outils et matériaux délaissés sur les voies..........	5	»
—	26 oct....	Idem. — Transport de sommes en remboursement.............	783	554
—	30 déc...	Idem. — Transports du matériel militaire. — Constatations........	»	257
1864.	1er fév...	Idem. — Enq. sur l'établ. et l'expl. des ch. de fer........	705	541
—	15 fév....	Idem. — Transports du matériel militaire. — Constatations........	»	257
—	1er mars...	Idem. — Dépêches remises aux bureaux ambulants des postes......	248	»
—	3 mai...	Idem. — Heures de service des aiguilleurs.....................	»	56
—	7 juin...	Idem. — Manœuvres de gare. — Précautions à prendre par les agents.	»	247
—	14 juin...	Idem. — Récépissés de chemins de fer. —· Délivrance d'office.......	»	530
—	18 juill...	Idem. — Comptes rendus judiciaires relatifs aux accidents........	34	433
—	1er août...	Décret. — Tarifs internationaux. — Ports desservis...........	»	670
—	2 août...	Circ. min. — Défense de fumer dans les voitures.................	820	»
—	10 août...	Idem. — Examen des projets de règlements	»	351
—	15 oct....	Idem. — Accidents. — Avis télégraphiques à envoyer aux autorités..	22	»
—	3 déc...	Idem. — Objets perdus dans l'enceinte des ch. de fer.........	3	»
—	21 déc....	Idem. — Embarrage des wagons dans les gares...............	278	521
1865.	4 et 7 janv.	Arr. min. et circ. — Inspection des appareils médicaux.........	»	275
—	4 fév...	Circ. min. — Frein et boîte à sable à installer sur les locomotives..	»	182
—	24 avril et 18 juill.	Circ. min. — Attelage des locomotives..............	457	»
—	24 avril..	Circ. min. —Transport des animaux destinés aux concours agricoles.	474	»
—	9 mai...	Idem. — Mécaniciens et chauffeurs, durée du service quotidien.....	»	272
—	20 mai...	Idem. — Correspondances manquées. — Avis à donner au public...	534	570
—	12 juill...	Loi. — Chemins de fer d'intérêt local.................P. mém.	336	»
—	19 août...	Circ. — Admission des voitures dans les cours des gares........	548	»
—	15 sept...	Circ. min. — Transport de bestiaux. — Assainissement des wagons.	201	»
—	29 sept...	Idem. — Douane. — Rupture des plombs des wagons...........	649	»
—	16 oct....	Circ. min. (guerre). — Permissions militaires.................	»	293
—	8 déc...	Circ. min. — Transport des indigents. — Réquisitions............	»	82
—	14 déc...	Idem. — Dépêches télégraphiques — Simplification............	22	»
—	31 déc....	Idem. — Signal de départ des trains......................	586	49
1866.	4 janv...	Idem. — Signal de départ des trains......................	586	49
—	5 janv...	Idem. — États des retards. — Trains de marchandises.........	»	569

				PAGES.	
				Tome I.	Tome II.
1866	26 fév...	*Circ. min.* — Récépissés. — Grande et petite vitesse		»	526
—	25 avril..	*Idem.* — Tarifs spéc. — Réduction kilométrique		»	667
—	27 avril..	*Idem* — Poteaux-limite de protection des gares		628	»
—	3 mai et 13 nov.	*Idem.* — Combustion de la fumée dans les machines		818	»
—	16 mai...	*Idem.* — Incendie de voitures à voyageurs. — Mesures à prendre...		»	76
—	5 juin...	*Idem.* — Boîtes et appareils de secours		127	»
—	12 juin...	*Arr. min.* — Délais de transport des marchandises		573	206
		Nota. — V. aussi à l'appendice (modif.), p. 843 et 845.			
—	15 juin...	*Arr. min.* — Transports de la guerre et de la marine		»	291
—	18 juin...	*Circ. min.* — Réclamations. — Registre à la disposition du public..		»	537
—	7 juill...	*Idem.* — Épizooties. — Assainissement des wagons à bestiaux		204	»
—	1er sept...	*Idem.* — Tenue des bureaux des fonctionn. du contrôle		250	»
—	25 sept...	*Règl. min.* — Police des cours des gares		549	»
—	16 nov...	*Arr. min.* — Clauses et conditions générales des entreprises		388	»
—	21 nov...	*Décret.* — Pensions de retraite des insp. et commissaires		»	574
1867.	20 fév...	*Circ. min.* — Comptes rendus des travaux de chemins de fer		466	»
—	28 mai...	*Idem.* — Expédition de marchandises. — Choix de l'itinéraire		»	740
—	24 juill...	*Loi* sur les sociétés anonymes (Extr.)		442	645
—	10 sept...	*Circ.* — Tarifs spéc. — Indication de la réduction kilométrique		»	668
—	21 sept...	*Idem.* — Annonce des trains sur la voie unique		»	786
—	11 nov...	*Idem.* — Dénonciation et constatation de vols		»	807
—	6 déc...	*Idem.* — Constatation des accidents de trains		21	»
1868.	15 fév...	*Décret.* — Réorganisation du personnel supérieur du contrôle		515	97
—	18 et 20 fév.	*Circ. min.* — Réquisitions et constatations en cas d'accident		24 et 25	»
—	22 fév...	*Idem.* — Cours des gares. — Placement des voitures		549	»
—	30 juin...	*Idem.* — Accidents. — Tableau des suites judiciaires		»	434
—	11 juill...	*Loi.* — Caisse d'assurance en cas d'accident		452	»
—	31 juill...	*Circ.* — Accidents. — Réquisition pour l'arrêt des trains. (*Note.*)...		26	»
—	23 déc...	*Déc. min.* — Permis de circulation des locomotives		»	533
1869.	29 avril...	*Idem.* — Obstacles placés le long des voies		»	340
—	12 mai...	*Décret.* — Transport des cercueils par trains express		266	441
—	15 juin...	*Circ. min.* — Épreuves des ponts métalliques		724	»
—	4 août...	*Idem.* — Bâchage de charbons de bois		304	»
—	6 août...	*Idem.* — Transport du matériel roulant d'artillerie		442	»
—	1er déc...	*Idem.* — Trains militaires de nuit. (*Note.*)		»	723
1870.	7 févr...	*Idem.* — Matériel pour le transport des pierres de taille		»	422
—	9 févr...	*Idem.* — Marchandises expédiées contre remboursement		783	554
—	9 févr...	*Idem.* — Composition de trains de troupe		457	722
—	12 févr...	*Règlement* général de l'octroi (*Extr.*)		»	347
—	5 mai...	*Circ.* — Rédaction succincte des dépêches télégraphiques		22	681
—	5 juill...	*Arr. min.* — Chemins de l'État. — Service central du matériel		»	638
—	7 juill...	*Circ. min.* — Rupture des plombs de douane		650	»
—	27 juill...	*Loi.* — Autorisation de grands travaux publics		459	»
1871.	10 août...	*Loi* sur les conseils généraux. (*Extr.*)		492	504
—	23 août...	*Loi.* — Droit de timbre sur les récépissés		»	699
—	23 août...	*Idem.* — Droit de timbre des quittances et décharges		»	697
—	16 sept...	*Idem.* — Impôts sur les transports de chemins de fer, etc.		»	68
—	27 nov...	*Décret.* — Règlement pour la nouvelle loi du timbre		»	697
1872.	2 janv...	*Circ. min.* — Exportation de numéraire		»	739
—	12 janv...	*Camionnage* d'office (en cas d'encombrement)		279	204
—	9 févr. et 16 avril.	*Circ. et Arrêté.* — Typhus contagieux du bétail		201	759
—	28 févr...	*Loi* sur l'enregistrement et le timbre		145	696
—	16 mars et 14 mai.	*Circ.* — Premier établissement. — Frais généraux et intérêts.		»	150
—	30 mars...	*Loi* (extr.). — Timbre et impôt (récépissés et lettres de voitures)...		»	699
—	12 avril...	*Circ. min.* — Réquisition d'agents des trains. (*Note.*)		425	»
—	7 mai...	*Idem.* — Tarifs. — Publicité		»	668
—	15 mai...	*Idem.* — Constatations relatives au groupage		»	40
—	15 juin...	*Loi.* — Perte et revendication de titres au porteur		»	704
—	24 juin...	*Circ. min.* — Détournement d'armes appartenant à l'État		435	»
—	3 juill...	*Idem.* — Trains mixtes. — Voitures de voyageurs		459	»
—	17 juill...	*Idem.* — Correspondances manquées. — Constatations		535	569

| | | | PAGES. |
			Tome I.	Tome II.
1872.	22 nov...	Dép. min. — Trains de plaisir. — Avis à donner au ministre.......	»	720
1873.	5 mars..	Circ. min. — Intervention des ingén. pour la constatation des accidents....	25	»
—	1er avril..	Idem. — Comptes de premier établ. — Frais accessoires..........	»	451
—	24 juin...	Loi sur les boissons. — Responsabilité des transporteurs..........	228	»
—	12 août..	Circ. min. — Autorisation de travaux de ch. de fer............	160	»
—	20 déc...	Arr. min. — Militaires. — Places à occuper.................	»	289
—	24 déc...	Circ. min. — Terrains des fortifications (non aliénables)..........	789	690
1874.	3 mars..	Décr. — Délimitation de la zone frontière..................	»	827
—	30 mars..	Idem. — Cendriers des locomotives. — Emploi en temps de neige..	298	»
—	2 avril..	Idem. — Travaux non compris dans la zone frontière............	»	829
—	16 mai et 15 sept.	Circ. min. — Récépissés de petite vitesse. — Modification.....	»	527
—	24 juin...	Idem. — Industries exercées dans les gares de ch. de fer..........	209	84
—	1er juill...	Règlement. — Transports militaires....................	»	283
1875.	6 mars..	Décr. — Création d'inspecteurs de police auxiliaires...........	»	437
—	12 mars..	Circ. min. — Dépenses de premier établissement..............	»	149
—	13 mars..	Loi. — Service militaire des chemins de fer. (Extr.)...........	»	603
—	26 juin...	Circ. — Commissaires de surveillance. — Passage de troupes......	427	285
—	1er juill...	Arr. min. — Télégraphie. — Franchise des fonctionnaires du contrôle.	»	410
—	2 août..	Circ. — Terrains. — Aliénation de parcelles restées sans emploi...	»	690
—	17 août..	Idem. — Classement des avenues de gare.................	475	»
—	23 août et 11 sept.	Idem. — Chambres de commerce. — Communic. de tarifs.	»	662
—	3 déc...	Décret. — Syndicat du ch. de fer de grande ceinture............	331	»
—	6 déc...	Circ. min. — Dépenses à imputer au compte de premier établissement. (Note.)............	»	149
—	16 et 31 déc.	Lois. — Exécution de divers chemins de fer par l'État............	334	»
1876.	6 mars..	Circ. min. — Récépissés de petite vitesse. — Modifications........	»	527
—	14 juill...	Idem. — Composition des trains de troupes. — Note...........	457	722
—	10 et 26 sept.	Décret et Circ. — Retraite des commiss. et inspect. du contrôle...	»	574
—	14 oct....	Circ. — Pacage des bestiaux. — Obligations des riverains..........	206	»
—	16 oct....	Idem. — Commiss. de surv. — Rapports avec les magistrats.......	»	208
—	30 nov...	Arr. min. — Frais accessoires de transport. — Fixation annuelle.	796	203
—	7 déc...	Idem. — Tarif exceptionnel (art. 47 cah des ch.) — Fixation annuelle.	»	654
—	23 déc...	Circ. min. — Personnel. — Allocation de secours exceptionnels. (Extr.)..........	»	444
1877.	26 janv..	Circ. min. — Transport frauduleux de dynamite.................	667	»
—	31 janv...	Idem. — Signaux. — Emploi de cloches électriques.............	223	»
—	21 févr. et 6 déc.	Idem. — Projets des compagnies. — Formalités d'examen....	»	498
—	30 mars..	Arr. min. — Transport des poudres et munitions de guerre.........	»	462
—	5 mai...	Circ. min. — Affluence. — Appel ou renvoi des troupes.........	428	»
—	3 juill..	Loi. — Emploi militaire des chemins de fer. — Réquisitions........	»	46
—	9 juill..	Circ. min. — Droit de révocation des agents des compagnies.......	84	»
—	9 juill...	Idem. — Épreuves des ponts métalliques.................	726	»
—	7 août...	Idem. — Chemins de fer construits par l'État. — Études.........	740	85
—	4 déc...	Idem. — Constatations relatives au groupage..............	»	44
1878.	10 févr. et 1er mars.	Arr. min. — Commiss. de surv. et insp. — Conditions d'admission......	420	404
—	8 mars..	Loi. — Séquestre administratif des chemins de fer..............	»	598
—	9 mars, 24 mai et 9 oct.	Circ. — Chambres de commerce. — Communic. de tarifs.......	»	663
—	25 avril..	Idem. — Combinaison des tarifs d'int. gén. et d'int. local..........	»	674
—	44 mai...	Idem. — Correspondance télégraphique. — Dépêches urgentes.......	533	»
—	18 mai...	Loi. — Rachat de diverses lignes de chemins de fer.............	358	516
—	25 mai...	Décret. — Chemins de l'État. — Organisation administrative........	362	»
—	25 mai...	Idem. — Même objet. — Organisation financière.............	365	»
—	25 mai, 7 et 44 juin.	Idem. — Même objet. — Conseil d'administration........	368	»
—	7 juin et 27 août.	Circ. min. — Organisation de la marche des trains........	»	744
—	22 juin...	Idem. — Police des cours des gares. — Emplacement des voitures...	551	»
—	10 juill...	Idem. — Conférences des insp. généraux du contrôle...........	483	»
—	1er et 19 août.	Idem. — Terrains disponibles. — Remise aux Domaines.......	»	694
—	19 août et 24 oct.	Idem. — Marche des trains. — Ordres de service et graphiques.	»	232
—	29 août...	Idem. — Perception des taxes. — Principe d'égalité.............	»	667

			PAGES.	
			Tome I.	Tome II.
1878.	8 sept...	*Décret.* — Formalités des travaux mixtes. — Simplification	»	827
—	4 oct...	*Circ. min.* — Vœux des conseils généraux. — Transmission	»	779
—	27 nov...	*Idem.* — Instituteurs primaires. — Transport à prix réduit	»	105
—	6 déc...	*Arr. min.* — Expéd. d'animaux et de marchandises. — Gr. vitesse..	145	»
1879.	10 janv.	*Arr. min.* — Conditions de transport de la dynamite	656	»
—	25 janv..	*Idem.* — Comité de l'expl. technique des ch. de fer. — Organisation.	444	»
—	27 janv..	*Circ. min.* — Contrôle. — Institution d'ingén. en chefs de section...	»	88
—	6 et 15 mars.	*Idem.* — Troupes employées à des travaux urgents	»	756
—	17 avril..	*Idem.* — Unification et réforme des tarifs	»	542
—	13 mai..	*Idem.* — Signaux. — Emploi de cloches électriques	223	»
—	24 mai...	*Décret.* — Personnel. — Organisation du personnel supérieur du contrôle	»	98
—	12 juin...	*Arr. min.* — Gestion financière des compagnies. — Surveillance....	528	144
—	15 juin...	*Circ. min.* — Tournées des insp. gén. du contrôle	»	707
—	23 juin...	*Arr. min.* — Instituteurs. — Transport à prix réduit	»	106
—	27 juin...	*Circ. min.* — Projets de travaux neufs sur les lignes en expl	»	500
—	29 juill...	*Idem.* — Déraillements résultant de causes douteuses	27	»
—	30 juill..	*Idem.* — Accidents. — Suites judiciaires	35	135
—	31 juill. et 11 août.	*Idem.* — Voyageurs. — Descente sur les files de plaques..	»	844
—	3 sept..	*Idem.* — Barrières des passages à niveau. — Mesures de protection.	»	395
—	26 sept..	*Idem.* — Transport de la dynamite. — Tarif à percevoir	668	»
—	15 nov...	*Arr. min.* — Manœuvres faites par le personnel étranger aux gares.	»	225
—	20 nov...	*Idem.* — Matières dangereuses. — Conditions de transport	»	258
—	1er déc...	*Idem.* — Ch. de fer de l'État. — Vérific. des comptes	372	145
—	19 déc...	*Circ. min.* — Usage de freins continus et automatiques..	844	»
—	22 déc...	*Traité général.* — Transports militaires. (*Extr.*)	»	282
—	31 déc...	*Circ. (Guerre).* — Désignation des bagages militaires	480	»
1880.	7 janv...	*Circ. min.* — Chaînage des distances pour l'application des tarifs...	630	»
—	22 mars et 8 juin.	*Idem.* — Tournées des ingénieurs du contrôle	»	707
—	22 avril..	*Idem.* — Escorte des transports de dynamite	»	463
—	30 avril..	*Décret.* — Réglementation des machines à vapeur	»	497
—	7 mai...	*Circ. min.* — Mode de notification des décisions ministérielles	»	335
—	14 mai et 6 juin.	*Idem.* — Travaux exécutés par l'État. — Dossiers d'enquête..	»	502
—	11 juin...	*Loi.* — Chemins de fer d'intérêt local et tramways	336	»
—	28 juin et 12 juill.	*Circ. min.* — Systèmes d'enclenchement d'aiguilles..	214 et 689	»
—	8 juill..	*Rapp. gén.* — Enquête sur les moyens de prévenir les accidents....	712	181
—	16 juill..	*Circ. min.* — Vérification des tarifs. — Comparaison des prix.....	»	667
—	26 juill..	*Arr. min.* — Incendies dans les wagons-écuries	»	264
—	30 juill..	*Circ. min.* — Sécurité des voyageurs. — Communic. dans les trains.	»	412
—	8 sept..	*Idem.* — Statistique des accidents. — Relevés à fournir	36	»
—	13 sept..	*Idem.* — Mesures de sécurité. — Enq. gén. — Suites données.	421 et 122	395
—	21 sept...	*Idem.* — Traités de camionnage et de factage. — Suppression......	»	732
—	28 oct. et 7 nov.	*Idem.* — Homologation des tarifs. — Sections nouvelles.....	»	60
—	11 nov...	*Idem.* — Dispositions relatives aux fumeurs	820	»
—	24 nov...	*Décret.* — Comité consultatif des chemins de fer	444	»
—	27 nov...	*Circ. min.* — Constatation des retards. — États décadaires	»	522
—	27 déc...	*Loi.* — Chemins dispensés de barrières ou clôtures	396	»
—	29 déc...	*Circ. min.* — Pompes funèbres. — Compartiments fermés	793	442
1881.	7 janv...	*Loi.* — Chemins non concédés. — Expl. provisoire	372	»
—	14 févr...	*Circ. min.* — Emplacement du bureau ambulant des postes	248	457
—	15 févr...	*Idem.* — Résumé des attrib. des comm. de surv	424	»
—	28 févr. et 15 mars.	*Idem.* — Déblaiement des neiges. — Emploi des troupes..	»	331
—	14 avril...	*Arr. min.* — Comité consultatif des ch. de fer	413	»
—	29 avril..	*Décret.* — Registres de factage et de camionnage. — Timbre	»	698
—	4 mai...	*Circ. min.* — Marche des trains. — Modifications	»	233
—	18 mai...	*Décret.* — Ch. d'intérêt local et tramways. — Enquêtes	703	»
—	18 et 19 mai.	*Circ. min.* — Passages à niveau. — Service de nuit	»	393
—	27 juin...	*Idem.* — Tarif à prix réduits. — Voyageurs	216	»
—	24 juill...	*Loi.* — Police sanitaire des animaux	604	»
—	6 août..	*Décret.* — Cah. des ch. — Type. — Ch. d'int. local	344	734
—	6 août..	*Règlement.* — Ch. de fer empruntant les voies publiques.	»	794

				PAGES.	
				Tome I.	Tome II.
1881.	12 sept...	Circ. min. — Passages à niveau. — Conditions de classement.......		»	389
—	15 oct....	Idem. — Attributions des divers fonctionn. du contrôle............		516	»
—	17 oct....	Idem. — Ch. d'int. local empruntant les voies publiques..........		367	734
—	2 nov...	Idem. — Nouveaux appareils de sécurité......................		123	112
—	2 nov...	Idem. — Tarifs. — Unification et réforme.....................		»	542
—	12 déc...	Arr. min. — Carrières exploitées à la mine.................		288	»
1882.	9 janv...	Circ. min. — Études et travaux. — Formalités............		741	»
—	12 janv...	Idem. — Appareils de sécurité. — Block-système, etc...........		224	789
—	7 févr...	Arr. min. — Comité de l'expl. technique. — Modifications.........		415	»
—	15 mars..	Décis. min. (finances). — Trafic international. — Récépissés......		»	325
—	20 mars..	Décret. — Comité consultatif des ch. de fer. — Modifications......		412	»
—	20 mars..	Idem. — Ch. d'int. local subventionnés..................		»	633
—	5 avril..	Circ. min. — Avenues de gare. — Classement..........		175	»
—	6 avril..	Idem. — Nouveaux appareils de sécurité...............		124	»
—	19 mai...	Décret. — Algérie. — Service des chemins de fer...........		104	236
—	25 mai...	Circ. min. — Accidents. — Avis télégraphiques...........		22	»
—	19 juin...	Idem. — Libre circulation. — Cartes égarées............		»	463
—	22 juin...	Décret. — Police sanitaire des animaux. (P. mém.).........		602	»
—	10 juill...	Circ. min. — Ch. d'int. local. — Service des postes............		483	»
—	23 août...	Idem. — Surveill. des chargements de dynamite............		667	»
—	31 août..	Décret. — Trains légers, dits trains tramways..........		»	719
—	6 sept...	Circ. min. — Matériel fixe des ch. de fer de l'État..........		»	639
—	17 oct...	Idem. — Appareils de sécurité. — Comptes rendus.......		468	»
—	22 oct. et 21 nov.	Idem. — Escorte des convois de dynamite...........		662	»
—	11 nov...	Idem. — Ch. d'int. local s'étendant sur divers dép. (Tarifs.).......		343	»
—	18 nov...	Décret. — Adjudications et marchés. — Travaux de l'État......		60	»
—	28 nov...	Circ. — Dynamite employée dans les chantiers............		666	»
—	7 déc...	Idem. — Appareils de sécurité. — Freins continus............		812	»
—	8 déc...	Décret. — Modific. du règl. général de l'octroi............		»	348
1883.	5 janv...	Circ. min. Matériel fixe des ch. de fer de l'État..........		65	248
—	13 janv...	Règlement. — Ch. de fer de l'État. — Caisse des retraites........		»	577
—	25 janv...	Circ. min. — Escorte des convois de dynamite...........		665	»
—	28 mars..	Décret. — Vérification des comptes des compagnies............		437	»
—	30 avril..	Arr. min. — Désinfection de wagons............		604	»
—	12 mai...	Idem. — Bureaux de ville. — Relations avec les gares........		247	»
—	30 mai...	Circ. min. — Désinfection de wagons...........		606	»
—	30 juin...	Idem. — Aiguilles. — Entretien. — Garnissage............		94	»
—	13 juill...	Idem. — Mesures préventives du phylloxéra............		»	420
—	6 août...	Idem. — Appareils de sécurité. — Enclenchements...........		693	»
—	14 août..	Décret. — Modification de l'ordonn. du 15 nov. 1846........		»	364
—	28 août..	Circ. min. — Perception de l'impôt. — Vérifications........		»	74
—	10 sept...	Idem. — Désinfection du matériel. — Constatations..........		607	435
—	13 nov...	Idem. — Suppression des poteaux kilom. dans les gares...........		»	460
—	20 nov...	Lois. — Conventions passées avec les gr. compagnies...........		530	851
—	29 déc...	Circ. min. — Matières dangereuses. — Acide nitrique........		47	263
1884.	23 janv...	Idem. — Dépenses de premier établ. — Justifications........		»	147
—	25 janv...	Idem. — Matières explosibles. — Frais des escortes.........		665	»
—	26 janv...	Idem. — Tarifs internationaux..................		»	672
—	14 févr...	Idem. — Tarif militaire. — Révision des tableaux.......		»	290
—	3 mars...	Idem. — Matières inflammables. — Chiffons et déchets........		»	263
—	10 mars..	Idem. — Dépenses au compte de l'État. — Majoration........		590	147
—	16 mars..	Arr. min. — Délais du factage............		769	»
—	15 avril..	Circ. min. — Appareils de sécurité. — Intercommunication.........		»	112
—	21 mai...	Idem. — Vente de livres dans les gares............		»	766
—	26 mai, 13 juin et 15 juill.	Circ. min. — Instituteurs. — Tarif réduit.......		»	106
—	7 juin et 26 juin...	Décrets. — Commiss. gén. des ch. de fer.........		416	»
—	28 juin...	Circ. min. — Manœuvres de gare. — Précautions.........		»	218
—	12 juill...	Idem. — Matériel approprié aux transports militaires........		»	256
—	7 et 22 juill.	Idem. — Étude de la marche des trains........		»	747
—	4 août...	Idem. — Mesures préventives contre le phylloxéra............		»	421
—	29 nov...	Idem. — Prisonniers transportés par ch. de fer............		»	484

				Tome I.	Tome II.
				PAGES.	
1884.	26 déc...	Circ. min. — Manœuvres dangereuses. — Précautions............	»	220
—	27 déc...	Idem. — Chemin d'intérêt local. — Homologation de tarifs........	343	61
1885.	10 janv...	Idem. — Libre accès des trottoirs des gares.....................	»	24
—	15 janv...	Idem. — Procès-verbaux des commissaires. — Mode d'envoi........	428	»
—	22 janv...	Idem. — Commissaires généraux. — Rapports à fournir...........	418	»
—	24 janv...	Idem. — Appareils de sécurité. — Freins continus..............	843	»
—	23 fév. et 16 mars.	Circ. min. — Accidents de travaux. — Mesures de précaution.	43	726
—	4 mai...	Circ. min. — Appareils de sécurité. — Cloches électriques, etc.....	425	789
—	7 juill...	Décret. — Travaux de l'État exécutés par les comp...............	594	»
—	15 et 18 juill.	Circ. — Instituteurs. — Transport à prix réduits..............	»	107
—	8 août...	Loi de finances. — Avances aux compagnies....................	240	»
—	22 oct...	Circ. — Dépenses au compte de l'État......................	594	151
—	15 nov...	Arr. min. — Code uniforme des signaux......................	624	611
—	30 déc...	Arr. min. et circ. — Police spéciale des ch. de fer.............	»	437
1886.	23 janv...	Arr. min. — Commission d'enq. — Sécurité des voyageurs.......	425	446
—	1er fév...	Circ. min. — Travaux dans les souterrains.................	»	622
—	10 mars...	Circ. min. — Libre accès des voyageurs sur les quais...........	»	21
—	29 mars et 2 déc.	Circ. min. — Freins continus. — Délais d'adaptation........	814	844
—	30 mars..	Décret. — Commission militaire supér. des ch. de fer....	437	»
—	12 avril...	Circ. min. — Appareils de sécurité. — Comptes rendus.........	470	»
—	2 juin...	Idem. — Code des signaux. — Interprétat. de l'art. 22..........	»	614
—	2 juin...	Arr. min. — Fête du 14 juillet. — Fermeture des gares.........	»	206
—	16 juin...	Circ. min. — Tarifs. — Rapports explicatifs.................	»	664
—	21 juin...	Idem. — Avis et rapports d'accidents.....................	»	831
—	10 juill...	Décis. min. — Protection des voyag. dans les trains.............	»	817
—	20 juill...	Arr. min. — Réorganisation du service de contrôle............	523	833
—	30 sept...	Circ. min. — Indigents se rendant à l'Institut Pasteur.........	»	83
—	16 oct...	Idem. — Transports par wagon complet. — Difficultés......	»	822
—	30 oct...	Idem. — Marche des trains. — Délais des propositions........	»	745
—	4 nov...	Idem. — Appareils de sécurité. — Voie unique...............	»	789
—	4 nov...	Idem. — Traités divers. — Communication au Ministre..........	»	732
—	2 déc...	Idem. — Freins continus. — Délais d'adaptation..............	»	844
—	29 déc...	Arr. min. — Délais de transport des marchandises.............	»	843
1887...		Budget. — Dépenses du contrôle des ch. de fer (Extr.)...........	241	»
—	10 fév...	Circ. min. — Contrôle. — Comités de réseau................	»	833
—	16 fév...	Arr. min. — Service des gares de petite vitesse...............	»	845
—	1er mars..	Circ. min. — Indigents se rendant à l'Institut Pasteur..........	»	810
—	16 mars..	Instr. — Simplification des projets........................	»	847
—	25 mars..	Circ. min. — Relevés décadaires des retards..................	»	849
—	16 mai...	Instr. min. — Réorganisation du service de contrôle.............	»	833

Diverses dates. — Dans l'intérêt même de la clarté de cette table, nous n'y avons fait figurer que les principaux documents du service général des chemins de fer, en supprimant, en première ligne, les anciens décrets, arrêtés ou instructions abrogés ou remplacés par de nouveaux documents. — D'un autre côté, comme nous l'avons dit plus haut, notre recueil est disposé de manière à permettre de trouver, sans table spéciale, les nombreuses indications complémentaires ou accessoires qu'il renferme, en se reportant simplement à *l'ordre alphabétique* où figurent les documents dont il s'agit.

FIN DE LA TABLE CHRONOLOGIQUE.

Paris. — Imprimerie L. Baudoin et Cᵉ, 2, rue Christine.

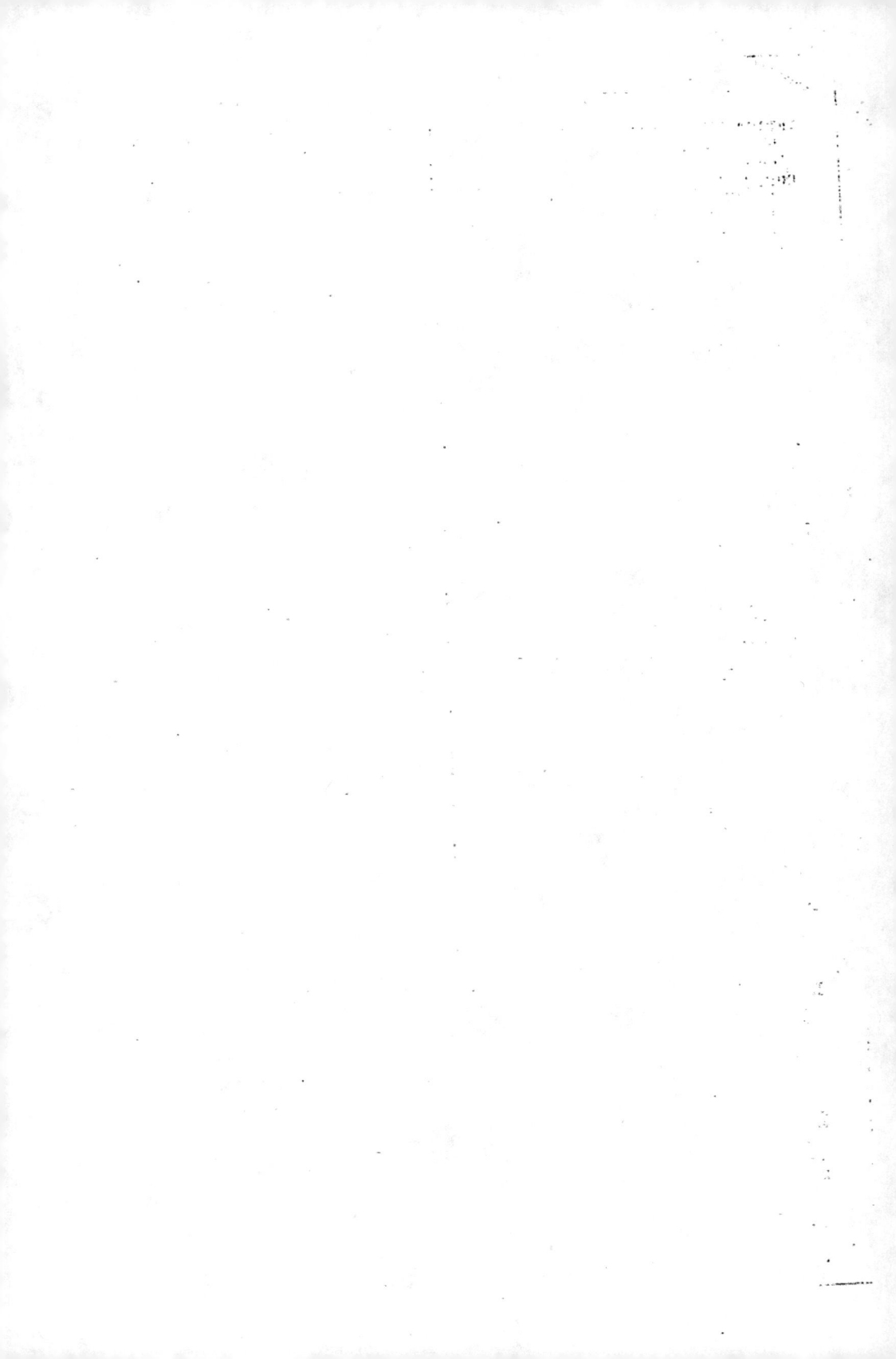

IRRIGATIONS (Commentaire de la loi du 29 avril 1845 sur les) ; par A. Daviel, Procureur général à Rouen. In-8. 1845. 2 fr.

CONSEILS DE PRÉFECTURE (Code des) et des Conseils généraux de département ; textes officiels des lois, décrets, ordonnances, arrêtés, règlements généraux, instructions, circulaires, avis interprétatifs du Conseil d'Etat, etc., divisés en six parties : 1° Organisation et *procédure générale* des conseils de préfecture, d'après la loi du 21 juin 1865 ; 2° Compétence établie par la loi du 28 pluviôse an VIII ; 3° Compétence dérivant de lois particulières ; 4° Procédure particulière ou *spéciale* réglée par des lois anciennes ; 5° De la comptabilité des communes et établissements charitables, des écoles normales primaires et associations syndicales ; 6° APPENDICE complémentaire renfermant la loi organique du Conseil général et la législation dernière sur les conseils municipaux, les attributions de ces conseils, et sur les chemins vicinaux et ruraux de cette catégorie ; par M. Orillard, Avocat à la Cour d'appel de Poitiers, ancien Vice-Président du Conseil de préfecture de la Vienne. Edition nouvelle mise au courant de la législation. 1 vol. in-8. 1871. 8 fr. 50

INCENDIE (Traité de la responsabilité civile en matière d'), comprenant l'Exposé des règles générales concernant la responsabilité des propriétaires, usufruitiers, nus propriétaires, locataires, fermiers, colons partiaires, voisins, voituriers, dépositaires; ouvriers à façon, architectes et entrepreneurs, celle des Compagnies de chemins de fer, des Compagnies d'éclairage et de chauffage par le gaz, de l'Etat, de la commune, etc. ; l'Étude de matières spéciales, telles que : le chômage, les mesures prises contre l'incendie, les frais d'étayement, le vice de construction, les feux de cheminées, etc. ; *une analyse complète de la loi du 5 janvier 1883, qui a modifié l'art. 1734 du Code civil* ; et le texte des rapports qui ont précédé sa discussion à la Chambre et au Sénat ; suivi d'un *Appendice* contenant : les lois, décrets, circulaires, ordonnances de police et arrêtés préfectoraux et municipaux, relatifs à l'incendie, en vigueur à Paris et dans les principales villes de France ; par MM. Albert Richard, Docteur en droit, Avocat à la Cour d'appel de Paris, et Maxime Maucorps, Chef de contentieux d'assurances contre l'incendie à Paris. 1 fort v. in-8. 1883. 10 fr.

SOCIÉTÉS CIVILES ET COMMERCIALES (Traité des) avec *Formules* ; par M. A. Vavasseur, Avocat à la Cour d'appel de Paris. 3e édition, mise au courant de la jurisprudence et de la doctrine. 2 vol. in-8. 1883. 16 fr.

REVUE DES SOCIÉTÉS. Jurisprudence, doctrine, législation française et étrangère (Questions fiscales et financières. — Assurances. — Economie politique et sociale), sous la direction de M. Vavasseur, avec le concours de plusieurs jurisconsultes et magistrats.

Années 1883 à 1886. 40 fr.
Abonnement annuel à partir de janvier. 15 fr.

ÉTUDES SUR LES CONTRAVENTIONS DE POLICE (Code pénal, art. 464 à 484) ; par M. A. Blanche. 1 vol. in-8. 1872. 8 fr. 50

SÉRIE MOREL. — PRIX DE BASE ET DE RÉGLEMENT (sans les sous-détails) applicables aux travaux de bâtiment, conformes à ceux de la Série officielle et administrative des prix de la ville de Paris. Edition publiée le 1er novembre 1882. 1 vol. in-4.

Broché. 10 fr., *franco*, 11 fr. 75
Cartonné, 11 fr., *franco,* 12 fr. 75

SÉRIE JAMMET. Prix de règlement applicables aux travaux de bâtiment à façon, dressés en juin 1887, accompagnés de sous-détails, déterminant le temps nécessaire à chaque ouvrage et la quantité de matériaux nécessaires.

Terrasse, maçonnerie, couverture, ciments, travail de la pierre de taille, tarif du sciage, travaux de cimetières, carrelage à façon. 1 vol. in-4°. 1887. 5 fr. 25

Charpente en bois à façon, menuiserie à façon et tarif de pose, tarif des bois découpés (fourniture et façon). 1 vol. in-4°. 1887. 5 fr. 25

Serrurerie à façon et tarif des métaux découpés (fourniture et façon). 1 vol. in-4°. 1887. 5 fr. 25

Se vend séparément :
Travail de la pierre de taille, tarif du sciage, travaux de cimetières. 1 vol in 4°. 1887. 3 fr. 25

CODES ANNOTÉS DE SIREY contenant toute la jurisprudence des arrêts et la doctrine des auteurs, continués par P. Gilbert, ancien Rédacteur en chef du *Recueil général des lois et des arrêts.* 3e édition (2e tirage), complètement refondue et mise au courant, par Jean Sirey, Avocat à la Cour d'appel de Paris.

En vente :
— Code civil (4 *fascicules*). 2 vol. gr. in-8. 1882-1885. 50 fr.

CODE GÉNÉRAL DES LOIS FRANÇAISES (Nouveau), continué et mis au courant par un *Supplément annuel*, contenant les Codes ordinaires et les Lois nouvelles d'un intérêt général, classées chronologiquement par ordre de matières et reliées entre elles par des annotations et des renvois de concordance ; le tout suivi d'une table chronologique et d'une table alphabétique. Edition entièrement refondue et complétée du *Code général des Lois françaises* de MM. E. DURAND et E. PAULTRE ; par M. E. Durand, Procureur général en retraite. 1 vol. gr. in-8. 1887, y compris l'abonnement au *Supplément* pour l'année courante. 25 fr.

Le même, avec une reliure spéciale permettant d'intercaler les *Suppléments annuels.* 30 fc.

Abonnement aux *Suppléments* séparés pendant 3 ans. 6 fr.

DICTIONNAIRE géographique, topographique, statistique et postal de la FRANCE administrative, judiciaire, ecclésiastique, militaire, maritime, scientifique, agricole, industrielle, commerciale, pittoresque et monumentale, et de ses possessions hors d'Europe, entièrement conforme aux documents orthographiques officiels ; précédé de neuf états et suivi d'une carte au 20,000,000e pouvant servir de carte d'assemblage pour les feuilles au 80,000e et au 320,000e de l'état-major français : par M. A. Peigné, ancien membre de l'Université, auteur du *Dictionnaire des communes,* etc. 4e édition (2e tirage), par Paul Peigné, ancien élève de l'Ecole polytechnique, Lieutenant-colonel d'artillerie, ancien professeur de topographie à l'Ecole spéciale militaire de Saint-Cyr. 1 fort vol. in-8. 1881.

Broché, 9 fr. — cartonné, 10 fr. — demi-reliure, 11 fr.

Paris. — Imprimerie L. BAUDOIN et Ce, 2, rue Christine.